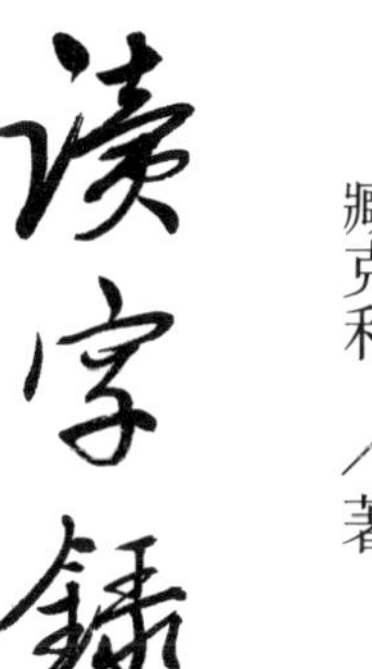

漢字録

上

臧克和／著

漢字語料庫分析叢書

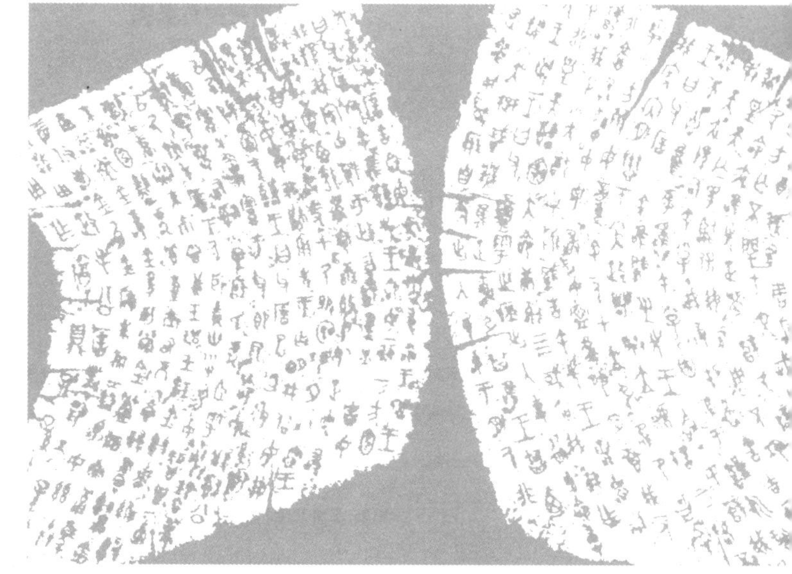

上海古籍出版社

教育部高校人文社會科學重大項目
“漢字文化圈表意文字主要類型數據庫建設及相關專題調研”
（項目批准號：16JJD740012）

人文韓國 plus（HK＋）項目
supported by the Ministry of Education of the Republic of Korea
and the National Research Foundation of Korea
(NRF-2018S1A6A3A02043693)

國家社科基金重大項目
“計算機識別商周金文研究”
（項目批准號：19ZDA313）

出版説明

西方標音文字體系語言學之所以成爲衆多領域的領先學科,其中一個重要原因就是從十九世紀到二十世紀初大規模資料庫建設,使舊有的語言學成熟爲語料庫語言學。在中國乃至整個表意文字區域,這種情况則相對落後。當二十一世紀已過去十幾年,資料庫的建構及使用,仍是部分學科領域中少數專家的事。中國語言文學專業的教員,直到現在仍然有許多人不太明白電腦裏 word 文本跟數據庫結構有何區别。部分標音文字譯介能力健者,能作無間之郵:從西方語言學那裏浮光掠影一二"方法",回到東方表意文字語境中努力尋覓二三用例以"匹配",領異標新三五年。説到底是添了些連自己都不敢相信的混亂。兩種現象有同樣的結果,即導致漢語言文字學進一步滯後與不成體系。

漢字語料庫的標注加工,任重道遠。二十世紀九十年代末期,經過多方聯繫,我們籌措了百萬元經費,用於包括創刊出版《中國文字研究》、召開首屆國際漢字學術研討會、購買國際品牌硬件系統所構成的一流工作平臺、研發古文字信息系統等。

至今猶記,一九九八年元旦前後,有幾天我們是在廈門、廣州、海口或南寧的國際機場度過的。那是一段艱難的時光,雖然是學校漢語言文字學科帶頭人,但上述所有經費支出包括差旅費,都是在這個過程裏自己去争取的，没有院系的任何資助。我不會忘記當時富有遠見卓識給予慷慨支持的出版家，像廣西教育出版社李人凡總編等。在這套叢書的第一本付梓之際，重提這些淵源，是爲了記住學科建設的那個艱難的起點，這些都直接奠定了後來華東師範大學中國文字研究與應用中心進入教育部高校人文社會科學重點研究基地行列的基礎。日月如梭，這些舊事如今已變得陌生而又疏遠，基地的一切，對於一些年輕人來説，似乎都是天然的存在。這時候，我們要記住，無論世事如何變遷，道德恩義是永遠不能忘記的。

基地建成伊始，就有明確的規劃：以出土文字大資料挖掘爲基礎，發展語料庫文字學，建成以漢字爲核心的表意文字數字化學科體系。

基於如上定位，基地落實"十五"、"十一五"、"十二五"及"十三五"規劃，先後研發了"魏晉南北朝石刻文獻語料庫"、"隋唐五代石刻文獻語料庫"、"出土古文字語料庫"、"今文字實物用字語料庫"，并在此基礎上，完成了"中國文字發展史"、"漢字斷代調查及漢字發展史"、"表意文字系統調研"等一系列重大項目。與此同時，基地歷届博士研究生攻讀學位論文選題，也大多依託基地出土文字語料庫平臺，進行專題調查統計分析，可以説，在一定程度上呈現出基地固有的學科特色。

根據上述學科建設、研究模式以及所形成的資源特色，基地學術委員會和叢書編委會將每年篩選出當年度相對優秀書目一種（特别集中的年份，會適當考慮增加，但最多不超過兩種），推薦給專業出版社付梓。考慮到出土文字語料庫完全是一個開放系統，書目不追求體系完備，只要或在某個專題上有新意、有價值，或在語言文字的某個類型上有系統、有建樹，甚至是一束有新解、有實证資料的論文集合，都在推選範圍之内。所望博雅君子、專業同好，大家都來參與建設，共同發展吧！

教育部人文社科重點研究基地
華東師範大學中國文字研究與應用中心
漢字語料庫分析叢書編委會
二〇一六年元日

序

十幾年前,以承擔德國 DFG 有關簡牘出土文字類項目,伏靜處默於歐西萊茵河畔,得以有暇反省自在。自覺經年累月,咬文嚼字,忽爲釋守端《蠅子透窗偈》所喝破:“爲愛尋光紙上鑽,不能透處幾多般。忽然撞著來時路,始覺平生被眼瞞。”[1]最是道得出術業所操生涯境地。由此想到關於知識、知識模仿與選擇的關係:人類接受知識,大體分爲兩個類型。一是自身與生俱來,這類知識需要依靠在後天的知識習得過程中激發出來,所謂“會心不遠”是也。基於此,習得過程中知識的選擇是決定性的。二是後天習得,這類知識接受之後爲知識聯繫作地步,所謂“舉一反三”是也。

字海飄零,心力浪抛;書山無際,眼睛有花。收入本集的幾束文字,是從上個世紀八十年代至於今日——三十年爲一“世”的集合。業操雕蟲,勞形案牘,羌無聊賴,亂思遣日。文筆拉雜,體例非一,心力不齊的幾束,竟也湊泊,都成一“集”。讀書既然未能,若控名責實,姑名之曰讀字之“録”——“過眼録”之録。古代人將“文字”歸“小學”,今天經綸大業者比如專攻所謂“一級學科”的人,鄙薄“文字專業”的人“没有思想”。哲人

〔1〕（清）厲鶚編:《宋詩紀事》卷九十一《禪藻集》,中華書局 1971 年。

講究義理,以"文字"爲妨礙思維的"糟粕";文士剪裁詞章,把"文字"術業,等於"雕蟲",進而以爲"文字爲憂患之媒介"。雖然漢代人許慎在《説文解字・敘》裏曾經明確揭示,作爲"經藝之本,王政之始",文字的發生,不啻初民以類比認知方式,首次固定天地宇宙事物結構,與之取得同構的大事件。

古往今來,"文字"給人帶來的,至少是麻煩。出土與傳世糾纏,手抄與版刻雜糅,作者偏偏又在這種語言乏味、面目可憎的"冷業"裏折騰,平添出來若干人爲麻煩。筆者曾在《〈説文〉認知分析》後記裏提到過:乾嘉學人,力倡"因聲求意,不限形體",臻於樸學至境。所以有當於文字之學者,逮至有清時代,文字歷經二次解體,已有兩千許年。處處中介字跡、過渡形體,在在淆亂叢聚,形音義認知關係錯綜複雜故也。雖然,必至於辨章器形,多識結構。不然,字海飄零,則形牽體拘,幾如"字溝"之跳梁、荆棘之蹣跚,又安得不爲形體所限哉?鄭邵琳博士,術業專攻,爲漢語言文字學,於出土文字文獻,深思明辨,每具會心。繁忙工作之餘,在文字荆棘叢中,不憚其煩,理董統一,經春歷夏,於草蛇灰綫,索引鈎稽,終於理出頭緒,見出眉目。如果没有她的這番拂拭,一束束聯繫,一串串字符,一道道字溝,連綴成系,創纂成集,還得有待於他日。

雖然,所集各部,其相當部分,却是未經發表文字。即業已發表者——有的經過了轉載,有的收入了後來陸續出版的相關出版物的章節,但也大都經過了重新訂補。有些部分心粗氣浮,重讀不免汗顔,仍然保留基本原貌,以爲"讀字""過眼"轍跡。東坡居士所謂"鴻爪雪泥",正復作用一揆。還有些部分,如"石刻叢語"之類,根本就没有成篇,只能算是讀石隨手抄録。置諸出土文字"語料庫分析叢書",似乎也有些勉強。不過,這些文字,頗得各類數據庫之便,却也是事實。

改革以來,天下承平日久,河清海晏,鼓吹不朽,著書之盛,得未曾有。家家無可寓目之書,正有待於人人"憤筆疾書"。資助出版名目繁多,連答辯中令先生們舉疾首蹙額的研究生論文,也會有各種"結題""入庫"的需求。所謂細大不捐,以至於陋劣如拙編,也曾數度獲寵邀,得忝列,可付梓,而胥予遜謝焉。以如此瑣屑,不值得災木費紙。敬惜字紙,在中土原本具有悠久傳統。顛來倒去,徒添生厭;孟優衣冠,適如童子眼中大漢劉皇叔的“名刺”耳。〔1〕

臧克和

歲在戊戌時維仲夏因樹緣湖居

華東師範大學中國文字研究與應用中心

〔1〕 羅貫中撰《三國志通俗演義》卷之八“劉玄德三顧茅廬”:“玄德來到莊前下馬,親扣柴門。一童出問,玄德曰:‘漢左將軍、宜城亭侯、領豫州牧、見屯新野皇叔劉備,特來拜見先生。’童子曰:‘我記不得許多名字。’玄德曰:‘新野劉備來訪。’”上海古籍出版社 1980 年。現在“學人”名片,視這些不厭其煩羅列,適足踵美前賢,不遑多讓。由於時間跨度大,部分篇目之間存在文字重見迭出現象。

目　録

漢字認知

漢字·漢字學·漢字學科

漢字學或曰文字學學科建設的基本邏輯前提,學科賴以存在的基礎,在於漢字體系的獨特屬性。漢字最基本字符即獨體字符,數量存在數百之多,使用歷史悠久而未曾中斷,使得歷代漢字規範整理成爲必需。漢字體系本質是以形表意的,在作爲漢語記録字符使用過程中,對作爲孤立語結構的作用還在於若干區別功能,可以説具有語法手段的補充意義。基於此,文字學具有獨立的研究對象和範圍,那就是結構本體及結構使用。由此規定了漢字學不僅是基礎學科,而且是應用性學科。在某些歷史條件下,甚至可以成爲所謂"顯學"。漢字學的研究,必然涉及字形本體和使用功能兩個層次。表音文字根本上不具備漢字這些屬性内容,也就不能構成特定研究對象。作爲表音文字字符,一定是數量非常有限的,而且可以爲所有詞語進行標記。文字性質定義不清,研究對象及相關範圍也就模糊,這就是漢字研究過程中,字、詞等關係一直苦於糾纏的根源所在。

"漢字"作爲一個文字學術語,至少在現存最早的文字學專門字彙《説文解字》裏尚未見到,作者東漢許慎在其中只是使用"文字"這樣的概念,並對"文"和"字"加以區别性解釋。這樣看來,作爲專門術語使用的歷史,是"文字"早而"漢字"晚。考察"漢字"術語使用的歷史,有必要跟

“漢語”作爲語言學術語使用的歷史聯繫起來。明代始有人將“漢朝人文字語言”聯繫起來,如明代唐順之《答皇甫百泉郎中書》:“其于文也,大率所謂宋頭巾氣習,求一秦字漢語了不可得。”其中使用的顯然是個特定時代即漢朝的概念。南北朝才見到“胡言漢語”並列的語例,如北周庾信《奉和法筵應詔》:“佛影胡人記,經文漢語翻。”

在學科或曰研究領域意義上,到底有無必要獨立存在“文字學”這樣一門學科?如果存在,究竟什麽是文字學?它的學科屬性與基本研究對象、研究範圍是什麽?國内若干語言學工作者最多肯承認文字是從屬語言的,是第二性的。在西歐工作期間,我曾經特别留意“文字學”在英語、德語、法語區所對應的翻譯術語。據相關專家直接告知,並没有對應的説法;特别需要的場合,他們一般會跟文獻學(philology)發生聯繫。就是在所謂“漢字文化圈”主要使用地區,像精通數國語言的越南漢喃研究院院長阮俊强教授提出,可以設計一個關於“字”的核心關係詞 sin-graphic,前面可以分别冠以 Chinese、Japanese、Vietnamese、Korean 等,以此形成統一的概念表述。世界漢字學會創始者韓國漢字研究所長河永三教授則認爲,這樣一來,就得損失中文的“hanzi”、日語的“かんじ”等特殊屬性。世界著名年代學歷史學古文字學專家芝加哥大學夏含夷教授則明確强調,“ideographic”[ɪdɪə'græfɪk](一般譯爲“表意文字”)這個詞歧義性太大,還不如直接譯成“Chinese Writing”。這個詞組,强調漢字書寫功能屬性即跟漢語的關聯屬性,更加適應於“書面語”。這大概是目前最能體現“文字”世界共同屬性以及與語言關係的清晰表述。世界著名漢學家德國波恩大學顧彬教授,也曾一起討論過漢字的上位概念究竟是所謂“表意文字”,抑或是“符號”的邏輯關係。法國巴黎社科院東亞研究所羅端教授研究甲骨文語法,他當面給我的解釋是,“漢字”意義上的“文字學”,大體相當於“文獻學”。

由此觀之,在西方學術“術語體系”裏,並未給“漢字學”留出一席地。漢字有時也被英譯爲 chinese characters,即“漢語的字符”。基於此,這裏所討論的“漢字”,基本就是“文字”即“中國文字”的同一概念,所涉及的

“文字與語言”關係,也是指“漢字與漢語”,亦適應于源於漢字的其他民族所使用過的文字體系,以及“漢字文化圈”地區正在使用抑或曾經使用過的所謂“表意文字體系”。

學科性質與對象範圍

漢字,既如上述;漢字學,就是漢字研究。至於“漢字學科”,就人文學科而言,也許表述爲“漢字研究領域”更爲準確。

文字與語音。臧克和提出(2007),普通語言學談到語言系統中形音義的關係,一般都會指出: 先有語言,後有文字,文字追隨聲音。以至於一般文字工作者在回答這個問題時候,答案也是如此,似乎可以不假思索。就漢語史發展的實際情況而言,這個問題其實也是分層次的。在不同層次上,字形與語音的關係是不完全等同的。在文字的發生創製階段,文字追隨語音,這是沒有疑問的;而且爲了追隨語音,文字使用過程中的結構體制也總是不斷做出相應調整。比如,形聲結構中聲符的調整之類。但是,文字發生之後,文字體現爲書面語,在漫長的社會歷史時期,主要就是文字傳承使用過程。在文字的傳承使用過程中,對於文字使用者提出字音與字形的關係,那就是根據字形,後加字音,即字音識別字是後來加上去的。可以說,創製文字階段,與學習運用文字成爲普遍社會現象,二者是需要區分的。前者是主動的,後者是外加的。[1]

漢字體系中,果真存在表音類型,至少無需每個字都有待於注音了(並不因爲形聲結構抑或借用關係而省略注音環節,相反,活用抑或借用,還要加以特別音注)。現代語文教學過程中,有待於使用羅馬字母構成的漢語拼讀方案,進行漫長的逐字拼寫訓練。而且,這一專門爲漢字拼讀的練習過程,並不分母語學習者抑或是將漢語作爲第二語言

〔1〕 臧克和爲蔡夢麒所作《說文解字注音研究序》,齊魯書社 2007 年;又見於臧克和《結構與意義》,《中國文字研究》第 17 輯第 143—152 頁,上海人民出版社 2013 年。

習得者。

形聲與表音。不少專家根據漢字中的"形聲""假借"等類型,歸結出漢字"意音字""表音字",並以之與"表意字"並列,這將導致邏輯混亂,而且也不符合漢字發展實際。從基本字符來源看,漢字來源於圖畫形式和一部分符號(非音符)。從形聲結構所用聲符來源看,也是先有"有意味的形式"這樣獨體表意字符,繼而可以爲部分字符假借來充當聲符,而在另外的場合又可以充當形符抑或義符,純然爲形聲結構而設的聲符也是不存在的。

假借與表音。還有一種觀點,以爲假借使用的就是"音符",所以假借類可以算是表音字或音符字。這在語言學裏是將部分字符與字的抽象讀音的偶然關係,比況爲語言裏詞的音節結構關係,本質上也是將文字使用過程中發生的關係,當作一類文字體制上的存在。漢字記録書面語,漢字字集當然是從漢字實際使用文獻中集合出來,但這並不等於説字集體系就是具體的漢字用例。就字集體系看,被借用的字形,原本都有自己獨立存在的結構方式,以及所托音義。另外,在記録漢語的實際功能上,就算是處於被借用關係的語境裏,也還是無從建立到見形知音的認知關聯。既然作爲本字不能表音,那麼被借用對應同樣的音值(假借的前提是音同或接近音同),怎麼可能就能變得表音了呢?事實上,假借不過就是寫别了字,假借字同樣也不符合所謂"表音字"的性質,漢字體系純粹的表音字並不存在。漢語史上,到目前爲止,也還不清楚到底使用了多少假借字,而且恐怕也永遠無法弄清楚。這是否意味著,漢字記録漢語,人們根本無法瞭解使用了多少音符呢?有的場合下作爲借用算作音符,在另外場合下又作爲本字在使用,又不能算是音符:世界語言文字體系中,有可能使用這樣的文字系統嗎?創製的文字體系性質,與書面記録語言使用過程中所形成的種種關係,並不是一個層次的問題。所謂文字性質,就是文字體系所使用的基本字符的性質。像日語借用了漢字,不用説訓讀部分,就是其音讀部分,其表音功能屬性與五十音圖符號,完全不是一回事,也不能説是表音字。所謂表音字符,就是看到其書面記録形式就能讀出來。

這樣的功能特點,在日語裏只有五十音圖才具備。〔1〕

從文字本體基本屬性出發的結構類型劃分,是屬於文字體制與構造模式問題。文字學界通常所謂"三書說""六書說"乃至"多書說"等分類,其實是雜糅了功能(屬於語言層次的使用功能)與結構(屬於結構類型、結構方式及結構成分的本體屬性)不同的適應範圍,根本上是文字與語言關係問題上,邏輯分類標準不夠清楚。所謂"三書",其"表音"一書,實際不外是前面二書即"表意""意音"類型的使用結果。如果說漢字若干結構成分結構類型在使用過程中體現出音義聯繫,並且發展爲影響漢字認知模式,那自然是符合實際的;但是這不等於說改變了漢字體制上以形表意的性質。

對象及範圍。既然漢字特質爲以形表意,具體實現爲以形體聯繫意義,以形體區別意義,那麼,就不同於其他表音文字體系,就要使用類型複雜的字形體系。在這類複雜的字形體系,形體數量繁多(理論上講,有多少詞語就相應需要多少記録字形。只是由於發展爲以合成詞的方式區別詞義,才使得漢字不需要無休止地造下去),在實際標記使用和實際書寫過程中(加上使用歷史的漫長和書寫因素的複雜),必然形成種種複綜關係(文字的考索,事實上就不得不變成"形音義"互相推求的局面,根源亦在於此)。由此決定漢字學具有獨立的研究對象和範圍,那就是結構本體及結構使用;亦由此規定了漢字學不僅是基礎學科,而且是應用性學科,在某些歷史條件下,甚至可以成爲所謂"顯學"。漢字來源於"書面語"的

〔1〕 像下面的使用場合即以漢字爲其他語言注音,則這部分漢字相對於所標注的語言來說,則的然爲"表音"者:余少年時,與鍾陵邂逅日本國一僧,名安覺,自言離其國已十年,欲盡記一部藏經乃歸。念誦甚苦,不捨晝夜,每有遺忘,則口頭佛前,祈佛陰相,是時已記藏經一半矣。夷狄之人,異教之徒,其立志艱苦不退轉至於如此。朱文公云:"今世學者,讀書尋行數墨,備禮應數,六經《語》《孟》,不曾全記得三五版,如此而望有成,亦已離矣。"其視此僧,殆有愧色。僧言其國稱其國王曰"天人國王",安撫曰"牧隊",通判曰"在國司",秀才曰"殿羅罷",僧曰"黄榜",硯曰"松蘇利必",筆曰"分直",墨曰"蘇彌",頭曰"加是羅",手曰"提",眼曰"媚",口曰"窟底"(くち),耳曰"弭弭"(みみ),面曰"皮部",心曰"毋兒",腳曰"又兒",雨曰"下米"(あめ),風曰"客安之",鹽曰"洗和"(しお),酒曰"沙嬉"。見宋人羅大經撰《鶴林玉露》卷四丙編"日本國僧"條,中華書局 1983 年。

分析集合,而不等於就是"書面語"。書面語相對應的是口頭語,二者僅存在風格差異。漢字是記録書面語的符號體系。

基於上述,漢字學,真正算得是東方世界獨特的門類。表音文字根本上來說不具備這些屬性,没有上述内容屬性,也就不能構成這樣的特定研究對象。作爲表音文字字符,一定是數量非常有限的,而且可以爲所有詞語進行標記。文字性質定義不清,研究對象及有關範圍也就模糊,這就是漢字研究過程中,字、詞等關係一直苦於糾纏的根源所在。研究一門學問,首先得調查清楚這門學科存在的基礎地位和邏輯前提。否則,苦苦糾纏的若干所謂學術課題,往往是虛假的,或者説事實上是不存在的。所做工作,也就是可憐無補費精神的。

結構意義與漢字認知

結構,約言之即事物組織形態。臧克和此前提出(2013),將結構運用於漢字術語體系,一般以爲結構搭配的方法,將楷書結構分爲左(中)右結構、上(中)下結構、内外結構和獨體結構四個類型。且不説這樣外在物理形態的劃分尚不能周延漢字結構類型(像穿插組合結構,如東橐等字古文結構之類,就無法納入上述四類結構當中);就是漢字結構術語使用者,也還没有來得及區分清楚這是在哪個層次上使用結構術語。漢字結構屬性,只能存在于漢字結構成分及其表詞組織關係上面。基於此,從古到今,描述漢字結構分類,一直使用的是象形結構、指事結構、形聲結構和會意結構等傳統術語,原因也就在這裏。

所謂意義,就是討論事物在一定範圍内的有效性問題,而範圍有待於區分。古代釋義概念稱"義界",直到今天看來也不失爲扼要而中肯的定義,即意義所適應範圍,轉换表述是"在何種場合有效"的問題。"意義"難以義界,所可討論者大體有如下諸端:從發生來看,同一律前提下的對立產生區分;所區分範圍有重疊,故意義有大小。從認知功能來看,"意義"回答"是什麽"即歸納所屬範圍的問題。《國語・楚語下》描述古代

“無意義”局面,就是“民神雜糅,不可方物”,“方物”就是“區別物類”也即分類,分類爲合併到同一範圍的前提。韋昭注:“方,猶别也;物,名也。”從價值功能來看,“意義”在於使用形成區别即有何作用的問題,使用區别才使其具有“意義”。漢語發展過程中,所謂分域,就是結構長短。詞語結構及其方式,構成主要的區别手段。詞的合成,除了部分聯合結構,一般偏正修飾、支配補充等方式所形成的合成結構,即意味著意義的明確。隨著語言結構長度的增加,即限定修飾成分的搭配,範圍層層縮小,意義趨向單純明確。反之,孤立的字形、詞語,範圍有待限定,意義多邊。因此,漢語詞語合成及分類,構成漢語理解分析的基本問題。

確定的意義,存在於統一的結構當中。結構的發展,形成意義聯繫的線索。約言之,意義聯繫存在於結構以及結構使用過程當中。漢字結構如果拆分到筆劃的層次,有的西方學者將漢字的筆劃對應於英語裏的字母,已經不能反映漢字以形表詞的結構屬性。就像反映物質的化學性質只能分析到分子,而不是更小的原子單位;到原子的層次,就只有電子數量及其層次排列上的差異。反過來説,並不是分析得到的單位越小越有效。如同化學裏將水分子分離爲氫原子和氧原子,但水的性質並不等於氫和氧的相加。也有的文字愛好鑽研者,以爲筆劃可以標音,因爲單元越小,越具有普遍性。因爲每個隸書楷書字都是由相同的幾個筆劃構成的,也就都能找出標音成分。顯而易見,這將使所謂標音流於無序與猜測。上述聯繫,可以這樣表述:第一,漢字結構是分層的;第二,基於結構屬性,各個層次單位所發揮作用是不等同的。[1]

---

〔1〕 臧克和《結構與意義》,《中國文字研究》總第17輯,第143—152頁,上海人民出版社2013年第2期。確定之意義,存在於某種統一的結構當中,等於説意義有待區分範圍。王靜安受西方哲學影響,所作《人間詞話》倡“意境”“境界”。其中於“境界”一詞,一般往“高度”上解釋,不復考慮“幅度”,其實也是指向所能到達的“範圍”區分。境,境界;意境,意義境界,皆謂“義界”。蓋以“意義”輕重,與“範圍”大小成比例:範圍越大,意義超越。反之,範圍越小,意義疊加明確。但是,若是範圍大到無限,走向未區分狀態,又無意義可言了;範圍小到接近於零,亦無法區分,同樣也就没有了意義。1. 人類之分域。人的大腦神經系統,具有“自我”意識(實驗證明,大腦前額葉是自我意識形成的神經基礎),從而爲完成區别於動物也區别於他人的“義界”區别提供了立足點。人的視覺、聽覺兩大認知管道,(轉下頁)

形聲結構及其表音功能

漢字發展到楷字,形聲結構成爲選擇使用的基本類型。在形聲結構中,離開聲符和形符任何一邊去分析各自的功能特點、範圍大小,實際上都是一件困難的事情。形聲結構中的聲符和形符,各自的作用,都是在相互依存、相互對待的結構關係中實現的。形符和聲符,就是通過"結構對

(接上頁)也都有其一定"取值"範圍的。2. 人際之分域。處不同人際圈子,身份不同,互不相干,誰也没有分量。羅貫中《三國志通俗演義》卷之八"劉玄德三顧茅廬":"玄德來到莊前下馬,親扣柴門。一童出問,玄德曰:'漢左將軍、宜城亭侯、領豫州牧、見屯新野皇叔劉備,特來拜見先生。'童子曰:'我記不得許多名字。'玄德曰:'新野劉備來訪。'"漢室劉皇叔之于隱士書童,所標榜,效力等同於陌生人眼中的"名片"。3. 語言之分域。漢語所謂"滑稽",滑、亂,稽、界,意爲淆亂界限。其語言基本結構形式,也不外是將不屬於同一區分範圍的兩個類,故意置於一處。由此將各自意義暫時消解,實現"輕鬆一刻"。甚至可以説,離開了漢字結構"寫出來"所形成的區别,漢語中舉凡人物名、器物名、服飾名、制度名、天象名、地域名、山川名、植物名、動物名之類,相當部分就無法有效認知。4. 文字之分域。漢字歷史調查表明,像形聲字符這樣最大的結構類型,加標形旁進行區别是形聲字産生的主要途徑,形符的主要功能是分類區别。表義形符可以替换。這些形符更换的頻率越高,所概括的意義範圍就越大,意義範圍越大,形符的區别性就趨於降低。5. 訓詁之分域。準確釋義,必有待納入統一文本結構當中。上至先秦經史子集,下到各種歷史字彙,各種傳抄文本如不納入到一個統一的具有明確傳承關係的框架之内、實物用字對照關係之中,一定程度上往往無從理解。結構區分有邊邊角角、方方面面,重重疊疊,意義言詮的複雜性即産生於此。解釋者往往自覺以下列方式介入,"基於××角度""就我所見到的""在一定層次上"等等,限定範圍,伎倆一揆。6. 科學之分域。數學裏最簡單的表示"零作除數無意義",實質就是從未加以區分,也即缺少"定義域"。物質化學性質,以分子水準作區分,其它到最大和最小,皆不具區分作用。如原子層次,已經不具區分意義,只有結構上即原子單位數量與位置排列的差異。物理學上,自身質量所具重量,來自地球引力範圍。7. 哲學之分域。習慣性表述是,意義常在"彼岸",即有了彼岸,此岸始能形成意義參照。此岸的蒹葭,因了在水一方的"伊人"存在,而變得意境迷離,朦朧淒迷,意藴無窮,令人神往。否則,缺少了彼岸的"伊人",此岸蒹葭,就只是一片枯寂荒蕪。同樣,失去了此岸的蒹葭,只剩下彼岸的伊人,或者兩岸都成爲伊人,意境亦不復存在。换言之,區分了"彼此"的界限,方能産生哲學上的意義。彼岸無可托,彼岸不可缺。現代主義消解了上帝,卻同時感到了人類自身存在的荒謬。既然意義在於範圍,範圍有待於區分,是故道家法自然,物論能齊;釋家主虚無,破偏救執。消除各色分别,泯滅諸種界障,作用正復一揆。8. 現實之分域。現實生活中,陷於人爲設置小圈子裏,每多糾纏;尋求解脱,也就是"跳出來",即轉换到更大的範圍來看待。消解之道,無非泯滅此疆彼界。基於意義誕生於範圍之劃分,可立足眼前,不斷進取;基於意義消解於範圍之擴展,可不斷超越,實現解釋——是人世永恆矛盾,一生糾結出入。

立”,使字形結構意義得到區別。通過這種區別,使得我們習慣上所説的表音表義即音義對應關係得到確證。歸納起來,形聲結構,體現了漢字的基本區别功能;而形聲結構區别意義的實現,就是依靠形符和聲符的組合。楷字選擇傾向於形聲結構,與其説是頑強保留標音示意功能,毋寧説主要是維護楷字結構區别性原則,以及由此帶來認知機制上歸類識别的方便。

形聲結構類型,占了漢字結構系統的主體,所以這裏分成幾個層次説明。意義,是在系統結構當中通過對立區别原則而實現的。中國現在最早而完整的字書《説文解字》的主要構形模式即形聲結構,占了全書近88%的字量。有的語言學者認爲,比較字義結構與義場、義符的理論進行適當的修正和補充,可以克服它的某些弱點。這就是以“聲”義爲綱,將同“聲”而意義又相同或相近的字歸屬在一起,建立字族;字族中的各個字稱爲同族字。一個字族相當於一個義場,“聲”的異同是確定義場的異同的重要形式標誌;“形”義相當於義符,借此把“聲”所隱含的各種意義歸入不同的語義範疇,如把“淺”歸入“水”的範疇,“綫”歸入絲縷的範疇,等等。字族中各個字的語義關係形成一個小小的系統,其中有一個“根”,由“聲”代表,表示的意義寬泛而抽象,相當於邏輯概念關係中的一個上位概念;其他字的意義都是從這個“根”中衍生出來的,從某一個側面去注釋“根”的意義,使之具體化。語義的分析如以字族爲單位,那麽“族”中各個字的語義關係就如義場和義符,可以據此進行系統分析。

這是認爲漢字形聲結構中,聲符管的範圍大於形符。文字學者也提醒要特别關注聲符,認爲文字作爲語言的符號,它在本質上應是表音的,但由於漢字有著以形表義這一特色,常常掩蓋了它表音的本質。

將形聲字區分聲符和形符分别進行討論,這是在文字學的層次上來討論問題。但是,分開來講形符和聲符的功能又是比較機械的,在具體分析過程中總是離不開整個形聲結構關係的規定和制約。單獨將聲符歸納到一個抽象的範圍,而且這個範圍是比較寬泛的,這個範圍來源於對一個具有同源關係的詞群的抽象,否則就不會存在這樣一個抽象的範圍;或者説,這個抽象的義位事實上是空設的:這個作法和討論,屬於詞源學的層次。我們認爲,形聲結構的聲符和形符各自的功能,都應該放在形聲結構關係當中才能準確界定:著眼于聲符,聲符所提示的語義聯繫是抽象的,所對應的是有關屬性等方面的,例如學者們喜歡提到的"戔"作爲聲符的例子。從這個角度説,聲符對應的範圍似乎更加廣泛一些。但是,這其實是將有關從戔得聲構造所記録的詞義系統歸納的結果;没有所記録的詞群,這種所謂的抽象意義是不存在的。所以,著眼于聲符,配置形符,體現的是跟語音的對應(如"欠"形組合"斤"聲,構成"欣"字,使得"欣"的語音個性化)。同時,著眼于形符,配置聲符,體現跟所記録一種詞義對應(如"水"符加"斤"聲得"沂",使得"沂"的專稱義得到落實);没有聲符的合成,形符所對應的也只能是一個基本的範圍。而且,這個基本範圍也是大致的劃定,並没有嚴格的界限。這一點,只要從《説文》所著録的"重文"異體字之間,以及重文與正篆之間的發生的大量的形符可以互相替換現象就可以看得很清楚。所以,在形聲結構中,離開聲符和形符任何一邊去分析各自的功能特點,範圍大小,都是一件困難的事情。

總之,形聲結構,聲符和形符,各自的功能,都是在相互依存、相互對待的結構關係中實現的。形符和聲符的作用,就是在系統的對比中,使字形結構意義得到區别。通過這種區别,使得我們習慣上所説的表音表義即音義對應關係得到確認。這種從"結構整體性"著眼的説明,是符合實際的。至於從計算機處理的需要出發,進行的基本字符分類、結構拆分,更多地則是考慮技術層面上的問題。調查表明,即是《説文》有明確標注的"形聲結構",大部分也僅屬於韻部的關聯。

歷史漢字聲符不但可以替换,甚至大大超過形符的替换使用比例,也説明將"音值"(擬音派)"意義"("義存乎聲"派)偏至於聲符作用,也都是不符合漢字使用歷史實際情況的。同樣地,即使用不著多長時間 AI 機器學習能夠將全部漢字屬性信息讀取,在涉及"音—義"結構問題上,將依然無所措手,這是可以預卜的。

異體字與過渡形體

所謂"異體字",是討論漢字體系使用頻率很高的一個術語。關於異體字定義,成立的基礎原本在於詞彙學而並非文字學。漢字的基本屬性在於形體,就字形屬性而言,結構形體相同,自然就是同一個字;而不同結構形體,自然就是不同的字:初無所謂同形、異形、異體、同源之類的區別。上述概念的使用,充其量只是在字與詞發生聯繫即字形進入記録詞語的實際使用過程當中,才有必要提出來的一些區別原則。換言之,也就是詞本位參照下的結果。不同時代所面對的字形,都是歷史積累的結果,體現著若干歷時層次。要進行整理,才有必要援引"異體字"這樣的術語。共時性質的文字材料,可以進行共時異體字的調查整理;歷時性質的文字材料,通過溯源明流的歷時考辨過程,則可以排除某一時間層次上偶然混用所形成種種"體異用同"關係。但是,毋庸贅言,歷時的整理其實是件很困難的事情,而基於某個共時的語言詞彙層面才有可能作得比較徹底。而且,使用範圍和使用頻率,都是很難調查清楚的事情。因此,所謂"記録了相同詞語,在另外的歷史條件下也完全可以互相替換",其實是無從把握的。另外,歷史調查表明,異體之"異",古文字階段運用綫條構成構件(構件獨立使用就是獨體字),差異存在于構件合成各類結構及結構關係之間;今文字階段變異大量發生在構件層次,還有使用部分筆劃單位形成的區别。因此,結構上異體主要存在於構件之間及構件組合之間,包括部分筆劃使用所形成的區別性結構,而不涉及書寫風格差異。概括起來,異體關係的討論,要考慮形體、使用和歷史。

鑒於上述,我曾在若干場合使用關於歷史漢字的"過渡性形體"(2010、2012、2013)術語。[1]《聯繫的重建》一文就直接揭示,所謂過渡

---

〔1〕《中國文字研究》總第13輯,第95—100頁,大象出版社2010年;又見中國人民大學書報資料中心《語言文字學》,第80—85頁,2011年第2期。《中國文字研究》總第16輯,第91—95頁,上海人民出版社2012年。臧克和《漢字過渡性形體價值》,《古漢語研究》第3期,第18—24頁,商務印書館2013年。

性形體(transitional of body)或曰中介性形體,主要是指在楷化過程中,由於種種變異帶來形體分化,最終形成跟元本形迥乎有別的形體(暫擬稱爲“定形”);有的變異結構甚至被字彙固定爲另外的字,獲得了獨立地位;由此中斷並失去了聯繫:這其間的變異形體,都是過渡性形體。《説文解字》所貯存的異體,有的就是來自過渡性形體。

在長期的使用和發展過程中,相對於最終爲字彙所固定下來的字形,大量變異形體只起到了過渡性或曰中介性作用,所以我曾擬稱爲“過渡性形體”(簡爲“過渡形”)。歷史地看,每個被實際使用過的形體,都已凝固爲客觀存在,本無所謂“過渡”;而相對於歷史字彙的静態固定,大量動態使用過程的字形則是被忽略的,充其量只是某種“過渡”階段産物。字彙所貯存的形形色色的異體字,甚至呈現爲所謂“疑難字”,其實不外乎就是某個時期所使用“過渡性形體”的結果。

就實踐層次而言,過渡性形體,是觀察字形變化趨向的關鍵環節,也是構建漢字認知關聯的途徑。因此,努力復原文字變異的大量中介過渡狀態,成爲漢字發展史真實觀察、客觀描寫的重要因素。梳理過渡形體,可以實現將被固定爲静態的字形,置於動態的使用歷史過程考察,爲文字的理解提供前所未有的可能性,從而使複雜字際關係定義、各種所謂“疑難字”的辨識,不啻恢復業經失落的聯繫環節、重建認識綫索。由此可見,漢字過渡性或曰中介性形體,對於拓展漢字發展的認知渠道具有不可替代的價值。

這類現象,甚至在“漢字文化圈”的其他使用地區也存在。如[財—戝]字組,見於日本九州博多地區。2015年6月8日在日本九州首府福冈博多(hakada,促读浊音即为ばんとぉ)參觀古寺及神社,其中一處高揭“民俗文化戝博多祇園山笠”。把示請教福岡國際大學海村惟一教授,回答當地用作財字。該條中用若“財產”字,聯繫結構前接“民俗文化財”,則是非物質之財産也(國人習慣稱爲“文化遺産”);“戝”字後接結構部分,則爲該財産之名稱“博多祇園山笠”。蓋由來尚矣。[賊—戝]字組,中國字彙戝則見諸《龍龕手鑑》,同賊。其間過渡形體,爲兩漢簡牘石刻用字，如西漢張家山簡 906 號省簡聲符部分作 。日本語辭書亦存此字，讀同中國漢字。但如此使用措置，不辭無講。殆流俗演化，至此定型。檢出土文獻用字《漢魏六朝隋唐五代字形表・貝部》下攝"財"字分別作 （東漢寇恩石刻）、 （東漢蒼山元嘉題記）、 （隋代劉多墓誌）等，即[財—貶]中間過渡形體。而且，各地過渡變異的水準是不一致的。例如韓國名酒"梨薑酒"同樣標注屬於人類文化遺產時，就使用"人間文化財 6 號"，大致相當於漢代的過渡性形體 。

過渡性形體調查過程，遵循"原形→過渡形（過渡Ⅰ—過渡Ⅱ—過渡Ⅲ……）→定形"復原模式，由此構成文字資源統計、文字規範標準研製，乃至漢字發展中考察字形取捨的關鍵環節。考察單位漢字演變，一項基本工作就是連綴業經訛誤乃至中斷的演變綫索，復原當時社會用字環境。字形工具書編寫，乃至"全字集"建設，其字量的出入，事實上大量存在於過渡性形體的取捨上面。換言之，爲一個字形確立獨立字位，真正需要討論的就是確立的標準及原則。過渡性形體的取捨，應從社會實際使用出發，調查其社會實際使用頻率及其承前啟後的影響地位。[1]

漢字與漢語

關於文字與詞語，漢語史上，很多情況下所使用有關"字"的術語，其實都是屬於詞抑或詞素問題，比如字族、虛字、煉字、字眼、同源字、吐字清楚、字正腔圓之類。漢語史上存在的這類現象，不應該成爲對於漢語最基本結構單位的認知干擾。漢字的形音義三個屬性要素，其實都是抽象概括的。比如字音從哪裏來，字義又從何而來？本質上說，都不過是從記録語言的實際中歸納的結果。只要落實到具體的音值、字義，那就是用字結

〔1〕 臧克和《漢字過渡性形體價值》，《古漢語研究》第 3 期，第 18—24 頁，北京：商務印書館 2013 年。

果漢語"詞"而非字了。[1] 表意的漢字體系中,字形是歷史的集合、字音是語音的抽象、字義是語義的概括,只要明確了具體音值和義項,那就是詞抑或詞素而非字。

由於我們平日所見基本的字符差不多就是"部首",所以造成字符"形音義"完足的認識。其實這裏所認識的已經是由一個字符構成的字了,換句話説,這裏是把基本字符看作充當部首的字,這跟將字符定位在漢字結構裏完全是兩個層次上的問題。

語言學裏關於"詞"和"字"的關係至今還在討論,根源之一就是没有清楚地劃分層次,使得原以爲已經清楚的地方還存在若干糾纏。邏輯層次的明確,實際就是理論研究的深入。研究一個系統的性質,必須深入到該系統的内部層次;否則僅就系統的第一層次作表面描述,或者兩個系統間的整體類比,都無法將一個系統的内在屬性講清楚。記録"人煙"一詞需要兩個字符"人"和"煙",我們可以説這是兩個詞素或者是兩個字。其中"人"由一個字符構成,"煙"是由火、亜兩個字符構成的。把"人"講成是一個詞符的時候,是將其視爲一個字符構成的字,將其視爲一個字符的時候,"人"是無所謂音義的,否則在"佯"這樣的結構裏,"人"的音值又讀什麽?"煙"這一結構裏,第一層切分所得到的亜符,習慣上被稱爲聲符,根據傳統訓詁學的做法,亜符夠得上爲"形音義兼備"最有説服力的例子。堙是用土掩埋,湮是用水掩埋,禋是一種祭祀,這種祭祀的特點是升煙,古代人認爲向上天表達群體觀念的主要途徑就是音樂和煙火,因爲這兩種方式才有可能溝通天人之間:彌漫了其間的界限,泯滅了其他方式難以逾越的空間。有社會群體的地方也就有升煙祭祀,有升煙祭祀才算是有

[1] 古書以反切注音,有的字甚至存在二十多個反切的文獻使用記録。舉個"戲"字例:根據不同使用場合,分别讀作 xì(三軍之偏—角鬥—遊戲)、xī(通"羲")、huī(通"麾")、hū(通"呼")、suō(通"犧"—酒樽)——然則,究竟如何確定哪個音值屬於"戲"字?音節之間究竟差異大到什麽程度就算是兩個不同的"字頭"單位了?大抵編纂過漢字辭書的專業人士,可能會在確立"字條"過程,慎思明辨會心表徵個中複綜關係,與一般認識了幾個字的所謂"文字學者"認知體會,可能會存在較大差異的。

了“人煙”,“大漠孤煙直”,也是表示有人的活動,否則就是“荒無人煙”。儘管如此,在“煙”這一結構裏,主要的示形功能還是由火符來承擔的,否則我們實在不能斷定其“彌漫”的方式是用水還是用火、用土? 涉及上述層次的結構關係理解,AI 機器即使讀取了相對完整的漢字屬性信息,同樣會陷入“一維”到“二維”的“中介性”制約與困惑。

在許多情況下,漢語交流如果没有書寫參與,甚至不能理解,更談不上所謂“語法分析”。事實上,漢語史語法學習,基本關注點就是語序和虚詞,因而從來就是輔助性的。而且,所謂虚詞的語法關係標識作用,至少在先秦出土文獻裏,也只有在其所處語境意義清楚的前提下,才能辨識。由此一來,基於語義理解上的見仁見智,在許多情況下,使得虚詞的分類、標注,同樣也没有多少可行性。〔1〕

這跟標音文字體系,基於語法標識,明確語義關係,完全不是一回事。即使在語料庫語言學發展迅速的今天,漢語語法學仍然没有取得相應的學科獨立地位。到目前爲止,漢語語料庫建設就其主體而言,仍然不過是漢字數據庫加工。

文獻及數據庫:

[1]《中國文字發展史》,民族文字卷、商周文字卷、秦漢文字卷、魏晉南北朝

〔1〕 參觀錢鍾書《管錐編》第一册,第 169 頁:“析據句型,末由辨察。”按《左傳》隱公元年:“公曰: 不義不暱,厚將崩。”其中“不義不暱”這一結構,算得上一種“固定格式”,即句型常態;《注》謂:“不義於君,不親于兄;非衆所附,雖厚必崩。”杜預解“不暱”爲太叔“不親”莊公,然則以“不義不暱”爲並列關係,“非衆所附”則爲“增字解經”,以自圓其説耳。《管錐編》先是據全篇之旨,及結構關係,釋爲:“不暱,謂衆不親附叔段,非謂叔段不親于兄。其語緊承‘厚將得衆’而駁之,遙應‘多行不義’而申之,言不義則不得衆也。”常態與變態,總是相對而言的,“守常”亦即“處變”,此處爲“常”,置於一個鄰屬的大的層次中則又呈“變”,如對此類結構通覽,就不難發現: 此類句法雖格有定式,而意難一準。或爲因果句: 如《論語・述而》之“不憤不啟,不悱不發”,《墨子・尚賢上》之“不義不富,不義不貴”,後半句之事乃由前半句之事而生,猶云“不憤則不啟,不義則不貴”耳。或爲兩端句,如《禮記・禮品》之“不豐不殺”,《莊子・應帝王》之“不將不迎”……雙提兩事而並辟之,猶云“不豐亦不殺”。而且,由同一結構中兩字字義相背,遂類推斷此爲兩端(並列)句之常態,亦失拘泥,韓愈《原道》曰:“不塞不流,不行不止”,“塞”爲“流”反,“行”與“止”倍,而其爲因果句自若。

文字卷、隋唐五代文字卷,教育部高校人文社會科學重點研究基地華東師範大學中國文字研究與應用中心編寫,華東師範大學出版社 2015 年。
[2] 表意文字大數據,教育部高校人文社會科學重點研究基地華東師範大學中國文字研究與應用中心暨表意文字大數據中心智庫加工研製"十三五"版。
[3] 劉中富《試論漢字對漢語詞彙的影響》,《中國文字研究》總第 16 輯,上海人民出版社 2012 年。
[4] 連登崗《論文字的單位》,《中國文字研究》總第 16 輯,上海人民出版社 2012 年。
[5] 楊琳《諧聲字以諧韻爲原則説》,《中國文字研究》總第 17 輯,上海人民出版社 2013 年。
[6] 臧克和《結構與意義》,《中國文字研究》總第 17 輯,上海人民出版社 2013 年。
[7] 臧克和《聯繫的重建——過渡性形體功能》,《中國文字研究》總第 13 輯,大象出版社 2010 年。
[8] 連登崗《論漢字的字義》,《中國文字研究》總第 14 輯,大象出版社 2011 年。
[9] [法] Françoise Bottéro: The Concept of Shěng 省 in *Shuowen jiezi*, The International Journal of Chinese Character Studies P15 - 48, volume1, Number1(2015), Copyrightc3publication(圖書出版3) Printed in Rep. of KOREA
[10] 臧克和《出土文字作爲漢字史料使用的兩個問題》,《漢字史研究與方法論前瞻國際學術研討》,第二屆世界漢字學會年會,日本福岡,2014 年。
[11] [澳] David HOLM: Dialect Variation Within Zhuang Traditional Manuscripts.《東亞文字與文化》,第三屆世界漢字學會,越南河内,2015 年。
[12] 錢鍾書著《管錐編》,中華書局 1979 年。

漢字認知器的研製

不同語言使用者的身體構造和認知方式是相似的,即從身體感覺出發,由人及物,由近及遠,由實到虚,理解和表達另外一種感覺或概念,這種認知機制是人類思維和語言的共同特徵。由於不同民族的文化心理風俗習慣歷史傳統及個性差異,感覺類詞的理解也會具有民族與個體特點。不論哪個區域,各個歷史時期斷代各類文字調查,根本上來説有兩項任務:一是單位歷史漢字的認知識别,一是整個漢字體系的使用情況(結構變化、字頻消長、書體類型及書寫方式的演變等)。前者也包含兩個互相聯繫的方面:首先是找到該時期所使用字形結構與歷史上業已使用過的字形結構存在的聯繫,以及屬於何種聯繫;其次是辨識屬於該時期特有的"新出字"。歷史漢字的認知識别,其實就是找到歷史上曾經存在過的種種關聯,否則,所識别對象就等於宣佈爲"死字"。由此可推導出兩點結論:斷代漢字分域分類調查,主要的工作就是找到並恢復歷史的認知關聯綫索;即使所謂"死字",在相當程度上也屬於認知聯繫綫索的潛隱失落,有待於補綴建立而已。真正屬於"前不見古人,後不見來者"的"戛戛獨造"情況,其實在各個歷史階段都是比較例外而罕見的。至於整個漢字體系的使用情況,歷史地觀察,各個時期漢字體系代代傳承;就其功能考察,各個時期使用的漢字體系又是自洽的。或者説,下面情形是一種客觀存在:在歷時的漢字體系裏結構變異存在問題,諸如引發種種字際關係的糾纏;但是,在一個斷代的分域的文字體系裏結構變異則是成立的,並無礙信息交流。這個結論,再明白不過地顯示:漢字書寫的基本單位,無論怎樣演變,各個歷史時期都基本相同;漢字體系,無論怎樣發展,各個歷史時期都是統一的。

形聲結構與認知原型。漢字形聲結構,構成業經熟悉的認知原型。漢字發展形聲結構的能產性,取決於信息處理"打包"認知模式,由此帶來認知機制上原型歸類識别的方便。

二次解構與認知干擾。相對於隸變篆文"解構"過程,草書流行算得上是第二次"解構"。二次解構打亂了各種結構類型認知模式,包括構成部件可以替代歸併變换規則(草書章程),釋放出成批過渡形體,有的被歷史字彙固定爲"定型楷字"。二次解構所帶來的楷書結構認知干擾,似乎一向並未引起相關調查研究者的充分關注。

中介字跡與過渡形體。歷代字彙都是静態積澱的結果,毋寧説是歷史條件制約的產物,根本無法反映漢字的實際使用情況和異常豐富的演變信息。過渡性形體,是觀察字形變化趨向的關鍵環節,也是構建漢字認知關聯的途徑。因此,努力復原漢字使用歷史過程,特别是恢復解構變異過程所產生的大量中介過渡狀態字跡綫索,是實現漢字發展史真實觀察、客觀描寫的主要因素。梳理過渡形體,可以實現將被固定爲静態的字形,置於動態的使用歷史過程考察,爲漢字的理解提供前所未有的可能性,從而使複雜字際關係定義、各種所謂"疑難字"的辨識,不啻恢復業經失落的聯繫環節、重建認識綫索。中介字跡及過渡形體,對於拓展漢字發展的認知渠道具有不可替代的價值。

漢字認知器。形聲結構與認知原型歸類、二次解構過程帶來過渡形體的各類語料庫大數據坐標設定,構成漢字認知工具即"漢字認知器"的研製平臺體系。

一、形聲結構與認知原型

關於漢字結構基本認知模式,臧克和(2006)[1]提出了結構整體性認知原則及結構分類問題。臧克和(1995)[2]依據視知覺心理學研究給漢字結構分類:當意象作爲符號使用時,它的抽象性一定要低於符號所暗示的東西。換言之,一種符號必須能爲某一"類"事物或某一"類"力的作用方式賦予具體的"形狀"。意象本身當然是一種特殊的事物,而當用它代表某一"類"事物時,它便具有了符號的功能。視覺思維原則是,任何"標本"或標本的複製物,只要用它代表該"類"事物,就成爲一種符號。像合體字作爲符號意象的例子,可以舉出"牛部"一類字來觀察。構成牡、牝、牧、牲、牢等字的"牛"符,從商代甲骨文反映的時間層次來看,實際上存在與馬、羊、鹿、豕甚至包括犬等字符互換的關係。換言之,在有關牛部的合成結構裏,牛符其實是代表著當時的"動物類"的。由"種"到"屬"(即"類")的過程,傳達出漢字符號化的程度。如果說"牛部"反映的是某一時間層次漢字的符號化程度;那麽,下面觀察的"口部"一類字在歷代字彙中的貯存情況,則體現出漢字符號化的歷史:1. 與構成音響的材料發生聯繫,《説文・言部》"諧"從言符,《玉篇・言部》替換作龤。2. 與口部相關的感官發生聯繫,《説文・口部》"舌"從口符,《集韻・末韻》記録爲"古从甘"。3. 與口部運動發生聯繫,《説文・口部》"呻"字從口符,《廣韻・真韻》記録作從欠符,欠就是口形的張大。4. 與有關物質發生聯繫,《説文・口部》"唾"字從口符,異體構造從水。5. 與引發口部運動的有關材料發生聯繫,"嗜"字從口構造,《廣韻・至韻》異構將口符換作酉符。6. 與發生音響的有關動物相聯繫,"嗥"字從口,《説文・口部》的異體又將口符换作犬。7. 與口部發出物理音響意義發生聯繫,

---

〔1〕 臧克和《結構的整體性——漢字與視知覺》,教育部語言文字應用研究所《語言文字應用》2006 年第 3 期。

〔2〕 臧克和《漢字取象論》"意象性符號",臺北聖環圖書公司 1994 年。

"吟"字從口符,《說文·口部》著録的異體作從音今聲構造。8. 與內在心理行爲發生聯繫,"哲"字歸口部類,《說文·口部》保存的異體替換從心符構造,《古文四聲韻》所貯存古文又換成了兩個或三個吉符,等等。上述分析表明,那類介於抽象程度較高的記號類漢字和抽象程度較低的圖畫類漢字之間的符號類漢字,合體字構成其主體。對其構成進行分析,有必要進行單字與構件的區分,即單字和偏旁並不是同一層次上的概念。否則,就難免在漢字認知問題上導致邏輯學的混亂。作爲形符或義符即合成單字的構形成分,參與到複合後的整體結構之中,該形符或義符就不再是一個單字的身份。它在參與構形的過程中,必須再次捨棄作爲單字的具體特性,而進入到更大的義類即它的上位概念裏去。否則,像攴符能參與到"教""修"字結構組合,則難以理解它還可以進入"敵""牧"字結構:二者不類,不能納入到新的義類組合關係之中。邏輯學種概念要擴大外延到屬概念,必須捨棄一些內涵。作爲單字,一旦獲得作爲義符的資格,也就等於是又抽象了一次;進入形符或義符構形過程中的"單字",較之原先自足的單字,具體內涵減少,而涉及外延擴大。基於此,作爲"自足單字"與充當"形符或義符單位",二者雖然仍舊使用同一符號,但其功能意義卻已經不屬於同一層次。有的學者探求文字本義,似乎認爲字義越具體才越像本義。事實上可能正好相反,本義意味著概括而並非具體。

形聲結構的能產性,主要取決於認知過程中便於原型"打包"信息處理原則。從魏晉南北朝石刻異體字表義構件換用的角度進行調查,也可以發現楷化形聲發展規律。調查表明,石刻異體表義構件換用現象,更多地發生在形聲結構類型當中。在發生換用的358個不重複單字中,形聲字共278個,占了換用總字量的77.7%。這背後的取捨規律,即在於楷字區別性的規定。這裏的基本結論是,楷化選擇傾向於形聲結構,與其說是頑強保留示意標音功能,毋寧說是維護楷字結構區別性原則,由此帶來認知機制上原型歸類識別的方便。據現代心理學實驗分析,記憶的優先順序大致體現如下兩種認知機制:一是"按形歸類,打包記憶",二是"熟悉順序,便於處理"。[1]

關於"按形歸類,打包記憶"。漢字按照部首編排,爲什麽源遠流長,影響到現代楷字編排?說到底是符合了關於漢字形體屬性的認知規律。以形繫聯,可以將成批的漢字"打包",實現形體結構的視覺關聯,提高認識功效。從這個意義來説,許慎《説文解字》編排組合,最大貢獻是遵照形體特點進行信息"打包"。臧克和(2004,《談結構》)曾指出:《説文解字》對後世漢字整理影響最爲深遠的,就在於將字形結構分類——從看起來散漫的字群,尋找其中藴含的共有的形體成分,提取出來,從而建立起共同的關係類型。這在數學方法上,類似於代數因式分解過程中的"提取公因式"。這一科學思想,對後世字彙的聚合乃至後世文字的整理,具有創辟性意義。"打包"就是要找到整個部類當中所包藴的共同結構形式,比如《名義·口部》:"囥,撻各反。橐字。"據此聯繫,可以找到《説文》:"橐,囊也。从省,石聲",實爲從束囥聲結構。據篆文,橐則從束囥聲,囥實爲橐字初文,也屬形聲結構,即從口石聲。若變換聲符爲乇,即得到從口乇聲結構,見《郭店楚墓竹簡》之《老子》甲作[illegible]。據此聯繫,可以分析《宋本玉篇》橐部第四百六十七整個部類。該部收録凡10字,其中屬於《宋本玉篇》新增字有"橐(𣝣)、櫜"。通過具體分析,所統攝8字,皆可歸《束部》:部首橐字,從束圂聲;櫜,從束圂省,咎聲;橐,從束口,厷聲;橐,從束,匋省聲;橐,從束囥聲;囊,從束圂省形,襄省聲;橐,從束國聲;櫜,從束從囥,非聲。

比較而言,在這種"打包"過程中,只有最基本的漢字形聲結構所構成的認知原型才是最便於處理的。楷化之後的形聲結構在整個漢字體系中所占的比例是,西周金文使用1 981字,占同期所使用總字量的58.54%;戰國楚簡帛使用形聲結構總共3 610個,占同期使用總字量的81.84%。據專書數據庫記録,宋代大徐本《説文解字》包括新增402

[1] 參臧克和《中國文字發展史·隋唐五代文字卷》第二章"石刻楷字",華東師範大學出版社2015年。

個小篆,凡著録小篆字頭 9 833 條,這樣統計的結果是:漢代許慎《說文》實際著録了 9 431 個,超過了《敍》裏所宣稱的 9 353 個篆文;其中明確有“某聲”“某亦聲”“某省聲”等形式標識的有 8 403 個,不包括事實上的形聲結構。連同《說文》没有形式標識的(如《我部》“義”條下分析爲“从我羊”,屬於“从羊我聲”結構),《說文》形聲結構超過 81%,與金文占比是吻合的。[1]

二是關於“熟悉順序,便於處理”。大腦對序列的記憶情有獨鐘,源於序列性事物便於處理。記號保持形聲、追隨流俗、結構平衡等選擇原則,說到底,也是適應了大腦“熟悉順序,處理省事”的認知原理。

二、中介字跡[2]與“過渡形體”

要是考慮使用和發展過程,單位漢字形體實際上呈現爲存在千差萬別的“結構鏈條”。相對於最終爲字彙所固定下來的個別字形,大量變異形體只起到了過渡性或曰中介性作用,所以,臧克和(2013)曾將“結構鏈條”狀態擬稱爲“過渡形體”,簡爲“過渡形”。[3] 歷史地看,每個被實際使用過的形體,都已凝固爲客觀存在,本無所謂“過渡”。相對於歷史字彙的靜態固定,海量動態使用過程的字形(其數據挖掘,名副其實屬於“大數據”加工),總是被忽略的,各個時代字彙定型的,充其量只是某種“過渡”階段産物。字彙所貯存的形形色色的異體字,甚至呈現爲所謂“疑難字”,往往就是由“過渡形體”發展的結果。

就實踐層面而言,過渡性形體,是觀察字形變化趨向的關鍵環節,也是構建漢字認知關聯的途徑。因此,努力復原文字變異的大量中介過渡

---

〔1〕 華東師範大學中國文字研究與應用中心表意文字大數據研發中心研製“歷代字彙韻書資料庫”。

〔2〕 字跡,是指書寫形體在不同空間的移動軌跡。這些移動軌跡,往往顯示出同一字形的各種程度差異。

〔3〕 臧克和《漢字過渡性形體價值》,湖南師範大學《古漢語研究》2013 年第 3 期。

狀態,成爲漢字發展史真實觀察、客觀描寫的重要因素。梳理過渡性形體,可以實現將被固定爲靜態的字形,置於動態的使用歷史過程考察,爲文字的理解提供前所未有的可能性,從而使複雜字際關係定義、各種所謂"疑難字"的辨識,不啻恢復業經失落的聯繫環節、重建認識綫索。由此可見,漢字過渡性或曰中介性形體,對於拓展漢字發展的認知管道具有不可替代的價值。像提到的已知例字:

在【旌—旌—旍】異體組,從旌→旍,旍之於旌,乍瞥初觀,結構相隔已經懸遠;而中間旌形從全構造,生、全、令楷化輪廓則庶幾近似。如此,旌形就構成旌→旍的中介聯繫環節。這個環節,作用爲過渡。已知條件爲旌=旌,又因旌=旍,那麼旌=旍。若易簡之以公式,表述可轉換爲:已知A=B,且存在B=C條件,則有A=C。如此,下面異體組胥可套用:在【湣—[illegible]—[illegible]—愍】中,已知湣=[illegible]=[illegible],又因[illegible]=愍,則有湣=愍。在【鑄—[illegible]—[illegible]】中,已知鑄=[illegible],又因[illegible]=[illegible],則有鑄=[illegible]。在【浣—[illegible]—淣—浿】中,已知浣=[illegible],又因淣=浿,則有浣=浿……

過渡性形體調查過程,遵循"原形→過渡形(過渡Ⅰ—過渡Ⅱ—過渡Ⅲ……)→定形"復原模式,由此構成文字資源統計、文字規範標準研製,乃至漢字發展中考察字形取捨的關鍵環節。考察單位漢字演變,一項基本工作就是連綴業經訛誤乃至中斷的演變綫索,復原當時社會用字環境。字形工具書編寫,乃至"全字集"建設,其字形的取捨、字量的出入,事實上取決於過渡性形體上面。換言之,爲一個字形確立獨立字位,真正需要討論的就是確立的原則。過渡性形體的取捨,應從社會實際使用出發,調查其社會實際使用頻率及其承前啟後的影響地位,包括中介字跡演化信息的存儲。這樣的功能要求,現在的字典工具,都是難以實現的。

在某個時段,作爲過渡性形體認知對象,其實就是新增字形。對處在這類狀態字形結構認知器的研製,首先就是時間層次明確的數據庫坐標建立。

漫長的漢字使用發展歷史中,秦漢六朝事實上集中體現了第一次到第二次解構完整過程。中國文字基地所承擔國家哲社重大課題“秦漢六朝字形全譜”,在設計研發上,建立屬性完善的“秦漢六朝文字屬性庫”,實現秦漢六朝類型繁複、關係錯綜的文字形體演變軌跡的有效表達和真實呈現,支持漢語言文字學、古典文獻學、古代史學、文學及文物考古等諸多學科分析工具研發。基於“秦漢六朝文字屬性庫”,所發佈《秦漢六朝字形譜》,使得書體發展、字形演變、媒介因素,其時代坐標,到眼即辨。對於反映包括隸變、楷化、簡化等現象在内的文字演變歷程,補具已經中斷聯繫的所謂“過渡性”形體;對照有關文字發展綫索、漢語史調查分期、文化史藝術史考究坐標、媒介技術對漢字發展的影響、各器物實際用字所處階段特徵等,都具有真實的參照價值。課題組需要系統整理秦系、兩漢及六朝簡帛石刻等海量出土文字材料,實現文獻研究視角的字形考察(在實現出土簡帛石刻器銘釋文全文檢索基礎上,進行釋文的斷代、載體、内容分類標注)、語言研究視角的字形考察(通過對數據庫中出土簡帛石刻器銘釋文的語言標注來完成,即秦漢六朝文字語料庫)、文字研究視角的字形考察(通過對數據庫中釋文用字的窮盡性文字屬性標注以及文字原形拓片逐字切分來完成,即秦漢六朝文字屬性庫);秦漢六朝出土文字屬性庫及相關歷史字彙數據庫加工整合,基於標準化意義數據庫平臺體系,篩選排比發佈了體現漢字發展史綫索的《秦漢六朝字形譜》。

考慮到紙媒的空間局限,秦漢六朝出土文字全部字形以及各種時代材質等關係,在紙媒上同時呈現有較大困難,即使有所選擇也因規模過大,影響使用效率,造成資源浪費。鑒於此,《秦漢六朝字形譜》以紙質版和網絡版結合使用的形式發佈。紙質版使用者同時可以獲得一個網絡賬號和密碼,用以網絡版的查檢。紙質版所收的每個字形都只是代表字形,代表字形是根據斷代、載體、結構類型等因素綜合考慮而確定的,它的確定原則是真實、全面反映字形發展演變關係。

《秦漢六朝字形譜》網絡版,不受平面空間的限制,可以通過鏈接的形式實現多種信息的立體多層呈現。所首次實現海量信息“有效表達”的具體形式: 網絡版的視覺形態與紙質版逐頁完全對應,只是在相應的位置添加了超鏈接。使用者可以通過頁碼或者索引號查詢對應網絡版,點擊網絡版每個字形,即可鏈接該字形所代表的全部字形及相關信息,包括具體語境信息和用字信息:點擊字形下所附器物名稱,可以查詢該器物的文獻屬性信息。例如,對於隸變以後"二次解構"的字形結構進行認知聯繫分析,就需要《秦漢六朝字形譜》以及"中國歷代字彙韻書數據庫"合成的數據網絡。這些數據網絡集研發生產加工以至工具使用於一體,基於大數據網絡形成的紙媒產品與大數據網絡體系,形成"點→面"結合的超文本跨媒介認知工具。

某個時期存在的中介字跡過渡形體,實質上也就是這個時間層次新增字形的來源及範圍。"解構"[1]過程中所產生的過渡形體,構件往往互相替代,創造了一些新的聯繫,也在相當程度上打亂了原本存在的習慣格局、認知模式。下面,嘗試通過中介字跡恢復"本字"的認知方式,觀察石刻類文字使用過程中的一些情況。

隋大業九年《席德將墓誌》(《匯編》第10冊第87頁)[2]:"君諱德將,字(寧)道行,河南洛陽人也。秦丞相席寶之□廿孫矣。"[3]按《匯編》解題將墓主釋爲"常德將",整理者或將其釋爲"君諱德將,寧道行河南洛陽人也"。遂致"席"冠"常"戴,"字"爲"寧"占,莫可究詰。

關於墓主之姓氏。從墓蓋題名篆書來看,可釋作"席君之銘",無作"常"者。蓋篆書"席"從宀帶,形近誤會。從志文來看,其先人爲"秦丞相寶",即《晉書》卷一百十三《載記第十三·苻堅上》:"以升平元年僭稱大秦……席寶爲丞相。"《晉書》卷一百十四:"時猛年三十六,歲中五遷,權傾内外,宗戚舊臣,皆害其寵。尚書仇騰、丞相長史席寶,數譖毁之。堅大怒,黜騰爲甘松護軍,寶白衣領長史。爾後上下咸服,莫有敢言。"

關於墓主之名諱。德將,見《尚書·酒誥》:"文王誥教小子有正有

〔1〕 二次解構,即隸變帶來的篆書結構破壞離散,草書帶來的楷書結構破壞離散。

〔2〕 北京圖書館金石組編選《北京圖書館藏中國歷代石刻拓本匯編》(101冊),本文簡稱《匯編》,中州古籍出版社1988年。

〔3〕 識字及標點符號爲筆者所添加。

事,無彝酒;越庶國,飲惟祀,德將無醉。"《尚書注疏》卷十三《傳》:"于所治衆國,飲酒惟當因祭祀。以德自將,無令至醉。"德將與"道行"對文,故取字爲"道行"。整理者以字、寧形近誤會,導致句讀無由。

《席德將墓誌》"席"篆陽文作,"字"作:或形近或輪廓模糊,導致認知干擾。日本高山寺所藏空海大師抄《篆隸萬象名義·土部》"糞"字條:"甫問反。掃廗前穢悪草上也。"該字彙屬於唐代抄本,未見諸字條羅列,但釋義使用從广從帶結構,與隋代石刻字形結構使用基本屬於同一時間層次,可以互爲對照。《集韻·昔部》:"席㡕:祥亦切。《說文》籍也。《禮》天子諸侯席有黼繡純飾,从巾庶省。亦姓。古作㡕。俗作廗,非是。"翻檢《漢魏六朝隋唐五代字形表》有關部類可知:第一,席字結構作廗,西漢簡牘文字中介字跡即開始過渡,見第337頁《广部》"席"字條所著録實物文字圖像。南北朝隋唐之際字形使用,廗較席尤爲多見,日本珍藏唐代漢字抄本相關字形表第一批第一册第536頁《巾部》"席"字結構,完全抄爲廗形:是當時社會用字,未必目廗爲席之"俗"流者(均參驗後附參考文獻圖版目録)。又,广、宀二部通用在實際書寫材料中亦爲習見現象。

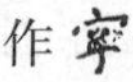

類似情形,又見隋大業九年《張虔墓誌》(《匯編》第10册第89頁):"君諱虔,字子集,新野人也。"其中名"虔"與字"集"相應,集者,成也,而字形作,《匯編》題解者誤以爲"受"而釋作《張受墓誌》。虔—,中介字跡,檢《漢魏六朝隋唐五代字形表》即可恢復過渡環節。又如唐開元二十五年《竹敬猷墓誌》(《匯編》第24册第45頁):"府君諱敬,字思敬,安喜郡河南人也。"北京圖書館金石組所加拓片名稱爲《朱敬敬墓誌》,數據庫整理者開始亦以爲誤衍。其實,皆未諦審原拓及名字用字關係。原形作,從酋、攵,即猷字之混;犬符誤作攵,係衍上出"敬"字之所從。從名、字關係看,字爲"思敬",相應思者,爲名之"猷"。墓誌伊始,即將人名誤衍,這種可能性不能說絶對不存在,概率恐怕極小。按中介字跡,《漢魏六朝隋唐五代字形表》《秦漢六朝字形譜》及相關語料庫即可恢復其間的過渡聯繫。[1]

三、二次解构与認知干扰

漢字發展史斷代調查表明,在戰國秦漢六朝漫長的草寫過程中,漢字實際上經歷了兩次解構:其一是篆文的隸變,其二是楷法的易簡。第一次解構,注意者衆多,調查研究課題非常集中。第二次解構即草書流行過程中,構件可以重新歸併,串通變換;有的筆順,可以變換書寫方向,在一定程度上建立了新的區別機制,釋放出成批的過渡性形體,極少量部分被固定爲"定型楷字",海量的字跡則僅僅形成"中介字跡"。相對於篆文的隸變,草書所帶來的楷書結構認知干擾,一向並未引起相關調查者關注。草書流行過程中,等於是又一次打亂了各種結構類型,轉換了認知區別模式。不僅是簡寫,包括構成偏旁重新形成一整套化簡、替代、歸併、變換等區別與認同規則。例如,臣、足等胥歸"讠"旁("足"形獨立使用,在乙符上部加、筆;作構件使用,連筆成"讠"旁),遂使路、臨諸字,偏旁一律,南轅等同北轍,等等。各種通用類型,具見文後所附圖版。

1) 顏—頑

鄧文原《急就篇》草書"顏文章"作 ,近於"頑"形。中介筆跡,其間過渡,亦常見於正書楷字的寫法。晉代以及北魏,如晉代《黄庭經》作 ,南北朝石刻如北魏《元敷墓誌》作  、北魏《元敷墓誌》作 、北魏《元煥墓誌》作 ,等等。[2] 循此一綫索,即可補出其間的過渡中介聯繫。

恢復並建立業已中斷的認知聯繫線索,可以解決一些久湮不知其溯

〔1〕 見唐元和五年(810)《盧仝等題名》(《匯編》第29冊第61頁),《匯編》整理者將題名解釋爲"盧仝等題名"。一般釋文又解釋爲"盧仝、高常、□固、元和五年"。按所釋仝字,事屬可疑;至於所闕釋字,尚可辨識,爲嚴字,即以"嚴固"爲名。

〔2〕 臧克和主編《漢魏六朝隋唐五代字形表·頁部》"顏"條分別按使用時代書體類型列出更多的字樣。南方日報出版社2010年。

的學術疑案。下面,即以【顔—頑】輪廓混淆導致錯誤定型爲例。

《文選注》"淒入肝脾,哀感頑艷",衆人解説紛紜。[1] 或謂宜作互文解會(頑含智,艷含媸),謂哀感所及,無論愚智賢佳不肖者。然則上句"肝脾"比列,後者"顔艷"同義,艷,同時代可用以指顔色,如南朝梁江淹《麗色賦》:"有光有艷,如合如離。""顔艷"即爲顔色、臉色。

"哀感頑艷,顛倒行路",爲六朝人習見語。其中"哀感頑艷",或可凝縮抽取爲"哀艷","感頑"不辭,或"頑"不過即"顔"字草簡,以訛傳訛者,亦多見六朝乃至宋元歷代寫法(參見"參考文獻"所附録各期碑帖圖版)。然則,"哀(A)感(B)頑(C)艷(D)",或可讀爲"AD→BC","感頑"即"感顔",是"哀艷"可感,見乎顔色者。如此"哀艷"、"感顔",形式上看似並列一意,其實"感顔"實爲"哀艷"效果。又抑或以"顔"字久湮於"頑",不得已將後附"顔色"字,改爲"艷"字而已。

表達所謂"悽惻綺麗","哀艷"成詞。如唐人柳冕《與徐給事論文書》:"自屈宋已降,爲文者本於哀艷,務於恢誕,亡於比興,失古義矣。"

征諸文獻用例,還是以"哀感××"結構類型居多。"哀感山河",即化用六朝"哀感"匡格。如《晉書》卷59"故掾劉佑獨送之,步持喪車,悲號斷絶,哀感路人",卷64"拜受流涕,哀感左右",卷88"乃撫柩長號,哀感行路,聞者莫不垂涕",卷110"七歲遭母憂,擗踴號叫,哀感旁鄰,宗族部落,咸共歎賞";《梁書》卷47"時天寒,曇浄身,衣單布,廬於瘞所,晝夜哭泣不絶聲,哀感行路,未及朞而卒";《文選注》卷40繁欽《與魏文帝箋》"而此孺子遺聲抑揚,不可勝窮,優遊轉化,餘弄未盡。曁其清激悲吟,雜以怨慕,詠北狄之遐征,奏胡馬之長思,淒入肝脾,哀感頑艷。是時日在西隅,涼風拂衽,背山臨溪,流泉東逝,同坐仰歎,觀者俯聽,莫不泫泣殞涕,悲懷慷慨";《周書》卷46"與禽獸雜處,哀感遠近";北魏酈道元《水經注》卷26"故《琴操》云:殖死,妻援琴作歌曰:樂莫樂兮新相知,悲莫悲兮生别離。

〔1〕 錢鍾書著《管錐編》卷3第六九《全後漢文》卷九三"哀感頑艷"條。清代嚴可均所輯《全上古三代秦漢三國六朝文》第一册第977頁字形刻爲"哀感頑艷",文章題目作《與魏太子書》,中華書局1958年。

哀感皇天,城爲之墮";唐代高僧玄奘口述、門人辯機奉唐太宗之敕令筆受編集《大唐西域記》卷8"聞而歎曰:慧日已隱,唯餘佛樹,今復摧殘,生靈何覩。舉身投地,哀感動物,以數千牛構乳而溉,經夜樹生,其高丈餘"。

2）使—伻—平

《尚書·立政》篇:"帝欽罰之,乃伻我有夏,式商受命,奄甸萬姓。"孔傳:"乃使我周家王有華夏。"《尚書·洛誥》篇:"(周公曰)我又卜瀍水東,亦惟洛食。伻來以圖及獻卜。"敦煌本伯2748傳文:我使人卜河北黎水上不吉。這是徑以"使者"解釋"伻"。"(成王曰)公既定宅,伻來,來,視予卜,休恒吉。"亦作"使者"使用。某個時期,使用"伻"字,構成《尚書》學史上版本辨識的一個特點。基於此,調查清楚伻字是何時經過了何種性質的過渡得到的,就構成學術史上真實的需要解決的問題。

《洛誥》"伻來以圖及獻卜",《漢石經》所存該字位作"辯",爲平字異文,亦平、辯通用之例,據此可知,今文《尚書》文本文字使用,至遲漢代尚非關"使者"之伻字。王氏《洛誥解》:伻,使。圖,謀也。俾成王來洛,以謀定都之事,且獻卜兆于王。此周公所復者,皆追述王至洛以前事也。段氏《撰異》:《釋故》:俾、拼、抨,使也。《釋文》曰:抨,字又作伻。[1]

伻,《玉篇·人部》:"普萌切。使人也,又急也。"《集韻·耕部》:"拼抨伻迸平苹:悲萌切。《爾雅》使也。或作抨伻迸。古作平苹。"唐抄本空海大師所撰《篆隸萬象名義》專書數據庫,未見該字形立目或行文過程使用;唐代以前石刻等出土文獻,尚未見伻字。蓋此一字形,大體不會早于唐代分化使用。追溯草書文獻,原其理,當是"使"字輪廓性近似而書寫作"平"形:已知→,則有使→伻。趙孟頫書寫北宋蘇東坡《赤壁賦》"變"字,草書換用"使"字成分作,使用等同"平(辯)"字。大體到了唐宋之際,"信使"字始被字彙定型爲伻字結構。俱見文後所附參考文獻所録諸圖版。[2]

---

〔1〕 臧克和著《尚書文字校詁》"洛誥"篇腳注第(11),上海教育出版社1999年。

〔2〕 使—伻所由生,參見後附圖版或存目2—4所附晉唐宋元名家草書作品。

3）無—兼

從漢字使用過程來説，無、兼每多混淆。其間過渡狀態，參見《秦漢六朝字形譜》相關語料庫、《漢魏六朝隋唐五代字形表》及《日藏唐代漢字抄本字形表》。

《玉台新詠》卷一託名蔡邕所作《飲馬長城窟行》就以"尺素"之類絲織物作爲書信載體："客從遠方來，遺我雙鯉魚。呼兒烹鯉魚，中有尺素書。"但是直到宋代詞人晏殊《蝶戀花》下片説明，當時信息溝通還是依靠絲織物來傳遞："昨夜西風凋碧樹，獨上高樓，望盡天涯路。欲寄彩箋無尺素，山長水闊知何處？"

A. 前後矛盾説——沈祖棻《宋詞賞析》："無尺素"與前面詞情矛盾，"實爲推脱之詞"按"推脱"理解失之簡單。

B. "彩箋"與"尺素"並列説——唐圭璋《全宋詞》和朱東潤《中國歷代文學作品選》等，都依據毛氏汲古閣本《珠玉詞》，均取"兼尺素"。按並列理解有文獻學的基礎，但長短句用詞重複如此，在一片小詞中出現這種現象的可能性是非常之小。

C. "尺素"即等"鯉魚"説——俞平伯以爲"尺素"即"鯉魚"："意謂欲寄彩箋，卻不能如尺素之得附託鯉魚也。"按"欲寄彩箋無鯉魚"，實際上也是在重複，説者這裏不過是偷換了一個概念。

按從漢字使用過程來看，無、兼常混，兼又是縑之借：縑即縑紙，縑之爲用，就是"尺素"。南宋程大昌《演繁露》卷十五："唐始以縑紙卷軸改爲多葉耳。"縑之得名，就在於"兼"：漢代劉熙揭示過這種聯繫：《釋名・釋采帛》："縑，兼也。其絲細緻，數兼於絹，染兼五色。"縑素，自古就是一個詞。《宋史・張去華傳》："命以縑素寫其論爲十八軸，列置龍圖閣之四壁。"是縑素即具"彩箋"之用。元代夏文彦《圖繪寶鑒》卷三："以淡墨寫竹，整整斜斜，曲盡其志，見者疑其影落縑素。"

從形式規定來看，基於《蝶戀花》詞譜，"縑尺素"即"尺縑素"，省文就是"縑素"或"尺素"。"尺縑素"破體爲"縑尺素"，正是形式規定即詞譜對内容限制作用的反映。"尺"在《廣韻》屬昌母昔部開口呼三等入聲字，而它所處的詞譜位置又是一個只許平、不能仄、亦非可平可仄的空間——"欲寄彩箋無尺素"——<u>仄</u>仄<u>平</u>平平仄仄。[1] 於是,只得跟平聲的"縑"相互調換字位,就是由"尺縑素"破體組合爲"縑尺素"。實在來說,這也是無可奈何的作法。古代人的修書,通常的單位不過是一尺,而且據尺牘格式填寫滿尺幅算是"敬啟者",於是又有"尺素"一詞。

結論是:"尺素"即"尺縑素",調換位置就成了"縑尺素",也就是前面"彩箋"的補足說明,並非與之並列重複。

4) 垂—舌

現在所見明代戲曲刻本,若干俗體,即文獻專門,亦莫可究詰。如茂林葉氏刊本《荊釵記》:"年華老大雙鬢皤,胭脂膩粉甚舌抹。"其中舌就是垂。[2] 西漢草寫簡化,武威簡文即如此作。[3] 垂,掩蓋,覆蓋,猶言"花陰垂地,春草跡天"之垂。唐代詩人喜用"垂"字,遂成詞頭,杜甫《旅夜書懷》:"星垂平野闊,月湧大江流。"元稹《桐花》詩:"朧月上山館,紫桐垂好陰。"韓愈《賀雨表》:"中使纔出於九門,陰雲已垂於四野。"

5) 里—[illegible]

明成化本《花關索傳》:"龐統道:'頂破柱根隨,著衣鏡破兩分離,河[illegible]水乾難飲水,一樹花開結果遲。'"點校本或以"[illegible]"爲"丑",又校爲"池"。"里"在刻本中常作"[illegible]",亦不過草書省便之例。不諳草書浸假影響之跡,文獻家遂不免粗手蠻作矣。

至於草書偏旁之間通用,離散楷書結構現象,更是連篇累牘。如偏旁人、亻、氵、言、匕等,胥歸一筆;夫、立、貝、阜類,遇到聲符相同結構,所賴以區別者,唯有上下文"語境"。其他類型,例如草書"高"與"辱"區別性大大降低,書法家將二者誤混爲一。參觀後附草書偏旁歸類認同圖版。

6) 全與令(旌、旍之類):草書構件通用,對相關楷書字際關係的

[1] 字下加横綫者,爲可平可仄字位。

[2] 垂,唾字以此爲聲符構造,唾則爲"唾面"字。

[3] 《漢魏六朝隋唐五代字形表·土部》"垂"字條,第223頁。

影響

石刻用字,旌旍旍異體,其中旍字,實際就是旍字結構當中“全”形與“令”形的區别性不顯乃至混用的產物。例如隋大業五年《寧贙墓碑》(《匯編》第10冊第25頁)“雲擴百陣,靡旌摩壘”作旍,隋大業十三年《杜君妻鄭善妃墓誌》(《匯編》第10冊第165頁)“慮桑海之遷移,書玄石以旌記”用字同,作旍。隋開皇九年《□和墓誌》(《匯編》第9冊第54頁)“士林宗仰,才望攸歸,弓旌屢招,承掾交至”,其中“旌”字作旍。隋大業十一年《田氏墓誌》(《匯編》第10冊第130頁)“式刊玄石,旍此芳猷,以得不朽,迺为銘曰”作旌。

【全→令】演變綫索既明,旌又如何由從生變爲從全形呢?底層原因是南北朝時期石刻用字旌所從生形,已經存在生、金、全、令等區别性不顯即混淆使用問題。

例如,北魏孝昌三年《元融墓誌》(《匯編》第5冊第60頁)“再擁旌旄,于彼青土;馳傳褰幃,問民疾苦”作旌,北魏正始二年《李端墓誌》(《匯編》第3冊第84頁)“故勒斯誌,式旌泉戶”作旌,北魏永安三年《元液墓誌》(《匯編》第5冊第136頁)“勒銘黄廬,以旌烋烈”作旌,北魏熙平二年《王誦妻元貴妃墓誌》(《匯編》第4冊第45頁)“乃勒石傳徽,庶旌不朽”作旌。隋開皇二十年《獨孤羅墓誌》(《匯編》第9冊第126頁)“全璞不彫”作全。唐貞觀十九年《何相墓誌》(《匯編》第11冊第134頁)“弘教義以訓下,篤貞信以全交”作全。銓,唐武德八年《盧文構妻李月相墓誌》(《匯編》第11冊第4頁)“密勿禁中,銓衡禮閣,清暉素履,領袖人倫”,其中“銓衡”字作銓。[1]

從全、令混用過程可知,漢字發展史上,若干字形原本就是訛誤的結果。調查漢字發展、依靠漢字諧聲偏旁構擬歷史語音者,這類現象是必須

〔1〕 旍,《漢語大字典·方部》界定字際關係爲“同‘旌’”,所援根據爲《改併四聲篇海·房部》引《對韵音訓》:“旍,音旌。義同。”旍,《漢語大字典·方部》界定字際關係爲“同‘旌’”,所援引根據爲《集韵·請韵》:“旌,或作旍。”較然已落後塵矣。

首先瞭解清楚的。對歷史漢字進行調查整理,根本上來說,就是連綴業經中斷的訛誤演變綫索,復原當時社會用字環境。否則,對於字彙取捨標準而言,就很難統一。或者說,面對各類變體,標注哪個形體有資格作爲一個字的代表,是需要調查統計,並根據使用實際進行分析的。

7) 巨與臣(詎諐、拒挋、絙絚之類):草書構件通用,對相關楷書字際關係的影響

上具隋大業九年《席德將墓誌》用詎字,整理者或釋爲諐。其實是詎、諐混用。從銘文上下文來看,"訓俗愛民,其恩若母。雖張敞之莅京兆,未足比功;邵信之守南陽,諐方斯效?"記録反詰疑問詞,功能相當於"豈"。而諐字,《說文・言部》所見小篆結構位置有異:"諐,訐也。从言臣聲。讀若指。"隋開皇三年《寇奉叔墓誌》(《匯編》第9冊第9頁):"明年臨淮王元或来襲廣州,公身自挋戰,應時摧殄,築勳行賞,封魯陽男,又授威烈将軍,奉朝請轉遠将軍步兵校尉,仍除廣州别駕,始則匡政理務,便令邦國不空,戰勝論功,方依大樹官为校尉,非湏醇酒,選为順陽太守,當郡都督,時崤函阻隔,兵甲屢興。公去佊乱邦。適兹樂國。"其中,拒作挋、勳作勲、彼作佊。唐咸亨二年《大唐故贈司空荊州大都督上柱國趙王(李福)墓誌銘》"随巨海之三變"仍作巨。這類現象,就是到了隋唐,也有沿襲。

《宋本玉篇》:"古于、古兩二切。成公四年,鄭伯絙卒。"第二切語下字所用"兩"字,必"雨"字之混。《篆隸萬象名義》:"絙,古賢反。人名。"《原本玉篇》殘卷:"絚,古賢、古兩二反。《公羊傳》:成公四年,鄭伯絚卒。"《原本玉篇》字形作絚,反切注音爲"古賢反",賢從臤得聲,臤,《說文・臤部》:"堅也。从又臣聲。凡臤之屬皆从臤。讀若鏗鏘之鏗。古文以爲賢字。"《十三經注疏・左傳正義・成公四年》作"鄭伯堅"。看來字形本從臣作絚,《原本玉篇》存真,《篆隸萬象名義》從巨爲抄誤:適表明所傳抄不一定爲同一抄本系統。南北朝石刻用字如北齊《宋敬業等造塔頌》"神仙之宫,詎得方其麗""□灼法炬,晃朗慧目"中詎炬字,所從巨形,又

如北齊《光州刺史鄭述祖天柱山銘》“南臨巨海,北眺滄溟”“禮義以成規矩,仁智用爲樞機”中巨、矩字,都寫作臣形而少上一豎筆。又如“拒”字,北魏《志朗造像》作拒,《元珍墓誌》作拒。這個記號化的過程,恰好爲由臣到巨的形體過渡。《篆隸萬象名義》從巨爲抄誤,《宋本玉篇》也誤。又《宋本玉篇·石部》“磲”:“鉅於切。硨磲。”《篆隸萬象名義》:“磲,鉅於切。硨。”《原本玉篇》:“磲,鉅於切。《字書》硨磲也。”字形所從渠聲中的巨形,及反切上字巨所從的巨形,《原本玉篇》悉抄近“臣”形,《篆隸萬象名義》俱抄同。《宋本玉篇·言部》“詎”:“詎,其吕、渠據二切。止也,至也,格也。”大徐本《說文新附》:“詎猶豈也。从言巨聲。其吕切。”《篆隸萬象名義》:“詎,渠據反。止也。至也。格也。搶也。”《原本玉篇》:“詎(詎),渠攄反。《荘子》:庸詎(詎)知吾所謂知之,非不知乎?庸詎(詎)知吾所謂不知之,非知之耶。《史記》且蕪君在儀寧詎(詎)能此乎?《漢書》詎(詎)有其人。《字書》或岠字也。岠,至止也,格也,搶也,在止部,音渠舉反。《字書》或爲距字,在足部。”字形所從巨聲,《原本玉篇》抄作近臣形,羅本、黎本皆抄同,同時代《篆隸萬象名義》亦抄同,從敦煌抄本使用楷字情形來看,大致到中唐時期,還是巨、臣記號並出混用。巨、臣記號區別性降低導致抄混,合乎南北朝石刻楷字俗寫習慣,草書爲浸假之漸,皆可合觀共參。

8) 貝與目(貴、胄類):草書構件通用,對相關楷書字際關係的影響

《說文·貝部》:“貝,海介蟲也。居陸名猋,在水名蜬。象形。古者貨貝而寶龜,周而有泉,至秦廢貝行錢。凡貝之屬皆从貝。”魏晉南北朝石刻楷書語料庫中共貯存表義構件爲“貝”且位於整字左部的單字22個,均寫作“貝”。如“贈”見於北魏《元繼墓誌》“贈使持節丞相”;“贍”見於北魏《元熙墓誌》“文藻富贍”;“貺”見於北魏《檀賓墓誌》“洞照銜璧之貺”。隋唐五代石刻語料庫中,“貝”在充當構件時,出現了另外一種形體構造成分“目”。該構件構成特點是省掉最後兩筆,與構件“目”混同。據此推斷,此形體當爲隋唐五代石刻楷字構件新增變

異形體。如“”見於唐永徽六年《王惠墓誌》“贈司空宣簡公”；“”見於唐咸通十五年《張君妻劉冰墓誌》“贈左僕射”；“”見於唐開成六年《王煉墓誌》“悉以應贍賓侶”。上面例字可以看出，“貝”寫作“目”已經帶有一定的普遍性。“貝”混同於“目”的形體變異，導致了區別性降低，使得第二例中“贍”與“瞻”同形相混這類情形，只有依賴字形結構整體及具體使用語境才能區分。

按上述歷史上曾經發生過的目、貝混用情形，甚至在出土文字的釋讀領域還會見到，在有關論文裏曾經揭出。如出土戰國早期楚文字《曾侯乙墓》有20餘處使用胄字，釋者皆作鞷形，但申觀第123號簡有，128號簡有，136號簡有，137號簡有，等等，可知字形上部爲由、中間爲冃省、下部爲革，組合起來應是從革胄聲結構。所可注意者，上部的由接近“古”形。至於中間的冃符省形，對照可知(“免”字實際上可能就是“冠冕”字的初文，包山楚簡“文書”類“免”字作、，郭店楚墓竹簡《唐虞之道》篇“免”字結構爲)。至於從革構造，是著眼於“甲胄”的製作材料。準此，《曾侯乙墓》中所用的聲符“胄”形寫法，有可能就是“甲胄”字初文抑或省寫異體。又如《上海博物館藏戰國楚竹書·緇衣》：“《君迪》員未見聖如其弗克見我既見我弗聖。”其中，編者將形隸定爲“貴”，與原拓字形有出入，而我們所見到的一般解釋或坦然等同於“胄”。就字形演變歷史而言，都還存在需要仔細辨察的地方。按該字形下部所從如果是“貝”符，不會缺少貝下的兩筆：這一區別，參觀該簡接下來的“貴”字即知。對照《盂鼎二》《豦簋》《胄簋》《中山王墓宫堂圖》等器“胄”字銘文、對照《侯馬盟書》所用到的“胄”字形體等等，即可瞭解其下半部分都是從“目”符構造。直到北魏《山徽墓誌》“遙哉遐胄，邈矣玄源”，字形刻作上部從田下部從目形，其上部係田、由混用，下部仍以部分之“目”，來代表整體之頭。《說文·冃部》：“胄，兜鍪也。从冃由声。直又切。《司马法》胄从革。”“由”下所從“冃”即“冒”的初文寫法，與“由”下所從“目”、“冒”下所從“目”是一致的：皆是以“眼目”的部分來指代“頭部”的整體。

9）草書作爲後世書寫定型的中介過渡

草書《唐人月儀帖》“敬想爲勞”，其中勞字結體爲；隋唐之際草書《千字文》亦如此作：是堪爲動字（從力重聲，楚簡或從童聲）簡化體“动”字來源。按實物書寫，晉《王浚妻華芳墓誌（陰）》、北魏《寇慰墓誌》皆已使用所謂簡化字形結構“劳”；至於隋唐五代正式書寫場合皆沿襲秦漢簡牘《説文》篆文等相同的“勞”形結構。這説明，可以排除從“勞”直接過渡到“動”形結構的中介狀態。秦漢六朝直到隋唐五代之際，動字結構除了聲符或重或童之外，一直没有變異。唯一可以建立的聯繫，即記録“勞動”詞語的簡化字形，都與一“勞”字發生關聯：劳，直接使用“勞”形簡體；动，就近借用“勞”形草書章法。又【關—関—关】，唐人該帖“關”作，是從門從关草書結構。秦漢六朝隋唐五代之際，如唐代《居實墓銘》使用從門從并結構，唐代《孫公乂墓誌》使用從門從关結構，唐代《楊吳生墓誌》使用從門從弁結構（其實是另外一個字，《说文・門部》：“閞，門欂櫨也。从門弁聲。”）：這些結構或早見於南北朝時期，如北魏《元誨墓誌》、北魏《王基墓誌》、北魏《元壽安墓誌》等文字使用。閞字所使用年代較關爲晚，不過使用簡體似乎比關爲早像東漢《禮器碑（陰）》、《史晨後碑》等就直接使用“关”字結構。基於上述，關字由草書解體隸楷結構省便爲，作爲最後簡體選擇定型的中介過渡。漢語歷史漢字字彙裏貯存過【咲—笑】異體，實際書寫至遲早見於北魏《元尚之墓誌》、北魏《元顯儁墓誌》、北齊《竇泰墓誌》、唐代《王慎疑妻墓誌》。〔1〕又【會—会】，唐人該帖

〔1〕上列字形出處，均見於《漢魏六朝隋唐五代字形表》門部、竹部。《宋本玉篇・竹部》：“笑，私召切。喜也。亦作咲。”《集韻・笑部》：“笑咲关，仙妙切。喜也。古作咲。或省。俗作唉，非是。”唐代詩人有將花開擬爲“笑語”寫法，蔚成結習。日本相沿傳播下來，“花が咲く”“櫻の花が咲く”已成描寫“花開花落”固定詞頭，所施又不限於詩歌。中土後來表現“花開”信息，皆籠統固定爲“開放”書寫形式。在這個意義上，有人説東瀛扶桑，保存了唐代語文及其使用習慣，見存書寫文獻，漢字形音義，胥有補於唐學，非虚語也。

“會”字徑草書作。秦漢六朝直到隋唐五代之際，會字皆無簡化趨勢。隋唐之際草書，存在將“增”寫作的章法，遂構成【會—会】化簡的中介過渡。

漢字發展經過兩次“解構”過程，實際書寫過程中存在著海量中介字跡數據。相對於此，字彙所存儲固定下來的，僅是其中某些中介環節所形成的“過渡形體”。漢字認知器的原理，就是基於海量中介字跡資料，恢復業已中斷的中介環節，也就等於重建了過渡聯繫認知渠道。另外，對於漢語作爲第二語言習得某些階段，漢字認知器也將發揮重要輔助作用。毋庸贅言，作爲“漢字認知學”學科建設與發展，漢字認知器研製水平，目前還僅是停留在出土古文字的識別、字彙所存儲所謂“疑難字生僻字”形同射覆的盡量鈎稽上面。值得期待的是，包蘊歷代實際書寫的專業大數據挖掘及其標注體系的格式化，接近 AI 水平的 WORD NET 生成。到達這個加工水準，歷代實際使用漢字辨識，各種情景下的漢字習得，各種空間結構產品設計開發，乃至書寫作品斷代真僞鑒定等，漢字認知器的應用領域將會日益廣泛。

漢字本質上來說作爲人類近取諸身——意識記憶情感體驗，遠取諸物——法天象地，大千世界，獨具匠心營構的符號體系，其物理屬性介乎一維與二維之間，即在二維圖像面前具有高度抽象性，在一維數字面前則具有一定圖示性。具備這樣的基本屬性：一體兼具實象與虛象，一象關涉大腦左邊與右邊；既有嚴格的規定性，又提供無限意會展開記憶想像綫索。〔1〕 漢字體系所攜帶的深邃而無盡藏的人文智慧信息，對於高科技社

〔1〕 在人類的認識發生發展史上，人的意會知識是一切知識的基礎和源泉。波蘭尼認為：“意會知識比言傳知識更基本。我們能夠知道的比我們能說出來的東西多，而不依靠不能言傳的瞭解，我們就什麼也說不出來。”這就是說，意會知識在時間上先於邏輯的、言傳的知識，没有意會便無法產生和領悟言傳知識。從言傳知識的產生來看，波蘭尼認為這實際上是把意會知識加以編碼和發送的過程。同樣地，波蘭尼把言傳知識的獲得看作是意會能力接受和解碼的過程：“我已表明心靈的純意會作用是一領會（悟）過程，現在我要進一步指出，對詞和其他符號的領會也是一種意會過程。詞句可以傳達情況，一系列代數符號可以構成數學演繹推理，地圖可以表達出一個區域的地形，但没有任何詞、符號或圖能傳 （轉下頁）

會人類生活人文精神世界,將是無可取代的基礎資源。也許可以説,漢字文化學科領域的廣泛而深入的數據挖掘與憑藉,稱得上是現代終極意義上人文主義精神的重建工作之一。

附録圖版或存目

1.《盧仝等題名》

2.《趙孟頫書閒居賦秋興賦》第 2 頁"雖吾顔之云厚"、第 10 頁"慈顔",上海辭書出版社 2011 年。

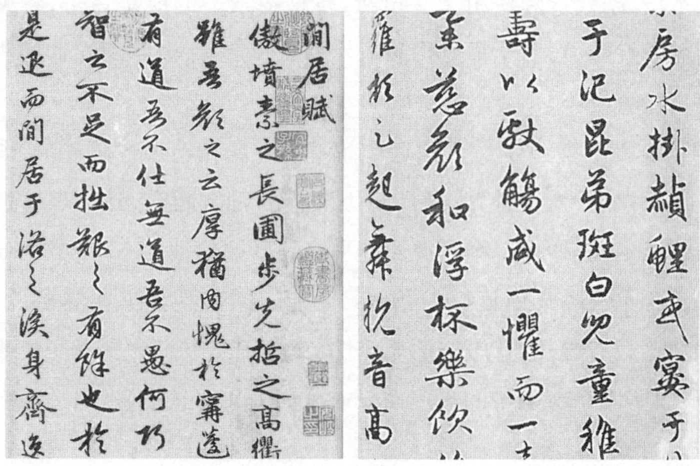

(接上頁)達出對它們自身的領會。……只有依靠理解的作用,依靠自我的意會貢獻,面對一個表達的接收者才談得上獲得知識。"由此,我們可以把言語信息的實現過程(言語鏈)劃爲五個階段,即"編碼——發送——傳遞——接收——解碼"這樣五個平面,那就可以看出,編碼和解碼是這一鏈條的兩個最重要的環節(始端和終端)的實現則要依靠人的意會能力。同理,造字離不開意會;人們解讀字義也必須有意會能力的參與。李景源《史前認識研究》,湖南教育出版社 1989 年,第 78—79 頁。

3.《晉右軍王羲之書》第 19 頁，左行四字為“舊都使人”，上海辭書出版社 2015 年。

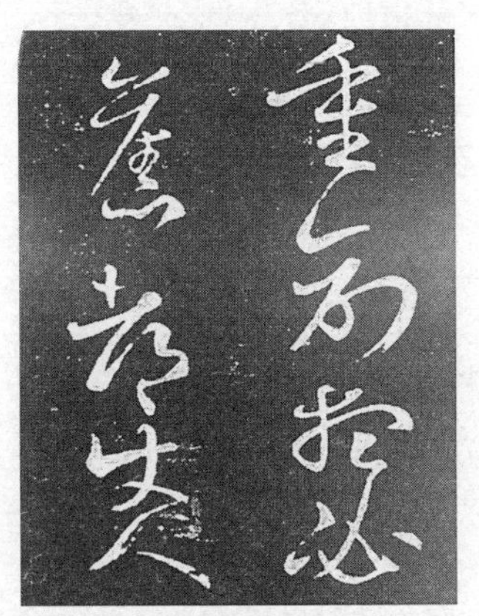

4. 趙孟頫《草書千文》，上海書店 1990 年；朱敬瑫《千字文》，見《西安碑林全集》“碑刻”，高峽主編《西安碑林全集》及附録《陝西碑石菁華》，廣東經濟出版社 1999 年綫裝版第 33 卷。二者關於“平章”字，承襲二王章程之跡甚明。

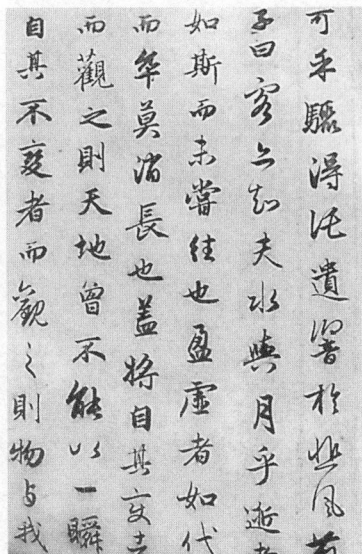

5. 鄧文原《急就篇》,參看其中關於"顔文章""戴使郡""使令""奉行"草書章程表現;關於"變化""平"草書章程表現。

6. 趙孟頫書寫北宋蘇東坡《赤壁賦》"變"字,草書换用"使"字成分,使用等同"平(辯)"字,上海辭書出版社 2011 年。

7. 北京圖書館金石組編選《北京圖書館藏中國歷代石刻拓本匯編》(101 册),中州古籍出版社 1988 年。《席德將墓誌》拓片,著録於第 10 册第 87 頁。

8. 日本國見在唐抄本"席""帶"字書影。參見下列數據庫。

9. 秦漢六朝隋唐五代出土文獻所見"席""帶"字書影。參見下列數據庫。

10. 歐陽修《秋聲賦》趙孟頫行草書,編者釋文以草書形體輪廓接近,而將"緑縟"誤混爲"緑縞"。孫寶文編《趙孟頫秋聲賦・煙江疊嶂圖詩》第 5 頁,上海辭書出版社 2015 年。

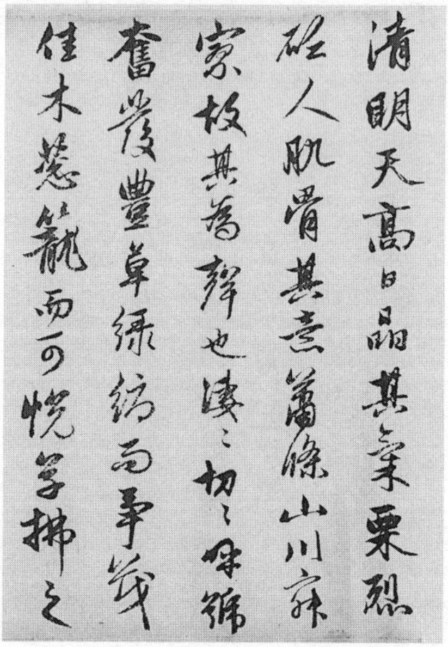

11. 草書偏旁歸併類型舉隅(采自書法學習網 www.shfxxw.com)。

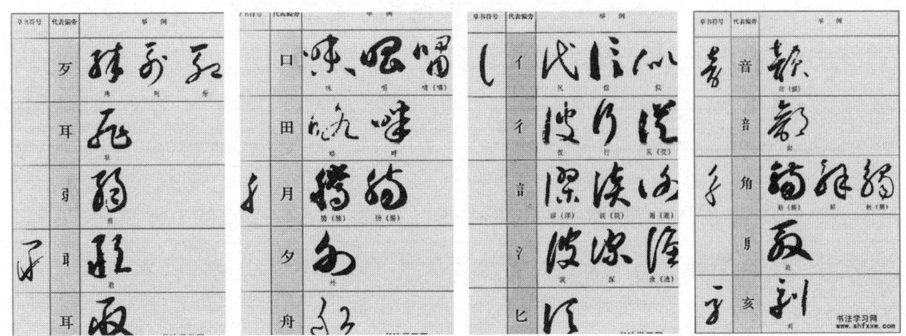

12. 孫寶文編《唐人月儀帖》頁 4“勞”、頁 5“會”字草書，上海辭書出版社 2016 年。

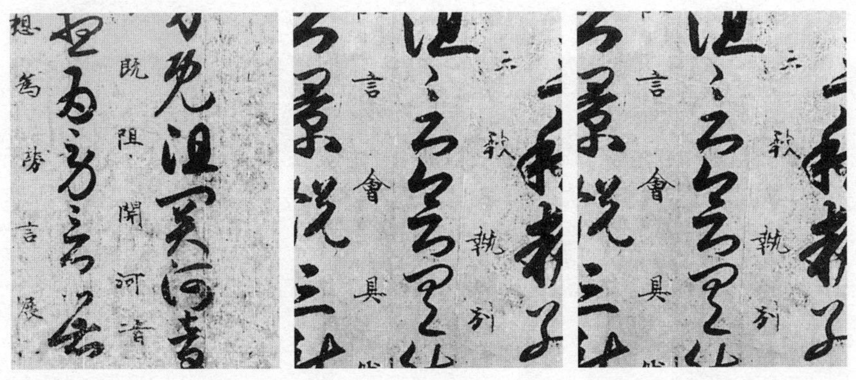

各類數據庫

1. 所查詢有關字彙資料，均采自中國教育部人文社科重點研究基地/智庫（CTTI）華東師範大學中國文字研究與應用中心、表意文字大數據研發中心智庫研製“歷代字彙韻書數據庫”“十三五”版，其中《篆隸萬象名義》底本，爲日本東京大學高山寺藏本。

2. 臧克和主編《漢魏六朝隋唐五代字形表》，南方日報出版社 2011 年；“秦漢六朝隋唐五代出土文獻數據庫”。

3. 臧克和主編《日藏唐代漢字抄本字形表》，華東師範大學出版社 2016 年 1—3 冊，2017 年 4—9 冊；“日本國見在唐代漢字文獻數據庫”。

4. 華東師範大學中國文字研究與應用中心、表意文字大數據研發中心（CTTI）研製《秦漢六朝字形譜》及"秦漢六朝各類出土文獻文字網絡數據庫",2010—2018年。

本文爲世界漢字學會(第六屆年會,2018年10月德國)所撰寫,原文刊載於《杭州師範大學學報》(社會科學版)2018年第3期,收入本集又有所訂補。

結構的整體性

——漢字與視知覺

基於漢字基本屬性,漢字視知覺規律構成漢字認知領域研究的基本問題。漢字的認知特徵,是結構整體性感知。就功能層次而言,漢字形體標記區别音義,是基於結構整體的規定。結構成分之間相互依存,相互規定,離開了結構整體聯繫,部件成分的功能則是無法實現的。漢字認知的關鍵是符合認知實際的分類問題,符合漢字認知實際的基本作法是: 首先篩選出符合歷史漢字發展實際的最基本的形體結構單位,然後逐級進行組合構件的結構單位認知。在這個過程中,始終强調結構成分之間的關係。就這個意義而言,漢字結構分析正是爲了更好地遵循結構整體性認知規律。

一、視知覺與漢字認知

在人類所有參與認知的感官當中,視覺認知總是處於獲取信息主渠道地位。〔1〕 這個關係,在漢字系統中體現得尤其充分,可到眼即辨。例

〔1〕 雖然我們人類是一種需要高度依賴於視覺信息的動物,但我們的視覺皮質中樞(位於大腦的正後方)卻相對較小。與此同時,我們的額葉皮質(位於大腦正前方)的面積則非常大。造成這種差異的原因很可能是因爲,一方面我們的眼睛大小適中,另 (轉下頁)

如,按照各種感官分類得到的“目部”字所占突出比例,以及“目部”字在使用過程中的高頻率。通過歷史漢字資源庫,可以方便地比較諸如眼耳鼻舌等感知渠道所占比重。《説文解字》(以下簡稱《説文》)目部收録119字;耳部只收録33字,鼻部僅收5字,連自部共收7字;舌部僅存3字,連甘部共有8字。《玉篇》積累了基本的楷字,其中目部發展爲302字,耳部89字,鼻部23字,舌部9字。在感官表現中,尤其突出的是視覺,這與漢字字符串所記録的語言事實也是相對應的。下面是最簡單的例子:訴諸言説的,使用視覺表現字,如“講明白”“瞎説”“瞎講一氣”;訴諸行爲的,使用視覺表現字,如“瞎撞”“瞎胡鬧”“瞎指揮”“盲人摸象”“坐井觀天”“盲目樂觀”;訴諸心理,使用視覺表現字,如“黯然失色”“賞心悦目”“眼中釘,肉中刺”“心靈窗口”,總歸是眼目;體現智力活動,也使用視覺表現用字,如“眼明心亮”“明察秋毫”“明智”“一葉障目”;訴諸味覺,也使用視覺表現字,如“黑甜”“色香味”;訴諸聽覺的,也要突出視覺的參與,像“聽得見”與“聽不見”,“百聞不如一見”,“耳聽爲虚,眼見爲實”;連文字表達效果,理想的境界也是“狀難寫之景,如在目前”,等等。過去研究語用學的人喜歡講“通感”,其實還是停留在較爲籠統的概括上面。

漢字的基本屬性主要體現在結構形體,這是不需要討論的。儘管研究漢字性質的人試圖表述得全面些,比如有的文字學者將漢字説成是記録“語素—音節”文字體系,或簡稱爲“意—音”文字體系。但是,對於初學者尤其像以漢語作爲第二語言認知習得的西方人接受漢字過程來説,漢字的記音功能幾乎是無從談起的。所以,我們經常接觸到的是關於漢字訴諸視覺的“以形表義”的表述,而不是什麽訴諸聽覺的音響形象的説法。漢字“以形表義”是就其功能屬性層次而言的。其中的“義”,在認知水平上是存在相對性的,比如對於漢字學專業的工作者跟對於一般學習

(接上頁)一方面視覺中樞對複雜的視覺輸入信息的加工模式是相對固定的。參見蘇珊·布萊克摩爾著 *The Meme Machine* 中譯本第六章“容量巨大的人腦”,第244頁,Oxford University Press1999。

使用者來說,其表義程度是存在差別的;同樣,對於以漢語爲母語的學習使用者跟對於西方學習使用者而言,其表義程度又是大相徑庭的。至於其中的"形",則無論對於哪種情況的學習者使用者來説,都是一種客觀存在,即漢字系統是由基本趨於方圓形的塊體構成。有形有象,在認知領域,首先訴諸視知覺範圍。基於此,不論中西方漢字學習使用者,首先都會遇到一個訴諸視知覺的漢字形體問題。漢字形體屬性,決定了視知覺在漢字認知活動中的重要地位。可以説,漢字視知覺規律,就是漢字認知領域研究的基本問題。

漢字認知研究,要綜合漢語文字學、認知心理學、認知語言學、計算語言學,包括腦神經功能思維科學等相關學科,要在漢字結構形體學領域開展多學科交叉研究。關於"視知覺與漢字形體結構",這裏主要討論的是:遵循視覺識別規律的結構分類和結構分析問題,即結構整體性原則問題。

二、特徵,結構整體性感知

——漢字視知覺結構分類

通常所説的"漢字構造理據",實質上是指漢字結構跟所指事物、所體現的觀念意圖之間建立的一種"三角關聯"。不同類型的漢字結構,關聯的緊密程度是不等同的。漢字認知的關鍵是符合認知實際的字形分類問題,符合視知覺規律的分類標準就在於這種關聯的緊密程度。

漢字的基本屬性是依靠形體結構表義表詞。許多漢字教學工作者都比較注意漢字結構分析,以此來作爲漢字教學的幫助手段。但是,這裏所説的結構,應該是指感知的整體,如果能夠進行結構成分的解析,至少已經完成認知階段,也就是已經進入認識的高級過程,而不復是一般認知水準。根據這個關係,我們會發現人們討論的許多所謂"漢字認知"問題,基本上都不屬於一般"認知"階段。當然,這裏是就一般認知程序而言的。一個漢字結構的真正認識,不論是古文字還是現代漢字,往往要經過從整體到部分、從部分到整體的循環往復過程。不過話説回來,就一般認知程序而言,這裏的所謂“部分”,也是業經被作爲認知整體接受過的。

實驗證明,漢語爲非母語的學習者認識漢字時,是整體性感知的。所謂整體感知,也就是首先接受整個漢字結構,這在思維科學領域叫作“完形”。[1] 視覺觀物,其一般程序被描述爲:觀物之初,得其大體(mood of perception, tertiary qualities);注目熟視,遂得其細節之實象,如形模色澤(primary and secondary qualities)。[2] 基於此,對於漢字認知過程來説,這裏首先碰到一個問題就是:漢字整體結構分解之後,對於認知者來説,首先是急於將被破壞的“完形”恢復起來,也就是將不完整的形狀恢復到“完形”的認知努力。掌握這一視知覺認知模式,理論上,可以有助於漢字認知學習過程建立起“成分功能基於結構整體規定”的觀念。實踐上,通過不失時機地分析漢字結構的部分與整體關係,通過突出整體結構特徵,可以幫助學習者建立起關於漢字結構認知的穩定聯繫綫索。

根據符號學“語義三角”結構關係,漢字結構與所體示事物、所代表的觀念意圖之間建立的“三角關聯”可以圖示爲:

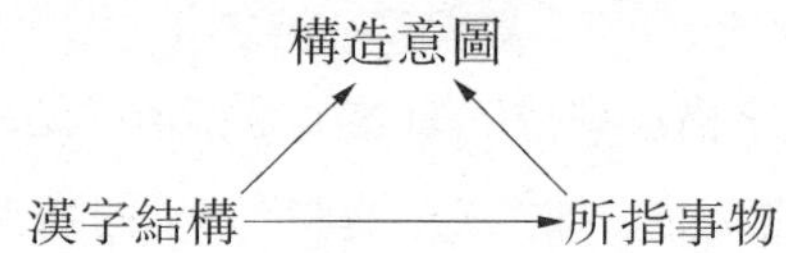

在一般漢字構形層面上,“同構”關聯(具有相同的結構關係)[3]是揭示漢字構形表詞比較易於建立與觀念、事物之間的聯繫。比較印歐語系的記録符號,漢字自具的結構關係,比較容易實現與所表示的詞、詞所指稱的事物,以及由此所傳達構造意圖關聯;一般説來,這正是漢字的易於掌握之處,也是難於操作的所在。説其易於掌握,實際就是感覺上易於實現上述關聯,人們認知意會的參與來得比較直接。然而其難於操作的

〔1〕 臧克和《漢字取象論》,臺北聖環圖書有限公司 1995。該書有關視覺思維文獻及術語,引自 Rudolf Arnheim 著《藝術與視知覺》中譯本,中國社會科學出版社 1984 年。

〔2〕 錢鍾書《管錐編》,中華書局 1979 年,第 1 卷第 71 頁。

〔3〕 臧克和《漢字取象論》,臺北聖環圖書有限公司 1995。

關鍵也正在這裏：人們的認知一旦接受了這一系統，如果要離散其中已經實現的聯繫，則是比較困難的。一難一易，對立依存，同在漢字一體，這是漢字系統的基本認知特徵。

然而，不同類型的漢字結構，"同構"聯繫的緊密程度是不等同的。漢字認知的關鍵是符合認知實際的分類，符合視知覺規律的分類標準就是"同構"關聯的緊密程度。基於此，我們曾經按照視覺形象抽象等級將漢字結構劃分三類：圖畫類漢字視覺形象、記號類漢字視覺形象和除此之外的一般符號類漢字視覺形象。

（一）記號類漢字視覺形象

在記號類漢字結構中，"同構"聯繫的緊密程度是最低的。通過記號類漢字與"視覺意象"關係的分析，可以反映出作爲記號類漢字的某些特質。

根據學者們關於視知覺思維的研究，所謂"視覺意象"，最簡單的定義就是位於"實際事物"與"抽象模式"之間的一類視覺形象。這樣看來，意象的特徵就在於它的"中介性"。換句話説，意象在揭示世界聯繫時，既可超越"實際事物"領域，又可讓位於那些專門再現事物的領域。〔1〕視覺心理學研究表明，要是一個意象僅能夠代表某種特定的内容，但又不能反映出這種内容的典型視覺特徵時，它就只能作爲一種純粹的記號。從嚴格的意義上來説，還無法找到一個只能作爲記號而絲毫不具有其它視覺功能的視覺形象，因爲凡是一個視覺形象總要帶點描繪性的品質。代數中使用的那些字母，有可能最接近於純粹記號，但即使這種記號也有自己的形象，因而多少能起到再現或象徵的作用。從另一方面説，記號自身也有特定的形態，只不過這些形態不像繪畫那樣僅爲了再現事物，而是一種由自身的功能所決定的完全不同的形態。假如某種意象被選擇來作爲一種記號，它就只能作爲一種間接的媒介作用。因爲它的作用就是使人看

〔1〕 Rudolf Arnheim《視覺思維》，光明日報出版社 1987 年，中譯本第 215—216 頁。

到它就想到它代表的内容。這就是説,記號與它代表的東西之間在形態上並不相似。因此,它自身不能作爲思維活動賴以進行的媒介。西方學者所討論"記號"類意象,基本上是依據西方語言的記録文字。相形之下,漢字系統中的"記號"類型就更爲複雜些。中國古文字學者曾經作過如下的分析:在文字產生之前,除了一般的文字畫之外,人們還曾使用過跟所表示的對象没有内在聯繫的硬性規定的符號,把這種符號用作所有權的標記,或是用來表示數量或其他意義。一般文字學者歸結記號字的特點是:其字形跟它所代表的詞没有内在聯繫,比較難認難記,不容易被人接受。〔1〕雖然漢字裏的數字類像一、二、三、亖等似乎較印歐語系中的文字像英語的基數詞 one、two、three、four 等給人們的視覺意義來得更爲直接些。但是,如果缺少其它背景(當其誕生之際,則總是與具體的事物相聯繫),我們同樣不知道它們代表一、二、三、四個人,還是幾個其它什麽物體。就是説,漢語數位,仍然不外是起一種間接的媒介作用,與它們所代表的物體之間在形態上毫無相似之處,也因此同樣不能作爲視覺思維活動進行的媒介。上述分析,可以看作是有的學者概括的記號類漢字"難認難記,不容易被人接受"視知覺認知特徵的一般説明。

(二)圖畫類漢字視覺形象

在圖畫類漢字結構中,"同構"關聯的緊密程度是最高的。一般文字學研究者認爲,漢字的發生與圖畫存在比較直接的關係。兒童認知發展過程中語音、圖像和文字的對應關係的調查研究,成爲認知語言學的重要課題。有人曾經將直接來源於繪畫的漢字類型稱爲"文字畫",也就是類似文字的那部分圖畫。考古發現,在整個漢字體系中,至少有一類漢字是可以作爲"圖畫類"視覺意象來看待的。隨著大量考古發掘,這部分漢字的發生學研究意義越來越豐富。就結構類型而言,這部分漢字主要就是通常所講的"象形"程度相對較高的一類。視知覺心理學的研究關於這類

〔1〕裘錫圭《文字學概要》,商務印書館 1988 年,第 3—4 頁。

意象的定義爲:意象用於描繪事物,而當它描繪的事物在抽象性方面低於這一意象自身時,這種意象就成爲這些事物的繪畫。作爲繪畫的意象,總是捕捉所描繪物體或事件的某些有關性質,加以突出或解釋,因爲繪畫不同於忠實的復現。上述定義並非表明"圖畫意象"不需要抽象,一幅畫總是要比它再現的實際事物抽象,而且"抽象"乃是繪畫用以解釋所畫物體的一種手段。〔1〕

關於圖畫類意象的漢字結構抽象程度,也就是從圖畫類文字與所記録的詞、表達的意義關係來看,這三者所建立的"同構"關聯應是比較緊密的那一類。

(三)符號類漢字視覺形象

整體上總是晚於上述兩類產生;但在數量上則占了全部漢字的相當比重,以至於人們習慣上籠統稱漢字也是一個"符號系統"。在某種程度上,當且僅當符號性意象在一種文字系統中大量出現,並占了決定性地位之際,就意味著該文字已形成完備的體系了。基於此,我們分出上述兩類漢字之後,主要來討論符號意象類的漢字。

視知覺心理學研究表明,當意象作爲符號使用時,它的抽象性一定要低於符號所暗示的東西。換言之,一種符號必須能爲某一"類"事物或某一"類"力的作用方式賦予具體的"形狀"。意象本身當然是一種特殊的事物,而當用它代表某一"類"事物時,它便具有了符號的功能。視覺思維原則是,任何"標本"或標本的複製物,只要用它代表該"類"事物,就成爲一種符號。〔2〕 像合體字作爲符號意象的例子,我們可以舉出"牛部"一類字來觀察。構成牡、牝、牧、牲、牢等字的"牛"符,從商代甲骨文反映的時間層次來看,實際上存在與馬、羊、鹿、豖甚至包括犬等字符互換的關係。換言之,在有關牛部的合成結構裏,牛符其實是代表著當時的"動物

〔1〕 Rudolf Arnheim《視覺思維》,光明日報出版社 1987 年,中譯本第 215—216 頁。
〔2〕 Rudolf Arnheim《視覺思維》,中譯本第 218—219 頁。

類”的。由“種”到“屬”(即“類”)的過程,傳達出漢字符號化的程度。如果説“牛部”反映的是某一時間層次漢字的符號化程度,那麽,下面觀察的“口部”一類字在歷代字彙中的貯存情況,則體現出漢字符號化的歷史:1. 與構成音響的材料發生聯繫,《説文·言部》“諧”從言符,《玉篇·言部》替换作“龤”。2. 與口部相關的感官發生聯繫,《説文·口部》“舌”從口符,《集韻·末韻》記録爲“古从甘”。3. 與口部運動發生聯繫,《説文·口部》“呻”字從口符,《廣韻·真韻》記録作從欠符,欠就是口形的張大。4. 與有關物質發生聯繫,《説文·口部》“唾”字從口符,異體構造從水。5. 與引發口部運動的有關材料發生聯繫,“嗜”字從口構造,《廣韻·至韻》異構將口符换作酉符。6. 與發生音響的有關動物相聯繫,“嘷”字從口,《説文·口部》的異體又將口符换作犬。7. 與口部發出物理音響意義發生聯繫,“吟”字從口符,《説文·口部》著録的異體作從音今聲構造。8. 與内在心理行爲發生聯繫,“哲”字歸口部類,《説文·口部》保存的異體替换從心符構造,《古文四聲韻》所貯存古文又换成了兩個或三個吉符,等等。上述分析表明,那類介於抽象程度較高的記號類漢字和抽象程度較低的圖畫類漢字之間的符號類漢字,合體字構成其主體。對其構成進行分析,有必要進行單字與部件的區分,即單字和偏旁並不是同一層次上的概念。否則,就難免在漢字認知問題上導致邏輯混亂。作爲形符即合成單字的構形成分,參與到複合後的整體結構之中,該形符就不再是一個單字的身份。它在參與構形的過程中,必須再次捨棄作爲單字的具體特性,而進入到更大的義類即它的上位概念裏去。否則,像支能參與到“教”字的組合,就無法進入“牧”字的結構:二者不類,不能納入新的義類組合關係之中。邏輯學裏種概念要擴大外延到屬概念,必須捨棄一些内涵。作爲單字,一旦獲得作爲義符的資格,也就等於是又抽象了一次;進入義符構形過程中的“單字”,較之原先自足的單字,具體内涵減少,而涉及外延擴大。基於此,作爲“自足單字”與充當“義符單位”,二者雖然仍使用同一符號,但其功能意義卻已經不屬於同一層次。有的學者探求文字本義,似乎認爲字義越具體才越像本義。其實,本義並非意味著具體。

應該説明的是,上述分類僅僅是基於視知覺對於文字結構形體一般認知傾向性的大致相對劃分,並不能對應嚴格文字學意義上的形體結構類型分析。有的比較文字學研究者提出文字的視覺分辨率問題,實際也涉及基於視知覺的分類:符號形體差異越大,其特徵越鮮明,對大腦的刺激越強烈,視覺分辨率也就越高;符號差異的程度由筆畫的形式、筆畫的組合方式和筆畫的密集程度三個因素來決定。[1]

三、功能,結構整體性實現
——漢字視知覺結構分析

關於現代漢字的結構性質及其認識,國内外部分漢字教學研究者,將形聲結構中的聲符部分所能標示的音值,跟整個形聲結構的音值進行系統測查對比,試圖重新認識漢字結構表義還是表音的性質。我們曾經指出,在形聲結構中,離開聲符和形符任何一邊去分析各自的功能特點、範圍大小,實際上都是一件困難的事情。形聲結構中的聲符和形符,各自的功能,都是在相互依存、相互對待的結構關係中實現的。形符和聲符的作用,就是通過"結構對立"使字形結構意義得到區别。通過這種區别,使得我們習慣上所説的表音表義即音義對應關係得到確證。這種從"結構對立"著眼的説明,是符合實際的。至於現在基於計算機處理的需要,進行的字符分類、結構拆分,更多地則是考慮技術層面上的問題。

我們不妨這樣來考慮問題:對於一個開始接觸漢字的學習者來説,他的視知覺接觸到一個形聲結構,首先能否進行分析?其次能否認識其中各個結構部件的功能?這些恐怕都談不到。他首先所能認識的,只能是整個形聲結構形體,進而瞭解形體跟所標記音義的關係,然後再逐步注意到其中有些構成成分跟整個結構的讀音有些聯繫,甚至開始出現"讀半

〔1〕 解志維《漢字和中文拼音的具體比較》,收入許壽椿主編《文字比較研究散論》,中央民族學院出版社 1993 年。

邊”的現象。最終熟悉到一定程度之後,就會分辨哪些部件在結構中始終處於基本相同的位置,在結構合成中的分工對應也比較固定,於是就集合出來經常處於形符位置的部分和經常處於聲符位置的部分。這種集合的結果,等於是暫時地將各個構件的功能從結構中分離出來。分離的方便之處,首先就是使得整個形聲系統内部的組織結構的觀察分析變得比較直觀。視知覺既然突出整體性認知,那麽,在運用結構分析偏旁拆分手段進行漢字教學過程中,就會強調結構整體聯繫。漢字形體標記音義,是基於結構整體的規定。結構成分之間互相依存,互相規定,離開了結構整體聯繫,成分的功能是無法實現的。例如,形聲結構的聲符和形符各自的功能,都應該放在形聲結構關係當中才能準確界定:著眼於聲符,聲符所提示的語義聯繫是抽象的,所對應的是有關屬性等方面的,例如學者們喜歡提到的“戔”作爲聲符的例子。從這個角度説,聲符對應的範圍似乎更廣泛一些。但是,這其實是將有關從戔得聲構造所記録的詞義系統歸納的結果;没有所記録的詞群,這種所謂的抽象意義是不存在的。所以,著眼於聲符,配置形符,體現的卻是跟語音的對應(如以“斤”爲聲符,組合“口”符,構成“听”字,才使得“听”的語音個性化)。同時,著眼於形符,配置聲符,體現的則是跟所記録的一種特定語義的對應(如“氵”上加“斤”爲“沂”,使得“沂”的專稱義得到落實);没有聲符的合成,形符所對應的也只能是一個基本的範圍。而且,這個基本範圍也是大致的劃定,並没有嚴格的界限。參見上面關於“符號類漢字視覺形象”。

歷史漢字發展到今天,現代漢字結構是否還屬於表義文字?或者在多大程度上還屬於表義文字?我們認爲,現代漢字結構本身所具有表義性質與能否表義,這是互相關聯的兩個問題。對於一種文字體系有關屬性的認識,參與比較的對象的分類是至關重要的。比如,對於以漢語爲母語的語言使用者的調查,和對於以漢語爲非母語的學習者的調查,兩者對於漢字結構表義的認識和回答肯定不會一致。同樣,對於一個長期從事漢語言文字工作的人,跟對一個學習漢語不久的人來説,他們對漢字結構本身所具有的表義性質的認識也是大相徑庭的。對外漢語教學的實踐表明,即使現代漢字結構中最具象形特徵的部分,在一個初學漢語者面前,也已經很難説得上有多少表義功能得到實現。對於一個熟悉漢字結構歷史演變的專門研究者來説,正因爲他非常瞭解像簡帛文字那樣的形體結構變異,也不會貿然遽斷隸變楷化結構中的某一部分專門是用來幹什麽的。但是,我們是否由此就得出現代漢字結構不再屬於"表義文字"的結論呢?在回答這類問題時,就要區分我們是在回答漢字結構本身的表義機制,還是回答漢字結構能否表義的功能。前者是就漢字結構内在機制而言,是客觀存在的;後者則是就漢字結構系統呈現功能而言,是因人而異的。只要是漢字尚未改變以形體結構標記區别漢語單位音義關係的格局,漢字結構的表義機制就是一種客觀存在。

現代漢字結構是否還適應一般視知覺規律考察?這是漢字結構變化所帶來的與認知相關問題。隸楷漢字結構的認知,有待於漢字系統中的部類聯繫。隸楷階段字形變異的基本規律,整體上呈現爲字形結構理據弱化。弱化的一個明顯反映,就是偏旁趨於記號化與偏旁混用。由此導致偏旁區别性降低,對於部件的理解,要依賴文字系統部類聯繫。如"水"變成了"氵",只有回到水部構成的字系中,才能認識,像"江湖河海沐浴灌溉"等等。偏旁部件的構造意圖的認識和理解,離不開整個部類結構關係的通貫和聯繫。

基於上述結構和功能兩個層面,比較符合認知過程實際的基本做法是:首先篩選傳授基本形體構件單位,然後進行基本構件組合的結構單位認知教學。這個過程中要分清基本結構類型,例如優先進行平面結構類型的認知,也就是只包含一個層級的結構類型,然後再考慮層次結構類型的認知,也就是包含兩個乃至兩個以上層級的結構類型。在上述從基本構件到平面結構,再到層級結構認知過程中,則始終强調結構成分之間相互規定的關係。就這個意義而言,漢字的結構分析,正是爲了更好地遵循結構整體性認知規律。

要之,就漢字與視知覺而言,漢字認知結構整體性原則涉及了這樣兩個層次的意義:一、視知覺認知規律是整體性感知的,漢字認知也是從結構整體出發的。二、漢字結構成分的功能是基於結構整體的規定,同一結構內部成分之間相互依待;即使分離出來的結構成分,事實上在另外的場合業已經過了整體性認知過程。

本文是在2005年8月德國美因茨大學"西方學習者漢字認知研討會"發言基礎上修改而成。原文刊載於《語言文字應用》2006年第3期。文字數據統計,來自華東師範大學中國文字研究與應用中心研製表意文字數據庫。

聯繫的重建

——過渡性形體價值(1)

歷史漢字整理,比較基礎性也是最根本的工作就是連綴業經中斷的訛誤演變綫索,復原當時社會用字環境。否則,對於字彙取捨標準而言,就歧中有歧,很難統一。或者說,面對各類變體,選擇並標注哪個形體有資格作爲一個字的代表,是需要調查統計,並根據使用實際進行分析的。

所謂過渡性形體,這裏主要是指在文字楷化過程中,由於種種變異帶來形體分化,最終形成跟原形字迥乎不同的形體;而且有的變異結構甚至被字彙固定爲另外的字,獲得了獨立地位,就是中斷並失去了聯繫: 這其間的變異形體,都具有過渡性形體性質。字彙所貯存的形形色色的異體字,有的甚至呈現爲所謂"疑難字",往往就是"過渡性形體"發展分化的結果。認識這些疑難字,梳理過渡性形體,恢復已經失落的聯繫,就是找到了最爲重要的綫索。由此可見,過渡性形體的整理,其實是文字數據採擷、文字規範乃至字形取捨的關鍵環節。[1]

---

〔1〕 基於上述認識,課題組編纂了《中古漢字流變》(華東師範大學出版社 2008 年)、研製了《漢魏六朝隋唐五代字形表》(南方日報出版社 2010 年)。下面所提取部分字組,帶有舉例性。字組内部關聯使用【 】符標注。

【匹—辷、辺—疋】北魏延昌元年《元詮墓誌》(《匯編》[1]第 4 冊第 1 頁)“絹布七百匹”作匹,北魏普泰二年《韓震墓誌》(《匯編》第 5 冊第 157 頁)“雖令君取匹玉瑩,平叔見疑粉色,對而爲言,彼未盡善”作辺,隋大業六年《張喬墓誌》(《匯編》第 10 冊第 34 頁)“雖復應王多藝,匹此非儔;郭劇周人,方玆爲劣”作辺,隋大業九年《蕭瑾墓誌》(《匯編》第 10 冊第 94 頁):“恭溫寡匹,聰叡無儔。鴻都屢踐,鳳沼經遊。”“匹”字隸書作辷。唐元和四年《王大劍墓誌》(《匯編》第 29 冊第 49 頁)“布絹五十端匹”作疋。疋用作“布匹”字,即由“匹”從辵形體爲其過渡。

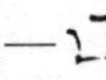

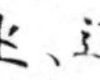

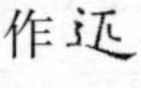

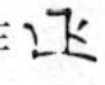

《説文・匸部》:“匹,四丈也。从八、匸。八揲一匹,八亦聲。”《疋部》:“疋,足也。上象腓腸,下从止。《弟子職》曰:問疋何止。古文以爲《詩・大疋》字。亦以爲足字。或曰胥字。一曰疋,記也。凡疋之屬皆从疋。所菹切。”《上海博物館藏戰國楚竹書》第一冊《緇衣》第 21 號簡“好丌匹”作匹,像二人耦合匹配。《宋本玉篇・匸部》:“匹,普謐切。配也,四丈爲匹。又一馬也,輩也,二也。”《萬象名義・匸部》正文抄脱,而反切使用 55 次。

【鑄—鑄—鑄】隋開皇五年《惠鬱等造像記》(《匯編》第 9 冊第 25 頁):“從開皇元年造像頭手,竝鑄大□,□五年,素起身跗,兼修寶殿,計柒匣柱像,用布一萬七千五百斤,用柒十二斛,黃金八萬七千薄,析像及殿合用錢五千七百貫。”其中所缺字形,分別位於拓片上下兩端,磨滅不完。或補充爲“從開皇元年造像頭手,竝鑄大鍾,至五年,素起身跗”,並以“鑄”爲“鑄”字,素爲塐字。見日本齊藤達也《關於隋重建七帝寺記——注釋與考察》第 96 頁(國際佛教學大學院大學研究紀要第六號,平成十五年三月)。由於接下“大”字之後,所缺兩字模糊,且位於墓誌拓片兩頭,遂難以遽斷其是非。

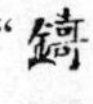

〔1〕《北京圖書館藏中國歷代石刻拓本匯編》(共 101 冊),中州古籍出版社 1989 年,文中簡稱爲《匯編》。

石刻數據庫篩選,可以找到鑄形,爲唐顯慶四年《尉遲君(敬德)墓誌》(《匯編》第 13 册第 104 頁)“方申鎔鑄”所用鑄字形體,此爲鑄作鋳形之過渡。有此過渡形體,始得推測鋳形歸“鑄”字位。作爲偏旁過渡聯繫,可參看隋大業七年《田德元墓誌》(《匯編》第 10 册第 55 頁):“仁壽二年起家授涼州總管府掾。從容上席,剖決如流。”其中“壽”形即刻爲壽;隋大業十年《侯氏墓誌》(《匯編》第 10 册第 109 頁)壽字作壽。

【壃—壃—⿰土量】隋大業五年《寧贙墓碑》(《匯編》第 10 册第 25 頁):“故枝流棻徙,自結貞筠之條;宗子維城,各理封⿰土量之邑。”“建國興邦,純守邊⿰土量。”使用⿰土量字,皆作⿰土量形。《宋本玉篇》未存,《萬象名義》抄作反切用字:“袂,於⿰土量反。”《集韻》《類篇》等皆未見,《漢語大字典·土部》引《龍龕手鑑·土部》以爲“音量”,《字彙補·土部》“義未詳”。

按石刻用同“壃”,或即出於“壃”字分化。疆埸字,北魏神龜二年《元譿墓誌》(《匯編》第 4 册第 84 頁)“苞姬締構,復漢疆理。業固維城,宗茂驎趾”作壃,唐元和四年《諸葛亮祠堂碑》(《匯編》第 29 册第 42 頁)“出封疆以延大敵”作壃:與⿰土量字形體輪廓有接近之處。或亦即見母、來母互諧,複合輔音結構之分化孑遺,《龍龕手鑑》注音所來有自。

【流—流—㳅】北魏正光五年《元崇業墓誌》(《匯編》第 4 册第 174 頁)“藻韻清遙,談論機發,士流挹其万頃,帝宗歎其千里”作流,北魏正光三年《馮邕妻元氏墓誌之二》(《匯編》第 4 册第 126 頁)“風流之盛”作流。【流—流—㳅】省便爲㳅形基礎,隋唐五代石刻已基本定形用“流”字。《宋本玉篇·水部》:“㳅,力周切。古文流。”字形見《古文四聲韻》:“㳅,古文。”《宋本玉篇·水部》:“流,吕州切。《說文》曰:水行也。”《集韻·尤部》:“𣹔流㳅,力求切。《說文》水行也。或作流㳅。”

【氿—⿰氵几—⿰氵几】隋大業十一年《蕭氿墓誌》(《匯編》第 10 册第 138 頁):“君諱⿰氵几,字德泉。”按作者以氿、⿰氵几形近混用。《漢語大詞典·水部》“氿”條引《爾雅·釋水》:“氿,泉穴出。穴出,仄出也。”郭璞注:“從旁出也。"邢昺疏引李巡曰:"水泉從旁出名曰氿。"《列子·黄帝》:"氿水之潘爲淵。"殷敬順釋文:"氿,水泉從旁出也。"《釋名·釋水》:"側出曰氿泉。氿,軌也,流狹而長如車軌也。"《漢語大字典·水部》汎字際關係爲"同氿",字形出處見《龍龕手鑑·水部》,該字彙以爲"俗氿"。相同類型還有【軌—軓】:隋大業六年《羊瑋墓誌》(《匯編》第10冊第36頁):"昔迎賔高嶺,受白璧之遺;周世光朝,昇縉紳之表。龍漢區夏,太傅盛其門;大晉江陵,衣冠美其室。宋齊儀軌(軓),海內悅其風;梁世清高,朝野襲其德。"其"軌"字作軓,變異一揆。

【差—荖—荖】隋大業九年《皇甫深墓誌》(《匯編》第10冊第79頁):"顔遠文章,元瑜書翰,方之於君,荖無慙色。"《字彙補》川加切,《漢語大字典·艸部》荖2(chā),同"差2"。

按過渡性結構,荖字就是"差"之楷化變體。北魏正光五年《元子直墓誌》(《匯編》第4冊第169頁)"福極參差"作荖,"有識嗟傷,不知淒感"作嗟。隋仁壽四年《馮君妻盧旋芷墓誌》(《匯編》第9冊第170頁)"雅扶兩媛,差無慙色"作差,唐天寶二年《明俊墓誌》(《匯編》第25冊第39頁)"屢變星霜,文墨無差"作差。值得注意的是,過渡性結構,往往還會作爲他用,取得完全獨立身份地位。

【肎—肻—肯】東魏武定六年《邑主造石像記》(《匯編》第6冊第150頁)作肻,隋大業七年《張濤妻禮氏墓誌》(《匯編》第10冊第53頁)"終天窀穸,何時肻旦"亦用肻形。唐元和二年《苗藩墓誌》(《匯編》第29冊第29頁)"不肯留"作肯形。《宋本玉篇·肉部》:"肎,口等切。《説文》曰:骨閒肉肎肎著也。一曰骨無肉也。《詩》曰:惠然肎來。肎,可也。今作肯。肯,同上。"《萬象名義·肉部》:"肎,口等反。可也。骨無肉也。"《集韻·海韻》:"肯肎:《字林》:箸骨肉也。或作肎。"但《集韻》等無"肻"形。是知楷化過程中肎作肯者,以肻爲過渡。《説文·肉部》:"肎,骨閒肉肎肎箸也。从肉,从冎省。一曰骨無肉也。"冂、冖符易混,故上加指示符號以區別,遂爲肎字終然從止形之漸。

【滋—滋—涤】隋開皇三年《寇奉叔墓誌》(《匯編》第9冊第9頁):"四時數變,瘡鉅之痛愈涤;三年俯就,未没之哀益甚。"字形作涤。按涤爲滋之省便形。《漢語大字典·水部》未收録,所著"滋"形,界定字際關係爲"同'滋'",所援引出處爲《集韻·之部》。

【淄—湽—湽】隋大業五年《寧贇墓碑》(《匯編》第10冊第25頁):"公諱贇,字朔威,冀州臨湽人也。""臨湽粉溢,昭穆丘長。"《集韻·之部》:"淄,莊持切。水名,出泰山梁父縣。亦州名。俗作湽,非是。"《類篇·水部》未録。北魏正光四年《元譚妻司馬氏墓誌》(《匯編》第4冊第139頁)"乃貞乃潔,如淄如鏡"所作湽,唐顯慶五年《耿文訓墓誌》(《匯編》第13冊第179頁)"淄川"所作湽,唐永徽四年《段會墓誌》(《匯編》第12冊第112頁)"淄州"所作湽:爲其過渡張本。由此聯繫推知,"湽"字不見《說文》等字彙,如存在,則聲符上部必不如是作。緇,從糸甾聲。《說文》小篆作緇,尚可聯類,約略想其彷彿。

【萅—旾—旾】隋大業八年《田光山妻李氏墓誌》(《匯編》第10冊第68頁):"加以題箴損壽,續史傷神。春秋七十有八,奄以隋之大業八年九月戊寅朔廿九日丙午,卒於河南郡通閏鄉嘉慶里。"其中"春"字作旾,按該字形不見於現有字彙。原其演進軌跡,當係由【萅—旾—旾】而來。戰國長沙子彈庫戰國楚帛書甲篇即"四時"篇(帛書中間13行)"春秋"字作旾,從日屯聲,《丙篇》"秉司春"結構同。旾形上部所從屯聲,楷化過程屯形區別性降低而發生混淆。《集韻·諄部》:"萅蓴旾曾春:樞倫切。《說文》推也。从艸从日;艸,春時生也。一曰蠢也。古作蓴旾曾,隸作春。亦姓。"上具"湽"條聯繫,可以合觀。

【引—弘—弘】北魏太和二十年《姚伯多供養碑之三》(《匯編》第3冊第28頁)"祚引延康"作弘,隋大業十二年《王世琛墓誌》(《匯編》第10冊第149頁)"素月潛暉,悲風厲節,松門既啓,柳車斯引"作弘。《宋本玉篇·弓部》:"引,余忍、以振二切。《說文》云:開弓也。"《萬象名義》:

“引,忍振反。梚(挽)也。長也。正也。神陳也。”《説文》:“引,開弓也。从弓、丨。臣鉉等曰:象引弓之形。余忍切。”《宋本玉篇·弓部》:“弘,羊忍切。挽弓也。”《萬象名義》無此字,即引字添加區别記號分化而成。

【旌—㫌—旍】隋大業五年《寧贙墓碑》(《匯編》第10冊第25頁)“雲横百陣,靡旌摩壘”作㫌,隋大業九年《張盈妻蕭餝性墓誌》(《匯編》第10冊第81頁):“旍黼黻之華,製賦鍼縷;抑滿盈之損,勒文攲器。”隋大業九年《張盈墓誌》(《匯編》第10冊第82頁):“旍盛德以幽墳,勒芳猷於玄石。”隋大業十三年《杜君妻鄭善妃墓誌》(《匯編》第10冊第165頁)“慮桑海之遷移,書玄石以旌記”用字同,作㫌;隋開皇九年《□和墓誌》(《匯編》第9冊第54頁)“士林宗仰,才望攸歸,弓旌屢招,承掾交至”,其中“旌”字作㫌。隋大業十一年《田氏墓誌》(《匯編》第10冊第130頁)“式刊玄石,㫌此芳猷,以得不朽,迺爲銘曰”作㫌。

隋開皇二十年《獨孤羅墓誌》(《匯編》第9冊第126頁)“全璞不彫”作全。唐貞觀十九年《何相墓誌》(《匯編》第11冊第134頁)“弘教義以訓下,篤貞信以全交”作全。

銓,唐武德八年《盧文構妻李月相墓誌》(《匯編》第11冊第4頁)“密勿禁中,銓衡禮閣,清暉素履,領袖人倫”作銓。

【全→令】演變綫索既明,旌又如何由從生變爲從全形呢?底層原因是南北朝時期石刻用字旌所從生形,已經存在生、金、全、令等區别性不顯即混淆使用問題。

例如,北魏孝昌三年《元融墓誌》(《匯編》第5冊第60頁)“再擁旌旄,于彼青土;馳傳褰幃,問民疾苦”作旌,北魏正始二年《李端墓誌》(《匯編》第3冊第84頁)“故勒斯誌,式旌泉戶”作旌,北魏永安三年《元液墓誌》(《匯編》第5冊第136頁)“勒銘黄壚,以旌烋烈”作旌,北魏熙平二年《王誦妻元貴妃墓誌》(《匯編》第4冊第45頁)“乃勒石傳徽,庶旌不朽”作旌,隋仁壽元年《房吉墓誌》(《匯編》第9冊第146頁):“剌史敬公召爲州都,仍(乃)令(全)冠履,斯整彝倫。”顯然以令爲全。

從全、令混用過程可知,漢字發展史上,若干字形原本就是訛誤的結果。調查漢字發展、依靠漢字諧聲偏旁構擬歷史語音,這類現象是必須首先瞭解清楚的。

【秩—[illegible]—袟】隋大業八年《孔神通墓誌》(《匯編》第 10 冊第 69 頁):“駈歷勤勞,宜昇戎袟。”字形作[illegible],“宜加戎秩,以酬勞績”字形所作同。以楷化方、礻、衤、禾旁喪失區別性而易混,[illegible]爲秩—袟過渡。《宋本玉篇 · 衣部》:“袠,除失切。亦作帙。袟,同上。”《萬象名義》等字彙未見,《集韻 · 質韻》:“袟,劒衣。直質切。”《類篇 · 衣部》:“袟,直質切。劒衣。”

【㠀—[illegible]—島】隋大業八年《孔神通墓誌》(《匯編》第 10 冊第 69 頁):“蒸雲虛谷,染風遐㠀。”字形作[illegible],斯爲㠀—島過渡形體。《宋本玉篇》《萬象名義》《集韻》《類篇》等諸字彙尚無島字。

【類—[illegible]—類】隋大業九年《陳氏墓誌》(《匯編》第 10 冊第 74 頁):“徘徊雲氣,尚類高唐之下;離合神光,猶似伊水之側。”原拓字形作[illegible]。《宋本玉篇》《萬象名義》《集韻》等字彙無此字形。石刻“類”“似”對文,當即“類”字變異形體。北魏正光四年《元仙墓誌》(《匯編》第 4 冊第 134 頁)“溫明類玉”作[illegible],字形在從豕、分之間,從豕則是犬、豕之間的替換,從分則是分、豕書寫簡便化發生的混淆。然則,從豕結構,爲其過渡形體。[1]

【負—[illegible]—貟】隋大業九年《席德將墓誌》(《匯編》第 10 冊第 87 頁):“忽屬玄感逆亂,誠勇奮發。擐甲負(貟)戈,先鋒挑戰。□定寇埸(埸),冰消瓦散。”字形作[illegible],負、貟異體。字彙不録,唯《集韻 · 灰部》:“倍、貟:河神名。一曰倍尾,山名。或作貟。蒲枚切。”

[1] 後人摹寫晉人王右軍《蘭亭集序》,於其“[illegible]”字辨析,已經比較吃力而含糊。

【將—将—将】隋大業九年《張盈墓誌》(《匯編》第10冊第82頁)“領軍将軍”如此作,諸字彙無此字。

【襲—䶬—䶬】隋大業九年《郭寵墓誌》(《匯編》第10冊第90頁)“高蹈白屋之蹤,遠襲黄冠之趣”,“遠襲”字形體不全,對照銘文“譽爲青帝,棄襲黄雲”作䶬而補。該形體字彙所不見。

【黼黻—黼黻—黼黻】隋大業九年《郭寵墓誌》(《匯編》第10冊第90頁):“心遊海外,形存闕下。衣傳黼黻,庭□玉馬。”石刻作黼黻形,爲詞形結構位置變異者。《集韻·噳部》:“黼䵗:《説文》白與黑相次文。或作䵗。匪父切。”《集韻·勿部》:“黻黻:《説文》黑與青相次文。或作黻。古通作茀。”䵗、黼形近誤混,見《類篇·黹部》:“黼黼:方榘切。《説文》白與黑相次文。或作黼黼。又彼五切。”《類篇》本部:“黻黻:分勿切。《説文》黑與青相次文。或作黻。”黹形變異爲耑,石刻爲之漸。

【征—征—征】北魏正光五年《元悦妃馮季華墓誌》(《匯編》第4冊第173頁)“又除使持節征西大將軍”作征,東魏武定三年《元光基墓誌》(《匯編》第6冊第123頁)“魏故侍中征西將軍”作征。隋大業六年《羊瑋墓誌》(《匯編》第10冊第36頁):“天統三年,除使持節征西大將軍。”《漢語大詞典》“征”條:“《廣韻》諸盈切,平清,章。見‘征伀’。”

【策—笨—荣—萗】隋大業九年《席德將墓誌》(《匯編》第10冊第87頁)“策杖”作笨。《漢語大字典·竹部》引《龍龕手鑑·竹部》所存字形,字際關係爲“策”之“俗”。隋大業六年《羊瑋墓誌》(《匯編》第10冊第36頁):“大隋開皇二年,除大都督。武策(萗)閑明,意存静難。”字形作荣,即萗亦即策之訛形,隋代石刻用字爲其過渡。或釋爲“榮”,不諳楷化變異之例。

【局—局—局】隋大業七年《劉則墓誌》(《匯編》第10冊第48頁):

"開皇元年釋褐除內小臣,三年轉宫闈局丞。""十二年又授都督,仍遷掖庭局令。"石刻所用爲過渡性形體,各本皆不見。《漢語大字典·尸部》字際關係定義爲"同局",所引字形見《龍龕手鑑·尸部》。

【驗—騐—驗】隋大業七年《劉則墓誌》(《匯編》第10册第48頁):"糸驗曩列,實莫如之。"石刻所用爲過渡性形體,各本皆不見。

【昃—昗—昊—昃】隋大業七年《劉則墓誌》(《匯編》第10册第48頁)銘文"日昃川瞑,風悲谷響"字形作昗,數據庫整理者不識,即昃字,同昃。

【冠—冦—冠】南朝梁《羅浮山銘》(《匯編》第2册第160頁)"冠"字形作冦,隋大業十一年《張壽墓誌》(《匯編》第10册第122頁)作冦,隋大業七年《陳氏墓誌》(《匯編》第10册第49頁):"女儀天秀,弱冠飛聲。"大周萬歲登封元年《王定墓誌銘並序》(《新中國出土墓誌》陝西卷(貳)第63頁):"以公妙閑儀禮,尤擅丹青,起天下之圖樣,修國家之冠冕。"亦使用從刀形。

【族—𡵂—岒—𡵂】《尚書》日藏唐寫本"族"字多寫作上部從山下部從矢的結構,原來以爲是寫手草率的結果或者來源於日人固有的寫法,其實不然。從戰國晚期的《上海博物館藏戰國楚竹書》"宗族"寫作宗𡵂、宗𡵂來看,由來已久,且以戰國晚期實物用字爲過渡。該字形的演變過程可能大致如此:金文作族(不昜戈)——楚簡文字作𡵂(《上海博物館藏戰國楚竹書》)。《宋本玉篇·山部》:"𡵂,才卜切。古族字。"《萬象名義·山部》:"𡵂,敍鹿反。古梭(族)。"《集韻·屋韻》:"族𡵂𡵂:昨木切。《說文》矢鋒也。束之族族也。一曰从㫃,㫃,所以標衆,衆矢之所集。一曰聚也。古作𡵂𡵂。"

【朞—碁—朞】北魏永熙二年《乞伏寶墓誌》(《匯編》第5册第185頁)"布政期月,仁明之謠復起,煩苛自除"作碁。隋大業七年《田德元墓誌》(《匯編》第10册第55頁):"曾未朞(朞)月,聲績已高。"石刻作者作𣅳,爲最終過渡爲從日之碁形張本。

【馥—馥—馥】東魏武定五年《元澄妃馮令華墓誌》(《匯編》第 6 册第 145 頁)“連峯既遠,清瀾遂長;桂生必馥,蘭挺而芳”作馥,隋大業七年《李氏墓誌》(《匯編》第 10 册第 50 頁)“宫人容則秀雅,滂心綽態。馥(馥)似蘭荃,潤同琬琰”作馥。馥爲過渡形體。

【研—研—硏】隋大業八年《蕭氏墓誌》(《匯編》第 10 册第 65 頁):“鉛華盛美,花燭豊研。”諸字彙不見,《漢語大字典・石部》引宋人筆記爲“果敢切”,以爲方言用字。

【靈—霊—霊】隋大業八年《孔神通墓誌》(《匯編》第 10 册第 69 頁)“至魏孝文皇帝軒駕親幸霊膺”字形作霊,此爲靈簡化爲霊形過渡。

“埊”字年代。隋大業八年《李肅墓誌》(《匯編》第 10 册第 59 頁)“摶開分野,埊列封疆”作埊。是字形至遲隋代已用,《玉篇》等字彙不爲無據。《宋本玉篇・土部》:“埊,迪利切。古地字。”《漢語大字典・土部》界定字際關係爲“同地”,引《玉篇》《字彙補》等爲來源。

然該拓片所爲作字形,隋唐石刻僅此一見,南北朝前後則未之見。《集韻・至韻》:“地墬墜埊埊:徒二切。《説文》元气初分,輕清陽爲天,重濁陰爲地。萬物所列也。籀作墬墜。或作埊。唐武后作埊。”《類篇・土部》:“地墬墜埊:徒二切。《説文》元气初分,輕清陽爲天,重濁陰爲地,萬物所列也。籀作墬、墜,或作埊。地,又大計切,唐武后作埊。”

如果隋代石刻業已使用埊字結構,然則後世歸諸武周,已屬晚起。但是,本拓片書體,通篇楷則清秀,與隋承魏碑過渡書風迥乎有别。部分字形使用頗值得懷疑:如“談棅”字用“柄”形,“因”字不用“囙”形,“刺史”字不用“刾”形,“散”字不用“散”形,“辛”字不用“辛”形等。又,行文對偶不齊,結束語句不完。是該拓片文字真僞,疑竇亦多。埊字來源,也就不能以孤立用例爲真實根據,尚有待今後實物續查。

【雅—⿰歹隹—⿰歹隹】隋大業九年《張業墓誌》(《匯編》第 10 冊第 80 頁)“祖⿰歹隹,曠野将軍司空府長史。父僧達,後車将軍奉車都尉銀青光禄大夫晉州别駕”字形作⿰歹隹。⿰歹隹,《漢語大字典·歹部》引《龍龕手鑑》:“俗,雅、椎二音。”《字彙補·歹部》朱堆切,出《篇韻》。按過渡性結構原則,⿰歹隹字其實就是“雅”之楷化變體。唐大順元年《孔君墓誌》(《匯編》第 34 冊第 24 頁)“寬弘雅志”作⿰歹隹。

【觹—⿱隹⿱角乃】隋大業十三年《杜君妻鄭善妃墓誌》(《匯編》第 10 冊第 165 頁):“組織敬盡,⿱隹⿱角乃珮箕箒。”其中所用⿱隹⿱角乃形爲上下結構,應爲左角形右雋聲。猶觸或作𩯨。《漢語大字典·髟部》引《龍龕手鑑·乃部》,與“觹”同。

【樂—⿰忄樂】隋大業八年《高緊墓誌》(《匯編》第 10 冊第 67 頁):“非臨秋水,想遊俠而成驩;不上春臺,說英謀而自樂。”字作⿰忄樂。諸字彙不見,《集韻·鐸韻》:“樂⿰忄樂:娱也。或从心。歷各切。”

【雉—⿰失隹】北魏孝昌三年《蘇屯墓誌》(《匯編》第 5 冊第 59 頁)“童雉”作⿰失隹,隋大業六年《薛保興墓誌》(《匯編》第 10 冊第 41 頁):“公童子絶倫,少令無譬。夢吞翬(雉)⿰失隹,才藻日新;應見神鳩,月徵華選。”《集韻·屑韻》:“鴃鴩⿰失隹:鳥名,說鋪豉也。或作鴩。亦从隹。”應據《類篇·隹部》改:“⿰失隹:徒結切。鳥名,鋪鼓也。”

【蘂—蘃】隋大業七年《劉則墓誌》(《匯編》第 10 冊第 48 頁):“恨朝霞之難挹,傷瓊蘃之無徵。”《集韻·紙韻》:“蘃蘂:艸木華蘃。或作蘂。通作橤。”《類篇·木部》:“橤蘂:乳棰切。垂也,或作蘂。”

文獻及數據庫:

有關統計見石刻語料庫和字彙語料庫。石刻語料庫文獻材料來源主要有:《北京圖書館藏中國歷代石刻拓本匯編》(中州古籍出版社 1989 年),《新中國出土墓誌》(文物出版社 1994—2004 年),《歷代石刻史料彙編》(北京圖書館出版社 2000 年),《西安碑林全集》(高峡主編,廣東經濟出版社 1999 年綫裝本)。兩類語料庫,均爲華東師範大學中國文字研究與應用中心研製。

原載《中國文字研究》2010 年第 13 輯。又見中國人民大學書報資料中心《語言文字學》P80—85,2011 年第 2 期。收入本集,又有修改。

中介的恢復

——過渡性形體價值(2)

漢字過渡性形體,對於重建和恢復漢字發展認知渠道具有無可替代的價值。過渡性或曰中介性形體考察,遵循"元本形→過渡形(過渡Ⅰ→過渡Ⅱ→過渡Ⅲ……)→定形"整理模式,需要從社會使用實際出發,調查其社會實際使用頻率及其承前啓後的影響地位。

一

臧克和《聯繫的重建》一文曾提出,所謂過渡性形體或曰中介性形體,主要是指在楷化過程中,由於種種變異帶來形體分化,最終形成跟元本形迥乎有別的形體(暫稱爲"定形");有的變異結構甚至被字彙固定爲另外的字,獲得了獨立地位;由此中斷並失去了聯繫:這其間的變異形體,都是過渡性形體。像上文曾提到的已知例子:在【旌—旍—旍】異體組,從旌→旍,旍之於旌,乍瞥初覩,結構相隔已然懸遠;而中間旍形從全構造,生、全、令楷化輪廓則庶幾近似。如此,旍形就構成旌→旍的中介聯繫環節。這個環節,作用爲過渡。已知條件爲旌=旍,又因旍=旍,那麼旌=旍。若易簡之以公式,表述可轉換爲:已知 A=B,且存在 B=C 條件,則有

A=C。如此,下面異體組胥可套用:在【滑—[illegible]—[illegible]—惉】中,已知滑=[illegible]=[illegible],又因[illegible]=惉,則有滑=惉。在【鑄—[illegible]—[illegible]】中,已知鑄=[illegible],又因[illegible]=[illegible],則有鑄=[illegible]。在【浣—[illegible]—浞—涀】中,已知浣=[illegible],又因浞=涀,則有浣=涀。

在長期的使用和發展過程中,相對於最終爲字彙所固定下來的字形,大量變異形體只起到了過渡性或曰中介性作用,所以我們曾擬稱爲“過渡性形體”(簡爲“過渡形”)。歷史地看,每個被實際使用過的形體,都已凝固爲客觀存在,本無所謂“過渡”;而相對於歷史字彙的静態固定,大量動態使用過程的字形則是被忽略的,充其量只是某種“過渡”階段産物。字彙所貯存的形形色色的異體字,甚至呈現爲所謂“疑難字”,往往就是由“過渡性形體”發展的結果。

就實踐層面而言,過渡性形體,是觀察字形變化趨向的關鍵環節,也是構建漢字認知關聯的途徑。因此,努力復原文字變異的大量中介過渡狀態,成爲漢字發展史真實觀察、客觀描寫的重要因素。梳理過渡形體,可以實現將被固定爲静態的字形,置於動態的使用歷史過程考察,爲文字的理解提供前所未有的可能性,從而使複雜字際關係定義、各種所謂“疑難字”的辨識,不啻恢復業經失落的聯繫環節、重建認識綫索。由此可見,漢字過渡性或曰中介性形體,對於拓展漢字發展的認知渠道具有不可替代的價值。

過渡性形體調查過程,遵循“原形→過渡形(過渡Ⅰ—過渡Ⅱ—過渡Ⅲ……)→定形”復原模式,由此構成文字資源統計、文字規範標準研製,乃至漢字發展中考察字形取捨的關鍵環節。考察單位漢字演變,一項基本工作就是連綴業經訛誤乃至中斷的演變綫索,復原當時社會用字環境。字形工具書編寫,乃至“全字集”建設,其字量的出入,事實上大量存在於過渡性形體的取捨上面。换言之,爲一個字形確立獨立字位,真正需要討論的就是確立的原則。過渡性形體的取捨,應從社會實際使用出發,調查其社會實際使用頻率及其承前啓後的影響地位。

過渡性形體,在某個時段其實就是新增字形。對於這類狀態字形調查統計,《漢魏六朝隋唐五代字形表》及所依託相關語料庫,將提供某些方便。以下所列魏晉南北朝到隋唐石刻,常見過渡狀態形體,實質上也就是這段時間的新增字形。臧克和(2010)已論及字形結構關聯,兹不復贅。

二

【廷—　—廷】《説文》根據小篆分析爲形聲結構,從廴壬聲。漢魏南北朝唐代,多見從辶且壬形竪筆下出頭,以隸變楷化辶—廴、壬—壬區別性降低混用(南北朝隋唐石刻用字基本使用最下横筆拉長以增加區别)。唐代《干禄字書》分類定型:"上通下正。今人音庭,非也。"唐代《五經文字》辨析:"朝廷之廷,凡庭挺之類,皆从此。"漢簡過渡,如西漢居延新簡作　,武威漢簡作　,【廷— 　—廷】遂成異體。現代通行楷字仍從壬,而壬非聲。[1]

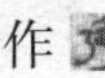

【黎—　—梨】《漢魏六朝隋唐五代字形表》(下省稱"字形表",文中所出簡牘石刻等字形,皆見於該表)《黍部》"黎"字,北魏《鞠彦雲墓誌》作　,唐《李仁德墓誌》作　。大燕顯聖元年《司馬望墓誌》:"公諱望,□□□河内溫人也。其先出顓頊少昊之後,□梨始封于唐堯。義和嗣職,代掌天地,克茂勳庸。洎周宣號邑于程,爲大司馬。錫以官族,因而命氏。"以𥝢聲破壞,遂改從利聲而成梨形。《説文·黍部》:"　,履黏也。从黍,𥝢省聲。𥝢,古文利。作履黏以黍米。"初、𥝢混用,見於"初首""利首""黎首"等用字。字形表《黍部》"黎"字楷書類,北魏《韓震墓誌》作　,《刀部》"初"字楷書類,北魏《薛慧命墓誌》作　。以楷化禾、衣區别性喪失,故"黎"字聲符𥝢,往往與"初"字混淆。南朝齊建武二年《釋法明造像記》:"願同　首,有識羣生,咸羿斯樂。發果菩提,廣度爲功。"字

〔1〕參見臧克和《中國文字發展史·隋唐五代文字卷》第一章第二節"楷字區别性"【壬—壬—玉】條。

形用作。校注者或作“初首”,殆破詞失讀。是知“初首”者,即“利首”之混,利首者,即黎首也。隋刻晉智永《真草千字文》:“愛育首,臣伏戎羌。”構詞爲“黎首”,黎首成詞,與羣生對文,詞義正等黔首。

【瘱—⿰女瘱—嫕】唐天寶六載《盧明遠墓誌銘並序》:“婉⿰女瘱淑慎,端莊幽閒。母儀嬪則,盡在是矣。”⿰女瘱,亦婉也,字形爲《宋本玉篇》《名義》所無。《集韻·霽部》:“瘱⿰女瘱,壹計切。《説文》靜也。或作⿰女瘱。”《薺部》:“⿰女瘱,杳禮切。婉也。”又,嫕,《宋本玉篇》《名義》等所無,殆即瘱之變形,⿰女瘱其過渡。《集韻·霽部》:“嫕嫛,壹計切。婉嫕,順从也。或作嫛。”字形表《女部》“嫕”條,隋《李氏墓誌》作,唐《竇娘子墓誌》作,唐《李鳳妃墓誌》作,唐《劉娘子墓誌》作,唐《楊珽墓誌》作,唐《張某墓誌》作。

【焉——焉】字形表《火部》“焉”字,北魏《張整墓誌》作,唐《劉子墓誌》作。大燕顯聖元年《司馬望墓誌》:“稟純孝焉,敏而達;修至德焉,正而順。”“水旱不爲公之憂,何哉?有無私之政焉。”一篇之中,數用焉形。其所由來,爲隸變楷化用字省便過程。

【畝———畒—畆】字形表《田部》“畝”字楷書類,【畒—畆】南朝宋《佛女買地券》作,北魏《元純阤墓誌》作,隋《侯肇墓誌》作,唐《萬壽寺記》作。唐元和十三年《崔蹈規墓誌》:“一畝之宅,言笑不聞於鄰。”“田畝”字用從亩從又形。楷化過程中,卜、く、ム符之間易於混淆,與“引”字條,變異一揆,實爲聯類。東漢《孔宙碑》作,可見其過渡之漸,由來已遠。

【弛——㢮】字形表《弓部》“弛”條楷書類,北魏《元顥墓誌》作,唐代《蕭惠媄墓誌》作,唐代《漢太中大夫東方先生畫贊並序》:“㢮張而不爲邪,進退而不離群。”其“弛張”亦用㢮形。《宋本玉篇》存𢐯而未見㢮形,《集韻·紙部》:“弛㢮𢐯,賞是切。《説文》弓解也。一曰捨也。或作㢮、𢐯。”要之,該字形由唐代新增而至於宋代定型。

【詮—　—詅】唐天寶五載《淨藏禪師身塔銘並序》銘文其三："三摩缽底，定力孤堅。悲通法界，慈洽人天。法身圓淨，無言可詅。門人至孝，建塔靈山。"字形表《言部》北魏《元鑒墓誌》作　、北齊《殷恭安造像》作　，爲詮字過渡。參觀"旌"字條。【詮—詅】在記録"言詮"詞語時，構成異體。然"詅"字，見《宋本·言部》："詅，力丁切。衒也。"《名義·言部》："詅，旅政反。賣也。衒也。"是"詅"形由過渡性質，進而越界具有了同形字性質。

【旋—　—椗】王羲之草書、顔真卿摹並釋文，唐大曆元年《十七帖》："要欲及卿在彼，登汶領峨眉而旋（椗），實不朽之盛事。但言此，心以馳於彼矣。"其中旋從木作椗形。字形表《方部》"旋"字楷書類，北魏《穆亮妻墓誌》作　，北魏《元彬墓誌》作　，隋《寧贙墓碑》作　。楷化過程方、礻，扌、木區別度降低而混淆，爲【旋—椗】過渡。《集韻·綫部》："槺椗，隨戀切。鷹犬紲所繫。或省。"已非一字。

【卽—　—皀】字形表《卩部》"即"字楷書類，隋《高緊墓誌》作　，爲楷書離散左右結構，浸假變爲上下結構之過渡，又見《邑部》之　字條。

【閻—　—閶】後唐同光四年《行鈞塔銘》："大德法諱行鈞，俗姓　氏，鄭州陽武人也。"其中"閻"字作"閶"，以【臽—舀】楷化區別度降低而混淆。字形表《門部》"閻"字楷書類，北齊《姜纂造像記》作　，唐《閻士熊墓誌》作　。

【弊—　—弊】字形表《廾部》"弊"字條楷書類，唐《黄羅漢墓誌》作　，唐天寶十五載《趙懷璡墓誌銘並述》："父君於是革前弊以轄諸，敷德教以訓諸。浹旬而人俗大寧，一同而目皆舉。"其"宿弊"字作弊形。楷化敝、敞區別性降低，混淆發生，其在隋唐乎。

【棘—　—棘】字形表"棘"字楷書類，其　見北魏《嚴震墓誌》，　見北魏《元定墓誌》，　見北魏《元乂墓誌》等。《集韻·職部》："棘棘朿,訖力切。《説文》小棗叢生者。又姓。或作𣡌。亦省。"《類篇》:"棘𣡌,訖力切。《説文》小棗叢生者。或作𣡌。"《集韻》等所存𣡌形,南北朝使用上下重疊構形,爲其過渡之漸。又【棘—□—𣚍】,見唐天寶十二載《張公墓誌銘並序》:"欒欒𣚍容,哀哀相次。"棘字作𣚍形,北魏《韓震墓誌》作□。又【棘—□—𣗳】:晉《郛休碑》作□,北魏《元子正墓誌》作□,唐《石經周易》作□,唐《干禄字書》作□□:"上俗下正。"是唐代字樣定型,所據亦訛變之類。

【禁—□—㮏】北魏《乞伏寶墓誌》作□,隋《王榮及妻墓誌》作□,唐天寶十一載《齊子墓誌銘並序》:"出入清㮏,宿衛紫宫。"其中"清㮏"即"清禁"。《宋本玉篇》《名義》等字彙不存,唯《集韻·沁部》:"㮏,居蔭切。承樽按。"《類篇·林部》:"㮏,居蔭切。承樽桉。"二書所存,實"於禁"即"棜㮏"器物記録本字,與石刻所用"清禁"字之變形者,偶或同形耳。《名義·木部》:"棜,於據反。禁也。舉也。"《集韻·御部》:"棜,依據切。承樽器,如案,無足,《禮》有棜禁。"石刻"禁"形結構中示、木構件混淆之跡,爲【禁—㮏】過渡。

【嗣—□—詞】字形表《口部》"嗣"字楷書類,北魏《于纂墓誌》作□,北齊《婁黑女墓誌》作□,唐《崔琪墓誌》作□。武周天授三年《張慶之墓誌銘並序》:"伯道不詞,仲宣無後。"【嗣—詞】異體,□其過渡。

【浣—□—浼—湸】唐開元二十四年《王氏妻清河崔夫人墓誌》:"克躬節儉,每服浣濯之衣;推人豐華,自甘粗糲之食。""浣濯"詞形作"浼濯",字形用□。按《漢魏六朝隋唐五代字形表》,唐《蔡君妻墓誌》亦作□。以完、皃相近混淆,衍生從氵從皃、湸形。南朝宋元徽二年《明曇憘墓誌》:"第四叔烋之,員外郎東安、東莞二郡太守。"從完變换爲從皃形,構成【莞—莧】異體,實爲聯類。

【藐—□—□】字形表《艸部》"藐"字楷書類,北魏《常季繁墓誌》作□,唐《禮佛圖(陰)》作□,唐《惟嶽神道碑》作□。【皃—㒵】【貌—皃】

楷化變異,成爲聯類。又,【藐——藐】字形表《艸部》“藐”字楷書類,北魏《穆紹墓誌》作,唐《石二娘墓誌》作。唐貞觀八年《張妃夫人墓誌銘》:“至乃輟食存仁,斷機弘訓,藐尒諸子,不墜風規。”堪爲聯類。

【邈——邈】字形表《辵部》“邈”下,北魏《元寶月墓誌》作、北魏《元斌墓誌》作、北魏《鄭黑墓誌》作、隋《李則墓誌》作等。其中間過渡,爲皃、艮符楷化多混,如字形表《豸部》“貌”下:北魏《陳天寶造像》作、北魏《元弼墓誌》作、隋《段威墓誌》皃字作、隋《魏氏墓誌》作等。“貌”字楷化變異,亦爲聯類。

【祭——祭】北魏《王翊墓誌》作、東魏《叔孫固墓誌》作,等等。《漢語大字典·示部》以爲“祭”之訛字,所援爲《正字通·示部》。變異過渡之跡,至遲當在南北朝。

【鎖——鏁】北魏《元天穆墓誌》所用形,堪爲【鎖—鏁】中間過渡。唐代使用鏁的場合,遠多於使用鎖者。唐大和九年《姚存古墓誌銘並序》銘文第三:“西築高壘,東鏁長波。”使用形。唐開元二十四年《宋知感夫人張氏墓誌銘並序》:“趨侍丹墀,作朕心膂;出入青璅,爲邦捍衛。”其中“青鎖”作“青璅”。六朝隋唐石刻隙字多作隟,即【隙—隟】異體,亦堪聯類。《宋本·金部》:“鎖,思果切。鐵鎖也。鏁,俗。”《名義·玉部》:“瑣,思果反。鏤也。鏁也。録也。連也。環也。”《説文·金部》“鎖”見於宋人新附部分。《類篇·金部》:“鎖鏁:損果切。鋃鐺也。或作鏁。”

【鑿——鑿】字形表《金部》“鑿”字楷書類,北魏《元繼墓誌》,唐代《田在卞墓誌》作,唐代《觀音像贊》作。唐代貞觀八年《鎸華嚴經題目》:“今於此山,鎸鑿《華嚴經》一部。”其中“鎸鑿”字形作“”。從金從毁之形,殆以類爲過渡環節。

【默——默】字形表《黑部》“默”字,北魏《常季繁墓誌》作。後梁龍德二年《崔公妻李珩墓誌》:“其德也,肅雍均養之稱焉;其貞也,恭默聿修之節焉。”默字形從火作。按又見石刻新增字形《黑部》“默”字條。

【杭——杬】唐咸通十一年《唐思禮亡妻北海俞氏夫人墓誌銘》：“唐銀青光禄大夫前杬州長史兼監察御史上柱國唐思禮撰。”其中“杬州”字形作，釋爲“杭州”字。按字形表《木部》“杭”條：唐《盧當墓誌》“杭州剌史諱幼公，君之王父”作、唐《張柔範墓誌》“遷洛州合宫縣尉，貶杭州司士条軍”作、唐《盧沆妻墓誌》作。又“亢”條：唐《郭瑶墓誌》“先王制禮，豈卑亢而能違；窀穸有期，匪賢愚之所越”作、唐永徽五年《苻肅墓誌》“祖元，北齊龍亢縣令；父達，隋鄴縣丞。並冰鏡凝清，蘭蓀絢藻”作。按《漢語大字典·木部》以爲“杬同枕”，所引爲《正字通·木部》“杬，俗枕字”，可能僅是反映用字實際之一邊耳。

【罕——罕】北魏正光六年《李超墓誌》“擢彼圮跡，事罕篇繒”作，爲罕向罕形過渡尤其較然者。唐上元二年《虢莊王李鳳墓誌銘並序》：“設醴罕疲，擁篲無倦。鳴雞好古，契劉德之服儒；豹蔚騰章，蔑曹建之涉藝。”罕疲、無倦對文，字形作，從⺲干聲。《宋本·网部》：“罕，呼旱切。罔也，旌旗也。又稀踈也。”《類篇·网部》：“罕：許旱切。《說文》罔也。一曰希也。亦姓。又虚旰切。抱罕地名。”

【罔——宀】唐天寶十四祀《高元珪墓誌銘並序》：“有若東西隊正，有若左右校尉，宀不遵其範而效其儀焉。”其中罔字作。此形使用不會早於唐代，《玉篇》《名義》無此字。《類篇·网部》：“网：庖犧所結繩以漁。从冂，下象网交文。凡网之類皆从网。或作罔網冈。籒作网。古作宀罓䍏。文紡切。罔，又武方切，汪罔，長狄之君。”《集韻·養部》：“网罔網冈网宀罓䍏：文紡切。《說文》庖犧所結繩以漁。或作罔網冈。籒作网。古作宀罓䍏。一曰無也。俗作岡，非是。”

【崗——豈】唐天寶七載《吴巽墓誌銘並序》：“夫人生於天地之間，唯唯默默者皆是。而夫子獨和而不同，超然秀拔，猶豈阜之上出一岫，以

高標叢薄之間，聳孤松以直上。遍在人口，不爲空言。”崗、崑異體，諸字彙所不見，唯《集韻·唐部》：“岡：居郎切。《說文》：山脊也。或書作罡。通作阬。俗作崗堽，非是。”按字形表《山部》“崗”條，北魏石刻多作左右結構堽形，其中像北魏《元羽墓誌》作，似爲崑形過渡之漸。

【御——御】唐開元九年《裴撝墓誌》：“拜國於是不空，齊魯由其一變。遂膺朝命，爰拜殿中，詔遷尚舍奉御。”御字作。唐開元九年《王修福墓誌》：“先天元年，御史大夫李傑奏稱清謹過人，授本府折。”其中御字作。《類篇·彳部》：“御䘙御：牛據切。《說文》：使馬也。徐鍇曰：卸解車馬也。或彳或卸，皆禦者之職。古作䘙御。一曰侍也。進也。又姓。御，又偶舉切，止也。又魚駕切，相迎也。”唐代石刻所存形體來看，彳、亻二符其實尚未全混，其餘構件則基本認同《類篇》“御”形省寫可也。

【崩——崩】隋開皇十一年《馬長和等造像記》“崩”字作，唐上元二年《虢莊王李鳳墓誌銘並序》：“號□孺慕，崩心肆其荒塞；絶地充窮，斷骨創其迷慟。”字形作。石刻所用，正復“崩”形之過渡。

【盤——鎜】五代後晉開運三年《楊珙楊遷造像記》：“救護婆娑世界重罪者，安著涅鎜解脱地。”其中“涅盤”字形作“涅鎜”，係殳、攵符換用，且將上下結構轉换爲左右結構。其中殳、攵楷化區别性降低混用，爲石刻用字常見現象。該字形字彙所不見，石刻爲所見早出者。

【罄——罊】唐咸通十二年《閻肇墓誌》：“其世姪徐厚耿回，以鬱與公交深分至，情契陳雷。令敍聲實，然罄狂斐。銘刊金石，範貽後昆。”五代後漢乾祐元年《龐令圖墓誌》：“同罊送終之禮，俱伸永訣之儀。”二處罄字皆作，結構一揆。五代《龐令圖墓誌》罊、伸對文，盡意一律。其中罄字作形，下從正，從正者，爲從缶形之變，是【罄—罊】之中介。字彙所無。

【弄—卡—卡、弄——】隋大業九年《姜明墓誌》“弱不好弄”作卡。字形變異,亦不自隋唐始。北魏《元誘墓誌》"弄璋"作弄,《爾朱紹墓誌》"幼抱英奇,弱不好弄"作卡: 即知淵源有自。隋《寇遵考墓誌》作禾,即弄形變體,該形體爲卉、卡結構雜糅變體,至於訛混爲禾,則是影響至極的例子。弄,或作卡,故挵可作拤。《宋本玉篇》《名義》《類篇》等字彙無此字形,《集韻·送部》記録從女弄聲字:"娦: 女字。"係女性專用美詞分化字符。據此聯繫,像下面所列具"弄"字上部分別從工、從反匚等形,皆有來源。唐麟德元年《強偉墓誌》"有過人之度三焉: 幼不好卉,岐嶷也;剛果勁烈,忠壯也;清素簡静,貞潔也"等。唐貞觀二十二年《趙昭墓誌》"弱不好弄"作弄,隋開皇三年《寇遵考墓誌》:"公稟淳和之秀氣,誕希世之英□。幼而聰敏,弱不好禾。風神俊朗,在乎佩韘之年;容止溫恭,發於儛象之歲。"或釋禾爲"禾"爲"保"。隋大業十一年《尉富娘墓誌》:"遂使臺上吹蕭,唯聞保玉;隴頭看月,獨見恒娥。""保玉"字原形爲禾,或釋爲"保玉",實皆爲"弄璋""弄玉"之弄,參觀字形表《口部》"咔"字。隋大業十年《侯氏墓誌》銘文:"鳳臺卞玉,魚山智瓊。神沉洛渚,魂返佳城。舞衣采歇,莊鏡塵生。"其中卞形原拓簡略不清,整理者或不識,亦即卡字之省。隋大業十一年《陳叔明墓誌》:"君高弄鵝嶺,清雪龍淵。鬱盤鎮地,映徹浮天。"高弄,以原拓近"下"形,或釋作"下",實亦弄字省便形。弄或下從卞,亦猶算或作筭之比。高弄、清雪對文,皆爲偏正結構,用以陳述物件之清高。

【愍—愍—㥣—恣】唐天寶二年《浮圖頌並序》:"親善恣悪,優孤□□。"其中"親善恣悪"或釋爲"慭惡",或以爲"改惡",皆無據。"親善恣悪"對文,從上下文看,與"優孤□□"相接,語意當爲近善愍惡。字形作愍,從心從改。字形表《心部》唐貞元八年《李皋墓誌》"又甞遇媪於塗,血泣甚哀,王愍而問之,曰州民李氏之妻也",字形作愍,後晉天福三年《十力世尊經殘石》"常愍下賤貧惱"其"愍"用愍形: 堪爲聯類。字形表《心部》北魏《劉華仁墓誌》"愍"字作愍,北魏《封昕墓誌》"愍其仁德,銘石松墳”作，又爲過渡之漸。《宋本玉篇》《名義》《類篇》等字彙、《集韻》等韻書以及後世《漢語大字典・心部》皆未録存。

【懿——懿】字形表《心部》“懿”字，東漢《夏承碑》作，唐代相承如《王媛墓誌（陰）》作：知字符“恣”省略由來已久。楷書類如北齊《僧靜明造像》作，大梁開平四年《穆紀豊及妻牛氏合葬誌》：“光稟家聲，不踰懿範。”其“懿範”亦省形。

【轂———聲】字形表《車部》“轂”字楷書類，北齊《竇泰墓誌》作，北魏《侯剛墓誌》作，唐《李立言墓誌》作。唐貞觀十七年《李仲賓墓誌銘》銘文：“冠盖相傳，朱輪華聲。清規令範，代有人焉。”

【拯——拯】後唐同光四年《行鈞塔銘》：“矧以一自住寺，罔輟諷經。供養衆僧，星霜四紀。興慈拯物，臨壇度人。戒德馨香，道風遐敻。士庶寫葵藿之敬，僧尼傾歸仰之心。能事既周，化緣又畢。”其中“拯”字從扌承聲作。字形表《手部》“拯”字楷書類，隋《張喬墓誌》作。從扌蒸聲，而蒸作從艸烝聲、烝則爲從灬承聲結構。

【橛——栓】唐開元十七年《孔桃栓墓誌》，墓主“孔桃栓”字形作。《龍龕手鑑・木部》以栓爲“橛”字古文，並且結體爲會意類型：“栓，木入土也，今作橛。”

【莊——庄】字形表《艸部》“莊”字楷書類，北魏《元文墓誌》莊字作，北魏《長孫子澤墓誌》作，北魏《封昕墓誌》作，北齊《賈致和造像記》作；唐乾符六年《白敬宗墓誌銘並序》：“有功於齊，詔賜庄宅二所，在同州韓城縣臨汾鄉紫貝里，府君所居者是也。”字形用。隸書類唐《劉粲墓誌》作，即莊形。蓋莊形之用，大要不會早於隋唐時期。

【因——囙】隋《申穆及妻墓誌》“因”字作形，隋大業九年《張囧妻蘇恒墓誌》“蘗對未因，桑榆掩及”字形作，隋大業九年《郭寵墓誌》“履跡爲名，功成有虞之世；囙生賜姓，德著周氏之初”所作同。隋大業十年《陳花樹墓誌》：“宫人姓陳，名花樹，夲居信州，年卅一入宫。特以小心見録,非因色幸強識。"隋大業十二年《隋故田行達墓誌》:"捨生殉主,⿴囗火利延敵。"字形用。《干禄字書·平聲》以"因囙"構成正俗字,未見從火字形。按石刻楷字書寫,隋代若干形體,爲【因一⿴囗火】過渡。大、火構件區别性降低混淆,遂致因有⿴囗火等形。⿴囗火,《漢語大字典·囗部》未明確界定字際關係,援引《龍龕手鑑·囗部》:"⿴囗火,音因。"《字彙補·囗部》:"⿴囗火,見《篇韻》。"

【宴一一宴】隋《李元墓誌》宴字用形,唐麟德元年《何剛之墓誌》:"然府君綺紈之歲,性樂嘉賓。暨乎髫齓之年,情欣縱賞。每追遊執友,弥好五音;肆宴時寮,尤驩六律。"字形用。所堪聯類者,如《人部》唐總章元年《李爽墓誌銘並序》:"化偃風飆,信歸蠻貊。"石刻用偃形,亦字彙所不見者。

【凡一一九】字形表"凡"字:三國吴《走馬樓簡牘·五年》作,北魏《寇臻墓誌》作,隋《楊厲墓誌》作,等等,爲凡形演變爲九形較爲直接的來源。至於遠因,推測有可能爲"舟""凡""亢"等古文原本區别性不大,浸假影響。如東魏《李挺墓誌》"朝"作、北齊《婁黑女墓誌》作;隋開皇十三年《諸葛子恒碑》:"叔寶猶三鳴其鼓,敢亢萬乘之師,無異支一卵而囗重輪,覆匱土欲填巨海。"其中亢字作。而"般"形從凡,變爲從舟形,皆成聯類。《漢語大字典·几部》引《字彙》以爲九爲凡之俗。

【風一一⿵几云】字形表《風部》"風"字:樓蘭古文書作,北齊《張起墓誌》作,皆爲聯類,而從云構造,構成爲⿵几云形。《漢語大字典·几部》出處引《宋元以來俗字譜》,以爲"同風"。

【否一一⿱不儿】字形表"否"字異體,唐開元七年《修定寺記碑》"于時金行運否,水德潛通,五馬逸於江湖,二龍徙於河洛"作;唐大曆十三年《辛雲京妻墓誌》"且以金城當將相之任,作心膂之臣,或有謀之否臧,政之頗類,夫人嘗以義制事,必考而咨之,是以金城終然允臧,大揚休命"作[illegible];唐至德二載《明希晉志文並序》:"官不内卑,事常優細。人皆以溺否經義,曠遐搜文;人皆以駈蹴尉途,鮮稀因道。"所用"否"字,其下部口形亦缺末筆。按數例皆係以缺筆方式實現與"臧否"(pǐ)、"不"(bù)等重唇音讀區别,或即從几聲結構改造類型,如鳬字所從聲符,大徐本《説文·鳥部》:"[illegible],舒鳬,鶩也。从鳥几聲。房無切。"不,《廣韻》方久切。然則從几聲之"否"形,爲"否"形改造爲從几形之漸。即目前所見使用記録,也就是唐代。《漢語大字典·几部》引《字彙補》以爲從几,爲"古否字",既落後塵,復又【几—几】混淆。

【[illegible]—[illegible]—幻】《宋本·予部》:"[illegible],胡慢切。相詐惑也。从倒予。今作幻。"《名義》:"幻,婚换反。相詐惑亂人目也。"《説文》:"[illegible],相詐惑也。从反予。"倒置"予"形,予、[illegible]區别性並不顯。字形表《幺部》"幻"條楷書類,所存數形皆爲合體結構。唐石經九經作[illegible],《敦煌俗字典》"幻"條,有作[illegible][illegible][illegible]者,可以看作是保存由"倒反之予"之"[illegible]",到合體之"幻"之中介過渡。

【[illegible]—[illegible]—求】北魏景明四年《侯太妃自造像記》:"自以流歷弥劫,於法喻遠。屬遇像教,身[illegible]達士。"北魏景明年間《魏靈藏薛法紹等造像記》:"[illegible]豪光東照之資,闕兜率翅頭之益。敢罄家財,造石像一區。凡及衆形,罔不備列。"其中"求"字形體相同,可以印證,是知"求"字所作,爲同期石刻用字結習。某些校注者等將"矚遇像教,身[illegible]達士"釋爲"乖",形雖差近似之,但於"矚遇""親求"文意不免乖張。是【[illegible]—求】之間,[illegible]其過渡。

【戚—[illegible]—僟】唐天寶五載《淨藏禪師身塔銘並序》:"大師諱藏,俗姓僟,濟陰郡人也。"【戚僟】異體,然"僟"形《宋本玉篇》《名義》《集韻》《類篇》等所無,字形表《戈部》北魏《元思墓誌》作[illegible],北魏《元朗墓誌》作[illegible],隋《張虔墓誌》作[illegible],其【戚—僟】過渡。

【離—[illegible]—離】字形表《隹部》"離"字,其隸書類如東漢《曹全碑》作

▇,爲從禹之過渡。楷書類如北魏《元純阤墓誌》已從禹形作▇。南朝梁普通六年《□宣造像記》:“願女永離三塗,恒受妙樂。公姥男女眷屬,值佛聞法,宣流大乘。”其用從禹形。

【刹—▇—剎】字形表《刀部》“刹”字楷書類:北周《普安壯公墓志》作▇,唐至德二載《史思明奉爲大唐光天大聖文武孝感皇帝敬無垢淨光寶塔頌》:“置呪於梵剎之中,釋網於毗耶之路。”其“梵剎”字亦如此作,構成【刹—剎】過渡環節。

【霸—▇—覇】字形表《雨部》“霸”字條,晉《石尠墓誌》作▇,北魏《馮季華墓誌》作▇,唐《崔千里墓誌》作▇。唐大曆十三年《崔傑墓誌銘並序》:“雖龔遂之善,未優其能;而黄覇之明,寧逮其美。”

【迎—▇—迎】後唐長興四年《王禹墓誌》:“守器乃百川赴海,懷仁如万物迎春。筆妙換鵝,詞清吐鳳。”其中“迎春”詞形,從辵從印形。字形表《辵部》“迎”字楷書類,北魏《元彝墓誌》作▇。楷化卬、印構件區別性降低而混淆。又“仰”字結構,亦成聯類。

三

大量使用過渡性形體,自然不限於今文字階段,而是貫穿整個漢字發展過程。《説文解字》所貯存的異體,有的就是來自過渡性形體。以《我部》“義”下存“羛”形爲例:“▇,己之威儀也。从我、羊。▇,《墨翟書》義从弗。魏郡有羛陽鄉,讀若錡。今屬鄴,本内黄北二十里。”其實,出土秦代《石鼓文》“我”字形接近於“弗”形。另外,根據《漢魏六朝隋唐五代字形表·羊部》“義”條下列:睡虎地秦簡作▇,漢簡則有▇、▇、▇諸形。是知【義—羛】,爲一形之分化,中間以“我→弗”爲過渡環節。

調查表明,包括形體演變的漢字發展斷代調查,關係極其複雜,意義不言而喻。當然,其於相關平臺的加工完善水平要求和難度,也是顯而易見的。調查出土實物用字材料,可以構建漢字發展史主要書體類型實際使用坐標。調查前提就是在《漢魏六朝隋唐五代字形表·凡例說明》中所提到的:"假如還無法回答哪個字形在哪個時期出現、哪個時期發生變異及變異的程度等,海量數據支援下完成的字符集研製工具書編纂等就無從談起。這表明,真實還原社會用字環境的調查平臺尚存在缺陷。"

數千年簡牘石刻語料,無論是從書寫程序還是載體材料的物理屬性來看,都是無可替代的資源。離開社會使用環境及所處發展環節,侈談"疑難字""碑別字""異體字"之類,其實都是比較表面的。所謂"過渡",實質就是漢字發展歷程的若干中間環節;提出"過渡形"並非要在原本就字詞不分的淆亂的"漢字學"術語體系裏再增加麻煩,只是爲了調查統計的方便:實現將静態凝固化的結果,置於動態過程中觀察聯繫。

原載《古漢語研究》2013年第3期。

表意文字認知策略

——以楚簡文字主要類型形聲結構增長爲例

表意文字像漢字等類型，既然其功能不在表音，而在發展過程中，所謂表意的作用也趨向隱晦。那麽，這就很容易讓人想到這樣的問題：現代的書寫，還需要保留如此複雜的結構形式嗎？結構保存信息，信息體現著人類智慧，至少保留了這類記憶綫索。漢字體系的主體結構類型，古文字階段就已經是“形聲結構”。現存最早字彙《説文解字》，專書數據庫可以統計出形聲結構占比81%左右。事實上，更早於漢代《説文解字》的戰國楚簡文字，數據庫統計發現，已經見於《説文解字》的表意結構，或不見於《説文解字》的字形，成批增加字符，以構成新的形聲結構。戰國文字的使用選擇傾向，即形聲結構的急劇增量，根本是出於“區别”詞義發展派生出新義項，爲此而構造“本字”的需求。而且，總是使用已經使用過即業已認知熟悉的字符作爲新出形聲結構的構成部分：這是本文所關注的一個特點。漢字發展過程中所體現出的形聲結構選擇傾向，與其説是書寫形式上更加强調表音功能，毋寧説是漢字表意歸類認知的方便。

戰國楚簡文字數據庫查詢可以看到，已經見於《説文》的表意結構，或不見於《説文》的字形,成批增加字符,構成形聲結構,或者説給出本字。下面就是數據庫給出的字形使用的一些情況。

1.“服從”本字:/

戰國《郭店楚墓竹簡》“緇衣”篇有字,整理研究者釋爲從力從攴結構。《上海博物館藏戰國楚竹書》第一冊《緇衣》接下的引文是“詩員:儀型文王,萬邦作艮”。《郭店楚墓竹簡》所存字形結構左邊的力符是没有問題的,[1]右邊的字符則不同於攴,而是殳。[2]

相同文本,《郭店楚墓竹簡》的字,在另外的出土文獻裏就形成了異文。《上海博物館藏戰國楚竹書》寫作了,將左右結構變化爲上下結構,下半部分所從的力符還是清楚的,只是上半部分换成了聲符虍。有的整理者研究者釋爲從力從垂,遂導致了該字的無法釋讀。虜,《玉篇》釋:“服也,獲也,戰獲俘虜也。今爲虜。”《上海博物館藏戰國楚竹書》省作“虜”,取義爲“服”。戰國楚文字中“服”還是用“服馬”字,大多是由“馬”符構造。《説文》:“服,用也。一曰車右騑,所以舟旋。从舟艮聲。房六切。,古文服从人。”甲骨文作(林 1·24·5),金文作(盂鼎)(毛公鼎)(秦公鎛),而《睡虎地秦簡》隸定爲:舟符仍較然明顯。結體爲從力從殳殳亦聲字形,可能就是戰國中期楚系文字補出的“服從”字的本字。

通過有關字形分析釋讀,我們還可以進而認識戰國出土文獻的一種異文類型。《郭店楚墓竹簡》的字爲“服從”本字,結構是從力從殳殳亦

〔1〕 楚簡文字力符多作、,見《郭店楚墓竹簡》《上海博物館藏戰國楚竹書》等。

〔2〕 楚簡文字中攴殳兩個字符在使用過程中的確存在互换的情況,如《郭店楚墓竹簡》的《語叢一》“政”就從殳作。殳符上部所從,正是“鳧”字的聲符,大徐本《説文·几部》:“舒鳧,鶩也。从鳥几聲。房無切。”殳就是作爲兵器之一的杸字初文,可能以鳥羽爲飾,得名於功能之“殊”。《説文解字·几部》:“以杸殊人也。《禮》:殳以積竹,八觚,長丈二尺,建于兵車,車旅賁以先驅。从又几聲。”

聲。《上海博物館藏戰國楚竹書》寫作，可釋爲“虜”，意義爲“服”，跟《郭店楚墓竹簡》的字只是在訓詁意義上存在聯繫。訓詁意義存在聯繫，往往也是戰國文字形成異文的類型。正如本文作者在《〈上海博物館藏戰國楚竹書·緇衣〉所引〈尚書〉文字考》論文所揭示的：在差不多同時代的寫本裏，使用字義相同或相近的不同文字單位，也是形成異文的重要類型。上古學術文本，往往口耳相傳，使用意義相同或者相近的同訓字，並不一定要靠語音上的聯繫。像戰國時期的有關《緇衣》的兩個寫本出現的“寒”與“滄”、“悁”與“怨”、“身”與“躬”等，就是這種類型的用字之例。

2. “過失”本字：

“過失”字形使用習慣，以往乃至現在基本上就是寫作從辵咼聲結構。戰國簡牘文作從心化聲的結構作，其上下文見戰國《郭店楚墓竹簡》之“成之聞之”篇。

《郭店楚墓竹簡》“老子”甲篇，“化”用作“禍”，直接使用聲符替代，則可以瞭解過、禍、化之間的讀音聯繫。詞意也是如此，像“過猶不及”，是古人以“過”與“禍”關聯形式。

3. “仁義”本字：

戰國中期偏晚《郭店楚墓竹簡》中《老子》丙“仁義”詞形作，其中仁字從身從心，此前的金文等載體還是作“仁”。這種用字現象，説明了戰國某個時期人們對仁這一範疇的認識。同樣的用字現象，又見於該類楚簡《緇衣》《五行》等篇。

臧克和(2010)曾經揭示其間聯繫及類型：“仁、身古音相近，北魏楊衒之《洛陽伽藍記》所載：‘亦與西域、大秦、安息、身毒諸國交通往來。’周祖謨校釋：‘身毒，即印度之古譯名也。’可證身、人古音相近，《廣韻》二字都屬真部：仁，仁賢。《莊子》曰：愛人利物謂之仁。《釋名》曰：仁，忍也，好生惡殺，善惡含忍也。又姓，《姓苑》云：彭城人也。如鄰切。"《集韻·真部》："仁忎𡰥，《説文》親也。亦姓。古作忎𡰥。"《玉篇》："仁，古文作忎也。"按《玉篇》等字彙所著録"古文"從心千聲，千又從人得聲。猶如《詩·柏舟》"母也天只，不諒人只"。天、人協韻。即上舉戰國楚簡從心身聲結構，其"身"之主體顯見也是取其"千"形，也許可以認爲不過是圍繞"千"形主綫施加飾筆。出土各類楚簡所見文字，結構如此。

4."來去"本字：

《實用説文解字·來部》第五卷第 163 頁："（甲骨金文簡帛古陶古幣漢印石刻）周所受瑞麥來麰。一來二縫，象芒朿之形。天所來也，故爲行來之來。《詩》曰：詒我來麰。"但古書及後來一直借用以爲"來去"字。《郭店楚墓竹簡》"成之聞之"篇用字，即以從辵來聲結構作爲趨向動詞"來去"字符，其中添加行動字符構件辵形，形成新出形聲結構，也就是分化出本字。借助於古文字語料庫提供的方便條件，我們還可以找到青銅器銘文亦有從辵結構作。這些用例，後來的石刻古文都還有所保留，如《實用説文解字·來部》所對照列具的形。

同樣，"來得及"之"及"字，隸變過程中，字形已經抽象化，所記録詞義同樣業已虚化。《郭店楚墓竹簡》作""，增加動符辵形，突出"逮"的動作行爲，與金文從辵從彳分別構造爲相對應，見於《實用説文解字·又部》卷三第 87 頁"及"字條下。

5."戰鬥"本字：

《説文解字·鬥部》僅著録鬥字象形結構。隸變之後，鬥門等字形區别度降低,唐代增字的《玉篇・鬥部》直接混淆爲一:"鬥,都豆切。《説文》云:兩士相對,兵仗在後,象鬥之形。今作鬥同。"唐抄本《萬象名義・鬥部》:"鬥,當侯反。鬭也。"至於該本所關聯的鬭,其實是另外一個字形,《集韻・候部》:"鬭,丁候切。《説文》'遇也'。又姓。俗作鬭,非是。"後來乾脆使用借用的"鬥"字。戰國始使用新的形聲結構,《包山楚簡・文書》"戰鬥"使用 字,作從戈豆聲結構。這種情況,相當於專門爲"戰鬥"新造本字。而且,新造本字也屬於形聲結構類型。

6. "作爲"本字:

《實用説文解字・人部》:"作(甲骨 金文 簡帛 漢印 石刻)起也。从人从乍。則洛切。"所著録形聲結構,本用爲"起始"字,如《詩經・采薇》"采薇采薇,薇亦作止"之"作",即使用本字記録。戰國中期《包山楚簡》或以"乍"用爲作(金文語料庫查詢可得數十條記録),或"作爲"字從又,形成從又乍聲結構爲 ,與金文從攴乍聲作 相對應,就是"作爲"之作本字,也是新出形聲結構的類型。

7. "畏懼"本字:愄

《實用説文解字・由部》第九卷第 284 頁:"畏(金文 簡帛 古璽)惡也。从由,虎省。鬼頭而虎爪,可畏也。於胃切。㦹,古文省。"《上海博物館藏戰國楚竹書》第一冊《性情論》第 23 號:"而民愄(畏),又(有)心愄(畏)者也。"《郭店楚墓竹簡》中《唐虞之道》篇,從心從戈畏聲結構。"畏懼"字或又從示,見《郭店楚墓竹簡》中《老子》乙畏作 ,從示畏聲結構。《玉篇・由部》所存"古文"從爪構造,乃至《説文解字》的"古文省",大體就是戰國楚簡文字從示畏聲結構的混淆。[1]

8. 虛詞"乎"專字:

《郭店楚墓竹簡·老子》甲"禍莫大乎不知足",其中乎作,從口虎聲結構。《集韻·模部》:"呼戲乎戲,荒胡切。《説文》外息也。一説於呼,嘆辭。亦姓。或作戲乎戲。通作虖嘑。"

9. "舉足"本字:

"舉手投足"有本字從手符構造,但"舉足"即抬腳,此前本字未之見。《玉篇·手部》:"擧,居與切。《説文》曰:對舉也。今作舉。"戰國中期《包山楚簡》"卜筮祭禱"類,使用從止舁聲結構,字形作。

10. "宰割"本字:

《包山楚簡》"文書"類有字作,從刀宰聲結構。《實用説文解字·宀部》第七卷第223頁,所列具小篆和相對應的各類出土文獻字形來看,此前此後各個時期皆不曾見從刀宰聲形聲結構:"宰(甲骨金文簡帛漢印石刻)辠人在屋下執事者。从宀从辛。辛,辠也。作亥切。"《萬象名義·宀部》:"宰,子殆反。官也,制也,家也。"《玉篇·宀部》:"宰,子殆切。治也,制也。䆐,古文。"歷代字彙所固定義項,業已失落了關於宰割的使用記録。

---

[1] 《玉篇·由部》:"畏,於貴切。驚也,忌也,懼也,難也,惡也。㞐,古文。"唐抄《古文尚書》隸古字形,也存在爪、示字符混淆情形。另外,《萬象名義》等唐抄字彙皆未見,《集韻》《類篇》存此字形,皆以爲"㥜,烏回切,中善"。

因此,楚簡所出形聲結構,也可以看作是關於"宰割"詞義的專用字形結構。

11. "侵伐"本字:

《實用説文解字·人部》第八卷第245頁:"(甲骨簡帛漢印)漸進也。从人、又持帚,若埽之進。又,手也。七林切。"《萬象名義·人部》:"侵,千金反。害也。漸進也。犯也。"《玉篇·人部》:"侵,千金切。漸進也。《穀梁傳》曰:五穀不升謂之大侵。侵,傷也。"《長沙子彈庫戰國楚帛書》丙篇"利侵伐"字從戈作。又有從水侵聲的結構,《郭店楚墓竹簡》之《性自命出》作,其中侵字作從戈浸聲結構,爲此前此後皆所不見之新出形聲字。

12. "運動"本字:湽

《上海博物館藏戰國楚竹書》第一冊《性情論》第27號:"凡身谷(欲)青(靜)而毋湽(動)。"第五冊《君子爲禮》:"湽(動)而不義,身毋湽(動)安(焉)。"《郭店楚墓竹簡》之《老子》甲"動"作,從辵童聲。

13. "懷疑"本字:懝

《實用説文解字·子部》:"(甲骨金文古陶漢印石刻)惑也。从子、止、匕,矢聲。徐鍇曰:止,不通也。㚅,古矢字。反匕之,幼子多惑也。"大徐本已經分析得不勝支離。《上海博物館藏戰國楚竹書》第一冊《孔子詩論》"多疑"字作,從心矣聲結構。該形聲結構爲戰國楚簡所使用所新造,此前未見。《實用說文解字・手部》:“(石刻)度也。从手疑聲。魚已切。”《集韻・止部》保存了相關形體的關聯綫索:“擬儗譺疑:偶起切。《說文》‘度也’。或从心从言。亦作疑。”楚簡所見,殆即“儗”之初文形聲字。

14. “難易”本字:戁惖

“難”爲“難鳥”本字,至於“爲難”“難爲情”訴諸心理活動本字此前未之見。《郭店楚墓竹簡》之《老子》丙本,使用戁爲“難易”字,構字從心作,文本爲“不貴戁(難)得之貨”。《說文・心部》:“戁,敬也。从心難聲。”大徐本注音爲“女版切”。《玉篇・心部》:“戁,女板切。忌也,敬也。”這裏的“敬”,意爲“謹”,即對待難題之態度。

同様,“難易”之“易”造字爲難,亦無本字,現存漢字最早見於《郭店楚墓竹簡》之《老子》甲“戁(難)惖(易)之相成也”,其中“難易”字作,爲上下結構。至於左右結構的“惕”,亦見於《說文・心部》:“,敬也。从心易聲。”與“戁”字同意等訓。唐人增字的《玉篇・心部》已經作爲“惕”字異體存録上下結構字形:“惕,他的切。憂也,疾也,懼也。惖,同上。”宋代《集韻・錫部》關聯異體增加:“惕悐愓惖,《說文》敬也。或从狄。亦作愓惖。古書作惖。”這個上下結構的形聲字,在唐抄《篆隸萬象名義》裏没有反映,大體上可以斷代爲唐代所增加的結構。我們知道,楷化的漢字表意形式主要依靠字形輪廓來形成區別。因此,結構位置就變得不像古文字階段那樣隨意。例如臧克和(2007)曾提到澤存堂本《玉篇》所保存“惖—惕”,其“勿”符兩屬且共用的情況:《日部》:“惖,呼骨切。明。”又見《心部》:“惕,他的切。憂也,疾也,懼也。惖,同上。”《心部》《日部》,“惖”字同構。但結構理解,或從易爲聲,或從忽爲聲,是“勿”符忽而靠上,忽而屬下。一體爲兩屬,肝膽變胡越。

15."弁"字本字:從兒弁省聲結構

《說文·皃部》第八卷:"覍,冕也。周曰覍,殷曰吁,夏曰收。从皃,象形。皮變切。曨,籀文覍从廾,上象形。弁,或覍字。"《玉篇》:"覍,皮彦切。弁也,攀也,所以攀持髮也,以鹿皮爲之。《說文》曰:冕也。从皃象形。弁,同上。卑,籀文。"《集韻·綫部》:"覍卑弁絣:《說文》冕也。周曰覍,商曰吁,夏曰收。從皃,籀從廾,上皆象形。或作弁。"戰國《郭店楚墓竹簡》之《性自命出》作[字形],下部從兒符,上部爲楚簡用字[字形](弁)聲符之省,亦爲形聲結構。

16."芺"本字從犬艸聲:芺咲

《實用說文解字·竹部》第五卷第140頁:"笑([字形][字形][字形]簡帛[字形]石刻)此字本闕。臣鉉等案:孫愐《唐韻》引《說文》云:喜也。从竹从犬。而不述其義。今俗皆从犬。又案:李陽冰刊定《說文》从竹从夭,義云:竹得風,其體夭屈如人之笑。未知其審。私妙切。"看來唐代人已經不知其溯。《集韻·蕭部》:"笑咲关:仙妙切。喜也。古作咲。或省。俗作㗛,非是。"改犬爲夭符,也許就是隸變過程中艸竹混淆,再改造聲符的結果。戰國《郭店楚墓竹簡》之《性自命出》22號:"芺憘之淺澤也。"其中"芺"字結構[字形],從犬艸聲。第24號:"聞芺聲則鮮如也斯喜。"《老子》乙9號:"大笑之。"《老子》乙10號:"芺不足以爲道矣,弗大。"[1]

17."明德"本字:[字形][字形]

"明德",傳世文獻如《尚書》多見,大略相當於成語。例如《周書·梓

---

〔1〕 釋文用字依據,均見華東師範大學中國文字研究與應用中心《古文字語料庫》"戰國楚簡帛文字數據庫"。

材》:“今王惟曰:先王既勤用明德,懷爲夾,庶邦享作,兄弟方來。亦既用明德,後式典集,庶邦丕享。”《周書·召誥》:“拜手稽首,曰:予小臣敢以王之讎民百君子越友民,保受王威命明德。”《多士》:“自成湯至於帝乙,罔不明德恤祀。”解釋者往往多曲爲之說。姜昆武《考釋》以爲“明德”“乃戰國以前政治歷史上極爲重要之成詞,其來源爲古初民族對光明崇拜之遺痕在歷史上發展成一暴流者也。蓋此乃以較原始之宗教情愫爲基礎之古詞,周以來政教交替用之,於是此宗教性術語,不斷粘敷以政治、道德、哲學等多方面內容而延長其生命,擴大其作用,此詞遂由宗教術語過渡爲政治術語。在天曰天德,在人王則曰明德”。[1]

戰國楚簡則明確孔子態度以“明”即謂之“誠”。《上海博物館藏戰國楚竹書》第一冊《孔子詩論》:“褱(懷)尔明悳(德)害(曷),城(誠)胃(謂)之也。”其中“明德”,字形作,明字從示明聲,爲“盟誓”儀式所用本字。

以上是取樣性分析,從某些“點”上可以發現,出土戰國楚簡文獻文字早已體現出增加形聲結構的傾向。即使從“斷面”的發展來看,同樣也支持上述結論。

劉志基教授(2015)通過戰國楚簡帛文字語料庫深加工,詳細精確統計該時期象形、指事、會意、形聲“四書”結構使用頻率及“四書”所占比例:“排除其中字形不清及合文等,經過系統的結構分析,最終確定楚簡帛文中可以作結構分析的不重複字形共計 4 411 個,實際字頻總數爲 62 560,其中象形字 203 個,總頻次 15 735,指事字 51 個,總頻次 8 231,會意字 549 個,總頻次 13 861,形聲字 3 608,總頻次 24 733。”並列具先秦各個時期各種出土文獻實際使用歷史過程中的此消彼長對照表:

〔1〕 臧克和《尚書文字校詁》“周書”部分《梓材》《召誥》諸篇,其中《梓材》篇注釋第 11,援引了姜昆武上述“成詞”說法。有的地方,還存在將“明”看作與“黽勉”通用的情形,上海教育出版社 1999 年。

	西周金文				楚簡帛文			
四書類別	字數	字形比重	用字總數	字頻比重	字數	字形比重	用字總數	字頻比重
象形	324	9.57%	29 326	51.64%	203	4.56%	15 735	25.15%
指事	42	1.24%	2 266	3.99%	51	1.16%	8 231	13.16%
會意	1 037	30.64%	11 178	19.68%	549	12.45%	13 861	22.16%
形聲	1 981	58.54%	14 018	24.68%	3 610	81.84%	24 733	39.53%

這種戰國文字的使用選擇傾向,即形聲結構的急劇增量,根本是出於"區别"詞義發展派生出新義項,爲此而構造"本字"的需求。而且,總是使用已經使用過即業已認知熟悉的字符作爲新出形聲結構的構成部分:這是本文所關注的一個特點。

借助形聲結構形成新的楷字區别,同樣體現出後世楷字選擇使用的主要傾向。依據現存楷書字書統計,形聲結構所占比重超過 90%。南朝原本《玉篇》殘卷所著録不見於《説文》的"新增"部分爲 714 個,其中形聲結構字形共有 676 個,占新增字總數的 94.7%。其中左右結構字形有 553 個,占形聲字總數的 82%。左右結構的字又以左形右聲者居多(右形左聲者較少,除了一個左邊聲符爲永、右邊形符爲舟的結構即"泳"字異體外,其餘的全部在欠部)。這反映了文字的書寫日趨規範化和定型化,規範穩定的文字在交際中具有重要的意義。形聲之外的結構只有 38 個,占新增字總數的 5.3%。[1]

石刻異體字表義構件换用調查,也可以發現這一楷化形聲發展規律。調查統計表明,中古石刻異體表義構件换用現象,更多地發生在形聲結構類型當中。在發生换用的大約 358 個不重複單字中,形聲字約占 278 個,占了换用總字量的 77.7%。這背後的取捨規律,即在於楷字區别性的規定。

形聲認知模式的維護,構成楷字系統的基礎,也是記號區别性得到重建的系統保證。形聲結構中的聲符和形符,各自的作用,都是在相互依存、相

〔1〕 朱葆華《原本玉篇文字研究》第六章"《玉篇》新增字研究",齊魯書社 2004 年,第 160 頁。

互對待的結構關係中實現的。形聲結構,體現了漢字的基本區别功能;而形聲結構區别意義的實現,就是依靠形符和聲符的對立組合。因此,形聲化選擇,以增加記號的區别度爲前提,往往不計筆劃多寡。形聲化選擇與簡約性選擇形成對立和補充,都是由背後區别性認知機制所支配的。〔1〕

調查統計的基本結論是,楷化選擇傾向於形聲結構,與其說是頑強保留示意標音功能,毋寧説是維護楷字結構區别性原則,由此帶來認知機制上歸類識别的方便。

臧克和在《説文解字新訂・前言》(2002 年)、《中國文字發展史・隋唐五代文字卷》第一章"楷字的發展"第二節"楷字的區别性"(2015),〔2〕曾專門討論過作爲楷字系統主體的形聲結構功能屬性和認知機制關係。據現代心理學實驗分析,記憶的優先順序大致體現如下兩種認知模式:一是"按形歸類,打包記憶",二是"熟悉順序,便於處理"。〔3〕

〔1〕 明謝肇淛《五雜組》卷十三《事部一》:"鄭夾漈《六書略》凡 24 235 字,而諧聲者 21 341,則諧聲居十分之九矣。而欲一一説之,可乎?"上海書店 2001 年,第 269 頁。

〔2〕 該書第一章第二節之四"楷字區别重建與使用選擇":"楷字記號區别功能,根本上取決於整個楷字系統。調查表明,相對於其他書體類型而言,楷字系統主體是基於形聲結構模式建立起來的。因此,唐代楷化記號區别性的重構,根本上就是形聲結構的選擇問題,而並非是一味走簡約化的道路。"

〔3〕 上個世紀醫學界曾發表過關於表意文字如漢字性質的試驗證明材料。據西方和日本一些學者調查,音節或音素的表音文字和方塊漢字是在人腦的不同區域處理的。學者們通過實驗認爲,漢字的認知歷程是由人腦的右半球職掌的,而拼音文字(如英文)的認知歷程則是由人腦的左半球職掌的。西方的失語症患者(大腦語言區受損者),不會説話,也聽不懂話;不會寫字,也不能閲讀。可是,在日本情況就不同。日本的失語症患者,不認識假名(音節符號),也不能用假名正確地拼寫;但他們認識漢字,也能正確地按詞寫漢字。之所以產生這種區别,學者們認爲是由於拼音文字的詞符反映在人腦裏,要經過語言區才能進入思考區;而漢字的方塊詞符反映在人腦裏,則不經過語言區就直接進入了思考區。日本大學醫學院的研究結果表明:大腦中控制説話機能的布羅卡區(Broca)受損傷的失語症病人,能用漢字正確地記寫詞語,但不能用假名正確地拼寫詞語。當要病人寫出"墨水"一詞時,即使"墨水"(inki)這個詞在日文中没有當用漢字來表示,但是病人的第一個反應還是寫出了"墨"(sumi)這個漢字。同時,要求病人用假名書寫時,他用的符號是對的,但拼出來的詞卻是錯的。另外,大腦中控制理解語言能力的韋尼克區(Wernicke)受損傷的失語症病人,能毫不猶豫地迅速書寫漢字,但正和語言錯亂的病人一樣,他寫的漢字中有些是對的,而有許多卻是亂畫的方塊符號。日文中的漢字和假名在失語症患者大腦中的不同反應,對於認識漢字的性質,解決漢字是不是表音文字的問題,是有參考價值的。王伯熙《文字的分類和漢字的性質》,《中國語文》1984 年第 2 期。

關於"按形歸類,打包記憶"。漢字按照部首編排,爲什麽源遠流長,影響到現代楷字編排?說到底是符合了關於漢字形體屬性的認知規律。以形繫聯,可以將成批的漢字"打包",實現形體結構的視覺關聯。達到了這樣的認知水平,就比其他結構方式哪怕是簡化形體,更能提高認識功效。從這個意義來說,許慎《說文解字》編排組合,最大貢獻是遵照形體特點進行信息"打包"。臧克和(2003、2006)曾指出:《說文解字》對後世漢字整理影響最爲深遠的,就在於將字形結構分類——從看起來散漫的字群,尋找其中蘊含的共有的形體成分,提取出來,從而建立起共同的關係類型。這在數學方法上,類似於代數因式分解過程中的"提取公因式"。這一科學思想,對後世字彙的聚合乃至後世文字的整理,具有創辟性意義。[1]

《說文》所提取的部首,就外延而言相當於一個範圍,所指示的義界就是一個範疇,這個範疇的代表符號即形符,構成爲認知心理學上的"原型"。認知心理學家趙艷芳研究提出 2001):"範疇化認知活動是主客觀相互作用的過程,所有事物的認知範疇都是以概念上凸現的'原型'定位的,'原型'對範疇的形成起重要作用。'原型'是指作爲範疇核心的圖式化的心理表徵,是範疇化的認知參照點。"較早些時間,王甦、汪安聖也揭示過(1992):"某事物只要與原型有近似的匹配,即可成爲該範疇的一員,從而被識別。"在這類認知"打包"過程中,龐大的漢字體系裹似乎没有比形聲結構處理起來更加方便的選擇了。

關於"熟悉順序,便於處理"。大腦對序列的記憶情有獨鍾,源於序列

〔1〕"打包"機制,就是要找到整個部類當中所包蘊的共同結構模式,即以"橐"字爲例:《名義·口部》:"𡇈,撻各反。橐字。"據此聯繫,可以找到《說文》:"橐,囊也。从橐省,石聲。"橐實爲從東圂聲結構。據篆文,橐則從東𡇈聲,𡇈實爲橐字初文,也屬形聲結構,即從口石聲,變換聲符爲乇,即得到從口乇聲結構,見《郭店楚墓竹簡》之《老子》甲作 𠮳。據此聯繫,可以分析《宋本》橐部第四百六十七整個部類。該部收録凡 10 字,其中屬於《宋本》新增字有"壼(畗)、橐"。通過具體分析,可知所統攝 8 字,皆可歸《東部》:部首橐字,從東圂聲;櫜,從東圂省,咎聲;𣝗,從東口,左聲;橐,從東,匋省聲;橐,從東𡇈聲;囊,從東圂省形,襄省聲;壼,從東圖聲;橐,從東從𡇈非聲。

性事物便於處理的認知原則。遵守保持形聲、追隨流俗、結構平衡等選擇原則，說到底，也是適應了大腦“熟悉順序，處理省事”的認知原理。〔1〕

補説：關於“形狀相似、功能相當”認知原則

《三國演義》第九十一回“祭瀘水漢相班師，伐中原武侯上表”：

卻說孔明班師回國，孟獲率引大小洞主酋長及諸部落，羅拜相送。前軍至瀘水，時值九月秋天，忽然陰雲布合，狂風驟起；兵不能渡，回報孔明。孔明遂問孟獲，獲曰：“此水原有猖神作禍，往來者必須祭之。”孔明曰：“用何物祭享？”獲曰：“舊時國中因猖神作禍，用七七四十九顆人頭並黑牛白羊祭之，自然風恬浪靜，更兼連年豐稔。”孔明曰：“吾今事已平定，安可妄殺一人？”遂自到瀘水岸邊觀看。果見陰風大起，波濤洶湧，人馬皆驚。孔明甚疑，即尋土人問之。土人告說：“自丞相經過之後，夜夜只聞得水邊鬼哭神號。自黄昏直至天曉，哭聲不絶。瘴煙之內，陰鬼無數。因此作禍，無人敢渡。”孔明曰：“此乃我之罪愆也。前者馬岱引蜀兵千餘，皆死于水中；更兼殺死南人，盡棄此處。狂魂怨鬼，不能解釋，以致如此。吾今晚當親自往祭。”土人曰：“須依舊例，殺四十九顆人頭爲祭，則怨鬼自散也。”孔明曰：“本爲人死而成怨鬼，豈可又殺生人耶？吾自有主意。”唤行廚宰殺牛馬；和麵爲劑，塑成人頭，內以牛羊等肉代之，名曰饅頭。當夜于瀘水岸上，設香案，鋪祭物，列燈四十九盞，揚幡招魂；將饅頭等物，陳設於地。三更時分，孔明金冠鶴氅，親自臨祭，令董厥讀祭文。其文曰：“維大漢建興三年秋九月一日，武鄉侯、領益州牧、丞相諸葛亮，謹陳祭儀，享于故歿王事蜀中將校及南人亡者陰魂曰：我大漢皇帝，威勝五霸，明繼三王。昨自遠方侵境，異俗起兵；縱蠆尾以興妖，盜狼心而

〔1〕《北京科技報》2006年8月21日發表題爲《科學家研究發現象棋大師記住一盤棋的奧秘》，通過把信息元素“打包”成“大塊頭”，國際象棋大師們就可以超越記憶局限。

逞亂。我奉王命,問罪遐荒;大舉貔貅,悉除螻蟻;雄軍雲集,狂寇冰消;才聞破竹之聲,便是失猿之勢。但士卒兒郎,盡是九州豪傑;官僚將校,皆爲四海英雄:習武從戎,投明事主,莫不同申三令,共展七擒;齊堅奉國之誠,並效忠君之志。何期汝等偶失兵機,緣落奸計:或爲流矢所中,魂掩泉台;或爲刀劍所傷,魄歸長夜:生則有勇,死則成名,今凱歌欲還,獻俘將及。汝等英靈尚在,祈禱必聞:隨我旌旗,逐我部曲,同回上國,各認本鄉,受骨肉之蒸嘗,領家人之祭祀;莫作他鄉之鬼,徒爲異域之魂。我當奏之天子,使汝等各家盡沾恩露,年給衣糧,月賜廩禄。用兹酬答,以慰汝心。"

《三國》故事傳播過程中,亦見於後世有關記載。如宋代高承撰《事物紀原·酒醴飲食·饅頭》:"稗官小說云:諸葛武侯之征孟獲,人曰:'蠻地多邪術,須禱於神,假陰兵一以助之。然蠻俗必殺人,以其首祭之,神則向之,爲出兵也。'武侯不從,因雜用羊豕之肉,而包之以麵,象人頭,以祠。神亦向焉,而爲出兵。後人由此爲饅頭。"

按漢語命名,往往從其形狀性能上取得認知關聯。饅頭,偏正結構,"頭"爲虚化詞語後綴,饅之得名,形狀在於相似(幾何數學"相似"概念,不等於"全等"),功能在於相當——是處功能,即在於"眼瞞"。質言之,饅頭,即眼瞞之假頭耳。

宋本《廣韻·桓部》:"糫頭,餅也。母官切。"本部:"饅,俗。""懣,忘也。""鏝,泥鏝。槾墁,並上同。""謾,欺也。慢也。""瞞,目不明也。《說文》曰:'平目也。'曹操一名瞞。又姓。《風俗通》云:瞞氏,荊蠻之後,本姓蠻,其枝裔隨音變改爲瞞氏。母官切。"

宋代《集韻·桓部》:"饅麫,謨官切。饅頭,餅也。或从麥。"本部:"瞞,謨官切。謨官切。《說文》平目也。一曰目不明。""悗慢,謨官切。惑也。或从曼。""墁墁,謨官切。土覆。或作墁。""醂醶,謨官切。醭醂,醬醋敗。或从曼。""縵數,謨官切。無文也。或作數。""糫,謨官切。糫糫,飯澤。""獌獮貓,謨官切。獸名,似貍。或作獮貓。""樠,謨官切。

粥凝。”

漢語裏命名存在“形狀相似、功能相當”的認知原則，對於形聲結構而言，具有得天獨厚便利之處。比如：篦，大徐《說文·竹部》新附：“篦，導也。今俗謂之篦。从竹毘聲。邊兮切。”從竹木爲體質，從毘得聲。毘，從比孳乳，比，空間上二人形比列，結構關係相似。這種結構關係相似性，或者看作“異質同構”。功能上，與“梳”字構成相互對立。梳，《說文·木部》：“梳（梳唐寫本）理髮也。从木，疏省聲。所菹切。”梳，得名於疏，較“篦”結構空間密度爲疏。《集韻·脂部》：“笓篦毘，頻脂切。取鰕具，《博雅》篝笭謂之笓。或作篦毘。”《集韻·魚部》：“梳梳楖，山於切。《說文》理髮也。或作梳楖。”本部：“疏𤕟蔬疎，山於切。通也。一曰遠也。或作𤕟蔬疎。”

本文是在2017年11月韓國延世大學“2017年度韓國中語中文學秋季聯合國際學術大會”發言基礎上修改而成，會議主題是“第四次產業革命時代人文學的卓越性——中國語言文學研究的新模式探索”。

結構與意義

結構是事物構成諸要素之間的組織形態。描述一般物體空間物理關係的結構分類,如房屋建築的上下左右內外等適應於普遍的物理組織關係,而不能有效揭示漢字結構的特殊屬性。漢字結構屬性,只能存在於漢字結構成分及其組織關係上面。確定的意義,存在於統一結構當中。結構成分之間相互依存,相互規定,離開了結構整體聯繫,部件成分的功能則無法實現。結構的使用,形成意義發展聯繫的綫索。結構的斷代發展,以具有明確使用年代的共時字形與之相對應。圍繞文字性質、結構層次、認知機制、表義模式、類型劃分以及意義範圍,系統論述漢字結構問題。調查各個時期漢字使用消長實際情況,考察形體結構演變發展,分析結構演變的斷代性特點,呈現結構使用過程中所產生意義及文化關聯。

學科性質與對象範圍

文字與語音。普通語言學談到語言系統中形音義的關係,一般都會指出:先有語言,後有文字,文字追隨聲音。以至於一般文字工作者在回答這個問題的時候,答案也是如此,似乎可以不假思索。就漢語史發展的實際情況而言,這個問題其實也是分層次的。在不同層次上,字形與語音的關係是不完全等同的。在文字的發生創製階段,文字追隨語音,這是没有疑問的;而且爲了追隨語音,文字使用過程中的結構體制也總是不斷做出相應調整。比如,形聲結構中聲符的調整之類。但是,文字發生之後,文字體現爲書面語,在相當長的社會歷史時期,主要就是文字傳承使用過程。在文字的傳承使用過程中,對於文字使用者提出字音與字形的關係,那就是根據字形,後加字音,即字音標識符是後來加上去的。可以說,創製文字階段,與學習運用文字成爲普遍社會現象,二者是需要區分的。前者是主動的,後者是外加的。〔1〕 漢字體系中,果真存在表音類型,至少無需每個字都有待於注音了(並不因爲形聲結構抑或借用關係而省略注音環節,相反,活用抑或借用,還要加以特别語音注明);現代語文教學過程中,也就無需運用26個字母構成的拼音方案,進行漫長的逐字拼寫訓練了。

形聲與表音。不少專家根據漢字中的"形聲""假借"等類型,歸結出漢字"意音字""表音字",並以之與"表意字"並列,這將導致邏輯混亂,也不符合漢字發展實際。從基本字符來源看,漢字來源於圖畫形式和一部分符號(非音符)。從形聲結構所用聲符來源看,也是先有"有意味的形式"這樣的獨體表意字符,繼而可以充當聲符,而在另外的場合又可以充當形符抑或義符,純然爲形聲結構而設的聲符是不存在的。

假借與表音。以爲假借使用的就是"音符",所以假借類可以算是表音字或音符字。這也是將文字使用過程中存在的關係,當作一類文字體制上的存在。漢字記録書面語,漢字字集當然是從漢字實際使用文獻中集合出來,但這並不等於說字集體系就是具體的漢字用例。就字集體系看,被借用的字形,原本都有自己獨立存在的結構方式,以及所託音義。另外,在記録漢語的實際功能上,就算是處於被借用關係的語境裏,也還是無從建立見形知音的認知關聯。既然作爲本字不能表音,那麼被借用對應同樣的音值(假借的前提是音同或接近音同),怎麼可能就能變得表音了呢?事實上,假借字同樣也不符合所謂"表音字"的性質,漢字體系純

〔1〕 臧克和爲蔡夢麒《説文解字注音研究》所作序,齊魯書社2007年。

粹的表音字並不存在。漢語史上,到目前爲止,也還不清楚到底使用了多少假借字,這是否意味著,漢字記録漢語,人們無法瞭解使用了多少音符呢?有的場合下作爲借用算作音符,在另外場合下又作爲本字在使用,又不能算是音符。世界語言文字體系中,有可能使用這樣的文字系統嗎?創製的文字體系性質,與書面記録語言使用過程中所形成的種種關係,並不是一個層次的問題。所謂文字性質,就是文字體系所使用的基本字符的性質。像日語借用了漢字,不用說訓讀部分,就是其音讀部分,其表音功能屬性與五十音圖符號,完全不是一回事,也不能說是表音字。所謂表音字符,就是看到其書面記録形式就能讀出來。這樣的功能特點,在日語裏只有五十音圖才具備。

從文字本體基本屬性出發的結構類型劃分,是屬於文字體制與構造模式問題。文字學界通常所謂"三書説""六書説"乃至"多書説"分類,其實是雜糅了功能(屬於語言層次的使用功能)與結構(屬於結構類型、結構方式及結構成分的本體屬性)不同的適應範圍,根本上是文字與語言關係問題上,邏輯分類標準不夠清楚。所謂"三書",其"表音"一書,實際不外是前面二書即"表意""意音"類型的使用結果。如果說漢字若干結構成分結構類型在使用過程中體現出音義聯繫,並且發展爲影響漢字認知模式,那是符合實際的;但是這不等於説改變了漢字體制上以形表意的性質。

對象及範圍。既然漢字特質爲以形表意(具體實現爲以形體聯繫意義,以形體區别意義),那麽就不同於表音文字體系,就要使用類型複雜的字形體系。這類複雜的字形體系,形體數量繁多(理論上講,有多少詞語就相應需要多少記録字形。只是由於發展爲以合成詞的方式區别詞義,才使得漢字不需要無休止地造下去),在實際標記使用和實際書寫過程中(加上使用歷史的漫長和書寫因素的複雜),必然形成種種複綜關係(文字的考索,事實上就不得不變成"形音義"互相推求的局面,根源亦在於此)。由此決定漢字學具有獨立的研究對象和範圍,那就是結構本體及結構使用。由此規定了漢字學不僅是基礎學科,而且是應用性學科,在某些歷史條件下,甚至可以成爲所謂"顯學"。漢字來源於"書面語"的分析集合,而不等於就是“書面語”。書面語相對應的是口頭語,二者僅存在風格差異。漢字是記録書面語的符號體系。

基於上述,漢字學,真正算得是世界上獨特的門類。表音文字根本上不具備這些屬性内容,也就不能構成這樣的特定研究對象。作爲表音文字字符,一定是數量非常有限的,而且可以爲所有詞語進行標記。文字性質定義不清,研究對象及有關範圍也就模糊,這就是漢字研究過程中,字、詞等關係一直苦於糾纏的根源所在。

分域與分層

結構,約言之即事物組織形態。將其運用於漢字術語體系,一般以爲結構搭配的方法,將楷書結構分爲左(中)右結構、上(中)下結構、内外結構和獨體結構四個類型。且不説這樣外在物理形態的劃分尚不能周延漢字結構類型(像穿插組合結構,如東橐等字古文結構之類,就無法納入上述四類結構當中);就是漢字結構術語使用者,也還没有來得及區分清楚這是在哪個層次上使用結構術語。描述一般物體空間物理關係的結構分類,如房屋建築的上下左右内外等適應於普遍的物理組織關係,而不能有效揭示漢字結構的特殊屬性。漢字結構屬性,只能存在于漢字結構成分及其表詞過程中組織關係上面。基於此,從古到今,描述漢字以形表詞結構分類,一直使用的是象形結構、指事結構、形聲結構和會意結構等術語,原因也就在這裏。

所謂意義,就是討論事物在一定範圍内的有效性問題,而範圍有待於區分。古代釋義概念稱“義界”,直到今天看來也不失爲扼要而中肯的定義,即意義所適應範圍,轉換表述是“在何種場合有效”的問題。“意義”難以義界,所可討論者大體有如下諸端:從發生來看,同一律前提下的對立產生區分;所區分範圍有重疊,故意義有大小。從認知功能來看,“意義”回答“是什麽”即歸納所屬範圍的問題。《國語·楚語下》描述古代“無意義”局面,就是“民神雜糅,不可方物”,“方物”就是“區別物類”也即分類,分類爲合併到同一範圍的前提。韋昭注:“方,猶别也;物,名也。”

從價值功能來看,"意義"在於使用形成區別即有何作用的問題,使用區別才使其具有"意義"。漢語發展過程中,所謂分域,就是結構長短。詞語結構及其方式,構成主要的區別手段。詞的合成,除了部分聯合結構,一般偏正修飾、支配補充等方式所形成的合成結構,即意味著意義的明確。隨著語言結構長度的增加,即限定修飾成分的搭配,範圍層層縮小,意義趨向單純明確。反之,孤立的字形、詞語,範圍有待限定,意義多邊。因此,漢語詞語合成及分類,構成漢語理解分析的基本問題。

確定的意義,存在於統一的結構當中。結構的發展,形成意義聯繫的綫索。約言之,意義聯繫存在於結構以及結構使用過程當中。漢字結構如果拆分到筆劃的層次,就像有的西方學者將漢字的筆劃對應於英語裏的字母,已經不能反映漢字的結構屬性。就像反映物質的化學性質只能分析到分子,而不是更小的原子單位;到原子的層次,就只有電子數量及其層次排列上的差異了。反過來說,並不是分析得到的單位越小越有效。如同化學裏將水分子分離爲氫原子和氧原子,但水的性質並不等於氫和氧的相加。上述聯繫,可以這樣表述:第一,漢字結構是分層次的。第二,基於結構屬性,各個層次上的單位所發揮的作用是不能等同的。比如書寫形式相同的"丶",在不同的漢字結構裏,存在層次、功能的差異:在"章"字結構跟在"刃"字結構中,"章"上的丶爲筆劃,古文字階段有的可以省略;"刃"邊的丶爲部件,是具有區別功能的符號。第三,現代楷字結構中相同的筆劃單位,其實是有著不同的來源的。比如"候"和"攸"中的丨筆,候中的丨來源於"人",攸中的丨則來源於"水"。

形符與聲符

形聲結構類型,占了漢字結構系統的主體,所以這裏分成幾個層次進行說明。意義,是在系統結構當中通過對立區別原則而實現的。中國現在最早而完整的字書《說文解字》的主要構形模式即形聲結構,占了全書近88%的字量。有的語言學者認爲,比較字義結構與義場、義符的理論進行適當的修正和補充,可以克服它的某些弱點。這就是以“聲”義爲綱,將同“聲”而意義又相同或相近的字歸屬在一起,建立字族;字族中的各個字稱爲同族字。一個字族相當於一個義場,“聲”的異同是確定義場的異同的重要形式標誌;“形”義相當於義符,借此把“聲”所隱含的各種意義歸入不同的語義範疇,如把“淺”歸入“水”的範疇,“綫”歸入絲縷的範疇,等等。字族中各個字的語義關係形成一個小小的系統,其中有一個“根”,由“聲”代表,表示的意義寬泛而抽象,相當於邏輯概念關係中的一個上位概念;其他字的意義都是從這個“根”中衍生出來的,從某一個側面去注釋“根”的意義,使之具體化。語義的分析如以字族爲單位,那麽“族”中各個字的語義關係就如義場和義符,可以據此進行系統分析。

這是認爲漢字形聲結構中,聲符管的範圍大於形符。文字學者也提示我們要特別關注聲符,認爲文字作爲語言的符號,它在本質上應是表音的,但由於漢字有著以形表義這一特色,常常掩蓋了它表音的本質。[1]

將形聲字區分聲符和形符分別進行討論,這是在文字學的層次上來討論問題。但是,分開來講形符和聲符的功能又是比較機械的,在具體分析過程中總是離不開整個形聲結構關係的規定和制約。單獨將聲符歸納到一個抽象的範圍,而且這個範圍是比較寬泛的,這個範圍來源於對一個具有同源關係的詞群的抽象,否則就不會存在這樣一個抽象的範圍;或者說,這個抽象的義位事實上是空設的:這個作法和討論,屬於詞源學的層次。我們認爲,形聲結構的聲符和形符各自的功能,都應該放在形聲結構關係當中才能準確界定:著眼於聲符,聲符所提示的語義聯繫是抽象的,所對應的是有關屬性等方面的,例如學者們喜歡提到的“戔”作爲聲符的例子。從這個角度說,聲符對應的範圍似乎更加廣泛一些。但是,這其實是將有關從戔得聲構造所記録的詞義系統歸納的結果;没有所記録的詞群,這種所謂的抽象意義是不存在的。所以,著眼于聲符,配置形符,體現

〔1〕徐通鏘《基礎語言學教程》,北京大學出版社2001年,第106頁。臧克和《說文解字新訂·前言》,中華書局2002年。

的是跟語音的對應(如“欠”形組合“斤”聲,構成“欣”字,使得“欣”的語音個性化)。同時,著眼于形符,配置聲符,體現跟所記録一種詞義對應(如“水”符加“斤”聲得“沂”,使得“沂”的專稱義得到落實);没有聲符的合成,形符所對應的也只能是一個基本的範圍。而且,這個基本範圍也是大致的劃定,並没有嚴格的界限。這一點,只要從《説文》所著録的“重文”異體字之間,以及重文與正篆之間的發生的大量的形符可以互相替换現象就可以看得很清楚。所以,在形聲結構中,離開聲符和形符任何一邊去分析各自的功能特點、範圍大小,都是一件困難的事情。總之,形聲結構,聲符和形符,各自的功能,都是在相互依存、相互對待的結構關係中實現的。形符和聲符的作用,就是在系統的對比中,使字形結構意義得到區别。通過這種區别,使得我們習慣上所説的表音表義即音義對應關係得到確認。這種從“結構整體性”著眼的説明,是符合實際的。至於從計算機處理的需要出發,進行的基本字符分類、結構拆分,更多地則是考慮技術層面上的問題。[1]

關於形聲結構所占的比重問題,歷史漢字系統中,各個階段的形聲字究竟占到多少比重?《説文》之前的各種類型的歷史字料,由於存在大量未能釋讀和分析的部分,所以,目前見到的各種數據還只能是大致的猜測,各家的出入也就是自然的事情(在西周金文中,共有可分析的字形 2 189 個,其中象形字和指事字 349 個,占總數的 15.9%;會意字 807 個,占總數的 36.9%;形聲字 824 個,占總數的 37.6%。目前整理出來的不重複的戰國楚文字楷書隸定字爲 3 859 個,其中構形不明之字 676 個,可分析之字爲 3 183 個。在可分析部分裏,象形字 234 個,占總數的 7.63%;指事字 37 個,占總數的 1.16%;會意字 510 個,占總數的 16.02%;會意兼形聲字 122 個,占總數的 3.84%;形聲字 2 234 個,占總數的 70.19%;另外還有 37 個合文)。[2] 在有關數據庫的支持下,根據《説文》大徐本的標

---

〔1〕 臧克和《字符與分類》,《天津師範大學學報》2003 年第 3 期。

〔2〕 劉志基《中國文字發展史 · 商周文字卷》,華東師範大學出版社 2015 年。

記(新附部分不計在内),在《説文》貯存的正篆當中,實際統計出現"聲"字標記的共有 8 221 個。要是 8 221 個都算作形聲結構,那麽在整個正篆系統中接近 82%。但是,這 8 221 個有"聲"標記的部分還包含"亦聲"的類型,有 215 個;包含"省聲"的類型,有 311 個。要是除去這兩個類型不計,那麽,大徐本中的"形聲結構"就是 7 695 個。要是考慮到《説文》大徐本中有些所謂"非聲"的情況,也就是前面的《説文》學研究者認爲不屬於形聲字的情況,那麽這裏的數據就得調整。但是,我們也得考慮到,原本有些可以標識聲符(至少算是"亦聲"的類型)如"義"字所從的"我"符,與"義"字都屬於歌部,而《説文》並没有標記該字爲形聲結構。

部首與分類

漢字按照部首編排,爲什麽源遠流長,影響到現代楷字編排? 説到底是符合了關於漢字形體結構屬性的認知規律。以形繫聯,可以將成批的漢字"打包",實現形體結構的視覺關聯,提高認識功效。從這個意義來説,許慎《説文》編排組合,最大貢獻是遵照形體特點進行信息"打包"。我在有關場合曾指出,《説文解字》對後世漢字整理影響最爲深遠的,就在於將字形結構分類——從看起來散漫的字群,尋找其中藴含的共有的形體成分,提取出來,從而建立起共同的關係類型。在數學方法上,類似於代數因式分解過程中的"提取公因式"。這一科學思想,對後世字彙的聚合乃至後世文字的整理,具有創闢性意義。

《説文》所提取的部首,就外延而言相當於一個範圍,所指示的義界就是一個範疇,這個範疇的代表符號即形符,構成爲認知心理學上的"原型"。認知心理學認爲,範疇化認知活動是主客觀相互作用的過程,所有事物的認知範疇都是以概念上凸顯的"原型"定位的,"原型"對範疇的形成起重要作用。"原型"是指作爲範疇核心的圖式化的心理表徵,是範疇化的認知參照點。某事物只要與原型有近似的匹配,即可成爲該範疇的一員,從而被識别。在這種"打包"過程中,只有形聲結構才是最方便處理的。[1]

對於《說文》540部和後世字書所設部首發生的合併歸類情況進行比較分析,整合取捨,歸納部首之間內在的聯繫,發現《說文》設立的540個部首字符單位,總的來說是超出了統攝漢字系統的需要,存在若干羨餘的成分。但是,合併部首也不可能僅僅是越少越好,而應該遵循一個最起碼的原則,那就是充當部首的偏旁,最好是在整個字形層次結構的劃分過程中,是第一層分析得到的成分;否則將會產生成批的難以歸類的字。如,辵部、走部中都可以再分析出止符,似乎都可以將這幾個部的字歸入到止部裏。但是那樣一來,這幾個部的字,都需要在第二層次劃分過程中才能找出所屬的部首。因爲減少兩個部首字,結果導致了相當數量的字歸部發生困難,同時也就等於增加了檢索使用的麻煩。基於此,《說文》設立了像"只、古"等這樣一些部首,這些部首各自統攝的字也就只有一兩個。後世字書辭書所出現的部首字大量減少的情況,其實主要就是發生在這類情況的調整上面。思維的效率取決於所使用符號系統的簡潔。但是,分解到"筆劃"這樣的基本共用單元,努力降低到200個部首左右,看似提高了統攝比例,結果除了導致若干部的義類集合被散在各部,更爲直接的麻煩是,漢字結構的認知歸類帶來干擾,即往往面對大量字形結構不知到底到哪一部去查找(比如【兔—兎】形,是查人部、丶部還是丿部?猝然難以把握)。所謂提高效率,結果也就可想而知了。有關課題組得到的數據表明,要有效率地統攝漢字系統,需要保留近400個基本字符。保持這樣一個數量,才不至於增加檢索上的麻煩。一種文字系統"基本構成字符"如果始終維持在近400個,而不是幾十個,看來就基本上能夠滿足跟音義關係保持一定對應的有效需要。相反,如果只有幾十個,就只能管到記音的層次;雖然只要超過幾個符號單位就可以滿足形式組合上無限變換的需要,但那是不必管到複雜對應關係的類型。但是,話說回來,一個書面記

〔1〕 趙艷芳《認知語言學概論》,上海外語教育出版社2001年,第55—63頁。王甦、汪安聖《認知心理學》,北京大學出版社1992年,第52頁。

録系統,所用"基本構成字符"有數百個,對於一般使用者而言,只要使用上一段時間,不同程度的錯位和變異幾乎就是難以避免的現象。大量歷史異體,就是漢字書寫的現實存在。

結構模式與認知機制

既然漢字特質爲以形表意,具體實現爲以形體聯繫意義,以形體區別意義,那麼就不同於表音文字體系,就要使用類型複雜的字形體系,這類複雜的字形體系,形體數量繁多(理論上講,有多少詞語就相應需要多少記録字形)。在漫長的歷史使用過程中,必然形成種種複綜關係。因此,漢字結構構成意義認知渠道,漢字結構使用形成語義發展的認知綫索。漢字結構關係類型,體現著認知模式;漢字結構的使用方式,反映著認知發展。認知語言學認爲,人類認識事物總是從自身及自身的行爲出發,再引申到空間、時間、性質等。海因等學者將人類認識世界的認知域排列成一個由具體到抽象的等級:人>物>事>空間>時間>性質。這是人們進行認知域之間投射的一般規律,也符合實詞虚化爲語法成分的一般規律。體現在漢字結構使用發展過程中,則是抽象過程,不脱離具象,或曰以形象體示抽象;而結構之間,有實有虚,有體有用,或有由體及用,或有由用及體,體用不二;由本體屬性,到突出有關性狀;或由整體到局部,或由部分到整體;由空間到時間等等:都屬於漢字結構認知的固定渠道。

漢字基本屬性爲"以形表詞(義)",這是就其功能屬性層次而言的。其中的"義",在認知水平上存在相對性:比如對於漢字學專業的工作者跟對於一般學習者使用者來説,其表義程度是存在差别的;同樣,對於以漢語爲母語的學習使用者跟對於西方學習者使用者而言,所謂表義程度又是大相徑庭的。至於其中的"形",則無論對於哪種情況的學習者使用者來説,都是一種客觀存在,即漢字系統是由基本趨於方圓形的塊體結構組成。漢字認知特徵,是結構整體性感知。漢字表義功能,是結構整體性實現。漢字形體標記音義,是基於結構整體的規定。結構成分之間相互依存,相互規定,離開了結構整體聯繫,部件成分的功能則是無法實現的。[1]

有的對外漢字認知教學研究者,將形聲結構中的聲符部分所能標示的音值,和整個形聲結構的音值進行系統測查對比,試圖重新認識漢字結構的表意還是表音的性質。我們不妨這樣來考慮問題:對於一個開始接觸漢字的學習者來說,他看到一個形聲結構,首先是能否進行分析?其次是能否認識其中各個字符的功能?這些恐怕都談不到。他所能認識的,只能是整個形聲結構記録的音義,然後再逐步注意到其中有些構成成分跟整個結構的讀音有些聯繫,甚至開始出現"讀半邊"的現象。最終熟悉到一定程度之後,就會分辨哪些字符在結構中始終處於基本相同的位置,在結構合成中的分工對應也比較固定,於是就集合出來經常處於形符位置的部分和處於聲符位置的部分。這種集合的結果,等於是暫時地將各個字符的功能從結構中分離出來。分離的方便之處,首先就是使得整個形聲系統內部的組織結構的觀察分析變得直觀而可以操作。

形聲之外的其他結構類型,除了獨體的象形一般不能再進行分析,另外的指事、會意等類型,因爲没有表音的成分,都是表義字符的合成。對於這類字形結構的分析,也同樣有必要建立這樣的觀念:各個字符構造單位的功能意義都是相對應於整個結構而言的。對應於整個字形結構關係,即便是一般指事符號,也具有不可替代的區別功能,而且並不比一個構造中的所謂主體字符構造單位所表達的功能意義弱化多少;各自所起的作用,應該是平等而不容軒輕的。如此來看,就不會出現機械孤立分析所產生出的一批似乎小於字符構造單位的"筆劃"。有的給這些字符構造單位臨時加了一些有別於一般基本字符的名稱,其實是脱離結構整體而孤立分析的結果。字符結構分析往往產生兩種傾向:一是過大,一是過小,都是孤立對待的結果。分析之後,看起來功能完整的(比如形音義兼備),那是回到了字的層面。看上去零散的,那是忽略了對應所在的字形

〔1〕 臧克和《結構的整體性——漢字與視知覺》,2005 年 8 月 26 日德國美因茨大學"漢字認知"國際學術討論會發言,文載《語言文字應用》2006 年第 3 期。

結構的要求。例如,人們經常舉到的指事結構類型中的"刃"字,分析出"刀"符和"丶"符。我們恐怕不能說"丶"符是附屬性的,比起"刀"符來屬於層次更低級的單位。因爲在這個構造中,如果缺少了這一個"丶"符,刀和刃兩個單位的區別就根本無從談起。從這種結構關係來說,"丶"符的區別功能一點都不比"刀"符小。

基於結構和功能兩個層面,比較符合認知過程實際的基本作法是:首先篩選最小的形體結構單位(不能再分解的基本構件),然後進行基本構件組合的結構單位教學。這個過程中要分清基本結構類型,例如優先進行平面結構類型的教學,也就是只包含一個層級的結構類型;然後再考慮層次結構類型的教學,也就是包含兩個乃至兩個以上層級的結構類型。相對於由構件組合的結構單位,基本構件可以說是其底層結構。在上述從基本構件到平面結構,再到層級結構教學過程中,則始終強調結構成分之間相互規定的關係。

根據漢字歷史發展演變,現代漢字結構基本可以分爲兩個類型:一是仍然適應"六書"結構,可以分析爲指事、象形、形聲和會意等結構類型。一是經過變異、簡化之後,已經無法歸入上書"六書"結構類型,大部分只剩下符號輪廓的類型。後者,只能算是保留了從表義結構到現代漢字的輪廓綫索,已經很難發現漢字的形體結構與記載語義的對應關係,對其表義程度不能估計過高。[1]

---

〔1〕 由於隸變楷化之後的成系列的形體或來源不明,或爲純乎符號化的結果,"結構理據"也就無從得而說,只好付之闕如。雖然我們看到傳世先秦文獻曾經用過某個字,但從文獻學史來看,這並不意味著當時一定就出現或使用了這個形體。因爲我們現在所見到的最早的版本,也不過就是唐寫本和宋刻本等。例如,或以爲《詩經·七月》有"塞向墐戶"用字例,且向、戶對文使用(所欠察者,爲《詩經》文本寫定年代),甲、金、簡牘乃至《說文》皆見"向"字,遂不加辨察,籠統以爲"向"形使用,古今一揆。其實上述"向"字皆从宀構造,即使隸變時期也是如此。作爲今文字"向"形結構,其實際使用時代,不會早於隸書草率而楷書趨於成熟的六朝時期。隸楷字彙也是一種定型,這種定型也是業經當時整理的結果。分析各種類型字形結構之間的變化,重建某些已經潛隱、中斷或失落的形義聯繫綫索,對於只有隸變楷書的形體,所作的結構分析,只是提供一種認知參考。事實上,相當數量的這類形體,只存筆勢,或者說基本就是符號化記號化過程的結果。

漢字發展到現代漢字結構,是否還屬於表義文字?或者說,在多大程度上還屬於表義文字?這是需要作出全面比較和具體分析才能回答的問題。我們認爲,現代漢字結構本身所具有表義性質與能否表義,這是互相關聯的兩個問題。對於一種文字體系有關屬性的認識,參與比較的對象的分類是至關重要的。比如說,對於以漢語爲母語的語言使用者的調查,和對於以漢語爲非母語的學習者的調查,兩者對於漢字結構表義的認識和回答肯定不會一致。同樣,對於一個長期從事漢語言文字工作的人,跟對一個學習漢語不久的人來說,他們對於漢字結構本身所具有的表義性質的認識也是大相徑庭的。對外漢語教學的實踐表明,即使現代漢字結構中最具象形特徵的部分,在一個初學漢語者面前,也已經很難說得上有多少表義的功能得到實現。對於一個熟悉漢字結構歷史演變的專門研究者來說,正因爲他非常瞭解像戰國文字那樣的形體結構繁簡變異,也不會貿然遽斷現代楷書定型化結構中的某一部分專門是用來幹什麼的。但是,我們是否由此就得出現代漢字結構不再屬於"表義文字"的結論呢?在回答這類問題的時候,就要區分我們是在回答漢字結構本身的表義機制,還是回答漢字結構能否表義的功能。前者是就漢字結構內在機制而言,是客觀存在的;後者則是就漢字結構系統呈現功能而言,是因人而異的。只要是漢字結構尚未改變以構件組合結構對應漢語單位音義關係的格局,漢字結構的表義機制就是一種客觀存在。

現代漢字結構是否還適應一般視知覺規律考察?這是漢字結構功能變化與認知關係問題。隸楷漢字結構的認識,有待於漢字系統中的部類聯繫。隸楷階段字形變異的基本規律,整體上呈現爲字形結構理據弱化。例如簡牘文字隸變過程最爲明顯的變異並導致構造理據弱化體現在偏旁的混同,偏旁的混同又體現在省併和混同、省略和變形等形式。弱化的另一個體現,對於偏旁部件的理解,變得要越來越依賴文字系統的部類聯繫。如"水"變成了氵,只有回到水部構成的字系中才能認識,等等。總之,偏旁部件的構造意圖的認識和理解,離不開整個部類結構關係的通貫

和聯繫。〔1〕

異體與同形

漢字歷史中的"重文",涉及社會上對"異體字"的外延理解問題。《説文解字新訂》前言曾指出:文字學界通常所講的"異體字",往往超出了字形結構的範圍,而是在"詞"即音義與字形的關係的層次上,關注形體差異。否則,離開了這種關係,就只是一個個獨立的漢字單位,根本無從區辨哪一個是哪一個的異體。

"異體字"這個概念的提出和使用,無非是基於漫長的漢字書寫使用歷史,需要認識整理由此産生的種種複雜字際關係。一般説來並没有考慮在文字學體系中給它找出相互對立的術語,也就是没有想到使用它的邏輯前提。有的使用者甚至不自覺地將"異體字"跟所謂"正字"對立起來,其實"正字"的出現,通常情況下只是相對於"俗字"而言的。正俗之間,隨著歷史漢字使用過程而轉化。無論從哪個角度來看,跟"異體字"相對立的概念只能是"同形字"。這兩個概念都是基於形體與意義對應統一這樣一種文字體制而産生的:在記録同一個詞的過程中,使用了不同的形體,這類不同的形體之間就構成"異體";記録不同的詞,使用了相同的形體,這類相同的形體之間就構成"同形"。否則,如果是其他的文字體制,怎麽會存在這樣的區别原則呢?《玉篇·序》的歸納,就是指的這樣兩種互相對立的類型:"或字各而訓同,或文均而釋異"——第一類即詞同而字形異,可稱之爲異體同字,簡稱爲"異體字";形成對立的第二類則是字形同而詞異,可稱之爲同形異字,簡稱爲"同形字"。人們在討論或使用"異體字"這個術語過程中,往往超出了上述邏輯前提,對立條件找錯了;所以,言人人殊,枝蔓糾結,歧中生歧,往往而有。深文周納,看似嚴密,實

〔1〕 臧克和《結構的整體性——漢字與視知覺》,2005 年 8 月 26 日德國美因茨大學"漢字認知"國際學術討論會發言,文載《語言文字應用》2006 年第 3 期。

際徒然添加邏輯層次混亂。因此,人們在處理具體的異體關係的時候,仍然感到無從措手,這就是理論與實際没有針對性的表現。正是基於上述語義區别原則,人們發現"異體字"實際上不能有效界定字形跟字音的關係,最明顯的像兩個乃至多個音節表現的語素意義的關係,所以又提出"異形詞"這樣一個術語來彌補。這種補充,反映了在考慮"異體字"過程中,跟詞彙學的密切關聯(主要就是雙音節乃至多音節詞的書寫形式問題,其實並不能反映語言學實際)。基於上述區别,即知以往糾纏的字、詞之間的若干術語,其實並未很好體現區别性原則。有的不但多餘,且徒添混亂。如"同形字"與"同形詞","同源字"與"同源詞","異體字"與"異形詞"等等,其實如果單純著眼於漢字形體屬性,這些術語,並没有提出的必要,應該還給詞本位的詞彙學。因爲漢字的基本屬性在於形體結構,就字形屬性而言,形體相同,自然就是同一個字;而不同形體,自然就是不同的字:初無所謂同形、異形、異體、同源之類的區别。上述概念的使用,只是在字與詞發生聯繫即字形進入記録詞語的實際使用過程當中,才有必要提出來的一些區别原則。换言之,也就是詞本位參照下的結果。所以,異體字的定義,必然要跟詞語糾纏在一起:就其形體結構而言,一定是存在某種程度某種層次差異,這種結構差異是在字形的歷史演變過程中書寫使用過程中形成的。但是如果到此爲止,講的還是不同的字,初無所謂異體關係存在。所以,異體關係要考慮的就是字形的使用功能。就其功能而言,一定是這些存在某種差異的字形形成記録相同詞語的場合,而且這些存在差異的字形即使在另外的歷史條件下也完全可以互相替换。另外,不同時代所面對的字形,都是歷史積累的結果,體現著若干歷時層次。要進行整理,才有必要援引"異體字"這樣的術語。共時性質的文字材料,可以進行共時異體字的調查整理;歷時性質的文字材料,通過溯源明流的歷時考辨過程,則可以排除某一時間層次上偶然混用所形成種種"體異用同"關係。但是,毋庸贅言,歷時的整理其實是件很困難的事情,而基於某個共時的語言詞彙層面才有可能做得比較徹底。

隋唐之際的"正字",相對於"俗字"。正字考慮來源,俗字區别等級。

今天調查歷史楷字,就要關注社會通用字和異體字。通用字有待確定時間層次,異體字需要明確來源和劃分類型。上面已經提到,理解和定義異體字有必要從結構和功能來進行。從結構層次來說,兩個以上的形體之間必須存在差異;從功能層次來說,兩個以上存在差異的形體又必須記録同一個語素。說起來似乎非常簡單,但問題在於,形體結構的差異,有的是在同一共時層面上產生的,有的則是在不同歷時層面上產生的;音義系統也是在不斷分化發展的,字形的調整往往是滯後的。字形所記録相同的音義功能,是共時的還是歷時的,也就是說是適應某一個特定時段呢,還是適應所有的歷史發展時期呢? 如此說來,認識"異體字",也存在一個歷史層次問題。所以,"異體字"這個概念的提出,是基於整理歷史漢字的臨時性需要。不同時代所面對的字形,都是歷史積累的結果,體現著若干歷時層次。而且,使用的範圍和使用的頻率,其實是很難調查清楚的事情。因此,所謂"記録了相同詞語,在另外的歷史條件下也完全可以互相替換",其實是無從把握的。另外,歷史調查表明,異體之"異",古文字階段運用綫條構成構件(構件獨立使用就是獨體字),差異存在于構件所合成各類結構及結構關係之間;今文字階段變異大量發生在構件層次,還有使用部分筆劃單位形成的區別。因此,結構上異體主要存在於構件之間及構件組合關係之間,包括部分筆劃使用所形成的區別性結構,而不涉及書寫風格差異。概括起來,異體關係的討論,要考慮形體、使用和歷史。

結構與存儲

歷史漢字以貯存呈現的方式而言,大體可以分爲兩個類型: 一個是按照形體關係呈現,一個是按照聲韻聯繫貯存。前者像《說文》《玉篇》《類篇》等,後者像《廣韻》《集韻》《古文四聲韻》等。後一類的基本功能其實也在於貯存字量,不過呈現的方式有些變化而已。像《說文通訓定聲》就是將《說文》貫徹的"以形繫聯"原則轉換爲聲韻聯繫,以古音十八部統攝《說文》所著録的全部字量,使"同聲必同部"的規律得到直觀體現。按照主體存形的功能原則,同是貯存古文字的字書,如《汗簡》按部首聯繫,而《古文四聲韻》就按聲韻聯繫。

《説文》是第一部以貯存小篆和其他類型的古文字結構字彙,以結構分析來建立跟字形構造意圖的聯繫(即便如此,也無法脱離具體"語境"指向),所以,它基本不體現所貯存的傳抄古文字系統的一般使用功能,也就不可能從該字彙裏找出類似"假借"等的使用情況。换句話説,儘管《説文》序言以及差不多同時代的有關講"六書"的人提到過"假借"類型,甚至還有的跟所謂"造字之本"聯繫起來,事實上作爲静態的《説文》字彙是不可能貯存"假借"一類的用字關係的。我們可以拿《説文》來分析有關"假借"的用字關係,但卻不可能從《説文》文本系統裏直接找出假借字來。

《玉篇》是代表歷史漢字的第一部楷體字彙,該字彙的體例特點在於將歷代所傳抄歷史漢字的各種類型定型爲楷書形式,並界定由此帶來的各種字形關係。《玉篇》所貯存的歷史漢字,經過了不同時代編者的整理,呈現的層次極其複雜而混亂。關於文本内部的層次劃分,由於出自歷代衆人之手,今天通行的《大廣益會玉篇》文本内部包含了正文和注釋兩個層次。兩個層次的結構似乎並不算複雜,但問題是每個層次裏都包含異體重文關係。所以,一種計算方法是僅僅考慮所謂的"字頭"字數,也就是《玉篇》中刻爲大一些字型大小的那部分字。這種字頭單位統計標準,其形式標誌是該字後有反切注音,通常情況下還應該出現釋義,但實際上還包含相當數量的異體字;這部分異體字,又可分爲兩個類型:一是不再出現音韻信息和注釋信息;二是雖然出現音韻、注釋信息,即同樣出現在標準字頭地位,實際上也存在異體關係,例如《舌部》貯存了由三個舌並列而成的結構:"胡快切,古文話。"上述正文部分的字,就是歷來研究者所稱的字數(但一般工具書使用者關於該層次的字量統計,也只是根據宋本《玉篇》於每一部後面給出的數字。在缺少數字化平臺支持的情況下,似乎也没有更好的辦法)。基於這一層次關係,在研製有關《玉篇》專書語料庫的過程中,基本的表徵原則可以規定爲:有反切的單位爲字位標誌;没有反切,而有“古文”“籀文”“或體”“同上”等標誌的,爲異體類型關係標誌。根據目前的統計,這部分字量,包含了大量的異體。這部分字形如何進入《玉篇》字量統計,就涉及層次的劃分問題。這些重文包含“籀文”“古文”“同上”等。凡是《玉篇》中用以上術語表述的,屬於編者是在界定該字與真正意義上的字頭的關係,該部分字下面没有反切注音,也没有給出釋義信息。

對歷史漢字進行楷化聚合,《玉篇》也就不再仿效《説文》側重結構類型的分析,這種存儲方式是符合漢字歷史發展實際的。

結構與文化

以形表詞義的本質屬性,也爲漢字結構作爲進入所記録“語義場”的認知“視界”提供了可能。漢字結構,鈎稽關聯著歷史記憶。在這個意義上,即使是訛變的結構,也是一種歷史的存在。漢字認知所關注的重要領域之一,是訛變的過渡聯繫,即訛變之所由來。

漢字文化,是指漢字屬性當中的文化屬性部分。漢字形體結構及其聯繫,是漢字文化的載體。漢字結構方式和以形表意的功能屬性,以及悠久的傳播歷史,決定了它是最基本的歷史文化載體。基於此,人們非常重視字形的熟悉,並由此傳達人生智慧。人們通常認爲,運用漢字結構分析,可以印證有關歷史文獻和文化史實;其實,反過來也可以説,注意漢字使用的社會文化環境,將有助於漢字結構的準確理解。注意恢復漢字結構之間的各類聯繫,可以構建傳世文獻所掩蓋的某些單位觀念的歷史(只能是片斷式的、文獻記載補充性的,脱離文獻使用實際,會産生“過度性”闡釋)。這其中的綫索,就是漢字結構。而由於歷史悠久,相當部分漢字結構的理解,已經滲透了濃厚的民俗色彩。

漢字文化與其他學科的關係。學科或領域,如果過於寬泛,就不可能建立獨立成熟的學科體系。人們通常所看到的,正是這種局面。CJK(中日韓)等地區漢字文化專題研討會議上,我曾經在有關專題發言裏表述過,漢字學研究,由於漢字的文獻學、語言學基礎關聯,應強調文獻學和語言學的準備。問題在於,這裏存在兩難的關係:其一,應該強調漢字本體的素養。但是,如果只是文字本體熟悉的話,基本還是在一般語言文獻學意義上闡釋漢字,似乎没有必要創建一門"漢字文化學",或者再節外生枝開闢這樣一個領域。其二,應該有其他學科因素的介入。比如視知覺認知科學、傳播學以及媒體學等。但是,通常看到的是,一般這些相關學科領域的專家試圖嘗試借助漢字形體説明本領域問題的時候,總是顯得可笑——至少在文字專業學者來看是這樣。

原載《中國文字研究》2013 年第 17 輯。收入本集,又有修改。

楷字發展的量化調查報告

楷字發展調查基本技術綫路("道")。《玉篇》是從古文字到今文字之間的第一部楷書字彙,聚合了漢字楷化的基本資源。根據文本結構關係,所謂"《宋本玉篇》新增字",自然是相對於南北朝《原本玉篇》而言。《原本玉篇》所殘缺的部分,基本保存於唐代抄本《萬象名義》中。爲了方便直接觀察,本報告分部逐類列具《宋本玉篇》新增字,給出字量比例和字形聚合,并根據新增變化實際,認識楷字從南北朝到唐宋時期的基本發展情況。"發展"作爲認知科學的基本概念,應該包含兩個相互協調的平行領域:一是漢字作爲認知客體成系統的消長變化,一是漢字習得者作爲認知主體在漢字接受傳播過程中自身認知能力的發展。中古以降,《宋本玉篇》新增字量,接近或超過30%的增長部類,其主要分佈領域,往往體現出漢字認知及使用發展的某些趨勢。

無論是漢字資源整理規範標準,還是漢字認知使用,有關楷字發展的普查,都是十分迫切的工作。這類基礎性調研課題,迄今尚未系統開展。由於漢字經歷了漫長的演變歷程,形成種種錯綜複雜關係,以至於漢語學者在記録語言的符號系統的文本關係裏面摸索,就差不多消耗掉畢生的精力,基本無法有效進入科學的語言系統研究領域。

關於體現漢字斷代發展的"新增字"。以往提到漢字斷代發展,也不過就是以《説文解字》作爲參照的結果,即找出所謂"《説文解字》所無"的部分。這當然是無可奈何的做法,也是無法反映漢字斷代發展使用實際的。

關於時間層次及劃分依據。如前所述,《玉篇》是從古文字到今文字之間的第一部楷書字彙,聚合了漢字楷化的基本資源。根據文本結構關係,所謂"《宋本玉篇》新增字",自然是相對於南北朝《原本玉篇》。《原本玉篇》所殘缺的部分,基本保存于唐代抄本《萬象名義》(報告所及各類字彙,以下悉取簡稱)。

關於調查方法及提取手段。專書語料庫之間實現關聯,不僅能夠對照字彙之間字數總量的變化,還可以將各部分類具體字數的消長呈現出來;不僅可以反映各部類字量的發展變化,還可以將各部具體新增字形提取出來,加以集合。對於漢字發展的斷代研究來説,具體字形的呈現,是最爲直接的,而這也是以往的調查統計困難最大的地方。

《宋本》所出新增字。《宋本》22 794 字既然是在《原本》基礎上增字的結果,對照統計就在《宋本》和《原本》之間進行,《原本》殘缺的部分,就在《宋本》和傳抄《原本》的《名義》所存 15 291 字之間進行。另外,《原本》《名義》將《説文》所存字量作了較爲全面反映,但也存在少量不能對應部分,於是再在《宋本》和《説文》之間,扣除已見於《説文》部分。通過數次對照,扣除共有部分,即可得到《宋本》本部新增部分字量。各部由此得到的新增字量和具體字形,反映在《中古漢字流變》各部開頭的綜述部分裏。[1] 下面所呈現的各部新增字量和字形,就是見於該處的對照統計結果。

但是,任何一部字彙,都不外是歷史的積澱結果,而不可能是當時社會實際用字的完整集合。調查統計表明,字形相應於詞彙對社會事物發展的調整是滯後的,字彙對某一時期的社會用字的整理集合也是滯後的。對照中古時期石刻等實物,即可發現有成批不見於《原本》《名義》的社會

〔1〕 臧克和《中古漢字流變》,華東師範大學出版社 2008 年。

用字。這部分社會實際用字，應該看作是《宋本》本部新增字的依據。

爲了方便直接觀察，本報告分部逐類列具《宋本玉篇》新增字，給出字量比例和字形聚合，并根據系統新增變化實際，認識從南北朝到唐宋時期楷字基本發展趨勢。[1]

一部第一

凡九字，字頭 6。《宋本》《說文》《名義》共見 5，見於《說文》《名義》5。

《宋本》本部新增 1 字：兲。

按《宋本》本部新增字，有音有形無義，即未見使用。

示部第三

凡一百四十五字，字頭 129。《宋本》《說文》《名義》共見 64 個（不包括《說文新附》所收録字）。《宋本》《名義》共見 93。

《宋本》本部新增字 34（23%）：禶、禰、䄧、禥、禝、祣、裀、禵、祾、桊、祖、禞、禘、祇、祑、禈、禠、禳、禯、禉、祹、禑、禲、禟、禴、神、禭、禮、禂、祓、䄠、祦、禵、禪。

二部第四

凡一十四字，字頭 11。《宋本》《說文》《名義》共見 7 個（其中《說文》不包括新附部分）。《宋本》《名義》共見 7 字。

《宋本》本部新增字 3：亘、亹、亟。

玉部第七

凡二百六十七字（凡二百七十五），字頭 251，《名義》貯存字頭 189。《宋本》《說文》《名義》共見 130 個（其中《說文》不包括新附部分），《宋本》《名義》共見 172，《宋本》《說文》（包括《說文新附》部分）共見 149。

《宋本》本部新增字 63（22.9%）：璇、琪、璉、瑈、琉、瑔、璔、琜、玨、璝、珻、瑇、瑯、琊、珹、瑹、玔、瑸、瑽、瑢、琿、瑫、璼、珖、玸、瓵、玻、璆、瑖、玵、

[1] 以下正文統計分析，涉及多種歷史字彙，字際關係複雜，字體包括超大字符集、sw、shuowen1。

瑺、瑕、璽、瑡、瑍、璾、玶、玗、瓖、瑀、璮、玣、瑦、瑙、瑰、珺、玑、琗、玔、璦、
玲、璷、玐、球、璋、玥、琔、玐、玞、璛、珞、珀、瓛。

按《宋本》漏收 1 字,爲《名義》“珅”字。另外“璭”“班”2 字,《宋本》歸爲《珏部》,《名義》既歸《珏部》,又歸《玉部》,此并以《宋本》爲依據,歸《珏部》。

土部第九

凡三百五十五字(三百四十八字),[1]字頭 315。《宋本》《説文》《名義》共見 134 個(其中《説文》不包括新附部分)。《宋本》《説文》共見 149(其中《説文》包括新附收録的 13 個)。《宋本》《名義》共見 214。

《宋本》本部新增字 81:墝、埳、垕、堩、墲、圠、圬、埭、墱、垙、塂、堎、壿、墒、垾、堈、圾、塛、塻、埿、垗、瑴、增、圹、坩、堛、垻、墽、堠、堦、堝、垌、垌、埪、垈、垭、墄、壜、墅、壔、墡、壞、堉、墒、墺、垟、垺、垸、墼、壂、墼、坤、埇、圤、圵、墧、壕、堿、壏、塉、坬、壥、墲、坨、埗、墰、坑、塊、塋、堰、墣、墤、塢、墪、垕、塼、堰、呈、堉、壇、垮。

按《宋本》漏收字 5,分别是《説文》《名義》共見的“坻”和《名義》獨見的“坛、坒、坭、埭”,但“坛”即《名義》抄存之“坧”,也即“坻”之楷化稍變者,不算《宋本》本部脱文。

田部第十三

凡八十一字,字頭 68。《宋本》《説文》《名義》共見 32,《宋本》《名義》共見 47,《宋本》《説文》共見 33。其中 1 字,是《説文・邑部》“邦”之古文。

《宋本》本部新增字 20:疅、畤、畘、畉、畁、畩、畬、畷、畽、畮、町、疁、畢、畇、畛、畱、畑、畱、畧、畾(㭬)。

畕部第十四

凡四字,字頭 4。《宋本》《名義》《説文》共見 2,《宋本》《名義》共見 3。

[1] 《宋本玉篇》原文爲“凡三百五十五字”,今核查實爲三百四十八字。下同。

《宋本》本部新增1字：畾。

黄部第十五

凡二十三字,字頭19。《宋本》《名義》《說文》共見5,《宋本》《名義》共見13。

《宋本》本部新增字5：黈、黰、黇、黋、黲。

《宋本》脫"黆"字。

京部第十七

凡四字,字頭3。《宋本》《名義》《說文》共見2。

《宋本》本部新增1字：涼。

冂部第十八

凡八字,字頭7。《宋本》《名義》《說文》共見5,《宋本》《名義》共見5,《宋本》《說文》共見6。

《宋本》本部新增1字：冊。

邑部第二十

凡一百七十八字(二百七十八字),字頭267。《宋本》《說文》《名義》共見174,《宋本》《說文》共見180,《宋本》《名義》共見210。

《宋本》本部新增字51：鄛、鄙、鄰、鄣、酆、鄏、鄘、郱、郾、郁、鄀、郶、郪、郰、郉、鄹、郲、郭、鄠、鄜、鄟、鄝、鄭、鄺、鄮、郄、邩、郘、郤、鄉、郞、郶、鄁、鄖、郕、郎、鄅、鄞、邛、邦、鄰、鄖、郢、鄗、郯、郲、郉、邾、鄢、鄡、鄹。

按《宋本》"鄛"實爲"鄡"之楷化稍變者。《名義》字形從鳥,實"鄡、鄥、鄛"皆異體,"鄛"爲"鄡"之變異。《宋本》本部漏收2字:《說文》"邑"和《名義》"郤"。

人部第二十三

凡五百二十一字,字頭484。《宋本》《名義》《說文》共見382,《宋本》《名義》共見382。

《宋本》本部新增字104(19.9%)：偷、儂、僗、仸、他、佒、侵、併、偺、傂、侔、儽、伻、儵、倧、偳、佬、侼、伽、倲、儇、傕、僼、傭、傆、优、僊、傯、傟、儸、傰、偵、佲(倶)、傒、倡、僝、僜、伱、僛、憮、佰、倘、伫、仳、佷、傸、傎、估、

倣、儌、俴、伷、僜、儱、傼、傳、傴、伷、儆、倰、儾、僙、佢、僶、任、倁、偌、僫、
俅、僓、伳、倶、僭、偛、倣、僼、傈、傕、侀、俗、儲、偯、儞、倲、偄、儸、佹、俉、
伶、儜、儻、偤、儑、倰、儚、個、俌、僿、偑、傉、倔。

按《名義》所抄存“倨、仅、偬、僫、倰、偬(此字形存疑)、仔(此字形存疑)”,《宋本》失收;另外,見於《説文新附》的“債、停”字,《宋本》未見。“伺”字《名義》《宋本》繋《司部》;《説文・司部》僅統攝一“詞”字,“伺”字歸《人部》。“佑”,見於《名義・示部》。

父部第二十五

凡五字,字頭5。《宋本》《名義》共見3。

《宋本》本部新增2字:爹、爺。

按《説文》“父”字歸《又部》,未設《父部》。

身部第三十二

凡二十八字(二十七字),字頭24。《宋本》《名義》《説文》共見2,《宋本》《名義》共見12。

《宋本》本部新增字12:躬、躴、躰、軆、躭、軂、軇、躲、躹、躰、躴、躸。

按其中躰、軆二字,雖然未呈現于《名義》字頭位置,但所抄釋文反切,此二字皆使用。

女部第三十五

凡四百一十八字,字頭377。《宋本》《名義》《説文》共見222,《宋本》《名義》共見285。

《宋本》本部新增字83:娶、嫭、娘、姆、嫛、姥、姮、娼、嬺、嬣、嫜、妐、
妵、媸、嫞、嫯(嫀)、嫖、婹、嬼、姿、婋、孋、妋、婄、媖、姉、㚢、妑、嬪、娧、婡、
娃、婰、婷、妔、嬁、媷、媩、嫎、媃、姊、媋、嫛、娼(婘)、妕、妚、嫐、孍、娧、
嫪(嬙)、娴、婀、娜、娘、媛、婇、媸、嫛、婡、姫、嫤、婥、婭、嫛、媄、嬨、媾、媫、
婂、姰、嫎、姲、姩(婘)、妣、孅、娸(婘)、妰、嬉、娟、妷、嬳、嬂、好。

按新出字統計,異體字重複計算。因爲脱離了所記録詞的關聯,不同的結構,就代表了不同的字形屬性。參見《楷字區別》部分,此前此後統計皆同此原則。《宋本》漏收字7,即《名義》所抄存的“母、姁、媄、媱、餕、姟、

嵎”。看來,後出未必轉全。

頁部第三十六

凡一百十九字(二百字),字頭188。《宋本》《名義》《説文》共見8,《宋本》《名義》共見139。

《宋本》本部新增字46：頱、顉、頍、傾、隤、頡、頹、頩、頳、顋、顴、頋、顱、鴟、顒、頫、顑、頶、頬、顅、顡、顣、頺、頣、頃、顭、頨、頚、頏、項、頪、頤(顲)、頠、頼、頛、顈(顟)、頓、顊、頞、顪、頙、顛、顯(顎)、頦、頖、頮。

按《宋本》漏收字2,即《名義》所抄存“顤”“頔”字。

面部第四十一

凡二十九字,字頭26。《宋本》《名義》《説文》共見4,《宋本》《名義》共見12。

《宋本》本部新增字14：靤、靡、靨、靲、靦、靧、靤、靨、靕、靸、靺、靾、靻、靬。

色部第四十二

凡十三字,字頭11。《宋本》《名義》《説文》共見4,《宋本》《名義》共見10。

《宋本》本部新增2字：艴、艵。

按新增二形爲異體。《宋本・色部》“艳、艶”2字,《名義》《説文》歸《赤部》,分類有異。

亢部第四十五

凡五字,字頭5。《宋本》《名義》《説文》共見2,《宋本》《名義》共見3。

《宋本》本部新增2字：魧、觥。

鼻部第四十六

凡二十七字,字頭22。《宋本》《名義》《説文》共見5,《宋本》《名義》共見16。

《宋本》本部新增字6：齀、鼾、齁、鼿、齈、嵲。

目部第四十八

凡三百四十字,字頭303。《宋本》《名義》《説文》共見115,《宋本》《名義》共見198,《宋本》《説文》共見116個(其中《説文》不包括新附部分)。

《宋本》本部新增字103:瞎、瞕、瞛、䀿、眗、䁤、眝、矙、䀡、瞜、眥、睽、睃、瞙、瞱、䁻、瞸、矑、矔、䀯、䁦、䀢、䁿、䁚、瞘、䀻、䁗、眶、䀿、矂、䁔、䀙、聘、眘、䁡、䁫、䁭、䀹、䀵、䀩、䀠、䁄、䁞、䁷、睶、瞜、䁝、䁾、䀓、睨、䀝、脯、䁥、䀚、明、睰、瞌、䁸、睲、䁝、䀑、眹、䀏、睐、䁚、瞑、䁭、矖、瞽、䁩、䁯、矕、瞗、䁩、矖、昭、䁳、䀲、瞉、映、䁲、晻、䀾、䀠、瞖、睱、矊、曅、瞀、䁧、䁕、矒、矚、瞙、䀲、睥、䀺、䁅、瞸、䁩、䀺、䁜、瞑。

按《名義》本部未抄“昉”字,即釋文部分所見,也是校訂整理過程中所改加的,“眪,芳往反。仿(昉)字也”。故不能考慮爲《名義》所抄有此字形。《宋本》漏收《説文新附》中的“眹”字。《名義》歸《目部》的“且”,《宋本》歸《且部》;《宋本》歸本部的“省”字,《名義》歸《省部》,《説文》歸《眉部》:表明《宋本》已經將《原本》分置的《省部》打亂合并了。

䀠部第五十

凡十二字(十三字),字頭10。《宋本》《名義》《説文》共見3,《宋本》《名義》共見3。

《宋本》本部新增字7:叟、䀠、䀠、䀠、䀠、䀠、䀠。

見部第五十二

凡九十七字,字頭94。《宋本》《名義》《説文》共見45,《宋本》《名義》共見59,《宋本》《説文》共見44個(其中《説文》不包括新附部分)。

《宋本》本部新增字36:靚、覭、覞、現、觀、覩、覘、覻、覬、覠、覜、覲、覢、覫、覡、覩、覭、覷、覰、覸、覽、覿、覯、覺、覦、覹、覼、覴、覶、覵、覾、覻、覽、覷、覸、覸。

按《宋本》漏收1字,即《名義》《説文》所共存“覜”。

耳部第五十五

凡九十七字,字頭90。《宋本》《名義》《説文》共見31,《宋本》《名義》共見65,《宋本》《説文》共見31個(《説文》不包括新附部分)。

《宋本》本部新增字25：聵、聮、聜、聑、聝、聠、聣、聤、聕、聦、聧、聨、耵、聄、聥、聦、聐、聏、聮、聰、聳、聵、聶、聻、聯。

按《宋本》本部漏收1字,即《名義》抄存的"耿"字。

口部第五十六

凡五百二十三字,字頭481。《宋本》《名義》《説文》共見182,《宋本》《名義》共見313,《宋本》《説文》共見183個(其中《説文》不包括新附部分)。

《宋本》本部新增字168：嗒、囒、咮、噆、嚩、啌、嘖、唭、吼、嘪、叮、嚀、呢(嘪)、喃、噪(噪)、咻、哃、嗤、吠、咬、噴、嚗、唧、吭、嘲、嗂、噌、呟、嚬、咰、嚛、啨、吟、喋、喂、嚾、吣、叿、吱、噥、嚽、吷、噇、噎、唥、嚅、嗌、嚥、吰、嗡、喽、嚹、咃、咁、吙、吓、哑、吰、嚷、啡、咣、嘀、唻、嗆、啈、咚、嘆、嗔、咊、嗖、嗹、喏、咊、啉、哷、喕、哔、嚕、囌、吴、另、叩、吚、嚙、咵、唑、吽、啫、嗅、噥、嗀、喑、嚓、咔、杏、喊、嗹、囀、唄、嚥、听、嗷、嚫、噫、嗅、嗳、哽、嗄、嚙、喧、哩、嗯、嚪、嚫、嚸、唓、啎、吠、唱、咰、嚼、啫、嗖、唷、嚀、呃、吡、嗾、嗶、哦、吡、嚱、啤、喇、嗥、嘈、嗝、咿、噹、吃、咲、噌、呢、噉、嚩、嚱、嗽、嗷、嚓、嚁、囉、呷、啢、嗺、嚠、嚽、叭、嗳、喀、啙、唳、啫、咧、嗒、唈、咭、啻、嘰。

按《宋本》本部未收《名義》本部所抄"后""哩""啣""舌"字。《名義》所存"舌"字不清,推測爲"舌";另有一"嘿"字,應是抄省構件之"土",本當作"嚜"。

齒部第五十九

凡九十二字,字頭85。《宋本》《名義》《説文》共見44,《宋本》《名義》共見59。

《宋本》本部新增字25：齖、齹、齻、齙、齬、齾、齘、齭、齹、齴、齵、齸、齺、齢、齰、齝、齽、齳、齰、齷、齾、齶、齧、齃、齾。

按"齬"字見於《説文》,而《名義》《宋本》皆不見貯存。

彡部第六十二

凡二十四字,字頭23。《宋本》《名義》《説文》共見10,《宋本》《名義》共見 13,《宋本》《說文》共見 11 個(其中《說文》不包括新附部分)。

《宋本》本部新增字 9：彨、彩、彭、彰、彯、彲、彯、㐱、彲。

髟部第六十五

凡一百八字,字頭 99。《宋本》《名義》《說文》共見 36,《宋本》《名義》共見 67,《宋本》《說文》共見 36 個(其中《說文》不包括新附部分)。

《宋本》本部新增字 29：髯、髻、髽、髹、髩、鬖、髾、鬞、鬛、髮、鬘、鬐、鬙、髺、髤、鬠、鬆、髹、鬢、鬡、鬠、鬤、鬢、髡、髭、鬜、鬘、鬚、鬌。

按《說文》所出“鬄”字,《宋本》未存。

手部第六十六

凡六百四十字,字頭 597。《宋本》《名義》《說文》共見 253,《宋本》《名義》共見 436,《宋本》《說文》共見 262 個(其中《說文》不包括新附部分)。

《宋本》本部新增字 149：搴、擧、拏、擥、拲、捃、抔、擈、批、捋、拘、擖、擉、攏、揔、擨、攃、捼、抹、犽、扠、攞、搋、擷、擻、掻、掎、揎、擱、攈、撾、捩、搶、撐、掔、搨、搛、擟、擿、攔、撥、揁、拎、擇、揀、擩、撬、擂、擻、攃、揷、攮、抷、揣、揀、挒、捩、扣、揰、摙、揔、攂、捵、攂、攞、攦、拷、摘、摞、搓、攏、拃、拌、攖、拆、搚、拄、揤、撳、擰、扷、採、揩、摎、擷、擽、挭、揜、揾、搖、抖、擻、揚、擂、攢、攇、拒、掟、擋、撐、擽、捅、攎、擂、擿、搫、擄、揖、攟、拎、揍、扰、㨊、搧、搞、搭、搨、掮、攝、攕、攤、撓、揘、撚、捔、扎、搟、撐、搵、托、攥、攍、攡、搽、擢、搰、摔、技、捩、授、擺、撥、揀、搕、攕、攌、捇、拼、掏。

按攕—攌、攡—擿、托—攥、攡—搽,在記詞過程中存在異體關係。《宋本》漏收 13 字,包括《名義》《說文》共存的“攀、捧、擢、抳、打(其中“打”存於《說文新附》中)”,《名義》獨存的“擓、摝、擡、抄、抙、掞、揎”,以及《說文》獨存的“掕”。其中《名義》中“抳”字反切跟大徐本《說文》“抳”字不能對應。

足部第七十六

凡二百九十一字,字頭 272。《宋本》《名義》《說文》共見 83,《宋本》《名義》共見 190,《宋本》《說文》共見 83 個(其中《說文》不包括新附部分）。

《宋本》本部新增字 81：蹣、躃、蠼、蹱、跒、踑、軀、跜、躨、踈、踋、躕、踑、頣、蹳、蹀、蹢、踁、跂、蹭、跼、䠞、蹆、躦、踤、蹝、蹺、跠、跏、踂、踜、蹦、跨、躂、踳、躏、踒、䟐、踛、跓、躝、跟、踩、踴、蹫、踇、踠、蹼、躔、䠥、跢、踔、蹽、蹁、蹌、蹂、跤、躧、蹑、踰、踋、躃、踌、踺、蹗（䟿）、踖、蹘、踘、踬、跩、蹻、跍、蹻、蹵、踛、蹬、躐、跙、踿、踅、蹩。

按蹗—䟿，在記詞過程中存在異體關係。《宋本》漏收字 2，分別是《說文》"踌"和《名義》"踨"。另外，像躪字，北魏《元詮墓誌》所用作躪，《名義》本部僅見於釋義用字，《宋本》亦脫文；躃字，亦見於北魏《張安姬墓誌》作躃，《宋本》《名義》本部亦脫文。

乖部第七十八

凡四字，字頭 4。《宋本》《名義》《說文》共見 2 字。

《宋本》本部新增字 2：傘、䶝。

骨部第七十九

凡八十六字，字頭 81。《宋本》《名義》《說文》共見 25，《宋本》《名義》共見 57，《宋本》《說文》共見 24。

《宋本》本部新增字 25：髊（胔）、骶、骫、骽、骾、軀、骱、骬、骸、骲、骯、骩、骳、髗、骻、骮、髅、髒、髓、髏、髖、骺、骯、髒。

按髊—胔，在記詞過程中存在異體關係。

肉部第八十一

凡四百十七字，字頭 381。《宋本》《名義》《說文》共見 140，《宋本》《名義》共見 280，《宋本》《說文》共見 143 個（其中《說文》不包括新附部分）。

《宋本》本部新增字 97：脈、胼、脮、股、胍、臂、脏、脜、膑、服、臞、肝、膰、膎、朧、脖、膔、腮、朧、腙、膸、腧、肥、脨、膁、腈、腵、腥、腿、腤、脲、脺、腂、膧、肌、腦、膻、臢、膅、膛、腸、膭、脝、臁、腠、膸、膄、膣、臑、腰、腑、肔、肢、腿、膜、臏、腦、膵、膗、肢、腀、脛、膪、肪、膼、腷、臈、腖、腕、膇、胗、胥、膝、䏿、䐣、腴、肌、肹、肐、腒、胴、肥、肶、腔、脥、䐿、胍、脉、膈、括、腱、腷、肷、膦、臆、炙、臏。

按《宋本》漏收字 9，包括《説文》中的“臑”、《説文新附》中的“朐、䏴”以及《名義》中的“脊、腰、䑋、䏺、膔、腊”。

力部第八十三

凡八十五字，字頭 80。《宋本》《名義》《説文》共見 40，《宋本》《名義》共見 64，《宋本》《説文》共見 40 個（其中《説文》不包括新附部分）。

《宋本》本部新增字 16：㔓、勔、勸、劶、勸、䩠、劥、勬、勴、勜、勒、㔉、勸、劤、囫、効。

心部第八十七

凡六百二十九字，字頭 568。《宋本》《名義》《説文》《原本》共見 1，《宋本》《名義》《原本》共見 2，《原本》有一處字頭抄脱，無法確定究係何字，以俟夫東瀛訪書者措意究心焉。《宋本》《名義》《説文》共見 249，《宋本》《名義》共見 403，《宋本》《説文》共見 255 個（其中《説文》不包括新附中的 13 個）。

《宋本》本部新增字 159：恌、㥦、忸、憔、㥔、悚、惗、恍、惚、憶、使、㣿、㤹、怯、㥄、憹、愢、㥍、愉、惰、恂、㦘、忬、憧、㦤、恾、怔、懰、恈、㤵、怜、懪、惍、慉、仿、㥊、惛、惺、懲、悕、憪、㦆、偲、伓、恦、仜、怶、悚、惃、㤨、悔、慳、愝、惼、悓、愀、㤿、悚、怊、悻、忙、懽、悟、怋、憿、惰、㤘、恬、㤽、懈、惕、悅、恛、忏、憶、悃、悮、忤、慣、憓、憘、怢、僑、慖、怰、恪、惋、惓、慠、懞、㦖、憱、憎、忭、憷、恂、㤵、㦗、懰、㥂、忪、忟、㤼、慊、悜、愢、慥、悎、㤪、惆、懮、憣、代、㦗、懈、惰、怙、㦗、懆、悴、伇、忇、悚、惐、憚、恅、愴、㤴、愬、㦂、憸、慗、懕、㥤、憊、慗、㤹、惎、怘、縣（懸）、惌、惡、恳、㦗、怨、慹、㥽、愬、㥇、㦉（意）、忿、悥、患、㦽、忢、感、㦝、懚、憙。

按《宋本》漏收字有 17，包括《説文》《名義》共見的“慧、恕、㦔、㥶、懦”5 字，僅見於《名義》的“㥟、怜（体）、㦜、㥹、忸、慘、㤱、憙、恩”9 字，僅見於《説文》的“懇、偶、愷”3 字。

《名義》字頭出錯的有“慓（㦘）、惇（㤶）、憧（慱）、㥯（㦇）”（括弧中爲正確的字)。《宋本》《説文》字形存在區別的有“惛—惽、憯—懵、恷—怺、志—志、憖—憗、悳—悳”(横綫前面爲《宋本》所存字,後面爲《説文》所存字)。

言部第九十

凡三百八十二字,字頭432。《原本·言部》開頭殘缺,現存312個;《宋本》《説文》《名義》《原本》共見176個(其中《説文》不包括新附部分);《宋本》《名義》《原本》共見265,《宋本》《名義》共見339,《名義》《原本》共見271,《宋本》《説文》共見196個(其中《説文》包括新附部分)。

《宋本》本部新增字80:譾、譪、讜、諛、譴、訞、譙、謕、譅、誑、讁、諒、謨、諦、訞、諃、語、謎、謝、諿、訛、謣、諓、詠、誼、豈、詾、諣、謞、訕、諢、詒、譭、訨、綴、緇、讀、誢、該、諰、諢、譈、諦、諢、譈、讘、誶、卬、諔、調、譀、誙、譪、誹、諫、訴、認、譟、讌、誆、詖、詻、謵、誳、説、訝、訊、詡、諿、諭、護、誣、誟、誓、詧、誷、諮、謍、誗、諜。

按《名義》《原本》的“詨(詨)、謕、諑”,在《宋本》找不到對應,可能是字形有變化。其餘,就屬歸部分類問題。《説文》《名義》歸《言部》的“音”,《宋本》分别歸爲《口部》;《名義》《原本》歸《言部》的“善”,《宋本》歸《誩部》;《説文》歸《言部》的“譶”,《宋本》也歸爲《誩部》。這類字,并據《宋本》字頭貯存順序呈現。《宋本》漏收《原本》“詷”字。

㗊部第一百八

凡十一字,字頭9。《原本》所存標明“音部第一百九,凡九字”,部次跟《宋本》相錯一位,下同。《宋本》《名義》《原本》《説文》共見6,《宋本》《名義》《原本》共見8,字序基本一致。

《宋本》本部新增1字:嚣。

欠部第一百十一

凡一百四十八字,字頭136。《原本》標明“欠部第一百十二,凡一百三字”,現存四十字。《宋本》《名義》共見92,《宋本》字頭次序與《名義》《原本》有較大出入,《名義》《原本》字序基本一致。

《宋本》本部新增字 44：歆、炊、欴、㫃、㳄、欲、㸤、歆、歎、欸、㰻、歔、歏、欱、款、欣、㰿、欿、歈、㰯、歊、歖、欱、歉、㱄、欣、歠、歏、歆、欪、㰸、欥、欹、欲、㰾、欿、㰷、欸、欶、㰿、欿、㰽、㰺、㰸、歀。

按從字形構造關係來看，在構形過程中，欠符、口符存在相通替換的情況。《說文》《名義》《原本》"㗊、嗽"字、《名義》《原本》本部存的"㗊"字爲誤抄形近字、《說文》《名義》的"吹"字等，《宋本》或歸《口部》，此不計。

食部第一百十二

凡二百二十字，字頭 181。《原本》存標明"食部第一百十三，凡一百四十四字"，部次跟《宋本》相錯一位，下同。《宋本》《名義》《原本》《說文》共見 61 個（其中《說文》不包括新附字）；《宋本》《名義》《原本》共見 115。《說文》《名義》《原本》共存的"饖"字，《宋本》脱文。《名義》《原本》基本一致。

《宋本》本部新增字 60：饇、餡、饜、饝、餚、餲、餫、餇、餃、餖、饞、餔、餉、餉、饇、饈、飿、餜、餛、餇、餒、餣、餎、飣、餖、餪、餕、饠、饊、饁、饜、飳、飽、饒、餹、餶、餗、餼、餛、餀、飫、饆、餕、饎、餲、餑、餺、餌、餺、饠、餺、飥、饊、饚、餥、餅、飢、餮、餘、録。

按"飭"字《名義》《說文》歸《力部》，"飾"字《名義》《說文》歸《巾部》。

彳部第一百十九

凡一百十字，字頭 107。《宋本》《名義》《說文》共見 38，《宋本》《名義》共見 60，《宋本》《說文》共見 38。

《宋本》本部新增字 47：徘、徭、徜、德、御、徭、徭、役、優、徧、往、徑、徻、徆、徾、㣕、徚、㣝、徸、徿、徜、徾、㣦、徰、徛、伶、徆、㣧、㣔、偪、徿、復、徹、俺、徖、㣿、徸、彿、徲、徥、偒、御、代、位、㣑、徢、徎。

行部第一百二十

凡二十一字，字頭 19。《宋本》《名義》《說文》共見 12，《宋本》《名義》共見 15。

《宋本》本部新增字 4：衛、衍、衎、衜。

舛部第一百二十五

凡四字，字頭 4。《宋本》《名義》《説文》共見 3。

《宋本》本部新增 1 字：舜。

走部第一百二十六

凡一百五十七字，字頭 151。《宋本》《名義》《説文》共見 79，《宋本》《名義》共見 104，《宋本》《説文》共見 82。

《宋本》本部新增字 43：趍、趨、趡、趖、趪、趬、趫、趮、趛、趉、趯、趤、趄、趚、趥、趞、趏、赲、趓、趏、趿、越、趭、趲、趏、趚、趞、趃、趄、趓、趨、趙、趐、趡、趢、趧、趤、趦、趙、趕、趣、趙、趚。

按“趜”字《名義》抄作“趘”。《宋本》漏收字有 5，包括《名義》“趨趨、趘(趜)”字，還有《説文》“趨、趍”字，以及《説文》和《名義》共見的“趧”字。

辵部第一百二十七

凡二百五十五字，字頭 223。《宋本》《名義》《説文》共見 116，《宋本》《名義》共見 152，《宋本》《説文》共見 117 個(其中《説文》中不包括新附部分)。

《宋本》本部新增字 56：逛、遛、迱、遳、遳、邁、迍、遨、途、邁、逃、迎、迈、迎、逓、遳、邍、邅、進、遷、送、遚、沿、遂、遭、遉、遳、该、逕、迭、逡、逌、這、迬、遏、逽、迠、遷、遈、遫、遹、造、逮、遳、遹、迫、迌、遻、達、遴、迡、週、进、迊、遱、迸。

按《宋本》漏收字 3，即《名義》的“逊、迺”字和《説文》的“迹”字。

《名義》本部抄存“廷”，係歸部分類混誤，《説文》《宋本》歸《廴部》。

止部第一百三十一

凡三十字，字頭 29。《宋本》《名義》《説文》共見 14，《宋本》《名義》共見 19，《宋本》《説文》共見 14。

《宋本》本部新增字 9：歧、𡼖、㟧、嵩、嵕、岓、㞯、岠、岥。

按《名義》所抄存“峙(嶿)”，《宋本》脫文。《宋本》本部雖出葪字，爲

《名義》所未見，但又見《刀部》，故此不計。

立部第一百三十三

凡四十九字，字頭 45。《宋本》《名義》《説文》共見 19，《宋本》《名義》共見 29，《宋本》《説文》共見 19。

《宋本》本部新增字 16：竚、竸、竜、竒、竡、竵、竨、竩、竬、竎、竳、竧、竞、竴、竰、竷。

按《宋本》漏收字 1，即《名義》的"竴(竚)"，竴、竚異體。

宀部第一百三十八

凡一百三十二字，字頭 110。《宋本》《名義》《説文》共見 73，《宋本》《名義》共見 89，《宋本》《説文》共見 73 個（其中《説文》不包括新附部分）。

《宋本》本部新增字 21：家、寗、寇、宔、寏、穷、窍、宿、寐、宲、寠、寱、寊、窒、宗、寥、寣、寤、寋、宮、弃。

按《宋本》漏收字 1，即《名義》所抄存"嚮"。《名義》本部的"竇"字，《宋本》歸《貝部》。其中"宲"屬同形字："宲，補道切。藏也。或作賲。""宲，食質切。古實字。""寇"在《宀部》《攴部》重出，但構件攴、攵存在差異。

門部第一百四十一

凡一百三十字，字頭 120。《宋本》《名義》《説文》共見 56，《宋本》《名義》共見 69，《宋本》《説文》共見 58 個（其中《説文》不包括新附部分）。

《宋本》本部新增字 47：閱、闖、閃、闡、闍、閙、闀、閿、閪、闉、闃、閅、閰、闞、闒、闟、閳、闣、閪、闁、閔、閉、闂、閸、閸、闇、闥、闋、闄、闌、闔、閒、閦、閬、闥、閆、闠、閘、闕、闃、閍、閲、閰、閞、闈、闙。

按《名義》"闢、閭、闆、闕"字，《宋本》皆脱文。

户部第一百四十二

凡二十一字，字頭 18。《宋本》《名義》《説文》共見 10，《宋本》《名義》共見 14，《宋本》《説文》共見 10。

《宋本》本部新增字 4：戻、扅、扄、扂。

尸部第一百四十三

凡五十三字，字頭 47。《宋本》《名義》《說文》共見 24，《宋本》《名義》共見 34，《宋本》《說文》共見 24 個（其中《說文》不包括新附部分）。

《宋本》本部新增字 13：屓、层、孱、屆、屙、屋、屖、屚、屑、屁、启、屚、反。

尾部第一百四十四

凡七字，字頭 6。《宋本》《名義》《說文》共見 4。

《宋本》本部新增 2 字：屦、屣。

履部第一百四十六

凡十七字，字頭 13。《宋本》《名義》《說文》共見 5，《宋本》《名義》共見 11，《宋本》《說文》共見 6。

《宋本》本部新增 1 字：屜。

疒部第一百四十八

凡二百七十二字，字頭 248。《宋本》《名義》《說文》共見 99，《宋本》《名義》共見 180，《宋本》《說文》共見 99。

《宋本》本部新增字 67：疘、疹、疳、癀、瘡、癀、痃、瘥、癥、瘨、瓬、瘍、痳、癖、癆、痙、瘊、癅、瘴、痓、瘩、瘟、痔、痄、痄、瘌、痊、痹、瘴、瘤、瘩、癗、疢、痏、癇、痳、瘻、瘍、痉、痠、瘓、癮、瘩、痢、瘵、瘴、瘂、疱、瘭、痴、瘖、瘤、癱、瘰、癀、瘆、瘳、瘛、瘤、瘩、瘟、癯、癔、瘮、痯、痯、瘠。

按《宋本》漏收字頭 5，即《名義》《說文》共存的“疾、瘶”以及《名義》的“瘍、疷、痾”。

歹部第一百五十

凡一百七字，字頭 98。《宋本》《名義》《說文》共見 30，《宋本》《名義》共見 72，《宋本》《說文》共見 33。

《宋本》本部新增字 23：殀、殛、殤、殤、殍、殑、殝、殙、殤、殢、殨、殘、殲、殭、死、殍、殮、殲、殲、殁、殊、殃、殲。

穴部第一百五十四

凡一百十字，字頭 102。《宋本》《名義》《說文》共見 49，《宋本》《名義》共見72,《宋本》《説文》共見49。

《宋本》本部新增字30：奝、宎、窪、㝩、宸、㝼、安、寚、宣、窿、宇、寫、寔、寱、寠、寱、窴、寗、牢、寵、穽、帘、穽、寈、完、宥、寂、甯、寏、寅。

按《宋本》漏收字3,即《名義》所抄存的“窠、寥、竅”。

丨部第一百五十五

凡七字,字頭4。《宋本》《名義》《説文》共見3。

《宋本》本部新增1字：個。

木部第一百五十七

凡八百二十二字,字頭732。《宋本》《名義》《説文》共見356,《宋本》《名義》共見533,《宋本》《説文》共見411個(其中《説文》不包括新附11字)。

《宋本》本部新增字139：棉、杻、櫂、㭿、桾、欆、㮕、榶、㮛、欐、楟、杌、楪、柛、棲、㭝、䅳、㮡、檠、榴、椒、椴、橰、櫰、欕、栱、椹、橧、棬、欖、栺、槲、樄、橰、杋、樬、桻、槻、柁、梶、槵、櫋、栴、樶、檭、櫝、槽、槁、梛、樸、檎、樣、櫋、橅、槆、枕、槅、槫、杴、榴、㰈、椪、椏、楅、㭎、樠、杒、櫨、聚、杊、檑、棱、槐、桍、楈、梱、椶、架、檯、檑、榕、梆、欆、栦、棸、椛、棯、驝、桄、欅、椅、槑、梂、櫂、椼、樚、柄、欙、檔、棘、楒、檣、楹、樬、樘、欙、櫃、概、槵、榪、榨、枂、柧、楙、楝、桼、椿、櫼、杕、榻、檱、檵、榛、樀、櫓、㯳、橓、楾、椂、榒、栿、桡、杰、橵、朳、桴、欜、寨、柣。

按《宋本·木部》：“杒,木名。”而《刀部》又出：“杒,杒桑。”爲同形字,統計爲2新增字。又本部：“杕,唐左切。船尾小梢也。”而本部又出：“杕,徒計切。木盛皃。”音義皆異,統計爲2新增字。《宋本》漏收字有18,其中包括《名義》《説文》所共存7字,即“槵、枰、椒、臬、樂、札、橾”,還包括《名義》所存11字,即“杂、槲、槷、桂、梘、橒、棰、櫽、樬(櫶)、㯶、㯉”。《名義》“栗(㮚)”和“朿(呆)”,《宋本》分别歸入《卤部》和《人部》;《説文》中的“梟”,《宋本》歸《鳥部》。

《宋本》和《説文》部分字形隸楷不同：“柹—柿、柟—枏、柳—桺、桴—㭸、椆—椆、杅—杇、樏—欙、横—横、栢—柏、樗—檽、構—構、欑—欑、橥—櫟、菜—椈"（短横前爲《宋本》字形，後爲《說文》字形），本次統計都歸爲一個字。《名義》字頭楷化差異者有："棍（槐）、權（榷）、橾（槮）、柳（㯲）、橛（橵）、槇（榠）、枯（栝）、欅（欋）"，也歸并到《宋本》相應字頭之下。《名義》本部"紫"不能確定爲字頭，則没有統計在内。

林部第一百五十九

凡十八字，字頭16。《宋本》《名義》《說文》共見10，《宋本》《名義》《說文新附》共見1，《宋本》《名義》共見14，《宋本》《說文》共見10個（其中《說文》不包括新附部分）。

《宋本》本部新增字2：埜、楚。

艸部第一百六十二

凡一千五十四字，字頭947。《宋本》《名義》《說文》共見415，《宋本》《名義》共見675，《宋本》《說文》共見431個（其中《說文》不包括新附13個）。

《宋本》本部新增字254：葯、蓯、薾、藼、茵、蓿、葙、幕、葢、芳、蘰、蕲、蘊、芏、萿、菰、薚、薛、薆、藥、蕣、葉、萒、董、蒑、蓰、蕵、荘、蒬、葰、萁、蔝、蕖、蒔、藪、蓏、菩、蘑、莇、萉、菞、蕻、芼、蔲、蔯、萪、菏、菖、蔄、茜、蕕、藥、蒆、菾、菠、葰、荸、蕃、莫、菲、菴、蘹、菝、萮、蘡、芨、蕳、蔯、葉、蓗、芫、菥、茉、萶、鄀、蘕、苫、蓖、蕏、蘈、茉、荊、葙、萱、蒡、蔳、萋、蔢、薐、蘓、蘔、蓏、蔻、萈、蘒、苒、蘴、荿、蓐、苹、蘁、萛、葉、茧、莖、苾、蔓、蘁、蔚、荸、蕩、莲、芸、苁、蕨、蘍、蓌、蔏、蓛、蔕、葶、蒳、芦、菓、芣、薰、蓰、藞、蔖、萑、薇、菇、蓌、蔔、苲、蘗、蓭、蓒、蔡、蓑、蘍、蕷、藬、蔄、蔹、薤、葹、芰、蔛、苢、莎、蔗、萙、蘧、蒙、萡、蔚、蕃、薩、荝、莇、草、苯、蕗、蔌、菎、菲、蘷、蔽、蘴、蘟、荒、苴、苪、芤、蘱、葯、蓩、莄、蘵、蕍、莚、蔞、藺、蓟、蓉、蔀、蒄、蓿、菍、莡、蓁、蕖、蒧、蔓、蒞、莧、蔶、葼、蔱、蔛、蔍、蔆、茉、蔀、蓉、葉、蘣、虋、蕲、萢、蒳、蔵、蔔、芥、蔡、菽、莜、蒴、蘿、蘖、荊、蓟、蓏、萯、荞、莅、芿、菟、蒡、蒒、蘮、蔿、蘁、苐、茝、蒲、蓺、蓓、蕾、薽、蓑、蔣、蔪、蔧、薯、蘋、薙、菲、蔓、蕂、藤、蒸、薩。

按《宋本》漏收字19，其中只見於《說文》的有"萛、菌、蕷、蘇、菝、蕩、虈、菰”,只見於《名義》的有“蓒(熑)、藩、堇(堇)、蒡、苐、蕖、莽、苿”,共見於《説文》《名義》的有“荾、菻、葉”。《名義》字頭抄錯凡5,即“蘪(蘼)、蔷(蘠)、蕍(蕍)、藹(藹)、蕅(蕅)”(括弧内爲正確字形,括弧外爲《名義》原有字形),《名義》與《宋本》寫法不同的字形有“萺(葺)、莜(蓧)、蘴(蘴)”(括弧中爲《宋本》字形,括弧外爲《名義》字形),《宋本》字形與《説文》不同有10,即“蕼—蕼、蓪—蓪、蕇—蕇、蕛—蕛、蘈—蘈、藹—藹、芒—苰、薴—藍、蔋—蔋、蔭—蔭”(短横前爲《宋本》字形,短横後爲《説文》字形)。又蕩字,《名義》本部作爲字頭未見抄存,但作爲釋義關聯貯存:“蕩,葛字。”故仍統計爲《宋本》新增字。“菰”字《艸部》《瓜部》兩見。

竹部第一百六十六

凡五百六字,字頭464。《宋本》《名義》《説文》共見142,《宋本》《名義》共見275,《宋本》《説文》共見143個(其中《説文》不包括新附部分)。《宋本》《名義》《説文新附》共見4,即“簃、篙、笏、筠”。

《宋本》本部新增字192:篧、簾、篡、箬、篔、篖、箖、箊、箄、簸、簦、籬、筥、筤、簷、篦、箟、篰、篻、篩、篥、篴、筲、篼、笄、篘、箜、簱、箈、篜、篋、簪、簹、籐、筦、筐、笅、篿、篓、簣、箮、籅、箯、籑、籦、竽、笿、籖、筎、簡、箁、簭、篈、箛、簾、篓、籉、籣、籀、篼、笮、笙、篦、箂、箘、笱、箺、簣、筅、篷、篬、篃、筫、笌、筆、箬、笲、籓、箢、竿、篣、籥、筊、簅、篜、籧、箈、篤、簑、箷、籮、箍、笖、篏、笁、箄、籄、籓、纂、笑、箕、箁、簦、笳、筀、箹、笅(笅)、箆、笆、箄、簵、籐、箸、籃、箪、篔、簟、籑、簩、籮、箛、箪、箳、箞、篙、簸、簉、篨、篸、篪、篛、簃、笠、簫、箝、篡、篓、簾、箂、箶、篗、箢、簹、篖、篇、篕、箹、筣、箏、篐、箏、箸、簻、箙、笃、笷、箯、箸、笨、箸、籮、箽、篹、箄、篟、籆、籊、箺、箤、笛、簻、篰、篩、簶、篢、箔、簇、箴、簥、笔、箱、箰、筵、篷、箚、筈、笈、箯、箋、簝、箑。

按其中“簷”字,徐鉉認爲“檐”之俗字。許多新增字,其實就是所謂俗字,故作爲新增字統計。“篡”字《名義》本部字頭未見,於“算”下有所關聯:“算,桑管反。數也。篡字。”

《宋本》漏收字3,分別是《説文新附》的“篦”和《名義》的“筣、笠”。

《名義》存而《説文》《宋本》本部所不見者凡 6 字：箝、箣、箃、笹、籔、籞。其中“箝、箝”字，以楷書抄寫過程中木、扌兩構件經常混淆。《宋本》字形與《説文》構造明顯有異者：篿—篿、簡—簡、籩—籩、筞—筞、笑—笑、籒—籒（短横前爲《宋本》字頭，後爲《説文》字頭）。

市（朩）部第一百六十九

凡十字，字頭 8。《宋本》《名義》《説文》共見 6。

《宋本》本部新增字 2：𣎵、𣏟。

按《説文》該部首字，諸本楷化爲“朩”。

麻部第一百八十五

凡十四字，字頭 12。《宋本》《名義》《説文》共見 4，《宋本》《名義》共見 7。

《宋本》本部新增字 5：䅣、麷、䴳、縻、䵃。

《宋本》漏收字 1，即《名義》所存“磨”。

瓜部第一百八十八

凡二十六字，字頭 23。《宋本》《名義》《説文》共見 7，《宋本》《名義》共見 20。

《宋本》本部新增字 3：瓟、瓝、瓾。

麥部第一百九十二

凡五十三字，字頭 43。《宋本》《名義》《説文》共見 13，《宋本》《名義》共見 32。

《宋本》本部新增字 11：麲、麮、麬、麶、䴯、麱、䴾、䴹、麩、麷、麯。

按《宋本》漏收 1 字，即《名義》所抄存“麳”字。

黍部第一百九十三

凡二十三字，字頭 21。《宋本》《名義》《説文》共見 9，《宋本》《名義》共見 17。

《宋本》本部新增字 4：黐、黏、䵑、黏。

禾部第一百九十四

凡二百三十五字，字頭 214。《宋本》《名義》《説文》共見 85，《宋本》

《名義》共見 144,《宋本》《名義》《説文新附》共見 2,《宋本》《説文》共見 85 個(其中《説文》不包括新附部分)。

《宋本》本部新增字 70：稠、穠、穩、穆、秫、秎、稜、秺、秂、秥、穔、稝、秵、秩、穫、穃、稯、稄、秄、稸、秵、稲、穮、稹、稵、穏、秕、穌、秙、稽、秛、稀、秞、穘、穲、䅥、穗、稩、稅、秙、稧、秘、穖、稄、穄、穇、稒、穛、穊、秮、秡、稷、稞、秥、稡、秴、稂、稈、稘、稪、稿、稭、稏、稚、秇、稍、稫、稢、稰、梁。

按《宋本》漏收字頭 3,即《名義》《説文》的“積、稞”、只見於《名義》的“穮”。《宋本》字序,《名義》存在部分差異。各本楷化字形存在部分差異,主要表現在下列字組：勑—黎、穡—穡、穋—穋、栵—梨、稐—穢、稕—稕、秖—私、穊—稛、糜—糜。

耒部第一百九十六

凡五十三字,字頭 50。《宋本》《名義》《説文》共見 7,《宋本》《名義》共見 28。

《宋本》本部新增字 21：耧、耰、耭、耔、耮、耕、耜、耞、耨、耧、耔、耩、耗、耠、耡、耲、耖、耦、耬、耥、耪。

按其中“耩”字與《宋本》頁部重出字音義不同,應爲同形字,故算作新增字頭。《宋本》漏收字頭 1,即《名義》的“耨”。

香部第一百九十七

凡十七字,字頭 14。《宋本》《名義》《説文》共見 1,《宋本》《名義》共見 10。

《宋本》本部新增字 3：馤、馩、馦。

米部第二百

凡一百二十五字,字頭 112。《宋本》《名義》共見 72,《宋本》《名義》《説文新附》共見 5,《宋本》《説文》共見 35 個(其中《説文》不包括新附部分)。

《宋本》本部新增字 39：粟、麤、粆、糫、粡、糭、粷、粠、粩、糮、粱、粫、糨、粸、粔、粎、糤、粄、粿、糃、糔、糞、糯、糙、粺、糗、粁、粹、粜、粃、糭、糒、糉、糏、粍、糊、粞、糰、粚。

按《宋本》漏收字有5:《説文》"糒、糜"字和《名義》"棃(黎)、粇、粎"字。

臼部第二百二

凡二十一字,字頭18。《宋本》《名義》《説文》共見5,《宋本》《名義》共見11,《宋本》《説文》共見6。

《宋本》本部新增字6:臿、舋、舝、臿、臾、舊。

冖部第二百十二

凡五字,字頭5。《宋本》《名義》《説文》共見3。《宋本》本部新增字2:冃、冟。

《宋本》漏收字1,即《説文》《名義》共見的"冣"。

冃部第二百十四

凡十五字,字頭13。《宋本》《名義》《説文》共見5,《宋本》《名義》共見10。

《宋本》本部新增字3:冐、冕、冔。

《宋本》漏收1字,即《名義》之"冐",疑與"冔"爲同一字之訛寫。

襾部第二百十七

凡八字,字頭8。《宋本》《名義》《説文》共見4,《宋本》《名義》共見6,《宋本》《説文》共見5。"垔"字《名義》歸《土部》。

《宋本》本部新增1字:西。

网部第二百十八

凡九十三字,字頭92。《宋本》《名義》《説文》共見33,《宋本》《名義》共見65,《宋本》《説文》共見35個(其中《説文》不包括新附部分)。

《宋本》本部新增字27:羇、罤、罍、罛、罦、罷、罠、羉、羅、羆、罱、罜、罣、罧、罙、罟、羃、罯、罬、罺、罼、罖、羃、罿、罻、罭、罠。

按《弟部》"罤,古昏切。《说文》云:周人謂兄曰罤也。今作昆同",又《网部》"罤,徒犁切。兔罔",爲同形字,故此處仍爲新增字。

鹵部第二百二十五

凡二十六字,字頭23。《宋本》《名義》《説文》共見3,《宋本》《名義》

共見 15。

《宋本》本部新增字 8：⿰鹵殳、⿰鹵畏、⿰鹵昌、⿹勹鹵、⿰鹵亢、⿱鹵土、⿰鹵監、⿰鹵喬。

壬部第二百二十七

凡八字，字頭 7。《宋本》《名義》《説文》共見 5，《宋本》《名義》共見 6。《宋本》字序，《名義》基本一致。

《宋本》本部新增 1 字：⿱壬土。

皿部第二百二十八

凡七十一字，字頭 57。《宋本》《名義》《説文》共見 24，《宋本》《名義》共見 41。

《宋本》本部新增字 15：盁、⿱豖皿、⿱齒皿、⿱宂皿、⿱夵皿、盃、⿱丕皿、⿱侖皿、⿱祛皿、⿱卜凵、⿱敖皿、⿱列皿、⿱鼓皿、⿱去皿、⿱畫皿。

按《宋本》漏收字 2，包括《名義》“⿱盥皿”，《説文新附》“盞”。盩，《説文》歸《幸部》，《宋本》皿、血區別性降低。《説文》皿部“醓”，《玉篇》歸西部。

鼓部第二百三十四

凡二十一字，字頭 19。《宋本》《名義》《説文》共見 10，《宋本》《名義》共見 4。

《宋本》本部新增字 5：⿱鼓登、⿱鼓衣、⿱鼓咅、⿱鼓晉、⿱鼓魯。

按《名義》保存從壴賁不省結構，他本未之見。

豈部第二百三十五

凡三字，字頭 3。《宋本》《名義》《説文》共見 2。

《宋本》本部新增 1 字：凱。

豆部第二百三十六

凡二十五字，字頭 21。《宋本》《名義》《説文》共見 4，《宋本》《名義》共見 18，《宋本》《説文》共見 5。

《宋本》本部新增字 2：⿰豆句、⿰豆兒。

按《宋本》及其他字書漏收《名義》“⿰豆开”字。《名義》“預(登)”抄混。

瓦部第二百四十二

凡一百五字，字頭 96 字。《宋本》《名義》《説文》共見 24，《宋本》《名義》共見 75,《宋本》《説文》共見 24 個(其中《説文》不包括新附部分)。《宋本》《名義》《説文新附》共見 2 字。

《宋本》本部新增字 20: 瓶、瓬、甂、甖、瓯、甀、瓶、瓪、瓻、甗、瓾、甕、甗、瓵、甈、瓦、甓、甒、瓨、甑。

按《宋本》脱文 3 處,包括《名義》《説文》共見的"甎"和《名義》的"甋、甒"。

缶部第二百四十三

凡四十三字,字頭 37。《宋本》《名義》《説文》共見 22,《宋本》《名義》共見 28,《宋本》《名義》《説文新附》共見 1 字。

《宋本》本部新增字 9: 缸、罌、缾、罍、罐、缶、缺、缻、缿。

按"罇"《名義》歸《木部》"樽"字下異體,"罍"字出《説文・木部》"櫑"下異體。

鬲部第二百四十四

凡二十三字,字頭 20。《宋本》《名義》《説文》共見 12,《宋本》《名義》共見 18,《宋本》《説文》共見 13。

《宋本》本部新增 1 字: 鬵。

䰜部第二百四十五

凡二十一字,字頭 18。《宋本》《名義》《説文》共見 12,《宋本》《名義》共見 15,《宋本》《説文》共見 13。

《宋本》本部新增字 2: 鬻、鬻。

斗部第二百四十六

凡二十二字,字頭 21。《宋本》《名義》《説文》共見 15,《宋本》《名義》共見 20,《宋本》《説文》共見 17。

《宋本》本部新增 1 字: 斘。

按《名義》《説文》所見"魁"字,《宋本》歸《鬼部》。

几部第二百四十八

凡五字,字頭 5。《宋本》《名義》《説文》共見 3,《宋本》《名義》共見 3,《宋本》《説文》共見 4。

《宋本》本部新增 1 字：凭。

按《名義》抄存“仈”字，即“凭”字異體，《宋本》歸《人部》。

㫃部第二百五十五

凡三十八字，字頭 32。《宋本》《名義》《説文》共見 23，《宋本》《名義》共見 30。

《宋本》本部新增字 2：旝、旟。

矢部第二百五十七

凡三十字，字頭 23。《宋本》《名義》《説文》共見 10，《宋本》《名義》共見 18。

《宋本》本部新增字 6：矠、矤、矡、矦、矯、矬。

按宋人《説文新附》所見“矮”，《宋本》未之見。説明《宋本》增字也許就是唐人增加的結果。

弓部第二百五十八

凡七十五字，字頭 64。《宋本》《名義》《説文》共見 22，《宋本》《名義》共見 43，《宋本》《説文》共見 27。

《宋本》本部新增字 19：弘、弫、弤、弴、彇、弸、彋、弸、彍、彏、彁、弫、弮、弲、弝、弹、彈、弡、弤。

按《宋本》漏收 3，即《名義》中的“弻、弦、弱”。

斤部第二百六十

凡三十一字，字頭 26。《宋本》《名義》《説文》共見 16，《宋本》《名義》共見 20。

《宋本》本部新增字 6：斳、斪、斮、斷、斱、斲。其中，“斳”《名義》抄作“靳”，兩者爲異體，“斳”作爲新增字統計。

《宋本》漏收 1，即《名義》“靳”。另《名義》“欣”，《宋本》歸《欠部》，《名義・欠部》重抄。“斬”《説文》歸《車部》。

矛部第二百六十一

凡二十八字，字頭 24。《宋本》《名義》《説文》共見 5，《宋本》《名義》共見 18。

《宋本》本部新增字 7：穫、殺、穳、䅜、𥟖、秺、𥝯。

戈部第二百六十二

凡五十一字，字頭 47。《宋本》《名義》《說文》共見 25，《宋本》《名義》共見 35，《宋本》《說文》共見 26。

《宋本》本部新增字 9：戥、戙、戲、𢦒、𢧵、戱、戴、戕、戫。

按"㦰"在《戈部》《丮部》兩部重出，故此部不作字頭計。韱字見《名義·韭部》："思廉反。韭也。蕉也。"該部不計。

殳部第二百六十三

凡二十八字，字頭 27。《宋本》《名義》《說文》共見 16，《宋本》《名義》共見 21，《宋本》《說文》共見 18。

《宋本》本部新增字 4：毃、𣪊、𣪘、𣪇。

按《宋本》漏收字頭 6，即《名義》《說文》的"毅、役(伇)"和《名義》中的"𣪠、𣪬、𣪭、𣪁"。

刀部第二百六十六

凡一百九十六字，字頭 174 字。《宋本》《名義》《說文》共見 62，《宋本》《名義》《說文新附》共見 3，《宋本》《說文新附》共見 1，《宋本》《名義》共見 119，《宋本》《說文》共見 64，其中《說文》不包括新附部分。

《宋本》本部新增字 51：㓞、㓷、㔇、劇、剸、刨、剸、㓻、㓕、㓺、剾、㓩、劶、剣、㓨、剕、㓟、刐、㓲、剘、剆、剫、劗、㓭、刋、剚、剢、剫、刎、劃、劚、𠛬、刮、劅、𠚲、刂、剛、劄、剈、劁、剟、㓽、剅、㓹、剹、剷、剩、剫、劊、剮。

按"舠"形《刀部》《舟部》兩出，故此部不算作字頭。《宋本》漏收 3 字，即《名義》"剷、剉、刧"。《宋本》《說文》"錯—剒，辨—辧，刷—㕞，刪—𠛍，罰—罸，剥—剝"數組之間，字形楷化有差異。

㓞部第二百六十七

凡四字，字頭 4。《宋本》《名義》《說文》共見 3。

《宋本》本部新增 1 字：𢍶。

按《宋本》字序，《名義》差別。《名義》"𥐿"和"挈"，《宋本》分別歸《石部》《手部》。

刃部第二百六十八

凡六字,字頭 5。《宋本》《名義》《説文》共見 3,《宋本》《名義》共見 3。

《宋本》本部新增 1 字:剸。

金部第二百六十九

凡四百七十三字,字頭 433。《宋本》《名義》《説文》共見 183,《宋本》《名義》共見 299,《宋本》《説文》共見 191 個(其中《説文》不包括新附字 6 個)。

《宋本》本部新增字 125:鋠、鋍、鉐、鉆、鉾、鋺、鍈、鎚、鏒、鉉、鉤、鋖、鎊、鏔、鍺、鑐、鍂、鋜、鉋、鑰、鍶、鋹、鋩、鋼、錹、鏀、錔、鈚、鑨、鉖、鈚、鍦、鏠、鮭、鐮、鉶、錨、鈊、銕、鎣、鑶、鑠、鑇、鋑、鏞、鋑、鉮、鋌、鍖、鏋、鍽、釩、鎈、鈰、鋅、鋧、鏂、鉄、鑵、鋟、鈔、鑚、鈠、鏄、鍡、鈀、鋺、鍍、鐌、錊、鑛、鏴、鐲、鋻、鑫、鍉、鋠、梻、鑋、錝、鐩、鉺、鐗、鑋、鏰、鉶、鑭、鋀、鐗、鑕、鐱、釟、鉫、鍊、鈺、鏍、銉、鑿、鐍、鉞、鉘、鈅、鉑、鐷、鈼、鍎、鈒、鍚、鈉、鍁、鑪、錠、鈠、鐭、鎘、鑡、鈔、鉑、鑯、鍓、釙、鎑、鏧、鈸、鎞。

按《宋本》漏收字 13,其中包括《説文》《名義》共有的"鑪、鐫(鎸)、鈲"3,僅見於《名義》的"鎊、鉒、錡、鎵、鈄(鈔)、鈐、鏥"7 個及僅見於《説文》的"銃、鏠、鋙"3。《名義》本部一字未識,疑是"鎣"字。《名義》"釿、欽、鉨"3 字,《宋本》分别屬於《斤部》、《欠部》和《矛部》。《名義》喪失區别性的字頭有"鑪(鏀)、鏸(鋞)、釪(釬)、銛(鍩)、鉞(鉽)、鎏(鑒)、鋤(鋤)、鑺(鑁)、鏳(鐨)、釖(鈕)、鈖(釤)、鉽(鍼)、鈨(鋭)"13 個(括弧内爲正確字頭,括弧外爲《名義》抄混字頭)。《説文》和《宋本》字頭楷化不同的有下列幾組:"鍘—鍘、鑽—鑽、鍯—鏓、鏃—鏃、鈽—鈽、鏑—鏑、鏊—鏊、鍲—鋙、鎦—鐳、鏨—鏨"(横綫前爲《宋本》字頭,後爲《説文》字頭)。

攴部第二百七十

凡一百七十七字,字頭 165。《宋本》《名義》《説文》共見 76,《宋本》《名義》共見 127,《宋本》《説文》共見 77。

《宋本》本部新增字 38：敁、㪃、𢿢、𢿞、𢾺、敊、𢿰、𢽲、𣪒、斂、𢿭、𢽾、𢿖、啟、𢽵、𢼸、𢿷、𢼐、𢽈、𢿌、𢽺、𢼶、𢿸、𢿳、𢽿、𢼞、𢿃、𢿶、𢿦、教、𢽒、𢼖、𢿸、𢼸、𢿤、𣀏、𢽌、敞。

按“敞”字本部兩見：“敞(zhèng)，直孟切。磨光。”“敞(chǎng)，昌掌切。高也。”爲同形字，故此處算爲新增字頭。《名義》《說文》存“潄”“整”字，《宋本》歸“整”爲《正部》，但各部皆無“潄”，係脫文。“教、斅”字《說文》歸《教部》。

車部第二百八十二

凡二百四十八字，字頭 218。《原本》標明“車部第二百八十二，凡一百七十五字”，現存九十七字，《宋本》《名義》《說文》《原本》共見 47，《宋本》《名義》《說文》共見 51 個(其中《說文》不包括新附部分)，《宋本》《名義》《原本》共見 79，《宋本》《名義》共見 152，《宋本》《原本》共見 80，《名義》《原本》共見 79。

《宋本》本部新增字 65：軭、軓、𨌈、厙、䡵、輾、軯、𨊥、輘、轞、轗、輡、輐、𨍉、𨋍、輪、軶、轇、輚、輷、䡠、輵、輎、輎、轤、𨎮、𨍴、軞、輖、䡹、𨎕、𨏞、軒、𨋤、輽、𨋍、𨐌、𨍭、𨐁、輂、𨍆、𨐌、軖、轅、軏、𨌪、轁、𨊿、輪、䡒、𨐋、軼、𨋋、𨊲、𨊥、𨍞、轀、輂、輅、轢、朝、轄、𨋗、轠、𨐌。

按《宋本》漏收 3 字：《名義》《原本》共存之“轅、䡒”及《名義》獨存之“𨋎”。

舟部第二百八十三

凡一百十字，字頭 104。《原本》標明“舟部第二百八十三，凡六十四字”，《宋本》《名義》《原本》《說文》共見 12，《宋本》《名義》《原本》共見 25，《宋本》《名義》共見 59，《名義》《原本》共見 26，其中“艫”字，《宋本》脫文。

《宋本》本部新增字 45：䑲、艚、艖、艞、艪、艐、艕、艟、艛、䑸、艠、艣、艔、舸、艁、艤、艣、䑼、舵、舦、艬、舲、艢、艥、䑺、艍、䑢、艩、艘、舵、艥、艣、艴、舑、舩、艎、舥、舤、䑿、艧、艒、舶、䑰、舠、艢。

水部第二百八十五

凡九百五十七字，字頭 866。《原本》“水部”首尾殘缺，現存 144。

《宋本》《名義》《原本》《説文》共見 119,《宋本》《名義》《説文》共見 437,《宋本》《名義》《原本》共見 143,《宋本》《説文》共見 442 個(其中《説文》不包括新附部分),《宋本》《名義》共見 584,《宋本》《原本》共見 119,《名義》《原本》共見 123。

《宋本》本部新增字 268：滉、澧、汴、沶、濺、汊、涊、灩、溥、瀜、汖、漴、淞、涫、洢、漁、漽、溪、溰、洂、潾、濜、瀊、沺、溒、淆、渦、派、灑、涂、湕、湯、茫、潛、瀳、溳、濴、潨、瀘、漻、添、湉、瀐、汯、浤、湄、沐、澮、溥、溠、洶、洴、淋、灟、澴、濨、澗、潓、浮、浓、溛、澸、濛、涌、濍、泝、浵、渘、泃、浾、瀧、汼、泂、潍、湆、滢、沗、洸、溵、涓、澢、泇、洧、漗、漇、浣、斜、湶、灘、灖、湲、湠、溓、澼、渢、濮、淀、淡、渼、浸、漸、潤、涞、淵、瀏、漰、沒、瀨、淳、滮、灝、浪、淯、瀰、渺、汞、灄、滤、澤、泞、滷、澅、湕、泜、瀾、澳、湡、瀉、涀、濴、瀼、沉、澥、濤、潬、灌、濂、淏、泖、溤、湝、漆、澉、漊、瀴、溱、灑、浮、潡、湏、灞、沮、沃、汰、瀚、滐、泥、涝、淛、漈、潊、汧、沾、淀、洒、漱、泗、溴、淮、消、洽、瀆、泄、渣、濫、湴、消、泾、減、湣、潒、潎、洴、洦、濾、潕、灪、湙、渲、港、辦、汌、灚、瀟、潩、淌、湚、浅、澿、泵、瀾、澺、漁、沘、潡、溜、瀼、溾、潳、溗、穀、澓、沇、濗、泒、涻、溯、滆、濁、涇、洁、滵、溂、澗、瀾、湏、澒、澚、瀶、濟、滓、潑、溊、溪、瀾、涄、湯、洛、滑、湞、溛、浚、汢、渫、滋、沏、瀸、渤、澀、澈、滈、汐、澤、渃、湾、灘、汴、溇、洒、汸、淏、潚、潨、滃、泂、灒、漠、泚。

按《宋本》本部“涂”字重見,但釋義記録音義有别,爲同形字,統計在内。又“漱”字,《宋本》本部前面亦已出,只是又出“漱铁”義項爲《宋本》所獨存,僅是外延有寬狹之别。《説文》“萍、塗、淼”三字,在《宋本》中分别屬於《草部》、《土部》和《林部》。另,《宋本》本部脱文 13 字即《名義》所僅見“涂、渚、涏”3 字,《説文》所僅見“衍、渫、瀰、潔”4 字,以及兩書所共見“洮、涇、渭、瀕、洦、汋”6 字。

泉部第二百九十一

凡三字,字頭 3。《宋本》《名義》《説文》共見 2。

《宋本》本部新增 1 字：原。

谷部第二百九十五

凡二十九字,字頭26。《宋本》《名義》《說文》共見7,《宋本》《名義》共見20。

《宋本》本部新增字6：谻、谼、谺、叡、谽、谹。

按《名義》本部多抄重,凡5字重複:“谼(2)豁(2)谬(2)欲(2)溪(2)”,其中“谼”在《名義》中有一處誤寫,把右邊的“共”符抄成“苦”。

冫部第二百九十六

凡五十二字,字頭49。《宋本》《名義》《說文》共見12,《宋本》《名義》共見26,《宋本》《說文》共見15。

《宋本》本部新增字20：冫丁、凄、㵎、冿、㳚、冸、涪、冱、湳、瀆、洛、澤、潚、凁、潔、灑、冲、决、減、凉。

按《宋本》本部新增部分,多爲俗字。《宋本》漏收字3,即《說文》的“凜、涵、瀨”。《名義》有6字傳抄出現重複,分別是：凌、渫、涇、凋、准、洞。

雨部第二百九十七

凡一百五十字,字頭128。《宋本》《名義》《說文》共見45,《宋本》《名義》共見75,《宋本》《說文》共見49個(其中《說文》不包括新附部分)。

《宋本》本部新增字53：霶、霬、䨢、霧、霙、霁、霻、霦、雹、霄、靧、霱、雩、霻、䨻、零、雷、霥、霎、雫、霈、霔、霽、霂、霕、霒、霏、霈、霆、霧、霌、霋、霁、霙、雷、霳、雹、霎、雷、霮、霨、霈、霎、霳、靈、霪、霜、霰、霮、靇、霙、霙、霿、靄、霘、霛。

按《宋本》漏收2字,即《名義》的“霰、䨓”。《名義》“雲、霒”字,《宋本》歸《雲部》。另外,《名義》中有13個字重複出現2次:“霎(霬)、霎、霶、霓、霫、霍、霞、霘、霏、霧、需、雩、靁”,其中“霎”“霬”二字形近抄混。《名義》抄存字頭與《宋本》有區別者是“靉(《名義》)—靉(《宋本》)”;《宋本》與《說文》有區別者是“霰—霰、霡—霢、雩—雩、霤—霤、霙—霙”等5个(短横前爲《宋本》字頭,短横後爲《說文》字頭)。霍字《名義》歸《隹部》,《宋本》歸本部。

風部第二百九十九

凡九十八字，字頭 88。《宋本》《名義》《説文》共見 12，《宋本》《名義》共見 37，《宋本》《説文》共見 12 個（其中《説文》不包括新附中的 2 個）。

《宋本》本部新增比例爲高，新增字 49：飀、飉、颩、颵、飌、飌、颴、飁、颰、飋、颭、颫、颹、颱、颲、䬍、颬、颳、䬙、飃、飇、颷、飗、颹、颾、䬈、䬕、飖、飋、风、颻、颸、颵、颽、颾、颿、飂、飅、飈、飉、䬛、飁、颿、颴、颫、颶、颷、飉、颱。

按《宋本》漏收字 2，即《説文新附》的“颭”和《名義》的“䬎”。《名義》有 13 個重出字頭：飆、颿、飌、颫、颼、飊、飄、䬐、颴、颭、䬙、飃、䬌。字形上，《宋本》與《名義》有 1 字有別，即“颷—飆”；與《説文》有別者 2 字，即“飄—飃”“颼—颾”（短横前爲《宋本》字頭，短横後爲《名義》或《説文》字頭）。又《宋本》本部“颵”字，《名義》歸《舟部》：“颵，扶嚴反。船帳。”

气部第三百

凡八字，字頭 7。《宋本》《名義》《説文》共見 3。

《宋本》本部新增字 4：氳、氤、氥、吃。

鬼部第三百一

凡六十九字，字頭 64。《宋本》《名義》《説文》共見 16，《宋本》《名義》共見 25，《宋本》《説文》共見 16 個（其中《説文》不包括新附字 2 個）。

《宋本》本部新增字 37：魒、魋、魏、魌、魀、魔、魁、魕、魒、魂、旎、魖、魪、魃、魓、魔、魖、魀、魤、魕、魏、魗、魅、魌、魊、魏、魏、魄、魏、魍、魓、魖、魕、魔、魕、魏、魑。

按《宋本》漏收字 1，即《説文新附》的“魘”。《名義》“媿”，《宋本》歸《女部》。

白部第三百三

凡四十三字，字頭 38。《宋本》《名義》《説文》共見 10 字，《宋本》《名義》共見 19 字。

《宋本》本部新增字 19：皢、皖、皫、皕、皜、皫、皧、皜、皽、皷、皪、皭、晆、暛、曅、䁤、䫉、䀹、曭。

按《宋本》脱漏1字，即《名義》“曜”。《名義》“㝐”字重出。

日部第三百四

凡二百四十字，字頭215。《宋本》《名義》《説文》共見67，《宋本》《名義》共見132，《宋本》《説文》共見81個（其中《説文》不包括新附部分的16個字）。

《宋本》本部新增字78：暖、昢、昒、昲、晭、㫰、朞、昗、昌、昐、曦、睡、昳、晹、晅、昍、暛、暊、晘、晪、暭、昤、曡、曬、㬻、暍、晼、曘、旳、暌、曥、暜、暄、旼、曟、昭、昖、暚、晗、㬱、曚、暰、昈、暵、暪、曔、昨、晧、昪、晛、昷、昫、曕、晵、昦、昛、昹、㬪、旰、昁、暎、曞、晵、昜、旺、曓、暝、㝵、曎、昧、昷、昞、晷、㬜、映、㫚、昅、㬰。

按《宋本》本部“暖”字在兩處重出，被認爲“䁒”之新增異體字。《皿部》“昷”與《日部》“昷”雖爲同形字，但音義不同。故此處作爲新增字頭。“㬜，呼骨切。明。”“惕，他的切。忧也，疾也，惧也。㬜，同上。”《心部》“㬜”和《日部》“㬜”雖同形，但意義差别較大，故此部作爲新增字頭。《宋本》漏收字3：《名義》《説文》共見的“旳、暘”和《名義》僅見的“晵”。

《名義》“晨”，《宋本》歸《晨部》，“晵”字《名義》歸《攴部》，此不計爲《宋本》新增字。《宋本》3字重複傳刻，即“昧（3）昫（2）暖（2）”。《名義》本部傳抄重複率亦高，有14個重複2次出現的字頭，即：晩、昴、晆（晇）、暴、晞、曒、暮、暖、嘻、旮、曟、㫷、暕、晒。另外，《名義》所抄寫作“宿”者，實爲“昗”。又，“暖”字，《名義》在《日部》釋義部分凡兩見：“昫，欣句反。暖。”“㬮，女涉反。小暖也。”而字頭位置未見抄存。

倝部第三百七

凡六字，字頭5。《宋本》《名義》《説文》共見3，《宋本》《名義》共見4。

《宋本》本部新增1字：戟。

按《宋本》“乾”《乙部》重出。《説文》“倝”，釋義缺，爲《宋本》漏收字。

月部第三百九

凡二十五字,字頭18。《宋本》《名義》《説文》共見8,《宋本》《名義》共見9,《宋本》《説文》共見8個(其中《説文》不包括新附字2個)。

《宋本》本部新增字6: 肣、臘、膷、腴、腷、肬。

按《宋本·月部》與《宋本·肉部》有9個字字形相同,其中有4個是同形字("朏、朓、朦、臘"),意思不能區分清楚者凡3字("朧、朊、肬"),義項完全相同的有2個("腄、�")。可見記號化過程"肉""月"混淆程度。這裏將義項全同者不再作爲字頭統計,而同形字和義項不清者仍然區分爲字頭。《肉部》有同形字"肬",該部不計爲新增字。

多部第三百十五

凡二十六字,字頭25。《説文》《宋本》《名義》共見5,《説文》《宋本》共見5,《宋本》《名義》共見15。《名義》較《宋本》多"㚊"字,較《説文》少"㚊",爲一字之楷化變異形體。

《宋本》本部新增6字: 䫂、䂑、䑗、䎎、夠、夥。

按《宋本》本部收"夗"字,而《名義》《説文》歸屬《卩部》。

大部第三百二十一

凡五十六字,字頭54。《宋本》《説文》《名義》共見18。《名義》《宋本》共見24。"奎"字《説文》《名義》共有而不見於《宋本》;"尖"字,《名義》歸《小部》;"奇"字,《名義》作"竒",歸《可部》。

《宋本》本部新增字12: 奐、奭、奞、奊、奅、奃、奆、奮、奯、奈、契、奪。

按《名義》兩字抄重: 夵(2)、夰(2)。

火部第三百二十三

凡二百九十三字,字頭254。《宋本》《説文》《名義》共見110,《宋本》《名義》共見75,《宋本》《説文新附》《名義》共見4個("煽、爍、焕、爞")。《宋本》《名義》不見,《説文》存"燓"字。《宋本》《説文》不見而《名義》抄存"灮、熓"2字。

《宋本》本部新增字66: 燃、爗、烽、爖、灴、熈、爐、燰、烊、焫、燓、炬、熡、烕、炠、灯、炷、爙、熄、煄、炢、烶、凨、熽、炓、颯、燇、熌、炑、熿、焒、熧、

熄、㷯、熼、爀、焞、炗、熆、焺、焐、熣、熏、爛、燆、燂、爔、炣、烇、飺、熨、熨、

燍、熰、燗、煝、炂、爁、焨、烇、焰、熬、炑、熨、焀、熚。

按其中“熣”字，見於《說文・火部》，不計爲新增字。

黑部第三百二十九

凡八十八字，字頭 83。《宋本》《說文》《名義》共見 36，《宋本》《名義》共見 57。

《宋本》本部新增字 25：黯、黖、黊、黝、黼、黸、黱、黷、黲、黳、黫、黈、黵、黕、黤、黢、黮、點、黰、黢、黟、黙、黶、黭、黦。

按《宋本》《說文》不見，而《名義》本部存“黖、黓”2 字。“墨”字《名義》歸《土部》。黮、點異體字。

赤部第三百三十

凡十八字，字頭 14。《宋本》《說文》《名義》共見 8，《宋本》《名義》共見 10。《宋本》《說文》不見，而《名義》存“赩、郝”字；《宋本》不見而《說文》《名義》存“浾”字。

《宋本》本部新增字 3：赮、赧、赦。

尢部第三百三十五

凡三十三字，字頭 30。《宋本》《說文》《名義》共見 11，《宋本》《名義》共見 19。

《宋本》本部新增字 10：尬、尵、尯、尳、尲、尶、尰、尡、尥、尷。

山部第三百四十三

凡二百九十六字，字頭 267。《原本》標明“山部第三百四十三，凡一百□七字”，《宋本》《名義》《原本》《說文》共見 49 個(其中《說文》不包括新附部分)，《宋本》《名義》《原本》共見 129，《宋本》《名義》共見 132，《宋本》《原本》共見 129，《名義》《原本》共見 129。《宋本》《名義》《原本》除了個別字序有變化，整部來看，基本保持對應關係。

《宋本》本部新增字 130：崪、嶫、峉、崚、嶒、峣、嵣、嶛、嵺、峅、嶐、嶙、巑、峎、嵬、峴、巘、嵯、峙、峈、崵、嵮、峊、嵙、嶝、岠、嶢、嶸、峼、峧、嶰、嬉、崌、峡、巀、峵、嵾、峒、崍、嵦、嵋、巏、嵠、崠、峮、嶇、嵊、峆、嶇、峐、岯、嶍、

㟟、㟍、㟧、㞸、岓、𡾊、嵢、峿、㦿、𡶌、娟、岹、峒、嶗、岑、𡽍、岈、嵙、岍、嵗、嶹、巔、𡾖、峌、㠕、嵱、嵭、嶆、崙、嵘、崔、嵃、崼、巃、嶡、嵫、㞝、嶇、嵔、嵈、㠊、岘、嶒、𡸨、巏、峅、嵿、岾、嶁、𡻧、嵽、嶓、岎、嵲、嵌、岞、崿、嵣、峪、嵥、嵑、岄、嵅、岀、屹、岦、崞、峇、臺、㞶、屹、旨、嶹、巊、嵸、崩、嶭、㟴。

按《宋本》漏收字 3，即《名義》所抄存“㞢”、《説文》及《説文新附》“㞤”“㟿”。

屾部第三百四十四

凡四字，字頭 4。《原本》標明“屾部第三百四十四，凡二字”，《宋本》《名義》《原本》《説文》共見 2。

《宋本》本部新增字 2：嵳、㞭。

嵬部第三百四十五

凡三字，字頭 3。《原本》標明“嵬部第三百四十五，凡二字”，《宋本》《名義》《原本》《説文》共見 2。

《宋本》本部新增 1 字：傀。

广部第三百四十七

凡一百六十七字，字頭 156。《原本》標明“广部第三百四十七，凡九十六字”，《宋本》《名義》《原本》共見 82，《宋本》《説文》《名義》《原本》共見 46，《宋本》《説文》共見 48 個（其中《説文》不包括新附部分）。

《宋本》本部新增字 71：扃、庾、膂、㢊、庋、廗、庯、㢈、庱、廱、㢠、庳、㢃、庿、庁、㢆、廰、㢜、㡿、廜、廥、庂、庑、庄、㢔、庴、庎、㢗、庛、廲、廄、庡、廩、廠、㢂、㢟、廞、㢅、㢈、㢝、㢃、㢍、安、㢣、廆、㢒、㢈、㢜、㡼、床、㢢、㢏、庿、㡿、㢗、廨、庖、㢝、床、㡰、㢇、㢍、㢘、廞、㡽、庳、㢃、廢、㡯、庍、座。

按《宋本》漏收字 6，即《名義》《原本》共存的“㢈、㢎、庑、㢝、㢒”以及《説文》的“㡾”。

厂部第三百四十八

凡五十六字，字頭 50。《原本》標明“厂部第三百四十八，凡四十字”，《宋本》《名義》《説文》《原本》共見 27，《宋本》《名義》《原本》共見 36。

《宋本》本部新增字 13：㕓、㕏、屏、㕙、㕐、㕑、厥、厙、㕞、厚、厠、厔、㕓。

按"𠜾"部:"𠜾,居例切。地名。"《刀部》重出:"𠜾,唯芮切。籀文鋭。"爲同形字,不重複統計。

高部三百四十九

凡九字,字頭9。《原本》標明"高部第三百四十九,凡七字"。《宋本》《名義》《原本》《説文》共見4,《宋本》《名義》《原本》共見7。

《宋本》本部新增字2:䯧、髛。

石部第三百五十一

凡二百七十二字,字頭264。《宋本》《名義》《原本》《説文》共見50。《原本》標記"石部第三百五十一,凡160字",《宋本》《名義》《原本》共見122,《宋本》《名義》共見127,《宋本》《原本》共見124,《名義》《原本》共見122。

《宋本》本部新增字125:䂳、磌、硔、硧、礐、硿、硆、砰、磎、碁、硡、礭、砒、硇、碉、磴、硛、碙、硜、碖、硼、破、礅、砇、磠、硑、硄、碻、碣、礆、礤、礸(礵)碐、碤、硐、矜、磒、碂、磱、矼、礈、硬、砇、碏、硜、硢、砂、硂、砮、磳、硑、砑、硝、硧、硶、礏、矸、碱、礧、磈、礞、磓、砲、碑、硃、砯、碶、碟(砸)、碜(砱)、礶、磉、砋、碜、硪、砐、碄、砄、碉、硬、硋、矴、研、砟、耐、碾、礲、礅、碃、礌、砑、砆、砞、砩、礨、硉、矶、礤、碏、礷、礣、礒、矿、碧、碱、砮、磸、碱、砺、碦、硆、礲、砝、磧、礉、硽、礇、碳、砄、硎、砻、硤、礶、碕、礀、礌。

按統計加括弧者,《宋本》歸爲一個字頭,共占一個字位。《宋本》漏收2,爲《名義》《原本》存的"砏、礚(磕)"字。至於《名義》《原本》所共存"䮂"字,《宋本》歸《馬部》;《説文》"磬"字,《宋本》歸《磬部》。

磬部第三百五十二

凡九字,字頭7。《原本》標明"磬部第三百五十二,凡八字",《宋本》《説文》《名義》《原本》共見1,《宋本》《名義》《原本》共見5。

《宋本》本部新增2字:罄、罊。

按《宋本》本部漏收2字:嫛、磬。

阜部第三百五十四

凡一百九十三字,字頭182。《原本》標明"阜部第三百五十四,凡一百四十三字",《宋本》《説文》《名義》《原本》共見92,《宋本》《名義》《原本》共見129,《宋本》《名義》共見131,《宋本》《原本》共見130,《名義》《原本》共見129。

《宋本》本部新增字49:阰、陲、陾、陑、陊、陙、隞、陻、隫、隵、陖、阷、阞、陝、陿、陷、阞、陃、陫、陎、隅、陏、阩、隡、陧、陡、陙、陧、隬、院、陦、陷、隳、陠、阧、隢、隚、隁、陚、阸、隱、陌、陚、隮、隂、隵、阣、隄、陙。

按《名義》脱"陶"字;《宋本》漏收2字,分别是《说文》"陖"和《名義》《原本》"陏"。"隅"字《阜部》两出:"隅,牛俱切。廉也,角也,陬也。""隅,語俱切。地名。"爲同形字,本部統計爲新增字。

馬部第三百五十七

凡二百七十七字,字頭258,《宋本》《説文》《名義》共見112。《宋本》《説文》共見115,《宋本》《名義》共見170。

《宋本》本部新增字85:駬、駝、騏、騋、騙、騬、驩、駍、駺、騀、駏、驢、騮、騟、驫、驣、駹、騻、驚、駉、駒、騎、騪、騂、駧、騸、騪、馭、騞、駯、駡、騂、騖、駔、騞、馱、駃、騩、驥、驧、騇、駈、驃、騫、馻、騂、騳、騅、騜、駁、騞、馮、駛、騭、駢、騙、騗、駈、騄、駱、驗、驒、騣、騥、駯、驕、騇、騔、騠、騃、騹、騲、騲、騆、馱、騆、駘、駿、駐、騔、驀、馲、駋、驀、騞、騙。

按本部駝、駞異體,駺、駺異體,騔、驀異體,南北朝石刻已使用的"駞"(見北魏《元徽墓誌》作駞)、"驝"(見北魏《元鑽遠墓誌》作驝)等字,《宋本》《名義》本部皆脱。

牛部第三百五十八

凡一百四十四字,字頭134。《宋本》《説文》《名義》共見46。《宋本》《名義》共見78。

《宋本》本部新增字54:牪、犇、犖、犪、犊、犝(犆)、犤、犡、犨、犺、犬、犳、犲、犪、犱、犾、犽、犿、狀、狁、犫、犭、犵、犴、犵、犩、犣、犱、犧(犲)、犅、

犠、犑、犪、犎、牯、犨(牿)、犨、挑、桊、犒、牪、犤、犩、犨、犪、犄、犮、犃、犗、
犆、犥、犦、犉、犫。

按本部犻—犼、犤—犱、犨—牿等字組構成異體。又犵—駕異體,“駕”字《説文》歸《馬部》。

羊部第三百六十

凡六十七字,字頭62。《宋本》《説文》《名義》共見24。《宋本》《説文》共見27。《宋本》《名義》共見48。

《宋本》本部新增字11:羳、羚、羶、羚、羵、羢、羣、羬、羯、羻、羥。

按羛字實爲從羊弗聲結構,爲《説文·我部》“義”字下出異體,《宋本》“羛”字《羊部》:“羛,音希。地名。又音蟻也。”《我部》又重出,但音義不同,故統計爲新增字。

犬部第三百六十四

凡二百九十三字,字頭238,《宋本》《説文》《名義》共見78,《宋本》《名義》共見132。《説文》《宋本》共見81。

《宋本》本部新增字108:猹、狁、猂、犳、狨、狭、狶、狴、獼、猕、獥、猃、
獎、狸、獵、獿、猍、猰、犲、獑、猢、颯、狥、獂、猚、猯、獅、挺、狑、獶、猧、猥、
猿、猽、獙、猘、猫、猪、獅、猹、猬、狆、猾、猳、犽、猻、猹、猨、獦、猔、獾、猝、
狝、猹、猹、獑、獤、猷、狓、猰、狊、猛、犿、獵、狕、獼、猥、狴、猡、狶、獖、獬、
獠、獶、猌、獷、獹、獓、猠、獚、猈、猬、猘、狖、猶、猩、猿、獣、獭、狟、狭、獡、
猷、獱、獁、猄、狔、猭、獝、猍、犮、猷、臭、獯、狽、狢、猸、猆。

按獼—猕、狑—獶、猧—猥字組,構成異體關係。

豕部第三百六十六

凡八十字,字頭72。《宋本》《説文》《名義》共見22,《宋本》《名義》共見39,《宋本》《説文》共見22。

《宋本》新增字34:豶、豟、豞、豨、豭、豵、豯、豠、豱、豽、豷、豲、豘、豩、
豰、豨、豧、豨、豚、豫、豩、豯、豬、豰、豳、豨、豞、豨、豲、豴、豶、豭、豪、豬。

按《宋本》《名義》不見而《説文》存有“豖”字,《宋本》《説文》不見而《名義》存有“豩”字。“豳”字《名義》歸《山部》,《説文》見《阜部》。豯形

又見《犬部》:"猣,子公切。犬生三子也。"爲同形字,作爲新增異體字計。

鹿部第三百七十二

凡五十六字,字頭45。《宋本》《説文》《名義》共見24,《宋本》《説文》共見25,《宋本》《名義》共見34。《名義》所存"塵"字,不見於其他字書。

《宋本》本部新增字10:麡、䴠、䴜、鹿、䴣、䴤、麑、麔、麌、麠。

龍部第三百八十一

凡八字,字頭7。《宋本》《説文》《名義》共見5。

《宋本》本部新增字2:攏、龘。

虍部第三百八十二

凡一十五字,字頭11。《宋本》《説文》《名義》共見9,《宋本》《名義》共見10。

《宋本》本部新增1字:虑。

虎部第三百八十三

凡三十字,字頭29。《宋本》《説文》《名義》共見15,《宋本》《名義》共見18。其中,"號"字《説文》《名義》歸《號部》。

《宋本》本部新增字11:䖇、䖈、虥、琥、虪、虤、虩、虒、虣、虨、虪。

豸部第三百八十五

凡六十六字,字頭62。《宋本》《説文》《名義》共見19,《宋本》《名義》共見29。

《宋本》本部新增字31:貹、豇、貗、貗、豨、豿、貜、豣、貛、豰、貘、貑、豨、貖、貐、貁、貜、豬、貆、豺、貄、貊、貋、豠、貅、貓、貏、貕、豽、貏、貅。

燕部第三百八十九

凡二字,字頭2。《宋本》《説文》《名義》共見1。

《宋本》本部新增俗字1:鷰。

鳥部第三百九十

凡四百二十字,字頭379。《宋本》《説文》《名義》共見94,《宋本》《名義》共見264。

《宋本》本部新增字 119：鸒、鷟、鷃、鸔、鵜、鶇、鴺、鵯、鶇、鳼、鷸、鷗、鵗、鶋、鴣、鵖、鷀、鵯、鴰、鶻、鷺、鴂、鵷、鴛、鷮、鵬、鵩、鷘、鷤、鵱、鵭、鶹、鵬、鶙、鶥、鶫、鸄、鶘、鶍、鶲、鵏、鴿、鸃、鸕、鸋、鵨、鶬、鴟、鵌、鶯、鶘、鶩、鵞、鮐、鷰、鶌、鶴、鷀、鸐、鵙、鷸、鴹、鷚、鶐、鴩、鶆、鵤、鷗、鴐、鷃、鴕、鶉、鵸、鵯、鵹、鸍、鶩、鶪、鸉、鷿、鴗、鷿、鷁、鷵、鷸、鴔、鴃、鷊、鸎、鵖、鵶、鶤、鵕、鶿、鶿、鵜、鷈、鵡、鸂、鷍、鵢、鵅、鶂、鴥、鷍、鴝、鵵、鶇、鶵、鶵、鷸、鷺、鴉、鷛、鳾、鳿、鸏。

按鷃—鸔、鷸—鷗、鶫—鸄、鷀—鵙、鴔—鴃、鷁—鳾，數組字形，大多係隸變楷化差異，形成異體關係。字彙增加，此爲根本環節。“鶵鶵”“鵖鵶”釋義記録雙音節詞，而“鶇”“鶇”爲同形字。不見於《宋本》《名義》，而《說文》存有“鵻、鷸、鴝、鵝、鴋、鶔、鵅、鸔、鳺、鵩、鵬、鸕、鷂、鶇、鷔、鴥”等 16 字。《宋本》所不見，而《名義》僅存“鶴、鶇、鴉、鴒、鵖、鵖、鵜、鳩、鳩”9 字。這種反差，在諸部類中比較罕見，大致說明鳥類越是古代越是地位神聖，其特徵越容易成爲認知特徵被提取出來，得到的反映也就越是充分。後世字彙集合，反而轉晦。《說文》《名義》所共見，《宋本》未收“鴞、鴝”2 字。

隹部第三百九十一

凡七十五字，字頭 69。《宋本》《說文》《名義》共見 39，《宋本》《說文》共見 45，《宋本》《名義》共見 60 字。

《宋本》本部新增字 8：雂、雗、雓、雔、雟、雝、雅、雄。

按《宋本》不見而《名義》抄存“雈”字。

魚部三百九十七

凡三百二十一字，字頭 291。《原本》殘缺，僅存 20 字，其中一字尚缺字頭。《宋本》《說文》《名義》《原本》共見 7，《宋本》《名義》《原本》共見 18，《宋本》《名義》共見 192，《宋本》《原本》共見 18，《名義》《原本》共見 18。

《宋本》本部新增字 95：鰥、鮧、鱷、鮾、鱸、鰊、魮、鮃、鰍、鰷、鱵、鰖、鮮、魷、鯸、鰤、鰓、鱕、鰡、鱝、鯖、鰼、鯽、魟、鱠、鰃、鯀、魨、鰻、鰠、鮃、鱡、鮶、鰟、鰄、鰪、魞、鮢、鵌、鱴、鮹、触、魶、鱴、鰢、鱌、鱑、鮀、鰇、魦、魣、鰖、鱧、鱭、鰿、鰵、魭、魬、鮵、鰴、鰾、鰫、鮭、鍾、鰟、魱、鮤、鰼、鰤、鮄、鰲、鯡、鰞、鰯、鰫、鰊、鯋、鯸、鯶、鯠、録、鱻、鱳、鍛、鮢、鯌、鮛、鰛、鰈、鰲、鰗、魟、鯽、鰊、鰨。

按《宋本》漏收 8 字,分别爲見於《説文》的"鰫、鱹、鯙、鮁"和見於《名義》"鯘、鰝、鯤(鰑)、鯢"等字。

鼠部三百九十九

凡五十八字,字頭 54。《宋本》《説文》《名義》共見 20,《宋本》《名義》共見 41。

《宋本》本部新增字 12：鼱、䶂、鼶、鼰、鼦、鼮、鼤、鼳、鼥、鼭、鼴、鼩。

虫部第四百一

凡五百二十五字,字頭 468,《宋本》《説文》《名義》共見 146,《宋本》《名義》共見 328,《宋本》《説文》共見 148。

《宋本》本部新增字 140：蠑、蜛、蝕、虮、蜫、蛪、蝬、蚜、蝦、蝪、蛟、蚟、蜳、蛵、蚾、蠘、蠏、蚿、蜎、蜠、蝷、蝦、蚵、蜡、蛃、蚷、蜹、蟻、蟢、蝅、螐、螞、蜯、蜸、蟟、蠼、蟚、蝪、蠦、蠌、蠀、蛝、蝰、螯、蝒、蜄、蚔、蚛、蠎、蜊、蠼、蚑、蛦、螡、蠹、蠭、蠵、蟮、衚、蝓、蠠、蛡、蝎、蛴、螻、蜇、蚢、蠚、蠙、蠵、蝐、蠆、蟁、蟆、蜵、蠔、蟣、蠨、蟖、蝙、蟙、蠝、螪、蟵、蛈、蚣、蝃、螚、蜇、蚇、蜖、匿、螥、蚴、蠛、螝、蚐、蠕、蛥、蛁、蟣、録、蚰、蜶、螺、蚩、蚪、蚪、蛪、蚶、蜨、蠅、蚷、蝍、蝀、蚉、蠘、虾、蛭、蟗、蠑、蠦、蛘、螫、蜡、螢、蟚、蝤、蜊、蜯、蟌、蟉、蜉、蝶、蝴、蟡、蟹、蟆、蚼、蚭。

按蛪—蜡、衚—蝓、蠨—蟗、蛁—蟣、蜉—蝶,數組字形,大多係隸變楷化差異,形成異體關係。字彙字量的增加,此爲根本環節。"蘭"字糸部兩見,非關新增字。"蠠"爲俗字,作異體歸入"蘭"下,計爲新增異體字。蚺字《赤部》重出,但音義不同:"徒冬、與弓二切。赤色。""羽弓切。赤蟲名。"爲記録同源詞同形字,本部計作新增字。現代語文工具書當兩屬並置,二音分别爲 tóng、xióng。《漢語大字典》同列爲一音 tóng,當據此予以改補。本部重出,音義不同,爲同形字。《宋本》所不見而見於《名義》

凡 4 字：䗽、蟆、蚄、蟵。

蚰部第四百二

凡四十二字，字頭 36，《宋本》《說文》《名義》共見 21，《宋本》《名義》共見 32。《宋本》《說文》不見而《名義》存有“蝱、蠹”2 字。

《宋本》本部新增字 2：蠠、蝩。

黽部第四百五

凡五字，字頭 4，《宋本》《說文》《名義》共見 3。

《宋本》本部新增 1 字：䶈。

黽部第四百六

凡一十八字，字頭 14。《宋本》《說文》《名義》共見 11。《宋本》《名義》共見 13。

《宋本》本部新增 1 字：鼅。

卵部第四百七

凡五字，字頭 5，《宋本》《說文》《名義》共見 2。《宋本》《名義》共見 4。

《宋本》本部新增 1 字：毈。

貝部四百八

凡一百四十三字，字頭 131。《宋本》《說文》《名義》共見 57，《宋本》《名義》共見 95，《宋本》《說文》共見 59。《宋本》《名義》不見而《說文》存有“賸、賴”2 字；《宋本》《說文》不見而《名義》存“贄”字；“賊”字《名義》《說文》皆歸《戈部》。

《宋本》本部新增字 36：贕、賰、賫、賂、貹、贓、賤、貥、賹、賙、賁、貶、賟、贔、貟、贉、贇、贚、賱、賗、賧、賗、贌、貺、贎、賗、賶、賘、貣、賭、賿、贍、賅、賸、貚、賥。

羽部四百九

凡一百二十三字，字頭 110。《宋本》《說文》《名義》共見 35，《宋本》《名義》共見 74。

《宋本》本部新增字 37：𦐈、翻、𦑑、䎁、翀、翐、翞、翄、䎃、𦐇、翻、翖、

翍、翍、翢、猨、翑、翃、翧、翗、翍、翍（翍）、翓、翍、翍、翍、翍、翍、翻、翍、翍、

翻、翍、翍、翍、翍、翍。

按翍—翍係聲符替換形成異體字。“翌”《說文》歸《舛部》。《宋本》《說文》不見而《名義》存有“翌、翌”字。

習部第四百十一

凡三字，字頭3。《宋本》《說文》共見2。

《宋本》本部新增1字：翫。

按《名義》未設《習部》。

至部四百十五

凡一十字，字頭9。《宋本》《說文》《名義》共見6，《宋本》《名義》共見7。

《宋本》本部新增字2：臺、臸。

按《名義》本部出“致”字，而《宋本》《說文》“致”歸《夂部》。

毛部第四百十六

凡七十八字，字頭72。《宋本》《說文》《名義》共見7，《宋本》《名義》共見45。

《宋本》本部新增字31：毦、毪、毿、毬、毶（毵）、毯、毱、毲、毳、毸、毺、

毹、毻、毼、毽、毾、毿、氀、氁、氂、氃、氄、氅、氆、氇、毨（毨）、毛、氈、氉。

按毶—毵、毨—毨字組，構成異體關係。

角部四百二十

凡一百六字，字頭89。《宋本》《說文》《名義》共見36，《宋本》《名義》共見59。《宋本》《說文》不見而《名義》抄存“觸”字。

《宋本》本部新增字29：觪、觛、衡、觼、觘、觛、觟、觥、觤、觩、觸、觮、

觻、觛、觼、觓、觖、觫、觼、觥、觲、觵、觶、觽、觛、觛、觛、觡、觸。

皮部第四百二十一

凡四十一字，字頭38。《宋本》《說文》《名義》共見3，《宋本》《名義》共見16。

《宋本》本部新增字18：皽、皲、皵、皴、皶、皷、皸、皺（皺）、皻、皾、皼、

皷、𤿎、皸、𤿍、皺、皹。

按皺—皱字組,形成異體關係。

革部第四百二十三

凡二百字,字頭173。《宋本》《説文》《名義》共見59,《宋本》《名義》共見114。《名義》之“鞡”,《宋本》作“靿”,《名義》傳抄字形保存從“沙”得聲結構,《宋本》所刻爲省。

《宋本》本部新增字61：鞕、䩻、鞓、鞮、鞨、韂、鞫、韝、鞻、鞿、韀、鞜、鞅、鞽、鞢、軱、鞦、韉、鞤、鞏、韃、鞝、鞕、鞨、韠、鞱、鞩、鞍、鞣、鞋、鞝、鞼、鞁、鞠、鞞、韜、韡、鞍、韞、韋、鞄、靺、鞨、鞍、鞍、鞋、鞴、韇、鞢、韈、鞫、鞢、鞊、韤、鞊、鞚、鞳、鞯、鞶、韡、鞁。

按鞓—鞮、鞻—鞿、鞩—鞨、鞍—鞣字組,形成異體關係。《宋本》本部:“鞍,徒果切。履跟緣也。鞣,同上。”

韋部四百二十四

凡五十八字,字頭52。《宋本》《説文》《名義》共見15,《宋本》《名義》共見30。

《宋本》本部新增字21：韄、韛、韍、韎、韏、韝、韒、韃、韍、韏、韊、韜、韥、韫、韧、韓、韨、韬、韵、韷、韶。

按《名義》本部較《宋本》多出“韓(韓)”字。

糸部第四百二十五

凡四百五十九字,字頭409。《宋本》《名義》《原本》《説文》共見249個(其中《説文》不包括新附部分),《宋本》《名義》《原本》共見328,《宋本》《名義》共見332,《宋本》《原本》共見338,《名義》《原本》共見338。

《宋本》本部新增字68：緊、絨、縜、緦、紜、緶、紋、緈、縧、緉、纈、緮、緷、緼、繻、緾、緎、縝、緸、緔、紅、緀、緒、纏、緣、縩、縿、縱、緖、縱、繸、纆、紈、繿、綌、緆、綧、繊、綀、繼、縷、緻、紂、綍、紻、絏、緈、絉、纗、綷、緺、繰、絔、綾、縞、綸、繥、繴、緝、繡、絈、縤、纖、紮、緊、綮、纗、緕。

按糾字《名義》抄作糺。《宋本》也存在失收情況,漏收字共有9,其中分別呈現於不同時間層次：包括《説文》《名義》《原本》共存“繚、繰、縱、組(組)、緱(緱)、彝”,《説文》“繕”,《名義》《原本》“紑(紑)、縹”等。

㡀部四百二十九

凡七字,字頭7。《宋本》《名義》《原本》《説文》共見6,《宋本》《名義》《原本》順序有變化。《名義》《原本》無字序、字量變化。

《宋本》本部新增1字：黺。

巾部四百三十二

凡一百七十二字,字頭157。《宋本》《説文》《名義》共見59,《宋本》《名義》共見115。

《宋本》本部新增字40：帑、幰、帺、帹、帓、帊、帆、帗、幡、幏、帨、帹、幘、帹、幉、帺、幀、帎、幍、幐、幖、帿、幊、幒、帒、幢、幯、幘、幌、帍、帉、帔、帕、帢、帖、帣、幢、帬。

按《宋本》不見而《名義》抄存“帲、幡”字。

衣部四百三十五

凡二百九十四字,字頭254。《宋本》《説文》《名義》共見106,《宋本》《名義》共見203。

《宋本》本部新增字50：裓、褸、褈、襚、衼、褭、襴、褼、袌、襹、袘、衳、褫、袈、裟、褔、衽、褄、循、裄、襀、褡、裶、褽、襐、褆、褵、裓、袦、襖、褿、裋、袖、襛、襀、裍、襰、褱、襯、袋、褐、裐、裰、襻、褙、褸、衩、褥、裄、裷。

按《宋本》《説文》所不見,而《名義》存“袢、裪、裰、襉”4字。

勹部第四百四十二

凡三十五字,字頭30,《宋本》《説文》《名義》共見15,《宋本》《名義》共見21,《宋本》《説文》共見16。

《宋本》本部新增字9：匔、匒、匃、匀、匌、匍、匂、匐、匏。

按“匓”字《説文》《名義》等歸《糸部》,此不計爲新出。

長部第四百四十四

凡十六字,字頭13。《宋本》《説文》《名義》共見4,《宋本》《名義》共見8。

《宋本》本部新增1字：鼓。

出部第四百六十一

凡一十二字,字頭12。《宋本》《說文》《名義》共見6,《宋本》《名義》共見10。

《宋本》本部新增字2：齣、岀。

按“屈”字《說文》歸《尾部》,“㪷”字《名義》歸《又部》。

朿部第四百六十六

凡九字,字頭9,《宋本》《說文》《名義》共見3。《宋本》《名義》共見5。

《宋本》本部新增字4：棫、棏、朿瓜、䅺。

按皆從朿形構造,方正超大字庫誤作從束,爲朿、束記號區別性喪失之類。

橐部第四百六十七

凡一十字,字頭8,《宋本》《說文》《名義》共見5,《宋本》《名義》共見8。

《宋本》本部新增字2：𡃭、囊。

按“壼”字《名義》歸《囗部》。

囗部第四百六十八

凡六十一字,字頭57。《宋本》《說文》《名義》共見25,《宋本》《名義》共見36。

《宋本》本部新增字20：囤、圝、囝、圇、困、圂、囨、圚、囸、囶、囯、圅、囲、圔、圑、圕、囶、圀、圞、囝。

按《說文》《名義》本部多出“壼”字,《宋本》此字次《橐部》。“困”,《名義》歸《水部》;“圉”字見《名義·㚔部》。“囝”字《宋本·日部》已見,“囗部”不當重出。

齊部第四百七十

凡四字,字頭3。《宋本》《說文》《名義》共見2。

《宋本》本部新增1字：齌。

片部第四百七十三

凡三十九字,字頭39。《宋本》《説文》《名義》共見8,《宋本》《名義》共見27。

《宋本》本部新增字12：牊、牠、腓、牓、牨、牘、牨、牗、牕、牖、牘、牓。

匸部第四百八十六

凡九字,字頭9。《宋本》《説文》《名義》共見5,《宋本》《名義》共見6。

《宋本》本部新增1字：匾。

叕部第四百九十七

凡三字,字頭2,《宋本》《説文》《名義》共見1。

《宋本》本部新增1字：𤕤。

按《名義》《説文》本部抄存"綴"字,而《宋本》"綴"歸《糸部》。

亞部第四百九十八

凡六字,《宋本》字頭6,《宋本》《説文》《名義》共見2,《宋本》《名義》共見3。

《宋本》本部新增字3：凹、凸、凸。

按《宋本》該部新增字形與亞形結構無關。

丈部第五百十一

凡三字,字頭3。《宋本》《説文》共見1。

《宋本》本部新增字2：叏、敱。

按《名義》本部未出傳抄字。

甲部第五百十三

凡五字,字頭5。《宋本》《説文》《名義》共見1,《宋本》《名義》共見4。

《宋本》本部新增1字：畉。

辡部第五百二十二

凡三字,字頭3。《宋本》《説文》《名義》共見2。

《宋本》本部新增1字：辦。

子部第五百二十七

凡四十字,字頭35,《宋本》《説文》《名義》共見16,《宋本》《名義》共見27。

《宋本》本部新增字8:孆、𡦁、𡤿、𡦃、𡦂、𡤼、孿、孢。

按《名義》本部單獨抄存“孫”字。

申部第五百三十八

凡九字,字頭7。《宋本》《説文》《名義》共見4,《宋本》《名義》共見5。

《宋本》本部新增字2:朐、胂。

酉部第五百三十九

凡一百七十一字,字頭151。《宋本》《説文》《名義》共見60,《宋本》《名義》共見96。

《宋本》本部新增字51:醳、醛、酮、酡、醃、醎、醑、醾、醽、醁、䣐、醡、酘、醅、醚、酳、醔、𨣏、醟、酑、酥、䤈、酦(酨)、酫、醔、醿、酐、醨、酮、醴、醛、醏、醷(醥)、醅、醑、醯、醜、醱、醼、䣻、酳、酵、醭、醸、醵、醀、酦、醠、酏、醬、醒。

按僅見於《名義》而不見於《宋本》者,抄存3字:醋、醫、酘。“醜”字《名義》歸《鬼部》,同《説文》,《宋本·鬼部》已出。釋義記録雙音成詞者,未作兩字統計,同上字一併放入括弧内。

專書語料庫釋義記録宋本《玉篇》有22 794字,據唐封演所記原本《玉篇》收16 917字,因而理論上較原本《玉篇》有5 877字的增量。語料庫實際釋義記録《名義》15 291字,但我們不能據此認爲《名義》傳抄少於《原本》字量或《宋本》應該有7 503字的增長。因爲《名義》的記録只是“篆隸”字頭,并不包括釋文所涉及大量異體。還有,《宋本》有些部類較之《名義》也存在脱文的情況,異體字在釋文裏的統計以及同形字異體字等字際關係的界定,都會存在一定出入。因此,真實字量增長的統計,應該是將《宋本》跟《原本》和《名義》逐個部類進行對照調查。

據對宋本《玉篇》與原本《玉篇》、《名義》進行逐部對照核查,共有新增字 5 298 字,占宋本《玉篇》總字量的 23.2%。我們排除了重出的新增字,適當考慮同形字。新增字重複出現有 140 字,分爲兩種情況: 一是前面已收後人不察而再收入者,或多部重複新增,此類爲新增字誤增情況,共 119 字,我們予以排除。一種是後出音義不同的同形字,因與前面形體相同而易爲混同,除《玉篇》釋文所爲多音多義字外,我們亦認爲此類爲同形字,應當計入。當然亦有可能是後人傳抄時發生錯形而同形,或是音義漸失而致訛故成爲新增字。如果以宋本《玉篇》處於楷書大字的字頭進行統計,并未統計其釋文中出現卻未見於大字頭的異體字量,因此宋本《玉篇》實際新增字數如果包括新增異體,應略多於此數。

《宋本》各部字頭位置標注數量,絶大部分都與包括釋文出現的字量存在較大出入。這個關係,《宋本》增字者是非常清楚的。如竹部第一百六十六標識"凡五百六字",而實際字頭位置總量爲 464。又如酉部第五百三十九標識"凡一百七十一字",而實際字頭位置爲 151,又如水部第二百八十五標識"凡九百五十七字",實際字頭 866,又如勹部第四百四十二標識"凡三十五字",而實際字頭位置總量爲 30……可見《宋本》"凡××字"跟字頭字位并非是可以重合的單位,即該本計算各部字量是連釋文所關聯異體包括在内的。

對於新增字統計數據,還必然涉及異體、分化、重出等字際關係的界定。首先,統計對象原本就是隸變之後定型的楷書,自然包括相當一部分楷化定型過程中產生的異體字組,這是楷書字彙數量大量增加的一個重要原因。統計新增字没有排除異體字,既考慮異體字實際上只是詞彙本位下的字際關係,并未抹煞字形差異屬性因素之外,還考慮從《宋本》貯存 22 794 個字頭來看,很多就存在異體關係。其次,還包括一部分後出分化字。另外,準確統計《宋本》較之《名義》所新出字,還必須考慮各本之間部類劃分的差異,還有同本内部的異部重見迭出等因素。新增字當中有 140 字重複,雖每部對照爲本部新出字,但打破部類界限,會發現若干

重複貯存的字形。故此處應再減去 119 字,〔1〕這 119 字可以羅列如下:

穽、㲃、寇、䜌、惜、㚢、葋、臭、箯、剕、菰、蕸、蘱、褳、㽸、㦐、鬮、鶇、颸、蹦、覔、叡、杏、嫪、㯂、风、猼、㬥、罹、朧、軗、迈、靇、㰒、㓨、鬑、個、僕、僝、勒、勳、厙、嗒、嚊、困、圉、垌、垔、墨、奪、孛、孜、孱、尖、肩、崽、忤、敞、瞰、昧、昇、昫、㬻、晵、暖、杒、枎、杲、楖、精、欻、氂、洪、沉、瀛、炙、㹴、獀、疃、盍、睍、竊、篕、糾、絞、緯、縣、羕、羼、腂、臘、茫、莅、茜、菟、菩、蒢、薖、殤、號、蚌、蚷、蛶、蝚、覝、犄、賊、郕、醜、霍、鞁、鐵、䶇、頮、頳、鳴、鴳、鶉、齟。

新增出的 5 298 字在 542 部内分佈情況,有助於我們開展若干課題統計分析研究。比如,某些增長,比較直接地反映出了楷字本體的認知發展規律和社會生活的某些發展趨勢。《玉篇》新增字 5 298 字分佈於 139 部,其中增字在 100 字以上的部首有 14 部,分别是"水部、草部、竹部、口部、心部、手部、蟲部、木部、山部、石部、人部、鳥部、目部、犬部"。可以看出與日用生活關係密切且結構體態區别度高的偏旁部首,其構字能力明顯强於其他部類。〔2〕

反映高頻新增字量變化,主要考慮各部新增字數量和新增比例兩個因素。根據包含上述兩個因素的統計標準,在上具統計數據當中,所謂高頻新增字主要覆蓋如下部類:

1. 示部第三,《宋本》本部新增字 34(23%);

2. 玉部第七,《宋本》本部新增字 63(22.9%);

3. 土部第九,《宋本》本部新增字 81(22.5%);

4. 人部第二十三,《宋本》本部新增字 104(19.9%);

5. 頁部第三十六,《宋本》本部新增字 46(23%);

6. 目部第四十八,《宋本》本部新增字 103(30.29%);

〔1〕 何瑞《宋本玉篇研究》第四章"宋本《玉篇》新增字研究"統計結果。華東師範大學中國文字研究與應用中心 2006 届博士學位論文。何瑞《宋本〈玉篇〉研究》見中國社會科學出版社 2016 年。

〔2〕 何瑞《宋本玉篇研究》第四章"宋本《玉篇》新增字研究"統計結果。華東師範大學中國文字研究與應用中心暨表意文字大數據研發中心所研製"歷代字彙韻書數據庫"有關專書數據庫統計新增字量爲 5 298。由於異體呈現地位和種種字際關係,只是一個大約數字。這裏的調查統計,就有若干處與該論文所給出數據不一致的地方。

7. 目部第五十,《宋本》本部新增字 7(54%);

8. 見部第五十二,《宋本》本部新增字 36(37%);

9. 耳部第五十五,《宋本》本部新增字 25(25.7%);

10. 口部第五十六,《宋本》本部新增字 168(32%);

11. 齒部第五十九,《宋本》本部新增字 25(27%);

12. 彡部第六十二,《宋本》本部新增字 9(37.5%);

13. 手部第六十六,《宋本》本部新增字 149(23%);

14. 足部第七十六,《宋本》本部新增字 81(27.8%);

15. 心部第八十七,《宋本》本部新增字 159(25%);

16. 食部第一百十二,《宋本》本部新增字 60(27%);

17. 彳部第一百十九,《宋本》本部新增字 47(42%);

18. 門部第一百四十一,《宋本》本部新增字 47(36%);

19. 疒部第一百四十八,《宋本》本部新增字 67(24%);

20. 艸部第一百六十二,《宋本》本部新增字 254(24%);

21. 竹部第一百六十六,《宋本》本部新增字 192(37.9%);

22. 麻部第一百八十五,《宋本》本部新增字 5(35%);

23. 禾部第一百九十四,《宋本》本部新增字 70(31%);

24. 耒部第一百九十六,《宋本》本部新增字 21(39.6%);

25. 米部第二百,《宋本》本部新增字 39(31%);

26. 网部第二百十八,《宋本》本部新增字 27(29%);

27. 刀部第二百六十六,《宋本》本部新增字 51(26%);

28. 金部第二百六十九,《宋本》本部新增字 125(26%);

29. 舟部第二百八十三,《宋本》本部新增字 45(40%);

30. 水部第二百八十五,《宋本》本部新增字 268(28%);

31. 雨部第二百九十七,《宋本》本部新增字 53(35%);

32. 風部第二百九十九,《宋本》本部新增字 49(50%);

32. 鬼部第三百一,《宋本》本部新增字 37(53%);

33. 日部第三百四,《宋本》本部新增字 78(32%);

34. 山部第三百四十三,《宋本》本部新增字 130(48%);

35. 广部第三百四十七,《宋本》本部新增字 71(28%);

36. 石部第三百五十一,《宋本》本部新增字 125(45.9%);

37. 阜部第三百五十四,《宋本》本部新增字 49(25%);

38. 馬部第三百五十七,《宋本》本部新增字 85(30%);

39. 牛部第三百五十八,《宋本》本部新增字 54(37.5%);

40. 犬部第三百六十四,《宋本》本部新增字 108(36.8%);

41. 豕部第三百六十六,《宋本》新增字 34(42%);

42. 鳥部第三百九十,《宋本》本部新增字 119(28%);

43. 魚部三百九十七,《宋本》本部新增字 95(29%);

44. 虫部第四百一,《宋本》本部新增字 140(26%);

45. 毛部第四百十六,《宋本》本部新增字 31(39%);

46. 角部四百二十,《宋本》本部新增字 29(27%);

47. 革部第四百二十三,《宋本》本部新增字 61(30%);

48. 酉部第五百三十九,《宋本》本部新增字 51(29%)。

楷字發展調查,其中“發展”作爲認知科學的基本概念,應該包含兩個相互協調的平行領域:一是漢字作爲認知客體成系統的消長變化,一是漢字習得者作爲認知主體在漢字接受傳播過程中自身認知能力的發展。調查數據表明,中古以降《宋本》新增字量,接近或超過 30% 的增長部類,其主要分佈領域,往往體現出漢字認知及使用發展的某些趨勢。

第一,關於人的視覺認知水平發展。人類視覺聽覺嗅覺味覺觸覺相應於眼耳鼻舌身,各類感官組織結構,綜合作用,産生爲意識。職是,涉及人的相關感官,字量明顯增長,反映認知發展。體現在視覺部類,例如目部第四十八,《宋本》新增字 103,增長比例占到 30.29%。至於相關部類如䀠部第五十,《宋本》本部新增字 7,更是占到 54%;如見部第五十二,《宋本》本部新增字 36,增幅也達 37%。但該部總字量原本就很小,不合統計樣本提取原則,這裏只是由於均涉及視覺類型,聯類而及。漢字最基本屬性在於組織結構,組織結構呈現爲形體組合方式,外部組織形態訴諸人的認知途徑就是視覺。隨著文字傳播日益廣泛,視知覺遂成爲認知主渠道。[1] 在人類所有參與認知的感官當中,視覺認知總是處於獲取信息主渠道地位。這個關係,在漢字系統中體現得尤其充分,到眼即辨。例如,按照各種感官分類得到的"目部"字所占突出比例,以及"目部"字在使用過程中的高頻率。通過歷史漢字資源庫,可以方便地比較諸如眼耳鼻舌等感知渠道所占比重。《説文》目部貯存 119 字;耳部只收録 33 字,鼻部僅收 5 字,連自部共收 7 字;舌部僅存 3 字,連甘部共有 8 字。反映南北朝字量的《篆隸萬象名義》發展爲 207 字,《玉篇》積累了南北朝以降唐代基本楷字,其中目部發展爲 304 字(尚不包括《説文》卷八分別歸《見部》43 字、《覞部》3 字),耳部 89 字,鼻部 23 字,舌部 9 字。在歷代字彙發展感官表現中,尤其突出的是視覺,這與中文字符串所記録的語言事實也是相對應的。像下面最簡單例子,訴諸言説的,也使用視覺表現字,如"講明白""瞎説""瞎講一氣";訴諸行爲的,使用視覺表現字,如"瞎撞""瞎胡鬧""瞎指揮""盲人摸象""坐井觀天""盲目樂觀";訴諸心理,使用視覺表現字,如"黯然失色""賞心悦目""眼中釘,肉中刺","心靈窗口",總歸是眼目;體現智力活動,也使用視覺表現用字,如"眼明心亮""明察秋毫""明智""一葉障目";訴諸味覺,也使用視覺表現字:"黑甜""色香味";訴諸聽覺的,也要突出視覺的參與,像"聽得見"與"聽不見","百聞不如一見","耳聽爲虚,眼見爲實";連文字表達效果,理想的境界也是"狀難寫之景如在目前",等等。過去研究語用學的人喜歡講"通感",其實還是停留在較爲籠統的概括表面。[2] 不同語言使用者的身體構造和認知方式是相

[1] 臧克和《結構的整體性——漢字與視知覺》,《語言文字應用》2006 年第 3 期。

[2] 所謂"色外無空"。人類作爲自然進化到一定環節上的産物,所能瞭解全部宇宙及其特點,就是人類眼睛視覺網膜結構特點所規定能看到的,以及大腦神經結構所規定能想到的。設若數十萬年計的演化史規定了人類的視覺系統更加精細,則所見今天世界物象包括人類自身造型,一定感覺粗疏可厭。2018 年仲夏趕屬書稿,眼睛乾澀,凌晨醒來,努力睜開,眼皮拉動眼珠由横變竪。忽然發現臥床是竪立起來的,其它書桌等物體也都是竪立狀態。這種暫時錯位現象,當係視覺感官結構變化與認知經驗造成的。由此似乎可以説,人類認知習慣的世界,不過相應於視覺感官結構而已。

似的,即從身體感覺出發,來理解和表達另外一種感覺或概念的認知機制,使得人類所具有相同的意識能力。包括時空感覺、視覺、聽覺、觸覺、味覺、嗅覺等,而所有感覺官渠道,都使用一"覺"字,即佛經詞語"覺悟"之"覺",乃高頻使用結構。《說文》卷八歸《見部》:"覺,寤也。从見,學省聲。一曰發也。"是"覺"字取見形構造,即訴諸視覺,不啻眼耳鼻舌身意之根也。"覺"字結構,從秦漢到六朝隋唐五代皆使用正體,如漢代流沙簡字形爲,唐代顔真卿書多寶塔文作,唐代石經作;唯唐代萬壽寺記爲,從見而有取於文結構者: 皆見於《漢魏六朝隋唐五代字形表·見部》。

第二,關於人的行爲能力發展。如彡部第六十二,《宋本》本部新增字 9(37.5%);彳部第一百十九,《宋本》本部新增字 47(42%)等部類,其發展也是十分突出的。漢字記録人的行爲,由具體到抽象,由實象到虛象,所施日益寬泛。

第三,關於人與自然關係認知發展。對於風雨日月等與人類生活密切相關的自然現象和相關觀念日漸豐富,體現在相關部類新出字幅度的明顯增加。如雨部第二百九十七,《宋本》本部新增字 53(35%);風部第二百九十九,《宋本》本部新增字 49(50%);日部第三百四,《宋本》本部新增字 78(32%);山部第三百四十三,《宋本》本部新增字 130(48%);石部第三百五十一,《宋本》本部新增字 125(45.9%);鬼部第三百一,《宋本》本部新增字 37(53%)等。

另外,人與自然關係認知水平,還體現在人與動物關係認知發展。對於鳥獸蟲魚等與人類生活關係密切的動物,分類日趨精細,同樣鮮明體現在有關部類新字的增長。如馬部第三百五十七,《宋本》本部新增字 85(30%);牛部第三百五十八,《宋本》本部新增字 54(37.5%);犬部第三百六十四,《宋本》本部新增字 108(36.8%);豖部第三百六十六,《宋本》新增字 34(42%);鳥部第三百九十,《宋本》本部新增字 119(28%);魚部三百九十七,《宋本》本部新增字 95(29%)等等。這些部類雖然早就蔚然大國,但新增幅度依然相當驚人。

第四,關於人與生活利用。與生活密切相關的器物利用,涉及品類繁多,能產性亦高。如門部第一百四十一,《宋本》本部新增字47(36%);艸部第一百六十二,《宋本》本部新增字253(24%);竹部第一百六十六,《宋本》本部新增字192(37.9%);麻部第一百八十五,《宋本》本部新增字5(35%);禾部第一百九十四,《宋本》本部新增字70(31%);耒部第一百九十六,《宋本》本部新增字21(39.6%);米部第二百,《宋本》本部新增字39(31%);毛部第四百十六,《宋本》本部新增字31(39%);角部四百二十,《宋本》本部新增字29(27%);革部第四百二十三,《宋本》本部新增字61(30%);酉部第五百三十九,《宋本》本部新增字51(29%)。

第五,關於楷字體制與區別性選擇。新增部分,部首字都是筆劃雖然相對簡單但區別性明顯的構件。楷字使用選擇,以區別性爲基本原則,就是筆劃的繁簡,也以此爲取捨轉移。準此,構件區别度越高,越具有能產性。反之,像几—几、烏—鳥、市—巿、匕—ヒ—七、幵—开、丩—勹、旡—无、壬—壬、戉—戍、白—自、谷—谷、月—冃等等,相形之下,相互對待的一邊,基本喪失了區别性,也就喪失了構形能力,參見《中國文字發展史》第四册《隋唐五代文字卷》第一章之《楷字區别性》和《中古漢字流變》。

原文刊載於韓國漢字研究所《漢字研究》2009年第1期。

漢字結構與原始移情認知方式

一、原始移情與一類古漢字發生史理據

（一）艾德蒙·R·利奇依據生態學家的觀點曾提出過，人類的儀式化適應的例子就是説話的能力。其中特別强調言語與儀式的關係是值得我們重視的。當人們把一個特定的範疇詞賦予一類事物時，他便創造了那一類事物[1]。另外，S·J·坦比阿在討論巫術行爲的形式和意義時，就如此歸結過自己的主要論點：人類總是要運用類比思維方式的；"巫術"和"科學"都以思維和行動中的類比爲特徵，但它們運用類比的方式各相徑庭，這些不同方式的類比是否有效是不宜用同一標準去衡量和檢驗的。巫術活動是一種通常由言語和實物操縱所構成的"實施性"活動，這種活動以類比爲基礎，將某種特性强制性地轉嫁在接受者身上，不論接受者是物還是人[2]。

（二）考察古漢字的發生，無法回避類比——原始移情這一思維規律

〔1〕 艾德蒙·R·利奇《從概念及社會的發展看人的儀式化》，選自史宗編《20 世紀西方宗教人類學文選》卷下，上海三聯書店 1995 年，第 506~507 頁。

〔2〕 S·J·坦比阿《論巫術行爲的形式和意義》，選自《20 世紀西方宗教人類學文選》卷下，第 763 頁。

的關聯。實際上不少中國學者早已意識到這類關聯。姜亮夫曾論及"漢字不用其物的特徵表某一事,只是用'人本'的所有表一切"。例如,一切動物的耳目口鼻足趾爪牙,均以人之所有爲字,故不爲虎牙立專字,不爲象鼻、豕目、雞口、驢耳、鶚目、鴨趾立專字。又其表示人類的祖妣之且匕作獸類兩性的差別;而犬之吠、雞之喔喔、龍吟虎嘯,莫不與人之口同用口;狼心、豕腦、馬肝、牛肺、草心等,亦爲人身之體。[1]

應該説,姜亮夫這裏所説的人物關係在構字層次上還是存在著取象差别的。朱光潛在他的《西方美學史》也發揮"移情"之理,充類以至中國語文:"我國古代語文的生長和發展在很大程度上是按移情的原則進行的,特别是文字的引申義。"[2]而且他還特别爲此作出注釋説:"讀者試翻閲段玉裁的《説文解字注》,注意一下文字的引申義,就可以明白這個道理。"[3]

喜歡把義理詞章考據會通起來闡釋的錢鍾書著述,圓覽中西,萬方比照,觀物求全,揭舉"類比——移情"法門,實爲人類觀物之"結習":

> 蓋吾人觀物,有二結習:一、以無生者作有生看,二、以非人作人看。鑒畫衡文,道一以貫。[4]

而且,這種"結習",首先是符合中國"文評"的整體一貫的傾向的:

> 余嘗作文論中國文評特色,謂其能近取諸身,以文擬人;以文擬人,斯形神一貫,文質相宣矣。

這裏還順帶提出了一個"作文"問題,也就是説錢先生曾經作過專門討論。

---

〔1〕 姜亮夫《古文字學》,浙江人民出版社 1984 年,第 69—70 頁。
〔2〕 朱光潛《西方美學史》,人民文學出版社 1964 年,第 69—70 頁。
〔3〕 朱光潛《西方美學史》,人民文學出版社 1964 年,第 69—70 頁。
〔4〕 錢鍾書《管錐編》卷四,第 1357 頁。

大家都知道,這篇專論的題目爲《中國固有的文學批評的一個特色》。在這裏,錢先生早年就討論了"一切科學"由人及物、物我不分的"人化"移情認知傾向:

> 一切物理界名詞,也許都根據生理現象而來。
>
> 從我們研究思想史的看來,移情作用跟泛客觀,行爲主義跟唯心論,只是一個波浪的起伏,一個原則的變化。因爲人化文評只是移情作用,而移情作用是一切文藝欣賞的原則。[1]

錢先生的這篇早期論文,使我們想到了不久前一位叫杜威明的美國哲學家所曾論述中國哲學的"基調",他認爲中國哲學的基調之一,是把無生物、植物、動物、人類和靈魂統統視爲在宇宙巨流中息息相關乃至相互交融的實體。[2]

(三)古漢字系統與原始移情存在著關聯的根本理據是,中國古代人類的一種基本思維方式,那便是一種前邏輯的、主客體不分的思維類型。在較爲原始的人類心目中,人與萬物並没有本質的區别,它們都有同樣的生命、性别、情感,是同一的,因而對客觀外物的感知都以我之情感、我之生命去感知。這種以我觀物、物我同一正是移情作用的特徵。可以這樣説,在人類發展的早期階段,移情作爲一種自發的普遍的對外界事物的態度,已成了原始人類所特有的一種類比認知方式。從人類與自然的關係來看,這種思維方式的產生自有其必然性。在初民那裏,自然就是他的身體,他也就是自然的一部分,因此,以己之生命和感情去感知自然界的一切,應該是自然而然的事情。由此而言,原始人類的移情作用,是人類心靈中天生就有的一種機制,稱得上是人類的原始體驗,具有非自覺的性質。從人類的實踐活動來考察,移情作用則是原始人類在與外界的接觸

〔1〕《文學雜誌》月刊,第一卷第4期,1937年。

〔2〕《試談中國哲學中的三個基調問題》,《中國哲學史研究》1981年第1期。

中自發産生的通過自身去感知世界、理解自然的唯一認知方式。[1]

隨著出土文獻和人類學資料的豐富,隨著漢字體系内部規律研究的深化,中外一些文字學者都已認識到,古文字的起源,包括一類古漢字的重新認識,適當引進巫術思維規律,會給研究帶來方便,使得以往若干糾纏不清的問題有可能説得深入一層。"同形同構"反映的是一種聯繫,建立在巫術思維上的古漢字"同形同構"聯繫,似乎可以解釋清楚關於漢字發生過程歸結爲倉頡創製的神聖類型,相當部分的圖畫文字、象形符號的發生使用,建立在以宗教爲專業的人所進行的祭祀上。

古漢字的取象發生與某種巫術儀式"同形同構",在巫術思維的層面上,其根本的關聯是指古老的"詞物混同"現象,也可以説就是在巫術儀式盛行的時代,語言符號在生活現實中與事物同構以至等同。普通語義學家在揭示語言與事物關係的研究中也曾注意到: 日常生活中語言等同於事物的現象是極爲常見的,這便是所謂古老的詞物混同現象(Hayakawa:《思想和行動中的語言》)。如我們曾經考釋過的古漢字的例子:

吉: 各期甲文取象於盛物置器之形,或屬於所謂模擬的巫術儀式類型。一期甲文構形爲盛器内部置一矢鏃,三期與周原所出甲文結體换矢鏃爲斧鉞之形,這種斧鉞之形的置换可以與金戈相對應。但不論如何異構變形,"吉"字的古文結構不外就是將代表兵器之形置入表示盛器之形的關係。在初民看來,將敵方弄到的殺伐兵器包藏刱置,就可以使敵對一方武力受到削弱以至於避免流血戰争,這等效應相對於己方部族來説,自然就是大吉大利的事情了。此一巫術思維關聯,與中國古代典籍詁訓所反映的觀念相應。首先,"吉"之得名,有可能就是來自先民的有關武器的"禁忌"。"詰"字聲符就是"吉",《周禮·天官·大宰》:"五曰刑典,以詰邦國。"注:"(詰)猶禁也。"漢語古音系統中,"吉""忌"音近。群經一向以"兵"爲"凶器",《説文》:"兵,械也。"《左傳·隱公四年》:"夫兵,猶火

〔1〕 臧克和《説文解字的文化説解》"自然與人化",湖北人民出版社 1994 年,第 22 頁。

也,弗戢,將自焚也。”另外,關於“忌兵”儀式與現實世界有關事物同構抑或混同的觀念,各國人類學資料皆然。又“彘”字甲文構形從矢從豕,説者或以爲古代以豕爲狩獵對象,故有取於矢。其實狩獵者畫成從豕中矢之形,即是真實地具有獵獲動物的巫術效力。比較世界各地的原始狩獵岩畫資料,可知這亦是二者在巫術思維支配下的同形同構關聯……

在一般漢字構形層面上,“同形同構”關聯是揭示漢字構形表詞,最易於建立與觀念、事物之間的“同構”聯繫,習慣上圖示作如下的“三角”:

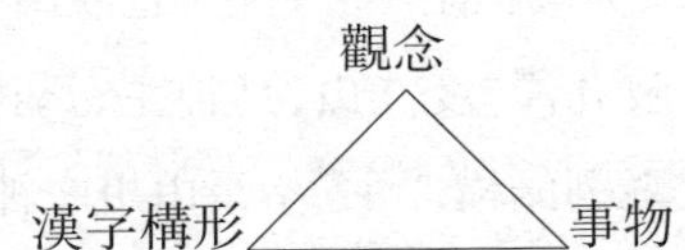

比較印歐語系的記録符號,漢字結構最易於實現與所指稱事物以及由此聯繫所傳達的觀念的“同構”關聯;這正是漢字的易學之處,亦是難學的所在。説其易學,是易於實現三邊同構,人們認知意會的參與較容易。然而其難以掌握運用亦在於此: 人們一旦熟悉操作這套“同構”系統,要再拆散其中已經實現的“同構”聯繫則是極其困難的。這正是漢字系統的特徵之一: 難易是一對立依待、一體二邊的關係。正由於漢字系統具有同構的聯繫,一旦進入了這個系統,一般説來不易於改變這種聯繫;操作該系統的社會集團的思維習慣方式相對而言也是極其穩定的。而印歐語系的文字系統根本上來説是不存在三者“同構”聯繫的,所以人們的認知活動受這一關聯的制約也少,思維也就易於重建新的聯繫。

古漢字系統實在與巫術思維發生著若干複綜關聯,從體系上解釋漢字發生演變,則有必要劃分相應於中國古代思維觀念發生發展的若干層次、階段。[1]

古漢字結構取象過程,在一定意義上應該就是初民“正名”“致物”的

〔1〕 臧克和《巫術思維與一類古漢字的發生》,德國波恩大學《ORIENTIERUNGEN(東方學)》德文本 2005 年第 1 期。

具體物化過程,因此,以下就從"名原""致物"兩個方面來説。

二、正名:古漢字體系中的移情認知原則爲探求事物名源途徑之一

(一)先民將名稱神秘化,認爲名稱與事物之間存在神秘的内在聯繫。《尚書·吕刑》裏講到:"禹平水土,主名山川。"該句裏的"主名",裘錫圭注釋爲並列結構:《大戴禮記·五帝德》也説禹"主名山川"。同篇又説禹"巡五州,通九道,陂九澤,度九山,爲神主,爲民父母"。看來"主名山川"的"主名"大概是並列結構,"主"指爲山川之神的祭主,"名"指爲山川定名。[1]《國語·魯語上》:"黄帝能成命百物,以明民共財。"韋昭注:"命,名也。"《禮記·祭法》作"黄帝正名百物,以明民共財",是"命"正作"名",可見古人"命""名"二者之關係。

M·Z·羅薩爾多等人論述伊隆戈特人的巫術符咒中有"呼喚植物"的類型:

> 據我們所知,有四百種植物被運用於巫術之中,其中最爲重要的一些植物名爲"大腿""手指""螺旋""邪惡""遭遇"等,這些植物大都没有其名稱所指的物理特性,然而伊隆戈特人説,這些植物之所以被選用,是因爲它們的名字在咒語中有所意義。

顯而易見,植物命名體現的是"人化移情"原則,因而物我是灌注同一的:

> 在伊隆戈特人的隱喻中,將人與植物等同視之是普遍現象。植物,尤其是野生植物,與賦予生命的無形力量密切相關。所以在口語

〔1〕 裘錫圭《文史叢稿——上古思想、民俗與古文字學史》,上海遠東出版社1996年,第15頁。

中植物也用來談論人類：例如“嫩芽”可以意指“兒童”，“嫩葉”也可以用來描繪一個小孩長大成人。然而另一方面，在咒語中也常用人的某些特徵命名植物，例如以人的軀體、情感、情緒，或行爲特徵命名植物。……通過運用來自特定氛圍的真實植物，自然界與精靈世界就順從於人的擺佈；伊隆戈特人在自己的巫術中，通過稱呼這些植物，使自己軀體的意義、需要與願望，同外在的、可接觸的、來自“人化的”（從而是可控制的）自然界的象徵連接起來。〔1〕

系統檢索《説文解字》，標誌“前”“先”“後”“左”“右”一類位置關係的字，實際上是取自人對自己身體的直觀，即人的身體及其各部分是所有其他空間劃分都要間接轉換成的參照系。

（二）《説文解字·鹿部》：“麛，鹿子也。从鹿，弭聲。”按“弭”字從弓，原無“子”義。但檢看《説文·弓部》“弭”篆下又出或體重文作“㢴”，結體從“兒”。從文獻用例來看，《玉篇·鹿部》：“麑，鹿子。”《集韻·齊韻》引《説文》：“麛，《説文》：‘鹿子也。’或从兒。”《國語·魯語》：“獸長麑䴠。”韋昭注：“鹿子曰麑。”是知“麛”訓“鹿子”，大概受名於“兒”。

《説文·玉部》：“珥，瑱也。从玉、耳，耳亦聲。”是説“珥”字本受義於人之兩耳。但是古代先民指稱自然現象、物象也名之爲“珥”。《吕氏春秋·明理》：“其日……有暈珥……”高誘注：“……暈珥，皆日旁之危氣也。……兩傍内向爲珥。”《漢書·天文志》：“抱珥虹蜺。”顏師古注引如淳曰：“凡氣(食)(在)日上爲冠爲戴，在旁直對爲珥。”珥又爲劍鼻之名，即劍柄上端形似兩耳的突出部分。《楚辭·九歌·東皇太一》：“撫長劍兮玉珥，”王逸注：“玉珥，謂劍鐔也。”《廣雅·釋器》：“劍珥謂之鐔。”王念孫疏證：“《通藝録》云：……劍鼻謂之鐔，鐔謂之珥。”

〔1〕 M·Z·羅薩爾多、J·M·阿特金森著《男子獵手與女人：伊隆戈特人巫術符咒語中有關性的隱喻》，選自《20世紀西方宗教人類學文選》卷上，第288—289頁。

《説文・水部》:“沚,小渚曰沚。从水,止聲。”“沚”本指水中所滯止小塊陸地,《爾雅・釋水》:“水中可居者曰洲,小洲曰渚,小渚曰沚。”《國語・晉語》:“底著滯淫。”可見“沚”“渚”的得名分别與“止”“著”相聯繫,而“止”等字體結構,當初僅與人事行爲有關。人的腳部爲“趾”,則牆的根部爲“址”。《左傳・宣公十一年》:“略基趾。”杜預注:“趾,城足。”《篇海類編・身體類・足部》:“趾,與址同。”另外,象“肢”之於“枝”、“領”之於“嶺”、“跟”之於“根”等,皆構成著類似“趾”之於“址”的關聯。

《説文・言部》:“説,説釋也。从言、兑。一曰談説。”按《尚書》,這部典籍“讒説”連文,例如《益稷》:“庶頑讒説,若不在時。”《舜典》:“帝曰:龍,朕堲讒説殄行……”揚雄《解嘲》“説”“談”對文。根據徐鍇《繫傳》,“説”字還應該是從“兑”得聲的形聲字。“兑”(古音在月部,今讀 duì)有“尖鋭”義,“鋭”字不過是後起分化字。《荀子・議兵》:“兑則若莫邪之利鋒,當之者潰。”楊倞注:“《新序》作‘鋭則若莫邪之利鋒’也。”《馬王堆漢墓帛書・相馬經》:“折方爲兑,欲長夬之兑,兑多利。”又“談”從炎得聲,炎聲字每多有“鋭”義。可知,“説”之言“鋭”、“談”之言“剡”,都是言辭犀利之義。也就是説,“讒”“鑱”同源,“説”“鋭”同源,“談”“剡”同源。屬於這一類的還有《説文・金部》“鏑”字,解釋爲:“鏑,矢鏠也。从金,啻聲。”王筠《繫傳》校録:“啻聲,大徐同。汲古作商,亦啻之變體。”按“鏑”從啻聲,而啻又從帝聲,帝又從朿聲。“朿”,就是木芒,孳乳“刀”符即爲“刺”,是知矢鋒之鏑,取義於自然木芒之刺。因此有人推知:“人類製器賦名,恒假天然之物爲比擬。”〔1〕

(三)上述一類字例的構成得名,體現了古代人在認知取象賦形的過程中,確實存在著人情物象之間灌注相通、交互爲用的複雜關係。訓詁學界研究同源字,往往總是著眼於事物的功用、性狀等,看來還有若干領域需要拓展研究,其中關於先民原始移情認知作爲普遍的“命名”原則在古

---

〔1〕 這類例字分别參見楊樹達《積微居小學金石論叢》,中華書局 1983 年,第 17—18、37—38 頁。所考釋過程中徵引文獻有明顯出入,這裏已作訂正。

漢字系統的反映,尤其應當給予重視。

三、致物:古漢字結體取象的移情認知原則往往體現出某種巫術思維關聯

(一)出土文獻中銘文的相當部分辭例以"格"作"來",不煩舉。這使我們想到中國學術史上"格物"這一重要問題的理解,至少在先秦某個時代應該和"使物來"發生一些聯繫。裘錫圭注意到:在古書裏時常可以看到有德者能招致物、能使物來至等説法(這裏所説的物包括人、事、鬼神等,範圍極廣)。另外,在古書中還可以看到一些關於用某種方法來致物的説法。

《周禮·春官·大宗伯》:

> 以禮樂合天地之化,百物之産,以事鬼神,以諧萬民,以致百物(指百物之神,即物鬽,參看《周禮·春官》"凡以神仕者"條)。

《周禮·春官·大司樂》:

> 以六律、六同、五聲、八音、六舞、大合樂以致鬼神示……凡六樂者,一變而致羽物及川澤之示,再變而致臝物及山林之示,三變而致鱗物及丘陵之示,四變而致毛物及墳衍之示,五變而致介物及土示,六變而致象物及天神。

《尚書·皋陶謨》:

> 夔曰:戛擊、鳴球、搏拊、琴瑟,以詠,祖考來格……簫韶九成,鳳皇來儀。……於予擊石拊石,百獸率舞。

《吕氏春秋·古樂》:

(質)乃拊石擊石,以象上帝玉磬之音,以致舞百獸。

《淮南子·覽冥訓》:

昔者,師曠奏白雪之音而神物爲之下降,風雨暴至……

以上所説,是以音樂等致物。

《史記·封禪書》:

少君言於上(指漢武帝)曰:祠灶則致物,致物而丹沙可化爲黄金。

以上所説是方士致神的方法,又同書説:

文成言曰:上即欲與神通,宫室被服非象神,神物不至。乃作畫雲氣車,及各以勝日駕車辟邪鬼。又作甘泉宫中爲臺室,通天地、泰一諸鬼神,而置祭具以致天神。居歲餘,其方益衰,神不至。

又如《周書·文酌》:

伐道咸布,物無不落。落物取配,維有永究。

裘錫圭解釋説:"伐道"疑指征伐之道。此文的兩個"落",很可能應該讀爲"格","落物"就是"格物"。"落"從"洛"聲,"洛""格"皆從"各"聲,故可相通,參看王念孫《讀書雜誌·淮南子内篇雜誌·卷五》"格"字條。[1]

---

〔1〕 裘錫圭《文史叢稿——上古思想、民俗與古文字學史》,上海遠東出版社 1996 年,第 8—11 頁。

按《尚書》裏“格人”凡一見(《西伯勘黎》),“格王”亦一見(《高宗肜日》),“靈各”亦一見(《盤庚下》),“格命”一見(《吕刑》),“格知”亦一見(《大誥》),“降格”凡三見(《多士》《多方》《吕刑》):皆可視爲當時恆語。其中“格”字均可作“至”“來”解會。

(二)“狩獵”類古字。《録伯戎敦》銘文有“繇”字,正是《尚書·大誥》(島田本)“王若曰繇”之“繇”字。而檢内野本又作“王若曰猷”,上圖影天正本亦作“王若曰猷”,〔1〕可知“繇”“猷”二字同。清人劉心源《奇觚室吉金文述》:

> 繇即謠即繇即譌,亦即猷。……謠言即譌言。譌一作訛。《説文》囮字或作圝。潘岳《射雉賦》:良遊呃喔。徐爰注:雉媒,江淮間謂之遊即圝也。故繇、譌同字。此銘(即《録伯戎敦》銘文)从[illegible]从言,即繇省。又从[illegible]即古文爲省(爲作[illegible]),蓋合繇譌二字爲之(關於疊合省變二文爲一字的情形,劉氏在銘文考釋過程中舉出過不少例字,可參看)。猷者、發語辭。《大誥》:“王若曰猷。馬本作繇。《爾雅·釋詁》:猷,言也。注:猷者,道,道亦言。《幽通賦》:謨先聖之大繇兮。注:猷或作繇,是也。〔2〕

按“爲”即“撝”“僞”等字古文,换句話説,在“撝”“僞”等字尚未分化之前,皆由一“爲”字兼職。《説文》將“爲”字歸屬《爪部》,釋作“母猴”。羅振玉《增訂殷虚書契考釋》據甲骨文字訂正説:“案:(爲)从爪、从象,絶不見母猴之狀。卜辭作手牽象形……意古者役象以助勞,其事或尚在服牛乘馬以前。”“役象”就是採用人爲力量以使役之,當非尋常力量莫辦。至於“助勞”,則於文獻無征,大約是羅氏牽合“作爲”以成己説耳。

〔1〕 顧頡剛、顧廷龍編《尚書文字合編》卷二,上海古籍出版社 1996 年,第 1665—1691 頁。

〔2〕 劉心源《奇觚室吉金文述》,釋《録伯戎敦》銘文,華東師範大學圖書館藏本。

在古書裏,“爲”是使用範圍較爲寬泛的動詞之一。《左傳·成公九年》:“我出師以圍許,爲將改立君者,而紓晉使,晉必歸君。”陸德明釋文:“爲,本或作僞。”《漢書·淮南王傳》:“(淮南王)欲如伍被計,使人爲得罪而西。”顔師古注引蘇林曰:“詐作得罪人而西也。”《莊子·養生主》:“指窮於爲薪,火傳也,不知其盡也。”俞樾平議:“《廣雅·釋詁》:‘取,爲也。’然則‘爲’亦猶‘取’也。”俞氏的解釋可信據,“爲”字的這一用法如同《荀子·王霸》:“將以爲樂,乃得憂焉;將以爲安,乃得危焉;將以爲福,乃得死亡焉,豈不哀哉!”這裏的“爲”都可以理解作“謀取”的意思,《孟子·盡心上》:“雞鳴而起,孳孳爲利者,蹠之徒也。”

“爲”字的這種用法,可以和出土文獻相印證。卜辭辭例有“取爲”(《乙》2307),即“爲”可作爲所取對象,而“取”原本有獲取之義。可以考知“爲”字結構取象意義猶言“服象”,《吕氏春秋·古樂》:“殷人服象,爲虐於東夷。”這裏的“服象”,是指靠某種人爲力量來“使象服”,一如“格物”可槩括爲“使物格”認知結構。《周易·繫辭下》也講到:

> 服牛乘馬,引重致遠,以利天下,蓋取諸“隨”。

“服牛”和卦名“隨”相聯繫,“服牛”也就是“使牛服”,卦名爲“隨”,含有“依隨、順從”,與“服象”情形相當。

從“譌”與“圝”等一類字的同源關聯可知,“爲”字取象於以某種所謂巫術力量誘導控制巨象的儀式。蓋象之爲獸,力大無匹,非誘導之而不可驟致。由此,“爲”“譌”“繇”“圝”等字結構同源認知關係皆可得而説:在大象頭部(長鼻處)畫成一控制者的手(爪)形,即等於在“䍃”旁畫上“系”符,也就同於在“繇”符四周畫出“囗”(音 wéi)形:[1]在先民狩獵者看來,就是真實地對大象施加了某種控制的巫術力量。見諸圖畫,功能

〔1〕 有關“○”符的束縛、容納功能義,參見臧克和《中國文字與儒學思想·原“中”篇》,廣西教育出版社 1996 年。

如此;訴諸語言,亦若是般。漢人應劭《風俗通義》有這樣一條佚文:"呼雞曰朱朱。俗説雞本朱公,化而爲之,今呼雞皆朱朱也。謹案:《説文解字·吅部》:㗊,二口爲讙,州其聲也。讀若祝,祝者誘致禽畜和順之義。㗊與朱音相似耳。"[1]與上述"囗"符之功能、意義關聯,亦可合參。

陰山岩畫資料中,反映獵狩生活的部分不少内容就是在動物附近畫出一"○"形,或是將狩獵對象局部(一般是蹄腿部位)置於"囗"(音 wéi)形之内。人類學者考證,這是有助於獵獲的巫術關聯類型。

英屬哥倫比亞印第安人的生活主要依靠捕魚業,如果魚群在該來的季節裏不來,他們就得挨餓。這時,"努特卡"男巫就會製作一個遊動著的魚的模型,放到通常會有魚群遊來的水域中。在舉行儀式時,還要念動禱告,祈魚遊來。如此這般,魚群就會立即前來。托雷斯海峽一帶的島民們用海牛和海龜模型去迷惑真的海牛和海龜來自投羅網。

新幾内亞西部的部落使用一種咒符來幫助獵人刺殺海牛或海龜。他們把一種爬行於椰子樹上的小甲殼蟲放入矛柄頂端爲安矛頭而留出的空洞之後,再安上矛頭。這樣就可以使矛頭能牢固地刺入海牛或海龜的身體,就象小甲殼蟲能在咬人時緊緊叮入人的皮膚裏一樣。[2]

屬於該類型的古漢字結構,即取象於儀式者,可以推斷在古文字發生階段是會占到一定比例的,以下還可以提到兩個同類的例字。

告,《説文·告部》釋爲"牛觸人,角著横木,所以告人也。从口从牛"。將"告"字結構意義理解成"牛告人",顯見是不可信據的。段玉裁注中已經指出:"牛、口爲文,未見告義,且字形中無木,則告義未顯。"許慎既將"告"字分析爲從牛從口,但又不可歸《口部》,而是繫於《牛部》《犛部》之後,單置一部。這也許正反映了《説文解字》的一種無可奈何的處置。《告田敦》銘文:

---

〔1〕 此條輯自《初學記》三十、《太平御覽》九百十八。

〔2〕 詹姆斯·G·弗雷澤《交感巫術》,選自《20 世紀西方宗教人類學文選》卷上,第 738 頁。

作祖乙鶨侯文叔尊彝告田。

按銘文辭例"告田"連文,田者就是田獵;這個"告"字實際就是"牿"的初文。"告"者,也就是圈陷捕獲。《尚書·費誓》:

今惟淫舍牿牛馬……

《尚書》九條本"牿牛馬"之"牿",注音爲"工毒反",但接下又於"牿之傷"處注作"子毒反"。該抄本書寫草率,後者當係"工毒反"之誤。內野本該處仍注爲"工毒反","牿"字左側日語假名注音讀作おり。[1] 在日本語中"おり"一詞當用漢字記録作"檻"。該詞有兩個互相聯繫的義項:其一爲圈閑獸類等用的籠、欄,如鐵籠、鐵檻;其二爲監禁犯人等的牢籠、牢房。

"告"字甲骨文、金文、簡帛等出土文獻使用分别結體作:

甲骨  金文  簡帛 漢印 石刻[2]

從符[3]之字多有圈閑束納功能義,又可變形作凵囗,然又常常與口符發生混淆。以"告"爲聲符孳乳分化字群至少有:牿、窖、酷、梏、陪等。

清代金石學家劉心源就以爲:告已從牛,牿又從牛爲贅。其實,類似"告"重複牛符孳乳分化的現象,在古漢字系統中還是比較常見的。劉氏同時還區辨了口凵囗等字符的使用情形:

---

〔1〕"九條""內野"諸本,皆係唐前寫本,與所見"唐石經"合。見顧頡剛、顧廷龍編《尚書文字合編》卷四,第3042、3047頁。

〔2〕古文字結構類型排列見《實用説文解字·告部》卷二,第35頁。

〔3〕《實用説文解字·口部》卷二,第35頁:甲骨 金文  簡帛 古幣  石刻。

> 象檻穽形，牛陷入爲告，與牛在中爲牢同意。〔1〕篆法字不必專指口舌之口，亦有用以象物形者。如倉、舍、邑、谷、合等，篆本從□亦從（詳《師首鼎》）。許不知告以象形，故牽合楅衡爲訓。其實告示字乃假借也。〔2〕

劉氏的字形比照大體是可信的，只是他還不能解釋在牛符之下標明符何以就具有了圈牿的功能義這一類關係。下列的關聯，也許可以有助於認識其間的聯繫。雞，《説文・隹部》："知時畜也。从隹，奚聲。"出土古文字使用作：甲骨簡帛古陶。〔3〕結構爲從奚得聲。從考古發掘中，可以找到該字的認知聯繫。據商代卜辭的記載，"奚"爲被縛奴隸之象，有時爲人牲之用。屬於龍山文化的多處考古遺存，皆發現有殺祭人牲的現象。"奚"在甲骨文中就是取象於繩索之"系"，"系""奚"同源同象。"系"上古爲匣母錫部字，"奚"爲匣母支部字，而由"奚"得聲的"雞"，古音是見母支部。見、匣二母爲牙喉音，發音部位極爲相近，而古韻部支、錫又構成陰入對轉關係。

剩下的關聯是："雞"字構形爲何從甲骨文時代就有取於"奚"？聯類理解是如同所獲其他部族之類的人頂部畫上"系"符即可束縛變成奴隸，亦可移注於由野隹捕獲變化爲家禽的"雞"。"捕獲"之獲，初文只作"隻"，見《説文・隹部》："（甲骨金文）鳥一枚也。从又持隹。持一隹曰隻，二隹曰雙。"〔4〕《説文・犬部》："獲（

---

〔1〕《實用説文解字・牛部》卷二，第34頁：（甲骨金文簡帛）閑，養牛馬圈也。从牛，冬省。取其四周帀也。《仌部》卷十一，第39頁：（甲骨金文簡帛古幣漢印石刻）四時盡也。从仌从夂。夂，古文終字。都宗切。，古文冬从日。

〔2〕《奇觚室吉金文述》卷三《告田敦》，華東師範大學圖書館藏本，第11頁。

〔3〕《實用説文解字・隹部》卷四，第107頁。

〔4〕《實用説文解字・犬部》卷四，第107頁。

簡帛[illegible][illegible][illegible]漢印),獵所獲也。从犬蒦聲。"〔1〕這些聯繫起來考慮,大約是表明在構形中標加控制之符"又",即是等於對所欲獵獲對象施加了某種巫術力量,從而有助於獵獲。這類神秘關聯的傳達,一如北美印第安人部落的原始,狩獵岩畫:在野牛的腹部畫上箭矢,就可以幫助捕獲野牛。按殷墟卜辭,"隻"又不限於捕鳥者。《卜辭通纂》641:

丁亥卜,貞,王田㞢,往來亡𡆥?禽?隻鹿八,兔二,雉五。

與此同致,"雉"從矢受名,"雔"從弋得聲,都屬同一類型。在狩獵時代,皆有深意存焉。《説文·隹部》:"雔,繳射飛鳥也。从隹,弋聲。"用今天的話來説,雔就是用帶繩子的箭射獵。"雔"字構成的基本理據在於"弋",《玉篇·隹部》:"雔,今作弋。"而"雉"字亦有很古來源,出土古文字結構,見《説文·隹部》:

[illegible][illegible][illegible][illegible][illegible]甲骨[illegible]石刻。

許慎説解列舉出了14種雉,結構分析作"从隹,矢聲"。羅振玉《增訂殷虚書契考釋》:"今以卜辭考之,古文……蓋象以繩索繫矢而射,所謂矰繳者也。"凡此,都表明與狩獵時代生活存在某種關聯,恐怕不能排除其中的原始移情——巫術儀式規定下的認知影響。〔2〕這方面古文獻記載,可以參見漢人所撰《風俗通義》。下面列出幾條該書的有關佚文:

其一門户鋪首—百家書云:公輸般見蠡,謂之曰:開汝匣,見汝

〔1〕《實用説文解字·犬部》卷十,第308頁。

〔2〕《清經解》(學海堂本)卷一〇六八,阮宫保《研經室集·釋矢》:"《周禮》封人:封其四疆,造都邑之封域亦如之,凡祭祀置其絼。司農注:絼著牛鼻繩,所以牽牛者,今時謂之雉,與古者名同。"上海書店1988年影印。

形。蠡適出頭,般以足畫圖之。蠡引閉其户,終不可得開。般遂施之門户,欲使閉藏當如此周密也。[1]

其二鑰施懸魚——魚翳伏淵源,欲令鍵閉如此。[2]

其三苑囿——囿者畜魚鱉之處也。囿猶有也。[3]

海外庋藏青銅器——成對鎏金銅鋪首[4]

皆可合參,餘不贅。

(三) 取象於"偃兵息武"儀式類古文字結構。

《父丁斝》銘文還保留著較強的圖畫意味,見下文。歷代文字學者無法進行單字辨識,清代金石學家劉心源説:

即宁。《説文》作宁:辨積物也,象形。此貯之最初字。[5] 韜戈於櫝,所謂貯也。横臥者,寢兵象也。立之則爲(《乙父盉》作)。故人君視朝所宁立處謂之宁,今作宁、佇者,俗字也。環形獸形者,言還獸也。《書序》"往伐歸獸",是其義。櫝戈環獸,偃武之象。《父丁尊》《册父乙尊》,篆益明。[6]

按劉氏所釋,特别注意到"貯"的結構位置關係,尋繹發現環狀和獸形的關聯意義,尤爲具眼。否則,孤立看去,無從辨識。只能如金石學家進行這

〔1〕 此條輯自《藝文類聚》七十四、《太平御覽》一百八十八。

〔2〕 此條見《太平御覽》一百八十四。

〔3〕 此條輯自《太平御覽》一百九十六。

〔4〕 施萬逸編《海外庋藏中國青銅器金銀器銅鏡精品集》,文物出版社 2010 年,第 83 頁。

〔5〕 《實用説文解字·貝部》卷六,頁 196:"(甲骨金文簡帛)積也。从貝宁聲。"《實用説文解字·宁部》卷十四,第 455 頁:"(甲骨金文古幣)辨積物也。象形。"

〔6〕 《奇觚室吉金文述》卷七《父丁斝》,第 31—32 頁。

樣的描述:“戈,櫝形;環,獸形。”此係讀圖,非關識字和語境。

但是,問題在於:戈置貯中横倒放置,和在獸形上部置一環形,如何就可以傳遞“偃武”的意義?則猶有一間未達。這類關聯,猶如下列古代文獻所記載。漢人應劭《風俗通義》佚文:“殿堂象東井形,刻作荷蔆。荷蔆,水物也,所以厭火。”(按此條輯自《藝文類聚》六十三、《初學記》七)“燒秧殺瓠:俗説,家人燒黍秧則使田中瓠枯死也。”(此條輯自《太平御覽》九百七十九)直到今日的古文字學者,研究字形,鑿鑿可按,而一旦聯繫到字義問題,往往總感覺隔了不少。不乏牽强附會,猶如梁上君子一躍而下。這種現象適表明:不貫通先民曾經普遍存在過的原始移情、取象於巫術儀式的認知關聯,對於一類古漢字的發生便難以解會。

上文所提到“吉”字,古文字學者或著眼於圭、吉讀音關聯,釋爲“圭”。[1] 通覽主要字形構成要素,似乎也應屬於這一類型。“吉”字各期甲骨文和金文結構爲一盛納器具,其上部所置放字符或爲矢鋒,或爲斧鉞。不論如何異構變形,“吉”字的古文結構不外就是將代表兵器之字符置於表示盛具之字符上的關係:《説文·口部》卷二第 39 頁:

(甲骨 金文 簡帛 古璽 漢印 石刻)善也。从士、口。

古文字學研究者如李孝定等、訓詁學家陸宗達等也都曾精細地辨察出“吉”字結構之所從,但是對於如此結體何以就可體示“吉”義,或又失之牽强附會,隔了一層。問題就出在這上面。按先民認知方式,將從敵方弄到的可施於殺伐的“凶”器包藏束置起來,就可以使敵對一方武力受到削弱以至於避免流血戰争。這對於自己部族來説,自然就是“吉祥”之事了。這種巫術思維原理,和先民關於部族間兵器“凶”伐認識是完全相應

〔1〕 董蓮池、畢秀潔《商周“圭”字構形演變及相關問題研究》,《中國文字研究》2010 年總第 13 輯,第 4—11 頁。按殷商甲骨刻文或如此,但周代銘文則與“王”字取象相近。又,圭、潔古音聯係,見簡牘部分。

相合的。“吉”之得名,極有可能就是來自先民有關“凶”器的“禁忌”。“詰”字從吉得聲,《周禮·天官·大宰》:“五曰刑典,以詰邦國。”注:“(詰)猶禁也。”從造字構形層次上説,“吉”字取象,屬於所謂巫術儀式模擬的類型。從語音關係而言,漢語古音系統中“吉”屬見母質部,“忌”則爲群母之部;又“忌”從“己”得聲,而“己”古音亦屬見母之部,由此即可見出“吉”“忌”二字的語音關聯。

中國古代典籍一向以“兵”爲大忌,視等“凶”器。《左傳·隱公四年》所載衆仲答鄭桓公問:

> 夫兵,猶火也,弗戢,將自焚也。

而“兵”字的本義就是用於攻戰的器械,《説文·収部》:“兵,械也。”《左傳·襄公二十四》:

> 齊社蒐軍實,使客觀之。陳文子曰:“齊將有寇。吾聞之:兵不戢,必取其族。”

《左傳·宣公十二年》:

> 夫武:禁暴、戢兵、保大、定功、安民、和衆、豐財者也。

《左傳·襄公二十七年》:

> 韓宣子曰:兵、民之殘也,財用之蠹,小國之大菑也。將或弭之……

其他文獻“忌兵”之例不煩舉。

關於“忌兵”儀式和現實世界有關事物理念的同構抑或混同,人類學研究者早就爲我們舉出了若干證據資料。例如他們調查到:

> 美拉尼西亞人(澳洲東北方,西南太平洋諸群島上的土著)拿到了使他受傷的弓箭後,他將小心地把它放到涼快地方以防止傷口發炎。就是説,一旦獲得敵方的兵器,就必須妥善存放,以此減少對自己一方的傷害程度。可是,要是它被敵人獲致時,那麽,無疑地它將被拿到火旁以促使它所造成的傷口開始熾熱和發炎。[1]

而且,這種以“忌兵”趨吉避凶的觀念,還不僅限於針對敵對者一方的武器,人類學研究者遍稽全球存在過的有關“鋒利兵器的禁忌”:

> 緬甸北部的祭司王被莎迪人尊爲宗教和人世的權威,任何兵器或切割用具都不得帶進他屋内。白令海峽愛斯基摩人的村裏如果死了人,在一段時間内,特别不許使用任何帶刃的器具如小刀、斧頭;任何帶尖的器具如針和束髻針,也在禁用之列。如果違禁傷害了這段時間的鬼魂,它會給生者造成疾病或死亡。中國人在人死後屍體還停在屋裏的七天内,禁用刀、針,甚至筷子也不用,吃飯時就用手抓著吃。[2]

這樣看來,禁忌兵器趨吉避凶,又非特爲生存者所專,連死亡者也深存戒心焉。

四、漢字結構原始移情類比認知補説

隨著地下出土文獻的不斷豐富,語言文字學研究的日趨深入,在古漢字考釋過程中適當考慮有關“原始移情”的思維方式,將有助於準確把握漢字結構與原始意義的複雜關係。

按《毛公鼎》銘文有“奏”字,金石學家如劉心源釋“太”。事實上,該文釋“太”於銘文辭例不合,《毛公鼎》銘文:

---

〔1〕 佛洛伊德《圖騰與禁忌》中譯本,中國民間文藝出版社 1986 年,第 105 頁。

〔2〕 弗雷澤《金枝》中譯本,中國民間文藝出版社 1987 年,第 337 頁。

……臨保我有周不鞏先壬配命旼天疒畏司余小子弗及邦庸害吉……

釋“疾”則文義通順。殷墟卜辭該字形多見,亦從人中矢形,即“疾”之初寫。《説文·疒部》:

(金文 簡帛 古璽 古陶 古幣 石刻)病也。从疒矢聲。秦悉切。𤕫,古文疾。𤶖,籀文疾。

而疒字,本部作:

(甲骨)倚也。人有疾病,象倚箸之形。

筆者曾聯類考察古代“射侯”儀式取象、詛咒性質,討論過“疾”又爲“嫉”(《説文·人部》作“㑵”)字初文的關聯。[1] 可以説,此例不啻純粹著明地宣示了原始移情認知方式直接影響古漢字結構類型。

筆者曾解釋過早期出土文獻“德”字爲從彳從直、並且從直得聲結構,關於字本義“正道直行”與道德規範二者關聯,歷代文字考釋者頗費詞墨,總覺二者隔了不少而難安。結論是: 在初民看來,在道路旁邊或中央畫成表示正直有當的測直之象,即可確保行爲的準確無誤,也就等於具有了避免越軌偏差的規則效力。[2]

上述古漢字考察的方式與結果,使得讀者認識到純粹古文字學者裘

〔1〕 具體考釋過程,參看《説文解字的文化説解》“弓矢意象”考。

〔2〕 《實用説文解字·彳部》卷二第53頁:“(金文 簡帛 簡帛 石刻)升也。从彳悳聲。”

錫圭關於考釋字本義不能理解得過於狹窄[1]的見解，具有重要方法論意義。

補說：甲骨文倒刻位置所體示的"移情認知—巫術儀式"

(1) [illegible]—[illegible][2]

辭例：

土方正(征)於我東鄙，𢦏二邑。(《菁》2)

壬辰卜，王貞，翌癸巳，我弗其[illegible][illegible]。(《林》2,14,10)

己酉卜貞，雀往[illegible]豕，弗其[illegible]……(《鐵》181,3)

貞，其祝害[illegible]、乙，王其[illegible][illegible]兕？(《甲》3916)

姚孝遂、尚丁《小屯南地甲骨考釋》："[illegible]乃[illegible]之倒書，此爲祝禱於乙日獵取[illegible]地之兕，能有所擒獲。"[3]在刻辭者看來，結構位置之倒施，即意味著獵狩對象受到控制從而有助於擒獲。[illegible]即[illegible]，所從之"口"，自具"圈閑"義。[4]

(2) 集——[illegible]

辭例1：集兕直今日。(《京津》4308)

辭例2：乙未卜，其集虎，於父甲[illegible]。(《摭續》36)

---

〔1〕 裘錫圭《文字學概要》，商務印書館1988年。

〔2〕 以往的文字研究者將"若"釋作"理順頭髮"，不啻望形生訓，應亦屬於取象巫術儀式體現原始移情認知例字。另外，李學勤主編《帛書研究》第二輯，其中收録一篇《帛書〈易傳〉窺管》，由帛書《易傳》裏的"象"字避諱考證到了"象"曾經是被作爲崇拜的動物。順便補注於此，可以檢看。

〔3〕 姚孝遂、尚丁著《小屯南地甲骨考釋》，中華書局1985年，第189頁。

〔4〕 説見"漢字研究新視野叢書"第一批，臧克和《中國文字與儒學思想・原"中"篇》，廣西教育出版社1996年，第92—100頁。

吴其昌隸作[illegible],謂字誼爲倒執鳥類以祭之祭名。郭沫若隸作集:“集字習見,上隹字均倒書,或從臼以倒提之。”唐蘭隸作袨,李孝定隸作“禚”。“集”字不管隸定怎樣分歧,但該字用爲祭名,諸家無異詞。顯然集與田獵有關。《周禮・春宫・甸祝》“禂牲禱馬”,注引杜子春云:“禂,禱也,爲馬禱無疾,爲田禱多獲禽牲。”《詩・小雅・吉日》:“既伯既禱”;《説文》引此句作“既祃既禂”。按“集”字李孝定所隸定最切,即猶“祃”——“禂馬”之合文(合文字例,劉心源《奇觚室吉金文述》隨處舉出不少,可參看。合文相對結體爲省文,是知《説文》每以“省文”—“从×省”説解字形結構,是符合漢字形體結構發展實際的,未許一概懷疑。發凡在此,容有專論)。“集”又從隹之倒置結體構造,本身也就是取象於田禱多獲致禽牲之祭儀。

原文刊於《學術研究》1999年第5期,收入本集又作了若干修補。

文字理解與人文修養

——以漢字結構序列爲綫索

漢字文化,是指漢字屬性當中的文化屬性部分。漢字形體結構及其聯繫,是漢字文化的載體。漢字基本屬性爲形音義,形是訴諸視覺的客觀存在,音只能從漢字所記録的語言中來,義又從哪裏來?這又要分兩個層次來理解:一個層次是漢字作爲書面語符號,其字義來源於所記録的漢語,這是主要的;一個層次則是漢字内部結構成分之間的關係、這個關係所形成的構造意圖以及構造意圖跟所要記録的詞義的關聯。約言之,我們所説的漢字文化,在於漢字形體結構及其聯繫。

漢字結構方式和以形表意的功能屬性,以及悠久的傳播歷史,決定了它是最基本的歷史文化載體。人們通常認爲,運用漢字的結構分析,可以印證有關歷史文獻和文化史實;其實,反過來也可以説,注意漢字使用的社會文化環境,將有助於漢字結構的準確理解。注意恢復漢字結構之間的各類聯繫,可以構建傳世文獻所掩蓋的某些單位觀念的歷史。

自然,漢字結構及其相關聯繫所體現的史實觀念,只能是單位的、片斷的,不能過度闡釋。本文所涉及的部分漢字結構都是跟古代人日常生活關聯比較密切的,可以補充相關傳世文獻記載不夠連貫的地方。

文字理解,直接關乎專業背景,身份修養。如"陈—陳""杂—雜—襍"一組字的認知問題。又如人們經常以"愛"簡化之後,缺少"心"符,不合理據,成爲恢復繁體字的根據。然則,漢字發展歷史上果真如此麽?這是需要調查的(參見後附部分)。又如劵—券區别,有的人就比較敏感,有的人則渾然不覺:這又涉及專業背景差異問題。

一、中國讀書人的修養,與漢字密不可分

在相當長的歷史時段裏,文字書寫使用,成爲少數特殊階層專業人士的特長,往往是與神靈世界溝通聯繫的媒介,因此存在"絶地天通"的記載。我們在研製《漢魏六朝隋唐五代實用字樣表》過程中開發有關實物語料的數據庫,調查發現,魏晉南北朝時期墓誌蓋棺論定,就開始注意突出墓主生前擅長書藝的風氣。書藝、能書即當時社會强調"藝能"的重要表現,這方面的情形可以參見顔之推的《顔氏家訓》。歷代文人留下的墨跡,成爲後世揣摩的尺牘範本。[1]

字形分析,甚至曾經是中國古代朝廷考驗群臣反應遲速的内容,先舉一個都熟悉的例子。北魏楊衒之《洛陽伽藍記》卷三記載高祖出字謎,考驗群臣反映之徐疾:"高祖大笑,因舉酒曰:'三三横,兩兩縱——誰能辨之?賜金鐘。'御史中丞李彪曰:'沽酒老嫗甕注𤬪,屠兒割肉與秤同。'尚書右丞甄琛曰:'吴人浮水自云工,妓兒擲繩在虚空。'彭城王勰曰:'臣始解此字是"習"字,高祖即以金鐘賜彪。朝廷服彪聰明有智,甄琛和之亦速。"高祖所出題目,就是將"習"字記號化的分析——只有"習"字結構在當時被楷化過程中分解爲上部爲二彐,下部爲曰形的記號,才有可能包容相並列的三三九横筆和上下兩組兩兩相對的四竪筆。所給出的答案,自然既包含了這些筆畫數量和組合關係,又關合了"習"字所具熟能生巧的

〔1〕 這方面的具體情形,筆者在討論書體、媒介與文體發展關係過程中,曾有專題分析。參見本書《媒體·書體·文體》。

基本意義。北魏《楊範墓誌》“習”字就作 ，《李君妻墓誌》作 ，《東方朔畫贊》作 ，等等，已經楷化上部爲二彐形、下部爲曰形。墓誌、畫贊作爲社會實物用字，與北魏楊衒之《洛陽伽藍記》所反映的當然是共時的社會用字現象。其他像從習構造之“翫”，北魏《元顯儁墓誌》作 ，《元湛墓誌之一》作 ，《廉富等造像記陽》作 ，也可以作爲共時用字的參考。到隋唐之際，石刻用字仍如此，如隋大業十一年《范安貴墓誌》作 ，唐景雲二年《盧珍墓誌》作 ，至於唐大曆六年《麻姑仙壇記》始作 。

自然，按照今天專家學者們所瞭解的漢字構造，上述關於漢字的分析，並不符合科學的漢字結構實際。但是，存在有其合理性。民俗文化層次的調查，重要的内容是還原導致這種變異的環境及其緣由。反過來也可以説，這種具有民俗色彩的文化現象，也有助於文字學者認識某個時期存在過的業經變異了的字形結構。例如“桑（桒）”字例，曾經涉及到古代“占夢”：《三國志·蜀書》卷十一《楊洪傳》注引《益部耆舊傳雜記》三國人趙直能夢占壽夭，蜀國何祗“嘗夢井中生桑，以問占夢趙直。直曰：‘桑非井中之物，會當移植。然桑字四十下八，君壽恐不過此。’”説解雖出附會，但至少表明三國時“桑”字必早已解體爲桒形，魏晉南北朝石刻《元光基墓誌》用字作 ，與漢代大量簡牘用字相同。《宋本玉篇》以桒爲俗字：“桑，思郎切。蠶所食葉。俗作桒。”其實，桑字由三又即三手形的叒，變異爲草木化的三十形即接近卉形，漢代隸碑《韓勑造孔廟禮器碑》所用“桑”字已經隸變爲上從三十下從木形。

漢字文化，是指漢字屬性當中的文化屬性部分。漢字形體結構及其聯繫，是漢字文化的載體。漢字結構方式和以形表意的功能屬性，以及悠久的傳播歷史，決定了它是最基本的歷史文化載體。基於此，人們非常重視字形的熟悉，並由此傳達人生智慧。人們通常認爲，運用漢字的結構分析，可以印證有關歷史文獻和文化史實；其實，反過來也可以説，注意漢字使用的社會文化環境，將有助於漢字結構的準確理解。注意恢復漢字結構之間的各類聯繫,可以構建傳世文獻所掩蓋的某些單位觀念的歷史(只能是片斷式的、文獻記載補充性的,脱離文獻使用實際,會產生“過度性”闡釋)。這其中的綫索,就是漢字結構。但是,由於歷史悠久,相當部分漢字結構的理解,已經滲透了濃厚的民俗色彩。

漢字文化與其他學科的關係。學科或領域,如果過於寬泛,就没有可能建立獨立成熟的學科體系。而我們現在看到的是,正是這種局面。前天的會議上,我就表述過,漢字學研究,由於漢字的文獻學語言學基礎關聯,應强調文獻學和語言學的準備。問題在於,這裏存在兩難的關係:其一,應該强調漢字本體的素養。但是,如果只是文字本體熟悉的話,基本還是在一般語言文獻學意義上闡釋漢字,似乎没有必要再節外生枝創建一門“漢字文化學”,或者開闢這樣一個領域。其二,應該有其他學科因素的介入。比如認知學、視覺思維科學、媒體學、傳播學等等。但是,通常看到的是,一般這些相關學科領域的專家試圖嘗試借助漢字形體説明本領域問題的時候,總是可笑——至少在文字專業學者來看是這樣。

二、漢字結構與自然時序

從四季打頭的“春天”(spring)説起。根據《説文解字·艸部》列出“春”字由繁到簡的發展過程:現在使用比較簡單的形體是“春”,這個“春”是怎樣構造的,又是怎樣簡化成這個樣子的呢?春下是日,上面部分是什麼呢?就得復原到較爲複雜的結構,這個複雜結構是從篆文過來的:

萅,《説文·艸部》:

> 萅,推也。从艸从日,艸春時生也;屯聲。

其發展的大致時代坐標,據《説文·艸部》新訂:

粹1151 鐵227.3 拾7.5 前6.39.3 明1558 戩22.2 乙5319 存下286 佚784 甲1134 蔡侯殘鐘 包山楚簡 睡虎秦簡 戰國帛書 古璽 漢印 石篆 汗簡。

戰國早期楚帛書"春"作，從日屯聲,《丙篇》"秉司春"結構同;中晚期郭店楚簡《六德》第25號"春秋"字結構同,春字作;《語叢一》第40號"春秋所以會古含(今)之"字結構同。《漢魏六朝隋唐五代字形表》收録: 三國吴走馬樓吴簡 北齊薛廣墓誌 隋代·田光山妻李氏墓誌 等。

看來,春字上部,在戰國晚期就曾經被混同爲從丰從廾的部分。如此一來,就形成了跟"奉""秦"(，廾午,即從禾,春省)"泰"(，從廾從水,大聲)等字部分表面同形關係。從這個例字來看,由於歷史太長,中間變異複雜,要使漢字恢復到結構都有構造根據原理的階段,是非常有意義的(用到"春"字的某些場合的語義理解,確實是存在深層次聯繫的,如"春"跟"五行"的對應,東方與春風、春季、木的關聯、古代詩人寫到"春風吹又生"、現代年輕人"充滿青春活力"等等,都可以找到直接的關聯),但是,恢復起來,又是很麻煩的。

三、人及物所建立的宇宙秩序

漢字結構,總的選擇是以人爲本,由人及物。"文字"二字的結構,原本就是與人體有關:"文"形取象於人體,"字"形取象於生育:《説文·子部》:"，乳也。从子在宀下,子亦聲。"我的基本觀點是,這可能與原始情感轉移發展的類比方式有關係。像眼耳鼻口舌牙齿头足手身等人體部位,也就現成轉移投射到各種物體上面,而不是另造專字。如"蟲眼""木耳""針鼻""門口""火舌""象牙""齒輪""羊頭""鼎足""山腳""把手"

“豬手”“船身”,等等。

最明顯的例字還是“人”,《説文·人部》:“儿,天地之性最貴者也。此籀文。象臂脛之形。凡人之屬皆从人。”古代造字原則是貴重者象其形。“人”通常寫得像一個側面站立的人形,突出的部分是臂和腿部。“人”作爲漢字構造構件的時候,往往隨著所處位置的不同而有所變化。這主要是考慮書寫的結構平衡效果,而進行的局部調整。“人”作爲偏旁使用位於左側時寫作亻,在上下字形結構的頂部,像“危”“色”“矦”“佡”等字就將“人”形處理得扁平一些。又如“从”字左邊的“人”形的捺筆就調整爲點筆。古漢字構造主體取於人體部位的字形有“大”“夫”“天”“元”等,人體長臥則變形爲尸。

“人部”貯存字量爲最龐大的部類,集中反映了“人本”的基本意義。作爲構造合成字形的偏旁構件,“人”的構字使用頻率是相當高的。比如《説文·人部》收了263個字,《宋本·人部》存了482字。從人體出發,可以構成各種關係。如二人組合,可以體現關係密切,“比”“从”“尼”“仁”等字就是;如三人組合,可以體現衆多,“眾”“聚”等字就是;如利用兩人背對,體現背離關係,“北”字就是。中國字書的分類和貯存,可以説,就是以“人”爲中心建立了世界秩序。大千世界,無非人事。其中的“千”字,主體聲符也還是這個“人”。

以人爲偏旁所構造的字,多與人事有關,如們、仁、伐、修、命、何、任、但、住、位、伯等;可表示有關人的類別、人的行爲、人的品性;像度量世界事物的單位,也往往要用與人或人體某個部位來表示,如仨、伍、佰、千、億、丈、尺、寸等。與“人”相關的某些部位,在字書裏也分爲不同的部類。《説文·尺部》:“尺,十寸也。人手卻十分動脈爲寸口。十寸爲尺。尺,所以指尺規矩事也。从尸从乙。乙,所識也。周制:寸、尺、咫、尋、常、仞諸度量,皆以人之體爲法。”人、仁記録同源詞,“果仁”就是指果實當中最核心的部分。北魏·賈思勰《齊民要術·種棗》:“《雜五行書》曰:服棗核中人二七枚,辟疾病,能常服棗核中人及其刺,百邪不復干矣。”《説郛》

卷二一引宋楊伯嵒《臆乘》:"俗稱果核中子曰人,或曰仁,相傳如此,於義未明。予謂當以人爲是,蓋人者生意之所寓,謂百果得此以爲發生之基。"《太平御覽》卷九六五引《劉根别傳》:"可服棗核中仁二十七枚。"明方以智《東西均·譯諸名》:"仁,人心也,猶核中之仁,中央謂之心,未發之大荄也。全樹汁其全仁,'仁'爲生意……凡核之仁必有二坼,故初發者二芽。"明王志堅《表異録·植物》:"蘇詩:秋霖暗豆莢,夏旱癯麥人。《本草》:蕎麥取人作飯,食之下氣。蓋麥之心曰人。"清朱駿聲《説文通訓定聲·坤部》"人":"果實之人,在核中如人在天地之中,故曰人,俗以仁爲之。"傳世文獻記載,似無如此純粹鮮明者。

四、人自身發展相關的價值判斷

根據包括出土文字在内的古文字,復原歷史上存在過的結構成分關係,這裏可以關於"好"的價值判斷字爲例。在戰國楚簡所使用"好"字發表之前,甲骨文金文"好"字的構造情況大致如下:〔1〕

[glyph]婦好瓿 [glyph]鐵31·1 [glyph]鐵123·2 [glyph]乙2586 [glyph]林2·10·17 [glyph]虘鐘

上列前面第一個字形結構是商代的銘文,"子"符處於從屬的左上方位置。其後依次第二到五字形是商代甲骨文結構,"子"符既有處於左上角的,也有處於右上角的,但無一例外都處於從屬地位。第六至八字屬於周代比較晚期的金文,子符與女符的比例互有消長。[glyph](商代《婦好瓿》),[glyph](商代《婦好觚》),[glyph](商代《好簋》)。其中,"婦好"類器上面的"好"字結構是記録專名的,共計有80個器,不在我們這裏討論的範圍之

〔1〕 采自《説文解字新訂》"好"條,中華書局2002年。

內。至於《好簋》上的結構更特殊，在女符之外再加女符。累加字符往往是漢字構形過程中表示強調某一字符地位的一種做法，這裏應該看作是突出了該結構中“女”符的重要性。

實物用字表反映，秦漢之際的隸變形體，其中女、子兩個部分開始取得基本平衡到確立子符的突出地位（參見附表）。

大體到了唐宋之際，子符得到突出的觀念在字彙裏得到固定。大徐本《説文解字》“好”字下面保存了宋代人對此結構中二符關係的理解，即突出強調“子”符，以爲是男子之美稱。

傳世字書往往積澱了歷代漢字的認知觀念。例如，下面三個特殊的字符被認爲是“好”字的異體字。從這些結構也可看出，在“好”字中“女”符一般是占主體地位的：

⿰丑子（《玉篇·子部》）——⿰女攵（《廣韻·號韻》）——⿰母子（《字彙補·子部》）〔1〕

從各個形體所出現的最早字書來看，這幾個形體最晚的使用年代分别是南北朝、唐朝和明朝，跨越了中古和近代（按漢語史的分期）。其中第一個字形，丑符是母符的形近省寫，不能附會到美醜關係上面。而且有著很早的來源，如下列戰國楚簡即使用從丑從子的“好”字作[楚簡字形]。正因爲在“好”字結構中“女”符總是占主體地位，所以，在爲了明確和強調主體部分的情況下，甚至將“子”符也替換爲“女”符。

戰國楚簡使用的“好”字發表之後，使研究者對於該字形結構當中“子”從屬於“女”符的結構關係，認識得尤其鮮明。其中，上海博物館藏的《戰國楚竹書》，就是大批戰國楚簡中的一種。這一種在數量上是

〔1〕 所引字彙數據，見華東師範大學中國文字研究與應用中心研製的“歷代字彙韻書數據庫”。《説文解字》《篆隸萬象名義》《宋本玉篇》等字書有關資料，凡未注明出處者，皆源於該數據庫。

迄今所有發表的戰國楚簡牘文字最大的,竹簡共有 1 200 餘支,計達 35 000 字。內容涉及哲學、文學、歷史、宗教、音樂藝術等。爲楚國遷郢都以前的貴族墓中隨葬物,其中文獻以儒家類爲主,兼及道家、兵家、陰陽家等。涉及文獻學書近百種,其中能跟傳世的先秦古籍相對照的不到十種。直到現在,還在陸續公佈過程當中。上海華東師範大學中國文字研究與應用中心所研製"戰國楚文字數字化處理系統",可以篩選到有關"好"字的使用記録數十條。戰國楚文字所使用的這幾十處記録,像《上海博物館藏戰國楚竹書》第一冊《孔子詩論》等(郭店楚墓竹簡《老子》甲第 8 簡"事好"等有限幾條使用左右結構之外),很多情況下都使用上女下子之形。例如:

《上海博物館藏戰國楚竹書》第一冊《孔子詩論》第 12 簡作。

第一冊《孔子詩論》第 14 簡作。

第一冊《孔子詩論》第 24 簡作。

第一冊《緇衣》第 1 簡"好美如好緇衣"作。

第一冊《緇衣》第 2 簡作(與從"丑"楷書來源相關,"扭"其初文)。

郭店楚墓竹簡《老子》甲第 32 簡作。

郭店楚墓竹簡《緇衣》第 1 簡作。

郭店楚墓竹簡《緇衣》第 2 簡作。

郭店楚墓竹簡《緇衣》第 3 簡作。

我們認爲,楚簡這類結構特點,即"子"形是連帶於"丑"即"母"形或"女"形之下的,是作爲主體的"女"形的附屬產物,這與當時特定的"好"的價值觀念存在一定關聯。我們今天所使用理解的"好"字,不用説所施日益寬泛,而且是經過幾個時代的結構調整。字形體示觀念,傳世文獻似無如此較然著明者。[1]

---

〔1〕 字表字樣參見《漢魏六朝隋唐五代字形表》"好"字條。

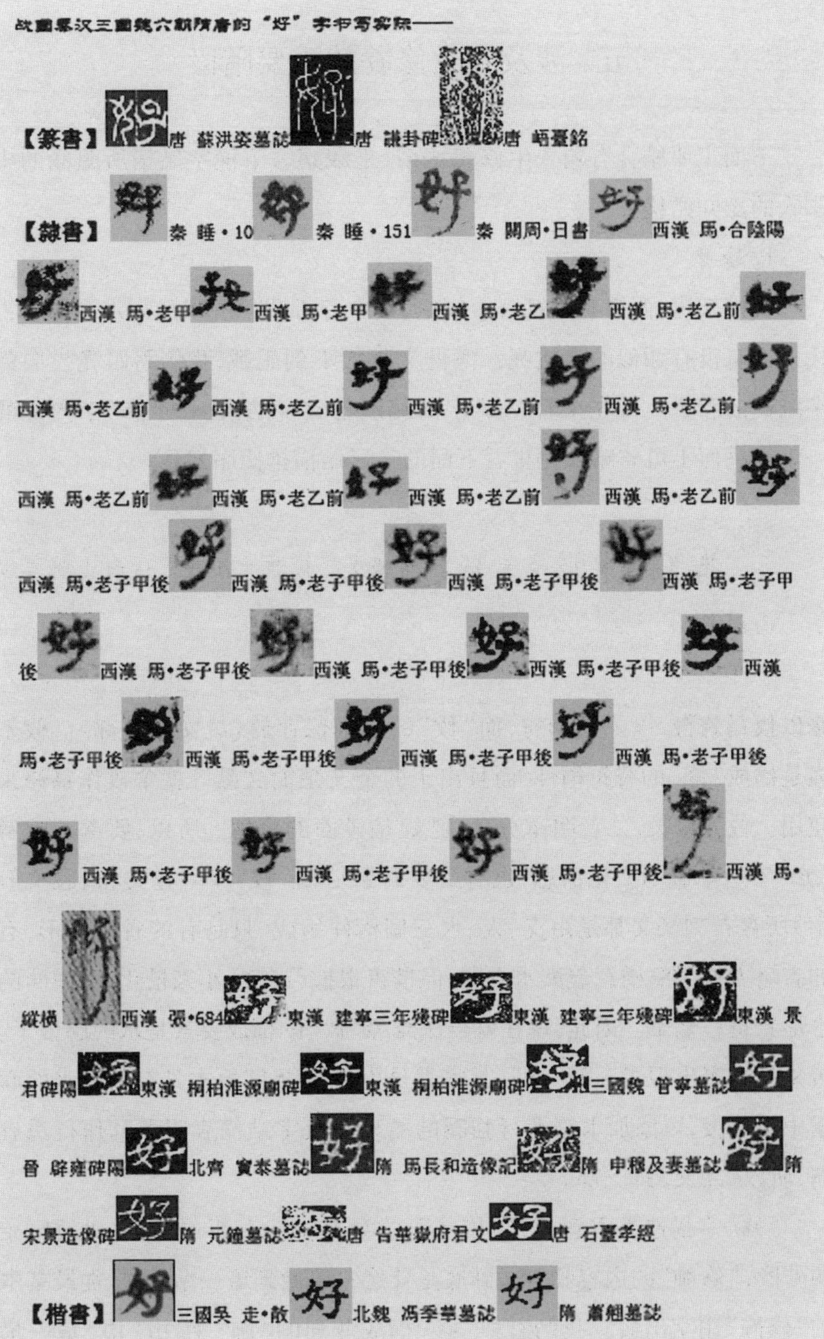
战国秦汉三国魏六朝隋唐的“好”字书写实际——
【篆書】唐 蘇洪姿墓誌 唐 謙卦碑 唐 峿臺銘
【隸書】秦 睡·10 秦 睡·151 秦 關周·日書 西漢 馬·合陰陽
西漢 馬·老甲 西漢 馬·老甲 西漢 馬·老乙 西漢 馬·老乙前
西漢 馬·老乙前 西漢 馬·老乙前 西漢 馬·老乙前 西漢 馬·老乙前
西漢 馬·老乙前 西漢 馬·老乙前 西漢 馬·老乙前 西漢 馬·老乙前
西漢 馬·老子甲後 西漢 馬·老子甲後 西漢 馬·老子甲後 西漢 馬·老子甲
後 西漢 馬·老子甲後 西漢 馬·老子甲後 西漢 馬·老子甲後 西漢
馬·老子甲後 西漢 馬·老子甲後 西漢 馬·老子甲後 西漢 馬·老子甲後
西漢 馬·老子甲後 西漢 馬·老子甲後 西漢 馬·老子甲後 西漢 馬·
縱橫 西漢 張·684 東漢 建寧三年殘碑 東漢 建寧三年殘碑 東漢 景
君碑陽 東漢 桐柏淮源廟碑 東漢 桐柏淮源廟碑 三國魏 管寧墓誌
晉 辟雍碑陽 北齊 竇泰墓誌 隋 馬長和造像記 隋 申穆及妻墓誌 隋
宋景造像碑 隋 元鐘墓誌 唐 告華嶽府君文 唐 石臺孝經
【楷書】三國吳 走·敵 北魏 馮季華墓誌 隋 蕭翹墓誌

五、涉及人生修養的重要階段

下面主要結合有關人生修養禮俗,來觀察一下漢字結構所蘊涵的中國人的認知結構。

1. 修身

我們知道,西方有關基督教規定,其中有所謂"洗禮"的規定。那麽古代東方有没有類似的儀式呢? 傳世文獻找不到記載,我們將眼光投向漢字結構的聯繫。首先來看"修"字的相關古文字結構——"修"字内部的一丨筆爲何不可省略? 先來看下面的字形結構排比序列:

[illegible]金文 [illegible]簡牘文 攸説文小篆 汥説文所存繹山刻石

修以攸爲聲符,以彡爲形符,而"攸"的結構保存於《説文・攴部》。攸不僅是構成"修"的聲符構件,而且出土的金文楚簡文獻等就拿攸作爲修來使用。攸先修後,二者明確分工,已經是後面的事情。所以,要深入瞭解"修"字所承載的文化信息,也有必要聯繫這個"攸"字。金文和《説文解字》所存石刻篆文都是由攴、人、水三個構件組成,只是有的省略水形,有的省略人符。結構意義與水有關,但楷書根據《説文》小篆楷化,將中間的水形省爲一豎筆。因此,現在就無法認識"攸"的構成要素是水的聯繫了。後來字書裏出現了一個"滌",其實就是由於"攸"字原本具有的跟水的聯繫中斷之後,再添加水符進行強調的結果。攸字結構表明與動作行爲有關,所以《説文》歸攴部。

"修"字構造基本意義是"修飾",需要進一步分析的是,在比較原始的階段,"修飾"的内容和方式到底是什麽? 要做到這一點,還是從最基本的"修飾"用字出發。我們看與"修"構成並列的"飾"字,由"巾"這一構件構成,而巾是用於"拂拭"的,《説文解字·巾部》就將"飾"字解釋爲"拭"。順著這條綫索,可以聯繫到上面提到的"修""攸"關係。攸字結構中包含有水的成分,由此可以發現,開始的"修飾"實質就是"洗滌"。這個"滌"字跟"修"字也存在讀音方面、結構方面的密切聯繫: 涤的繁體爲滌,滌字的聲符是條,條字聲符也同樣是攸。

古代盛行的"修禊",就是民俗於農曆三月上旬的巳日(到三國以後始固定爲三月初三)到水邊嬉戲,以祓除不祥,稱爲修禊。晉代人王羲之《臨河敘》記載:"永和九年,歲在癸丑,暮春之初,會於會稽山陰之蘭亭,修禊事也。"從這些相關禮儀來看,中國古代人講究的"修身",跟西方流行的"洗禮"可能還存在某些精神相通之處。

修字所記録引申意義,主要有整治、修建、修理等。"修建"義用於語言文字,便是"修書"等等。修飾事物是爲了使其更加美好,品行、學問方面的鍛煉和學習也是爲了自我完善。從修飾的效果著眼,又可以用來記録形容詞,意爲長、美、善,如"茂林修竹"等。

水(變體作氵/丨:"攸"結構和"候"結構中共有的"丨"來源不同,而楷化抽象結果相同)。"候"結構中的丨筆,跟"修"結構中的丨筆,原本來源不同: 候—矦厌—侯: 丨代表人("候"由原本從人侯聲的㑼字結構省變而來): 古代射侯就是射人。修—攸: 丨代表水: 古代洗滌的禮儀。《説文·攴部》:"攸,行水也。从攴从人,水省。徐鍇曰: 攴,入水所杖也。汥,秦刻石繹山文攸字如此。"上述結構分析,都是《説文》有關部所保存的信息。

2. 射箭

古文字學者通過若干出土文字材料,對照識別《説文解字》關於"射"字從身形構造是一種錯誤的變異,本來應該是引弓發箭的象形結構。漢字文化所關注的,不僅僅是找出錯誤的變異結果,而更重要的是要復原變異發生的民俗學人類學社會學的環境。有人説,弓符變化爲身符是視覺上幾何輪廓接近。事實上,近似度較這兩者之間更爲偏高的構件還有一些,爲何獨取身符呢? 底層的原因,則是古代相當長的歷史過程中,射箭有取於身體,確實是存在過的事實。下面諸如"射侯"等儀式,就會發現這種歷史關聯。

3. 射侯

結構的類型和結構的層次,對於認識漢字本體屬性是非常重要的。以此爲基礎,形成漢字構型學。漢字的形體結構,是漢字的最基本屬性。並且,大量的文化信息,也是由漢字形體結構攜帶的。如關於"射侯"的文字結構理解,可以通過《説文解字》全文檢索系統實現:

甲骨文 金文 古陶文 盟書 簡牘文 帛書 石刻 説文小篆

甲骨文、金文表示的,是所射的箭靶。可能這種所射箭靶就是以人爲對象,所以其後的古陶文簡牘文篆文都增加人形。隸變楷化以後,人形被移到左邊寫作侯字。《説文》歸《矢部》,現代工具書歸《人部》。"侯"字本用來記録所射箭靶,這種射靶是由張開的獸皮或者幕布充當的。那麽,這種射靶怎麽會與"諸侯"的侯字發生聯繫了呢? 原來,"射侯"儀式,得名於"諸侯"。古代的"射侯",是一種具有巫術色彩的儀式。也就是通過一種模擬射擊,來向諸侯施加影響,以此達到對各地諸侯的控制。這算是"射侯"的人類學理解,可以參看《説文》"矦"字下面的解釋。到了《禮記》,對"射侯"作了正面的説明,認爲這是古代天子的大射之禮。《禮記・射義》:"故天子之大射,謂之射侯。射侯者,射爲諸侯也。射中則得爲諸侯,射不中則不得爲諸侯。"《禮記》的這種解釋,跟古代曾經流行以"射藝"作爲人格修養考核尺度是聯繫在一起的。

但是,原初的射箭,若干情況下確實具有一定巫術意味。首先是《説文》所存形體,從"人"構造,成爲所射對象。這方面,有大量民俗記載。例如古代認爲射人畫像,可使其遭受災禍。《後漢書・齊武王演傳》:"使長安中官署及天下鄉亭皆畫伯升像於塾，旦起射之。”王先謙的解釋援引惠棟的話説：“《太公金匱》曰：‘武王伐紂，丁侯不期，尚父乃畫丁侯於策，三旬射之，丁侯病大劇。’莽蓋法古爲厭勝之術也。”類似的故事，可以參看《封神演義》中姜太公箭射趙公明、《紅樓夢》馬道婆針刺鳳姐寶玉姐弟等通俗文學的描述。包括古代“后羿射日”之類的傳説，其本事可能也不外乎一種祈禱降雨祓除旱魔的巫術儀式。

4. 射日

這裏可以聯類中古字彙所存有關“后羿射日”的文字結構爲例。《玉篇·羽部》：“羿，胡計、牛計二切。羽也。又羿，善射人。羿，《説文》羿。”《名義》：“羿，故細反。羽。”《説文》：“羿，羽之羿風。亦古諸侯也。一曰射師。从羽幵聲。”結構從羽，爲舞飾是訴諸舞蹈；從弓射日，爲對旱魃施加巫術影響儀式。是弓羽同構，合成一體，亦爲羿異體。〔1〕《玉篇·弓部》：“𢏚，乎計、午悌二切。《論語》云：𢏚善射。又作羿。”《名義》：“𢏚，胡弟反。羿字。”《説文》：“𢏚，帝嚳䠶官，夏少康滅之。从弓幵聲。《論語》曰：𢏚善䠶。”《宋本·羽部》：“羿，胡計、牛計二切。羽也。又羿，善射人。羿，《説文》羿。”𢏚羿羿⿱弓羽異體，從弓取其射，從羽猶雩翌舞旱暵之舞飾。弓羽同體構造，揭示“后羿射日”神話本事，在於具有弭旱功能的弓箭崇拜。〔2〕馬王堆漢墓帛書《雜療方》，其中有“羿使子毋□□□□□□□□□徒，令蜮毋射”的記録，雖然文字殘缺不全，但將羿跟善於“含沙射影”之蜮即“短弧”發生關聯，顯然已經將羿作爲禁制射術的符號在使用。

5. 戢兵

與箭矢的射出方向相反，就是“吉祥”之歷史觀念的原型。作爲相反方向的漢字結構如“吉”，其構造可以作爲證據。關於“吉”價值評判文字結構理解，甲骨文“吉”字寫作（鐵 159.1）（戩 13.9）（京津 3146）（東藏 1），上從矢鏃形下從盛器形。從文字構造來看，很可

〔1〕此爲“羿”字發生之原形，參見《説文解字的文化説解》“弓矢意象”。

〔2〕參見《説文解字文化説解》“弓矢意象”。

能來源於古代"禁兵"儀式的摹寫。或以爲"堅實"語義之記録,恐無由體示,説過於通。《説文·戈部》:"𢧢,藏兵也。从戈咠聲。《詩》曰:載戢干戈。阻立切。"《詩經·周頌·時邁》:"載戢干戈,載櫜弓矢。"毛傳:"戢,聚也。"戢、櫜對文,干戈、弓矢對文。由此聯繫,可知"吉"之得名,即在於戢。

"詰"亦從吉得聲分化,《名義·言部》:"詰,去質反。治也。謹也。責也。無也。"《原本》:"詰,去質反。《尚書》其克詰爾戎兵。孔安國曰:詰,治也。野王案:《周禮》制軍詰禁、《左氏傳》子盍詰盜並是。《周禮》:大司寇之掌建邦之六典,以詰四方。鄭玄曰:詰,謹也。《書》云'王旄荒度作刑以詰四方'是也。《禮記》詰誅暴慢。鄭玄曰:詰問爲其罪也。《廣雅》:詰,責也。詰,無也。詰,讓也。《左氏傳》詰朝見將。杜預曰:詰朝,平旦也。"《周禮·天官·大宰》:"五曰刑典,以詰邦國。"鄭玄注:"詰,猶禁也。《書》曰:度作詳刑,以詰四方。"陸德明《釋文》:"詰,起一反,禁也。于云:彈正糾察也。"咎,《尚書·大禹謨》:"君子在野,小人在位,民棄不保,天降之咎。"孔穎達疏:"天降之殃咎。"《左傳·莊公二十一年》:"鄭伯效尤,其亦將有咎。"所以,"詰咎",直解就是以禁制法術,驅鬼禳禍。因此,《日書·詰篇》開頭所謂"告如(而)詰之",就是關於"詰咎"的解釋:"鬼害民罔(妄)行,爲民不羊(祥),告如詰之,召道(導)令民,毋麗凶央(殃)。"然則"告如(而)詰之",如、而通用,告、詰字皆關乎言詞,功能相當於"祝由"。秦簡《詰篇》,雖次在《日書》,但與"時辰"無涉,而是以較長篇幅,記載了生活當中各種禁鬼方術,涉及禳祟治病,以及針對生活中的種種反常現象所採取的禁制措施,與馬王堆漢墓帛書所存祝由方術有相通之處。兩相比較,有助於認識有關方術的由來及其發展。上述漢字結構與有關射箭的文化關聯,我曾經在《一類古漢字發生與取象於儀式》裏討論過。[1]

---

〔1〕 臧克和《一類古漢字發生與取象於儀式》,德國波恩大學《袖珍漢學》2005 年第1期。

六、漢字簡化認知心理

歷史的選擇與存在,往往是多種因素共同影響的結果。有的甚至是出於歷史的誤會,也就是人們習慣所説"不失爲好運氣的誤會",學術史上不乏這樣的例子。對於漫長的漢字使用過程、傳播過程、選擇過程,能否一以貫之地遵循構造上的"有理性",也就思過半矣。就拿人們所喜愛援引來詬病簡化形體的"愛"字來説,以目前所能見到的社會用字實物來看,至遲在北魏神龜二年《寇憑墓誌》銘文"嗚呼彼倉,殲我良人,追痛泉宮,動彼倉旻,如可暫勉,人無愛身",就使用了將中間"心"符省寫爲一筆的。[1] 該志所記墓主有身份,占地步,用字高古,你總不能據此就説北魏時期勒石紀念者"缺心眼"抑或"没心肝"罷?退後一步講,就是恢復到使用結構中間有"心"的"愛"字又能怎麽樣呢?這裏面其實也早有一筆歷史糊塗賬在了:東漢時期所彙集《説文解字》將"愛"字小篆形體分析爲夊、㤅兩部分,其中㤅符起著表音作用,而夊符有關的字,一般都與行爲相聯繫,所以《説文解字》將"愛"字的本義解釋爲"行皃(貌)",用今天的話來説就是所謂"動態"。基於此,以"愛"爲聲符構成的幾個字像薆、曖等,都關乎"動態",而跟"心態"無涉。有關出土古文字語料庫統計表明,隸變之前的古文字,尚未發現以"愛"來記録情感方面詞義的用例。戰國早期中山王墓壺銘上面"慈愛"一詞,是用㤅字來記録的(參見後附圖版)。戰國中晚期的楚簡像郭店楚墓竹簡、上海博物館藏戰國楚竹書等,數十次使用,一般都是㤅字;少數情況下,也使用由既、心組合結構(諸如等。既、旡作爲聲符的功能是相同的。换句話説,既也是以旡爲聲符的)。這兩個字形,作爲"重文"也都見於《説文·心部》,表示"惠愛":",惠也。从心旡聲。,古

〔1〕《北京圖書館藏中國歷代石刻拓本匯編》,中州古籍出版社 1989 年,第 4 册第 63 頁。

文。"跟所謂繁體"愛"字,都還没有扯上關係。

如此看來,包括前面提到的會議發言者,批評簡化字推行失之於簡單化,而自己的批評呢,是否也存在某些簡單化的傾向?

漢字體系基本單元數量多,且經歷了漫長的演變歷程而没有中斷使用,以形表意屬性具有連續性,在周邊民族地區和國家存在著廣泛傳播影響,這在世界各種文字體系中是獨一無二的。如果説,計算機互聯網介質平臺轉换,對於漢字書寫不啻浩劫;那也是造化如斯,劫數使然,各種文字書寫都需要面對共同的挑戰。這個過程中,需要調整的,不單是平臺技術手段,更是漢字教育體制。

附圖版: 戰國早期中山王墓壺銘

義位形亡實存和義位形存實亡

——試説一類隱顯對立的義位結構，一種習焉不察的認知干擾

在合成詞裏，由於兩個或兩個以上的字（實際上是該字所指涉的義項，也就是所謂"義位"），在歷史上經常配對搭檔，參與搭配的義項間浸假，遂沆瀣一氣，以至於拆開來單用其中的某個字，在一定範圍裏仍要受到那個並未出場的字所代表的義位的制約、影響。關於這類現象，語言研究者似乎自來無説，這裏不妨暫擬稱爲漢語語義場裏的一種"黑洞"現象（按："語義場"原是西方語言學裏的概念，自有其特定內涵，這裏僅是一種暫時借用）。而我們注意到，在語義引申運動過程中，正是由於這類"義位形亡實存"的現象，經常干擾詞彙學研究者清楚準確地梳理出詞語義項之間的邏輯綫索，這種"干擾"可稱"潛隱型"。

《管錐編》第四冊考論《全晉文》卷111陶潛《歸去來兮辭》：王若虛《滹南遺老集》卷三四摘《歸去來兮辭》謀篇之疵："將歸而賦耳，既歸之事，當想像而言之。今自問途以下，皆追録之語，其於畦徑，無乃窒乎？'已矣乎！'云者，所以總結而爲斷也，不宜更及耘耔、嘯詠之事。"劉祁《歸潛志》卷八亦記王謂此文"前想像，後直述，不相侔"。蓋《序》云"仲秋至冬，在官八十餘日，因事順心，命篇曰《歸去來兮》。乙巳歲十一月也"；王

氏執著此數語,成見梗胸,未涵泳本文耳。《辭》作於"歸去"之前,故"去"後著"來",白話中尚多同此,如《西遊記》第五四回:女王曰:"請上龍車,和我同上金鑾寶殿,匹配夫婦去來!"又女妖曰:"那裏走!我和你耍風月兒去來!"皆將而猶未之詞也。〔1〕按漢語合成時態結構習慣爲"將來",遂使"來"之單用,亦具"將然"語義;同理,習慣結構爲"過來","來"之獨用,亦具"過去"語義。前者已具見錢先生所論。至於後者,則習見於白話口語。如《三國演義》第二八回:正説話間,遙望一彪人馬來到。袁紹曰:"此必周倉也。"關公乃立馬待之。果見一人,黑面長身,持槍乘馬,引衆而至;見了關公,驚喜曰:"此關將軍也!"疾忙下馬,俯伏道傍曰:"周倉参拜。"關公曰:"壯士何處曾識關某來?"倉曰:"舊隨黄巾張寶時,曾識尊顔;恨失身賊黨,不得相隨。今日幸得拜見。願將軍不棄,收爲步卒,早晚執鞭隨鐙,死亦甘心!"〔2〕

"業"字,經常和"基""創"等字配偶爲"基業""創業"等合成詞。三國諸葛亮《出師表》:"先帝創業未半,而中道崩殂。"在這裏,"創"有"始"義,"業"參與合成的是"事業"這一義項。"業"字本義爲古時樂器架子横木上的大板,刻如鋸齒狀,用以懸掛鐘、鼓、磬等樂器,《説文》業下所録古文作 ,與銘文作 (《晉公簋》)幾乎同致。由此可以引申出"事業"等義項,初無"始"義也。然而,《爾雅·釋詁上》裏面就説:"業,緒也。"《廣雅·釋詁一》上也説:"業,始也。"王念孫《疏證》:"業與基同義,故亦訓爲始。""業"而有"始"義,王氏著眼,正是在於"業"與"基"的聯繫。《國語·齊語》"擇其善者而業用之";韋昭注云:"業猶創也。"《史記·太史公自序》:"項梁業之,子羽接之。"而"業"不特有"始"義,且猶有"已"義也,合成詞有"業已"。於是單用"業","已"不在場,亦可得以表示"既"義、

〔1〕 錢鍾書《管錐編》第四册第1225頁,並於此申明:周君振甫曰:"《序》稱《辭》作於十一月,尚在仲冬;倘爲'追録''直達',豈有'木欣欣以向榮''善萬物之得時'等物色?亦豈有'農人告余以春及,將有事乎西疇''或植杖以耘耔'等人事?其爲未歸前之想像,不言而可喻矣。"

〔2〕 明代羅貫中《三國演義》,人民文學出版社1973年,第28回第236—237頁。

“終了”義。如《史記·留侯世家》:“父曰‘履我!’良業爲取履,因長跪而履之。”按“業”字上述兩個相反相對、共集一體的義項,《辭海·業》(修訂本)未列出;《漢語大字典·木》已列出。究竟該不該列出,當然可以討論。而大型辭書字典編纂處理出現如此差異,其根源即在於編纂者對於“義位形亡實存”的語義隱顯結構這種客觀存在尚未達到認識上的自覺。

“令”字在初與“命”原本就是一個字,同象同義,本義即爲“發號施命”,開始並不表達“時間”義。但到後來像下面的語言環境裏,“令”又徑表示“時間”義,李漁《閑情偶寄·種植部·芙蕖》:“群葩當令時……”;李汝珍《鏡花緣》第三十九回:“喜得正是小陽春當令。”若稽考梳理其中的語義聯繫,也是因爲“時令”匹偶結對,久成詞頭,使得本作“律令”解會的“令”,也受到“時”這一邊的積久浸用。由是,在“當令”這一語言結構裏,“令”實際上是傳達了“時令”一詞兩邊的語義。“當令”即是“適合其時令”,也就是通俗口語所説的“花開的正是時候”。這樣看來,是“時”在詞形上雖付闕如,在語義上尚不離不棄,猶寄於“令”也。其“形”雖不在“場”,而其義項影響乃至規定了其他的義位(“令”),使得在場的一邊(“令”)一身而二任,從而也可以認爲是形虛待而義自若也(按:“令”字有“時令”“季節”的基本義項,《漢語大字典·人》《辭海·人》均列出,但所舉詞例如“夏令”“月令”等似皆不精當。一“令”字本兼有“時”與“令”之兩邊,與“時”和“令”兩邊相合結成一詞,並不屬於同一層次上的語言現象。在“夏令”一類合成詞裏,“令”字僅傳遞“禁律”義,即《廣雅·釋詁四》所謂“令,禁也”。會通整個合成詞的語義就是“夏季的律令”)。另外,作爲同義詞“時節”“季節”,與“時令”一詞並無二致,“節”之爲言“約”也,與“令”同指。“好雨知時節”,亦即“知時令”也,“節”與“令”甚而可合成一聯合詞謂之“節令”。由是積久“節”字本身也就兼具了“時”的涵義,如漢族俗語所謂“逢年過節”、雅語所道“佳節又重陽”等等,其中“節”所指即特定之時間也(至於上述字書、辭書所列“令”字又有“美善”義項,其間的邏輯綫索聯綴,參見拙著《語象論》)。

“分”字,結體從八從刀,本義所指爲“别離”,《説文·八部》:“分,别也。从八,从刀。刀以分别物也。”成語“分崩離析”,指向空間之分。又“春分”“秋分”,則指向時間之判。又“生分”,還指向情感之隙。與此方向相反,漢語裏將描述情感之“分”,往往合成這樣一些詞語:投分、情分、緣分,等等,不一而足。像這樣合成詞,在結構方面的特徵就是偏向一邊。换言之,在這些合成結構裏,“分”字並不顯示意義,而是爲前一詞素所隱蔽、吞併。實際上就是以往語言學裏所經常講的“偏義複詞”的一種特殊形態,全部“偏向”詞語結構的前一邊。但是,由於“情”“緣”等成分長時間與“分”結合使用,積久的影響,二者遂形成一種“潛隱的結構”關係;以至於“情”“緣”等成分不在“場”,也使“分”傳染上了“投合”一邊的語義,單用一“分”字,表達“密合無間”(即“不分”)的語義自若。這亦已經是語言裏的事實。也舉兩個例子:《文選·曹植〈贈白馬王彪〉》:“恩愛苟不虧,在遠分日親。”李善《注》“分,猶志也。”元代秦簡夫《東堂老》楔子:“老夫與居士通家往來三十餘年,情同膠漆,分若陳雷。”後者,“情”與“分”,互文對舉,是“分”即“情”也。“分”字之例,適表明“形亡實存”甚至制約影響到相反相對的語言結構類型。

語言總是呈現某種相對相待的結構性。與“義位形亡實存”適反的情形也是習見慣道,這裏又不妨暫名之曰“義位形存實亡”。這類情形,其中的方面也就是語言學研究者習慣上所謂“偏義複詞”的現象。

從純粹訓詁釋義學的角度來看,語言有些詞語的構成成分本身並無意義,但表達該義項的字形仍然堅持出“場”,贅附其中,總不肯讓“位”。其中大致又有兩種情形:傳統小學的説法,一是“兼言”(即連類而及之),一是“偏轉”(即“偏義複詞”)。

關於前者,這裏現成地援引《管錐編》論《周易正義》時舉到的文獻:

> 《繫辭上》“吉凶與民同患”,《正義》:“凶雖民之所患,吉亦民之所患也;既得其吉,又患其失,故老子云‘寵辱若驚’也。”按:《疏》言殊辯,然實誤解之強詞。此正如《繫辭上》曰“潤之以風雨”,而《説

卦》則曰“風以散之,雨以潤之”。孔氏非不曉古人修詞有此法式者,《左傳·襄公二年》“以索馬牛皆百匹”,孔《正義》:“牛當稱‘頭’,而亦云‘匹’者,因馬而名牛曰‘匹’,兼言之耳。經、傳之文,此類多矣。《易·繫辭》云‘潤之以風雨’,《論語》云‘沽酒市脯不食’,《玉藻》云‘大夫不得造車馬’,皆從一而省文也。”孔既知斯理,卻不省本處亦因“凶”字而並“吉”曰“患”,千慮一失,足徵制立條例者未必常能見例而繫之條也。《論語·鄉黨》“沽酒市脯不食”句,邢昺疏全襲《左傳·襄二年》孔氏《正義》。孔平仲《珩璜新義》云“宋玉《賦》‘豈能料天地之高哉’,地言‘高’,不可也;《後漢書·楊厚傳》‘耳目不明’,耳言‘明’,不可也”,是不知穎達所定“從一省文”之例,數典而忘其祖矣。王楙《野客叢書》卷二一言“因其一而並其一,古文省言之體”;徐𤊹《筆精》卷一言“古人之文,有因此而援彼者,有從此而省彼者”,皆舉“潤之以風雨”“不可造車馬”“沽酒市脯不食”等句爲例,均似不知已早著於《正義》者。《日知録》卷二七《通鑑注》條舉古人之詞“並及”,如“愛憎,憎也”“得失,失也”“利害,害也”“緩急,急也”“成敗,敗也”“同異,異也”“贏縮,縮也”“福禍,禍也”,“並及”即《正義》之“兼言”耳。王國維《觀堂集林》卷二《與友人論〈詩〉〈書〉中成語書》有云:“古人言‘陟降’不必兼陟與降二義。《周頌》‘念慈皇祖,陟降庭止’‘陟降厥士,日監在兹’,以‘降’爲主而兼言‘陟’者也。《大雅》‘文王陟降,在帝左右’,以‘陟’爲主而兼言‘降’者也。”實亦不外孔、顧之意。孔説從此而省彼,顧、王説因此而及彼,兩者每爲一事,直所從言之異路耳。譬如不曰“不可造車畜馬”,而曰“不可造車馬”,謂“造”字爲從“車”而省“畜”之文,固可,而謂“馬”字乃因“車”而牽引之文,亦未嘗不可;不曰“散潤之以風雨”,而曰“潤之以風雨”,倘著眼“風”字,則“潤”自爲兼“散”之省文,而苟著眼“潤”字,則“風”爲因“雨”而連及之文矣。從一省文之例,古人道者較多。因一兼言之例,於顧、王所拈,復益一二。《禮記·學記》“君子知至學之難易”,“難易”即“難”,因“難”而兼言“易”也,《正義》分別解釋,失之。《左傳·昭公四年》"子產曰'苟利社稷,生死以之'",謂雖死不惜,而兼言"生",實同僖公二十八年"榮季曰:'死而利國,猶或爲之。'"《史記·封禪書》"則祠蚩尤,釁鼓旗",因"鼓"而兼言"旗",又《匈奴列傳》"舉事而候星月,月盛壯則攻戰,月虧則退兵",觀第二三句,則有句之因"月"而兼言"星",曉然可見。《太玄經·昆》之次六"文車同軌",因"車"而兼言"文"。《法言·問道篇》:"刀不利,筆不銛,而獨加諸砥,不亦可乎?"刀鈍可礪,筆禿不可礪(《説苑·建本篇》"礪所以致刃也"),此因"刀"而兼"筆"乎? 或亦從"砥"而省"削"耶? 故承之曰:"人砥則秦尚矣。"左思《吴都賦》"魚鳥聱耴",《文選》李善注:"聱耴,衆聲也。"李向注:"魚當無聲,此云'魚鳥聱耴',文之失也。"正可以因"鳥"兼"魚"爲左氏解嘲,不必引司馬相如《上林賦》"魚鱉讙聲"之句也。然如《列子·楊朱篇》"堯舜僞以天下讓許由",因堯而兼舜,杜撰史實,兹事體大,不得藉口因此援彼,修詞者又當引爲鑒戒耳。

《管錐篇》此處篇末又特別以"互見法"標明:"參觀《毛詩》卷論《擊鼓》",後者所論,正是所謂"偏義複詞"。由此"聯繫",亦可窺見錢先生就是將這方向相互對待的兩種情形,視爲同一結構類型的圓覽旁通的眼光識力。

關於"偏義複詞",説者大抵是以爲合成詞發生了語義偏向一邊的流變現象。《管錐編》論《毛詩正義》十六《擊鼓》,則不簡單作如是觀。"死生契闊,與子成説,執子之手,與子偕老。"《管錐編》引《黄生義府》斥《箋》之謬,但所引不完,兹首先予以補足:"今人謂久別曰契闊,本《詩·邶風》'死生契闊'之語。按《詩》意,死生與契闊並對言,契,合也,闊,離也。'死生契闊,與子成説。執子之手,與子偕老',言有生必有死,有契必有闊,此人事之不可保者,然我與子必誓相偕老。偕老即偕死,所謂誓同生死也。不斥言死,故但云偕老。此初時執子之手而言,既有成説,此倒敘文法,豈意今之不然也。故下章云'于嗟闊兮,不我活兮',單舉闊與活義,蓋可見活猶生也。于嗟洵兮,不我信兮。'言今者從軍之役,我與室家有闊而已,契無日也;有死而已,生無日也(此互見文法)。是前日契闊之言果信,而偕老之願則不得伸也。今人通以契闊爲隔遠之意,又讀契爲挈,皆承《詩注》之誤。"

《管錐篇》此節考訂,不但從漢語單位史的手眼辨章有時"契""闊"兩邊並而不分,如"安危契闊,約以死生";有時"契"吞併了"闊",如"何以致契闊,繞腕雙跳脱";有時則"契"偏轉於"闊",如"契闊多離别"。推原其流變途程:"魏晉南北朝,兩意並用;作闊隔意用者,沿襲至今,作契暱意用者,唐後漸稀。"這種發生在"語義場"内部的修詞現象的特質在於:通"契"於"闊",或通"闊"於"契",同床而浸假同夢,均修詞中相吸引、相影響之例爾。這堪稱是動態過程考察範例。設若静止地觀察,就很難説得清語義到底"偏"向哪一邊了。

如果説這僅僅是兩個意義相對待即並列合成的詞語表現出來的"義位形存而實亡"的語義流轉走失現象,那麽,我們還可以舉出其他合成關係的例子。"容易"一詞,《文選》李善注東方朔《非有先生論》,解作"言談説之道何容輕易乎",就語意而言,所指爲"説難",即"言之非易"。就詞法而論,"容易"各有所司,未有偏至。也就是説,"容易"尚未合成爲一詞,直解可作"容許輕易"。如杭世駿《訂訛類編》"容易"條所解:"何容"猶言"豈可"也,"容"字不連"易"字讀,唐太宗曰:"造次不思,遂有此語,方知談不容易。"世俗沿"稱事之易舉者曰容易",誤也。而《舊唐書·元行沖傳》中記載元氏著《釋疑》列舉"改易章句"有"五難",而曰:"談其容易!"就句意來看,所指爲"事難",即今語"説得倒輕易",或者"站著説話不腰痛";就詞法結構而觀,"容易"已合成一詞,且"容"字只尸居其義位,而"容許"之義已完全被"易"一邊吞併。我們今天語言裏所提到的"容易"一詞,事實上已基本符合後一類情形。"容"字僅是有其形而不司其職,所來久矣。錢鍾書曾董理道:"蓋今之通用,由來悠遠,早著漢、魏,中歷唐、宋、明,而'談且不易''勿敢輕言'之原意,湮没已久矣。"餘見本篇文後的"補説"。

“吹嘘”一詞,從漢語史的流變過程稽考,在初兩字並駕齊驅,而字義方向相反。如《老子》二十九章:“故物或行或隨,或嘘或吹,或強或羸。”反義分指。到六朝時,則兩字或反義分指,或同義合指,兩用並行。“同義合指”,如《方言》:“吹,扇,助也。”晉人郭璞注:“吹嘘,扇拂,相佐助也。”同時,還要指出,六朝這種“同義合指”,如《南齊書·柳世隆傳》“愛之若子,羽翼吹嘘得升官次”,已引申爲讚揚之義。從柳子厚《天對》所道“嘘炎吹冷,交錯而功”來看,這種“揄揚”之義所由生,實際上在於“吹嘘”一詞内部已經悄然發生了偏向“嘘”一邊的流轉,即“吹”字漸次爲有其形而無其實,純然乎素餐尸位者。至於今語“吹嘘”一詞作“吹牛”即不復“揄他”,而指向“揚己”,則是一種特例,即並不復是又將“嘘”倒向“吹”一邊,而是將“吹”這一邊賦予新解;以“吹嘘”之“吹”(to blow hot and cold),等“吹角”之“吹”(to blow one's own trumpet)。《管錐編》還將“吹嘘”一詞的流變現象,與前面所分析的“契闊”作了比較:“契闊”同指,或從“契”義,或從“闊”義;而“吹嘘”同指,歷來只取“嘘”義。蓋兩文儷而成一詞,有聯合而各不失本者,有吞併而此長彼消者。錢鍾書聯類而及的例子尚有:“人物”之爲言“人”也,單舉也,而“人地”乃雙舉“人”與“地”;“物事”之爲言“物”也,單舉也,而“事物”乃雙舉“事”與“物”。合離兼別,其故莫詳,作俗相因,積重難返。在另外的場合,還聯類道:“佳惡”可僅指“佳”,如“利害”僅指“害”,今語“識好歹”亦常謂知恩、感恩,即“識好”也。

漢語詞語結構,既有“義位有其形而無其實”者,又有“義位無其形而有其實”者,二者相互對待,互爲補充,相反相成。釋義者倘若對這類結構缺乏自覺,不止會出現如上文所提到的辭書編纂中義項處理的分歧,而且在一般詞章注釋過程中也往往因此而含混不確切。這裏也只舉出一個簡單的例子。杜甫《詠懷五百字》:“顧惟螻蟻輩,但自求其穴,胡爲慕大鯨,輒擬偃溟波?”朱東潤主編《中國歷代文學作品選》的本子,在關於此詩的注十二裏説:“偃溟波,游息於大海之中。”其他各家注本或偏主“息”義,如中央廣播電視大學文學教研室所編《中國古代文學作品選》中册關於此詩注二十三裏的説法。以上都是流布極廣的選本,像一般選本如四川省社科院出版社所編《中國古代文學作品選》的"自學輔導",關於此詩的分析,也以"偃溟波"之"偃"爲"偃息"。按上下文,這四句詩實際構成一種比較對照的關係:"大鯨"不同於"螻蟻",後者"自求其穴",前者若聯繫"溟波"來看,當以"游"義爲長。此處"偃"當爲"㫃"之借,《説文·㫃部》:"㫃,旌旗之游,㫃蹇之貌。……讀若偃。""偃"作"㫃"讀,存在著通轉的條件。《説文》並援古人名與字字義相應的現象加以印證:"古人名㫃字子游。"許慎所援的古人名字例當是《春秋名字解詁》下"鄭公子偃字子游,駟偃字子游,晉荀偃字伯游,籍偃字游,吴言偃字子游,顏成偃字子游。"之類又可參見王引之《經義述聞》卷二十三"古人名字多假借,必讀本字而其義始明"條。其實,"㫃"即古偃字,古時多用作人名,段玉裁《説文解字注》"㫃"下説:"今之經傳皆變作偃,偃行而㫃廢矣。"《玉篇·㫃部》:"㫃,今爲偃。"惠棟《讀説文記》:"㫃,古偃字。"由此,該詩"偃"即"㫃",其義爲"游"。注本彌縫兩端,原因有二:其一,不明本字;其二,不諳上述漢語詞語義位結構之"有其形而無其實"類型,即"偃息"(實"游息")一語中,"息"字有名無實。

假如將上述詞義義位的兩類相對待的流變現象即"無其形而有其實"與"有其形而無其實",分別以"時令"和"容易"兩詞爲例,作出圖示,當會更清楚地把握其語義流變的結構特點:

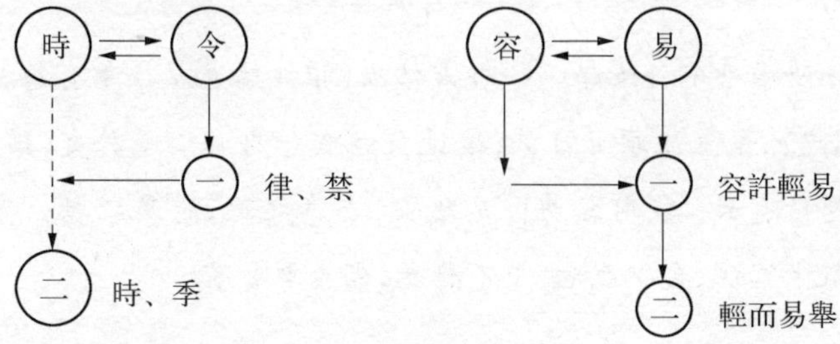

其中,"容易"一詞語義顯現作"易"時,"容"這一邊屬"有其形而無其實",其内部義位構成貌若健全,實似翁折臂、夔一足,有偏枯不稱之處;"時令"一詞顯現爲"時""季"之稱,雖無"時"之形卻有其實,所以"令"貌

似單文孑立,實有一身二任之能、一體雙職之功。

漢語語義場的這種義位結構性變化,都會對語義的完整準確顯現發生"干擾"。而析言之,"義位有其形而無其實",可以説是發生在"語義場"的徒尸其位,"干擾"在明處;"無其形而有其實",則可以算是"語義場"的義位隱蔽,"干擾"在暗處。語義干擾在明處,語言交際者有形可按,尚好辨析;干擾在暗處,無形可稽,視而不見,由是而往往產生許多語義扭曲、流失。

因此,漢語語義場"義位的有其形而無其實"與"義位的無其形而有其實"隱顯對立性的義位結構的自覺,至少有以下幾個方面意義:(1)自覺避免語義干擾,準確把握語義結構;(2)自覺補充辭書學理論,對辭書編纂具有實踐意義;(3)語言結構性的自覺,更爲方便合理地解釋包括"偏義複詞"在內的漢語詞語結構組合現象。

補説一:

清人嚴可均所輯《全上古三代秦漢三國六朝文》,《全齊文》卷八輯録王僧虔《誡子書》,可以説其中記載了"談何容易"這一語段結構偏主"空談"的完整背景。由語言結構內部的語義偏轉流變,也可以發現漢民族所謂"務實",至少在某個特定時代也有例外:

> 知汝恨吾不許汝學……吾未信汝,非徒然也。往年有意於史,取《三國志》,聚置床頭百日許;復徙業就玄。自當小差於史,猶未近彷彿。曼倩有云:談何容易!見諸玄,志爲之逸,腸爲之抽。專一書,轉誦數十家注,自少至老,手不釋卷,尚未敢輕言。

按:據此可考"談何容易"語段,其語義指向在初爲"談"本身之不可輕忽;非指"説起來容易,做起來難"或俗語所謂"站著講話不腰痛",轉換爲現代漢語的結構關係爲:

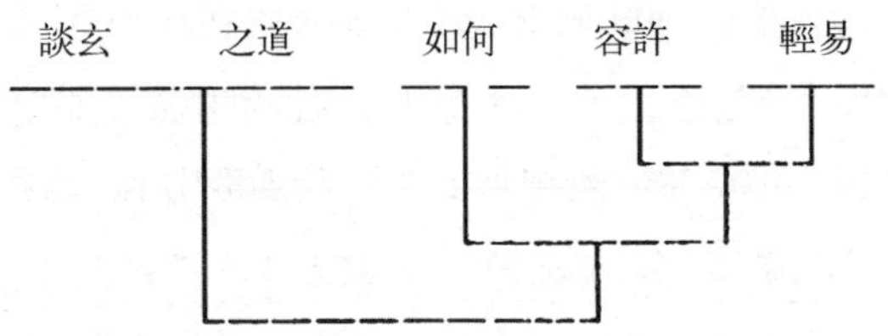

又見《管錐編》卷二,第 576 頁所考。

> 汝開《老子》卷頭五尺許,未知輔嗣何所道,平叔何所説,馬、鄭何所異,指例何所明,而便盛於麈尾,以呼談士? 此最險事。設令袁令命汝言《易》,謝中書挑汝言《莊》,張吴興叩汝言《老》,端可復言未嘗看邪? 談故如射,前人得破,後人應解,不解即輸賭矣。且論注百氏,荊州八帙,又才性四本,聲無哀樂,皆言家口實,如客至之有設也。汝皆未經拂耳瞥目。豈有庖厨不修,而欲延大賓者哉! 就如張衡思侔造化,郭象言類懸河,不自勞苦,何由至此? 汝曾未窺其題目,未辨其指揮。六十四卦,未知何名;《莊子》衆篇,何者内外? 八帙所載,凡有幾家? 四本之稱,以何爲長? 而終日欺人,人亦不受汝欺也! 由吾不學,無以爲訓。然重華無嚴父,放勳無令子,亦各由己耳……

按觀此《誡》,可考見當時人於"學問"之要求、之作法;亦可見南朝談玄之資本,談玄之風盛。悄然發生的語義結構之"偏轉",亦頗徵某種學術風尚、文化氛圍之演變。反過來也可以説,上述語義結構的内部"偏轉",講到底是語義發生的歷史背景的變化影響。

補説二:

有的學者研究"轉訓",曾經提到由於歷史上避諱等特殊的文化背景造成轉訓的情形。舉出的例字如漢代明帝劉莊,爲避諱"莊"改用同義詞"嚴"來表示。於是,改"莊助"爲"嚴助","莊子陵"爲"嚴子陵","老莊"爲"老嚴"等等。與"莊"同音的"裝""妝"等字也隨之改用"嚴"字。"莊"

“嚴”本來只是在作形容詞時同義,結果發展成在所有義項上(包括“裝”“妝”)都可代用。於是產生了一些令人費解的用法。如“辦裝”(準備行裝)成爲“辦嚴”,《後漢書·陳紀傳》:“紀見禍亂方作,不復辦嚴,即時之郡。”“妝具”改爲“嚴具”,《後漢書·祭祀志下》:“具盥水,陳嚴具。”“裝飾”成了“嚴飾”,《漢書·五行志上》:“劉歆以爲先是嚴飾宗廟。”“嚴”在當時臨時地兼有了“莊”(包括“裝”“妝”)的所有義項。後人閱讀時,須將這些句子中的“嚴”轉訓爲“莊”(“裝”“妝”),才能掌握它們的確切意義。由於這類轉訓只是在行文中擴大同義字代用範圍而造成,因而它們一般發生在書面語中,轉折的詞義往往只具有臨時的性質,較少流傳到後世。〔1〕 但是檢《辭源·艸部》,“莊嚴”一詞的最早出處爲漢代人荀悦《前漢紀》十四《孝武皇帝紀》五:“王太后皆莊嚴將入朝,越相吕嘉不欲内屬。”看來至遲在漢代,“莊嚴”即已合成爲一詞,而且這裏出現的“莊嚴”,其語義所指就是“整治行裝”,《孝武皇帝紀》的記載,《漢書》九五《南越傳》作“王、王太后飾治行裝”。“莊嚴”聯合成詞既如此之早,也就不排除“嚴”這一邊受“莊”字一邊的影響、規定。並且,“嚴”字具有“裝(妝)飾”義,也是稍後的事。《漢語大字典·口部》在“嚴”字義項十始列“裝束;整飭”,所援文獻書證爲《古詩爲焦仲卿妻作》:“雞鳴外欲曙,新婦起嚴妝。”

另外,蔣紹愚也將古書中成組的同義詞由於經常代用、互用,從而在意義上相互影響,逐漸具有自己原先並不具備的對方的義項這一現象稱爲“義位之間的相互影響”:“A 這個詞有①②兩個義位,B 這個詞有一個義項 B①與 A①相同,隨後,B 也就產生了和 A②相同的 B②這個義位。”他舉出的例詞是“信”和“任”:“例如,‘任’這個詞義位①是‘信任’,義位②是‘隨意’。這兩個義位,都是從‘任,負也’這個意義輾轉引申而來的。‘信’這個詞,有一個義位也是‘信任’,與‘任①’相同。到後來,大約是在六朝時,‘信’也具有了‘隨意’的義位。如‘信手’‘信步’等。‘隨意’和‘信任’之間没有意義上的直接聯繫,‘信’之所以產生‘隨意’這個

---

〔1〕 徐莉莉《“轉訓”簡論》,載於《語言研究》1986 年第 2 期。

義位,就是因爲它受到了‘任’的另一義位的影響。”〔1〕這些都是可以參考互證的例子。

補説三:

“先導”先秦即合成結構,作用同“引導”,見《韓詩外傳》卷七:“夫爲人父者,必懷慈仁之愛以畜養其子……必嚴居正言以先導之。”《楚辭》“先導”“先路”皆用,作用一揆:《遠遊》:“召豐隆使先導兮,問大微之所居。”《離騷》:“乘騏驥以馳騁兮,來吾道夫先路。”積漸成習,即“導”不出場,單用“先”,亦具“教導”之用,《説文解字·敘》所援引“周禮八歲入小學,保氏教國子,先以六書”,其中“先”字作用,即相當於“導以六書”。後世如唐代石刻則“教先”並列使用,形成固定結構。參見《簡牘餘話》部分。

補説四:

金文“蔑曆”或“蔑……曆”呼應使用,數據庫統計表明,亦稱較高頻率。《長由盉》銘文:“穆王蔑長由。”《再簋》:“皃生蔑再曆。”商周時期金文大致上使用了五六十次蔑字,大都以“蔑……曆”的形式出現,如《大簋》“蔑大曆”,《衍簋》“王蔑衍曆”。表達“對……勉勵嘉獎”的結構意義,如果補充結構完整,就要在“蔑……曆”中間補出所要勉勵嘉獎的對象。也有的只使用“蔑”字,主要的功能就是記載指周天子或王公大臣對下級人員的政績表示勉勵和嘉獎。綜之,蔑字的用法有四種形式:一、“蔑曆”連用;二、“蔑曆”分用,中間插入其它成分,呈現爲“蔑……曆”;三、“蔑”字單用,“曆”字不出現;四、“蔑”字與其他字合用,如“蔑靜”。在銘文裏面,前面三種應該算是比較常見的表現形式,而後者“蔑靜”的組合,則是一種“變體”。像《免盤》“蔑靜”的作用,就相當於常態的“蔑曆”。至於“蔑”字單用,除了上面已經舉出的《長由盉》銘文用例,還

〔1〕 蔣紹愚《關於古漢語詞義的一些問題》,載《語言學論叢》第七輯。

可以參見《天亡簋》銘文“隹朕又蔑,每揚王休……”,意思是“我有善功(獲得褒獎),勉力頌揚王的休美”。《尚書·君奭》:“無能往來,兹迪彝教,文王蔑德降於國人。亦惟純佑秉德,迪知天威。”一向聚訟紛紜,大體也許就是表現形式爲單用“蔑”字,其實傳遞的是整個“蔑曆”結構的作用。參見《金文零拾》部分。

補説五:

《三國演義》第九十回“驅巨獸六破蠻兵,燒藤甲七擒孟獲”,土著嚮導曉厲害勸班師。孔明笑曰:“吾非容易到此,豈可便去!吾明日自有平蠻之策。”其中,“容易”即同今語所謂“等閒”“輕易”,發揮作用之語素義項,完全偏向“易”之一邊。

原文刊於《辭書研究》2000年第1期,陸續又有補説。

媒體·書體·文體

——魏晉南北朝文字發展的因素和意義

第一、唐抄本"紙"裏所包孕的材質、工具及其他

魏晉南北朝時期,社會用字的媒介體質空前繁富。石刻、紙張、簡牘等文字載體,應有盡有。其中紙張,是新出現的書寫介質品種。觀察魏晉南北朝文字發展,不能不留意介質轉換,也就不能不首先討論一下這個"紙"字。在現存考古發現的紙質材料時代較晚的情況下,人們首先將關注的目光投向文字的記載。現在通行的大徐本《説文解字》(以下簡稱《説文》),成書於東漢,也就是跟傳統上所説的蔡倫造紙差不多相同的時代,但已經過了唐宋之際的修改,存在若干傳抄變異。該本《糸部》收"紙"字,並分析説:"絮一苫(音 shān)也。从糸氏聲。諸氏切。"其中的"一",是如何用來界定絮、苫關係?其實一直是模糊不清的。目前比較有影響的解釋是,"絮一苫"揭示了由絮到紙的加工生產過程。這樣一來,絮、苫之間的"一"符,似乎兼具了解釋詞和數量詞功能。

陸宗達《説文解字通論》按照製造程序作過細緻的聯繫:"我國在很早的時候就發明了造紙和紡織,在《説文》裏,這方面的資料也非常豐富。

綜集起來,可以瞭解古代手工業的製作方法和製作程序。這都是古代勞動人民在生產上的偉大創造。我國的造紙術,據史書的記載是後漢時代蔡倫創造的。晉代範曄的《後漢書》上説蔡倫‘用樹膚、麻頭及敝布、魚網以爲紙。元興元年(公元一〇五年)奏上之,帝善其能,自是莫不從用焉。故天下咸稱蔡侯紙’。其實,造紙決不是一個人發明創造的,也決不會是没有前人的經驗、突然創造的。在蔡倫以前,我國勞動人民就已經發明創造了紙。《説文》已有紙字,它説:‘紙,絮一箈(音 qián)也(從段改)。’可見周秦時代已經發明了造紙術。大概最初是用亂絮造紙。絮是絲麻剩下的碎亂的縺(da)。古人把這種東西或者續在袷衣裹禦寒,猶如今天的棉花(我國古代没有棉花,南北朝時才由印度傳入,見俞正燮《癸巳類稿》);或者用來造紙。造紙的方法,是把亂絮漚在水裏,再漂麗擎之,使亂絮碎散爲末,成爲紙漿。再用箈使紙漿漏去水分,成爲平匀的薄片,曝乾後即成紙。……什麽是箈?《説文・竹部》:‘箈,潎(pì)絮簀也。’《廣韻》:‘箈,漂絮簀。’揚雄《方言》卷六:‘床,齊魯之間謂之簀。’注:‘簀(音 zé),床板也。’《説文・竹部》:‘簀,床棧也。’可見古代造紙用拼合碎木板爲借。段玉裁説:‘潎絮簀即今做紙密緻竹簾也。《糸部》曰:紙,絮一箈也,謂絮一箈成一紙也。紙之初起,用敝布魚網爲之,用水中擊絮之法成之。紙字箈字載於《説文》,則紙之由來遠矣。’”〔1〕

按《玉篇・竹部》,籤、箈異體字,箈就是造紙漂漿用的竹簾。陸宗達上述解釋,是依據段玉裁的改字改注。錢存訓教授對漢字載體作專題研究,所著《書於竹帛》同樣涉及到這個問題,但又不同意段氏的改動:北宋《説文》從卄(筆者按:艹符之混淆,下同),後人改爲“笘”,從竹(筆者按:其實從竹、艹,刻寫楷字經常替换,構成異體)。《説文》謂“笘,折竹箠也”,似與造紙無關,故段玉裁再改爲“箈”,又加水旁,適合其“以潎絮簀”釋造紙之説。今人釋“紙”字,大多從段説,其實所據有誤,應該仍照舊本從卄(按:該處所謂“舊本”即宋人大徐本。卄即廿,爲艹符之混淆)作

〔1〕 陸宗達《説文解字通論》,北京出版社 1981 年,第 87 頁。

"苫"。《説文》稱"苫,蓋也",《爾雅·釋器》云"白蓋謂之苫",徐鍇曰"編茅也"。大概是指用茅草編成的一種席,作爲覆蓋之用。因爲透水,可能最早造紙時,即用以承載在水中擊碎的敝絮,水中的纖維體附著於席上,待水流去,便黏合爲一張薄頁,乾後即成爲紙。這種偶然的發現成爲最初造紙的意念,應該是極可能而順理成章的事。但古代的簾模大概是草類編成,用竹絲編簾應是以後的發展。[1] 按:章炳麟《新方言·釋器》:"凡張蓋皆得釋苫,非止編茅以覆屋而已。今人華蓋、雨蓋皆謂之苫。"然則以此爲紙,則不得平整。

前賢時哲的研究,對進一步調查啟發實多。其他還有一些大同小異的説法,根據都是大徐本貯存的《説文》有關"紙"字結構分析。對於這些輾轉推測解釋,在有關魏晉南北朝到隋唐時段文字發展的調查過程中發現是有問題的,這裏發表其要點如下:

首先,相關楷字數據庫調查表明,現存傳抄宋本《説文》各種版本,絮、苫之間的"一"符,兼具解釋詞和數量詞功能,這種體例是罕見的。除此之外,未見其他任何用例(《説文·隹部》:"隻,鳥一枚也。"用作物量詞)。而《説文》釋義分析採用"一曰"的方式,則是其通例。《説文》釋義多以"一曰"並出義項,揭示義項間或爲條件,或爲因果,或爲同源,或爲並列等等邏輯關係。據我們課題組所研製的楷字數據庫統計,大徐本《説文》在釋義過程中使用"一曰"之例凡700餘處。[2]

其次,成書於南朝梁代的《原本玉篇》,其中《糸部》(下簡稱《原本》),援引了當時所見《説文》記録:"《説文》:紙,箁(音 póu)也,一曰絮也。或爲帋字,在巾部。"以《原本》爲基本傳抄依據的唐代抄本《篆隸萬象名義》(下簡稱《名義》),也保存了有關記録,而且二者所存義項、次序完全一致:"紙,之是[反]。箁[也],絮[也]。"這裏所引《名義》傳抄義

[1] 錢存訓《書於竹帛》,上海書店出版社2006年,第99—100頁。

[2] 關於《説文解字》"一曰"體例所界定的義項之間邏輯關係類型,參看臧克和所著《説文解字的文化説解》"'一曰'系列",湖北人民出版社1994年。有關《説文解字》等傳世字書數據,參見華東師範大學中國文字研究與應用中心研製"歷代字彙韻書數據庫",下同。

項,作爲"語已詞"的"也"字皆抄省。這涉及當時"抄"字原本不同於今天的抄寫,而是"摘録"的體例問題,參見下文。《原本》援引《説文》作"紙,箁也,一曰絮也",其中的"箁"如何理解?這是準確揭示"紙"裏所包藴天地的關鍵。首先《原本》《名義》等字書都著眼於材質,將"箁"解釋爲"竹皮",此其一:《原本·竹部》:"箁,蒲侯切。竹箬(音 ruò)也。"《名義·竹部》:"箁,蒲侯反。竹皮也。""箬,如珞反。竹皮也。"《宋本玉篇·竹部》(以下簡稱《宋本》):"箁,蒲侯切。竹箬也。"《廣韻》十九矦引《説文》:"《説文》云:'竹箬也。'薄侯切。"朱駿聲《説文通訓定聲·頤部》:"箁,竹箬也。从竹音聲。蘇俗謂之笋殼。"也有字書、韻書著眼於工具,從功能角度來解釋"箁"爲竹網,此其二:宋人所編《類篇·竹部》:"篰箁(音 pú póu,即"箁"字一個音節的緩讀語音結構)蓬逋切,蒲篨(音 yí),小竹網,或作箁。箁,又房尤切,竹名,又蒲侯切。"《集韻》:"篰箁,篰篨,小竹網。或作箁。"《五音集韻》:"篰,竹笪(音 dá,粗竹席),沉水取魚之具,或作箁。箁,同上。"《康熙字典》:"八箁:又《集韻》蓬逋切,音蒲,蒲篨,小竹網,或作箁。"

看來,箁或作篰,本質就是竹箬,竹箬就是竹皮,而竹皮所編織的網,作爲"沉水取魚之具"也可以稱"箁"。毋庸費詞,作爲沉水取魚之具的"箁",其功能首先是用來過濾流過的魚,但也同時積澱了漂流經過的絮狀物。在晾曬漁網的過程中,自然也會發現這種絮狀積澱物形同後來加工特製的"薄紙"。

再來看與"箁"相關聯的"絮"。篰、箁音同,紑、箁亦同從音得聲,《名義·糸部》:"紑,匹甫反。治敝絮。"同部"纊,□(音)曠[反]。綿也。絮(絮)也。絖,上字。"由沉水取魚即過濾留魚,到用於整治敝絮,功能有了發展,而作爲工具則同。至此,從《原本》所見南北朝時代的《説文》,以及唐代傳抄《原本》的《名義》所貯存的信息來看,人們已經很自然地將"箁"與"絮"兩項關聯起來,用來揭示"紙張"的誕生歷程。

《原本》所見南北朝時代的《説文》以"一曰"並出義項,揭示義項間存在的工具和材料、條件和結果的邏輯關係。首先以"箁"釋紙,實際上是著眼於製造紙張所用工具;而又出"一曰"之訓,則是解釋用來製造紙張所需基本原料。早期的紙,從工具製作而言要通過竹網的過濾工序,從所取基本原料而言,主要是麻絮一類的材質。因此,就其功能而言,早期的紙張可能主要還是用於服裝包裹等等,而不大可能直接就作爲單純的書寫材料。上舉《後漢書》關於蔡倫造紙,提到“用樹膚、麻頭及敝布、魚網以爲紙”,應該句讀爲“用樹膚、麻頭及敝布,魚網以爲紙”。按照並列連詞的使用習慣,“魚網”並不跟前面用“、”“及”所關聯羅列的“樹膚麻頭敝布”相並列。其中特別要提到魚網,就不僅僅像通常作爲跟破布麻頭之類等量齊觀的“原材料”來理解。設若果真比列聯類,充其量相當於爛繩子。然則,不必特別提出魚網。基於此,《説文》此處的“一曰”之訓,實際關聯了有關製造工具和製作材質。上舉錢存訓教授所提到的《東觀漢記》卷二十也説“造意用樹皮及敝布,魚網作紙”,我們認爲這就是“箬”所構成的竹製席狀魚網,而不可能是過去一般所簡單理解破爛絲織魚網之類的廢舊原料。基於此,南朝齊代劉勰著《文心雕龍》,其《情采》第31篇裏,就徑直以魚網作爲書寫紙張代稱:“若乃綜述性靈,敷寫器象,鏤心鳥跡之中,織辭魚網之上,其爲彪炳,縟采名矣。”

秦代的《睡虎地簡》所見“網”字尚未從糸構造,字作從网亡聲結構,戰國《九店楚簡》等簡牘也没有使用從糸的網字,只使用過兩個從网亡聲形體。[1] 真正成批使用從糸結體的網字,還是南北朝時期。如北魏《侯剛墓誌》“密網初結,有觸即離;霜風暫吹,所加必偃”,東魏《張法壽息榮遷等造像記》“繒網”、北魏《爾朱紹墓誌》“乾綱再造,地網惟新”等等,已皆使用網字。《莊子》“胠篋”篇“鉤餌網罟罾笱之智多,則魚亂於水矣”,傳世宋刻本等皆使用“網”字,中唐時代的敦煌抄本《郭象注莊子南華真經輯影》尚皆抄用“罓”字。[2]《説文·网部》:“罪,捕魚竹網。从网、非。

〔1〕 有關簡帛文字數據,參見華東師範大學中國文字研究與應用中心研製“簡帛文字數據庫”,下同。

〔2〕 有關石刻文字數據,華東師範大學中國文字研究與應用中心研製“石刻文字數據庫”,下同。[日]寺岡龍含《敦煌本郭象注莊子南華真經輯影》“胠篋”品第十,福井漢文學會1960年11月影印。

秦以罪爲辠字。"是知《説文》小篆構造,還以爲是"捕魚竹網",功能在乎捕魚,工具在乎魚網,製作還是竹質。

這類竹製席狀魚網,基本的功能在於過濾。所以,俗語所謂"三天打魚兩天曬網",也許是保持漁網過濾功能所必需的時間週期。中國古代社會,漁業發生很早。《詩經》裏所描寫的"罶",可能就是這種過濾竹網的早期形式。像《詩經·小雅·魚麗》:"魚麗於罶。"毛傳:"罶,曲梁也(捕魚的竹簍),寡婦之笱(gǒu,竹製的捕魚器,魚簏)也。"《詩經·邶風·谷風》:"毋逝我梁,毋發我笱。"梁、笱對文。《莊子·胠篋》:"鉤餌罔罟罾笱之知多,則魚亂於水矣。"

基於此,"紙"字形體可以替換巾符爲"帋"。南北朝就用從巾的紙字,除了《原本》上面的記録,又見於《名義·巾部》:"帋,之氏反。箁也。紙字。"適與上具《原本》《名義》有關部類所存信息互相關聯互相呼應。唐宋之際改定的《宋本·巾部》:"帋,之爾切。亦作紙。"(下簡作《宋本》)看來,不論哪種情況,都著眼於紙的材質與功能。"紙"或作"帋",從巾構造,帛、飾、常等字皆從巾,又《名義》:"箋,表識也。書。牋字,幯字。"幯櫛牋箋異體字,可知當初"紙"的用途及功能。

現存所見出土文獻"紙"字使用情況,如睡虎地秦墓竹簡用紙字,如北魏《元欽墓誌銘》用紙字,使用的都是從糸氏聲結構,其餘尚未之見。另外,"著於竹帛"的著字,本字結構從糸尼聲,著、尼古音尚未分化,出土戰國楚簡如《郭店楚墓竹簡》所援引《緇衣》篇就是如此構造。

語言文字反映事物發展以至於作出相應調整,往往是滯後的。《玉臺新詠》卷一託名蔡邕所作《飲馬長城窟行》就以"尺素"之類絲織物作爲書信載體,"客從遠方來,遺我雙鯉魚。呼兒烹鯉魚,中有尺素書",但是直到宋代詞人晏殊《蝶戀花》下片的説明,當時信息溝通還是依靠絲織物來傳遞:"昨夜西風凋碧樹,獨上高樓,望盡天涯路。欲寄彩箋無尺素,山長水闊知何處?"

但不幸的是,文字使用,經常給人添麻煩。我們試圖以此來説明"紙張"使用歷史的材料,本身卻也存在文字使用方面的問題: A. 前後矛盾説——沈祖棻《宋詞賞析》:"無尺素"與前面詞情矛盾,"實爲推脱之詞"。按"推脱"理解失之簡單。B. "彩箋"與"尺素"並列説——唐圭璋《全宋詞》和朱東潤《中國歷代文學作品選》等,都依據毛氏汲古閣本《珠玉詞》,均取"兼尺素"。按並列理解有文獻學的基礎,但長短句用詞重複如此,在一闋小詞中是不可能出現這種現象的。C. "尺素"即等"鯉魚"説——俞平伯以爲"尺素"即"鯉魚":"意謂欲寄彩箋,卻不能如尺素之得附托鯉魚也。"按"欲寄彩箋無鯉魚",實際上也是在重複,説者這裏不過是偷换了一個概念。從文字使用過程來説,無、兼常混,[1]兼又是縑之借:縑即縑紙,縑之爲用,就是"尺素"。程大昌《演繁露》卷十五:"唐始以縑紙卷軸改爲多葉耳。"縑之得名,就在於"兼",漢代劉熙揭示過這種聯繫:《釋名・釋采帛》:"縑,兼也。其絲細緻,數兼於絹,染兼五色。"縑素,自古就是一個詞。《宋史・張去華傳》:"命以縑素寫其論爲十八軸,列置龍圖閣之四壁。"是縑素即具"彩箋"之用。夏文彦《圖繪寶鑒》卷三:"以淡墨寫竹,整整斜斜,曲盡其志,見者疑其影落縑素。"從形式規定來看,基於《蝶戀花》詞譜,"縑尺素"即"尺縑素",省文就是"縑素"或"尺素"。"尺縑素"破體爲"縑尺素",正是形式規定即詞譜對内容限制作用的反映。"尺"在《廣韻》屬昌母昔部開口呼三等入聲字,而它所處的詞譜位置又是一個只許平、不能仄、亦非可平可仄的空間——"欲寄彩箋無尺素"——仄仄平平平仄仄——於是,只得跟平聲的"縑"相互調换字位,就是由"尺縑素"破體組合爲"縑尺素"。實在來説,這也是無可奈何的作法。古代人的修書,通常的單位不過是一尺,而且填寫滿尺幅算是對閲讀者的尊敬,又有"尺素"之説。結論是:"尺素"即"尺縑素",調换位置就成了"縑尺素",也就是前面"彩箋"的補足説明,並不是與之並列重複。

按跡推原,既不能以後起的意義去機械套用其原始意義,同樣也不能將原始的意義跟後起的變化意義物論齊一。解釋者將《説文》原本所貯存

[1] 分别參見臧克和主編《日藏唐代漢字抄本字形表・八部》第一册、第四册"兼"字條,華東師範大學出版社 2016、2017 年。

造紙題中應有之義的魚網工具遮蔽了去,而又將比附進來的魚網工具當作了造紙的下腳料;宋代大徐本《説文》所載"絮—苫也",傳刻失例破體,段氏改注,今人以訛傳訛,皆不得其朔。"紙"裏所包孕的豐富内涵,代遠言湮,解人難索。

第二、紙張廣泛使用的書體發展意義

《宋本·糸部》:"紙,支氏切。蔡倫所作也。"東漢蔡倫總結製作出比較方便實用的"蔡侯紙",〔1〕紙張的使用才開始進入到推廣階段,公元三世紀—六世紀魏晉南北朝時期才是造紙的發展階段。考古研究表明,紙張開始並不是作爲書寫用途出現的。直到西晉時作爲書寫功能還是簡紙並用,東晉以降,便不再出現簡牘文書,而幾乎全是用紙了。〔2〕經過東漢改進製造技術的紙張,到魏晉南北朝成爲社會用字的主要載體,較之其他書寫載體,極大地拓展了文字書寫的自由空間。只有紙張作爲新的書寫載體真正走向社會應用,書家輩出,呈現個性,才真正具備了物質基礎。"洛陽紙貴"之類的成語,也是出現於晉代(語出《晉書·左思傳》)。

一般認爲楷字始於東漢,這當然指的應是廣義的楷書。"隸書"作爲書學術語,相當長的時間裏包含楷書等在內。换言之,楷書等類型很長時間是以"隸書"統稱或隸、楷混稱。三國·吴《走馬樓竹簡》整體上已經處於由隸向楷過渡而近於楷的傾向。經過魏晉南北朝石刻、簡紙等載體使用,隸變解體之後的漢字,不斷傳承變異,使得楷書獲得發展,作爲書體類型真正成熟。不過,唐代以前,楷書亦兼指八分書與隸書,因爲相當數量

〔1〕 有專家根據前不久嘉峪關發現公元前8年的西漢寫字麻紙,提出紙張偶然發明於秦始皇軍服場作坊。如果成立,這一發現就把中國有寫字紙的歷史,從傳統的蔡倫造紙説向前提了一百多年。東漢時代(公元105年)蔡倫改進了先輩的造紙術,從而造出高級優質紙。根據記載,這一切都是在當時皇家的作坊"尚方"裏完成的。http://www.sina.com.cn 2006年8月22日14:34,西安新聞網《西安日報》。

〔2〕 錢存訓《印刷發明前的中國書和文字記録》,印刷工業出版社1988年,第93—94頁。潘吉星《中國造紙技術史稿》,文物出版社1979年,第52—53頁。

的楷書,還是處於由隸到楷的過渡形態。不僅用字過程隸楷並行,即碑刻用字,部件記號的選擇,正俗的取捨,尚處過渡階段。宋本《玉篇·木部》:"楷,木名,孔子塚蓋之樹。又楷式也。《禮記》曰:今世之行,後世以爲楷。又音皆。"唐代傳抄南北朝《玉篇》的《名義》:"楷,法也,式也,模也。"《法書要録》卷七引唐張懷瓘《書斷·八分》:"(八分)本謂之楷書。楷者,法也,式也,模也。"漢史岑《出師頌》:"允文允武,明詩悦禮,憲章百揆,爲世作楷。"《法書要録》卷二引南朝陶弘景《與梁武帝論書啟》之二:"此書雖不在法例,而致用理均,背間細楷,兼復兩玩。"宋黄伯思《東觀餘論·跋漢太尉劉文饒碑後》:"想文饒之高風,玩中郎之妙楷。"這裏已經將東漢蔡邕的書法作品作爲"妙楷"進行玩味了,不過,從現存東漢用字實物來看,這裏所謂的"楷",基本上是廣義的理解,而且主要還是指隸書。

"楷書",作爲漢字書體之一,由隸書演變而來,通行至今。楷書又稱正書、真書、正楷。以形體方正,筆畫平直,可作楷模,故名楷書。真正將楷書作爲從隸書演變而來的獨立書體類型,與隸書相並列,作爲狹義書體類型進行傳承定型的階段是隋唐。這個時期楷化規整的標準呈現爲兩類:一是開成石經代表的字樣標準,二是《五經文字》《干禄字書》等字樣書代表的字樣標準。但後者有的又經過了傳刻,所以,真正的楷字標準是唐代所保存的石刻字樣。清人鈕玉樵輯《觚賸初編》"石經"條記述甚詳:"余既購西安石經全本,而未詳書者姓名及刊立始末。走書頻陽,詢李子德内翰。李遣其嗣子叔青往盩厔從趙子函家抄示云:唐天寶中刻九經於長安……太和七年,勑唐言度復定石經字體,於國子監立石,九經並《論語》《孝經》《爾雅》,共一百五十九卷,字樣四十卷。開成二年告成……按六朝以前用分隸,今石經皆正書,且多仿歐虞法,知其唐人書無疑。《禮記》首《月令》以尊明皇,諱純字以尊憲宗:又知其非天寶以前人書矣。則今西安府學石經,乃唐文宗勑定,而成於開成時者。"[1]中唐傳抄敦煌文

〔1〕 清·鈕玉樵輯《觚賸初編》卷六秦觚"石經"條,上海鴻文書局民國甲寅精校石印本。

獻所使用楷字,基本已經體現出通行楷定的風格。如我們以出自一人之手、風格統一、時代明確的敦煌抄本《郭象注莊子南華真經輯影》作爲對照楷字傳承定形時間層次的文獻用字,統計發現兩個特點:一是該時期所有定形的楷字都來源於南北朝時期楷字;二是一部分呈現某些變異特點的楷字,也都是傳承魏晉南北朝時期的楷化結果。

《顏氏家訓·雜藝篇》在一定意義上反映了當時社會用字轉型的背景情況:"晉、宋以來,多能書者。故其時俗,遞相染尚,所有部帙,楷正可觀,不無俗字,非爲大損。至梁天監之間,斯風未變;大同之末,訛替滋生。蕭子雲改易字體,邵陵王頗行僞字:前上爲草,能傍作長之類是也。朝野翕然,以爲楷式,畫虎不成,多所傷敗。至爲一字,唯見數點,或妄斟酌,遂便轉移。爾後墳籍,略不可看。北朝喪亂之餘,書跡鄙陋,加以專輒造字,猥拙甚於江南:乃以百念爲憂,言反爲變,不用爲罷,追來爲歸,更生爲蘇,先人爲老,如此非一,遍滿經傳。"〔1〕

吕思勉從晉南北朝學術系統,專門討論當時紙張真正進入書寫領域之後,魏晉南北朝社會用字情況。《魏書》卷八十一《劉仁之傳》:"劉仁之,字山静,河南洛陽人。仁之少有操尚,粗涉書史,真草書跡,頗號工便。……性好文字,吏書失體,便加鞭撻。言韻微訛,亦見捶楚。吏民苦之。而愛好文史,敬重人流。與齊帥馮元興交款,元興死後積年,仁之營視其家,常出隆厚,時人以此尚之。"《北史·樂遜傳》:"遜輿櫬詣朝堂,陳周宣帝八失。其七曰:詔上書字誤者,即科其罪。"吕思勉特别注意到,當時人士,於小學多疏。他提到的根據是當時有些著名學者,對於古文字已經瞭解甚少。如王僧虔善識字體,已不能真識竹簡古書。有的人士甚至連秦漢間字體亦非常陌生。對於這類現象,我們認爲,翻過來似乎也可以説明,兩晉南北朝社會用字的轉型期已經完成,即今文字已經完全取代古文字,楷書爲主體的今文字已經完備且趨於定形。古文字作爲社會用字的主體,早已退出書寫領域。作爲交際工具,棄置日久,自然相忘。

〔1〕 王利器《顏氏家訓集解》,上海古籍出版社 1980 年,第 87 頁。

書寫空間擴展趨向自由,是需要一定物質基礎的。直接的因素,就是紙墨的完備。紙張既如上述,但用於書寫的紙張,開始也不可能廉價走入尋常百姓之家。相當長時期之內,"敬惜字紙"除了民俗文化信仰的反映,更是當時紙張價值不菲的體現。清代學者梁紹壬留意到時人對於"廢紙"的處理,也許關乎書寫載體介質局限因素,同書又特舉古代牋牘中將人名雙字者省簡爲一字的現象。[1] 吕思勉曾經列舉了大量好學書而乏紙張的動人史料。[2] 但是,兩晉南北朝書寫者自己就能製造紙墨,則已經見於正史文字。像《南史・張永傳》所載:永有巧思,紙墨皆自營造。宋文帝每得永表啟,輒執玩咨嗟,自歎供御者了不及此也。而《梁書》卷四十九《列傳第四十三》則記載:"袁峻,字孝高,陳郡陽夏人,魏郎中令渙之八世孫也。峻早孤,篤志好學,家貧無書,每從人假借,必皆抄寫。自課日五十紙,紙數不登,則不休息。訥言語,工文辭。"逮至南北朝,家貧好學者,没有力量購書,但卻可以有紙抄寫。這表明紙張作爲書寫材料,已經相當普遍了。[3]

物質因素具備了,而當時版刻尚未通行,南北朝還出現了從事書寫的專業戶。《魏書》卷五十五《劉芳傳》載劉芳曾爲諸僧傭寫經論:"劉芳字伯文,彭城人也。……芳雖處窮窘之中,而業尚貞固,聰敏過人,篤志墳

〔1〕 清梁紹壬《兩般秋雨盦隨筆》卷五第234頁"廢紙"條:"蕭山蔡荊山茂才出示冊頁一本,其中所潢裱者,乃成化時某縣呈狀一紙,萬曆時某科題名録一紙,崇禎時某家房契一紙,隆慶時某年春牛圖一紙,宣德時某典當票一紙,弘治時某姓借券一紙,天啟時某地弓口圖帳一紙,景泰時某歲黄曆太歲方位圖一紙。數百年廢物,以類聚之,亦入賞鑒,可謂極文人之好事矣。"卷一第5頁"二名偏稱"條,也許關乎書寫載體的局限:"今人二名者,往往於牋牘中單稱一字。按晉文公名重耳,而《左氏定四年傳》書云:'晉重魯申。'昭公二年,莒展輿奔吴,而《傳》曰:'莒展之不立。'又《晉語》曹僖負羈,稱叔振鐸爲先君叔振。"上海古籍出版社1982年。

〔2〕 吕思勉《兩晉南北朝史》第二十三章"晉南北朝學術",辟第二節"文字",香港太平書局1962年10月,下冊第1359—1371頁。下面有的文字也見於該節。

〔3〕 清嚴可均《全上古三代秦漢三國六朝文》第三冊《全晉文》第125卷"范甯"條《文書教》:"土紙不可以作文書,皆令用藤角紙。"中華書局1958年。藤角紙即藤紙,唐李肇《翰林志》:"凡賜與、徵召、宣索、處分曰詔,用白藤紙……凡太清宫道觀薦告詞文,用青藤紙。"明代徐渭號齋名曰"青藤書屋"。

典。晝則傭書以自資給,夜則讀誦終夕不寢。至有易衣並日之敝,而澹然自守,不汲汲於榮利,不戚戚於賤貧。乃著《窮通論》以自慰焉。芳常爲諸僧傭寫經論,筆跡稱善。卷直以一縑,歲中能入百餘匹。如此數十年,賴以頗振。由是與德學大僧,多有還往。"《北史》卷九十則載蔣少游以傭書爲業:"蔣少游,樂安博昌人也。魏慕容白曜之平東陽,見俘入於平城,充平齊戶,後配雲中爲兵。性機巧,頗能畫刻。有文思,吟詠之際,時有短篇。遂留寄平城,以傭寫書爲業。"《梁書·孝行傳》記載沈崇傃,傭書以養母。《南史·孝義傳》則記載庾震桑父母,居貧無以爲葬,賃書以營事,至手掌穿,然後葬事獲濟。這種或以書爲雇傭的關係,或以書爲業解決貧困問題,都在一定程度上反映了當時的社會書寫需求。

基於上述,可以將紙張獲得廣泛使用,作爲魏晉南北朝社會文字發展的物質因素來看待。

第三、書體自覺作爲魏晉南北朝家庭社會教育

魏晉以來,門閥士族階層形成並得到發展。"門戶"一詞,爲當時社會日常高頻用語。陳寅恪論北魏前期的漢化問題,特别提出:"有一點可以注意,在南北朝初期,所謂勝流,不必以高官爲唯一的標準,即寒士有才亦可目爲勝流,非若南北朝後期魏孝文帝的品目門第勝流,專以官爵的高下爲標準。《魏書》卷四十七《盧玄傳》論云:'盧元緒業著聞,首應旌命,子孫繼跡,爲世盛門。其文武功烈,殆無足紀,而見重於時,聲高冠帶,蓋德業儒素有過人者。'范陽盧氏在政治上的地位不及清河崔氏,其所以見重於時,主要在'德業儒素有過人者'。德業儒素,即所謂人倫。東漢以來評論人物,標準有兩條,一爲姓族,講整個家族;二爲人倫,講個人才智。"〔1〕趙翼《廿二史札記》卷八《南朝多以寒人掌機要》條:"而其時高門大族,門

〔1〕 萬繩楠整理《陳寅恪魏晉南北朝史講演録》第十五篇《北魏前期的漢化(崔浩問題)》,黄山書社 1987 年,第 242 頁。

戸已成,令僕三司,可安流平進,不屑竭智盡心,以邀恩寵。且風流相尚,罕以物務關懷,人主遂不能藉以集事。”“所謂高門大族者,不過雍容令僕,裙屐相高。……雖朝市革易,而我之門第如故。”《南史》卷七十七《劉係宗傳》中齊武帝也這樣説:“學士輩不堪經國,唯大讀書耳。”相互印證,即可看出當時士族高門的社會風尚。

漢魏盛行鄉党清議之風,月旦人物之評。兩漢録用人才,大抵由於徵辟與選舉。而徵辟與選舉,則唯以鄉党清議爲標準。《後漢書·許劭傳》:“劭與靖俱有高名,好共核論鄉黨人物,每月輒更其品題,故汝南俗有月旦評焉。”應劭作《人物志》,辨别人性,分析才能。傅嘏論才性,見《三國志·魏書·傅嘏傳》注引《傅子》曰:“嘏好論才性,原本精微,尠能及之。”鍾會作才性同異之論,《三國志·魏書·鍾會傳》:“鍾會,字士季,潁川長社人,太傅繇小子也。少敏惠夙成……會嘗論易無互體,才性同異。”南北朝宋劉義慶所撰《世説新語》,其體例爲“德行”“言語”等分類,原本就是人物的品評談資,是漢末魏晉南北朝社會品評風氣的直接產物。在重視社會品評的風氣影響之下,爲了使家族地位不至於式微成尋常百姓,家庭教育受到了空前重視。北齊顔之推《顔氏家訓》這一反映上流社會系統家庭教育的巨著,就是在這樣的背景下產生的。從顔之推的專門論述來看,當時的家庭教育内容主要是强調“德藝”兩個方面: 既重視儒學經籍,又注重家傳技藝;既以儒學傳家,又沾染玄風;既重視藝能教育,又强調門風傳承。“名實第十”開宗明義:“名之與實,猶形之與影也。德藝周厚,則名必善焉。”“勉學第八”强調:“有學藝者,觸地而安。……雖千載冠冕,不曉書記者,莫不耕田養馬。”當時所謂的藝能,爲士族大家所普遍重視者,大要有兩端: 一是文學,一是書法。東晉南朝最著名的兩大門閥家族陳郡謝氏和琅邪王氏,其家學教育,一以書法爲主,一以文學爲主: 典型地代表了當時的家教觀點。

《顔氏家訓》除了序致第一,就是教子第二。在該篇中,特别提到“書疏”,根據王利器《集釋》,“書疏”爲南北朝人慣用語: 顔氏本訓後面“雜藝第十九”亦有“書疏尺牘,千里面目”之語。“雜藝”專講“藝能”,開篇即這樣強調:“真草書跡,微須留意。江南諺云:‘書疏尺牘,千里面目也。’”“雜藝”篇,突出反映了顔氏“藝能”觀,特别是爲南北朝所普遍重視的“書藝”在“藝能”中的地位和社會風尚:“王逸少風流才士,蕭散名人,舉世唯知其書,翻以能自蔽也。蕭子雲每歎曰:‘吾著《齊書》,勒成一典,文章弘義,自謂可觀;唯以筆跡得名,亦異事也。’王褒地胄清華,才學優敏,後雖入關,亦被禮遇。猶以書工,崎嶇碑碣之間,辛苦筆硯之役,嘗悔恨曰:‘假使吾不知書,可不至今日邪?’以此觀之,慎勿以書自命。雖然,厮猥之人,以能書拔擢者多矣。故道不同不相爲謀也。梁氏秘閣散逸以來,吾見二王真草多矣,家中嘗得十卷;方知陶隱居、阮交州、蕭祭酒諸書,莫不得羲之之體,故是書之淵源。蕭晚節所變,乃是右軍年少時法也。……唯有姚元標工於楷隸,留心小學,後生師之者衆。洎於齊末,秘書繕寫,賢於往日多矣。”〔1〕

上述諸條所及,王羲之、蕭子雲等人,皆有過人才識。而當時爲社會所推崇者,無一不是在書藝方面,可見時俗所重。翻檢《晉書·王羲之傳》和《梁書·蕭子恪傳》:“羲之幼訥於言,人未之奇。年十三,嘗謁周顗,顗察而異之。時重牛心炙,坐客未噉。顗先割啖羲之,於是始知名。及長辯贍,以骨鯁稱。尤善隸書,爲古今之冠。論者稱其筆勢,以爲飄若浮雲,矯若驚龍。”“子雲善草隸書,爲世楷法。自云善効鍾元常、王逸少,而微變字體。答敕云:臣昔不能拔賞,隨世所貴,規摹子敬,多歷年所。年二十六,著《晉史》,至二王列傳,欲作論草隸法,言不盡意,遂不能成,略指論飛白一勢而已。十許年來,始見敕旨論書一卷,商略筆勢,洞澈字體,又以逸少之不及元常,猶子敬之不及逸少。自此研思,方悟隸式,始變子敬,全范元常。逮爾以來,自覺功進。其書跡雅爲高祖所重,嘗論子雲書曰:筆力勁駿,心手相應,巧踰杜度,美過崔寔,當與元常並驅争先。其見賞如此。”

即以顔氏家族本身爲例,唐建中元年(780)顔真卿撰並書《顔惟貞廟

---

〔1〕 梁紹壬《兩般秋雨盦隨筆》卷一“滇南不知孔子”條:“滇南人初不知有孔子,祀王右軍爲先師。元世祖至元十五年,始建孔子廟。”上海古籍出版社 1982 年,第 54 頁,可參觀。

碑(陽)》不啻夫子自道,堪稱"顏氏家族藝能傳承譜系":"巴陵太守、度支校尉諱騰之,字弘道,善草隸書,有風格。梁武帝《草書評》云:'顏騰之、賀道力並便尺牘,少行於代。'生輔國江夏王參軍諱炳之,字叔豹,以能書稱。生齊持書御史兼中丞諱見遠,字見遠。和帝被弑,一慟而絶。梁武深恨之,事見《梁》、《周》、《北齊書》。生梁鎮西記室參軍諱協,字子和。感家門事,義不求聞達。元帝著《懷舊詩》以傷之。撰《晉仙傳》五篇、《日月災異圖》兩卷,文集廿卷,見《梁書》。生北齊給事、黄門侍郎、待詔文林館、平原太守、隋東宫學士諱之推,字介,著《家訓》廿篇、《冤魂志》三卷、《證俗字音》五卷,文集卅卷,事具本傳。""(思魯)生勤禮,字敬,君之祖也。幼而朗悟,識量弘遠。工於篆籀,尤精詁訓。解褐校書郎,與兩兄弟師古、相時同時爲弘文、崇賢學士,弟育德又於司經校定經史,當代榮之。太宗嘗令師古讚崇賢學士,以兄弟,特命蕭鈞讚之曰:'依仁服義,懷文守一。履道自居,下帷終日。業彰素裹,行成蘭室。鶴籥馳稱,龍樓委質。'""(生昭甫)幼而穎悟,尤明詁訓。工篆籀草隸書,與内弟殷仲容齊名,而勁利過之。特爲伯父師古所賞重,每有注述必令參定。嘗得古鼎廿餘字,舉朝莫識,盡能讀之。"書事以"勁利"爲品目,似尚未見書學界拈出。又翰墨以"玄捷"稱:"生我伯父,諱元孫。洎君伯父,聰穎絶倫,尤工文翰。舉進士,考功郎劉奇特標榜之,由是名動海内,累遷太子舍人。玄宗監國,專掌令畫,嘗和《游苑詩》。批云:'孔門稱哲,宋室聞賢。翰墨玄捷,莫之與先。'"甚至揭示"工草隸"與土木石書寫材料關係:"君仁孝友悌,少孤。育舅殷仲容氏,蒙教筆法。家貧,無紙筆,與兄以黄土掃壁,木石畫而習之,故特以草隸擅名。天授元年,糊名考,判入高等。以親累授衢州參軍,與盈川令楊炯、信安尉桓彦範相得甚歡。又選授洛州溫縣、永昌二尉,每選皆判入高科。侍郎蘇味道以所試示介衆曰:'選人中乃有如此書判。'嗟歎久之,遂代兄爲長安尉、太子文學。"[1]其中"隸"作爲書體專名,自是

〔1〕北京圖書館金石組編選《北京圖書館藏石刻拓本匯編》,中州古籍出版社1989年,第28冊第7頁。下稱《匯編》,不重注。

取廣義的理解;而“草隸”組合,以“草”限定“隸”,所指當係“行楷”書。

關於北朝的藝能問題,這裏聯繫陳寅恪關於“胡族的漢化”問題:進入中原的各族,都經歷了漢化的過程。在文化方面,胡族上層的文化都很高。在匈奴族方面,陳寅恪曾舉到劉淵、劉和、劉宣和劉聰等劉氏家族,所援引的史料是《晉書》。如其中102卷《劉聰載記》略云:“劉聰,字玄明,一名載,元海第四子也。……幼而聰悟好學,博士朱紀大奇之。年十四,究通經史,兼綜百家之言,孫吴《兵法》靡不誦之。工草、隸,善屬文,著《述懷詩》百餘篇,賦頌五十餘篇……”特别提及劉氏工於草書、隸書。〔1〕

還有一個特殊現象,治史者似一向未經拈出。在魏晉南北朝隋唐五代大量墓誌碑刻材料中,“工書”專門,往往勒石標榜,作爲“蓋棺定論”。這裏順便提到幾例:一個是北魏《元悌墓誌》記載“學冠書林、尤好八體”:“王諱悌,字孝睦,河南洛陽人也。抍彩麗天,派源帶地。鴻光昭晰,清爓自遠。祖重華迭曜,握天鏡以臨萬國;考蹈德齊禮,總三事以調四氣。王資靈川岳,居貞若性。博覽文史,學冠書林。妙善音藝,尤好八體。器宇淹凝,風韻閑遠。麗藻雲浮,高談響應。”一個是北魏《元欽墓誌銘》銘刻墓主“筆下雲飛,紙上風起”,似乎生前尤工草書:“君諱欽,字思若,河南洛陽人也。恭宗景穆皇帝之孫,陽平哀王之季子也。長源與積石分流,崇峯共斗極齊峻。丹書寫其深玄,緑圖窮其妙跡。固以備諸篆素磬於金石者矣。君資五行之秀質,稟七耀之淳精。生而環奇,……任維國秘,職司王言。筆下雲飛,紙上風起。忠規良謀,内外稱焉。”〔2〕還有北魏永熙二

〔1〕 萬繩楠整理《陳寅恪魏晉南北朝史講演録》第七篇《胡族的漢化及胡漢分治》,黄山書社1987年,第99—100頁。至於羽儀服飾,江表士庶競相以江北魏法爲楷模,可以參見北魏楊衒之《洛陽伽藍記》所描述:“其慶之還奔蕭衍,衍用爲司州刺史,欽重北人,特異於常。朱異怪復問之。曰:‘自晉宋以來,號洛陽爲荒土,此中謂長江以北盡是夷狄。昨至洛陽,始知衣冠士族並在中原,禮儀富盛,人物殷阜,耳目所不識,口不能傳。所謂帝京翼翼,四方之則,如登泰山者卑培塿,涉江海者小湘沅,北人安可不重?’慶之因此羽儀服式悉如魏法,江表士庶競相模楷。”楊衒之《洛陽伽藍記》,周祖謨校釋本,科學出版社1958年,卷2第54頁。

〔2〕 有關石刻文字數據,華東師範大學中國文字研究與應用中心研製《石刻文字語料庫》,下同。

年《張寧墓誌》獨稱墓主"書學之能":"書學之能,風標千刃,衿帶萬頃,自以桂林一枝,昆山片玉,學歲不群,冠年獨立,容豫鄉國。"

正因爲"書藝"在"藝能"當中,尤爲社會習尚所重,所以,顔氏對於南北朝所盛行的俗字就給予了特別注意。顔氏《雜藝》篇所反映當時的社會用字實際,風氣煽被,確實遍及朝野。甚至出現政府當局出面,成批別造加以推廣的情形。《冊府元龜》:"後魏太武始光二年,初造新字千餘,詔曰:在昔帝軒,創制造物,乃命倉頡,因鳥獸之跡,以立文字。自玆以降,隨時改作,故篆隸草楷,並行於世。然經歷久遠,傳習多失其真,故令文體錯繆,會義不愜,非所以示軌則於來世也。孔子曰:名不正則事不成,此之謂矣。今製定文字,世所用者,頒下遠近,永爲楷式。"可見政府當局也明確意識到,"經國之大業,不朽之盛事",不獨關乎文章,抑或在於文字。

隋唐以還,仍相沿南北朝月旦標準,"藝能"仍爲品評人物關鍵字。隋大業九年《蕭球墓誌》(《匯編》第10冊第74頁):"博通墳素,傍曉藝能。"隋大業九年《張虔墓誌》(《匯編》第10冊第89頁):"君不恒出處,幼標俊傑。藝能非由積習,禮度得自家風。"唐開元十四年《王曉故夫人崔氏墓誌》(《匯編》第22冊第111頁):"柔令罕匹,藝能無雙。"隋唐五代石刻語料庫關於"藝能"凡二十餘條使用記録。

雖有科舉之設,隋代尤重門德,依然構成月旦標準存在的基礎。所謂"藝能非由積習,禮度得自家風"。隋大業三年《王昞墓誌》[《新中國出土墓誌》河南卷(壹)第108頁]:"君膏腴有素,漸潤自天,孝乃生知,誠匪師學。離經辯志,敬業樂群,取異日新,見奇月旦。而水行在運,天下載清,選部取人,尤重門德。遂以訪第入仕。武定二年,起家開府長兼行參軍,便已蔭映時流者矣。伯倫之居魏室,子荊之在晉朝,以古望今,彼應慚德。"

唐代盛行"明經帖試"的招攬人才方式,直接促進了社會上對於字樣之學的普遍重視,影響的結果是經典文字的整理和學術思想的束縛。按《封氏聞見記》卷二所載《石經》,天寶年間,詔儒官校定經本,撰《五經字樣》,唐代石經及五代雕版九經,都是爲了統一應試教科書。唐代有經學而無理論,受唐代前期就開始的社會教育風氣的影響。明經帖試,只重帖經,不求文義,遂使諸生不必從師。

第四、書體發展與文體自覺

如上所述,兩漢魏晉時期,社會盛行月旦品評風氣。當然,其中不同時代,互有消長,固毋庸贅言。品評的標準,首重藝能。各類藝能之中,推崇文學和書藝。這從當時詩文評空前發達,文章流別的自覺意識,也可窺見一斑。士族高才風流放達,首先體現在善於以各種藝能優雅從容地應酬不同的場合。具體反映在文學的書體類型上面,首先就是"體"隨"用"施,所"用"不同,"體"即變換。同樣很難設想:古樸藏拙的篆文、四平八穩的隸書,如何適應於文體大備的魏晉南北朝文學。

調查表明,士族大家,衆多才俊,往往書藝與文學兼擅。由此也可以看出,文學自覺與書體發達諸多因素的直接關聯。有的專家討論南朝士族大家起源形成過程中的政治、術業和經濟因素關係,曾經列舉兩晉南朝 20 世家大族作爲統計數據説明,政治因素有關者 13 家,術業因素有關者 7 家,而與經濟因素無關。[1] 士族起家,關乎社會體制和輿論風尚,關乎家庭文化教養。以門戶爲資本,自可優遊於社會清要。論者以王氏爲例,《南史》卷二十二《王筠傳》中,王氏自詡家門七葉之中,幾於人人有集。"考王氏一族中有文集者 35 人,都 475 部;無文集而有文章流傳於世者計 34 人。文士以羲之、韶之、融、儉、筠、規爲最著。論書法則以羲之、獻之父子爲第一;導、廙、恬、洽、珣、僧虔、志、彬、僧佑、籍、珣等,皆以能書名。"[2]可爲書藝與文學兼擅的代表。統計者還以《世説新語》爲材料範圍,設計當時品評關注所在的主要項目,觀察兩晉名士的分類情況。其中,設定包括兼擅書藝在内的"文學藝術各有所成就者"爲 C 項。這樣的

---

〔1〕 蘇紹興《兩晉南朝的士族》,臺北:聯經出版事業公司 1987 年,第 49—50 頁。
〔2〕《兩晉南朝的士族》第 194—195 頁。

統計數據表明,在總共所涉及43名兩晉名士中,具有C項者有22人,超過50%以上。〔1〕當然,論者語料的選取,統計的方法,存在一定局限。以不在本文調研範圍,故不置論。

基於上述,魏晉南北朝時期社會,書體使用真正到了追求個性的階段。這種書寫上的自覺,主要體現在書寫風格的自覺追求和使用場合的講究。社會用字,要求各體皆備,以適應於不同的場合,協調於不同的文體。其用不同,體即有别。使用場合要與書體相統一的特定要求,體現了中古社會用字的"自覺",促進了各種書體的空前發展。相關紙張介質的普及,促進了楷、行、草等各種書體的完備,書面文學走向全面自覺,才真正具備了基礎(各種詩文評空前發達)。社會文字使用,講究使用的場合和文字所記録體裁的配合協調成爲可能,才是真正促成魏晉南北朝文體自覺的内在因素和基本條件。

梁啟超著《中國歷史研究法》,就直接從文化工具、著寫傳抄與文史的發展關係著眼進行考察。魏晉南北朝時期,文史大備。《隋書》"志"分列30類,"列傳"分列50類,史部817部13 264卷。列在正史者,就有範曄《後漢書》,沈約《宋書》,蕭子顯《南齊書》,姚察及子思廉《梁書》,魏收《魏書》,等等,皆出自此時高門文士之手。譜牒方志,其時也空前發達。這種現象,梁啟超分析原因在於:"史官制度,至漢已革。前此史官專有之知識,今已漸爲社會所公有,此其一也;文化工具日新,著寫傳抄及收藏之法,更加利便,史料容易彙集,此其二也;遷書既善美,引起學者興趣,社會靡然向風,此其三也。"〔2〕

梁氏史論,特别揭出著寫傳抄文化工具作爲直接的文史發展内因,可謂手眼跳出。自從魯迅標榜魏晉南北朝文學"自覺"一説,討論附和者實繁有徒。但通常情況下,人們看到的是皮相漫言,簡單附會。所謂追求個性,遂致自覺。大類樑上君子,一躍即下,似可概乎言之。因爲關係實際

〔1〕《兩晉南朝的士族》第104—106頁所附表格。

〔2〕梁啟超《中國歷史研究法》,臺北:商務印書館1956年,第12頁。

很簡單：論者實在無法拿魏晉南北朝文學來證明此前戰國諸子就不追求個性，也不能與秦漢文章形成此疆彼界的對立。文學有自身的發展規律及其體裁流別，但在當時，書體達到各體皆備，適應於不同的文體、不同的場合，與文體發展的關聯至爲直接。書體的完備，要取決於物質的因素和社會的因素。物質的因素，就是書寫介質轉换的實現即紙張在魏晉南北朝真正普遍進入日常書寫領域。社會的因素，則是家庭教養的積累和崇尚書藝的社會需求。專門家曾專論南朝士族，其中注意到錢穆討論魏晉南北朝時代學術文化與門第之關係：再則提倡聲律，講求裁對，精通書畫，旁及雜技，殆無不與士族生活有關。此所以錢穆所云“魏晉南北朝時代一切學術文化，必以當時門第背景作中心而始有其解答。當時學術文化，可謂莫不寄存於門第中，由於門第之護持而得傳習不中斷，亦因門第之培育，而得生長有發展”，個中有所謂文化傳承之關係、學術培養之規律存焉。〔1〕

補説：

現代書體學文體學意義上，書寫形態早已不構成文體選擇方面的充分必要條件，這自然無待贅言。好事者不必脱離歷史“語境”，不憚詞費，徒費唇舌。一個不争的事實是，即現代“文體”也早已解體，到底有多少種“體”，即文體史學意義還存在嗎？文章學家恐怕也同樣回答不了。“體式”既多，正復表明略無“定體”。同樣，在多媒體條件下，書寫形態書寫過程本身也早已變得破碎支離、日益稀罕；書體的講究，也同樣變成與表達場合無關的餘事。是書體與文體曾經存在過的宛密關聯，俯仰之間，已爲陳跡。轉换因素，亦在乎媒介。

原以《書體發展與文體自覺》爲題載《學術月刊》2007 年第 3 期。

---

〔1〕 轉引自《兩晉南朝的士族》第 14—15 頁，錢穆語出自《略論魏晉南北朝學術文化與當時門第之關係》。

簡牘餘話

中國現存最早詩學批評文獻及範型
——《上海博物館藏戰國楚竹書》中的“詩論”文字

根據上海博物館公佈的該館所藏並整理的一批“戰國楚竹書”材料，可以發現傳世文獻未曾記録的兩千多年前的《詩》篇、“孔子詩論”內容和形態，這對於比勘傳世文獻，研究經學史上諸如版本、異文以及相關詩學批評形態等一系列有關重要問題提供了前所未有的條件。在相關數據庫的支持下，結合有關古文字古文獻，對比考釋“戰國楚竹書”中兩千多年前的《詩》篇和“孔子詩論”材料，可以部分呈現中國現存最早的詩學形態和後世批評模式的深層結構。

第一簡“忞”字與“言志”

在第一簡文字中有一個由“文”和“心”符構造的左右結構，並不像編者所隸定的上口下文的結構。編者注意到有些像戰國文字“旲”的寫法。[1]

---

〔1〕 馬承源主編《上海博物館藏戰國楚竹書》，上海古籍出版社 2001 年。

其實,古文吴字口符在左在右的情形都有:參見《師酉簋》《免簋》《吴盤》《中山王鼎》《吴王夫差矛》《侯馬盟書》古陶古璽等出土古文字材料,以及《説文》“吴”下所録古文等。我們這裏隸定釋讀爲忞字,在簡文中這個形體的用法和“文”字是一致的。這裏的“文”字的使用,主要相應於“言”的關係。儒學詩教強調“言爲心聲”,是在有關具體聯繫過程中來規定説明“文”的。所以,“文”指向的文采形式,它要表現並制約於作爲“心聲”之“言”的。一部分古文字在構造過程中言符和口符是可以互换的,戰國古璽文中“心”符和“口”符比較接近。另外,像《侯馬盟書》中的部分“心”符也跟“口”符相近。“文”旁加“心”符,更加直接標明“文”和“言”的關係。西周時期不少銘文中的“文”形内部有一個“心”符,參見《能匋尊》《曾伯文鼎》《旗鼎》《君夫簋》《文簋》《史喜鼎》《伯家父簋》《師害簋》《改盨》《何尊》等器銘文的有關字形[1],也可以從這裏取得一些聯繫,只是有的結構是包孕式,有的結構是上下式,有的結構是左右式。一部分古文字結構,加口符與加心符也是可以互换的,如哲字,就可以替换爲悊。參見《説文・口部》“哲”下所録古文。

從有關出土戰國文獻可以發現,儒學詩教強調“詩言志”和“言爲心聲”的關係,確實存在著悠久的字源學文獻學基礎,並不純乎是後來漢儒説詩的傅會。

第二簡“訟坪(平)悳也”與“《××》,×××也”結構類型

按該簡的内容主要是討論《大夏》功能的。研治古文論者,往往以其經過漢儒之手,認爲多所附會。從簡文來看,至少在戰國時期,這些詩學觀念就相當豐富了。該簡簡文中的“訟坪(平)悳”,編者以爲古籍未見二字成詞使用,金文中有“平”字從土符的用字類型,坪、平古通用;根據《頌

〔1〕 中國社會科學院考古研究所編《殷周金文集成》,中華書局 1994 年。

詩》的部分篇目,"平德"理解爲"平成天下之德"云。首先,該處句讀很可能就存在問題,造成了"訟坪(平)悳(德)也"這一釋讀起來頗爲費解的結構。

《詩》的《頌》篇部分,其功能都是所謂"美盛德之形容"的。所以,這裏應該讀作"《頌》,平德也"。這樣就把該簡所討論《頌》的功能意義界定清楚了。至於出現"平德"似乎"不辭"的局面,關鍵則是對於"平"字的理解。根據我們所研製《金文資料庫》的篩選,銘文中"坪"字的使用頻率是比較高的,春秋戰國時期共使用了66次,其中《十七年平陰鼎蓋》"平陰"就記作"坪陰"。〔1〕古代文獻中有"辯""平""便"通用的情形,如《尚書·堯典》"平章百姓"、《酒誥》"勿辯乃司民湎於酒"等條,王引之《經義述聞》卷三、卷四都援引大量文獻證明平、辯二字關係:惠氏定宇《尚書古義》曰:"平章百姓",《史記》作"便章",《尚書大傳》作"辯章"。《説文》曰:釆,辨别也,讀若辨,古文釆與平相似,辨與便同音,故《史記》又作便。王氏以爲,平與辯、便古音可通。《酒誥》"勿辯乃司民湎於酒",各寫本傳文皆注作"使"。《廣雅·釋詁一》:"辯,使也。"《洛誥》敦煌本斯6017"王伻殷乃承敘",漢石經"伻"字作辯。所以,王氏的解釋比較圓通:"平與辯非獨聲音相近,抑且詁訓相同。"〔2〕據此,這裏解釋爲:"《頌》,辯德也。"基於《頌》在《詩》中主要是所謂"形容盛德"的部分,我們可以理解爲"《頌》就是辯德的"。訟字從公符得聲,公、容二符在有的文字構形中作爲聲符是可以互相替換的。如松字,《説文》該字下所收古文又從容得聲。《詩大序》講到《頌》:"美盛德之形容,以其成功告於神明者也。"《頌》除了通常的"歌頌",還訴諸舞蹈的"形容"。阮元《釋頌》也講到"頌"字的本義:"頌之訓爲美盛德者,餘義也。頌之訓爲形容者,本義也。且頌即容字也。容、養、羕一聲之轉,古籍多通借。今世俗傳之樣字始於《唐韻》,即容字。豈知所謂《周頌》《魯頌》《商頌》者,若曰周之樣子、魯之樣子、商之

---

〔1〕 華東師範大學中國文字研究與應用中心研製"出土文字數據庫"。

〔2〕 王引之《經義述聞》,江蘇古籍出版社1985年。

樣子而已,無深義也。三《頌》各章皆是舞容,故稱爲頌。"[1]由此,説《頌》具有"辯德"的功能是孔子詩論中應有之義。説者所謂"平成天下之德""直德"(其實,"德"字初文原本從"直"符得聲構造)云云,未免讓人感到有些含混游移。

以往讀者對《毛詩序》所謂"《關雎》,后妃之德也"這類解釋性判斷句式感到有些費解,現在根據出土的戰國文獻類型來看,應該是直承"訟坪(平)悳(德)也"這一結構而來的。我們據此可以抽繹出"《××》,×××也"的儒學論詩典範格式,這種典範格式就成爲《毛詩序》等後世批評的深層結構。

第六簡"乍競隹人,不顯隹悳"與《詩》用虚詞

該簡文文句多與《毛詩》傳世文獻相應,如編者釋讀爲"乍競隹人,不顯隹悳"等處。[2] 編者對該處的注釋是:此爲《烈文》引句,今本作"無競維人""不顯維悳"。因簡文"乍"與"亡"字形相近,古"亡""無"通用,今本"無"爲傳抄之訛。我們感到這些解釋有些勉強,因爲很難説今本傳抄者也受到《楚竹書》中"乍""亡"二字之間形近關係的影響。按該處"乍"即"作"字,商周金文"作"字使用了 4 549 次,其中以"乍"爲"作"的情形就占了 4 485 處。作、職二字《廣韻》分别是"則落切"和"之翼切",上古音"作"歸鐸部,"職"歸職部:二字讀音比較接近。這裏"乍競隹人"可能就是《十月之交》"職競由人"、《桑柔》"職競用力"等句型的同類。其中的"職"字是虚詞,功能相當於所謂句首的發語詞。"乍競隹人,不顯隹悳",兩句構成對文,後句的"不"即丕,也是虚詞。"乍競",競也;"不顯",顯也。簡文的實際語義就是"競維人,顯維悳"。職字的這種用法,傳世古書

[1] 阮元《揅經室集》,中華書局 1993 年。

[2] 阮元《十三經注疏》,中華書局 1980 年。

是比較多見的。馬瑞辰《毛詩傳箋通釋》卷十一還提到:《左傳・襄公八年》引《周詩》"兆云詢多,職競作羅",言競作羅也。又《襄公十四年》"蓋言語漏泄,則職女之由",猶言則女之由也。職字皆語詞。〔1〕

按今本《毛詩・周頌・烈文》"無競維人,四方其訓之。不顯維德,百辟其刑之",朱熹《詩集傳》將"無""不"字都當作實詞加以解釋:"又言莫強於人,莫顯於德,先王之德所以人不能忘者,用此道也。"〔2〕對照簡文,可以明顯地發現其説解的牽強。

第八簡"少夏丌(其)言不亞(惡),少又怍安"與孔子關於取捨的標準

編者於該處簡文採取了存疑待考的態度。按這裏初步推斷,"少夏",當是《詩》中的一個篇名,也可能現存傳世文獻中該篇已經被刪除了。"少又怍安",直解就是"小有忏焉",又、有二字古書常通用。怍從年得聲,年又從千得聲,故可讀作忏。《玉篇・心部》:"忏,怒也。"安、焉二字亦通用。所以,用現代的話來説,大概可以講成"《小夏》其言不惡,稍稍有些怨怒在裏面"。

如果上述推斷基本成立,那麼該篇内容上恐怕比現在看到的《小雅》篇什要來得更加"激烈"一些。孔子"詩教"的基調是所謂"怨而不怒,哀而不傷,樂而不淫",由此達到"溫柔敦厚"的中和之美。反過來,我們是不是也可以據此作出這樣的推斷:正是由於該篇不大符合孔子的根本詩學原則,最終在整理過程中被刪除了?

第九簡"天保巺寡悳古"與孔子關於古禮態度

按該簡第一句應讀爲"《天保》,其得福無疆矣"。蔑疆,金文成語就

〔1〕 馬瑞辰《毛詩傳箋通釋》,中華書局1989年。

〔2〕 朱熹《詩集傳》,嶽麓書社1989年。

是“無疆”(殷周使用近40次)。對照《小雅・天保》文本記載的具體内容,可知是篇足當孔子“得福無疆”品目。“天保”如《小雅・楚茨》“神保”,亦猶《楚辭》中的“靈保”,所指就是“天神”,通篇是講天神的降福豐厚。

目前所見戰國楚文字“寡”字主要有7個用例,其中包括“寡人”“寡欲”“寡謀”等合成詞的用例,還有借作“顧命”之顧等的用例,爲傳世文獻所常見。但是,“饌寡”用例則比較罕見。所以,我們在有關討論文章裏,曾經根據《詩經・天保》有關文本提供的語音綫索,將這裏的“寡”字,跟馬瑞辰等討論的“圭”“蠲”字聯繫起來考慮,提出“寡”字有可能就是“圭”“蠲”字的借用,屬於同一語音聯繫鏈條。爲了便於下面的對照,現在摘録如下:

按第二句釋讀殊爲費詞費解。“巽(饌)寡,惪(德)古(故)也”。編者認爲“巽(饌)寡”句,寡字陳述“巽(饌)”;“惪(德)古(故)”句,“德”字與“古(故)”又屬補充説明。語意是説“孝享的酒食不多,但守德如舊”。照這種解釋,德、故二字存在的結構關係又跟前面接不上:德字用作動詞“守德”,故字解作“如舊”,則當讀爲“德以故”。否則插進“如”字,有增字解經之嫌。這裏初步認爲,從用字來看,巽用作饌,寡用作圭;惪,用作動詞,就是《説文・心部》現成的説法:“惪,外得於人,内得於己也。”古,不須破字,就是祭祀古禮:整個語句之間可不必斷開,用來解釋説明上句“得福無疆”的原由。巽用作饌,《説文・食部》説是“具食也”,編者已經揭示並進而説明“泛言之包括酒與食”,與《天保》文本相應相合。至於用“寡”字,這裏大概是記録了傳世文獻各種版本已經異文紛繁的一條兩千多年前的讀音聯繫綫索。《毛詩・天保》記録作“吉蠲爲饎”,朱熹《詩集傳》蠲下注爲“古玄反”;陸德明《經典釋文》注釋“舊音圭”。馬氏《毛詩傳箋通釋》卷十七引惠棟説:按《吕覽》曰“臨飲食必蠲絜”,高誘注:“蠲讀爲圭。”蓋三家詩本作“吉圭爲饎”,故高讀從之。瑞辰按:《士虞禮》饗辭曰:“哀子某圭爲而哀薦之饗。”注:“圭,絜也。《詩》曰:吉圭爲饎。”《周官・蜡氏》“令州里除不蠲”,注:“蠲讀如‘吉圭惟饎’之圭。圭,絜也。”又《宫人》注:“蠲,猶絜也。”引《詩》“吉蠲爲饎”。《釋文》:“蠲,音主。”蓋古音蠲讀如圭,音同而義亦同,故《白虎通》曰:“珪之爲言潔也。”根據以上補綴的文獻用字、讀音聯繫綫索,該簡的二句可釋讀爲:“《天保》,其得福無疆,是由於具食精潔、合乎古禮。”〔1〕如此,與《天保》詩中之義若合符節。《詩集傳》“蠲”字注:言齋戒滌濯之潔。按照朱熹的解釋,本章原本是與祭祀精潔、尸傳神意相聯繫;但孔子論詩著眼用心,拈出的則是偏重“饌潔、合古”等比較實在的人事方面。〔2〕

現在考慮起來,上述聯繫,也可能僅僅是思考問題的一個方面。至少還應該考慮到事情的另外一個方面:也有可能正是由於傳世文獻中“寡”字由於讀音上的聯繫而使用了“圭”“蠲”字,戰國時期的寫本“寡”字正是作爲本字在使用的。傳世文獻由於本字的潛隱而使用“圭”“蠲”字來試圖建立語音上的聯繫。所以,像王念孫等學者就其中的關係而在浩如煙海的文獻中尋找聯繫,《讀書雜誌》卷一:“大暑之日,腐草化爲螢。引之曰:螢本作蛙。後人習聞《月令》之腐草爲螢,故改蛙爲螢耳。蛙即蠲之借字。《説文》:蠲,馬蠲也。引《明堂月令》曰:腐草爲蠲,蛙從圭聲。圭、蠲古同聲,故《小雅·天保》‘吉蠲惟糦之蠲’,《釋文》:蠲,古元反,舊音圭。”〔3〕

傳世文獻裏有關於“饌寡”的用例,但結構形式有差異。《禮記·文

---

〔1〕《説文·彳部》:“㝵(甲骨 金文 簡帛 古璽 古陶 古幣 漢印 石刻)行有所得也。从彳㝵聲。多則切。㝵,古文省彳。”《紅樓夢》第58回:“芳官問何事。寶玉道:‘以後斷不可燒紙錢。這紙錢原是後人異端,不是孔子遺訓。以後逢時按節,只備一個爐,到日隨便焚香,一心誠虔,就可感格了。愚人原不知,無論神佛死人,必要分出等例,各式各例的。殊不知只一“誠心”二字爲主。即值倉皇流離之日,雖連香亦無,隨便有土有草,只以潔淨,便可爲祭,不獨死者享祭,便是神鬼也來享的。你瞧瞧我那案上,只設一爐,不論日期,時常焚香。他們皆不知原故,我心裏卻各有所因。隨便有清茶便供一鍾茶,有新水就供一盞水,或有鮮花,或有鮮果,甚至葷羹腥菜,只要心誠意潔,便是佛也都可來享,所以説,只在敬不在虚名。以後快命他不可再燒紙。’”

〔2〕臧克和《釋〈上海博物館藏戰國楚竹書〉的“詩論”文字》,《天津師範大學學報》2002年第3期(又見中國人民大學《語言文字學》2002年第10期)。

〔3〕王念孫《讀書雜誌》,中華書局1991年,第1卷第5頁。

王世子》所保存《世子之記》篇記載有關世子侍奉君王的禮儀:"朝夕之食上,世子必在視寒暖之節;食下,問所膳羞,必知所進,以命膳宰,然後退。若内豎言疾,則世子親齊、玄而養。膳宰之饌,必敬視之;疾之藥,必親嘗之。嘗饌善,則世子亦能食;嘗饌寡,世子亦不能飽。"《禮記正義》:"疾之藥,必親嘗之。注:試毒味也。嘗饌善,則世子亦能食。注:善謂多於前。嘗饌寡,世子亦不能飽。注:又不及武王一飯再飯。"其它文本的表述都是一致的,像《纂圖互注禮記》的引文:"嘗饌善,則世子亦能食(善謂多於前);嘗饌寡,世子亦不能飽(又不及武王一飯再飯)。"《太平御覽》的兩處引文也都相同。這裏的"嘗饌寡"是跟"嘗饌善"相對的兩種情況:"善"是"善飯"之善,也就是"尚能飯否"之能飯。寡是"淡滋寡味"之寡。嘗饌善,現代的説法就是講"倘若飲食胃口好";嘗饌寡,就是講"倘若飲食胃口差",饌字是作爲動詞在這裏使用。如果聯繫到《詩經·天保》六章中所陳述的情形,楚簡孔子所講的"饌寡"恐怕也不是像《戰國楚竹書》有的研究者所解釋的"孝享的酒食"數量多少的問題,而是指祭獻者的飲食品質問題。就是該詩第五章所謂"神之吊矣,詒爾多福。民之質矣,日用飲食"。相應楚簡這裏的文字可以試著作這樣的解釋:"《天保》其得禄蔑疆矣,饌寡德古也。"意思是《天保》所陳,獲得賜福無邊,(原因)是(日用)飲食寡淡,合乎古禮。其,表示突出强化的語氣;德,得也,相合,用作動詞;也,表示解釋性判斷語氣。

如果取這後一種的理解,那麽,有兩點文字形式之外的聯繫值得我們加以注意:

一是孔子對《天保》一詩所取的品目,比較直接反映出孔子的日用飲食觀念,那就是强調"質樸合禮"。這一點,似乎在其它場合的表述没有這樣純粹鮮明。

二是楚簡中孔子文字的使用,也就是"饌寡"這種表現形式,其實是有著深層來源的。也就是《禮記》裏《文王世子》篇,至少應該認爲其中是保存了有關"文王之禮"某些飲食禮制規定的。只是孔子用來品評《詩經》有關篇目的時候,採取了一種斷章取義的形式,實際上構成所謂"同形異構”的類型。

第十簡“關疋之攺”與“《××》之×”語式及詩學基調

該簡所評論篇目是關於《邦(國)風》類的。編者將簡文從也從攴的字形釋作攺,破讀通怡。這樣,在編者看來,孔子是拈出“怡”字來作爲《關雎》品目的。按對照簡文“也”字的寫法,該字形可隸定爲攺,《説文·攴部》解釋爲“敷也,从攴也聲,讀與施同”。段玉裁注:“今字作施,施行而攺疲也矣。施,旗旖施也。”施的本義是張樂施樂,《説文》同部釋“敷”“攺”二字爲互訓。如此釋讀,不煩破字,而且和現存今本《詩·風·關雎》内容相吻合。該篇三章曲終奏雅,“琴瑟友之”“鍾鼓樂之”云云,《毛傳》解釋“德盛者宜有鍾鼓之樂”。《論語·八佾》論《關雎》,是所謂“樂而不淫,哀而不傷”。這個詩學基調,從現存該篇的表現來看,就是當情感發展到一定階段時,要有禮樂的成分參與進來,加以調和節制。簡文的末句“以色俞(喻)於豊(禮)”,也是講的這個關係。從這個意義上來説,《關雎》位於《詩三百》之首,恐怕也是體現了孔子整理詩篇的美學理念的。從句型表達形式來看,“《關雎》之施”即“《××》之×”,爲儒學解《詩》的典範格式。如《毛詩序》所謂“《關雎》《麟趾》之化”“《鵲巢》《騶虞》之德”等等,但是關於這一個字作爲品評單位的具體落實也就比較困難。

同樣,第十一簡有“《關雎》之攺,則其思賹矣”句,也應由此而得到解釋:賹形對照古陶文賹字從貝從益,就是賹,在此借用爲謚。《爾雅·釋詁上》:“謚,静也。”《關雎》篇出現“寤寐思服”也就是“静言思之”的描寫。又第十二簡有“好反内(納)於豊(禮),不亦能攺乎”的文字,也與此統一。上句仍是指詩人將寤寐思服之情終然訴諸“琴瑟友之”“鍾鼓樂之”的禮樂鋪張,下句才自然出現“能攺”也即善施的稱道,拿現在的説法直接來説就是善於安排。“不亦……乎”句型結構,《論語》文獻系統裏是很多見的,可以説是一種常態。

第十三簡“不亦知恒乎”與孔子關於“知”的範疇

編者以爲該簡中的從工從又之形待考。按金文“攻”字從攴、亦有從又結構者,如《臧孫鐘》等,具見於同一器銘之上。所以,該簡此字即讀作“攻”。在簡文中的用法猶《論語·爲政》“攻乎異端”之攻,專心從事之意。整段語意謂“不去專致於不可能之事,不也就是懂得了恒常之理嗎”?從該簡上下文來看,簡文應該隸定作“知”字,後面涉及支配對象;而並不是作“智”字即自動詞用法的解釋。依據我們所研製《金文資料庫》的查詢,《中山王壺》銘文知字的寫法,跟簡文字形相同。這裏評論《漢廣》的内容,又見於前面數簡。如第十一簡“《漢廣》之知,則知不可得也”,第十簡“《漢廣》之知”等。《漢廣》三章,都是重章迭唱“不可休息”“不可求思”“不可泳思”“不可方思”等,是一種清楚地瞭解追求不可能實現的理致。這其中反映的又是一種“恒常”的關係,詩人守常思變,簡文論者多以“智”即“知”字作爲品評的用語,如評《卷而》(今本作“卷耳”)篇的“不智(知)人”等。

孔子特别拈出“知”字來品評該篇,體現出來的“知”的觀念,相對於經學傳世文獻中所常見的“知人論世”等關係,其聯繫及差異還是比較明顯的。而此一批評概念,傳世經學文獻及相關研究,似乎一向尚未經拈出。

第十七簡“湯之水丌愛婦悡”

編者作了如上的隸定,並進而解釋説:簡文是説詩篇所言的愛,也是婦人之恨。由於傳世《毛詩》分别在《王風》《唐風》《鄭風》裏凡三處以“揚之水”名篇,所以編者以爲,“丌愛婦悡”的詞意當合於《王風》的《揚之水》,是説《湯之水》中所表達的愛懷,也是婦人的離恨。

按該處編者的考釋,應該釋讀作“《揚之水》,其愛婦悡”。編者在分析過程中將“湯”所從的“昜”符混作“易”形。從現存三篇《揚之水》的有關毛傳、鄭箋文字來看,都是當作某種政治比興寄託進行解釋。對照有關文本的“相思懷人”具體描寫,足當孔子“丌愛婦悡”品目。通過這種比較就會清楚發現,漢儒説《詩》,已經多所傅會。

第二十六簡“浴風”

也就是今本“詩三百”中的《谷風》篇。於該篇的品評,簡文有一個上部從丕、下部從心符的字形,編者隸定爲下從心上從不結構,解釋爲從心不聲,讀爲“背”。根據簡文原拓來看,該字形的上部從丕符,並不是“不”符,似當隸定爲“怌”。該字形不見於《説文》,《玉篇・心部》:“怌,孚悲切。恐也。”《集韻・脂韻》:“怀,攀悲切。恐懼也。《楊子》柔則怀。”《類篇・心部》:“怌,攀悲切。恐懼也,《楊子》柔則怌。”從今本《詩經・小雅・谷風》的內容來看,首章和次章均有“將恐將懼”的詩句,恐怕孔子這裏的評論正基於此而發,取義斷章,是出於所謂“賦詩言志”的需要,未必就是針對全篇大旨作出的歸納。無論從字形結構還是從文獻用字等情況來看,編者的隸定釋讀都是没有多少根據的。

第二十八簡

編者隸定釋讀有“牅又薺愼密而不知言”字,其中於“牅又薺”考辨説:“《詩》篇名。今本無。”按編者關於“《詩》篇名”的解釋是很有見地的。但是關於該篇與今本的關係即斷定“今本所無”説法,則似乎又失之欠察。這裏認爲,無論從用字的形音義關係,還是從論者關於該篇的品評內容關聯來説,“牅又薺”就是今本《詩・鄘風》中的《牆有茨》。

牆,《釋名・釋宮室》:“牆,障也,所以自障蔽也。”這是聲訓,可以從中發現牆、障二字讀音上的宛密關聯。障字的聲符是章,而牅字亦從章得聲。牆字的聲符是爿,牅字的聲符也是爿;换句話説,牆、牅二字有可能就是同一個字的異體，不過後者並没有見於《説文》的收録。"又"字通"有"，這是古文獻包括《楚竹書》用字的通例。茨，《説文・艸部》"薺"字下引《詩》作"《詩》曰：'牆有薺'"。《毛傳》："茨，蒺藜也。"馬瑞辰《毛詩傳箋通釋》卷五："據《傳》云蒺藜，則當以《説文》引《詩》'牆有薺'爲正。《禮記・玉藻》鄭注引《詩・楚茨》亦作《楚薺》，蓋本《韓詩》。今《毛詩》作茨，《楚詞章句》引《詩》'楚楚者資'，皆假借字也。古齊、次同聲通用。《周官・府》鄭注：'齎、資同耳，其字以齊、次爲聲。'是其證矣。《左氏傳》云：'人之有牆，以蔽惡也。'《詩》以牆茨起興，蓋取蔽惡之義。以牆茨之不可掃，所以固其牆，興内醜之不可外揚，將以隱其惡也。"

從今本《詩經・鄘風》中的《牆有茨》一篇内容來看，足當"慎密而不知言"的品評。該篇三章分别有云："牆有茨，不可埽也。中冓之言，不可道也。所可道也，言之醜也。牆有茨，不可襄也。中冓之言，不可詳也。所可詳也，言之長也。牆有茨，不可束也。中冓之言，不可讀也。所可讀也，言之辱也。"

根據上面的聯繫，當可推知，該篇篇名對應的就是傳世文本的《牆有薺》，係取自該篇的開頭一句。

附圖版：

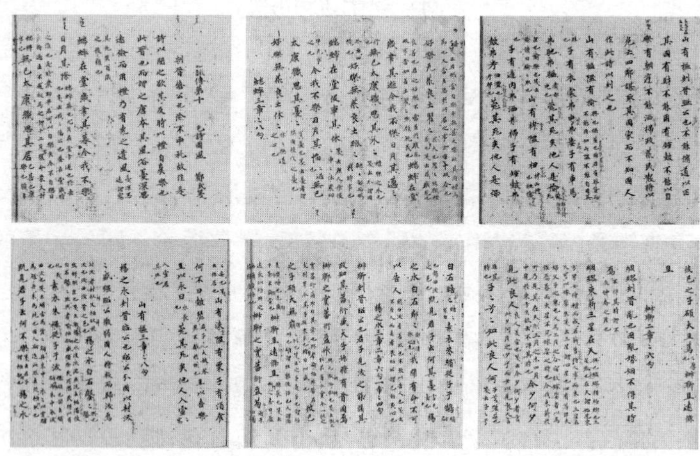

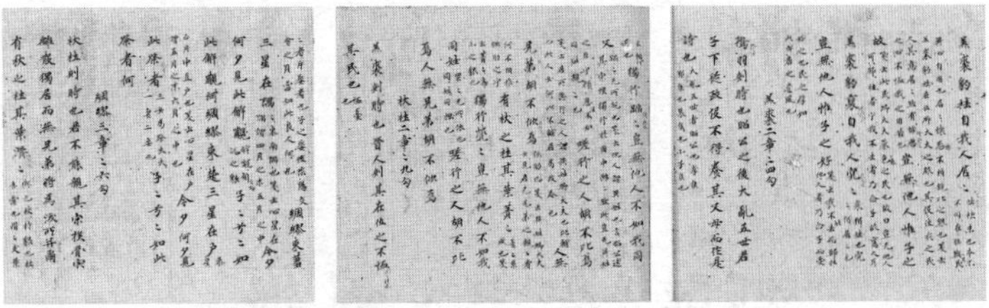

2002 年 10 月在德國法蘭克福大學第 13 屆歐洲漢學協會會議宣讀，會議主題是“中國歷代批評精神”。後以《上博楚竹書中的“詩論”文獻及範型》爲題，發表於《學術研究》2003 年第 9 期。2004 年 4 月，中國人大《中國古代、近代文學研究》2004 年第 4 期全文轉載。收入本集又作了若干修補。下附《詩經·揚之水》諸篇殘卷，係日本所藏唐代漢字抄本。

楚簡《尚書・君奭》“割申”“周田”聯繫

按《十三經注疏・尚書正義》“君奭篇”中“割申勸寧王”,存在公認聚訟最多難以索解的用字現象。根據有關訓詁資料及引述的相關文獻,或作“察申觀”,或作“周田觀”,或作“割申勸”等等,莫衷一是。其中,“割申”“周田”的記載,最爲後世輕忽置之,即使偶有注意也是多方詬病。所以,爲了觀察的方便,我們這裏先羅列出其中幾個最有影響的例子:

1.《尚書注疏》:“在昔上帝割申勸寧王之德。李光地曰:《緇衣》引《君奭》曰:在昔上帝周田觀文王之德。蓋數字皆以相似而誤也。”

2.《尚書埤傳》:“《禮記・緇衣》引此云:在昔上帝周田觀文王之德。蓋字之訛也。”《尚書大傳》:“《君奭》曰:昔在上帝周田觀文王之德。”

現在所能見到的有關《尚書・君奭》寫本大致情況是:

3. 敦煌本“伯 2748”貯存相對完整:“公曰君在昔上帝割申勸寧王德其集大命於厥身。”其中“割”字“害”符中間的丰形寫成工形,這跟六朝石刻用字是一致的。

4. 日藏內野本:“公曰君奭在昔上帝割申勸寍王之悳亓集大命於乒身。”

5. 日藏足利本只是寧字作寕、勸字作勧,其餘同敦煌本。“上圖本”(影天正本)跟足利本同。《書古文訓》隸古定“申”寫成左右兩個部分分離。[1]

對照出土文獻,《上海博物館藏戰國楚竹書·緇衣》所引殘缺,《郭店楚墓竹簡·緇衣》所引作:“昔才上帝[illegible][illegible][illegible]文王惪其集大命於氒身。”[2]

下面將兩種類型的文獻用字進行對照比較,重點是存在差異的幾個地方。

[illegible]結構中“戈”符功能

處於今本“割”字位上的,爲《郭店楚墓竹簡》中的[illegible]。現在能夠清楚識別的,也只是該字形所從的“戈”符。楚簡文字用字“刀”符也寫作“戈”符,如《戰國楚竹書》“剴悌”字。[3] 另外,楚簡文字“割”字結構,也有將“刀”符替換爲“刃”符的,如《郭店楚墓竹簡·語叢四》寫作[illegible]、[illegible],用作“害”。不過,《郭店楚墓竹簡》除了援引《緇衣》之外,並没有使用從戈符的割字結構,這是需要繼續注意的問題。如果《郭店楚墓竹簡》援引《緇衣》使用從戈之“割”,可能還有增加聲符的功能:《説文·刀部》:“割,剝也。从刀害聲。”《宀部》:“害,傷也。从宀从口。宀、口,言从家起也。丰聲。”《丰部》:“丰,艸蔡也。象艸生之散亂也。凡丰之屬皆从丰。讀若介。”戈、介古音相近。剩餘的構成部分,在没有其他材料的情況下,還是採取跟傳世文本對應的保守辦法比較穩妥。基於這樣的考慮,這裏還是現成理解爲“害”。整個[illegible]符,在這裏記録疑問詞。《郭店楚墓竹簡》“害”

---

〔1〕 顧頡剛、顧廷龍輯《尚書文字合編》第4冊,上海古籍出版社1996年。臧克和著《尚書文字校詁》,上海教育出版社1999年,第451—452頁。

〔2〕 馬承源主編《上海博物館藏戰國楚竹書》第1冊,上海古籍出版社2001年。荊門市博物館編《郭店楚墓竹簡》“緇衣”篇,文物出版社1998年。

〔3〕 馬承源主編《上海博物館藏戰國楚竹書》第4冊,“逸詩”篇,上海古籍出版社2004年。

字作疑問詞用,如《成之聞之》篇引《君奭》:"不嘼再悳害? 言疾也。"也有以"割"用爲害,如《語叢四》:"雄是爲割。"《語叢四》:"衆而不割(害),割(害)而不僕。"〔1〕

□結構中"田"符功能

《上海博物館藏戰國楚竹書》第一冊《孔子詩論》有□,整理者解釋爲"紳",結構形體同《曾侯乙墓》,該本寫作□。上列《郭店楚墓竹簡·緇衣》也使用了□□字,楚簡文字研究者,像劉釗等解釋爲"割紳"〔2〕。這裏所要注意的,是楚簡文字中□所增加"田"符的功能,以及相關聯繫問題。

首先,從"陳—陣""□—□"演變,看"申—田"語音關聯。上具大體戰國中晚期楚簡文字已經使用從申跟不從申的兩種結構,而戰國時期的金文包括其他類型的古文字諸如"陳"字一類結構,就已經不從"申"而從"東",這大致是造成□字難以分析的基礎。像□(陳公子甗)□(九年衛鼎)□(陳逆簋)□(陳章壺)□(陳侯午錞)□(𩰫□盤),《睡虎地秦簡》作□,古璽文作□〔3〕。至於楚簡文字□,有的也省略最末的部件"田",如《包山楚簡》(文書)作□。但同出一篇文獻也有不省的情況,如《包山楚簡》(文書)有□□,整理者解釋爲"申命"〔4〕。

《説文·阜部》:"□,宛丘,舜後嬀滿之所封。从𨸏从木,申聲。臣鉉

〔1〕 華東師範大學中國文字研究與應用中心研製《戰國楚文字數字化處理系統》,上海教育出版社2003年。

〔2〕 劉釗《郭店楚簡校釋》,福建人民出版社2003年,第64頁。

〔3〕 華東師範大學中國文字研究與應用中心研製《商周金文數字化處理系統》,廣西教育出版社2003年。

〔4〕 華東師範大學中國文字研究與應用中心研製《戰國楚文字數字化處理系統》,上海教育出版社2003年。

等曰：陳者，大昊之虚，畫八卦之所，木德之始，故从木。直珍切。□，古文陳。"《説文》所貯存陳字及結構分析，跟"東"篆分析的情形差不多：日符借用木符的部分構造而穿插組合在一起。迄今只是輯録傳世古文字的《汗簡》，還貯存了從申的陳字古文□。但是，所貯存從阜申聲古文結構即陳—陣，跟楚簡文字□—□可以取得某種對應。除此之外，金文楚簡中的"陳"字，一般總是從東或從重構造。换句話説，《説文》貯存的相關形體以及分析"陳"字結構爲"从阜从木，申聲"，多少反映出了古文字陳字相關字符已經混淆不分的傳播變異情況。

陳—田，古音同而通用。紳，《廣韻》所反映的語音地位是"失人切，臻開三平眞書"；田，語音地位是"徒年切，山開四平先定"：上古音韻都屬真部，聲一屬舌頭定母，一屬舌上書母。《左傳·襄公二十二年》"陳文子"，《史記·田敬仲完世家》作"田文子"；《左傳·昭公三年》"齊其爲陳氏矣"，《晏子春秋·内篇》"陳"作"田"；《莊子·天下》《戰國策·齊策》"田騈"，《吕氏春秋·不二》《淮南子·人間》作"陳騈"。古書描狀植物整齊密佈寫作"田田"，大概本字也應寫作"陳陳"。用例多而不備舉。

陳—申，古音近而形成諧聲結構。《説文》"陳"下貯存古文作從阜申聲結構，《玉篇》："陳，除珍切。列也，布也。或作敶塵。陣，古文。"傳抄六朝《玉篇》的《篆隸萬象名義》也有貯存："陳，除珍反。列也。故也。處也。陣，同上。"《禮記·緇衣》所援引"君陳"字，《經典釋文》："陳本亦作出古陣字。"

申—田，《説文·申部》："轌，擊小鼓，引樂聲也。从申柬聲。羊晉切。"鄭玄注《周禮·春官·大師》讀爲"導引"之引。《廣韻·震韻》："輔，小鼓在大鼓上，擊之以引樂。亦作轌。羊晉切。"語音地位爲"臻開三去震余"，《集韻》反切注音爲"以忍切"，然則轌或轌當皆從申得聲，構成諧聲結構。田字上具語音地位"徒年切，山開四平先定"，申字爲"失人切，臻開三平真書"，古音聲紐書定近，古韻都屬真部。《詩經·有瞽》"應田縣鼓"，《周禮·大師》鄭注、《禮記·明堂位》鄭注援引"田"皆作輔字。

南朝梁代《玉篇》已經貯存相關異體關聯:"陳,除珍反。夫於政陳於慈。孔安国曰:陳尸也。《周易》卑高以陳貴賤。康佰曰:陳,列也。《周禮》正甚肆陳其貨賄。鄭玄曰:陳猶處。《毛詩》胡逝我陳。《傳》曰:陳堂塗也。《爾雅》亦云。郭璞曰:堂下至門侄也。《韓詩》:塗左右曰陳,又曰陳錫載周(《春秋左傳注疏》:《詩》云:陳錫載周。能施也)。陳,見也。《左氏傳》陳魚而觀之。杜預曰:陳,設張也。補魚之備而觀之也。《吕氏春秋》大夫女子陳殷。高誘曰:陳,衆也。《説文》:陳,宛丘也。舜徵嬀蒲(後嬀滿)所封也。《廣雅》:陳,布也。陳,故也。《説文》以陳列之陳爲敶字,在攴部。或爲塵字,在鹿部。阠(陣),《説文》古文陳字。"〔1〕

《楚辭》"申"字使用頻率很高,一般記録"反復""重複"的副詞,具有强調的功能。例如,《離騷》:"雜申椒與菌桂兮。《章句》:申,重也。""又申之以攬茝。""女嬃之嬋媛兮,申申其詈予。《章句》:申申,重也。"《惜誦》:"申侘傺之煩惑兮。《章句》:申,重也。"《涉江》:"露申辛夷,死林薄兮。《章句》:露,暴也。申,重也。"《思美人》:"申旦以舒中情兮。《章句》:誠欲日日陳已心也。"《九辨》:"秋既先戒之以白露兮,冬又申之以嚴霜。"《離世》:"申誠信而罔違兮,情素潔於紐帛。《章句》:申,重。"

正是由於相關構造成分的混淆,使得原本具備的表音功能不能明確,就有必要增加表音的成分。陳阠異體,而阠從申讀,[illegible][illegible]異體,而[illegible]從申讀;陳田古音相同,故[illegible]字就是增加田符而構成的紳字,或者説,戰國楚簡[illegible]字,可以分析爲從紳田聲的結構。紳寫作從東,大概當時讀音就已不能明確,於是增加田符加以强調,這可能就是[illegible]形增加田符構造的原由。既然田符功能只在於表音,那就可加可不加,於是也同時使用無需加田符的[illegible]。楚簡文字系統中,有的通過增加聲符,有的通過增加形符,在借用

〔1〕 華東師範大學中國文字研究與應用中心研製"傳世字書語料庫"。上面所具有關字書信息,均見於該語料庫。

或分化的基礎上,給出"本字"。正因爲如此,我們在楚簡文字系統中,會看到不少後出"本字"。本字的補出,有助於整個形音義系統關係趨於明確對應,這當然需要一定的字符用量。

□與勸

關於"勸"字的理解,問題簡單得多。《上海博物館藏戰國楚竹書·緇衣》所引殘缺,《郭店楚墓竹簡·緇衣》所引作□,也就是觀。觀、勸形近,傳世文獻用字在傳抄過程中,由於形體比較接近而發生形音義不對應的情況。

最後剩下的,是"躳"字的異文問題和傳世文獻跟出土文獻的語序差異問題。敦煌本伯 2748 寫作"其集大命於厥身",跟今本《十三經注疏》作"躳"有異。出土文獻《上海博物館藏戰國楚竹書》和《郭店楚墓竹簡·緇衣》所引皆作"身",證明我們現在看到的敦煌寫本(伯 2748)是傳承了戰國時期的文獻用字。

比較的結果,還發現一處語序的差異問題。根據《尚書》文獻用字的文例,作"昔在"是其通例。如"昔在殷王中宗"(《無逸》)、"昔在文武聰明齊聖"(《冏命》),"昔在帝堯"(《書序》)等等,皆其例。也有"在昔"的用例,如《君奭》"在昔上帝割申勸寧王之德,其集大命於厥躳",敦煌本伯 2748 作"君在昔上帝割申勸寧王德",該寫本訛誤殊多(《魏石經》"寧王"古文形體與銘文字形比較接近,寧王即文王,已習見)。段玉裁《古文尚書撰異》:《禮記·緇衣》篇引作"昔在上帝周田觀文王之德"。出土文獻用例:北魏《南陽張元墓誌》:"出自皇帝之苗裔,昔在中葉,作牧周殷。"上及《郭店楚墓竹簡·緇衣》所引也作"昔在"。周代銘文以"辰在"結構作爲開端交待時間。

根據上述文本對比的結果,我們這裏將《尚書·君奭》"在昔上帝割申勸寧王之德其集大命於厥躳"解釋爲:從前上帝何以申察文王的德行?

將要在他身上成就天命。

上帝申觀與天地溝通

上帝對下地時王的觀察和考驗,從出土和傳世文獻來看,算得上是古代天人升降溝通的一個重要模式。反復監察是天命禍福的前提,天命禍福則是反復監察的結果。下具用例,都是出土金文和傳世《尚書》文本比較常見的:

帝曰:我其試哉,女于時,觀厥刑于二女。(《尚書·堯典》)

惟天監下民,典厥義,降年有永有不永。(《尚書·高宗肜日》)

上帝監民,罔有馨香德,刑發聞惟腥。皇帝哀矜庶戮之不辜,報虐以威,遏厥苗民,無世在下。乃命重黎,絶地天通,罔有降格。(《尚書·吕刑》)[1]

監且(祖)丁。(監祖丁觶)

用天降大喪於下或(國)。(禹鼎)

降余大魯福亡斁。(梁其鐘)

降余魯多福亡(無)彊(疆)。(士父鐘)

降余多福緐釐(釐)。(叔向父禹簋)[2]

……

其中,《尚書》文獻中的兩個用例,跟《君奭》所載"申觀文王"是一個類型。《堯典》篇所載,與前面"帝曰:我其試哉"文字相聯繫。《史記·五帝本紀》傳抄貯存這部分文字過程中將前因後果關聯更加明確化:"堯

〔1〕 顧頡剛、顧廷龍輯《尚書文字合編》第4册,上海古籍出版社1996年。臧克和《尚書文字校詁》,上海教育出版社1999年,第451—452頁。

〔2〕 華東師範大學中國文字研究與應用中心研製《商周金文數字化處理系統》,廣西教育出版社2003年。

曰:'我其試哉!'於是堯妻之二女,觀其德於二女。"聯繫《堯典》以及《史記·五帝本紀》中有關文字的記載,這種"申觀"程序,還不限於此:"瞽子父頑母嚚象傲,克諧,以孝烝烝,乂不格奸。""慎徽五典,五典克從;納於百揆,百揆時敘;賓於四門,四門穆穆;納於大麓,烈風雷雨弗迷。帝曰:格汝舜,詢事考言,乃言底可績三載,汝陟帝位。"日本學者伊藤清司在《難題求婚型故事、成人儀式與堯舜禪讓傳説》學術報告中認爲,這是對舜進行"成人儀式"的考驗。這是一種就任王位之前的考驗,其目的是考察他有無擔當社會領袖的能力和素質。[1]

《尚書·高宗肜日》所載"惟天監下民,典厥義,降年有永有不永",是説明天上對天下舉行祭祀過程的監察,以及由此確定跟降年週期修短的關聯。我們曾經援引敦煌本伯2516"義"作"誼",通用爲"宜祭"之宜,語法結構爲"兼語式":上天監察下民主持宜祭,下賜年歲有長有短。[2]

上述關係既明,有的《尚書》抄本徑寫作"田"也就可以找到相應的聯繫。換言之,古文《尚書》古抄本寫作"田",恰恰是保存了田、申、陳讀音方面的綫索。對照各種文獻傳本,可知傳抄過程中聯繫綫索還是一脈相承的。即使發生變異,梗概猶存。這種基本梗概,依然是後世進行所謂文獻復原工作的最直接綫索。值得注意的是,近來有些研究者以出土文獻與傳世文獻之間差異越大,就越感到新詭可喜。其實,造岸捨筏則可;而過河拆橋,那就是不顧文獻貯存傳播和文字傳承使用的實際了。語言文字都帶有工具性,也就都存在本體結構和使用功能的關係問題。語言研究重本體結構,又轉向重使用功能;文字研究也應該在重視本體結構的同時,適當關注使用功能問題,否則,許多結構問題也難以認識清楚。

上具文字傳承變異的情形,至少有這樣兩點值得我們注意:一是小篆分析爲從申得聲的"陳",金文、楚簡文字迄今尚未見到相同或相近的結構,傳承變異關係尚不清楚,變異規律只能暫時簡單推測爲形近混用。二

〔1〕 文載葉舒憲編《神話——原型批評》,陝西師範大學出版社1987年,第408—430頁。

〔2〕 臧克和《尚書文字校詁》,上海教育出版社1999年,第191—192頁。

是楚簡中的“紳”字,需要特別增添田符以強調其實際的讀音、區別混用的形體,能否説明在戰國中晚期,至少在楚方言裏,舌上音與舌頭音已經存在某種分化條件?

《古文字研究》總第26輯,中華書局2006年。後續有補訂。

出土文字作爲漢字史料使用的幾個問題

衆多出土文獻類型,構成爲"新史料學"的大宗抑或主體。就一次性寫定的文獻性質而言,出土文獻對於校訂修補甚至改寫某個時代的文本,具有不可替代的價值。這部分材料,對於構建共時的漢語史語料庫,具有"唯一性"。就文獻傳播水平而言,某種出土材料,或爲某個時代所僅見,但應該也只是當時傳抄文本之一,而未必就是所謂的"定本"。觀察出土文獻以及傳世文本所形成的"異文",理想的做法是"觀異求全",而非一味追新。當時是否使用某個字形,跟同時代是否出現某項詞義,就語言學層次觀察,恐怕是兩回事。文獻學上,推斷一個文本部分内容有一定來源,跟判斷一個版本的真僞、一個完整結構乃至一個系統的歷史存在,其實屬於兩個不同層次的問題。

隨著成批地下出土文獻的陸續發表,各種資料庫的"大數據"加工,語言文字文獻考古歷史各個領域,都取得了前所未有的發展,形成了衆多新興學科。這些領域學科建設,在一定程度上代表了近年來中國人文歷史學術的實績,越來越成爲國内外相關學科領域的共識。新學問,新學科,發軔於出土資料,即新資料的運用。面對大量出土資料,儘管原先的準備起點參差不齊,但這並不妨礙衆多學者紛紛"預流"。有的古文字學專家甚至已經斷言:將來學術史將會花費許多篇幅去描述相關領域的重要作者和代表著述,似可預卜。這裏僅就漢語史領域出土文字作爲漢字史料使用的幾個問題,談點粗淺看法。

一、"窮文之新"與"觀異之全"

記得錢鍾書《談藝録》談及治學途徑並及基本取捨,曾提到:"窮物之幾,不若觀物之全。"〔1〕

我們所經常看到的現象是,一些研究者,拿新的出土材料再去否定前不久所作出的匆忙結論。就像前些年有人看到帛書《老子》有"大器免成",就感到新詭可喜,將傳世《老子》"大器晚成"翻了案,以"大器不成"爲説。曾經記得在上世紀一次漢字問題研討會上,有的青年學人,偶睹異文,即放言倡此論,作拈花微笑狀,真乃盼顧自雄,具足躊躇滿志之概。

事實上,帛書不過是只寫了聲符替代字,這是簡帛書用字通例。郭店戰國楚墓竹簡發表出來,其中《老子》乙本寫作"大器曼成":"大方亡禺(隅),大器曼成,大音祗聖(聲),天(大)象亡坓(形)。"〔2〕

其中"大象無形",古籍或謂"有象無形",即"象"先而"形"後。是器即形也,雖有小大之分,皆有待乎成;唯所成者存在時間上的早晚、速度上的快慢之別耳。民俗以"不成器"即不成形爲詈罵之語。夫哲學之不成者,乃道也,大道無形。道、器相對待,則道者抽象,器者賦形。一形而上,一形而下,即再大之器也還是器,二者相對而不可混淆界限,至少道理上

〔1〕 錢鍾書《談藝録》,中華書局 1984 年,第 37 頁。錢先生揭示:"夫物之本質,當於此物發育具足,性德備完時求之。苟賦形未就,秉性不知,本質無由而見。此所以原始不如要終,窮物之幾,不如觀物之全。蓋一須在未具性德以前,推其本質,一祇在已具性德之中,定其本質。"

〔2〕 參見劉釗《郭店楚簡校釋》,福建人民出版社 2003 年,第 33 頁。北京大學藏漢簡,整理發表第二册又有"大器勉成"異文,於是簡文研究者又平添枝節,以爲"大器是可以避免一般合成的"。且不論"勉"如何就成了"避免"、"大器"就可以不成形狀;作者甚至連"合成"作爲"合成詞"記載科技術語可能出現的時代都來不及顧及。

是如此。先睹先發爲快者,至少應具備考察有關出土文獻使用較爲全面情況的耐心。我們不能根據自己解釋"求新"的需要,或通假,或本用,流於隨意取捨的地步。

又如《嶽麓書院藏秦簡·占夢書》第1525號正:"……之時,亟令夢先,春曰發時,夏曰陽,秋曰閉,冬曰藏。占夢之道,必順四時而豫。"整理者注[六]:"豫,備也。"[1]檢"豫"字,《睡虎地秦墓竹簡》[2]未曾使用,戰國楚簡帛文獻所用場合,或作人名地名的專有名詞,見《包山楚簡》[3]的兩個義項;或用作"抒發"之抒的動詞,見《郭店楚墓竹簡·六德》[4]1138號"豫丌志"用例。凡此,皆未見"豫備"現成使用的情況。《鶡冠子·泰録》:"百化隨而變,終始從而豫。"其中變、豫對文使用,清代學者俞樾《諸子平議補録·鶡冠子》:"豫,亦變也。"[5]簡文分説四時不同,故占夢之道,必順應四時而變。"道"原無所謂"預備"與否,唯有"變"與"不變"之説。講小學字理者,也應講點道理。

文史考證性研究,引用出土文獻,理想的狀況是存在多個共時的文本。近年來,隨著出土文獻即戰國楚簡系列的不斷整理公佈,一向沉寂的《尚書》學領域,引發大家關注,比如見於《上海博物館藏戰國楚竹書》的,是散在各冊的有關篇目。如第一冊《緇衣》存《咸有一德》《尹告》《君牙》《吕刑》《君陳》等數篇;第五冊《競建内之》存《商書·高宗肜日》部分;《郭店楚墓竹簡》也存《緇衣》篇,同樣涉及到《尚書》的若干篇目,有的可以針對《上海博物館藏戰國楚竹書》互相補充,如《君奭》《吕刑》等篇。我在《簡帛與學術》一書有關章節裏,曾作過初步分析:

按《尚書》學史的研究,《咸有一德》《尹告》屬於"商書"的部分。

〔1〕 朱漢民,陳松長主編《嶽麓書院藏秦簡》(第一冊),上海辭書出版社2010年,第151頁。

〔2〕 睡虎地秦墓竹簡整理小組編《睡虎地秦墓竹簡》,文物出版社1990年。

〔3〕 湖北省荊沙鐵路考古隊編《包山楚簡》,文物出版社1991年。

〔4〕 荊門市博物館編《郭店楚墓竹簡》,文物出版社1998年。

〔5〕 (清)俞樾《諸子平議補録》卷六《鶡冠子》,中華書局,第39頁。

對照今本《尚書》文獻系統,兩篇均不在今文28篇之數;其中《尹告》篇屬於所謂"古文逸16篇"。在目前整個先秦引《尚書》的文獻結構裏,兩篇只是分别被引用過2次,均見於《禮記·緇衣》。從文獻版本系統來看,《史記》所引今文文字有《咸有一德》。經學研究者一向認爲,《尚書》文獻系統散佚之後,該篇屬於稱孔氏本的"僞古文"。前些年出土的郭店楚墓竹簡有關記載有這樣的文字:"尹⿱告廾(誥)員(云):隹(唯)尹躬及湯,咸又(有)一悳(德)。"這段文字跟傳世今本《尚書》的用字基本相同:"惟尹躬暨湯,咸有一德。"日藏寫本像內野本作"惟尹躬臮湯,咸又一悳";天理本的用字只是"躬"字作"船"、"又"字作"有",足利本基本没有跑出這兩個版本的用字範圍;其餘《書古文訓》和唐石經等文獻用字也在這個範圍之內。

《上海博物館藏戰國楚竹書》用字,與郭店楚墓竹簡大同小異:"尹⿱告廾(誥)員(云):隹尹夋及康,咸又(有)一悳(德)。"只有躬作夋,二字音近通用;"湯"字在《上海博物館藏戰國楚竹書》裏寫作"康",二字亦音近通用:湯字從昜得聲,康、唐二字聲符都是庚,而《説文·口部》"唐"下所録古文亦從"昜"。另外"咸"字內部少了一横筆。兩種簡文文本"告"字下部從廾符構造,爲表示上告者敬矜態度的專字。這個用字特點,唐蘭等古文字學研究者已經考釋過,而金文、《尚書》有關唐寫本和日本所藏寫本等文獻都是比較常見的。

對照傳世文獻的用字來看,兩種簡文文本提到的告誡主體"尹",就是《尚書》文獻系統裏常見的"伊尹"。今本《禮記·緇衣》中引《尚書》篇名作《尹吉》,東漢經學家鄭玄解釋説是"吉當爲告,古文誥字之誤也。《尹告》,伊尹之誥也。《書序》以爲《咸有一德》,今亡"。現在通行的各家注本都是依據鄭玄注釋修改。從出土的戰國文獻看來,漢代經學家的推論無疑是有一定根據的。從今本《咸有一德》的"孔氏傳"來看,都説是"伊尹作《咸有一德》";兩種出土文獻也只是講"尹⿱告廾(誥)員(云):隹尹夋及康,咸又(有)一悳(德)";所以,簡文這裏的"咸又一悳"是否就算得是《尚書》的篇名,還需要其他文獻的根據。[1]

二、"話題之存"與"文本之真"

某些專事地下出土文獻的研究者,似乎有個成見,在某種程度上甚至可以説是共識,那就是出土文獻一定比傳世文獻精確珍貴。因此,我們看到的一些熱衷於追逐新出土文獻的學人,連起碼的書籍都没讀多少,就暗中摸索,浪拋精力。不言而喻,就一次性寫定的文獻性質而言,出土文獻對於校訂修補甚至改寫某個時代的文本,具有不可替代的價值。這部分材料,對於構建共時的漢語史語料庫,具有"唯一性"。而事實上,就歷代文獻傳承體系而言,目前所見出土文獻材料,我們得實事求是地承認,還只能説是具有"補正"作用,遠談不上所謂"重建"意義。當然,有人會説,地下出土越來越多,文物市場也成批回流,總有不可限量的程度。但是,果真到了那樣的豐富程度,再作結論似乎也不算晚。如上所述,目前所見到一些出土文本,排列起來看,實在也算不得所謂"定本"。在傳抄時代,"定本"自然也是相對的,即充其量算是某個時期的一種"定本"——蓋棺定論者的本子,即抄手也未必就是可以"寫定"之人選。就價值而言,也毋庸諱言,可能在文物考古學領域是充分的;而在漢語史領域,平心而論,大量出土材料其實是没有多少用處的。

出土文獻往往以片斷形式,輾轉貯存了傳世古書所見若干"話題"。這可以用來説明這些片斷"話題"具有相當久遠的"來處",但是,若由此遽斷某種傳世文本體系或"古已有之",則勢必引起混亂。例如,有學者試圖通過部分商周文獻用例,類比詞義及其使用呈現的基本時代屬性,推斷《周易》詞義使用爲西周晚期,從而爲經文本寫定年代考索提供訓詁學意義的根據。這首先就涉及諸如語料性質的問題:討論包括詞義在内的語

[1] 臧克和《簡帛與學術》,大象出版社2010年,第46—47頁。

料時代性問題，只能限定在"文獻用字"這樣的範圍内才有操作的可能。至於出土類文獻，寫定年代關係相對明確；而傳世類由於歷代版本迭經傳抄傳刻，囿於傳播水平，用字歧中生歧，則胥難一律。要之，當時是否使用某個字形，跟同時代是否出現某項詞義，就語言學層次觀察，恐怕是兩回事。如所討論"富"字，先引出土楚簡使用從貝構造之形（ ），後引《尚書》《詩經》文本，所習見"富"字。由此討論"富"字使用時代屬性。問題在於，現在所見《尚書》《詩經》版本，屬於不同質的問題，恐怕無法由此遽斷其實際使用年代。又如"禽"用爲"擒"，研究者認爲，這個用法，在傳世文獻中最早見於《左傳・宣公十二年》："使攝叔奉麇獻焉，曰：以歲之非時，獻禽之未至，敢膳諸從者。"其實現在所見《左傳》乃至"春秋三傳"經文本，如果是《十三經注疏》的話，那不過清刻本。戰國中晚期《戰國楚竹書・周易》可以看到"禽"字既可用於記録動詞即擒獲，又可用來記録名詞即所獵獲對象的"多功能"現象（原形分别作 等）。

有的作者以新近發表的清華簡第一册《尹誥》文字，比勘對照傳世文本《古文尚書・咸有一德》（作者援引的版本是上海古籍出版社《尚書正義》），得出重大結論：今《咸有一德》之時代必不能晚於簡書所出之年代，可見其不可能是魏晉人所造。甚至充類至盡，據此推斷《古文尚書》各篇不容置疑的真實性：《咸有一德》不是魏晉人所造，或者不晚於清華簡，那麽《古文尚書》其他各篇自然也應如此，當然不必包括全部二十四篇。論者所討論，涉及《尚書》學史上一段重要學術"公案"，顯示了作者相當的勇氣。

對此，我的基本看法是：文獻學上，推斷一個文本部分内容有一定來源，跟判斷一個版本的真僞、一個完整結構乃至一個系統的歷史存在，其實屬於兩個不同層次的問題。否則，肯定者即如本文作者，可以援引"清華簡"相關内容，來證傳世文本之真；而否定者，由於看到出土文本跟傳世文本的差異之大而愈證其僞。面對同一文本，所從言之路異,肝膽變胡越,冰炭交相織,形勢成水火。這種現象,則正是目前我們所看到的局面。

三、"由文及意"與"以意逆志"

此一組結構關係中,意,上文所謂《詩》字詞句各級單位所達之意,也就是字意詞意句意。志,即作品整體體現出的主旨,也就是詩人通過作品所傳遞的情志。上下文結構中各字使用情況,見於《說文·辵部》及相關出土文字結構:

逆(金文簡帛古陶漢印)迎也。从辵屰聲。關東曰逆,關西曰迎。宜戟切。

迎(漢印)逢也。从辵卬聲。語京切。[1]

逆有倒、迎兩邊,俗語稱"倒推"。漢語史所謂"逆子""逆水"即是。是逆、迎也,迎、逢,對接,今語即爲"對應"。[2] 即部分語義單位的理解,要受整體作品的制約,要建立在跟整體意旨聯繫的基礎上。

知人論世,由作者的思想意志整體,去把握其具體作品之體現進而之理解,這是順方向;而斯人不在,只有由其所存作品去推求其觀念意圖,即由部分到整體的解釋,這是逆方向,俗語謂之"倒推",故用"逆料"字。

意、志並用,形成區別對待,在上下文中各有分工:

《說文·心部》:"意,志也。从心察言而知意也。从心从音。"[3] 實際結構可分析爲從心音聲,古代音、意陰陽對轉。心音即心聲,而言爲心

〔1〕 臧克和等《實用說文解字·辵部》,上海古籍出版社2012年,第50頁。

〔2〕 猶如《尚書·吕刑》:"爾尚敬逆天命,以奉我一人。"今語即爲"對應"。

〔3〕《實用說文解字·心部》,第326頁。

聲，就是古人所謂的“詩歌”作品，訴諸外在的音樂的語言結構形式。漢語史上通常以“字意”“詞意”“句意”“語意”“文意”“詩意”等爲習慣性結構，而不使用“字志”“詞志”“句志”“文志”“詩志”之類結構。

《説文·心部》：“志，（簡帛古璽漢印石刻）意也。从心之聲。”[1]形聲結構，即所謂情感活動，即心理指向。《詩序》所謂“在心爲志，發言爲詩”。

或以爲以意逆志，類似以己心度他人。按“意”在用心，甚至“心意”成詞，但二者不屬於同一層次：心之爲體、謂思維之官，不等於功能本身；“意”者以言爲載體，漢語史習慣組合爲“字意”“詞意”“句意”“語意”“文意”“詩意”。

意者，作品各種單位的；志者，詩人整體的。意，對應於“不以辭害志”之辭一邊，志，對應於“不以辭害志”之志一邊。邏輯的次第應該是由整體之“志”統攝單位之“意”，但詩人不存，其志非辭意而由何得而説？故謂之“逆”即倒推是也。孟子詩論所持“以意逆志”，本意是强調文本整體意義，即作品具體單位語意的準確理解，有待於詩人整體主旨的規定。

前後文本出現兩個“志”，就是所謂“《詩》言志”之志，也就是《詩》人的主旨。説《詩》者或以同字異指，在同一上下文結構當中，這樣的用法是很罕見的。孟子説《詩》主張，結構圖示如下：

詩人主旨（B）→規定→字詞句意（A）。

因此，

字詞句意（A）→對應→詩人主旨（B）。

---

[1] 《實用説文解字·心部》，第326頁。

在整個關於説《詩》者的語境裏,孟子以"不以……"與"以……"兩種結構構成否定排斥與提倡主張的對立。其中文與辭、辭與志、意與志等基本結構構成要素中,並未給第三者留出可以插入的結構空間。

至於作者意圖的認知理解,爲《孟子·萬章下》所表述的:

> 頌其詩,讀其書,不知其人,可乎?

此篇以《出土文獻作爲漢語史料的使用問題》爲題載《理論與史學》第2輯,收入本集又有若干增補。

楚簡字符的發展

——兼説一種特殊的異文類型

戰國時期,是社會用字最繁雜富於變化的時期。與此相適應,楚簡爲代表的字符系統呈現出空前的調整趨勢。若干此前此後之間的過渡形體,可以在這個時期的社會用字習慣中找得到用例;在《説文》之後的貯存歷史漢字的主要字書裏作爲新增字,可以找到相對應的興替關係,整個字符系統功能得到很大調整。楚簡字符的上述發展,一個突出反映就是:添加形符,強調聲符,補出本字,形成特殊的異文類型。下面所考察的,就是一般有定論的文字結構使用現象。

[illegible]溽異文

《上海博物館藏戰國楚竹書》(一)和《郭店楚墓竹簡·緇衣》都引用了《禮記·緇衣》文字,從而保存了有關異文。這裏先釋讀有關文字,進而認識這種異文類型。

《郭店楚墓竹簡·緇衣》引用《禮記·緇衣》文字有"日[illegible]雨",研究者釋[illegible]爲傛。《上海博物館藏戰國楚竹書》(一)有關研究者隸定作從人從日從穴省，所釋文字爲“日□雨”。如此，《緇衣》篇文字究竟是作“日□雨”“日傛雨”，還是傳世文獻的“夏日暑雨”（今本《十三經注疏·禮記·緇衣》篇引《尚書·君牙》文字作“《君雅》曰：‘夏日暑雨，小民惟曰怨。資冬祁寒，小民亦惟曰怨。’”）。今本《尚書》該篇作“夏暑雨，小民惟曰怨咨；冬祁寒，小民亦惟曰怨咨”。[1]

《緇衣》簡文□從日儒省聲，突出跟“暑”的聯繫。襦字，《説文》：从衣需聲。大徐本注音爲“人朱切”。孺字从子需聲，大徐本注音爲“而遇切”。需字，《説文》：𩂣也。遇雨不進，止𩂣也。从雨而聲。

按傳世文獻，需卦，《歸藏》寫作“溽”。需、溽音義相同通用。《周易·需》第十八，帛書作“襦”，從衣需聲，需卦簡文應是從子需省聲，爲“孺子”之孺的異體，跟帛書“襦”都是《需》卦需字的借用。該卦帛書和楚簡對照，可以認識楚簡《緇衣》“日□雨”用字（《郭店楚墓竹簡》本如此，《上海博物館藏戰國楚竹書》作□）。《緇衣》簡文結構是從日儒省聲的形體，爲“溽”字的異體。[2] 按兩種出土的文本都從人從日冗聲。只是《上海博物館藏戰國楚竹書》（一）《緇衣》作□，從人從日冗聲，日符在上部。考釋者隸定爲從人從日從穴省，導致□字不能釋讀。

冗，異體作宂，與溽聲近。《説文》：溽，溼暑也。从水辱聲。冗，《説文》小篆作□，分析爲“㪚也。从宀，人在屋下，無田事”。可見宀下所從是人，但已經跟“穴部”所從混淆。也許正是這個原因，楚簡文字從人，實際上是一種突出字符功能的作法。如果省略，就剩下了從日宂聲的形聲結構，而“宂”符中本已有“人”的成分。該結構從日，强調跟“暑”的關係；溽字從水，强調跟“溼”的關係。因此，我們這裏認定楚簡的結構爲從日宂

〔1〕《十三經注疏·禮記·緇衣》篇引《尚書·君牙》文字作“《君雅》曰：‘夏日暑雨，小民惟曰怨。資冬祁寒，小民亦惟曰怨’”。今本《尚書》該篇作“夏暑雨，小民惟曰怨咨；冬祁寒，小民亦惟曰怨咨”。

〔2〕華東師範大學中國文字研究與應用中心所研製《戰國楚文字數字化處理系統》，上海教育出版社2003年。所引楚簡文字數據，皆見於該數據庫，不重注。

聲,跟溽是一種異體關係,或者説都是記録"濕暑"的本字。當時著眼有別,用心不殊,所從言之路異。積累爲歷史漢字,表現爲兩個形體。到目前爲止,從日符的形體,存在於出土文獻形態;從水符的形體,成爲傳世文獻用字。

"服從"本字

《郭店楚墓竹簡》的《緇衣》有[古文字]字,研究者一般釋爲從力從攴的結構。《上海博物館藏戰國楚竹書》(一)《緇衣》接下的引文是"詩員:儀型文王,萬邦作艮"。左邊的力符是没有問題的,楚簡文字力符多作[古文字]、[古文字](見《郭店楚墓竹簡》《上海博物館藏戰國楚竹書》)。右邊的字符則不同於攴,而是殳。楚簡文字中攴和殳兩個字符在使用過程中的確存在互换的情況,如《郭店楚墓竹簡・語叢一》"政"就從殳作[古文字]。殳符上部所從,正是"鳧"字的聲符,大徐本《説文・几部》:"舒鳧,鶩也。从鳥几聲。房無切。"殳就是作爲兵器之一的杸字初文,可能以鳥羽爲飾,得名於功能之"殊"。《説文・几部》:"以杸殊人也。《禮》:殳以積竹,八觚,長丈二尺,建於兵車,車旅賁以先驅。从又几聲。"

相同的文本,《郭店楚墓竹簡》的[古文字]字,在另外的出土文獻裹就形成了異文。《上海博物館藏戰國楚竹書》寫作了[古文字],將左右結構變化爲上下結構,下半部分所從的力符還是清楚的,只是上半部分换成了聲符虍。有的整理者、研究者釋爲從力從垂,遂導致了該字的無法釋讀。虜,《玉篇》釋:"服也,獲也,戰獲俘虜也。今爲虜。"《上海博物館藏戰國楚竹書》省作"虜",取義爲"服"。戰國楚文字中"服"還是用"服馬"字,大多是由"馬"符構造。《説文・舟部》:

服([古文字][古文字][古文字][古文字][古文字]金文[古文字][古文字]漢印[古文字][古文字][古文字][古文字]石刻)用也。

一曰車右騑，所以舟旋。从舟𠬝聲。房六切。，古文服从人。

金文舟符仍較然明顯，結體爲從力從𠬝𠬝亦聲字形，可能就是戰國中期楚系文字補出的“服從”字的本字。通過有關字形的釋讀，進而認識了戰國出土文獻的一種異文類型。《郭店楚墓竹簡》的字爲“服從”本字，結構是從力從𠬝𠬝亦聲。《上海博物館藏戰國楚竹書》寫作，可釋爲“虜”，意義爲“服”，跟《郭店楚墓竹簡》的字只是在訓詁意義上存在聯繫。訓詁意義存在聯繫，往往也是戰國文字形成異文的類型，如我們在《上海博物館藏〈戰國楚竹書・緇衣〉所引〈尚書〉文字考》中揭示的：在差不多同時代的寫本裏，使用字義相同或相近的不同文字單位，也是形成異文的重要類型。上古學術文本，往往口耳相傳，使用意義相同或者相近的同訓字，並不一定要靠語音上的聯繫。像戰國時期的有關《緇衣》的兩個寫本出現的“寒”與“滄”、“悁”與“怨”、“身”與“躳”等，就是這種類型的用字之例。〔1〕

宛悁異文

《尚書・君牙》和《禮記・緇衣》所引文字中有“怨”字，《郭店楚墓竹簡・緇衣》的有關字形作，釋作“悁”；但是《上海博物館藏戰國楚竹書・緇衣》有關對應字位，編者卻隸定爲“命”或“令”（古文字命、令是一個字）。其實，無論從文字形體結構還是從文句的語義聯繫來看，都只好説就是“宛”，用同“怨”字。從字形上看，《上海博物館藏戰國楚竹書・緇衣》所記録的該字形結構是由上部一“亼”符、下部爲夗符。《説文・心

〔1〕 臧克和《上海博物館藏〈戰國楚竹書・緇衣〉所引〈尚書〉文字考》，《古籍整理研究學刊》2003 年第 1 期，中國人民大學《語言文字學》2003 年第 7 期。

部》"怨"字下所録存古文爲𢘓,隸定爲㤪,石刻篆文也如此構造,可以對照。《玉篇·心部》收録的怨字古文就是該字形的異體,作㑄,跟《書古文訓》的結構基本相同。《尚書》文獻諸唐寫本、日藏本系統一般寫作上部從死符、下部從心符的結構。這個字形結構往往被隸定爲上部從亼、下部從夗的形體,《集韻·願韻》解釋説該字形是"怨"字的古文。將《上海博物館藏戰國楚竹書·緇衣》的該字結構釋作"㑄"即"㤪"字,用作"怨"字,既與《郭店楚墓竹簡·緇衣》作"悁"相應,又與今本《尚書·君牙》《禮記·緇衣》經義若合符節,而且傳世文獻可以見到這種關係的用例。例如,《荀子·哀公》"富有天下而無怨財",《孔子家語·五儀》"怨"作"㤪"。《上海博物館藏戰國楚竹書·緇衣》編者釋讀爲"命"或"令",應當是形近而誤。㑄、㤪、怨跟悁等字符關係,亦爲上述類型的楚簡文獻用字之例。

"桌子"本字

漢語史研究者一般認爲,桌子的桌是由最初的"卓"後來分化出來的。桌,形聲字,從木卓省聲。卓,意思是高,《説文》:"卓,高也。"相對几案而言,後代出現的桌子比較高,文獻中往往以"卓"表示桌子。但是,戰國時期的簡牘文就使用"桌"字,作[古文字],見於《戰國楚竹簡匯編》,相當於戰國中晚期的《望山一號楚墓竹簡·疾病雜事劄記》。

"冠冕"初文

"冠"就是戴在頭上的東西,並不一定要從寸符。戰國中期《包山楚簡》作[古文字],從冖從元。"免"字亦從冖在人頭上,《包山楚簡》"文書"類結構作[古文字]、[古文字],《郭店楚墓竹簡》中《唐虞之道》篇"免"字結構爲[古文字],用作"冠冕"之冕:實際上可能就是"冠冕"字的初文。從寸之冠最早見於《説文》,《説文》未收"免"字,"免除"字此前似乎没有出現本字。《玉篇》:"免,靡蹇切。去也,止也,脱也。"

"族"字從山

《尚書》日藏唐寫本"族"字多寫作上部從山下部從矢的結構,原來以爲是寫手草率的結果或者來源於日本的寫法。從戰國晚期的《上海博物館藏戰國楚竹書》"宗族"寫作、來看,應當有悠久的歷史。該字形的演變過程可能大致如此:金文作(不易戈)——楚簡文字作(《上海博物館藏戰國楚竹書》)。《玉篇》:"岕,才卜切。古族字。"

"過失"本字

簡牘文作從心化聲的結構:。其上下文見戰國中期偏晚《郭店楚墓竹簡》的《成之聞之》篇。《郭店楚墓竹簡》中《老子》甲篇,"化"用作"禍",可以瞭解過、禍、化之間的讀音關係。

帛書"利所寇"

《周易》"蒙第十三"今本作"利禦寇"。張立文據馬王堆漢墓帛書,以爲帛書作"利所寇",遂坦然改動經文:"猶言處寇,有被寇而能防禦,不被就所害也。"按清人阮元所纂《十三經校勘記》以爲古本禦上有用字。這説明,阮元認爲古本是作"禦"的。按《上海博物館藏戰國楚竹書》異文,阮説不誤。其中第三冊主要整理發表了關於《周易》的楚簡文字,楚簡蒙卦正作"利禦寇"。從古音關係看,所、許音同通用,禦、許音近亦通。所以,"訟"第五,帛書"不永所事",簡文作"不出禦事"。從文義看,禦寇、爲

寇,方向相反,構成“利”與“不利”的判斷。〔1〕

仁字本字

戰國中期偏晚《郭店楚墓竹簡》中《老子》丙“仁義”詞形作[illegible][illegible],其中仁字從心身聲,此前的金文等載體還是作“仁”。這種用字現象,説明了戰國某個時期人們對仁這一範疇的認識。同樣的用字現象,又見於該類楚簡《緇衣》《五行》等篇。《玉篇》:“古文作忎也。”案:《玉篇》著録的古文從心千聲,千又從人得聲。猶如《詩・柏舟》“母也天只,不諒人只”。天、人協韻。《戰國楚竹書・孔子詩論》第八簡“少夏丌(其)言不亞(惡),少又忓安”其中第二句寫作“少又[illegible]安”。《説文》不見“忓”字,《玉篇》:忓,七典切。怒也。忓從年得聲,年從千得聲。編者於該處簡文採取了存疑待考的態度。按這裏初步推斷,“少夏”,當是《詩》中的一個篇名,也可能現存傳世文獻中該篇已經被删除了。“少又忓安”,直解就是“小有忓焉”,又、有二字古書常通用。忓從年得聲,年又從千得聲,故可讀作忓。《玉篇・心部》:“忓,怒也。”《説文》:“天,顛也。”安、焉二字亦通用。所以,用現代的話來説,大概可以講成“《小夏》其言不惡,稍稍有些怨怒在裏面”。如果上述推斷基本成立,那麽該篇内容上恐怕比現在看到的《小雅》篇什要來得更加“激烈”一些。孔子“詩教”的基調是所謂“怨而不怒、哀而不傷、樂而不淫”,由此達到“溫柔敦厚”的中和之美。反過來是不是也可以據此作出這樣的推斷:正是由於該篇不大符合孔子的根本詩學原

〔1〕 張立文《帛書周易注譯》,中州古籍出版社 1992 年,爲國内系統運用出土帛書文獻較早而有影響的專著。作者充分對照出土帛書文字,梳理傳世文獻,使得《周易》研究獲得了全面進展。2003 年 12 月,上海古籍出版社出版了《上海博物館藏戰國楚竹書》第三册,該册主要整理發表了關於《周易》的楚簡文字。將楚簡和帛書對照,主要有這樣幾個關係:1. 與帛書互相發明,訂正傳世文獻;2. 修正帛書文獻,印證傳世文獻的可靠;3. 利用帛書和傳世文獻,認識楚簡文獻整理過程中存在的問題。

則,最終在整理過程中被删除了?[1]

"橐"字結構

本作從口乇聲,《郭店楚墓竹簡》之《老子》甲作[illegible]。《玉篇》橐字古文作囩,"橐,他各切。小囊也。囩,古文。"可以印證。[illegible]字從乇得聲,猶託、托、宅字,"著於帛書"的著本字從糸乇聲(《郭店楚墓竹簡》的《緇衣》篇作[illegible])。囩字從石得聲,猶如橐字從石得聲:《説文》:"[illegible],囊也。从橐省,石聲。"小篆實際是從束囩聲。囩就是橐的初文,而且也是個形聲結構:從口乇聲。簡牘文的橐字只是替换了聲符,所以解釋爲橐基本上是基本没有問題的。

"來"之本字

金文有從辵的結構,簡牘文有從止的結構,跟石刻古文是一致的:[illegible](金文)—[illegible](簡牘文)—[illegible](石刻古文)。簡牘文是指《郭店楚墓竹簡》的《成之聞之》篇用字,見上面"過失"條。

"來 得 及"

"來得及"及字從辵,突出動作行爲者。《郭店楚墓竹簡》作"[illegible]",與金文從辵從彳相對應:[illegible]。[2]

---

〔1〕 臧克和《尚書文字校詁·堯典》,上海教育出版社 1999 年。臧克和《上博楚竹書中的"詩論"文獻及範型》,《學術研究》2003 年第 9 期,中國人民大學《中國古代、近代文學研究》2004 年第 4 期轉載。

〔2〕 見於上海古籍出版社《實用説文解字》"及"字條下。

“早”之本字

從日棗聲結構，見《郭店楚墓竹簡》中《語叢四》“早”字作[illegible]，跟金文（《中山王鼎》）作[illegible]構字同。

“戰鬥”本字

《包山楚簡》的《文書》“戰鬥”本字作[illegible]，從戈豆聲。

“作爲”本字

“作爲”字從又，戰國中期《包山楚簡》“乍”用爲作，而結構爲從又從乍爲[illegible]，與金文作[illegible]相對應，就是“作爲”之作的本字。

“懼”本字

“畏懼”本字。[illegible]，從畏從心從戈，見於《郭店楚墓竹簡》中《唐虞之道》篇。

“畏”從示

“畏懼”字從示。《郭店楚墓竹簡》中《老子》乙畏作[illegible]。

虛詞“乎”專字

《郭店楚墓竹簡》中《老子》甲“禍莫大乎不知足”，其中乎作[illegible]，從口虎聲,記録語氣詞。

“任”從貝

“責任”字從貝符。[illegible]、[illegible],《郭店楚墓竹簡》“六德”等篇“任”字如此。前者從貝壬聲,應該看作是跟“責”字從貝類化的結果。

“傷”從刀

“傷害”字從刀。“往言傷人,來言傷己”,爲《郭店楚墓竹簡》中《語叢四》篇文字。其中,傷字從刀符昜聲,作[illegible]。

“舉”從止

“舉足”之舉,專字從止符。戰國中期《包山楚簡》(卜筮祭禱記録)從止舁聲作[illegible]。

“侵”從戈

“侵犯”本字。《長沙子彈庫戰國楚帛書研究》丙篇“利侵伐”,侵字從戈作[illegible]。又有從水侵聲的結構,《郭店楚墓竹簡》之《性自命出》作[illegible],其中侵符亦從戈。

“奇”從戈

“奇兵”本字从戈。《郭店楚墓竹简》之《老子》甲“以奇用兵”作“以䩵(奇)甬(用)兵”,其中奇字作[illegible]。此字结构,当为奇兵、出奇制胜字所专门造。

“率領”本字從行

《郭店楚墓竹簡》之《尊德義》“率民向方”之率作[image],從行率聲。

“傳達”本字從辵

《郭店楚墓竹簡》之《尊德義》傳字作[image],從辵叀聲。

“運動”字本字

動字從辵童聲。《郭店楚墓竹簡》之《老子》甲作[image]法陸(地),陸(地)法天,天法道,道法自肰(然)。口天陸(地)之勿(間),其猷(猶)囯(橐)籊〈籥〉與? 虛而不屈,遧(動)而愈出。

“懷疑”字從心矣聲

《上海博物館藏戰國楚竹書》(一)《孔子詩論》“多疑”字作[image]。

“難易”本字

“難”爲“難鳥”本字,“易”亦無本字。“難易”本字最早見於《郭店楚墓竹簡》之《老子》丙,構字從心作[image],文本爲“不貴戁(難)得之貨”。《郭店楚墓竹簡》之《老子》甲“戁(難)惕(易)之相成也”,其中“難易”字作[image][image]。《玉篇》:“戁,女板切。忌也,敬也。”《説文》:“敬也。从心難聲。”

"弁"從兒

"弁"字本從兒(人)頭部戴冠形。《郭店楚墓竹簡》之《性自命出》作,下部從兒符,上部爲(弁)聲符之省。《玉篇》:"覍,皮彦切。弁也,攀也,所以攀持髮也,以鹿皮爲之。《説文》曰:冕也。从皃象形。弁,同上。㝸,籀文。"

"得"從又

"得失"字不從寸而從又。《包山楚簡》(文書)作。《集韻·德部》:"得㝵䙷得,的則切。《説文》行有所得也。古省。或作䙷得。"

"著於帛書"

"著於帛書",本字從糸尾聲。《郭店楚墓竹簡》的《緇衣》篇作。又,"書"字戰國楚文字寫作"著"。《上海博物館藏戰國楚竹書》以""即"著"跟《詩》《禮》並列,作爲《尚書》之"書"的用字。著字用從竹符的結構,以及"書"跟"著"的讀音用字聯繫,可知"書"的得名在於"著",《尚書》之名義就是"曾經著明的"。爲古代文獻記載最早的書寫載體爲"書於竹帛"的證據。

"嘗"祭本字

《包山楚簡》卜筮祭禱記録嘗從礻嘗聲作。

"好"從丑

《尚書》古寫本"好"字從丑。《上海博物館藏戰國楚竹書》好即作構造,從丑。戰國中期偏晚《郭店楚墓竹簡》"好"作,女符在上,子符在下。《集韻·晧部》:"好玗玫,許晧切。《說文》美也。古作玗玫。"

"道德"從行

"道德"字古文字皆從"行"。甲骨文"德"字從行從直構造,戰國楚簡"道"字從行從人作(《郭店楚墓竹簡》),簡文"以道佐人主"。《郭店楚墓竹簡》"術"字作,該篇"道術"字形爲。

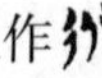

右強

《郭店楚墓竹簡》中《老子》丙:君子居則貴左,甬(用)兵則貴右。

笑

"笑"字結構從犬艸聲。《郭店楚墓竹簡》中《性自命出》作。

"明德"用字

《上海博物館戰國楚竹書》(一)《孔子詩論》:"褱(懷)尔明悳(德)害(曷),城(誠)胃(謂)之也。"其中"明德",字形作,明字從示明聲,爲"盟誓"儀式所用本字。"明德",傳世文獻見於《尚書》,解釋者多曲爲之說,楚簡則是明確說明爲"誠"。

淵

淵,《郭店楚墓竹簡》作。《說文·水部》"淵"字下條列過渡形體:

（金文 簡帛 石鼓 漢印 石刻）回水也。从水，象形。左右，岸也。中象水皃。烏玄切。，淵或省水。，古文从口、水。

戠

戰國中期偏晚《郭店楚墓竹簡》中《緇衣》篇："昔才（在）上帝，戠（割）紳觀文王悳（德），其集大命於氒（厥）身。"□子曰："君子言又（有）勿（物），行又（有）……"跟《尚書》用字對照。《包山楚簡》（文書）"申命"作。

"之日"不等於"時"

《説文》"時"下收古文從日從之。戰國中期的《包山楚簡》中"卜筮祭禱記録"篇有，但根據上文有"之月"合文，該字形應讀爲"之日"合文，兩處皆有合文符號。而該片簡文，在下文也使用過"之月"分開的情況。

吴甲、楚甲

"吴甲""楚甲"成詞，同見於戰國早期的《曾侯乙墓》。《楚辭·國殤》"操吴戈兮披犀甲"中有關詞語不一定要當作專名來理解。

詩字

"詩"字説文古文從言從之，《上海博物館戰國楚竹書》（一）《緇衣》詩字作，從口之聲。《郭店楚墓竹簡》的《老子》甲從心之聲作。

“欣喜”字從心

《郭店楚墓竹簡》中《性自命出》作。

“割”用作害

《郭店楚墓竹簡》中《語叢四》篇:“衆而不割(害),割(害)而不僕(仆)。”其中害字作。與《尚書·堯典》“洪水方割”用字同。

勝字

“勝”戰國楚文字或作。《郭店楚墓竹簡》中《尊德義》篇,勝字作從乘從力的結構,《上海博物館藏戰國楚竹書》第一册所使用“服”字結構從力,堪爲對照連類(《上海博物館藏戰國楚竹書》寫作)。

僞字

“僞”楚文字從心爲聲作。見《上海博物館藏戰國楚竹書》第一册。

路字

路,戰國早期文字或從辵各聲。見《曾侯乙墓》從辵各聲作。

謀字

“謀”,《説文》所録重文從心符作悬。《郭店楚墓竹簡》之《語叢三》

"寡謀"作，謀字從心母聲。《集韻・矦部》："謀惎喋悬晵謈，迷浮切。《説文》慮難曰謀。亦姓。或作惎喋悬晵謈。亦書作呣。"

勇字

勇字從戈。《郭店楚墓竹簡》中《成之聞之》篇作。

尸字

主祭之尸本字從示。戰國中期《包山楚簡》(卜筮祭禱記録)經常出現，李零等人釋爲"刑尸"本字。

合

戰國文字記載"合"所用字。戰國中期《包山楚簡》(遣冊)用"盍"、《郭店楚墓竹簡》之《老子》甲用從日從合的結構。《集韻・合部》："答畣畗，德合切。當也。古作畣畗。通作荅。"

主字

主字從示。《郭店楚墓竹簡》之《老子》甲6號簡："以差(佐)人宔(主)者，不谷(欲)以兵強。""人主"字作，從示從宀合成，適證示符功能在於祭祀人主。

工字

工字從示。按簡牘使用從示符結構，鮮明地突出工的作用場合。

《説文·工部》凡列4字:

它(甲骨金文簡帛古幣石刻)巧飾也。象人有規榘也。與巫同意。凡工之屬皆从工。徐鍇曰:"爲巧必遵規矩法度,然後爲工。否則,目巧也。巫事無形,失在於詭,亦當遵規榘。故曰與巫同意。"古紅切。𢒅,古文工从彡。

式(簡帛漢印石刻)法也。从工弋聲。賞職切。

巧(石刻)技也。从工丂聲。苦絞切。

巨(金文簡帛古璽漢印石刻)規巨也。从工,象手持之。其吕切。榘,巨或从木、矢。矢者,其中正也。𢀚,古文巨。

地字《説文》古文

《郭店楚墓竹簡》之《唐虞之道》"天地"字作天 ,地字從阜從它從土。《集韻·至部》:"地墬埅坔埊,徒二切。《説文》元氣初分,輕清陽爲天,重濁陰爲地。萬物所列也。籀作墬埅。或作坔。唐武后作埊。"

攸字

攸字《説文》"行水"之説在簡牘文中的對應。《郭店楚墓竹簡》之《老子》乙"攸"字作,從彳從水從攴。

旦字

旦字從丁得聲。甲骨金文簡牘古璽古

幣——皆從日丁聲。《郭店楚墓竹簡》之《性自命出》"但"字所從旦符下部從丁作，甲骨文作，結構相應。或謂甲骨文較金文來得抽象，只是想當然耳，事實可能並非如此。

位字

位字從示。《包山楚簡》（卜筮祭禱記録）位字作，從立從示。

宅字

宅字從乇或從石得聲。《郭店楚墓竹簡》之《成之聞之》"宅"作，跟《尚書古文訓》同。《名義·囗部》："𡇈，撻各反。橐字。"橐𡇈同字異構。"槖"實爲從束圂聲結構，則橐實從束𡇈聲，𡇈實爲橐字初文，也屬形聲結構，即從囗石聲。若變換聲符石爲乇，即得到從囗乇聲結構，見郭店楚墓竹簡《老子》甲種本所作。《集韻·陌部》："宅宅庑度，直格切。《説文》所託也。古作宅庑。或作度。"《莫部》："度庑宅，徒故切。《説文》法制也。亦姓。或作庑宅。"

若字

若字異體來源。《郭店楚墓竹簡》之《語叢四》作。《集韻·藥部》："若𦱵𦳢，日灼切。《説文》擇菜也。从艸、右；右，手也。一曰杜若，香艸。一曰順也。如也。汝也。一曰語辭。古作𦱵𦳢。通作叒。"《汗簡》《古文四聲韻》貯存，爲淵源有自。

宰字從刀

《包山楚簡》（文書）作。《集韻·海部》："宰宰⿱宀刀，子亥切。《説文》辠人在屋下執事者。从宀从辛。辛,辠也。賈公彦曰:宰者,調和膳羞之名。一曰官稱。古作宰傘。"

"前後"字從止

《包山楚簡》(文書)作𨑥。

"上前"字從止

《包山楚簡》(文書)作[illegible]。

"傳達"本字從辵

《郭店楚墓竹簡》之《尊德義》傳字作[illegible],從辵叀聲,突出動符。

兆字從艸讀

《郭店楚墓竹簡》之《老子》甲作[illegible],與蓍草占卜一致。

直读为德

戰國中期偏晚《郭店楚墓竹簡》以"直"为德字,其《唐虞之道》篇:"世亡忕直(德)。孝,㤅(仁)之免(冕)也。"其中,德字作[illegible]。可證德字從直讀。

萬讀厲賴

《説文》:"厲([illegible] [illegible] [illegible] [illegible]金文[illegible]簡帛[illegible]漢印)旱石也。从厂,蠆

省聲。力制切。𠪚,或不省。"看來早期金文,聲旁就是萬。《郭店楚墓竹簡》簡牘文以萬爲厲,見《性自命出》篇。所以該字似應徑直分析爲從厂萬聲。《郭店楚墓竹簡》中《緇衣》篇"賴"字作[illegible],從貝從萬,萬表聲。勱,《説文》從力萬聲,簡化字作勱。《集韻・祭部》:"厲䕒,力制切。《説文》旱石也。或从蠆。通作礪厲。一曰嚴也。"本部:"巁嵑嵑,力制切。《説文》巍高也。或从厲。亦省。"

"即"用爲"次"

《郭店楚墓竹簡》中《老子》丙以"即"爲"其次"之次,聯繫是"垐"或作"堲",而堲從次得聲。兩種異體,見於《尚書》隸古寫本。見《文史》2001年所刊《尚書文獻用字劄記》文。《性自命出》篇中"其居次"之次亦作即。《集韻・職部》:"堲即,疾力切。疾也,《書》朕堲讒説。或省。"

病字從方得聲結構

《郭店楚墓竹簡》之《老子》甲病字作[illegible],從方得聲,方聲丙聲同可以换用:如柄,《集韻・映部》:"柄棅枋秉,陂病切。《説文》柯也。或作棅枋秉。"

"恃"用同"志"

簡牘"恃"從心寺聲上下結構,用同"志"字。《郭店楚墓竹簡》中《語叢一》:"《詩》所以會古含(今)之恃。"原拓作:"[illegible]。"可以證明"今"在當時可能就是讀"含"字。[illegible]可能就是志,《郭店楚墓竹簡》的《老子》甲從心作[illegible],爲志字,用作恃。

露字

露字從雨各聲。《郭店楚墓竹簡》中《老子》甲篇露字從各得聲(或以爲從路省聲)作[illegible]。

"兄"讀皇

《包山楚簡》(文書)兄字從往作聲符作[illegible],跟近出金文補編用字相合,跟《尚書》石刻文本用字相應。

再談簡牘石刻等漢語史料“先”字使用問題

按出土文獻使用情況,在某種專業背景下綴以“先”字,稱謂××先生,這種結構存在較早的來源。結合相關出土文獻,重新考察解釋“書先”“夢先”“亘先”“先之”“教先”等“先”字結構。

1. 出土文獻“先”字記録名詞命名功能

古代稱游走江湖的説唱藝人謂之“書先生”,並可簡稱“書先”,在通俗白話作品裏,亦口語兒化爲“書先兒”。《紅樓夢》第五十四回“史太君破陳腐舊套,王熙鳳效戲彩斑衣”,稱呼女説書藝人爲“女先生”,口語兒化更簡縮爲“女先兒”:

> 一時歇了戲,便有婆子帶了兩個門下常走的女先生兒進來,放兩張杌子在那一邊命他坐了,將弦子琵琶遞過去。賈母便問李、薛聽何書,他二人都回説:“不拘什麽都好。”賈母便問:“近來可有添些什麽新書?”那兩個女先兒回説道:“倒有一段新書,是殘唐五代的故事。”賈母問是何名,女先兒道:“叫做《鳳求鸞》。”賈母道:“這一個名字倒

好,不知因什麼起的,先大概説説原故,若好再説。”女先兒道:“這書上乃説殘唐之時,有一位鄉紳,本是金陵人氏,名唤王忠,曾做過兩朝宰輔。如今告老還家,膝下只有一位公子,名唤王熙鳳。”衆人聽了,笑將起來。賈母笑道:“這重了我們鳳丫頭了。”媳婦忙上去推他,“這是二奶奶的名字,少混説。”賈母笑道:“你説,你説。”女先生忙笑著站起來,説:“我們該死了,不知是奶奶的諱。”鳳姐兒笑道:“怕什麼,你們只管説罷,重名重姓的多呢。”女先生又説道:“這年王老爺打發了王公子上京趕考,那日遇見大雨,進到一個莊上避雨。誰知這莊上也有個鄉紳,姓李,與王老爺是世交,便留下這公子住在書房裏。這李鄉紳膝下無兒,只有一位千金小姐。這小姐芳名叫作雛鸞,琴棋書畫,無所不通。”賈母忙道:“怪道叫作《鳳求鸞》。不用説,我猜著了,自然是這王熙鳳要求這雛鸞小姐爲妻。”女先兒笑道:“老祖宗原來聽過這一回書。”

從字形結構及使用實際來看,“先”是由空間到時間的類型。宋人大徐本《説文·先部》:“先,前進也。从兒从之。臣鉉等曰:之人上,是先也。”〔1〕之,行走之動符,位於人符前面,屬於空間關係類型,如“先導”“先路”等;又施於時間關係類型,如“先世”“首先”等:一體兩邊之屬。

先秦文獻“先生”成詞而且使用頻率較高,一般稱年長有學問的人。《孟子·告子下》:“宋牼將之楚,孟子遇於石丘,曰:先生將何之?”趙岐注:“學士年長者,故謂之先生。”也往往與“童子”相對,專稱老師。《禮記·玉藻》:“(童子)無事,則立主人之北南面,見先生,從人而入。”孔穎達疏:“先生,師也。”《莊子·應帝王》:“列子曰:嘻,子之先生死矣,弗活矣。”

單獨使用“先”指稱具有某種專業善長者爲“先生”,據《漢語大詞典》

---

〔1〕 參臧克和、劉本才《實用説文解字·先部》第265頁所排比出土實物字形,上海古籍出版社2012年。

所録,似乎是兩漢及其以降的事情。見該工具書“先”條義項20:先生的略稱。《史記·晁錯列傳》:“學申商刑名於軹張恢先所。”裴駰集解引徐廣曰:“先即先生。”《漢書·梅福傳》:“夫叔孫先非不忠也。”顔師古注:“先猶言先生也。”按,清趙翼《廿二史劄記》卷三:“古時先生二字,或稱先,或稱生。《史記·晁錯列傳》:錯初學於張恢先所。《漢書》則云,初學於張恢生所。一稱先,一稱生。顔注云皆先生也。”

依據新近出土文獻使用情況,在某種專業背景下綴以“先”字,稱謂××先生,發現這種結構也許存在更早的來源。

(1)夢先

見《嶽麓書院藏秦簡·占夢書》第一册第39頁—第44頁。其中第1525號:“……之時,亟令夢先,春曰發時,夏曰陽,秋曰閉,冬曰藏。占夢之道,必順四時而豫。”[1]其“先”字之用,整理者無説。該字連綴“夢”後,夢者,占夢,動詞之用。是夢先者,秦人占夢先生之稱。

(2)亙先

《上海博物館藏戰國楚竹書》第三册《恒先》篇,第三簡背面有篇題作“亙先”,整理者據以名篇。“亙先”是“道”的別名,《老子》第二十五章:“有物混成,先天地生,寂兮寥兮,獨立不改,周行而不殆,可以爲天下母。吾不知其名,字之曰道,強爲之名曰大。”“亙先”就是“恒先”,即先於天地而生,永恒之“道”。[2] 其實,“恒”即道,大概“先”也就是這個道的別名異稱,合起來就是“恒先生”的同位結構。

《嶽麓書院藏秦簡》在迄今所發表秦文字出土文獻時代屬性上,晚於此前發表的《睡虎地秦墓竹簡》,基本跟秦漢之際的文獻用字鑄語相當。至於《上海博物館藏戰國楚竹書》,則屬於戰國晚期文獻,根據這批楚簡的時代屬性,“亙先”可以看作是“先”作爲“先生”簡稱較早文獻用例。《説

〔1〕 朱漢民、陳松長主編《嶽麓書院藏秦簡》(第二册),上海辭書出版社2011年12月。

〔2〕 馬承源主編《上海博物館藏戰國楚竹書》1—5册,上海古籍出版社2001—2005,第三册《恒先》篇整理者説明。

文·二部》:

恆(甲骨 金文 簡帛 古璽 石刻)常也。从心从舟,在二之間上下。心以舟施,恒也。胡登切。,古文恒从月。《詩》曰:"如月之恒。"

亘(甲骨 金文 古幣)求亘也。从二从回。回,古文回,象亘回形。上下,所求物也。徐鍇曰:"回,風回轉,所以宣陰陽也。"須緣切。

2. 出土文獻"先"字記録動詞"教導"使用功能

漢末人物有吕布,字奉先。《周禮·夏官·訓方氏》:"正歲則布而訓四方。"鄭玄注:"佈告以教天下,使知世所善惡。"是布有教化功能,以此與"奉先"建立關聯。同時代文獻見《敦煌漢簡釋文》第1448號簡:"制詔皇太子:善禺百姓,賦斂以理。存賢近聖,必聚諝士。表教奉先,自致天子。"其中"表教奉先"爲並列結構,表奉、教先,地位相當,語義就是表奉教育,即尊崇教育。此爲漢代出土類文獻用例。

(1) 戰國中期偏晚《郭店楚墓竹簡·成之聞之》第3簡:"古(故)君子之立民也,身備(服)善以先之,敬慎以肘(受)之,其所才(在)者内矣。"殆亦屬故君子"立民"必以"先"爲"導"之例。《尊德義》篇第16號簡:"先之以悳,則民進善安(焉)。"按該例"先"上部之"之"使用重文符,即"教之以德",以德教之。

《上海博物館藏戰國楚竹書》第二册《從政(甲篇)》第2016號簡:"少人先人。"是説小人領先於他人,用法與《禮記·坊記》"君子約言,小人先言"貌合神離。要之,區别在於"先"字後面所接詞性。

(2) 唐開元廿四年《御製令長新誡》:“我求令長,保乂下人。人之不安,必有所因。侵漁浸廣,賦役不均。使夫離散,莫保其身。徵諸善理,寄尔良臣。與之革故,政在惟新。調風變俗,背僞歸真。教先爲富,惠恤於貧。無大無小,以躬以親。青旌勸農,其惟在勤;墨綬行令,孰不攸遵。曷云被之,我澤如春。”[1]

按“教先”並列結構,猶言引導、教導。如《管子·權修》:“明智禮足以教之,上身服以先之,審度量以閑之,鄉置師以説道之。然後申之以憲令,勸之以慶賞,振之以刑罰,故百姓皆説爲善,則暴亂之行無由至矣。”其教之、先之並列使用,作用正等。“教先爲富,惠恤於貧”,是説對富者教育引導,於貧困者恩惠體恤。同時代唐開元八年《周利貞墓誌》:“君所歷凡任刺史都督□□別駕一十五州,長史司馬七□。前後總廿八政。化先以德,字之以仁。臨於欲終,有遺明試。禮從於儉,服斂以時。若泰初之榮終,同玄晏之遵古。”[2]其中“化先以德,字之以仁”,謂教化以德,養育以仁,作用實爲聯類。唐代似乎以“教先”爲固定結構使用,又如顔真卿《自書告身》:“敕國儲爲天下之本,師導乃元良之教。將以本固,必由教先。非求中賢,何以審諭。”[3]

(3) 按上具,漢代似乎已經形成以“先”爲“教”使用習慣。東漢許慎《説文·敘》:“周禮八歲入小學,保氏教國子,先以六書。”其中“先以六書”,若將“先”理解爲序列上的“先後”,則語句詞氣不完整,羌無先例。“先六書”與上句“教國子”並列而内容相接,其實也不過是説拿文字基本構造方式、文字使用和文字書寫作爲認知模式進行教導。《周禮·夏管·大司馬》:“若師有功,則左執律,右秉鉞以先,愷樂獻於社。”鄭玄注:“先,猶道也。”《漢書·藝文志》:“古者八歲入小學,故《周官》保氏掌養國子,教之六書,謂象形、象事、象意、象聲、轉注、假借,造字之本也。”《藝文志》

---

〔1〕 北京圖書館金石組編《北京圖書館藏中國歷代石刻拓本匯編》,中州古籍出版社1989年。簡稱“匯編”,下同,該引見《匯編》第24冊第1頁。

〔2〕 《匯編》第21冊第135頁。

〔3〕 孫寶文編《顔真卿墨跡》,上海辭書出版社2011年,第8頁。

所表述内容差不多，而對應爲"教之六書"。漢人"教先"分舉，唐人"教先"合併。

動詞後面使用"以"作爲介詞介入的短語，構成所謂動補結構，是古漢語常見現象。例如《尚書·舜典》"敷奏以言，明試以功，車服以庸""象以典刑"之類。若替換爲"先"，則顯然也是處於動詞位置。至於"先"作爲形容詞使用，後所連"以"字即屬多餘，古文必不如此堆疊，如"先天下之憂而憂"等組合即是。故不能將《敘》所用"先"字理解爲"先後"之先、"以……爲先"之先。"先以六書"，與上句"教國子"相聯，而並非強調"六書"的優先地位。

《尚書·盤庚上》："乃既先惡於民，乃奉其恫，汝悔身何及。"孫星衍疏："既導民以惡，乃自承其禍，痛悔之無及矣。"是徑以"導"爲"先"字之用。又《尚書·禹貢》："祇台德先，不距朕行。"説《書》者多持破字爲解。其實"台"爲第一稱，與下句對文，不煩改字。孔傳即訓台爲我。德先，謂德教，函蓋下文"揆文教""暨聲教"諸條。不距朕行，九條本作"弗歫朕行"，距、歫異體同字，爲"離違"本字，亦不煩破字。鄭玄注："不距違我天子政教所行。"九條本孔傳基本本此。按此句之"政教"、上句之"德化"當不同於後世之"德"，而是具有較寬泛的外延，具體當包藴下文五服中的"文教""武衛"等方面的内容。二句直譯似當作：敬我德教，不離我道。唐代顔師古《漢書·地理志第八》所引《禹貢》此二句注：所敬養者，惟德爲先，故無距我之行也。增字解經，且不顧語序，強爲之釋。[1]《漢書·食貨志下》："公孫弘以宰相，布被，食不重味，爲下先。"意謂爲在下者先導。

參考文獻及數據庫：

1）馬承源主編：《上海博物館藏戰國楚竹書》1—5冊，上海古籍出版社2001—2005年，第三冊《恒先》篇。

---

〔1〕 臧克和《尚書文字校詁》"禹貢"篇該條下亦有所涉及，上海教育出版社1999年。

2）朱漢民、陳松長主編：《嶽麓書院藏秦簡》（第二冊），上海辭書出版社 2011 年。

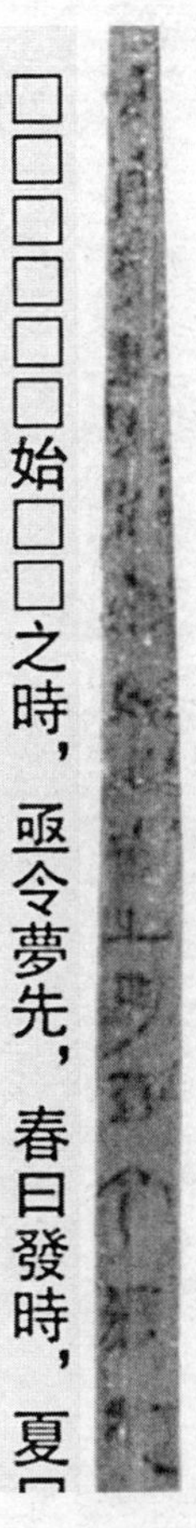

3）北京圖書館金石組編《北京圖書館藏中國歷代石刻拓本匯編》第 24 冊第 1 篇。中州古籍出版社 1989 年。

4）唐開元廿四年《御製令長新誡》：“我求令長，保乂下人。人之不安，必有所因。侵漁浸廣，賦役不均。使夫離散，莫保其身。徵諸善理，寄尔良臣。與之革故，政在惟新。調風變俗，背僞歸真。教先爲富，惠恤於貧。無大無小，以躬以親。青旂勸農，其惟在勤；墨綬行令，孰不攸遵。曷云被之，我澤如春。”

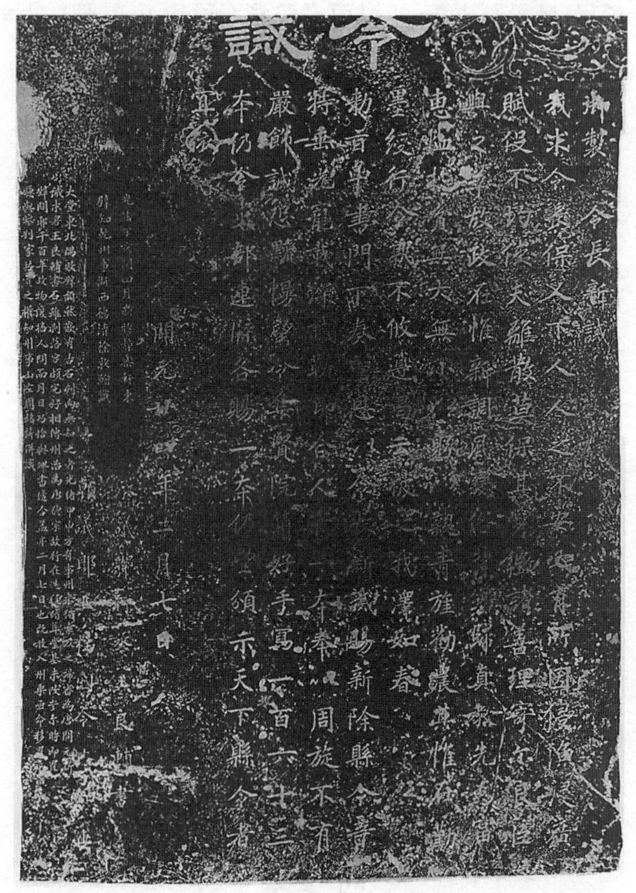

原以《補説簡牘石刻等漢語史料“先”字使用問題》爲題載《中國文字研究》第 23 輯,2016 年,收入本集又有若干增補。

釋“以其古敓之”

——兼及戰國楚簡禱祠的結構意義

楚簡“古敓”就是“由脱”;“以其古敓之”,就是以其祝由之術,使之獲得解脱。這樣的理解,跟帛書等的祝由方及其文字的使用取得對應,從而恢復被連續“破字”所遮蔽的戰國楚簡有關祭禱結構和内涵。

楚簡所見“以其古敓之”

據考古發掘材料和有關數據庫的篩選,戰國楚簡文字當中,有關卜筮祭禱的文獻,以荊門市包山二號楚墓發現最爲集中。[1] 另外,望山楚簡也集中保存了卜筮祭禱記録文獻。[2] 而且,兩批材料的内容及表述往往相同,可以互相對照。從包山楚簡卜筮祭禱格式來看,研究者認爲其基本結構包含前辭(包括舉行卜筮的時間、貞人、卜使用具的名稱和請求貞問者的姓名)、命辭(主要包括貞問的事由)、占辭(根據卜筮結果所作的判斷)、再占(有的簡文還出現“再占”的部分,即有的簡文接下來還記録根

〔1〕 湖北省荊沙鐵路考古隊編《包山楚墓》,文物出版社 1991 年。

〔2〕 湖北省文物考古研究所、北京大學中文系編《望山楚簡 · 考釋》,中華書局 1995 年。

據第一次卜筮禱辭之後,根據鬼功的指示作的最後判斷之辭),至於祭禱內容一般分作前辭和禱辭兩部分。望山簡文所記載的卜筮祭禱,也是通常先記卜筮的時間,接著記卜筮的工具,再記所問事項與卜筮的結果,最後記載爲墓主求福去疾的許多祭禱的措施,這類措施典範格式即表述爲"以其古敚之"。據《戰國楚文字數字化處理系統》[1]數據庫篩選,連望山一號楚墓竹簡《疾病雜事劄記》(第3號簡)在內(主要還是包山楚簡),共使用20餘條"以其古敚之"結構,可見這類結構,成爲當時祭禱過程中的固定格式。

以下集中考察"以其古敚之"結構意義,因爲這個問題跟楚簡祭禱結構和性質關係非常直接。

禱祠爲解除占辭中所出現的咎或憂的辦法,按其性質可以歸入"禳除"和"祠禱"兩個類型。根據卜筮簡的內容,一般又包含採取一些積極攻敚手段和訴諸薦牲賽禱兩種性質的措施。簡文表示禳除的方式是"攻解"(簡號217等)、"攻敘"(即"攻除",簡號229)、"攻敚"(簡231)等。禳除的对象有"人禹""不殆"(原簡217、248文字作從歹從古,李零認爲是辜,無罪而死的怨鬼)、"殤""兵死""歲""日月""漸立木"等。[2] 楚簡"以其古敚之",究竟採取何種方式以及具有何種性質,由此跟下面出現的祭禱類型存在什麼關聯,這是需要結合相關簡文進行具體討論的。

包山楚简出现"古敚"部分总是二字搭配,而且往往随後要出现"攻解"方術相配合的情况,如第217号简"以其古敚之,塁禱楚先老僮祝融……畬各一牂,由(思)攻解於不殆"。相同的表述,也見於望山楚簡。整理者解釋簡文所屢見"又祱,以其古敚之":"敚"疑當讀爲攻説之説,"古"當讀爲"故"。整理者認爲此簡文字當是貞問疾病後決定吉凶之辭,大意似謂這一卦從長期看是吉利的,但目前尚有鬼神作祟,應將疾病之事

---

〔1〕 華東師範大學中國文字研究與應用中心研製《戰國楚文字數字化處理系統》,上海教育出版社2004年,下同,不重注。

〔2〕 李零《中國方術正考》,中華書局2006年,第232—233頁。

向鬼神陳説以求解脱。[1] 按照整理者的上述理解,不但文字變動非常大,而且敚字到底是"訴説"還是"解脱"? 兩端難執。而且,由此遮蔽了簡文"陳説"即祝由的方術關聯和性質。

説者可能是受《周禮》注疏的影響。《秋官・庶氏》:"庶氏掌除毒蠱。以攻説禬之,嘉草攻之。"鄭玄注釋其實是一種概括的説法:"攻説,祈名。祈其神,求去之也。"[2]孫詒讓《正義》將攻、説二者作了分析:"蓋亦鳴鼓攻之,復以辭責其神,故兼有二名。詳彼疏。云'祈其神,求去之也'者,以毒蠱亦有神憑之,故攻説聲其罪除去之。"而南朝《原本玉篇・广部》"庶"下所援引《周禮》該處文字跟今本《十三經注疏》存在異文:"《周禮》: 庶士掌除毒蠱,以故説禬之,以嘉草功(攻)之。鄭玄曰: 讀如藥翥,駈除毒蠱之言也。攻説,祈名也。祈其神求去之也。嘉草藥物,其狀夫聞,攻之謂熏之也。又曰翦氏掌凡庶蠱蠱事。鄭玄曰: 庶除蠱蟲蟲類也。野王案: 藥盛翥。"[3]最明顯的異文就是一本作"以攻説禬之,嘉草攻之",一本作"以故説禬之,以嘉草功(攻)之"。南朝《原本玉篇》所引《周禮》使用"以故説",今本《十三經注疏》使用"以攻説"。作"以故説"跟楚簡"以其古敚之"關係密切,只是"古"(即"由"),被通作"故"字,由來也遠。

攻解、祝敚,跟一般被動祈求的不同之處,是具有主動採取攘除措施的性質。换言之,使用"由敚"方術,總是跟前面出現了對祭主不利的情況相對應。如 198 簡"由敚"之前出現了"於窮(躳)身,櫨志事少遲得"的情況;209—210 簡出現"又不訓"的情況;214 簡也出現"又不訓"這類情況,等等。

包山楚簡 207 號卜筮簡文結構中"以其古禜之。薦於埜地宔一豭,宫地宔一豭",所出現"以其古敚之",其中使用從示敚聲的結構,表示的是

---

〔1〕 湖北省文物考古研究所、北京大學中文系編《望山楚簡・考釋》,中華書局 1995 年,第 95 頁。

〔2〕 阮元《十三經注疏・周禮正義》,中華書局 1980 年。

〔3〕 南朝《原本玉篇》殘卷,中國書店 1983 年影印。文字數據,來源於華東師範大學中國文字研究與應用中心有關課題組所研製歷代字彙韻書數據庫。

祭禱環節之一,此簡使用的正是本字,其餘簡文所用敓字,爲該字的同聲符替代字。如同帛書"祝""由"皆可單獨使用,楚簡在有的情況下,敓並不需跟"古"連用,而是可以單獨使用。楚文字數據庫採用有關整理者的解釋,直接理解爲"祝",如第203簡:"弄石被裳之祭,罷禱於卲王戠牛,饋之;罷禱於文坪夜君、郚公子春、司馬子音……"原拓敓字同第207簡。第209—210號簡,合起來作爲一條完整的記録,其中有關"古敓"的部分是:"占之,亘貞吉,少有憂於躬身、於宫室,且外又不訓(順)……,以其古敓之。舉禱……;迻雁(從雁從邑)會之祱,賽禱東陵。"

其中所用"敓"字不從示構造,簡文最後使用的"祝",原拓作從示從兑的結構,整理者解釋爲"祝"。其實,按照字形結構來分析,也可以看作是從示從敓結構的異文,同樣表示的是祭禱環節,與下文"賽禱東陵",相銜接。

第214號簡,使用"祝"字情況,與第209—210相同。而第217號簡中"占之,亙貞吉,少有憂於躬身,且外又不訓(順)。以其古敓之,舉禱楚先老僮祝融……禽各一牂,由(思)攻解於不殆。苛嘉占之曰:吉"。該簡也出現"以其古敓之",並且跟後面的"由攻解於不殆"相呼應。

第237號簡,"其古敓之,舉禱……"第198簡中"於躬身,志事少遲得。以其古敓之。□□□□□□皀攻解於人禹",兩簡對照,除了敓字從兑從攴構造之外,還有由即從心從由之形,即思字。值得注意的是"以其古敓之"與下面出現的"□□□□□□皀攻解於人禹"相呼應。

基於上述敓字使用及其功能,我們認爲戰國楚簡當中有"敓"的祭禱環節。敓即脱,解脱之謂,其功能相當於禳祭。由此,敓後面往往伴隨著攻解之類的禳除措施,攻解的對象是各種鬼怪不祥。而敓字配合使用的"古"就是訴諸祝禱,用來作爲禳除簡文前面所出現種種"不順"和疾病憂患的手段。

楚簡所見"由"字結構

"敓"字前面的"古",爲禳敓之手段。整理者在上述諸簡所隸定的

“古”,目前都解釋用作“故”。例如望山楚簡的整理者解釋通“故”而又用作“事”即疾病之事。我們這裏認爲,既然跟禳敚祭禱環節聯類,無論從字形結構還是功能意義方面,都是“祝由”字,相當於帛書“祝由”的由,參見下文。

從文字使用及字形結構來看,根據《戰國楚文字數字化處理系統》數據庫的篩選,查詢到 150 多條記録,“古”算得上是高頻用字。其中,大部分是用作“故”的。但是,由於跟“由”的形體接近,發生混淆使用的情況或亦存在。“由”字近“古”形,其實楚系文字在戰國早期即出現“古”形接近“由”形的情況,如《曾侯乙墓》1 號作韗,從由從革,“由”符就接近“古”形。宋本《玉篇 · 革部》:“韗,除雷切,今作胄。”唐抄本《名義 · 革部》:“韗,除雷反。胄字。”

戰國中晚期的《郭店楚墓竹簡》中《成之聞之》第 28 號簡所用“(由)”字作 ,《緇衣》篇“我弗迪聖”,以“迪”用作“由”,簡文字形作從辵由聲,而聲符“由”形亦近 。《上海博物館藏戰國楚竹書》第一冊《緇衣》第 15 號《吕型》員:“翻型之由。”其中“由”作 ,用作“迪”。雙向通用,可符驗比照。《戰國楚竹書 · 緇衣》有關字形用“胄”作由,而胄上部的由也寫作接近“古”形(只是有的“古”字口形當中添加一指示記號)。

《上海博物館藏〈戰國楚竹書 · 緇衣〉所引〈尚書〉文字考》一文已經作過對照考辨,其中關於《君陳》的兩處引文部分:“凡人未見聖,若不克見;既見聖,亦不可由聖。”日藏內野本傳文:“此言凡人有初無終也。未見聖道,如不能得見;已見聖道,亦不能用之: 所以無成也。”增字彌縫,模棱兩可。兩種出土文本之間文字出入不大,但與傳世文獻比較存在明顯的差別:“《君迪》員未見聖如其弗克見我既見我弗由聖。”其中,《上海博物館藏戰國楚竹書 · 緇衣》編者將“由”字的字位隸定爲“貴”,與原拓字形有出入。按該字形下部所從如果是“貝”符,不會缺少貝下的兩筆: 這一區別,參觀該簡接下來的“貴”字即知。對照《包山楚簡 · 文書》192 號簡“斷人武貴墨”作從貝構形,《盂鼎二》《㝬簋》《胄簋》《中山王墓宫堂圖》

等器“胄”字銘文、對照《侯馬盟書》所用到的“胄”字形體等等,即可瞭解其下半部分都是從“目”符構造。直到北魏《山徽墓誌》“遙哉遐胄,邈矣玄源”,字形刻作上部從田下部從目形,其上部係田、由混淆,下部仍以部分之“目”,來代表整體之頭。《説文解字・冃部》:“胄,兜鍪也。从冃由聲。直又切。《司馬法》胄从革。”“由”下所從“冃”即“冒”的初文寫法,與“由”下所從“目”“冒”下所從“目”是一致的:皆是以“眼目”的部分來指代“頭部”的整體。由此,我們曾將《上海博物館藏戰國楚竹書・緇衣》所記録的結構隸定爲“胄”,讀作“由”。《君迪》員:“未見聖,如其弗克見。我既見,我弗由聖……”楚簡胄形上部所從由聲,寫近“古”形。按《上海博物館藏戰國楚竹書・緇衣》,這裏的“由聖”,也就是《郭店楚墓竹簡・緇衣》的“迪聖”,迪字也是從“由”得聲的。作爲用字的通例,上面提到的今本《吕刑》作“播刑之迪”,郭店楚墓竹簡《緇衣》篇所引《尚書》作“播型之迪”,《上海博物館藏戰國楚竹書・緇衣》所引《尚書》作“釆型之由”:迪、由對待,且見於同篇之內,亦可參觀。[1]

綜合上具有關楚簡文字結構特點,似可得出如下結論:“甲胄”字和“胄胤”字(猶北魏《元韶墓誌》石刻所謂“承乹體極,胄皇緒聖。睿明夙躋,含仁履敬。德冠宗英,器高時令”),由於區別度不夠,可能很早就比較容易混淆。在這樣情況下,將易於混淆的冃(冒,後來分化爲帽)與月(肉),替換爲從革抑或從目形,就是爲了增加區別度而進行的加工改造:戰國早期的楚文字從革,是著眼於“甲胄”的製作材料;從目,則是以部分來代表頭部的整體,即“甲胄”所作用的部位,猶“冒”(即“帽”)所從之目形。比較起來,從革的結構改造,幅度過大;而改造爲從目,輪廓基本依舊,無需大動干戈。如果楷化通行從目由聲的“甲胄”字,實在不失爲最佳方案。但是,楷化定形過程中,目、貝、月等構件又降低了區別性,以至於導致戰國楚簡文字研究者將“目”和“貝”、“目”和“月”等混淆起來。

---

〔1〕 臧克和《上海博物館藏〈戰國楚竹書・緇衣〉所引〈尚書〉文字考》,《古籍整理研究學刊》2003 年第 1 期;《上海博物館藏〈戰國楚竹書・緇衣〉所引〈尚書〉文獻考(二)》,《考古與文物》2005 年《古文字論集(三)》。

從古音聯繫來看,宋本《玉篇·冃部》:"胄,除救切。兜鍪也。"唐抄本《名義·冃部》:"胄,除救反。甲。"《説文解字·冃部》:"胄,兜鍪也。从冃由聲。直又切。《司馬法》胄从革。"《玉篇·米部》"粙"或作粡,聲符由、冑可以替換。從由得聲讀胄,可證馬王堆漢墓帛書《五十二病方》中的"祝由",實際就讀作"祝咒"。祝字此一功能,到《宋本玉篇·言部》就分化出從言從兄的結構,也還是讀咒:"詋,職救切。詋咀也。"詶、詶、呪同源分化,《萬象名義·言部》:"詶,之救反。詛也。咒也。詛也。譸字。"《説文解字·示部》有從示畱聲的結構,《萬象名義·示部》傳抄這個字解釋與祝字相關,並抄存從示由聲的"古文"。南朝《原本玉篇·示部》著録從言由聲結構爲"丈又反",並引用當時所見《説文》分析這個字是"祝也",而且這個從言由聲結構的異體字就是示部的從示由聲結構。鄭張尚芳構擬上古音系,以"由"歸幽部,折換音值爲[lɯw],以"古"歸魚部,折合音值爲[kaaʔ]。而在鄭張關於上古複輔音結構分析中,像"谷"字,構擬音值爲[kloog](異讀余蜀切),像"蠱"字,構擬音值爲[klaaʔ](異讀以者切),像"角""孔"字,則作爲後墊式基本複輔音的例字,如"角"〉"角落","孔"〉"窟窿"。[1] 山左齊魯方言謂人體扭曲或動作遲緩有"蛄悠"(記音)連綿語,或重疊爲"蛄悠蛄悠",而且還有"蛄蛄悠悠"形式。也許,在記録"祝由"語義過程中,古、由分化,不僅是形體形成區别,不排除語音形式首先具備詞彙擴散的基礎。

今存大徐本《説文》已經不見"由"字,徐鍇就認爲《説文》無由字。《説文·马部》:"甹,木生條也。从马由聲。《商書》曰:若顛木之有甹枿。古文言由枿。徐鍇曰:《説文》無由字,今《尚書》只作由枿,蓋古文省马,而後人因省之。通用爲因、由等字。从马,上象枝條華圅之形。以州切。"但是,《説文》相關各部從由構造形體凡20餘字。南朝《原本玉篇》的聯繫是:"從由"之字,《説文》是歸《言部》的"畓"字,就成爲現

〔1〕 鄭張尚芳《上古音系》,上海教育出版社2003年,第534頁、第335頁、第139頁、第113頁。

在的"由"字。《説文·言部》:"䚵,徒歌。从言、肉。余招切。"《名義·言部》:"䚵,與周反。從也。"《宋本·言部》:"䚵,與周切。從也。"看來,六朝時期"由"的字際關係就混淆難辨了。所以,《原本玉篇》傳抄作:"《説文》以'由,東楚謂缶也,音側治反,在由部'。"而大徐本《説文·甾部》:"甾,東楚名缶曰甾。象形。凡甾之屬皆从甾。𠙹,古文。側詞切。"上具戰國楚簡如《郭店楚墓竹簡·成之聞之》第6號簡"由上"使用繇字,從言形;第12號簡"苟不從其由,不反其本,未有可得也者"作繇,用字同;第14號簡用字同;戰國楚簡用"由"字,凡30餘處,一般如此。唯《成之聞之》第28號簡,所用"由"字作,同《上海博物館藏戰國楚竹書》第一册《緇衣》第15號簡援引《吕刑》作。就文字形體發展而言,"十"不過是"丨"形的分化。上具楚簡用字"古"形或上出"十"形,或下出口中添加"一"形,也許就是試圖將"古""由"兩個輪廓易混的形體加以區别的手段。

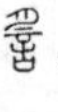

"祝由"並列,合成一詞。由於"由"字職能繁多,"祝由"總是要訴諸於言辭的,所以"祝"分化出"詋",即祝—詋。"由"也很快分化出從言由聲的結構,即由—袖—詘,這應該看作是後起的"祝由"本字。《萬象名義·言部》:"詘,丈又反。祝也。袖字。皆詶也。"此抄自南朝《原本玉篇·言部》:"詘,丈又反。《説文》:詘,祝也。或爲袖字,在示部。"從言由聲結構亦見於大徐本《説文·言部》:"詘,詶也。从言由聲。直又切。"《原本》援引《説文》作"詘,祝也",《名義》抄同,《宋本玉篇·言部》:"詘,丈又切。祝也。"《艸部》:"菗,祝由切。草。"《金部》:"鈾,祝由切。"今本《説文》作"詶也",袖、詘異體字。基於此,就讀音轉换角度看,讀爲"祝由",可换讀爲"祝咒"。就讀音方法角度看,緩則爲"祝由"爲"祝咒",促則爲"由"爲"咒"。所以,"祝由"二字,既可以連用,也可以分用。連用的情況,未見於出土文獻,只見於傳世文獻。如《素問·移精變氣論》黄帝問曰:"余聞古之治病,惟其移精變氣,可祝由而已。"解釋者以"由"爲"致病之所由"云云,尚屬粗淺含混言之。

帛書所用“由”字及“祝由”格式

基於上述,可以推測馬王堆漢墓帛書“祝由”,而字形作“祝古”,有可能跟戰國楚簡文字使用存在著一定的傳承關係。也就是説,馬王堆漢墓帛書“祝由”字寫作“祝古”,遠播戰國,並不是没有來歷的。

在馬王堆漢墓帛書中,可以見到完整的祝由詞,而且是“祝”“由”分開使用的例子。如馬王堆醫書《五十二病方》97—98,《養生方》195—196等等,其中《五十二病方》第22方,關於“闌(爛,即燒傷)者方”:“熱者由(帛書原形作“古”)曰:‘胕胕詘詘,從竈出。毋延,黄神且與言。’即三涶之。”所用的“由”字,帛書即寫作“古”。又如“古(辜)曰:辛巳日,三。曰:天神下干疾神女倚序聽吾(語)某”,其中整理者將近“古”之形所釋爲“辜”,其實也是“祝由”字,功能跟“祝”是一致的。簡帛醫書中有大量的祝由方,即用祝咒法來治病的“方劑”。上述有關馬王堆漢墓帛書“由”字的考釋結論和論證資料,首先見於李家浩《馬王堆漢墓帛書祝由方中的“由”》,該文訂正了馬王堆漢墓帛書整理者將“由”誤釋爲“古”通“辜”的問題,資料翔實,可以信據。[1] 我們這裏補充説明馬王堆漢墓帛書以“祝由”的方術來治療,是有所傳承戰國楚簡用字及其所記載的禳禱結構關係的。馬王堆簡帛文字,已經發展爲各種有針對性的祝由方術。這些祝由方術,一般包括了用於轉移的媒介物和訴諸治療的祝由詞,其中多數祝由詞屬於叶韻的文體。

王國維《觀堂集林》第一册《釋由》上、下二篇,以《説文》從由之字二十有餘,而獨無由字,力證甶即由字,羅列漢代殘簡、衆多銘文用例證據。其中,首先是由敦煌所出漢人書《急就》殘簡“由”字作甶,其三直皆上出,與《説文》甾字正同。另外,王氏也注意到了《原本玉篇》所援引《説文》舊音,音側字反,而大徐音側詞切,皆甾之音,則以甾甶(其上本有巛形)爲

〔1〕 李家浩《馬王堆漢墓帛書祝由方中的“由”》,《河北大學學報》2005年第1期。

一字。並斷定自六朝以來然矣。[1] 王氏舉證,題無剩義。然至少從馬王堆漢墓帛書所用"由"字作"古"形來看,王氏所見,已落後塵。

要之,楚簡"古敚"有可能就是"由脱";"以其古敚之",也就是以其祝由之術,使之獲得解脱。這樣的理解,跟帛書等的祝由方及其文字的使用取得對應,從而恢復被連續"破字"所遮蔽的戰國楚簡有關祭禱結構和内涵。説者將"以其古敚之",順水推舟解釋爲"根據其緣故説之",恐怕未必有當於戰國楚簡語言文字使用的實際。贅此説,以俟楚簡研究專門家壹哂正之。

原載《古漢語研究》2008 年第 4 期。

---

〔1〕 王國維《觀堂集林》第一册《釋由上》《釋由下》,中華書局 1959 年,第 274—278 頁。

“由”字使用歷史補説

——兼及帛書、楚簡祝由詞結構意義*

漢字發展過程中，“由”“甾”“古”多方混淆，六朝由、甶、甾形音義關係仍然呈現紊亂狀態；漢代古、由形體混用，其中是否存在詞彙擴散現象，語音學尚待調查；戰國楚簡字符構造過程中，古、由構件已經喪失區別。基於此，戰國楚簡所使用祝禱固定格式即“古敓”有可能就是“由脱”；“以其古敓之”，也可能就是以其祝由之術，使之獲得解脱。由此，跟帛書等的祝由方及其文字的使用取得對應，從而恢復連續“破字”所遮蔽的戰國楚簡有關祝由詞結構意義。

南北朝所見由、甾、甲冑、胤冑及祝由之關係

在最近完成的有關楷字發展及資源的調查項目中，發現六朝楷化的結果，已經使得像“[illegible]”這一篆文，楷化爲甶，無法實現跟“由”字的區別。今存大徐本《説文解字》已無法呈現“由”形，徐鍇就認爲《説文解字》（下

* 本篇與上篇所採數據及分析多所參差互見。

簡爲《説文》)無由字,《説文·马部》:"㽕,木生條也。从马由聲。《商書》曰:若顛木之有㽕枿。古文言由枿。徐鍇曰:《説文》無由字,今《尚書》只作由枿,蓋古文省马,而後人因省之。通用爲因、由等字。從马,上象枝條華函之形。以州切。"但是,《説文》相關各部從由構造形體凡20餘字。看來,至遲六朝之際"由""甾"關係,就混淆難辨了。據傳抄《原本》的《萬象名義·甶部》(下簡爲《名義》)所抄存,已經分化出"由"的讀音來:"甶,側治反。又與周反。甾古。𠙹古。甾,今甶。"但不知爲何,到了《宋本玉篇》(下簡爲《宋本》)本部該字"又音"就不見了:"甶,側持切。缶也。此古文。今作甾。亦作甶。𠚒、甾,並古文。甾,今文。"大徐本《説文·甾部》:"甾,東楚名缶曰甾。象形。凡甾之屬皆从甾。𠙹,古文。側詞切。"南北朝《原本玉篇》(下簡爲《原本》)所存《説文》字形已經抄作"由":"《説文》以由東楚謂缶也,音側治反,在由部。"是南北朝《原本》所存《説文》方言讀作"缶"、歸《由部》的"由"形,已經音側治反,也就是這個"甾"形。宋本《説文·辵部》:"迪,道也。从辵由聲。徒歷切。"根據我們所研製《漢魏六朝隋唐五代字形表》排比來看,三國魏三體石經《尚書春秋》殘石"迪"字作[迪](《匯編》第2冊第13頁),所從由聲,已與甾之篆形相同。[1]

出土戰國早期楚文字《曾侯乙墓》有20餘處使用胄字,釋者皆作𩊚形,但申觀第123號簡有[字],128號簡有[字],136號簡有[字],137號簡有[字],等等,可知字形上部爲由、中間爲冃省、下部爲革,組合起來應是從革胄聲結構。所可注意者,上部的由接近"古"形。至於中間的冃符省形,對照可知("免"字實際上可能就是"冠冕"字的初文,包山楚簡"文書"類"免"字作[字]、[字],《郭店楚墓竹簡》中《唐虞之道》篇"免"字結構爲[字])。至於從革構造,是著眼於"甲胄"的製作材料。準此,《曾侯乙墓》中所用的聲

〔1〕 華東師範大學中國文字研究與應用中心研製"歷代字彙韻書數據庫"和"出土文字數據庫",下引同,不重注。

符“冑”形寫法，有可能就是“甲冑”字初文抑或省寫異體。

這裏所注意的，是跟本文討論問題關係最大的上部“由”形寫法。由於與“古”“甶”等形已經非常接近，由此帶來若干字跡關係上的麻煩。北魏永安二年《山徽墓誌》“遙哉遐冑，邈矣玄源”作冑，字形刻作上部從田下部從目形，其上部顯係田、由混淆，下部則以部分之“目”，來代表整體之頭（這種情形，在戰國楚簡文字裏面也還見到，見下文），即“甲冑”所作用的部位，猶“冒”（即“帽”）所從之目形。比較起來，從革的結構改造，幅度過大；而改造爲從目，輪廓基本依舊，無需大動干戈。如果楷化通行從目由聲的“甲冑”字，實在不失爲最佳方案。“甲冑”字和“胤冑”字（猶北魏《元勰墓誌》石刻所謂“承乹體極，冑皇緒聖。睿明夙躋，含仁履敬。德冠宗英，器高時令”），由於楷化過程中區別度不夠，可能很早就比較容易混淆。在這樣情況下，將易於混淆的冃（冒，後來分化爲帽）與月（肉），替換爲從革抑或從目形，就是爲了增加區別度而進行的加工改造。但是，楷化定形過程中，目、貝、月（肉）、冃等構件又降低了區別性，以至於導致戰國楚簡文字研究者還會將“目”和“貝”，“目”和“月（肉）”，“月（肉）”和“冃”等混淆起來。

從音義聯繫來看，《宋本・冃部》：“冑，除救切。兜鍪也。”唐抄本《名義・冃部》：“冑，除救反。甲。”《説文・冃部》：“冑，兜鍪也。从冃由聲。直又切。《司馬法》冑从革。”爲聲訓。換言之，“冑”緩讀就是“兜鍪”。《宋本・米部》“粙”或作粡，聲符由、冑可以替換。《原本玉篇・示部》著録從言由聲結構爲“丈又反”，並引用當時所見《説文》分析這個字是“祝也”，而且這個從言由聲結構的異體字就是示部的從示由聲結構。由此，還可注意者，《説文・兜部》有“象左右皆蔽形”的“兜”字，大徐注音爲“公戶切”，《名義》標注反切爲“公扈反”，都與“古”音同。由這個兜形派生出“兜鍪”字，就是記録“首鎧”語義。鄭張尚芳構擬上古音系，以“由”歸幽部，折換音值爲［lɯw］，以“古”歸魚部，折合音值爲［kaaʔ］。而在鄭張氏關於上古複輔音結構分析中，像“谷”字，構擬音值爲［kloog］（異讀余蜀切),像"蠱"字,構擬音值爲[klaa?](異讀以者切),像"角""孔"等字,則作爲後墊式基本複輔音的例字,如"角"〉"角落","孔"〉"窟窿"。[1] 山左齊魯方言謂人體扭曲或動作遲緩有"蛄悠"(記音)連綿語,或重疊爲"蛄悠蛄悠",而且還有"蛄蛄悠悠"形式。其中諸城等地方言稱治病爲"扎古",記音 zhǎgu,可能原本也是"祝"的緩讀,齊氣語緩,又添一例。[2] 在記録"祝由"語義過程中,古、由分化,不僅是形體未能形成有效區別從而發生輪廓性混淆,同時,也不排除語音形式在一定條件下曾經具備詞彙擴散的基礎。《説文・尸部》:"屆,行不便也。一曰極也。从尸凷聲。"《説文・土部》:"凷,墣也。从土,一屈象形。苦對切。塊,凷或从鬼。"凷、甴混淆,而甴也即由,於是屆、屇異體,一從由,一從凷。屆字《名義・尸部》居薤反,古音地位描述爲"蟹開二去怪見",大徐本反切標示音值爲"古拜切",古、凷(由)屆(屇)古音皆屬見母。由、凷通用,至遲在南北朝之際就完成了,參見北魏孝昌二年《元朗墓誌》"道屇長安"之類寫法。

"祝由"並列,合成一詞。由於"由"字職能繁多,"祝由"總是要訴諸於言辭的,所以"祝"分化出"詋",即祝—詋。"由"也很快分化出從言由聲的結構,即由—袖—詘,這應該看作是後起的"祝由"本字。《名義・言部》:"詘,丈又反。祝也。袖字。皆詶也。"此抄自南朝《原本・言部》:"詘,丈又反。《説文》:詘,祝也。或爲袖字,在示部。"從言由聲結構亦見於大徐本《説文・言部》:"詘,詶也。从言由聲。直又切。"《原本》援引《説文》作"詘,祝也",《名義》抄同,《宋本・言部》:"詘,丈又切。祝也。"《艸部》:"菗,祝由切。草。"《金部》:"鈾,祝由切。"今本《説文》作"詶

〔1〕 鄭張尚芳《上古音系》,上海教育出版社 2003 年,第 534 頁、第 335 頁、第 139 頁、第 113 頁。

〔2〕 這個詞,在清代文康所撰《兒女英雄傳》第四十回裏用於記録"裝扮""收拾",記録字形是"扎裹",構詞形式上可重疊:"到底也讓我給他刷洗刷洗,扎裹扎裹,再者,也得瞧個好日子,也有就這麽個樣兒帶了去的?"所用"扎裹",即記録"扎古"音節。中州古籍出版社 2010 年,第 677 頁。又,兜作動詞,可視爲"胄"緩讀爲"兜鍪"之語源。玉郎兜上方巾,向母親作別。明馮夢龍編、顧學頡校注,《醒世恒言》,第 153 頁注:古時結婚,新娘頭上用一塊大的紅巾蓋著,叫作"蓋頭"。人民文學出版社 2008 年。

也”,袖、詘異體字。基於此,就讀音轉換角度看,讀爲“祝由”,可換讀爲“祝咒”。就讀音方法看,緩則爲“祝由”爲“祝咒”,促則爲“由”爲“咒”。所以,“祝由”二字,既可以連用,也可以分用。連用的情況,目前的認識是未見於出土文獻,只見於傳世文獻。如《素問·移精變氣論》黄帝問曰:“余聞古之治病,惟其移精變氣,可祝由而已。”解釋者以“由”爲“致病之所由”云云,尚屬粗淺含混言之。

帛書所用“由”“古”字及“祝由”格式

基於上述六朝文字發展實際,我們可以聯繫到馬王堆漢墓帛書所習見“祝由”詞,其“由”字往往寫成“古”形的現象。

在馬王堆漢墓帛書中,可以見到完整的祝由詞,而且是“祝”“由”分開使用的例子。如馬王堆醫書《五十二病方》97—98,《養生方》195—196等等,其中《五十二病方》第22方,關於“闌者方”:“爇者[illegible]曰:‘肸肸詘詘,從寵出。毋延,黄神且與言。’即三涶之。”所用的“由”字,帛書即寫作“古”。又如“[illegible]曰:辛巳日,三。曰:天神下干疾神女倚序聽吾(語)某”,其中整理者將近“古”之形所釋爲“辜”。其實,該字形也應與“祝由”字有關,功能跟“祝”是一致的。簡帛醫書中有大量的祝由方,即用祝咒法來治病的“方劑”。馬王堆簡帛文字,已經發展爲各種有針對性的祝由方術。這些祝由方術,一般包括了用於轉移的媒介物和訴諸治療的祝由詞,其中多數祝由詞屬於叶韻的文體。上述有關馬王堆漢墓帛書“由”字的考釋結論和論證資料,首先見於李家浩《馬王堆漢墓帛書祝由方中的“由”》,該文訂正了馬王堆漢墓帛書整理者將“由”誤釋爲“古”通“辜”的問題,資料翔實,可以信據。[1] 我們這裏補充説明馬王堆漢墓帛書以“祝由”的方術來治療,是有關歷史漢字傳承演變的事實。

---

〔1〕 李家浩《馬王堆漢墓帛書祝由方中的“由”》,《河北大學學報》2005年第1期。

楚簡所見“古”“由”字及“古敚”結構

從文字使用及字形結構來看,根據《戰國楚文字數字化處理系統》數據庫的篩選,查詢到150多條記録,“古”算得上是高頻用字。其中,大部分是用作“故”的。但是,由於跟“由”的形體接近,發生混淆使用的情況也是存在的。“由”字近“古”形,其實楚系文字在戰國早期即出現“古”形接近“由”形的情況:如上具《曾侯乙墓》1號簡作,從革胄聲,胄又從由聲,其中“由”符就接近“古”形。戰國《郭店楚墓竹簡·成之聞之》第28號簡所用“由”字作,《緇衣》篇“我弗迪聖”,以“迪”用作“由”,簡文字形作從辵由聲,而聲符“由”形亦近。《上海博物館藏戰國楚竹書》第一冊《緇衣》第15號《吕型》員:“乑型之由。”其中“由”作,用作“迪”。雙向通用,可符驗比照。《戰國楚竹書·緇衣》有關字形用“胄”作由,而胄上部的由也寫作接近“古”形(只是有的“古”字口形當中添加一指示記號)。《成之聞之》第6號簡“由上”使用繇字,從言形;第12號簡“苟不從其由,不反其本,未有可得也者”作繇,用字同;第14號簡用字同;戰國楚簡用“由”字,凡30餘處,一般如此。唯《成之聞之》第28號簡,所用“由”字作,同《上海博物館藏戰國楚竹書》第一冊《緇衣》第15號簡援引《吕刑》作。就文字形體發展而言,“十”不過是“丨”形的分化。上具楚簡用字“古”形或上出“十”形,或下出口中添加“一”形,也許就是試圖將“古”“由”兩個輪廓易混的形體加以區别的手段。

《上海博物館藏〈戰國楚竹書·緇衣〉所引〈尚書〉文字考》一文已經作過對照考辨,關於《君陳》的兩處引文部分:“凡人未見聖,若不克見;既見聖,亦不可由聖。”日藏内野本傳文:“此言凡人有初無終也。未見聖道,如不能得見;已見聖道,亦不能用之:所以無成也。”兩種出土文本之間文字出入不大,但與傳世文獻比較存在明顯的差别:“《君迪》員未見聖如其弗克見我既見我弗聖。”其中,《上海博物館藏戰國楚竹書·緇衣》編者將形隸定爲“貴”,與原拓字形有出入,而我們所見到的一般解釋或坦然等同於“胄”。就字形演變歷史而言,都還存在需要仔細辨察的地方。按該字形下部所從如果是“貝”符,不會缺少貝下的兩筆:這一區别,參觀該簡接下來的“貴”字即知。對照《盂鼎二》《豦簋》《胄簋》《中山王墓宫堂圖》等器“胄”字銘文、對照《侯馬盟書》所用到的“胄”字形體等等,即可瞭解其下半部分都是從“目”符構造。直到北魏《山徽墓誌》“遙哉遐胄,邈矣玄源”,字形刻作上部從田下部從目形,其上部係田、由混淆,下部仍以部分之“目”,來代表整體之頭。《説文·冃部》:“胄,兜鍪也。从冃由聲。直又切。《司馬法》胄從革。”“由”下所從“冃”即“冒”的初文寫法,與“由”下所從“目”“冒”下所從“目”是一致的:皆是以“眼目”的部分來指代“頭部”的整體,已見上文。由此,可以將《上海博物館藏戰國楚竹書·緇衣》所記録的結構隸定爲“胄”的異體,結構爲從目由聲。《君迪》員:“未見聖,如其弗克見。我既見,我弗由聖……”楚簡胄形上部所從由聲,寫近“古”形。按《上海博物館藏戰國楚竹書·緇衣》,這裏的“由聖”,也就是《郭店楚墓竹簡·緇衣》的“迪聖”,迪字也是從“由”得聲的。作爲用字的通例,上面提到的今本《吕刑》作“播刑之迪”,郭店楚墓竹簡《緇衣》篇所引《尚書》作“播型之迪”,《上海博物館藏戰國楚竹書·緇衣》所引《尚書》作“䎽型之由”:迪、由對待,且見於同篇之内,亦可參觀。[1]

要之,南北朝由、甴、甾形音義關係呈現紊亂狀態;漢代古、由形體混用,其中是否存在詞彙擴散現象,音韻學尚不能明確;戰國楚簡字符構造過程中,古、由構件已經喪失區别。基於此,戰國楚簡所使用祝禱固定格式即“古敚”有可能就是“由脱”;“以其古敚之”,也可能就是以其祝由之術,使之獲得解脱。這樣的理解,跟帛書等的祝由方及其文字的使用取得

〔1〕 臧克和《上海博物館藏〈戰國楚竹書·緇衣〉所引〈尚書〉文字考》,《古籍整理研究學刊》2003年第1期;《上海博物館藏〈戰國楚竹書·緇衣〉所引〈尚書〉文獻考(二)》,《考古與文物》2005年《古文字論集(三)》。

聯繫,從而恢復被連續“破字”所遮蔽的戰國楚簡有關祝禱結構和内涵。將“以其古敚之”,順水推舟解釋爲“據其緣故説之”/“以其攻脱之”,聯繫戰國楚簡到漢魏六朝語言文字發展實際,似乎還有待進一步討論。姑贅此推測臆説,以俟夫楚簡研究專門家壹哂正之。

王國維《觀堂集林》第一册《釋由》上、下二篇,以《説文》從由之字二十有餘,而獨無由字,力證由即由字,羅列漢代殘簡、衆多銘文用例證據。其中,首先是由敦煌所出漢人書《急就》殘簡“由”字作由,其三直皆上出,與《説文》𠙴字正同。另外,王氏也注意到了《原本玉篇》所援引《説文》舊音,音側字反,而大徐音側詞切,皆𠙴之音,則以由甾爲一字,並斷定自六朝以來然矣。[1] 王氏舉證,當時幾題無剩義。現在看來,至遲馬王堆漢墓帛書“由”字已經完全混淆爲“古”形,相關戰國楚簡材料,也還值得進一步參考: 其所由來尚矣。

〔1〕 王國維《觀堂集林》第一册《釋由上》《釋由下》,中華書局 1959 年,第 274—278 頁。

楚簡所見人與自然

——兼談《戰國楚竹書·魯邦大旱》的幾個問題

將自然萬物人格化，推原其發生，可能與古代曾經普遍流行的源於巫術思維的"原始移情"存在宛密關聯。戰國楚簡的記載，可以說提供了這類文獻現存最早的文本。也許在現代人看來，賦予自然以生命，屬於所謂"靈性化"的過程。但在先秦社會，將原本就有靈的自然萬物人格化，則實際上意味著走向世俗化：是異質以同構，貌合而神離者，此不可不稍爲之辨者。

中國歷代有關災異的記載有一個特點，就是自然與神靈發生聯繫、天降災異跟人的行爲相關。冷僻的不用說，像婦孺皆耳熟能詳的《三國志通俗演義》上冊卷一《祭天地桃園結義》，一上來就描述了東漢靈帝時期天下紛亂之前的種種災異表現、"災異之由"和"消復之術"，在某種程度上，反映了漢代"天人感應"災異觀念的流行：

> 建寧二年四月十五日，帝會群臣於溫德殿中。方欲陞座，殿角狂風大作，見一條青蛇，從梁上飛下來，約二十餘丈長，蟠於椅上。靈帝驚倒，武士急慌救出；文武互相推擁，倒於丹墀者無數。須臾不見。

片時大雷大雨,降以冰雹,到半夜方住,東都城中壞卻房屋數千間。建寧四年二月,洛陽地震,省垣皆倒,海水泛溢,登、萊、沂、密盡被大浪卷掃居民入海,遂改年熹平。自此邊界時有反者。熹平五年,改爲光和,雌雞化雄;六月朔,黑氣十餘丈,飛入溫德殿中;秋七月,有虹見於玉堂,五原山岸,盡皆崩裂。種種不祥,非止一端。於是靈帝憂懼,遂下詔,召光禄大夫楊賜等詣金商門,問以災異之由及消復之術。賜對曰:"臣聞《春秋》讖曰:'天投蜺,天下怨,海內亂。'加四百之期,亦復垂及。今妾媵奄尹之徒,共專國朝,欺罔日月。又鴻都門下,招會群小,造作賦稅,見寵於時。更相薦說,旬月之間,並各拔擢:樂松處長伯,任芝居納言,卻儉、梁鵠各受豐爵不次之寵,而令縉紳之徒委伏畎畝,口頌堯舜之言,身蹈絶俗之行,棄捐溝壑,不見逮及。冠履倒易,陵谷代處。幸賴皇天垂象譴告。《周書》曰:'天子見怪則修德,諸侯見怪則修政,卿大夫見怪則修職,士庶人見怪則修身。'(此《逸書》也)唯陛下斥遠佞巧之臣,速徵鶴鳴之士,斷絶尺一,抑止槃遊。冀上天還威,衆變可弭。"而上天所垂示的災異,則來源於人事的問題。因此,人事的修正,就成爲當時消除天災的根本措施。議郎蔡邕亦對,其略曰:"臣伏思諸異,皆亡國之怪也。天於大漢,殷勤不已,故屢出妖變,以當譴責,欲令人君感悟,改危即安。蜺墮雞化,皆婦人干政之所致也。……人自抑損,以塞咎戒,則天道虧滿,鬼神福謙矣。"〔1〕

《上海博物館藏戰國楚竹書》第二冊《魯邦大旱》主要記載了魯哀公十五年,即公元前480年,魯國發生大旱,哀公以此向孔子請教弭除大旱對策,孔子提出建議並同弟子子貢進行討論等內容。〔2〕楚竹書簡文所載對瞭解當時儒家如何應對天災、如何理解人與自然關係,提供了新的材料。此篇經過整理者的考釋之後,基本可以通讀。但是,對於其中幾個關

〔1〕羅貫中《三國志通俗演義》上冊,上海古籍出版社,1980年,第1—2頁。

〔2〕馬承源主編《上海博物館藏戰國楚竹書》第二冊《魯邦大旱》,上海古籍出版社,2002年。

鍵地方和個別字的考證以及釋義,還是衆說紛紜,各騁新解。而若干處關鍵文字的理解,會直接影響到該篇簡文整體所記載的戰國人與自然觀念發展的認識,有待於先秦學術思想史研究者進一步的注意。

1. 關於"重命"及"恃名"

本篇第3、4、5簡,都提到"名",關係比較重要,但似乎尚未引起各方討論者的充分注意。第3簡"子貢曰:否也,吾子如重命丌與?如夫政刑與德",第4簡"若夫毋悉圭璧幣帛於山川,毋乃不可。夫山,石以爲膚,木以爲民,如天不雨,石將焦,木將死,其欲雨或甚於我,何必恃乎名乎",第5簡用字語境同第4簡"夫川,水以爲膚,魚以爲民,如天不雨,水將涸,魚將死,其欲雨,或甚於我,何必恃乎名乎"。三處用"名"字,主要構成"重命"和"恃名"兩類結構。《長沙子彈庫戰國楚帛書·乙篇》"乃命山川四海",《尚書·吕刑》:"禹平水土,主名山川。"孔傳:"禹治洪水,山川無名者主名之。"主名,作爲山川命名的祭主,即祭山川之謂。〔1〕貍沉山川,通辭命名。古代命名,原本就屬於施加控制影響的方術類型。這類功能,與本篇簡文整體關於弭除大旱對策討論一致。《周禮·春官·大祝》:"大祝……掌六祈以同鬼神示:一曰類,二曰造,三曰禬,四曰禜,五曰攻,六曰說。作六辭以通上下、親疏、遠近:一曰祠,二曰命,三曰誥,四曰會,五曰禱,六曰誄。"關於命(名)祭,一說,與"說"義近通用,都是祭祀之名。《魯邦大旱》簡文3"重命"和簡4、簡5的"寺名",功能相若,均爲攘除旱災的祭祀。編者說者,或以爲聲譽,或以爲恃名傲世,恐皆緣形附會。

2. 關於"刑"與"德"

第1簡"邦大旱,毋乃失諸刑與德乎",整體上將魯邦大旱的原因,歸

〔1〕 臧克和《尚書文字校詁·吕刑》,上海教育出版社,1999年。

結到人事方面的“刑與德”。《韓非子·二柄》:“明主之所導制其臣者,二柄而已矣。二柄者,刑德也。何謂刑德?曰殺戮之謂刑,慶賞之謂德。爲人臣者,畏誅罰而利慶賞。故人主自用其刑德,則羣臣畏其威而歸其利矣。”刑主罰,德主賞,是該時期魯國“德治”思想,已經偏於“賞”之一邊。這反映了戰國時期思想史的發展。《尚書》“德”字使用,絶大部分尚屬中性詞,即德有兩邊。〔1〕失,簡文作從㫃逆構造,應該是從㫃逆(即逆)聲,又見於《長沙子彈庫戰國楚帛書·四時篇》。〔2〕

3. 關於“庶民知敓之事,視也”

第2簡“孔子曰:庶民知敓之事,視也,不知刑與德”。編者解釋句讀如此。

視,編者無説,但與下出簡文通觀,句讀有問題。故好事者得以上下其手,或以爲“鬼”,以就“事鬼”之説。説者所讀“庶民知敓之事視也”,湊泊而爲“庶民知敓之事鬼也”,俾得跳梁合榫,胡越肝膽。不啻癡人之説夢,亦大類鬼話之累牘矣。

按“視”爲“示”字古文。《郭店楚墓竹簡·語叢三》第13號:“自視(示)其所能。”視作,用作示;第14號“自視其所不族”,視作,亦用作示。《上海博物館藏戰國楚竹書》第一册《緇衣》篇“子曰:有國者章好章惡,以眂(示)民”,以“眂”作示。第四册《昭王毁室》等篇,以用作“視”。要之,戰國楚簡目前尚未發現直接使用“示”字的情況。本簡簡文在的基礎上再加“示”部,以突出強調所事對象爲地神,也就是本簡所及的山川之神靈。《周禮·春官·宗伯第三》:“大宗伯之職,掌建邦之天神

〔1〕《尚書文字校詁》“釋‘誥’”篇。

〔2〕《戰國楚文字數字化處理系統》,上海教育出版社2004年,下出楚簡帛文字數據,凡未注明出處者,均見該數據庫。

人鬼地示之禮。"林尹注:"地示,《釋文》:示,或本作衹。按地衹,地神也。"[1]"以吉禮事邦國之鬼神示",就是以祭祀之禮事於天神人鬼地神。《周禮·春官·大祝》:"掌六祈以同鬼神示。一曰類,二曰造,三曰禬,四曰禜,五曰攻,六曰説。鄭玄注引鄭司農云:皆祭名也。鄭玄云:攻、説皆以辭責之。"《詩經·小雅·鹿鳴》:"視民不恌。"鄭玄注:"視,古示字也。"從有關字彙反映來看,亦證示、視同源分化。《宋本玉篇·目部》:"視,時至切。語也。亦作示。又承矢切。亦古文視。"《名義·目部》:"視,時至反。示字也。語也。視也。"《名義·示部》:"示,時志反。語也。見也。"《宋本玉篇·示部》:"示,時至切。《説文》云:天垂象,見吉凶,所以示人也。《易》曰:夫乾,確然示人,易矣;夫坤,隤然示人,簡矣。示者,語也。以事告人曰示也。"《名義·見部》:"視,時宜反。觀比也。明也。語瞻也。效也。察也。"

基於上述,我們這裏的句讀理解與上面有些出入:"孔子曰:庶民知敓之事示也,不知刑與德。"整體語意,可以直解爲"孔子曰:一般民衆瞭解敓祭事神,不瞭解刑賞德罰"。

4. 關於"愛"與"悉"

編者認爲:"悉應通作'薆',即'隱埋'之意。全句可解爲:如果不進行隱埋幣帛於山川的大旱之祭,而保持刑德之治,如何?對此,簡帛專門家如中國社科院歷史研究所的劉樂賢教授提出了不同看法:古文中悉和愛相通,"毋悉珪璧幣帛"的"悉"爲吝惜之意。"毋愛圭璧幣帛",就是要用圭璧幣帛來祭禱山川。由此看來,子貢對祭祀山川的態度和孔子有些出入。有的研究者還試圖以經證史,援引《論語》作爲旁證,其所舉如《論語·述而篇》:"子疾病,子路請禱。子曰:有諸?子路對曰:有之,誄曰:禱爾於上下神衹。子曰:丘之禱久矣。"這些記載,説明孔子雖然重視內

[1] 林尹《周禮今注今譯》,臺北:商務印書館1979年,卷五第193頁。

在德行的修養,但是並不否定外在的祭禱形式。"子疾病,子路請禱",據傳統解釋,子路請求用"禱"的方法,謝過於鬼神以祈福。孔子回答"丘之禱久矣",劉寶楠《論語正義》:"夫子平時心存兢兢業業,恭敬於鬼神,自知可無大過,不待有疾然後禱也。"又如《論語·八佾篇》:"子貢欲去告朔之餼羊。子曰:賜也,爾愛其羊,我愛其禮。"按諸古禮,諸侯於朔日告祭祖廟,此爲"告朔"之禮,以餼羊爲祭,而魯國自文公開始廢告朔之禮。研究者認爲,子貢認爲禮既已廢,就要撤去餼羊。孔子堅持不廢餼羊,這是不偏於一端,循守禮制的體現。

研討者大多認爲,從簡 1 和簡 2 的文字來看,孔子認爲邦大旱,其主要的原因乃在爲政上失諸刑與德所致,所以修正刑德才是關鍵。其次,孔子理解百姓禱神以求雨的態度。所以,孔子從百姓的立場出發,並不簡單化反對禱神求雨。從簡 3 和簡 4 的文字來看,孔子實際是在觀察子貢的反應:自己回答魯哀公説他理解百姓對禱神求雨的態度,所以並不反對舉行禱神求雨的儀式,自己的這個看法是耶非耶?子貢則認爲孔子要舉行"敚"祭禳災雖係順遂民意之舉,但修政與循德才是根本。基於此,無待乎祭祀事神。

按諸《説文》,"愛"屬《夊部》,"悉"屬《心部》,後者是前者的聲符。《説文·夊部》:"愛,行皃。从夊悉聲。烏代切。"二字本有分工。《説文·心部》:"悉,惠也。从心先聲。"愛、悉音同相互通用,這在文獻用例上都是没有問題的。問題是楚簡中不同的用字關係,卻是代表了相反的兩邊,涉及到孔子鑒於大旱有事山川的態度。在這種情況下,唯一可靠的辦法就是通觀全篇,求得整體統一。簡文"女毋悉圭璧幣帛於山川",前後分别出現於第 2 簡和第 3 簡。第 2 簡是孔子的回答,惜乎接下去的"政型"一句不完,這是產生各家守持兩端、相互矛盾情況的關鍵所在。第 3、4、5 簡是子貢的答問過程中所提到的看法,但涉及孔子關於自己大旱對策建議所產生民衆反映的詢問,也就成爲認識孔子"對策"的唯一視角。第 3 簡"子貢曰:否也,吾子如重名丌與?如夫政刑與德,以事上天,此是哉。如夫毋悉圭璧",第 4 簡"若夫毋悉圭璧幣帛於山川,毋乃不可。

夫山,石以爲膚,木以爲民,如天不雨,石將焦,木將死,其欲雨或甚於我,何必恃乎名乎",第5簡用字語境同第4簡"夫川,水以爲膚,魚以爲民,如天不雨,水將涸,魚將死,其欲雨,或甚於我,何必恃乎名乎":三簡前後文辭相接,連貫完整:整體是表述子貢對於將要所事對象——山川之神自然屬性的認識,以此來强調没有必要"重名""恃名",也就使得貍祭山川的措施,失去了前提。基於此,各簡簡文所使用的"悉"字,皆無須破字,取"愛惜"之意,"毋悉"即不吝也。設若祭獻山川一邊原本就不屬孔子給出的對策内容,則子貢之對答,多方之曲喻,無端之罕譬,爲空穴之風來,所答非所問矣。

第3、4兩個問題,屬於理解本篇簡文主旨的關鍵。我們聯繫第3、4、5簡子貢的答問過程這一認識孔子"對策"的唯一視角,通觀整體語氣,似可提出兩個值得思考的關係:其一,先秦相當長的時期裏,盛行"文德"範疇。而推原個中關係,則或修飾,或並列,反映觀念史的演進。即屬神道,亦可設教。《周易·觀·彖》:"聖人以神道設教而天下服矣。"誠如錢鍾書所按《禮記·祭義》:"因物之精,制爲之極,明命鬼神,以爲黔首則,百衆以畏,萬民以服。"可申説此二句,古人政理之要言也。……皆可爲"神道設教"示例。蓋世俗之避忌禁諱(taboos),宗教之命脈係焉,禮法之萌芽茁焉,未可卑爲不足道也。[1] 基於此,當魯國家遇到大旱,就一方面提出刑賞德罰,一方面顧及祭禱山川。不偏於一端,知經達權。其二,子貢將所事山川對象人格化,孔子同樣不會是將其神格化。因此,簡文裏的孔子,其實是將"事神"儀式化,使其成爲"德"的文飾。孔子以事神爲儀式,是作爲"知人論世"的"知者"態度。表面看來,子貢似乎較孔子走得更遠,主張完全放棄祭祀山川,而只專注於人事賞罰、内修政理。這跟同時期楚簡裏面所反映的齊國政治家們面對發生"日食"災異現象的認識,已經異曲同工,殊途同歸。其實,簡文作者用心所在,不過是將其作爲孔子

---

〔1〕 錢鍾書《管錐編》第四册《全上古秦漢三國六朝文》第252則"文德"條,第一册《周易正義》五"觀"第18頁"神道設教"條,中華書局1979年。

思想觀點的一種對照補充而已。按一般思維邏輯,非此即彼,攻乎異端。持以解孔,則大有背於儒家執"中"之道者也。

5. 關於自然與人體

我們本文主要補充的是,楚簡記載子貢所答,所涉及自然屬性的認識,這在傳世文獻裏是可以找到互相對應記載的。

按《說苑》卷十八:"齊大旱之時,景公召群臣問曰:'天不雨久矣,民且有飢色。吾使人卜之,祟在高山廣水。寡人欲少賦斂,以祠靈山,可乎?'群臣莫對。晏子進曰:'不可,祠此無益也。夫靈山固以石爲身,以草木爲髮。天久不雨,髮將焦,身將熱,彼獨不欲雨乎?祠之無益。'景公曰:'不然,吾欲祠河伯,可乎?'晏子曰:'不可,祠此無益也。夫河伯以水爲國,以魚鱉爲民。天久不雨,水泉將下,百川竭,國將亡,民將滅矣。彼獨不用雨乎?祠之何益?'景公曰:'今爲之奈何?'晏子曰:'君誠避宮殿,暴露,與靈山河伯共憂,其幸而雨乎?'於是景公出野,暴露三日,天果大雨,民盡得種樹。景公曰:'善哉!晏子之言可無用乎?其惟有德也。'"

《御定淵鑑類函》卷一百七十二"請雨二"所存《說苑》與此文字相同:"齊大旱,景公召群臣問曰:'天不雨久矣,民且有飢色。吾使人卜之,祟在高山廣水。寡人欲少賦斂,以祀靈山,可乎?'群臣莫對。晏子進曰:'不可,祀此無益也。夫靈山固以石爲身,以草木爲髮,天久不雨,髮將焦,身將熱,彼獨不欲雨乎?祠之無益。'景公曰:'不然,吾欲祀河伯,可乎?'晏子曰;'不可,祀此無益也。夫河伯以水爲國,以魚鱉爲民,天久不雨,水泉將下,百川竭,國將亡,民將滅矣。彼獨不用雨乎?祠之何益?'景公曰:'今爲之奈何?'晏子曰:'今誠避宮殿,暴露,與靈山河伯共憂,其幸而雨乎?'於是景公出野,暴露三日,天果大雨,民盡得種樹。景公曰:'善哉,晏子之言可無用乎?其惟有德也。'"

《欽定四庫全書・子部一》將劉向《說苑》歸入"儒家類",學者多以爲漢人所採,不甚惜之,而據《提要》案:"《說苑》二十卷,漢劉向撰,凡二十篇。其書皆録遺聞佚事,足爲法戒之資者。其體例一如《新序》。葉大慶《考古質疑》摘其……皆時代先後,邈不相及。……黄朝英《緗素雜記》亦摘其……與《新序》二書同出向手,而自相矛盾。殆捃拾衆説,各據本文,偶爾失於參校也。然古籍散佚,多賴此以存。如《漢志》河間獻王八篇,《隋志》已不著録,而此書所載四條,尚足見其議論醇正,不愧儒宗。其它亦多可採擇,雖間有傳聞異詞,固不以微瑕累全璧矣。"

按諸出土楚簡所存記載,可知是説雖不中亦不遠矣。戰國時期楚簡,所記載子貢關於"夫山,石以爲膚,木以爲民,如天不雨,石將焦,木將死,其欲雨或甚於我,何必恃乎名乎"的觀念,連措辭也如出一轍,説明這類遠離鬼神、趨向自然的思想,在春秋戰國時期確實已經存在類比認知基礎。順便提到,錢鍾書《談藝録》,收録了早年所作關於中國古代固有的詩文評特點的論述,曾經揭舉"以無生命作有生命看,以物當人看",屬於中國古代詩文批評一以貫之的鮮明特色。[1] 推原其發生,可能與古代曾經普遍流行的源於巫術思維的"原始移情"存在宛密關聯。又見拙作《〈説文〉認知分析》[2]附録。戰國楚簡記載,可以説提供了這類文獻現存所見最早的文本。也許在現代人看來,賦予自然以生命,屬於所謂"靈性化"的過程。但在古代社會,將原本就有靈的自然萬物人格化,則實際上意味著走向世俗化:是異質以同構,貌合而神離者,此不可不稍爲之辨者。

另外,本篇所涉及"圖之"和"敚祭",在這裏也順便提出來討論一下。

關於"圖之",根據囗内聲符構件理解的不同,可能存在三種解釋:

(1) 字形如從囗衣聲,則通"圖"。唐抄《名義·口部》抄存了這個"古文":"圖,達胡反。議也。計也。謀也。圂,古圖。"[3]

(2) 楚簡更加接近《汗簡》"會"下所著録古文[illegible],如《汗簡》"禬"作[illegible]。《周禮·天官·女祝》:"掌以時招、梗、禬、禳之事,以除疾殃。"鄭玄注:"梗,

[1] 錢鍾書《談藝録》第六則,第40頁,北京:中華書局,1984年9月第一版。

[2] 臧克和《〈説文〉認知分析》,湖北人民出版社2019年。

[3] 《原本玉篇》《篆隸萬象名義》等傳世字書數據,均參見臧克和《中古漢字流變》,華東師範大學出版社2008年。

禦未至也。除災害曰禬,禬猶刮去也。”《周禮・春官・神仕》:“以禬國之凶荒。”鄭玄注:“杜子春云:禬,除也。玄謂此禬讀如潰癰之潰。”

(3)如編者所謂,口中構件爲“者”聲,則應讀作“祣祭”之祣,祣指天地山川之祭。《说文・㫃部》:“旅,别事詞也。从㫃米聲。米,古文旅字。”《論語・八佾》:“季氏旅於泰山。”劉寶楠《正義》:“《玉篇・示部》:祣,力煮切,祭名。《論語》作旅,《廣韻》同。此後人所增字。”如此,則求助於山川祭祀,是魯哀公一開始就提出來的對策建議。明乎此一關係,則孔子本篇的對答,限於有關事先設定的框架,也只能僅是關於魯哀公關於祭祀咨詢的建議而已,並不代表孔子首先提出祭祀山川的對策。這種設定安排,事關孔子於祭祀的態度,忽略不得。

三者所由分,關鍵是看口內之構件到底是衣抑或是米。因爲二者區别很小,單純從該篇所使用的字形來看,不足以確定。因此,上面提出了三種可能存在的情況,以供讀者分辨取捨焉。

關於“敓祭”。《包山楚簡》中就有不少“敓”祭的記載,如:恒貞吉,少有憂於躬身,且志事少遲得,以其古(故)敓之。鬼攻解於人禹。[1] 此辭大意是説,某人占卜的結果就長期而言是吉利的,然而短期卻有憂患及身,並且他所要達到的目標不能馬上實現。因爲這方面的原因,所以要進行“敓”祭,解除憂患。這類簡文是關於“敓”的最多的一種,其格式一般爲“少有憂於躬身,以其故敓之”,[2]“疾難瘥,以其故敓之”。[3] 關於“敓”祭的作用,馬承源在《魯邦大旱》釋文中指出,“説”爲古代傳統的求雨祭名。事實上,“敓”之爲用,不但求雨,舉凡禳災除祟,皆屬敓祠之類。編者認爲“當讀作‘知説之事’”,這是以“敓”通“説”。其實,敓爲楚簡多見祭禱方式,説、敓、脱可以記録同源詞。包山楚簡等凡使用55次“敓”字,爲戰國高頻率祭禱類型。

---

〔1〕 湖北省荊沙鐵路考古隊所編《包山楚簡》第197—198簡,文物出版社1991年。

〔2〕 同上,第226—227簡。

〔3〕 同上,第236—237簡。

《周禮·春官·大祝》云:"掌六祈以同鬼神示,一曰類,二曰造,三曰禬,四曰禜,五曰攻,六曰說。"前人已指出,"說"祭僅明確見載於《周禮》,而"於古未見"(見《潛研堂文集》)。就目前情況看,"敚"祭常出現於竹簡當中,因此《周禮》中的"說"應與竹簡中的"敚"爲同一祭祀。《周禮·春官》的記載表明,"敚(說)"用以會通天神地示人鬼以彌災得福,其祭儀及用辭由專門的職官來掌管。《周禮·秋官·司寇》還記載:"庶氏掌除毒蠱,以攻說禬之,以嘉草攻之。凡驅蠱,則令之,比之。"毒蠱爲蟲災而病害人者,發生蟲災後,由庶氏以"攻說禬"之法去災,可見"敚(說)"也用於消除蟲患。總之,結合楚簡及文獻材料,可說"敚"祭用於求雨、滅蟲、去疾等,其主要作用是免災獲福。

作爲祭祀方式,"敚"的具體儀式及內容文獻載之甚略。鄭玄注《周禮》曰:"攻說,則以辭責之。"此外,"敚"祭中還有另一方面的重要內容,即向神靈供奉祭品以行禱告。鄭玄指出:"攻說,用幣而已。"賈公彥疏曰:"攻說用幣者,是日食伐鼓之屬,天災有幣無牲。"(參見《周禮注疏》卷二十五)是說要獻上一定數量的幣。《魯邦大旱》記載,大旱之時一般民衆曉得以"敚"消災救患,孔子也主張"毋愛珪璧幣帛於山川",可見舉行"敚"祭時也應當獻上珪、璧、幣、帛等若干祭品。但包山楚簡相關內容顯示,"敚"祭也可用牲,如可用"犬"、用"牂(母羊)"。說明舉行"敚"祭的祭品並不一致,或許是根據所欲求之目的來設置。從包山楚簡看,"敚"祭還與"禱"祭等相聯繫。要之,"敚"之爲祭,大要爲禳災除患的類型。[1]

原載《學術研究》2009年第10期。

---

〔1〕 臧克和《釋"以其古敚之"》,《古漢語研究》2008年第4期。

戰國齊魯楚等地簡文比較*

《魯邦大旱》在子貢強調省察政德一邊的補充過程中,體現了孔子關於外在儀式與內在修養兼顧的"中和"態度。這種照顧外在形式與強調內心省察的關係,代表了儒家"天人相應"及"災異由人"等學説的重要發展階段。對照有關傳世文獻,趨向自然的思想,在春秋戰國時期已經存在廣泛基礎。戰國楚簡的記載,可以説提供了這類文獻現存所見最早的文本。

也許在現代人看來,賦予自然以生命,屬於所謂"靈性化"的過程。但在先秦社會,將原本就有靈的自然萬物人格化,則實際上意味著走向世俗化。《柬大王泊旱》整體是在講楚國占卜弭旱的過程,遵循"常祀"的審慎事神態度。這跟發生在魯國的大旱,事同而地異,形成對照:魯國重人事,楚國重鬼神。都有事於山川,但魯地講究禮節刑德,楚地重視占祀過程。

在卜祀求雨止旱過程中,邦大旱與皮膚病之間,是二實一,都作爲天降災異的表象。這種關聯,是楚地濃厚的巫術特色的表現。雨降旱除,簡王皮膚病患也就相應霍然而解。楚地鬼神天災與人事自身,感同身受,患難與共,相感具生,這在戰國時期的其他地區是已經見不到的關聯。從

---

* 此篇涉及楚簡時,與上篇有重複。

《魯邦大旱》到《競建内之》,已經由外在儀式與内在省察兼顧,發展爲完全强調内修政理。兩相對照,反映出天人相應命題中越來越偏向人事、災異學説中越來越明確災異在於人爲的發展趨勢。

迄今爲止,《上海博物館所藏戰國楚竹書》發表了數篇關於戰國時期自然災異的簡文:一篇是第五册的《競建内之》,一篇是第二册的《魯邦大旱》,一篇是第四册的《柬大王泊旱》。這批簡文,從簡文内容所涉及時間而言,《競建内之》屬於齊桓公時期,《魯邦大旱》篇屬於春秋戰國之交的魯哀公十五年(公元前480年),《柬大王泊旱》屬於戰國早期楚簡王(公元前431年—前408年)時代。[1] 從涉及地域空間而言,楚、魯分南北,齊、魯爲東西。基於此,將各篇簡文所及主要内容對照清楚,對於認識戰國時期人與自然關係,有關災異觀念史的演進,具有傳世文獻所不可替代的意義。對照《説文》有關部類,通過三篇簡文有關問題的具體討論,比較戰國時期不同地域的自然災異觀念,所期對先秦思想觀念的發展認識有所裨益。

一、《魯邦大旱》所見戰國魯地人與自然關係的思考

《上海博物館藏戰國楚竹書》第二册《魯邦大旱》主要記載了魯哀公十五年,即公元前480年,魯國發生大旱,魯哀公以此向孔子請教弭除大旱對策,孔子提出建議並同弟子子貢進行討論等内容。楚竹書簡文所載對瞭解當時儒家如何應對天災、如何理解人與自然關係,提供了新的材料。此篇幾個關鍵地方,或簡文殘缺,無由通讀,或理解殊途,衆説紛紜,

[1] 馬承源主編《上海博物館所藏戰國楚竹書》第二册《魯邦大旱》,上海古籍出版社2002年;第四册《柬大王泊旱》,上海古籍出版社2004年;第五册《競建内之》,上海古籍出版社2005年。參見各篇整理者的説明。簡文及整理者的釋文皆見於上述各篇,不重注。考慮到排印的實際問題,部分字形釋文從寬式而非嚴格隸古楷定,個别原形字還需要進行結構描述。華東師範大學中國文字研究與應用中心研製《戰國楚文字數字化處理系統》,上海教育出版社2004年,下出楚簡帛文字,未注明出處,均見該數據庫。

直接影響到對於孔子人與自然觀念的理解。因此,這裏有必要先將幾個關鍵問題加以重新考察。

1. 關於"重命"及"恃名"

本篇第3、4、5簡,都提到"名",關係比較重要,但似乎尚未引起討論者的充分注意。第3簡"子貢曰:否也,吾(簡文原形結構上部爲虍聲,下部爲壬形)子女(如)動命(重命)亓與?女(如)夫政刑與德",第4簡"若夫毋悉圭璧幣帛於山川,毋乃不可。夫山,石以爲膚,木以爲民,女(如)天不雨,石將焦,木將死,其欲雨或甚於我,或(何)必寺(恃)乎名乎",第5簡用字語境同第4簡"夫川,水以爲膚,魚以爲民,女(如)天不雨,水將涸,魚將死,其欲雨,或甚於我,或(何)必寺(恃)乎名乎"。三處用"名"字,主要構成"重命"和"恃名"兩類結構。《長沙子彈庫戰國楚帛書·乙篇》"乃命山川四海",《尚書·吕刑》:"禹平水土,主名山川。"孔傳:"禹治洪水,山川無名者主名之。"主名,作爲山川命名的祭主,即祭山川之謂。[1] 貍沉山川,通辭命名。古代命名,原本就屬於施加控制影響的方術類型。這類功能,與本篇簡文整體關於弭除大旱對策討論一致。《周禮·春官·大祝》:"大祝……掌六祈以同鬼神示:一曰類,二曰造,三曰禬,四曰禜,五曰攻,六曰說。作六辭以通上下、親疏、遠近:一曰祠,二曰命,三曰誥,四曰會,五曰禱,六曰誄。"關於命(名)祭,一說,與"說"義近通用,都是祭祀之名。《魯邦大旱》簡文3"重命"和簡4、簡5的"寺名",功能相若,均爲攘除旱災的祭告說辭。編者說者,或以爲聲譽,或以爲恃名傲世,恐皆緣字附會。

2. 關於"愛"與"悉"

編者認爲:"悉應通作"薆",即"隱埋"之意。全句可解爲:如果不進行隱埋幣帛於山川的大旱之祭,而保持刑德之治,如何?對此,簡帛專門家如劉樂賢教授提出了不同看法:古文中悉和愛相通。他認爲"毋悉珪璧幣帛"的"悉"爲吝惜之意。"毋愛圭璧幣帛",就是要用圭璧幣帛來祭

---

〔1〕 臧克和《尚書文字校詁·吕刑》,上海教育出版社1999年。

禱山川。由此看來,子貢對祭祀山川的態度和孔子不太一致。有的研究者還試圖以經證史,援引《論語》作爲旁證,所舉如《論語·述而篇》:"子疾病,子路請禱。子曰:有諸?子路對曰:有之,誄曰:禱爾於上下神祇。子曰:丘之禱久矣。"這些記載,說明孔子雖然重視内在德行的修養,但是並不否定外在的祭禱形式。"子疾病,子路請禱",據傳統解釋,子路請求用"禱"的方法,謝過於鬼神以祈福。孔子回答"丘之禱久矣",劉寶楠《論語正義》:"夫子平時心存兢兢業業,恭敬於鬼神,自知可無大過,不待有疾然後禱也。"又如《論語·八佾篇》:"子貢欲去告朔之餼羊。子曰:賜也,爾愛其羊,我愛其禮。"按諸古禮,諸侯於朔日〔陰曆初一〕告祭祖廟,此爲"告朔"之禮,以餼羊爲祭,而魯國自文公開始廢告朔之禮。研究者認爲,子貢認爲禮既已廢,還陳設祭品,實等虛廢,當撤去餼羊。孔子堅持不廢餼羊,這是不偏於一端,循守禮制的體現。

研討者大多認爲,從簡1和簡2的文字來看,孔子認爲邦大旱,其主要的原因乃在爲政失諸刑德所致,所以修正刑德才是才是關鍵。其次,孔子理解百姓禱神以求雨的態度。孔子從百姓的立場出發,並不簡單化反對禱神求雨。從簡3和簡4的文字來看,孔子實際是在觀察子貢的反應,而並没有提出人們習慣思維所常見的非此即彼的邏輯命題:自己回答魯哀公說他理解百姓對禱神求雨的態度,所以並不反對舉行禱神求雨的儀式,自己的這個看法是耶非耶?子貢則認爲孔子要舉行"敓"祭禳災雖係順遂民意之舉,但修政與循德才是根本。基於此,無待乎祭祀事神。

按"愛"屬《說文·夊部》,"悉"屬《說文·心部》,後者是前者的聲符。《說文·夊部》:"愛,行皃。从夊悉聲。烏代切。"二字本有分工。《說文·心部》:"悉,惠也。从心旡聲。"愛、悉音同相互通用,這在文獻用例上都是没有問題的。問題是不同的用字關係,卻是代表了相反的兩邊,涉及到孔子鑒於大旱有事山川的態度。在這種情況下,唯一可靠的辦法就是通觀全篇,求得整體統一。簡文"女毋悉圭璧幣帛於山川",前後分別出現於第二簡和第3簡。第2簡是孔子的回答,惜乎接下去的"政型"一句不全,這是產生各家守持兩端、相互矛盾情況的關鍵所在。第3、4、5簡是子貢的答問過程中所提到的看法,但涉及孔子關於自己大旱對策建議所產生民衆反映的詢問,也就成爲認識孔子"對策"的唯一視角。第3簡"子貢曰:否也,吾子女(如)動命(重名)丌與? 女(如)夫政刑與德,以事上天,此是哉。女(如)天(夫)毋悉圭璧",第4簡"若天(夫)毋悉圭璧幣帛於山川,毋乃不可。夫山,石以爲膚,木以爲民,女(如)天不雨,石將焦,木將死,其欲雨或甚於我,或(何)必寺(恃)乎名乎",第5簡用字語境同第4簡"夫川,水以爲膚,魚以爲民,女(如)天不雨,水將涸,魚將死,其欲雨,或甚於我,或(何)必寺(恃)乎名乎":三簡前後文辭相接,連貫完整:整體是表述子貢對於將要所事對象——山川之神自然屬性的認識,以此來強調没有必要"重名""恃名",也就使得貍祭山川的措施,失去了前提。基於此,各簡簡文所使用的"悉"字,皆無須破字,取"愛惜"之意,"毋悉"即不吝也。設若祭獻山川一邊原本就不屬孔子給出的對策內容,則子貢之對答,多方之曲喻,無端之罕譬,爲空穴之風來,所答非所問矣。

第3、4兩個問題,屬於理解本篇簡文主旨的關鍵。我們聯繫第3、4、5簡子貢的答問過程這一認識孔子"對策"的唯一視角,通觀整體語氣,似可提出兩個值得思考的關係:其一,先秦相當長的時期裏,盛行"文德"範疇。而推原其個中關係,則或修飾,或並列,反映觀念史的演進。即屬神道,亦可設教。《周易·觀·彖》:"聖人以神道設教而天下服矣。"錢鍾書按:《禮記·祭義》:"因物之精,制爲之極,明命鬼神,以爲黔首則,百衆以畏,萬民以服。"可申説此二句,古人政理之要言也。……皆可爲"神道設教"示例。蓋世俗之避忌禁諱(taboos),宗教之命脈係焉,禮法之萌芽茁焉,未可卑爲不足道也。[1] 基於此,當魯國遇到大旱,就一方面提出刑賞德罰,一方面顧及祭禱山川。不偏於一端,知經達權。其二,子貢將所事山川對象人格化,孔子同樣不會是將其神格化。因此,簡文裏的孔子,其實是將"事神"儀式化,使其成爲"德"的文飾。孔子以"事神"爲"禮儀",

---

〔1〕 錢鍾書《管錐編》第四册《全上古秦漢三國六朝文》第252則"文德"條,第一册《周易正義》五"觀"第18頁"神道設教"條,中華書局1979年。

是作爲“知人論世”的“知者”態度。表面看來,子貢似乎較孔子走得更遠,主張完全放棄祭祀山川,而只專注於人事賞罰、内修政理。這跟同時期的齊國政治家們面對發生“日食”災異現象的認識,已經異曲同工,殊途同歸。其實,簡文作者之用心,是將其作爲孔子思想觀點的一種對照與補充而已。按一般思維邏輯,非此即彼,攻乎異端。執此以解孔,則有背於儒家執“中”之道。

3. 關於自然與人體

這裏要補充的是,楚簡記載子貢所答,所涉及自然屬性的認識,這在傳世文獻裏是可以找到互相對應的記載的。

《説苑》卷18:“齊大旱之時,景公召群臣問曰:‘天不雨久矣,民且有飢色。吾使人卜之,祟在高山廣水。寡人欲少賦斂,以祠靈山,可乎?’群臣莫對。晏子進曰:‘不可,祠此無益也。夫靈山固以石爲身,以草木爲髮。天久不雨,髮將焦,身將熱,彼獨不欲雨乎? 祠之無益。’景公曰:‘不然,吾欲祠河伯,可乎?’晏子曰:‘不可,祠此無益也。夫河伯以水爲國,以魚鱉爲民。天久不雨,水泉將下,百川竭,國將亡,民將滅矣。彼獨不用雨乎? 祠之何益?’景公曰:‘今爲之奈何?’晏子曰:‘君誠避宫殿,暴露,與靈山河伯共憂,其幸而雨乎?’於是景公出野,暴露三日,天果大雨,民盡得種樹。景公曰:‘善哉! 晏子之言可無用乎? 其惟有德也。’”

《御定淵鑑類函》卷172“請雨二”所存《説苑》與此文字相同:“齊大旱,景公召群臣問曰:‘天不雨久矣,民且有飢色。吾使人卜之,祟在高山廣水。寡人欲少賦斂,以祀靈山,可乎?’群臣莫對。晏子進曰:‘不可,祀此無益也。夫靈山固以石爲身,以草木爲髮,天久不雨,髮將焦,身將熱,彼獨不欲雨乎? 祠之無益。’景公曰:‘不然,吾欲祀河伯,可乎?’晏子曰;‘不可,祀此無益也。夫河伯以水爲國,以魚鱉爲民,天久不雨,水泉將下,百川竭,國將亡,民將滅矣。彼獨不用雨乎? 祠之何益?’景公曰:‘今爲之奈何?’晏子曰:‘今誠避宫殿,暴露,與靈山河伯共憂,其幸而雨乎?’於是景公出野,暴露三日,天果大雨,民盡得種樹。景公曰:‘善哉,晏子之言可無用乎? 其惟有德也。’”

《欽定四庫全書·子部一·説苑》將劉向《説苑》歸入“儒家類”,學者多以爲漢人所採,不甚惜之。而據《提要》案:“《説苑》二十卷,漢劉向撰,凡二十篇。其書皆録遺聞佚事,足爲法戒之資者。其體例一如《新序》。葉大慶《考古質疑》摘其……皆時代先後,邈不相及。……黄朝英《緗素雜記》亦摘其……與《新序》二書同出向手,而自相矛盾。殆捃拾衆説,各據本文,偶爾失於參校也。然古籍散佚,多賴此以存。如《漢志》河間獻王八篇,隋志已不著録,而此書所載四條,尚足見其議論醇正,不愧儒宗。其它亦多可採擇,雖間有傳聞異詞,固不以微瑕累全璧矣。”〔1〕對照出土戰國楚簡所存記載,可知是説雖不中亦不遠矣。

二、《競建内之》與戰國齊地所流行災異觀念

《上海博物館藏戰國楚竹書》第五冊第一篇《競建内之》,編者認爲本篇主旨在於“二大夫爲國之要事向齊桓公進言,如‘日食’,雖是星事,借喻齊國要有兵禍之災,二大夫以爲要行先王之法,並規勸齊桓公,只有從善,才能去禍患”。編者在釋文中援引《吕氏春秋·分職》《楚辭·離騷》《説文》等傳世文獻,以“進”釋“競”,以“關於國家之大事而向上進言”釋讀“競建”。我們對照具體内容,感覺似乎有些游離簡文的實際。

“競建”是古代用於天象曆法討論的説法,直接的解釋就是關於“建日”的討論。競建涉及天象曆法範圍,所以傳世文獻既使用“競建”説法,也使用“競曆”一詞。若控名責實,該篇大體應是天象異常與國家災患人事凶咎的對應關係,整體屬於歲時月令禁忌的範圍,這是所謂“競建”的問題。“内之”就是“入之”,包山楚簡《文書》第 18 號簡文“入之”即作“内之”,楚簡文字“入”字寫作“内”。此類用法,有關戰國楚文字數據庫可以篩選到 54 條記録。可見“内之”爲“入之”,屬於戰國楚簡成語。“競建内

〔1〕 文淵閣《四庫全書總目提要·子部一·説苑》。

之”,即“競建以内之”之省,若兩邊兼顧,初無偏至,直接的解釋就是“有關日食的進言”。由“競建”即天象星變的討論,進而所引發人事問題,則是連類而及的内容,也就是所謂“内之”即“入之”的問題。這種結構安排,在先秦政論文字,屬於習見行文匡格。

本篇簡文涉及範圍較廣,包含了幾個相關領域的重要内容。關於戰國時期的天象災異學説,涉及到下面幾個問題:一是日食星變,相應於地上的兵禍;二是感應星變兵禍的是人爲因素;三是“禳敓”星變兵禍的前提是不能“行無道”和“不踐於善”;四是批評齊桓公身爲無道,指出行道踐善,則能“去禍”。關於《尚書·商書》有關篇目及内容的年代問題,該篇以較長篇幅援引高宗祭祀發生雉異現象,祖己的解釋,提出了人事上的措施,“既祭之,後焉,攸先王之法”,由此增加“内之”的説服力。同時,涉及到了《尚書·商書》部分的《高宗肜日》内容的年代問題,以及有關《書序》部分内容的來源問題。總之,由於上述兩方面的關係,《競建内之》是一篇研究上古時期儒家的天人感應和天象災異學説的重要文獻,與《上海博物館藏戰國楚竹書》第二冊所收録的《魯邦大旱》篇相對照,即可反映戰國時期儒家天人感應和天象災異觀念的重要發展過程。同時,也是《尚書》學史研究不可多得的重要文獻。另外,對於認識先秦政論説理文體特點,也提供了較現存傳世文本早得多的範例。考慮到篇幅過長,本文將討論的範圍僅僅限定在與其他同類簡文存在較爲密切關聯的幾個方面。

由於簡文原篇的整理存在若干問題,會直接影響到所討論主要内容的理解,所以,下面也將幾處關鍵的文字提出來討論。

第1簡,關於日食。“日既”,編者只是援引《左傳·隱公元年》杜預注,泛解爲“事畢”,無當於簡文之理解。按“既”字見包山楚簡《文書》第137號“既盟”,《春秋·桓公三年》:“秋七月壬辰朔,日有食之,既。”孔穎達疏:“食既者,謂日光盡也。”漢代王充《論衡·説日》:“其合相當如襲辟者,日既是也。”《漢書·五行志下之下》:“誅衆失理,兹謂生叛,厥食既,光散。”是知“日既”亦爲古代天文學術語,用以指日全食。簡文“日既”,爲本篇提供討論的基礎。

第2簡,隰朋回答“日既一星變”發生原因,援引高宗之祭所發生鳥占聯繫,説明人事上的應對措施。對照現存傳世《尚書》古抄本(主要是源於唐寫本的各類日藏寫本),該簡文意義有三:一是提供了可以認識《書序》真實性的根據,二是關聯現存《尚書》抄本有關篇目,三是關於高宗肜日的祭祀對象問題。另外有《楚簡所見〈尚書·商書〉祭主及年代》等專文討論,此處考慮篇幅過長,故略旃。至於簡文“周量之以寖汲”,編者句讀釋文爲“汲汲不休的寖水旁”云云,大抵非其的解。按“量之”爲人名,跟下出傅說同類:與上“得福”句相承,則亦爲賢者。“以寖汲”,亦猶“傅説”之得名,説明得賢之由:包含地方、身份等。《康熙字典·宀部》:“寖,又水名,寖水出武安縣東。”然則簡文所載周量之爲商代寖水之畔汲水者,無非還其身份等級。賢者每處岩穴,身份差等低賤。如專爲搬演炫耀才學之作《鏡花緣》,作者借主人公爲才人所發浩歎:“世人只知紗帽底下好題詩,哪裏曉得草野中每每埋没許多鴻儒!”夫量之汲水、傅説操築、吕望鼓刀、甯戚飯牛,皆其比也。參見下出“傅説”。傳世史籍文獻記載,未見“量之”其人。《郭店楚墓竹簡·窮達以時》列舉了這類事例,如第4號簡簡文“釋板築而佐天子,遇武丁也。吕望爲牂來濾”,第5號簡簡文“來地,行年七十而屠牛於朝訶,舉而爲天子師,遇周文也”,第6號簡“管夷吾拘繇棄縛,釋桎梏,而爲諸侯相,遇齊桓也”,第7號簡“白(百)里迌饋五羊,爲故釋牛,釋板桱而爲朝卿,遇秦穆”,等等。

第5簡,日食兵患及其禳敓措施。“將有兵,有憂於公身”,“公曰:然,則可敓與?”編者句讀釋文如此。

按編者破句失讀,“然則”作爲承接上文宕開下文的連詞,不當拆散使用。這屬於漢語史上古代語言固定格式,當讀作“公曰:然則可敓歟?”該處簡文關繫到對日食現象採取救助解除措施。戰國楚簡有關祭禱,涉及“禳除”,稱之爲“敓”,是其通例,見於包山楚簡《卜筮祭禱》“攻敓”(原簡號第231)、“以其古敓之”(原簡號第217)等,又望山楚簡簡文屢見“又祱,以其古敓之”。《戰國楚竹書》本篇釋文以“争奪”釋“敓”字,未通覽楚簡用例,尚粗淺乎言之。

第6簡,禳除日食兵禍的前提條件。“尚才吾,不澫二厽子,不諦恕,寡人至於辨日食,鮑叔牙……”編者句讀釋文如此。按“尚才吾”,編者如此句讀且釋爲“當在吾”,破句失讀,遂致簡文詞氣不統一。從上文受到反詰指責,本簡齊桓公應答作出解釋的語意關聯來看,只能讀爲:“尚哉,吾没有依賴二三子! 未加細察,請恕寡人。至於辨察日食,鮑叔牙……”其中“尚”,用等《史記・三代世表序》:“五帝三代之記,尚矣”之尚字,“久遠”之意,後面一般須附著語氣詞。“才”如下出第九簡簡文“也才”讀作“也哉”。

簡文“不澫二厽子”。其中關於“二厽子”之解,編者所釋準確無誤。這裏以戰國楚簡解《戰國楚竹書》稍廣其例。“三厶”等於“三口”即厽形,該處簡文作“品”形之倒文。《戰國楚竹書・周易》或作從三日之晶形,見第四冊;又《戰國楚竹簡匯編・信陽長臺關一號楚墓竹簡》第二組簡策“三歲”作“晶歲”;《曾侯乙墓》第122號簡“参貭吴甲”作“晶貭”;都是同樣的類型。問題在於編者取“澫”爲“放縱”之解,“不放縱二三子”,遂致前後語意矛盾而不能連貫統一。“澫”字之解,顧及字形結構及前後聯繫,只能理解爲“賴”。澫從萬得聲,賻亦從萬得聲,二字同“賴”均音近通用。《長沙子彈庫戰國楚帛書研究・甲篇》“山川澫浴”,帛書作“ ”,字形結構爲從水萬聲,李零將“澫浴”解釋爲“瀨谷”。[1]《説文・米部》“糲,从米萬聲”,大徐本音“洛帶切”;《虫部》“蠇,从虫萬聲。讀若賴”;《力部》“勱,讀若萬,从力萬聲”,大徐本注音爲“莫話切”;邁、厲、礪等結構,亦皆從萬得聲。如《尚書・吕刑》“一人有慶,兆民賴之”,《郭店楚墓竹簡・緇衣》所引作“一人又(有)慶,萬民 ”。《上海博物館藏戰國楚竹書・緇衣》所引該處字形,整理者隸定爲由“言”和“大”符構成,無由釋讀。我們隸定爲從言從而的誀字結構,也可以取得跟“賴”字讀音上的聯繫:《廣雅・釋詁》:“誀,拏也。”《集韻》標注其音值爲“女加切”,古音屬娘母字。這個字是從“而”讀的,可以跟“賴”等取得對應:《尚書》的隸古寫本像《書古文訓》中“能”字都寫作“耐”,認爲“能”就是“古耐字”。而

〔1〕 李零《中國方術考》,中華書局2006年,第152頁。

"耐"也是從"而"得聲的。域外所見《敦煌本郭象注莊子南華真經輯影》一《逍遥遊品第一》"智效一官,行比一□,德合一君,而徵一國者",[1]傳世注本一般釋作"能徵一國",也是著眼能、而音同通用,耐、賴、濿、贎古音相近。

或以爲"二三子"所指爲下文所出豎刁、易牙等人,亦以未能統觀圓覽全篇整體。首先,"二三子"用於賢達之稱,爲古籍通例,《春秋左傳注疏》即以"二三子"爲成語。今得稍廣其例,如卷十六:"秦伯素服郊次,鄉師而哭曰:孤違蹇叔,以辱二三子,孤之罪也。不替孟明,孤之過也。大夫何罪,且吾不以一眚掩大德。"卷二十四:"爾從二三子,唯敬。"卷二十五:"郤伯見公曰:子之力也夫。對曰:君之訓也,二三子之力也,臣何力之有焉?"卷二十九:"免寡人,唯二三子。"卷三十一:"辭曰:夫和戎狄,國之福也。八年之中,九合諸侯。諸侯無慝君之靈也,二三子之勞也,臣何力之有焉?"本篇下出第九簡"二子之憂",即確指隰朋與鮑叔牙。其次,本篇簡文下出豎刁、易牙等人,簡文明白直陳爲"二人"。

簡文"至於辨日食",明南京欽天監監副貝琳修輯《七政推步》七卷,有"辨日食限"法和"辨月食限"法。據此簡簡文,"辨日食"戰國時期就已成爲固定結構。

要之,本簡簡文,文字艱深。編者考釋,整簡破句失讀。

簡文"從臣不訐(諫),遠者不方"。按此處兩邊相對,意爲近臣不諫諍,遠人不譏謗。《論語·憲問》:"子貢方人。"陸德明《經典釋文》:"鄭本作謗。謂言人之過惡。"上兩句是就天地不予警戒言,是天地之"盟棄";此二句則從人事不置批評言,是民心之背棄:兩邊兼到,初無偏至。殊途而同歸,從言之路異。是戰國所謂政論家議論之能事,有識者進諫之慣技。或可認爲,比,方也,親附也。是謂近臣不諫諍,遠人不來附。而編者釋"不方"爲"不正",反欠貼切。

---

[1] [日]寺岡龍含所輯《敦煌本郭象注莊子南華真經輯影》,福井漢文學會1960年影印。

本簡簡文未完,下接第8簡“邦。此能從善而迲禍者”,其中“攸(修)者(諸)鄉邦”,鄉字原形爲 。《郭店楚墓竹簡》中《老子》乙第17號簡“向”作 ,《戰國楚竹書》第四冊《柬大王泊旱》“王向日而立”之向,與此形完全相同。都是隰朋等二三子的由天象而進入人事,借題發揮。

第8簡,“邦。此能從善而迲禍者。公曰:‘吾不知其爲不善也,今內之不得百姓,外之爲諸侯笑,寡人之不剸也(接下出第九簡)”,編者句讀釋文如此。按“智”用作“知”,爲戰國楚簡文字用字通例,如《郭店楚墓竹簡》中《老子》甲“化(禍)莫大乎不智(知)足。智(知)足之爲足,此亙(恆)足矣”;《上海博物館藏戰國楚竹書》第一冊《孔子詩論》“則智不可得也”、“不亦智亙乎”、《性情論》“智(知)情者能出之,智(知)義者能內(入)”;數據庫篩選得到70餘條這類用字記録。編者以“不智即不慧”爲說,混淆動詞的及物與不及物之功能屬性。又所援引書證,亦僅爲傳世文獻之類,得微捨棄本地風光而求諸於遠乎?該簡“智”用作“知”,爲他動詞,由整個長句語法結構所規定:“吾不知其爲不善也”,“知”所支配對象爲“其”,可能指代上出第六簡簡文所謂“公身爲無道”,而該處“其”又是“爲不善”的主語,是語法所謂“兼語”之成分。“今內之不得百姓”,照應上簡民心之背棄;“外之爲諸侯笑”,爲先秦文獻用語固定匡格,約舉數例。《春秋左傳注疏》卷三十一(起襄公十年盡十二年)“今伐其師,楚必救之。戰而不克,爲諸侯笑”;《論語類考・人物考》卷八“季康子”條下“公之魚曰:昔吾先君用之不能終,爲諸侯笑;今又用之不能終,是再爲諸侯笑”……

三、《柬大王泊旱》與戰國楚地禳災術

《上海博物館藏戰國楚竹書》第四冊《柬大王泊旱》,整理者對該篇整體發表了如下的見解:本篇原無題,現題取用全文首句,也是全文中心。本篇記載了戰國早期有關楚國簡大王的兩件軼事:簡大王病疥和楚國大旱。簡文所稱的“簡大王”,也見於江陵望山楚墓竹簡,即史書所稱的“楚

簡王”。楚簡王於公元前431年—前408年在位,執政24年,史書記載有關事跡頗略。本篇的發現,是對史料的補充,同時可以瞭解楚國在面臨王病、國家大旱的重患交迫下,由於傳統、習俗的影響,簡王及其同僚所表現出來的無奈云云。

該篇共計23簡,簡文較長,討論熱烈,到現在也仍然是存在問題最多的篇目之一。由於整體難以確解之處尚多,這裏也只能側重討論幾個相關的問題,以便數篇“自然災異”簡文的比較。

1.“泊旱”:“止旱”還是“怕旱”

“簡大王泊旱,命龜尹羅貞於大夏。王自臨卜。”編者解釋第一簡簡文說:泊,或通“怕”,王患疥瘡病,疥瘡病唇燥口渴,奇癢,故也怕乾旱。這樣的解釋,跟上列關於通篇的理解聯繫起來看,編者是將楚簡王的疥病與楚國當時發生的大旱當作兩件事情來看待。根據全文的占卜祭祀過程聯繫起來看,這其實是一種誤解。天上所降旱魃,與楚王所患疥病,在楚人看來,實在都是同一種“乾旱”表像。或者說,天上的乾旱,作用在楚簡王身上就是皮膚病,二者之間是互相影響的。基於此,篇題只能解釋爲“楚簡王止旱”即有關楚王彌旱的措施,這既跟本簡下面簡文“向日”、下出簡文“遮日”相接應,也跟簡文全文卜祭祓除“旱母”的主體内容一致。因此,“王自臨卜”,即楚簡王親自莅臨占卜。《郭店楚墓竹簡·性自命出》第63號簡“谷(欲)柔齊而泊”作,構造同。“簡大王泊旱”即“楚簡王止旱”,猶言舉行儀式,消弭旱災,也就是全篇主題。唐抄本《萬象名義·水部》:“泊,菩各反。止船也。”另外,從文字的時代性來看,“怕”字得以記録“擔心”之“害怕”語義,從現存字彙來看,大體還是六朝以降的事情。大徐本《說文解字·心部》:“怕,無爲也。从心白聲。匹白切。又,葩亞切。”《萬象名義·心部》:“怕,普白反。静也。”尚未抄存“害怕”義項。最晚到《宋本玉篇》,其《心部》始出現“恐怕”義項:“怕,普罵切。恐怕也。《說文》匹白切,無爲也。”《文選·司馬相如〈子虛賦〉》:“怕乎無爲,憺乎自持。”李善注:“憺與淡同,怕與泊同。”《史記》《漢書》均作“泊乎無爲”。

《隸釋・漢山陽太守祝睦後碑》:"淵然深識,怕然執守。"《法苑珠林》卷七引《法句喻經》:"當求寂滅,攝心守正,怕然無想,可得泥洹。"参見《中古漢字流變・心部》等處。日本語"泊"有"止"与"使……止"两边,相应具备所谓及物与不及物两种功能(日本语区别为"とまる"和"とめる")。

2."向日":避日還是祈雨

"王向日而立,王滄至帶。"其中"向"字構形爲形,亦見於第五冊《競建内之》"鄉邦"字。"滄",寒。今本《十三經注疏・禮記・緇衣》篇引《尚書・君牙》文字作"《君雅》曰: 夏日暑雨,小民惟曰怨。資冬祁寒,小民亦惟曰怨"。按今本《尚書》該篇作"夏暑雨,小民惟曰怨谘;冬祁寒,小民亦惟曰怨谘"。《郭店楚墓竹簡・緇衣》文字作"日傛(溽)雨,少(小)民隹(惟)曰悁;晋冬旨(祈)滄,少(小)民亦隹(惟)曰悁": 知寒、滄分別爲楚簡記録同義詞之異文。"帶"通"墆",墆、滯記録同源詞,《宋本玉篇・土部》:"墆,徒計、徒結二切。墆翳,隱蔽皃。"唐抄本《名義・土部》:"墆,達計反。久也。停也。貯也。止也。"《管子・法法》:"商無廢利,民無遊日,財無砥墆。"《漢書・食貨志下》:"而富商賈或墆財役貧,轉轂百數。"顔師古注:"墆,停也。"又《萬象名義》:"懘,達計反。安也。極也。"《說文》:"懘,高也。一曰極也。一曰困劣也。从心帶聲。"

"王向日而立,王滄至帶",簡文記載楚簡王向日祈雨弭旱的具體儀式: 曝日而立,但由於受到烈日刺激感到寒冷以至於停止,也就是下面所謂"庶於日而病疥"。向日而立,即"暴曬"是禱旱儀式的特點。發展到向日射箭的轉換變格,如后羿者是,並見下引《五禮通考》。《說苑》:"齊大旱,景公召群臣問曰:'天不雨久矣,民且有飢色。吾使人卜之,祟在高山廣水。寡人欲少賦斂,以祀靈山,可乎?'群臣莫對。晏子進曰:'不可,祀此無益也。夫靈山固以石爲身,以草木爲髮,天久不雨,髮將焦,身將熱,彼獨不欲雨乎? 祠之無益。'景公曰:'不然,吾欲祀河伯,可乎?'晏子曰;'不可,祀此無益也。夫河伯以水爲國,以魚鱉爲民,天久不雨,水泉將下,百川竭,國將亡,民將滅矣。彼獨不用雨乎? 祠之何益?'景公曰:'今爲之奈何?’晏子曰:‘今誠避宫殿,暴露,與靈山河伯共憂,其幸而雨乎?’於是景公出野,暴露三日,天果大雨,民盡得種樹。景公曰:‘善哉,晏子之言可無用乎?其惟有德也。’”“請雨二”所存《原長沙耆舊傳》:“祝良,字名卿,爲洛陽令,時亢旱,祈雨不得,良乃暴身階庭,告誠引罪,自辰至申,紫雲沓起,甘雨大降。民歌之曰:天久不雨,蒸民失所,天王自出,祝令特苦,精符感應,滂沱而下。”“請雨二”所存《搜神記》:“諒輔,字漢儒,廣漢新都人。少給佐史,漿水不交,爲從事,大小畢舉,郡縣斂手。夏枯旱,時以五官掾出禱山川曰:輔爲郡股肱,不進諫納忠,薦賢退惡,和調陰陽,至令天下否灁,萬物燋枯,百姓喁喁,無所告訴,咎盡在輔。太守內省責己,自曝中庭,使輔謝罪,爲民祈福曰:無效今敢自誓,至日中雨不降,請以身塞無狀。乃積薪柴,聚艾茅,以自環,構火將自焚焉。至禺中時,山氣轉起,雷雨大作,一郡沾潤。世以稱其至誠。”[1]《五禮通考》卷23著録《通鑑綱目》三編:“洪武三年五月旱,六月帝親禱於山川,壇。越五日,雨。帝齋於西廡,皇后躬執爨,爲農家食,太子諸王躬饋於齋所。帝素服,草屨,徒步詣壇,席槁,曝日中,夜臥於地,凡三日。詔省獄囚,命有司訪求通經術深明治道者。越五日,大雨。”《書影》所記《高間燕志》:“太平十五年,自春不雨,至於五月。有司奏右部王荀妻產妖,旁人莫覺,俄而失之。乃暴荀妻於社,大雨普洽。今中土大旱,輒謠某婦產旱魃,聚衆捽婦,用水澆之,名曰澆旱魃。”[2]羅貫中《三國志通俗演義》上册“孫策怒斬于神仙”:“于吉乃取繩自縛,曝於日中。……叱左右將于吉扛於柴棚,四下舉火,焰隨風起。……于吉仰臥在柴棚上,大喝一聲,雲收雨注,復見太陽。”[3]

“向日”和“暴露”,爲祈雨弭旱儀式的基本情節段落,而且無間古今中外,最近還見諸有關網絡信息。據尼泊爾媒體20日報導,尼西部兩個村莊的約50名婦女日前全身赤裸,一絲不掛地在稻田裏耕種。她們希望

〔1〕《御定淵鑑類函》卷172“請雨二”所存《說苑》;“請雨二”所存《原長沙耆舊傳》。

〔2〕周亮工《因樹屋書影》,古典文學出版社1957年,第91頁。

〔3〕羅貫中《三國志通俗演義》上册“孫策怒斬于神仙”,上海古籍出版社1980年,第283—284頁。

借此感動“雨神”,爲當地帶來雨水。這個獨特的求雨儀式18日在加德滿都以西約190公里的卡皮瓦斯圖地區舉行。在人們連日的祈禱和盛大的典禮都未能求來降雨後,婦女們只能寄希望於這種古老的傳統方式。“這是我們最後的武器了,儀式舉行後真的下了少量的雨。”一名婦女對尼泊爾《都會報》說。〔1〕

至於編者所謂古人向明而立,高明廣大之象云云,實爲虛詞浮比之類。

值得注意的是,本篇簡文下出楚簡王有關“鼓而涉之”內容,雖然並不十分明確,但是大體應當是跟全篇祈雨弭旱儀式相統一的。而對照現存傳世文獻,似乎與弭旱災的反面即禦水患相聯繫。如上引《御定淵鑒類函》卷172所存《春秋繁露》:“大旱雩而請雨,大水鳴鼓而攻社。天地之所,爲陰陽之所起,或請焉,或攻焉,何也? 曰:大旱,陽滅陰也。陽滅陰者,尊厭卑,固其義也,雖太甚,拜請之而已。大水者,陰滅陽也。陰滅陽者,卑勝尊也,以賤淩貴者逆節,故鳴鼓而攻之。”此殆與上舉《書影》所記“澆旱魃”習俗有無聯繫,待考。

“庶日”。

“龜尹知王之庶於日而病疥,慼愈迖。宎鼇尹知王之病乘。龜尹速卜。”編者解釋如此。“庶於日”,《管子・侈靡》:“六畜遮育,五穀遮熟。”尹知章注:“遮,猶兼也。”戴望《校正》引洪頤煊曰:“遮讀爲庶,古字通用……《爾雅・釋詁》:‘庶,衆也。’”《說文・辵部》:“遮,遏也。从辵,庶聲。”朱駿聲《說文通訓定聲》:“叚借爲庶。”庶通遮,遮謂遮攔,即曝曬於日下。此承上簡“王自臨卜”“王向日而立”求雨所規定儀式。“龜尹知王之庶於日而病,疥慼愈迖。鼇尹知王之病乘。”此處句讀如此。宎,《莊子・齊物論》:“山林之畏佳,大木百圍之竅穴……叫者,譹者,宎者,咬者,前者唱于而隨者唱喁。”成玄英疏:“宎者,深也,若深谷然。”乘,字形實際從癶在豆上,這裏釋爲“登”,意爲病情加重。《左傳・昭公三年》:“陳氏

〔1〕 http://www.sina.com.cn 2006年8月21日,《東方早報》林佳芳據新華社電。

三量,皆登一焉。"杜預注:"登,加也。加一,謂加舊量之一也。"《左傳·桓公二年》:"夫德儉而有度,登降有數。"王引之《經義述聞·春秋左傳上》:"登謂增其數,降謂減其數也。"龜尹速卜,承第一簡"王自臨卜"而來,故"速"即"招致"之謂,《詩經·小雅·伐木》:"既有肥羜,以速諸父。"鄭玄箋:"速,召也。"《詩經·召南·行露》:"誰謂女無家,何以速我獄?"朱熹《集傳》:"速,召致也。"

3. "謐卜":慎卜還是密卜

"城於膚中者,無有名山名溪,欲祭於楚邦者啓,尚謐而卜之於大夏。"編者解釋如此。簡文說明祭禱旱災跟名山名溪關係。城,猶國,古代王朝領地。大夏,見上出第一簡"貞於大夏"。謐、謐異體;《原本玉篇·言部》:"謐,莫橘反。《爾雅》:謐,静也,眘也。野王案:《韓詩》'賀以謐我'是。"《萬象名義·言部》:"謐,莫橘反。静也。眘也。"謐,慎也,不苟且之謂,與上出簡文"速卜"相對,與下出第六簡簡文"不敢變亂鬼神之常"相應。說者以爲"謐卜"即"隱秘"之卜,類等地下之活動,暗中之弄鬼。苟且從事,得未曾有!

4. "有常":常典與殺祭

楚簡以從示尚聲結構,用爲"常"字,可以看作是楚簡有關祭典的專用字,有關戰國楚簡文字數據庫篩選到 8 處記録。《郭店楚墓竹簡·緇衣》第 16 簡"長民者衣服不改,頌(容)又(有)常,則民悳",其中"常"作。《成之聞之》第 32 簡"是古小人亂天常以逆大道",其中"常"作;又第 38 簡"言慎求於己,而可以至順天常矣","常"字用同;又第 40 簡"古君子慎六立以祀天常","天常"字亦用同。《上海博物館藏戰國楚竹書》第一冊《緇衣》第 9 簡"子曰:長民者衣服不改,□容有常","有常"字作。本篇第 5 簡"楚邦有常"、第 6 簡"故爲楚邦之鬼神主,不敢以君王之身變亂鬼神之常",皆指祀有常典,與楚簡王所倡"速卜"以至於"殺祭"相對照。《書傳》"今商王受狎侮五常"條,"五常,五典也。狎侮五典,以人倫爲戲也。"

“殺祭”。第7簡“夫上帝鬼神高明,安敢殺祭?”整理者如此。殺,猶“不豐不殺”之殺。古代省減、差等,皆得謂之曰“殺”。如《周禮·地官·廩人》:“若食不能人二鬴,則令邦移民就穀,詔王殺邦用。”鄭玄注:“殺猶減也。”《公羊傳·僖公二十二年》:“《春秋》辭繁而不殺者,正也。”何休注:“殺,省也。”《禮記·文王世子》:“其族食,世降一等,親親之殺也。”鄭玄注:“殺,差也。”

5.“攸(修)”:修身還是修祀

以“攸”爲“修”之用字現象,有關戰國楚簡文字數據庫篩選到7處記録,如《郭店楚墓竹簡》之《老子》乙種本第16、17簡“攸(修)之身”“攸(修)之家”“攸(修)之向(鄉)”“攸(修)之邦”,皆如此用;又《性自命出》第56簡“攸(修)身者也”,亦如此用字。《上海博物館藏戰國楚竹書》第一冊《性情論》第25簡“昏(聞)道反己,攸(修)身者也”,用字相同。本篇“攸”即“修”字使用,結合第15簡“修四郊”來看,本簡不同於上列諸簡那樣抽象,應該是指具體的修祀儀式。《漢書·郊祀志下》:“蓋聞天子尊事天地,修祀山川,古今通禮也。”本篇太宰進答,包含了“旱母”與“修祀”的關係,從而可以與發生在戰國其他地方的災異學説相聯繫。第一,出現旱母,是上帝將要降命楚國使其修祀的懲戒。第二,這類懲戒體現在:對於不能夠祭祠的諸侯君主而言,以旱災爲刑罰,即失其歲;而對於國君的刑罰而言,則是旱母作旱百姓去國離鄉,即失其民。可知修祀與保民,才能消除災異,是戰國各地已經普遍存在的災異觀念。

6.“旱母”:旱魃還是母旱

“旱母”或稱“旱魃”“女妭”,以禿頭爲表像,相應於“病疥”的關聯。《宋本玉篇·女部》:“妭,蒲活切。天子射擊也。《説文》云:美婦也。《文字指歸》曰:女妭,禿無髪,所居之處天不雨也。”《名義》:“妭,薄葛反。魃字。”《六家詩名物疏》“旱魃”條:“《説文》:魃,旱鬼也。《神異經》云:南方有人長二三尺,袒身,目在頂上,走行如風,名曰魃。所見之國大旱,赤地千里。一名旱母,遇者得之投溷中即死,旱災消也。《山海經》:

係昆之山有人,衣青衣,名曰黄帝女魃。黄帝攻蚩尤冀州之野,蚩尤請風伯雨師縱大風雨,黄帝乃下天女曰魃,雨止,遂殺蚩尤。魃不得復上,所居不雨。叔均言之,帝后置之赤水之北,所欲逐之者,令曰神北行。《文字指歸》云: 女妭秃無髮。"《原本廣韻》:"妭,鬼婦。《文字指歸》云: 女妭,秃無髮,所居之處天不雨。"

本篇出現"旱母"(第 11 簡)"母旱"(第 12 簡)兩種形式,疑即簡文寫手誤倒所致。

7. "印號":"号詨"還是"后詨"

"王印(仰)天,句(后)而洨(詨)胃(謂)太宰",編者句讀解釋如此。

按"句"原形不從丩,而是從口從丂聲,當釋爲"号"。《説文》:"号,痛聲也。从口在丂上。"《名義》:"号,胡到反。謚也。呼也。名也。召也。告也。"《原本玉篇・号部》:"号,□□□之。杜預曰: 啼哭也。《爾雅》: 号,呼也。郭璞曰: 今江東皆言號也。野王案: 號,呼聲,音囂,護沸説也。《周易》九二: 惕號暮夜有戎勿恤。《毛詩》或號或呼是也。《説文》痛聲也。《廣雅》: 號,鳴也。"《周易注疏》:"九二: 惕號莫夜有戎勿恤。《注》: 居健履中,以斯決事,能審已度而不疑者也。故雖有惕懼號呼,莫夜有戎,不憂不惑,故勿恤也。象曰: 有戎勿恤,得中道也。"編者字形解釋爲"句"有未達之間,通作"后",亦無根據。《郭店楚墓竹簡・緇衣》第 40 簡"子曰: 句(苟)又(有)車,必見其……句(苟)又(有)衣,必見其幣(敝)。人句(苟)又(有)言,必聞其聖(聲);句(苟)又(有)行,必見其成",其中"句"皆作 。本簡當釋讀爲"王仰天号而詨,謂太宰"。

8. "有埜": 郊祀儀式還是發現災民

第 16 簡"晶(三)日,王又(有)埜(野),色逗者(睹)又(有)焚人。晶(三)日,大雨,邦蕩(瀝)之",整理者解釋句讀如此。

關於第 16 簡的簡文上句,整理者申説本句意謂"三日,王去四郊之外,驚愕地看著饑荒者"。這裏的理解,總有些"過於通"所帶來的"現代化"感覺。首先,國君"有於某處",並不是簡單地來到了某地。而是"有事於野”,即躬祭於野,這是古書的通例。同時,從簡文的前後聯繫來看,也是跟本篇上接第 15 簡“王許諾修四郊”相互銜接,而不是節外生枝。而更加奇崛之處,還是研究者們關於“色”“逗”等的出色說明,簡直有些匪夷所思。其實就整體來看,都不過是修祀四郊的儀式内容。“色”,與有事於郊野的祭祀安排有關,依隨四郊土色。文獻無須遠徵,即以整理者所援引《五禮通考》卷 23,關於《太祖實録》的薈萃,禱雨設壇:“每壇牲用犢羊豕各一,幣則太歲風雲雷雨,用白,餘各隨其方色。籩豆簠簋,視社稷,登一實,以大羹鉶二實,以和羹,儀同常祀。”《禹貢錐指》卷 10“厥土惟黄壤”條:“林氏曰:天下之物,得其常性者最貴。土色本黄,此州黄壤,故其田爲上上,而非餘州之所及。”“逗”,楚簡往往用於祭禱活動,如包山楚簡《卜筮祭禱記録》第 219 簡:“譴爲緅佩,之厭一猳於地宔;賽禱一白犬,歸冠於二天子。甲寅之日,逗於疋昜。”楚簡本篇讀作“投”,《文選·馬融〈長笛賦〉》:“故聆曲引者,觀法於節奏,察變於句投,以知禮制之不可踰越焉。”唐代李善注:“《説文》曰:‘逗,止也。’投與逗,古字通,音豆。投,句之所止也。”句逗,語轉就是“節奏”。本簡用爲郊祀水神,投以求雨。《爾雅注疏》卷 5:“祭川曰浮沉。注:投祭水中,或浮或沉。”《爾雅翼》卷 15:“入水爲蜃蛤。《淮南》云‘燕之爲蛤’是也。今人言蜃,是蛟類。吐氣爲樓臺,伺燕棲集則食之。又言龍嗜燒燕,水枯竭者,投之立漲,今人亦投以求雨。”

關於簡文下句,整理者則僅是援引《五禮通考》爲説。按《五禮通考》卷 23 所彙集的文獻,不過是《明太祖實録》:“甲午歲七月,禱雨於滁之豐山栢子潭。時滁大旱,帝憂之。滁之西南豐山陽谷栢子潭有龍祠,水旱禱之輒應。既禱,或魚躍或黿鼉浮,皆雨兆。帝既齋沐,徃禱,禱畢,立淵西崖,久之無所見。乃彎弓注矢,祝曰:‘天旱如此,吾爲民致禱。神食兹土,其可不恤民?吾今與神約,三日必雨。不然,神恐不得祠於此也。’祝畢,連發三矢而還。後三日,大雨如注。帝即乘雨徃謝,是歲滁大熟。《明史·禮志·大雩》:明初,凡水旱災傷及非常變異,或躬禱,或露告於宫中,或於奉天殿陛,或遣官祭告郊廟陵寢及社稷山川,無常儀。洪武二年,太祖以春久不雨,祈告諸神祇。中設風雲雷雨嶽鎮海瀆,凡五壇;東設鍾山兩淮江西兩廣海南北山東燕南燕薊山川旗纛諸神,凡七壇;西設江東兩浙福建湖廣荊襄河南北河東華州山川京都城隍,凡六壇;中五壇,奠帛初獻,帝親行禮兩廡,命官分獻。"

關於"者(睹)有烄人",編者解釋字形如此。其實該句簡文上下聯繫,至此都是在講"有事於野"的儀式:者,《説文・白部》:"者,别事詞也。从白𣥂聲。𣥂,古文旅字。"該處簡文"者"通"旅"字,陳列祭品而祭,接"色""逗"用字。《詩經・小雅・賓之初筵》:"籩豆有楚,殽核維旅。"毛傳:"旅,陳也。"《周禮・春官・大宗伯》:"國有大故,則旅上帝及四望。"鄭玄注:"旅,陳也,陳其祭事以祈焉。"《論語・八佾》:"季氏旅於泰山。"《上海博物館藏戰國楚竹書》第五冊"者""𣥂"通用,如本篇用"者"字,第12簡"能詞者""爲君者"是,第16簡"者有烄人"是;而第五冊《内豊》用"𣥂"字,如第2簡"古爲人臣者""不能事其君者""古爲人父者",第4簡"古爲人俤者"等是。

"烄人",該簡字形從昭從火,即炤、照、燳字,楚簡此處用作烄,《篆隸萬象名義・火部》:"烄,公倒反。木燃。殽,同上。"又"照,之曜反。燭也。明也。曉也。炤,同上"。《廣韻》:照,之少切,去笑,章。烄,《集韻》:魚教切,去效,疑。堆柴燒人祭天,爲古代求雨儀式題中應有且習見之意。《禮記・檀弓下》:"歲旱,穆公召縣子而問然,曰:'天久不雨,吾欲暴尪而奚若?'"鄭玄注:"尪者面鄉天,覬天哀而雨之。"《御定淵鑑類函》卷172"請雨二"所存《增禮記・檀弓》:"歲旱,穆公召縣子而問曰:'天久不雨,吾欲暴尫。'而奚若曰:'天則不雨,而暴人之疾子虐,毋乃不可與?''然則吾欲暴巫。'而奚若曰:'天則不雨,而望之愚婦人,於以求之,毋乃已疎乎?''徙市?'則奚若曰:'天子崩,巷市七日。諸侯薨,巷市三日。爲之徙市不亦可乎?'"傳世文獻説明曾經存在過請雨儀式"暴尪""暴巫"的階段,但似乎較早就被廢除了。如果戰國中期偏晚的《戰國楚竹書》確實尚存"烄人"即"烄人"也就是"暴巫"現象,説明楚地的事神儀式不僅繁縟,而且相對原始。

至於“邦蕙(瀝)之”,所讀通則通矣,但整理者於簡文文意無說。《上海博物館藏戰國楚竹書》第五冊《競建內之》“不澫二厺子”,用字同。我們上面的解釋是:“澫”字之解,若顧及字形結構及前後聯繫,只能理解爲“賴”。澫從萬得聲,賻亦從萬得聲,二字同“賴”均音近通用。《長沙子彈庫戰國楚帛書·甲篇》“山川澫浴”,帛書作“ ”,字形結構爲從水萬聲,整理研究者將“澫浴”解釋爲“瀨谷”。《說文·米部》“糲,从米萬聲”,大徐本音“洛帶切”;《虫部》“蠣,从虫萬聲。讀若賴”;《力部》“勱,讀若萬,从力萬聲”,大徐本注音爲“莫話切”;《宋本玉篇·足部》:“躒,落帶切。跛行也。”如《尚書·呂刑》“一人有慶,兆民賴之”,《郭店楚墓竹簡·緇衣》所引作“一人又(有)慶,萬民 ”。耐、賴、澫、賻、蕙古音相近而簡文通用。

要之,該簡簡文似可釋讀爲:“三日,王有事於野:隨其四郊土色、投以求雨,陳有烄人。三日大雨,楚邦賴之。”這裏所釋之“賴”,猶梁周興嗣《千字文》“花(化)被草木,頼及萬方”之頼,又如唐開元十八年《李謙墓誌》“趙國頼其元勲,韓王憚其英略”、開元十九年《皇甫慎墓誌》“郡邑以理,邦家實頼”之頼。[1]

本簡承上面第15簡而來,全部是在講楚簡王有事四郊的求雨儀式,涉及祭獻過程、祭品陳列、祭禱儀式、修祀結果等。過程完整,不豐不殺。本簡簡文,是理解通篇全體大用的根本關節。

四、各篇楚簡簡文所體現出來的觀念及其差異

1. 關於發生在齊、魯等地的日食大旱

《上海博物館藏戰國楚竹書》第二冊所收録《魯邦大旱》篇,記載了魯

〔1〕 張涌泉《敦煌經部文獻合集》第8冊《小學類字書之屬》中華書局2008年,第3919頁。

哀公十五年(公元前480年)魯國發生大旱。古代弭除旱災的記録很多,而且往往訴諸各種祭禱儀式。本篇記載的主要内容就是魯哀公就魯國旱災向孔子請教弭旱對策,孔子在跟子貢等的討論過程中,表明贊同舉行祭神祈雨的外在儀式,同時認爲魯邦大旱主要在於失諸刑德的内在原因,端正刑德才是根本措施。通過討論,在與子貢等只强調省察政德一邊的對照補充過程中,體現了孔子外在影響與内在修養兼顧的"中和"態度。這種照顧外在形式與强調内心省察的關係,代表了儒家"天人相應"及"災異由人"等學説的重要發展階段。

拿《魯邦大旱》與有關傳世文獻相對照,戰國楚簡簡文所記載子貢關於"夫山,石以爲膚,木以爲民,如天不雨,石將焦,木將死,其欲雨或甚於我,何必恃乎名乎"的觀念,竟然連措辭也如出一轍,説明這類遠離鬼神、趨向自然的思想,在春秋戰國時期確實已經根深蒂固,存在廣泛基礎。戰國楚簡的記載,可以説提供了這類文獻現存所見最早的文本。也許在現代人看來,賦予自然以生命,屬於所謂"靈性化"的過程。但在先秦社會,將原本就有靈的自然萬物人格化,則實際上意味著走向世俗化:是異質以同構,貌合而神離者,此不可不稍爲之辨。

《戰國楚竹書》第五册收録《競建内之》篇,其中主要記載了戰國時期齊國齊桓公跟隰朋、鮑叔牙等人由一次"日食"所引發的討論。簡文揭出天上日食與地下兵災相聯繫,而禳除日食兵禍的前提條件,則是修政於邦内,即能從善去禍;相反地自身行無道而不行善,要進行禳敓的話,是没有可行性的。

從《魯邦大旱》到《競建内之》,已經由外在儀式與内在省察兼顧,發展爲完全强調内修政理。兩相對照,反映出天人相應命題中越來越偏向於人事、災異學説中越來越明確災異在於人爲的發展趨勢。《競建内之》,無論是在研究先秦到戰國時期天人感應災異學説方面,還是在對照《尚書》學史方面,都是一篇不可多得的重要參考文獻。

2. 關於發生在戰國楚、魯等地的兩次旱災

《柬大王泊旱》,爲《上海博物館藏戰國楚竹書》第四册所著録較長的

一篇簡文,共二十三簡,六百零一字,取全文首句爲題。本篇簡文既長,仍然存在若干不能通讀的地方。就整體而言,關於本篇簡文內容側重之處,這裏跟有關整理者、研究者的意見差距較大。本篇所記載的,是發生在戰國楚國楚簡王時代的一件不見於史料的軼事。這則長篇軼事的核心是講作爲天降乾旱的表象之一,楚王自身表現爲皮膚病,柬王(即簡王)與大臣卜筮祭祀求雨。因此,《柬大王泊旱》整體是在講楚國占卜弭旱的過程、遵循"常祀"的審慎事神態度。這跟發生在魯國的大旱,事同而地異,形成對照:魯國重人事,楚國重鬼神。都有事於山川,但魯地重"名"義禮節,楚地重占祀過程。一致而百慮,同歸而殊途。《論語·八佾》:"子貢欲去告朔之餼羊。子曰:賜也!爾愛其羊,我愛其禮。"《尚書注疏》卷七《咸有一德》:"惟吉凶不僭,在人。惟天降災祥,在德。"反映出社會觀念轉變,這些禮儀的內涵及過程,也趨於式微。基於此,子貢準備省掉告朔時用的餼羊。在孔子認爲不應該省掉,因爲它代表了一種禮儀。因此,孔子說子貢愛憐其羊,而自己更重視其禮。

論者或者將楚簡王皮膚病作爲獨立的主體性因素來考慮,以至於得出"簡大王怕旱"的結論;或將楚王皮膚病跟楚邦旱災當作相互並列的兩種因素,亦羌無聯屬,各行其是。在卜祀求雨止旱過程中,邦大旱與皮膚病之間,是二實一,都是作爲天降旱災的結果。這種關聯,是楚地濃厚的巫術思維特色的表現。基於此,簡文所看到的因果關聯是:雨降—災除—病癒。楚國發生了旱災,楚王在曝於炎日的祈雨過程中,感到寒熱間作、皮膚瘙癢,提出簡省楚國固有的占卜祭祀程式,遭到釐尹等人的拒絕。拒絕的理由是:楚國祭祀鬼神自有"常故",不能因爲簡王躬親祭祀就可以"權變"。楚簡王按照常禮舉行郊祀,結果大雨連降三日,大有利於楚邦。太宰、陵尹等人就此展開了討論。雨降旱除,簡王皮膚病患,也就相應霍然以解,如枷之脫。楚地鬼神天災與人事自身,感同身受,患難與共,相感具生,這在戰國時期的其他地區是已經見不到的了。

附楚簡《柬大王泊旱》圖版

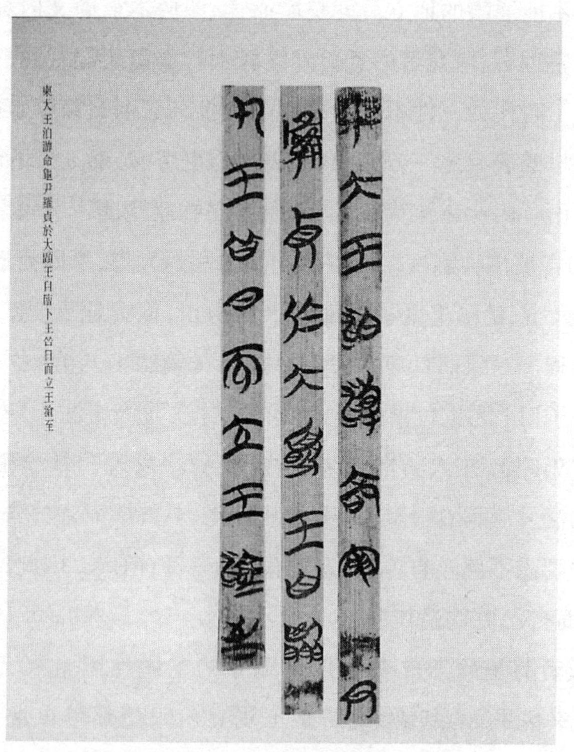

原文以《戰國楚簡所見不同地域自然災異觀念——有關齊魯楚等地簡文比較》爲題發表於韓國語言學會《中國言語學》2009 年。

《嶽麓書院藏秦簡》字詞札迻(一)

根據近幾年公佈的嶽麓書院所藏並整理的秦簡材料,結合有關傳世字書、出土古文字文獻,可以對一些字形、詞彙進行訂訛、補釋。隨手雜誌,無慮數十則。本文先刊出 42 則,由字詞之使用,略見該批簡牘,體現出處於秦漢之際的特點。

一、屚—漏

《嶽麓書院藏秦簡・爲吏治官及黔首》篇(第 29 頁)第 1564 號簡有“室屋聯屚”,編者於第 113 頁第 1157 號正,以括號將屚釋作“漏”,其實有些多餘。[1]

按屚字結構從雨形而不從水,爲“屋屚”本字。該批簡文,亦作“刻漏”計量使用,如第 34 頁第 1562 號存“屚表不審”,其中屚表,即刻漏之表,或稱漏壺。秦簡已經屚、漏通用了。《睡虎地秦墓竹簡・爲吏之道》“屚(漏)屋塗墍”,業已使用此形記録“漏屋”。[2]《説文・雨部》存“屚”篆,即“屋

〔1〕 朱漢民、陳松長主編:《嶽麓書院藏秦簡》(第一册),上海辭書出版社 2010 年。

〔2〕 睡虎地秦墓竹簡整理小組編:《睡虎地秦墓竹簡》,文物出版社 1990 年。

漏"本字:"屋穿水下也。从雨在尸下。尸者,屋也。"《水部》"漏"篆,則爲"刻漏"本字:"以銅受水,刻節,晝夜百刻。从水屚聲。"《實用說文解字》"屚"見第360頁,所録出土字形,小篆之前未見更早出字形。嶽麓所藏秦簡與睡虎地秦簡相較,睡虎地簡多爲古隸,嶽麓簡則更近漢隸。

二、祭—察

《嶽麓書院藏秦簡·爲吏治官及黔首》篇(第30頁)第1575號簡有"安徐審祭之",祭,察也。簡文"審祭"連用,祭即察字。本篇第32頁第1549號:"徵(微)密咸祭(察)。"第1550號:"一曰不祭(察)所親則韋數至。"本篇第33頁第1552號:"不祭(察)所使親人不固。"

祭,蔡字聲符,《說文·艸部》:"蔡,从艸祭聲。"蔡、在音近,故古書又以"在"用如察字,見《尚書·堯典》:"在璿璣玉衡,以齊七政。"《說文·宀部》:"察,覆也。从宀、祭。臣鉉等曰:祭祀必天質明。明,察也。故从祭。"察、祭古音皆屬月部,察當即以祭爲聲符,秦簡用例,堪爲聯類。"祭"字兼具jì(祭祀)、zhài(古國名、姓氏)兩讀。

三、閒—簡

《嶽麓書院藏秦簡·爲吏治官及黔首》篇(第32頁)第1548號:"五曰閒士貴貨幣。"編者以"閒"作"賤"字使用。

按以"閒"爲"賤",可能是出於與"貴"字構成對立的考慮,但間、賤古音雖同屬元部,而間字聲屬見母,賤則分尖團,屬從母。該批秦簡多用同音替代字,但如此破字,罕見其先例。閒即簡字聲符,簡,輕忽簡慢之謂。

四、无—無

《嶽麓書院藏秦簡·爲吏治官及黔首》篇(第37頁)第1583號:"事

无細弗爲不成。"使用"无"字形,與《說文》"无"篆下所存"奇字"[illegible]差近似之,唯秦簡字形上部出頭。秦簡字形使用,爲《說文》"奇字"相關字形提供來源。

五、障—鄣

《嶽麓書院藏秦簡·爲吏治官及黔首》篇(第 119 頁)第 1564 號正:"畏盜亭障。"爲該字使用早見文獻用例。原形字左聲符章、右形符邑,非左從形符阜結構。類似情形該簡還見於"郭"字例,所從邑形,秦簡同樣位置左旁,與阜符混淆不別,亦可聯類。這表明,該批秦簡用字,隸變導致構件區別性喪失,已經相當嚴重。或者說,隸變業已達到相當程度,基本構件的功能,業已依賴於結構才能得到區分實現。

然而秦簡"亭鄣"連文,且數處皆用鄣而不見障字(分别見於第 118 頁第 1561 號正、第 119 頁第 1564 號正等),也許指向人爲建築堡壘,仍保持以與天然障礙的區別。《說文·邑部》:"鄣,紀邑也。从邑章聲。"《集韻·陽部》:"墇障𢈆,諸良切。壅也。或作障𢈆。通作鄣。"

六、塞—⿱𡨄皿

《嶽麓書院藏秦簡·爲吏治官及黔首》篇(第 121 頁)第 1573 號正:"好言塞責。"其中"塞"字結構用從皿從寒、而其中寒形上宀改從广,以宀广部隸變例可通用。《集韻·禡部》:"墟陓𤗳寒,虛訝切。《說文》㙤也。或从自、从片。亦作寒。"字形結構從皿從寒者,或即器塞諸如瓶塞之本字。《睡虎地秦墓竹簡》使用"塞"字,不從皿構。

七、聖—聽

《嶽麓書院藏秦簡·爲吏治官及黔首》篇(第 147 頁)第 1541 號正:

"爲人君則惠,爲人臣則忠,爲人父則兹(慈),爲人子則孝,爲人上則明,爲人下則聖,爲人友則不争,能行此,終……"其中,編者於"爲人下則聖"之聖,羅列《説文》、段注、《周禮》、俞樾《群經評議》、《老子》王弼注、《文子·道德》、《後漢書》、楊樹達《積微居讀書記》諸家"通""知""聰"等説,尚有待落實。

《實用説文解字·耳部》:"聖,(甲骨  金文  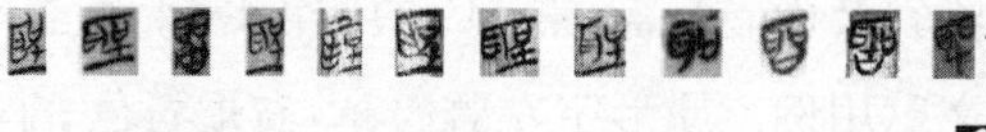 簡帛 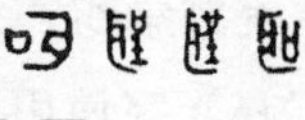 古璽  石刻)通也。从耳呈聲。式正切。""聽,(甲骨 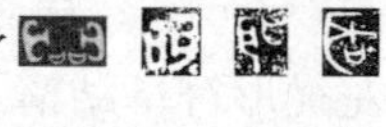  金文 石刻)聆也。从耳、悳,壬聲。他定切。"[1]就所列出土字形結構關係看,簡文或即以"聖"爲"聲"字之用。戰國楚簡用字,聽即使用聖,未見使用聽字例。也許當時還不用專司聽覺的"聽"字,來與"聞"字分工。《睡虎地秦墓竹簡》未見使用聲字用例,使用聖字則凡5例,其中《爲吏之道》存在與此相同的用例("爲人上則明,爲人下則聖")。戰國楚簡如《包山楚簡·文書》"聽命"記作"聖命於桀",字形作 。《郭店楚墓竹簡·語叢四》第1426號"聖君而會",記録"聽從"詞義;《郭店楚墓竹簡·窮達以時》第870號"聖之弋母之白"作 ,此則又記録"聽憑;聽任"詞義。至於"金聲玉振"成語,《郭店楚墓竹簡·五行》第890號作"金聖而玉晨之",第891號作"肰句能金聖而玉晨之"。簡文從耳呈聲結構,殆即"聽"字之用。客觀物理屬性爲聲,訴諸聽覺認知渠道爲聽,傳遞感官功效爲聖:是聲、聽、聖一源,只是所從言之途存在差異。嶽麓書院秦簡"爲人上則明,爲人下則聖"對舉,是强調爲人下者以聽從爲本分。

八、豫

《嶽麓書院藏秦簡·占夢書》篇(第151頁)第1525號正:"……之

[1] 臧克和、劉本才編著《實用説文解字》,上海古籍出版社2012年,第372頁。

時,亟令夢先,春曰發時,夏曰陽,秋曰閉,冬曰藏。占夢之道,必順四時而豫。”整理者注[六]:“豫,備也。”

按“豫”,《漢語大詞典》“豫”13:變化,變動。《鶡冠子·泰録》:“百化隨而變,終始從而豫。”俞樾《諸子平議補録·鶡冠子》:“豫,亦變也。”《嶽麓書院藏秦簡·占夢書》所記夢理,其中一個特點就是與季節時辰更替存在關聯。簡文分説四時不同,故占夢之道,必順應四時而變。“道”原無所謂“預備”與否,唯有“變”與“不變”之説。講字理者,也應講道理。《占夢書》篇(第152頁)第0102號正存“亓類,母失四時之所宜”,堪爲“道豫”注腳。

九、羛字三用

《嶽麓書院藏秦簡·占夢書》篇(第152頁)第0102號正存“吉凶有節,善羛有故”,整理者注[三],引《字彙補》“羛與義同”,義通俄,奸邪也。其中,原簡字形結構從羊從弗作,下出同。

按羛字在嶽麓秦簡中具正邪、人名三用,皆作羛形結構。第一冊用與善相對,爲其一。又見第三冊第二篇“來歸羛”凡三見,整理者於本冊第117頁注[六]解釋“歸羛”爲歸附正義,此爲其二。又第三冊第七篇《識劫冤案》“大女子冤自告曰:七月爲子小走馬羛占家眥(貲)。羛當大夫建”(第153頁108號正),爲人名之用,本篇尚有“冤產羛”“與羛同居”等數處,本冊第九篇《同、顯盜殺人案》亦見數用“歸羛”(第179頁),此爲其用之三。要之,該批秦簡用“羛”字而不見“義”,堪稱文獻屬性特點之一。

按第一冊“善羛”相連相對,是善邪連屬,以善即正直也。從字形結構看,《説文·我部》羛、義異體:“《墨翟書》義从弗。魏郡有羛陽鄉,讀若錡。今屬鄴,本内黄北二十里。”[1]《玉篇·我部》:“義,魚奇切。己之威

〔1〕參見臧克和《漢字過渡性形體價值》;臧克和主編《漢魏六朝隋唐五代字形表》;《實用説文解字》第397頁。

儀也。又宜寄切,仁義也。羛,墨翟書義字從弗。”實爲一字之過渡分形。“弗”即“我”形之扭曲者,中間存在過渡中介形態,基本上也就是見於秦漢之際,此前此後則若兩不相犯者。讀音關聯,義從我得聲,歌部字;《說文》所存羛讀若錡,而錡從奇得聲,奇又從可得聲,可—哥—歌,亦屬歌部字。《尚書・洪範》:“無偏無陂,遵王之義。”陂、義叶韻。《尚書文字校詁》“洪範”篇注[22]:“《唐石經》作陂,段氏《撰異》:《尚書釋文》:‘陂,音祕,舊本作頗,音普多反。’”〔1〕

十、生—胜—腥

《嶽麓書院藏秦簡・占夢書》篇(第158頁)第1513號正存“夢見原狐生(腥)喿(臊),在丈夫取妻,女子家(嫁)”,編者解釋如此。

按《史記・項羽本紀》:“項王曰:‘賜之彘肩。’則與一生彘肩。”秦簡連用,則“生彘肩”即生鮮而未經處理者,味覺謂之“腥”。不過,記録該味覺字形結構原本作“胜”,《說文・肉部》:“胜,犬膏臭也。从肉生聲。一曰不孰也。”本部:“腥,星見食豕,令肉中生小息肉也。从肉从星,星亦聲。”至於胜被當作勝字簡化形,則是晚起事情。只是後來已久湮不知其溯了。

十一、胡

《嶽麓書院藏秦簡・占夢書》篇(第159頁)第49號正存“夢蛇入人口,胡不出,丈夫爲祝,女子爲巫”,其中胡字原形爲上下結構。編者於注[一]解釋:“此字在楚簡文中或釋爲舌,可參考。”

按字形結構,或存二說:

其一用爲胡字,釋爲頸,即喉嚨。簡文作上古聲下肉形結構,同古璽

〔1〕 臧克和《尚書文字校詁》,第251頁。

之作[image]。《説文·肉部》:“胡,牛顫垂也。从肉古聲。”《集韻·模部》:“胡頡咽,洪孤切。《説文》牛顫垂。一曰戈戟内柄處。一曰虜惣稱。一曰何也。壽也。亦姓。或作頡咽。”《類篇·肉部》:“胡,戶孤切。牛顫垂也。又胡故切。頸也。《漢書》捽胡。”如此,則“入口”與“含喉中不出”,略無間隔焉。

其二胄用爲由字,釋爲祝由。胄,《實用説文解字·肉部》:“[image],胤也。从肉由聲。直又切。”石刻篆文作[image],其上部聲符,表明《説文》“由”形原本所無。[1] 楚簡《君迪》員:“未見聖,如其弗克見。我既見,我弗[image]聖。”其中,《上海博物館藏戰國楚竹書·緇衣》編者將[image]形隸定爲“貴”,與原拓字形有出入,而我們所見到的一般解釋或坦然等同於“胄”。按該字形下部所從如果是“貝”符,不會缺少貝下的兩筆:這一區別,參觀該簡接下來的“貴”字即知。對照《盂鼎二》《虡簋》《胄簋》《中山王墓宮堂圖》等器“胄”字銘文、對照《侯馬盟書》所用到的“胄”字形體等等,即可瞭解其下半部分都是從“目”符構造。直到北魏《山徽墓誌》“遙哉遐胄,邈矣玄源”,字形刻作上部從田下部從目形,其上部係田、由混淆,下部仍以部分之“目”,來代表整體之頭。另外,甲胄字,見《説文·冃部》:“胄,兜鍪也。从冃由聲。直又切。《司馬法》胄从革。”“由”下所從“冃”即“冒”的初文寫法,與“由”下所從“目”、“冒”下所從“目”是一致的:皆是以“眼目”的部分來指代“頭部”的整體:已見上文。由此,可以將《上海博物館藏戰國楚竹書·緇衣》所記録的結構隸定爲“胄”的異體,結構爲從目由聲。《君迪》員:“未見聖,如其弗克見。我既見,我弗由聖……”楚簡胄形上部所從由聲,寫近“古”形。按《上海博物館藏戰國楚竹書·緇衣》,這裏的“由聖”,也就是《郭店楚墓竹簡·緇衣》的“迪聖”,迪字也是從“由”得聲的。[2] 秦簡“胡不出,丈夫爲祝,女子爲巫”,若釋其功用爲“祝由不出”,

〔1〕 臧克和、劉本才編著《實用説文解字》,第125頁。

〔2〕 臧克和《簡帛由、甾、古、甲胄、胤胄及祝由之關係》,韓國《人文學論叢》2010年3月;臧克和:《釋“以其故敓之”——兼及戰國楚簡禱詞結構意義》。

與下文男女巫祝身份契合無間。

十二、李

《獄麓書院藏秦簡・占夢書》篇(第165頁)第1508號正存"夢見李,爲复故吏",整理者注[三]:"李:李樹或李子。"並引《太平御覽》:"李爲獄官。夢見李者,憂獄官。"

按李、理諧音關聯,見於歷代石刻。李氏,隋大業二年《李虎墓誌》(《匯編》第10冊第5頁):"公諱虎,字威猛,隴西成紀人也。昔高陽氏之苗,秦将軍之後矣。厥生樹下,而因李姓焉。"但亦有以李、理通用而得姓之說,然則是來源於官職類型。隋大業七年《李氏墓誌》(《匯編》第10冊第50頁):"隋故宮人司燈李氏墓誌銘竝序。宮人諱字,江夏竟陵人也。世係出於高陽,曰理官而命氏,理、李音同,後遂以李為姓。"唐天寶十載《李獻墓誌銘並序》(《匯編》第26冊第41頁):"帝顓頊之裔,爰歷虞夏。世爲理官,因繼氏族。至殷末有徵,性剛言直,不容於紂。避難墟野,食菓全生。改理爲李,遂正姓也。胄緒傳昌,源流秀傑。"唐聖曆元年《李君莫高窟修慈悲佛龕碑並序》(《匯編》第18冊第131頁):"李氏之先,出自帝顓頊高陽氏之苗裔。其後咎繇,身佐唐虞,代爲大理,既命爲理官,因而以錫其姓。洎殷之季年,有理微,字德靈,得罪於紂,其子理貞難違,避地居殷,食李以全其壽,因改爲李。其後漢武開拓四郡,辟李翔待節,爲破羌將軍都西戎都護,建功狄道,名高四海,殞命冠場,追贈太尉,遂葬此縣,因而家焉。其後爲隴西之人。逮涼昭食邑敦煌,又爲敦煌人也。"後世筆記小說,如《聊齋志異》卷一《姣娜》:"後生舉進士,授延安司李。"何注:"司李,李通理,獄官也。"[1]秦簡占夢李、吏關聯,爲文獻用例早見者。

---

〔1〕 張友鶴輯校:《〈聊齋志異〉會校會注會評本》(上),上海古籍出版社1986年,第62頁。

十三、端

《嶽麓書院藏秦簡·占夢書》篇(第167頁)第1465號正存"貴人知邦端",整理者注[二]:"端,正也,政也。這裏的'端'應是'政'的避諱字。"

按《占夢書》篇(第167頁)第0025號亦存"邦端"字。秦代避秦王嬴政諱,此爲文獻用例早見者。《睡虎地秦墓竹簡》早於《嶽麓書院藏秦簡·占夢書》,尚不存在此類避諱問題,故凡6次使用政字。又,邦國字,秦簡用邦,如《睡虎地秦墓竹簡》凡使用30次邦,未見用國字。戰國楚文字,則邦或(國)字並用。

十四、笥

《嶽麓書院藏秦簡·占夢書》篇(第167頁)第1465號正:"貴人知邦端,賤人爲笥,女子爲邦巫。"整理者注[三],以爲笥或當讀爲司,司爲主。

按上下文,三類各有所主司,簡文"賤人爲笥",正當其宜,破讀通假,毋乃多事。笥之爲器,功能見《說文·竹部》:"笥,飯及衣之器也。从竹司聲。相吏切。"嶽麓秦簡第三冊《猩、敞知盜分贓案》第124頁059號正有"衣器",編者於[29]以爲"器物泛指"。

十五、"夢先"及"先"

1. 先,先生之稱。《嶽麓書院藏秦簡·占夢書》篇(第39頁—第44頁)第1525號:"……之時,亟令夢先,春曰發時,夏曰陽,秋曰閉,冬曰藏。占夢之道,必順四時而豫。"其"先"字之用,如《漢語大詞典》"先"20:先生的略稱。《史記·晁錯列傳》:"學申商刑名於軹張恢先所。"裴駰集解引徐廣曰:"先即先生。"《漢書·梅福傳》:"夫叔孫先非不忠也。"顏師古

注:“先猶言先生也。”清趙翼《廿二史札記》卷三:“古時先生二字,或稱先,或稱生。《史記・鼂錯列傳》: 錯初學於張恢先所。《漢書》則云,初學於張恢生所。一稱先,一稱生。顔注云皆先生也。”夢先,占夢先生。整理者無說。《上海博物館藏戰國楚竹書》第三册《恒先》篇,第三簡背面有篇題作“亙先”,整理者據以名篇。“亙先”是“道”的别名,《老子》第二十五章:“有物混成,先天地生,寂兮寥兮,獨立不改,周行而不殆,可以爲天下母。吾不知其名,字之曰道,強爲之名曰大。”“亙先”就是“恒先”,即先於天地而生,永恒之“道”。[1] 其實,“恒”即道,大概“先”也就是這個道的别名另稱,合起來就是“恒先生”的同位結構。

2. 先,教導之用。唐開元廿四年《御制令長新誡》:“我求令長,保乂下人。人之不安,必有所因。侵漁浸廣,賦役不均。使夫離散,莫保其身。徵諸善理,寄尔良臣。與之革故,政在惟新。調風變俗,背僞歸真。教先為富,惠恤於貧。無大無小,以躬以親。青旌勸農,其惟在勤;墨綬行令,孰不攸遵。曷云被之,我澤如春。”[2]

按“教先”並列結構,猶言引導、教導。如《管子・權修》:“明智禮足以教之,上身服以先之,審度量以閑之,鄉置師以說道之。然後申之以憲令,勸之以慶賞,振之以刑罰,故百姓皆說爲善,則暴亂之行無由至矣。”其教之、先之並列使用,作用正等。“教先爲富,惠恤於貧”,是說對富者教育引導,於貧困者恩惠體恤。同時代唐開元八年《周利貞墓誌》:“君所歷凡任刺史都督□□别駕一十五州,長史司馬七□。前後總廿八政。化先以德,字之以仁。臨於欲終,有遺明試。禮從於儉,服斂以時。若泰初之榮終,同玄晏之遵古。”[3]其中“化先以德,字之以仁”,謂教化以德,養育以

〔1〕 馬承源主編《上海博物館藏戰國楚竹書》1—5 册,上海古籍出版社 2001—2005;第三册《恒先》篇整理者說明。

〔2〕 北京圖書館金石組編:《北京圖書館藏中國歷代石刻拓本匯編》,中州古籍出版社 1989 年。簡稱“匯編”,下同,該引見《匯編》第 24 册第 1 頁。

〔3〕《匯編》第 21 册第 135 頁。《尚書・盤庚(上)》:“乃既先惡於民,乃奉其恫,汝悔身何及。”孫星衍疏:“既導民以惡,乃自承其禍,痛悔之無及矣。”《漢書・食貨志下》:“公孫弘以宰相,布被,食不重味,爲下先。”意謂爲在下者先導。

仁,作用實爲聯類。

《周禮・夏官・大司馬》:"若師有功,則左執律,右秉鉞以先,愷樂獻於社。"鄭玄注:"先,猶道也。"由此也許可以聯類,《說文・叙》:"周禮八歲入小學,保氏教國子,先以六書。"其中"先以六書"者,有些地方一向理解含糊。"先六書"與上句"教國子"並列而內容相接,其實也不過是說拿文字基本構造方式、文字使用和文字書寫作爲認知模式進行引導。《漢書・藝文志》:"古者八歲入小學,故《周官》保氏掌養國子,教之六書,謂象形、象事、象意、象聲、轉注、假借,造字之本也。"《藝文志》所表述內容差不多,而對應爲"教之六書"。漢人"教先"分舉,唐人"教先"合併。

《敦煌漢簡釋文》第1448號簡:"制詔皇太子: 善禺百姓,賦斂以理。存賢近聖,必聚諝士。表教奉先,自致天子。"其中"表教奉先"爲並列結構,表奉、教先,地位相當,語義就是表奉教育,即尊崇教育。爲漢代出土類同時用例。

動詞後面使用"以"作爲介詞介入的短語,構成所謂動補結構,是古漢語常見現象。例如《尚書・舜典》"敷奏以言,明試以功,車服以庸""象以典刑"之類。至於"先"作爲形容詞使用,後所連"以"字即屬多餘,古文必不如此堆疊,如"先天下之憂而憂"等組合即是。故不能將《叙》所用"先"字理解爲"先後"之先、"以……爲先"之先。"先以六書",與上句"教國子"相聯,並非強調"六書"的優先地位。

十六、精絜正直

《嶽麓書院藏秦簡・爲吏治官及黔首》篇(第32頁)第1570號存"精絜正直"結構,絜,編者釋作潔。四字得以連文。

所可聯類者,見《上海博物館藏戰國楚竹書・孔子詩論》所存"饌寡悳故"說法。"饌寡",亦指所享祭品之"精潔"。[1] "精潔"關乎宗教祭

〔1〕 參見臧克和《簡帛與學術》"楚簡及《詩》"節,大象出版社2010年,第75頁—86頁。

祀,與"合乎古禮"乃至"正直"品性配合。

十七、絶甘分少

《嶽麓書院藏秦簡·爲吏治官及黔首》篇(第33頁)第1552號有"絶甘分少"結構。司馬遷《報任少卿書》:"愚以爲李陵素與士大夫絶甘分少,能得人之死力,雖古名將不過也。"班固《漢書·司馬遷傳》:"以爲李陵與士大夫絶甘分少,能得人之死力,雖古名將不過也。"是知"絶甘分少"爲秦漢成語。

十八、禍與畐(福)鄰

《嶽麓書院藏秦簡·爲吏治官及黔首》篇(第34頁)第1529號存"禍與畐(福)鄰"結構,内容與道家如《老子》一書中"福禍相依"的著名論點相鄰。出土文獻證實,有秦所主法家,確與道家存在淵源。

十九、紡織載(裁)縫

《嶽麓書院藏秦簡·爲吏治官及黔首》篇(第35頁)第1532號存"紡織載縫",編者以爲"載"即裁,至於"縫"結構原形從糸夆聲,合成"裁縫"一詞。《周禮·天官·縫人》"女工八十人",東漢鄭玄注:"女工,女奴曉裁縫者。"秦簡所用"紡織""裁縫"詞例結構,似爲文獻用例早出者。

二十、舉吏

《嶽麓書院藏秦簡·爲吏治官及黔首》篇(第122頁)第1577號正存"舉吏審當",編者以爲薦舉官吏。然則漢魏所盛行舉賢才月旦評制度,所自來爲秦代。

二一、把此

《嶽麓書院藏秦簡·爲吏治官及黔首》篇(第149頁)第1531號正存:“此治官、黔首及身之要也與(歟)? 它官課有式,令能最。欲毋殿,欲毋罪,皆不可得。欲最之道把此。”編者以爲“把此”即“以此”,把,介詞。並引《睡虎地秦墓竹簡·爲吏之道》作“以”爲證。

按《睡虎地秦墓竹簡》有關“把”字凡用6次,皆爲“持”義。如《日書乙種》第158號“黑肉從北方來,把者黑色”,第174號“鮮魚從西方來,把者白色”[1];《法律答問》“把錢”、“把其(此)”、“甲把其衣錢匿臧(藏)乙室,即告亡”(第205號,第143頁)、“甲到室即病復(腹)痛,自宵子變出。今甲裹把子來詣自告”;《封診式》“甲等及里人弟兄及它人智(知)丙者,皆難與丙飲食。丙而不把毒,毋(無)它”。基本相當於“把持”詞義。

至於編者所引《爲吏之道》用例,原簡文作:“術(怵)悐(惕)之心,不可[不]長。以此爲人君則鬼,爲人臣則忠;爲人父則兹(慈),爲人子則孝;能審行此,無官不治,無志不徹,爲人上則明,爲人下則聖。君鬼臣忠,父兹(慈)子孝,政之本殹(也);志徹官治,上明下。”(整理小組如此釋文句讀,第169頁)通讀上下文意,“以此”未必即等於“把此”或“準此”。

把,持,秉持;把此,猶言持之,現代說法就是掌握或秉持這一原則(指代上文“此治官、黔首及身之要”)。《玉篇·手部》:“把,百馬切。把,握也。”《萬象名義·手部》:“把,百賈反。持也。握也。”《廣韻·馬部》:“把,持也。執也。博下切。”《廣韻·之部》:“持,直之切,執持。”

二二、宫事

《嶽麓書院藏秦簡·占夢書》篇(第153頁)第1526號正存“宫事,吉”。編

---

[1] 《睡虎地秦墓竹簡》整理小組,文物出版社1990年,第133頁。

者注[五]以爲指古代婦女在家庭中承擔的女工、養蠶及其他室内勞作等。

按編者現成援引《漢語大詞典》及其所使用文獻。《睡虎地秦墓竹簡》此類内容記載使用“女紅(工)”,像《秦律十八種》均工章:“新工初工事,一歲半紅(功),其後歲賦紅(功)與故等。工師善教之,故工一歲而成,新工二歲而成。”

本簡所占夢時段内容,下接鑄鐘、爲橋等,與彼女工者殊不相類,這與所據《睡虎地秦墓竹簡》有關簡文不同。《詩經·豳風·七月》:“我稼既同,上入執宫功。”朱熹《集傳》:“宫,邑居之宅也……功,葺治之事也。或曰:公室官府之役也。”

二三、好器

《嶽麓書院藏秦簡·占夢書》篇(第162頁)第1499號正存“夢亡其鉤帶備掇好器”,編者於“好器”無説。

按“好器”,與“鉤帶備(服)掇(綴)”配搭,即有孔之玉器類飾物。《爾雅·釋器》:“肉倍好謂之璧。”郭璞注:“肉,邊;好,孔。”《周禮·考工記·玉人》:“璧羡度尺,好三寸以爲度。”鄭玄注引鄭司農曰:“好,璧孔也。”

二四、好言

《嶽麓書院藏秦簡·占夢書》篇(第166頁)第J50號正存“夢見棗,得君子好言”。整理者無説。

按“好言”,先秦成語,即善言、好話。《詩·小雅·正月》:“好言自口,莠言自口。”

二五、必

《嶽麓書院藏秦簡·占夢書》篇(第167頁)第0025號正存“夢伐鼓

聲必長,衆有司必知邦端”,關於二“必”字使用,整理者無説。

按二者皆有連詞語法功用,然表達關係有所分工。前“必”爲假設,相當於設定,後者爲因果,相當於然則。《史記·項羽本紀》:“吾翁即若翁,必欲烹而翁,則幸分我一杯羹。”其中“必”即係假設設定之用,後“則”若替換爲“必”,則與秦簡語法關係大體相當,唯《史記》徑用“則”字,抑太史公措辭,於一複句之中,二“必”字使用有意避複乎?

二六、乙里

《嶽麓書院藏秦簡·占夢書》篇(第168頁)第0047號正存“夢見衆羊,有行乙里”,整理者釋如此,於“乙里”無説。

按原拓所釋“里”字實際殘缺不全,即作“里”,或用爲“來”。《集韻·之部》:“貍狸貍猍,陵之切。《説文》伏獸似貙。或作狸貍猍。”所關聯貍狸、貍猍,聲符或里或來,即構成異體字組。本部:“釐萊,陵之切。艸名。夫須也。或作萊。”釐萊亦異體字。《集韻·咍部》:“釐,郎才切。除艸也。通作萊。”里、來,古音皆屬來母之部。

簡文或即“至”字,乙即鳦,乙鳥至,殆即謂“玄鳥至”。如此,則與上接“有行”即“出嫁”夢驗内容組合。《説文·乞部》凡三字:乞,玄鳥也。齊魯謂之乞。取其鳴自呼。象形。凡乞之屬皆从乞。徐鍇曰:“此與甲乙之乙相類,其形舉首下曲,與甲乙字少異。”烏轄切。鳦,乞或从鳥。本部“孔”下:通也。从乞从子。乞,請子之候鳥也。乞至而得子,嘉美之也。古人名嘉字子孔。康董切。本部“乳”下:人及鳥生子曰乳,獸曰産。从孚从乞。乞者,玄鳥也。《明堂月令》:“玄鳥至之日,祠於高禖,以請子。”故乳从乞。請子必以乞至之日者,乞,春分來,秋分去,開生之候鳥,帝少昊司分之官也。而主切。[1]

另外,衆羊,或即群羊亦即羊群,與《占夢書》下出所夢單獨用羊的占

〔1〕臧克和、劉本才編著《實用説文解字》,第367頁。

驗情況不同。《睡虎地秦墓竹簡》類似場合也有使用"衆"字組合情形,如《日書甲種》:"有衆蟲襲入人室,是野火僞爲蟲,以人火應之,則已矣。"或疑衆即鑗,獸如豹,見《廣韻·東部》:"鑗,獸如豹。職戎切。"

二七、彭

《嶽麓書院藏秦簡·占夢書》篇(第171頁)第0009號正存"[夢見]彭者,兵死、傷(殤)欲食",整理者注[三]:"彭讀爲篣,笞擊也。"

按戰國楚簡帛文字無此用法(彭作人名用字)。《廣韻·庚部》:"篣,籠。又音旁。薄庚切。"《集韻·唐部》:"篣,蒲光切。箕屬。"皆非關笞擊行爲。其實,此處簡文原形本殘缺模糊不清,即彭字,《説文·壴部》:"彭,鼓聲也。"[1]無待破讀,即可現成關聯本簡"兵死、傷(殤)欲食"者。

二八、大父

《嶽麓書院藏秦簡·占夢書》篇(第172頁)第0013號正"[夢見]□□者,大父欲食",整理者注[一]引《史記》書證,以爲大父、祖父也,這裏應是神祖名。

按原簡文所謂"大"字形殘缺不全。大父,墓誌文字多見,祖父之稱。如唐開元廿九年《唐故李府君妻段氏(慈順)墓誌銘並序》(《新中國出土墓誌》陝西卷(貳)第104頁):"大父瓘,烈考珍。"唐貞元六年《楊萬榮墓誌銘並序》:"曾祖可支,順化郡王。大父有哲,託東王。烈考歸賓,贈青州刺史。"[2]唐咸通十四年《張元洌墓誌銘並序》(《新中國出土墓誌》陝西卷(貳)第311頁):"曾大父諱古覺,大父諱昌齡。"大父,祖父,或外祖父。曾祖父,相應稱爲曾大父。父:《占夢書》篇(第172頁)第0017號正

〔1〕 臧克和、劉本才編著《實用説文解字》,第146頁。
〔2〕《新中國出土墓誌》陝西卷(貳),第166頁。

“[夢]見馬者,父欲食”,整理者注[三],父:神祖名。

二九、實/貫

《說文·宀部》:“實,富也。从宀从貫。貫,貨貝也。神質切。”

《嶽麓書院藏秦簡》第二冊第32頁“數”下簡號1正“爲貫(實)”,整理者注[二],貫上部省略宀符,作上尹下貝形,或上君下貝形,其尹即毌形之省寫。[1]

按該說是,則嶽麓秦簡隸省,並不顧及聲符結構。《睡虎地秦墓竹簡》尚不如此省簡。漢簡帛“實”字所從“貫”形已多見嶽麓秦簡寫法,參見《漢魏六朝隋唐五代字形表·宀部》“實”字隸書欄(西漢《馬王堆漢墓帛書·老子甲種後》作、《縱横家書》作、西漢《張家山漢墓竹簡》作)[2]。由實—貫,秦簡漢簡用字,爲其過渡中介。嶽麓秦簡文字隸變省簡水平,業已接近西漢簡牘用字。

三十、述/術

《嶽麓書院藏秦簡》第二冊第33頁“數”下簡號2正,以“述”用作“術”。《睡虎地秦墓竹簡·日書甲種》:“凡民將行,出其門,毋敢顧,毋止。直述(術)吉,從道右吉,從左吝。”其中述/術字即作如此使用。

古文字結構中,辵、行、彳諸符同類通用。但是,歷史字彙所存記載已經明確分工。《玉篇·行部》:“術,食聿切。法術也。《說文》曰:邑中道也。”《萬象名義·行部》:“術,時橘反。法也。道也。所由也。藝也。”《類篇·行部》:“術,食律切。《說文》邑中道也。一曰技也。又徐醉切。”

---

[1] 朱漢民、陳松長主編《嶽麓書院藏秦簡》(第二冊),上海辭書出版社2011年。本冊主要内容是關於六藝之一的“數”的術語及實際運用問題,包括租稅面積等各類算術題。

[2] 臧克和主編《漢魏六朝隋唐五代字形表》,第434頁。

三一、程

《嶽麓書院藏秦簡》第二冊第 33 頁"數"下簡號 2 正"取禾程述(術)",整理者注[一]:"程,計量或計量標準。"

按《睡虎地秦墓竹簡》"秦律十八種""效律""爲吏之道"凡 10 次見"程"字,所用計量範圍已經很廣。《説文·禾部》:"程,品也。十髮爲程,十程爲分,十分爲寸。从禾呈聲。"《萬象名義·禾部》:"程,除形反。法也。量也。浪(限)也。品也。"《史記·太史公自序》:"於是漢興,蕭何次律令,韓信申軍法,張蒼爲章程,叔孫通定禮儀,則文學彬彬稍進,《詩》《書》往往閑出矣。"裴駰集解引如淳曰:"章,歷數之章術也;程者,權衡丈尺斛斗之平法也。"成語"計日程功",計算時間衡量功績。

三二、秏、耗歷史

《嶽麓書院藏秦簡》第二冊第 37 頁"數"下簡號 9 正"秏程"。其中秏字結構從禾,非從耒。

按《説文·禾部》:"秏,稻屬。从禾毛聲。伊尹曰:飯之美者,玄山之禾,南海之秏。"《玉篇·耒部》:"耗,虎告切。正作秏。"《萬象名義·禾部》:"秏,呼到反。悪也。消也。積也。稻屬也。"《廣韻·隊部》:"秏,稻名,出南海。荒内切。又火號切。"《號部》:"秏,減也。亦稻屬。《吕氏春秋》云:飯之美者,南海之秏。又姓,出何氏《姓苑》。俗作耗。呼到切。"秏→耗,是到了唐代石刻才完成的過程,字形表所見秦簡像《睡虎地秦墓竹簡》、漢簡、六朝石刻,皆從禾構造;[1]"消耗"之用,亦屬較晚起。因此,關於秏字用於計量,整理者注[一]引《廣韻》以爲"減也",通讀簡文,與本簡計算禾法不相符合。

〔1〕 參見臧克和主編《漢魏六朝隋唐五代字形表》,第 1127 頁。

三三、廼

《嶽麓書院藏秦簡》第三冊第95頁簡號001正"廼四月辛酉,校長癸、求",其中廼字形原拓從乚,不從廴構造。[1] 爲漢魏六朝實物用字廴乚符混淆過渡中介,見《漢魏六朝隋唐五代字形表》、《中國文字發展史·隋唐五代文字卷》。字彙分爲兩邊,爲後來事。《玉篇·乃部》:"乃,奴改切。大也,往也。《説文》曰:曳離之難也。乁,古文。廼,亦與乃同。"

三四、鼠

《嶽麓書院藏秦簡》第三冊《癸、瑣相移謀購案》多以"鼠"用作"予",分别見第95頁第003號正"鼠(予)癸等"、第96頁第006號正"盡鼠(予)瑣等"等。

按《睡虎地秦墓竹簡·秦律十八種·倉律》:"其人弗取之,勿鼠(予)。"《秦律十八種·金布律》:"都官佐、吏不盈十五人者,七人以上鼠車牛、僕;不盈七人者,三人以上鼠養一人。"《爲吏之道》:"自今以來,叚門逆吕,贅壻後父,勿令爲戶,勿鼠田宇。"凡17次使用,皆以"鼠"用同"予"。鼠音舒,舒則從予讀。《説文·予部》:"舒,伸也。从舍从予,予亦聲。一曰舒,緩也。"《萬象名義·鼠部》:"鼠,舒舉反。"

三五、辠、罪歷史

《嶽麓書院藏秦簡》第三冊《癸、瑣相移謀購案》尚多用"辠"字形,見

---

〔1〕《嶽麓書院藏秦簡》(第三冊),本冊所收内容,爲秦王政時代的司法文書,名爲《爲獄等狀四種》。

第三冊第96頁005號正“不智它人何辠”等。

《睡虎地秦墓竹簡·秦律十八種·田律》:“有不從令者有辠(罪)。田律。”亦尚不用罪字形。《實用說文解字·辛部》:“辠(金文簡帛)犯法也。从辛从自,言辠人蹙鼻苦辛之憂。秦以辠似皇字,改爲罪。臣鉉等曰:言自古者以爲鼻字,故从自。徂賄切。”[1]按《漢魏六朝隋唐五代字形表·网部》,使用“罪”字形,其實屬於兩漢簡牘的事情[2]。

三六、坐

《嶽麓書院藏秦簡》第三冊《癸、瑣相移謀購案》所用“坐”字形,見第三冊第104頁030號正“坐臧爲盜”,結構上從二口形,下從士(即土)形。參考《漢魏六朝隋唐五代字形表·土部》:睡虎地秦簡尚從卯即丣形,嶽麓簡從吅形,直接開啓西漢簡牘用字結構,爲過渡中介。[3]

三七、耏、耐歷史

《嶽麓書院藏秦簡》第三冊《猩、敞知盜分贓案》所用“耐”字形,見第119頁046號正“敞當耐鬼薪,猩黥城旦”。

《實用說文解字·而部》:“耏,罪不至髡也。从而从彡。奴代切。耐,或从寸。諸法度字从寸。”[4]其中,從寸結構,未列出土文獻用例。《漢魏六朝隋唐五代字形表·而部》見睡虎地秦簡,[5]此又見於嶽麓秦簡。至於從彡結構,過此以降,現存出土文獻幾乎不再使用,字形表僅見唐代

[1] 臧克和、劉本才編著《實用說文解字》,第459—460頁。
[2] 參見臧克和主編《漢魏六朝隋唐五代字形表》,第1182—1183頁。
[3] 參見臧克和主編《漢魏六朝隋唐五代字形表》,第219頁。
[4] 臧克和、劉本才編著《實用說文解字》,第295頁。
[5] 參見臧克和主編《漢魏六朝隋唐五代字形表》,第1147頁。

石刻。[1]

三八、毆、驅使用

《嶽麓書院藏秦簡》第三冊《猩、敞知盜分贓案》所用"毆"字形，見第 121 頁 052 號正"欲▨（驅）從禄"，編者釋作驅用。

按嶽麓秦簡用古文。《説文·馬部》："驅，馬馳也。从馬區聲。▨，古文驅从支。"《玉篇·馬部》："驅，丘于切。逐遣也，隨後也，驟也，奔馳也。古作敺。又丘遇切。駈，同上。俗。"《集韻·虞部》："驅敺毆，虧于切。《説文》馬馳也。古作敺，或作毆。俗作駈，非是。"《厚部》："毆敺摳，於口切。《説文》捶毄物也。或从支从手。"

《上海博物館藏戰國楚竹書》第三冊《周易》早以"驅"爲驅馬之用，其"王參驅"字形作▨。

三九、朵、朶歷史

《嶽麓書院藏秦簡》第三冊《芮盜賣公列地案》所用▨字形，見第 129 頁 063 號正人名用字，編者釋爲"朵"。

按秦簡字形與小篆接近，本冊簡文作▨▨，主體爲木，其木端下垂而加指示符號，特別表明垂朵所在。《實用説文解字·木部》："▨，樹木垂朵朵也。从木，象形。此與采同意。丁果切。"[2]其小篆結構則訛變似爲從木從几，《實用説文解字·几部》："▨，鳥之短羽飛几几也。象形。凡几之屬皆从几。讀若殊。市朱切。"[3]《玉篇·木部》："朵，都果切。木上

---

〔1〕 參見臧克和主編《漢魏六朝隋唐五代字形表》，第 386 頁。

〔2〕 臧克和、劉本才編著《實用説文解字》，第 174 頁。

〔3〕 臧克和、劉本才編著《實用説文解字》，第 91 頁。

垂。朶，同上。”《集韻・果部》：“朶朵朵，都果切。《説文》樹木垂朶朶也。或作朶。亦从艸（茱字當从朶）。”查字形表，秦漢六朝出土文獻尚未見其他使用收録，所見者僅是唐代石刻，如唐石經作上乃下木形。〔1〕

四十、婉

《嶽麓書院藏秦簡》第三册《識劫婉案》所用“婉”字形，見第 153 頁 109 號正人名用字，作上宀形下包孕娩聲結構。

按字形未見更早用例，與《説文》小篆結構不同：《實用説文解字・女部》：“，宴婉也。从女宛聲。於願切。”〔2〕《玉篇・女部》：“婉，音鴛。婉娩，美也。”《集韻・元部》：“婉媺，於袁切。宴婉也。或从𡝩。”

四一、耤令

《嶽麓書院藏秦簡》第二册第 38 頁“數”下簡號 11 正“耤令”，表示假設關聯。其中耤字，簡文不從耒，省簡爲從丰。

按“耤令”又見本册第 59 頁第 51 簡正“耤令相乘也”，知爲秦漢間常用假設連詞。《史記・陳涉世家》：“公等遇雨，皆已失期，失期當斬。藉第令毋斬，而戍死者固十六七。且壯士不死即已，死即舉大名耳！王侯將相寧有種乎？”似乎是假設條件連詞與其他關係副詞套合重疊使用。《漢書》相關記載亦使用“藉第令”形式，日人瀧川資言著《史記會注考證附校補》所存歷代注解，關於“第”詞解釋，莫衷一是（或爲但只，或爲次第，或爲姑且，或爲假設）。看來秦漢之際原本成詞的“耤令”，中間穿插進一“第”字，基本可以排除是文獻學層次上的“衍文”“誤舛”之類。

“耤令”可以推測的話，也許“藉第”就是“即”字緩讀之音節。《玉

〔1〕 參見臧克和主編《漢魏六朝隋唐五代字形表》，第 527 頁。
〔2〕 臧克和、劉本才編著《實用説文解字》，第 389 頁。

篇·皀部》:"卽,子弋切。就也,今也,食也。今作即。"《萬象名義·皀部》:"卽,子力反。就也。今也。食也。居也。"《廣韻·禡部》:"藉,以蘭茅藉地。慈夜切。又慈亦切。"《昔部》:"耤,耤田。耤,借也。《説文》曰:帝耤千畮也。古者使民如借,故謂之耤也。《宋書》:藉田令,古官也,於周爲甸師氏。秦昔切。"《職部》"即,就也。今也。舍也。半也。《説文》作卽食也。子力切。"《霽部》:"第,次第。《説文》本作弟,韋束之次弟也。特計切。"《集韻·禡部》:"籍蒩耤,慈夜切。《説文》祭藉也。一曰艸不編狼藉。或作蒩耤。"《集韻·昔部》:"耤,資昔切。天子諸侯所耕田,借人力以終之。"《集韻·職部》:"卽即,節力切。《説文》即食也。一曰就也。亦姓。隸即作。"即,古音質部;第,古音脂部:脂、質相近可陰入通轉。即,古音精母;耤,古音從母:皆屬齒頭音。又藉從耤讀,耤從昔讀,昔則古音屬心母,精、從、心三母皆爲精組字:是古音聲類又如此。然則"藉第令"促讀即"即令",今語爲"即使",其爲假設之詞,作退一步法,功能無二,作用一揆。《漢語大詞典》"藉令"詞條(不作"耤令"形式)下所列具"假使"作用,所援書證,唯宋代文獻,所見恨晚。現實世界讓步假設關係自然是重要的事理邏輯内容之一,但至於形式上的"即令"連詞,語言學辭書所見,尤其晚起,這才是值得語言學研究者思考的問題。

四二、去疾

《嶽麓書院藏秦簡》第三冊《猩、敞知盗分贓案》第120頁047號正"獄史窣詣士五(伍)去疾、號曰:載銅。去疾、號曰"、本頁第048號"與去疾買銅"。"去疾"用於人名,趨吉避凶心理,由來尚矣。蓋秦簡所見取名,爲漢人"霍去病"之類得名之權輿者也。

附:

秦漢之際簡牘使用"義"符接近"弗"形的佐證文獻用例,參見臧克和等《秦漢六朝字形譜》"議"條。

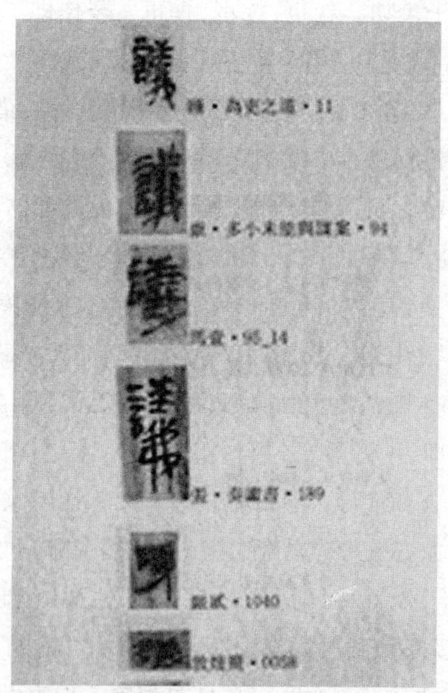

原載《中國文字研究》第20輯,2014年。

金文零拾

“祝由詞”與《魚鼎匕》器名性質

《魚鼎匕》爲羅振玉舊藏，曾著録於羅氏《三代吉金文存》卷十八第30頁（爲羅氏摹刻本），現收録於《殷周金文集成》第三册第223、224頁，内容包括考古所拓本、羅氏摹本和羅氏摹刻本三種。《集成》定《魚鼎匕》爲戰國器。此器傳出山西渾源，現藏於遼寧省博物館。《集成》所録考古所拓本正面文字幾乎看不見，但有的版本拓片比較清楚，參見所附拓片（圖1）。

青銅器銘文中，《魚鼎匕》銘文顯得比較有特色，研究者的認識至今存在比較大的分歧。有關《魚鼎匕》内容的討論，目前我們能見到的比較新鮮而有影響的説法是將通篇當作帶有巫術色彩的“詛咒辭”，這種觀點的核心是認爲：銘文内容具有巫術詛咒色彩。蚩尤水族之民，墜入王的烹魚鼎，因此引發了下面的一系列告誡和推委。〔1〕

戰國時代青銅器裏面是否確實出現過通篇“詛咒”類型的銘文，恐怕還是需要進一步討論和研究的問題。有的研究者將人與蟲的字形關係淆亂，將第一句解釋爲“蚩尤水族之民，墮入王的烹魚鼎”。〔2〕實際上第一句根本就没有出現過“蚩尤”兩個字符，對照該篇銘文下面出現的“蚩尤”

---

〔1〕〔2〕 詹鄞鑫《〈魚鼎匕〉考釋》，《中國文字研究》第2輯。

字形寫法,這其實已經不成什麽問題。傳世文獻和出土文獻迄今没有發現將"蚩尤人"組合在一起來使用的情況。而且既然稱作人,又不可能發生"墮入王的烹魚鼎"的情況。根據本篇銘文的原文和有關金文用字的通例,可嘗試作如下的句讀解釋(個别字形没有按照隸古要求對應):

曰之司蚰匕,遂王魚鼎。曰:欽哉,出斿水虫!下民無智,参蚩蚘命,帛命入敷。[illegible]入[illegible]出,母(毋)處其所!

顯見,這裏句讀解釋跟以往文物出版社的《中國青銅器全集》以及有關學者研究的結果不一致。下面先就其中關鍵的前兩句"曰之司蚰匕,遂王魚鼎",具體解釋落實。之所以注意這兩句,是因爲它涉及到關於該器得名以及銘文性質等關鍵問題。

"曰"作爲句首語氣詞的用法,金文可以舉出"曰古文王"等習見的用例。傳世文獻詞形或作"粤"等,見於《尚書·堯典》有關寫本,相當古樸,參見《刻文銘文閱讀隨筆》。文物出版社《中國青銅器全集》第 154 篇將"曰"混淆爲"日",又將"之"字下面的一點(解釋者當成"口"符,其實全篇銘文中口符没有填實作一點的情況,對照下文,到眼即辨。只是由於作爲匕器的柄部,這裏字位出現的空間比較大一些而已)一併隸定,導致誤解。即便可以理解爲一個口符,這裏也不一定具有區别意義的作用。各類戰國文字中,添加"口"符的現象是比較多見的。[1] "之",從彳符和止符,隸定爲"之"。"之"在這裏的語法功能,用作指示代詞,相當於《莊子·逍遥遊》"之二蟲,又何知"之"之"。這一語法功能,《尚書》用"時"字,時從寺得聲,寺也從之得聲。準此,用不到破字。這裏的"之",指稱下面的"匕",這是整句語義理解的關鍵。司,掌管;字形有殘缺,或隸定爲"又",通"有",與全句整體語意不符合。

蚰,見《説文解字》,大徐本注"讀若昆",許慎的解釋是"蟲之總名",

〔1〕 何琳儀《戰國文字通論》第四章"戰國文字形體演變",江蘇教育出版社 2003 年。

現代漢語雙音節詞稱"昆蟲"。《宋本玉篇·蚰部》:"蚰,古寬切。蟲之緫名。亦作蜫。"《集韻·魂部》:"蚰蜫䖵,公渾切。《説文》蟲之緫名也。或作蜫䖵。通作昆。"這原本屬於兩個字,有的研究者卻硬要拉到一起,以就自己的"巫術説"。"匕",或解釋爲"尸",形體相近,但是前後組合的"蚰尸"詞意費解。"匕",就是該器的名稱,如果作其他解釋,則整篇銘文没有出現關於該器物的名稱依據,這不太符合一般青銅器物勒工名的基本款式。"匕",《説文解字》解釋爲"相與比敘也。从反人。匕,亦所以用比取飯,一名柶"。所謂"从反人"的字形分析是有問題的,但是跟人形容易混淆卻是事實。根據《金文數據庫》的篩選,銘文中"匕"出現了30多次,主要是用作人稱的"妣"和器物的"匕",例如《微伯瘐匕》作、《戈[illegible]卣》作《仲㑥父匕》作,等等。遂,猶"遂願""遂意"之遂,配合之謂。或解釋爲"述",前後語意不連。王,鼎的器主,語法功能相當於物主代詞。全體銘文爲整齊的四字句,後面直接修飾中心詞。魚,《説文》解釋爲"水蟲也"。該銘所出現的"蟲"所指都是這種水蟲。第一句意爲:這掌管水蟲的匕匙,配合順遂著王的魚鼎。這樣一來,關於該器的功能性質交代得比較清楚,也就等於是説明了該器命名依據。

其次,關於"參蚩蚘命,帛命入歒",句讀與以往不同,也就是文字解釋不同。其中,蚩蚘,即可讀爲蚘;蚩蚘命,即蚘命,與所接"帛命"相當。《集韻·尤部》:"蚘,蚩蚘,于求切。古諸侯號。通作尤。"以往以爲"帛"用爲薄,作副詞使用。其實,銘文通篇講的主體是餐飲器具匕和物件魚蟲的關係,這裏的帛即,字形結構從帛得聲,帛則從白得聲,亦屬魚類。出土石刻文獻如秦代《石鼓文》,其中有些詩篇是專門講漁獵的,其中第二鼓銘文:"汧殹沔沔,烝彼淖淵。鰋鯉處之,君子漁之。澫有小魚,其遊散散。帛魚皪皪,其筵氐鮮。黄帛其鯾,有鯆有。其孔庶。臠之毚毚,汗汗博博。其魚維何,維鱮維鯉。何以苞之,維楊及柳。"其中"有鯆有",就是指的兩種魚。看來,帛作爲魚的專名使用,在戰國秦代之際是通例。

至於"参"字,唐抄本殘卷《原本玉篇·厽部》:"叅,廣躭反。《尚書》乃罪多叅上。孔安国曰:言汝罪悪衆多,叅列在天也。野王案:《礼記》聖人叅於天地,並於鬼神。王命三公叅聽,地邑居民必叅,相得是也。《周易》叅五以變。劉瓛曰:叅天与地,而時數也。變三言叅者,謂相叅也;變五言明伍也。野王案:《廣雅》参即三也。《考工記》曰:者三即成魄(月者,三日則成魄),三日(月)即成時,是以礼有三讓,建国必三立卿三賔者,政《老子》(政教之本),礼之大叅。鄭玄曰:言礼者,陰大數取法於月也。《方言》:叅,分也。齊曰叅。郭璞曰:謂分害(割)也。皇名為叅字,音所令(全)反,在品部。叅差不文曰篸字,音楚令(全)反,在竹部。"其中所存援引《方言》及郭注,即"《方言》:叅,分也。齊曰叅。郭璞曰:謂分害也",比較合乎銘文語義。即"参蚩蚘命,帛命入歒",謂以匕分害蚩蚘。

至於"帛命入歒"之歒,從欠康聲,康又從庚得聲,以與整篇銘文協韻。記録詞義爲"虛空"。唐抄本殘卷《原本玉篇·欠部》:"歒,苦唐反。《穀梁傳》四穀不升謂之歒。劉兆曰:歒,虛也。《說文》飢也,虛也。野王案:《大戴礼》喪凶歒色是也。凡器物空虛亦曰歒。《毛詩》酌彼歒爵是也。水空虛爲漮字,在水部。屋空爲康字,在广部。"又二"命"字,皆讀爲"令",亦協韻。

從傳世文獻像《詩經》《楚辭》等韻文來看,結合戰國楚簡如《包山楚簡》所見"解脫"方式、睡虎地秦簡所見《日書》、馬王堆漢墓帛書所見"祝由方"等有關出土文獻記載,中國古代"祝詞"起源相當早。從某種意義來看,可以說就是中國古代文學等體裁的源頭之一。用於治療的"祝由詞",則是其中所發展出來具有專業功能的一類。從詞氣性質和所及對象關係分析,"祝詞"大致可分爲三種類型:一類是驅除性質,如解脫病魔鬼祟;一類是祈求性質,如祝福頌禱;除了這兩類之外,還有一種類型就是介乎二者之間。這第三類"祝詞",往往呈現爲規誡警惕等色彩。由第三類"祝詞"派生出類似"座右銘"的警誡性短語,告誡的對象可以是物主自己,也可以是相關事物。這種"座右銘"的載體一般比較小巧,如自身有關部位、日常生活如璽印几硯鏡鑒等用具,而不會施於典雅的皇皇重器。這類“祝由詞”作爲文體的特點,一般説來多用擬人等手法,生動活潑,莊諧相間,整體上體現出“以人觀物,物我不分”的類比傾向。要之,真正的祝由作用,也是基於對一種新工具生成,可以方便使用的考慮,而並非是真正要對工具所作用的對象採取加以保護性的措施。基於此,第三類“祝詞”在古代使用相當普遍,像嚴可均所輯《全上古三代文》卷二用例:

《席四端銘》:“安樂必敬,無行可悔,一反一側,亦不可忘,所監不遠,視而所代。”

《机銘》:“皇皇惟敬,口生詬,口戕口。”[1]

《鑒銘》:“見爾前,慮爾後。”

《楹銘》:“毋曰胡殘,其禍將然;毋曰胡害,其禍將大;毋曰胡傷,其禍將長。”

《帶銘》:“火滅修容,慎戒必恭,恭則壽。”

《觴豆銘》:“食自杖,食自杖,戒之憍,憍則逃。”

《鏡銘》:“以鏡自照者,見形容;以人自照者,見吉凶。”[2]

至於西漢出土漆木器飲具底部,往往以黑漆書寫或刻畫表達規誡或祝福類文字:

食官慎口。

御酒盤,慎毋言。

---

〔1〕《机銘》:“皇皇惟敬,口生詬,口戕口。”按該條銘文所施者爲“几”,從“几”之功能來看,“口舌之誡”,所用非所施,洵非題中應有之義。依嚴氏所輯,則銘辭内容與對象載體,肝膽成胡越,若風馬牛不相及者。周亮工《因樹屋書影》第二卷第42頁曾譏諷以訛傳訛者:“古逸書如《穆天子傳》《汲冢周書》類,凡闕字類作□。《武王几銘》:‘皇皇惟敬,□□生垢,□峩□。’亦闕文也。鍾、譚目□爲‘口’字,友夏云:‘四口字疊出,妙語不以爲纖。’伯敬云:‘讀口峩口三字,悚然骨驚。’不知几銘與四口字何涉! 可發噱。”古典文學出版社1957年。“□□生垢”,顯然訴諸“窗明几淨”之几者,各輯本從言作“詬”,以遷就“口”字。又“峩”字,各本作“戕”,以牽合“禍從口出”所警誡惕厲者。然則好事者徒然“骨驚”,非關“心折”,大類庸人大呼小叫,自驚自擾。《書影》所援引結構,上部有“山”形,下部當從“戕”聲,但“戕”形傳刻破體:所從爿聲,刻字方向誤反作“片”且省爲“斤”形。《説文·山部》:“峩,山䧢也。从山戕聲。”宋人徐鉉注音爲“慈良切”,所狀應是几之爲器,高聳之貌。如周氏所作“書影”,尚不至於捕風捉影,又見錢鍾書《管錐編》第三冊考論《全上古三代文》“口戕口”條。

〔2〕 嚴可均《全上古三代秦漢三國六朝文》,中華書局1958年。

名曰壽驩,御酒承盤此聚完,日樂無患。〔1〕

這些短銘,作爲一種文體,輯録者所采非常廣泛,其中不乏勸勉警誡的内涵。還有一個特點,就是形式上以押韻爲主。從語體發展來看,確實已經很難推測出這些器物銘文與所謂"巫術詛咒"存在某種必然關聯。

上列《魚鼎匕》銘文的整個語境,根據上面的句讀,整篇四字句,也都基本成韻。古音"鼎"歸耕部,"蟲"歸冬部,"命"歸耕部;"歍"如果是從庚讀,則歸陽部:上古韻部相同或相近。至於最後兩句,"出"歸物部,"所"歸魚部。銘文叶韻,合乎祝詞行文匡格。

就上面的《魚鼎匕》銘文所提供的整個語境來看,這是一篇主體講水蟲的四字成句祝詞銘文,屬於先秦常見文體之一種。將第一句語意解釋爲:這掌管水蟲的匕器,配合著王的魚鼎。這種解釋,涉及到該器的功能性質的認識,等於是交代了該器命名的根據,同時指出了與以往研究者的一些分歧所在。研究古文字乃至古代文史,缺乏的是有根有據的具體分析,尤其是整個發展過程的觀察,簡單附會的作法,往往是難以令人信據的。

周代匕器

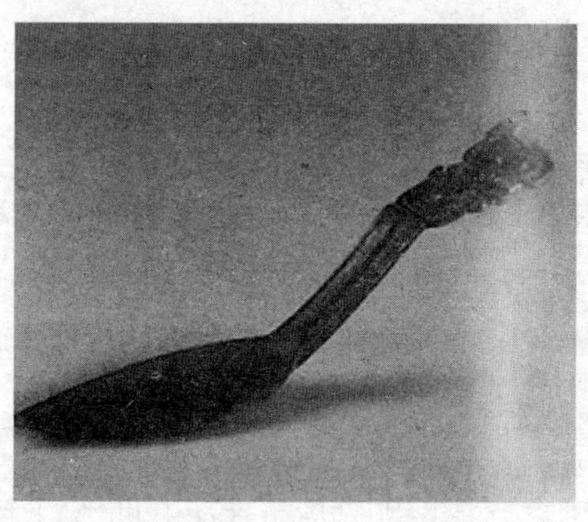

〔1〕 江西省文物考古研究院、北京師範大學《江西南昌西漢海昏侯劉賀墓出土漆木器》,《文物》2018 年第 11 期第 28 頁。圖版見後附圖 3。

附圖版：

1《殷周金文集成》第三冊第223、224頁《魚鼎匕》拓片；2出土秦代石鼓文拓片節選；3江西南昌西漢海昏侯劉賀墓出土漆木器。

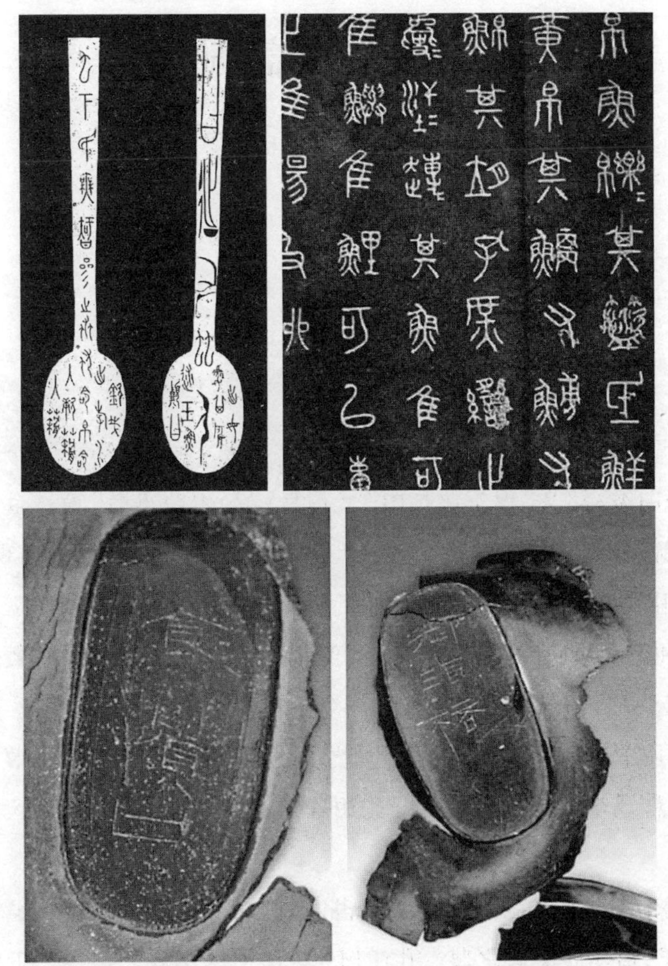

原文曾以《〈魚鼎匕〉銘文有關器名性質新釋》爲題發表於《考古與文物》2004年第5期。收入本集，又有補充。

刻文銘文閱讀隨筆

1.“蔑”

《長甶盉》銘文“穆王蔑長甶”、《再簋》“㒸生蔑再曆”等,《金文數據庫》[1]篩選到蔑字使用近六十次,大都以“蔑……曆”的形式出現,也有的只使用“蔑”字,主要的功能有如下兩個方面:有的是記載周王對下級的褒獎和鼓勵,也有的是單獨使用“蔑”字,表達下級對王命的贊美。如《免盤》銘文“隹五月初吉,王才周。令乍冊內史易(賜)免……。免蔑靜女王休,用乍般盉。其萬年寶用”。蔑、靜連用,都是用作動詞。蔑,贊美;靜,過去釋爲敬,其實這裏很可能用作旌,字義是旌揚,參見下文有關部分。

王念孫《讀書雜誌》卷一《逸周書四》“文武之蔑”條:《蔡公篇》:兹申予小子,追學於文武之蔑。孔注曰:言己追學文武之微德。王氏以爲“德”字是添加上去的,蔑與末同,並舉出一些異文。[2] 根據上面銘文用例的聯繫,會發現王氏蔑同末之說也比較牽強。古書“學”“效”通用,也

---

〔1〕 華東師範大學中國文字研究與應用中心研製各類文字數據庫。

〔2〕 王念孫《讀書雜誌》,中華書局 1991 年,第 1 卷,第 5 頁。

可以跟金文用例相印證。如《靜簋》(又名《周靜敦》)銘文:"王令靜司射學宮。小子眔服眔小臣眔尸僕學射……靜學無斁。"

王氏提到的《蔡公篇》,這裏是申明自己致力仿效於先王的鼓勵。要使這種推測成立,那麼,蔡公先人曾經受到過周初統治者的褒揚和獎勵。金文蔑字的用法,主要有這樣幾種形式:一、"蔑曆"連用;二、"蔑曆"分用,中間插入其他成分,呈現爲"蔑……曆";三、"蔑"字單用,"曆"字不出現;四、"蔑"字與其他相關字承接使用,如"蔑靜"(或"……蔑,靜……");五、作爲方國地名。在銘文裏面,前面三種應該算是比較常見的表現形式,而後者"蔑靜"的組合,則是一種"變體"。像《免盤》"蔑靜"的作用,就相當於常態的"蔑曆"。至於"蔑"字單用,除了上面已經舉出的《長由盉》銘文用例,還可以參見《天亡簋》銘文:"隹朕又蔑,每揚王休……"語意是"我獲得了褒獎,將勉力頌揚王的美命"。

2. 敬與謹;明與黽

《寅盨》:"王曰:'……敬明乃心,用辟我一人。'"

按銘文用字跟《尚書》一致:敬,謹肅,表示一種心理態度。明,用作"黽",黽勉。從《金文數據庫》收録的1萬3千多條銘文拓片中篩選出有關"敬"字用例73條,其中"敬明"連用的有2條,一條是《師詢簋》"敬明乃心",《寅盨》銘文同。前者上下文聯繫是"敬明乃心,率以乃友干吾(敔)王身"。後者銘文上下文是"……敬明乃心,用辟我一人"。講的都是要求以一種什麼樣的精神態度來輔佐和捍衛周王的訓誥辭。所以"敬明乃心",語法結構就是漢語史一種常見的所謂"使動"關係,直譯就是"讓你的精神謹肅認真,黽勉努力,以此來輔佐我"。

傳世文獻中《今文尚書》所使用的"敬""明"字可以跟金文的用法相對應:其中"敬"字使用52次,"明"字使用74處。其中《康誥》"王若曰:孟侯,朕其弟,小子封!惟乃丕顯考文王,克明德慎罰,不敢侮鰥寡"中的"明德慎罰",就是"勉於德慎於罰"。《吕刑》:"朕敬於刑。"是指在刑罰方面要慎重。

3. 靜與旌

《免盤》銘文:"隹五月初吉,王才周。……免蔑靜女王休,用乍般盉。其萬年寶用。"或隸定作:"隹五月初吉,王才周。……免蔑,靜女王休。用乍般盉,其萬年寶用。"

其中"蔑靜女王休"舊釋"靜"爲"敬",即贊美、敬嘉天子之美。其實,蔑、靜連用,都是用作動詞。蔑,贊美;靜,通作靖,旌揚。蔑靜,功能相當於金文習見的"蔑曆",意思是贊美宣揚。至於後者隸定將"蔑、靜"中間斷開,似乎没有必要。《左傳・昭公元年》:"不靖其能,其誰從之? 魯叔孫豹可謂能矣。請免之以靖能者。子會而赦有罪,又賞其賢,諸侯其誰不欣焉望楚而歸之?"王引之《經義述聞》卷十九指出這裏"靖"字借作"旌"的用法,糾正杜預注釋的誤解:"今按傳曰'靖其能',又曰'賞其賢',則靖與賞義當相近。又曰'請免之以靖能者',則'靖'有表章風勸之義,靖當讀爲旌。"〔1〕

"靖""旌"可通用,"靜""旌"也得通用:旌從生得聲,靜字從青得聲,而青又從生得聲。過去有的解釋者將"靜"爲"敬",即贊美、敬嘉天子之美,實際上恐怕有些含混其辭:敬既爲"敬"義,等於無解;牽涉"嘉"字,則又無所從來。《天亡簋》銘文:"隹朕又蔑,每揚王休……"語意是"我受到褒獎,將勉力頌揚王的美命"。

4. 畯

《史牆盤》銘文:"達(撻)殷畯民。"達(撻)殷,即撻伐殷邦。"畯民"之畯,前釋爲從田從允,語意爲治理百姓。

〔1〕 王引之《經義述聞》,江蘇古籍出版社 1985 年,第 19 卷,第 448 頁。

按《詩經·七月》"田畯至喜",毛傳:"田畯,田大夫也。"《說文》:"畯,農夫也。"王引之《經義述聞》:"畯,長也。田畯,農之長。"農夫,農之長。李孝定《甲骨文字集釋》卷十三引羅振玉說:畯,古金文皆從允,與卜辭合。允、夋之異在足之有無,實一字也。"畯民",猶言爲民之長。新出土的《逨盤》銘文最後出現"畯臣天子",其中畯字結構也是從田從允。[1]

5. 堇與勤

《逨盤》銘文出現兩處"堇"字的用例,一是"宅氒堇彊土",一是"爵堇大令"。王輝將前者釋作"勤",後者釋作"謹","爵堇",所採用的是有的金文研究者所解釋的"恪謹"說法。金文中的"堇"共有這樣幾種用法:通作"謹"、通作"瑾"、通作"慬"、通作"勤"。但是,同一篇銘文中兩種用法共存的局面我們似乎還没有見到十分典型的用例。《叔夷鐘》有"堇勞其政事"的銘文,堇就是勤,"勤勞"成詞。所以,《逨盤》銘文出現的兩處"堇"字,都作爲"勤"的用法還是能夠統一的:後一用例取唐蘭說法,爵通作勞。勞勤大命,意思就是勤勞於國事王命。關於爵通作勞的用例,還可以從其他銘文中找到比較接近的情形,如《彔伯𢦚簋蓋》(《集成》8.4302):隹(唯)王正月,辰才(在)庚寅。王若曰:"彔白……!自乃且(祖)考又(有)爵于周邦,右闢四方,惠……天令。"其中"有爵于周邦",也就是有勞於周邦。

6. 諫與簡

《番生簋》:"用諫四方。柔遠能邇。"(釋文非原形隸定,下同)《逨盤》:"天子其萬年無強,耆黄耇,保奠周邦,諫辪四方。"關於《逨盤》,王輝

[1] 《考古與文物》2003年第3期,第10頁所附《逨盤》銘文拓本。其中"逨"字,《交鼎》銘文上有個字形相近,可以比照。

釋“諫”字爲“治理義”。

按兩處銘文“諫”字皆爲“簡”之借用,猶如《尚書·文侯之命》“簡恤爾都”之簡。日藏九條本《文侯之命》篇作“柬衃爾都”,簡、柬通用,而諫字從柬得聲。諫字在《逨盤》長銘中使用兩次,研究者有的指出是通作“簡”,但對於該處諫字則無説,僅僅是解釋爲“治理義”,而辥就是治理。《説文解字·心部》收録了一個“从心簡省聲”的字形,分析爲“存也,讀若簡”。所謂“簡恤”,就是存恤安撫。從《番生簋》銘文的用例來看,讀作簡,解釋爲存恤安撫,跟後面的“柔遠能邇”相接應;從《逨盤》銘文來看,跟前面的“保奠周邦”相對待。從金文中“諫”字使用頻率來看,可以篩選到 15 處用例,其中跟“罰”字並列連用的情形有 3 次(見《叔夷鐘》)。所以,上面將“諫”讀作從心簡省聲的結構,可以與“柔遠能邇”“保”“治”等相互統一照應。

7. 柔遠能邇

説者或將“柔遠能邇”視作一個動賓聯合式或互文式的成語,如漢典網釋作:“懷柔遠方,優撫近地。謂安撫籠絡遠近之人而使歸附。”然則《晉姜鼎》云“用康柔綏懷遠邇君子”,似可照“柔遠能邇”的結構模式讀作:“用康柔遠君子(即‘柔遠’),綏懷邇君子(即‘能邇’)。”《禮記·中庸》:“送往迎來,嘉善而矜不能,所以柔遠人也;繼絶世,舉廢國,治亂持危,朝聘以時,厚往以薄來,所以懷諸侯也。”可爲此作一注解。其簡縮的表達便是“懷柔”,如《詩經·周頌·時邁》:“懷柔百神,及河喬嶽。”毛《傳》:“懷,來;柔,安。”漢·賈誼《新書·無蓄》:“懷柔附遠,何招而不至?”

按先秦這類看似並列結構,隨著不同上下文語境的規定約束,往往呈現出偏主一邊的傾向。説者所討論對象“柔遠能邇”固定結構,由於“能”字在使用過程中的多邊多義屬性,這類討論評述,對於詞彙訓詁學科的意義是顯而易見的。但是,在閱讀該文過程中,同樣發現説者於此類結構解釋過程中存在的認知缺陷：局限於一隅，不能通覽全體大用。宋人《書古文訓》“能”字就作“耐”，或以爲“古耐字”，耐、從而得聲。先秦這類結構，不勝枚舉，格式雖一，而意難一準。要之，意義存在於結構之中，或者説，意義是結構所賦予的。[1] 所賴以區斷者，仍然是上下文本“語境”（Contexte，[ˈkɒntekst]）不同語境規定制約，往往會發生“偏義轉移”的。如《尚書・堯典》：“月正元日，舜格於文祖，詢於四嶽，辟四門，明四目，達四聰。咨，十有二牧！曰：食哉惟時！柔遠能邇，惇德允元，而難任人，蠻夷率服。”四字結構偏重對象爲“遠”——蠻夷率服。《顧命》：“爾尚明時朕言，用敬保元子釗，弘濟於艱難，柔遠能邇，安勸小大庶邦。”《文侯之命》：“王曰：父義和！其歸視爾師，寧爾邦。用賚爾秬一卣卣，彤弓一，彤矢百，盧弓一，盧矢百，馬四匹。父往哉！柔遠能邇，惠康小民，無荒寧。簡恤爾都，用成爾顯德。”四字結構偏重對象爲“遠”，即“惠康小民”，與“簡恤爾都”即“邇”者並列。《詩・大雅・民勞》第一章：“民亦勞止，汔可小康。惠此中國，以綏四方。無縱詭隨，以謹無良。式遏寇虐，憯不畏明。柔遠能邇，以定我王。”四字結構偏重對象爲“遠”——以綏四方、以定我王。西周孝王世《番生簋》：“番生不敢弗帥井（型）皇且（祖）考不（丕）伓元德，用□□（申恪）大令（命），甹（屏）王立（位），虔夙（夙）夜，尃（溥）求不朁（肆）德，用諫亖（四）方，頤（柔）遠能䖵（邇）。”偏重於“遠”——用諫亖（四）方。西周宣王世《逨盤》：“雩（雩）朕皇高且（祖）新室中（仲），克幽明氒（厥）心，醲（柔）遠能䖵（邇），會䍃（紹）康王，方褱（懷）不廷。”偏重於“遠”者——懷不廷者。西周孝王世《大克鼎》：“穆穆朕文且（祖）師華父，恖（聰）□氒（厥）心，宖（宇）静於猷，盄悊氒（淑哲厥）德，肄（肆）克龏（恭）保氒（厥）辟龏（恭）王，諫辥（敕乂）王家，叀（惠）于萬民，𩎓（柔）遠能䖵（邇）。”四字結構，仍不外是偏主於“遠”即“萬民”者。

蔡沈《書集傳》：“柔者，寬而撫之也；能者，擾而習之也。”似是兩邊兼顧，初無偏至，避免訓詁之“偏枯”者。其實，我們從上面所見先秦傳世與

[1] 《管錐編》第一册論《左傳正義》，中華書局1979年，第169—172頁。

出土文獻用例即不難看出,“柔遠能邇”此一固定結構,一般所偏重者,在“遠”而不在“邇”。基於此,似還不能推翻習慣上將“能邇”作爲補充説明的看法。即“能”古“耐”字,耐從而得聲,是“能而”即“而邇”,全體是説“懷柔”之效果,“俾遠者”“而近附”之。

8. “王若曰”

《逨盤》銘文也使用了“王若曰”表達方式,王輝根據于省吾的説法,將其中分歧最多的“若”字解釋爲代詞,如此,這樣。在甲骨文、金文中,史官轉述王或貴族的話,往往稱“若曰”。[1]

按這種解釋,對於確定銘文的“時態”即比較具體的寫定時間具有直接關係。《師虎簋》銘文釋文: 唯元年六月既望甲戌,王在杜居,格于大室。井伯入右師虎,即立中廷,北嚮。王呼內史吴曰:“冊令虎。”王若曰:“虎,……”其中的“王若曰”,聯繫該篇銘文的前後文,將“若”字理解爲“如此、這樣”的轉述關係也是比較自然的。否則,兩次“王曰”相銜接,就不是很自然的一種語序。

《今文尚書》中用“王若曰”格式有11次,周代金文使用24次,如果連周王之外的人使用“若曰”也一起統計在內,共有26條,也都是限於周代。由此可見,該語言結構具有這樣兩個特點: 使用者的身份基本上是周王,只有個別身份較爲特殊的,像《逆鐘》的“叔氏”、《師獸簋》(《集成》8.4311)的“白(伯)龢父”;其次是表現爲周代漢語特殊格式。銘文同樣也用“王曰”格式,其大致的頻率,在上萬個拓片裏使用了50餘次。據考察,“若”字在上古的漢語記録使用過程中,應當具有“然諾/答復”和“這麼/那麼”兩個基本義位。

在“王若曰”格式中,如果“若”由第一個義位相承而來,則在該結構

〔1〕 王輝《盘銘文箋釋》,《考古與文物》2003年第3期。第10頁附《逨盤》銘文拓本,其中“逨”字,《交鼎》銘文上有個字形相近,可以比照。

中,“若”字用在發語的“曰”前,表示“若”字的功能跟“曰”是重疊的。漢語裏這種“發言重疊”標誌是比較常見的,像現在還使用的“回答説”/“告訴道”/“答復云”。其早期的呈現形式,有可能和這種“王若曰”格式存在某種聯繫。

如果“若”由第二個義位相承而來,則在該結構中,“若”字用在發語的“曰”前,具有某種指代性。要是這種推測成立,那麽,表明銘文所記載的周王貴族訓誥内容,是所謂“過去體”。換句話説,銘文作者所記録内容,時王貴族是不在場的,屬於所謂非現場信息傳遞的“追記體”。考慮到銘文的鑄刻者一般不大可能一邊耳聞時王的誥詞,一邊手書於器範的。通常的情況下,應該是由史官進行轉述的。“王若曰”的主要功能可能就是這種轉述追記標誌的語體孑遺,否則,只是表達一般語氣,就跟“王曰”或“×曰”格式没有什麽區别了。當然,不能由此就説“王曰”或“×曰”格式不具有表達“轉述追記”的功能。以《逨盤》銘文而言,整篇是記載“逨曰”的内容,中間插入轉述“王若曰”的内容,以明確兩者講話的先後關係。《揚簋》銘文“王乎(呼)内史史年册令(命)揚。王若曰:‘揚,……’”顯而易見,“王若曰”後面的内容,就是通過内史的册命形式傳達出來的。

按“若”具有“如此”的義位,早見於王引之《經傳釋詞》的揭示。該書卷七“若”字條下有説:《史記·禮書正義》曰:“若,如此也。”《書·大誥》曰:“爾知寧王若勤哉!”言如此勤也。《孟子·梁惠王》篇曰:“以若所爲,求若所欲。”若,猶“此”也。《公羊傳·莊公四年》曰:“有明天子,則襄公得爲若行乎?”謂此行也。[1] 但問題在於,我們並没有看到王氏舉出關於“若曰”連用的例子。

9. “×在上,×在下”

《逨盤》銘文有“嚴才(在)上,翼才(在)下”的表述,王輝釋爲“先祖

〔1〕王引之《經傳釋詞》,嶽麓書社1984年,第150—151頁。

威嚴在上恭敬在下"。翼字原拓作廙,此從王輝所釋。

按:"×在上,×在下"是銘文中常見格式,只是有的個别成分發生替换,另外大量的用例只是出現前半部分即"×在上",形成"變體"。連變體在内,銘文共使用頻率占接近20處。例如:《㝬簋》:"畯才立,乍疐才下。"舊釋"長久佔據王位,成爲國家天下的棟梁"。《虢叔旅鐘》:"皇考嚴才(在)上,異(翼)才(在)下。"《番生簋蓋》:"嚴才(在)上,廣啓氒孫子于下。"對照起來,"在"字在上述結構中,還没有完全虛化到相當於介詞"于"之類的功能。《逨盤》銘文中的"嚴"字理解是比較關鍵的,而且這個字的使用和理解也一直存在一些問題。《逨盤》中的"嚴"字的隸定,對照《説文·吅部》"嚴"字下所出的古文可以取得對應;對照有關器物銘文,也可以取得對應。參考(《士父鐘》)、(《虢弔鐘》)、(《井人妄鐘》)、(《秦公簋》)、(《多友鼎》)等。關於該字形的理解,可能並没有"破字"的必要。《説文·吅部》解釋"嚴"爲"教命急也"。《逨盤》"嚴才(在)上,翼才(在)下",是講"前文人"陟於上天,則發佈教命,令人敬畏;降於下土,則表現爲翼保,給與保護。敬天保民,這兩邊都是讓地上活著的人所感覺得到的。同樣,上列其他銘文的有關結構,如"(畯)才(在)立(位),乍(作)疐才(在)下",直解就是説"居王位,行使管理;在天下,打下基礎",也是兩邊兼到。如"嚴才(在)上,廣啓氒孫子於下",直接的解釋就是:"在天上,發佈教命;在地下,大開其子孫。"

10. "廣啟"

《番生簋蓋》:"嚴才(在)上,廣啓氒孫子于下。"廣啟,按後世出土語料,也就是"大啟"即大開。

按《全真道教祖碑》,此文輯自清代王昶《金石萃編》,清嘉慶十年經訓堂刻本,碑石立於元至元十二年(1275年)。《陝西碑石精華》

(第240頁)及《北圖匯編》(第48册第65頁)皆著碑拓圖版,可據以勘定王氏録文。清代避諱嚴格,聖祖以降,國諱務須避就,故文獻中凡遇及帝君名號,或缺筆,或改字,或徑以"廟諱"易除原字,給文獻閲讀帶來一定障礙。第22行"萊人從之者衆,獨納劉處(廟諱),號長生子",第23行"王自髫齔間嘗遇(廟諱)庭宫主空中警化,今呼雲玉陽子",第29行"丁巳六月,章宗再詔王處一至闕下,特賜號體(廟諱)大師",其"廟諱"原拓本皆作"玄"。第31行"孫汴京嘉祥觀提點真常子李志源、中太一宫提點洞真子于善慶二大士,真實道行,(廟諱)揚祖道。"避諱處拓本作弘,即"弘",避高宗名諱。避諱改字在清代金石文獻中屢見不窮,常見如"弘"改作"宏","玄"换以"元",此處不作羅列。第33—34行録文"淘汰真實,杜絶□□。□□長春,大啓其門。"經核碑拓,"其門"前實遺略40字,字形豁然,刻工粗疏,自不待言。現一依原拓補入,乃作:"淘汰真實,杜絶□□。□□百端,捶楚怒駡。餘鄙解散,四子傳化。四子爲誰,丘劉譚馬。德其亞者,王郝與孫。共成士賢,贊我真人。玉陽長春,大啓其門。"

11. 函

京都274 粹1564 林2·19·14 函皇父匜 (《不其簋》)(《函皇父鼎》)(《函皇父匜》)(《函交仲簠》):上列是函字在甲骨文金文中的結構,由於弓矢爲一類,所以金文還有從弓的函。《晉侯函簋》著録一個外部像函形,而内部則是從金的結構。過去不釋,現在我們認爲也是函、含字的一種較早期的異體。一般的函都是象形程度比較高的會意結構,從金符的函,實際上是變成了形聲結構:金從今得聲,而含也從今得聲。大徐本《説文·马部》:"嘾也。艸木之華未發圅然,象形,讀若含。乎感切。"《説文·马部》"圅(甲骨金文簡帛)舌也。象形。舌體马马。从马,马亦聲。胡男切。肣,俗

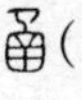

函从肉、今。"[1]該器中的從金之函,既表示音讀,又提示器物的製作材料。"函簋"爲專有名物詞,構成一種修飾和被修飾關係。

12. 甲 骨 文 [illegible]

"西方曰[illegible],風曰彝。"(《甲骨文合集》第14294片)

其中,關於"[illegible]",各家解釋向來不一。[illegible]形,大體可以解釋爲《說文》小篆的東,跟《續甲骨文》中的[illegible]、金文中的[illegible](飼料盆)都可以相對應,大徐本《說文》對該小篆的注音是"胡感切"。這個字形在該片甲骨文中,應該是《續甲骨文》中[illegible][illegible]的初文,《說文》小篆作[illegible],分析爲"束也,从小韋聲。"

《說文》以下二部相連著録,其一"马部":

[illegible],嘾也。艸木之華未發圅然。象形。凡马之屬皆从马。讀若含。乎感切。

[illegible],舌也。象形。舌體马马。从马,马亦聲。胡男切。[illegible],俗圅從肉、今。

[illegible],木生條也。从马由聲。《商書》曰:"若顛木之有甹、枿。"古文言由枿。徐鍇曰:《說文》無由字,今《尚書》只作由枿,蓋古文省马,而後人因省之。通用爲因、由等字。从马,上象枝條華圅之形。臣鉉等案:孔安国注《尚書》直訓由作用也。用枿之語不通。以州切。

[illegible],艸木華甬甬然也。从马用聲。余隴切。

[illegible],艸木马盛也。从二马。胡先切。

其二"東部":

[illegible],木垂華實。从木、马,马亦聲。凡東之屬皆从東。胡感切。

[illegible],束也。从東韋聲。徐鍇曰:言束之象木華實之相累也。于非切。

〔1〕 臧克和、劉本才編著《實用說文解字》,上海古籍出版社2012年,第210頁。

徐鍇進一步解釋說:“言束之象木華實之相累也。”秋日風物的特點:秋收就是成熟,秋風就是《詩經・七月》裏所描寫的“蕭瑟”,蕭瑟的音轉就是“收縮”,收縮的促讀“束”。

13. “多福繁孷”

《叔向父禹簋》:“其在上,降余多福緐孷(釐)。”舊釋“孷(釐)”字,以爲讀作“禧”,意爲福。這樣一來,整個語段的語義就成爲“多福多福”了。按照下面的聯繫,這其實是隨文破字附會的結果。按該字形原拓作,結構的上半部爲孷字的上半部,但是下半部分則是從雙手和子符構成。《集韻・之韻》引《方言》:“陳楚之間,凡人獸乳而雙產謂之孷孳。”如果說這些反映的還是作爲合成詞的語義,那麽,也有單獨以“孷”爲“雙生子”的記録:《玉篇・子部》:“孷,孷孖,雙生也。”《廣韻・之韻》:“孷,孷孳,雙生子也。”這裏的“多福緐孷”是一個並列結構,也就是多福多子。緐孷也就是多子,古代以多子爲多福的同義語。問題是我們現在看到的金文孷字結構並不與此完全相合,下部其實是從雙手。這樣的結構方式,尤能體現出“雙生子”乃至多子的構造意圖。

14. “爲動”結構類型的來源和形式

漢語史上,所謂“爲動”結構關係似乎不多見。我們現在所能見到的最早的來源應該就是出土文獻中的兩周金文類型。就其結構來說,表面上都呈現爲一種“雙賓語”的形式,而其中潛含著“爲動”的結構關係。也就是說,兩周金文中相當數量的“雙賓語”,其基本結構應當是一種複合類型,複合的兩個結構形式是“動賓”關係裏面套裝“爲動”關係。

按金文數據庫的篩選,金文中所有的“製作”類,共出現 4384 條“乍(作)××器”記録。這些記録,根據“作”後面所涉及賓語的數量,又可以分爲兩種類型。其中一類是“作”只涉及一個賓語,陳述形式爲“作××器”,這裏的××,所起的語法作用是表示器類性質的修飾語。下面列出的是幾個比較簡單的用例(主要是考慮字庫支持的問題):

城虢仲作旅簋(城虢仲簋)。

(明公)用作旅彝(明公簋)。

寺季故公作寶簋(邿季故公簋)。

唯曾白文自乍寶簋(曾伯文簋)。

(𦎫)用乍𠃯簋(𦎫簋)。

王易[illegible]貝用乍(作)寶尊彝(咁簋)。

另外一類是帶兩個賓語,陳述形式表現爲“爲了××作××器”,其中第一個××是代表所爲之製作對象的專稱,第二個××是代表製作的器類。例如:

陳侯作王媯媵簋。其萬年永寶用(陳侯簋)。

該器銘文“乍(作)”後面涉及了兩個對象,那麽直接相聯繫的那個賓語,也就是習慣上所說的“近賓語”,其實就是爲之製作的對象。像通常所理解的“作器名稱”,應該説是由“爲了××作”而引申出來的。也就是説,第一個賓語僅僅是“作”的目的,第二個才是“作”所支配的對象。又如:

大保賜氒臣[illegible]金,用作父丁尊彝。(父丁殘彝、大保彝等器名)

大保即太保,官名。國君的輔弼大臣,亦作輔導太子的官員。金文字形在“保”的右上方加一“玉”符,標誌其地位的神聖。因爲玉在古代被看作是具有靈性的,“靈”字金文也有由玉符構造的形體。在本篇里大保是賞賜的主語,也就是該行爲的發出者。易:金文用作"賜"。厥:金文用氒字,這跟《尚書》文獻隸古寫本用字是一致的。呷:臣名,也就是受賜者,與後面的"金"構成"易"所支配的雙賓語。金,在這裏是指製作彝器的材料。作,語法功能相當於"爲……作"。又如:

過白(伯)從王伐反荊。孚(俘)金。用乍(作)宗室寶尊彝。(過伯簋)

有時候,作爲"爲了"的對象更加複雜一些,有的在語言結構上本身就是一個"主謂結構"單位,例如《伯庶父簋》:"隹(唯)二月戊寅白(伯)庶父乍(作)王姑凡姜尊簋其永寶用。"白庶父,即伯庶父,這裏是作器者的專名。王姑凡姜,其中"凡"是"風"字的聲符,這裏用作風,表示"巡視"的意義;姜,有的研究者認爲跟"羌"字可以通用;照這個說法這裏表示巡視的對象,此說備考。王姑,王室女性成員,爲作器所紀念對象。整篇銘文意思是:二月戊寅日,伯庶父製作了紀念王姑巡視姜地的寶貴彝器,將永遠珍藏使用。

是否可以將所爲製作的對象都用"紀念"或"祭祀"來支配?那要根據具體對象,像《師寰簋》銘文:"余用作朕後男巤尊簋,其萬年子子孫孫永寶用享。"後男巤,是指後嗣之人,楊樹達《積微居金文餘說》以爲"後男或云後子,皆謂長子也",就只能以"爲了"來支配。

也許可以將"作"後面的人稱部分當作器物的修飾成分即領屬者來看待,這樣就無需出現兩個支配和被支配的部分了。這樣一來,器名前面的人稱部分就應該順理成章的被視爲該器的器名了,但是,至今我們看到的所有器物很少有據此命名的。另外,我們只要在這兩者之間插入表示功能意義的成分,就立刻發現動詞後面的兩個名詞,都是對象,一個是有關動作的目的對象,一個是有關動作的述賓對象。前面的對象跟後面的對象之間並不存在領屬關係。除了上面提到的《陳侯簋》,還有像《散叔散姬簋》:"散叔散姬作伯媿媵簋,用享孝于其姑公,子子孫孫其萬年永寶用。"其中,"媵"的意思是陪嫁,插在"伯媿"和"簋"之間,表明簋的功能,也就隔斷了"伯媿"和"簋"二者之間可能存在的領屬關係。

15. 戰國《曾姬無卹壺》銘文
通篇協韻及器名問題

該器銘討論者衆,而言人人殊。通讀的感覺是:這除了個別字詞的釋讀困難,主要就是没有顧及整體風格所致,比如通篇協韻、"無"作虚詞詞頭使用等問題。下面先列以往衆家句讀釋文,爲避免排印之煩,直接採用學者所釋字:

> 隹(唯)王廿二又六年聖趄
>
> 止夫人曾姬無卹吾
>
> 宅兹(兹)漾陲蒿間止無
>
> 匹甬(用)乍(作)宗彝尊壺後
>
> 嗣甬(用)之職才(在)王室

如果照顧整體協韻以及有關語法習慣,這裏可以句讀釋文作:

> 隹(唯)王廿二又六年。聖趄止夫人曾姬。無卹吾宅兹(兹)漾陲蒿間止無匹。甬(用)乍(作)宗彝尊壺。後嗣甬(用)之。識哉,王室。

其中,姬、匹、之、室爲韻腳字,整篇通協。銘文所用二"無"字,皆爲虚詞詞頭,猶先秦文獻"不顯"即"顯"也、"無厭"即"厭"也之例。從壬虍聲結構,用作第一人稱代詞"吾",戰國楚簡率多如此使用,聊示數例:《上海博物館藏戰國楚竹書》第五冊第一篇"競建内之"第6簡"尚哉,□没有依賴二三子! 未加細察,請恕寡人。至於辨察日食,鮑叔牙……""□"讀作吾,下出第八簡"□(吾)不智",從壬虍聲結構,亦用作第一人稱"吾"。《戰國楚竹書》第二冊《魯邦大旱》"子貢曰：否也，吾(□)子女(如)動命丌與?"亦爲第一人稱作主語。此器銘文釋作"吾"，處於兼語結構位置。"曾姬"與"無卹"，錯配非偶，以至破句失讀。以此，該器名稱似應改爲《曾姬壺》。

附圖版：

1. 西周早期《交鼎》銘文；2.西周中期《免盤》銘文；3.西周早期《過伯簋》銘文；4.西周晚期《番生簋蓋》銘文；

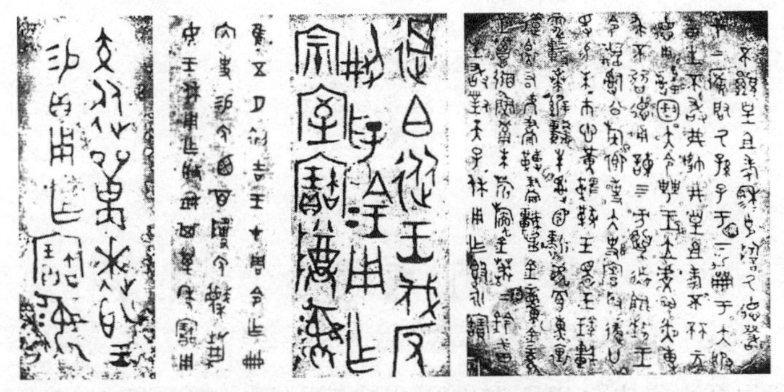

5. 戰國早期《曾侯乙匜》銘文；6.《曾姬無卹壺》銘文。

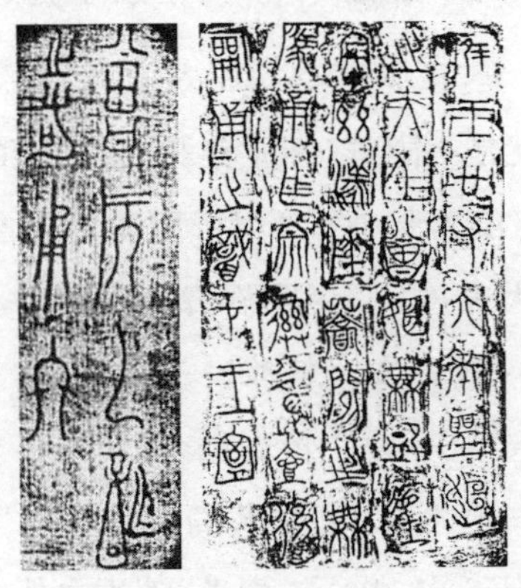

本部分曾以《金文雜考》爲題，發表於《古文字研究》第25輯，中華書局2004年。收入本集又有增補。

《殷周金文集成》雜誌

1. □□

《殷周金文集成》(以下省作“《集成》”)第16册著録10156號《曾子伯□盤》[1],有銘文“其□□霝冬”。其中□字就是耇,這在原拓上就比較清楚。而□形有缺筆,電腦顯示器放大來看,應隸作黄字。按“黄耇”爲銘文固定詞例,也就是王國維《觀堂集林》裏所說的“成語”。以下是幾個比較常見的用例:《師器父鼎》:“用祈眉壽黄耇吉康。”《黄君簋》:“用賜眉壽黄耇。”《曾中大夫簋》:“用賜眉壽黄耇霝冬。”後一例用字完全相同,“黄耇”久成套語,按《金文資料庫》[2]的篩選,總共出現11處,大部分見於西周晚期的“曾器”一類。黄耇結合,代指年老,猶《詩經·小雅·南山有臺》“樂只君子,遐不黄耇”之黄耇,《毛傳》:“黄,黄髮也;耇,老。”《尚書》單用“耇”字,凡5次:除了“壽耇”連用之外,還有“耇造德”“耇成人”等組合使用的情形。

〔1〕 中國社會科學院考古研究所《殷周金文集成》,中華書局1994年。

〔2〕 華東師範大學中國文字研究與應用中心《商周金文數據庫》,廣西教育出版社2001年。

2. □玉

《集成》第 16 冊著録 10166 號《鮮盤》有銘文“鮮蔑曆□王□□玉三品貝廿朋”，其中□字可以隸定爲從卩奠聲結構，其功用相當於通常所用的“奠”字。□在這段銘文裏用作動詞，相當於祭名。從前後銘文聯繫來看，這種解釋也是講得通的。前一句是“啻於召王”，啻就是禘，也是講祭祀。後一句爲“□玉三品貝廿朋”，內容是前後聯貫的。兩句中的“□”，有的銘文研究者已經釋作贛，讀作貢；至於“玉三品貝廿朋”，則是說明奠祭的用品和規模。《噩侯鼎》、《毛公鼎》等都有□字，郭沫若、戴家祥等前輩學者解釋成是由西廾卩等構件結體，用作瓚的一個字形。但是，從電腦顯示器放大可以看得出來，這兩個字形其實還是有明顯區别的。在迄今所著録的銘文中，“奠”字的形式共出現 44 處。其中，大部分是用來記録鄭和尊兩個詞。至於從奠從卩結體，以玉奠祭的用字，迄今尚未見於任何考釋記録。

3. □揚

《集成》第 16 冊著録 10169 號《吕服余盤》有“□□”字，後一字形結構隸爲“揚”，是比較清楚的。至於“揚”前一文，應是“對”字的形體，而結體略有變異和局部的省減，可以參觀《静簋》“對揚天子不顯休”、《申簋》“申敢對揚天子休令”等銘文辭例及其字形結構。在迄今所著録的銘文中，以“對揚”的形式進行表達的詞例共出現 12 處，以“對昜”的形式使用了 3 處。《尚書》今古文“對揚”共用 2 處：“敢對揚天子之休命”、“對揚文武之光命”。《説命下》敦煌本伯 2 643“對揚”揚字從攴從昜；該本傳文：“對，答也。答受美命而爯揚之。”〔1〕

〔1〕 顧頡剛、顧廷龍《尚書文字合編》1—4 冊，上海古籍出版社 1996 年。

4. 乍□甬冬

《集成》第16冊著録10197號、10198號《曾侯乙匜》,銘文相同:“曾侯乙乍(作)□甬(用)冬(終)。”其中□字,直接可隸定爲時,通作“時”。銘文中的這個時,猶《莊子·逍遙遊》里的“是其言也,猶時女也”之時,《尚書》指示代詞多用“時”字,如《堯典》“惟時懋哉”之時,也相當於一個指示代詞的作用。《驫羌鐘》“武侄寺力”的寺,其用法也跟這裏的時是相同的。順便提到,“曾侯”類器不限於匜,包括鐘,其銘文裏的□都應釋作起指代作用的時字。戴家祥主編《金文大字典》卷上釋《曾侯乙鐘》“曾侯乙作□”爲“作事”。可能爲了講得通順,復只好將“作事”解釋成“猶言用事也”。其實,這也應該屬於□用作時的類型。

5. 永寶□

《集成》第16冊著録10230號,編者寫定器名爲《黄君孟匜》。其銘文基本清晰,可逐一隸定楷化爲:“黄君孟自乍(作)行器。子孫得(?)永寶□。”在電腦顯示器上,基本可以看清最末一字是由宀、玉、示字符構成的,各家迄今無隸定。其中玉符在古代所指是參與祭祀、傳達靈性的一個成分,猶《國差𦉜》之“保”從玉作𤨣,這個有玉符參構的保,可能相當於《楚辭》中“靈保”之保。要是考慮到玉符的這種特殊功用,我們這裏不妨將□形隸定釋作從宀從玉從示的結構,所傳達的意義就是宗。宗字在這裏的用法猶《詩經·公劉》“食之飲之,君之宗之”之宗,永寶宗,就是永寶之永尊之。按銘文所載,本器爲“行器”,古代是特指國君出行時所用的器物。根據《金文資料庫》的檢索,商周金文共有1 100條“永寶用”的記録,有122條“永用”的記録,後者又包括21

條"永用之"的記録。從這些資料來看,在"永用"或"永寶"之間鑲嵌其他成分就像有的考釋者將上例釋作"永祜寶"的情形,至少不是典範匡格、固定通例。

6. 唐仲多壺

《集成》第15冊9572號,編者著録爲"仲多壺"。其中字是與《説文・口部》唐下所收古文基本相對應的;還有該銘文中的,應是"醴"字異構形體。"醴壺"成詞,金文裹也不是僅僅出現於該器(西周銘文使用頻見,達9次之多),壺以"醴"稱,或以"尊"名,見《集成》第15冊9625、9626等號:正標明其原初的一個重要功用。

7. 混淆

《集成》第15冊9595號與9594號相混淆,編者皆著録爲"××進壺"。其實,9595號銘文無進字,而且器名也應有所區別:9594作"××進",9595作"××壺"。器銘9595長一些,有"作父辛寶尊彝"等字;9594則僅有"歸娟進作父辛"字。

8. 脱文

《集成》第15冊9625、9626號爲一器,編者皆稱"叔壺"。9626銘文是"擇乎吉日丁叔之尊壺永用之",對照起來,9625銘文脱一"之"字。而且原拓"叔"字即係脱而後補,而"之"字未及補。看來,即使所謂重器的銘文,原本也存在傳世文獻見慣的問題。校勘學上所謂復原云云,其志大,其事實難。

9. 曰古

《尚書・堯典》開頭:“曰若稽古,帝堯曰放勳。”以往學者有的以《盂鼎》銘辭“粵若”爲參照,認爲“曰若”就是“粵若”,都是一個句首語氣詞。這大致没有什麽問題,但對於接下的“稽古”卻管不到了。按西周時期有3個器的銘文使用過“曰古”的辭例,如:

曰古文王。(《牆盤》,又名《史牆盤》)

曰古文王。(《𤼈鐘》)

曰古白子。(《古伯尊》)

其中前兩例都是出現在銘文的開頭,爲發端之詞,用於追記。《堯典》發端的“曰若稽古”四個字,功能上可能就相當於“曰古”這兩個音節。或者説,“曰若稽古”不過爲“曰古”的緩讀。銘文質樸,讀作二音節;《尚書》口傳,讀四音節。“曰若”或“曰越”或“粵若”等於“曰”,稽古雙聲,猶“滑稽”亦雙聲。由此大致可以説,《堯典》的“曰若稽古”相當於銘文的“曰古”,[1]其功能爲表示追記開端引出的典範格式。

本部分曾以《讀〈殷周金文集成〉雜誌》爲題發表於《古文字研究》第24輯,中華書局2002年7月。

---

〔1〕 臧克和《尚書文字校詁》,上海教育出版社1999年。

白川學研究之管窺

白川靜大師文字學學科建設性現實意義，首先在於創建了文字學與考古學、文獻學、民俗學等人類社會文化各科融通的學問，或曰文化文字學（部分內涵相當於中國文字學界若干年來所統稱的“文化文字學”）的解釋體系。這一學科體系，在相當層次上，對文字學學科發展作出了重要貢獻：發展豐富了古文字學、字源分析學；對於今後整理和認知新鮮出土文字材料，建立符合實際使用過程的文字發展史學科體系，所提供的多學科溝通的方法論，大大發展補充了表意文字的解釋力。

在中國大陸文字學界，較爲普遍的看法是，白川靜大師的若干文字學解釋甚至包括他的《詩經》學闡釋，似乎存在一種戴著“巫術儀式化”眼鏡看問題，或者說具有某種“泛巫術儀式化”抑或過度“神聖化”的傾向。筆者認爲，討論文字結構的意義，推原起源層次的使用功能，至少當時有相當一部分是出於某些巫術禁忌的考慮，而不可能與現代觀念完全吻合。但是，直到目前，中國文字學界幾乎普遍對此視若無睹。這並非說明這部分漢字的不存在，只能說明兩點：其一是客觀上文字使用歷史久遠，越往後來，“原始移情式”的抽象形式漸漸消退，而日常實用功能突出。其二是中國現代文字學專業工作者，基本不具備人類學知識修養（往往存在古代學者所說“以今律古”抑或“說過於通”的局限）。

一、白川學研究的基本現狀

一般認爲,白川静先生 1948 年發表首篇論文《卜辭的本質》,所採用的文字學人類學方法,直接奠定了後來一系列古文字學的觀念、方法和基礎,即古文字考釋,偏主"巫術儀式"傾向。至於白川静先生 1962 年獲得博士學位的論著《興的研究》(古典詩論談《詩》"六義"分類中有"賦比興",討論其功能時有"興觀群怨",後者打頭就是"興"。要之,"興"無論在功能作用上還是寫作方法上都構成爲《詩》三百篇的關鍵字),與直接開創了人類學方法的《詩經》研究,同樣表現出偏重"巫術儀式"傾向。1969 年至 1974 年陸續發表《説文新義》15 卷,期間開始爲一般讀者出版《漢字》《詩經》《金文的世界》《孔子傳》等普及性讀物,1984 年出版《字統》,1991 年出版《字訓》,1996 年出版《字通》。

白川静先生文字學學術意義,以及爲今天進行文字學研究的借鑒價值,就我本人不完全的瞭解,主要體現在所著述《説文新義》(15 卷)、《金文通釋》(9 卷),還有《字統》《字訓》《字通》等文字學專書。已經有專業工作者揭出,《説文新義》根據已出土的甲骨文金文以及其他資料,對《説文解字》進行了全新的考釋和解説。也有專家發現,自從甲骨文發現以來,孫詒讓、王國維、郭沫若、于省吾等古文字學家都嘗試運用新出土資料對《説文》進行互證性研究(王國維所謂"二重證據"法),但是白川静大師首先完成了這項艱巨的工作。

整體而言,中國大陸(臺灣香港地區相關最新情況不很清楚)文字學界,對於著作等身的白川静先生,關注還非常不夠。據不完全瞭解,1997 年北京師範大學國學研究所關於《武王克商之研究》裏,發表過《西周斷代和年曆譜》;白冰博士在《五邑大學學報》(哲社版)2004 年第 3 期發表《白川静〈金文的世界〉的翻譯與校補》;曹兆蘭 2000 年 3 月於武漢大學出版社出版《〈金文通釋〉選譯》;白冰 2004 年在《江西社會科學》第 11 期發表《白川静〈金文學史〉的漢語文字學成就》;2007 年山東大學漢語言文字學專業2007屆碩士學位論文完成一篇《白川靜〈字統〉"載書"文字學的譯介及研究》。相對而言,臺灣地區關於白先生巨著譯介研究的工作做得好一些。

直到今天,可以設想,如果有研究生想以白川先生學術觀念方法並以白川先生著作作爲博士學位開展研究,研究者還會存在擔心能否獲得通過的問題。這就是目前中國大陸文字學界的現狀。對於白川靜博士的關注,遠不如人類學神話學領域(這在下面提到的"援引文獻"式的接受方面會看到)。迄今爲止,還没有產生像日本學者張莉教授那樣深入專門的論著。對於白川靜先生留給後世的豐富學術財富、學術成就和意義,都有待於發掘利用,進一步深化認識,爲建立完善的符合發生發展實際的漢字學體系,發揮應有的價值。

至於其中的原因,我個人認爲,首先一個可能是翻譯工作没有跟上,這將直接導致學習者研讀的困難。大家知道,在中國,雖然學習日語的人很多,但對於古典學專門領域的日語認知,卻非常稀少(大概對日本本國年輕的學者來說,在這方面也會遇到類似的問題。我在給博士研究生授課過程中,提到像"稲妻走""若者""女坂"這類詞語形式,來自日本的同學也往往會有些茫然)。還有一個跟這點相關聯的因素,雖然專業翻譯的成果不多,但並不影響專門家著作裏的直接引用(像中國神話學會會長、中國文學人類學會會長葉舒憲教授的《詩經的文化闡釋》,筆者在上個世紀所出版的《尚書文字校詁》等),而引用方式的"接受"與"傳播",往往難以統計。

二、白川學研究的意義

非常慚愧,我個人對於白川靜大師所建立的龐大學術體系學習非常不夠,根本不能作出什麼評價,僅就我自己學習有關白川靜大師學術著述的兩點膚淺認識,在白川老師的母校各位師長面前提出來,目的也非常清楚,就是請求得到指教。

白川静先生文字學研究的意義。首先,“意義”是什麽? 這本身就是非常難以回答的問題,大概屬於所謂 philosophy 的問題。人們似乎只能這樣表述: 就認知層次而言,意義要回答“是什麽”;就功能層次來説,“意義”是回答“有什麽用處”。白川静先生文字學的意義,首先在於創建了文字學與人類學溝通或曰“人類社會各科貫通文字學”,或曰“文化文字學”的解釋體系。不必諱言,在中國文字學界,較爲普遍的看法是: 白川静大師的若干文字學解釋甚至包括他的《詩經》學闡釋,似乎存在一種戴著“巫術儀式化”眼鏡看問題,或者説“泛巫術儀式化”的傾向,最近還有學者指出白川静先生“神聖文字系列”若干問題。〔1〕 我個人認爲,討論文字結構的意義,推原起源層次的使用功能,至少有相當一部分是出於某些巫術禁忌考慮,這是符合當時人類社會生活環境規定的。〔2〕 但是,迄今爲止,文字學界幾乎普遍對此視若無睹。這並非説明這部分漢字結構的不存在,只能説明兩點: 其一是客觀上文字使用歷史久遠,越往後來,“原始移情”式的抽象形式漸漸消退,而日常實用功能突出。其二是中國現代文字學專業工作者,基本不具備人類學知識修養。〔3〕 如果筆者這裏的推測成立,那麽,是否可以理解爲,現代文字學界“以今律古”或曰“説過於通”的局限仍然普遍存在呢?

至少一部分記録名物的字形結構是由某種儀式的概括描寫形成,比如下面提到的作爲海神名稱的“若”字形式。一部分記録活動行爲的結構是由施加影響的行爲的字形來體現,如“告”爲“牿”的初形。前者還好理解,後者去古已遠,有點像關於“爲”形的理解(東漢學者許慎《説文解字》

---

〔1〕 連登崗《白川静“神聖文字”系列的若干問題》,《中國文字研究》第 24 輯,上海書店 2016 年。

〔2〕 説起來,與白川静大師因緣非淺,他的《金文通釋》,筆者是在中國上海華東師範大學圖書館塵封的角落裏找到的日文原版書,即平凡社出版的九卷本。至於大師所著《詩經的世界》,也是日語原文文本,則是在歐洲德國波恩大學漢學系圖書館裏讀到的。

〔3〕 臧克和《古漢字結構取象類型原始移情考略》,《學術研究》1999 年第 5 期;又收入《漢字單位觀念史考述》第 7.6“雜誌六”,第 238—258 頁。臧克和《巫術思維與一類古漢字的發生》,德國波恩大學《ORIENTIERUNGEN(東方學)》德文本 2005 年第 1 期。

“母猴”的描寫固然不足取,即較早使用甲骨文等出土材料的羅振玉所謂“役象以助勞”的新證,也還是停留在牽強附會的層次。畫成一隻人手,位置於大象鼻子部位,緣何就能役使之?這種做法,也許更是出於某種“控制”的“作爲”)。像後面這一類,就比較難爲一般人所接受。白川先生大量著述中,創新豐富,給人啓發良多。

我想使用在傳世古籍與出土古文字材料結合研究過程中,解決問題的實際例子來説明上述觀點。筆者於 1999 年所出版的《尚書文字校詁》,其中不少地方都受到白川先生《金文通釋》巨著的啓發,並接受其中的觀點。例如,關於《甘誓》篇“王若曰”的解釋,就直接援引《金文通釋》:

> 兩周金文也有不少“若曰”的辭例,如《毛公鼎》銘文“王若曰:父厝丕顯文武”,《盂鼎》“王若曰:丕顯文王”,《克鼎》“王若曰克……”爲通例,指史官或大臣代宣王命。

後來,結合金文相關用例的語料統計,又再次印證了白川先生的觀點。《金文雜考》第七條“王若曰”:

> 《逨盤》銘文也使用了“王若曰”表達方式,王輝先生根據于省吾先生的説法,將其中分歧最多的“若”字解釋爲代詞,如此,這樣。在甲骨文、金文中,史官轉述王或貴族的話,往往稱“若曰”。按這種解釋,對於確定銘文的“時態”即比較具體的寫定時間具有直接關係。《師虎簋》銘文釋文:唯元年六月既望甲戌,王在杜居,格于大室。井伯入右師虎,即立中廷,北嚮。王呼內史吴曰:“冊令虎。”王若曰:“虎,……”其中的“王若曰”,聯繫該篇銘文的前後文,將“若”字理解爲“如此、這樣”的轉述關係也是比較自然的。否則,兩次“王曰”相銜接,就不是很自然的一種語序。

《今文尚書》中用“王若曰”格式有 11 次,周代金文使用 24 次,如果連周王之外的人使用“若曰”也一起統計在內,共有 26 條,也都是限於周代。由此可見,該語言結構具有這樣兩個特點: 使用者的身份基本上是周王,只有個別身份較爲特殊的,像《逆鐘》的“叔氏”、《師獸簋》的“白(伯)龢父”;其次是表現爲周代漢語特殊格式。銘文同樣也用“王曰”格式,其大致的頻率,在上萬個拓片裏使用了 50 餘次。根據有關考察,“若”字在上古漢語記録使用過程中,應當具有“然諾/答復”和“這麽/那麽”兩個基本義位。

在“王若曰”格式中,如果“若”由第一個義位相承而來,則在該結構中,“若”字用在發語的“曰”前,表示“若”字的功能跟“曰”是重疊的。漢語裏這種“發言重疊”標誌是比較常見的,像現在還使用的“回答說”/“告訴道”/“答復云”。其早期的呈現形式,有可能和這種“王若曰”格式存在某種聯繫。

如果“若”由第二個義位相承而來,則在該結構中,“若”字用在發語的“曰”前,具有某種指代性。要是這種推測成立,那麽,表明銘文所記載的周王貴族訓誥內容,是所謂“過去體”。换句話說,銘文作者所記録內容,時王貴族是不在場的,屬於所謂非現場信息傳遞的“追記體”。考慮到銘文的鑄刻者一般不大可能一邊耳聞時王的誥詞,一邊手書於器範的。通常的情況下,應該是由史官進行轉述的。“王若曰”的主要功能可能就是這種轉述追記標誌的語體孑遺,否則,只是表達一般語氣,就跟“王曰”或“×曰”格式没有什麽區别了。當然,我們不能由此就說“王曰”或“×曰”格式不具有表達“轉述追記”的功能。以《逨盤》銘文而言,整篇是記載“逨曰”的內容,中間插入轉述“王若曰”的內容,以明確兩者講話的先後關係。《揚簋》銘文“王乎(呼)内史史年冊令(命)揚。王若曰:‘揚,……’”,顯而易見,“王若曰”後面的內容,就是通過内史的冊命形式傳達出來的。

按“若”具有“如此”的義位,早見於王引之《經傳釋詞》的揭示。該書卷七“若”字條下有說:《史記・禮書正義》曰:“若,如此也。”《書・大誥》曰:“爾知寧王若勤哉!”言如此勤也。《孟子・梁惠王》篇曰:“以若所爲,求若所欲。”若,猶“此”也。莊公四年《公羊傳》曰:“有明天子,則襄公得爲若行乎?”謂此行也。但是問題在於,我們並没有看到王氏舉出關於“若曰"連用的例子。[1]

也許這裏不妨順便以白川先生曾經考釋過的"若"字爲例,稍稍作些具體說明。

按《中國文字發展史》"商周文字卷",所採用語料庫"窮盡性"統計結果,"若"字在殷商甲骨刻辭裏屬於典型的"高頻"使用字類。僅是《甲骨文合集》数据庫(尚未統計新的出土材料)篩選出來的用例就有 883 次。如第一期刻辭有"不若"辭例:

〈正〉

帝□□□不若。二月。

〈反〉

帝□□□不若。

数据庫處理之前的拓片見如下:

〔1〕 臧克和《金文雜考》,《古文字研究》第 25 輯,中華書局 2004 年。

筆者所著《漢字單位觀念史考述》第6.3“若字族”,[1]也有較爲詳細的聯繫分析。兹從略。

《説文・艸部》“若”下,所列具出土文獻使用“若”字與小篆的對比,可以觀察其演變歷史:“(甲骨 金文 簡帛 石刻)擇菜也。从艸、右。右,手也。一曰杜若,香艸。而灼切。”[2]

筆者所見不廣,就上舉“若”字解釋例子而言,中國大陸從有甲骨文學科,到現在的所有解釋,看似更加切實,其實都是説過於通,反而皆不如白川静先生考釋結論更加純粹著明。原因就是白先生文化文字學或人類社會環境文字學方法的融匯通貫。當然,白川静先生大量著述中,也往往確實存在某些將民俗儀式在文字闡釋過程中發揮以至於充類至盡的片面性。隨著地下大量新材料的發表,我們有理由相信這方面存在的問題也將會得到解決。

三、白川學前景管窺

上個世紀末期,人類學神話學領域研究者,已經非常重視白川静先生的研究成果,並大量引用。進入這個世紀,已經開始有翻譯工作者將白川静博士的文字學著作翻譯爲中文。[3] 筆者相信,隨著信息化全球化進程,科學地發掘和利用大師豐厚的文字學、《詩經》學研究方法和研究成果(例如《詩經》的釋讀,開始注意到若干篇什比如《國風》部分裏的《碩鼠》,就接受白川静先生與上古巫術儀式人類社會生活環境有關的認知方式,而改變了以往近乎以今律古式的解釋),這樣的情況會越來越多。也許可以順便提到,筆者本人在2006—2007年在波恩大學承擔德國學術聯

---

〔1〕 臧克和《釋“若”》,《殷都學刊》1990年第1期;又見李圃先生主編《古文字詁林》第一卷《艸部》第530—534頁,上海教育出版社,1999—2004年。臧克和《漢字單位觀念史考述》第168—177頁,學林出版社1988年。

〔2〕 臧克和、劉本才編著《實用説文解字・艸部》,上海古籍出版社2012年,第25頁。

〔3〕 白川静原著、朱家駿譯《漢字》,厦門大學出版社2005年。

合會(DFG)關於出土文獻與古代社會全球招標項目,所調查簡牘、帛書等出土材料過程中,仍然發現這些材料的一般整理研究者,普遍存在著學科的“隔膜”現象。究其實際,欠缺的就是白川學的眼光方法。課題討論內容,在筆者後來結集出版的《簡帛與學術》裏都有具體考察。〔1〕

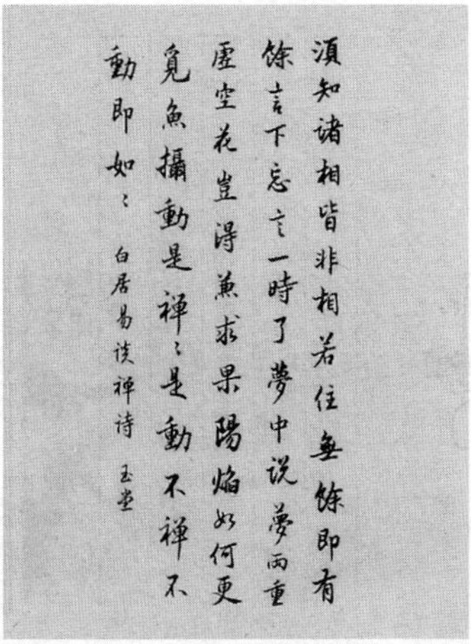

基於上述因素,全球化的生存方式,推動著跨學科式研究方法的成熟;白川學的成果和方法,必然會越來越受到重視。老學問,新相知。有的學問淺薄時尚,熱鬧於當時,消歇於後世;而有的學問厚重超前,經過了時間的消磨,人們才會對其重新刮目相視。只要稍稍留意學術史,思過半矣。白川學——會當屬於後者。

本文原題《白川學的現狀與展望》,爲2016年12月3日在京都立命館大學紀念白川静先生文字學研究國際專題會議上的演講。

〔1〕《簡帛與學術》“楚簡所見禳災術”,大象出版社2010年,第109—113頁。在這裏似乎可以舉到這樣一個戰國楚簡釋讀的例子:《上海博物館藏戰國楚竹書》第四冊《柬大王泊旱》,整理者對該篇整體發表了如下的見解:本篇原無題,現題取用全文首句,也是全文中心。本篇記載了戰國早期有關楚國簡大王的兩件軼事:簡大王病疥和楚國大旱。“簡大王泊旱,命龜尹羅貞於大夏。王自臨卜。”編者解釋第一簡簡文說:泊,或通“怕”,王患疥瘡病,疥瘡病唇燥口渴,奇癢,故也怕乾旱。這樣的解釋,跟上列關於通篇的理解聯繫起來看,編者是將楚簡王的疥病與楚國當時發生的大旱當作兩件事情來看待。根據全文的占卜祭祀過程聯繫來看,這其實是一種誤解。天上所降旱魃,與楚王所患疥病,在楚人看來,實在都是同一種“乾旱”表象。或者說,天上的乾旱與發生在楚簡王身上的皮膚病,二者之間是互相影響的。基於此,篇題只能解釋爲“楚簡王止旱”即有關楚王彌旱的措施,這既跟本簡下面簡文“向日”、下出簡文“遮日”相接應,也跟簡文全文卜祭祓除“旱母”的主體內容統一。因此,“王自臨卜”,即楚簡王親自莅臨占卜。簡文原文接續有“王向日而立,王滄至帶。”編者所謂古人向明而立,高明廣大之象。以今律古,充類至盡。向日而立,是禱旱儀式的特點。發展到向日射箭,施加法術影響的變格,后羿之流,亦若是班;曝曬日下,則文獻繁多。如起白川大師於地下,究竟孰幻又孰真?不過,這個出土文獻解釋的例子,還是說明了直到最近幾年,中國大陸古文字學界仍然較爲普遍存在著本文前面所陳述的現象。

漢字録

中

臧克和／著

漢字語料庫分析叢書

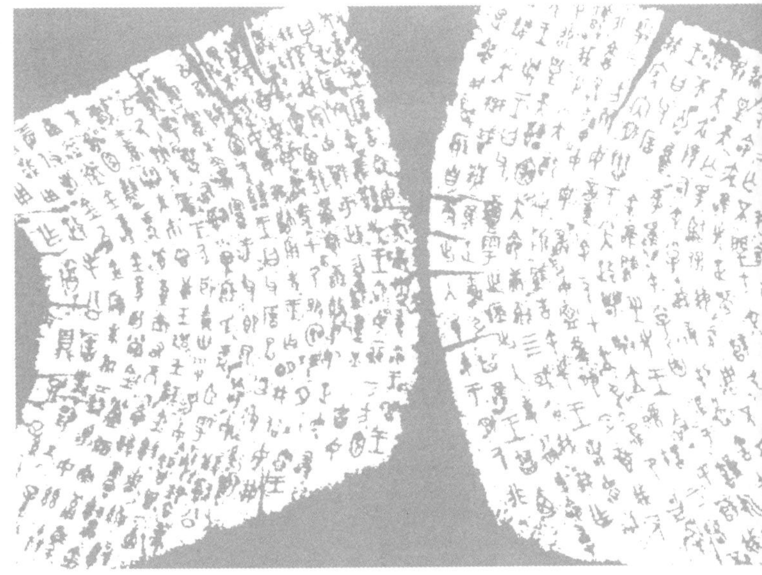

上海古籍出版社

尚書學記

《上海博物館藏戰國楚竹書·緇衣》所引《尚書》文字

——兼釋《戰國楚竹書·緇衣》有關的幾個字

上海博物館最近公佈了該館所藏並整理的一批"戰國楚竹書"材料，其中包括《禮記·緇衣》篇等重要經學文獻。作爲差不多同時代、存在文獻學上宛密關聯的出土材料《郭店楚墓竹簡》也保存了今本《禮記·緇衣》篇文字。兩種出土文本共同保存記載的《禮記·緇衣》，主要有六處援引了《尚書》文本有關文字。這幾處引文，對於比勘傳世文獻，研究經學史上諸如版本、異文等一系列有關重要問題提供了前所未有的條件。本文結合古文字、古文獻的考釋，作些初步討論。

1.《咸有一德》《尹告》

按《尚書》學史的研究，《咸有一德》《尹告》屬於"商書"的部分。對照今本《尚書》文獻系統，兩篇均不在今文 28 篇之數；其中《尹告》篇屬於所謂"古文逸 16 篇"。在整個先秦引《尚書》的文獻結構裏，兩篇只是分別被引用過 2 次，均見於《禮記·緇衣》。從文獻版本系統來看，《史記》

所引今文文字有《咸有一德》。經學研究者一向認爲,《尚書》文獻系統散佚之後,該篇屬於稱孔氏本的"僞古文"。前些年出土的《郭店楚墓竹簡》有關記載有這樣的文字:"尹[illegible](誥)員(云): 隹尹躬及湯,咸又(有)一悳(德)。"這段文字跟傳世今本《尚書》的用字基本相同:"惟尹躬暨湯,咸有一德。"日藏寫本像内野本作"惟尹躬臮湯,咸又一悳";天理本的用字只是"躬"字作"船"、"又"字作"有";足利本基本没有跑出這兩個版本的用字範圍;其餘《書古文訓》和唐石經等文獻用字也在這個範圍之内。現在公布的《上海博物館藏戰國楚竹書》用字與《郭店楚墓竹簡》大同小異:"尹[illegible](誥)員(云): 隹尹夋及康,咸又(有)一悳(德)。"只有躬作夋,二字音近通用;"湯"字在《上海博物館藏戰國楚竹書》裏寫作"康",二字亦音近通用: 湯字從昜得聲,康、唐二字聲符都是庚,而《説文·口部》"唐"下所録古文亦從"昜"。另外"咸"字内部少了一横筆。兩種簡文文本"告"字下部從廾符構造,爲表示上告者敬矜態度的專字。這個用字特點,唐蘭等古文字學研究者已經考釋過,而金文、《尚書》有關唐寫本和日本所藏寫本等文獻都是比較常見的。

對照傳世文獻的用字來看,兩種簡文文本提到的告誡主體"尹",就是《尚書》文獻系統裏常見的"伊尹"。今本《禮記·緇衣》中引《尚書》篇名作《尹吉》,東漢經學家鄭玄解釋説是"吉當爲告,古文誥字之誤也。《尹告》,伊尹之誥也。《書序》以爲《咸有一德》,今亡"。現在通行的各家注本都是依據鄭玄注釋修改。從出土的戰國文獻看來,漢代經學家的推論無疑是有根據的。從今本《咸有一德》的"孔氏傳"來看,都説是"伊尹作《咸有一德》";兩種出土文獻也只是講"尹[illegible](誥)員(云): 隹尹夋及康,咸又(有)一悳(德)";所以,這裏的"尹告"是否就算得是《尚書》的篇名,還是需要進一步討論的問題。

2.《君牙》

按今本《尚書》文獻系統,《君牙》不屬今文28篇之列,所謂"書序"百篇出現過1次,稱“君雅”;傳世文獻引用只見於《禮記·緇衣》(引用了1次),其餘不見於《史記》等文獻的援引,在所謂孔氏本“僞古文”裏才見到該篇文字。今本《十三經注疏·禮記·緇衣》篇引《尚書·君牙》文字作:“《君雅》曰:‘夏日暑雨,小民惟曰怨。資冬祁寒,小民亦惟曰怨。’”按今本《尚書》該篇作:“夏暑雨,小民惟曰怨咨;冬祁寒,小民亦惟曰怨咨。”文字小異,内容基本相同。

《郭店楚墓竹簡·緇衣》文字作“日傛(溽)雨少(小)民隹(惟)曰悁晋冬旨(祈)滄少(小)民亦隹(惟)曰悁”,跟傳世文獻用字出入較大。《上海博物館藏戰國楚竹書·緇衣》文字編者隸定作“曰(日形相近而混用)傛(該字形右部上從日,下邊容符少一口形)雨小民隹(惟)曰命晋冬(冬字下部從日,見於《説文》所收録古文)耆(祈)寒少(小)民亦隹(惟)曰令”;基本用字與《郭店楚墓竹簡·緇衣》接近。從兩種出土文本用字來看,早在漢代今、古文學術分裂之前,《尚書》文獻系統裏,原本有《君牙》一篇,這是無可置疑的。至於傳世文獻中的“異文”,那是所有文獻學史都存在的文獻傳播過程中的問題,跟對整個《尚書》文獻系統真僞的懷疑,並不屬於同一層次。兩種出土文獻的“牙”字皆從臼符,該字形結構見於《説文》所收録“牙”字古文。宋人薛季宣《書古文訓》,該篇篇名作“雅”字,與今本《十三經注疏》用字一致。兩種出土文獻皆無“夏”字,傛字通溽,《説文·水部》説是“溼暑也”,就是盛夏潮溼而悶熱的氣候。這裏與下面的“晋冬耆寒”相對照。悁,《郭店楚墓竹簡·緇衣》的字形比較複雜一些,前兩年一窩蜂似的研究者們對該字的解釋也是莫衷一是。跟《上海博物館藏戰國楚竹書·孔子詩論》等篇的用字比較來看,可以隸定爲悁(從這裏也可發現《戰國楚竹書》的價值)。《説文·心部》:“悁,忿也;一曰憂也。”玄應《一切經音義》卷二十引《聲類》:“悁,憂貌也。”簡文“晋”字,今本《尚書·君牙》無,今本《禮記·緇衣》所引文字作“資”。首先,今本《禮記·緇衣》所引文字作“資冬祁寒”,其中的“資”很可能就是衍前面的“怨咨”而誤。宋人薛季宣的《書古文訓》該篇兩處“怨咨”均寫作“資”。兩個簡文版本均作

“晉”,晉、臸二字音同通用。《説文·日部》:“晉,進也,从日从臸。”徐鉉在按語中注釋説:“臸,到也。”另外,“冬祁寒”,兩個出土的文本一作“旨”,一作“耆”,都是“祁”的通假字。《尚書·君牙》日藏岩崎本等寫本,皆於“祁”字旁加注“大”字。

最後,談談剩下的《尚書·君牙》和《禮記·緇衣》所引文字中的“怨”字。關於《郭店楚墓竹簡·緇衣》的有關字形,已經釋讀作“悁”;但是《上海博物館藏戰國楚竹書·緇衣》有關對應字位編者卻隸定爲“命”或“令”(古文字命、令是一個字)。其實,無論從文字形體結構還是從文句的語義聯繫來看,都只好説就是“怨”字。從字形上看,《上海博物館藏戰國楚竹書·緇衣》所記録的該字形結構是夗。這樣的結構跟《説文·心部》“怨”字下所録存古文“𢘇”的形體比較接近,石刻篆文也如此構造。《玉篇·心部》收録的怨字古文“𠞫”就是該字形的異體,跟《書古文訓》該篇作上從冃(實際構形中間少一横筆)、左下方從心、右下方從卩的結構基本相同(《尚書》文獻諸唐寫本、日藏本系統一般寫作上部從死符、下部從心符的結構),這個字形結構往往被隸定爲夗的形體,《集韻·願韻》解釋説該字形是“怨”字的古文。[1]《上海博物館藏戰國楚竹書·緇衣》的該字結構不過是將左下方的“夕”符稍變作口符而已。因此,釋作“怨”字,既與《郭店楚墓竹簡·緇衣》作“悁”相應,又與今本《尚書·君牙》《禮記·緇衣》經義若合符節。《上海博物館藏戰國楚竹書·緇衣》編者隸定爲“命”或“令”,應當是形近而誤。在差不多同時代的寫本裏,使用字義相同或相近的不同文字單位,也是形成異文的重要類型。上古學術文本,往往口耳相傳,使用意義相同或者相近的同訓字,並不一定要靠語音上的聯繫。像上述戰國時期的有關《緇衣》的兩個寫本出現的“寒”與“滄”、“悁”與“怨”,下面談到的“身”與“躳”等,應當就是這種類型的用字之例。

〔1〕《集韻·願部》:“怨𢙣夗惌怈,紆願切。《説文》恚也。古作𢙣夗惌怈。”

3.《吕刑》"播刑之迪""一人有慶,兆民賴之"

今本《吕刑》作"播刑之迪",日藏内野本作"㲋刑之迪"。傳文説是"布刑之道"。《郭店楚墓竹簡·緇衣》引《尚書·吕刑》作"吕型(型字結構原本作坓)員番(播)型之迪",《上海博物館藏戰國楚竹書·緇衣》所引作"吕型員㲋型之由"。按簡文作㲋,應是䍃的省寫,《書古文訓》該篇即作䍃。

今本《吕刑》作"一人有慶,兆民賴之",日藏内野本等寫本皆如此。其中"慶"字,《書古文訓》結體是下部從心符,而上部所從的字符一直找不到來源;《上海博物館藏戰國楚竹書·緇衣》記録該字形體,其上部的鹰符與之有相近之處。關於"賴"字,于省吾《尚書新證》引《漢書·高帝紀》注等文獻,以爲"賴"訓"利"。《郭店楚墓竹簡·緇衣》所引作"贎",《説文·貝部》解釋爲"貨也"。"贎"字《集韻》標音爲"力制切",厲字亦從萬得聲: 從這些材料裏還可以比較直接地找到"贎"與"利"的讀音聯繫。《上海博物館戰國楚竹書·緇衣》所引該處字形由"言"和"而"符構成,隸定爲誀。《廣雅·釋詁》:"'誀',拏也。"《集韻》標注其音值爲"女加切",古音屬娘母字。這個字是從"而"讀的,可以跟"賴"等取得對應:《尚書》的隸古寫本像《書古文訓》中所有的"能"字都寫作"耐",認爲"能"就是"古耐字"。而"耐"也是從"而"得聲的。耐、賴、贎讀音相近。另外,《字彙·言部》認爲這個字就是"說"的異體,《正字通·言部》將其視爲"說"的俗字。說字從兑得聲,跟"贎""賴"音近義通。編者將《上海博物館藏戰國楚竹書·緇衣》所引字形隸定爲從言從大,結體作"訞",遂致莫可究詰。"大"符和"而"符形近,構字過程中多發生混淆。像上"而"下"大"的耎字符,《篆隸萬象名義》就寫作需。這種情形,跟"而"符的來源有關,參見《盂簋》銘文"需"字的寫法。另外,兩種出土文獻均作"萬民",跟傳世今本"兆民"形成異文關係。

4.《吕刑》"苗民弗用靈,制以刑,惟作五虐之刑曰法"

今本《吕刑》作"苗民弗用靈",日藏内野本、足利本等寫本靈字作霊,其餘同。各本所記載的傳文都以"三苗"釋"苗民"。《禮記·緇衣》引《尚書·吕刑》靈字作"命",鄭玄注即以此爲解:"命謂政令也。"段玉裁《古文尚書撰異》認爲作靈、作命,是今、古文的區別。

《上海博物館藏戰國楚竹書·緇衣》所引《吕刑》作"眊民非甬靁,隹乍五虐(字形結構作從示從虐)之型曰金"(其中金是"法"字的古文,見於《説文》著録)。《郭店楚墓竹簡·緇衣》所引該處殘缺不全,首句只存"非甬䨳"三字,其中䨳字《正字通·至部》標注是"即刃切",這裏有可能是用作"靁"的借字。從出土文獻的用字來看,至少有這樣幾點有提出來進一步討論的必要:首先,"苗民"未必就是確指跟著蚩尤起來做亂的"三苗之民"。出土文獻作"眊民",《説文·目部》"眊"下説:"目少精也,从目毛聲;《虞書》耄字从此。"所以,《玉篇·目部》就以"不明貌"來解釋。《漢書·五行志》:"失在眊悖。"眊、悖連文。顔師古注:眊,不明也。眊民,也就是昏亂之民。甬字用作"用",這在金文裏是常見的現象(參見曾侯乙器等,以"甬"作"用",共有30餘條用例)。靈靁霊靈(還有從示靁聲的結構)等形體都是異體字,猶《楚辭》"靈保"之靈,也就是神。所以,照出土文獻的用字來看,作靁作命(命、令古一字),未必一定是今、古文文本帶來的區別。遠在今、古文學術分裂之前的戰國時期文獻還寫作靁,而且與《尚書·吕刑》該處的記載是相應相合的。不用神明,就意味著要轉型爲"刑制",所以,接下的一句是"制以刑"。至於"不用靈"的具體反映,就是《吕刑》篇下面一段著名的文字記載:由於人神混雜,只好採取"乃命重黎,絶地天通,罔有降格"的巫祀獨佔措施。這段文字,一般學者喜歡援引《國語·楚語下》的材料來作説明。金,見於《説文》著録,是法的古文。另外,兩種出土文獻這裏都記作"曰法"字,所以,各家解經將"曰"破字作越(與)等説法恐怕也值得重新考慮。

5.《君奭》"在昔上帝割申勸寧王之德,其集大命於厥躬"

今本《君奭》篇該處文字存在若干出入,我們在《尚書文字校詁》該篇下,根據當時所能參觀的文獻結構,曾作過如下的疏證。

敦煌本伯2748作"君在昔上帝割申勸寧王德",該寫本訛誤殊多。《魏石經》"寧王"古文形體與銘文字形比較接近,寧王即文王,已習見。段氏《撰異》:《禮記·緇衣》篇引作"昔在上帝周田觀文王之德",鄭注:古文周田觀文王之德爲割申勸寧王之德。是"寧王"正是"文王","割申勸寧王之德"者,爲古文。王國維《古史新證》:惟"勸"字《緇衣》作觀較長。割申,《禮記》引作周田,金履祥《書經注》謂:周田……或作割申……周字似害,必害字也。于省吾《尚書新證》解釋其聯繫:格伯簋、師害簋周字,形似易混。《堯典》"洪水方割";鄭《詩譜疏》引作害。割、害古通,前舉《禮記·緇衣》鄭玄注:割之言蓋也。田字或爲申之誤,于省吾《尚書新證》則以爲係"由"字之訛:"害讀曷,由、以也;言在昔上帝,曷以觀文王之德?"

按有關出土文獻,首先,《尚書》該篇語序上存在差異。傳世今本包括唐寫本此處的"在昔",《上海博物館藏戰國楚竹書·緇衣》所引殘缺,《郭店楚墓竹簡·緇衣》所引,正復"昔在"。根據《尚書》文獻用字的文例,作"昔在"是其通例。如"昔在殷王中宗"(《無逸》)、"昔在文武聰明齊聖"(《冏命》)、"昔在帝堯"(《書序》)等等,皆其例。當時受所見文獻系統的局限,未能指出這種語序上的誤倒問題。"在昔"誤倒,莫之或省,久淹不知其溯。"昔在"結構,匡格一律。"時維九月,序屬三秋。"維、屬並列,"歲在戊戌",在,屬也。《漢書》地理志第八上,所謂"昔在皇帝,作舟車以濟不通,旁行天下,方制萬里,畫野分州",語序依然如此。其次,是千古聚訟的"割申"問題。《上海博物館藏戰國楚竹書》該處殘缺,《郭店楚墓竹簡・緇衣》所引作"'戠'紳",這是現在整理者隸定的結果。其中"戠"從戈符,與割從刀符,可以認爲是能夠互相替换的字符,没有什麼差異;編者關於"紳"字的隸定,我們看不出有多少根據,該字形右邊的字符應當是"由"和下面的"田"符重迭而成的。從兩種出土文獻的有關"申"符構成來看,這種寫法與"申"符相去甚遠(參見同篇所引《尚書・君迪》的"迪"字所從申符寫法)。據此,這裏將該字形釋爲"紬",讀作"由"。"割紬"用作"害由",害由就是曷由。按照古書中疑問代詞作賓語的固定語序,這裏應該看作是"由曷"的倒置結構。如此,始與字形結構、經文語義和語法習慣等犁然有當,帖然無間。考釋出土古文字,既要真正弄清楚字形結構,也要熟悉古文獻的用例,二者互相依待,未許偏至。還有,"勸"字的問題。《上海博物館藏戰國楚竹書・緇衣》所引殘缺,《郭店楚墓竹簡・緇衣》所引作"觀"。觀、勸形近,適證王國維等經學文史研究者關於作"觀"爲長的推論之切、識見之精。最後,是"躬"字的異文問題。敦煌本伯 2748 寫作"其集大命於厥身",跟今本《十三經注疏》作"躬"有異。出土文獻《上海博物館藏戰國楚竹書・緇衣》和《郭店楚墓竹簡・緇衣》所引皆作"身",證明現在看到的敦煌寫本(伯 2748)是傳承了戰國時期的文獻用字。

6.《君陳》的兩處引文

按《尚書》學史的研究,先秦文獻援引《君陳》者,僅見於《禮記》中的《緇衣》和《坊記》篇,凡 3 次。文獻的來源,是屬於所謂"書序百篇餘篇"者。今本《君陳》,則是見於稱爲"孔氏本"的僞古文。《上海博物館藏戰國楚竹書・緇衣》和《郭店楚簡・緇衣》兩種出土文獻有兩處都引到了《尚書・君陳》的文字。從篇名用字上看,兩種出土文獻都作《君迪》。這個迪字的結構見於石鼓文、古鉥等文字材料,《正字通・辵部》將其作爲"陳"的異體字而加以著録。兩種出土文獻所援引有關文字材料和今本該篇用字互相比較,會有助於弄清楚這兩處文字的本來面貌,因爲這兩處文字從用字到句讀都一直讓研究者感到費解。

"出入自爾師虞,庶言同則繹。"這是今本一般句讀和用字的情況。日藏内野本傳文解釋是:"出入之事,當用汝衆言度之,衆言同則陳而布之,禁其專之也。"上述兩種出土文獻用字基本相同:"出內自爾帀于庶言同。"只是一本作"于",一本作"雩"。內字從入,師字從帀,這些地方的用字出入不能算大。從出土文獻的用字來看,不但是傳文落實的"虞"字很可能是在這裏僅僅是發揮著虛詞的功能,"則繹"即使不算是衍文,也不會連接到該處的句讀單位上來。

"凡人未見聖,若不克見;既見聖,亦不可由聖。"日藏内野本傳文:"此言凡人有初無終也。未見聖道,如不能得見;已見聖道,亦不能用之:所以無成也(標點符號係作者所加)。"增字彌縫,幾至莫可究詰。兩種出土文本之間文字出入不大,但與傳世文獻比較存在明顯的差别:"《君迪》員未見聖如其弗克見我既見我弗由聖。"其中,《上海博物館藏戰國楚竹書·緇衣》編者將"由"字的字位隸定爲"貴",與原拓字形有出入。按該字形下部所從如果是"貝"符,不會缺少貝下的兩筆。這一區别,可參觀該簡接下來的"貴"字。對照《盂鼎二》《豦簋》《胄簋》《中山王墓宫堂圖》等器"胄"字銘文、對照《侯馬盟書》所用到的"胄"字形體等等,即可瞭解其下半部分都是從"目"符構造的。由此,我們將《上海博物館藏戰國楚竹書·緇衣》所記録的結構隸定爲"胄",讀作"由"。這裏嘗試爲之標點句讀作:

《君迪》員:"未見聖,如其弗克見。我既見,我弗由聖。"

按《上海博物館藏戰國楚竹書·緇衣》這裏的"由聖",也就是《郭店楚墓竹簡·緇衣》的"迪聖",迪字也是從"由"得聲的(如同滌字從條得聲、條又從攸讀)。作爲用字的通例,上面提到的今本《吕刑》作"播刑之迪",《郭店楚墓竹簡·緇衣》引《尚書》作"'膰型之迪",《上海博物館藏戰國楚竹書·緇衣》所引作"匊型之由":迪、由對待,且見於同篇之内,亦可參觀。

所以,《上海博物館藏戰國楚竹書・緇衣》接下的斷語是:"子曰:大臣之不睪也。"《郭店楚墓竹簡・緇衣》是:"子曰:大臣之不新(親)也。"用字、語義乃至經義,傳世今本只是得其仿佛、梗概僅存而已。

文獻及數據庫:

[1] 馬承源《上海博物館藏戰國楚竹書》第一册,上海:上海古籍出版社 2001 年。

[2] 中國社會科學院考古研究所《殷周金文集成》1—18 册,北京:中華書局 1994 年。

[3] 華東師範大學中國文字研究與應用中心研製《金文資料庫》,南寧:廣西教育出版社 2001 年。

[4] 荊門市博物館《郭店楚墓竹簡》,北京:文物出版社 1998 年。

[5] 阮元《十三經注疏》,北京:中華書局 1980 年。

[6] 顧頡剛、顧廷龍編《尚書文字合編》1—4 册,上海:上海古籍出版社 1996 年。

[7] 劉起釪《尚書學史》,北京:中華書局 1989 年。

[8] 劉起釪《尚書源流及傳本考》,沈陽:遼寧大學出版社 1997 年。

[9] 臧克和《尚書文字校詁》,上海:上海教育出版社 1999 年。

原載《古籍整理研究學刊》2003 年第 1 期,中國人民大學《語言文字學》2003 年第 7 期全文轉載。個别字形作了技術處理。

楚簡所見《尚書·高宗肜日》祭主及年代問題

《戰國楚竹書》中《競建内之》等篇目保存了有關《尚書·商書》部分内容。這些内容與有關《尚書》傳世文本對照,對於重新認識《尚書·高宗肜日》祭主及年代等《尚書》學史重要問題,補充了新的材料和視角。

一、《競建内之》與有關《尚書》學史

近兩年整理發表的《上海博物館藏戰國楚竹書》[1],其中第五册的《競建内之》,在討論有關"日食"的過程中,從第二簡開始,以數簡篇幅,援引高宗祭祀發生雉異現象和祖己的解釋,集中記載了《尚書·商書》部分《高宗肜日》等篇的内容,由此涉及到了相關的《書序》部分内容來源年代問題。本篇不僅反映了戰國時期儒家天人感應和天象災異觀念的重要發展過程,同時也是《尚書》學史研究不可多得的重要文獻。有關日食現象的討論,以及由此反映出來的戰國災異觀念、天人觀念,須專題討論。

---

〔1〕 馬承源主編《上海博物館藏戰國楚竹書》第五册,上海古籍出版社 2005 年,第 165—177 頁,陳佩芬釋文考釋。

這裏僅就楚簡相關的《尚書·高宗肜日》等篇的祭主及年代,與有關傳世文獻作些初步比較。

本篇從第二簡,隰朋回答"日既一星變"發生原因,援引高宗之祭所發生鳥占聯繫,説明人事上的應對措施。大意在於發政論而引史料,尚賢才以授能。這既符合齊國歷史上治國傳統方略,更直接的是作接下五、六兩簡進諫齊桓公地步,亦爲齊桓公認識到"尚哉! 吾没有依賴二三子"對照。這部分簡文内容涉及《尚書·高宗肜日》等篇祭祀對象和年代,係目前所能見到的《尚書·商書》部分最早文獻,屬於《尚書》學史上的重要問題之一。

對照現存傳世《尚書》古抄本(主要是源於唐寫本的各類日藏寫本),該簡文意義有三:一是提供了可以認識《書序》一定時間内存在的真實性根據;二是關聯現存《尚書》抄本有關篇目;三是涉及了《高宗肜日》的祭祀對象問題。

1. 提供了可以認識《書序》部分内容真實性的根據。關於《尚書·高宗肜日》,在《尚書文字校詁·高宗肜日》篇裏分析指出:該篇就各種古本文字對照、祭祀用字和語法結構等來看,統篇都是在講祭祀。訓諫從肜祭發生鳴雉現象引出,自祭品談起,到典祀豐殺爲止。敦煌本伯 2516 號《書序》:"高宗祭成湯,又飛雉升鼎耳而雊,祖己訓諸王,作高宗肜日、高宗之訓。"〔1〕在《戰國楚竹書》發表之前,學者們對於《書序》所記載的有關《高宗肜日》所發生引子的真實性表示否定,一般認爲這是經説附會,至於是否符合《高宗肜日》本義,則不予置論。〔2〕只有劉起釪聯繫商族以鳥爲圖騰和卜辭中若干祭祀神鳥的記録,推斷在祭祀大典中發生雉鳥鳴叫現象,在商代是有特殊意義的大事。〔3〕不過,劉先生的説法,似乎至今也還只是被人們當作推測看待而已。從《戰國楚竹書》本篇下出簡文來看,有

〔1〕 顧頡剛、顧廷龍主編《尚書文字合編》第一册《高宗肜日》,上海古籍出版社 1995 年。臧克和《尚書文字校詁·高宗肜日》,上海教育出版社 1999 年。下出有關《尚書》"敦煌寫本"等,皆見於此,不重注。

〔2〕 李學勤《古文獻論叢》上海遠東出版社 1996 年,第 212—214 頁"夏小正新證"。

〔3〕 劉起釪著《古史續辨》"《高宗肜日》所反映的歷史事實",中國社會科學出版社 1995 年。

一點已經很明確:《書序》所載肜祀過程中發生過"雉雊"現象並引起祭者的重視,與某種災異發生聯繫,絶非僅是漢代經説的東西,而是至遲戰國時期就已經存在的現象,並且被當時的政治家拿來跟"日食"天象兆示"兵災"相提並論。

2. 關聯了現存《尚書》抄本有關篇目。本篇簡文除了涉及《高宗肜日》之外,還提到"傅説"等,前後相續,貫通一氣,可以爲現存數十篇《古文尚書》中的有關《高宗肜日》《説命》等"商書"部分編次,提供内在聯繫綫索:《尚書注疏》卷九"商書"部分依次包括《説命上》《説命中》《説命下》《高宗肜日》《西伯戡黎》《微子》,看來至少戰國時期《高宗肜日》跟《説命》三篇還是編次在一起的。

3. 涉及了《尚書》學史所討論的高宗肜日祭祀對象問題。以下根據各簡簡文内容考釋,作些具體討論。

二、第二簡有關《書序》内容的真僞問題

1. 編者句讀及釋文爲:

> 昔高宗祭,又雉雊于□(□編者未釋,字不能隸定)前。

《十三經注疏・尚書正義・高宗肜日》經文:

> 高宗肜日。越有雊雉,祖己曰:惟先格王,正厥事。乃訓于王,曰:惟天監下民典厥義,降年有永有不永。非天夭民,民中厥命。民有不若德,不聽罪,天既孚命正厥德,乃曰:其如台?嗚呼,王司敬民,罔非天胤。典祀無豐于昵。

按本篇《書序》稱:"高宗祭成湯,有飛雉升鼎耳而雊。祖己訓諸王,作《高宗肜日》《高宗之訓》。"後世所稱爲高宗,即歷史上著名的商代國王

武丁。相傳以爲盤庚弟小乙之子,少時生活在民間,即位後,重用傅説、甘盤爲大臣,在位長達五十九年。《詩經・商頌・玄鳥》:"商之先后,受命不殆,在武丁孫子。"《楚辭・離騷》:"説操築於傅巖兮,武丁用而不疑。"是傳世文獻較早的記載。《漢書・藝文志・數術略》總結裏也提到:"故曰:'德勝不祥,義厭不惠。'桑穀共生,太戊以興;雊雉登鼎,武丁爲宗。"看來至遲到漢代人還相信:雊雉登鼎當時算是祭祀過程中出現的"異兆",而這種異常現象是與高宗舉行祭祀活動相關聯的。

敦煌本伯2516號《書序》:"高宗祭成湯,又(有)飛雉升鼎耳而雊。"該抄本孔傳稱此一現象爲"耳不聰之異"。由鼎耳到人耳,顯見是作爲巫術思維"相似律"所發生的關聯。至於所發生的雉異,傳文解釋爲"飛雉升鼎耳而雊",出土戰國楚簡所記載則是"又(有)雉雊于地□前",由於其中"地"之後、"前"之前一字簡文不能解釋,直接影響到雉異所發生具體位置的理解。惟所可明確者,不是像《書序》所記載的鼎耳。這是出土戰國楚簡記載,跟現存其他文獻類型的區别。

由此值得注意的是,近年來所出土整理《殷墟花園莊東地甲骨》[1]有關於"耳鳴"祭祀記載。其中第39號卜辭涉及"耳鳴亡小艱"的内容,鳴字從口鳳聲。看來殷商時代,人們對"耳疾"作爲不祥之兆,是非常重視的,以至於要舉行專門祭祀。《宋本玉篇・耳部》:"聖,《書》曰睿作聖。《孔氏傳》云:於事無不通謂之聖。又《風俗通》云:聖者聲也,聞聲知情故曰聖也。"《萬象名義・耳部》:"聖,通也,聲也。"《説文解字・耳部》:"聖,通也。从耳呈聲。"聖、聲記録同源詞,出土文獻多通用。郭店楚墓竹簡《老子》甲16號"音聖(聲)之相和也,先後之相隨也"、《老子》乙12號"大方亡禺(隅),大器曼成,大音希聖(聲),天象亡型(形)"、《緇衣》40號"句(苟)又(有)衣,必見其幣(敝);人句(苟)又(有)言,必聞其聖(聲);句(苟)又(有)行,必見其成"、《五行》19號"金聖(聲),而玉晨(振)之,又(有)悳(德)者也。□金聖(聲),善也;玉音,聖也"、《性自命出》5號

〔1〕 中國社會科學院考古研究所編《殷墟花園莊東地甲骨》,雲南人民出版社2003年。

“金石之又(有)聖(聲)”、《性自命出》24號“聖(聽)琴瑟之聖(聲)”、《語叢一》47號“又(有)容又(有)色,又(有)聖(聲)又(有)臭(嗅)”,《上海博物館藏戰國楚竹書》第一册《孔子詩論》3號“丌(其)言文,丌(其)聖(聲)善”,等等。

戰國楚簡所聯繫到的雉異現象,屬於古代鳥占範圍。這些鳥占内容,則可以在《説文解字》的《鳥部》《隹部》等部類,以及歷代石刻文獻、敦煌文獻所存的民間古俗資料裏可以找到大量記載。如“石刻叢語·用事部”曾提到唐代鳥占儀式:

武周天授二年《衡義整墓誌銘并序》(《匯編》第17册第137頁):“式訪鳥占,爰興鶴隧。粤以天授二年二月十八日,與夫人元氏河南郡君合葬於洛陽縣清風鄉之原,禮也。”〔1〕

2. “譔祖己而昏安,曰,請教祖己而問國家安定之事。”編者句讀釋文如此。

簡文“譔”從言巺聲,讀作“遜”。《説文·卪部》:“巺,二卪也。巽从此。”據《名義·卪部》所關聯,這就是巽字:“巺,仕轉反。巽字。”“譔祖己而昏安”,語意謂“遜請祖己而問焉”,安,即下出第三簡“既祭焉”寫作“既

〔1〕《中古漢字流變》“鳥”部按語:“鳥部在中國古代訓詁文字記録當中,亦爲一大部類。該部類收字有二特點:一是鳥、隹同類,故二部常通用而構成異體;二是鳥字自古用於占卜,爲中國民俗信仰的一個重要内容。《三國志·魏書》卷29《方技傳》注引《别傳》記載管輅曰:‘夫天雖有大象而不能言,故運星精於上,流神明於下,驗風雲以表異,役鳥獸以通靈。……此乃上天之所使,自然之明符。’”稍廣其例,即字書所存,不勝羅列。《説文解字·鳥部》例:“鸞,亦神靈之精也。赤色,五采,雞形。鳴中五音,頌聲作則至。”“鳳,神鳥也,……見則天下大安寧。”“鷽,雗鷽,山鵲,知來事鳥也。”“鷸,知天將雨鳥也。从鳥矞聲。《禮記》曰:知天文者冠鷸。”《玉篇·鳥部》:“鶩,有此鳥集,即大荒,國亡。”又“鵔,見則大旱也。”“雞,知時鳥。”又“鶬,似禿鶖,見則兵起。”又“鷸,音商,鷸羚鳥,舞則天大雨,出《字統》”。《萬象名義·鳥部》:“鶩,集所亡。”所本《山海經·大荒西經》:“(玄丹之山)爰有青鴍、黄鶩、青鳥、黄鳥,其所集者其國亡。”又“鵔,見旱。”又“鴨,見有災。”又“鵩,似鶚,大。”《文選·賈誼〈鵩鳥賦〉序》:“鵩似鴞,不祥鳥也。”另外筆記小説等這方面的記載也不勝羅列。陳繼儒撰《太平清話》二卷“楊椒山先生”條:“楊椒山先生喜鴉而惡鵲,云鴉報凶鵲報吉,鴉近忠,鵲近諛。”《三國演義》第53回,卻説玄德自雲長來取長沙,與孔明隨後催促人馬接應。正行間,青旗倒卷,一鴉自北南飛,連叫三聲而去。玄德曰:“此應何禍福?”孔明就馬上袖占一課,曰:“長沙郡已得,又主得大將。午時後定見分曉。”少頃。見一小校飛報前來,説:“關將軍已得長沙郡,降將黄忠、魏延。耑等主公到彼。”(人民文學出版社1973年,第434頁)

祭安"、第四簡"後焉"寫作"後安"。"曰",接前句主語"高宗祭"之高宗,表明下面所提出的問題,即簡文以主語爲高宗,承前省。[1]

3. "是何也? 祖己答曰: 昔先君之祭。"編者釋文如此。

按楚簡上下文,問句係高宗所提。這樣一來,《尚書》有關"高宗肜日"的祭主問題就明確了: 接上出"曰"字,所發"曰"的主語是高宗;"是"屬指代,指代前出所謂"雉異"現象。

三、第三、四簡有關高宗之祭討論

1. "含(今)此祭之得福者也。"編者句讀釋文如此。

按"含"字從今得聲,楚簡即本地風光,無待遠徵。郭店楚墓竹簡《語叢一》第 38 號"《詩》所以會古含(今)之恃","古今"即作"古含",此類用例楚簡多見。"得福",亦即楚簡成語,或作"得彔",如《上海博物館藏戰國楚竹書》第一冊《孔子詩論》第 9 號簡"《天保》,其得彔蔑畺矣"。肜祭"得福",指的是下出發現處於巖穴的賢臣傅説、量之。

2. "周量之以寖汲,汲汲不休的寖水旁。"編者句讀釋文如此。

按"量之"爲人名,跟下出傅説同類: 與上"得福"句相承,則爲賢者無疑。"以寖汲",亦猶"傅説"之得名,説明得賢之由: 包含地方、身份等。《康熙字典》還保存有關水名的記録:"寖,又水名,寖水出武安縣東。"然則簡文所載周量之爲商代寖水之汲水者,無非還其身份等級。[2] 郭店楚

---

[1] 《康熙字典 · 己部》:"《唐韻》《集韻》《韻會》《正韻》並蘇困切,音遜。《説文》……篆文作巽,徐鉉曰: 庶物皆具丌以薦之。又《玉篇》: 卦名。《韻會》: 巽,入也,柔也,卑也。《易 · 巽卦》疏: 巽者,卑順之名。《説卦》云: 巽,入也,蓋以巽是象風之卦,風行無所不入,故以入爲訓。若施之於人事,能自卑巽者,亦無所不容。然巽之爲義,以卑順爲體,以容入爲用,故受巽名矣。又與'遜'通。《書 · 堯典》'汝能庸命巽朕位',《釋文》: 巽,讓也。《集傳》: 巽、遜古通用……"

[2] 賢者每處巖穴,身份低賤差等。如專爲搬演炫耀才學之作《鏡花緣》,作者借主人公爲才人所發浩歎:"世人只知紗帽底下好題詩,哪裏曉得草野中每每埋没許多鴻儒!"夫量之汲水、傅説操築、吕望鼓刀、寧戚飯牛,皆其比也。參見下出"傅説"。傳世史籍文獻記載,未見"量之"其人。

墓竹簡《窮達以時》列舉了這類事例,如第4號簡簡文"釋板築而佐天子,遇武丁也。吕望爲牂來瀳";第5號簡簡文"來地,行年七十而屠牛於朝訶,舉而爲天子師,遇周文也";第6號簡簡文"管夷吾拘繇棄縛,釋桎梏,而爲諸侯相,遇齊桓也";第7號簡簡文"白(百)里迌饋五羊,爲攺釋牛,釋板柦而爲朝卿,遇秦穆",等等。至於"汲汲不休的寖水旁",大抵汗漫之言,非得其解。

3. "高宗命傅鳶(説),量之以……"編者句讀釋文如此。

按"高宗命傅鳶(説)、量之",傅説、量之比列,知上出"周量之"爲人名。編者直接將"鳶"讀作"説",似不如讀作"巖"聯繫更加直接:鳶字古音地位爲山合三平仙以,説字爲蟹合三去祭書,巖字爲咸開二平銜疑。傅説作爲賢臣專名,得名於巖地。《尚書注疏》卷九《商書·書序》:"《序》:高宗夢得説。《傳》:盤庚弟小乙子名武丁,德高可尊,故號高宗。夢得賢相,其名曰説。使百工營求諸野,得諸傅巖。《傳》:使百官以所夢之形象,經營求之於外野。得之於傅巖之溪,作《説命》三篇。《傳》:命説爲相,使攝政。""傅説"亦見於《尚書·君奭》。[1]

該簡關鍵之處有二:一是跟上出第二簡"昔高宗祭""諆祖己而昏安"聯繫起來,將高宗作爲祭祀的主持者。二是簡文除了涉及《高宗肜日》之外,還提到"傅説"等,且前後相續,爲現存數十篇《古文尚書》中的有關《高宗肜日》《説命》等"商書"部分編次,提供内在聯繫綫索:《尚書注疏》卷九"商書"部分依次包括《説命上》《説命中》《説命下》《高宗肜日》《西伯戡黎》《微子》,看來至少戰國時期《高宗肜日》跟《説命》三篇還是編次在一起的。

---

〔1〕《楚辭章句·離騷》:"説操築於傅巖兮,武丁用而不疑;吕望之鼓刀兮,遭周文而得舉;寧戚之謳歌兮,齊桓聞以該輔。《章句》:説,傅説也,傅巖,地名。武丁,殷之高宗也。言傅説抱懷道德,而遭遇刑罰,操築作於傅巖,武丁思想賢者,夢得聖人,以其形象求之,因得傅説,登以爲公,道用大興,爲殷高宗也。《書》曰:高宗夢得説,使百工營求諸野,得諸傅巖,作《説命》是也。吕,太公之氏姓也。鼓,鳴也。言太公避紂,居東海之濵,間(聞)文王作興,盍往歸之,至朝歌,道窮困,自鼓刀而屠,遂西釣於渭濵,文王夢得聖人,於是出獵而見之,遂載以歸,用以爲師。寧戚,衛人。該,備也。寧戚修德不用,退而商賈,宿齊東門外,桓公夜出,寧戚方飯牛,叩角而高歌。桓公聞之,知其賢,舉用爲客卿,備輔佐也。"

將高宗作爲肜祭主持的理解,王國維等學者曾經通過甲骨文等材料考證加以推翻,即高宗雖然出現在主語位置上,而是作爲"受動"對象出現的。王國維《觀堂集林》所作考訂,《尚書文字校詁》本篇將其要點歸納爲:(一)高宗肜日,高宗爲受祭對象,具體爲祖庚祭高宗;(二)本篇當作於武丁之後;(三)祖己即孝已。關於(一),如同《尚書・禹貢》結尾所謂"禹錫玄圭,告厥成功",受事者位於主語地位,結構一揆。關於(三),敦煌本伯2516號經文抄作"越又雊雉",該本傳文:"於肜日有雉異。"傳文釋爲高宗祭成湯〔1〕。

本篇戰國楚簡文字有關各簡聯繫表明,高宗祭成湯的説法,所從來已遠,既非純係《書序》經説,亦非僞孔傳所向壁虚造。上述有關《尚書・商書》部分祭主及年代的重新認識,就是通過《戰國楚竹書・競建内之》簡文聯繫所得到的。

本文發表於《語言論集》第六輯,中國社會科學出版社2009年。收入本集,又有增補。

附録:

出土楚簡與"古文尚書"

——《中國史研究》編輯部轉來稿件讀後

大刊編輯部諸先生編席:

奉到寄下"尚書學"文稿,謬承垂詢。只好不揣淺陋,略陳一孔之見,聊供三隅之反。僅供大刊參考。即頌

秋安並編安!

2012-09-28

〔1〕《尚書文字校詁・高宗肜日》。

作者以新近發表的清華簡第一冊《尹誥》文字，比勘對照傳世文本《古文尚書·咸有一德》（作者援引的版本是上海古籍出版社《尚書正義》），得出如下重大結論：今《咸有一德》之時代必不能晚於簡書所出之年代，可見其不可能是魏晉人所造。甚至充類至盡，據此推斷《古文尚書》各篇的真實性："《咸有一德》不是魏晉人所造，或者不晚於清華簡，那麼《古文尚書》其他各篇自然也應如此，當然不必包括全部二十四篇。"

論文所討論，涉及《尚書》學史上一段重要學術"公案"；所運用以出土文獻對比傳世文獻，綜核文獻學、文字訓詁學等方法，都凸顯了所考察課題的重大和作者的探索勇氣。

文史考證性研究，引用出土文獻，理想的狀況是存在多個共時的文本。近年來，隨著出土文獻即戰國楚簡系列的不斷整理公佈，一向沉寂的《尚書》學領域，陸續有所涉及，比如見於《上海博物館藏戰國楚竹書》的，是散在各冊的有關篇目。"如第一冊《緇衣》存《咸有一德》《尹告》《君牙》《吕刑》《君陳》等數篇；第五冊《競建內之》存《商書·高宗肜日》部分；郭店楚墓竹簡也存《緇衣》篇，同樣涉及到《尚書》的若干篇目，有的可以針對《戰國楚竹書》互相補充，如《君奭》《吕刑》等篇。"我在《簡帛與學術》一書有關章節裏曾作過初步分析：

按《尚書》學史的研究，《咸有一德》《尹告》屬於"商書"的部分。對照今本《尚書》文獻系統，兩篇均不在今文28篇之數；其中《尹告》篇屬於所謂"古文逸16篇"。在目前整個先秦引《尚書》的文獻結構裏，兩篇只是分別被引用過2次，均見於《禮記·緇衣》。從文獻版本系統來看，《史記》所引今文文字有《咸有一德》。經學研究者一向認爲，《尚書》文獻系統散佚之後，該篇屬於稱孔氏本的"僞古文"。前些年出土的《郭店楚墓竹簡》有關記載有這樣的文字："尹[illegible]（誥）員（云）：隹（唯）尹躬及湯，咸又（有）一悳（德）。"這段文字跟傳世今本《尚書》的用字基本相同："惟尹躬暨湯，咸有一德。"日藏寫本像內

> 野本作"惟尹躬梟湯,咸又一悳";天理本的用字只是"躬"字作"舩"、"又"字作"有",足利本基本没有跑出這兩個版本的用字範圍;其餘《書古文訓》和唐石經等文獻用字也在這個範圍之內。
>
> 《上海博物館藏戰國楚竹書》用字,與《郭店楚墓竹簡》大同小異:"尹[illegible](誥)員(云):隹尹夋及康,咸又(有)一悳(德)。"只有躬作夋,二字音近通用;"湯"字在《上海博物館藏戰國楚竹書》裏寫作"康",二字亦音近通用:湯字從昜得聲,康、唐二字聲符都是庚,而《説文·口部》"唐"下所録古文亦從"昜"。另外"咸"字内部少了一横筆。兩種簡文文本"告"字下部從廾符構造,爲表示上告者敬矜態度的專字。這個用字特點,唐蘭等古文字學研究者已經考釋過,而金文、《尚書》有關唐寫本和日本所藏寫本等文獻都是比較常見的。
>
> 對照傳世文獻的用字來看,兩種簡文文本提到的告誡主體"尹",就是《尚書》文獻系統裏常見的"伊尹"。今本《禮記·緇衣》中引《尚書》篇名作《尹吉》,東漢經學家鄭玄解釋説是"吉當爲告,古文誥字之誤也。《尹告》,伊尹之誥也。《書序》以爲《咸有一德》,今亡"。現在通行的各家注本都是依據鄭玄注釋修改。從出土的戰國文獻看來,漢代經學家的推論無疑是有一定根據的。從今本《咸有一德》的"孔氏傳"來看,都説是"伊尹作《咸有一德》";兩種出土文獻也只是講"尹[illegible](誥)員(云):隹尹夋及康,咸又(有)一悳(德)";所以,簡文這裏的"咸又一悳"是否就算得是《尚書》的篇名,還需要其他文獻根據(第46—47頁,大象出版社2010年)。

當時"清華簡"尚未公布。顯然,作者的推論,不啻大大前進了一步。

文獻學上,推斷一個文本部分内容有一定來源,跟判斷一個版本的真僞、一個完整結構乃至一個系統的歷史存在,其實屬於兩個不同層次的問題。否則,肯定者即如本文作者,可以援引"清華簡"相關内容,來證傳世文本之真;而否定者,由於看到出土文本跟傳世文本的差異之大而愈證其僞。面對同一文本,所從言之路異,肝膽變胡越,冰炭交相織,形勢成水火。而這,正是目前我們所看到的局面。我讀後的感覺是,本文確實還存在這樣的實際問題,需要作者進一步思考。

何況,作者也發現,"清華簡"所存文字,視《尚書正義》文本,相去原本不可以道里計。戰國晚期到秦漢之際,文獻傳播水平,個體傳抄,輾轉依託,歧中生歧,往往而有。

對待"經學"史上的重大學術公案,科學的作法就是立足材料,實事求是。考索應盡量避免以偏概全,行文也宜力戒過於峻急。

全文並没有涉及實際上的文字考釋,故有關文字義訓部分不贅。

"《尚書》學"傳本及文字問題補説(一)

——以唐抄《古文尚書》庚午刻《書傳》等所存《禹貢》篇爲主[1]

文史考證性研究,引用出土文獻,理想的狀況是存在多個共時的文本。文獻學上,推斷一個文本部分内容有一定來源,跟判斷一個版本的真僞、一個完整體系的歷史存在,其實屬於兩個不同層次的問題。幾種時代關係明確的文本對讀,會比較直接發現唐宋時期的文本之間,《書》古文經與今文經之間,以及發展至於唐宋時期的字際之間的種種聯繫。唐抄本《古文尚書》如岩崎藏本使用的字體爲"古文",其所謂"古文"跟一般古文字學意義不同,實際使用的是漢魏六朝隋唐沿襲下來的"隸古"寫法,而且其中的"隸"跟唐代出土文字所使用有關的"隸"術語,也是同名異指。庚午刻本《書傳》一般各篇題解處往往標注"今文""古文"抑或"今文古文皆有",是知至遲宋刻本今文、古文經已經完全合流。經文由釋文隔開的段落劃分,形成庚午刻本所存宋代尚書學者與古文抄本、嘉慶刊本分歧,較然明顯者,大約也是宋代諸儒疑古表現形式之一。古文傳文本身破句失

[1] 所謂"補説",就是對以往《尚書》學史版本文字具有補充性的意義。

讀,此類問題,也許爲“古文”文本最可懷疑處。庚午刻本在注釋過程中,於古文經與古文傳文,還是兩邊兼顧,尚未體現出徹底的“疑古”態度。唐抄本清楚表明,至遲南北朝時,還明確見到跟《古文尚書》一致的字形使用文本。以現在正在建設加工的歷代實際用字數據庫比對來看,唐抄《古文尚書》字形,大體漢魏六朝多見,戰國楚簡也存在部分重合,而迥乎不同於宋代《書古文訓》那樣的“隸古定”字形。《十三經注疏·尚書注疏校勘記序》稱古本“字體太奇,間參俗體,多不足信”,以其所見不廣,似亦不足信。

01)文史考證性研究,引用出土文獻,理想的狀況是存在多個共時的文本。近年來,隨著出土文獻即戰國楚地竹簡系列的大量整理公佈,一向沉寂的“《尚書》學”領域,陸續有所涉及,使得學術史上公案聚訟的“《尚書》學”似乎又一度呈現出某些“趨熱”勢頭。比如,見於《上海博物館藏戰國楚竹書》,是散在各冊的有關篇目。如第一冊《緇衣》存《咸有一德》《尹告》《君牙》《吕刑》《君陳》等數篇名;第五冊《競建内之》存《商書·高宗肜日》部分。較《戰國楚竹書》早兩年發表的《郭店楚墓竹簡》,也保存《緇衣》篇,同樣涉及到《尚書》的若干篇目,有的可以針對《戰國楚竹書》互相補充,如《君奭》《吕刑》等篇。我在《簡帛與學術》(2010)一書有關章節裏,曾作過一些分析:在傳抄時代,“定本”自然也是相對的,即充其量算是某個時期的一種“定本”——蓋棺定論者的本子,即抄手也未必就是可以“寫定”之人選。就價值而言,也毋庸諱言,可能在文物考古學領域是充分的;而在漢語史領域,平心而論,不少出土材料其實是没有多少用處的。文史考證性研究,引用出土文獻,理想的狀況是存在多個共時的文本。[1]

出土文獻往往以難以連貫的片斷形式,輾轉貯存了傳世古書所見若干“話題”。這可以用來説明這些片斷“話題”具有相當久遠的“來處”,但是,若由此匆忙判斷某種傳世文本體系或“古已有之”,則勢必增加一些混亂。文獻學上,推斷一個文本部分内容有一定來源,跟判斷一個版本的真僞、一個完整體系的歷史存在,其實屬於兩個不同層次的問題。否則,像有的肯定者可以援引“清華簡”等相關内容,來證傳世文本之真;而否定者,由於看到出土文本跟傳世文本的差異之大而愈證其僞。[2]

02)關注“《尚書》學”公案。一個是“單位尚書學史”的發展,一個是兩漢兩宋明清各個時期的今古文、真僞性等重大突破問題發現的源頭性文本數據。所謂“學術前沿”,充其量只能部分標誌某些領域的“研究位置”;就原創性調研而言,材料新鮮,是重要的,但並非是唯一的和充分的。有關出土文獻戰國楚墓竹簡系列所反映出來跟《尚書》學史的關聯情況,參見本文後面所附參考文獻,這裏不打算展開討論,而是將篇幅留給下面提到的兩個相對完整的域外傳抄傳刻本。

03)就目前現存所見,海外所藏《尚書》文本有兩個。按時代因素,一爲唐代抄本,一爲庚午刻本。就收藏地而言,一藏日本,一在韓國。

先説日藏唐代抄本。《唐鈔本古文尚書》十三卷,據日本福岡國際大學海村惟一教授揭示,該本爲廣橋家舊藏本。其中之一現在的岩崎藏本,殘本,尚未避唐太宗“民”字之諱,所書字體爲隸古定。[1] 最新研究根據載體的紙料、用雌黄訂正文字的手法等,綜合判斷此本是初唐抄本。[2] 我在審訂《日藏唐代漢字抄本字形表》(下面行文過程中一律簡稱爲“字表”)過程中,對照歷代石刻數據庫發現,該抄本用字,與漢魏六朝隋唐出土文字,存在相同的源流及書寫風格。[3] 相關用例表明,日藏唐抄系列,與中土各個時段漢字使用及發展情形十分吻合。如此看來,日藏唐抄系列,確乎所來有自。阮元《十三經注疏·尚書注疏校勘記序》稱古本“字體太奇,間參俗體,多不足信”,以其所見不廣,似亦不足信。

關於韓國庚午刻本《書傳》(簡稱庚午本),據刻本前面所刊蔡沈序末稱,該序作於南宋嘉定己巳三月既望(即嘉定二年,紀元1209年)。尊原本字體而不外騖,高麗半島所藏刻本有些爲宋版覆刻者,此殆即其一。該刻本相關屬性,見參考文獻。[4]

---

〔1〕《岩崎文庫貴重書解題Ⅳ》,東洋文庫2004年,第82頁。

〔2〕《國寶古文尚書》卷第三、卷第五、卷第十二,勉誠出版社2015年,第157頁。

阮元《十三經注疏·尚書注疏校勘記序》交待版本依據以爲:"古本:見山井鼎《七經孟子考文》。乃日本足利學所藏書寫本也物也。序以爲唐以前物,其經皆古文。然字體太奇,間參俗體,多不足信。"〔1〕"宋板:宋十行本,案他本注疏每半葉九行,此獨十行,故世謂之十行本,溯其源,蓋即岳珂九經三傳沿革例所謂建本有音釋注疏是也,修板至明正德間止,亦即山井鼎所謂正德本是也。"〔2〕

04) 以《古文尚書》岩崎藏本唐抄《禹貢》所使用"古文"實際爲例,閲讀上揭二本,會比較直接發現唐宋時期的文本之間、《書》古文經與今文經之間、以及發展至於唐宋時期的字際之間的種種聯繫。

唐抄《古文尚書》如岩崎藏本使用的字體爲"古文",只是這裏"古文"跟一般古文字學意義存在差異,實際使用的是漢魏六朝隋唐沿襲下來的"隸古"寫法,而且其中"隸"跟唐代出土文字所使用有關"隸"術語,也還是同名異指。〔3〕 例如唐代石刻用字以及日藏唐抄字彙《篆隸萬象名義》所使用術語等。下面我們將會觀察具體字形使用情況。

庚午刻本蔡沈《書傳》,一般各篇題解處往往標注"今文""古文"抑或"今文古文皆有"。〔4〕 是知至遲宋刻本今文、古文經已完全合流。庚午本《書傳》尊朱子之所見,且多引宋代各家學者之説,對當時頗有影響的四家《尚書》學作了提要式學術評述。如謂蘇軾《書傳》過簡,林之奇《尚書全解》過繁,吕祖謙《書説》過巧。窮究山川之位置,爲有宋一代學術所聚訟。《禹貢傳》所引林之奇曰:"自兖而下,八州皆以高山大川定逐州之疆界,《序》所謂别九州,篇首所謂奠高山大川也。鄭魚仲(樵)謂《禹貢》以地名州,爲萬代地理家成憲。"日藏唐抄岩崎藏本,其中《禹貢》殘卷,從"(夾右碣石入於)河"存抄一字。接下字形抄作"濟河帷沇州";庚午本

〔1〕 按"本也",衍"也"字。

〔2〕 《十三經注疏》附校勘記上册《尚書注疏校勘記序》,中華書局 1979 年,第 111、112 頁。

〔3〕 臧克和《中國文字發展史·隋唐五代文字卷》第一章"楷化的歷程"節,華東師範大學出版社 2015 年。

〔4〕 如《益稷》篇,開宗明義揭舉道:"今文、古文皆有,但今文合於《皋陶謨》。"

《書傳》刻爲“濟河惟兖州”。敦煌本“伯 3615”亦作“沇州”,〔1〕是知古文經用“沇”不作“兖”。漢魏六朝隋唐歷代石刻,以口形、厶形未形成區別,故兖、兖並存。濟河,岩崎藏本傳文“東南據濟,西距河也”,其中“距”字抄誤,然猶不失隋唐乃至南北朝書風。庚午刻本《書傳》引林氏:“當以古文爲正。濟、古文作泲。《説文》注云:此兖州之濟也。其从水从齊者,《説文》注云:出常山房子縣贊皇山。此二字音同義異,當以古文爲正。”

九河旡道:岩崎本抄如此。庚午本《書傳》刻爲“九河既道”。旡,既字聲符。宋人大徐本《説文》:“旡:歙食氣屰不得息曰旡。从反欠。今變隸作旡。旡,古文。”日藏唐抄本《説文・木部》殘卷,所從旡形,皆作旡。可知岩崎藏本所抄爲古文。戰國早期中山王壺銘上面“慈愛”一詞,即用炁字記録。戰國中晚期的楚簡像《郭店楚墓竹簡》、《上海博物館藏戰國楚竹書》等,一般炁字諸如[古文字形]等,皆以旡爲聲符,寫法一律,是知唐抄本古文不爲無據,現行宋代大徐本篆文已生訛誤,其所謂“今變隸作旡”,尤爲不知源流、本末顛倒者。

雷夏旡澤,灉沮炭同:岩崎藏本抄如此。灰、會古音皆讀曉母,炭、岃又復形近,故其抄字作岃、炭混合形。《説文・火部》:“炭,燒木餘也。从火,岸省聲。”敦煌本“伯 3615”作“岃同”,原形抄寫作岃,爲字彙定型爲岃的過渡性結構。日藏唐抄字彙《篆隸萬象名義》:“會,胡外反。計也。合也。集與也。水岃,古文。”《原本玉篇》該字不存,《宋本玉篇・會部》:“會,胡外切。歲計會也,對也,合也。又古外切。㑹、岃,並古文。岃,古文會字。”《類篇・會部》:“會,合也。从亼从曾省曾益也。凡會之類皆从會。古作帯佮岃㑹㑹。黄外切。會岃,又古外切。總合也。會,又戸括切。項摅也。又古活切。會撮,項摅。”又澤,唐抄古文本作澤,漢魏六朝隋唐石刻多見。又灉,唐抄古文本作灉,庚午本《書傳》作灉:字皆從水邕聲雝聲,雝亦從邕得聲。段氏《撰異》以爲:“雍者,雝之隸變,字

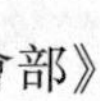

〔1〕 臧克和《尚書文字校詁》“禹貢”篇注①所徵引,上海教育出版社 1999 年。

不從水。"[1]是未見古本之臆斷者。

桒土无蠶,是降丘宅土:岩崎藏本抄如此,於"丘"字不作避諱處理。又,兩"土"字皆標記丶筆於二横筆之間,以形成區别,全本同。下出傳文:地高曰丘。大水去,民下丘居平土,就桒蠶也。庚午本《書傳》經文作"桑土既蠶,是降丘宅土",其中"丘"字不作避諱省略中間豎筆,"土"字丶筆位於兩横筆之上,由此形成區别,全本同。但是,在漢魏六朝隋唐五代實物使用字形裏,似還未見這種區别方式。[2] 只能説明庚午刻本忠實沿襲了宋刻錯誤,就是上具韓國專家所揭示:"高麗刻本完全依樣宋版原本字體,不能有任何字體變化,即錯誤之處亦保持原貌。"按文獻用字習慣,"孔丘"字避諱,亦始於宋代,但尚未見"丘"字省筆形式。《十三經注疏》嘉慶刊本於"丘"字省筆避諱。[3] 這樣問題就來了:是宋本尚未及此,嘉慶刊本覆刻過程中添加的避諱?抑或庚午刻本另有所本?庚午本《書傳》桑之爲桒,以古文字叒、卉隸定混淆。漢魏六朝隋唐出土材料用字,皆多用桒字,只是唐石經楷字採用並定型了"桑"形結構。[4]《禹貢》沇州地域,即今菏澤,周邊系城、濮、商丘地,以黄河入海古道淤積而成,沼澤平原,略無起伏,即土丘殆亦屬人爲而成者(此與堯時洪水、乃至氏號陶唐有宛密關聯,另有討論,具見《堯典》篇),故不宜蠶桑。庚午本《書傳》傳文:"蠶性惡濕,故水退而後可蠶。然九州皆賴其利而獨於兖言之者,兖地宜桑,後世之濮上、桑間,猶可驗也。地高曰丘,兖地多在卑下,水害尤甚,民皆依丘陵以居。"

氒土黑墳,氒巾帷繇,氒木惟絛:岩崎藏本抄如此,下出皆同。氒,金文戰國楚簡多見,諸如金文作 ,楚簡作

---

〔1〕 段玉裁《古文尚書撰異》,簡作"段氏《撰異》",上海書店 1988 年影印學海堂本《清經解》。

〔2〕《漢魏六朝隋唐五代字形表·土部》,南方日報出版社 2011 年,第 214 頁。

〔3〕 阮元校刻《十三經注疏》清嘉慶刊本第一册第 310 頁,中華書局 2009 年。

〔4〕《漢魏六朝隋唐五代字形表·木部》,第 552 頁。

等,〔1〕唯歷代刻石僅見於唐代使用。氒,本爲木本,讀同厥,而厥字,《説文・厂部》説是"發石",字形結構,最早也就是漢代所見小篆及有關刻石。庚午本《書傳》皆抄用"厥"字。又,條,從攸讀,攸者爲長。岩崎藏本經古文抄作,傳文亦抄同爲,人符變爲彳符,漢簡漢魏六朝刻石多見。〔2〕

以現在正在建設加工的歷代實際用字數據庫比對來看,唐抄《古文尚書》,系漢魏六朝多見,也有少量僅見於唐代使用的情況;《十三經注疏・尚書注疏校勘記序》稱古本"字體太奇,間參俗體,多不足信",以其所見不廣,似亦不足信。

氒田帷中丅氒賦貞:岩崎藏本抄如此,其"丅"字形,今大徐本《説文》爲"下"字小篆字頭。三國吴及隋唐石刻亦用此形,如分別作 。〔3〕貞,唐抄傳文:"貞,正也。州第九,賦正與九州相當也。"其解簡質,若泛指九州所賦正復相當,但後面各州又各有差等。但若説兖州在九州序列中正好第九,則羌無根據。即本篇禹敷土,"奠高山大川",亦先叙中央冀州,次即兖州。傳文所解,殊非其次。庚午本《書傳》則增字爲解:"貞,正也。兖賦最薄,言君天下者以薄賦爲正也。"

十又三載乃同:岩崎藏本抄如此,其作"又"字形,戰國楚簡帛以"又"爲"有"之用,無慮數百處。〔4〕今大徐本《説文》分析"有"字結構,爲"从月又聲"。庚午本《書傳》駁古文傳:"此州治水最在後畢,州爲第九成功,因以上文厥賦貞者,謂賦亦第九,與州正爲相當。殊無意義,其説非是。"

氒貢 ,氒篚 文:岩崎藏本抄如此,其中"漆"字寫法,漢字

〔1〕《實用説文解字・氏部》,上海古籍出版社 2012 年,第 394 頁。

〔2〕《漢魏六朝隋唐五代字形表・木部》,第 550—551 頁。以下非特別注明出土出處者,皆見於該表。

〔3〕《實用説文解字・丄部》,第 2 頁。

〔4〕《出土古文字語料庫》,華東師範大學中國文字研究與應用中心 2015 年。

所無,當係日本"國字"。石刻篆文作[illegible],〔1〕庚午本《書傳》漆形水符似直接由隸書刻寫。絲,岩崎藏本抄作絲,漢代三國竹簡南北朝隋唐石刻,多見草簡寫成的絲形,下部爲灬形居多,草書則連爲一筆。日藏唐抄《篆隸萬象名義·糸部》:"絲,古糸字。"織,岩崎藏本抄寫,經文改造爲從糸戠省聲之紌,傳文則用織。按字彙定型貯存,唐抄本經文結構,唐宋字彙以爲係"古文":日藏唐抄《原本玉篇》:"《尚書》'厥篚織文。'孔安国曰:'錦綺之屬也。'又名'梁州貢織皮',孔安国曰:'今之罽也。'旍旗徽織爲幟字也,在巾部。絋,《説文》'樂浪挈令'織字也,《字書》古文織字也。紌,《字書》亦古文織字也。"《類篇·糸部》:"織絋紩戠紌:質力切。《説文》作布帛之總名也。樂浪挈令从糸从式,徐鉉曰:挈令,蓋律令之書也。或作紩。古作戠、紌。織,又脂利切,織文也;又職吏切。絋,又式吏切,旗也。"紌,與唐抄本同;紌,見於南北朝石刻字。

浮於濟漯,達於河:岩崎藏本"達"字抄作[illegible],下文用字抄同,南北朝隋唐石刻多用此形。庚午本《書傳》刻作達。

[illegible][illegible]惟青州:岩崎藏本抄如此。其中"海"調整爲上下結構,南北朝隋唐石刻亦數見,但日藏《南華真經》等敦煌抄本,唐代抄寫習慣,取結構平衡,多以上下結構調整爲左右結構。又"岱"爲包孕結構,歷代石刻尤習以爲常。〔2〕傳文"西南距岱"抄作[illegible],六朝隋唐石刻習見。

嵎[illegible]旡略,淮淄[illegible]道:岩崎藏本抄如此。夷作[illegible],青銅器銘文以"尸"用爲"夷"字,無慮近百處,現藏上海博物館春秋早期《魯伯愈鬲》則使用"𡰥"字。〔3〕另外,𡰥亦見於唐代石刻。宋本《玉篇·大部》:"弋脂切。明也,平也,敬也,滅也,易也,蠻夷也。或𡰥字。"傳文作"[illegible][illegible]",南北朝隋唐石刻用字同。庚午本《書傳》刻作"嵎夷"、"濰淄",水名以濰

〔1〕《實用説文解字·水部》,第338頁。

〔2〕參見《中國文字發展史·隋唐五代文字卷》第一章"楷字區別性"節。又見趙孟頫《行書千文》等所書"岱"字結構。

〔3〕據《出土古文字語料庫》查詢結果。

爲是。岩崎藏本抄誤,其傳文亦誤作"淮淄"。又抄本使用"亓"字,見於西漢馬王堆帛書《老子》乙種本使用。[1] 岩崎藏本傳文釋"略"爲"用功少";庚午本《書傳》:"略,經略爲之封畛也。"覆宋刻本於理近是,其辨析二水源流較《尚書正義》尤爲詳盡。又,上文"九河旡道",言疏導之爲功既畢;此下語用字爲"淮淄亓道",抄本傳文:"二水復故道也。"刻本傳文:"上文言'既道'者,禹爲之道也。此言'其道'者,泛濫既去,水得其故道也。"

氒土白墳桒濵廣厈:岩崎藏本抄如此。海濱字,抄本古文所作濵,南北朝石刻用字習見。刻本作濵,爲濱字異體。庚午本刻作"斥"字。抄本所作,西漢居延漢簡即如此隸書,六朝尤其多見。[2]

氒田惟上丅,氒賦中丄。氒貢鹽絺,桒物惟錯,岱畎絲枲,鈆㮤恠石:抄本如此,其中傳文"錯"釋爲雜也,雜褋雜異體,傳文所用字,亦見於南北朝刻石。鈆,庚午刻本近鉛形,《十三經注疏》清刻本作鈆。鈆、鉛異體字,南北朝隋唐石刻皆見。松,南北朝石刻見到有左右結構爲上下結構者;大徐本《説文·木部》存古文作上容聲下木形結構;《篆隸萬象名義·木部》:"松,聚恭反。㮤,榕字。㮤,松字。"刻本所用"怪"字,抄本作從忄在聲結構,過渡中介,在於圣、在兩符混淆,自漢代石刻已然,漢魏六朝出土文字多見恠字用例。[3]

莱𡰥作牧,氒篚貪絲:抄本如此,其中"檿"作近"貪"形,殆貪、猒音義皆近而抄誤。結合上出"漆"抄爲日本國字、"會"抄作形音雜糅混訛形,知日本學者所抄亦不免摻雜寫手人爲因素。如果阮元校勘記所見足利學社《山井鼎七經孟子考文》本,所謂"字體太奇,間參俗體,多不足信",是考慮了此類因素,那還是可以理解的。傳文即作"檿,桒蠶絲,中琴瑟也"。刻本作"檿絲",唐代石刻字樣如此。庚午本《書傳》傳文作:

〔1〕《漢魏六朝隋唐五代字形表·八部》,第128頁。

〔2〕《漢魏六朝隋唐五代字形表·斤部》,第842頁。

〔3〕《漢魏六朝隋唐五代字形表·心部》,第943頁。

"檿,山桑也。山桑之絲,其韌中琴瑟之弦。"又,琴弦字,古文抄本作絃,見於晉代到隋唐石刻。

浮于汶達于濟海岱及淮惟徐州:抄本如此。其中,抄手在"汶"旁加注音字"問",達字同上文所用,淮抄省爲准,見下出傳文作准。古文傳文破句失讀。此類問題,方爲"古文"文本最可疑處。庚午本刻本"海岱及淮惟徐州"另行獨立成段落,而前面"浮於汶達於濟"則獨立成段落,詳解汶水。《十三經注疏》嘉慶刊本分段,亦與庚午本同。

淮沂亓乂蒙羽亓藝:古文抄本如此。其中亓字寫法,見上出。乂,寫作㐅形,按隋唐石刻語料顯示,無論是獨體字形還是在複合結構層次上,比如"艾""刈""馭"等字形結構所從乂形,或爲㐅、又、乂混用狀態。同樣,南北朝時期像北魏《伏君妻咎雙仁墓誌》作刈,㐅、乂記號區別喪失,表明該時期已經處於混用狀態。〔1〕傳文:"二水已治,二山已可種藝。"嘉慶刊本分段與古文抄本同。唯庚午本刻本,爲詳解二水兩山地理,分爲兩處解釋。

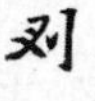

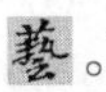

大埜旡猪東原厎平:古文抄本如此。其中於經文用古文"埜",而傳文又作"野",是今古文合流,當不自唐宋始。又,猪字,爲豬字異體,諸本使用豬字;然"猪"字已見於西漢居延新簡草簡寫法。〔2〕又,底字所從氐聲符寫作互形,爲南北朝石刻用字通例。嘉慶刊本、庚午本刻本並作"底"形。古文傳文以"致"釋"底",庚午刻本所解爲詳:"東原,漢之東平國,今之鄆州也。晁氏曰:東平自古多水患,數徙其城。咸平中,又徙城于東南,則其下濕可知。底平者,水患已去,而底于平也。後人以其地之平故謂之東平。"又以其所援引王炎將大野東原二處關聯爲一處爲説,最爲通達近理:"大野豬而後東原平,亦事之相因也。"東平即今之鄆城,至於宋代,

〔1〕臧克和《"義—羛—乂"使用及年代問題》,《中國文字研究》第16輯,上海人民出版社2012年。

〔2〕《漢魏六朝隋唐五代字形表·豕部》,第1438頁。

即梁山故地,爲強人嘯聚,仍以地勢多水使然。以上述庚午本刻本分割兩處,遂致不易發現二事因果關係。唐抄本古文傳文:“大野,澤名。水所停曰豬。”庚午本所解詳備而有差異:“大野,澤名。《地志》:在山陽郡钜野縣北,今濟州钜野縣也。钜,即大也。水蓄而复流者謂之豬。”嘉慶刊本分段與古文抄本同,唯庚午刻本,爲詳解山水地理,分爲兩處解釋。底,或作厎,《左傳·昭西元年》:“厎禄以德。”杜預注:“厎,致也。”底,一本作“厎”。

氒土赤埴中木漸苞:古文抄本如此。其中“埴”字作下部從土上部戠聲之墭,殆爲唐時所出分化字形。唐抄《篆隸萬象名義·土部》:“埴,時力反。職也。”“墭,齒志反。赤(土)也。”《玉篇·土部》:“墭,齒志切。赤土也。”《類篇·土部》:“埴𡌴墭:丞職切。《説文》黏土也。或作𡌴、墭。埴,又質力切。埴、墭,又昌志切。”《集韻·職部》:“埴𡌴戠:丞職切。《説文》黏土也。或作𡌴戠。”又,古文抄本作“漸苞”,其傳文釋苞爲“叢生”,抄作,叢字異體,南北朝石刻多見。庚午刻本作“漸包”,嘉慶刊本同。

氒貢惟貢惟土色:古文抄本如此,衍“惟貢”字,“五”字寫法,歷代石刻常見。其傳文:“王者封五色土爲社,建諸侯,則各割其方色土與之,使立社,燾以黄土,苴以白茅,茅取其潔,黄取王者覆四方也。”又使用字,以示經、傳之差等。

庚午刻本作“厥貢惟土五色羽畎夏翟嶧陽孤桐泗濱浮磬淮夷蠙珠暨魚厥篚玄絲縞”,經文由釋文隔開的段落劃分,形成庚午刻本所存宋代尚書學者與古文抄本、嘉慶刊本分歧,較然明顯者,大約也是宋代諸儒疑古表現形式之一。其中,古文抄本“陽”作、“夷”作,其中“暨”作臮,石刻多見於唐代。臮,係由臮抄省。《宋本玉篇》:“臮,巨異切。與也。古文暨字。”《篆隸萬象名義》:“臮,渠冀反。辭也。與也。既也字。綦,上字。”[1]

〔1〕 華東師範大學中國文字研究與應用中心研製歷代字彙韻書數據庫,本文所援引各種字彙文獻數據,凡未加特別説明,皆見於該數據庫查詢結果。

浮於淮泗達於河。古文抄本傳文無説;庚午刻本引許慎説,推跡其之所以通達於河者。

淮海惟楊州:古文抄本如此,傳文:"北據淮南距海也。"

彭蠡旡猪昜鳥逌居:古文抄本如此,其中抄手復於右旁加注——音注性解釋性漢字字符"攸"。庚午刻本作"彭蠡既豬陽鳥攸居",攸、逌使用位置正復相同。[1]

三江旡入震澤厎定:古文抄本如此。庚午刻本:"震澤,太湖也。周職方:揚州藪曰具區。《地志》:在吴縣西南五十里,今蘇州吴縣也。曾氏曰:震如三川震之震,若今湖翻是也。具區之水多震而難定,故謂之震澤。底定者,言底於定而不震蕩也。"周職方,當爲《周官·職方》。

篠簜旡尃氒屮惟夭氒木惟喬:古文抄本如此。庚午刻本作"敷""夭""喬"等。抄本所用字形,多見於歷代石刻,參見《漢魏六朝隋唐五代字形表》有關部類。

𠚕革:古文抄本如此,歷代石刻用字多與此同;又,傳文釋文"犀皮"字作犀,係抄誤,庚午刻本"犀兕"不誤。

鳥夷卉服:古文抄本如此作,其中傳文作"南海鳥夷也,革服葛越也"。庚午刻本作"島夷卉服",釋文:"島夷,東南海島之夷。卉,草也。葛,越木綿之屬。"嘉慶刊本經文同庚午刻本,至於果係"鳥夷"抑或"島夷",尚難以遽斷。因爲越地土著向以鳥爲圖騰,良渚文化發掘玉器,亦證明此一關聯。至於刻本釋文"葛,越木綿之屬",顯係爲古文尚書傳文所作解釋,因爲古文經文有"革"字,本不涉及"葛"字;只有傳文出現"革服葛越"連類。這表明,庚午刻本在注釋過程中,於古文經與古文傳文,是兩邊兼顧的,而尚未體現出徹底"疑古"態度。

---

〔1〕"由"字《説文》至六朝業已淆亂不清。以卣爲由,爲青銅器銘文通例,逌,青銅器銘文作卣,以出土實物用字辶乚二符多所混用,歷代石刻猶然。臧克和《釋"以其故敓之"——兼及戰國楚簡禱詞的結構意義》,《古漢語研究》,2008年第4期;《簡帛由、甾、古、甲胄、胤胄及祝由之關係》,韓國《人文學論叢》2010年。

㳂于江海達于淮泗：古文抄本如此。其中“沿”字所作，傳文同，庚午刻本也如此作，嘉慶刊本亦同。以刻寫省便故，歷代石刻多作沿，大體唐代石經整理爲聲符從口字樣。《宋本玉篇・水部》：“沿，余穿切。從流而下也。亦作㳂。”《萬象名義・水部》：“㳂，余穿反。從流而下。”

池潛无道：古文抄本如此，傳文亦抄如此。池，即沱江，庚午刻本作沱，嘉慶刊本同。《宋本玉篇・水部》：“沱，達河切。江别流也。又滂沱。沲，同上。”秦漢簡牘文字，它、也隸變過程中業經混淆使用。此可視爲池、沱混淆基層原因。

砅砥砮丹：古文抄本如此。砥，歷代石刻多如此。砅，傳文抄釋作礪，庚午刻本作礪。《原本玉篇・水部》：“砅，理罽反。《毛詩》深則砅。《傳》曰：以衣涉水爲砅。《爾雅》亦云。郭璞曰：衣謂褌也。《爾雅》又曰：帶以上爲砅。《韓詩》至心曰砅。《楚辭》擢杭以横砅。王逸曰：砅，渡也。《説文》履石渡水也。今爲厲字，在厂部。古文《尚書》以此砅爲摩厲之礪字，在石部。濿，《説文》亦砅字也。”《宋本玉篇・水部》：“砅，理罽切。水深至心曰砅。今作厲。濿，同上。”這説明，南北朝梁時顧野王編抄《玉篇》，還能見到古文如此：“古文《尚書》以此砅爲摩厲之礪字，在石部。”〔1〕

三邦底貢氒名：古文抄本如此作，語氣不完，接下即出傳文。庚午刻本作“三邦底貢厥名包匭菁茅”，對照起來，古文抄本破句失讀，此爲“古文”文本最可懷疑處。

05）幾種時代關係明確的文本對讀，可以發現唐宋時期文本之間的聯繫，《書》古文經與今文經之間，以及發展至於唐宋時期的字際關係。唐抄本《古文尚書》如岩崎藏本使用的字體爲“古文”，其所謂“古文”跟一般古文字學意義不同，實際使用的是漢魏六朝隋唐沿襲下來的“隸古”寫法，而且其中的“隸”跟唐代出土文字所使用有關的“隸”術語，也是同名異

〔1〕 華東師範大學中國文字研究與應用中心歷代字彙韻書數據庫查詢結果。

指。庚午刻本《書傳》一般各篇題解處往往標注"今文""古文"抑或"今文古文皆有",是知至遲宋刻本今文、古文經已經完全合流。經文由釋文隔開的段落劃分,形成庚午刻本所存宋代尚書學者與古文抄本、嘉慶刊本分歧,較然明顯者,大約也是宋代諸儒疑古表現形式之一。而庚午刻本在注釋過程中,於古文經與古文傳文,還是兩邊兼顧的,尚未體現出徹底的"疑古"態度。以正在建設加工的歷代實際用字數據庫比對來看,唐抄《古文尚書》,大體漢魏六朝多見,也有少量僅見於唐代使用的情況。古文傳文破句失讀,此類問題,也許爲"古文"文本最可懷疑處。唐抄文本關係清楚表明,至遲南北朝時,還明確見到跟《古文尚書》一致的字形使用文本。

文獻及數據庫:

[1]《上海博物館藏戰國楚竹書》第一冊,馬承源主編,上海古籍出版社 2001 年;第五冊《競建內之》,馬承源主編,上海古籍出版社 2005 年。《郭店楚墓竹簡》,荊門市博物館編,文物出版社 1998 年。按《尚書》學史的研究,《咸有一德》《尹告》屬於"商書"的部分。對照今本《尚書》文獻系統,兩篇均不在今文 28 篇之數;其中《尹告》篇屬於所謂"古文逸 16 篇"。在目前整個先秦引《尚書》的文獻結構裏,兩篇只是分別被引用過 2 次,均見於《禮記·緇衣》。從文獻版本系統來看,《史記》所引今文文字有《咸有一德》。經學研究者一向認爲,《尚書》文獻系統散佚之後,該篇屬於稱孔氏本的"僞古文"。《郭店楚墓竹簡》記載有這樣的文字:"尹𡧊(誥)員(云):隹(唯)尹躬及湯,咸又(有)一悳(德)。"這段文字跟傳世今本《尚書》的用字基本相同:"惟尹躬暨湯,咸有一德。"日藏寫本像內野本作"惟尹躬臮湯,咸又一悳";天理本的用字只是"躬"字作"躳"、"又"字作"有",足利本基本没有跑出這兩個版本的用字範圍;其餘《書古文訓》和唐石經等文獻用字也在這個範圍之內。《上海博物館藏戰國楚竹書》用字,與《郭店楚墓竹簡》大同小異:"尹𡧊(誥)員(云):隹尹夋及康,咸

又(有)一悳(德)。”只有躬作夋,二字音近通用;“湯”字在《上海博物館藏戰國楚竹書》裏寫作“康”,二字亦音近通用: 湯字從昜得聲,康、唐二字聲符都是庚,而《説文·口部》“唐”下所録古文亦從“昜”。另外“咸”字内部少了一横筆。兩種簡文文本“告”字下部從廾符構造,爲表示上告者敬矜態度的專字。這個用字特點,唐蘭等古文字學研究者已經考釋過,而金文、《尚書》有關唐寫本和日本所藏寫本等文獻都是比較常見的。對照傳世文獻的用字來看,兩種簡文文本提到的告誡主體“尹”,就是《尚書》文獻系統裏常見的“伊尹”。今本《禮記·緇衣》中引《尚書》篇名作《尹吉》,東漢經學家鄭玄解釋説是“吉當爲告,古文誥字之誤也。《尹告》,伊尹之誥也。《書序》以爲《咸有一德》,今亡”。現在通行的各家注本都是依據鄭玄注釋修改。從出土的戰國文獻看來,漢代經學家的推論無疑是有一定根據的。從今本《咸有一德》的“孔氏傳”來看,都説是“伊尹作《咸有一德》”;兩種出土文獻也只是講“尹𢍶(誥)員(云): 隹尹夋及康,咸又(有)一悳(德)”;所以,簡文這裏的“咸又一悳”是否就算得是《尚書》的篇名,還需要其他文獻根據。見臧克和著《簡帛與學術》,大象出版社 2010 年,第 46—47 頁。

[2] 據李學勤主編《清華大學藏戰國竹簡》第壹上册所編著第一類八篇文獻中有一部分内容與《尚書》《逸周書》存在聯繫:《尹至》《尹誥》《程寤》《保訓》《耆夜》《金縢》《皇門》《祭公之顧命》,中西書局 2010 年。第叁上册録存《説命》上、中、下三篇,中西書局 2012 年。第伍上册,據編者説明,本册所録存的《厚父》應爲《尚書》佚篇,根據是其中有“天降下民,作之君,作之師”句子,亦見於《孟子》引《尚書》,中西書局 2015 年。

[3]《漢魏六朝隋唐五代字形表》,南方日報出版社 2011 年;《日藏唐代漢字抄本字形表》,華東師範大學出版社 2016—2017 年。

其中《一部》“且”字條,下録初唐《禮記正義》往往作旦而中間有丿或丶筆相接續,中唐的《翰苑》甚至在且形内部加一丿筆;《人部》“但”字條,旦符中間,亦有關聯,同歸一揆。這種書寫習慣,方之中土南北朝隋唐石刻用字,皆銜接有序。《丶部》“州”字條,所著録中唐《翰苑》依然皆作類似“三刀”形,亦跟南北朝石刻的大量刻寫如出一轍。《匚部》“匹”字條,初唐中唐抄本皆從辶符書寫,也與南北朝石刻大量刻寫同致;“匝”字條,五代抄本仍從辶符書寫,亦與南北朝石刻刻寫,結構一揆。《人部》“从”字條,下録初唐《古文尚書》皆抄作雙刀相並形,與南北朝石刻的大量刻寫完全一致;本部“休”字條,所録初唐《古文尚書》《毛詩傳》多加丶筆,亦與南北朝石刻不少寫法同致。《人部》“佉”,爲梵語譯音用字,見於所抄晚唐《摩訶止觀》本;中土見於經唐人增字的《玉篇》:“佉,去茄切。神名也。”唐代石刻《慧日寺石壁真言》《佛説彌勒菩薩兜率天下生成佛經碑》《懷州豎立生臺記並經幢》《常庭訓建尊勝陁羅尼經幢》《金剛會碑》等。《人部》“作”字條,下録初唐《古文尚書》等於聲符“乍”其下部分抄爲“上”符,至中唐所抄《翰苑》等,則或一仍其舊,或從“乍”符,晚唐五代則完全定型爲從“乍”結構。《刀部》“切”字條,初唐到五代,所抄字形七符皆作十符,無例外;中土南北朝石刻所用楷字記號化過程中七、十開始形成區別,見《王誦墓誌》作切,《敬羽高衡造像記》作切,《元恔墓誌》作切;本部“初”字條,唐抄或從示或從勿省形;中土南北朝墓誌如《元恪嬪司馬顯姿墓誌》作初,《元顯魏墓誌》作初,《元誘墓誌》作初,《獨孤信墓誌》作初。《力部》“功”字條,初唐中唐晚唐所抄皆作刀形,至於五代始見抄從力形;同樣的情形亦見於中土南北朝隋唐五代石刻。《广部》所録“廢”字條,日藏所抄皆從疒結構,而中土漢魏六朝隋唐五代石刻語料庫查詢結果,歷代從广從疒兩種結構並行。《穴部》“窺”字條,日藏唐抄皆從穴從視形;中土南北朝隋唐石刻歷代從穴、視結構,正復常見。《耒部》“耕”字條,日抄初唐至於五代,皆將耒符抄作禾符;中土北魏及唐代石刻,也都見到將耒符替換爲禾符的用例。《骨部》"體"字條,日藏初唐所抄《禮記正義》有作"躰"構造者,而晚唐所抄《摩訶止觀》5個字形皆如此作;至於中土,見於《漢魏六朝隋唐五代字形表》著録北齊及唐代,僅個别刻石使用"躰"形。[紩—鉄—鐵]組,經過歷時使用,關係錯綜。《玉篇·金部》:"鉄,持桎切。古文紩。"《篆隸萬象名義》:"鉄,池理反。治鋞也。鈮,同上。"《宋本·糸部》:"紩,持栗切。縫衣也。又納也,索也。古作鉄。"今所用"鋼鐵"簡化字,適與之構成同形字。字表《金部》"鐵"字條,日存中唐所抄《翰苑》作"鉄";中土南北朝隋唐石刻用字,北齊《宇文誠墓誌》"松筠雅操,鉄石深衷"作鉄,唐代神功元年《張愃墓誌》:"松筠比質,挺標王佐之才,鉄石其聲,獨擅養人之器。"皆確乎以鉄爲鐵之例證。《牀部》"牀"字條,日藏中唐所抄《翰苑》使用"床"形;《漢魏六朝隋唐五代字形表》本部著録"床"形,亦僅見於唐代石刻。其餘像[著—着]、[華—花]等過渡性結構,也都若合一契。

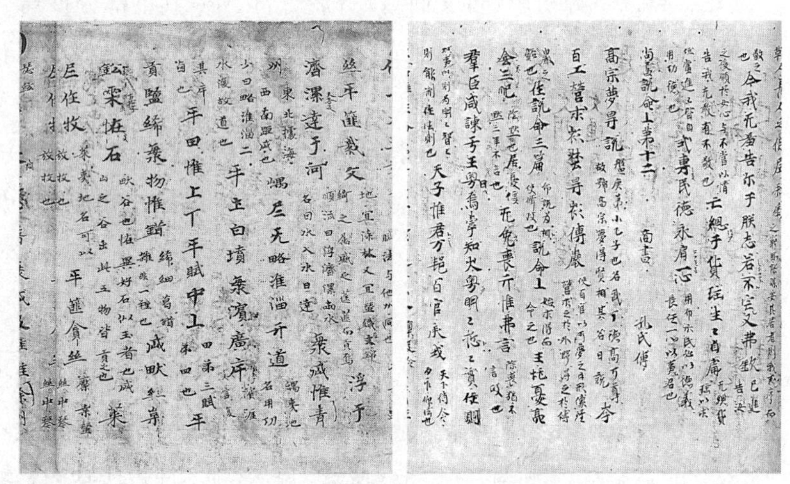

日本珍藏唐代抄本《古文尚書》書影

[4] 韓國藏庚午刻本《書傳》十卷。

韓國釜山慶星大學河永三教授,博雅渾厚,雅好古籍之君子,其書齋名曰"渡古齋"。憑藉河永三先生的費時訪購,復於古舊書肆重金拍得《書傳》十卷,皆完帙。2015年夏5月25日晚餐間,解囊出示,慨然見贈。天然湊泊,座中適有韓國延世大學文字學家李圭甲教授同事洪允杪老先生,收藏古文既富,於文獻版本鑒定見解亦精。一見該本,當即疊起五指,爲娓娓道其特别處:其一時代:按其第十卷最末所刻年號時代及藏板——"歲庚午仲春開刊,竇州府河慶龍臧板"(開刊時間,刊行格式表現爲宋體單行,臧板出處爲篆書雙行),爲十五至十六世紀刻本;其二開本:較中國古本爲大,中土綫裝書有四釘,高麗本則五釘;其三字體:高麗刻本完全依樣宋版原本字體,不能有任何字體變化,即錯誤之處亦保持原貌。是版本揭示,亦在一席之間。

高麗《書傳》覆宋刻本,首卷開卷有武夷人蔡沈《書集傳序》,序末交待年代時間爲"嘉定己巳三月既望",大字頁10行,小字夾行。2016年初春2月21日,首爾韓國外國語大學亞洲會議結束後,即遍訪文化巷古舊書肆,咨詢專業文物收藏者,然後乃瞭解到:韓國現存最古版本爲甲寅年間孤本,其價值雖連城拱璧不啻也,韓國文物部門已明文禁止出海關;其被允許可以攜帶出海關的最高限制刻本爲乙亥、庚午本(相當於紀元十五世紀),片紙即數千元,完帙動輒胥以億計。

附書影如圖示,卷三刻有《禹貢》篇。

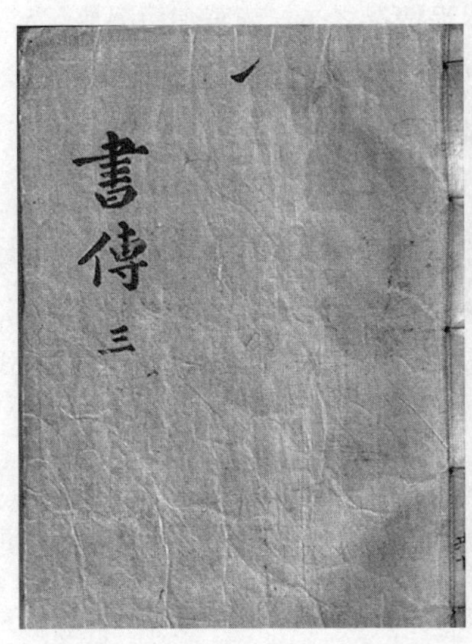

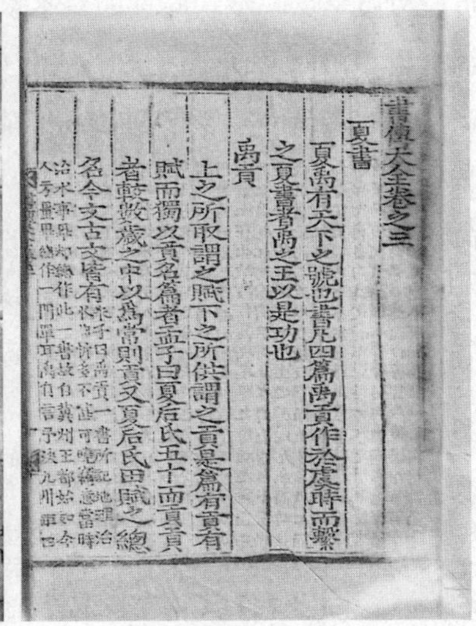
書傳大全卷之三

夏書

夏禹有天下之號也書凡四篇禹貢作於虞時而繫之夏書者禹之王以是功也

禹貢

上之所取謂之賦下之所供謂之貢是篇有貢有賦而獨以貢名篇者孟子曰夏后氏五十而貢貢者較數歲之中以爲常則貢又夏后氏田賦之總名今文古文皆有

“《尚書》學”傳本及文字問題補説(二)

——日藏唐抄本《古文尚書·説命》上第十二與韓國庚午刻本及戰國楚簡[1]

00)《上海博物館藏戰國楚竹書》、清華大學所藏戰國竹簡、日藏唐代古文抄本以及韓國存庚午刻本,分别代表了相關《尚書》記載流傳不同的歷史階段文獻水平。日藏唐抄本爲古文,庚午本今古文合流本,清華簡牘可以考慮是反映戰國時期的寫本水平情況之一。清華楚簡關於《尚書》本篇記載,一方面與傳世史實存在矛盾之處,一方面也可以用來校正傳抄傳刻文本的文獻學問題。例如或不能連貫,或與史實矛盾。第七簡明確記載爲“王甬(用)命敚(説)爲公”,與各本“爰立作相”較然不同者。《説命》三篇,屬於《商書》部分,記載的是所謂商代文獻。殷商時代,爵位封號序列當中,就已有“公”這一層級説法,這與現存各類文獻記載顯然矛盾。又如對照古抄本刻本,戰國簡文使用“來,各女敚”這樣的格式,與

[1] 按日藏唐抄本《古文尚書·説命》上第十二,見於日藏唐代抄本《唐鈔本古文尚書》十三卷。據日本福岡國際大學海村惟一教授援引相關資料揭示,該本爲廣橋家舊藏本。其中之一現在的岩崎藏本,殘本,尚未避唐太宗“民”字之諱,所書字體爲隸古定。最新研究根據載體的紙料、用雌黄訂正文字的手法等,綜合判斷此本是初唐抄本。《國寶古文尚書》卷第三、卷第五、卷第十二,勉誠出版社 2015 年,第 157 頁。

《尚書·堯典》等篇所用相符合，如“格汝舜”等，但“各”既有“使來”功能，前面再用“來”字，似有重複之嫌；當然，也許可以解釋爲用詞上的强調。《尚書》的“格”動詞屬於使動類型使用，這類格式占比重最大。還有“若金甬(用)，隹(唯)女(汝)作礪”，其中“女(汝)”前使用“隹(唯)”字，較之古抄本刻本，强調語氣完整，對照之下，可以發現古抄本刻本傳抄傳刻過程中也許發生過脱文。清華藏竹簡還有數處補充抄本刻本脱文，像“乃心沃朕心”，較傳世諸本多出一“日”字，作用爲修飾動詞“沃”時間狀語；像“若藥女不疾瘳”，較傳世諸本顯然多出一“女(汝)”字，這樣就把比況的主體和喻體都界定明白了。《説命》(中)“惟口起羞，惟甲胄起戎”，爲古成語。清華簡保存記録作“”，解釋爲“惟口起戎”。其中“羞”“戎”兩字，結果差異，不啻天壤。簡文抄手將兩成語雜糅誤舛，該簡接下有“干戈”字，但句意前後羌無聯屬。清華簡該篇不但是大部分内容，與傳世抄本刻本不同，而且於一簡之内，即存在舛亂不能句讀的問題。當然，這並非表明傳抄傳刻文本的文從字順，就不存在令人疑慮“作僞”的可能性。從文獻傳播水平層面來看，要麽是這批竹簡簡文本身存在問題，要麽説明當時所見《説命》三篇，業已存在舛亂、脱次、抄誤，不可卒讀的問題。對於亂次斷簡，非納入相對統一結構當中，易流於附會多方，而不能得到確解。諸本對比，會發現許多前所未見的互相印證或互相矛盾之處，亦可發現此前整理的戰國楚簡存在的失察之處。多種文本結合相關文字數據庫對比分析，日藏唐抄古文本與韓國庚午刻本分段以及文字皆存在較多差異，反映了《尚書》今古文合流之後的存在形式。

01）高宗説：盤庚弟、小乙子也，名武丁，德高尊，故號高宗。夢得賢相，其名曰説。百工營求，傅：使百官以所夢形像經營求之於外野，得之於傅巖之也。作《説命》三篇：命説相，使政也。《説命》：始求得而命之也。

該節書影字形,見於日藏《古文尚書・説命》上篇。㝵、即得字省寫所得,見南北朝等歷代石刻使用。丂、即可字草寫,可對比《尚書注疏》卷九《商書・書序》。[illegible]、古文使字,見歷代石刻。[illegible]、古文諸字,見歷代石刻。[1] 埜、古文野字,見歷代石刻。为、爲字簡化最後過渡形體。

清嘉慶刊本序:高宗夢得説,使百工營求諸野,得諸傅巖。與唐抄本存在明顯差異。

庚午刻本序更連類而説之,並明確存在的今古文出入:《説命》記高宗命傅説之言,命之曰以下是也。猶《蔡仲之命》《微子之命》,後世命官制詞,其原蓋出於此。上篇記得説命相之辭,中篇記説爲相進戒之辭,下篇記説論學之辭。總謂之命者,高宗命説,實三篇之綱領,故總稱之。今文無,古文有。

有關《古文尚書》所涉及"傅説"材料,亦見於戰國楚簡記載。《上海博物館藏戰國楚竹書》第五冊《競建内之》篇,在討論有關"日食"的過程中,從第二簡開始,以數簡篇幅,援引高宗祭祀發生雉異現象和祖己的解釋,集中記載了《尚書・商書》部分《高宗肜日》等篇的内容。臧克和(2010)認爲,由此涉及到了相關的《書序》部分内容來源年代問題。本篇不僅反映了戰國時期儒家天人感應和天象災異觀念的重要發展過程,同時也是《尚書》學史研究不可多得的重要文獻。[2] 其中第三、四簡有關高宗之祭的討論,就發現處於岩穴的賢臣傅説、量之:"周量之以寖汲"、"高宗命傅鳶(説),量之以……""高宗命傅鳶(説)、量之",傅説、量之比列,知所出"周量之"亦爲人名。編者或不瞭解量之爲人名、處於寖地,或誤解"汲"字爲形容詞:"周量之以寖汲,汲汲不休的寖水旁。"或破字將"鳶"讀作"説"。其實,鳶字自可讀作"巖",聯繫更加直接:鳶字古音地位爲山合三平仙以,説字爲蟹合三去祭書,巖字爲咸開二平銜疑。傅説作

〔1〕《漢魏六朝隋唐五代字形表》,南方日報出版社 2011 年。

〔2〕《簡帛與學術》,大象出版社 2010 年,第 89 頁。

爲賢臣專名,《書序》本名爲説,記録作傅説,有取於傅巖地名,爲古書通例。[1]

清華簡所著録《説命》上篇,其簡文有“敓之命”,中篇所存“隹(唯)帝命敓”,就是對“説命”的解釋。其中,關於殷商字,簡文作,從邑殷聲結構,爲地名本字,則顯係有取於地名。命,字作;説,字作,因爲説、敓均以兑爲聲符。簡文“隹殷王賜敓於天”,係被動結構:殷王得説,是從上天那裏受賜的。簡文有關於訪求説的具體過程,説是“王命𠬪百攻(工)向以貨旬求説於邑人”,旬,周遍,如同唐抄古文所謂“旁求”。另外,簡文也明確了訪求得到説的地點:“得説于。”專厩、即傅巖:傅字結構聲符即爲専。[2]

02) 王宅憂亮陰三祀。

唐抄古文句讀分段如此,清嘉慶刊本同。宅作,從土乇聲;陰作;祀作:皆見於六朝石刻。“宅憂”“亮陰”古成語。清嘉慶刊本傳文:陰,默也,居憂信默三年。這是以亮釋爲信。該處唐抄古文孔傳作,殆即信、仗二形混合。

庚午刻本文字並分段如下:王宅憂亮陰三祀既免喪其惟弗言群臣咸諫於王曰嗚呼知之曰明哲明哲實作則天子惟君萬邦百官承式王言惟作命不言臣下罔攸稟令。

---

〔1〕《簡帛與學術》第43—44頁。又,《尚書注疏》卷九《商書·書序》:“《序》:高宗夢得説。《傳》:盤庚弟小乙子名武丁,德高可尊,故號高宗。夢得賢相,其名曰説。使百工營求諸野,得諸傅巖。《傳》:使百官以所夢之形象,經營求之於外野。得之於傅巖之溪,作《説命》三篇。《傳》:命説爲相,使攝政。”“傅説”亦見於《尚書·君奭》。《楚辭·離騷》章句:“説操築於傅巖兮,武丁用而不疑;吕望之鼓刀兮,遭周文而得舉;寧戚之謳歌兮,齊桓聞以該輔。《章句》:説,傅説也,傅巖,地名。武丁,殷之高宗也。言傅説抱懷道德,而遭遇刑罰,操築作於傅巖,武丁思想賢者,夢得聖人,以其形象求之,因得傅説,登以爲公,道用大興,爲殷高宗也。《書》曰:高宗夢得説,使百工營求諸野,得諸傅巖,作《説命》是也。”

〔2〕巖字結構,《説文·山部》:“从山嚴聲。”嚴,《説文·吅部》:“从吅厰聲。”《歷代字彙數據庫》,華東師範大學中國文字研究與應用中心2000—2017年研製版。本文所援引字彙數據,均查詢自該數據庫。

唐抄古文分段及字形作：亓免喪亓惟弗言。

唐抄古文分段及字形作：羣臣咸諫亐王粤烏虖知火粤明乙悊乙實作則。其中兩“曰”字皆作粤，見《堯典》“曰粤稽古”語氣詞用字。“知之”作火，不見於字彙，唯《篇海》引《龍龕手鑑》音吟，下出傳文則解釋爲“知事”，是知“知火”即“知事”，火、見上出“夊百工營求”之使，即古文使字之抄省者，該處用作“之”字。下出“説築傅巖之野”“命之曰”等，所抄字形皆如此使用。《漢魏六朝隋唐五代字形表・丶部》“之”字條下，所列秦漢簡牘帶有隸古意味的“之”字寫法，與抄本字形庶乎近之。“明哲”作“明悊”，下出傳文解釋爲“明智”。

唐抄古文分段及字形作：天子惟君万邦百官承式。

唐抄古文分段及字形作：王言惟作命弗言臣下罔逌稟令。其中，不、罔、攸、稟字形，與諸刻本不同。

03）庚午刻本本節用字並分段如下：王庸作書以誥曰以台正于四方台恐德弗類茲故弗言恭默思道夢帝賚予良弼其代予言。

唐抄古文分兩段而字形抄作：王庸作書㠯誥粤㠯台正亐四方台忎悳弗膟茲故弗言。其中粤字《書經》又出《尚書・堯典》，作發語詞，作用一揆。忎爲恐字省形，見於金文如《中山王鼎》等出土文獻。

至於類字使用異體膟形，實爲諸本所罕見者。字形結構爲從肉帥聲，唐抄本多見使用，而得以獨存，這對於進一步理解《説文・示部》語焉不詳的“禷祭”尤其堪作聯類。［日］釋空海大師《篆隸萬象名義・肉部》：“膟，力季反。祭肉也。”該字彙所抄年代相當於中唐時代，根據抄本與《原本玉篇》的關聯，可以推斷膟字使用，大體不會晚於南北朝至隋唐之際。宋人《書古文訓》本篇亦使用膟字，看來確實存在著一定來源。《尚書・舜典》“肆類上帝”，各種唐抄本如“敦煌殘卷”等也使用膟字。異體聯繫，有助於“禷祭”解釋的落實。《廣韻・至部》：“膟，血祭。《説文》音律。力遂切。”《集韻・至部》：“膟，所類切。血祭肉也。一曰師祭。”唐人孫強增益後的《宋本玉篇・示部》:"禷,力季切。祭也。《爾雅》曰:是禷是禡,師祭也。或作膟。"《類篇・肉部》:"膟,所類切。血祭肉也。一曰師祭。又力遂切。又劣戍切。"

本節其餘部分,唐抄古文分段及字形作:龔默思道夢帝賚予良弼亓代予言。

04)庚午刻本本節用字並分段如下:乃審厥象俾以形旁求于天下説築傳巖之野惟肖。

唐抄古文則分爲兩段,使用字形亦存在差異。其一作"乃宷亓象卑㠯形旁求亏天下",其一作"説築傳巖之埜惟肖"。其中宷實爲宷字抄寫省略,宷則爲審之古文。象字所抄字形,見歷代石刻。卑字爲俾之通用。"之"作"㞢"形,已見本篇上文所用。

05)庚午刻本本節用字並分段如下:爰立作相王置諸其左右。唐抄古文本分段同,字形抄作:爰立作相王置諸亓左右。爰,爰字抄誤。

刻本注釋該段文字,明確指出"於是立以爲相",並援引《史記》爲證。下文的注釋也提到"高宗既相説"。唐抄本傳文同:於是禮命立以爲佐相,使在左右也。"清華楚簡"關於本篇的記載,要麽不能連貫,要麽鮮見實跡,要麽與史實矛盾。唯獨第七簡明確記載爲"王甬命敓爲公",與各本作"相"顯然不同。其中甬字,出土文獻像青銅器銘文多通作"用",作用同上文諸本所使用的"庸"字,庸字結構亦從用讀。

這裏就存在一個需要明確的問題:《説命》諸篇,記載的是所謂商代文獻,也就是屬於《商書》部分。然則,殷商時代,爵位封號序列當中,就已經有"公"的層級了嗎?據現存傳世及相關出土文獻記載,矛盾是顯而易見的。西周春秋爵稱,大體可分爲王、公、侯、伯、子、男六級。《禮記・王制》:"王者之制禄爵,公、侯、伯、子、男,凡五等。"而殷商制度,有關文獻所記侯、甸、男、衛、邦伯,實際上屬王畿之外"外服諸侯"分類。就是考慮到有的學者將商代甲骨文或青銅器銘文田、子、男也作爲爵稱,但也還没有見到"公"一級的爵封。或以爲這裏稱"公"是對"傅説"作爲尊長的敬稱,但顯然與清華簡該處記載不能符合。《漢書・溝洫志》:"太始二年,趙中大夫白公復奏穿渠。"顔師古注:"鄭氏曰:時人多相謂爲公。此時無公爵也,蓋相呼尊老之稱耳。"

06)庚午刻本本節用字並分段如下:命之曰朝夕納誨以輔台德。唐抄古文本分段同,字形抄作:命[illegible][illegible]朝夕納[illegible][illegible]輔台[illegible]。納,古文作内,文意爲"入",猶如《上海博物館藏戰國楚竹書》"競諫内之"。[1]

07)庚午刻本本節用字並分段如下:若金用汝作礪若濟巨川用汝作舟楫若歲大旱用汝作霖雨。唐抄古文本則分爲三節,其所用字形分别作:若金用汝作砅。若濟岠川用汝作舟楫。若[illegible]大旱用汝作霖雨。其中巨字,唐抄爲岠。又礪字作砅,可能受砅字形影響:唐抄《原本玉篇・石部》:"礪,力制反。《山海經》崦嵫多礪砥。郭璞曰:磨石精者為砥,庶者為礪。野王案:所以磨力(刀)者也。《尚書》若金用汝則礪是也。《説文》爲厲字,在厂部。"《水部》:"砅,理罽反。《毛詩》深則砅。《傳》曰:以衣涉水为砅。《爾雅》亦云。郭璞曰:衣謂褌也。《爾雅》又曰:帶以上为砅。《韓詩》至心曰砅。《楚辭》擢舟杭以横砅。王逸曰:砅,渡也。《説文》履石渡水也。今为厲字,在厂部。古文《尚書》以此砅为摩厲之礪字,在石部。濿,《説文》亦砅字也。"

所謂"《尚書》若金用汝則礪是也",表明南北朝時代尚見使用"礪"字《尚書》抄本,庚午刻本所來有自。

《清華大學藏戰國楚簡》(叁)第37頁,保存了該節相當部分記録:"武丁曰:來,各女(汝)敚(説)。聖(聽)戒朕言,[illegible](軫)之于乃心。若金甬(用),隹(唯)女(汝)[illegible](作)[illegible]。"[2]按句讀釋文皆係筆者所加。

---

〔1〕 馬承源主編《上海博物館藏戰國楚竹書》,第五册第一篇《競建内之》,上海古籍出版社2005年。"内之"就是"入之",《包山楚簡・文書》第18號簡文"入之"即作"内之",楚簡文字"入"字寫作"内"。此類用法,有關戰國楚文字數據庫可以篩選到54條記録。可見"内之"爲"入之",屬於戰國楚簡成語。

〔2〕 李學勤主編《清華大學藏戰國竹簡》(叁)上册録存《説命》上、中、下三篇,中西書局2012年。

依據這裏的句讀解釋,對照古抄本刻本,戰國簡文有幾點值得注意:第一,"來,各女敚。"這樣的語句格式,與《尚書·堯典》等篇所用相符合,如"格汝舜"等,但"各"既有"使來"功能,前面再用"來"字,似有重複之嫌;當然,也許可以解釋爲強調。《尚書》的"格"作動詞使動類型使用,這類格式占比重最大。[1] 第二,"若金甬(用),隹(唯)女(汝)(作)礪(礪)。"第四,"聖(聽)戒朕言,(袗)之于乃心。"袗,用如"珍重""珍藏"字。另外,"礪"寫作從石萬聲結構。

其中"女(汝)"前使用"隹(唯)"字,較之古抄本刻本,強調語氣完整,或疑古抄本刻本傳抄傳刻過程中發生過脱文。而"若歲大旱用汝作霖雨",清華簡則又不用"隹(唯)"字,作"若天大旱女(汝)作(淫)雨",較傳世抄本刻本又省一"用"字,與本節排比結構不統一。至於編者於字形隸定爲霻,其實原形結構中即包含作爲聲符的"壬"。至於該句之前文句,依據整理者現在公佈的結果,與傳抄傳刻文本相較,突兀混亂,不能句讀。

08) 庚午刻本本節用字並分段如下:啟乃心沃朕心。

唐抄古文分段不同,直接"朕心"句,不分段。字形抄作:乃心朕心。若藥疾不。[2] 其中,即抄誤。

09) 庚午刻本本節用字並分段如下:若藥弗瞑眩厥疾弗瘳若跣弗視地厥足用傷。庚午刻本注釋:"《方言》曰:飲藥而毒,海岱之間謂之瞑眩。瘳,愈也。弗瞑眩,喻臣之言不苦口也。弗視地,喻我之行無所見也。"

較唐抄古文,刻本爲切實近是。唐抄古文本分段不同,字形抄作:若

---

〔1〕 格汝舜。段氏《撰異》:格疑當本作假,假女,與《禮》假爾大龜、假爾大筮同解。按段説未必可信據。該句或當句讀爲"格,汝舜"。《釋文》敦煌本"伯3315"有"格女"條,注云:音汝,注及下皆同。格,來,詳《釋"格"》。參見《尚書文字校詁·堯典》,上海教育出版社1999年,第48頁注㉑。

〔2〕 有甲骨文學者認爲,"疑殷王早已自稱爲朕。朕爲長者對幼者尊己之自稱。故鮮用爲受詞。"(丁驌《東薇堂讀契記》,載在《中國文字》,臺北藝文印書館)《商書》則我、朕皆用。

不地乎用傷。其中,即古視字,下出傳文即抄作。清華藏竹簡第 38 頁本節有數處補充抄本刻本脱文：其一,“乃心沃朕心。”其中解釋爲“攺”、解釋爲“日”,然則,較傳世諸本多出一“日”字,作用爲修飾動詞“沃”時間狀語,語意謂每日、天天。其二,“若藥女不疾瘳”,字形結構方面,編者分别整理爲從見民聲結構、爲從土旬聲結構、爲從网亡聲結構。這些字形,即使隸定都成立,假如没有各本及歷史字彙所保存的“瞑、眩、厥”,讀音和理解都成問題。例如,從見民聲,取得跟瞑字聯繫；從旬得聲,取得跟眩字聯繫；從邑戉結構,也許就是“吴越”之越本字,而此處從戉讀,取得跟厥字讀音聯繫。另外,較傳世諸本顯然多出一“女(汝)”字,這樣就把比況的主體和喻體都界定明白了,即庚午刻本所解釋:“《方言》曰：飲藥而毒,海岱之間謂之瞑眩。弗瞑眩,喻臣之言不苦口也。”

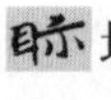

10）庚午刻本本節用字並分段如下：惟曁乃僚罔不同心以匡乃辟俾率先王迪我高后以康兆民。

其中,“康”刻作近從广從聿形,以唐抄古文本作校正。

11）庚午刻本本節用字並分段如下：嗚呼欽予時命其惟有終。唐抄古文本嗚呼作、時作、有終作。其中,傳文各本皆釋爲“敬我是命”。時字結構從寺得聲、寺從之得聲,作用類指示代詞,爲《古文尚書》通例。

12）庚午刻本《説命中》“惟説命總百官”,傳文解釋爲“説受命總百官冢宰之職也”。唐抄本經文文字相同,亦與《説命上》文字同。清華簡所無,但與該簡前面所存記録“王甬(用)命敚(説)為公”顯然矛盾。

13）庚午刻本《説命中》:“惟口起羞,惟甲胄起戎。”爲古成語。

清華簡本册第 39 頁保存記録作“”,解釋爲“惟口起戎”。其中“羞”“戎”結果用字明顯不同,殆清華簡誤將兩成語雜糅誤舛。該簡接下所作“隹口迟戎（出）（好）隹干戈□□□”,中間雜“出

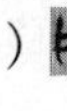

好”，而下有“干戈”字，遂致前後句意，羌無聯屬。〔1〕

字形使用方面，“起”字簡文從辵己聲，唐抄本即如此作起。“甲胄”字，唐抄本作胄，傳文作“兜鍪也”。庚午刻本明顯刻作從冒省目爲冃即冒、帽初文、由聲結構。兜鍪，不過是“胄”字緩讀音節，或者説，胄爲“兜鍪”促讀音節。臧克和（2008、2010）〔2〕曾有專文辨析其從《説文解字》到六朝之際相關字形的演變之跡。此從略。

14）《説命中》該處文字費解，還不限於此。庚午刻本文字爲“惟口起

〔1〕（ ）内字形爲整理者所釋。頗疑“出好”即“乍（作）好”之混，誠如是，則爲《尚書・洪範》“無有作好，遵王之道”之舛亂者。也許可以順便聯繫到，錢鍾書考辨武王《机銘》“口戕口”過程中曾聯繫及此，見所著《管錐編》第三冊第855—856頁，中華書局1979年。嚴可均所輯《全上古三代秦漢三國六朝文》卷二第19頁“武王”：《机名》：“皇皇惟敬，口生㖃，口戕口。”此“机”字，初文即“窗明几淨”之几，非關“機”之簡體。中華書局1958年。按㖃字，見於唐抄本《篆隸萬象名義・口部》：“㖃，呼垢反。恥辱也。厚怒也。”《宋本玉篇》脱此字，唐抄《原本玉篇・言部》：“詬，許遘、胡遘、居候三反。《左氏傳》問詬之。杜預曰：詬，罵也。《禮記》：孔子曰妄常以儒相詬病。鄭玄曰：詬病猶恥辱也。野王案：《左氏傳》不忍其詬是也。訽，《説文》亦詬字也。《聲類》或爲㖃字，在口部。”《集韻・厚部》：“㖃呴吽吼：許後切。《説文》厚怒聲。或作呴吽吼。”或通垢，即下出清人周氏所見《武王机銘》，本作垢字。《中古漢字流變・山部》在本條中也曾聯繫到：《説文新附》“峩，山陵也。从山戕聲。慈良切”，《宋本玉篇》無此字，《原本》《名義》亦無貯存，今本《説文》僅見於宋代新附部分。周亮工曾譏諷以訛傳訛者：“古逸書如《穆天子傳》《汲塚周書》類，凡闕字類作□。《武王几銘》：‘皇皇惟敬，□□生垢，□峩□。’亦闕文也。鍾、譚目□爲‘口’字，友夏云：‘四口字疊出，妙語不以爲纖。’伯敬云：‘讀口峩口三字，悚然骨驚。’不知几銘與四口字何涉！可發噱。”“□□生垢”，顯然訴諸“窗明几淨”之几者，各輯本從言作“詬”或“㖃”，以遷就“口”字。“皇皇惟敬”，亦與所謂“慎言”無涉：“皇皇”通常形容高大貌，非“敬”或“慎”所可得陳述者，必曰與“慎言”相當，字形必作“惶惶”或“遑遑”。然則，“敬”或通“高擎”之擎字。敬、欽同意詞，本篇庚午刻本“嗚呼欽予時命其惟有終”，其傳文唐抄本等各本皆釋爲“敬我是命”。唐抄《原本玉篇・欠部》：“欽，去金反。《尚書》放勛欽明。孔安国曰：欽，敬也。《説文》曰：欠皀（皃）也。《廣雅》：欽欽，聲也。謚法：威儀備恙曰欽欽。恭莭用曰欽。”又“峩”字，各本作“戕”，以牽合“禍從口出”所警誡惕厲者。然則好事者徒然“骨驚”，非關“心折”，大類庸人大呼小叫，自驚自擾者。《書影》所援引結構，上部有“山”形，下部當從“戕”聲，但“戕”形傳刻破體：所從爿聲，刻字方向誤反作“片”且省爲“斤”形。《説文・山部》：“峩，山陵也。从山戕聲。”宋人徐鉉注音爲“慈良切”，所狀應是几之爲器，高聳之貌。《集韻・陽部》引作：“峩：慈良切。《説文》山峻也。”要之，對於亂次斷簡，非納入相對統一結構當中，易流於附會多方，而不能得到確解。參見臧克和《中古漢字流變・山部》第1729頁，華東師範大學出版社2008年。周亮工《因樹屋書影》第二卷第42頁，上海古典文學出版社1957年。

〔2〕臧克和《釋“以其故敚之”——兼及戰國楚簡禱詞結構意義》，《古漢語研究》2008年第4期；《簡帛由、甾、古、甲胄、胤胄及祝由之關係》，韓國《人文學論叢》2010年3月。

羞,惟甲胄起戎。惟衣裳在笥,惟干戈省厥躬”,其傳文疏解爲“言語所以文身也,輕出則有起羞之患;甲胄所以衛身也,輕動則有起戎之憂”。唐抄古文本“惟干戈眚厥躬”則“省”字作“眚”。如果唐抄古文本尚未訛誤的話,其所謂“惟干戈眚厥躬”,較刻本“惟干戈省厥躬”,於意爲長。清華簡該篇不但是大部分内容,與傳世抄本刻本不同,而且於一簡之内,即舛亂不能句讀。當然,這並非表明傳抄傳刻文本的文從字順,就不存在令人疑慮“作僞”的可能性。從文獻傳播水平層面來看,如果不是這批楚簡簡文本身存在問題,也説明當時所見《説命》三篇,業已存在舛亂、脱次、抄誤,不可卒讀的問題。

本篇曾以英文文本刊載於 Journal of Chinese Writing Systems(JCWS),SAGE,2017 Vol 1 (1)。

“《尚書》學”關鍵字

——“誥”“德”“刑”意義及其結構關係補説(三)

00) 戰國楚文字系統當中,《尚書》的“誥”類文獻,當時有專用“誥”字。這個專用字的結構,是上從言下從廾形。楚簡所使用的“坓”字,則全部是上從井聲下從土形即坓字結構,或者是從坓得聲,後添刀形結構,而無一是像現在所見到的上刑聲下土形的結構。對照這種情況,可以説明我們重新認識“型”字的結構層次。《今文尚書》文獻系統“德”字共使用了117次,跟商周金文使用101個“德”字的情形是一致的,都是高頻用字之一。《今文尚書》文獻系統117次用例中,誥類文獻中占了大半。在這些地方,“德”字還較少見到像後來所慣用於“道德律”的一邊倒的字義,而是一“德”字兼具正邪明晦賞罰褒貶的品質,甚至還指涉一般事物特性。關於重黎“絶地天通”,毋寧説重黎們首先是交接天地以相通。正是由於出現了重黎這類專司天地四時的官守,民間那種“夫人作享,家爲巫史”的巫祀活動才有可能被取代。所以,在重黎一邊,“絶”字取“通”義: 猶《荀子·勸學》“假舟楫者,非能水也,而絶江河”之絶,《吕氏春秋·悔過》“今行數千里,又絶諸侯之地以襲國”之絶字;在下民一邊則“絶”字相應就取“斷”義了: 正是一體雙向之範式。部族政治權力的加強,首先體現在祭祀權利的獨佔。一"絶地天通"之傳説,傳遞出天人溝通、神人交接,由有序到無序、由無序到統一的歷史演進過程。

討論漢字結構的意義,推原起源層次的使用功能,至少有相當一部分是出於某些巫術禁忌的考慮。但是,文字學界幾乎普遍對此視若無睹。這並非説明這部分漢字的不存在,只能説明兩點:其一是客觀上漢字使用歷史久遠,越往後來,"原始移情式"的抽象形式漸漸消退,而日常實用功能突出。其二是中國現代文字學專業工作者,基本不具備人類學知識修養。

01)據有關學者的專題研究,中國上古刑罰的原始意義和機能,在於把惡人逐出社會。[1] 這應是中國法源意義上的一個特點,但這裏似乎還可以補出相應的另外的一個方面,即維護部族共同體的團結。因爲説到底,將惡人逐出社會,最終目的不外乎通過純潔部族社會,增強族群共同體的凝聚力。

在《尚書》文獻系統裏,我們看到將惡人逐出社會,可以概括爲兩個類型:一個是精神上的放逐,即斷絶其與上天的聯繫;一個是肉體上的放逐,即處以流刑、極刑和其他肉刑,由此而使被放逐者定型化。二者所施對象的共同點是都被視爲不潔。"把惡者放逐於社會之外,這是中國刑罰的起源。一九二〇年就已把《漢書·刑法志》譯爲德文德威爾納·佛吉爾,在考察上古五刑後,得出五刑的目的是'無害化'(Unschädlichmachung)的結論。這個説法值得再次評價。"[2]

《尚書》文獻在刑法意義上的約束,也不外是由這樣兩個方面的規定體現出來的一種結構:一是上天"降罰隔絶"模式,像"上天降喪"[3]"天墜厥命"[4]"天用剿絶其命"[5]"遏絶苗民,無世在下"[6]等;一是人間

〔1〕 滋賀秀三《中國上古刑罰考——以盟誓爲綫索》,劉俊文主編《日本學者研究中國史論著選譯》第八卷《法律制度》,中華書局 1992 年。

〔2〕 滋賀秀三《中國上古刑罰考——以盟誓爲綫索》。

〔3〕《酒誥》,見《十三經注疏》,中華書局 1980 年。下同。

〔4〕《召誥》。

〔5〕《甘誓》。

〔6〕《吕刑》。

懲戒模式,像"象以典刑"[1]"敬明乃罰"[2]"五刑之屬三千"[3]等。人神結合,寬猛相濟,守常處變,恩威並施;所以《尚書》文獻中的"德"字義尚具有正反對待、多邊共存的結構形式。

在《今文尚書》文獻系統裏,比較集中反映這兩方面規定内容的就是"誥誓"一類文獻。其中誥類文獻構成爲《今文尚書》文獻系統的主體:直接以"誥"名篇的就有《周書》部分的《大誥》《康誥》《酒誥》《召誥》《洛誥》等五篇;而雖不直接冠以"誥"名,實際上亦屬於誥體的誥詞又有《梓材》《多士》《無逸》《君奭》《多方》《立政》《顧命》《吕邢》《文侯之命》等九篇。另外,上古文獻多在"告誡"約束意義上使用"誓"字,這與"誥"的本義和功能也是一致的。要是連這一層關聯也考慮進去,《周書》部分則有《牧誓》《費誓》《秦誓》《商書》部分有《湯誓》,《虞夏書》部分有《甘誓》;整個《尚書》文獻系統占去了基本的部分,尤其是《周書》部分僅剩兩篇。還有,《商書》部分中的《盤庚》(包括上、中、下篇),史家向與"周誥"並稱,從其文體、詞氣、内容各方面來看,其實仍不外乎爲一篇誥誡的文字。由於《今文尚書》上述文獻構成,孔穎達《尚書正義·序》特即以一"誥"字概括其全體大用:"夫《書》者,人君辭誥之典,右史記言之策。"研究中國上古刑罰的法原意義、功能結構,都不能不注意《尚書》的誥類文獻。據顧頡剛《尚書通檢》的統計,《古文尚書》文獻使用了 38 次"誥"字,《尚書文字校詁》過程統計,《今文尚書》文獻系統共使用了 17 次"誥"字。

02)《郭店楚墓竹簡》中《緇衣》篇第 5 簡所存《尹誥》作"尹[illegible]",第 28 簡所存《康誥》作"康[illegible]",《成之聞之》篇第 38 簡所存《康誥》作"康[illegible]"。《上海博物館藏戰國楚竹書》第一冊《緇衣》篇第 3 簡所存《尹誥》作"尹[illegible]",第 15 簡所存《康誥》作"康[illegible]"。至於"報告"字,如《包山楚簡》中《文書》第 131 簡"告湯公競軍言曰"、第 132 簡"敢告於見日"、第 135 簡

---

〔1〕《堯典》。
〔2〕《康誥》。
〔3〕《吕刑》。

“不敢不告於見日”等等,則30餘處全部使用“告”字：二字各有所專司,犁然有所區別。根據上面的統計,可以説戰國楚文字系統當中,《尚書》的“誥”類文獻,當時有專用字。這個專用字的結構,是上從言下從廾形。

《魏三體石經·多方》存“誥”字,其字形結構上部是“告”符,下部接近“丌”符。這種寫法其實有著很古的來源:《何尊》《史䛐簋》《王孫誥鐘》等器銘文的誥字,跟這個字形之間存在著較爲明顯的可資比照的對應關係;只是金文裏的誥字上面成分是“言”符,而下面的成分顯然是“廾”符,表示的是雙手使其作用在一起。作“丌”符,可能是形體相互接近而發生了混淆。《説文·言部》“誥”下著録古文由古文言、肉和又三個單位構成,還可以找到其中能夠對應的成分。《汗簡》收録了跟石刻古文誥字相同的結構,有關文獻注明其出處爲《古尚書》。上述聯繫大致上反映出有關文字形體演變的過程：金文的廾符訛變爲丌、言符變換成告符。按《史䛐簋》銘文説:“乙亥,王誥畢公。”誥字結構已經在上面描述過,用作告,所指是上告下的關係。唐蘭在《史䛐簋銘考釋》中認爲:《説文》裏的古文,都指六國古文,就是壁中經,像《尚書》之類。《〈尚書·大誥〉釋文》:“誥本作(上從言符下從廾符)。”那麽,許慎所見的壁中古文是從言從廾作(上從言符下從廾符),傳寫《説文》的人把廾部誤爲(從肉從又)了。《玉篇·廾部》有靠字:“公到切,古文告。”日本僧空海所著《萬象名義》是根據原本《玉篇》節録的,在靠字下注“公到反,語也,謹也”。上一義用的是《廣雅·釋詁》“告,語也”,下一義是用《爾雅·釋言》“誥,謹也”。可見靠不但是古文告,也還是古文誥。這是因爲言本作“言”,和告作“告”相近,就把從言從廾的字改爲從廾告聲的字了。其實該字從言從廾,是由於誥是由上告下,作誥的是奴隸主貴族,用雙手來捧言,以示尊崇之義。廾也是聲,廾讀爲共,龏就是龔,龏王就是共王,可證。廾音失去ng的韻尾,就讀如告。《説文》:“拲,兩手同械也。”“栱,拲或从木。’又‘梏,手械也。’其實拲就是拱字,栱和梏也是一個字,後來加以區别,才把兩手同械叫做拲或栱、栱和梏的關係,正如上從言下從廾符字和誥的關係,字從言廾聲,可讀爲誥是無疑的〔1〕。

從告、誥字關係來看,《爾雅·釋詁》上:“誥,告也。”《説文·言部》:“誥,告也,从言告聲。”按段玉裁《説文解字注》:“以言告人,古用此字,今則用告字,以此誥爲上告下之字。”《康誥》“聽朕告汝”,諸寫本作“聽朕誥女”。《酒誥》“厥或誥曰”,九條本誥作“告”。《新集古文四聲韻》卷四“告”下著録出自《籀韻》的誥字,其形體來源,很可能就是上面列具文獻中的誥字。誥字從言,復可替換作從廾從告的結構或從廾從言的結構,適表明誥之爲言,是一種具有約束控制功能的語言。《吕刑》開頭説:“惟吕命,王享國百年,耄荒,度作刑,以詰邦國。”鄭玄注:“詰,猶禁也。”而《吕刑》篇中的這個詰字,敦煌本等唐寫本又寫作“誥”。《立政》篇“其克詰爾戎兵以陟禹之跡”,敦煌本伯 2630 傳文訓“詰”字爲治,而該寫本“詰”字作誥,九條本、内野本、足利本等亦皆作誥。《易·姤》:“姤,後以施名誥四方。”《國語·楚語上》:“近臣諫,遠臣謗,輿人誦,以自誥也。”王引之《經義述聞》疏證説:自誥者,自戒敕也。

按誥字有禁戒約束義,可以從其與“告”的有關語音聯繫中發現:

> 梏,手械也,從木告聲。與拲略同,兩手共一木曰拲,在足曰桎。
>
> 窖,地藏也,從穴告聲。
>
> 牿,牛馬牢也,從牛告聲。
>
> 嚳,急告之甚也,從告,斅省聲。按從斅省,從告會意,告亦聲。《一切經音義》十五引《説文》:急也,酷之甚也,非是,今繫於此,字亦作俈,從人告聲。〔2〕

按誥字有禁戒約束義,還可從出土文獻的有關“告”字結構來考察。《甲骨文編》卷二所著録主要形體見於以下出處和編號:

〔1〕《考古》1972 年第五期。考慮到編排的困難,有關古文字結構,一般都採取描述説明方式,並給出有關文獻屬性及出處,以供對照查考。下同。

〔2〕朱駿聲《説文通訓定聲·孚部第六》,武漢古籍書店 1983 年影印。

《甲》174、《甲》600、《甲》1581、《甲》2674、《鐵》6.2、《菁》6.1 等。

《續甲骨文編》第二著録“告”字形體則見於以下出處和編號：

《甲》2127、《甲》2260、《甲》9073 等。

《甲骨文合集》著録的拓片一共使用了 2013 個“告”字，算得上是高頻用字之一。

《金文編》卷二録存主要形體見於以下出處：

《告田罍》《亞中告簋》《告田鼎》《田告作母辛鼎》《田告父丁簋》《何尊》《沈子它簋》《多友鼎》《中山王壺》等。

03）上海古籍出版社版《説文解字》〔1〕，檢索可得列具以下有代表性的出土文獻中的告誥諸字古文篆文對照結構，並標出相關文獻屬性和簡要出處：

告（甲骨　金文　簡帛　漢印　石刻），牛觸人，角箸横木，所以告人也。从口从牛。《易》曰：“僮牛之告。”

誥（金文　簡帛），告也。从言告聲。，古文誥。

金文部分“告”字有兩個特點：一是與“田獵”之田合成辭例，亦可倒文作“田告”；據《金文資料庫》的篩選，全部銘文共有 88 條“告”字的用例。“告田”組合有 8 次，“田告”組合有 10 次，其中後者有相當一部分顯然是作爲專名在使用。一是後期部分金文告字訛變作從中符，至少到《中山王壺》已完全認定告字從口，否則不會發生直接替换作曰符的現象。另外，《古陶文字徵》第 3.949 號告字作上從中下從口的結構，應是省形的結果，也是爲後人釋字認作告字從中的形體。《包山楚簡》所見“告”字，尤肖從中結體。

許慎《説文解字》將“告”釋爲“牛觸人，角著横木，所以告人也，从口从牛”。段玉裁在有關《注》中已經指出：“牛口爲文，未見告義。且字形

〔1〕 分别見於《實用説文解字》“告部”“言部”，上海古籍出版社2012 年。

中無木,則告意未顯。”許慎既將“告”字分析爲從牛從口,但又不可將其歸《口部》,而是繫於《牛部》之後,單置一部,這也許正反映了《説文解字》的一種無可奈何的分類處置。段玉裁以爲該字當入《口部》,從口牛聲,牛可入聲讀玉也。如果段氏所説可靠,則“告”徑可視爲“誥”字初文,因爲古文字階段,言符和口符是經常互换構成異體的,像“信”從人從言,復又從人從口。而在初文基礎上再孳乳同類的字符形成異文,如“若”與“諾”字的關係類型。朱駿聲《説文通訓定聲》也看出牛、口二符關係的難以索解之處,認爲告當從口從之會意,或曰從口、牢省聲。但朱氏顯然是爲業已發生了訛變的字形所遮蔽。林義光《文源》據此爲説,以爲“口之所之爲告”。王襄《簠室殷契徵文考釋》則以爲是“小吉定兆坼之象”,這種認識可能源於孫詒讓。葉玉森《殷虚書契前編集釋》認爲：甲骨文從中的告乃從牛省,即告字。卜辭之告爲祭名,孫詒讓氏誤釋爲吉。王國維在《國學論叢》第二卷第二號提出告字從牛符是正確的：許云角著横木者,龜板文有字釋爲牛,正象角著横木形,許君所見告字或從此作。[1] 明義士《柏根氏舊藏甲骨文字考釋》首次將“告”字下部分所從釋作器形：許訓未確,從中之告或從牛作告,其始義爲告祭,象薦牛於器(凵蓋象器形)以祭之形。告祭於祖先,引申爲告訴之告。日人高田忠周《古籀篇》進而考證説：《説文》所釋之告,當爲牿字本義;而告爲祭告。祭必獻牛羊,又必具冊詞。《論語》“告朔之餼羊”可證。告字從牛從口,會意之旨,甚顯然矣。又告誥古今字,猶古詁、咸諴、合詥、周調之類。《爾雅·釋詁》:“誥,告也。”以正字釋異文也。又按告牿亦實古今字,已從牛口作告,又從牛,此爲復,而其義其聲無異。牿字最古正文爲象形字,後借告爲之;又别作牿,以爲分别。吴其昌《金文名象疏證》釋告字之最初本義確爲斧形：告之本義爲斧,引申之則爲刑具,《易·大畜》“童牛之牿”,《九家易》作“童牛之告”,此“告”當即爲刑牛之斧。“告”爲刑牲之具,故其後刑牲以祭曰告。“告”

〔1〕 劉盼遂《説文練習筆記》。

爲斧,爲刑具,故又引申爲慘酷之酷;斧類刑具,是酷物也〔1〕。按吴説“告”字名象,特意將銘文“告”字字形結構側置,以肖斧形,這是不足信據的,所引《尚書·洛誥》“告”字文例亦不確。斧斤可用以宰牛,但宰牛之具不必就是斧,且即殺牛又何必牽合“刑”字?楊樹達《積微居金文説》以銘文互證,以爲告也就是訟,二字同義,本可互用。今語訴人罪者,尚云告狀,有原告被告之稱,正周代之遺語矣。其餘或釋告與言舌同類者,仍不外是試圖建立“告”字與“告訴”詞義的聯繫。馬叙倫《説文解字六書疏證》卷三聯繫告、衡二字,一從口得聲,一從行得聲,皆舌根音。

在諸多考辯討論中,清代金石學家劉心源《奇觚室吉金文述》卷三關於《告田敦》的考釋,第一個將“告”視爲牿字初文:告已從牛,牿又從牛爲贅。在我們看來,類似“告”重複牛符孳乳分化,在古文字系統中是比較常見的現象。劉氏還同時區辨了口、凵、囗等字符的使用情形:

> 凵象檻穽形,牛陷入凵中爲告,與牛在夂中爲牢同意。篆法凵字不必專指口舌之口,亦有用以象物形者。如倉舍邑谷等。篆本從口,亦從凵〔2〕。許不知告以凵象形,故牽合楅衡爲訓。

比較起來,從歷史語源聯繫、文獻用字等方面來看,劉氏的解釋是比較接近實際的。“告祭”之告作祰,“告田”之告作牿,械手之告作梏,藏物之告作窖,告誡之告作誥:在未發生分化之前,皆用一告字。甲骨卜辭有“貞,王告沚戠,若”〔3〕,銅器銘文習見“告田”或“田告”辭例。劉心源以告爲牿字初寫,列具的文獻書證是《尚書·費誓》:“今惟淫捨牿牛馬。”源於唐寫本的日人九條本“牿牛馬”之牿字,注音爲“工毒反”,但接下來又於“牿之傷”處牿字注作“子毒反”。該抄本書寫草率,後者当係“工毒反”

〔1〕《文哲季刊》六卷一號。
〔2〕《師首鼎》,《殷周金文集成》,中華書局1994年。
〔3〕華東師範大學中國文字研究與應用中心研製《出土古文字語料庫》。

之誤。内野本該處仍注爲"工毒反",牿字左側日語片假名注音讀作おり,在日本語中"おり"的詞形"當用漢字"記録作"檻",該詞有兩个互相聯繫的義项:其一爲圈閑獸類用的籠和欄,如鐵籠、鐵檻;其二爲監禁犯人等的牢籠、牢房。出土文獻如《告田敦》銘文:"作祖乙囗侯文叔尊彝告田。"銘文辭例"告田"或"田告",二字連言複合,田就是田獵,告就是圈陷捕獲。另外,《奇觚室吉金文述》還提到告(牿)牢二字同意的關聯,原其理,也是成立的。告(牿)牢二字形音義皆存在相應的聯繫:二字繫在《説文·牛部》和相比列並置的《告部》。牿被釋作"牛馬牢",牢則訓爲"養牛馬圈",這是二者在字義上的關聯。牿音屬見母沃韻,牢音屬來母豪韻,沃豪二部可以通。還有見、來二母,雖一在舌根,一係舌頭邊音,發音部位不同;但類似"考""老"二字在《説文》中被分析存在轉注關係,聲母雖然遠隔,二者亦理有可通。《説文》學研究者較早就發現,見[k]系聲與來[l]母在上古漢語中構成[kl]、[k'l]、[gl]複輔音聲母語音形態,是下列這些語音現象的邏輯前提:《説文》形聲字中見、來二母互諧;古文獻中二者互假;一字又音中二者共存;複合詞上下二字中見前、來後等,這些語音現象綜合而一致地反映出上古漢語存在有舌根塞音和舌頭邊音結合成複輔音的事實[1]。這可以稱得上是告(牿)、牢二字歷史語音上的關聯。"告"字形體結構已具上文,《説文·牛部》:"牢,閑,養牛馬圈也,从牛、冬省,取其四周帀也。"甲骨文"牢"字的形體構造,見於《甲骨文編》卷二主要著録《甲》392、《前》3.24.1、《京都》2324、《乙》1983、《鐵》161.3、《寧滬》1.521等。這些形態,與告字結體相比較,起圈閑部分皆在上部,即地面之上;告字所從的"檻穽"部分,則無一例外位於下部,即地面之下。"地面上作棚欄或在干闌建築樓下養牛馬處曰牢,於地面下作坑穴以養牛馬之處則曰告。類化之,其字作窖:《説文·穴部》:窖,地藏也,从穴告聲。藏牛馬羊於地穴之處曰告。擴大範圍,凡藏牛馬、糧食等財物於地穴之處則謂之曰

〔1〕 參見李瑾、王興業《論〈説文〉牿牢二字同源之語音條件及其分化方式》,《説文解字研究》第一輯,河南大學出版社1991年。

窖(地藏)。古漢語名、動相因,作爲動詞,凡穿地作坑穴而將事物放入其中亦曰告,一般書寫作窖,四川方言有此詞,如把植物種子種下地,説成'把豆子窖下去';把死了的豬、狗、貓等動物埋下地,説成'把它窖了',窖不讀'叫'(jiào),讀同'告'(gào)。卜辭'窖'字形體,結構象以牛、犬、人等爲犧牲置於穴窖中用以祭神,專用之字作祰。《説文·示部》:祰,告祭也,从示从告。按此字結構當釋作:从示从告,告亦聲。埋牲而祭以禱請於神,必有所訴,於是孳乳派生爲'訴告'之告。"牢亦從穴結體,《玉篇·穴部》:窂,力刀切,窂實也,與牢同。《廣韻·豪韻》:牢,養牛馬圈,亦堅也,固也……魯刀切。窂,上同。東漢以降,石刻中從穴之窂字屢屢出現:"祠孔子以少窂"[1]"郡遣吏以少窂祠"[2]"奉少窂祠於家堂墓次"[3]。"牢字從穴作窂,證明:1. 告乃窖、牿之本字,建牛馬圈於地穴;2. 牢窂二字異體,告、牢、窂三字亦異體。"建牛馬圈於窖中,其義爲"告",引申爲限制,其字作"牿"。

04) 討論漢字結構的意義,推原起源層次的使用功能,至少有相當一部分是出於某些巫術禁忌的考慮。但是,文字學界幾乎普遍對此視若無睹。這並非説明這部分漢字的不存在,只能説明兩點:其一是客觀上漢字使用歷史久遠,越往後來,"原始移情式"的抽象形式漸漸消退,而日常實用功能突出。其二是中國現代文字學專業工作者,基本不具備人類學知識修養。至此,似乎有理由推斷告字下部所從之凵符並非口符,而是如劉心源所考的"檻穽形",其功用在於束納圈閑。要是據人類學者所考察的資料,在田獵對象的蹄腿部位畫成陷坑狀的檻穽,初民獵狩者認爲這就是真實地對田獵對象施加了某種控制的巫術力量。陰山巖畫資料中,反映獵狩生活的部分不少內容就是在動物附近畫出一"○"形,或是將獵狩對象局部(一般是蹄腿部位)置於"囗"形之內。人類學者考釋,這是有助

[1] 《師首鼎》,《殷周金文集成》,石刻見《史晨碑》。

[2] 《韓仁銘》,《殷周金文集成》。

[3] 《徐美人墓誌》,《殷周全文集成》。部分古文字、異體字作了統一調整,主要考慮編排的問題,文中已經作了説明,下同。

於獵獲的巫術關聯類型。

“告”字功能意義在於束縛禁制,從告孳乳之“誥”自具“約束”的“誥誡”意義。這就是一般理解的“誥”之爲體,爲什麽必然是“上告下”的關係。《酒誥》“文王誥教小子有正有事”,誥、教連言。疏通了這一內在關聯,對於《魏三體石經·多方》“誥”字作上告下廾的結構,相應於金文的上言下廾的類型,表達所謂“尊崇之言”的聯繫也就清楚了。上古部族聯盟首領的誥詞,本身就具有神聖的監察約束力,《説文·臥部》“監”字下出重文,即替換爲下部從言符的異體結構“譼”。

05)《尚書》文獻中反映出殷商王朝的立國特點在於“尊神尚鬼重刑”;[1]所以《商書》五篇文字是充滿“鬼治”與刑罰的精神。周初八誥是集中記載周人控制殷人的各種法術措施,《東坡書傳·多方篇》云:“自《大誥》《康誥》《酒誥》《梓材》《召誥》《洛誥》《多士》《多方》八篇,雖所誥不一,然大略以殷人不心服周而作也。余讀《泰誓》《牧誓》《武成》,常怪周取殷之易;及讀此八篇,又怪周安殷之難也。”對此,劉起釪在《周初八〈誥〉中所見周人控制殷人的各種措施》中有專題分析:周初周人面臨著實際上仍比自己國力較爲強大的殷人勢力,周武王早逝,造成內憂外患的嚴重局面。“在這緊要關頭,周初大政治家周公起而承擔了這一鎮撫殷代餘存勢力鞏固周王朝統治的歷史任務。這八篇誥詞,就是周公全力解決怎樣鎮撫控制殷人慘澹經營的歷史紀録”。[2]《周書》部分所規定的法的基礎,其邏輯起點便是出於對舊殷商人的控制。人治鬼治結合,人神溝通手段專斷,人神交往方式獨佔。措施嚴厲而又充滿人情,規定常刑而又講究權變,寬猛相濟,恩威並施。這些法原精神,使得後人將《周書》奉爲“宰相讀本”治策文件匯編。唐蘭曾討論用出土銘文研究中國法律史,認爲《舜典》所記刑法是我國法律史上最早的文獻,《左傳·昭公十四年》引《夏書》“昏墨賊殺”,皋陶之刑也。《昭公六年》:夏有亂政而作《湯刑》,

〔1〕 劉起釪《古史續辨》,中國社會科學出版社 1991 年。
〔2〕《古史續辨》,第 358 頁。

周有亂政而作《九刑》。現在《尚書》裏,還保存著穆王時代的《吕刑》。作爲出土文獻,西周後期《倗匜》銘文,就是中國法律史上一篇判決詞。[1]在上述周初誥文中,除了《吕刑》全篇直接就是講刑法,較多地談這方面一些具體内容的那就是《康誥》,而系統論刑獄的誥書則專設一篇《立政》——可見周初執政者的主要政務活動,也就是法制建設和推行的問題了。以下提出"刑——法的定型模式""絶——祀的獨占方式""行——德的多邊結構"三個問題來討論。

06）刑——法的定型模式

《今文尚書》文獻系統中,"刑"字共使用達 60 次之多。其中一部分刑字與法學意義上的刑罰顯然還没有取得直接對應聯繫,像《堯典》篇的"觀厥刑于二女"即屬於這一類。而誥類文獻中所用的"刑"字,合成詞最常見的有"五刑",如《吕刑》篇用到的就有"罔擇吉人觀于五刑之中""斷制五刑""惟敬五刑""五辭簡孚正于五刑""五刑不簡正于五罰""五刑之疑有赦""五刑之屬三千"等等。

《郭店楚墓竹簡》中《緇衣》篇第 13 簡所存《吕刑》作"《郘坓》",字形構造爲,上從井聲下從土形,《緇衣》篇第 24 簡"齊之以坓,則民有欺心",字形構造同爲,《緇衣》篇第 26 簡"折之以坓"用字同,《緇衣》篇第 27 簡"刑罰"用字同。《性自命出》篇第 52 簡"未坓而民愄"用字同,《戰國楚竹簡匯編》所存《信陽長臺關一號楚墓竹簡第一組文章》第 2 簡"坓戮"用字同,《上海博物館藏戰國楚竹書》第一册《緇衣》篇第 1 簡"則民咸服而刑不屯"用字作,添加刀形,第 8 簡"吕刑"作"吕"。《長沙子彈庫戰國楚帛書》丙篇"會諸疾,刑首事,戮不義"作。……相關數據庫統計表明,戰國楚簡帛文字以"坓"爲"刑"的記録達 20 餘處,而不是方向相反。而楚簡所使用的"坓"字,又全部是上從井聲下從土形即坓字結構,或者是從坓得聲,後添刀形結構,而無一是像現在所見到的上刑聲

[1] 《唐蘭先生金文論集》,紫禁城出版社 1995 年。

下土形的結構。對照這種情況,可以説明我們重新認識“型”字的結構層次。大徐本《説文》將“型”歸《土部》,結構分析顯然是另外的一種層次組合:“型,鑄器之法也,从土刑聲。”戰國楚簡的這種結構層次,可以認爲“刑法”關乎“定型”,從土井聲,爲“范型”初文,初與刀形無涉。

從《尚書》文獻用字來看,“刑”與“型”存在著字源類型方面的聯繫。《堯典》敦煌本伯 3015“觀厥刑于二女”,《堯典釋文》敦煌本伯 3315“刑”字作州符上部有一横筆相連的結構,注作“古刑字,法也”。該結構形體罕睹。《改併四聲篇海・一部》以爲其與“象形”之形同音。《尚書》各篇寫本“刑”字,《書古文訓》皆作“型”,只是换成一“井”符。字形結構第一層次分析所得到的“井+刀”,即刑字正體。金文《散盤》銘文、《詛楚文》等出土文獻的刑字結構與此基本相同。《説文》將刑歸《井部》:“罰辠也,从井从刀。《易》曰:‘井,法也。’井亦聲。”是“刑”本從井作,訛變爲刑,根據我們現在所見到的文獻,最早爲梁武祠畫像題字。《漢石經・康誥》“無或刑人殺人”,存“刑”字作從井符的結構,《書古文訓》即在此基礎上再加土符的組合,《汗簡》録存了這個結構,黄錫全注釋引用了楚帛書和金文的有關文獻。[1] 由這些文獻用字之例可以推知,刑的本義應該就是定形之範型。刑字原本從井從刀構造,也可以幫助讀者尋繹這一久湮不知其朔的刑字本義存在的理據。馬叙倫《讀金器刻辭・井姬鬲》揭示過“井”的語源意義:古讀井蓋如凵,由井鑿地出水,語源于凵,凵爲坎之初文。在金文中,表示刑、型詞義,皆由一井符承擔,像《兮甲盤》銘文:“則即井(刑)。”“則亦井(刑)。”“井”字所指爲刑罰、懲處義。《曆鼎》銘文:“考(孝)(友)隹(唯)井(型)。”井字所指爲法、法則義。《盂鼎》銘文:“令女盂井(型)乃嗣且(祖)南公。”井字又用作動詞,引申爲效法義。陳夢家《西周銅器斷代》分析得出的結論是:西周金文隸定爲井者可以分爲兩式:第一式是範型象形,井字兩直上畫常是不平行而是異向外斜下的、中

〔1〕 黄錫全《汗簡注釋》卷二,武漢大學 1990 年。

間並無一點。第二式是井田象形、井字兩畫常平行的,中間常有一點。[1]

按傳世文獻用字,"井—阱(穽)"亦存在對應關聯。[2]《易・井》:"舊井無禽。"王引之《經義述聞・周易上》:"井當讀爲阱。"高亨亦注云:"舊井之井,謂捕獸之陷井。陷井它書多作陷阱,古無阱字,只作井。"該井字猶《尚書・費誓》"杜乃擭,捻乃穽"之穽,九條本寫作穽,該寫本傳文稱"穽,穿地陷獸"。《書古文訓》作從井從水的結構,爲《説文・井部》所録存阱字古文。阱穽異體字,爲井字後出分化字。《説文・井部》:"阱,陷也,从𨸏从井,井亦聲。穽,阱或从穴。"《廣雅・釋詁一》:"井,法也。"王念孫疏證:"《越絶書・記地傳》云:井者,法也。井訓爲法,故作事有法謂之井井。《荀子・儒效篇》:井井兮其有理。"井的範型義後來作"刑"。《荀子・强國篇》:"刑范正,金錫美,工冶巧,火齊得,剖刑則莫邪已。"《淮南子・謬稱訓》:"金湯不消釋則不流刑。"型範義當是刑字本義,刑的型範義後來分化出"型"這一專字。《説文・土部》:"型,鑄器之法也,从土刑聲。"型就是按所鑄器形制而挖掘的起規範作用的土坑。段玉裁《説文解字注》辨析説:"以木爲之曰模,以竹曰範,以土曰型。"因此有的研究者認爲,"井"這一詞形,最初不僅可以表示水井,也可以表示陷阱和範型,這並非出於字的假借,而是這一詞的本身就涵蓋了這些意義。這些意義是相通的,都是基於"人爲的坑穴"這一總的具形意象之上[3]。

從《尚書》文獻反復出現的"刑法"來看,"五刑"與流放構成爲中國上古刑罰體系的中心,與《周禮・秋官・司刑》所見"五刑"内容相印證,五刑實質上也就是最終導致肉體的毁傷。聯繫上面所作的字源考索,毁傷肉體,也就是在上面留下特定的"型";在受刑者身上打上了某種"法"的規範標誌,也就等於向社會成員宣佈受刑者業已被永久性逐出社會。《國語・周語上》記載周内史過説,古先王敬神教民,定制度文物,但不順之民

〔1〕《考古學報》1995 年第九册。

〔2〕《實用説文解字・収部》,第 120 頁:"䆴,坑也。从収从井,井亦聲。疾正切。"

〔3〕《中國文字研究》,1999 年第 1 輯。

仍臨之以刑罰：“猶有散遷解慢，而著在刑辟，流在裔土，於是乎有蠻夷之國、有斧鉞刀墨之民。”其實，依照《尚書》文獻的刑罰規定，對於“不順之民”所施加五刑和流放，本身就是一種定制，其“體示”猶《堯典》的“象以典刑”，曾運乾《尚書正讀》：蓋刻畫墨、劓、剕、宮、大辟之刑於器物，使民知所懲戒，如九鼎象物之比。按“九鼎象物”，《左傳・宣公三年》有記載：“昔夏之方有德也，遠方圖物，貢金九枚，鑄定象物，百物而爲之備，使民知神奸，故民入川澤山林，不逢石若，魑魅魍魎，莫能逢上。”此爲夏禹時事，周鼎著饕餮之象，則見《吕氏春秋・先識篇》。王引之《經義述聞》卷十七：饕餮一聲之轉……蓋饕餮本貪食之名，故其字從食，因謂貪得無厭者爲饕餮耳。還有《吕氏春秋・離謂篇》記載周鼎著倕象，《適威篇》講到周鼎著竊曲之象，《達鬱篇》保存周鼎著理通之象，等等；皆爲畫鑄圖像以寓法戒之類。日本學者白川靜《金文的世界——殷周社會史》考察商代青銅器的特徵一在於“強烈的造型意欲”，一在於文樣的複雜寓意。殷人製作銅器，與其説是按其用途而選擇相應的形態，不如説他們似乎想透過器物全體之造型而達到表達表現某種意義的目的。也因此，銅器上的文樣，一併成爲這種表現的擔綱者。“九鼎象物”是以懸象器物來固定法型，刻畫身體是以永久性標誌來體示“法型”，二者功用，殊途同歸。

《尚書》誥類文獻中所反映出來的中國原初形態的刑法意藴是十分豐富的。關於決策者的“立法”原則，強調精力不應花費在各種具體獄訟上面，而強調注重建立起針對執法者的約束機制。像《立政》所謂“繼自今文子文孫，其勿誤於庶獄庶慎，惟正是乂之”，“庶獄庶慎，惟有司之牧夫，是訓用違”。是説文子文孫從今以後希望不要在各種具體獄訟上面憂慮，惟治理當職者。這一執法立政觀念，在周初的文獻裏竟有如此清晰的表述。而且對執法者具有自律方面的具體規定：如《吕刑》篇裏所提醒的：“五過之疵：惟官、惟反、惟內、惟貨、惟來。”岩崎本傳文説：五過之所病或嘗同官位，或作反辭，或內親用事，或行貨枉法，或舊相往來，皆病所在。陸德明《經典釋文》解釋是：“來，馬本作求，云有求請賕也。”段玉裁《古文尚書撰異》分析道:“按官者畏其高明也,反者不畏而矯枉過正也,此二者疵之最甚者也。內者女謁行也。貨者苞苴行也,來者謂雖非女謁行苞苴而請托於其間也。來、求字異訓同。”《吕刑》規定: 身爲執法者如有上述“五過”,則與犯法者“其罪惟均”,馬融注釋説:“以此五過出入人罪,與犯法者等。”這裏對於執法者要求廉潔自律、懲辦貪賄腐敗吏治的幾個方面,切中肯綮;是首次關於執法者自身的法治約束,尤具法學史上的意義。守常處變,知經達權,爲中國古代經典法學的又一精義。研究商周之際法學專題史的學者比較關注的是所謂“嚴刑峻法”,而對於這另一邊似一向尚未拈出。《吕刑》規定:“上刑適輕,下服;下刑適重,上服。”“輕重諸罰有權。”“刑罰世輕世重。”“惟齊非齊,有倫有要。”施用刑罰強調平正,要求慎重,這是貫徹《尚書》誥類文獻實現“敬德保民”思想的法律保障。《立政》:“兹式有慎,以列用中罰。”《多方》:“罔不明德慎罰。”“慎厥麗,乃勸。”《吕刑》:“士制百姓於刑之中,以教祗德。”“罔擇吉人,觀於五刑之中。”《康誥》:“敬明乃罰。”這些內容,在法制觀念上,與《堯典》篇提出的“惟刑之恤哉”理有相通。

除了對具體違法行爲有相應的處罰規定之外,在道德倫理層面,也試圖建立某種法律意義的約束機制。南朝梁代周興嗣編撰《千字文》這類通俗文本裏,對商周時代還有如此表述:“坐朝問道,垂拱平章。”平章,即分辨,屬於《尚書》使用較多場合的動詞。誥類文獻中,除《吕刑》之外,比較集中傳達有關法的觀念文字就是《康誥》篇了。王國維《古史新證》據該篇有關文字推斷所謂“孝友”之罰的法原:“不孝不友之罰,自文王始。”《康誥》有明確文字規定:“不孝有罪。”看來,遠在周初,立法者已經意識到,即使是在“孝友”這類社會倫理關係層面,也應實現必要的法律處罰機制,以救助道德約束之窮;或者説,以此形成最初的“道德律”。誥類文獻反映的古代刑法,還有相當的成份是由上天來加以垂象體現的,當時的“德”也還處在多邊多元的結構形態。

07) 絶——祀的獨占方式

有關人類學調查材料顯示,古代社會曾長期存在“天罰神判”之類維繫社會集團日常生活正常運行的法制形態。原初的法就是由至上神來完成並加以付諸實施。這裏只要看《盤庚》(上)的“法”《書古文訓》作佱,《吕刑》“惟作五虐之刑曰法”之法,《書古文訓》作灋。灋字形體結構多見於西周金文、《睡虎地秦簡》等出土文獻,《説文·廌部》解釋灋字從廌:“刑也,平之如水,从水,廌所以觸不直者去之,从去。法,今文省,佱,古文。”看來灋字結體所從之廌,本身即具“法象”的功能,《説文·廌部》:“廌,解廌獸也,似山牛一角,古者決訟,令觸不直,象形。”甲骨文“德”字刻作“徝”,從直讀。合乎“道”的“正直”規範。由此可以説,中國社會法源學是建立在“道德律”的基礎之上的。

《尚書》反映的時代,歷史跨度也大。由誥類文獻系統傳達的懲罰執行情況來看。該時代尚呈現出由“神判”向“人判”過渡的特徵。具體來説,在誥類文獻中我們看到,當時普遍存在“上天降罰”的觀念,這個層面的“法”的實現,就是由上天降臨執行:使受處罰者被割斷與上天的聯繫,精神上從而被徹底放逐,也就是與社會集團斷絶了根本的聯繫。表面上看來,過分強調這種刑法機制似乎意味著人間的執法力度的缺失、刑法制度的不健全。其實,這種現象是表明了當時人與人關係的變化,如考古學者張光直所揭示:“經過巫術進行天地人神的溝通是中國古代文明的重要特徵,溝通手段的獨占是中國古代階級社會的一個重要現象;促成階級社會中溝通手段獨占的是政治因素,即人與人關係的變化。”[1]

誥類文獻中來自上天的刑罰類型主要表現在相反相成的兩個方向:一是降罰,一是斷絶。以下是常見的“降罰”例:“天降割于我家不少”[2]“予不敢閉于天降威用”[3]“天降威知我國有疵”[4]“矧今天降戾于周

〔1〕 張光直《考古學專題六講》第一講。“中國古代史在世界史上的重要性”,文物出版社 1986 年。

〔2〕《大誥》。

〔3〕《大誥》。

〔4〕《大誥》。

邦"[1]"天降威我民用大亂喪德"[2]"故天降喪于殷"[3]"旻天大降喪于殷"[4]"厥惟廢元命降致罰"[5]"降若兹大喪"[6]"天降喪于殷"[7]"乃大降罰"[8]"天降時喪"[9]"天惟降時喪"[10]"降咎于苗"[11]。如同殷墟卜辭中上帝一身兼具"降福佑"與"下災禍"的雙重品格,誥類文獻中的"降……"結構式也反映出這種特點。像《多士》講到"予大降爾四國民命",《多方》提到的"惟帝降格于夏"等。另外,"上天降罰"的法制模式,在誥類文獻中也還見到不使用"降……"結構表述的用例,這裏就從略了。

08)"斷絶"類型的天罰模式,誥類文獻直接使用"絶"字表述的地方並不算多(當然,像《召誥》"今時既墜厥命"、《酒誥》"今惟殷墜厥命"等也可以歸結到"斷絶"的結構類型中去),有影響的、經常提到的就是《吕刑》篇在詳述刑法的源流過程中所説的重黎"絶地天通"故事:

> 上帝監民,罔有馨香德,刑發聞惟腥。皇帝哀矜庶戮之不辜,報虐以威,遏絶苗民,無世在下,乃命重黎,絶地天通,罔有降格。

關於這段文字的理解,一般都援引《國語》作書證立説,我們在《釋〈尚書〉中的"格"》[12]文中已作過一些解釋。這裏參照《國語·楚語下》的有關文字,還有幾個問題順帶討論一下。《國語·楚語下》:"昭王問於觀射父曰:《周書》所謂重黎實使天地不通者何也?若無然,民降能登天

[1] 《大誥》。
[2] 《酒誥》。
[3] 《酒誥》。
[4] 《多士》。
[5] 《多士》。
[6] 《多士》。
[7] 《君奭》。
[8] 《多方》。
[9] 《多方》。
[10] 《多方》。
[11] 《吕刑》。
[12] 臧克和《釋〈尚書〉中的格》,《徐中舒先生百年誕辰紀念文集》,巴蜀書社1998年。

乎？對曰：非此之謂也。古者民神不雜。民之精爽不攜貳者，而又能奇肅衷正，其智能上下比義，其聖能光遠宣朗，其明能光照之，其聰能聽徹之，如是則明神降之，在男曰覡，在女曰巫。是使制神之處位次主，而爲之牲器時服，而後使先聖之後之有光烈，而能知山川之號、高祖之主、宗廟之事……於是乎有天地神民類物之官，是謂五官，各司其序，不相亂也。民是以能有忠信，神是以能有明德，民神異業，敬而不瀆，故神降之嘉生：民以物享，禍災不至，求用不匱。及少皞之衰也，九黎亂德，民神雜糅，不可方物。夫人作享，家爲巫史，無有要質。民匱於祀，而不知其福。烝享無度，民神同位。民瀆齊盟，無有嚴威。神狎民則，不蠲其爲。嘉生不降，無物以享。禍災薦臻，莫盡其氣。顓頊受之，乃命南正重司天以屬神，命火正黎司地以屬民，使復舊常，無相侵瀆，是謂絶地天通。其後，三苗復九黎之德，堯復育重、黎之後，不忘舊者，使復典之，以至於夏商，故重、黎氏世叙天地，而別其分主者也。”

這裹有幾個問題需要首先弄清楚，才有可能準確解釋“絶地天通”的本義。一是地天相通能否斷絶？一般理解“絶地天通”爲禁止民間巫術。其實，作爲溝通天地人神的民間巫術恐怕是無法禁絶的。二是觀射父的説明在“古者民神不雜”的社會，也有“明神降之”，即男覡女巫。“絶地天通”不過是針對“民神雜糅”“家爲巫史”的文化秩序而採取的一種巫祀制度的改革措施。三是完成“絶地天通”這項整頓文化秩序的工作者爲重和黎，而重黎據《吕刑》岩崎本等傳文稱就是羲與和。羲和在《堯典》裹是禮拜太陽、職守天象的專職人員；《胤徵》篇也講到羲和爲職掌天地四時之官守卻以耽飲酒而致荒廢；《吕刑》岩崎本傳文釋“堯乃命羲和掌天地四時之官，使民神不擾，各得其序，是謂絶地天通。言天神無有降地，地祇不至天。明不相奸也”。出土文獻像《長沙子彈庫戰國楚帛書》乙篇也講到羲和“四子格通天地四時”：是襄天踐，是各參化。爲禹爲萬以司堵，襄晷天步。乃上下朕斷，山陵不疋。乃命山川四海，……未有日月，四神相隔，乃步以爲歲，是惟四時……要是考慮到以上的關聯，與其説重黎“絶地天通”，毋寧説重黎們首先是交接天地以相通。正是由於出現了重黎這類專司天地四時的官守,民間那種"夫人作享,家爲巫史"的巫祀活動才有可能被取代。所以,在重黎一邊,"絶"字取"通"義: 猶《荀子·勸學篇》"假舟輯者,非能水也,而絶江河"之絶,《吕氏春秋·悔過》"今行數千里,又絶諸侯之地以襲國"之絶字;在下民一邊則"絶"字相應就取"斷"義了: 正是一體雙向之範式。部族政治權力的加強,首先體現在祭祀權利的獨占。一"絶地天通"之傳説,傳遞出天人溝通、神人交接,由有序到無序、由無序到統一的歷史演進過程。人類學者調查許多民族志的資料發現,"在道德方面,原始至上神,都是正直的……至上神所以具有這特徵,是因爲他是道德律的制定者,也因爲他就是道德的來源。""我們有很詳細資料的矮人,及薩摩耶人,蝦夷人,北中部加利福尼亞人,阿爾貢欽人,火地民族,東南澳洲人,他們都相信至上神是道德律的創立者。""因爲至上神監督人類的行爲,所以也能在道德方面賞善罰惡。大多數原始民族都異口同聲地説,至上神在世上賞罰的主要方式,是長壽與短命"。[1]

09) 行一德的多邊結構

由誥類文獻有關刑法用字反映出的上述祭政合一、天人交通、恩威並用、賞罰兼濟、守常處變的法原基礎所規定,《尚書》文獻中"德"字使用相應呈現出比較複雜的結構特點。具體地説,《今文尚書》文獻系統"德"字共使用了 117 次,跟商周金文使用 101 個"德"字的情形是一致的,都是高頻用字之一。《今文尚書》文獻系統 117 次用例中,誥類文獻中占了大半。在這些地方,"德"字還較少見到像後來所習用於"道德律"的一邊倒的字義,而是一"德"字兼具正邪明晦、賞罰褒貶的品質,甚至還指涉一般事物特性。"同此事物,援爲比喻,或以褒,或以貶,或示喜,或示惡,詞氣迥異;修詞之學,亟宜拈示。斯多噶派哲人嘗曰:'萬物各有二柄'(Everything has two handles),人手當擇所執。刺取其意,合采慎到、韓非'二柄'之稱,聊明吾旨,命之'比喻之兩柄'可也……比喻有兩柄而復具多邊。蓋事物

〔1〕 W·施密特著、蕭師毅等譯《原始宗教與神話》,上海文藝出版社 1987 年,第 338—339 頁,第 342—343 頁。

一而已,然非止一性一能,遂不限於一功一效。取譬者用心或别,著眼因殊,指(denotatum)同而旨(significatum)則異;故一事物之象可以孑立應多,守常處變”。[1] 日本語“柄”字所構成的類義詞,可指涉各種復綜關係語義。如“間柄”一詞所指爲“人際關係”,“事柄”一詞即稱“事物關聯”。而關係複雜,自具積極與消極即肯定與否定兩極的傾向,如“日柄”一詞,指向“日子的吉凶”,是“二柄”兼具之例。所以,這裏現成移用錢鍾書先生所拈出的語言修詞品目,概乎稱之爲《尚書》“語言天地”裏,“德有兩柄而復具多邊結構”。以下就誥類文獻中“德”字主要用例作具體分析。

《康誥》篇中,“德”字共使用9次。其中“克明德慎罰”,克字所關涉的對象是一個並列結構,即“明德”與“慎罰”對舉,解釋爲“勉于德慎于罰”是講得通的;因爲《尚書》文獻“明”字不少是用作勉的。那麽,這裏的“德”字顯然是與“罰”相對待而使用的。“德”在上古文獻中有“恩惠”的語義,《古文尚書·武成》:“大邦畏其力,小邦懷其德。”《左傳·成公三年》:“無怨無德,不知所報。”《玉篇·彳部》:“德,惠也”。又“告汝德之説于罰之行”,王引之《經義述聞》卷四以爲二者亦是並列結構:“于,猶越也,與也,連及之詞。行,道也。言告汝德之説與罰之道也。”德、罰二字也是對言關係。

《酒誥》篇中,“德”字凡用8次。其中“越庶國,飲惟祀,德將無醉”,諸寫本傳文釋作“以德自將無令至醉也”;後來的注家也多取“以德自將”、以將爲扶助立説,如清人孫星衍《尚書今古注疏》之類。“德”字在這裏不過是作爲一個中性詞在使用,即酒性之性;將,王引之《經傳釋詞》卷八釋“猶其也”;無,毋,表禁止,《論衡·語增》引該句正作“德將毋醉”。醉,《説文·酉部》:“卒也,卒其度量不至於亂也。一曰潰也。”都是與酒性的規定有關,“德將無醉”等於説是“性其毋亂”。又如“越小大德,小子惟一”,德有大小之别。又如“作稽中德”,德字之前須加“中”字以限定修飾,如此一“中德”結構才有當於今語之一德字,亦徵《酒誥》中“德”字尚

[1] 錢鍾書《管錐編》卷一,中華書局1979年,第37頁、39頁。

作中性詞使用。又如“兹亦惟天若元德”,元,《禮記・王制》鄭注釋作“善”,“德”而有待元即善的限定,説明“德”亦有惡之一邊,否則即無所謂“元德”了。此亦爲“德”具兩柄例。又如“弗惟德馨香祀”,《左傳・僖公五年》引《周書》作“黍稷非馨,明德惟馨”,“德”有待於明字修飾、馨字陳述界定,亦爲具兩柄之例。

《梓材》篇“德”字共出現3次,其中有兩次使用是與“明”字結合在一起的:“先王既勤用明德”,“亦既用明德”。《尚書》文獻中“明德”凡十四見,“德”字有待“明”字規定,是相對於“昏德”,爲兩柄之例。其中還有一部分“明”字用作勉,在這種情況下,“明德”,就等於説勉於行,這要看其前後的語言聯繫:聯繫本身就是一種限定,合成結構就是意味著語義的損失。《召誥》篇“德”字共用了9次,其中5次是與“敬”字相聯繫,構成“敬德”“敬……德”結構。一般認爲,這裏的“敬”是用作表示謹慎的行爲。敬德,就是謹於行;因而這裏的德字也還是中性的。《多士》篇“德”字用了4次,其中有兩次是與“明”字結合出現的。《無逸》篇共用了2次,其一是稱“酒德”(“無若殷王受之迷亂,酗于酒德哉”),其一稱“敬德”(“則皇自敬德”)。後者已見上文,前例稱“酒德”,錢鍾書先生分析過:“抑古人言‘德’,有二義焉。一指行爲之美善者(Tugend)……一指性能之固特者(Eigenschaft),如《禮記・緇衣》:子曰:小人溺於水。……夫水近於人而溺人,德易狎而難親也,易以溺人。‘德’正指水性。《老子》第五十一章:道生之,德畜之。……夫莫之命而長自然。王弼注:道者,物之所由;德者,物之所得也。《莊子・庚桑楚》:雞之與雞,其德非不同也。《徐無鬼》:執飽而止,此狸之德也。劉歆《七略》述鄒衍論五行之‘終始五德’,[1]‘德’乃金、木、水、火、土五物之生尅性能。”[2]

《君奭》篇除了上述“德”字使用的有關情形之外,還出現了“耇造德”的用法,德字依靠“耇造”修飾,也是二柄兼具用例。《多方》篇中還見到

〔1〕 嚴可均《全漢文》卷四十一,見《全上古三代秦漢三國六朝文》,中華書局1958年。
〔2〕 錢鍾書《管錐編》卷三論《全漢文》卷二十四。

“凶德”的用法,照今天的説法就是“惡行”,如此“德”有善惡的區分。《立政》篇中也有幾個德字用法比較醒目,如“訓德”,訓、順、馴字通用,德有順逆之分。如“桀德”,徑與夏桀暴君發生聯繫,足徵周初“德”字可作中性詞使用,指涉一般之行爲。如“暴德”,今天就講成暴行,德字與暴結緣,又構成馴、暴二柄結構關係。如“義德”“容德”,德有待於義、容修飾。《顧命》篇有德字還用以指涉具體的動作行爲,如“王義嗣德答拜”(《古文尚書》歸《康王之誥》),《説文・彳部》: 德,升也。《吕刑》篇中可注意者,有“德威惟畏,德明惟明”的提法,《禮記・表記》引這句作“《甫刑》曰: 德威惟威,德明惟明;非虞帝其孰能如此乎”? 德威,指行爲威虐者;畏,使(之)畏,謂懲罰之。德明,行爲光明;惟明,指顯揚之。這裏“德”本身就是指中性的行爲,由“威”“明”字限制,同樣構成爲一種對立結構類型。

10) 在《洪範》篇裏,我們還可以看到,當時以協韻的短語,道出“德”的具形,還是以“行道”的形式出現的。誥類文獻中“德”字的使用雖然也有一部分已趨於道德律令的規範功能,但就上述部分用例的初步統計分析來看,當時還未出現“一邊倒”的傾向,而呈現出“兩柄多邊”的結構形態,這也是《尚書》誥類部分文獻用字反映出的單位觀念史的事實,這與當時正由神判天罰逐漸向世俗刑法過渡,道德價值取向呈現多元化的法源學基礎是相適應的。原初的法,就是當時的道德律;至上神和部族首領、巫師爲法的共同制定者(即法的來源)、監督執行者。堪稱中國古代法律史上第一篇系統的法學文獻《吕刑》最後這樣規定説:

> 王曰: 嗚呼! 敬之哉,官伯族姓! 朕言多懼。朕敬於刑,有德惟刑。今天相民,作配在下。

“朕言多懼。朕敬於刑,有德惟刑。”——其中“敬”字即謹,與上“多懼”相接應,在這一結構裏,天與人、德與刑的結構關係得到完整統一的呈現。

文獻及數據庫：

[1] 顧頡剛、顧廷龍編《尚書文字合編》,上海古籍出版社 1996 年。本文凡是没有具體標注出處的有關寫本文獻,皆見於是編。

[2] 臧克和《尚書文字校詁》,上海教育出版社 1999 年。

[3] 臧克和《簡帛與學術》,大象出版社 2010 年。

[4] 臧克和、劉本才《實用説文解字》,上海古籍出版社 2012 年。

[5] 文中未加説明的古文字出處,皆見於華東師範大學中國文字研究與應用中心所研製"出土文字和傳世字彙韻書數據庫"。

原載《中國文化》2004 年第 2 期,後有補訂。

《尚書·召誥》"生子"解詁

《召誥》一篇文字,一向被《尚書》學界認爲是研究殷周之際政治制度嬗變的重要文獻。只要看王國維《殷周制度論》,就已經揭示得再明白不過:"此篇乃召公之言,而史佚書之以誥天下,文、武、周公所以治天下之精義大法,胥在於此。"〔1〕照王氏本文的研究,這裏還可以瞭解到:"欲觀周之所以定天下,必自其制度始矣。周人制度之大異於商者,一曰立子立嫡制,由是而生宗法及喪服之制……特如商之繼統法,以弟及爲主而以子繼輔之,無弟然後傳子。……捨弟傳子之法,實自周始。……自是以後,子繼之法,遂爲百王不易之制矣。"〔2〕這大體上可以認爲是王氏特別拈出該篇的用心所在。但是這裏又並沒有對《召誥》文本一一指實,於是,像下面的這段文字,加上歷代注解者的緣形生訓,於"生子"一詞皮相附會,從而遮蔽了原本包藴的巨大歷史內涵:

王乃初服。嗚呼!若生子,罔不在厥初生,自貽哲命。

〔1〕 王國維《觀堂集林》第二册,中華書局1959年,第476—477頁。
〔2〕 王國維《觀堂集林》第二册,第453—456頁。

其中,關於"生子"的解釋,自古至今,各家無不接受僞孔傳的影響,基本上以"如子之初生""教養生子之比況"等爲説。

按"若生子"緊承前句"王乃初服"而來,實際上無待曲喻罕譬。乃,猶"方"也,"甫"也,"纔"也;先秦文獻如《穀梁傳 · 莊公十年》:"乃深其怨於齊,又退侵宋以衆其敵。"《大戴禮 · 保傅篇》:"太子乃生,固舉之禮。"皆其例。説見裴學海《古書虚字集釋》卷六,〔1〕二用例已見於王引之《經傳釋詞》卷六。王氏於後一例並舉出異文:"《賈子》'乃'作'初'。"〔2〕又"若"猶"惟"也,是該處"若"字用法全等《尚書 · 文侯之命》"若女予嘉"之若、《大誥》"若昔朕其逝"之若、《君奭》"若天棐忱"之若、《吕刑》"若古有訓"之若,説見《經傳釋詞》卷七。〔3〕

"生子",質言之所指就是嗣位元子。這裏面包含了兩邊,不可不首先弄清楚:

一是"生",所指爲周初君主繼承之法。父終子繼,一改殷代兄終弟及之習,此爲殷周制度一大轉换。古代文獻像《公羊傳 · 莊公三十二年》就討論過"生"的這種用法:"莊公病,將死,以病召季子。季子至而授之以國政,曰:'寡人即不起此病,吾將焉致乎魯國?'季子曰:'般也存,君何憂焉?'公曰:'庸得若是乎,牙謂我曰:'魯一生一及,君已知之矣,慶夫也存。''"按"牙"就是公子牙,何休注:"父死子繼曰生,兄終弟繼曰及。"〔4〕

一是"子",指的就是嗣君。説者或以爲於嗣君不便徑以"子"相稱,這恐怕是讀經不顧上下文、斷章取義的結果。《召誥》本篇上文云:"有王雖小,元子哉。"是故此處稱"生子",實在是本地風光,直承上文。另外,"生子"的字面本義不過是"産子",説經者爲了自圓其説,或曲爲之解,將"生"字轉訓爲"養"。其實,在《尚書》文獻系統裏,如《堯典》篇有"教胄子",《酒誥》篇有"文王誥教小子"等,都是表達"教養"之義的例子,更未

〔1〕 裴學海《古書虚字集釋》下册,中華書局 1954 年,第 478 頁。

〔2〕 王引之《經傳釋詞》卷六,嶽麓書社 1984 年,第 121 頁。

〔3〕 王引之《經傳釋詞》卷七,第 155 頁。

〔4〕《十三經注疏 · 春秋公羊傳注疏》卷九,中華書局 1980 年。

見有哪一處徑以"生"字來指涉"教養"之義。《尚書》全部文獻共使用了三十六個"生"字,並無任何一篇拿"生子"來虛擬比況御殷初期的基本國策,而且,其餘篇目甚至於没有出現過"生子"結合成詞的情況。緣詞敷説,適足令研讀經史者無所適從耳。

"罔不在厥初生"。接下的這一句亦有一個"生"字在,也是無法繞過去的。按這一語段結構與前面"若生子"中間其實可不斷句。日藏九條本該處傳文説:"當如子之初生,習爲善則善矣,自遺知命無不在其初生,爲政之道亦猶是也。"〔1〕不特增字解經,而且像"子之初生……無不在其初生"的語言結構搭配,亦不辭之甚。可見拿"生育"來解釋這裏的"生"字也是講不通的。這一語段結構整體以雙重否定的形式,向"初服"幼王强調"服殷御事"的舉措,無不取決於嗣位之初:是指對於一個新繼位者來説,開始總是很關鍵的。語義適與"若生子"相承而一致。從《召誥》全體大旨來看,這句誥詞,實際上是由"宅新邑"所引發出來的題中應有之義。"宅新邑"的舉動本身就算得上嗣王即位伊始的一大政治措施,聯繫是很自然的,似乎用不到虛擬比方,曲爲之説。《尚書》大部分文獻文字質實,較少有拿一個語句單位去比擬一件事的情形。

最後順帶談談剩下的"自貽哲命"一句,這與上面所釋内容也多少存在一些聯繫。九條本該句作"自台悊命"。這裏承上句講述其條件關聯:自,用也,這類用法《尚書》文獻是習見的,例多不具舉。貽,本作台;台,古怡字。《説文·口部》:"台,説也。"段玉裁注:"台,説者,今之怡、悦字。"哲、悊異體字,並見《説文》。如同"格王"即等"哲王"辭例,"哲命"亦即"格命",均爲《尚書》《詩經》等上古典籍習見成語。"格命"一詞,見於《吕刑》篇,傳文以"至命"釋之,是"哲命"謂至自於上天之命。自貽哲命,猶言用怡上天所命。如此解釋,既與下文"天命哲"一貫,又跟上句文字文義相應若合符契。

---

〔1〕 顧頡剛、顧廷龍編著《尚書文字合編》第三册,上海古籍出版社 1996 年,第 1951 頁。

附圖：

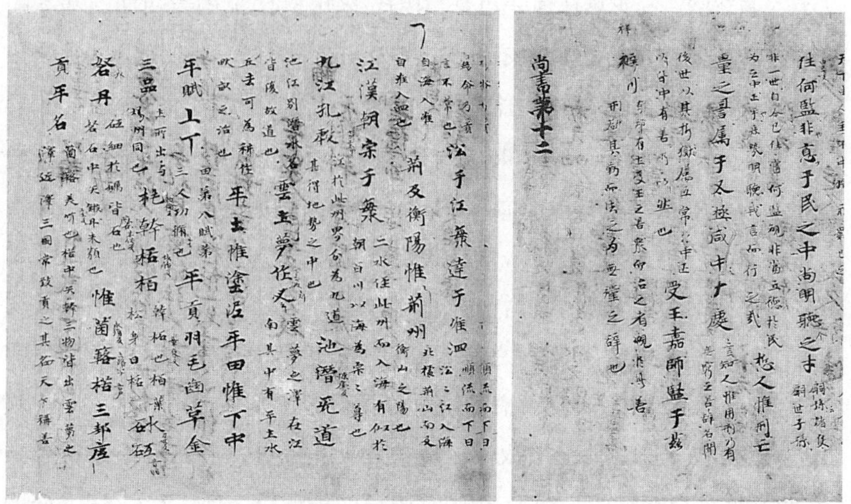

日本見在唐代《古文尚書》抄本書影

原載《中國史研究》2000 年第 3 期，總第 87 期。

考據雜誌

《管錐編》訓詁思想

對"闡釋"作"循環"（即圓覽、圓通）的要求，是錢鍾書訓詁思想的一貫體現，並進而認爲"懸圓相可示談藝之道"。本文對散見於《管錐編》中的訓詁方面的主要方法、表現形式，以及由此披露出來的這一闡釋思想進行了初步探討；從而對傳統"小學"的局限作了一定的透視。《管錐編》談的是藝術哲學之道，但發軔處卻是傳統的經、史、子、集以及附麗於其中的"小學"。由是，本文的論述，又是打破語言與文學自足封閉、孤立解釋的傳統格局，將義理、考據、詞章進行會通闡釋的一種嘗試。

"沿波討源"與"推本窮末"

有清一代"樸學"，爲迄今難以企及的訓詁學史上的黄金時代，其基本方法，戴震曾作過如下抽象、描述：

> 經之至者，道也；所以明道者，其詞也；所以成詞者，字也。由字以通詞，由詞以通其道，必有漸。

其思維軌跡便是：

> 由文字以通乎語言,由語言以通乎古聖賢之心志,譬之適堂壇之必循其階而不躐等。〔1〕

事實上,這種"循階"→"登堂"→"入室"的概括,綫性的思路,一旦碰到訓詁解字的實際過程,往往乖剌可笑,難以自相圓通。《管錐編》曾作了揶揄性揭櫫;"《東原集》卷一〇,《毛詩補傳序》:余私謂《詩》之詞不可知矣,得其志則可以通乎其詞。"前面所謂"循階",以升堂入室,此處則又以《詩》之志,"反而求其文字語言之可通,毋乃類梁上君子之一躍而下乎!"其原因就在於"戴氏能分見兩邊,特以未通觀一體,遂致自語相違"。〔2〕有鑒於此,錢鍾書特拈出"闡釋之循環"理論:

> 乾嘉樸學教人,必知字之詁,而後識句之意,而後通全篇之義,進而窺全書之指。雖然,是特一邊耳,亦祇初桄耳。復須解全篇之義乃至全書之指("志"),庶得以定某句之意("詞"),解全句之意,庶得以定某字之詁("文")。
>
> 積小以明大,而又舉大以貫小;推末以至本,而又探本以窮末;交互往復,庶幾乎義解圓足而免於偏枯。(卷一,第172頁)

《管錐編》這裏第一次將訓經解詁從思維的全過程著眼,明確地分解了一個訓詁過程的兩個思維階段及相逆而適得統一的兩個方向。這完全可稱之曰"整體論":溯源在乎明流,而"沿波"亦無妨"討源";〔3〕因而,復可上升到哲理高度:"一切解即是一解,一解即是一切解。"

1) 反訓分訓

在《周易正義》部分,開篇便論述到了訓詁中常見的所謂"反訓"現象,但錢鍾書以爲:"一字多意,粗別爲二。一曰並行分訓,如《論語·子

〔1〕《東原集》卷九,《與是仲明論學書》;卷一,《古經解鈎沈序》。

〔2〕《管錐編》卷一,第172頁,以下只注卷次和頁碼。

〔3〕劉勰《文心雕龍·知音》:"觀文者披文以入情,沿波討源,雖幽必顯。"

罕》:空空如也,空可訓虛無,亦可訓誠慤,兩義不同而亦不倍。”這便是《管錐編》中所概括的“一字多義之同時合用”的類型。“二曰背出或歧出分訓,如亂兼訓治,廢兼訓置,《墨子·經上》早曰:已:成,亡。古人所謂反訓,兩義相違而亦相仇。”(卷一,第29—30頁)這種“反訓”“背訓”現象根源之一,在於古代語言即古老思維的對偶性,如“且”字,《墨子》“自前曰且”,從“且”聲的字有“祖”。《爾雅·釋詁》:“祖、始也。”另一方面,同是從“且”聲的“殂”,《說文·歺部》:“殂,往死也。”看來“且”一體兩邊,既有開始之文,又有終結之義。但相反相成,說終“是先有”“始”在。這有些類似於西方現代哲學中的“異質同構”。[1] 基於此,諸如此類的類型,就不能不從整體著眼。然則,將謂漢字結構之體,用於確定語境而不能確解乎?《管錐編》進而特別強調了這類訓詁現象“體”“用”關係:

> 此特言其體耳,若用時而衹取一義,則亦無所謂虛涵數意也。

蓋“心理事理,錯綜交糾:如冰炭相憎,膠漆相愛者,蓋無不有”,因而,“賅衆理而約爲一字,並行或歧出之分訓得以同時合訓焉,使不倍者交協,相反者互成……”(卷一,第2頁)這裏的分析提絜,至少包含了下面兩層意思:一是“反訓”來源於客觀事物自身的矛盾變化;二是“反訓”導源於人(主體)的情感辯證運動。這也是下面所要論述到的“一邊”與“多邊”等問題的基礎。這就遠非僅停留在所謂“施受同辭”之類表面形式上所能濟事克功的,而是所謂“本”與“末”諸關係的交互往復,矛盾運動的結果。

2)偏轉分合

《詩·邶風·擊鼓》:“死生契闊,與子成說。”《傳》:“契闊,勤苦也。”馬瑞辰則以爲:“契闊二字雙聲。”但注釋了一通,仍未從語音連綿角度得其確詁;復又申說道:“但據下章于嗟闊兮,正承上契闊而言,則契當讀如

---

〔1〕 臧克和《〈管錐編〉“異質同構”論》,《上海大學學報》1990年第3期。

契合之契,闊當讀如疏闊之闊。”[1]《管錐編》將“偏轉流動形態的詞義相互影響,相互吸引的現象,觀其會通、溯其流變”:

其一,二字分而不並。《全北齊文》卷四魏收《爲侯景叛移梁朝文》:“外曰臣主,内深骨肉,安危契闊,約以死生。”安,契、生、危、闊、死各相當時,無一閑置偏枯。

其二,並而不分。《南史·恩倖傳》:……忠誠契闊,人誰不知?”又《舊唐書·中宗紀》:“遷於房陵,崎嶇瘴癘之鄉,契闊幽囚之地。或言“勤苦”(前者),或道“遠隔”(後者)。

其三,既並而不分,復漸偏主“隔遠”,而愬置“勤苦”。高適《哭單父梁九少府》:“契闊多别離”,以“闊”吞併“契”也。

其四,以“契”吞併“闊”者,亦復有之:繁欽《定情詩》:“何以致契闊?繞腕雙跳脱。”合之上下文以臂環“致拳拳”……則“契闊”乃親密,投分之意。

《管錐編》在分疏了大量詁訓資料之後,復總結道:“魏晉南北朝,兩意並用;作闊隔意用者,沿襲至今;作契暱意用者,唐後漸稀。”並且闡釋了產生這種現象的根源,“通契於闊,或通闊於契,同床而浸假同夢,均修詞中相吸引,相影響之例爾”。(卷一,第80—82頁)“推本”在於“窮末”,而這裹所推求的“本”,既超出了“末”所在的一個語境,復超出了全篇,而進乎全書,進而跨越幾個歷時層面,於是達到了“披源明流”。再如論張升《友論》中“吹嘘”之例,亦與此同致:“吹嘘”由“呼吸”之義,到引而申之爲“揄揚”他人,再到揚己自詡之“吹牛”。[2] 理董爬梳,均是訓詁的複雜現象:“合離兼别,其故莫詳,成俗相因,積重難返。正名慎思者嘗斥語言文字鬼黠如蛇,詁訓之學惟有與之委蛇耳。”(卷三,第1021、1022頁)“委蛇”喻解詁之學,亦即强調解釋的圓通,因而,也就必須做到“沿波討源”“推本窮末”諸過程的統一。錢鍾書不止數次地深非小學家不求會通、囿

〔1〕 馬瑞辰《毛詩傳箋通釋》。

〔2〕 “吹嘘”“容易”諸條的流變過程,可參看清代杭世駿《訂訛類編》卷一“義訛類”。

於一孔的穿鑿伎倆,原因也正在於此。

“出乎其外”與“入乎其內”

訓詁過程的真正困惑,即在於就一個語境著眼而無法解決的問題。孤立地看,此說好象契合義理,彼解也貌似自圓其說。這就必須要既著眼於“內”而又要“出乎其外”。錢鍾書嘗自謂:“入而能出,庶幾免乎見之爲蔽矣。”(卷三,第 1052 頁)《管錐編》在處理十大部典籍的有關詁訓材料時,尤其注意到了這一問題在解詁過程中的意義。於是,對訓詁要求,更進一解:

> 並須曉會作者立言之宗尚,當時流行之文風,以及修詞異宜之著述體裁,方概知全篇或全書之指歸。(卷一,第 171 頁)

而這正是上文已具的“窮末”條件。

《詩·大雅·桑柔》:“朋友已譖,不胥以穀。人亦有言,進退維谷。”阮宫保《揅經室一集》卷四,《進退維谷解》深非《傳》《箋》之訓“谷”爲“窮”,而發創爲“谷乃穀之假借。”並又引《晏子春秋》《韓詩外傳》等所援《詩》的詁訓資料,“皆處兩難善全之事,以見進退,皆‘穀’爲‘善’”。音義互相發明,是向來爲訓詁小學家所稱道的。連雅好覓奇的馬瑞辰也歎爲的詁。[1] 而且但據前後語境乃至全詩,阮氏說解也難以遽定是非。既然阮氏所援詁訓材料已“出”毛詩之外,這裏也不妨將視野放得開些,“出乎其外”,以求“入乎其內”。《韓詩外傳》卷二記楚昭王使石奢爲理道,有殺人者,追之則父也。奢曰:“不私其父非孝也,不行君法,非忠也”,刎頸而死。“皆言公義私恩,兩端難執,顧此失彼,定奪取捨,性命節操繫焉。”(卷一,第 134 頁)錢鍾書在《毛詩正義》部分論《四牡》詩中,復闡發

〔1〕 馬瑞辰《毛詩傳箋通釋》。

這種"進亦憂""退亦憂"的窘境：蓋折衷斟酌，兩不能完，左右爲難，此所謂進退皆窮。"不得全義"，途窮而就死路，旁人引詩歎之。從而深非阮氏"經生之不曉事""不近情而幾如不通文理"。（卷一，第135頁）並援西方美學家黑格爾所謂"倫理本質"，彼此鑿枘，構成悲劇，亦舉家恩與國事不容兼顧爲例；還有《漢書》《後漢書》《晉書》《世説新語》等，從我國傳統倫理學中的"忠孝不可得兼"著眼，這就將視野投射到了廣闊的文化背景上，也就遠非那班只重故實，不"通情達理"的小學家所能濟事的。而且，又可上升到哲理的高度來審察：從《管錐編》此節所引的《四牡》詩《毛傳》等詁訓資料來看"思歸者，私恩也；靡盬者，公義也；傷悲者，情思也"。前者爲"發乎性情"，後者則爲"止乎禮儀"。情理衝突，恩義乖違。當此時，最是傳達人的内心隱秘處。爲藝者，每善於設置這種心靈矛盾。還有《史記會注考證》中論性格"相反相違"而"同在一人之身"；均早啓所謂"二重性格組合"之理，今人劉再復所論，亦不外乎此，而《三百篇》及《傳》《箋》等早發其端緒，《史記會注考證》中所論項羽性格，亦已導夫先路。〔1〕 正基於此，錢鍾書才深責阮元輩"不近情"而幾如"不通文理"。

"睹一事於句中，反三隅於字外"。〔2〕 如果我們借用到訓詁上來，也就是須時刻顧及的。如《論語·雍也》記孔子曰"文勝質則史"。其中對"史"的注疏，説了不知有多少次、多少話；但是，即令於這注疏記了不知多少次的人，再來看這個"史"，還是不免有些茫然。《管錐編》跳出這藩籬，拈出《韓非子·難言》："捷敏辯給，繁於文彩，則見以爲史。"於是始覺渙然冰釋。在有關文論的研究上，尤能體現"出"與"人"的關係把握的意義。陸機《文賦》："立片言而居要，乃一篇之警策。"關於"警策"之注，李善曰："以文喻馬也……若策馳。"而《癸巳存稿》卷一二斥其誤，"策乃篇

---

〔1〕 "二重性格"的第一次表述，始見於《管錐編》卷一，論《史記·項羽本紀》："言語嘔嘔"與喑噁叱吒，恭敬慈愛與僄悍滑賊，愛人禮士與妒賢嫉能'婦人之仁與屠阬殘滅，分食推飲與玩印不予，皆若相反相違；而既具在羽一人之身，有似兩手分書，一喉異曲，則又莫不同條共貫，科以心學性理犂然有當。《史記》寫人物性格，無復綜如此者。談士每以虞兮之歌，謂羽風雲之氣而兼兒女之情，尚粗淺乎言之也。"（卷一，第275頁）

〔2〕 劉知幾《史通·叙事》。

本編冊也”,非鞭策。拘於一囿之內,遂生歧義。《管錐編》别開生面,參之賈誼《過秦論》“振長策而禦宇內”,始得確解: 一世之主“振策”猶夫一篇之主“警策”;出乎其外:“以馬喻文,歷世常談。如魏文帝《典論》: 咸以自騁驥騄於千里,仰齊足而並馳;……《顏氏家訓 · 文章》篇: 凡爲文章,猶人乘騏驥。……”(卷三,第 1197 頁)不勝羅列。其他,論“假象過大”,也是拈出後世談藝數例,爲之箋釋,以爲“壯辭”方得宜用於“大象”,(卷三,第 1156 頁)這實際上是從解詁的角度,闡釋了我國古代文論詩論中都非常重視的對意境的審美要求,即意與象所構成的境界,以圓潤和諧統一爲上乘。常見有的文論研究者,即偏執一端,不能“出”之,也就談不到對藝術規律的深入闡釋;不少人好談“神韻”但既不深入考察這一概念的源流,甚至連基本的訓詁功夫也不作,就說得神乎其神,不著邊際。錢鍾書從句讀入手,“氣韻,生動是也”,並引“對文”訓釋,“入乎其內”,清算了這一概念在初的準確涵義;然後復“出乎其外”,觀察其由謝赫《畫品》中始用於論畫,再進而引以論詩、文等。這樣正本清源,再考流變的完整過程。(卷四,第 1352、1366 頁)李善注《文賦》,十九爲錢鍾書所推翻。看來小學家注疏有關藝事的詁訓,也得慎重些爲是。

如此“出乎其外”,方能觀之;“入乎其內”,方能解之。“超以象外”,方“得其環中”,“出乎其外”,適得“入乎其內”。[1]

“歷時比較”與“横向溝通”

爲了達到“出”與“入”,“內”與“外的統一,《管錐編》隨時隨處使用了各種各樣的比較;而邏輯地分類,要之不外乎歷時地排比有關訓詁材料,以見流變,即作動態的考察;以及横向的不同性質,不同人文學科領域之間的溝通。真正作到了融會貫通。

觀其會通、動態的比較,上文在“偏轉分合”中已爲發凡。在整部《管

〔1〕 王國維《人間詞話》。

錐編》中可謂觸處皆是,儘管這是極爲費力的。粗別有二: 一是示其流變,不可執於一端。譬如《左傳·桓公元年》中所注意到的"艷麗"兩字的訓釋。在先秦典籍中,"艷麗"均是美詞,且男女均得被目爲"美艷""艷麗",而且至漢代尚不限青春年少,亦可"施諸老翁"。而"後世以此類語題品男子,便有狎賤之意",至近代手筆,"如是寬泛,必被蚩爲語病,播作笑枋"。究其淵源,"蓋字有愈用愈寬者,亦復有愈用愈狹者,不可株守初意也"。(卷一,第 174 頁)二是示其傳承,考辯引申差等。《詩·有女同車》:"彼美孟姜,洵美且都。"《傳》:"都,閑也。"嫌其蹈空;而於《都人士》中,《箋》及現在不少注本徑釋"都"爲都邑,又失之鑿實,似均尚未盡意。錢鍾書則依次排比了有關訓詁資料,從而清晰地傳達出了個中難落言詮的關係: 程大昌《演繁露》續集卷四:"古無村名,今之村,即古之鄙野也;凡地在國中邑中則名之爲都,都,美也。"楊慎《升庵太史全集》卷四二、七八本此意說《詩》曰"山姬野婦,美而不都",又據《左傳》"都鄙有章"等語申之曰:"閑雅之態生,今諺云京樣,即古之所謂都。……村陋之狀出,今諺云野樣,即古之所謂鄙。……"陸游"涼州女兒滿高樓,梳頭已學京都樣",趙翼"都美本於國邑,鄙樸本於郊野",皆"都"之謂歟?(卷一,第 1078 頁)《管錐編》更多地還是注重横的聯繫,即不同人文學科領域,東西方之間的溝通、比較、參照。如此得出的闡釋結論,就真正稱得上爲不易之論,天衣無縫。因而也就不會出現前面所說的顧此爲是,離此則非,無所適從的窘境。這種解詁思想,其首先的依據,就是在"闡釋之循環"的理論中所揭舉的注意不同著述體裁特點等。即以《管錐編》所論及的十部典籍而論,文、史、哲等,無不包賅;由是也就不能不首先顧及它們各自的特點,以及由此帶來的作者立言宗尚等等。(錢鍾書曾自謂《管錐編》著書大旨:"聊以亂思遣日,發凡張本而已。")而是首先抓住其內在的聯繫。

1)藝理與訓詁統一

《詩·静女》:"自牧歸荑,洵美且異;匪女之爲美,美人之貽。"《傳》:"非爲其徒悦美色而已,美其人能遺我法則。"《正義》:"言不美此女,乃美此人之遺於我者。"朱熹《集傳》云:"非此荑之爲美,特以美人之所贈,故其物亦美耳。”“南宋諸儒大抵崇義理而疏考證”,[1]顯得空靈一些,但也是只道其一邊耳。方玉潤《詩經原始》:“女乃一篇之罪案。”按“女”乃“汝”之借,通借破字,本解經者看家本領,而鬧出笑話:“物重於人,茅重於妹女,可謂顛倒好惡者。”蓋因其中包含了一個基本的審美之理,適如所謂“少陵爾汝群物”者也。“卉木無知,禽犢有知而非類,卻胞與而爾汝之,若可酬答,此詩人之至情洋溢,推己及他。”要之,“吾衷情沛然流出,於物沉浸沐浴物之,仿佛變化其氣質,而使爲我等匹,愛則吾友也,憎則吾仇爾,於我有冤親之別,而與我非族之殊,若可曉以語言而動以情感焉。”(卷一,第 86 頁)按王國維《人間詞話》:“以我觀物,故物皆著我之色彩。”而這裏已爲後世文藝心理學“移情說”之先。此類相通的現象,體現在《管錐編》訓詁闡釋思想上便是:“蓋文詞有虛而非僞,誠而不實者。語之虛實與語之誠僞,相連而不相等,一而二焉。是以文而無害,誇或非誣。”(卷一,第 96 頁)又,“說《詩》經生,於詞章之學,太半生疏”,因而,“墨守文字之本,見《詩》之鑄語乖剌者,輒依託訓詁,納入常規;經疾史恙,墨炙筆鍼,如琢方竹以爲圓杖,蓋未達語法因文體而有等衰也”。(卷一,第 150 頁)

2)哲理與訓詁統一[2]

對於哲學著述,小學家就更顯得力不從心,便不得不盡穿鑿違理的能事。因而,錢鍾書在《老子王弼注》等部分,深斥其淺陋:

> 清代以來,治子部者,優於通訓解詁,顧以爲義理思辯之學得用文字之學盡了之,又視玄言無異乎直說,蔽於所見,往往而有。(卷二,第 402 頁)

故“一經箋釋,哲人智士悉學究之化身,要言妙道皆字典之剩義”。如《老子》一章:“道可道,非常道。名可名,非常名”。俞正燮《癸巳存稿》卷一

〔1〕《四庫全書總目》評鷺《爾雅注》。

〔2〕參見本集《簡牘餘話》部《〈嶽麓書院藏秦簡〉字詞札迻(一)》及有關篇目。

二云:"《老子》此二語'道'、'名',與他語'道'、'名'異。此云'道'者,言詞也,名'者',文字也"。錢鍾書首先指出其所侈陳"古謂文字爲名"之非,從語學與名學的關係上闡釋了"名"與"字"的對立統一:

> 名皆字也,而字非皆名也,亦非即名也。《春秋繁露·深察名號》曰:"鳴而施命謂之名;名之爲言,鳴與命也。"……俞氏等"名"於"字",蓋見有"鳴"而不見有"命"也。曰"字",謂聲出於脣吻形著于簡牘者也;曰"名",謂字之指稱事物,即"命"也……字取有意,名求傅實;意義可了,字之職志也,真實不虛,名之祈向也。

因此,"名"之與"字"殊功異趣,豈可混爲一談耶?《管錐編》進乎"道理",揭示其底蘊:

> "道可道,非常道";第一、三兩"道"字爲道理之"道",第二"道"字爲道白之"道"。即文字語言。"名可名,非常名";"名"如《書·大禹謨》"名言兹在兹"之"名",兩句申說"可道"。第二五章云"吾不知其名,字之曰道",第三二章云"道常無名",第四一章云"道隱無名",可以移解"名",名道也;"非常名",不能常以某名名之也;"無名,天地之始",復初守静,則道體渾然而莫可名也;"有名,萬物之母",顯跡賦形,則道用粲然而各具名也。(卷二,第402、409頁)

以老子之道,移釋《老子》之詁,始得正解。其他如《焦氏易林》《列子張湛傳》《周易正義》等所論,不少地方都體現了這一"以道解詁"的思想。至於結合藝術哲理的闡釋,更是俯拾即是。按《文賦》:"彼榛楛之勿翦,亦蒙榮於集翠;綴下里於白雪,吾亦濟夫所偉。"李善注後二語,含糊鶻突曰:"以此庸音,而偶彼嘉句,譬以下里鄙曲,綴於白雪之高唱,吾雖知美惡不倫,然且以並夫所偉也。"其實,陸機首倡這樣一個關係:工拙雅俗固然對立,然亦得相濟,頗徵藝術辯證之理。所以,錢鍾書闡釋道:"前謂庸音端賴嘉句而得保存,後則謂嘉句亦不得無庸音爲之烘托。蓋庸音非徒蒙嘉句之榮,抑且濟嘉句之偉。"並徵引大量詩話、文論的品評,這裏僅示一例,《苕溪漁隱叢話》論杜甫詩:"老杜詩凡一篇皆工拙相半,古人文章類如此。皆拙固無取,使其皆工,則峭急而無古氣。"復又參照西方名家詩人所論,亦爲示例:"詩中詞句必工拙相間,猶皇冕上之金剛鑽,須以較次之物串綴之。"《管錐編》作了如下揭示:

> 蓋争妍競秀,絡繹不絶,則目炫神疲,應接不暇,如鵬搏九萬里而不得以六月息,有乖於心行一張一弛之道。

至李善輩釋詁,不達哲理,所見皮相,也就不足爲怪了:

> 解人難索,代遠言湮。……於"濟夫所偉",亦乏會心,……李善以下醉心《選學》者於此茫乎無知,又不足咎矣。(卷三,第1199、1201頁)

除此之外,巫術宗教,原始思維,民俗事象,也都與訓詁闡釋發生聯繫;而東西方的比較、參照;更是貫穿全書,觸處皆是。

"知常"與"通變"

既重故實,又講通變,二者統一,就須既能"入其内",又得"出其外"。由此,"知常"與"通變"關係的把握,也就成爲《管錐編》解詁思想又一特色。

所謂"知常",在許多訓詁學者那裏,一個十分重要的表現,往往就是所謂"重視句型"。然"是矣而泥於文理,未超象外以究事理,心理,故不克鈎深致遠"。(卷三,第1056頁)由是,錢鍾書特别提醒告誡:"知常"設若不與"通變"統一起來,"析據句型,末由辨察"。(卷一,第169頁)按

《左傳》隱公元年。"公曰：不義不暱，厚將崩"，其中"不義不暱"這一結構，算得上一種"固定格式"，即句型常態；《注》謂："不義於君，不親於兄；非衆所附，雖厚必崩。"杜預解"不暱"爲太叔"不親"莊公，然則以"不義不暱"爲並列關係，"非衆所附"則爲"增字解經"，以自圓其説耳。《管錐編》先是據全篇之旨，及結構關係，釋爲："不暱，謂衆不親附叔段，非謂叔段不親於兄。其語緊承'厚將得衆'而駁之，遙應'多行不義'而申之，言不義則不得衆也。"常態與變態，總是相對而言的，"守常"亦即"處變"，此處爲"常"，置於一個鄰屬的大的層次中則又呈"變"，如對此類結構通覽，就不難發現：

> 此類句法雖格有定式，而意難一準。

或爲因果句：

> 如《論語·述而》之"不憤不啓，不悱不發"，《墨子·尚賢》上之"不義不富，不義不貴"；後半句之事乃由前半句之事而生，猶云"不憤則不啓，不義則不貴"耳。

或爲兩端句：

> 如《禮記·禮品》之"不豐不殺"，《莊子·應帝王》之"不將不迎"；……雙提兩事而並辟之，猶云"不豐亦不殺"……

而且，由同一結構中兩字字義相背，遂類推斷此爲兩端（並列）句之常態，亦失拘泥：

> 韓愈《原道》曰："不塞不流，不行不止"，"塞"爲"流"反，"行"與"止"倍……而其爲因果句自若。（卷一，第169頁）

這裏,《管錐編》實質上揭示出了語言學上一個重要現象,即漢語結構中,有的表層爲並列關係,實際上卻蘊含著從屬等邏輯關係。漢語這一特徵與西方語言如英語、法語等比較起來,可稱爲"意合"特徵;而後者則以明晰的綫性結構體現出"形合"的特徵。這方面的訓詁資料還可參看《管錐編增訂》第十七頁。如此"通變",始覺訓釋熨貼。按《説文》引春秋傳適作"不義不䵒";䵒,黏也,又黏,相著也。即附著,依附之義。

然則,講"通變"也得以"知常"爲基礎,否則,排比再富,也終覺可疑。如《楚辭·招魂》"被文服纖,麗而不奇些。"《管錐編》首先大量徵引中原典籍所尚"中和"之美,比次同一類型的結構:"'麗而不奇'猶'威而不猛''謔而不虐''盡而不汙''哀而不傷''好色而不淫'。"(卷二,第635頁)以爲此等句法一律,遂斥王逸注釋爲非。按王逸這裏實在未"見單詞而忽全句",其《注》云:"不奇,奇也,猶《詩》云:不顯文王,不顯,顯也。言美女被服綺纖,曳羅縠,誠足奇怪也。"以"不奇"爲"奇"之屬,訓詁資料中亦爲常態,即王引之《經義述聞》卷三二《語詞誤解以實義》之旨。又,《楚辭》中亦有明昭大號,尚"奇服"之例,《涉江》開篇便倡"余幼好此奇服兮";《招魂》所鋪陳"妻妾之美""宫室之麗""口腹之奉",亦堪稱"奇"。均是本地風光,守常之屬。蓋南楚視中原好尚,迥然有别:其音樂爲"過音",誠足"哀而傷""樂而淫";其服飾或爲"切雲"之冠,或綴"寶璐"之佩。長劍陸離,矯俗爲怪,屈子終被"露才揚己"之毁,殆由"德不稱服"之責乎?三國魏人曹植《洛神賦》亦以此誇飾洛神"奇服曠世,骨像應圖"。看來但徵以中原文化典籍所尚之"中和",忽略《楚辭》本身之故常,恐怕未足令王逸輩首肯的。

照顧"處常態"與"求通變"的關係,可以説是錢鍾書闡釋思想,道一以貫。在《宋詩選注》,注釋王安石《初夏即事》,於"石梁茅屋有彎碕"詩句下注疏"彎碕":

> 王安石還有一首《彎碕》詩説:"殘暑安所逃,彎碕北窗北。""彎碕"見晉人左思《吴都賦》,《文選》卷五李善注説是"晤明宫東門"的

名稱,李周翰注說是"險峻"的意思,這裏似乎都不切合。《廣韻》卷一"五支"和"八微"兩部說"碕"是"曲岸"或"石橋",想來此處"以曲岸"爲近,因爲詩裏已經明說那地方有"石梁","彎"是形容堤岸的曲折。〔1〕

一個詞語所具有的幾種基本義項,爲固定形態,但對它在具體語境的解釋,就須變通;而這個變通過程,又是受到具體語境這個"常態"制約的。就是說,錢鍾書是充分注意到了語境對詞義的制約作用的。因而真正地"知常"本身就是一種觀會通,溯流變的過程。《文賦》:"故作《文賦》以述先士之盛藻,因論作文之利害所由,他日殆可謂曲盡其妙。"李善、俞正燮蓋未睹"他日"有"異日""來日"之常,又"通變乏術,不能涵泳語境,故所注均失。"他日"作"來日"解先秦《孟子》中就有不少,而"夫他日"句承"先士盛藻"來,則以"昔日"之解爲長;而且,"他日"得作昔日,往日解,唐世尚然,如杜甫《秋興》:"叢菊兩開他日淚,……"(卷三,第1180頁)

"一邊"與"多邊"

《管錐編》首次提出、多次闡發"比喻有兩柄兩復具多邊"。"二柄"易解,指比喻的"異用",即同一比體的褒貶、好惡異用,還有個同一比喻事物的不同變化的情形,兹不贅例。而"多邊"則是一個理解起來頗爲複雜的內容,故錢先生不止數次地作了申說,並闡釋了產生這類現象根源:從客觀事物一邊來看,"蓋事物一而已,然非止一性一能,遂不限於一功一效"。從設喻取譬者主觀方面來看,"取譬者用心或別,著眼因殊,指同而旨則異;故一事物之象可以孑立應多,守常處變"。這種"多邊"現象,就其認識論的意義來說,"一物之體,可面面觀,立喻者各取所需,每舉一而不及餘,讀者倘見喻起意,横出旁申,蘇軾《日喻》所嘲盲者扣盤得聲,捫燭得

〔1〕 錢鍾書《宋詩選注》,人民文學出版社,1979年,第5頁,第9頁。

形,無以異爾"。(卷一,第39—40頁)因而解喻者就必須具有"多邊"的認識,又要在具體的比喻中尋出所具之邊。

這當然不但是就"語用"修辭而言,而亦是錢鍾書闡釋思想的特色之一。因爲大量訓詁現象本有許多所謂"一字多用之同時合用"等等複雜現象。《管錐編》特別提出並闡釋"意""文""物"三者聯繫,亦《墨子》的"舉""名""實"並援引:

> 近世西人以表達意旨爲三方聯繫,圖解成三角形:"思想"或"提示""符號","所指示之事物"三事參互而成鼎足。"思想"或"提示","舉"與"意"也,"符號""名"與"文"也,而所指示之事物則"實"與"物"耳。(卷三,第1177頁)

按"所指"是結構主義亦即西方現代語言學中的一個基本概念,這裏,錢鍾書的闡釋適與美國符號學的創立者、哲學家皮爾士的某些精闢的論述相溝通,以揭示"物""意""文"三者的矛盾關係,從而披露闡釋深層的複雜性。而全部西方結構主義的哲學基礎不過就是建立在這一點上:

> 任何觀察者必定從他的觀察中創造出某種東西。因此,觀察者和被觀察對象之間的關係就顯得至關重要。[1]

也就等於說,由"文"到"意"(即符號→思想)這一過程也自然存在著不統一的地方,所謂"辭不逮意",即其一邊;反過來,由"意"到物(即思想→所指),也更是經常"意不稱物"。因而,"字之多義"與"情之多緒",歧中有歧,就不能不切忌簡單化的闡釋思路。"殊情有貫通之緒,故同字涵分歧

---

〔1〕 特倫斯·霍克斯著、瞿鐵鵬譯《結構主義和符號學》,上海譯文出版社,1987年,第8頁。

之義”。

同樣,在論宋玉《招魂》中,闡釋“登高望遠愁情生”之境關於“望”字的訓釋,亦徵“情之多緒”,遂生歧義,而內在聯繫也很清楚:宋玉《高唐賦》“登高遠望,使人心瘁”,王粲《登樓賦》……《管錐編》概括提絜爲:“囊括古來衆作,團詞以蔽,不外乎登高望遠,每足使有愁者添愁而無愁者生愁。”在文學史上,從張衡的《四愁詩》,古樂府《西洲曲》,到陳子昂《登幽州台》、王昌齡《閨怨》、辛棄疾《醜奴兒》…… 無法羅列。其中“望”字所傳達出的情緒內涵,“遠瞻曰望,希冀,期盼、仰慕並曰望,願不遂、志未足而怨尤亦曰望”。按甲骨文望字(可參見《殷契粹編》,第一一〇八片),爲“企而望”之象,“企”適與“求”複合爲詞“企求”。這早已透過所謂“字面涵義”而探尋到邏輯上“循環闡釋”的深層結構:

頗徵情感中自具辯證,較觀念中之辯證愈爲純粹著明。

這都是認識“一邊”與“多邊”關係闡釋範例。

結語:“反者道之動”

錢鍾書特別提到《老子》四〇章“反者、道之動”這句充滿哲理意蘊的話,用了幾乎是最長的篇幅,對此作了解釋、闡發。“反有兩義。一者,正反之反,違反也;二者,往反(返)之反(返)也(回亦有逆與還兩義,常作還義。)。”“反者道之動”之“反”兼“反”意與“返”即“反之反意”,一語中包賅反正之動爲反,與夫反反之動而合於正爲返”。錢鍾書特別闡釋這五字的原因正在於:

竊謂吾國古籍中《老子》此五言約辯證之理……簡括弘深。黑格爾曰矛盾乃一切事物之究竟動力與生機:曰辯證法可象以圓形,端末銜接,其往亦即其還,曰道真見諸反覆而返復。曰思維運行如圓之

旋,數十百言均《老子》一句之衍義……(卷二,第445、446頁)

這段闡釋可徑視爲對《管錐編》上述解詁方法在哲學思想上的概括提絜,而且,也是錢鍾書一貫的闡釋思想。體現在思維邏輯上,他強調:"反包含先有正,否定命題總預先假設著肯定命題。"[1]《老子》用"反"字,表面形式上看來,乃背出分訓之同時合訓,融貫兩義,即正,反而合;實質上,與黑格爾所謂"否定之否定"的思維運行規律,理無二致。而這種闡釋是貫穿整部《管錐編》的,甚至看作是中西藝術哲學之道的象徵。在《談藝録》中比較道:普羅提諾曾言,心靈之運行,非直綫而爲圓形。黑格爾則以哲學比圓,聖奧古斯丁以圓爲形之至善極美者。我國先哲談道體道妙,亦以圓爲象。《易》曰:"蓍之德,圓而神。"[2]《管錐編》卷一闡釋藝術作品的結構,即拈出古希臘談藝所謂"丫叉句法";浪漫主義時期作者謂詩歌結構作圓勢。(第六六頁)反復點出"圓"可以"喻天擬道"。卷三論"圓喻之多義",錢鍾書更是直接道破:"圓"可得"喻天擬道","圓之事或吉或凶,圓之詞亦有美有刺,不可以不圓覽者也。喻天擬道,略見《老子》卷論第四〇章"。又,"《關尹子・一宇》設譬最巧,以聖人之道,本無首,末無尾,所以應物不窮。……周敦頤《太極圖》徑以圓圈中空爲無極而太極之象,……《五燈會元》:'至道無難、唯嫌揀擇……圓同太虚,無欠無餘;司空圖《詩品・流動》:若納水輨,若轉丸珠;張英《聰訓齋話》卷上:天體至圓,萬物做到極精妙者,無有不圓。聖人之至德,古今之至文、法帖,以至一藝一術必極圓而後登峰造極"。(卷三,第921、930頁)藝事求"圓熟"爲至道,故論蔡邕《琴賦》,自然也是特稱道"喻之圓該"。(卷三,第1019頁)而批評江淹《别賦》則在於"有偏枯不稱之處"。(卷四,第1413、1414頁)甚至人的情緒運動之道,也無妨援以揭示:"反爲道之動;反亦情之動也。"因爲"情感中自具辯證"。(卷三,第1058頁)而於論《典論・論文》中尤爲反

〔1〕 錢鍾書《宋詩選注》,第5頁;第9頁。

〔2〕 "吹噓""容易"諸條的流變過程,參看清代杭世駿《訂訛類編》卷一"義訛類",上海書店1986年。

復申說,可徑視爲闡釋思想結穴:

> 《荀》曰"周道",《經》曰"周覺",與《典論》之標"備善",比物此志,皆以戒拘守一隅、一偏、一體之弊。歌德稱談藝者之"見"曰"能入,能偏,能透",偏則不偏,透則無障,入而能出,庶幾免乎見之爲蔽矣。(卷三,第 1052 頁)

"運行如圓之旋",既爲思維的特色,就不能不強調"闡釋之循環";而要作到這種循環如圓的闡釋,就要講究諸如"出乎其外"與"入乎其內"、"沿波討源"與"探本窮末"、"橫向比較"與"縱向溝通"、"知常"與"通變"、"一邊"與"多邊"等關係的把握。質言之,一個完整的解詁過程的完成,說到底是一個辯證思維過程,諸如"本"與"末"、"源"與"流"、"出"與"入"、"內"與"外"、"縱"與"橫"、"常"與"變"、"一"與"多"等等,原本就是這種辯證運動過程中的幾個不同側面而已。AI 時代要求知識學科之間的融通,對照傳統的語義訓詁,文學解釋(闡釋語言爲"語言學",闡釋文學爲"文藝學":都有待於"闡釋"方法的融通性、科學性),《管錐編》所體現"忌偏枯","求圓通"的闡釋、思維運行規律,其意義也就是不言自喻、無待乎闡釋的。

附記:

這篇小文原是筆者讀《管錐編》巨著一部分札記。錢公默存先生大病初起,即給予鼓勵和批注。原文以"《管錐編》訓詁思想初探"爲題載於《華東師範大學學報》(哲學社會科學版)1989 年第 3 期,總第 83 期,第 61—69 頁;當年復爲中國人民大學書報資料中心《語言文字學》1989 年第 10 期全文轉載。後蒙錢公推薦,收入陸文虎先生主編《錢鍾書研究》輯刊,北京三聯書店 1990 年第 1 期。

句 樣 論

——試說中國傳統批評的一個基本結構單位

句樣原爲中國古代詩話裏的固有品目。人們在使用某種語言結構類型過程中,已經不滿足於前人的、日常語言的習慣結構方式,因而進行加工扭曲、創辟出一種異乎前人的、有別於日常語言習慣結構方式的新的言語形式。這種新鮮的言語形式被創辟出來之後,如果進入了社會語言系統,它就會逐漸定型,形成某種語言結構類型的套語匡格,也就是所謂句樣。因此,句樣的一個重要特徵就在於語言學研究者們所曾經表述的:任何一個句樣都具有表層結構和深層結構,句樣的表層結構是指作者創辟出來的新的言語形式,深層結構是指業已爲新的言語形式所取代、並未在作者的上下文出現的那種日常語言的習慣結構形式。

一、句樣說略

句型是西方語言學的重要術語,句樣原爲中國古代詩話裏的固有品目。質言之,句型爲靜態封閉結構,句樣則爲動態的開放樣式。宋人嚴羽

《滄浪詩話·詩辨》裏就講到:"詩之品有九——其用工有三:曰起結,曰句法,曰字眼。"這裏的"句法"所指就是句子的結構方式;其實,較早些的蘇軾在《次韻范淳父送秦少章》已經有過差不多的表述:"句法本黄子,二豪與揩磨。"至於"句樣",在中國大型語文工具書裏還找不到這一條目;以我們目前所見,吴喬《圍爐詩話》卷一已使用過這一品目:"惟學古人句樣而已。"

僅就静態的結構形式而言,句樣句型之間往往很難再進行區分辨别。句樣的適用範圍,主要在於詩性語言結構;人們在使用詩性語言結構類型過程中,已經不滿足於前人的、日常語言的習慣結構方式,因而進行加工扭曲、創辟出一種異乎前人的、有别於日常語言的習慣結構方式的新的言語形式。這種新鮮的言語形式被創辟出來之後,如果得到社會集團的承認而進入社會語言系統,即使用、模仿的社會成員日益增多,使用的頻率越來越高,它就會逐漸定型,形成某種詩性語言結構的套語匡格、典範句式,也就是所謂句樣。因此,句樣的一個重要特徵就在於:

任何一個句樣都具有表層結構和深層結構,句樣的表層結構是指作者創辟出來的新的言語形式,深層結構是指業已爲新的言語形式所取代、並未在作者的上下文出現的那種日常語言的習慣結構形式;前者用語言學的説法可以稱爲"語言變體",後者可以叫做"語言常體"。

我們聽到研究所謂"民間語文"的人講過:一句尋常話能否快速流行,一是看它脱離了原有語境後是否還能誘人聯想;一是看它話語包裝的袋子是否具有良好彈性,以便在與原語境完全不相干的情境中進行新意義的再次充填云云。其實,尚粗淺乎言之。

句樣是實現義理、辭章、考據三者會通的中介,句樣的誕生流轉繼承過程,爲文心異代相契,追求物象、情緒、思想同構的形象體示。人的情感結構是流動不居的,自然物象也是混沌無序的,而語言結構則天然地帶有邏輯性與程序性。要想實現三者的同形同構,只有在掙脱語言結構的邏輯鏈條上出手眼、下工夫,即依據作者的非邏輯感知與情緒的非邏輯形態來重新組合語言結構。基於此,句樣具有更易於打破語法邏輯束縛的品格,從而也就更易於張大語言結構的多義性、表達的隱喻性、意義的增生性,以及理解和釋義的多重可能性。因此,我們對於句樣成爲《管錐編》考論比較經、史、子、集文獻過程中最爲常見、最爲重要的概念也就容易理解了。

二、句樣歷史

就理解和接受世界的方式而言,我們每個人都不過是在依據自己各自已知的世界去接受未知的世界,按照自己原有的知識結構去理解新鮮的文本——也只有如此,理解和接受才真正成爲可能。正是在這個意義上,西方史學家克羅齊所謂"一切歷史都是現代史"纔不是一句不消說的廢話。加拿大批評家 Northrop Frye(一般漢語音譯爲諾思洛普·弗萊)在《顯性批評與隱性批評》文論中指出:原始社會中,一切藝術的創作動機,都基於物質生活的殷切的目的;神話是最初的文學,但當世人感到神祇的作爲不合乎情理或不可置信後,這類故事的結構和形式便逐漸變成文學中的抽象模式。這裏有兩種語境使文學作品產生潛力:一種是內在語境,即當有了潛在主題後,作家力圖在所寫作品中發揮它;另一種爲外在語境,即一部已充分發揮的作品變成了廣大學者及讀者的潛在經驗。[1]要是這一很有些影響的說法大體上成立的話,我們不妨說,句樣的有意仿造抑或暗中冥契都算得上是一種理解。

世界文學史上,各個民族童年的、構成其文學源頭的詩歌,口耳相傳,首先都成爲各自詩性語言套語,不啻是句樣土壤。中國的春秋時代,取意斷章,賦《詩》而各言己志,即已蔚成風氣,"詩三百"早已成爲"以意逆志"的句樣。《漢書·藝文志》論縱橫家一派,援引孔子自己的話說:"頌詩三

〔1〕 吴詩哲編《諾思洛普·弗萊文論選集》,中國社會科學出版社 1997 年,第 28 頁。

百,使于四方。不能專對,雖多,亦奚以爲?"[1]

中古的文學,特别是魏晉南北朝的詩性語言結構,在中國詩歌史上呈現出極爲醒豁的特徵。集中體現在句樣的傳承與創辟上面,就是包孕了新的詞語組合關係,給人以新鮮的審美刺激;我們雖然没有便於操作的辦法依照常規劃分其句子成分,但卻能鮮明地感受到作者的情緒世界,並能與之共鳴。這裏以山水詩類的句樣"位置經營"爲例,作一簡單比較。工具書的普及,電腦檢索的便捷,使得考據學上的所謂"絶招"——"窮盡性統計"——不僅成爲尋常可能,而且也不再是考據家們的專利,儘管往往是統計"盡"了,思路也"窮"了。《詩經》305 篇,寫到山的計有 60 次,水初計有 42 次;其中包括兩種類型:一是像"泰山"、"洛水"等具體的山水,一是泛指的山水。像下面《小雅》部分的幾個例句:

〔1〕 見於《論語・子路》。"以意逆志",見《孟子・萬章上》。清人吴淇説:"漢宋諸儒以一志字屬古人,而意爲自己之意。"郭紹虞等編《中國歷代文論選》卷一,第 37 頁,上海古籍出版社 1979 年。宋人沈括《夢溪筆談》裏《補筆談》卷一釋"斷章"之義:"古人因《詩》,多舉《詩》之斷章。斷音段,讀如斷截之斷,謂如一詩之中,只斷取一章或一二句取義,不取全篇之義,故謂之斷章。今之人多讀爲斷章,斷音鍛,謂詩之斷句,殊誤也。《詩》之末句,古人只謂之'卒章',近世方謂'斷句'。"春秋時代"賦詩言志"的風習,載籍可驗證者,首見於《左傳》:像《昭公元年》"賦《大明》之首章"、《襄公十九年》"賦《六月》"、《昭公三年》"賦《吉日》"、《襄公十六年》"賦《圻父》"、《襄公十四年》"賦《青蠅》"、《襄公二十年》"賦《常棣》之七章"、《襄公二十七年》"賦《既醉》"、《襄公二十年》"賦《魚麗》之卒章"、《文公三年》"賦《菁菁者莪》"、《襄公十九年》"賦《載馳》之四章"、《襄公二十六年》"賦《緇衣》"、《襄公二十六年》"賦《蓼蕭》"、《成公九年》"賦《韓奕》之五章"、《襄公十六年》"賦《鴻雁》之卒章"等等,不一而足。文士弄筆騁才,甚至將《三百五篇》篇名悉作句樣成份來串聯。《鶴林玉露》卷三乙編"陳子衿傳"條載李進之有雋才,嘗以《三百五篇》詩名作《陳子衿傳》。其辭曰:陳子衿,《宛丘》《北門》人也。其先居《甫田》,世有《清人》,當漢時,《緇衣》爲縣令者甚衆。及進士設科,《緑衣》登第,累累而有,于《都人士》中爲最盛,雝雝如也。《子衿》母名《静女》,封《碩人》,嘗《采蘋》《汝墳》。《風雨》暴至,殷《殷其雷》,有《小星》墜於懷,《載馳》而歸。《出車》《思齊》,禱於《清廟》,遂生《子衿》,正《十月之交》也。生時《東方未明》,設《庭燎》以舉之,《鼓鐘》于宫,以饗賓客,《賓之初筵》,《晨風》和暢,缾列《白華》,槃有《木瓜》,紉《芄蘭》,焚《蓼蕭》,《綢繆》霑洽。《有客》《既醉》,《擊鼓》歌曰:"《椒聊》之蕃衍兮,《葛藟》之《綿》綿,《猗嗟》盛哉,其大君門。驚人瑞世,《騶虞》《麐趾》。"歌闋,主人謝曰:"今日之集,薄具《羔羊》,幸《南有嘉魚》,薦俎《式微》,諸君亮之。"客皆《假樂》,至《雞鳴》乃罷。《碩人》教養《子衿》,欲令三才並通,故試之《泮水》,使學《烈文》;置之《靈臺》,使觀《雲漢》;出之《旄丘》,使知《民勞》;行則《君子陽陽》,《狡童》不得伍;居則《衡門》《閟宫》,《巧言》無從入。《日月》既久,問學《大明》……其弄筆滑稽如此。

秩秩斯干,幽幽南山。(《斯干》)

節彼南山,維石巖巖。(《節南山》)

瞻彼洛矣,維水泱泱。(《瞻彼洛矣》)

漸漸之石,維其高矣。山川悠遠,維其勞矣。(《漸漸之石》)

句式内部山水物象的界限、陳述,是靠了相應的物象名詞來實現的,由此形成了"物象+物象"的《詩經》句樣格局。六朝山水詩作的基本匡格,除了模山范水的名詞物象依舊置於句式兩端之外,中間添加了人化動詞加以組合關聯,從而創造了"物象名詞+人化動詞+物象名詞"的山水詩典範句式。即以《文選》謝靈運山水詩爲例:

白雲抱幽石,緑筱媚清漣。(《過始寧墅》)

潛虬媚幽姿,飛鴻響遠音。(《登池上樓》)

亂流趨正絶,孤嶼媚中川。(《登江中孤嶼》)

"白雲"和"幽石"之間,安置一原本屬於人的動態行爲的"抱"字,將兩者關係重新定義規劃,生成隱喻效果。可以說,這是所謂"故作語義衝突"的結構類型。"白雲"本不能"舒展如人",居然可以"抱持""幽石";合乎常規的邏輯說法應是"白雲環幽石",但這種結構形式只能描摹出二者之間的靜態關係。謝詩在句式結構的安排上喜用"媚"字。出土的古文字材料如甲骨金文等"媚"都是一女符爲主體,其上部突出眼目的眉毛部分,到了《說文・女部》又將上下結構變成左右結構,也就是今天通用的"媚"字了。《說文》釋媚是愉悦的意思:"媚,說(悦)也,从女眉聲。"繁欽《定情詩》:"我既媚君姿,君亦悦我顔。"媚、悦對文同義。但是照早一些的文獻來看,《說文》的這種解釋恐怕已經算是引申的意義了。"媚"字除了"愉悦"的一邊,還兼具"使愉悦"的一邊。從詞源聯繫和文獻中該字的使用情況來說,媚字從眉得聲,女性魅力所在,端賴頰上眉毛。古書"蛾眉"即成美女代稱,久爲詞頭。美、媄、孍、媚、魅、彪、娓等古音相同或相近,字義相通或相聯。《列子·力命》:"鬼媚不能欺。"殷敬順《列子釋文》:媚,或作魅。如同娓從尾得聲,尾作爲人的下體毛飾即自具"媺"的效果(見《説文》"尾"字説解),關於媚的原初取象,有的文字學研究者就解釋作爲控制對方而對其施加巫術魅力的女巫。〔1〕一"媚"字兼有"(主體)愉悦"和"使(對象)愉悦"兩端,即詞性具有自動和使動雙重功用。或許正是由於媚字的這種特殊的功能,謝氏才對此激賞不已,再三拈出,似乎已成爲詩人於山水詩句式"經營位置"過程中的一個頗爲自得的東西。如上列"緑篠媚清漣"的媚字首先使句式兩端物象染上詩人主體情緒色彩;句式結構内部亦由這個"媚"字的介入而變得雙向交流、互相通聯起來:一邊是由"緑篠"到"清漣"——在這個方向上,"緑篠"又變成了人格化的主體,即"緑篠"使"清漣"媚;一邊是由"清漣"到"緑篠"——在此方向上,"清漣"似乎又成了人格化的主體,即"緑篠"媚於"清漣"。如此的句樣位置經營,使得情緒與物象建立了多邊的聯繫,山水物象間一往的静態關係頓時變得生動起來。從詩性語言結構的這類迥異於《詩經》的檃括配置上看,謝氏這種"人化"結構的句樣,六朝以降到唐宋更有了新的繼承和發展。試看下面兩個熟悉的例句:

衆鳥高飛盡,孤雲獨去閑。相看兩不厭,唯有敬亭山。(李白《敬亭山》)

我見青山多嫵媚,料青山、見我應如是。(辛棄疾《賀新郎》)

在這裏,謝靈運的隱喻式句樣一變而爲明喻式結構,可以抽繹爲"主體+物象"的匡格。

唐宋文學的律詩、長短句和元代的散曲,相當部分都不外是分别在格律、詞牌和曲牌等匡格規定下的結構常態裏所進行的鑲嵌填寫。像宋人羅大經《鶴林玉露》卷二乙編提到的李太白《去婦詞》:"憶昔初嫁

〔1〕[日]白川静《金文的世界》聯經出版公司1985年,第28頁。

君,小姑才倚床。今日妾辭君,小姑如妾長。回頭語小姑,莫嫁如兄夫。”恃才不羈如青蓮居士,讀者到眼即辨,其祖述樂府民歌《孔雀東南飛》不啻葫蘆依樣,殆同書抄:“新婦初來時,小姑如我長。勤心養公姥,好自相扶將。初七及下九,嬉戲莫相忘。”不論怎樣奪胎換骨,依舊套語,一家眷屬。

明清之際的小說,讀者會發現其中的大量詩詞在套用前人的篇什,有不少簡直就是現成挪用。這類現象作者們有自己的解釋,像明人淩濛初在《拍案驚奇凡例》中就專門列了這樣一條:“小說中詩詞等類,謂之蒜酪,強半出自新構。間有採用舊者,取一時切景而及之。”這位小說家講的算是夠坦白了,新構的成份僅占一半出頭。但這裏也有因襲舊套的原則,那就是要“切景”。換句現成的話來說,你取了舊有的酒瓶來,是因爲有新酒要裝得下。這樣的創作,至少在作者看來是無可厚非的,淩氏本人就這樣明昭大號過:此亦小說家舊例,勿嫌剽竊。華亭陳繼儒撰《太平清話》二卷,其“石林云”條:“石林云:今世安得文章?只有減字換字法爾。”〔1〕在這裏,語言結構的“常體”與“變體”,即深層結構與表層結構的分析依然是適用的:

> 結構是一個由幾個成分構成的體系,改變其中的任何一個成分都必然要對其他成分產生影響,這個體系就是數學家們所說的不變式(invariant);體系內部的轉變會產生一組同一形態的模式(即機械的互變形式或變體)。當然,所謂不變式是一種抽象的說法,它是說變形後仍能保持結構的完整,因此,我們只有通過各種變體才能認識結構。我們同意列維—施特勞斯的觀點:詩在其本身包含了自己的

---

〔1〕 所見版本爲大字本,卷一封面標識爲“官板”、“昌平叢書”字様,卷二末注明“元治甲子春晚讎校大島文”“慶應元年刊”,所蓋圖章爲“東京松雲堂書店發售”;卷一“天下瀑布皆有聲”條,有眉批云:“京都魚山有無音瀑。”知該本爲日人所版。現藏德國波恩大學漢學系圖書館,標點爲札記者所加。

諸種變體,這些變體在不同的語言層次上呈縱向的排列。[1]

詩性語言結構主義研究者通過比較也發現,當漢語的書面語被作爲近體詩的工具時,絶大多數語法虚詞被省略了,這個省略過程通過近體詩與唐代"古詩"的比較可以清楚地顯示出來,這些古詩仍然使用語法虚詞。漢語中本來薄弱的句法關係在近體詩中被進一步削弱,從而導致兩個後果:原來應由虚詞占據的位置被實詞取代了——這使近體詩被賦予特有的簡潔和緊湊;由於近體詩很少語法限制,歧義就不是偶然而成爲常例。在近體詩語式中,替换的結構類型是常見的,從套語到象徵都可以歸入其中。當一個隱喻由於過多使用而失去新鮮感時,它就成爲套語。當此時,喻體和喻指之間不再以可以覺察的相似性、而是以因襲的紐帶互相連接的。近體詩中的絶大多數隱喻是由對等原則構成的,而喻指和喻體的聯繫是建立在它們共有某一特徵的基礎之上的。在某些場合中,詩裏只有喻體出現而喻指卻隱含不露;在另一些場合中,雖然喻體喻指同時出現,但其間並無任何構成聯繫的語法成分,只能根據它們所共有的特徵來分辨其關係。近體詩語式作爲組織原則的對等結構,可以印證雅克布森的結構主義語言學的"對等原理":第一,所有的名詞,雖然在語鏈中不相鄰近,但仍然可以連接起來。第二,這種連接是通過對等,即相似或相反而實現的,這種對等在普通語言中是語鏈内的詞與語鏈外的詞相對,而在這裏,對比則出現在同一語鏈中的詞與詞之間,它確實發揮了構成詩歌組織的作用,這正説明了雅各森的理論:"詩的作用是把對等原則從選擇過程帶

---

〔1〕 M·Riffaterre《描述的詩性結構》,參見[美]高友工等《唐詩的魅力——詩語的結構主義批評》,上海古籍出版社1989年,第179頁。比起近體詩句式來,長短句即詞的句式類型要繁複的多。從三字句到十一字句,其中三字句又有上二下一和上一下二的變體。四字句一般是上二下二,亦有上一下三的變體……上一下三、上一下四、上一下六、上一下七這些句式,實際上是三、四、六、七句前面加上一字逗。這些一字逗多數是虚字,如但、正、又、漸、更、甚、乍、尚、況、縱、且等,有些是動詞,如對、望、看、念、歎、算、料、悵、恨、怕、問、想等,而且大都是去聲。參觀楊文生《詞譜簡編》,四川人民出版社1981年。

入組合過程。"[1]

句樣的來源,當然並不限於詩歌。凡是在社會語言常體(深層結構)基礎上創辟出新並爲社會成員所接受的語言變體(表層結構),都有可能成爲後世仿構的句樣,這裏只舉一個都熟悉的例子。《全唐文·王勃〈滕王閣序〉》:"落霞與孤鶩齊飛,秋水共長天一色。"已成爲千古名聯,齊心共歎。我們曾經指出其振絶之處至少有這樣兩點:第一、將孤單的意象置於最大的空間之中,合於詩家手法;第二、以飛動襯托靜寂,有當於心理學"同時反襯現象"。要是從句樣的角度來說,庾信《馬射賦》有"落花與芝蓋同飛,楊柳共春旗一色";《全梁文·庾肩吾集》有"雁與雲俱陣,沙將蓬共驚"。北朝魏楊衒之《洛陽伽藍記》:"金剎與靈臺比高,講殿共阿房等壯。"[2]均爲六朝習調,但不夠醒豁而已。在宋人的有關學術筆記裏如王楙就注意到了同時代還有一些用例:"僕因觀《文選》及晉、宋間集,如劉孝標、王仲寶、陸士衡、任彥升、沈休文、江文通之流,往往多有此語,信知唐人句格皆有自也。"[3]事實上,大體寫定於南朝齊代的劉勰的《文心雕龍·物色第四六》裏就已經出現過相類似的描寫:"一葉且或迎意,蟲聲有足引心,況清風與明月同夜,白日與春林共朝哉!"劉氏之作視庾氏爲早,且向被"體大思精"之目,也許越是負盛名的東西,反而越是容易習而相忘?甚至成爲南北朝墓誌的套語,如北魏永熙二年《元鑽遠墓誌》:"風韻恢爽,與青松等峻;逸氣高奇,共白雲俱遠。"王勃狃於六朝匡格而加進了創新,於是點化成了後世仿構紛如的句樣。《管錐編》卷四對宋元明清諸家仿此聯語之作而疏漏例句增補二例,並援引李復《潏水集》評王勃聯語爲"不足稱"。其實,只要翻檢一下《全唐文》,就會知道:這一句式結構,在唐人筆下原是經常出現的。王氏之前的李密就寫過,如《招道士徐

[1] 《唐詩的魅力——詩語的結構主義批評》,第76頁、第149頁。關於近體詩的倒裝、使動、兼語等特殊語式的分析,可參看顏景農所著《近體詩特殊語式》,江蘇教育出版社1987年。

[2] 周祖謨《洛陽伽藍記校釋》,科學出版社1958年,第3頁。

[3] 王楙《野客叢書》卷十三"王勃等語"條,上海古籍出版社1991年。

鴻客書》:"雅節與蘭桂俱芳,高風共雲霞競遠。"同時代的駱賓王《駱賓王集》亦云:"斷雲將野鶴俱飛,竹響共雨聲相亂。""飆金將玉露俱清,柳黛與荷緗漸歇。""緇衣將素履同歸,廊廟與江湖齊致。"《野客叢書》卷第十三以爲此類不一,"則知當時文人皆習爲此等語"。即王勃本人似乎於此類匡格殊爲得意,玩賞不已,再三及之。其《遊山廟序》有云:"崇松埒巨柏争陰,積瀨與幽湍合響。"而《三月上巳祓禊序》則示稍變其格,而胎息蟬蜕之跡甚明:"良談吐玉,長江與斜漢争流;清歌繞梁,白雲將紅塵並落。"其《山亭記》卻又趕緊一字不改地照抄過來:"長江與斜漢争流,白雲將紅塵並落。"〔1〕是得意的套語值得再重複一遍,還是才子也有文思枯竭的時候?不過,王勃筆下反復出現的這一句樣,在後來的唐人那裏經常被仿構也是事實。順便再舉出兩個都熟悉的例子:"殘霞將落日交輝,遠樹與孤煙共色。""新交與舊識俱歡,林壑共煙霞對賞。""青天與白水環流,紅日共長安俱遠。"〔2〕到明人馮夢龍《醒世恒言》卷三一《鄭節使立功神臂弓》裏仍被仿製:"秋光皎潔,銀蟾與桂偶同圓;冬景嚴凝,玉體與香肩共暖。"〔3〕至有當世武俠小説坦然套用者,如金庸《天龍八部》三二回且説到:"不知此人請了哪一個腐儒撰此歌功頌德之辭,但聽得高帽與馬屁齊飛,法螺共鑼鼓同響。"光景不常,況而愈下。宋人高似孫《剡溪漫筆》卷三曾經發現唐人岑參集中多襲用己句的情形,由此指出其才致的有限:《送王贊府》:"客舍草新出,關門花欲飛。"《送崔全》:"渭北草新出,關東花欲飛。"《送薛彦偉》:"名登郤詵第,身著老萊衣。"《送蒲秀才》:"新等郤詵第,更著老萊衣。"《送鄭少府》:"春草迎袍色,晴花拂綬新。"《送張卿郎君》:"草羨青袍色,花隨黄綬新。"《送鄭堪》:"對酒風與雪,向家河復

〔1〕 以上語例,均見《全唐文》卷一七七。

〔2〕《野客叢書》卷十三所引陳子昂、李商隱句。

〔3〕 魯迅《中國小説史略》裏講到自有《紅樓夢》問世以來,傳統的才子佳人小説的寫法就都被打破了。"魯學"專門家也就將二者視同水火,判猶涇渭。其實,需要作者另出手眼來"打破",這本身就説明了"傳統"所帶來影響的強大。只要是真正熟悉《紅樓夢》本文的讀者,回過頭來檢閲"傳統的才子佳人小説",二者句樣上的宛密關聯,到眼即辨。從這個意義上,我們不妨説,没有傳統的才子佳人作品也就不可能有今天所見到的《石頭記》。

關。"《寄宇文判官》:"終日風與雪,連天沙復山。"《送張郎中》:"邊書醉懶操。"《送唐子陽》:"鄉書醉懶題。"《贈韓太守》:"家計亦清貧。"《題王釜廳壁》:"家計復清貧。"

這裏談到的"語言變體"的使用現象至少可以說明以下幾點:像"……與……齊……,……共……一……"這類結構,由於某些作手的不斷創辟而成爲語言格式,撐起了名句,充當了名句的基本框架,便成爲後來不斷仿構的句樣。其次,有的所謂"警絶"之句,實在就是當時習見慣道的濫套;所謂"語言變體"的句樣,不過源於當時的社會流行語。另外,句樣具有一種特殊的表達功效:仿構句樣的語境,由於潛隱了相對應的深層結構,大大增強了"語義場"的"張力";即儘管作手們所創辟的"清詞麗句"並没有出現在仿構者的"本文"裏,也能建構預設參照比較的背景,在交際過程中依然造成著一種無須對方出場的語義衝突對比、參照補充。約而言之,句樣具備雙重品格,即深層結構與表層結構,具在一體。一句流行的廣告詞,能夠唤醒社會集團的共鳴,也往往要在句樣的仿構上煞費苦心。賦詩填詞,原本就是戴了"枷鎖"跳舞。而有的新詩作者,總覺得有了這枷鎖的不痛快,廢書不觀,目空千古之上,思存百世之下;其才也"不羈",其詩也猶天馬蹈於空,無拘無束,復無絓無礙;對了讀者的朗吟,一如東風射馬耳,長恨知音無覓處;於是乎懟世俗之溷濁,頌己身之修能。這樣的新詩造語,只能算得是和他人鬧别扭,跟自己過不去。宜乎其興也勃然,其亡也忽然。是"自由"之代價,亦得失惟均乎?明人馮夢龍《古今談概》網羅《苦海部第七》,其中就有一部分是所謂"明白直陳"而不知"依傍"者。像《高敖曹》:高敖曹嘗爲雜詩三首。其一:"塚子地握槊,星宿天圍棋,開壇甕張口,卷席床剝皮。"其二:"相送重相送,相送至橋頭,培堆兩眼泪,難按滿胸愁。"其三:"桃生毛彈子,瓠長棒槌兒,牆欹壁凸肚,河凍水生皮。"像《雪詩》:唐人有張打油作雪詩云:"江山一籠統,井上黑窟窿,黄狗身上白,白狗身上腫。"陸詩伯雪詩云:"大雪洋洋下,柴米都長價,板凳當柴燒,嚇得床兒怕。"這位鄙俚可笑的"詩伯"卻偏偏以"不掉書袋"而自矜於"樸實無華":陸詩伯曾詠枇杷樹云:"一株枇杷樹,兩個大丫叉。"後韻未成,吴匏庵請續之,曰:“未結黄金果,先開白玉花。”陸搖首曰:“殊脂粉氣!”像《李廷彦》:李廷彦獻百韻詩於上官,中云:“舍弟江南没,家兄塞北亡。”上官惻然,曰:“君家凶禍,一至於此!”廷彦曰:“實無此事,圖對偶親切耳。”像《重複詩》:雍熙中,一詩伯作《山房即事》詩曰:“一個孤僧獨自歸,關門閉戶掩柴扉。半夜三更子時分,杜鵑謝豹子歸啼。”搜腸肚,擠牙膏,向壁虚造,其苦況可知。

我們經常聽到批評界譏嘲詩性語言結構的刻意模仿爲“優孟衣冠”,要是照了上面所説的關聯來看,“夫優孟衣冠,亦談何容易”。[1] 美學家們在這一點上也認識到,我們在作文運思之際,最重要而且最艱苦的工作不在搜尋材料,而在有了材料之後,將它們加以選擇與安排,這就等於説,給它們一個完整有生命的形式。材料只是生糙的鋼鐵,選擇與安排才顯出藝術的錘煉刻畫。就生糙的材料説,世間可想到可説出的話在大體上都已經從前人想過説過;然而後來人卻不能因此就不去想不去説,因爲每個人有他的特殊的生活情景與經驗,所想所説的雖大體上仍是那樣的話,而想與説的方式卻各不相同。變遷了形式,就變遷了内容。所以他所想所説儘管在表面上是老生常談,而實際上卻可以是一種新鮮的作品,如果選擇與安排給了它一個新的形式,新的生命。“嫋嫋兮秋風,洞庭波兮木葉下”,在大體上和“菡萏香銷翠葉殘,西風愁起緑波間”表現同樣的情致,而各有各的佳妙處,所以我們不能説後者對於前者是重複或是抄襲。[2] 依傍一空,偉辭自鑄;其志則大,其事則難。人類學者列維—斯特勞斯論民族習俗在整體上總會形成自己獨特的風格,它們形成一些系統。而這些系統在數量上不是無限的,人類社會如同人類個體一樣……從來都不能絶對地創新:他們所作的一切只是從以往的思想寶庫中選擇一些可以重新組合的觀念加以組合罷了。[3] 唐人的詩歌,宋人的長短句,猶千古江

〔1〕 錢鍾書《石語》,中國社會科學出版社 1996 年,第 36 頁。

〔2〕 朱光潛《選擇與安排》,收入 1946 年版《談文學》論文集。所引兩處詩句,前者語出《楚辭・九歌・湘夫人》,後者語出李璟《搗破浣溪沙》。

〔3〕 史宗編《20 世紀西方宗教人類學文選》卷上,上海三聯書店 1995 年,第 280 頁。

河不廢;其中直接的魅力所寄,人們首先想得到的就是紛至沓來的句樣。

三、句樣範疇

(一) 句樣概念的義界

句樣如同句式、句法等説法一樣,《管錐編》裏有若干可以替換的同義表述。像"活句""匡格""葫蘆依樣""祖此構""一家語言眷屬"等等,語不故常,不一而足。要是依照《管錐編》關於句樣概念的實際情況,也許可以作如下的義界:從其發生生成看,句樣作爲個體言語能夠爲社會語言系統形成語言變體;從其表現形態來説,句樣能夠爲社會語言系統添加新的話語形式;從其社會功能來説,句樣經常爲社會成員所自覺仿構抑或暗中相契,充當傳達新鮮語義的有效載體。

要是從句樣的誕生過程來考察,我們不妨説句樣不過是社會語言的表層結構。因此,實際上還可以把句樣看作是由個體言語進入社會語言系統的動態過程:句樣並不是凝固不變的形式,它所藴涵的語義單位不斷被替换、省略、添加,它的結構形式也隨著不斷被仿構而發生變形。約而言之,滿足句樣成立的必要條件大致有二:一是創辟,一是祖構。在以下的有關部分,將分别予以討論。

(二) 句樣句型的比較

要將句樣的特徵弄得稍微清楚些,句樣句型間參互比照辨析區别就不是多餘的。

首先,句樣這一概念的使用,人們往往簡單化地等同於西方語言學裏的句型。其實,二者是既有聯繫又有區别的。句樣研究所關注的是語段常態在流變程途中語段變體的創辟產生,具體語義單位的省略、添加、替換、移位,以及上述過程所直接呈現的人們的思維方式——社會文化歷史的演變,即句樣是歷時的、動態的,爲某種語言結構的變體。而句型研究所觀察的視角更多的是在於語段結構已將定型化了的外部形態、内部諸多成分間的語法關係,即句型是共時的、静態的,爲某類語言結構的常體。

句型者,其得名偏主於"類"和"型",即一類語段結構之型式。像《管錐編》卷一論《左傳·隱公元年》所考察過的"不a不b"型,對應此一句型的語段,先秦文獻所習見的就有:不義不暱、不憤不啓、不悱不發、不義不富、不義不貴、不豐不殺、不將不迎、不塞不流、不止不行等。照這些文獻用例,句型又毋寧替换作"句子模式"(pattern)。傳統西方語言學語法理論,依據拉丁語和希臘語的句法—語法模式習慣於將句子分爲"陳述""疑問""感歎""命令"四種類型。這種簡單的類型劃分,實際上並沒有多少普遍意義。現代語言學中所謂的句型觀念,開始强調句子内部的結構關係,即通過對句子成分和句子語序進行分析,從形式上區分某一語言的句子類型。Z.文德勒《論説出某句話》又分爲:闡釋式(expositives)、判定式(verdictives)、承諾式(commissives)、執行式(exercitives)、實施式(operatives)、行爲式(behabitives)、詢問式(interrogatives)共七種句子模式(符號表示式省略)。[1] 當然,句型的"定型化"過程並不等於静態的純然統一體狀態;只不過是相對於守常處變流動不居的句樣而言。任何語言都依據所使用的地點、時間和環境的不同而發生變異,從而産生相對於句型常態的所謂"語言變體"。據語言學者的研究,這類變異發生的根據有三:一是説話者的地區背景和社會背景,以及發生言語行爲的實際情景即方言、語域、談話方式;二是語言表達的手段或方式即書面語、口語、超語言特徵;三是討論的話題即專門語言。事實上,一種文獻自有一家"言語天地"。我們關於任何文獻的語言研究,在語言史上都不過是"個人言語",即具體的説話者所説的語言。而這種"個人言語",就是在某一時期受到上述三種因素中任何一種因素影響的結果。

儘管句型也處動態,與流動不居的句樣仍是屬於兩個有明顯區别有

---

〔1〕［美］馬蒂尼奇編、牟博等譯《語言哲學》,商務印書館 1998 年,第 249—267 頁。這裏省去了所引七種結構式的符號關係式。

各自觀察研究對象的概念。句型著眼於外部結構形式的特徵,句樣則關注內在聯繫的新到。因此,雖然兩者都具有不斷產生語段變體的品格,但句型的變異主要是指句子的基本格局隨著説話者的地區背景、社會背景、談話方式和語言表達手段的差異而發生的變化。對於關注句子結構內在聯繫的新到這一點而言,僅僅考察句型是很難實現的。《管錐編》極爲明快地揭示:"衹據句型,未由辨察。"〔1〕即以上具"不 a 不 b"型而言,要是眼光僅停留在這種典範句型常態,甚至連具體語段結構内部實際包容的邏輯關係都模糊難辨。因爲"不 a 不 b"型,既可以傳達"不 a 則不 b"的條件關係,也可以指向"不 a 亦不 b"的並列關係: 即"不 a 不 b"型本身屬歧義結構。以下具體分析《管錐編》所考察兩個句樣流變的例子。

張暢《若邪山敬法師誄》:"莊衿老帶,孔思周懷,百時如一,京載獨開。"李漢《昌黎集序》裏率先仿構:"日光玉潔,周情孔思,千態萬貌。"《管錐編》揭示此"三句皆後人所慣引,而於'周情孔思'四字則匪特援用,抑且紛紛擬仿",而且後來的仿構者甚至並不瞭解此乃張暢偉詞先鑄者。發生在後世仿構的過程裏,此一句樣主要是語義單位的替換。如人物替換,趙以夫《沁園春・次劉後村》:"向酒邊陶寫、韓情杜思,案頭料理,漢蠹秦煨。"替換爲韓愈、杜甫;張炎《甘州》:"多少周情柳思,向一丘一壑,留連年光。"替換爲柳永、周邦彥;物色替換,劉禹錫《洗心亭記》:"鳥思猿情,繞梁歷榱。"劉過《沁園春》:"柳思花情,湖山應怪,先生又來。"襲用語式,古人不避,侔色揣稱。即該句樣主要體現爲替換過程。在上述不斷替換的過程裏,句樣的基本結構並未發生任何變形。而像下面的例子,最早的出處,我們這裏找到《全後魏文》卷五八《中嶽嵩陽寺碑》"顯皮紙骨筆之重"。《管錐編》發現,"皮紙骨筆"出自釋典,常入詩文。見《賢愚經》卷一、《大般涅槃經・聖行品》第七之三、《集一切福德三昧經》、《洛陽伽藍記》卷五《凝圓寺》所引等,而尤以韓愈《歸彭城》詩的仿構值得注意:"刳肝以爲紙,瀝血以書辭。"其中就既有添加,又有省略,還有結構也發生了

〔1〕 錢鍾書《管錐編》卷一,中華書局 1979 年,第 169 頁。

明顯的變異。上面列具的兩例句様適表明,句様的祖構流變,與語段結構的變異並不一定存在同步對應的關係。由此似乎也可以看出句型與句様在變異性方面亦有差等。句型的變異,其因素既如上述;至於句様流轉背後潛隱的原因,則需要作些具體分析。即以後一句様爲例:“皮紙骨筆”胎息傳承於釋典,而上面舉出的那個最徹底的仿製者竟然不是他人而偏偏是以排佛相標榜的韓愈! 於是乎,這一句様結構到了韓氏手裏,既刪且添,變亂結構,徹底翻新製作;易“皮骨”之象爲“肝葉”,一變而至於令注疏家認不出本來面目。這種祖構方式背後所潛隱的種種心計、般般情況,悉以有此句様祖構軌跡可得而說: 在古文運動中,韓氏的務求新奇是出了名的,以“戛戛獨造”作爲語言經營的價值觀念。人們熟知的所謂“惟陳言之務去”,就是由他提出的響亮口號。於是深喜釋典此語之“蹊徑獨辟”,新詭可悦。但是這位文壇領袖在道統上又以“攘斥佛老”爲標榜,於是又深怕由於遣詞造句方面的師法釋家而招來物議(也許可以順便提到,正是由於韓愈的“始諫佛骨,晚通大顛”的說法,往往弄得韓門弟子很是尷尬而不占地步)。誠所謂棄之不忍,取之有“鬼”,於是效羚羊之掛角,法獅子之掃跡;痛下一番加工製作功夫,幾至焚“皮骨”而滅痕跡。而韓氏對於“刳肝瀝血”這一類等生吞活剝的作法似乎把玩不已,像《鶴林玉露》卷六就舉出的昌黎誌孟東野云:“劌目鉥心,刃迎縷解,鈎章棘句,掐擢胃腎。”弄得詩人似乎變成外科手術師的模様。

由上面的分析不難發現,句様的考察,需要涉及從個體言語現象到社會語言系統的實現過程,詳見下面所具論的“句様構成的基础”。而句型的研究,則是一開始就接觸到社會語言的典範格局。在語言結構表現形式上,句様、句型可以認爲是存在著交叉的關係。但句様所包容的語段又並不受句型的限制、規定,正是這一點又充分照顧到並滿足了漢語的“意合連結”(Parataxis)特徵。而句型程式不待說是與語段的結構形式是對應關係,因而它更適應於形態語言的“形合連結”(Hypotaxis)特徵。質言之,句様者,依様也,著眼於不斷爲本族母語操縱者仿構的過程;句型者,定型也,用心在凝固化了的結構程式。二者都有各自成立的條件。

四、句樣誕生

（一）句樣構成的基礎

不妨稍稍留意一下語言系統中的實際情形：在語音、語彙、語法、語義諸要素裹，唯有語法系統最爲穩定，其餘皆隨時間的長河流遷不常。這正是句樣變換不居而我們仍然能夠尋出其中輾轉仿構、一脈相承軌跡的基礎。句樣的生成與流轉，似乎也向人們從動態的角度印證著語言學裹"語言系統"與"言語系統"的對立統一律：我們每個人不大可能去創造本族語的社會"語言系統"，你只好操作這個系統進行交際；但這並不意味著語言使用者的被動無所作爲，而説明在傳遞信息的過程中，你盡可以擁有屬於自己的"言語系統"。一旦你的"言語系統"裹的某個"類"爲社會所仿構，就業已表明了這個"類"已由個體的"言語系統"獲得了進入社會"語言系統"的資格；當此時，也就表明你獲得了某種意義上的真正永恆——這，尤其乎難，你是在將某種思維方式根植到一個民族的大腦。談何容易！論者不妨捫心自問：下筆不能自休，繞了那麼些唇舌，竟有幾多是真正出於戛戛獨造，而能清新猶如活水流遷不廢？所謂"失語症"之說者，何不思句樣所由生乎！

（二）句樣創辟

按上所具論，句樣構成的首要條件便是創辟。在《管錐編》里較常見的就有這樣一些表述："鑄詞奇崛，遂成模式""創題造境""爲吾國詞章增辟意境"等等，語不故常。揚雄《河東賦》："簸丘跳巒，湧渭躍涇。"措語生動，氣壯情駭。於是其《劇秦美新》幾葫蘆依樣："遂欲流唐漂虞，滌殷蕩周。"清人李兆洛以此足當"古藻駿邁"品目，晚清譚獻即已發現其"輟句漸有轍跡"。班固並不以爲然："揚雄《美新》，典而亡實。"然而孟堅作《典引》，卻坦然套用，復不以爲忌："乃先孕虞育夏，甄殷陶周，然後宣二祖之重光,襲四宗之緝熙。”班氏有典,“重光”出《尚書》。然前二句語式所自,到眼即辨。李氏《駢體文鈔》載譚獻品評即揭破:“辭義不能出馬、揚之外。琢句益巧,結體益順,摹寫馬、揚處有痕。”揚氏二文共一句樣,前者施於地理,後者施於時代;造句打破常規,誇飾出人意表。《管錐編》尋繹後世詩文仿製甚夥:“時地人物,無施不可。”可證“創辟”實乃滿足句樣成立的首要條件。例如,張衡《西京賦》:“抱杜含雩,欱豐吐鎬。”施於地形;《世説·品藻》:“或問林公曰:司州何如二謝?林公曰:故當攀安提萬。”施於人物;趙至《與嵇茂齊書》名句:“蹴昆侖使西倒,蹋太山令東覆。”梳籠歸類,明眼人即知“亦是一家語言眷屬”。至於“唐人仿製頻仍”:杜甫《朝獻太清宫賦》又施於時代:“況是蹴魏踏晉、批周抉隋之後。”李翺《南郊賦》又施於人事:“莫不挈雁提羔。”《管錐編》稱道:“句樣準此。”[1]

生命力在於創造。揚氏造句,跨越時代,仿製頻仍,適證揚氏所作爲句樣,亦徵句樣原出於創辟。但是,我們這裏將“創辟”性列爲句樣構成的前提,並不等於説句樣的誕生,蓋出向壁虚造。關於前文所具的個體“言語系統”與社會“語言系統”關係的闡釋,應作辯證的解會。换句話説,在後人視爲所謂的“個體言語”,原本屬於當時的“社會語言”。《管錐編》就曾如此闡釋過“名句”與“時俗語”的關係:“作手鑄詞,每掇拾時俗語而拂拭之。”而且,這種“拂拭”使鑄作句樣的功夫,甚至要由幾代人的努力,方能點化成功。也等於説,句樣創辟的過程,亦即繼承的過程。這方面,《管錐編》尤其爬梳了大量的語例,可以參觀。像《敦煌掇瑣》之三一《五言白話詩》裏有俗語道是:“若不急抽卻,眼看塞破天。”劉禹錫、柳宗元、李翺等唐代詩文家皆“拂拭不已”,而《管錐編》稱:“尤以韓愈‘歡華不滿眼,咎責塞兩儀’爲工於點化也。”

如此説來,是句樣“創辟”“獨造”之功仍不可没也。句樣的誕生,雖離不開社會語言系統,甚至是不同時代的“作手”勤“拂拭”、工“點化”的成果;但畢竟正是由於某位具體作手慧眼獨具、匠心獨運、偉辭獨鑄、蹊徑

〔1〕 錢鍾書《管錐編》卷三,第954頁。

獨辟、命意獨創,從而使所謂"時俗語"(我們這裏無妨暫擬稱爲"句樣原型",因爲並不是所有的"時俗語"都有資格成爲句樣的)具有了創辟的特質,在一定時期内不斷給人們以鮮活的刺激和影響,由此也就意味著句樣的誕生。基於此,我們似乎有理由這樣説:"創辟",即句樣所由生。

即如本節所具論的揚氏創辟的句樣例,設若歷代注疏家能夠追溯到"挈雁提羔"之漸在於揚氏"爪華蹈衰",就會弄得明白樊宗師《絳守園池記》裏提到的"提鵬挈鷺"句爲所來有自,趙仁舉等三家樊文注也就不會是像今天我們看到的樣子——對此保持緘默。由此也多少可以看出句樣考較的文獻學意義:尋繹某項語式結構濫觴的情形,於語言訓詁現象觀其流變,實現會通,就是可能的。關於"句樣創辟"的價值意義,在下面會有較爲專門的分析,這裏也就不再展開討論。

(三)句樣祖構

傅毅《七激》:"驥騄之乘,……前不可先,後不可追,逾埃絶影,倏忽若飛。"按後世頻有祖構。如《全三國文》卷三二劉劭《七華》:"後不可及,前不可越。"……劉廣世《七興》:"影不及形,塵不暇起。"末二句即"逾埃絶影"之意而語更醒豁。……《三國志·魏書·武帝紀》裴注引《魏書》:"公所乘馬名'絶影',爲流矢所中。"正本傅文命名。《全晉文》卷八張協《七命》:"天驥之駿逸,影不及形,塵不暇起";《唐文拾遺》卷一唐太宗《骨利幹名馬序》:"塵不及起,影不暇生";皆襲劉廣世語。奇文共賞,賞之不足,斯力仿之,仿之不如,則徑攘取之矣。[1]

按《管錐編》論《全後漢文》所梳理出的句樣例,適表明句樣構成的判定,説到底離開對所謂"頻有祖構"過程的考察是無從實現的。這與句樣動態的歷時的品性也是相應的,由此也決定了句樣祖構情形的複雜性。爲了

〔1〕 錢鍾書《管錐編》卷三,第1004頁。

描述的方便,下面我們分別從諸如"句樣祖構的心理認知機制""句樣祖構的兩種重要方式"等主要方面作些分析。

(四)句樣祖構的心理認知機制

首先,句樣祖構的行爲發生,在於社會語言所謂"約定俗成"性質的制約規定。句樣的誕生,即意味著由個體言語進入社會語言系統的完成。根本上由於存在這一聯繫,句樣對於祖構者也就該同樣具有了這等制約的效力。現代認知心理學提到"視覺成語""信息打包記憶"等,其實都不外揭示一個基本規律:人類的大腦,接受和處理信息,偏好"類比"認知方式,是以傾向於"熟悉"而便於"偷懶"爲原則的。[1]

其次,句樣祖構現象的產生,在於客觀存在的事理使然。質言之,句樣祖構者於句樣原型相視莫逆,思接千載之下,神遇八荒以外,會心之處,心追手摹:所謂情同此心,心同此理。而"心同理同,正緣物同理同"。《管錐編》直尋根源,三言兩語道破:

> 思辯之當然,出於事物之必然,物格知至,斯所以百慮一致,殊途同歸耳,斯賓諾莎論思想之倫次、繫連與事物之倫次、繫連相符。維果言思想之倫次當依隨事物之倫次。皆言心之同然,本乎理之當然,

---

〔1〕 臧克和《楷字的區別性——楷化區別性的喪失及其重建》第五"選擇原則與認知機制",注⑩,《中國文字研究》2007年第2期。關於現代美術設計中的"視覺成語"現象,有人解釋爲:古人可以經常創造新的形,因爲古代的創造總量有限,創新的機會很多。現代人創造新的形則難如登天,因爲各種多樣的形,大多有了積累的先例。文化出現了,它本身是對每個人絶對獨創的一種否定。文化史某種相似共同體的約束、鼓勵。後人被文化允許重複前人,此爲繼承、弘揚。"成語",是這種允許的體現之一。人們要説明某種事件、某種情緒,表示某種判斷或主張,不必一一陳述原委經過,叙述具體,只消拿來大家熟知的相關相似的既有積累"零件",做一個標題性的提示就可以了。文化零件的積累,正在變成一個個相類似的圖形,現代美術和設計,往往會通過不同的思路,來啓發人們接受善用"視覺成語"的觀念,在巧妙進行文化零件總成的基礎上,去完成另一種創造。利用"視覺成語"的前提是瞭解並掌握儘量多的"成語",這些"成語"的公認度要較高,越是爲人熟知越好,越是家喻戶曉越好。參見《讀者》2004年第7期插圖説明文字。

而理之當然,本乎物之必然,亦即合乎物之本然也。[1]

這裏明白闡釋了人的思維路徑的殊異和指歸(所謂"思慮各殊,指歸同一")跟客觀事理的必然性的關係。舒展片言居要:"思辯的偶然,各人不一;然而思辯的當然卻能殊途同歸。這個當然,基於事物的必然。"[2]實不外此處句群之縮寫、句樣之依樣。思維之路(合成詞曰"思路")必循事物構成、發展軌跡,思維之跡亦即"言詞之流";或者說言詞之流不外乎思維轍跡的物化表像。

最終,句樣祖構現象的發生,直接導源於祖構者"因循與避俗"心理的矛盾運行規律。原始藝術大量資料和一些新鮮研究成果也給我們提供了如下若干啓示:像紋樣之類的人類生產的藝術品的普遍特點,那就是"藝術品的風格起到了限制生產者創造力的作用,這種情況在世界各地莫不如此"。[3]"生產藝術品的匠人雖然不是在抄襲,但他的想像力並未超出抄襲者的水平,因爲他所能作的僅是不斷地重複使用幾種按習慣組合的主題而已。""儘管作者的本意是想表現現實,但傳統的風格卻貫穿著整個畫面。""同樣性質的另一個現象是語言的不變性,語言發音方面的基本特色來自習慣動作,而詞彙和語法有時也決定聽覺的習慣。所有這些,無論是使用工具還是運用語言,長期以來已在人們的頭腦中完全適應了某些特定的習慣和某些感覺與動作之間的聯繫,結果使得人們很自然地對任何改變採取抗拒的態度。其原因是要改變必須忘掉舊的東西。"

異類不吡。拿"紋樣"來類比句樣,未必具有多少普遍意義。但是其中所闡釋的"祖述傳統"對於創造心理的深層制約關係,對於我們理解句樣祖構者的心理動因還是很有些啓發意義的,因爲論者在這裏並非只是注意到了"制約規定"的一邊:"也許有人會認爲藝術的創造力之所以不

---

[1] 《管錐編》卷一,第 50 頁。

[2] 舒展選編《錢鍾書論學文選》卷一,花城出版社 1990 年,第 252 頁。

[3] [美]弗朗茲·博厄斯《原始藝術》,上海文藝出版社 1989 年,第 145 頁。以下所援引各節分別見該書第 146、147、138 頁。

能發揮,是由於人們習慣於抄襲舊的圖案,或是因爲匠人的頭腦呆滯,滿足於抄襲模仿,而不想花費氣力去創新。這種看法是錯誤的……”同樣的關聯,句樣祖構活動,實在可以説是一種出新獨造與因循守常的矛盾衝突的創造性心智活動。

説到句樣的祖構,自然聯繫起宋人黄庭堅“奪胎换骨”的主張。在中國的詩文評裏,江西派的這類説法頗有些影響,這已是人盡皆知的事實;或有當于句樣祖構之説歟?宋人惠洪《冷齋夜話》卷一保存了黄氏“奪胎换骨法”的記載:“山谷云:‘詩意無窮而人之才有限,以有限之才,追無窮之意,雖淵明、少陵,不得工也。然不易其意而造其語,謂之换骨法;窺入其意而形容之,謂之奪胎法。’……樂天詩曰:‘臨風杪秋樹,對酒長年身。醉貌如霜葉,雖紅不是春。’東坡南中作詩云:‘兒童誤喜朱顔在,一笑那知是醉紅。’凡此之類,皆奪胎法也。”言“意”而幾欲不落“言”詮,不著邊際;效掛角之羚羊、掃跡之神獅,致騰猜獻疑、議論紛紛。宋人闕名的《詩憲》就出來解釋説:“因襲者,用前人之語也。以陳爲新,以拙爲巧,非有過人之才,則未免以蹈襲爲愧。魏道輔曰:‘詩惡蹈襲。古人亦有蹈襲而愈工,若出於已者,蓋思之精則造語愈深也。’轉意者,因襲之變也。前者既有是語矣,吾因而易之,雖語相反,皆不失爲佳。奪胎者,因人之意,觸類而長之,雖不盡爲因襲,又□不至於轉易,蓋亦大同而小異耳。《冷齋夜話》云:‘規摹其意而形容之,謂之奪胎。’换骨者,意同而語異也。《冷齋》云:‘不易其意而造其語,謂之换骨。’朱晫逢年云:‘今人皆拆洗詩耳,何奪胎换骨之有!’”已知襲意離不開造語,但二者相形,依舊兩張皮;是故横説豎説,苦於糾纏。造語即等造意,襲意又如何離得開語式的祖構?《剡溪詩話》曾舉出一“雞鳴知有人”詩句愈出愈奇的祖構情形,足資三隅之反:白道猶《招道上一人》:“連峰數千里,修林帶平津。……茅茨隱不見,雞鳴知有人。”其後沈佺期:“樹密不言通鳥路,雞鳴始覺有人家。”劉孝威:“遥知楊柳是門處,似隔芙蓉無路通。”朱灣:“初行竹裏唯通馬,直到花間始見人。”吴融:“無人應失路,有路始知村。”參寥:“隔林仿佛聞機杼,知有人家在翠微。”劉長卿:“舊浦遠來移渡口,垂楊深處有人家。”張謂:“竹裏登樓人不見,花間覓路鳥先知。"僧清順:"唯聞犬吠聲,又入煙夢去。"在句樣説看來,論者應該照顧到創意與造句的兩邊;换句話説,造句就是意味著創意。語義的參照和結構的加工,往往就是發生在同一過程裏。像宋人范晞文《對牀夜語》提到的例句:"雨中山果落,燈下草蟲鳴",王維也;"樹初黄葉日,人欲白頭時",樂天也;司空曙有云:"雨中黄葉樹,燈下白頭人",句法王(王維)而意參白(白樂天),然詩家不以爲襲也。明人楊慎《升庵詩話》卷五:"尤延之《詩話》云:《會真記》'隔牆花影動,疑是玉人來',本於李益'開門風動竹,疑是故人來'。然古樂府'風吹窗簾動,疑是新歡來',其詞乃齊梁人語,又在益先矣。"語義小異,結構亦幾葫蘆依樣矣。

奪胎换骨的説法自有一定的根據和道理,至少並不等於那種講究"無一字無來處"的錙銖必較、移花接木的伎倆。從詩歌發展的程途來看,可以經常激發人們的詩思,作爲詩的題材的東西,宋代以前已經大都被窮形盡相地寫入詩中了。後來主張"性靈説"的袁枚在他的《隨園詩話》中也有類似的感慨。趙翼就指出,即使像杜甫千秋傳誦的"朱門酒肉臭,路有凍死骨"名句,其類似的語義在秦漢以前就已多次出現過。[1] 大才如蘇軾,仿擬自己語式的情形,所在亦復不少。像《病中大雪數日未嘗起觀號令趙薦以詩相屬戲用其韻答之》:"詩人例窮蹇,秀句出寒餓。"《次韻仲殊雪中游西湖》:"秀語出寒餓,身窮詩乃亨。"《李思訓畫長江絶島圖》:"沙平風軟望不到,孤山久與船低昂。"《出潁口初見淮山是日至壽州》:"平淮忽迷天遠近,青山久與船低昂。……波平風軟望不到,故人久立煙蒼茫。"清人錢大昕《十駕齋養新録》卷十六"一集中重複句"條亦舉出若干詩人類似的重複用例,錢氏的解釋是:"前賢得意之句,不嫌重用。"可參看。錢鍾書作《宋詩選注》,在該書的序裏也有過極精闢的比況:

> 詩歌的世界是無邊無際的,不過,前人佔領的疆域愈廣,繼承者

〔1〕 趙永紀《古代詩話精要》十一,天津古籍出版社 1989 年。

要開拓版圖,就得配備更大的人力物力,出征得愈加遼遠,否則他至多是個守成之主,不能算光大前業之君。所以,前代詩歌的造詣不但是傳給後人的產業,而在某種意義上也可以説向後人的挑釁,挑他們來比賽,試試他們能不能後來者居上、打破紀録,或者異曲同工、別開生面。假如後人没出息,接受不了這種挑釁,那末這筆遺產很容易貽禍子孫,養成了貪吃懶做的膏粱紈絝。有唐詩作榜樣是宋人的大幸,也是宋人的大不幸。看了這個好榜樣,他們也偷起懶來,放縱了摹仿和依賴的惰性。瞧不起宋詩的明人説它學唐詩而不像唐詩,這句話並不錯,只是他們不懂這一點不像之處恰恰就是宋詩的創造性和價值所在。明人學唐詩是學得來維肖而不維妙,像唐詩而又不是唐詩,缺乏個性,没有新意,因此博得"瞎盛唐詩"、"贋古"、"優孟衣冠"等等綽號。宋人能夠把唐人修築的道路延長了,疏鑿的河流加深了,可是不曾冒險開荒,没有去發現新天地。用宋代文學批評的術語來説,憑藉了唐詩,宋代作者在詩歌的"小結果"方面有了很多發明和成功的嘗試,譬如某一個意思寫得比唐人透徹,某一個字眼或句法從唐人那裏來而比他們工穩,然而在"大判斷"或者藝術的整個方向上没有什麽特著的轉變,風格和意境雖不寄生在杜甫、韓愈、白居易或賈島、姚合等人的身上,總多多少少落在他們的勢力圈裏。〔1〕

句樣祖構的心理動因原是人類社會對於創造出新無止境的需要、不懈的追求。《文選·陸機〈文賦〉》最是道得出文士追求創新意識:"必所擬之不殊,乃闇合乎曩篇;雖杼軸於予懷,怵他人之我先;苟傷廉而愆義,亦雖愛而必捐。"由於創造出新,方引起了祖構者對於具有創辟特徵的句樣的注目;由於創造出新,而祖構者又不斷給予句樣以改造。所以我們説過,句樣的祖構並不意味著機械模仿。要是句樣不具備這種開放性的品格,失去了常新的活力,不斷被人們依樣照搬;那也就説明句樣已經凝凍

〔1〕 錢鍾書《宋詩選注·序》,人民文學出版社 1989 年,第 10—11 頁。

而成爲句型。

句樣祖構意味著創造性的心智活動。按“格式塔”心理學研究表明:人類心理機制存在著一種“格式塔需要”,而這種需要在人們的生存活動中的作用並不全都是積極的,它還有不容忽視的消極性的一面。各種完美簡潔的格式塔——不管它是一種知覺式樣,還是一種意象,乃至抽象的觀念和某種思維模式——固然會使人滿足,使活動變得簡單、快速、舒適、省力,但同時也會造成人對它的過多的依賴,造成一種忽視外部客觀條件、僅以格外塔慣性力量行事的慣性力量。當此時,那種一度是竭力想改變眼前現狀的革命性力量(壓強)便轉化爲一種消極的束縛力,使人們的活動永遠按照某種簡單省力的圓圈機械地進行。在這種情況下,只有天才人物的出現,才有可能破壞這種已有的圓圈[1]。格式塔心理學的上述研究不啻表明,因循與創新的矛盾運動,適爲人類心理機制的“需要特徵”。照格式塔心理學的研究,當不完全的“形”(不妨理解爲一個開放性的結構)呈現於眼前時,會引起視覺中一種強烈追求完整、對稱、和諧和簡潔的傾向,換言之,會激起一股將它“補充”或恢復到應有的“完整”狀態的衝動力,從而使知覺的興奮程度大大提高。因而在真正的藝術創造中,如何通過不完全的形造成更大的形式意味或刺激力,是藝術家創造能力發展的一個重要表現。當然,設若要拿了心理過程的規律徑來比附句樣祖構的發生,未免失之拘泥;但是,倘若要說句樣祖構者亦“心同此理”,則雖不中亦不遠矣。

(五) 句樣祖構的主要方式

按《管錐編》以及前人的一些學術筆記,所談論到的句樣祖構的類型,大要有二:一是仿構,一是冥契。以下,我們將分別予以疏説。

先來説“冥契”。質言之,冥契就是暗合。宋人吴曾《能改齋漫録》曾

〔1〕[美]魯道夫·阿恩海姆著、滕守堯譯《視覺思維》,光明日報出版社1986年,第8頁。

經臆斷陶潛《歸去來辭》所云“臨清流而賦詩”句,“蓋用嵇康《琴賦》中語”。宋人王楙《野客叢書》卷第十五“歸去來辭語”條就對此持不同看法:“僕謂淵明胸次,度越一世,其文章率意而成,不應規仿前人之語。其間意到處,不無與古人暗合,非有意用其語也。倘如《漫録》所言,則‘風飄飄而吹衣’出於曹孟德,‘泉涓涓而始流’出於潘安仁,此類不一,何獨用嵇康之語哉!”又該書卷第十二“聯合古人句”條自道:“僕嘗用古人全句合爲一聯:‘籠中翦羽,仰看百鳥之翔;側畔沉舟,坐閱千帆之過。’自以爲工。近觀《漫録》謂任忠厚有投時相啓,正有此一聯,但改‘側’字爲‘岸’字耳,其暗合有如此者。但《漫録》不言所以,不知上句乃韓退之詩,下句乃劉夢得詩。韓曰:‘翦翎送籠中,使看百鳥翔。’劉曰:‘沉舟側畔千帆過,病樹前頭萬木春。’”宋人羅大經《鶴林玉露》卷三有“詩犯古人”條,特别注意到“景意所觸,自有偶然而同者。蓋自開闢以至於今,只是如此風花雪月,只是如此人情物態”。羅氏舉出一些時人並非特“犯”唐人句樣的例子,像杜子野詩云:“尋常一様窗前月,纔有梅花便不同。”世以爲佳,然唐人詩云:“世間何處無風月,纔到僧房分外清。”亦此意也。紫芝又有詩云:“野水多於地,春山半是雲。”世尤以爲佳。《文苑英華》所載唐詩,兩句借有之,但不作一處耳。唐僧詩云:“河分岡勢斷,春入燒痕青。”有僧嘲其蹈襲云:“河分岡勢司空曙,春入燒痕劉長卿。不是師兄偷古句,古人詩句犯師兄。”此雖戲言,利實如此。羅氏感慨:“欲道古人所不道,信矣其難矣。”句樣生成和使用過程中的確存在著所謂“冥契”的現象,即像《管錐編》卷三所道出的:“若侔色揣稱,自出心裁,而成章之後,忽睹其冥契‘他人’……”

然則何以會發生“冥契”即不乏暗合句樣的語言使用現象呢?《管錐編》卷三解釋這類情形所由生的根本:“求形固似,得心未許,其義乃題中應有,作者思路遂同轍跡。”句樣祖構過程“冥契”現象的存在,給我們在訓詁考訂方面的啓發意義在於:缺少大量有關文獻的考索,不能圓覽會通;僅憑偶然的聯繫,就遽斷某某者流,蓋源出於某家云云;錯配非偶,臆必牽合,無異於暗中摸索,有傷乎穿鑿附會。例如,《静庵詩稿》有《出門》

一首,其下段云:“百年頓盡追懷裏,一夜難爲怨别人。我欲乘龍問羲叔,兩般誰幻又誰真?”如果有人貿然推斷王氏所作,源於明人淩濛初(《二刻拍案驚奇》卷二十二《癡公子狠使噪脾錢,賢丈人巧賺回頭婿》歌曰:“人道光陰疾似梭,我説光陰兩樣過。昔日繁華人羡我,一年一度易蹉跎。可憐今日我無錢,一時一刻如長年。”)大概没有什麽人會相信的。

次來説“仿構”。《管錐編》裏所論到的“祖構”,更多的還是屬於“仿構”的類型。祖構者在句樣原型的基礎上,祖述前哲;同時,通過替换、省略、添加、位移等方式,加進自己的創造,灌注主體的生命。有的是發生在句子單位内部的仿構,像《能改齋漫録》卷七《事實》“黄鳥”條:杜詩:“轉枝黄鳥近,泛渚白鷗輕。”蓋用齊虞炎《玉階怨》云:“紫藤拂花樹,黄鳥度青枝。”由“黄鳥度青枝”到“轉枝黄鳥近”,一句之内既有位移,又發生了替换。有的是發生在語段單位内部的仿構,像《能改齋漫録》卷七《事實》:杜子美艷曲云:“使君自有婦,莫學野鴛鴦。”古樂府夜黄倚歌云:“湖中百種鳥,半雌半是雄。鴛鴦逐野鴨,恐畏不成雙。”豈非用此耶?按杜詩的前一句徑現成移用古樂府《陌上桑》,後一句若果然用的古樂府,只能算是對於四句歌詞的檃括化用。又如《野客叢書》卷第九“詩句紀時”條:張華《勞還師歌》曰:“昔往冒隆暑,今來白雪霏。”劉禹錫曰:“昔看黄菊與君别,今見玄蟬我卻回。”權德輿曰:“去時樓上清明夜,月照樓前撩亂花。今日成陰復成子,可憐春盡未歸家。”皆紀時也。此祖《詩》“昔我往矣,楊柳依仗。今我來思,雨雪霏霏”之意。方干詩曰:“去時初種廳前樹,樹已勝巢人未歸。”發生在語段單位的仿構,尚有句樣轍跡可尋;至於整篇的仿構,則只存在造意創題上的草蛇灰綫般的聯繫。像《野客叢書》卷第六“文人遞相祖述”條:《容齋續筆》曰:“韓文公《送窮文》、柳子厚《乞巧文》,皆擬揚子雲。《逐貧賦》幾五百言,《文選》不收,《初學記》所載纔百餘字,今人有未見者,輒録於此。宣宗朝有王振者,作《送窮詞》,亦工。僕觀《逐貧賦》備載于《古文苑》《藝文類聚》中,洪氏何未之見乎?《送窮文》雖祖《逐貧賦》,然亦與王延壽《夢賦》相類,疑亦出此。僕謂古今文人遞相祖述何限,人局於聞見,不暇遠考耳!據耳目之所及,皆知韓、柳二作擬揚子雲矣,又烏知子雲之作無所自乎?《續筆》謂文公之後,王振又作《送窮詞》矣,又烏知子厚之後,孫樵亦作《乞巧對》乎? 樵又有《逐痁鬼文》甚工,其源正出於《逐貧賦》。類以推之,何可勝紀。《管錐編》卷三對於揚氏《逐貧賦》激賞,其根本的原由也是在於此賦合乎句樣的品格: 其一、"創題造境,意不猶人,《解嘲》雖佳,謀篇尚步東方朔後塵,無此詼詭"。其二、揚子此賦一出,"後世祖構稠疊,強顔自慰,藉端罵世"。首先,"窮"爲神女之象,此所送之"窮",適爲彼處所迎之"富","窮"如影隨形;其次,以揚氏所言之"貧"象,換形爲"愁"象,與古爲新。《野客叢書》卷第七特別拈出"損益前人詩語"條,"以前人詩語而以己意損益之,在當時自有此體"。其中講到了幾種類型: 一是增廣前人句式者,像李嘉祐詩句"水田飛白鷺,夏木囀黄鸝",而王維詩句"漠漠水田飛白鷺,陰陰夏木囀黄鸝"。薛據詩"省署開文苑,滄浪學釣翁",而子美詩"獨當省署開文苑,兼泛滄浪學釣翁"。這裏再補宋洪邁《容齋隨筆》卷一所提到的"白用杜句"例: 杜子美詩云:"夜足霑沙雨,春多逆水風。"白樂天詩"巫山暮足霑花雨,隴水春多逆浪風",全用之。二是損殺前人句式者,像王維詩"九天閶闔開宫殿,萬國衣冠拜冕旒",而子美詩"閶闔開黄道,衣冠拜紫宸"。三是全用前人一句,而以己意貼之者,像沈雲卿詩"雲白山青千萬里,幾時重謁聖明君",而子美則曰"雲白山青萬餘里,愁看直北是長安"。

句樣"仿構"就是意味著創新造意。劉彦和《文心雕龍 · 物色第四十六》曾經闡發得最是饒有興味:"自近代以來,文貴形似,窺情風景之上,鑽貌草木之中。吟詠所發,志惟深遠,體物爲妙,功在密附。故巧言切狀,如印之印泥,不加雕削,而曲寫毫芥。故能瞻言而見貌,印字而知時也。然物有恆姿,而思無定檢,或率爾造極,或精思愈疏。且《詩》《騷》所標,並據要害,故後進鋭筆,怯於爭鋒。莫不因方以借巧,即勢以會奇,善於適要,則雖舊彌新矣。是以四序紛回,而入興貴閑;物色雖繁,而析辭尚簡;使味飄飄而輕舉,情曄曄而更新。古來辭人,異代接武,莫不參伍以相變,因革以爲功,物色盡而情有餘者,曉會通也。"句樣仿構不僅是可能,而且成爲必要。《管錐編》卷一揭示句式"擬象不同",而可以"寓意不異"。由是,句樣仿構者“多變其象,示世事之多端殊態,以破人之隅見株守”,也就是極爲自然的事情。柏格森嘗言,喻夥象殊,則妙悟勝義不至爲一喻一象之所專攘而僭奪。弗洛伊德更是極爲明快地道破:描述心理,唯有出以擬喻。然必時時更易其喻,蓋無一喻堪經久也。〔1〕當然,這裏所講的句樣仿構著眼在於創新一邊,而迴異乎維肖並不維妙的“死在句下”。《警世通言》第十四卷卷首載託名所爲《念奴嬌》長調,極盡拆散補綴的能事,無一句無來處,從開端到結末,竟先後集用十四位詞人十四首詞作。堆垛不能化爲煙雲,板重難以流動。也許可以順便提到,讀者經常發現説部裏“講史”之類語言與所穿插詩詞所謂“不齊”的現象。其實,裏面的詩詞大率套用句樣。〔2〕

如果説“冥契”可以看作是句樣由個體言語實現爲社會語言的偶然因素,這個偶然基於事理之必然;那麽,“仿構”則無妨視爲句樣由個體言語轉换爲社會語言的基本方式,這後者亦是一種必然,而這種必然體現上述語言擬象發展的邏輯:“必時時更易其喻(象),蓋無一喻(象)堪經久也。”基於此,我們經由句樣祖構過程,即可實現單位漢語史的考察;爬梳句樣演進之跡,便可尋繹某一文學母題的誕生、流轉;經由句樣的具體祖構方式,有可能窺見表層結構背後所潛藴的學術源流、思維方式等等。

---

〔1〕《錢鍾書論學文選》卷一,花城出版社1990年,第69頁。

〔2〕比如曾經爲魯迅所稱道過的《英烈傳》,作者所説的話,就像老米煮飯,生硬鬆散;而每以詩句點綴出色。像第十回“定滁州神武威揚”寫徐達“有詩爲證”:“殺氣横空下大荒,海天雄志兩茫茫。血痕染就芙蓉水,骸枕堆成薜荔牆。樹列旌旗千里目,江開劍戟九回腸。應知日鼠虚星現,處處旗開戰勝場。”(田藻校點本,北京寶文堂書店出版1981年,第38頁)稍有常識的人,即知此詩照抄唐人柳宗元《登柳州城樓寄漳汀封連四州》:“城上高樓接大荒,海天愁思正茫茫。驚風亂颭芙蓉水,密雨斜侵薜荔牆。嶺樹重遮千里目,江流曲似九回腸。共來百越文身地,猶自音書滯一鄉。”只是仿造者將原詩意境完全破壞而已。語言不勝重複、堆垛無以復加的《三寶太監西洋記通俗演義》卷16第七十八回寫祖法國王所上降表降書,竟然直接套用唐人王勃《滕王閣序》:“天高地厚,覺宇宙之無窮;日照月臨,識太平之有象。”(明羅懋登著,上海古籍出版社1985年,第1009頁)有時大家名筆,也會出現仿構自己句樣的情況。如北宋蘇軾《贈劉景文》:“荷盡已無擎雨蓋,菊殘猶有傲霜枝。一年好景君須記,正是橙黄橘緑時。”又見於《惠崇春江晚景二首/惠崇春江曉景二首》:“竹外桃花三兩枝,春江水暖鴨先知。蔞蒿滿地蘆芽短,正是河豚欲上時。”

五、句様價值

（一）句様考察的方面

按上面所具的極爲簡括的討論，關於句様研究的意義，我們這裏至少可以列出以下的方面：句様單位品質，往往較其它語言單位更能傳達出漢語的特徵；因而句様的考察，對於傳統訓詁學來説，可以收到補偏救執之效。依照句様構成過程中創辟與祖構的辯證關係，通過句様單位漢語史的考察，有可能尋繹句様所櫽括的某個文學母題的誕生流轉轍跡，實現義理、辭章、考據三級的會通。爲了討論的方便，關於後者，我們下面將又分幾個部分來説，關於前者，這裏先舉出一個注疏學上經常提到的例子來認識。《能改齋漫録》卷七《事實》"彎碕臨硎"條曾經對諸家關於王安石一首詩歌注釋分歧情況的不解：王荊公《彎碕》詩云："石梁茅屋有彎碕，流水濺濺度兩陂。晴日暖風生麥氣，緑蔭幽草勝花時。"按，左太沖《吴都賦》："左稱彎碕，右號臨硎。"此言建業離宫也。故李善注曰："彎碕、臨硎，閤闥名。"李周翰注曰："彎碕、臨硎，皆險峻也。"二注不同，何也？這首詩在錢鍾書《宋詩選注》裏詩題又作《初夏即事》。大凡爲各注家所注意到的詩句構成成分，一般不應孤立出現於一篇之内，一人之手。錢先生就這様注釋：王安石還有一首《彎碕》詩説："殘暑安所逃，彎碕北窗北。""彎碕"見晉人左思《吴都賦》，《文選》卷五李善注説是"昭明宫東門"的名稱，李周翰注説是"險峻"的意思，這裏似乎都不切合。《廣韻》卷一的"五支"和"八微"兩部説"碕"是"曲岸"或"石橋"，想來此處以"曲岸"爲近，因爲詩裏已經明説那地方有"石梁"；"彎"是形容堤岸的曲折，王安石不過借用左思的字面。《吴都賦》還有一句"碕岸爲之不枯"，李周翰注説"碕"是"長岸"；郭璞《江賦》裏説起"碕嶺"和"懸碕"，《文選》卷十二李善注分别引許慎《淮南子注》和《埤蒼》説"碕"是"長邊""曲岸頭"；宋代袁易《念奴嬌》詞也説："淺水彎碕，疏籬門徑，淡抹牆腰月。"（《全宋詞》卷二百七十七)都可以參證。這算得上是依據句樣性質進行解詁的出色例子。黄侃《讀集韻證俗語》也收録了這一條:"曲岸謂之埼。讀若羈。"〔1〕碕、埼異體字。

(二)創辟:句樣的"原"

——凝霜殄異類,卓然見高枝。連林人不覺,獨樹衆乃奇。

按陶潛《飲酒》詩的取象,適可以作爲我們前面關於後世所推重的個體言語亦即當時社會的流行語言這一關係的比況箋釋。《管錐編》也每每提挈道:"時語之流行習慣,後人往往詫爲作者之匠心獨運。"〔2〕例如,文學辭章中有"登高望遠"的句樣,《管錐編》卷三稽考之後收束説:"囊括古來衆作,團詞以蔽,不外乎登高望遠,每足使有愁者添愁而無愁者生愁。"錢先生尋繹其來源,以爲句樣準自《招魂》"目極千里兮傷春心"、《高唐賦》"登高遠望,使人心瘁",遂斷"二節爲吾國詞章增辟意境"。别有言憑高眺遠、憂從中來者,亦成窠臼,而宋玉賦語實爲之先。《詩經·魏風·陟岵》詠登岵之"瞻"、升岡之"望",尚明而未融、渾而未晝;《秦風·蒹葭》雖歎"道阻且長",而有遠無高,則猶未極遠致。是以李商隱《楚吟》:"山上離宫宫上樓,樓前宫畔暮江流;楚天長短黄昏雨,宋玉無愁亦自愁。"温庭筠《寄岳州李外郎遠》:"天遠樓高宋玉悲。"已定主名,謂此境拈自宋玉也。按甲骨卜辭,"望"字的取象及其異構,反映的原是一種"望祭"的儀式(甲3122、寧滬2·48);結構從目從企,是"遠望"即先含有"登高","登高"原係"遠望"題中應有之義。登臨望四至,動機在於企望四方神祇的降福。望祭者"企而望之",傳達的是一種祈望的情緒。按人類心理運行規律,越是不可企望的事物,也就越發產生"向望"的情緒;越是懷有"希望",也就總是"失望"以至"怨望"。《管錐編》卷三歸結爲:徵之吾國文字,遠瞻曰"望",希冀、期盼、仰慕並曰"望",願不遂、志未足而怨尤亦曰

〔1〕《黄侃聲韻學未刊稿》卷下,武漢大學出版社1985年,第547頁。

〔2〕《管錐編》卷四,第1516頁。

“望”;字義之多歧適足示事理之一貫爾。然則個中原理何在?方登高望遠之際,刹那間山河浩莽,也就越發見出自身一己的渺小:“渺滄海之一粟,羨宇宙之無窮。”古往今來,齊心共歎。登高望遠過程中人生自身與天地宇宙形成一種巨大反差,此道著其一端;兹又有說:方登高望遠之時,關山難越,自身愈形有限,然而心靈的世界卻變得廣闊起來。視野的擴張,意味著欲望的發展。當此時,精神與肉體又產生一個巨大的矛盾:其身也有待,其欲也無限。由此構成了二重矛盾,而後者才是“不識愁滋味”的少年,登臨之際,縱是無愁亦生愁的心理機制。周邦彦《浣溪沙》上片最是道得直接:“樓上晴天碧四垂,樓前芳草接天涯。勸君莫上最高梯。”

(三)祖構:句樣的“流”

有些句樣爲後世不斷仿構的過程,也就顯示出句樣的演變情形。《能改齋漫録》卷八“沿襲”類舉出了若干例子,像“故鄉七十五長亭”條:杜牧之《齊安城樓》詩:“嗚咽江樓角一聲,微陽瀲瀲落寒汀。不用憑欄苦回首,故鄉七十五長亭。”蓋用李太白《淮陰書懷》詩:“沙墩至梁苑,七十五長亭。”又“野火燒不盡”條:白樂天以詩謁顧況,況喜其《咸陽原上草》詩云:“野火燒不盡,春風吹又生。”不若劉長卿“春入燒痕青”之句,語簡而意盡。又“目極千里傷春心”條:陸士衡樂府:“遊客春芳林,春芳傷客心。”杜子美:“花近高樓傷客心。”皆本屈原:“目極千里傷春心。”又“多病故人疏”條:唐包佶嶺下臥疾,寄劉長卿詩云:“唯有貧兼病,能令親愛疏。”蓋用孟浩然“多病故人疏”,與杜子美“故知貧病人須棄,能使韋郎跡也疏。”又“船如天上坐,人似鏡中行”條:《潘子真詩話》云:“山谷言:‘船如天上坐,人似鏡中行’;又‘船如天上坐,魚似鏡中懸。’沈雲卿詩也。杜子美詩云:‘春水船如天上坐’,祖述佺期之語也,繼之以‘老年花似霧中看’,蓋觸類而長之。”雲卿之詩,蓋源於王逸少《鏡湖詩》所謂“山陰路上行,如在鏡中游”之句。然李白《入青溪山》詩亦云:“人行明鏡中,鳥度屏風裏。”雖有所襲,然語益工也。又“誰謂天地寬”條:孟東野:“出門如有礙,誰言天地寬。”吴處厚以渠器量褊窄,言乃爾。東野取法杜子美“每愁悔吝生,如覺天地窄”。又“兩山排闥送青來”條:荆公詩云:“一水護田將緑繞,兩山排闥送青來。”蓋本五代沈彬詩:“地限一水巡城轉,天約群山附郭來。”彬又本唐許渾“山形朝闕去,河勢抱關來”之句。又“問花花不語”條:東坡吉祥寺賞花,寄陳述古詩云:“鮮花不用剪刀裁,國色初酣卯酒來。太守問花花不語,爲誰流落爲誰開。”《南部新書》記嚴惲詩:“春光冉冉歸何處,更向花前把一杯。盡日問花花不語,爲誰零落爲誰開。”東坡全用此兩句也。惲字子重,能詩,與杜牧善(按《古今詞論》引毛先舒云:永叔詞云:“泪眼問花花不語,亂紅飛過秋千去。”該詞詞牌爲《蝶戀花》,其詞曰:“庭院深深深幾許?楊柳堆煙,廉幕無重數。玉勒雕鞍遊冶處,樓高不見章臺路。雨横風狂三月暮,門掩黄昏,無計留春住。泪眼問花花不語,亂紅飛過秋千去。”化用尤其渾成,且至少不比東坡晚出。博洽如吴氏,毋乃捨近求遠乎)。

以上數例祖構過程都比較簡單,句樣之所從來,相沿之跡甚明。像下面的情形,句樣祖構流轉過程就複雜得多,梳理有關文獻也要留神一些。像後來頻有仿構的“相望落落如星辰”句,《王直方詩話》認爲是肇始於蘇軾:東坡《送李公擇》云:“有如長庚月,到曉不收明。”《贈參寥》云:“故人各在天一角,相望落落如星辰。”《任師中挽詞》云:“相看半作星辰没,可憐太白與殘月。”而蘇黄門《送退翁守懷安》,亦云:“我懷同門客,勢若曉天星。”其後學者,尤多用此。吴曾就嫌這裏觀察句樣的流轉演變過程不到家:“余按,古樂府:‘兩頭纖纖月初生,半白半黑眼中睛。腷腷膊膊雞初鳴,磊磊落落向曙星。’故劉夢得作韋處厚集序亦云:‘古今相望,落落然如騎星辰。’”乃知二蘇所用,本古樂府。豈直方忘之耶?

錢先生《宋詩選注》曾由鄭文寶的《柳枝詞》打頭,疏理過詞章“賦愁量化”句樣的胎息演進之跡:

> 這首詩很像唐朝韋莊的《古離别》:“晴煙漠漠柳毵毵,不那離情酒半酣。更把玉鞭雲外指,斷腸春色是江南。”但是第三第四句那種寫法(不管煙波與風雨,載將離恨過江南),比韋莊的後半首新鮮深細

的多了,後來許多作家都仿效它。周邦彦甚至把這首詩整篇改寫爲《尉遲杯》詞:"無情畫舸、都不管、煙波隔前浦,等行人醉擁重衾,載得離恨歸去。"依然畫舸,仍舊船票,故只能算是"改寫"。石孝友《玉樓春》詞把船變爲馬:"春愁離恨重於山,不信馬兒馱得動。"王實甫《西廂記》裏把船變成車,第四本第一折:"試著那司天臺打算半年愁,端的是太空車兒約有十餘載。"

看得出後來的詩文家已無法出新添意,只好在賦愁"量具"上作文章手眼,終究免不了有些小家子氣。其實,與鄭氏差不多同時代的賀鑄已將離愁别恨量化至無以復加,其《青玉案》下片云:"碧雲冉冉蘅皋暮,彩筆新題斷腸句。試問閒愁都幾許?一川煙草,滿城風絮,梅子黄時雨。"唐人以降,將悲愁量化爲"江海",李群玉《雨夜呈長官》:"請量東海水,看取淺深愁。"(《容齋隨筆》卷第四將該詩主名作李頎,而且尤其喜歡前兩句:"遠客坐長夜,雨聲孤寺秋。"並拿它和嚴維"柳塘春水慢,花塢夕陽遲"、楊衡"竹徑通幽處,禪房花木深"句相比較。)至李後主《虞美人》更是膾炙人口:"問君能有幾多愁,恰似一江春水向東流。"秦少游詞云:"落紅萬點愁如海。"羅大經《鶴林玉露》卷一乙編"詩家喻愁"條還指出過"詩家有以山喻愁"的情形:杜少陵云:"憂端如山來,澒洞不可掇。"趙嘏云:"夕陽樓上山重疊,未抵春愁一倍多。"但在文學史上,上述傳承演變情形還只能算是賦"愁"狀"悲"句樣的"流"。據我們現在所能參見的文獻,《全宋文》所載南朝宋人鮑照《登大雷岸與妹書》"思盡波濤,悲滿潭壑"爲句樣機杼獨出者。"波濤"取象之妙,堪稱與"思潮"同構。《管錐編》卷四亦頗考鏡源流,辨析毫釐,通貫微至:"波濤"取其流動,適契連綿起伏之"思",即《全漢文》卷二《李夫人賦》:"思若流波,怛兮在心。"西語亦曰"思波",以心念之晝而能渾、運而不息也。又《管錐編》卷二稽考:徐幹《室思》"思君如流水,何有窮已時",何遜《爲衡山侯與婦書》"思等流水,終日不息",又《野夕答孫棹郎》"思君意不窮,長如流水注"。這類"異質同構"的語言結構,六朝以還,浸成套語。惟杜甫《江亭》"水流心不競",溶心於水,二而一之,頗能與古爲新。《子華子·執中》篇"觀流水者,與水俱流,其目運而心逝者歟",可移作讀杜心解。釋典如《大乘本生心地觀經·觀心品》第十亦曰:"心如流水,念念生滅,於前後世,不暫住故。"《宗鏡録》卷七詳説"水喻真心"共有"十義"。詹姆士《心理學》謂"鏈""串"等字僉不足以示心行之無逢而瀉注,當命曰"意識流"或"思波"。正名定稱,衆議翕然。竊謂吾國古籍姑置之,但丁《神曲》早言"心河",蒙田摯友作詩亦以思念相聯喻於奔流。"思盡波濤"與"悲滿潭壑"兩個語段單位,一般注本都看作是兩個相對等的結構,用傳統訓詁學的術語來説,就是所謂"對文"。其實,稍稍用心稽察,就不難發現,作者爲了實現山川景物與心態意緒的同形同構,二者用心各别,如《管錐編》卷四所分辨: 波濤無極,言"盡"而實謂"思"亦不盡;潭壑難盈,言"滿"則所謂"悲"竟能"滿"。二語貌同心異,不可不察爾。

(四) 會通: 句樣的"解"

句樣的考察,説到底是在歷史動態的過程中實現的。對大量文獻進行歷時會通的梳理,將會有助於解釋清楚一些主要著眼於共時的、静態的角度進行解詁而難以解決的問題。這種會通考察,對於傳統訓詁學來説,應該算是一種很高的要求;而我們從《管錐編》這套全面考釋經、史、子、集的文獻裹發現,這是作者在全書運用最多的一種解詁方式,並由此形成了《管錐編》在闡釋方面的特色。像顧炎武《日知録》卷三論《詩經·君子于役》篇,於"日之夕矣……如之何勿思"之解殊傷拘泥: 古之君子以向晦入宴息,日夕是當歸之時,是以無卜夜之賓,有宵行之禁云。《管錐編》卷一會通考察了"暝色起愁"這一古今中外都存在的辭章句樣,發現描述生離死别,傷逝懷遠諸般境況,皆有取於"黄昏"之象,從而訂正了顧氏上述"腐闊"之解。後世所稱道高郵王氏父子通曉句法、排比文例的作法,實際上也不外乎這種"觀其會通"的要求,由此也消解了若干文獻學上無謂的紛争。

《能改齋漫録》卷八"沿襲"類提到,歐陽文忠公《詩話》:"陳公時得杜集,至蔡都尉'身輕一鳥',下脱一字。數客補之,各云疾、落、起、下,終莫能定。後得善本,乃是過字。"其後東坡詩"如觀老杜飛鳥句,脱字欲補知無緣",山谷詩"百年青天過鳥翼",東坡詩"百年同過鳥",皆從而效之也。張景陽詩云:"人生瀛海内,忽如鳥過目。"則知老杜蓋取諸此。況杜又有貽柳少府詩:"餘生如過鳥。"又云:"愁窺高鳥過。"景陽之詩,梁氏取以入選。杜贈驥子詩"熟精文選理",則其所取,亦自有本矣。徐凝《鸚鵡》詩:"任饒長被金籠閡,也免栖飛雨雪難。"張相釋:饒,猶任也;假定之辭。凡文筆作開合之勢者,往往用饒字爲曲筆以墊起之。徐詩"任饒"二字爲重言。按任饒雙聲,爲聯綿詞,亦可單用。像杜牧詠猿詩:"三聲欲斷腸疑斷,饒是少年今白頭。"言任是少年,聽猿聲傷感而亦變白頭也。楊萬里《秋雨歎》詩:"枯荷倒盡饒渠著,滴損蘭花太薄情。"言秋雨摧倒枯荷也盡由他,奈何滴損蘭花。陳師道《寄泰州曾侍郎肇》詩:"今朝有客傳河尹,是處逢人説項斯。"張相以爲其下句實原本於楊敬之《贈項斯》詩"到處逢人説項斯"。可證是處即到處也。更廣其例。張耒《暮春》詩:"庭前落絮誰家柳,葉裏新聲是處鶯。"柳永《八聲甘州》詞:"是處紅衰翠減,冉冉物華休。惟有長江水,無語東流。"辛棄疾《鷓鴣天》詞:"是處移花是處開,古今興廢幾樓臺。"實現句樣會通觀察,結論圓帖無間,中肯不容置喙。[1]餘例不勝枚舉。

句樣結構轉承的考察,在某些情況下還不限於傳世文獻。像《詩經·北山》:"嘉我未老,鮮我方將。""未老"與"方將"構成對文關係,方將就是正壯,俗話所説的正當年,也就是説"未老"。《中山王壺》有銘文"今余方壯",其中"方壯"詞例,恰可移釋"方將"。又"強飲強食"爲古籍中祝福套語,如《考工記》:"強飲強食,詒女曾孫諸侯百福。"在出土文獻像《居延漢簡》裏就有這樣一些用例:"願丈人近衣強奉酒食。""原幼孫少婦足衣強食,慎塞上。"分别見於《合校》乙附51、《合校》10·16等。這類套語,至少在漢代應當是比較通行的。發展爲漢末《古詩十九首》中的"努力加餐

[1] 《詩詞曲語辭匯釋》上册,中華書局1955年,第130頁、第15頁。

飯”等,句樣祖構演進之跡依然到眼即辨。《居延新簡》也有“願君加飧食,永安萬年”的頌禱語。傳世的口語文本,往往可以在出土的文獻裏找到句樣聯繫。像較通俗些的關於降神、符咒的內容,經常有“太上老君急急如律令”之類的語句。我們檢《居延新簡》如“五月丙寅,居延都尉德、庫守丞常樂兼行丞事謂甲渠塞侯:寫移書到,如太守府書律令”;“律令”的最高級就是詔書了:“八月戊辰,張掖居延城司馬武以近秩次行杜尉文書事,以居延倉長印封、丞邯下官縣承書從事下當用者,上赦者人數,罪別之,如詔書。書到言,毋出月廿八。”《居延漢簡釋文合校》也見到“如律令”的用例:“十月壬寅,甲渠鄣候告尉謂不侵候長赦等:寫移書到,趣作治,已成言,會月十五日,詣言府,如律令。”又見於《敦煌漢簡》:“十二月癸丑,大煎都候丞罷軍別治富昌隧謂部士吏。寫移書到,實籍吏出入關人畜車兵器物如官書,會正月三日,須集移官各三通,毋忽如律令。”從文體來看,這類語氣應是上級文書下達到下級過程中,在中間某個環節的轉發而產生的。正是這種語氣上發揮著承上啓下的作用,符合降神者介於人神之間的身份,所以事神者選擇了“太上老君急急如律令”這一句樣形式。〔1〕

六、句樣舉隅

(一)“輾轉反側”

《關雎》二章:“窈窕淑女,寤寐求之。求之不得,寤寐思服。優哉游哉,輾轉反側。”《管錐編》卷一考論:《傳》《箋》以“服”與“悠”皆釋爲

〔1〕 清人梁紹壬《兩般秋雨盦隨筆》卷六“急急如律令”條:“急急如律令,道家敕語也。解之者曰:‘律令,雷部之獸,其行最速,故以爲比。’然宣和中,陝右人發地得一檄云:‘永初二年六月丁未朔……發夫討畔羌,急急如律令。……’云云。然則急急如律令,乃漢之公移常語。張天師漢人,故沿用五字,道家得其祖述耳。”上海古籍出版社 1982 年,第 341—342 頁。

"思",不勝堆床駢拇矣!"悠"作長、遠解,亦無不可。何夜之長?其人則遠!正復順理成章。《太平樂府》卷一喬夢符《蟾宫曲寄遠》:"飯不沾匙,睡如翻餅。"下句足以箋"輾轉反側"也(頁66)。

按清人馬瑞辰《毛詩傳箋通釋》(以下簡稱"馬氏《通釋》")提到,輾字始見於《字林》,《説文》只講到:"展,轉也。"《管錐編》所釋"悠"字是簡捷可信的。"思服"之"思",爲句中語助詞,與《詩·小雅·桑扈》"旨酒思柔"字法正等。王引之《經傳釋詞》(以下簡作"王氏《釋詞》")卷八:思,句中語助也。"思柔"與"其觩"爲對文,是"思"爲語助也。《莊子·田子方》:"吾服女也甚忘。"郭注:"服者,思存之謂。"《管錐編》釋本章"輾轉反側"爲男女相思、渴慕難耐,即"發乎性情"的句樣;三章則出以禮樂調和之、節制之:"琴瑟友之""鐘鼓樂之"。琴在古代具有坊閑控制、禁邪制放的特殊功效。《説文·琴部》:"琴,禁也。"這是所謂聲訓。從字形結構來看,琴字從珡今聲。古文從金作[illegible],金亦從今得聲。從今得聲之字如金(《説文·金部》説是从土今聲)、含(《説文·口部》説是从口今聲)、黔(从雲今聲)等,都涵有掩閉之義。吟字亦從今得聲,它其實是"噤若寒蟬"之"噤"的本字。可知古代人認爲"琴瑟"一類弦樂器不但撩撥胸臆,挑逗意緒,抒發情懷;而似乎首先是具有約束禁止的功能。

全詩三章的情感歷程是:首章先狀淑女之"窈窕",由此而生"求之"之思。次章傳達君子之"思服",寤寐以求竟至"輾轉反側",是情感渲泄至難以控制,後世較通俗文學所誇飾"萬個金剛降不住"者是。[1]《關雎》末章曲終奏雅,終然訴諸禮樂以沖淡節制。前者是所謂"發乎情",後者是所謂"止乎禮儀"。發而能持,有縱有斂;由此構成"樂而不淫"的情感範型,由此而規定了《詩三百》的整體審美基調和詩學特色。是以《詩

〔1〕 王實甫《西廂記》第一本第四折虚寫女主角"動人"如此:"大師年紀老,法座上也凝眺;舉名的班首真呆傍,覷著法聰頭做金磬敲。老的小的,村的俏的,没顛没倒,勝似鬧元宵。"至凌濛初《二刻拍案驚奇》卷之二十七寫回風標緻驚人,全仿王氏此等筆墨:"花生丹臉,水剪雙眸。意態自然,技能出衆。直叫殺人壯士回頭覷,便是入定禪師轉眼看。"美貌"使人動"如此,又有足以"令人止"者。漢樂府民歌《陌上桑》:"行者見羅敷,下擔捋髭鬚。少年見羅敷,脱帽著帩頭。耕者望其耕,鋤者忘其鋤。"

三百》以《關雎》爲首倡、壓其卷,初非盡出率爾等閑也。逮後來世間生活節奏變快,音樂已純然但具"抒發"的一邊,而不復存在"防閑"的功效。於是我們在《西廂記》一類較通俗些的作品裏,看到主人公爲所歡琴聲"挑動"以至"跳牆",而不復爲其所"禁止";蓋無往古之敦厚,有末世之澆漓矣。

《全後漢文·張衡〈思玄賦〉》猶云:"偉關雎之戒女。"夫"戒"之於"禁",猶可見得漢人尚作如此解會。另外,關於全詩賴以起興的核心意象"荇菜",這裏略作補說,庶乎有所裨益於解會。荇菜,字或作莕菜。《說文·艸部》:"莕,莕餘也,从艸杏聲。荇,或从行,同。"《玉篇·艸部》:"莕,荇菜,水草,叢生水中,葉圓,在莖斷,長短隨水深淺。江東食之。"是莕菜可食,其名原爲"莕餘",而"莕餘"或可記録作"接餘":《關雎》"參差荇菜",《毛傳》:"荇,接餘也。"作爲"莕餘"即"接餘"的莕菜,從其表徵來看,容易與女子狀貌姿態發生聯繫,南朝齊謝朓《出下館》詩有云:"紅蓮搖弱荇,丹藤繞新竹。"杜子美《曲江對雨》:"林花著雨燕脂落,水荇牽風翠帶長。"古代男子求女有一種儀式,就是選取和意中人有聯繫的事物(或直接或間接的,甚至可以是她的名字)。只要選得對,對男子來說,即具成功的運氣;對女子來說,則發生招致的巫術效力:中外民俗皆然。說《詩》者重"比興",然則"比興"聯繫的構成也複綜,未許一概。要是上述聯繫大體上有些根據,這裏不妨暫擬爲"選擇荇菜——致女儀式"品目。

(二)"桃之夭夭"

"桃之夭夭,灼灼其華。"《管錐編》卷一:按《隰有萇楚》:"夭之沃沃。"《傳》:"夭,少也。"《說文》:"媄,巧也,一曰女子笑皃;《詩》曰:'桃之媄媄。'"王闓運《湘綺樓日記》同治八年九月二十八日:"《說文》'媄'字,引《詩》'桃之夭夭'以證。'媄'爲女笑貌,明'芺'即'笑'字。隸書竹、艸互用,今遂不知'笑'即'芺'字,而妄附'笑'於'竹'部"。蓋"夭夭"乃比喻之詞,亦形容花之嬌好,非指桃樹之"少壯"。李商隱《即目》:"夭桃唯是笑,舞蝶不空飛。""夭"即是"笑",正如"舞"即是"飛";又《嘲桃》:"無賴夭桃面,平明露井東,春風爲開了,卻擬笑春風。"具得聖解。清儒好誇"以經解經",實無妨以詩解《詩》耳。既曰花"夭夭"如笑,復曰花"灼灼"欲燃,切理契心,不可點煩。

按"夭"字在這裏未必一定要坐實解釋成"笑",但從字源上來說,二者存在著宛密的關聯,這也是事實。古人造字取類,像艸木竹之類,最是相近,也就極易通連一氣。〔1〕

"笑"字在戰國楚簡文獻裏,使用結構爲從犬艸聲。例如,《包山楚簡》有地名作"笑邑",使用凡 4 次;《郭店楚墓竹簡》老子乙種本 9 號簡文:"下士昏(聞)道,大笑之。"參見後附參考文獻圖版(一)。到漢代文獻裏,即發生艸部與竹部的替換。如《古地圖》從竹從犬結構,馬王堆漢墓帛書《老子》乙種本 178 又從犬艸聲結構。〔2〕

"夭"符不僅是妖枖笑芺楧媄數形的語源,其實還是這個系列的取象核心。照《說文通訓定聲・小部第七》的說法,"枖"不過就是"夭"的後起或體字。夭形取象於人體之動態,甲骨文夭(《前》4.29.4、《甲》2810),取象爲人奔走時兩臂擺動之形,或省頭形而作,主體指向無殊。〔3〕

在埃及聖書字系統中,表現"高興"等詞的定符,亦取象於人體扭動之姿態。而西奈字體系中,表現該詞的文字符號同樣取象於人體動態,其表詞方式,比勘下來可以說基本上和我們上面考察到的有關"笑"字古文取象同致。〔4〕 另外,有趣的是中國古代既以"肉"字(所指爲女子身體)描

---

〔1〕 "笑"字在大徐本《說文》爲晚出,始見於"新附"部分,其說曰:"此字本闕,臣鉉等案孫愐《唐韻》引《說文》云:'喜也,从竹从犬。'而不述其義。今俗皆从犬。又案李陽冰刊定《說文》从竹从夭義云:竹得風,其體夭屈如人之笑。未知其審。私妙切。"

〔2〕 唐釋慧琳《一切經音義》"笑"字下引《說文》:"笑,欣喜也,从竹从大,大戴其竹君子,樂然笑也。"取象於竹,然則"竹"在此所指爲何? 慧琳又引《字林》云:"竹爲樂器,君子樂而後笑。"比類而合觀之,夫竹而指向樂器,是"笑"字所指當是訴諸聽覺的心理體驗;然則此"竹"猶"絲竹"之竹,顯見已屬後起矣。

〔3〕 徐中舒主編《甲骨文字典》卷十裏已經指出上述文字形體與金文有關字形可以得到聯繫和印證。金文走字(盂鼎)、(周公簋),奔字(盂鼎)、(克鼎),並與甲骨文同。《說文》篆文,已失兩臂擺動之形。

〔4〕 [俄] B・A・伊斯特林《文字的產生和發展》中譯本,北京大學出版社 1987 年,第 288 頁。

繪舞蹈的體態形容,又以"肉"字(所指爲唇吻喉嚨)表現音樂的聽覺效果。比如《詩紀·莋都彝歌》記載:"昌樂肉飛,屈申悉備。"清人黄生《字詁義府》講到:昌、倡古字通用;肉飛,狀舞者之態也。晉人"竹不如肉",以肉字説歌,此以肉字説舞,並屬奇情。[1] 漢語史"鳧藻"、"雀躍",就是"喜笑"同義語。如《後漢書·杜詩傳》:"士卒鳧藻。"《注》:"言歡悦如鳧戲藻。"劉夢得詩句:"欲知雀躍心能喜,正愛蟬連語未休。"均是以具體的體態動態來曲傳抽象的情態意態,無妨合觀共參。[2] 日本語裏,表示"花發"(花が咲く)的詞"咲く",與表達"喜笑"的"笑う"原本就是一個詞。在日本文字學者所編定的字書裏,"咲"字被看作是一個形聲結構:從口、关聲。而关符不過是芵符的變體。同樣,"笑"字亦是形聲結構,原本是"芵"的訛變字,在字義和用法上都與"咲"(所指爲人的行爲表現)相通。所以,日本國語表示"花發"之義,已屬於"人咲"之義引申。[3]

字形結構與詞義表達需求,各個時代層面,往往有各個時代的調整與理解,初無軒輊。"夭"——人體姿態,到"妖"——女子情態,再到"枖"——卉植動態;其中情態物化爲"笑貌"。這個序列,我們一向認爲基本上反映了古代人觀物取象的一般過程:人物之間,由人及物,即由"近取"到"遠取";而觀照人本,動態可象,情態難寫,又由實到虚,以實象虚。[4]

民間關於"笑"的説法,自古就具有積極鼓動與消極否定的"二柄"。當聽到聽衆開懷的笑聲,俗語唤作"歡笑";實際上不啻獲得了一種積極肯定,所謂"正方向"者是。而爲人們所藐視輕蔑,俗語所謂"冷笑";也往往就是力量極大的否定,力學所謂"負方向"者是。《氓》篇所道"兄弟不知,

---

[1] 《字詁義府合按》,中華書局1984年,第209頁。

[2] (清)厲荃原輯、關槐增纂《事物異名録》卷十三《人事部·喜》,嶽麓書社1991年。

[3] [日]赤塚忠博士監修《標準漢和辭典·口部》,旺文社1979年。

[4] 臧克和《説文解字的文化説解》,湖北人民出版社1994年,頁14—15。枖椺媄妖同源,《集韻·宵部》:"媄妖,於喬切。《説文》巧也。一曰女子笑皃,引《詩》桃之媄媄。或省。"本部:"枖椺,於喬切。《説文》木少盛皃,引《詩》桃之枖枖。或从艸。"

啞其笑矣”,適爲本地風光,無待遠徵矣。另外,民間廣爲流傳的風習信仰則是尤爲恐懼於鬼妖非類的笑,俗語所謂“獰笑”者是;而似乎這類“笑”並不存在所謂“正”與“負”的區辨。日本人類學家指出,日本人關於“笑”也有“二柄”的劃分:笑是有力量的表現,而被取笑,也就意味著受到輕蔑。似乎存在這樣一種風俗:某人違背了鄉里的法規,就要獻上酒食,邀集鄉人一邊行禮一邊請求:“謹請諸位高鄰賜以大笑!”就在衆人的哈哈大笑之中,此人所犯下的過失得到了抵償。這種儀式,不但是刑罰,也體現了一種以笑來對付魔物、令當事人得到解釋的心情。還有作爲咒術的笑:在若干地方流傳的“笑の祭”,就是鄉人在祭祀的時間內會集起來,信仰並實現下列關聯:一旦大聲地笑,即可增強稻穗的生命力,從而帶來豐收。〔1〕物我不分,灌注通聯,原始移情,人類學資料表明,古代相當一個時期存在這樣一種所謂“前邏輯”的思維習慣,世界各地皆然。由物的“笑”,反復的“笑”,反過來亦可以促進人自身的生殖繁育。《桃夭》數章,反復疊唱桃植之“夭夭”,也總是對應於“宜”字(本義爲生殖祭祀):宜“室家”、宜“家室”、宜“家人”等,復沓到底,悉爲祭祀祈求由物及種的繁殖而已。〔2〕

(三)“在水一方”

《蒹葭》:“所謂伊人,在水一方;遡洄從之,道阻且長;遡游從之,宛在水中央。”《管錐編》卷一:《傳》:“‘一方’,難至矣。”按《漢廣》:“漢有游女,不可求思。漢之廣矣,不可泳思。江之永矣,不可方思。”陳啓源《毛詩

---

〔1〕 參見日本學者樋口清之《日本人の智恵の構造》。

〔2〕 說《詩》有資解頤,以“笑”作爲咒術。也許這裏可以順便提到“現代咒術”一則,可發一噱。“海派”特徵之一,便是巧能遊移,精於包裹,似連大學校園裏也不例外。在滬上讀書日,寓所爲陳年木板老屋,每爲鼠患所苦,連滬上土著宿管老師傅亦無所措。忽一日,市政當局有所謂“愛衛會”者欲來校檢查。宿管者唯於檢查前一夕精心製成印發紅紙一張,排門張貼。次日清晨推門一看,不禁同隔壁室主人相與大笑:紅紙上面畫了利刃一把,直插於一碩鼠肚皮之上,旁邊有二口號,道是:“人人動手,消滅老鼠!”主管有司有如許精力,何如分發些耗子藥之類?抑滬人依然信仰字紙效等巫術法帖,可以驅得碩鼠乎?

稽古編附録》論之曰:“夫說(古悅字)之必求之,然惟可見而不可求,則慕說(古悅字)益至。”錢鍾書認爲:上舉二詩所賦,皆西洋浪漫主義所謂企慕之情景,並聯類到若干古今中外的通例:古羅馬詩人桓吉爾名句云:“望對岸而伸手嚮往”,後世會心者以爲善道可望難即、欲求不遂之致。德國古民歌詠好事多板障,每託興於深水中阻。但丁《神曲》亦寓微旨於美人隔河而笑,相去三步,如隔滄海。近代詩家至云:“歡樂長在河之彼岸。”以水漲道斷之象示歡會中梗,並見之小說。《易林·屯》之《小畜》:“夾河爲婚,期至無船,搖心失望,不見所歡。”(《兑》之《屯》同,《臨》之《小過》作“水長無船”“遙心”“歡君”)又《屯》之《蹇》:“爲季求婦,家在東海,水長無船,不見所歡。”(《涣》之《履》同)又《觀》之《明夷》:“家在海隅,橈短流深,企立望宋,無木以趨。”《古詩十九首》:“迢迢牽牛星,皎皎河漢女。河漢清且淺,相去復幾許,盈盈一水間,脈脈不得語。”《華山畿》:“隔津歎,牽牛語織女,離泪溢河漢。”孟郊《古別離》:“河邊織女星,河畔牽牛郎,未得渡清淺,相對遙相望。”《搜神記》卷一一:“宋康王舍人韓憑娶妻何氏美,康王奪之。憑怨之,王囚之,論爲城旦。妻密遺憑書,謬其詞曰:‘其雨淫淫,河大水深,日出當心。’既王得其書,以示左右,左右莫解其意;臣蘇賀對曰:‘其雨淫淫,言愁且思也;河大水深,不得往來也;日出當心,心有死志也。’”取象寄意,僉同《漢廣》、《蒹葭》。抑世出世間法,莫不可以“在水一方”寓慕悅之情,示嚮往之境。《史記·封禪書》記方士言三神山云:“未至,望之如雲;及到,三神山反居水下,臨之,風輒引去。……未能至,望見之焉。”庾信《哀江南賦》歎:“況復舟楫路窮,星漢非乘槎可上;風飆道阻,蓬萊無可到之期!”蓋非徒兒女之私也。釋氏言正覺,常喻之於“彼岸”。

《管錐編》所具關於“在水一方”句樣考索,兹不揣淺陋,嘗試作如下梳理:

有研究者解釋,《漢廣》本事記載的,是一種“追踪祭祀”的儀式。按《管錐編》考察的文獻,離儀式的源頭愈是接近,“河水”作爲象徵符號其特徵便是誇張其“既深且長”,偏重於宣示人類的無能爲力。“在水一方”

之方,可以訓釋作"旁";"旁"字就是從方得聲的,方旁古通用。釋典"奈何"一語,本作"奈河"。《十王經》裏說:"見渡亡人,名奈河津。"敦煌遺書中所見王梵志詩《沉淪三惡道之二》有詞云:"反縛棒打走,先渡奈河水。""彼岸"猶"在天一涯",令人"奈何"不得。

大致自漢代以降,"河水"的特點爲不少詩文誇張作"既清且淺",極言其"清淺易涉",不復"道阻且長"。由此益發可見可望難即之情,因爲大凡與現實過於距離遙遠的東西,人們也就極易打消那種種的想往;然而,近在咫尺,隔若天涯,何室之邇,彼人則遠:此最是難以消遣者。然則這"河水"之象的特徵是並非不能濟渡,而是不得逾越!個中因緣何在?答曰:在於"河水"之象文化意藴的演變:文明驟進,宗教漸歇,禮法萌焉,道德設焉,禮法防閑,輿論制約,人言可畏,不容越軌,"河水"示象,最是近切。所謂發乎性情,止乎禮儀,堪作注腳。

倘若循此再加董理,還不難發現,後來的一些詩文裏,"河水"這一意象往往變形而爲"水長無船"抑或"欲渡少楫"。而到了二十世紀一批俄羅斯作家如柯羅連科的手筆底下,已將理智得多了:舟筏會有的,槳楫也是會有的,人類世代所企望、那富有無盡誘惑力的"火光",就在河之彼岸;然而,人類所能做到的,也唯有世代努力劃槳耳(《火光》)。"在水一方",在哲學上遂爲永恒悲劇之象。

上個世紀末期一班西方作家,所刻意表現的一個母題類型,便是"彼岸"之事。無非宣示人類即使濟得此"河",發現依然不過是"水中月""鏡中花";"此岸"就是"彼岸",或不妨說"彼岸"就在"此岸"。

此岸彼岸,世出世間,成一對待結構,實爲哲學意義分域。習慣性表述是,意義常在"彼岸",即有了彼岸,此岸始能形成意義參照。此岸的蒹葭,因了在水一方的"伊人"存在,而變得意境迷離,朦朧凄迷,意藴無窮,令人神往。否則,缺少了彼岸的"伊人",此岸蒹葭,就只是一片枯寂荒蕪。同樣,失去了此岸的蒹葭,只剩下彼岸的伊人,或者兩岸都成爲伊人,意境亦不復存在。换言之,區分了"彼此"的界限,方能產生哲學上的意義。彼岸無可托,彼岸不可或缺。現代主義消解了上帝,卻同時感到了人類自身存在的荒謬。既然意義在於範圍,範圍有待於區分,是故道家法自然,物論能齊;釋家主虛無,破偏救執。消除各色分別,泯滅諸種界障,作用正復一揆。參觀"漢字認知"部《結構與意義》篇。

出土文獻如甲骨文有"望"字從企、目會意結體(《寧滬》2・48),傳達"登高企望"之意象,傳世文獻無有如此純粹親切著明者。日本古文字學人類學家白川靜在《金文的世界》裏考釋金文的"望"爲"自遠處觀望其地以施加咒術影響"的行爲。傳世文獻像《尚書・堯典》記載天子所舉行的"望祀"即源於古老的儀式:訴諸"目擊",指向"目的"——其中包含了與神靈交涉、予以支配的成份。

(四)暝色起愁

《君子于役》:"雞棲于塒,日之夕矣,牛羊下來;君子于役,如之何勿思?雞棲于桀,牛羊下括;君子于役,苟無飢渴。"《管錐編》卷一,以詩解《詩》:

> 許瑤光《雪門詩鈔》卷一《再讀〈詩經〉四十二首》第十四首云:"雞棲于桀下牛羊,飢渴縈懷對夕陽。已啓唐人閨怨句,最難消遣是昏黃。"最是解人。白居易《閨婦》云:"斜憑繡床愁不動,紅綃帶緩綠鬟低。遼陽春盡無消息,夜合花開日又西。"亦即言日夕足添閨思。司馬相如《長門賦》:"日黄昏而絶望兮,悵獨託於空堂。"吕温《藥師如來繡像贊》:"觸慮成端,沿情多緒。黄昏望絶,見偶語而生疑;清旭意新,聞疾行而誤喜。"又可釋日暮增愁之故。丁尼生詩寫懊儂懷想歡子,不捨晝夜,而最憎薄暮日落之際。詩人體會,同心一理。潘岳《寡婦賦》:"時曖曖而向昏兮,日杳杳而西匿。雀群飛而赴楹兮,雞登棲而斂翼。歸空館而自憐兮,撫衾裯以歎息。"蓋死別生離,傷逝懷遠,皆於黄昏時分,觸緒紛來,所謂"最難消遣"。韓偓《夕陽》:"花前灑泪臨寒食,醉裏回頭問夕陽:不管相思人老盡,朝朝容易下西牆。"趙德麟《清平樂》:"斷送一生憔悴,只消幾個黄昏。"取景造境,亦《君

子于役》之遺意。孟浩然《秋登蘭山寄張五》云:“愁因薄暮起。”有以也夫!

“薄暮起愁”,是辭章裏習見慣道現象。除了《管錐編》上面提到的用例之外,像下面這些也都是人們經常掛在嘴邊的:“平林漠漠煙如織,寒山一帶傷心碧。暝色入高樓,有人樓上愁。玉階空佇立,宿鳥歸飛急。何處是歸程?長亭連短亭。”(一說李太白《菩薩蠻》)“梳洗罷,獨倚望江樓。過盡千帆皆不是,斜輝脈脈水悠悠,腸斷白蘋洲。”(温庭筠《夢江南》)“日暮鄉關何處是,煙波江上使人愁。”(崔顥《黄鶴樓》)辛棄疾《菩薩蠻》“江晚正愁予,山深聞鷓鴣”句與此會心不遠。“移舟泊煙渚,日暮客愁新。”(孟浩然《宿建德江》)“薄暮冥冥,虎嘯猿啼。登斯樓也,則有去國懷鄉,憂讒畏譏,滿目蕭然,感極而悲者矣。”(范仲淹《岳陽樓記》)“山映斜陽天接水,芳草無情,更在斜陽外。”(范仲淹《蘇幕遮》)“萋萋芳草憶王孫,柳外樓高空斷魂。杜宇聲聲不忍聞。欲黄昏,雨打梨花深閉門。”(秦少游《憶王孫》)“登山臨水送將歸,悲莫悲兮生別離。不用登臨怨落暉。”(辛棄疾《憶王孫》)“一曲新詞酒一杯,去年天氣舊亭台,夕陽西下幾時迴?無可奈何花落去,似曾相識燕歸來,小園香徑獨徘徊。”(晏殊《浣溪沙》)“霧失樓臺,月迷津渡,桃源望斷無尋處。可堪孤館閉春寒,杜鵑聲裏斜陽暮。”(秦少游《踏莎行》)“東籬把酒黄昏後,有暗香盈袖。莫道不消魂,簾卷西風,人比黄花瘦。”(李清照《醉花陰》)“我報路長嗟日暮,學詩漫有驚人句。”(李清照《漁家傲》)“梧桐更兼細雨,到黄昏、點點滴滴。這次第,怎一個愁字了得。”(李清照《聲聲慢》)魏夫人《菩薩蠻》寫離人未歸有句:“溪山掩映斜陽裏,樓臺影動鴛鴦起。”陸游《卜算子》狀梅花:“已是黄昏獨自愁,更著風和雨。”歐陽修《畫堂春》寫“無限思量”有句云:“東風吹柳日初長,雨餘芳草斜陽。”周紫芝《朝中措》上闋道離情:“黄昏樓閣亂栖鴉,天末淡雲霞。風裏一池楊柳,月邊滿樹梨花。”牽涉亂鴉,又如僧仲殊《柳梢青》下片:“行人一棹天涯,酒醒處,殘陽亂鴉。”又如吴文英《夜行船》上半:“鴉帶斜陽歸遠樹,無人聽、數聲鐘暮。日與愁長,心灰香斷,月冷竹房扃戶。”又如陳亮《虞美人》賦春愁結末:“黃昏庭院柳啼鴉,記得那人和月折梨花。”元人馬致遠《天淨沙》散曲寫秋思,亦以夕陽、古道、昏鴉相聯屬:“枯藤老樹昏鴉,小橋流水人家,古道西風瘦馬。夕陽西下,斷腸人在天涯。”晏殊《踏莎行》寫春思結句:“一場愁夢酒醒時,斜陽卻照深深院。”柳永《少年游》上半:“長安古道馬遲遲,高柳亂蟬嘶。夕陽島外,秋風原上,目斷四天垂。”張舜民《賣花聲》下半:“醉袖撫危欄,天淡雲閑。何人此路得生還?回首夕陽紅盡處,應是長安。”……古代詩文寫到送別,似乎總要安排在“夕陽古道”這樣特定的時空裏。這類千篇一律的情境設置,也許合乎人類某種心理情感活動規律?夫一人之身,當景薄桑榆之際,觸緒紛來,亦無非惆悵悔恨而已。所謂“夕陽無限好,只是近黃昏”者是。“千嶂裏,長煙落日孤城閉。”(范仲淹《漁家傲》)日暮途窮,縱然壯懷,也只能是一倍增其悲涼耳。[1]

補說:

進入大數據人工智能時代,有一種“複製”學說[2]開始受到注意。這裏順便附録一節主要理論觀點,以便於讀者節省些微時間。

模仿與謎米——當你模仿別人時,必然有某種東西從別人身上傳遞到你身上,而後,它又會從你身上傳遞到另一個人身上,又從另一個人身上再傳遞到另一個人身上,從而獲得它自己的生命。這種在不同的人之間相互傳遞的東西,可以是一個觀念、一個教誨、一個行爲、一條消息,如此等等,不一而足。假若我們要對這種東西加以研究,那麽,我們就需要

---

〔1〕 甲骨卜辭“莫”是作爲暮的初文出現的,殷商出土銘文,墓字也用莫來表示。從文獻用字和語音關聯來看,莫、暮、墓、歿、没、末等字群,古音均屬明母字,而且都是入聲韻;在意義指向上也有共同之點:暮(莫)爲白晝時間的終結,歿(没)爲事物動態的終結,末是物體空間的終結,墓則是人生的最終歸宿。

〔2〕 The Meme Machine;理查德・道金斯爲蘇珊・布萊克摩爾所著《謎米機器》所作序言;《牛津英語詞典》將“謎米”一詞加以收録,並作如下解釋:meme:An element of culture that may be considered to bepassed on by non-geneticmeans, esp. imitation./謎米:文化的基本單位,通過非遺傳的方式、特別是模仿而得到傳遞。

首先給它起一個名字。所幸的是,這個名字已經被起好了,那就是"謎米"(the "meme")。

這樣看來,當你模仿別人時,你從別人身上所學到的每一樣東西,各自都無非一個謎米。這裏,我們必須要弄清楚的是,"模仿(imitation)"一詞的確切含義究竟是什麼,因爲我們關於謎米學(memetics)的全部理解,都奠基於這個詞的含義之上。道金斯指出,謎米是"通過一個過程而從一個人的頭腦跳入另一個人的頭腦之中的。這個過程,廣義而言,可以被稱爲模仿"(Dawkins, 1976, P.192)。

任何事物,只要它以這種方式從一個人身上傳遞到另一個人身上,那它就是一個謎米。這種意義上的謎米,既包括你所掌握的全部詞彙、你所知道的每一件事、你從別人那裏學會的全部技能和習慣、你所喜愛的各種遊戲,也包括你所會唱的每一首歌以及你所遵守的各種規則,如此等等,不一而足。

如果我們要採用謎米學的觀點來思考問題,那麼我們就必須在思想上跨出一大步,就像生物學家們在接納自私基因的觀點時所做的那樣。從謎米學的觀點來看,我們的各種觀念並不是我們自己的創造物,它們的存在也不是爲我們的目的服務的,相反,我們必須將我們的觀念理解爲自主且自私的謎米,它們的一切活動,都是旨在自身的被拷貝、被複製。由於我們人類擁有模仿能力,所以,我們實際上變成了謎米的軀體化的"寄主":它們正是借用我們的軀體而得以傳播的。從謎米的觀點來看,世界就是如此。

謎米學以一個再簡潔不過的理論機制爲出發點,這個機制就是:謎米之間相互競爭,以占有人們的頭腦並由此傳播開來。

第七章語言的起源:我們說這麼多的話,既不是爲了我們自身的利益或使我們感到幸福——雖然說話有時確實也使我們感到幸福,也不是爲了我們的基因的利益。我們之所以要說這麼多的話,那只是我們擁有一個能夠模仿說話的大腦這個事實的一個不可避免的自然的結果。

第八章謎米—基因的共同進化:一旦模仿能力進化出來,並因而謎米開始出現,那麼,謎米便改變了基因在其中接受選擇的環境,進而迫使基因產生出越來越好的、用以傳播謎米的器官結構。換句話說，人類的語言能力是受到謎米的驅動而產生並發展的，而且，語言的功能在於傳播謎米。

附圖版：

《郭店楚墓竹簡》老子乙種本 9 號簡文:“下士昏(聞)道,大芺之。”

《〈管錐編〉句樣論》,最初發表於《學術月刊》1992 年第 10 期;後經補改,以《句樣札迻》爲題,刊載於《北方論叢》2001 年第 1 期。收入本集,再作增補。

套語與變體

——以隋唐石刻結構爲例[1]

石刻是套語淵藪,堆垛典故最爲典型的語料。以下所分析,就是句式、詞組及詞語結構等單位用例。

(一)"××,禮也"及其變體

石刻墓誌序文一般都具有交代殯葬儀式關鍵段落,通常表述爲"××,禮也"。例如:

唐天寶十五年《趙留四墓誌》(《新中國·河南壹》第7頁):"即以度載二月乙酉朔十二日景申,遷厝於鄴郡西二十五里白鹿村東南二里祖墳塋域之內平原,禮也。"唐開元十九年《李景陽墓誌》(《匯編》第23冊第44頁):"遷葬於洛陽縣北邙之原,禮也。刊青礎永固玄堂,銘曰:倬含章,登造士。翩就列,班祝史。司罽罹,官以理。遘災妨生忽已喪,賢哲痛夫子。

〔1〕 本文所用石刻材料,主要爲:北京圖書館金石組編選《北京圖書館藏石刻拓本匯編》(101冊),中州古籍出版社1988年;《西安碑林》者,即高峽主編《西安碑林全集》及附録《陝西碑石菁華》,廣東經濟出版社1999年綫裝;《新中國出土墓誌》,文物出版社1994年—2004年。下皆簡稱《匯編》《西安碑林》《新中國》。

開元十九年歲次辛未二月庚辰朔十七日景申，葬於北邙原平陰鄉之禮也。"唐大和九年《賈温墓誌銘有序》(《新中國·陝西貳》第 231 頁)："至九年二月十五日，歸葬于本縣龍首原之塋，禮也。"唐開成三年《王志用墓誌銘并序》(《新中國·陝西貳》第 239 頁)："以開成三年正月二十六日，葬于萬年縣青龍原，禮也。"這類格式，隋唐五代石刻語料庫可以查詢到大約 1921 條記録。

其中"××，禮也"，功能與下列用例相當，或可轉換爲下列結構：

唐開元十九年《胡君妻楊無量壽墓誌》(《匯編》第 23 冊第 52 頁)："以開元十九年六月六日，薨於鼎邑殖業里私第也，春秋六十有五。即以其年月十九日葬於洛陽縣清風鄉北邙山之原。二氏各男，絶漿泣血，卜遠申議，別建封塋，拜饗之儀，具得其禮。"得其禮，即合乎有關古禮。

唐開元二十六年《何府君墓誌銘并序》(《匯編》第 24 冊第 60 頁)："四月十一日，安厝北邙之原，從儉約也。"唐長慶三年《李贍墓誌銘并序》(《新中國·陝西貳》第 222 頁)："即以長慶三年正月五日，歸葬於京兆府萬年縣義豐鄉灞陵原，合祔於蕭氏夫人之墓，從素意也。"唐咸通九年《魏府君墓誌銘并序》(《新中國·陝西貳》第 296 頁)："以咸通九年正月十一日，安厝于京兆府長安縣龍首鄉田門村，祔先塋，式遵周之禮制也。"唐開元二十九年《張守珍墓誌銘并序》(《匯編》第 24 冊第 132 頁)："以開元廿九年歲次辛巳二月癸丑朔廿日壬申返葬于東京邙山之陽，不忘本也。"唐開元二十九年《趙瓊琰墓誌銘并序》(《匯編》第 24 冊第 138 頁)："即以廿九年春三月改卜遷祔。異啓塋域於梓澤西原，從古禮也。"唐天寶四年《王元墓誌銘并序》(《匯編》第 25 冊第 74 頁)："粤天寶四載歲次乙酉二月己丑朔十四日壬寅，合窆於河南府河南縣平樂鄉邙山之北原，崇吉兆也。"唐天寶四年《張沘墓誌銘并序》(《匯編》第 25 冊第 99 頁)："以天寶四載十一月十九日，舉先代奉寧神於平陰之南原，成遺志也。啓舅姑之雙殯，收絶嗣之兩喪。楊氏幽魂，合祔於公，從周禮也。"唐天寶九載《李華墓誌銘并序》(《匯編》第 26 冊第 37 頁)："厥十二月朔有七日，葬于洛陽清風之南原，成遺志也。"唐大曆三年《李公墓誌銘并序》(《匯編》第 27 冊第72頁):"夫人太原郡君温氏,以大曆三年十一月廿日,同窆于洛陽之北原,從兆順也。"

對照可知,"××,禮也",其中後半段檃括了動賓短語結構功能,即"禮也",差不多與"合乎古禮"相當。按這種格式,來源相當古老。出土楚簡,如《上海博物館藏戰國楚竹書》"孔子詩論"部分:

第二簡"訟坪悳也",可句讀爲"訟,坪悳也";語義理解爲"《頌》就是辯德的"。第五簡"清廟頌王悳也",可句讀爲"《清廟》,頌王悳也"。第九簡"天保丌得彔蔑畺矣巽寡悳古也",可句讀爲"《天保》……,巽寡悳古也";該簡的二句可釋讀爲:"《天保》(其得福無疆),是由於具食精潔、合乎古禮。"〔1〕

可見這類有關古禮儀式結構來源之古。但大概到後來這類格式去古已遠,本意難曉,於是很多場合出現如下的"變體":唐咸通三年《唐故集州衙推狄玄愬墓誌并序》(《新中國·陝西貳》第280頁):"即以其年八月十日,葬於古城村白鹿原,之禮也。"這類"變體"格式,隋唐五代石刻語料庫可查詢到140餘條記録。其實,"變體"仍然存古。如唐元和三年《吴江墓誌》(《新中國·河南壹》第216頁):"是遵遠卜,克用元和三年十一月七日,合祔于河陽縣太平鄉逯永村北大原,之禮也。"釋讀者或不再句讀,作"合祔于河陽縣太平鄉逯永村北大原之禮也",或以爲刻寫之誤,恐有失於簡單。"之禮也",或即判斷陳述句標誌,之,指代,其功能猶《書》之"時"、《莊》之"之二蟲"之類。然則,結構中"禮也",作陳述判斷,尤須作詞組解會。

(二)"大啓××"結構

唐上元二年《虢莊王李鳳墓誌銘并序》(《新中國·陝西貳》第50

〔1〕 臧克和《中國現存最早的詩學批評文獻及範型——〈上海博物館藏戰國楚竹書〉中的"詩論"文字》,《學術研究》2003年第9期。

頁）:“建旟作牧，雖高前典；析珪胙土，未允舊章。宜崇寵命，大啓邦國。可改封虢王，食邑如故。”“皇帝若曰：於戲，咨尔鳳。岐嶷幼彰，器識方茂。大啓藩服，朝典攸宜。是用命尔爲豳王，食邑一萬戶。受茲黑土，苴以白茅，往欽哉。”

其“大啓××”結構，早見於周代器物銘文《逨盤》等。[1]《逨盤》銘文有“嚴才（在）上，翼才（在）下”的表述，王輝釋爲“先祖威嚴在上恭敬在下”。翼字原拓作廙，此從王輝所釋。

“×在上，×在下”是銘文中常見格式，只是有的個別成分發生替換，另外大量的用例只是出現前半部分即“×在上”，形成“變體”。連變體在內，銘文共使用頻率占接近 20 處。例如：《胡簋》（異名）：“畯才立，乍疐才下。”舊釋“長久占據王位，成爲國家天下的棟梁”。《虢叔旅鐘》：“皇考嚴才（在）上，異（翼）才（在）下。”《番生簋蓋》：“嚴才（在）上，廣啓氒孫子于下。”對照起來，“在”字在上述結構中，還沒有完全虛化到相當於介詞“於”之類的功能。《逨盤》銘文中的“嚴”字理解是比較關鍵的，而且這個字的使用和理解也一直存在一些問題。《逨盤》中的“嚴”字的隸定，對照《說文・吅部》“嚴”字下所出的古文可以取得對應；對照有關器物銘文，也可以取得對應。參考（《士父鐘》）（《虢弔鐘》）（《井人妄鐘》）（《秦公簋》）（《多友鼎》）等。關於該字形的理解，其實並沒有“破字”之必要。《說文・吅部》解釋“嚴”爲“教命急也”。《逨盤》“嚴才（在）上，翼才（在）下”，是講“前文人”陟於上天，則發佈教命，令人敬畏；降於下土，則表現爲翼保，給予保護。敬天保民，這兩邊都是讓地上活著的人所感覺得到的。同樣，上列其他銘文的有關結構，如“（畯）才（在）立（位），乍（作）疐才（在）下”，直解就是說“居王位，行使管理；在天下，打下基礎”，也是兩邊兼到。如“嚴才（在）上，廣啓氒孫子于下”，直接的解釋就是：“在天上，發佈教命；在地下，大開其子孫。”

---

[1] 臧克和《金文雜考》，《古文字研究》第 25 輯，中華書局 2004 年。

（三）“金聲玉振”匡格及變體

按“金聲玉振”爲上古音樂演奏結構術語，見《孟子·萬章下》：“集大成也者，金聲而玉振之也。金聲也者，始條理也；玉振之也者，終條理也。始條理者，智之事也；終條理者，聖之事也。”編鐘奏樂，以鐘發聲，以磬收韻，表示奏樂從始至終。“金聲玉質”爲“金聲玉振”變體。隋大業十二年《李元墓誌》（《匯編》第10冊第142頁）：“金箱玉質，暎後光前。”其中，箱即“相”字之通用，狀儀表本質。如唐龍朔二年《太妃王氏墓誌銘并序》（《新中國·陝西貳》第35頁）：“鉛華玉潤，璲飾金相。心諧婉淑，性蘊矜莊。”金相，有待裝飾，狀外觀物色。

至於“金聲玉質”類，則狀音質屬性。唐開元二十年《尹善幹墓誌》（《匯編》第23冊第70頁）：“蘭薰雪映，金聲玉質，情深孝友，性敦閑逸。”唐開元三年《盧調墓誌》（《匯編》第21冊第44頁）：“克生令胤，金箱玉振。”

金聲玉振，訴諸聽覺；金相玉質，訴諸視覺。“金聲玉質”或“金箱玉振”，實爲“金聲玉振”與“金相玉質”二者雜糅爲一。猶言名實相宣，表裏俱美者。視“金聲玉振”單純訴諸外在影響者，可謂一字之差，而邈若河漢。“金聲玉質”成詞使用，見諸文獻者，似以唐人石刻爲最早，語文工具書待録。以下爲匡格變體：

其一動玉鳴金。隋大業六年《楊秀墓誌》（《匯編》第10冊第38頁）：“自飛雀降祥，見五侯於始葉；遊魚呈瑞，表三公於上年。並動玉鳴金，垂青曳紫。”

其二玉響金聲。唐貞觀二年《郭通墓誌》（《匯編》第11冊第17頁）：“履仁蹈義，夙穆於閨閫；玉響金聲，鏗鏘於遠邇。落落焉，汪汪焉，不可量也。”

其三金聲玉質。唐貞觀廿年《大唐前齊府功曹叅軍尹貞墓誌》（《匯編》第11冊第144頁）：“蘭薰雪映，金聲玉質。”

其四玉潤金聲。唐貞觀八年《大唐故田夫人墓誌并序》(《匯編》第 11 冊第 57 頁):"誕生淑媛,玉潤金聲。端莊外朗,温肅内成。"

其五玉潤金箱。唐貞觀廿三年《張雲墓詩銘并序》(《匯編》第 11 冊第 191 頁):"玉潤金箱,松貞風勁。随時舒卷,優遊得性。"描狀物色外觀屬性,即唐龍朔二年《太妃王氏墓誌銘并序》(《新中國·陝西貳》第 35 頁)"鉛華玉潤,璲飾金相。心諧婉淑,性藴矜莊"之糅合爲用。

(四)"秋水共長天一色,落霞與孤鶩齊飛"句樣及變體

隋開皇八年《淳于儉墓誌》(《匯編》第 9 冊第 47 頁):"瓊根与九泉争遠,蘭條共四方競振。"隋大業十一年《唐該妻蘇洪姿墓誌》(《匯編》第 10 冊第 121 頁):"若乃高風盛業,長源遠系。本枝將四照争榮,餘潤與雙流共遠。"隋大業十一年《尉富娘墓誌》(《匯編》第 10 冊第 131 頁):"洪源與積石争流,歷柰與鄧林俱茂。"隋大業十一年《曹海凝墓誌》(《匯編》第 10 冊第 129 頁):"長風與翠栢而俱吟,孤嶺將斷雲而共結。"隋大業六年《姬威墓誌》(《匯編》第 10 冊第 35 頁):"崇基與削成竝峻,清瀾隨委壑俱遠。"隋大業七年《劉則墓誌》(《匯編》第 10 冊第 48 頁):"懷珠藴玉,夜光與連璧争暉;駈轂楊鞭,流水共桃花俱遠。"隋大業十二年《宋永貴墓誌》(《匯編》第 10 冊第 160 頁):"洪源括地,與懸米争深;高峯極天,共雲邱比峻。"[1]

唐貞觀八年《□孝敏墓誌銘并序》(《匯編》第 11 冊第 59 頁):"化共春雲等潤,鑒與秋月齊明。"唐龍朔三年《魏郎仁墓誌銘并序》(《匯編》第 14 冊第 68 頁):"神彩與巖雷争飛,高情共松風競遠。雅性超簡,俊節不羈,候風月以追遊,極琴罇而澹慮。"唐乾封元年《張君妻梁氏墓

〔1〕"懸米",《王子安集》卷十"幼俊八"條:"論曰:夫濫觴懸米、翻浮天動地之源,寸株尺蘖、擢捎雲蔽景之幹。豈非積微成大,陟遐自邇?"

誌》(《匯編》第 15 冊第 15 頁):"濛谷韜輝,夕露与秋波共落;若枝凋景,寒雲將暮葉同飛。"

唐文明元年《西州司馬吴信碑》[1]:"何期魂沉岱嶺,桂質與芳号俱銷;魄歿乾城,盛德共嘉聲歇滅。"唐乾封二年《張爽墓誌》(《匯編》第 15 冊第 23 頁):"清辭共金石同響,草隸与松筠等茂。"

唐貞觀廿年《張忠墓誌》(《匯編》第 11 冊第 150 頁):"肅穆將松風共高,優柔與洞簫齊韻。"唐貞觀廿年《王才墓誌》(《匯編》第 11 冊第 157 頁):"風儀與秋月齊明,音徽共春雲並潤。"唐貞觀廿二年《張通墓誌》(《匯編》第 11 冊第 175 頁):"嚴威與秋霜競潔,神武與夏日争輝。"其組合方式,胥爲虛實相間。

唐聖曆元年《李君莫高窟修慈悲佛龕碑并序》(《匯編》第 18 冊第 131 頁):"慈雲共舜雲交映,悲日與堯日分暉。"狀物色而融人情,套匡格而出新意。唐聖曆二年《王慶祚墓誌銘并序》(《匯編》第 18 冊第 149 頁):"詞峰將夏雲俱峻,辯論与秋天共高。"景物侔色揣稱,融入文情才調。

唐開元八年《周利貞墓誌》(《匯編》第 21 冊第 135 頁):"音儀瑩朗,與秋月而齊明;雅[韻]冲和,等春雲之起潤。"唐開元二十四年《大唐故大智禪師塔銘》(《匯編》第 24 冊第 12 頁):"鄭大父子胤、烈考解脱,並丘園養德,隱居不仕。禪師體不生之□神,綢無染之絶韻。爰在悼齔,遊不狎羣。遂更童長,身無擇行。峻節比夫嵩華,雅量方於溟渤。初好《老》《莊》《書》《易》之説,亟歷淇澳漳滏之間,以悲度門,一皆謝絶。齒邁三十,適預緇流。慧音共芝若同芬,戒相與蓮花比潔。大通之在荊南也,慈導風行,聲如鼓鍾,應同鳴鶴。乃裹粮脩謁,偏袒請命,逮得法要,式是勵精。浹辰之間,豁然大悟,三摩隨入,順忍現前,大通印可,密弘付囑。自是多歷名山,普雨甘露。"

---

[1] 王其禕、周曉薇《澄城新見唐文明元年西州司馬吴信碑考略》,《考古與文物》2009 年第 6 期,第 49—55 頁。

（五）隋唐“四美、二難”結構轉换

隋大業七年《隋故豫章郡掾田德元墓誌》(《匯編》第10册第55頁)：“坐有嘉賔，門多好事。良晨美景，命醁酒而開筵；勝地名遊，賦清篇而自得。莫不辟高金谷，趣極蘭亭。”前二句爲總，後兩聯爲分。是“好事”類凡六：良晨、美景、勝地、名遊、宴飲、賦篇。其中前四者爲實體，後二者係穿插四者之間爲作用。唐王勃《滕王閣詩序》：“遥吟俯暢，逸興遄飛。爽籟發而清風生，纖歌凝而白雲遏。睢園緑竹，氣淩彭澤之樽；鄴水朱華，光照臨川之筆。四美具，二難並。”其所賦内容亦不出隋人四體二用“六類”範圍，是初唐直接化用類型。

唐人或以“四美”稱女性之“四德”：唐大曆十一年《吴公妻獨孤氏墓誌銘并序》(《新中國·陝西貳》第154頁)：“夫人少婉娩，長柔順。加之以明敏慈惠，以初笄之歲而歸吴氏。以克諧婦德，周旋母儀，而家道生矣。然後振四美以修内，體三從以飾外，内外備而人□盡矣。”四美、三從並舉。

唐人或以“四難”概括世家才德：唐天寶九載《盧府君墓誌銘》(《匯編》第26册第18頁)：“族茂地高，才富德碩。四者難並，代罕其人。一以貫之，見於府君矣。府君諱復，字子休。錫土燕趙，受氏範陽。”二難變而爲四：族茂、地高、才富、德碩。

唐龍朔元年《王長墓誌》(《匯編》第14册第7頁)：“因斯遂性，性希微尚，息榮華於一指，遣我物於二難。於是負杖清渠，瑩心鏡於冰沼；行吟緑野，寄情地於松端。琴揮延壽之歌，賦寫行天之樂。”

“二難”之數，早見於南北朝石刻用例。北齊天保二年《竇泰墓誌》(《匯編》第7册第46頁)：“及幼主君臨，問對爲重；新邦肇建，糾察增隆。二難之道，匹此爲易。”尚指難事有二：幼主君臨，新邦肇建。[1]

---

〔1〕 後世關於四美、二難理解歧出紛如。像有的語文課本選《滕王閣詩序》，關於“四美具，二難並”之“四美”，注釋爲“良辰、美景、賞心、樂事”；關於“二難”，則注釋爲“賢主、嘉賓”。《教師教學用書》於“四美具，二難並”白話參考是“良辰、美景、賞心、樂事，四美都有，賢主、嘉賓，難得卻得”。

（六）“擔揭”變體爲“負揭”

唐顯慶二年《虢國公張士貴墓誌銘》（《新中國・陝西壹》第43頁）：“含百練而凝質，絶千里而馳光。揭日月而傍照，懷風雲而上聳。”唐開元六年《大子少保豫州刺史越王李貞墓誌銘》（《新中國・陝西壹》第106頁）：“横風雲而落落，揭日月而昭昭。”按《莊子・達生》：“今汝飾知以驚愚，修身以明汙，昭昭乎若揭日月而行也。”成玄英疏：“猶如擔揭日月而行於世也。”又，負、揭並列成詞，見於六朝。

唐神龍二年《大唐故雍王（李賢）墓誌銘》（《新中國・陝西壹》第99頁）：“出入雲霄，負揭日月。”揭、竭用之通，《説文・立部》：“竭，負舉也。从立曷聲。”唐抄《萬象名義・立部》：“竭，渠烈反。擔也。竭也。敗也。盡也。負也。戴也。舉也。”是負、揭並列結構，揭爲承舉，合謂擔負、擔舉。“負揭”，狀氣勢，爲南北朝隋唐固定結構。南朝梁代沈約《齊武帝謚議》：“初九勿用，英氣淩雲。負揭日月，仰揚霄漢。”猶言擔舉日月。

（七）抱薪救火

蘇洵《六國論》爲一篇史論翻案佳作，其謂六國割地賂秦得失：“古人云：以地事秦，猶抱薪救火，薪不盡，火不滅。此言得之。”按老泉所論，自有所從。世間偏有無事生非者，小知戔戔即喜不自勝，也出來做翻案文字。以爲“抱薪救火”矛盾，應改字作“抛薪救火”，或謂將柴薪抛開，薪盡而火不傳。且不論“翻案”者不能耐心讀完上下文，瞭解蘇文全體大用，著眼於六國策略上背道而馳的失誤；只是自己爲“一薪”所障目，專注於怎樣才能有效對付祝融技術上面。復不顧“抱薪救火”及其變體，早就成爲固定結構，猶如框格一律。下面就是常見的用例。

《韓非子・有度》：“其國亂弱矣，又皆釋國法而私其外，則是負薪而救火也，亂弱甚矣。”《史記・魏世家》：“譬猶抱薪救火，薪不盡，火不滅。”“抱負”古音爲雙聲結構,功能一揆。明代羅貫中《三國演義》第四十三回:“若聽諸葛亮之言,妄動甲兵,此所謂負薪救火也。”抱、抛之間,還可說存在讀音上的關聯,到了明代《三國演義》,負、抛之間,當不存在這種關聯可能。[1]

設喻取譬,夫薪與火皆喻體,二者原不存在衝突性結構關係,即便薪盡,亦無礙火傳。蘇文這裏所設結構關係,是以火喻暴秦之欲,以抱薪比況六國割地:如此而已。果係讀書人,還是多讀書,少妄作;即欲爲人(嘩其衆),亦當先爲己(得心安)。或即如《論語》所道:“多聞闕疑,慎言其餘,則寡悔。”庶乎其可矣。

上世紀九十年代初,我曾發表過關於“句樣”考索長文,專題討論過“句樣”屬性:

> 句様的一個重要特徵就在於:任何一個句様都具有表層結構和深層結構,句様的表層結構是指作者創辟出來的新的言語形式,深層結構是指業已爲新的言語形式所取代、並未在作者的上下文出現的那種日常語言的習慣性結構形式;前者用語言學的説法可以稱爲“言語變體”,後者可以叫做“語言常體”。[2]

石刻語料多套語,套語具有深層結構和表層結構語言屬性,前者可稱爲結構常體,後者相應稱爲結構變體。充分照顧石刻語料屬性,考察各類石刻結構單位,俾凝固的語料結構,以實現動態的考索。石刻語料,大率結構凝固,十九套語。視“句様”作用,正復一揆。

本文發表於《中國文字研究》第19輯,上海書店出版社2014年。收入本集,又作了若干修補。

---

〔1〕 又,《三國演義》第六十二回,劉備索要劉璋發精兵三、四萬,行糧十萬斛相助。劉璋問楊懷,楊懷曰:“如若相助,是把薪救火也。”原夫“救火”“救病”之救,作用相當於“止”也。

〔2〕 臧克和《〈管錐編〉句様論》,《學術月刊》1992年第10期;《句様札迻》,《北方論叢》2001年第1期。

出土文獻中的“竹木金石前盟”

（一）石刻“僚寀”“俊民”與唐人“俊采星馳”語

隋大業十年《張軻墓誌》（《匯編》第10册第110頁）：“梁明帝以緑車承歷，赤伏膺符，竝連懿親用隆。蕃屏傍求，僚采妙盡時才，召君爲安平王屬。”唐貞觀十八年《王懷文墓誌》（《匯編》第11册第119頁）：“妙選寮采，君以才幹優敏，兼職兩司，官效克宣，有光時譽。”所選“僚采”即“寮寀”，皆指所選拔官員。寀從采聲，石刻采、寀通用。隋大業十一年《陳叔明墓誌》（《匯編》第10册116頁）：“東陵廢侯，空想種衣之地；南冠縶者，徒操懷土之音。曹志亡國之餘，特降收采；張錫歸朝已後，方蒙召見。”謂采地，本字亦應作寀地。唐永貞元年《李肅墓誌》（《匯編》第29册第10頁）：“丗襲茅土，族莫與京。爰從增封，代居東州，濬流長遠，采地存矣。”則使用採地字。唐神龍元年《甯思真墓誌》（《匯編》第20册第16頁）：“原夫開家令氏，帝顓頊之風猷；食采分茅，姜子牙之茂族。”食采謂所享用之封邑，本爲“食寀”。

唐景龍三年《東良墓誌》（《匯編》第20册75頁）：“白日易辞，黄泉難挹。人生實難，孰不悲痛。故人撫膺，僚寀悽慟。”故人、僚寀對舉，謂同僚。唐貞觀十九年《何相墓誌》(《匯編》第 11 冊 134 頁):“風催寒餤,霜落春榮。列蕃揮涕,寮宷傷情。”列蕃、寮宷並列,則地位相當。唐總章三年《英國公李績墓誌銘并序》(《新中國·陝西壹》第 67 頁):“自平臺肇建,望菀初開,佫引英奇,以光僚宷。”隋唐石刻語料庫統計,得到數十次“宷”“寮宷”字詞使用記録。

僚宷、俊民對文,傳世文獻見北朝魏陽衒之《洛陽伽藍記》法雲寺:“僚宷成群,俊民滿席。”周祖謨校釋:“宷,即官屬也,音采。”“俊民者,才德優秀之士。”[1]敦煌抄本《正名要録》以“宷彩”成組,上字以爲“古而典”,下字以爲“今而要”。[2]

隋唐所習見慣用“僚宷(采)”結構,殆即王勃《滕王閣序》“雄州霧列,俊采星馳”之所本。俊采,即俊宷也,謂傑出之官僚,官僚即官寮,與上句“雄州”即重要之州國構成對文。[3]

又,唐開元二十一年《裴同墓誌》(《匯編》第 23 冊第 113 頁):“時自士將庶,緬迩逮遐,莫不霧委星馳,雷慟雪泣矣。”霧委,聚集。星馳,如流星飛奔。王勃《滕王閣序》“俊采星馳”,實爲唐時習用匡格。南朝梁代周興嗣《千字文》“升階納陛,弁轉疑星”,描寫宮廷官吏筵宴盛況,石刻隋代智永有傳刻。

---

〔1〕 楊衒之著、周祖謨校釋《洛陽伽藍記》“冲覺寺”條,科學出版社 1958 年,卷四第 73 頁。

〔2〕 張涌泉主編《敦煌經部文獻合集·小學類字書之屬》,中華書局 2008 年,第 3829 頁。

〔3〕 《古文觀止》某些注本,關於王勃此文“俊采”注釋,皆不得其朔。蓋“星馳”者流,亦爲當時習用語,參見“星馳”條。有的教材提供注釋爲:“有才能的人士如流星一般奔馳驅走。俊采,指有才華的人。”人民教育出版社(北京)所出版從小學到中學《語文》基礎教材,於常識之處每多含糊游移,不能腳踏實地,或作蛇足之添爲“正確的廢話”。像這裏(必修五)提到的釋作:“傑出的人才像星星一樣。形容人才之多。俊采,指人才。星馳,衆星是運行著的,所以說‘馳’。”官寮,字形皆從宀,初指向官署機構,後用於官署機構之人員。羅貫中《三國演義》第三十五回蔡瑁答趙雲責問:“九郡四十二州縣官僚俱在此,吾爲上將,豈可不防護?”人民文學出版社 1973 年,第 294 頁。

（二）“教先”並列結構與《嶽麓書院藏秦簡·占夢書》“亟令夢先”《敦煌漢簡釋文》“表教奉先”及其他

唐開元廿四年《御製令長新誡》(《匯編》第24册第1頁)[1]:“我求令長,保乂下人。人之不安,必有所因。侵漁浸廣,賦役不均。使夫離散,莫保其身。徵諸善理,寄尔良臣。與之革故,政在惟新。調風變俗,背僞歸真。教先爲富,惠恤於貧。無大無小,以躬以親。青旌勸農,其惟在勤;墨綬行令,孰不攸遵。曷云被之,我澤如春。”

按“教先”並列結構,猶言教導。“教先爲富,惠恤於貧”,是說對富者教育引導,於貧困者恩惠體恤。爲、於,功能當對,皆介詞,介進對象。爲,猶晉陶潛《桃花源記》“此中人語云:不足爲外人道也”之“爲”。

先說“先”。《説文·叙》:“周禮八歲入小學,保氏教國子,先以六書。”其中“先以六書”者,拿文字基本構造方式、文字使用和文字書寫内容加以認知引導。《漢書·藝文志》:“古者八歲入小學,故《周官》保氏掌養國子,教之六書,謂象形、象事、象意、象聲、轉注、假借,造字之本也。”《藝文志》所表述内容差不多,而對應爲“教之六書”。蓋周官所教授時代,通行字體尚多大篆,象形意味尚完,内容屬性既如此,對象又如彼,故養國子教六書,就是適當的。《尚書·盤庚上》:“乃既先惡於民,乃奉其恫,汝悔身何及。”孫星衍疏:“既導民以惡,乃自承其禍,痛悔之無及矣。”可見商代文獻已有以“先”爲“教”的用法。

《嶽麓書院藏秦簡·占夢書》部分,見該本第39頁—第44頁。其中第1525號:“……之時,亟令夢先,春曰發時,夏曰陽,秋曰閉,冬曰藏。占夢之道,必順四時而豫。”清代趙翼《廿二史札記》卷三:“古時先生二字,或稱先,或稱生。《史記·鼂錯列傳》:錯初學於張恢先所。《漢書》則云,

[1] 原拓見後附圖版1。

初學於張恢生所。一稱先,一稱生。顔注云皆先生也。”夢先,占夢先生。整理者無説。又見“簡牘餘話”類。《敦煌漢簡釋文》第 1448 號簡:“制詔皇太子: 善禺百姓,賦斂以理。存賢近聖,必聚諝士。表教奉先,自致天子。”其中“表教奉先”爲並列結構,表奉、教先,地位相當,語義就是表奉教育,即尊崇教育。爲漢代出土類同時用例。[1]

“六書”並非單純文字結構類型。[2] 動詞後面使用“以”作爲介詞介入的短語,構成所謂動補結構,是古漢語常見現象。例如《尚書・舜典》“敷奏以言,明試以功,車服以庸”“象以典刑”之類。至於“先”作爲形容詞使用,後所連“以”字即屬多餘,古文必不如此堆疊,如“先天下之憂而憂”等組合即是。故不能將《叙》所用“先”字理解爲“先後”之先、“以……爲先”之先。“先以六書”,與上句“教國子”相聯,並非強調“六書”的優先地位。唐開元八年《周利貞墓誌》(《匯編》第 21 册第 135 頁):“君所歷凡任刺史都督□□别駕一十五州,長史司馬七□。前後總廿八政。化先以德,字之以仁。臨於欲終,有遺明試。禮從於儉,服斂以時。若泰初之榮終,同玄晏之遵古。”[3] 其中“化先以德,字之以仁”,謂教化以德,養育以仁,作用實爲聯類。

“先生”成詞,或以爲即單純相對於“後生”而結緣。其實,也許還包含著“施教者”與“受教者”的對立。

自然,石刻亦有以“先”爲時間早晚之用者,如唐上元三年《姬温墓誌銘并序》(《新中國・陝西貳》第 52 頁):“周王西伯之朝,策名在早;魏帝鎮東之府,委質居先。”[4] 早、先對舉,皎然明白。

---

〔1〕 吴礽驤等校釋《敦煌漢簡釋文》,甘肅人民出版社 1991 年。

〔2〕 臧克和《説文解字新訂・前言》,中華書局 2002 年。

〔3〕《尚書・盤庚(上)》:“乃既先惡於民,乃奉其恫,汝悔身何及。”孫星衍疏:“既導民以惡,乃自承其禍,痛悔之無及矣。”《漢書・食貨志下》:“公孫弘以宰相,布被,食不重味,爲下先。”意謂爲在下者先導。

〔4〕“先”與“導”結合爲“先導”,長期搭配,浸假積久,遂致“導”字不出場,“先”亦可得一體兼備二字結合成詞之功能,亦“義位形亡實存”之例。參見臧克和《漢字單位觀念史考述・雜誌類》,學林出版社 1998 年。按“先”條,已見《再談簡牘石刻等漢語史料“先”字使用問題》。

（三）隋唐之際“巧言”與楚簡《詩》之“善諞言”

“巧言”結詞，見隋唐石刻。如隋大業十年《鄧昞墓誌》（《匯編》第10冊第112頁）：“丹墀一人，高其清譽，頻宣儿詔，百僚號曰典聲。”〔1〕

《上海博物館藏戰國楚竹書》第一冊《孔子詩論》第8號簡“十月善諀（諞）言”。編者認爲：“諀字當讀爲諞。”《說文・言部》：“諞，便巧言也。从言扁聲，《周書》曰：截截善諞言。《論語》曰：友諞佞。”表面上好聽而實際上虛僞的話。《詩經・小雅・雨無正》：“哿矣能言，巧言如流，俾躬處休。”鄭箋云：“巧，猶善也。謂以事類風切剴微之言，如水之流。”編者這裏解釋說：“孔子認爲《十月》詩中內容反映了西周官場中慣有的諞言，這種現象王公們以爲恥辱。”〔2〕

按照編者這種解釋，就成了“《十月》是善於（表達）花言巧語的”。按編者似有以今律古之嫌。《毛詩序》稱：“《十月之交》，大夫刺幽王也。”刺也就是謗，是符合該篇內容實際的。從現存該篇的文本裏，也找不到所謂“花言巧語”的內容，通篇講的都是所謂“怨刺”。

所謂善諞言，猶古詩《玉臺新咏・古詩爲焦仲卿妻作》“年始十八九，便言多令才”之“便言”，即“辯言”亦即“巧言”，亦非關貶義。至遲到隋唐時期，“巧言”也還可作褒義使用。隋代所使用“譽”字，即以“巧言”爲原型者。巧言，隋唐尚以爲美詞。如隋大業十二年《張濬墓誌》（《匯編》第10冊第153頁）：“巧言如流，其甘若薺。質自瓊華，性為愷悌。”唐開元二十七年《鄭齊閔墓誌》（匯編第24冊第96頁）：“夫人趙郡李氏，皇朝□州深澤縣令忲之女也。令儀令德，巧言巧工。”“典聲”者，其功能爲“宣詔”，其特徵爲“清譽”。從有關墓誌“令儀令德，巧言巧工”相對成文看，

---

〔1〕《漢語大字典・言部》著録“譽”字，出處援自明代《字彙補・言部》，界定字際關係爲“辯字本作譽”。

〔2〕臧克和《上博楚竹書中的“詩論”文獻及範型》，《學術研究》2003年第9期。

至少隋唐之際“巧言”語義,尚未一邊倒偏向貶義。

(四)石刻“辯才無礙”與郭店楚墓竹簡“絶智棄辯”

唐開元二年《侯莫陳大師壽塔銘》(《匯編》第21冊第23頁):“和上曰:汝已智達,辯才無礙,宜以智達為名。”是口辯之才,關聯多智。“辯言”,可作“諞言”“便言”,皆指向才智,見上出“巧言”條。從組合聯繫看,口辯通向才智;從字形構造看,耳聰指向聖明:這關係到古代認知渠道的大體分工及其地位。

隋大業十年《陳花樹墓誌》(《匯編》第10冊第105頁):“年卅一入宮,特以小心見録,非因色幸強識。多智審對,明密執玉。不趨奉酏,惟敬內宮設職,位膺司寶。”其中“多智審對,明密執玉”,夫“多智”,以“辯捷”爲特徵,殆“滑稽多智”者流裔,非智慧高卓者莫辦。《史記》卷七十一《樗里子甘茂列傳第十一》“樗里子滑稽多智,秦人號曰智囊”,《索隱》:滑,音骨,稽,音雞。鄒誕解云:滑,亂也,稽,同也。謂辯捷之人,言非若是,言是若非,謂能亂同異也。一云滑稽,酒器,可轉注吐酒不已,以言俳優之人,出口成章,詞不窮竭,如滑稽之吐酒不已也。《正義》:滑,讀爲淈,水流自出。稽,計也,言其智計宣吐,如泉流出無盡,故揚雄《酒賦》云“鴟夷滑稽,腹大如壺”是也。顔師古曰:滑稽,轉利之稱也。滑,亂也。稽,疑也,其變無留也。一説稽,考也,言其滑亂不可考較。隋人墓誌如隋大業十一年《明雲騰墓誌》(《匯編》第10冊第118頁)“幼學滑稽,遂過秤象之智”,爲風光本地,用心一揆。然則“對”即“應對”之“對”,即銘文“亂詞”,所概乎言之“宮人明敏,強識遍該”。

《郭店楚墓竹簡》的《老子》甲1號簡:“絶智棄辯,民利百倍。絶巧棄利,盜賊亡有。絶僞棄慮,民復季子(孝慈)。”2號簡文有:“爲弁(辯)不足,或命之,或呼豆(屬)。視索(素)保僕(樸),少厶(私)寡欲。江海所以爲百浴(谷)王,以其……”而傳世文本《老子道德經》卷上《還淳第十九》:"絶聖棄智,民利百倍;絶仁棄義,民復孝慈;絶巧棄利,盜賊無有。此三者,以爲文不足,故令有所屬。見素抱朴,少私寡欲。"簡文"絶智棄辯",爲並列結構,意爲棄絶才智,排斥所及,似無關聖明。楚簡異文,亦成聯類。

(五)嚴"述作"之辨:隋唐關於孔聖"述而不作"的理解

隋大業七年陳叔毅修《孔子廟碑》(《匯編》第10册第51頁):"若夫惟道惟德,或仁或義,既漸散于英華,遂崩淪于禮樂。天生大聖,是曰宣尼。雖有製作之才,而無帝王之位。膺期命世,塞厄補空。述萬代之典謨,為百王之師表。"按此碑文,"作"者,非一般創作之謂,實即制度創建之謂。若求名正言順,則屬帝王分內。是故即具製作之才,不在其位,不謀其政。至於"述"者,則謂整理祖述歷代典章制度,示人主以軌範者。蓋空文不託,虛鋒不用,客氣全退。文獻整理,功用一揆。

嚴"述作"之辨,實爲後來之事。東漢建寧二年《史晨碑》碑文就稱明昭大號宣稱孔子著《春秋》爲製作:"西狩獲麟,爲漢製作,故《孝經援神挈》曰:玄丘制命帝卯行。"銘文部分尤其明確:"血書著紀,黄玉韻應。主爲漢制,道審可行。乃作《春秋》,復演《孝經》。"是"述"尚得"製作"之稱。唐武德五年《孔子廟堂碑》(《匯編》第11册第7頁)[1]更是稱孔子"述作爰備":"探賾索隱,窮幾洞冥。述作爰備,丘墳咸紀。表正十倫,章明四始。繫績義易,書因魯史。懿此素王,邈焉高軌。"是"述作"並稱。唐貞觀六年歐陽詢奉敕書《九成宫禮泉銘》(《匯編》第11册第39頁):"以為隋氏舊宫,營於曩代,棄之則可惜,毀之則重勞。事貴因循,何必改作。於是斲彫爲樸,損之又損,去其泰甚,葺其頹壞。雜丹墀以沙礫,間粉

---

〔1〕 虞世南撰並正書。李旦篆書額題"孔子廟堂碑",此本失拓。原石已毁,武后重刻本亦毁,此拓爲宋王彥超重刻本。

壁以塗泥。玉砌接於土階,茅茨續於瓊室。仰觀壯麗,可作鑒於既往;俯察卑儉,足垂訓於後昆。此所謂至人無為,大聖不作,彼竭其力,我享其功者也。""至人無爲,大聖不作"構成對文存在。唐貞觀十六年《獨孤開遠墓誌》(《匯編》第 11 册第 105 頁):"運躔鼎覆,時逢世故。象亂乾綱,政頽王度。聖人有作,膺玆日暮。絫紐地維,預康天步。"此處"有作"主語爲"聖人",且關聯"地維""天步",即曆法天象制度。

至於"作"有專屬,見唐貞觀廿年《張忠墓誌》(《匯編》第 11 册第 150 頁):"既而愍憂啓聖,大人有作。禽飛湯網,風韻舜絃。"有作之大人,指有唐帝王。唐顯慶三年《常樂府果毅執失奉節墓誌之銘》(《新中國・陝西貳》第 30 頁):"原夫伊始,惟夏有作。馬降乾河,龜浮坤洛。錫珪祚土,幽陵是託。"作者爲夏禹。

又,稱"述"稱"不作",不等於"不作文"。唐開元八年《居德寺碑》(《匯編》第 21 册第 126 頁):"雖宏摹可大,難言蔽日之容;而小子當仁,敢惜[凌雲之筆。]述而不作,敬立言曰……"

歷代青銅器銘文大率使用"乍"字,表述"作器"功能。參見本部第八條。

(六)查字與"查牙"

唐咸亨元年《王大禮墓誌銘》(《新中國・陝西壹》第 69 頁):"陳丘婉娩,魯館閑華。風穠澮旭,煙灼舒霞。謝混推譽,王濟承家。春朝弄乙,秋夕迎查。北分畿甸,南臨荒服。風偃絳幨,雨随丹轂。左言化衽,文身變祝。驥擬絶塵,鴻將辭陸。生涯不測,靈跡悠然。女娃空化,常娥遂仙。露因寒泣,月幾秋圓。悲關瑟柱,絶似琴絃。情本不忘,憂乃興疾。海終歸水,山多謝日。越嶠流漣,吴江蕭瑟。"

按查與乙字對文,此處疑指木筏:"槎牙",或作"查牙""扠牙"。唐天寶三年《袁君墓誌并序》(《匯編》第 25 册第 55 頁):"面望長川,目杳莽而無際;後臨河水,仙查激浪而浮天。"乙、指音樂,猶唐人張祜《五弦》詩:

“徵調侵弦乙,商聲過指攏。”

唐開元二十五年《臨高寺重修□碑并序》(《匯編》第 24 冊第 36 頁)銘文第四章:“爰始結構,廣兹□宇。鐸迥風吟,□危雲聚。叢倚□立,扠牙□豎。壁露銀泥,繩交金縷。其四。”“扠牙”,與“叢倚”對文,扠牙謂分張,語轉爲“扎煞”,叢倚謂聚合。[1]

(七) 題名與登臨

後蜀廣政二十六年《張匡翊等題名》(《匯編》第 36 冊第 188 頁):“蜀廣政癸亥歲二月十日,雲安搉鹽使守右驍衛大將軍前守眉州刺史駙馬都尉張匡翊,與賓寮同届此。”石在四川雲陽,全文隸書,不外名士登高,風雅結習。題名,爲千古登臨塗鴉“到此一游”之祖。石刻首見於南北朝,北魏山石刻字《石匠于仙人題名》(《匯編》第 3 冊第 168 頁)僅刻“石匠于仙人”五字,除此之外,該時期題名主要見於“造像記”一類佛事活動。如北齊《張子昂等造像題名殘拓》(《匯編》第 5 冊第 90 頁)殘存姓名“張子昂、張阿至、張阿妃、張噉鬼、張惡奴、張羅侯”等,凡 10 餘處。

至於隋唐五代石刻,題名趨於廣泛,語料庫存 128 條記録,其中造像記僅占 18 條。[2]

(八) 隋唐“不兢”與戰國楚簡《詩》“乍競隹人”

隋大業十一年《趙君墓誌》(《匯編》第 11 冊第 178 頁):“素味清虚,

〔1〕 方言詞而非本字,或作“扠煞”,或作“奓沙”。唐封演《封氏聞見記·查談》:“近代流俗,呼丈夫婦人縱放不拘禮度者爲查。”山東諸城方言形容舉止乖張,或曰“扠煞舞張”,按“扠煞”,煞爲詞尾;“舞張”,或即“張牙舞爪”之“舞爪”語轉。

〔2〕 《漢語大詞典》“題名”條:古人爲紀念科場登録、旅遊行程等,在石碑或壁柱上題記姓名。唐張籍《送遠曲》:“願君到處自題名,他日知君從此去。”見後附圖版 3。

忘懷寵利。銷聲偶俗,晦□□□。每激浮華,志排貪競。或□卷□林之下,或賦詩芳逕之中。左琴右書,優遊卒歲。"唐天寶六載《源光乘墓誌銘并序》(《匯編》第25冊第123頁):"貞固保其中,謙和見於外。體仁蹈道,無競一時。"唐天寶十載《大唐故高道不仕清河房府君墓誌銘并序》(《匯編》第26冊第47頁):"廉潔任真,與物無競。"唐天寶十四載《丘府君夫人彭城劉氏(至柔)墓誌銘并序》(《新中國·陝西貳》第137頁):"柔順克立,寬弘無竸。承順父母,以孝以恭。作嬪君子,惟愛惟敬。"竸即競之省便形,競、竸異體。唐開元二十六年《何府君墓誌銘并序》(《匯編》第24冊第60頁):"以身許國,與物無競。好直多忤,爲時不容。"唐天寶十三載《盧自省墓誌銘并序》(《匯編》第26冊第124頁):"公之性退然而□,惟貞惟正,克恭克敬,與物無競。"唐貞觀八年《張岳墓誌銘并序》(《匯編》第11冊第53頁):"清畏人知,不与物競。聞詩聞禮,有德有行。"唐貞觀十六年《唐故李府君(方元)夫人長樂縣君墓誌銘》(《新中國·陝西貳》第21頁)銘文:"翠石有雕,貞芬無競。"唐麟德元年《孟師墓誌銘并序》(《匯編》第14冊第118頁):"褘歟處士,肥遁居貞。與物無競,晦跡遺名。氣高中散,韻踰步兵。"

《戰國楚竹書·孔子詩論》第六簡"乍競隹人,不顯隹悳",文句多與《毛詩》傳世文獻相應,如編者釋讀爲"乍競隹人,不顯隹悳"等處。編者對該處的注釋是:此爲《烈文》引句,今本作"無競維人""不顯維悳",因簡文"乍"與"亡"字形相近,古"亡""無"通用,今本"無"爲傳抄之訛。這些解釋有些勉強,因爲很難説今本傳抄者也受到《楚竹書》中"乍""亡"二字之間形近關係的影響。[1] 該處"乍"即"作"字,商周金文"作"字使用了4 549次,其中以"乍"爲"作"的情形就占了4 485處。作、職二字《廣韻》分别是"則落切"和"之翼切",上古音"作"歸鐸部,"職"歸職部:二字讀音比較接近。這裏"乍競隹人"可能就是《十月之交》"職競由人"、《桑柔》"職競用力"等句型結構的同類。其中的"職"字是虚詞,功能相當於

---

〔1〕 臧克和《簡帛與學術》"楚簡與《詩》",大象出版社2010年。

所謂句首的發語詞。“乍競隹人,不顯隹悳”,兩句構成對文,後句的“不”即丕也是虚詞。“乍競”,競也;“不顯”,顯也。簡文的實際語義就是“競維人,顯維悳”,強盛在人,顯赫在德。職字的這種用法,傳世古書是比較多見的。〔1〕 朱熹《詩集傳》將“無”“不”字都當作實詞加以解釋:“又言莫強於人,莫顯於德,先王之德所以人不能忘者,用此道也。”對照簡文,可見其說解之牽強。唐天寶十四載《丘府君夫人彭城劉氏(至柔)墓誌銘并序》(《新中國·陝西貳》第137頁):“柔順克立,寬弘無竟。承順父母,以孝以恭。作嬪君子,惟愛惟敬。”竟即競之省便形,競、競異體。順便聯類於此。

(九)唐代石刻“有事於山川”與楚簡“有事於野”

唐開元二十七年《趙庭墓誌銘并序》(《匯編》第24冊第88頁):“服闋,甲子廿八,屬今天子有事于南郊,君以先后之親,得陪位。……三考又我皇上展柴祭之儀於泰山。特敕授東封齋郎,改任衛州司士。”太壹山人申屠泚撰,集賢院御書手趙守□□。唐天寶八載《□□□(忠義)墓誌銘并序》(《新中國·陝西貳》第124頁):“天寶六載二月,歲始東作,有事南郊,功臣預奉方壇,咸陪大禮。”唐天寶十三載《開國伯上柱國何德墓誌銘并序》(《新中國·陝西貳》第133頁):“天寶六載,有事南郊。以公元勳,特拜將軍。”

唐開元二十四年《白鹿泉神君祠碑》(《匯編》第24冊第5頁)〔2〕:“開元□□□,日在東井。自春不雨,至于是月。濟肅承嘉命,有事名山。

---

〔1〕 清人馬瑞辰《毛詩傳箋通釋》卷十一還提到:《左傳·襄公八年》引《周詩》“兆云詢多,職競作羅”,言競作羅也。又《襄公十四年》“蓋言語漏泄,則職女之由”,猶言則女之由也。職字皆語詞。按今本《毛詩·周頌·烈文》“無競維人,四方其訓之。不顯維德,百辟其刑之”。中華書局1989年。

〔2〕 拓片碑高183厘米、寬102厘米。韋濟撰,裴抗隸書並篆書。碑左側刻三川野叟詩,右側刻唐、宋人題名等,此本未收。

齋宿泉源,静恭旁禱。神必響答,靈液□□。嘉苗來蘇,歲以穰熟。夫後造化而出,奇功也。活弍軍之衆,立勳也。廣利百姓,善化也。施不違素,善信也。非夫聖祚旁通,坎靈潛發。是能邁種于德,左右犂入若兹者乎。宜蒙瀌食,昭著祠典。而荒涼苔石,埋穢榛蕪。歷代彌年,莫之旌賞。碑板無紀,堂象缺然。非所謂無德不酬,有功必祀。迺命縣屬,率徹俸錢,掃除林麓,修創庭廟。吏人欣願,不日而成。兼旁構數亭,以休神憩侶。因石爲室,即山取材。□□以茨,不皮不斵。爾迺面大道,臨長亭,襟西晉,欱東溟。半弍縣之封疆,東百會之車馬。重巖屏邉,連池珠沸。□淪洞澈,葱青露蔚。澄漪冰寒,華清露味。於是遊閑鄉族,仁智名儒,轂擊肩摩,鬱撓淫裔。感靈泉之舊哉,忻厥命之惟新。或篤言乎令節,或祈穀乎農辰。吟詠嗟歎,彈弦鼓舞。去者思還,來者忘歸。此里仁之爲美,寔神君之所相也。"唐乾元二年《城隍廟碑》(《匯編》第27冊第17頁)〔1〕:"城隍神祀典無之,吴越有之。風俗水旱疾疫,必禱焉。有唐乾元二年秋七月不雨。八月既望,縉雲縣令李陽冰躬祈于神。與神約曰:五日不雨,將焚其廟。及期,大雨,合境告足。具官與耆耋群吏,乃自西谷遷廟于山顛,以答神休。"

按"有事"於某處,爲古代祭祀儀式,唐代石刻尚多見,而早見於先秦。如《戰國楚竹書》第五冊《柬大王泊旱》第16簡:"晶(三)日,王又(有)埜(野),色逗者(睹)又(有)焚人。晶(三)日,大雨,邦蕙(瀝)之。"整理者申説本句意謂"三日,王去四郊之外,驚愕地看著饑荒者"。我曾指出,這裏的理解,總有些"過於通"的感覺。首先,國君"有於某處",並不是簡單地來到了某地。而是"有事於野",即躬祭於野,這是古書的通例。同時,從簡文的前後聯繫來看,也是跟本篇上接第15簡"王許諾修四郊"相互銜接,而不是節外生枝。而更加奇崛之處,還是整理者關於"色""逗"等的出色解釋,簡直有些匪夷所思。其實就整體來看,都不過是修祀四郊的儀式內容。"色",與有事於郊野的祭祀安排有關,依隨四郊土色。文獻

〔1〕 李陽冰撰並書。

無須遠徵，即以整理者所援引《五禮通考》卷二三，關於《太祖實録》的薈萃，禱雨設壇：“每壇牲用犢羊豕各一，幣則太歲風雲雷雨，用白，餘各隨其方色。籩豆簠簋，視社稷，登一實，以大羹鉶二實，以和羹，儀同常祀。”《禹貢錐指》卷10“厥土惟黄壤”條：“林氏曰：天下之物，得其常性者最貴。土色本黄，此州黄壤，故其田爲上上，而非餘州之所及。”“逗”，楚簡往往用於祭禱活動，如《包山楚簡》(卜筮祭禱記録)第219簡：“謯爲遻繃珮，速遻之。厭一豭於地宔。賽禱行，一白犬，歸冠帶於二天子。甲寅之日，逗於邔昜。”楚簡本篇讀作“投”，《文選・馬融〈長笛賦〉》：“故聆曲引者，觀法於節奏，察變於句投，以知禮制之不可踰越焉”，唐人李善注：“《説文》曰：‘逗，止也。’投與逗，古字通，音豆。投，句之所止也。”句逗，語轉就是“節奏”。本簡用爲郊祀水神，投以求雨。《爾雅注疏》卷五：“祭川曰浮沉。注：投祭水中，或浮或沉。”《爾雅翼》卷十五：“入水爲蜃蛤。《淮南》云‘燕之爲蛤’是也。今人言蜃，是蛟類。吐氣爲樓臺，伺燕栖集則食之。又言龍嗜燒燕，水枯竭者，投之立漲，今人亦投以求雨。”[1]

（十）“捷”與“刺斜裹”

隋大業三年《隋故銀青光禄殷州刺史志銘》(《匯編》第11冊第156頁)：“屬隋運將離，群凶競擾，帝既不諦，南面無萬機之殷；如王非王，北邙多千乘之貴。君誓心守節，志在剋清，奇鋒四伐，非唯三捷。授銀青光大夫，佐洛陽留守。續以天子南征，漢濵非問罪之所；天王北狩，河陽無奔命之臣。”唐上元二年《張沖兒墓誌》(《匯編》第16冊第20頁)：“至若睇荀曦而走辯，瞭陸雲而弄捷，陵轢賈馬，嘯敖曹劉，洞筌蹄之奧義，□希夷之祕旨。曳長裾於桂巘，再入梁園；握洪筆於蘭臯，幾遊曹坂。”軍事報捷與敏捷辯給，俱用同一“捷”字。

---

[1] 參見臧其和《簡帛與學術》“楚簡所見人與自然”節8“有野”：郊祀儀式還是發現災民？大象出版社2010年，第116頁。

刺斜裏,爲古代軍事術語。〔1〕兩軍佈置,設伏沖陣,往往會見到"刺斜里"一彪軍衝殺出來的描寫。懸揣殆源於"捷足先登"之捷,走捷徑。《左傳·成公五年》:"重人曰:'待我,不如捷之速也。'"杜預注:"捷,邪出。"此邪出,即斜出,從旁間出。《國語·晉語五》:"傳爲速也。若俟吾避,則加遲矣。不如捷而行。"韋昭注:"旁出爲捷。"由間行的捷徑方式,浸假用作快捷、便捷—報捷、捷報,類比認知轉換渠道爲"方式—名詞—動詞"。後世使用,以捷字職能繁多,於是較爲通俗的說部文獻裏,詞匯擴散爲"刺斜"——即由"捷"之一個音節,緩讀爲"刺斜"兩個音節結構;再接"裏"字方位,表明整體結構指向空間位置認知關係。翻過來也可以說,"捷"不過"刺斜"兩個音節促讀而成。棘、刺皆從朿得聲。捷,《廣韻·葉部》:"捷,獲也。佽也。疾也。剋也。勝也。成也。《說文》曰:獵也。軍獲得也。《春秋傳》曰:齊人來獻戎捷。又姓,《漢書·藝文志》:捷子,齊人,著書。疾葉切。"《類篇·手部》:"捷,七接切。捷捷,譖言。又疾葉切,《說文》獵也,軍獲得也,引《春秋傳》齊人來獻戎捷。一曰亟也。又尺涉切,挿也。"

西周早期《吕行壺》(異名作吕壺/周伯恭壺)銘文:"唯三月。白懋父北征。唯還。吕行捷。寽(俘)兕。用乍寶尊彝。"

(十一)"××,禮也"及其變體

石刻墓誌序文一般都具有交代殯葬儀式關鍵段落,所通常表述的"××,禮也"。這類框格,肇源於出土楚簡,如《上海博物館藏戰國楚竹書》"孔子詩論"部分第二簡"訟坪悳也";第五簡"清廟頌王悳也",可句讀爲

〔1〕《漢語大詞典》收録此條,所釋義項爲"旁邊或側面"。《三國演義》尤其多見,如第五回:"劉玄德掣雙股劍,驟黃鬃馬,刺斜裏也來助戰。"或如第四十八回描寫使用"隔斜裏"結構,則讀音更爲接近:"(韓當)用牌遮隔。焦觸撚長槍與韓當交鋒。當手起一槍,刺死焦觸。張南隨後大叫趕來。隔斜裏周泰船出。張南挺槍立於船頭,兩邊弓矢亂射。周泰一臂挽牌,一手提刀,兩船相離七八尺,泰即飛身一躍,直躍過張南船上,手起刀落,砍張南於水中,亂殺駕舟軍士。"《水滸傳》第四八回:"歐鵬鬥一丈青不下,正慌哩,只見一彪軍馬從刺斜裏殺將來。"《西遊記》第四二回:"妖王道:'那豬八戒刺邪裏就來助戰。'"

“《清廟》,頌王悳也”;第九簡“天保丌得彔蔑畺矣巽寡悳古也”,等等。參見本部“套語與變體”。

(十二)“大啓××”結構

唐上元二年《虢莊王李鳳墓誌銘并序》(《新中國·陝西貳》第50頁):建旗作牧,雖高前典;析珪胙土,未允舊章。宜崇寵命,大啓邦國。可改封虢王,食邑如故。”“皇帝若曰:於戲,咨尔鳳。岐嶷幼彰,器識方茂。大啓藩服,朝典攸宜。是用命尔爲豳王,食邑一萬戶。受兹黑土,苴以白茅,往欽哉。”其“大啓××”結構,早見於周代器物銘文《逨盤》等。[1]《逨盤》銘文有“嚴才(在)上,翼才(在)下”的表述,王輝釋爲“先祖威嚴在上恭敬在下”。參見本部“套語與變體”。

附圖版:

1. 唐開元廿四年《御制令長新誡》(《匯編》第24冊第1頁)。

〔1〕 臧克和《金文雜考》,《古文字研究》第25輯,北京:中華書局,2004年。

2. 隋大業十年《鄧昞墓誌》(《匯編》第10冊第112頁)。

3. 後蜀廣政二十六年(963)《張匡翊等題名》(《匯編》第36冊第188頁)。

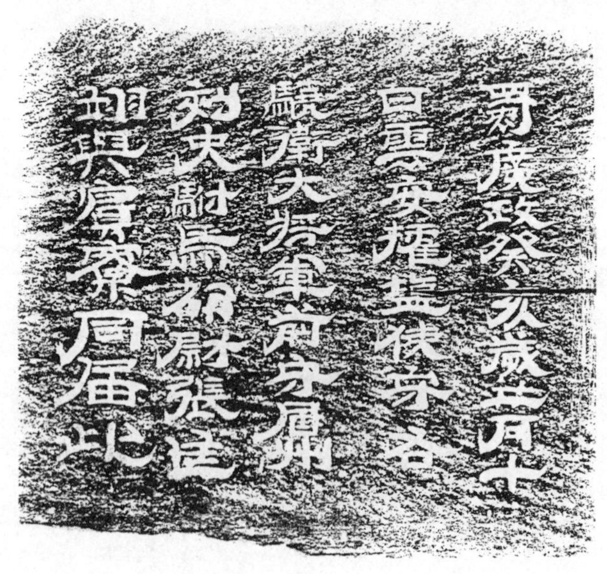

4.《殷周金文集成》第 9686 片。

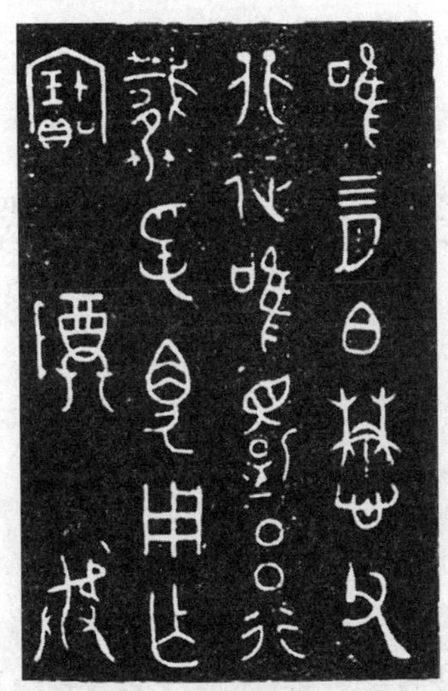

《篆隸萬象名義》釋例

通常情況下,《篆隸萬象名義》所傳抄形音義信息,若不納入統一的對照結構裏就不能辨識。所以,《原本玉篇》《宋本玉篇》《説文解字》等存在傳承關係的文本比較,是整理並恢復《名義》形音義聯繫的基礎工作。

《名義》釋例,先釋其名

《名義》之"名",即"字"之代稱。從該抄本字彙的體例來看,就是所列具 15 291 字頭(據該書數據庫記録),15 291 字頭下面所抄存解釋各類事物意義義項,就是所謂的"義"。以"名"稱"字",這跟唐代抄本字書命名習慣是一致的。敦煌抄本所存《正名要録》,其所謂"正名",大要即平章結構功能,區分字級地位。如按其各類後附體例説明,或上正下俗,或上正下通,或上楷下訛,或分析字形結構,或著眼使用區辨音同義别之字等。另外,日本語將所用以記録語言字符稱爲"假名",依據書寫方式分爲平假名和片假名。以"名"稱"字",爲日本語言結習,亦來源於中土。唐代顔真卿《多寶塔感應碑》所謂"至於列三乘,分八部,聖徒翕習,佛事森羅。方寸千名,盈尺萬象。大身現小,廣座能卑。須彌之容,欻入芥子。寶蓋之狀,頓覆三千",其中"方寸千名,盈尺萬象",就是説尺寸之間,所記録文字,是成千上萬,概括事物種類,爲大千世界。看來,這種“名義”指稱,不過是唐代的習慣。至於前面部分的“篆隸”,則爲抄本所用書體之稱。其中所謂“篆”,跟隋唐五代石刻所用篆書、日藏唐寫本《説文・木部》殘卷等對照來看,風格基本一致,大抵相當於中唐所爲,參觀《中國文字發展史・隋唐五代文字卷》“唐代篆文水平”節。[1] 其中的“隸”,實爲楷書。而隸名楷實,也是自漢魏六朝到隋唐的習慣。具有傳承關係的文本對照,可以發現作爲傳抄南朝梁代《原本玉篇》體系的唐抄本《名義》,其價值主要體現在:確定南北朝到唐宋之際楷定字形傳承使用的基本時間層次,貯存字形傳抄綫索,反映南北朝楷書階段的變異規律,關聯異體及借用字形;抄存他本所不見或晚出義項,義項設立所呈現的特點;保存南北朝字音演變語料,等等。這些文本價值,與《篆隸萬象名義》特有的字形傳抄、義項提取、反切保存和部類編次等體例是統一在一起的。

一、《原本玉篇》與《萬象名義》傳抄關係

從文獻關係而言,對照《原本玉篇》《篆隸萬象名義》(以下簡稱《原本》、《名義》),可以調查現存《宋本玉篇》(以下簡稱《宋本》)所貯存歷史漢字的時間層次。而這種時間層次研究的前提,則有待於從有關貯存文獻内部真正對照清楚《名義》跟《原本》的傳承關係。《顔氏家訓・書證篇》云:“‘也’是語已及助句之詞。河北經傳,悉略此字。其間有不可得無者。”由於顧野王《原本》書證繁複,使用不便,可能當時就有這類“鈔本”,成爲《名義》傳抄根據。作爲系統内部證明,我們現在看到的傳抄本《名義》,一是删除了書證,只存義項用字;二是所有義項後面作爲語已詞的“也”字,也悉被删除乾淨。調查的結論是:唐代日釋空海傳抄的内容,跟《原本》屬於同一系統;但可以肯定不是現在我們所見《原本》殘卷的抄

[1] 臧克和《隋唐五代文字卷》,見於《中國文字發展史》,華東師範大學出版社 2015 年。

本。現在所見日本東京大學所影印高山寺藏本《名義》卷第一之下標識“東大寺沙門大僧空海撰”字樣,似乎說明,唐代日釋空海傳抄,也許根據當時已有可供“撰寫”而不需“抄取”的現成刪節本。

調查涉及這樣幾個方面:1.《原本》所存明顯抄寫錯了,《名義》也跟著以訛傳訛。2. 在傳播變異、抄寫用字方面,《原本》抄寫用簡體俗體變體,或者形近易混字,《名義》或抄爲同樣的字形,或形近混淆。3. 在次字順序、形音義系統對應、整體傳抄數量關係等方面,也呈現出二者曾經存在的傳承關係。

調查也發現,系統一致,不等於所據抄本相同。現存《原本》和《名義》二者之間,存在明顯差異。要確定二者的實際存在的傳承關係,需要從整個形音義系統入手調查分析。我們統計結果表明,就整個形音義系統而言,《名義》對《原本》的傳承水平是很不平衡的:1. 字形傳抄最爲完整,可以說能夠基本對應。2. 字音則是部分對應,其中存在不對應的情況,主要是《原本》貯存的兩個或兩個以上的注音,《名義》絶大部分只是傳抄其中一個反切注音。3. 至於釋義義項系統,對應性最差,或者說大量不能對應。相當多的情況,傳抄提取義項不全,有的是省略,有的是對漢語語言結構的誤解,有的只是保存某種綫索聯繫。通常情況下,感覺仿佛是遇到了一位缺少起碼耐心的抄手,處處偷工減料。

整體而言,《名義》基本傳抄自《原本》,這應當没有什麼問題。上述關係,筆者曾經在一系列文章裏發表過有關調查統計的數據。像《名義》傳抄《原本》明顯跟著以訛傳訛,僅《糸部》就存在 20 多處。例如,《原本》“紇”下“音齕反”,實際是直音法,當作“音齕”,《名義》將錯誤原封不動地照抄下來。《原本》:“紺,《說文》: 白深青而揚赤色也。”《名義》抄作:“紺,白青楊赤。”今本《說文》作“帛深青揚赤色”。《釋名》:“紺,含也,青而含赤色也。”《原本》“白深青”當爲“帛深青”之誤,《名義》連錯誤一起抄寫下來。在傳抄用字方面,僅《糸部》就可以舉出 40 多處明顯的用例。例如“緼”,《原本》:“緼,於昆反。《廣雅》: 緼,亂也。”《名義》:“緼,於昆反。亂也。”《宋本》:“緼,於忩切。舊絮也,綿也,亂也。”《原本》用簡體

“乱”字,《名義》抄同,全本傳抄凡使用63個“乱”字,合於魏晉南北朝墓誌碑刻用字習慣。又如“繼”字,《原本》抄寫凡用10個簡體“继”字,並注明:“继,今俗繼字也。”《名義》同樣標識“继,今俗繼”,合於魏晉南北朝墓誌碑刻和中唐敦煌抄本《郭象注莊子南華真經輯影》等用字習慣。〔1〕又如“綷”,《原本》傳抄凡三“綷”字,均作“絆”,字頭就抄作“絆”,《名義》抄同,而且這種從俗的情形在整個抄本裏是統一的,即亦見於其他各部(《名義·人部》:“倅,會憒反。副也。盈也。”同類情況,亦見於《手部》《魚部》等等)。又如“縡”,《原本》將字形中的宰符,寫作從宀從辛,合於魏晉南北朝墓誌碑刻用字習慣,《竇泰墓誌》宰作𡨦,中唐敦煌抄本《郭象注莊子南華真經輯影》同,《名義》亦抄同。文字傳抄方面,《宋本》脱漏,《原本》貯存,《名義》也抄存。如“繚”字,今本《說文》有此形體,《宋本》本部脱。《原本》貯存此字,《名義》也抄存。這類《原本》貯存、《名義》也抄存的情形,《糸部》就存在8例;而《原本》用字缺,《名義》也照缺。《原本》:“絰,□(徒)結反。”《名義》:“絰,□(徒)結反。實也。”《原本》反切注音缺上字,《名義》亦缺上字。各部之內次字,《名義》抄寫完全遵循《原本》的次序,《宋本》次字順序變亂。例如“絣”字,《原本》下接“繆”字,《名義》抄同;《宋本》下接“縕”字,次序大亂。又如《原本》“綏”字上接彝字,《名義》次序也抄同;《宋本》上接“緎”字,亂次,等等。

同時,也有必要指出,這裏提到的《名義》傳抄《原本》文獻學關係,是指傳抄自《原本》所存楷字以及呈現的結構,而並非就是傳抄的現在我們所見到的中華書局影印《原本》殘卷本。因爲,我們會同時發現,《原本》《名義》二者之間明顯存在異文、脱文等差異。僅是兩者在反切用字方面存在210餘處明顯的用字差異,就反切用字差異類型及所占比例來看,使用存在相同聲符或不存在聲符結構關係的同音近音字,占了用字差異的主體部分(近78%),說明差異存在的主體部分是客觀的。使用音同音近

〔1〕［日］寺岡龍含輯《敦煌本郭象注莊子南華真經輯影》“天運品第十四等”,福井漢文學會1960年影印。

字,《名義》用字體現出抄從結構簡單形體的趨勢,約占 23%的比例。這個趨勢,説明《名義》所傳抄的《原本》,較之現存《原本》殘卷更加合乎反切用字常用性基本原則。《名義》與《原本》用字對比,還反映出二者所存在字音方面的某些差異。兩者在反切用字方面存在上述明顯的用字差異,呈現出該項對比分析的文獻學意義。[1]《名義》所傳抄,跟現在所見《原本》不會是同一底本。到目前爲止,研究者基本上還是停留在一般性推測《名義》對於恢復原本《玉篇》特殊文獻學文字學價值。其中一個原因就在於《名義》迄今只是以手抄本的形式影印,没有一個經過全面整理的本子。這種狀況的存在,也直接影響到這部名著的使用。

另外,這裏還有必要指出,相當多的情況下,《名義》傳抄的形音義,若不納入統一的對照結構裏就不能辨識。所以,《原本》《宋本》《説文》等存在傳承關係的文本比較,是整理並恢復《名義》形音義聯繫的基礎。例如《名義・木部》:"想(槵),思郎(即)反。木名。"《説文》:"槵,木也。从木息聲。"《名義》字頭、反切皆出現形近抄混的現象,若無《説文》本部的對照,基本無法釋讀。

二、字形傳抄: 篆文與楷書、對應與不齊

1. 從字形保存來看,最直接的就是傳抄唐代篆文。《名義》一部分部類在楷字頭上傳抄了一批篆文,這是該書得名"篆隸"的由來。這批篆文,由於傳抄者的理解水平有限,有些抄寫"破體",篆意損失,一向未進入書體研究者的視野。但我們只要對照貯存在唐代墓碑(主要是碑額部分)篆文,立即會發現這兩種共時材料所傳承篆文結構書體風格的宛密關聯。

---

〔1〕 臧克和《〈原本玉篇〉與〈萬象名義〉反切用字比較》,《中國言語學》,韓國語言學會 2006 年;臧克和《〈原本玉篇〉研究・序》,齊魯書社 2005 年;《〈篆隸萬象名義〉研究・序》,上海古籍出版社 2006 年;《〈篆隸萬象名義〉校釋・序》,學林出版社,2007 年;臧克和《楷字的時代性》,《中國文字研究》,2007 年第 1 期;臧克和《玉篇的層次》,《中國文字研究》2005 年總第 6 輯;臧克和《楷字的傳承與定型: 何瑞〈宋本玉篇研究〉序》,中國社會科學出版社 2016 年。

對照相當於中唐書體的《説文·木部》殘卷,不難發現《名義》所存篆文書寫風格也基本一致:這樣一來,研究唐寫本《説文》篆文,就不僅僅是學者們通常所注意到的現藏於日本的《説文》"木部"殘卷那180餘字的問題了。[1] 是"國寶"之外,又關聯到了大批"國寶"。《名義》存篆涉及下列各部:一、示、二、三、王、玉、土、垚、里、目、省、朋、旻、見、覞、耳、口、心、尸、木等部,其中有些部還是保存整個部類的篆文。

2. 其次是整部楷字保存。《原本》到《宋本》,經過了大規模增改。所以,人們往往只認爲《宋本》是增加了貯存字量,不再考慮這個過程出現的損失。《名義》在這方面成爲僅存的綫索,如《宋本》"牀部第四百七十四",凡1字,《宋本》存字頭1個,而《名義》本部抄存6個楷字。爿爲床之初文,爲書寫結構平衡起見,將平坦之坐具,豎置爲爿形:是爿、片不僅方向相對,而且功能相遠。爿既作偏旁使用,遂增加木形,體現其質料:是"床"不得歸置《木部》者。臧、將、戕等字皆以爿爲聲符,是本部《宋本》無所統屬。但從《名義》所存5個楷字來看,《宋本》傳刻過程中出現了整部脱落的現象。《名義》本部所存,皆以爿爲聲符結構,當即南北朝《原本》所存《爿部》字情況:

《名義·爿部》:"⿰爿兆,餘繑反。版。"

《名義·爿部》:"⿰爿賁,扶忿反。枰樍。"

《名義·爿部》:"⿰爿也,餘支反。榻前几。"

《名義·爿部》:"牆,側革反。第也。簀字。"

《名義·爿部》:"牃,徒協反。牀板也。"

3. 更重要的是,《名義》傳抄的字形結構,體現出來的楷化變異規律,跟魏晉南北朝墓誌碑刻用字對應;由此爲楷字發展過程系統對照,提供了

---

〔1〕《實用説文解字·木部》,循全書體例,將日藏唐寫本木部殘卷小篆全部影印逐字對比呈現傳刻變異程度。上海古籍出版社2012年。

社會用字實物的和傳抄貯存的完整坐標。像《名義》:“誓,時世反。命也。謹也。約束也。”按《說文》小篆爲上折聲下言形,《名義》抄寫爲左從手符的左右結構,南北朝墓誌碑刻楷字用同,如北魏《元繼墓誌》作。這類情形散見於整個《名義》抄本,下面的例子就是關於這類情形的調查分析。

(1)《名義》所抄存形體,影響到整個部類的分合。《名義·口部》:“囨,撻各反。橐字。”據此聯繫,可以找到《說文》:“橐,囊也。从㯻省,石聲。”按“㯻”實爲從束圂聲結構,則橐實從束囨聲,囨實爲橐字初文,也屬形聲結構,即從口石聲。若變換聲符石爲乇,即得到從口乇聲結構,見郭店楚墓竹簡《老子》甲所作 。據此聯繫,可以考察《宋本》“㯻部第四百六十七”整個部類。該部收録凡 10 字,其中屬於《宋本》新增字有“壼(□)、櫜”。通過具體分析,可知所統攝 8 字,皆可歸《束部》:部首㯻字,從束圂聲;櫜,從束口,咎聲;□,從束口,厷聲;□,從束口,缶聲;橐,從束囨聲;囊,從束口,襄省聲;壼,從束□聲;□,從束囨,非聲。

(2)《名義》傳抄,保存南北朝到隋唐之際去隸古不遠的楷字。例如,《宋本·宀部》:“寡,古瓦切。少也。”北魏《尔朱襲墓誌》“賊衆我寡,強弱勢殊”作 ,《元乂墓誌》“景行行止,多能寡欲,員中方外,孝爲行本”作 ,《元誨墓誌》“雖曰多士,特寡其選”作:“寡”下皆無“分”形。《敦煌本郭象注莊子南華真經輯影》《天道品》第十三所出“桓公曰:寡人讀書”,其中“寡”字抄省“分”形。該中唐抄本下出“寡”字皆如此:《達生品》第十九“寡人願聞之”“此寡人之所見者也”“寡聞之民”,《山木品》第二十“寡君之欲”“赤子之布寡矣”,《田子方品》第二十一“吾昔者寡人夢”,《徐無鬼品》第二十四“愛利出乎仁寡,利仁義者衆”:略無例外。基於此,我們可以對照推斷唐抄本《名義》還保存了這個省形的“寡”字。如《名義·瓦部》:“瓦,五寘反。蓋屋也。”反切下字即抄作從宀從頁,爲“五寡”之切音,只是頁、真抄寫形近而已。又如《瓦部》:“瓡,胡寘反。大口。”如此之類,不能機械視爲《名義》抄省問題。同類可聯繫比照者,又有"舋"與"釁"字:《宋本》:"釁,許靳切。以血祭也,瑕隙也,動也,罪也,兆也。或作釁。"《名義》:"舋,羲鎮反。罪也。動也。離也。光景也。又釁也。"按《說文》:"釁,血祭也。象祭灶也。从爨省,从酉。酉,所以祭也。从分,分亦聲。臣鉉等曰:分,布也。"舋、釁異體,猶"寡"或省"分"形。北魏《元延明墓誌》"神鉦告警,釁起邊垂"作,《元均及妻杜氏墓誌》作,魏晉南北朝墓誌碑刻所用"釁"楷皆不從分。又如《宋本·艸部》"虋",《名義·艸部》抄作"亹"。另外,《宋本》所存部分字形已失去劃部分類特徵,《名義》尚傳抄保留。《宋本·廾部》:"睪,余石切。引給也。《說文》作擇。"《說文》:"擇,引給也。从廾睪聲。"《名義·廾部》:"擇,余石反。繒也。繹字。"抄作從廾手形,爲分類依據。還有,《名義》傳抄保存了他本所不見的古文字楷化結構,例如《宋本》:"《說文》云:仁,親也。古文作忎也。"《說文》:"仁,親也。从人从二。臣鉉等曰:仁者兼愛,故從二。,古文仁从千、心。,古文仁或从尸。"按《名義·心部》:"忎,如真反。親也。愛也。恩也。在也。忍也。㥦,古文。"古文仁從千、心,即從千得聲:千亦從人得聲。《名義》抄存從身從心形之古文"仁",身、尸同類。戰國楚簡"仁義"字多作從心從身形,如戰國中期偏晚《郭店楚墓竹簡》中《老子》丙"仁義"詞形作,其中仁字從身從心。又見於《郭店楚墓竹簡》之《緇衣》、《五行》等篇。《名義》所抄存從身從心結構,身符兼聲符。《廣韻·真韻》:"身,失人切,親也。躬也。"語音地位爲臻開三平真書;《廣韻·真韻》:"仁,仁賢。《莊子》曰:愛人利物謂之仁。《釋名》曰:仁,忍也,好生惡殺,善惡含忍也。又姓,《姓苑》云:彭城人也。如鄰切。"語音地位爲臻開三平真日。北魏楊衒之《洛陽伽藍記》"亦與西域、大秦、安息、身毒諸國交通往來",周祖謨校釋:身毒,即印度之古譯名也。[1] 可證身、人古音通。戰國楚簡"仁義"字作,從身得聲,唐抄本《名義·人部》"仁"字條下存古文,保存從心身聲結構,所從

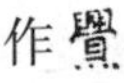

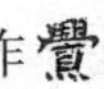

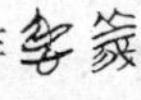

---

〔1〕 楊衒之著、周祖謨校釋《洛陽伽藍記》卷四"永明寺"條,科學出版社 1958 年,第 90 頁。

來遠。

(3)《名義》傳抄,録存了魏晉南北朝所用楷體。例如《宋本·肉部》:“膝,思疾切。脛頭也。亦作𨚗。”《名義》:“脨,胥疾反。脛頭也。”按《名義》字形抄近“來”形,魏晉南北朝墓誌碑刻用字如此,如《公孫猗墓誌》作膝,《無量義經之一》作脨。又如《宋本》:“氿,居洧切。仄出曰氿泉。”《説文》:“氿,水厓枯土也。从水九聲。《爾雅》曰:水醮曰氿。”《名義》:“氿,居洧反。泉也。”《名義》“氿”“氿”爲一字異體,氿就是氿字九符傳寫小變者,《龍龕手鑑·水部》以從几之形爲從九之形的“俗”字。從《名義》貯存情況來看,南北朝時期就有此字。又如《名義》:“揰,所限反。以手核物也。”《龍龕手鑑》:“揰,所簡反,以手核物也。核,音亥,動也。”《原本廣韻》:“揰,以手核物。”《類篇》:“揰,所簡切。捍揰,手精擇物也。又所恨切。”《宋本》脱文。又如《宋本》:“涎,似連切。口液也。㳄,同上。亦作次。”《名義》:“㳄,因仙反。因山反。口液也。”抄存從侃聲結構。又如“洤”,《宋本》以爲“古文泉字”,《名義》:“泠(洤),似緣反。泉字。”洤爲泉之南北朝所見形聲結構。又如《名義》:“抄,楚教反。鈔也。掠也。取強物也。”《干禄字書》:“抄杪:上初交、又初教反,下杪末字,彌小反。”《佩觿》:“抄秒杪:上初交翻,抄録,亦初教翻。中下並彌小翻,中禾芒下末也。”《龍龕手鑑》:“抄,正,素何反,摩挲也。挲,同上。”《宋本》脱文。又如《宋本》:“弄,良棟切。玩也。《詩》云:載弄之璋。”《説文》:“弄,玩也。从廾持玉。”《名義》:“弄,梁棟反。玩也。”《名義》字形抄作弄,接近古文“共”字的某些寫法。又如《宋本》:“髵,如時切。多毛皃。亦作耏。”《名義》:“髵,如時反。毦字。多毛也。”按髵、耏、毦異體字,《名義》貯存從毛而聲結構,今他本所不見。又如《宋本》:“爪,壯巧切。《説文》云:丮也。覆手曰爪。象形。”《説文》:“爪,丮也。覆手曰爪。象形。凡爪之屬皆从爪。”《名義》:“爪,壯孝反。扟也。覆手曰爪。”按《名義》釋義用覆字,爲南北朝所使用楷字之類。又如《宋本》:“紩,持栗切。縫衣也。又納也,索也。古作鉄。”《説文》:“紩,縫也。从糸失聲。”《名義》:

“紩,治銍反。納也。索也。”《原本》:“紩,治銍反。《爾雅》爾紩也。郭璞曰:今人亦呼縫紩衣爾。《方言》紩衣謂之褸。《説文》:綫衣也。《廣雅》:紩,納也。紩,索也。古文爲鉄字,在金部。”表明現在將铁合併爲“鐵”的簡化字,至少南北朝還是作爲紩的異體字來使用處理的。鐵銕字異體爲鉄,而銕字從夷得聲,夷尼古音相近,《名義》貯存從尼得聲的異體鈮字,《名義·金部》:“鉄,池理反。治銍也。鈮,同上。”但該字形並没有貯存在其他字書裏。又如《宋本》:“弔,丁叫切。弔生曰唁,弔死曰弔。又音的,至也。”《説文》:“弔,問終也。古之葬者,厚衣之以薪。从人持弓,會驅禽。”《名義》:“吊,都叫反。傷也。恤也。問也。死也。”按《名義》抄作“吊”,由弔到吊,也許就是南北朝傳抄過程中導致的形體相近,北魏《元弘嬪侯氏墓誌》“昊天不吊”作[illegible],南朝·陳《衛和墓誌》“蒼天不吊,靳與壽考”作[illegible]。

(4)《名義》傳抄,成爲對照《説文》的唯一文字綫索。例如《宋本》:“歞,公温切。歞干(于)不可知也。歞,同上。”今本《説文》:“歞,昆干(于)不可知也。从欠鰥聲。”《名義》:“歞,公温反。昆子(于)不可知也。”《原本》:“歞,公温反。《説文》:昆与不可知也。”按《原本》援引《説文》抄爲“昆与,不可知也”,今本《説文》作“昆干,不可知也”;《名義》基本抄同《原本》,只是“昆与”抄爲“昆子”,其中“子”爲“于”形近之混,于、与音同。由於諸本皆相沿爲干,而《原本》所抄“与”形也不清楚;在這種情況下,《名義》所傳抄的“子”形,就是唯一的可資對照的綫索。《説文》在傳抄貯存過程中由於將形體相近的于、干混淆,遂使該字解釋莫可究詰:《宋本》爲“歞干”,歞、昆音同,干、于形近;段玉裁本亦同《宋本》,以爲“蓋古語”。南北朝本即抄作“昆于”,這從上述《原本》用“于”的同音字“与”、《名義》抄爲“于”的形近字“子”可以取得聯繫。昆干/昆于/昆与,有可能就是歞得名的根據,所以,不論是昆後“于”爲語氣的記録,還是“昆于/昆与”讀同昆吾、葫蘆、混虚、恍惚,都是描狀“不可知”的情態。

(5)《名義》傳抄,訂正《宋本》等字書傳刻用字錯誤。例如《宋本》:

“⿰石襄,人丈切。惡雌黄。”《名義》:“⿰石襄,人丈反。悪雄黄。”《原本》:“⿰石襄,人丈反。《埤蒼》: 磼(⿰石襄),惠碓黄(悪雄黄)也。”按《原本》釋義抄寫爲形近字“惠碓黄”,賴《名義》得以復原“悪雄黄”。其中,雄碓字中的“口”“厶”形俗寫相混成習,漢代《乙瑛碑》、南北朝《奚智墓誌》作⿰右隹,至唐代《張玄封墓誌》“雄”字仍寫成“碓”。《宋本》貯存爲“雌黄”,端賴《名義》抄存“雄黄”加以認識修正。否則,只好任由後來字書“信口雌黄”了。又如《宋本》:“⿰石冓,古候切。罰也,碥也。”《名義》:“⿰石冓,告候反。罸也。⿰石啇也。”《原本》:“⿰石冓,告候反。《廣雅》: 磼⿰石冓,罸也。《埤蒼》: ⿰石冓,⿰石啇也。”《名義》抄同《原本》。《宋本》釋義用“碥”字,爲形近混淆。本部上出“⿰石啇”字:《宋本》:“⿰石啇,丁狄切。磓也。”《名義》:“⿰石啇,丁狄反。罰也。磓也。”《原本》:“⿰石啇,丁狄反。《廣雅》: ⿰石啇,罰也。《埤蒼》: ⿰石啇,磓也。”又如《宋本》:“渴,口遏切。頻飲也。《説文》曰: 盡也。亦作⿰氵歇。”《説文》:“渴,盡也。从水曷聲。”《名義》:“渴,口遏反。須飲也。盡也。”《原本》:“渴,口遏反。《周禮》渴澤用庶。鄭玄曰: 渴,故水處也。《毛詩》匪飢匪渴。野王案: 謂須也。《禮記》酒清人渴而不敢飲是也。《蒼頡萹(篇)》: 渴,涸也。《説文》: 渴,盡也。或以須飲之渴爲⿰氵歇字,在欠部。”對照《原本》“須也”義項、《名義》“須飲”義項,《原本・欠部》所援引《説文》亦作“須飲也”,知《宋本》“頻飲也”當改。又如《宋本・爨部》:“⿱𦥑鬲,巨容切。所以支曰鬲也。又方奉切。”《名義》:“⿱𦥑鬲,渠恭反。方奉反。以支臼鬲。”《説文》:“⿱𦥑鬲,所以枝鬲者。从爨省,鬲省。渠容切。”《宋本》釋義用“曰”字不辭。當據《名義》訂作“支臼鬲”,以曰、臼記號區別性降低而傳刻混淆。又如《宋本》:“崥,方爾切。峽崥,山足也。又步兮切,崥崹。”《名義》:“崥,方尒反。峡也。”《原本》:“崥,方尔反。《埤蒼》峡崥也。”《宋本》釋義爲“峽崥”,《原本》援引作“峡崥”,不知孰是。《名義》抄寫作“峡也”,照知應作“峡崥”,《宋本》傳刻爲誤。又如《宋本・巾部》:“⿰巾俞,思俱切。正端列。”《名義》:“⿰巾俞,思俱反。匹端裂。”按今本《説文》:“⿰巾俞,正端裂也。从巾俞聲。”諸本以“正端裂”爲釋,正匹楷化形近易混,對照《名義》作“匹端”爲是,應據《名義》改。又如《宋本》:“維,翼隹切。紘也,繫也,隔也。”《名義》:“維,翼錐反。聯結也。豈也。隅也。”《原本》:“維,翼錐反。……《廣蒼》:維,豈也。維,隅也。”按《名義》釋義抄“隅”作“隅”,《宋本》作“隔”,爲形近而誤,當從《原本》作“隅”。隅—隅—隔,爲其過渡鏈條。設若没有《名義》抄寫貯存形體,今天已經無法認識《玉篇》是如何由“隅”變異爲“隔”的。又如《宋本》:“餣,於劫切。餈也。”《原本》:“餣,於劫反。《方言》餌或謂之餣。《廣蒼》:餣,深也。”按《名義》:“餣,於劫反。粢也。”《原本》釋義援引《廣蒼》用“深”字,二抄本同,深、粢形近,《名義》用“粢”字,《宋本》用“餈”字。餈、粢異體字,《原本》《宋本》用字皆當據《名義》改。

(6)《名義》傳抄,保存字形結構演變綫索。例如《宋本》:“封,甫龍切。大也,厚也。鄭玄曰:起土界也。《大戴禮》:五十里爲封。《白虎通》曰:王者易姓而起,天下太平功成,封禪以告太平。封者金泥銀繩,或曰石泥金繩,封之以印璽。孔子升太山,觀易姓而王,可得而數者,七十餘封是也。𡉚,古文封。或作㞷。”《説文》:“封,爵諸侯之土也。从之从土从寸,守其制度也。公侯,百里;伯,七十里;子男,五十里。徐鍇曰:各之其土也。府容切。㞷,古文封省。𡉚,籀文从丯。”《名義》:“封,甫龍反。厚也。長也。國也。爵也。增也。”按《宋本》所關聯㞷、封異體,其實㞷爲封之聲符,《説文》分析“封”字結構爲“从之从土从寸”,不憚破碎支離。大致到南北朝時期,對於㞷字構形認識已經失落其溯,《名義》即歸《山部》:“㞷,甫庸反。古封字。界也。厚也。”《説文》仍歸《之部》:“㞷,艸木妄生也。从之在土上。讀若皇。徐鍇曰:妄生謂非所宜生。《傳》曰:門上生莠。从之,在土上。土上益高,非所宜也。”又如,《説文》:“氐,至也。从氏下箸一。一,地也。”楷化氏、氐區別性降低,於是“氐”旁加丶筆,氐則楷近“互”形:大要皆爲增加區別的措施。《名義》傳抄,與此對應,形成區別特徵:“氐=互”,但“氏≠互”。《名義》所傳抄楷字,適爲南北朝與隋唐楷字使用字分界。稍廣其例如:低,南北朝《馬龜墓誌》從氐聲之“低”

作⿰亻互,《元譚妻司馬氏墓誌》作⿰亻互;《名義·人部》抄同,即《門部》:"閿,妄震反。⿰亻互目視人也。"釋義亦抄用"⿰亻互"字。邸,南北朝《元謐妃馮會萇墓誌》作⿰互阝,《元朗墓誌》作⿰互阝,《名義·邑部》抄同。耻,《名義·耳部》抄從互形,釋爲:"之忍反。告也。軫告也。"呧,《名義·口部》:"⿰口互,都禮反。訶也。呰也。"抵,《名義·手部》:"⿰扌互,都禮反。擢也。刺也。擠也。"且《手部》釋義用字亦如此:"排,薄階反。⿰扌互也。推也。"呧⿰口互、邸⿰互阝、坻⿰土互、低⿰亻互、抵⿰扌互等組,皆爲異體。而《名義》字形從氏者抄作互、從氏者仍從氏,參見上出《氏部》,又井然不混,犁然有别。《說文》:"氏,巴蜀山名岸脅之旁箸欲落墯者曰氏,氏崩,聞數百里。象形,乀聲。凡氏之屬皆从氏。《楊雄賦》:響若氏隤。"南北朝《寇憑墓誌銘》作氏,《名義》傳抄楷字同,於右旁增加丶筆作爲氏、氏記號區别,氏及以氏爲聲符結構,則不加區别記號。又《名義》於此關聯"坻"字,堪爲楷字斷代分際標誌:《名義·土部》:"坻,都礼反。阪也。"《說文》:"坻,箸也。从土氏聲。"《左傳·昭公二十九年》:"物乃坻伏,鬱湮不育。"杜預注:"坻,止也。"自開成石經訛作"坻",以後《左傳》《釋文》《廣韻》皆作"坻",《宋本》貯存"坻"字,參見本部有關字條,南北朝尚不訛:如從氏形,《名義》必抄作互形:堪爲南北朝與唐代用字時間分界,此爲範例。參見所抄《氏部》有關字類。又如《宋本》:"⿱須冄,如廉切。頰須也。"《說文》:"⿰冄須,頰須也。从須从冄,冄亦聲。臣鉉等曰:今俗别作髯,非是。"《名義》:"⿰冄頁,如獮反。頰須也。"按《名義》字形"冄"聲位於左下角,同《說文》小篆;逮及《宋本》,已變爲上須形下冉聲的結構,《名義》楷化對應小篆。又如《宋本》:"⿰口県(刻寫從口從県形),古吊切。聲也。亦作叫。"《說文》:"嘄,聲嘄嘄也。从口梟聲。"《名義》:"⿰口臬(楷字抄從口從臬形),古吊反,叫也,鳴聲也。"按《宋本》形音義對應來看,從県得聲,不應讀爲"古吊切"。金文"縣",從木從絲系首形(縣妃簋 仲義簠 部 鐘)。《宋本》所存從県形,跟《說文》"縣"字相連繫:"繫也。从系持県。"《名義》價值之一,就在於往往可以補具字形中間傳播變異的綫索。《名義》所存篆文作

“嗅”,而楷書就變異爲從口從臬形:也就是説,從口從臬形,實際是從臭形之混。臬形接近県形,由此而產生嗅、喂分歧。從上述聯繫來看,這裏將係傳抄訛變的《宋本》所貯存的從県字形,與《名義》所傳抄的從臬楷書結構,都可以看作跟《説文》的嗅是一個對應單位。喂—嗅,《名義》篆文到楷書變異,補足《宋本》到《説文》的對應關係。

(7)《名義》傳抄,補正《原本》、《宋本》、今本《説文》等字書用字。《宋本》:“參,千含切。相參也,相謁也,分也,即三也。又所今切,星名。亦作曑。又楚今切,參差也。亦作篸。”《原本》:“叅,廣(厝)躭反。”按《名義》:“參,厝躭反。分也。”《原本》反切用廣字,係與厝形近抄寫而誤,據《名義》改。又如《原本》:“巘,魚優反。《毛詩》陟彼在巘。《傳》曰:小山別於大山者也。《爾雅》重巘隒。郭璞曰:山形如累兩甑也。又曰昆蹄研獻。《釋名》:甑一孔曰獻,山孤處以之爲名也。”按《名義》:“巘,魚偃反。別小山。”《宋本》:“巘,魚偃切。《爾雅》曰:重巘隒。謂山形如累兩甑皃。”《廣韻》:“山形如甑。語偃切。”《名義》用“偃”接近於“優”形,《原本》反切下字用“優”字係抄誤。又如《原本》:“硼,邑禹反。《埤蒼》硼磓坦悵外也。”反切上字,《原本》抄爲“邑”,對照起來係包、邑形近抄混。《名義》:“硼,包禹反。”《宋本》:“方宇切。硼磓,磑。”又如《宋本》:“倄,下交切。刺也。一曰痛聲。”《説文》:“倄,刺也。从人肴聲。一曰痛聲。”《名義》:“倄,下交反。剌也。痛聲也。”按《名義》釋義用“剌”字,“刺/剌—刺”,南北朝社會習慣使用“剌”字。對照可知《説文》《宋本》有關義項用“刺”字,爲形近混淆。同樣《宋本·衣部》:“袎,户界、古拜二切。衣裾也,刺(刺)膝也。又衣長皃。”《名義》:“袎,胡届反。剌膝也。衣長也。”對照《名義》釋義用“剌膝”字,知《宋本》“刺膝”爲“刺膝”之混,以楷化朿、朿記號區別性降低傳刻致混。又如《宋本·竹部》:“篙,古勞切。竹刺船行也。”《名義》:“篙,古勞反。剌舩竹也。”《宋本》傳刻作“刺船”,對照《名義》“剌舩”,顯見當係“刺船”之混淆。北魏《元均之墓誌》“雍州刺史”作剌。《摩訶僧祇律》卷三:“時比丘尼默然不應,便以篙擿船而去。"唐代玄應《一切經音義》卷十五:"(篙)謂刺船竹,以鐵爲鏃。"又如《宋本》:"侱,他井切。侹也。"《名義》:"侱,他井反。侹也。徑也。"按侱、徎異體字,《類篇》:"徎,丈井切,又丑郢切。《說文》:徑行也。又里郢切,又他鼎切。""侱,丑郢切,役也。又他頂切,徑也。"《龍龕手鑑》:"侱,丈并反,今作徎。雨後徑也。"《原本廣韻》:"徎,丈井切,雨後徑也。"《名義》抄出"徑也"義項爲貯存早見者。對照諸本,"侹"項未見用例,"侹"、"徑"楷化區別性降低而致混。然則《名義》第一次出現"侱"字,即並置"侹也"、"徑也"二項,且用字犁然有别:是互混自南北朝即肇其始矣。又如《宋本》:"霼,火利切。《說文》云:見雨而止息。"《說文》:"霼,見雨而比息。从覞从雨。讀若歆。"《名義》:"霼,欣衣反。見雨而止息。"《名義》:"霼,火利反。見雨止也。"對照《名義》兩次抄存用字,大徐本《說文》釋義用"比"字,當改爲"止"字。

(8)《名義》傳抄,補充今本《說文》等脱文異體。《說文》:"譁,讙也。从言華聲。"《宋本》:"譁,呼瓜切。諠譁。誇,同上。"《原本》:"譁,呼瓜反。《尚書》人無譁聽朕命。孔安国曰:無讙也。誇,《方言》:誇,然也。郭璞曰:亦應聲也。《說文》亦誇字也。《廣雅》:誇,應也。"《名義》:"呼(譁),[呼]爪(瓜)反。化也。然也。誇,譁字。應也。"按《原本》貯存《說文》異體,《名義》亦抄存,今本《說文》未之見。

(9)《名義》傳抄,存在大量字形破體情况。"卨=上同",《宋本》:"偰,相裂切。高辛氏之子爲堯司徒,殷之先也。亦作契。"《說文》:"偰,高辛氏之子,堯司徒,殷之先。从人契聲。"《名義》:"偰,相裂反。上同字。"按《名義》所抄"上同字"突兀,可能爲"卨"字傳抄之破體:段玉裁《說文》"偰"字注:"經傳多作契,古亦假卨爲之。"又如"兖=六允",《名義》:"羠,思六允(兖)反。羔。"按《宋本·羊部》:"羠,士兖切。羊也。"《名義》反切下字將兖抄寫破體爲六、允兩部分。又如"勥=強力",《宋本·力部》:"勥,渠月切。《說文》曰:強力也。"《名義》:"勥,渠月反。強力也。"按《說文》:"勥,勥也。从力厥聲。""倔強"本字,《宋本》傳刻破體爲"強力"二形。訛變之漸,遠播南北朝:《名義》傳抄破體,一分爲二,"勥"變"強力"。又如"翿=毒縣",《宋本·羽部》:"翢,徒刀、他刀二切。翿也。"《名義》:"翢,徒高反。毒縣也。"按《名義》傳抄字形破體。又如"懟=對心",《宋本·革部》:"鞅,於兩切。頸靼也,強也,對心(懟)也。"《名義》:"鞅,於兩反。荷也。強也。懟也。"對照《名義》所傳抄"懟也"項,知《宋本》也有傳刻破體之處,"對心"即是。《漢書·高帝紀下》:"北面爲臣,心常鞅鞅。"顔師古注:"鞅鞅,不滿足也。"《史記·高祖本紀》作"怏怏"。又如"晛=目戌",《宋本·目部》:"瞲,呼聿切。目深皃。又呼決切。晛、眛,並同上。"《名義》:"瞲,呼出反。目戌(晛),驚視也。眛,同上。"《名義》將晛字抄寫破體爲目、戌兩字。又如"裹=果衣",《名義》:"裝,俎良反。束。果衣。"《名義》傳抄釋義"果衣"項,無所從來。只能是"裹"字抄寫破體,而"裹"楷作上果聲下衣形者。"裹"楷這種結構,直到中唐如敦煌抄本《郭象注莊子南華真經》仍如此傳抄,見《大宗師品第六》"裹飯而往食之",敦煌本將"裹"字由中間包裹結構移位作上下結構作褁,這是敦煌寫本的用字習慣。又如"羣=君羊",《宋本·宀部》:"宭,九文、仇文二切。羣居也。"《名義》:"宭,仇文反。君羊居也。"《説文》:"宭,羣居也。从宀君聲。"《名義》釋義"君羊"爲羣字傳抄破體。又如《宋本·臣部》:"賾,仕革切。《易》曰:聖人有以見天下之賾。賾者,謂幽深難見也。"《名義》:"賾,仕革万反。幽深極稱也。"《名義》反切"仕革万反",日本學者白藤禮幸校字記以爲"万"字係衍文。其實從上下文關係來看,找不到導致"衍"的根據。根據《名義》傳抄字形多見"破體"即一形析爲二形的情形來看,我們認爲很可能也是"勱"字傳抄之"破體"。

三、義項特點

《名義》傳抄義項,以删繁就簡爲其基本特點。但與此同時,也保存了極其豐富的釋義信息。而且,所存有關義項不少爲他本所不見者。例如《宋本》:"軏,魚厥切。車轅端曲木。輗,同上。"《説文》:"軏,車轅端持衡者。从車元聲。”《名義》:“軏,魚厥反。鉤,衡。”按《名義》釋義所立鉤、衡義項,一著眼於形制,爲“鉤”,對應於“曲木”;一著眼於功能,爲“衡”,相應於“持衡”。義場建設方面《名義》也並非只是“損失”,而是在《原本》不存的情況下,傳承有關聯繫綫索。《宋本·步部》:“步,蒲故切。步行也,六尺爲步。”《名義》:“步,蒱故反。行也。惟也。補(酺)也。”按《名義》釋義當係補、酺形近抄混,但也屬貯存難得綫索。“酺”,災害之神名,或即旱災“縈布”之布,布從父得聲,酺從甫得聲,甫亦從父得聲。《周禮·夏官·校人》:“冬祭馬步,獻馬講馭夫。”鄭玄注:“馬步,神爲災害馬者。”賈公彦疏:“步與酺字異音義同。”又如《宋本·木部》:“桃,達高切。毛果也。”《名義》:“桃,達高反。桃,鬼所畏也,掃不祥也。”《名義》釋義,抄存民俗資料。《宋本》:“紿,徒愷切。疑也,欺也。”《説文》:“紿,絲勞卽紿。从糸台聲。徒亥切。”《名義》:“紿,徒愷反。疑也。緩也。”《原本》:“紿,徒愷反。《公羊傳》故相与往紿乎晉。何休曰:紿,疑也。疑讛於晉,齊人語也。《穀梁》惡公子之紿。劉兆曰:紿,相負欺也。《説文》絲勞即紿也。《廣雅》:紿,緩也。”《宋本》義項“欺也”,實際是解釋“詒”字,《名義》設“緩也”項,而不設“欺也”項,是符合南北朝文字使用實際的。《宋本》《名義》皆不取《説文》立項,大概是《説文》釋義過於費解:“勞”字慣用於人事,而不常施於一般物體之故。“絲勞”,勞猶勞損之勞,今語所謂“絲物破舊”。《名義》義項“緩也”,即本地風光,無待遠求:“勞,力高反。疲事也;疾劇也;懶也;助也。”“鬆散疲憊”狀態,無間寫人賦物。其實,在“勞民傷財”一類結構中,“勞傷”皆有損敝義。齊東方言中,描述物體陳舊不結實的狀態,俗語稱“絮紿”(記音),懶散不成形狀謂之“埋紿”(記音)……“本字”皆當作紿?紿、怠記録同源詞,又心理物理,理有相通。《名義》抄存釋義,有補於考察本字。又如《宋本·邑部》:“祁,渠夷切。太原縣。《左氏傳》云:晉賈辛爲祁大夫。又多也。”《名義》:“祁,渠夷反。怨也。謚也。大也。”《説文》:“祁,太原縣。从邑示聲。”《名義》貯存“祁”字“怨也、大也”義項,保存後世罕見的重要聯繫。《尚書·君牙》:“冬祁寒,小民亦惟曰怨咨。”蔡沈《集傳》:“祁,大也。”南朝梁代沈約《梁明堂登歌·歌黑帝》:“祁寒坼地,晷度回天。”《郭店楚墓竹簡·緇衣》文字作“日傛(溽)雨少(小)民隹(惟)曰悁晉冬旨(祈)滄少(小)民亦隹(惟)曰悁”,跟傳世文獻用字出入較大。《上海博物館藏戰國楚竹書·緇衣》文字編者隸定作“曰(日形相近而混用)傛(該字形右部上從日,下邊容符少一口形)雨,小民隹(惟)曰命;晉冬(冬字下部從日,見於《說文》所收録古文)耆(祈)寒,少(小)民亦隹(惟)曰令(整理者所釋“令”字實爲“命”字之誤)”。二出土文本基本接近。“冬祁寒”,兩個出土的文本一作“旨”,一作“耆”,都是“祁”的同音通假字。《尚書·君牙》日藏岩崎本等寫本,皆於“祁”字旁加注“大”字。《名義》保存“大也”義項,至於“怨也”項,則顯係聯類而及者,參見下文“聯類而及”。

1. 建立龐大義場,補出南北朝尚存的義項

《名義·足部》:“躅,馳録反。迹也。”按“祕躅”一詞,即“祕迹”,見於唐代顏真卿《多寶塔感應碑》文謂禪師“襲衡台之祕躅,傳止觀之精義”。但《宋本》雖經過唐人增字,所存躅字,仍不見該義項。《宋本·足部》:“躅,馳録切。蹢躅也。躅,同上。”《宋本》:“碊,子田、似千二切。坂也,移也。”《名義》:“碊,子由(田)反。拥(棚)也。皷也。”《原本》:“碊,子田、似田二反。……《蒼頡篇》:碊,拥(棚)也。《廣雅》:碊,跂也。《字書》蜀道也。野王案:《漢書》燒絶棧道是也。音土板反也。”《廣雅》:“碊,跂也。”碊、棚二字皆與“閣”發生關聯,見於王念孫《廣雅疏證》“釋詁三”。其實早貯存南北朝字書,只是《原本》將“朋”符抄爲“用”符,《名義》抄同。《宋本》:“譯,餘石切。傳言也。”《說文》:“譯,傳譯四夷之言者。从言睪聲。”《原本》:“譯,餘石反。《礼記》:五方之民,言語不通,嗜欲不同,達其志,通其欲,北方曰譯。鄭玄曰:問之名也。依其事類耳。《方言》:譯,傳也。譯,見也。郭璞曰:傳語即相見也。《說文》傳四夷之語也。”《名義》:“餘,余石反。傳也。見也。教道也,度語也。”按《名義》釋義貯存《原本》等所不見“教道也,度語也”義項。又如《原本》:“餘,呼廢反。《埤蒼》飲矣也。”《名義》:“餘,呼廢反。飲臭也。”按現存字書《宋本》脱文,見於《廣韻》:“許穢切,去廢,曉。食物變味發臭。”又如《宋本》:

“鰥,古頑切。魚名。又老而無妻曰鰥。”《説文》:“鰥,魚也。从魚眔聲。李陽冰曰:當从罬省。”《名義》:“鰥,古頑反。大魚。”《名義》貯存“大魚”義項,“鰥寡”雙音成詞。《詩經·齊風·敝笱》:“敝笱在梁,其魚魴鰥。”毛傳:“鰥,大魚。”又如《宋本》:“鱮,似吕切。魚名。魣,同上。”《説文》:“鱮,魚名。从魚與聲。”《名義》:“鱮,徐與反。似魴,弱。魣,同上。”《名義》貯存“弱”義項。又如《宋本》:“魴,扶方切。赤尾魚。鰟,籀文。”《説文》:“魴,赤尾魚。从魚方聲。符方切。鰟,魴或从旁。”《名義》:“魴,狀(伏)方反。鮮。鰟,同上。”《名義》貯存“鮮”義項,魴、鰟、鯿聲母僅是輕重唇音的分化。又如《宋本》:“魵,逢粉切。魚名。”《説文》:“魵,魚名。出薉邪頭國。从魚分聲。”《名義》:“魵,豊粉反。蝦也。”後世字書設立“蝦”義項時,僅以《龍龕手鑑·魚部》爲據:“魵,蝦别名也。”據《名義》貯存,南北朝字書應該就有反映。又如《宋本》:“鰧,大曾切。魚似鯽,蒼文赤尾。”《名義》:“鰧,徒曾反。如鯫也。”《名義》貯存義項,爲各本所缺。又如《宋本》:“撲,普鹿切。《書》曰:其猶可撲滅。又音雹。”《説文》:“撲,挨也。从手菐聲。”《名義》:“撲,普鹿反。挨也。投也。打也。”《名義》所存“投也”義項,今語文工具書徵引文獻皆係晚出。

《宋本》:“噱,渠略切。嗢噱也。《説文》云:大笑也。嘘,同上。”《名義》:“噱,渠略反。大笑也。倦也。”《名義》釋義貯存“倦也”項,字書他本所不見。《文選·揚雄〈羽獵賦〉》:“野盡山窮,囊括其雌雄;沇沇溶溶,遙噱乎紘中。”李善注引晉灼曰:“口之上下名爲噱。言禽獸奔走倦極,皆遙張噱吐舌於紘網之中也。”一説噱,意爲疲憊,倦、噱音近。《名義》保存了這一罕見的説法。《宋本》:“仗,直亮切。器仗也。莊子以劍見問曰:夫子所御仗。”《名義》:“仗,直亮反。刀戟惣名也。持也。”按《名義》釋義所列兩項,兼具體用兩邊。現有語文工具書所出記録動詞的用例很晚。又如《宋本》:“但,達亶切。語辝也。”《説文》:“但,裼也。从人旦聲。”《名義》:“但,徒亶反。徒也。拙也。袒也。鈍也。”《名義》“但”次“儻”“倞”之間。“但”字本爲“袒”之古文:《説文》釋爲“裼也”,《名義》釋爲“袒也”。但、袒皆從旦得聲。《宋本》:“控,枯洞切。《詩》曰:控於大邦。

控,引也。"《說文》:"控,引也。从手空聲。《詩》曰:控於大邦。匈奴名引弓控弦。"《名義》:"控,枯同反。引也。赴也。弦也。"《名義》"赴也"項,保存文獻罕見用法:《詩經·墉風·載馳》:"我行其野,芃芃其麥,控於大邦,誰因誰極。"馬瑞辰《通釋》:"《傳》、《箋》訓控爲引,未免迂曲。《一切經音義》卷九引《韓詩》曰:控,赴也。是也。赴、訃古通用。《說文》有赴無訃。《既夕》注:赴,走告也。控於大邦,即謂走告於大邦耳。"又如《宋本》:"甹,普丁切。使也。"《說文》:"甹,使也。从人甹聲。"《名義》:"甹,普丁反。辨也。俠也。"《名義》釋義所存義項"辨也",他本所不見。平、甹音同通用,平,辨也。見《尚書文字校詁·堯典》"平章百姓"、《洛誥》"予齊百工,伻從王于周"等條。[1]

2. 義項抄寫以省減爲特色,導致義項信息損失和語言結構完整性的破壞

《名義》傳抄爲便於使用,提取要點,設立爲項目,不考慮本義引申義的邏輯序列。以《原本·糸部》抄存"純"字與《名義》傳抄情況對照爲例。《原本》:"純,時均反。《論語》:麻冕,礼也,今也純,儉。孔安国曰:古者績麻卅升布以爲冕,今絲易或□儉也。《尚書》:政事惟純。孔安国曰:純,粹也。野王案:純,至美也。《周易》大哉乹乎,堅強中正,純粹精也是也。又曰嗣尔股肱純。孔安国曰:為純一之行也。《儀礼》礼笄為純。鄭玄曰:純猶令也。《考工記》:諸侯純九,大夫純五。鄭玄曰:純猶皆也。《左氏傳》:穎考叔純孝也。杜預曰:純,篤也。《國語》守終純固。賈逵曰:純,專也。《論語》縱之純如也。何晏曰:純純和諧也。《尔雅》:大也。野王案:《尚書》純佑康得、《毛詩》錫尔純嘏是也。《方言》:純,好也。又曰純,文也。《廣雅》:純,績也。純,絲也。鄭玄注:《礼記》古文績字。或作絲旁,□所以書家多誤以繒爲純字。《說文》以專粹皆之純爲醇字,在酉部;訓大之純爲奄字,在大部。又音之潤、之九二反。《周礼》凡立市出其度量純制。杜子春曰:純謂幅廣也。又曰司几莚常設莫席純。

[1] 臧克和《尚書文字校詁》"平章百姓"諸條,上海教育出版社1999年。

鄭衆曰：純，緑(緣)也。《儀礼》純衣繻帶。鄭玄曰：純，絲衣也。《穆天子傳》獻錦組百純。郭璞曰：純，端名也。《周礼》純帛不過五兩是也。又音徒損反。《毛詩》白茅純束。《傳》曰：純，苞之也。"《名義》："純，時均反。粹也。至美也。合也。緣也。文也。皆也。專也。大也。好也。"所傳抄義場基本提取了《原本》所釋義項要點，否則，難以卒讀而不便翻檢使用。其中"皆也"項，又見《名義・酉部》："醇，時均反。粹也。皆也。篤也。專也。"《宋本》首列"絲也"項，據《說文》，反映了《宋本》改動之後設立義項的一般特點：義項系統，如《說文》貯存，則先列《說文》釋義，不管結構分析。《原本》、《名義》根據所援引書證文獻的時代先後而排列，並不再考慮本義引申義的邏輯序列。《名義》傳抄義項，從楷化結構實際出發，不再顧及《說文》結構分析特點。《宋本》仍其舊，奠定了楷字貯存的基本格式。

有些傳抄省便的情況，往往令人費解。《宋本・女部》："嬇，胡内切。女字。"《名義》："嬇，胡憒反。生六子也。"按《名義》貯存義項所本當爲《史記・楚世家》："吴回生陸終。"唐代司馬貞《索隱》："《系本》云：陸終娶鬼方氏妹，曰女嬇。"是"生六子"者即"生陸終"之傳抄省便也：陸從坴得聲，坴從圥得聲，圥即宊之楷化變形，宊亦從六得聲。"生陸終"竟然簡便爲"生六子"，中間也許還有抄手想當然的加工改造。《說文》："扣，牽馬也。从手口聲。"《名義》："扣，祛後反。擊也。持也。舉也。誠也。馬也。"《類篇》："扣，去厚切，《說文》：牽馬也。又丘候切，擊也。"《名義》抄存義場，義項以便於抄省爲務，影響到義項的完整性。"牽馬"抄省爲"馬"即其顯例。《宋本・心部》："惝，尺掌切。惝怳，失志不悅皃。"《名義》："惝，充壤反。悅也。"《名義》釋義抄省甚至導致誤解。

釋義所用大量雙音節詞，《名義》往往不當省而省，表現出抄手對漢語結構理解存在問題。《宋本》："俾，必弭切。《書》曰：有能俾乂。俾，使也。"《說文》："俾，益也。从人卑聲。一曰俾，門侍人。"《名義》："俾，北介反。使也。從也。職也。倪也。"《名義》所釋"倪"項，是將"俾倪"連綿詞機械割裂的結果：《墨子・備城門》："俾倪廣三尺，高二尺五寸。"《左傳・宣公十二年》"守陴者皆哭"，晉代杜預注："陴，城上俾倪。"孔穎達疏:"陴,城上小牆。俾兒者,看視之名……陴堞、俾倪、短牆、短垣、女牆,皆一物也。"例多不備舉。

3. 訂正《宋本》釋義

《宋本》:"崥,方爾切。峽崥,山足也。又步兮切,崥嵭。"《名義》:"崥,方爾反。峡也。"《原本》:"崥,方爾反。《埤蒼》峡崥也。"按《宋本》釋義爲"峽崥",《原本》援引作"峡崥",不知孰是。《名義》抄寫作"峡也",可知應作"峡崥",《宋本》傳抄爲誤。《宋本》:"珩,下庚切。《說文》云:佩玉,所以節行步也。"《說文》:"珩,佩上玉也。所以節行止也。从玉行聲。"《名義》:"珩,何羹反。佩上衡也。"《宋本》援引《說文》,文字有異。對照《名義》,"佩玉"當作"佩上玉",爲玉佩上端的佩件之稱。珩從行得名。《宋本》:"祳,時忍切。祭社生肉也,俎實也。"《說文》:"祳,社肉,盛以蜃,故謂之祳。天子所以親遺同姓。从示辰聲。《春秋傳》曰:石尚來歸祳。"《名義》:"祳,時軫反。祭社稷之肉也。"對照《名義》,《宋本》"生肉"爲"之肉"之誤,《說文》小篆、魏晉南北朝墓誌碑刻文字"之"從"生"中間缺横筆,《宋本》傳刻過程中將"之"誤作"生"。《宋本》:"曷,何葛切。何也,逐也,盍也。《爾雅》曰:止也。"《原本》:"曷,何葛反。《尚書》焉虗曷何也。《毛詩》曷云能槃。《傳》曰:曷,逯也。又曰曷予竫之。《傳》曰:曷,害也。《尔雅》:曷,盍也。郭璞曰:盍,何不也。"《原本》援引書證既省且誤。《尚書注疏》:"其五曰:嗚呼曷歸?予懷之悲。《傳》:曷,何也。"《名義》:"曷,何葛反。何也。逮也。害也。盍也。"《詩經·小雅·四月》:"我日構禍,曷云能穀?"毛傳:"曷,逮也。"孔穎達疏:"逮何時能爲善?"《原本》釋義抄爲"逯也",無間影印抑或重抄本,《宋本》作"逐也",皆形近之混。《名義》抄爲"逮也",貯存準確。又如《宋本》:"哯,乎典切。不顧而吐也。哹,同上。"《說文》:"哯,不歐而吐也。从口見聲。"《名義》:"哯,不歐而吐也。"《宋本》釋義"不顧而吐",與《廣韻·上銑》同,《龍龕手鑑》:"哯,今音現,小兒飲乳也。又不顧而吐也。"對照《名義》《說文》,皆係"不歐而吐"之誤。

4. 義項抽象

《宋本》:"緖,口皆切。大絲也。"《說文》:"緖,大絲也。从糸皆聲。"

《原本》:"緍,口皆反。《說文》大絲也。"《名義》:"緍,口皆反。絲。"《名義》釋義省作"絲",外延過大:《名義》傳抄,以省減抽象爲特點。《宋本》:"髾,苦閑、口瞎二切。鬝秃也。"《說文》:"髾,鬢秃也。从髟閑聲。"《名義》:"髾,楷瞎反。秃也。"《名義》傳抄釋義,省略限定,外延擴大,内涵抽象。《宋本》:"鬆,先凶、私宗二切。亂髪皃。鬏,同上。"《名義》:"鬆,先匈反。亂皃。"按《名義》釋義抽象。又如《宋本》:"企,去智切。《說文》云:舉踵也。《詩》云:如企斯翼。跂,古文。"《說文》:"企,舉踵也。从人止聲。跂,古文企从足。"《名義》:"企,去豉反。望也。跂,古文。"《名義》釋義抽象出"望"項。《三國志·吴志·周魴傳》:"不勝翹企,萬里託命。"南朝陳代徐陵《爲陳武帝作相時與嶺南酋豪書》:"天涯藐藐,地角悠悠;言面無由,但以情企。"

5. 聯類而及

《宋本·宀部》:"寫,思也切。盡也,除也,置物也。"《名義》:"寫,思野反。除也。翻舍也。憂也。憐也。裎也。盡也。"《名義》釋義"憂也"項,其實是揭示所出語境,實屬聯類而及:《詩經·邶風·泉水》:"駕言出遊,以寫我憂。"毛傳:"寫,除也。"義項設置,在於搭配關聯。又如《宋本》:"禦,魚舉切。禁也。又當也。"《名義》:"禦,魚舉反。禁也。當也。侮也。止應也。祠也。"《名義》至於義場設"侮也"項,實際上是所釋"禦"相關聯的支配對象部分,這裏稱爲"支配項",此亦是《名義》義場龐大因素之一。又如《宋本》:"侗,吐公、敇動二切。《論語》曰:侗而不願。侗謂未成器之人。"《名義》:"侗,吐公、勅動二反。大也。願也。"《名義》釋"願也",實際上是"侗而不願"聯類而及者,"侗而不願"本指幼稚無知:《論語·泰伯》:"狂而不直,侗而不願,悾悾而不信,吾不知之矣。"又如《宋本》:"伉,去浪切。《左氏傳》云:已不能庇其伉儷。伉,敵也。"《名義》:"伉,苦浪反。敵也。儷也。耦也。""伉儷"雙音成詞,《名義》釋"儷"爲"伉儷",係聯類而及者。《宋本》:"莅,力致切。《詩》云:方叔莅止。莅,臨也。"《名義》:"莅,力悸反。衆也。視也。位也,何也。臨也。"《名義》義項"衆也"爲聯類而及者:《易·明夷》:"明夷,君子以莅衆。"孔穎達疏:"君子能用此明夷之道以臨於衆。"《宋本》:"控,枯洞切。《詩》曰:控于大邦。控,引也。"《説文》:"控,引也。从手空聲。《詩》曰:控于大邦。匈奴名引弓控弦。"《名義》:"控,枯同反。引也。赴也。弦也。"《名義》"弦也"項,爲聯類而及:《史記·匈奴列傳》:"是時漢兵與項羽相距,中國罷於兵革,以故冒頓得自強,控弦之士三十餘萬。"《宋本》:"倮,力果切。赤體也。"《名義》:"倮,力果反。脱衣露袒也。又裸也。"《名義》關聯倮、裸異體。《宋本·羊部》:"群,巨云切。朋也,輩也。"《名義》:"羣,渠軍反。輩,三力羣。帬,同上。"《説文》:"羣,輩也。从羊君聲。臣鉉等曰:羊性好羣,故从羊。"《名義》以"同上"關聯羣、帬字,實乃同音聯繫:帬、裙異體。《宋本》:"偟,胡光切。《爾雅》曰:暇也。"《名義》:"偟,胡光反。暇也。況也。""偟""況"古音近而借用,漢石經"皇"字多作"兄"。倮、偟字,釋義聯類而及,屬於音同音近字的聯繫類型。《宋本·辵部》:"迅,綏閏切。疾也。又音信。"《名義》:"迅,綏閏反。疾也。雷風烈也。"《名義》釋義有時只是找到所出現語境用例,如《論語·鄉黨》:"迅雷風烈必變。"《名義·木部》:"樸,普角反。治也。削也。真也。"《説文》:"樸,木素也。从木菐聲。"《文選·左思〈魏都賦〉》:"左則中朝有赩,聽政作寢,匪樸匪斲,去泰去甚。"李善注引孔安國曰:"樸,治。"《名義》釋義"削也"義項,係關聯用字語境:《商君書·靳令》:"十二者成樸,必削。"《宋本》:"姚,俞招切。舜姓也。"《名義》:"姚,与招反。易也。好也。妖姚也。"《名義》義項他本多不見者,而"易也"項,係"姚易"聯類而及:《説文》:"姚,虞舜居姚虚,因以爲姓。从女兆聲。或爲姚,嬈也。《史篇》以爲姚易也。"《類篇》:"姚,餘招切。《説文》:虞舜居姚虚,因以爲姓。或爲姚嬈也。《史篇》以爲姚易也。"又如《宋本》:"俯,靡卷切。低頭也。《説文》音俯。"《説文》:"頫,低頭也。从頁,逃省。太史卜書,頫仰字如此。楊雄曰:人面頫。臣鉉等曰:頫首者,逃亡之皃,故从逃省。今俗作俯,非是。方矩切。俛,頫或从人、免。"《名義》:"頫,靡卷反。仰也。"當係"俯仰"聯類誤及者。

大量"聯類而及"傳抄義項,其實是"隨用而設"的結果。《宋本·示部》:“祖,子古切。父之父也,道祭也,始也。”《名義》:“祖,子魯反。始也。轉也。居也。上也。摇也。本也。解也。法也。”《名義》所列義項有相當部分只是“隨用而設”,不作爲一種常態存在,在義場裏没有可以作爲義位的位置。像“居”可能是編者因見到“祖居”的用例而設,“上”也許是因爲看到“祖上”而設,“法”也許是看到“祖述……”和“憲法……”並用而設,如此等等。

另外,《名義》傳抄釋義過程中使用“同上”術語,或關聯雙音合成詞結構,或關聯同音字,不獨爲異體字關聯所用術語。例如《宋本·馬部》:“驙,徒亘切,又天登切。”《名義》:“驙,徒亘反。同上。”“駿驙”雙音成詞,《名義》“同上”所關聯者爲詞,上已揭出。又如《宋本·馬部》:“驎,扶元切。驎駤,止也。或作樊。”《名義》:“驎,扶園反。止也。”《宋本》:“駤,竹利切。驎駤。”《名義》:“駤,征利反。同上。”《名義》此類釋義“同上”者,爲雙音成詞關聯標誌,即以“同上”注明音節結構關係。雙音成詞,上字既出,接下抄省,僅以“同上”關聯,堪稱“互見相足”之體。

四、讀音抄存

1.《名義》傳抄,保存後世罕見讀音,或反映爲異讀,補充南北朝語料

《宋本·犬部》:“猭,丑船切。獑猭。”《名義》:“猭,瑜掾反。同上。”按《廣韻》丑緣切,平仙,徹;丑戀切,去線,徹。《集韻》尸連切,平仙,書。《名義》抄存後世韻書罕見讀音。又如《宋本》:“覘,時遶切。見也。”《名義》:“覘,曉繞反。見也。”《名義》反切上字抄用“曉”,證明後世字書所存以“堅”爲反切上字讀音屬於存古的情況:《康熙字典》:“覘,《唐韻》《集韻》並市沼切,邵上聲。見也,召也。又《集韻》時照切,音邵,義同。又《字彙補》堅堯切,音驍,覷也,遠也。”又如《宋本》:“持,直之切。握也。”大徐本《説文》:“持,握也。从手寺聲。直之切。”《名義》:“持,達饑反。握也。”按《名義》反切上字用“達”,貯存南北朝古音分化孑遺。又如《宋本》:“捋,力括切。《詩》曰:薄言捋之。捋,取也。”《説文》:“捋,取易也。

从手寽聲。郎括切。"《名義》:"捋,力活反。取也。易也。劣也。"按《名義》"劣也"係抄存"又音",《康熙字典》:"《集韻》龍輟切,音劣,采也。"又如《宋本》:"龏,紀庸切。"《說文》:"龏,慤也。从廾龍聲。紀庸切。"《名義》:"龏,乙角反。獨敖也。"按字形《名義》反切上字用"乙",《類篇》:"龏,居容切,《說文》:慤也。又居用切,又乙角切。"今語文工具書標注多音,僅是參酌《廣韻》反切異讀,反映語音變化已晚。又如《說文》:"艱,土難治也。从堇艮聲。古閑切。囏,籒文艱从喜。"《名義》:"艱,居閑反。難也。囏,古文。難艱字,旅擬反。"《廣韻》古閑切,《名義》又貯存"旅擬反",則南北朝曾經將籒文囏分析爲從喜得聲,似頗可證中古音尚存來母、見母互諧的輔音結構。又如《宋本·止部》:"堂,直庚切。歫也。"《說文》:"堂,歫也。从止尚聲。丑庚切。"《名義》:"堂,徒郎反。距也。又根也。"抄存舌頭古音。

2.《名義》反切注音及形聲結構,反映了唐抄本所存字際關係

例1,《宋本》:"輷,呼萌切。車聲。軥,同上。轟,同上。"《說文》:"轟,羣車聲也。从三車。"《名義》:"輷,呼萌反。軥,同上。"《名義》:"轟,呼萠反。群車聲。"《原本》:"輷,呼萌反。《史記》輷輷殷殷若有三軍之衆。《蒼頡篇》:輷輷,聲也。《聲類》亦轟字也。軥,《字書》亦輷(輷)字也。"《原本》:"轟,呼萌反。《說文》羣車聲也。"《原本》字形"輷"從車從旬,《名義》抄同,且《名義》隨形注音爲"呼萌反"。唐釋慧琳《一切經音義》卷十七:"轟,亦作輷。"《集韻·耕韻》"轟"下:"或作輷。"是知唐時字書還貯存輷字,並作爲轟的異體保存。《原本》《名義》等貯存了輷這一形體,等於補具了從南北朝到唐代該字形體貯存的聯繫鏈條。輷字從旬,又必定在讀音上有所聯繫。《集韻·諄韻》:"軥,或从旬。敕倫切。"《名義》貯存"呼萌反。軥,同上",還保存了該形體南北朝時期的讀音聯繫。而《原本》《名義》以及《宋本》所貯存的異體軥形,也應是從勻得聲構造的。由此既可看出唐抄本《名義》對於恢復南北朝文字形音義系統的特殊價值,同時又可發現《名義》抄本跟現存《原本》殘卷雖屬同一系統,但又各有所本。

例2,《宋本·車部》:“輆,口亥切。輆軩,不平。”《名義》:“輆,口亥反。䡟,不平。”《原本》:“輆,口亥反。《廣雅》:輆䡟,不平也。”按軩從台得聲,䡟從止得聲。止、台古音,同歸之部。“止”字語音地位爲“諸市切,止開三上止章”,“台”爲“蟹開一平咍透”。《原本》“軩”字結體保存從止聲的結構,說明南北朝止、台字尚未分爲止、咍二部。下出字條同,《名義》抄同。南北朝文字系統中應該存在從車止聲的“輆軩”字。《廣雅·釋訓》“輆軩”字從止,王念孫《疏證》以爲《玉篇》《廣韻》並作“輆軩”,所出未聞。高郵王氏所見,已落後塵。“輆軩”雙音成詞,《宋本·車部》:“軩,徒改切。輆軩。”《名義》:“䡟,徒改反。輆。”《原本》:“䡟,徒改反。《埤蒼》:輆䡟,不平也。”《原本》所用軩字從止,《名義》抄同。同樣說明南北朝文字系統中存在從車止聲的“輆䡟”字,而且當時止、台可能尚未分韻。

例3,《宋本》:“碫,都亂切。礪石也。”《名義》:“碫,都叚(段)反。石也。”《原本》:“碫,都叚(段)反。《毛詩》取厲取碫。《傳》曰:碫,石也。《箋》云:可以爲瑕質也。《說文》:《春秋》鄭公孫碫字石,或爲瑕字,在阜部。”《名義》:“碬,丁加反。高下也。”《宋本》:“碬,下加切。碚碬,高下也。”《說文》:“碬,厲石也。从石叚聲。《春秋傳》曰:鄭公孫碬字子石。乎加切。”按字形結構聲符爲段,《說文·殳部》分析段字小篆結構爲“椎物也。从殳,端省聲”。南北朝石刻“段”字有的就接近“叚”形,如北魏正光四年《段峻德墓誌》所作。《名義》《宋本》本部中“碫”“碬”分別貯存,所從段、叚作爲聲符記號楷化區別性降低。根據《原本》所援引《說文》傳抄的《春秋》文字,今本《說文》相對應的只能是“碫”字;根據古人名字對應關係,也只能是“公孫碫”。如此看來,今本《說文》“碫”字小篆傳抄、隸定楷化、宋人所加反切,都跟所貯存釋義所援引書證之間發生錯位,今本《說文》脫“碫”字。傳世文獻以訛傳訛:《毛詩注疏》:“篤公劉,於豳斯館,涉渭爲亂,取厲取鍛。《傳》:館,舍也。正絶流曰亂。鍛,石也。《箋》云:鍛石,所以爲鍛質也。厚乎公劉,於豳地作此宫室,乃使人渡渭水,爲舟絶流,而南取鍛厲斧斤之石,可以利器用,伐取材木。”是諸本叚、段早就混淆,但《毛詩注疏》該處,從韻讀來看,只能是碫字。《春秋左傳注疏》

“鄭公孫叚”,《正義》:“公孫叚,伯石也。”《欽定四庫全書考證》:“碬字注,鄭公孫碬。案:碬,《左傳》作段,此據《說文》。”已經莫可究詰。傳世文獻用字,淆而不分,以訛相承,莫之或省。

例4,《宋本》:“絚,古于、古兩二切。成公四年,鄭伯絚卒。”《名義》:“絚,古賢反。人名。”《原本》:“絚,古賢、古兩二反。《公羊傳》:成公四年,鄭伯絚卒。”按《原本》字形作絚,反切注音爲“古賢反”,賢從臤得聲,臤,《說文·臤部》:“堅也。从又臣聲。凡臤之屬皆从臤。讀若鏗鏘之鏗。古文以爲賢字。”《十三經注疏·左傳正義·成公四年》作“鄭伯堅”。看來字形本從臣作絚,《原本》存真,《名義》從巨爲抄誤,表明所傳抄不一定爲同一抄本。南北朝石刻用字如北齊《宋敬業等造塔頌》“神仙之宫,詎得方其麗”、“□灼法炬,晃朗慧目”中詎、炬字,所從巨形,又如北齊《光州刺史鄭述祖天柱山銘》“南臨巨海,北眺滄溟”、“禮義以成規矩,仁智用爲樞機”中巨、矩字,都寫作臣形而少上一豎筆。這個記號化的過程,恰好爲由臣到巨的形體過渡。《名義》從巨爲抄誤,《宋本》也誤。又《宋本·石部》“磲”:“鉅於切。硨磲。”《名義》:“磲,鉅於反。硨。”《原本》:“磲,鉅於反。《字書》硨磲也。”字形所從渠聲中的巨形,及反切上字巨所從的巨形,《原本》悉抄近“臣”形,《名義》俱抄同。《宋本·言部》“詎”:“詎,其吕、渠據二切。止也,至也,格也。”《說文新附》:“詎猶豈也。从言巨聲。其吕切。”《名義》:“詎,渠據反。止也。至也。格也。搶也。”《原本》:“詎(詎),渠摅反。《莊子》:庸詎(詎)知吾所謂知之,非不知乎?庸詎(詎)知吾所謂不知,非知之耶。《史記》且蘓君在儀寧詎(詎)能此乎?《漢書》詎(詎)有其人。《字書》或岠字也。岠,至止也,格也,搶也,在止部,音渠舉反。《字書》或爲距字,在足部。”字形所從巨聲,《原本》抄作近臣形,羅本、黎本皆抄同,唐抄《名義》亦抄同,從敦煌抄本使用楷字情形來看,大致到中唐時期,還是巨、臣記號並出混用。巨、臣記號區別性降低導致抄混,合乎南北朝石刻楷字俗寫習慣,可以合觀共參。《宋本》反切用字下字“干”“于”等記號形近而混,擬音者亦多誤。致誤的原因在於音隨形變,即追隨字形結構的變化,哪怕字形結構某一階段的變化是一種訛變,也不惜扭曲語言結構。從這個意義來説,文字傳播過程中貯存了一些客觀上並不存在的音節,即由反切形式所固定下來的語音結構單位。[1]

3.《名義》反切用字,反映當時注音水平

《宋本·貝部》:"賢,下田切。"《説文》:"賢,多才也。从貝臤聲。胡田切。"《名義》:"賢,胡賢反。"按《名義》所傳抄反切用字"胡賢反",等於被切字,類等邏輯學之循環。又如《宋本·行部》:"衢,近虞切。四達道也。"《名義》:"衢,衢虞反。交道四出也。"《名義》反切抄爲"衢虞反",是以被切字爲用。又如《宋本·衣部》:"被,皮彼切。衾也,幭也。又皮僞切,加也,及也。"《名義》:"被,皮被反。"《説文》大徐本作"平義切"。《名義》反切作"皮被反",相當於以被切字作反切字。又如《宋本·心部》:"怒,奴古切。"《名義》:"怒,怒古反。責恚也。"《名義》以被切字作爲反切用字。又如《宋本·心部》:"愾,許氣切。癡也。"《名義》:"愾,許愾反。息也。静也。"《名義》反切下字抄用"愾"字:以被切字爲注音字。又如《宋本·共部》:"戴,多代切。奉也,在首也,事也。"《名義》:"戴,都戴反。奉也。事也。餝也。"《名義》反切抄用"都戴"字,是以被切字爲注音,是知傳抄所本反切尚不成熟。《宋本·辰部》:"辱,如燭切。"《名義》"如辱反",《説文》大徐本"而蜀切"。《名義》以被切字作爲反切下字。《宋本·欠部》:"欣,虚殷切。喜也。"《名義》:"欣,忻欣反。樂也。"《名義》以被切字作爲反切下字,《原本》:"欣,虚殷反。"

至於反切用字的其他原則,如《宋本·邑部》:"鄺,巨諸切。聚名。"《名義》:"鄺,遽諸反。"反切上字抄用"遽",較之被切字差不多同樣複雜。又如《宋本·言部》:"誡,居拜切。警也,命也,告也。"《名義》:"誡,居瘵反。警也。告也。命也。"大徐本《説文》:"誡,敕也。从言戒聲。古拜切。"《名義》反切下字抄用"瘵",南北朝字書並非完全遵循反切採取常見字的用字原則。

《名義》傳抄,還存在將直音形式理解爲反切形式的情況。例如《宋

〔1〕 臧克和《唐抄本字書所存楷字字跡關係選析》,《古漢語研究》2007年第2期。

本》:"呦,音幽。《詩》云:呦呦鹿鳴。"《名義》:"呦,幽反。音幽。鳴相呼也。"按字形所從幼聲,《宋本》直音"幽",《名義》不理解直音標注形式,在"幽"衍抄"反"字。

《宋本》:"媛,爲眷切。美女也。"《說文》:"媛,美女也。人所援也。"《名義》:"緩(媛),為眷屬(反)。"按《名義》反切用字連類而抄及"眷屬",不成音讀矣。

《宋本·阜部》:"陷,乎監切。墜入地也,没也,墮也,隤也。或作錎。"《名義》:"陷,音。没也。隤也。"注音令人莫名其妙。對照《原本》:"陷,音《孝經》不陷於不義。野王案:陷猶墜入也。"《原本》注音爲"音《孝經》不陷於不義",是一種舉例示音法,《名義》不理解這種注音方式,但截取一"音"字。

4. 傳抄特殊讀音形式

《宋本》:"䁎,土系、徒奚二切。迎視也。"《說文》:"䁎,迎視也。从目是聲。讀若珥瑱之瑱。他計切。"《名義》:"䁎,吐見反。迎視也。又遞也。"按《名義》"遞也"義項,他本所不見,實爲擬音用字。《宋本》反切"土系、徒奚"促讀即遞。《原本廣韻》:"䁎,迎視,又音蹄。"《龍龕手鑑》:"䁎,音啼,遠視也,又坐見也。"《類篇》:"䁎,田黎切,迎視也。又他計切,又佗甸切。"同樣情形如《名義·邑部》:"叩,恪苟反。擊也。扣也。口也。"《說文》:"叩,从邑口聲。"對照《宋本》"叩,音口"直音方式,知《名義》所抄出"口也"項,屬於反切之外保留直音注音。又如《宋本·玉部》:"瑙,奴刀切。玉名。"《名義》:"瑙,如勞反。惱平。"按《名義》於反切之外,又出同音字注音爲"惱"讀平聲,爲比較罕見的注音方式。又如《名義》:"鄃,庚(庾)娛反。輸也。"對照《宋本·邑部》:"鄃,庾娛切。清河郡鄃縣。又音輸。"知《名義》釋義爲關聯讀音。

反映音節結構變換,抑或存在讀寫分工傳抄情況。《宋本》:"娖,側角切。辯也。"《名義》:"娖,七角反。謹[也,]倫員也。"按《名義》將兩義項誤抄爲一,其中"謹也"項,在於婡、娖同源字;"倫員也"項,可能是"辯"字音的緩讀,抑或抄寫過程或存在讀寫分工之證。又如《宋本·雨部》:

"電,大見切。陰陽激燿也。靁,古文。"《名義》:"電,達見反。陰陽幾(激)耀。靁,古電。"《說文》:"電,陰陽激燿也。"《名義》釋義以同音字"幾"代替"激耀"字,疑抄寫過程或存在讀寫分工情形。又如《宋本》:"諣,古罵切。欺也。"《名義》:"諣,汞詐反。挂(諣),相誤也。"《原本》:"諣,爪(瓜)詐反。《說文》:諣,相誤也。"按《名義》釋義用字出現挂、諣同音替代的情況。又如《宋本・丶部》:"卞,皮變切。法也。又縣名。"《名義》:"卞,皮變反。發也。"按《尚書・顧命》:"臨君周邦,率循大卞。"孔傳:"用是道臨君周國,率羣臣循大法。"《名義》釋義用"發"字,係同音替代。

5. 字形抄混,依據反切得以確定

《名義》:"鄾(郾),於獻反。"按《名義》字形抄作"鄾",根據反切,對照《宋本》:"郾,於獻切。穎川縣。又於幰切。"應改爲"郾"。又如《名義》:"郊(郟),古洽反。"按《名義》字形抄作"郊",根據反切,對照《宋本》:"郟,古洽切。洛陽北地。又穎川縣名。"應改爲"郟"。同樣,《宋本》等後世傳刻字書,依賴《名義》所抄存反切,訂正用字錯誤。如《宋本・糸部》:"縳,自(直)連切。約縳謂之禪也。"《名義》:"縳,直連反。涼衣。"《原本》:"縳,直連反。"對照《原本》《名義》,《宋本》反切上字爲自、直形近刻誤。

6.《名義》釋義所用字,往往是同音借用字

《名義》:"郲(邦),力對反。誺也。"按《名義》釋義用字,對照《宋本》"邦,力對切。桂陽邦陽縣也。亦作耒",知誺爲耒之同音借用字。

五、部類編次

1.《名義》分部不同

《宋本》:"盾,殊尹切。《周禮》:司兵掌五盾。盾,干櫓之屬。《說文》云:瞂也。所以扞身蔽目也。象形。又徒損切。"《說文》:"盾,瞂也。所以扞身蔽目。象形。凡盾之屬皆从盾。食問切。"《名義・省部》:"盾,

殊尹反。厭(厳)。”按《宋本》“眉”“省”字皆合併到《目部》,《盾部》接《目部》,是楷化形體“盾”與“目”主體接近。《名義》將“省”單獨列部,下攝“盾”形及從盾構造字。高山寺所藏《名義》抄本“省”字頭的篆文其實是抄作“眉”形,而“盾”字頭上所存篆文則是“省”形,反映了該本在涉及“眉、省、盾”這些形近字分部問題上的傳抄混亂。《説文》將“省”歸《眉部》,分出《盾部》。根據上述關係,比較現成的推測是:《名義》抄寫很可能跟《説文》採取一致的分類標準:即“眉”下統攝“省”字;至於接下來的“盾”字,則是單獨列部的,由此而與《説文》包括《宋本》的歸部一致。但該抄本此處所存“卷第十三”列具分部部首字“省明(眀)”等,並没有“眉”“盾”字。《宋本》已經將“眉”“省”字直接歸併《目部》,則已是演變的事實。又如《宋本》“垚部第十”凡三字,字頭2個。《説文》分設此部。《原本》、《名義》無此部,有關字如“堯”歸《土部》。

2. 對照《宋本》,《名義》仍傳承楷化之前的分類界限

《宋本》:“昇,渠句切。《説文》云:共置也。具,同上。今文。”《説文·廾部》:“具,共置也。从廾,从貝省。古以貝爲貨。其遇切。”《名義·廾部》:“具,渠屨反。俱也。皆也。辦也。饌也。備也。材也。”《名義》《説文》歸《廾部》,《宋本》歸爲《目部》:底層原因在於《宋本》已將貝、目形混淆。

3.《名義》分部,反映《名義》貯存南北朝字形變異實際

《名義·目部》:“且,子餘反。此也。明也。幾也。詞也。”又《名義·且部》:“且,千野反。兼辭。𠀃,古文。復也。辭也。將也。薦也。調。且,古且字。”按《名義》分列目、且兩部,這是符合歷史漢字隸變楷化過程實際的:《馬王堆漢墓帛書》“且”字仍明顯從目在横筆之上。東魏《元湛墓誌之二》作 𥄉 。《宋本》《説文》皆歸《且部》。《五經文字》:“且部:千也反,又子餘反。”

4. 歸類體現楷化結構特點,保存南北朝楷字歸部與其他字書的歸部差異

首先,是整部根據楷化結果所作的調整。如《宋本》“習部第四百十

一,凡三字",《宋本》字頭 3 個,《宋本》《説文》共見 2 個。《宋本》新增"歆",而《名義》無此部。《宋本》本部:"習,似立切。飛也,串也。又《詩》云: 習習穀風。"《説文》:"習,數飛也。从羽从白。凡習之屬皆从習。似入切。"南北朝《楊範墓誌》作 習,所從構之羽,已經完全記號化爲横筆和折筆[1]。《名義》所傳抄反切釋文凡用 28 習字,但楷字字頭抄脱。整個部類不見。習作爲構件,没有構造能力,作爲字從羽,完全可以歸屬《羽部》。所統攝"翫"字,可歸到《玉部》所出"玩"下;"歆"字,可歸到《欠部》——此《名義》所不立《習部》之根。

其次是個别字頭的分類調整。《宋本》:"漁,語居切。捕魚也。"《名義·魚部》:"漁,言居反。捕魚。"按《名義》歸《魚部》,《宋本》歸《水部》。又如《名義·丸部》:"丸,胡端反。易直也。"《説文》:"丸,圜,傾側而轉者。从反仄。凡丸之屬皆从丸。"楷化之丸,與九形近,故《名義》、《宋本》次接"九部";而《説文》該部上接"厂部"。

5.《名義》傳抄部類之間分化次序,對照可以發現《宋本》改造《原本》分部原則

例如《宋本》從《自部》到《目部》,而《名義》則是從《自部》到《白部》,再到《目部》。《宋本》"自部第四十七,凡五字",收録楷字字頭 3 個。只是《名義》、《説文》"臭"字歸類入《犬部》,本部之後,《名義》接次從𦣻省一横筆的《白部》。所省横筆,是爲了在形體結構上形成對立區别特徵,所保留𦣻的上部,是爲了跟曰符形成形體結構上的對立區别。《説文·白部》:"白,此亦自字也。省自者,詞言之氣,从鼻出,與口相助也。凡白之屬皆从白。"《名義》的這一次部原則,符合以形相貫、分别部居的原則。《宋本》則省去該部,直接《目部》,致使"皆""魯""者""百"等字群散在各部,流離失所。這是《宋本》在劃部分類問題上篡改《原本》,較然著明之處。

6.《名義》字序跟《原本》一致

字序關係,很能説明傳抄來源問題。《名義》與唐抄敦煌殘卷對照也

[1] 參見臧克和《楷字的時代性》,《中國文字研究》2007 年第 1 期。

可以說明這種關聯。被敦煌文獻整理者題爲“玉篇抄”的殘紙三片,雖屬一斑之窺,一臠之嘗,也可發現:較之《名義》義項僅僅抄取一字者,抄存相對完整。但較之《原本》所存,則基本刪除了有關書證來源標記。從僅存數字字序來看,《玉篇抄》“須”下次𩓟、下次頿、下次䫰、下次頟,跟《名義·須部》以下所次一致:須—𩓟—頿—䫰—頟,唯“頟”字《名義》作頟形,二抄本存異體字。另一殘紙抄存,在《名義》屬《彡部》,《名義》本部所傳抄字序爲:彡—彬—形—㐱—修—彰—㣇—彨—彫—耏—弱—彧—影—㣺—彥;《玉篇抄》殘紙本部所存字序爲:(字闕,據釋義及《名義》所存當係“彬”字,《玉篇抄》該條所闕“或爲”字,當係“斌”字)—雕(係整理者據釋義所補,是)—耏(係整理者據釋義所補,是)—弱(係整理者據釋義所補,是)—彧(係整理者據釋義所補,是)—影(係整理者據釋義所補,是)。兩相對照,字序一致,唯《玉篇抄》該殘紙中間脫文。《玉篇抄》另一殘紙屬《髟部》,所存相聯髩髺二字字序爲髩—髺,亦與《名義·髟部》次第一致。《玉篇抄》該殘紙本部字頭“髟”下注音爲直音,且存二音,而《名義》“髟”下注音爲“所銜反”,只抄存一音,這與《名義》傳抄《原本》過程中的處理,也是一致的。[1]

原文刊載於《中國文字研究》第十輯,大象出版社 2008 年。收入本集,又有增補。

[1] 《玉篇抄》“髟”下釋義抄混且殘缺爲“長髟□□也”,對照《名義》可補正爲“長髮髟髟也”。

"金石"辨體
——魏晉南北朝隋唐五代"金石"標注舉例

查詢魏晉南北朝隋唐五代石刻語料庫,[1]統計"金石"實際使用數據(隋唐五代"金石"複合成詞使用313條記録)和若干類型,考察當時關於"金石"的實際理解。隋唐時期,"金石"偏向石質碑板,與金屬材質無涉。宋代的"金石學"内容,與唐人關於"金石"觀念,不存在學術上的淵源。

引言:"誌石"作用

歷代石刻,其大宗爲墓誌碑刻。《文心雕龍》第十二論"碑刻"之體制及功能:"碑者,埤也。上古帝皇,始號封禪,樹石埤岳,故曰碑也。夫碑之體,資乎史才。其序則傳,其文則銘。標序盛德,必見清風之華;昭

---

〔1〕 文獻數據來源於華東師範大學中國文字研究與應用中心石刻語料庫,該語料庫由"基於出土文獻語料庫的魏晉南北朝隋唐五代文字與文化研究(2009JJD740009)"教育部人文社科重大項目課題組所研製,所採集資料大宗石刻文獻包括北京圖書館金石組編《北京圖書館藏中國歷代石刻拓本匯編》,中州古籍出版社1997年。行文皆簡稱爲《匯編》。

紀鴻懿,必見峻偉之烈:此碑之制也。夫碑實銘器,銘實碑文。因器立名,事光於誄。"[1]一篇之中,"銘"有兩用:其一所謂"其序則傳,其文則銘",即有關人物傳略部分謂之"序",有關帶有總贊意味銘文稱之"文"。其二所謂"碑實銘器,銘實碑文",即"銘"爲銘刻之用,非關體裁;如同本篇"贊曰:寫實追虚,碑誄以立。銘德慕行,文采允集"之銘,是碑爲體,銘爲用。

"金石學"術語,或表面理解就是有關材質的並列結構,所謂鐘鼎碑碣之屬。[2][3] 而稽考石刻實際,已經存在"體用"轉換問題。至少在石刻實際使用過程中,"金石"内涵早已悄然發生流變。北魏熙平元年《吐谷渾璣墓誌》(《匯編》第4册第38頁):"傷馨馥之斷響,痛蘭風之餘芳。庶金石於垂詠,寄清霄以留常。其辭曰……"北魏熙平二年《元懷墓誌》(《匯編》第4册第46頁):"懼陵谷易位,市朝或侵。墳堂有改,金石無虧;敬勒誌銘,樹之泉闥。其頌曰……"北魏熙平二年《王誦妻元貴妃墓誌》(《匯編》第4册第45頁):"霜月晨下,松風夜清。百齡曾幾,遽此長冥。生平一罷,金石徒聲。"隋大業十一年《董氏衛夫人墓誌銘》(《匯編》第10册第139頁):"此乃粗安宅兆,略述依希。慙表行年,用憑金石。銘曰……"隋大業十二年《隋司儀丞馮忱故夫人叱李綱子墓誌銘》(《匯編》第10册第161頁):"恐陵谷之遷貿,哀人世之今古。庶金石以長存,勒斯銘於泉戶。其詞曰……"所謂"金石"功能,就是碑刻作用。隋刻《龍華

[1] 劉勰《文心雕龍·誄碑》,中華書局1978年。

[2] 《漢語大詞典》"金石"條第三項:指古代鎸刻文字、頌功紀事的鐘鼎碑碣之屬。《墨子·兼愛下》:"以其所書於竹帛,鏤於金石,琢於盤盂,傳遺後世子孫者知之。"孫詒讓間詁:"《吕氏春秋·求人》篇云:'功績銘乎金石,著于盤盂。'高注云:'金,鐘鼎也;石,豐碑也。'"韓愈《平淮西碑》:"既還奏,羣臣請紀聖功,被之金石。"

[3] 海内外傳播甚廣的日本學者藤枝晃所著《漢字的文化史》第十四篇"石碑上的文字",(新星出版社2005年,第175頁)裏有這樣表述:"研究刻寫在石頭上的古體文字的歷史也非常悠久,並將這個學問與青銅器上的銘文——金文的研究合稱爲'金石學'。"百度百科"金石學":"近代考古學傳入中國前,以古代銅器和石刻爲主要研究對象的學問。近似歐洲的銘刻學,被視爲中國考古學的前身。研究對象屬零星出土文物或傳世品,未經科學發掘;偏重於銘文的著録和考證,以證經補史爲研究目的。要之,金石學術形成於北宋,至清代正式有'金石之學'命名。"

碑》："若夫功成不朽，道濟無閒，顯著當今，連延後代。若非金石，何以記焉。仰止高山，乃爲銘曰……"銘文相應作："民和禮就，道備真通。記之金石，永播無窮。"唐貞觀三年《等慈寺之碑》(《匯編》第11冊第22頁)："蓋夫植操恒久，莫貞乎金石；盛德形容，聿宣於歌頌。"唐貞觀四年《□禕墓誌》(《匯編》第11冊第32頁)："形同沃壤，名歸往昔。記我生平，刊銘金石。"唐貞觀五年《趙路墓誌》(《匯編》第11冊第36頁)："山河恐帶礪之期，竹帛有磨滅之歲。刊諸金石，冀存不朽。乃作銘云……"唐貞觀六年《郭倫妻楊氏墓誌》(《匯編》第11冊第38頁)："敬刊金石，長播芬芳。"唐貞觀八年《張岳墓誌》(《匯編》第11冊第53頁)："泣風樹之長往，憑金石以永鐫。乃爲銘曰……"唐貞觀十四年《潘孝長墓誌》(《匯編》第11冊第91頁)："將恐天地長久，陵谷遷易。刊懋實於佳城，傳不朽於金石。其銘曰……"唐開元五年《慕容升墓誌》(《匯編》第21冊第79頁)："霜墳鳥亂，寒隴煙深。庶憑金石，長旌德音。"唐開元二十四年《龐履温碑》(《匯編》第24冊第2頁)銘詞曰："刊石鐫金兮遠傳懿，直爲循良兮守名器。"唐開元二十四年《宋知感及妻張氏墓誌》(《匯編》第24冊第28頁)："懼桑田之變改，刊金石以爲識。"唐咸通十二年《閻肇墓誌》(《新中國·河南壹》第88頁)："銘刊金石，範貽後昆。"

質言之，"志石"之爲用，就是墓地標識。北魏永平四年《元侔墓誌》(《匯編》第3冊第144頁)："既思賢以戀德，且立石以表墓。其辭曰……"唐天寶八載《薛義墓誌》(《匯編》第26冊第6頁)："欲標壯士之隴，須識將軍之墓。是鐫玄石，乃作銘曰……"唐天寶十三載《秦暕墓誌銘并序》(《匯編》第26冊第107頁)："夫誌者記也，銘者名也。所以記陵谷，名川原。琢石工文，憑爲不朽。"明確表明，志銘所記爲墓地所在之地理坐標：山谷川原。

稽考魏晉南北朝石刻使用"金石"一詞達50餘次，隋唐五代石刻使用高達300餘次。隋唐"墓誌"一體，關於"金石"實際使用，存在如下情形。

(一)"金石"爲並列結構:"石"爲材質,"金"爲文字

隋仁壽四年《符盛及妻胡氏墓誌》(《匯編》第9册第167頁)銘文其三:"昔燃花燭,獨照幽房。神存空帳,髣髴餘香。雲昏翠栢,風吟松楊。一鎸金篆,萬古流芳。"該墓誌全文隸書,唯志蓋爲陽文篆書。"金"分指"玄石之金",即塗金之篆文。隋大業九年《傅叔墓誌》(《匯編》第10册第86頁):"恐陵谷之推遷,芳猷銷歇,撰録遺範,勒之幽壤。庶滄海三移,玄石之金無替;佳城千歲,白日之記猶存。嗚呼哀哉!乃爲銘曰……"其中"玄石之金"與"白日之記"對文,是"金"也者,"記"也,也即所志之字。明確分工,指墓誌文字。同一石刻,金、石分用,各有所指。唐貞觀二年《胡永墓誌》(《匯編》第11册第16頁):"將恐山崩川徙,餘美無傳,勒石鎸金,庶幾不朽。乃爲銘曰……"石爲所勒之材,金爲所鎸之字,且二者乃互文結構。唐貞觀十七年《王賓墓誌》(《匯編》第11册第115頁):"桑田屢變,陵谷有遷。勒石鎸金,乃爲銘曰……"唐開元九年《賈明墓誌》(《匯編》第21册第144頁):"刊石雕金,迺爲銘曰。"唐天寶七載《程思慶墓誌銘并序》(《匯編》第25册第138頁):"爰刻石以立志,鑿金字而表存。"徑以志石所刻之字爲金。其餘諸如唐天授二年《大周故泗州剌史趙府君墓誌銘并序》(《匯編》第17册第168頁):"俾夫英規懍懍,梗槩與金字俱生;神理綿綿,運往與玉音無歇。"唐長安三年《王養及妻成氏墓誌》(《匯編》第19册第60頁):"尚恐墓古成地,栢摧爲薪,紀彼石碑,仍鎸金字。銘曰……"《文選·陸倕〈新漏刻銘〉》:"寧可使多謝曾水,有陋昆吾,金字不傳,銀書未勒者哉!"張銑注:"金字銀書,謂碑銘之書也。"

隋唐五代石刻語料庫無慮檢得數百條使用"金石"記録,大率形式上金石並列使用,而實指僅以石爲材質非關金屬的類型。

隋大業七年《陳叔毅修孔子廟碑》(《匯編》第10冊第51頁)序文稱:“敬鐫金石之文,永同天地之固。”銘文亦云:“因頌成功,遂歌美績。共弊穹壤,永固金石。”而該碑文長篇,悉作篆書。隋開皇四年《楊居墓誌》(《匯編》第9冊第14頁):“恐攲天易動,側地難維。聊憑金石,以彰不朽。其詞曰……”隋開皇八年《楊暢墓誌》(《匯編》第9冊第42頁):“若夫金石難朽,陵谷易遷,銘泉勒壤,式照不絶,迺作頌云……”隋開皇九年《闞明墓誌》(《匯編》第9冊第59頁):“其地左帶皇宫,前臨州市,面洛背芒,處依仁智。疑陵谷之易遷,刊金石之難改,寄萬古而揚名,託流芳於千載。乃爲銘曰……”[1]隋大業五年《李氏墓誌》(《匯編》第10冊第28頁):“鉛華易歇,金石無朽,用刊四德,永被千齡。”看似鉛華、石金並列,金石皆爲實體,其實非關金屬。隋大業九年《牛諒墓誌》(《匯編》第10冊第91頁):“故鐫金石,用表行年。”隋大業十一年《元智墓誌》(《匯編》第10冊第133頁):“盖偃低松,鑪攢拱栢。茂德洪名,永宣金石。”隋大業十一年《唐該妻蘇洪姿墓誌》(《匯編》第10冊第121頁):“嗣子世賓等,懼陵谷之遷徙,恐人生之轉易。乃扣地而號天,寄榮名於金石。嗚呼哀哉,乃爲銘曰……”隋大業十一年《蕭岑孫内宫堂侄故蕭濱之銘》(《匯編》第10冊第126頁):“金石作記,永亡爲萇。其詞曰……”隋大業十一年《范安貴墓誌銘》(《匯編》第10冊第137頁)“式播高摸,鐫之相質”,是相者,石刻之形式;質者,銘文之内容。

唐貞觀十一年《温彦博墓誌》(《匯編》第11冊第75頁):“懼岸谷之或遷,懷金石之可久。式銘盛德,永播遺音。其詞曰……”唐貞觀十四年《潘孝長墓誌》(《匯編》第11冊第91頁):“將恐天地長久,陵谷遷易。刊懋實於佳城,傅不朽於金石。其銘曰……”唐貞觀十五年《侯君妻劉氏墓誌》(《匯編》第11冊第98頁):“但陵谷代謝,物有變遷。慮有堙沉,遂刊金石。乃作銘曰……”唐神龍元年《李思貞墓誌銘并序》(《匯編》第40冊

〔1〕“其地左帶皇宫,前臨州市,面洛背芒,處依仁智”,徑襲南朝梁代周興嗣《千字文》,其中描述宫室建築“都邑華夏,東西二京。背芒面洛,浮渭據涇”,句樣一律。

第68頁):“勒金石以騰芳,與覆載而同固。”

(二)“金石”爲偏正結構:“碑上生金”,指地下所生金色之石

隋開皇十二年《曹植廟碑》(《匯編》第9冊第89頁):“遂雕鏤真容,鐫金寫狀。”是碑誌所謂金石,即石上鐫金字者。隋開皇十一年《鄭道育墓誌》(《匯編》第9冊第74頁):“鐫石藻著,銘字金生。”隋開皇九年《暴永墓誌》(《匯編》第9冊第58頁):“一扃泉户,碑上金生。黄鵠吟哀,樵童罕識。”隋仁壽元年《申穆及妻李氏墓誌》(《匯編》第9冊第145頁):“九扃掩鑰,孤月慘照於高墳;碑上金生,楊風告哀於兆墜。”銘文相應作:“碑上金生,隴懸孤月。犬逐霞潛,鳳隨雲没。”該墓誌誌蓋部分以篆書陽文揭示,所謂“碑上生金”,即墓誌掩埋地下,日久所生顔色。隋開皇九年《關明墓誌》誌蓋部分“故虎賁内郎將關君墓誌銘”,亦篆書陽文。按唐代墓誌,或轉换爲“碑久金生”:唐貞觀廿二年《莘安公竇誕墓誌銘》(《新中國·陝西壹》第33頁):“松高盖偃,碑久金生。唯餘隴月,徘徊九京。”反之,則謂“碑近無金”,如唐開元十一年《執失善光墓誌銘并序》(《新中國·陝西壹》第109頁)銘文:“石人長望,玉羊久立。墳新未草,碑近無金。”唐開元二十四年《大唐故金仙長公主(無上道)志石銘并序》(《新中國·陝西壹》第114頁):“情傷涕泗兮徒滂沲,山陵相望兮鬱嵯峨。碑字生金兮歲月多,荒阡日暮兮將奈何。”唐景雲元年《騫思哲志銘并序》(《新中國·陝西貳》第73頁):“紀塗金之翠石,曜振玉之鴻名。”唐天寶十三年唐平原太守顔真卿書《東方先生畫贊碑陰記》(《匯編》第26冊第127頁):“退而游于中唐,則韓之刻石存焉。僉歎其文字纖靡,駮癬生金。卌年閒,已不可識。真卿於是勒諸他山之石,蓋取其字大可久。不復課其工拙,故援翰而不辭焉。”“駮癬生金”,即碑石苔蘚斑駁、陸離其色。是墓誌所謂“金石”者,即掩埋地下黯然生色之石,要非“金石”存在並列關係。唐人墓誌所謂“九原之上,豐碑有苔;三川之旁,泉

路無晝”者(唐乾元元年《秦氏墓誌銘并序》,《匯編》第 27 冊第 4 頁),即是本地風光。

“金石”,隋唐墓誌構成“偏正複詞”,要非後世通常所理解的金屬(青銅器)和石刻並列關係。“金石”偏主於石,或金即石也,如唐乾元二年《陳公故夫人趙郡李氏墓誌銘并序》(《匯編》第 27 冊第 19 頁):“行楸列栢,嗟死生而永隔勒石鐫金,痛歡愛而偏沉。”其中“勒石鐫金”並列一意,“勒石”即等“鐫金”也。

(三)“金石”偏義,兼及之類

“金石誌”之“金”,亦有修飾成分功用,以“石刻”或替換爲“玉誌”。隋大業十年《姚太墓誌》(《匯編》第 10 冊第 107 頁):“合墓邙埠,玉誌留縱(蹤)。”其中“玉誌”,即“石刻”。或徑以“碑石”爲“堅金”之用者,是金也者,即爲石之屬性,或曰“堅金”。唐開元六年《唐興寺碑》(《匯編》第 21 冊第 94 頁):“鄉三老進而言曰:今敦禮勸農,嘉惠也;樹法拯人,深慈也。我宰君善化,前古罕儔。豈使浚儀豐碑,空銘景行;龍宮後偈,獨閟微言。載勒堅金,永傳沙界。銘曰……”唐儀鳳三年《澄心寺尼故優曇禪師之塔銘》(《新中國·陝西壹》第 79 頁):“勒兹金石,以刻銘云。”是“金石”金虛石實之用,又不限於墓誌類型。

墓誌“金石”,“金”復爲修飾之用。隋仁壽四年《馬少敏墓誌》(《匯編》第 9 冊第 163 頁):“敬刊金石,寄之泉戶。”隋大業二年《鞠遵墓誌》(《匯編》第 10 冊第 3 頁):“魂遊闇壟,骨奄荒墳,雕金刊石,桂馥蘭芬。”隋大業三年《元君妻崔暹墓誌》(《匯編》第 10 冊第 15 頁):“寒來暑往,循環不息,日居月諸,俄將萬古,金石非朽,乃銘曰……”隋大業四年《郭王墓誌》(《匯編》第 10 冊第 23 頁):“庶憑金石,乃爲銘曰:……圖英金石,勒誌幽泉。”隋大業五年《郭世昌墓誌》(《匯編》第 10 冊第 26 頁):“惟君專脩福業,心好法門。八戒不虧,六齋無闕。復造經造像,望保百年,兼懺悔歸心,冀存金石。”隋大業七年《陳叔毅修孔子廟碑》(《匯編》

第10冊第51頁):“敬鐫金石之文,永同天地之固。”隋大業八年《蕭瑒墓誌》(《匯編》第10冊第66頁):“陵谷貿遷,天長地久。俾春蘭與秋菊,共金石而無朽。迺爲銘曰……”隋大業八年《高緊墓誌》(《匯編》第10冊第67頁):“神遊物表,蟬蜕寰中。愁雲瞰壟,逝景頽空。人生有促,天道無窮。庶鐫金石,冀闡英風。”隋大業九年《陳叔榮墓誌》(《匯編》第10冊第75頁):“載刊金石,永播徽猷。”隋大業九年《皇甫深墓誌》(《匯編》第10冊第79頁):“將恐山移海運,谷徙丹藏。刊金石以記銘,勒遺芳而不朽。乃爲銘曰……”隋大業十一年《潘氏墓誌銘》(《匯編》第10冊第126頁):“將恐封樹遷徙,山川改易。記此徽猷,永鐫金石。其詞曰……”隋大業十二年《卞鑒墓誌銘》(《匯編》第10冊第152頁):“追尋故事,考挍餘風。思其德,想其人。述行紀功,勒之金石。其詞曰……”隋開皇十六年《元伏和墓誌銘》(《新中國·河南貳》第268頁):“唯恐佳城石槨,不冥著於滕公;遼水浮棺,無自言之孤竹。山谷一移,芬芳莫紀。故勒之金石,以示將來。乃爲銘曰……”

隋大業六年《薛保興墓誌》(《匯編》第10冊第41頁)“魂招難返,魄召不前。風光物色,何歲何年?功勞弈世,禄重相緣。銘金勒記,刊玉留傳”,則徑以石爲金玉之屬。隋大業九年《張業墓誌》(《匯編》第10冊第80頁):“惟君名實高瞻,物望茂歸。非唯書盡八千,抑亦興敦三雅。邑裏推其□,士友羨其高。以爲策素已朽,金石長固。乃作銘云……”[1]策素、金石對文,皆指材質,而顯係以石涵金者,一如大隋大業十一年《程諧墓誌》(《匯編》第10冊第135頁):“仍故懼死生迴變,陵谷遷移。錯綜縑緗,依希金石。冀申德行,用表長年。”縑緗、金石比列,皆指材質,是石實金虚之例。唐貞觀十九年《楊華墓誌》(《匯編》第11冊第136頁):“金石既勒,功業是紀。陵谷有遷,芳猷無已。”

唐乾封二年《王端墓誌》(《匯編》第15冊第40頁):“惟金石之無弊,

[1] 誌文正書,誌蓋四字,“張”字正書,“君墓誌”三字篆書。四字題目,書體雜糅如此,抑刻寫程序未必一定,或有不待書家,刻工徑施者。

勒萬古之徽猷。其銘曰……”唐開元九年《本願寺舍利塔碑》(《匯編》第21冊第142頁):“不有轍跡,孰知所臻。勒銘金石,作鎮天[人]。”唐開元九年《裴撝墓誌》(《匯編》第21冊第161頁):“庶天壤之可疇,刻金石而旌德。”唐永淳二年《安元壽墓誌銘并序》(《新中國·陝西壹》第82頁):“敬勒銘於金石,庶永播於徽音。”顔真卿撰並書、唐大曆六年《有唐撫州南城縣麻姑山仙壇記》(《匯編》第27冊第99—100頁):“真卿幸承餘烈,敢刻金石而志之。”唐大曆六年《崔文修改葬墓誌銘并序》(《匯編》第27冊第107頁):“玼昔遊於鎬京、雍、洛、梁、宋、河朔,名山大川秀潤形勝之地,復出入往來二陵之閒。觀古之宰貴重臣祠廟丘塚之所,見其崩摧,便房遺櫬,與朽壤偕盡,而獨銘誌尚存焉。故諸侯計功,大夫稱伐,勒名金石,所以傳無窮之歲。”

“金石”一詞,有的但具純乎閱世長久之功能意義。如五代後周顯德五年《宋彦筠墓誌》(《匯編》第36冊第156頁):“何期金石之人,亦欠松椿之壽。”

(四)刻言爲金,石爲貞石

唐開元二十八年《陳氏造心經幢》(《匯編》第24冊第119頁)[1]:“紙非長世之珍,故請良工巧□□□貞石……空我,具文湛然也……刻金言於貞石□住□僧□劫中……”此石所刻爲經幢,又以所刻内容爲“金言”,貞石優於紙質,得以越世長存。[2]

要之,隋唐五代石刻材料中,“金石”一詞,爲高頻用語。就其作用而言,基本與“金屬”物理屬性無關。唐代“金石”偏向石質碑板,基本與金屬材質無涉。宋代的“金石學”内容,與唐人關於“金石”的觀念,不存在

〔1〕 八面刻,石殘,分拓三紙。一紙高46厘米,寬24厘米;一紙高43厘米,寬25厘米;一紙高44厘米,寬43厘米。張宴撰,先經後記。

〔2〕 其中也有非關“金石學”的用例,如大周萬歲登封元年《王定墓誌銘並序》(《新中國·陝西貳》第63頁):“生非金石,命信沉浮。一悲代路,萬事奚求。”

學術上的淵源。

本文原題爲《金石學走向系統分析》,刊載於《中國文字研究》第14輯,大象出版社2011年。後充作《中國石刻叢書》"代前言"。收入本集,又有改補。

遮蔽的"巫山"

——隋唐石刻有關"巫山"類詞群標注及語用考察

長期以來,"巫山"及相關聯類詞語,功能趨於一邊,內涵發生遮蔽。依託魏晉南北朝隋唐五代石刻語料庫[1]標注"巫山(巫嶺)""行雲""行雨""雲雨"等記録,以出土文獻有關"巫山"類詞群功能爲綫索,考察隋唐社會"巫山"類詞語,雖爲女性所專用,尚具有多方面使用功能,或爲女性世間生活之中性詞,或爲女性容德之美飾詞,取向爲肯定性價值觀念。語料庫"巫山"詞群標注數據表明,漢語史上魏晉南北朝濫觴,隋唐使用範圍寬泛,而晚唐五代基本不用:是唐代以降愈用愈窄之例。

(一)稽考隋唐石刻,"巫山"類詞語,在女性賦形傳神方面,作用遠勝草木

唐總章二年《張君妻朱氏墓誌》(《匯編》第 15 冊第 93 頁):"夫人分華穠李,寫麗夭桃。婉質霞昇,若桂梁之暉曉日;清心玉映,似蘭沼之鏡初

〔1〕 所採數據,來源於華東師範大學中國文字研究與應用中心 2000 年—2017 年研製歷代石刻語料庫。其中大宗石刻文獻包括北京圖書館金石組編《北京圖書館藏中國歷代石刻拓本匯編》,中州古籍出版社 1997 年,行文皆簡稱爲《匯編》。

虹。"爲古書描寫佳人慣技。其中"分華"組合,使用"分"字,幾若不費力者。[1] 而稽考隋唐石刻,"巫山"類詞語,在女性賦形傳神方面,作用遠勝草木。

查詢隋唐五代石刻語料庫,具有與"巫山"相同功能的,可以相聯類的詞語,至少還可以找到"巫嶺""高唐""巫洛""行雲""行雨"等等。這類詞語,有專門使用對象,功能相當,這裏統稱爲"巫山"類詞群。長期以來,"巫山"類詞群的使用,一般與兩性密約偷期、歡會交接、甚至淫佚流蕩發生聯繫:功能趨於一邊,内涵發生了遮蔽。[2]

"巫山"類詞語使用上的偏轉傾向,到底是何時發生的呢?此屬很大的漢語文化史課題,遠非小文短札所能討論清楚的。這裏只是依託隋唐五代石刻語料庫所查詢統計"巫山"(38次)使用範圍及頻率(包括變形的"巫嶺"之類)。就簡單標注結果來看,不到40次的"巫山"使用記録,算不上高頻詞例。但是,語料庫標注的困難在於,與"巫山"功能相當、作用一揆,可以算作功能同類者,尚有"行雲"(28次)、"行雨"(15次)、"雲雨"(27次)等記録。又像唐龍朔三年《斛斯處士張夫人墓誌銘并序》(《匯編》第14册第81頁):"夫人珠泉育彩,儷冰鏡以凝鮮;玉樹分柯,掩萏華而蕩色。婉順成範,淑慎開基。每警志於風規,不怠公於紃組。對庭花之四照,屏龍匣於春樓;眺川霞之九光,振鴛□於秋杼。既而温□□□□譽斯芳。亦既有行,作嬪君子。媚松□以合契,薦琴瑟以□□。豈謂荆臺滅雲,仙儀奄□。□泉逝水,嘉好長違。"銘文應曰:"既稱陰質,後胤鮮輝。巫山孕彩,素月光飛。"一篇之中,序曰"荆臺"、銘稱"巫山",

[1] 後來的詞章家也可以見到類似的字法,如宋代詩人楊萬里:"梅子留酸軟齒牙,芭蕉分緑與窗紗。"見於《閑居初夏午睡起二絶句》之一。

[2] 遠的且不説,像家喻户曉的《紅樓夢》,第五回最是全書綱目,境幻仙姑棒喝點化頑石:"塵世中多少富貴之家,那些緑窗風月,繡閣煙霞,皆被淫污紈綺與那些流蕩女子悉皆玷辱。更可恨者,自古來多少輕薄浪子,皆以好色不淫爲飾,又以情而不淫作案,此皆飾非掩醜之語也。好色即淫,知情更淫。是以巫山之會,雲雨之歡,皆由既悦其色,復戀其情所致也。吾所愛汝者,乃天下古今第一淫人也。"(鄧遂夫校訂《脂硯齋重評石頭記》甲戌校本,作家出版社2000年,第166頁。)

是巫山“陽臺”復得轉型爲“荆臺”,而功能自若。

這些記録集中統計分析,就會發現“巫山”類詞語,其實正是傳世文獻所忽略不察、當時流俗崇尚風氣扇被的集中體現。這類詞群,僅靠形式標注,往往無法聯類提取,由此成爲出土文獻語料庫加工的難點。分類分析其功能聯繫,是這類詞語標注的基礎。

以出土文獻爲綫索考察,至少隋唐之際,“巫山”類詞群,用於女性之身,均是中性詞抑或美詞,功能多邊,意藴豐富。而且涉及女容女德,稱得上女性專有美詞。〔1〕

---

〔1〕 語用功能相似的情形,可順便參考“秀色”“媚”“妍”等詞語標注用例:

秀色。“秀色”亦可狀男子。唐先天元年《吉渾墓誌》(《匯編》第21冊第13頁):“公纂忠賢令德之緒,受沖深達節之度。身長八尺,明目廣顙。秀色風韶,靈襟海納。精理造於微極,幹力逸於經濟。弱冠以左衛長上□河南府參軍。”堪聯類者,見《管錐編》論“娉婷”條。

媚。“媚”爲美詞,時代南北朝及隋唐五代,對象無間男女。北魏熙平元年《元謐妃馮會墓誌》(《匯編》第4冊第32頁):“幽閑既顯,令問亦歸。言告師氏,作儷蕃畿。淑善天然,吐辭斯芳。有德有行,知微知章。事兹組紃,嬪彼中房。憲法先妣,以媚我王。”唐先天二年《張自然墓誌》(《匯編》第21冊第9頁):“出文而入武,自曾而及裔。艷媚聯乎漢川,光芒接予昆沼。君靈彩秀發,神情駿舉。天生星月之精,日用珪璋之德。”其中“艷媚”施於男性。亦有施於女性者,如唐貞觀廿二年《段儼妻李氏墓誌》(《匯編》第11冊第171頁):“尸芳牖下,既奉宣平之奠;思媚諸姑,還侍河陽之箒。”且唐代所施,無間人物。如唐長慶三年《馬進朝墓誌》(《新中國·河南壹》第222頁):“不掩異能,覽及風景。公以此川地形面勢,野媚土滋,絡角村墟,徘徊井社。公情高物外,辭職歸田。”

嫵媚。《漢語大詞典》“嫵媚”亦作“娬媚”:1. 姿容美好;可愛。《三國志·魏志·鍾繇傳》“策罷就第”,裴松之注引三國魏魚豢《魏略》:“至於荀公之清談,孫權之娬媚,執書嗢噱,不能離手。”《新唐書·魏徵傳》:“帝大笑曰:‘人言徵舉動疏慢,我但見其嫵媚耳。’”是“嫵媚”用於男性,而唐永徽四年《蘇興墓誌銘並序》(《新中國·陝西貳》第26頁)銘文:“娬媚貞幕,姗嫋良萁。綢繆孝友,隱約惸鼇。四德云備,六行具兹。”“娬媚”成詞,用於女性,用從女字形“嫵”。稍後還有的用於景物,如宋代辛棄疾《賀新郎》長調上片:“甚矣吾衰矣。悵平生、交遊零落,只今餘幾。白髮空垂三千丈,一笑人間萬事。問何物、能令公喜。我見青山多嫵媚,料青山、見我應如是。情與貌,略相似。”

音韻。“音韻”唐代用於男子風神態度。唐貞觀十六年《李紹墓誌銘並序》(《新中國·陝西貳》第22頁):“君幼則老成,弱不好弄,行立齠年,業隆冠歲。衿神爽悟,音韻閑雅。苞括群言,網羅衆藝。”《漢語大詞典》“音韻2”:指女子的風度儀態。《太平廣記》卷四四引唐李復言《河東記》:“有頃見一女人,年可二八,容華端麗,音韻幽閑。”對照墓誌用詞與人物身份,指向男子態度,是知語文工作者理解“音韻”之用,往往過於狹窄。

妍。唐天寶三年《豆盧建墓誌銘並序》(《匯編》第25冊第64頁):“公神氣清而勁,容體妍而雄。目若珠明,唇如丹艷。玉澤讓膚,黛色慚髮。舉步生態,動顧成姿。圖畫之所莫如,懷寶之所難並。而措意幽妙,遺言玄遠。遊刃有餘,尋環無極。中探古意,沿革而 (轉下頁)

(二)女容"巫山",不妨女德兼備,相互統一,具在一體。於是體艷"巫山",無礙"清靜";而蘊精"巫洛",依然"端淑"。隋唐墓誌"巫山"類詞語,構成爲女性專用"陽光"美詞,使用尚未轉晦

隋仁壽三年《張儉及妻胡氏墓誌》(《匯編》第9冊第160頁):"夫人安定胡氏,體豔巫山之下,質研漢罣之曲,六戚重其風流,四業聞於州內。爲成七子,頻疊三移,自尔霜居壹十八載,善始令終,蘭熏雪白。方習竇女於佛家,學勝鬘於闍國,菩提之願未充,淨土之符已至。"隋仁壽四年《馮君妻李玉婍墓誌》(《匯編》第9冊第169頁):"夫人感靈離兑,蘊精巫洛,端莊令淑,應圖合禮。有德有容,非由傅母之訓;既柔既順,無待誡女之書。年十有九,適於馮室。言告言歸,結松蘿於君子;如兄如弟,助蘋藻於先人。"隋大業十一年《董氏衛夫人墓誌銘》(《匯編》第10冊第139頁):"巫山暮雨,洛浦朝霞。展如淑媛,似玉方花。"唐先天元年《長孫氏墓誌》(《匯編》第21冊第2頁):"洛川東注,流風迴雪之光;巫嶺南臨,暮雨朝雲之色。"唐乾封元年《紀慎妃陸氏墓碑大唐紀國故先妃陸氏之碑銘》(《匯編》第15冊第19頁)通篇殘缺,即從所存文字言,所謂"……天情簡素,稟性矜莊",而"春椒起詠,艷奪巫岫之蓮;秋扃騰文,麗掩蜀江之錦"。亦見"巫岫"即"巫山",純乎修飾女性美詞。唐太極元年《王天墓誌》(《匯編》第20冊第145頁):"夫人雍氏,鬱浦騰姿,巫山誕粹。河陽花白,凝出閤之新妝;天上星飛,綴承權之媚靨。下酌家人之繇,徬稽内則之篇,九日則秋菊摛銘,三元則春椒獻頌。豈只斷機流訓,還魚作誡而已哉!蘭薫而摧,玉貞則脆,逝水不返,行雲其銷。以太極元年二月廿七日終於私弟,春秋八十有八。"唐上元二年《楊侶墓誌》(《新中國·河南壹》第4頁):"夫人李氏,即堯亭司馬之長女。笄年已往,適于楊氏,言從禮

(接上頁)立身;外約今體,委曲而行志。遙通事趣,闇赴時情。經之以禮樂,洞於合變;緯之以文章,激其符彩。必原於制造,尤愜於商較。至夫野逸灑散,儻朗森沈。雲臥巖棲,靈仙可近;丹爐藥銚,事業皆成爾。其孝不違親,義不忘本,歸名教之樂地,踐坦直之亨衢。与語者瑩其心,來視者滌其目。衆譽洋溢,合聲升騰。"吕向所撰墓誌文字,現在看來整體呈現"女性化"。《管錐編》論《左傳正義》"美而艷",實爲聯類。

匹,君子好仇。婺婉騰姿,景翠洛濱之雪;娥暉孕彩,表質巫山之雲。育訓胎□,危心野敬。”唐乾封元年《太宗文皇帝故貴妃紀國太妃韋氏(珪)墓誌銘并序》(《新中國·陝西壹》第63頁):“太妃承百代之芳徽,資□和之秀氣。降淑靈於月景,分麗彩於星區。玉度夙彰,蘭儀早鬱,天情簡素,稟性矜莊。夭華邁桃李之姿,脩短合穠纖之衷。憂勤絺絡,肅事言容。既受教於公宫,亦遵訓於師氏。飛綵筆於花旦,則鶴峙鴻驚;披繡冊於娥宵,則敦詩悦禮。春椒起詠,艷奪巫岫之蓮;秋□騰文,麗掩蜀江之錦。喬枝比操,□□方和。德聲聞於九皐,善言應于千里。”

鬱浦、巫山、巫岫,描寫美資美質;逝水、行雲,可以對文使用。墓誌銘刻,屬當蓋棺論定之際,關乎人生品格之大過節,價值取捨之真態度,自非尋常泛泛可比。

(三)“巫山”類詞語,純乎描寫佳人内美,兼及修能

隋大業十年《席氏墓誌》(《匯編》第10冊第101頁):“巫山舊□,洛□虚□。何如□□,定巳勝仙。秀宕皎潔,麗質芳鮮。”雖文字多磨滅,但依然可見以巫山、洛水爲女性陪比。又以“鮮”字狀麗質,得未曾有。隋大業十年《鮑宫人墓誌銘并序》(《匯編》第10冊第113頁):“宫人訓範兼該,故允兹德選。何期不永,遽夭妍姿。痛雲雨之須臾,嗟神僊之飄忽。”宫人“訓範兼該,故允兹德選”,而鮑氏卒,時年卅六。故有“雲雨須臾”之痛。是知“雲雨”者,即青春女性之代稱。唐開元九年《裴自強墓誌》(《匯編》第21冊第155頁):“夫人京兆杜氏,晉鎮南將軍當陽成侯預之十一代孫,皇朝汝州郟城縣令立素之季女也。洛川霞月,巫山雲雨。翡翠奮翅,鳳皇于飛。柔順有聞,譽延中外;言行無玷,聲成閫閾。”唐永淳元年《西宫二品昭儀誌銘并序》(《新中國·陝西壹》第80頁):“稟淑濟女,姿和宋子。挺瓠犀之麗質,蔚蝤領之孅容。處子□霜,遠聞姑射;仙巫行雨,近暎陽臺。體惠問於幽閑,班書比麗;藴柔詞於内訓,蔡筆齊芳。”唐龍朔二年《太妃王氏墓誌銘并序》(《新中國·陝西貳》第35頁):“誕斯貞淑,類巫山之鬱雲;育此妍姿,若高唐之洩雨。太妃稟靈神婺,孕彩仙娥。充選椒庭,承儀桂殿。”

下面一篇完整墓誌文字，序、銘相宜，似可全面反映"巫山"類詞語所修飾女性美質修能。燕聖武元年《馬淩虚墓誌》(《匯編》第35冊第169頁)：

黄冠之淑女曰淩虚，姓馬氏，扶風人也。鮮膚秀質，有獨立之姿；瓌意蕙心，體至柔之性。光彩可鑒，芬芳若蘭。至於七盤長袖之能，三日遺音之妙，揮絃而鶴舞，吹竹而龍吟。度曲雖本於師資，餘妍特稟於天与。吴妹心媿，韓娥色沮，豈唯專美東夏，馳聲南國而已。与物推移，冥心逝止，厭世斯舉，乃策名於仙官；悦己可容，亦託身於君子。天寶十三祀，隸於開元觀。聖武月正初，歸我獨孤氏。獨孤公貞玉迴扣，青松自孤，淵敏如神，機鑒洞物，事或未愜，三年徒窺；心有所□，一顧而重。笑語晏晏，琴瑟友之。未盈一旬，不疾而歿。君子曰：華而不實，痛矣夫！春秋廿有三，遂以其月景子窆於北邙之原。祖玄明，梁川府折衝，父光謙，歙州休寧縣尉，積善之慶，鍾於淑人，見託菲詞，紀兹麗色。其銘曰：惟此淑人兮，穠華如春；豈与兹殊色兮，而奪兹芳辰？為巫山之雲兮，為洛川之神兮？余不知其所之，將欲問諸蒼旻。聖武元年正月廿二日建。

(四)"巫山"類詞語，關乎女性世間生活，並及兩性交往之媒。是"巫山雲斂，陽臺雨絶"，可喻人間分張，陰陽契闊

隋仁壽四年《馬穉繼室張姜墓誌》(《匯編》第9冊第172頁)："夫人資於事親，躬奉訓戒；教於宗室，足聞詩禮。蘋藻維敬，紘綖是懃。周建德六年後，適信州典籤扶風馬老生，以爲繼室。"而其銘文則曰："相韓累世，佐漢重藩。封侯萬戶，晝地千門。四德無爽。三從維一。訓子停機，從夫有秩。霜分桂苑，雪滅蘭林。朝梁日去，秋水蓮沈。風氣已悲，松聲即古。高唐此夕，應無行雨。"同時，相關聯類"雲雨"，施之於女性，亦非關好色而淫者。

唐貞觀廿年《馬氏墓誌》(《匯編》第11冊第153頁)："夫人稟質芳

姿,貞素天性,廣庭深室,坐訓母儀,洞戸長廊,動為女則。方欲凌波洛渚,隨迴雪以飄颻;遊戲陽臺,逐行雲而滅没。觀桑田於東海,有願莫從;訪王母於西崐,其何爽歟。”唐乾封二年《源側室趙五娘(懿懿)墓誌銘並叙》(《新中國·陝西貳》第38頁):“趙娘志勵冰霜,色傾城國。”銘文相應作:“出連寶騎,入侍芳幃。行雲競起,迴雪争飛。葉眉添翠,月扇增輝。方承讌寵,皓首為期。”巫山神女之典,指男女歡會,涉及女性生活。

唐顯慶三年《荀君妻楊氏墓誌》(《匯編》第13冊第78頁):“夫人夙稟靈粹,早摽奇朗,与蘭桂而騰馥,將水鏡以齊明。粤自初笄,作嬪君子。六行兼美,女師之訓克彰;四教聿脩,婦道之儀弥洽。婉懿淑慎,慈恵温恭,體德雙齊,庶期琴瑟。……乃作銘云:猗歟夫人,幼挺奇質。六行兼美,四教攸袟。粤在弱笄,言歸荀室。潘陽令偶,秦晉良□。道苞女訓,德隆婦莭。春日方和,秋霜比潔。餘慶或爽,蘭英遽折。婺彩離星,娥靈去月。巫山雲斂,陽臺雨絶。壟樹朝昬,松風夜切。”唐調露元年《羅甑生墓誌》(《匯編》第16冊第114頁):“夫人康氏,幼貽門範,得規矩於自然;夙□□□,□婉順於天性。貞襟霜淨,秀質霞開,何言逝水淪波,悲泉落華。□□娥之竊藥,攀月桂而忘歸;類弄玉之登仙,奏風簫而永去。……眇眇造化,茫茫區域,短景易窮,浮生有極。夜川不□,朝霞誰食。洛浦雲銷,巫山雨息。”唐垂拱四年《田玄達妻衡氏墓誌銘》(《匯編》第17冊第93頁):“馳誠葉縣,徒眷念於飛舄;駐想陽臺,空結戀其行雨。”銘文相應作:“洛川迴雪,巫岫雲飛。”唐垂拱四年《鄭法明妻李氏墓誌銘并序》(《匯編》第17冊第99頁):“潘輿舛候,皋樹難停。巫神散雨,婺彩綸星。”

唐總章二年《張威墓誌》(《新中國·河南壹》第101頁):“夫人郎氏,蘭儀自性,蕙質天成。聖善開規,暎南濱之茂軌;睦因騰懿,流中谷之清輝。宜以命遂九齡,壽逾千月。豈圖巫山異質,絶暮雨於陽臺;入月仙娥,缺真容於殘魄。”唐文明元年《孫義普墓誌》(《匯編》第17冊第4頁):“未終之前,若有神應,恒詠薛開府詩云:‘昨望巫山峽,流泪滿征衣,今赴長安道,含笑逐春歸。’詞氣淒婉,左右傷惻。自是數日而終。”是唐代“巫山”,或有關乎所謂望夫思婦。唐垂拱二年《李瓛墓誌》(《新中國·河南壹》

第431頁)："夫人鄭氏,即滎陽之著族也。閨房之秀,掩班惠而騰光;闥閾之英,播蔡姬而散馥。豈謂輔仁徒爽,積善無徵。朝雲長瘞於高唐,霄霞永汎於洛浦。遂以證聖元年歲次乙未八月景子朔九日甲申,同葬於祝融之城東二里之平原,禮也。”唐顯慶元年《故文帝昭容韋氏(尼子)墓誌銘》(《新中國·陝西壹》第40頁)："雲歸雨絶,陽臺之夢不追;設帳焚香,甘泉之魂□遠。”唐顯慶二年《亡宫五品墓誌銘》(《新中國·陝西壹》第42頁)："既該四德,方預六宫。巫嶺行雲,曾何髣髴;洛川迴雪,詎可依希。”

唐乾封元年《支郎子墓誌銘并序》(《匯編》第15册第9頁)："容華挺洛浦之迴風,秀質与旦雲之逈絶。既而禮則俱備,德洽支君。琴瑟調諧,閨房令範。豈謂延平之劍,飜没雙龍;巫山翠雲,忽成霜露。”唐乾封二年《王和墓誌銘并序》(《匯編》第15册第44頁)："任石忽摧,巫雲已滅。玉樹韜彩,瑤花掩晰。”唐天寶三年《范如蓮花夫人墓誌銘并序》(《匯編》第25册第60頁)："高祖預,祖義慎,父玄琛。並才韻卓犖,風調閑雅。慕梁竦之平生,恐勞郡縣;詠陶潛之歸去,遂樂田園。由是冠冕陵遲,夫人因為平人也。凝脂點漆,獨授天姿。婦德女功,不勞師氏。始以色事朝請大夫行河内縣令上柱國瑯邪王昇次子前鄉貢明經察。送深目逆,調切琴心。昔温氏玉臺,願投姑女;漢王金屋,思貯阿嬌。方之寵焉,未足多也。而夫人猶自謂桃根卑族,碧玉小家。”銘文："巫岫雲没兮河陽花死,地久天長兮空存女史。”直言女性以色事夫,至於送深目逆,調切琴心,是巫雲關乎男女兩性情感生活。

(五)巫山之雲、洛川之神,不但爲美女化身,抑亦關涉美德

唐貞觀十二年《唐遜妻柳婆歸墓誌》(《匯編》第11册第77頁)："夫人諱婆歸,字尼子……夫人承教義之餘風,稟端莊之美操。三星比曜,四德連華…… 遂使長原膴膴,空旌節婦之墳;隴樹蕭蕭,徒表貞妻之墓。……仙路雲飛,啞山珮響。停機奉箒,成規合象。……式表貞墳,傳芳無已。”唐貞觀十四年《張君妻秦祥兒墓誌》(《匯編》第11册第85頁)序文銘文,刻辭不憚重複："夫人諱詳兒,字尼子……夫人承教義之餘風,稟端莊之美操。三星比曜,四德連華。十五之年,言歸君子。躬儉節用,內位克修。孝敬以聞,言容以度。怡聲奉箒,事姑之禮盡焉。舉案齊眉,爲妻之儀。……式備九儀,言從百兩。仙路雲飛,峌山珮響。停機奉箒,成規合象。日往月來,煙銷雨滅。未秋蓮碎,方春桂折。"唐永隆二年《康杴墓誌》(《匯編》第16册第157頁):"夫人曹氏,承懿方池,蘊資圓水,貞順閑雅,令範端詳,受訓公宫,母儀私室。俄潛月浦,奄翳巫山,以永隆二年六月一日終於私第,春秋七十有五。"唐垂拱三年《周君妻公孫平墓誌銘并序》(《匯編》第17册第54頁):"夫人含姿洛雪,孕彩巫雲。四德爰摽,迥符於箴訓之則;六行方秀,遠合於緗紬之模。"唐垂拱四年《梁寺及妻唐惠兒墓誌》(《匯編》第17册第103頁):"夫人晉昌唐氏,名惠兒,後魏驍騎將軍本郡守契之七葉孫,故即司農寺長樂監敏之第二女也。巫山降祉,巽位摛精,挺琬琰以成姿,懷氷霰以清慮,纂組織紝之務,早擅女工;幽閑婉嫕之規,夙彰婦德。恭謙娣姒,宗族所以推先;肅事舅姑,閨門由其作訓。""停機",典出《後漢書·列女傳》樂羊子妻,猶《紅樓夢》寶釵判詞"可歎停機德"之"停機"。"巫山"類詞語,不限女容誇飾,同時配合女德修飾。唐神龍二年《陳泰墓誌》(《匯編》第20册第44頁):"夫人常山房氏。巫雲授彩,洛雪凝姿,箴誡兩兼,容德雙美。"可謂一體雙邊,善頌善禱者。

(六)"巫山"包括高唐、陽臺、行雲同類,成爲修飾女性形容動静典雅詞頭

有關山、臺、唐、雲、水,均係描狀婦容之好、修態之美。隋大業三年《元君妻崔暹墓誌》(《匯編》第10册第15頁):"女工莫比,婦容絶群。素裁團扇,錦織回文。洛浦疑雪,陽臺似雲。宛如今見,何獨前聞。"隋大業九年《陳氏墓誌》(《匯編》第10册第74頁):"徘徊雲氣,尚類高唐之下;離合神光,猶似伊水之側。"唐垂拱元年《張夫人(貞)墓誌銘并序》(《匯編》第17册第22頁):"仿佛貞姬,窈窕淑女。洛濱拾翠,巫山行雨。粉白黛黑,清歌妙舞。雁起鳴砧,蠶稀弄杼。"

具有特殊身份氣質宫女,以"巫山"類詞語修美,成爲隋代墓誌固定格式。隋大業二年《朱氏墓誌》(《匯編》第10册第7頁),題名爲"著作郎諸葛穎製”:“宫人朱氏,神泉孤涌,靈芝特秀,女莭婦容,聲被彤管,佩蘭摇玉。勤著紫庭,來謂淩波,去疑升月。大業二年仲夏十三日滅乎東京,十九日窆於宫城西北廿里,其銘云:白日難見,玄扃不開,朝雲暮雨,何時復來?”隋大業九年《豆盧氏墓誌》(《匯編》第10册第83頁):“宫人姓豆盧……尔其内儀可軌,女德斯備……雲銷巫嶺,雨霽高唐。”(齊必霽字之用。以原拓字形上部模糊,或釋作齊。)隋大業十年《田氏墓誌》(《匯編》第10册第103頁):“采女幼而令淑,選入後宫,譽流椒掖。方遷顯職,享此遐年。而名香不焚,行雲斯歇。以大業十年六月構疾,時年卅有五,卒於永巷。”隋大業十一年《故宫人司飾丁氏墓誌銘并序》(《匯編》第10册第134頁)序文:“宫人以國華入選,邦媛推妍,儀範可嘉,箴誡有則。”銘文則以高唐洛浦陪比“美玉”:“波生洛浦,雲起高唐。如何蹔覩,儵忽銷亡。魂歸蒿里,身去蘭房。華舍翳粟,美玉沉璜。”國華,猶言一國之花魁,“國手”結構是其同類。

大凡宫女,其統一審美要求爲“慎美”(見隋大業十年《唐氏墓誌》,《匯編》第10册第108頁),而隋唐社會亦無妨徑以高唐、陽臺、行雲爲固定修飾。由此可知,高唐洛水,修飾女性,典雅詞頭,以示其内美有淵源,修能有來歷,故莊重其詞。等於説,巫山美質,洵非小家碧玉可得比方者。唐龍朔元年《故七品亡典饌墓誌銘并序》(《匯編》第14册第11頁)銘文:“洛川迴雪,飄楊蹔明。巫山行雨,倏忽還晴。風□□逝,閲水空驚。一随化往,千花飛名。”唐載初元年《九品亡宫墓誌》(《匯編》第17册第121頁):“浮漚雅製,共彤史而俱傳;行雨仙雲,帶草露而俄盡。”洛水、巫山、雲雨,關聯宫女生活。

唐永昌元年《獨孤丞長女獨孤婉墓誌并序》(《新中國·陝西貳》第60頁)稱“少女”:“謝庭飛雪,初散影而飄颻;巫嶺行雲,遽韜光而歇滅。”是“巫嶺行雲”,徑爲少女青春代稱。

(七)“高唐”“陽臺”之類,爲佳人所專,成蓋棺定論;今人會心,相去已遠

唐永徽六年《王瑗達墓誌銘并序》(《匯編》第12册第163頁)序文:

"夫人韓氏,夙鍾嘉慶,素稟徽猷。爰及笄年,作配君子。義光容德,禮被閨闈。"銘文:"英猷女則,淑問時標。梅梁日掩,巫嶺雲銷。"歎惋良人,施於蓋棺定論。然而,隋大業十一年《董美人墓誌》(《匯編》第 9 册第 118 頁)銘文:"高唐獨絶,陽臺可怜。花耀芳囿,霞綺遙天。波驚洛浦,芝茂瓊田。嗟乎頹日,還随浚川。比翼孤栖,同心隻寝。風卷愁幔,氷寒泪枕。悠悠長瞑,杳杳無春。落鬟摧櫬,故戴凝塵。昔新悲故,今故悲新。餘心留想,有念無人。去歲花臺,臨歡陪踐。今兹秋夜,思人潛泫。迂神真宅,歸骨玄房。依依泉路,蕭蕭白楊。墳孤山静,松疎月涼。瘗兹玉匣,傳此餘芳。"

其中,本篇"高唐獨絶,陽臺可怜"兩句銘文,或有注家出新解爲"高唐陽臺,伊人已去,孤獨淒絶,蝺蝺可憐"[1],實不能通貫構詞用例。雖彌縫多方,仍不免突兀生硬。幾類胡越肝膽、南轅北轍。"高唐、陽臺"句,與"花耀芳囿,霞綺遙天。波驚洛浦,芝茂瓊田"緊接,謂高唐佳人,絶世獨立("佳人獨立"上舉《馬淩虚墓誌》所謂"鮮膚秀質,有獨立之姿;瓌意蕙心,體至柔之性",適爲的詁),陽臺交接,適足愛憐。是高唐、陽臺,美詞佳人,功能一揆。猶隋大業八年《沈氏墓誌銘并序》(《匯編》第 10 册第 64 頁)銘文所云:"入風疑雪,依臺若雲。椒花解頌,竹杖能文。"此"依臺若雲",恰可移釋彼"陽臺可怜"。又原拓整理釋文或作"人風",不辭非對。當作"入風",描寫動態,與"依臺"對文。"高唐",石刻或作"高堂",見隋大業十一年《采女田氏墓誌銘并序》(《匯編》第 10 册第 130 頁):"波生洛浦,雲起高堂。"若一定依靠"巫山"渲染女性生活孤苦,其必如唐大和四年《李清墓誌》(《新中國・河南壹》第 93 頁):"夫人賈氏,家本儒宗。令淑令問,作儀作工。秦臺奄月,巫峽悲風。"

(八) 魏晉南北朝"巫山"已爲女性美詞,晚唐五代墓誌,基本絶跡

北魏延昌元年《元顥妃李元姜墓誌》(《匯編》第 4 册第 2 頁):"妃稟貞英之節,體雪曜之姿。惠性凝華,蘭音沖婉。事皇姑以夙恭,接衆媵以

〔1〕 俞豐《經典碑帖釋文譯注》,上海書畫出版社 2009 年,第 266 頁。

無怠。玉潤金相,椒風自遠。越漢上之遊妃,追洛濱之美媛。”以漢水遊妃、洛濱美媛爲女性修飾。銘文相應辭曰:“有美伊妃,方娥比旭。”

至於徑以“巫山”爲女性修飾詞頭,語料庫標注有 3 例。其中北魏建義元年《元愔墓誌》(《匯編》第 5 冊第 94 頁):“而火起巫山,芝艾同滅,水陷歷陽,愚智俱殞。”於女性無關。北魏孝昌三年《胡昭儀墓誌》(《匯編》第 5 冊第 64 頁):“體坤元之至性,資星月之玄圖,神懷清邃,淵謨崇遠,風美巫山之陽,節高漢水之上。四德聿脩,六行光備,戶牖之教既成,有行之義攸在。遂以懋德充選掖庭,拜左昭儀。”所施對象及作用,已與隋唐同致。東魏興和三年《祖子碩妻元阿耶墓誌》(《匯編》第 6 冊第 74 頁):“方華桃李,比德娥英,巫山謝麗,阿谷慚貞。”視隋唐寫法,波瀾一揆。

晚唐五代墓誌,“巫山”類詞,已基本絶跡。即偶或出現,也區分所施對象。唐大曆十五年《蕭君墓誌銘并序》(《匯編》第 27 冊第 197 頁):“夫人李氏,當代名流。洛浦之姿,巫山之質。”銘文:“夫人李氏,貞潔過人。豐肌南國,美貌東鄰。”夫李氏之身,殆南朝風流餘韻猶存者歟?

(九)漢語發展過程中,詞語結構及其方式,構成爲主要區別手段

從語言結構形式看,詞的合成,除了部分聯合結構,其餘偏正修飾支配補充等方式所合成的結構,即意味著意義範圍的區別明確。因此,漢語詞語合成及分類,體現著漢語結構的內在邏輯發展。還有,隨著社會生活的歷史演變,詞形結構依舊,而詞義和使用範圍卻與時流轉,作出轉移調整,這類矛盾情形也屬於漢語發展的重要現象。隋唐石刻詞語結構,以修飾、補充等方式合成,使得詞義分別趨於精細準確。同時,依然存在大量固有詞形爲魏晉南北朝隋唐石刻變化使用的情形。“巫山”類詞,是其顯例。隨著語料庫加工的深入,漢語詞彙史的調查,還應注意詞彙量化使用情形,諸如使用形式、使用頻率及其消長趨勢、使用時代及其分佈等,有助於詞彙史的觀察分析。

長期以來,“巫山”及相關聯類詞語,功能趨於一邊,內涵發生遮蔽。依託魏晉南北朝隋唐五代石刻語料庫標注“巫山(巫嶺)”“行雲”“行雨”“雲雨”等記録,以出土文獻有關“巫山”類詞群功能爲綫索,考察隋唐社

會“巫山”類詞語,雖爲女性所專用,尚具有多方面使用功能,或爲女性世間生活之中性詞,或爲女性容德之美飾詞,取向爲肯定性價值觀念。上具出土墓誌用例,都特別逐一標注其年代。語料庫“巫山”詞群標注數據表明,漢語史上魏晉南北朝尚屬濫觴,隋唐使用範圍趨於寬泛,而晚唐五代消歇至基本不用: 是唐代以降愈用愈窄之例。

本文原刊於《第三屆中日韓(CJK)漢字文化國際論壇論文集》,上海人民出版社 2011 年。

“詞肥義瘠”與“假象過大”

——以歷代碑板文字爲綫索

目　次

本調查報告,是屬於一種特殊語料即有關禮儀風俗類型的“語用”考察。中國固有的且至今還管用的詩文評語詞概念體系中,關於詞、意、物三者關係的使用是不平衡的,基本體現出了一邊倒的取捨傾向,即排斥物>意、詞>意類型。理想的境界是第一類,即詞=意、意=物,通常的表述就是意境的圓融、和諧。而對於物<意、詞<意的偏枯類型,不僅找不到專門的批評,甚至已成爲“文約義豐”“言有盡而意無窮”“含不盡之意見於言外”之類文評根據。這類現象,比較直接地反映出了文章傳統上的一種文化認知選擇。關於物>意、詞>意類型,詩文評裏的表述形式就是“假象過大”(深層結構類型即爲物>意),“假象過大”的言語表現形式就是“詞肥義瘠”(深層結構類型即爲詞>意)。

“假像過大”,除了所指涉事物形狀體積等因素存在不平衡之外,還存在所擬不倫、所比不類、錯配非偶、偏枯不稱等傾向。這類既著眼於辭章,又會心於詞語關係的批評形式,是《管錐編》在考論《全上古三代秦漢三國六朝文》等過程中所使用重要品目。這些平章内容,在中國詩文評意義上,存在著内在的有機關聯。中國固有文章結構平衡要求的基本原則,以及這些原則的基本結構和基本單元,體現爲中國古已有之的文統。

碑誌文字現象的閱世長存,涉及民俗神話、文字功用以及家族意識等因素,表明中國固有文評標準,是區分使用場合,區分功用意義的。

Ⅰ. 古代碑板文字作爲禮儀風俗語料的基本特性

○“詞肥義瘠”

“詞肥義瘠”作爲談藝品目,見於《管錐編》第三冊論《全漢文》卷一六“詞肥義瘠”條。錢先生首次拈出,並廣爲聯類,拂拭闡釋:

《過秦論》“有席捲天下、包舉宇內、囊括四海之意,併吞八荒之心",按晉後人當曰:"有席捲天下、包舉宇內之意,囊括四海、併吞八荒之心。"今乃讀之折散語言眷屬,對偶偏枯杌隉。四者一意,任舉其二,似已暢足,今乃堆疊成句,詞肥義瘠,無異《楊公筆録》所嘲詩句"一個孤僧獨自行"、《廣笑府》卷一所嘲詩句"關門閉户掩柴扉",或《兩般秋雨盦》所嘲"墨派"八股"天地乃宇宙之乾坤,吾心實中懷之在抱";即對偶整齊,仍病合掌。[1]

按"肥"字之用,極富特色。傳統文獻"肥"字記録盛美,用例頗廣,舉凡體肥、物肥、家豐、道肥、義肥、詞肥,涉及人身豐滿、事物茁壯、道義制勝等;無間具體、抽象,蓋無不施。

△ 道肥。隋大業七年《劉則墓誌》(《匯編》第 10 冊第 48 頁):"令終善誘,清虚異於嵇阮;戰勝道肥,文學均於馬鄭。"唐總章二年《張君妻朱氏墓誌》(《匯編》第 15 冊第 93 頁)銘文:"不事王侯,樂兹肥道。"[2]

△ 貞肥。唐開元二十一年《鄧夫人墓誌》(《匯編》第 23 冊第 105 頁):"高尚秉節,貞肥立志。慕聃彭之壽,躡園綺之蹤。"共時傳世文獻如《唐文粹》卷十六上張九齡《洪州西山祈雨是日輒應賦詩言事》:"虚美悵無屬,素情緘所依。詭隨嫌弱操,羈束謝貞肥。義濟亦吾道,誠存爲物祈。"《唐文粹》"弱操""貞肥"相對,猶墓誌"高尚""貞肥"對文。[3]

△ 身肥。隋大業十二年《李元墓誌》(《匯編》第 10 冊第 142 頁):"閑

[1] 錢鍾書《管錐編》第三冊,中華書局 1979 年,第 891—892 頁。

[2] 華東師範大學中國文字研究與應用中心歷代石刻語料庫,所採集數據大宗石刻文獻包括北京圖書館金石組編《北京圖書館藏中國歷代石刻拓本匯編》,中州古籍出版社 1997 年,行文皆簡稱《匯編》。

[3] 《周易》則有"肥遯",參見《周易注疏》卷六:"上九:肥遯無不利。《注》:最處外極無應於内,超然絶志,心無疑顧,憂患不能累,矰繳不能及,是以肥遯無不利也。象曰:肥遯無不利,無所疑也。"唐陸德明《經典釋文》卷二"肥遯"條:"如字。子夏傳云:肥,饒裕。"然《周易注疏》卷六《考證》云:"上九肥遯。肥本或作飛。臣良裘按:《淮南子·師道訓》云:遁而能飛,吉孰大焉。張平子《思玄賦》'欲飛遁以保名'、曹植《七啓》'飛遁離俗凡',李善、吕向皆引《易》文爲注。前檢討臣、毛奇齡《仲氏易》云。明焦竑又以《金陵攝山碑》'緬懷飛遁'爲證。是唐前《易》本,本有作飛字者。明楊慎則謂古'肥'作巷、因巷誤蜚、因蜚成飛。"

居養志，不屈己於徒勞；詩書自娱，乃肥身於道勝。"肥字施之於身，並非限於體態之優裕閑養，而是關乎身份地步之寬暇。《廣韻》"肥"：符非切，豐滿。《禮記·禮運》："四體既正，膚革充盈，人之肥也。"馬王堆漢墓帛書《戰國縱横家書·謂燕王章》："燕趙破宋肥齊，尊之，爲之下者，燕非利之也。"傳世文獻"肥"字亦有轉向反面之用者。《集韻》"肥"：補美切，又謂薄少。《管子·山至數》："古者輕賦税而肥籍斂，取下無順於此者矣。"俞樾《諸子平議·管子六》："肥當爲肥，乃薄之叚字也。"[1]宋代李昉等撰《太平御覽》卷四百七十二人事部一百一十二《富》下引《列女傳》陶荅子妻條："妾聞南山有玄豹，霧雨七日不下食，何也？飽其志，飢其腹，將欲以澤其毛，衣而成其文章也，故藏而遠害。豖不擇食以肥身，坐而須死。"《不繫舟漁集》卷十一："今夫奔走乎要津，請謁乎權門，大可以獲爵位，小亦不失潤屋而肥身，舉一世莫不皆然也。"按上述情形，也可以説是養身份之肥。隋大業十二年《元智墓誌》（《匯編》第10冊第133頁）："昔金日磾以謹養致肥，武帝擢之中監；百里傒以時使不暴，穆公授以上卿。望古儔今，於兹爲美。"

△ 義肥。語出《韓非子·喻老》："子夏見曾子。曾子曰：何肥也？對曰：戰勝故肥也。曾子曰：何謂也？子夏曰：吾入見先王之義則榮之，出見富貴之樂又榮之，兩者戰於胸中，未知勝負，故臞。今先王之義勝，故肥。"後以"道肥"謂道義制勝，心安理得。

△ 家肥。唐開元四年《高應墓誌》（《匯編》第21冊第58頁）："夫人孟，同郡人也。柔章内則，碩德中宣。躬儉家肥，孫慈子愛。"唐先天元年《長孫氏墓誌》（《匯編》第21冊第2頁）："惟家之肥，於穆不已。"[2]

△ 詞肥。至於"詞肥"，爲語用之尤爲振絶者。以用詞闊綽爲"詞

---

〔1〕《漢語大詞典》"肥"字條、語料庫關於歷代碑板石刻所用"肥"字。

〔2〕《漢語大詞典》"家肥1"：以指家庭和睦有禮。所舉傳世文獻用例見《禮記·禮運》："四體既正，膚革充盈，人之肥也；父子篤，兄弟睦，夫婦和，家之肥也；大臣法，小臣廉，官職相序，君臣相正，國之肥也。"孔穎達疏："此一節明人及國家天下等皆悉肥盛，所以養生送死，常事鬼神。"

肥”,剔抉而出並用於文評者,就是《管錐編》。“肥”字係由實及虛,屬於越用越寬之例。“詞肥”品目,出於《管錐編》拂拭創辟,淵源既深,遂爲中國“文章學”概念體系,增加最富解釋力且極具特色之術語;於“肥”詞義項系統,添加功能之義項。

○“碑刻活套”

“詞肥義瘠”既經《管錐編》發展剔抉提煉而出,其于中國文統內在的關聯度即可解釋性功能體現在哪裏呢?研讀《管錐編》過程中,可以發現《管錐編》大量具體考索過程中主要體現在文體學上對“碑刻活套”式的批評,在辭章學上對“假像過大”式的章法結構視覺性要求。

“詞肥義瘠”在碑誌文字上體現得尤爲突出,那就是“碑刻活套”。錢先生嘗以庾信《周上柱國齊王憲神道碑》爲例,分析其“活套慣技”,不啻印版:

> 按信集中銘幽諛墓,居其太半;情文無自,應接未遑,造語謀篇,自相蹈襲。雖按其題,各人自具姓名,而觀其文,通套莫分彼此。惟男之于女,撲朔迷離,文之于武,貂蟬兜牟,尚易辨別而已。斯如宋以後科舉應酬文字所謂“活套”,故六朝及初唐碑誌通患。庾信碑誌,有兩慣技:1. 駢文儷事,本借古比今。信叙墓中人生平時,每于儷事之後,亟自評所儷事之切當抑參差,藉作頓挫。《周上柱國齊王憲神道碑》即有四處……卷十三《周大將軍崔說神道碑》,同卷《周柱國大將軍拓跋儉神道碑》,卷一四《周柱國大將軍紇干弘神道碑》,同卷《周車騎大將軍賀婁公神道碑》,卷一五《周上柱國宿國公河州都督普屯威神道銘》,同卷《周兗州刺史廣饒公宇文公神道碑》,卷一六《周驃騎大將軍開府侯莫陳道生墓誌銘》,同卷《周大將軍懷德公吴明徹墓誌銘》,卷一七《周大將軍聞嘉公柳遐墓誌銘》。2. 碑文及銘詞常寫景物作結,語氣宛類詞賦,且例必道及封樹,幾有匡格。如卷一三《周太子太保步陸逞神道碑》,同卷《周大將軍崔說神道碑》:“松櫝深沉,

既封青石之墓”；同卷《周柱國大將軍拓跋儉神道碑》，同卷《周車騎大將軍賀婁公神道碑》，卷一五《周上柱國宿國公河州都督普屯威神道銘》……〔1〕

按諸六朝碑刻文字，結構一揆。隋唐人墓誌匡格，則祖述中古。借古陪今，波瀾不二。隋大業九年《郭寵墓誌》（《匯編》第10冊第90頁）：“是非無所執，愠憘曽未形。每春日登臺，秋時臨水。合尊促席，懷遠送歸。雖復曹植西園，方斯未善；孔融北海，譬此非高。”隋大業十一年《苟君妻宋玉艷墓誌》（《匯編》第10冊第120頁）：“昔斑昭成書，世推博學，馬芝興弔，見賞妙年。以古類今，彼多慙色。”像唐開元二十年《郭懌墓誌》（《匯編》第23冊第69頁）堪爲範本具體而微者：

唐故太廟齋郎吏部常選郭子墓誌銘并序。太原郭氏之子懌，字如城。自得姓于姬，受封于虢，言秉高致，燕王為之築臺；才蘊良圖，魏后因之決策。至於纂戎世業、榮耀國經者，不可毛舉而縷述也。曾祖感，皇邢州司馬；祖善，皇朝英王府記室參軍；父晉，朝議大夫將作少匠。子幼而敏沖，生而岐嶷，謙恭得於成性，孝悌稟於自然。雖徐稚之辯月晦明，王戎之知李甘苦，春卿之幼曉章句，子正之夙慎威儀：蓋未足方其少異也。年十二，補太廟齋郎，奉𨺓禋宗，虔誠毖祀，潔俎趍事，式禮莫愆。屬天官擇人，拘以恒格，有才無禄，君子病之。以開元廿年歲次壬申四月十六日寢疾，終于東都恭安里第也，春秋二十。嗚呼！將騁千里，遽沉良驥之足；僅登七年，翻折豫樟之幹。苗而不秀，豈獨前賢。以其年五月十九日殯于洛陽縣平陰鄉之原，禮也。郭公夢均王導，哀甚卜商，悲玉樹之摧階，痛明珠之碎掌，纘其遺事，見託斯文。銘曰：脩原幽扃，長夜冥冥，奠觴沐槨，塗車芻靈。露濕荒逕，雲埋野庭，山川今古，松柏青青。

〔1〕《管錐編》第四冊，第261則，第1527—1528頁。

所謂“駢文儷事,本借古比今”,或曰以古人襯托之,本誌所謂徐稚、王戎、春卿、子正輩是也。“蓋未足方其少異也”——即上引《管錐編》所謂“每于儷事之後,亟自評所儷事之切當抑參差,藉作頓挫”。

碑刻文字這類“詞肥義瘠”通病,探究其根由者,代不乏人。北朝魏楊衒之《洛陽伽藍記》卷二記述建陽里東洛陽縣門外洛陽令楊機清德碑:“時有隱士趙逸,回答好事者尋問晉朝京師何如今日,曰:‘自永嘉已來二百餘年,建國王者十有六君,吾皆遊其都邑,目見其事。國滅之後,觀其史書,皆非實録,莫不推過於人,引善自向。……凡諸史官,皆是類也。人皆貴遠賤近,以爲信然。當今之人,亦生愚死智,惑已甚矣。’人問其故,逸曰:‘生時中庸之人耳,及其死也,碑文墓誌,莫不窮天地之大德,盡生民之能事,爲君共堯舜連衡,爲臣與伊皋等跡。牧民之官,浮虎慕其清塵;執法之吏,埋輪謝其梗直。佞言傷正,華辭損實。’當時構文之士,慚逸此言。”[1]

墓誌碑刻場合與所施文字“詞肥義瘠”特點,涉及到墓誌碑刻文字的“阿諛”風格,後世往往想到韓愈作爲代表性人物的影響。此類文體所施,流俗蔚成風氣。杜甫爲其姑《萬年縣君志》云:“甫以世之録行跡示將來者多矣,大抵家人賄賂,詞客阿諛,真僞百端,波瀾一揆。”(《工部集》二〇)《封氏聞見記》六:“近代碑稍衆,有力之家,多輦金帛以祈作者,雖人子罔極之心,順情虚飾,遂成風俗。”《唐語林》一:“長安中争爲碑誌,若市賈然,大官薨,其門如市,至有喧競構致,不由喪家者。”[2]

這類文體,所使用文字,欲求印證“千裏面目”“文如其人”,實際上早就是做不到的事情,不獨唐代爲然也。北宋王禹偁《寒食》詩句,對此還有夫子自道:“副使官閑莫惆悵,酒錢猶有撰碑錢。”錢鍾書所著《宋詩選注》就指出這是“替人家作了碑記、墓誌銘等文章的稿費,當時所謂‘潤筆’”。[3] 有的甚至宦涉四朝,仍得“虚宇清襟”之稱,墓誌所言人物品行

〔1〕(北朝魏)楊衒之《洛陽伽藍記》卷二,周祖謨校釋,科學出版社 1958 年。

〔2〕岑仲勉《金石論叢》“綜論碑誌之信值”,中華書局 2004 年,第 79—80 頁。

〔3〕錢鍾書《宋詩選注》,人民文學出版社 1989 年,第 7—8 頁注[4]。

尤不足信。隋大業十一年《蕭翹墓誌》(《匯編》第10冊第140頁)歷宦凡梁、齊、陳、隋四朝,似翁不倒,幾踵不旋。然作者坦然高尚其志:"虛宇清襟,儷秋雲而共遠;温暉潤德,竝冬光而比曖。是稱偉器,時謂聖童。機神朗拔,風調清舉。誠孝之道,率由天性。術該六藝,行兼四德。美風姿,善談笑。言必有信,非禮不動。匪惟國寶,實乃席珎。守道好學,老而弥至。採異名山,搜奇石室。南宫故事,東觀遺文,莫不苞括精微,牢籠妙理。才思清敏,度越崔王;筆杪遒媚,叅亞鍾索。幸藉基資,早縻榮位。宦涉四朝,名馳万里。及兹晚暮,頗為淪屈。雖有君山之歎,曽無亭佰之悲。榮辱澹如風猷,目遠縱情琴酒。抗志風雲,沉吟篇什之閒,惆悵天人之際。有文集十卷,為世所賞。"蓋作者之與墓主,不唯爲文而造情,復爲人而飾詞:"余與夫子,篤忘年之好,情深管鮑,意切金蘭。未駕臣卿之車,有媿佰階之作。意盡悲多,才輕筆短。仰陳盛美,乃作銘云……"

△ 唐人墓誌,反感於虛詞浮比,試圖開風氣者,百不及一。像唐開元二十年《苗善物墓誌》(《匯編》第23冊第85頁)所刻大唐故泗州司馬叔苗善物墓誌銘并序,是侄子爲其叔父捉刀,爲稍能化堆垛爲煙雲,變腐套成新格。出手眼,反常規,倡史筆,存實録:

> 夫碑誌者,紀其德行,旌乎功業,俗多以文詞藻飾,遂使道失其真。家叔狀能,[1]願存實録。

但觀其全篇,各段大率不出老套。唯中間段落,稍及人情之常:

> 俄嬰疾罷職。大門父璡,海岳孕靈,器識宏遠,鄉黨見重,牧宰推高,屢有薦揚,不敢就命。屬以諸父雕逝,家累孔殷,方乃謝絶衣冠,垂訓子姪。其時伯叔總有廿,不逾數歲,孝廉擢第者一十有三。遂得羔雁成行,不獨仲弓之室;芝蘭交映,豈唯太傅之庭。加以擬汜毓之

[1] "能"字,猶《楚辭·離騷》"紛吾既有此内美兮,又重之以修能"之能。

字孤,衣無常主;迹孔融之愛客,座乃盈賓。叔即大門父之季子。父每云叔有豊下之貌,為保家之主。父恒偏愛,重令侍養晨昏。叔感父情鍾,不離膝下,推諸伯以從仕,請一身而色養。父更切深懇,其志不奪,便有嚴命,令父逝之後,可即從官。

△ 墓誌白描及序文銘文作章法,則如隋大業十年《陳花樹墓誌》(《匯編》第 10 冊第 105 頁):

年卅一入宫,特以小心見録,非因色幸強識。多智審對,明密執玉。不趨奉酏,惟敬內宫設職,位膺司寶。

按序文寫實,當行本色,不事雕琢,墓誌罕見。“特以小心見録,非因色幸強識”。其中“小心”入墓誌,得未曾有。結構提挈,下出“明密”句。“強識”亦作者自道語,“色幸”上應“年卅一入宫”句,年長色衰,非關蛾眉可恃者。二句交叉照應,遂有左右映帶之致。“多智審對,明密執玉。”其中“多智”,以“辯捷”爲特徵,殆“滑稽多智”者流裔與亞,非智慧高卓者莫辦。《史記》卷七十一《樗里子甘茂列傳第十一》“樗里子滑稽多智,秦人號曰智囊”,《索隱》:滑,音骨,稽,音雞。鄒誕解云:滑,亂也,稽,同也。謂辯捷之人,言非若是,言是若非,謂能亂同異也。一云滑稽,酒器,可轉注吐酒不已,以言俳優之人,出口成章,詞不窮竭,如滑稽之吐酒不已也。《正義》:滑,讀爲淈,水流自出。稽,計也,言其智計宣吐,如泉流出無盡,故揚雄《酒賦》云“鴟夷滑稽,腹大如壺”是也。顏師古曰:滑稽,轉利之稱也。滑,亂也。稽,疑也,其變無留也。一說稽,考也,言其滑亂不可考較。隋人墓誌如隋大業十一年《明雲騰墓誌》(《匯編》第 10 冊第 118 頁)“幼學滑稽,遂過秤象之智”,爲風光本地,用心一揆。然則“對”即“應對”之“對”,即銘文“亂詞”,所概乎言之“宫人明敏,強識遍該”。“明密執玉,不趨奉酏”,其中“明密”句,即銘文所謂“掌守慎密,牘不濫開”之意;明密,明,敏也,見《尚書》“明”字之用,銘文所謂“明敏”,適可移詁。

墓誌章法,不唯序文交錯有致,即銘文收拾,亦映帶相宣。行文佈置,每有層次。板滯變流易,堆垛化煙雲:

司寶貴職,蕳在多能。宫人明敏,強識遍該。掌守慎密,櫝不濫開。愛護恭謹,待命方來。〔1〕

首二句"司寶貴職,蕳在多能"爲總贊,以下明敏、強記、慎密、恭謹等,則分出照應。

Ⅱ. 遣詞造句,過分闊綽,詞語豐肥,而辭義貧乏;篇章結構,遂致"假像過大"

○"假像過大"

"詞肥義瘠",充類至盡:古人悉爲陪筆,誇飾無以復加。隋大業十二年《□悃昂墓誌》(《匯編》第10册第143頁),少負"神童久號",而誇飾不近情理。狀其讀寫情景,則欲顯其智反益其愚:"淫書慾典,無謝偷光;錐胋(胋,"股肱"字異體)求英,何慙(慚字異體)照雪。秉干雨至,豈覺麦漂;倚柱作書,寧知霹靂。"寫其才情,古人悉成陪襯,仲尼不死,顔淵復生,且無問文武,尚可理解。至若"說事則摧山竭海,談義則江河涸絶",則充類以至盡,非人而近妖,即《管錐編》論《全晉文》卷七七摯虞《文章流别論》"假像過大"條所嘲之屬:

吴可《藏海詩話》記韓駒云:"絶句如小家事,句中著大家事不得;若山谷《蟹詩》用與虎争及支解事,此家事大,不當入詩中。"吴喬《圍爐詩話》卷一論"七子"詩大而無當、廓落不親切,謂如"夜寒蓋木板,赤身被鐵甲";閻若璩《潛邱劄記》卷四五上又卷五《與陳其年》皆指摘汪琬詩"戲蝶

〔1〕"簡在",猶《論語·堯曰》"帝臣不蔽,簡在帝心"之"簡在",簡,與從心簡聲字通。

翩翾排闥國”及“寂寂精藍晝又開，隔籬飛蝶鎮徘徊”，笑“排闥”爲“蝶中樊噲”，寺門大開而“徘徊”不入，昔勇今怯，又爲“蝶中馮婕妤”；陶元藻《全浙詩話》卷四二引俞永思《畫漁餘話》：“毛西河贈妓詩：‘雙瞳夜剪秋山雨，一笑春生揚子潮’，次句乃狀笑容，非狀笑聲也。揚子江心有水渦；若作笑聲解，則此笑如鯨鐘鼉鼓，聞者掩耳驚走之不暇矣。”紀昀《唐人試律說》評錢可復《鶯出谷》之“一囀已驚人，摶風飛翰疾”云：“鶯有聲，然‘驚人’非鶯之聲也，鶯能飛，然‘摶風’非鶯之飛也。”又評陳至《芙蓉出水》之“劍芒開寶匣，峰影寫蒲津”云：“劍似芙蓉，不得云芙蓉似劍，峰似芙蓉，不得云芙蓉似峰。”張佩綸《澗于日記》光緒十八年正月初八日：“山谷《水仙花》詩‘出門一笑大江橫’，‘横’字粗獷，直是水師矣！”均相映發。……亦“類相遠”而“事相違”之意也。〔1〕

詞章而詞與物、意與象、意與境，和諧與否，協調與否，圓潤與否，其實是貫穿中國古代關於文章章法的内在標準。基於此，是否假像過大，抑或假像過實，也就構成古代中國文評的基本原則。詞章家爲批評家所稱道的例子，往往也在乎此。如秦少游《浣溪沙》小詞，上下兩片：“漠漠輕寒上小樓，曉陰無賴似窮秋，澹煙流水畫屏幽。自在飛花輕似夢，無邊絲雨細如愁，寶簾閑掛小銀鈎。”不在格局氣象勝，端賴侔色揣稱，搭配匀稱。

《管錐編》所作辭章學品目，愜理饜心。而碑板文字，作種種不協調相，以下稍廣其例。

△“騰笑獻譏”，施于宫人“流芳”。隋大業十二年《徐氏墓誌》(《匯編》第 10 冊第 146 頁)：“蘭芬蕙性，爰自妙年；習禮明詩，彰於綺日；由是騰芳戚里，膺選椒庭。葴訓聿脩，容德無爽。”唐開元三年《崔公妻李氏墓誌》(《匯編》第 21 冊第 42 頁)：“思播美以騰芳，願勒銘而紀德。”南朝齊孔稚珪《北山移文》：“於是南嶽獻嘲，北壟騰笑。”清陳廷焯《白雨齋詞話》卷五：“(陳伯玉)諂事武后，騰笑千古。”“騰”字與“譏笑”組合，指向否定。

△ 假像過大：盼顧之間與月夜光華。隋大業六年《賈氏墓誌》(《匯

〔1〕《管錐編》第三冊論《全晉文》卷七七摯虞《文章流別論》，第 1156—1157 頁。

編》第10冊第42頁):"言辭研雅,則芬馥春蘭;瞻顧徘徊,則光華夜月。"

△ 假像過大: 容光慚朱日。隋大業八年《何氏墓誌》(《匯編》第10冊第60頁):"照梁朱日,夲媿容暉;出水紅蕖,多慙榮曜。"

△ 假像過大: 遠嗤龐統,俯笑陶潛;江珠虧淵月,越劍動沖星。隋大業七年《陳叔毅修孔子廟碑》(《匯編》第10冊第51頁):"金作玉條之刑法,桐囚木吏之奸情,一見仍知,片言能折。所謂江珠匿曜,時虧淵月之明;越劍潛光,每動衝星之氣。爰降詔書,迺除曲阜縣令。風威遠至,禮教大行。政術始臨,奸豪屏息。抑強扶弱,分富恤貧。部內清和,民無疾苦。重以德之所感,霜雹無灾;化之所行,馬牛不繫。鱦魚夜放,早彰溉釜之篇;乳雉朝馴,自入鳴琴之曲。遠嗤龐統,不任百里之才;俯咲陶潛,忽輕五斗之俸。"

△ 假像過大: 掩宅九江。隋大業九年《陳叔榮墓誌》(《匯編》第10冊第75頁):"陳氏虎視吴會,龍躍荊衡,掩宅九江,連華三葉。"李白《大鵬賦》(見《古今事文類聚·後集》卷四十二)"塊視三山,杯看五湖",則芥子乎言之。表現氣盛詞壯,功能一揆。錢公《管錐編》論宋玉《大言賦》《小言賦》(見《全上古三代文》卷10),[1]拈出"大言""小言"條: 即小物說似大,大物說似小,爲詞令之首務。宋玉二賦,機杼猶此。《莊子·秋水》有"天地稊米,毫末邱山"之喻……均以推以比,亦小亦大。

△ 假像過大: 馳騁與金科、田獵與玉條。隋大業十二年《張浚墓誌》(《匯編》第10冊第153頁):"馳騁金科之內,田獵玉條之間。碩才磥硌,令問不已。""驅馳"視"金科"、"獵狩"與"玉條",病乎失調。

△ 假像過大: 擬於不倫:"波瀾萬頃"與"宮牆數仞"。隋仁壽元年《盧文構墓誌》(《匯編》第9冊第138頁):"顯考悉之,贈郢州刺史,波瀾萬頃,宮牆數仞。譽重生前,榮耀身後。渥洼龍種,絶景而飛雲;丹穴鳳雛,戴仁而抱智。及撗經請業,鼓篋從師,寶釰拭華陰之土,璞玉成和氏之璧。以玆茂實,無此令名。"

---

[1] 錢鍾書《管錐編》第三册,第886—887頁。

△ 假像過大:"絶電"原本寫速度,墓誌用以狀姿態。隋開皇二十年《獨孤羅墓誌》(《匯編》第9冊第126頁):"駿骨天挺,幼有絶電之姿;全璞不彫,自成希世之寶。"《漢語大詞典》"絶電"條:瞬息即逝的閃電,常用以比喻速度極快。南朝宋鮑照《擬行路難》詩之十一:"人生倏忽如絶電,華年盛德幾時見。"

△ 假像過實:年齒逾六旬老媪與"貎猶桃李"。隋大業七年《魏氏墓誌》(《匯編》第10冊第56頁):"狠(貎)猶桃李,日已崦嵫。春秋六十有二,大業七年十二月二日卒於外患坊。"

△ 假像過實:"和風"與"虎去"。隋大業十二年《張浚墓誌》(《匯編》第10冊第153頁):"惇情雅亮,率心廉直,勿加禁止,内外肅然。施和風如虎去,用德義而珠還。"惠政之施,與猛虎之去,錯配非偶,殊屬不倫。

△ 假像過實:陪比擬於不倫。隋大業十二年《張浚墓誌》(《匯編》第10冊第153頁):"若玉樹之居蒹葭,野鶴之處雞群。"位置玉樹于蒹葭叢中,雜處野鶴在雞群之内。猶俗語所謂"羊群裏跑出驢子"。儕輩固得突出矣,然終陷於不倫。

△ 節毛如雲:唐開元五年《張方墓誌》(《匯編》第21冊第62頁):"(祖)莭毛時舉,若雲掃長空;劒鋒乍明,似霜臨迥塞。"

△ 臨虎與雕蟲,位業與山河:比類不倫。隋大業九年《陳叔榮墓誌》(《匯編》第10冊第75頁):"冠盖與杞梓連陰,位業將山河比峻。出就外傅,聲望已隆。臨虎不驚,彫蟲無倦。"

△ 舌騰波、筆散雨:隋開皇三年《寇遵考墓誌》(《匯編》第9冊第10頁):"篤志扵學,業尚可觀。波騰舌杪,雨散毫端。著書東觀,贊務秋官。筆削無隱,濟猛以寬。入主喉脣,兼掌綸翰。"作者尺石興波,直龍王之噴雲吐霧。

△ 唐代至於誇飾爲"舌電",變本加厲,充類至盡者。唐總章二年《上官義墓誌》(《匯編》第15冊第102頁)銘文:"荆南令尹,隴右良家。公門載襲,台室連華。惟曾擢景,藝洽披砂。顯考騰譽,辯叶藏牙。(其一)克生英彦,風馳藻絢。門紹良弓,器傳稽箭。望秦說綺,臨吴識練。幾愈頭

風,方資舌電。(其二)”

△ 叱咤起雷電：隋仁壽三年《張儉及妻胡氏墓誌》(《匯編》第 9 冊第 160 頁):“宣政元年,詔討陳賊吴明徹,君機辯内馳,英威外振,弓彎流水,馬控浮雲。暗鳴而斬鯨鯢,叱咤而起雷電,妖氛廓定,振凱言歸。”〔1〕

△ 河目海口,欽頤虎顔：雖合相書,亦近非類。唐開元二十四年《獨孤炫墓誌》(《匯編》第 24 冊第 29 頁):“生而吸純精,母元氣,河目海口,欽頤虎顔,保于大和,合于皇極。所言王霸宏略,皆發自天機。而述作文儒,尤邃風雅。”

△ 鳥下、樹枯：誇飾過度。隋大業六年《姬威墓誌》(《匯編》第 10 冊第 35 頁):“竝孝性純深,居喪過禮。飛鳥聞悲即下,墳樹染泪便枯。”

……

Ⅲ. 詞與意、意與物關係的三種類型

○ 由修辭用字之“詞肥義瘠”,通乎辭章結構之“假像過大”,爲理解傳統文評認知取捨内在準的、根本關節,也體現了《管錐編》有關文章組織結構的基本平章原則

陸機《文賦》論作文,揭示詞、意、物三者關係:“余每觀才士之所作,竊有以得其用心。夫放言遣辭,良多變矣。妍蚩好惡,可得而言。每自屬文,尤見其情。恒患意不稱物,文不逮意。蓋非知之難,能之難也。故作《文賦》,以述先士之盛藻,因論作文之利害所由。”其中所涉及詞、意、物關係,理論上各又包容了三種關係類型：

物與意之間——物=意、物<意、物>意；

〔1〕“暗鳴”與“叱吒”對文,石刻字形如此作。今所見作“喑嗚”,《文選・左思〈吴都賦〉》:“睚眦則挺劍,喑嗚則彎弓。”李周翰注:“喑嗚,含怒未發。言如此小怒,則拔劍彎弓,言勇狹也。”唐駱賓王《代李敬業傳檄天下文》:“喑嗚則山嶽崩頽,叱咤則風雲變色。”

詞與意之間——詞＝意、詞<意、詞>意。

但是,中國固有的且至今還管用的詩文評語詞概念體系中,其使用是不平衡的,基本體現出了一邊倒的取捨傾向:

第一類詞＝意、意＝物——屬於理想類型。通常的表述就是意境的圓融、和諧。

第二類物<意、詞<意——屬於偏枯類型。但是我們不僅找不到專門的批評,甚至已成爲"文約義豐""言有盡而意無窮""含不盡之意見於言外"之類文評的根據;石刻語料稱爲"詞當體要",見唐咸通十二年《閻肇墓誌》(《新中國·河南壹》第88頁):"幼習經典,聰穎殊倫,通貫群言,詞當體要。"這類現象,比較直接地反映出了傳統文化的一種認知選擇。

第三類物>意、詞>意——屬於排斥類型,常見詩文評裏的表述形式就是"假像過大"(深層結構類型即爲物>意),"假像過大"的言語表現形式就是"詞肥義瘠"(深層結構類型即爲詞>意)。

"假像過大",除了所指涉事物形狀體積等因素存在不平衡之外,還存在所擬不倫,所比不類,錯配非偶,偏枯不稱等傾向。這類既著眼於辭章,又會心於詞語關係的批評形式,是《管錐編》在考論《全上古三代秦漢三國六朝文》過程中所使用重要品目。這些平章內容,在中國詩文評意義上,存在著內在的有機關聯。中國固有文章結構平衡要求的基本原則,以及體現這些原則的基本結構和基本單元,體現爲中國古已有之的文統。

Ⅳ.關於碑板文字現象的幾點思考

這裏需要討論的是,既然中國文評規定具有"一邊倒"的傳統,那麽歷代碑板文字整體卻體現出"詞肥義瘠"傾向,以至於走向"假像過大"而爲後人所詬病呢?這個題目很大,這裏只提出兩點關係思考,以資三隅之反。

○ 民俗神話

從碑板文字所施場合看,墓誌銘文具有"安撫靈魂"的意義。傳統"招魂"儀式,總是極盡誇飾鋪張之能事。這方面的情形,只要看戰國屈原《楚辭·招魂》等篇即可明瞭。

西方語言哲學,哲人思辨,往往在分析過程中暫時將聲音(詞)、詞所固定的意義、詞所指事物三邊離析。看似各家分流派,立疆界,其實伎倆一揆。使用詞語,固定意義之際,每個使用者的理解都不是非常完整的,甚至互相矛盾,這種情況是大量存在的。如此一來,施加到物件身上,必然產生想象虛構的成分。由此構建的,具有神話世界性質。

至於碑板文字,原本不存在於現實領域。就等於說,中國文評標準,是區分使用場合的。

○ 文字功用

從碑板文字所具功用看,墓誌銘文全體大用,千篇一律,無非"懼桑田之變改,刊金石以爲識":唐開元二十一年《開承簡墓誌》(《匯編》第23冊第118頁):"念薰猷之可紀,敬仗斯文;懼陵谷之方遷,勒于貞石。乃為銘曰……"唐開元二十四年《宋知感及妻張氏墓誌》(《匯編》第24冊第28頁):"懼桑田之變改,刊金石以為識。"于墓誌銘文全體大用,賅括無剩義。唐開元二十一年《江璀墓誌》(《匯編》第23冊第120頁):"懼世業之莫紀,痛將来之無徵,乃為誌銘,刻石而記。"唐開元二十三年《夏侯昣墓誌》(《匯編》第23冊第141頁):"迺為詞曰:宅邙山兮俯洛川,中有人兮不記年。兩劍雙花自相映,古今代事盡同然。如陵谷之將徙,寄銘誌之無還。豈譙□之遺恨,没河右之不傳。"[1]其體其用,胥蘊涵於銘詞中間,稍變其格耳。唐開元二十三年《白知禮墓誌》(《匯編》第23冊第142頁):"恐百代之後,湮滅不稱。敢勒石以藏勲庸,庶將来而不泯。銘曰……"即

[1] 句樣有自:猶《楚辭·九歌·山鬼》"若有人兮山之阿,被明月兮帶寶絡"。

僧人修塔,以存不滅,大違佛家本旨,亦渾然不顧。隋大業八年《公孫志修塔述》(《匯編》第10冊第62頁,整理者原題《志修塔記》):“聊志塵俗,記其年代,以存不滅。”

隋唐五代碑誌語料用字的大致比例,也能說明此一關係。如實詞中動詞類型的“誌”字,語料庫記録統計爲1 820條,“著”字爲1 292條,“留”字爲1 200餘條,就是作爲動詞使用中頻率較高的一個類型。另外,諸如“萬”字1 875條(不含“万”248條)、“年”字4 772條(不含“秊”24條)、“德”(3 662條)、“華”(1 840條)、“識”(949條)、“裔”(612條)等,亦屬其中頻率高出者。

“有口皆碑”,肯定之用,久成詞頭。南朝梁代周興嗣《千字文》即有“策功茂實,勒碑刻銘”。其餘歷代廟堂文獻歌功頌德,亦作用一揆,固無待羅列。即《千字文》亦復標榜“孟軻敦素,史魚秉直”,正史所謂“秉筆直書”“史德”,不啻表明:所謂不虚美不隱惡,事實上也等於是有距離的。正基於此一關聯,古代文字所期於流傳,用心在“塑造”,追求乎完美。積累到一定階段,後人不勝堆垛,就會發現上了當,於是文字方向在“翻案”,作用在“消解”。看來,“詞肥義瘠”及“假像過大”之辯,僅限於部分辭章批評、交際筆墨。

至於碑板文字,原本不適用於社會交際。就等於說,中國文評標準,是要看社會功用的。

○ 家族意識

碑誌文字,從譜系上屬於家族尤其是世襲大家望族的文化傳承的類型。“舊時王謝堂前燕,飛入尋常百姓家。”“人世幾回傷往事,山形依舊枕寒流。”世家的盛衰,姓氏的興替,往往最是牽動社會底層的文化認同意識。

隋唐五代與魏晉南北朝所見大姓分佈比例,數百年間興廢消長情形,大體如下:

李:僅是作爲碑誌名稱所見李姓,隋唐五代石刻語料庫作爲名稱使用的,有 432 條記録;魏晉南北朝石刻語料庫作爲碑誌名稱使用的“李”字,有 59 條記録。相較之下,隋唐已有明顯發展。

劉: 僅是作爲碑誌名稱所見劉姓,隋唐五代石刻語料庫作爲名稱使用的,有 171 條記録,魏晉南北朝石刻語料庫作爲碑誌名稱使用的“劉”字有 57 條記録。相較之下,隋唐已有明顯發展。

王: 僅是作爲碑誌名稱所見王姓,隋唐五代石刻語料庫就有 394 條記録,正文用字情況比較複雜,包含 2 622 條記録,大量用例非關姓氏。魏晉南北朝石刻語料庫作爲碑誌名稱使用的“王”字,有 74 條記録。相較之下,隋唐所占比例未見發展。

張: 僅是作爲碑誌名稱所見張姓,隋唐五代石刻語料庫就有 548 條記録。魏晉南北朝石刻語料庫作爲碑誌名稱使用的“張”字,有 58 條記録。相較之下,隋唐發展明顯。

崔: 僅是作爲碑誌名稱所見崔姓,隋唐五代石刻語料庫就有 198 條記録,魏晉南北朝石刻名稱使用“崔”字凡 14 次。對比之下,説明崔姓到唐代仍然是旺族大姓,僅次於李張王三個一直就是高頻的社會姓氏。

謝: 作爲碑誌名稱所見謝姓,隋唐五代石刻語料庫就有 7 條記録,其中五代 1 見,隋代 1 見,唐代 5 見: 與崔王等大姓相較,明顯衰落;與魏晉南北朝相較,已不成比例。魏晉南北朝石刻,名稱使用 8 次。

楊: 僅是作爲碑誌名稱所見楊姓,隋唐五代石刻語料庫就有 147 條記録,魏晉南北朝石刻名稱有 47 次使用記録;相較之下,隋唐所占比例未見明顯發展。

裴: 作爲碑誌名稱所見裴姓,隋唐五代石刻語料庫有 52 次使用記録;魏晉南北朝石刻名稱有 3 次使用記録;相較之下,隋唐所占比例未見明顯發展。

趙: 作爲碑誌名稱所見趙姓,隋唐五代石刻語料庫有 102 次使用記録;魏晉南北朝石刻名稱有 20 次使用記録;相較之下,隋唐已有發展。大規模發展,恐怕要到趙宋朝代了。

是篇面目可憎,言語乏味。枝蔓既已生厭,餘地自無暇顧及。宜乎爲披覽者現成騰笑,本地獻讖"詞肥"矣。所期博雅君子,在理解和處理碑板文字過程中,庶乎多方措意究心焉。這裏基於隋唐五代石刻語料庫,順便給出了幾組數據,以示例方式揭櫫:碑誌緣何於家族地望,尤其乎不憚詞費。至於各家所占準確比例,則有待專題數據統計分析和歷時比較。(參見附録)

本文原刊於《中國文字研究》第 15 輯,大象出版社 2011 年。收入本集,又有增補。

附録:

至於戰國六國時代古璽所反映姓氏頻率,可資此消彼長的比較。順便附録如下,參見朱疆博士所調查《古璽常見姓氏人名用字統計》:[1]

古璽指的是先秦的璽印。儘管對於古璽究竟起源於何時目前尚有争議,但一般認爲到了戰國時代使用印璽已經比較普遍,現存古璽大部分也屬於這一年代。古璽有官私之分,其中私璽主要是姓名璽[2],在古璽中所占的數量最多[3]。這些姓名璽中有的是單姓或名,如"曹""王""秦""章";有的是單姓單名,如"朱方""王梁""陳吉""黄襄";有的是單姓複名,如"王五鹿""肖餘子""長相如";有的是複姓單名,如"公孫馬"、"司馬爰"、"空侗聞";還有的是複姓複名,如"丌母不敬",其内容可謂豐富多彩,複雜多樣。古璽雖分官私,但皆用以憑信,是身份的證明,帶有很強的社會屬性。特别是大量私璽,更是日常所用,貼近生活,是當時人們社會生活的一個重要方面。因此,古璽上著録的文字能夠反映當時社會的實

〔1〕 朱疆《古璽常見姓氏人名用字統計》,《中國文字研究》第 7 輯,廣西教育出版社 2006 年;朱疆《古璽文字量化研究及相關問題》,華東師範大學 2005 屆博士學位論文。

〔2〕 有學者也將成語璽歸入私璽一類。

〔3〕 據統計,在《古璽彙編》5708 方印中,官璽、姓名私璽、成語璽、單字璽的比例不同,其比重分佈大約是 1∶10∶2∶1.5。

際用字情況。其中私璽對研究先秦姓氏譜系很有價值,對稱謂、人名的研究也有幫助,有些人名可同傳世典籍互證,有較高的歷史文獻價值。亦曾對《古璽彙編》著録的古璽字形做過窮盡性的統計分析,在此基礎上得到了古璽字頻級别表,[1]從中又遴選出了古璽常用的姓氏及人名用字。據統計,在《古璽彙編》範圍内,使用 10 例以上(包含 10 例)單字姓氏共有 39 個。其中最常見的單字姓氏依次是"王""長""肖"[2]"事"[3]"郵""孫""高""棺"[4]等,尤其是前四位"王""長""肖""事"使用頻率更是明顯超過其它字(見表 1)。另外,《古璽彙編》中最常見的雙字複姓[5]是"公孫"(91 例),其次是"司馬"(70 例)、"文是"(32 例)。

此外,筆者還統計了《古璽彙編》中最常見的人名用字,[6]字頻 10 次以上的共有 46 個(見表 2),其中有相當一部分是未識字。

附表 1: 古璽常見單字姓氏(使用頻率 10 次以上)

序號	字　頭	姓氏字頻	序號	字　頭	姓氏字頻
1.	王	296	7.	高	56
2.	長	248	8.	棺	49
3.	肖	190	9.	[illegible]	45
4.	事	157	10.	宋	44
5.	郵	59	11.	賙	42
6.	孫	57	12.	韓	40

---

〔1〕 據統計,《古璽彙編》收録的 5708 方古璽上共著録了 13 119 個字樣,除去其中 912 個模糊字形,尚餘 12 207 個字形可供分析。

〔2〕 戰國文字中趙國之"趙"均寫作"肖",璽文之"肖"也同樣是"趙"。

〔3〕 或即爲單姓"史"。古文字"史""吏""事"本就是同源字。

〔4〕 有學者讀作"廩"(見吴振武《〈古璽彙編〉釋文訂補及分類修訂》,香港中文大學《古文字學論集(初編)》,1983 年)。有學者釋爲"梆",讀作"郭"(見朱德熙《古文字考釋四篇》,《古文字研究(第八輯)》,中華書局 1983 年。曹錦炎《古璽通論》168 頁從朱德熙釋)。本文採用隸定字形。

〔5〕 據學者統計,古璽複姓約 126 種,《古璽彙編》所録複姓私璽是其中一部分。詳見吴良寶著《古璽複姓統計及相關比較》,《古籍整理研究學刊》,2002 年第 4 期。

〔6〕 本文的人名用字統計既包含單字人名,也包括雙字人名,統計時不加區别。

續表

序號	字　頭	姓氏字頻	序號	字　頭	姓氏字頻
13.	喬	35	27.	觗	16
14.	君	35	28.	石	15
15.	陳	35	29.	繁	15
16.	畋	29	30.	齊	14
17.	矦	28	31.	黄	14
18.	孟	25	32.	郲	14
19.	弫	22	33.	郪〔1〕	13
20.	吴	22	34.	郲〔2〕	13
21.	郤	21	35.	悏	12
22.	周	20	36.	鄭	11
23.	郾	20	37.	藿	11
24.	牛	20	38.	[illegible]	10
25.	[illegible]	20	39.	[illegible]	10
26.	[illegible]	17			

附表 2：古璽常見的人名用字(使用頻率 10 次以上)

序號	字　頭	人名字頻	序號	字　頭	人名字頻
1.	得	29	9.	去	19
2.	慶	28	10.	戲	18
3.	子	25	11.	疾	18
4.	瓔	24	12.	[illegible]	18
5.	均	24	13.	[illegible]	17
6.	安	22	14.	邦	16
7.	臣	20	15.	章	16
8.	复	20	16.	煬	15

〔1〕 吴振武認爲即“邢”。曹錦炎讀作“邢”,見曹錦炎著《古璽通論》第 66 頁。

〔2〕 讀作“梁”。

續表

序號	字　頭	人名字頻	序號	字　頭	人名字頻
17.	參	15	32.	從	12
18.	痏	15	33.	皐	12
19.	尚[上]	15	34.	午	12
20.	成	14	35.	昜	11
21.	武	14	36.	秦	11
22.	巡	14	37.	犢	11
23.	暈	14	38.	不	11
24.	瘦	14	39.	[illegible]	11
25.	閑	13	40.	康	11
26.	戰	13	41.	耳	11
27.	棨	13	42.	如	11
28.	勑	13	43.	張	10
29.	佗	12	44.	裹	10
30.	平	12	45.	謹	10
31.	沽	12	46.	厚	10

這裏需要特别提出的是,由於《古璽彙編》中秦印數量非常少,〔1〕所著録絶大部分是六國璽印,因此,本文的統計結論受這一"先天條件"的限制,也就是説,本文所反映的古璽常見姓氏人名都只是六國璽印的一些屬性。

從字頻的角度來説,一個文字系統中的文字是可以分級别的,使用頻率不同反映了文字在系統中的不同作用。一般來説,字頻越高,越接近"使用動態";字頻越低,越接近"存儲静態"。使用頻率高的字屬於基本

〔1〕 據統計,《古璽彙編》中僅有6方印學者認爲是秦物。這是因爲,"研究者一般都將秦統一以前的秦國璽印,不包括在'古璽'的範圍内,而將其與秦代印合在一起,分列出'秦印'一類。其原因主要是這些璽印跟秦代的璽印很難區别,而且秦篆與戰國時期東方六國文字的風格也存在著明顯的不同"。見曹錦炎《古璽通論》第10頁。

字,也就是一個時代文字系統的基礎。古璽的字頻分佈反映的是那個特定歷史時期(主要是戰國時代)、一種特殊使用條件下的文字使用狀況。古璽中大量出現的姓氏人名用字,保存了一份先秦社會生活的原生貌,從中可以看出當時姓氏人名的複雜多樣。儘管其中有很多字今天還不能識別,但它們卻真實地反映了當時人們在社會生活某一方面的真實面貌,彌補了傳世文獻的不足,具有非常重要的歷史、文獻、文化價值。而在字頻統計基礎上歸納的古璽常見姓氏人名用字,更是對瞭解先秦(主要是戰國)時代的姓氏譜系分佈、人名用字心理具有十分重要的價值。

隋唐人物信仰價值補論
——以墓誌石刻文字爲綫索

碑板中之墓誌文字,走向誇飾套路,詞肥義瘠,向爲金石文史家所詬病。所採取者,唯地理職官制度數項而已。其實,方當蓋棺定論之際,一生功名事業取捨,價值傾向攸關。社會崇尚,風氣煽被,當時習而相忘,文獻忽焉不察者,往往集中流露於此。

隋唐社會,於家世人生,毋論生前閥閱顯赫、文治武功,屬當蓋棺定論之際,所取態度,多爲"朝市心違、山林志畢"。如此信仰取捨,文學史上以"魏晉風度"相標榜的魏晉南北朝同類石刻文獻,尚未習見慣道;至於隋唐以降五代時期,則尤屬罕睹。如此選擇方式,從精神淵源看,或以爲古代上流社會某類優雅生活態度之孑遺;而就人生程途論,以入世始,以出世終,世出世間法,有當于心行張弛有常、始張終弛之道。此乃天道循環之週期定數,抑亦人生程途之轍跡,契合隋唐之際儒道釋中土交融之實際,與從《詩經》時代就盛行的"無競"核心價值觀念,存在一脈相承綫索。

依託"魏晉南北朝隋唐五代石刻歷時語料庫",調查大量出土材料,統計某些高頻語用現象,嘗試分類對照,考察隋唐人"少壯進用事功,遲暮退歸隱逸"之價值信仰模式。

一

南北朝尤其是北朝碑板文字,於人物性格去取之際,較有代表性者,可以參見北魏正始四年《元緒墓誌》(《北京圖書館藏中國歷代石刻拓本匯編》[1]卷3第109頁):"性寬密,好靜素。言不苟施,行弗且合。不以時榮羨意,金玉瀆心,雍容於自得之地,無交於權貴之門。故傲僓者奇其器,慕莭者欽其風。遇顯祖不奪厥志,逢孝文如遂其心。故得恬神薗泌,養度茅邦。朝野同咏,世号清王。及景明初登,選政親賢。以君國懿道尊,雅聲韶發。乃抽為宗正卿,非其好也,辞不得已而就焉。"北魏永平元年《元勰墓誌》(《匯編》卷3第118頁):"其辭曰:承乾體極,胄皇緒聖。睿明夙躋,含仁履敬。德冠宗英,器高時令。鉉教孔脩,端風丕映。流恩冀北,申威南郢。遵彼止遜,挹此崇盛。華衮素心,蠲煩息競。志栖事外,頤道養性。壽乖與善,福舛必慶。隆勳短世,遠情促命。遺惠被民,餘芳在詠。"北魏永平三年《邸元明碑》:"君誕皇中之妙氣,稟靈液之淳和。志落落而踈放,神憺憺以虛沖。糾紛不能干其操,寵辱何能徑其懷。恬性養神,謕譏妙門。志存春荣,憔悴秋林。秉節松竹,遭冰俞鮮。體性方□[2],狂□□然。不屈电(申)於行藏,豈□高以增尚。礭然政直,与物無際,真可謂清雅君子。恬危於□耶之□,安嶮於□輪之軑。□神凝也,裒珠玉於虯衿,慝逸影於千里。沖心淵粹,默瀾沉暝。莫測其深,孰睹其奥。夫子之數刃也,對□忘適,千紛不勞。故乃優遊文藝,佐籍右琴。排儒宗之聖聞,舒先賢之幽衿。肅然閑放,遠拔高□。蘭音獨孺,孤桐清響。遺咏可玩,流芳千載,何休如之。太武皇帝統萬世之資,構沖霄之基。登建皇極,則大明重曜於三光;靈澤一灑,則萬邦沐浴於蒼生。谷無亭秀,流無叩浪。駭貞松於歲寒,興潛虯於龍門。採蘭必擢

〔1〕《北京圖書館藏中國歷代石刻拓本匯編》,以下簡稱《匯編》,中州古籍出版社1997。

〔2〕□,表示石刻缺字抑或磨滅不清者,下同。

芳,□賢固達俊。君乃辟命,擲褐應求。即補本縣中正河東公郎中令。俄而遷中都曹。"所謂以道爲心以儒爲表,或曰自然爲養出世爲用之結構類型。

或有所謂"志散丘園,心游濠水"者。北魏延昌三年《元颺墓誌》(《匯編》第4冊第21頁):"韻宇神凝,雅度清蔄。傾衿慕道,慇懃引德。儁士遊於高門,英彦翔於雲館。若夫優遊典謨之中,縱容史籍之表。才逸自天,製每驚絶。弱冠有聲,拜奉車都尉。俄如高祖鑾駕臨戎,振旅荊宛,以君親賢見擢,作帝股肱。又龍轝北巡,仍扈行殿。暨於凱旆,除羽林監。又為步兵校尉,並非其好。君高枕華軒之下,安情琴書之室。命賢友,賦篇章,引淥酒,奏清絃。追嵇阮以為儔,望異代而同侶。古由今也,何以别諸。遷左中郎將,加顯武将軍。雖首冠纓冕,不以機要為榮;腰佩龜組,未以寵渥為貴。故常求閑任,安第養素。慍怒之色,弗形於視聽;毁譽之端,未見於樞機。窮達晏如,臧否若一。志散丘園,心遊濠水。"北魏熙平元年《吐谷渾璣墓誌》(《匯編》第4冊第38頁):"而君處武懷文,博暢群籍。志録經史,考合統理之明。雜襲殊暉,莫不施其所能。善文藝,愛琴書,糸竹聲㢑,超然獨悟。澄情清霄之外,內德湛於凝津。"銘文概括:"逸韻夙成,朗潔如月。秀令儁才,淵遐獨越。玄史兩該,素情靡闕。引物虚懷,心焉豈惙。"其"處武懷文",其"玄史兩該",實爲聯類。

隋唐社會,於家世人生,無論生前武功蓋世,事業顯赫,而屬當蓋棺定論之際,所取態度,大要爲"朝市心違、山林志畢","丘園"歸隱,"林泉"高致。至於隋唐五代石刻語料庫"丘園"記録,即有180次。不唯固定成詞,抑且高頻使用。即視爲有關隋唐五代社會人生價值之"關鍵字",亦無不可。"丘園"或可變格爲"丘圃",見唐元和十一年《王海朝墓誌》(《新中國·河南壹》第221頁):"自揆筋力將衰,歸守丘圃,縱心樂道,怡然自安。""林泉高致"之"林泉",視彼"丘園",旨趣一揆。檢隋唐五代石刻語料庫標注,用有75處;而墓誌類使用達66次(若連變格爲"泉林"詞形7次一併統計在內,凡73次)。

唐天祐十八年《竇真墓誌》(《新中國·河南壹》第97頁):“府君英髦博雅,識達多聞。聡敏士以深交,信義心於益友。不求榮禄,惟慕清闲。或命儒官,時遊精舍。與名僧而話道,追達士以傾罇。風月優遊,林泉賞翫。奈何福乖禍湊,疾篤運窮。致董藥之不靈,使秦醫之失訴。”唐總章二年《張威墓誌》(《新中國·河南壹》第101頁):“君乃藴潛龍之不拔,高蹈土塵;隱逸驥於平衢,棲心入遁。遂以抽簪命友,酌桂追朋。暢嵇阮之幽矜,悦巢由之雅趣。”銘文亦相應贊作:“懿矣吾君,易退難進。晦跡泉林,含華聖運。”相較之下,《魏晉南北朝石刻語料庫》僅查詢到2條記録。隋唐之際,如此性情取捨,選擇方式,從精神淵源看,似乎爲古代上流社會某類優雅生活態度孑遺。從人生程途看,以入世始,以出世終,此乃天道循環之週期,抑亦人生程途之秩序。原夫一身至微而體宇宙,一生至大而苦短促。方當少壯之際,氣血方剛,仗境起意,自強不息。發音即作盛唐之響,作勢每當要路之區:此乃天性週期使然。東晉王羲之《蘭亭序》所謂“夫人之相與,俯仰一世,或取諸懷抱,悟言一室之內;或因寄所託,放浪形骸之外。雖趣捨萬殊,靜躁不同,當其欣於所遇,暫得於己,快然自足,不知老之將至。及其所之既倦,情隨事遷,感慨繫之矣。向之所欣,俯仰之間,以爲陳跡,猶不能不以之興懷。況修短隨化,終期於盡。古人云:死生亦大矣。豈不痛哉!每攬昔人興感之由,若合一契,未嘗不臨文嗟悼,不能喻之於懷。固知一死生爲虚誕,齊彭殤爲妄作。後之視今,亦由今之視昔,悲夫!故列叙時人,録其所述。雖世殊事異,所以興懷,其致一也”,非關老莊,亦齊心共歎。及至人生幕謝,天涯望盡,況味嘗遍,心力俱疲。此即隋人所謂“羊公登峴,拭淚杜氏之碑;延陵使還,懸劒徐君之墓”(隋大業七年《劉則墓誌》,《匯編》第10冊第48頁),識盈虚之有數,覺宇宙之無窮,作“過來人”語:“夫岷山稱固,猶有塞江之崩;溟渤雲深,尚致桒田之涸。况乎攝生於槖籥之閒,以隟駒方其促;稟身於虚幻之中,用石火齊其短。”(隋大業十一年《明雲騰墓誌》,《匯編》第10冊第118頁)序文變格,浩歎啟端。方,比也;齊,猶莊子《齊物論》之齊。當此際,發言氣衰而意遠,收視己身成身外:此即所謂天性之週期使然。夫天性者,儒家乎,釋家乎,道家乎?就人生週期論,蓋儒家著眼少壯段落而回避衰亡,釋道措意遲暮而忽略少壯。即諸家於人生天然週期各有會心,故所從言之路異。道圃儒苑,皆可供我耕耘,雜糅爲用。所謂"伯陽道德之旨,仲尼禮樂之場,足以代彼耕耘,同斯漁獵",唐貞觀十四年《潘孝基墓誌》(《匯編》第11冊第92頁):"君稟性沖和,遊心虚白,坐忘萬物,獨得懷抱。伯陽道德之旨,仲尼禮樂之場,足以代彼耕耘,同斯漁獵。留連山水,脱落風塵。近契濠梁,遠叶箕潁。拿兹世網,廼從時役。起家随滕王府記室条軍。軒冕若驚,鍾鼓不樂。未幾去職,以從所好。樂天知命,居常待終。以貞觀十二年八月廿一日寝疾卒於私第,春秋七十。嗚呼哀哉,惟君恬惔貞固,少私寡欲。動必退讓,不為物先。無悶反於太初,□夷合於至道。所請天地一指,物我同致者歟。"伯陽,老子字,見《史記・老子韓非列傳》。《文選・應璩〈與滿公琰書〉》:"西有伯陽之館,北有曠野之望。"李善注:"伯陽,即老子也。"唐貞觀十五年《杜榮墓誌》(《匯編》第11冊第103頁):"惟君靈府融朗,道風沖邈。詞林警晤,筆衆宏深。事親力養,奉主忠竭。接友存去食之信,御下躬握髪之勞。加以擯落蹓塵,絢情泉石。登山臨水,雅什留連。春旦秋霄,澄醪賞會。嘆劉楨之逸氣,倏見孤墳;悲元禮之龍門,俄懸繐帳。於是雞黍密友,駈征馬而争來;竹林素契,息流絃而競往。"銘文相應歸結云:"仲舉方嚴,嗣宗栖逸。惟君兩備,寵辱齊壹。"唐先天元年《楊孝弼墓誌》(《匯編》第21冊第4頁):"生盡因心之養,死極終身之痛。以為枯鱗幾蠹,歎風樹之良摇;隙駟遄奔,悲日華之遽掩。於是息機人事,遊心道寂。踐釋氏之津梁,守先人之墳墓。言必信,行必[果]。忠訓之容,無忘於造次;孝悌之至,有感於神明。可謂前達之克成,中和之秀士者尔。"唐開元七年《王庭芝墓誌》(《匯編》第21冊第112頁):"加以筆端敏瞻,長於剖拼。凡所綜攝,曲盡其能。名級雖微,芳聲遠振。""既而秩滿,家于洛陽。散誕丘園,優遊情志。然宏材佇搆,方啓峻於干霄;而清露易晞,奄興歌於流電。"是二元結構,具在一人之身。

二

上述結構,尚概乎言之。原夫人生程途,在在又有種種因緣糾纏,各由所自:所謂一致以百慮、同歸而殊途者是。

按傳統結習,隋唐人生所取以入世始、以出世終,功業卓著而不失高人幽致,殆直接沿襲南北朝士人某些貴族價值觀念孑遺尚在者。北魏正光六年《元茂墓誌》(《匯編》第4冊第180頁):"君性好素儉□□平……又家無一帛,書有万篋。此官之来,蔺在帝心。非君所好,逡遁乞歸。直以玉帛頻集,紛然□事,君庶畋蕃牧,風憲兼舉,涉獵情理,導頭明尾。于時同僚實役務煩,君猶歎無事,空喪良辰。又陳留曠任,紆君塹撫。遂令下車之威未震,放筆之恩已收。復使强良淯化,無禮移風,昔謂朞月者,何以殊焉?"至於萬人之敵,與擯落人事,具在一人之身。隋大業十一年《唐該妻蘇洪姿墓誌》(《匯編》第10冊第121頁):"至於躍馬彎弓,吟猿落鴈。貫㞢者七札,所敵者万人。俄属天下太平,四表無事,解甲臥鼓,散馬休牛。君乃謝病言歸,挂冠不仕。臣妻子而王四壁,對罇酒而奏絃歌。罄季子㞢千金,得啓期之三樂。懷抱自得,大小怡然。優哉遊哉,聊㠯卒歲。"隋大業十一年《張波墓誌》(《匯編》第10冊第125頁):"君稟茲餘慶,載誕其德,令譽夙彰,芳徽早著。無情青紫,有志丘園。直以舊族豪家,遷于洛邑。門隣甲第,還嗤高盖之憂;巷接旗亭,方知大隱之趣。優游文史,漁獵玄儒。"偏主"大隱之趣",又見隋大業七年《劉則墓誌》(《匯編》第10冊第48頁):"惟公稟辰岳之靈,挺天然之慮,議之後動,擬之後言,善琴書,好泉竹,虛莚闢坐,接賢待士。令終善誘,清虛異於嵇阮;戰勝道肥,文學均於馬鄭。懷珠藴玉,夜光与連璧争暉;駈轂楊鞭,流水共桃花俱遠。"

或曾批判老莊思想(事實是,現代能與老聃莊周對話者,大概還没有多少人),爲没落貴族意識代表,雖係歪打,無礙正著。貴族隱逸,自具一定聯繫。隋大業三年《劉淵墓誌》(《匯編》第10冊第16頁):"君嚣韻清高,忽於榮利,不應州郡之辟,迄於暮齒……遨遊莊老,脱略功名。”唐乾封二年《陳才墓誌》(《匯編》第15册第21頁):“處士早申悌順,晚沐隱居,奏仁義以忘榮,皷道藝而遺賤。於是欣歌菊嶺,激嘯梅岑,玩魚鳥之飛浮,仰烟霞之出没。春光照灼,目送平皐;□景悽清,心安木落。得之於性,不覺年頽。是謂花散黄金,促飛英於濬壑;篁鮮碧玉,息清韻於華庭。”唐乾封二年《唐故處士張海墓誌銘并序》(《匯編》第15册第36頁):“青衿之年,人稱瑑玉。及其長也,爲非常器。苞括百氏,博綜九流,蹈仁孝之塲,居禮義之囿。令譽播於朝野,嘉聲溢於鄉間。門來長者之車,徑足英儒之客。問道慕義,結侣同趣。高挹清塵,継塗連軓。入其室者,但聞蘭蕙之香;涉其流者,謂登龍門之美。然而志尚清素,雅量幽微。養性閑居,琴書自偶。理冝長享兹福,永保遐齡。豈啚二竪潛形,兩楹夢及。”唐總章元年《張德墓誌》(《匯編》第15册第66頁):“君乃門資素業,地藉芳猷。早顯英雄,久藴風雅。投名占募,討彼鳧夷。航海梯山,策名韓狛。展忠誠於日陣,所向莫當;竭力効於雲兵,人罔之敵。遂蒙高策,授上騎都尉。知老氏之誡,識危亡之憂。乃嘯遨閭里,突宕丘園。對文酒而抽琴,仰風雲而命筆。脩文偃武,晦迹韜光。豈爲天不輔仁,乃先朝露。”唐開元三年《趙保隆墓誌》(《匯編》第21册第51頁):“時謂家人曰:吾命有制,用物不多,當辭邴公之滿乎。遂委軄而歸,乃宅於洛陽之弘教坊。宛在門庭,曲成山水。琴書妙悟,草木幽香。窈窕朋儕,衣冠是樂;嬋媛妻子,樽酒相嬉。悠然有若武步雲霄,寸心山海。乘和養正,達化歸真。”唐開元九年《裴公墓誌銘并序》(《匯編》第21册第161頁):“彤襜道途,乃喟然而歎曰:昔留侯名遂,願赤松之遊;踈傅宦成,享黄金之賜。豈[非見機]而作,知止不殆者也。況吾經過兩朝,出入三代。比西京之戚里,家開鳳樓;守南面之通班,門列[熊軾。可以辭]寵禄,可以庇子孫。頻上表疏,固請骸骨。天子優而許焉。所謂進退以禮者矣。於是載懷靜退,乃眷田園。遊青草而不歸,藉白茅以無咎。”“田園”即“丘園”之變體,升華不啻人生之“家園”。隋唐五代石刻歷史語料庫亦有10餘條記録,其爲於世間早入晚出者,皆堪作一生之寫照。

三

作出世之想,關乎天性。性寄丘園,則有與生俱來者。

唐貞觀三年《譚伍墓誌》(《匯編》第11冊第20頁):"君體冰桂之資,秉雲霞之操。棄尋常之汙瀆,屏世上之塵紛。演志箕山,大隱朝市。"唐乾封二年《靖千季墓誌》(《匯編》第15冊第47頁):"惟君逈裕貞規,孤標峻節。風儀共秋旻競爽,□□与春藹齊暄。肅肅焉懍崖松,光光焉煥巖電。仁經自遠,禮興斯邈。藏耳懸河之伎,發自神聰;吐鳳驚鸞之奇,非資染學。於是夙鄙朵頤之陋,載想銷聲之道。遂屏塵雜,逈託煙霞,絶志金門,畱情蓬巷。既而寸晷不停,尺波遄逝。"唐乾封二年《張朗墓誌》(《匯編》第15冊第58頁):"君菊華寒木,芳習幽叢,孝景□童,友清觽歲。及名流弱冠,德懋中年,斟榮利以浮華,考寵辱之攸在。於是嘯傲丘壑,韜志林泉,怡情風月之霄,畢性一丘之內。方申引領,送春目於高巖;奄頓巾車,落暮景於危嶠。"唐乾封三年《王師墓誌》(《匯編》第15冊第60頁):"惟君稟靈川瀆,秀質崑峯。少逸娰姿,長多挺特。情崇大隱,遇涅色以無緇;志重小山,矚桂林而有想。優遊老室,知止知歸。偃息疰巖,惟廉惟足。豈而春光桃李,逢驚吹以凋華;夏景芙蕖,沐洪濤而罷豔。"唐總章二年《王令墓誌》(《匯編》第15冊第90頁):"公素履居貞,撝謙自牧。知足之分,竊慕老經;閑居之性,志同潘賦。"唐總章三年《張氏墓誌》(《匯編》第15冊第106頁):"亡夫杜君諱善榮,京兆杜陵人□。先賢秀傑,則春洽文房;舊德名臣,則預標武庫。君全真守素,有道丘園。藝以潤身,學優不仕。"

唐總章三年《碧落碑造大道天尊像記》(《匯編》第15冊第108頁),碑斷爲二,雖有數字之闕,但取捨梗概猶存:"重以凝神道域,抗志澄源。淮館儀仙,參鴻寶之靈術;楚壇敷教,暢微言之盛範。儒玄兼洞,真俗兩該。"唐咸亨元年《劉德師墓誌》(《匯編》第15冊第114頁):"惟君孕華丹穴,振響青田。豔六象以騰蕤,切九皐而吐韻。言河引態,架珠浦而翻濤;翰苑疏叢,拂桂林而擢穎。沖襟迴邁,雅操孤標。望明月以齊規,指貞篁而競節。以爲祈榮冒利,多罹覆溺之憂;守素安貧,必獲全昌之福。每有徵責,咸辭不起。遂乃接神泉石,怡想煙霞。臨清風而載懷,眄白雲而延佇。壺開緑蟻,泛陶菊而流芳;琴翔玄鶴,軫孫絃而吐引。雖迹沉下里,而名動上京。密契深期,竝一時英俊。"唐咸亨元年《申恭墓誌》(《匯編》第15册第119頁):"惟君明璣孕照,皎胎魄於星潯;玉潤含清,警籠篠於風緒。加以局度韶肅,機神明遠。裁文盡夢之妙,麟翰轉迴鸞之奇。至若月釣秋潯,時諧淡水之客;風香春徑,乍接遊蘭之賔。"唐咸亨元年《張軌墓誌》(《匯編》第15册第126頁):"君丹穴孕彩,赤野涵珍,素履居貞,黄裳元吉。神凝牝谷,滋道性而荒聰;辯瀉詞河,□玄言而遺照。將謂龍丘削智,蹈南岳以栖高。"銘文相應:"逸情雲舉,野性風踈。忘機藴德,遊刃投虚。"唐咸亨二年《韓昱墓誌》(《匯編》第15册第145頁):"君藍田孕質,荔浦生姿。灼虚虵之夜光,焕仙虹之朝彩。春規秋矩,早照重襟;清質濁文,夙沉虚抱。亭亭秦桂,拂霜葉於万尋;落落嵇松,架雲條於千丈。謙以被物,玉譽斯高;機以成務,瑤塵方遠。通而能固,具息美於情華;嚴而不殘,畢登芬於性彩。至若鏤情海藉,鎔思河書。飛弱翰以淩雲,厲彊學而漂雨。故□態態曉映,東岳抱清龍之暉;藹藹霄浮,北斗判黄麟之氣。鳴舌素論,道峻九言;孕吻玄談,義高三語。以為鍾鳴召患,理照綿書;乘軒載憂,文詳繡策。於是息名林野,浪迹泉池。照花潭於三桃,映菓帷於五柳。"絶俗之心,或關乎胎教,猶唐貞觀五年《劉節墓誌》(《匯編》第11册第34頁):"君胎教有成,幼而岐嶷。出就外傅,無俟三冬。嗤方朔之万言,鄙戴憑之重席。大唐御運,就加儀同。志懷絶俗之心,未悕鄧騭之選。高尚其事,獨秘丘園。恥居關外,移從京邑。怡神養性,藴德自居。"志榮貞遁,性狎風煙,如唐貞觀七年《張叡墓誌》(《匯編》第11册第45頁):"君稟靈岳瀆,資潤膏腴,汪汪有君子之容,綽綽懷達人之槩。言行無點,表自弱齡;孝敬居心,匪由外奬。志榮貞遁,性狎風煙。閇關靜退,不牽時網。"内情閑澹,外物寧侵者,如唐貞觀八年《解深墓誌》(《匯編》第11册第52頁):"君稟靈清劭,嚚韻弘通。孝挺人倫,行甄物軌。属思玄遠,攄襟流略,學存指適,匪求章句。遂迺聿遵前考,養素家園。随開皇初,以賢良辟,不就。潛逸衡泌,志道依仁。一丘獨得,三逕怡靜。"銘文相宣:"放曠蓬蓽,偃曝泉林。披帙翫古,置酒絃琴。唯善可樂,唯德是隣。内情閑澹,外物寧侵。"物我混齊,虛舟容與,亦關乎天性。唐貞觀十五年《賈仕通墓誌》(《匯編》第11冊第94頁):"君玉山遺種,蘭畹餘芳。生而岐嶷,風神凝遠。仁孝天性,藝業生知。不應嘉招,静居衡泌。樂天知命,銷聲物表。座客恒滿,罇酒不空。物我混齊,虛舟容與。籠二儀於形内,挫萬物於筆端。學圃詞宗,人師世範。"唐貞觀十五年《梁凝達墓誌》(《匯編》第11冊第97頁):"君齠歲早成,弱齡夙慧。孝自天性,敏若生知。睠彼犧牛,有莊周之感;觀諸廡鼠,息李斯之驚。養志丘園,惡人閒之多事;遊心真際,察正覺之玄微。捨施罄家,歸依忘倦。"唐貞觀十八年《馮信墓誌》(《匯編》第11冊第121頁):"君少有逸異之姿,長懷出群之操。負才矜節,嗤展季之辱身;安貧樂業,慕原思之獨善。優游墳史,琴書自暢。仁行著於言先,藝義超於物表。方欲紹由巢之絶軌,振夷晧之高蹤。"唐貞觀十九年《霍漢墓誌》(《匯編》第11冊第132頁):"君稟坤元之妙極,資川瀆之至精。天骨高明,容儀峻嶷,英才富贍,辯縱如流。操行不羈,縱心閎誕,情踈纓黻,志洽薜蘿。但以詩酒娱懷,絃歌養性。每登邙山,追瞥鸞之放曠;臨洛水,想子晉之清虛。"

唐貞觀廿年《餘當墓誌》(《匯編》第11冊第149頁):"君藉芳蘭畹,稟潤珠池。神宇淹凝,風儀秀愨。性尚夷簡,息意於要津;志澄玄遠,緬懷於隱逸。婆娑人世,容與林泉。物踈道親,人輕義重。晴雲散葉,暢旨酒於春臺;微吹襲蘋,諧驩娱於夏景。寄天地於一指,混寵辱而無驚。"唐天寶十三年《唐故處士上谷寇公墓誌銘并序》(《匯編》第26冊第128頁):"生而茂異,少而通明。氣合天和,心追真道。年未□學,□以老成。善屬文,多□興,飲酒終朝而不醉,賦詩□物而不遺。或登山臨水,蔭松藉草。必超然獨得,形神皆主。時議每以謝客、陶元亮比之,猶恐前人有慙色。誦《毛詩》《周易》《左氏傳》《太史公記》,悉精通詁訓。至於歷代陽秋,百家著述,則不求甚解,亦無不涉獵之書。常□真經,披釋教,皆至實際,詣名理。故高僧羽客,日夕相從。殊不以禄利介懷,窮改操我則不取。而令聞美譽,自多歸之。”唐貞觀廿年《張忠墓誌》(《匯編》第11冊第150頁):“君珽浮方折,符彩早彰。珠散圓流,光輝自遠。機神清簡,雅量恬凝。肅穆將松風共高,優柔與洞簫齊韻。随任左禦衛司兵糸軍事。踐文陛而敷奏,揔蘭錡而申威。莫府尚其清明,庶僚挹其風彩。屬摽季艱虞,遭逢上武。爰從文職,來揔軍麾。又任驃騎將軍,運距道消,時鍾不競。中原鹿散,材雄蝟起。君親典戎旅,來援東都。流譽五營,飛聲七德。既而慇憂啓聖,大人有作。禽飛湯網,風韻舜絃。君早厭張籌,久疲楊戟。局宦情於知命,驩擊壤於太平。嘯詠風亭,流連賔館。列長筵而席月,暢旨酒以陶春。依藝依仁,踐言踐行。”

唐貞觀廿年《傅叔墓誌》(《匯編》第11冊第152頁):“君少稟警異之姿,長懷超俗之尚。學遍書部,不以干禄為榮;文擅含章,徒蘊凌雲之思。居非塵雜,高步丘園。結宇伊瀍,始見閑居之逸;鳴絃酌濁,方申遺世之情。屬随運陵夷,風雲騰擾,君恐橘柚之先伐,慮玉石之同焚,方欲俶載山裝,求仁嵩阜。”唐貞觀二十一年《□舉墓誌》(《匯編》第11冊第159頁):“君幼挺聰察,自得家風。噐宇淹凝,風神清遠。混荘生之齊物,慕老氏之同塵。遂脱落簪纓,栖遲衡泌。蔦義方而訓下,勗忠信以全交。和而不同,通而能雜。敬順洽乎鄉曲,廉讓被于州閭。”唐貞觀二十一年《楊達墓誌》(《匯編》第11冊第167頁):“君文義天稟,詎聞洙泗之風;孝敬冥符,非習趍庭之訓。加以儀範詳審,志識淹通。每取樂於琴書,時寛愁於文酒。武德之際,醜虜犯邊。君乃杖劒從征,克平凶黨。尋蒙江州道行軍元帥擬飛騎尉,式旌忠莭。君改志懷禽,尚不願宦階。情悦老荘,唯求放逸。”唐貞觀廿二年《范雅墓誌》(《匯編》第11冊第174頁):“君素輕榮進,早味清虚,晦迹丘園,□然自得。”或略不及其它事迹,但道其脱俗云。唐開元六年《劉遼墓誌》(《匯編》第21冊第83頁):“公富學清躬,樂天知命。氣雄而爽,貫珠玉於言河;志秀而烈,鼓風雲於心岳。高賞霞月,取性園丘。迴向真寂,祈樹嘉福。”唐開元八年《李明遠墓誌》(《匯編》第21冊第132頁):“君長自懷城,幼而聰敏。若古[克]訓,靡所不窺。話齊梁間,盡如眼見。嘗玄亭假寐,夢□僊術。桑公不得爲比,李醢詎儔其要。

毛人指藥,□□□方。醫王救苦,施而不竭,則君之明也。如意元年八月五日卒,丁家艱,負土成墳,手植松栢。塋傍素菓,結實窮陰。輶軒上聞,絲綸下降。祥以行感,暨表門閭,則君之誠也。家有素書數千卷,渴日不足,下帷而勤。示妻妾以恭儉,遺子孫以清白。先制授定王府國尉,非其所好。秩滿,客于洛陽,習隱者也。嗚呼,病日臻,既弥留,不禱祠以求,聞命知也。"按武周如意元年即紀元 692 年,開元八年則紀元 720 年,然則墓誌"卒"者,其父也,稽考原拓所刻脱文。唐上元二年《高德墓誌》(《新中國·河南壹》第 64 頁):"惟君幼有風雲之志,早懷高上之心,貴淡泊於珠玉,蔑榮利於糠粃。蘭庭菊浦,睇想煙霞之輝;舞館哥梁,韻清絲竹之響。藤花泛酒,陳莚降野鶴之賓;桂影臨池,孔座萃人龍之友。加以廉財勇義,雪映霜華,玉藻飛詞,銀鈎灑翰。"唐總章二年《張威墓誌》(《新中國·河南壹》第 101 頁):"君乃藴潛龍之不拔,高蹈土塵;隱逸驥於平衢,棲心入遁。"五代後周顯德二年《田仁訓及妻王氏合葬誌》(《匯編》第 36 冊第 140 頁):"性樂丹青,好遊泉石,中年别土,上黨成勲。少藴靈機,逈得仙家之妙,長精神筆,苗開聖胤之風。寫像圖真,在處則恩承侯伯;端山邈水,居高則頌美緇黄。汎煙霞於洛孟之間,功名顯著;躡雲水於并汾之上,才行推明。迩歷雁門,遐瞻石窟,兩訪五臺,勝境罷遊。諸夏靈蹤,一入□□。□不楊名姓,作首則功匀寺院,爲標則力徧宫城。"唐證聖元年《李瓛墓誌》(《新中國·河南壹》第 431 頁):"真乃信之第四子也。而真情唯散誕,志羿虚無,遂乃謝病歸桑,丘園翫性。竹林山水,賞琴酒於當年;月下風前,諷詩書而卆歲。頳唐如玉,安國乃物外人奇;嶔岑似山,真是俗間靈異。"唐乾符四年《鄭逢墓誌》(《新中國·河南壹》第 435 頁):"生稟聦明,早悟榮辱。鄙勞而務進,詎矯俗以酤名。遁跡林廬,不窺寸禄。於是性純言朴,志逸道孤。醞緑醽而必俟賓朋,涉青山而多因漁釣。養親有古人之行,居喪合夫子之言。能事不困粢盛,善處豈隳舊業。優閑之外,尚以追尋,縱放襟靈,坦然自若。"唐麟德元年《何剛之墓誌》(《新中國·陝西貳》第 37 頁):"然府君綺紈之歲,性樂嘉賓。暨乎髫亂之年,情欣縱賞。每追遊執友,弥好五音;肆宴時寮,尤驩六律。至若弦歌有舛,微睇矚於悞人;

雅調鏗鏘,留顧瞻於妙妓。斯乃公之鑒也。及尔年過知命,悟寂滅之無恒。虔奉禪林,怡心乞水。譬諸舟艤,奠越愛河;等此津梁,希超苦海。"

四

與物"無競",終歸出世。或源於三代家風,或關乎時代因素。"無競",石刻文獻或作"無競",亦爲常見詞。

唐咸亨元年《程碩墓誌》(《匯編》第15冊第132頁):"祖虔,随任開府。父達,随任吏部文林郎。竝玉蕣踈芳,瓊巖焕色。月襟虚白,風□克清。毗去贇以飛華,贊來凰而振景。惟君雅懷韶逸,曠宇澄明。皎皎孤軒,昂昂獨上。漱清筆海,振彩文房。淡默自居,糠粃聲利。探一馬之鈎妙,鏡二諦之幽文。栖心於得性之塲,落塵於無染之境。廓焉三徑,肅然一丘。"唐天寶四年《王元墓誌銘并序》(《匯編》第25冊第74頁):"曾祖、大父、皇考偕獨立無徒,慎言寡悔。服仁義為甲冑,遺清白於子孫。或黄綬安卑,書功竹帛;或素履无咎,傲跡丘園。君幼秉一心,長無貳業……考槃在阿,高尚其莭。不應朝廷之辟,每動江湖之想。舟行無繫,興盡而還。雅好琴棋,耽悦酒賦。靳其天爵,豁彼神襟。細大不可為倪,行藏所以委順。"唐天寶十五年《趙留四墓誌》(《新中國·河南壹》第7頁):"(祖、父)樂道忘榮,優遊卒歲。君不求名利,賞性丘園。孝敬怡神,居家治理。既而名揚遠迩,德著鄉閭。"唐咸亨五年《王僧墓誌》(《新中國·河南壹》第57頁):"君偃旨家風,富聞庭訓。析薪能負,基構克承,性恬泉石,志澹雲霞。知足淹華,清高不仕。"唐開元廿二年《霍府君趙夫人合葬墓誌》(《新中國·河南壹》第147頁):"曾祖惠通,道深荘老,志滅榮耀,薄宦取世,大隱是名。遂受散官,示不躁求也。祖鹿兒,夙有父風,特遵庭訓,厲莭高潔,与俗和光。復為散官,得之恬寞。伊君弱歲,岐嶷斯在。同管寧之不官,若夏黄之輕禄。退未遁跡,進匪干時。率道沉浮,頗為知命。"唐咸通十二年《曹謙墓誌》(《新中國·河南壹》第275頁):"府君稟三代之遺風,奉伯父之明教。每習弓馬,常慕文儒。情性孤高,不求入仕。

閑居襄野,守道逍遥。"唐乾符六年《白敬宗墓誌銘并序》(《新中国·陝西壹》第138頁):"高祖温,不仕。曾若鑭,唐朝散大夫秘書郎。祖季論,坊州宜君縣令。父公濟,不仕。叔伯等,盡皆進士出身,累登科第,名顯於四夷,位達於一品,故不書耳。府君不仕,立性謙恭,藴仁竪德,弃浮榮而處丘園,翫詩書以安韓國。"唐儀鳳元年《岐慈墓誌銘并序》(《新中國·陝西貳》第54頁):"祖亮,父善才。並養志丘園,韜名州里。君佩服仁義,玩習經書,忠孝自然,純信獨得。園中竊笋,翻以避人;路上遺裝,恒特訪主。義寧二年,以征討之功,蒙授朝散大夫,因而不仕。崇敬三寶,勤習四禪,依信行禪師之文,為不輕菩薩之業。"唐龍朔三年《張難墓誌銘并序》(《新中國·陝西貳》第36頁):"祖仁,居貞履素,業重丘園。父德,竇粹含真,賞清林壑。君以志堅金石,常懃報國之心;操潔氷霜,果徇捐生之分。以前後征討有功,遂加上騎都尉。然而忠誠顯節,履危陣而逾勤;斬将褰旂,赴轅門而弥固。為從軍得患,遂歸家不仕。養疾私庭,時敦妙賞;乘閑虚室,每重玄書。"唐開成元年《賈雄墓誌銘并序》(《新中國·陝西貳》第236頁):"曾祖□,王父慶,烈考喬。並賁于丘園,晦跡高尚。公即處士之元嗣也。性惟端厚,行資中和。爰自幼沖,風骨奇聳。逮于強仕,果著勳名。貞元之初,以武藝絶倫,授朔州尚德府折衝都尉,以獎其能也。未逾星紀,公志樂雲林,遊心物外。甞謂流輩曰:仕無中人,不如歸田。乃罷懋官,藴跡泉石。膏腴可尚,冠冕徒榮。公性訥於言而敏於行,抱其器而逃於名。"唐咸通十四年《張元浰墓誌銘并序》(《新中國·陝西貳》第311頁):"曾大父諱古覺,大父諱昌齡。並茚行高潔,德操昭彰。視軒冕於網羅,晦名跡於林藪。雖三徵五辟,固不降其志矣。……既而年逮從心,誠深知足。躡踈大夫之懿躅,襲田衛尉之清風。退位韜光,静居養素。奉親朋而盡敬,撫幼稚而益慈。以文行忠信飾其身,以詩酒琴棋樂其志。而三乘克重,五福攸臻,陶陶然以至于降年有永。"唐天寶十四年《張府君墓誌并序》(《匯編》第26冊第143頁):"父諱毗羅,弈葉承家,隱輪不仕。公累襲沖和之氣,克遵高上之風。芝蘭入室,瑾瑜照廉。其事親也,色難以養之;其行異端,智周以成之。由是蕭灑丘園,恬澹霞月。優遊朝市,不違大隱之趣;弋釣林泉,有光豪士之跡。”唐永泰元年《大唐故高士滎陽鄭府君之碣》(《匯編》第 27 冊第 43 頁):“生皇考諱承元,博學多藝。時元帥楊公問罪東夷,請於幕府,以豹略謀於軍事。及還,恥受討遼之功,拂衣高蹈。以例授陪戎副尉上護軍,終不言禄節也。府君即副尉之元子,風槩天資,碩德山立。長材偉貌,虯髯虎膺。心遊六經,家□二事。孝悌仁信,禮讓温恭,皆發於自然,若竹箭之有筠也。早勤色養,不願從仕。中服儒行,不沽於名。晚固幽貞,不趨於世。是以鄉黨三薦孝廉,皆不之應。其晦跡也,恬然靜默。其偶俗也,同爲滑和。致身於木雁,與物爲芻狗。謂爲慕隱,不處於山林;謂爲趍榮,不親於朝市。人徒識其貌,不測其心。徒仰其高,難師其行。”“拂衣解印,請留幽都。闔門靜居,屏弃塵事。獨與一二道者遊息乎家園。幽賞琴壺,倚傲雲月。進則□爲,退能全高。卷舒在懷,語默兼遂。君子曰智哉。”

性好陸沉,情崇大隱。唐貞觀八年《李繼叔墓誌》(《匯編》第 11 冊第 56 頁):“祖昊,逃名巖穴,靡從州縣之徵;晦迹丘園,不就公侯之辟。父顯,魏平東將軍諫議大夫。玉韜金匱之奇,獨運於襟抱;正議讜言之請,孤聳於巖廊。君挺質丹山,煥爛之文夙箸;稟靈渥水,權奇之骨早彰。清簡生知,孝友天縱,階基不測,牆宇難窺。性好陸沉,但恂恂於鄉黨;情崇大隱,無汲汲於簪纓。靡居王侯,極優遊之致;確乎不拔,恣高尚之心。雖仲叔之謝十徵,孔明之勞三顧,儔今望古,彼亦何人。”唐貞觀廿二年《張行滿墓誌》(《匯編》第 11 冊第 172 頁):“父猷,齠年慕道,喰霞沖寂,頻徵不就,潛躬却掃。閭閈尚其大隱,視聽奇其卓異。君幼染父風,鄙居凡俗,高蹈前哲,長揖侯王。壯室之歲,被召郡庭。立志萁巔,固逃山北。不群人衆,晦迹牆東。飲喙盡此生年,偃仰任其身世。知命之紀,道場遊觀。聽法既覺,則悟已無常;覩相思空,則知非一合。遂閇門絶俗,不交非類。”唐開元三年《胡佺墓誌》(《匯編》第 21 冊第 50 頁):“父端,養素不仕。情貪野薜,志篋裘裳,道王丘琴,跡存山水。君濯濯儀形,汪汪軌度。珠胎孕月,光彩絶倫。蘭若銜風,幽芳自遠。鄉里稱善,喻彼少游。文籍自娱,同夫孟陋。遺累卿滓,傲性[煙]霄。簪軒不介於懷,寵辱不驚其慮。”唐開元五年《朱貞墓誌》(《匯編》第21冊第66頁):“父石,上柱國。策勲崇位,當代絶羣。谷性丘園,捐名朝市。君孝友恭廣,樹質□和。志學明博,弱冠□宦。承蔭翊衛,夙侍闕庭。番考旋畢,簡糸吏部。□戈雲旆,坐隔熊羆。藻鏡銓庭,行糸鴛鷺。簪裾可望,感春谷之遷鶯;池榭時遊,賞暇辰之高宴。玉昆金友,葛弦蘭酌。劇陳□之契,哂嵇阮(阮)之交。優哉悠哉,將以永日。”唐咸亨五年《王僧墓誌》(《新中國·河南壹》第57頁):“君偃旨家風,富聞庭訓。析薪能負,基搆克承,性恬泉石,志澹雲霞。知足淹華,清高不仕。”武周大足元年《張壽墓誌》(《新中國·河南壹》第102頁):“父威,唐朝不仕。形雖侶俗,志乃逸群。韜迹幽深,結情方外者矣。君諱壽,字挺,相州湯陰圡也。丹窓凝姿,青田毓彩,懷玆懿德,寔曰良才。天縱純和,自然忠孝,慱聞強記,忩敏温恭。侶明匝於芳筵,□清風於竹逕,就山花而宴賞,舉琴酒以消憂。”

大周萬歲登封元年《王定墓誌銘并序》(《新中國·陝西貳》第63頁):“屬隨季崩頽,皇綅漸亂。百姓騷擾,四海摇蕩。農夫釋耒,工女下機。天下之心,未有所乞。公遂韜光谷口,蓄□商巖。優遊仁義之塲,栖息文章之圃。自唐家創業,海内安寧。賁帛丘園,明勑仄陋。遂徵公為前齊府直文學館。晨趨翰苑,夕篷文塲。西園聞好鳥之音,南楚接雄風之末。尋改授少府監中尚署令。以公妙閑儀礼,尤擅丹青,起天下之圖樣,修國家之冠冕。事了,加朝散大夫。既而才高位下,德廣階卑。馬卿懷謝病之歸,馮唐感後時之歎。属以氣衰蒲柳,日迫桒榆,方陳告老之誠,遂獲懸車之逸。扶陽侯之雅躅,坐對林泉;疏太傅之幽襟,自怡風月。”屬隋季末世,於有唐處閑散。是出世之情,或緣於“時不遇”之時代因素。

五

功成身退,爲智者成功類型,包藴出、入兩邊結構。

唐元和十二年《秦朝儉墓誌銘并序》(《新中国·陝西貳》第216頁):“功成名立,辞劇就闲,得君子善終之道焉尔。明年,以小乖寢膳,暫廢朝謁。屢有陳乞，遂懸安車。知止之心，上不能奪。”唐總章元年《李泰墓誌》（《匯編》第15冊第80頁）：“君發彩珠泉，延芳菊浦，少標令望，早擅英奇。研精孔墨之場，放曠老莊之囿。文藻遒麗，卿雲僅可齊蹤；機辯清華，龍鶴纔堪並列。言談鬱燠，時聞蘭茝之芬；詞句鏗宏，每摇金玉之響。文光奪日，才氣淩雲。汪汪焉，嶷嶷焉。牆仞罕窺，陂深難挹。皇上乃纂□嗣曆，撫運乘乾，掃氛祲而廓山河，斬鯨鯢而乞區宇。君乃效專諸之勇，登布建輪；申慶忌之捷，七擒七縱。獻兹誠列，以篷轅門，蒙授車騎，用酬勞後也。君於是捐光寵，慕清虚，養素□泉，肆情文酒，一丘一壑，左琴右書。井近雙桐，門依五柳，馳競既息，喜愠自夷。混以是非，並乎百慮。蕭然物外，放曠自得之場；稟操沖和，不撓天然之性。”唐開元四年《安思節墓誌》（《匯編》第21冊第54頁）：“用武則斷凶奴之臂，運謀則伐單于之心。願掃遊蒐，将雪國恥。而幽數或奇，長策未振。居無何，脱巾舊里，翛然有外物之議。潛華養素，采真冥古。陸大夫之籍甚，時論同歸；郭有道之優遊，人林取憲。泥蟠而晦德，霧隱而韜文。惜其大位未躋，而享年不永。開元四年四月十有一日寢疾，卆時年五十八。初，公洗心妙業，結意芳緣。護法終身，持戒没齒。昔厭煩惱之境，今遊清淨之方。”唐開元八年《李元確墓誌》（《匯編》第21冊第127頁）：“年未十歲，嘗以兵刃損指，捧手改容，深以毁傷自誡。中外姻戚，驚而異焉。既冠之後，以資齒胄。入室秘文，自傳於家業；昇堂奥義，見推於國庠。離經啓函杖之容，進德流滿籯之議。登甲科於秘府，不讓華譚；致有道於仙舟，嘗留郭泰。跡入常調，名登吏冑。見三揖之争馳，窺九流之競爽。乃拂衣高視，退而言曰：喧呶之地，不如静對琴樽；榮利之途，豈若獨尋山水。於是敦弊名教，遠離塵俗。馬少遊之鄉黨，咸稱善人；仲長統之園林，自諧真境。”唐大和五年《祁憲直墓誌銘》（《新中國·陝西貳》第227頁）：“属年齒遅暮，思退其身，再三陳懇，帝乃俞之。既叶其情，優遊閑和。雲山肆心，松竹怡性。”

唐開元八年《王慶墓碣》（《匯編》第21冊第133頁）：“君諱慶，字［褒］，上黨黎城人也。其先有周氏，武王克商，追祀五祖，因而命族。自喬爲并州，道成羽化，代家焉。末葉以官自太原徙。祖海，好黄老術。父則，隱居放言。君氣局天賦,才明獨得。心□骨正,有顔孔之風。七歲能自致於□□,乃心專經,篤意儒業。過則不二,善其莫遺。操行厲莭,遂究[詩]禮。若乃風雅理[亂],吉凶周旋,莫不窮幽洞微,闇於心而辯於口也。旁涉子史,兼工草隸。名聲日休,[盈]耳郡國。舉進士策高第,牧守希其才,將貢皇闕。會徐王到,遂不復以聞,[留]之幕府,悉子弟從其受業。君統以德方,博以經藝,□親明孝,授義舉忠。[雝雝]王家,貴而好禮者,良有之矣。王甞問政,對曰:政在先王之典。既而侍講,至防記甫田,則凜然變容,三[覆]而止。王乃寤。飭躬絜行,則吏不敢欺;務農重穀,則人以成富。既舉而行,三韓爲之大理。初,王頗好遊畋,至是希紀。乃稱曰:昔齊桓有言:生我者父母,成我者鮑子。微先生之教,遠於道甚矣。及王奉詔還京,命與同載。君憮然而歎曰:夫高吾名者,累吾神;卑吾身者,厚吾生。張翰嚴陵,斯可也已。遂稱矣。自是杜門却掃,不交人事。幕巢由,學輕舉,屬意遐曠,兼心明門。凝思幽閑,存神[養壽]。"

唐開元二十四年《獨孤炫墓誌》(《匯編》第24冊第29頁)序文亟稱其爲官剛正不阿:"地接荊蠻,俗多輕剽。公政必同欲,行無越思,著猾吏於丹書,擒惡□以赭服。樹之風教,民莫不用情;正其衣冠,衆咸畏其德。數月可以使,三年且知方。属朋家作雠,噬腊遇毒。王人出按,至于再焉。公毫髪無私,風霜轉勁。是知磨而不磷,涅而不淄。與夫突梯取容,脂韋遠害,何其廓哉。"然及至辭世,作者復又補其素有出世之想:"公素有逸志,雅好棲隱,每經閑田曠野,青溪緑林,未甞不甘心矣。及乎出守,兹願弥篤,而皇恩屢降,差池莫從。"

唐開元二十五年《郭珽之墓誌》(《匯編》第24冊第31頁)序文亟稱其爲官之正,而及至撒手之際,不忘插入:"雖簿領盈積,而詩酒無疲;雖塵務諠闐,而煙霞在念。常傲睨雲霄,有輕舉之志。"唐開元二十五年《李君墓誌》(《匯編》第24冊第33頁)"志踠雲霄,名早郡縣",與夫"梅福賓仙,小得江湖之趣;子牟學道,載馳城闕之心。既而越閶門,將欲觀禹穴,逍遙物類,放浪浮休,俟行藏也"。唐開元廿八年《范安及墓誌銘并序》(《新中國·陝西貳》第103頁):"公澹泊為懷,滿盈是誡;深思止足之分,雅達行藏之期。抗疏辭榮,謝病告老。詔書褒美,嘉而許焉。於是傲睨軒冕,棲遲里巷,縱平子之嬉遊,追陸生之詠賞。議者以公善知進退之莭,能秉始終之操,雖古之保名全道者,曷以尚也。……嗚呼。公識理惟明,執心不礙,妙達空相,勤脩淨因。齊榮辱於自然,渾死生於一指。洎懸車之後,散其所積,脩百佛容像,以廣福田;寫三乘經律,以弘法教,豈自求其多,增妙樂於在我;庶博施於衆,離盖纒於此生。嗚呼。達人用心,有如是者。”皆若相反相違,而具在一人之身。

六

歸隐丘園,按隋唐墓誌文獻數據,亦存在種種情形。

宦海失意,往往中歸丘園。唐貞觀廿年《段師墓誌》(《匯編》第11冊第156頁):“雖學遍群典,耻涉書生之名;辟□談天,終從弓釰之術。”“君功非同德,迹染離心,乃解甲投戈,卜居伊洛。昔邵平失職,頫領青門;馮衍塗窮,行吟井臼。雖事符往哲,而志逸前脩。築室荒郊,不以高卑在慮;杜門荒逕,豈以寵辱驚心。與世汙隆,養晧然之氣者,二紀於兹矣。方欲凝神物表,摛彼三芝;晦迹山幽,追榮四晧。”銘文歸結爲:“欣兹擊壤,委禄辞榮。高步丘園,怡神養性。”唐貞觀廿二年《丘蘊墓誌》(《匯編》第11冊第173頁):“君稟川岳之氣,抱竹栢之心。響應鴻鐘,調諧清徵。投義有功,補西亳州轘轅縣令。百里蒙化,六縣沾恩。禮義交衢,謳歌滿路。授上騎都尉益州新津縣丞。既屈千里之才,耻佐一同之任。乃追張衡之素範,歸田舊廬;慕潘岳之高蹤,閑居養性。每秋旻爽節,臨菊岸而飛觴;春序良時,入桃源而動詠。招文舉之客,奏嵇康之琴。寄情風月之中,託意煙霞之表。”唐開元七年《王元墓誌》(《匯編》第21冊第111頁):“君處滿思溢,居高慮危。年漸從心,懸車罷職。丘園畢志,樂道安貧。”唐大中十年《朱清墓誌》(《新中國・河南壹》第71頁):“公性本深沉,式量弘遠。貞方臻立,霜雪不屈於寒松;棲心不羣,煙靄無侵於皓月。年既方壯,德伏朋從。習武不貴穿楊,勤學無慙積雪。挺然自負,美稱充閭。果遇見知,受職中武軍,以旌能也。不三五年,改受河中衙前兵馬使。公忿氣中激,常恨受指於人,屑屑於下位。扁舟之志,其在兹乎。遂弃職徙家于鄴,放情谷口,垂釣磻溪。甘原憲之貧,樂顔子之道。留心老氏,知命周書。廿年間,行藏自得。"

亦復有原本寄跡山林,而終焉托身廟堂者。唐開元廿六年《王仁□墓誌》(《新中國·河南壹》第 103 頁):"惟君性殷淳素,意厚忠貞。志樂山水,薄碩人邁軸之□;不求名利,好□士琴書之趣。自從綺歲,車□□懷拘之奇;暨至耆年,敬安燦□□之養。於是行談五孝,義感三荊。媿芳跡於田真,儕懿猷於曾子。故能立言立行,克岐克嶷。風神不撓,噐宇深沉。鄉黨稱其楷模,里閈道其令範。於是其平如砥,其直如弦。夙播温良,早懷恭儉。汪汪含萬頃之度,昂昂□千里之姿。可謂如珪如璋,令聞令望者矣。君乃敬崇十善,早悟三空,精進玄門,道心無怠。及其收鳩之齒,祚昌鮐背之年,準制受越州司馬。何忽積善餘慶,夢奠兩楹。釁起膏肓,俄纓二豎。"

或有早接出塵之境,而終焉入世之途。唐開元九年《賀蘭務温墓誌》(《匯編》第 21 冊第 158 頁):"若乃天機尚乎雅澹,心境忘乎喧雜。發言造微而轍跡不見,履行惟古而芳聲允荅。有不得已,舉茂異,與太原王適,隴西李迥秀,並對冊高第,解褐授鄭州叅軍,非所好也。……公自流落不偶。十七八年,遊心老荘,取樂閑放而已。夫杖不羣之量,懷獨見之明。必□屯夷,始濟經久。故輴軻邅寙,周流江湘。窺夢渚之孤煙,折縉雲之芳草。久矣哉。苟垂翅取安,守道自得,故無懵於泥蟠矣。中宗龍飛,再張日月。洗是幽滯,始趨天闕。入拜少府監丞,仍加朝散。……属韋氏用韋,政出椒房。假脩仏道,廣崇彫飾。招提積於金碧,僧籍盈於浮偽。至乃墻衣朱粉,室窮丹雘。避丁背役者,爰是愉樂,如歸市焉。公深鑒蠹時,思以易軌,曰大閲名薄,一時綜覈,奏正還俗二萬餘人。于時緇服以清,粲然式叙。"

或有丘園養名,以求自重者。唐開元二年賀知章所撰《戴令言墓誌》(《匯編》第 21 冊第 26 頁)"味老荘道流,蓄長往之願,不屑塵物",而

壯歲入世匡濟,所謂"府君志求閑退,朝廷使宰長社":

府君生而岐嶷,宗黨欣慶。甫及數歲,有若成童。垂髫能誦《離騷》及《靈光》《江》《海》諸賦,難字異音,訪對不竭。由是鄉人皆号曰先生,敬而不名也。年十四而容體魁岸,性頗俠烈,每自稱曰:吾不能爲小人儒。好投壺、挽強、擊刺,雖江鄉耆宿,郭解、季心之徒,咸敬憚焉。十五,首讀兩《漢》,遂慨慷慕古,手不釋卷。未盈五旬,咸誦於口。十七,便歷覽羣籍,尤好異書,至於筭曆卜筮,無所不曉。味老莊道流,蓄長往之願,不屑塵物。州鄉初以孝秀相屈,府君傲然便曰:大丈夫非降玄纁不能詣京師,豈復碌碌從時輩也。既家近湘渚,地多形勝。每至熙春芳煦,凜秋高節,攜琴命酌,棹川藉墅,貴遊牧守。雖懸榻入舟,不肯降志。天授歲,爰降絲綸,來旌巖穴。府君乃飭躬應召,謁見金馬。夫出處者君子之大節,進退者達識之能事。天地閉而賢隱,王塗亨而代工。懿哉若人,有足尚者。自是時論推美,屢紆延辟。而府君素尚難拔,猶懷江湖,因箸孤《鶴操》以見志,名流高節者多和之。爾後復歸江潭,涉五六載。重下明制,令馳傳入□。於是進對宣室,不言温樹,解褐授右拾遺。屢竭忠讜,成輙削藁,外莫之知。爰除□補闕。府君志求閑退,朝廷使宰長社。字人有聲,邑氓頌德,爲廉察者所廌,璽書慰勉。景雲歲,皇帝龍興,重張寰寓,俄有恩命,拜左臺侍御史。任氣強直,不避權右。求出莅人,因轉爲三原令。郊野之富,鄭白之沃,人安物阜,勳尤王畿。遷起居郎。韜墳典之精,有南董之直,密謀歲益,便宜日奏,固非所聞也。俄遷庫部郎,用爲水陸運使。蕭何之餉關中,鄂禹之發河內。既簡在帝念,遥授給事中,而身居洛陽,未拜雲陛。方當調玆湯鼎,克亨虞庠。天弗輔仁,奄歸長夜。

在出、入之間平衡,達到名實並肥。隋大業三年《王昞墓誌》(《新中國·河南壹》第 108 頁):"君膏腴有素,漸潤自天,孝乃生知,誠匪師學。

離經辯志,敬業樂群,取異日新,見奇月旦。而水行在運,天下載清,選部取人,尤重門德。遂以訪苐入仕。武定二季,起家開府長兼行叅軍,便已蔭暎時流者矣。伯倫之居魏室,子荊之在晉朝,以古望今,彼應慙德。但天真高潔,體道守虛,掛冕出都,拂衣去國。孜孜禮教之地,汲汲名義之門。玉帛未足動其心,鍾皷不必迴其慮。至若羊雁驟起,丞掾時徵,永言高事,莫肯從辟。優遊偃仰,獵史耕文。怡心巖石之間,絶跡風塵之外。時將二紀,世歷三朝,名實並飛,季行俱遠,春秋九十有二。"飛,即肥字通用者。

七

"儒風"而歸於"味道",亦有不限人生首尾兩段者。一生始終糾結於出、入之間,往往接境交關,泯滅此疆彼界。唐貞觀十八年《霍恭墓誌》(《匯編》第11冊第124):"君少而英睿,長勗儒風。孝悌自天,温和率性。克荷堂搆,業茂光先。喦宇恢弘,徽猷清潤。視榮華如脱屣,則放曠以怡神;輕富貴若鴻毛,則嬉遊以逸豫。崇金蘭於知己,敦至德以求朋。馳騁乎翰墨之林,遨遊乎墳籍之菀。樂天知命,不以貧病嬰其懷;味道忘憂,不以世禄塵其志。於是匡坐衡門,養素荒徑。鴻名大德,於焉允集。滔滔焉無以測其淺深,昂昂焉無以知其遠近。每清風月夜,以琴酒而自翫。加以虛求研於不二之法,無為窮於五千之文。妙義於是宏敷,嘉旨以之宣暢。賢愚罔識其隱顯,真偽莫辯其去来。高尚不羈,偃仰烟霞之表;推移氣序,蔭映泉林之側。"

一生糾結,在出、入之間。唐貞觀廿年《李護墓誌》(《匯編》第11冊第145頁):"君少挹家風,長多文藝。三墳五典,莫不精研。七略百家,事同抵掌。負才矜地,早辭徵娉。逍遥自得,樂道丘園。逮炎季云終,我皇膺録。君以李枝之秀,首應旌招。乃彈冠振纓,暫遊京輦。故齊王以君宗華物望,特加禮命,乃以君為記室叅軍。文詞牋奏,取乏脣吻。風華藉甚,遠近虛衿。可謂知微知章,萬夫傾首者也。曁齊王棄世,門舘寂寥。君乃杖筞東遊,卜居伊洛。焚枯酌濁,取樂桒榆。家有賜書,門多長者。方欲鎮静浮競,軌訓將来。"峻急與閑適,亦復若冰炭之交織者。唐開元五年《朱齊之墓誌》(《匯編》第 21 冊第 77 頁):"公徵寶劒以稱藩,請長纓而□致。南夷失險,朝議其能,授右臺監察御史,尋轉朝散大夫,左臺監察御史。埋輪震悚,攬轡澄清。直道詘於奸臣,富人求於良宰。出為湖州武源縣令。下車而仁風已露,為政而朞月有成。轉桂州司馬,遷廣州都督府長史。智能周物,清可激貪。司城有辝玉之名,合浦得還珠之美。時非我與,賈傅老於長沙;意有遺忠,園令留其禅草。嗚呼哀哉。春秋六十有二,以開元二年六月廿五日寢疾,終於廣州之官舍。公至道沖深,神鋒太峻。寵辱不驚其慮,夷險能守其真。含章可貞,與物無迕。清樽常滿,每招文舉之賔;芳林晝閑,時悅季倫之妓。"唐天寶十載《趙冬曦壙志》(《新中國·河南壹》第 398 頁):"中復探玄象,□精意老釋。脱落踸埃,周流山澤。道以攝心,蒙以養正。吐故納新,澄禪入定。成惕逋端,吟詠精性。而未嘗以世務爲心也。或曰:全其道,含其光。懷其寶,迷其邦。獨善乃可,用大則未也。由是始起,强爲著書。覈王政之得失,陳理體之終始,凡十七篇。"唐咸通六年《張崇墓誌》(《新中國·河南壹》第 399 頁):"維府君丱歲,失於所恃。伯母慈育,迨及成人,冠年又丁父喪。孤標自立,罟宇深冲,將期大用。獨攻文筆,常思倚馬之能;時愛杯筵,共賞梢雲之德。又好崇釋氏,重道敬僧。合蒙福祐,永保如山。"

若夫唐天寶二年《王之渙墓誌》(《匯編》第 25 冊第 34 頁),進退自如,堪爲代表:

> 才命者自然冥數,軒冕者儻来寄物,故有修聖智術,講仁義行,首四科而早世;懷公輔道,蘊人倫識,官一尉而卑棲。命與時歟!才與達歟不可得而偕歟!公名之渙,字季淩……幼而聰明,秀發穎晤,不盈弱冠,則究文章之精;未及壯年,已窮經籍之奥。以門子調補冀州衡水主簿,氣高於時,量過于衆,異毛義捧檄之色,悲不逮親;均陶潛屈胥之恥,勇於解印。會有誣人交搆,公因拂衣去官,遂優遊青山,滅

裂黄綬。夹河數千里,籍其高風;在家十五年,食其舊德。雅淡珪爵,酷嗜閑放,密親懿交,惻公井渫,勸以入仕,久而乃從,復補文安郡文安縣尉。在職以清白著,理人以公平稱,方將遐陟廟堂,惟兹稍漸磐陸,天不与善,國用喪賢。以天寶元年二月十四日遘疾,終于宫舍,春秋五十有五。惟公孝聞于家,義聞于友,慷慨有大略,倜儻有異才。嘗或歌從軍,吟出塞,曒兮極關山明月之思,蕭兮得易水寒風之聲。傳乎樂章,布在人口。至夫雅頌發揮之作,詩騷興喻之致,文在斯矣,代未知焉。

出世間,雜糅入世因素,不獨世俗墓誌爲然。“法尚應權,言貴稱物”,唐開元二年《思言禪師塔銘》(《匯編》第21冊第17頁):“夫法尚應權,言貴稱物。無違於俗,有利於人。所以不捨凡流而登覺路,未階十地便入一乘者,其惟禪師乎。”禪師圓寂塔銘所作法語,每有人情滋味:“本有之有,三千大千。人超佛地,法證真天。智飛一覺,神亡二邊。弗住而住,雖牽不牽。參羅萬像,愚智皆賢。悲深性域,化洽情田。形随物弊,身将劫遷。哀纒没後,痛結生前。變通誰察,起現何年。”早屬黄老神仙,晚耽儒學墳典。唐開元三年《王師墓誌》(《匯編》第21冊第49頁):“君令問幼奇,清通早慧,志諧捿隱,賞出風塵。每以黄老安排,特謂神仙有道。晚而慷慨曰:公孫卌始學《春秋》。遂鋭意《詩》《書》,澡身庠塾。侍中重席,其所仰止。”

八

魏晉南北朝女性,一旦皈依玄宗,至死靡他,前後一致。北魏永平元年《元繼妃石婉墓誌》(《匯編》第3冊第119頁):“稟氣妍華,資性聰哲。學涉九流,則靡淵不測。才開詩筆,觸物能賦。又歸心至聖,信慕玄宗。東被遺教,無文不攬。是以道俗瞻望,内外僉敬。”“如何一旦,與世長違。蘭刈由馨,膏盡緣明。堂潛玉跡,室隱金聲。唯聞琴絶,但見遺經。”“蘭刈由馨,膏盡緣明”,夫得失唯均,遂成才人薄命之歎。

至於隋唐,既擅德儀,復持齋戒,爲婦德完美之標準。唐貞觀十五年《劉夫人墓誌》(《匯編》第11册第98頁):“夫人早承家訓,少習女儀。婉娩聽從,風神有異。季十四,嫡於侯氏。崇舅姑之禮,敦長幼之風。模範發自閨門,聲譽傳於州里。香名始著,忽喪天從。守節孀居,強逾數紀。等恭姬之志,同杞婦之心。親戚訝乎清貞,鄉黨嗟乎皎潔。加以歸女柰苑,常思八正之因;主意竹園,復想一乘之業。為此修營佛像,造作經文,罄竭家資,望垂不朽。”唐貞觀十九年《楊夫人墓誌》(《匯編》第11册第129頁)銘文其二:“婦德斯在,□承貞茚。哲人其萎,梁木壞折。恩深親故,惠施不絶。敬信法門,心崇講說。”唐貞觀廿年《班夫人墓誌》(《匯編》第11册第139頁):“夫人曳祉珠星,延輝璧月。門承禄位,性蘊風流。儀範端華,噐度凝朗。虔恭孝敬,得在天然。辞藻洞閑,匪由傳教。雅懷洙慎,妙擅組紃。爰始初笄,言歸宋氏。如賔相敬,嬪德苟閑。斷織敦慈,母儀弥亮。材辨聡敏,蔡琰不能儔;操行規模,吕榮無足擬。既明閑於四德,復景行於三乘。能祛鄙悋之源,唯崇經像之福。德流閨閫,譽滿鄉閭。冝享遐齡,以敦偕老。不謂福善乖驗,風樹靡停。忽遇纒痾,弥留大漸。金丹玉醴,罕見長生。一葉三丸,徒云却死。”唐開元五年《崔君妻鄭氏墓誌》(《匯編》第21册第80頁):“自盥笄崇禮,洙慎其身,四德聿修,六行□□。不侈其服,必親浣濯之衣;不倦其勞,必恭織維之事。緝諧女史,敦順母儀。……又心存釋教,早悟緣覺,常誦《金剛波若經》,住持正法,無忘夙夜。”又唐開元二十四年《皇甫賓亡妻楊麗墓誌銘并序》(《匯編》第24册第13頁):“夫人少而柔順,長而貞潔,性廉而儉,心聡而惠。歸依釋教,契龍女之能;經營財產,會陶公之法。”唐開元二十四年《王氏妻清河崔夫人墓誌》(《匯編》第24册第4頁):“夫人號曼殊……性與貞淑,天假柔明。……克船節儉,每服浣濯之衣;推人豊萃,自甘麤糲之食。內外以穆,喜愠不形。生五男二女。豈唯善育,故亦能訓。常欲佐夫於台鼎,致子於雲霄。然後歸心禪門,受祺曠劫。”唐開元二十八年《吴真妻席夫人墓誌銘并序》(《匯編》第24册第123頁):“夫禮飾於外則恭,樂和於內則順。恭順不離於己者,有吴氏夫人焉。諱大雲。粤自名家,適嬪豪族。威儀令範,琴瑟克諧。不幸禍鍾,良人早喪。疚懷永悼,毁瘠偷生。孤胤幼沖,孀居鞠育。寒暑勤弊,過廿年。訓諸義方,至乎成立。况復遵崇聖教,常讀涅槃。恵悟一乘,智周萬物。"唐天寶四年《馬元禮墓誌銘并序》(《匯編》第 25 冊第 81 頁):"夫人弘農田氏。幽閑立儀,婉娩成則。配我夫子,成彼好仇。忽猒浮生,俄求法樂。奠知泡幻,漸悟色空。"唐天寶四年《琅耶王妻河東裴郡君夫民墓誌銘并序》(《匯編》第 25 冊第 90 頁):"夫民即河東公之第二女也。生而端懿,有德行,有言語。性至孝,性至和,河東公尤所鍾愛。幼為叔父振太子文學之所器異,指夫民曰:此女紺髮蓮目,柔指儀形。孝出冥心,慈稟仏性。豈非菩薩相好,宿殖德本歟。……夫民生高門之下,歸相門之中。自幼及長,於天下亦貴矣。事舅姑祇勤肅順,為六親所服;孝父母揚名無憂,俾九族稱歎。克盛鷄鳴之禮,垂裕蘋藻之風。動必有儀,言不傷氣。心行平等,義在温恭。故兄弟情戚荷其慈,内外小大欽其德。詩耆禮樂,無不明[閑]。手自繕寫《法華經》,演鈔金剛華嚴涅槃奥義比廿餘載,志求无上道。外榮華,去滋味,猒服錦繡,不茹薰辛。雖處居家,常脩梵行。每禪寂皆多法樂,説經論廣勸童蒙。甞謂女于氏二娘嗣子渙:吾久依止福寂和上,彼岸者降伏其心。心是道塲,如如不遠。伏惟證密行矣,登正覺耶。"

唐天寶七載《李少府公故夫人扶風竇氏墓誌銘并序》(《匯編》第 25 冊第 155 頁):"少摠婦道,長善母儀。貞正居心,仁孝成性。四德具美,六親為謀……夫人德行雙美,道釋兼善。古之婦德,莫之与京。"唐天寶八載《張孝節墓誌銘并序》(《匯編》第 26 冊第 4 頁):"夫人樂安孫氏。稟靈乹婺,受粹坤祇。貞順克彰,温柔允著。閨風以肅,家直以昌。每持齋誡,無捐誦讀。薰辛不茹廿餘載。"唐大曆四年《李處子墓誌銘并序》(《匯編》第 27 冊第 85 頁):"體性通敏,風儀淑清。口無擇言,身無擇行。兄弟□禮,知法度以事親;姉妹出家,悟因縁而歸道。不甞葷茹,稍却鉛華。數歳誦經,六時行道。金剛般若,早契於心。妙法蓮華,常指諸掌。口資法味,身得道腴。雖非落髪比丘,真是在家菩薩。"

持婦德備母儀,終然從釋教歸禪門。唐開元六年《薛君妻柳氏墓誌》(《滙編》第21冊第93頁):"夫人十有四歸于薛氏。婦則肅於閨閫,親儀光於内外。實踵前烈,當規後来。既而劍劒分縈止,鳳別孀居。無孟母之男,有黄公之女。……夫人悟法不常,曉身方幼。……乃遺命鑿龕龍門而葬,從釋教也。"唐開元二十四年《王氏妻清河崔夫人墓誌》(《滙編》第24冊第4頁):"常欲佐夫於台鼎,致子於雲霄。然後歸心禪門,受祺曠劫。"唐開元二十四年《劉府君楊夫人銘并序》(《滙編》第24冊第8頁):"君特稟輕清之氣,懷豁達之度。慜而能博,貞而且廉。与朋友交,言行無點。而高尚不仕,得赤松之遊;安卑盡養,欽白華之詠。世人以為得懸解之性者。""夫人弘農楊氏,識性沖和,行不犯物,周於内正,倫於母儀。不嗃不嘻,是貞是順,室家之道盡矣。及至暮年,恭崇釋道。知四大咸假,五藴皆空,莫不毒火焚軀,愛河溺性,自非西方之聖,孰能拯兹苦焉。於是捨榮辱去我,妥心禪門,穎悟深旨。"唐開元三年《崔哲妻源氏墓誌》(《滙編》第21冊第48頁):"初夫人雅尚玄默,尤精釋教。及春秋既高,晝夜不捨。見緣業之所起,覺死生之為妄。故遷神之際,寂然不動。"唐開元五年《温煒妻李鉢上座墓誌》(《滙編》第21冊第63頁):"夫人号鉢上座,字功德山。"字號所用,即見所取。本誌銘文,正復寫照云:"婦德若關雎之訓,母儀恵鳲鳩之仁。情惟寂滅,性奥幽真。"唐長慶二年《元夫人(洞靈)墓誌銘》(《新中國·河南貳》第2頁):"夫人生於毗陵之陽,羨洞靈仙觀,幼以觀名為字。姿神華秀,志尚高遠,□是玄教,黄其衣襦。過笄之季,太夫人抑之,以適太原王淮。淮為處州麗水令,庸近無才能。夫人常默默不自憙。因其貳行,携己子而還于家。後數歲,□□友焉。所親皆欲奪志,夫人誓不可奪。道素靈静,而學兼禪味。書方以頤其性,琴弄以性其情。家固貧約,志常怡暢,豊茂腴悦,未甞有咨惋之容。夫人友睦孝慈,刑于中外。明識超悟,發言詣理。周於智□,而峻於禮坊。朗若懸鑒,物無廋隱。長慶元秊夏,自梁川還抵長安,顧謂甥中書舍人沈傳師曰:吾之志尚,尔所熟也。常思絶俗林嶠,介然獨往,每以服教為念,不敢率心自去。王氏從吾弟兄三紀有餘,吾今若□,可皆還。尔其爲吾卜善地,結精廬,吾將襲氣以存真。傳師恭旨□勝行有得矣。而夫人頣攝失和,復歸于陝。逾月而終於季舅之官次,春秋六十有一,即二季九月廿一日也。疾革,命曰:吾樂靜而未遂心,當葬吾於是郊,不遠從兆域,處乎諧靜獨也。"

唐天寶四載《雷府君夫人故樂壽郡君宋氏(功德山)墓誌銘并序》(《新中國·陝西貳》第113頁):"夫人号功德山居長。……因晝哭之餘,忽焉迴向;救前途之下,轉益堅修。頓悟空色,了歸禪乏。保是聖善,以爲靈長。短運倏以告終,泛舟於焉不繫。以天寶四載九月六日,奄然歸真于京輔興里之私弟,春秋五十有七。時愛子在傍,孝女同侍。乃付囑而言曰:吾業以清淨,心無戀著。豈以詩人同穴之言,而忘老氏各歸之本。縱猶議於封樹,即願存於貞獨。建塔舊塋,同塵齊化。"唐天寶六載《來香兒墓誌銘并序》(《匯編》第25册第127頁):"以四德著,故歸我元公。公貴介之士,貂雄鼎重。及盥饋之禮,箕箒之道盡矣。逮親歿,泣血三年。爰喪舅姑,孝心無易。每至伏臘,哀慟加人。故鄰里至,有莫敢吊之者。晚崇釋教,窒絶利欲。凝心禪門,脱意苦海。亦拘尸那阿離羅之徒歟。以久縛齋戒,因致柴毁。"唐天寶六載《張軫墓誌并序》(《匯編》第25册第129頁):"夫人安陽邵氏。備佩針管,脩整組紃。事姑側聽於鷄鳴,作嬪潔羞於荇菜。訓子得義方之蠱,孀居存師傅之儀。早歲專德於公官,晚載脩心於釋典。"唐天寶十一載《房陵郡太守盧府君夫人弘農郡君楊氏墓誌銘并序》(《匯編》第26册第74頁):"夫人資德門之純懿,承慶緒之炳靈。蘭容蕙心,婉行淑洙德。年甫十七,適房陵府君。壼訓生知,閨儀性與。琴瑟以睦,克諧鳴鳳之占;婚姻可嘉,載協乘龍之好。故能動中圖史,柔順以奉先姑;靜遵典則,謙和以承娣姒。加以躬服澣濯,不尚浮華;功親組紃,未嘗辤倦。洎府君即世,婦道增脩。義感移天之重,哀深同穴之思。晨歌既絶,晝哭無依。夫人乃服絁縵,飯蔬食,焚鑪香,專禪誦。將以誓志,期於終身矣。"唐天寶十二載《崔府軍故夫人文水縣太原王氏墓誌》(《匯編》第26册第80頁):"先是,祖夫人深詣釋門,久探覺路。顧命之日,手付遺文。夫人孝不忘心,言若在耳。剋荷宿願,果證真如。於是脱落塵勞,捐捨鎊好。精思圓寂,密契微言。國之大師,屢有印可。"唐天寶十四載《夫人梁氏墓誌銘并序》(《匯編》第 26 冊第 129 頁):"夫人則主簿之長女也。少明女史,長達婦工。四行有訓於親隣,五德無虧於家室。笄年結佩,百兩配朱氏之門。婦禮初登,三省不霑於娌對之口。夫賢婦德,娍矩成焉。自朱氏先歿,夫人孀居。繐幃不閒乎彰施,粉匣已霑乎塵網。及自母德,時亦釋輦。心歸大乘,悟其真性。"唐大曆十三年《辛公妻隴西郡夫人贈肅國夫人李氏墓誌銘并序》(《匯編》第 27 冊第 177 頁):"夫致敬於宗廟,盡心於蘋藻,貞順之義也。睦長幼以序,訓娣姒以德,禮樂之和也。織紝組紃,女工也。婉娩聽從,婦道也。荘敬慈慧,母儀也。昭五美以理内,體三從以飾外。内外正而人道備矣。雖伯姬之守節,敬姜之知禮,無以尚之。非夫人之至柔,其孰能與於此。而中年體道,知生生之不可以久恃也,有離俗之志。金城諭而止之,而志不可奪。由是上聞,有詔度爲崇敬寺尼,法号圓寂。以一乘妙用,見諸法皆空。非夫人之至精,其孰能與於此。夫富與貴是人之所欲也,夫人視之猶塵垢粃糠焉。則知純德克明不可及也。況始乎從人,中於立身,終以歸真,行之盛也。"

九

隋唐時期,"少壯進用事功,遲暮退歸隱逸"的人生模式,曾廣泛存在於社會各個階層。唐咸通十一年《唐故邊誠夫人弘農楊氏墓誌銘并序》(《新中國·陝西貳》第 303 頁):"嗚呼,禍悪福善,曾何可憑;風燭隟駒,願兹有據。如夫人之洲懿,固合永保椿松之年,不減龜鶴之壽。何期忽隨薤露,便寘泉臺。自嬰疾之初,毉禱必至。膏肓之二竪難去,針砭之万術不行。辭荘氏之蘧廬,生釋門之浄土。況大道豈假,傷哉。"銘文歸結,更爲醒豁:"息者歸矣,生實夢焉。曶然斯理,唯道与禪。"不啻櫽括並代表了唐代社會一般信仰態度:生命在乎上天,存在道家旅館,死歸西方淨土。以下分類統計分析,由此所規定隋唐人物性格結構。

(一)修養出處,中道爲用

隋大業七年《陳叔毅修孔子廟碑》(《匯編》第10冊第51頁):"風威遠至,禮教大行。政術始臨,奸豪屏息。抑强扶弱,分富恤貧。部内清和,民無疾苦。重以德之所感,霜雹無災;化之所行,馬牛不縶。鯔魚夜放,早彰溉釜之篇;乳雉朝馴,自入鳴琴之曲。遠嗤龐統,不任百里之才;俯咲陶潛,忽輕五斗之俸。於是官直無事,囹圄常空。接士迎賓,登臨遊賞。覩泮水而思歌,尋靈光而想賦。加以祗虔聖道,敬致明神。粉壁椒塗,丹楹刻桷。可謂神之所至,無所不爲。"但此類積極用世類型,揆之隋唐五代墓誌記載,所占比例不及十一。像隋開皇十六年《澧水石橋碑》(《匯編》第9冊第114頁):"縣尉兖州鄒縣孔經,泗州高平縣魏君遐,並地望清華,人才謹素,當官理劇,煩而不擁。"則爲"謹素"之類。唐開元二十四年《龐履温碑》(《匯編》第24冊第2頁):"君純德天資,大材靈降,龍章鳳彩,凝脂點漆,出忠入孝,遊藝依仁。"唐大中九年《白府君墓誌銘并序》(《新中国·陝西壹》第136頁):"府君不仕,藴德修業,徇禄無心,高卧雲林,怡然養志。於忠孝而克偹,行禮樂而頗全。迺文迺武,有皃有言。"唐天寶四年《趙莊墓誌》(《新中國·河南壹》第15頁)銘文:"桂中生月,孤峯出雲。以酒爲德,以義爲仁。"唐天寶四年《王爽墓誌并序》(《匯編》第25冊第91頁):"公幼而不弄,長而秀傑。負不羈之志,以陪常調,爲吏部選。雖未鵬搏于空,而無蠖屈之歎。惟安排順命,晦迹丘園。撥樊籠,遵佛理,念念勿捨,六時脩行。信以接朋,虔而後已。遇盜泉之水,渴而非飲;對悪木之陰,熱不息憩。"遊藝依仁,人在世間,實不讓釋道境界。

或林泉與廊廟同歸,紱冕與薜蘿齊指;或質而能史,文而不華:所取爲中道。唐載初元年《任智才墓誌銘》(《新中国·陝西壹》第88頁):"公稟象少微,韜精大隱。優遊何所,詩書禮樂之場;放曠何從,山水煙霞之境。"唐顯慶四年《尉遲敬德墓誌》(《新中国·陝西壹》第47頁):"守訥緘言,韜其湧泉之思;而慎剛持操,晦其扛鼎之材。事君盡禮,致欽明於堯舜;奉國忘身,保忠貞於鄧李。貽訓隆侈,履操沖撝。林泉與廊廟同歸,紱冕與薜蘿齊指。”銘文相宣:“嘉庸克遂,居寵若驚。懸車告老,挂冕辭榮。烟霞逸志,山水幽情。”唐開元二十一年《張漪墓誌》(《匯編》第 23 冊第 115 頁):“君諱漪,字若水,范陽方城人……天縱明達,家傳孝友。質而能史,文而不華。”《論語集解義疏》卷三“子曰:質勝文則野,文勝質則史”,墓誌措辭稍變其格耳。該誌撰寫者係墓主之侄,溢美之詞,不憚反復。但原始要終,通體一貫。記述墓主已逝,又作餘波:“君丕承烈光,克稟彝訓,虎變詞囿,翰飛天衢,自祖及身,皆秀才觀國,遙源巨浪。三葉一枝,故七涖官秩,六承恩拜,而典要有禮,變通適宜,所居之政,皆爲後式。雖光塵混物,而雅素恒真,口絶薰味,心多禪悦,非夫體合道而行中權歟?”作者扼定“質而能史,文而不華”基調,有瞻前顧後之能。所謂“典要有禮,變通適宜”“體合道而行中權”等,同歸乎“質而能史,文而不華”者也。

隱不違親,貞不絶俗:亦取乎中道。唐總章二年《上官義墓誌》(《匯編》第 15 冊第 102 頁):“君地靈峻邈,天機韶秀。義以方外,信必由中。視險若夷,處約如泰。季昇弱冠,業資强□□英,海籍蘭葉;河書騰照靈臺,遞充神用。故得築室方湖之上,胥宇圓海之濱。荷□蓮冠,不慙於金翠;印魚綬鳥,無謝於銀黄。隱不違親,貞不絶俗,斯之謂矣。”

柔嘉外宣,陽秋内備。隋開皇二十年《獨孤羅墓誌》(《匯編》第 9 冊第 126 頁):“惟公善風儀,有器度,混臧否於外跡,苞陽秋於内府,物我莫見其異,愠喜不形於色。故能持盈若虚,在終如始。”唐開元十九年《司馬銓墓誌》(《匯編》第 23 冊第 60 頁):“公自幼及長,主忠履信,柔嘉外宣,陽秋内備。進退可度,何暗室之有欺;言行為樞,將与物而無競。”按“陽秋”,本爲孔子所著《春秋》。晉時因避晉簡文帝鄭後阿春諱,改春爲“陽”。唐司空圖《華帥許國公德政碑》:“雖乏潤色之功,夙慕《陽秋》之旨。”體質發展爲功能,復可得謂褒貶。

優遊周孔,契真李釋。唐開元八年《王慶墓碣》(《匯編》第 21 冊第 133 頁):“(慶)有子四:慎知、慎微、崇嗣、慎貞。慎貞仕釋爲沙門,徇道專真,遺形自喪。崇空而不失其孝,割愛而不忘其哀。”是所謂崇空而孝,割愛言哀。處士河内向遷喬撰、唐開元二十七年《唐故孝廉李泉墓誌銘并序》(《匯編》第 24 冊第 103 頁):"公智鑒玄遠,博考經籍。九流七略,靡不遊心;六藝百家,其如指掌。懸河自口,汲之者莫測其波瀾;明鏡高懸,照之者詎知其近遠。弱年郡邑以孝廉擢薦。然性夲謙退,心安玄默。厚於道,薄於名。周孔之書,遂優遊以娱老;李釋之教,亦洞達而契真。"儒釋兩邊,具在一人之身。唐開元九年《騫思泰墓誌銘并序》(《新中國·陝西貳》第 79 頁):"公孝以事親,忠惟奉國。薄遊朝紱,覺州縣之徒勞;有志栖閑,想林泉之放曠。將起挂冠之慮,遽聞曳杖之歌。"忠孝得全,不妨有志栖閑。

(二) 指歸隱逸,出世爲高

大隱之趣,以出世間爲高標。唐開元二十七年《姚如衡墓誌》(《匯編》第 24 冊第 83 頁):"常以省躬退身,脩未來之道業,持戒念誦,求無上之真心,雖在官從仕,恒去塵俗,不食葷血,積有歲年。"述出世之想,遠在入世政績之上。即銘文歸結,化用釋典之跡甚明。銘曰:"天道蒼蒼,幽路茫茫,辟如逝水,誰能久長。如泡如電,似影似光,奄忽遇此,世相遑遑。"唐天寶十載《皇甫瑶墓誌》(《新中國·河南壹》第 214 頁):"君絃韋兼設,威惠相資。浹辰之間,政有經矣。以天寶三載辝滿,歸周南别業,有終焉之志。退趾高卧,養氣怡神。"武周萬歲通天元年《大周故處士常舉墓誌之銘》(《匯編》第 18 冊第 91 頁):"至於秋月臨池,春花匝樹,琴觴自翫,僚友相趍。故得姓於丘園,乃忘言於纓冕。"

墓誌而頌隱逸高士,不憚重複,有一唱三歎者。唐開元二十三年《王羊仁墓誌》(《匯編》第 23 冊第 149 頁)序文開篇即議論云:"觀夫《易》稱嘉道,《詩》著《考盤》,故荀卿有言:志意脩則驕富貴,道義重則輕王侯。其有得《詩》《易》之微,樂道義之貴者,則我王府君其人矣。公諱羊仁,字元瑜,其先太原人,曰從鑾駕,徙居于洛,今為河南洛陽人也。自飛龍在天,千年啓聖;駕鶴上漢,七日登仙。躍魚標太尉之芳,顧鵠表將軍之妙,冠冕舄弈,鍾鼎蟬聯,代有忠良,史冊詳之備矣。曾祖逸、祖樹、父羊,並怡情碧落,養志青溪,不以軒盖為榮,唯以琴書適慮。咸高尚其事,不事王侯;僉亭亭物表,皎皎霞外。公少而慈順,長而恵和,學綜九流,文該六義。常閲書於洛陽之市,或賣藥於長安之肆。故曰大隐隐朝市,小隐隐林藪,此之謂也。公吏非吏,隐非隐,逍遥木鴈之間,出入是非之境。故常和其光而同其塵,晦其明而藏其用,澹然無欲,怡然樂道。每傲睨雲霄,有輕舉之志。"墓誌描寫"大隱",於此爲極盡能事。而於"金丹不妙,石火沉輝"之後,再作回環映照,增添迤邐之致:"公噐宇冲邈,神情俊拔,雖跡處寰中,而心遊天外;雖所居環堵,而志狹九州。生兮若浮,委鴻鑪而順化;死兮若休,覩鵩來而何惕。"

"隱德市朝"或"遨遊莊老"。隋大業十一年《嚴元貴墓誌》(《匯編》第10册第123頁):"運屬大隋,光澤天下,市朝隱德,養志人間,結静精微,探幽究賾,係兹厥迹,其唯叅軍者乎。真不混俗,志氣逐煙霞競上,心与風月争高。是以身非己有,悲万古於百年。"隋大業三年《劉淵墓誌》(《匯編》第10册第16頁):"君噐韻清高,忽於榮利,不應州郡之辟,迄於暮齒。朝廷虚心耆老,特加榮命,拜汴州浚儀縣令……遨遊莊老,脱略功名。"唐開元二十三年《王景曜墓誌》(《匯編》第23册第139頁)標榜其祖輩王湛:"往在海東,養高不仕,不以軒冕為榮,唯以琴□自逸。雖室居方丈,而志狭九州;雖跡處寰中,而情踰天外。同魯連之遊東海,若四晧之隐南山。"

大隱之趣,取淮南小山之旨:肥身道場。隋大業十二年《李元墓誌》(《匯編》第10册第142頁)贊墓主性有偏至:"惟君風猷清遠,氣調淹凝,迥出躢塵,罕言名利。"而墓誌以記言爲體,宣揚大隱之趣:"常歎曰:自衒自媒,士女醜□,吾欲俯拾青紫,會當坐待弓車。齊開府儀同叱列長叉,坐樹論功,盛開幕府,虚襟待士,側席思人,引君爲開府行叅軍,辭不獲免,解巾斯任。長卿之著園令,豈曰盡其文雅;公明之作府丞,未是稱其天骨。周平東夏,畢志丘園。或出或處,墻東大隱之趣;一篇一什,淮南小山之旨。至於花開春樹,日照秋池,栖息茂林之下,高宴忘歸之客。閑居養志,不屈己於徒勞;詩書自娱,乃肥身於道勝。"

或"跡遊朝市,心王江湖"。隋大業十二年《唐直墓誌》(《匯編》第10

冊第156頁):"惟公識度清高,風神恬曠。跡遊朝市,心王江湖。其書也無勞百遍之功,其劒也有耻一人之敵。"

或"心存遠害,貴符性賞"。隋大業六年《張喬墓誌》(《匯編》第10冊第34頁):"不釣虛名,耻拘小節。"而"逮乎國命將移,世物多故。君心存遠害,委任言歸。優哉遊哉,貴符性賞。是以林泉勝地,無懈之尋;笭酒故人,不虚風月"。唐天寶十二年《廉元泰墓誌》(《新中國·河南壹》第66頁):"君放蕩丘園,高尚不仕。許由之志可尚,嚴陵之操不屈。去危圖安,以全其道。翛然長往,蟬蛻於寰區之外。所以《易》稱:遯之時義大矣哉。"銘文相應曰:"明明廉君,允武允文。懷道不仕,丘園谷神。以保千齡,永存其真。"

或有"閑居之逸,遺世之情"。隋大業九年《傅叔墓誌》(《匯編》第10冊第86頁):"學遍書部,不以干禄為榮;文擅含章,徒藴凌雲之思。居非塵雜,高步丘園。結宇伊瀍,始見閑居之逸;鳴絃酌濁,方申遺世之情。"

(三)心遊海外,形存闕下

唐開元二十七年《唐故孝廉李泉墓誌銘并序》(《匯編》第24冊第103頁):"公智鑒玄遠,博考經籍,九流七略,靡不遊心;六藝百家,其如指掌。懸河自口,汲之者莫測其波瀾;明鏡高懸,照之者詎知其近遠。弱年郡邑以孝廉擢廌,然性夲謙退,心安玄默,厚於道,薄於名。周孔之書,遂優遊以娱老;李釋之教,亦洞達而契真。"其銘文亦與所志性格映照:"猶龍指樹兮啓氏先,孝廉襲祉兮載世賢。外弘儒兮内弘釋,仰之高兮鑽之堅。和順道德兮天假年,夫妻大耋兮隨化遷。"

隋代墓誌,即如此取捨。隋大業九年《郭寵墓誌》(《匯編》第10冊第90頁)所傳墓主爲隋故洛州從事,祖、父皆將軍,而"李耳湡虚,逍遥一任。君衣纓志少,布素情深。高蹈白屋之蹤,遠襲黄衦之趣。遂乃優遊邑里,棲息丘園。左琴右書……是非無所執,愠憘曽未形。每春日登臺,秋時臨水。合尊促席,懷遠送歸。雖復曹植西園,方斯未善;孔融北海,譬此非高"。序文與銘文相宣:"心遊海外,形存闕下。"按"遠襲"字形不全,對照銘文"礐爲青帝,棄襲黄雲"補。

嘯傲丘園,一生選擇爲"習狂周之逍遥,翫嵇康之養性"。唐貞觀十七年《王賓墓誌》(《匯編》第11冊第115頁):"惟公雕龍早就,畫虎幼成。汪汪滔黄憲之陂,森森竦和嶠之樹。一言知己,以太山為鴻毛;一顧道存,以白刃方軒冕。學該屈宋,筭越孫弘。名譽早彰,蒙授黔州録事。但以居任清謹,正色於羣僚。民慕其化,官美其治。遂不移州境,改授洪杜縣丞。澤蔭百里,黎庶稱以慈仁;威肅一同,胥吏終無敢飯。年臨從欲,宦不求遷,樂天知命,歸田退老。昔千秋年邁,尚錫安車;汲黯疲痾,猶班卧治。復授公藍田縣令。雖蒙優職,終致固詞。習狂周之逍遥,翫嵇康之養性。放蕩墳籍,嘯敖丘園。"

"佩玉意少,披褐情深",或變相爲"衣纓志少,布素情深"。隋大業九年《牛諒墓誌》(《匯編》第10冊第91頁):"君嗣彼芝蘭,挺斯芬馥,風儀擅美,禮則摽奇。雝雝秉揖讓之風,穆穆有謙沖之操。加以聞詩聞體,進聲進樂,非信不友,非義不交。堂堂乎,翼翼乎,卓犖懷山水之心,皎潔瑩氷霜之志。是以佩玉意少,披褐情深。高捐朝市之蹤,遠躡山東之跡。遂乃優遊邑里,棲息丠園,左琴右書,大被厚褥。既而梁竦閑居,徒聞其語;尚長肆意,空得其名。雖人有古今,義無彼此,而君言爲準的,行合規矩。内崇孝道,外盡義方,愠憙曾未形,是非無所執。每登臨春日,必籍池臺;懷遠秋時,會憑山水。"淡矣無爲,蕭然物表,旨趣一揆。唐貞觀廿年《尹貞墓誌》(《匯編》第11冊第144頁):"君早擅英聲,夙標令望。志存夷簡,性尚恬虚。淡矣無爲,蕭然物表。但以時逢昌運,官不遺才。遂禮盛九徵,榮高五聘。貞觀初,乃應齊府辟,屈節於功曺叅軍。俄而辤疾去官,從其所好。於是栖身廡下,晦迹廛中。開通德之門,居全節之里。縉紳攸仰,遐迩挹其雌黄;雅俗所歸,中外酌其淳素。"無心軒冕,有志林泉,如唐貞觀十八年《王通墓誌》(《匯編》第11冊第125頁):"性好陸沉,務屏塵雜,庶幾仁義,脱落榮華。眷彼犧牛,有莊周之感;觀兹廡鼠,息李斯之驚。加以運偶道銷,時經隨季,弥增放曠,更重棲遲。慕幼安之風,無心軒冕;懷公理之操,有志林泉。樂道忘憂,禮賢不倦。"嗣子景祥撰、唐大中九年

《故處士李暎墓誌銘并序》(《新中國·陝西貳》第269頁):“先君諱暎,字用晦,隴西狄道人也。……公高尚不仕,樂志丘園。……”銘文亦有云:“失志漸鴻,忘機退鶂。貞操自□,栖心處默。因依巖藪,放蕩園林。泉石養志,松筠賞心。□□江侶,宣碁夜琴。飛觴染翰,□撫歌吟。”名字、序文並銘文,皆歸乎“丘園”者。唐乾符四年《周孟瑶墓誌銘并序》(《新中國·陝西貳》第318頁):“公筮仕以文武全材,氷霜利噐,舉翼戾天,一冲霄漢。性唯謹默,豈謝於孔光;行每兢持,無慙於石慶。於是皆歷繁緫,靡有繼心,不窺近侍之榮,而懷高道之志。況以緑綬榮身,清資是任,悪官如覩桎梏,視貴常若浮雲。更以樞杖自散,而樂啓期之志;性親賓旅,而慕積辛之流。”

(四)志樂林泉,意存三寶

隋仁壽四年《劉相及妻鄒氏墓誌》(《匯編》第9册第171頁):“處貧賤而不怨,居富貴而不憍。悦翫百家之書,披尋數代之典。學不願仕,志樂林泉。業運時来,辞而不免,授補伏波將軍典衛令。雖居此任,恒以衣錦故郷,敬信情深,志存三寶。營搆之所,莫不類須達之園;施捨之來,恒述府金之恵。”於是,或有稟命修短,天佛不延。隋大業十二年《王世琛墓誌》(《匯編》第10册第149頁):“曰:‘人生稟命,脩短有極。無常必至,天佛不延。伏惟深識此理,以割常愛。且顔子仁智,楊烏夙成。並夭天年,不終眉壽。況琛無益榮養,空荷顧復。恩斯之重,罔極終天。’”唐天寶三載《周思忠墓誌銘并序》(《新中國·陝西貳》第112頁):“洎乎晚載,深猒輪迴之俗境,志求出世之妙道。常謂子孫曰:吾欲歸身極樂之界,安可以少善根力,而能生於彼國乎。乃絶茹葷血,棲心禪寂。脩以十六觀門,勤以一乘正路。精念不輟,期願乃成。公將欲離生滅之苦,示歸化之迹。先端然結趺,靜居其室。断攀缘於四趣,祈真相於十念。蓮座□□則□流满室,天樂遠送而聲聞于空。”唐大曆十二年《周恵墓誌銘兼序》(《新中國·陝西貳》第155頁):“既而行有餘力,晚節好道。積而能散,過勿憚改。士有好學,賑而恤之;僧有博聞,遊而從之。潔己梵行,節身一食。雖有家名,乃能如此。他日驟閲諸佛經,若有攸往。”唐咸通十二年《張叔遵墓誌銘并序》(《新中國·陝西貳》第308頁):“公齠歲氣直,精彩異常。及屆弱年,梗槩獲一。出忠入孝,誠流輩之吹噓;謹禮復仁,茂幹固之貞節。兢于悦惕,如履春氷;涖事怔忪,若臨寒谷。遂俾聲華霄漢,鶴唳九皋。披靡尤著於内庭,佳彥逈彰於宫禁。是以□美嵐色,緺綬馨香;光輝得時,誠愜即日。以大中七年十月廿三日,蒙恩賜以緑綬,後轉授太盈庫。外催克勤,茂績非一。公深洞知命,妙識玄幽。不苟苟於時,每克己於事。結交冰水,終始松堅。秋菊比其英,寒柏嘉其性。随珠楚璧,麗水荊山,未足為珎,豈為寶。所謂禄不勝德,官不昇人,運不時興,斯亦命也。又苦心於釋氏,虔敬歸依。常親金口之言,亦繪白毫之相。若迺火宅五緼,願入三乘之宗;舟檝愛河,誓超九品之座。真如佛性,澄在心原;妙理玄門,俻於體。演白蓮之奥典,日以諷讀;覿紺頂之金身,常瞻礼。三身智果,誓色身以成身;十号真如,修菩提以為号。六波羅蜜多常念,四諦敬持,十佛地以心親,三塲礼懺。”唐乾符六年《王季初墓誌銘并序》(《新中國·陝西貳》第322頁):“少習墳典,長操和門。容範卓然,氷規凜若。所為兼金重價,美玉連城。因掌籍於儲宫,遂顯崇於昭代。加以博文強識,心筭無垠;多才藝隆,目睇毫末。弱冠莅仕,壯志荷榮。始遊宧於膳宰,終列位於支郎。公妙達釋宗,專志事佛。晨持金偈,不味薰蔬;暮礼竺皇,冈貪甘醴。居同精室,每焚西域之香;坐設僧牀,更演南宗之印。”唐龍朔元年《宋虎墓誌》(《匯編》第14冊第15頁):“逮君志高沖遠,履躡釋典玄風。偃仰丘園,輕脱干禄。每至清風竹浦,談真容於玄微;爽月澄秋,論棄門於空教。所以忘其名利,取恣心神。”

抑或圓融三教,混合一家。唐開元二年《侯莫陳大師壽塔銘》(《匯編》第21冊第23頁):“若乃藴龍象之姿,積梯航之用。誨人不倦,惠我無疆。同[橐]籥而冈窮,等洪鍾而必應。圓融三教,混合一家,沃未悟之心,杜遊談之口者,則我大師有之矣。”歸誠釋教,洞識苦空。隋仁壽二年《郭休墓誌》(《匯編》第9冊第157頁):“是非莫關於口,憘愠不形於色。乃能歸誠釋教,洞識苦空,報佛忍疲,深委常樂。知無我於世間,超煩惚(惱)

於彼岸。无明自息,智慧湛然。"唐開元五年《廉師墓誌》(《新中國·河南壹》第65頁):"君竦幹幽貞,宅心閑曠。山陽卜築,別業迩於巒崗;物外簫遥,高賞臨於霞月。杖藜披薜,自諧真隱之風;練石燒金,未得神仙之術。"復又"諦想真乘,凝心究竟,早命第三子山寺出家,法名揔一。維摩在俗,即悟空門;淨藏辤親,從玆入道"。

抑與天爲徒,道法自然。隋大業二年《董敬墓誌》(《匯編》第10冊第6頁):"濠上妙旨,嘿得其真;柱下微言,暗与之合。……西巖松月,或照管弦,北戸荷風,長吹襟袖。……湛容孤秀,清神獨上,縱志蕭條,肆情偃仰,時開秘奥,每檡歡賞,山林出没,市朝来往。"唐乾封元年《支郎子墓誌》(《匯編》第15冊第9頁):"君少而性樂垂綸,而忽輕白璧。棲神蓬户,心駭雲臺。追逸趣於山泉,寤丹丘於永日。怡情碧賴之上,散志紫巖之中。陶陶然可謂自得矣。交遊多是異人,投分不友非類。居常委命,任以推移。"唐開元九年《楊純墓誌》(《匯編》第21冊第154頁):"常以為生而静者性也,感而動者欲也。吾觀其復有以見天地之心,吾將寂然可以通神明之故。絶聖棄智,何以宦為?乃退而閑居。"唐咸亨三年《李遇□墓誌》(《新中國·河南壹》第56頁)銘:"林泉蕩性,風月棲神。"唐開元十年《韋晃墓誌銘并序》(《新中國·陝西貳》第81頁):"君性夲齊物,義非徇名。常託宿於風雲,每王神於琴酒。山水忘返,處幽獨而無悶;軒冕儻来,任方外而將老。"皆爲聯類。至於像唐咸通六年《翟慶全墓誌銘并序》(《新中國·陝西貳》第288頁):"故三世高尚不仕。而府君少有立,甞拊髀歎曰:大丈夫得一杯土則可覇,何必禄而後食。乃於計然五策用三於家。未朞,累金百萬。是得結連駟騎,擊食鍾鼎,絲竹滿堂,朱紫盈門。皆與之分庭亢禮,貴何啻千戶侯等。府君萊衣有光,烏志無怠。太夫人含飴白首,就養高堂。祈福所宗,尤奉金仙教。甞持静名書,精究玄理。慧劍一揮,塵縛迎刃。輕財若土,重義如山。食不異盤,架衣無主。名聞當世,行出古人。"又是另一類絢爛之極,歸乎平淡者。

歸依之情,老而彌篤。隋大業七年《元鍾墓誌》(《匯編》第10冊第52頁):"書觀大略,志遺小巧。坐不上席,行不履前,與物不争,君之性也。

堂客不空,桂罇恒滿,關門落轄,變曲揮金,君之好也。……但君了達苦空,妙閑生滅,勤修三業,專精十善,歸依之情,老而彌篤。”或情高物外,辭職歸田。唐長慶三年《馬進朝墓誌》(《新中國·河南壹》第222頁):“公注心凌厲,拂劍組纓。卓尔軍門,前衝後殿。高勲茂績,克靖關山。洎于河洛載清,邊畿底乏。公聿修良莭,随鎮河陽。不掩異能,覽及風景。公以此川地形面勢,野媚土滋,絡角村墟,徘徊井社。公情高物外,辞軄歸田。攄散平生,樂只無迨。不稽旬載,家以給而業以贍。故年豊歲歉,族墅罕亏。”唐大中十一年《史興墓誌》(《新中國·河南壹》第434頁):“公抱惇雅之質,長風美之譽。成焉弱冠之年,行業雙著。壯立大志,恣於逍遥。或菑或畬,灌蔬園圃。然忝部王理,軄守公門。伏事盡忠,用全大莭。依仁據德,仁道全名,恭守公方,年及七十。忽閑思心放,訓誨子孫,釋性得終,去流自樂。”唐開元十八年《高木盧墓誌并序》(《新中國·陜西貳》第93頁):“得名登簡冊,位列珪璋。及蒲栁年侵,桒榆景暮。乃悟電泡而不久,夢幻而非真。遂弃彼俗緾,崇兹道業。退歸廬里,訓導於家。”唐開元二十八年《康庭蘭墓誌銘并序》(《匯編》第24冊第127頁):“公行惟樂善,性實謙沖。雖忝戎班,而雅重文藝。閨門邕睦,容範可觀。六籍播於□田,百氏包於辯囿。暨乎晚歲,躭思禪宗。勇施罄於珎財,慧解窮於法要。”

大名之下,其道難全;盛名之累,妨害得道。唐開元二十一年《王晛墓誌銘》(《新中國·陜西貳》第97頁):“君乃自嗟三省已躬,常恐滿盈。遂託憑釋教,廣建伽藍。盡軀命以求緣,竭資財而作福。慶崇內典,志樂真如。雖染俗塵,意除苦海。頻以表啓,請入不二之門,”銘文其三:“識達天命,弥崇代事。時俗畿鄉,渾同無二。自懃道藝,津梁預擬。”唐開元二十一年《開承簡墓誌》(《匯編》第23冊第118頁):“公天資融朗,神用閑邈,含弘沉毅,有吞蘊之量,弱冠四海知名。公初無宦心,欲以所好求志,廿一去家遊蜀,時天下賢豪,慕公英名而歸之,若衆鳥之從鳳。於是李宏、郭振、薛稷、竇元海之徒,皆千里命駕,一見公如舊交。公恭己待賢,虚誠納士。盡其力而濟美於人,殫其財而愽施於物,時論以此多之。故常食客盈門,高車結轍,林亭風月之賞,琴酒笙竽之盛,雖封君蔑如也。公知大名之下,其道難全,遂乃退閑歸休,塊然養德,潛曜於惟楊者久之。神龍中,故人朔方軍大摠管韓公初奏君為隨軍要藉。公所好者道,所懼者名,持議未行,而軍牒三至,迫不得已而從事焉。"作者品評夫盛名與得道之間,不啻冰炭交織者。

(五)弧矢與史傳之間:於武官則重儒雅

隋大業十一年《唐該妻蘇洪姿墓誌》(《匯編》第10冊第121頁):"君諱該,字文達,河南郡雒陽縣人,魏驃騎將軍越之孫,青州長史清㞢第二子也。若乃高風盛業,長源遠系,夲枝將四照争榮,餘潤與雙流共遠。君風格凝重,精彩秀異,弱不好弄,少也大成。孝乃自天,仁則由己,稟過庭㞢教義,蹈通仁之閫閾。加以倜儻不羈,文武無隊,既工騎躲,雅好兵書。洎開皇之初,將㐌江表,首置軍府,妙選英傑。君以材雄入幕,豪勝知名,遠近所推,特授都督。既而教兵不棄,治兵有典,富貴自取,仍領帥都督兵。至於躍馬彎弓,吟猿落鴈。貫㞢者七札,所敵者万人。俄属天下太平,四表無事,解甲臥鼓,散馬休牛。君乃謝病言歸,挂冠不仕。臣妻子而王四壁,對罇酒而奏絃歌,罄季子㞢千金,得啓期之三樂。懷抱自得,大小怡然,優哉遊哉,聊以卒歲。"前張後弛,武始文終。或有序文不及,而於銘文補足者,如隋開皇二年《李和墓誌銘》(《新中國·陝西貳》第7頁)銘文:"入司猽虎,出摠熊螭。有懷退讓,秉操謙卑。佳官屢轉,好爵頻縻。分竹為守,丹帷作屏。胡塞無塵,蠻方載静。麦秀岐穗,禾伍同穎。寇君易得,鄧侯難請。從容退仕,偃息田家。約遊寶劍,徐轉安車。前駈駟馬,後弘鳴笳。方期剋壯,遽逐西斜。嗟矣攝生,局哉人世。頦如石火,危深秋蒂。"序文"入司猽虎,出摠熊螭",幾不旋踵,用筆不得稍暇;而作者感喟"偃息"之道,只好再於銘文部分,迤邐感喟。

隋人於武將特飾之以文,如隋大業十二年《宋永貴墓誌》(《匯編》第10冊第160頁):"君少而沉慜,長而弘深,英猛冠時,清華映世。堤封峻而不測,墻宇高而莫窺。自國自家,至誠至孝,可畏可愛,為政為德。清白以遺子弟,澮雅以交友朋。入其室者鬱若芝蘭之芳,與其遊者自染未藍之色。歷官兩代,從宦十遷。在軍在國之容,允武允文之藝。"夫"武"有待"文"飾,"英猛"者,則端賴"清華"映襯,作墓誌章法。

風氣煽被,唐承隋習。唐人之於武官,尤重儒雅。唐開元六年《燕紹墓誌》(《匯編》第21冊第86頁):"公天資峻嶷,噐標沉實,道位生知。學該言象,頤貞素履,常密如也。解褐汾州叅軍,又轉慱州司功叅軍,潞州司户叅軍。咸敷庸克清,德音不匱。又拜宣州宣城縣令。地帷牛斗,邑帶長江。控吴楚之遐壤,有輕訬之遺俗。公閉門卧理,鳴琴自閑。威如雷震,化若風靡。溉舄鹵以開畎,鑿山銅以興利。吴人以業,于今頼之。"又唐開元九年《王慶墓誌》(《匯編》第21冊第163頁):"萬歲通天元年,白虜趑趄,鋒交碣石。青林失律,火照甘泉。天子詔左衛将軍薛訥絶海長驅,掩其巢穴。飛蒭輓粟,霧集登莱。監軍御史范玄成與公素遊,揖公清幹,且以元佐務簡,得兼統押。乃密表馳奏,朝廷許焉。俄除朝議郎行登州司馬,仍充南運使。恩命光臨,飭躬就列。情勸悦使,義篤均勞。紅粟齊山,飛雲蔽海。三軍歎美,僉曰得人。聖暦年,運停還任。公雅愛虚寂,林壑之致,始終不渝。雖蹋塵满庭,常嘯詠無輟。昔桓温每云:我方外司馬。豈斯之謂歟。"

武官下場,儒雅氣象。武周聖曆二年《于遂古墓誌銘并序》(《新中国・陕西壹》第91頁):"公杖劍戎麾,久申誠續;褰帷剌擧,更盡廉能。迴介冑之雄威,播循良之美政,量高朱慱,化埒黄□。萬歲通天元年八𠥱,表請致仕。蹔促朱轓,言尋丹餌。仙官進藥,莫返交阯之魂;鶴板徵□,遽從京兆之録。春秋七十有五,聖曆元年五𠥱廿九日,終于明堂縣進昌里之私第。嗚呼哀哉。惟公器局凝簡,詞韻淹和,固然諾於生平,敦言行於造次。良辰美景,必命琴罇;脩竹茂林,不孤風匝。"唐永徽五年《王才墓誌銘》(《匯編》第12冊第120頁):"君,随儀同。横戈出塞,萬騎莫當;撝劒相交,百夫何擬。遂捨兹官宦,志在丘園,性洽琴書,心懷待物。風前月下,飛盖相追,春景秋朝,羽觴交錯。輕千金有同糞土,重一諾事等丘山。"唐龍朔元年《陳故始安郡太守慈源縣侯徐綜墓誌銘并序》(《匯編》第14

冊第 24 頁):"掌戎蘭錡,簪筆蒲規。蟬珥交暉,鶡冠兼映。尋遷威虜將軍,封慈源縣侯。式崇軍政,暢武毅以標功;爰錫瑞珪,誓山河而裂壤。桂林脩闊,越障重深。鎮俗宣風,用資良幹。又除始安郡太守。褰帷踐境,來暮興歌。朞月有成,仁風載偃。屬以金陵失險,陳氏淪亡,扈青盖以西歸,託鍾山而北徙。寓居關右,晦跡丘園。外物罕窺,蕭然自逸。"[1]

簫散無爲,優遊自保。隋開皇九年《關明墓誌》(《匯編》第 9 冊第 59 頁),墓主身份本色,曾爲曜武將軍、騎都尉、虎賁郎將,然銘文其三章:"簫散無爲,優遊自保。釋官致士,獨任神抱。置酒山庭,談天論道……"隋開皇七年《韓邕墓誌》(《新中國·河南壹》第 2 頁):"天統元年,特除徐州司馬騎都尉,本号龍驤,進加驃騎。君知止自止,洞微達微。欽邵平之歸田,貴踈廣之棄職。乃捨官就壟,嘯翫琴書,散誕山谷,放曠林野。"唐天寶五載《雷詢墓誌銘并序》(《匯編》第 25 冊第 103 頁):"父通,上柱國。智可運籌,德堪濟物。不徇私門,唯憂報國。揮霜戈於隴外,戎虜電除;耀金甲於輪臺,骨都膽讋。功成遂退,賞悅丘園。知命無憂,自怡風月。"

才堪主將,收場從容。隋大業六年《楊秀墓誌》(《匯編》第 10 冊第 38 頁):"神略不群,才堪主將。遂令指麾兵卒,籌策軍馬,奏授儀同三司,与領軍尉永貴捉冀州城。蒙賚奴婢八人、錢十五万、良馬三匹,寶刀一口。昝霍病辞第,意在建功;班超棄筆,心存効武。公乃宣威冀邑,運筞漳濱,出狠虎於一城,屢先鳴於万里。"而及至於終老:"乃投冠背闕,慕平子之歸田;解綬離朝,同伯陽之去位。放情八索,縱志九丘,倒屣接黃公,握髪迎嵇散。每春朝鸎哢,揮蔡子之弦;秋夜蛩吟,步陳王之月。"唐垂拱四年《王林墓誌》(《新中國·河南壹》第 141 頁):"公宇量內融,潤晉都之垂棘;風神外朗,耀宋國之驪龍。黃石玄女之奇,莫□商榷;緗帙縹囊之說,本所權衡。英辨榮枯,妙識機變。暨乎雙童入夢,海水群飛。鹿逐中原,羊驅天下。一城一旅之衆,争立長君;三川八水之地,競為元首。□乃悟竝栢谷,

[1] 有唐一代,石刻繁多,亦有偏至"軍功"者,然百不及一。如唐天寶四年《郭師墓誌》(《匯編》第 25 冊第 101 頁):"一經皓首,嬾卒於文場;三軍可奪,且徶名於武騎。"嬾、懶、孄、孏異體,即倦終於文場。此誌可見唐人價值追求,偏於武功類型。

識彼東□,投袂西征,早攀鴻翮。以武德三年詔授開府。公以馬安四至,潘岳三遷。歎巧拙之匪躬,知通塞之在運。羝羊自誡,潛龍養德。縱琴酒以娱神,叶劉阮之踈誕;翫詩書以怡志,㚔黄綺之不傾。”唐天成三年《張居翰墓誌銘并序》(《新中國·陝西貳》第330頁):“与今上直掩中都,破敵衆十万,活擒驍将王彦章。鑾駕遂入汴城。駐蹕月餘,駕幸東洛。下賞勲佐,命之制詔。公赴職,授推誠保運致理功臣驃騎大将軍右驍衛上将軍封邑七百户。三年,公以密務繁重,陳力不任,乞歸田畝。再詔不允。四年孟夏,上奄弃万邦。今上登極,改号天成。公朝見請罪,上慰勉久之。言念曩昔,備歎辛懃。嗟憔悴之容,許退休之便。尋離東洛,再返舊京。重奠松楸,復傷喬木。公歎曰:自離故國,三紀于兹。辛苦艱難,濱於九死。豈謂今日復得生還。方期放志雲山,棲心道釋。”唐永徽六年《王孝瑜並夫人孫氏墓誌并序》(《匯編》第12冊第153頁):“君長而驍鋭,壯志逸羣,寳劒星輝,琱弓月彩,斷蛟春浦,落鴈秋山。挫猛鷙於重圍,扼雄渠於厚陣。随任驍果校尉。繫桑登布,賣勇三軍;拔戟蒙輪,偏當一隊。加朝散大夫晉陽府鷹揚。運籌帷幄,高邁子房,果毅戎昭,遠齊方㚢。属皇基草昧,發跡汾陽,深達事機,捐符効命,授上輕車都尉。閒蒙甲胄,將討不庭,屢被通中,旋私攝養。貞觀十三年,例加陪戎副尉。君相名利之為患,思偃仰於泉林。逍遥五畒之間,放曠一丘之內。”銘文相應:“義旗電舉,殆預戎機。棄榮辤秩,憩仰泉林。栖仁物外,愊憶無心。”

樂道依仁,二元結構。唐大中二年《張京墓誌》(《新中國·河南壹》第112頁):“職任前衝大將,奉命捍滅狂徒,大破平盧一軍。聞奏天庭,封為上柱國開府公,食邑三千户,□陽兵馬使。是日頓覺無為,知幻化不常,持法華為躰,念大悲為心,長崇釋教,頓說南宗。奈何四虵運動,瘵染疾纏。方書遍覽,活草空言,神香失驗,逝奄西川,是時春秋七十有一。”

武將百戰,不忘志超煙霞之表。唐乾封二年《開國公曹欽墓誌銘并序》(《新中国·陝西壹》第64頁):“衣冠已遠,空想煙霞之遊;園寢無追,更殷泉壤之痛。”唐貞觀十六年《獨孤開遠墓誌》(《匯編》第11冊第105頁):“混大小於逍遥之論,齊寵辱於道德之篇。尚父從横之兵書,孫子孤虚之戰略,荀孟立身之教,衛霍剋敵之奇。莫不咀嚼於胷中,囊括於度內。庇民尊主之道,耕耨於情田;開物成務之方,卷懷於靈府。"是博采衆家,不拘門戶。而屬隋之季,戰事頻仍,身先士卒,至於南冠:"大業之初,吐谷渾貢賦有闕,煬帝震赫斯之怒,親率元戎。公宿衛劬勞,亟蒙賞勞。俄奉勑長上,心膂委之。高驪恃滄海之洪波,負帶方之遐阻,任土輟苞茅之禮,継好絶朝覲之儀。煬帝御革路以捴戎,鳴金鼓以問罪。公従駕来往,録侍衛之功,蒙授宣恵尉,遷左千牛。左右鳥夷,未革犲狼之心,猶據蛙黽之穴。六龍於是效駕,七萃所以載馳。公扈従有勞,蒙授建節尉,千牛如故。十一年,御幸雁門。于時,突厥縱右校之名王,駈左衽之勁卒,矢及樓雉,兵擾鈎陳。公奮不顧身,誠在奉主。賊退之後,恩遇弥隆,蒙授朝散大夫,千牛如故。於是朝昏政紊,上墋下黷,釁生輦轂,變起爪牙,酷甚望夷,災逾牧野。倉卆之際,兵皆逃逸。公揮戈扣閤,擁旆指麾,衆寡不等,為賊所執。分從仲由之戮,豈求趙盾之生。与善有徵,遂免兇手。"銘文之前,序誌收束,最得史傳之體:"惟公出忠入孝,樂道依仁。觀秋水忘物我之情,登春臺體希夷之趣。志超煙霞之表,跡寓塵俗之中。學贍典墳,不以藝能慠物;位傳台鉉,豈以門伐嬌人。同石奮之謙撝,方吴漢之貞確。隨室鍾百六之厄,属三七之災。禦敵志在亡軀,赴難心存為國。"描述沙場立功本色,結束仍歸"志超煙霞"。所謂"樂道依仁",爲隋唐武將身份二元性格結構寫照。

五代鼎革,改朝換代,幾不旋踵。於是該時期墓誌整體上少了優雅處世、閑暇性情。像下面的石刻語料則是比較罕見的。五代後周顯德二年《石金俊妻元氏合祔誌》(《匯編》第 36 冊第 131 頁):"凡下堅城,攻堅陣,謀無不臧,動無不□。臨戈矛畏之若神,撫士卒慕之如父。明宗皇帝以府君貔貅良将,豊沛故人,制授資州刺史。對曰:臣生於朔漠,本以弓□□効。夫人性少則剄果,遂袵金革,歷事三帝。幸齺敗軍失律之釁,今已老矣。支體獲全,矧不逹為政,豈敢以方州為累乎。願復丘園,守先人墳壠為樂矣。"後周顯德五年《宋彦筠墓誌》(《匯編》第 36 冊第 156 頁):"今上皇帝嗣位之初,公以身名早遂,年齒漸高,堅乞挂冠,方容致政。請老於唐虞之代,怡情於汝洛之間。……公早陳勇略,累踐藩垣。惟務貢輸,仍多崇信。齋僧數百万,造寺七十餘。生有令名,没無長物。忠孝既全於當代,真空亦悟於将来。"北漢天會八年《石暎墓誌》(《匯編》第36冊第194頁):"頃以方事之殷,爟火不息。而能率先義勇,克集茂勲。累遷至左武衛中郎将,前朝賞有功也。公志懷敦素,性守謙冲,不以榮顯介情,但欲優遊晦跡而已。"方事,方國之事,即四方戰事。

爲武官而務閑適,合於張弛相間之道。隋唐石刻常見點染之筆爲"左琴右書",結習已成。按有關語料庫標注,"左琴右書"記録就達375條。

(六)文官則登山臨水,寵辱皆淡

隋唐墓誌,不唯武將,即於文官,性情取捨,實爲聯類。隋大業十一年《王袞墓誌》(《匯編》第10冊第119頁):"出為桃林縣令。君恪懃官次,所在稱績。及絃歌下邑,政惟清静,階罕争辤,門多好事。登高臨水,緣情體物。陶陶永日,榮辱淡如。"隋大業七年《隋故豫章郡掾田德元墓誌》(《新中國·陝西貳》第9頁):"惟君早稱髦秀,夙播清規,博綜文史,枕席仁義。朋交推其欵信,氣類挹其風儀。坐有嘉賓,門多好事。良辰美景,命醁酒而開筵;勝地名遊,賦清篇而自淂。莫不辟高金谷,趣極蘭亭。"唐開元八年《楊璡墓誌》(《匯編》第21冊第138頁):"加上柱國,授鄭州管城縣令。地雄奔駟,門息鬪虵。公迺修禮以耕之,陳義以種之,講學以耨之,播樂以安之。化未及幾,郡以爲寂。撫鄭君之風俗,政是用和;憶陶令之田園,欻歌歸去。童兒在野,瞻綵雉而猶馴;耆耋攀車,望仙鳬而不逮。方欲擊溟海,摶扶揺,摩蒼穹,捧白日,甞見其進,未見其止。加以跡寄人間,心融正覺。不知肉味,非爲聞韶;潜識牛車,實惟觀法。"唐開元九年《李景祥墓誌》(《匯編》第21冊第169頁):"君髫年獨秀,弱冠孤標。……策勲上柱國。……清風朗月,每以琴酒為娱;美景良辰,常以山泉取樂。不汲汲於榮禄,不遑遑於聲[利]。"唐貞觀廿二年《莘安公竇誕墓誌銘》(《新中国·陝西壹》第33頁):"以公勤誠可録,特加茅土,封莘國公,食邑三千户,賜物五百段。公志尚清曠,性篤逍遥。挹商山之芳塵,欽潁陽之休烈。其年,上表請致仕。”後晉《王君妻關氏墓誌》(《匯編》第36冊第118頁)所涉皇考:“……英奇邁古,朗秀超今。忝郡佐之上寮,著州鄉之美稱。及於罷秩,志樂林泉。猒爵禄之浮華,慕優閑之高逸。不再位事,至於終年。”唐開元二十七年《白知新墓誌》(《匯編》第24冊第92頁)序稱:“公諱知新,太原晉陽人也……公識自生知,慧由天縱。受淳和之氣,誕岐嶷之姿。著孝友於庭闈,偹聞詩禮;推誠信於朋黨,譽重珪璋。雅尚弧矢,尤精史傳,三餘靡倦,五善有容。既而克嗣家聲,解巾筮仕,授常州武進縣主簿,累蜀州清城縣丞、越州諸暨縣丞。一臨巴徼,再涉吴江,守高節以莅人,安卑位而樂道。又遷河南府王屋縣丞,汴州封丘縣令,畿邑務揔,男邦寄切,時之選授,必擇才賢。公展毗賛而洽友寮,布宰化而緝黎庶,亹無留滯,里頌謳謠。至若休沐之辰,退食之暇,門多長者,席有嘉賔,詞論縱擴,琴罇交錯,來必質疑請益,莫不虚往實歸。其或矜嚴理□,端謹處職,杜權貴,恤孤貧,見善若驚,聞義則徙,盖無得而稱也。”

後世如宋人王禹偁,負功名而務閑適,深諳個中況味。其《小畜集》卷十七《野興亭記》《黄州新建小竹樓記》等,祖述之跡,到眼即辨:

> 至若假寧,著令休沐,得告絳騶騑騑,言適於野。

至於《黄州新建小竹樓記》,亦不外同一機杼:

> 公退之暇,披鶴氅衣,戴華陽巾,手執《周易》一卷,焚香黙坐,銷遣世慮。江山之外,第見風帆沙鳥煙雲竹樹而已。待其酒力醒,茶煙歇,送夕陽,迎素月,亦謫居之勝概也。

十、“無競”之取,釋教之用

唐天寶十四載《丘府君夫人彭城劉氏(至柔)墓誌銘并序》(《新中國·陝西貳》第137頁):“柔順克立,寬弘無竟。承順父母,以孝以恭。作嬪君子,惟愛惟敬。”竸即競之省便形,競、競異體。按唐代墓誌用詞習慣,“無兢”竟爲多見。其中使用“無竸”詞形 12 次,“無競”31 次。

唐天寶六載《源光乘墓誌銘并序》(《匯編》第 25 冊第 123 頁):“貞固保其中,謙和見於外。體仁蹈道,無競一時。”唐天寶十載《大唐故高道不仕清河房府君墓誌銘并序》(《匯編》第 26 冊第 47 頁):“廉潔任真,與物無競。”唐開元二十六年《何府君墓誌銘并序》(《匯編》第 24 冊第 60 頁):“以身許國,與物無競。好直多忤,爲時不容。”唐天寶十三載《盧自省墓誌銘并序》(《匯編》第 26 冊第 124 頁):“公之性退然而□,惟貞惟正,克恭克敬,與物無競。”唐貞觀八年《張岳墓誌銘并序》(《匯編》第 11 冊第 53 頁):“清畏人知,不与物競。聞詩聞禮,有德有行。”唐貞觀十六年《唐故李府君(方元)夫人長樂縣君墓誌銘》(《新中國・陜西貳》第 21 頁)銘文:“翠石有雕,貞芬無競。”

“無競”/“不競”爲美德,漢語史上具有悠久記載。大體上可以説,源自《詩經》,播於六朝,盛極隋唐,積久而成爲後世基本處世自覺態度,體現著數千年來中國社會一種人生價值取捨原則,似尚待拈出考論。

六朝到隋唐,佛事活動,自有其消長規律。語料庫統計表明,從魏晉南北朝到隋唐五代,佛事活動在社會生活中所占比重整體呈下降趨勢。魏晉南北朝時期,總數 1 579 條記録中,造像記爲 523 條,占到 33.1%;隋唐五代時期,總數 6 060 條記録中,造像記爲 402 條,占到 6.6%。經幢類隋唐五代 6 060 條記録中有 13 條,而魏晉南北朝時期該文體尚未發展出來。魏晉南北朝時期造塔有 23 條記録,隋唐五代則有 89 條。

但這不能簡單説明六朝到隋唐之際佛教傳播的此消彼長。具體調查發現,隋唐時期釋教精神,已經滲透到社會生活的各個領域。認識隋唐時期佛教的影響,就不能僅停留在“造像”一類的直接活動儀式。例如,唐代對於完美婦德的評判標準,已經發展到儀容與齋戒統一於一身的要求。所謂“既擅儀容,復持齋戒”,見唐貞觀十五年《劉夫人墓誌》(《匯編》第 11 冊第 98 頁):“夫人早承家訓,少習女儀。婉娩聽從,風神有異。季十四,嫡於侯氏。崇舅姑之禮,敦長幼之風。模範發自閨門,聲譽傳於州里。香名始著,忽喪天從。守節孀居,強逾數紀。等恭姬之志,同杞婦之心。親戚訝乎清貞,鄉黨嗟乎皎潔。加以歸女柰苑,常思八正之因;主意竹園,復想一乘之業。為此修營佛像,造作經文,罄竭家資,望垂不朽。”銘文相應:“少等夭桃,長同芳桂。天姿有淑,人風無媿。既擅儀容,復持齋戒。”唐代婦女所取字號,也可見其旨歸。唐開元五年《温煒妻李鉢上座墓誌》(《匯編》第21冊第63頁):“夫人号鉢上座,字功德山。”

隋唐之際,佛教日趨“中土化”,與儒道兩家,胡越肝膽,水乳交融。唐人關於儒道釋,或有左右逢源,或兼所從言之路。武周聖曆二年《貞隱子先生墓誌銘并序》(《匯編》第18冊第153頁):“趍逰有立,觀象糸玄。粤自妙年,性與神遇。兼忘聃釋,大歸儒首。道無不在,𠀑莫知之。是以辯士摧牙,僧徒落檢,入其室者皆曠若發蒙焉。中歲求仕,位至散郎。与𠀑爲徒,和光而已。道生虛白,心遊太玄。不忮不求,無待無悶。所謂名教爲樂,不出塵勞者矣。”銘文亦云:“儒墨是佛,忠孝為道。先生用之,慧日杲杲。”武周聖曆二年《王德表墓誌銘并序》(《匯編》第18冊第159頁)銘文:“談盡覇王,學窮儒墨。”序文:“公博綜經史,研精翰墨。冠冕五常,被服六藝。至於釋教空相玄門宗旨,莫不澄源挹瀾,必造其極。凡所歷任,皆著異能。蠶績蟹筐,謳謡四合。初新樂之任也,太夫𠀑遇有瘡疾,公甞自吮癰,應時痊癒。司馬張文琮以公孝行純深,奏課連最。河朔之壄,𠀑知慕德。甞注孝經及著春秋異同駁議三卷;并注道德上下經、金剛般若經,有集五卷,並行於世。”唐天祐十八年《竇真墓誌》(《新中國·河南壹》第97頁):“府君英髦博雅,識達多聞。聰敏士以深交,信義心於益友。不求榮禄,惟慕清閑。或命儒官,時遊精舍。與名僧而話道,追達士以傾罇。風月優遊,林泉賞翫。”唐天寶六載《張軫墓誌并序》(《匯編》第25冊第129頁):“見君性不食肉,幼及成童。奏為梵苑沙門,配居龍興精舍。載雖及紀,材必為時。君謂釋門之道也,祈没後之因;儒門之教也,救當今之弊。脩惠狹於善己,濟世博於蒼生。返初服於巾簪,捨緇流而冠帶。”唐天寶十一載《夫子廟堂記》(《匯編》第26冊第63頁):“道不可筌其有物,釋未可證於無生。壹以貫之,我先師夫子聖人也。”唐天寶十三年《裴公故夫人隴西縣君李氏墓誌銘并序》(《匯編》第26冊第112頁):"中年學禪,晚歲探玄。道釋雙達,生榮兩捐。"以無爲心,示有爲法:唐貞觀十八年《崔法師龕銘》(《匯編》第11冊第126頁):"法師意欲啓般若之門,開無爲之路。運乘火宅,舟航愛河。遂使道俗慕欽,衆徒歸仰。但□本不滅,生亦不生,以無爲心,示有為法。春秋七十有八,大唐貞觀十七年八月四日遷神於光天寺所。弟子等哀慧日之潛暉,痛慈燈之永滅。乃依經上葬,收其舍利。粤以貞觀十八年歲次甲辰十一月十五日,於此名山鎸高崖而起塔。寫神儀於龕內,録行德於廟側。覬劫盡山灰,形名又嗣。乃為銘曰:邈彼遙津,萬古紛綸。會燃智炬,乃滅煩薪。捨恩棄俗,入道求真。持律通經,開悟無聞。松生常翠,竹挺恒青。如何法匠,忽尔將傾。近雕素石,遠署嘉聲。千秋萬古,留此芳名。弟子普閏、善昂、愛道及諸同學等為亡師敬造。"按原石有罅隙,致"但□本不滅"缺字。以前後對文來看,疑即"但滅本不滅"字,石刻殘處存"戈"下部。其中釋家亦稱"道":"道俗慕欽,衆徒歸仰",銘文云"捨恩棄俗,入道求真"。釋家亦唱"無爲":"啓般若之門,開無爲之路"、"以無爲心,示有為法"。至於釋家造像之旨,有如世俗之墓誌銘文:"寫神儀於龕內,録行德於廟側。覬劫盡山灰,形名又嗣",銘文亦云:"近雕素石,遠署嘉聲。千秋萬古,留此芳名。"即僧人修塔,以存不滅,大違佛家本旨,亦渾然不顧(胥同上)。隋大業八年《公孫志修塔述》(《匯編》第10冊第62頁)整理者原題《志修塔記》:"聊志塵俗,記其年代,以存不滅。"所期流傳不廢,視世俗作用一揆。

至於唐代釋子,或精研老莊、儒典:唐龍朔三年《多寶寺道因法師碑文并序》(《匯編》第14冊第83頁):"惟法師姿韻端凝,履識清敏,粹圖內蘊,温采外融,運柔嘉以成性,體齋遬而行己。峻節孤上,夷險同貫,沖懷不撓,是非齊躅。加復研幾史籍,尤好老庄。咀其菁華,含其腴潤,包四始於風律,綜五聲於文緒。宿植勝因。恬榮褫欲。善來佛子,落采庵園。開意花於福庭,濯玄波於妙境。而貞苦之操,絶衆超倫;聰亮之姿,踰今邁昔。信法徒之冠冕,釋氏之棟梁乎。凡講《涅槃》《華嚴》《大品》《維摩》

《法華》《楞伽》等經,《十地》《地持》《毗曇》《智度》《攝論》《對法》《佛地》等論及《四分》等律,其《攝論》《維摩》,仍出章疏。"或有所慕者釋,所奉者儒:唐大中二年《羅士則墓誌銘并序》(《新中國·陝西貳》第253頁):"公歷官十八任,懷仁抱德,屢踐班榮,慕釋奉儒,累登清列。垂愛以禦下,惠仁以友朋。君子謙謙,彰聞朝野。"或有該通釋老,代習文儒:唐大中三年《趙群墓誌銘并序》(《新中國·陝西貳》第255頁):"恭毅忠肅,明允篤誠。學精典墳,才優衆藝。該通釋老,代習文儒。德行相繼,克生達人。公冰素皎然,班朝推重。則觀其風而澄其流,入其室而知其教,訓之行矣。"

民間宗教信仰的交會形態,隋代即蔚成風氣。隋人之於佛老,是二實一;知菩提之妙法,得理性於莊周。隋大業五年《吕胡墓誌》(《匯編》第10冊第31頁):"君少懷雅操,玉潔為心。早述書墳,援筆成彩。是以論議不絕,異世有人;解頤之談,各擅今古。豈止學不師授,才實天然。聲振海隅,名高魏土。偃僊獨立,卓尔不群。萇廊華弟,倒屣来迎;月夜清風,成恨見待。故得聲流朝野,仕習典模,氣盖俗情,人留傾謁。孤松鬱起,齊雲漢而排鳳;玉岫迥臨,等崐山之霞照。是以鄉稱長者,閭号善人。識達苦空,知菩提之妙法;解談玄議,得理性於庄周。"又隋人之於佛老——以道家之教,入釋氏之門:隋大業九年《豆盧公墓誌銘并序》(《匯編》第10冊第84頁):"沖襟勝氣,投簡而發。超然至樂,淡尒無爲。非出於老聃、申子,宗於黄帝,良有以也。又以道家之教,入釋氏之門。必竟空寂,殊塗同致。"又隋人修禮,不礙信了内法:隋大業十三年《鄭善妃墓誌銘》(《匯編》第10冊第165頁):"莫不礼謙組織,敬盡雋珮。箕箒既虔,衿褵是肅。婦楷已彰,女師斯備。加復專精圖史,明曉葴誡。辞遠諷栱,文高讃菊。兼信内法,弘宣釋典。流通五時之教,研解三藏之宗。明珠是護,練金斯熟。行深提后,德重勝鬘。"又隋人遁跡丘園,唯資法雨:隋大業九年《皇甫深墓誌》(《匯編》第10冊第79頁):"属值齊室版蕩,君乃遁迹丘園,輟駟馬於攸途,鞅三車而啓路。每以春朝鶯咔,揮蔡子之絃;秋夜蛩鳴,步陳王之月。唯資法雨,永潤身田。"出世之想,法雨爲用。屬值,猶言屬當,屬亦值也，值，遇也。[1]

唐人信仰，則相沿成爲結習。或怡神釋部，遊性玄言。唐貞觀十六年《劉粲墓誌》(《匯編》第11册第106頁)："君幼而明敏，夙好琴詩。義府宏深，文塲秀峙。敦兹松竹，挺彼珪璋。貞亮逾時，風流盖世。大随之初，以廉絜聞，州縣累召，辞不赴命。於是養素一丘，去來三逕。怡神釋部，遊性玄言。放曠不羈，清虚攸履。或長嘯以慠世利，或行誦以避時危。志不雜於覵塵，情豈嬰於榮禄。風雲罔踰□彩，蘭桂未究其芳。高尚不群，雅得懷抱。"或身居白屋，志在緇門：唐貞觀廿年《范相墓誌》(《匯編》第11册第155頁)："身居白屋，志在緇門，不樂榮華，留心澄寂。"於儒道釋所取，終然爲合流態度。唐乾封元年《王延墓誌》(《匯編》第15册第2頁)："陳鼎擊鍾，優洽過於許史；韜形曳尾，放曠逸於老荘。崇釋教於四禪，歌啓期於三樂。靈鑒歸其孝敬，里閈挹其風規。""儒風"而歸於"味道"：唐貞觀十八年《霍恭墓誌》(《匯編》第11册第124頁)："君少而英睿，長勗儒風。孝悌自天，温和率性。克荷堂搆，業茂光先。器宇恢弘，徽猷清潤。視榮華如脱屣，則放曠以怡神；輕富貴若鴻毛，則嬉遊以逸豫。崇金蘭於知己，敦至德以求朋。馳騁乎翰墨之林，遨遊乎墳籍之苑。樂天知命，不以貧病嬰其懷；味道忘憂，不以世禄塵其志。於是匡坐衡門，養素荒徑。鴻名大德，於焉允集。滔滔焉無以測其淺深，昂昂焉無以知其遠近。每清風月夜，以琴酒而自翫。加以虚求研於不二之法，無為窮於五千之文。妙義於是宏敷，嘉旨以之宣暢。賢愚罔識其隱顯，真偽莫辯其去来。高尚不羈，偃仰烟霞之表；推移氣序，蔭映泉林之側。"

唐人練石燒金，神仙家數，而與釋家結緣。唐開元五年《廉師墓誌》(《新中國·河南壹》第65頁)："君竦幹幽貞，宅心閑曠。山陽築別業，迩於巒崗。物外簫遥，高賞臨於霞月。杖藜披薜，自諧真隱之風；練石燒金，未得神仙之術。……夫君諦想真乘，凝心究竟，早命第三子山寺出家，法名惣一。維摩在俗，即悟空門。淨藏辞親，從兹入道。"即旨趣偏主

[1] 初唐王勃《滕王閣序》："時維九月，序屬三秋。"

道家,亦與釋家接境交關:唐貞觀八年《祁觀元始天尊素象之碑》(《匯編》第11冊第58頁):"混元分津,清濁斯開。列其九氣,乃具三才。有身有我,為患為災。善惡同趣,福禍俱來。"

魏晉南北朝到隋唐五代,現存石刻類型,其大宗爲墓誌碑刻。劉勰《文心雕龍》第十二論"碑刻"之體制及功用:"碑者,埤也。上古帝皇,始號封禪,樹石埤嶽,故曰碑也。……夫屬碑之體,資乎史才。其序則傳,其文則銘。標序盛德,必見清風之華;昭紀鴻懿,必見峻偉之烈:此碑之制也。夫碑實銘器,銘實碑文。因器立名,事光於誄。"墓誌類碑板文字,基本功能就是宣揚事迹功烈,以垂不朽。所謂"懼桑田之變改,刊金石以爲識"[1]。全體大用,不外乎是。由此,墓誌文字走向誇飾套路。詞肥義瘠,向爲金石文史家所詬病。所採取者,唯地理職官制度數項而已。其實,方當蓋棺定論之際,一生功名事業取捨,價值傾向攸關。社會崇尚,風氣煽被,當時習而相忘,文獻忽焉不察者,往往集中流露於此。

就碑板文字語料庫記録所見,南北朝尤其是北朝碑板文字,於人物性格去取之際,崇尚優雅,相對單純。相形之下,隋唐社會,體現爲"少壯進用事功,遲暮退歸隱逸"之人生結構模式。於家世人生,毋論生前顯赫門第、文治武功,而屬當蓋棺定論之際,所取態度,多爲"朝市心違、山林志畢"。如此信仰取捨,魏晉南北朝尚未習見,五代則尤屬罕睹。如此選擇方式,從精神淵源看,或以爲古代上流社會某類優雅生活態度孑遺。按心弦之行,有張有弛,始張終弛。就人生程途言,以入世始,以出世終,有當於心行張弛有常、始張終弛之道。此乃天道循環之周期定數,抑亦人生程途之軌跡。冥冥中暗合了中土隋唐之際、儒道釋交融信仰體系之實際,大抵與從《詩經》時代就盛行的"無競"核心價值觀念,存在一脈相承的聯繫。讀者翻檢《全唐詩》,不但會感覺到王維等人的山水田園一類佛理精深,即其他各類風格如李白豪放詩作,亦率多貫穿隱逸傾向。背景攸關,遂旨趣一揆。

---

〔1〕 唐開元二十四年《宋知感及妻張氏墓誌》(《匯編》第24冊第28頁)。

附記：

（1）臧克和所著《簡帛與學術・楚簡所見詩論——戰國楚竹書中的孔子詩論》第六簡討論"乍競隹人,不顯隹悳"與《詩》用虛詞：該簡文文句多與《毛詩》傳世文獻相應,如編者釋讀爲"乍競隹人,不顯隹悳"等處。編者對該處的注釋是：此爲《烈文》引句,今本作"無競維人""不顯維悳"。因簡文"乍"與"亡"字形相近,古"亡""無"通用,今本"無"爲傳抄之訛。這些解釋有些勉強,因爲很難説今本傳抄者也受到《楚竹書》中"乍""亡"二字之間形近關係的影響。按該處"乍"即"作"字,商周金文"作"字使用了 4 549 次,其中以"乍"爲"作"的情形就占了 4 485 處。作、職二字《廣韻》分别是"則落切"和"之翼切",上古音"作"歸鐸部,"職"歸職部：二字讀音比較接近。這裏"乍競隹人"可能就是《十月之交》"職競由人"、《桑柔》"職競用力"等句型的同類。其中的"職"字是虛詞,功能相當於所謂句首的發語詞。"乍競隹人,不顯隹悳",兩句構成對文,後句的"不"即丕也是虛詞。"乍競",競也;"不顯",顯也。簡文的實際語義就是"競維人,顯維悳",争競係乎人爲,顯明攸關德行。職字這種用法,傳世古書多見。馬瑞辰《毛詩傳箋通釋》卷十一還提到：《左傳・襄公八年》引《周詩》"兆云詢多,職競作羅",言競作羅也。又《襄公十四年》"蓋言語漏泄,則職女之由",猶言則女之由也。職字皆語詞。按今本《毛詩・周頌・烈文》"無競維人,四方其訓之。不顯維德,百辟其刑之",朱熹《詩集傳》將"無""不"字都當作實詞加以解釋："又言莫強於人,莫顯於德,先王之德所以人不能忘者,用此道也。"對照簡文,可見其説解牽強之處。參見該書第 79 頁,大象出版社 2010 年。作爲單篇文章最早發表於《天津師範大學學報》(哲社版)2002 年第 3 期,復轉載於《語言文字學》2002 年第 10 期,收入該書時又作了增改。

（2）《隋唐人物信仰價值補論》,是在《隋唐人物信仰價值論》的基礎上發展而成的,後者發表於《天津師範大學學報》2012 年第 6 期,原文受期刊篇幅所限,大致數千餘字,《補論》則無慮數萬言,復以英文文本刊載於 Journal of Chinese Writing Systems(JCWS), SAGE, 2017 Vol 1(2)。引文所用繁體異體,以儘量接近忠實於石刻原文原貌。

畢竟以孰人之意，對應誰家之志？

——由文字以通乎語言，由語言以通乎古聖賢之心志：《孟子》"以意逆志"疏解

孟子詩論，秉持"以意逆志"説。以意逆志，本意是強調文本整體意義，即作品具體單位語意的準確理解，有待於作者整體意旨的規定，解詁綫路體現爲由局部單位到整體聯繫的倒推對應。尊文本而不外鶩，與知其人方能通其詩書的主張，正一體之兩邊。中國古代經學的主流學術傳統，無論是漢學、理學還是樸學基本採取"注疏"的方式。《管錐編》論"一解即是一切解，一切解即一解"，釋義方式爲"闡解之循環"，即聯類《孟子》"以意逆志"。

一、以意逆志，知文論《詩》。孟子説《詩》，持"以意逆志"説，見《孟子・萬章上》：

故説《詩》者，不以文害辭，不以辭害志，以意逆志：是爲得之。如以辭而已矣，《雲漢》之詩曰："周餘黎民，靡有孑遺。"信斯也，是周無遺民也。

又見《孟子・萬章下》：

> 頌其詩,讀其書,不知其人,可乎?是以論其世也,是尚友也(《孟子》此乃與古爲友,《莊子》與古爲徒)。

前者強調由基本構成單位,聯繫作者整體文本意圖;後者則強調對於作者的瞭解,才能真正認知其作品。正是一體雙邊,完整的解詁思想。清儒的繼承,偏於前者,有偏枯之處。後世理解的失誤,則重在前者。

二、關於"意",似乎自古就存在兩邊解釋。

一種認爲"意"是指"讀者之意",如漢代趙岐《孟子章句》:志,詩人志所欲之事。意,學者之心意也。人情不遠,以己之意,逆詩人之志,是爲得其實矣。朱熹《四書集注》中也主此説:當以己意逆取作者之志,乃可得之。此一見解,謂之設身處地,作體貼功夫是也。

另一種認爲"意"是"古人之意",如清代吴淇《六朝選詩定詩緣起》主張:漢宋諸儒以一志字屬古人,而意爲自己之意。夫我非古人,而以己意説之,其賢于蒙(指咸丘蒙)之見也幾何矣。不知志者古人之心事,以意爲輿,載志而游,或有方,或無方,意之所到,即志之所在,故以古人之意求古人之志,乃就詩論詩,猶之以人治人也。

但是,言雖在此,而意屬古人。在《孟子》説《詩》上下文裏,究竟指向何種意義單位類型,並未落實。

其中尤以第一種解釋對後世影響爲大,即意逆在我,志在古人。朱自清《詩言志辨·比興》:以意逆志,是以己之意迎受詩人之志而加以鈎考。此解一直影響後來詩論注解。郭紹虞《歷代文論選》關於孟子"以意逆志",大要以爲"意逆在我,志在古人",代表了歷代文論選本及注釋者的基本認知傾向。

三、詩歌言志,行人賦詩。後人解釋,以己度人,不啻爲主觀臆測、穿鑿附會大開方便法門。先秦文本,由於簡單古樸,且去古已遠,如不納入統一的結構當中,已經無法取得確定的解釋。兹按照統一結構框架即完整文本語境規定,不敢稍加穿鑿,嘗試補説如下。

其一關於"説《詩》者"——

作爲整個語段内部所有分句所陳述對象,語法結構就是主語,所指也就是《詩》的讀者。至於所陳述内容,包括"不以文害辭,不以辭害志,以意逆志"。最後"是爲得之"爲孟子的肯定判斷,故我們作如上句讀,語義並見下文。

其二關於"不以文害辭"——

按先秦漢語結構,一般文與質構成對立,習慣上所謂形式和内容的關係。如《論語·雍也》:子曰:質勝文則野,文勝質則史。文質彬彬,然後君子。

"不以文害辭"一組關係中,文與辭構成對立,與質無關,文就是指稱所有的字。《左傳·昭公元年》:"於文皿蟲爲蠱。"杜預注:"文,字也。"至於文與字的區别,見《説文解字·敘》:

> 倉頡之初作書,蓋依類象形,故謂之文。其後形聲相益,即謂之字。文者,物象之本也(該句現在流行版本闕如,亦構成偏枯不稱);字者,言孳乳而浸多也。著於竹帛謂之書,書者如也。

所以,文字之文,從色彩花紋而來。古代刑罰之一,將犯人臉上刺字或花紋,皆可稱爲"文面"。

至於"不以文害辭"中的文與辭,就是字詞語句等基本文本構成結構單位。"不以文害辭",直解就是提醒説《詩》的人,通過文字來瞭解詞句,但望形附會、糾纏字面而不見詞句意義,是"以文害辭"流弊反映。[1]

"文"與"辭"關係界定意義,根據漢語史,文者、書面語,指向字詞單位;辭者、辭章。因此,還間接反映了春秋時期《詩經》傳播的主要方式,已脱離了所謂"口耳相傳"水平。

---

〔1〕 先秦漢語多單音節結構,所用字面義,端賴字詞組合的結構整體乃至語用習慣來規定。如"母也天只,不諒人只",與"己所不欲,勿施於人",皆用"人"字,但前者指自己,後者指他人。又見《管錐編》曾經舉到的例子(錢鍾書《管錐編》第一册《左傳正義》之三"隱公元年",見《錢鍾書集·管錐編》一,北京三聯書店 2008 年,第 277—284 頁。)

其三關於“不以辭害志”——

此一組關係中,辭與志構成互相區别對待的結構。

辭者,承前句“字”而來,爲更高一級結構單位。“辭章”結緣成詞,在孟子看來,謂之詞句,屬於整體結構單位的更大一級。“志”即“詩言志”之志,通過詩歌“章旨”體現出來,屬於結構單位的第三級也就是《詩》篇整體。這種解詁程序,到清儒那裏,中間還獨立提出“句子”一級,原因是《萬章》所謂的“辭”,原本包含語句單位,參見下文舉例。如此,《孟子》文本語境裏,存在這樣由低到高的結構單位序列:

文者,字也;辭者,詞句及長度超過詞句而不滿一章的結構單位;[1]志者,辭句意組合傳遞出的詩人主旨。説《詩》者要通過辭意進入到章句整體主旨,不能停留在個别詞語句子單位。詞語句子單位的意義,是由整體章旨規定的。詞不逮意、意不稱物,抑或脱離文本就詞論詞、就句論句、詞肥意瘠,謂之斷章取義,就是“以辭害志”。

辭者,單位的;志者,整體的。各種結構單位,地位存在差等。由此可知,“詩言志”,所言當然不會是讀者之志,只能是詩人之志。“詩言志”所定義的,自然是作品與詩人通過作品所傳達意志之關係。

其四關於“以意逆志”——

此一組結構關係中,意,上文所謂《詩》字詞句各級單位所達之意,也就是字意詞意句意。志,即作品整體體現出的主旨,也就是詩人通過作品所傳遞的情志,由此種種單位,形成讀者/説詩者認知基礎。上下文結構中各字使用地位,見於《説文解字》及相關出土文字結構:

逆(金文簡帛古陶漢印)迎也。从辵屰聲。關東曰逆,關西曰迎。宜戟切。

迎(漢印)逢也。从辵卬聲。語京切。[2]

逆有倒、迎兩邊,俗語稱“倒推”。漢語史所謂“逆子”“逆水”即是。

〔1〕 參見下出“其六”部分。

〔2〕《實用説文解字·辵部》,上海古籍出版社2012年,第50頁。

是逆、迎也,迎、逢,對接,今語即爲“對應”。〔1〕即部分語義單位的理解,要受整體作品的制約,要建立在跟整體意旨聯繫的基礎上。

知人論世,由作者的思想意志整體,去把握其具體作品之體現進而之理解,這是順方向;而斯人不在,只有由其所存作品去推求其觀念意圖,即由部分到整體的解釋,這是逆方向,俗語謂之“倒推”,故用“逆料”字。

意、志並用,形成區别對待,在上下文中各有分工:

《説文 · 心部》:“意,志也。从心察言而知意也。从心从音。”〔2〕實際結構可分析爲從心音聲,古代音、意陰陽對轉。心音即心聲,而言爲心聲,就是古人所謂的“詩歌”作品,訴諸外在的音樂的語言結構形式。漢語史上通常以“字意”“詞意”“句意”“語意”“文意”“詩意”等爲習慣性結構,而不使用“字志”“詞志”“句志”“文志”“詩志”之類結構。

《説文 · 心部》:“志,(簡帛古璽漢印石刻)意也。从心之聲。”〔3〕形聲結構,即所謂情感活動,即心理指向。《詩序》所謂“在心爲志,發言爲詩”。

或以爲以意逆志,類似以己心度他人。按“意”在用心,甚至“心意”成詞,但二者不屬於同一層次:心之爲體、謂思維之官,不等於功能本身;“意”者以言爲載體,漢語史習慣組合爲“字意”“詞意”“句意”“語意”“文意”“詩意”。

意者,作品各種單位的;志者,詩人整體的。意,對應於“不以辭害志”之辭一邊;志,對應於“不以辭害志”之志一邊。邏輯的次第應該是由整體之“志”統攝單位之“意”,但詩人不存,其志非辭意而由何得而説?故謂之“逆”即倒推是也。孟子詩論所持“以意逆志”,本意是强調文本整體意義,即作品具體單位語意的準確理解,有待於詩人整體主旨的規定。

前後文本出現兩個“志”,就是所謂“《詩》言志”之志,也就是《詩》人

〔1〕猶如《尚書 · 吕刑》:“爾尚敬逆天命,以奉我一人。”今語即爲“對應”。

〔2〕《實用説文解字 · 心部》,第326頁。

〔3〕《實用説文解字 · 心部》,第326頁。

的主旨。説《詩》者或以同字異指,在同一上下文結構當中,這樣的用法是很罕見的。孟子説《詩》主張,結構圖示如下:

詩人主旨(B)→規定→字詞句意(A);

因此,

字詞句意(A)→對應→詩人主旨(B)。

在整個關於説《詩》者的語境裏,孟子以"不以……"與"以……"兩種結構構成否定排斥與提倡主張的對立。其中文与辞、辭與志、意與志等基本結構構成要素中,並未給第三者留出可以插入的結構空間。

至於作者意圖的認知理解,爲《孟子·萬章下》所表述的:

> 頌其詩,讀其書,不知其人,可乎?

野史筆記,詩人解詩,體認勝過經生粗手蠻作。如《全圖足本鏡花緣》[1],第十六回"紫衣女殷勤問字,白髮翁傲慢談文"即明詔大號:"凡言詩總要不以文害辭,不以辭害志,方能體貼詩人之意。"又第十七回"因字聲粗談切韻,聞雁唳細問來賓":紫衣女子談論切韻:"不知音,無以識字。"

尊文本而不外騖,與知其人方能通其詩、書的主張,正一體之兩邊。以往説詩者在這裏將上下文一致的同一概念,偷換爲分别指向客觀詩人和主觀説詩者兩邊。作爲對象的意圖如何推測認知?只有根據文字所達辭意句意,亦爲客觀存在。所以,對於解詩者而言,強調的是文本整體聯繫,而不僅僅是文字詞句各級個别的局部單位。[2]

---

〔1〕 李松石撰,上海啓新書局民國十三年仲春月印行,波恩大學漢學系圖書館藏本。是書非關人物性格,全部興趣在於搬演才學。如醫學、小學音韻、經史、地理山海經、天文曆算、詩詞駢文、琴棋書畫之類,無所不及。甚至人物情節之間的過渡也不予計較,召之即來,唯供學問才情驅遣耳。

〔2〕 表層結構類似"以意逆志"者,其實大相徑庭。如"以義割志",又謂用道義制約情志。見東漢碑刻《北海相景君碑(陰)》:"□不可勝,以義割志。乃著遺辭,以明厥意。魂靈瑕顯,降垂嘉祐。"割,即害也,割字從害得聲。字法所用,全同《尚書·君奭》。

其五關於"是爲得之"——

得,與悳通。由於版本並非一次性共時書寫文獻,目前實際無法推斷《孟子·萬章》當時使用了哪個字。《説文·心部》:"悳,外得於人,内得於己也。从直从心。"得,即合,内外相符。是爲得之,就是説,這樣(説《詩》者根據上下文的理解程序)就合乎《詩》的本意了。類似語例,見古書"此言得之"等,正復作用一揆。

其六關於"如以辭而已矣,《雲漢》之詩曰:'周餘黎民,靡有孑遺。'信斯也,是周無遺民也"——

孟子所舉説《詩》例證。漢語史上,先秦時期還是單音節詞占優勢,往往造成一字一詞的結構特點,所以,每每字、詞混淆使用。由此可知,孟子所説"辭"的單位,實際上是小於整章單位的詩句。簡單根據部分詞句理解,不能聯繫整體大旨,難免出現斷章取義,有悖情理的解釋。

南朝·梁代劉勰《文心雕龍·誇飾》篇中即舉到《孟子》所用《詩》句例:

> 雖詩書雅言,風格訓世,事必宜廣,文亦過焉。是以言峻則"嵩高極天",論狹則"河不容舠",説多則"子孫千億",稱少則"民靡孑遺"。……辭雖已甚,其義無害也。……並意深褒贊,故義成矯飾。

他指出誇張的修辭雖然言過其實,但因爲能通過形象的誇張來傳難寫之意、達難顯之情,所以在文學作品中有它存在的必然性和合理性。確實,"靡有孑遺"四字,所述雖非事實,但卻突出了旱情之重憂心如焚,爲辭章家所謂"藝術的真實"。《詩經·大雅·雲漢》全篇爲周宣王禱旱之詞,突出旱魃肆虐。

另外,賦《詩》言志,蔚爲春秋外交場合風氣。所賦者,當然是被賦詩者根據現場所需將所援引的《詩》句,構成爲了賦詩者自己的作品文本;所言者,自然就是賦詩者作爲外交行人的意圖。這類關係,與讀者“説《詩》”者關係,應該區分爲完全不同的兩種類型。從其説《詩》主張所及例子來看,孟子“説《詩》”,主“以意逆志”,爲有感而發。

四、孟子持論,宣導整體規定部分,否則即爲斷章取義;反過來就是部分的理解,亦有賴於聯繫整體,即由文字通乎詞句,由詞句通乎章旨,反過來又由整體章旨規定字詞句意的理解:即達乎詩人情志的解詁過程。

尊文本而不外騖,謹嚴如清儒戴東原等人,皆祖此論而似有一間未達。如《戴震全集·與是仲明論學書》:

> 僕自少時家貧,不獲親師,聞聖人之中有孔子者,定六經示後之人,求其一經,啓而讀之,茫茫然無覺。尋思之久,計於心曰:經之至者,道也;所以明道者,其詞也;所以成詞者,字也。由字以通其詞,由詞以通其道,必有漸。求所謂字,考諸篆書,得許氏《説文解字》,三年知其節目,漸睹古聖人製作本始。又疑許氏於故訓未能盡,從友人假《十三經注疏》讀之,則知一字之義,當貫群經,本六書,然後爲定。

整體存乎部分,而部分可以通乎整體。至於《戴震全集·古經解鈎沉序》,儼然強調爲一種解詁的程序:

> 經之至者,道也。所以明道者,其詞也。所以成詞者,未有能外小學文字者也。由文字以通乎語言,由語言以通乎古聖賢之心志。譬之適堂壇之必循其階,而不可以躐等。

五、整體的把握,自然先由部分認知開始。但是部分的意義,取決於整體的規定。因而部分的準確理解,應該體現著整體的意圖。是故循環闡釋,可以補救偏枯。綫性解詁程序,顯而易見存在思想上的“偏枯”。錢鍾書《管錐編》第一册論《毛詩正義》,據西方語言學理論,倡“闡釋之循環”，作補偏之論。[1] 倫敦學派創始人弗斯（Firth）提出“意義”是由“語境”決定的：“任何詞使用在一個新的語境之中，就會成爲一個新詞。”（1957）因此，研究意義需要從語境入手。弗斯反對剥離語境研究語言，強調文本的整體性，提倡著眼於語境中的文本，用心一揆。[2] 後人以“以己之意迎受詩人之志”，難免流於簡單主觀臆測。

文獻及數據庫：

［1］《管錐編》論“一解即是一切解，一切解即一解”，釋義爲“闡解之循環”，即聯類《孟子》“以意逆志”：

公曰：“不義不暱，厚將崩。”《注》：“不義於君，不親於兄，非衆所附，雖厚必崩。”按解“不暱”爲太叔“不親”莊公，非也。“不暱”謂衆不親附叔段，非謂叔段不親於兄。其語緊承“厚將得衆”而駁之，遥應“多行不義”而申之，言不義則不得衆也。此類句法雖格有定式，而意難一準。或爲因果句，如《論語·述而》之“不憤不啓，不悱不發”，《墨子·尚賢》上之“不義不富，不義不貴”；後半句之事乃由前半句之事而生，猶云“不憤則不啓”“不義則不貴”耳。或爲兩端句，如《禮記·禮器》之“不豐不殺”，《莊子·應帝王》之“不將不迎”；釋典中尤成濫調套語，如《圓覺經》之“不即不離”，《心經》之“不生不滅，不垢不淨，不增不減”：雙提兩事而並辟之。猶云“不豐亦不殺”“非即非離”耳。杜注蓋誤以因果句爲兩端句矣。倘見“豐”與“殺”、“將”與“迎”等之意皆相反，遂類推謂納二字訓反者於此匡格中，斯成兩端句，則又非也。韓愈《原道》曰：“不塞不流，不止不行”；“塞”爲“流”反，“止”與“行”倍，猶“生”之與“滅”也，而其爲因果句自若。故衹據句型，末由辨察；所賴以區斷者，上下文以至全篇，全書之指歸也。

---

［1］ 臧克和《“管錐編”訓詁思想初探》，《華東師範大學學報》1989 年第 3 期。

［2］ 梁茂成《語料庫語言學研究的兩種範式：淵源、分歧及前景》，《外語教學與研究》2012 年第 3 期，第 323—335 頁。此引見中國人大書報資料中心《語言文字學》2012 年第 9 期，第 6 頁。

……王安石《臨川集》卷七二《答韓求仁書》:“孔子曰:‘管仲如其仁’,仁也;楊子謂‘屈原如其智’,不智也。猶之《詩》以‘不明’爲明,又以‘不明’爲昏;考其辭之終始,其文雖同,不害其意異也。”明通之論,足闡《孟子·萬章》所謂“不以文害詞,不以詞害志”。

【增訂四】孟子所謂“以意逆志”,莊子所謂“意有所隨”,釋典言之更明。劉宋譯《楞伽經·一切佛語心品》第三:“觀義與語,亦復如是。若語異義者,則不因語辨義,而以語入義,如燈照色”;《一切佛語心品》第四:“依於義,不依於文字。……如爲愚夫以指指月,愚夫觀指,不得實義。”

晁説之《嵩山集》卷一三《儒言》無一則不隱斥安石,而《旨》、《同異》兩則與安石此論如造車合轍。蘇軾《東坡集》卷二三《書〈篆髓〉後》謂“言各有當”,“字同義異”,學者不可以“一字一之”,舉《易》《論語》中例;薛蕙《薛考功集》卷一〇《與崔子鍾書》謂“不以一物專一字”,亦“不以一説蔽一字”,舉“理”字爲例。《日知録》卷二七考《國語》言“高高下下”者二,各自爲解;亦足等類。聊增一例。《孟子·梁惠王》:“老吾老,幼吾幼”,“老老、幼幼”者,尊之愛之也;《列女傳·齊管妾婧》“毋老老,毋少少”,“老老、少少”者,輕之賤之也。亦“文同不害意異”,不可以“一字一之”,而觀“辭(text)必究其“終始”(context)耳。論故卑之,識其小者。兩文儷屬,即每不可以單文孑立之義釋之。尋常筆舌所道,字義同而不害詞意異,字義異而復不害詞意同,比比皆是,皆不容“以一説蔽一字”。

【增訂三】《二程遺書》卷一八《伊川語》:“凡觀書,不可以相類泥其義。不爾則字字相梗。當觀其文勢上下之意。……乾嘉‘樸學’教人,必知字之詁,而後識句之意,識句之意,而後通全篇之義,進而窺全書之指。雖然,是特一邊耳,亦只初桄耳。復須解全篇之義乃至全書之指(“志”),庶得以定某句之意(“詞”),解全句之意,庶得以定某字之詁(“文”);或並須曉會作者立言之宗尚,當時流行之文風、以及修詞異宜之著述體裁,方概知全篇或全書之指歸。積小以明大,而又舉大以貫小;推末以至本,而又探本以窮末;交互往復,庶幾乎義解圓足而免於偏枯,所謂'闡釋之循環'(der hermeneutische Zirkel)者是矣。"

【增訂四】"闡釋之循環"由阿士德首申此義,見所撰《語法學、闡釋學、訂勘學本綱》第七五節,其書於一八〇八年問世。此蓋修辭學相傳舊教,闡釋學者承而移用焉。

《鬼谷子·反應》篇不云乎:"以反求覆?"正如自省可以忖人,而觀人亦資自知;鑒古足佐明今,而察今亦裨識古;鳥之兩翼、剪之雙刃,缺一孤行,未見其可。戴震《東原集》卷九《與是仲明論學書》:"經之至者,道也;所以明道者,其詞也;所以成詞者,字也。由字以通其詞,由詞以通其道,必有漸。"又卷一〇《〈古經解鈎沉〉序》:"經之至者,道也。所以明道者,其詞也。所以成詞者,未有能外小學文字者也。由文字以通乎語言,由語言以通乎古聖賢之心志。譬之適堂壇之必循其階,而不可以躐等。"……然《東原集》卷一〇《〈毛詩補傳〉序》:"余私謂《詩》之詞不可知矣,得其志則可以通乎其詞。作《詩》者之志愈不可知矣,斷以'思無邪'之一言,則可以通乎其志。"是《詩》破"古經"之例,不得由"文字語言"求"通"其"志",如所謂"循階"以升堂入室;須別據《論語》一言,以"蔽"全書之"志",反而求"文字語用"之可"通",毋乃類梁上君子之一躍而下乎!一卷之中,前篇謂解"文"通"志",後篇謂得"志"通"文",各墮邊際,方鑿圓枘。顧戴氏能分見兩邊,特以未通觀一體,遂致自語相違。……《華嚴經·初發心菩薩功德品》第一七之一曰:"一切解即是一解,一解即是一切解故"。其語初非爲讀書誦詩而發,然解會賞析之道所謂"闡釋之循環"者,固亦不能外於是矣。

(錢鍾書著《管錐編》第一冊《左傳正義》之三"隱公元年",見《錢鍾書集·管錐編》,北京三聯書店 2008 年,第 277—284 頁。)

[2] 精繪《全圖足本鏡花緣》(李松石撰,上海啓新書局民國十三年仲春月印行,波恩大學漢學系圖書館藏本):凡言詩總要不以文害辭,不

以辭害志,方能體貼詩人之意。見第十七回"因字聲粗談切韻,聞雁唳細問來賓",紫衣女子談論切韻:"不知音,無以識字。"

[3]《實用説文解字》所采各類出土古文字結構數據,均見華東師範大學中國文字研究與應用中心研發出土文字和傳世字彙韻書數據庫。

“和”與“和而不同”

中國文化哲學觀念系統中,“和”是最核心的概念。中國文字語言記録各種經典所使用的“和”,其發生發展,與飲食的調和、音樂的諧和、農時的中和都存在著多層次的混合關聯。作爲文化哲學核心觀念的“和”,其定義在於“和而不同”的關係當中,這正是中國文化生生不息的生命力所在。

一、文字關聯的“和”

在中國古代人看來,“和”不啻爲生命原則。例如《禮記·樂記》裏就這樣講過:“和,故百物皆化。”《國語·鄭語》也有相同的表達:“和實生物。”北宋哲學家張載在《正蒙·誠明》裏有這樣的表述:“和則可大,樂則可久,天地之性,久大而已矣。”照此看來,“和”可以理解爲萬物生成和發展的根據。

按經典文獻的記載,“和”的定義又必須相應於“中”的標準,即構成“和”的各個不同因素之間必須保持一定適度,無過抑或不及。《禮記·中庸》:“發而皆中節,謂之和。”“和”關乎性情,最能體現“和”的精神,莫過於音樂;如《禮記·樂記》:“樂者,天地之和也。”又如《周禮·地官·大司徒》:“以六樂防萬民之情,而教之和。”

以“禾”作爲聲符構造的字,有一些記録“調和相應”的意義:和,相應也,從口禾聲。龢,調也,從龠禾聲。讀與和同。《一切經音義》六引《説文》:音樂和調也。盉,調味也,從皿禾聲。《詩・烈祖》:亦有和羹。《七發》:肥狗之和。經傳皆以和爲之。從上述相關字形結構來看,從"禾"得聲,即具"調和相應"之義,"禾"也就是上述一組字所記録有關名稱的來源。換句話説,在漢字記録未有分化標誌之前,漢語文字無論是記録飲食還是音樂,表現"調和相應",都用一個"禾"來指稱。我們先來看甲骨文"禾"字構形,像《甲骨文編》著録的《甲》191、《乙》4867、《人》2983、《後上》22,3 等,所體現的禾苗物象,上部像禾穗下垂,下部像莖根。古代字書揭示出"嘉谷"呼之曰"禾"的名物關係:

《説文》:禾,嘉穀也。二月始生,八月而熟,得時之中,故謂之禾。禾,木也。木王而生,金王而死。从木从𠂹省,𠂹象其穗。

《玉篇》:禾,胡戈切。嘉穀也。

《萬象名義》:禾,胡科反。嘉穀也。大也。粟也。秔也。稻也。

王念孫《廣雅疏證》,其卷十上《釋草》"粢、黍、稻:其穗謂之禾"條下引《説文》作"得時之中和",並疏證説其名物的原由:

> 《説文》云:"禾,嘉穀也,二月始生,八月而熟,得時之中,故謂之禾。"……《管子・小問》篇:苗,始其少也,眴眴乎何其孺子也。至其壯也,莊莊乎何其士也。至其成也,由由乎兹免,何其君子也。天下得之則安,不得則危,故命之曰禾。

段玉裁《説文解字注》訂正作:"得之中和",並注明其依據:"依《思玄賦》注、《齊民要術》訂。和、禾疊韻。"

《説文》關於"禾"的聲訓理解,雜糅了中國古代五行的觀念,強調時令與農事的相應適合。從"盉、龢、和"各字所系屬部類來看,似乎在發生的過程中各有所專司:"盉"歸《皿部》,其"調和"的功能偏主於飲食味覺:"盉,調味也,从皿禾聲。""龢"則歸《龠部》,其"調和"的功能自當偏主於音樂聽覺。但按大徐本《説文解字》"龢"下只釋作"調也,从龠,禾聲,讀

與和同"。其實,《説文·龠部》所統攝字群,即構成有關"管樂"的義場:

龠,樂之竹管,三孔,以和眾聲也。从品、侖。侖,理也。凡龠之屬皆从龠。

籥,音律管壎之樂也。从龠炊聲。

篪,管樂也。从龠虒聲。

龢,調也。从龠禾聲。讀與和同。

龤,樂和龤也。从龠皆聲。《虞書》曰:八音克龤。

按王筠《説文句讀》:"龢,樂和調也。"其依據似爲唐代傳抄《説文》:"元應引云:和,音樂和調也。即此文。和不作龢者,欲人易曉。"

甲骨文中"龠"字已習見,像管樂之形:中間像編管,從吅示管頭之空。《甲骨文編》著録了"龢"字(《前》5·19·2、《掇》2·122、《前》2·45·2、《寧滬》1·73、《京津》4832)。

至於金文"和"字即用作"盉",如《史孔盉》以"和"爲"盉"。另外,金文還出現以"禾"爲"龢"的情形,見《金文編》所録器《邾公釛鐘》。銘文"龢",具備了龠的形體,也就具備了體現音樂的功能。參見《史孔盉》《邾公釛鐘》《龢爵》《牆盤》等器物銘文。〔1〕

〔1〕"琴"字之構造以及《説文》從字源語源聯繫方面的解説,從一個角度反映了中國古代人的美學觀念,即音樂在中國古代不但徒具抒情渲泄之效,而且象琴瑟這類來源頗爲神聖悠遠的樂器人們更注意到它們的另一方面的功能,那就是禁邪制放。一送一控、發而能持,以免流離隨便。由此與中國音樂詩學倡導的"中和"的審美價值判斷相通貫。由此,我們甚至可以尋繹到漢代人説《詩經·關雎》的語義歷史背景。《關雎》描摹"君子"思慕"淑女"的戀情,近乎單相思的"苦戀"。由"寤寐思服"到"展轉反側",幾至情不能自已,當此時,《詩》中即出現"琴瑟""鐘鼓"一類意象,由此以沖淡之、疏導之——控制之。由此形成了全詩"樂而不淫"的情緒流動特色。這種"樂而不淫"的抒情特色,就是使人自持情性,喜怒哀樂,合度中節,異乎探喉肆口,直吐快心。與《論語·八佾》之"樂而不淫、哀而不傷",《禮記·經解》之"温柔敦厚",《史記·屈原賈生列傳》之"怨誹而不怒"等等古人説詩思想,若合符契。從這個意義上説,《詩三百篇》,以《關雎》置其首、壓其卷,亦體現了編訂者的詩學思想,要非出於率意隨便也。——臧克和《説文解字的文化説解》第三章《説文》意象系列與社會生活方式,第五節科技意象。湖北人民出版社1994年,第92頁。

二、感官關聯的“和”

上具“和”“龢”“盉”所記録同源詞語，在中國經籍古訓裏，比較早期的“調和”關係，大致區分爲如下兩個層次：

飲食的——生理的；

音樂的——心理的。

先説第一個層次即關於飲食的層次——

《詩經》中出現“和羹”的記録，所指就是調和而成的羹。《商頌・烈祖》：“亦有和羹，既戒既平。”鄭玄箋：“和羹者，五味調，腥熟得節，食之於人性安和。”《説文解字・鬲部》引《詩》作鬻，字形結構意義就是在鬲器中調和肉食。《清經解》卷二六七《鄉黨圖考》載江永《通考食味調和》：

> 《禮運》：五味六和十二食還相爲質。《注》：五味，酸、苦、辛、咸、甘也。和之者：春多酸、夏多苦、秋多辛、冬多鹹，皆有滑甘，是謂六和。《疏》：每時三月雖同，大總考之有十二月之異。《洪範》：水曰潤下，火曰炎上，木曰曲直，金曰從革，土爰稼穡。潤下作鹹，炎上作苦，曲直作酸，從革作辛，稼穡作甘。《天官》：食醫……凡食齊（江氏考：才細反，量也）。眡春時，羹齊眡夏時，醬齊眡秋時，飲齊眡冬時……《注》：飯宜温，羹亦熱，醬宜涼，飲宜寒。又：凡和：春多酸，夏多苦，秋多辛，冬多鹹，調以滑甘。《注》：各尚其時味而甘以成之，猶水火金木之載於土。《疏》：五行土爲尊，五味甘爲上。故甘總調四味，滑者通利往來亦所以調和四味。……又，凡會膳食之宜，牛宜稌，羊宜黍，豕宜稷，犬宜梁（按：當是“粱”之訛），雁宜麥，魚宜苽。《注》：會，成也，謂其味相成。……《內則》：春宜羔豚膳膏薌，夏宜腒鱐膳膏臊，秋宜犢麛膳膏腥，冬宜鮮羽膳膏羶。……又，棗栗飴蜜以甘之，堇荁枌榆免薧滫瀡以滑之，脂膏以膏（江氏考：音告）之，父母姑舅必嘗之而後退。《注》：謂用調和飲食也。荁，堇類也。冬用

菫,夏用荁。榆白曰枌免新生者,薨,乾也。秦人溲曰滫,齊人滑曰瀡。《疏》:免薨文承菫荁枌榆之下,據菫荁等爲免薨相和滫瀡之令柔滑也。《天官》:內饔掌王及後世子膳羞之割亨煎和之事,辨體名肉物,辨百品味之物,……選百羞醬物珍物以俟饋。《注》:割,肆解肉也。亨,煮也。煎和,齊以五味。體名,脅脊肩臂臑之屬。……百品味,庶羞之屬。……《樂記》:食饗之禮,非致味也。大饗之禮,尚元酒,而俎腥魚大羹不和,有遺味者矣。《注》:……遺,猶餘也。《郊特牲》:酒醴之美元酒,明水之尚貴五味之本也。《左傳》:晏子曰:和如羹焉。水火醯醢鹽梅以烹魚肉,燀之以薪,宰夫和之齊以味,濟其不及,以泄其過,君子食之以平其心。

經學訓詁學家極力收拾,稽考幾如開列中國古代食譜。按《殷周金文集成》所載,中國古代有大量“盉”器,參見《伯翻盉》《免盉》《戊匜》《員盉》《伯角父盉》《季良父盉》《伯春盉》《伯盉》等等。

王國維《觀堂集林》卷三《説盉》考察“盉”器的功能,在於“調酒”:

使盉謂調味之器,則宜與鼎鬲同列,今廁於酒器中,是何説也?余謂盉者,蓋和水於酒之器,所以節酒之厚薄者也。……若以爲調味之器則失之遠矣。

王氏釋盉,主要是從具體彝器形制著眼:“自其形制言之:其有梁或鋬者……所以使蕩滌時酒不泛溢也,其有喙者,所以注酒於尊也。”

徵諸上述器物,王國維所説盉器形制頗爲詳審;而參驗上列器物銘文,《伯春盉》更是直接從“酉”(酒)符構造,均相應合。但這僅僅是道出其一邊,“盉”之爲器,既具“調酒”之用途,自然也就具備了諸如“鼎鬲之列”的調味功能,因此,金文盉字異體也有由金和鼎形構造的,又與“鼎鬲同列”。

不能調和就是違和,走向過度,古代文字記録下來的是“甚”。《説文·甘部》:"甚,尤安樂也。从甘,从匹耦也。"按"耦"當對應於"匹",是許慎於"耦"前佚一"匹"字。段玉裁《説文解字注·甘部》:"甚,尤甘也,引申凡殊尤皆曰甚,人情所尤安樂者,必在所溺愛也。"《宋本玉篇》:"甚,市荏切。孔也,安樂也,劇也。㞢,古文。"日釋空海唐抄《萬象名義》:"甚,時稔反。孔也。安樂也。劇也。""甚"即違"和",就是過度。《詩經·衛風·氓》:"于嗟鳩兮,無食桑葚;于嗟女兮,無與士耽。"即以"葚"擬象男女匹合、過分沉溺情網。在對待過分迷戀於男女飲食這一點上,古代中國文化哲學中的儒道兩家,態度相差無幾,所謂胡越成肝膽。《老子》二十九章:"是以聖人去甚,去奢,去泰。"河上公注:"甚謂貪淫聲色。"夫飲食、男女,其一邊爲"種"(自身)的繁衍曰"匹",其一邊爲物(社會)的生產曰"甘"。切身經濟,最基本的人生社會,不外此兩端。中國文化哲學裏特别強調不可過度失和,故名之曰"甚"。我們只要看以"甚"爲聲符的"媅""湛""椹"等一系列字,都可以表現感官享樂過分、違和失度之義:"媅",《説文·女部》:"樂也,从女,甚聲。"而"湛"字在有的字書裏就是"媅"的異體。《集韻·覃韻》:"媅,或作湛。"

"湛"之爲甚,所指爲過分沉迷,《説文·水部》:"湛,没也,从水,甚聲。"《詩經·大雅·抑》:"顛覆厥德,荒湛於酒。"鄭玄箋:"荒廢其政事,又湛樂於酒。"《漢書·霍光傳》:"與從官官奴夜飲,湛沔於酒。"顏師古注:"湛讀曰沈,又讀曰耽。沈沔,荒迷也。"由是可知,"耽於安樂"之耽,本字應該就是這個"湛",因爲"甚"、"冘"同係古音侵部,故"酖"字《説文·酉部》就説"樂酒也";朱駿聲《説文通訓定聲》:"嗜色爲媅,嗜酒爲酖。經傳多以湛爲之。"

再説第二個層次即關於音樂的層次——

從第一個層次的聯繫,可以發現,"和"指向飲食調味這一層次的關聯是極爲廣泛的。然而卻不能據此判斷"調味"之"和"發生在前,"調樂"之"和"屬於後起。設若強分先後,此疆彼界,又所謂"肝膽變胡越",則未免失之簡單。甲骨文"調樂"之"和"已屬習見,説具上文。《尚書·虞書》裏專門有"典樂"的記載:"帝曰:夔,命汝典樂,教胄子。"其"和諧"的要求是達到“直而温，寬而栗，剛而無虐，簡而無傲。詩言志，歌永言，聲依永，律和聲。八音克諧，無相奪倫，神人以和”的音樂效果。“諧”亦即“和”，《説文·言部》：“諧，詥也。从言皆聲。”《玉篇·言部》：“諧，胡階切。和也，合也，調也，偶也。或作龤。”《萬象名義·言部》：“諧，胡階反。和也，合也，調也。”《周禮·春官·大司樂》：“以樂德教國子：中、和、祗、庸、孝、友。”鄭玄注：“和，剛柔適也。”依據經典記載的這種理念，經學訓詁學者對“八音”的有關樂器的功用解釋，也是有控有送、張弛調和：《説文·琴部》：琴，禁也。《北堂書鈔》引《世本》：瑟，庖犧氏作瑟。瑟，潔也。使人清潔於心、淳一於行也。（《説文句讀》卷二十四）《釋名·釋樂器》：笙，生也。象物貫地而生也。竹之貫匏……竹曰吹：吹，推也，以氣推發其聲也。按《釋名補遺》“釋五聲”，是如此關聯的：

五聲：聲者，鳴也。亦曰五音。音者，飲也，言其剛柔清濁，和而相飲也。

宫：中也，居中央，暢四方，倡始施生，爲四聲綱也。一曰宫，容也，含也，含容四時者也。

商：章也，物成孰可章度也。一曰商者，張也，陰氣開張、陽氣始降也。

角：觸也，物觸地而出，載芒角也。一曰角者，躍也。陽氣動躍。

徵：祉也，物盛大而繁祉也。一曰徵者，止也，陽氣止。

霸，宇也，物聚藏宇覆之也。一曰霸者，紆也，陰氣在上，陽氣在下。

關於“和”音樂層次的基本關聯，同樣貯存在中國文字體系裏。按金文“言”“音”二符多通用，參見《王孫鐘》《沇兒鐘》《邵王簋》《郳王子鐘》《格伯簋》《豆閉簋》《免簋》等器物。上古語音系統中，言、音疑紐，與曉同爲舌根音，而言從辛得聲。辛音心紐，心與曉審同爲摩擦次清音。

古代經學家解釋“音”，即賦予了儒學“和”的根本要義。《説文解字》:"音,聲也。生於心有節於外謂之音。宫商角徵羽,聲也。絲竹金石匏土革木,音也。从言含一。"段玉裁注:"《樂記》曰:聲成文謂之音。"並説其"从一"構造:"有節之意也。"桂馥援引書證:"《白虎通》:聲者,鳴也。音者,飲也。剛柔清濁,和而相飲。《鶡冠子》:音者,所以調聲也。未聞音出而響過其聲者也。《樂記》疏云:初發口單出者謂之聲,衆和合成章謂之音。生於心有節於外謂之音者,《樂記》:凡音者,生於人心者也。情動於中故形於聲,聲成文謂之音。又云:凡音之起,由人心生也。人心之動,物使之然,感於物而動,故形於聲。聲相應,故生變,變成方,謂之音。"

與"音"直接相關的是"樂"。在經學家看來,"樂"亦具"調和"的功能,這也正是儒學家尤重音樂的原由。

《説文》將"樂"字歸屬《木部》,該部相關字類構成如下的"義場":

樂,五聲八音總名。象鼓鞞。木,虡也。

枹,擊鼓杖也,从木,包聲。

椌,柷樂也,从木,空聲。

柷,樂木空也,所以止音爲節,从木,祝省聲。

朱駿聲《説文通訓定聲》解釋"樂":"按:五聲八音相比而成樂。《禮記·樂記》:樂者,天地之和也。"因此,"樂"也就可以記録"調理救濟"的語義:

《説文》:藥,治病艸。从艸樂聲。

《玉篇》:藥,與灼切。《説文》曰:治疾之草總名。

《名義》:藥,與灼反。以五藥養身也。草木虫石穀也。

《説文》:藥,治也。从疒樂聲。療,或从尞。

《玉篇》:藥,力劭切。《説文》曰:治也。

《名義》:藥,弋灼反。療字。治也。

《玉篇》:玓,典歷切。玓瓅,明珠色也。

《玉篇》:瓅,力的切。玓瓅。

按"玓瓅",或記録作"芍藥",語轉爲"作料"。"作料"之爲用,即在於調味。

三、"和同"關係中的"和"

按儒學經典,大千世界,莫不講"和",而有關"和"的定義,則是置於"和而不同"結構關係之中。意義存在於結構當中,不拘何種單位長度。這一關聯,體現在中國文字系統中,首先鮮明傳達了"和非同一,繁而不亂"的適度中節之精義。試看朱駿聲《説文通訓定聲》排列的如下的一組義項對比:

粹:不雜也,从米,卒聲。按精米不雜也。米不雜曰粹,酒不澆曰淳。

黺:會五采繒色,从黹綷省聲。按:卒聲。

醉:酒卒也,各卒其度量不至於亂也。一曰酒潰也,从酉从卒。按:卒聲。

按上列三字一組構成的排比,結構的共同特點就是都從"卒"得聲,而義項類別則分别指涉米、黹、酉部類,對應於飲食服飾,其"和同"程度,各有差等:"粹"指向純一,"黺"指向雜會,"醉"指向節制。其中,"醉"字照一般文獻記録和使用,人們往往理解爲"飲酒過度"的狀態,其實是忘記了"和"的本意:"醉"的字形結構由聲符"卒"來限定,就是規定要把握這個最終限度而不至於"醉"。《玉篇·酉部》:"醉,子遂切。卒也,卒度也,度其量不至於亂也。"説解本義過程,再明白不過地貫徹了"和而中節"的精神。根據這個原則,飲酒過度,以至於"潰",也就是"醉",是不足取的。

段玉裁於《説文·酉部》“醉”下“一曰酒潰”之訓考訂説:“此别一義。潰當爲漬之誤,若今醉蝦、醉鰕之類。”朱駿聲《説文通訓定聲·履部第十二》:“醉,按卒聲。滿其量謂之醉,溢其量謂之酗,酗者潰。”

在儒學典籍裏,很早就抽繹而使“和”具有了形而上的哲學色彩,這首先體現在春秋時期思想家們基於“和同關係”的思考。《左傳·昭公二十年》論“和同之辨”,已充類至盡;《管錐編》卷一本此而生發比較:

> 齊景公曰:“和與同異乎?”晏子對曰:“異!和如羹焉,水火醯醢鹽梅,以烹魚肉,燀之以薪,宰夫和之,齊之以味,濟其不及,以泄其過。……君臣亦然。君所謂可,而有否焉,臣獻其否,以成其可;君所謂否,而有可焉,臣獻其可,以去其否。……聲亦如味,一氣、二體、三類、四物、五聲、六律、七音、八風、九歌以相成也,清濁、小大、短長、疾徐、哀樂、剛柔、遲速、高下、出入周疏以相濟也。……若以水濟水,誰能食之?若琴瑟之專壹,誰能聽之?同之不可也如是”。按《國語·鄭語》史伯對鄭桓公曰:“夫和實生物,同則不繼。以他平他謂之和,故能豐長而物歸之;若以同裨同,盡乃棄矣。……聲一無聽,物一無文,味一無果,物一無講。”《論語·子路》章“君子和而不同”句,劉寶楠《正義》引《左傳》《國語》之文釋之,當矣。《管子·宙合》篇論君臣之道如“五音不同聲而能調,五味不同物而能和”,已藴晏、史之旨。史不言“彼平此”、“異物相平”,而曰“他平他”,立言深契思辨之理。《孔叢子·抗志》篇:“衛君言記是非,而群臣和者如出一口。子思曰:……自是而臧之,猶卻衆謀,況和非以長乎?”子思之“和”,正晏、史之“同”也。《淮南子·説山訓》:“事固有相待而成者:兩人俱溺,不能相拯,一人處陸則可矣。故同不可相治,必待異而後成。”高誘注全本晏子語。晏、史言“和”猶《禮記》云:“禮者,殊事合敬者也,樂者,異文合愛者也。”“殊”“異”而合,即“待異而後成”。古希臘哲人道此,亦喻謂音樂之和諧,乃五聲七音之輔濟,而非單調同聲之專壹。赫拉克利都斯反復言,無高下相反之音則樂不能和,故同必至不和而

諧出於不一。柏拉圖嘗引其語而發揮之,並取譬於愛情。蘇格拉底嘗謂國家愈統一愈佳,亞里斯多德駁之曰:苟然,則國家將成個人,如和諧之斂爲獨音、節奏之約爲么拍。文藝復興時最喜闡發相反相成之理者,所見當推布魯諾,謂專壹則無和諧;近世美學家亦論一致非即單調。其旨胥歸乎“和而不同”而已。晏子別“和”於“同”,古希臘詩人謂爭有二,一善而一惡,前者互利,後者交殘:“善爭”與“和”,亦騎驛可通者。

基於上述,“和”很早就成爲儒學經典語言結構中的“核心單位”。像漢代學者認爲,孔子之所以特别重視音樂,其中一個重要原因,就在於音樂有“致中和”的功效。《漢書·地理志》下:“孔子曰:‘移風易俗,莫善於樂。’言聖王在上,統理人倫,必移其本,而易其末,此混同天下一之乎中和,然後王教成也。(顔師古曰:此乃‘《孝經》載孔子之言’。)”又《藝文志》:“房中者,性情之極,至道之際,是以聖王制外樂以禁内情,而爲之節文。傳曰:‘先王之作樂,所以節百事也。’樂而有節,則和平壽考。”按《禮記》一書,“和”字使用頻率高,構詞能力强。常見的就有:“中和”(《中庸》)、“和正”(《樂記》)、“和平”(《樂記》)、“和同”(《月令》)、“和用”(《祭義》)、“和寧”(《燕義》)、“和樂”(《樂記》)、“和易”(《學記》)、“和氣”(《禮器》、《祭義》)、“和順”(《樂記》)、“和動”(《樂記》)、“和味”(《王制》)、“和鳴”(《樂記》)……不一而足。

另外,尤能具足儒學“和”的精神理念的,還是下列“和”字的使用、《禮記》各篇中的記載。除了象以上“和”字以成語結構形式出現外,“和”在經文中單獨使用也有五六十次,這在《禮記》一書裏,所使用詞頻算是相當高的。先看下面用例:

故君子在車則聞鸞和之聲。(《玉藻》)

鸞和之美肅肅雍雍。(《少儀》)

道而弗牽則和。(《學記》)

五聲弗得不和。(《學記》)

大樂與天地同和。(《樂記》)

和故百物不失。(《樂記》)

和故百物皆化。(《樂記》)

樂者,天地之和也。(《樂記》)

動四氣之和。(《樂記》)

是故君子反情以和其志。(《樂記》)

故樂者審一以定和。(《樂記》)

以致天下之和。(《祭義》)

內和而外順。(《祭義》)

心中斯須不和不樂而鄙詐之心入之矣。(《祭義》)

義與信,和與仁,霸王之器也。(《經解》)

發而皆中節謂之和。(《中庸》)

和也者,天下之達道也。(《中庸》)

故君子和而不流。(《中庸》)

邇臣守和宰正百官。(《表記》)

冬夏不爭陰陽之和。(《儒行》)

禮之以和爲貴。(《儒行》)

歌樂者仁之和也。(《儒行》)

……

中國群經要籍中貯存了大量傳達"和而不同"爲深層結構的語言表現形式,以至形成固定格式。這類固定格式則有兩種基本範型:

其一,"A 而不 B"型。字義 A 與 B 兩項合相容者,則強調程度差等,而納入相推以區置的框格。其範式爲"A 而不 B",此乃群經要籍中恒語。例如:

"寢而不寐"(《公羊傳・僖公二年》)、"敗而不死"(《公羊傳・僖公十五年》)、"臣而不臣"(《公羊傳・僖公十五年》)、"饑而不害"(《公羊傳·僖公二十一年》)、“言而無信”(《穀梁傳·僖公二十二年》)、“仁而不武”(《左傳·宣公四年》)、“盡而不汙”(《左傳·成公十四年》)、“陳而不整”(《左傳·成公十六年》)、“軍而不陳”(《左傳·成公十六年》)、“死而不朽”(《左傳·襄公二十四年》)、“禱而不祀”(《穀梁傳·襄公二十四年》)、“樂而不荒”(《左傳·襄公二十七年》)、“勤而不怨”(《左傳·襄公二十九年》)、“憂而不困”(《左傳·襄公二十七年》)、“思而不懼”(《左傳·襄公二十九年》)、“樂而不淫”(《左傳·襄公二十九年》)、“直而不倨”(《左傳·襄公二十九年》)、“曲而不屈”(《左傳·襄公二十九年》)、“邇而不偪”(《左傳·襄公二十九年》)、“遷而不淫”(《左傳·襄公二十九年》)、“哀而不愁”(《左傳·襄公二十九年》)、“用而不匱”(《左傳·襄公二十九年》)、“廣而不宣”(《左傳·襄公二十九年》)、“施而不費”(《左傳·襄公二十九年》)、“取而不貪”(《左傳·襄公二十九年》)、“處而不底”(《左傳·襄公二十九年》)、“行而不流”(《左傳·襄公二十九年》)、“從而不失儀”(《春秋經傳·昭公五年》)、“敬而不失威”(《春秋經傳·昭公五年》)、“明而未融”(《左傳·昭公五年》)……僅按《春秋經傳》,“A而不B”型式即不煩羅列。

其二,“不A不B”型。字義A與B兩項向背向推者,則繫聯糾結,納入相輔相成的框格。俾冰炭相憎,膠膝相愛者,如珠玉輝映、笙磬相諧者,如雞免共籠、牛驥同槽者:不倍者交協、相反者互成。其典範格局爲“不A不B”,而細按包孕邏輯關係又兼涵“並列”與“因果”二端,《管錐編》卷一考辨融通微至:

此類句法雖格有定式(《左傳·隱公元年》“不義不昵”),而難一準。或爲因果句,如《論語·述而》之“不憤不啓,不悱不發”,《墨子·尚賢上》之“不義不富,不義不貴”,後半句之事由前句之事而生,猶云“不憤則不啓”“不義則不貴”耳。或爲兩端如《禮記·禮器》之“不豐不殺”,《莊子·應帝王》之“不將不離”;釋典中猶成濫調套語,如《圓覺經》之“不即不離”,《心經》“不生不滅,不垢不淨,不增不滅";雙提兩事而並辟之,猶云"不亦不殺","非即非離"耳。……倘見"豐"與"殺"、"將"與"離"等之意皆相反,遂類推謂納二字意相反者於此框格中,斯成兩端則又非也。韓愈《原道》曰:"不塞不流,不止不行";"塞"與"流"反,"止"與"行"倍,猶"生"之於"滅"也,而其爲因果句自若。《道德指歸論》卷一《得一篇》:"不沉不浮,不行不止,不曲不直,不先不後。"此處"不行不止"爲兩端句,而韓愈之"不行不止"爲因果句,正據上下文乃至全篇而區以别之。

要之,使同者區辨交協而異者渾然互成,因而都可以稱得上是"和而不同"的結構變體。

本文原載於2007年《德國波恩大學漢學系顧彬教授執教和學術研究六十周年紀念文集》。w·kubin教授注重"異"的闡釋,該文留意"和"的解釋:"和而不同"的前提是先存在"雜"或曰"異"或曰"不同"。收入是集,有所改補。

注釋·修訂·補訂

天津教育版《古代漢語》"修訂"本在同類教材中爲比較符合高校相關專業基礎教學實際的本子,在教學過程中仍發現有些注釋或明顯訛誤,或語焉未詳。兹撮其要者,略爲示例,皆以"按"揭字樣標出,以供閱讀使用者參考。限於篇幅,先説上卷。

1. 乃當抗峰岷峨,偕嶺衡疑

《水經注》卷三十四《江水》:"其下十餘里,有大巫山,非惟三峽所無,乃當抗峰岷峨,偕嶺衡疑……"該本注:"抗峰岷峨:跟岷山、峨眉山爭高低。抗峰:比山峰的高低。"

按:"抗峰"與"偕嶺"互文對稱,"偕嶺"既謂"嶺等高","抗峰"則亦爲"峰相當"也。"抗"猶"分庭抗禮"之"抗",即秋色平分也。今合成詞有"對抗""抗衡"等,《篇海類編·身體類·手部》:"抗,敵也。"《史記·酈生陸賈列傳》:"……欲以區區之越與天子抗衡爲敵國。"《徐霞客遊記·遊黄山日記》:"萬峰無不下伏,獨蓮花與抗耳。"前例施於人事關係,後例則施於山嶺形勢。

2. 追風赤驥

《洛陽伽藍記》卷四《城西》:“遣使向西域求名馬,遠至波斯國,得千里馬,號曰‘追風赤驥’。次有七百里者十餘匹,皆有名字。”

按:該本無注。“赤驥”“追風”皆爲良馬之名,似成古代詩詞濫套,可以現成拿來作爲補充理解。白居易《酬裴令公贈馬相戲》“欲將赤驥換青蛾”、張祜《愛妾換馬》“忍將行雨換追風”,不一而足。參見《管錐編》第四冊考論《全六朝文》。

3. 不恨我不見石崇,恨石崇不見我

楊衒之《洛陽伽藍記》卷四《城西》:“琛常會宗室,陳諸寶器……復引諸王按行府庫……不可數計。琛忽謂章武王融曰:‘不恨我不見石崇,恨石崇不見我!’”

按:該本無説。照正常的思維邏輯組合序列應該是:“不恨石崇不見我,恨我不見石崇。”而該語段作相反結構,遂導致語義衝突,以顯示乖張。於是後世孤標傲世、實現狂放,對此仿作紛如:唐永徽二年《許士端墓誌銘并序》(《匯編》第12冊第22頁):“於是芳聲遐振,雜霜鍾之厲響;雅俗遙歸,冠華市之馳衆。宜城冠盖之侶,指潛巷而請遊;京洛搢紳之人,望康簷而願謁。豈徒鄉岫木潤,里岸波圓;將使俛仰一時,交結千載。甞歎曰:我不恨不見古人,恨古人之不知我。故知中散之友高士,信匪虚言,玄度之謚徵君,代有人矣。”宋代詞人辛棄疾《賀新郎》:“甚矣吾衰矣。悵平生、交遊零落,只今餘幾。白髮空垂三千丈,一笑人間萬事。問何物、能令公喜。我見青山多嫵媚,料青山、見我應如是。情與貌,略相似。 一尊搔首東窗里。想淵明、停雲詩就,此時風味。江左沈酣求名者,豈識濁醪妙理。回首叫、雲飛風起。不恨古人吾不見,恨古人、不見吾狂耳。知我者,二三子。”皆葫蘆依様耳。又見“石刻叢語”之“品評部”。

4. 鄭人怒君之疆埸,我文公帥諸侯及秦圍鄭

《左傳·成公十三年》:"復四日戊午,晉侯使吕相絶秦,曰'……鄭人怒君之疆埸,我文公帥諸侯及秦圍鄭。秦大夫不詢於我寡君,擅及鄭盟。'"該本注:"怒:發怒。這裏是侵犯的意思。埸(yì):邊界。與'疆'同義。"

按:"發怒"與"侵犯",略無聯屬。"怒""努"同源結構,《方言》卷一:"凡人語而過,……東齊謂之劍,或謂之努。努,猶怒也。"錢繹箋疏:"努者,《釋名》:'努,怒也。'有怒勢也。""劍拔努張"之"努"和"怒髮衝冠"之"怒",二者原本"異質同構"。此"怒"即用同"努","努"原具"擴張"之義,如《朱子語類》卷44:"都是兩邊作得來張眉努眼,大驚小怪。""張眉努眼",是"努"亦"張"也。又"埸",《説文解字·土部》新附:"疆也,从土易聲。"本文"鄭人怒君之疆埸",意思就是"鄭人擴張(於)您的疆界"。

5. 他日

《左傳·襄公三十一年》:"微子之言,吾不知也。他日,我曰:子爲鄭國,我爲吾家,以庇焉,其可也。今而後知不足。"該本注:"他日:别的時候,這裏指從前。"

按:《管錐編》有關辨析入微至當者:"他日"有異日、來日意(another day,some other day),亦可有昔日、往日(the othe day)。即以《孟子》爲例。如《梁惠王下》"他日見於王曰",《公孫丑下》"他日見於王曰",又"他日王謂時子曰",《滕文公上》"他日子夏、子張、子游以有若似聖人",又"夷子不來,他日又求見孟子",皆謂當日以後;《梁惠王下》"他日君出",《滕文公上》"吾他日未嘗學問",又皆謂當日以前。……夫(陸機《文賦》)"他日"句承"先士盛藻"來,則以"昔日"之解爲長。……"他日"得作昔

日、往日解,唐世尚然,如杜甫《秋興》"叢菊兩開他日泪"、李商隱《野菊》"清樽相伴省他年",又《櫻桃花下》"他日未開今日謝"。

唐大和二年《衛嘉進墓誌銘并序》(《新中国·陝西壹》第131頁):"其嗣子曰庭俊,次曰庭晏、庭林、庭旻、庭岌等,悉能裕父孝友,貞儉以取公器,他日獨立之所訓也。"他日,用爲過去時間狀態一邊:相當於以往、昔日、過去的某一天或某一時期。宋代林逋絶句《先生將終之歲自作壽堂因書一絶以志之》:"茂陵他日求遺稿,猶喜曾無《封禪書》。""姑如是,以俟他日",意思就是等待將來再説。這種説法,甚至成爲通訊往還推諉之詞頭。(又見"石刻叢語"之"詞彙部"。)

6. 繫妻孥

《國語·越語上》:"若以越國之罪爲不可赦也,將焚宗廟,繫妻拏,沈金玉於江,有帶甲五千人將以致死,乃必有偶。"該本注:"繫妻拏:把妻子兒女捆縛起來。表示生死同命,不做吴國的俘虜。繫:系,捆縛。孥(拏):兒女。"

按:該本作"拏",注文作"孥",先後矛盾。《説文·手部》:"拏,牽引也。""孥"從"子",是知課文"繫妻拏"之"拏",係"孥"之訛。檢《國語》四部備要排印清代士禮居翻刻明道本作"孥"。

7. 欲其旅進旅退也

《國語·越語上》:"吾不欲匹夫之勇也,欲其旅進旅退也。"該本注:"旅進旅退:與衆人共進共退。意謂統一行動聽指揮。《禮記·樂記》:'今夫古樂,旅進旅退。'鄭玄注:'旅猶俱也。俱進俱退,言齊一也。'"

按:糾纏若是,仍嫌一間未達。《説文解字·㫃部》:"旅,……从㫃从从。从,俱也。"

8. 無與照奸

《戰國策・秦策三》:"足下上畏太后之嚴,下惑奸臣之態:居深宫之中,不離保傅之手,終身闇惑,無與照奸。"該本注:"無與照奸:没有人協助察明奸邪的人。與:介詞,省略賓語'之'。"

按:此處注文有三處含混浮泛:

其一"與"作介詞則"協助"之義不知所從出。

其二"與(之)"補完,則所補賓語只能是"足下",全句結構改動過大,亦不屬本文應有之義。"與"有"黨與"義,引申而爲"援助、協助"義,在本文爲本地風光,無待他求。本篇前文曰:"即使文王疏吕望而弗與深言,是周無天子之德,而文武無與成其王者。"其中"無與成其王者",該本亦注出"没有幫助他們成就王業的人"。還有大家都十分熟悉的用例,《論語・公冶長》:"弗如也。吾與女弗如也。"蘇洵《六國論》:"……與嬴而不助五國也。"結構關係,同歸一揆。

其三"照"字無説,亦有不當回避處。嚴可均輯《全上古三代秦漢三國六朝文・全三國文》卷十五曹植《求自試表》:"……騏驥長鳴,伯樂照其能;虛狗悲號,則韓國知其才。"其中"能"讀若"耐",與下分句"才"協韻;而知"照"者,明也,識也,與"知"爲對文。北魏正始三年《寇臻墓誌》(《匯編》第3冊第91頁):"遂以照被啚記,勒銘湶堂云。"按照被、勒銘對文,皆具動詞功能,猶今語所謂"披露"。(又見"石刻叢語"之"詞彙部")

9. 不能期年

《戰國策・燕策一》:"涓人對曰:'死馬且買之五百金,況生馬乎?天下必以王能市馬,馬今至矣。'於是不能期年,千里之馬至者三。"該本注:"不能:不到的意思。"

按:“能”作“到”“及”解,古籍常見。即以《戰國策》而言,其《趙策一》:“韓與秦接境壤界,其地不能千里。”又《史記·淮南衡山列傳》:“方今大王之兵衆,不能十分吴楚之一。”還有,今天仍在説的“難能可貴”,其“能”即猶《論語·子張》:“子遊曰:‘吾友張也,爲難能也’。”

10. 毋從俱死也

《史記·項羽本紀》:“項伯乃夜馳之沛公軍,私見張良,具告以事,欲呼張良與俱去。曰:‘毋從俱死也。’”

按:該本無説。《史記會注考證》:古鈔本等“從”作“徒”。王念孫曰:“從俱死”,當作“徒俱死”。漢書高紀作“特俱死”。特,但也,空也,空死而無成名也。至少似應將此説列出,以爲參考。

11. 能千里而襲我

《史記·淮陰侯列傳》:“今韓信兵號數萬,其實不過數千。能千里而襲我,亦已罷極。”其中“能千里而襲我”,該本無説。

按:從前後聯繫看,“能”字當具轉折相承的語法功能,而檢《史記會注考證》亦無説。“能”字相當於“而”,古籍甚夥。《易·履》:“眇能視,跛能履。”李鼎祚《集解》引虞翻曰:“能,本作而。”《詩·衛風·芄蘭》:“雖則佩觿,能不我知。”王引之《經傳釋詞》卷六:“能,當讀爲而。”崔駰《大理箴》:“或有忠能被害,或有孝而見殘。”又,“能”亦可讀如“耐”,今雙音節詞有“能耐”。古代文獻如:《素問·五常政大論》:“能毒者以厚藥,不勝毒者以薄藥。”《漢書·食貨志上》:“比盛暑,隴盡而根深,能風與旱。”又《趙充國傳》:“今虜朝夕爲寇,土地寒苦,漢馬不能冬。”顔師古注:“能讀曰耐。”“耐”實又從“而”得聲。亦爲“能”讀如“而”之證。

12. 非臣非及也

《史記·淮陰侯列傳》:"諸將皆服曰:'善。非臣非及也。'"

按:"非臣非及"不辭。檢《史記會注考證》卷下,第1616頁作"非臣所及也"。係編者訛誤。

13. 唯天子亦不説也

《史記·汲鄭列傳》:"弘,湯深心疾黯,唯天子亦不説也,欲誅之以事。"該本注:"唯:連詞。相當於'雖',可譯爲'就是'。"

按:未説到底。《説文·虫部》:"雖,似蜥蜴而大,从虫,唯聲。"是故"唯""雖"可得相通。王引之《經傳釋詞》卷八:"唯,《玉篇》:'雖詞兩設也。'常語也,字或作唯。"楊樹達《詞詮》卷八:"唯,推拓連詞,與'雖'字用同。"《荀子·性惡》:"然則唯禹不知仁義法正,不能仁義法正也。"楊倞注:"'唯'讀爲'雖'。"

14. 以謝天下之苦,塞百姓之心

《史記·汲鄭列傳》:"臣愚以爲陛下得胡人,皆以爲奴婢以賜從軍死者家;所鹵獲,因予之,以謝天下之苦,塞百姓之心。"該本注:"謝:酬謝。塞:滿足。"

按:"塞"與"謝"爲對文,"塞"亦"報答、酬謝"也。"塞"原爲古代一種酬答報謝神祇的祭祀,後來,在這個意義上分化出"賽"字(《説文》正文無,見新附)。《韓非子·外儲説右下》:"秦襄王病,百姓爲之禱。病癒,殺牛塞禱。"《史記·封禪書》:"冬塞禱祠。"司馬貞《索隱》:"'塞'與'賽'同。賽,今報神福也。"又,《文選·阮籍〈爲鄭沖勸晉王箋〉》:"西塞江源,望祀岷山。"李善注:"塞:謂報神恩也。"

15. 亡鄉月氏

《漢書·張騫李廣利傳》:"居匈奴西,騫因與其屬亡鄉月氏,西走數十日,至大宛。"該本注:"鄉:'向'的古字。"

按:《説文·宀部》"向"字條,可形成如下篆文對照:"[篆文](甲骨[字形]金文[字形]簡帛[字形]古璽[字形]漢印[字形]石刻)北出牖也。从宀从口。《詩》曰:塞向墐戶。徐鍇曰:牖所以通人气,故从口。許諒切。"

戰國簡牘"向"字結構爲[字形],本取於人體之兩向。《集韻·漾部》:"鄉嚮窅窅:面也。或从向。古作窅窅。許亮切。"由是有"方向""趨向"義。而"鄉"字通常的情況是作"基層行政區劃名"意義來使用,於是後來又加"向"符作"嚮"字,以示區别。就"鄉""嚮"古今關係而言,不妨説,"鄉"爲"嚮"之"古文"。至於"向",見上引,甲骨文字形即作[字形]。至少可以説,"向"和"鄉"同樣古,不容強爲古今之分。説者殆以"向"爲"嚮"簡化字著眼?然而,一條注解之中,或繁或簡,雜糅若是,得微淆亂人意乎?

補記:

古代文獻,今人去古日遠,感到差異益大,需要克服的閱讀障礙越多。讀者需要的是中肯而要言不煩的解釋,而且是知根知底的明白交代。相形之下,古代語言文字類的古書注釋,還算離這方面的閱讀需求最接近的,而許多辭章文學文獻類注釋,就相對勉強些。也許可以順便將正在重新翻閱的古典名著《儒林外史》兩處注釋拿來觀察一下。

(1) 外邊人一片聲請胡老爹説話。胡屠户把肉和錢交與女兒,走了出來。衆人如此這般,同他商議。胡屠户作難道:"雖然是我女婿,如今卻做了老爺,就是天上的星宿。天上的星宿是打不得的!我聽得齋公們説:

打了天上的星宿,閻王就要拿去打一百鐵棍,發在十八層地獄,永不得翻身。我卻是不敢做這樣的事!"鄰居內一個尖酸人説道:"罷麽! 胡老爹,你每日殺豬的營生,白刀子進去,紅刀子出來,閻王也不知叫判官在簿子上記了你幾千條鐵棍;就是添上這一百棍,也打甚麽要緊? 只恐把鐵棍子打完了,也算不到這筆帳上來。或者你救好了女婿的病,閻王叙功,從地獄裏把你提上第十七層來,也不可知。"報録的人道:"不要只管講笑話。胡老爹,這個事須是這般,你没奈何,權變一權變。"**屠戶被衆人局不過**,只得連斟兩碗酒喝了,壯一壯膽,把方才這些小心收起,將平日的凶惡樣子拿出來,卷一卷那油晃晃的衣袖,走上集去。衆鄰居五六個都跟著走。人民文學出版社張慧劍校注本關於"局"字注爲"軟逼"。可謂要言不煩。但這種注釋其實不過是依據上下文的一種文意理解。按"局",合成詞有"局促",局、促相當,句意就是説屠户受不過衆人的促使。[1]

(2) 老和尚聽了,戰戰兢兢,將葫蘆裏打滿了酒,謝了老婦人,在屋後攀藤附葛上去。果然走不到一里多路,一個小小山岡,山岡上一個少年在那裏打彈子。山洞裏嵌著一塊雪白的石頭,不過銅錢大,那少年覷的較近,彈子過處,一下下都打了一個準。老和尚近前看那少年時,頭戴武巾,身穿藕色戰袍,白淨面皮,生得十分美貌。**那少年彈子正打得酣邊**,老和尚走來,雙膝跪在他面前。那少年正要問時,山凹裏飛起一陣麻雀。那少年道:"等我打了這個雀兒看。"手起彈子落,把麻雀打死了一個墜下去。那少年看見老和尚含著眼泪跪在跟前,説道:"老師父,你快請起來。你的來意我知道了。我在此學彈子,正爲此事。但才學到九分,還有一分未到,恐怕還有意外之失,所以不敢動手。今日既遇著你來,我也説不得了,想是他畢命之期,老師父,你不必在此耽誤,你快將葫蘆酒拿到庵裏去,臉上萬不可做出慌張之像,更不可做出悲傷之像來。你到那裏,他叫你怎麽樣你就怎麽樣,一毫不可違拗他,我自來救你。"關於其中的"酣邊",校注

---

〔1〕《儒林外史》第三回"周學道校士拔真才　胡屠戶行凶鬧捷報",人民文學出版社 2010 年,第 37 頁注②。

者注②是"興趣正濃的意思"。按"酣"字易了,雙音節詞爲"酣暢"。"邊"則爲"邊際、分際",即前後文裏所謂"彈子過處,一下下都打了一個準""但才學到九分,還有一分未到"。如此,所指爲"發揮出水準"所"造詣境界",並非校注者從上下文中簡單推測出含混的"興趣正濃"。[1]

〔1〕 第三十九回"蕭雲仙救難明月嶺 平少保奏凱青楓城",第385頁注②。

古文例釋

一、“𣅀”“暴”“㬥”“曝”

在使用以及不斷演變過程中,“暴”字和有關字發生糾纏也多,不可不稍稍辨析。

㬥,見《説文·夲部》: (簡帛),疾有所趣也。从日出夲廾之。薄報切。

至於暴,見《日部》: (漢印 石刻)晞也。从日从出,从収从米。薄報切。 ,古文暴,从日麃聲。

晞,就是曬乾,猶《詩·秦風·蒹葭》二章“蒹葭淒淒,白露未晞”之“晞”。隸古定暴字結構,會合了日、出、収(雙手拱舉)、米等四個字符而構成。段玉裁《説文解字注》解釋也認爲是會合四個字符單位:“日出而竦手舉米曬之。合四字會意。”

依據《説文》所録字形及其分析(爲方便觀察,字表羅列出之),a 字楷化應寫作 b 形,古籍中寫成“暴”字,已屬隸變省形了。至於今天寫作的這個“暴”字,則爲簡化字,而 a 所記録的詞,人們現在通常也是以“曝”字來表達了。簡單地説,a 爲“曝”之初文,“曝”實即後出分化字。這便是以上

字組間的關係。以下列出的,都是語文工具書經常提到的古籍用例:

(1)《周禮・天官・染人》:"凡染,春暴練。"鄭玄注:"暴練,練其素而暴之。"賈公彦疏:"春暴練者,以春陽時陽氣燥達,故暴曬其練。"

(2)《論衡・解除》:"暴穀於庭,雞雀啄之。"

(3)《夢溪筆談・藥議》:"(枸杞)全少核,暴乾如餅,極膏潤有味。"

(4)《六國論》:"思厥先祖父,暴霜露,斬荊棘,以有尺寸之地。"

(5)《孟子・萬章上》:"暴之於民,而民受之。"

(6)《史記・淮陰侯列傳》:"暴其所長於燕,燕必不敢不聽從。"

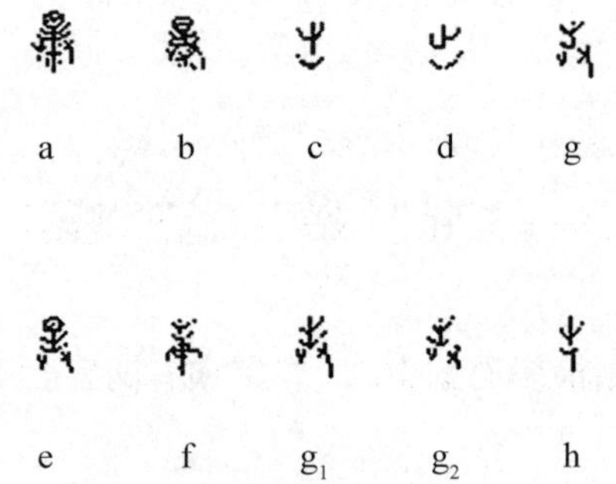

順便略作説明,以上所引文獻書證當中,例(1)~(2)古書注"暴"字讀音爲 pù,例(5)~(6)古書則注明"暴"字讀音爲 bào。一般説來,"暴"音 pù,所表示的義項系列關涉"曝曬"一邊;猶古代寓言里"蚌方出暴"之"暴",亦如古代所謂"曝陽"(今語叫作"炕地")之"曝",《説文解字・日部》:"暵,耕暴田曰暵。""暴"音 bào,所指涉的義位系統則表現"暴露"一邊。實際説來,這兩邊還是存在著密切的聯繫的:"暴露"在"光天化日"之下即稱爲"曝",例(4)"暴霜露"之"暴",則顯然引申而已不限於"曝曬"之"曝"了。還有,"暴"字語音有異讀,語義關涉兩邊,其實古音皆屬幫組。

從文字學角度要求,問題説到這裏尚未完全解決。"a"的楷化省變,似乎唐代以前就造成了人們對該字認識上的訛誤。檢唐釋慧琳《一切經音義》卷一第 4 頁"日暴"條下引《韻英》説:"暴,曬也,晞也。"又所引《説文》曰:“從日從出從大,大音代,從米,會意字也。”卷九第 10 頁“日暴”條下釋云:“字從日從出,奴米(當係“収米”之訛),字意也,奴作并,音居竦反,兩手共持也。”

裘錫圭《文字學概要》一書裏曾指出:“暴所從 c,跟《説文》‘出’字篆文並不同形(清人所刊《説文》多將 c 改作 d,宋本並不如此)。曾侯乙墓竹簡文字裏有從帀 e 聲之字( ),e 象兩手持草木一類東西在日下曝曬,應該就是暴的初文,可以隸定楷化爲‘㬥’(燕國古印有從日從 f 之字,疑亦當釋㬥)。由此看來,‘暴’應該是在‘㬥’字上加注米旁而成的後起字,並非是從日從出從収從米這樣一個層面鋪開來的會意字。”作者以爲,㬥就是暴字的初文,寫作“暴”形,已經屬於後起了。但是至於這個㬥形又究竟屬於哪一結構類型,尚無明確解釋,所以有關“暴”字問題還是没有説到底。下面再附帶談談這個問題。

西漢簡牘多見暴字,代表性結構爲 ,唐代字樣石刻作 。一次性分解得到㬥聲米形兩個部分,㬥又可作爲第二次分解得到奉聲日形兩個部分。《集韻·號部》:“暴暴磿㬥,薄報切。《説文》晞也。或作暴。古作磿㬥。俗作曝,非是。”㬥形古文從日從 g,查詢對照有關古文字文獻,可以發現其中的 g 符,實即又是“奉”字古文初形。按侯馬盟書“奉”字結體作 g_1,戰國楚帛書構形爲 g_2,皆是一脈相承關係。還有古文“丰”字即寫作 h,而人們需要捧到太陽底下去曝曬的東西,自不當限於糧食穀物之“米”,又何必一定要坐實於“草木一類”呢?由此也可發現所説㬥形所從 g 爲“兩手持草木一類東西”云云,已破碎支離。還有,在作者看來,㬥之所從之 g 的上半部分 c 之所以《説文》里訛作 d,似乎從版本學角度來説,宋本並非如此,而是很晚的清代人的事。其實,比勘《睡虎地簡》二四·二九“其出禾”之“出”、《老子甲》一〇二“踵(動)而俞(愈)出”之“出”,其形體皆與 c 已極爲相近。足見《説文》在暴字形體上發生的訛誤,其漸已遠。

㬥字古文從“奉”符構形,還從“奉”得聲。換句話説,“奉”在㬥字古文結構中,還有可能充當聲符。㬥屬古音定母藥部,奉字則爲古音奉母東部。奉實際又是“捧”字的初文。古音系統中,輕重唇不分,是奉—㬥—暴之間,事實上存在著雙聲關係。

至此,可以説,暴實爲從米從㬥,兼從㬥得聲的結體構形;其初文㬥則實爲從日奉聲的形聲結構。

從㬥暴暴曝字組辨釋過程,不難發現其中單位字形結構流變歷史觀察的價值。

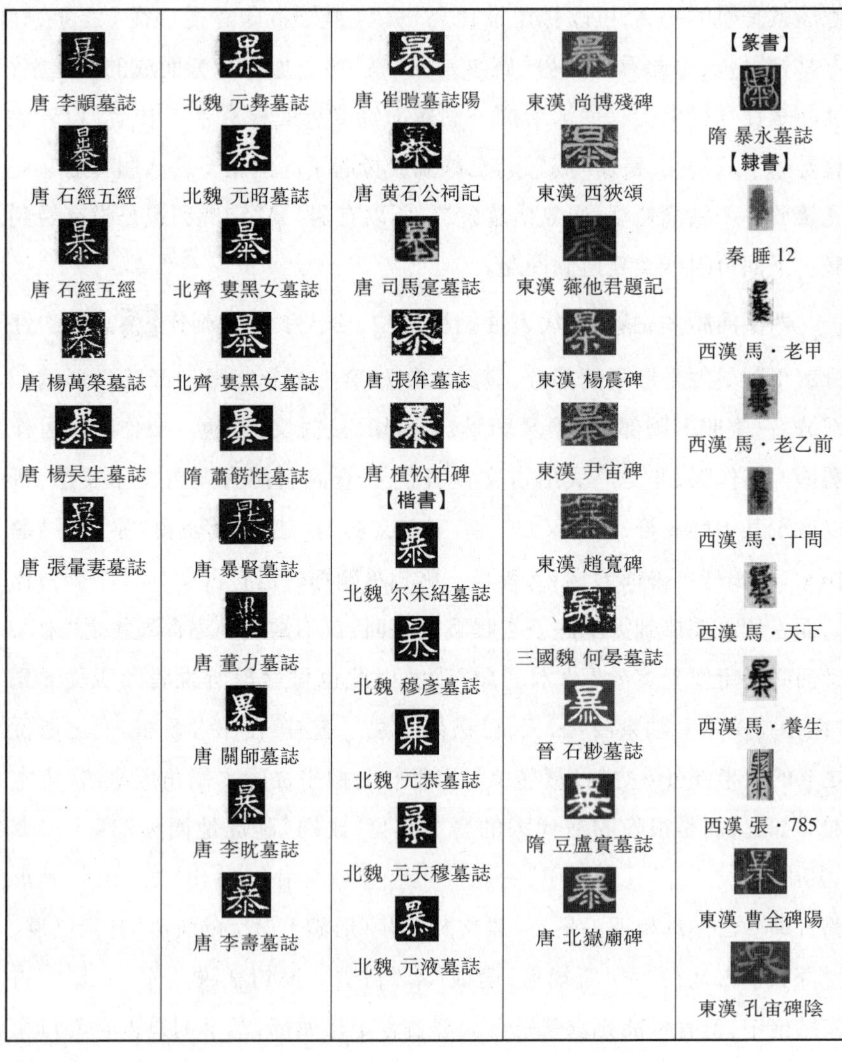

二、就“清靜無爲”古文答漢學博士書

臧老師您好：

很久没有聯繫了，希望您那邊一切都好。只是偶爾會聽到顧彬教授提到您，説又向您請教了什麽問題等等。近來讀一本小書，有一個問題，特向您請教：

聖言會的傳教士海貴春神父（P. Matthias Hermanns，1899—1972）在中國傳教時撰寫的一部有關中國人類學、民族學的專著 Vom Urmenschen zur Hochkultur（原書的中文名爲《由原人而高尚底文化》），1935 年由兖州的天主教出版社出版的。書的封面有一個白描的古人，上面有篆字，我看了半天也没有看出個名堂來。請您幫我辨認一下是什麽字（書影見後附圖版）。

來件所見 1935 年由兖州的天主教出版社所版書封“清靜無爲”古文

復件：

承垂詢書影所存篆書，即略陳管見，以供出入中西學術境地能作無間之游如漢學博士符驗參考。

四字形體雖有殘缺，整體似可釋爲：

清靜(彭)無(无)爲,即“清靜無爲”。以下逐字稍作分疏。

清,《汗簡》作[古文];其中青符,金文作[金文],《汗簡》作[古文]。

靜,書影通用彭,《説文》:“彭,清飾也。从彡青聲。疾郢切。”其字形小篆作[小篆]。又,青符,見“清”字上舉《汗簡》等所爲作。

無,《説文》古文作无:“[古文],奇字无,通於元者。王育説:天屈西北爲无。”唐代《謙卦碑》篆作[篆],《汗簡》作[古文]。

爲,唐代《碧落碑》篆作[篆],《説文》古文作[古文],《汗簡》作[古文]。

又有關聯因素:書影所題“原人”,殆返璞歸真於道家境地者歟?其所用“人”字,唐代《韋士逸墓誌》作[字形],係作者好古以至於尚奇,以見道俗之别。視唐人《碧落碑》、宋人《汗簡》《古文四聲韻》,所極力收拾,正復伎倆一揆也。

臧克和匆匆奉答於 2014-3-11

三、唐代床具功用多邊

(一) 出土實物使用年代

[小篆],説文小篆

[字形]秦睡虎地簡 [字形]秦關周·曆譜 [字形]西漢馬王堆·合陰陽 [字形]魏晉樓蘭殘紙 [字形]北魏法師惠猛墓誌 [字形]北魏王璨墓誌 [字形]北齊司馬遵業墓誌 [字形]東魏張滿墓誌 [字形]隋尔朱敞墓誌 [字形]唐瀆廟祭器銘 [字形]唐法澄塔銘 [字形]唐李立言墓誌 [字形]唐李賢墓誌 [字形]唐契苾夫人墓誌 [字形]唐石經五經 [字形]唐夏侯氏墓誌 [字形]唐玄秘塔碑

——《漢魏六朝隋唐五代字形表·爿部》“牀”字條[1]。唐代即多用“床”結構,其中介字跡過渡形體現在見於南北朝石刻。

[1] 臧克和主編《漢魏六朝隋唐五代字形表·爿部》“牀”條,南方日報出版社2010年。

（二）出土石刻圖版

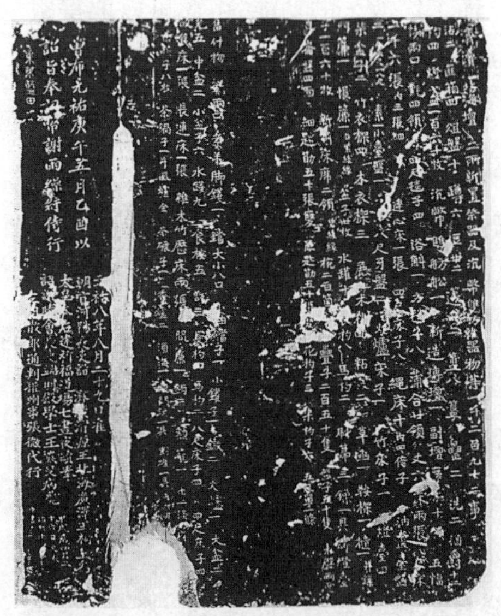

唐貞元十三年(797)《濟瀆廟祭器銘》
(局部。河南濟源出土。)[1]

（三）結構聯繫

從漢魏六朝隋唐五代實物用字表來看,漢魏時期的牀,爲形聲字,從木爿聲。有人認爲"爿"是牀的初文,後來再加形旁木符。最早從北朝北魏北齊時期已有會意結構的"床"字用例,到唐代從广從木的床形,使用的就多起來了。根據經典字彙的解釋,床本是牀的異體,如《宋本玉篇·广部》就認爲"床"是"牀"的俗字。[2]

從字形構造來看,床、庥、宋一組字也許存在一定功能聯繫:

床—庥,"庥"就是"休息"之"休"異體,也跟床形一樣,由广形構造。

床—宋,"宋"本來記録"人所居"的居所,不但跟床都由木形構成,而且广、宀符在許多場合下,其文字構造功能是相當的。

---

〔1〕 北京圖書館金石組編《北京圖書館藏中國歷代石刻拓本匯編》第28冊,中州古籍出版社1997年,第137頁。

〔2〕 華東師範大學中國文字研究與應用中心歷代字彙韻書數據庫,2000—2017年。

庥—床,“庥”就是“休”,由人形依託木蔭得以休養生息。在一定語境裏,“木”也就具備了广或宀的功能,由此可以取得跟“床”形的關聯。

上述聯繫表明,床是人們用以起居休息之具。由此,唐抄本《萬象名義》[1]將“床”具功能解釋爲“身所安”。至於引申指擱置器物的架子,如“井床”之類,則屬於引申過程了。

但是,用來安身的床具,坐臥都屬於安身的功能範圍。然則床之爲用究竟是坐具還是臥具?抑或二者一開始就兼而有之?甚至並不一定只有人體的安置才能用到床?器物之體制,必然具體;至於器物之功用,則應避免過於狹窄的理解。

(四)今天所能探究的,也只是特定時期出土實物用字,所體現的床具功能水平。換言之,唐代前後的床究竟有哪些用途,或者説唐代前後到底有哪些床

倚靠。以床爲日常休息坐具,自具悠久歷史。《説文·疒部》:“疒,倚也。人有疾病,象倚箸之形。”[2]甲骨文當中“疒”,有的研究者認爲就是病傷者臥床之形,象□(甲134)□(甲181)□(後2·11·8)等。將爿豎立,出於字形結構的協調;將其横放,則的然床具側面透視形。其中所倚箸部分,與“牀”形接近。後來的牀,初文就是爿形,所加木旁,不過特别標誌牀具製作材料。

《集韻·陽部》:“妝妝糚粧,側羊切。《説文》飾也。或作妝糚粧。”還標識出梳妝的材料。本部:“莊裝,側羊切。恭也。《爾雅》六達之道謂之莊。”本部:“牸,仕莊切。《説文》扶也。”牸,或爲“扶床”專用結構。床之爲用,初爲“坐具”所專,便宜手扶。是本詩有“阿母得聞之,槌床便大怒”,《木蘭辭》有“開我東閣門,坐我西閣床”。

井韓。睡虎地秦墓竹簡整理小組編《睡虎地秦墓竹簡》,是軟筆即毛筆墨書的秦隸。據編者説明,雲夢睡虎地十一號墓出土的《日書》共有兩

〔1〕 日釋空海撰《篆隸萬象名義》。

〔2〕《實用説文解字》,上海古籍出版社2012年,第228頁。

種,爲了便於區别,分别稱之爲《日書》甲種和《日書》乙種。《日書》乙種最後一支簡的背面有《日書》標題。《日書》甲種《夢篇》之後,附録了關於建築佈局的講究與空間環境的規定:“廡居東方,鄉(向)井,日出炙其韓,其後必肉食。”是水井有欄即有韓用例早見者。

(五)中古以降,或如唐代,床具的功能用途,趨於廣泛,以至於像李太白《靜夜思》:“床前明月光,疑是地上霜。舉頭望明月,低頭思故鄉。”這樣作爲童蒙讀物的詩句,其中所出現的“床”,究竟是坐具還是臥具,甚至還是水井的配套設施?都成了後人饒舌的話頭

或以爲,唐人“床前明月光”詩句所寫空間並不一定就是室内可以供人仰臥輾轉的鋪位,也許是指跟思鄉關係密切的“鄉井”。“井”古文字形結構,見《説文·井部》:

井(甲骨 金文 石刻)八家一井,象構韓形。·,罋之象也。古者伯益初作井。凡井之屬皆从井。[1]

作者描述結構象“構韓形”。所謂構韓形,就是水井上面的木欄。這種木欄是可以放置器物的座架,古代又曾稱作“床”,後世即有“井床”成詞,類似於現代車床。方井,即圓形水井,可施於裝飾樣式,見於隋大業七年《陳叔毅修孔子廟碑》(《匯編》第10册第51頁):“圓淵方井,綺窗畫壁。因頌成功,遂歌美績。共敝穹壤,永固金石。”[2]至於“井韓”,出土文獻記録就更早見了。睡虎地秦墓竹簡整理小組編《睡虎地秦墓竹簡》,是軟筆即毛筆墨書的秦隸。雲夢睡虎地十一號墓出土的《日書》共有兩種,爲了便於區别,分别稱之爲《日書》甲種和《日書》乙種。《日書》乙種最後一支簡的背面有《日書》標題。《日書》甲種《夢篇》之後,附録了關於建築佈局的講究與空間環境的規定:“廡居東方,鄉(向)井,日出炙其韓,其後必肉食。”是水井有欄即有韓,用例較早見者。

---

〔1〕《實用説文解字》,上海古籍出版社2012年,第153頁。

〔2〕《宋書》卷十八《志》第八《禮》五:“殿屋之爲員淵方井,兼植荷華者,以厭火祥也。”

（六）至於將“床”徑直解釋爲“井”，其説雖巧，但果真存在這種關聯嗎？這其中，涉及中古到隋唐時期床具的功能問題，還得從出土實物用例出發作考察

敦煌殘卷中存“千字文”數種，像《真草千字文》等，其内容切近生活，形式四字成韻，屬於實用，便於記誦。如：“晝眠夕寐，藍象笋床。絃歌酒讌，接杯舉觴。”有助於瞭解唐代“竹床”的功能。《雜集時用要字》（三）已經集合作爲時用之“床”如“大床、牙床、四尺床子、食床”。[1] 是知唐代床具功用，已經施於多途。

除了《敦煌經部文獻合集》第8冊所見《開蒙要訓》“帷帳床蹋，氈褥威儀”可以與《千字文》所抄“床”之爲用作爲臥具互相印證外，出土實物用字如上具唐貞元十三年（797）《濟瀆廟祭器銘》[2]所開列祭器清單，包括：“方毯子八、蒲合廿領、丈六床兩張、八□床二千六張内三張細、連心床一張、四戶床子八、繩床十，内四倚子、油□臺盤三、□□□一八尺、素一小臺盤一、八尺牙盤二、火爐床子一、竹床子一、燈臺四、柒盆子二、竹衣楔四、木衣楔三、鹿□木□四、粘□二、草函一、鞍楔一、櫃一并鑠、門簾一、帳簾一並紫綾綉、盆子卅枚、水罐十、長杓八、馬杓二、刷箒三、鑠一具、□燈臺子一百六十枚、新□床席二領碧綾綉、椀二百箇、疊子二百五十隻、盤子五十隻、朱盤兩面、崑崙盤四面、細匙筯五十張雙、鹿匙筯五十張雙、□花杓子三、米杓子六、五□單一條，舊什物、釜兩口、羐羊腳鑊一、鐺大小八口、□鐺子一、小鏉子一、鏉二、火爐一、大盆二、瓮五、中盆二、小盆子六、水罐九、食桉五、甑三、長杓四、馬杓二、八尺床子四、四尺床子四、故食床一張、長連床一張、雜木竹歷床兩張……”

其中，除了像配套“床席”者就是臥具，還有像“火爐床子”類，顯然就是安置火爐的座架，而“食床”，大抵也就是後世家庭日常使用的餐桌。其

[1] 《敦煌經部文獻合集》第8冊，第3937頁、第4170頁；《千字文》釋文，出處同上，第3920頁；寫卷《開蒙要訓》，出處同上，第4040—4044頁。

[2] 該祭器銘文，所列器具，集中反映當時物量詞的使用情況：煮器用口，床具用張，席用領，一般盤子用隻，特殊盤子用面，匙筯用張雙，盆子用枚等。

他場合,還涉及"繩床"之類,如唐開元七年《修定寺記碑》(《匯編》第21冊第115頁):"大緣既下,此虎来奔。猛以衲衣覆裹,安置繩牀之下。"唐開元十七年《大唐故興聖寺主尼法澄塔銘并序》(《匯編》第23冊第15頁):"後月餘,(法澄)儼然坐繩床七日不動,唯聞齋時鍾聲即喫水。忽謂弟子曰:扶我卧,我不能坐死。"可見,至遲唐開元時已用"繩床"坐臥具,且坐具即兼有臥具功能。

基於上述,至少可以說,至遲到了唐代,床具已具備多種用途,可以施用於多種場合。由此看來,唐代床具之用,已非止一功一能之效。然則,讀唐人詩句者,亦大可不必拘於一孔之見、執於一端一邊之説。

漢和語文比較

一、漢和兩種語文表記歷史比較

我們曾考察到一類古漢字就是取象於巫術儀式。[1] 名物即詞的來源出於社會約定,而在古老的"詞物混同"思維支配之下,記録該約定之名的符號,尤其要靠了社會的"約定"。這種社會約定符號的誕生,原初在很大程度上和巫術思維發生聯繫。俄國的普通文字學者 B.A.伊斯特林揭示過這一關聯:

> 原始巫術認爲在現實中彼此毫無聯繫的事物和行爲之間存在隱蔽的相應關係和聯繫,這種巫術促進了約定符號的產生。

關於漢字的發生,流傳後世有影響的説法就是:"黄帝之史倉頡,見鳥獸蹄迒之跡,知分理之可相別異也,初造書契。"是爲"聖人製作"的類型,這與巫術的關聯並不矛盾。記録壯語的古壯文,是在假借漢字過去再加

〔1〕 臧克和《古文字發生與儀式》,德語文本載於德國波恩大學漢學系顧彬主編《袖珍漢學》,2005 年第 1 期。

以改造的文字系統,與日語文字具有相通或相似之處,是屬於所謂"漢字文化圈"內的一種較爲親近的類型。壯族學者也考定:古代的巫師們在創造、形成古壯字的過程中起了重大作用。《布洛陀經詩》爲壯族巫教的經文,記録文字相當於日語所謂"字喃"。該經詩爲反映壯先民關於創世紀觀念的史詩,其中第五篇爲"造文字曆書"。壯語的"寫"讀作"raiz",和蟲子爬行的"爬"讀"raih"基本相同。這與經詩中所述壯族古代文字是昆蟲爬行造出來的恰好吻合。另外,雲南傣族民間傳説亦有與此相類似的説法。《論傣族詩歌》記敘説,有個青年人在森林中看見一條小蟲用尖細的硬嘴啃貝木葉,它爬過的地方留下綫路,青年人得到啓示,發明了用尖刀在貝葉上刻情書。壯族與傣族均是古越族的後代,説明在古代有共同的認知渠道。古壯字實際上就是仿效漢字六書改造成的土俗字,"𡅏"(saw)在壯語裏既表示"文字",又表示"書籍"。漢語北方方言區如齊魯地方,俗稱横寫豎寫爲"鱉爬",皆不外"鳥獸之跡",取象不二。

同樣,在採用漢字之前,日本没有文字。然則,開始傳入日本的漢字是怎樣的形態呢?據日本學者考證,其中大率爲鑄刻在印章和金屬鏡之類上的東西。而這些東西開始大概被視爲某種權威的樣式,之後才被開始作爲文字功能來理解。考古學發現,大約在古墳時代(彌生式末期,奈良初期),日本語就用漢字表記了。昭和五十三年,通過X射綫攝影發現了玉縣稻荷山古墳出土的鐵劍上面的銘文,就是其中一例。

二、取象相同或相類,所指亦復相同或相通

我們在考釋漢語文字時,曾經利用中日兩種語文這一特殊關聯,援以爲參照。下面舉幾個例子。

(一)釋"女"

漢語裏通常以"居室"指代女子,如"妻室""內人""房屋"等等;日語

則相應有“女房”“奥”等詞對稱。又,日語有“女菩薩”一詞,其中第一個義項就是“妓女的别稱”,第二個義項所指爲“美貌温柔的女性”。其中第一個義項的釋義實際上就是把“外面如菩薩,内心似夜叉”中的“如”字替换成“女”字而來的。漢語亦記録觀音菩薩之身的由來乃是“金沙灘頭馬郎婦”,取象不二。又,漢語中“女”“奴”“如”爲一組同源字,可知“女”字往往取陰柔、低順的意義指向,日語亦復同致。如“女波、女浪”與“男波”對立,所指爲波浪起伏中的低浪。“女坂”與“男坂”又構成一組對立,“女坂”所指爲兩條坡路中的小慢坡路。還有,在日語裏指稱相近的一對瀑布中水勢緩而小的讀作“女滝”。日語中“女”字與“温”字音近,所以,“温柔氣質”就記録作“女気”。

(二)釋“色”

“色”字本義,按《説文・色部》所解爲“顔气”,已失其結構義。從“色”字結體來看,其上半部分,《説文・色部》説是“从人”,即人之屈體以相就之形;其下半部分,就是《説文・己部》所著録之“己”,其説曰:“中宫也,象萬物辟藏詘形也。己承戊,象人腹。”分析下來,“色”字結體有點半穿合的特徵,下部取象於人腹,上部取象於人形在腹上屈體以相就,兩者有交合之處:由此描摹男女兩性交配媾精的情境。這種取象意義分析,就可以現成拿日語來參照。在日本國語裏,“色”字結構意義被解釋爲屈體之人與坐著的人交合在一起,以會意爲男女間的情欲體驗。這表明,有的漢字古義走失,到日語裏反得以保存。

也許可以順便説到,中日兩國語文裏都以“食色”相關聯,即“口腹”和“性欲”、“飲食”和“甘匹”爲同一個詞。漢語中“甚”字結構,《説文》説是“从甘从匹”,其中“甘”符指飲食、“匹”符指耦合,又參見《管錐編》卷二論《楚辭・天問》“胡維嗜不同味,而快朝飽”條。與此相應,日本語中“女食”一詞,本義就是指“玩弄女性”。又“秋風”一詞,可轉喻指向“愛情冷淡下去”,理據是“秋”與“空”同音,而“飽”在日本語中亦與“秋”、“空”同音。所以,“飽方”一詞,所指爲“開始感到厭煩”;“飽勝手”,就是表達

“喜新厭舊”。同樣的關聯,“秋渴”,既指“秋後食欲增強”,同時另一邊也就指向“秋季性欲增加”。又,“乏”與“羡”同源字,讀音相同,既指“欠缺”一邊,又指“羡慕”一邊。相對應的是,漢語俗言有“飽漢子不知餓漢子饑”,可謂情同此心,心同此理。

(三)釋“番”

現代漢語中“班次”之義的詞形如“上下班”“值班”“輪班”等皆寫作“班”,按《説文·玉部》,這個“班”實爲“頒佈”之“頒”的本字,而與“班次”之義無關。上述詞形中的“班”字本應作“番”,而日語中“班次”之義,其詞形仍記録作“番”,表示“值班”“輪班”等次第義,亦皆作這個“番”字;另外,“番”字作爲接尾構詞部分,也指涉次序義: 如講“值班”,古漢語叫“當直”,日語記録作“當番”,“第一”相應爲“一番”……顯而易見,日語裏“番”字仍保存了該字本義。按《説文·釆部》,“番”字取象於“釆”,或者説,“釆”爲“番”的初寫,本義爲獸足。古代人生活行爲的根據,往往與辨察審諦獸足的印跡大有聯繫。所以,釆、番、宷、審(审)等一類字皆有取於“釆”,也就都有“審察分辨”義。至於“番”具“次第”義,認知綫索應當是由此而派生發展。

“番”字的上述語義的比較、發展情形,還可以從漢語方言裏找到印證。齊東地方即今膠東方言區被方言調查者認爲是保存相對完整的方言系統。該地區方言裏至今將“這次”呼作“這番兒(zhefar)”,“一次”叫作“一番兒(yifar)”等。而膠東以西的方言區則相應讀作“一番兒(yipanr)”“這番兒(zhepanr)”。二者陰陽對轉,所以區别者,僅是鼻輔音韻尾的保存抑或失落而已。順便提到,日語中“番兵”所指就是“崗哨、哨兵”,亦從上述“輪番”而來,視近代漢語“番兵”,則大相徑庭。又以古音言之,“番”、“班”中只存在輕重唇的不同,而許多諧聲材料,都支持上古輕重唇音是不加區置的。

(四)釋“櫓”

按古漢語中“櫓”字經常使用的義項爲古代兵器之一的“大盾”。最早的文獻用例見《左傳・襄公十年》:“狄彌建大車之輪,而蒙之以甲,以爲櫓。”杜預注:“櫓,大。”《説文・木部》:“櫓,大盾也。”另一義項是指頂部没有遮蓋的望樓。《釋名・釋宫室》:“櫓,露也。露上無屋覆也。”《玉篇・木部》:“櫓,城上守禦望樓也。”這兩義項,現代漢語已不使用,尤其是後一項,人們已很難發生聯繫。而檢現代日語,“櫓”字仍指“城堡的高樓、塔樓”。

又,漢語裏“柄”字所指大多比較實在具體。《説文・木部》:“柄,柯也。”“柯,斧柄也。”《萬象名義・木部》:“柄,碑敬反。本也。權也。柯也。柱也。”《集韻・映部》:“柄棅枋秉:陂病切。《説文》柯也。或作棅枋秉。”至於“柄”字所具的較虚化的關係意義則相對已比較陌生。《管錐編》卷一論“比喻有兩柄而復具多邊”,本《韓非子》等。按《韓非子》“二柄第七”:“明主之所導制其臣者二柄而已矣。二柄者刑、德也。”此處“二柄”,所指就是相反相成的賞罰對立關係。異域語文可資解詁,檢日語中“柄”字所構成的類義詞,可指涉各種複綜關係語義。如“間柄”一詞所指爲“人際關係”,“事柄”一詞即稱“事物關聯”。又關係複綜,自具積極與消極即肯定與否定兩極的傾向,如“日柄”一詞,指向“日子的吉凶”,是“二柄”兼具例。

(五)釋“若”

“若”字在甲骨刻辭裏,出現頻率就已相當高。舊釋爲“順”,已是虚泛的引申義而並非取象義。《説文》説解爲“擇菜”,更是根據訛變後的形體爲訓。專文考辨[1],比勘銘文,考定“若”字甲文取象於年輕的巫師舞神降諾之狀貌,其重要的參照符驗材料,就是日語裏有關“若”字的詞例。漢語有關古文字材料的考索過程兹從略,以下僅補出有關日語的部分,以資參驗比照。

---

〔1〕 臧克和《釋若》,《殷都學刊》1990年第1期。收入李圃主編《古文字詁林・艸部》第一卷“若”字條下,上海教育出版社,1999—2004年,第530—534頁。

日本文字學者關於"若"字古文結體的解釋是：巫者即舞師，兩手上舉，披頭散髮，跪拜領受神意。"若い"作为形容词的本义所指就是"年轻的"，"若い衆"通指年轻人，特指在村镇上照管祭祀的年轻人。"若衆"，特指尚未舉行"元服"儀式（奈良，平安朝時代，"公家""武家"男子達十二歲以上時的戴冠儀式。又江戶時代女子嫁後的剃眉、染齒、結髮等儀式）豎著前髮的年輕人。"若宮"一詞，義項之一是指新祭奠的神社，另一義項則是指在本社內祭奠的對象爲神社之子。"若水"一詞，所指是元旦或立春日早晨汲的水，或汲取此水的儀式。據稱可除一年的邪氣，人亦可得返老還童。"若松"，本指幼嫩的青松，又特指過年時裝飾用的小松樹，又專稱用於葬禮的刻上松葉狀的白紙花。"若枝"，就是嫩枝。"若草"就是嫩草。"若木"則是相對於老樹的小樹。"若燕"，專指中年婦女的小情人。所以，"若返リ"一詞，指向爲人，詞義是"返老還童"；指向爲物，語義爲復壯、再生；指向爲時序，語義是回春、更生。"若手"表示年輕力壯、年富力強者。"若菜"，就是所謂"春七草"的總名……上述關聯，頗徵中日兩地古代巫師關於年齡上的講究規定。至於奈良世界文化遺產名勝之區的若草山，參觀後面附圖。

三、取象不類，所指相聯

日語中的"田舍"一詞與"稻"同源，較爲直接的關聯可以說是在日本這個島國，農作物以"稻"爲主體。因此，日語裏供奉五穀守護神的祭日稱作"稻荷祭"，而"稻荷"一詞就可得概括指稱"五穀神、農神"。供奉五穀守護神（相當於漢語中的"社稷"之神）之社，記録詞形作"稻荷神社"。由此形成了日本關於"稻"的神聖崇拜。

在日本語裏，"稻妻"語義指向就是閃電，"稻光"一詞，本義也就是閃電之光。指稱之字形圖案也就是閃電形，也寫作"稻妻形"，形容閃電般地快跑，詞形記作"稻妻走リ"……在日本語言與神話系統中，"稻"

就是光明的意象，具有驅除邪魔的象徵功能。日本古代神話故事稻穀揚撒記，據《譯日本記》所引《日向風土記逸文》記載：瓊瓊杵尊從天界下到日向地方高千穗山二上峰，當時天昏地暗、晝夜不明，瓊瓊杵尊按土蜘蛛、大鉗、小鉗所獻之計，從千穗稻上取下稻穀粒，向四面八方撒去。稻穀撒出後立即天光大亮，日月生輝。自那時起，瓊瓊杵尊下落之處稱高千穗二上峰。有人認爲日本的大殿祭及後日的撒米驅邪習俗都出自上述神話中稻米能除魔的信念；有的學者指出，其中的"土蜘蛛"乃是遠古日本穴居的土著民族，可見這個傳説由來已久。同樣的關聯，在日本古代神話傳説中，"稻草繩"不啻是拴繫光明、具有避邪功能的"神繩"意象。〔1〕當天照大御神被八百萬衆神誘出天石屋後，爲了防止她再回到石屋帶走光明，即用"注連繩"掛在她的後面。《書記》稱作"端出之繩"，就是用帶著穗的稻草作成繩子，按一定距離係上七折、五折或三折草繩，横掛在門外時，使草繩下垂，以爲禁止出入的標記。日本神社的入口，亦多掛此繩。〔2〕新年時，一般住戶也在門前懸掛此繩，以示辟邪。喪事出棺之後，門前懸掛此繩，則表示阻止鬼魂回來，此繩或稱爲"七五三"繩。⑭

按漢語中有"救命稻草"之類的説法，但似乎多見於民間俗語，尋繹不出該説法的語源。也正是這樣，《漢語大詞典》等大型辭書並未予以收録、反映。根據前具的原由，我們似乎可以推測當是從日本語流傳過來的。但比照起來，廣大漢語使用地區，五穀雜植，並未有哪一種農作物如同日本國的"稻"植一樣獲得神聖尊崇的地位。由於這些因素，漢語詞彙中記録類似日本語裏的"稻妻"等有關詞語指稱的意義時，就寫作"雷電"。

在"閃電"取象具有神聖的象徵藴涵這一關聯上，兩種語文又是相通

〔1〕中國古代詩人似乎只取"長繩"，不問質料。清代嚴可均輯《全上古三代秦漢三國六朝文》中《全陳文》卷十四沈炯《幽庭賦》："故年花落今復新，新年一故成故人。那得長繩繫白日，年年日月但如春。"

〔2〕按"753"即成爲日語中吉利的奇數數字。

相聯的。日語"稻妻"一詞的考察已如上述,漢語文字系統中"神"的初文就是"申",語源爲"申",即取象於自然的閃電現象。[1] 這樣,在"閃電"與"神(申)"的取象關係上,中日兩種語文又是存在著可以相互印證的基礎的,只不過漢語文字系統中没有發生日本語文裏那些意象流變轉換過程而已。

四、中介過渡,浸假分途:貸—貣—戝

2015年6月8日,訪問日本志賀島。在九洲首府福岡博多(hakada),參觀古寺和神社。所到之處,每有古木參天。其中一處景區,其外面高揭:"民俗文化戝博多祇園山笠"。於其中"文化戝",詢問當地學者,得到答復是"文化財",相當於漢語所謂"文化遺產"之類。

翻檢字彙,戝,同賊,見《龍龕手鑑》,參見後附圖版書影。日本語辭書亦存此字,讀同中國漢字。但如此放置,不辭無講。殆流俗演化,至此定型者。然則果係何字?或曰"賊",或曰"則",皆同射覆。比及返滬,終然不解。拙編《漢魏六朝隋唐五代字形表·貝部》[2]分别列具如下字形:

財——(東漢:西·寇恩)(東漢:蒼山元嘉題記)(隋:劉多墓誌)

貸——(西漢:張·906)

戝——(東漢:曹全碑陽)

貣——(西漢:馬·老甲),又見字形表所著録"秦代睡虎地竹簡第16號"

[1] 古文字學者間似爲定論:甲骨文"申"字像電光閃耀屈折形。

[2] 《漢魏六朝隋唐五代字形表·貝部》。

聯繫上舉標識所揭,始知殆“貣”即“貸”字,形體在日本浸假演化爲“戝”而已。西漢張家山竹簡第906號,貸即簡省作,字形從貝從戈。日語中“貸”讀カす,作他動詞用,意爲借出,借給,名詞詞形作カし。字用作“財”,謂財産。聯繫“民俗文化財”,是非物質之財産也;聯繫“祇園山笠”,則爲該財産之名稱“博多祇園山笠”:其由來尚矣。

五、古 音 聯 繫

(一)“博多”日本古地名,音標爲 hakada

瞥眼乍觀,似與漢字所固定讀音,羌無聯繫,其實不然。日語 haka,平假名音值爲はく,猶“博物館”,假名注音爲はくぶっかん;而は清音讀濁轉促即爲ぱ,Hakada 即讀爲“博多”。又見《日藏唐代漢字抄本字形文獻綜録》、《日藏唐代漢字抄本字形表》等。2016 年 11 月下旬審訂《日藏唐代漢字抄本字形表》第二批(2016 年出版第一批三冊),以其體例有日語讀音標注,分漢音、吴音、音讀和訓讀結構,初步察覺到有如下現象,似可注意者:

> 所存吴音,較之漢代音讀有濁化傾向。如《土部》“在”字條,所注漢代讀音爲“サイ”,吴音爲“ザイ”;時代地域不同,帶來由送氣清音[s]母,變爲不送氣吴音的[z]。

清人“古無輕脣”説,也許失之於片面和絶對。如《寸部》“封”字條,漢音讀爲“ホウ”,如果考慮到排除方言標識錯誤的話,濁化則歸幫母即[b];吴音讀爲“フ”,歸輕脣[f]。

日本固有讀音,受到多種文化影響。如《大部》“天”字條,所標識音讀爲“テン”,而訓讀則標識爲“あめ”。就其訓讀音值,殆接近於伊斯蘭教的"阿門"。

(二) 邪馬臺國與"大和"讀音

日本源弘道編集《邪馬臺國への道》,朝日新聞社 1980 年出版發行。是輯爲考古圖文集,主要考古文物時代,爲彌生時期。係奈良出野先生珍藏並惠然見贈。出野先生精研宗教學,善鑒文房四寶,治印學篆刻,乃當世通方高人。

"邪馬臺",日語發音爲やまだ,屬於音訓;"大和",日語發音爲やまと,亦屬音訓。要之,比較起來,二者非常接近。

(三) 多分,大概,推測副詞

賈婆道:"你今晚還來不?"張婆道:"今晚還要與外甥商量,來不及了。明日早來回話。多分兩個都要成的。"説罷,別去,不在話下。(第一卷兩縣令競義婚孤女,第 11 頁)

按"多分",原本表示較多部分,如宋蘇軾《觀妙堂記》:"是室云何而求我?況乎妙事,了無可觀,既無可觀,亦無可説。欲求少分可以觀者,如石女兒,世終無有;欲求多分可以説者,如虛空花,究竟非實。"後來表示多半、大概。日語裏"多分"(だいぶん)表示推測之詞,殆由此而來?[1]

文獻及數據庫:

[1] 臧克和主編《漢魏六朝隋唐五代字形表》,南方日報出版社 2011 年。

[2] 西尾實等編《岩波國語辭典》,日本東京:岩波書店 1979 年。

[3] 赤塚忠博士監修《標準漢和辭典》,日本東京:旺文社 1979 年。

[4] 華東師範大學中國文字研究與應用中心研發歷代字彙韻書數據庫,各類出土文字數據庫。

---

〔1〕 參(明)馮夢龍編《醒世恒言》,顧學頡校注,人民文學出版社 1956 年。

附圖：

1. 奈良時代出土——陶器紋樣取自植物便化

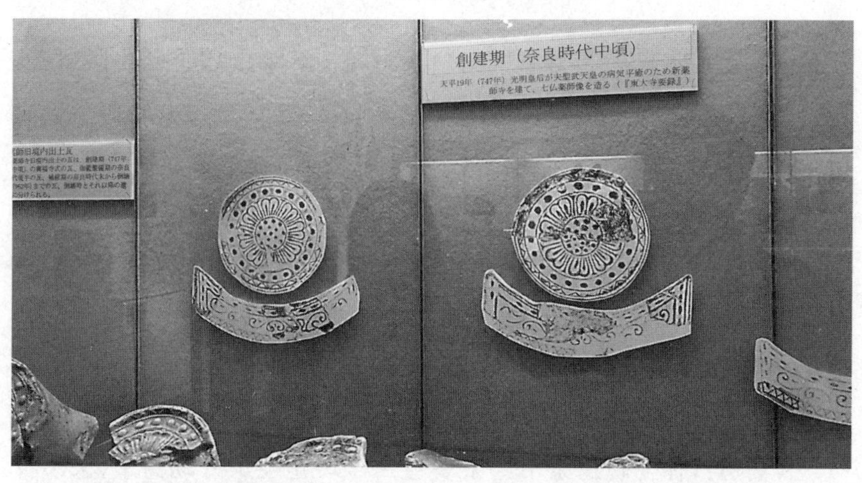

2. 初夏季節的奈良若草山，弱草紛披，小鹿成群

3.《龍龕手鑑·貝部》“貺貺”聯綿書影

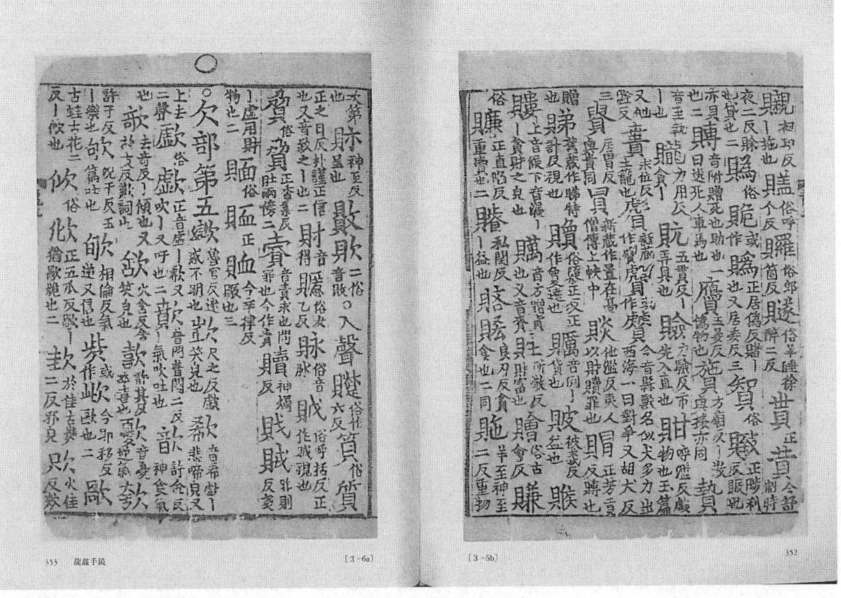

353 龍龕手鏡 〔3-6a〕 〔3-5b〕 352

唐抄文本與楷字整理

唐代傳抄文本,包括若干出土材料,反映了楷字傳播變異定形時期形音義關係的歷史調整。調查所及各組楷字字際關係,可以對比揭示某些楷字發展規律。以往關注比較多的是字形追隨語音,形隨音定的情形。從有關楷字資源庫呈現的字際關係來看,字音的標注,往往因字形的變異而受到影響,也是歷史漢字傳播變異過程中應該注意的現象。下面結合相關出土文獻用例,通過唐抄本數十組字際關係辨析,觀察楷字整理過程中形音義關係的調整。

1. 袒、組、綻

《説文·糸部》:"組,補縫也。从糸旦聲。丈莧切。"《原本》:"組(組),除莧反。《説文》:補縫也。《聲類》:縫解也。或為綻字,在衣部。"《名義》:"組(組),除莧反。補縫。"《宋本·衣部》:"綻,除莧切。解也。或作袒。"

按該字《原本》援引《説文》的釋義並没有出現什麽不一致,只是字形傳抄發生變異:《原本》"組",所從的聲符屬於旦、且形近而混,猶如《原本》:"紆(紆),公但(但)反。《字書》亦衦字也。衦,靡展衣也,在衣部。"《原本》字形寫作"紆",反切用"但"字而抄作"但"形,《名義》也皆抄同。北齊《鄉老舉孝義雋敬碑》:"非但樹名今世,亦勸後生義夫節婦。"其中"但"即作"但"。注音者將形體變異之後的"組"字,擬定爲"除莪反",《名義》抄同《原本》。就漢語史上文字使用情況而言,這個音節結構實際上是不曾存在的。楷字注音依隨形體變異而設定,這可以看作是字形反過來對於字音的制約影響。《原本》還保存了異體關聯,後世"破綻""皮開肉綻",可以看作是由《原本》援引的《聲類》"縫解也"這類語義發展出來的。"縫解"就是"縫隙鬆懈",用綻字爲晚,最初使用袒、組字。

2. 厧、厌、仄

《宋本·厂部》:"仄,壯力切。陋也,傾側也。厧,同上。厌,古文。"《名義》:"仄,莊棘反。陋。厌,同上。厧,同上。"《原本》:"仄,莊棘反。《尚書》虞舜及微。王肅曰:反(仄)陋也。又曰一人覓執鋭立于反(仄)階。孔安国曰:反(仄)階上也。《左氏傳》雀氏反(仄)莊公于北郭。杜預曰:仄,壍埋之也。《説文》傾側也。《廣雅》:仄,陋也。旁洼之側為六(夨)字,在先(夨)部。厧,《字書》亦仄字也。厌,《字書》亦仄字也。"

按《説文》:"仄,側傾也。从人在厂下。阻力切。厌,籀文从夨,夨亦聲。"厧字所從聲符本爲從日從夨,傳抄過程中變異爲昗,而昗字從六,南北朝《原本》抄本竟也將錯就錯關聯爲"在先部",因爲坴從先得聲,先又從中從六,六爲聲符:按照已經變異的形體,進行關聯,故發生上述錯位聯繫。《原本》字形抄爲從昗,《名義》亦抄同。

3. 厃、厃、厃

《説文·厂部》:"厃,岸上見也。从厂,从之省。讀若躍。以灼切。"

《名義》:“屵(岂),餘灼反。岸上見人。”《原本》:“屵(岂),餘灼反。《説文》岸上見人也。”

《宋本·屵部》:“屵,牛桀切,又牛割切。《説文》云:岸高也。”《名義》:“屵,牛割反。高也。”《原本》:“屵,牛築(桀)、牛割二反。《説文》戸(厈)高也。”《説文》:“屵,岸高也。从山、厂,厂亦聲。凡屵之屬皆从屵。五葛切。”《廣韻·入曷》:“屵,高山狀。”

按屵、岂楷化,爲一字之分化,但又各有來源。《原本》援引《説文》有此字,今本《説文》歸《厂部》,《宋本·屵部》脱此字。《原本》歸《屵部》,楷定已經由“之”省訛混作從“山”符構造,厂下從一横筆。《名義》歸部、字形、釋義,全抄同《原本》,今本《説文》釋義脱“人”字。從山從厂,跟從“之”省從厂,原是兩個來源。基於此,《原本》再在原來字形基礎上加一指示符號以區别,《名義》也抄同。然則這種形體混淆,導致再加形體改造,進而再導致分部歸類的差異,至遲從南北朝時期就發生了。

4. 鞏、椉

《名義》:“鞏,時升反。古文。登也,勝也,治也。”《原本》:“鞏,時升反。《聲類》:古文椉字也。椉車也,登也,勝也,治也。在桀部。”

按乘字古文或從几或從木,此爲“乘車”本字。《原本》援引《聲類》以爲“古文椉字”,戰國早期《曾侯乙墓》“馭乘”字皆從車從椉省,如“一鞏型車”“一鞏畋車”,皆同此構。南北朝楷化用字仍有貯存,《宋本》傳刻,該字已脱。

5. 杂、染、苒

《名義·木部》:“杂,如琰反。木垂也。”

按《宋本·木部》所無。從讀音來看,係“染”字抄省。從《名義·木部》所抄存釋義義項來看，可能係"茬苒"字異體。現代語文工具書，或没有保存有關信息和綫索。《漢語大字典・木部》"杂"字下注二音：一爲來自《龍龕手鑑》的"丁果反"，關聯作"朵"的俗字；一爲"雜"的簡化字讀音（即 zá）。可連類者，有淬、染字。《宋本》："染，如琰切。染色。又如豔切。"《説文》："染，以繒染爲色。从水杂聲。徐鍇曰：《説文》無杂字。裴光遠云：从木，木者所以染，梔、茜之屬也；从九，九者染之數也。未知其審。而琰切。"《名義》："染，如琰反，如艷反。普（著）色也。汁也。"大徐構意分析牽強。淬染分化字，淬字結構，南北朝就已經抄寫爲泙，染字從水從杂，爲泙字區别字。染字後出，分擔泙（淬）字功能。泙（淬）兼表"染"義項，見上具"染"字條。《宋本》："淬，七内切。深也，染也，寒也。"《説文・水部》："淬，滅火器也。从水卒聲。七内切。"《名義》："泙（淬），此潰反。寒也。瀱也。"《原本》："泙（淬），此潰反。《淮南》身泙（淬）霜露。許叔重曰：冒犯霜露也。《子虛賦》脟割輪泙（淬）。郭璞曰：泙（淬），染也。《方言》：泙（淬），寒也。郭璞曰：泙（淬）猶瀱也。《説文》滅火器也。泙（淬）堅奎刃為焠字，在火部。"南北朝字形《原本》抄爲泙，《名義》抄同。

6. 漆、柒、朩、桼

《宋本・桼部》："桼，且栗切。木汁，可以髹物。今爲漆。柒，俗。"《名義・桼部》："桼，且慓反。漆，柒也。朩汁如流也。"

按《説文・桼部》："桼，木汁。可以髹物。象形。桼如水滴而下。"《説文・水部》："漆，水。出右扶風杜陵岐山，東入渭。一曰入洛。从水桼聲。""如膠似漆"本字原作會意結構之"桼"，或形聲結構之"朩"。"漆"本水名。"漆器"之字，初文爲桼，異構爲柒，《名義》保存過渡簡化朩字。桼、朩、氿、柒異體字，而古文"七"作"十"、"十"作"丨"，是"汁""氿"又分化字。

7. 鼻、䪙

《名義》:"䪙,輔貳反。首子。"

按此字即"鼻"之分化字,《宋本》脱文。[1]

8. 凭、仉

《宋本·几部》:"凭,皮冰切。依几也。又皮證切。"《説文》:"凭,依几也。从几从任。《周書》:凭玉几。讀若馮。臣鉉等曰:人之依馮,几所勝載,故从任。皮冰切。"

按《名義》所無,北魏《寇憑墓誌銘》等用憑字。但《名義·几部》抄存:"仉,皮水(冰)反。玉几也。馮字。"從《名義》反切注音和釋義來看,本字應是"凭"字抄省。如果確實如此,則南北朝應該存在並使用過從人靠几的"凭依"字形結構。但是,仉字《宋本》歸《人部》,《廣韻》標注"諸兩切,上養,章",現代語文工具書如《漢語大字典·人部》所存仉字,僅是援引《玉篇》爲書證,認爲是"同掌"。與"凭"之省寫字形,差無聯屬。

9. 旍、旍、旍

《宋本·㫃部》:"旍,於業、於儼二切。掩光也。"《名義》:"旍,於業反。率網。"

揆之音義,《名義》所抄存楷字從奄得聲爲是。《宋本》本部下出:"旍,於檢切。"《名義》:"旍,於業反。率網。"《宋本》有音無義,旍旍異體。本部旍下:"旍,於業、於儼二切。掩光也。"旍旍旍字,字書著録皆不早於

〔1〕《漢語大字典·頁部》援引《廣韻》《集韻》義項爲説。

《玉篇》《集韻》之類，大要以《名義》所存楷字爲有據。周祖謨《廣韻》校勘記推測當據《集韻》作從巛從因結構，掩也。失之晚。

10. 陜、陋

《宋本》："陜，諧夾切。不廣也。亦作狹。《説文》："陜，隘也。从𨸏夾聲。臣鉉等曰：今俗从山，非是。矦夾切。"《名義》："陜（陜），胡夾反。隘也。"《名義》："陋，胡夾反。陜（陜）字。"《原本》："陜（陜），胡夹反。《尚書》无自廣以陜（陜）人。《説文》：陜（陜），隘也。"《原本》："陿，胡夹反。《礼記》：庶即容姦，陿即申欲。"檢《禮記集説》："廣則容姦，狹則思欲。"野王案："陿迫隘，不大也。《毛詩序》魏地陿隘是也。《字書》亦陿字也。"

按《原本》字形抄作簡體"陜"，《名義》抄同；《原本》陜陋並出，都作爲字頭貯存，《名義》也抄同，只是《原本》字形抄爲陿，該形體大概爲陋的變體。另外二本反切下字也都使用"夹"字。《宋本》無此字，今本《説文》無此字。現代字書貯存根據是《廣韻》陜字或體，其實已見於南北朝所抄存。

11. 綴、輟讀音

《宋本》："輟，知劣切。止也。"《説文》："輟，車小缺復合者。从車叕聲。臣鉉等按网部輟與罬同，此重出。陟劣切。"《名義》："輟，張衛反。正（止）也。已也。"《原本》："輟，張衛反。《論語》桀溺擾不輟。鄭玄：輟，止也。《尔雅》：輟，巳（已）也。《説文》車小缺合也。"

按綴、輟記録同源詞，前者連續，後者中斷。中斷連續，互爲條件。《説文》以"車小缺復合者"爲聯繫，表明"輟"在構造原理上取"連綴"。《原本》反切用字爲"張衛反"，《名義》抄同，表明至少南北朝時期還是"綴輟"同音。《廣韻》反切標注爲"陟衛"，釋義是"車小缺也"，記録了輟字前期的音義關係。只是在"又音"描述部分,記録了"薛韻,陟劣切"。《宋本·网部》:"罬,竹劣、已劣二切。連也。幡車上覆罔。"已分化爲二切音。《説文·网部》:"罬,捕鳥覆車也。从网叕聲。輟,罬或从車。"《説文》輟字屬重出,但南北朝時期似還没有發生這種現象。否則,以關聯異體、貯存同源分化字爲特點的《原本》不會没有反映。

12. 嶏、𢊁

《説文》:"嶏,崩也。从户肥聲。符鄙切。"《名義》:"𢊁,皮鄙反。毁也。"《原本》:"𢊁,皮鄙反。《説文》:𢊁,敗也。或為圮字,在土部。或爲[illegible]字,在乎部。"

按《宋本》無此字,但於"嶏"下出又音即皮鄙切,説明南北朝以降這兩個字形已經合併了。

13. 這、誕、𨒫

《宋本》:"誕,徒旱、徒旦二切。大也,天子生曰降誕。這,籀文。"《説文》:"誕,詞誕也。从言延聲。徒旱切。這,籀文誕省正。"《名義》:"誕,達但反。欺也。大也。信也。慢也。調也。節也。闊也。"《原本》:"誕,達垣反。《尚書》乃逸乃彦既誕。孔安国曰:誕,欺也。又曰乃誕數文德。孔安国曰:誕,大也。《毛詩》旄立之葛兮,何誕之節兮。《傳》曰:誕,闊節也。《韓詩》誕先登于岸。誕,信也。《左氏傳》子晳之欲背誕。杜預曰:背命放誕也。《淮南》弦高誕而存鄭。許叔重曰:誕,謾也。《説文》調誕也。𨒫,《説文》籀文誕字。"

按《原本》抄存字形變異過程:這、誕異體,誕由籀文省正形構成,南北朝本貯存不省形體。《名義·辵部》:"這,宜箭反。迎也。唁弔失国也。"現代簡化以這、这二字爲繁簡字關係。

14. 嘄、⿰口県

《宋本》:“⿰口県(刻寫從口從県形),古弔切。聲也。亦作叫。”《說文》:“[篆],聲嘄嘄也。从口梟聲。古堯切。”《名義》:“嘄(篆文如此作,楷書則抄從口從臬形),古弔反,叫也,鳴聲也。”

按《宋本》形音義對應來看,從県得聲,不應讀爲“古弔切”。但從《宋本》貯存字形來看,更難再找到與《說文》有關字形的對應關係。金文“縣”,從木從系繫首形(縣妃簋、仲義簠、郘鐘)。《宋本》所存從県形,跟《說文》“縣”字相連繫:“繫也。从系持県。”《名義》的價值之一,就在於往往可以補具中間傳播變異的綫索:《名義》所存篆文作“嘄”,而楷書就變異爲從口從臬形:也就是説,從口從臬形,實際是從梟形之混。臬形接近県形,由此而產生嘄、⿰口県分別。《名義》篆文到楷書,補具了《宋本》從県到《說文》從梟的字形聯繫。從上述聯繫來看,這裏將係傳抄訛變的《宋本》所貯存的純從県字形,與《名義》從臬的楷書結構,都應看作跟《說文》小篆是一個對應單位。如《宋本》:“鄡,苦么切。豫章郡有鄡陽縣。”《名義》:“鄥(鄡),指雕反。”《說文》:“鄡,鉅鹿縣。从邑梟聲。牽遙切。”《名義》字形從鳥,其實鄡鄥郻皆異體,郻爲鄡之變異,《宋本》新增字;鄥爲鄡之省寫,《名義》貯存形體。

15. ⿰口卉、囐

《宋本》:“⿰口卉,五葛、才曷二切。嘈嘈⿰口卉⿰口卉。囐,同上。”《名義》:“啈,才曷反。嘈⿰口卉,聲也。”“囐,才達反。皷也。聲也。”

按字形《宋本》從口從卉,《名義》從口從幸省一橫筆。字形貯存,《名義》將“囐”作爲異體,《名義》作爲楷書字頭。⿰口卉嘈囐字際關係,參見《別雅》“嘈⿰口卉,嘈囋也”條:“《博雅 · 釋詁》:嘈⿰口卉,聲也。《玉篇》:囋嘈,囋也。哊嘈、嘈哊、巘上同,皆音才曷切,是嘈哊,即嘈囋也。《文選》陸機《文賦》:務嘈囋而妖冶。《注》引《埤蒼》曰:嘈啈,聲貌。啈與囋及巘同。按《博雅》《玉篇》哊字從卉,《埤蒼》啈字從幸。從幸者固是訛文,從卉者亦未爲是。《説文・木部》櫱字古文作𣠔,哊字之旁當從𢆉得聲,觀巘字亦與櫱同體可證也。𢆉字隸書混作㚔,㚔字隸書又混作幸,故⿰口𢆉字遂有從幸作啈者。卉亦與⿰口𢆉相近,故又訛作哊。此中輾轉沿訛之故,蹤跡甚微。世人莫肯究心,久之遂成絶響矣。"比較來看,《名義》算是貯存了演變過渡的形體。

16. 艬、艁

《名義》:"艬(艁),七到反。舟為渠(梁)。"《原本》:"艬(艁),七到反。《字書》古文造字也。造,造舟為梁也,至也,在辵部。古文或為腤字,在肉部也。"

按《宋本》本部貯存:"艁,徂浩切。天子船曰艁。"《辵部》:"造,徂皓切。爲也。又七到切,至也。"《説文・辵部》:"造,就也。从辵告聲。譚長説:造,上士也。艁,古文造从舟。七到切。"《原本》該處所貯存音義關係,跟《宋本》本部貯存"艁"字相對應。如此,《宋本》還脱漏一從舟從咸結構。《名義》抄同《原本》,由此可見《名義》《原本》所據傳抄系統還是一個。釋義義項用"渠"字,《原本》用"梁"字:梁爲津梁之梁,渠梁形近,應據《原本》改正。《漢語大字典・舟部》著録了這個字形,貯存歷史體現爲《集韻》:"下斬切,船名。"已落後塵。《名義》傳抄艬、艁錯位,補出《宋本》所脱。

17. 彣、變

《宋本・彡部》:"彣,筆院切。古文變。"

按北魏石刻如《元珽墓誌》等用“變”字。《名義》本部所無,《支部》:“變,彼媛反。改也。常也。改也。”又見《宋本·支部》:“變,碑媛切。變化也。”戰國楚簡《郭店楚墓竹簡·緇衣》第18簡“信其所賤,教此以失,民此以變”作,《五行》第21簡“不智不仁,不仁不安,不安不樂,不樂亡悳。不變不兑,不兑不戚,不戚不親,不親不愛,不愛不仁”作,《上海博物館藏戰國楚竹書》第一册《緇衣》第10簡“而信其所賤,教此以失,民此以變”作:結構主體皆是從貞形,《宋本》本部所刻,所自來遠矣。或者説,彭、變二形,可能是戰國時期使用頻率較高的諸形所分化:從糸從又,分化爲“變”;從貞從又,分化爲彭。

18. 饔、飴、飤、饌、⿱食共

《宋本》:“饔,於恭切。熟食也。”《説文》:“饔,孰食也。从食雝聲。於容切。”《名義》:“饔,於恭反。熟食也。”《原本》:“饔,於恭反。《周礼》内饔中士四人。鄭玄曰:饔者割享前和之稱也。又曰凡賓客之食饔。鄭玄曰:食者,客始至之礼。饔者,將幣之礼也。於客莫盛於饔也。《説文》熟食也。或為今雍字,在丁字。⿱食共,《説文》籀文饔字也。”《宋本》:“飴,翼之切。餳也。饌,同上。⿱食共,籀文。飤,古文。”《説文》:“飴,米糱煎也。从食台聲。與之切。,籀文飴从異省。”《名義》:“飴,戈(弋)之反。米糵煎。”《原本》:“飴,習之反。《毛詩》堇荼如飴。《戔》云:甘如飴也。《方言》:凡飴謂之餳,自關而東陳楚宋衛之間通語也。《説文》:米;饌,《説文》亦飴字也。飤,《字書》亦飴字也。”

按《原本》貯存《説文》異體作從食異聲,左右結構,二抄本同;今本《説文》籀文作上食下共的結構,《宋本》貯存同。對照上具“饔”字條抄存情況,則從食從共結構,就出現兩種歸屬情況:《原本》抄作上從食下從共形,如果認爲是從共得聲的話,《原本》認同於“饔”字頭下,是成立的,因爲歸併“飴”字頭下的,《原本》所抄《説文》有從食異(不省)聲的專字。

今本《説文》籀文上食下共的結構,之所以跟"飴"字認同,是認爲"從異省(聲)"。《説文》省聲的結構分析,往往被認爲存在一些問題,所以,《原本》貯存的上述字跡傳抄認同關係,具有一定參考價值。飤從以聲,飴從台聲,台亦從以聲。

19. 謚、諡

《宋本·言部》:"諡,時志切。諡之言烈也。《説文》曰:行之跡也。謚,同上。"《名義》:"謚,時志反。申也。"《原本》:"謚,時志反。《謚法》:謚者,行之迹也。劉熙曰:謚,申也。申理述見於後也。《礼記》:古者生無爵,死無謚。鄭玄曰:古謂殷以前也。《白虎通》:謚之言烈,所以臨葬而謚之何?因衆聚會欲顯揚之也。"《説文》:"謚,行之迹也。从言、兮、皿。闕。徐鍇曰:兮,聲也。神至切。"

按字形所從兮皿,《原本》抄爲從血,也就是"益"中添加一丶筆,二本抄同,《名義》亦抄同,跟南北朝石刻用字同,如《元子正墓誌》"謚曰文貞,禮也",《間伯昇及妻元仲英墓誌》"松檟方合,鐃吹暫喧;貞芳永謝,虚謚空存",所用謚字,益下皿皆作血形;但南北朝墓誌碑刻也使用益形中間不加丶的字形,如《元悦妃馮季華墓誌》等所用謚字。隋唐石刻已經使用"諡"字,如隋大業十一年《伍道進墓誌》"諡曰恭公,禮也"。傳世字彙見《宋本》本部:"謚,伊昔切。笑皃。又呼狄切。"《説文》:"謚,笑皃。从言益聲。伊昔切。又呼狄切。"該字《原本》《名義》皆無貯存,可知南北朝隋唐五代,謚、諡之間,只是通過一丶筆加以區別,但只是作爲記録"諡"詞單一功能使用。清人嚴可均等《説文校議》所辯,尚粗淺乎言之。

20. 餋、養

《宋本·食部》:"餋,金媛切。祭也。"《名義》:"餋,居媛反。"《原本》:"餋,居媛反。《蒼頡萹(篇)》常山謂祭曰養(餋)也。"

按字形從食從豢省豕爲聲，《原本》抄聲符多加一横筆，二抄本同。飬、養楷化區別性降低，諸抄本多混。南北朝石刻如北魏《和邃墓誌》“以瑚璉虚設，未有斟飬”，字用作養。唐天寶八載《獨孤公（禕之）夫人清河張氏墓誌銘》“二子學古，禄飬蒸蒸”作飬，是隋唐五代石刻用字仍以飬爲養。

21. 㳄、涎、羨

《宋本·㳄部》：“㳄，徐仙切。《説文》曰：慕欲口液也。亦作涎、⿰氵侃。㵄，籀文。”《名義》：“次（㳄），囚仙反。慕也。欲也。口液也。”《原本》：“次（㳄），囚仚反。《説文》：慕也，欲也，亦口依（液）也。或為⿰氵侃字，在水部。㵄，《字書》籀文㳄字也。”《説文》：“，慕欲口液也。从欠从水。凡㳄之屬皆从㳄。叙連切。，㳄或从侃。，籀文㳄。”字形從水從欠形，《原本》一本抄作“次”，《名義》抄爲“次”，以二字形近。《原本》援引《説文》作“慕也，欲也，亦口液也”，二抄本同，《名義》並抄爲三義項，亦同；今本《説文》作“慕欲口液也”。《名義》反切下字用“仙”，《原本》抄作“仚”，止、山形近。《名義·水部》：“⿰氵侃，因仙反，囚山反。口液也。”《宋本·水部》：“涎，似連切。口液也。⿰氵侃，同上。亦作㳄。”南北朝墓誌碑刻或從次或從㳄，二形皆用，如《元熙墓誌》作羡，《元仙墓誌》作羨。《宋本·㳄部》：“羨，徐箭切。饒也，貪欲也，道也。”《名義》：“羨，慈箭反。饒也。長也。侄（徑）也。延也。道也。過也。願也。”《原本》：“羨，□□□反。《周礼》：凡起徒役母過家一人，以其餘為□□□猶饒也。又曰璧羨以起度。鄭衆曰：羨，長也。此辟□□□起度量也。鄭曰：謂羨不圓之皃。盖廣侄（徑）八寸□□□也。《考工記》璧羨度尺好三寸以為□□□。鄭衆曰：□□□羨侄（徑）□□□玄羨□也。其一哀尺而度狹焉。《毛詩》曰□□有羨。《傳》曰：□，餘也。《韓詩》母然歆羨。羨，願也。《淮南》夫羨□□小於度。許叔重曰：羨，過也。《説文》：羨，貪欲也。野王案：漢

□□為人所羡是也。《廣雅》:羡,道也。野王案:羡門,墓道也。"《説文》:"羡,貪欲也。从次,从羑省。羑呼之羑,文王所拘羑里。似面切。"字形所從次,《名義》抄從次。次、次楷化區别性喪失,變會意爲形聲。隋唐五代石刻使用"羡"字,或從次,或從次,爲楷化區别性喪失的表現。

22. 菩、菩

《宋本·艸部》:"菩,防誘切。香草也。又音蒲。"《名義》:"菩,防誘反。香草也。"

《説文》:"菩,艸也。从艸音聲。步乃切。"《宋本·艸部》:"菩,薄胡切。菩薩。又步亥切,草也。"北齊《無量義經之二》"無漏無爲緣覺處,無生無滅菩薩地;或得無量陀羅尼,無礙樂説大辯才"作菩,東魏《劉□周造塔記》"菩薩"作菩。《宋本·艸部》上出:"菩,防誘切。香草也。又音蒲。"《名義·艸部》:"菩,防誘反。香草也。"但專門用於記録六朝産物"菩薩"專字,《名義》尚未之見。文字反映落後於事物發展,此爲顯例。

23. 州、⿲弓弓弓、⿱雨⿲弓弓弓

《名義》:"⿲弓弓弓,口舟反。古州也。"

按《宋本》本部脱文。《漢語大字典·弓部》有著録,出處爲《龍龕手鑑》。從《名義》所抄存來看,至遲南北朝已經使用該字形。弓、刀同類,且楷化過程形態易混。北魏《元壽安墓誌》州作州,《寇治墓誌銘》作州,《晉書》卷127《慕容德載記》時謠曰:"大風蓬勃揚塵埃,八井三刀卒起來。四海鼎沸中山頹,唯有德人據三台。"其中"八井三刀"指并州,描述了"并州"地理用字的楷化情形,而且當時是盛行的。《復古編·下平聲》:"州,水中可居曰州。從重川。别作洲,非。職流切。"所存篆文組織爲接近三"弓"形。據此推知,從三"弓"之州形,即等"三刀"之類,皆係

“州”字楷化過程一體之變異。魏晉南北朝石刻资料庫記録《寇霄墓誌》等凡用21靈字,爲高頻用字。構造或從巫或從玉或從器,無用從三弓者,從三弓已經完全喪失構造理據。“靈”字異體作靈靇霛雷霝等,其中“弜”有可能即“州”形之變,“州”殆即“屑”省,兕呪屑説通用,然則古文“霛”跟巫師方士詛咒有關,特標誌其功能耳。

24. 鉄、紩、鐵

《宋本·金部》:“鉄,持桎切。古文紩。”《名義》:“鉄,池理反。治鏗也。鈮,同上。”《宋本·糸部》:“紩,持栗切。縫衣也。又納也,索也。古作鉄。”

今所用“鋼鐵”簡化字,與之構成同形字。

25. 攺、攱

《宋本》:“攺,大何切。”《名義》所無。《集韻·支韻》以攺攱構成或體關係,通作施。參見本部上出:《名義》:“攱,舒移反。數(敷)也。攺字。”《宋本》:“攱,舒枝切。亦施字。《説文》:敷也。”戰國楚簡文字,即用此字。參見《上海博物館藏戰國楚竹書》第一册《孔子詩論》第十簡“關匹之[illegible]”,所釋載在《上博楚竹書中的“詩論”文獻及範型》中(《學術研究》2003年第9期)。

26. 軌、衔、边

《名義》:“軌,詭鮪反。法也。跡也。政也。”《原本》:“軌,詭鮪反。《考工記》經塗九軌。鄭玄曰:軌謂轍廣也。《説文》車轍也。從九聲也。《左氏傳》君將納民於軌物者也。故講事以度軌量謂之軌,取材以章物采謂之物。《國語》相齊作內政以寄制國,五家为軌,軌为長。又曰度之于軌儀。賈逵曰:軌,法也。《廣雅》:軌,跡也。古文为𧗝字,在行部。又为边字,在辵部。"《名義·行部》:"𧗝,古鮪反。軌字。道也。跡也。"《宋本·行部》:"𧗝,古鮪切。𧗝跡也。古文軌字。"《名義·辵部》:"边,古鮪反。軌字。車徹(轍)也。"《宋本·辵部》:"边,古鮪切。古文軌。"

按"軌道"字,一度皆分化並類化爲從行符構造組織:軌或作𧗝,既見上出《原本》《名義》等,"道"或作𧗟,見戰國楚簡如《郭店楚墓竹簡·老子甲》"以道佐人主者,不欲以兵強"作𧗟:皆所來有自。北魏《和邃墓誌》所用軌字從丸形,《張玄墓誌》所用軌字從九形,唐天寶十二年《崔君妻王京墓誌》"夙夜恭儉,以成婦順;樽節軌範,以正母儀"所用軌字從几形,永徽四年《邢仙姖墓誌》所用軌字從丸形,龍朔三年《唐沙墓誌》所用軌字從九形:楷化凡、九、几區別性降低混用。

27. 肷、服、𦨈、䑧、𦨇

《宋本·舟部》:"𦨇䑧,二同,音伏。"《名義》:"服,扶福反。用也。行也。習也。任也。"《名義》:"𦨈,古服,信服。"《原本》:"䑧,膚福反。"《說文》:"䑧,用也。一曰車右騑,所以舟旋。从舟𠬝聲。房六切。𦨇,古文服从人。"《名義·欠部》:"肷,扶福反。車服也。"《原本》:"肷,扶福反。令(今)俗䑧字也。䑧,衣服也,重(車)服也。《説文》為䑧字,在䑧部。"

按《名義》貯存古文從舟從乃構造,今本《説文》所貯存則從舟從人構造:乃符有可能是人符的變異結果。《原本》歸屬欠部,《名義》抄同;《宋本》歸屬月部,但只是同形字。根據《原本》提供的異體關聯,《宋本·月部》:"肷,許律切。牛肉也。"《原本》該處,實際是"𦨇"字位,《名義》也跟著錯位。𦨇䑧字與舟車有關,肷字跟肉類有關。這種形近而發生的錯位抄誤,早見於南北朝。在記録"車服"意義上,"肷"字字位其實是不存在的。

28. 慎、昚、眘

《宋本·日部》:"昚,市刃切。古文慎。"《名義》:"昚,時振反。試(誠)也。謹也。"又《宋本·目部》:"眘,食刃切。古文慎。"《宋本·心部》:"慎,市振切。謹也,思也。"

按日、目楷化區别性降低,歷史誤會生出異體。

29. 督、督

《名義》:"督,都告反。察,又篤□反。"

按《宋本》本部未之見。爲"督察"字結構楷化過程中,日、目記號區别性喪失而分化出新楷字。然則此局面之形成,至遲南北朝已多見。如《長孫子澤墓誌》"都督"、《元煥墓誌》《元寧墓誌》等所用"督"字:皆從日構造;而《胡明相墓誌》《寇治墓誌銘》等所用"督"字,又皆從目構造。隋唐五代石刻,如天寶十年《裴肅妻陽氏合祔誌》等,數據庫凡 10 餘條記録,皆從日,無從目構造者。

30. 庲、庲

《宋本·广部》:"庲,千漬切。下屋也。"《名義》:"庲,千皷反。下屋也。"《原本》:"庲(庲),千皷反。《廣雅》舍也。《埤蒼》下屋也。"

按《原本》字形從广從朿,朿、束楷化區别混淆。《原本》字形作"庲",相應注音作"千皷反",《名義》亦抄同。然則庲、庲之分别,當在南北朝之際。《宋本》本部傳刻從朿,且音注相應作"千漬切":此亦音逐形制之例。《漢語大字典·广部》"庲"下援引《集韻·燭韻》爲説:"庲,《博雅》舍也。趨玉切。"並援引高郵王氏《廣雅疏證》"釋宫"爲説:以爲庲本音七賜反,訛作庲,後人遂幷改曹憲之音,作七粟反。對照《原本》及唐抄《名義》,顯係倒源爲流,並落後塵者。

31. 雄、碓

《宋本·石部》:"磦,人丈切。惡雌黄。"《名義》:"磦,人丈反。悪雄黄。"《原本》:"磦,人丈反。《埤蒼》:礫(磦),惠碓黄(悪碓黄)也。"

按《原本》釋義抄寫爲形近字"惠碓黄",賴《名義》得以復原"悪雄黄";其中,雄碓字中的"口""厶"形俗寫相混成習,漢代《乙瑛碑》、南北朝《奚智墓誌》作碓,至隋唐如隋大業八年《張伏敬墓誌》"志性威雄,文武俱備"作碓:用字仍寫成從右從隹形,《宋本》貯存爲"雌黄",亦賴《名義》抄存"雄黄"訂正。否則,只好任由後來字書"信口雌黄"了。下出"硰"字,《宋本·石部》:"硰,叉瓦切。好雌黄也。"《名義》:"硰,又曰(叉瓦)反。好雄黄。"戰國楚墓郭店竹簡《語叢四》第26號簡"三鴆(雄)一鴜(雌)"字,皆有取於"鳥"符,分别從厷此得聲,其中厷符寫從口形。

32. 步、駙

《宋本·馬部》:"駙,盆故切。習馬。今作步。"《名義》:"駙,蒲故反。行馬也。"

按"步"見《宋本·步部》。《楚辭·離騷》:"步余馬於蘭皋兮,馳椒丘且焉止息。"《章句》:"步,徐行也。"《涉江》:"步余馬兮山皋,邸余車兮方林。"《危俊》:"步余馬兮飛柱,覽可與兮匹儔。"洪興祖《補注》:"徘徊神山,且休息也。"《逢紛》:"馳余車兮玄石,步余馬兮洞庭。"皆爲《名義》所謂"行馬"之義,本字即此從馬步聲結構。

33. 㝵、貣

《宋本·貝部》:"貣,都勒切。今作得。"《名義》:"貣,都勒反。今得字。獲。"

按《名義·彳部》："得，都勒反。獲也。足也。㝵字。"尉即"㝵"字結構位置之變異者。"得"見《宋本·彳部》。

34. 鞾、冑

《宋本·革部》："鞾，除霤切。今作冑。"《名義》："鞾，除雷（霤）反。冑字。"

按《名義》反切下字雷霤形近抄混。北魏《山徽墓誌》"遙哉遐冑，邈矣玄源"所用字形上從田下從目，從目爲以目部分代表頭部，與《上海博物館藏戰國楚竹書》構造同，《戰國楚竹書》所援引《緇衣》圖版，冑字從由聲目形作，亦猶"冒"字即冃下從目之比。南北朝石刻楷字已經無從革構造者。從革構造，亦有來源，戰國早期《曾侯乙墓》1號作。"冑"見《宋本·冃部》。

35. 裙、帬、君

《宋本·巾部》："帬，音羣。與裙同。"《名義》："君，衢軍反。帔也。堂也。"

按《說文》："，下裳也。从巾君聲。渠云切。，帬或从衣。"帬君裙裠異體，猶裳常之比。《名義》抄省，《漢語大字典·巾部》據《字彙補》，以爲古文尹字。對照唐抄《名義》，顯係後塵訛傳。

36. 也、𠀁

《宋本·也部》："《説文》云秦時刻石也字如此。"《名義》："𠀁，秦刻石。"《説文》："也，女陰也。象形。羊者切。，秦刻石也字。"戰國楚簡文字如此作：郭店楚墓竹簡《老子》甲第 15 號“有亡之相生也”作 ，《戰國楚竹書》第一册《緇衣》“叒也君子”作 。《戰國楚竹書》第一册《孔子詩論》第十簡“關匹之 ”，編者將簡文從也從支的字形釋作改，破讀通怡。這樣，在編者看來，孔子是拈出“怡”字來作爲《關雎》品目的。對照簡文“也”字的寫法，該字形可隸釋爲攺，《説文・支部》解釋爲“敷也，从支也聲，讀與施同”。段玉裁注：“今字作施，施行而攺廢也矣。施，旗旑施也。”《名義・支部》：“攺，舒移反。數（敷）也。故字。”第十一簡有“《關雎》之攺，則其思賹矣”句，也應由此而得到解釋（參見《上博楚竹書中的“詩論”文獻及範型》，《學術研究》2003 年第 9 期）。唐抄《名義》所存“芑”字，適可聯類。

文中所及字書，悉取簡稱，如《説文解字》簡作《説文》，《宋本玉篇》簡作《宋本》，唐抄本《原本玉篇》簡作《原本》，唐抄本《篆隸萬象名義》簡作《名義》等。又爲避排版造字之煩，出土文獻用字，詳其出處屬性，略其原始形體。另外，最近幾年文字基地與日本研究機構合作出版的《日藏唐代漢字抄本字形表》大系，亦有鄰壁之光，足堪借照之用。

參考數據庫：

[1] 有關傳世字書數據，來自華東師範大學中國文字研究與應用中心表意文字大數據研發中心所研製今文字數據庫。其中《篆隸萬象名義》所據版本，係日本東京大學所影印高山寺藏本。

[2] 有關石刻文字數據，來自華東師範大學中國文字研究與應用中心表意文字大數據研發中心所研製歷代石刻數據庫。

[3] 有關簡帛文字數據，來自華東師範大學中國文字研究與應用中心表意文字大數據研發中心所研製簡帛數據庫。

羿射暨夸父本事考

一、羿射及弓矢

《説文解字》中"羿"字取象所檃括的意象,大要不外乎"射日"儀式的概括摹擬,亦爲同一巫術認知歷史背景的具象反映。[1]

《説文・羽部》:"羿,……一曰射師。从羽,幵聲。"是説"羿"字本從"幵"得聲,後來寫作"羿",原是隸定楷化的省變,就成了我們今天看到的這個樣子。徐灝《説文箋》:"羿从幵聲,與笄同例。幵聲古音在元部,轉入脂部。隸省作羿。"下面是《説文》中"幵"作爲聲符的聯類情形:"鳽,鵁鶄也。从鳥,幵聲。"《爾雅》"鳽,鵁鶄";《注》:"似鳧腳高毛冠。江東人家養之以厭火災。"值得注意的是這個從"幵"得聲的"鳽"的功能在於"厭火災",火災亦即乾旱意象的轉型。又如:"妍,技也。从女,幵聲。"段玉裁注:"技者,巧也。"另外,《説文・弓部》還出一個"芎"字,亦從"幵"得聲,其説曰:"芎,帝嚳䠶官,夏少康滅之。从弓,幵聲。《論語》曰:'芎善䠶。'"其實,從同字異構的角度來看,從"羽"之"羿",與從"弓"之"芎"不

---

〔1〕 臧克和編《語象論》二三"上古善射者皆曰羿":文字取象於儀式。貴州教育出版社 1992 年。

過是異體别形,《宋本玉篇・弓部》:"䒤,又作羿。"《羽部》:"羿,胡計、牛計二切。羽也。又羿,善射人。羿,《説文》羿。"

從聲符聯繫來看,"羿"字取象構形所可注意者有二:一是"善射",一是"羽"象與"弓"象在同字異構的過程裏發生聯繫。前者到眼即辨,後者須稍作説明。

異體結構之間發生的字符部件替换,最能體現意象間的流轉、擴展意象本身指涉的邏輯概念外延。《説文》中"羿"字復可换"羽"符作"䒤","羽""弓"二象異構於一體一字,這就給我們充分認識《説文》中"羿"這一文化意象開闢了新的視角。换言之,"羽"象和"弓"象,統一於"羿"這個意象之中,是可以互相補足的。同樣是該字異構的情形,印證了我們上述推論,《龍龕手鏡》"羿"字下又出異構,即從"弓"從"羽",合兩象於一體作"翌"。爲了方便觀察,以下列出歷代字彙韻書關於"羿"字異構的换象過程也就是義類聯繫過程。

《集韻・霽部》:"岍羿,胡計切。闕,人名,有窮國君岍。或作羿。""羿羿,研計切。《説文》羽之羿風。或省。""岍,研計切。《説文》:帝嚳射官,夏少康滅之。引《論語》䒤善射。通作羿。"《類篇・羽部》:"羿羿,研計切。《説文》羽之羿風亦古諸侯。一曰射師。或省。羿。又胡計切,闕,人名,有窮國君。"在這個同字異構的流變過程裏,作爲語言描述的對應符號始終是同一個字(對應於語符),等於什麼變異也没有發生。但作爲構形符號(對應於字符),則發生了涉及幾個取象結構間的替换組合:即"羿"所取之象爲"羽","䒤"主要取象於"弓"。指向"善射"之"弓",表現爲手段,目的即在"射日"。"日"爲旱象,由此又可以説目的在於"弭旱"。按古代文獻,"弭旱"之象,多取於"羽"。儘管可以考慮到古代也許確曾存在過以羽毛爲矢尾的情形(如《周禮・考工記・矢人》注:"矢,稾長三尺,羽者六寸。"),但若聯繫到傳世文獻裏"羽"象原本自具"舞旱"完足意義指向,還是將"羽"象理解爲"弭旱"取象較爲持之有故些。《楚辭・天問》:"羿焉彃日,烏焉解羽?""羽"之"解",即等"日"之"彃"。"烏"象原屬"日"中所有,故可徑視爲"日"的指代。古代"弭旱"往往訴諸一種類似舞蹈的巫術活動、宗教儀式,而這類活動,是離不開"羽"象參與的。《説文》提供了這方面信息,《舛部》在"舞"字下收了一個古文,即取象於"羽",異構作翌,其説解是:"古文舞,从羽、亡。"《集韻·噳部》:"舞儛翌,罔甫切。《説文》樂也。用足相背。或从人。古作翌。"古代祈雨的祭祀舞儀叫作"雩",《説文·雨部》:"雩,夏祭,樂于赤帝,以祈甘雨也。""赤帝"亦無非旱象,而這個"雩",《説文·雨部》或體異構作"翌",適又從羽取象。聯類觀之,這個"羽"象所指即爲古代求雨祭祀時巫者所執娱神之飾物,《集韻·遇韻》:"翌,緝羽也,雩祭所執。""雩翌,《説文》夏祭,樂于赤帝,以祈甘雨。或从羽。雩,羽舞也。一曰吁嗟,求雨之祭。一曰遠爲百穀祈雨。"又按《周禮·地官·舞師》:"教羽舞,帥而舞四方之祭祀;教皇舞,帥而舞旱暵之事。""皇舞"之"皇",或異構作"翌",亦從羽取象;鄭玄注:"皇舞,蒙羽舞,書或爲翌。"

"弭旱"——從"羽"取象——爲目的,"射日"——從"弓"取象——不過爲手段。"羿"一字三形兩象,檃括了作爲射師所具有的"善射"特徵,也就無妨看作是關於一切射日神話傳説的歷史背景的概括描摹。同樣,"弓"的取象在這裏所指自然並非爲具體的弓矢,而是體現著神物崇拜的色彩。《山海經》裏所反映的中國神話巫術儀式可以歸納爲三個類型:一是把某種動物、植物誇張聯類爲神物;二是將某些原始工具誇張爲神物;三是把某種受原始巫術(魔法)支配的東西誇張聯類爲神物。"射日"儀式取象之"弓",則不妨視爲二、三兩類因素兼而有之。這樣就容易理解,爲什麽中國神話傳説裏將那麽多"射日"、除災的記載,全部概括於一"弓矢"意象。這種情形,同中國神話傳説中"鍾馗"之神並無二致。古代把大木稱爲"椎",齊人緩言之則曰"鍾葵";而大木棒又可用來驅鬼,由是,神話裏捉鬼者專名爲"鍾葵"(亦作"鍾馗")。是大棒"椎"人格化爲"鍾葵",抑或"鍾葵"得名,即在於大棒之"椎"呢?恐怕是二者發生在同一過程裏,未許只顧一邊。

"羿"(䍃)構形所取的"弓羽"意象,質言之不過是"弭旱儀式"的高度凝縮。人類學者將這類文字所對應的語言概括爲"儀式用語"。[1]

---

〔1〕[蘇]馬林諾夫斯基《巫術與語言》,上海文藝出版社1988年,第28頁。

“羿”“芎”“翌”:“射日”——作爲“巫術儀式語言”之思維表象解會可也,而不必盡如漢代王充危坐莊論,一一指實:“天之去人,以萬里數,堯上射之,安能得日?”

“羿”之取象構形,對應的是“儀式語言”,即“巫術思維”表象。由是,古代文獻中還將“弓矢”與“日”聯繫在一起,《周禮·秋官·庭氏》:“掌射國中之夭鳥,若不見其鳥獸,則以救日之弓,與救月之矢射之。”古代人也就將“弓矢”的發現製作、諸般功能,均積累於“羿”之一人之身:《論語·憲問》:“羿善射。”《墨子·非儒下》:“古者羿作弓。”《管子·形勢解》:“羿,古之善射者也。”《荀子·儒效》:“羿,天下之善射者也,無弓矢則無以見其巧。”《吕覽·勿躬》:“夷羿作弓。”《莊子·秋水》成玄英疏引《山海經》云:“羿射九日,落爲沃焦。”〔1〕《孟子·告子上》:“羿教人射,必志於彀。”《淮南子·本經訓》:“堯之時,十日並出,焦禾稼,殺草木而民無所食。猰貐、鑿齒、九嬰、大風、封豨、修蛇皆爲民害。堯乃使羿誅鑿齒於疇華之野,殺九嬰於凶水之上,繳大風於毒丘之澤,上射十日而下殺猰貐,斷修蛇於洞庭,禽封豨於桑林。萬民皆喜,置堯以爲天子。”有關羿射日的傳説,最詳備者莫過於此。據丁山考,這段文字中所説的被羿所誅殺的害民之物,“封豨”是主澇的淫雨之神,“猰貐”是主旱的霽神,“大風”是能“壞人屋舍”的“風伯”,“修蛇”則是一種能口吞大象的巨蛇,而“鑿齒”“九嬰”則爲北鄙敵對的異族。〔2〕至此,連同被羿射下的那九個太陽,羿所誅除的爲禍患者,已經包括了天災、人禍……這實際上也就象徵了先民生存於世的憂患總和。就是説,按後世文獻的記載,“羿”這一意象所檃括的範圍,早已不限於所謂“射日”;《管錐編》概括提絜就是:上古凡善射者皆曰“羿”。〔3〕

如果對前面所引的有關記載聯繫起來考察,便可發現羿作爲一個神話人物其名原或許就是堯的“弓矢”。否則,爲什麽羿爲民弭除了那樣繁

〔1〕 按畢沅校本闕。

〔2〕 丁山《中國古代宗教與神話考》,上海文藝出版社 1988 年,第 267—269 頁。

〔3〕 錢鍾書《管錐編》卷二論《太平廣記》卷七,中華書局 1979 年。

多的天災人患而萬民不去擁戴羿,卻"置堯以爲天子"呢?而且有的文獻記載乾脆就直接寫作"堯射日"(《論衡·感虛》)。關於"羿"的下落,"羿"這一意象與"羽"(舞雨儀式)、與"弓"(射日儀式)兩邊的宛密聯繫,作爲旁證,還可以找到一些。

一是"羿"號"有窮",亦與"弓"大有聯繫。"有",按通例不過如同"有虞"、"有周"之"有",詞頭而已。至於"窮"字,殆與"弓"同源:"窮"從"躬"得聲,"躬"又從"弓"得聲,《説文·弓部》:"弓,以近窮遠。象形。"

二是從後世有關羿的宗教活動中得到一些旁證:按《淮南子·氾論訓》載,"羿除天下之害死而爲宗布";高誘注:"羿有功於天下,故死托祀於宗布。……一曰今人室中所祀宗布是也。"劉文典《淮南鴻烈集解》引孫詒讓云:"宗布,疑即《周禮·黨正》之祭禜,《族師》之祭酺。鄭注云:禜謂雩禜,水旱之神,酺者爲人物災害之神也。禜酺並除災害之祭。羿能除害,故托食於彼,義正相應也。"據考,孫氏所作推測是。"禜"與"宗"兩字聲、韻都相隔甚遠,"宗布"之"宗",當是"禜布"之"禜",字形相近而生訛。杭世駿訂説曰:"《禮記》:幽宗,祭星也;雩宗,祭水旱也。注:宗皆當爲禜字之誤也。《釋文》幽宗、雩宗並依注讀爲禜,榮敬反。"[1]"禜"即《禮記》所載"雩禜",亦即"翆禜"。而"布""酺"於例可得通用:"酺"從"甫"得聲,"甫"又從"父"得聲;"布"亦從"父"得聲。[2] 由是,"宗布"也就是"禜酺",與"羿"作爲意象的功能義正相應合。

"羿"字取象構形,與有關"弓矢"意象所對應的"巫術儀式",適表明傳説中的"射師"實際上不過是先民禱雨弭旱、以羽爲舞的一個高度具象而又概括化的符號。這一概括化過程,積累了若干層次的歷史文化内涵,並純粹著明地體示了上古一類認知方式。

從這個意義上,我們可以將"羿"看作是一個具有概念功能的詞語。錢鍾書關於"上古善射者皆曰羿"的表述,要言不煩,實抵得過文化人類學

〔1〕(清)杭世駿《訂訛類編續補》卷上"宗"字條,上海書店1986年。

〔2〕《説文·酉部》:"酺,王德布大飲酒也。从酉,甫聲。"《用部》:"甫,从用、父,父亦聲。"《巾部》:"布,从巾,父聲。"

者之喋喋不休。卡西爾闡釋“語言與神話”的關係，以爲神話並不是按照邏輯的思維方式來看待事物的，而是有其獨特的“神話思維”方式，即所謂“隱喻思維”，這種“隱喻思維”同樣具有形成概念的功能，只不過它形成概念（神話概念）的方式不能像邏輯思維那樣靠抽象的方法從而形成“抽象概念”，而是遵循所謂“以部分代全體的原則”從而形成一個“具體概念”。[1] 從這個角度說，《管錐編》裏所說之“羿”，就是相當於類比認知方式的一個“視覺成語”抑或“具體概念”。語言史的事實告訴我們，如果一個專門名稱由於語音的偶然變化而喪失了其原義，或由於詞根的老化而失去了與活的語言的聯繫，當此時，“這一名稱就不再向使用它的人提示某種單一活動的觀念。於是，這個詞語就演變成爲一個專有名稱，並且，和人的名字一樣，這個名稱就被附加上了一重人格概念的意義。……他現在參與各種各樣的活動；但他已經不再像過去那樣只是完成那一項職能”。[2] “羿”字取象及其意象替換，堪爲示例。

《集韻·質部》：“疾廿䟡𤵸，昨悉切。《說文》病也。古作廿，籀作䟡𤵸。”《類篇·疒部》同：“疾廿𦳠𤵸，昨悉切。《說文》病也。古作廿。籀作𦳠𤵸。”其中所援引《說文》訓釋，釋爲古文𤵸字。

按《說文·疒部》：“（金文 簡帛 古璽 古陶 古幣 石刻）病也。从疒矢聲。秦悉切。，古文疾。，籀文疾。”其中録存所謂古文，恰好是中國古代典籍記載的“射侯”之“侯”：[3]

《說文·人部》：“（金文

[1] 參見[德]恩斯特·卡西爾《語言與神話》第三、六章，北京三聯書店 1988 年版。其實，“堯”亦一“具體概念”，說具《洪水意象篇》。

[2] 《語言與神話》，第 48 頁。

[3] 《集韻·矦部》：“矦医帿，胡溝切。《說文》春饗所䠶矦也。从人；从厂，象張布，矢在其下；天子䠶熊虎豹，服猛也；諸矦䠶熊豕虎，大夫䠶麋；麋，惑也。士䠶鹿豕，爲田除害也。其祝曰：毋若不寧矦，不朝於王所，故伉而䠶汝也。一曰候也，維也。古作医。或从巾。”

[古文字形]簡帛[古文字形]古璽[古文字形]古幣[古文字形]漢印[古文字形]石刻)春饗所䠶矦也。从人,从厂,象張布,矢在其下。天子䠶熊虎豹,服猛也;諸矦䠶熊豕虎;大夫射麋,麋,惑也;士射鹿豕,爲田除害也。其祝曰:毋若不寕矦,不朝于王所,故伉而䠶汝也。乎溝切。[古文字形],古文矦。"

由此,可得進而再考定"侯"字結構取象與"射矦"的認知關係,以及古已有之的"射侯"的歷史内涵。

上列古文"侯",與"疾"字的古文取象相比勘,應該是以矢射人之形。然而我們孤立地就這群古文字形來觀察的話,已不大容易看出"侯"字是從人取象的了。還是《説文》提供了我們聯繫的中介。《説文》"矦"字繫《矢部》,其下出古文作灰,看來和甲骨文等字形是一脈傳承,並無大變異。其解析字形取象云:"从人从厂,象張布,矢在其下。"段玉裁《説文解字注》引《周禮》注云:"侯制,上广下狹,蓋取象於人。"

首先須説明"灰""侯"二字關係。按此二形爲異體字關係,取象不二:灰,《説文·矢部》篆文作矦,其上部從"人",一望而知。"侯"字從人從[古文字形],《説文通訓定聲·履部第十二》:"[古文字形],此古文矢字。"並注明此字係"據[古文字形]篆説解補",按"[古文字形]"又或爲形聲結構的合體字:"屎,[古文字形]又從尸聲,《爾雅·釋詁》:屎,陳也。《廣雅·釋詁二》:屎,陳也。皆即古文矢。"[1]

"侯"字是否就是取象於以矢射人,《説文》亦透露了個中一些消息。"矦:春饗所䠶矦也。从人从厂,象張布,矢在其下。天子䠶熊虎豹,服猛也。諸矦䠶熊豕虎。大夫射麋,麋,惑也。士射鹿豕,爲田除害也。其祝曰:毋若不寧矦,不朝於王所,故伉而䠶汝也。"

關於"侯"字的説解,爲我們保存了古代"侯制"、所射對象、射侯功能、射侯原因、射侯性質,等等。下面就聯繫古代典籍裏面有關"射侯"儀式,對《説文》所揭示的"射侯"文化内涵作一些分析。

---

〔1〕《説文通訓定聲·履部第十二》。

《小爾雅・廣器七》:“射有張布謂之侯。侯中者謂之鵠;鵠中者謂之正,正方二尺;正中者謂之槷,槷方六寸。”《詩・齊風・猗嗟》:“終日射侯,不出正兮。”朱熹注:“大射則張皮侯而設鵠,賓射則張布而設正。”《儀禮・鄉射禮》:“乃張侯下綱。”《白虎通・鄉射篇》:“侯者以布爲之何? 布者,用人事之始也。本正則末正矣。”《周禮》關於“射侯”的性質和對象有著具體而詳備的規定,《射人》:“王大射則以貍步、張三侯。”《大射儀》:“大侯九十參七十干五十。”注云:“侯謂所射布也。尊者射之,以威不寧侯;卑者射之,以求爲侯。”《楚辭・大招》:“昭質既設,大侯張之。”王逸注云:侯謂所射布也。王者當制服諸侯,故名布爲侯而射之。這説明,“射侯”之“侯”,其得名就在於“諸侯”。至於天子、諸侯、大夫、士所射侯制各有差等,既是“射侯”意象的象徵意義的表現,也可以看作是“射侯”性質的具體化。首先是“天子射熊虎豹”,《白虎通》云:含文嘉日,天子射熊,諸侯射麋,大夫射虎豹,士射鹿豕。天子所以射熊何? 示服猛巧佞也。熊爲獸猛巧者,非但當服猛也,示當服天下巧佞之臣也。諸侯射麋者,示達迷惑人也,麋之言迷也。大夫射虎豹者,亦服猛也。士射鹿豕者,示除害也。各取德所能服也。[1] 看來所射對象各有定制,也各含具體所指、一定象徵意藴。

顯而易見,“射侯”性質,原本是在神權統治之下的詛咒儀式。此類巫術儀式,恐怕是起源於巫術認知時代的氏族社會。“射侯”巫術儀式當是用以詛咒那些叛變的“諸侯”即部落首領的。《史記・封禪書》裏還曾記載過:“是時萇弘以方事周靈王,諸侯莫朝周,周力少。萇弘乃明鬼神事,設射貍首。貍首者,諸侯之不來者。依物怪欲以致諸侯。”《集解》:“徐廣曰:貍一名不來。”《考證》:“鄭玄云:貍之言不來也。其詩有射諸侯首不朝者之言,因以名篇,故萇弘因諸侯不朝,設射貍首,而太史公釋其義曰:諸侯之不來也。錢大昕曰:萇弘所行,乃是古禮。戰國後禮廢,乃疑其神

---

〔1〕 轉引自《説文解字義證》卷十五,係摘述。《集韻・旨部》:“矢笶矦夰,矧視切。《説文》弓弩矢也。从入,象鏑括羽之形。古者夷牟初作矢。或从竹。古作矦夰矢。一曰陳也。”笶鉃異體,矦形結構常見於石刻用字,參見《漢魏六朝隋唐五代字形表》“矢”條。

怪爾。愚按貍讀爲埋,不來反。"[1]按《史記·封禪書》"設射貍首",《漢書·郊祀志》直接就作"設射不來"。盟主對於諸侯首領的一切叛逆越軌行爲都是要嚴厲阻禁的,《左傳》裏面就屢屢記載盟主召集諸侯的盟會,除了誓詞之外,另外一個重要内容就是詛咒。

漢代人許慎不僅直接釋"侯"字爲"射侯",而且在《説文》裏還援引《周禮·考工記》,保存了這個儀式中詛咒詞的内容。類似的詛咒之辭亦見於《大戴禮·投壺》和《白虎通義·鄉射》等等,比較起來,用辭大同小異,唯有詳略之別。《考工記》:"其辭云:惟若寧侯,毋或若女不寧侯,不屬於王所,故抗而射女。強飲強食,詒女曾孫諸侯百福。"《大戴禮·投壺》:"辭曰:無荒無慠,無倨立,無踰言,若是者有常爵。嗟爾不寧侯,爲爾不朝於王所,故亢而射女。強食食而曾孫侯氏百福。"《白虎通》:"所以名爲侯何?明諸侯有不朝者則射之。故禮射祝曰:嗟爾不寧侯,爾不朝於王所,以故天下失業,亢而射爾。所以不射正身何?君子重同類,不忍射之,故畫獸而射之。"在這些詛咒辭中,其主要内容都是相通的。[2]首先以"寧侯"與"不寧侯"對比。寧侯是盟主所獎勵的,不寧侯則是盟會上大家共同詛咒之對象。所以,首先舉出所獎勵之人以示勸勉,其次明白指出背叛聯盟的人,以作爲"衆矢之的"。再次,歷數射殺對象的罪惡。最後是給參加射侯的人以祝福。我們發現,《左傳》中記録許多盟會,其盟辭大致相同。氏族社會部落聯盟的集會及宣言已不可考;但是,周代這種射侯儀式及射侯之前的宣誓肯定所來有自。關於"射侯"儀式的性質,章太炎在《文始》中也曾作過如下的闡釋:射侯得名,因於諸侯。《六韜》説"丁侯不朝,太公畫丁侯,射之"。《史記》亦説:萇弘設射貍首者,諸侯之不來者也。蓋上古神怪之事迄周未息。《禮記·射義》言"射中者得爲諸侯"。《春秋》《國語》言"唐叔射兕於徒林,殪以爲大甲,以封於晉",《射義》説

---

〔1〕［日］瀧川資言《史記會注考證》卷二十八《封禪書第六》,文學古籍刊行社1955年。

〔2〕轉引自《説文解字義證》卷十五。

亦有徵。此則周道尚文,因巫事而變異其義也。[1] 章氏所謂"上古神聖之事",就是我們所説的射侯本來是氏族社會利用神權舉行的一種巫術儀式。我們今天能看到的珍貴玉石文字資料《詛楚文》,原本就是戰國時代,秦昭襄王詛祝楚懷王之罪於神祇之文。其性質屬巫咸所爲,以此魔法力量達到控制楚國之目的。[2]

由此,聯繫到前面所考論的"疾"字取象,我們不難發現,"射侯"儀式之意象,與"疾"字取象所凝結的文化内涵正相應若合符節。基於是,我們可以得出如下兩點結論:一是"射侯"意象所指就是射人,射人也就等於"疾"字的取象;二是詛咒儀式的性質,顯而易見是一種巫術行爲,所以説,"疾"字檃括的是一種宗教活動,並非實際訴諸軍事武力,而訴諸詛咒、射刺乃是見諸行爲,目的即是向對方施加巫術影響。

釋典有"慾箭"一語,參見慧琳《一切經音義》卷十"慾箭"條下,其有説曰:"慾心與境相應,如箭之中也。"古代筆記中則有"鬼射"的記載,參見宋代洪邁《夷堅志》三志壬卷第一《馮氏陰禍》:"醫以病傷者爲鬼射,無法治。"皆於"疾射"同心共感,此爲言"疾射"之一邊。

"靈臺無計逃神矢",此爲言"疾射"之又一邊。從中西文化人類學比較來看,男女異性關係上似乎都存在過類似的情形。人類學者曾記載過馬來半島巫師,爲了獲得一位冷美人的愛情,就是要射她的靈魂:"唵嚤!我張弓射箭。一箭射出,日色昏暗;二箭射出,太陽無光;三箭射出,星星躲藏。但我並非要射太陽、星星和月亮,我只射衆人中那漂亮可愛的姑娘×××的心房!"[3]按弗雷澤所謂"交感巫術"原理的分析,這是所謂"相似律",即合於"同類相生"或"果必同因"的原始思維規律。同樣,中國古代男女異性之間也不乏此説。如《晉書·文苑傳》記述顧愷之"悦一鄰女,挑之弗從,乃圖其形於壁,以棘針釘其心,遂患心痛"。爲情魔所射,即

---

〔1〕 陸宗達、王寧《説文解字通論》,北京出版社 1981 年,第 197 頁。

〔2〕《歐陽文忠公集》卷一三四《集古録跋尾·又別本》:"右秦祀巫咸神文,今流俗謂之《詛楚文》者,以其言楚王熊相之罪也。"

〔3〕[英]弗雷澤《金枝》,中國民間文藝出版社 1987 年,第 284 頁。

成仇匹;著暗射之矢,則害心疾。《管錐編》考具:

> "薄寒之中人"。按"中"如"中矢""中傷"之"中",猶蜮"短弧"射影之"中"。"疾"字從"疒"從"矢",合之蜮射之説,則吾國古人心目中之病魔以暗箭傷人矣。西方神話有相類者,不獨愛情之神彎弓以射也;如荷馬史詩即寫日神降大疫,在空中發矢下射人畜。王安石《字説》已佚,不識於"疾"字作底解會;阮元《揅經室集》卷一《釋矢》衹以弓矢之"矢"通矢溺之"矢"而已。[1]

本文關於"疾"字取象及"射侯"意象的考察,看來不過是錢先生早具手眼的一個注腳而已。

《管錐編》闡釋"射刺"意象,圓覽中西,條分縷析。中土西域,舊傳巫蠱之術,粗分兩類:一者旋法於類似之物,一者施法於附麗之物。前者弗雷澤氏在《金枝》中稱之爲"相似律",後者歸結爲"接觸律"。弗洛伊德氏在"相似性"之外,又提出"親和性"加以補充:"除了曾經説過的作法,還有一種可以傷害敵人的魔法。當一個人獲得敵人的頭髮、指甲、廢物或一小片衣服時,以某種殘暴的方式對待它們,那麽,這些報復將像親自捉住敵人一樣,對物件所作的任何傷害都將如數地發生在敵人身上。在原始民族的觀念裏,人名是一個人最重要的部分之一。所以,當一個人獲知某一個人或某一個靈魂的名字時,他同時也將得到了他的一部分力量。在這些例子中,很明顯地,'相似性'被'親和性'所取代。"[2]

其施法亦分爲兩途:其一曰"厭魅"(L'envoûtement),其一曰"射刺"(Lesagittaire)。關於"射刺","箭矢"與"針刺"之間經常發生意象轉换。《管錐編》亦稽考了正史、稗説大量的文獻:"射刺"則如《全上古三代文》卷六引太公《六韜》、卷七引太公《金匱》皆記武王伐殷,丁侯不朝,太

〔1〕《管錐編》卷二、第629—630頁。

〔2〕[奥地利]弗洛伊德《圖騰與禁忌》,中國民間文藝出版社1986年,第99頁。

公乃畫丁侯於策，三箭射之，丁侯病困；即《封神演義》第四八、四九回扎草人爲趙公明而射以桑枝弓、桃枝箭所昉也。……《宋書・文五王傳》宋太宗詔曰："遂圖畫朕躬，勒以名字，或加之矢刃……"《太平廣記》卷一二八《公孫綽》記奴婢厭之，以桐爲其形狀，長尺餘，釘布其上，又卷二八四羅隱《廣陵妖亂傳》記吕用之伏誅，有人發其中堂，得一石函，内有桐人一枚，長三尺許，身被桎，口貫長釘……《通鑑・梁紀》二一元帝承聖二年，"上聞武陵王紀東上，使方士畫版爲紀象，親釘支體以厭之"。《隋書・文四子傳》："太子陰作偶人，書上及漢王姓氏，縛手釘心，令人埋之華山下。"則的然射刺矣。《舊唐書・良吏傳》下記僧淨滿"爲弟子所謀，密畫女人居高樓，仍作淨滿引弓而射之，已而詣闕上言僧咒詛大逆不道"……到《紅樓夢》第二十五回還有這方面描寫。〔1〕

就"射人"的神話傳説而言，相應則構成爲"暗箭中傷"的模式。《説文・虫部》："蜮，短狐也。似鱉、三足，以气䠶害人。"《山海經・大荒南經》："有蜮山者，有蜮民之國……射蜮是食。有人方扜弓射黄蛇，名曰蜮人。"郭璞注："蜮，短狐也。似鱉，含沙射人，中之則病死。"《楚辭・大招》："魂乎無南，蜮傷躬只。"洪興祖《楚辭補注》："谷梁子曰：蜮，射人者也。《前漢・五行志》云：蜮生南越，亂氣所生，在水旁，能射人。甚者至死。陸機云：一名射影。人在岸上，影見水中，投人影則射之。或謂含沙射人。孫真人云：江東江南有蟲名短狐，溪毒，亦名射工。其中無目，而利耳能聽，在山源溪水中，聞人聲便以口中毒射人。"按"狐""弧"皆從瓜得聲，故兩字於例可通，《漢書・五行志》"短狐"即作"短弧"。而"短"從矢，《説文》繫《矢部》；"弧"從弓，《説文》繫《弓部》：均有取於"射"。故而"射人"之"蜮"，又名"水弩"：《漢書・五行志》顔師古注："（蜮）即射工也，亦呼水弩。"晉代人張華《博物志・異蟲》也説："江南山溪中，水射工蟲，甲類也，長一二寸，口中有弩形，氣射人影，隨所著處發瘡，不治則殺人。"陸德明《經典釋文》也這樣説："一名射工，俗呼之水弩，在水中含沙

〔1〕《管錐編》卷一，第296—300頁。

射人,一云射人影。”

看來,中國文化裏“蜮”這個意象竟取得了可以替換“疾”字取象的資格,二者的聯繫,即在於“暗中射人”。

“背後施冷箭”“暗箭難提防”,生民懾於“暗矢”,憚於“機心”:已經積久凝結爲一種文化心態範型。古往今來,人們最擔心憂患的就是背後的暗矢中傷,也正説明這個社會嫉妒者之暗矢的流布盛行。世俗迄今猶有葫蘆依樣、依法炮製者。追溯起來,原本發軔於一種巫術思維,可謂源遠流長了。由是,我們可以説,“疾”(嫉恨)是這類巫術儀式的動因,“疾”(射人)亦爲此類巫術儀式的方式和結果。因而即是在語言學意義上,似乎也不能簡單以“疾”“嫉”二字爲“通借”盡了之。[1]

又,《管錐編》揭示過:弗洛伊德謂,倏忽成辦,乃魔術之特色。德國諺語説:迅捷非即妖法,適堪窺俗情之以妖術爲迅捷矣。常語遂言“神速”。西方幻術咒語亦曰“快變!”(prestochango!)。中國章回小説中有如

---

〔1〕“疾”字取象於巫術活動,我們還可以從“疾”和“醫”兩字的聯繫中得到一些認識。後世“疾”字多作“疾病”之義,自當與醫存在某種聯繫。“醫”字的孳乳情形表明,我們對醫、疾之間存在著内在聯繫的推測還是有一些根據的。《説文·匸部》説解“医”字本是“盛弓弩矢器也。从匸从矢,矢亦聲”。而以医爲聲符孳乳的“毉”字,《説文·殳部》則説是“擊中聲也。从殳医聲”,這裏的“擊中”,説到底就是矢射擊中。“醫”字就是在“殹”符基礎上孳乳得到的,《説文》繫《酉部》,其説解爲:“治病工也。”而《説文》“巫”下也説:“與工同意。”《説文》和其他文獻都講到過“古者巫彭初作醫”,如《世本》裏面就説:“巫彭作醫。”又《吕氏春秋·勿躬》上面也有類似的記載。按《説文》“巫”下則説:“古者巫咸初作巫。”而《山海經·海内西經》:“開明東有巫彭、巫抵、巫陽、巫履、巫凡、巫相。”注云:皆神醫也。《大荒西經》也講到:“大荒之中,……有靈山。巫咸、巫彭……十巫,從此升降,百藥爰在。”其實,古代巫與醫兩邊本同在一人之身:巫者即是施醫者,所以古“醫”字原可從“巫”異構作毉,《國語·越語上》:“將免者以告,公毉守之。”一本作毉,即其證。《廣雅》:“醫,巫也。”由“醫”字的聯類,我們也可以從另一個視角認識到“疾”字與“巫”的聯繫。《説文》一書中有關“弓矢”意象的鈎稽,讓我們從幾個視點透視到了凝結在弓矢意象之上的巫術儀式活動及中國古代人的觀念心態,而且在某種程度上似乎較之其他文獻的記載來得更爲純粹、著明。以下文獻,則可互相印證:

《説文通訓定聲·履部第十二》“族”下説:“(族)或从女,字亦作誒、作慏。《廣雅·釋詁一》:嫉,妒也,三惡也。《離騷》:各興心而嫉妒。注:害賢爲嫉,害色爲妒。經傳多以疾爲之。《書·秦誓》:冒疾以惡之。”從“言”是訴諸詛咒,後世謂之讒言;從“心”是體現爲心理活動。故補注於篇末。

《水滸》第五二、五四回高廉、宋江、公孫勝之"喝聲道'疾!'"。〔1〕

又,《管錐編增訂》頁47:《水經注》卷三六《若水》:"此水傍瘴氣特惡。氣中有物,不見其形,其作有聲,中木則折,中人則害,名曰'鬼彈'。"彈與矢均張弓發以"中人"者也。梁章鉅《制義叢話》卷八引胡天遊十三歲作《疾》一字題云:"'疾'之文從乎'矢',來無向而中人甚疾。"俞樾《春在堂詩編》卷一三《張船山集有觀我詩四首,擬作》之三《病》云"病魔來似空中箭",自注:"俗言'病來似箭',此語深合'疾'字從'矢'之義。"

又,敦煌古老民俗中,有一種"吞符",以十二地支爲順序排列:

子日病者,以索繫頭,放送太山未去,吞此符……

丑日病者,索繫髮及棒打頭,(鬼)未去,吞此符……

寅日病者,以鬼箭射著人腰,吞此符……

卯日病者,鬼箭射著臂,吞此符吉……

辰日病者,以鬼箭射頭,送太山,宜吞此符吉……

巳日病者,赤索縛鬼箭射人胸之深,吞此符……

午日病者,以鬼箭射著病人心除難差,吞此符……

未日病者,以鬼箭射著病人心腹不死,宜吞此符……

申日病者,以鬼箭射著要髂死,吞此符……

酉日病者,以索繫頭,吞此符……

戌日病者,以鬼箭(射)著要時,宜吞此符……

亥日病者,鬼箭射人腳,吞此符……〔2〕

在上述十二日的吞符系列中,除了子日、丑日和酉日之外,其餘九日全都有"鬼箭射著"即"弓矢"意象參與的符咒内容,足資符驗。

〔1〕《管錐編》卷二,第665—667頁。

〔2〕高國藩《敦煌古俗與民俗流變》,河海大學出版社1990年,第109—111頁。

二、夸父與規矩

"夸父追日"這一傳説,在原本缺少系統、零碎支離的中國神話譜系中,稍具規模。所以,迄今爲止,幾乎所有的文史選本都予以收録,洵影響之犖犖大者。但是,傳世文獻原本語焉不詳,而各家在闡釋這一則神話傳説過程中似乎又都不約而同地接受了一個預先規定的指向的制約。下面是有代表性的幾家:

游國恩等所編《中國文學史》有關章節中説:

> 《山海經》所載的精衛填海、夸父追日的神話,就明顯地反映原始人在實際生活中同自然作鬥争的堅決意志。他們在勞動的經驗中堅信人們的力量可以征服自然,因此在任何情況下都抱有克服困難的信心。[1]

朱東潤等編《中國歷代文學作品選》,其中則認爲:

> 這個故事表現人民對勇敢、力量和偉大氣魄的歌頌,對死後不忘爲人民造福的崇高精神的讚美。

具體來説,其中的注解有兩處頗可注意:一是"夸父:人名,也是一個種族的名稱"。二是"入日:太陽落入地平綫之下"。[2]

郭錫良等所編《古代漢語》有關篇目裏也這樣説:

> 它集中地反映了我國古代勞動人民敢於向大自然挑戰的雄偉

[1] 游國恩等編《中國文學史》,人民文學出版社 1987 年,第 22 頁。

[2] 朱東潤等編《中國歷代文學作品選》上編第一册,上海古籍出版社 1983 年,第 282 頁。

氣魄。

其中有兩處注釋與以上説法略有出入：一是“夸父：神話中的英雄，父，古代用在男子名後的美稱”。二是“逐走：競走，賽跑。入日：意思是追趕上了太陽”。[1]

袁珂著《山海經校譯》一書，則徑直解爲：

> 夸父不量力，想要去追趕太陽光，將它在禺谷那個地方捉住。他追到半途，心煩口渴……就渴死在這裏了。[2]

上引諸説，算是犖犖大者，具有一定代表性，也許在某些層次上是較爲接近“夸父”本義的。但是，只説到夸父是在和太陽競走賽跑，類等遊戲，並由此而導致“道渴而死”，總難免讓人覺得這位夸父似乎有些逞勇蠻做，也就是《山海經》就講的自“不量力”。[3]

由於年代久遠而逐漸流轉走失，古代文獻缺乏，文字繁難，書寫工具不便普及，史前神話完整流傳下來的幾乎没有多少。《説文解字》通過種種聯類，構成爲一種特殊的文獻，保存了一些中國史前神話思維的事跡，其意義是不言而喻的。這裏試圖通過《説文解字》一書中“夸”字類比認知聯繫，鈎稽出保留在《説文解字》裏的“夸父”意象原始。

（一）“夸父”得名於“規矩”，或者説，“夸父”就是“規矩”轉語。人名來自工具之號，《説文解字》揭示了這一神話命名原則。

“夸父”特徵之一是與“規矩”一詞存在著相同的語源。“夸父”一詞最早見於《山海經》，一般認爲《山海經》一書大約成書於戰國時代，秦漢時又有增删。“規矩”作爲合成詞使用，也是在周秦之際的文獻裏就已經出現，《禮・經解》：“規矩誠設，不可欺以方圓。”《孟子・離婁上》：“離婁

〔1〕 郭錫良等編《古代漢語》修訂本上册，第7頁。
〔2〕 袁珂《山海經校譯》，上海古籍出版社1985年，第294頁。
〔3〕 《山海經・大荒北經》，《二十二子》畢沅校本。

之明,公輸子之巧,不以規矩,不能成方員。"可爲例證。"夸父""規矩"皆屬連綿詞。"夸父"古音系統裏屬於溪母魚部和並母魚部,"規矩"則分别繫於見母支部和見母魚部,二者讀音極爲相近。

"夸父"特徵之二是"夸"字所指對應於"規"。《説文·大部》:"夸,奢也。从大,于聲。"《説文·大部》:"奢,張也。从大,者聲。"在《説文解字》"大部"也就是"夸"字同一部類中,從大取類,即有"大"義:

> 奃,大也。
> 奆,大也。
> 奍,大也。
> 奄,大也。
> ……

實際上就是"同訓系列"。所賴以區分具體的"大"義,就是該字類各自所從得之聲,因此,《説文·大部》關於"夸"字結構分析值得我們注意。先看"夸"字結體歷史演變情形:"夸(甲骨 金文 古幣)奢也。从大于聲。苦瓜切。"〔1〕

按認知模式,從" "取類,即以人體的張大體示一般抽象之大。聲符"于"其初寫則比較複雜,"夸"正是從此符得聲兼表義以傳遞"具體之大"的。這樣,關鍵是要弄清"于"形的本義。"于"字在甲骨文即已習見常用,其形體演變如下:

> 亏(甲骨 金文 簡帛 古璽 古幣 漢印 石刻)於也。象气之舒亏。从丂从一。一者,其气平之也。凡亏之屬皆

〔1〕《實用説文解字·大部》,上海古籍出版社2012年,第319頁。

从亏。羽俱切。今變隸作于。[1]

徐中舒考釋説："從干從，干象大圓規，上一横畫象定點，下一横畫可以移動，從表示移動之意。或作干，爲之省。"[2]

這様分析下來，"夸"字結體構形意義可以説似乎是一個"大規"。由此而引申，則有"夸(跨)度""誇張"等。至於"夸奢"之義，已屬虚泛化的後起義。再從語音聯繫來看：

竽，竹三十六簧也。接管樂也。……从竹，于聲。

衧，諸衧也。从衣，于聲。按大掖衣如婦人袿衣也。

扜，指摩也。从手，于聲。《方言》十二：扜，揚也。

弙，滿弓有所向也。从弓，于聲。《廣雅·釋詁一》：弙，張也。

紆，詘也。从糸，于聲。

跨，渡也。从足，夸聲。張兩股越渡。

胯，股也。从肉，夸聲。按兩股之間也。

刳，判也。从刀，夸聲。……《易·繫辭傳》：刳木爲舟。

瓠，匏也。从瓜，夸聲。有甘苦二種，……今蘇俗謂之壺盧。瓠即壺盧之合音。

絝，脛衣也。从糸，夸聲。字亦作袴。今蘇俗謂之套褲。古又名褌，若滿襠褲。[3]

和"夸"字同衍一個聲符的上列字群，除了各具"具體之大"外，差不多皆含"曲度"之義，而這正是"規"的功能意義。亦堪聯類共參。

"夸父"特點之三是"父"字一端所指對應於"矩"。"父"字作爲男子

〔1〕《實用説文解字·亏部》，第145頁。

〔2〕徐中書主編《甲骨文字典》卷五，四川辭書出版社1988年，第510頁。

〔3〕朱駿聲《説文通訓定聲·豫部第九》。

名號美稱尚屬後起,原初所指自有較爲實在的内涵,《説文》字類聯繫保存了這方面的文化意藴。《説文·又部》:"父,矩也。家長率教者。从又舉杖。"

這個説解又含三層意思,下面分開來説:

首先"父"訓"矩",作爲第一層,這是屬於所謂"聲訓"。段玉裁就注爲"以疊韻釋之"[1],可以認爲《説文》是從語源聯繫上將"父"解釋爲"矩"的。中國語文學這種訓詁方法往往能打破字形的局限,直探事物得名之原,尤其值得注意。"矩"字記録詞語自可合成"規矩"一詞,圓者爲規,方者爲矩,矩即圭表,古人稱度量器之總名。"巨"爲"矩"之初寫,《説文》將"巨"繫《工部》,其説曰:

> 巨(金文 簡帛 古璽 漢印 石刻)規巨也。从工,象手持之。其吕切。榘,巨或从木、矢。矢者,其中正也。𢀏,古文巨。[2]

《集韻·語部》:"巨榘𢀏,臼許切。《説文》規巨也。从工,象手持之。或从木矢,矢者其中正也。古作𢀏。巨,一曰大也。"

大凡從工結體之字皆有"規矩工巧"之意,《實用説文·工部》:

> 工(甲骨 金文 簡帛 古幣 石刻)巧飾也。象人有規榘也。與巫同意。凡工之屬皆从工。徐鍇曰:爲巧必遵規矩法度,然後爲工。否則,目巧也。巫事無形,失在於詭,亦當遵規榘。故曰與巫同意。古紅切。𢒄,古文工从彡。

〔1〕 見《説文解字注》三篇下《又部》。

〔2〕 均見《實用説文解字·工部》,第142頁。

根據《説文》聯類，“工”其實就是“巨”的初寫。[1] 其實，照“取類説”認知模式，從木結構，揭示其質料；從矢構形，標誌其形制功能：“矢者，其中正也。”

其次是又釋爲“家長率教者”，這是屬於第二層，所説爲引申義，《説文》試圖尋繹並建立“父”字構造和“丈人”等語言聯繫。

最後第三層是説解“父”字結體特徵：“从又舉杖。”“父”字甲骨文作、金文作，皆從手舉一物體。然則到底所舉爲何？還是《説文》透出這方面的消息：“（甲骨  金文  簡帛 古幣 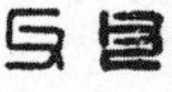 漢印  石刻）矩，也。家長率教者。从又舉杖。扶雨切。”而“杖”又屬何物？還是聯類《説文》：“杖，持也。从木，丈聲。”其實初文就是“丈”，丈，當是杖之本字。《説文》“丈”繫《十部》：“（簡帛 石刻）十尺也。从又持十。直兩切。”[2] 這個“十”《説文》這裏解釋爲十尺，顯然已屬後起。原初人們對“十”形理解又到底怎麽一回事，還是來看《説文·十部》：“十，數之具也。一爲東西，丨爲南北，則四方中央備矣。”如此看來，一“十”字器在握，自可“丈量”天地四方了，這便是“矩”也即所謂圭表。

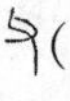

“夸”字所指對應於“規”，“父”字一邊對應於“矩”，即古代所謂圭表之類。“夸父”，便是“規矩”。看來“夸父”作爲人格化的名稱，當首先來自作爲“規矩”的工具。這如同“昆吾”和“壺”、“羿”和“射弓”、“椎”和“鍾葵”等並無二致。《説文》所揭示的，是一條極普遍的神話命名原則。神話思維規律之一，就是“從人一開始使用工具，他就從來未把工具看作是人造的東西；相反，工具被當作一種因其自身而在的存在，賦有著自身

---

〔1〕 見《漢語大字典》卷一《匚部》，援引高鴻縉《中國字例》中説：“工象榘形，爲最初文，自借爲職工、百工之工，乃加畫人形以持之……後所加之人形變爲夫，變爲矢，流而爲矩，省而爲巨。後巨又借爲巨細之巨，矩復加木旁作榘，而工與巨後因形歧而變其音，於是人莫知其朔矣。”

〔2〕 《實用説文解字·又部》，第86頁。

的力量;工具不受人的意志支配,反倒成爲人受其意志支配的神或鬼——人感到自身依賴於它,於是就以種種具有宗教崇拜性質的禮儀崇拜它。在原始時代,斧頭和錘子似乎尤其獲得過這種宗教意蘊;對其它工具,諸如鋤頭、魚鈎、矛或劍的崇拜至今尚可在未開化部族中發見。在依韋部族中,鐵匠使用的錘子被看作是一位強有力的神,依韋人崇拜它並向它奉獻犧牲。工具從未被看成是人製造的東西、某種想到而後製造出來的東西;相反,工具被視爲某種'天賜之物'。工具並非起源於人自身,而是起源於某種'文化英雄';這個英雄要麽是神,要麽是獸。……神話概念趨於將全部自發性活動都看作是接受性活動,把人類的全部成就都看作是賜來之物"〔1〕。《説文》中的"夸父"意象,亦堪聯類。在中國《世本》等文獻所載工具的發創,大要須作如此解會。《集韻·脂部》:"椎梠,傳追切。《説文》擊也。齊謂之終葵。或作梠。通作槌。"

(二)"夸父追日"的本事是遠古時代人們觀測天象,以太陽在太空運行距離的單位劃分,進行時間單位的把握,確定時序季節以及每天的時間單元切割。以空間體現時間,這是古代認知思維的又一規律。這些在文獻所載的傳説裏已基本潛隱失落。保存這一悠遠記憶的,現在看來唯有《説文》等字彙。

按《説文》字類繫聯所見之夸父,有下列特徵可與傳説記載對應:

"舉杖"與"舉父"。神話傳説所載,"夸父"據其特徵或可作"舉父",《山海經·北山經》:"梁渠之山……有鳥焉,其狀如夸父。"郭璞注:"或作舉父。"〔2〕《説文》釋"父"爲"从又舉杖"。而"舉"即爲"對舉",《説文·手部》:"舉,對舉也。""舉杖",也就等於雙手對舉以持杖。二者相應若合符節。

"舉杖"與"棄杖"。《山海經》記載這位夸父是與"杖"這一道具相聯繫的,而且直到死而始棄其杖。《海外北經》:"道渴而死,棄其杖,化爲鄧

〔1〕［德］卡西爾《語言與神話》中譯本,三聯書店1988年版,第80—82頁。

〔2〕又見《山海經·西次三經》。

林。”這個“鄧林”據學者考證就是“桃林”。〔1〕但這並不是所指爲桃園長林,也並不與《説文》所解之“杖”相矛盾。《山海經·海外北經》記載:“鄧林在其(夸父國)東,二樹木。”郝懿行説:“蓋謂鄧林二樹而成林,言其大也。”

捨棄上述對應之處,在傳説中剩下的東西對人們解讀“夸父追日”之謎已没有多少直接幫助。

下面來看《山海經》關於“夸父追日”始末的最爲完整的記載:“夸父與日逐走,入日。渴欲得飲,飲於河、渭。河、渭不足,北飲大澤。未至,道渴而死,棄其杖,化爲鄧林。”按《海外北經》的這段記載,人們很自然地得出夸父逞勇蠻做、不自量力的解會,再補以《大荒北經》的有關記載:“大荒之中,有山,名曰成都載天。有人珥兩黄蛇,把兩黄蛇,名曰夸父。后土生信,信生夸父。夸父不量力,欲追日景,逮之於禺谷。將飲河而不足也。將走大澤,未至,死於此。”

互相比照,再聯繫《説文》,又可知:

其一,夸父追日,所要追趕的是“日景”。“日景”就是“日影”,也就是太陽的投影。我們知道,古人計算時間稱“晷刻”,而“日景”也就是“晷”,《説文·日部》:“晷,日景也。”可見古人所追對象實際上是太陽投影移動的軌跡,人們以“規矩”(夸父)進行測定、劃分。古人假空間劃分以切割時間,比如“時”,《説文·日部》所收古文作旹,其説曰:“時(金文 簡帛 漢印 石刻)四時也。从日寺聲。市之切。旹,古文時从之、日。”“之”爲動符,《實用説文解字·之部》:“㞢(甲骨 金文 簡帛 古璽 古幣

〔1〕 見畢沅《山海經新校正》:“鄧林即桃林也,鄧、桃音近……蓋即《中山經》所云,夸父之山,北有桃林矣。”

石刻)出也。象艸過中,枝莖益大,有所之。一者,地也。凡之之屬皆从之。止而切。"甲骨文結構作,從止在一上,止爲人足之象,一爲地上,象人足自某一地點有所往。《爾雅·釋詁》:"之,往也。"因此,《説文·日部》所收録古文時作"旹",即表明古人對於時間的觀察與把握:太陽天體在空中的運行,是其參照。

其二,"夸父入日",所指就是"逮之於禺谷"。參考其他相關文獻可知,"禺谷"就是"虞淵""昧谷""蒙谷",也就是日落之處。《山海經·大荒北經》郭璞注:"禺淵,日所入也;今作虞。"《淮南子·天文訓》:"日……至於虞淵,是謂黄昏。""昏"字所指時刻,太陽已落入地下,《説文·日部》:"昏,日冥也。从日,氐省。氐者,下也。"《天文訓》又載:"至於蒙谷,是謂定昏。日入於虞淵之汜,曙於蒙谷之浦。"比勘《尚書·堯典》的記載,"蒙谷"又即"昧谷";在空間方位上爲西方:"分命和仲,宅西,曰昧谷。"《傳》:"昧,冥也;日入於谷而天下冥,故曰昧谷。"《説文·日部》:"昧,……一曰闇也。"可見"入日"之處,也就是夸父觀測的終點,相對於這個終點的始點應該就是"暘谷",《説文·日部》:"暘,日出也。从日,昜聲。虞書曰暘谷。""暘谷"作爲日出之處,相對於"禺谷"還有個名稱叫"嵎夷",《説文·山部》也提供了這方面的綫索:"崵,……一曰嵎鐵崵谷也。"這裏"鐵"就是"夷",《説文·金部》"鐵"下收録其古寫作"銕",即其證。《尚書·堯典》:"分命羲仲,宅嵎夷,曰暘谷。"《傳》:"暘,明也,日出於谷而天下明,故稱暘谷。"《淮南子·天文訓》:"日出於暘谷。"

這樣聯繫起來考察,"夸父"觀測的是太陽由東到西、由出到落的整整一天的運行軌跡。這個過程,傳達出遠古人們對於時間把握和確定的特點,即以觀測天體日象的運行,來劃分時令時刻。古代人這種對於自然奥秘的探索,對於一個時間單位中生活的安排,也就是與社會集團日常生活的重要關係,只要我們稍稍聯繫一下《尚書·堯典》裏的有關記載,即可明瞭:

乃命羲和,欽若昊天,歷象日月星辰,敬授人時。分命羲仲,宅嵎夷,曰暘谷。寅賓出日,平秩東作。日中星鳥,以殷仲春。厥民析,鳥獸孳尾。申命羲叔,宅南交,平秩南訛,敬致。日永星火,以正仲夏。厥民因,鳥獸希革。分命和仲,宅西,曰昧谷。寅餞納日,平秩西成。宵中星虚,以殷仲秋。厥民夷,鳥獸毛毨。申命和叔,宅朔方,曰幽都。平在朔易,日短星昴,以正仲冬。厥民隩,鳥獸氄毛。帝曰:諮!汝羲暨和,朞,三百有六旬有六日,以閏月定四時成歲,允釐百工,庶績咸熙。[1]

要是結合了孔穎達的《正義》來考察就不難發現:

其一,季節時序的劃分,總是對應於某一星象;季節時序規定,又總是參照於某一方位。

其二,天象的變化,也即時令的更替與包括人類在内的自然生物息息焉通,悠悠焉會。

其三,上古時代,社會集團對於天地四時的觀測工作極爲重視,往往需要"分命"專職官員,長期駐守在固定的相應的觀測地點。

其四,分佈在各地相應的觀測天象運行、確定時間更替的專職人員,對這項工作是相當敬畏的,由"欽若昊天、歷象日月星辰",然後到"敬授人時"。"夸父"既人格化作爲觀測太陽運行情況者,怎麽會去向太陽挑戰、進行不自量力的競賽呢?

《説文》有關字類所檃括的"夸父"本事,在一定程度上和中國典籍所反映的文化背景相應相合,而且和西方民族的時空觀念及其體示也可以進行比較:

我們看到,象左與右、前與後這樣最簡單的空間關係,被一條沿太陽軌跡由東向西的綫劃分開,並被一條由北向南的垂直綫平

〔1〕《十三經注疏·尚書正義》,中華書局1980年。

分——所有時間間隔都源於這些交叉的綫段。在那些把這種方法發展得最爲明晰和完善的民族中,這種關係常被模擬於最常用的時間術語。拉丁詞季候來源於天界的觀念及標示。

"基本詞彙季候、天界無非表示平分,交叉:用後來木匠們的術語説,兩根交叉的椽木或横樑仍然構成一個天界;此後,如此劃分的空間的意義,是一種自然的發展;天空的四分之一(例如東方)轉換成白晝的時間(例如早晨),然後轉換成一般性的時間。"

把空間劃分爲各個方向和區域,把時間劃分爲若干階段,兩者是平行地進行的。[1]

上引中西文獻資料,似乎可以聯繫到在殷墟卜辭中所發現的大量的"出日""入日"之祭的商代人檔案記録:"乙巳卜,王賓日"(《佚》872)、"出入日,歲三牛"(《粹》17)等等。郭沫若、陳夢家等人根據卜辭材料,推斷殷人對太陽有朝夕迎送的禮拜儀式。《説文》所釋"父"爲"从又舉杖"、"丈"又爲"从又持十";而甲骨文中"甲"即作"十",有人認爲"十"爲測日之表,殷人先世上甲微是殷代第一個用"十"測日影以確定時刻的。[2]

中國古代很早即以農業爲本,而測定節氣,不誤農時,成爲發展農業的先決條件。因此,在我國很早以前,便産生了測量節氣的古老天文儀器——表。表有時又稱作竿、槷、榑、碑、髀、臬。總之,就是用石或木製作成一個竿子,觀測它在陽光下的投影;用圭來測量影子的長度,根據日影的長短,來判斷一天的午時和一年四季節氣的變化。由是,表又稱作圭表。判斷方向、測定節氣,是圭表的重要功能。南京博物院於1965年在江蘇儀徵漢墓中發掘了一件銅圭表。從其形制、尺寸和功能上來判斷,它

〔1〕[德]恩斯特·卡西爾《神話思維》中譯本,中國社會科學出版社1992年,第121—122頁。

〔2〕温少峰、袁庭棟《殷墟卜辭研究——科學技術篇》,四川省社科院出版社1983年,第73頁。

是一件小型可攜式圭表,爲用於天文觀測圭表的十分之一。它在製作上也基本符合圭表所應具備的技術要求。《考工記·匠人建國》記載著戰國時期人們運用圭表定向的描述:"匠人建國,水地,以懸置槷以懸,眡以景。爲規。識日出之景與日入之景。晝參諸日中之景,夜考之極星,以正朝夕。"這裏已經提出了使用表的兩個必要的技術要求:一要"水地",即使地面保持水平;二要"置槷以懸",使表與地面垂直。從這件漢墓出土的銅圭表的結構來看,大體上體現了《考工記》中所描述的要求,參見下圖。用表時將表拉開抽出,圭面上出現一個長方形水槽,槽中注水,可以驗證圭面是否水平。同時,表頂端上有一個直徑 0.5 厘米的圓孔,經實測與投影無關。估計是當時繫繩便於將表立起,懸以重物,以驗其表是否垂直於圭面。[1]

東漢圭表

(三) 夸父神話的田野調查異文及有關習俗的發現,可以與我們稽考《説文》有關字類所揭示的"夸父追日"本事相互印證。

其一,《夸父峪碑記》所考證夸父山之由來。河南、山西、陝西交界處的靈寶縣,古代即稱桃林,周時稱桃林塞,隋代叫桃林縣,至唐天寶元年始改爲靈寶縣,按《地理通釋》所載:"桃林從潼關東至函谷關,西至華陰等地。"靈寶西閻鄉廟底村保存了一塊清代道光年間所立的"夸父峪碑",從《夸父峪碑記》的主要内容來看,此碑所立,主要是爲了解決周圍山民關於夸父山山權問題。碑記爲考證夸父山的由來,録入了"夸父追日"的傳説:"東海之濱,有夸父其人者,疾走善行,知太陽之出,不知其入,爰策杖追日至此山下,渴而死。山因以名焉。"又云:"此山之神,鎮佑一方,民咸受其

〔1〕《南京博物院藏寶録》,上海文藝出版社、香港三聯書店有限公司聯合出版,1992 年,第 173 頁。

福,理合血食。兹故土八社士庶人等,每歲享祀,周而復始,昭其崇也。”

由此可見,夸父追日有著明確的求知目的即瞭解太陽出入(升落)情況,並受當地人們無上崇拜。

其二,民間流傳神話中的夸父之死及桃林的由來。民間口耳相傳的神話對夸父山、桃林來歷的解釋是:相傳在五千年前,黄帝族與炎帝族在阪泉地方發生了衝突,在中原打了一仗,結果炎帝族戰敗。當時,夸父族是炎帝族的一個部族,被黄帝族下的一名大將應龍追趕西逃。夸父族逃到靈寶西部,正遇上八年一大旱的酷熱天氣,人們饑渴難忍,頭領夸父不幸渴死在這裏。夸父族的全體成員,決定在這座山下定居下來。他們把頭領夸父葬在這座山下,因而也就稱這座山爲“夸父山”了。夸父臨死時,囑咐子孫要種植桃樹,所以這裏就叫桃林了。

由此可見,“夸父”之死,與“追日”或許不是同一過程,而是後來逐漸積累上去的。

其三,民間傳説中“夸父追日”的起因和經過。傳説很早以前,有個巨人夸父,只知道日出,不知道日落。爲了弄清日落的地方,才和太陽賽跑的。他追日來到此地,正好天近中午。夸父心想,我喝點水休息一下,再和它賽跑。誰知夸父一覺醒來,太陽已經進了西山。夸父一看追不上太陽了,一氣之下,就氣死在這裏了。〔1〕

“夸父追日”,顯然潛含古代人探求自然奧秘、渴望求知的認知意義。與其如前人所謂“挑戰自然”的民族精神,毋寧爲中土民族認知的智慧探索。

《説文解字》中的“夸父”意象部分,最早刊載於《學術研究》1995 年第 5 期。雖多所轉載,但時隔已久,查詢者每苦於浪費時間。“愚公移山”“精衛填海”“夸父追日”等原本“出口”到西方的古代傳説文字,前兩年被

〔1〕 所引碑文、民間傳説,均見張振犁《中原古典神話流變論考》,上海文藝出版社 1991 年,第 306—309 頁。

西方漢學學界盲人摸象般加以發揮，似乎從中有以發現東方民族敢於直面“挑戰自然”，不事回避“英雄精神”云云。某些好事傳媒，反以爲“新詭可喜”，若爲吃驚者。刮目相視，轉爲“内銷”。復加收録，以爲異日對照之券。

序言前言

二十一世紀漢字文化圈書寫記憶文本庫

漢字書寫記憶文本庫建設,漢字文化圈書寫記憶恢復,乃至整個表意文字體系書寫記憶大數據挖掘,是一項二十一世紀大數據 AI 時代無可替代的重要課題。

理論依據。"漢字過渡性形體"以及"中介字跡"說,爲漢字書寫文本庫的大數據挖掘,提供了理論依據。漢字發展史斷代調查表明,在戰國秦漢六朝漫長的草寫過程中,漢字實際上經歷了兩次解構:其一是篆文的隸變,其二是楷法的易簡。第一次解構,注意者衆多,調查研究課題非常集中。第二次解構即草書流行過程中,構件可以重新歸併,串通變換;有的筆順,可以變換書寫方向,在一定程度上建立了新的區別機制,釋放出成批的過渡性形體,極少量部分被固定爲"定型楷字",可算是"冰山一角",而海量的書寫字跡則僅僅形成"中介字跡"。相對於篆文的隸變,草書所帶來的楷書結構認知干擾,一向並未引起相關調查者關注。草書流行過程中,等於是又一次打亂了各種結構類型,轉換了認知區別模式。不僅是簡寫,包括構成偏旁,重新形成一整套化簡、替代、歸併、變換等區別與認同規則。

實踐方案。基於大數據建設,深入挖掘海量漢字書寫記憶數據,成爲漢字書寫記憶文本庫建設的當務之急。日韓中漢字文化圈主要地區,其中所存極其重要價值的書簡手跡,分門别類成系統地搜集整理,正是其中無可替代的重要環節。漢字書寫記憶文本庫,既是漢字發展史學、新史料學的基礎,也是發掘人類世界認知發展、揭示智慧傳承規律無可替代的"第一手數據"。

一、書藝與門戶

中土魏晉以還,門閥士族階層形成並得到發展。"門戶"一詞,爲當時社會日常高頻用語。陳寅恪論北魏前期漢化問題,特别提出:"有一點可以注意,在南北朝初期,所謂勝流,不必以高官爲唯一的標準,即寒士有才亦可目爲勝流,非若南北朝後期魏孝文帝的品目門第勝流,專以官爵的高下爲標準。《魏書》卷四七《盧玄傳論》云:'盧元緒業著聞,首應旌命,子孫繼跡,爲世盛門。其文武功烈,殆無足紀,而見重於時,聲高冠帶,蓋德業儒素有過人者。'范陽盧氏在政治上的地位不及清河崔氏,其所以見重於時,主要在'德業儒素有過人者'。德業儒素,即所謂人倫。東漢以來評論人物,標準有兩條,一爲姓族,講整個家族;二爲人倫,講個人才智。"趙翼《廿二史劄記》卷八《南朝多以寒人掌機要》條:"而其時高門大族,門戶已成,令僕三司,可安流平進,不屑竭智盡心,以邀恩寵。且風流相尚,罕以物務關懷,人主遂不能藉以集事。""所謂高門大族者,不過雍容令僕,裙屐相高。……雖朝市革易,而我之門第如故。"《南史》卷七七《劉係宗傳》中齊武帝也這樣説:"學士輩不堪經國,唯大讀書耳。"相互印證,大體可以看出當時士族高門的社會風尚。

漢魏盛行鄉党清議之風,月旦人物之評。兩漢録用人才,大抵由於徵辟與選舉。而徵辟與選舉,則唯以鄉党清議爲標準。西漢司馬遷《報任安書》感喟操"牛馬走"之業,介乎巫醫卜祝等卑賤之間,是因爲自己"少負不羈之才,長無鄉曲之譽"。如果這兩句裏的"無"字並非是歷代傳抄傳刻過程中與"兼"字發生了混淆的話,恰好説明了漢代鄉党清議月旦人物的決定性作用。《後漢書·許劭傳》:"劭與靖俱有高名,好共核論鄉黨人物,每月輒更其品題,故汝南俗有月旦評焉。”應劭作《人物志》,辨別人性,分析才能。傅嘏論才性,見《三國志・魏書・傅嘏傳》注引傅子曰:“嘏好論才性,原本精微,尠能及之。”鍾會作才性同異之論,《三國志・魏書・鍾會傳》:“鍾會,字士季,潁川長社人,太傅繇小子也。少敏惠夙成……會嘗論易無互體,才性同異。”南北朝宋劉義慶所撰《世說新語》,其體例爲“德行”“言語”等分類,原本就是人物的品評談資,是漢末魏晉南北朝社會品評風氣的直接產物。在重視社會品評的風氣影響之下,爲了使家族地位不至於式微成尋常百姓,家庭教育受到了空前重視。南北朝北齊顔之推《顔氏家訓》這一反映上流社會系統家庭教育的巨著,就是在這樣的背景下產生的。從顔之推的專門論述來看,當時的家庭教育內容主要是強調“德藝”兩個方面:既重視儒學經籍,又注重家傳技藝;既以儒學傳家,又沾染玄風;既重視藝能教育,又強調門風傳承。“名實”第十開宗明義:“名之與實,猶形之與影也。德藝周厚,則名必善焉。”“勉學”第八強調:“有學藝者,觸地而安。……雖千載冠冕,不曉書記者,莫不耕田養馬。”當時所謂藝能,爲士族大家所普遍重視者,大要有兩端:一是文學,一是書法。東晉南朝最著名的兩大門閥家族,陳郡謝氏和琅邪王氏。其家學教育:一以書法爲主,一以文學爲主:典型地代表了當時的家庭教養訓導觀點。

古稱人文修養,曰“游於藝”。上古談“藝”,包括詩、禮、射、馭、書、數,凡“六藝”。朝鮮半島韓國有古字書,曰《第五游》,是得名“書藝”在經典“六藝”序列中,與有其五焉。南北朝北齊顔之推《顔氏家訓》除了序致第一,第二就是教子。在該篇中,特別提到“書疏”,據王利器《集解》,“書疏”爲南北朝人慣用語:顔氏本訓後面“雜藝”第十九篇亦有“書疏尺牘,千里面目”之語。是“雜藝”而專講“藝能”,開篇即強調:“真草書跡,微須留意。江南諺云:‘書疏尺牘,千里面目也。’”“雜藝”篇,突出反映了顔氏家族“藝能”觀,特別是爲南北朝所普遍重視的“書藝”在“藝能”系列中的地位和社會風尚:“王逸少風流才士,蕭散名人,舉世唯知其書,翻以能自蔽也。蕭子雲每歎曰:‘吾著《齊書》,勒成一典,文章弘義,自謂可觀;唯以筆跡得名,亦異事也。'王褒地胄清華,才學優敏,後雖入關,亦被禮遇。猶以書工,崎嶇碑碣之間,辛苦筆硯之役,嘗悔恨曰:'假使吾不知書,可不至今日邪?'以此觀之,慎勿以書自命。雖然,廝猥之人,以能書拔擢者多矣。故道不同不相爲謀也。……梁氏秘閣散逸以來,吾見二王真草多矣,家中嘗得十卷;方知陶隱居、阮交州、蕭祭酒諸書,莫不得羲之之體,故是書之淵源。蕭晚節所變,乃是右軍年少時法也。……唯有姚元標工於楷隸,留心小學,後生師之者衆。洎於齊末,秘書繕寫,賢於往日多矣。"〔1〕

上述諸條所及,像王羲之、蕭子雲等人,皆有過人才識。而當時聲價,爲社會所推崇者,無一不是集中在書藝方面,可見時俗所重。翻檢《晉書·王羲之傳》和《梁書·蕭子恪傳》:"羲之幼訥於言,人未之奇。年十三,嘗謁周顗,顗察而異之。時重牛心炙,坐客未噉。顗先割啖羲之,於是始知名。及長辯贍,以骨鯁稱。尤善隸書,爲古今之冠。論者稱其筆勢,以爲飄若浮雲,矯若驚龍。""子雲善草隸書,爲世楷法。自云善効鍾元常、王逸少,而微變字體。答敕云:臣昔不能拔賞,隨世所貴,規摹子敬,多歷年所。年二十六,著《晉史》,至二王列傳,欲作論草隸法,言不盡意,遂不能成,略指論飛白一勢而已。十許年來,始見敕旨論書一卷,商略筆勢,洞澈字體,又以逸少之不及元常,猶子敬之不及逸少。自此研思,方悟隸式,始變子敬,全範元常。逮爾以來,自覺功進。其書跡雅爲高祖所重,嘗論子雲書曰:筆力勁駿,心手相應,巧踰杜度,美過崔寔,當與元常並驅争先。其見賞如此。"

即以顔氏家族本身爲例,唐建中元年顔真卿撰並書《顔惟貞廟碑(陽)》(《匯編》第28冊第7頁)〔2〕不啻夫子自道,堪稱"顔氏家族藝能傳承譜系":"巴陵太守、度支校尉諱騰之,字弘道,善草隸書,有風格。梁武帝《草書評》云:顔騰之賀道力並便尺牘,少行於代。輔國江夏王叅軍諱

〔1〕 梁紹壬《兩般秋雨盦隨筆》卷一"滇南不知孔子"條:"滇南人初不知有孔子,祀王右軍爲先師。元世祖至元十五年,始建孔子廟。"王羲之,曾爲會稽内史,領右將軍,故人以"右軍"稱之,如李白有五言詩徑題爲《王右軍》。上海古籍出版社1982年,第54頁。

〔2〕 北京圖書館金石組編《北京圖書館藏中國歷代石刻拓本匯編》(中州古籍出版社1989年。以下簡稱《匯編》)。本文大段引用碑刻、古籍等材料時,保留異體字。

炳之,字叔豹,以能書稱。""生齊持書御史兼中丞諱見遠,字見遠。和帝被弑,一慟而絶。梁武深恨之,事見梁、周、北齊書。生梁鎮西記室叅軍諱協,字子和。感家門事,義不求聞達。元帝著懷舊詩以傷之。撰晉仙傳五篇、日月災異圖兩卷,文集廿卷,見梁書。""生北齊給事、黄門侍郎、待詔文林館、平原太守、隋東宫學士諱之推,字介,著家訓廿篇、寃魂志三卷、證俗音字五卷,文集卅卷,事具本傳。""生勤禮,字敬,君之祖也。幼而朗悟,識量弘遠。工於篆籒,尤精詁訓。解褐挍書郎,與兩兄弟師古、相時同時爲弘文崇賢學士。弟育德又於司經挍定經史,當代榮之。太宗嘗令師古讚崇賢學士,以兄弟特命。蕭鈞讚之曰:依仁服義,懷文守一。履道自居,下帷終日。業彰素里,行成蘭室。鶴籥馳稱,龍樓委質。""幼而穎悟,尤明詁訓。工篆籒草隸書,与内弟殷仲容齊名,而勁利過之。特爲伯父師古所賞重,每有注述必令叅定。嘗得古鼎廿餘字,舉朝莫識,盡能讀之。"書事以"勁利"爲品目,似尚未見書學界拈出。又翰墨以"玄捷"稱:"生我伯父,諱元孫。泉君伯父,聰穎絶倫,尤工文翰。舉進士,考功郎劉奇特摽牓之。由是名動海内。累遷太子舍人。玄宗監國,專掌令畫,嘗和遊苑詩。批云:孔門稱哲,宋室聞賢。翰墨玄捷,莫之與先。"

關於北朝的藝能問題,不妨參見陳寅恪關於"胡族的漢化"問題:進入中原的各族,都經歷了漢化的過程。在文化方面,胡族上層的文化都很高。在匈奴族方面,陳寅恪曾舉到劉淵、劉和、劉宣和劉聰等劉氏家族,所援引的史料是《晉書》。如其中一〇二卷《劉聰載記》略云:"劉聰,字玄明,一名載,元海第四子也。……幼而聰悟好學,博士朱紀大奇之。年十四,究通經史,兼綜百家之言,孫吴《兵法》靡不誦之。工草、隸,善屬文,著《述懷詩》百餘篇,賦頌五十餘篇……"特别提及劉氏工於草書、隸書。[1]

---

〔1〕 至於羽儀服飾,江表士庶競相以江北魏法爲楷模,可以參見北魏楊衒之《洛陽伽藍記》卷二中的描述:"其慶之還奔蕭衍,衍用爲司州刺史,欽重北人,特異於常。朱異怪復問之。曰:'自晉宋以來,號洛陽爲荒土,此中謂長江以北盡是夷狄。昨至洛陽,始知衣冠士族並在中原,禮儀富盛,人物殷阜,耳目所不識,口不能傳。所謂帝京翼翼,四方之則,如登泰山者卑培塿,涉江海者小湘沅,北人安可不重?'慶之因此羽儀服式悉如魏法,江表士庶競相模楷。"科學出版社1958年,第54頁。

有一特殊現象，治史者似一向未經拈出。在魏晉南北朝隋唐五代大量墓誌碑刻材料中，"工書"專門，往往勒石標榜，作爲"蓋棺定論"。順便提到幾個例子——北魏《元悌墓誌》記載"學冠書林、尤好八體"："王諱悌，字孝睦，河南洛陽人也。析彩麗天，派源帶地。鴻光昭晰，清爛自遠。祖重華迭曜，握天鏡以臨萬國；考蹈德齊礼，摠三事以調四氣。王資靈川岳，居貞若性。博覽文史，學冠書林。妙善音藝，尤好八體。器宇淹凝，風韻閑遠。麗藻雲浮，高談回應。"北魏《元欽墓誌》銘刻墓主"筆下雲飛，紙上風起"，似乎生前尤工草書："君諱欽，字思若，河南洛陽人也。恭宗景穆皇帝之孫，陽平哀王之季子也。長源與積石分流，崇峯共斗極齊峻。丹書寫其深玄，緑圖窮其妙迹。固以備諸篆素磬於金石者矣。君資五行之秀質，稟七耀之渟精。生而環奇……任維國秘，職司王言。筆下雲飛，紙上風起。忠規良謀，内外稱焉。"[1]還有北魏永熙二年《張寧墓誌》獨稱墓主"書學之能"："書學之能，風標千刃，衿帶萬頃，自以桂林一枝，昆山片玉，學歲不群，冠年獨立，容豫鄉國。"

正因爲"書藝"在"藝能"當中，尤爲社會習尚所重，所以，顔之推對於南北朝書寫盛行所産生的俗字就給予了特别注意。顔氏《雜藝》篇所反映當時的社會用字實際，風氣煽被，確實遍及朝野。甚至出現政府當局出面，成批别造加以推廣的情形。《册府元龜》："後魏太武始光二年，初造新字千餘，詔曰：在昔帝軒，創制造物，乃命倉頡，因鳥獸之跡，以立文字。自玆以降，隨時改作，故篆隸草楷，並行於世。然經歷久遠，傳習多失其真，故令文體錯繆，會義不愜，非所以示軌則於來世也。孔子曰：名不正則事不成，此之謂矣。今制定文字，世所用者，頒下遠近，永爲楷式。"可見政府當局也明確意識到，夫"經國之大業，不朽之盛事"，不獨關乎文章，抑或在於文字書寫。

隋唐之際，相沿南北朝月旦標準，"藝能"仍爲品評人物關鍵字。隋大

〔1〕 有關石刻文字數據，華東師範大學中國文字研究與應用中心研製《石刻文字語料庫》，下同。

業九年《蕭球墓誌》(《匯編》第 10 冊第 74 頁):“博通墳素,傍曉藝能。”隋大業九年《張虔墓誌》(《匯編》第 10 冊第 89 頁):“君不恒出處,幼標俊傑。藝能非由積習,禮度得自家風。”唐開元十四年《王曉故夫人崔氏墓誌》(《匯編》第 22 冊第 111 頁):“柔令罕匹,藝能無雙。”

唐人關於“藝能”理解之一邊,即藝—書寫,學—經史。唐貞觀五年《李立言墓誌銘》(《新中國・陝西貳》第 17 頁):“藝兼刀筆,學綜經史。六行畢宣,一言無擇。”藝關乎刀筆,而學則對應經史。唐貞元十四年《李通進墓誌銘并序》(《新中國・陝西貳》第 174 頁):“公多材多藝,且武且文。或載筆飛書,掃清河雒;或腰鞬插羽,拓定幽燕。”唐咸通九年《蕭行群墓銘》(《新中國・陝西貳》第 298 頁,鄉貢進士蕭遇撰,牛季瓌書並篆,玉冊官陳從諫刻)稱其次子弘愈“素蘊才藝,常工隸篆。”唐咸通十年《包筠墓誌銘并序》(《新中國・陝西貳》第 300 頁):“皆異得殊能,藝精專於翰墨;博學究典,極奧旨於深微。”查詢隋唐五代石刻語料庫關於“藝能”,使用記録無慮數十條。

唐人關於“藝”理解之又一邊,即文字和藝術。唐上元二年《虢莊王李鳳墓誌銘并序》(《新中國・陝西貳》第 50 頁):“鳴鷄好古,契劉德之服儒;豹蔚騰章,蔑曹建之涉藝。苞括緗志,綜覈緐圖。簀石九山之書,群玉四徹之典,嵩丘孔壁之奧,汲隧羽陵之奇,咸鏡心臺,畢歸精用。夢鷗摛彩,雖擅大巫:握虵韜祕,終輊小技。然則清景娛賓之夕,神飆敬客之辰,或抒緣情,時敷麗則,莫不韻諧風律,氣掩詞源。”以曹植爲例,所涉“藝術”,主體爲詩歌之類。同篇又有:“至若貫蝨落鵜之工,措杯復沓之妙,轥接猱之逸藝,超散馬之殊妍。”此用“轥接猱”爲“超散馬”對文,接猱、散馬皆射藝之名,然則轥亦超也。曹植《白馬篇》:“揚手接飛猱,俯身散馬蹄。”是“藝”又指向騎射技藝。本篇銘文與之映帶呼應:“體縱高明,情遊多藝。禮訪十倫,詩談五際。字閱龜負,文稽龍甍。思入秋蘭,詞抽叢桂。魯駈牧馬,晉射霜山。……能因性與,妙在神先。”甍,字形作。龜負、龍甍對文,龜負即龜背所負之文,龍甍謂龍爬所行之跡,皆指傳說文字發明之跡。《集韻·祭部》:"趩躗:一足行也。或从帶。丑例切。"歸結起來,所謂"多藝"者,指文字、詩詞、射藝數端。又所謂"能"者,謂"藝能",與"妙"對文。

雖有科舉設置,隋代仍重門德,構成月旦標準存在基礎。所謂"藝能非由積習,禮度得自家風"。隋代大業三年《王眪墓誌》(《新中國·河南壹》第108頁):"君膏腴有素,漸潤自天,孝乃生知,誠匪師學。離經辯志,敬業樂群,取異日新,見奇月旦。而水行在運,天下載清,選部取人,尤重門德。遂以訪第入仕。武定二年,起家開府長兼行衆軍,便已蔭暎時流者矣。伯倫之居魏室,子荊之在晉朝,以古望今,彼應慙德。"

唐代盛行"明經帖試"招攬人才方式,直接促進了社會上字樣之學的普遍重視,影響的結果是經典文字的整理。按《封氏聞見記》卷二所載《石經》,天寶年間,詔儒官校定經本,撰《五經字樣》,唐代石經及五代雕版九經,都是爲了統一應試教科書。唐代有經學而無理論,受唐代前期就開始的社會教育風氣的影響。明經帖試,只重帖經,不求文義,遂使諸生不必從師,師道長期廢替。當時古文大家韓愈,挺身出來作《師說》。又參觀柳宗元《答韋中立論師道》書。

二、書體與文體

如上所述,兩漢魏晉時期,社會盛行月旦品評風氣。當然,其中不同時代,互有消長,固毋庸贅言。品評的標準,首重藝能。各類藝能之中,推崇文學和書藝。這從當時詩文評空前發達,文章流別的自覺意識,也可窺見一斑。士族高才風流放達,首先體現在善於以各種藝能優雅從容地應酬不同的場合。具體反映在文學的書體類型上面,首先就是"體"隨"用"施,所"用"不同,"體"即變換。同樣很難設想:古樸藏拙的篆文、四平八穩的隸書,如何適應於文體大備的魏晉南北朝文學。

錢鍾書先生申論不同書體各有所施復各有所當:胥徵書體施各有宜,隨"高文大冊"與"寂寥短章"或詩詞曲與駢散文而異,嘗考庾元威《論

書》,並闡發書體與文體之關係:

按頗資考索,恨多難解處。"百體書"未睹筆蹤,而顧名思義,殊嫌拉雜湊數,不倫乖類。元威自負"書十牒屏風,作百體",墨、彩各五十種,"當時衆所驚異,自爾絶筆",又斥韋仲、謝善勳合定百體之"八卦書"、"鬼書"等,"並非通論,今所不取"。然其"作百體"中,如"鵠頭書"、"虎爪書"、"鼠"等十二辰書、"風書"、"雲書"、"蟲食葉書"之類,實爲圖案與美術字,孫過庭《書譜》所謂"巧涉丹青,功虧翰墨";"天竺書"、"胡書"之類,又異族之文,非異體之書;胥與"兩王妙跡,二陸高才",了無係屬。苟盡其道,則鱗羽介毛之蟲各具形象,蠻夷戎狄之民各有文字,雖千體書易辨耳!元威笑他人之未工,忘己事之亦拙矣。所稱孔敬通創"反左書",當是左行如佉盧而反構如"鏡映字"(mirror writing)。又稱敬通"能一筆草書,一行一斷,婉約流利,……頃來莫有繼者";元威自作百體中已有"一筆篆飛白書"、"一筆隸飛白書",當是一字以一筆書之,草書本多一字成於一筆,且每二三字連環貫串,敬通蓋進而一筆不間斷以書一行,故特標"一行一斷"。敬通書無傳,所經眼此類書,當推王鐸遺墨,顧有筆勢實斷而筆跡強連處,膠黏笋接,異乎天衣之無縫矣。張彦遠《歷代名畫記》卷二稱張芝草書,"一筆而成,各行不斷;惟王子敬深明其旨,故行首之字,往往繼其前,世上謂之'一筆書'";則不僅"一行一斷",惜未之睹也。

《論書》:"近何令貴隔,勢傾朝野,聊爾疏漏,遂遭十穢之書。……有寒士自陳簡於掌選,詩云:'伎能自寡薄,支葉復單貧。柯條溫垂景,木石詎知晨?狗馬雖難畫,犬羊誠易馴。效顰終未似,學步豈如真?實云朝亂緒,是曰斁彝倫。俗作於滋混,人途自此沌。'離合之詩,由來久矣,不知譏刺,爰加稱讚。"按"何令"指"何敬容":所謂"離合之詩"者:"伎"離"支"、"柯"離"木"、合而爲"何","狗"離"犬"、"效"離"交"、合而爲"敬","實"離"貫"、"俗"離"人"、合而爲"容"。《梁書·何敬容傳》"時蕭琛子巡者,頗有輕薄才,因制卦名,離合等詩以嘲之”,足相印證。

《論書》:“宗炳出九體書,所謂‘縑素書’、‘簡奏書’、‘箋表書’、‘弔記書’、‘行押書’、‘檝書’、‘藁書’、‘半草書’、‘全草書’。此九法極真草書之次第焉。”按九體彼此差別處,未克目驗心通,然要指在乎書體與文體相稱,字跡隨詞令而異,法各有宜(decorum convenientia)不及“碑版書”者,當是以晉、宋嚴立碑之禁,此體罕用也。阮元《揅經室三集》卷一《南北書派論》、《北碑南帖論》,昧於斯旨,殊乖通方。《全唐文》卷四八一韓方明《授筆要說》自記聞之崔邈曰:“欲書當先看所書一紙之中,是何詞句、言語多少、及紙色目,相稱以何等書,令與書體相合。或真或行或草,與紙相當”;徐鉉《重修〈說文〉序》:“若乃高文大冊,則宜以篆籀之金石,至於尋常簡牘,則草隸足矣。”吾邱衍《學古編·三十五舉》之九:“寫成篇章文字,只用小篆,二徐二李,隨人所便,切不可寫詞曲。”董其昌《容臺集》卷四《陳懿卜〈古印選〉引》:“古之作者,於寂寥短章,未嘗以高文大冊施之,雖不離其宗,亦各言其體也。王右軍之書經論序贊,自爲一法,其書箋記尺牘,又自爲一法。”劉熙載《藝概》卷五:“歐陽《集古録》跋王獻之法帖云:‘所謂法帖,率皆弔哀、候病、叙睽離、通訊問,施於家人朋友之間,不過數行而已。蓋其初非用意,而逸筆餘興,淋漓揮灑。至於高文典冊,何嘗用此?’按‘高文典冊’,非碑而何?‘晉氏初禁立碑’,語見任彦升《爲范始興作求立太宰碑表》;宋義熙初裴世期表言碑銘應加禁裁;此禁至齊未弛。北朝未有此禁,是以碑多。”(參觀《宋詩紀事》卷四四孫起卿《江纂墓碑》:“文云晉江纂,長夜垂兹刻。貞石殊不用,塊然但埏埴。……漢魏尚豐碑,兹獨何褊迫?”)李慈銘《越縵堂日記》同治九年二月三十日:“凡寫詩詞,不宜用《說文》體,散文亦宜擇而用之,駢文則無害。”沈曾植《海日樓札叢》卷八:“南朝書習可分三體:寫書爲一體,碑碣爲一體,簡牘爲一體。”李瑞清《清道人遺集》卷二《跋裴伯謙藏〈定武蘭亭序〉》:“余學北碑二十年,偶爲箋啓,每苦滯鈍。曾季子嘗笑余曰:‘以碑筆爲箋啓,如戴礶而舞!'"王國維《觀堂别集》卷二《梁虞思美造像跋》:"阮元達公作《南北書派論》,世人推爲創見。然世傳北人書皆碑碣,男人書多簡尺。北人簡尺,世無一字傳者,然敦煌所出蕭涼草書札,與羲、獻規模,亦不堪遠。南朝碑版,則如《始興忠武王碑》之雄勁、《瘞鶴銘》之浩逸,與北碑自是一家眷屬也。此造像若不著年號、地名,又誰能知爲梁朝物耶?"胥徵書體施各有宜,隨"高文大冊"與"寂寥短章"或詩詞曲與駢散文而異。李商隱《韓碑》"文成破體書在紙",釋道源注謂"破體"上屬"文"而非下屬"書",洵爲得之;蓋此"紙"乃恭録以"鋪丹墀"而晉呈天覽者,必如宗炳"九體"之"簡奏書"、"箋表書",出以正隸端楷,而非"破體"作行、草也。任昉《表》即采入昭明《文選》。孫過庭《書譜》贊王羲之"寫《樂毅》則情多怫鬱;書《畫贊》則意涉瓌奇;《黄庭經》則怡懌虛無,《太師箴》又縱横争執;暨乎《蘭亭》興集,思逸神超,私門感《誓》;情拘意慘。所謂'涉樂必笑,言哀已歎'。"牽合陸機《文賦》語。附會誇飾,然其本意亦不外"先看是何詞句,相稱以何等書"爾。

猶憶李宜龔丈七十壽,名勝祝厘詩文,琳琅滿牆壁而蓋几案;陳漢策先生賦七律以漢隸書聚頭扇上,余方把翫,陳祖壬先生傍睨曰:"近體詩乃寫以古隸耶?"余憬然。後讀書稍多,方識古來雅人深致,謹細不苟,老宿中草茅名士、江湖學者初未屑講究乎此也。[1]

調查表明,士族大家,衆多才俊,往往書藝與文學兼擅。由此也可以看出,文學自覺與書體發達諸多因素的直接關聯。有的專家討論南朝士族大家起源形成過程中的政治、術業和經濟因素關係,曾經列舉兩晉南朝20世家大族作爲統計資料説明,政治因素有關者13家,術業因素有關者7家,而與經濟因素無關。[2] 士族起家,關乎社會體制和輿論風尚,關

〔1〕 錢鍾書《管錐編》第四冊論全梁文,中華書局1979年,第1464—1467頁。

〔2〕 參蘇紹興《兩晉南朝的士族》,聯經事業出版公司1987年,第49—50頁。

乎家庭文化教養。以門戶爲資本,自可優遊於社會清要。論者以王氏爲例,《南史》卷二二《王筠傳》中,王氏自詡家門七葉之中,幾於人人有集。“考王氏一族中有文集者 35 人,都 475 部;無文集而有文章流傳於世者計 34 人。文士以羲之、韶之、融、儉、筠、規爲最著。論書法則以羲之、獻之父子爲第一;導、廙、恬、洽、珉、僧虔、志、彬、僧佑、籍、珣等,皆以能書名。”〔1〕可爲書藝與文學兼擅者。統計還以《世說新語》爲材料範圍,標注當時品評關注所在的主要項目,觀察兩晉名士的分類情況。其中,設定包括兼擅書藝在內的“文學藝術各有所成就者”爲 C 項。統計數據表明,在總共所涉及 43 名兩晉名士中,具有 C 項者有 22 人,超過 50%。〔2〕 論者語料選取,統計方法,都存在局限,到眼即辨,兹不置論。

基於上述,魏晉南北朝時期社會,書體使用真正到了追求個性的階段。這種書寫上的自覺,主要體現在書寫風格的自覺追求和使用場合的講究。社會用字,要求各體皆備,以適應於不同場合,協調於不同文體。其用不同,體即有别。使用場合要與書體相統一的特定要求,體現了中古社會用字的“自覺”,促進了各種書體的空前發展。相關紙張介質的普及,促進了楷、行、草等各種書體的完備,書面文學走向全面自覺,才真正具備了基礎(各種詩文評空前發達)。社會文字使用,講究使用的場合和文字所記録體裁的配合協調成爲可能,才是真正促成魏晉南北朝文體自覺的內在因素和基本條件。

梁啓超著《中國歷史研究法》,就直接從文化工具、著寫傳抄與文史的發展關係著眼進行考察。魏晉南北朝時期,文史大備。《隋書》“志”分列三十類,“列傳”分列五十類,史部 817 部 13 264 卷。列在正史者,就有范曄《後漢書》,沈約《宋書》,蕭子顯《南齊書》,姚察及子思廉《梁書》,魏收《魏書》,等等,皆出自此時高門文士之手。譜牒方志,其時也空前發達。梁啓超分析,這種現象的原因在於:“史官制度,至漢已革。前此史官專有

〔1〕 蘇紹興《兩晉南朝的士族》,第 194—195 頁。

〔2〕 蘇紹興《兩晉南朝的士族》,第 104—106 頁。

之知識,今已漸爲社會所公有,此其一也;文化工具日新,著寫傳抄及收藏之法,更加利便,史料容易彙集,此其二也;遷書既善美,引起學者興趣,社會靡然向風,此其三也。"〔1〕

梁氏史論,特别揭出著寫傳抄文化工具作爲直接的文史發展内因,可謂手眼跳出。自從魯迅標榜魏晉南北朝文學"自覺"一説,附和者實繁有徒。但通常情況下,人們看到的是皮相漫言,簡單附會。所謂追求個性,遂致自覺。大類梁上君子,一躍即下,似可概乎言之。因爲關係實際很簡單:論者實在無法拿魏晉南北朝文學來證明此前戰國諸子就不追求個性,也不能與秦漢文章形成此疆彼界的對立。文學有自身的發展規律及其體裁流别,但在當時,書體達到各體皆備,適應於不同的文體、不同的場合,與文體發展的關聯至爲直接。書體的完備,要取決於物質的因素和社會的因素。物質的因素,就是書寫介質轉换的實現即紙張在魏晉南北朝真正普遍進入日常書寫領域。社會的因素,則是家庭教養的積累和崇尚書藝的社會需求。專門家曾專論南朝士族,其中注意到錢穆討論魏晉南北朝時代學術文化與門第之關係:再則提倡聲律,講求裁對,精通書畫,旁及雜技,殆無不與士族生活有關。此所以錢穆所云"魏晉南北朝時代一切學術文化,必以當時門第背景作中心而始有其解答。當時學術文化,可謂莫不寄存於門第中,由於門第之護持而得傳習不中斷,亦因門第之培育,而得生長有發展"。〔2〕個中有所謂家族文化傳承之關係、家學學術培養之規律存焉。

三、介質與書寫

顔真卿撰並書《顔惟貞廟碑》(《匯編》第28册第7頁)中"君仁孝友悌,少孤。育舅殷仲容氏,蒙教筆法。家貧,無紙筆,与兄以黄土掃壁,木

〔1〕梁啓超《中國歷史研究法》,臺北:商務印書館1956年,第12頁。

〔2〕蘇紹興《兩晉南朝的士族》,第14—15頁。

石晝而習之,故特以草隸擅名。天授元季,糊名考,判入高等。以親累授衢州条軍,与盈川令楊炯、信安尉桓彦範相得甚歡。又選授洛州温縣、永昌二尉,每選皆判入高科。侍郎蘇味道以所試示介衆曰:選人中乃有如此書判。嗟歎久之,遂代兄爲長安尉、太子文學。"的記載顯示,唐人已經特別具眼工草隸與土木石書寫材料關係。

澤村堂本《宋本玉篇·糸部》:"紙,支氏切。蔡倫所作也。"東漢蔡倫總結製作出比較方便實用的"蔡侯紙",[1]紙張使用才逐漸進入到日用推廣階段。公元三世紀—六世紀魏晉南北朝時期造紙到達高度發展階段。考古研究表明,紙張開始並不是作爲書寫用途出現的。直到西晉時作爲書寫功能還是簡紙並用,東晉以降,便不再出現簡牘文書,而幾乎全是用紙了。[2] 經過東漢改進製造技術的紙張,到魏晉南北朝成爲社會用字的主要載體,較之其他書寫載體,極大地拓展了文字書寫的自由空間。只有紙張作爲新的書寫載體真正走向社會應用,書家輩出,呈現個性,才算得上真正具備了物質基礎。[3]

一般認爲楷字始於東漢,這當然指的應是廣義的楷書。"隸書"作爲書學術語,相當長的時間里實際包含楷書等在内(參見日釋空海大師撰《篆隸萬象名義》,所用"隸"名而實楷)。换言之,楷書等類型很長時間是以"隸書"統稱或隸、楷混稱。三國吴《走馬樓竹簡》整體上已經處於由隸向楷過渡而近於楷的傾向。經過魏晉南北朝石刻、簡紙等載體使用,隸變解體之後的漢字,不斷傳承變異,使得楷書獲得發展,作爲書體類型真正成熟。不過,唐代以前,楷書亦兼指八分書與隸書,因爲相當數量的楷書,

---

〔1〕 有專家根據前不久嘉峪關發現公元前 8 年的西漢寫字麻紙,提出紙張偶然發明於秦始皇軍服場作坊。如果成立,這一發現就把中國有寫字紙的歷史,從傳統的蔡倫造紙說向前提了一百多年。東漢時代(公元 105 年)蔡倫改進了先輩造紙術,從而造出高級優質紙。根據記載,這一切都是在當時皇家的作坊"尚方"里完成的。相關消息可以參見新浪網 http://www.sina.com.cn,2006 年 08 月 22 日 14:34。

〔2〕 參錢存訓《印刷發明前的中國書和文字記録》,印刷工業出版社 1988 年,第 93—94 頁。又潘吉星《中國造紙技術史稿》,文物出版社 1979 年,第 52—53 頁。

〔3〕 "洛陽紙貴"之類的成語,也是出現於晉代——語出《晉書·左思傳》。

還是處於由隸到楷的過渡形態。不僅用字過程隸楷並行,即碑刻用字,部件記號的選擇,正俗的取捨,尚處過渡階段。唐人增字之後的《宋本玉篇·木部》:"楷,木名,孔子冢蓋之樹。又楷式也。《禮記》曰:今世之行,後世以爲楷。又音皆。"傳抄南北朝《原本玉篇》的唐抄本日釋空海所撰《篆隸萬象名義》:"楷,法也,式也,模也。"《法書要録》卷七引唐·張懷瓘《書斷·八分》:"(八分)本謂之楷書。楷者,法也,式也,模也。"漢史岑《出師頌》:"允文允武,明詩悦禮,憲章百揆,爲世作楷。"《法書要録》卷二引南朝·陶弘景《與梁武帝論書啓》之二:"此書雖不在法例,而致用理均,背間細楷,兼復兩玩。"宋人黄伯思《東觀餘論·跋漢太尉劉文饒碑後》:"想文饒之高風,玩中郎之妙楷。"是已將東漢蔡邕書法作品作爲"妙楷"進行玩味了。不過,從現存東漢用字實物來看,此處所謂"楷",基本上是廣義的理解,而且主要還是指隸行書。

楷書,作爲漢字通行書體之一,由隸變過程而來,通行至今。楷書又稱正書、真書、正楷。以形體方正,筆劃平直,可作楷模,故名楷書。真正將楷書作爲從隸書演變而來的獨立書體類型、與隸書相並列、作爲狹義書體類型進行傳承定型的階段是隋唐。這個時期楷化規整的標準呈現爲兩類:一是開成石經代表的字樣標準,二是《五經文字》《干禄字書》等字樣書代表的字樣標準。但後者有的又經過了傳刻,所以,真正的楷字標準是唐代所保存的開成石刻字樣。清人鈕玉樵輯《觚剩初編》卷六"石經"條記述甚詳:"余既購西安石經全本,而未詳書者姓名及刊立始末。走書頻陽,詢李子德内翰。李遣其嗣子叔青往盩厔從趙子函家抄示云:唐天寶中刻九經於長安……太和七年,勅唐言度復定石經字體,於國子監立石,九經並《論語》《孝經》《爾雅》,共一百五十九卷,字樣四十卷。開成二年告成……按六朝以前用分隸,今石經皆正書,且多仿歐虞法,知其唐人書無疑。《禮記》首《月令》以尊明皇,諱純字以尊憲宗:又知其非天寶以前人書矣。則今西安府學石經,乃唐文宗勅定,而成於開成時者。"中唐傳抄敦煌文獻所使用楷字,基本已經體現出通行楷定的風格。這裏以日本學者所精心訪求編定出自一人之手、風格統一、時代明確的敦煌抄本《郭象注莊子南華真經輯影》,作爲對照楷字傳承定形時間層次的文獻用字,統計發現兩個特點:一是該時期所有定形的楷字都來源於南北朝時期楷字;二是一部分呈現某些變異特點的楷字,也都是傳承魏晉南北朝時期的楷化結果。[1]

《顔氏家訓·雜藝篇》在一定意義上反映了當時社會用字轉型的背景情況:"晉、宋以來,多能書者。故其時俗,遞相染尚,所有部帙,楷正可觀,不無俗字,非爲大損。至梁天監之間,斯風未變;大同之末,訛替滋生。蕭子雲改易字體,邵陵王頗行僞字:前上爲草,能傍作長之類是也。朝野翕然,以爲楷式,畫虎不成,多所傷敗。至爲一字,唯見數點,或妄斟酌,遂便轉移。爾後墳籍,略不可看。北朝喪亂之餘,書跡鄙陋,加以專輒造字,猥拙甚於江南:乃以百念爲憂,言反爲變,不用爲罷,追來爲歸,更生爲蘇,先人爲老,如此非一,遍滿經傳。"[2]

史學家從晉南北朝學術系統,專門討論當時紙張真正進入書寫領域之後,魏晉南北朝社會用字情況。《魏書》卷八一《列傳第六十九》:"劉仁之,字山静,河南洛陽人。仁之少有操尚,粗涉書史,真草書跡,頗號工便。……性好文字,吏書失體,便加鞭撻。言韻微訛,亦見捶楚。吏民苦之。而愛好文史,敬重人流。與齊帥馮元興交款,元興死後積年,仁之營視其家,常出隆厚,時人以此尚之。"《北史·樂遜傳》:"遜輿櫬詣朝堂,陳周宣帝八失。其七曰:詔上書字誤者,即科其罪。"吕思勉特别注意到,當時人士,於小學多疏。他提到的根據是當時有些著名學者,對於古文字已經瞭解甚少。如王僧虔善識字體,已不能真識竹簡古書。有的人士甚至連秦漢間字體亦非常陌生。對於這類現象,我們認爲,翻過來似乎也可以説明,兩晉南北朝社會用字的轉型期已經完成,即今文字已經完全取代古

〔1〕《陝西通志》卷九九亦援引此條,……爲其所省略部分。《四庫全書·皇朝文獻通考》:《觚賸》八卷,續編四卷,鈕琇撰。琇字玉樵,吴江人,康熙壬子拔貢生,官至陝西知府。[日]寺岡龍含《敦煌本郭象注莊子南華真經輯影》,福井漢文學會1960年11月影印,全球限量發行三百本,非賣品。所見爲德國波恩大學漢學系圖書館藏本。

〔2〕參王利器《顔氏家訓集解》,上海古籍出版社1980年,第87頁。

文字,楷書爲主體的今文字已經完備且趨於定形。古文字作爲社會用字的主體,早已退出書寫領域。作爲交際工具,棄置日久,自然相忘。

書寫空間擴展趨向自由,是需要一定物質基礎的。直接的因素,就是紙墨的完備。紙張既如上述,但用於書寫的紙張,開始也不可能廉價走入尋常百姓之家。相當長時期之内,“敬惜字紙”除了民俗文化信仰的反映,更是當時紙張價值不菲的體現。清代學者梁紹壬留意到時人對於“廢紙”的處理,也許關乎書寫載體介質局限因素,同書又特舉古代箋牘中將人名雙字者省簡爲一字的現象。吕思勉曾經列舉了大量好學書而乏紙張的動人史料。[1] 但是,兩晉南北朝書寫者自己就能制造紙墨,則已經見於正史文字。像《南史・張永傳》所載:永有巧思,紙墨皆自營造。宋文帝每得永表啓,輒執玩咨嗟,自歎供御者了不及此也。而《梁書》卷四九《列傳第四十三》則記載:“袁峻,字孝高,陳郡陽夏人,魏郎中令渙之八世孫也。峻早孤,篤志好學,家貧無書,每從人假借,必皆抄寫。自課日五十紙,紙數不登,則不休息。訥言語,工文辭。”逮至南北朝,家貧好學者,没有力量購書,但却可以有紙抄寫。這表明紙張作爲書寫材料,已經相當普遍了。

物質因素具備了,而當時版刻尚未通行,南北朝還出現了從事書寫的專業户。《魏書》卷五五《列傳第四十三》載劉芳曾爲諸僧傭寫經論:“劉芳字伯文,彭城人也。……芳雖處窮窘之中,而業尚貞固,聰敏過人,篤志墳典。晝則傭書以自資給,夜則讀誦終夕不寢。至有易衣並日之敝,而澹然自守,不汲汲於榮利,不戚戚於賤貧。乃著《窮通論》以自慰焉。芳常爲諸僧傭寫經論,筆跡稱善。卷直以一縑,歲中能入百餘匹。如此數十年,賴以頗振。由是與德學大僧,多有還往。”《北史》卷九十則載蔣少游以傭書爲業:“蔣少游,樂安博昌人也。魏慕容白曜之平東陽,見俘入於平城,充平齊户,後配雲中爲兵。性機巧,頗能畫刻。有文思,吟詠之際,時有短篇。遂留寄平城,以傭寫書爲業。”《梁書・孝行傳》記載沈崇傃,傭書以養母。《南史・孝義傳》則記載庾震喪父母,居貧無以爲葬,賃書以營事,

〔1〕 吕思勉《兩晉南北朝史》,香港太平書局1962年,第1359—1371頁。

至手掌穿，然後葬事獲濟。這種或以書爲雇傭的關係，或以書爲業解決貧困問題，都在一定程度上反映了當時的社會書寫需求。〔1〕

基於上述，可以將紙張獲得廣泛使用，作爲魏晉南北朝社會文字發展的物質因素來看待。

四、彩箋與縑素

相傳爲南朝梁代徐陵所編《玉臺新詠》卷一，託名蔡邕所作《飲馬長城窟行》以"尺素"之類絲織物作爲書信載體："客從遠方來，遺我雙鯉魚。呼兒烹鯉魚，中有尺素書。"直到宋代詞人晏殊《蝶戀花》下片的說明，當時信息溝通還是依靠絲織物來傳遞："昨夜西風凋碧樹，獨上高樓，望盡天涯路。欲寄彩箋無尺素，山長水闊知何處?"但如果以此來說明"紙張"使用之前的材料，本身就存在文字使用方面的問題：

1. 前後矛盾說——沈祖棻《宋詞賞析》："無尺素"與前面詞情矛盾，"實爲推脱之詞"。按"推脱"施之於兩地相思之詞情，不唯理解失之簡單，抑詞情乖剌相悖如是：下句"天長水闊知何處"，專用說明"寄不成書"足矣。

2. "彩箋""尺素"並列說——唐圭璋《全宋詞》和朱東潤《中國歷代文學作品選》等，依據毛氏汲古閣本《珠玉詞》，均取"兼尺素"。按並列理解亦有文獻根據。長短句用詞重複如此，在一片小詞中則不勝堆栈矣。

〔1〕（清）嚴可均輯《全上古三代秦漢三國六朝文》第三册《全晉文》第125卷"范寧"條《文書教》："土紙不可以作文書，皆令用藤角紙。"即藤紙，唐李肇《翰林志》："凡賜與、徵召、宣索、處分曰詔，用白藤紙……凡太清宫道觀薦告詞文，用青藤紙。"明代徐渭號齋名曰"青藤書屋"。清代梁紹壬《兩般秋雨盦隨筆》卷五"廢紙"條："蕭山蔡荊山茂才出示册頁一本，其中所潢裱者，乃成化時某縣呈狀一紙，萬歷時某科題名録一紙，崇禎時某家房契一紙，隆慶時某年春牛圖一紙，宣德時某典當票一紙，弘治時某姓借券一紙，天啓時某地弓口圖帳一紙，景泰時某歲黄曆太歲方點陣圖一紙。數百年廢物，以類聚之，亦入賞鑒，可謂極文人之好事矣。"卷一第5頁"二名偏稱"條，也許關乎書寫載體的局限："今人二名者，往往於箋牘中單稱一字。"按晉文公名重耳，而《左氏定四年傳》書云："晉重魯申。"昭公二年，莒展輿奔吴，而《傳》曰："莒展之不立。"又《晉語》曹僖負羈，稱叔振鐸爲先君叔振。

3. “尺素”即等“鯉魚”說——俞平伯以爲“尺素”即“鯉魚”:“意謂欲寄彩箋,却不能如尺素之得附托鯉魚也。”按“欲寄彩箋無鯉魚”,根據上具《玉臺新詠》,手眼一揆,實際上也是在重複,說者不過是偷換了一個概念。

從文字使用過程來說,無、兼常混,兼又是縑之借:縑即縑紙,縑之爲用,就是“尺素”。程大昌《演繁露》卷十五:“唐始以縑紙卷軸改爲多葉耳。”縑之得名,即在於“兼”。漢代劉熙揭示過這種聯繫:《釋名·釋采帛》:“縑,兼也。其絲細緻,數兼於絹,染兼五色。”縑素,自古就是一個詞。《宋史·張去華傳》:“命以縑素寫其論爲十八軸,列置龍圖閣之四壁。”是縑素即具“彩箋”之用。夏文彥《圖繪寶鑒》卷三:“以淡墨寫竹,整整斜斜,曲盡其志,見者疑其影落縑素。”

從形式規定來看,基於《蝶戀花》詞譜,“縑尺素”即“尺縑素”,省文就是“縑素”或“尺素”。“尺縑素”破體爲“縑尺素”,正是形式規定即詞譜對內容限制作用的反映。“尺”在《廣韻》屬昌母昔部開口呼三等入聲字,而它所處的詞譜位置又是一個但許平、不能仄、亦非可平可仄的空間——“欲寄彩箋無尺素”——㊀仄㊥平平仄仄——於是,只得跟平聲的“縑”相互調換字位,就是由“尺縑素”破體組合爲“縑尺素”。實在來說,這也是無可奈何的作法。古代人的修書,通常的單位不過是一尺,而且填寫滿尺幅算是對閱讀者的尊敬,是復有“尺素”之說。

粗淺乎言之,我的結論是:“尺素”即“尺縑素”,根據詞譜格式需要調換位置就成了“縑尺素”,也就是前面“彩箋”的補足說明,而並不是與之並列重複。

少歲披閱《石頭記》,雖囫圇吞棗,但翻至作者假探春之翰墨,寫給寶玉私家彩箋,殊覺雅人幽致,手足情深:

娣探謹奉

二兄文几:

前夕新霽,月色如洗。因惜清景難逢,詎忍就臥。時漏已三轉,猶徘徊於桐檻之下。未防風露所欺,致獲采薪之患。昨蒙親勞撫囑,復又數遣侍兒問切,兼以鮮荔並真卿墨蹟見賜,何惠愛之深耶! 今因伏几處默之時,因思及歷來古人中,處名攻利奪之場,猶置些山滴水之區。遠招近揖,投轄攀轅;務結二三同志,盤桓於其中。或豎詞壇,或開吟社,雖一時之偶興,遂成千古之佳談。娣雖不才,竊同叨棲處於泉石之間,而兼慕薛、林之技。風庭月榭,惜未宴集詩人;簾杏溪桃,或可醉飛吟盞。孰謂蓮社之雄才,獨許鬚眉;直以東山之雅會,讓余脂粉。若蒙棹雪而來,娣則掃花以待。此謹奉。

書法莫之或睹,但覺媚好滿前。較之秋爽齋海棠詩社等所爲詩作,其才情思致,似皆勝出許多矣。[1]

五、書札與史料

上個世紀,披覽清人嚴可均所輯《全上古三代秦漢三國六朝文》,以及《全唐文》等大型文集,即知所著録文章,歷代書札,占去相當篇幅。清代文章家操選政復加評點本《古文觀止》,雖明詔大號復古文,重章法,實屬普及性質;入選古文凡 222 篇,其中名以“書”者若太史公司馬遷《報任安書》之類,即無慮 19 篇。

晉代風流,其餘韻端賴漢語史料保存。但要創建真實反映斷代特徵的語料庫,如果目光局限於經過後來文人創作加工如《干寶搜神記》《世說新語》之類,實際上是不真實的,所建“標準數學模型”也就是徒勞的。倒是“二王”同時人,與當時士人日常交談,所謂“家庭瑣事,戚友碎語,隨

〔1〕 也許此等處正是體現《石頭記》作者一人之手,具幾副才力,必得先照顧薛、林、史諸家。夫伯仲之間,難以軒輊? 此等題目,無法懸擬。以俟夫“紅學”專門名家,穿鑿附會焉。又,今所見校注本,於“處名攻利奪之場,猶置些山滴水之區”作“一些山滴水之區”,與上句“名攻利奪之場”,無由當對。

手信筆,約略潦草”,留下種種“便條”“字條”,則最是代表該時代風貌書寫文字史漢語史的“第一手”材料。

至於上舉顔之推《顔氏家訓》,是雖家訓,亦頗徵一代學術風氣。研治南北朝學術史者,莫不予以特別措意經心。

至於喜歡研治兩宋學術者,當不忽略《東坡志林》一類筆記。一尺家書,看似三言兩語,形同當時生活處境的種種“便條”,却是道出了大家日常起居興之所至的實際生活率真性情,活潑潑真意滿前。頗有徵於一個時代學術嗜尚,風氣煽被。

有徵於時代學術風尚,若漢代馬援《誡兄子元敦書》,若三國曹丕《與吴質書》,若唐代柳宗元《答韋中立論師道書》、白居易《與元九書》、元稹《叙詩寄樂天書》,若宋代朱熹《答陸子靜》等類皆是耳熟能詳犖犖巨者。

顔延之書信中,強調書寫爲經藝之本。其《與王微書》標榜:“圖畫非止藝,行成當與易象同體。而工篆隸者,自以書巧爲高。”

南朝齊代王僧虔,其《書賦》《條疏古來能書人名啓》等,皆有見地。至於所作《誡子書》,頗徵六朝玄學“清談”之風尚、“談資”之儲備,有爲當時史傳所不及道者:

> 知汝恨吾不許汝學。欲自悔厲。或以闔棺自欺,或更擇美業。且得有慨,亦慰窮生。但亟聞斯唱,未覩其實。請從先師聽言觀行,冀此不復虛身。吾未信汝,非徒然也。往年有意於史,取《三國志》聚置牀頭百日許。復徙業就玄,自當小差於史,猶未近彷佛。曼倩有云:談何容易。見諸玄,志爲之逸,腸爲之抽。專一書,轉誦數十家注。自少至老,手不釋卷,尚未敢輕言。汝開《老子》卷頭五尺許,未知輔嗣何所道,平叔何所說,馬鄭何所異,指例何所明,而便盛於麈尾,自呼談士,此最險事。設令袁令命汝言《易》,謝中書挑汝言《莊》,張吴興叩汝言《老》,端可復言未嘗看邪?談故如射。前人得破,後人應解,不解卽輸賭矣。且論注百氏,荊州八袠,又才

性四本,《聲無哀樂》,皆言家口實,如客至之有設也。汝皆未經拂耳瞥目。豈有庖廚不脩,而欲延大賓者哉。就如張衡思侔造化,郭象言類懸河。不自勞苦,何由至此。汝曾未窺其題目,未辨其指歸。六十四卦,未知何名。《莊子》衆篇,何者內外?八袠所載,凡有幾家?四本之稱,以何爲長?而終日欺人,人亦不受汝欺也。由吾不學,無以爲訓。然重華無嚴父,放勳無令子,亦各由己耳。汝輩竊議,亦當云阿越不學,在天地間可嬉戲,何忽自課謫,幸及盛時逐歲暮,何必有所減。汝見其一耳,不全爾也。設令吾學如馬鄭,亦必甚勝。復倍不如,今亦必大減。致之有由,從身上來也。汝今壯年,自勤數倍,許勝,劣及吾耳。世中比例舉眼是,汝足知此,不復具言。吾在世雖乏德業,要復推排人間,數十許年,故是一舊物,人或以比數汝等耳。卽化之後,若自無調度,誰復知汝事者。舍中亦有少負令譽,弱冠越超清級者。於時王家門中,優者則龍鳳,劣者猶虎豹。失蔭之後,豈龍虎之議?況吾不能爲汝蔭,政應各自努力耳。或有身經三公,蔑爾無聞。布衣寒素,卿相屈體。或父子貴賤殊,兄弟聲名異,何也?體盡讀數百卷書耳。吾今悔無所及,欲以前車誡爾後乘也。汝年入立境,方應從官;兼有室累,牽役情性。何處復得下帷如王郎時邪?爲可作世中學,取過一生耳。試復三思,勿諱吾言。猶捶撻志輩,冀脱萬一。未死之間,望有成就者。不知當有益否?各在爾身己切,豈復關吾邪?鬼唯知愛深松茂柏,寧知子弟毁譽事。因汝有感,故略敘胸懷。[1]

至於像東坡謫居輾轉多地,其間書札所白描,“或名臣勳業,或治朝政

〔1〕 嚴可均《全上古三代秦漢三國六朝文》第三册,中華書局 1958 年,第 2834—2838 頁。其中感喟“談何容易”,爲過來人語。以所謂語法分析,當時作“談何容易”,語義原本是“談論之道如何容許輕易”(即“談”名詞主語本體,“何”副詞反詰強調,“容易”動詞聯合謂語)。當世以“語法專門”教授們恐早已“輕忽”此語,只知顛倒翻過來一邊之用了;若責渠輩:原本一邊爲何?又緣何轉向相背相違之後一邊?亦復談何容易矣。

教,或地理方域,或夢幻幽怪,或神仙伎術,詞組單詞,諧謔縱浪,無不畢具。而其生平遷謫流離之苦,顛危困厄之狀,亦既略備。然而襟期寥廓,風流輝映,雖當群口見嫉、投荒瀕死之日,而灑然有以自適其適,固有不爲形骸彼我,宛宛然就拘束者矣。"(趙用賢《刻東坡先生志林小序》)惠州有《答參寥》,其謫居苦況,宛在目前:

專人遠來,辱手書,並示近詩,如獲一笑之樂,數日喜慰忘味也!某到貶所半年,凡百粗遣,更不能細說,大略只似靈隱、天竺和尚退院後,却住一個小村院子,折足鐺中罨糙米飯吃,便過一生也得。其餘瘴癘病人,北方何嘗不病?是病皆死得人,何必瘴氣?但苦無醫藥;京師國醫手裏,死漢尤多。參寥聞此一笑,當不復憂我也。故人相知者,即以此語之,餘人不足與道也。未會合間,千萬爲道善愛自重。

乃至虛鋒不用,客氣全退,最是直白道出,當時困厄狀況,委心任運,悉聽天命。寫於貶居儋耳《與元老侄孫》,則有以見出宋人作文之"家法",於"古文"實際去取之觀念傾向:

侄孫近來爲學何如?恐不免趨時。然亦須多讀書史,務令文字華實相副,期於實用乃佳。勿令得一第後,所學便爲棄物也。海外亦粗有書籍,六郎亦不廢學,雖不解對義,然作文極俊壯,有家法。二郎、五郎見說亦長進,曾見他文字否?侄孫宜熟看前、後《漢書》及韓、柳文。有便,寄近文一兩首來,慰海外老人意也!

至於翰墨講究,書道及文章奥妙,宋代書藝家黄山谷書信,於個中信息,透露至爲徹底:"劉勰《文心雕龍》、劉子玄《史通》,此兩書曾讀否?所論雖未極高,然譏彈古人,大中文病,不可不知也。高麗紙得暇即寫,多事,草草。"(《答王立之承奉》)山谷極重東坡墨寶:"筆十五、墨一,皆自用佳物,以公留意翰墨,故以相奉。研[1]偶留局中,不攜來,他日送上。來日恐子瞻來,可備少紙,於清涼處設几案陳之,如張武筆,其所好也。"(同上)"然作賦須要以宋玉賈誼相如子雲爲師,略依仿其步驟,乃有古風。"(同上)在《與宜春朱和叔》則快論書道體會:

承頗留意於學書,修身治經之餘,誠勝他習。然要須以古人爲師,筆法雖欲清勁,必以質厚爲本。古人論書,以沉著痛快爲善。唐之書家,稱徐季海[2]書如怒猊抉石,渴驥奔泉,其大意可知。凡書之害,姿媚是其小疵,輕佻是其大病。直須落筆一一端正,至於放筆,自然成行。草則雖草,而筆意端正。最忌用意裝綴,便不成書。

至於明末清初,顧炎武崇尚實學,爲有清一代樸學開創者。有以窺見其真實用心者,會當留意其《與三侄書》:

新正已移至華下。祠堂書院之事,雖皆秦人爲之,然吾亦須自買堡中書室一所,水田四五十畝,爲饔飧之計。秦人慕經學、重處士、持清議,實與他省不同。黄精、松花、山中所產;沙苑蒺藜,止隔一水,終日服餌,便可不肉不茗。然華陰綰轂關河之口,雖足不出户,而能見天下之人,聞天下之事。一旦有警,入山守險,不過十里之遥;若志在四方,則一出關門,亦有建瓴之便。

今年三月,乘道途之無虞,及筋力之未倦,出崤、函,觀伊、雒,歷嵩、少。亦有一二好學之士聞風願交。但中土饑荒,不能久留,遂旋車而西矣。彼中經營方始,固不能久留於外也。

---

〔1〕 研字,今作硯。

〔2〕 指唐代書法家長城人氏徐浩。

《清史稿・儒林傳》稱亭林先生於明亡後,載書自隨,所至輒墾田度地,以備有事。至於遊歷所在,觀山川大勢,察郡國利病。然則,有此書札一通,具體而微,親切有味,不啻明白注腳。

至於作文藝能,載在"高文大冊",雖然司空見慣,往往不著邊際。際遇各別,嗜好亦有偏至。肯將金針度人之"家法",還得到家書裏去"落實"。有清曾伯涵《復鄧寅階》書:

> 小兒紀澤,頗事看書,不好制藝。吾意學者于看、讀、寫、作四者,缺一不可。看者,涉獵,宜多宜速;讀者,諷詠,宜熟宜專。看者"日知其所亡",讀者"月無忘其所能"。看者,如商賈趨利,聞風即往,但求其多;讀者,如富人積錢,日夜婆娑,但求其久。看者,如攻城拓地;讀者,如守土防隘。二者截然兩事,不可闕亦不可混。至寫字不多則不熟,不熟則不速。無論何事,均不能敏以圖功。至作文,則所以瀹此心之靈機也。心常用則活,不用則窒。如泉在地,不鑿汲則不得甘醴;如玉在璞,不切磋則不成令器。今古名人,雖韓、歐之文章,范、韓之事業,程、朱之道術,斷無久不作文之理。張子云:"心有所開,即便劄記,不思則還塞之矣。"
>
> 小兒于每三八課期,敬求先生督令作文,約以五百字爲率,或作制藝,或作賦,或作論,或作經解劄記,斷不可一字不作,或逢三作制藝,逢八作賦論經解亦尚妥善。未有無一字之常課,而可以幾于成者也。

至於書道藝能,大家手眼,趣捨萬殊,而作用正復一揆。道光二十四年三月初十日《與六弟九弟書》:

> 九弟來書,楷法佳妙,余愛之不忍釋手。起筆收筆皆藏鋒,無一筆撒手亂丟,所謂"有往皆復"也。想與陳季牧講究,彼此各有心得,可喜!可喜!然吾所教爾者,尚有二事焉:一曰換筆,古人每筆中間

必有一換,如繩索然,第一股在上,一換則第二股在上,再換則第三股在上也。筆尖之著紙者,僅少許耳。此少許者,吾當作四方鐵筆用,起處東方在左,西方向右,一換則東方向右矣。筆尖無所謂方也,我心中常覺其方,一換而東,再換而北,三換而西,則筆尖四面有鋒,不僅一面相向矣。二曰結字有法,結字之法無窮,但求胸有成竹耳。六弟之信,文筆拗而勁,九弟文筆婉而達,將來皆必有成,但目下不知各看何書?萬不可徒看考墨卷,汩没性靈。每日習字不必多,作百字可耳。讀背誦之書不必多,十葉可耳。看涉獵之書不必多,亦十葉可耳。但一部未完,不可换他部,此萬萬不易之道。阿兄數千里外教爾,僅此一語耳。

口無擇言,筆非虚筆,非過來大家,不能作此具體筆劃運用、位置結構經營之談。至於大家族日常瑣事,見諸翰墨。則一代方面重臣,胸中丘壑,剛毅果決;與苦口婆心,委曲細微:看似相反相違,而俱在一人之身:

六弟、九弟左右:

三月八日接到兩弟二月十五所發信,信面載第二號,則知第一號信未到。比去提塘追索,渠云並未到京,恐尚在省未發也。以後信宜交提塘掛號,不宜交折差手,反至差错。

來書言自去年五月至十二月,計共發信七八次。兄到京後,家人共檢出二次,一係五月二十二日發,一係十月十六發,其餘皆不見。遠信難達,往往似此!臘月信有"糊塗"字樣,亦情之不能禁者。蓋望眼欲穿之時,疑信雜生,怨怒交至。惟骨肉之情愈摯,則望之愈殷;望之愈殷,則責之愈切。度日如年,居室如圜牆,望好音如萬金之獲,聞謠言如風聲鶴唳,又加以堂上之懸思,重以嚴寒之逼人,其不能不出怨言以相詈者,情之至也。然爲兄者,覩此二字,則雖曲諒其情,亦不能不責之。非責其情,責其字句之不檢點耳,何芥蒂之有哉?至於回京時有折弁南還,則兄實不知。當到家之際,門幾如市,諸務繁劇,吾弟可想而知。兄意謂家中接榜後再發一信,則萬事可以放心矣,豈尚有懸掛者哉?來書辯論詳明,兄今不復辯。蓋彼此之心雖隔萬里,而赤誠不啻目見,本無纖毫之疑,何必因二字而多費唇舌?以後來信,萬萬不必提起可也。

所寄銀兩,以四百爲饋贈族戚之用。來書云:"非有未經審量之處,即似稍有近名之心。"此二語推勘入微,兄不能不內省者也。又云:"所識窮乏得我而爲之,抑逆知家中必不爲此慷慨,而姑爲是言?"斯二語者,毋亦擬兄于不倫乎?兄雖不肖,何至鄙且奸至如此之甚?所以爲此者,蓋族戚中有斷不可不一援手之人,而其餘則牽連而及。

兄己亥年至外家,見大舅陶穴而居,種菜而食,爲惻然者久之!通十舅送我,謂曰:"外甥做外官,則阿舅來作燒火夫也。"南五舅送至長沙,握手曰:"明年送外甥婦來京。"余曰:"京城苦,舅勿來。"舅曰:"然。然吾終尋汝任所也。"言已泣下。兄念母舅皆已年高,饑寒之況可想,而十舅且死矣!及今不一援手,則大舅、五舅又能沾我輩之餘潤乎?大舅雖死,兄意猶當恤其妻子,且從俗爲之延僧,如所謂道場者,以慰逝者之魂,而盡吾不忍死其舅之心。我弟!我弟!以爲可乎?

蘭姊、蕙妹家運皆舛,兄好爲識微之妄談,蘭姊猶可支撐,蕙妹再過數年則不能自存活矣。同胞之愛,縱彼無觖望,吾能不視如一家一身乎?

歐陽滄溟先生夙債甚多,其家之苦況,又有非吾家可比者。故其母喪,不能稍隆厥禮。岳母送余時,亦涕泣而道。兄贈之獨豐,則猶徇世俗之見也。

楚善叔爲債主逼迫,搶地無門,二伯祖母常爲余泣言之。又泣告子植曰:"八兒夜來淚注地濕圍徑五尺也。"而田貨於我家,價既不昂,事又多磨。嘗貽書於我,備陳吞聲飲泣之狀,此子植所親見,兄弟嘗欷歔久之。

丹閣叔與實田表叔昔與同硯席十年,豈意今日雲泥隔絶至此。知其窘迫難堪之時,必有飲恨於實命之不猶者矣。丹閣戊戌年曾以錢八千賀我,賢弟諒其景況,豈易辦八千者乎?以爲喜極,固可感也;以爲釣餌,則亦可憐也。

任尊叔見我得官,其歡喜出於至誠,亦可思也。竟希公一項,當甲午年抽公項三十二千爲賀禮,渠兩房頗不悦。祖父曰:"待藩孫得官,第一件先復竟希公項。"此語言之已熟,特各堂叔不敢反唇相譏耳。同爲竟希公之嗣,而菀枯懸殊若此!設造物者一旦移其菀于彼二房,而移其枯于我房,則無論六百,即六兩亦安可得耶?

六弟、九弟之岳家皆寡婦孤兒,槁餓無策,我家不拯之,則孰拯之者?我家少八兩,未必遂爲債户逼取;渠得八兩,則舉世回春。賢弟試設身處地而知其如救水火也。

彭王姑待我甚厚,晚年家貧,見我輒泣。兹王姑已没,故贈宜仁王姑丈,亦不忍以死視王姑之意也。騰七則姑之子,與我同孩提長養。各舅祖,則推祖母之愛而及也。彭舅曾祖且推祖父之愛而及也。陳本七、鄧升六二先生,則因覺菴師而牽連及之者也。其餘饋贈之人,非實有不忍於心者,則皆因人而及,非敢有意討好,沽名釣譽,又安敢以己之豪爽形祖父之刻嗇,爲此奸鄙之心之形也哉?

諸弟生我十年以後,見諸戚族家皆窮而我家尚好,以爲本分如此耳,而不知其初皆與我家同盛者也。兄悉見其盛時氣象,而今日零落如此,則大難爲情矣。凡盛衰在氣象,氣象盛,則雖饑亦樂,氣象衰,則雖飽亦憂。今我家方全盛之時,而賢弟以區區數百金爲極少,不足此數。設以賢弟處楚善、寬五之地,或處葛、熊二家之地,賢弟能一日以安乎?凡遇之豐嗇順舛,有數存焉,雖聖人不能自爲主張。天可使吾今日處豐亨之境,即可使吾明日處楚善、寬五之境。君子之處順境,兢兢焉常覺天之過厚於我,我當以所餘補人之不足;君子之處嗇境,亦兢兢焉常覺天之厚於我,非果厚也,以爲較之尤嗇者而我固已厚矣。古人所謂“境地須看不如我者”,此之謂也。來書有“區區千金”數字,其毋乃不知天之已厚于我兄弟乎?兄嘗觀《易》之道,察盈虚消息之理,而知人不可無缺陷也。日中則昃,月盈則虧,天有孤虚,地闕東南,未有常全而不缺者。剥也者,復之幾也,君子以爲可喜也。夬也者,姤之漸也,君子以爲可危也。是故既吉矣,則由吝以趨於凶;既凶矣,則由悔以趨於吉。君子但知有悔耳。悔者,所以守其缺而不敢求全也。小人則時時求全,全者既得,而吝與凶隨之矣。衆人常缺而一人常全,天道屈伸之故,豈若是不公乎?今吾家椿萱重慶,兄弟無故,京師無比美者,亦可謂至萬全者矣。故兄但求缺陷,名所居曰“求缺齋”,蓋求缺於他事而求全於堂上,此則區區之至願也。

家中舊債不能悉清,堂上衣服不能多辦,諸弟所需不能一給,亦求缺陷之義也。內人不明此意,時時欲置辦衣服,兄亦時時教之。今幸未全備,待其全時,則吝於凶隨之矣,此最可畏者也。賢弟夫婦訴怨于房闥之間,此是缺陷。吾弟常思所以彌其缺而不可盡給其求,蓋盡給則漸幾于全矣。吾弟聰明絶人,將來見道有得,必且韙余之言也。

至於家中欠債,則兄實有不盡知者。去年二月十六接父親正月四日手諭,中云:“年事一切,銀數敷用有餘,上年所借頭息錢均已完清。家中極爲順遂,故不窘迫。”父親所言如此,兄亦不甚了了,不知所完究係何項?未完尚有何項?兄所知者,僅江孝七外祖百兩、朱嵐暄五十兩而已。其餘如耒陽本家之賬,則兄由京寄還,不與家中相干。甲午冬借添梓坪錢五十千,尚不知作何還法,正擬此次稟問祖父。此外賬目,兄實不知。下次信來,務望詳開一單,使兄得漸次籌畫。如弟所云:“家中欠債千餘金。”若兄早知之,亦斷不肯以四百贈人矣。如今信去已閲三月,饋贈戚族之語,不知鄉黨已傳播否？若已傳播而實不至，則祖父受嗇吝之名，我加一信，亦難免"二三其德"之誚，此兄讀兩地來書所爲躊躇而無策也。兹特呈堂上一稟，依九弟之言書之，謂朱嘯山、曾受恬處二百落空，非初意所料。其饋贈之項，聽祖父、叔父裁奪，或以二百爲贈，每人減半亦可；或家中十分窘迫，即不贈亦可。戚族來者，家中即以此信示之，庶不悖於"過則歸己"之義。賢弟觀之，以爲何如也？若祖父、叔父以前信爲是，慨然贈之，則此稟不必付歸，兄另有安信付去，恐堂上慷慨持贈，反因接吾書而尼沮。凡仁心之發，必一鼓作氣，盡吾力之所能爲，稍有轉念，則疑心生，私心亦生。疑心生，則計較多而出納吝矣；私心生，則好惡偏而輕重乖矣。使家中慷慨樂與，則慎無以吾書生堂上之轉念也。

蓋此等處，有以體察曾公本傳所不具備之另外一面。明代歸有光《項脊軒志》等小品，似堪成聯類。

至於現代，大家如魯迅先生，其《兩地書》《書信集》，早就成爲現代文學史研究文本重要組成部分，自無待贅言。錢公默存先生，雖"便箋"而自具高格，即"餘墨"而偏多藝能。坊間罕見，但與學人書札往來，每每與其學術著述，珠輝玉映，文質相宜，益人心智。參見後附報章圖版。比年來，學術界復興起所謂"史料學"或"新史學"，於方志檔案，探幽發穴，挖掘甚至。其實，有以直接窺見學術傳承淵源，洞悉心境委曲，考鏡時代風尚，辨章社會各個階層信仰價值，往往最是書簡來得親切有味。

六、書札與書藝

比年以來，老病相因，體倦意懶，伏几處默，翻檢歷來大家書札，十九楷則草書。堆垛化爲煙雲，板滯轉作流動：寓章程於變化之中，出新意於法度之外。所謂尺幅千里，波瀾萬頃；氣象森嚴，峰巒九仞。推原其跡，或模範晉人二王,或法則有唐方家,亦有憲章山谷、祖構子昂:率多取徑高古,機杼不二,而不乏手眼跳出者。

王僧虔《論書》,分天然與工夫所占比例,後世援引用以品詩衡文。錢鍾書曾明白揭示:"評書實爲之先。"可見書藝在中國藝術批評史上地位。

(一) 草書與草寫

漢字斷代發展史學、字跡學書體學家朱葆華教授,究心出土實物用字即一次性寫定文獻,建立時代坐標,目驗身經,嘗專題論述"草書與楷化"辯證關係,爲字海飄零過來人所道,洵親切有味者。不妨撮其著論要旨:

草寫,就是指文字的潦草寫法。草寫與草書是不同的兩個概念,草寫是一種書寫方式,其特點是快速、潦草、不講求規範。草書則是一種書體。每一種書體都有規範的寫法和潦草的寫法兩種情況,往往是正式的場合採用規範的寫法,非正式的場合或者是應急之時就會用草寫。篆書、隸書、楷書都有草寫,其實草書也有草寫和規範的寫法兩種書寫形式。東漢趙壹《非草書》中提到當時寫草書的人給朋友寫信時說,因爲信寫得匆忙,所以不能用草書來寫了(云適迫遽,故不及草,所謂"匆匆不暇草書"者是),趙壹感到不解(其實現在尤乏會心):"草本易而速,今反難而遲,失指多矣"!這只能說人們對草書不甚瞭解。跟其他書體相比,草書可以說是"易而速",但要寫規範的草書,有時確實是"難而遲"。"易而速"與其說是草書特徵,倒不如說更是草寫特點,規範的草書有時"易而速",有時"難而遲",這是跟草寫的不同之處。現在有許多人跟趙壹一樣,將漢字"草寫"與"草書"混爲一談了。

楷化,是指漢字的規範化和定型化。楷,有楷模、典範、法式的意思。《禮記・儒行》:"今世行之,後世以爲楷。"唐孔穎達疏:"楷,法式也。"趙壹《非草書》:"皆廢倉頡、史籀,竟以杜、崔爲楷。"一種書體從舊的書體脫離而演化爲一種新的書體的過程,是從不定型到定型、從不規範到規範的演變過程,這個過程及其結果就可以稱之爲楷化。因此,楷化和楷書不是一回事兒。楷書是一種書體,是其前代書體(隸書)由草寫到楷化的結果。楷化不僅僅限於楷書的規範化和定型化,任何一種新產生的書體都有一個楷化的過程。篆書、隸書、草書都有楷化的過程。以章草爲例,章草是從隸書的草寫中演變而來的,如果没有楷化這一環節,那它只能停留在"草寫"的階段,不能形成一種新的書體——草書。如"爲"字在西漢有許多寫法,以居延新簡爲例:、、、,這四種寫法皆爲草寫,但没經過楷化,所以不能算作真正意義上的草書。只有在其定型化、規範化以後,寫法相對固定了,才能稱之爲草書。武威漢代醫簡和敦煌馬圈灣木簡中"爲"的寫法基本定型,完成了由草寫到楷化的過程:、,這是草書"爲"的寫法。

草寫的目的是爲了提高書寫速度。提高書寫速度表現在兩個方面,一是提高運筆的速度,二是對漢字的結構進行簡化。顯然,草寫比規範寫法的運筆速度要快很多,運筆速度加快以後,原來的寫法就會發生變化,有時還會出現連筆的情況,如,"有"字,睡虎地秦簡一般寫作,周家臺秦墓竹簡則寫作,因爲寫的快,"有"字上部的"又"由原來的三筆變成了兩筆。再如"左"字,在睡虎地秦簡中寫作,下部的"工"寫成了連筆。

草寫除了提高運筆速度外,另一重要方面是簡化,包括綫條筆劃的簡化和部件結構的簡化。就拿小篆來説,小篆主要是由曲綫和直綫兩種綫條構成的,草寫以後,有時把長綫條變成短綫條,如實字,《説文》小篆作,睡虎地秦簡作,其上部的"宀"綫條明顯縮短;有時把曲綫條變成直綫條,如"年"字,《説文》小篆作,睡虎地秦簡作;把圓轉的綫條變成方折的綫條,如"母"字,《説文》小篆作,睡虎地秦簡作;把原來的兩筆或數筆簡化成一筆,如"未"字,《説文》小篆作,秦關周簡作,"是"字小篆作,西漢馬王堆漢墓帛書作,下部的"止"簡化成一筆。有時甚至打破原來小篆的結構,加以簡化,如“春”字,《説文》小篆作 ,睡虎地秦簡裏有兩個字形分别爲 、 ,與小篆結構不同。

(二) 草書與楷化

楷化是對草寫漢字的定型化,是爲了確立一種書寫標準。草寫具有個人隨意性,任其發展下去,漢字的交際功能將會大大削弱,因爲每個人草寫的程度不同,有時某個人寫的字另外的人看不懂,甚至自己也看不懂(史書上有這樣的記載)。因此,楷化是漢字發展演變的必然趨勢和結果,是社會和個人在準確傳遞言語信息時所必須遵循的原則。

楷化的特點:其一,書寫速度均勻平穩。草寫漢字的書寫速度時快時慢,不均勻,書寫者往往隨意而爲;楷化漢字書寫時運筆速度均勻平穩,很少有明顯的起伏變化。我們將同一時代的睡虎地秦簡和里耶秦簡中的文字加以對比即可看出。其二,筆劃(或綫條)分明,不連筆書寫。其三,字形端正,結體謹嚴。其四,遵循合理性原則。其五,具有可複製性。其六,具有穩定性。其七,具有社會認同性。

草寫與楷化是影響漢字發展演變的兩個重要因素。漢字由一種書體演變爲另一種書體,要有外因與内因的推動。就外因來説,社會的發展、語言的變化、書寫材料和工具的差異等必然會對文字的存在狀況產生影響。其内因,則是文字自身的書寫變化和結構變化,而草寫與楷化是影響漢字書寫與結構的最重要的因素。漢字由一種書體到另一種書體的演化,往往經歷從草寫到楷化的過程。

對於漢字來説,草寫與楷化既是一對矛盾,又相互依存。一方面,爲了快速便捷的需要,書寫者打破原來規範的寫法,採用草寫;另一方面,草寫超出共同認知的範圍以後,就需要楷化。這是矛盾的,但它們又不能分離,漢字往往是在草寫——楷化——草寫——楷化的過程中不斷演進的。這恰恰符合漢字作爲記録語言的符號系統的原則。文字記録語言應遵循快速和準確兩個原則,二者缺一不可。草寫意味著快速,楷化是爲了準確。文字的發展始終圍繞著快速和準確兩個原則來進行的。從漢字發展史上來看,草寫運用少的時候,漢字使用相對穩定,其演變的速度就會放慢;草寫運用多的時候,漢字的穩定性就會被打破,其發展演變的速度就會加快。漢字的使用權最初掌握在少數貴族統治者手中,可以稱之爲廟堂文字——一種被神聖化了的文字。甲骨文主要用於貴族統治者的占卜記事;西周金文是刻鑄在青銅器上的文字,這些青銅器勞動者無權享用。廟堂文字的特點是規範嚴謹,一絲不苟。在這種場合,漢字草寫的情況就比較少。因此,西周以前漢字草寫的現象不多見到(並非没有)。當文字走出廟堂,注重實用以後,草寫的現象就多了起來。春秋戰國以後,諸侯紛争,文字已不再被貴族統治者所獨享,同時,由於"庶務繁多",文字的交際功能日趨重要,規範認真的寫法難以應急。如某些利益集團臨時爲某事締結盟約,需要馬上將誓詞記録寫下來,這時書寫的文字就不會像西周金文那樣宛轉悠揚,從容不迫(如侯馬盟書)。爲了應急的需要,草寫的現象就多起來了。

草寫是爲了省事功、趨簡易,必然會對原來漢字的結構或者某些部件甚至書寫方法造成影響,時間一長,原來文字的根基就會動搖。隸書、草書、楷書的出現都與草寫有直接的關係。認識到這一點,對闡釋某種書體出現的原點是非常重要的。但是,只有草寫是完不成漢字從一種書體到另一種書體演變的,書體演變的最終實現是楷化。[1]

(三) 草書與認知

草書流行過程中,又一次打亂了各種結構類型,轉換了認知模式。不僅是簡寫,包括構成偏旁重新形成一整套化簡、替代、歸併、變換、區别規則。例如,臣、足等胥歸"讠"旁("足"形獨立使用,在乙符上部加、

〔1〕 參朱葆華《中國文字發展史·秦漢文字卷》,華東師范大學出版社 2015 年,第 143—152 頁。

筆;作構件使用,連筆成“讠”旁),遂使路、臨諸字,偏旁一律,非一而足。至於肝膽胥成胡越,南轅遂等北轍。草書偏旁之間通用,離散楷書結構現象,連篇累牘。如偏旁人、彳、氵、言、匕等,胥歸一筆;夫、立、貝、阜之類,遇到聲符相同結構,所賴以區别者,唯有上下文所謂“語境”(言語天地)耳。

基於此,草書書寫過程,等於又釋放出成批的過渡性形體,被固定爲“定型楷字”。相對於隸變過程離散篆書,由此所帶來的楷書結構認知干擾,似乎一向並未引起相關調查研究者的充分關注。下面羅列幾組書寫字例,以便觀察焉。

顔—頑

元代書寫家鄧文原繼承漢代章程書《急就篇》“羅列諸物名姓字”,其中草書姓名“顔文章”之顔作,細玩則頗近“頑”形。其間過渡,見於晉南北朝,如晉代《黄庭經》刻作,南北朝石刻如北魏《元敷墓誌》作、北魏《元敷墓誌》作、北魏《元煥墓誌》作,等等。[1] 循此一綫索,可以補出其間的過渡中介聯繫。恢復了聯繫渠道,有補於重新認知相關問題。《文選注》“淒入肝脾,哀感頑艷”,解説紛紜。[2] 或謂宜作互文解會(頑含智,艷含媸),謂哀感所及,無論賢愚妍媸者。[3] 然則繁欽《與魏太子書》上句“肝脾”比列,後者“顔艷”同義,艷,同時代亦用指顔色,如南朝梁江淹《麗色賦》:“有光有艷,如合如離。”“哀感頑艷,顛倒行路”,爲六朝人習見語。其中“哀感頑艷”,或可凝縮抽取爲“哀艷”,而“感頑”則不辭。或“頑”即“顔”字草簡,以訛傳訛者,亦多見六朝人寫法。然則,“哀(A)感(B)頑(C)艷(D)”,或可讀爲“AD→BC”“感頑”即“感顔”,

〔1〕《漢魏六朝隋唐五代字形表·頁部》(臧克和,2011)“顔”條分别按使用時代書體類型列出更多字樣。一部屬性信息完備的《字典》,字量取捨及呈現,關鍵在於觀察爲字書定型之前的過渡形體。

〔2〕錢鍾書《管錐編》(1979)第三册第六九《全後漢文》卷九三“哀感頑艷”條。《全上古三代秦漢三國六朝文》第一册第977頁,後漢人繁欽《與魏太子書》字形刻作“哀感頑艷”。

〔3〕《漢魏六朝隋唐五代字形表·頁部》(臧克和,2011)“顔”條。所涉及章草書影,並見後附參考文獻圖版。

是“哀艷”可感,見乎顔色者。如此“哀艷”“感顔”,形式上看似並列一意,其實“感顔”實爲“哀艷”之效果,表達所謂“淒惻綺麗”,“哀艷”成詞。如唐人柳冕《與徐給事論文書》:“自屈宋已降,爲文者本於哀艷,務於恢誕,亡於比興,失古義矣。”

使—伻

《尚書·立政》篇:“帝欽罰之,乃伻我有夏,式商受命,奄甸萬姓。”孔傳:“乃使我周家王有華夏。”《尚書·洛誥》篇:“(周公曰)我又卜瀍水東,亦惟洛食。伻來以圖及獻卜。”敦煌本伯 2748 傳文:我使人卜河北黎水上不吉。這是徑以“使者”解釋“伻”。“(成王曰)公既定宅,伻來,來,視予卜,休恒吉。”亦作“使者”使用。《洛誥》“伻來以圖及獻卜”,《漢石經》所存該字位作“辯”,爲平字異文,亦平、辯通用之例。據此可知,今文《尚書》文本文字使用,至遲漢代尚非關“使者”之伻字。王氏《洛誥解》:伻,使。圖,謀也。俾成王來洛,以謀定都之事,且獻卜兆於王。此周公所復者,皆追述王至洛以前事也。段氏《撰異》:《釋故》:俾、拼、抨,使也。《釋文》曰:抨,字又作伻。伻,《玉篇·人部》:“普萌切。使人也,又急也。”《集韻·耕部》:“拼抨伻迸平苹,悲萌切。《爾雅》使也。或作抨伻迸。古作平苹。”唐抄本日釋空海大師所撰《篆隸萬象名義》數據庫,未見該字形立目或行文過程使用;唐代以前石刻等出土文獻,尚未見伻字。蓋此一字形,大體不會早於唐代分化使用。追溯草書文獻圖版,使→伻,則有[illegible]→[illegible]。大體到了唐宋之際,“信使”字始被字彙定型爲伻字結構。[1]

垂—[illegible]

現在所見明代戲曲刻本,若干俗體,即文獻專門,亦莫可究詰。如茂林葉氏刊本《荊釵記》:“年華老大雙鬢皤,胭脂膩粉甚[illegible]抹。”其中[illegible]就是垂,西漢草寫簡化,武威簡文即如此作。(臧克和,2011:223)

〔1〕【使—平—伻】所由生,見參考文獻所附録晉唐宋元名家草書作品。

垂,掩蓋,覆蓋,猶言"花陰垂地,春草跡天"之垂。唐代詩人喜用"垂"字,遂成詞頭:杜甫《旅夜書懷》:"星垂平野闊,月湧大江流。"元稹《桐花》詩:"朧月上山館,紫桐垂好陰。"韓愈《賀雨表》:"中使纔出於九門,陰雲已垂於四野。"

里—丑

明成化本《花關索傳》:"龐統道:'頂破柱根隨,著衣鏡破兩分離,河丑水幹難飲水,一樹花開結果遲。'"點校本或以"丑"爲"丑",又校爲"池"。"里"在刻本中常作"丑",亦不過草書省便之例。不諳草書影響之跡,文獻家校勘,遂不免粗手蠻作矣。

七、漢字文化圈書寫記憶文本庫

宋代羅大經撰《鶴林玉露》卷四丙編"日本國僧"條:余少年時,與鍾陵邂逅日本國一僧,名安覺,自言離其國已十年,欲盡記一部藏經乃歸。念誦甚苦,不舍晝夜,每有遺忘,則口頭佛前,祈佛陰相,是時已記藏經一半矣……其立志艱苦不退轉至於如此。朱文公云:"今世學者,讀書尋行數墨,備禮應數,六經《語》孟,不曾全記得三五版,如此而望有成,亦已離矣。"其視此僧,殆有愧色。

華亭陳繼儒撰《太平清話》二卷,所見版本爲大字本,卷一封面標識爲"官板""昌平叢書"字樣,卷二末注明"元治甲子春晚讎校　大島文""慶應元年刊",所蓋圖章爲"東京松雲堂書店發售";另外,卷一"天下瀑布皆有聲"條,有眉批云:"京都魚山有無音瀑。"知該本爲日本所版。現藏德國波恩大學漢學系圖書館。所記諸條,標點爲筆者所加。該本"朝鮮人極好讀書"條,記載高麗半島朝鮮學者,有來華訪求書籍的習慣:"朝鮮人極好讀書,凡使臣到中土,或限五六十人,或舊典,或新書,稗官小說,在彼所缺者,五六十人日出市中,各寫書目,分頭遇人遍問,不惜重值購回。故彼國反有異書藏本也。"

錢鍾書先生《管錐編》第三册考論全晉文卷二二,專題平章晉人王羲之《雜帖》——故諸《帖》十九爲草書,乃字體中之簡筆速寫。而其詞句省縮減削,又正體中之簡筆速寫(verbal shorthand):

按六朝法帖,有煞費解處。此等太半爲今日所謂"便條"、"字條",當時受者必到眼即了,後世讀之,却常苦思而尚未通。自韓愈《答劉正夫書》以還,文判"難"、"易",奥古别於淺近,已成談藝之常經,觀李翺《答朱載言書》、孫樵《與友人論文書》、王禹偁《再答張扶書》、(《小畜集》卷一六)、樓鑰《答綦餕更生論文書》(《攻媿集》卷六六)諸篇可見;黄宗羲《南雷文案》卷一《南雷庚戌集自序》謂"古文"之"詞","唐以前如高山深谷,唐以後如平原曠野",實亦即言唐文大體"難"而宋、明大體"易"耳。如揚雄所作,"難文"也,當時必已歎其非平易,後世則徑畏其艱深;司馬遷所作"易文"也,當時必不覺其艱深,後世則頗幸其尚平易。此皆從讀者言之也。《顔氏家訓·文章》記沈約語:"文章當從三易:易見事、易識字、易讀誦。"然而易讀之文,未必易作,王安石《體張司業詩》所謂:"成如容易却艱辛。"即當時易讀矣,亦未保後世之不難讀也。直道時語,多及習尚,世革言殊,物移名變,則遣人以爲尤通俗者,後人愈病其僻澀費解。如敦煌遺文《燕子賦》之類、黄庭堅、揚無咎等之白話艷詞、《元典章》之詔令,讀來每興如箝在口之嗟。故《朱子語類》卷九八亦云:"張横渠《語録》用關陜方言,甚者皆不可曉;《近思録》所載,皆易曉者。"又卷一三四云:"《漢書》有秀才做底文字,有婦人做底文字,亦有載當時獄辭者。秀才文章便易曉,當時文字多碎句難讀;《尚書》便有如此底,《周官》只如今文字,太齊整了。"蓋閲世積久,信口直白之詞或同聱牙詰屈之《誥》,老生者見愈生,而常談者見不常矣。《雜帖》之費解,又異乎此。家庭瑣事,戚友碎語,隨手信筆,約略潦草,而受者瞭然。顧竊疑受者而外,舍至親密契,即當時人亦未遽都能理會。此無他,匹似一家眷屬,或共事僚友,羣居閑話,無須滿字足句,即已心領意宜;初非隱語、術語,而外人猝聞,每不識所謂。蓋親友交談,亦如同道同業之上下議論,自成"語言天地"(the universe of discourse, das Symbolfeld, suppositio),不特桃花源有"此中人語"也。彼此同處與焉天地間,多可勿言而喻,舉一反三。故諸《帖》十九爲草書,乃字體中之簡筆速寫(calligraphic shorthand),而其詞句省縮減削,又正體中之簡筆速寫(verbal shorthand)耳。

王羲之《雜帖》:"多分張,念足下懸情武昌。"按同卷《雜帖》:"懸得後問不? 分張何可久!"卷二三《雜帖》:"分張諸懷可云,不知其期。"卷二五《雜帖》:"且方有此分張,不知比去復得一會不!"卷二七王獻之《雜帖》:"今已嘗向發,分張諸懷可言。""奴定西,諸分張少言。""分張"皆謂分別、別離。

又,關於《全晉文》卷二六,考論右軍《蘭亭序》及其真僞問題:

按《文選》未録此《序》,自宋逮清,臆測紛紜。梁袁昂奉武帝名作《書評》已稱羲之書法,百世"永以爲訓"(《全梁文》卷四八);唐代以來,羲之儼爲書家之冠,《禊帖》又爲王書之冠,尊號"墨皇"(米芾《寶晉英光集》卷三《劉涇新收唐絹本〈蘭亭〉,作詩訊之》,又《南宫書史》載劉涇、林希詩)。《晉書》本傳唐太宗《制》曰"心慕手追,此人而已",傳中全載此《序》。重以蕭翼之賺取,昭陵之殉葬,流爲稗說,寫入畫圖(參觀《太平廣記》卷論卷二〇八《購蘭亭序》)。葉適《水心集》卷二九《跋〈蘭亭博議〉》:"字書自《蘭亭》出,上下數千載無可倫擬,而定武石刻遂爲今世大議論。"張禄《詞林摘艷》卷二無名氏《南吕掛真兒》:"心耿耿,想起虚脾情,耳邊那取真本《蘭亭》!"蓋不徒供"大議論"之題目,並成俚俗歌曲之詞頭,其掛於衆口可知矣。文以書傳,臨摹幽廣,手胝於《禊帖》,自亦口沫於《蘭亭詩序》。《全唐文》卷一九一楊炯《李舍人山亭詩序》"雖向之所歡,已爲陳跡;俾千載之下,感於斯文",即撏撦此《序》中語爲開合。故張祖廉《定盦先生年譜外記》卷上記龔自珍"嘗寫文目一通,付子宣曰'此家絃户誦之文也'",羲之斯《序》與《太上感應篇》、《〈文選〉序》皆列其數。飛聲播譽,固無藉乎昭明之采録也。竊謂羲之之文,真率蕭閒,不事琢磨,寥寥短篇,詞意重沓。如云:"暢叙幽情,……惠風和暢";"仰觀宇宙之大,俯察品類之盛,所以遊目騁懷,極視聽之娱,信可樂也";"夫人俯仰一世,向之所欣,俯仰之間已爲陳跡,猶不能不以之興懷。……古人云:'死生亦大矣!……'每攬昔人興感之由,莫合一契,……所以興懷,其致一也"。《文選》去取之故,未敢揣摩;然張習孔《雲谷臥餘》卷二云:"六朝文章靡陋,獨王逸少高古超妙,史言韓昌黎'起八代之衰',吾謂不當先退之而後逸少。"則毋疑爲庸妄語耳。《全唐文》卷三〇一何延之《蘭亭始末記》:"字有重者,皆構別體。其中'之'字最多,乃有二十許字,變轉悉異,遂無同者。"米芾《寶晉英光集》卷三《題永徽中所摹〈蘭亭序〉》:"二十八行三百字,'之'字最多無一似"。羲之他書亦然。董逌《廣川書跋》卷六《告誓文》:"其書一字爲數體,一體別成點畫,不可一概求之,……未嘗複出。"又卷八《唐經生字》:"世稱王逸少爲書祖,觀其遺文,……字有同處,創爲別體。"姜夔《續〈書譜〉·草》:"王右軍書'羲之'字,'當'字、'得'字、'深'字、'慰'字最多,多至數十字,無有同者,而未嘗不同也。"遂爲後待書家懸鵠示範,如《全唐文》卷三六五蔡希綜《法書論》"每書一紙,或有重字,亦須字字意殊";卷四四七竇臮《述書賦》下篇貶孫過庭爲俗手:"虔禮凡草,閭閻之風,千紙一類,一字萬同。"趙彦偉《雲麓漫鈔》卷一:"高宗嘗書〈攻車〉篇,賜沈公與求(必先);字甚大,重字皆更一體書。"余舊覩米芾《多景樓記》墨跡,"景"字"樓"字屢見,皆各構別體。胥羲之之遺教也。顧羲之於字體不肯複犯,而於詞意之複犯,了不避忌,豈摶心揖志在乎書法,文章本見視爲餘事耶?

昭明不選《蘭亭序》,宋人臆度,或謂由於耳目未周,掛漏難免;或謂由於誤以"絲竹管弦"、"天朗氣清"爲語病,因繁引《孟子》及漢、晉人文，比義之解嘲，略見王德臣《麈史》卷中、張侃《張氏拙軒集》卷五《跋揀詞》之四、葉大慶《考古質疑》卷五、王楙《野客叢書》卷一等。夫謂昭明未及見義之是文，即非情實，無關緊要。謂昭明獲覩之而以二語爲病，則羌無記載，莫須有爾；後人覺兩語有疵，乃覓先例爲之開脫，却責昭明之寡陋，大似疑心生鬼而自畫符作法以退之矣。《說郛》卷二一《三柳軒雜識》記韓駒謂"春多氣昏，是時天氣清明，故可書'天朗氣清'"：尚猶可說。王阮《義豐集·蘭亭》七律《序》云："時晉政不綱，春行秋令，故書曰'天朗氣清'，得《春秋》之旨，蕭統不悟，不以入《選》。"以無稽之談，定無辜之罪，真"夢中說夢兩重虛"（白居易《讀禪經》）也。金聖歎《沉吟樓詩選》（劉繼莊選本）《上巳日天暢晴甚，覺〈蘭亭〉"天朗氣清"句，爲右軍入化之筆，昭明忽然出手，豈謂年年有印版上巳耶？詩以記之》："三春却是暮秋天，逸少臨文寫先前；上巳若還如印版，至今何不永和年。""逸少臨文總是愁，暮春寫得似清秋。少年太子無傷感，却把奇文一筆勾！"語甚快利，然亦偏信不察，於義之居固爲昭雪，而於昭明則在誣矣。

近些年來，暑期或處山林，避暑復兼避囂。右軍故里臨沂有蒙山，爲魯地比肩岱嶽第二峰巒（海拔有逾千米），其間有峰曰魯山曰東山，皆係同一山脈。其間，尤以蒙山游人罕至，氣候宜人。是每年假日，友人相要約，必有數周盤桓焉。以此因緣，每得瞻仰右軍先賢故里。環顧山水佳勝，高亢軒敞；古木參天，閱盡千年風霜；沂水汶河，湯湯交匯；夏始春餘，晚風醉人。因悟《蘭亭集敘》所記"暮春之初，天朗氣清"，淵源有所從來矣。"永和九年，歲在癸丑，暮春之初，會於會稽山陰之蘭亭，修禊事也。群賢畢至，少長咸集。此地有崇山峻嶺，茂林修竹；又有清流激湍，映帶左右，引以爲流觴曲水，列坐其次。雖無絲竹管弦之盛，一觴一詠，亦足以暢叙幽情。是日也，天朗氣清，惠風和暢，仰觀宇宙之大，俯察品類之盛，所以遊目騁懷，足以極視聽之娱，信可樂也。"所謂煙雨江南,季春時節,煙雨霏霏,是復有——"天朗氣清"——不合時令之責。臨沂王羲之故居紀念館,位於群山高敞空曠處。二〇一二年九月觀謁之際,感慨繫之。因念魯地西南,暮春三月,艷陽高照,萬里無雲,洵非罕見者。《論語》所謂"春服既成""浴於沂",侔色揣稱,情景仿佛。是王氏家族,避亂南渡,仍以北方記憶片段爲是序作地者也。蓋作者序文,非當時現場實録而寄予身世記憶。作文固然不乏"時間錯亂",論者得微亦許"空間錯位"耶?

夫尺牘者,千里之面目;家書者,百代之心跡。睹面以知人,循跡可論世。知人論世,以意逆志。是思接千載,端賴越世高人,良有以也。

韓國釜山慶星大學鄭公景柱教授,爲韓國禮學學會老會長,從執教到退休,數十年訪求鄉校書院寺院,足跡所及,固不乏詩禮之家、簪纓之族、鐘鳴鼎食之宅,至集其大成《禮學叢書》,都爲二百卷。鄭景老寒來暑往,田野鄉里,作業不輟。復留意各家古來家訓書札,雖半截殘紙,一通信箋,措意究心,必寶藏之,復編次之,日居月諸,無慮五十冊。平居密陽,出處行藏,沉潛古書,一直過著古禮生活,實乃稀世罕見之通儒,誠如近年來出土戰國楚簡所謂"巽寡悳古"者。[1] 復有河先生永三教授,"渡古齋"主人是也。從上世紀究心漢字學術文化,孜孜不倦,語言學文字學文獻學乃至"第五游",皆具深厚功底。所率先創建韓國第一家漢字研究所,創刊《漢字研究》專業期刊,儼然一漢學重鎮,業已進入 KSSCI 數據庫,成就之大,載譽全球。河先生以此基礎,復與日本、中國大陸及臺灣、越南、歐美等地同行,發起成立並注冊全球學術共同體"世界漢字學會"。定力足,天性厚;口無擇言,行不二三。所謂"身等菩提,頭堪孕鳥",是其寫照。其修養德性也厚,其浮大舟也有力。所傳家業,有良田美池嘉木,坐落於海濱風水絶佳山水之區。曾在海濤夕照裏,登臨四望,規劃四至,以爲"世界漢

〔1〕 關於該簡文,可以考釋理解作"祭饌整潔,合乎古禮"。參見臧克和《簡帛與學術》,大象出版社 2010 年。

字博物館”之設計。洵所謂長圖大念，全身心投入，貢獻漢字智慧之莫大者。

高麗半島，有鄭公及其禮學學會，河先生及其漢字研究所，韓國士族書札大系乃至在AI時代整個漢字文化學術事業，向人類昭示漢字文化書藝智慧，環顧方今，固有不二人選之因緣在焉。

東瀛扶桑，又一漢字漢學重鎮，世稱精深邃密。大阪教育大學張莉教授，京都大學漢字學泰斗阿辻哲次教授門下高足，博士爲文字學專門，長期從事漢字書寫教學，書藝名家，且各體兼擅。爰有神戶大學教授魚住和晃先生，書道造詣精深，書法理論著作，既豐且厚，年高德劭，術業素著，學林雅重。魚住大師現爲神戶大學名譽教授，年逾七旬，擔任筆跡鑒定研究所所長等若干職務。至於原愛知文教大學校長增田孝先生，現爲愛知東邦大學教授，校長代理，術業專攻，日本書跡史日本文化史。增田孝先生年逾古稀，爲古文書古文獻學家，書跡史學專家。主政電視鑒寶欄目，品藻千器，思接百世。目光如炬，洞鑒真僞。游刃投虚，莊生非“目遇”而“神視”之喻，蓋爲大師所設。造“與古爲徒”之境，有“第一人選”之稱：信非虚譽也。

方今三位通儒方家，出山主持，識得尺牘真面，會心古人謦欬，遂有洞若觀火之明。南宋朱子“不信人間有古今”之歎，[1]油然而生。方之寰宇，復有映帶今古，捨我其誰之慨歎。

---

〔1〕 朱熹《鵝湖寺和陸子壽》：“德義風流夙所欽，别離三載更關心。偶扶藜杖出寒谷，又枉籃輿度遠岑。舊學商量加邃密，新知培養轉深沉。却愁説到無言處，不信人間有古今。”

附圖版：

文汇读书周报
Wenhui Book Review 2012年11月2日
新书坊
15

故人书简：钱锺书致黄裳

《故人书简》（海豚出版社出版）是黄裳先生与故友书信的散文集，收录了作者与友人书信往来的原文及相关回忆，娓娓道来，耐人寻味。该书原计划收录在“海豚文存”第一辑书系中，然而事与愿违。黄裳先生今年9月5日仙逝，《故人书简》成为其最后一部出版物。

一

奉书惭愧。住笺已付内人，命其从容习写，以塞尊意。丈夫肯大踏步走出，妇人女子必千呼万唤始出来，解人如公，当不怪其迟缓也。但身非名器，误玷山公启事，惶愧何极。拙作蒙齿及，感刻、感刻。大名早在再版书赠送之列，聊报《美国兵》佳贶。近作一首，纸尾呈教，不一一。即颂黄裳才人吾兄吟吉。弟钱锺书顿首。

秋怀

鸣声渐紧草根虫，时看停云搇暮空。

掌落惊深秋后叶，寓寒坐怯晚来风。

身名试与权轻重，文字徒劳较拙工。

容易一年真可叹，犹将有限事无穷。

（后山语。时方订《谈艺录》付印。）槐聚未是稿。

此信大约写于一九四八年顷。当时我的《关于美国兵》刚出版，他的《谈艺录》正待付印。我又正收集师友墨迹，给他寄去两张诗笺，不久收到他们写赠两诗，即收入《珠还记幸》中的开首两页。默存谈笑间咳唾珠玉，即长笺短札亦复风趣可观。他每有著作，我也必向之索赠，这事四十年前即已如此。不料近来的“当代学人”以为怪事，读此信当可知其端末矣。

二

《围城》遵命已致初版一册奉贻，乞饬足来取。先事可托湛贤通一电话也。人事历六，续写小说，迄未着笔，思之怅怅。垂询一节，乃板劣之拉丁，代译如左：

They are not men, they are animals whom we have vivisected.

兄文笔之佳，著译皆然，甚畏佩也。匆复即颂裳兄文祺。弟名正肃。二十日。

此信约写于一九四八年。《围城》一九四七年在上海初版，翌年再版，我向他要了一本初版本，当时正着意收集新文学作品的初版本，于此书亦不欲遗珠。湛贤姓王，笔名阿湛，当时在上海出版公司工作。默存常托他转递信件。阿湛曾有短篇集在开明书店出版。解放后在一次运动中被流放，不幸死去。

我当时正在译一本威尔斯的小说《莫洛博士岛》，这书是先师李林先生未完成的遗译，由我为之续完。后收入《译文丛书》由文化生活出版社出版。原文中有一句拉丁文，无处请教，想起了他，就麻烦他代译了。

三

黄裳道兄文几：顷奉手帖并惠赐大译，欣感无既。九十五面拉丁文一句，极易译，乃蒙齿及，只益惭耳。《谈艺录》中析文误脱错简处甚多，再版时或可改正。考订旧小说者（甚琐屑，不足道）他年当另成一书耳。弟富念又写一长篇小说，经营一年许，人事历六，仅写八百许字，未知何时可卒业也。专此布谢，即颂撰安，弟钱锺书顿首。

这是收到我《莫洛博士岛》赠书后的复信，又提到了那句拉丁文。《谈艺录》在开明书店初版，颇有校误。后再印一次。新版增订则是一九八四年中华书局本了。此信说到他又富意写另一长篇，构想经营已有一年，但只写成八百字。这就是他在《围城》重印前记中所说的《百合心》，后来写成了两万字左右，手稿于移家北京时遗失了。未再继写，真可惋惜。

四

裳兄文几：复书奉悉。比见《人民日报》及读书杂志中大作，均隽妙迥异凡响，忆蔬堂李翁晚岁识君，驰书相告，喜心翻倒，老辈爱才，亦佳话也。题目仰观俯拾，在在都是。所谓宇宙之大，蝇虱之微，何至描画及于老夫，君休矣。小集乃《旧文四篇》，上海古籍出版社索去者。《堂吉诃德》初版校者草率将事，讹漏百出。季康俟重印校正本出，必奉一部。现手边亦无书。十年前小诗一律，补白呈吟教，即颂著安。

叔子病起寄诗，并招游黄山，和韵奉答。病余意气尚骞腾，想见花间著语能。老手诗中孤竹马，壮心酒后海东鹰。聊疏亲故添情重，落索身名免谤增。欲践天都酬宿诺，新来筋力亦难胜。弟钱锺书上。十四日。

此信约写于一九七九年。信中所说蔬堂李翁是李释戡，我于梅畹华座上相识。李翁是诗人，喜观剧。早年曾精刊罗瘿公《鞠部丛谈校补》，畹华新剧编制亦多出其手。晚年居沪上，座上多梅门女弟子。观剧之兴甚豪，每撰七绝观剧诗，附以小注。诗简见投，月必数至。晚岁诗曾油印成《苏堂诗拾》。默存信中对文字涉及他表示反对。于和叔子诗中“落索身名免谤增”句旁，自画数圈，亦是此意。知其宿志如此，不自今日始也。

五

裳兄鉴：剪报奉到，谢谢。弟两日前移住干面胡同十五号，三三〇一室。犯暑历六，殊惫。一切都未就绪，先以奉闻。新寓较旧居舒旷，足慰远系。拙选已增订七八十处，月前交出版社。（请勿告人，以免索者纷纷。）出书后必以一册呈教。即颂撰祺。名正肃，杨绛同叩。

这是一张明信片。寄于一九六二年八月。我当时在《文汇报》编文艺理论版，曾向他约稿，拟了一些题目，可是他都谢绝了。三月八日来信说：

弟数年来兼一外文职务，未能专以所中研究工作，亦乏暇晷。兄所出考题，无一不好，但举子不能入场，无从缴卷。奈何，奈何。

正好伍蠡甫教授主编的《外国文论选》中有他的一篇译文，就设法取来发表，写信去征求同意，后得八月四日信说：

译稿专应伍翁之属而成，限于体例，未能详加诠评考释，单独发表，殊觉不伦。伍翁三日前书来，已专函请其代向贵报谢绝。顷奉手教，乃知生米已下锅煮饭，不使困缚，只好勉强应允，并将误字校定寄还。然牛鼻子脾气，总觉期期不可耳。发表后烦惠一叶。弟六月起又全部外调半年，只偷暇写得论诗画一文，尚有新见。惜未能定稿。将付《文学评论》，出版后请教。十二日，杨绛同候。

从这几通信里可以看出他对自己的著译是如何的审慎，对我迹近绑票的约稿，也是大有意见的。明信片中所说订正的选本就是《宋诗选注》。我买得此书初版的精装本后，曾发兴取手边旧刻的宋诗加以校定，发现异文不少，有一些是可以订正《选注》的，就写了一纸校记寄去，随后就接到一九六二年十月一日的来信。

六

裳兄文几：得书一月来公私猬集，迟稽作报，歉疚之至。承校勘异文，如获珠船。恨早付削瓦，弟又为外务所牵，喧宾夺主，无暇旁及。只能待三版耳。先此谢谢。内人开刀经过良好，已出医院，知注并闻。匆布即颂秋安。弟钱锺书再叩，国庆日晨。

七

裳兄文几：音问久疏，忽奉惠颁尊集新选，展卷则既有新相知之乐，复有重遇故人之喜。深得苦茶庵法脉，而无其骨董葛藤酸馅诸病，可谓智过其师矣。贱名与唐晃翁孙同桂选中。岳一蒙于华衮，而一严如斧钺，要均得借以并传，作庄生齐物观也可。弟前年大病以来，衰形俱备，心力销亡，畏笔墨如寇仇。客老夫袖手偷闲，婆娑风月，祝诸子挥毫鼓舞，弹压江山，如是我云。草此复谢，即颂春祺。弟钱锺书上。

这大约是收到《榆下说书》以后的复信。这书中有两篇写到他的文字，紧接就是一篇读周延儒的杂文，所以才有那一节对比的话。他指出我受了周作人散文的影响，也自是一种看法。知堂的文字我是爱读的，但不一定亦步亦趋。他所指出的那些缺点，也正说中了周作人文章的缺失。相比之下，鲁迅晚年杂文中如《病后杂谈》、《题未定草》却正是我衷心向往而无从追蹑的典范。他的另一封一九八一年三月来信中，又对我的杂文作了过情的鼓励。

八

裳兄文几：报刊上每读高文，隽永如谏果苦茗，而穿穴载籍，俯拾即是，着手成春。东坡称道之所谓云锦裳也，黄裳云乎哉。南北不相识少年，函索拙著者络绎，并附钞票，弟无以应求，坐增逋欠麻烦。十日前人民文学出版社通知，初印销罄，已决增印二十万册，流毒愈广，丑我市朝之期不远矣。承命如奉军令，即将自存一册挂号寄上，亦征兄之声威遐被，持贵饿垂衣裳而治天下，一笑。即颂近安。弟钱锺书上，杨绛同候。十四日。

此信寄于一九八一年三月十五日。《围城》新版于一九八〇年十一月印行，印数十三万册，不及半年即售罄。我得讯晚，市上已无存书，只得求教于作者。承以自存本一册见惠。扉页有墨笔“槐聚自存本”五字，又题记六行云：

裳兄函索此书，手边只存是本。不敢自秘，倾筐上贡。感患酬知耶？畏威乞怜耶？姑学太白之笑而不答，留供后世学人聚讼题目。一笑。

下钤“中书君”印。

默存先生的长笺短札，正像他平时谈话一样，是庄谐杂出，极得手挥目送之致的。这写在书前的小跋更是一个特例。不料不等“后世学人”的聚讼，早已得到“当代学人”的讥评，现在就将附此书同寄的原信发表出来，有兴趣的“学人”不妨作进一步的研词。新文学书的版本研究是一门新兴的学问，成绩不小，收获甚多，但也应防止陷入琐屑沦于恶趣。像这样一本小书的投赠，是不值得聚而讼之的。默存先生流露出来的微意，大抵就是如此。友朋戏谑之言，也当不得真，下面是一九八四年十一月一信，是收到《过去的足迹》、《晚春的行旅》等两书的复信。

九

裳兄文几：两周中叠奉惠赐大集二种，足迹长留，晚春常在，西子昊岩之印，庄生灵椿之寿，差堪喻其必传也。贱冗稽复为罪。散文之风，比来弥盛。学会书刊，各标帜帜。众星拱北，百川归海，皆推贤者为教主矣。匆此布谢，即颂近祉。（黄裳将易服为红衣乎，一笑。）弟钱锺书上，二十二日。

十

裳兄文几：前奉致内子书，甚感垂注。弟十月下旬中寒，牵动宿疾，哮喘复发。打针服药，未为大患，而转成咳嗽，终日如《西青散记》中鹦儒鬼咯咯先生，病魔多情变幻，缠贱躯作祟，前后约四十日，本暂舍而之他矣。顷奉《山川·人物·历史》，昔之仅窥豹斑龙爪者，今乃获睹全身，情挟骚心，笔开生面，解颐娱目，荡气回肠，兼而有之。愚夫妇得挂姓名，如登金榜，不胜愧谢。惟弟发已半灰，山妇发未全白；弟面色黄而兄目为紫棠，是变《水浒》中之病关索为《金瓶梅》之王六儿矣。大著必传世，误尽千秋考据家，奈何奈何，呵呵。专此布谢，即叩冬祺。弟钱锺书敬上，杨绛同候。十二月五日。

此信写于一九八一年二月，是收到我的《山川·历史·人物》后的复书。照例说了些过情的话。信的后半，对原书所记作了更正，晤面之时，我确为他的健康和善谈高兴，印象深刻，就这样写了。他又提到“考据家”，可见对之是一直怀有敬畏之情也。

十五

北来得三晤，真大喜事也。弟诗情文思，皆如废井，归途忽获一联奉赠：

遍求善本痴婆子

难得佳人甜姐儿

拿喜其贴切浑成，而愁其唐突也。如有报道，于弟乞稍留余地。兄笔挟风霜，可爱亦复可畏（如开会多、学生于文学少兴趣等语请略）。赵家璧君处乞为弟一促，谢谢。即上裳兄文几，徐高二公均候。弟钱锺书再拜。内人同叩。三十一日。

于书丛中又发现默存一笺，系一九五〇年春所作。是年我因事到北京，曾去清华园。在许多教授中，相熟的只有默存，曾数度访晤。听他畅谈，真是妙语如珠，可惜未作报道，所说《痴婆子传》是我在琉璃厂买得的一册抄本。是书肆伙友从旧本中影写的，实在算不得“善本”。但此联实在是妙手天成，不愧佳制。

圖 1：《故人書簡：錢鍾書致黃裳》

（《文匯讀書周報》2012年11月2日15版）

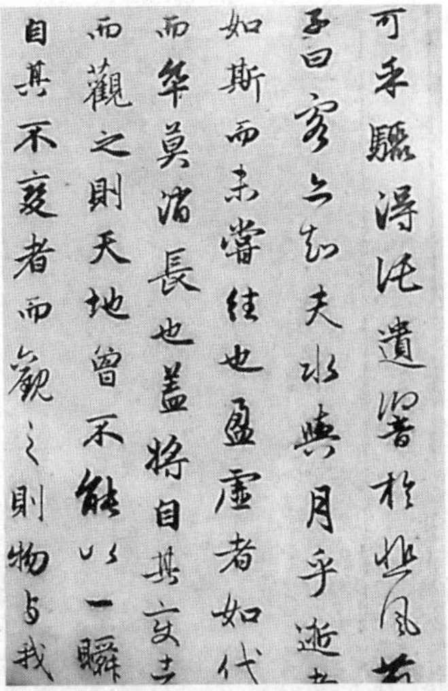

圖 2：使一平［其中“蓋將自其變者而觀之”變字，草書換用“使”字成分，使用等同“平(辯)”字］

見《趙孟頫書蘇軾前赤壁賦》(孫寶文編，上海辭書出版社 2011 年)

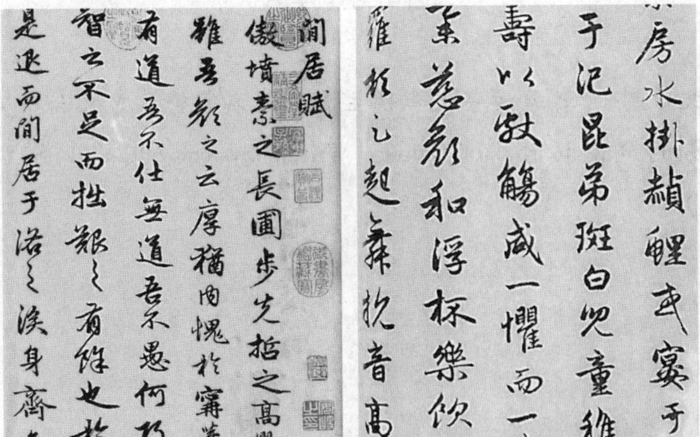

圖 3：顔一頑(第 2 頁“雖吾顔之云厚”、第 10 頁“慈顔”)

見《趙孟頫書閒居賦秋興賦》(孫寶文編，上海辭書出版社 2011 年)

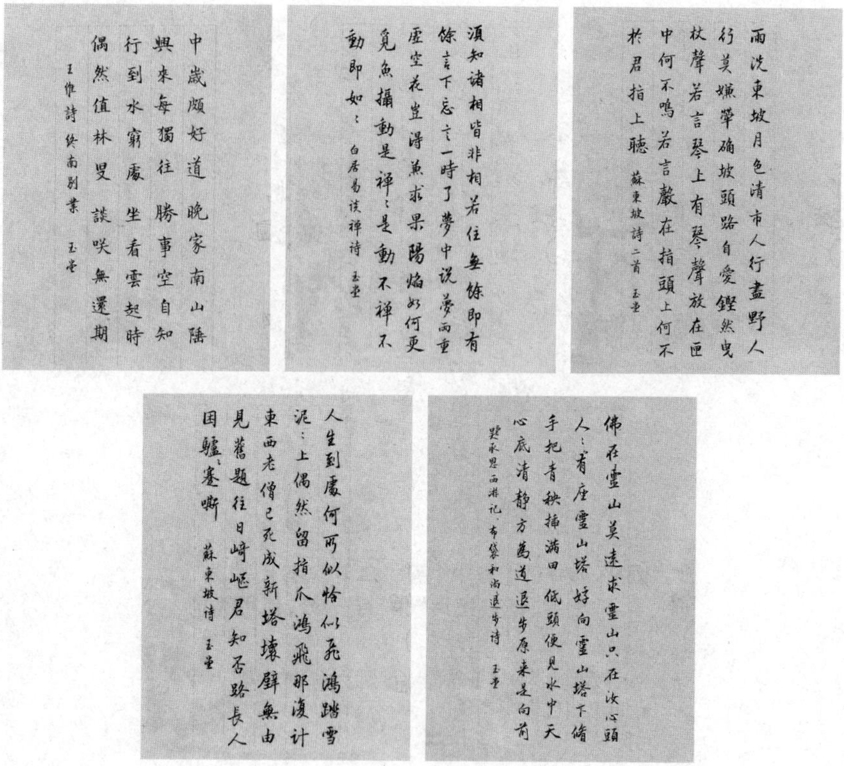

圖 4: 玉堂手跡

本文係爲《中日韓漢字文化圈主要地區名家望族書札合集》所作序言。部分刊載於 Journal of Chinese Writing Systems(JCWS),SAGE,2019 Vol 3(4)。

《域外漢字傳播書系·韓國卷》代序

到韓國觀光,不可不看的是其保存完美的寺廟。古樸莊嚴的建築群落,各隨名山勝水佳木所宜,足以讓人流連忘返。其中尤其值得駐足觀賞的,則是寺廟題寫的各類楹聯偈語。其書藝之能事,令人激賞,歎爲觀止。我曾經有機緣觀勝釜山深處梵魚寺,其偏殿四柱所題爲偈語,至今猶記得行書蒼勁:

摩訶大將軍,
無短亦無長;
本來非皂白,
隨處見青黄。

其中“皂白”字,題寫作“皀”。專業人士,當然知道“皀”件可作爲部首,構成既、即諸字。而【早—皂】關係,還牽出【丨—十—七】【七—匕】等字符成分的古今分化區別。其實,在中土石刻文獻中,像北齊《趙道德墓誌》“皂”早已作;又如“化”字楷書,東漢《楊統碑(陽)》作,而同時代《楊著碑(陽)》作,北魏《鄭黑墓誌》作,同時代《元項墓誌》又作

化。看來,不同語言環境,使用同樣的漢字,竟然存在相近似的變異情形。即存在某些差異,至少也有補於比較和解釋。

漢字,曾是韓國正式文書之唯一書寫系統。據説韓國於 1991 年和 1994 年在漢城先後兩次舉行了"漢字優於拼音文字"的國際漢字學術研討會,並成立"國際漢字振興協議會"。韓國政府規定,中學生認識 1 800 個常用漢字,作爲必修教育。有人曾作過調查統計,現在韓國語中有六成以上的漢字詞都是由古漢語派生出的漢字片語組成的。韓國使用漢字的歷史源遠流長。目前保存下來的漢字文獻中有大量的善本古本字書、韻書、辭書、字譜、識字課本等,被統稱爲"韓國古代小學類文獻"。叢書首批所及,就有《説文解字翼徵》《第五游》《華東正音通釋韻考》《全韻玉篇》《新增類合》《字類注釋》《訓蒙字會》《千字文》八種。

儒學傳統,高麗東瀛,皆浸潤日久。原夫小學者,不唯學問之淵藪,亦經典之津梁。韓國所藏小學類文獻,自然也具有這樣一些功能特色。

叢書《説文解字翼徵》,爲小學"説文"之屬。其所謂"翼徵"者,以金文爲"羽翼",辨析形體,證明本義,推跡名原。足見高麗學者,於中土金石學之熟諳。作者不唯《説文》傳播之功臣,抑或清代朝鮮金石學小學傳播水平之代表。其爲中土"説文學"金石學愛好者研究者所矚目,可預卜也。

叢書《第五游》,亦爲小學文字之屬。其所謂"游"也者,中國古代往往與學人經藝修養文字造詣發生關聯,如經常見到的"遊於藝"之類。唐人《等慈寺之碑》:"降元覽而遊藝,觀人文以化成。"《祁惠墓誌銘并序》:"幼挺奇操,玩三墳之典冊;長擅異能,包六義之文翰。年甫弱冠,補四門學生。庇影庠塾,游心經史。黌館諸儒,特相友愛。《春秋》《周禮》《論語》《尚書》,義畢該通,文皆暗誦。"北朝顔之推在《顔氏家訓》"雜藝"第十九篇專講"藝能",開篇即謂:"真草書跡,微須留意。江南諺云:'書疏尺牘,千里面目也。'""雜藝"篇,反映顔氏尤其重視書藝之"藝能"。顔氏後人顔真卿,作爲唐代書法集大成者,出自其手筆之《顔惟貞廟碑》等家譜式記載,反映出上到曾祖,下至祖父輩,家學淵源,工於篆籀草書草隸,代不乏人。六朝隋唐五代大量墓誌碑刻中,"藝能"突出體現,即爲"工書"

修養。然則,"第五"取乎傳統"六藝"——禮樂射御書數——之次第;是《第五游》者,功能爲"藝能"之具備,作用爲文字之修養。解會方式足稱漢人《釋名》流裔之亞,亦士林博雅君子玩字味道之結習乎?

叢書《華東正音通釋韻考》《全韻玉篇》之屬,爲小學音韻類。其中《華東正音通釋韻考》記録了當時朝鮮半島的口語語音,向爲學者研究中世朝鮮語語素極重要之資料。《全韻玉篇》作者已佚名,雖附《奎章全韻》,而向被視爲獨立字典。視中土韻書之《廣韻》《集韻》之類,雖韻書而亦具字彙之用,實爲聯類。中土近現代漢語語音構擬者,大要不出《中原音韻》《洪武正韻》等材料範圍,若干語音結構問題有待調研補苴。然則《華東正音通釋韻考》《全韻玉篇》,亦中土近現代漢語語音結構研究不可多得之系統參考。

叢書《新增類合》《字類注釋》之屬,爲小學文字訓詁類。另外,叢書還涉及了《訓蒙字會》《千字文》等,屬"訓蒙"小學類書。韓國此類小學著作,民間實用,版本衆多,異常發達。與中土歷代常用漢字訓蒙教育,正復作用一揆也。

河永三教授,多與山林高僧通人游。嘗有如此四句,堪爲寫照:

萬物自得虚静觀,
與古爲徒一笑間。
賓客萬象頭孕鳥,
眷屬百家天無邊。

憑著堅實的語言學理論修養,深厚的漢字文化興趣,孜孜不倦,精研漢字之學,完成系列研究課題以及大量譯介。涉及領域,有甲骨文金文、《説文》、《釋名》、漢字字源學等。爲漢字文化傳播,作出了開創性貢獻。積累有年,組建韓國乃至東北亞地區第一個漢字研究所。他帶領研究所團隊,通過國際合作競標,承擔中國教育部人文社科重大項目和韓國國家重大課題,爲世界同行所矚目。

河永三所長具備世界學術發展眼光,以他爲首席科學家的“韓中古代小學類文獻聯合檢索系統”重大項目,將以韓國古代小學類文獻爲主,關聯中國古代重要字書、韻書、辭書、字譜等,試圖建立全球第一個韓中古代語言學文獻聯合檢索系統,爲漢字文化圈乃至世界漢學研究提供便捷之專家工作體系。其研究目標,爲將韓中古代小學類文獻轉化爲全球通用之網上資源,擴大漢字世界範圍之影響。誠如是,在士林修業,爲無量之功德;在學海書山,則有益之梯航也。

世界走向“全球化”,“文化”據説都要裝上腿長出腳而實現所謂“走出去”。苟無漢字,包括儒學在内的“中國文化”能走向哪裏,又能行之多遠?叢書系列在中土推出,豈止“走出去”,是復又“歸去來”矣。至於傳播過程的“普適性”“接受性”及差異的“互補性”,適爲所謂跨學科跨語種跨文化研究難得之樣本也。博雅諸君措意經心,自當思過半矣。

韓國歷史上的大量漢字文獻,其中小學類資源尤其豐富,可補中華本土有關文獻之缺漏,堪爲漢語文字研究之參照。叢書以其資料之首示性、内容之豐富性、整理研究之系統性,將爲語音文字訓詁以及漢字教育等相關專業領域,提供極大方便。叢書之“導言”,實爲作者研究有年之心得;於讀者之爲用,猶如入名山古刹覽勝而值遇接引導遊矣。至於各種整理文本,則配合原本書影;有相互印證之功,而無待翻檢查找之勞也。

情均彼我,理洽同異。鄰壁之光,堪借照焉。

2012 年初春於韓國釜山

學人與書藝

○引　子

記得2011年韓國釜山韓國漢字研究所舉辦的"第二届CJK(中日韓)國際漢字文化學術論壇"上,有一個專場報告是來自中國上海的劉志基教授關於出土楚簡的異體與書藝問題,引起了世界各地與會者的空前興趣和熱烈討論。席間,來自美國波士頓大學東亞藝術史學者白謙慎教授提出一個問題,就是戰國楚簡的寫手是否意識或自覺到自己是按照書法進行位置經營藝術創作?還有的古文字學者如清華大學趙平安教授提出,書寫作爲藝術,還可以提前,比如周代金文等。我當時發表的看法則是:遇到這類問題,各家恨不能起古人於地下。其實,都是無從對證的事情。據錢鍾書先生《管錐編》論《焦氏易林》所提到:"古人屋宇器物碑帖之類,流傳供觀賞摩挲,原皆自具功能,非徒鑒析之資。人事代謝,製作遞更,厥初因用而施藝,後隨用失而藝存。"[1]古人如何看待自己在當時生産條件下的書寫行爲,這已是無法回答的問題。至於後世從中觀賞到了藝術法則,則時代、載體又何限焉。

---

〔1〕 錢鍾書著《管錐編》第2册,中華書局1978年。

也是在這次論壇上，按照慣例，主辦者要求於會場講臺之上，當場揮毫潑墨，表現書道。與會各國書手，各呈擅場，或摹甲金，或習簡牘，或篆或楷，或隸或草。葆華教授，則以大筆行書，盡顯六朝書風，爲全場手眼跳出，一座皆稱焉。

○ 書藝與功用

令後人歎爲觀止(價值轉移以稀世爲尚，即不可複製性)的古代藝術，跟現代人自覺抽繹出來的“書法藝術”，自然不是一回事。區別所在，古是爲用而施，今則爲藝而爲。藝之至者(分際)，大概就存在於“用”與“藝”行將分裂之際。過此以往，爲藝而爲，捨本逐末，徒事雕琢，模仿古拙，雖窮氣盡力，極盡收拾，結果如何，揆之藝術史，可知矣。然則，此間所謂“用”，又有若干層次可言。

周代銘文“文”字結體有從心符者(　)，嘗爲之揭櫫，字形結構不啻“爲文用心”與“雕龍文飾”具在一體之表徵。[1]

漢魏六朝書寫，原爲社會文獻傳播所用，復爲各種場合各種文體日常交際所用。尤其是紙張真正作爲書寫介質，魏晉南北朝進入日常領域，最大程度上拓展了自由書寫的空間，直接促進了文字書體各體成熟。《魏書》卷五五《列傳第四十三》載劉芳曾爲諸僧傭寫經論：“劉芳字伯文，彭城人也。……芳雖處窮窘之中，而業尚貞固，聰敏過人，篤志墳典。晝則傭書以自資給，夜則讀誦終夕不寢。至有易衣並日之敝，而澹然自守，不汲汲於榮利，不戚戚於賤貧。乃著《窮通論》以自慰焉。芳常爲諸僧傭寫經論，筆跡稱善。卷直以一縑，歲中能入百餘匹。如此數十年，賴以頗振。由是與德學大僧，多有還往。”《北史》卷九十則載蔣少游以傭書爲業：“蔣少游，樂安博昌人也。魏慕容白曜之平東陽，見俘入於平城，充平齊戶，後

---

〔1〕 銘文字形見臧克和、劉本才編《實用說文解字・文部》，上海古籍出版社 2012 年，第 277 頁。考釋見臧克和《漢語文字與審美心理・文章字》，學林出版社 1990 年。

配雲中爲兵。性機巧,頗能畫刻。有文思,吟詠之際,時有短篇。遂留寄平城,以傭寫書爲業。"《梁書・孝行傳》記載沈崇傃,傭書以養母。《南史・孝義傳》則記載庾震桑父母,居貧無以爲葬,賃書以營事,至手掌穿,然後葬事獲濟。即晉人三王所書,所見無非著述之事及日常生活書札乃至便條往還。

隋唐書寫,主體是爲科舉考試所用,復爲社會文獻傳播所用。這涉及書藝與所謂"藝能"的關聯。

○ 書藝與藝能

調查可知,晉南北朝到隋唐五代大量墓誌碑刻,作爲"藝能"的"工書"專門,往往勒石標榜,爲當時"蓋棺定論"性評價。"書寫自覺",較早似見於南北朝石刻,像北魏《元悌墓誌》記載"學冠書林、尤好八體":"王諱悌,字孝睦,河南洛陽人也。析彩麗天,派源帶地。鴻光昭晰,清爤自遠。祖重華迭曜,握天鏡以臨萬國;考蹈德齊礼,揔三事以調四氣。王資靈川岳,居貞若性。博覽文史,學冠書林。妙善音藝,尤好八體。器宇淹凝,風韻閑遠。麗藻雲浮,高談回應。"[1]北魏《元欽墓誌銘》銘刻墓主"筆下雲飛,紙上風起",似乎生前尤工草書:"君諱欽,字思若,河南洛陽人也。恭宗景穆皇帝之孫,陽平哀王之季子也。長源與積石分流,崇峯斗極極齊峻。丹書寫其深玄,綠圖窮其妙跡。固以備諸篆素磬於金石者矣。君資五行之秀質,稟七耀之渟精。生而環奇,任維國秘,職司王言。筆下雲飛,紙上風起。忠規良謀,内外稱焉。"北魏永熙二年《張寧墓誌》獨稱墓主"書學之能":"書學之能,風標千刃,衿帶萬頃,自以桂林一枝,昆山片玉,學歲不群,冠年獨立,容豫鄉國。"

至於唐貞觀五年《李立言墓誌銘》(《新中國・陝西貳》第 17 頁):"藝

〔1〕 北魏建義元年《元悌墓誌》,見北京圖書館金石組編《北京圖書館藏中國歷代石刻拓本匯編》第 5 冊第 86 頁著録,中州古籍出版社 1997 年。下簡稱"匯編"。

兼刀筆,學綜經史。"可見唐代關於刀筆即書寫與所宣導"藝能"關聯。正因爲"書藝"在"藝能"當中,尤爲社會習尚所重,隋唐五代以來,仍相沿南北朝月旦標準,"藝能"仍爲品評人物關鍵詞。隋大業九年《蕭球墓誌》(《匯編》第10冊第74頁):"愽通墳素,傍曉藝能。"隋大業九年《張虔墓誌》(《匯編》第10冊第89頁):"君不恒出處,幼標俊傑。藝能非由積習,禮度得自家風。"唐開元十四年《王曉故夫人崔氏墓誌》(《匯編》第22冊第111頁):"柔令罕匹,藝能無雙。"唐永淳元年《臨川郡長公主李孟姜墓誌銘并序》(《新中國·陝西壹》第81頁):"公主隨傅京邑,載懷温凊,有切晨昏,乃自□表起居,兼手繕寫。聖皇覽之,欣然以示元舅長孫無忌曰:朕女年小,未多習學,詞跡如此,足以□人。朕聞王羲之女字孟姜,頗工書藝,慕之爲字,庶可齊蹤。因字曰孟姜,大加恩賞。""所撰文筆及手寫諸經,又畫佛像等,並流行於代。可謂九族婦德,千載女師者乎。"隋唐五代石刻語料庫,關於"藝能"使用記録無慮數十條。

○ 書藝與人格

在中國文化藝術史上,六朝到唐代所發展書藝,其影響之廣泛,遠遠超過其他藝術樣式。魏晉以來,書法日益受到重視。歷史上出現過許多著名的書法家,對漢字的書寫風格産生過很大的影響。北朝顔之推在《顔氏家訓》"雜藝"第十九篇開篇即謂:"真草書跡,微須留意。江南諺云:'書疏尺牘,千里面目也。'"在一定歷史條件下,"書疏尺牘,千里面目"與"字如其人"的評判,古代以爲大體是一致的。唐咸通八年《何遂墓誌銘并序》(《新中國·陝西貳》第292頁):"有詞藻,廣知識,諷詠皷琴,盡善盡美。人間之藝,靡不歷知。札得妙於鍾張,文不後於孟謝。釋道二典,奥入其趣。"其中札、文對文,札者書札,代書藝。隋唐所見語料中,"書手"就定型爲一詞。隋唐五代石刻語料庫,數處顯示"書手"記録。隋開皇五年《惠鬱等造像記》(《匯編》第9冊第25頁):"素像匠形洪濵、趙文遠、蘇奉仁;柒匠劉松栢、路元和;大殿木匠王□、李孝威、孟君英;銘文王良預;書手劉雅;銘石匠楊靜巖、郭悦;都當維那東方景沖、劉洪遵。"“書手”與“銘文”作者、“銘石匠”並列,顯係書法者。唐開元二年《思言禪師塔銘》(《匯編》第 21 冊第 17 頁):“造塔匠左思仁,書手王玄貞。”“書手”與“造塔匠”並列,即所謂刻工。“好手”,即用於指稱書手(唐開元廿四年《御制令長新誡》:“敕旨中書門下奏聖恩,以《令長新誡》賜新除縣令等。特垂光寵,載深誡勒。即合人□一本,奉以周旋。望令集賢院簡好手寫一百六十三本,仍令吏部連牒各賜一本,仍望頒示天下縣令者宜依。”御製誡令所謂“簡好手”者,意爲選擇工於抄寫者。見《匯編》第 24 冊第 1 頁)。唐咸通十二年《閻肇墓誌》(《新中國·河南壹》第 88 頁):“公訓承祖考,心慕虚玄。書造右軍之奇,學精北海之奥。”唐開元九年《李嗣莊墓誌銘并序》(《新中國·陝西貳》第 80 頁)“幼而明惠,長而聰善”,也是體現爲“書學一覽而便通,劍術纔經而即妙”。唐永徽二年《王順孫墓誌銘并序》(《匯編》第 12 冊第 21 頁):“在路逾見其静,處憂不改其樂。嚴萼千仞,仰之者無階;波瀾万頃,泳之者莫測。猶衢罇之待酌,等虚舟之不繫。觸景斯應,洽藝多能。洞八解於情端,究六書於筆杪。”是論世以知人,知書見身份。

○ 書藝與家學

韓國現存小學類字書,有《第五游》焉。其所謂“游”也者,中國古代往往與學人經藝修養文字造詣發生關聯,如習見的“遊於藝”之類。唐貞觀三年《等慈寺之碑》(《匯編》第 11 冊第 23 頁):“降元覽而游藝,觀人文以化成。”唐開元六年《祁惠墓誌銘并序》(《新中國·河南貳》第 138 頁):“幼挺奇操,翫三墳之典冊;長擅異能,包六義之文翰。年甫弱冠,補四門學生。庇影庠塾,遊心經史。黌館諸儒,特相友愛。《春秋》《周禮》《論語》《尚書》,義畢該通,文皆暗誦。”六朝隋唐五代大量墓誌碑刻中,“藝能”突出體現,即爲“工書”修養。然則,“第五”取乎傳統“六藝”——禮樂射御書數——之次第;是《第五游》者,功能爲“藝能”之具備,作用爲文字之修養。解會方式足稱漢人《釋名》流裔之亞,亦士林博雅君子玩字味道之結習乎?[1]

《顔氏家訓》除了序致第一,就是教子第二。在該篇中,特别提到"書疏",根據王利器《集釋》,"書疏"爲南北朝人慣用語:顔氏本訓後面"雜藝"第十九篇亦有"書疏尺牘,千里面目"之語。[2]"雜藝"篇,突出反映顔氏"藝能"觀,特别是爲南北朝所普遍重視的"書藝"在"藝能"中的地位和社會風尚。

至於顔氏家族,適成聯類。唐建中元年顔真卿撰並書《顔惟貞廟碑(陽)》(《匯編》第28册第7頁)不啻夫子自道,堪稱"顔氏家族藝能傳承譜系":"巴陵太守、度支校尉諱騰之,字弘道,善草隸書,有風格。梁武帝《草書評》云:顔騰之賀道力並便尺牘,少行於代。輔國江夏王叅軍諱炳之,字叔豹,以能書稱。""生齊持書御史兼中丞諱見遠,字見遠。和帝被弑,一慟而絶。梁武深恨之,事見梁、周、北齊書。生梁鎮西記室叅軍諱協,字子和。感家門事,義不求聞達。元帝著懷舊詩以傷之。撰晉仙傳五篇、日月災異圖兩卷,文集廿卷,見《梁書》。""生北齊給事、黄門侍郎、待詔文林館、平原太守、隋東宫學士諱之推,字介,著家訓廿篇、寃魂志三卷、證俗音字五卷,文集卅卷,事具本傳。""生勤禮,字敬,君之祖也。幼而朗悟,識量弘遠。工於篆籀,尤精詁訓。解褐挍書郎,與兩兄弟師古、相時同時爲弘文崇賢學士。弟育德又於司經挍定經史,當代榮之。太宗嘗令師古讚崇賢學士,以兄弟特命。蕭鈞讚之曰:依仁服義,懷文守一。履道自居,下帷終日。業彰素里,行成蘭室。鶴籥馳稱,龍樓委質。""幼而穎悟,尤明詁訓。工篆籀草隸書,与内弟殷仲容齊名,而勁利過之。特爲伯父師古所賞重,每有注述必令叅定。嘗得古鼎廿餘字,舉朝莫識,盡能讀之。"書事以"勁利"爲品目,似尚未見書學界拈出。又翰墨以"玄捷"稱:"生我伯父,諱元孫。泉君伯父,聰穎絶倫,尤工文翰。舉進士,考功郎劉奇特摽

〔1〕 臧克和《域外漢字傳播書系·韓國卷·代序》,上海人民出版社2012年。

〔2〕 王利器《顔氏家訓集解》,上海古籍出版社1980年。

腴之。由是名動海內。"

六朝書藝,嘗試論之: 書體達到各體皆備,適應於不同文體、不同場合,與文體發展關聯至爲直接。書體的完備,要取決於物質的因素和社會的因素。物質的因素,就是書寫介質轉換的實現即紙張在魏晉南北朝真正普遍進入日常書寫領域。社會的因素,則是家庭教養的積累和崇尚書藝的社會需求。[1]

○ 學人與書藝

上述種種,與葆華學人書寫書體書藝,堪爲聯類。所謂草蛇灰綫,正復作用一揆。

葆華學人精書藝,各體稱乾淨。玩味其作品,會記起南朝吴均《與朱元思書》"風煙俱淨,天山共色"句子。某次,海上從容散論書學,詢喜歡哪家作品爲書寫素材? 我脱口應答: 有二居士: 東坡《赤壁賦》,于湖《過洞庭》。葆華教授大喜,大書"清風徐來,水波不興"、"素月分輝,明河共影,表裏俱澄澈"諸句,逸興遄飛,文質相宜,即知其天分、性情及胸次。有六朝文字項目,關於結題字表書名,課題組請葆華教授題寫"漢魏六朝隋唐五代字形表",出以六朝行書,庶乎本地風光,無待乎遠徵矣。

葆華教授自幼受祖父儒業教養,筆墨薰染。長成秉性厚重,見識深沉,心地純正。雅好書學,殆其天性也。其術業專攻,爲漢字發展史。東瀛講學,訪求日藏《説文·木部》六紙等唐抄墨迹。其博士學位論文,即以日人所藏《原本玉篇》文字爲基本材料範圍。迄今爲止,已先後出版《〈原本玉篇〉文字研究》《漢字發展史》等專著。所指導漢語言文字學研究生,包括來自日本留學者所喜愛的"漢字書法史"研究方向。近年來,作爲首席專家承擔國家教育部人文社科重大項目"秦漢文字發展史描述",結撰《中國文字發展史》之《秦漢文字卷》,有足可期待者。

〔1〕 臧克和《書體發展與文體自覺》,《學術月刊》2007 年第 3 期。

字海飄零，日居月諸。治文字之學，以書寫作印證。關於隸變各體關係理解，諸如隸、草隸、隸與楷等，深具會心。視小學家隔膜之説、書法家皮傅之談，洵爲犁然有當，親切有味者。又嘗謂楷、草皆有標準法則，行於所當行，止乎所當止。"散文易寫難工，匆匆不暇草書。"唯行書介乎兩邊之間，中間餘地也大，殊難一律。後世承學者，至於不知所從。然初學文字者，又非從行書莫辦。有鑒於此，作品中行書一體，爲尤用力者。是雖書藝，亦關乎濟世之用心也。

原夫藝能，固性情中人所優爲。葆華教授人、學、書皆有風格。於考古出土文獻，多方措意經心。至於其爲人，曾不肯稍稍曲學阿世，避難就巧。《管錐編》拈出"畫水鏤冰，與時消息"，申論個中所藴造藝歷久與材質屬性之關係："施工造藝，必相質因材，不然事無成就；蓋成矣而毁亦隨之，浪抛心力。"而"造藝者期於傳世不朽，寧慘淡艱辛，妙識所難，勉爲而力排其難；故每取喻雕金研石，材質堅，功夫費，製作庶幾閲世長存。若夫逃難就易，取巧趨時，則名與身滅，如鏤冰刻脂而已"。〔1〕巧也拙也，其得失唯均乎。出新意於法度之中，立楷則於百家之上。堆垛化爲煙雲，板滯變作流易。以學爲養，賓客萬象，眷屬古人，客氣全退，虚鋒不用，上訴真宰，與造物者游：此所謂精於學，游於藝，學人而擅書者也。

海上癸巳秋日

爲朱葆華教授方家2014年版書法集所作序言

〔1〕 錢鍾書《管錐編》第三册考論《全後漢文卷一四・桓子新論・啓悟第七》，中華書局1979年，第973—974頁。

大數據網絡時代海量漢字信息有效表達

——基於大數據網絡《字海》凡例説明

隨著産業革命4.0版迅速升級,人類社會生活,各行各業對於信息資源的獲得和傳輸,以往習慣上以紙媒介質爲主要載體,結合分散的專家數據庫處理,已經遠遠不能適應大數據、跨平臺(或曰工作平臺體系化)、網絡化的需求。中國文字使用歷史悠久而没有中斷,各個朝代又基本都是以因人而異的手工抄寫爲主要傳播方式,書寫文獻浩如煙海。因此,以結構形體爲基本屬性的漢字,但就結構數量和認知模式的繁複而言,相當於"大數據"一個極具特色的類型,稱之爲"字海",雖係誇飾言之,但與古人所謂"學海無涯""字海飄零"、今人所謂"海量數據"之類,比況作用,正復一揆。

歷史漢字書寫文獻大致以兩種形態存在：一是一直流傳於世的書籍檔案文獻,一是長期埋藏地下,爲後世特别是現代不斷出土發掘整理出來的實物文獻。習慣上,前者統稱爲"傳世文獻",後者統稱爲"出土文獻"。前者具有歷時即不斷傳抄的性質,後者具有共時即一次性寫定的性質。傳世文獻使用歷史漢字,發展到一定階段,各個時代所使用基本漢字個數(或曰種數),往往以字彙或韻書的形式出現。漢代有《急就篇》[1]《説文解字》,魏晉南北朝有《字林》《玉篇》《千字文》等。唐代除了《五經文字》《干禄字書》《新加九經字樣》等各類字樣規範類字彙,還有增廣前代字彙的類型,如孫強增字《玉篇》,還有傳抄編定見於同時代域内域外的同系字彙,如敦煌殘卷所見《玉篇抄》,相當於中國唐代中期的日本空海大師所撰《篆隸萬象名義》等。宋代大規模版印,成爲文獻整理傳播的主要方式。因應這種傳播媒介和技術,進行了大規模的字書韻書集成和貯存,像分類整理字彙《汗簡》《古文四聲韻》等,像《類篇》《集韻》等,後者更是規模空前。即使到了清代《康熙字典》,也不外乎就是將上述各個時期的字彙韻書,没有深入加工地合成而已。從上個世紀九十年代直到現在,隨著計算機通用平臺軟體技術的發展,各種字符集、CJK 擴展碼、超大字符集、全漢字庫、中華字庫……似乎國際標準化組織表意文字工作組 IRG 預留給的碼位總是不夠,到現在也没有看到盡頭;儘管國家項目重複疊加,但依然没有下文。這類現象,我們在歷史漢字斷代調查與漢字發展史課題和相關叢書前言裏解釋爲(2015):如果不能明確回答各個歷史時代實際使用了多少個漢字以及哪些漢字,後面時段較前一時段增加了多少漢字以及哪些漢字,只能説明歷史漢字斷代調查大數據平臺建設不夠完善,上述問題,也就只能始終處於無窮無盡的暗中摸索狀態。

本字彙依據《説文解字》540 部分類,分三級著録,凡近百卷,以數據網絡與傳統媒介相結合的方式,實現海量文字文本信息在大數據網絡時代有效表達。

所分三級,分别是字位代表字形、異體字形以及介乎二者之間具有獨特結構屬性的過渡性中介字形。三級所貯存,皆是見於上述兩類文獻即歷史上曾經真實使用過的字形。因此,稱爲“字海”雖如上所述係出於

[1] 只是作爲當時名物用字及人名姓氏用字的羅列,其開宗明義就是:“急就奇觚與衆異,羅列諸物名姓字。”專書數據庫統計表明,南北朝時期梁代顧野王所撰第一部楷書字典《玉篇》,唐鈔本僅存殘卷,大致相當於原文的八分之一,後稱《原本玉篇》;日藏空海所撰《篆隸萬象名義》所貯存字量,與《原本玉篇》相同。

“誇飾比況”,要説是迄今爲止,收字最爲齊全、著録漢字本體屬性信息最爲真實、最爲完備字彙,則是没有什麽問題的。

跟字典史上以及現代使用的各種字書相比較,本字彙的基本特色與定位是十分明顯的:在海內外首次實現基於表意文字大數據平臺,各個歷史時期所真實使用的漢字結構本體屬性完整保真著録,字形使用的語言環境(尤其是一次性寫定的上下文文本),即字義信息得到充分呈現。

所謂“漢字結構本體屬性完整保真著録”,是指通過我們耗費二十年時間研發的表意文字大數據庫的各類漢字歷史專題語料庫的類型標記篩選統計,按照字形實際使用頻次(文獻覆蓋面)、字形承前啓後地位等真實數據,分別確立字位代表字形、異體字形和過渡性字形,完全避免人爲主觀好惡隨意取捨分級。例如,我們曾經揭出(2012),漢代《説文解字·我部》以義爲正篆字頭,以羛爲重文。但是,秦代古籀文字石鼓文所用“我”字形,即與“弗”形接近,漢簡所使用相關形體中存在,其中“我—弗”構造成分發生趨同性變異,遂導致“義—羛”整體結構差異。本書爲了將二者中間所由分化的中介環節聯繫補綴起來,分別分級貯存爲:義爲一級字位代表字形,羛爲二級異體字形,爲三級過渡字形。這個原理公式化可以得到如下表達:在【旌—㫌—旍】異體組,從旌→旍,旍之於旌,乍瞥初觀,結構相隔已然懸遠;而中間㫌形從全構造,生、全、令楷化輪廓則庶幾近似。如此,㫌形就構成旌→旍的中介聯繫環節。這個環節,作用爲過渡。已知條件爲旌=㫌,又因㫌=旍,那麽旌=旍。若易簡之以公式,表述可轉換爲:已知A=B,且存在B=C條件,則有A=C。如此,下面各組字形胥可套入:在【愍———恣】中,已知愍==,又因=恣,則有愍=恣。在【鑄——】中,已知鑄=,又因=,則有鑄=。在【浣——浼—浿】中,已知浣=,又因浼=浿、則有浣=浿。

所謂“字義信息得到充分呈現”,是基於如下觀念和相應處理:大數據背景下,到目前爲止所流行的大部頭語言文字工具書,越來越大,用起來也越來越不便。閲讀使用者對信息量的需求,不僅越來越多,而且要求越來越精準便捷。因此,在海量語言文字數據裏,閲讀使用者急需的是超高效率的"搜尋引擎"+簡明準確的"使用指南"。如此大規模字彙首次實現"互聯網+紙質文本"的超文字信息貯存形式,字形使用的語境,乃至整個篇章單元,出土文獻來源,各家釋義著録,義項出現即詞頻,分類專題實際使用分佈等,皆可在所關聯網絡空間得到對應補充。採取這一體例,固然是考慮到上述爲了儘量減少傳統紙質文本由於篇幅過大而造成的翻檢不便,更是在完整貯存海量數據信息同時,在紙質文本釋放出的空間裏,讓漢字結構本體屬性、漢字使用帶來的基本義項、通假使用以及某些特殊使用功能得到突出呈現。同時,採取上述關聯模式,意味著該字彙實際上呈現爲開放性結構,即可根據新發佈出土文獻,隨時挖掘數據,補充修正,加以完善。

著録原則。根據各類語料庫,包括字彙專書數據庫統計,基於上述功能定位及分級收字範圍,本字書著録漢字,遵循下列原則:

1) 實際使用。歷史上各類文獻實際使用過的文字原形著録。每個著録字,都給出所見語境或使用文獻,並標明出處。來源屬性標注從簡,只給出材料屬性以及文獻簡稱,詳細出處則可查詢所關聯網絡數據庫"文獻來源"窗口。至於現代出於各種需要人工製作出來的"古文字形""隸古定"字形,〔1〕並不屬於歷史上真實存在過使用過的漢字形體,不在本字書收録範圍之內。

2) 部首分類。按照中國最早的字典《説文解字》540 部分類排列。至於《説文解字》所無、即未釋字形,分别附録於所在各個部類。〔2〕

3) 信息保真。基於原則 1),除了歷史字彙乃至異體字一仍其舊外,

〔1〕 漢字使用歷史上所出現的以楷書的筆劃書寫古文字形結構,這裏的"隸",並非現在作爲狹義書體類型之一而使用的"隸書"術語。稽考出土石刻等實物文獻的使用實際情況,直到唐代石刻、字彙等都存在以"隸"指稱"楷書"等書體現象。參見後附"參考文獻"[1]。

〔2〕 關於部首的分類情況説明,參見後附"參考文獻"[2]。

出土文字皆以原形字字體(排除人工摹寫因素)呈現。字頭所給出的隸古楷字結構,只是出於便於索引製作的考慮。

4) 結構分析。本字書所收字形,根據構形單位之間關係,逐一進行結構分析,無間古今。爲使用者提高認知分辨效率。

5) 字義反映。根據"意義存在於結構"原理,對每個著録字,除了分析結構意蘊之外,還將對於給出實際使用語境所產生意義加以説明。[1]至於集合義項的詞典功能部分,則見於所關聯網絡數據庫。這部分功能,其實是大大超出了以往對於詞典的需求。以往讀者所使用的詞典,也只能是在浩如煙海的詞彙義項裏,查找尋常所見基本義項。本字符集,首次實現的網絡關聯,使用者根據各類各項需求,可以瞬間提取集合某個時期、某類語料使用範圍内的所有詞語用例義項。

6) 字音標注。每個著録字,根據歷代字書韻書實際記録加以擬音注音。對於字彙所未見,或未釋字,原則上只進行結構分析或描寫,以便於編制索引。使用者對於未經識讀字形,可以根據偏旁部首進行檢索,或通過關聯網絡數據庫提供的語境以及篩選使用頻率進行比較識别。

7) 字際關係。本字書對於長期使用所造成的複雜字際關係,加以客觀區别。所謂客觀區别,就是根據上具"實際使用"原則 1),給出歷史文獻實際使用的語境用例,由此實現字際關係的歷史區分。除了典型的傳世文獻用例之外,特别注重出土文獻、也就是一次性寫定的文獻用例。

8) 異體字形、過渡性字形。衆多歷史字彙,歷代字量增加,通常情況下,絶大部分就是異體字增長,這裏就涉及如何認同以及標識的問題。至於出土文字,由於其書寫往往不能固定的形態,則涉及到選取字條資格的實際把握,也就是涉及到過渡性字形的選擇問題。[2]

9) 實物用字代表性草書類字形。考慮到相當部分的簡化字形,存在著至少從秦漢簡牘用字就產生的相當悠久來源,這跟後世完全流於書藝

〔1〕 臧克和(2013)《結構與意義》作過專題討論,後來發展爲《漢字結構認知字典》"前言"主體内容。《中國文字研究》總第 17 輯,第 143—152 頁,上海人民出版社 2013 年。

〔2〕 習慣説的字位的代表字形。參見後附參考文獻[1]。

草書一路並非一回事。歷代字彙(除了專門服務於書法的"草字編"之類)完全加以忽略,是不符合漢字使用實際的,至少在漢字發展史上是不完整的。本字彙在秦漢六朝出土語料庫支持下,完全從實物用字出發,酌爲草書留一席地。漢字發展史斷代調查表明,在戰國秦漢六朝漫長的草寫過程中,漢字實際上經歷了兩次解構: 其一是篆文的隸變,其二是楷法的易簡。第一次解構,注意者衆多;而第二次解構即草書流行過程中,構件可以重新歸併,串通變換;有的筆順,可以變換書寫方向。等於是在相當程度上建立了新的區別機制,釋放出成批的過渡性形體,或被固定爲"定型楷字"。相對於篆文的隸變,草書所帶來的楷書結構認知干擾,一向並未引起相關調查研究者的充分關注。草書流行過程中,又一次打亂了各種結構類型,轉換了認知區別模式。不僅是簡寫,包括構成偏旁重新形成一整套化簡、替代、歸併、變換等區別規則。例如,臣、足等胥歸"讠"旁("足"形獨立使用,在乙符上部加、筆;作構件使用,連筆成"讠"旁)等等。

文獻及數據庫:

[1] 臧克和《中國文字發展史·隋唐五代文字卷》第一章第一節關於"楷字正名",見該書第4—10頁,華東師範大學出版社2015年。

[2] 臧克和《結構與意義》,載《中國文字研究》總第17輯,第147—149頁,上海人民出版社2013年。關於"部首與分類":

漢字按照部首編排,爲什麼源遠流長,影響到現代楷字編排? 說到底是符合了關於漢字形體結構屬性的認知規律。以形繫聯,可以將成批的漢字"打包",實現形體結構的視覺關聯,提高認識功效。從這個意義來說,許慎《說文》編排組合,最大貢獻是遵照形體特點進行信息"打包"。我在有關場合裏曾指出,《說文解字》對後世漢字整理影響最爲深遠的,就在於將字形結構分類——從看起來散漫的字群,尋找其中藴含的共有的形體成分,提取出來,從而建立起共同的關係類型。這在數學方法上,類似於代數因式分解過程中的"提取公因式”。這一科學思想,對後世字彙的聚合乃至後世文字的整理,具有創闢性意義。

《説文》所提取的部首,就外延而言相當於一個範圍,所指示的義界就是一個範疇,這個範疇的代表符號即形符,構成爲認知心理學上的“原型”。認知心理學認爲,範疇化認知活動是主客觀相互作用的過程,所有事物的認知範疇都是以概念上凸顯的“原型”定位的,“原型”對範疇的形成起重要作用。“原型”是指作爲範疇核心的圖式化的心理表徵,是範疇化的認知參照點。某事物只要與原型有近似的匹配,即可成爲該範疇的一員,從而被識别。在這種“打包”過程中,只有形聲結構才是最方便處理的。

對於《説文》540部和後世字書所設部首發生的合併歸類情況進行比較分析,整合取捨,歸納部首之間内在的聯繫,發現《説文》設立的540個部首字符單位,總的來説是超出了統攝漢字系統的需要,存在若干羨餘的成分。但是,合併部首也不見得是越少越好,而應該遵循一個最起碼的原則,那就是充當部首的偏旁,最好是在整個字形層次結構的劃分過程中,是第一層分析得到的成分;否則將會産生成批的難以歸類的字。如,辵部、走部中都可以再分析出止符,似乎都可以將這幾個部的字歸入到止部裏。但是那樣一來,這幾個部的字,都需要在第二層次劃分過程中才能找出所屬的部首。因爲減少兩個部首字,結果導致了相當數量的字歸部發生困難,同時也就等於增加了檢索使用的麻煩。基於此,《説文》設立了像“只、古”等這樣一些部首,這些部首各自統攝的字也就只有一兩個。後世字書辭書所出現的部首字大量減少的情況,其實主要就是發生在這類情況的調整上面。思維的效率取決於所使用符號系統的簡潔。但是,分解到“筆劃”這樣的基本共用單元,努力降低到200個部首左右,看似提高了統攝比例,結果除了導致若干部的義類集合被散在各部,更爲直接的麻煩是,漢字結構的認知歸類帶來干擾,即往往面對大量字形結構不知到底到哪一部去查找(比如【兔—兎】形,是查人部、丶部還是丿部？猝然難以把握)。所謂提高效率,結果也就可想而知了。有關課題組得到的數據表明,要有效率地統攝漢字系統,需要保留300個以上的基本形符。保持這樣一個數量,才不至於增加檢索上的麻煩。一種文字系統"基本構成字符"如果始終維持在300個以上,而不是幾十個,看來就基本上能夠滿足跟音義關係保持一定對應的有效需要。相反,如果只有幾十個,就只能管到記音的層次;雖然只要超過幾個符號單位就可以滿足形式組合上無限變换的需要,但那是不必管到複雜對應關係的類型。但是,話説回來,一個書面記録系統,所用"基本構成字符"有數百個,對於一般使用者而言,只要使用上一段時間,不同程度的錯位和變異幾乎就是難以避免的現象。大量歷史異體,就是漢字書寫的現實存在。

[3] 臧克和(2013)《漢字過渡性形體價值》,《古漢語研究》第3期,第20—26頁,商務印書館2013年。關於"異體字字形"及"過渡性字形",其中定義理解爲:

關於異體字,主要屬性取決於結構形體、使用功能及歷史演變因素。例如,南北朝隋唐五代石刻用字,普遍存在"商"混同於"啇"的現象,不論是作爲單字使用還是作爲偏旁構形,基本如此。唐代《干禄字書》字樣專書就將二者分級列爲"正俗"關係,這跟當時石刻用字所反映社會現象是一致的。我們在《中國異體字大系·楷書卷·前言》《中國文字發展史·前言》裏也作過同樣的描述。

異體字定義成立的基礎在於詞彙學,漢字的基本屬性在於形體。就字形屬性而言,結構形體相同,自然就是同一個字;而不同結構形體,自然就是不同的字：初無所謂同形、異形、異體、同源之類的區別。上述概念的使用,充其量只是在字與詞發生聯繫即字形進入記録詞語的實際使用過程當中,才有必要提出來的一些區別原則。换言之,也就是詞本位參照下的結果。不同時代所面對的字形,都是歷史積累的結果,體現著若干歷時層次。要進行整理,才有必要援引"異體字"這樣的術語。共時性質的文字材料,可以進行共時異體字的調查整理;歷時性質的文字材料,通過溯源明流的歷時考辨過程,則可以排除某一時間層次上偶然混用所形成種種"體異用同"關係。但是,毋庸贅言,歷時的整理其實是件很困難的事情,而基於某個共時的語言詞彙層面才有可能作得比較徹底。而且,使用的範圍和使用的頻率,其實是很難調查清楚的事情。因此,所謂"記録了相同詞語,在另外的歷史條件下也完全可以互相替換",其實是無從把握的。另外,歷史調查表明,異體之"異",古文字階段運用綫條構成構件(構件獨立使用就是獨體字),差異存在於構件合成各類結構及結構關係之間;今文字階段變異大量發生在構件層次,還有使用部分筆劃單位形成的區别。因此,結構上異體主要存在於構件之間及構件組合之間,包括部分筆劃使用所形成的區别性結構,而不涉及書寫風格差異。概括起來,異體關係的討論,要考慮形體、使用和歷史。

至於"過渡性字形",我們曾經揭出《説文解字・我部》"義"篆下所貯存"羛"字重文,其實不過是經過秦漢之際簡牘文獻使用"義"某些書寫字形的一個中介環節。這個中介環節的字形串,我們將其稱爲"過渡性形體":

在長期的使用和發展過程中特别是戰國晚期秦漢六朝漢字從古文字解體隸變過渡到今文字階段,相對於最終爲字彙所固定下來的字形,産生了大量變異形體,這些形體在尚未定形之前,有許多只起到了過渡性或曰中介性作用,故可得以擬稱爲"過渡性形體"(簡爲"過渡形")。歷史地看,每個被實際使用過的形體,都已凝固爲客觀存在,本無所謂"過渡";而相對於歷史字彙的静態固定,大量動態使用過程的字形則是被忽略的,充其量只是某種"過渡"階段産物。字彙所貯存的形形色色的異體字,甚至呈現爲所謂"疑難字",往往就是由"過渡性形體"發展的結果。

就實踐層面而言,過渡性形體,是觀察字形變化趨向的關鍵環節,也是構建漢字認知關聯的途徑。因此,努力復原文字變異的大量中介過渡狀態,成爲漢字發展史真實觀察、客觀描寫的重要因素。梳理過渡形體,可以實現將被固定爲靜態的字形,置於動態的使用歷史過程考察,爲文字的理解提供前所未有的可能性,從而使複雜字際關係定義、各種所謂"疑難字"的辨識,不啻恢復業經失落的聯繫環節、重建認識綫索。由此可見,漢字過渡性或曰中介性形體,對於拓展漢字發展的認知渠道具有不可替代的價值。

過渡性形體調查過程,遵循"原形→過渡形(過渡Ⅰ—過渡Ⅱ—過渡Ⅲ……)→定形"復原模式,由此構成文字資源統計、文字規範標準研製,乃至漢字發展中考察字形取捨的關鍵環節。考察單位漢字演變,一項基本工作就是連綴業經訛誤乃至中斷的演變綫索,復原當時社會用字環境。字形工具書編寫,乃至"全字集"建設,其字量的出入,事實上大量存在於過渡性形體的取捨上面。換言之,爲一個字形確立獨立字位,真正需要討論的就是確立的原則。過渡性形體的取捨,應從社會實際使用出發,調查其社會實際使用頻率及其承前啓後的影響地位。

過渡性形體,在某個時段其實就是新增字形。關於處在這類狀態字形調查統計,各個時代各種出土文獻字形表及所依託相關語料庫,將提供某些方便。

[4] 臧克和《【義—義—義】使用及年代問題》,《中國文字研究》總第 16 輯,第 91—95 頁,上海人民出版社 2012 年。

《漢魏六朝隋唐五代字形表》的研製、體例及功能

各個時期漢字發展斷代調查,至少要回答:某個時段裏社會上使用了多少字、哪些字?要進一步回答本時期使用增加了多少字、哪些字,發生了哪些變化?使用增加這些字和發生這些變化的時代因素有哪些?還得進行跨時段的對比統計。假如還無法回答哪個字形在哪個時期出現、哪個時期發生變異及變異的程度等,海量數據支持下完成的字符集研製工具就無從實現有效表達。這表明,真實還原社會用字環境的調查平臺尚存在缺陷。

顧及兩次漢字結構"解體"過程(篆文隸變和草書楷化),以出土實物用字原形材料,構建六朝到隋唐五代漢字發展歷程中篆隸楷等主要書體類型實際使用坐標。依託本課題所加工的各期各類實物用字語料庫,調查使用頻率,認同異體,研製《漢魏六朝隋唐五代字形表》。字形表編排呈現形式,使得書體發展、字形演變、媒介因素,其時代坐標,到眼即辨。參考本表可以對照反映包括隸變、楷化、簡化等現象在内的文字演變歷程,補具已經中斷聯繫的所謂"過渡性"形體;對照各個時期媒體介質技術等因素轉化對漢字發展帶來的具體影響;對照有關文字發展綫索、漢語史調查分期、文化史藝術史考究坐標、媒介技術對漢字發展的影響,各器物實

際用字所處階段特徵等,本表都具有真實的參考功能。

一、字表研製程序

課題積聚了各期各類出土實物用字文獻材料,整合爲六朝隋唐五代出土語料庫。像石刻語料庫的加工,涉及如關於石刻來源去取及加工等原則。

關於石刻來源去取。選擇其中屬於六朝到隋唐五代時期,相對完整且清晰可辨者,作爲數據庫加工範圍,也就是符合客觀真實的取捨原則。"相對完整",滿足石刻語料檢索的要求;"清晰可辨"滿足實物字譜的製作。有的石刻材料雖然字體清晰,但由於存在刻寫脱誤過多而難以卒讀的問題,即只取形體,而檢索系統不反映其釋文。

關於石刻加工標注。語料庫加工,主要滿足《六朝隋唐五代字形表》《石刻引得》等石刻系列研發的需要。基於此,石刻語料校對處理的基本操作綫路是:便於呈現,避免造字之煩,同時顧及文獻存真和石刻異體複雜兩邊;字頭取通用字,字頭之後依據字形表將有關變異字樣集中排列;檢索文句中不出字形,各文句中被檢索字形複雜者,於( )中以結構分析方式注明。

關於字形處理。有必要在通用字形後標明原拓字形的情況,字形原則上用現代通行楷書繁體寫定,但是以下幾種情況,需要在通行字形後的括弧内寫出原拓字形:原拓字形結構和通用字形有較大差異者,現行字符集支持的字形,即可以用 GBK 輸入法輸入或者逍遙筆寫出的,例如雙(雙)、世(丗)、德(徳)、以(叺)等;原拓異體字及當時通用的簡體字,現行字符集支持的字形,必須在括弧内寫出原拓字形,例如辛(辛)、於(扵)、禮(礼)、與(与)等;有些字形不可統一爲一個字,例如"丑、醜""里、裏""魏、巍"等,忠實原拓録入,不存在通用字形替換問題。至於現行字符集不支持的字形,則可以結構分析方式注明。直接録入通用字形,不必在通用字形後標明原拓字形的情況。以下幾種情況,則不照原拓録入，而直接録入通用字形：古體字（包括武周新字）不照原録；省筆避諱字不照原録，整體替換避諱字照録。有些高頻字，其形體寫法非常多，而且非結構性差異，又非字符集支持的字形，不再照録。例如年、朔、厥等。假借字照録。

異體字甄別及碑別字。石刻的一個突出特點，就是大量使用異體。歷代金石學的用力所在，也就是聚集所謂“碑別字”。以往“碑別字”的提取都是手工摹寫，字形屬性保真性差，所謂歧中生歧，異上添異，往往而有。其中所體現的“別異”取捨標準，也很難做到符合石刻用字的客觀實際。一般說來，某個共時斷面的語料用字關係相對簡單，而一旦跟歷史因素發生聯繫，就會形成種種複綜字際關係。像唐代字樣學《干禄字書》關聯商、商字組：“商商：上俗下正。”一向成爲學者們詬病的例子。而同時代的石刻表明，這種共時的關聯是符合當時用字實際的。在當時一個時間斷層上，世俗將這兩個形體輪廓接近而混用，是可以理解的。但是，從字形書體發展演變的歷史來看，大部分時間裏還是形成鮮明區別，各有所用的。每個時代所面對的字形，其實也都是歷史積累的結果，體現著若干歷時層次。通過溯源明流的歷時考辨過程，則可以排除某一時間層次上偶然混用所形成種種“體異用同”關係。但是，歷時的整理其實是件很困難的事情，基於某個共時的語言詞彙層面才有可能作得比較徹底。而且，使用的範圍和使用的頻率，其實是很難調查清楚的事情。石刻語料庫加工涉及的是從六朝到隋唐五代上千年歷史出土文獻，異體關係的討論，需要考慮形體、使用和歷史。形體因素一般指的是結構層次存在差異，使用因素是指書寫記録詞語功能相同；歷史因素則是指在不同文本語境裏這種書寫記録詞語功能也没有變化。歷史因素的考慮，使得異體現象跟暫時的誤混通用區別開來。

字形表所處理異體字與碑別字：異體字除了記詞功能相同條件下的形體差異之外，還要考慮歷史的因素；而歷代所慣用的“碑別字”，其實主要還是屬於共時的，如【商—商】一組，在相當長時間裏，石刻確實在作爲一個字形使用。從歷代社會用字實際來看，二字功能還是各有明確分工的。基於此,不宜將各個歷史時期存在的"碑别字"籠統視爲"歷史異體字"。

二、字表呈現體例

① 歸字。首先明確某一形體,到底屬於哪個字的某個時代的樣式,這是字形表最基本的認同排列原則。形體輪廓接近而區别度不高的字形混用,往往體現了某個時期社會用字的實際,如【世—卅】、【世—廿】、【兩—雨】、【吏—史】、【商—商】、【乂—叉—㐅】、【惱—惚】等,歸字儘量反映語料使用實際。至於實物語料帶來的通用等字際關係,如【修—脩】、【具—俱】、【倏—儵】、【制—製】等,儘量按照形體屬性加以分别。關注這類字際關係所在語境,可結合本表所依託的"魏晉南北朝隋唐五代石刻語料庫"和"石刻語料引得"加以使用。異體字組按照現代部首排列,往往散在各部。如石刻語料所用【侄—姪】、【須—湏】之類。爲了呈現形體變異和聯繫,儘量調整集中爲一組排列。

② 歸體。篆隸楷之間的歸屬問題。"隸書"的外延在相當長的歷史時期曾經存在不同的理解,這表明"隸變"本質上是一個過程,並非只存在一種書體結果。狹義的"隸書"就是相對區别於草行楷書的"八分"體,廣義的"隸書"曾經包容篆意消解之後的各體。"楷書"(正書)與作爲狹義使用的"隸書"相並列的術語,出現較晚。隸變規整到何等程度才算是"正楷"？在傳播技術停留在個人書寫水平階段,事實上並不存在一個具有可操作性的統一標準。字表篆、隸、楷分欄排列,其實是相對的;説是處置的方便,似乎更加符合實際。

依據歷史實物使用字的主體風格來聚合歸併書體類型。同一種書體中,字形以時代先後排列。字形間差異微小,甚至模糊難辨,影響排版效果者一般不取。至於三體都不能歸屬的其他書體,如草率化的草書一般不取,如某些書寫信息需要保存,則統歸隸、楷體之後。從字表可清楚看出,六朝隋唐時代,各體兼備,使用於不同場合,與各類媒體的發展關係密切。

③ 取材。本表所取字形,全部來自年代關係明確的經過選擇的實物材料,信息保真,參見材料來源表。取材主體,爲漢魏六朝隋唐五代石刻簡牘類文獻。至於秦漢魏晉主要實物用字類型的簡紙材料,其相對清晰者,也作爲實用字形取材範圍,以便呈現較爲完整的發展系列。對於由於材料取捨所帶來的重要字形的缺漏,隨著出土文字語料庫的加工,我們將進一步補充。睡虎地秦簡從時代屬性上來說,原本不屬於字表取材範圍,但這批出土文獻是反映隸變較早期的大宗材料,爲了完整呈現隸變歷程,本表也將這批文獻排列在隸書前面,以便於使用者觀察比照。另外,像唐代碧落碑文所刻,保存了若干稀奇古怪的"古文",對照所排比綫索,有的可以尋繹出其來源(比如【道—衍】,碑文,或見於戰國楚簡《郭店楚墓竹簡·老子甲》"以道佐人主者,不欲以兵強"作),也有的不能明確。這類文獻其實就是宋人所彙輯《汗簡》《古文四聲韻》之類的直接來源,字表也臨時歸類貯存,以便使用者對照。字頭列出宋本《說文解字》小篆,便於使用者對照觀察隸變發展過程。

④ 標注。每個實物字形都給出時代、材質類型等屬性,時代與材質類型間以空格斷開。如:字形""標注爲"隋 郭休墓誌";""標注爲"新莽 西守㣿器"。時代界限尚不能十分確定的,則標注大致期間,如武威醫簡中有一批竹簡不能斷定其東漢還是西漢,所以標注爲"兩漢";再如流沙墜簡中有部分簡紙,不能確定其歸入漢還是魏晉,字形表統一標注爲"漢晉"。

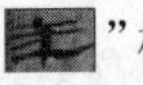

字形的出處名稱一般採取簡稱,具體簡稱方法因材質而異。簡紙類字形出處,標注所見著録的簡稱,具體簡稱方式爲:"睡虎地秦簡"簡稱"睡"、"居延漢簡"簡稱"居簡"、"居延新簡"簡稱"居新"、"河西簡牘"簡稱"西"、"關沮秦漢墓簡牘"簡稱"關"、"張家山漢墓竹簡"簡稱"張"、"馬王堆漢墓帛書"簡稱"馬"、"武威漢代醫簡"簡稱"武"、"走馬樓吴簡"簡稱"走"(後邊附具體年份如"走·二年")、"樓蘭殘紙"簡稱"樓·紙"、

“流沙墜簡”簡稱“流簡紙”等,然後附加該字形所在原文獻的頁碼,如“西漢 居新123”是指,該字形所見在《居延新簡》的123頁;有部分字形無法確定其具體頁碼的,則只能具體到篇目,如“馬王堆漢墓帛書老子甲本”簡稱爲“馬·老甲”。石刻類字形出處則突出碑主名,省略官職、郡望等成分,如:“漢司徒袁安碑”簡稱“袁安碑”、“元凝妃陸順華墓誌”簡稱“陸順華墓誌”、“唐故宣威將軍右驍衛翊府左郎將上柱國李叔夏墓誌”簡稱“李叔夏墓誌”。

⑤ 分期。從字形表的排列來看,戰國晚期至秦代早期的睡虎地秦墓竹簡,雖然依然帶有若干篆書的成分,但大量隸變筆勢,列在隸書前期。漢代簡牘用字,隸(八分)、楷(正)、行、草各書因素並存。至於三國時期像吴國出土的走馬樓簡其中散簡部分,或散在楷書前期,或列在隸書類;該類實物用字,真實反映了隸變到楷的過渡特徵。至於魏晉時期的樓蘭殘紙,則代表了相當的楷書水平。簡、紙兩類材料相較,鮮明體現了傳播媒介因素對書體演變的影響。南北朝時期的石刻,堪稱楷書成熟類型;北齊天保六年(555)《竇泰墓誌》,字表或歸隸,或屬楷,適爲南北朝石刻兼有隸楷特點書體代表。隋代大量石刻尚流行隸書,這可以看作是某種仿古風尚。各體排列則按照出土實物年代先後爲序,排在最後一欄的有唐五代石刻,其中楷體部分代表了印刷技術通行之前的楷書定型水平。

⑥ 分部。依照現代漢字部首合併習慣,按200部編排,表中會出現一些字形分合現象。異體字組按照現代部首排列,往往產生散在各部的情形。爲了呈現形體變異和聯繫,做了適當調整,集中爲一組排列,參見“歸字”。至於仍舊存在分散各部的情形,則可利用索引提供的路徑,加以聯繫。

三、字表功能意義

假如還無法回答哪個字形在哪個時期出現、哪個時期發生變異及變異的程度等,海量數據支持下完成的字符集研製工具書編纂就無從談起。

這表明,真實還原社會用字環境的調查平臺尚存在缺陷。

字表編排呈現形式,使得書體發展、字形演變、媒介因素,其時代坐標,到眼即辨。參考本表可以對照反映包括隸變、楷化、簡化等現象在内的文字演變歷程,補具已經中斷聯繫的所謂“過渡性”形體;對照各個時期媒體介質技術等因素轉化對漢字發展帶來的具體影響;對照有關文字發展綫索、漢語史調查分期、文化史藝術史考究坐標、媒介技術對漢字發展的影響,各器物實際用字所處階段特徵等,本表都具有真實的參考價值。

至於異體分形綫索,可由此得到恢復聯繫。如【旌—旍】,參觀字表《方部》“旌”字條。

至於字形内部結構關係類型轉換,也可通過字表觀察實現。如“賊”字是如何實現由從則到從戎的轉型的,參觀《貝部》“賊”條所排比從西漢居延新簡到唐代《高慈墓誌》字形。

字形表可以作爲調研文字發展歷史分期參照。例如“义”字形使用的時代關係,字表貯存唐長壽三年(694)《張玄封墓誌》父名用字作义,或徑以爲“義”之簡化字。但遍稽同時石刻語料,未見作爲“義”字簡化使用情形。蓋唐時用字,尚不存在【义—叉—乂】需要區别的問題,也就是説,當時尚未通行作爲“義”字簡化形體“义”。對照字表,唐元和五年《郭超岸墓誌》“其先太原之茂族,爲漢魏英乂,晉宋衣冠”,其中“英乂”成詞,字形亦作义。“艾”字所從乂形,爲【义—乂】混用狀態,“刈”字所從乂形,也處於同樣狀態。分别參見《艸部》“艾”、《刀部》“刈”、《又部》“叉”諸條。

實物文字語料庫所選擇文獻材料類型存在一定局限,即使入選材料也根據清晰度顯示的要求而作了取捨,隨著出土實物文字材料的不斷豐富,數據庫加工的不斷深入,會發現字形表應該呈現爲開放的網絡系統。其中所存在若干缺漏,包括字頭脱落、字形補充、字位誤歸等,都有待於不斷補充、修正。

2012－03－27

斷代·系統·量化

——《中國文字發展史》總序

漢字經歷了漫長的演變歷程而没有中斷使用,以形表意屬性具有連續性,在周邊民族地區和國家存在著廣泛傳播影響,這在世界各種文字體系中是獨一無二的。一般説來,與具體實現剥離,有助於邏輯抽象;而漢字形體結構,直接參與區别語義,則天然地具有易與事物建立同構關聯的屬性。漢字的發展,形成了種種錯綜複雜關係,以至於漢語學者工作者在記録語言的符號系統的各種文本關係裏面摸索,就要窮氣盡力,基本無暇進入科學的語言文字系統建設。長期以來,漢字發展史研究的現狀,停留在一般文獻學水平,整體落後於語言學研究,也落後於其他人文基礎學科,相對於高校基礎課程已開設數十年的"文學發展史"(包括各體文學發展史)"批評發展史""邏輯發展史""哲學發展史""思想發展史""藝術發展史"等,"漢字發展史"則基本闕如。這種局面,對於文字發展的認知、文字使用的需要、文字標準的制定、甚至漢字學科體系的教材建設,都形成了顯而易見的制約。

從上個世紀到現在,隨著考古材料的大量公佈,特别是各類文字資源庫的建設,斷代的文字調研逐漸成爲可能。文字發展斷代描寫,主要涉及文字的數量消長——不同時代社會用字所增加所消亡情況;文字的體制變遷——不同時期書體類型及形體變化情況;文字的使用生態——不同時期社會使用及制約影響文字使用變化的媒體介質傳播技術等因素。比如説,對於大量文字形體,整理者甚至還無法準確回答它們的出現年代以及使用環境,客觀上只能説斷代的文字調研平臺不具備。文字發展到今天,其調研平臺不夠完善,數據分析不能窮盡,文字發展斷代描述基本上不能置一詞。一定要硬著頭皮去作籠統描述,實際上也是徒勞無補的。

各個時期斷代的漢字發展調查,至少要回答:漢字體制基本屬性,由基本屬性所規定的特定研究對象研究範圍即學科基礎在哪裏;某個時段裏社會上使用了多少字以及哪些字形,這些字在體制上體現了哪些歷史特點;還要進一步回答一個時期使用增加了多少字、哪些字形,這些此消彼長背後的時代性因素(包括技術的媒介的文化的體制的等)是什麽。呈現這些消長變化,還得進行跨時段的對比統計分析。否則,所謂發展就無從談起。因此,斷代的文字使用調查,其實是件困難的事情。基於相對窮盡性量化數據分析,進行斷代調查和描寫;依據文字使用事實,探究文字發展理論;真實呈現各個重要時間段落文字特點和一般發展規律,關注發展的系統性,以及影響發展的因素和環境:形成《中國文字發展史》斷代各卷的描寫特色。依據教育部人文社會科學研究重點基地"漢字斷代調查與漢字發展史(13JJD770031)"規劃,基於各類文字數據庫,在字形結構、使用頻率、構件成分等相對窮盡統計基礎上,在先秦(包括商代、西周春秋、戰國)、秦漢(包括秦國、秦代、兩漢)、魏晉南北朝、隋唐五代等文字發展階段(唐宋之際及唐宋以降的印刷文字、漢字規範及漢字處理,宜單獨分卷描述),計劃分批完成斷代漢字發展史描寫若干卷,包括體現漢字發展影響的少數民族文字卷。根據系列重大課題及文字數據庫加工的實際,第一期首批完成先秦、隋唐五代及少數民族部分,其餘將發展爲第二批。就是説,基於漫長的漢字發展使用歷史,《中國文字發展史》調查與描寫,呈現爲開放性體系,相對充分成熟部分,將陸續發展。《民族文字》比較卷、《先秦文字》發展卷、《秦漢文字》轉型卷、《魏晉南北朝文字》過渡卷、《隋唐五代文字》定型卷等,僅從選題來看,就不難發現,雖説是斷代層次的描寫,也是相對而言的。每個斷代專題,其實跨越了歷史時段,都會涉及單位書體發展歷程考察。

(一)

文字發生問題,實質是屬於所謂"跨學科"問題。單純依賴文字學領域,總顯得力不從心。一向以材料不充分、相關科際學術資源整合困難,漢字發生成爲文字學領域被長期擱置的課題。但是,擱置實屬無可奈何。這個問題不能深入討論,甚至連文字性質等問題的深入認識也不能不受影響。

在有關討論場合,我們曾提出分層次討論的觀點。就是關於漢字的發生問題,有必要考慮符合認知規律的文字類型學劃分。在漢字發生階段,符合實際的分類,成爲基本前提;不同類型,發生時間自然會存在出入。漢字發生研究建立在某種類型學基礎上,即不同結構類型漢字的發生是有階段性的。因此,籠統的漢字發生研究難以深入。即使最具圖畫意味的漢字,其抽象程度也大大高於圖像。表意結構,既然是歷史積累的結果,同樣存在一個時代性問題: 如果較早期發生的表意字形,與語段文字、圖畫文字有關的話,跟後來派生的會意之類表意結構屬於什麽關係?結構源於某種儀式,使用於特定場合,也是早期漢字發生現象之一。在漢字認知領域,漢字作爲視知覺對象,進行習得觀察,其關鍵環節,往往也就是進行符合視知覺規律的分類。[1]

關於漢字的發生,文字學界以往比較審慎的評估,基本上都是以現存殷墟甲骨文字爲基礎。這批以龜甲和獸骨爲載體的古文,則是已成熟的文字,屬於距今 3 000 多年前的商代晚期的成體系文字。正如有的研究者所指出:"一些學者堅持兩個標準,一個是字形本體的標準: 與商代的象

〔1〕 臧克和《漢字取象論》第一編《漢字取象之誕生》,聖環圖書公司 1995 年;臧克和《結構的整體性——漢字與視知覺》,《語言文字應用》2006 年第 3 期。

形文字如甲骨文、金文等形體相似者,就認爲是文字,否則就不是;一個是功能標準:如果這些已知的史前圖形、符號具有記録語言的功能,就是文字,否則就不是。""但這兩個標準都值得商榷。第一,字形標準不夠全面,因爲人們無法證明商代文字的字形就是最早的漢字的唯一形式。第二,根據現有的資料,無從直接證明史前圖符是否具有記録語言的功能。"〔1〕

何崝《中國文字起源研究》,專題討論中國文字發生及其機制問題。作者認爲,在世界範圍内,從舊石器時代晚期開始就陸續出現了圖畫和符號,但這些並不是都能發展爲文字體系。而所謂文字體系,是有不同層次的,有關研究者把文字體系劃分爲巫師文字和通行文字。巫師文字主要是在巫術中用於人神交流,其本質是巫術精緻化的表現;而通行文字則是運用於人際交流的書面符號系統,可以應用於社會各個方面。巫師文字和通行文字是兩個不同層次的文字體系,後者是在前者的基礎上發展而成的。

《中國文字起源研究》,特别著力於文字生成機制,强調大規模貿易活動,是文字發展爲通行文字的必要條件。有關考古學研究表明,文字的生產大致表現爲三個階段,第一階段,圖畫和符號的出現;第二階段,巫師文字形成;第三階段,通行文字的形成。由圖畫和符號發展爲巫師文字,需要有一定程度發展的農業經濟基礎,由巫師文字發展爲通行文字,則需要具備開展較大規模貿易的條件,包括相當發展程度的農業、畜牧業和手工業,需要有優越的地理條件,需要能利用畜力和使用車輛之類的運載工具,需要在同一時期多個文明的並起,而由此開展的較大規模貿易,則是通行文字形成的原動力。

基於上述,何崝根據文字生成機制的三階段理論,對中國新石器時代的文字符號的性質作出判斷:中國新石器時代的文字符號都已經是文字,但都屬於巫師文字,而尚未成爲通行文字。因爲這些文字符號都是在

〔1〕 連登崗編著《基礎漢字學教程》,第一章"漢字的產生與發展"之二"漢字的產生與形成",中央廣播電視大學出版社 2011 年,第 33 頁。

農業經濟的基礎上產生的，都毫無例外地還不具備較大規模的貿易條件：在同一時期多個較高程度的文明還没有出現，還未能利用畜力和使用車輛之類的運載工具，成規模的畜牧業、手工業還未出現，等等。準此，研究者認爲，夏代不可能形成通行文字，夏代的文字符號，仍然處於巫師文字階段。商代已經形成了一個社會通行的文字體系，這早已得到學術界的公認。但學者大都認爲在商代文字之前還有更早的文字。通過前面的討論，關於商代文字之前是否有更早的文字，可以明確地回答説，商代之前是有文字的，但基本上是處於巫師文字階段，這些巫師文字都没有發展爲通行文字。[1]

所謂"巫師文字"，如何納入文字發生系統考察，自然存在若干有待研究的課題。但是，如果從原始文字功能考慮，如不能適當顧及文字結構與

〔1〕 何崝《中國文字起源研究・引論》，巴蜀書社 2011 年，第 1—66 頁。考古發掘以及人類學等材料的陸續發現，也越來越超乎以往人們的想像。例如，不久前有考古發現所謂"4 500 年前的甲骨文字"：在山東昌樂出土的 100 多塊獸甲骨上，刻有 600 多個符號，結構和佈局有一定規律可循，應該爲 4 500 年前的早期文字。有考古學者專題從事所謂"骨刻文"的調查研究。新華社報導了在翁牛特旗高日蘇大黑山發現繪有原始文字符號的岩畫。報導稱這是百餘座山中發現的 40 處數千幅岩畫的其中之一，這些岩畫距今已有 5500 年至 4200 年的歷史。發現者因此認爲，它的出現證明了中華古文字應該有 5 000 多年的歷史。2005 年《寧夏日報》則有報導稱："大麥地岩畫文字比甲骨文還古老，大麥地岩畫中的發現有可能改寫中國的文字史。"新華社報導稱，内蒙赤峰市翁牛特旗人文歷史研究員吴甲才向與會者展示的岩畫，在 2 平方米的岩面上有各類文字符號 30 個，是由 17 個基本符號元素組成的，按照文字符號的形態、排列位置及其所示方向，可能是一幅祈福圖。此圖與在大黑山半山腰發現的一幅人面魚紋像和兩幅小河沿文化時期的巫字岩圖有著内在的聯繫，都與史前的巫術活動有關。這些岩畫其中 12 幅附有上下連貫的初始文字符號，373 幅附有獨立體初始文字符號，這些文字符號年代之久遠、數量之多在全國少見，經過考據屬於紅山文化晚期至小河沿文化時期。經西北第二民族學院岩畫專家普查和研究，中衛北山大麥地有 3 172 組約 8 400 多個岩畫個體圖形，内容包括日月星辰、天地神靈、狩獵放牧和舞蹈、祭祀等。岩畫專家採用麗石黄衣測年方法測得早期岩畫距今 18000 年到 10000 年。對上述岩畫個體圖形進行研究表明，大麥地岩畫區内圖畫符號是我國原始文字，1 500 多個象形符號具有中國原始文字的基本象形形態，在大致同時期的陶文符號和後來的甲骨文中可以找到相近的形象。由兩個以上的象形符號組成的複合體，已基本具備象形字、會意字、指事字等文字的要素。更爲重要的是，這種象形符號在大麥地岩畫中絶非偶然和孤立，而是排列有序。岩畫專家最終得出結論，大麥地岩畫，有許多象形與抽象符號已具備古老文字的要素。（引自 http://www.sina.com.cn 2005 年 09 月 16 日 09:32《寧夏日報》）出版界的專家樂觀估計，大麥地岩畫中的發現有可能改寫中國的文字史。（見《人民日報》2005 年 08 月 18 日海外版第 2 版）

巫術儀式之間的宛密關聯,對於若干古文字形的理解,看似"坐實",其實大類南轅北轍,有望形附會的危險。跨學科研究課題,需要不斷積累。隨著地下考古資料的陸續發掘,關於該領域的調查研究,也將不斷深入。[1]

(二)

迄今爲止,商代文字依然是現存最早的成體系的文字。調查商代文字材料,有甲骨文(或稱契文)、金文、陶文等。其中尤以甲骨文數量爲最多,因此,文字學界將甲骨文作爲商代文字的代表,一般將甲骨文分爲下列五個發展分期:一期:盤庚、小辛、小乙、武丁時期;二期:祖庚、祖甲時期;三期:廩辛、康丁時期;四期:武乙、文丁時期;五期:帝乙、帝辛時期。

由於書寫載體和寫刻工具的緣故,龜甲獸骨上面的文字似乎不如銘鑄在青銅器和陶器上面的字形更加接近書寫用筆原貌。甲骨文是契刻文字,往往書寫之後再施以契刻。甲骨上也有用毛筆留下的朱墨痕跡,但數量很少。甲骨文屬於宫廷檔案公文,基本用於占卜祭祀,構成當時文字傳播使用的主要範圍。

兩周時期是歷史上漢民族在民族融合、政治體制、商貿經濟、文化藝術諸方面第一個大繁榮時期,該時期文字使用功能擴大,文字系統獲得長足發展,達到古文字階段的最高水平。兩周時期主要文字載體發生了很大轉變,現存主要式樣是鑄刻在青銅器上的銘文,這些鑄刻在青銅器上的銘文,其書寫程序是先刻寫於範坯,再經燒鑄而成。由於範坯質地柔軟屬性,便於書寫、修飾加工,書寫者更加得心應手。因此,金文綫條的藝術表現力要比甲骨文空間豐富些。

春秋戰國時期文字使用範圍日趨廣泛,文字形態、書寫材料豐富多樣。其中,金文資料仍然占有相當比重。此外,簡牘、絲帛、璽印、泉布、玉

[1] 臧克和《古漢字結構取象類型原始移情考略》,《學術研究》1999 年第 5 期;《一類古漢字發生與儀式》,《袖珍漢學》2005 年第 2 期。近年來出土良渚文化類型,亦有人稱爲前甲骨文文字,且較甲骨文字早了上千年云云。

器、石刻、陶器等材質,也都是當時實用文字載體。特别是春秋晚期的侯馬盟書、戰國時期的楚帛書、戰國中晚期的楚簡,保存了大量用軟筆書寫的文字。

通常將先秦文字分爲殷商、西周春秋和戰國三個時段。所謂古文字發展史,主要也就是這幾個時段。最近幾年,大批戰國楚系文字的簡牘材料陸續整理公佈,吸引了衆多古文獻古文字學者。商周文字到戰國簡牘字符,無論從文字功能的使用範圍,還是從文字本體的調查統計來看,都獲得了空前發展。但是,真正對該時段文字發展狀況進行較爲徹底梳理和描述,有待於先秦古文字資源庫建設。殷商西周春秋戰國文字發展,就是以基於數字化的定量方式,從字集、字頻、異體、構件、結構、體態等角度來描述先秦出土文字的發展演變狀況,將首次完成先秦漢字發展史的斷代研究。

商周各個時段各類材料到底有多少字?殷商基本字集——甲骨文字集,得到的甲骨文字形數爲 6 227 個;殷商金文字集,得到殷商金文字形總量 1 507 個。西周春秋基本字集——西周金文的字集,統計出《金文編》收録西周金文 2 302 個,統計出西周金文的字形數量爲 2 870;春秋金文的字集,從 25 083 字量的春秋金文用字中統計出單字 1 458 個。戰國字集——統計出戰國金文的字形數量爲 1 774 字,楚簡文字類型多:以《楚文字編》原收録材料爲依據,補遺文字 175 個,以上博簡材料爲依據,補遺文字 843 個,以新蔡簡材料爲依據,補遺文字 298 個。上述數據的給出,整個先秦文字資源總盤子也就有所把握了。

各類異體數量與比例:1. 甲骨文異體字,通過對《總表》的勘誤和增補,重新考察了甲骨文中的異體字,得到了甲骨文異體字的基本數據:異體字爲 1 031 組,其字形總數 3 081 個,因而在 6 227 個甲骨文字形中,字頭數實際爲 4 065 個。甲骨文異體字形總數占甲骨文單字字形總數的 51.89%。這個比重大大超過後世文字系統,表現了字形系統内在規範性較差的早期文字特性。2. 西周金文異體字,整理統計表明:西周金文中 572 個字頭下存有異體,異體字涉及字形總數 2 134 個。異體字涉及字頭在總字頭數的比重由26.92%下降爲19.93%,異體字涉及字形在總字頭形數中的比重由52.01%下降爲48.15%——西周金文異體字在文字總量中相對甲骨文的比重下降,總體上無疑表明了這樣一個事實:從殷商發展到西周,漢字構形的差異化程度降低,規範化程度提升。3. 戰國異體字,除了時代的差異,還要相應考慮分域等因素。戰國文字整體和分域的異體字數量比較調查。調查數據首先表明:相對西周金文,整體戰國文字異體字數量比重有較大幅度的降低:前者的異體字涉及字頭占總字頭數的比重爲19.93%;後者的同口徑數據則只有7.39%;前者的異體字涉及字形占總字形數的比重爲48.15%,後者的同口徑數據則只有20.26%。顯然,這種數據的變化,反映了漢字系統隨著時代的推移內在的構形規範程度有了很大的提高,即使遭遇了地域分歧加大的因素,這種趨向依然是非常明晰的。其次,相對整體戰國文字異體字的上述兩個比重,楚、秦、晉、齊、燕五系文字的同口徑數據均有大幅度降低(楚爲4.19%和3.52%,秦爲0.85%和1.10%,晉爲4.90%和4.91%,齊爲1.58%和1.96%,燕爲0.74%和0.77%),這就表明,戰國文字的構形差異,在很大程度上是由各地域系別文字之間的構形差異所造成的,因此,目前的戰國文字地域分系至少是有一定客觀依據的。

關於殷商到兩周"四書"結構發展,斷代系統描寫專題同樣給出了可資對比的量化數據。通過分別以不重複字形和卜辭用字總量爲統計基礎,研究者得出這兩個不同的層面的甲骨文"四書"結構在有效字形總量中的數量比重。以字形數爲統計基礎的量化結果:甲骨文的統計結果全面補正了既有研究的相關數據,其結果爲,象形字占總字形量的40.16%,指事字占5.06%,會意字占40.89%,形聲字占13.89%。殷商金文的同口徑統計結果印證支持了甲骨文的統計數據的真實性。這個結果相對於小篆,表現了甲骨文在結構層面上原始程度。以文獻用字總量爲統計基礎的量化研究:這個角度的統計,開拓了一種全新的關乎結構的量化研究路徑,統計結果相對以不重複字形爲基數的統計,數據發生如下變化:象形和指事的比重有所上升:象形從40.16%上升到76.97%,指事從5.06%

上升到 7.67%;而會意和形聲則有較大幅度的下降：會意從 40.89%下降到 12.67%,形聲從 13.89%下降到 2.5%。殷商金文的同口徑統計結果同樣印證支持了甲骨文的統計數據的真實性。該角度統計數據的這種變化,意味著獨體字在甲骨文的常用字集中比合體字占據更高的比重,是對許慎“先有文後有字”之說所作的一個很好注腳。同時,對於漢字發生史意義上的漢字性質認知,也提供了參考數據。

西周文字“四書”類型的量化研究,以不重複字形數爲基數的西周金文“四書”類型調查統計表明,從殷商甲骨文到西周金文,字形系統中四書的比重發生了如下的變化：象形從 40.37%下降到 11.57%,指事從 5.59%下降到 0.48%,會意從 40.86%下降到 32.97%,形聲從 13.75%上升到 54.98%。也就是説,單純表意的三書均有不同程度的比重下降,而只有形聲有了大幅度的比重上升。以字形在文獻中的總用量爲基數的西周金文“四書”調查統計表明,首先,從甲骨文到西周金文,象形比重從 76.97%下降到 53.28%,指事比重從 7.665%下降到 2.25%,會意比重從 12.67%上升到 21.05%,形聲比重從 2.5%上升到 23.43%。毫無疑問,這些數據變化,清晰地體現了漢字在結構層面的發展趨向:“文”的被使用概率的下降和“字”的被使用概率的上升都呈現了較大的變化幅度。其次,從文獻實際用字的角度來看,漢字結構發展的速度,要大大低於不重複字形層面呈現的幅度,而這與甲骨文的同口徑統計數據相比較,也呈現了高度的一致性,這足以揭示漢字結構發展的一種規律。

殷商西周春秋戰國文字發展,還可以從字集、異體、字頻、構件、結構、體態等部分,來描述殷商、西周春秋和戰國三個時段出土文字系統的聯繫和發展狀況。

字集。旨在回答文字系統究竟包含了哪些文字單位這個最基本問題。殷商時段：首先以《新編甲骨文字形總表》爲起點,進行甲骨文字形數的全面清理。經逐個查核原拓,全面吸取相關考釋研究成果,增補《花東》等新材料,完成了《新編甲骨文字形總表》補正暨甲骨文字形數量的清理,並確定其在 GBK、CJK 擴展字集中的傳承狀況。其次,通過對《金文編》收殷商金文補正,確定了殷商金文字形總量,及其對甲骨文字形的補遺。西周春秋時段:通過一手材料整理來增補《金文編》收字,依據相關考釋研究改釋《金文編》定字,完成了該時段金文字形數量的清理,並確定其在 GBK、CJK 擴展字集中的傳承。戰國時段:以《戰國文字編》《金文編》及其校補系列、《楚文字編》所形成的互補字彙集作爲研究起點,通過全面整理一手材料和相關考釋研究成果,完成了對這幾個文字編的補遺和改釋,進而對該時段字形數量作了初步確認,並作了該時段新見字以及字符集種類的歸類。

異體。旨在清理各時段異體字數量狀況以描述各時段文字的規範程度。殷商時段:重新確認了甲骨文中的異體字數量,並基於這個數量論證了如下發現:甲骨文具有內在規範性較差的早期文字特性;單字所含異體數與含異體單字數呈反比例增長趨向;多異體的字在字用上具有高頻、多義、表達文獻熱點語言單位等特點。西周春秋階段:通過異體字數量狀況的確定,論證了兩個發現:從殷商到西周,漢字構形的差異化程度降低,規範化程度提升;該時段多異體字頭所含的異體字數大大超過甲骨文,根源於更大的地域分佈所導致國族差異。戰國時段:首先進行了戰國文字整體和分域文字的異體字數量調查,數據證明:整體戰國文字異體字比重較前代有大幅度的降低,而各地域系別文字異體字比重又低於整體戰國文字,從而揭示了整體戰國文字構形差異的造成有各地域系別文字之間的構形差異的成因。其次進行地域系別文字的內部差異研究。以異體字數量最多的楚文字作爲材料對象,調查其內部是否存在構形差異的下位子系統,調查數據給出了基本否定的回答。

字頻。旨在弄清文字系統中各文字單位在實際文獻中的被使用次數,並以此檢測特定時段文字系統成熟程度。殷商時段:通過甲骨文字頻調查統計得到如下發現:甲骨文字頻具有高度的兩端集中狀況(即少數高頻字占總字量的高比重和總字量中極低比重的低頻字占單字總數的極高比重);這種體現文字系統的不成熟性的兩端集中狀況與甲骨文的程式、內容特點有一定關聯;甲骨文的高端集中的字頻現象本質上反映的是殷商漢字表達語義以簡馭繁的一種斷代特點;甲骨文字頻的低端集中與殷商文字記録語言内容的專用化程度相聯繫。西周春秋時段:調查統計表明:1. 該時段字頻狀況較之殷商時段的主要差異表現爲:最高頻端的集中度有所下降;最低頻端的集中度基本保持殷商時段的水平;中間頻次字在數量上全面上升。2. 高端集中與銘文程式、嘏辭、字用特點三種因素相關。3. 文字用法的數量總體上是與字頻數成正比,高頻字傾向於與普通詞彙,特别是基本詞彙對應。低端集中首先與專名類用法字相聯繫。戰國時段:以《郭店楚簡》爲古書類文獻代表,《睡虎地秦簡》爲文書類文獻代表,戰國金文爲銘刻類文獻代表,在全面完成了它們的字頻調查統計的基礎上,完成不同類型文獻的字頻比較研究、戰國出土文獻字頻狀況的斷代特點、國别地域差異與字頻狀況關係的研究三個專題研究。

構件。旨在通過文字構形底層要素的深入調查去揭示文字構形系統的本質特征。殷商時段:在完成了各類甲骨文及殷商金文構件的數量調查,修訂了相關既有研究的結論的基礎上,揭示了甲骨文構件具有高頻者少,低頻者多這種與圖畫遺存相聯繫的特征;辨析了一批具有罕見性、暫見性、圖畫性及後世變異特征的特殊構件;基於構件的統計研究,提出了完善現行甲骨文部首系統的方案。西周春秋時段:以金文爲對象的構件數量調查表明,相對殷商時段,構件參與不同字形構字的平均幾率提升,一級構件比重大幅度下跌;由於平均不同構件的構字數量的趨向,導致了中間頻次段構件數量增加最多。論析了本時段新見的特殊後世變異構件。戰國時段,根據構件的系統定量研究對材料的系統性及豐富程度的要求,選定秦簡和楚簡帛文字分别作爲西土和東土文字的代表,在完成其構件數量調查及其斷代意義評估的基礎上,通過兩者特異構件的比較來量化其地域差異。

結構。旨在通過文字各種結構的分佈及消長調查來描述各時段文字的發展狀況。殷商時段:首先,分别以不重複字形數和字形在文獻中的總用量爲基數,得出這兩個不同的層面的甲骨文“四書”結構在有效字形總量中的比重;其次,完成各種結構功能所含構件數量及各構件所具有的結構功能數的調查統計。以此爲依據論證了殷商文字中結構層面的多種特征。西周春秋時段：以不重複字形數爲基數的調查統計表明，從殷商甲骨文到西周金文，單純表意的三書均有不同程度的比重下降，而只有形聲有了大幅度的比重上升；以字形在文獻中的總用量爲基數的統計表明，從文獻實際用字的角度來看，漢字結構發展的速度，要大大低於不重複字形層面呈現的幅度；構件的結構功能數量的調查首先揭示了表聲構件的數量已上升到各功能類型構件之首，表聲構件大大高於表義構件的增長，表明了形聲字發展中對形符具有更嚴苛的選擇性，這種選擇應當是與該時段形聲字發展以標類爲主要途徑相聯繫的。其次，象形、指事構件與會意、表義、表聲構件的兩者結構比重相對殷商文字的明顯的變化，表明了本時段文字結構的更高的發展程度。戰國時段：以字集的完整性和語境的清晰度相對符合材料要求的秦簡和楚簡帛文字爲對象，進行了本時段結構類型分佈的斷代及地域特點調查；選擇上博簡、侯馬盟書、戰國貨幣文字三種典型材料，完成了戰國文字結構的"無理化"演變的量化調查。

體態。旨在通過自然結構和層次結構這兩種直接訴諸視覺的文字構形成分調查來揭示文字系統的發展變化。殷商時段：從獨體字與合體字比重、合體字平面組合類型數量分佈、層次結構的數量狀況三個層次完成了對甲骨文構形的數量調查，並以小篆、現代漢字的相關指標爲參照，揭示了其中凸現的斷代文字特征。西周春秋時段：完成了對應於殷商時段的調查口徑的各層次調查，數據表明在獨體字與合體字比重、層次結構的兩個層面本時段文字呈現了更高的發展程度，而在合體字平面組合類型數量分佈的層面，本時段金文呈現了更低的發展程度。論證了合體字平面結構上的"倒退"現象與嚴苛的甲骨契刻書寫環境的反常作用力相聯繫。戰國時段：繼續對應前時段的三個研究層次完成調查統計，在證明本時段文字體態發展程度總體高於既往的基礎上，揭示了不同地域文字的發展不平衡狀況及其促發因由。

先秦漢字發展演變的探索，是一個不乏既有研究成果的研究方向，而以嚴格定量論證的方式去做這種研究，此前却是乏人問津的。上述六個指標,不但把總體目標定位在這種前沿上,而且在各個具體問題的研究上,均努力將既有前沿研究成果爲起點來展開進一步的研究,故在“先秦文字發展”這個題目下,實現了較爲全面的創新研究。

(三)

古文字到近今文字的發展轉型,在漢字發展史上影響到體制層面的重要過程,主要就是隸變楷化。隸變楷化,存在一定重合。關於隸變本質,就文字體制而言,就是將古文字階段的綫條爲書寫結構單位,解散轉化爲今文字的以筆劃爲書寫結構單位。筆劃的數學幾何屬性爲綫段,跟綫條是相對的。經過隸變之後的漢字,筆劃就構成有效區別單位。關於隸變發生過程,文字學者已將目光投到戰國簡牘材料。其中秦簡材料體系上屬於秦系文字,時間上則由戰國延續至秦代,隸變發生不會晚於戰國。現存雲夢睡虎地秦簡文字,整體上已處於篆隸之間,一定程度上保留著篆書的意味,被稱爲“古隸”。

國家統一,秦王朝實行書同文政策。國家政府在文字改革、規範方面進行的工作,力度之大,在歷史上空前絶後。學者們認爲:“秦國統一以後的官方用字是小篆;小篆雖然同秦王朝一樣,存在的時間並不長,但它却代表了古文字階段漢字書法藝術的最高成就;從文字的結構來説,小篆結體嚴謹、規範、匀稱、平正,綫條的力度均匀,行筆流暢自然,字體固定,異體字減少;從其來源上看,小篆源於秦國統一以前所使用的大篆,而大篆直接源於西周文字。”從統一之前的秦國社會生活實際用字來看,比如前述雲夢睡虎地秦簡,所用文字是軟筆即毛筆墨書的秦隸,其中像甲乙兩種《日書》,集中反映秦朝當時社會民俗用字狀況。對照起來,大體可以推測當時的小篆書體主要限於宫廷場合、某些特定儀式等。〔1〕

〔1〕 朱葆華《圖示漢字書體演變史·前言》,齊魯書社 2005 年。

睡虎地秦簡整理小組《睡虎地秦墓竹簡》,文物出版社 1990 年。該本有關《日書》甲種釋文注釋見第 179—228 頁,乙種見第 231—255 頁。

漢代經濟文化,繁榮昌盛。兩漢前後歷時達四百二十餘年,隸書和草書是該時期的重要書體類型。隸書由秦隸過渡到漢隸,逐漸走向成熟,達到藝術上的高峰。同篆書一樣,隸書影響深遠。只要查詢有關實物用字語料庫,就顯而易見,即使到了隋唐,像墓誌碑刻一類儀式化程度高的場合,還經常見到使用復古性隸書,莊重典雅。"草書"作爲書體類型專稱,有其特定的含義,則是漢代才出現的。東漢許慎《說文解字·敘》所謂"漢興有草書",即特指一種書體而言。文字學者書法家認爲:隸書與草書本是同源,它們都是漢字的草寫,但後來却朝著兩個不同的方向發展演化著——隸書逐漸變得筆劃分明,書寫規範;而草書却朝著綫條纏連,草率流暢的方向演化。

秦漢文字演變調查資源豐富,除了上述雲夢睡虎地秦簡之外,其他簡牘類舉其大者就有馬王堆帛書、銀雀山漢簡、居延漢簡、居延新簡、張家山漢簡、敦煌懸泉漢簡、額濟納漢簡、阜陽漢簡、吴三國東牌樓、走馬樓吴簡等。另外,石刻文、磚瓦文、金文、璽印文等,也顯示了該時期文字使用的多樣性。

(四)

漢魏六朝,文字經過了劇烈的隸變"解體"之後,書體發展至於自覺,楷書走向成熟。其中的重要因素,固然有文字自身的發展規律,而媒介發生了革命性變換,即紙張在這個時期真正成爲社會日常生活的書寫載體,不僅對書體發展,就是對文體"自覺",都是最爲直接的影響因素之一。

由於材料物理屬性制約,諸如質量密度、書寫程序以及耐消磨度等,尤以石刻數量龐大且字形保存相對完整。碑刻文字(包括墓碑、墓誌銘、造像記、摩崖刻石等)和墨書寫本文字,另外還有刻寫在磚瓦上的文字以及流傳下來的法帖文字等,構成本時期漢字實際使用調查的最基本材料。從物質技術因素來看,兩晉南北朝時期紙張取代其他介質,對文字書寫空間和傳播速度帶來深刻影響:秦漢簡牘文字材料繁富,而南北朝已經罕見;秦漢簡牘主要施於公用文書,六朝則主要用於"合符"一類所必需的特定場合,六朝文體流别始稱大備;載體轉换、紙張屬性、書體發展等因素,使得文字使用廣泛進入民間社會生活成爲可能。正是在這個意義上,不妨將中古稱爲"文字自覺"時代。

就該時期書體發展及其因素而言,六朝時期書體發展,以至各體皆備,可以適應於不同的文體、使用於不同的場合,與文體發展特别是與書面文學發展的關聯至爲直接。書體的完備,除了文字系統楷化完成過程中自身發展的規律,主要取決於物質的因素和社會的因素:物質的因素,當時就是書寫介質轉换的實現,即紙張在魏晉南北朝真正普遍進入日常書寫領域,最大限度地滿足書寫空間擴展,趨向自由。社會的因素,則是家庭教養的積累和崇尚書藝的社會需求。

書法自覺。在上述背景下,兩晉南北朝時期,書法作爲專門領域,真正進入所謂"自覺"階段。在大量墓誌碑刻材料中,"工書"專門,往往勒石標榜,作爲"蓋棺定論"。像北魏《元悌墓誌》記載"學冠書林、尤好八體":"王諱悌,字孝睦,河南洛陽人也。析彩麗天,派源帶地。鴻光昭晣,清爤自遠。祖重華迭曜,握天鏡以臨萬國;考蹈德齊礼,摠三事以調四氣。王資靈川岳,居貞若性。博覽文史,學冠書林。妙善音藝,尤好八體。器宇淹凝,風韻閑遠。麗藻雲浮,高談回應。"北魏《元欽墓誌銘》銘刻墓主"筆下雲飛,紙上風起",似乎生前尤工草書:"君諱欽,字思若,河南洛陽人也。恭宗景穆皇帝之孫,陽平哀王之季子也。長源與積石分流,崇峯共斗極齊峻。丹書寫其深玄,緑圖窮其妙迹。固以備諸篆素磬於金石者矣。君資五行之秀質,稟七耀之渟精。生而環奇……任維國秘,職司王言。筆下雲飛,紙上風起。忠規良謀,内外稱焉。"北魏永熙二年《張寧墓誌》獨稱墓主"書學之能":"書學之能,風標千刃,衿帶萬頃,自以桂林一枝,昆山片玉,學歲不群,冠年獨立,容豫鄉國。"〔1〕

---

〔1〕 臧克和《書體發展與文體自覺》,《學術月刊》2007年第3期。石刻數據,采自華東師範大學中國文字研究與應用中心所研製"漢魏六朝隋唐五代石刻語料庫"。

從流沙墜簡、樓蘭漢文簡紙文書、長沙走馬樓三國吴簡《嘉禾吏民田家莂》與《竹簡[壹]》等簡牘文字來看,該時期上承漢末隸書的成熟階段而下啓在隸書蜕變中產生楷書、行書、草書字體。該時期簡牘的使用者多爲中下層官吏、武士,書寫工具採用毛筆,可以反映出社會用字情況的真實面貌。調查統計表明,魏晉南北朝簡牘文字正是獲得迅速發展的楷字,其筆劃系統已經形成,但還不完善,筆劃的形態和數量還不固定;楷化構件系統也已經構建起來,但還不成熟,構件的形態、數量和位置也不確定。從字體風格來看,是處於由隸書向楷書過渡階段的文字,即“隸楷字”。

甲骨、青銅器、絲帛、簡牘、璽印、泉布、兵器、玉石、陶器等材質,在漫長的歷程中都留下了當時文字實際使用的痕跡。春秋晚期的侯馬盟書、戰國時期的帛書簡文,也使人們看到了大量用軟筆書寫的文字。同一時期同一地域用不同書寫工具和書寫材料所寫(刻)文字的比較研究,有助於漢字發展歷史發展規律的全面認識。數百年間,木、石、紙書寫介質的轉換,直接影響了漢字傳播方式的改變,促進了漢字書寫體制的定型。竹木、石材和紙張介質的書寫物理屬性差異,紙張進入書寫領域所引起的自由空間拓展和文字傳播方式的革命,六朝完成紙張作爲書寫介質普遍進入書寫領域,對於文字發展到自覺定制、對於文字傳播方式及傳輸速度具有劃時代意義。

(五)

唐代社會經濟、文化與教育高度發展,達到中國古代社會鼎盛時期。楷書至此達到最高藝術水準,確定體制範型,謂之“自覺定型”。同時,也奠定了近現代楷字使用基礎。有唐書法楷則,爲後世不易之定制。楷字發展至於定型,有其歷史的準備和自身的條件。就文字內部體制而言,南北朝楷書已經臻於成熟,爲隋唐楷字定型作了充分準備。從上述物質技術因素來看,兩晉南北朝紙張取代其他介質,對文字書寫空間和傳播速度帶來深刻影響。從唐代當時所提供的條件來看,主要有兩方面社會因素起了直接促進作用：一是承襲隋代科舉教育制度趨於完備，二是整理形成與此相適應的社會標準規範。唐代楷字定型，是唐宋之際文字傳播方式發生革命性轉換的内在因素，即正是唐代楷字規範達到定型化程度，才使得印刷技術通行開來具備了基本前提。技術進步的直接結果，就是使得文字傳播水平不再因人而異。

漢字發展到楷字定型階段，其表意屬性有没有發生機制性變化？由此帶來的認知特徵有哪些？這是本時期漢字發展調查所應回答的基本問題。即描述楷字系統"區别性"原則與表意機制關係：以形表義屬於機制層面，其中的"形"體現爲楷字結構；"表義"落實爲各類楷字結構模式，諸如象形、指事、會意和形聲類型。

唐代楷字調查，所統計分析數據，主要來源於兩個系列：一個是出土石刻語料，一個是傳世字彙材料。關於傳世字彙材料，統計基數見《原本玉篇》(殘卷)、《宋本玉篇》和《篆隸萬象名義》，另外還涉及《干禄字書》《五經文字》《九經字樣》等唐代字樣系列。《宋本玉篇》專書資料庫現有 22 795 條記録(含各類異體)，基本就是來自漢魏六朝和唐代的積累，較之《萬象名義》資料庫 15 291 條記録增出 7 504 條記録。但由於《名義》抄本存在大量舛分誤併誤混的舛亂情況(具見第五章《楷字傳承變異》第三節"《名義》比較")，記録增加部分並非就是新出字量。《中古漢字流變》各部小序，將二者實際所收字頭、異體逐一對號排比，反映各部收字實際出入，各部收字實際出入相加，共得到《宋本》多出 5 298 字，《中古漢字流變》將這 5 298 字逐個列具各部小序裏，揭示出各部發展字量消長的分佈比例。就目前的統計水平而言，這些數據，大致上反映了唐宋時期社會實際使用楷字的增長幅度。至於字樣系列材料，除了直接反映唐代標準化水平之外，重要的還在於體現了當時的正字觀念。關於出土石刻語料，統計基數爲：魏晉南北朝石刻語料庫文字字樣表中認同歸併爲 4 334 個字位代表字，統攝 10 715 個字樣，字位代表字和字樣數量的平均比例是 1∶2.7。隋唐五代石刻語料庫楷字字樣表中共貯存字樣 15 769 個，認同歸併得到 6 158 個字位代表字，字位代表字和字樣數量的平均比例是1∶2.56。從兩個時期出土實物用字數量來看,共性的表現爲都存在大量異體字形,個性的差異則是隋唐五代新增字位代表字就達1 824個。傳世字彙所增加的5 298字,以及出土實物用字所增長的1 824字,其所由生,其代表的演進和分化之跡,就構成爲唐代楷字發展的基本綫索。

《漢魏六朝隋唐五代字形表》字頭共7 742條,其中仍包含少量異體字,統攝近10萬實物使用字形。作爲隋唐楷字定型的斷代調研,集中反映在相互聯繫的兩個方面:一是將唐代積累形式的楷字字彙,置於楷字發展過程進行考察;二是將唐代字樣規範,置於共時的社會實物用字實際進行對照,還原當時字樣標準所適用的社會環境,揭示唐代字樣標準使用所達到的規範水平。注重楷字歷史的發展層次及量化關係,注重楷字區別表意模式轉換,注重楷字發展的社會技術類物質因素,是隋唐之際文字發展斷代調研特色。隋唐楷字定型專題調查認爲,對於斷代與歷時結合的漢字發展描述而言,調查統計給出量化數據固然有意義,而尋繹書體發展的直接因素和直接綫索,包括提供字形訛誤的歷史根據,即復原字樣的社會使用環境,更具認知價值。

該專題調研平臺爲"實物用字語料庫""傳世字書語料庫"。兩個類型語料庫,對照互補,提取數據,完成《楷字發展》調查報告。各個發展階段,以《漢魏六朝隋唐五代字形表》爲時代坐標,提取數據,對照描寫。"楷字區別性"部分,主要是考察魏晉南北朝至隋唐之際楷化變異定型過程,貫穿在這個過程中區別性的喪失、區別性的重建。區別性的重建,涉及楷化的揚棄選擇問題,包括相關認知機制問題。調研的基本觀點是:楷化選擇傾向於形聲結構,與其說是頑強保留示意標音功能,毋寧說主要是維護楷字結構區別性原則,以及由此帶來認知機制上歸類識別的方便。區別性原則,是貫穿漢字楷化過程的基本原則。這是因爲,表意區別性的喪失及重建,體現了楷字從解體變異到定型完成的過程,揭示了繁化、簡化、分化等表面現象背後潛藏的選擇與揚棄規律,反映了表意模式的轉換及楷字發展的趨勢。"字彙楷字",包括"字樣標準"和"字際關係"兩個部分。楷字字樣規範,是唐代楷字定型標準。理論上的自覺意識,尤其是專門的字樣學著作的出現,是楷書書體成熟的標誌之一。唐人字樣學所分“俗字”類,從字體來看,實際大率就是筆劃、構件等層次的訛誤導致的錯訛字;從使用的範圍來看,往往就是相對於記録社會雅言文體相對淺近文體場合的用字。整體而言,與相承時間的長短没有必然聯繫。“石刻楷字”,通過同質而具有明確時代屬性差異的實物用字對照,觀察唐代楷字的定型程度,觀察定型楷字在區别性原則規定下的繁化簡化現象及形體新增現象。依據“隋唐五代石刻語料庫”所作共時的隋唐五代石刻異體構成類型調查,同樣表明了該時期實際使用楷字的定型水平。

隋唐社會用字的基本字量,可以當時的基本字彙爲參考。在南朝《原本玉篇》主體不存的情況下,唐抄《萬象名義》所存楷字,不妨認爲是反映南北朝時期的基本楷字。但由於當時楷字發展由過渡期到成熟期,社會用字呈現複雜局面,當時石刻使用的楷字,也有相當部分不見於《萬象名義》的傳抄。《原本玉篇》經過唐人孫強增廣,反映出隋唐時期楷字使用量的增加。問題是到底新增加了多少?按有關楷字語料庫統計,《宋本玉篇》22 795 條記録,較之《萬象名義》15 291 條記録,多出 7 504 條記録。問題在於,這批新增楷字,是否悉出自唐人之手,而不存在宋人在整理過程中增廣的成分?如果確有宋人的增廣,那麽以《宋本玉篇》作爲唐代基本社會楷字使用量就不夠準確。這屬於歷史楷字發展時間層次分析問題,作爲楷字發展斷代研究要給出結論,也要依賴楷字資源庫進行調查統計。

調查數據分析,依唐人封演《封氏聞見記》現成數據,《原本》共收 16 917 字,《名義》數據庫查詢到 15 291 條記録,如果連“同上”標識的 494 條記録,“古文”標識 199 條記録,“上文”標識 61 條記録(“上文”在《名義》體例當中,有時屬於“釋義”的説明,並不完全是字際間的關聯)統計在内,要是再考慮所抄存種種異體字際關係等因素,二本所存字量原本相去不遠。《名義》抄存字量,較之《宋本》22 795 字,二者字量上的差異,應該就是唐人孫強增字的基本來源。從有關韻書貯存楷字情況來看,宋人陳彭年是在重修《廣韻》之後才著手《宋本》的修訂工作的。《廣韻》

有3 000多字(絶大部分並非異體),是在《宋本》找不到的。如果宋人同一批編者要對《玉篇》大規模增廣,這部分字量不可能没有反映。從切語用字變動趨勢來看,《玉篇》注音明顯受到《字林》注音的影響,而與《廣韻》注音不存在密切關係,有的甚至相違,可以排除宋人陳氏輩根據《廣韻》修改《玉篇》的可能性。從二本修訂時間關係來看,《廣韻》是大中祥符元年修訂完成的,祥符六年陳彭年等人又完成了對《宋本玉篇》的校訂。對《廣韻》稱引的《玉篇》與今傳《宋本玉篇》進行比較,發現二者存在相似性:《廣韻》稱引《玉篇》71次,或注明"《玉篇》云",或注明"出《玉篇》",其中65次的釋義完全相同,占總數93%。這説明《廣韻》所引《玉篇》,與《宋本玉篇》並無大的差異。另外,宋代集大成的韻書和字彙分别是《集韻》和《類篇》,其中《類篇》專書數據庫記録各部原本統計之和爲30 944字,實際所著録字數爲30 844個,存在100個字的出入。相對于《宋本玉篇》,《類篇》新增字量爲9 557個(這只是簡單數量關係,《宋本玉篇》正文亦有1 735字係《類篇》未收録)。即扣除字彙中的重出字,《類篇》收字也比《宋本玉篇》多出8 041字。其中,增幅尤爲突出的大部像《艸部》新增409字,視該部1 443字總量,增長比例達28%;《水部》新增346字,視該部1 274字總量,增長比例達27%;《木部》新增337字,視該部1 142字總量,增長比例達29%;《手部》新增268字,視該部896字總量,增長比例近30%;《女部》新增267字,視該部688字總量,增長比例達38%;《疒部》新增158字,視該部426字總量,增長比例近37%;《石部》新增141字,視該部430字總量,增長比例逾32%……至於《集韻》,現存數據庫有53 872條記録(包括大量"重音字")。基於上述數據,如果説《宋本玉篇》果係出自宋人增廣的話;那麼,其收字範圍要比現在所見《宋本玉篇》廣得多。[1]

〔1〕 臧克和《聯繫的重建——過渡性形體功能》,《中國文字研究》2010年總第13輯(中國人民大學書報資料中心《語言文字學》2011年第2期);《漢字過渡性形體價值》,《古漢語研究》2013年第3期。按照規劃,該專題還涉及兩宋及以降的較長時段的文字發展調查。其中,兩宋文字資源主要集中於《集韻》《類篇》等字彙韻書裏,這方面的對比調查,參見沈祖春《〈類篇〉與〈集韻〉〈玉篇〉比較研究》,華東師範大學中國文字研究與應用中心2010屆博士學位論文。

上述對比調查,大體上支持這樣的結論:《宋本玉篇》現有 22 794 字的規模,基本就是來自南北朝和唐代。《宋本玉篇》所存楷字,大體上可以認爲是唐人增字結果。《宋本玉篇》較之《萬象名義》所增 5 298 字,反映了唐代社會使用楷字的增長幅度。當然,字彙是歷史積澱的結果,未必完全及時反映當時社會用字實際。六朝隋唐石刻等實物近百部字類使用調查對照表明,當時社會實際使用的若干字形,字彙並未予以著録。通常情況下,隋唐石刻部分用字,不見於《萬象名義》而見於《宋本玉篇》;或不見於《宋本玉篇》而見於《集韻》《類篇》;也有既不見於《萬象名義》亦不見於《宋本玉篇》者。

楷字積累的形式主要有字彙專書和用字實物,開展兩種載體類型的楷字對照,能夠觀察楷字發展的基本時間層次,從而揭示傳承變異、增長發展的字頻字量。進行"共時"與"歷時"結合的調查對比研究,可以揭示楷字發展趨勢。對於楷字資源調查而言,首要的工作就是分析層次,辨章字際關係,揭示楷化變異、楷字選擇使用規律。楷化是在歷史漢字隸變解體符號化過程中發生的,"六書"結構模式已經不能適應楷字構形情況。偏旁混淆以至於互换,"筆劃"成爲重要的字體結構"區别"單位,諸如此類,都是楷化過程影響到結構模式的反映。現代楷書的表意程度及其在楷字認知過程中的規律性體現,是更加强調楷字結構的體系性和整體性。

(六)

普通文字學表明,文字系統的發生及性質,可以借助於文字傳播進行考察。漢字的歷史傳播,涉及兩個圈子:一個是民族區域之間發生的文字改造使用現象,一個是國際地區之間即通常所謂"漢字文化圈"的文字改造使用現象。關於後者,正在聯合域外文字學專家進行各類文字數據庫關聯比對。一旦數據分析工作結束,即將其作爲《中國文字發展史》的延伸發展。

民族文字比較,需要整合各類民族文字資源。《民族文字》卷專題承擔者爲國内長期從事民族文字調查,開展比較文字學研究的專家。從上個世紀末到現在,已經爲我國培養了若干届少數民族文字學博士研究生。作者所帶領的課題組,建成了中國少數民族文字資源庫,部分品種還實現網絡發佈(東巴文檢索系統、古壯文檢索系統、水文檢索系統、瑪麗瑪莎文檢索系統、傈僳文檢索系統以及中國民族古文字字表、中國民族文字同義對照詞典)。《民族文字》卷就是基於該平臺研製的成果。

基於多種民族文字資源庫,《民族文字》對10餘種民族古文字進行了比對研究。在當前對我國民族古文字的研究還往往處於習慣於對一個文字系統進行孤立研究而比較研究不夠充分的狀況下,本專題調研,分别以同義比較爲主要手段和基本方法,討論民族古文字的發生、性質、發展和傳播。

考察對象涉及這樣一些文字系統:古漢字3種:甲骨文、金文、小篆。中國其他民族古文字12種:納西東巴文字、納西哥巴文字、納西瑪麗瑪莎文字、納西達巴文字、彝文、傈僳竹書文字、爾蘇文字、水文、壯文、契丹文、西夏文、女真文。外國古文字3種:蘇美爾文、埃及聖書文字、馬亞文。此外,本册的研究,還涉及了日本、朝鮮與越南的民族古文字。

民族文字比較認爲,文字系統的性質是發展著的,我國的一些少數民族文字系統往往也可以斷代:一種文字系統的各個發展階段之間往往是互相滲透的。我國各個民族文字系統之間的關係往往不僅是互相關聯的,而且是錯綜複雜的;我國一些民族的文字之間存在著至今尚不很清楚的關係;文字傳播往往引起"拼盤文字"的産生;"拼盤文字"的内部往往存在著運動,自源字和借源字之間不是各自孤立,而是互相影響乃至可以互相結合成新字。

《民族文字》解決了若干文字系統的整體性問題:確定了一些文字的各别字的來源,如對傈僳竹書文字的243字進行了造字理據的考釋;考釋了瑪麗瑪莎文,並證實了它是一種獨立的文字;證實了水書、彝文、壯文都是"拼盤文字"。

比較的發現是多方面的。比如有關文字發生：文字的淵源物應歸爲圖畫與符號兩種；各種文字發生有其共同的基本動力，但各別文字系統的發生的動力又往往有所不同；文字的發生的涵義有其模糊性；文字的發生是一個過程。有關文字性質的：各種文字的文字制度與符號體態的發達程度之間既有關又未必成正比的規律。有關文字發展的：文字系統的性質是發展著的；我國的一些少數民族文字系統往往也可以斷代；一種文字系統的各個發展階段之間往往是互相滲透的。有關文字傳播的：我國各個民族文字系統之間的關係往往不僅是互相關聯的，而且是錯綜複雜的；我國一些民族的文字之間可能存在著至今尚不很清楚的關係；文字傳播往往引起"拼盤文字"的産生；"拼盤文字"的内部往往存在著運動，即自源字和借源字之間不是各自孤立而是互相影響乃至可以互相結合成新字。有關文字系統整體的：確定了一些文字的各别字的來源，如對傈僳竹書文字的 243 字進行了造字理據的考釋；考釋了瑪麗瑪莎文，並證實了它是一種獨立的文字；證實了水書、彝文、壯文都是"拼盤文字"。通過比較，繪出了中國文字關係圖。

相對於漫長的文字使用發展歷程，上面不過是幾個斷面的匆忙巡禮。這裏也許可以順便提到曾經表述過的一些基本觀點，主要涉及漢字與漢語關係。

文字與語音。普通語言學談到語言系統中形音義的關係，一般都會指出：先有語言，後有文字，文字追隨聲音。以至於一般文字工作者在回答這個問題的時候，答案也是如此，似乎可以不假思索。就漢語史發展的實際情況而言，這個問題其實也是分層次的。在不同層次上，字形與語音的關係是不完全等同的。在文字的發生創製階段，文字追隨語音，這是没有疑問的；而且爲了追隨語音，文字使用過程中的結構體制也總是不斷做出相應調整。比如，形聲結構中聲符的調整之類。但是，文字發生之後，文字體現爲書面語，在相當長的社會歷史時期，主要就是文字傳承使用過程。在文字的傳承使用過程中，對於文字使用者提出字音與字形的關係，那就是根據字形,後加字音,即字音識别字是後來加上去的。可以說,創製文字階段,與學習運用文字成爲普遍社會現象階段,二者是需要區分的。前者是主動的,後者是外加的。[1] 漢字體系,果真存在表音類型,至少就無需每個字都有待於注音了。

形聲與表音。不少專家根據漢字中的"形聲""假借"等類型,歸結出漢字"意—音字""表音字",並以之與"表意字"並列,這將導致邏輯混亂,也不符合漢字發展實際。從基本字符來源看,漢字來源於圖畫形式和一部分符號(非音符)。從形聲結構所用聲符來源看,也是先有"有意味的形式"這樣的獨體表意字符,繼而可以充當聲符,而在另外的場合又可以充當形符抑或義符,純然爲形聲結構而設的聲符是不存在的。

假借與表音。以爲假借使用的就是"音符",所以假借類可以算是"表音字或音符字",這也是將文字使用過程中存在的關係,當作一類文字體制上的存在。漢字記録書面語,漢字字集當然是從漢字實際使用文獻中集合出來,但這並不等於講字集體系就是具體的漢字用例。就字集體系看,被借用的字形,原本都有自己獨立存在的結構方式,以及所托音義。另外,在記録漢語的實際功能上,就算是處於被借用關係的語境裏,也還是無從建立到見形知音的認知關聯。既然作爲本字不能表音,那麽被借用對應同樣的音值(假借的前提是音同或接近音同),怎麽可能就能變得表音了呢?事實上,假借字同樣也不符合所謂"表音字"的性質,漢字體系純粹的表音字並不存在。漢語史上,到目前爲止,也還不清楚到底使用了多少假借字,這是否意味著,漢字記録漢語,人們無法瞭解使用了多少音符呢?而且上面說到,有的場合下作爲借用算作音符,在另外場合下又作爲本字在使用,又不能算是音符。世界語言文字體系中,有可能使用這樣的文字系統嗎?創製的文字體系性質,與書面記録語言過程中所形成的種種關係,並不是一個層次的問題。所謂文字性質,就是文字體系所使用

〔1〕 臧克和《唐抄本字書所存楷字字際關係選析》,《古漢語研究》2007年第2期。

的基本字符的性質。像日語借用了漢字,不用說訓讀部分,就是音讀部分,但其表音功能屬性與五十音圖符號,完全不是一回事,也不能說是表音字。所謂表音字符,就是看到其書面記録形式就能讀出來。這樣的功能特點,日語裹只有五十音圖才具備。

從文字本體基本屬性出發的結構類型劃分,是屬於文字體制與構造模式問題;而文字學界通常所謂"三書說""六書說"乃至"多書說"分類,其實是雜糅了功能(屬於語言層次的使用功能)與結構(屬於結構類型、結構方式及結構成分的本體屬性)不同的適應範圍,根本上是文字與語言關係問題上,邏輯分類標準不夠清楚。

對象及範圍。既然漢字特質爲以形表意(具體實現爲以形體聯繫意義,以形體區别意義),那麽就不同於表音文字體系,就要使用類型複雜的字形體系。這類複雜的字形體系,形體數量繁多(理論上講,有多少詞語就相應需要多少記録字形。只是由於發展爲以合成詞的方式區别詞義,才使得漢字不需要無休止地造下去),在實際標記使用和實際書寫過程中(加上使用歷史的漫長和書寫因素的複雜),必然形成種種複綜關係(文字的考索,事實上就不得不變成"形音義"互相推求的局面,根源亦在於此)。由此決定漢字學具有獨立的研究對象和範圍,那就是結構本體及結構使用。由此規定了漢字學不僅是基礎學科,而且是應用性學科,在某些歷史條件下,甚至可以成爲"顯學"。漢字來源於"書面語"的分析集合,而不等同於"書面語"。書面語相對應的是口頭語,二者僅存在風格差異。漢字是用以記録書面語的符號體系。

漢字學,真正算得是世界上獨特的門類。表音文字根本上不具備這些屬性內容,也就不能構成這樣的特定研究對象。文字性質定義不清,研究對象及有關範圍也就模糊,這就是漢字研究過程中,字詞關係一直苦於糾纏的根源所在。

文字與詞語。漢語史上,很多情況下所使用"字"的術語,其實都是關於"詞"的問題。漢語史上曾經存在的這類現象,不應該成爲對於漢語最基本結構單位的認知干擾。漢字的形音義三個屬性要素,其實都是抽象概括的。比如字音字義從哪來？都是從記録語言的實際中歸納出來的。只要落實到具體的音值、字義，那就是用字結果"詞"而非字了。漢字系統中字形是歷史的集合、字音是語音的抽象、字義是語義的概括，只要明確了具體音值和義項，那就是詞而非字。異體字定義成立的基礎在於詞彙學，漢字的基本屬性在於形體，就字形屬性而言，結構形體相同，自然就是同一個字；而不同結構形體，自然就是不同的字：初無所謂同形、異形、異體、同源之類的區别。上述概念的使用，充其量只是在字與詞發生聯繫即字形進入記録詞語的實際使用過程當中，才有必要提出來的一些區别原則。换言之，也就是詞本位參照下的結果。不同時代所面對的字形，都是歷史積累的結果，體現著若干歷時層次。要進行整理，才有必要援引"異體字"這樣的術語。共時性質的文字材料，可以進行共時異體字的調查整理；歷時性質的文字材料，通過溯源明流的歷時考辨過程，則可以排除某一時間層次上偶然混用所形成種種"體異用同"關係。但是，毋庸贅言，歷時的整理其實是件很困難的事情，而基於某個共時的語言詞彙層面才有可能作得比較徹底。而且，使用的範圍和使用的頻率，其實是很難調查清楚的事情。因此，所謂"記録了相同詞語，在另外的歷史條件下也完全可以互相替换"，其實是無從把握的。另外，歷史調查表明，異體之"異"，古文字階段運用綫條構成構件（構件獨立使用就是獨體字），差異存在於構件合成各類結構及結構關係之間；今文字階段變異大量發生在構件層次，還有使用部分筆劃單位形成的區别。因此，結構上異體主要存在於構件之間及構件組合之間，包括部分筆劃使用所形成的區别性結構，而不涉及書寫風格差異。概括起來，異體關係的討論，要考慮形體、使用和歷史。

楷化過程的字形選擇原則就是區别性的實現，這個過程體現爲形聲的選擇、簡化的選擇、從俗的選擇以及結構平衡的選擇等等，但選擇原則的核心就是恢復區别、形成區别，即區别體制的建立。這些關係的調查，是要認識漢字古文字結構隸變楷化解體之後，在機制上楷字系統在多大程度上還算是表意文字。在模式類型上是要考察表意功能實現的模式所發生的調整轉換。[1]

聲符與詞源。有的語言學者以“聲”義爲綱,將同“聲”而意義又相同或相近的字歸屬在一起,建立字族;字族中的各個字稱爲同族字。他們認爲,一個字族相當於一個義場,“聲”的異同是確定義場的異同的重要形式標誌;“形”義相當於義符,借此把“聲”所隱含的各種意義歸入不同的語義範疇,如把“淺”歸入水的範疇,“綫”歸入絲縷的範疇,等等。字族中各個字的語義關係形成一個小小的系統,其中有一個“根”,由“聲”代表,表示的意義寬泛而抽象,相當於邏輯概念關係中的一個上位概念;其他字的意義都是從這個“根”中衍生出來的,從某一個側面去注釋“根”的意義,使之具體化。語義的分析如以字族爲單位,那麽“族”中各個字的語義關係就如義場和義符,可以據此進行系統分析。對於上述“義類”所謂“同族”觀念,我們認爲,形聲字區分聲符和形符,這是在文字學的層次上來討論問題。但是,分開來講形符和聲符的功能又是比較機械的,在具體分析過程中總是離不開整個形聲結構關係的規定和制約。單獨將聲符歸納到一個抽象的範圍,而且這個範圍是比較寬泛的,這個範圍來源於對一個具有同源關係的詞群的抽象,否則就不會存在這樣一個抽象的範圍;或者說,這個抽象的義位事實上是空設的：這種作法,屬於詞源學的層次。例如學者們喜歡提到的“戔”作爲聲符的例子。從這個角度說,聲符對應的範圍似乎更加廣泛一些。但是,這其實是將有關從戔得聲構造所記録的詞義系統歸納的結果。没有所記録的詞群,這種所謂的抽象意義是不存在的。

形聲與認知。漢字發展到楷字,形聲結構成爲選擇使用的基本類型。在形聲結構中,離開聲符和形符任何一邊去分析各自的功能特點、範圍大

---

〔1〕 臧克和《結構與意義》,《中國文字研究》2013 年第 17 輯。另參臧克和《楷字的區別性》,《中國文字研究》2007 年第 9 輯;《中國異體字大系 · 楷書編 · 前言》,上海書畫出版社 2008 年;《漢魏六朝隋唐五代字形表 · 凡例説明》,南方日報出版社 2011 年。籠統地説“漢字是形音義統一體”,往往成爲許多場合下字詞混淆前提。至有充類至盡者,倡“字本位”。把“詞”稱作“字”,並不能因此改變“字”的基本屬性。

小,實際上都是一件困難的事情。形聲結構中的聲符和形符,各自的作用,都是在相互依存、相互對待的結構關係中實現的。形符和聲符,就是通過"結構對立",使字形結構意義得到區別。通過這種區别,使得我們習慣上所説的表音表義即音義對應關係得到確證。歸納起來,形聲結構,體現了漢字的基本區别功能;而形聲結構區别意義的實現,就是依靠形符和聲符的組合。楷字選擇傾向於形聲結構,與其説是頑强保留標音示意功能,毋寧説主要是維護楷字結構區别性原則,以及由此帶來認知機制上歸類識别的方便。[1]

字形與視覺。基於漢字基本屬性在於形體,漢字視知覺規律,構成漢字認知領域研究的基本問題。漢字的認知特徵,是結構整體性感知。就功能層次而言,漢字形體標記區别音義,是基於結構整體的規定。結構成分之間相互依存,相互規定,離開了結構整體聯繫,部件成分的功能則是無法實現的。漢字認知的關鍵是符合認知實際的分類問題。就漢字與視知覺而言,漢字認知結構整體性原則涉及了這樣兩個層次的意義:其一,視知覺認知規律是整體性感知的,漢字認知也是從結構整體出發的。其二,漢字結構成分的功能是基於結構整體的規定,同一結構内部成分之間相互依待;即使分離出來的結構成分,事實上在另外的場合業已經過了整體性認知過程。[2]

"發展"作爲認知科學的基本概念,照理應包含兩個相互協調的平行領域:一是文字作爲認知客體系統演變,一是文字習得者作爲認知主體在文字傳播接受過程中自身認知能力提升。相對於漫長複雜的文字發展歷程,這裏的中國文字發展史斷代調查,也還只是選取了幾個斷面;而且時代分期,基本上是根據已有的項目基礎課題資源分佈,未必平衡合理。中國文字發展的系統研究、成因規律揭示,那還是衆多領域跨學科長期建設的基礎學科體系。在系列課題研發的基礎上,所進行斷代的專題性描

[1] 臧克和《形聲發展與認知機制》,《中西文化交流學報》第1期,2009年12月。
[2] 臧克和《結構的整體性——漢字與視知覺》,《語言文字應用》2006年第3期。

寫,是應中國文字專業發展和教學參考的急需,只能算是各個時代斷面的"調查報告"和基本史料,稱之爲"漢字發展調查報告",也許更加符合實際。不同時代文字使用發展的量化統計分析數據,限於目前各類語料庫的加工水平,隨著調查平臺的不斷完善,也將不斷作出相應調整。同樣,這裏所涉及的學術觀點,也是個人提出來供大家批評的意見,並不代表本叢書所有作者思想。自然地,斷代叢書諸種,其文責也當由各位作者自負。

2011 年深秋海印寺

補訂於 2013 年盛夏江南

國寶珍藏扶桑，漢字重光盛唐

——《日藏唐代漢字抄本文獻文字綜録》代前言

中國教育部人文社科重點研究基地及世界表意文字大數據研發中心智庫建設過程中，相繼設計開展了《漢字斷代調查與漢字發展史》《秦漢六朝字形譜》《中國文字發展史》《漢字文化圈書寫記憶文本庫》等系列課題，幾個重大項目之間具有内在發展連續性。調研表明，作爲書籍形態漢字書寫及傳播，媒介材質與書寫方式關係尤爲重要。五代特别是宋代雕板印刷成熟，此前基本依賴手寫傳抄。這裏，也許可以稍稍回顧一下科技文化史上介質技術因素與漢字書體發展的關聯。

從中古紙質媒介與書體發展來看，魏晉南北朝時期紙張作爲書寫介質真正進入廣泛實用階段。考古研究表明，紙張開始並不是作爲書寫用途出現的。直到西晉時作爲書寫功能還是簡紙並用，東晉以降，便不再出現簡牘文書，而幾乎全是用紙了。經過東漢改進製造技術的紙張，到魏晉南北朝成爲社會用字的主要載體，較之其他書寫載體，極大地拓展了文字書寫的自由空間。只有紙張作爲新的書寫載體真正走向社會應用，書家輩出，呈現個性，才真正具備了物質基礎。"洛陽紙貴"之類的成語，也是出現於晉代（語出《晉書・左思傳》）。書寫空間擴展趨向自由，是需要一定物質基礎的。直接的因素,就是紙墨的完備。但用於書寫的紙張,開始也不可能廉價走入尋常百姓之家。魏晉南北朝書寫者自己就能製造紙墨,則已經見於正史文字。像《南史·張永傳》所載:"永有巧思,紙墨皆自營造。宋文帝每得永表啓,輒執玩咨嗟,自歎供御者了不及此也。"而《梁書》卷四九《列傳第四十三》則記載:"袁峻,字孝高,陳郡陽夏人,魏郎中令渙之八世孫也。峻早孤,篤志好學,家貧無書,每從人假借,必皆抄寫。自課日五十紙,紙數不登,則不休息。訥言語,工文辭。"至於南北朝,家貧好學者,没有力量購書,而却可以有紙抄寫。這表明紙張作爲書寫材料,已經相當普遍了。物質因素具備了,版刻未行,此時還出現了從事書寫的專業户。《魏書》卷五五《列傳第四十三》載劉芳曾爲諸僧傭寫經論:"劉芳字伯文,彭城人也……芳雖處窮窘之中,而業尚貞固,聰敏過人,篤志墳典。晝則傭書以自資給,夜則讀誦終夕不寢。至有易衣並日之敝,而澹然自守,不汲汲於榮利,不戚戚於賤貧。乃著《窮通論》以自慰焉。芳常爲諸僧傭寫經論,筆跡稱善。卷直以一縑,歲中能入百餘匹。如此數十年,賴以頗振。由是與德學大僧,多有還往。"《北史》卷九十載蔣少游以傭書爲業:"蔣少游,樂安博昌人也。魏慕容白曜之平東陽,見俘入於平城,充平齊户,後配雲中爲兵。性機巧,頗能畫刻。有文思,吟詠之際,時有短篇。遂留寄平城,以傭寫書爲業。"《梁書·孝行傳》記載沈崇傃,傭書以養母。《南史·孝義傳》則記載庾震喪父母,居貧無以爲葬,賃書以營事,至手掌穿,然後葬事獲濟。這種或以書爲雇傭的關係,或以書爲業解決貧困問題,都在一定程度上反映了當時的社會書寫需求。基於上述,似可將紙張獲得廣泛使用,作爲魏晉南北朝社會文字發展的物質因素來看待。

相關紙張介質的普及,促進了楷、行、草等各種書體的完備,書面文學走向全面自覺,才真正具備了基礎條件。[1] 社會文字使用,講究使用的場合和文字所記録體裁的配合協調成爲可能,才是真正促成魏晉南北朝

〔1〕 臧克和《書體發展與文體自覺》,《學術月刊》2007 年第 3 期。

文體自覺的内在因素和基本條件。南北朝時期,無論是家庭教育還是個人修養,書藝構成"藝能"重要内容,"藝能"爲當時以及影響後世的"關鍵字"(見諸南北朝隋唐大量石刻、《顔氏家訓·雜藝》等)。梁啓超著《中國歷史研究法》,就直接從文化工具、著寫傳抄與文史的發展關係著眼進行考察:"史官制度,至漢已革。前此史官專有之知識,今已漸爲社會所公有,此其一也;文化工具日新,著寫傳抄及收藏之法,更加利便,史料容易彙集,此其二也;遷書既善美,引起學者興趣,社會靡然向風,此其三也。"梁氏史論,特别揭出著寫傳抄文化工具作爲直接的文史發展内因,可謂手眼跳出。

關於晚唐版刻印刷與書寫,應當放到這樣的時代背景下加以觀察:唐代社會經濟、文化與教育高度發展,達到中國古代社會鼎盛時期。楷書至此達到最高藝術水平,確定體制範型,調研者或謂之"定型自覺"。同時,也奠定了現代楷字使用基礎。有唐書法楷則,爲後世不易之定制。楷字發展至於定型,有其歷史的準備和自身的條件。就文字内部體制而言,南北朝楷書已經臻於成熟,爲隋唐楷字定型作了充分準備。從上述物質技術因素來看,兩晉南北朝紙張取代其它介質,對文字書寫空間和傳播速度帶來深刻影響。從唐代當時所提供的條件來看,主要有兩方面社會因素起了直接促進作用:一是承襲隋代科舉教育制度趨於完備,一是整理形成與此相適應的社會標準規範。唐代楷字定型,是唐宋之際文字傳播方式發生革命性轉換的内在因素,即正是唐代楷字規範達到定型化程度,才使得印刷技術通行開來具備了基本前提。技術進步的直接影響,就是使得文字傳播水平不再因人而異。

根據上述關聯,即可發現,現存早期印刷漢字,與共時的石刻書體結構相同、水平一致,因爲二者實質上皆屬於唐代手寫體系。調查表明,印刷技術開始僅僅是漢字成熟個體手寫翻版;印刷初期的技術改進,對當時文字規範所産生實際影響;影響所在,主要體現在傳播方式以及後世文字定型體制,文獻傳播水平,不再因人而異。

至於五代印刷與書寫,與晚唐印刷相比,在儒家經典雕印以及佛經類印刷的規模與分工方面有了明顯進步。漢字傳播史上,只有到了五代,實現了真正意義上的唐代定型漢字與最具能產性與傳播性的技術手段的結合:固定規範,傳播並形成社會文字標準;延續至今,構成現代漢字體制基礎。

與此同時,文獻至少主體文獻傳播方式不再因人而異,相當程度上個性化的書寫及表現方式,也就與此前晉代南北朝隋唐的書家輩出,千岩競秀,流派紛呈,各體書藝,臻於極致,迥乎有别了。定型之後,後世文字整體上也就只是受書家影響的產物。

基於上述因素,唐寫文字,保存爲難。日本現存有相當豐富的漢字抄寫本古文獻,其中時間上相當於中國隋唐時期一批字形清晰的漢字手抄本文獻,日本學者藏家奉爲"國寶",並逐一編號。至於家喻戶曉的日本"遣唐使",差不多也就是到大唐神聖抄書者的"假名"。按華亭陳繼儒撰《太平清話》,後來的高麗半島朝鮮人,也有來華訪求書籍的習慣,其"朝鮮人極好讀書"條:"朝鮮人極好讀書,凡使臣到中土,或限五六十人,或舊典,或新書,稗官小說,在彼所缺者,五六十人日出市中,各寫書目,分頭遇人遍問,不惜重值購回。故彼國反有異書藏本也。"〔1〕基於同樣的關聯,中土由於種種因緣而不傳者,東瀛反有抄本藏本。

字表《一部》"且"字條,下録初唐《禮記正義》往往作旦而中間有丿或丶筆相接續,中唐的《翰苑》甚至在且形内部加一丿筆;《人部》"但"字條,旦符中間,亦有關聯,同歸一揆。這種書寫習慣,方之中土南北朝隋唐石刻用字,皆銜接有序。《丶部》"州"字條,著録中唐《翰苑》依然皆作類似

〔1〕 陳繼儒撰《太平清話》二卷,所見版本爲大字本,卷一封面標識爲"官板""昌平叢書"字樣,卷二末注明"元治甲子春晚讎校　大島文""慶應元年刊",所蓋圖章爲"東京松雲堂書店發售";另外,卷一"天下瀑布皆有聲"條,有眉批云:"京都魚山有無音瀑。"知該本爲日人所版。現藏德國波恩大學漢學系圖書館。所記諸條,標點爲筆者所加。又,宋人羅大經撰《鶴林玉露》(中華書局 1983 年)卷四丙編"日本國僧"條:"余少年時,與鍾陵邂逅日本國一僧,名安覺,自言離其國已十年,欲盡記一部藏經乃歸。念誦甚苦,不捨晝夜,每有遺忘,則口頭佛前,祈佛陰相,是時已記藏經一半矣……其立志艱苦不退轉至於如此。朱文公云:'今世學者,讀書尋行數墨,備禮應數,六經《語》孟,不曾全記得三五版,如此而望有成,亦已離矣。'其視此僧,殆有愧色……"

“三刀”形,亦跟南北朝石刻的大量刻寫完全一致。《匸部》“匹”字條,初唐中唐抄本皆從辶符書寫,也與南北朝石刻的大量刻寫同致;“匝”字條,五代抄本仍從辶符書寫,亦與南北朝石刻的大量刻寫,結構一揆。《人部》“从”字條,下録初唐《古文尚書》皆抄作雙刀相並形,與南北朝石刻的大量刻寫完全一致;本部“休”字條,所録初唐《古文尚書》《毛詩傳》多加丶筆,亦與南北朝石刻不少寫法相同。《人部》“佉”,爲梵語譯音用字,見於所抄晚唐《摩訶止觀》本;中土見於經唐人增字的《玉篇》:“佉,去茄切。神名也。”唐代石刻《慧日寺石壁真言》《佛説彌勒菩薩兜率天下生成佛經碑》《懷州豎立生臺記並經幢》《常庭訓建尊勝陁羅尼經幢》《金剛會碑》等。《人部》“作”字條,下録初唐《古文尚書》等於聲符“乍”其下部分抄爲“上”符,至中唐所抄《翰苑》等,則或一仍其舊,或從“乍”符,晚唐五代則完全定型爲從“乍”結構。《刀部》“切”字條,初唐到五代,所抄字形七符皆作十符,無例外;中土南北朝石刻所用楷字記號化過程中七、十開始形成區别,見《王誦墓誌》作切,《敬羽高衡造像記》作切,《元悛墓誌》作切;本部“初”字條,唐抄或從示或從勿省形;中土南北朝墓誌如《元恪嬪司馬顯姿墓誌》作初,《元顯魏墓誌》作初,《元誘墓誌》作初,《獨孤信墓誌》作初。《力部》“功”字條,初唐中唐晚唐所抄皆作刀形,至於五代始見抄從力形;同樣的情形亦見於中土南北朝隋唐五代石刻。《广部》所録“廢”字條,日藏所抄皆從疒結構,而中土漢魏六朝隋唐五代石刻語料庫查詢結果,歷代從广從疒兩種結構並行。《穴部》“窺”字條,日藏唐抄皆從穴從視形;中土南北朝隋唐石刻歷代從穴、視結構,正復常見。《耒部》“耕”字條,日抄初唐至於五代,皆將耒符抄作禾符;中土北魏及唐代石刻,也都見到將耒符替换爲禾符的用例。《骨部》“體”字條,日藏初唐所抄《禮記正義》有作“躰”構造者,而晚唐所抄《摩訶止觀》5個字形皆如此作;至於中土《漢魏六朝隋唐五代字形表》著録北齊及唐代,僅個别刻石使用“躰”形。【紩—鉄—鐵】字組,經過使用歷時使用,關係錯綜。《玉篇·金部》:“鉄,持桎切。古文紩。”《篆隸萬象名義》:“鉄,池理反。治鏗也。

鈮,同上。"《宋本・糸部》:"紩,持栗切。縫衣也。又納也,索也。古作鉄。"今所用"鋼鐵"簡化字,適與之構成同形字。字表《金部》"鐵"字條,日存中唐所抄《翰苑》作"鉄";中土南北朝隋唐石刻用字,北齊《宇文誠墓誌》"松筠雅操,鉄石深衷"作鉄,唐代神功元年《張愃墓誌》:"松筠比質,挺標王佐之才,鉄石其聲,獨擅養人之器。"皆確乎以鉄爲鐵之例證。是鉄字用簡,非關筆劃之多寡,而是借用"紩"字古文異體,且至遲見於南北朝。《牀部》"牀"字條,日藏中唐所抄《翰苑》使用"床"形;《漢魏六朝隋唐五代字形表》本部著録"床"形,亦僅見於唐代石刻。《頁部》"類"字條,日藏所抄中唐《翰苑》字形左旁皆從上下雙犬形,現存《漢魏六朝隋唐五代字形表》尚未見到類似的寫法。

其餘像著—着、華—花等過渡性結構,也都若合一契。上述用例表明,日藏唐抄系列,與中土各個時段漢字使用及發展情形十分吻合。如此看來,日藏唐抄系列,確乎所來有自。

晚清羅振玉楊守敬前輩學者,極力收拾,像《原本玉篇》,雖殘卷斷紙,不成完袟,吉光片羽,亦不啻連城拱璧,向爲學界所重。至於今日,亦復時見多所措意經心者。

顧頡剛、顧廷龍編《尚書文字合編》,臧克和上世紀所撰《尚書文字校詁》,即利用其中所著録日藏抄本文獻,允稱便利。[1] 該文獻鈔寫年代不一,但均源出於唐寫本。《尚書文字合編》曾交待有關抄本情況:岩崎本,岩崎男藏書,殘,日本大正七年(1918 年)影印本。九條本,九條道秀公舊藏,殘,日本昭和十七年(1942 年)《京都帝國大學文學部影印舊鈔本》第十集影印本。神田本,神田醇容安軒舊藏,殘,日本大正八年(1919 年)《容安軒舊書四種》影印本。島田本,島田翰院藏,殘,1914 年羅振玉《雲窗叢刻》影印本。内野本,影寫日本元亨二年(1322 年)沙門素慶刻本,全,内野皎亭舊藏,日本昭和十四年(1940 年)東方文化研究所影印本。上圖本(元亨本)舊本元亨三年(1323 年)藤原長賴手寫本,殘。上海圖書

〔1〕 臧克和《尚書文字校詁》,上海教育出版社 1999 年。

館藏,原件後間有脱佚,據羅振玉《雲窗叢刻》影印楊守敬本配補。觀智院本,日本元亨三年藤原長賴手寫本,殘。東寺觀智院藏,日本影本。古梓堂本,日本元亨三年藤原長賴手寫本,殘,古梓堂文庫舊藏,日本復印本。天理本,日本鐮倉末期寫本,殘,天理圖書館藏,日本復印本。足利本,日本室町時期寫本,全,足利學校遺跡圖書館藏,日本復印本。上圖本(影天正本)舊本影寫天正六年(1578 年)秀圓題記本,全。上圖本(八行本),該日寫本每半頁八行,行大字二十,全本。[1]

1999 年文字學書跡學書法學家朱葆華教授赴日本下關大學任教,利用課餘時間,訪問東京大學等圖書館,除了復印回來日藏唐寫本《説文·木部》殘卷六紙外,還帶回了空海所撰《篆隸萬象名義》高山寺藏本。此前,中華書局曾影印過該抄本的拼版本。中國文字研究與應用中心在高山寺藏本等基礎上,研製了《原本玉篇》《篆隸萬象名義》等專書對比數據庫。

2000 年,上海古籍出版社影印出版了海外珍藏善本叢書,包括周勳初教授所輯《唐鈔文選集注彙存》,同樣包含日藏唐抄"國寶"。

2013 年,南京鳳凰出版社(原江蘇古籍出版社)影印出版了安平秋教授主編《日本國立公文書館藏宋元本漢籍選刊》15 册,《日本國會圖書館藏宋元本漢籍選刊》8 册,洵犖犖大者。

2014 年在日本九州福岡國際大學召開的第二屆世界漢字學會年會,有些意外地發現,2011 年所付梓《漢魏六朝隋唐五代字形表》,雖然初版應急,存在許多問題,還需不斷補正完善,已在日本漢學界廣泛使用。福岡國際大學國際關係學院院長海村惟一教授,爲世界漢字學會理事,係當代日本漢學泰斗岡村繁先生嫡傳高足,宿學高僧,交遊往還者衆。中日兩國學術,能作無間之郵。在他所成功組織舉辦的日本博德世界漢字學會第二屆年會上,大家就討論了如何在數字化網絡化時代,使這批珍貴傳抄漢籍漢字原形成爲兩國讀者便捷使用的材料。鑒於這批材料類型數量等

〔1〕 顧頡剛、顧廷龍《尚書文字合編》,上海古籍出版社 1996 年。

實際情況,建立了兩國專業學者聯合工作體系。

這些材料根據撰寫内容的來源,可以分爲自寫本和他寫本。自寫本,即日本人手抄日本國文獻;他寫本,即中土流傳現存日本的唐抄本及相當於唐代的日本學者(遣唐使等)所抄寫並帶回日本的中國文獻,如《古文尚書》《禮記正義》《毛詩正義》《文選注》《翰苑》等。還有一批完整字書抄本,諸如唐抄《原本玉篇》《篆隸萬象名義》,北宋抄《新撰字鏡》等,規模稱大,大數據研發中心在幾年前也早已作了語料庫加工處理。至於日本陸續出土的青銅器物銘文、簡牘文等,散在各地,將視情況圖文並收。由於唐抄材料種類繁多且大部零散需要陸續訪求。

2016—2017年,華東師範大學出版社2016年首次付梓一函三册,2017年又推出第二函、第三函,凡九册,所發表唐抄國寶檔案文獻,占中日兩國專家搜集處理部分四分之一左右。大量見在集部、佛經、經部小學類文獻,尚待編排處理。

人工智能由一維識别,轉换到二維識别,背後即是實現數字到圖像識别。每個漢字結構,本質上都是二維的。但是,作爲語言的書寫記録符號,一般漢字抽象性低於數字記號,而概括性又遠高於圖像:即介於一維與二維之間。其中所藴含的認知模式,對AI來説,或許是前所未有的挑戰。也許可以説,AI認知模式的豐富發展,有待於這類介乎一維到二維之間字符形態的認知模式——人腦譯碼模式研究的真正突破。"漢字文化圈"地區漢字文化資源調查和整理,依託世界漢字學會,構築《漢字文化圈書寫記憶文本庫》,進行跨文化大數據發掘。有些國寶檔案,即在日本等地區,也已經隔了時代,跨越半個世紀之久,世人難得識其真面。

唐抄材料經過計算機系統處理,截取原形圖片,存真編排。就内容的唯一性及所呈現的形式而言,日本見在珍藏唐抄文獻文字,對於中國諸多學術領域尤其是"唐學"以及漢字發展史,將填補重要缺環,恢復業經基本失落的刻本流行之後的紙質書寫形式記憶;對於日本漢學界語言文字學界,也將提供便利。基於此,綜録將編製日語中文數種索引,以便世界漢字文化圈地區使用。

這次收録唐代漢字抄本文獻,涉及日本奈良平安時期的日本漢字抄本(相當於中國上自初唐下迄五代宋初),日本高校寺院博物館及專家學者所收集日藏漢字抄本文獻共有10種,共計30餘萬字。其中佛經類5種,歷史傳記類3種,藥草品類2種。皆爲日本"國寶"級重要文獻,抄本時間相當於中國唐代至宋初時期。文獻漢字書寫屬性,屬於日本自抄本,即日本人用漢字抄寫或者撰寫的珍貴文獻,真實反映出漢字在日本的傳播使用情況。

《日藏唐代漢字鈔本文獻文字綜録》將這批材料分冊編排,包含字形圖片30萬張左右,字數約300萬字左右,正文5 000頁左右。正文中插入清晰原書影印圖片400張左右。編排形式可以參看凡例説明,檢索編排形式包括《筆劃索引》《日音檢字表》。

福岡國際大學海村院長提供本批所著包含抄本文獻目録如下:

1)《藥種抄》(本末兩卷)

2)《香要抄》(本末兩卷)

3)《日本書紀》卷二十二、卷二十四

4)七寺一切經本《續高僧傳》卷四、卷六

5)興聖寺一切經本《續高僧傳》卷四、卷六

6)《法華經玄贊》卷三、卷六

7)西大寺本《金光明最勝王經》序品、第一~第八

8)金剛寺藏《寶篋印陀羅尼經》

9)《净名玄論》卷一~卷八

10)《無量壽經述記》

日本國福岡國際大學院長海村教授和他的團隊措意精心訪求通人宿儒,薈萃珍藏抄本文獻,以成是編,並根據古書學筆跡學家研究成果,詳稽上述唐五代抄本源流本末如次:

國寶《日本書紀》

《日本書紀》(卷第二十二,推古紀)卷子一軸,紙本墨書,楮紙黄染,高28.0 cm,寬51.0 cm,卷長1 086.7 cm。每紙24行,界高21.5 cm,界

幅 2.1 cm,每行 16 字左右,整體由二十二紙構成。本卷屬自寫本,抄於平安時代。有平安時代中期的訓點,是日本最古的訓點,被稱爲"日本書紀古訓"。[1] 本卷於文字學、訓點學、明經道等領域的學術價值極高,被指定爲國寶。有"東洋文庫"之印。原藏於"岩崎文庫",現藏於京都國立博物館。

國寶《葯種抄》

《葯種抄》本、末二卷,紙本墨書,楮紙,無染。屬自抄本。昭和 12 年(1937)指定爲國寶。

《葯種抄》本卷有天地,天 2.6 cm,地 1.5 cm,界高 26.0 cm,紙寬 52.5—55.9 cm,一紙約 27 行,整體由二十八紙構成。卷末有識語"保元元年潤九月二十一日申刻書寫了　一校了"。故書寫年代爲平安時代末期保元元年。[2]

《葯種抄》末卷有天地,天 2.4 cm,地 1.6 cm,界高 25.8 cm,界幅 2.40—2.45 cm,紙寬 47.2—52.9 cm,整體由三十紙構成。卷末有識語"保元元年(1156)十一月二十二日書寫畢,一校了",還有朱色"保元二年四月二日校之畢",抄寫年代爲平安時代末期保元元年。[3]

《葯種抄》本、末二卷承傳於醍醐寺遍智院。多紀元簡舊藏。現藏於杏雨書屋。

《妙法蓮華經玄贊》(二卷)

《妙法蓮華經玄贊》卷第三、卷第六。紙本墨書,卷子本,爲自抄本。書寫年代爲平安時代初期。加點年代爲天曆(947—957)年間。《妙法蓮華經玄贊》卷第三爲石山寺所藏,《妙法蓮華經玄贊》卷第六爲國語學者中天祝夫教授所藏。[4]

興聖寺一切経本《續高僧傳》(卷四、卷六)

興聖寺一切経本《續高僧傳》(卷四、卷六)紙本墨書,折本,爲自抄

---

〔1〕《國寶岩崎本日本書紀》,勉誠出版 2013 年,第 91—95 頁。

〔2〕《葯種抄一》,財團法人武田科學振興財團 2010 年,第 206—207 頁。

〔3〕《葯種抄二》,公益財團法人武田科學振興財團 2011 年,第 216—217 頁。

〔4〕築島裕《訓點語彙集成・總論・載録文獻一覽》,汲古書店 2009 年,第 220 頁。

本。紙長約 50.0—54.5 cm,抄有 27—30 行。[1] 抄寫年代爲平安時代長寬元年(1163)至嘉應元年(1169),[2]抄寫場所爲丹波國府桑田郡小川鄉西樂寺。[3] 現藏於興聖寺。

國寶金剛寺藏《寶篋印陀羅尼経》

國寶《寶篋印陀羅尼経》(墨書寫經本)紙本墨書,卷子本,爲自抄本。有天地,天 2.1—2.8 cm,地 3.1—3.2 cm,界高 19.1 cm,界幅 1.8—2.0 cm,紙高 25.7 cm,紙長 47.9—54.9 cm,全紙長 531.0 cm,每紙 28 行,每行 17 字左右,整體由十紙構成。卷末有識語"康保二年(965)乙丑七月庚午 釋道喜記"。書寫年代爲平安時代。[4] 明治 43 年(1910)指定爲舊國寶,昭和 43 年(1968)指定爲重要文物。現藏於天野山金剛寺。

舊國寶、現重要文物　七寺一切経本《續高僧傳》(卷四、卷六)

七寺一切経本《續高僧傳》(卷四、卷六)紙本墨書,折本,屬自抄本。有天地,天 2.4 cm,地 3.0 cm,界高 20.7 cm,界幅 1.8 cm,每紙 25 行,每行 17 字左右,整體由三十一紙構成。七寺,即真言宗智山派稻園山正覺院長福寺,原稱正覺院由奈良時代行基創建。平安時代仁安二年(1167)尾張權守大中臣安長再興,改稱稻園山長福寺,由大中臣安長發願承安五年(1175)至治承二年(1178)抄寫一切経,即七寺一切経本,《續高僧傳》(卷四、卷六)抄寫於期間,即平安時代末期。現藏於真言宗智山派稻園山正覺院長福寺。明治 33 年(1900)指定爲舊國寶,昭和 33 年(1958)指定爲重要文物。[5]

西大寺本《金光明最勝經》(序品第一~第十)

西大寺本《金光明最勝經》全十卷(73 000 字),天養二年(1145)自抄

---

[1] 《興聖寺一切経調查報告書》,京都府教育委員會 1998 年,第 281—282 頁。

[2] 《興聖寺一切経調查報告書》,京都府教育委員會 1998 年,第 420 頁。

[3] 《興聖寺一切経調查報告書》,京都府教育委員會 1998 年,第 426 頁。

[4] 據(日本)國指定文化財等數據庫。指定番號 1172。

[5] 參照《尾張史料七寺一切経目録》,文化廳 1967 年,第 118—119 頁,第 191—208 頁。

本(二卷異筆)。紙本墨書,卷子本,紙高 28.5 cm,寬 51.0 cm,有墨界,界高 21.9—22.0 cm,一紙 21 行,每行 18—19 字左右,卷本二軸。書寫年代爲天平寶字六年(762),加點年代爲平安時代初期。〔1〕還有鐮倉初期的朱筆古紀傳點和鐮倉初期的墨筆返點、片仮名、四聲點,以及南北朝時代的另外的墨筆返點。還有"高山寺"印記。西大寺所藏。

重要文物《香要抄》(本末二卷)

《香要抄》由本末二卷構成的自抄本。《香要抄》本卷是紙本墨書,楮紙,卷子本。紙高 28.8 cm,紙寬 52.0—55.5 cm,有天地,天 3.5 cm,地 0.9 cm,界高 24.4—25.0 cm,一紙 9—29 行,整體由三十四紙構成。本卷末有識語"保元丶潤九月十八日書寫了",即抄寫於保元元年(1156),平安時代後期。〔2〕《香要抄》末卷紙本墨書,卷子本。紙高 25.5 cm,紙寬 48.2—53.0 cm,有天地,天 2.2 cm,地 1.5 cm,界幅 2.4 cm,一紙 20—22 行,整體由二十九紙構成。末卷末有識語"保元丶十月十七日申時許書寫了",即抄寫於保元元年(1156),平安時代後期。舊藏於醍醐寺遍智院。現藏於杏雨書屋。昭和 12 年(1937)指定爲重要文化財。〔3〕

國寶《淨名玄論》(八卷)

《淨名玄論》由八卷構成的自抄本。紙本墨書,卷子本。卷第四卷末有識語"慶雲參年十二月伍日記",紙高 28.0 cm,卷長 580.5 cm;卷第六卷末亦有識語"慶雲三年十二月八日記",飛鳥時代慶雲三年即公元 706 年。由此可見,《淨名玄論》可謂日本最古的抄本。經疏章類的抄本一般是 1 行 17 字的定形體,但是此抄本却自由自在地 1 行 20 字至 40 字左右。其中的卷第一是平安時代、卷第二和卷第五是鎌倉時代的補抄本。《淨名玄論》原來由奈良的東大寺保存,經京都國立博物館首任館長神田喜一郎教授之手歸爲國有。現藏於京都國立博物館。

〔1〕 築島裕《訓點語彙集成·總論·載録文獻一覽》,汲古書店 2009 年。第 134 頁。

〔2〕《香要抄一》,第 284 頁。

〔3〕《香要抄二》,第 216—217 頁。

義寂撰《無量壽経述記》

《無量壽経述記》卷第一,紙本墨書,粘葉裝訂。自抄本。紙高23.0 cm,紙寬 15.1 cm,一枚 7 行,每行 17—20 字左右。尾題"無量壽経述記卷第一",尾題下有黑色藏書印"身延文庫"。抄於平安時代後期。現藏於山梨縣日蓮宗總本山久遠寺身延文庫。[1]

於戊戌仲夏

江南因樹緣湖居

〔1〕 參照《身延文庫典籍目録 下》,身延文庫典籍目録編纂委員會 2003—2005 年。

《〈說文解字〉字音注釋研究》序

在音韻學領域,我一向屬於門外,實在無話可説。我又不能像有些人,無端也可以找出許多話去生發。但現在出版界似乎有條不成文的規定,博士學位論文前面一定要有指導教師的幾句話,於是就有了這樣一篇"序"。實際説來,夢麒學弟《〈說文解字〉字音注釋研究》這一鴻篇巨製的完成,我想主要就是得益於兩個因素:一個是自己個人的悟性和勤謹,一個是碩士階段導師黄典誠先生的指導與基礎。但這並不意味著下面所談的問題,我可以不負責任。

普通語言學者談到語言系統中形音義的關係,一般都會指出:先有語言,後有文字,文字追隨聲音。以至於一般文字工作者在回答這個問題的時候,答案也是如此,似乎可以不假思索。其實這個問題是分層次的:在不同層次上,字形與字音的關係不一定是完全等同的。在文字的發生創製階段,文字追隨語音,這是没有疑問的;而且爲了追隨語音,文字使用過程中的結構體制也總是不斷做出相應調整。比如,形聲結構中聲符的安排等。但是,文字發生之後,在漫長的社會歷史時期,主要就是文字傳承使用過程。在文字的傳承使用過程中,提出字音與字形的關係,對於主要功能屬性爲"以形表意"而並非是以形表音的漢字體系而言,那就是依據字形,附加注音。約言之,字音是後來加上去的。

如漢代《説文解字》所用的"讀若"等"直音"注音法,六朝《原本玉篇》所用的"某某反"、唐抄本《篆隸萬象名義》摘省"某某反"、宋代大徐本《說文解字》採用的"某某切",一直到今天的現代拼音。文字使用過程中常見的"讀半邊"現象,也在一定程度上表明著字形的本體地位。應該說,大多數的漢字使用者在考慮字音字義關係屬於後面這種情況。也就是在文字使用過程中形音義關係的理解,而不是他要創製一種文字去跟語言對應。

進行上述層次的區分有什麽意義?一是歷史漢字整理過程中,剔出那些實際語音系統中並不存在的"字音"。我們在整理歷代楷字資源過程中經常看到,有些歷史漢字在傳承過程中由於字形的變異,而注音者也往往"隨體曲折",構造出適合形體變異而實際並不存在的讀音。研究歷史語言學,不要被五花八門的歷史注音現象所遮蔽。二是在漢字規範過程中,可以自覺意識到"牽一形而動音系"的歷史觀念。明乎此,無論對於語音史的研究,還是文字史的調查,其意義都是不言而喻的。

爲了說明上述關聯,這裏可以順便舉出我在整理歷代楷字資源庫過程中所標識出來的一個例字。澤存堂刻本《宋本玉篇·糸部》:"絚,古于、古兩二切。成公四年,鄭伯絚卒。"唐抄本《篆隸萬象名義·糸部》:"絚,古賢反。人名。"南朝顧野王《原本玉篇·糸部》:"絚,古賢、古兩二反。《公羊傳》:成公四年,鄭伯絚卒。"《原本玉篇》字形作絚,反切注音爲"古賢反",賢從臤得聲,臤,《說文·臤部》:"堅也。从又臣聲。讀若鏗鏘之鏗。古文以爲賢字。"《十三經注疏·左傳正義·成公四年》作"鄭伯堅"。看來字形本從臣得聲作絚,《原本玉篇》存真,《篆隸萬象名義》從巨爲形近抄誤,表明楷字傳抄過程中臣、巨記號區別性有可能喪失。南北朝石刻用字如北齊《宋敬業等造塔頌》"神仙之宫,詎得方其麗""□灼法炬,晃朗慧目"中詎、炬字,所從的巨形,又如北齊《光州刺史鄭述祖天柱山銘》"南臨巨海,北眺滄溟""禮義以成規矩,仁智用爲樞機"中巨、矩字,都寫作臣形而少上一豎筆。這個記號化的過程,恰好爲由臣到巨的過渡形體。《篆隸萬象名義》從巨爲抄誤,《宋本玉篇》也誤。又《宋本玉篇·石部》"磲":"巨於切。硨磲。"《篆隸萬象名義》:"磲,巨於反。硨。"《原本玉篇》:"磲,巨於反。《字書》硨磲也。"字形所從渠聲中的巨形,及反切上字巨所從的巨形,《原本玉篇》悉抄近"臣"形,《篆隸萬象名義》具抄同。《宋本玉篇·言部》"詎":"詎,其吕、渠據二切。止也,至也,格也。"《説文新附》:"詎猶豈也。从言巨聲。其吕切。"《篆隸萬象名義》:"詎,渠據反。止也。至也。格也。搶也。"《原本玉篇》:"詎,渠攄反。《莊子》:庸詎知吾所謂知之,非不知乎?庸詎知吾所謂不知之,非知之耶。《史記》且蘊君在儀寧詎能此乎?《漢書》詎有其人。《字書》或歫字也。歫,至止也,格也,搶也,在止部,音渠舉反。《字書》或爲距字,在足部。"字形所從巨聲,《原本》胥抄作近臣形,且羅本、黎本抄同,《名義》亦大部抄同。巨、臣記號區别性降低導致抄混,合乎南北朝社會實物用字俗寫習慣,可以合觀共參。《宋本》反切用字下字"干""于"等記號形近而混,擬音者遂多爲眼漫。致誤的原因在於音隨形變,即追隨字形結構的變化,哪怕字形結構某一階段的變化是一種訛變,也不惜扭曲語言結構。從這個意義上來説,文字傳播過程中貯存了一些客觀上並不存在的音節即由反切形式所固定下來的語音結構單位。談文字的形音義系統關係,一向只是關注到文字追隨記録語音,鮮有顧及文字對語音結構的反作用,甚至導致音隨形定的情況。其實,上述兩個方面都構成爲影響漢語史形音義語料系統調查整理的因素。

基於上述關係,研治中國語言學,真正有所創獲,就需要語音發展史和文字演變史交互爲用,猶如身有雙翼,披堅執鋭。記得在上個世紀學林版《異體字典》出版之際,我在扉頁上隨手記下了這樣幾句話:"夫乾嘉樸學教人,所謂考據之學,不限形體。是也。然是説也,必有待乎形體了然於心。不然,則形拘體牽,荊棘蹣跚;亦猶'君子'跳梁,非由路徑: 又安得不爲形體所限哉?"默存先生倡治學,道是窮物之幾,不若觀物之全: 可以概乎言之。《〈説文解字〉字音注釋研究》作者,既究心於音韻之條貫,復措意於文字之結構,形音互發,文質相宜。讀者閲讀此文,體認作者學養功夫,相信自然會獲得這樣的感覺。

音韻學研究者認爲,中古音一直是漢語音韻學研究的出發點,上可推上古音,下可推近代音。但是,幾乎所有的中古韻書,都有嚴重的文獻問題。把這些韻書聯繫在一起,加以系統的觀察,研究各切語的來龍去脈,異讀中的音義配合關係,文獻錯誤的成因,這就是《〈說文解字〉字音注釋研究》的基本研究方法與內容,稱得上是作者的重要貢獻。

《〈說文解字〉字音注釋研究》,以巨大的工作量、數十萬字的篇幅,貫徹科學的標準,首次對《說文解字》注音系統進行了全面深入調查研究,在音韻學文字學領域,解決了一系列問題。這是近年來在音韻學和文字學領域真正作出實際貢獻的力作,反映出作者堅實的音韻學與文字學的基礎,縝密的思考、分析能力。論著創獲實多,這裏摘其要者,至少可以提到:

一, 立足於形音義系統,注重《說文》注音歷史過程。字書注音,相應於形體,形音義統一。論文認爲: 漢字的結構與讀音通常是互相對應的,結構認定的差異可能導致不同的注音結果;反過來,正確的讀音又有助於漢字結構的正確理解。基於此一科學觀念,研究者才能對紛繁的歷史漢字注音現象作出符合歷史語音實際的評判取捨。這也要求研究者更加關注各家注音的歷史過程和關係,而不能停留在各家注音的表現形式。如上編第四章關於徐鉉反切與《唐韻》關係的考察,確認徐鉉注音的混切現象,反映的是當時實際語音的變化,跟《唐韻》無關。這個結論,以我所見,就是作者首次明確,並給出數據支持的。《說文》所收録字的中古音,表面看來,已有徐鉉、朱翺對此書的注音,又有《王韻》《唐韻》等一批中古韻書作爲參考,中古音的研究似乎比較簡單。實際上,個中關係複雜,其事實難。陷入其間,出來尤難。

二, 基於韻書字書語料庫的廣泛參照,系統對比,貫徹科學標準。關於《說文》貯存字形的中古讀音問題,論文以徐鉉注音爲中心,以朱翺注音、《篆韻譜》注音爲輔,以《王韻》《唐韻》《廣韻》《玉篇》《篆隸萬象名義》等韻書字書爲參照,呈現《說文》注音時間層次,類比實際音值。關於現代擬音,研究者也是對比分析現代各家有影響的今音審讀異同,然後結合中古讀音對應規律今讀實際,對《説文》收字的今讀進行確認。《説文》研究史上,爲其擬音者,代不乏人。各家都宣稱音值擬測原則是:先取大徐,大徐反切切不出,則取《廣韻》。然則《廣韻》與大徐反切是什麽關係?各家擬音緣何存在那麽多出入?這就涉及對《説文》今讀進行確認的標準問題。這種科學的作法,離開關於唐宋之際字書韻書的龐大語料庫支持,自然是難以開展的。論文的知識結構,體現了作者的學術結構,更反映出了作者的科學素質。計算機時代,"窮盡統計"實際上早已是最基本的工作程序。問題在於,如果没有科學的條貫,爲"窮盡"而統計,只能説明形式上的裝腔作勢,思路上的"山窮水盡"。單純的裝門面的"窮盡式",於規律的探索並無關係。《〈説文解字〉字音注釋研究》則不然,正如有的論文評審專家的看法:這篇論文不只是作嚴謹的文獻考證,而且提出嚴格的標準,反映出新一代語言學研究者的科學素質。

三,著眼於歷史語音問題的考辨,解決實際問題。論文分上下兩編,上編爲"通論",下編爲"實證":上編爲體,下編爲用。下編用了佔全文一半多的篇幅,逐一辨證了《説文》所收字 785 個字音。整體看來,經作者考證的近 800 個例字,條條持之有故,字字皆可獨立成文,將成爲有關語言文字工具書審音擬音的重要依據。正確的語音定位,有助於對文字結構及語義的解釋。論文對《説文》本身的研究也是很有貢獻的,而且,其意義已經遠遠超出《説文》注音研究本身。

四,既有悟性,又勤謹篤實,注重扎實積累。作者在完成博士學位論文的過程中,取得了一系列階段性成果。如先後在《古漢語研究》《語言文字學》《中國文字研究》等專業期刊發表或轉載了系列論文。在嶽麓書社出版逾百萬字的《廣韻》校本,該校本前有蔣冀騁先生的序言,蔣先生是當今少見的語言學與文獻學淹貫多通的專家。美、難並具,爲功不易。《〈説文解字〉字音注釋研究》,則是這些研究成就的集中體現。

《廣韻校釋》將成爲研治語音學的方便工具,《〈説文解字〉字音注釋研究》也將成爲文字學、音韻學的實用參考,這是可以預卜的。當此際,忽然記起宋人楊誠齋《過松源晨炊漆公店》絶句之一:“莫言下嶺便無難,賺得行人錯喜歡。政入萬山圈子裏,一山放出一山攔。”以夢麒學弟之悟性,於字藪韻海漂零有年,自當深思明辨個中因緣罷?

2006 年歲暮於歐西萊茵河畔

楷字的傳承與定型

——《〈宋本玉篇〉研究》序

《宋本玉篇》漢字發展史地位

調查研究古文字的學者,每每以《説文》爲津梁,凡《説文》中見不到的,基本無法定位,胥籠統稱之爲"所無"或曰"新增"。古文字經過漫長的隸變過程,將隸變的結果悉加楷書定型整理和分類貯存,唯有《玉篇》。從這個意義上可以説,《玉篇》是上溯古文字,下啓今文字的橋梁,代表著基本的漢字資源。比如,出土古文字如戰國楚簡,記録"平"詞往往加土符作"坪"且多作上下結構,《長沙子彈庫戰國楚帛書》"九州不坪(平)"、《上海博物館藏戰國楚竹書》第一冊《孔子詩論》第2簡"訟坪悳也",字形作;《郭店楚簡·老子丙》第4號簡"安坪(平)大"用:"平"亦皆下從土上從平聲,語料庫查詢得到38次使用記録。〔1〕檢《玉篇·土部》:"坙,蒲京切。《説文》曰:地平也。亦作坪。又音病。"《萬象名義·土部》:"坙,蒱京反。"而《説文·土部》小篆已作

〔1〕,並見臧克和、劉本才編《實用説文解字·土部》"坪"字下,上海古籍出版社2012年,第425頁。

左右結構。[1]

如上揭,《宋本玉篇》的貯存特點,在於將歷代傳抄的歷史漢字各種古文字類型賦予一定的楷書形式,並界定由此帶來的各種字類關係。在楷字資源庫研製過程中,基本標識原則爲:"古文""籀文""或體""同上"等,凡是《宋本》用以上術語描述的,就認爲是編者界定該字與所貯存字頭的關係。絶大部分情況下,該層次貯存的字形下面既没有反切注音,也没有給出釋義信息,只是現存版本對相當數量的重文異體也採取了跟字頭地位相同的字體排列方式,這種排列方式聚合的楷字形體共有22 794個。對歷史漢字古文字到楷字進行定型聚合,《宋本》不再仿效《説文》側重進行結構類型的分析,這種功能定位是符合楷字發展實際的。

《宋本》在楷字聚合整理、編排處理過程中,所增廣楷字結構,從數量上反映了唐代楷字發展的情況。對照唐代石刻等一次性寫定文獻用字,往往可以找到《宋本玉篇》新增出的對應字形。要是從這個關係來看,似乎可以印證該本重刻朱氏《重刊玉篇序》的説明:

> 顧氏《玉篇》本諸許氏,稍有升降損益。迨唐上元之末,處士孫強稍增多其字。既而釋慧力撰《象文》,道士趙利正撰《解疑》。至宋陳彭年、吴鋭、丘雍輩又重修之。於是廣益者衆而《玉篇》又非顧氏之舊矣。予寓居吴下,借得宋槧上元本于毛氏汲古閣,張子士俊請開雕焉。梨棗之材,尺幅之度,臨槲雠挍之勤,不舍晨暮。并取《繫傳》、《類篇》、《汗简》、《佩觿》諸書,推源析流,旁稽曲證,逾年而後成書,爰屬予序其本末。以予思之,學奚小大之殊哉?毋亦論其終始焉可也。講習文字于始,窮理盡性,官治民察,要其終,未有不識字而能通天地人之故者。宋儒持論,以灑埽應對進退爲小學,由是今之塾師,《説文》、《玉篇》皆置之不問。兔園册子,專攷稽于梅氏《字彙》、張氏

[1] 也許由於刻寫視覺效果的影響,南北朝隋唐石刻用字,多呈現出將上下結構調整平衡爲左右結構的趨勢。

《正字通》。所立部屬,分其所不當分,合其所必不可合,而小學放絶焉。是豈形聲文字之末與? 推而至于天地人之故,或窒礙而不能通,是學者之所深憂也。孫氏《玉篇》,雖非顧氏之舊,然去古未遠,猶愈于今之所行《大廣益本玉篇》,復上元本而古之小學存焉矣。〔1〕

由於《原本玉篇》殘缺,如果確實存在《萬象名義》傳抄《玉篇》文本關係,前者和後者兩相對照,即可大體分出《宋本玉篇》所存楷字基本時間層次。〔2〕 逐部分類對照的結果,屬於《宋本玉篇》新增楷字 5 298,分佈於 139 部,其中增字在 100 字以上的部首有 14 部,分别是水部、艸部、竹部、口部、心部、手部、虫部、木部、山部、石部、人部、鳥部、目部、犬部。可以看出,與日常生活關係密切而且區别度較高的偏旁部首,其構字能力明顯強於其它各部。調查報告從增長比例觀測分佈,分别統計出超過 30% 的部類。

在《宋本》5 000 多個新增楷字當中,有 511 字爲異體字,接近新增字總量 10%。上述統計結果,一定程度上揭示了唐宋之際楷字使用變化的某些趨勢。〔3〕

關於《萬象名義》抄本特點

基於上述關聯,應該先談談《萬象名義》的文獻傳抄性質。

被敦煌文獻整理者題爲《玉篇抄》的三片殘紙,庶乎有一斑之窺、一臠之嘗的功效。較之《萬象名義》義項僅僅抄取一字者,《玉篇抄》抄存相對完整。但較之《原本》所存,則業已基本删除了有關書證來源標記。從僅

---

〔1〕《宋本玉篇·重刊玉篇序》,中國書店 1983 年據張氏澤存堂本影印。

〔2〕《篆隸萬象名義》,抄者爲日釋空海(遍照金剛),生當中土中唐。調查所據版本,爲高山寺藏本,華東師範大學中國文字研究與應用中心字彙數據庫所使用抄本,爲東京大學影印本。

〔3〕何瑞《〈宋本玉篇〉研究》第四章:"《宋本》新增字",華東師範大學中國文字研究與應用中心 2006 届博士學位論文。

存數字字序來看,《玉篇抄》"須"下次𩑞、下次䫇、下次顮、下次頿,跟《名義·須部》以下所次一致:

須→𩑞→䫇→顮→頿

唯"頿"字《萬象名義》作頿形,二抄本抄存異體字。另一殘紙抄存,在《萬象名義》屬《彡部》,《萬象名義》本部所傳抄字序爲:

彡→彬→形→㐱→修→彰→㣇→彲→彫→彨→弱→彧→影→彣→彥

《玉篇抄》殘紙本部所存字序爲:

彬(原抄字闕,據釋義及《萬象名義》所存當係"彬"字,《玉篇抄》該條所闕"或爲"字,當係"斌"字)→彫(整理者據釋義所補,是)→彨(整理者據釋義所補,是)→弱(整理者據釋義所補,是)→彧(整理者據釋義所補,是)→影(整理者據釋義所補,是)

兩相對照,字序一致,唯《玉篇抄》該殘紙中間脱文。《玉篇抄》另一殘紙屬《髟部》,所存相聯髩、髗二字字序爲髩—髗,亦與《名義·髟部》次第一致。《玉篇抄》該殘紙本部字頭"髟"下注音爲直音,且存二音,而《萬象名義》"髟"下注音爲"所銜反",只抄存一音,這與《萬象名義》傳抄《原本》過程中的處理,也是一致的。《玉篇抄》"髟"下釋義抄混且殘缺爲"長髟□□也",對照《萬象名義》可補正爲"長髮髟髟也"。[1]

如上述,《萬象名義》大體就是在唐代所見有關"《玉篇》抄本"基礎上完成傳抄的。顯然,就文本傳抄情況來看,具有如下一些特點:

(1) 整部楷字抄存。《原本》到《宋本》,經過了大規模增改。所以,人們往往只是感覺《宋本》增加了貯存字量,不再考慮這個過程出現的損失。在這方面,《萬象名義》成爲僅存的對照綫索。如《宋本》"狀部第四百七十四",凡1字,《宋本》存字頭1個,而《萬象名義》本部抄存6楷字;

(2) 所抄存楷字,或影響某些部類的分合;

〔1〕《玉篇抄》,見張涌泉主編《敦煌經部文獻合集》第8冊《小學類字書之屬》,中華書局2008年,第3803—3804頁。

(3) 所傳抄字形結構,體現出來的楷化變異規律,跟魏晉南北朝用字對應;由此對於歷史楷字發展過程的調查,提供社會用字實物的和傳抄貯存的完整坐標;

(4) 所傳抄楷字,保存南北朝去隸古不遠結構形體;

(5) 所傳抄楷字,構成對照中古《說文》文字綫索;

(6) 所傳抄楷字,保存字形結構演變聯繫;

(7) 所傳抄楷字,訂正《宋本》等字書傳刻用字錯誤;

(8) 所傳抄楷字,補充宋代《說文》等脱文、異體等。[1]

基於上述,《宋本玉篇》調研難點,大要存在如下諸端:一形體結構關係的辨析;二文本結構關係的梳理;三時間層次的區分。何瑞博士的學位論文《〈宋本玉篇〉研究》,就是針對上述諸多難點而展開的。例如,土部第九:

> 凡三百五十五字(三百四十八字),字頭315。《宋本》《說文》《名義》共見134個(其中《說文》不包括新附部分)。《宋本》《說文》共見149(其中《說文》包括新附收録13個)。《宋本》《名義》共見214。
>
> 《宋本》本部新增字81:墝、埳、垩、堩、墲、圠、圬、埭、墱、垙、堾、堬、塯、墒、垾、堈、圾、塛、塓、垐、垘、穀、壣、圽、坩、埵、垻、墽、堠、堦、堝、垌、垌、埪、垬、垬、壏、壜、墅、壧、墡、壈、埥、埥、墺、垟、垺、埦、壁、壆、墼、坍、埇、圤、圵、堬、壕、墄、壒、塉、坬、塵、墌、坨、垹、塆、坑、壥、垩、堰、壂、墤、塢、墪、厔、塼、堰、呈、堉、墰、塝。
>
> 按《宋本》漏收字5,分別是《說文》《名義》共見的"坻"和《名義》獨見的"坛、坣、坭、埭",但"坛"即《名義》抄存之"坵",也即"坻"之楷化稍變者,不算《宋本》本部脱文。[2]

[1] 具見臧克和《中古漢字流變》"《名義》綜論"部分,華東師範大學出版社2008年。
[2] 何瑞《〈宋本玉篇〉研究》第四章"《宋本》新增字"。

通過何瑞博士論文的上述定量分析，讀者不但直觀瞭解了《宋本玉篇》在唐代增加的幅度，而且還具體瞭解到增加的字形分别是哪些。各個時期斷代的漢字發展調查，至少要回答：某個時段裏社會上使用了多少字、哪些字，以及這些字在體制上體現了哪些時代性特點，要進一步回答本時期使用增加了多少字、哪些字，這些此消彼長背後的時代性因素（包括技術的媒介的文化的體制的等）是什麽，呈現這些消長變化，還得進行跨時段的對比統計分析。否則，所謂發展就無從談起。因此，斷代的文字使用調查，其實是件困難的事情。

何瑞同學在攻讀本專業博士學位期間，進德修業，潛心鑽研，奠定了在歷史漢字及其應用研究領域的扎實研究基礎。

《宋本玉篇》積澱了歷史漢字楷字的基本資源，集中體現著楷字的傳承和定形。對《宋本玉篇》進行傳承變異類型的共時與歷時的定量調查，呈現基本的時間層次，對於認識楷字的基本傳承變異規律，認識楷字定形歷史，揭示漢字規範歷史，建設漢字資源庫，完善漢字字符集，都是重要的課題。但是由於《宋本玉篇》上承《原本玉篇》，中經唐人增字改編，時間層次複雜，增加了課題操作難度。何瑞同學在"唐宋字書時間層次研究"等項目所研發數據庫支持下，承擔了上海市哲學社會科學規劃教育部語委"《宋本玉篇》研究""方言本字調查研究"等項目，集中時間，潛心調研，深思明辨，在下列領域取得了突破性進展：

首先，通過對宋本《玉篇》的整理及新增字所出時間層次的調查，發現其與大徐《說文》及新附字有諸多相參協之處，宋本《玉篇》當屬宋代重修本並無疑義。通過《原本玉篇》《萬象名義》等存在內在傳承關係的文本對照比較，區分了《宋本玉篇》基本文獻結構，爲各專題的定量統計分析區分了大致的時間層次。

其次，第一次基於定量統計，分析了唐宋之際《玉篇》新增字的分佈和頻率。第一次基於定量統計，調查了《宋本玉篇》貯存的異體字類型及來源。

再次，利用《玉篇》數據庫，爲現代大型語文工具書如何更好利用《玉篇》楷字資源進行了專題探索。

還有，首次將《宋本玉篇》貯存楷字與現代漢字常用字、通用字進行比較，觀察常用字通用字在《玉篇》中的分佈傳承比例，爲現在楷字的規範整理直接提供參考數據。

何瑞博士論文的完成，可以説是近年來歷史漢字時間層次研究領域取得的較有分量的新收穫，在漢字發展及應用領域將產生一定影響。由於課題容量很大，若干專題今後可以深入發展。作者的有關《玉篇》調查研究，爲走向漢字應用研究，打下了很好的基礎。南宋朱熹詩句有云：

舊學商量加邃密，新知培養轉深沉。
却愁説到無言處，不信人間有古今。[1]

近幾年，何瑞結合工作，復于漢字標準應用、漢字認知以及方言本字考等相關領域，[2]用力勤，積累厚。以何瑞博士的品德修養和專業基礎，相信會在有關研究取得更多成就。

2013 年江南夏始春餘

〔1〕 朱熹《鵝湖寺和陸子壽》。

〔2〕 中古以降《宋本》新增字量，接近或超過 30% 的增長部類，其主要分佈領域，往往體現出漢字使用及認知發展的某些趨勢。

《秦漢六朝字形譜》代前言

使用提要：

《秦漢六朝字形譜》紙質版——所收每個字形都只是代表字形，代表字形是根據斷代、載體、結構類型、特别是實際字頻使用等客觀因素綜合考慮而確定的，它的確定原則是真實、全面反映字形發展演變層次與關係，排除人爲主觀好惡等因素對選擇的影響。

《秦漢六朝字形譜》網絡版——不受平面空間限制，可以通過鏈接的形式實現多種信息的立體呈現。網絡版的視覺形態與紙質版逐頁完全對應，只是在相應的位置添加了超鏈接。使用者可以通過頁碼或者索引號查詢對應網絡版，點擊網絡版每個字形，即可鏈接該字形所代表的全部字形及相關信息，包括具體語境信息和用字信息；點擊字形下所附器物名稱，可以查詢該器物的文獻屬性信息。

關鍵術語：

隸變楷化；草寫草書；中介過渡；有效表達

所謂“頂層設計”

面對類型繁多、呈開放性體系的文字材料，如何實現各種關係的有效表達,一直是困擾出版者和閲讀者的問題。完整的秦系、兩漢及六朝字形譜系呈現,應全面揭示秦漢六朝漢字演變,即針對漢字隸變以來繁多"開放性"出土文字材料的調查處理、進行符合漢字發展史實際的字形發展演變綫索的復原清理;依靠數據庫系統來實現關於漢字隸變複雜現象的文獻、語言及文字研究角度的有效關係表達,而不是簡單在汗牛充棟的簡牘文字編、碑别字編裏再平面堆疊字形爲"匯編""全編""大系"之類。

針對上述總體問題和研究對象,各類出土文字材料調研和複雜關係的有效表達,構成本課題基本研究内容。

根據上述研究内容,系統整理秦系、兩漢及六朝簡帛石刻等"海量"書寫文字材料,實現文獻研究視角的字形考察(在實現出土簡帛石刻器銘釋文全文檢索基礎上,進行釋文的斷代、載體、内容分類標注)、語言研究視角的字形考察(通過對數據庫中出土簡帛石刻器銘釋文的語言標注來完成,即秦漢六朝文字語料庫)、文字研究視角的字形考察(通過對數據庫中釋文用字的窮盡性文字屬性標注以及文字原形拓片逐字切分來完成,即秦漢六朝文字屬性庫);秦漢六朝出土文字屬性庫及相關歷史字彙數據庫加工整合,基於標準化意義數據庫平臺體系,篩選排比發佈出體現漢字發展史綫索的《秦漢六朝字形譜》圖表。

所謂"有效關係表達",就是考慮到紙媒的空間局限,秦漢六朝出土文字全部字形以及各種時代材質等關係,在紙媒上同時呈現有很大困難,即使有所選擇也以規模過大,影響使用效率,造成資源浪費。課題設計的《秦漢六朝字形譜》將以紙質版和網絡版結合使用的形式發佈,紙質版使用者同時可以獲得一個網絡賬號和密碼,用以網絡版的查檢(這種紙媒與網絡結合的形式,文字基地重大項目"兩周出土文獻'語義知識網絡'建設"的研發成果之一"金文語義網絡辭典"等已有成功的範例和經驗)。考慮到本課題的特點,《秦漢六朝字形譜》紙質版所收的每個字形都只是代表字形,代表字形是根據斷代、載體、實際字頻使用、結構類型等因素綜合考慮而確定的,它的確定原則是真實、全面反映字形發展演變層次與關係。《秦漢六朝字形譜》網絡版,不受平面空間的限制,可以通過鏈接的形式實現多種信息的立體呈現。具體形式爲：網絡版的視覺形態與紙質版逐頁完全對應，只是在相應的位置添加了超鏈接。使用者可以通過頁碼或者索引號查詢對應網絡版，點擊網絡版每個字形，即可鏈接該字形所代表的全部字形及相關信息，包括具體語境信息和用字信息；點擊字形下所附器物名稱，可以查詢該器物的文獻屬性信息。

隸變，是秦漢六朝漢字學領域討論最多的術語之一，實際書寫使用過程表明，整個秦漢六朝乃至隋唐五代各個階段，"隸"包含著"楷"，换言之，漫長的術語使用過程中，通常所謂"隸"其實很多情況下就是"楷"等書體。

相對於隸變篆文"解構"過程，草書流行算得上是第二次"解構"，實際討論也非常有限。二次解構打亂了各種結構類型認知模式，包括構成部件可以替代歸併變换規則（草書章程），釋放出成批過渡形體，有的被歷史字彙固定爲"楷化定型"。歷代字彙都是静態積澱的結果，毋寧説是歷史條件制約的產物，根本無法反映漢字的實際使用情況和異常豐富的演變信息。過渡性形體，是觀察字形變化趨向的關鍵環節，也是構建漢字認知關聯的途徑。因此，努力復原漢字使用歷史過程，特别是恢復解構變異過程所產生的大量中介過渡狀態"字跡"綫索，是實現漢字發展史真實觀察、客觀描寫的主要因素。梳理過渡形體，可以實現將被固定爲静態的字形，置於動態的使用歷史過程考察，爲漢字的理解提供前所未有的可能性，從而使複雜字際關係定義、各種所謂"疑難字"的辨識，不啻恢復業經失落的聯繫環節、重建認識綫索。中介字跡及過渡形體，對於拓展漢字發展的認知渠道具有不可替代的價值。

基本體例及取材範圍

◎ 字　頭

字頭數量的確定。基本原則依照《説文》小篆和重文的結構確定字頭,小篆和重文分列字頭,没有對照出土文獻字形的《説文》小篆或重文,也予以保留字位,因爲《説文》作爲漢代一部經典字書,可以客觀呈現秦漢時期漢字字量情況。本書字頭分爲《説文》有和《説文》無兩部分。結構形體和《説文》小篆或重文相同的字形,歸入《説文》有的部分,結構形體和記詞功能都不能和《説文》找到對應關係,就歸入《説文》無的部分。

字頭字形的確定。分爲常用字和非常用字兩種情況處理。字頭屬於常用字範疇,且在字形上不會與其它字形發生混同,則選用現代規範漢字字形。比如:“溫”和“温”、“遙”和“遥”,本書都選用後者。非常用字的情況,則選用《説文》小篆或重文結構的隸定字形。如:《説文》:“禂,禱牲馬祭也。从示周聲。”僅見《北齊・鏤石班經記》“ ”,字頭隸定爲“禂”。

字頭的認同。在秦漢六朝歷史時期記詞功能完全相同,形體不同的字形,本書認同爲同一字位,依照上述原則選擇代表字形作爲字頭。如:“初”字,在本書材料中還有字形“ ”(“爰初釋褐,在朝之稱已彰。”《北魏・蘇屯誌》)。本書歸併於“初”字下,不單列“从示从刀”的字頭。

字頭的別異。分兩種情況處理。一種是在秦漢六朝歷史時期,形體混同但是記詞功能不同的字形,或者是通假現象。本書原則上分入不同的字頭。例如:“豐”字在石刻材料中往往寫作“豊”,《説文》有“豊”,本書根據使用情況分列入“豐”字和“豊”字下。第二種是依照《説文》的小篆和重文字形進行分列字頭,例如:“爾”和“尔”,《説文》分列兩個字頭,儘管在秦漢六朝石刻材料中,用法並没有太大的區別,但是全書依據《説文》的原則,將二者分列兩個字頭。

◎ 字　形

清晰保真。字形的圖片儘量選擇字跡清晰可辨的原始拓片切割圖片。摹本原則上不選用,但是兩種情況例外:第一種是增加新字頭,且是學界公認確定的字形,本書酌情選入;第二種是增加新字形結構,且是學界公認確定的字形,本書酌情選入。所選用的字形摹本,本書參考王輝主編《秦文字編》[1]供使用者參考。

結構原則。字形圖片的篩選,遵照結構差異的基本原則,結構相同的字形選擇最清晰的選入書中。有些能夠體現書寫筆勢特點字形,特别是簡帛類的字形,本書也儘量保留。

時代材質。字形的選擇兼顧時代和材質兩種屬性。不同時代不同材質屬性的字形儘量保留,比如秦漢時期的簡帛,材料種類多,時代跨度長,體現了隸變的過程,本書則儘量照顧到每個時段每種簡帛材料。

◎出　　處

每個字形下給出該字形的具體出處信息。金石類,出處信息具體到時代、器物名稱和著録。簡帛類,出處信息具體到簡帛種類和簡帛編號。出處信息一般使用簡稱的形式,書後附録《書中使用文獻材料名稱對照表》。

辭例。常見字形和在判斷上不會産生歧釋的字形,本書一般不附辭例。容易産生歧釋的字形,本書都儘量給出辭例,供使用者對照判斷。

◎編　　排

字頭:初步統計,《字形譜》收録字頭 8 100 多個,按照《説文解字》540 部分部,字頭順序《説文》小篆和重文排列方法編排,《説文》無的字形參照《説文》歸部原則,按照該字的筆劃和首筆、次筆、第三筆的筆劃順序,依次排列到相應部首中《説文》有的字頭後面。字頭屬性包含:楷字字頭、《説文》小篆、《説文》原文、字頻、索引號(用於關聯網絡版查詢)、《中古漢字流變》頁碼(可以查詢中古傳世字書的解釋説明),如下圖所示:

---

〔1〕 王輝《秦文字編》,中華書局 2015 年。

示 示	字頻：25　说文原文：天垂象，見吉凶，所以示人也。从二。（二，古文上字。）三垂，日月星也。觀乎天文，以察時變。示，神事也。凡示之屬皆从示。 索引號：10 《中古漢字流變》第3頁

字形：本書收字形 81 000 個，每個字頭下字形按照時間和材料雙重屬性坐標進行分佈，使得字形演變的歷史和材質特點，一目了然，清晰展示秦漢六朝時期漢字的演變軌跡。“合文”本書列於附録部分。

索引：本書附録部首索引、筆劃檢字表。

13ZD&131 材料來源及範圍——

a. 銅器銘文（7 種）

秦漢銅器銘文對描述秦漢時期漢字發展演變脈絡有舉足輕重的作用。根據專家建議，選取 2013 年 12 月以前公開出版、圖版清晰、斷代明確，且具較高學術價值的銅器銘文拓本。

（1）《秦銅器銘文編年集釋》（三秦出版社，1990）；

（2）中國社會科學院考古研究所編《殷周金文集成》（中華書局，2007）；

（3）《近出殷周金文集録》（中華書局，2004）；

（4）《近出殷周金文集録二編》（中華書局，2010）；

（5）《新收殷周青銅器銘文暨器影彙編》（臺北藝文印書館，2006）；

（6）《珍秦齋藏金》（珍秦齋，2012）；

（7）徐正考編著《漢代銅器銘文文字編》（吉林大學出版社，2005）。

b. 璽印（11 種）

秦漢璽印零散而數量驚人，現有條件下不可能做到完整萃取。該類型大部分内容單一，有些時代標記不明。因此，課題開展中宜選取 2013 年 12 月之前公開出版的，字跡清晰且斷代明確，並被學界普遍認可的材料，輔助描述某些漢字字形的演變軌跡。

（1）《增訂漢印文字徵》（紫禁城出版社，2010）；

（2）《二十世紀出土璽印集成》（中華書局，2010）；

（3）《秦印文字彙編》（河南美術出版社，2001）；

（4）《珍秦齋藏印·秦印篇》（珍秦齋，2005）；

（5）《秦封泥集》（三秦出版社，2000）；

（6）《古璽彙編》（文物出版社，1994）；

（7）《〈古璽文編〉校訂》（人民美術出版社，2010）；

（8）《中國歷代印風·秦代印風》（重慶出版社，2011）；

（9）《中國歷代印風·漢晉南北朝印風》（重慶出版社，2011）；

（10）《歷代印陶封泥印風（秦、漢）》（重慶出版社，2011）；

（11）《漢代官印選》（學苑出版社，2011）。

c. 簡帛（22 種）

秦漢簡帛是本課題開展的第一類大宗材料，截止 2013 年 12 月，公開出版的秦漢簡帛材料就有數十種，但是有的材料發表時間過早，限於當時技術處理非常不清晰，只有釋文而對應的字形却難以辨認，儘管我們獲悉有些材料已經利用現代紅外技術重新拍照，但尚未公開出版，而現有的課題條件不足以購買獲取這批材料，例如：《龍崗秦簡》（中華書局，2001），原簡本身就不清楚，經拍照處理印刷出版後更加難以辨認；香港中文大學所藏漢簡，儘管出版了光碟，但是所收照片分辨率低，很多字形不能清晰辨認。所以此類材料只能捨棄。另外，有些簡牘文獻雖然是在 2013 年後出版的，但是由於具有補充新字的作用，所以也酌情收入，比如《北京大學藏西漢竹書（壹）·蒼頡篇》，新增很多字頭，更真實的反應漢代的漢字情况，所以課題組也進行了數字化處理，收入到本字形譜中。

（1）《睡虎地秦墓竹簡》（文物出版社，1990）；

（2）《天水放馬灘秦簡》（中華書局，2009）；

（3）《關沮秦漢墓簡牘》（中華書局，2001）；

（4）《河西簡牘》（重慶出版社，2003）；

（5）《里耶秦簡［壹］》（文物出版社，2012）；

（6）《天水放馬灘秦簡》（中華書局，2009）；

（7）《湖南嶽麓書院藏秦簡［壹、貳、叁］》（上海辭書出版社，2010、2011、2013）；

(8)《敦煌漢簡》(中華書局,1991);

(9)《武威漢簡》(文物出版社,1964);

(10)《居延漢簡甲乙編》(中華書局,1980);

(11)《居延漢簡補編》(臺北中研院歷史語言研究所,1998);

(12)《居延新簡—甲渠侯官》(中華書局,1994);

(13)《長沙馬王堆漢墓簡帛集成》(中華書局,2014);

(14)《銀雀山漢墓竹簡[壹、貳]》(文物出版社,1985、2010);

(15)《尹灣漢墓簡牘》(中華書局,1997);

(16)《張家山漢墓竹簡(247號墓)》(文物出版社,2001);

(17)《額濟納漢簡》(廣西師範大學出版社,2005);

(18)《長沙東牌樓東漢簡牘》(文物出版社,2006);

(19)《肩水金關漢簡[壹、貳、叁]》(中西書局,2011、2012、2013);

(20)《北京大學藏西漢竹書[貳]》(上海古籍出版社,2012);

(21)《北京大學藏西漢竹書(壹)》(上海古籍出版社,2015);

(22)《長沙走馬樓三國吴簡·嘉禾吏民田家莂》(文物出版社,1999)等。

d. 石刻(21種)

秦石刻除了石鼓文之外,其他多爲後世摹刻,如:詛楚文、嶧山刻石等,增加新字頭新字形的予以酌情收入。本課題主要選取2013年12月之前公開出版的秦漢、六朝石刻材料中字跡清晰的拓片。原石漫滅,拓片模糊者只能捨棄。

(1)《石鼓文》;

(2)《秦公一號大墓殘磬》;

(3)《秦駰禱病玉版》;

(4)《懷后磬和明瓊》;

(5)《泰山刻石》;

(6)《漢碑全集》(河南美術出版社,2006);

(7)《北京圖書館藏中國歷代石刻拓本匯編》(中州古籍出版社,1989);

(8)《西安碑林全集》(廣東經濟出版社,2000);

(9)《西安碑林博物館新藏墓誌彙編》(綫裝書局,2007);

(10)《漢魏六朝碑刻校注》(綫裝書局,2008);

(11)《新中國出土墓誌》(陝西卷、河北卷、河南卷、北京卷、江蘇卷、重慶卷、上海天津卷)(文物出版社,1994—2009);

(12)《洛陽新獲墓誌》(文物出版社,1996);

(13)《洛陽新獲墓誌續編》(科學出版社,2008);

(14)《洛陽新見墓誌》(上海古籍出版社,2011);

(15)《洛陽新獲七朝墓誌》(中華書局,2012);

(16)《三晉石刻大全》(三晉出版社,2009—2012)等。

此外,課題組還參考了王輝主編《秦文字編》(中華書局,2015),陳松長編《馬王堆簡帛文字編》(文物出版社,2001),徐正考編《漢代文字編》(作家出版社,2016),毛遠明編《漢魏六朝碑刻異體字典》(中華書局,2014)等,對所收入字頭字形進行了對照補充。

調查統計及數據——

按課題組所研製《秦漢六朝出土文獻文字數據庫》統計給出基本數據如下:

a. 各類文獻録入文字總量約 135 萬字,其中分類:

(1) 簡帛文字約 70 萬字;

(2) 石刻文字約 58 萬字;

(3) 璽印金文等約 7 萬字。

b. 去除模糊殘缺的字形,切割圖片字形 87 萬多張(簡帛圖片約 35 萬張,石刻圖片約 45 萬張,璽印金文等約 7 萬字)。

c. 經過代表字形篩選後得字形圖片 80 700 多張:

秦文字字形圖片 11 700 多張(金文約 2 000 張,璽印 2 500 多張,石刻 1 100 多張,簡牘 6 100 多張);

漢代文字字形圖片 42 000 多張(石刻 7 800 多張,簡帛 18 400 多張,璽印 12 500 多張,金文 3 300 多張);

六朝文字字形圖片 27 000 多張(石刻 21 000 多張,簡牘 1 700 多張,璽印 4 300 多張)。

d. 去重後所得單字 8 100 多個:

秦文字單字 3 100 多個;

漢代文字單字 6 080 多個;

六朝文字單字 5 300 多個。

13ZD&131 課題突破及今後發展:

秦漢與六朝兩個時段一次性寫定的出土文字材料數據庫標注,建立按照出土材質類型分類斷代文字使用數據庫,實現紙媒與網絡媒體的跨媒體超文字鏈接,嘗試實現超大數據文字信息的"**有效表達**":這在規劃書中,被作爲該項目的攻關難點。

根據秦漢六朝漢字發展斷代調查,這兩個時段完成了兩次"解體"(篆文的隸變,草書的衝擊)。基於此,秦漢六朝漢字調查譜系坐標建成,爲已經進入研發過程的"基於大數據網絡字海"超文字中華人文基礎工程順利實施,搭建了迄今最爲完善平臺。其中各個時間斷面數據庫屬性標注體系,其結構將進一步優化,根據行業實際需要,研製出各類歷史漢字認知器。

關於字形標注體系的實際處理

(1) 中 介 過 渡

各個歷史時期斷代各類文字調查,根本上來説有兩項任務:一是單位歷史漢字的認知識別,一是整個漢字體系的使用情況(結構變化、字頻消長、書體類型及書寫方式的演變等)。前者也包含兩個互相聯繫的方面:首先是找到該時期所使用字形結構與歷史上業已使用過的字形結構存在的聯繫,以及屬於何種聯繫;其次是辨識屬於該時期特有的"新出字"。歷史漢字的認知識別,其實就是找到歷史上曾經存在過的種種關聯,否則,所識别對象就等於宣佈爲"死字"。由此可推導出兩點結論:斷代漢字分類認知調查，主要的工作就是找到並恢復歷史的認知關聯綫索；即使所謂“死字”，在相當程度上也屬於認知聯繫綫索的潛隱失落，有待於補綴建立而已。真正屬於“前不見古人，後不見來者”的“戛戛獨造”情況，其實在各個歷史階段都是比較例外而罕見的。

至於整個漢字體系的使用情況，歷史地觀察，各個時期漢字體系代代傳承；就其功能考察，各個時期使用的漢字體系又是自洽的。或者說，下面情形就是一種客觀存在：在歷時的漢字體系裏結構變異存在問題，諸如引發種種字際關係的糾纏；但是，在一個斷代的文字體系裏結構變異則是成立的，並無礙信息交流。這個調查結論，再明白不過地顯示：漢字書寫的基本單位，無論怎樣演變，各個歷史時期都基本相同；漢字體系，無論怎樣發展，各個歷史時期都是統一的。

基於此，課題調查過程中，使用了“中介過渡”這一術語，試圖真正貼近材料繁多類型豐富而字體演變劇烈的秦漢六朝各個歷史階段漢字發展實際。《中國文字發展史》關於“過渡性形體”作了如下定義：

> 所謂過渡性形體或曰中介性字跡，主要是指文字在楷化過程中，由於漫長變異過程複雜影響因素帶來形體分化，最終形成跟原形字迥乎有別的形體；而且有的變異結構甚至被字彙固定爲另外的字，獲得了獨立地位，就是中斷並失去了聯繫：這其間的變異形體，都可以算得上是過渡性形體或曰中介性形體。像下面提到的例子，在【旌—旌—旍】異體組，從【旌→旍】，旍之於旌，乍瞥初覩，結構相隔已遠；而中間旌形從全構造，生、全、令楷化輪廓庶幾近似。如此，旌形就構成【旌→旍】的中介聯繫環節。這個環節，作用爲過渡。已知條件爲【旌=旌】，又因【旌=旍】，那麼【旌=旍】。〔1〕

〔1〕 參見臧克和主編《中國文字發展史》第四冊《隋唐五代文字卷》所附術語索引表“過渡性形體”條，又見“中介性形體”條。華東師範大學出版社 2015 年，第 60 頁、67—84 頁。

在長期使用和發展過程中,相對於最終爲六朝到唐宋之際字彙所固定下來的字形,大量變異形體只起到了過渡性或曰中介性作用,爲了調查統計的方便,這裏暫擬爲“過渡性形體”。歷史地看,每個被實際使用過的形體,都已成爲凝固的客觀存在,本無所謂“過渡”;而相對於歷史字彙的靜態貯存,大量實際使用過程的字形則是被忽略的,充其量只是某種“過渡”階段產物。字彙所貯存的形形色色的異體字,甚至呈現爲所謂的“疑難字”,種種字際關係,往往就是由“過渡性形體”使用發展的結果。

若易簡之以公式,表述可轉換爲:已知 A=B,且存在 B=C 條件,則有 A=C。如此,下面異體組悉可套用:在【愍——— —啟】中,已知【愍= = 】,又因【 =啟】,則有【愍=啟】。在【鑄— —  】中,已知【鑄= 】,又因【 = 】,則有【鑄= 】。在【浣— —浣—浿】中,已知【浣= 】,又因【浣=浿】,則有【浣=浿】,等等。

“過渡性形體”價值,在於恢復業經中斷的字形結構認知關聯。例如,東漢《說文・我部》所見義之於羛。其實,秦代《石鼓文》“我”字形體即接近於“弗”形。另外,根據《漢魏六朝隋唐五代字形表・羊部》“義”條列:睡虎地秦簡作 ,漢簡則有  諸形。是知【義—羛】,爲一形之書寫變異所導致分化,中間以【我→弗】爲過渡單位。

過渡性形體調查,理想狀態是限定於具有明確時代關係的一次性寫定文本範圍。如上述關係,斷代調查發現,也是僅見於秦漢之際簡牘字形使用。像《嶽麓書院藏秦簡・占夢書》篇(第 152 頁)第 0102 號正存“吉凶有節,善羛有故”,整理者注[三],引《字彙補》“羛與義同”,義通俄,奸邪也。羛字在嶽秦簡中具正邪、人名三用,原簡字形從羊從弗作 ,皆隸定爲“羛”形結構:

第一冊用 即羛,與善相對;

第三冊第二篇“來歸羛”凡三見,皆作 ,整理者於本冊第 117 頁下注腳[六]解釋“歸羛”爲歸附正義;

第三冊第七篇《識劫冤案》"大女子冤自告曰：七月為子小走馬羛占家訾(貲)。羛當大夫建"(第 153 頁 108 號正),爲人名之用,本篇尚有"冤产羛""與羛同居"等數處,本冊第九篇《同、顯盜殺人案》亦見數用"歸羛"(第 179 頁),皆寫作。

要之,該批秦簡用"羛"字而不見"義"形,堪稱秦代該類文獻一個書寫特點。按第一冊"善羛"相連相對,是善邪連屬,以善即正直也。羛義一字之過渡分形,"弗"即"我"形之扭曲者,中間存在過渡中介形態,基本上也就是見於秦漢之際。此前此後,則若兩不相犯者。[1]

(2) 隸變與草寫,使得該歷史時期各類出土材料處理,隨時都會遇到字際關係識別與處理的若干實際問題

a. 異體字處理[2]

原來的思路是把異體字單獨作爲字頭,材料處理過程發現,這樣處理雖然字表編次方便但對於使用者會帶來許多麻煩,最後採取將其放入正字之中,具體作法是：

○ 許慎《說文》中的重文大都作爲異體字來處理。

○ 凡是能確定其爲異體字者(古代字書中有標注等)亦作爲異體字處理。

○ 凡是不能確定其爲異體字者,則單獨列爲字頭。

---

〔1〕 臧克和等編《實用說文解字・我部》"我""義"二字,從中摘列部分出土書寫結構以便與小篆對照：,甲骨金文簡帛石刻,,古文我。,金文簡牘古璽漢印。《丿部》"弗"部分出土書寫與小篆對照：,金文簡帛石刻。上海古籍出版社 2012 年,第 393 頁、396 頁。

〔2〕 本報告所使用"異體字"等術語,參見《中國文字發展史》"總序"總結部分。下同。

利用數據庫處理該時期字形使用相對混亂的材料過程中,易發生的問題是:

○ 把不是異體字的字作爲異體字來處理了。

○ 把異體字作爲非異體字來處理了。

○ 俗字作爲異體字的一個類型也會存在上述問題。

b. 通假字問題

通假字與異體字性質不同,它與本字是不同的兩個字,不能收入本字之中。由於該時期簡牘石刻材料字形使用情況比較混亂,易産生通假字誤收入本字條目之下的情形。

(3) 原材料釋文

由於原材料原有釋文情況比較複雜,錯誤叢生,材料收集,往往會反映到字形表中來而産生錯誤。

(4) 字形選取

a. 字形選取不典型、不全面。一些能夠反映文字真實表現形態的字形没有選取,尤其是草書、草寫文字。

b. 在文字材料充分的條件下,儘量選擇字形清晰的文字;只有在文字材料缺少的情況下,即使字形不夠清晰也保留。

(5) 認同合併

祕、秘合併爲一個字頭之下。“祕”:《説文》原文: 祕,神也。从示必聲。六朝石刻多見“秘”字,其中,見北魏盧令媛誌“秘書監”;,見北周崔宣靖誌“去來秘省”。因爲示、禾兩個構件隸變草化形體相近而混用。

初、初合併於一個字頭“初”之下。“初”字,在秦漢六朝出土材料中還使用字形“”(“爰初釋褐,在朝之稱已彰。”《北魏・蘇屯誌》)。兩

者記詞功能相同，礻、衤混同，歸於“初”字頭下，不再單列“初”字。

㓛、功合併，歸“功”字頭下。，見於北魏侯剛誌“封當其功”，秦漢六朝出土文獻存在刀、力偏旁混用現象。

跡、迹合併。《說文》無“跡”字。逹和遞合併，《說文》無“逹”字。“行人”和“道”合併，《郭店楚墓竹簡》之《老子》甲種本原第6號簡“以（道）差（佐）人宔（主）者，不谷（欲）以兵強”，所用“道”字結構從人在行中。

迹、速合併。《集韻・昔部》：“迹遺踈速蹟跡，昔資切。《說文》步處也。或作遺踈速蹟跡。”

逍、迢合併。，見北魏楊遁誌“迢々峻範”。

遍、徧合併。

徘、俳合併。

徊、佪合併。

勾、句合併。，北魏元舉誌“章句小術”所作。

，見漢簡張・奏讞書・82“小簪褭適守舍”，歸“適”字。

歕、噴合併。，見漢簡馬貳・77_169/156“噴鼓三曰”；，見馬貳・70_52/52“噴者虞噴”。

又如，“商”和“啇”合併於“商”字頭之下，這是屬於“啇”在秦漢六朝某些出土文獻中實際使用相同的情形。“商”往往被當作是說文小篆“ ”的一個隸定字形，另一個是“啻”。如“”隸定爲“摘”，“”隸定爲“擿”。但是對照秦漢六朝出土文獻實際使用，“啇”實爲“商”字異體：，見於東魏元悰誌“商人罷市”；，見於北魏趙謐誌“族興夏商”。

(6) 字頭分列

例如，珮、佩二字，本表分列。，見於北魏鮮于仲兒誌“禮躬是珮”；，見於北齊高百年誌“玄珮徐響”。《玉篇》：“珮，玉珮也。本作

佩,或从玉。”南北朝出土文獻使用過程中,表意符號替換。本表分列兩個字頭處理。

又如,“ 璐”和“鏗鏘”記録雙音節結構詞,本表分列。“ ”,見於北魏元煥誌“華萼鏗鏘”。南北朝出土文獻使用過程中表意符號替換。

又如,禮、礼異體,本表分列。《説文》小篆和重文,分列兩個字頭。“礼”字據《説文》重文“ ”隸定,“ ”類似這樣的字形也歸入“礼”字。通過分列字頭和時代坐標對照,可以發現,“礼”字在秦漢時期的金石和簡帛文獻中用例並不是很多,僅 3 例,都見於漢碑,簡帛材料中無“礼”字,都是用“禮”字。六朝時期“礼”字使用增多,有 302 例,“禮”字六朝文獻用例 362 例,兩字在六朝時使用較爲均衡。這是從字頻使用實際方面考慮字頭分合的情形。以下字形使用,屬於分列處理:

饐、噎分列。 ,見漢馬貳 · 65_31/65“上氣饐(通噎)嗌”,按饐、嗌並列,屬於通假使用,分列處理。

趍、趨分列。 ,北齊高淯誌“趨拜驚俗”,屬於形近混用,分列處理。

愇、韓分列。 ,見北魏奚真誌“韓謀幄議”; ,見北齊厙狄業誌“爰褰韓作牧”,屬於偏旁隸變楷化區別性降低而混用,分列處理。

另外,記詞功能同,但是《説文》分列不同字頭,本書據此慣例,按照字形分列。例如,逾和踰分列,遲和遅分列,迩和邇分列,待和侍分列。

(7) 同一個字形,分合問題

例如,南北朝出土文獻實際使用過程中,“祏”字至少存在三種不同使用場合:

 ,實際使用見於北魏元肅誌“莊皇幽執,宗祏無主”,該語境當中,所用爲“祏”本字。

祏，見於北魏元弼誌“君祏緒岐陰，輝構朔垂”，該語境當中，所用實際爲“祏”字變異形體。

袥，見於北魏李林誌“皇帝開袥四方，博引才彥”，該語境當中，所用實際爲“袥”字變異形體。

《說文・衣部》：“袥，衣衸。”段注：“袥字引申爲推廣之意。……今字作開拓。”《玉篇・衣部》：“袥，廣大也。”

《說文・示部》：“祏，宗廟主也。”

像這樣的情況，本數據庫和字表依據《說文》的原則，將三個形體都歸入“袥”字，並給出相應的使用語境。

草寫與楷化：秦漢六朝漢字體系演變狀況觀測

漢字發展史斷代調查表明，在戰國秦漢六朝漫長的草寫過程中，漢字實際上經歷了兩次解構：其一是篆文的隸變，其二是楷法的易簡。第一次解構，注意者衆多，調查研究課題非常集中。第二次解構主要發生於草書流行過程中，構件可以重新歸併，串通變換；有的筆順，可以變換書寫方向，在一定程度上建立了新的區別機制，釋放出成批的過渡性形體，極少量部分被固定爲“定型楷字”，海量的字跡則僅僅形成“中介字跡”。相對於篆文的隸變，草書所帶來的楷書結構認知干擾，一向並未引起相關調查者關注。草書流行過程中，等於是又一次打亂了各種結構類型，轉換了認知區別模式。不僅是簡寫，包括構成偏旁重新形成一整套化簡、替代、歸併、變換等區別與認同規則。例如，臣、足等胥歸“⻈”旁（“足”形獨立使用，在乙符上部加、筆；作構件使用，連筆成“⻈”旁），遂使路、臨諸字，偏旁一律，胡越遂成肝膽，南轅等同北轍。[1]

---

[1] 草書流行對整個楷字書寫體系帶來的“解構”影響，參看臧克和《漢字認知器的研製》，《杭州師範大學學報》2018年第3期，第119—128頁。

(1) 草寫與楷化涵義[1]

草寫,就是指文字的潦草寫法。草寫與草書是不同的兩個概念,草寫是一種書寫方式,其特點是快速、潦草、不講求規範。草書則是一種書體。每一種書體都有規範的寫法和潦草的寫法兩種情況,往往是正式的場合採用規範的寫法,非正式的場合或者是應急之時就會用草寫。篆書、隸書、楷書都有草寫,其實草書也有草寫和規範的寫法兩種書寫形式。東漢趙壹《非草書》中提到當時寫草書的人給朋友寫信時説,因爲信寫得匆忙,所以不能用草書來寫了(云適迫遽,故不及草),趙壹感到不解(其實現在的人更是不解):“草本易而速,今反難而遲,失指多矣!”這只能説人們對草書不甚瞭解。跟其他書體相比,草書可以説是“易而速”,但要寫規範的草書,有時確實是“難而遲”。“易而速”與其説是草書特徵,倒不如説更是草寫特點,規範的草書有時“易而速”,有時“難而遲”,這是跟草寫的不同之處。現在有許多人跟趙壹一樣,將漢字“草寫”與“草書”混爲一談了。

楷化,是指漢字的規範化和定型化。楷,有楷模、典範、法式的意思。《禮記·儒行》:“今世行之,後世以爲楷。”唐代孔穎達疏:“楷,法式也。”趙壹《非草書》:“皆廢倉頡、史籀,竟以杜、崔爲楷。”一種書體從舊的書體脱離而演化爲一種新的書體的過程,是從不定型到定型、從不規範到規範的演變過程,這個過程及其結果就可以稱之爲楷化。因此,楷化和楷書不是一回事兒。楷書是一種書體,是其前代書體(隸書)由草寫到楷化的結果。楷化不僅僅限於楷書的規範化和定型化,任何一種新産生的書體都有一個楷化的過程。篆書、隸書、草書都有楷化的過程。以章草爲例,章草是從隸書的草寫中演變而來的,如果没有楷化這一環節,那它只能停留在“草寫”的階段,不能形成一種新的書體——草書。如“爲”字在西漢有

[1] 朱葆華著《秦漢文字卷》第七章,見於《中國文字發展史》叢書第2冊,華東師範大學出版社2015年。

許多寫法,以居延新簡爲例:、、、,這四種寫法皆爲草寫,但没經過楷化,所以不能算作真正意義上的草書。只有在其定型化、規範化以後,寫法相對固定了,才能稱之爲草書。武威漢代醫簡和敦煌馬圈灣木簡中"爲"的寫法基本定型,完成了由草寫到楷化的過程:、,我們認爲這是草書"爲"的寫法。

草寫的目的是爲了提高書寫速度。提高書寫速度表現在兩個方面,一是提高運筆的速度,二是對漢字的結構進行簡化。顯然,草寫比規範寫法的運筆速度要快很多,運筆速度加快以後,原來的寫法就會發生變化,有時還會出現連筆的情況,如,"有"字,睡虎地秦簡一般寫作,周家臺秦墓竹簡則寫作,因爲寫的快,"有"字上部的"又"由原來的三筆變成了兩筆。再如"左"字,在睡虎地秦簡中寫作,下部的"工"寫成了連筆。

草寫除了提高運筆速度外,另一重要方面是簡化,包括綫條筆劃的簡化和部件結構的簡化。就拿小篆來説,小篆主要是由曲綫和直綫兩種綫條構成的,草寫以後,有時把長綫條變成短綫條,如實字,《説文》小篆作,睡虎地秦簡作,其上部的"宀"綫條明顯縮短;有時把曲綫條變成直綫條,如"年"字,《説文》小篆作,睡虎地秦簡作;把圓轉的綫條變成方折的綫條,如"母"字,《説文》小篆作,睡虎地秦簡作;把原來的兩筆或數筆簡化成一筆,如"未"字,《説文》小篆作,秦關周簡作,"是"字小篆作,西漢馬王堆漢墓帛書作,下部的"止"簡化成一筆。有時甚至打破原來小篆的結構,加以簡化,如"春"字,《説文》小篆作,睡虎地秦簡裏有兩個字形分别爲、,與小篆結構不同。

楷化是對草寫漢字的定型化,是爲了確立一種書寫標準。草寫具有個人隨意性,任其發展下去,漢字的交際功能將會大大削弱,因爲每個人草寫的程度不同,有時某個人寫的字另外的人看不懂,甚至自己也看不懂(史書上有這樣的記載)。因此,楷化是漢字發展演變的必然趨勢和結果,是社會和個人在準確傳遞言語信息時所必須遵循的原則。

楷化的特點:

a. 書寫速度均匀平穩。草寫漢字的書寫速度時快時慢,不均匀,書寫者往往隨意而爲;楷化漢字書寫時運筆速度均匀平穩,很少有明顯的起伏變化。我們將同一時代的睡虎地秦簡和里耶秦簡中的文字加以對比即可看出。

b. 筆劃(或綫條)分明,不連筆書寫。

c. 字形端正,結體謹嚴。

d. 遵循合理性原則。

e. 具有可複製性。

f. 具有穩定性。

g. 具有社會認同性。

(2) 草寫與楷化是影響秦漢六朝漢字體系發展演變的兩個重要因素[1]

漢字由一種書體演變爲另一種書體,要有外因與内因的推動。就外因來説,社會的發展、語言的變化、書寫材料和工具的差異等必然會對文字的存在狀況産生影響。其内因,則是文字自身的書寫變化和結構變化,而草寫與楷化是影響漢字書寫與結構的最重要的因素。漢字由一種書體到另一種書體的演化,往往經歷從草寫到楷化的過程。

對於漢字來説,草寫與楷化既是一對矛盾,又相互依存。一方面,爲了快速便捷的需要,書寫者打破原來規範的寫法,採用草寫;另一方面,草寫超出共同認知的範圍以後,就需要楷化。這是矛盾的,但它們又不能分離,漢字往往是在草寫——楷化——草寫——楷化的過程中不斷演進的。這恰恰符合漢字作爲記録語言的符號系統的原則。文字記録語言應遵循快速和準確兩個原則,二者缺一不可。草寫意味著快速,楷化是爲了準

〔1〕 具見《中國文字發展史·秦漢文字卷》第七章第二節。

確。文字的發展始終圍繞著快速和準確兩個原則來進行的。從漢字發展史上來看,草寫運用少的時候,漢字使用相對穩定,其演變的速度就會放慢;草寫運用多的時候,漢字的穩定性就會被打破,其發展演變的速度就會加快。漢字的使用權最初掌握在少數貴族統治者手中,可以稱之爲廟堂文字——一種被神聖化了的文字。甲骨文主要用於貴族統治者的占卜記事;西周金文是刻鑄在青銅器上的文字,這些青銅器勞動者無權享用。廟堂文字的特點是規範嚴謹,一絲不苟。在這種場合,漢字草寫的情況就比較少。因此,西周以前漢字草寫的現象不多見到(並非没有)。當文字走出廟堂,注重實用以後,草寫的現象就多了起來。春秋戰國以後,諸侯紛争,文字已不再被貴族統治者所獨享,同時,由於"庶務繁多",文字的交際功能日趨重要,規範認真的寫法難以應急。如某些利益集團臨時爲某事締結盟約,需要馬上將誓詞記録寫下來,這時書寫的文字就不會像西周金文那樣宛轉悠揚,從容不迫(如侯馬盟書)。爲了應急的需要,草寫的現象就多起來了。

草寫是爲了省事功、趨簡易,必然會對原來漢字的結構或者某些部件甚至書寫方法造成影響,時間一長,原來文字的根基就會動搖。隸書、草書、楷書的出現都與草寫有直接的關係。認識到這一點,對闡釋某種書體出現的原點是非常重要的。但是,只有草寫是完不成漢字從一種書體到另一種書體演變的,書體演變的最終實現是楷化。

草寫是漢字的一種散漫狀態,這種狀態不能維持長久,當其交際功能削弱時,就會確定統一的標準,使其定型,這就是楷化的作用了。就書體而言,每一種書體的標準狀態都是其楷化後的狀態,換言之,没有經過楷化而處於草寫狀態下的文字有時很難確定其書體類型。因爲草寫狀態下的文字是不穩定的,往往因人而異,具有明顯的個性特徵。只有當經過楷化後,文字處於一種相對穩定的狀態,其書體類型才得以確認。

像居延新簡裏的部分文字,實際上很難確定它是隸書、草書還是楷書,或者説,它們既像隸書又像草書、楷書,因爲它們是出於草寫的狀態(參見後附圖版)。

草寫與楷化的對立統一,在秦漢時期表現得尤爲明顯。先秦時期,尤其是春秋以前,漢字的草寫現象比較少。春秋以後,隨著中央集權制的不斷削弱,諸侯力政,不統於王,文字的神秘性不斷削弱,實用性日益突出,草寫的現象越來越多。秦漢時期,一方面庶務更加繁多,草寫的運用更加普遍;另一方面國家統一,文字的規範化不斷加強,楷化的力量也在增加。漢字就這樣在草寫、楷化、再草寫、再楷化的矛盾衝突中向前發展著。漢字的幾種主要書體小篆、隸書、草書、八分、楷書紛紛在這一時期遞相出現。這充分顯示了草寫與楷化對漢字發展演變的重要影響。

(3) 秦漢簡牘石刻材料呈現了豐富的隸變草寫楷化過渡層次[1]

a. 篆書—古隸

盡:小篆《説文》,《里耶》作;

吏:小篆《説文》,《里耶》作;

事:小篆《説文》,《里耶》作;

以:小篆《説文》,《里耶》作;

年:小篆《説文》,《里耶》作。

以上數例,《説文》是其篆書的規範寫法,《里耶秦簡》中的第一個字也是篆書,只是寫法較潦草,第二乃至第三個字則是其隸書的寫法。

b. 古隸—八分

古隸是指漢初以前的隸書,這裏所用的材料主要有《睡虎地秦簡》(簡稱《秦睡》或《睡》),《里耶秦簡》,《馬王堆漢墓帛書》(簡稱《馬》),《張家山漢墓竹簡》(簡稱《張》)。八分的典型材料是東漢晚期的碑刻文字,以及西漢中期以後的簡牘文字。

須:《睡》作,《里耶》作,《張》作,東漢簡作,東漢《肥

〔1〕 具見《中國文字發展史·秦漢文字卷》第七章第二節。

致碑》作[glyph]。

是:《睡》作[glyph],《里耶》作[glyph],《馬》作[glyph],《曹全碑》作[glyph]。

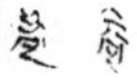

益:《睡》作[glyph],《里耶》作[glyph] [glyph],《馬》作[glyph],《華山廟碑》作[glyph]。

長:《睡》作[glyph],《里耶》作[glyph],《馬》作[glyph],《禮器碑》作[glyph]。

c. 秦隸—草隸

睡虎地秦簡和里耶秦簡的隸書對比,即可看出草隸和正隸的區別,見下附表。

楷　書	睡虎地秦簡	里 耶 秦 簡
年	[glyph]	 [glyph] [glyph] [glyph] [glyph]
爲	[glyph]	 [glyph] [glyph] [glyph] [glyph]
言	[glyph]	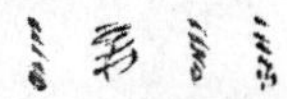 [glyph] [glyph] [glyph] [glyph]
之	[glyph]	 [glyph] [glyph] [glyph] [glyph]
敢	[glyph]	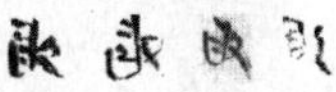 [glyph] [glyph] [glyph] [glyph]

(4) 隸草的差等

同樣屬於草隸的類型,不同時期,呈現出不同層次。《嶽麓書院藏秦簡牘》更趨草率,而相對而言,《里耶秦簡》接近秦篆古隸,其使用書體所代表的書寫時代,爲去篆未遠的秦代早期文字,篆意猶存,隸變程度遠較《嶽麓秦簡》爲低。具見《中國文字發展史》第二冊《秦漢文字卷》第七章。

戊戌孟秋

華東師範大學中國文字研究與應用中心

附録圖版:

［1］居延漢簡

EPT65.37 EPT65.36 EPT68.88 EPT68.87

［2］依次爲睡虎地秦簡、里耶秦簡、嶽麓書院藏秦簡、北大藏漢簡《倉頡篇》

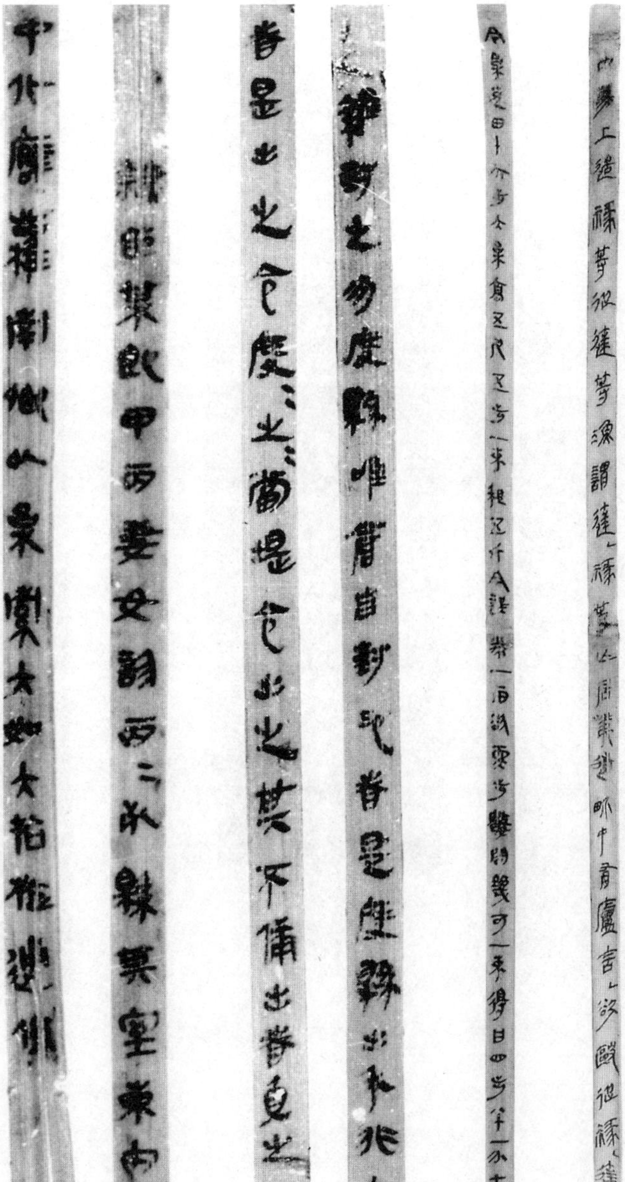

八七八
八七九
八八〇
八八一
八八二
八八三
八八四
八八五

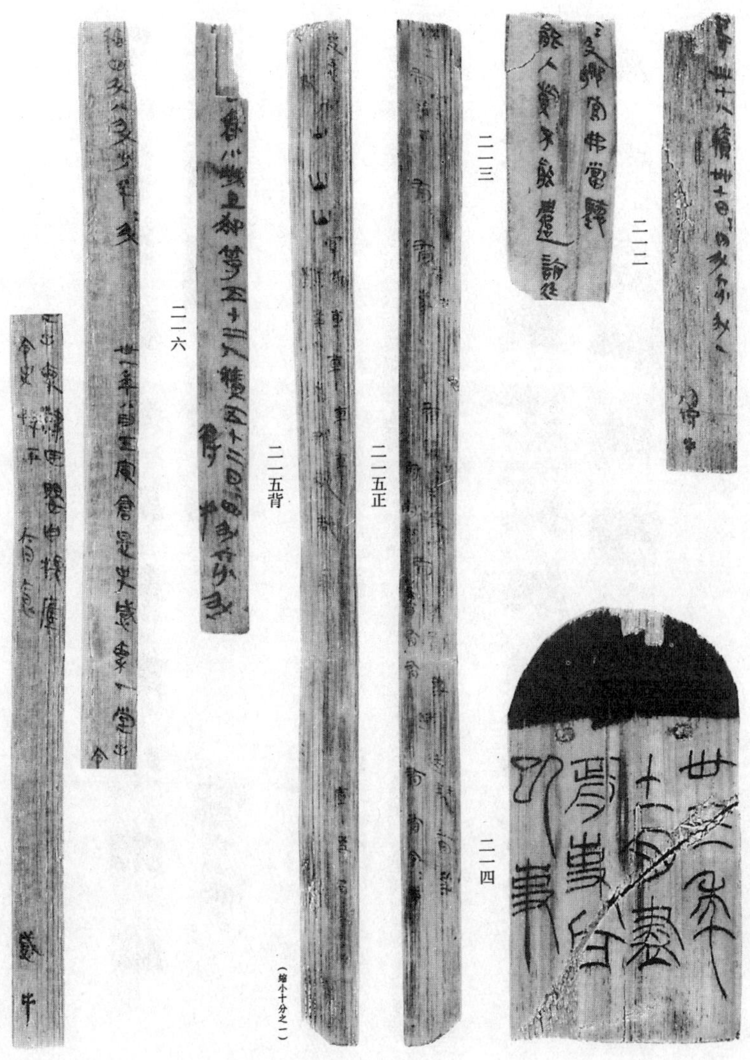
二一六
二一五背
二一五正
二一三
二一二
二一四
（縮小十分之一）

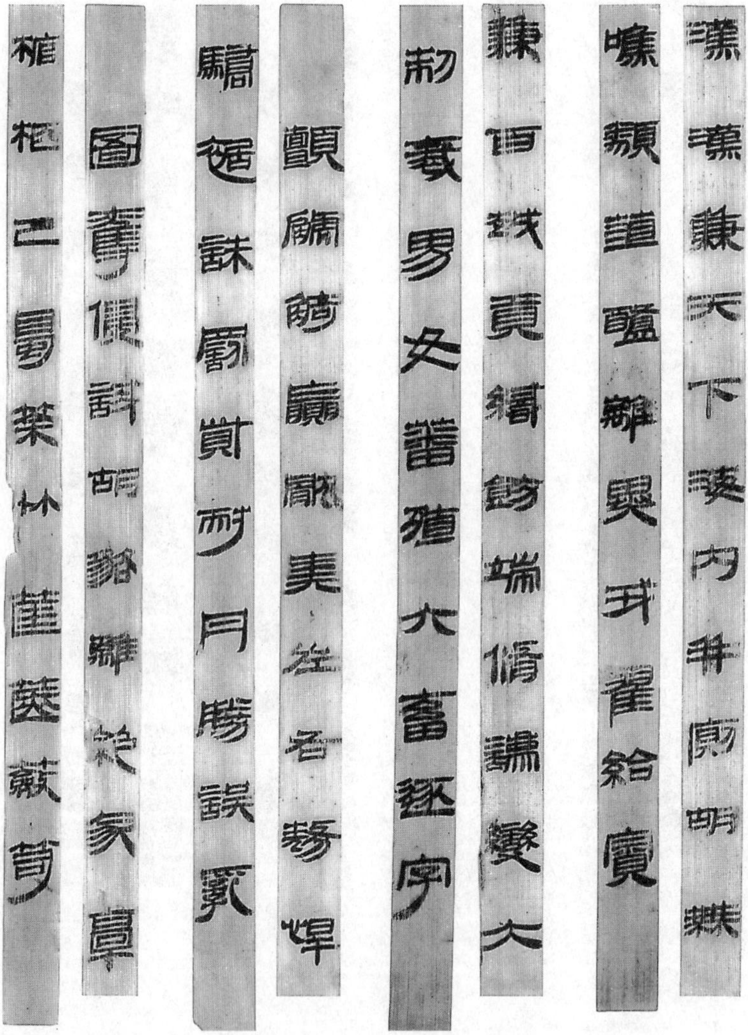

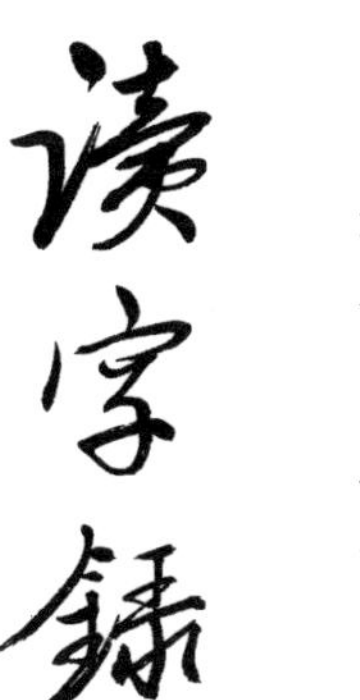

漢字錄

下

臧克和／著

漢字語料庫分析叢書

上海古籍出版社

石刻叢語

文　字　部

按字、詞部類，於字形則留意有待區辨者或字彙所不録者，有關重建漢字結構聯繫即具備所謂"過渡性質"者。即或有所著録，所見出處恨晚、義項待補及字際關係轉晦之類。於詞彙則偏重詞典失録、書寫結構有異、書證所出偏晚、用法頗具時代特色之類。至於持之有故，來歷可徵，歸乎"用事部"；至若自鑄偉詞，有徵風氣，則胥置"品評部"。

出處所標《匯編》者，即北京圖書館金石組編選《北京圖書館藏中國歷代石刻拓本匯編》(101 冊)簡稱，中州古籍出版社 1988 年版；《西安碑林》者，即高峽主編《西安碑林全集》及附録《陝西碑石菁華》，廣東經濟出版社 1999 年綫裝出版；語料庫即課題組所研製《魏晉南北朝石刻語料庫》和《隋唐五代石刻語料庫》。由於語料庫已經有文獻來源等屬性標注，文中有關數據不再重複標注出處。全體大用，各部例皆如此。

石刻與《宋本》等字彙比較

魏晉南北朝到隋唐石刻楷字發展調查，可以與唐宋之際字彙歷史考察即《中國文字發展史·隋唐五代卷》第四章第三節《〈宋本〉新增字形》部分相互補充。就魏晉南北朝隋唐五代石刻與《宋本》新增部分對照而言，所謂“新增字形”，這裏包含兩層含義：一是中古到隋唐實物使用，而《宋本》及後世一般字彙未録或所見晚出者。如堜字，《宋本·土部》無此字，《名義》亦無，而唐龍朔元年《郭壽墓誌》“尔其川原堜塏”作堜。二是雖見於《宋本》，不見於《原本》《名義》，而同時見於隋唐實物用字者。如琉字，《名義·玉部》所無，《宋本·玉部》增加此字：“琉，齒融切，琉耳也。”唐會昌四年《韋承誨妻邢芳墓誌》“其姊壻河閑劉琉”作琉。由於上述參照關係的相對性，這裏對照調查所得到石刻新增字形，并不排除隋唐之前即已經出現并使用過。以下將統計的部分用例數據，分類對照呈現。部分新出石刻字形，作爲“中介過渡性形體”，已見《中國文字發展史·隋唐五代文字卷》第二章《隋唐石刻楷字》第二節《石刻定型楷字Ⅱ》其四“新出楷字的中介過渡”。[1]

職是之故，是集所録，僅存目焉。字海飄零，遂成讀字拾零，没有必要書出文人，翻來覆去，依然舊時面貌。遂致面貌可憎，文字乏味，等同嚼蠟。即讀者不殫其煩，夫讀字者，亦當不勝其厭矣。讀者諸君之有興趣者，循綫索而索其書可也。

〔1〕 臧克和《中國文字發展史·隋唐五代文字卷》，華東師範大學出版社 2015 年。

詞　彙　部

隋唐五代出土文字斷代語料庫中,詞彙功能詞義爲新見可喜者(局限於個人對於詞彙史的一知半解,所謂“新見”,實際可能就是一孔之見),或爲一般研究類工具類著述所不屑“融通”者,隨手拾撿,即便拂拭。分類或著眼於功能,或偏重於内容,雜糅若是,純乎“方便”而已。至於各類以及所屬各詞條之間亦不存在某種邏輯關聯;以拼音字母(大寫)編次,僅是出於數據庫統計檢索方面的考慮。

小　目

(一) 名物類　　(二) 藝術類　　(三) 稱謂類
(四) 物量類　　(五) 宗教類　　(六) 普通類
(七) 虚詞類

(一) 名 物 類

C 床: 唐代床具功用

按以床爲日常用具,應當有很久的歷史。《説文 · 疒部》:“疒,([illegible]

甲骨)倚也。人有疾病,象倚箸之形。女戹切。"甲骨文的"疒",就是病傷者臥床之形,其中所倚箸部分,與"床"形接近。後來的床,初文就是爿形,所加木旁,不過標誌床具製作材料。《説文·木部》:"牀,(金文 簡帛)安身之坐者。从木爿聲。徐鍇曰:《左傳》薳子馮詐病,掘地下冰而牀焉。至於恭坐則席也。故从爿,爿則疒之省。象人衺身有所倚箸。至於牆、壯、戕、狀之屬,竝當从牀省聲。李陽冰言:'木右爲片,左爲爿,音牆。且《説文》無爿字,其書亦異,故知其妄。'仕莊切。"[1]

討論一個字的記録功能,至少應該考慮到時代性及其可能性。首先,通常所説的"井床"即形制爲井狀物的,古書謂之井韓。《説文·井部》:"井,(甲骨 金文 石刻)八家一井,象構韓形。·,罋之象也。古者伯益初作井。子郢切。"《睡虎地秦墓竹簡·日書》甲種《夢篇》之後,附録了關於建築佈局的講究與空間環境的規定:"廡居東方,鄉(向)井,日出炙其韓,其後必肉食。"[2]是水井"有欄"即爲"有韓"用例早見者。

中古以降,如唐代床具功能用途,趨於廣泛。[3] 敦煌殘卷中也存《千字文》數種,像《真草千字文》等,其内容切近生活,形式四字成韻,屬於實用,便於記誦。如"晝眠夕寐,藍象筍床。弦歌酒燕,接杯舉觴。"有助於瞭解唐以前"竹床"功能;《雜集時用要字》(三)已經集合作爲時用之"床"

---

〔1〕 唐宋"説文學"學者未能聯類通觀《説文·疒部》等。《説文》包括木部竹部疒部等,凡9次使用床字(包括女部1次使用床字是涉及字形結構分析、宋本新附1次)。有關出土古文字形體及《説文》字形結構分析,參見臧克和、劉本才編著《實用説文解字》第228、177頁,上海古籍出版社2012年。《集韻·寒部》:"韓韓榦幹,河千切。《説文》井垣也。从韋取其帀也。隸省。或作榦幹。一曰韓,國名。亦姓。"

〔2〕 睡虎地秦墓竹簡整理小組編《睡虎地秦墓竹簡》,是軟筆即毛筆墨書的秦隸。據編者説明,雲夢睡虎地十一號墓出土的《日書》共有兩種,爲了便於區別,分别稱之爲《日書》甲種和《日書》乙種。《日書》乙種最後一支簡的背面有《日書》標題。

〔3〕 至於像李白《靜夜思》"床前明月光,疑是地上霜。舉頭望明月,低頭思故鄉",這樣作爲童蒙讀物的詩句,其中所出現的"床",究竟是坐具還是臥具,甚至還是水井的配套設施?都成了後人饒舌的話頭。讀者看到有關一次性寫定文獻即年代明確的記載,也許對唐代床的功能用途理解上增加某些可能性。

如“大床、牙床、四尺床子、食床”。[1] 諸如此類,唐代床具功用,已經施於多途。

除了《敦煌經部文獻合集》第 8 册所見《開蒙要訓》“帷帳床蹋,氈褥威儀”可以與《千字文》所抄“床”之爲用作爲睡具互相印證外,其餘實物用字如唐貞元十三年(797)《濟瀆廟祭器銘》(《匯編》第 28 册第 137 頁,河南濟源出土)所開列祭器清單,包括:“方毯子八、蒲合廿領、丈六床兩張、八□床二千六張内三張細、連心床一張、四户床子八、繩床十,内四倚子、油□臺盤三、□□□一八尺、素一小臺盤一、八尺牙盤二、火爐床子一、竹床子一、燈臺四、柒盆子二、竹衣楪四、木衣楪三、鹿□木□四、粘□二、草函一、鞍楪一、櫃一并鏁、門簾一、帳簾一並紫綾綏、盆子卌枚、水罐十、長杓八、馬杓二、刷箒三、鏁一具、□燈臺子一百六十枚、新□床席二領碧綾綏、椀二百箇、疊子二百五十隻、盤子五十隻、朱盤兩面、崑崙盤四面、細匙筯五十張雙、鹿匙筯五十張雙、□花杓子三、米杓子六、五□單一條,舊什物、釜兩口、煑羊腳鑊一、鐺大小八口、□鐺子一、小鏉子一、鏉二、火爐一、大盆二、瓮五、中盆二、小盆子六、水罐九、食桉五、甑三、長杓四、馬杓二、八尺床子四、四尺床子四、故食床一張、長連床一張、雜木竹歷床兩張……”

其中除了像配套“床席”者顯係就是臥具,還有像“火爐床子”類,就是安置火爐的座架;而“食床”,大抵也就是家庭日常使用的餐桌。唐開元十七年《大唐故興聖寺主尼法澄塔銘并序》(《匯編》第 23 册第 15 頁):“後月餘,(法澄)儼然坐繩床七日不動,唯聞齋時鍾聲即喫水。忽謂弟子曰:扶我卧,我不能坐死。”可見,唐開元時已用坐具“繩床”。唐開元七年《修定寺記碑》(《匯編》第 21 册第 115 頁):“大緣既下,此虎來奔。猛以衲衣覆裹,安置繩床之下。”是唐代床具,已經具備多種用途,施用於多種場合。又,該祭器銘文,所列器具,集中反映當時物量詞的使用情況:煮

〔1〕 均見張涌泉主編《敦煌經部文獻合集》第 8 册第 3937、4170 頁,中華書局 2008 年。《千字文》釋文,出處同上,第 3920 頁。寫卷《開蒙要訓》,出處同上,第 4040—4044 頁。

器用口，床具用張，席用領，一般盤子用隻，特殊盤子用面，匙筯用張雙，盆子用枚等。語言詞彙學關於隋唐時期物量詞的調查研究，應該留意這類出土石刻文獻，都是使用非常集中的場合。

還可以見到所謂方井，即圓形水井，亦可施於裝飾樣式。隋大業七年《陳叔毅修孔子廟碑》(《匯編》第 10 冊第 51 頁)："圓淵方井，綺窗畫壁。因頌成功，遂歌美績。共弊穹壤，永固金石。"《宋書》卷十八《志》第八《禮》五："殿屋之爲員淵方井，兼植荷華者，以厭火祥也。"其他字形及出土材料參看"考據雜誌"《唐代床具功用多邊》。

D 簦，祭器

吴越寶正三年《風山靈德王廟碑》(《匯編》第 36 冊第 177 頁)："形勝並皆換舊，規模一槩從新。居中而殿宇崇嚴，四面而軒廊顯敞。周迴户牖，甃砌堦墀。構之以杞梓楩枏，飾之以玄黄丹漆。外則浚川源之澄澈，內則添竹樹之青蒼。至於廣廈神儀，崇軒侍衛，車輿僕從，帳幄簾櫳，鼎鉎庖廚，籩簦器皿，請福祈恩之所，獻牲納幣之筵，並極鮮華，事無不俻。"籩簦，皆指祭器。簦字作形。[1]

D 打毬

X 行首

後唐清泰三年《張滌妻高氏墓誌》(《匯編》第 36 冊第 59 頁)："父諱仁裕，仕于左神榮軍，爲打毬行首。少以恭恪稱，洎職左廣。時承平且久，上之遊宴侍從之列，莫不慎擇。至於闢廣場，羈駿足。奉清塵於馳驟之際，對天顔於咫尺之間。莫不許其趫幹敏速，動由禮意。"

按"打毬"，較早爲古代軍中用以練武的一種馬上打球遊戲，見唐封演《封氏聞見記・打打毬》："開元、天寶中，玄宗數御樓觀打打毬爲事。能者左縈右拂，盤旋宛轉，殊可觀。然馬或奔逸，時致傷斃。"行首，則猶言"領班"，宋代曾鞏《再議經費》："按國初承舊，以供奉官、左右班殿直爲三

〔1〕《漢語大字典・竹部》等"簦"字義項 2 爲器名，舉顧炎武《天下郡國利病書・雲南六》爲用例。

班,立都知行首領之,又有殿前承旨班院,別立行首領之。”

YJ 於禁,詞形本作“棜桊”

北魏《乞伏寶墓誌》“禁制”字形作[illegible],隋代《王榮及妻墓誌》作[illegible],唐天寶十一載《齊子墓誌銘并序》(《匯編》第 26 冊第 66 頁):“出入清桊,宿衛紫宫。”其中“清桊”即“清禁”。石刻“桊”形結構,【示—木】構件混淆,遂致【禁—桊】同字耳。〔1〕

Y 院,寺院

五代後周顯德七年《洛京千佛禪院故院主和尚塔記》(《匯編》第 36 冊第 163 頁):“先和尚諱智堅,姓曹氏,即范陽人也。志癖(僻)好山,雲遊届洛。慕空門離染,懷隻履絶塵。遂礼本院從公以剃髮,至同光元年受戒。”院主,即寺院主持。

五代後周顯德六年《張万進造像記》(《匯編》第 36 冊第 162 頁):“容省承旨朝散大夫守衛州刺史張万進,奉宣差押元帥大王官告國信。經歷到院,覩聖跡羅漢。”按“院”即禪院,又見於五代後周顯六年《梁文誼造像記》(《匯編》第 36 冊第 161 頁):“閤門承旨梁文誼,奉宣差押元帥大王官告國信。經歷到院,覩五百羅漢。”〔2〕

F 方墳,塔 stūpa

唐顯慶三年《僧海禪師墳誌》(《新中國·陝西貳》第 29 頁):“以顯慶二年四月八日,於信行禪師所起方墳焉。”按誌題稱“墳”不稱“墓”者,以其爲塔也。南朝陳代徐陵《東陽雙林寺傅大士碑》:“合窟爲窆,方墳以瘞。”吴兆宜注:“《法苑珠林》云:‘所云墖者,或云墖婆(stūpa)。’此云方墳。”即梵語 stūpa 的意譯,指的是舍利塔。

---

〔1〕《集韻·沁部》:“桊,居蔭切。承樽梜。”《類篇·林部》:“桊,居廕切。承樽梜。”二書所存,實“於禁”即“棜桊”器物記録本字,與石刻所用“清禁”字之變形者,偶或同形耳。《名義·木部》:“棜,於據反。禁也。轝也。”《集韻·御部》:“棜,依據切。承樽器,如案,無足,《禮》有棜禁。”

〔2〕金代董解元《西廂記諸宮調》卷二:“念本寺裏別無寶貝,敝院又没糧草。將軍手下許多兵,怎地停泊?”寺、院對出,正復等量齊觀。

G 伽藍

北周建德年間《張僧妙碑》(《匯編》第 8 冊第 142 頁):"法師姓張,字僧妙,雍州咸陽人也。……志度端雅,舉止閑詳。童伍之中,皎然秀異。閭中長者,期之遠大。……雖復道受膠庠之館,時遊伽藍之寺。值遇勝相之友,得聞大覺之名。"唐顯慶元年《弘福寺碑》(《西安碑林》第 191 卷第 284 頁):"次第遊覽,至一伽藍,名曰雲門,最為殊妙。"北魏楊衒之《洛陽伽藍記》卷四:"亦與西域、大秦、安息、身毒諸國交通往來。"(周祖謨校釋本。北京,科學出版社 1958 年。)其中"伽藍"讀音,或 qielan,或 jialan,恐皆病以今律古。彼時漢譯釋典,未必分化出舌面音。是故"伽藍"即等趙孟俯所書《帝師膽巴經》"作諸佛事,祠祭摩訶伽剌",伽剌,擬音爲 galan 或 gala。

P 沛艾、駊騀

唐開元九年《裴撝墓誌》(《匯編》第 21 冊第 161 頁):"豫樟七年,足以淩陋群木;騏驥一日,於是沛艾長途。"本作"駊騀",《説文·馬部》:"騀,馬摇頭也。从馬我聲。""駊,駊騀也。从馬皮聲。"《宋本玉篇·馬部》:"駊,布可切。駊騀,馬摇頭。"

《漢書·司馬相如傳下》:"沛艾赳螑仡以佁儗兮,放散畔岸驤以孱顔。"顔師古注引張揖曰:"沛艾,駊騀也。"王先謙補注:"《文選·東京賦》:'齊騰驤而沛艾。'李善注:'沛艾,作姿容貌也。'"

LQ 蘭錡:"義"得名於兵器儀仗

唐龍朔元年《陳故始安郡太守慈源縣侯徐綜墓誌銘并序》(《匯編》第 14 冊第 24 頁):"掌戎蘭錡,簪筆蒲規。蟬珥交暉,鶡冠兼映。尋遷威虜將軍,封慈源縣侯。式崇軍政,暢武毅以標功;爰錫瑞珪,誓山河而裂壤。桂林修闊,越障重深。鎮俗宣風,用資良幹。又除始安郡太守。褰帷踐境,來暮興歌。朞月有成,仁風載偃。属以金陵失險,陳氏淪亡,扈青蓋以西歸,託鍾山而北徙。寓居關右,晦跡丘園。外物罕窺,蕭然自逸。"唐龍朔元年《張府君夫人喬娥墓誌銘并序》(《匯編》第 14 冊第 28 頁):"釋褐早衛鉤陳,晚節復參蘭錡。隋任鷹揚郎將,遠近爪牙,目典禁戎,乃家于洛邑。"鉤陳、蘭錡對文,鉤陳,一種用於防衛的儀仗。《北史·藝術傳下·

何稠》:“帝復令稠造戎車萬乘,鈎陳八百連。”《隋書・禮儀志七》:“八年徵遼,又造鈎陳,以木板連如帳子。”《續資治通鑑・宋太宗淳化二年》:“巡幸則有大駕法從之盛,御殿則有鈎陳羽衛之嚴。”唐開元九年《裴撝墓誌》(《匯編》第 21 册第 161 頁):“蘭錡克鞏,試輯黔黎。荊舒是懲,方遷畿甸。”唐光宅元年《安元壽墓誌銘并序》(《新中國・陝西壹》第 82 頁):“咸亨元年,又加雲麾將軍。董兵欄錡,先佇於幹能;掌衛宸軒,必資於忠勇。三年。加拜右驍衛將軍。”唐天寶元年《賈令琬墓誌銘并序》(《匯編》第 25 册第 5 頁):“無何,轉左威衛倉曹。環列蘭錡,實司我庾。”唐天寶九載《屈元壽墓誌銘并序》(《新中國・陝西貳》第 126 頁):“内典蘭錡之虞,外設周廬之警。危冠而出,聳劍而趨。”唐咸通十一年《荊從皋墓誌銘并序》(《新中國・陝西貳》第 305 頁):“肅清蘭錡,勖勵戎威。推賢舉能,不可多得。”隋唐五代石刻語料庫篩選得到大約 37 條用例。錡,即儀也即義之名原。《説文・我部》:“我,施身自謂也。或説我,頃頓也。从戈从𠂒。𠂒,或説古垂字。一曰古殺字。凡我之屬皆从我。”又“義,己之威儀也。从我、羊。臣鉉等曰:此與善同意,故从羊。《墨翟書》義从弗。魏郡有羛陽鄉,讀若錡。今屬鄴,本内黄北二十里。”義讀若錡,錡從奇得聲,奇從大可聲;義從羊我聲:可、我同屬歌部。“蘭錡”即兵器之架,此殆許慎《説文》“義”字不歸《羊部》之根歟?[1]

L 鹵簿,唐人之稱鹵部

唐大曆十二年《第五玄昱墓誌銘并序》(《新中國・陝西壹》第 127 頁):“天子悼惜,使吊贈束帛二百段。是歲十月廿八日,筮地於渭北清谷之東原。詔給鹵部皷吹,以嘉茂績,禮也。”“鹵部”,即鹵簿。參見“鹵簿”。[2] 按唐

---

〔1〕 簡牘文獻“羛”實際爲義字過渡性結構,參見臧克和《漢字過渡性形體價值》,《古漢語研究》2013 年第 3 期。

〔2〕《漢語大詞典》“鹵簿”:古代帝王駕出時扈從的儀仗隊。出行之目的不同,儀式亦各别。自漢以後亦用於后妃、太子、王公大臣。唐制四品以上皆給鹵簿。漢蔡邕《獨斷》卷下:“天子出,車駕次第謂之鹵簿。”《晉書・趙王倫傳》:“惠帝乘雲母車,鹵簿數百人。”宋葉夢得《石林燕語》卷四:“唐人謂鹵,櫓也,甲楯之别名。凡兵衛以甲楯居外爲前導,捍蔽其先後,皆著之簿籍,故曰‘鹵簿’。因舉南朝御史中丞、建康令皆有‘鹵簿’,爲君臣通稱,二字别無義,此説爲差近。”

貞元十年《李元諒墓誌銘并序》(《新中國·陝西壹》第130頁):"笳簫鼓吹,戣瞿干鹵,騎士介夫,夾道衛轂。哀榮之典,於焉畢備。"其中戣、瞿(戣瞿比列,瞿即戵字)、干、鹵並列,皆兵器儀仗,是鹵用同櫓之例。

S 霜簡

猶言峻詞,指法令。隋大業九年《張盈墓誌》(《匯編》第10冊第82頁):"管禁闈樞轄,肅憲臺霜簡。並才地兼美,允當斯職。"《隋書·文學傳序》:"發號施令,咸去浮華。然時俗詞藻,猶多淫麗,故憲臺執法,屢飛霜簡。"

J 簡編

後唐天成二年《孫拙墓誌》(《匯編》第36冊第33頁):"世濟文行,織于簡編。餘烈遺風,輝圖耀諜。"簡編,簡牘編次爲書籍。

J 金檢玉冊

G 庋縣

唐天寶七載《大唐博陵郡北嶽恒山封安天王銘并序》(《匯編》第25冊第141頁):"所司擇日奏聞,龍集丁亥律中姑洗壬午,錫以金檢玉冊庋(庪)縣,禮也。"[1]金檢玉冊,金色封緘的文冊,後以爲文稿美稱。"庪縣"或作"庋縣",得名於祭品放置方式,意爲祭山。《爾雅·釋天》:"祭山曰庪縣。"郭璞注:"或庪或縣,置之於山。《山海經》曰縣以吉玉是也。"邢昺疏:"庪縣,祭山之名也。庪,謂埋藏之……縣,謂縣其牲幣于山林中,因名祭山曰庪縣。"《公羊傳·僖公三十一年》"山川有能潤於百里者,天子秩而祭之"徐彦疏引漢李巡曰:"祭山以黄玉及璧,以庪置几上,遥遥而眡之,若縣,故曰庪縣。"庋,俗語"歸置"。

S 山裝

隋大業九年《傅叔墓誌》(《匯編》第10冊第86頁):"屬随運陵夷,風雲騰擾。君恐橘柚之先伐,慮玉石之同焚。方欲俶載山裝,求仁嵩阜,而

[1] 《漢語大詞典》"金檢":1. 金色封緘。王國維《遊仙》詩之二:"金檢赤文供劾召,雲窗霧閣榜清虚。"2. 文稿的美稱。南朝梁吴均《登壽陽八公山》詩:"瑶繩盡玄秘,金檢上奇篇。"唐刻以金檢、玉冊並列,語文工具書所見恨晚。

與善冥昧,輔德寂寥。”山裝,隱修山林服飾,亦指服飾簡陋。[1]

H 虎頭牌

隋大業六年《梁瓌墓誌》(《匯編》第 10 冊第 40 頁):“腰佩虎頭,首冠皇冕。”按《宋史》卷一百五十四:“有臣下虎頭金牌三,銀牌八十四,塗金印三。”隋代石刻所用,即“虎頭牌”所省。[2]

H 灰管

隋大業七年《張濤妻禮氏墓誌》(《匯編》第 10 冊第 53 頁):“但塵勞不寂,終謝業風;灰管亟變,俄彫秋蕣。”灰管亟變,猶言時序交替迅疾。[3]

X 香車

隋大業十年《馬稱心墓誌》(《匯編》第 10 冊第 106 頁):“坐則同宴綺席,行則共乘香車。”後世沿用不已,習見者如唐人盧照鄰《行路難》七言有句:“春景春風花似雪,香車玉轝恒闐咽。”宋人辛棄疾《青玉案·元夕》有“寶馬雕車香滿路”句。

F 粉鉛,即“鉛粉”

唐貞元三年《故鄎國大長公主墓誌銘并序》(《新中國·陝西貳》第 163 頁):“粉鉛(鈆)罷飾,紈綺絶身。”鉛粉,曾用“粉鉛”詞序結構,後定形爲“鉛粉”。

Z 鎡基,塔基

五代後周顯德五年鄉貢進士許中孚撰、沙門比□僧惠林書《崇化寺西

---

〔1〕《漢語大詞典》無此條,《宋書》卷八十二《列傳第四十二·周朗》:“近春田三頃,秋園五畦,若此無災,山裝可具。”

〔2〕《漢語大詞典》“虎頭”條,共出四義項,而無一有當于隋人所用者:1. 謂頭形似虎,古時以爲貴相。2. 一種屋飾。3. 頭部畫有虎形的艦隻。4. 晉代畫家顧愷之字。

〔3〕《漢語大詞典》“灰管”條,亦作“灰琯”。義項設二:1. 古代候驗節氣變化的器具。以葭莩之灰置於律管,故名。《晉書·律曆志上》:“又叶時日於晷度,效地氣於灰管,故陰陽和則景至,律氣應則灰飛。”宋梅堯臣《和十一月八日圃人獻小桃花》之二:“丹艷已先灰管動,不由人力與栽培。”2. 指時序;節候。北周庾信《周大將軍隴東郡公侯莫陳君夫人竇氏墓誌銘》:“風霜所及,灰琯遂侵。”《陳書·宣帝紀》:“灰琯未周,凱捷相繼,拓地數千,連城將百。”唐劉禹錫《代謝冬衣表》:“灰琯屢移,塵露無補。”

塔基記》(《匯編》第36冊第155頁):"吴越王長舅鄭國公吴延福,載興磚塔二所。香泥木石,為此鎡基。厚二丈餘,其固若山。他日製為,請無疑也。唐下元戊午年七月二十八日。勾當并結塔僧契莊,勸緣僧延祝。"二所,猶言兩座。鎡基,塔基。勾當,料理,五代及以降,動詞多用。

Y 腰帶

唐乾封二年《開國公曹府君(欽)墓誌銘并序》(《新中國·陝西壹》第64頁):"公以金方挺鋭,玉野疏禎。夙懋奇傑之姿,早弘英偉之量。身長九尺,腰帶十圍。蒙輪扛鼎之材,翹關拔距之力。足以吐納前良,抑揚後進。加以技高猿臂,識洞龍韜,兩賓齊子罕之廉,百金輕季布之諾。龜文馬啄,有富貴之標;鸕頜獸頸,佇風雲之會。"腰帶,以"圍"爲單位,描寫武將,此爲較早見者。

Y 藥法

唐開元十八年《劉濬墓誌》(《新中國·陝西壹》第112頁):"皇上特降金丹,親題藥法,名醫不絶,中使相望。"藥方一詞,所見較早,藥法即藥方之變體。

H 胡琴

唐咸通四年《亡妻太原王夫人墓誌銘》(《新中國·陝西貳》第281頁):"夫人善於音律,妙鼓胡琴。或命余坐旁,召臧獲等看,自彈之。聲調清越,指韻錚摐。"

Z 莊田

五代後漢天福十二年《劉衡墓誌》(《新中國·河南壹》第149頁):"因遭事焉,於大義鄉苟村別買置莊(莊)田。"

B 博士

後唐同光四年《行鈞塔銘》(《匯編》第36冊第30頁)末尾:"博(愽)士侯建鎸字。造塔博(愽)士郝温。"五代"博士"泛指具有某種技藝或專門從事某種職業的人,後世音轉爲"把式"。[1]

---

〔1〕《西遊記》多見。

B 保障,軍事防禦建築

唐貞元十年《李元諒墓誌銘并序》(《新中國·陜西壹》第 130 頁):“河東險澀,承制誅討。勝在戰前,師臨電掃。隴外猶梗,授公擁旄。東連折墌,西盡臨洮。增修保障([illegible]),芟薙蓬蒿。戎馬遷迹,輿徒不勞。”[1]

B 欂櫨

唐至德二載《史思明奉爲大唐光天大聖文武孝感皇帝敬無垢淨光寶塔頌》(《匯編》第 27 册第 3 頁):“龍象翕赫,扶欂櫨而蓄威;鬼神睢盱,捫楨壁以含怒。”[2]

Y 圓圄,即囹圄

唐上元二年《虢莊王李鳳墓誌銘并序》(《新中國·陜西貳》第 50 頁):“訟謐刑清,鞠茂草於圓圄;學隆教富,繕美梧於方襟。”

G 官燭

唐神龍元年《李思貞墓誌銘并序》(《新中國·陜西貳》第 68 頁):“豈直不發私書,絶燃官燭而已。”指爲官清廉。

G 官窑

S 窣堵波

唐天寶八載《唐故靈泉寺玄林禪師神道碑并序》(《匯編》第 26 册第 3 頁):“鷲若飛來,雁如踴出。官窑杖標之所,得自神人;破塢移燈之處,傳諸耆老。今山上數十處有窣堵波者,即其事也。”官窑,宋代著名瓷窑之一。北宋大觀政和年間,宫廷自建瓷窑燒造瓷器,故稱。其色以粉青爲上,其紋以冰裂鱔血爲高。南渡後,又於杭州别建新窑。窣堵波,梵語 stūpa 的音譯,即佛塔。唐玄奘《大唐西域記·呾蜜國》:“諸窣堵波及佛尊像,多神異,有靈鑒。”唐黄滔《大唐福州報恩定光多寶塔碑記》:“釋之西天謂之窣堵波,中華謂之塔。塔制以層,增其敬也。”

---

〔1〕《資治通鑑·陳宣帝太建十三年》:“隋主患之,敕緣邊修保障,峻長城,命上柱國武威陰壽鎮幽州。”

〔2〕《漢語大詞典》“欂櫨”亦作“欂盧”,柱上承托棟樑的方形短木。即斗拱。

N 女葉、孫枝

唐天寶十一載《大唐贈南川縣主墓誌銘并序》(《新中國·陝西貳》第132頁):"碧蘿春秀,女葉先凋;青桐夏榮,孫枝早落。"女葉,柔葉,《詩經》"柔桑"、日語"女波""女阪"同類。孫枝,新枝。此爲古人"人—物關係"觀念體現尤爲顯著者。

R 染坊

鄉貢進士鄭晦撰并書、唐大中十二年《閆知誠墓誌銘并序》(《新中國·陝西貳》第270頁):"大中元年夏六月,授宣義郎。三年秋,拜染坊使,俄遷監學士院使。公望高紫禁,位重黄樞。"〔1〕

T 唾盂

唐咸通八年《唐内人蘭英墓誌》(《新中國·陝西貳》第291頁):"小唾盂局(局)内人蘭英。"小唾盂局,即以職業爲人稱之類。

J 鑒礵

唐上元二年《虢莊王李鳳墓誌銘并序》(《新中國·陝西貳》第50頁):"載鼓乾爐,更隆於淬鍔;重垂神宰,弥瑩於鑒(鑑)礵。研精冊囿,好書之志無斁;傜思文場,樂善之心方鋭。三古精微之典,入沛賞而通幽;六義温柔之詩,集楚緇而標雅。"《宋本·石部》:"礵,之余切。礷礵,青礪也。"記録作鑑礵,《類篇·石部》:"礵,專於切。《博雅》礷礵,礪也,可以攻玉。"

J 近死魄、旁死霸

唐天寶三年《元振墓誌銘并序》(《匯編》第25冊第71頁):"春秋六十有七,以天寶三載王春仲閏十有六日近死魄終於淮陽官舍。"〔2〕

---

〔1〕《漢語大詞典》"染坊":給布帛衣物染色的作坊。亦特指唐代掌染事的官署。宋高承《事物紀原·横行武列·染院》:"周官有染人掌染帛。秦爲平準令。隋有司染署。唐又有染坊。"

〔2〕《漢語大詞典》"旁死魄",亦作"旁死霸":農曆每月初二的月相。亦借指農曆每月初二。《書·武成》:"惟一月壬辰旁死魄。"孔傳:"旁,近也。月二日近死魄。"向晚、傍晚,即是近晚。清王韜《甕牖餘談·猶太古曆説》:"古史之可信者,莫如《尚書》所紀之日。或曰哉生魄,或曰旁死魄……蓋亦從目測驗。"參見"旁生魄"。

C 才生明，即哉生明

唐天寶九載《唐故夫人博陵崔氏墓誌銘并序》(《匯編》第26冊第24頁)："以天寶九載五月才生明構疾，至其月廿八日終于東京安衆坊之私第。"哉從𢦏聲，𢦏又從戈才聲。才生明，即哉生明。[1]

N 尼金

唐永昌元年《亡宮三品尼金氏之柩銘》(《新中國・陝西壹》第86頁)："淑資婦妍，預良家之選；令德柔婉，視列卿之秩。"誌蓋篆文題爲"尼金氏"，[2]而誌文云"不知何姓氏"，蓋"尼金"即"泥金"或作"鈮金"或作"柅金"。"鈮金"即"鑈金"。蓋"尼金"者，如同類石刻中"典璽""司燈"之比，揭示人物之身份等級耳。以詞形多歧，不可不稍爲之箋。

按"泥金"詞條，見於隋唐之際石刻凡7例：

① 隋《龍華碑》(《匯編》第10冊第175頁)："望祑昇柴，展先古之盛礼；泥金奠玉，尋絶代之遺蹤。□(闕"龍")華塔者，地則故龍華道場之墟。"

② 唐長安四年《皇甫文備墓誌》(《匯編》第19冊第110頁)："弱冠以明法擢苐，拜登仕郎。屬以禮展泥金，功融探玉，扈陪仙蹕，溥漸鴻勲，授君宣德郎守中書，加騎都尉。"

③ 唐長壽二年《蘇永墓誌》(《匯編》第18冊第29頁)："方謂長趍近侍，覩會王於明臺；永奉宣遊，扈泥金於嵩嶺。"

④ 唐聖曆二年《蕭繕墓誌》(《匯編》第18冊第172頁)："尋属泥金少室，勒石嵩巖，群公叅揖讓之朝，天子盛登封之禮。言陪大駕，遂享高班。

---

〔1〕 哉生明，指農曆每月初三日或二日。此時月亮開始有光。《書・武成》："厥四月哉生明，王來自商，至於豐。"孔傳："哉，始也。始生明，月三日。"孔穎達疏："《顧命》傳以'哉生魄'爲十六日，則'哉生明'爲月初矣。以三日月光見，故傳言'始生明，月三日'也。此經無日，未必非二日也。生明死魄俱是月初。"

〔2〕 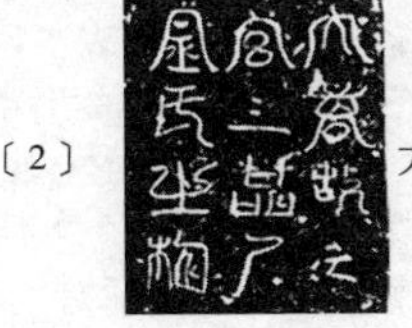 大唐故亡宮三品尼金氏之柩。

萬歲登封元年,制授銀青光禄大夫,申朝慶也。"

⑤ 唐乾封二年《大唐故左驍衛大將軍上柱國雲中縣開國公曹府君(欽)墓誌銘》(《新中國·陝西壹》第 64 頁):"及禮賁泥金,恩加會玉,既符承家之寵,載光書社之錫,封雲中縣開國公,又奉勑於獻陵留守。"

⑥ 唐總章元年《大唐故正議大夫使持節兼泉州刺史潞城公(張臣合)墓誌銘》(《新中國·陝西壹》第 65 頁):"麟德元年,將會玉岱宗,泥金預紀。"

⑦ 唐神龍二年《大唐故雍王(李賢)墓誌銘》(《新中國·陝西壹》第 99 頁):"暨乎登封降禪,刊玉泥金,大禮聿脩,能事斯畢,巡警克著,統攝攸宜。"

基本都是"玉"字並列使用,一般用於登封大典儀式,故隋唐石刻"泥金"一詞,例爲動補結構,即"泥以金",以水銀金屑泥封。至於後世通俗白話作品仍以該詞形記録"以銀飾塗畫",如《水滸傳》第三十五回"小李廣水泊射雁":"隨行人伴數内却有帶弓箭的,花榮便問他討過一張弓來。在手看時,却是一張泥金鵲畫細弓,正中花榮意。"似爲塗抹畫飾,相當於下出"銀泥"之用。

"泥以金",以水銀金屑泥封,這一結構形式,有別於"泥與金"並列,如唐開元二十五年《臨高寺重修□碑并序》(《匯編》第 24 册第 36 頁):"爰始結構,廣兹□宇。鐸迴風吟,□危雲聚。叢倚□立,扠牙□豎。壁露銀泥,繩交金縷。其四。遠瞻迢遰,迴望崔嵬。文以粟玉,藻以玫瑰。彫甍鳳翥,畫壁龍来。自然風角,何必天台。其五。"是泥者銀泥、金者金綫。[1]

---

〔1〕《漢語大詞典》所列義項有四:1. 用金箔和膠水製成的金色顔料。用於書畫、塗飾箋紙,或調和在油漆裏塗飾器物(金元好問《續夷堅志·金獅猛》:"得一石,作獅形,色如泥金所塗。"茅盾《霜葉紅似二月花》一:"接著便見婉小姐一手挽著小引兒,一手摇著泥金面小檀香細骨的折扇,裊裊婷婷來了。"參閲清鄒一桂《小山畫譜》)。2. 古代帝王行封禪禮時所用的玉牒有玉檢、石檢,檢用金縷纏住,用水銀和金屑泥封(見《後漢書·祭祀志上》。後因以借指封禪。南朝梁劉勰《文心雕龍·封禪》:"樹石九旻,泥金八幽。"《舊唐書·后妃傳上·太宗賢妃徐氏》:"齊桓小國之庸君,尚圖泥金之事。"宋蘇軾《永裕陵二月旦表本》:"岱嶽泥金,未講升中之禮;荊山鑄鼎,遽成脱屣之遊。")。3. 借指帝王所乘的塗泥金的鑾車(唐崔塗《過繡嶺宫》詩:"古殿春殘緑野陰,上皇曾此駐泥金。")。4. 借指泥金帖子(宋張元幹《喜遷鶯慢》詞:"姓標紅紙,帖報泥金,喜信歸來俱捷。"清李漁《慎鸞交·耳醋》:"少不的泥金捷到也香車至,不教望得眼生淚。")。所列四項,應以第 2 項較爲得"泥金"之原始。

這方面的聯繫,所可注意者,似有以下幾點。

《名義·金部》:"鉄,池理反。治鏗也。鈮,同上。"抄存了"鉄"與"鈮"的關聯,這是現存唯一的綫索。《方言》卷九:"車下鉄:陳宋淮楚之閒謂之畢,大者謂之綦。"表明方言區域裏"鉄"也就是"鈮"讀作"畢"或者"綦",這對有關字形讀音認識有一定意義。《名義·糸部》:"紩,治銍反。納也。素也。"由此知該字彙《金部》所抄"治鏗也",即"治銍反"之誤,以銍鏗形近常混。該抄本素、索通用成例。《宋本·金部》:"鉄,持桎切。古文紩。"而該字彙《糸部》:"紩,持栗切。縫衣也。又納也,索也。古作鉄。"《集韻·質部》:"紩鉄:《説文》縫也。一曰索也。或从金。"《旨部》:"褹綳䘎:《説文》紩衣也。或作繝䘎。"褹綳繝異體,或以所從聲符形體接近。《類篇·糸部》:"紩,勑栗切,縫也。又直質切,索也。"值得注意的是,紩、繝所存在聯繫。

其次是鈮、柅聯繫。《説文·木部》:"檷,絡絲檷。从木爾聲。讀若柅。奴禮切。"《名義·金部》:"鈮,奴礼反。"《宋本·金部》:"鈮,奴禮切。古文檷。"《集韻·薺韻》:"檷鑈鈮。《説文》絡絲檷。或从金,亦作鈮,通作柅。"《類篇·金部》:"鈮,乃禮切,絡絲檷。"《説文·水部》以"泥"爲水名專用:"水。出北地郁郅北蠻中。从水尼聲。"《名義·水部》使用稍有引申:"泥,如雞反。濕也。地泉漯也。"《宋本·水部》發展爲兩讀:"泥,奴雞切。水,出郁郅縣。又奴禮切,濃露皃。"柅爲記録絡絲器具字,如《廣韻·上旨》:"柅,絡絲柎。"清翟灝《通俗編·雜字》:"吴中婦女至今呼絡絲趺爲絡柅。"由此,柅有"絡絲"之功用。《太平御覽》卷八二五引漢服虔《通俗文》:"張絲曰柅也。"

其次是鈳、絡聯繫。《漢語大字典·金部》以"鈳"作爲化學元素"鈮"的舊譯用字,其餘未提供任何聯繫信息。鈮從尼得聲,《廣韻》"尼"反切注音爲女夷切,爲平聲脂部娘母字。鈳從哥得聲,《廣韻》"哥"反切注音爲古俄切,爲平聲歌部見母字。脂部歌部,韻部接近。作爲泥、鈮、柅、鈳、檷語音相通參考材料,這裏可以提到下列現象:絡、洛、駱、雒、格、客、閣、咯等字,都是以各爲諧聲偏旁的形聲結構。同類的情形還可以舉出一些,如從鬲得聲分別構成隔、膈、塥、鎘、滆與蒚、鎘、鬴兩組,等等。换言之,“絡絲”字在某個時期,或許存在[kl]輔音結構之類的分化條件。其中後來所常見的,是“絡”字保留下來[l-]之一邊;至於[k-]之一邊,可能偶爾保存在“錒”字結構裏。齊東魯南方言裏稱“絡繩”爲“gā 繩子”,“絡綫”爲“gā 綫”,與“絡”字聲紐輔音同樣存在[kl]結構性關聯;另外,方言所記音與“絡”字韻部分别爲月、鐸入聲。也許可以説,“錒”就是用來記録此一音義關係的方言本字。還有,[kl]結構中的有關部分,與泥母字均屬舌頭音,聲紐接近。錒從哥聲,哥又從可聲。古代可能在一定時期存在過“可”作娘母讀的情形,猶“然諾”曰“可”。《漢語大詞典》“可可”條:“可可”猶“諾諾”,宋辛棄疾《千年調》詞:“巵酒向人時,和氣先傾倒。最要然然可可,萬事稱好。”諾,《廣韻》奴各切,入聲鐸部泥母,與娘母字讀音接近。《方言》卷九所記録有的方言裏“鉃”讀作“畢”或者“綦”,綜合起來,同樣可印證“鈮”也就是“錒”與“鉃”的讀音聯繫。

“錒”即用爲“絡絲”字,爲以金綫絡鉃大鐘專用分化字形。在這個用法意義上,泥、鈮、柅、錒、檷皆一字之分化異體。上述聯繫可知,記録水之專名用泥;塑造之絡絲爲柅,或作檷;塑造絡以金絲爲鈮,或作錒。後世塑造泛用“泥”字謂之“泥塑”,作鈮、柅、錒、檷者,或亦著眼於程序所用素材也。

《名義》反映的是南北朝字形集合,抄存了“鉃”與“鈮”聯繫的關鍵綫索;《宋本》反映的是鈮、檷關聯;《漢語大字典·金部》及《漢語大詞典》等語文工具,皆以“錒”作爲化學元素“鈮”的舊譯用字,并不知來歷。用途既然有殊,字彙遺漏,理不足怪。然個中關係,遂久成泥團矣。

(二)藝 術 類

Z 專藝

A 骯髒

唐大和九年《賈温墓誌銘有序》(《新中國·陝西貳》第231頁。鄉貢進士李抱一文,鄉貢進士周啓書并篆):"生而奇,幼而惠。邑傳靈骨,家慶弄璋。志學之年,琴書靜愜。古之端(專)藝,靡不默通。冠壯之間,魁梧骯髒。"按"端藝"即"專藝":端,結構從端得聲。骯髒,連綿詞,作用有褒貶兩邊。

S 書手

H 好手

隋開皇五年(公元 585 年)八月十五日《惠鬱等造像記》(《匯編》第 9 冊第 25 頁):"像匠形洪濵、趙文遠、蘇奉仁;柒匠劉松栢、路元和;大殿木匠王□、李孝威、孟君英;銘文王良預;書手劉雅;銘石匠楊靜巖、郭悦;都當維那東方景沖、劉洪遵。""書手"與"銘文"作者、"銘石匠"並列,顯係書法者。至於唐開元二年《侯莫陳大師壽塔銘》(《匯編》第 21 冊第 23 頁):"造塔匠左思仁,書手王玄貞。""書手"與"造塔匠"並列,殆即所謂刻工。隋唐五代石刻語料庫凡 6 處"書手"記録。"書手",擔任書寫、抄寫工作的人員。唐天寶八載《□□□(忠義)墓誌銘并序》(《新中國·陝西貳》第 124 頁),題名爲"太壹山人申屠泚撰,集賢院御書手趙守□□",出現"御書手"即專業書寫者。

"好手",唐開元廿四年《御製令長新誡》(《匯編》第 24 冊第 1 頁):"敕旨中書門下奏聖恩,以《令長新誡》賜新除縣令等。特垂光寵,載深誡勒。即合人□一本,奉以周旋。不有嚴飾,誡恐黷慢。望令集賢院簡好手寫一百六十三本,仍(乃)令吏部連牒各賜一本,仍(乃)望頒示天下縣令者宜依。"御製誡令所謂"簡好手"者,意爲選擇工於抄寫者。好手,精於某種技藝的人,或謂能力很強者。石刻用字,多以"仍"爲"乃"字。

S 書人,五代善書者之稱

五代後唐開運三年《楊珙楊遷造像記》(《匯編》第 36 冊第 116 頁):"將人□城,書人楊諗。"書人,爲五代善書者之稱。將人,即匠人,此爲刻工。[1]

---

〔1〕《漢語大詞典》"書人"1. 善書者;書法家。五代張泌《妝樓記·善臨寫》:"劉秦妹善臨寫右軍《蘭亭》及《西安帖》,足奪真蹟。秦亦當時翰林書人也。"《宋史·藝文志一》有宋呂總《續古今書人優劣》一卷。2. 寫書之人,作者。

清代周亮工《因樹屋書影》卷一,謂《水滸傳》"近金聖歎自七十回之後,斷爲羅續;因極口詆羅,復僞爲施序於前,此書遂爲施有矣。予謂世安有此等書人,當時敢露其姓名者! 闕疑可也。"

S 手書

隋開皇二年《李和墓誌銘》(《新中國·陝西貳》第 7 頁):"七札可穿,嘗云未兼;五行俱瞻,終夜忘疲。獻策陳謀,則手書削藁;弼違補闕,則知無不爲。"手書,親手作書,親筆書寫。削藁即"削稿",猶削草。《北史·高熲傳》:"所有奇策良謀及損益時政,熲皆削稿,代無知者。"又其"代"字,"世"字之避諱。

S 手寫,親手繕寫

唐永淳元年《臨川郡長公主李孟姜墓誌銘并序》(《新中國·陝西壹》第 81 頁):"公主隨傅京邑,載懷温凊,有切晨昏,乃自□表起居,兼手繕寫。聖皇覽之,欣然以示元舅長孫無忌曰: 朕女年小,未多習學,詞迹如此,足以□人。朕聞王羲之女字孟姜,頗工書藝,慕之爲字,庶可齊蹤。因字曰孟姜,大加恩賞。""所撰文筆及手寫諸經,又畫佛像等,並流行於代。可謂九族婦德,千載女師者乎。"

B 畢手

五代後晉開運二年《顧亭林法雲寺感夢伽藍記》(《匯編》第 36 册第 102 頁):"開運元年仲春月十有一日,造寺成匠者畢手。"畢手,指完成。元代劉祁《歸潛志》卷十二:"鄭王碑文,今夕可畢手也。"

B 八行

五代後周顯德五年朝散大夫試大理評事行秦州成紀縣令兼監察御史許九言撰《李公妻朱氏墓誌》(《匯編》第 36 册第 149 頁):"九言門館下吏,儒墨承家。偶趍上國以立身,幸忝真王之擇聟。今則方拘十室,無由伸臨穴之哀;雖奉八行,不那乏碎金之作。多慙漏略,勉副指蹤。罔憚斐然,強為銘曰……"奉八行,奉命書寫。不那,無奈。唐代孫蜀《中秋夜戲酬顧道流》詩:"不那此身偏愛月,等閒看月即更深。"宋代張孝祥《鵲橋仙·落梅》詞:"吹香成陣,飛花如雪,不那朝來風雨。"碎金,用典,以喻文字精美簡短。南朝宋代劉義慶《世説新語·文學》:"桓公見謝安石作簡文謚議,看竟,擲與坐上諸客,曰:'此是安石碎金。'"

L 聯綿書

唐大和七年《李稷墓誌銘并序》(《新中國·陝西貳》第 228 頁):"幼通五經,善聯綿書,弈棊在第二品。當時名公重德,多以此親之。"聯綿書,又作"連錦書"。《漢語大詞典》"連錦書":唐吕向工草隸,能一筆環寫百字,狀若縈髮,世號連錦書。見《新唐書·吕向傳》。

J 簡素、竹素、縑素、縑簡

隋開皇三年《封忠簡妻王楚英墓誌》(《匯編》第 9 冊第 6 頁):"雅道儒風,光暎物品。文武功烈,詳諸簡素。"唐天寶十三年《郭英奇墓誌》(《西安碑林》第 196 卷第 1133 頁):"盛業布於鍾鼎,清風流于簡素。"又紈、簡對文,隋大業八年《田光山妻李氏墓誌》(《匯編》第 10 冊第 68 頁):"加以題箴損壽,續史傷神。""三徙在行,一志居心。裁紈作戒,折簡書箴。"是隋時書簡已非關竹木,與紈對文,類等帛素之屬。

隋大業十一年《伍道進墓誌》(《匯編》第 10 冊第 124 頁):"而盛業洪勲,雖貽鼒鼎;清猷勝範,傳諸竹素。"竹素,即簡素。唐總章二年《耿卿妻惠氏墓誌》(《匯編》第 15 冊第 101 頁):"白駒不停,毫末拱樹。空餘令範,傳芳縑素。"唐天祐四年《亡宫九品墓誌并序》(《新中國·陝西貳》第 328 頁):"青榛霧結,白楊風度。蘭菊有芳,永流縑素。"唐垂拱元年《劉初墓誌銘》(《新中國·陝西壹》第 84 頁):"儒風迥秀,列傳彰於漢朝;榮位相趨,騰芳名於竹素。詳諸典冊,可略而言焉。"

簡素、竹素、縑素、縑簡,均屬異名同指,可知唐代石刻異名繁多。宋代詞人晏殊《蝶戀花》下片:"昨夜西風凋碧樹,獨上高樓,望盡天涯路。欲寄彩箋無尺素,山長水闊知何處?"使用"兼素"即"縑素",功能即等此"簡素"也。兼、無易混,如隋開皇三年《寇遵考墓誌》(《匯編》第 9 冊第 10 頁):"脩六官職分,兼定禮律法令。"石刻作者所刻""形即兼字,易與"無"混。或取兼爲並列連詞之解,皆無根據(參見臧克和著《簡帛與學術・簡帛與紙》注⑦)。

唐先天元年《契苾明墓碑》(《匯編》第 21 冊第 7 頁):“原夫仙窟延祉,吞雹昭慶,因白鹿而上騰;事光圖□,遇奇蜂而南逝。義隆縑簡,邑怛於是。”

C 蒼簡

唐乾封二年《董榮墓誌》(《匯編》第 15 冊第 37 頁):“鵲札崩雲,凝瑶篆於蒼簡;犀弧引月,漏銀鏑於朱楊。”

W 紈、簡對文

隋大業八年《田光山妻李氏墓誌》(《匯編》第 10 冊第 68 頁):“加以題箴損壽,續史傷神。”“三徙在行,一志居心。裁紈作戒,折簡書箴。”是隋時書簡已非關竹木,與紈對文,類同帛屬。唐總章三年《王大禮墓誌銘并序》(《新中國・陝西貳》第 44 頁):“乃研精缺簡,獵思殘縑。”

H 汗簡

唐上元三年《姬温墓誌銘并序》(《新中國・陝西貳》第 52 頁):“洎乎道喪閏秦,化流炎漢。嘉統南君之嗣,紹纂休侯之業。衣冠赫弈,珪組蟬聯。備著縑緗,無繁汗簡。”汗簡,唐時謂史冊,尚未有當於宋人的古文字專書《汗簡》。

唐乾封元年《于志寧碑大唐故柱國燕國公於君碑銘并序》(《匯編》第 15 冊第 17 頁):“……探賾鈎深。辨漢陵之竹簡,識楚江之萍實。同陳室之未掃,若董園之不窺。”則唐人已知漢墓簡牘文獻之辨識。

S 素書

唐開元八年《李明遠墓誌》(《匯編》第 21 冊第 132 頁):“君長自懷城,幼而聰敏。若古[克]訓,靡所不窺。話齊梁間,盡如眼見。嘗旋亭假寐,夢□仙術。桑公不得爲比,李醯詎儔其要。毛人指藥,□□□方。醫王救苦,施而不竭,則君之明也。如意元年八月五日卒,丁家艱,負土成墳,手植松栢。塋傍素菓,結實窮陰。輶軒上聞,綵綸下降。祥以行感,暨表門閭,則君之誠也。家有素書數千卷,渴日不足,下帷而勤。示妻妾以恭儉,遺子孫以清白。先制授定王府國尉,非其所好。秩滿,客于洛陽,習隱者也。嗚呼,病日臻,既彌留,不禱祠以求,聞命知也。"

素書,道家文獻。唐代詩人李白《王右軍》:"右軍本清真,瀟灑出風塵。山陰過羽客,愛此好鵝賓。掃素寫道經,筆精妙入神。書罷籠鵝去,何曾別主人?"

S 書齋

唐天寶十二載《崔鍔墓誌銘并序》(《匯編》第26冊第100頁):"書齋牖下,尚存文墨之蹤;琴室風前,久絶雅弦之韻。"書齋,大抵在唐代固定爲詞。

L 淚墨

唐天寶三載《徐承嗣墓誌銘并序》(《新中國·陝西貳》第109頁):"援毫悲哀,遂成淚墨。"淚墨,自鑄情詞,前此未睹。

Y 油篆

油素

隋大業十一年《白仵貴墓誌》(《匯編》第10冊第117頁):"人物之美,油篆具詳。"油,油素,光滑的白絹,多用於書畫。銘文:"洪源遐夐,世緒蟬聯。油素揜蔚,人物相傳。允文允武,映□光前。"以"油素"成詞。原拓模糊,據石刻用字通例,當補"後"字。

漢揚雄《答劉歆書》:"天下上計孝廉及內郡衛卒會者,雄常把三寸弱翰,齎油素四尺,以問其異語。"南朝梁任昉《爲範始興作求立太宰碑表》:"人蓄油素,家懷鉛筆。"篆,篆素,書於素帛。《文選·吴都賦》:"烏策篆素,玉牒石記。"李善注:"篆素,篆書於素也。"南朝宋鮑照《河清頌》:"鴻羲以降,遐哉邈乎,鏤山嶽,雕篆素,昭德垂勳,可謂多矣。"《隋書·元德太子昭傳》:"敢圖芳於篆素,永飛聲而騰實。""油篆"成詞,文獻未見。

Y 紬,抽引編次

唐總章二年《楊行禕墓誌》(《匯編》第15冊第96頁):"祥凝白鳳,紬青簡而覽皇墳;慶溢赬鱗,入丹墀而調帝飪。"《急就篇》卷二:"絳緹絓紬絲絮綿。"顔師古注:"抽引麤繭緒,紡而織之曰紬。"

S 石經

唐大曆十四年《曹惠琳墓版文》(《新中國·陝西貳》第157頁)銘:“乍見將軍兮疑天落,生也榮兮死何托。魂上昇兮哀寂寞,石經勒兮頌聲作。”是唐人又稱墓版文爲石經。

H 鐶

唐景龍二年《孟玉塔銘》(《新中國·陝西貳》第71頁):“天道冥昧,生涯惚恍。百身何去,千金長往。勒石卑功,留鐶表像。”“鐶”,書法用語。唐孫過庭《書譜》:“轉,謂鈎、鐶、盤紆之類是也。”留鐶表像,謂長存金篆,以表法像。

Z 撰文

唐大中八年《契苾通墓誌銘并叙》(《新中國·陝西壹》第133頁):“公文以喜眚副公銜命,熟公望實,以日月有期,須有銘誌。泣血觸地,來請撰文。辭既不從,乃為銘曰……”唐代“撰文”成詞,似爲較早用者。

X 雪詩

唐天寶十載《臧懷亮墓誌銘并序》(《新中國·陝西壹》第122頁):“才表雪詩,德旌石窌。”《漢語大詞典》“雪詩”:詠雪的詩。宋歐陽修《漁家傲》詞:“臘月年光如激浪,凍雲欲折寒根向。謝女雪詩真絶唱,無比況,長堤柳絮飛來往。”元張雨《雪齋》詩:“騎驢吟雪詩,煮茶煎雪水。”参見“雪絮”。

Y 言下、筆頭

唐顯德五年《衛王馮暉墓誌銘》(《新中國·陝西壹》第142頁):“言下莫窮兮論鳳彩,筆頭難盡兮紀龍光。功勳鏤鼎兮流萬古,史籍標名兮散八方。”言下、筆頭對文一意,皆指文字記述。

B 筆海、詞林

唐乾封二年《唐故文林郎桓表墓誌銘》(《新中國·陝西貳》第39頁):“運琳琅於筆海,斡柔翰於詞林。”筆海、詞林,對文一意,指文章之富。

C 詞學、法理

唐開元十八年《騫思玄墓誌銘》(《新中國·陝西貳》第95頁):“既擅

詞學,尤工法理。”法理,即義理。詞學,辭章之學。

B 波瀾萬頃

唐乾封二年《唐故文林郎桓表墓誌銘》(《新中國·陝西貳》第39頁):“風神儁傑,規謀淑慎。波瀾萬頃,峯崿千仞。”比喻詩文的跌宕起伏,合於“文林郎”身份。

Y 韻事

吕向所撰唐天寶三載《豆盧建墓誌銘并序》(《新中國·陝西貳》第108頁):“公神氣清而勁,容體妍而雄。目若珠明,唇如丹艷。玉澤讓膚,黛色慙髮。舉步生態,動顧成姿。圖畫之所莫如,瓌寶之所難並。而措意幽妙,遣言玄遠,遊刃有餘,尋環無極。中探古意,沿革而立身;外約今體,委曲而行志。遥通事趣,闇赴時情。經之以禮樂,洞於合變;緯之以文章,激其符彩。必原於製造,尤愜於商較。至夫野逸灑散,儻朗森沉。雲卧巖棲,靈仙可近;丹鑪藥銚,事業皆成爾。其孝不違親,義不忘本,歸名教之樂地,踐坦直之亨衢。与語者瑩其心,來視者滌其目。衆譽洋溢,合聲升騰。上召見之,曰可妻也。遂下詔拜駙馬都尉,尚建平公主,加銀青光禄大夫,授太僕卿,襲中山公。遽接天姻,乃富貴之相逼;重聯帝族,亦才貌之自取。且鷹雞犬馬之事,毬射琴壺之類,略見而臻境界,暫習而隮壼閫。其迹也偶用韻事,其心也恬然晏如。以示物冥,不与塵雜。”

“韻事”,風雅之事。《儒林外史》第三十回:“花酒陶情之餘,復多韻事。”清李漁《閒情偶寄·聲容·文藝》:“聽其自製自歌,則是名士佳人,合而爲一,千古來韻事韻人,未有出於此者。”

S 訟

隋仁壽四年《劉寶及妻王氏墓誌》(《匯編》第9册第168頁):“並有善政之哥,俱揚清德之訟。”唐咸通二年《宋伯康墓誌》(《新中國·陝西貳》第274頁):“恐年移世改,海竭松枯,命予爲文,將紀年祀。乃爲訟焉。訟曰……”訟,歌頌,通用字爲頌。訟本爲“風雅頌”本字,其用最早見出土楚簡《上海博物館藏戰國楚竹書·孔子詩論》第二簡“訟坪(平)悳也”。至於隋唐,特定場合,仍以“哥訟”爲“歌頌”字。

H 繪畫

唐開元二十四年《大唐元氏縣令龐君清德之碑》(《匯編》第 24 冊第 2 頁):"公儀如繪畫,神若轉規。聲以聞於震雷,用無待於周月。惠如春露,吏人不能窺喜愠之容;潔若冬冰,貨殖不能動首陽之行。"繪畫,造形藝術之一。明代胡應麟《少室山房筆叢·九流緒論上》:"藝主書、計、射、御,而博弈、繪畫諸工附之。"

M 摹榻

唐開元十五年《大唐□□□□□□□□大高墓誌銘》(《新中國·陝西壹》第 108 頁):"次子崇禮,以算計縣奇,拔萃得第。亦善篆隸,模榻皆能。""模榻"成詞,爲並列結構,還是指向摹寫:對"篆隸"摹寫的書藝,"篆隸"亦並列結構,即古文字篆書和今文字楷書。"摹榻",摹寫,影摹。皆能,謂多擅長。唐張懷瓘《書斷·購蘭亭序》:"帝命供奉榻書人趙模、韓道政、馮承素、諸葛貞等四人,各榻數本,以賜皇太子、諸王近臣。"

(三)稱 謂 類

C 從祖

南朝宋永初二年《謝珫墓誌》(《文物》一九九八年第五期《南京南郊六朝謝珫墓》):"太宋革命,諸國並皆削除。惟從祖太傅文靖公□廬陵公,降爲柴桑侯。玄後苻堅之難功,封康樂[縣]開國公。"

G 官諱

唐天寶五載《大唐慶國故細人孫氏墓誌銘并序》(《新中國·陝西貳》第 114 頁):"乃祖泉乎家君,無違命者。官諱遂達於四海,可得而舉焉。"官諱,指尊長名字,變專稱爲同名者。

X 小字

小名

唐大和二年《幼妹娥娘墓誌》(《新中國·陝西貳》第 224 頁):"幼妹娥娘墓誌。娥娘,女之小字也,姓獨孤氏。"墓誌題爲"幼妹娥娘墓誌",其實幼妹、其排行,作墓誌者,其兄也。娥娘、其小名,姓獨孤氏。

唐咸通六年《段璲亡室嚴氏玄堂銘并序》(《新中國·陝西貳》第287頁):"有二男:長曰郭奴,次曰小漢。無女,以仲氏外生繼之。念憐撫育,過於腹生手養。小字彭娘子,適彭城劉氏。"唐大中四年《唐故裴氏小娘子墓誌銘》(《新中國·陝西貳》第262頁):"裴氏小娘子,小字太,其先河東聞喜人。余外祖故相國郇國公諱均之孫,今河中解梁令錫之季女。"小字,亦即小名,參見下條。

X小名

G官號

唐天寶七載《李秀墓誌銘并序》(《匯編》第25冊第156頁):"李公者,李老君之後胤也。祖綬,左衛將軍檢校朔方之將。小名舉,官號亦同。……產其一子,即李公也,名秀。小小青衣,侍衛不離父側。及其長大漸學,婚仕於人。"

X小娘子

唐大中四年《唐故裴氏小娘子墓誌銘》(《新中國·陝西貳》第262頁):"裴氏小娘子,小字太,其先河東聞喜人。余外祖故相國郇國公諱均之孫,今河中解梁令錫之季女。"小娘子,小女兒。

唐永昌元年《獨孤丞長女(婉)墓誌并序》:(《新中國·陝西貳》第60頁):"娘子字婉,河南洛陽人也。""輕虹黯色,痛美人之不歸;流風罷響,悲少女之行謝。""娘子"即下文之"少女"也。

W王父

唐景雲元年《騫思哲誌銘并序》(《新中國·陝西貳》第73頁):"公諱思哲,字知人,其先魯孔丘門人閔子騫之後。其孫文,以孝光前烈,因王父命氏。末孫碩,碩生靖。"王父,祖父。末孫,後世子孫。

D大父

唐開元廿九年《唐故李府君妻段氏(慈順)墓誌銘并序》(《新中國·陝西貳》第104頁):"大父瓘,烈考珍。"唐貞元六年《楊萬榮墓誌銘并序》(《新中國·陝西貳》第166頁):"曾祖可支,順化郡王。大父有哲,托東王。烈考歸實,贈青州刺史。”唐咸通十四年《張元洌墓誌銘并序》(《新中國·陝西貳》第311頁):“曾大父諱古覺,大父諱昌齡。”大父,祖父,或外祖父。

W 外婆、祖婆

唐儀鳳二年《趙文雅妻萬歲鄉君邊夫人墓誌并序》(《新中國·陝西貳》第55頁):“外孫等德行純修,高企八龍之景;材幹卓犖,榮任四省之中。悲祖婆之早淪,痛深七日;歎泉光之遽落,恨極三年。”是今之所謂“外婆”,唐時外孫也稱“祖婆”。外孫,女兒的兒女。《儀禮·喪服》“外孫”,賈公彦疏:“外孫者,以女出外適而生,故云外孫。”語文工具書待補。祖婆,祖母。清梁章鉅《稱謂録·祖》:“樂清縣白鶴寺鐘款識有祖翁、祖婆之稱。”

D 大娘、二娘、娘子

唐龍朔二年《魏處旻等造像記》(《匯編》第14册第39頁):“旻等歸欽上聖,遂罄珎,敬造弥陁像一龕。望使煩籠解脱,福慶緣身,同履妙因,咸登正覺。寛男元亮,寛男元爽,旻男公爽,旻弟文寛,像主處旻,旻父幹芝,旻祖魏道邕,旻祖婆遊,旻母楊,旻妻徐,寛妻竇,旻女大娘,旻女二娘,寛女四娘,河府□記。”唐開元七年《李神珧功德碑》(《匯編》第21册第102頁):“大像主正焉生李大娘,□□生李二娘,李定珪妹四娘……氏大像主徐黑妻李二娘。”唐大足元年《張壽墓誌》(《新中國·河南壹》第102頁):“長子仁珪,次子文英,女大娘,仰皇穹而泣血,俯玄壤以銜哀。”唐開元九年《師大娘塔銘》(《新中國·陝西貳》第78頁)“京兆府長安縣師大娘”,唐開元廿八年《唐楊大娘墓誌》(《新中國·陝西貳》第102頁):“開元廿八年六月廿四日,殯楊大娘。”皆徑以大娘爲名。

唐垂拱三年《毋邱海深造像記》(《匯編》第17册第76頁):“海深亡妻孫、男守貞、男元昭、男思闡、男鳳仙、女大娘、女二娘、女三娘、女五娘、女八娘、女十娘、女十一娘、女十二娘、貞妻張、男崇一、女十三娘、昭妻張。”唐開元二十八年《李興造石浮圖記》(《匯編》第24册第104頁):“從翁李……季良文□從隧……李龍員姉大娘姊(姉)二娘姊(姉)三娘,堂兄乾英妻□□七郎何欽□闔家□眷。”大娘、二娘、三娘，即大姐二姐三姐。唐天寶十二載《唐故優婆姨段常省塔銘并序》(《匯編》第26冊第106頁)末尾稱“女劉三娘建”，即相當於劉三女也。唐天寶十四載《夫人梁氏墓誌銘并序》(《匯編》第26冊第129頁)：“夫人号无量，字大娘，安定人也。”

“大娘”爲唐人關於女子之稱，習見之名。唐杜甫《觀公孫大娘弟子舞劍器行》序：“問其所師，曰：余公孫大娘弟子也。”唐開元十五年《翟六娘墓誌銘并序》(《新中國·陝西壹》第110頁)：“夫人諱六娘，字六娘，隋開府儀同公之第六女也。”則其六娘之前尚有一娘到五娘排行者也。

又五代“娘”字用於人稱，似又不限於女性，即用爲“郎”字。五代後漢天福十二年《劉衡墓誌》(《新中國·河南壹》第149頁)：“長子李七，將仕郎前試太常寺協律郎，新婦郄氏。次子李八，將仕郎試秘書省校書郎，新婦鄭氏。次子陁奴，鄉貢三傳，新婦齊氏。次子五娘，鄉貢孝究，新婦長孫氏。嫡孫公兒，次孫楊七，次孫脉脉，次孫妙哥，次孫豆豆，次孫蝻蝻，次孫賽哥。”其中“次子五娘”者，石刻作娘，顯非“郎”字之混者。然則無論從排行還是從職官身份言，皆男子之名。

五代後梁開平四年《穆徵君改葬合祔墓誌銘并序》(《匯編》第36冊第4頁)：“有女四人：長曰二十六娘子，次曰悟娘子，次曰憫娘子，次曰美娘子。”娘子，少女之共名。

N 內人

唐咸通八年《唐內人蘭英墓誌》(《新中國·陝西貳》第291頁)：“小唾盂局內人蘭英。”內人，唐人對外關於妻子之稱。

W 外姑

唐建中三年《獨孤楨夫人宇文氏墓誌銘并序》(《新中國·陝西貳》第160頁)：“外姑見之而悲喜交集，中朝聞之而嘉尚尤多。抑歲月不留，三周遽畢。而女弟之適，皆在禁垣。既接國親，頻謁君上。”外姑，在婦一邊爲生母，在夫之一邊爲則岳母。女弟，妹也。

A 阿叔、阿舅、小舅、外婆、小姨、小姑兒

五代後周廣順元年《王進威墓誌》(《匯編》第36冊第123頁):“維大周廣順元年歲次辛亥九月庚申朔十三日壬申誌,故僕射王進威。亡男,攝孟州長史光乂。阿叔敬全、阿舅李知進、小舅李韓奴、外甥攝孟州司馬趙□、長男西頭供奉官光贊、小男三哥、孫小廝兒、外婆安氏、妻李氏、小姨李氏、長女萊哥、季哥、小姑兒四姐、新婦范氏、新婦郭氏。”五代雖係唐代餘緒,但就石刻語料反映詞彙來看,業已變化顯著。

C 從父

進士柳稼撰并書,唐大中四年《丘公夫人河東柳氏墓誌銘并序》(《新中國·陝西貳》第259頁):“稼即夫人從父之弟也,丘公命爲斯文。”從父弟獨孤霖撰、唐咸通二年《獨孤驤墓誌銘》(《新中國·陝西貳》第275頁):“霖年及志學,則與君怡暇之處,見知之分,於同堂爲入室之交,盡君之文行,無過於霖。故輟哀而實録云……”從父,父親的兄弟,即伯父或叔父之稱謂。《三國志·蜀志·諸葛亮傳》:“亮早孤,從父玄爲袁術所署豫章太守。”

C 次男

五代後唐清泰二年《商在吉墓誌》(《匯編》第36冊第57頁):“長男守遠,内殿直銀青光禄大夫檢校太子賓客兼監察御史武騎衛。次男守密,前冀州長史。小男守蕚,前任武泰軍司馬。”長男次男小男,依次具列。

M 母夫人

唐咸通四年《亡妻太原王夫人墓誌銘》(《新中國·陝西貳》第281頁):“夫人姓王氏,字太真,太原郡人也。三世之上,皆歷美宦。曾祖諱閏,皇游擊將軍。祖諱倫,皇右衛率府勳府中郎將。父前申州司倉叅軍,名澧,留職版籍司,強敏儉謹,人多師尚。母夫人即皇神策右軍兵馬使劉氏諱明女。内外令族,俱為顯仕。夫人即第二女也。”母夫人,對別人母親的尊稱。唐代韓愈《唐故江南西道觀察使太原王公神道碑銘》:“公諱仲舒,字弘中。少孤,奉母夫人家江南。”

R 人子

唐建中三年《獨孤楨夫人宇文氏墓誌銘并序》(《新中國·陝西貳》

第160頁):"下無人子之養,上無天地之慈。旅寓他方,不常厥所。"人子,指子女。《禮記·曲禮上》:"凡爲人子之禮,冬温而夏清,昏定而晨省。"不當人子,猶言罪過。《西遊記》第二十四回:"長老道:亂談,亂談!樹上又會結出人來?拿過去,不當人子。"

J 繼子

繼侄河南府鄉貢進士漸自叙、唐開元二十七年《東府君夫人故太原郡君王氏承法墓誌銘并序》(《匯編》第24册第98頁):"我伯妣太原郡君,諱承法,太原人也。自周靈王太子晉避世隱居嵩丘,時人号曰王家,因以為氏。""繼子漸,慙仲容之為侄,痛伯道之無兒。號叫靡從,可謂至矣。"

M 門子

唐天寶二年《沈知敏墓誌銘并序》(《匯編》第25册第33頁):"初以門子,補肅明皇后挽郎。"唐天寶二年《唐故文安郡文安縣尉太原王之涣墓誌銘并序》(《匯編》第25册第34頁):"幼而聰明,秀發穎晤。不盈弱冠,則究文章之精;未及壯年,已窮經籍之奥。以門子調補冀州衡水主簿。"

J 姐:五代小輩女兒之名

五代後周顯德二年《田仁訓及妻王氏合葬誌》(《匯編》第36册第140頁):"孫男翁留、遥兒、悦悦,孫女大姐、三姐、拾得、姐兒。"唐顯德五年《衛王馮暉墓誌銘》(《新中國·陝西壹》第142頁):"長女大姐,次女二姐。次男説,銀青光禄大夫檢校太子賓客,次女醜姐,次女迎弟。"頗徵重男觀念。

G 公姥

南朝梁普通六年《□宣造像記》(《文物》2001年第10期《四川省博物館藏萬佛寺石刻造像整理簡報》):"願女永離三塗,恒受妙樂。公姥男女眷屬,值佛聞法,宣流大乘。"公姥,公婆之稱,傳世文獻用例,見《孔雀東南飛》。

G 哥:五代小輩男兒之名

五代後周顯德三年《袁彦進墓誌》(《匯編》第36册第144頁):"二子

住哥、四哥,皆幼小耳。”五代後漢天福十二年《劉衡墓誌》(《新中國·河南壹》第149頁):“長子李七,將仕郎前試太常寺協律郎,新婦郄氏。次子李八,將仕郎試秘書省校書郎,新婦鄭氏。次子陁奴,鄉貢三傳,新婦齊氏。次子五娘,鄉貢學究,新婦長孫氏。嫡孫公兒,次孫楊七,次孫脉脉,次孫妙哥,次孫豆豆,次孫蛹蛹,次孫賽哥。”後周廣順元年《□殷墓誌銘》(《新中國·河南貳》第324頁):“有子三人:長曰光祚,娶新婦柳氏;次曰會哥,次曰三哥;女大姐。孫男二人:曰大奴,曰慈淌。孫女一人,曰婆嫌。”唐文德元年《郭順墓誌銘并序》(《新中國·陝西壹》第139頁):“兒女三焉:長男合兒,次男恩哥,長女思歸娘。”

W 外兄

唐大中四年《唐故裴氏小娘子墓誌銘》(《新中國·陝西貳》第262頁):“外兄鄉貢進士盧獻卿撰。”外兄,表兄。

X 小女子

五代後周顯德六年《梁文誼造像記》(《匯編》第36冊第161頁):“為亡父母小女子七娘,永充供養。”

Z 再從侄

唐大中四年《裴行著墓誌銘》(《新中國·陝西貳》第258頁):“再從侄承奉郎守大理司直謨撰。”

Z 侄女

唐大中四年《裴行著墓誌銘》(《新中國·陝西貳》第258頁):“幸親侄女杜氏主辦喪事,一無闕也。”

N 娘子,少女之稱

唐永昌元年《獨孤丞長女獨孤婉墓誌并序》(《新中國·陝西貳》第60頁):“娘子字婉,河南洛陽人也。”“娘子仙娥降彩,賓婺流輝。率性表於言容,因心切於慈孝。年猶未亂,奄鍾偏罰。哀毀移期,殆將滅性。既而蘭儀蕙問,方傳獨立之奇;弄杼鳴弦,更擅無雙之藝。謝庭飛雪,初散影而飄颻;巫嶺行雲,遽韜光而歇滅。遘疾不瘳,以永昌元年七月九日,終於京永寧里,春秋廿有一。即以其月廿三日,遷窆於滻東原,禮也。輕虹黯色,痛美人之不歸;流風罷響,悲少女之行謝。"少女,年輕未婚女子之稱;娘子,可得指稱年輕未婚女子。

B 表弟

唐大曆十四年《曹惠琳墓版文》(《新中國·陝西貳》第 157 頁):"公之昆季有四人焉。仲兄震,游擊將軍守武衛郎將。仲弟榮,雲麾右衛大將軍兼光禄卿。季弟説,朝散大夫守都水使者。表弟景琳,龍武軍使試光禄卿。"[1]

《漢語大詞典》"表弟":姑母、舅父、姨母之子年幼於己者稱表弟。唐李肇《唐國史補》卷下:"頃命酒,昭曰:'欲請表弟歌。'坐中又笑。"

W 外弟

唐元和五年《崔慎思墓誌銘并序》(《新中國·陝西貳》第 204 頁)題爲"外弟河南哥舒峘撰",外、表也,外弟即表弟。

B 表侄

唐貞元三年《故郯國大長公主墓誌銘并序》(《新中國·陝西貳》第 163 頁):"駙馬都尉范陽張清,即玄宗之表姪,肅宗張后之愛弟。"表姪,即表侄,表弟兄之子。

S 叔妹

唐貞元三年《雷彦芬妻馮氏墓誌銘并序》(《新中國·陝西貳》第 164 頁):"事舅姑以孝,奉叔妹以禮,接娣姒以義,睦宗黨以恩。閨門之内,罔不和叶。"

E 兒

唐咸通九年《隴西李公政墓誌銘并序》(《新中國·陝西貳》第 299 頁):"新□□氏,育男胡哥女博(慱)兒。夫人郝氏,志行温柔,賢和守節。箴□□譽,軌範無差。佳以訓子有孟母之規,令問法班家之美。育□男二女。男文審,婚張氏,育男喜子合兒,女卧兒福兒。小男八□,婚王氏,男

[1] "叔妹",丈夫的妹妹,即小姑。《後漢書·列女傳·曹世叔妻》:"婦人之得意於夫主,由舅姑之愛己也;舅姑之愛己,由叔妹之譽己也。"

頭兒。女二人：十二娘聘張氏，十五娘始笄。”唐開元二十七年《空寂師龐六兒墓誌》(《新中國·陝西壹》第 118 頁)：“師俗姓龐，名六兒，法號空寂，右千牛將軍同本之第六女也。”唐代女性亦以“兒”名，是“兒”字之用，初無間男女。

C 長男

唐貞元三年《雷彥芬妻馮氏墓誌銘并序》(《新中國·陝西貳》第 164 頁)：“長男……希進，次男……希願，次男迅等，執喪在疚，泣血崩心。”長男，與次男並列，指長子。

X 小男

五代後周顯德二年《張萬進造像記》(《匯編》第 36 冊第 162 頁)：“為父母小男永壽，保安身位。”

Z 子，丈夫子、女子子、他姬子、後子

唐元和十四年《崔蹈規墓誌》(柳州刺史柳宗元撰，《新中國·河南壹》第 290 頁)：“巽之他姬子：丈夫子曰老老，女子子曰張婆。妻之子：女子子曰陁羅尼，丈夫子曰那羅延，實後子。”按丈夫子，謂男子。女子子，謂女子。他姬子，謂妾所生子。後子，謂長子。夫婦墓誌，可以合觀：唐元和十五年《薛巽墓誌》(柳州刺史柳宗元撰，《新中國·河南壹》第 291 頁)：“夫人博陵崔氏，先君二歲，棄二子于武陵。女子子曰陁羅尼，丈夫子曰那羅延，最幼。夫人德行世家，事在叔舅宗元之為誌銘中。君之子凡四人，諸姬生。長男子曰老老，長女子曰張婆。”

《漢語大詞典》“丈夫子”：兒子，男孩。古代子女通稱子，男稱丈夫子，女稱女子子。《戰國策·燕策二》：“人主之愛子也，不如布衣之甚也。非徒不愛子也，又不愛丈夫子獨甚。”唐陸龜蒙《送小雞山樵人序》：“吾有丈夫子五人，諸孫亦有丁壯者。”又“後子 1”：嫡嗣；長子。《墨子·節葬下》：“妻與後子死者，五皆喪之三年。”孫詒讓《閒詁》：“孔廣森云：後子者，爲父後之子，即長子也。《戰國策》謂齊太子申爲後子，《荀子》謂丹朱爲堯後子，其義并同。畢云：後子，嗣子適也。”唐韓愈《唐故河東節度觀察使滎陽鄭公神道碑文》：“始娶范陽盧氏女，生仁本、仁約、仁載，皆有文行。二季舉進士,皆早死,仁本爲後子獨存。"

S 孫男、孫女

唐開元二十八年《尊勝陁羅尼經并序》(《匯編》第 24 冊第 107—115 頁):"孫男拔海、孫女二姑闔家供養佛。"唐天寶元年《李元福妻鞏氏造像記》(《匯編》第 25 冊第 21 頁):"男賓晃,妻阿壬。男歸兒,妻阿張。孫男有迪,孫男有茳。女二娘,男史婆。"

L 來孫

唐天寶四載《皇帝賢妃王氏(芳媚)墓誌銘并序》(《新中國·陝西壹》第 119 頁):"賢妃諱芳媚,太原祁人也。梁司徒太尉大司馬永寧公諱僧辯之來孫,皇朝徵君諱珌之曾孫,國子司業鄭州刺史諱思泰之孫,司封郎中潤州刺史,贈益州大都督薛國公諱美暢之中女也。"

《漢語大詞典》"來孫":玄孫之子,從自身算起的第六代。亦泛指遠孫。《爾雅·釋親》:"孫之子爲曾孫,曾孫之子爲玄孫,玄孫之子爲來孫。"

Z 侄孫

唐開元二十九年《張守珍墓誌銘并序》(《匯編》第 24 冊第 132 頁):"河南府鄉貢進士陳衆甫詞。姪孫鄉貢明經有鄰書。"姪孫,即侄孫,兄弟的孫子。唐元和四年《五通觀威儀兼觀主馮仙師(得一)墓誌銘并序》(《新中國·陝西貳》第 202 頁):"俗累雖哀,寂滅應樂。……約忝日姪孫,偏承眷念,忍涕握管,謹為銘曰……"現代句讀則應讀爲:"俗累雖哀,寂滅應樂?"是唯一以超脱語氣寫喪亡者,依然歸於否定所謂"寂滅"者。

S 室人

寧遠將軍守右司禦率上柱國張令暉文,吏部常選唐萬頃書,唐開二十七年《室人大原王氏(仁淑)墓誌銘并序》(《新中國·陝西壹》第 117 頁):"吾室人字仁淑。"從墓誌作者身份與墓主關係來看,室人、即丈夫於妻子之稱:"及夫恩命許歸,禮嬪吾室。""吾以伉儷情重,具物送終。死而有靈,知吾誌矣。"室人,古代或稱家中人,見《詩經》,或稱家中妻妾,見《列子》等,後世變化異名,如宋代蔡絛《鐵圍山叢談》卷一:"是後,因又改郡縣君號爲七等:郡君者爲淑人,碩人、令人、恭人;縣君者,室人、安人、孺人。俄又避太室人之目,因又改曰宜人。其制今猶存。"

K 閫屬

唐天寶十載《房光庭墓誌序》(《匯編》第 26 冊第 39 頁):"奈何行年六十有一,示染微疾。於二月廿七日忽命困属云:僧來迎我,香花引前。語嘿如常。"困屬,即閫屬,家眷之謂。

X 細人

唐天寶五載《大唐慶國故細人孫氏墓誌銘并序》(《新中國・陝西貳》第 114 頁):"細人,古或謂之孺人,次妃之列也。故孫氏,光慶國之選,聿俊英聞。"唐代細人,工具書所釋語焉不詳。按本誌所解,細人即孺人,側於"次妃之列"者。[1]

R 如夫人

唐天寶九載《王公故美人李氏二娘》(《新中國・陝西貳》第 125 頁):"李氏者,王公之美人也……所以恃寵於枕席,承恩於帷房。將如夫人,其兆已見。"尚屬詞組結構。

X 小

小,指妾。唐貞元十九年《徐思倩墓誌銘并叙》(《新中國・陝西貳》第 184 頁):"公之小阮玉,孝友敦穆,若喪所天。嗣子有信,試右金吾衛兵曹条軍。夙稟庭訓,纘恭環列,號蒼旻以無追,泣丹血如割。長女含《大易》之儀,蘊《周南》之則,為故襄王細人。"

M 媚眉

唐天寶九載《王公故美人李氏二娘》(《新中國・陝西貳》第 125 頁):"李氏者,王公之美人也。體静心閑,花明月朗。獨立閨門之内,不知者咸

---

〔1〕《漢語大詞典》"孺人 1":古代稱大夫的妻子,唐代稱王的妾,宋代用爲通直郎等官員的母親或妻子的封號,明清則爲七品官的母親或妻子的封號。亦通用爲婦人的尊稱。《禮記・曲禮下》:"天子之妃曰后,諸侯曰夫人,大夫曰孺人,士曰婦人,庶人曰妻。"《舊唐書・后妃傳下・睿宗肅明皇后劉氏》:"儀鳳中,睿宗居藩,納后爲孺人,尋立爲妃。"

以為神。皓齒工歌,長袖妙舞。蹔因聞見,必使悲歡,豈徒遏行雲下威鳳而已。王公好奇賞異,求娉納焉。年十有六,遂歸于我。既美於色,又賢于德。飛鳴鏘鏘,言笑晏晏。所以恃寵於枕席,承恩於帷房。將如夫人,其兆已見。”銘文有云:“彼姝者子,冥寞問誰。一開馬鬣,長送娟眉。”娟眉,係美人代稱。

X 先生,唐代道士之稱

唐貞觀廿年《大唐故中大夫紫府觀道士薛先生墓誌銘并序》(《新中國·陝西壹》第32頁):“夫體道觀妙,言象之所未宣;忘情懸解,筌蹄之所不繫。故能隱顯真俗,出處朝野,而無□待之累者,斯可謂至人矣。爰有上德曰中大夫、紫府觀道士薛先生,諱賾,字遠卿,黃州黃崗人也。”大弘道觀法師□□撰,唐天寶二年《唐東京道門威儀使聖真、玄元兩觀主清虛洞府靈都仙臺貞元先生張探元尊師遺烈碑》(《匯編》第25冊第35頁):“(開元)十年,朝廷增崇大聖祖玄元廟。祠庭有侐,密迩宫坦,擇賢才以時□潔。天子精選黃褐,親垂紫書。先生與峨眉王仙卿、青城趙仙甫、漢中梁虛舟、齊國田仙寮等,允膺宸鑒。有司備禮,冠盖紛迎。登邙山,俯河洛,飄飄明霞之外,窅窅凝元之際。望者以為神仙之會也。”“先生亦德契言從,道同心一。盡以天恩所賜巾裘器服,及私居莊磑園野,資營繕焉。惜乎厥功未就,而奄然體逝,享年七十有六。默遷於山口雲泉之業,時天寶元年七月丙寅也。先生將示疾也,豫修金籙法事,躬奠河圖醮禮。倏有二仙光降,百神昭明。其景象靈命,及遺誡玄詞,誌傳詳焉,文多不載。及乎解蜕也,非煙覆寢,異香盈室。□老龍之户,疏子鶴之塋。隣人見先生紫衣白馬,俄亡所在。”從題名到碑文,數處“先生”,皆爲道士之稱。

X 小才

唐開元二十四年《楊會墓誌銘并序》(《新中國·陝西壹》第115頁):“嗣子思敬等哀哀嚴父,欒欒棘心。以為兆啓青烏,墳開馬鬣。若幽石不記,則熟委迺墳。故託余小才,願旌景行。”宋代強至《代都運趙待制謝上表》:“小材而臨大計,不知經畫之所從。”此“小材”即石刻“小才”,自我謙稱。

S 造像記“身”字記録第一人稱

甘肅華亭縣博物館《張醜奴造像碑》:“佛弟張醜奴爲身、爲息墉仁、爲忘(亡)息墉子,父子三人爲造石像一區,願忘(亡)者三人,三除地獄,速令解脱,願忘(亡)者上生天上。”

按“身”爲第一人稱,自我指代。“息”爲子息之用,早見《戰國策·趙策》“賤息”等語。

雖然,石刻“身”字復有多用。如唐天實四年《趙莊墓誌》(《新中國·河南壹》第15頁)銘文:“天實二年四月三日身卒,至天實四載十二月一日,夫人雍爲墓葬之也。”身,爲享年。五代後晉開運二年《郭令威造羅漢像記》(《匯編》第36冊第103頁):“伏願自身並家養等造羅漢一身,永充供養。”至於後唐時期,有關佛事造像物量,其單位已多用“身”字。後晉開運二年《袁文鉉造羅漢像記》(《匯編》第36冊第114頁):“弟子袁文鉉造此羅漢一身,永充供養。”後晉開運二年《王二十娘造羅漢像記》(《匯編》第36冊第113頁):“女弟子王二十娘,造此羅漢一軀,永充供養。”是曰身曰軀,功能一揆。《尚書·無逸》:“文王受命惟中身,厥享國五十年。”鄭玄注:“中身,謂中年。”《逸周書·文傳》:“嗚呼,我身老矣,吾語汝我所保與我所守,傳之子孫。”清末王國維長短句《浣西沙·山寺微茫》:“山寺微茫背夕曛,鳥飛不到半山昏。上方孤罄定行雲。試上高峰窺皓月,偶開天眼覷紅塵。可憐身是眼中人。”

N 孽子:唐人仍以此稱庶子

唐開元二十年《來慈墓誌》(匯編第23冊第91頁):“大唐故康州司馬上柱國來府君墓誌銘。……長子斐,次子璟,早亡;次子邸,次子彝,孽子弊,女壻常令業等,崩心孺慕,泣血緾哀。懼陵谷之推遷,勒斯銘以騰實。”

按孽子,庶子,非正妻所生之子。《史記·淮南衡山列傳》:“王有孽子不害,最長,王弗愛,王、王后、太子皆不以爲子兄數。”孽,通“櫱”,旁枝,幼芽。孽子,庶子,非正妻所生之子。

Z 枝子

唐開元二十三年《盧全操墓誌》(匯編第23冊第151頁):"嗣子仲容,公之元昆枝子也。"枝子,猶庶子。《韓非子·説疑》:"內寵並后,外寵貳政,枝子配適,大臣擬主,亂之道也。"《魏書·禮志四》:"《記》:公子爲母練冠、麻衣、縓緣,既葬除之。……此皆謂公侯枝子,藉父兄以爲稱,其母本妾,猶繫之於君,不得以子貴爲夫人者也。"

枝子,泛指後嗣。隋開皇九年《暴永墓誌》(《匯編》第9冊第58頁):"君諱永,字延業,上黨壺關人也,周大夫暴公之苗裔。祚土千里之畿,位尊八命之禮……乃爲銘曰:武王枝子,啓土周畿。"《漢語大詞典》"枝子"條引《漢魏南北朝墓誌集釋·韓祐墓誌》:"枝子裔孫,斯土爰宅。"

T"他"字用作虛指代詞

唐天祐十八年《竇真墓誌》(《新中國·河南壹》第97頁):"歲遠海竭山平,鐫石鎸名他尔。辤曰:嘻嗟府君,舉止風雲。交朋出衆,見解超羣。何圖殞殁,四海驚聞。又辤曰:府君舉止多風雅,誰爲淪亡今日下。露滴郊原秋草梢,行人泣血相逢灑。"他爾,相當於乃爾,具有指代功能,不過前者罕見,後者慣用。《漢語大詞典》"他4":以爲"他"具"虛指"功能,所援書證係元代語料,如無名氏《凍蘇秦》第三折:"我喜則喜一盞瓊花釀,恨則恨十分他這個冰雪般涼。"馬致遠《薦福碑》第一折:"我如今帶儒冠著儒服,知他我那命裏有公侯也伯子男乎?"

Y 玉昆金友

唐天寶十一載《中嶽永泰寺碑頌并序》(《匯編》第26冊第61頁):"玉昆金友,俱離塵籠。"

(四)物 量 類

物量詞集中實物

東晉升平五年《潘氏衣物券》(《中國古代銘刻文物》圖五五、《考古通訊》一九五六年第二期《晉周芳命婦潘氏衣物券考釋》):"故持綺方衣一要。故練梁衣一要。故絹梁衣一要。故練衫二領。故帛羅縮兩當一領。故縠縮兩當一領。故絳複袴一要。故紫碧複帬一要。故紫碧裌帬一要。故絳碧裌帬一要。故紫紗裌帬一要。故紫黄幣膝一要。故絳襦一領。故黄縠襦一領。故紫綾半裕一領。故紫紗縠羅一領。故真瑠一雙。故銀鋜一雙。故臂珠一具。故銀環兩雙。故銀釵二枚。故瑇鉾釵。□□絮巾二枚。故褋繒二邊。故綺飛衣一雙。故要糸一具,錢七枚。故嚴具䙓一具。故櫛父母一雙。故銅鏡一枚。衣具一。故刷一枚。故緅針綫囊一枚。故黄針綫囊一枚。故翦刀尺一具。故糸布針五枚。故布綫一氐。故糸綫二氐。故練手巾四枚。故帛絹手巾二枚。故練襪一量。故斑頭女履一量。故白布大巾一枚。故五縠囊五枚。故黄綺枕一枚。故被一領。故靈一枚。故細笙一幡。故玉豚一雙。故棺材一口。故幹釘五枚。故布梁衣一要。故絑帬一要。升平五年六月丙寅朔廿九日甲午,不禄。公國典衛令荊州長沙郡臨湘縣都鄉吉陽里周芳命妻潘氏,年五十八。以即日醉酒,不禄。其隨身衣物,皆潘生存所服餝,他人不得忘認詆債。東海僮子書,書迄還海去,如律令。"

《漢語大詞典》"量 17":通"緉",量詞,猶雙。三國魏曹操《與太尉楊彪書》:"並遺足下貴室錯綵羅縠裘一領,織成韡一量。"《晉書·阮孚傳》:"未知一生當著幾量屐。"《南齊書·張融傳》:"並履一量。""要 1":"腰"的古字。亦用作量詞。《周書·李賢傳》:"賜衣一襲及被褥,並御所服十三環金帶一要、中廝馬一匹。"可比照符驗。

Q 軀、區、駈、丘

三國吴神鳳元年《買冢城磚》(《匯編》2 册第 34 頁)銘:"神鳳元季壬申三月二日始鼎作就。會稽亭侯並領錢唐水軍綏遠將軍,從土公買冢城一丘。東南極鳳凰山巔,西極湖,北極山北。值錢八百萬,即日交畢。日月爲證,四時爲憑。有私約者,當律令。大吴神鳳元季壬申三月□□朔二日。"南朝梁中大通五年《上官法光造像記》[1]:"敬造釋迦文

〔1〕《文物》2001 年第 10 期《四川省博物館藏萬佛寺石刻造像整理簡報》。

石像一丘。"按同時代相同量詞使用"軀"字,如南朝梁中大通四年《釋僧顯造像記》[1]:"敬造釋迦石像一軀。"是一丘者,即一軀也,軀之從丘,猶驅駈異體耳。唐貞觀十一年《温彦博墓誌》(《匯編》第 11 册第 75 頁):"又賜以秘器及塋地一區,並立碑紀德。前後賻贈二千段,喪葬所須,並令官給。"秘器,指棺材,兼及塋地,以區爲物量單位。唐建中元年《崔佑甫墓誌》(《匯編》第 28 册第 9 頁)邵説撰文,徐珙隸書,國子丞李陽冰篆蓋:"賜洛陽腴田十頃,甲第一區。"

按銘文使用"丘"字爲物量單位。《漢語大詞典》"區 12":量詞。座;尊。晉姚興《遺僧朗書》:"今遣使者送浮圖三級,經一部,寶臺一區。"駈即驅字之異體,亦從丘得聲,造像記多用"區""軀"字作爲物量詞。該磚所記"城一丘"者,即城一座也。閩永隆(939—944)刻《堅牢塔記》(《匯編》第 36 册第 184 頁):"凡一十六門七十二角,并隨層隱出諸佛形像,共六十二躯。繇是影籠千室,猶趨潤礎之隅。勢入重霄,已戴補天之色。壯矣哉!壽嶽因之永固,他山為之一空。"其中所用"軀"字,從身丘聲構造作[illegible]。又,三國吴黄武四年《浩宗買地券》(《匯編》2 册第 33 頁):"黄武四年十一月癸卯朔廿八日戊午,九江男子浩宗以□□,客死豫章。從東王公西王母,買南昌東郭一丘,[賈值]五千。東邸□□,西邸庚辛,南邸丙丁,北邸壬癸。以□□副□。時任知券者,雒陽金偅子鵲與魚,鵲飛上□,魚下入淵,郭師呈酒。券書爲明,如律令。"以地支字稱方位,亦道家慣技。

唐永淳元年《臨川郡長公主李孟姜墓誌銘并序》(《新中國·陝西壹》第 81 頁):"加食洪州實封三百五十户,賜甲第一區。"宅第,單位亦得量化爲"區"。

造像單位量化使用"軀體"字,殆與所塑造佛像身軀有關聯,逮到固定爲物類稱量專用,即軀、區音同而多通用;至於所稱量對象泛化,則區行而軀廢矣。是一物量單位使用,關乎詞彙發展演變之大過節。

---

[1] 《文物》2001 年第 10 期《四川大學博物館收藏的兩尊南朝石刻造像》。

S 碩，用作物量詞，讀同“石”

隋大業九年《蕭球墓誌》(《匯編》第 10 冊第 76 頁)："君隋內宫堂弟准從三品，贈束帛一百段，粟麥三百碩。儀仗鼓吹，車輅營墳，夫六百人。"碩，《廣韻》常隻切，用作物量詞，讀作“石”，通“石”(今讀 dàn)。容量單位，容十斗。宋趙令時《侯鯖録》卷四："義倉之積穀數千碩可以支散以救下民。"

D 段，物量詞而用於絲織品

段，作爲絲狀物稱量使用，有可能是“端”字之通用：如唐垂拱四年《成忠墓誌銘并序》(《匯編》第 17 冊第 86 頁)："蒙恩敕贈絹五疋，布五端。"〔1〕

端，頭緒、種類，作段者、端之音同相通。唐載初元年《乙速孤神慶碑》(《匯編》第 17 冊第 119 頁)："公於是奉陪八校，薄伐三川，從討王充，破青城堡，賜物一百段，並袍彩牛等，加勳大將軍。武德元年又征薛舉，二年復破武周。神兵四舉，每推立於後服；英圖百勝，必賈勇於先登。時宋金剛尚憑地險，更勞天伐。公因機有捷，燭雲火之高輝；應變無方，刊風灰之遠陣。平冠之後，蒙賜馬及金鞍彩物百段。"物一百段，即物類百種，故可稱爲“百端”。

隋大業九年《蕭球墓誌》(《匯編》第 10 冊第 76 頁)："君隋內宫堂弟准從三品，贈束帛一百段，粟麥三百碩。"隋大業九年《張盈妻蕭餝性墓誌》(《匯編》第 10 冊第 81 頁)："詔旨賚物一百段，隆優賻之礼。"隋大業十一年《伍道進墓誌》(《匯編》第 10 冊第 124 頁)："授儀同三司，賜物一

〔1〕《漢語大詞典》“端 24”：古代量詞。帛類的長度單位。《周禮·地官·媒氏》“入幣純帛無過五兩”，漢鄭玄注："五兩，十端也……《雜記》曰：‘納幣一束，束五兩，兩五尋。’然則每端二丈。"賈公彦疏："古者二端相向，卷之共爲一兩，五兩故十端也。"南朝宋劉義慶《世説新語·雅量》："王戎爲侍中，南郡太守劉肇遺筒中箋布五端。"《資治通鑑·漢獻帝初平二年》："烈聞而使人謝之，遺布一端。"胡三省注："布帛六丈曰端。一曰，八丈曰端。按，古以二丈爲端。"宋洪邁《容齋五筆·謂端爲匹》："今人謂縑帛一匹爲壹端，或總言端匹。案，《左傳》‘幣錦二兩’，注云：‘二丈爲一端，二端爲一兩，所謂匹也。二兩，二匹也。’然則以端爲匹非矣……若束帛，則卷其帛爲二端，五匹遂見十端。"

千段,領親信如故。”唐咸亨二年《故越國太妃燕氏墓誌銘并序》(《新中國·陝西壹》第72頁):“贈物七百段,米粟七百石,儀仗送至墓所往還,特給鼓吹。”唐神龍元年《李思貞墓誌銘并序》(《新中國·陝西貳》第68頁):“恩敕賜物一百段,粟一百石。靈柩還京,所須官給。”唐貞觀廿二年《莘安公竇誕墓誌銘》(《新中國·陝西壹》第33頁):“以公勤誠可録,特加茅土,封莘國公,食邑三千户,賜物五百段。”唐開元三年《杜忠良墓誌》(《匯編》第21冊第47頁):“迺命借紫袍金帶,賜物二百段。”唐乾封二年《開國公曹欽墓誌銘并序》(《新中國·陝西壹》第64頁):“公挺沖星之劍,迴駐日之戈,一呼而潰重圍,再舉而登万級。朝鮮遂衂,王旅用康,此又公之勳也。賜物一千段,馬十疋,除長上折衝。名超樽俎之間,功著旗常之表。”唐開元十二年《唐贈左驍衛大將軍左賢王阿史那毗伽特勤墓誌銘并序》(《新中國·陝西貳》第85頁):“賜物一百段,米一百石,粟一百石。”

天監九年九月廿七日,喬進臣買得地一段。(南朝梁喬進臣買地券)

中給事中王紹鑒督喪事,贈物一千五百段。(北魏慈慶墓誌)

敕賚馬十匹,金銀千兩,縑數千段,給蔭丁一百五十户。(北齊劉悦墓誌)

在隋唐墓誌裏,修飾“地”2處,修飾“物”和修飾幾種絲織品的例子很多。如:

買孫家莊下東北上地壹段,柒畝半餘壹拾肆步。(唐大中六年《同國政墓誌》)

以破薩舉勳,授上柱國、西華縣開國公,賞物五百段。(唐永徽元年《樊興碑》)

公以讜言稱旨,賜錦百段。(隋大業九年《豆盧實墓誌》)

太宗嘗夜宴王公於玄武内殿,詔公詠燭,賞彩卅段。(唐垂拱元年《薛元超墓誌》)

賜絹二千匹,雜彩五百段,金銀器物十事。(唐開元十五年《楊執一墓誌》)

天子悼惜，使吊贈束帛二百段。（唐大曆十二年《第五玄昱墓誌》）

賻絹布七百段，米粟七百石，陪葬昭陵，賜東園秘器。（唐顯慶二年《張士貴墓誌》）

高祖稱善，賫繒彩千有餘段，名馬五匹，並金裝鞌勒百副。（唐顯慶二年《張士貴墓誌》）

加遊擊將軍，賜勳七轉，亂彩百段。（唐開元十八年《劉庭訓墓誌》）

……

在許多情況下，"物"的位置，可以置换爲錦彩、絹布等絲織物。如唐貞觀十六年《獨孤開遠墓誌》（《匯編》第11册第105頁）："帝甚悦之，賜錦綵一百段。""仍敕賜米二百石，物二百段，喪事所須，率由官給。"唐顯慶二年《虢國公張士貴墓誌銘》（《新中國·陝西壹》第43頁）："賻絹布七百段，米粟七百石。"

緞，得名於段，原本爲絲織物物量詞。匹字專用於絲織物計量之後，段才不復爲絲織物所量化專用。唐顯慶四年《尉遲敬德墓誌》（《新中國·陝西壹》第47頁）："縱兵奮擊，所獲萬計。賫金鞌勒駿馬十匹。又以公昔陪戎幕，早預軍謀，賜絹一萬匹，金銀各千兩。"唐天寶六載《尹尊師墓誌銘并序》（《新中國·陝西壹》第120頁）："令内品官陳崇明贈絹五十匹。"

段、匹皆稱量絲織物，段、匹又各有所指："匹"僅施於"絹"，"彩"則稱量爲"段"。唐開元十五年《楊執一墓誌銘并序》（《新中國·陝西貳》第87頁）："賜絹二千匹，雜彩五百段，金銀器物十事。""賜絹百匹，米粟各百石。"金銀器物，稱量爲"事"，即"件"，亦物量詞。

至於"物"之外延，則不外三類：

外延單一，如具有一定長度幅度的"地"類、"緞"類等；

外延等於絲織物類，即彩帛絹之類；

外延大於絲織物類，但包含絲織物類。

晉人王羲之《雜帖·十七帖》："得果此緣，一段奇事也。"唐陳子昂《爲宗舍人謝贈物表》之二："特降上宫若干人，給使黄門若干人，並賜物若干段。”

參觀下具“端”條。

D 端

唐天寶七載《張去逸墓誌銘并序》(《新中國・陝西貳》第 120 頁,又《匯編》第 25 冊第 147 頁):“常式賵贈之外,別敕賜絹三百疋,布三百端,俾給喪事。”

或端、匹合用。唐貞元二十年《河東柳昱墓誌銘并序》(《新中國・陝西貳》第 187 頁):“乃賻錢一百二十八萬,布帛五百端疋。薪炭芻米,車來甚衆。”〔1〕

S 事

唐開元十五年《楊執一墓誌銘并序》(《新中國・陝西貳》第 87 頁):“賜絹二千匹,雜彩五百段,金銀器物十事。”金銀器物,稱量爲“事”,即“件”,物量詞。

唐開元二十七年《雁門郡開國公俾失十囊墓誌銘并序》(《新中國・陝西貳》第 100 頁):“錫錦袍鈿帶魚袋二事物五百□並賜甲第一區。”根據該時期物量詞使用特點,應當句讀爲“錫錦袍鈿帶魚袋二事,物五百□,並賜甲第一區。”或有將□釋爲叚者。據物量詞“段”的使用特點,“物”具有色彩之絲織物,用段稱量,故只能釋爲“段”。又,前出“錦袍鈿帶魚袋二事”,二事者,兩件也,亦物量詞,分別指錦袍、鈿帶魚袋,亦物量詞,見上出“物量類・段”。

S 扇

後唐天成二年《孔謙夫人劉氏夫人王氏合祔玄堂銘并序》(《匯編》第 36 冊第 32 頁):“先是公言於帝,使孫岳造船爲浮橋,至是將備矣。公又潛遣其兄佶,密市荊笆五百扇般送朝城。及莊宗次楊留,盛寒。河冰流

〔1〕《漢語大詞典》“端匹”:古代布帛計量詞。晉葛洪《抱朴子・清鑒》:“此爲絲綫既經於銓衡,布帛已歷於丈尺,徐説其斤兩之輕重,端匹之修短。”《資治通鑑・唐憲宗元和五年》:“悉罷諸道行營將士,共賜布帛二十八萬端匹。”胡三省注:“唐制:布帛六丈爲端,四丈爲匹。”

搓,一夕凍合。乃鋪荊笆進軍,遂獲楊留北鎮。"荊笆,單位爲扇。然則扇,即面也。後世像門窗等物量,仍以"扇"稱"單扇""雙扇"等。要之,扇作爲物量詞,用於平面物體。般,即搬運之搬,動詞之用。

J 件

唐天寶十四年《少林寺神王師子記》(《匯編》第 26 册第 137 頁):"前件神王,元在少林上坊普光佛堂,今□闕。其大福先寺總得神王一十五軀,望請前件兩軀,得還少林。"巴州嚴武奏,唐乾元三年《光福寺額敕》(《匯編》第 27 册第 22 頁):"臣頃牧巴州,其州南二里有前件古佛龕一所。舊石壁鎸刻五百餘鋪。"

碑文所用"件",作量詞,相當於《漢語大詞典》"件 2"所謂"指案卷、奏狀、文書等檔",一般以"前件"爲組合形式。碑文爲奏狀檔之數量,尤其"前件"前有"神王十一軀",後有"兩軀",知并非用作人體物量詞。

P 鋪,作爲物量詞

唐開元六年《張貓造像記》(《匯編》第 21 册第 91 頁):"清信女弟子張貓,□玄監於正見,爇智火而照昏城;曉四大之無堅,然惠燈而暉闇室。敬造五給(級)浮圖一軀,像一鋪,上爲天皇天后、法界倉生,咸同斯福。"浮圖之於像,前者立體高大,後者表面較小,軀、鋪各有分工,相對使用。唐先天二年《僧九定等造像記》(《匯編》第 21 册第 11 頁):"敬造阿弥陁像一鋪。"唐開元二年《杜潛輝造像記》(《匯編》第 21 册第 16 頁):"敬造一仏菩薩一鋪。"女子而以"貓"名,係金石組整理者所題,按原拓此字模糊不全,究屬何字,尚待考辨。浮圖,即佛塔,"五給"狀高度,本應作"五級"。浮屠單位爲"軀"或"丘",即現代漢語定義立體之"座落"。

唐咸亨二年《故越國太妃燕氏墓誌銘并序》(《新中國·陝西壹》第 72 頁):"東都寺觀,恩敕咸爲設齋,宋州僧尼,行道三日,度二七良人。中宫爲造繡像二鋪,廣崇淨業,兼製銘文,詞旨絶妙。青編錦字,事超故實。三昧二乘,傍追勝果。始終之惠,振古莫儔。惟太妃麗則旻遥,令儀景淑。"繡像,亦作"綉像",用彩色絲綫刺繡成的佛像或人像。

巴州嚴武奏,唐乾元三年《光福寺額敕》(《匯編》第27冊第22頁):“臣頃牧巴州,其州南二里有前件古佛龕一所。舊石壁鎸刻五百餘鋪。”

至於佛像單位則相對爲“鋪”,即“鋪張”之“鋪”,似爲平面展開之單位,猶現代漢語所謂臥具之“床鋪”“地鋪”“平鋪”、店面之“店鋪”“商鋪”之類,用於面積或體積較大的物量。

S 所

唐開元三年《姚懿墓誌》(《新中國·河南壹》第432頁):“玄堂在陝州東硤石縣東北廿里崇孝鄉南陔里安陽公之原,即懷州長史府君塋東南五百四十步。懷州長史府君墳高一丈,周迴廿三步。石人石柱石羊石獸各二列,在墳南,碑一所,在闕南廿步。柏樹七百八十六株。文獻公墳高一丈五尺,周迴廿五步。石人石柱石羊石獸各二列,在墳南,碑一所,在墳南一十四步。柏樹八百六十株。闕四所,在塋四隅。”碑,單位爲“所”,所,即座也。五代後晉開運二年《郭昌嗣建香幢記》(《匯編》第36冊第101頁):“建立香幢一所。”所、落通,落、即座也。五代後周顯德五年《崇化寺西塔基記》(《匯編》第36冊第155頁):“吴越王長舅鄭國公吴延福,載興磚塔二所。香泥木石,爲此鎡基。厚二丈餘,其固若山。他日製爲,請無疑也。唐下元戊午年七月二十八日。勾當并結塔僧契莊,勸緣僧延祝。”二所,猶言兩座。

唐開元二十七年《易州鐵像頌碑》(《匯編》第24冊第85頁):“開北山通車道一所(官坐鎮、白楊谷、我院)。置縣三(五迴、樓亭、□城),每驛停造店一百間。抱陽寺□□長廊一百卌間。移高陽軍營入城造廳及廊宇二百間。造水碾四所。已上並盧君造。鎸人□□貞解崇光。”車道,以“所”計;水碾,以“所”計。

B 部,物量詞

隋大業九年《張盈墓誌》(《匯編》第10冊第82頁):“祖弘策,齊散騎常侍衛尉卿、車騎將軍、洮陽縣開國愍侯、給鼓吹一部。”《漢語大詞典》“一部3”:表數量,用於書籍、樂舞、車輛、機械等。

唐會昌五年《唐故仗內教坊第一部供奉賜紫金魚袋清河張漸墓誌銘

并序》(《新中國·陝西貳》第249頁):"府君稟淮楚地秀,明達天才。望其器若鷹揚,導其詞若泉涌。弱冠詣洛,名振大都。居守邀留,補防禦將。後還武寧,以將族選授武寧軍衙前將。久之,去職遊宦,筮仕于燕。燕帥司空劉公授幽州同經略副使。談笑辯捷,獨步一方。長慶初,國相張公出將是府,下車饗軍。府君首出樂部,歌詠化源,啓口成章,應機由典。相乃竦聽稱歎,揖之升堂,敬謂之曰:如子之優,天假奉聖聰者也,非諸侯府所宜淹留。立表薦聞,旋召引見。穆宗皇帝大悦,寵錫金章,隸供奉第一部。弥歷二紀,榮密四朝。雖于髡滑稽,曼倩戲誚,寔無愧焉。"教坊第一部:教坊,宫廷音樂管理機構;音樂有"樂部",部,分類單位名稱,見《詞彙部·物量類·部》;第一部,第一類、即樂部首選者。如此篇,爲白樂天《琵琶行》"名屬教坊第一部"移釋,即略無剩義。

Z"隻"字作女子數量詞

唐天祐十八年《竇真墓誌》(《新中國·河南壹》第97頁):"女育三隻:長女十一娘,適王氏高門;次女盡適良家,偕登顯立。"滬上土著,方言以"隻"作爲物量詞,所施無間人、事、物,尤其不分實體抑或抽象,如"一隻小毛頭""一隻項目"者是也。

H 合

唐上元二年《趙孝顒墓誌石一合》(《新中國·陝西壹》第75頁),所題如此,使用"一合"數量詞。《漢語大詞典》"合31":盛物之器。即盒子。北魏賈思勰《齊民要術·種槐柳楸梓梧柞》:"(梓)十年後……車、板、盤、合、樂器,所在任用。"石聲漢注:"合,即現在的盒字。"唐王建《宫詞》之六七:"黄金合裏盛紅雪,重結香羅四出花。"又,唐元和二年《荷恩寺故大德法津禪師姚常一塔銘并序》(《新中國·陝西貳》第192頁):"賜絹一百疋,香一合。"香亦以合(後世作盒)計。

K 口

唐元和二年《荷恩寺故大德法津禪師姚常一塔銘并序》(《新中國·陝西貳》第192頁):"賜塼五萬口,爲師造身塔,高卅尺。"磚以口度量。

巴州嚴武奏,唐乾元三年《光福寺額敕》(《匯編》第27册第22頁):

“建造屋宇叁拾餘間,並移洪鍾壹口。莊嚴福地,增益勝緣。”是鍾亦以口計量。

S 書部,文獻分類術語

隋大業九年《傅叔墓誌》(《匯編》第 10 冊第 86 頁):“學遍書部,不以干禄爲為榮;文擅含章,徒藴淩雲之思。居非塵雜,高步丘園。結宇伊湹,始見閒居之逸;鳴絃酌濁,方申遺世之情。”《隋書》卷三十二《志第二十七・經籍一》:“又於東觀及仁壽閣集新書,校書郎班固傅毅等典掌焉。並依七略而爲書部,固又編之以爲《漢書・藝文志》。”《隋書》卷三十二《志第二十七・經籍四》:“别集之名,蓋漢東京之所創也。自靈均已降,屬文之士衆矣。然其志尚不同,風流殊别。後之君子,欲觀其體勢,而見其心靈,故别聚焉,名之爲集。辭人景慕,並自記載,以成書部。年代遷徙,亦頗遺散,其高唱絶俗者,略皆具存。今依其先後,次之於此。”

B 本,文本之數量用法較早者

唐開元廿四年《御製令長新誡》(《匯編》第 24 冊第 1 頁):“不有嚴飾,誡恐黷慢。望令集賢院簡好手寫一百六十三本,仍(乃)令吏部連牒各賜一本,仍(乃)望頒示天下縣令者宜依。”

Y 一刹,亦指體積

唐開元六年《唐興寺碑》(《匯編》第 21 冊第 94 頁):“鄉三老進而言曰:今敦禮勸農,嘉惠也;樹法拯人,深慈也。我宰君善化,前古罕儔。豈使浚儀豐碑,空銘景行;龍宫後偈,獨闕微言。載勒堅金,永傳沙界。銘曰:佛言能淨一刹土,是謂世間良福田。今我莊嚴招提宇,度脱功德海無邊。猶如法雲覆群品,亦如佛日在中天。皆是宰官惠明德,群甿安樂離苦緣。樹碑紀功永不朽,銖衣拂石億萬年。開元六年歲次戊午九月壬辰朔二日癸巳建。”

一刹,釋語多指時間,此指體積。《漢語大詞典》“一刹 1”:見“一刹那”;“一刹 2”:指一幡杆或一座佛寺。刹,本意是佛塔頂部的相輪。唐喻鳧《宿石窟寺》詩:“一刹古岡南,孤鐘撼夕嵐。”《北史・藝術傳上・陸法和》:“法和曰:‘吾前於此洲水乾時建一刹,語檀越等:此雖爲刹,實是賊標。今何不向標下求賊也?'如其言,果於水中見約抱刹,仰頭裁出鼻,遂禽之。"

Y 一面

五代南漢大寶五年《馬二十四娘買地券》(《匯編》第 36 冊第 182 頁):"用錢玖萬玖阡玖伯玖拾玖貫玖伯玖拾玖文玖分玖毫玖厘,於地主武夷王邊,買得左金吾街咸寧縣北石鄉石馬保菖蒲觀界地名雲峯嶺下坤向地一面。"讀此券,可知五代貨幣單位有貫、文、毫、厘等。一面,猶言一片。《漢語大詞典》"一面 7":表數量。用於扁平的物件,亦用於成片的景物。元睢景臣《哨遍·高祖還鄉》套曲:"一面旗雞學舞,一面旗狗生雙翅,一面旗蛇纏胡蘆。"

G 箇

唐代開元二十年《杜孚墓誌》(《匯編》23 冊 87 頁)銘文:"爲郎左个,作尉南昌,安卑效淺,志屈名揚(其三)。投筆北部,揭干東道,心馳塞雲,血灑邊草(其四)。朝誅上將,府責小吏,不遑啓處,敢恤名義(其五)。快快終日,悠悠苦心,寧祈福善,奄泣禍淫(其六)。"其中所用"个"字,又見唐代上元二年《許行本墓誌》(《匯編》16 冊 9 頁)銘文"爰膺个口,口流華祉"作。左个,《吕氏春秋·孟夏紀》:"天子居明堂左个。"高誘注:"明堂,南鄉堂;左个,東頭室。"《儀禮·鄉射禮》:"左个之西北三步東面設薦俎。"《禮記·月令》:"天子居青陽左个。"鄭玄注:"青陽左个,大寢東堂北偏。"王引之《經義述聞·通説上》:"案鄭訓个爲偏,則其字當與介同。"《集韻·錫部》:"鼏,莫狄切。《説文》以木横貫鼎耳而舉之,引《周禮》廟門容大鼏七箇,即《易》玉鉉大吉也。一曰覆鼎者。"

"个"字從何時由記録空間方位,到記録一般物量詞,漢語史研究尚不明確。這裏的結論是,根據"過渡性形體"原則,"个"是"介"分化的結果,分化的條件是二者形近音近(古音同屬見母),形體結構中間則經過"介"字形體漫長分化過程,至遲唐代已經个、個并用。

戰國秦國《睡虎地秦墓竹簡》介作、西漢《馬王堆漢墓帛書》作、西漢《武威漢墓竹簡》作、唐代《尹尊師碑》作。[1]

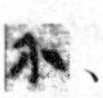

---

〔1〕 臧克和主編《漢魏六朝隋唐五代字形表》第 62 頁"介"字條,南方日報出版社 2011 年。

唐開元二十二年《代國長公主碑》(《匯編》23 冊 137 頁):“昨夜夢念珠口斷,急手自拾,一箇不得,是不祥。”又見後周顯德二年《妙樂寺真身舍利塔碑》(《匯編》36 冊第 141—142 頁):“衆生業重身,幾箇遭逢見,□緣聞佛名,多緣覩佛面,久居在世間。”唐石經也使用個,這是現在被視爲現代漢字的繁體字。上舉唐代石刻銘文《杜孚墓誌》字形爲个,《許行本墓誌》作介。前者皎然,後者模糊。但前者“个”還是跟“介”字取相同的功能。西漢簡牘已經使用箇,專用爲竹竿的單位量詞,猶如竿字。後人據此説“箇”作爲計量詞,取“竹”形之半,即由此而來。但事實上,該個字,一直很少見(參見《漢魏六朝隋唐五代字形表·竹部》)。

《説文解字·竹部》:“箇,竹枚也。从竹固聲。古賀切。”唐抄本空海撰《篆隸萬象名義·竹部》:“箇,柯賀反。枚也。筊也。几也。”“筊,胡交反。竿也。竹索也。簸字。”《宋本玉篇·竹部》:“箇,古賀切。凡竹筊也,數之,一枚也。”《集韻·灰部》:“枚:謀杯切。《説文》幹也。可爲杖,引《詩》施于條枚。一曰枚箇凡也。亦姓。”《箇部》:“箇个介:居賀切。《説文》竹枚也。或作个介。通作個。”《類篇·八部》:“个,居賀切。竹枚也。箇,或作个。又居案切。射侯舌也。”

Z 張

唐天寶二年《陳周子墓誌銘并序》(《匯編》第 25 冊第 43 頁):“幼善牙琴,絃徽必叩。每良辰清夜,繁於手則山水在側,聆於耳則音韻入懷。享之千金,不可復見。然卜商豈投於一過,季子安止於三號哉。其所製雜詩及至人、無心數賦共一卷,并漆琴一張,寘乎椸柎,盖尔請也。”張,稱量鋪張之物。

(五) 宗 教 類

C 處分

後唐長興三年《懷州方市邑衆豎立生臺記》(《匯編》第 36 冊第 41 頁)題目:“懷州方市邑衆豎立生臺記。和尚處分惠臻書。”是惠臻正書書寫,前面冠以"和尚處分"字樣,謂所寫爲受"和尚吩咐"者也。

處分,安排、料理。唐乾符四年《鄭逢墓誌》:"唐故滎陽鄭府君墓誌銘并叙。杜陵孤子韋黯述……以黯辱公之知,熟公之行,來托爲誌,刊此貞瑒。雖陵谷變更,馨香不泯。黯居於哀瘵,微分敢違,謬紀菲詞,庶爲實録。銘曰:盛族之後,美茂名孫。無瑕有節,身殁道存。宅兆既卜,日月良□。鯉之□事,泉固寧魂。惜奉兄長處分書。"

F 翻譯

唐開元二十八年《尊勝陀羅尼經并序》(刻於山東沂水。《匯編》第24冊第107—115頁):"其僧驚愕,倍更虔心。回還西國,取《尊勝陀羅尼經》。至永淳二年,回至西京,聞奏大帝。大帝遂請日照三藏法師及敕司賓杜行顗等共譯此經。施僧絹卅疋。其經本禁內不出。其僧悲泣奏曰:貧道捐軀委命,情望普濟群生;救拔苦難,不以財寶爲念。請還經本,流益含靈。帝遂留翻經,還僧梵本。其僧得梵本,將向西明寺。訪得善梵語漢僧順貞,奏共翻譯。帝隨其請。僧遂對諸大德,□□已。自將梵本向五臺山,至今不出。前後所翻並行,小小語有不同。垂拱三年,定覺寺主僧志靜,因停在神都魏國東寺,親見日照三藏法師,一如上説。志靜遂就三藏法師諮受神咒。法師於是口宣梵音。經二七日,句句委授具足,梵音一無差失。更取舊翻梵本勘校,所有脱錯,悉皆改定。云:最後別翻句,稍異於杜令所翻者。新呪改定音注不錯,學者幸詳焉。至永昌元年八月,於大敬愛寺見西明寺上座澄法師,問其逗留,亦如前説。其翻經僧順貞見在,奉經以拔幽顯,最不可思議。恐學者不知,故具輯委曲,以傳佛頂《尊勝陀羅尼經》。"按序言所道,翻、譯、翻譯,皆爲同義語。

按譯事用"翻",實啓注音方式。"反切"開始即使用"××翻",作"××反",爲字形稍變者,至於再作"××切",已不知其溯。"××翻",猶言以××音節結構可音譯者。

F 梵刹

唐至德二載《史思明奉爲大唐光天大聖文武孝感皇帝敬無垢淨光寶塔頌》(《匯編》第27冊第3頁):"置呪於梵刹之中,釋網於毗耶之路。"

《漢語大詞典》“梵刹”：泛指佛寺。梵，意爲清淨；刹，意爲地方。唐代唐彦謙《遊南明山》詩：“金銀拱梵刹，丹青照廊宇。”

F 法院

唐開元八年《居德寺碑》(《匯編》第 21 冊第 126 頁)：“建室星羅，分庭雲布。亦有法院，覃懷作固。”“法院”，較早爲佛寺專用語。

F 分

唐天寶八載《唐故靈泉寺玄林禪師神道碑并序》(《匯編》第 26 冊第 2 頁)：“應悟攝心，隨分獲益。大雲含潤，草木無幽而不芳；明鏡懸空，妍蚩有形而□兆。嘗至城邑，因過巷肆。屠説停刀，酒趙釋爵，擁路作禮，望塵瞻顔。師必款曲以情悦可其意，捨資財以攝其利，言力役以勤其生。漸去客塵，令入佛智。”晉人王羲之《十七帖》有“多分張”語，分張、分開，是“分”有“分離”一邊；而唐人“隨分”，即佛家所謂“隨緣”，又指向“契合”一邊。

F 佛事

後唐同光四年《行鈞塔銘》(《匯編》第 36 冊第 30 頁)：“由是召募有緣，葺脩大殿。首尾三載，締構悉成。而遇釋門澄汰，遂從毁廢。後值再開佛法，重勵身心。復立殿堂，兼塑佛事。”佛事，佛士，指佛像，菩薩像。事，通“士”。北魏楊衒之《洛陽伽藍記・長秋寺》：“莊嚴佛事，悉用金玉，作工之異，難可具陳。”唐韓愈《陪杜侍御遊湘西兩寺獻楊常侍》詩：“路窮臺殿闢，佛事焕且儼。”所具用例，皆無塔銘所用“再塑佛事”著實。

Y 煙，看煙、煙户

禋祭，得名於煙，亦猶祡祭，來源於燒柴。禋祀不絶，看守禋祀者，是謂人間有煙火。後稱守墓爲“看煙”，守墓人，是爲“煙户”。後世方言所謂“看墳”者，即此“看煙”。

公元五世紀《高句麗好太王碑》：“守墓人烟户。賣勾余民國烟二，看烟三。東海賈國烟三，看烟五。敦城民四家，盡為看烟。于城一家，為看烟。碑利城二家，為國烟。平穰城民國烟一，看烟十。此連二家，為看烟。徘婁人國烟一，看烟卌三。梁谷二家，為看烟。梁城二家，為看烟。安夫連廿二家,為看烟。改谷三家,為看烟。新城三家,為看烟。南蘇城一家,為國烟。新來韓穢沙水城國烟一,看烟一。牟婁城二家,為看烟。豆比鴨岑韓五家,為看烟。勾牟客頭二家,為看烟。永底韓一家,為看烟。舍蔦城韓穢國烟三,看烟廿一。古模耶羅城一家,為看烟。炅古城國烟一,看烟三。客賢韓一家,為看烟。阿旦城雜珍城合十家,為看烟。巴奴城韓九家,為看烟。臼模盧城四家,為看烟。各模盧城二家,為看烟。牟水城三家,為看烟。幹弓利城國烟二,看烟三。弥鄒城國烟一,看烟□□□□也利城三家,為看烟。豆奴城國烟一,看烟二。奥利城國烟二,看烟八。須(湏)鄒城國烟二,看烟五。百殘南居韓國烟一,看烟五。大山韓城六家,為看烟。農賣城國烟一,看烟七。閏奴城國烟二,看烟廿二。古牟婁城國烟二,看烟八。瑑城國烟一,看烟八。味城六家,為看烟。就咨城五家,為看烟。彡穰城廿四家,為看烟。散那城一家,為國烟。那旦城一家,為看烟。勾牟城一家,為看烟。於利城八家,為看烟。比利城三家,為看烟。細城三家,為看烟。國岡上廣開土境好太王存時教言。祖王先王,但教取遠近舊民,守墓洒掃。吾慮舊民轉當羸劣。若吾萬年之後,安守墓者。但取吾躬巡所略來(来)韓穢,令備洒掃。言教如此。是以叺如教令,取韓穢二百廿家。慮其不知法則,復取舊民一百十家。合新舊守墓户。國烟卅,看烟三百。都合三百卅家。自上祖先王以叺來,墓上不安石碑。致使守墓人烟户差錯。唯國岡上廣開土境好太王,盡為祖先王墓上立碑。銘其烟户,不令差錯。又制守墓人,自今叺後,不得更相轉賣。雖有富足之者,亦不得擅買。其有違令,賣者刑之,買人制令守墓之。"〔1〕

"看煙",即守墓人。《漢語大詞典》"煙户"亦作"烟户",1. 人户。《清會典·户部·尚書侍郎職掌五》:"正天下之户籍,凡各省諸色人户,

〔1〕 東京博物館藏酒匂景信雙鉤加墨本、水谷悌二郎藏原石拓整本、朝鮮總督府藏拓本、沙畹藏拓本、周雲臺拓本、榮禧《古高句麗永樂太王墓碑文考》《寶鴨齋題跋》卷上、羅振玉《神州國光集》第九集、楊守敬雙鉤本、今西龍《增訂補正大日本時代史》、前間恭作《朝鮮金石總攬》上、劉承幹《海東金石苑補遺》、金毓黻《奉天通志》、水谷悌二郎《書品》第一〇〇號、末松保和《日本上代史管見》、朴時亨《廣開土王陵碑》。

有司察其數而歲報於部,曰煙户。"清陳天華《獅子吼》第三回:"該村煙户共有三千多家。"2. 吸食鴉片煙的人户。《二十年目睹之怪現狀》第十三回:"凡係吃煙的人,都要抽他的吃煙税,給他注了煙冊,另外編成一個煙户。"

Y 音義

唐天寶八載《唐故靈泉寺玄林禪師神道碑并序》(《匯編》第 26 冊第 3 頁):"鷲若飛來,雁如踊出。官窑杖標之所,得自神人;破塢移燈之處,傳諸耆老。今山上數十處有窣堵波者,即其事也。自金人入夢,白馬負來,譯音議於天竺,布文字於震旦。是爲教本,寔曰道因。"譯音議,翻譯注釋;布文字,傳教經文。

Y 印可

唐天寶十二載《崔府軍故夫人文水縣太原王氏墓誌》(《匯編》第 26 冊第 80 頁):"先是,祖夫人深詣釋門,久探覺路。顧命之日,手付遺文。夫人孝不忘心,言若在耳。克荷宿願,果證真如。於是脱落塵勞,捐捨餝好。精思圓寂,密契微言。國之大師,屢有印可。"經印證而可是。此處"可是"者,即以是爲可,非關下轉語之功能。

Y 銀泥

唐開元二十五年《臨高寺重修□碑并序》(《匯編》第 24 冊第 36 頁):"爰始結構,廣兹□宇。鐸迴風吟,□危雲聚。叢倚□立,扠牙□豎。壁露銀泥,繩交金縷。其四。遠瞻迢遰,迴望崔嵬。文以粟玉,藻以玫瑰。雕甍鳳翥,畫壁龍來。自然風角,何必天台。其五。"銀泥,參見"尼金"條。扠牙,又見"侘呀"條。

J 金飾

唐天寶十四年《少林寺神王師子記》(《匯編》第 26 冊第 137 頁):"[但]此功德,昔是素裝。忽覩靈姿,[遂]如金飾。玄工再造,天巧自然。成神之力,巍巍如是。"素裝、金飾對文。參見"尼金"條。

J 經行、講席

唐大曆六年《題靈泉寺》詩刻(《匯編》第 27 冊第 98 頁):"物外經行

處,雲峰斷復連。散花飛講席,輕翠澹鑪煙。”

Y 義龍

L 律虎

唐天寶八載《唐故靈泉寺玄林禪師神道碑并序》(《匯編》第 26 冊第 2 頁):“以戒爲行本,經是佛緣。雅闲持犯,克傳秘密。學者号爲律虎,時人因爲義龍。推步渾儀,昭明曆象。”

T 通轉

唐開元二十八年《王守泰記山嵿石浮屠後記》(《匯編》第 24 冊第 117 頁):“又委禪師玄法,歲歲通轉一切經。上延寶曆,永福慈王;下引懷生,同攀覺樹。”通轉、通郵轉譯也,類等翻譯,見上出“翻譯”諸條。

T 彈指

唐貞觀三年《慈潤寺故大靈琛禪師灰身塔銘文》(《匯編》第 11 冊第 19 頁):“慧日既虧,群迷失望。非生淨土,彈指何向。”

J 淨財

唐開元二十九年《大智禪師碑陰記》(《匯編》第 24 冊第 142 頁):“凡捨淨財者,人具題爵里。”設施“淨財”者,在碑刻中得以題寫官爵和鄉里。五代後周廣順二年《曹德馴造羅漢像記》(《匯編》第 36 冊第 124 頁):“弟子曹德馴,敬捨浄財,造羅漢一軀,永充供養。”五代後周顯德五年《王林并妻何四娘造舍利塔磚記》(《匯編》第 36 冊第 157 頁):“弟子王林并妻何四娘闔家眷属,捨浄財,捐施真身舍利塔佛塼一千五百尊。”淨財,善財。

J 金格

唐天寶二年《石仙宮銘并序》(《匯編》第 25 冊第 32 頁):“當字引《玉篇》名書金格發揮之要,用述銘云。”大弘道觀法師□□撰,唐天寶二年《唐東京道門威儀使聖真、玄元兩觀主清虚洞府靈都仙臺貞元先生張探元尊師遺烈碑》(《匯編》第 25 冊第 35 頁):“公主以天人之貴,帝子之尊,玉鏡清懸,瓊華洞照。洎夫署真官於金格,烈仙位於瑶壇。曰大洞三景法師,四紀于兹矣。”

J 金字

唐天寶十一載《大唐西京千福寺多寶佛塔感應碑文》(《匯編》第26冊第64頁):"先刺血寫《法華經》一部、《菩薩戒》一卷、《觀普賢行經》一卷。乃取舍利三千粒,盛以石函。兼造自身石影,跪而戴之。同置塔下,表至敬也。使夫舟遷夜壑,無變度門。刼算墨塵,永垂貞範。又奉爲主上及蒼生寫《妙法蓮華經》一千部、金字三十六部,用鎮寶塔。又寫一千部,散施受持。靈應既多,具如本傳其載。"

唐天授二年《大周故泗州刺史趙府君墓誌銘并序》(《匯編》第17冊第168頁):"俾夫英規懔懔,梗槩與金字俱生;神理綿綿,運往與玉音無歇。"

唐長安三年《王養及妻成氏墓誌》(《匯編》第19冊第60頁):"尚恐墓古成地,栢摧爲薪,紀彼石碑,仍鐫金字。銘曰……"

唐天寶七載《程思慶墓誌》(《匯編》第25冊第138頁):"不朽之言恐墜,如山之功無聞,爰刻石以立志,鑿金字而表存,千齡兮萬代,傳銘兮後昆。"

《多寶塔》所用"金字",指佛教經文;其餘石刻"金字",則徑謂銘刻碑文。參見《金石學走向系統分析》文。

X 像教

北魏景明四年《侯太妃自造像記》(《匯編》第3冊第66頁):"自以流歷弥刧,於法喻遠。嘱遇像教,身尜(求)達士。"像教,佛法。身,指代第一人稱。以與上句"屬遇"(即適遇佛法)連文。

S 税

F 豐碑

唐元和二年《荷恩寺故大德法津禪師姚常一塔銘并序》(《新中國·陝西貳》第192頁):"奏免常住兩税,至今不易。又還官收地廿二頃,恩命令立豊碑,在於寺普潤莊也。"和尚常住曾經交税。

X 仙窟

唐元和四年《五通觀威儀兼觀主馮僊師(得一)墓誌銘并序》(《新中國·陝西貳》第202頁):"唯餘仙窟,永閟幽穸。播美無窮,鐫于貞石。"

X 仙子

唐開元二十九年《田仙寮墓誌》(《匯編》第24册第145頁):"仙子蔡璋、楊景春、王景晉、敬□昌者,久遊大道之藩,甞入先生之室。"仙子,道士之稱。

X 稀奇

唐天寶十一載《中嶽永泰寺碑頌并序》(《匯編》第26册第61頁):"文帝應命,感異稀奇。忽得舍利一瓶,雪毫燦爛。火焚益固,擊之逾明。""稀奇",稀少新奇。

X 像主

唐天寶十三年《袁名丘等造像記》(《匯編》第26册第111頁):"天寶十三載二月八日敬造弥勒像一軀,今德成就。像主袁名丘、母趙、妻周、女大娘闔家一心供養。""像主",此謂造像之主持者。

B 庇影

唐開元二十五年《臨高寺重修□碑并序》(《匯編》第24册第36頁):"(衆比丘)惠靜等,並庇影禪林,凝情定水,已除疑網,共振頽綱。"庇影,猶言護身。後世息影、掩飾,如《水滸傳》譏諷揭發惡人假借山林掩蓋真實身份爲"影占身體",則走向了另外一邊。

Z 裝寫

唐貞元十四年《韓超寂墓誌銘并序》(《新中國·陝西貳》第173頁):"至於鑄畫仏像,裝寫藏經,廣設文齋,捨入常住,大師每歲有之,不可具紀。"鑄畫、裝寫,對文作用。

Z 鑄畫

唐貞元十四年《韓超寂墓誌銘并序》(《新中國·陝西貳》第173頁):"至於鑄畫仏像,裝寫藏經,廣設文齋,捨入常住,大師每歲有之,不可具紀。"

Z 幢相

唐至德二載《史思明奉爲大唐光天大聖文武孝感皇帝敬無垢淨光寶塔頌》(《匯編》第27册第3頁):"樹兹幢相,遊刃忘筌。"幢相,佛幢。《金石萃編·唐二六·康玢書經幢》:"標幢相於長衢,操銀鈎於金偈。"參閱《菩提心義》卷十、《大日經疏》卷九。

Z 宅生

朝散大夫守倉部郎中上柱國戴旋撰序、開府儀同三司尚書右僕射曾孫戴伋隸書,唐天寶元年《大唐聖祖元元皇帝靈應碑》(《匯編》第 25 冊第 13 頁):"至矣哉。皇法於天,天法於道。戹大實者,必尊祖以配天;孩庶類者,咸宅生以母道。"宅生,謂寄託生命。宅字從乇得聲,可得寄託者之謂,與當下所謂"宅男女"字形同而所指異。

R 若

唐天寶九載《成煉師植松柏碑》(《匯編》第 26 冊第 21 頁):"[龍鶴山兮]秀崇丘,崗隱軫兮城郭周。小有洞兮念真遊,觀[曲水兮繞舍流,謁聖容兮仙]是求。何年代兮逢若士,何日夕兮見浮丘。願吾[師兮道心固,俾松柏兮千歲留。]"

按"若"字原本神聖,見《釋"若"》。是故"若桑""海若""若士""若宫"(日語詞)等,皆非等尋常。日語有關"若"類詞源。唐開元二十年《王希俊墓誌》(《匯編》第 23 冊第 72 頁):"公幼而岐嶷,卓犖兒童之輩;長而弘裕,優遊君子之林。若冠,以門蔭補左衛勳衛。"唐上元三年《左祐墓誌銘并序》(《匯編》第 16 冊第 10 頁):"若不好弄,雍容信國之中;立行以恒,顧步禮輿之上。"此"若"即等"弱"字。

R 茹熏

唐天寶十二載《亡妻侯氏墓誌銘并序》(《匯編》第 26 冊第 82 頁):"雖遠父母兄弟,性不茹熏。""茹熏",即"茹葷",熏、葷音近通,詞義與"茹素"相對。

S 松門

唐大曆五年《唐荷恩寺故大德敕謚號法津禪師姚常一墓誌銘并序》(《新中國·陝西貳》第 147 頁):"寶塔沙界,松門署煙。"

S 僧臘

唐天寶八載《靈泉寺玄林禪師神道碑并序》(《匯編》第 26 冊第 3 頁):"春秋九十餘,僧臘七十一。""僧臘",僧尼受戒後之年歲。唐大曆五年《唐荷恩寺故大德敕謚號法津禪師姚常一墓誌銘并序》(《新中國·陝西貳》第147頁）:"享年七十二,僧臘四十五。"

唐代韓翃《題薦福寺衡岳暕師房》詩:"僧臘階前樹,禪心江上山。"詩意正謂閱世長存,幾若不遷者。

S 深詣

唐天寶十二載《崔府軍故夫人文水縣太原王氏墓誌》(《匯編》第26冊第80頁)"先是,祖夫人深詣釋門,久探覺路。頋命之日,手付遺文。夫人孝不忘心,言若在耳。克荷宿願,果證真如。於是脱落塵勞,捐捨餚好。精思圓寂,密契微言。國之大師,屢有印可。"深詣,所造精深。詣,猶造詣之詣。

S 實際

唐天寶十三年《唐故處士上谷寇公墓誌銘并序》(《匯編》第26冊第128頁):"生而茂異,少而通明。氣合天和,心追真道。年未□學,□以老成。善屬文,多□興,飲酒終朝而不醉,賦詩□物而不遺。或登山臨水,蔭松藉草。必超然獨得,形神皆主。時議每以謝客陶元亮比之,猶恐前人有慙色。誦《毛詩》《周易》《左氏傳》《太史公記》,悉精通詁訓。至於歷代陽秋,百家著述,則不求甚解,亦無不涉獵之書。常□真經,披釋教,皆至實際,詣名理。故高僧羽客,日夕相從。殊不以禄利介懷,窮改操我則不取。而令聞美譽,自多歸之。""至實際,詣名理",對文一意。實際,猶言虚實之分際。又見"品評部""形神皆主"條。

G 歸敬

五代後周顯德六年《棲巖寺修舍利殿記》(《匯編》第36冊第160頁):"次使衆生,有歸敬之地。"[1]

G 貢高

X 虚韻

T 圖畫

唐天寶八載《唐故靈泉寺玄林禪師神道碑并序》(《匯編》第26冊第2

---

〔1〕《漢語大詞典》"歸敬":歸心敬仰。《太平廣記》卷三九五引五代範資《玉堂閑話·法門寺》:"長安西法門寺……如來中指節在焉,照臨之内,奉佛之人,罔不歸敬。"

頁)："有苛吏敗俗蠹政虐人，伏以剛強，示之簡易。見方便力，去貢高心。破其重昏，歸以實相。夫學偏者量褊，道廣者業弘。禪師智括有情，德通無礙。體含虚韻，性有異能。妙窮音律，雅好圖畫。季長、公瑾，别有新聲；凱之、僧繇，皆德真跡。以是好事君子，翕然向風。檀爲施心，居無長物。有流離道路，羈旅風霜。鄉隔山川，親無強近。饥者推之以食，寒者解之以衣。人中之急難，法中之慈濟也。"按貢、高雙聲，貢高我慢，並列爲用，自爲高人一等之心。

D 地主

五代南漢大寶五年《馬二十四娘買地券》(《匯編》第 36 冊第 182 頁)："願買内侍省扶風郡殁故亡人馬氏二十四娘，券賣地主神仙武夷王，賣地主神仙張堅固，知見神仙李定度，證見領錢神仙東方朔，領錢神仙赤松子，量地神仙白鶴仙。書券積是東海鯉魚仙，讀券元是天上鶴鶴上青人。魚入深泉，崗山樹木，各有分林，神仙若問，何處追尋。太上老君敕青詔書急急如律令。"

該券前後兩次出現武夷王爲"地主"表述，皆指田地主人。《元典章・刑部十八・宿藏》："王拜驢等於賀二地内掘得埋藏之物，於所得物内，一半没官，一半付告人；於地内得者，依上令，得物之人與地主停分。"停分，對半分；停，猶"亭午"之亭。

地主，又指向"墓地主人"。唐開元六年《裴亮妻崔氏墓誌》(《匯編》第 21 冊第 87 頁)："其月廿一日權殯於北邙山河南府河南縣平樂鄉之原。地主張全暉。男惟謹，男惟謙，男惟孝，男惟庶，男惟敬。"

D 燈光

唐天寶十一載《大唐西京千福寺多寶佛塔感應碑文》(《匯編》第 26 冊第 64 頁)："寺内淨人名法相，先於其地，復見燈光。遠望則明，近尋即滅。竊以水流開於法性，舟泛表於慈航。塔現兆於有成，燈明示於無盡。非至德精感，其孰能與於此。""燈光"，偏正結構。

Y 厭代

唐開元六年《大子少保豫州刺史越王李貞墓誌銘》(《新中國・陝西

壹》第 106 頁）："屬高宗厭代，椒掖君臨。履霜堅冰，乾道斯革。比干委命，忠諍莫從；威公淚盡，空聞繼血。"厭代，即厭世之避諱。

S 散岸

唐開元十七年《馮潘州（君衡）墓誌》（《新中國・陝西貳》第 91 頁）："陰德以濟物，力行以遊道。散岸從心，乘化而没。斯實一方超邁，全真之士也。"散岸從心，出世結構用語，散岸，散爲發，岸爲止，散之爲用釋放，岸之爲用在坊閑，二者合成，方向適反，而相輔相成。又，"散岸"疊韻，散岸從心，無羈絆貌。

S 身塔

唐大曆五年《唐荷恩寺故大德敕謚號法津禪師姚常一墓誌銘并序》（《新中國・陝西貳》第 147 頁）："又降紫泥之書，復施黄金之地，用崇身塔，以旌德也。"僧塔，僧人埋骨之所，如真身塔、灰身塔及舍利塔等。唐代王維《大唐大安國寺故大德淨覺禪師碑銘序》："身塔不出虎溪，淚碑有同羊峴。"

J 結趺

唐天寶三載《周思忠墓誌銘并序》（《新中國・陝西貳》第 112 頁）："公將欲離生滅之苦，示歸化之跡。先端然結趺，静居其室。斷攀緣於四趣，祈真相於十念。蓮座□□則□流滿室，天樂遠送而聲聞于空。以天寶三載冬十一月十一日，坐薨于西京普寧里之私第也，春秋七十有一。觀其顒顒若生，容色轉麗。豈不以公之願力，惟精惟一，得置乎斯道，能成乎勝果。"结趺，趺本是脚背，结趺，两脚背交接。"趺"同"跗"，雙足交疊而坐。宋蘇軾《將往終南和子由見寄》："終朝危坐學僧趺，閉門不出閑履鳧。"

L 了歸

唐天寶四載《雷府君夫人故樂壽郡君宋氏（功德山）墓誌銘并序》（《新中國・陝西貳》第 113 頁）："夫人號功德山居長。……因晝哭之餘，忽焉迴向；救前途之下，轉益堅修。頓悟空色，了歸禪定。保是聖善，以爲靈長。短運倏以告終，泛舟於焉不繫。以天寶四載九月六日，奄然歸真于京輔興里之私弟，春秋五十有七。時愛子在傍，孝女同侍。乃付囑而言曰：吾業以清淨,心無戀著。豈以詩人同穴之言,而忘老氏各歸之本。縱猶議於封樹,即願存於貞獨。建塔舊塋,同塵齊化。""了歸",罷了休息。

L 爐香

唐天寶十一載《房陵郡太守盧府君夫人弘農郡君楊氏墓誌銘并序》(《匯編》第 26 冊第 74 頁):"夫人乃服絁縵,飯蔬食,焚爐香,專禪誦。將以誓志,期於終身矣。""爐香",偏正結構,香爐裏焚燒的香火。

L 龍花

五代後梁開平二年《山可球造像記》(《匯編》第 36 冊第 1 頁):"三千軀佛,今並裝造。□□敬印金剛經三千卷,散施與人受持。希聞名啓卷之人,獲脱苦出塵之願。見營辦次,敬預修弥勒佛下生時。願設龍花三會,供養十方諸佛菩薩羅漢聖賢。今發願施供物與賓頭盧尚座,訖願日生万倍。至佛出世時,廣无邊際,筭數挍量,不及如是。"龍花,即龍華。

D 梵語"頭陀"詞形：頭陀,梵語本作"杜多"

唐開元二年《思言禪師塔銘》(《匯編》第 21 冊第 17 頁):"俯臨寶刹,仍從梵衆之遊;却背皇居,尚起杜多之行。緇素如失,道俗生哀。"

頭陁,唐代仍作動詞用。唐開元十七年《法澄塔銘》(《匯編》第 23 冊第 15 頁):"遂於上元二年出家,威儀戒行,覺觀禪思,跡履真如,空用恒捨,遂持瓶缽一十八事,頭陁山林。有豹隨行,逢神擁護。"

頭陁,梵文 dhūta 的譯音,意爲"抖擻",即去掉塵垢煩惱。《法苑珠林》卷一〇一:"西云頭陁,此云抖擻,能行此法,即能抖擻煩惱,去離貪著,如衣抖擻,能去塵垢,是故從喻爲名。"《法澄塔銘》尚作動詞用。亦多因用以稱僧人,亦專指行腳乞食的僧人。南朝齊王中《頭陀寺碑文》:"以法師景行大迦葉,故以頭陀爲稱首。"

B"苾蒭",即"比丘"音譯異形

唐開元三年《少林寺戒壇銘》(《匯編》第 21 冊第 28 頁)"是時我老苾蒭義淨","我老",即戒壇銘之製作者,故有是稱。《漢語大詞典》"苾芻"條：亦作"苾蒭",即"比丘"音譯。本西域草名,梵語以喻出家的佛弟子。

爲受具足戒者之通稱。唐玄奘《大唐西域記·僧訶補羅國》:"大者謂苾芻,小者稱沙彌。"是苾芻、沙彌對稱。

S 隨喜

唐開元三年《少林寺戒壇銘》(《匯編》第 21 冊第 28 頁):"睹盛事而隨喜,略刊紀乎斯文。""隨喜",《漢語大詞典》謂佛教語,歡喜之意隨瞻拜佛像而生。因用以稱遊謁寺院。唐杜甫《望兜率寺》詩:"時應清盥罷,隨喜給孤園。"

H 和尚,或作"和上"

唐開元二年《侯莫陳大師壽塔銘》(《匯編》第 21 冊第 23 頁):"和上曰:汝已智達,辯才無[礙],宜以智達爲名。"唐元和九年《張良輔墓誌銘并序》(《新中國·陝西貳》第 212 頁):"以從逸爲心,高上不仕。"高上,今作"高尚"。

C 蠢動含靈

唐天寶元年《佛頂尊勝陀羅尼經》(《匯編》第 25 冊第 18—19 頁):"蚊蝱龜狗蟒虵,一切諸鳥及諸猛獸,一切蠢動含靈,乃至蟻子之身,更不重受。即得轉生諸佛如來一生補處菩薩同會處生,或得大姓婆羅門家生,或得刹利種家生,或得豪貴最勝家生。"

C 柴毁

唐天寶十四載《夫人梁氏墓誌銘并序》(《匯編》第 26 冊第 129 頁):"嗣子國子大學生英華。號天踴地,哀昊蒼之偏鍾;碎骨縻軀,痛誠心於罔極。柴形毁瘠,泣血忘漿。"柴形毁瘠,凝縮爲"柴毁",爲多見詞形。

N 南北朝石刻與佛經音義資源

現存佛經音義類文獻,主要是唐人的寫本,如玄應慧琳等人的音義著作。六朝碑刻内容,大量是佛經傳播影響的産物,有的甚至就是佛教經義的貯存。這些石刻,對於對比同時期的佛經文獻,包括相關文字形體音義訓釋問題,具有多方面的文字學訓詁學文獻學價值。

根據石刻文獻學功能意義分類,集中貯存佛經内容的,主要涉及兩類，一部分是記事類所包括的大量造象記等，一部分是刻寫翻譯佛經。六朝碑刻語言，有極通俗事類，這與佛經傳播教化廣大是相適應的。如東魏武定八年《源磨耶壙記》（《匯編》第6冊第165頁）："魏故源貳虎之曾孫磨耶，年六歲，卒於北豫州。遂殯於城南二里澗南臨坎。但恐年歲久遠，懼徙陵谷。因置祇桓一區。在其壙頭，聊題刊記，埋在城南六尺。謕其千載，永存不滅。"北齊天保元年《張龍伯兄弟造象記》（《匯編》第7冊第6頁）："亡妣康存之日，有牛一頭，願造象，今得成就。"某些佛經特殊用詞如稱謂詞語，在佛經文獻中爲比較早見的類型，如"清信士王氏女""清信士邊定光""清信士王漢"，"清信士"稱謂使用，無問男女。見於北魏《邊定光造象題字》，也見於魏代《王氏女造象》等；如"佛弟子""佛子""佛弟"，見於北魏《龍門山造象二十三段之孫大光題記》、北魏《龍門山造象二十三段之楊小妃題記》等；如"息女""孫息"，見於北魏《邊定光造象題字》、北魏《龍門山造象二十三段之馬振拜等題記》等。

對照傳世抄寫佛經材料，可以確定時間層次，比較音義關係。其間功效，北齊天保八年《高叡定國寺塔銘碑》（《匯編》第7冊第61頁）"遠住東海，瓊樹聲聞；遥家西域，承風問道"，堪稱風光本地，不妨現成移用。所以，應該重視這部分資源，而不要由於專業研究者的過分冷落使其"岫帶霜衣，山披素草；猨啼逗谷，鳥墜高林"（北齊太寧二年《雲門寺法懃塔銘》）。

M 彌曆

北魏正始三年《甍法端造像》："又願皇化層隆，大魏弥歷，引祑千基，福鍾萬代。"

彌曆，金文用"蔑曆"字。[1] 六朝石刻已經變形做"彌歷"，但不是作褒獎義，使用的已經是閱世長存、年代彌久之義。傳世文獻中有見用例，如：《魏書・卷四十三》："勞我王師彌曆歲月。"後世佛教典籍中亦見有用

〔1〕 臧克和《金文雜考》（《古文字研究》第25輯，中華書局2004年）釋"蔑"："在金文中大都以'蔑……曆'的形式出現，主要功能有如下兩個方面：有的是記載周王對下級的褒獎和鼓勵，也有的是單獨使用'蔑'字，表達下級對王命的讚美。"

例,《西域記·卷六》:“直性婆羅門揚言曰:念哉大悲世尊,忍修福善,彌曆曠劫,想所具聞。”又,石刻“造像記”或用“像”字,或用“象”字,語料庫爲尊重文獻原貌,一仍其舊,下同。

X 息女/孫息

北魏太和十四年《邊定光造象題字》:“清信士王漢息女要資。”

北齊天保元年《張龍伯兄弟造象記》:“息女阿買侍仏時。”

北魏景明四年《龍門山造象二十三段之馬振拜等題記》:“又願孫息延年,神志速就,胤嗣繁昌。”

“息”可用爲“兒子”,亦可用爲“女兒”,無間男女。傳世文獻用爲“子”較爲早見,用爲“女”則較爲晚出:《戰國策·趙策四》:“老臣賤息舒祺,最少,不肖。”南朝梁代徐防《長安有狹邪行》:“大息登金馬,中息謁承明,小息偏愛幸,走馬曳長纓。”唐代張鷟《遊仙窟》:“兄即清河崖公之第五息,嫂即太原公之第三女。”《剪燈餘話·洞天花燭記》:“今弱息及笄,議姻震澤,將納其次子爲婿。”日本語中有“息子”詞形,與“娘”相對,專指兒子。“息女”“孫息”佛教造像記中使用,當以其爲俗語,便於傳播教化廣大。

Q 清信士/清信女

北魏永安三年《張神遠造像記》:“清信士張神遠敬造石像一區。”

北齊天保三年《張世寳三十餘人造塔記》:“是以清信士張世寶合邑卅餘人匄減家珍,敬造塼天宫一區。”

北魏孝昌三年《黄法僧題記》:“是以清信女佛弟子黄法槽爲亡妣敬造無量壽佛一區。”

按:佛教典籍中“清信士”和“清信女”有别,陳義孝《佛學常見詞匯》:“清信士,受三歸五戒並具有清淨信心的男子,梵語叫做優婆塞。”又“清信女,受三歸五戒並具有清淨信心的女子,梵語叫做優婆夷”。如:《般泥洹經》(卷一):“亦以須我請清信士及清信女。”《佛説放牛經》(卷一):“設爲國王長者清信士女請食。”但是,在魏晉南北朝時期造像記中“清信士”“清信女”稱謂所施,無間男女。造像記中常見用作“清信士王氏女”(見於《東魏·王氏女張恭敬造像記》)、“清信士邊定光”(見於《北魏·邊定光造象題字》)、“清信女佛弟子”(見於《北魏·黄法僧題記》),等等。

F 佛子/佛弟

“佛子”,參見北魏《龍門山造象二十三段之孫大光題記》、北周《辛洪略造像記》、北齊《鎮池寺李磨侯造象記》等;“佛弟”,參見北魏《龍門山造象二十三段之楊小妃題記》、北魏《翟蠻造彌勒像》、北魏《楊阿真造象記》等。

按:傳世文獻,“佛子”爲多義詞。《十住毗婆沙論·入初地品》:“諸佛子者,諸佛真實子諸菩薩是,是故菩薩名爲佛子。”南朝·齊·王琰《冥祥記·石長和》:“道之兩邊,棘刺森然,如鷹爪。見人甚衆,群足棘中,身體傷裂,地皆流血。見長和獨行平道,俱歎息曰:‘佛子獨行大道中。’”“佛子”指菩薩的通稱。唐·錢起《歸義寺題震上人壁》詩:“仍聞七祖後,佛子繼調御。”宋·王安石《靈山寺》詩:“靈山名誰自?波濤截孤峰。何年佛子住?四面憑危空。”《西遊記》第四十四回:“衆僧滴淚道:‘我們這一國君王,偏心無道,只喜得是老爺等輩,惱的是我們佛子。’”其中“佛子”,則指受佛戒者、佛門弟子。又,佛教以爲一切衆生,以其悉具佛性,故有是稱,例如《法華文句》卷九下:“一切衆生,皆有三種性德佛性,即是佛子。”宋·蘇軾《東坡志林》卷六:“凡能動者,皆佛子也,竹虱初如塗粉竹葉上爾,然久乃能動者,百千爲曹,無非佛子者。”六朝石刻用“佛弟”詞,當是跟“佛子”指稱受佛戒者、佛門弟子使用範圍相當,就是指“佛弟子”。《漢語大詞典》釋“佛弟子”:“皈依佛門的信徒的通稱。南朝·梁武帝《斷酒肉文》之一:‘今佛弟子,酣酒嗜肉,不畏罪因,不畏苦果,即是不信因,不信果,與無施無報者復何以異?’”

W 文法

北魏永平四年《龍門山造像之尹伯成妻題記》:“願使時佛文法,永離三途。一切衆生,普同斯□。”

東魏天平四年《張僧安造像記》:“願令生生世世,值佛文法,普同斯福。"

按:"文法"即"聞法",聞法的意思就是聽聞佛的教法。《法華經·安樂行品》曰:"合掌贊佛,聞法歡喜。""聞"在造像記中有下列異體:"䎽"(會意結構)、"𦖞"(形聲結構)。"文"爲"𦖞"之省形、也是"聞"字的異體。"時佛文法""值佛文法"還存在有語序的問題,這兩處語序誤倒,"聞法"就是"聞佛法","聞"應置於"時"或"值"字後,正確語序爲"時聞佛法""值聞佛法",意思是時時刻刻聽聞佛的教誨。

Β 邊地

東魏武定三年《王氏女造象》:"爲邊地衆生普同成佛。"

東魏元象元年《紅林渡佛龕記》:"又願累刧師僧七世邊地。"

北齊河清三年《在孫寺造象記》:"下及邊地蠢動蒙恩。"

按:"邊地"一詞亦常見於傳世釋典,例如《增壹阿含經》(卷十六):"莫生邊地無佛法處。"《長阿含經》(卷八):"汝師常好獨處邊地。猶如瞎牛食草。"《佛爲首迦長者説業報差別經》(卷一):"或有業能令衆生得邊地報。"陳義孝《佛學常見詞匯》:"邊地,邊隅之地。在西方極樂世界的邊隅,有地名懈慢界,亦名胎宫,往生於那裏的人,五百歲間不得見聞三寶。"在造像記中,亦爲邊地衆生祈願,足見佛法無邊。

Υ 有形

北齊天保七年《趙郡王高叡造像三段之造阿閦像記》:"自爲已身并妃鄭及一切有形之類。"

北齊天保十年《房紹興造像記》:"師僧父母,合識有形,同升彼岸。"

按:造像記中所用的"有形"一詞亦多見於釋典,例如《增壹阿含經》(卷四十九):"長者。當慈潛有形之類。求其方便。"《楞嚴經》:"並諸餓鬼,有形無形,有想無想,如是惡處。"《分別功德論》(卷四):"蜎飛蠕動有形命類。""有形"即"有色類","有色類"是佛教用語,《金剛經·大乘正宗分》:"所有一切衆生之類,若卵生,若胎生,若濕生,若化生,若有色,若無色。"佛教、道教中都有"有形"一詞,意義無差,指有形狀的、感官能感覺到的事物。

Q 七世父母

北魏太平真君元年《王神虎造像記》:“七世父母、所生父母、因緣眷屬,後爲邊地衆生。”北魏正始三年《龍門山造像九十八段之孫大光題記》:“爲七世父母、所生父母造釋迦牟尼像一區。”

按:“七世父母”亦爲傳世釋典中常用語,例如《中阿含經》(卷三十七):“乃至七世父母不絕種族。”《盂蘭盆經》:“時佛敕十方衆僧,皆先爲施主家咒願,願七世父母……然後受食。”《蘇婆呼童子經》:“若欲食時,先出鉢中飯分爲五分:……一分施七世父母及餓鬼衆生。”“七世父母”是指無量劫的父母。這裏的“七”不是表示數字的“七”,而是講無量數的“七”。“七”是一個週期數,“七世父母”是無量劫以來的父母。陳義孝《佛學常見詞彙》釋“劫”:“梵語劫簸的簡稱,譯爲時分或大時,謂通常年月日所不能計算的極長時間。”丁福保《佛學大辭典》釋“劫”:“劫者,梵語,謂世界成敗之一期也。”“無量劫”就是:“多到不可計量的劫數。”“七世父母”不同于一世父母、今生父母,而是一個人經受無數次輪回的父母。

Z 正覺

北魏孝昌二年《周天蓋等造像記》:“同津法澤,普操正覺。”

北齊天統元年《姜纂造像記》:“咸蒙勝福,壹切有形,同成正覺。”

北周保定二年《董道生造像記》:“普泯六路,俱昇法雲,獲由覺道,得成正覺。”

北魏正光二年《龍門山造像之比邱慧榮再題》:“普登彼岸,同證正覺。”

按:“正覺”一詞亦多見於傳世釋典,例如《別譯雜阿含經》(卷十):“如來阿羅呵以無取故。而得成於無上正覺。”《雜阿含經》(卷二十六):“決定正向於正覺。”《般泥洹經》(卷二):“謂初夜得佛無上正真之道妙正覺時。”丁福保《佛學大辭典》:“梵語三菩提 Sambodhi,此譯正覺。如來之實智,名爲正覺。證語。一切諸法之真正覺智也。故成佛曰成正覺。法華玄贊二曰:‘三云正,菩提云覺。’”“正覺”是一個源於釋典的意譯詞,佛教修煉的最高境界就是成佛,“如來”是佛號之一,陳義孝《佛學常見詞彙》:“如來,佛十號之一,因佛乘真如之道,來成正覺,來三界垂化。”又“如來之實智,名爲正覺”。所以,在造像記中人們把成佛的願望就寫作“成正覺”。

J 眷屬

北魏景明三年《高樹解伯都等卅二人造像記》:“願元世父母及現世眷屬……”

北魏太平真君元年《王神虎造像記》:“因緣眷屬。”

北周天和三年《薛迴顯造像記》:“願内外眷屬,合門大小,一心供養。”

按:“眷屬”在造像記中當不是簡單的“家屬;親屬”的意思,對照傳世釋典文獻中的幾個常見用例,例如《雜阿含經》(卷三十二):“不供養父母、給足兄弟、妻子、奴婢、眷屬、朋友、知識。”《大般涅盤經》(卷一):“父母妻子。親戚眷屬。”《中阿含經》(卷七):“若有不愛妻子、奴婢、給使、眷屬、田地、屋宅、店肆、出息財物。”“眷屬”跟父母、兄弟、妻子等並列,可見“眷屬”有其獨立的意思,《中阿含經》(卷十七):“加赦國王梵摩達哆外眷屬聞,中眷屬、内眷屬及梵志國師輾轉悉聞。”丁福保《佛學大辭典》解釋“眷屬”爲:“眷屬,梵語跛儞縛羅。釋迦大日各有内大二眷屬。”造像記“眷屬”意思當是指除了父母、兄弟、朋友等人之外,跟自己因果輪回有關係的一些人。

Y 因緣

北齊河清二年《王幸造像記》:“下爲七世父母因緣眷屬有形之類。”

北魏太和二十年《姚伯多供養碑》:“下願標家口大小七世所生因緣眷屬。”

按:《漢語大詞典》對“因緣”一詞的解釋允稱詳細,其中一個義項爲:“佛教謂使事物生起、變化和壞滅的主要條件爲因,輔助條件爲緣。”佛教中的修煉,不僅注重自身的修行,也很注意一些外在的條件,所以“因緣”一詞在釋典中多有用例,例如《魔嬈亂經》(卷一):“索其因緣。不得其便。不得其因緣。"《三歸五戒慈心厭離功德經》(卷一):"亦不知有因緣行果報。"《四阿鋡暮抄解》(卷一):"涅盤棄身無有因緣。"又,釋典中呈現問答關係,亦多用"因"字標誌,參見《五燈會元》《管錐編疏證》等。因此,石刻中有關造像記的語言結構特點是"因緣"與"眷屬"結緣,一般兩詞組合使用,參見上具"眷屬"條。

L 六趣

北齊天保八年《高叡定國寺塔銘碑》:"爰觀六趣,尚想三塗。"

東魏武定二年《楊顯叔造像記》:"六趣群生,咸同之願。"

按:"六趣"即"六道"。"六道"或"六趣"是釋典中常見到的詞語,例如《起世因本經》(卷九):"一切六道。悉皆斷絶。"《法華經》:"見六道衆生,貧窮無福慧人,入生死險道,相續苦不斷。"《佛説六道伽陀經》(卷一):"作業皆自心,爲因馳六趣。"丁福保《佛學大辭典》解釋"自性":"諸法各自有不變不改之性,是名自性。教行信證信卷曰:'近世宗師,沈自性唯心,貶淨土真證。'"自性衆生和外邊衆生是相接連的。自性六道衆生是眼、耳、鼻、舌、身、意和色、聲、香、味、觸、法;外邊六道衆生就是天、人、阿修羅、地獄、畜生、餓鬼。

X 息心

北齊天保八年《高叡定國寺塔銘碑》:"正念不虧,息心相繼。頭堪孕鳥,心成竹虵。"

按:"息心"即梵語"沙門"的意譯。謂勤修善法,息滅惡行。如:《雜阿含經》(卷二十三):"此比丘知將死不久,勇猛精進,坐禪息心,終不能得道。"《長阿含經》(卷一):"觀衆平等法,息心無垢穢。"六朝受佛教影響,"息心"久成詞頭,習見慣用:晉·袁宏《後漢紀·明帝紀上》:"沙門者,漢言息心,蓋息意去欲,而歸於無爲也。"北魏楊衒之《洛陽伽藍記·凝圓寺》:"地形高顯,下臨城闕,房廡精麗,竹柏成林,實是淨行息心之所也。"《水經注釋》:"湘水又北,徑麓山東。其山東臨湘川,西傍原隰,息心之士,多所萃焉。"吴均《與朱元思書》:"自富陽至桐廬一百許里,奇山異水,天下獨絶。水皆縹碧,千丈見底。游魚細石,直視無礙。急湍似箭,猛浪若奔。夾岸高山,皆生寒樹,負勢競上,互相軒邈,争高直指,千百成峰。衆水激石,泠泠作響,好鳥相鳴,嚶嚶成韻。蟬則千囀不窮,猿則百叫無絶。鳶飛戾天者,望峰息心;經綸世務者,窺谷忘返。横柯上蔽,在晝猶昏。疎條交映,有時見日。"

H 含生

北齊天保八年《朱氏邑人等造像記》:"上願皇祚永延,邊方寧太,存亡同建,含生等潤。"

北魏孝昌三年《黄法僧題記》:"願修福日進,正念無退,含生有識,同歸斯澤。"

按:"含生",即"衆生",佛教語,就是含有生命的動物。陳義孝《佛學常見詞匯》解釋"衆生"爲:"集衆緣所生,名爲衆生,又歷衆多生死,名爲衆生,十法界中,除佛之外,九界有情,皆名衆生。"釋典中與"衆生"同義的詞除了"含生"外,還有"含靈""含識""有情"等。例如:《西域記・十二》曰:"捨金輪而臨制法界,摛玉毫而光撫含生。"《雜阿含經》(卷三十二):"乃至得阿那含生般涅盤。不復還生此世。"《七佛經》(卷一):"是名毘婆尸,利益諸含識。"《分别善惡報應經》(卷一):"一切有情造種種業起種種惑。"

D 大寂

西魏大統十三年《陳神姜等造石像記》:"化盡有緣,終歸大寂。"

北齊天保三年《張世寶三十餘人造塔記》:"夫法身凝湛,玄宗寂滅。應化迷徒,隨緣致感。"

按:"寂"在佛教語中就是"涅盤"的意思,就是修行達到了"不生不滅"的境界。又有"寂滅"一詞。《三藏法數》:"謂此涅盤之理,寂絶無爲,大患永滅。故曰寂滅。"例如:《别譯雜阿含經》(卷十):"獲得涅盤寂滅清淨。如是正解脱。"《别譯雜阿含經》(卷九):"其心得清淨,寂滅安隱眠。"《圓覺經》:"以輪回心生輪回見,入於如來語寂滅海終不能至。""大寂"即"大寂滅""大寂定",就是"大涅盤"。造像記中用佛教語,表達了人們對死者的一種尊敬和願望。

(六) 普 通 類

B 本貫

唐寶應元年《崔府君夫人清河郡張氏墓誌銘并序》(《匯編》第 27 冊第 28 頁):"夫人張氏,本貫清河人也。"本貫,原籍。

B 表示

唐永泰二年《寒亭記》(《匯編》第 27 冊第 51 頁):"欲名斯亭,狀類不得。敢請名之,表示來世。"

B 把背

J 狡獪

顔真卿撰并書、唐大曆六年《有唐撫州南城縣麻姑山仙壇記》(《匯編》第 27 冊第 99—100 頁):"方平笑曰: 姑故年少,吾了不喜復作此曹狡獪變化也。麻姑手似鳥爪,蔡經心中念言: 背痒時得此爪以把背,乃佳也。方平已知經心中念言,即使人牽經鞭之。曰: 麻姑者,神人。汝何忽謂其爪可以把背邪。"

B 把、玩也

唐垂拱元年《張貞墓誌銘并序》(《匯編》第 17 冊第 37 頁):"春歸亭子,詠春草於池塘;秋□林圍,把秋花於籬院。"詠、把對文。

C 榱崩棟折

五代後唐天成二年《孫拙墓誌》(《匯編》第 36 冊第 33 頁):"行客歸人,乃昔賢之達理;榱崩棟折,寔前代之懷材。"參見"崩悦"諸條。

C 粲

唐景龍二年《韋泂墓誌銘并序》(《新中國·陝西貳》第 70 頁):"德績粲良史之書,風神喧故老之口。"其"粲"用作動詞。"粲花""粲齒/舌"等成詞,然獨用則此前未之見。〔1〕

〔1〕《漢語大詞典》"粲花": 謂言論典雅雋妙,有如明麗的春花。五代王仁裕《開元天寶遺事·粲花之論》:"李白有天才俊逸之譽,每與人談論,皆成句讀,如春葩麗藻,粲於齒牙之下,時人號曰李白粲花之論。"清鈕琇《〈觚賸〉自序》:"粲花賓至,快雄辯之當筵。"

D 度載

唐天寶十五年《趙留四墓誌》(《新中國・河南壹》第 7 頁):“以天寶十四載歲次乙未六月己丑朔六日甲午,卒於私第,春秋六十有一。……即以度載二月乙酉朔十二日景申,遷厝於鄴郡西二十五里白鹿村東南二里祖墳塋域之内平原,禮也。”石刻所作“度載”,即天寶十四年的次年,然則“度載”即“十五載”,謂過了十四年之年頭。此類用法,僅限於承接前文之簡便帶過者。

Z 婥婥

唐咸通十一年《唐故弘農邊誠夫人楊氏墓誌銘并序》(《新中國・陝西貳》第 303 頁):“婥婥艱方,雍雍莫並。而乃起居有節,動静從時。”婥婥,姿態柔美貌。艱方、莫並對文,難比。

F 風概

唐永泰元年《大唐故高士滎陽鄭府君之碣》(《匯編》第 27 冊第 43 頁):“府君即副尉之元子,風概(槩)天資,碩德山立。長材偉貌,虬髯虎膺。心遊六經,家□二事。孝悌仁信,禮讓温恭,皆發於自然,如竹箭之有筠也。早勤色養,不願從仕。中服儒行,不沽於名。晚固幽貞,不趨於世。是以鄉黨三薦孝廉,皆不之應。其晦跡也,恬然静默。其偶俗也,同爲滑和。致身於木雁,與物爲芻狗。謂爲慕隱,不處於山林;謂爲趨榮,不親於朝市。人徒識其貌,不測其心。徒仰其高,難師其行。”風概,並列名詞結構,風度氣概。

G 規模

唐大曆元年《辛府君墓誌銘并序》(《匯編》第 27 冊第 57 頁):“里仁稱其貞幹,親友仰其規模。”規模,儀表風度。參見下出“規摹”條。

G“規則”較早詞形“軌則”

唐載初元年《唐故司徒氏車夫人墓誌銘并序》(《新中國・河南貳》第 269 頁):“言成軌(軓)則,行合楷模。”

G 勾當,動詞功能

五代後唐長興二年《張唐墓誌》(《新中國・河南壹》第 72 頁):“長曰延超,天雄軍節度押衙充共城鎮遏使,兼勾當稻田務事。”唐咸通十二年《閻肇墓誌》(《新中國・河南壹》第 88 頁):“奏受魏州昌樂縣丞,勾當南院孔目事。”五代後周顯德五年《崇化寺西塔基記》(《匯編》第36册第155頁):“吴越王長舅鄭國公吴延福,載興塼塔二所。香泥木石,爲此鎡基。厚二丈餘,其固若山。他日製爲,請無疑也。唐下元戊午年七月二十八日。勾當並結塔僧契莊,勸緣僧延祝。”勾當,料理。五代後晉天福五年《梁瓌墓誌》(《匯編》第36册第69頁):“粤自貞明初,迄于同光末。爲一方耳目,勾千里梯航。事主事君,盡善盡美。”勾、爲對文,用法奇特。意爲“勾當”,主管也。然則,此處爲省用也。

J 久要

唐大曆五年《唐荷恩寺故大德敕謚號法津禪師姚常一墓誌銘并序》(《新中國·陝西貳》第147頁):“粤有將軍□公内給事劉公,皆御庖近臣,弥敦久要。凡所舉措,靡不演成。神理昭彰,豈無報應。”久要,舊交。演成,促成。

N 乃誠,誠意

北魏永平元年《趙超宗墓誌》〔1〕:“門下故河東太守,乃誠自遠,久效心力,頻著聲績,奄至倫喪,惻悼於懷。”

X 先,導

唐開元廿四年《御製令長新誡》(《匯編》第24册第1頁):“我求令長,保乂下人。人之不安,必有所因。侵漁浸廣,賦役不均。使夫離散,莫保其身。徵諸善理,寄尔良臣。與之革故,政在惟新。調風變俗,背僞歸真。教先爲富,惠恤於貧。無大無小,以躬以親。青旂勸農,其惟在勤;墨綬行令,孰不攸遵。曷云被之,我澤如春。”

按“教先”:並列結構,猶言教導。“教先爲富,惠恤於貧”,是説對富者教育引導,於貧困者恩惠體恤。〔2〕

---

〔1〕趙力光主編《西安碑林博物館新藏墓誌彙編》著録“〇〇二”,綫裝書局2007年,第7頁。

〔2〕“先”與“導”結合爲“先導”,長期搭配,積久浸染,遂致“導”字不出場,“先”亦可得一體兼備二字結合成詞之功能,亦“義位形亡實存”之例。參見《漢字單位觀念史考述·雜誌類》(學林出版社1998年)。有關漢語史“先”字作爲“先生”“教先”的名/動兩邊使用的語料,參見“簡牘餘話”。

X 見誉辦次、算數校量、邊際

五代後梁開平二年《山可球造像記》(《匯編》第 36 冊第 1 頁):"三千軀佛,今並裝造。□□敬印金剛經三千卷,散施與人受持。希聞名啓卷之人,獲脱苦出塵之願。見誉辦次,敬預修弥勒佛下生時。願設龍花三會,供養十方諸佛菩薩羅漢聖賢。今發願施供物與賓頭盧尚座,訖願日生万倍。至佛出世時,廣无邊際,算(筭)數校(挍)量,不及如是。"見誉辦次,謂現正在籌辦中。

X 袖

唐天寶四年《張洮墓誌銘并序》(《匯編》第 25 冊第 99 頁):"以爲經者訓人之本,或僻左丘明之傳;法者理道之先,故精志蕭何之律。弱冠舉明法高第。公獨道優等夷,裦爲衆首。慎量淺深之旨,問一反三;論序輕重之科,舉十而九。"裦爲衆首,爲"領袖"緊縮結構原型。

X 循環

唐天寶十一載《侯智元妻魯氏墓誌銘并序》(《匯編》第 26 冊第 75 頁):"克諧姆訓,撫字孤幼,循環禮則。"循環,動詞,遵循,該用法其它文本所不見。

X 鮮姿

唐天寶十一載《劉府君夫人墓誌銘并序》(《匯編》第 26 冊第 76 頁):"容範則星婺降彩,鮮姿則坤靈誕質。"容範與鮮姿對文。

X 行

顔真卿撰并書、唐大曆六年《有唐撫州南城縣麻姑山仙壇記》(《匯編》第 27 冊第 99—100 頁):"各進行廚,金盤玉杯。無限美膳,多是諸華。而香氣達於内外,擗麟脯行之。"行,動詞,謂斟酒。《儀禮·大射》:"公又行一爵,若賓若長,唯公所賜。"

X 喧填("喧闐"亦作"喧填""喧嗔")

顔真卿撰并正書、唐大曆七年《八關齋會報德記》(《匯編》第 27 冊第 122 頁):"法筵等供,仄塞於郊坰;贊唄香花,喧填於晝夜。"

X 虚詞

五代後梁貞明二年《北嶽廟碑》(《匯編》第 36 冊第 12 頁):"想楚宫

之枉設,誇漢殿以虛詞。”虛詞、枉設對文,虛誇之辭。

Y 野客

唐垂拱元年《柳永錫墓誌銘并序》(《匯編》第 17 冊第 27 頁):“素琴明月,濁酒清風。成野客之賓朋,得幽人之會友。”野客,與幽人對文。宋人《野客叢書》,殆取於此意。

Y 譯語

唐天寶元年《創建清真寺碑記》(《匯編》第 25 冊第 17 頁):“所謂聖人者,比心此道同也。西域聖人謨罕默德,生孔子之後。居天方之國,其去中國聖人之世之地,不知其幾也。譯語矛盾而道合符節者,何也。其心一,故道同也。昔人有言,千聖一心,萬古一理。信矣。”譯語,異域之語,有待翻譯者。

X 新舊

五代後梁貞明二年《北嶽廟碑》(《匯編》第 36 冊第 12 頁):“洎乎舜曆頻移,秦正屢改。將新舊而分巧拙,方彼此而日古今。”

Y 繹思

唐天寶二年《陳周子墓誌銘并序》(《匯編》第 25 冊第 43 頁):“囧尓文詞,崪尓翰墨。操札勢絶,繹思致奇。雖學植未周,而靈機頓啓。才有擅於豊麗,體頗長於閑逸。”繹思,尋究思考。

Y 遺息

唐神寵三年《大唐故任夫人墓誌銘》(《新中國・陝西貳》第 69 頁):“篋笥非主,脂粉猶香。聽靡遺息,瞻無一光。”其中“遺息”,與“聽”字關聯,訴諸聽覺,“遺息”,即嗣響,猶言餘音。《漢語大詞典》“遺息”:死者遺留下來的子息。宋吴曾《能改齋漫録・記文》:“且李順草寇,百日而已,乃孟昶後宫之遺息也。”只道其一邊。

Y 英僚

唐開元二十九年《唐故中散大夫行汾州長史沈浩豊墓誌銘并序》(《匯編》第 24 冊第 152 頁):“時府寮多士,君獨韶華。雖陪周行,衆所未許。王因置酒高會,陳詩作樂。舉坐……問之暇,應對如流。當時英寮,莫不改觀。”

Y 掩映

唐大曆二年《峿臺銘有序》(《匯編》第 27 冊第 59 頁):“小峰□竇,宜間松竹。掩映軒户,畢皆幽奇。”掩映,相對結構。

Y 勇骨

唐天寶十二載《劉感墓誌銘并序》(《匯編》第 26 冊第 98 頁):“地埋勇骨,天落將星。”

Y 優細

N 溺否

X 鮮稀

唐至德二載《明希晉誌文并序》(《匯編》第 27 冊第 2 頁):“官不内卑,事常優細。人皆以溺否經義,曠遐搜文;人皆以駈蹴尉途,尠稀因道。”“優細”,優長於細,墓主其諸葛之亞。“溺否”,沉溺,猶言溺而不返。曠遐、鮮稀對文一意。

N 佞柔

顔真卿草書、唐廣德二年《與郭僕射書》(《匯編》第 27 冊第 39 頁):“願僕射与軍容为直諒之友,不願僕射为軍容佞柔之友。又一昨裴僕射誤欲令左右丞勾當尚書,當時輒有詶對。僕射恃貴,張目見尤。”直諒、佞柔對文,即謂諂佞柔媚。

H 耗息

唐大中四年《裴行著墓誌銘》(《新中國·陝西貳》第 258 頁):“當衝要之路,地窄人貧。時屬壺關不順,過軍繁迫,駟騎往來,曾不耗息。事無巨細,咸得其宜,號爲良宰。”耗息,消息,消停休息。

S 颼飀

朝散大夫守倉部郎中上柱國戴旋撰序、開府儀同三司尚書右僕射曾孫戴伋隸書、唐天寶元年《大唐聖祖元元皇帝靈應碑》(《匯編》第 25 冊第 13 頁):“飛泉噴石,重林閟景。苔蘚地偏以恒深,煙雲晝晴而不散。……清籟颼飀於草樹,天雪氤氳於崖谷。”

S 書帶

唐天寶十二載《鄭宇墓誌銘并序》(《匯編》第 26 册第 105 頁):“豈意中歲,魄魂去陽。草偃書帶,蘭銷國香。”

S 書記

唐天寶十三載《李望故妻京兆韋夫人墓誌之銘并序》(《匯編》第 26 册第 119 頁)最末作:“八月一日書記。”動詞,謂書寫。

S 俗侶

顔真卿楷書書、唐乾元元年《大唐興唐寺淨善和尚塔銘》(《匯編》第 27 册第 7 頁):“門人惠信等與俗侶白衣會葬,近千人焉。”塵世之友。

S 爽氣

唐大曆五年《唐龔邱縣令庾公德政頌》(《匯編》第 27 册第 93 頁):“方諸爽氣,日暮更清。比之松筠,歲寒轉茂。”

S 聲輪

唐開元二十六年《薛君妻優婆夷未曾有塔銘》(《匯編》第 24 册第 62 頁):“誦千眼尊勝等呪,數逾巨億。則聲輪字合,如聞一音;而心閑口敏,更了多字。假使金盤轉圓,玉壺傾注,儔厥盡美,未云能喻。”聲輪,輪者,翻之用;聲輪,言字音之翻譯,後世所謂“反切”法是也。

S 率真

唐大曆十三年《崔孝公墓誌》(《匯編》第 27 册第 162—163 頁):“所謂情必造極,事必率真。無得而稱,故言不入境;無私而照,故廣不窮涯。所以好謀而成,舉必弘化;臨事而斷,理無變觀。務劇而自足於閑,物競而獨安於靜。”〔1〕

B 白衣

顔真卿楷書書、唐乾元元年《大唐興唐寺淨善和尚塔銘》(《匯編》第 27 册第 7 頁):“門人惠信等與俗侶白衣會葬,近千人焉。”白衣,與緇衣相對,謂世俗衣著。

---

〔1〕《漢語大詞典》“率真”條,書證所引爲《儒林外史》。

W 圍繞

唐乾元二年《施燈功德經幢》(《匯編》第27册第14頁)頌:"行藏若是,廣利含識。瞻仰圍繞,名傳淨域。寶燈建兮有時,刦石壞兮無虧。表凡愚兮敬作,惟聖者兮所知。"包圍,環繞。

Y 願望、苦集

唐開元二十四年《大唐故大智禪師碑銘并序》(中書侍郎嚴挺之撰,《匯編》第24册第14頁):"伊余識昧,昔嘗面稟,非以文詞取拙,將爲剋慕在懷。覽江夏立銘,涕增横墜;覩太原成論,悲甚慨然。攀緣苦集,願望都斷。有太僕卿濮陽杜昱者,與余法利同事,共集禪師衆所。知見實録,其餘傳聞,不必盡記。且離生滅是究竟無餘,鏤盤盂乃古今難沬。顧才不稱物,短綆汲深。猶昔人稽首東向,獻心廬嶽者,以爲懇慕之極。況鐫刻永世,不猶愈乎。""攀緣苦集,願望都斷"對文一意:攀緣、願望,皆爲心念希望;苦集、都斷,謂止息斷絶。《爾雅·釋詁下》:"苦,息也。"

C 察視

唐至德二載《史思明奉爲大唐光天大聖文武孝感皇帝敬無垢淨光寶塔頌》(《匯編》第27册第3頁):"恭察視之嚴命,敢不拜颺王休。"

C 掕揄

五代後梁龍德二年《牛知業板築新子州牆記》(《匯編》第36册第24頁):"詎能敷盛美之形容,適足致掕揄之笑誚。"

D 董理

唐天寶元年《創建清真寺碑記》(《匯編》第25册第17頁):"至於我朝天寶,陛下因西域聖人之道有同于中國聖人之道,而立教本於正。遂命工部督工官羅天爵董理匠役,創建其寺,以處其衆。"董理,監督管理。

T 通感

唐天寶九載《屈元壽墓誌銘并序》(《新中國·陝西貳》第126頁):"初懷孕而多異,及將誕而有徵。時遇神僧,來与授記。獲此通感,因号維那。幼而龜文,長而豹變。性直不拘於小節,志大每懷於遠圖。"

T 通彦

唐天寶十三年《張毖墓誌銘并序》(《匯編》第26冊第113頁):"公諱毖,字慎交,清河人也。自黄帝之子能絃弧張羅,世掌其官,因以爲氏。……范蠡晦跡,安詳姓名;園公匿端,孰旌通彦。"通彦,通儒德才。

T 提孩

唐大和九年《賈温墓誌銘有序》(《新中國·陝西貳》第231頁。鄉貢進士李抱一文,鄉貢進士周啓書并篆):"竹不讓堅,冰惟共潔。喪所天瘠骨,撫提孩以駭神。"據此是知"孩提"詞形,亦曾顛倒作"提孩"。

T 提綱

武周聖曆二年《蕭思一墓誌銘并序》(《匯編》第18冊第171頁):"提綱振領,糺謬繩愆。"

T 譚吐、風態、疏數、頑朽、職責

門吏高璩撰、唐咸通二年《白敏中墓誌銘并序》(《新中國·陝西貳》第278頁):"時穆宗皇帝以尚書第業取浮譽,俾後生裁出風態,拱折譚吐,如一手出。即揚鞭勞問,以疏數致規模,聲容定流品。臨卷隱机,號曰頑朽。尚不揖唾去,中外厭怒。坐有司不當職責,出而被籍者,索索墜地。文場一洗,唯精確不流者,得負氣岳立。如霜殺百卉,而桂檜始相望。故公高揖殊等。"譚吐,今作"談吐"。

T 投荒

唐天寶四年《劉升墓誌銘并序》(《匯編》第25冊第89頁):"收骸去蜀,扱衽投荒。徒行百舍,飲血萬里。"

T 投分

唐乾封元年《支郎子墓誌銘并序》(《匯編》第15冊第9頁):"交遊多是異人,投分不友非類。"交遊、投分對文,投合也。

T 梯航

李商隱撰、唐《題劍閣》(《匯編》第35冊第127頁):"梯航百貨通邦計,鍵閉諸蠻屏帝都。"梯,登山具;航,渡海具。

Q 勤節

南朝梁普通元年《蕭敷妃王氏墓誌》(《書法叢刊》1983 年第 5 期《梁蕭敷、王氏志銘》):“雖魯姜之勤節,曹妃之敬讓,方之蔑如也。”此爲“勤儉”較早詞形。

Q 氣質

鄉貢進士鄭晦撰并書、唐大中十二年《閆知誠墓誌銘并序》(《新中國·陝西貳》第 270 頁):“禮讓生知,氣質神假。絲繩愧直,水鏡慚清。愛惡罕形於言,喜愠未嘗動色。”

Q 曲非

唐天寶九載《成煉師植松柏碑》(《匯編》第 26 冊第 21 頁):“[昔丁令]威之成道也,頓別千年;王子晉之昇仙焉,俄[期十日。或乘龍馭鶴,澄神汗漫之鄉;或]駕景淩虚,散彩蓬瀛之曲。乍千變以萬化,時出有而入無。[滅没波水之中,逍遥]煙火之上。既吐蜂而唾獺,亦起死而宍骸。是知學仙者若牛[毛,得道者如麟]角。繫風捕影,不亦難乎。曲非竇相膺圖,宿命會道者,則疇能[預於是哉。粤]若龍鶴山觀隱人女道士成無爲,通義郡丹稜縣人也。爾其調形[煉骨,却粒]茹芝。”

曲非,除非。曲,與正直對立,故方言有“錯非”詞,功能一揆。《漢語大詞典》“錯非”條:方言。除了,除非。梁斌《播火記》十二:“錯非是馮家大院,哪裏有這樣的好車馬!”梁斌《播火記》四八:“説什麼也不能出去,錯非他一槍把我打死。”

A 愛情

唐乾元元年《大唐壽王故第六女贈清源縣主墓誌銘并序》(《新中國·陝西貳》第 140 頁):“送終之禮,遺念是深。天奪愛情,捨之何亟。痛悼難忍,鎸石記銘。”愛情,慈愛之情。

P 佩服,遵循

五代後周顯德六年《棲巖寺修舍利殿記》(《匯編》第 36 冊第 160 頁):“己未春,登中條憩栖巖。山水形勝,盡於歷覽。顧謂寮佐曰:今之化人,能令終夕之間佩服道德者,甚爲難事。佛之垂教,使无量劫出生死海,登菩提岸。較其功德,實懸天地。”

《漢語大詞典》“佩服 3”:猶言遵循。唐白居易《祭李侍郎文》:“代重名義,公能佩服。德潤行羶,温温鬱鬱。”宋朱熹《朱子語類》卷一一四:“久侍師席,今將告違。氣質偏蔽,不能自知。尚望賜以一言,使終身知所佩服。”

W 穩便

唐貞元廿一年《蜀王府長史索玄愛墓紀銘并序》(《新中國·陝西貳》第 188 頁):“歲月淹久,尋覓不得。今屬年月穩便,遂招魂靈而合祔焉。斯亦合古之道,從今之禮耶。”

F 俯瞰

唐貞元十四年《韓超寂墓誌銘并序》(《新中國·陝西貳》第 173 頁):“俯瞰靈塔,以慰平生。”

X 休閑

唐大和五年《祁憲直墓誌銘》(《新中國·陝西貳》第 227 頁):“属年齒遲暮,思退其身,再三陳懇,帝乃俞之。既叶其情,優遊閑和。雲山肆心,松竹怡性。”銘文有“退身休閑”語。

X 囂華

唐開成元年《賀從章墓誌銘》(《新中國·陝西貳》第 237 頁):“府君玄元應氣,間立不群。每逹囂(躢)華,常思退靜。奉上有天經地義之行,孝竭歡心之力;謙下有推讓梨棗之勤,義盡同氣。公閑得其道,樂得其情。”

X 宣慰

唐大曆十年《程希詮墓誌銘并序》(《新中國·陝西貳》第 153 頁):“夫出谷鷪遷,□超郡類;入雲鳥度,常自孤飛。俄又奉使劍南宣慰。公傳我皇命,軍郡悉安。宣慰衆人,咸歡聖□。所謂言能折理,撫順人心而已哉。”

X 笑語、縣城

五代後漢乾祐二年《祭瀆記》(《匯編》第 36 冊第 120 頁):“時也霜風

吐韻,下林葉以踈紅;嵐氣舒光,捧雲枝而亘碧。万民戴荷,子銜慈父之恩;一境歡呼,樂動咸韶之奏。公撫憐幼雉,存問高年。道途連笑語之音,沸騰如市;婦女具逢迎之敬,瞻望比肩。或給以衣裳,或頒之茗物。迄於等第,靡不周旋。是日暮及縣城,曉趨廟皃,齋戒恭謹,潔淨精微,瀝罇壘於三獻無虧,伸禱祝於一人有慶。公將迴馬首,乃謂賓從:四瀆稱水德之尊,五岳作地祇之長,傳之往昔,載彼典經,而又在我之郊。宣君之命,一任之內,□及斯焉。敢請□毫,用成刊石,自牧叨榮華幕,獲贊廉風,本無吐鳳之才,寧叙懸魚之化,直書盛事,恨乏好辭。乾祐二年十月九日。押衙充書表前行馬守源書。"

C 粗安

吴越寶正三年《新建風山靈德王廟記》(《匯編》第 36 冊第 177 頁):"一方偃息兵戈,四境粗安耕織。"按粗、略也,粗安,即大略安定。

C 關鍵

唐天寶三年《張思鼎墓誌銘并叙》(《匯編》第 25 冊第 58 頁):"入夫子堂,啓玄關(開)鍵。起穀儒之痿札,針左史之疢癘,姑匪蜀遷洛賈之蔑文,子虚上林之訛選。"按"入夫子堂,啓玄關(開)",二句對文,然則"玄關"成詞,"關鍵"尚未。關鍵,玄關之鍵。

M 名檢

唐大曆八年《張願墓誌銘并序》(《匯編》第 27 冊第 127 頁):"尚倜儻而進無流心,好奇特而退守名檢(撿)。"名檢,名譽與禮法。

M 買到

五代後周廣順元年《王進威墓誌》(《匯編》第 36 冊第 123 頁):"乃於京西北河南縣金谷里尹村王彦琦家買到塋地四畝,其櫸兆也。而乃前吞洛汭,面華嶠之騈闐;後控孟津,背九皋之□赫,東倚邙山,通鼇極之並景。西連霍嶺,接湯岫之近隣。繇是春山寫望,秋水凝情,其景也。"買到,動補結構。物量詞仍後置。

M 秘密

唐天寶八載《唐故靈泉寺玄林禪師神道碑并序》(《匯編》第 26 冊第 2

頁):"以戒爲行本,經是佛緣。雅闲持犯,克傳秘密。學者号爲律虎,時人因爲義龍。推步渾儀,昭明歷象。"

M 名字

顏真卿撰并書、唐大曆六年《有唐撫州南城縣麻姑山仙壇記》(《匯編》第 27 冊第 99—100 頁):"是好女子,年十八、九許。頂中作髻,餘髮垂之至要。其衣有文章,而非錦綺。光彩耀日,不可名字,皆世所無有也。"名字,動詞,並列結構,命名稱道。

M 命

五代後梁開平四年《穆徵君改葬合祔墓誌銘并序》(《匯編》第 36 冊第 4 頁):"或命一二故人,生平親舊。以烹羊炰羔爲伏臘之費,以弋林釣渚爲朝夕之娱。琴酒相歡,歌詠自適。"命,動詞。《漢語大詞典》"命 14":指邀請;宴請。唐元稹《鶯鶯傳》:"鄭厚張之德甚,因飾饌以命張,中堂宴之。"

Y 眼見

唐開元八年《李明遠墓誌》(《匯編》第 21 冊第 132 頁):"君長自懷城,幼而聰敏。若古[克]訓,靡所不窺。話齊梁間,盡如眼見。甞旋亭假寐,夢□僊術。桑公不得爲比,李醯詎儔其要。毛人指藥,□□□方。醫王救苦,施而不竭,則君之明也。如意元年八月五日卒,丁家艱,負土成墳,手植松栢。塋傍素菓,結實窮陰。輶軒上聞,絲綸下降。祥以行感,暨表門閭,則君之誠也。家有素書數千卷,渴日不足,下帷而勤。示妻妾以恭儉,遺子孫以清白。先制授定王府國尉,非其所好。秩滿,客于洛陽,習隱者也。嗚呼,病日臻,既彌留,不禱祠以求,聞命知也。"

眼見,即眼前所見,在於目前。武周如意元年即紀元 692 年,開元八年則紀元 720 年,然則墓誌"卒"者,其父也,稽考原拓所刻脱文。素書,當指道家文獻,見"素書"條。

Y 艤榜,劃榜靠岸

唐景雲元年《騫思哲誌銘并序》(《新中國・陝西貳》第 73 頁):"眉峰鬪聳,黛懸芬月。艤榜而洮河翕浪,操制而錦江化濃。"

Y 英勇

唐永貞元年《米繼芬墓誌銘并序》(《新中國·陝西貳》第 191 頁):"國步頃艱兮忠義建名,雄雄英勇兮膺時間生。"

Y 依然

唐元和五年《張渙墓誌銘并序》(《新中國·陝西貳》第 203 頁):"想像遊魂,依然在目。"

P 剖析

唐開元七年《王庭芝墓誌》(《匯編》第 21 册第 112 頁):"加以筆端敏贍,長於剖析。凡所綜攝,曲盡其能。名級雖微,芳聲遠振。"《漢語大詞典》:"剖析 1":辯解。《明史·劉奮庸傳》:"夢桂、文皆拱門生。夢桂極詆奮庸,文則盛稱頌拱,又盡舉大埜奏中語代拱剖析,士論非之。"《明史·何如寵傳》:"大學士劉鴻訓以增敕事,帝怒不測,如寵力爲剖析,得免死戍邊。""剖析 2":亦作"剖晰"。辨析,分析。漢張衡《西京賦》:"街談巷議,彈射臧否,剖析毫氂,擘肌分理。"

S 煞破、保障、承勝

唐顯德五年《衛王馮暉墓誌銘》(《新中國·陝西壹》第 142 頁):"仲秋中旬十有三日,驀青崗之險路,破玄化之狂戎。煞破万餘人,血流數十里,承勝王沓届於府庭焉。孤城解難,衆庶咸安。鄉村勵其耕農,保(堡)障迴其戍守。"煞破,即殺敗;保障,即堡障[隋開皇二年《李和墓誌銘》(《新中國·陝西貳》第 7 頁):"竇泰蟻徒,軼我城保;高歡僞類,據我弘農。"城保,即城堡];承勝,即乘勝。

S 私居

Y 原野

大弘道觀法師□□撰,唐天寶二年《唐東京道門威儀使聖真、玄元兩觀主清虚洞府靈都仙臺貞元先生張探玄尊師遺烈碑》(《匯編》第 25 册第 35 頁):"盡以天恩所賜巾裘器服,及私居庄碾園野,資營繕焉。"

S 頌椒、訟椒

唐天寶十二載《元府君墓誌銘并序》(《匯編》第 26 册第 94 頁):"家

喜訟椒,人歌賦雪。”訟椒,即頌椒,古代以椒頌老之儀式。

M 驀

唐顯德五年《衛王馮暉墓誌銘》(《新中國·陝西壹》第142頁):“仲秋中旬十有三日,驀青崗之險路,破玄化之狂戎。煞破万餘人,血流數十里,承勝王沓屆於府庭焉。孤城解難,衆庶咸安。鄉村勵其耕農,保(堡)障迴其戍守。”承勝,即乘勝。驀,與“破”地位正等,猶言踏過。《漢語大詞典》“驀2”:穿越;跨過。唐李賀《送沈亞之歌》:“雄光寶礦獻春卿,煙底驀波乘一葉。”

B 不夜、長春

唐開元八年《居德寺碑》(《匯編》第21冊第126頁):“蓮床不夜,爲壁長春。皎皎珠淨,□□盤新。風生寶鐸,月滿金輪。”不夜、長春對舉,皆作形容詞使用。

B 背時

北魏正始四年《元思墓誌》(《匯編》第3冊第99頁):“掩光寒暑,閉目背時。痛實國庭,九戚同悲。”按“背時”,謂離別辭世。北魏正始年間碑板文字尚處由質樸向工巧過渡階段,若本節“痛實國庭,九戚同悲”,如換作晉南朝士人當作“痛實國庭,悲滿九戚”。

D 當來

北齊天統元年《姜纂造像記》(《匯編》第7冊第164頁):“過去尊卑,見存眷属,亡生淨鄉,現獲妙果,當來龍華,願昇初唱。皇家慶隆,澤治邊地,三途楚毒,俱辭苦海,六道四生,咸蒙勝福,壹切有形,同成正覺。”唐儀鳳三年《佛説彌勒菩薩兜率天下生成佛經碑》(《匯編》第16冊第79頁):“善哉釋迦牟尼佛。以大悲心能於苦惱衆生之中説誠實語。示我當来度脱汝等。如是之師甚爲難遇。深心憐愍惡世衆生。”

高麗大藏經《得無垢女經》(K42)1卷19版,6世紀初由般若流支漢譯。佛爲無垢王女得當來作佛之授記。《漢語大詞典》“當來”:將來,《魏書·崔亮傳》:“但令當來君子,知吾意焉。”

C 措意、幽妙,古意、沿革,今體、委曲

吕向撰,唐天寶三載《豆盧建墓誌銘并序》(《新中國·陝西貳》第108

頁）:“而措意幽妙，遺言玄遠，遊刃有餘，尋環無極。中探古意，沿（㳂）革而立身；外約今體，委曲而行志。遥通事趣，闇赴時情。經之以禮樂，洞於合變；緯之以文章，激其符彩。”詞形或作“幽眇”“幽渺”。

X 叙述

唐貞元十四年《韓超寂墓誌銘并序》（《新中國·陝西貳》第 173 頁）：“姪前行同州韓城縣尉晤，銜哀叙述，直書事能。”唐貞元十九年《徐思倩墓誌銘并叙》（《新中國·陝西貳》第 184 頁）：“見託叙述，表于幽壤。”

X 鄉井

Z 齋明

顔真卿撰并正書、唐大曆七年《八關齋會報德記》（《匯編》第 27 冊第 122 頁）：“微我公之救恤，則皆死於鋒鏑，入［於煎熬矣。］尚何能保完家室、嬉戲鄉井者乎。不資齋明，何以報德。”鄉井，家鄉。齋明，謹肅嚴明。

W 無恥，無所恥辱

五代後周顯德元年《安重遇墓誌》（《匯編》第 36 冊第 127 頁）：“公以時移事改，志屈道窮，隨百谷以朝宗，罷談涇渭；逐四時而成歲，但慕松喬。無恥具臣，自爲君子。晉漢二代，名隱十年。”無所受辱，謂保持高潔，與現代通用之“無恥”謂不知恥辱，同構而異質。

C 沖亮

北魏永平四年《楊阿難墓誌》（《新中國·陝西壹》第 15 頁）：“君資性沖亮，能機早成。景智凝遠，名實夙知。”沖亮，沖淡開朗。能，而；機，秉性。《漢語大詞典》“機 12”：秉賦，性靈。《莊子·大宗師》：“其耆欲深者，其天機淺。”

J 價錢

南朝齊永明三年《劉覬買地券》（《考古》1965 年第 4 期《武漢地區四座南朝紀年墓》、《文物》1965 年第 6 期郭沫若《由王謝墓誌的出土論到蘭亭序的真僞》）：“從此土神買地，價錢八万万九千九百九十九文。”

J 矜德

北魏永平四年《楊阿難墓誌》（《考古與文物》1984 年第 5 期《華陰潼

關出土的北魏楊氏墓誌考證》)："肇開神跡，則配天以光道；昌構中古，則烏異以矜德。"光道、矜德對文，耀德也。

J 今載

唐天寶三年《陸府君故夫人河南元氏墓誌銘》(《匯編》第 25 冊第 66 頁)："以今載五月廿二日終於河南縣界道光里之私第也，春秋卌有六。""以天寶三載八月十二日吉辰於河南縣平洛鄉之北原，禮葬也。"今載，今年，時間詞。

J 借如

唐刻，附開元末《瀨水上古真義女碑銘》(《匯編》第 24 冊第 169 頁。宋淳化五年十一月重刻。拓片高 142 厘米，寬 96 厘米。李白撰并正書，首題下刻徐縉芳題記，尾刻董衍跋)："借如曹娥潛波，理貫於孝道；聶姊殞肆，概動於天倫。魯姑棄子，以却三軍之衆；漂母進飯，没受千金之恩。方之於此，彼或易耳。"借如，假如、即如、例如。隋唐五代石刻使用 7 次，而魏晉南北朝石刻尚不用。

J 激勵

唐天寶二年《姚晅墓誌銘并序》(《匯編》第 25 冊第 41 頁)："敦獎名教，激勵人事。"

J 今晨

北魏永平二年《元願平妻王氏墓誌》(《匯編》第 3 冊第 128 頁)："如何妄言，落彩當春。掩埏明旦，鐫誌今晨。"明旦、今晨對文。

J 精誠

唐天寶十四年《張登山墓誌銘并序》(《匯編》第 26 冊第 139 頁)："精誠外澈，獷俗懷仁。"精誠、獷俗對文，皆狀內在之美：前者指精神，後者指風格。

J 居然

唐天寶十四年《漢太中大夫東方朔墓碑》(《匯編》第 26 冊第 141 頁)："然爰想當時，豊草長林，樹影溪光。墓門寬廣，彩壁輝煌。左崇墉而高峻，右古木而蕭森。沙□回環，居然黄河帶勢；垝垣□昂，宛爾泰岱礪形。信乎,名區勝地之大有高人者,即莫不擇地而安者也。”居然、宛爾(宛然)對文一用,居然、即儼然也。

J 交契

唐大曆八年《穀城黄石公祠記》(《匯編》第 27 冊第 125 頁):“名□□題趙郡李□,即令臺長。棲□□歲馬公炫自郎官出牧,少與臺長交契莫逆。嘗勤雨於廟,不覩所記。”

J 洊臻

唐大曆十三年《崔孝公墓誌》(《匯編》第 27 冊第 162—163 頁):“並人倫高標,名教華盖。雅杖憲矩,洊臻德名。公稚無童心,少有大觀。見素抱朴,知雄守雌。内陽而外陰,内健而外順。每向晦藏密,参寥聚精。儲心清魂,謂羲皇之代;收視玄覽,讀聖人之書。”

按“洊臻”即“洊至”,《漢語大詞典》“洊至”: 再至,相繼而至。北魏普泰元年《穆紹墓誌》(《匯編》第 5 冊第 153 頁)作臶:“孝昌在運,憂虞臶及,國柄内移,邊鋒外擾。”臻也。《宋本·至部》:“臶,才遁切。古人名。”《名義·至部》:“臶,辞遁反。”在該用途上,同“洊”字。《宋本·水部》:“瀳,才寸、在見二切。水至也。洊,同上。又仍也。”《名義·水部》:“瀳,才寸、才見反。水至也。洊,同上。洊,仍也。”

J 健羡

武周長壽元年《張樹生墓誌銘》:(《新中國·陝西貳》第 61 頁):“不咨嗟於富貴,不健羡於公侯。然而里閈稱仁,閭閻價美。每狎通人之論,恒居長者之場。”“健羡”,或作“艷羡”,非常羡慕。

Z 組績

唐大曆十三年《段府君誌銘并序》(《匯編》第 27 冊第 174 頁):“當府君朱紱之歲,則受封邑。更能檢身節用,親事組績。手成朝祭之服,躬采蘋藻之薦。”組績,即組織,織作之事。

Z 真淳

唐大曆七年《元結墓碑》(《匯編》第 27 冊第 120—121 頁):“嘗著《説

楚賦》三篇，中行子蘇源明駭之曰：子居今而作真淳之語，難哉。然世自澆浮，何傷元子。”

Z 照被

北魏正始三年《寇臻墓誌》(《匯編》第 3 册第 91 頁)："遂以照被圖記，勒銘淥堂云。"按照被、勒銘對文，皆具動詞功能，猶今語所謂"披露"。

Z 綴暎、餘光

北魏景明年間(500—503)《魏靈藏薛法紹等造像記》(《匯編》第 3 册第 72 頁)："自雙林改照，大千懷綴暎之悲；慧日潛暉，唅生銜道慕之痛。"

Z 孎

唐大和四年《李清墓誌》(《新中國·河南壹》第 93 頁)："賈武軍前，運籌帷幄。事君以節，立身以孎(㜸)。聲諭九霄，名流魏朔。"孎，《廣韻》陟玉切，謹慎。

Z 章程

唐天寶十四年《李孔彰墓誌銘并序》(《匯編》第 26 册第 142 頁)："時諫議大夫李麟充河西隴右道黜陟使，以公閑練章程，詳明聽斷，乃奏公爲判官。"章程，法度。

G 過見

北魏永平二年《法文法隆等造像記》(《匯編》第 3 册第 125 頁)："願使過見者，普沾法雨之潤；禮拜者，同無上之樂。"過，拜訪，猶《史記·魏公子列傳》："臣有客在市屠中，願枉車騎過之。"過見，拜見。

G 關懷

唐開元二十九年《佛頂尊勝陀羅尼經序》(《匯編》第 24 册第 161 頁)："不以財寶爲念，不以名利關懷。"介懷，在意。

G 規模

唐天寶十一載《張謙墓誌銘并序》(《匯編》第 26 册第 73 頁)："多識前載，規模古人。"規模，動詞，以……爲典範。

C 聰令

北魏永平二年《元願平妻王氏墓誌》(《匯編》第 3 册第 128 頁)："夫

人貞順自性，聰令天骨。德容非學，言功獨曉。”聰令，聰明美才，並列結構。

X 新

B 本師

晉永和十二年《筆陣圖》（此拓是姚文田臨摹，劉行受刻本，爲章鈺舊藏。《匯編》第 2 冊第 82 頁）：“……其點畫尔。昔宋翼常作此書，口鍾繇之弟子乃叱之。翼遂三年不敢見繇，潛心改跡。每畫一波，常三過折筆。每作一點，常隐鋒而爲之。又見李斯曹喜等書，又之許下見鍾繇梁鵠書，又之洛下見蔡邕《石經》書，又之從兄洽處見張昶《華嶽碑》。始知學衛夫人書，徒費年月。羲之遂改本師，新於衆碑焉，遂成書聖。時年五十有二，或恐風燭掩及，遺教於子孫耳。可藏之石室，千金勿傳非其人也。永和十二年四月十二日書。吴興姚文田臨。”本師，原本師法；新，結構從亲得聲，親也。

X 想像

唐元和五年《張涣墓誌銘并序》（《新中國・陝西貳》第 203 頁）：“想像游魂，依然在目。”

P 普及

北魏永平四年《萬福榮造像記》（《匯編》第 3 冊第 143 頁）：“普及衆生，同享斯慶。”普及，遍及。

H 户籍

唐貞元十九年《張明進墓誌銘并序》（《新中國・陝西貳》第 185 頁）：“移其户籍，多徙關中。”

C 傳家

唐開元六年《嚴識玄墓誌銘并序》（《新中國・陝西貳》第 76 頁）：“學業傳家，儒風習祖。”傳家、習祖對文，結構正等。傳於家，習於祖。是“傳家”者，即家傳也。

F 扶將

晉元康九年《徐義墓誌》（《匯編》第 2 冊第 64—65 頁）：“晉賈皇后乳

母美人徐氏之銘。美人諱義。……侍側皇家,扶獎順聲。啓悟讖微,國政脩明。憲制嚴威,美人惟聽。遐邇慕賴,宣歌馳名。當享無窮,永壽青青。昊天不弔,奄棄厥齡。神爽飛散,長幽冥冥。悠悠痛哉,千秋豈生。號咷割剥,崩碎五情。謹讚斯頌,終始素銘。”扶將、侍側對文,意爲從旁扶持。

M 命代,命世

唐先天元年《楊孝弼墓誌》(《匯編》第 21 册第 4 頁):“雄材命代,英略冠時。”“代”爲唐人避諱“世”字而用。墓誌“命代”“冠時”對文。

L 牢:“同牢共穴”之用

隋大業十一年《尉富娘墓誌》(《匯編》第 10 册第 129 頁):“雖在幽媾婚,歸於李氏。共牢無爽,同穴在斯。”字形作罕,或釋爲“罕”,形近混誤耳。實即牢、穴對文,爲牢字。牢字此用,見於漢代焦贛《易林・需之大壯》:“婚姻合配,同枕共牢。”好事者或不免由此生發,古人即知婚姻如同牢籠矣。

L 利首、黎首

字形表《黍部》“黎”字楷書類,[1]北魏《韓震墓誌》作黎,《刀部》“初”字楷書類,北魏《薛慧命墓誌》作初。《説文・黍部》:“黎,履黏也。从黍,秎省聲。秎,古文利。作履黏以黍米。郎奚切。”以楷化禾、衣區別性喪失,故“黎”字聲符秎,往往與“初”字混淆。南朝齊建武二年《釋法明造像記》(《文物》2001 年第 10 期《成都市商業街南朝石刻造像》):“願同初首,有識羣生,咸羿斯樂。發果菩提,廣度爲功。”字形用作初。是知初首者,即利首之混,利首者,即黎首也。隋刻晉智永《真草千字文》:“愛育黎首,臣伏戎羌。”“黎首”成詞,與羣生對文,正等黔首。《漢魏六朝碑刻校注》第三册第 142 頁釋作“初首”,爲破詞失讀。

L 理化

唐天寶十二載《盧含墓誌銘并序》(《匯編》第 26 册第 93 頁):“為政

[1] 臧克和主編《漢魏六朝隋唐五代字形表》,南方日報出版社 2011 年。

有經,視人惟恤。以刑罰為干櫓,戢于明時;以理化為著龜,存諸靈府。懷濡淑善,浸假至仁。戴白之流,到今遺愛。雖古之良宰,何以加焉。”理化,並列結構,治理與教化。文化,與“理化”對,亦偏正結構,以文明化育。

L 兩人

唐咸通十二年《閻肇墓誌》(《新中國 · 河南壹》第 88 頁):“嗣子兩人:長曰伯康,優崇武略,覃思禮經;仲曰伯翔,幼習經典,聰穎殊倫,通貫群言,詞當體要,承代即今此子也。”

D 當選

唐天寶十年《臧懷亮墓誌銘并序》(《新中國 · 陜西壹》第 122 頁):“遂憤習弦矢,厲踰蹶張。控六鈞而當選,徹七札而標特,遂授始官焉。”當選,謂屬當其簡選。與“選舉”之當選,構同而質異者。

K 孔目

唐咸通十二年《閻肇墓誌》(《新中國 · 河南壹》第 88 頁):“大唐魏博節度隨軍勾當南院孔目事、朝議郎行魏州大都督府南樂縣丞、故河南閻公,及故夫人平昌孟氏墓誌銘并序。……奏受魏州昌樂縣丞,勾當南院孔目事。”官府衙門之吏人,掌管獄訟賬目等事務。始於唐代。《資治通鑑 · 唐玄宗天寶十載》:“(安禄山)有輕中國之心。孔目官嚴莊、掌書記高尚因爲之解圖讖,勸之作亂。”胡三省注:“孔目官,衙前吏職也。唐世始有此名,言凡使司之事,一孔一目,皆須經由其手也。”《水滸傳》第三十回:“廳上知府一力與他做主,定要結果武松性命,只有當案一箇葉孔目不肯。”

K 廓落、分明

五代後晉天福五年《孫思暢墓誌》(《匯編》第 36 冊第 73 頁):“廓落乾坤,分明日月。自古自今,有生有滅。”廓落、分明,皆形容詞。

F 負揭

唐顯慶二年《虢國公張士貴墓誌銘》(《新中國 · 陜西壹》第 43 頁):“含百練而凝質,絶千里而馳光。揭日月而傍照,懷風雲而上聳。”唐開元六年《大子少保豫州刺史越王李貞墓誌銘》(《新中國 · 陜西壹》第 106 頁):“横風雲而落落,揭日月而昭昭。”按《莊子 · 達生》:“今汝飾知以驚愚,脩身以明汙,昭昭乎若揭日月而行也。"成玄英疏:"猶如擔揭日月而行於世也。"負、揭並列成詞,見於六朝。

唐神龍二年《大唐故雍王(李賢)墓誌銘》(《新中國・陝西壹》第99頁):"出入雲霄,負揭日月。"揭、竭用之通,《説文・立部》:"竭,負舉也。从立曷聲。"唐抄《萬象名義・立部》:"竭,渠烈反。擔也。竭也。敗也。盡也。負也。戴也。舉也。"是負、揭並列結構,揭爲承舉,合謂背負承擔,狀氣勢,爲南北朝隋唐固定結構。猶言擔舉日月,如南朝梁代沈約《齊武帝謚議》:"初九勿用,英氣淩雲。負揭日月,仰揚霄漢。"

J 交深分至,情契陳雷

唐咸通十二年《閻肇墓誌》(《新中國・河南壹》第88頁)"其世姪徐厚耿回,以鬱与公交深分至,情契陳雷。令叙聲實,然罄狂斐。銘刊金石,範貽後昆。"

M 名不虚傳

唐天寶二年《姚暅墓誌銘并序》(《匯編》第25冊第41頁):"當仁不讓,名不虚傳。"

S 隨機應變

唐大曆六年《王守質墓誌》(《匯編》第27冊第110頁):"造膝獻謀,隨機應變。"

T 挺然

唐大中十年《朱清墓誌》(《新中國・河南壹》第71頁):"公性本深沉,式量弘遠。貞方臻立,霜雪不屈於寒松;棲心不羣,煙靄無侵於皓月。年既方壯,德伏朋從。習武不貴穿楊,勤學無慙積雪。挺然自負,美稱充閭。果遇見知,受職中武軍,以旌能也。不三五年,改受河中衙前兵馬使。公忿氣中激,常恨受指於人,屑屑於下位。扁舟之志,其在兹乎。遂弃職徙家于鄴,放情谷口,垂釣磻溪。甘原憲之貧,樂顔子之道。留心老氏,知命周書。廿年間,行藏自得。"挺然,拔出特立貌。其挺字,與石刻一般所用"挺生"不同。

K 可,被任命

隋大業八年《孔神通墓誌》(《匯編》第10冊第69頁):"開皇十二年,

以遠從師旅,情深奉國,並經行陣,克著勲庸,宜加戎秩,以酬勞績,可依前授驃騎將軍車騎將軍,開國如故。"可,被任命。《舊唐書·德宗紀上》:"伊西北庭節度觀察使李元忠可北庭大都護,四鎮節度留後郭昕可安西大都護、四鎮節度觀察使。"

C 馳,喪失

隋大業七年《陳叔毅修孔子廟碑》(《匯編》第 10 册第 51 頁):"時澆俗薄,樸散淳離。世道交喪,仁義争馳。《書》亡《詩》逸,禮壞樂虧。"喪、馳對文。三國蜀諸葛亮《戒子》:"年與時馳,意與歲去。"

Y 亞,比鄰

隋大業十年《賈玄贊殯記》(《匯編》第 10 册第 102 頁):"道亞鄰幾,神照知微。蘭風已扇,薤露俄晞。五百一賢,瞻德音而遽遠;七十二子,仰餘訓而何依。"按"道亞鄰幾,神照知微"二句對文。道亞,主謂結構,謂道行近於……程度。《宋書》卷二:"張子房道亞黄中,照鄰殆庶。風雲言感,蔚爲帝師。大拯横流,夷項定漢。固以參軌伊望,冠德如仁。若乃神交圯上,道契商洛。顯晦之間,窈然難究。源流淵浩,莫測其端矣。"道亞、照鄰對文一意,亞亦鄰也,尤爲醒豁。又神照,照、知也,亦爲主謂結構。

Z 真

唐貞觀八年《祁觀元始天尊素象之碑》(《匯編》第 11 册第 58 頁):"有隋開皇,修營靈觀。真臺仙閣,上入雲霞;月殿日宫,高排星漢。"真、仙對文,真即《莊子》中所謂"真人"。

Z 轉,用同誦

唐貞觀廿年《靜感塔記》(《匯編》第 11 册第 140 頁):"誦《維摩經》《无量壽經》《勝鬘經》,轉《一切經》一遍,夕晨無暇,誦習如流。"按轉、誦對文一意。又唐時已見《一切經》文集。[1]

---

〔1〕《漢語大詞典》"轉"條 13:誦,讀。《周書·張元傳》:"遂請七僧,然七燈,七日七夜,轉《藥師經》行道。"唐段成式《酉陽雜俎續集·寺塔記上》:"素公不出院,轉《法華經》三萬七千部。"

Z 高躅,高卓品行

唐咸亨三年《李遇□墓誌》(《新中國·河南壹》第56頁):"其有庭趨百隸,家積萬金,遐邇挹其徽猷,長幼慕其高躅者,固唯李府君乎。"高躅,高卓品行;高卓,則純乎形容高超卓越。

Q 親,結親

隋大業七年《劉則墓誌》(《匯編》第10冊第48頁):"父□□,楚州刺史太府少卿,親范陽盧氏,齊武衛將軍瀛州刺史七兵尚書左光禄大夫贈定州刺史武邑公叔和之女也。"親,結親,婚配。唐無名氏《玉泉子》:"既登第,就牛氏親。不日挈牛氏而歸。"

B 背,辭世

隋大業六年《董穆墓誌》(《匯編》第10冊第39頁):"以大業三年四月五日,母閔復背。""背"用爲死亡的婉辭,爲隋唐習慣。《文選·李密〈陳情事表〉》:"生孩六月,慈父見背。"張銑注:"背,死也。"

Z 捉,把守

隋大業六年《楊秀墓誌》(《匯編》第10冊第38頁):"神略不群,才堪主將。遂令指麾兵卒,籌策軍馬,奏授儀同三司,與領軍尉永貴捉冀州城。"《周書·梁士彦傳》:"略取河北,捉黎陽關,塞河陽路。"《隋書·長孫晟傳》:"帝曰:今相州之地……非公莫可。於是遣捉相州。"捉臂,猶言把臂。

Z 戰前

唐貞元十年《李元諒墓誌銘并序》(《新中國·陝西壹》第130頁):"河東險隘,承制誅討。勝在戰前,師臨電掃。隴外猶梗,授公擁旄。東連折墌,西盡臨洮。增修保障,芟薙蓬蒿。戎馬遷迹,輿徒不勞。"按"戰前",結構爲偏正,謂戰事開始之前。軍事術語,"勝在戰前",與"輿徒不勞"呼應。

X 梟狼

C 猜雄

唐大和九年《姚存古墓誌銘并序》(《新中國·陝西貳》第232頁)銘

文第三章,亂詞其應變解紛:“汴人十萬,夜起提戈。西築高壘,東鏁長波。梟狼應和,相爲笑歌。一言感激,猜雄氣和。”梟狼,皆兇惡之喻。韓愈《司徒許國公神道碑銘》:“磔其梟狼,養以雨風,桑穀奮張,厥壤大豐。”猜,《説文·犬部》:“恨賊也。从犬青聲。”《篆隸萬象名義·犬部》:“猜,千才反。疑也。懼也。恨也。”《集韻·咍部》:“猜倸,倉才切。《説文》恨賊也。或作倸。”或皆當時生詞。

Y 疑,懼也

隋開皇九年《關明墓誌》(《匯編》第9冊第59頁):“疑陵谷之易遷,刊金石之難改,寄萬古而揚名,託流芳於千載。”《大戴禮記·勸學》:“夫水者,君子比德焉……其赴百仞之谿不疑,似勇。”《荀子·宥坐》作“其赴百仞之谷不懼”。

G 概,關心也

隋開皇十年《王曜墓誌》(《匯編》第9冊第65頁):“禄不代耕,身有餘樂。浮雲之貴,無概(槩)懷抱。”按《集韻·薛部》:“檵概楬,巨列切。杙也。或省。亦作楬。”概槩檵楬異體字,作關心之用,殆係之借,見《尚書·文侯之命》“父往哉,柔遠能邇,惠康小民,無荒寧,簡恤爾都,用成爾顯德”,簡恤,並列一意,謂關心體恤。《史記·范雎蔡澤列傳》:“意者臣愚而不概於王心邪?”司馬貞索隱:“《戰國策》‘概’作‘關’,謂關涉於王心也。”

X 相,鳴唱、音響

隋大業六年《程氏墓誌》(《匯編》第10冊第37頁):“去斯白日,歸茲松帳。玄夜無曉,青鳥空相。”其中“青鳥空相”,意猶杜甫《蜀相》“映階碧草自春色,隔葉黄鸝空好音”之黄鸝空好音。同一命意,爲隋代石刻所習見。又如隋大業六年《楊秀墓誌》(《匯編》第10冊第38頁):“卜宅邙野,長河之前。墳荒宿草,松闇孤煙。空教鶴唳,徒令劍縣。自茲成夜,幾度千年。”相,鳴唱。唐開元十五年《楊執一墓誌銘并序》(《新中國·陝西貳》第87頁):“時北郡亢旱,農夫輟耒。既而下車雨降,負臿雲趨,邑有箱哥,人無菜色,屬城流詠,鄰郡懷仁。”箱哥、即相歌,二字並列。《楊執一墓誌銘并序》:“豈止罷南荊之市,息東里之相,禮輟當祭,哭甚趨車而已哉。”相,用法同。

唐貞觀七年《張伯墓誌》(《匯編》第11冊第44頁):“蘭芳筠勁,服冕垂纓,玉振(縝)金相,暉曜圖篆。”按“玉縝金相”爲“玉振金相”之通用。相,即聲響之謂,源於“玉縝金聲”或“金聲玉振”之變化。“玉×金相”結構中,關於“相”字之用,要之取決於“金”字後面所聯繫之詞詞性。“相”字此一功用,語文工具書尚待補出。〔1〕

J“芥蒂”詞形來源

唐貞觀廿年《王才墓誌》(《匯編》第11冊第157頁):“吞若胷襟,甞何慸介。”“慸介”即“慸葪”,亦作“慸芥”。蔕,即蒂之變異;慸,即意之變異,以帶、帝形近。

H“鴻遷漸陸”:“鴻漸”成詞過渡狀態

唐先天元年《趙克廉墓誌》(《匯編》第21冊第6頁)銘文:“鴻遷漸陸,驥逸超群。”其中“鴻遷漸陸”構成“鴻漸”成詞過渡狀態。〔2〕

J金鋪

韓愈草書、唐刻附開元末《白鸚鵡賦》(《匯編》第24冊第166頁):“經過珠網,出入金鋪。單鳴無應,只影長孤。偶白鵬于池側,對皓鶴于庭隅。愁混色而難辨,願知名而自呼。”金鋪,門户之借代,參見“鋪”條。

---

〔1〕《漢語大詞典》“相”條,於讀去聲條件下,列舉相關三義項:16. 舂穀時的號子聲。《禮記·曲禮上》:“鄰有喪,舂不相。”鄭玄注:“相,謂送杵聲。”參見“相杵”。17. 古樂器名。《禮記·樂記》:“始奏以文,復亂以武,治亂以相。”鄭玄注:“相,即拊也,亦以節樂。拊者,以韋爲表,裝之以糠,糠一名相,因以名焉。”宋張載《正蒙·樂器》:“樂器有相,周、召之治與!”王夫之注:“相,韋表糠裹。”18. 琵琶頸部所鑲的四塊或六塊山狀物。以象牙、牛角或紅木製成,用來確定音位。

〔2〕《漢語大詞典》“鴻漸”條:1.《易·漸》:“初六,鴻漸于干”,“六二,鴻漸于磐”,“九三,鴻漸于陸”,“六四,鴻漸于木”,“九五,鴻漸于陵”。謂鴻鵠飛翔從低到高,循序漸進。晉潘嶽《西征賦》:“振鷺于飛,鳧躍鴻漸,乘雲頡頏,隨波澹淡。”南朝梁劉勰《文心雕龍·夷飾》:“言必鵬運,氣靡鴻漸。”2. 比喻仕宦的升遷。《文選·班固〈幽通賦〉》:“皇十紀而鴻漸兮,有羽儀於上京。”李善注引應劭曰:“鴻,鳥也;漸,進也。言先人至漢十世,始進仕。”南朝宋謝瞻《于安城答靈運》詩:“鴻漸隨事變,雲臺與年峻。”3. 比喻仕進於朝的賢人。《後漢書·蔡邕傳》:“君臣穆穆,守之以平,濟濟多士,端委縉綎,鴻漸盈階,振鷺充庭。”李賢注:“喻君子仕進於朝。”

D 地氣

唐元和五年《張渙墓誌銘并序》(《新中國·陝西貳》第 203 頁):“冠冕益稱,地氣斯在。”地氣者,地靈之氣。

H 揮霍

唐延和元年《蕭貞亮墓誌》(《匯編》第 21 册第 1 頁):“鴈哀風斷,松悲日薄。一送黄泉,萬途揮霍。”揮霍,《集韻·鐸部》:“霍,忽郭切。山名,在荊州。一曰國名。一曰大山遶小山曰霍。一曰揮霍,猝遽也。亦姓。”

S 事了

唐開元二十四年《李憺題名》(《匯編》第 24 册第 10 頁):“鄭縣尉李憺,以開廿四六月六日充勑簡募飛騎使判官,向陝、虢州點覆。其月十四日事了,迴便充京畿採訪使勾覆判官,此過赴京。”事了,謂事畢。《舊唐書》卷一百二十一《列傳第七十二》:“及其祖餞事了,回至太原。”又“勾覆”,即點覆;“採訪”成詞,儘管功能不一,此爲較早見者。

G 歌謡

隋大業十二年《明質墓誌》(《匯編》第 10 册第 155 頁):“吏民欽仰,士女歌謡。”歌謡、欽仰對文,作動詞用,猶言歌頌。《北史·裴廷儁傳》:“又命主簿酈惲修起學校,禮教大行,人歌謡之。”“歌頌”作“哥訟”。隋仁壽四年《劉寶及妻王氏墓誌》(《匯編》第 9 册第 168 頁):“並有善政之哥,俱揚清德之訟。”〔1〕

B 半漢

唐先天元年《張自然墓誌》(《匯編》第 21 册第 9 頁):“並豪曹逸致,半漢雄姿。”其中豪曹、半漢對文。豪曹,古劍名(漢袁康《越絶書·外傳記寶劍》:“王使取毫曹,薛燭對曰:‘豪曹,非寶劍也。’”)。半漢,狀駿馬。〔2〕

〔1〕“哥訟”字,較早見於《上海博物館藏戰國楚竹書》第一册《孔子詩論》,上海古籍出版社 2001 年。

〔2〕《漢語大詞典》“半漢”:形容駿馬恣睢縱馳的神態。《文選·張衡〈東京賦〉》:“龍雀蟠蜿,天馬半漢。”薛綜注:“天馬,銅馬也。蟠蜿、半漢,皆形容也。”宋范仲淹《天驥呈才賦》:“豈徒矜半漢,銜連乾,必也瑞乎聖通乎天,騰志千里。”

G 過愛、不忍嚴

唐大和四年《趙貨墓誌》(《新中國·河南壹》第 8 頁):“貨遭王父喪,年始冠。幼則其家過愛之,父母不忍嚴。”“過愛”與“不忍嚴”相連,口語化,爲唐代社會生活實際用語。

G 規模

唐天寶四年《唐故板授平原縣令趙君及夫人墓誌》(《新中國·河南壹》第 15 頁):“君川原軌範,鄉黨規模。”軌范、規模,對文一意。唐劉肅《大唐新語·極諫》:“今天下新定,開太平之運,起義功臣,行賞未遍,高才碩學,猶滯草萊,而先令舞胡致位五品,鳴玉曳組,趨馳廊廟,固非創業規模、貽厥子孫之道。”

T 提攜

南朝梁普通元年《蕭敷妃王氏墓誌》(《書法叢刊》1983 年第 5 期《梁蕭敷、王氏誌銘》):“及早世嫠居,遺孤載藐。提攜撫育,逮乎成備。斷織之訓既明,閨門之禮斯洽。劬勞必盡,曾不移志。”提攜,照顧,扶持。

T 提振(綱領)

唐元和四年《五通觀威儀兼觀主馮僊師(得一)墓誌銘并序》(《新中國·陝西貳》第 202 頁):“交罄竭之餘,處虚薄之後。仙師於是提振綱領,纂緝隳敗。數年之間,日新成立。創置精思院一所,再修常住磑一窠。”

D 當年

唐咸亨元年《司馬興墓誌》(《匯編》第 15 冊第 130 頁):“聲塵洽來葉,光價蓊當年。”來葉、當年對文,知“當年”即當代之謂,視訓詁“當年”即“盛年”之義,等於現代口語。然則,有别於“想當年”即往年之用,指向别是一邊。

A 愛日

隋大業九年《郭寵墓誌》(《匯編》第 10 冊第 90 頁):“礐爲青帝,棄襲黄雲。公劉公甫,文子文孫。作周之牧,爲[郭]之君。五章六彩,華輦朱門。世有哲人,朝多達者。心遊海外,形存闕下。衣傳黼黻,庭□玉馬。愛日[ ]留,嗚呼命也。”唐貞觀二年《屈突府君墓誌》(《匯編》第 11 冊第 15 頁）：“寒雲斂色，愛日無精。”愛日、寒雲對文，愛日，冬日也。字形當作曖，亦有作爲詞組他用情形。

X 宣傳、中華

唐貞元十四年《馬浩墓誌銘并序》（《新中國・陝西貳》第 177 頁）：“宣傳四維，克復中華。”《北齊書・高昂傳》：“於時，鮮卑共輕中華朝士，唯憚服於昂。”

Q 却死

唐貞觀廿年《班夫人墓誌》（《匯編》第 11 冊第 139 頁）：“金丹玉醴，罕見長生。一葉三丸，徒云却死。”却死，猶言救命。却，回也，却死，使死者回生也。但漢語表達“回生”成立，“回死”却不習慣，只能“却死”組合；說“回春”則可，“却春”則不可。杜甫《聞官軍收河南河北》“却看妻子愁何在”，白居易《琵琶行》“感我此言良久立，却坐促弦弦轉急”：用法一揆。

R 任傳

字形表《人部》“任”字，隸書類簡牘石刻已經壬、王喪失區別，楷書類更甚，即唐《石經五經》“任”亦作任。南朝梁普通元年《蕭敷妃王氏墓誌》（《書法叢刊》1983 年第 5 期《梁蕭敷、王氏誌銘》）：“泰而愈約，貴則弥恭。蕃祉方茂，纂嗣克重。巾帚差池，朝夕咸事。雖曰任傳，承請斯備。是惟仁姑，厥德可庇。”總讚女德，任傳即任傳，然字形所從壬符，與王符區別已然喪失。《漢語大字典・人部》“任”下引《改併四聲篇海》所引《餘文》雨方切，義爲急行；又引《正字通・人部》，以爲從人迋聲之訛字。不見用例，殊爲可疑。蓋平臺局促，捉襟見肘，僅道楷化混用情形之一耳。

R 染疾

唐隆元年《唐故（阿史那從政夫人）薛突利施匐阿施夫人墓誌銘并序》（《新中國・陝西貳》第 72 頁）：“十二姓阿史那葉護可汗，順化王男。左羽林軍上下左金吾衛大將軍阿史那從政，番名藥賀特勤。夫人薛突利施匐阿施，元年建卯月十八日，染疾終於布政里之私第，春秋卅有八。”染疾,即患病。

R 荏苒

五代後梁貞明二年《北嶽廟碑》(《匯編》第 36 冊第 12 頁):"荏苒九州,依俙六國。"時間詞復移於空間。科以認知之理,實先空間而後時間。

B 表徵,示兆

隋大業七年《劉則墓誌》(《匯編》第 10 冊第 48 頁):"若夫赤龍命瑞,唐典載其昌言;白虵表徵,漢冊陳其大業。"原拓"典"字模糊不清,據上下文填補。

按表徵、命瑞對文,猶言示兆,是知與今所用"表徵"有別,然今已渾不知"表徵"早施於隋石者。《三國志·魏志》卷十三:"而收郵親舊,分多割少,行義甚著,太祖表徵之。"則爲以表徵用之,是尚未合成一詞,功能相當於《晉書》卷三十七所記"東海王越表徵模爲司空",其格式接近共時所謂"板授",如隋大業四年《楊德墓誌》(《匯編》第 10 冊第 21 頁):"大隋勑使巡幸,蒙詔板授趙州鉅鏕縣令。"

X 象與徵並列

唐貞觀七年《□遠墓誌》(《匯編》第 11 冊第 50 頁):"守道栖玄,罔希榮秩。與善無象,人生不留。慘悽朝露,悲涼夜舟。""與善無象",即"與善無徵"變體,是知象、徵同義,可得形成並列結構。

X 小康

唐乾封元年(666 年立於曲阜)崔行功撰文、孫師範隸書《孔子廟碑》(《匯編》第 15 冊第 20 頁):"至於大道浸微,小康遂往。""小康",與"大道"對立,胥道路之稱。

S 煞生

唐總章二年《康達墓誌》(《匯編》第 15 冊第 94 頁):"控賞罰之權,執煞生之柄。"二句對文,是知"煞生"尚未偏向一邊,爲並列結構。

C 操刀:"操刀宰民"須瞻前顧後

唐貞觀八年《□孝敏墓誌銘并序》(《匯編》第 11 冊第 59 頁):"仁義

俱履,文武兼授。操刀宰民,揮鋒靜寇。”“操刀宰民”,有待前後聯繫解會:刀,承前“文武”之文邊,猶言“刀筆”之刀;鋒,則對應武邊。宰,不宜與刀字連,而與“靜寇”對照,猶言“治民”也。

L 覼覶

隋大業九年《趙朗墓誌》(《匯編》第 10 冊第 88 頁):“易可綱維,難爲覼覶。”覼,《廣韻》落戈切。亦作“覶”,繁,瑣細。《集韻・戈部》:“覶,盧戈切。《説文》好視也。一曰覶縷,委曲也。俗从爾,非是。”詞形有覼瑣、覼縷。作“覼覶”,此誌爲早見乃至罕見例。

T 挺俗

隋大業八年《王君妻成公氏墓誌》(《匯編》第 10 冊第 72 頁):“顧盼生光,風流挺俗。髫年始墍,女德已彰。”按“挺俗”生硬,猶言出俗、脱俗,挺、生對文。方言俗語謂“跳出”曰“挺脱”。

F 方面

隋大業十一年《張公墓誌》(《匯編》第 10 冊第 122 頁):“方面之重,非賢弗居。”《後漢書・馮異傳》:“(馮異)受任方面,以立微功。”李賢注:“謂西方一面專以委之。”唐王勃《梓州通泉縣惠普寺碑》:“丹軒紫紱,家傳方面之勳;驥子魚文,地列膏腴之右。”

H 虎落

隋大業十二年《宋永貴墓誌銘》(《匯編》第 10 冊第 160 頁):“將軍,朝廷之虎臣;鎮將,京畿之虎落。”“虎落”與“鎮將”對文,得名來源參見《漢語大詞典》“虎落”條。籬落;藩籬。古代用以遮護城邑或營寨的竹籬。亦用以作爲邊塞分界的標誌,猶如村落。《漢書・晁錯傳》:“要害之處,通川之道,調立城邑,毋下千家,爲中周虎落。”顔師古注:“虎落者,以竹篾相連遮落之也。”王先謙補注:“於内城、小城之中間,以虎落周繞之,故曰中周虎落也。”唐神龍元年《李思貞墓誌銘并序》(《新中國・陝西貳》第 68 頁):“五袴兩岐之詠,傍洽於鄰州;三合七縱之威,遠加於夷落。”夷落,此謂少數民族居住區域。唐人似喜用“落”字,杜牧《阿房宮賦》:“盤盤焉,群群焉,不知其幾千萬落。”

J 將就

隋大業十一年《明雲騰墓誌》:“祁連將就,幽户方填。白馬遥臻,素車雲萃。”按“將就”“方填”對文,將,未然時態;就,成就。是“將就”者,墳山將成,尚爲詞組結構使用。至於“將就”,用作“勉強”一邊,語出《詩·周頌·訪落》:“將予就之,繼猶判涣。”朱熹《集傳》:“將使予勉強以就之,而所以繼之者,猶恐其判涣而不合也。”元鄭廷玉《忍字記》楔子:“罷罷罷,喒將就的飲幾杯。”

J 驚聳

唐咸通二年《白敏中墓誌銘并序》(《新中國·陕西貳》第 278 頁):“既申一慟,忽不知身世在所。其孫昭應縣尉夷道譯衛國夫人語,且置璩曰:太傅前立家國事,夐苦夷遠。爲不磨滅計,今畦町不當理,即困禿自泥,不能驚聳來者。子實太傅記室,從兩鎮五年,宜乎味髓魄而登峰巒也。璩惶恐不敢讓,謹按……”

F 帖伏,“服帖”之原形

隋大業十年《鄧君墓誌銘》(《匯編》第 10 冊第 112 頁):“行運奇策,戰敗崐崘之象;浮舡斬赾,征出銅柱之南。碎破百夷之瞻,帖伏萬里之外。其五廟金人,七藏異寶,水陸備載,振旅如還。足使馬援慙其效,伏波愧爲神。”漢語史較早之用例。

T 太一,作泰壹

唐乾封元年(666 年立於曲阜)崔行功撰文、孫師範隸書《孔子廟碑》(《匯編》第 15 冊第 20 頁):“上帝儲祉,泰壹有暉。山祇傳聲,海神會氣。九皇之況榮可嗣,三代之闕典還屬。”太一,石刻作“泰壹”,戰國楚簡有篇名“天一生水”,天一即太一。“況榮”,賜予榮譽。況,通“貺”。

T 提綱

唐乾封二年《王和墓誌》(《匯編》第 15 冊第 44 頁)“揆務提綱,彈違舉直。具寮欽其稱首,屬縣仰其標致。”銘文亦云:“恤刑敬法,振目提綱。”提綱,動賓結構,“提要”之謂。

S 深渤

隋大業九年《趙朗墓誌》(《匯編》第 10 冊第 88 頁):“恐高岸爲谷,深渤成田。”高岸、深渤對文,深渤即深海。《漢語大詞典》“渤”條列具兩義項:1. 水湧貌,參見“渤潏”;2. 海名,即渤海。

Y 月朏

隋大業九年《趙朗墓誌》(《匯編》第 10 冊第 88 頁):“月朏蒙汜,日出桑乾。駃(駛)同騆騄,迅若波湍。”月朏、日出對文。

W 舞導

隋大業九年《陳常墓誌》(《匯編》第 10 冊第 92 頁):“上贊方岳,下安員首。万里歡哥,百城舞導。”方岳、員首對文,猶言上佐州牧重臣,下安黎民黔首。歡哥、舞導亦對文,後分別定形作“歡歌”“舞蹈”。

Y 巖椒

隋大業十年《牛暉墓誌》(《匯編》第 10 冊第 97 頁)“六行七德,永晢巖椒”作晢,即晢字,《廣韻》旨熱切,亦作“晣”。石刻與《説文・日部》小篆結構位置同:“晢,昭晣,明也。从日折聲。《禮》曰:晣明行事。”又石刻或同“哲”字,猶唐長慶三年《董幵墓誌》“哲人”作晢。整理者或釋爲晳,爲形近誤混。

巖椒,用字俯拾本地風光而幾若不費力。《漢語大詞典》“巖椒”條:山頂。所引書證爲初唐駱賓王《兵部奏姚州破賊設蒙儉等露布》:“淩石菌以開營,拒巖椒而峻壘。”陳熙晉注引《釋名》:“山頂曰塚,亦曰巔,亦曰椒。”

T 團隊

隋大業八年《孔神通墓誌》(《匯編》第 10 冊第 69 頁):“並在陣駐軍,及蕩邏不失團隊。”按“團隊”,軍事術語,此爲用例較早見於文獻者。

F 風日

隋大業八年《隋故宫人墓誌銘并序》(《匯編》第 10 冊第 65 頁):“長入青鳥,奄離風日。”風日,猶言風光。唐杜審言《春日京中有懷》詩:“寄語洛城風日道,明年風色倍還人。"

F 飜霜

大周大足元年《大周智惠墓誌》(《新中國·陝西貳》第65頁)"飜霜"則用爲"飛霜":"壽命債天,飜霜迅拚。闢坔難追,溘從朝露。"《宋本玉篇·飛部》:"飜,孚元切。飛也。亦作翻。"又"債天"成詞,用法罕見,謂壽命假借於天也。

Q 情況

隋大業八年《□墮及妻趙氏墓誌》(《匯編》第10冊第71頁):"君幼而穎悟,早歲不群。情況遒明,智調英逈。起家馮翊王開府長兼行參軍。尋值周有山東,歸寧自養。開皇元年,蒙詔版授洺州曠年縣令。"情況、智調對文,是"情況"爲名詞,謂情趣。起家,謂出身。

W"網羅"多邊

唐貞觀八年《郭提墓誌》(《匯編》第11冊第51頁):"俄而文帝升遐,嗣君纂位,釁彰磐石,兵起晉陽。君地勢膏腴,鄉推領袖。雖潛身竄影,終掛網羅。大業初,遷於河南之洛陽縣。居常怏怏,恥類殷民,不樂終年,便嬰痼疾。"

按"網羅"本多邊,習慣多用"法網"。晉陶潛《歸園田居》詩之一:"誤落塵網中,一去三十年。"唐王維《普提寺禁口號又示裴迪》:"安得捨塵網,拂衣辭世喧。"此誌"終掛網羅"則指違心爲"官網"所累。其下銘文照應作"豈謂忠良,逢茲逆命。人標令望,家承著姓。雖曰潛逃,亦羅刑政。"是知此處"網"之爲用,謂俗務所纏者。

J 鑒別

唐開元九年《騫思泰墓誌銘并序》(《新中國·陝西貳》第79頁):"春宮校典,鑒別陶陰;奭路從班,聲高梅福。"

J 進攻

唐咸通二年《白敏中墓誌銘并序》(《新中國·陝西貳》第278頁):"既爲忤氣注膝,得關中惡寒,疾勢壯大,進攻股膂,步趨皆失力。"

J 介族

隋大業八年《王君妻成公氏墓誌》(《匯編》第10冊第72頁):"成公

夫人者,東郡之介族,太原王君妻也。漢會稽太守浮之裔矣。"《漢語大詞典》無此詞條,其中"介圭"條:亦作"介珪",大圭。圭,上尖下方的一種玉。《尚書·顧命》:"太保承介圭。"孔傳:"大圭尺二寸,天子守之。"據此,知"介族"者,即大族。

M 冒法

唐元和十一年《董文萼墓誌銘并序》(《新中國·陝西貳》第 215 頁):"豈期仲弟冒法,連枝失榮,今即貶充橋陵職事。"冒,犯。又"連枝",猶南朝梁代周興嗣《千字文》"孔懷兄弟,同氣連枝",兄弟關係密切。

D 當頭

隋大業八年《張伏敬墓誌》(《匯編》第 10 冊第 73 頁):"九年,隨軍南討。氣懷奮勇,壯心恒在。舉目前衝,當頭解散。"唐王建《宫詞》之三二:"紅鸞杆撥貼胸前,移坐當頭近御筵。"其用猶如佛家所道"當頭棒喝"。

C 出嫁

隋大業三年《崔氏墓誌銘》(《匯編》第 10 冊第 15 頁):"夫人四德總理,始備家門;三從合義,終歸他族。年十七,出嫁魏郡元氏。"唐韓愈《與李秘書論小功不税書》:"今之人,男出仕,女出嫁。"

G 軌範,作名詞使用,不同於後世動詞之"規範"

隋大業七年《劉則墓誌》(《匯編》第 10 冊第 48 頁):"縉紳愛其軌範,習俗嘉其雲彩。"又"雲彩"之用,殆即北宋詞人晏幾道《臨江仙》"記得小蘋初見,兩重心字羅衣。琵琶弦上説相思,當時明月在,曾照彩雲歸"之"彩雲"。

S 聲飛,蜚聲之由來

隋大業七年《劉則墓誌》(《匯編》第 10 冊第 48 頁):"方當聲飛宇宙,掌運天下。"後世由所謂主謂結構,轉换爲動賓結構。

L 了達

隋大業七年《元鍾墓誌》(《匯編》第 10 冊第 52 頁):"君了達苦空,妙閑生滅。"了達、妙閑對文,猶言通曉、精熟。佛家語,謂徹悟,通曉。

《壇經·宣詔品》:"明與無明,凡夫見二。智者了達,其性無二。無二之性,即是實性。"唐顧況《從江西道中寄齊相公》詩:"能依二諦法,了達三輪空。"

K 匡究

隋開皇五年《惠鬱等造像記》(《匯編》第9冊第25頁):"並首尾匡究,慰喻經紀,像成殿就,並賴二公。"[1]按《法苑珠林》卷七十八:"琰師於後學問優長,善弘經論,匡究佛法,爲大德住持,年逾九十,命卒於寺。"是"匡究"即"正研"之謂。本記謂匡算研究,上接"首尾",下合"經紀",無待破字。

J 嘉貺

隋大業六年《段模墓誌》(《匯編》第10冊第43頁):"嘉貺不已,伊人挺生。紹膺世德,載荷民英。"《漢語大詞典》"嘉況"亦作"嘉貺",厚賜。《漢書·石奮傳》:"乃者封泰山,皇天嘉況,神物並見。"顏師古注:"況,賜也。"三國魏曹丕《與鍾大理書》:"嘉貺益腆,敢不欽承。"

Q 顦頓,可狀物色

隋大業十年《張軻墓誌》(《匯編》第10冊第110頁):"鄉關万里,山河幾重。顦頓霜草,蕭瑟風松。"漢末禰衡《鸚鵡賦》:"音聲淒以激揚,容貌慘以顦頓。"北齊顏之推《顏氏家訓·勉學》:"齊孝昭帝侍婁太后疾,容色顦悴,服膳減損。"數例則皆指顏色。

R 容貌,謂儀表舉止

唐貞觀十四年《魏府君夫人雷氏墓誌》(《匯編》第11冊第88頁):"容貌趨鏘,仁師令範。"趨鏘,形容朝拜、進謁時步趨中節。然則"容貌"指儀表之舉止動靜,非徒表面容姿之謂。容貌,容本作頌。《詩經》"風雅頌"頌類,即訴諸舞蹈之狀貌。

---

〔1〕日本齊藤達也《關於隋重建七帝寺記——注釋與考察》第105頁,以爲"匡究"不見於其他文獻用例,遂破讀爲"匡救"字(國際佛教學大學院大學研究紀要第六號,平成十五年三月)。

D 動静

唐乾符四年《王公夫人清河張氏墓誌銘并序》(《新中國·陝西貳》第316頁):"洎乾符四年二月寢疾,飲食失節,動静多艱。"動静,偏於"動"之一邊,謂舉動。

S 適應

唐開元二十五年《楊偘墓誌》(《匯編》第24冊第39頁):"惟公適應享其榮祑,終見辭於明代。"此處"明代"者,明君之世,避諱用字之例。

B 不請,不受、請受

隋大業六年《羊瑋墓誌》(《匯編》第10冊第36頁):"藤越妖寇,不請朝恩,憑竄山谷,侵擾民庶。我高祖文皇帝君臨萬國,仰應天垂,慈育黔黎,情興濟養。君誠心奉詔,盡力戎行,摧破凶徒,剋展勳效。"請,《廣韻》疾盈切,平清從。義謂認領,接受。唐韓愈《唐正議大夫尚書左丞孔公墓誌銘》:"絶海之商有死於吾地者,官藏其貨,滿三月無妻子之請者,盡没有之。"齊東方言有"請受"複合詞,亦並列結構。

Q 拳握,掌握

隋大業七年《田德元墓誌》(《匯編》第10冊第55頁):"姑臧殷實,控接遐裔。拳握之珎,足爲鄭室。"拳握,猶言掌握。[1] 南朝陳徐陵《東陽雙林寺傅大士碑》:"其外人所見者,拳握之内,或吐異香;胸臆之間,乍表金色。"

Z 置德,立德

隋大業十年《張達墓誌》(《匯編》第10冊第104頁):"椝桓平壇,卜筮墳陵,不絶不傾,春秋置德。"《宋本玉篇·网部》:"置,竹利切。立也。又安置。"《萬象名義·网部》:"置,徵夾反。立也。設也。秀也。"[2] 是"置德"者,直解即習言所謂"立德"也。

---

〔1〕《漢語大詞典》"拳握"條:像握著的拳頭大小,喻體積小。

〔2〕臧克和《中古漢字流變》第十五卷《网部》"置"字下將《萬象名義》該處注音改爲"徵夾(亦)反"。華東師範大學出版社2008年。

S 擅場

唐咸通十一年《荊從皋墓誌銘并序》(《新中國·陝西貳》第305頁):"洎大中四年,公負擅場之藝,幾樂天休。獎賞有差,俾管馬軍衙六將。"[1]

Q 契闊

隋大業十一年《王衮墓誌》(《匯編》第10冊第119頁):"夫劍不偏留,是以爲干霄之寶;人思偕老,故能成契闊之義。昔高門旦啓,金鑣與玉軑齊馳;今泉户晨開,悽挽共哀笳並咽。粤以今十一年歲次乙亥二月甲子朔廿一日甲申,同窆于河南縣芒山。"序文作動詞用,意爲"相約"。[2]

H 海納百川

隋大業七年《劉則墓誌》(《匯編》第10冊第48頁):"樹芳猷於弱冠,標盛績於強仕。卑以自牧,施而不矜。寬厚則海納百川,膏腴則河潤九里。"所見成詞爲文獻較早用例。

H 河潤九里

隋大業七年《劉則墓誌》(《匯編》第10冊第48頁):"寬厚則海納百川,膏腴則河潤九里。"《經典釋文》卷二十八"河潤九里"條:"河從乾位來,乾,陽數九也。"

Y 允副名實:"名副其實"的最早表現形式

隋大業六年《羊瑋墓誌》(《匯編》第10冊第36頁):"君奉上無怠慢

---

〔1〕《漢語大詞典》"擅場":《文選·張衡〈東京賦〉》:"秦政利觜長距,終得擅場。"薛綜注:"言秦以天下爲大場,喻七雄爲鬥雞,利喙長距者終擅一場也。"謂強者勝過弱者,專據一場。後謂技藝超群。唐代杜甫《冬日洛城北謁玄元皇帝廟》詩:"畫手看前輩,吴生遠擅場。"原注:"廟有吴道子畫。"明代唐順之《卓小仙草書歌》:"古來草書誰擅場,酒旭僧素頗中選。"清代紀昀《閱微草堂筆記·如是我聞三》:"伶人方俊官,幼以色藝擅場,爲士大夫所賞。"

〔2〕參見錢鍾書《管錐編》"契闊"條。中華書局1979年。又,《漢語大詞典》"契闊"2. 久別,《後漢書·獨行傳·范冉》:"奂曰:行路倉卒,非陳契闊之所,可共到前亭宿息,以叙分隔。"3. 懷念,《歷代名畫記》卷六引南朝宋宗炳《畫山水序》:"余眷戀廬衡,契闊荊巫,不知老之將至。"4. 相交、相約,《梁書·蕭琛傳》:"上答曰:雖云早契闊,乃自非同志;勿談興運初,且道狂奴異。"

之心,臨下亡喜怒之色。有事必濟,無難不舉。展誠效節,帝嘉美焉。大業三年,改授朝請大夫,允副名實。"《漢語大詞典》"名副其實"條:亦作"名符其實"。名稱或名聲與實際一致。清陳康祺《郎潛紀聞》卷六:"身後贈謚曰恭曰毅,洵名副其實矣。"

C 春華秋實:現存較早文獻用例

隋大業六年《范高墓誌》(《匯編》第10冊第33頁):"登朝適務,玉振金聲。粵惟後昆,允兹元吉。山苞海量,春華秋實。遥裔仙舟,紛披蘭室。"喻文采和品行學問。隋大業六年《段模墓誌》(《匯編》第10冊第43頁):"粵惟後昆,允兹元吉。山苞海量,春華秋實。昇龍之門,居蘭之室。"

S 生死哀榮

唐天寶三年《陸府君故夫人河南元氏墓誌銘》(《匯編》第25冊第66頁):"杳杳冥冥,象物而成。貴賤殊品,生死哀榮。"生以"榮"陳,死以"哀"述:丫杈結構。《漢語大詞典》"哀榮":《論語·子張》:"其生也榮,其死也哀。"何晏集解:"故能生則榮顯,死則哀痛。"

S 視死如休

唐天寶十二載《元府君墓誌銘并序》(《匯編》第26冊第94頁):"洎乎貞疾不利,視死如休。哲人其萎,梁木斯壞。""視死如歸"之類變體。

X 仰信

隋大業七年《隋故豫章郡掾田德元墓誌》(《新中國·陝西貳》第9頁):"纖介無私,脂膏不潤。飛走依仁,氓黎仰信。"仰信,即"信仰"之變形。

Y 員首、哥咥

隋大業六年《梁瓌墓誌》(《匯編》第10冊第40頁):"上贊方岳,六司咸政;下安員首,士女哥咥。""員首",指百姓。晉葛洪《抱朴子·君道》:"員首遽善,猶氤氳之順勁風;要荒承指,若響亮之和絶音。"《隋書·音樂志中》:"悠悠亘六合,員首莫不臣。"哥咥,猶言歌唱歡笑。哥,即歌字;咥,喜笑。《名義·口部》:"咥,虚記反。笑也。"

J 姧原

隋大業六年《梁瓌墓誌》(《匯編》第 10 冊第 40 頁):“君討盡姧原,莫不甘服。”《漢書》卷八十四:“塞絶奸原,憂國如家。”《唐大詔令集》卷一百十六:“貪官暴法未絶,奸原誅求無厭,鰥寡重困。”

G 公幹

隋仁壽四年《符盛及妻胡氏墓誌》(《匯編》第 9 冊第 167 頁):“曾祖寶,西内郎將、清水太守。祖範,平東將軍、銀青光禄大夫。父靈,冠軍將軍、内散大夫。齊天統二年,除南秦州大平正,並以公幹有聞,名流京邑。”隋大業四年《楊德墓誌》(《匯編》第 10 冊第 21 頁):“鄉領之首,務事方能。公幹特絶,平靡愛憎。”公幹,仍爲並列結構。

《漢語大詞典》“公幹”條: 公正幹練。唐元稹《中書省議舉縣令狀》:“右吏部以停年課資之格,取宰邑字人之官,公幹強白者,拘以考淺,疾廢耄聵者,得在選中,倒置是非,無甚於此。”

M 暮雨

唐天寶十一載《大唐贈南川縣主墓誌銘并序》(《新中國 · 陝西貳》第 132 頁):“晴褰暮雨,風卷朝雲。”

W 握促

隋開皇十二年《曹植廟碑》(《匯編》第 9 冊第 89 頁):“叡哲稟於自然,博愍由於天縱。佩金華以邁四氣,抱玉操如忽風霜。綴瞻藻於孩年,攝酉什於孺歲。尋聲制賦,脣詔題詩。詞彩照灼,子雲遥慚於吐鳳;文華理富,仲舒遠愧於懷龍。又能誦萬卷於三冬,觀千言於壹見。才比山藪,思並江湖。清辭菀菀,若蕠荀之蔚鄧林;緑藻妍妍,如河英之照巨海。武庫太官之譽,握促之器者也。”

按齷齪,迫狹,詞形或作握齱、握齪、握促,見《古音駢字》卷下。《別雅》卷五:“握齱、握躖,齷齪也。《廣韻》: 齷齪,迫也。握齱、握躖、齷齪,字異義同。”傳世文獻使用“齷齪”形,《文選 · 張衡〈西京賦〉》:“獨儉嗇以齷齪,忘蟋蟀之謂何。”薛綜注:“《漢書》注曰: 齷齪,小節也。”南朝宋鮑照《代放歌行》:“小人自齷齪,安知曠士懷?”唐王勃《秋日游蓮池序》:

"人間齷齪,抱風雲者幾人。""握促"形意建立聯繫,謂器量局促,魏晉南北朝隋唐五代石刻語料庫僅此見。

X 旋師

隋開皇十二年《趙齡墓誌》(《匯編》第 9 冊第 80 頁):"於是妖寇殄滅,灌若摧枯。獻凱,旋師,策勳,飲至,加鎮東將軍幽州漁陽郡太守,封漢陽縣開國公,食邑五百户。"字簡作䢀。按《漢語大詞典》"班師"條:回師。《後漢書·皇甫規傳》:"旋師南征,又上涼州刺史郭閎、漢陽太守趙熹,陳其過惡,執據大辟。"

J 羈髾

唐開元二十一年《梁璵墓誌》(《匯編》第 23 冊第 92 頁):"公生而岐嶷,見異州閭。羈髾之年,日新□藻,明穀梁傳,入太學。逮乎冠稔,博通經史,諸所著述,衆挹清奇。"

按髾梢稍皆從肖得聲,記録同源詞,髾爲髻後下垂的頭髮梢。《史記·司馬相如列傳》:"蜚纖垂髾。"裴駰集解引郭璞曰:"髾,髻髾也。"《宋史·外國傳五·占城國》:"撮髮爲髻,散垂餘髾於其後。"古代人生儀式,以髮式爲階段,見於古籍,則有"總角"之類。至若"羈髾",跟下出"冠稔"對照,不唯傳世文獻尚未之見,即隋唐五代墓誌亦屬僅有者。

S 聲韻,指聲望令聞

隋開皇九年《張禮墓誌》(《匯編》第 9 冊第 57 頁):"乃祖及考,聲韻一時。"

Z 針灸

唐貞觀十一年《大唐校尉陳公故夫人劉氏墓誌》(《匯編》第 11 冊第 69 頁):"藥餌所不痊,針灸所不愈,倏然棄世。"詞形或作"鍼灸"。

K 堪輿,或簡爲堪

隋開皇九年《楊真墓誌》(《匯編》第 9 冊第 60 頁):"父天,文同遠振,才會八能。以道術成堪名,爲本州大平正。"《漢語大詞典》"堪輿家"條:古時爲占候卜筮者之一種。後專稱以相地看風水爲職業者,俗稱"風水先生"。《史記·日者列傳》:"孝武帝時,聚會占家問之,某日可取婦乎?五行家曰可,堪與家曰不可。"

Z 祖載

隋開皇九年《楊真墓誌》(《匯編》第 9 冊第 60 頁):"祖載有期,嗚呼悼切,乃作銘曰……"《漢語大詞典》"祖載"條:將葬之際,以柩載車上行祖祭之禮。漢班固《白虎通·崩薨》:"祖者,始也,始載於庭也,乘軸車,辭祖禰,故名爲祖載也。"《文選·陸機挽歌詩》:"死生各異倫,祖載當有時。"李周翰注:"祖載,謂移柩車爲行之始。"

L 了慧:聰慧

隋開皇九年《元范妻鄭令妃墓誌》(《匯編》第 9 冊第 55 頁):"了慧爲擬,今古相儔。"

J 介夫

隋大業六年《楊秀墓誌》(《匯編》第 10 冊第 38 頁):"燕劍拔而不韜,秦弓張而不弛。介夫万陣,鐵馬千群。"介夫、鐵馬對文。《漢語大詞典》"介夫"條:披甲的衛士。

Z 自昔、在昔

隋大業八年《□墮及妻趙氏墓誌》(《匯編》第 10 冊第 71 頁):"自昔分源命氏,開國承家,將相在門,珪組不絶。"自、在功能相當,故古代多用"昔在""在昔"表述時間,在昔,即自昔,昔在,亦即昔自。《尚書·君奭》"在昔上帝害紳觀文王德",戰國《郭店楚墓竹簡·緇衣》引作"昔在"。

B 布護、布濩

隋大業十二年《卞鑒墓誌》(《匯編》第 10 冊第 152 頁):"金柯玉葉,布護於九州;拖紫曳青,蟬聯於百世。"

按布護,即布濩,遍布、布散。《史記·司馬相如列傳》:"鮮枝黄礫,蔣芧青薠,布濩閎澤,延曼太原。"《文選·張衡〈東京賦〉》:"聲教布濩,盈溢天區。"薛綜注:"布濩,猶散被也。"

L 詻譯:文辭不絶之專用詞形

隋代《王成墓誌》(《匯編》第 10 冊第 167 頁):"才辯縱撗,文辭詻譯。"

按絡繹、絡驛、諮譯,皆一詞異形。夫"諮譯"者,爲描寫文辭談吐之所專施,他處尚未之見。

駱驛,非道路所專用詞形。唐開元三年《杜忠良墓誌》(《匯編》第21冊第47頁):"曳履逶迤,慕仙臺之榮觀;賓騎駱驛,惜京華之貴遊。"唐天寶元年《張本墓誌》(《匯編》第25冊第2頁):"其智駱驛,其辯縱横,俯遊豪傑之間,高蹈王侯之上。"

X 休息

隋開皇九年《封祖業妻崔長暉墓誌》(《匯編》第9冊第50頁):"一從休息,萬事冥然。塵凝虚坐,帳掩寒泉。孤墳帶月,隴樹含煙。生平今古,永謝長年。"

按《漢語大詞典》"休息"條:喻死亡。所引文獻用例爲唐桑叔文《淮南節度討擊付使田侁墓誌》:"一朝休息,平生已矣。"

P 平期

隋開皇三年《寇奉叔墓誌》(《匯編》第9冊第9頁):"汝南公獨運六奇,平期兩賊,授安東將軍銀青光禄大夫。"《論衡》卷三:"命當貴,時適平期;當亂,禄遭衰。治亂成敗之時,與人興衰吉凶適相遭遇。"按"平期"之用,世所罕睹。

X 扸薪,即析薪

隋大業十一年《苟君妻宋玉艷墓誌》(《匯編》第10冊第120頁):"啓兹茅土,隆此扸薪。"

按扸薪,即析薪,《漢語大字典・手部》援引《玉篇・手部》扸字同析。

H 横屍與横陣

隋大業十年《鄧昞墓誌》(《匯編》第10冊第112頁):"彎弓帔甲,七道陰來,儛矟躍馬,十陣俱至。君雄策内發,勇氣如山,即命將士,分旗衝要,莫不應弦而到,隨戈摧拉,灑血流原,横屍弊野。"

《漢語大詞典・木部》:"横尸,猶陳尸。"但所援引語境出處僅爲清吴偉業《思陵長公主挽詩》:"啑血彤闈地,横尸紫籞汪。"書證恨晚。"横"有"陳列"義,"横陳"並列,久成詞頭,如唐李商隱《北齊》詩之一:"小憐玉體横陳夜,已報周師入晉陽。"陳即古陣字。然則所謂"横陣",即是列陣。古書所謂"攻無横陣",猶言所攻之處,(敵方)排不成陣勢,即潰不成軍矣。或以"完陣"爲解,即以横從黄得聲,黄從光得聲,光猶《尚書·堯典》"光被四表",即"周遍"之用。《漢語大詞典·木部》:"横陣,横排的陣勢。"援引《南史·賊臣傳·侯景》爲書證:"及赤亭之役,胡僧佑以羸卒一千破任約精甲二萬,轉戰而東,前無横陣。"不免望文生義之誚。

又,本誌所及隋大業年間曾有攻遼之役,有補正史:"大業元年除鄂州司馬贊牧安民,改風移俗。化馴鳥於□部,□去虎於天庭,累獻功捷,除玄真府副鷹揚郎將,九年轉尚義府鷹揚郎將,領亡身子弟驍果等色,從駕攻遼,在所著效,授朝散大夫,轉朝請大夫檢校虎賁郎將,留守鷹門。"

Y"漁獵"動詞功能,尚屬中性

隋大業十一年《張波墓誌》(《匯編》第10冊第125頁):"君稟兹餘慶,載誕其德,令譽夙彰,芳徽早著,無情青紫,有志丘園,直以舊族豪家,遷于洛邑,門鄰甲第,還嗤高盖之憂,巷接旗亭,方知大隱之趣。優游文史,漁獵玄儒。"

按《漢語大詞典》:"謂掠奪。"《宋書·五行志四》:"是時天下兵亂,漁獵生民。"

D 電影

隋大業十年《張達墓誌》(《匯編》第10冊第104頁):"世有仁哲,海外依傳。金烏閇日,玉馬開輪。電影蹔奄,七識還墳。鸞鳴鏡裹,鳳儛池邊。"隋開皇十七年《張通妻陶貴墓誌》(《匯編》第9冊第116頁):"是知无常无我,驗電影之難留;有死有生,見水泡之易滅。"

按喻短促歲月。銘文慣以金烏、玉馬、電影,道光景不常;"鸞鳴鏡裹,鳳儛池邊",寫鏡花水月以動態,爲虚幻之象。北周庾信《周驃騎大將軍柴烈李夫人墓誌銘》:"年華未落,電影先過,徒餐日氣,空飲天河。"

H 灰心

唐大中九年《夏氏墓誌銘并序》(《新中國·陝西貳》第268頁):"倉曹先諸夫人一年而謝,灰心晝哭,禮合莊姜。"

D 動静

隋大業十年《元氏墓誌》(《匯編》第10冊第95頁):"體四德之令儀,踐七誡之弘訓。爰自弱齡,來侍宮液。恭慎合礼,動静可師。"恭慎、動静對文,恭慎,謙恭謹慎;動静,偏指行動舉止。隋唐五代石刻數據庫凡27次使用,如唐元和十二年《趙誠妻宗氏墓誌》(《匯編》第29冊第125頁):"動静有儀,不失常體。"唐開元十一年《朱守臣妻高嬪墓誌》(《匯編》第22冊第37頁):"夫人素履純固,機警弘雅,風旨含其朗韻,動静允其閑和。"隋仁壽三年《安公故蘇使君(慈)之墓誌銘》(《新中國·陝西壹》第24頁):"動静無滯,方圓有折。舉直平心,連從掉舌。"

S 首席

唐咸通十四年《郭克全墓誌銘并序》(《新中國·陝西貳》第309頁):"於是譽美翱徹。當府廉察李公遽以召赴州,攝首席之任。凡軍旅之任皆悦隨,各得其情。"首席,唐代多用,張九齡《大唐故光禄大夫徐文公神道碑銘序》:"皇帝稽古崇訓,開堂集儒,以公才學元長,命登首席。"後世通俗類文本如《儒林外史》第二回:"和尚捧出茶盤——雲片糕、紅棗和些瓜子、豆腐乾、栗子、雜色糖,擺了兩桌,尊夏老爹坐在首席,斟上茶來。"是"首席"即尊位。又,"各得其情",得者,合也,即各自胥合其意。

S 事情

隋大業九年《蕭瑾墓誌》(《匯編》第10冊第94頁):"明於聽訟,深識事情。"謂事物的真相實情。魏晉南北朝隋唐五代石刻僅1見,尚未合成爲詞。猶如《戰國策·秦策二》:"公孫衍謂義渠君曰:'道遠,臣不得復過矣,請謁事情。'"高誘注:"謁,告也;情,實也。言義渠君道里長遠,不能復得相見也,請告事之情實。"《北史·楊汪傳》:"時繫囚二百餘人,汪通宵究審,詰朝而奏,曲盡事情,一無遺誤,帝甚嘉之。"事情,事件之實情。

D 當官

隋大業九年《宋仲墓誌》(《匯編》第10冊第93頁):"君乃撥煩理劇,聊扇高端,錯節盤根,蹔揮利器。故得逍遥贊務,散誕當官。""當官正色",見隋大業七年《劉則墓誌》(《匯編》第10冊第48頁):"加以神襟鋭爽,氣岸豪傑。當官正色,傍若無人。"唐開元二十四年《大唐元氏縣令龐君清德之碑》(《匯編》第 24 冊第 2 頁):"是以廉平稱職,西河知魯衛之風;清儉當官,南土變夷齊之俗。"

上出第一用例,逍遥與散誕對,謂放誕優遊;當官與贊務對,擔任官職。第二用例"稱職""當官"對文,謂相稱於官位。魏晉南北朝隋唐五代石刻已多用,現存數據庫凡 45 條記録。如此使用頻率,爲凝練定型爲雙音節實詞,提供了認知基礎。

L 寥亮

隋大業九年《宋仲墓誌》(《匯編》第 10 冊第 93 頁):"珪璧英聲,遠聞寥亮。"描寫歌聲清越,後多作"嘹亮"。晉向秀《〈思舊賦〉序》:"鄰人有吹笛者,發聲寥亮。"唐鄭綮《開天傳信記》:"吾昨夜夢游月宫,諸仙娱予以上清之樂,寥亮清越,殆非人間所聞也。"

W"舞蹈"石刻或作"舞導"

隋大業九年《陳常墓誌》(《匯編》第 10 冊第 92 頁):"万里歡哥,百城舞導。"歡哥、舞導,構成對文。參見"舞導"條。

S 瑟汩

隋大業九年《常德將墓誌》(匯編第 10 冊第 87 頁):"悲君早世,惜子英才。隋珠落火,趙璧成炎。蒼芒雲慘,瑟汩風哀。"

墓誌銘文融情入景,以"瑟汩"狀風聲,隋唐五代石刻亦僅此見。工具書如《漢語大詞典》所立義項爲"水流聲",書證用例見南朝宋謝靈運《長溪賦》:"潭結緑而澄清,瀨揚白而載華,飛急聲之瑟汩,散輕文之漣羅。"南朝齊謝朓《將游湘水尋句溪》詩:"瑟汩瀉長瀨,潺湲赴兩岐。"

Y 弈葉與奕葉

唐開元十八年《劉庭訓墓誌》(《匯編》第 23 冊第 32 頁):"弈葉貂蟬,累代簪紱"。

按弈葉,即奕葉,使用異體字,記録成詞,墓誌多見。弈葉貂蟬,弈葉,弈世,與"累代"對文,累世,世世代代。弈,通"奕"。三國魏曹植《王仲宣誄》:"伊君顯考,弈葉佐時。"

X 唐代“行藏”尚見兩邊分用例

唐開元十八年《周義墓誌》(《匯編》第 23 冊第 34 頁):“蓋聞少微成象,處士列於星;大易垂文,觀國明其繇。故進而退,行必示藏,抱德懷才,徇時濟物,忠孝克著,語默以康者,其惟君焉。”

《論語·述而》:“用之則行,捨之則藏。”晉潘岳《西征賦》:“孔隨時以行藏,蘧與國而舒卷。”唐代以降,合用遂成固定。唐岑參《武威送劉單判官赴安西行營便呈高開府》詩:“功業須及時,立身有行藏。”

Z 知,得也:音義雙邊得兼例

唐開元十七年《張楚璋墓誌》(《匯編》第 23 冊第 1 頁):“雖童齓中,若老成者。甞父黨目之曰:生知是兒,足慰人意。公慷慨謝之曰:龍駒鳳鶵,何足爲慰。”

按“知”,猶言得也,知、得古音同。《列子·湯問》:“臣恐彼國之不可知之也。”張湛注:“此國自不可得往耳。”《吕氏春秋·審應》:“夫聚粟也將以爲民也,其自藏之與在於上奚擇?薄疑曰:不然,其在於民,而君弗知,其不如在上也。其在於上,而民弗知,其不如在民也。”高誘注:“知,猶得也。”自中古以降,“知”字此用,已鮮爲人知矣。

L 賴:兼有有所依賴與可被依賴,即一身二任之用

晉咸寧四年《臨辟雍碑》(《匯編》第 2 冊 43 頁):“德感庶類,洪恩豐沛。東漸西被,朔南式賴。遂作頌聲,永垂萬世。”隋開皇十六年《澧水石橋碑》(《匯編》第 9 冊第 114 頁)所謂:“輕徭緩賦,仁被草木,好生惡殺,澤及豚魚,灑法雨以潤群生,建寶幢而導黔首。四民仰化,九服從風。”彼“賴”即此“仰”,仰賴合成詞。唐開元十八年《李謙墓誌》(《匯編》第 23 冊第 22 頁):“慶緒必復,烈光載融。趙國賴其元勲,韓王憚其英略。”又見唐開元十九年《皇甫慎墓誌》(《匯編》第 23 冊第 47 頁):“郡邑以理,邦家實賴。”諸“賴”字,猶梁周興嗣《千字文》“花(化)被草木,頼及萬方”之頼。[1]

---

〔1〕 張涌泉編《敦煌經部文獻合集》第 8 冊《小學類字書之屬》,中華書局 2008 年,第 3919 頁。

《上海博物館藏戰國楚竹書》第五冊《柬大王泊旱》第16簡“晶(三)日,王又(有)埜(野),色逗者(睹)又(有)㤅人。晶(三)日,大雨,邦蕙(瀝)之。”整理者解釋句讀如此。《上海博物館藏戰國楚竹書》第五冊《競建内之》“不澫二厽子”,“澫”字之解,若顧及字形結構及前後聯繫,只能理解爲“賴”。澫從萬得聲,贎亦從萬得聲,二字同“賴”均音近通用。《長沙子彈庫戰國楚帛書·甲篇》“山川澫浴”,帛書作“ ”,字形結構爲從水萬聲,“澫浴”或得徑釋爲“瀨谷”。《説文·米部》“糲,从米萬聲”,大徐本音“洛帶切”;《虫部》“蠇,从虫萬聲。讀若賴”;《力部》“勱,讀若萬,从力萬聲”,大徐本注音爲“莫話切”;《宋本玉篇·足部》:“躠,落帶切。跛行也。”如《尚書·吕刑》“一人有慶,兆民賴之”,郭店楚墓竹簡《緇衣》所引作“一人又慶,萬民 ”。耐、賴、澫、贎、蕙古音相近而簡文通用。

G 國慶

唐上元二年《虢莊王李鳳墓誌銘并序》(《新中國·陝西貳》第50頁):“十七年國慶,授上柱國。”國慶,謂國有祥慶。

C 春晚

唐上元二年《虢莊王李鳳墓誌銘并序》(《新中國·陝西貳》第50頁):“又授使持節青州諸軍事青州刺史。玄龜降野,素蜃開宫,跨地脉而疏疆,錯天齊而創趾。五衢紛總,四履繁雜。萊風未粹,尚行譟劫之凶;淄俗猶奢,仍存博鞠之弊。鈎拒暫設,姦回就拘。爰簡玄聰,乃流紫封。降璽書曰:皇帝敬問青州刺史虢王鳳:皇甫公義至,所推勘劉整等事者,愚人無識,不憚刑科,扇惑鄉閭,輕有聚結。王情勤家國,糾察多方,推鞫罪人,咸無隱漏。部内清肅,深可嘉尚。春晚已暄,王比何如也。今故遣書,指無所悉。”推勘,審問。春晚,即晚春,春暮也。

J 具體

唐上元二年《虢莊王李鳳墓誌銘并序》(《新中國·陝西貳》第50頁):“惟王感緯叶期,具體(軆)鍾美。”具體,補充結構,“具(於)體”之省,形體所具備。

F 繁華

唐天寶八載《□□□(忠義)墓誌銘并序》(《新中國·陝西貳》第124頁):“窈窕繁華,逶迤容止。”按二句對文,則“繁華”爲“青春”詞頭。

M 埋照,韜晦的淺顯呈現形式

唐開元十八年《宋守一墓誌》(《匯編》第23册第30頁):“銷聲負郭,埋照丘園。”按“埋照”與“銷聲”對文,“負郭”與“丘園”對文。“照”字射“影”,“聲”字占“響”,謂之掩埋消除“影響”是也。是埋照,猶掩埋而不爲人知,喻匿跡不顯露者。南朝宋顔延之《五君詠·阮步兵》:“阮公雖淪跡,識密鑒亦洞。沈醉似埋照,寓辭類托諷。”唐杜甫《暮冬送蘇四郎徯兵曹適桂州》詩:“爾賢埋照久,余病長年悲。”

Z 正詞

唐開元十九年《李景陽墓誌》(《匯編》第23册第44頁):“調補華州鄭縣主簿。正詞有腆,鬼神來格;用文無害,人吏以康。”

按“詞”“文”互文,作用於人吏鬼神,是知指詞訟,即訴訟;正詞,公平訴詞。《淮南子·時則訓》:“(立秋之日)命有司脩法制,繕囹圄,禁姦塞邪,審決獄,平詞訟。”《北齊書·杜弼傳》:“(杜弼)爲政清靜,務盡仁恕,詞訟止息,遠近稱之。”

T“投”字施之於“用”

唐開元十九年《陶禹墓誌》(《匯編》第23册第43頁):“褰帷而美惡自彰,投印而姧邪屏跡。”

按《老子》:“兕無所投其角,虎無所措其爪。”《鹽鐵論·世務》引此,投,作“用”。後多稱用藥治病爲“投”,俗語所謂“急病亂投醫”是也。《南史·徐文伯傳》:“宋明帝宫人患腰痛牽心,每至輒氣欲絶,衆醫以爲肉癥。文伯曰:‘此髮癥。’以油投之,即吐得物如髮。”

Z 囑咐,唐代猶作“付囑”,形式尚未固定

唐開元十九年《王元明造陀羅尼經幢》(《匯編》第23册第57頁):“亦爲一切諸天子故,説此陁羅尼印,付囑於汝:天帝,汝當善持守護,勿令忘失。”

按付囑,唐黄滔《龜洋靈感禪院東塔和尚碑》:“故將儀貌若生而蓋棺,晦朔不逾而啓土,從付囑也。”

S 尚矣,所用見於簡牘與石刻

唐開元十八年《崔羨墓誌》(《匯編》第 23 册第 21 頁):“原夫崔氏之先,其來尚矣”。唐開元二十七年《趙庭墓誌》(《匯編》第 24 册第 88 頁):“公諱庭,字璧,天水人也。其先皋繇伯益之祚胤,蓋周成王列爵於趙,遂命厥氏,由來尚矣。”

按尚者,遠也。《史記・三代世表序》:“五帝三代之記,尚矣。”該用法現存最早所見《戰國楚竹書》第五册第一篇“競建内之”第 6 簡“尚哉,吾不滿二厽子”,整理者句讀爲“尚才吾,不滿二厽子”,爲破句失讀。

Y 義舉,唐時尚屬中性,未偏於褒貶一邊之用

唐開元十七年《法澄塔銘》(《匯編》第 23 册第 15 頁):“如意之歲,淫刑肆逞,誣及法師,將扶汝南,謀其義舉,坐入宫掖。故法師於是大開聖教,宣揚正法,歸投者如羽翮趨林藪,若鱗介赴江海。昔菩薩化爲女身,於王後宫説法。今古雖殊,利人一也。中宗和帝知名放出,中使供承,朝夕不絶。”

按“將扶汝南”,扶,猶陶淵明《桃花源記》“便扶向路”之扶。義舉,舉義起事,尚非褒義之用,如南朝梁沈約《酬荊雍義士詔》:“昔義舉之初,人懷自竭,輸賦罄産,同致厥誠。”“坐入宫掖”,坐,判罰;宫掖,《新唐書・宦者傳序》:“又有五局:一曰掖廷,主宫嬪簿最。”

Z 值遇、值且

酒泉《白雙苴造像塔》發願文:“清信士白雙苴,自微薄福,生值末法,波流苦海,與聖録曠,正自惟慨,寐寤永歎。即于山岩,步負斯石,起靈塔一□□廟形容端嚴,願此福報,使國主兄弟,善心純熟,典祚三寶,現在師僧,證菩提果。七世父母、兄弟、宗親,捨身受身,值遇彌勒。心門意解,獲其果願。”

按該發願文魏晉南北朝石刻數據庫未加記録。“生值”“值遇”,二值字皆作“遇”用。“值遇”雙音節合成詞,爲造像記恒語。猶北魏《元燮造像記》“值遇”、《龍門山造像九十八段之樊道德題記之二》(《匯編》第5册第163頁)“又願亡者神生静土,值遇諸佛;現在眷属,常與善居,願願從心”、《龍門山造像九十八段之陵江將軍政桃樹等題記》(《匯編》第5册第188頁)“父母眷属,一切衆生,離苦得樂(洛),值遇諸佛”、北魏《三寶造像記》(《匯編》第4册第167頁)“值遇上世信心,三寶造石像一區”、隋仁壽元年《岐州鳳泉寺舍利塔下銘》(《匯編》第9册第143頁)“生生世世,值佛聞法,永離苦因,同升妙果”,等等。〔1〕

K“酷訴”成詞

唐開元二十年《王令墓誌》(《匯編》第23册第63頁):“千秋萬歲,古木荒煙,酷訴遺烈,傳之下泉。”“哭訴”“痛哭”習見,而唐人“酷訴”構詞,沉酷告訴也。

X心酸

大周大足元年《大周智惠墓誌》(《新中國·陝西貳》第65頁):“隴泣分流,川寰哽切。杵絶心酸,停機寸斷。月落聲嘶,星流痛結。花林失色,池藕萎涸。”“心酸”,主謂結構,傳遞情感,内心悲痛。味覺融通於心理情感。不但施之於人,亦多見作用於物,如“苦風”類,手法作用一揆。倘若聯類,則不勝俯撿矣。唐代李商隱《離思》詩:“氣盡《前溪》舞,心酸《子夜》歌。”

F蜚聲,隋唐仍用本字

隋大業七年《陳氏墓誌》(《匯編》第10册第49頁):“女儀天秀,弱冠飛聲。”唐開元十九年《李侯墓誌》(《匯編》第23册第58頁):“今來古往,飛聲標實。”按後世作詞形多作“蜚聲”。

G蓋纏

隋仁壽二年《鄧州舍利塔下銘》(《匯編》第9册第156頁):“願四方

〔1〕 敦煌本《郭象注莊子南華真經輯影》知北遊品第二十二“處於天地之間,值且爲人”,傳世刻本如北宋本宋刻注疏本等作“直且爲人”,《經典釋文·莊子音義》出“直且”條,實即此“值遇”者也。德國波恩大學漢學系圖書館藏本。

上下,虚空法界,一切含識,幽顯生靈,俱免盖緾,咸登妙果。"

佛教指五蓋與十纏,皆煩惱之數。丁福保《佛學大辭典》維摩經佛國品曰:"悉已清淨,永離蓋纏。"《御定淵鑒類函》卷三百五十三:"昔日先民,雖云善誘,尚習蓋纏,未能解脱。"《御定分類字錦》卷四十六:"伏心塵,離蓋纏,學苦空。"《石門文字禪》卷三十:"辭親出家,是大因緣。本出生死,期離蓋纏,求師之難,自古則然。"

S 時景

唐大中十三年《王公素墓誌銘并序》(《新中國·陝西貳》第271頁):"遂請罷官,税車休息。凡歷時景廿餘載。"時景、春光,時光。

S 實行,唐代仍用作名詞性結構

唐開元二十三年《姚珝墓誌》(《匯編》第23册第152頁):"式忝姻戚,見託斯文,敢稽實行,永播貞石。"

按"實行",名詞,實際的行動。《韓非子·説疑》:"文言多,實行寡而不當法者,不敢誣情以談説。"漢應劭《風俗通·過譽·江夏太守河内趙仲讓》:"其俗士大夫本矜好大言,而少實行。"

L"僚寀"或作"僚采""寮寀"

隋大業十年《張軻墓誌》(《匯編》第10册第110頁):"梁明帝以緑車承歷,赤伏膺符,並連懿親用隆。蕃屏傍求,僚采妙盡時才。召君爲安平王属。"

唐景龍三年《束良墓誌》(《匯編》第20册第75頁):"白日易辭,黄泉難挹。人生實難,孰不悲痛,故人撫膺,僚寀淒慟。"唐貞觀十八年《王懷文墓誌》(《匯編》第11册第119頁):"妙選寮寀,君以才幹優敏,兼職兩司,官效克宣,有光時譽。"

唐貞觀十九年《何相墓誌》(《匯編》第11册第134頁):"風催寒焰,霜落春榮。列蕃揮涕,寮寀傷情。"唐總章三年《英國公李績墓誌銘并序》(《新中國·陝西壹》第67頁):"自平臺肇建,望菀初開,備引英奇,以光僚寀。"

南北朝隋唐,慣以"星"替换"僚采"結構,即王勃《滕王閣序》"俊采星馳”之所本。俊采,即俊寀也。《古文觀止》諸家注本,於王勃此文“俊采”注釋,大率不得其朔。即王氏亦有所本。唐上元二年《楊侶墓誌》(《新中國·河南壹》第 4 頁):“取群籟以當鍾磬,隱孤壑而同廊廟。良筵會友,瞻許月而逾深;綺席賓僚,望陳星而未遠。”其中賓僚、陳星對舉。南朝梁代周興嗣《千字文》狀宫廷盛況段落:“丙舍旁啓,甲帳對楹。肆筵設席,鼓瑟吹笙。升階納陛,弁轉疑星。右通廣內,左達承明。既集墳典,亦聚群英。”其中疑與“星”字聯翩,以比況指代官員之衆。又,“星馳”亦爲當時慣用語,參見“星馳”條。[1]

L“領袖”成詞

唐開元二十年《尹善幹墓誌》(《匯編》第 23 册第 70 頁):“摧領袖於人物,墜模楷於鄉閭。”按《文選·任昉爲蕭揚州作薦士表》:“故以暉映先達,領袖後進。”吕向注:“領袖,可爲人之儀則。”

X 選勝

唐大中四年《似義逸墓誌銘有序》(《新中國·陝西貳》第 261 頁):“唯以俸錢備絲竹觴豆,選勝命客,日宴醉之。”選勝,尋游名勝。命客,設席招待客人。又見該部下出“命客”“命酒”諸條。

X 閑情

唐咸通十年《包筠墓誌銘并序》(《新中國·陝西貳》第 300 頁):“公想生之榮貴,不那蒲柳之如侵。觸目閑情,歡然罷理。常欲横肱之枕,志在舞雩之娱。”閑情,與下文連觀,則指閑散心情,視陶潛《閑情賦》之“閑情”(猶《禮記·坊記》之“防閑”)形式同而所指異。

Y 遊閑

唐開元二十四年《白鹿泉神君祠碑》(《匯編》第 24 册第 5 頁):“重巖

---

〔1〕 僚寀、俊民對文,見北朝魏陽衒之《洛陽伽藍記》法雲寺:“僚寀成群,俊民滿席。”(卷四,第 79 頁)周祖謨校釋:“寀,即官屬也,音采。”“俊民者,才德優秀之士。”後條周氏校釋,見“沖覺寺”條。(卷四,第 73 頁)又敦煌抄本《正名要録》以“寀彩”成組,上字以爲“古而典”,下字以爲“今而要”。張涌泉主編《敦煌經部文獻合集·小學類字書之屬》,中華書局 2008 年,第 3829 頁。

屏邊,連池珠沸。□淪洞澈,葱青露蔚。澄漪冰寒,華清露味。於是遊閑鄉族,仁智名儒,轂擊肩摩,鬱撓淫裔。感靈泉之舊哉,忻厥命之惟新。或篤言乎令節,或祈穀乎農辰。吟詠嗟歎,彈弦鼓舞。去者思還,來者忘歸。""遊閑鄉族,仁智名儒"對文,遊閑,即悠游嫻靜。

X 敘事

唐乾符四年《唐故康王李汶墓誌銘并序》(《新中國・陝西貳》第317頁):"所以裁詞罔疑,敘事無愧。"裁詞、敘事:對文匹偶,皆爲寫作用詞。

M 命客

唐大中四年《似義逸墓誌銘有序》(《新中國・陝西貳》第261頁):"唯以俸錢備絲竹觴豆,選勝命客,日宴醉之。"命客,宴請客人。唐代白居易《琵琶行》序:"元和十年,予左遷九江郡司馬。明年秋,送客湓浦口,聞舟中夜彈琵琶者。聽其音,錚錚然有京都聲。問其人,本長安倡女,嘗學琵琶於穆、曹二善才;年長色衰,委身爲賈人婦。遂命酒,使快彈數曲,曲罷,憫然。自敘少小時歡樂事,今漂淪憔悴,轉徙於江湖間。予出官二年,恬然自安,感斯人言,是夕始覺有遷謫意。因爲長句,歌以贈之。凡六百一十六言,命曰《琵琶行》。"命酒,以酒宴招待演奏者。又見本部下出"命酒"條。

B 庀事

唐天寶六載《張去奢墓誌銘并序》(《新中國・陝西貳》第116頁):"昭報后土之明年也,鑾駕戒嚴,將幸東洛。百司庀事,行有日矣。"其中"庀事",即辦事。唐白居易《除郎官分牧諸州制》:"雖典曹庀事,其務非輕,而恤隱分憂,所寄尤重。"

G 規摹

唐大中元年《高克從墓誌銘并序》(《新中國・陝西貳》第252頁):"樂之以歌吹,戲之以艛舩。喜氣浮空,歡聲遍野。迄至于今,規摹不易。"用"艛舩"本字。《玉篇・舟部》:"艛,力侯切。舟名。"而《名義》無此字。《集韻》《類篇》皆注釋作"艛,郎侯切。舟也"。規摹,模仿,詞義或曰行爲,作用爲動詞;與上出"規模"所用爲儀表風度不同,見唐大曆元年《辛府君墓誌銘并序》(《匯編》第 27 册第 57 頁):"里仁稱其貞幹,親友仰其規摸。"

B 保攝

唐大中元年《高克從墓誌銘并序》(《新中國·陝西貳》第 252 頁):"景促途遥,涉路登陟。既難保攝,轉積彌留。"

Q 酋渠、種落

唐開元二十年《來慈墓誌》(《匯編》第 23 册第 91 頁):"公孝友因心,忠肅內發,閭閻慕義,朝野欽風,起家擢授盖松、唐安二府都尉。屬西戎不賓,河右時梗,迺拜公河源道鎮守副使。公丹青式舉,干戈未耀,酋渠革面,種落歸心。"

按酋渠,部落首領。《舊唐書·劉沔傳》:"大和末,河西黨項羌叛,沔以天德之師屢誅其酋渠。"種落,種族部落。《晉書·劉元海載記》:"天未悔禍,種落彌繁。"《周書·異域傳上·稽胡》:"復詔達奚震、辛威、于寔等前後窮討,散其種落。"唐李白《出自薊北門行》:"單于一蕩平,種落自奔亡。"

C 讎功

唐天寶三載《徐承嗣墓誌銘并序》(《新中國·陝西貳》第 109 頁):"前錫微禄,讎功尚輕,宜改明威將軍左龍武軍中郎將。"讎功,即"酬功",亦作"酧功""醻功"。

A 哀疚,居喪

唐開元二十一年《張軫墓誌》(《匯編》第 23 册第 106 頁):"嗣子縄、紹等,風訓有紀,義方成素,其在哀疚,遠近傷之。"

按哀疚,悲痛。晉陶潛《悲從弟仲德》詩:"慈母沉哀疚,二胤纔數齡。"唐代墓誌用以記録居喪。

T 騰實

唐開元二十年《來慈墓誌》(《匯編》第 23 册第 91 頁):"懼陵谷之推遷,勒斯銘以騰實。"

按騰實,與蜚聲並列,謂功績傳揚。《北史·周宗室傳論》:"飛聲騰實,不滅於百代之後。"《隋書·元德太子昭傳》:"敢圖芳於篆素,永飛聲而騰實。"唐孫逖《禹廟别韋士曹序》:"郡掾韋公,諸侯之良也,掄才慮行,秉秀騰實。"

Y 么麽

唐開元二十二年《段貞墓誌》(《匯編》第 23 册第 132 頁):"才□洪騰,功名么麽。"

按《漢語大詞典》等語文工具,"幺末",亦作"么末"。墓誌"洪騰""么麽"對文,意指細微。所作詞形,以及時代屬性,辭書待補蘆。

M 邁代

唐開元二十一年《張嵒妻魏氏墓誌》(《匯編》第 23 册第 102 頁):"負邁代之名,藴禾氏之璞。"

按"邁代",猶言超邁當代,鑄詞罕見,辭書待補。又,"和氏璧"作"禾氏"。

M 明代

唐開元二十六年《夏侯思泰墓誌》(《匯編》第 24 册第 74 頁):"適應享其榮秩,終見辭於明代。"

明代,清明之世,亦屬避諱形式之一。唐代馬戴《懷故山寄賈島》詩:"心偶羨明代,學詩觀國風。"前蜀韋莊《寄湖州舍弟》詩:"何況别來詞轉麗,不愁明代少知音。"

G 孤標,用作名詞

唐開元二十一年《裴同墓誌》(《匯編》第 23 册第 113 頁):"風神成於早歲,言行備於中年。貞操霜嚴,孤標岳立。"

宋元之際趙孟頫所撰《帝師膽巴經》"顯密兩融,空實兼照;獨立三界,示衆標的",堪爲移釋。《紅樓夢》題林黛玉所吟"菊花詩"之《問菊》有句云:"孤標傲世偕誰隱,一樣開花爲底遲?"貞操、孤標,形成對文,孤標,指向風神特立。

M 苗條

唐貞元十五年《王求古墓誌銘并叙》(《新中國·陝西貳》第 179 頁):

"郭氏夫人,桃李夭夭。威儀令淑,婉約苗條。""苗條"成詞,猶《紅樓夢》第三回從他人眼中描寫鳳姐:"一雙丹鳳三角眼,兩彎柳葉掉梢眉,身量苗條,體格風騷。"

H 豪蕩

唐開元二十一年《許君妻李肅邕墓誌》(《匯編》第 23 册第 114 頁):"公豪蕩而好奇者也。"

按豪蕩,亦作"豪宕",辭書謂意氣洋溢,器量闊大。唐王維《戲贈張五弟諲》詩:"今子方豪蕩,思爲鼎食人。"

H 海量

唐天實十二載《敦煌張仲暉墓誌銘并序》(《新中國·陜西壹》第 123 頁):"輦轂之間,人千户萬;刀筆之下,盤根錯節。非海量浩蕩,劍鋒崢嶸,孰能久於此矣。"海量,用以誇飾酒量。元耶律楚材《題平陽李君實吟醉軒》詩:"長鯨海量嫌甜酒,彩筆天才笑小詩。"後較多見於形容度量。清洪楝園《後南柯·立約》:"爲議和一事,請殿下海量包涵,勿加苛責。"

W 霧委、星馳、雪泣

唐開元二十一年《裴同墓誌》(《匯編》第 23 册第 113 頁):"時自士將庶,緬迩逮遐,莫不霧委星馳,雷慟雪泣矣。"

按:霧委,聚集。五代王定保《唐摭言·無名子謗議》:"風趨洛邑,霧委咸京。"又星馳,如流星飛奔。晉潘岳《世祖武皇帝誄》:"羽檄星馳,鉦鼓日戒。"王勃《滕王閣序》:"俊采星馳。"爲唐時慣用語。見本部"寮寀"條。又雪泣,雪,洗拭之借用,謂揩拭眼淚。《吕氏春秋·觀表》:"吴起止於岸門,止車而休,望西河,泣數行下。其僕謂之曰:竊觀公之志,視舍天下若舍屣,今去西河而泣,何也?吴起雪泣而應之曰:子弗識也。"高誘注:"雪,拭也。"唐李白《自溧水道哭王炎》詩之一:"有言不可道,雪泣憶蘭芳。"

Q 慶快

唐開元二十九年《白知禮墓誌銘并序》(《匯編》第 24 册第 139 頁):"乃降詔曰:卿忠烈與國同憂,聞掃賊徒,固多慶快。擢右清道率府率借紫金魚袋。”慶快,慶幸稱快。《魏書·崔延伯傳》:“卿等志向雄猛,皆國之名將,比平峽石,公私慶快,此乃卿等之功也。”宋代王禹偁《賀勝捷表》:“黠虜窺邊,王師出塞;大殲凶醜,永息祅氛。凡在照臨,畢同慶快。”

B 炳靈

唐開元二十一年《裴同墓誌》(《匯編》第23册第113頁):“惟公金石偕節,緯象炳靈。”炳靈,動賓結構,焕發靈氣。《文選·左思〈蜀都賦〉》:“近則江漢炳靈,世載其英。”吕向注:“炳,明也;載,猶生也。謂江漢明靈,故代生賢哲。”唐陳子昂《送吉州杜司户審言序》:“杜司户炳靈翰林,研幾策府。”

K 開封

唐開元二十一年《張漪墓誌》(《匯編》第23册第115頁):“對曰:同室協謀,父子偕邑,非典也;父執政,子開封,重嫌也。”

按開封,分封。晉陶潛《命子》詩:“書誓山河,啓土開封。”

C 出防

隋開皇二年《李和墓誌銘》(《新中國·陝西貳》第7頁):“尋爲大都督,出防徐州。”出防,謂外出駐防。

T 投誠

唐開元二十一年《開休元墓誌》(《匯編》第23册第117頁):“時中令蕭公作牧斯郡,按察劍外,唯賢是舉。以君清白在躬,禮義由己,拔自曹掾,昇爲判官。君罄節投誠,推心奉法,幹蠱王事,經綸使司,嘉謀孔臧,允迪厥美。”

投誠,投合誠心。南朝宋顔延之《范連珠》:“蓋聞匹夫履順,則天地不違;一物投誠,則神明可交。”唐代李商隱《同州任侍御上崔相公啓》:“感恩撫己,誓志投誠,仰維輝光,終賜埏埴。”

H 猾夏

隋大業元年《王善來墓誌》(《匯編》第10册第2頁):“禦捍北蕃,玁狁見之,無不膽碎,是以不敢内侵猾夏。”猾夏,亂華。

X 閑邪、優游

唐開元二十一年《開休元墓誌》(《匯編》第23冊第117頁):"君閑邪存公,舉直厝枉,示人以道,先之以教義;齊物以刑,後之以黜罰。由是風行郡國,德洽吏人,聲振河開,名聞中外。蕭公任賢之譽,時議允歸,古來所謂得人者昌,吾見之於公也。旋以使功擢授國子助教。君四遷官秩,再歷庠門,終始禮經,優游道業。故能沉研鑽極,殫見洽聞,鬱爲儒宗,是稱師範。又常歎經中文字舛誤寔繁,歷代相因,其來自久,方欲刊定三史,校正六經,懸之序門,以傳學者。"

閑邪,防閑奸邪。《易·乾》:"閑邪存其誠。"李鼎祚《集解》引宋衷曰:"閑,防也。"唐代司空圖《成均諷》:"緬推傷化之源,克裕閑邪之範。"優游,謂從容致力於某事。唐代楊炯《王勃集序》:"君又以幽贊神明,非杼軸於人事;經營訓導,乃優游於聖作。"師範,學習之模範。《北史·楊播傳論》:"恭德慎行,爲世師範。"

K 可觀

唐開元二十一年《開休元墓誌》(《匯編》第23冊第117頁):"屬國家有巡享之禮,以君容止可觀,人倫師表,特預入廟行事,制加朝散大夫。"

可觀,可看,值得看。《易·序卦》:"物大然後可觀。"宋代蘇軾《超然臺記》:"凡物皆有可觀。苟有可觀,皆有可樂。"

H 含和

唐開元二十一年《開承簡墓誌》(《匯編》第23冊第118頁):"稟靈誕秀,含和藏真。"

按"含和"成詞,謂蘊含祥和之氣,常喻仁德。《文子·精誠》:"故大人與天地合德……懷天心,抱地氣,執沖含和,不下堂而行四海。"《淮南子·俶真訓》:"天含和而未降,地懷氣而未揚。"南朝梁沈約《梁明堂登歌·歌青帝》:"開元布澤,含和尚仁。"

W 渥洼,産地借代良馬;權奇,施於良馬善行

唐開元二十一年《張點墓誌》(《匯編》第23冊第107頁):"渥洼躡足,有權奇也;丹穴綷羽,異鶱翥也。"

按“渥洼”,本水名,在今甘肅省安西縣境,傳説産神馬之處,後復以地名指代所出之馬。唐韓琮《公子行》:“别殿承恩澤,飛龍賜渥洼。”權奇,本字或當作“歡騎”,形容馬之善行。《漢書·禮樂志》:“太一況,天馬下,霑赤汗,沫流赭。志俶儻,精權奇。”王先謙補注:“權奇者,奇譎非常之意。”《文選·顔延之〈赭白馬賦〉》:“雄志倜儻,精權奇兮。”張銑注:“權奇,善行貌。”

X 欣感

唐天成三年《張居翰墓誌銘并序》(《新中國·陝西貳》第 330 頁):“朝僉既俞,將校欣感。”欣感,欣喜(於)所感。

X 修緝,扶持

唐元和四年《五通觀威儀兼觀主馮僊師(得一)墓誌銘并序》(《新中國·陝西貳》第 202 頁):“修緝觀宇,扶持傾圮。”修緝、扶持,互文相足法。

Y 一昨

唐開元二十年《王怡墓誌》(《匯編》第 23 册第 75 頁):“是歲夫人之薨於宣陽里,喪服同次,哀慕親覩,水漿不入於口,浹有旬日。長樂之别,公當有言。毁滅之際,請侍於神道。君子以孝之極,又何加焉。一昨外營,家艱遠赴,祥忌薑,久不茹,杖而後行,遘疾弥留,奄忽長逝。”唐元和四年《楊氏墓誌銘》(《新中國·陝西貳》第 200 頁):“一昨遘疾,方術無施,日月至焉,轉更增亟。夫人之弟饒州樂平縣尉士端,恨以早孤,託于諸姊,憂心如灼,遂迎于家,重祈藥餌以療之,躬禱神祇以福之。天胡不從,有辜人願。以元和四年秋七月壬子,歿於光宅里之舊苐也。”

“一昨”用於記時,口語謂前些日子。顔真卿草書、唐廣德二年《與郭僕射書》(《匯編》第 27 册第 39 頁):“願僕射與軍容爲直諒之友,不願僕射爲軍容佞柔之友。又一昨裴僕射誤欲令左右丞勾當尚書,當時輒有訓對。僕射恃貴,張目見尤。”《淳化閣帖·晉王羲之帖》:“多日不知君聞,得一昨書,知君安善爲慰。”《北史·循吏傳·孟業》:“卿識河間郎中孟業不?一昨見其國司文案,似是好人。”唐代顔真卿《與蔡明遠帖》:“一昨緣受替歸北,中止金陵,闔門百口,幾至糊口。"

S"豐殺"字,唐石刻用"煞"

唐開元二十年《杜孚墓誌》(《匯編》第23冊第87頁):"雖名位則煞,寔德業具優。從容任適,隱見相半。"其中,煞字用於豐殺之殺,謂之減少。又,"隱見相半",謂若隱若現,半出半入之間。《周禮注疏》卷三十八:"凡諸侯之交,各稱其邦而爲之幣,以其幣爲之禮。《注》:幣,享幣也。於大國則豐,於小國則殺,主國禮之如其豐殺。謂賄用束紡,禮用玉帛乘皮及贈之屬。"

X 席、式對文

唐開元二十年《杜孚墓誌》(《匯編》第23冊第87頁):"逮公席彼禮樂,式玆弓冶。文武不墜,名實克脩。"其中席、式對文,猶言效法,繼承,後以同音專字作襲。《後漢書·崔駰傳》:"必欲行若言,當大定其本,使人主師五帝而式三王。"至於"席"字之用,與"習武"之習,音同義隔。語文工具書僅引清代蒲松齡《聊齋志異·牛成章》爲例:"忠席父業,富有萬金。"落後塵矣。

J 軍需,唐人尚作"軍須"

唐開元二十一年《梁璵墓誌》(《匯編》第23冊第92頁):"統軍粮數萬,涉大海三千,足履波濤,躬巡委積,不□時□,克濟軍須。州將嘉之,超昇考課。"

按軍須,即軍需。《北史·韓麒麟傳》:"麒麟上義租六十萬斛,並攻戰器械,於是軍須無乏。"唐杜牧《感懷》詩:"急征赴軍須,厚賦資凶器。"

W 無任

唐開元二十九年《夢真容碑》(《匯編》第24冊第144頁):"臣等昨日伏承聖恩,賜許瞻禮。自然[相]好,諒絶名言。開闢以來,典籍所載,未之有也。臣等無任慶悦之至,謹奉狀陳賀以聞。"無任,猶言不勝。

F 赴任

唐顯德五年《衛王馮暉墓誌銘》(《新中國·陝西壹》第142頁):"離邊也,制置極多,積粮草一百万;赴任也,貢獻不少,進駞馬五六千,并人馬衣甲器械全。"赴任,上任;前往任職。宋梅堯臣《送邵夢得永康軍判官》:"且歸洛中,明年春赴任。"

J 軍民

唐顯德五年《衛王馮暉墓誌銘》(《新中國·陝西壹》第 142 頁):"其年,琅琊太傅在朔方,不諳蕃漢事,有失軍民情。玉石俄焚,煙塵驟起。遽見飛章告急,朝野僉曰:能安彼俗者,非王不才。"

J 疾亟、自序、真事

唐永貞元年《九華觀靜□師藏形記》(《新中國·陝西貳》第 190 頁):"仰惟叔母,資性仁厚。執懷端確,風儀盖時,容皃絶代。加以雅好書史,一覽無遺。善妙秦筝,備該曲調。爰自疾亟,神用不虧,乃曰:夫刊石立銘,慮陵谷無久,丹青易歇,俾後代之人知氏族耳。今之文士,撰述多虚,謬演芳烈,吾不取也。可自序真事。□日戒期,奉遷有典。"疾亟、疾革,以革、亟音近。

唐人石刻多生詞類

唐開元二十一年《張時譽墓誌》(《匯編》第 23 冊第 94 頁):"咸洛道由,亭傳逾劇,賈我餘地,幹彼時須,而風粲臺閣,摯並鷹隼。俄及辭滿,旋丁内憂。君至性自天,踴絶過禮,柴瘠骨立,殆不勝衣。於戲!當代孝聞,百行可知矣。制閿調集,袖然登科,遂結綬王畿,神仙作尉,三仕州縣,吾道未行,忽漸膏肓,上玄不予,以開元廿一年正月朔日終於官,時春秋卌有六。乾坤授滋液之氣,河岳挺純粹之材,勞其生而不假其壽,襲其慶而不使其昌。悲夫!報施我欺,善惡何有,海内遊好,平生懿親,但仰君豪翰聲姿,未測君淵涯絶境,甞歎曰:吏道諠卑胡不歸,仙山瑶草徒芳菲。欲挂冠而輕舉,帳晚節之多違。既心有遠期,而事無近玩。歸全之日,家無贏儲。遺令孀孤,俾無厚葬。以其年三月五日,敬祔先塋,禮也。嗣子翊、次子翐、勺飲不入,氣竭號昊。翃幼奉深規,敢述高旨。"

本誌撰者爲墓主嗣子,行文多造生詞,如道由、時須、辭滿、孝聞、上玄、豪翰、聲姿、淵涯、諠卑、近玩、贏儲、號昊、高旨之類,大率不爲當時文獻所經見者。

唐人“嘘”及“吹嘘”，尚作中性詞使用

武周萬歲通天二年《韓仁惠墓誌》(《匯編》第18冊第111頁)：“品藻人倫，吹嘘才子。”唐開元二十六年《慕容明墓誌》(《匯編》第24冊第77頁)：“宗族推嘘，是稱名行。”唐天寶十三年《盧招墓誌》(《匯編》第26冊第121頁)：“早承惠眷，吹嘘誘掖，知名實賴於發揮；契闊艱虞，多難幾勞於設振。”其中“契闊艱虞”相承接，則“契闊”偏於闊即分張一邊。唐天寶十三年《東方朔畫贊》(《匯編》第26冊第126頁)：“談者又以先生嘘吸沖和，吐故納新，蟬蜕龍變，棄世登仙，神友造化，靈爲星辰，此又奇怪忽恍不可備論者也。”唐咸通十二年《張叔遵墓誌銘并序》(《新中國·陝西貳》第308頁)：“公齠歲氣直，精彩異常。及届弱年，梗槩獲一。出忠入孝，誠流輩之吹嘘；謹禮復仁，茂幹固之貞節。兢于悦惕，如履春冰；涖事怔忪，若臨寒谷。”

R 染疾

唐貞元六年《秦公夫人平昌孟氏墓誌》(《新中國·陝西貳》第167頁)：“有子曰崙。自夫人染疾之日，終謝世之辰，崙嘗藥而後進，累月而忘寢。求諸佛神，以身請命。”染疾，患病。

C 差失

唐開元二十八年《杜儼等造陀羅尼經幢》(《匯編》第24冊第107—115頁)：“法師於是口宣梵音，經二七日，句句委授具足，梵音一無差失。仍更取舊翻梵夲勘校，所有脱錯，悉皆改定。云：最後别翻句稍異於杜令所翻者，新呪改定音注不錯，學者幸詳焉。”

差失，差錯、過失。北齊顔之推《顔氏家訓·勉學》：“見有閉門讀書，師心自是，稠人廣坐，謬誤差失者多矣。”俗語所謂“差池”，即“差失”之轉語。

X 見在、見存

唐開元二十八年《杜儼等造陀羅尼經幢》(匯編第24冊第107—115頁)：“其翻經僧順貞，見在奉經。”唐開元二十八年《李興造石浮圖記》(《匯編》第24冊第104頁)：“弟子李興上爲十代，爲亡過父及見存母杜敬,以開元廿八年正月□日於宅內正南,建立其石也。"

見在、見存,皆謂現存、尚存。《史記·齊悼惠王世家》:"且代王又親高帝子,於今見在,且最爲長。"唐代李德裕《次柳氏舊聞》:"明皇因於此地造寺,而名荷澤焉。寺今見在。"

X 見任

唐大中八年《路全交墓誌銘并序》(《新中國·陝西貳》第 266 頁):"公有伯兄,見任京兆富平縣主簿。"見任,現任。與上出"見在"合觀。

S 書號

唐天寶三載《王守言墓誌并序》(《新中國·陝西貳》第 106 頁):"刼石書號,用播忠良。"書號,動賓詞組,刻寫姓名。

Z 裝嚴

前蜀乾德六年《四十二娘造像記》(《匯編》第 36 册第 180 頁):"府主相公□越國夫人四十二娘,奉爲大王國夫人,重修裝毗盧遮那佛壹龕。并諸菩薩及部從音樂等,全並已裝嚴成就。"部從,隨從。裝嚴,詞形或倒爲"嚴裝",裝束整齊。又,女性排行竟至四十二,亦屬可觀者。

Q 氣象

後唐長興二年《張唐墓誌》(《新中國·河南壹》第 72 頁):"其塋也,地傾離巽,山壓艮乾,垂崗勢匝於墳周,氣象交騰於墳側。"氣象,狀地勢。

Z 資金

南唐保大四年《謙公安公構造殘碑》(《匯編》第 36 册第 190 頁):"……斂資金,貿易材木,尋其巧匠……""資金"聯合成詞,此殆爲文獻使用較早見者。

S 師資

南唐乾德五年《本業寺碑》(《匯編》第 36 册第 193 頁):"戴日銜恩,□山捧國。師資之義,恭效無疲;侍膳之心,始終曷已。"

Q"遷神"指逝世,不獨施於僧人

隋大業三年《張怦墓誌》(《匯編》第 10 册第 14 頁):"夫人東門氏樂陵人也……方欲作誡垂孫,稱師及子。豈言電□,造化相催。以大業二年

二月廿□日遷神於私弟,春秋六十有四。"〔1〕

W"儛象"即"舞象"

隋開皇三年《寇遵考墓誌》(《匯編》第9册第10頁):"幼而聰敏,弱不好卡。風神俊朗,在乎佩韘之年;容止温恭,發於儛象之歲。"《集韻·虞韻》"儛,舞或从人",分化使用從人構造之儛,即人使動物"起舞",以與"舞蹈"即人自身活動區别。

Q 起義

隋開皇二年《李和墓誌銘》(《新中國·陝西貳》第7頁):"魏之末年,政去王室,蝟毛蜂起,宇縣沸騰。公思極横流,志存匡合。於是拂衣聚衆,擐甲治兵。與夏州刺史元子雍同心起義,策勲王府。"聚衆——聚集人衆、治兵——修治兵器,與接下"同心起義",合若符契。〔2〕

C 舂山

隋開皇三年《寇遵考墓誌》(《匯編》第9册第10頁):"夫以舂(舂)山五色,殊崖九品,淮海三金,番禺八桂,莫不耀光采於忽微,擢英華於豪末。盖地氣使然,其來尚矣。"按"舂山"見《水經注》卷二十。石刻者將臼符替换爲旧。

G 干霄

隋大業十二年《隋故田行達墓誌》(《新中國·陝西貳》第12頁):"尔其深谷無景,高山干霄,莫不猨臂潛登,雁行直指,万里逋誅,一朝底定。"干霄,直冲雲霄。一般使用者會想到宋代沈括《夢溪筆談·雁蕩山》:"予觀雁蕩諸峰,皆峭拔險怪,上聳千尺,穹崖巨谷,不類他山,皆包在諸谷中。自嶺外望之,都無所見;至谷中則森然干霄。原其理,當是爲谷中大水衝激,沙土盡去,唯巨石巋然挺立耳。"

---

〔1〕《漢語大詞典》"遷神"條:指僧人逝世。清代梁紹壬《兩般秋雨盦隨筆·書卒異詞》:"凡人死曰卒,曰歿,曰疾終……又曰遷神。"

〔2〕《漢語大詞典》"起義1":仗義起兵。唐代劉餗《隋唐嘉話》卷上:"平陽公主聞高祖起義太原,乃於鄠司竹園招集亡命以迎軍,時謂之娘子兵。"

G 關請

唐咸通二年《白敏中墓誌銘并序》(《新中國·陝西貳》第278頁):"既握兵外去,每一事,非關請不得專。則索有尋丈,無所施設。党羗平,讓都統事,專治麣土。募新卒七千人,增堡戍四十二所。换檢校司徒平章事,充西川節度使。砭灼民害,屏除戎心,宜增耀前史。以官移荊南節使,加太子太師。"關請,行文呈請。

J"解張"即"分張"

隋開皇三年《寇遵考墓誌》(《匯編》第9冊第10頁):"魏祚告終,將遵揖讓設官,分職一依《周礼》,乃冊命公授大司寇府二命士。于時,官既解張,事多疑滯,府內大小,皆諮稟於公。臨事斷決,綽有餘裕。"《陳書》卷五:"年代彌流,將及成俗。如弗解張,物無與厝。"《隋書》卷六十七《列傳第三十二·虞世基》:"夫翫居常者未可論匡濟之功,應變通者然後見帝王之畧,何則?化有文質進讓殊風,世或澆淳鮮張累務。"按"解"《廣韻》胡懈切,本意爲連接,《周禮·考工記·弓人》:"今夫茭解中有變焉,故挍。"鄭玄注:"茭解謂接中也。"賈公彦疏:"言茭解中,謂弓隈與弓簫角接之處。"特指關節、骨骼相連接處,見《漢書·賈誼傳》:"屠牛坦一朝解十二牛,而芒刃不頓者,所排擊剥割,皆衆理解也。"顔師古注:"解,支節也。音胡懈反。"〔1〕

M 明目張膽,隋代尚作褒詞用

隋仁壽元年《盧文構墓誌》(《匯編》第9冊第138頁):"惟君局量沉遠,神情蕑正,緜歷四紀,出入三都。幕府台庭,從容物務;淇園汾曲,明目張膽。每裁美錦,恒慎小鮮。磬心力以奉公,處脂膏而靡潤,時經夷險,世或窳隆,不諂不驕,無慍無憙,所謂明哲君子,體真任命,人之云亡,報施

〔1〕《漢語大詞典》"分張"條:分散;散布。三國魏鍾繇《檄蜀文》:"而巴蜀一州之衆,分張守備,難以禦天下之師。"唐代温庭筠《李羽處士寄新醞走筆戲酬》詩:"簷前柳色分張緑,窗外梅花藉助香。"分離;離散。《宋書·王微傳》:"昔仕京師,分張六旬耳。"李白《白頭吟》:"寧同萬死碎綺翼,不忍雲間兩分張。"解散,遣散。《南齊書·蕭景先傳》:"周旋部曲還都,理應分張;其久舊勞動者,應料理,隨宜啓聞乞恩。"

安在?"

《漢語大詞典》"明目張膽"條:形容有膽識,敢作敢爲。《晉書·王敦傳》:"今日之事,明目張膽爲六軍之首,寧忠臣而死,不無賴而生矣。"

Y 雲屯霧集

唐大曆十二年《高義忠墓誌銘并序》(《新中國·陝西貳》第 156 頁):"不然何以雲屯霧集,人悦子來。"像雲霧狀屯集,並列結構,以喻集合之衆多。

B 避實擊虚

唐大曆十二年《第五府君(玄昱)墓誌銘并序》(《新中國·陝西壹》第 127 頁):"避實擊虚,臨事制變,刁斗不警,烽燧無虞。"語出《孫子·虚實》:"水之行,避高而趨下;兵之形,避實而擊虚。"《握奇經·遊軍》:"遊軍之形,乍動乍靜,避實擊虚,視羸撓盛。"《新唐書·劉仁軌傳》:"仁軌曰:兵法避實擊虚。"

S 隨機應變

唐貞元十三年《劉昇朝墓誌銘并序》(《新中國·陝西貳》第 172 頁):"隨機應變,致天之罰,選爲射生。"

D 度載,過年

唐天寶十五載《趙留四墓誌》(《新中國·河南壹》第 7 頁):"以天寶十四載歲次乙未六月己丑朔六日甲午,殚於私第,春秋六十有一。是以魂隨逝水,頻移玉管之灰;魄逐遷舟,屢改緹葭之序。風枝難駐,晷影不留;卜遠有期,龜謀襲吉。即以度載二月乙酉朔十二日景申,遷厝於鄴郡西二十五里白鹿村東南二里祖墳塋域之内平原,禮也。"度,過也;度載,猶言過了當年,即過了天寶十四載的十五載。由此可見,某些情况下,大抵唐代"越"字功能,還不具備表示時間上的越過。北宋范仲淹《岳陽樓記》就使用"越"字,依然記録虚詞,相當於"於":"慶曆四年春,滕子京謫守巴陵郡。越明年,政通人和,百廢具興。乃重修岳陽樓,增其舊制,刻唐賢今人詩賦於其上。"

T 他日

唐大和二年《衛嘉進墓誌銘并序》(《新中國·陝西壹》第 131 頁):

"其嗣子曰庭俊,次曰庭晏、庭林、庭旻、庭岌等,悉能裕父孝友,貞儉以取公器,他日獨立之所訓也。"他日,用爲過去時間狀態一邊:相當於以往、昔日、過去的某一天或某一時期。唐代杜甫《秋興八首·其一》:"玉露凋傷楓樹林,巫山巫峽氣蕭森。江間波浪兼天湧,塞上風雲接地陰。叢菊兩開他日淚,孤舟一繫故園心。寒衣處處催刀尺,白帝城高急暮砧。"漢語裏"他日"還具有指向"將來"的未然時間一邊:《孟子·滕文公上》:"墨者夷之因徐辟而求見孟子。孟子曰:吾固願見,今吾尚病……他日又求見孟子。"宋代林逋絶句《先生將終之歲自作壽堂因書一絶以志之》:"茂陵他日求遺稿,猶喜曾無《封禪書》。""姑如是,以俟他日",意思就是等待將來再説。這種説法,甚至成爲通訊往還推諉之詞頭。

M 命酒,置酒

唐乾寧四年《韓積墓誌》(《新中國·河南壹》第 96 頁):"或有一日,謂諸院骨肉及子孫曰:我生之足矣,不涉艱危,不經寒餒。因命酒,與弟姪歌歡過極。一中風氣,枕席三朝而掩然長逝。"見上出有關"命"字諸條。

Q 虔懇

唐咸通四年《亡妻太原王夫人墓誌銘》(丈夫唐思禮撰,趙逢書。《新中國·陝西貳》第 281 頁):"余半枯之身,自兹不嗜血食矣。被禍之初,余修齋終卌九日,及廣造功德,冀此虔懇,助彼善緣。"謂虔誠懇切。

S 設法

唐顯德五年《衛王馮暉墓誌銘》(《新中國·陝西壹》第 142 頁):"王之到任也,沉機護塞,設法蘇民。來万里之梯航,服四郊之種落。"設法,籌畫、想辦法。《尚書·禹貢》"禹敷土",唐孔穎達疏:"禹必身行九州,規謀設法。"清代孔尚任《桃花扇·逮社》:"我們跟去,打聽一個真信,好設法救他。"

J 剪刻

唐咸通六年《段璲亡室嚴氏玄堂銘并序》(《新中國·陝西貳》第 287 頁):"紉針剪刻之工巧,即麗人所不及。"紉針剪刻,針綫剪裁,非純乎手藝之謂。

J 菁英,精華

唐乾符六年《王季初墓誌銘并序》(《新中國·陜西貳》第 322 頁):“攻書學劍,盡得菁英。官恥就於細微,職先達於時輩。”

Y 益友

唐天祐十八年《竇真墓誌》(《新中國·河南壹》第 97 頁):“聰敏士以深交,信義心於益友。”

F 偪仰

唐咸亨四年《王大方墓誌銘并序》(《新中國·陜西貳》第 48 頁):“時遷四序,泉深九重。周親偪抑,遺胤龍鍾。連岑日隱,絶野霜濃。唯餘苦月,流照寒松。”偪抑,今作俯仰。

Y 影響

唐元和十二年《秦朝儉墓誌銘并序》(《新中國·陜西貳》第 216 頁):“旋属河中節度使李懷光与賊泚竊相影響。”影響,如影之隨形,譬響之應聲,喻相互呼應、策應。《宋書·謝晦傳》:“奸臣王弘等竊弄威權,興造禍亂,遂與弟華內外影響,同惡相成,忌害忠賢,圖希非望。”《資治通鑑·梁武帝太清元年》:“願陛下速敕境上,各置重兵,與臣影響,不使差互。”《太平廣記》卷一八九引《談賓録·李靖》:“初突厥屯兵浮圖城,與高昌爲影響,至是懼而來降。”

P 撇涕

唐天寶五載《大唐慶國故細人孫氏墓誌銘并序》(《新中國·陜西貳》第 114 頁):“闔厥年,行路所知,爲之撇涕。”撇涕,猶“揮淚斬馬謖”之揮淚。

J 酒德

唐乾符六年《段瓊墓誌銘并序》(《新中國·陜西貳》第 321 頁):“少有酒德,不辜風月。嘗連霄接晝,百榼千鐘。”酒德,謂酒量、酒性。猶雞德、山川之德之類。“道德經”之德,本意或謂“體道之性特”,兩端亦非並列者。

J 見解

唐天祐十八年《竇真墓誌》(《新中國·河南壹》第 97 頁):“嘻嗟府君,舉止風雲。交朋出衆,見解超群。”謂見地與理解。

L 浪言

唐大和三年《鄭縣丞邢府君夫人隴西縣太君墓誌銘并序》(《新中國·陝西壹》第 132 頁):“鄭縣府君早世,家貧,莫有庇賴,不能去華,寄假佛宇。衣食無所自,而霈若有餘。諸昆有請揭諸甥就官者,夫人曰:有家有室,非浪言也,決不從請。其不徇迩而圖遠也如是。由是,諸子果承訓有立。”浪言,虚語。非浪言,可替換爲非虚語也。

M 命

唐天祐十八年《竇真墓誌》(《新中國·河南壹》第 97 頁):“不求榮禄,惟慕清閑。或命儒官,時遊精舍。與名僧而話道,追達士以傾罇。風月優遊,林泉賞翫。”或命、時遊,對文一意,命即宴賞。參見上出有關“命酒”等條。

T 他,用爲一般指代

唐天祐十八年《竇真墓誌》(《新中國·河南壹》第 97 頁):“歲遠海竭山平,礱石鎸名他尔。辭曰……”原拓大率行書,個别草書(如“年”字等)。“他尔”與“辭曰”之間有空格,知如此句讀。“他”字用爲一般指代,相當於習見之“云爾”,作用爲指代,殊屬罕見。

Z 莊

唐大中九年《白公濟墓誌銘并序》(《新中國·陝西壹》第 136 頁):“大中九年歲次乙亥十一月丁未朔四日己酉,合葬於東原,去莊(庄)三里,祔先塋域也。”莊,村落,即郊野住宅處。唐杜甫《懷錦水居止》詩之二:“萬里橋西宅,百花潭北莊。”《儒林外史》第十六回:“望見莊南頭大路上一個和尚庵。”《兒女英雄傳》第十五回:“安老爺來到褚家莊。”

X 省稽

唐天寶十二載《敦煌張仲暉墓誌銘并序》(《新中國·陝西壹》第 123 頁):“省稽詰吏,理劇激貪。棲鸞之秩雖卑,解牛之刃必騁。”省稽,省察稽考;理劇,處理煩劇。

Q 去世

唐開成三年《顔元貞墓誌》(《新中國·河南壹》第175頁):"以天寶之初,去世于任城私第,權厝於第之南陌。"去世,猶言棄世。唐代李肇《唐國史補》卷中:"羽少事竟陵禪師智積……異日在他處聞禪師去世,哭之甚哀。"

Y 乂謐

唐大中四年《似義逸墓誌銘有序》(《新中國·陝西貳》第261頁):"南蠻入成都,褒人□其師,公銜命而撫之,西南乂謐。"乂謐,安定綏靖。

S 使差:"差使"成詞之前,先有"使差"詞形

唐中和二年《馬公亮墓誌》(《新中國·河南壹》第176頁):"長曰從武,當使差赴魏博行營,不幸陣亡。"

C 鄉村、當村、村名

鄉村。唐顯德五年《衛王馮暉墓誌銘》(《新中國·陝西壹》第142頁):"仲秋中旬十有三日,蓦青崗之險路,破玄化之狂戎。煞破万餘人,血流數十里,承勝王沓届於府庭焉。孤城解難,衆庶咸安。鄉村勵其耕農,保障迴其戍守。"

當村。唐中和二年《馬公亮墓誌》(《新中國·河南壹》第176頁):"有女二人:長女十一娘,娉當村封氏爲親。次女十四娘,適於濟源縣沁城鄉大逯村韓氏爲親。""村莊"合成一詞,方言如齊魯地方至今仍有"當村""當莊"之語,謂之"本村"。猶"本地",方言謂"當地"之比。

又隋唐石刻已多見村名,其結構往往冠以姓氏構成。如姚村、荀村等等,該時期石刻語料庫檢索凡"村"字651條(亦有用"邨"字者,但僅見1條),可見村莊已成爲當時基本行政區劃單位,且以家族聚合屯集爲村莊單位者居多。見上出"莊"條。

T 土産

唐咸通十一年《荊從皋墓誌銘并序》(《新中國·陝西貳》第305頁):"控燕薊河朔之虞,兼臨淄厭次之要。鏟魚鹽土産之利,古曰上腴;扼獫狁冒頓之喉,今爲重寄。"

D 端兆,端倪徵兆

唐天寶五載《元婉墓誌》(《新中國・河南壹》第 213 頁):"忽尔言説,若見端垗。顧謂左右,廣修功德。"端兆,初見端倪,跡象。

L 來載,猶言來年即明年

唐天寶五載《元婉墓誌》(《新中國・河南壹》第 213 頁):"來載十月當擬合祔,餘備後銘,此未暇叙云尔。"

Z 周,一年

唐長慶三年《馬進朝墓誌》(《新中國・河南壹》第 222 頁):"異疾經中,累夕而逝,享年七十周。"周,指一個循環單位時間長度,此處使用指一年。《宋書・謝靈運傳》:"在郡一周,稱疾去職。"

K 凱還、凱旋同義詞

唐武德五年《新建觀音寺碣》(《匯編》第 11 冊第 2 頁):"我秦王赫然斯怒,罪人乃得。班師凱還,駐蹕廣武。"唐垂拱元年《黄師墓誌銘并序》(《匯編》第 17 冊第 35 頁):"勒功燕嶠,旋獻凱哥。"爲"凱旋"緊縮詞形之原。唐天寶三年《裴鎬墓誌銘并序》(《匯編》第 25 冊第 72 頁):"君其膺行,竭力輸心,□逾節操。率身克己,必盡公忠。於是幕下參謀,當竭□□之盗;軍還獻凱,方寧蒼海之人。""軍還獻凱",堪移作注腳。唐開元廿二年《難元慶墓誌》(《新中國・河南壹》第 231 頁):"凱歌旋入,高會星樓。"則可凝縮爲"凱旋"結構。準此,習慣所道"凱旋而歸"結構,不免堆疊重複矣。

Q 全家

唐開成五年《李澤墓誌》(《新中國・河南壹》第 418 頁):"去貞元十五年九月用兵,全家奔北。"全家,家庭全體,全家人。

L 廬里

唐開元十八年《高木盧墓誌并序》(《新中國・陝西貳》第 93 頁):"得名登簡冊,位列珪璋。及蒲柳年侵,桑榆景暮。乃悟電泡而不久,夢幼而非真。遂棄彼俗纏,崇兹道業。退歸廬里,訓導於家。"廬里,即鄉里。

Z 志勵

唐大中四年《似義逸墓誌銘有序》(《新中國·陝西貳》第 261 頁):“雖張公之志勵誠順,其位極公台,道光史冊,存則滅北虜,破東胡,歿能使其子歸闕,亦由公之善誘也。”志勵,即今之“勵志”結構。

C 摧折

唐元和十年《薛華墓誌》(《新中國·河南貳》第 3 頁):“自茲襁褓之恩,唯增肝膽摧折。”摧折,憂傷。唐代顧況《酬本部韋左司》:“寸心久摧折,别離重骨驚。”

T 土壃,即疆土

唐大中八年《契苾通墓誌銘并叙》(《新中國·陝西壹》第 133 頁):“時部落攜貳,不安土壃。邊帥莫能懷柔,朝廷慮其侵軼。”

C 璨瓓

唐開成二年《李府君(元簡)墓誌銘》(《新中國·河南貳》第 292 頁):“武藝絶倫,文詞璨瓓。”即今之“燦爛”,連綿結構。

L 嫝娟

唐天寶十一載《大唐贈南川縣主墓誌銘并序》(《新中國·陝西貳》第 132 頁):“生而的皪,幼而嫝娟。”字形作 。嫝娟,連綿詞,狀纖細,不限眉毛細長。傳世文獻多見“連娟”結構。《類篇·女部》:“嫝:陵延切。嫝娟,眉細長皃。”《集韻·僊部》:“嫝:陵延切。嫝娟,眉細長皃。”

Y 一覽

唐大和二年《閻子光夫人崔氏合葬墓誌銘》(《新中國·河南貳》第 354 頁):“公機神自天,風骨弈悟。經史一覽,殊異等倫。言皃挺奇,鄉州貢舉。”一覽,一看,即閱覽一遍。《後漢書·禰衡傳》:“吾雖一覽,猶能識之,唯其中石缺二字爲不明耳。”《新唐書·蘇頲傳》:“頲,字廷碩,弱敏悟,一覽至千言,輒覆誦。”

B 白身

唐景福元年《張氏夫人(李君雅夫人)墓誌銘》(《新中國·河南貳》

第 355 頁）："有男二人：長曰文遂，白身；次曰文修，□爲左折衝使。"白身，即"白身人"，舊指平民，亦指無功名無官職的士人或已仕而未通朝籍的官員。唐代陸贄《冬至大禮大赦制》："天下諸使、諸將軍士三品已上賜爵一級，四品已下加一階，白身人賜勳三轉。"

S 師鏡

唐貞觀廿二年《莘安公竇誕墓誌銘》（《新中國·陝西壹》第 33 頁）："百寮之檃括，九流之師鏡。"師鏡，謂師範借鑒。唐貞觀石刻凡三見。又，百寮，即百官。

B 標準

唐總章元年《李爽墓誌銘并序》（《新中國·陝西貳》第 42 頁）："標準搢紳，隱栝名理。"標準搢紳，爲搢紳標準，標的。

B 碧鮮

唐貞觀廿二年《莘安公竇誕墓誌銘》（《新中國·陝西壹》第 33 頁）："惟公風采標暎，識悟弘通。懷瑾握瑜，含章挺秀。捎青雲以竦幹，則玉潤碧鮮；漸陵陸以奮飛，則摶空切漢。"〔1〕

L 理會

唐顯慶元年《户部尚書上柱國莒國公唐儉墓誌銘》（《新中國·陝西壹》第 41 頁）："乃察諸賊帥，皆是庸流。唯尉遲敬德，識量弘遠。説令擇主，理會其心。"理會，即理喻之，使其會心。

S 輸款

唐顯慶二年《虢國公張士貴墓誌銘》（《新中國·陝西壹》第 43 頁）："皇家發迹參墟，肇基霸業。謳歌允集，征怨在期。將指黄圖，行臨絳水。公乃遣使輸款。高祖深相嘉歎，拜右光禄大夫，錫賚優洽，并降璽書，俾定

〔1〕《漢語大詞典》"碧鮮 1"：青翠鮮潤的顔色。唐代杜甫《槐葉冷淘》詩："碧鮮俱照箸，香飯兼苞蘆。"唐代李復言《續玄怪録·張逢》："忽有一段細草，縱廣百餘步，碧鮮可愛。""碧鮮 2"：語出：晉左思《吴都賦》："檀欒嬋娟，玉潤碧鮮。"原用以形容竹的色澤。後因以"碧鮮"爲竹的别名。《舊五代史·周書·扈載傳》："載因游相國寺，見庭竹可愛，作《碧鮮賦》題其壁。"碑刻此用係義項 2，指人物儀表，如竹之玉立聳挺。

河南之境。”又“投款”:“又進擊僞熊州刺史鄭仲達,大敗之。所在城聚,相繼投款。”又“申誠款”:“尋被召入京奉見,恩貸綢繆,而備申誠款,載隆賞冊。”唐顯慶四年《尉遲敬德墓誌》(《新中國·陝西壹》第47頁):“太宗躬慦兵甲,以擊武周,獲其偏裨,凶徒迸潰。公乃率其餘衆,投誠拜款。辞袁之節,抗迹於前荀;去隗之誠,比肩於往竇。即授秦府統軍。”輸款,表達誠款。《太平廣記》卷一九二引唐胡璩《譚賓録·馬勳》:“其將張用誠陰謀叛背,輸款於李懷光。”

S 輸心、獻凱、参謀

唐天寶三年《裴鎬墓誌銘并序》(《匯編》第25冊第72頁):“君其膺行,竭力輸心,□逾節操。率身剋己,必盡公忠。於是幕下参謀,當竭□□之盜;軍還獻凱,方寧蒼海之人。”輸心,傳遞真心。至於杜甫《莫相疑行》:“男兒生無所成頭皓白,牙齒欲落真可惜。憶獻三賦蓬萊宫,自怪一日聲輝赫。集賢學士如堵牆,觀我落筆中書堂。往時文采動人主,此日饑寒趨路旁。晚將末契托年少,當面輸心背面笑。寄謝悠悠世上兒,不争好惡莫相疑。”清代淩蒙初《二刻拍案驚奇》卷八:“任是愚人須縮舌,怎教浪子不輸心。”則表達真心服氣。

F 方折

唐顯慶四年《鄂國公夫人蘇娬墓誌銘》(《新中國·陝西壹》第48頁):“夫人内潤珪璋,外資貞淑。淨方折於神府,皎圓鏡於心靈。稟叔皮之文彩,得春秋之儒行。”唐顯慶五年《趙王故妃宇文氏(修多羅)墓誌銘》(《新中國·陝西壹》第49頁):“若乃銀函紫書之秘,玉琴素女之弦,莫不究其精微,窮其要妙。圓流方折,往往清通;丹桂紫芝,連連累秀。”唐龍朔元年《唐德業寺亡七品尼墓誌銘》(《新中國·陝西壹》第51頁):“法師圓流梃價,方折含珍。”

方折、圓鏡對文,作用爲清通洞察,功能一揆。方者、在折,圓者、在流。《藝文類聚》卷八引《尸子》:“凡水,其方折者有玉,其圓折者有珠。”《淮南子·墬形訓》:“水圓折者有珠,方折者有玉。”唐白居易《玉水記方流》詩:“尹孚光灔灔,方折浪悠悠。”宋蘇軾《次韻錢穆父王仲至同賞田曹梅花》:"浮光風宛轉,照影水方折。"

Y 譯

門吏高璩撰、唐咸通二年《白敏中墓誌銘并序》(《新中國·陝西貳》第 278 頁):"既申一慟,忽不知身世在所。其孫昭應縣尉夷道譯衛國夫人語,且置璩曰:太傅前立家國事,夐苦夷遠。爲不磨滅計,今畦町不當理,即困秃自泥,不能驚聳來者。子實太傅記室,從兩鎮五年,宜乎味髓魄而登峰巒也。璩惶恐不敢讓,謹按……"譯,與驛站通,傳遞之謂。

J 局志

唐顯慶四年《鄂國公夫人蘇娬墓誌銘》(《新中國·陝西壹》第 48 頁):"未笄之歲,遊心典則。固留連於曹戒,每反覆於張箴。展義觀詩,既含情於體雪;動容依禮,必局(局)志於履氷。警松筠以垂節,飾珪璋以潤己。"按銘文所刻,局字形體從句,而"局志"成詞,與"含情"對文。局者,禁制、限制也,合成爲"局限",局志者,猶言"閑情"也(見陶淵明《閑情賦》之"閑情")。徵之於禮,則《禮記》"坊閑"是也。

P 披荊

唐麟德元年《鄭仁泰墓誌銘》(《新中國·陝西壹》第 56 頁):"功申横草,績亮披荊。"披荊、横草對文,横、斷也。披荊,即"披荊斬棘"結構之省。

P 平反

隋開皇二年《李和墓誌銘》(《新中國·陝西貳》第 7 頁):"還爲司憲中大夫。篤志平反,留情報讞。同景興之寬恕,有君達之哀矜。"平反、報讞,對文一意。唐乾封元年《太宗文皇帝故貴妃紀國太妃韋氏(珪)墓誌銘并序》(《新中國·陝西壹》第 63 頁):"於是重錫寵章,更崇徽号。出國備輜輧之數,來朝節環珮之音。弘慈訓於平反,延惠和於待物。"銘文:"從子之貴,允膺寵錫。聖善弘訓,平反著績。令問斯在,德音無斁。"兩處字形悉作。"平反"成詞,平者,辨也,猶《尚書·堯典》"平章百姓"之平。

S 生存

唐天寶十四載《崔府君墓誌并序》(《匯編》第26冊第134頁):“生存禮範,没備儀章。”“生”者,與下句“没”字對文。下句“備”字,謂盡也,與上句“存”字相對。觀下從而知上,同樣,知上始得通下。否則,“生存”以爲成詞矣。

Y 耀武

隋開皇二年《李和墓誌銘》(《新中國·陝西貳》第7頁):“公因兹耀武,示以威懷。群蠻兇懼,相繼降款。”即古書“耀兵觀德”之謂。

N 衄

唐乾封二年《開國公曹欽墓誌銘并序》(《新中國·陝西壹》第64頁):“公挺衝星之劒,迴駐日之戈,一呼而潰重圍,再舉而登万級,朝鮮遂衄,王旅用康,此又公之勳也。賜物一千段,馬十疋,除長上折衝。名超樽俎之間,功著旗常之表。”衄,《廣韻》女六切,入屋,娘;如六切,入屋,日。亦作“衂”。衄,敗。見“物量類”。又,“馬十疋”:疋即匹字,書寫之過渡者。

E 訛風

唐總章元年《張臣合墓誌銘并序》(《新中國·陝西壹》第65頁):“班條作鎮,春桑與秋麥同謡;下車求瘼,諠鼓將訛風共靜。”訛風,狡詐澆薄之風習。唐代皮日休《鄙孝議》上篇:“訛風習習,扇成厥俗,通儒不以言,執政不以禁。”

Y 英勇

唐總章三年《英國公李勣墓誌銘并序》(《新中國·陝西壹》第67頁):“再戰而傾十角,一舉而滅三韓。諒稟神謨,寔寄英勇。是以東夷北狄,畏威懷惠。匈奴昔嘗遣使,求識於公。類彼王商,竟貽真相之目;均夫李廣,憚其飛將之名。此則威於邊也。”英勇,勇敢出衆。《新五代史·楚世家·馬殷》:“佶卧病,語諸將曰:吾非汝主也,馬公英勇,可共立之。”《水滸傳》第六九回:“史進雖是英勇,又吃他瞞過了,更不猜疑。”

Z 衷情

唐乾封二年《段伯陽妻高夫人墓誌銘并序》(《新中國・陝西貳》第 40 頁):"敢緣哀極,用抒衷情。古人何在,空餘頌聲。"猶後世所謂"訴衷情"之類。

J 近代

唐咸亨元年《王大禮墓誌銘》(《新中國・陝西壹》第 69 頁):"近代降姻,例加顯號;晚來尚主,多總禁兵。親賢之宜,於斯而得。"近代,離過去不遠時代。晉葛洪《抱朴子・漢過》:"歷覽前載,逮乎近代,道微俗弊,莫劇漢末也。"唐封演《封氏聞見記・查談》:"近代流俗,呼丈夫婦人縱放不拘禮度者爲查。"

Z 争鳴

唐咸亨元年《清河恭公斛斯政則之墓誌銘并序》(《新中國・陝西壹》第 70 頁):"有敕令統百騎,以參六軍。公迺鬻勇前驅,争鳴剿寇。"鬻勇,即賈勇;争鳴,争相,争先。猶唐代司空圖《連珠》:"翔必以時,肯争鳴而作怪?動惟中矩,寧受嗾以噬人?"明代劉基《升天行》:"誰能與蟪蛄,争鳴秋草間?"

W 唯心

唐儀鳳三年《澄心寺尼故優曇禪師之塔銘》(《新中國・陝西壹》第 79 頁)銘文:"蟾桂之精,雲雨之靈。依花標稱,託柰呈形。松風本肅,月露先清。蓮披意海,日朗神情。始悟唯心,終知是識。樹以菩提,崇斯質直。棄捐泡幻,咄嗟名色。八敬虔虔,四勤翼翼。邪山欲暗,慧日將沉。幽閈路遠,永夜更深。勒銘玄石,樹塔荒栫。千年萬載,往古來今。""依花標稱,托柰呈形":花、柰對文,柰則果樹名,序文相應云:"托瑞柰以呈姿,寄仙花而表稱。"

"始悟唯心,終知是識":唯心、是識對文,結構尚未成詞。《華嚴經・十地品》:"三界所有,唯是一心。"可以移詁。

Z 坐見

唐永淳元年《西宫二品昭儀誌銘并序》(《新中國・陝西壹》第 80 頁):"苕華委鬱,俄聞蒲柳之衰;蘭蕠靃靡,坐見秋風之敗。"此處"坐見",

與“俄聞”對文,亦關涉時間短促,猶言眼看著,或作因觀。隋代盧思道《聽鳴蟬篇》詩:“一夕復一朝,坐見涼秋月。”唐代陳子昂《登澤州城北樓宴》詩:“復來登此國,臨望與君同。坐見秦兵壘,遥聞趙將雄。”唐代杜甫《後出塞》詩之五:“坐見幽州騎,長驅河洛昏。”

F 風聲、氣象

唐上元二年《虢莊王李鳳墓誌銘并序》(《新中國・陝西貳》第 50 頁):“揚風聲於九泉,隨氣象而一觀。”風聲,聲望;氣象,景色。

G 慣用

唐大中四年《似義逸墓誌銘有序》(《新中國・陝西貳》第 261 頁):“薊人未慣用於王,公往諭旨,首惡革心。”慣用,習慣。

J 將軍

唐光宅元年《安元壽墓誌銘并序》(《新中國・陝西壹》第 82 頁):“故隆周啓統,掌兵属於司武;炎劉御歷,制衆在于將軍。”司武、將軍對文,即動賓結構,謂率領軍隊。

Z 忠赤

唐垂拱元年《户部尚書薛元超墓誌銘并序》(《新中國・陝西壹》第 83 頁):“帝甞機務餘,語及人間盛衰事,不覺淒然,顧謂公曰:憶昔我在春宫,髭猶未出,卿初事我,須亦未長,倏忽光陰卅餘載。疇日良臣名將,並成灰土,唯我與卿白首相見。卿歷觀書記,君臣偕老者幾人。我看卿事我大忠赤,我託卿亦甚厚。”忠赤,忠心赤膽。金王若虚《論語辨惑四》:“仰以事君,必先罄盡忠赤,深結主知,而使上見信。”

J 即目,眼前所見

唐垂拱元年《户部尚書薛元超墓誌銘并序》(《新中國・陝西壹》第 83 頁):“及至,置酒張樂,會王公等,有詔酣謔盡歡,即目各言一事。”[1]

---

〔1〕《漢語大詞典》“即目”1:眼前所見。南朝梁鍾嶸《詩品》卷中:“‘思君如流水’,既是即目;‘高臺多悲風’,亦惟所見。”隋江總《入攝山栖霞寺》詩序:“率製此篇,以記即目,俾後來賞者,知余山志。”2:目前;現在。宋蘇軾《乞增修弓箭社條約狀》之一:“雖據即目邊防事勢,三五年間,必無警急,然思安慮危,有國之常備,事不素講,難以應猝。”

M 目擊

唐天寶十二載《敦煌張仲暉墓誌銘并序》(《新中國·陝西壹》第123頁):"官以物辦,君之所司;賞不失勞,目擊斯在。"目擊,猶目睹,親眼看見。唐代杜甫《最能行》:"朝發白帝暮江陵,頃來目擊信有徵。"現代漢語所謂"目擊者",即在現場親眼看見的人。

D 當代,眼下

唐天寶十一載《周敬本墓誌》(《新中國·河南壹》第433頁):"泣血絶漿,伊古人之竊比;蓼莪欒棘,實當代之無儔。"古人、當代相對,當代則謂墓主同時代之人。

唐開元二十一年《張時譽墓誌》(《匯編》第23冊第94頁):"咸洛道由,亭傳逾劇,賈我餘地,幹彼時須,而風糸臺閣,摯並鷹隼。俄及辭滿,旋丁内憂。君至性自天,踴絶過禮,柴瘠骨立,殆不勝衣。於戲! 當代孝聞,百行可知矣。"

唐垂拱元年《户部尚書薛元超墓誌銘并序》(《新中國·陝西壹》第83頁)銘文:"地望人傑,名高德尊。言滿當代,慶流後昆。"

五代後梁龍德二年《崔公妻李珩墓誌》(《匯編》第36冊第25頁):"門胄之来,甲于當代。史氏攸述,推爲冠族。"

各處刻石所用"當代",即當世,眼下。唐杜甫《奉簡高三十五使君》詩:"當代論才子,如公復幾人。"宋梅堯臣《太師杜公輓詞》之四:"言爲當代法,行不古人慚。"

D 悼念

唐咸通十一年《荊從皋墓誌銘并序》(《新中國·陝西貳》第305頁):"緬千載之哀榮,符今昔之痛苦。上聞,悼念久之。凡伯庶寮,罔不興歎。"悼念,追悼思念。

Y 一概

唐垂拱元年《劉初墓誌銘》(《新中國·陝西壹》第84頁)銘文:"歲月不居,情移慕泰。覺悟(悮)勝緣,希諸三昧。澄心寂靜,崇歸福會。基積無爲,平等一概(槩)。""一概"石刻作"一槩"。概,爲古代量糧食時刮平斗斛之木,引申爲同一種標準。三國魏曹植《黄初五年令》:“諸吏各敬爾在位,孤推一概之平,功之宜賞,於疏必與;罪之宜戳,在親不赦。”《資治通鑑·晉穆帝永和十二年》:“自古帝王居中州者,政化各殊,趙爲奸詐,秦敦信義,豈得一概待之乎!”胡三省注:“概所以平斗斛,一概待之,言無所高下也。”或用作一樣,一律。唐人杜甫《秦州雜詩》之四:“萬方聲一概,吾道竟何之?”

T 梯山航海

唐神龍二年《故雍王李賢墓誌銘并序》(《新中國·陝西壹》第 99 頁):“梯山航海,局疆寓於羲軒;茅社桐珪,陋車服於梁楚。”登山之梯,渡海之航。

D 得未曾有

唐元和二年《荷恩寺故大德法津禪師姚常一塔銘并序》(《新中國·陝西貳》第 192 頁):“其夜昏後,寺中聖容忽見,毫相直照,塋門卷而又舒,凡廿四度。又聞天樂響空,得未曾有。”謂所得此前未嘗有也。

R 人龍

唐神龍二年《故雍王李賢墓誌銘并序》(《新中國·陝西壹》第 99 頁):“孤挺天爵,高擅人龍。”人龍,以喻人中之俊傑。

Y 宴語毬賞

唐大中六年《孟秀榮墓誌銘并序》(《新中國·陝西貳》第 263 頁):“委任方隅,監總留務。元戎情同伯仲,宴語毬賞不時。三年延日,風猷樹於藩□,功利不終夷夏。給事崇勳,柱國美謚,踐歷六朝,始終壹致。”宴語毬賞,閑暇中的談論,遊戲中的賞賜。

Y 游泳

唐大中八年《路全交墓誌銘并序》(《新中國·陝西貳》第 266 頁):“公昔爲齠亂,則不好弄。耽樂詩書,游泳硯墨。”游泳,浸潤。

L 禮物

唐景龍三年《賀蘭都督敏之墓誌并序》(《新中國·陝西壹》第 102 頁):“故得坐爲師友,入作腹心。金殿異其恩榮,玉堂殊其禮物。”禮物,禮品。又,殊,猶南朝梁周興嗣《千字文》“樂殊貴賤”之殊。

J 見重

隋開皇三年《隋太師涼國景公賀蘭祥夫人劉氏墓誌銘》(《新中國·陝西壹》第 22 頁):“麗華之羨既深,逸少之才見重。”見重,受重視。《世説新語·賞譽》:“王夷甫語樂令:‘名士無多人,故當容平子知。’”劉孝標注引《王澄別傳》:“澄風韻邁達,志氣不羣。從兄戎、兄夷甫,名冠當年。四海人士,一爲澄所題目,則二兄不復措意,云‘已經平子’,其見重如此。”

A 安排

唐開元十五年《孟孝立墓誌銘并序》(《新中國·陝西壹》第 111 頁):“於穆夫子,黄中通理。弱齡擢第,強而從仕。過禮送終,安排知止。人琴俱逝,平生已矣。”

K 空山

唐開元十五年《孟孝立墓誌銘并序》(《新中國·陝西壹》第 111 頁):“風號拱木,雨肅空山。黄泉地下,白日雲間。”“空山”,空寂幽深之山林,多見於唐代詩人使用。如韋應物《寄全椒山中道士》詩:“落葉滿空山,何處尋行跡?”王維《鹿柴》:“空山不見人,但聞人語響。返景入深林,復照青苔上。”

K 口奏,遺願

唐開元十八年《劉濬墓誌》(《新中國·陝西壹》第 112 頁):“二子口奏父母遺願,並請歸祔先塋。優詔曲臨,便允所請。”口奏,即口頭陳奏。又,遺願,遺留下來的願望,此爲文獻用詞較早見者。

Y 用物

唐開元十八年《劉濬墓誌》(《新中國·陝西壹》第 112 頁):“臨絶之際,歎曰:古有失行者,耻見亡靈,所以用物覆面。後人相習,莫能悟之。吾内省無違,念革斯弊。子孫敬遵遺訓,内外弥仰賢明。”用物,爲介賓結構,猶言“以物”,與下列“用物”,爲同構而異義者:《尚書·旅獒》:“不作無益害有益,功乃成;不貴異物賤用物,民乃足。”指日常所用者。

Q 謙虚,小心

唐開元十七年《韓王(李訥)誌文并序》(《新中國·陝西貳》第92頁):"推誠小心,訥言寡欲,濟北之貞信也;謙虚接士,清静持身,下邳之節儉也。"

Q 情重

寧遠將軍守右司禦率上柱國張令暉文,吏部常選唐萬頃書,唐開元二十七年《室人大原王氏(仁淑)墓誌銘并序》(《新中國·陝西壹》第117頁):"吾以伉儷情重,具物送終。死而有靈,知吾誌矣。"《漢語大詞典》"情重":情誼深厚,親密。《水滸傳》第六九回:"他自願去。説這李行首,是他舊日的表子,好生情重,因此前去。"

Z 昭雪

唐天寶八載《獨孤公(禕之)夫人清河張氏墓誌銘并序》(《新中國·陝西壹》第121頁):"將軍早世,禍發簫牆之憂;少婦嫠居,痛感柏舟之誓。室家淪没,茹毒偷生;孤幼抱持,銜哀寄命。及乎昭雪,殆不勝任。"昭雪,雪,通洗,謂洗清冤屈。《舊唐書·朱敬則傳》:"敬則尚銜冤泉壤,未蒙昭雪。"

S 上級

唐開元二十八年《程瓚墓誌銘并序》(《匯編》第24册第122頁):"或投筆從戎,獲殊勳於上級;或牽□就職,享榮位於藩維。"

C 成立

唐開元二十八年《吴真妻席夫人墓誌銘并序》(《匯編》第24册第123頁):"孤胤幼冲,孀居鞠育。寒暑勤弊,過廿年。訓諸義方,至乎成立。"

(七)虚 詞 類

Y 于,位於對象之前,表示被動對象

唐開元二十四年《大唐故金仙長公主(無上道)誌石銘并序》(《新中國·陝西壹》第114頁):"仰觀景宿,河漢麗其天孫;緬閲虞篇,瀟湘降于帝子。""瀟湘降于帝子"者,言瀟湘爲帝子所鼇降之所,當"于"位於地點之後、對象之前時,于、爲相當,表示被動對象。《尚書·堯典》:"厘降二女于嬀汭,嬪于虞。"

Y 越,虛詞,亦作"越以",即等"粵以""爰以"發語詞

隋大業七年《隋故豫章郡掾田德元墓誌》(《新中國·陝西貳》第 9 頁):"曰以七年十二月壬子朔廿二日癸酉,歸葬於大興縣滻川鄉白鹿原。"唐貞觀五年《淮安靖王李壽墓誌》(《新中國·陝西貳》第 19 頁):"粵以五年歲次辛卯十二月景戌朔十一日景申,葬于雍州三原縣之萬壽原。"唐天寶四年《王元墓誌銘并序》(《匯編》第 25 冊第 74 頁):"粵天寶四載歲次乙酉二月己丑朔十四日壬寅,合窆於河南府河南縣平樂鄉邙山之北原,崇吉兆也。"唐開元二十四年《大唐故金仙長公主(無上道)誌石銘并序》(《新中國·陝西壹》第 114 頁):"越以景子之年七月己卯朔四日壬午,啓舊塋而自洛,即陪葬于橋陵,禮也。"粵、越、曰地位相當,可以互換使用,是"越"亦虛詞,故可以省略不用。如唐乾封二年《段允探墓誌銘并序》(《新中國·陝西貳》第 41 頁):"以乾封二年四月卅日,寢疾終於私第。"

Y 呀

唐建中元年《獨秀山新開石室記》(《匯編》第 28 冊第 8 頁):"監察御史里行鄭叔齊:城之西北維有山,曰獨秀。宋顏延之嘗守茲郡,賦詩云:'未若獨秀者,峨峨郛邑閒。'嘉名之得,蓋肇於此。不籍不倚,不騫不崩。臨百雉而特立,扶重霄而直上。仙挹石髓,結而爲膏。神鑿嵌竇,呀而爲室。蹦滓可遠,幽偏自新。勝槩岑寂,人無知者。"呀,廣大。《説文·口部》:"呀,張口皃。从口牙聲。"《宋本玉篇·口部》:"呀,虛牙切。大空皃。又啥呀,張口皃。"《萬象名義·口部》:"呀,虛牙反。大空皃也。"

Y 以,即用也

唐元和九年《張良輔墓誌銘并序》(《新中國·陝西貳》第 212 頁):"元和九年四月十一日,寢疾而終於崇仁里之私第也。即用五月十四日,祔京兆府萬年縣崇道鄉蛇村西北上一里,之禮也。""用",大量墓誌使用

"以"字,位置相同。是以,用也,作用無二。

J 其,虚詞讀"及"

唐乾封二年《段伯陽妻高夫人墓誌銘并序》(《新中國・陝西貳》第 40 頁):"曩者牛山撫歎,涕泣潸然,枯魚慟懷,永感悽及。"悽及,傳世文獻詞形作"悽其",悲涼傷感。"其"爲虚詞,讀爲"及"。《文選・謝靈運〈初發石頭城〉詩》:"欽聖若旦暮,懷賢亦悽其。"李善注:"毛萇《詩》傳曰:'其,辭也。'"

R 若、而:皆用作詞尾

唐開元十八年《柏虔玉墓誌》(《匯編》第 23 册第 31 頁):"君諱虔玉,字清務,河南陸渾人也。源夲系之由,自結繩之代,盛德芬若,茂族禕而。論其濫觴,固實遠矣。"唐開元十七年《韓王(李訥)誌文并序》(《新中國・陝西貳》第 92 頁):"嗚呼,景命不造,不其痛而。"

按禕,美也,若、而皆形容詞尾。《文選・張衡〈東京賦〉》:"漢帝之德,侯其禕而。"薛綜注:"禕,美也。"李善注:"於離切。"或句讀爲"盛德芬若茂族禕。而論其濫觴,固實遠矣",破句失讀。

H"何居"爲反詰問,居字同"詎",爲語助之用

唐開元二十一年《李仁德墓誌》(《匯編》第 23 册第 99 頁):"何居昊天不憖,哲人其萎!山岳收神,日月奄壽。欻以開元廿一年正月廿日薨於醴泉里之私第,春秋六十有一。"

"何居",如何,何故。居、詎音同,助詞,功能亦當"詎",加強反詰語氣,隋大業十一年《董君妻衛美墓誌》(《匯編》第 10 册第 139 頁):"何言玉體,飜成白骨?詎覺是非,誰明人物?"《禮記・檀弓上》:"何居我未之前聞也。"鄭玄注:"居讀爲姬姓之姬,齊魯之間語助也。"隋王通《中説・事君》:"子遊河間之渚,河上丈人曰:'心若醉六經,目若營四海,何居乎,斯人也。'"

又,欻,奄忽也。《文選・張衡〈西京賦〉》:"神山崔巍,欻從背見。"薛綜注:"欻之言忽也。"南朝梁代範縝《神滅論》:"夫欻而生者必欻而滅,漸而生者必漸而滅。"唐李白《望廬山瀑布》詩之一:"欻如飛電來,隱若白虹起。"

Q 其,此也

唐開元八年《路玄墓誌》(《匯編》第 21 冊第 141 頁):"温惠施化,寬猛著聞。耆童於是謳歌,朝野由其悦服。"於是、由其,對文一律。

S 是

唐開元二十七年《趙上真墓記》(《匯編》第 24 冊第 91 頁):"府君舊銘文是兵部郎中嚴識玄所造。其文詞華麗,不可輒移。"是,用爲判斷,唐前用例尚鮮見如此醒豁者。

N 那,奈何一挪

北魏熙平元年《楊胤墓誌》(《匯編》第 4 冊第 40 頁):"如彼清泉,銜珠鏤沙。如彼蕙風,剖月開霞。方隆至道,贊我皇家。云那不幸,摧巖折木。山陽既謝,汝南慟(動)哭。鴻啼盟津,雪凝黄屋。悽其悲矣,蒼山之麓。"唐天寶十二載《鄭君夫人清河崔氏墓誌銘并序》(《匯編》第 26 冊第 103 頁):"吁,脩短有分,仁義則那(郍)。"[1]

隋大業六年《羊瑋墓誌》(《匯編》第 10 冊第 36 頁):"君治政逾閑,誠深奉國。期奮翮四溟,匡弼皇業。那謂玉碎荊山,珠沉漢水。"

唐開元六年《劉元超墓誌》(《匯編》第 21 冊第 98 頁):"芳桂那摧,榮桐安朽?珠沉海浦,玉燼山阿。"那、安對文一律,讀同"挪"。

S 稍,不久

稍遷,見唐大曆六年《唐故亳州酇縣令裴府君(裕)墓誌》(《新中國·河南貳》第 81 頁):"十四登明經甲科,調補蘇州參軍事,轉鄜州司倉掾,稍遷江州尋陽令。"按"稍遷"謂時間不長。《漢語大詞典》"稍 9":副詞。立刻;隨後;不久。南朝梁沈約《應詔樂游苑餞吕僧珍》詩:"函轘方解帶,嶢武稍披襟。"唐韋應物《歎楊花》詩:"繾縈下苑曲,稍滿東城路。"

---

〔1〕《漢語大詞典》"那"下:"奈何"的合音。《左傳·宣公二年》:"牛則有皮,犀兕尚多,棄甲則那?"杜預注:"那,猶何也。"楊伯峻注:"那,奈何之合音。顧炎武《日知録》三十二云:'直言之曰"那",長言之曰"奈何",一也。'"

J 僅,近乎

唐貞元十六年《姚府君(軫)夫人河南元氏墓誌銘》(《新中國·河南貳》第289頁):"有行移天僅三十載,服勤爲婦凡十五霜。入無間焉,行無違者。"唐大中四年《劉繼墓誌》(《匯編》第32冊第57頁):"自西蜀抵于上都,路僅三千里,扶護無虞。"唐大中四年《似義逸墓誌銘有序》(《新中國·陝西貳》第261頁):"常持佛書,以求冥助。及公捐館,則晝哭得禮。撫孤甚慈,每一叫號,傍感鄰里。前後爲公追福,免臧獲數人,施別墅及器翫輿馬并夫人之衣服簪珥入仁祠者,僅若千萬。……家藏詔書僅三百道。開元已來,貴臣林矣。"

《廣韻》:僅,渠遴切。"僅"應讀"近乎"之近,即去聲,義爲"幾乎""接近"。或即目爲"近乎"之通用者,亦無不當。王漁陽《香祖筆記》卷二"僅"字條,以爲"僅"有"少""餘"二義。唐人多作"餘"義用。至宋人,始率從"少"義,迄今沿用之。語文工具,所見尚不及上舉唐人石刻。[1] 順便指出,現代作爲僅字簡體使用的"仅",在古代文獻及相關字彙裏,其實完全是另外一個字,即"仅—奴"構成異體結構關係,只不過將人符替換爲女符而已。以是,作爲差比結構標誌,這裏仍然使用"僅"字加以區別。

J 將,隨也

唐開元二年《思言禪師塔銘》(《匯編》第21冊第17頁):"本有之有,三千大千。人超佛地,法證真天。智飛一覺,神亡二邊。弗住而住,雖牽不牽。參羅萬像,愚智皆賢。悲深性域,化洽情田。形隨物弊,身將刧遷。哀纏没後,痛結生前。變通誰察,起現何年。""形隨物弊,身將刧遷"對文,將,亦隨也。語文工具書舉例,無如此醒豁者。將,順從;隨從。《莊子·庚桑楚》:"備物以將形。"陸德明釋文:"將,順也。"

H 好,作爲肯定應答語氣詞

唐天寶十四年《少林寺神王師子記》(《匯編》第26冊第137頁):"恐

---

〔1〕 王士禛《香祖筆記》卷二第1頁,中國文化出版社2009年。《漢語大詞典》"僅"(二):jìn,幾乎;接近。《晉書·趙王倫傳》:"自兵興六十餘日,戰所殺害,僅十萬人。"唐白居易《草堂記》:"夾澗有古松、老杉,大僅十人圍,高不知幾百尺。"

後僧貴勝不知[所]由,立一小碑,述久視元年還神王勅,具録如後。少林寺神王二,右去如意元年奉勅将前件神王入內,比不敢陳請。今內出功德,散与諸寺。具少林神王,送在大[福]先寺。但山寺去都稍遠,巧乏難遇。前件神王,元在少林上坊普光佛堂,今□闕。其大福先寺惣得神王一十五軀,望請前件兩軀,得還少林。令本處尊儀具足,冀得[幽]山功德。不闕莊嚴□,往來有所瞻仰。謹詣光政門,奉狀陳請以聞,伏希恩旨。久視元年九[月十]三日少林寺主義獎等狀,僧弘藏。勅:好,還少林寺。門司李阿毛宣。[右]監門直長路尚賓,左監門直長成思貞,[押]門長上果毅[杜]行敦周還少林寺師子。勅一道:少林寺師子二,師子郎二,右件師子等,並是少林寺普光堂前隨神王功德。其神王奉今月十三日勅還少林寺。爲前狀不別顯師子等,福先寺綱維但付神王,未付師子。既是隨神王一鋪功德,望請将還山供養。謹詣光政門奉狀以聞,伏聽勅旨。久視元年九月廿九日,少林寺主僧義獎等狀。勅:好。□九月廿九日,門司李仁福牒。右監門直長路尚賓,左監門直長成思貞,押門長上果毅杜行敦周少林寺賀師子勅一道。少林寺僧義獎等言:伏奉九月十二日恩勅賜還神王。又奉其月廿九日恩勅兼還子。恩波洊委,喜懼兼深。僧義獎誠惶誠恐,死罪死罪。[但]此功德,昔是素裝。忽覩靈姿,[遂]如金飾。玄工再(再)造,天巧自然。成神之力,巍巍如是。緇徒踴影,若舉兜率之宫;靈相生[光],似降莊嚴之國。手舞足蹈,倍百恒[情]。無任荷懼,屏營之至。謹附表陳謝以聞。諱言。久視□年十月日,少林寺主僧義獎等上表。勅:好,放阿師去。”

碑文所謂“勅:好,還少林寺。”是針對祈請恩准還寺神王的答覆,故“好”用作《漢語大詞典》“好 8”所謂“表示同意、贊許或結束等語氣”詞。下文“勅:好,□九月廿九日,門司李仁福牒”,有缺文,而“勅:好,放阿師去”,用法同。如碑文如此無誤,則現代“好”用爲贊同語氣詞(相當於“行”“中”等方言應答詞),此爲目前使用語料所見較早者。[1]

---

〔1〕《漢語大詞典》“好”條義項 8.表示同意、贊許或結束等語氣。取用語料用例,僅爲明清小説類:《京本通俗小説·碾玉觀音》:“郡王道:‘好!正合我意!’”《水滸傳》第三七回:“宋江連忙扶住道:‘少叙三杯如何?’薛永道:‘好!正要拜識尊顔。’”

B 不那，無奈

唐咸通十年《包筠墓誌銘并序》(《新中國・陝西貳》第 300 頁)："公想生之榮貴，不那蒲柳之如侵。觸目閑情，歡然罷理。常欲横肱之枕，志在舞雩之娱。"五代後周顯德五年朝散大夫試大理評事行秦州成紀縣令兼監察御史許九言撰《李公妻朱氏墓誌》(《匯編》第 36 册第 149 頁)："九言門館下吏，儒墨承家。偶趨上國以立身，幸忝真王之擇壻。今則方拘十室，無由伸臨穴之哀；雖奉八行，不那乏碎金之作。多慙漏略，勉副指蹤。罔憚斐然，強爲銘曰……"不那，無奈。那，奈何之合音結構，参見上出有關"那，奈何"條。

X 小小

唐開元二十八年《杜儼等造陀羅尼經幢》(《匯編》第 24 册第 107—115 頁)："前後所翻並行，小小語有不同。"小小，少量，稍稍，短暫。《太平御覽》卷八五〇引漢應劭《風俗通》："俗説，大餓不在車飯。謂……輔車上飯，小小不足濟也。"《三國志・魏志・高柔傳》："校事劉慈等，自黄初初數年之間，舉吏民奸罪以萬數。柔皆請懲虚實，其餘小小挂法者，不過罰金。"石刻此處所謂"小小"者，即下文"最後别翻句稍異於杜令所翻者"之"稍異"，指程度之微小。

S 屬：作爲時間介詞，等於"當……之際""在……時間"

隋大業九年《姜明墓誌》(《匯編》第 10 册第 78 頁)："屬齊之季世，王道淩遲，上肆淫昏，下縱暴虐。"屬，當也。唐永貞元年《陳義墓版文》(《匯編》第 29 册第 9 頁)："公属天寶季祀，羯胡干紀，激仁爲勇，移孝作忠，徇定遠之從戎，期征虜以効節。"屬，當也。唐長慶元年《朱孝誠墓碑》(《匯編》第 30 册第 5 頁)："属元戎授鉞，問罪淮西。恩加朝散大夫内侍省内給事，以護許軍。"屬，當也。唐開成四年《玄奘塔銘》(《匯編》第 31 册第 43 頁)："有子四人，奘其季也。年十三，依兄捷出家於洛。屬隋季失御，乃從高祖神堯於晉陽。俄又入蜀，學《攝論》《毗曇》於基暹二法師。武德五年，受具於成都。精究篇聚，又學《成實》於趙州深，學《俱舍》於長安岳。於是西經前來者，無不貫綜矣。"屬，當也。

屬,當也。當,在也。空間如此,時間亦復如是。《春秋左傳注疏》卷二十五成公二年:"韓厥執縶馬前,再拜稽首,奉觴加璧以進,曰:寡君使羣臣爲魯衛請,曰無令輿師陷入君地。下臣不幸,屬當戎行,無所逃隱,且懼奔辟而忝兩君,臣辱戎士。"注:屬,適也。按屬、當爲並列用字,屬亦即當,在也。石刻發展爲單獨使用"屬"字表示"當……之際""在……時間"。

Z 著:隋唐五代"著""着"字語法功能尚無區别之必要

隋開皇三年《寇奉叔墓誌》(《匯編》第 9 册第 9 頁):"公炳川岳之靈,稟冲和之氣,同敬愛於君親,著信義於朋友。"隋開皇七年《嚴始榮造像記》(《匯編》第 9 册第 36 頁):"敬造釋迦□□一區,著於中□上□帝王□□及自己(下模糊莫辨)。"隋大業十年《鄧君墓誌銘》(《匯編》第 10 册第 112 頁):"領亡身子弟驍果等色,從駕攻遼,在所著効。授朝散大夫,轉朝請大夫檢校虎賁郎將,留守鷹門。嚗漢入牽牛,代出飛虎。破劫城市,燒亂村邑。彎弓帔甲,七道陰來;儛稍躍馬,十陣俱至。君雄策内發,勇氣如山。即命將士,分旗衝要。莫不應弦而到,隨戈摧拉。灑血流原,横屍弊野。賊雖平蕩,但爲伏矢所著。"其中兩"著"字原拓皆作"着"。唐開元十八年《史待賓墓誌》(《匯編》第 23 册第 23 頁):"在昔史魚懷諒直之誠,史岑著出師之頌,家聲無替,才賢継美。""著"作時態專用,尚屬後起。

F 翻,反而

隋大業九年《張君妻蘇夫人等墓誌銘》(《匯編》第 10 册第 77 頁):"地非武庫,翻成白柳之林;墳異盧山,即有青松之響。"翻、即對文,反而,副詞。唐貞觀十七年《皇甫誕墓碑》(《匯編》第 11 册第 117 頁):"翻納魏勃之榮,反被王悍之災。"翻、反對文。唐儀鳳元年《岐慈墓誌銘并序》(《新中國·陝西貳》第 54 頁):"祖亮,父善才。並養志丘園,韜名州里。君佩服仁義,玩習經書,忠孝自然,純信獨得。園中竊笋,翻以避人;路上遺裝,恒特(待)訪主。"翻以,即反而。

K 空

北魏延昌二年《元恪貴華王普賢墓誌》(《匯編》第 4 册第 12 頁):"蘭

闈空月,組帳恒塵。玉墀瀉欶,翠幄凝辛。”空,徒、白。

空、自對文,見隋大業十二年《唐直墓誌》(《匯編》第10冊第156頁):“墳深煙自密,地迴鴈空來。”初唐王勃《滕王閣》詩:“滕王高閣臨江渚,佩玉鳴鸞罷歌舞。畫棟朝飛南浦雲,朱簾暮卷西山雨。閑雲潭影日悠悠,物换星移幾度秋。閣中帝子今何在? 檻外長江空自流。”自、空連文。杜甫《蜀相》:“丞相祠堂何處尋,錦官城外柏森森。映階碧草自春色,隔葉黄鸝空好音。三顧頻繁天下計,兩朝開濟老臣心。出師未捷身先死,長使英雄淚滿襟。”空、自對文。

S 色,等“分類”之用

隋大業十年《鄧昞墓誌》(《匯編》第10冊第112頁):“領亡身子弟驍果等色,從駕攻遼,在所著效。”唐代韓愈《國子監論新注學官牒》:“伏請非專通經傳,博涉墳史,及進士五經諸色登科人,不以比擬。”色:般,樣,類。

P 頗,由“偏頗”而“略微”,復“遍舉”而具多邊

隋大業十一年《尉富娘墓誌》(《匯編》第10冊第129頁):“女郎生處金穴,長自蘭閨。婦德未教而已成,女工頗習而皆備。”

頗字之用,復具多邊,甚至相反相違,具在一體。《尚書·洪範》所具韻語“無偏無黨,王道蕩蕩;無黨無偏,王道平平;無反無側,王道正直;會其有極,歸其有極”,其中偏頗之用,允稱發軔。[1] 北齊顔之推《顔氏家

---

〔1〕《漢語大詞典》“頗”義項5. 偏差,過失。唐代牛肅《紀聞·牛騰》:“口不妄談,目不妄視,言無僞,行無頗。”參見“頗迴”。6. 少數。《史記·酷吏列傳》:“其頗不得,失之旁郡國。”明代高啓等《病柏聯句》:“死色見已深,生意存猶頗。”7. 略微;稍微。《史記·劉敬叔孫通列傳》:“臣願頗采古禮,與秦儀雜就之。”北齊顔之推《顔氏家訓·誡兵》:“然而每見文士,頗讀兵書,微有經略。”王利器集解:“頗與下句微對文,亦微少義。”宋代洪邁《夷堅甲志·恩稚所稚院》:“自恐不能永,頗料理後事,戒其子遍謁鄉人之在朝者。”清孔尚任《桃花扇·截磯》:“晚生與他頗有一面,情願效力。”8. 大抵,大致。《周書·庾信傳》:“唯王褒頗與信相埒,自餘文人,莫有逮者。”9. 甚;很。《漢書·王商傳》:“商爲外戚重臣輔政,推佑太子,頗有力焉。”《三國志·魏志·曹仁傳》:“太祖之破袁術,仁所斬獲頗多。”《水滸傳》第九八回:“宋江見説這段情由,頗覺淒慘。”10. 皆;悉。《史記·孟嘗君列傳》:“薛歲不入,民頗不與其息。”明宋濂《題江南八景圖後》:“頗觀卷中舊題,始於宋嘉熙二年戊戌,至今國朝洪武四年辛亥,已歷一百三十四年。”

訓・誡兵》:"然而每見文士,頗讀兵書,微有經略。"頗字與微比列對文結構,有"略微"之用,與隋石相當。

Y 疑,等"若"之用

隋大業十二年《卞鑒墓誌》(《匯編》第 10 冊第 152 頁):"督察若神,糾舉疑聖。朝廷不敢犯法,典吏無復姦欺。"

按若、疑對文。《列子・黄帝》:"用志不分,乃疑於神。"張湛注:"分猶散。意專則與神相似者也。"南朝梁庾肩吾《奉和春夜應令》:"月皎疑非夜,林疎似更秋。"疑、似對文。唐王勃《郊園即事》詩:"斷山疑畫障,縣溜瀉鳴琴。"

F 方

隋大業八年《沈氏墓誌》(《匯編》第 10 冊第 64 頁):"炤梁比麗,迴雪方妍。"比、方對文。隋大業九年《席德將墓誌》(《匯編》第 10 冊第 87 頁):"雖張敞之莅京兆,未足比功;邵信之守南陽,詎方斯效?"唐貞觀十五年《李道素墓誌》(《匯編》第 11 冊第 99 頁):"等翠松筠,方材杞梓。"唐天寶元年《高德墓誌銘并序》(《匯編》第 25 冊第 8 頁):"方李陵之在匈奴,遂作匈奴之族;比蘇武之還漢代,長爲漢代之臣。"若非卒讀"比蘇武"句,則難以遽斷"方"即"比"字結構。

唐開元十五年《翟六娘墓誌銘并序》(《新中國・陝西壹》第 110 頁):"無方左右,特稟少微之星;取類琳琅,咸爲大國之寶。"方、類對文。方,猶言不拘一格。《孟子・離婁下》:"湯執中,立賢無方。"朱熹《集注》:"方,猶類也。立賢無方,惟賢則立之於位,不問其類也。"

Y 一從

唐開元九年《契苾夫人墓誌銘并序》(《新中國・陝西壹》第 107 頁)銘文:"彼蒼者悠悠,運天闕兮不休。人寓世兮如浮,世送人兮如流。何徒自矜兮固若嵩丘,曾不知有力者以負其舟。一從委質空山幽,唯聞風樹日颸颸,天長地久千萬秋。"一從,自從。唐代王昌齡《寄穆侍御出幽州》詩:"一從恩遣度瀟湘,塞北江南萬里長。"《紅樓夢》林黛玉菊花詩中"詠菊":"一從陶令平章後,千古高風説到今。"

Y 壹切

隋開皇二十年《馬穉墓誌》(《匯編》第9冊第131頁):"入伽藍之室,累日忘歸;陪講肆之堂,終朝莫返。澡心迴向,傾倉廩之資;設意行檀,捨絲桐之玩。經疏壹切,貝多之葉已空;像鍊(鍊)十區,育王之功未盡。"按壹切、十區對文,指範圍。又佛像塑造用"鍊(鍊)"字,單位爲"區"即"軀"。

唐天寶十四載《李玄德墓誌銘并序》(《新中國·陝西貳》第136頁):"一切喪事,並依恒典。"一切,指全部。一切,所有:猶北齊賈思勰《齊民要術·栽樹》:"凡栽一切樹木,欲記其陰陽,不令轉易。"《百喻經·二子分財喻》:"如是一切所有財物,盡皆破之而作二分。"

唐開元九年《郭思謨墓誌》(《匯編》第21冊第166頁):"而公之小邑,亦受屠矣。身被囚虜,命懸鋒鏑。出於萬死之中,興其一切之計。大殺寇盜,載完郛郭。雖田單之復齊城,曹沫之歸魯地,蔑以過也。"一切,權宜,臨時。《戰國策·秦策五》:"説有可以一切而使君富貴千萬歲。"鮑彪注:"一切,權宜也。"《淮南子·泰族訓》:"今商鞅之啓塞,申子之三符,韓非之孤憤,張儀蘇秦之從衡,皆掇取之權、一切之術也。"《漢書·平帝紀》:"賜天下民爵一級,吏在位二百石以上,一切滿秩如真。"顔師古注:"一切者,權時之事,非經常也。猶如以刀切物,苟取整齊,不顧長短縱横,故言一切。"

又用作副詞,一切,一概,一律:《史記·李斯列傳》:"諸侯人來事秦者,大抵爲其主游閒於秦耳,請一切逐客。"司馬貞《索隱》:"一切猶一例,言盡逐之也。言切者,譬若利刃之割,一運斤無不斷者。"《後漢書·光武帝紀》:"詔隴蜀民被略爲奴婢自訟者,及獄官未報,一切免爲庶民。"宋代陸游《老學庵筆記》卷六:"方大駕南渡,典章一切掃蕩無遺,甚至祖宗謚號亦皆忘失。"

D 登時

唐開元七年《王元墓誌》(《匯編》第21冊第111頁):"大足年中,凶奴不率,侵擾邊甿。君授律前駈,登時獻捷。"登時,立即,立刻。所援引用例爲晉葛洪《抱朴子·釋滯》:"又中惡急疾,但呑三九之炁,亦登時差也。"《北史·祖珽傳》:"至夜,珽忽令大叫,鼓噪聒天,賊衆大驚,登時走散。"

Y 已來

唐開元十五年《孟孝立墓誌銘并序》(《新中國·陜西壹》第111頁):"自周漢已來,履孝踐忠,言語志事,代莫踰乎孟氏矣。"已來,即"以來"之用。"以來"者,時間某點之後。[1]

J 居然,唐代仍作"安然"用

唐景龍三年《賀蘭都督敏之墓誌并序》(《新中國·陜西壹》第102頁):"瑶林□□,不雜風塵;鸞章鳳姿,居然物外。"居然,猶安然,形容平安,安穩。《詩經·大雅·生民》:"不康禋祀,居然生子。"《史記·秦始皇本紀》:"秦地被山帶河以爲固,四塞之國也。自繆公以來,至於秦王,二十餘君,常爲諸侯雄。豈世世賢哉?其勢居然也。"初唐陳子昂《夏日暉上人別李參軍序》:"江漢浩浩而長流,天地居然而不動。"

W 未是:"不是""不算是""不足以"等否定之用

隋大業十二年《李元墓誌》(《匯編》第10册第142頁):"長卿之著園令,豈曰盡其文雅;公明之作府丞,未是稱其天骨。……惟君風猷清遠,氣調淹凝,迥出躢塵,罕言名利。孔仲尼之墻高數仞,未是難窺;黄叔度之陂長万頃,故宜易濁。"《陳書》卷二十一:"(蕭)引,字叔休,方正有器局,望之儼然。雖造次之間,必由法度。性聰敏,博學善屬文。……侯景之亂,梁元帝爲荊州刺史,朝士多往歸之。引曰:諸王力争,禍患方始,今日逃難,未是擇君之秋。吾家再世爲始興郡,遺愛在民,正可南行,以存家門耳。"《魏書》卷六十:"高祖曰:卿爲著作,僅名奉職,未是良史也。顯宗曰:臣仰遭明時,直筆而無懼,又不受金,安眠美食,此臣優於遷固也。高祖哂之。"

---

[1] 《漢語大詞典》"已來"1. 以後。《史記·秦始皇本紀》:"自今已來,除謚法。"唐杜甫《韋諷録事宅觀曹將軍畫馬圖》詩:"國初已來畫鞍馬,神妙獨數江都王。"2. 多、餘,表示約數。唐張鷟《遊仙窟》:"一時俱坐。即喚香兒取酒。俄爾中間,擎一大缽,可受三升已來。"

Y 猶是,還是

唐天寶十三載《開國伯上柱國何德墓誌銘并序》(《新中國·陝西貳》第 133 頁):"門溢朱軒,佩明金印,猶是安而不逸,貴而有禮,於是上下之訓行矣。悦以使人,惠以周物,於是愛恤之情著矣。交苟和以賢,教伯魚以道,於是閨門之風厚矣。"猶是、於是,雖比列而虚詞功用不等。

Q 去:隋唐五代"去"字用於時間上的起點,等於"至……""從……之後"

隋大業六年《董穆墓誌》(《匯編》第 10 冊第 39 頁):"盛年棄世,去開皇三年五月終于輔城。"唐武德五年《張士高墓誌》(《匯編》第 11 冊第 1 頁):"去武德五年二月十四日,崩於魏地。"唐文明元年《西州司馬吴信碑》(見《考古與文物》2009 年第 6 期第 49—55 頁所載王其禕、周曉薇《澄城新見唐文明元年西州司馬吴信碑考略》):"父信,字守忠,去貞觀十九年鄉貢明經,釋褐創任始州普安縣尉。""又去麟德元年,轉授西州司馬。"其中兩處所用"去"字,皆相當於"至……之後""從……之後"。唐總章二年《範彦墓誌》(《匯編》第 15 冊第 87 頁):"去顯慶年中,任集州符陽縣主簿。"唐開元二年《鄭參墓誌》(《新中國·河南壹》第 6 頁):"去開元二年十一月十七日,殍于家第,春秋卌有五。"五代後周顯德二年《田任訓及妻王氏合葬誌》(《匯編》第 36 冊第 140 頁):"本望華堂襲慶,丹臉長芳;豈期天壽永終,魂銷暗隟。去天成三年七月九日,三十有七終於家第。"

漢語"去某地"跟"到某地"由原本空間方向相反,到語義全同;而時間起點使用"去"字,語文工具書尚未之見。

Y"慭"有數讀,且易與"憖"(整)混

隋仁壽四年《馬少敏墓誌》(《匯編》第 9 冊第 163 頁):"門承積慶,家風欝起。爰挺異人,登庸入仕。道高朝肆,聲實名理。如何不慭,奄閟芳徽。空雲曉滅,春泉晝飛。白楸不朽,黄壚永歸。"

慭,《廣韻》魚覲切,讀作"隱",憂傷。《廣雅·釋詁一》:"慭,憂也。"南朝宋宗炳《明佛論》:"不覩佛之悲一日俱坑之痛,慭然畢同,坐視窮酷而不應,何以爲慈乎?"《音釋》:"慭,傷也。"

慭,《集韻》香靳切,讀作“欣”,喜悦。宋王安石《謝宣諭許罷節鉞表》:“閉門養疾,曾未慭於朝榮;擊壤歌時,顧難忘於聖力。”

憖,與“遺”連用。〔1〕竊疑“憖”或即“殷”之變形,與“遺”連用,構成連綿詞。墓誌石刻多作哀悼之匡格用字。唐開元二十六年《李素墓誌》(《匯編》第24冊第46頁):“悲夫! 天不慭遺,殲我良淑。”

M 懋、甚皆有比較功能

隋大業十年《馬稱心墓誌序并銘》(《匯編》第10冊第106頁):“夫人六郡豪家,五陵貴族。貌美東姝,妍華西子。來應策命,入選王宫。□滕王帝子帝弟,連星連日。地层顯貴,位極人臣。夫人恭懃奉上,柔惠接下。德懋(楙)江淹,行甚冰潔。”其中“德楙江淹,行甚冰潔”爲對,楙、甚對文。楙即懋即楙之通用,楙,盛大之意,與甚字之用,皆有比較功能。

S 盛、甚音近通用

唐麟德元年《張哲墓誌》(《新中國・河南壹》第55頁):“復有雄圖武略,盛可得而談焉者矣。”盛,即甚也。

N 乃者

國學助教陸德明撰、唐武德五年《新建觀音寺碣》(《匯編》第11冊第2頁):“王世充、竇建德爲讐大邦。我秦王赫然斯怒,罪人乃得。班師凱還,駐䡢廣武。值夜雨作,而東南雲際,光熖射天,燭見觀音菩薩,金身畢露。王頓首拜瞻,喜謂羣臣曰:乃者武事告成,天授神佑,厥功溥哉。遂勅建兹寺,因名焉。工訖,乃樹碣以紀其歲月云爾。旹大唐武德五年,國學助教陸德明□。”〔2〕

---

〔1〕《詩經・小雅・十月之交》:“不憖遺一老,俾守我王。”《左傳・哀公十六年》:“孔丘卒,公誄之曰:旻天不吊,不憖遺一老,俾屏余一人以在位。”《史記・孔子世家》作“憖遺”。後以“憖遺”或“天不憖遺”作爲哀悼老臣之辭。《舊唐書・方伎傳・葉法善》:“歎徽音之未泯,悲形解之俄留。曾莫憖遺,殲良奄及。”

〔2〕《漢語大詞典》“乃者”條:1. 從前;往日。《戰國策・趙策一》:“秦乃者過柱山,有兩木焉。”《漢書・曹參傳》:“乃者我使諫君也。”顔師古注:“乃者猶言曩者。”2. 近時。《三國志・蜀志・秦宓傳》:“乃者以來,海内察舉,率多英儁而遺舊齒。”

D 多久

唐咸通五年《金氏墓誌銘并序》(《新中國·陝西貳》第 286 頁):“太上天子有國泰宗陽,號少昊氏金天,即吾宗受氏世祖。厥後派疏枝分,有昌有微。蔓衍四天下,亦己多已。”字形作“亦多”,誤刻爲“己”,當釋作“已”“久”,或釋爲“已”“已”,非是。《漢魏六朝隋唐五代字形表》“久”條《睡虎地秦簡》116 作。誠如是,則至遲晚唐已使用“多久”一詞,表示年代久遠。

H 何當

隋大業六年《段模墓誌》(《匯編》第 10 冊第 43 頁):“道長世短,塗殫志違。佳城鬱欝,野霧霏霏。何當蟬蜕,復襲雲衣?”隋唐五代石刻語料庫凡 15 次使用“何當”一詞記録。何當,猶何日,何時。《玉臺新詠·古絶句一》:“何當大刀頭,破鏡飛上天。”晉干寶《搜神記》卷十六:“故見鄙姿,逢君輝光。身遠心近,何當暫忘。”唐李商隱《夜雨寄北》詩:“何當共剪西窗燭,却話巴山夜雨時。”

S 率

鄉貢進士牛延翰撰、唐乾符六年《段瓊墓誌銘并序》(《新中國·陝西貳》第 321 頁):“延翰幸因親懿,早熟門庭,世德行名,備聞始未。而伯仲猶子,皆推茂實,見請宣揚。用率荒詞,以勉遵命。刻於貞石,誌之下庭。”率,《廣韻》所類切、所律切。率,由直率、率性,過渡有直陳、直述之用。

S 守途

唐開元二十七年《楊公夫人張氏墓誌銘并序》(《匯編》第 24 冊第 95 頁):“夫人一女適河東裴氏。純孝植性,誓心葬母。舊國千里,守途再旬。辛勤太行,扶櫬而返。聞者感,見者悲。古人云生女不生男,非通論也。”守途再旬,是説沿途需二十天時間。守,循也。

品　評　部

夫月旦品評者,方當定論於蓋棺,頗徵社會風尚所煽被。碑板中之墓誌文字,走向誇飾套路,詞肥義瘠,向爲金石文史家所詬病。所採取者,唯地理職官制度數項而已。但是,方當蓋棺定論之際,一生功名事業取捨,價值傾向攸關。社會崇尚,風氣煽被,當時習而相忘,文獻忽焉不察者,往往集中流露於此。

出處所標《匯編》者,即北京圖書館金石組編選《北京圖書館藏中國歷代石刻拓本匯編》(101 冊)簡稱,中州古籍出版社 1988 年版;《西安碑林》者,即高峽主編《西安碑林全集》及附録《陝西碑石菁華》,廣東經濟出版社 1999 年綫裝出版;語料庫即課題組所研製《魏晉南北朝石刻語料庫》和《隋唐五代石刻語料庫》。由於語料庫已經有文獻來源等屬性標注,文中有些數據不再重複標注出處。如確有補充之必要,則出以脚注。

小　目

(一) 藝術類

1. 造藝與材質:“金石”辨體(見考據雜誌類《“金石”辨體》)

2. 隋唐“巫山”意象(見考據雜誌類《遮蔽的“巫山”》)

3. 品評術語(一)

4. 品評術語(二)

5. 學術與治學

6. 藝能：書體及書法(一)

7. 藝能：書體及書法(二)

8. 唐人賞鑒及詩文評

(二) 信仰類　　(三) 嗜尚類　　(四) 方域類

(五) 章法類　　(六) 句樣類　　(七) 作者類

(八) 詩文類

(一) 藝 術 類

1. 造藝與材質:"金石"辨體

(見考據雜誌類《"金石"辨體》)

2. 隋唐"巫山"意象

(見考據雜誌類《遮蔽的"巫山"》)

3. 品評術語(一)

1) 用詞不分性别,有習見女性詞而施於男性者

秀色。"秀色"亦可狀男子。唐先天年間《吉渾墓誌》(《匯編》第21冊第13頁):"公纂忠賢令德之緒,受沖深逵節之度。身長八尺,明目廣顙。秀色風韶,靈襟海納。精理造於微極,幹力逸於經濟。弱冠以左衛長上□河南府參軍。"堪聯類者,見錢鍾書《管錐編》論"娉婷"條。

媚。"媚"爲美詞,時代南北朝及隋唐五代,對象無間男女。北魏熙平元年《元謐妃馮會墓誌》(《匯編》第4冊第32頁):"幽閑既顯,令問亦歸。言告師氏,作儷蕃畿。淑善天然,吐辞斯芳。有德有行,知微知章。事兹組紃,嬪彼中房。憲法先妣,以媚我王。"唐先天二年《張自然墓誌》(《匯編》第21冊第9頁):"出文而入武,自曾而及裔。豔媚聯乎漢川,光芒接□昆沼。君靈彩秀發,神情駿舉。天生星月之精,日用珪璋之德。"其中

“豔媚”施於男性。亦有施於女性者，如唐貞觀廿二年《段儼妻李氏墓誌》（《匯編》第11冊第171頁）：“尸芳牖下，既奉宣平之奠；思媚諸姑，還侍河陽之箒。”且唐代所施，無間人、物。如唐長慶三年《馬進朝墓誌》（《新中國·河南壹》第222頁）：“不掩異能，覽及風景。公以此川地形面勢，野媚土滋，絡角村墟，俳佪井社。公情高物外，辞職歸田。”

嫵媚。《漢語大詞典》“嫵媚”亦作“娬媚”：1. 姿容美好；可愛。《三國志·魏志·鍾繇傳》“策罷就第”，裴松之注引三國魏魚豢《魏略》：“至於荀公之清談，孫權之娬媚，執書嗢噱，不能離手。”《新唐書·魏徵傳》：“帝大笑曰：‘人言徵舉動疏慢，我但見其嫵媚耳。’”是“嫵媚”用於男性。唐永徽四年《蘇興墓誌銘并序》（《新中國·陝西貳》第26頁）銘文：“娬媚貞幕，姍嫋良萁。綢繆孝友，隱約惸鳌。四德云俻，六行具玆。”“娬媚”成詞，用於女性，用從女字形“娬”。稍後還有的用於景物，如宋代辛棄疾《賀新郎》長調上片：“甚矣吾衰矣。悵平生、交游零落，只今餘幾。白髪空垂三千丈，一笑人間萬事。問何物、能令公喜。我見青山多嫵媚，料青山、見我應如是。情與貌，略相似。”

音韻。“音韻”唐代用於男子風神態度。唐貞觀十六年《李紹墓誌銘并序》（《新中國·陝西貳》第22頁）：“君幼則老成，弱不好弄，行立齠年，業隆冠歲。衿神爽悟，音韻閑雅。苞栝羣言，網羅衆藝。”《漢語大詞典》“音韻2”：指女子的風度儀態。《太平廣記》卷四四引唐李復言《河東記》：“有頃見一女人，年可二八，容華端麗，音韻幽閑。”對照墓誌用詞與人物身份，指向男子態度，是知語文工作者理解“音韻”之用，往往失之偏狹。

妍。唐天寶三年《豆盧建墓誌銘并序》（《匯編》第25冊第64頁）：“公神氣清而勁，容體妍而雄。目若珠明，脣如丹艶。玉澤讓膚，黛色慙髮。舉步生態，動顧成姿。圖畫之所莫如，瓌寶之所難並。而措意幽妙，遣言玄遠。遊刃有餘，尋環無極。中探古意，沿革而立身；外約今體，委曲而行志。遥通事趣，闇赴時情。經之以禮樂，洞於合變；緯之以文章，激其符彩。必原於製造，尤愜於商較。至夫野逸灑散，儻朗森沈。雲卧巖棲，靈仙可近;丹鑪藥銚,事業皆成爾。其孝不違親,義不忘本,歸名教之樂地,踐坦直之亨衢。与語者瑩其心,來視者滌其目。衆譽洋溢,合聲升騰。”

吕向所撰墓誌文字,現在看來整體呈現“女性化”。參觀《管錐編》第一册論《左傳正義》“美而艷”。

2）律虎,義龍

唐天寶八載《唐故靈泉寺玄林禪師神道碑并序》(《匯編》第26册第2頁):“以戒爲行本,經是佛緣。雅闲持犯,克傳秘密。學者号爲律虎,時人因爲義龍。推步渾儀,昭明歷象。”

3）“肥”字無所不施:及於用詞闊綽

隋大業七年《劉則墓誌》(《匯編》第10册第48頁):“令終善誘,清虛異於嵇阮;戰勝道肥,文學均於馬鄭。”隋大業十一年《元智墓誌》(《匯編》第10册第133頁):“昔金日磾以謹養致肥,武帝擢之中監;百里傒以時使不暴,穆公授以上卿。望古儔今,於兹爲美。”隋大業十二年《李元墓誌》(《匯編》第10册第142頁):“閑居養志,不屈己於徒勞;詩書自娱,乃肥身於道勝。”

唐代亦無所不施。唐總章二年《張君妻朱氏墓誌》(《匯編》第15册第93頁)铭文:“不事王侯,樂兹肥道。”唐開元二十一年《鄧夫人墓誌》(《匯編》第23册第105頁):“唐故鄧夫人墓誌銘并序。高尚秉節,貞肥立志。慕皏彭之壽,躡園綺之蹤。”按《唐文粹》卷十六上張九齡《洪州西山祈雨是日輒應賦詩言事》:“虚美悵無屬,素情緘所依。詭隨嫌弱操,羈束謝貞肥。義濟亦吾道,誠存爲物祈。”《周易》有“肥遯”,參見《周易注疏》卷六:“上九:肥遯無不利。《注》:最處外極無應於内,超然絶志,心無疑顧,憂患不能累,矰繳不能及,是以肥遯無不利也。象曰:肥遯無不利,無所疑也。”唐陸德明《經典釋文》卷二“肥遯”條:“如字。子夏傳云:肥,饒裕。”然《周易注疏》卷六《考證》云:“上九肥遯。肥本或作飛。臣良裘按:《淮南子·師道訓》云:遁而能飛,吉孰大焉。張平子《思玄賦》‘欲飛遁以保名’、曹植《七啓》‘飛遁離俗凡’,李善、吕向皆引《易》文爲注。

前檢討臣、毛奇齡《仲氏易》云。明焦竑又以《金陵攝山碑》'緬懷飛遁'爲證。是唐前《易》本,本有作飛字者。明楊慎則謂古'肥'作𦛅、因𦛅誤𩙿、因𩙿成飛。"文獻用例罕見。"弱操""貞肥"相對,猶墓誌"高尚""貞肥"對文。

按《廣韻》符非切,豐滿。《禮記·禮運》:"四體既正,膚革充盈,人之肥也。"馬王堆漢墓帛書《戰國縱横家書·謂燕王章》:"燕趙破宋肥齊,尊之,爲之下者,燕非利之也。"肥字亦轉向反面之用者,《集韻》補美切,謂薄少。《管子·山至數》:"古者輕賦税而肥籍斂,取下無順於此者矣。"俞樾《諸子平議·管子六》:"肥當爲肥,乃薄之叚字也。"

宋李昉等撰《太平御覽》卷四百七十二人事部一百一十二《富》下引《列女傳》陶答子妻條:"妾聞南山有玄豹,霧雨七日不下食,何也?飽其志,飢其腹,將欲以澤其毛,衣而成其文章也,故藏而遠害。家不擇食以肥身,坐而須死。"《不繫舟漁集》卷十一:"今夫奔走乎要津,請謁乎權門,大可以獲爵位,小亦不失潤屋而肥身,舉一世莫不皆然也。"

《漢語大詞典》"道肥"條:語出《韓非子·喻老》:"子夏見曾子。曾子曰:何肥也?對曰:戰勝故肥也。曾子曰:何謂也?子夏曰:吾入見先王之義則榮之,出見富貴之樂又榮之,兩者戰於胸中,未知勝負,故臞。今先王之義勝,故肥。"後以"道肥"謂道義制勝,心安理得。文論則有"詞肥義瘠"品目。

可觀。隋大業十一年《陳叔明墓誌》(《匯編》第 10 冊第 116 頁):"君幼稟純孝,早尚風格,容止可觀,折旋有度。新知又要,不絶賓筵。秋夕春朝,無棄光景。達生達命,善始善終。"容止可觀,狀儀容舉止優雅。[1]

春水,狀體態。唐開成三年《楊氏墓誌》(《新中國·河南壹》第 70 頁):"猗彼美人,上郡名家。體若春水,顔如蕣花。"

---

[1] 《漢語大詞典》"可觀"2. 優美。唐元稹《叙詩寄樂天書》:"其中有旨意可觀,而詞近古往者,爲古諷。"《二刻拍案驚奇》卷三五:"我看這孩子儀容可觀,説話伶俐。"

4）關於“作”：嚴“述作”之辨：隋唐關於仲尼“述而不作”的理解

隋大業七年《陳叔毅修孔子廟碑》(《匯編》第 10 册第 51 頁)：“若夫惟道惟德，或仁或義，既漸散於英華，遂崩淪於禮樂。天生大聖，是曰宣尼。雖有制作之才，而無帝王之位。膺期命世，塞厄補空。述萬代之典謨，爲百王之師表。”按此碑文，所“作”者，非一般創作之謂，實即制度之謂。若求名正言順，則屬帝王分内。是故即具制作之才，不在其位，不謀其政。至於“述”，則謂整理祖述歷代典章制度，示人主以軌範者。蓋空文不托，虚鋒不用，客氣全退。《尚書》整理，功用一揆。

嚴“述作”之辯，實爲後來之事。東漢建寧二年《史晨碑》碑文就稱明昭大號宣稱孔子著《春秋》爲制作：“西狩獲麟，爲漢制作，故《孝經援神挈》曰：玄丘制命帝卯行。”銘文部分尤其明確：“血書著紀，黄玉韻應。主爲漢制，道審可行。乃作《春秋》，復演《孝經》。”唐武德九年《孔子廟堂碑》(《匯編》第 11 册第 7 頁。虞世南撰并正書。李旦篆書額題“孔子廟堂碑”，此本失拓。原石已毁，武后重刻本亦毁，此拓爲宋王彦超重刻本)更是稱孔子“述作爰備”：“探賾索隱，窮幾洞冥。述作爰俻，丘墳咸紀。表正十倫，章明四始。繫續羲易，書因魯史。懿此素王，邈焉高軌。”唐貞觀六年歐陽詢奉敕書《九成宫禮泉銘》(《匯編》第 11 册第 39 頁)：“以爲隋氏舊宫，營於曩代，棄之則可惜，毁之則重勞。事貴因循，何必改作。於是斲彫爲□，損之又損，去其泰甚，葺其頽壞。雜丹墀以沙礫，間粉壁以塗泥。玉砌接於土階，茅茨續於瓊室。仰觀壯麗，可作□□既往；俯察卑儉，足垂訓於後昆。此所謂至人無爲，大聖不作，彼竭其力，我享其功者也。”“至人無爲，大聖不作”構成對文存在。唐貞觀十六年《獨孤開遠墓誌》(《匯編》第 11 册第 105 頁)：“運躔鼎覆，時逢世故。象亂乹綱，政頽王度。聖人有作，膺兹日暮。条紐地維，預康天步。”此處“有作”主語爲“聖人”，且關聯“地維”“天步”，即曆法天象。唐貞觀廿年《張忠墓誌》(《匯編》第 11 册第 150 頁)：“既而慇憂啓聖，大人有作。禽飛湯網，風韻舜弦。”有作之大人，指有唐帝王。唐顯慶三年《常樂府果毅執失奉節墓誌之銘》(《新中國・陝西貳》第 30 頁)：“原夫伊始，惟夏有作。馬降乾河,龜浮坤洛。錫珪祚土,幽陵是托。”作者爲夏禹。

又,“不作”不等於“不作文”。唐開元八年《居德寺碑》(《匯編》第21冊第126頁):“雖宏摹可大,難言蔽日之容;而小子當仁,敢惜[淩雲之筆。]述而不作,敬立言曰……”

4. 品評術語(二)

1）文論術語：詩圃、詞囿、義府、義窟、文房、辯囿、談叢、學苑、文河、言河

隋大業十二年《□悃昂墓誌》(《匯編》第10冊第143頁):“季纔弱冠,好瑽瑢於禮薗;不待過庭,慕翺翔於詩圃。是以才褒王肅,悳盛馬融。武則廉藺非訓,文則梁儒匪譬,言則律吕諧音,語則宫商合韻。”

唐乾封元年《王士端墓誌》(《匯編》第15冊第10頁):“君畹茂滋蘭,池分碧篠,耿青疇而遠暎,峻丹巘而孤標。夙秉淳深,早敦怡則。心泉翰杪,乘逸露於《凡將》;義窟河干,辯分蛟於《晉乘》。培風躍浪,顧影浮清。……□小人之樂業,得君子之逍遥。推誠通德之鄉,寄傲周園之趣。白蘋齊□,時一望於梅岑;紅蘭被逕,款二難於□浦。”

唐開元二十一年《張漪墓誌》(《匯編》第23冊第115頁):“君丕承烈光,克稟彝訓,虎變詞囿,翰飛天衢。”《漢語大詞典》著“詞囿”詞形,僅舉清人朱彝尊《題顔習勳寫照》詩句用例,同“詞苑”。

隋大業六年《楊秀墓誌》(《匯編》第10冊第38頁):“精彩肅然,芝蘭化物。石渠之義府,金馬之文房。”義府、文房對文。《漢語大詞典》“義府”條:義理之府藏。常指《詩》《書》而言。《左傳·僖公二十七年》:“《詩》《書》,義之府也。”南朝梁元帝《侍中吴平光侯墓誌》:“學兼義府,談均理窟。”

唐乾封元年《崔沖墓誌》(《匯編》第15冊第11頁):“道由位屈,身□業隆。詞清辯囿,思逸談叢。”位勢重要,唐人猶然。

唐咸亨元年《程義墓誌》(《匯編》第15冊第109頁):“棲襟學苑(菀),浪思文河。”

唐乾封二年《桓表墓誌》(《西安碑林》第74卷第2054頁):“公遠發

機談,析妙理於宏略,運琳琅於筆海,斡柔翰於詞林。"

唐開元六年《劉遼墓誌》(《匯編》第21冊第83頁):"公富學漬躬,樂天知命。氣雄而爽,貫珠玉於言河;志秀而烈,鼓風雲於心嶽。高賞霞月,取性園丘。迴向真寂,祈樹嘉福。"言河,猶口若懸河,即言語之流。

2)言象,言與象辨

言象,言辭記録之轍跡,詞語固定之事物。南北朝尚不常用,石刻語料庫僅1見,即南朝梁天朝十五年《舊館壇碑》(《匯編》第2冊第148頁):"悠哉曠□,宇宙之靈也。因非言象所傳,文跡可記。"有當於傳世文獻所謂"言筌"一詞。而查詢隋唐五代石刻語料庫,"言象"成詞,已趨多見。用凡6次,大率與"言筌"功能一揆。

唐開元六年《唐興寺碑》(《匯編》第21冊第94頁):"先萬物者,始道德爲宗;窮言象者,以乾坤爲大。"萬物、言象對文,是言象者,言辭所記録萬事,即大千世界。

唐開元六年《燕紹墓誌》(《匯編》第21冊第86頁):"公天資峻嶷,器標沉實,道位生知。學該言象,頤貞素履,常密如也。"按言象、素履相對,前者指句様流轉過程之表現形式,思維之轍跡,即詞語所固定之事物;後者指樸素之行爲。《漢語大詞典》"言象"條:指在言詞上留下的跡象。南朝梁沈約《均聖論》:"豈唯言象莫窺,良以心慮事絶。"以義界難以捉摸,復又關聯"言筌"條:《莊子・外物》:"筌者所以在魚,得魚而忘筌……言者所以在意,得意而忘言。"成玄英疏:"筌,魚笱也。"後因稱在言詞上留下的跡象爲"言筌"。南朝齊王融《懺悔三業門頌》:"樂田生滅,患以身全,業資意造,事假言筌。"宋嚴羽《滄浪詩話・詩辨》:"所謂不涉理路,不落言筌者,上也。"

唐乾符三年《李辭墓誌》(《匯編》第33冊第153頁):"公學窮至賾,識洞玄機,爰自六籍,旁及子史,莫不該綜,皆探討奥旨,採掇英華,得其意則冥然遺其言象,思入天倪,獨与道全,物我何有。"

唐貞觀二十年《大唐故中大夫紫府觀道士薛先生(賾)墓誌銘》(《新中国・陝西壹》第32頁):"夫體道觀妙,言象之所未宣;忘情懸解,筌蹄之所不繫。故能隱顯真俗,出處朝野,而無□待之累者,斯可謂至人矣。”所闕文殆即“有待”字。

唐貞觀三年《等慈寺碑》(《滙編》第11册第22頁):“載籍所傳,孰可侔其髣髴;言象所寄,安足紀其希夷。”

形象,因形而言象。唐貞觀廿年《大唐故中大夫紫府觀道士薛先生(賾)墓誌銘并序》(《新中国·陝西壹》第32頁):“淡虚心扵物我,盪妙思扵煙霞。以爲大象無形,尚因形而言象;明德若昧,猶學之扵不學。”按道家書,道與器、象與形諸對立結構,皆由高低兩端概念組成,由高排斥低成立,而由低排斥或等同高端亦不能成立:如大道無形、形即器(見“不成器”即無形狀之類),不能説大器無形或不成、或大器即同於大道;説大象無形成立,而不能説成大形非象、或大形即等同於象。參見《管錐編》第二册“大象無形”之“象”在“形”先條。

3)言詞,言與詞辨

武周聖曆三年《李則政墓誌銘并序》(《新中國·陝西貳》第64頁):“君識量雙遠,言詞兩茂,城壍仁義,笙簧道德。優遊泉海,乘子俊之波濤;漸染芝蘭,入宣尼之閫閾。”言詞兩茂,顯見言詞指向兩邊。言者,言語之類;詞者,辭章之類。

4)附:釋典關於言語觀念

釋典“語像”。唐開元二十四年《大唐故大智禪師碑銘》(《滙編》第24册第14頁):“造微而内外無寄,適用而威儀不捨。……語則無像,應不以情。規濟方圓,各以其器。”語無像,謂發言玄遠,不落跡象。是語像者,即哲學家所謂思維之轍跡,語言學者所倡言語之表層結構也。

言語本空。《佛説無言童子經》(K77)2卷30版,3世紀末由竺法護漢譯。另有曇無讖翻譯的大方等大集經(K56)的《無言菩薩品》。此經名爲佛爲無言童子説法之意。此經首先講唯有把所有一切皆以平等心觀空之理的無言之信仰心才能覺悟。此時出現的無言童子觀一切皆爲平等,故無需言語,謂爲無言。此世間所有一切皆爲虛妄,故同樣皆爲平等。佛覺悟此空之理之後在菩提樹下靜坐,以空之理觀之,言語本是空,故無需另言。所以空之理不能以識得之,而應依信仰體會。

無有文字語言,是真入不二法門。《説無垢稱經》(K121)6卷71版。六世紀中期由玄奘漢譯。另外還有由鳩摩羅什翻譯的維摩詰所説經(K119)3卷和由支謙翻譯的佛説維摩詰經(K120)2卷,二經同本異譯。此經所説主要内容在家修行者維摩居士悟道之途徑,在家修行的佛門弟子尤其重視此經典。長者維摩居士因憐憫衆生疾苦,而臥病在床,佛先後派最爲出衆的十大弟子和十大菩薩探視,但是無一能與維摩居士較量。煩惱即菩提(悟性智慧),也是經常被引用的名言。其中文殊菩薩問何等是入不二法門,維摩居士默然無言。文殊菩薩歎曰:無有文字語言,是真入不二法門。這一段内容,可以説是該經之出色者。

萬象皆由心造,唯心永恒,無法訴諸語言。《深密解脱經》(K153)5卷53版,六世紀由菩提流支漢譯,又稱爲深密經。其他譯本有玄奘翻譯的解深密經(K154)5卷。經名意爲能夠解脱煩惱並含有深刻道理之佛經。本經宣説事物的現象皆由心所反映,實際存在的也只有心,唯有心是永遠的。佛所悟出的永恒不變的真理爲第一義諦,這是無法用言語表達的,超越一切境界,無法想象亦無法説,是普遍且永久不變的真理。是成爲瑜伽思想的中心的重要經典。

言語就是所傳下來的習性和妄想之産物,被利用於主觀分別,而不能表達佛法之真理。《楞伽阿跋多羅寶經》(K159)4卷69版,五世紀中期由求那跋陀羅漢譯,又稱爲楞伽經。其他譯本有菩提流支翻譯的入楞伽經(K160)10卷和實叉難陀翻譯的大乘入楞伽經(K161)7卷。此經名爲佛入楞伽山所説的寶經之意。宣説世間一切皆由心生,佛之教是無法用任何言語所能表達,非常神秘。如中國禪宗始祖達摩大師給二祖慧可傳法時,便説自己在中國所看到的經典只有四卷楞伽經,是很受重視的經典。由一切佛語心品一品構成。佛在南海海邊楞伽山頂時,答大慧菩薩所問108教理。宣説衆生被眼睛所看到的現象所迷惑,便説生、滅、空、涅盤等108種,而照其理,方知一切並非實際存在的,所以要否定那些話。言語就是所傳下來的習性和妄想之産物,被利用於主觀分別,而不能表達佛法之真理。與此相反,心是事物現象的根源,猶如一切精神作用之倉庫的藏識。身體和精神作用及一切萬物是只不過是藏識的現象而已。爲了悟出此藏識的神秘之理,應行四禪。〔1〕

5)“絲狀物”爲“悲哀”賦形:“痛深風樹,悲緾陟岵”與“思盡波濤,悲滿潭壑”

寫哀情以絲狀物,隋唐五代石刻慣技。隋開皇十五年《段威墓誌》(《匯編》第 9 冊第 101 頁):“永惟岵屺,哀緾霜露。”唐乾封二年《王端墓誌》(《匯編》第 15 冊第 40 頁):“慟結賓僚,悲緾里閈。”唐乾封二年《王纂墓誌》(《匯編》第 15 冊第 45 頁):“痛結履霜,悲緾襲蓼。”唐總章二年《楊行褘墓誌》(《匯編》第 15 冊第 96 頁):“哀緾霜景,痛結風枝。”唐景龍四年《陳守素故妻李夫人墓誌銘并序》(《匯編》第 20 冊第 107 頁):“嗣子緾哀,鰥夫攀慕。”唐開元二年《思言禪師塔銘》(《匯編》第 21 冊第 17 頁):“本有之有,三千大千。人超佛地,法證真天。智飛一覺,神亡二邊。弗住而住,雖牽不牽。糸羅萬像,愚智皆賢。悲深性域,化洽情田。形随物弊,身將劫遷。哀緾没後,痛結生前。變通誰察,起現何年。”唐開元九年《賈感墓誌》(《匯編》第 21 冊第 146 頁):“悲緾薤露,痛結松風。”唐開元二十六年《夏侯思泰墓誌》(《匯編》第 24 冊第 74 頁):“痛深風樹,悲緾陟岵。”唐顯慶三年《常樂府果毅執失奉節墓誌之銘》(《新中國·陝西貳》第 30 頁):“景淪悲谷,緾哀莫追。”

按“絲狀物”爲“悲哀”賦形意象,爲錢鍾書《管錐編》所首先拈出,其考評《全上古三代秦漢三國六朝文》中《文章辨體彙選》卷二百五十一宋鮑照《登大雷岸與妹書》:

> 吾自發寒雨,全行日少。加秋潦浩汗,山溪猥至,渡泝無邊,險徑遊歷,棧石星飯,結荷水宿,旅客貧辛,波路壯闊。始以今日食時,僅及大雷。塗登千里,日逾十晨。嚴風慘節,悲風斷肌。去親爲客,如

〔1〕 校讀《高麗大藏經》。

何如何!

向因涉頓,憑覯川陸,遨神清渚,流涕方曛。東顧三洲之隔,西眺九派之分,窺地門之絶景,望天際之孤雲。長圖大念,隱心者久矣!

南則積山萬狀,争氣負高,含霞飲景,參差代雄,淩跨長隴,前後相屬,帶天有匝,横地無窮。

東則砥原遠隰,亡端靡際,寒蓬夕卷,古樹雲平。旋風四起,思鳥群歸。静聽無聞,極視不見。

北則陂池潛演,湖脈通連,苎蒿攸積,菰蘆所繁。栖波之鳥,水化之蟲,智吞愚,疆捕小,號噪驚聒,紛牣其中。

西則回江永指,長波天合。滔滔何窮,漫漫安竭?創古迄今,舳艫相接。思盡波濤,悲滿潭壑。煙歸八表,終爲野塵,而是注集,長寫不測。脩靈浩蕩,知其何故哉?

西南望廬山,又特驚異。基壓江湖,峰與辰漢連接,上常積雲霞,雕錦褥。若華夕曜,巖澤氣通,傳明散綵,赫似絳天。左右青靄,表裏紫霄。從嶺而上,氣盡金光,半山以下,純爲黛色。信可以神居帝郊,鎮控湘漢者也。若潨洞所積,溪壑所射,鼓怒之所豗擊,湧澓之所宕滌,則上窮荻浦,下至狶洲,南薄燕辰,北極雷澱,削長埤短,可數百里。其中騰波觸天,高浪灌日,吞吐百川,寫泄萬壑;輕煙不流,華鼎振涾,弱草朱靡,洪漣隴蹙,散涣長驚,電透箭疾,穹溘崩聚,坻飛嶺覆。回沫冠山,奔濤空谷,砧石爲之摧碎,碕岸爲之齑落。仰視大火,俯聽波聲,愁魄脅息,心驚慓矣!至於繁化殊育,詭質怪章,則有江鵝、海鴨、魚鮫、水虎之類,豚首、象鼻、芒鬚、針尾之族,石蟹、土蚌、燕箕、雀蛤之儔,折甲、曲牙、逆鱗、返舌之屬。掩沙漲,被草渚,浴雨排風,吹澇弄翮。夕景欲沈,曉霧將合,孤鸛寒嘯,遊鴻遠吟,樵蘇一嘆,舟子再泣。誠足悲憂,不可説也。

風吹雷飆,夜戒前路,下弦内外,望達所届,寒暑難適。汝專自慎,夙夜戒護,勿我爲念。恐欲知之,聊書所睹。臨塗草蹙,辭意不周。

對照《漢魏六朝百三家集》卷六十八,有改動。其中"西則回江永指,長波天合,滔滔何窮,漫漫安竭? 創古迄今,舳艫相接。思盡波濤,悲滿潭壑",寫狀"四望",融情入景。錢鍾書《宋詩選注》(第 3 頁,人民文學出版社 1989 年)、《管錐編》(第 4 冊第 1313—1314 頁第 176 則考論《全宋文》卷 47,中華書局 1979 年)都曾揭示古人賦"愁",約有二特點: 一爲狀以"絲狀物",二爲賦予體積重量,分別以宋人鄭文寶《柳枝詞》畫舸"不管煙波與風雨,載將離恨過江南"注[4]、鮑照此書爲例。唐人墓誌如《夏侯思泰墓誌》則以"痛深風樹,悲纏陟岵"合二爲一,但情景未融。其視鮑文,不啻天壤之別矣。

6) 絲狀物之二: 亂思、組織

唐貞觀三年《等慈寺之碑》(《匯編》第 11 冊第 22 頁):"至如封胡異説,力牧奇篇;玄女黄石之精微,玉帳絳宫之秘要;莫不裁成睿思,揔制深衷。超冠清靈之表,得諸耳目之外。"其中"裁成睿思,揔制深衷"者,剪裁體現思路,組織反映深意也。唐天寶八載《劉君故妻高氏墓誌銘并序》(《匯編》第 26 冊第 5 頁):"時鼓盆而悲歌,効莊周之亂思。"亂思,組織文字排遣思緒也。

7) 運思心理術語: 鑄思、雕情、意匠

唐開元十九年《劉禄墓誌》(《匯編》第 23 冊第 48 頁):"高祖羅,祖師,並嘯傲山水,苞含篆籀,綱紀仁物,領袖鄉閭。息智以鑄思韋金,早擅八龍之譽;姪琮以琱情郤玉,久彰三武之名。"唐乾封元年《楊達妻張氏墓誌》(《匯編》第 15 冊第 4 頁):"踈松筠而匠意,採蕙蕙以琱情。"唐咸亨二年《韓昱墓誌》(《匯編》第 15 冊第 145 頁):"至若鏤情海藉,鎔思河書。飛弱翰以淩雲,厲強學而漂雨。"

按《漢書·韋賢傳》。後因以"韋金"爲稱揚韋姓族人之典。唐鄭愔《同韋舍人早朝》詩:"聞有題新翰,依然想舊林。同聲慚下玉,謬此托韋金。""鑄思",略當於今語所謂"創造思維"也。《茅簷集》卷八《陳宅聘啓》:"古人褆躬與顔冉齊鑣,掞藻令班揚郤席。菲材殊窘於一得,蘭味乃通於二難。鑄思而擬態風雲,砥志則争光日月。千秋自命,三人同心。"

“琱情”用本字,且與“匠意”對偶,後世罕見。《温恭毅集》卷七《歸來漫興序》:“夫詩病我耶?我自病耶?吾師淮海先生故喜爲詩。已在蜀登峨眉,陟汶嶺,眺錦江,玉壘盡發爲詩,何減工部夔府以後諸什。然先生深於性命者,自謂詩之一道,雕情繪物,故禁不爲已。自郢中歸,又爲之。不必爲,不必不爲,先生深於詩可知已。”“雕情繪物”,並列結構。

意匠。唐麟德二年《李震墓銘并序》(《新中国·陕西壹》第58頁):“惟公遠膺餘慶,近發英靈。風尚清遠,志懷温裕。問道聚學,師逸功倍。藝殫經史,博[ ]精[ ]。明心鏡於情田,包意匠於文苑。傻虚雲於樂鏡,引淡水於黄陂。積梁棟之奇材,懷山川之巨量。以孝悌爲冠冕,以名教爲舟輿。履信思順,依仁蹈禮。坐不闚堂,言必可復。交好之方,投漆共斷金齊契;分義之重,春蘭與秋菊同芬。士友揖其高風,搢紳推其遠量。”《漢語大詞典》“意匠”:謂作文、繪畫、設計等事的精心構思。晉陸機《文賦》:“辭程才以效伎,意司契而爲匠。”唐楊炯《〈王勃集〉序》:“六合殊材,並推心於意匠;八方好事,咸受氣於文樞。”

8)巧言:隋唐尚以爲美詞

“巧言”結字,見隋唐石刻。如隋大業十年《鄧昞墓誌》(《匯編》第10冊第112頁):“丹墀一人,高其清訔,頻宣九詔,百僚号曰典聲。”《漢語大字典·言部》著録“訔”字,出處援自《字彙補·言部》,界定字際關係爲“辯字本作訔”,所見非其溯,已落後塵。

也許可以順便聯類到,《上海博物館藏戰國楚竹書》第一冊《孔子詩論》第8號簡“十月善諀(諞)言”。編者認爲:“諀字當讀爲諞。”《説文·言部》:“諞,便巧言也。从言扁聲,《周書》曰:截截善諞言。《論語》曰:友諞佞。”表面上好聽而實際上虚僞的話。《詩經·小雅·雨無正》:“哿矣能言,巧言如流,俾躬處休。”鄭箋云:“巧,猶善也。謂以事類風切剴微之言,如水之流。”編者這裏解釋説:“孔子認爲《十月》詩中内容反映了西周官場中慣有的諞言,這種現象王公們以爲恥辱。”

按照編者的這種解釋,就成了“《十月》是善於(表達)花言巧語的”。楚竹書編者理解,大有以今律古之嫌。

《毛詩序》稱:"《十月之交》,大夫刺幽王也。"刺也就是謗,是符合該篇内容實際的。從現存該篇的文本裹,也找不到所謂"花言巧語"的内容,通篇講的都是所謂"怨刺"。所謂諞言,猶古詩《玉臺新詠·古詩爲焦仲卿妻作》"年始十八九,便言多令才"之"便言",亦即"巧言",亦非關貶義。而且,至少到隋唐時期,"巧言"也還可作褒義使用。隋代所使用"晉"字,即以"巧言"爲原型者。巧言,隋唐尚以爲美詞。如隋大業十二年《張濬墓誌》(《匯編》第10册第153頁):"巧言如流,其甘若薺。質自瓊華,性爲愷悌。"唐開元二十七年《鄭齊閔墓誌》(《匯編》第24册第96頁):"夫人趙郡李氏,皇朝□州深澤縣令忒之女也。令儀令德,巧言巧工。""典聲"者,其功能爲"宣詔",其特徵爲"清晉"。從有關墓誌"令儀令德,巧言巧工"相對成文看,至少隋唐"巧言"尚未一邊倒向貶義。

9)"辯才無礙"與"滑稽多智"

唐開元二年《侯莫陳大師壽塔銘》(《匯編》第21册第23頁):"和上曰:汝已智達,辯才無礙,宜以智達爲名。"是口辯之才,關聯多智。"辯言",可作"諞言""便言",皆指向才智,見上出"巧言"條。從組合聯繫看,口辯通向才智;從字形構造看,耳聰指向聖明:這關係到古代認知渠道的分工及其地位。

隋大業十年《陳花樹墓誌》(《匯編》第10册第105頁):"年卅一入宫,特以小心見録,非因色幸強識。多智審對,明密執玉。不趨奉酏,惟敬内宫設職,位膺司寶。"其中"多智審對,明密執玉",夫"多智",以"辯捷"爲特徵,殆"滑稽多智"者流裔,非智慧高卓者莫辦。《史記》卷七十一《樗里子甘茂列傳第十一》"樗里子滑稽多智,秦人號曰智囊",《索隱》:滑,音骨,稽,音雞。鄒誕解云:滑,亂也,稽,同也。謂辯捷之人,言非若是,言是若非,謂能亂同異也。一云滑稽,酒器,可轉注吐酒不已,以言俳優之人,出口成章,詞不窮竭,如滑稽之吐酒不已也。《正義》:滑,讀爲淈,水流自出。稽,計也,言其智計宣吐,如泉流出無盡,故揚雄《酒賦》云"鴟夷滑稽,腹大如壺"是也。顏師古曰:滑稽,轉利之稱也。滑,亂也。稽,疑也,其變無留也。一説稽,考也,言其滑亂不可考較。隋人墓誌如隋大業十一年《明雲騰墓誌》(《匯編》第10冊第118頁)"幼學滑稽,遂過秤像之智",爲風光本地,用心一揆。然則"對"即"應對"之"對",即銘文作"亂詞",所概乎言之"宫人明敏,強識遍該"。

也許可以由此聯類到,戰國楚簡的有關異文,如《郭店楚墓竹簡》中《老子》甲1號簡:"絶智棄辩,民利百倍。絶巧棄利,盜賊亡有。絶僞棄慮,民復季子(孝慈)。"2號簡文有:"爲弁(辯)不足,或命之,或呼豆(屬)。視索(素)保僕(樸),少厶(私)寡欲。江海所以爲百浴(谷)王,以其……"(釋文非原形字)而傳世文本《老子道德經》卷上《還淳第十九》:"絶聖棄智,民利百倍;絶仁棄義,民復孝慈;絶巧棄利,盜賊無有。此三者,以爲文不足,故令有所屬。見素抱樸,少私寡欲。"其中,簡文"絶智棄辩",爲並列結構,意爲棄絶才智。今人或以"明辨"或以"口辯"釋之,且以異文爲新詭可喜,試圖推翻《老子道德經》"絶聖棄智"之定型結構。小知戔戔,徒亂人意耳。

又,突梯滑稽,唐人爲遠害之象。唐開元二十四年《獨孤炫墓誌》(《匯編》第24冊第29頁):"属朋家作讎,噬腊遇毒。王人出按,至于再焉。公毫髮無私,風霜轉勁。是知磨而不磷,涅而不淄。與夫突梯(摕)取容,脂韋遠害,何其廓哉。時宰愧焉。乃遷隴郡,如巴之政,頗忤權豪。"《文選·屈原〈卜居〉》:"將突梯滑稽,如脂如韋,以絜楹乎?"吕向注:"突梯滑稽,委曲順俗也。"

10)"辯抽泉瀉"與"親師博喻"

唐上元三年《姬温墓誌銘并序》(《新中國·陝西貳》第52頁)銘文:"動中規矩,言依典刑。譽馳通閈,業著趨庭。涉獵丘墳,雍容文雅。思發□絢,辯抽泉瀉。"辯抽,指辯才表達,與"思發"對待,皆主謂結構。泉瀉,如泉水之瀉,形容陳述辯才無礙貌("思發"後面,石刻字形缺壞,當與"絢"字亦構成形容詞),與序文"博喻"相應:"直似朱繩,清如水鏡。亭亭孤聳,若寔桂之挺山阿;皎皎空懸,類回月之澄江浦。親師博喻,敬業研機。文絢詞林,學該議圃。"即口辯之技。今人熱衷所謂"演講與口才",明白"親師博喻"與"辯抽泉瀉"之關聯,當思過半矣。

11）“離經”：兩柄復具多邊

隋大業十二年《李元墓誌》(《匯編》第 10 冊第 142 頁)：“君含章挺生，炳靈秀出，器宇宏逸，風韻清舉。月中無桂，箸辯齠年；路傍有李，彰機弱歲。及其離經辯志，從師問道，五行俱下，三冬足用。”隋大業三年《王眪墓誌》(《新中國·河南壹》第 108 頁)：“君膏腴有素，漸潤自天，孝乃生知，誠匪師學。離經辯志，敬業樂群，取異日新，見奇月旦。”《漢語大詞典》“離”條，據《易·說卦》：“離也者，明也。”因以“離”謂明，參見“離顯”匹配。

“離經辨志”，即“明辨經意”之組合結構變體。是亦知經學史上，微言大義，家傳轉晦，有待明辨，由來尚矣。故有唐科舉，專設“明經”一科。“歷經”成詞，隋唐石刻語料庫記録凡 9 例，則唐有其 8。茲約舉數例，稍廣其義。唐顯慶三年《周護碑》(《西安碑林》第 191 卷第 302—314 頁)：“離經辨志，凌蹂佩觽之曹；習藝取睽，含孕吟猨之技。”顯慶四年《豆盧遜墓誌》(《匯編》第 10 冊第 142 頁)：“至若教成斷緯，業就離經，筆海浮天，鏡琁波於抃岳；談蘂麗日，敷□□於□林。”聖曆二年《崔韶墓誌》(《匯編》第 18 冊第 143 頁)：“匹術離經，二庠遊道。郡舉廉茂，朝延俊造。”咸亨二年《奇玄表墓誌》(《匯編》第 15 冊第 148 頁)：“惟公奉訓趨庭，離經左熟。”龍朔二年《桓萬基墓誌》(《匯編》第 14 冊第 50 頁)：“公綺初旋叡，登序室而離經；冠歲馳光，暎迴泉而薦彩。冥資淳至，騑驤曾閔之儔；艷發雕章，錙銖潘陸之範。”開元八年《李元確墓誌》(《匯編》第 21 冊第 127 頁)：“既冠之後，以資齒胄。入室秘文，自傳於家業；昇堂奧義，見推於國庠。離經啓函杖之容，進德流滿籯之議。登甲科於秘府，不讓華譚；致有道於仙舟，甞留郭泰。跡入常調，名登吏曹。見三揖之争馳，窺九流之競爽。乃拂衣高視，退而言曰：喧吺之地，不如静對琴樽；榮利之途，豈若獨尋山水。於是敦弊名教，遠離塵俗，馬少遊之鄉黨，咸稱善人；仲長統之園林，自諧真境。夫其窮討百氏，精究六文，鳳紀麟圖，重決膏肓之要；鸞迴鵠顧，更馳鍾蔡之名。”咸亨四年《裴可久墓誌》(《匯編》第 15 冊第 189 頁)：“其銘曰：卿相舊門，公侯子孫。荷戈運否，離經道存。佳城俄寂，夜臺寧曉。獨有仙禽,空遊華表。”聖曆二年《王德表墓誌》(《匯編》第 18 册第 159 頁):“公幼挺奇偉,聰明懿肅,年五歲,日誦《春秋》十紙。貞觀十四年,郡縣交薦,來賓上國。于時太學群才,天下英異,中春釋菜,咸肆討論。公以英妙見推,當仁講序,離經辯義,獨居重席。即以其年明經對策高第,左僕射梁國公房玄齡奏公學業該敏,特敕令侍徐王讀書。”

“離經”一詞多用復具多邊,所賴以區辨者,有待於“前後”之語境,即習語所謂“上下文”。如“離經”,則又謂雕刻經文,端由“勒篆”之模擬列而規定焉。唐代李邕《石賦》:“何止藏書入室,勒篆離經。”

“離經”由“明辨經意”走向“脱離正常”,堪稱《管錐編》所發明“喻有兩柄”之例。《鶡冠子·泰鴻》:“首尾易面,地理離經。”陸佃解:“天之首尾易向,則地理亦失其經。”清周亮工《書影》卷一“有讀《四書》小注聲”原注:“讀小注子弟,到後來上者無離經叛道之慮,次亦免場中出醜,東問西問。”

12) 言語爲身之文飾

唐景雲二年《崔素臣墓誌》(《新中國·河南壹》第 161 頁):“詩書即義之府,言語乃身之文。”唐天寶十三載《盧招墓誌銘并序》(《匯編》第 26 册第 121 頁):“詞者身之文,信者行之主。”關係一揆。

13) 解頤——解語,其間以“解頌”爲過渡之媒

隋大業八年《沈氏墓誌銘并序》(《匯編》第 10 册第 64 頁)序文有云:“鸞鏡埃塵,無復恒娥之影;龍山磐鬱,新封節婦之陵。”隋大業九年《隋故宫人陳氏墓誌銘》(《匯編》第 10 册第 74 頁):“鏡臺空在,無復臨莊。”以誌解誌,無待遠徵。其中“鸞鏡埃塵”,即六朝詩人徐幹《室思》所謂“自君之出矣,明鏡暗不治”題意。

《沈氏墓誌銘并序》銘文有云:“入風疑雪,依臺若雲。椒花解頌,竹杖能文。”原拓“入”形不完整,整理釋文或作“人風”,不辭非對,當作“入風”。“椒花解頌”,緊縮結構即“頌椒”,用例有如唐景雲元年《豆盧君夫人薛氏墓誌銘并序》(《新中國·陝西貳》第 74 頁):“色受神會,惠問發扵初孩;目領心傳,聰識楊扵將丱。頌椒狀柳之敏,遇律斯融;彈絲捻籥之妍,旋宫莫滯。”頌椒,古代農曆正月初一用椒柏酒祭祖或獻之於家長以示頌禱，謂之“頌椒”。

“解頌”之頌，即容貌之容，即“解頤”之變體。隋大業八年《宫人何氏墓誌》（《匯編》第10冊第60頁）：“照梁朱日，夲媿容暉；出水紅蕖，多慙榮曜。加以解頌椒花，能銘靈壽。”後世發展爲“解語”，則又以“解頌”爲權輿過渡。

《沈氏墓誌銘并序》銘文頌、文對文，是“頌”者，非容貌之謂，乃歌頌之意。數句爲用，皆狀藝能。戰國楚簡尚以“訟”爲“歌頌”字，後世職能分化，遂使一“頌”字兼具容貌、歌頌兩邊。以此，爲由解頤過渡到解語媒介之根。後世所慣用“解語”，殆脱胎於“解頌”者。

緩頰，其發展即謂“解頤”。隋大業九年《張業墓誌》（《匯編》第10冊第80頁）：“既美風神，又工緩頰。”《史記·魏豹彭越列傳》：“（漢王）謂酈生曰：緩頰往説魏豹，能下之，吾以萬户封若。”顏師古注《漢書·高帝紀上》引張晏曰：“緩頰，徐言引譬喻也。”工緩頰，即善比況，指向才辯。據《史記·滑稽列傳》“滑稽多智”，多智者，善於連類比喻之謂。

14）修詞

唐開元十八年《劉濬墓誌》（《新中国·陝西壹》第112頁）：“夫人誡其子曰：用蔭足免征役，不可輒趁身名。汝祖父忠貞，亡身殉國。吾今食周粟，已媿明靈。汝儻事僞朝，如何拜掃。二子親承訓誨，甘守鄉園。神龍之初，中宗監國。詔書夜過，夫人夙興，因率二子入都，修詞詣闕。時有親表愚昧，非笑是行。數日之間，果有恩命，各授班袟，咸驚訝焉。其爲識見也如彼。”修詞，特指進獻文字。非笑，否定並譏笑。

15）措意、幽妙，古意、沿革，今體、委曲

吕向撰、唐天寶三載《豆盧建墓誌銘并序》（《新中國·陝西貳》第108頁）：“而措意幽妙，遣言玄遠。遊刃有餘，尋環無極。中探古意，沿革而立身；外約今體，委曲而行志。遥通事趣，闇赴時情。經之以禮樂，洞於合變；緯之以文章，激其符彩。”詞形或作“幽眇”“幽渺”。

16）志尚書林，情敦義府；言明理閏，義遠辭新

隋開皇八年《任顯及妻張氏合葬誌》（《匯編》第9冊第46頁）：“君神襟

迥邁,爽悟閑華,志尚書林,情敦義府。解巾奉朝請,俄轉司空府祭酒,又除冠軍將軍、零陽縣令。慈寬被物,民稱救苦之哥;恩惠臨官,邑有來蘇之詠。"

17) 情不逮文,直書心事

唐總章三年《碧落碑造大道天尊像記》(《匯編》第 15 冊第 108 頁,拓片高 194 厘米,寬 103 厘米。黄公撰,陳惟玉篆書。原碑佚,此係摹刻。此本爲明拓,陳惟生舊藏,後歸顧廣圻。碑斷爲二,缺數字):"餘魂弱喘,情不逮文,謹托真猷,直書心事。"與古代所患"詞不逮意",方向適反,而又非"爲文而造情"者。

5. 學術與治學

1) 諸家源流及指歸: 唐人關於孔子的理解

宗旨所歸,典墳取係。

唐乾封元年(666 年立於曲阜)崔行功撰文、孫師範隸書《孔子廟碑》(《匯編》第 15 冊第 20 頁):"若其聃語棄智,則聖非攘臂之端;莊寄齊諧,[則]禮必因心之範。雖九流争長,百家競逐,而宗旨所歸,典墳取係。夫軒羲已謝,子姒迭微;步驟殊方,質文異轍。"

墨檢前蹤,莊放遺轍。

《孔子廟碑》(《匯編》第 15 冊第 20 頁)銘文:"赫赫上帝,悠悠天造。神集鴻名,聖居大寶。循性稱教,率性爲道。政若鎔金,化侔偃草。爻畫先起,律吕創陳。禮節天地,樂和人神。成期用簡,業尚日新。綷無□臭,騭有彝倫。水火朝變,憲章時革。周廟傷禾,殷墟悲麥。褒豔紕雅,嬴荷淪賾。散亂記言,支離方冊。自天生德,由縱成能。賓筵恪嗣,銘鼎家承。蹲龍運舛,振鐸冥膺。闕典攸緝,斯文載興。廣訓三千,徧于七十。歷階東會,藏書西入。楚將分社,齊聞與邑。接輿自狂,長沮空執。在智伊妙,惟神廼幾。羊因魯觸,鳥向陳飛。那傳頌管,編照書韋。卜商承絢,顔子糸微。堯則不追,昌亦遂往。名教潛發,心靈汎弊。德配乾坤,業暉辰象。麟悴遥泣,山瞶□仰。三統昌日,千齡聖期。禋宗有昊,展禮崇基。覲宣時邁,神緘孝思。絳螭承軛,翠鳳翻旗。上浮龜蒙,遥集鄒魯。翹勤真跡,惆悵今古。舊壁迷字,荒墳翳斧。綸賁宗師,詔緝靈宇。虹梁野構,翬翼林舒。雕櫳繡桷,圓井方疏。沂童浴早,泮鳥鳴初。俎豆蠲潔,丹青藹如。墨檢前蹤,莊放遺轍。"

2)五代關於孔子形象的塑造

五代後晉開運三年《移文宣王廟記》(《匯編》第36冊第115頁)荒祠:"後臨街而地位窮,前逼城而日光少。羊觸藩而來者衆,豕負塗而去者多。雨信納汙,風知逐臭。"以上爲遷移之由。"河目海口堯頭舜項之相亦依然。……昔賢云:自生人已來,未有如夫子者也。非此心此口而可稱讚。"爲五代對於聖人肖像造型觀念。

至於該記末了所交代"守正弘農德保邦致理□匡國軍前度管川觀察處置等使開府儀同三司檢校太師兼侍中使持所同州諸軍事行同州使柱國□國公食邑八千五百户實封一千二百户馮道",是知五代有虚封而待遇不實者。

3)唐人以爲孔子作《書序》

唐開元廿二年《難元慶墓誌》(《新中國·河南壹》第231頁):"其先即黄帝之宗也,抰餘之爾類焉。昔伯仲枝分,位居東表。兄弟同政,爰國臣韓。妙以治民之難,因爲姓矣。孔丘序《舜典》,所謂歷試諸難,即其義也。"

4)關於學術與治學觀念

唐人關於群經各有功能側重:威儀取諸《禮》,風雅取諸《詩》,稽古取乎《書》,撝謙取乎《易》。唐天寶十一載《大唐贈南川縣主墓誌銘并序》(《新中國·陜西貳》第132頁):"故威儀取諸《禮》,風雅取諸《詩》,稽古取乎《書》,撝謙取乎《易》。況爲仁由己,純孝因心。師氏重其才,女史欽其德。"

5)唐人關於"經"及《論語》

唐永徽四年《張洛墓誌》(《匯編》第12冊第77頁):"歷討三教,偏歸釋氏;遍尋四句,尤遵大乘。每讀諸經、《論語》,及無常無我,誓願精勤,日以心鬪。"似是《論語》尚未入"經"之列,但已與之比列。參見下條。

6)唐人關於經史

唐開元六年《祁惠墓誌銘并序》(《新中國·河南貳》第138頁):"幼挺奇操,翫三墳之典冊;長擅異能,包六義之文翰。年甫弱冠,補四門學生。庇影庠塾,遊心經史,黌館諸儒,特相友愛。《春秋》《周禮》《論語》《尚書》,義畢該通,文皆暗誦。"

7) 唐人關於"體者性之裁,工者分之專"

唐天寶七載《李琚墓誌銘并序》(《匯編》第25冊第146頁):"而百氏圖書之學,八分篆隸之能,虚中慎獨之心,秉直懷方之莭,已獲重於知已,或庶幾於古人。予不佞,從事斯文,俻甞公聽。夫體者性之裁,工者分之專。故清而近者宜於詩,博而贍者長於筆。側聞雅論,公以筆推雄。洎開元廿二載,尚書考功郎孫公,天下詞伯,嘖以武庫詩俻題,候羣子之去就。公含毫有得,詞理甚鮮,俾孫公至今道之。其勇於効能,忽復兼擅有如是者,遂以鄉貢進士擢第。"

8) 唐人關於"獨善其身"的理解

唐天寶元年《張本墓誌》(《匯編》第25冊第2頁):"或以終濟天下,或以始擅其身。"善其身者,爲濟天下之始。《孟子·盡心上》:"窮則獨善其身,達則兼善天下。"趙岐注:"獨治其身以立於世間,不失其操也。"

9) 唐人關於"古之學者爲己,今之學者爲人"

唐垂拱三年《許堅墓誌并序》(《匯編》第17冊第57頁):"學而爲己,方請益於籯金;才爲時須,即登科於片玉。"武周天授二年《杜舉誌文并序》(《匯編》第17冊第132頁):"孝由率性,學不爲人。"

10)"祗心""披尋"與"田漁""悦翫"之間:隋人治學於六藝、百家態度有差等

隋開皇九年《□和墓誌》(《匯編》第9冊第54頁):"祗心六藝,妙得旨歸;田漁百家,擒藻掞逸。"隋開皇十二年《趙齡墓誌》(《匯編》第9冊第80頁):"於是鈎深六籍,漁獵百家。"

隋仁壽四年《劉相及妻鄒氏墓誌》(《匯編》第9冊第171頁):"處貧賤而不怨,居富貴而不憍。悦(悗)翫百家之書,披尋數代之典。學不願仕,志樂林泉。"

亦有承楚漢劉項之風者。如"未肯淳儒",見隋大業二年《李虎墓誌》(《匯編》第10冊第5頁):"公實涉獵經史,未肯淳儒;奇略異端,不獨專武。”此公名虎，字威猛，是雖“涉獵經史，未肯淳儒”，爲還其本等。肯心，即甘心。其用意猶《史記・項羽本紀》“不肯竟學”之屬。

隋開皇三年《□高（字君纏）墓誌》（《新中國・河南壹》第 107 頁）：“涉獦丘墳，貫穿流略，莫不陶冶精究，原始要終。”

《史記》，唐人稱《太史公記》，且與經典比列。《毛詩》《周易》《左氏傳》《太史公記》，悉精通詁訓；至於歷代陽秋，百家著述，則不求甚解。唐天寶十三年《唐故處士上谷寇公墓誌銘并序》（《匯編》第 26 冊第 128 頁）：“生而茂異，少而通明。氣合天和，心追真道。年未□學，□以老成。善屬文，多□興，飲酒終朝而不醉，賦詩□物而不遺。或登山臨水，蔭松藉草。必超然獨得，形神皆主。時議每以謝客陶元亮比之，猶恐前人有慙色。誦《毛詩》《周易》《左氏傳》《太史公記》，悉精通詁訓。至於歷代陽秋，百家著述，則不求甚解，亦無不涉獵之書。常□真經，披釋教，皆至實際，詣名理。故高僧羽客，日夕相從。殊不以禄利介懷，窮改操我則不取。而令聞美譽，自多歸之。”是《史記》，唐人稱《太史公記》，且與經典比列之例。

“形神皆主”。又，曰登山臨水、曰蔭松藉草、曰超然獨得、曰形神皆主。習慣的說法則有“形神皆忘”，或“物我兩忘”。然是石刻作“形神皆主”，且的然作主，顯然非係誤混刻“亡”形而用作“忘”者。然則，序文説明所誌者身處斯境，不唯息肩，亦得息心，以是虛實兼照，而形神皆得其全，是“皆有其主”之謂。[1]

〔1〕 宋代黎靖德編《朱子語類》。按卷四十五《論語》二十七明詔大號，作心地切實功夫，力戒純然但從文字生發開去。其如“且放令心地寬平，不要便就文字上起議論”。其批評王安石條：“少年亦不喜釋老。晚年大喜，不惟錯說了經書，和佛經亦錯解了。‘揭諦揭諦，波羅僧揭諦’，此胡語也。渠注云：‘揭真諦之道以示人。’大可笑！”其如釋《論語》“鞭辟入裏”：問：“‘學要鞭辟近裏’，何謂‘鞭辟’？”曰：“辟，如驅辟一般。”至之問：“‘學要鞭辟近裏’，‘鞭辟’如何？”曰：“此是洛中語，一處說作‘鞭約’，大抵是要鞭督面裏去。今人皆不是鞭督向裏，心都向外。明道此段下云‘切問近思’，‘言忠信，行篤敬’云云，何嘗有一句說做外面去。學要博，志須要篤。志篤，問便切，思便近，只就身上理會。伊川言：‘“仁在其中”，即此是學。’元不曾在外，這個便是‘近裏著己’。今人皆就外面做工夫，恰似一隻船覆在水中，須是去翻將轉來，便好，便得使。吾輩須勇猛著力覆將轉！”先生轉身而言曰：“須是翻將轉來，始得。”

11）唐人關於晉代《禮》學傳授

唐元和九年《河間郡太夫人宋氏（劉君妻）墓誌銘》（《新中國·陝西貳》第211頁）：“昔兩晉中，《禮》經廢缺，置生員凡百數。身障絳紗，復傳授《周官》，學号曰宣文君。夫人即宣文君十四代從孫之女也。”

12）唐人關於《詩經》傳授

唐長慶三年《李贍墓誌銘并序》（《新中國·陝西貳》第222頁）：“君資性倜儻，少有所立。讀《春秋左氏傳》及《毛萇詩》，皆達於義。”唐代治《詩經》，尚有二毛之門派。

13）唐人“詩有四始”與“草隸八分書”

唐天寶十三載《盧招墓誌銘并序》（《匯編》第26冊第121頁）：“公生而秀異，□而文明。體正而舉不後時，識微而動無違道。談端敏捷，堅白可離；學府精通，經緯咸貫。至若詩含四始，賦列九能，臨案牘而剖疑詞，布方冊而陳大體。靡不徵明典要，藻飾清新。又工草隸八分書，咸得其妙。加以就賢體遠，好善與能，憲章罔替於先達，揄揚不略扵後進。古之所謂慱雅君子，公其當之。”

14）《孔氏尚書》《左氏傳》

唐天寶十載《崔虞延墓誌銘并序》（《匯編》第26冊第40頁）：“君精通《孔氏尚書》《左氏傳》。”

15）吴郡陸德明、魯國孔穎達與唐代學術

唐大曆十三年《崔公墓誌》（《匯編》第27冊第169—170頁）：“公年始登十。而黄門郎齊璿長己倍之，與公同受春秌三傳於成都講肆。公日誦數千言，有疑門異旨不能斷者，公輙爲之辯精。齊氏之子未甞不北面焉。由是博考五經，纂乃祖德，則我烈曾涼州刺史大將軍訦、烈祖銀青光禄大夫弘峻之世業也。累學重光，於赫萬祚。公尤好老氏道德，金剛般若。甞誡子監察御史渾、陸渾主簿沔曰：吾之詩書禮易，皆吾先人於吴郡陸德明、魯國孔穎達重申討覈，以傳於吾，吾亦以授汝。汝能勤而行之，則不墜先訓矣。因修家記，著六官適時論。”

16）學存指適，匪求章句：隋唐人治學觀

唐貞觀八年《解深墓誌》（《匯編》第 11 冊第 52 頁）："屬思玄遠，攄襟流略，學存指適，匪求章句。"指適，即下出"指歸"。唐貞觀八年《□孝敏墓誌銘并序》（《匯編》第 11 冊第 59 頁）："逸氣淩雲，鄙章句而不習；英風超世，學劍騎以勤王。"唐貞觀廿年《段師墓誌》（《匯編》第 11 冊第 156 頁）："雖學遍群典，恥涉書生之名；辝□談天，終從弓劍之術。"唐貞觀廿二年《毛盛墓誌》（《匯編》第 11 冊第 176 頁）："君風骨高奇，生而雄武，鄙詩書之小尚，高投筆之良圖。"唐天寶十四年《李孔彰墓誌銘并序》（《匯編》第 26 冊第 142 頁）："詞存風雅，無取於浮華；學究指歸，耻專於章句。"

17）舍先王蘧盧，味古人糟粕：唐人治學觀

唐天寶十二載《敦煌張仲暉墓誌銘并序》（《新中国・陕西壹》第 123 頁）："躬行仁義，舍先王蘧盧；口誦詩書，味古人糟粕。逕不由捷，行無越思。他日趍庭，得伯魚之聞禮；當年賈勇，慕夏侯之拾青。郡舉孝廉，捨拔則獲。嗤前賢之自滯，首皓一經；旌後生之難詛，策高片玉。"

18）唐人好古

唐開元三年《許義誠墓誌》（《匯編》第 21 冊第 39 頁）："（君）風神獨遠，姿容迥秀。鬢眉若畫，音響如鍾。堂堂乎迺夷甫安仁之儔矣。未甞不好古躭道，敦詩悦禮。吐鳳光才，如龍潤德。仁義爲圃，德行爲田。耕耘不虧，庶衮是務。""好古躭道"，雙提並舉。唐開元五年《元希古墓誌》（《匯編》第 21 冊第 61 頁）："君諱希古，字希古，河南洛陽人也。"

19）唐人治經學仍遵從"家法"

唐垂拱元年《户部尚書汾陰男贈光禄大夫使持節都督秦成武渭四州諸軍事秦州刺史薛元超墓誌銘并序》（《新中国・陕西壹》第 83 頁）："六歲，襲汾陰男，受《左傳》於同郡韓文汪，便質大義，聞天王狩于河陽，乃歎曰：周朝豈無良相，何得以臣召君。文汪異焉。"

20）唐人治經學仍遵從"師説"

賀知章撰文，季子汲書寫，唐開元十五年《楊執一墓誌銘并序》（《新中國・陝西貳》第 87 頁）："由是顓學禮經，深明喪服。雖兩戴之所未達，二鄭之所盤疑。皆劈肥分縷,膏潤冰釋。尤好左史傳及班史,該覽詢求,備徵師説。”盤疑,問疑;劈肥,劈,猶鞭辟入裏之劈,肥,指空間餘地。備徵師説,頗徵唐代經學治法。

21）唐人學術“不假師資”

唐大曆四年《元公墓誌銘并序》(《匯編》第27冊第79頁):“爰自成童,克勤詩禮。洎乎志學,博綜儒書。百氏之言,六經之要,必窮旨趣,不假師資。尋明經及第,調補潤州糸軍。”

22）唐人治《詩》《易》所分學派

唐神龍二年《故雍王李賢墓誌銘并序》(《新中国·陝西壹》第99頁):“既而傍該流略,博綜墳典。《詩》析齊、韓,洞嚴扃於楚囿;《易》分殷、夏,啓秘鍵於沛場。”

23）晚唐關於《春秋》《周易》及獻祭儀注傳授

唐咸通八年《尚弘簡墓誌銘并序》(《新中國·陝西貳》第290頁):“髫年學斆,弱冠經明。《春秋》得元凱之心,《周易》嗣康伯之跡。嘯傲高尚,攻業無擲於歲華;逍遥取適,師逸不抛其日就。太常禮寺舉之所知,尋授武成王廟丞。歲滿,授宗正乾陵丞。從調累授武成王廟令。獻祭之禮,儀注無違。肅敬嚴禋,有度有則。”

24）唐人繼承戴氏《禮》學、耽玩《史記》

唐大曆九年《李濤墓誌銘并序》(《匯編》第27冊第136頁):“弱歲好學,篤志經術,專戴氏禮。晚節躭太史公書,酌百代之典故,以輔儒行。遂以經明行脩,宗正寺舉第一。”

25）唐人關於《左傳》《春秋》關係

唐乾符三年《楊公故夫人左太君墓誌銘并序》(《新中國·陝西貳》第314頁):“太君昔周時褒貶《春秋》,封爲素臣,字丘明者,即遠祖也。”

26）唐人關於溺經義與搜文本之取捨

唐至德二載《明希晉誌文并序》(《匯編》第27冊第2頁):“官不內卑,事常優細。人皆以溺否經義,曠遐搜文;人皆以駈蹴尉途,尠稀因道。”夫沉溺於經義,而不知遠搜廣羅文本;與下出“鮮稀因道”一意。曠遐、鮮稀對文。

又"以溺否經義"之"否"字寫法,又見唐開元七年《修定寺記碑》(《匯編》第 21 冊第 116 頁)"於時金行運否,水德潛通,五馬逸於江湖,二龍徙於河洛"作 ,爲"否"下皆缺末筆,實即從几聲(如殳凫字所從聲符),以與"臧否"(音 pǐ)之讀區别。或亦用同"臧否"字,見唐大曆十三年《辛雲京妻墓誌》(《匯編》第 27 冊第 177 頁)"且以金城當將相之任,作心膂之臣,或有謀之否臧,政之頗類。夫人嘗以義制事,必考而咨之。是以金城終然允臧,大揚休命"作 ;然而從几聲之"否"形,爲"否"形改造爲從几形之漸。即目前所見使用記録,也就是唐代,如上舉唐至德二載《明希晉誌文并序》(《匯編》第 27 冊第 2 頁):"官不内卑,事常優細。人皆以溺否經義,曠遐搜文;人皆以駈蹴尉途,尠稀因道。"所用"否"字,其下部口形亦缺末筆。《漢語大字典・几部》引《字彙補》以爲從几者爲"古否字",其落後陳也遠。

6. 藝能:書體及書法(一)

1)藝能:隋唐仍爲品評人物關鍵字,相沿南北朝月旦標準

隋大業九年《蕭球墓誌》(《匯編》第 10 冊第 76 頁):"博通墳素,傍曉藝能。"隋大業九年《張虔墓誌》(《匯編》第 10 冊第 89 頁):"君不恒出處,幼標俊傑。藝能非由積習,禮復得自家風。"唐開元十四年《王曉故夫人崔氏墓誌》(《匯編》第 22 冊第 111 頁):"柔令罕匹,藝能無雙。"唐天寶七載《吴守忠墓誌銘并序》(《新中國・陝西貳》第 122 頁):"咸以藝能,並昇廊廟。"隋唐五代石刻語料庫關於"藝能"凡 21 條使用記録。參見《顔氏家訓・藝能篇》,《書體發展與文體自覺》(《學術月刊》2007 年第 3 期)。

雖有科舉之設,隋代尤重門德,此實爲月旦標準存在基礎。隋大業三年《王昞墓誌》(《新中國・河南壹》第 108 頁):"君膏腴有素,漸潤自天,孝乃生知,誠匪師學。離經辯志,敬業樂群,取異日新,見奇月旦。而水行在運,天下載清,選部取人,尤重門德。遂以訪第入仕。武定二年,起家開府長兼行參軍,便已蔭暎時流者矣。伯倫之居魏室,子荊之在晉朝,以古望今,彼應慙德。"

2）顔氏家族"藝能"傳承譜系

唐大曆十四年《顔勤禮神道碑》(《匯編》第27冊第193—195頁):"君幼而朗晤,識量宏遠。工於篆籀,尤精詁訓。秘閣司經,史籍多所刊定。……偃師丞杲卿,忠烈有清識吏幹,累遷太常丞,攝常山太守。殺逆賊安禄山將李欽湊。開土門,擒其心手何千季、高邈。遷衛尉卿兼御史中丞。城守陷賊,東京遇害。楚毒参下,詈言不絶。贈太子太保,謚曰忠曜卿。工詩善草隸,十六以詞學直崇文館,淄川司馬。旭卿,善草書,胤山令。茂曾,訥言敏行,頗工篆籀,犍爲司馬。闕疑,仁孝善《詩》《春秋》,杭州参軍。允南,工詩,人皆諷誦之。善草隸,書判頻入等第。……顗,鳳翔参軍。頍,通悟,頗善隸書。"一門所善各體,篆籀草書草隸,唯獨不及"楷正"名目,蓋當時尚以"草隸"稱楷書。説見拙編《中國文字發展史·隋唐五代文字卷》。

唐建中元年顔真卿撰并書《顔惟貞廟碑(陽)》(《匯編》第28冊第7頁):"巴陵太守、度支校尉諱騰之,字弘道,善草隸書,有風格。梁武帝《草書評》云:顔騰之賀道力竝便尺牘,少行於代。生輔國江夏王条軍諱炳之,字叔豹,以能書稱。生齊持書御史兼中丞諱見遠,字見遠。和帝被弑,一慟而絶。梁武深恨之,事見梁、周、北齊書。生梁鎮西記室条軍諱協,字子和。感家門事,義不求聞達。元帝著懷舊詩以傷之。撰晉仙傳五篇、日月災異圖兩卷,文集廿卷,見梁書。生北齊給事、黄門侍郎、待詔文林館、平原太守、隋東宮學士諱之推,字介,著家訓廿篇、冤(寃)魂志三卷、證俗音字五卷,文集卅卷,事具本傳。……生勤禮,字敬,君之祖也。幼而朗悟,識量弘遠。工於篆籀,尤精詁訓。解褐挍書郎,與兩兄弟師古、相時同時爲弘文崇賢學士。弟育德又於司經校定經史,當代榮之。太宗嘗令師古讃崇賢學士,以兄弟特命。蕭鈞讃之曰:依仁服義,懷文守一。履道自居,下帷終日。業彰素里,行成蘭室。鶴籥馳稱,龍樓委質。"

3）書事以"勁利"爲品目

唐建中元年顔真卿撰并書《顔惟貞廟碑(陽)》(《匯編》第28冊第7

頁)："生勤禮，字敬，君之祖也。幼而朗悟，識量弘遠。工於篆籀，尤精詁訓。解褐挍書郎，與兩兄弟師古、相時同時爲弘文崇賢學士。弟育德又於司經校定經史，當代榮之。太宗嘗令師古讚崇賢學士，以兄弟特命。蕭鈞讚之曰：依仁服義，懷文守一。履道自居，下帷終日。業彰素里，行成蘭室。鵠籥馳稱，龍樓委質。著作郎，修國史。夔府長史，贈虢州刺史。生昭甫（本名顯甫）、敬仲、殆庶、無恤、少連、務滋、辟強。昭甫字周卿，君之父也。幼而穎悟，尤明詁訓。工篆籀草隸書，与内弟殷仲容齊名，而勁利過之。特爲伯父師古所賞重，每有注述必令參定。嘗得古鼎廿餘字，舉朝莫識，盡能讀之。"

4）翰墨以"玄捷"稱

唐建中元年顏真卿撰并書《顏惟貞廟碑（陽）》（《匯編》第 28 册第 7 頁)："生我伯父，諱元孫。臬君伯父，聰穎絶倫，尤工文翰。舉進士，考功郎劉奇特標榜之。由是名動海内。累遷太子舍人。玄宗監國，專掌令畫，嘗和遊苑詩。批云：孔門稱哲，宋室聞賢。翰墨玄捷，莫之與先。"

5）工草隸與土木石書寫材料關係

唐建中元年顏真卿撰并書《顏惟貞廟碑（陽）》（《匯編》第 28 册第 7 頁)："君仁孝友悌，少孤。育舅殷仲容氏，蒙教筆法。家貧，無紙筆，与兄以黄土掃壁，木石畫而習之，故特以草隸擅名。天授元年，糊名考，判入高等。以親累授衢州參軍，与盈川令楊炯、信安尉桓彦範相得甚歡。又選授洛州温縣、永昌二尉，每選皆判入高科。侍郎蘇味道以所試示介衆曰：選人中乃有如此書判。嗟歎久之，遂代兄爲長安尉、太子文學。"其中"隸"作爲書體專名，自是取廣義的理解；而"草隸"組合，以"草"限定"隸"，所指當係"行楷"書。唐上元三年《費智海墓誌銘并序》（《新中國・陝西貳》第 53 頁)："遂遊志典墳，伏膺章句。追子長之絶業，連季産之遺芬。妙極九丘，精窮三礼。無来不應，有滯斯通。雅善談謔，尤工草隸。英辯莫窮，奇蹤罕測。身長八尺，腰帶十圍。眉目如畫，機神不竭。"草隸並稱，隸取廣義。

6）八分，與隸比列

唐天寶七載《李琚墓誌銘并序》(《匯編》第25冊第146頁)："而百氏圖書之學，八分篆隸之能，虚中慎獨之心，秉直懷方之節，已獲重於知已，或庶幾於古人。予不佞，從事斯文，倫嘗公聽。夫體者性之裁，工者分之專。故清而近者宜於詩，博而贍者長於筆。側聞雅論，公以筆推雄。洎開元廿二載，尚書考功郎孫公，天下詞伯，嘖以武庫詩倫題，候羣子之去就。公含毫有得，詞理甚鮮，俾孫公至今道之。其勇於効能，忽復兼擅有如是者，遂以鄉貢進士擢第。"唐天寶十三載《盧招墓誌銘并序》(《匯編》第26冊第121頁)："又工草隸八分書，咸得其妙。"八分、篆、隸，並列爲稱，隸指楷書。

7）唐人關於"藝"的理解：文字和技術，以曹子建爲例

唐上元二年《虢莊王李鳳墓誌銘并序》(《新中國・陝西貳》第50頁)："鳴雞好古，契劉德之服儒；豹蔚騰章，蔑曹建之涉藝。苞括縑志，綜覈緐圖。簀石九山之書，群玉四徹之典，嵩丘孔壁之奥，汲隧羽陵之奇，咸鏡心臺，畢歸精用。夢鷗摛彩，雖擅大巫：握虵韜祕，終輕小技。然則清景娱賓之夕，神飆敬客之辰，或抒緣情，時敷麗則，莫不韻諧風律，氣掩詞源。"以曹植爲例，所涉之"藝"，主體爲詩歌之類。

同篇又有："至若貫虱落鵜之工，措杯復沓之妙，韊接猱之逸藝，超散馬之殊姸。"此用"韊接猱"爲"超散馬"對文，接猱、散馬皆射藝之名，然則韊亦超也。三國曹植《白馬篇》："揚手接飛猱，俯身散馬蹄。"是"藝"又指向騎射技藝。本篇銘文與之映帶呼應："體縱高明，情遊多藝。禮訪十倫，詩談五際。字閱龜負，文稽龍躉。思入秋蘭，詞抽叢桂。魯驅牧馬，晉射霜山。……能因性與，妙在神先。"字形作[illegible]。龜負、龍躉對文，龜負即龜背所負之文，龍躉謂龍爬所行之跡，皆指傳説文字發明之跡。《集韻・祭部》："趍躉：一足行也。或从帶。丑例切。"歸結起來，所謂"多藝"者，指文字、詩詞、射藝數端。又所謂"能"者，謂"藝能"，與"妙"對文。

8）唐人關於“藝”的理解：藝—書寫，學—經史

唐貞觀五年《李立言墓誌銘》（《新中國·陝西貳》第17頁）：“藝兼刀筆，學綜經史。六行畢宣，一言無擇。”藝關乎刀筆，而學則對應經史。

唐貞元十四年《李通進墓誌銘并序》（《新中國·陝西貳》第174頁）：“公多材多藝，且武且文。或載筆飛書，掃清河雒；或腰韃插羽，拓定幽燕。”

鄉貢進士蕭遇撰，牛季瓌書并篆，玉冊官陳從諫刻，唐咸通九年《蕭行群墓銘》（《新中國·陝西貳》第298頁）稱其次子弘愈，“素蘊才藝，常工隸篆。”

唐咸通十年《包筠墓誌銘并序》（《新中國·陝西貳》第300頁）：“皆異得殊能，藝精專於翰墨；博學究典，極奧旨於深微。”

9）唐人關於“藝術”的理解

唐景龍二年《韋泂墓誌銘并序》（《新中國·陝西貳》第70頁）：“雅贍文藝，博觀載籍。每讀高人逸士傳，未甞不想見其人。遂遊江東之名山焉。”文藝、載籍對文，與“讀高人逸士傳”聯類，則唐時“文藝”指史書中人物之傳記。

10）唐人關於“藝”的理解：在女性之身爲樂器、女紅、技術

唐永昌元年《獨孤丞長女獨孤婉墓誌并序》（《新中國·陝西貳》第60頁）：“既而蘭儀蕙問，方傳獨立之奇；弄杍鳴弦，更擅無雙之藝。”唐天寶三載《韋韞故夫人河南源氏（端）墓誌銘并序》（《新中國·陝西貳》第107頁）：“文詞不習而神授，絲管無師而藝成。率由敏達，能臻其妙。”在女性之身，能事樂器，即爲“藝”能之一。

唐景雲元年《豆盧君夫人薛氏墓誌銘并序》（《新中國·陝西貳》第74頁）：“思入纖微，藝兼妙巧。裁紅翦翠，暐若春林；縟黛攢朱，粲成綅錦。”銘文相應作：“開緘發笥裁靡妙，彈商激徵吹枲差，珠帷寶帳坐生蘗，春霜夏雪銷桂枝。”蓋藝之稱巧，在女性爲女紅之類。

11）唐人關於“藝”的理解：書藝即“德”

唐大和七年《李稷墓誌銘并序》（《新中國·陝西貳》第228頁）：“幼

通五經,善聯綿書,弈棊在第二品。當時名公重德,多以此親之。”聯綿書,又作“連錦書”,大體爲草隸之類。唐吕向工草隸,能一筆環寫百字,狀若縈髪,世號連錦書。見《新唐書・吕向傳》。

12) 文藝: 賦詠談笑與壺博弦歌

唐天寶十三載《普安郡司馬韋豫墓誌銘并序》(《新中國・陝西貳》第134頁):“初,以南郊齋郎,選授邛州叅軍,轉劍州司兵。西蜀名區,舊稱饒衍。以高資而居下位,當盛時而遊奥壤。唐風魏俗,吾無取焉。於是交結賢豪,招訝賓友。閒賦詠於談笑,雜壺愽於絃歌。行樂當年,且不孤矣。及袟滿之後,頗嬰風痹。不任劇職,願就闲官。又歷涼王府功曹興寧陵令三皇五帝已前帝王廟令。俄以減省去官,優遊閭里,凡經數載。伯夷高謝,自求仁而得之;顔子屢空,非其道而不去。属年穀失稔,牽疾赴選。時司空楊公兼統冢宰,見而驚曰: 吾曩在益部,甞与同遊。文藝儀形,今猶昔也。”本篇所見“文藝”者,蓋兩端而已: 閒賦詠於談笑,雜壺博於弦歌。

13) 教坊第一部

唐會昌五年《唐故仗内教坊第一部供奉賜紫金魚袋清河張漸墓誌銘并序》(《新中國・陝西貳》第249頁):“府君稟淮楚地秀,明達天才。望其嚚若鷹揚,導其詞若泉涌。弱冠詣洛,名振大都。居守邀留,補防禦將。後還武寧,以將族選授武寧軍衙前將。久之,去職遊宦,筮仕于燕。燕帥司空劉公授幽州同經略副使。談笑辯捷,獨步一方。長慶初,國相張公出將是府,下車饗軍。府君首出樂部,歌詠化源,啓口成章,應機由典。相乃竦聽稱歎,揖之升堂,敬謂之曰: 如子之優,天假奉聖聰者也,非諸侯府所宜淹留。立表薦聞,旋召引見。穆宗皇帝大悦,寵錫金章,隸供奉第一部。弥歷二紀,榮密四朝。雖于髡滑稽,曼倩戲誚,寔無愧焉。”

教坊,宫廷音樂管理機構;音樂有“樂部”,部,分類之單位,見《詞彙部・物量類・部》;第一部,第一樂部、即樂部之首選者。如此篇,爲白樂天《琵琶行》“名屬教坊第一部”移釋,即略無剩義。

14) 變曲: 隋人世俗謳謡入誌,有以見流風扇被

隋大業七年《元鍾墓誌》(《匯編》第10冊第52頁):“堂客不空,桂罇恒滿,關門落轄,變曲揮金,君之好也。”

《漢書》卷九十七上《外戚列傳》第六十七上:“孝武李夫人本以倡進。初,夫人兄延年性知音,善歌舞,武帝愛之。每爲新聲變曲,聞者莫不感動。延年侍上,起舞歌曰:北方有佳人,絶世而獨立。一顧傾人城,再顧傾人國。寧不知傾城與傾國,佳人難再得。”《隋書》卷十六志第十一《律曆》上:“漢初興也,而張蒼定律,乃推五勝之法,以爲水德。實因戰國官失其守,後秦滅學,其道寖微。蒼補綴之,未獲詳究。及孝武創製,乃置協律之官。用李延年以爲都尉,頗解新聲變曲,未達音律之源,故其服色不得而定也。至於元帝自曉音律,郎官京房亦達其妙。”宋人所撰《樂書》卷一百六十一《樂圖論・俗部・歌上》:“爰及隋唐,新音變曲,傾動當世。或寫傾杯行天之聲,或歌世俗謳謡之曲。徒取悦心志爲耳目之娱而已,無復止乎禮義之意也,可不大哀邪。”

15）查、乙以及齊氣“語緩”

唐咸亨元年《王大禮墓誌銘》(《新中国・陝西壹》第69頁):“陳丘婉娩,魯館閑華。風穠澮旭,煙灼舒霞。謝混推譽,王濟承家。春朝弄乙,秋夕迎查。北分畿甸,南臨荒服。風偃絳幨,雨随丹轂。左言化衽,文身變祝。驥擬絶塵,鴻將辭陸。生涯不測,靈跡悠然。女娃空化,常娥遂仙。露因寒泣,月幾秋圓。悲關瑟柱,絶似琴絃。情本不忘,憂乃興疾。海終歸水,山多謝日。越嶠流漣,吴江蕭瑟。”

按查與乙字對文,此處疑指木筏:“槎牙”,或作“查牙”“扠牙”。唐天寶三年《袁君墓誌并序》(《匯編》第25冊第55頁):“面望長川,目杳莽而無際;後臨河水,仙查激浪而浮天。”乙、指音樂,猶唐人張祜《五弦》詩:“徵調侵弦乙,商聲過指攏。”

唐開元二十五年《臨高寺重修□碑并序》(《匯編》第24冊第36頁)銘文第四章:“爰始結構,廣兹□宇。鐸迴風吟,□危雲聚。叢倚□立,扠牙□豎。壁露銀泥,繩交金縷。其四。”“扠牙”,與“叢倚”對文,扠牙謂分張,叢倚謂聚合。方言詞而皆非本字,或作“扠煞”,或作“奓沙”,胥“查”字之緩讀。唐封演《封氏聞見記・查談》:“近代流俗,呼丈夫婦人縱放不拘禮度者爲查。”

吾鄉諸城方言形容舉止乖張,或曰“扠煞舞張”,按“扠煞”,煞爲詞尾;“舞張”,或即“張牙舞爪”之“舞爪”語轉。然齊方言歷史上以所謂“語緩”爲表徵,如“這樣”“那樣”,雙音節緩爲三音節“張乎樣”“囊乎樣”,皆爲聯類。反過來,也有將雙音節合成爲一個音節的類型。但實際所讀音節反而較雙音節爲綿長,如上舉詞語的反方向:將雙音節“這樣”讀爲“娘”音之悠長,將“那樣”讀爲“張”音之悠長。又如《石頭記》“才剛”,雙音節緩爲三音節“才將忙”。皆可連類。

7. 藝能:書體及書法(二)

1)以“六書”爲體:唐人對“六書”的理解

唐開元八年《周利貞墓誌》(《匯編》第21冊第135頁):“若夫探幽賾秘,混萬象於機神;適變通時,研六書於掌握。出忠於國,入孝於家。綸閣爲臣,作鹽梅於天子;大□述職,清水鏡於人民。不替斯猷,於焉有矣。”“若夫探幽賾秘,混萬象於機神;適變通時,研六書於掌握”,反映了唐人對六書的認識。

唐開元九年《楊純墓誌》(《匯編》第21冊第154頁):“君受后土之中和,保元天之正性。敏而好學,多識前言。書有六而咸精其體,經有五而盡登其奥。立詞必於致用,吐論知其凝神。是能比駕曹王,度越群子矣。”是唐人以“六書”爲書體之稱。

2)書判

孫藏器,有“書判拔萃”之稱。其所書《秦朝儉墓誌銘并序》(唐元和十二年,《新中國・陝西貳》第216頁),出新意於楷則之外,寓豪放於法度之內。流暢有力,爲有唐行書精品。所書誌蓋篆文,爲唐代少見篆法有力者。石刻爲“應書判拔萃朝散大夫前太子通事舍人上柱國孫藏器書”,體現了當時“書判”專業水準。“書判”:指書法和文理。《新唐書・選舉志下》:“凡擇人之法有四:一曰身,體貌豐偉;二曰言,言辭辯正;三曰書,楷法遒美;四曰判,文理優長。”韓愈《李君墓誌銘》:“進士及第,試書判入等。補秘書正字。”五代王定保《唐摭言・無名子謗議》:“李翰雖以辭藻擢第,不以書判擅名。"

3) 唐人"蝌蚪文"名不副實

唐開元八年《路玄墓誌》(《匯編》第 21 冊第 141 頁):"馬鬣爲墓,冀万代而長存;科斗題銘,庶千年之罔謝。"馬鬣,《漢語大詞典》收此條,指墳墓封土的一種形狀,亦指墳墓。所援引書證爲唐李白《上留田行》:"蓬科馬鬣今已平,昔之弟死兄不葬。"

4) 南北朝及唐代關於"草隸"的理解

北魏即有"草隸"之稱,見北魏延昌二年《魏故貴華夫人王普賢墓誌》(《匯編》第 4 冊第 12 頁):"夫人既蹈祖孝之淳懿,稟婉嫕之英姿。淑妙絶擬,機明贍識。端行清韶,從容柔靖。愛敬深凱風之美,敦順單常棣之華。五教聿昭,四德孔緒。妙閑草隸,雅好篇什。春登秋汎,每緝辞藻。抽情揮翰,觸韻飛瑛。"北魏神龜二年《寇憑墓誌銘》(《匯編》第 4 冊第 63 頁):"師心六藝,嘲論響應。美談咲,善草隸,文思其海,武乃斶穎。"

按"草隸"之稱,唐代石刻就有 10 餘處記録。唐建中元年顔真卿撰文并書寫《顔惟貞廟碑》(《匯編》第 28 冊第 7 頁):"君仁孝友悌,少孤。育舅殷仲容氏,蒙教筆法。家貧,無紙筆,与兄以黄土掃壁,木石畫而習之,故特以草隸擅名。"唐天寶四年《劉升墓誌銘并序》(《匯編》第 25 冊第 89 頁):"周流六籍,該覽百氏。窮草隸之妙,擅詞賦之工。"其中"隸"作爲書體專名,也是取廣義的理解;而"草隸"組合,以"草"限定"隸",所指當係"行楷"書。而"楷書""行楷"之稱,六朝隋唐石刻尚未之見。

5) 楷則出以隸意的石刻類型

唐開元十九年《李侯墓誌》(《匯編》第 23 冊第 58 頁),匯編者歸置於"正書"類。

按觀此誌,楷則見於隸書,或曰出隸意於楷法之中。拙編《中國文字發展史・隋唐五代文字卷》,其中《楷化的歷程》嘗謂隸變楷化,原本出乎同一過程。

6) 唐人論右軍書以"逸"爲品目,甚、盛音近通用

唐開元十八年《高懲墓誌》(《匯編》第 23 冊第 41 頁):"公有殆庶之

義孔多,絶倫之藝不預,以正直為墻仞,以行能為矛戟,清白為從政之夲,仁恕為周身之防。督交契而益敬,審事宜而利物。言體道,動中權,即之也温,望之儼然,如琴盡伯喈之雅聲,書得右軍之逸勢,行有餘裕,且善弈棊。公未甞以矜,但人所仰止。至於良辰美景,德儕氣合,亦文酒存焉。象外之名理与歸,海內之風流籍甚。甚矣夫!”

按清白無爲,爲唐人對儒將所取肯定態度。“風流籍甚”,唐石刻用“甚”字,籍甚,盛大;盛多。唐開元二十一年《裴同墓誌》(《匯編》第23冊第113頁):“入巖廊而籍甚,出郡邑而騰遷。”《漢書·陸賈傳》:“賈以此游漢廷公卿間,名聲籍甚。”王先謙補注引周壽昌曰:“籍甚,《史記》作‘藉盛’,蓋籍即藉,用白茅之藉,言聲名得所藉而益盛也。”《文選·王儉褚淵碑文》:“光昭諸侯,風流籍甚。”劉良注:“籍甚,言多也。”《魏書·崔子元傳》:“(崔子元)乃奏其父書,曰:‘臣亡考故散騎常侍、給事黄門侍郎、前將軍、齊州大中正鴻……多識前載,博極群書,史才富洽,號稱籍甚。’”唐皇甫冉《送榮別駕赴華州》詩:“還將海沂詠,籍甚漢公卿。”

今按《史記》卷九十七《酈生陸賈列傳第三十七》:“陳平乃以奴婢百人,車馬五十乘,錢五百萬,遺陸生爲飲食費。陸生以此游漢廷公卿間,名聲籍盛。《集解》:駰案《漢書音義》曰:言狼籍甚盛。”南朝梁代周興嗣編著《千字文》,亦存“榮業所基,籍甚無竟”。

7) 唐人中唐篆書風格

唐大曆二年(767)六月十五日刻《峿臺銘》,通篇篆書,清拔瘦勁,與日藏唐寫本《説文·木部》殘卷相對照,不啻印板。是銘出土地爲湖南祁陽浯溪,形制爲拓片高198厘米,寬109厘米,銘文係元結撰寫,刻字瞿令問篆書。著録於《匯編》第27冊第59頁,標點係筆者所加。

附:峿臺銘有序　河南元結字次山撰

浯溪東北廿餘丈,得怪石焉。周行三四百步,從未申至丑寅。涯壁斗絶,左屬回鮮。前有磴道,高八九十尺,下當洄潭。其勢□礴,半出水底,蒼然泛泛,若在波上。石巔勝異之處,悉爲亭堂。小峰□竇,宜間松竹,掩映軒户,畢皆幽奇。於戲!古人有蓄憤悶與病於時俗者,力不能築高臺以瞻眺,則必山巔海畔,伸頸歌吟,以自暢達。今取兹石,將爲峿臺,蓋非愁怨,乃所好也。銘曰:湘淵清深,峿臺隋陵。登臨長望,無遠不盡。誰厭朝市,羈牽局促。借君此臺,壹縱心目。陽崖礱琢,如瑾如珉。作銘刻之,彰示後人。有唐大曆二年歲次丁未六月十五日刻。

8. 唐人賞鑒及詩文評

1) 題名:爲千古登臨、塗鴉"到此一游"之祖

五代後蜀廣政二十六年《張匡翊等題名》(《匯編》第 36 冊第 188 頁):"蜀廣政癸亥歲二月十日,雲安搉塩使守右驍衛大將軍前守眉州刺史駙馬都尉張匡翊,與賓寮同届此。"石在四川雲陽,全文隸書,不外名士登高,風雅結習。題名,爲千古登臨塗鴉"到此一游"之祖。題名,石刻首見於南北朝,北魏山石刻字《石匠于仙人題名》僅刻"石匠于仙人"五字(《匯編》第 3 冊第 168 頁),除此之外,該時期題名主要見於"造像記"一類佛事活動。如北齊《張子昂等造像題名殘拓》(《匯編》第 5 冊第 90 頁)殘存姓名"張子昂,張阿至,張阿妃,張噉鬼,張惡奴,張羅侯"等,凡 10 餘處。

至於隋唐五代石刻,題名趨於廣泛,語料庫存 128 條記録,其中造像記僅占 18 條。《漢語大詞典》"題名"條:古人爲紀念科場登録、旅游行程等,在石碑或壁柱上題記姓名。唐張籍《送遠曲》:"願君到處自題名,他日知君從此去。"

2) 唐人雅賞

唐總章二年《徐買墓誌》(《匯編》第 15 冊第 84 頁):"君周慎肅恭,衆所推挹。加以地鄰金谷,鄉帶玉津。苻逸少之蘭亭,霞沈孔酒;儷嗣宗之竹徑,風傳蔡笛。關西五侯之客,時來息軔;江東八達之賓,無不歡集。"

3) "珠圓玉潤,筠勁蘭芳"爲唐代人物品目

唐貞觀元年《程鍾墓誌》(《匯編》第 11 冊第 11 頁):"君珠圓玉潤,筠勁蘭芳。孝乃天成,仁惟己任。志尚凝簡,器範宏密。"

4) 詩作調高氣聳,取與不雜

唐開元二十三年《盧全操墓誌》(《匯編》第 23 冊第 151 頁):"君諱全操,字全操,涿郡范陽人也。……公□業克崇,尤工詞令,調高氣聳,取与不雜。”按此爲《全唐詩》所不見者。

5）工於歌詩，天然自妙

唐元和十三年《楊仲雅墓誌》（《匯編》第29冊第132頁）：“工於歌詩，天然自妙，風月滿目，山水在懷，採月中桂，探驪龍珠，變化無方，駭動人鬼。……雖跡繫寰中，而心希物外，不揖卿相，不目流俗”。按《全唐詩》所不見者。

6）皇甫湜關於元次山及唐人諸家評判

唐元和年間（805—820）《浯溪詩刻》（湖南祁陽，拓片高45厘米，寬48厘米。皇甫湜撰，正書。《匯編》第29冊第167頁）：“次山有文章，可惋只在碎。然長於指叙，約潔多餘態。心語適相應，出句多分外。於諸作者間，拔戟成一隊。中行雖富劇，粹美君可蓋。子昂感遇佳，未若君雅裁。退之全而神，上與千年對。李杜才海翻，高下非可槩。文於一氣間，爲物莫與大。先王路不荒，豈不仰吾輩。石屏立衙衙，溪口啼素瀨。我思何人知，徙倚如有賴。侍御史內供奉皇甫湜書。”

7）唐人當時以“歌從軍，吟出塞，皦兮極關山明月之思，蕭兮得易水寒風之聲”蒼涼之調，評王之涣詩作

唐天寶二年五月二十二日葬《王之涣墓誌》（宣義郎行河南府永寧縣尉西河靳能撰。河南洛陽出土，李根源舊藏，後贈蘇州文管會，拓片長、寬均36厘米。靳能撰，此拓爲吴梅捐贈本。《匯編》第25冊第34頁）：“才命者自然冥數，軒冕者儻来寄物。故有修聖智術，講仁義行，首四科而早世。懷公輔道，藴人倫識，官一尉而卑棲。命與時歟，才與達歟，不可得而偕歟。公名之涣，字季淩。本家晉陽，宦徙絳郡。即後魏絳州剌史隆之五代孫。曾祖信，随朝請大夫、著作佐郎，皇蒲州安邑縣令。祖表，皇朝散大夫，陽翟丞、瀛州文安縣令。父昱，皇鴻臚主簿、雍州司士，汴州浚儀縣令。公即浚儀第四子。幼而聰明，秀發穎晤。不盈弱冠，則究文章之精；未及壯年，已窮經籍之奥。以門子調補冀州衡水主簿。氣高於時，量過于衆。異毛義捧檄之色，悲不逮親；均陶潛屈膂之恥，勇於解印。會有誣人交搆，公因拂衣去官。遂優遊青山，滅裂黄綬。夾河數千里，籍其高風；在家十五年,食其舊德。雅淡珪爵,酷嗜閑放。密親懿交,惻公井渫,勸以入仕,久而乃從。復補文安郡文安縣尉。在職以清白著,理人以公平稱。方將遐陟廟堂,惟兹稍漸磐陸,天不与善,國用喪賢。以天寶元年二月十四日遘疾,終于官舍,春秋五十有五。惟公孝聞于家,義聞于友,慷慨有大略,倜儻有異才。甞或歌從軍,吟出塞,曒兮極關(開)山明月之思,蕭兮得易水寒風之聲。傳乎樂章,布在人口。至夫雅頌發揮之作,詩騷興喻之致,文在斯矣。代未知焉,惜乎。以天寶二年五月廿二日葬於洛陽北原,禮也。嗣子炎及羽等,哀哀在疚,欒欒其棘。堂弟永寧主簿之咸,泣奉清徽,託志幽壤。能忝疇舊,敢讓其詞。銘曰:蒼蒼窮山,塵復塵兮。鬱鬱佳城,春復春兮。有斐君子,閟兹辰兮。于嗟海內,涕哀辛兮。矧伊密戚,及故人兮。"

8)唐人以"韻遠"爲文章品目,"動詞"在唐代尚作動賓詞組用

唐開元十九年《鄭公妻宋練墓誌》(《匯編》第23冊第56頁):"葳誡言清,食德班彪之室;文章韻遠,動詞秦氏之闈"。食德,辭書謂享受先人德澤。語本《易·訟》:"六三,食舊德。"唐杜甫《奉送蘇州李長史丈之任》詩:"食德見從事,克家何妙年。"

又,古語"食言"爲貶義詞,"食德"則爲中性詞。"動詞"在唐代尚作動賓詞組用,謂組織文辭,猶《唐詩紀事》卷三十一馮伉《和權載之離合詩》云:"車馬退朝後,聿懷在文友。動詞宗伯雄,重美良史功。亦曾吟鮑謝,二妙尤增價。雨霜鴻唳天,匝樹鳥鳴夜。覃思客縱横,早擅希代名。息心欲焚硯,自覥陪群英。"

9)散誕:隋人關於山濤之品目

隋大業十二年《張濬墓誌》(《匯編》第10冊第153頁):"文符淹麗,慍然物外。散誕巨源之處,纏綿子期之所。苞含六藝,披尋百氏。"

10)曹植定評:器調高奇,風革梳朗。談人刮舌,靈虵曜掌

隋開皇十二年《曹植廟碑》(《匯編》第9冊第89頁):"叡哲稟於自然,博愍由於天縱。佩金華以邁四氣,抱玉操如忽風霜。綴贍藻於孩年,攝酉什於孺歲。尋聲制賦,膺詔題詩。詞彩照灼,子雲遥慙於吐鳳;文華理富,仲舒遠愧於懷龍。又能誦萬卷於三冬,觀千言於壹見。才比山藪,思並江湖。清辭菀菀,若蘩荀之蔚鄧林;緑藻妍妍,如河英之照巨海。武庫太官之譽,握促之器者也。但禄由德賞,頻享皇爵。建安十六年,封平原侯。十九年,改封臨淄侯。都不以貴任爲懷,直置清雅自得。常閑步文籍,偃仰琴書,朝覽百篇,夕存吐握。使高據擅名之士,侍宴於西園;振藻獨步之才,陪遊於東閤。……器調高奇,風革梳朗。談人刮舌,靈虵曜掌。"亦墓誌或謂"才氣横逸、節概不群",見隋開皇十五年《謝岳墓誌》(《匯編》第 9 册第 105 頁):"君識亮寬雅,才氣横逸,節概不群,風神獨遠。"

11) 裴導學術評價

從祖兄右諫議大夫佶撰、唐貞元十四年《裴衡墓誌銘并叙》(《新中國・陝西貳》第 175 頁):"烈考,常州録事糸軍府君諱導。君常州之嗣子也。□□而不緑,介然而有立。昆弟與其讓,交游得其恒。寒泉之□,□而宜食;齋房之産,蔓而益茂。常州府君精貫六經,合通百氏。脩滯起廢,潛心振學。乃著《六官典故》百卷,賦《王業惟新》□章。别爲名家,冠軼文囿。君甞泣而謂余曰:夫孝者揚名顯親,繼志述事。先人事業,羽翰邦教,而尚留私笥,未列書林,則人子之罪,莫大於廢墜。小子宜上獻闕下,請頒群儒。藏于名山,副在延閣。然後退守衡宇,没而獲已。嗚呼。身先朝露,懷瑾不揚,家傳遺草,落簡誰續。余所以采常州之譔著,傷孝□之蕪委。録石存述,表君不忘。"

12) 唐人於齊梁短篇,等苦寒危調,"賤鄙"乎視之

唐貞觀三年《等慈寺之碑》(《匯編》第 11 册第 22 頁):"賤齊梁之短篇,鄙苦寒之危調。"

13) 隋唐多用苦月、苦霧:情感與味覺相鄰

苦、悲對文,隋唐石刻習見。又苦月、苦霧結緣,功能一揆。

唐乾封二年《趙君妻梁氏墓誌》(《匯編》第 15 册第 25 頁):"風悲拱木,月苦寒塋。"唐開元五年《崔君妻鄭氏墓誌》(《匯編》第 21 册第 80 頁):"煙雲積而高日苦,草樹□□□□□。"以後句殘缺,未明所對,然下列用例,則大率苦、悲對文一意。唐開元二十年《崔光嗣墓誌》(《匯編》第23冊第88頁):"城臨苦月,思南陌之歌鍾;地即荒郊,痛北邙之荊棘。"唐開元二十一年《鄧夫人墓誌》(《匯編》第23冊第105頁):"千里遥遥思煞人,九原冥冥空有塵,悲風苦月徒相繼,壟墜泉臺不復春。"唐長安四年《楊亮墓誌》(《匯編》第19冊第116頁):"苦月宵映,悲風晝吹。"唐開元二十三年《姚珝墓誌》(《匯編》第23冊第152頁):"苦月懸隴,愁雲曀日。"唐開元二十五年《盧瞰墓誌》(《匯編》第24冊第44頁):"幽壠悶兮苦月過,寒松植兮悲風度,春蘭兮秋菊,千霜兮萬露。"唐開元二十七年《張易墓誌》(《匯編》第24冊第101頁):"悲風蕭颸,苦月徊徊。"唐開元末《瀨水上古真義女碑銘》(《匯編》第24冊第169頁):"每風號旻天,月苦荊水。"如此等等,隋唐石刻使用"苦月",無慮16處;使用"月苦",凡25處。魏晉南北朝石刻尚未之見,是"苦月"者,乃隋唐時代石刻渲染氣氛始出現並凝固爲恒定意象。

按苦、悲對文一意,如隋開皇十五年《鞏賓墓誌》(《匯編》第9冊第103頁):"山浮苦霧,樹動悲風,流冰曀水,上月凝空。"隋大業九年《郭寵墓誌》(《匯編》第10冊第90頁):"苦霧埋旌,悲風偃盖"。隋大業九年《牛諒墓誌》(《匯編》第10冊第91頁):"寒林蕭索,紅塵掩藹。苦霧埋旌,悲風偃蓋。"抑或愁、苦對文,如隋大業十一年《伍道進墓誌》(《匯編》第10冊第124頁):"西扶落照,東汜沉暉。雲愁日慘,霧苦風威。"隋仁壽元年《高虯墓誌》(《匯編》第9冊第137頁):"隴暗愁雲,山昏苦霧。"唐天寶元年《張本墓誌》(《匯編》第25冊第2頁):"寒林蕭瑟,每積悲風。高隴峯峩,常飛苦霧。"悲風、苦霧對文,即悲愁之霧,亦"苦月"之比。唐天寶四年《司馬元禮墓誌銘并序》(《匯編》第25冊第81頁):"苦霧霏霏,愁煙漠漠。"

月色清冷,渲染淒涼。感觸之媒,遂由視覺而訴諸味覺,由味覺以通心覺,隋唐墓誌已爲成語。"苦寒"成詞,隋代墓誌用字,尚以"月寒"搭配。如隋開皇十年《王曜墓誌》(《匯編》第9冊第65頁):"林空鳥思,風悲月寒。陵谷非久,前後相看。"

亦見於同時代傳世詩文字法,白居易《琵琶行》:"住近湓江地低濕,黄蘆苦竹繞宅生。其間旦暮聞何物,杜鵑啼血猿哀鳴。"

14）春色與傷心

唐開元十一年《執失善光墓誌銘并序》(《新中国・陝西壹》第 109 頁)銘文:"年華痛抱,春色傷心。"按《楚辭・招魂》"目極千里兮傷春心,魂兮歸來哀江南""湛湛江水兮上有楓,目極千里兮傷春心",李白《菩薩蠻》詞云:"平林漠漠煙如織,寒山一帶傷心碧。"墓誌侔色揣稱,以春色之美,與傷逝心情,樂景寫哀,構成反襯。太白詩句,以傷心誇飾風物程度,俗語所謂"美得令人震撼",幾成正比例。二者物色與心理,貌合而神離者。

15）雅操意象:玉壺、冰心,聯類白、帛同字,帛、白其初文

唐乾封三年《靖徹妻王氏墓誌》(《匯編》第 15 册第 63 頁):"冰壺飾性,藻鏡疘懷。"冰壺,即玉壺。唐開元十八年《崔羨墓誌》(《匯編》23 册第 21 頁):"玉壺有冰,遺孫謀也。"又唐開元二十年《王韶墓誌》(《匯編》23 册第 68 頁):"夙夜在公,不改冰壺之節;旬時弊獄,唯施甘棠之政。"唐開元二十六年《夏侯思泰墓誌》(《匯編》第 24 册第 74 頁):"所居官守,清如水鏡,皎若冰壺。"冰壺、水鏡對文,比況清潔。唐開元二十七年《王惠忠墓誌》(《匯編》第 24 册第 81 頁):"公藴珪璋之器,挺廊廟之材,有文武之鏘鏘,有風飈之洛洛。不以絲竹喧其耳,不以玉帛乱其心,仁山巘嵃而自高,學海澄淡而激濬。雖位匪充量,冰壺之操靡渝;早擅家聲,虚白之風不弭。"唐天寶三年《袁君墓誌》(《匯編》第 25 册第 55 頁):"器等玉壺,冰淨志冽。"唐咸亨元年《張曉墓誌》(《匯編》第 15 册第 143 頁):"玉壺比潔,霜鍾齊韻。"唐咸亨三年《尹達墓誌》(《匯編》第 15 册第 168 頁):"玉壺低箭,金波上弓。"唐天寶十年《趙佺墓誌》(《匯編》第 26 册第 38 頁):"冰霜之操玉壺之色兮,神欺正直兮。"唐天寶十二年《姚希直墓誌》(《匯編》第 26 册第 96 頁):"洞識且明,果行將著。詩禮爲鉗鍵,信義爲車輿。其清也玉壺成規,其直也朱絲可□。"唐天寶十二載《鄭君夫人清河崔氏墓誌銘并序》(《匯編》第 26 册第 103 頁):"灼灼令質,言歸于鄭。風火相熾,冰壺交映。”唐總章二年《楊行禕墓誌》(《匯編》第15冊第96頁):“冰壺疊彩,佐重泉而降祥;火齊相輝,贊武城而振響。”唐天寶元年《韓忠節墓誌銘》(《新中國·河南貳》第284頁):“仇香屈跡,梅福馳聲。霜栢孤聳,壺冰自清。”唐永淳二年《安元壽墓誌銘并序》(《新中国·陝西壹》第82頁):“押玉同貞,壺冰比潔。明以察政,黠吏無以匿其情;直以當官,邪人不能撓其法。”

玉壺,往往與刑官身份相映照。武周萬歲通天元年《成循墓誌銘并序》(《匯編》第18冊第89頁):“議獄是司,得情銜恤。水鏡無雙,冰壺第一。”

按玉壺有冰,貯冰心於玉壺,冰清玉潔,喻純淨高潔。唐開元十八年《崔羨墓誌》上出“清白著稱”,爲相互寫照。隋唐石刻語料用爲高頻詞,“壺冰”凡5次,“玉壺”7次,“冰壺”32次。

按《宋書·良吏傳·陸徽》:“年暨知命,廉尚愈高,冰心與貪流争激,霜情與晚節彌茂。”冰心、貪流對文,尚不具象。唐王昌齡《芙蓉樓送辛漸》詩之一:“寒雨連天夜入湖,平明送客楚山孤。洛陽親友如相問,一片冰心在玉壺。”壺冰(冰壺)、玉壺,唐時習見慣道語。

鏡臺又爲心鏡之喻,迎曜無疲。大周長壽元年《張樹生墓誌銘》(《新中國·陝西貳》第61頁):“瑩心臺之明鏡,迎曜無疲;蓄靈府之洪鍾,有来斯應。不咨嗟於富貴,不健羨於公侯。然而里閈稱仁,閭閻價美。每狎通人之論,恒居長者之場。”

復按:帛,初文爲白,或云帛之得名,即在於白。後世以白抽象出來,專用於七色之一的白色,與紅緑紫絳等諸色字,皆附麗於絲狀物,認知渠道一揆。嘗見古文字考釋者,或以白、百同源,義爲人首云。但據字形,無由辨識。白居易《琵琶行》:“曲罷撥弦當心畫,四弦一聲如裂帛。東船西舫悄無言,唯見江心秋月白。”帛、白叶韻,同爲韻腳字。《說文解字·帛部》:“帛,繒也。从巾白聲。”《玉篇·帛部》:“帛,步百切。繒帛也。”《萬象名義·帛部》:“帛,蒲格反。繒也。”帛,即純白色,故《說文》等字彙,皆以帛作爲其它各色參照物。《集韻·東部》:“紅,《說文》帛赤白色。”《之部》:"緇紂純:《説文》帛黑也。"《之部》:"綼綦帺綨:《説文》帛蒼艾色,引《詩》縞衣綼巾,未嫁女所服。一曰不借綼。亦姓。或作綦帺。古作綨。或書作緕綎。"《虞部》:"繻緰幯縬:《説文》繒采色。"《紙部》:"紫:蔣氏切。《説文》帛青赤色。"

16)"化蝶"意象濫觴於唐人:衣成蛺蝶,樹化鴛鴦

唐開元二十三年《王羊仁墓誌》(《匯編》第23冊第149頁)銘文之三節:"洛陽城北,邙山之陽。衣成蛺蝶,樹化鴛鴦。草生路斷,山幽早霜。騰徽播美,地久天長。"

唐乾符四年《王公夫人清河張氏墓誌銘并序》(《新中國·陝西貳》第316頁):"洎乾符四年二月寢疾,飲食失節,動靜多艱。公憂軫刃心,徵諸良藥,而又廣祈方士,朗設佛像,焚燎香火,不缺晝夜。飯僧薦神,而不有應。至三月六日,奄謝于永昌里之私第。清晝若暮,高槐忽秋。愁雲蔽空,悲風戛户。舉家哀慟,四隣感傷。畫梁之雙鸞不迴,庭欄之舞蝶並散。"

按墓主爲越世高人,多作出世之想。故結末銘詞所用"化蝶",本莊生故事,但與物化鴛鴦比類。是世間深情,衍自出世忘情,合於情感發展之辨證。宋周密《癸辛雜識前集·化蝶》:"楊昊字明之,娶江氏少文,連歲得子。明之客死之明日,有蝴蝶大如掌,徊翔於江氏傍……蓋明之未能割戀於少妻稚子,故化蝶以歸爾。"民俗所傳晉人梁山伯與祝英台蝴蝶便化,此爲見諸文獻較早且較著者。

17)月夜清風,成恨見待:風月有待人賞

隋大業五年《吕胡墓誌》(《匯編》第10冊第31頁):"君少懷雅掾,玉潔爲心。早述書墳,援筆成彩,是以論議不絶,異世有人,解頤之談,各擅今古。豈止學不師授,才實天然。聲振海隅,名高魏土。偃僊獨立,卓尔不群。萇廊華苐,倒屣来迎;月夜清風,成恨見待。"《後漢書》卷六十二《樊宏傳》:"時赤眉賊掠唐子鄉,多所踐殺,欲前攻宏營。宏遣人持牛酒米穀勞遺赤眉,赤眉長老先聞宏仁厚,皆稱曰:'樊君素善,且今見待如此,何心攻之?'引兵而去,遂免寇難。"《後漢書》卷一百十三《法真傳》:"眞曰：以明府見待有禮，故敢自同賓末。若欲吏之，眞將在北山之北，南山之南矣。太守戄然不敢復言。”《三國志·魏志》卷九：“曹休，字文烈，太祖族子也。天下亂，宗族各散去鄉里。休年十餘歲喪父，獨與一客擔喪假葬，携將老母渡江，至吴，以太祖舉義兵，易姓名，轉至荊州，間行北歸，見太祖。太祖謂左右曰：此吾家千里駒也。使與文帝同止，見待如子。”按“見待”，猶言善視優待，指向主體一方。該處“月夜清風”爲虛，以前文“長廊華苐”爲實。風物人情，彼此酬答，寫法爲“賓客萬象”之媒。參觀錢鍾書《管錐編》第四册孔稚圭《北山移文》“風月有待賞會”。

18）“衣裳”之體用

隋開皇三年《封忠簡妻王楚英墓誌》（《匯編》第9册第6頁）：“望盡高門，世爲冠族，江東獨步，王文度之八世孫也。自兹以降，人倫黼黻，憲章継軌，不殞其舊。祖世珍，中書監、長社侯，才超許洛，聲逸天下。父廣業，徐州刺史，衣裳朝野，儛榜縉紳。夫人稟粹淑靈，膺和慶緒，風度凝婉，神情秀出。……加以藉甚公卿，領袖華夏，門駈駟馬，室饗万鍾。”唐貞元十九年《唐故宜都公主（柳昱妻）墓誌銘并序》（《新中國·陝西貳》第186頁）：“既而車服有章，錫命加等。禮崇宗戚，榮被族姻。”

黼黻、衣裳、領袖等皆關乎文德，按“衣裳”具顯示“文章”“標誌”等級之用，爲中國古代文評特點。該誌“衣裳”復與“標榜”對文，聯繫到“領袖”一詞，亦取於衣裳部分。《漢語大詞典》“衣裳”條：代稱達官貴人或儒雅之士。《後漢書·崔駰傳》：“方斯之際，處士山積，學者川流，衣裳被宇，冠蓋雲浮。”不外名詞之用。立項如此，仍不免偏枯。

19）“德”字屬性：稟性特，具執柄，定位分

隋開皇十二年《李則墓誌》（《匯編》第9册第81頁）：“君諱則，字僧法，愽陵安平人。其先爰自有周，濯纓從官，降逮於魏，封邑段干，遂乃隱德行仁，西遊息迹。”

德有柄、禮有輿。隋開皇三年《寇遵考墓誌》（《匯編》第9册第10頁）：“信作禮輿，謙爲德柄，入孝出弟，終和且敬。”按“德”具柄，可執持，與《管錐編》所本《韓非子》拈出“喻有兩柄”之柄，名同實異者。《漢語大詞典》"德柄"條：舊時以謙恭爲德柄。語本《易·繫辭下》："謙，德之柄也。"孔穎達疏："言爲德之時以謙爲用，若行德不用謙，則德不施用。是謙爲德之柄，猶斧刃以柯柄爲用也。"高亨注："謙虛始能執德。"南朝梁蕭子雲《雍雅》之一："濟濟群公，恭爲德柄。"

德，本意爲行，唐貞觀廿二年《張行滿墓誌》(《匯編》第11冊第172頁)："君諱行滿，字德充。"唐人名字相應。唐乾封元年《顔仁楚墓誌》(《匯編》第15冊第5頁)："長裾管記，寔從容以賦華；小冠宰同，自優遊於琴德。"按"琴德"猶"酒德"，即性特之謂。參觀《尚書文字校詁·釋"格"》。

國之文武二柄：唐開元十五年《趙君知儉誌銘并序》(《新中國·陝西貳》第88頁)："國之二柄，唯文与武，斯可謂尹翁歸之兼才乎。"

唐天寶六載《張去奢墓誌銘并序》(《新中國·陝西貳》第116頁)："名以實彰，位由德授。"位有待德授，正猶名以實彰，八字揭示名實、文德關係。

20）"器"有體有用

唐開元九年《桓歸秦墓誌》(《匯編》第21冊第148頁)："碩人其頎，曷以畀之。君子不器，郡以莅之。"是"器"也者，功能之謂。"君子不器"，即謂君子多能，非如器之功能專門於一物。

漢墓帛書《老子》存"大器免成"，曲學阿世之徒，不諳通假，遂妄逞臆説，以爲大器爲器之不可成型者；近年出土戰國楚簡《郭店楚墓竹簡·老子乙》寫作"大器曼成"："大方亡禺(隅)，大器曼成，大音祗聖(聲)，天(大)象亡茔(形)。"其曼亦讀作晚。是器者形而下，形制分大小，成形有早晚，與形而上之道、有象無形，相對待而不能淆然。又見"簡牘餘話"類。"不成器"，又見《禮記·學記》："玉不琢，不成器；人不學，不知道。"則"器"又謂形也，俗語所謂"無形狀"或"拿不成個"。器，又謂修養格局境界，南朝梁周興嗣《千字文》"信使可復，器欲難量"。

21）五代"碩鼠"可指大才高才

五代後唐天成元年《康贇羑墓誌》(《匯編》第36冊第31頁)："慙非

碩鼠之才,強諧吮筆;敢並屠龍之志,輒搆斯文。乃爲銘曰……”碩鼠、屠龍對文,指高才。

22) 思窮妍麗,慮歸閑謐

唐貞觀廿二年《段儼妻李氏墓誌》(《匯編》第 11 冊第 171 頁):“柳密疰窓,乍起流鶯之賦;月合花簟,因裁擣衣之篇。採桔纂組之規,澄漠紘綖之務。靡不思窮妍麗,慮歸閑謐。……尸芳牖下,既奉宣平之奠;思媚諸姑,還侍河陽之箒。”其中,“思窮妍麗,慮歸閑謐”,用於文章與立身之道:思指文思,慮指旨歸。措辭“妍麗”,與墓主身份,現成湊泊。

23) 御民之喻:驅雞、狎雉

隋仁壽三年《張儉及妻胡氏墓誌》(《匯編》第 9 冊第 160 頁):“武平元年,驃騎將軍、河陰東垣二縣令,駈雞布政,狎雉稱良,治靜琴鳴,民清皷息,除給事中,轉散騎常侍。”《葉八白易傳》卷二:“覩孺子之驅雞也,而見御民之有道。孺子驅雞者,急則驚,緩則治。方其北也,遽要之則折而過南;方其南也,遽要之則折而過北。”

24) 動態賦美

隋大業十年《侯氏墓誌》(《匯編》第 10 冊第 109 頁):“妍明有性,慎美兼姿。亂徊雪之輕儛,駐行雲之妙曲。”隋開皇十七年《董美人墓誌》(《匯編》第 9 冊第 118 頁):“美人體質閑華,天情婉嫕,恭以接上,順以承親,含華吐艷,龍章鳳采,砌炳瑾瑜,庭芳蘭蕙,既而來儀魯殿,出事梁臺,摇環佩於芳林,袪綺績於春景,投壺工鶴飛之巧,彈棊窮巾角之妙,妖容傾國,冶咲千金,疰映池蓮,鏡澄窓月,態轉迴眸之艷,香飄曳裾之風,颯灑委迤,吹花迴雪。”動態賦美,又見隋大業八年《沈氏墓誌》(《匯編》第 10 冊第 64 頁):“炤梁比麗,迴雪方妍。”

“迴雪”,雪迴旋飛舞,比喻女子舞姿的輕盈優美。隋大業八年《蕭氏墓誌》(《匯編》第 10 冊第 65 頁):“宫人秀則容雅,芳華麗質。美而窈窕,秦女莫以方之;獨秀家庭,西施無以等譬。情思禮度,得奉蘭闈。綺帳綢繆,華庭逶步。瞻望月麗,必以題詩。得賦吟篇,梁間不絶。蟬飛入鬢,鳳口含烟。”蓋隋時秦女與西施並列,爲賦美專名。

按動態賦美,名作慣技。如《石頭記》第五回賦境幻仙子:"方離柳塢,乍出花房。但行處,鳥驚庭樹;將到時,影度回廊。……纖腰之楚楚兮,回風舞雪;珠翠之輝輝兮,滿額鵝黄。出没花間兮,宜嗔宜喜;徘徊池上兮,若飛若揚。"〔1〕

授色。唐景龍二年《韋洞墓誌銘并序》(《新中國·陝西貳》第70頁):"積德延和,殊祥啓懿。咳名之際,固已授色。"授色,此謂天姿,或英姿天授,非等男女情鍾神交之"色授魂與"者。

花容。唐天寶七載《何知猛墓誌銘》(《匯編》第25册第142頁):"不謂春□□美,忽遘秋霜,降靈魄於仙宫,窆花容於窀穸。"元代方回《虚谷閑抄》:"見少女如張等輩十許人,皆花容綽約,釵鈿照輝。"〔2〕

金夫,夫人對武官出身丈夫之稱。玉箸,特喻女性垂泪。唐開元二年《張叔子墓誌》(《匯編》第21册第22頁):"自金夫永逝,玉箸長垂,不勝晝哭之心,復掩夜臺之魄。"其中"金夫"一詞,語出《周易》,而唐人爲夫人以此指稱武官丈夫。《易·蒙》:"六三,勿用取女,見金夫,不有躬,無攸利。"鄭玄注:"見剛夫而求之,故曰不有躬也。"孔穎達疏:"見金夫者,謂上九,以其剛陽,故稱金夫,此六三之女,自往求見金夫……是爲女不能自保其躬,固守貞信,乃非禮而動,行既不順,若欲取之,無所利益,故云不有躬,無攸利也。"朱熹本義:"金夫,蓋以金賂己而挑之,若魯秋胡之爲者。"

又,"玉箸"一詞,石刻比況,特指女性垂泪。南朝梁簡文帝《楚妃歎》詩:"金簪鬢下垂,玉筯衣前滴。"唐高適《燕歌行》:"鐵衣遠戍辛勤久,玉箸應啼别離後。"

25)鸞鏡之象

唐總章二年《王德墓誌》(《匯編》第15册第85頁):"雙鴛汎水,一劍先沉。孤鸞舞鏡,獨鶴棲林。"唐總章二年《李氏墓誌》(《匯編》第15册第89頁):"鶴燈徒設,鸞鏡虚懸。塵生帳裏,網計帷邊。"鏡中鸞舞,孤獨

〔1〕 鄧遂夫校訂《脂硯齋重評石頭記》甲戌校本,作家出版社2000年,第154頁。

〔2〕 參觀臧克和《説文解字的文化説解·艸部類》"佳人與卉植",湖北人民出版社1994年。

之象。

隋大業十年《張達墓誌》(《匯編》第 10 冊第 104 頁)銘文:“金烏悶日,玉馬開輪。電影蹔奄,七識還墳。鸞鳴鏡裏,鳳儛池邊。悲乎氣絶,灑淚如雲。嗚呼哀哉! 永没泉門。”至於“鸞鳴鏡裏,鳳儛池邊”,以鏡花水月之象,喻人生胥歸孤寂虛妄。

26) 匣中雙劍,以喻同穴;鏡中孤鸞,以喻非偶

唐貞觀廿二年《丘藴墓誌》(《匯編》第 11 冊第 173 頁):“生有結髮之恩,死崇同穴之禮。匣中離劍,自此成雙;鏡裏孤鸞,於焉絶響。”

27) 鳥思

唐貞觀廿年《王才墓誌》(《匯編》第 11 冊第 157 頁):“川長鳥思,岫□□悲。攀號茹慕,涕泗零□。”原拓缺字。若求“川長鳥思”前後當對,則填字出以“岫幽猿悲”,庶乎其可。唐永徽六年《高儼仁墓誌》(《匯編》第 12 冊第 174 頁)有“悲纏鳥思,痛結猿心”。隋唐五代石刻“鳥思”成詞,數據庫存在 20 餘條使用記録。又,“茹慕”一詞,即孺慕之同音異形者。

28) 移情對象:風鳥同哀

隋大業十二年《楊厲墓誌》(《匯編》第 10 冊第 148 頁):“風鳥同哀,鄰垣共泣。”此爲移情於禽鳥,抒寫悲苦之石刻用例。視唐人石刻所謂“觀花落淚,聽鳥驚心”,老杜《春望》“感時花濺泪,恨别鳥驚心”,手法無二,作用一揆。又見下出“淚柏”條。

29) 淚柏

唐貞觀廿二年《毛盛墓誌》(《匯編》第 11 冊第 176 頁):“泣血荒塋,見淚栢之秋瘁;呑哀竹逕,屬祭笋之寒□。”銘文亦云:“淚枝秋瘁,祭笋寒抽。”

30) 和而不同:“通”有待於“能雜”,而“和”必歸乎“不一”

唐天寶七載《吴巽墓誌銘并序》(《新中國·陝西貳》第 121 頁):“初尉蜀,有副將專元師。數之以禮,逡巡不降。慷慨仍前,獄吏執之,將議不敬。君於是矯發駟騎,出之圓扉,俾間道而馳。是日幸免,應則非順。雖君子不爲,感其所託,亦義士之節。元師則人傑也,賢其敢行事,特不書刑焉。夫人生於天地之間,唯唯默默者皆是。而夫子獨和而不同,超然秀拔,猶豈阜之上出一岫,以高標叢薄之間,聳孤松以直上。遍在人口,不爲空言。”晉夏侯湛撰,唐平原太守顔真卿書,天寶十三年《漢太中大夫東方先生畫贊并序》(《匯編》第 26 冊第 126 頁):“邈邈先生,其道猶龍。染迹朝隱,和而不同。”

唐貞觀二十一年《□舉墓誌》(《匯編》第 11 冊第 159 頁):“君幼挺聰察,自得家風。器宇淹凝,風神清遠。混荘生之齊物,慕老氏之同塵。遂脱落簪纓,栖遲衡泌。蔦義方而訓下,勖忠信以全交。和而不同,通而能雜。敬順洽乎鄉曲,廉讓被于州閭。”“通”有待於“能雜”,而“和”必歸乎“不一”。

31)清塵

北魏延昌二年《安樂王第三子給事君妻韓氏墓誌》“共味清塵”,塵亦分清濁,猶後世“芳塵”之結構。“塵”字有待修飾限定,亦如“糟粕”復具兩端。《楚辭·遠遊》:“聞赤松之清塵兮,願承風乎遺則。”《梁書·任昉傳》:“想惠荘之清塵,庶羊左之徽烈。”《北齊書·文苑傳·顔之推》:“堯舜不能榮其素樸,桀紂無以汙其清塵。”

唐開元八年《周利貞墓誌》(《匯編》第 21 冊第 135 頁):“浩然昔承餘訓,早沐清塵。顧凱含悲,已盡傾河之淚;顔延作誄,敢無竭思之情。”按“浩然”即作銘者,“塵”以“清”飾,則凡塵之反。至於“芳塵”,狀美人,宋代詞人辛稼軒《青玉案·元夕》“寶馬雕車香滿路”,尚未醒豁;賀方回《青玉案》(又名《横塘路》):“淩波不過横塘路,但目送,芳塵去。”則結構一類,作用一揆。

32)佛道亦有訴諸各種感官渠道的“不潔物”表述形式

情塵、意垢。唐開元六年《正覺浮圖銘》(《匯編》第 21 冊第 89 頁):“其塔乃岧嶢入漢,与玉兔而争暉;嵬業侵雲,共金烏而合曜。即願危藤永茂,朽樹長春。睹遣情塵,聞銷意垢。”

穢趣。北魏正始四年《元燮造像記》(《匯編》第 3 冊第 97 頁):“願亡存居眷,永離穢趣。昇超遐迹,常值諸佛,龍華爲會。"

按"穢趣",猶言汙行,趣,行也。釋典有"惡趣",見高麗大藏經"烈164函",法寶殿收藏《千眼千臂觀世音菩薩陀羅尼神咒經》(K292)2卷,643年智通漢譯。簡稱爲千眼觀世音陀羅尼經、千眼觀音陀羅尼神咒經、千眼千臂經、千手千眼神咒經。其他譯本有佛説千手千眼觀世音菩薩廣大圓滿無导大悲心陀羅尼經、千手千眼觀世音菩薩姥陀羅尼身經。經名表示本經宣説了有1 000只眼睛和手臂的觀世音菩薩的陀羅尼。本經記述心中想著觀世音菩薩念誦七遍就能如願成就,不墜於惡趣,消除罪惡業,生於富人之家等得到效驗。與菩提劉支的漢譯本内容相同,不同的是本經添加序文説明了智通翻譯經典的經過。是千手經類經典中最早漢譯的。本經與之前驅邪求福等成就世間願望爲目的的密教經典相比,提及了成佛的目標,講説了滅罪印、成等正覺印等,可以説在密教發展階段占據著重要的意義。

33) 情田、性域:墓誌關乎論道

唐總章二年《耿卿妻惠氏墓誌》(《匯編》第15冊第101頁):"自濠梁飛辨,莊氏流芳。托性觀魚,齊周夢蝶。逸人間出,賢俊代生。"銘文云:"情田夷遠,性域澄明。學推雅奥,文擅縱横。調琴鶴儛,搖筆鸞驚。輒聞投刺,側屣逢迎。"

唐總章三年《碧落碑造大道天尊像記》(《匯編》第15冊第108頁,拓片高194厘米,寬103厘米。黄公撰,陳惟玉篆書。原碑佚,此係摹刻。此本爲明拓,陳惟生舊藏,後歸顧廣圻。碑斷爲二,缺數字):"真宰貞乎得壹,混成表於沖用。玄之又玄,跡超言象之域;惟恍惟惚,理冥視聽之端。"

34) 以凡筌聖、廢情屬境

唐開元四年《法藏塔銘》(《匯編》第21冊第55頁):"夫木性生火,水中有月。以凡筌聖,從道場而至道場;追因及果,非前際而於後際。行之於彼,得之於此。……以爲鎔金爲像,非本也;裂素抄經,是末也。欲使賤末貴本,背僞歸真,求諸如來,取諸佛性。卅二相,八十種好,衆生對面而不識,奈何修假以望真。……護珠圓朗,智刃雄鳴。伏違順之鬼魔,碎身心之株杌。廢情属境,卑以自居。”

(二)信仰類

1)六朝隋唐,佛事活動消長

語料庫統計表明,從魏晉南北朝到隋唐五代,佛事活動在社會生活中所占比重整體呈下降趨勢。魏晉南北朝時期,總數1 579條記録中,造像記爲523條,占到33.1%;隋唐五代時期,總數6 060條記録中,造像記爲402條,占到6.6%。經幢類隋唐五代6 060條記録中有13條,而魏晉南北朝時期該文體尚未發展出來。魏晉南北朝時期造塔有23條記録,隋唐五代則有89條。

但這不能簡單説明六朝到隋唐之際佛教傳播的此消彼長。具體調查發現,隋唐時期釋教精神,已經滲透到社會生活的各個領域。認識隋唐時期佛教的影響,就不能僅停留在“造像”一類的直接活動儀式。例如,唐代對於完美婦德的評判標準,已經發展到儀容與齋戒統一於一身的要求。所謂“既擅儀容,復持齋戒”:唐貞觀十五年《劉夫人墓誌》(《匯編》第11冊第98頁):“夫人早承家訓,少習女儀。婉娩聽從,風神有異。秊十四,適於侯氏。崇舅姑之禮,敦長幼之風。模範發自閨門,聲譽傳於州里。香名始著,忽喪天從。守節孀居,強逾數紀。等恭姬之志,同杞婦之心。親戚訝乎清貞,鄉黨嗟乎皎潔。加以歸女柰苑(菀),常思八正之因;主意竹園,復想一乘之業。爲此修營佛像,造作經文,罄竭家資,望垂不朽。”銘文相應:“少等夭桃,長同芳桂。天姿有淑,人風無媲。既擅儀容,復持齋戒。”

唐代婦女所取字號大小,也可見其旨歸。唐開元五年《温煒妻李鉥上座墓誌》(《匯編》第21冊第63頁):“夫人号鉥上座,字功德山。”

2)晉代儒、道並列

晉咸寧四年《臨辟雍碑》(《匯編》2冊43頁):“而未遑治定之制,儒道不得並時而施。……以儒術久替,古典未隆,乃興道教,以熙帝載。廓開大學,廣延羣生。天下鱗萃,遠方慕訓。東越于海,西及流沙,並時集至,萬有餘人。”

3) 北魏以釋、道爲經

北魏永平四年《論經書詩》(五言詩,光州刺史司州滎陽鄭道昭作,《匯編》第3冊第149頁):“靖覺鏡□津,浮生熈人轍。聳志訪□遊,雲峻期登陟。拂衣出州□,緩步入煙域。……還濟河漸□,□來塵玉食。藏名隱仙丘,希言養神旨。依微姑射蹤,□□朱臺日。尔時春嶺明,松沙若點殖。攀石坐危□,□□栖傾側。談對洙嶡賓,清賞妙無色。圖外表三玄,經中精十力。道音動濟泉,義風光韶棘。此會當百齡,斯觀寧心識。目海淺毛流,眉崖瞥鴻翼。相翔足終身,誰辨瑶与□。万象自云云,焉用挂情憶。槃桓竟何爲,雲峯聊可息。”

從詩句所及“姑射”出《莊子》,“十力”即佛教謂佛所具有的十種力用,見《俱舍論》卷二九,以及“三玄”“心識”等用詞,知全詩係論“道”詩。至於結末以“万象自云云,焉用挂情憶。槃桓竟何爲,雲峯聊可息”收拾,所論“經書”,即釋道者流。作者還有一篇《天柱山上東堪石室銘》(北魏永平四年,《匯編》第3冊第179頁)銘文爲四言,思想內容和《論經書詩》一致:“孤峯秀峙,高冠霄星。寔曰天柱,鎮帶萊城。懸崖万刃,峻極霞亭。接日開月,麗景流精。朝暉巖室,夕曜松清。九仙儀綵,余用栖形。龍遊鳳集,斯處斯寧。淵綿言想,照燭空溟。道暢時乘,業光幽明。雲門煙石,登之長生。”九仙、栖形、空溟、煙石、長生,仙道伎倆,旨趣一揆。

4) 北魏三教合一

北魏神龜二年《敬羽高衡造像記》(《匯編》第4冊第59頁):“盖三教大聖人,以期其造化之理,盡其教化之法,善其萬世□會之氣。幾同生一時,分途牖導。天帝實式臨之,後人惡其流弊,而不惡儒流之亦弊。執滯不察,摘其一句一字,輒加毀謗,侮聖違天。”

5) 唐人關於儒道釋

唐天寶六載《張軫墓誌并序》(《匯編》第25冊第129頁):“見君性不食肉,幼及成童。奏爲梵苑沙門,配居龍興精舍。載雖及紀,材必爲時。

君謂釋門之道也,祈没後之因;儒門之教也,救當今之弊。脩惠狹於善己,濟世博於蒼生。返初服於巾簪,捨緇流而冠帶。"唐天寶十一載《夫子廟堂記》(《匯編》第26冊第63頁):"道不可筌其有物,釋未可證於無生。壹以貫之,我先師夫子聖人也。"唐天寶十三年《裴公故夫人隴西縣君李氏墓誌銘并序》(《匯編》第26冊第112頁):"中年學禪,晚歲探玄。道釋雙達,生榮兩捐。"

6)唐代釋子精研老莊、儒典

唐龍朔三年《多寶寺道因法師碑文并序》(《匯編》第14冊第83頁):"惟法師姿韻端凝,履識清敏,粹圖内藴,温采外融,運柔嘉以成性,體齋邀而行己。峻節孤上,夷險同貫,沖懷不撓,是非齊躅。加復研幾史籍,尤好老莊。咀其菁華,含其腴潤,包四始於風律,綜五聲於文緒。宿植勝因。恬榮褫欲。善來佛子,落采菴園。開意花於福庭,濯玄波於妙境。而貞苦之操,絶衆超倫;聰亮之姿,踰今邁昔。信法徒之冠冕,釋氏之棟梁乎。凡講《涅盤》《華嚴》《大品》《維摩》《法華》《楞伽》等經,《十地》《地持》《毗曇》《智度》《攝論》《對法》《佛地》等論及《四分》等律,其《攝論》《維摩》,仍出章疏。"

7)唐代道教尊崇及其分佈

大弘道觀法師□□撰,唐天寶二年《唐東京道門威儀使聖真、玄元兩觀主清虚洞府靈都仙臺貞元先生張尊師遺烈碑》(《匯編》第25冊第35頁):"(開元)十□年,朝廷增崇大聖祖玄元廟。祠庭有侐,密迩宫坦,擇賢才以時□潔。天子精選黄褐,親垂紫書。先生與峨眉王仙卿、青城趙仙甫、漢中梁虚舟、齊國田仙寮等,允膺宸鑒。有司偹禮,冠盖紛迎。登邙山,俯河洛,飄飄明霞之外,□□凝元之際。望者以爲神仙之會也。"

8)唐代釋道之關係:以無爲心,示有爲法

唐貞觀十八年《崔法師龕銘》(《匯編》第11冊第126頁):"法師意欲啓般若之門,開無爲之路。運乘火宅,舟航愛河。遂使道俗慕欽,衆徒歸仰。但□本不滅,生亦不生,以無爲心,示有爲法。春秋七十有八,大唐貞觀十七年八月四日遷神於光天寺所。弟子等哀慧日之潛暉,痛慈燈之永滅。乃依經上葬,收其舍利。粤以貞觀十八年歲次甲辰十一月十五日,於此名山鐫高崖而起塔。寫神儀於龕内,録行德於廟側。覬劫盡山灰,形名又嗣。乃爲銘曰:邈彼遥津,萬古紛綸。會燃智炬,乃滅煩薪。捨恩棄俗,入道求真。持律通經,開悟無聞。松生常翠,竹挺恒青。如何法匠,忽尔將傾。近雕素石,遠署嘉聲。千秋萬古,留此芳名。弟子普閏、善昂、愛道及諸同學等爲亡師敬造。"

按原石有罅隙,致"但□本不滅"缺字。以前後對文來看,疑即"但滅本不滅"字,石刻殘處存"戈"下部。

又釋家亦稱"道":"道俗慕欽,衆徒歸仰",銘文云"捨恩棄俗,入道求真"。

又釋家亦唱"無爲":"啓般若之門,開無爲之路""以無爲心,示有爲法"。

又釋家造像之旨,有如世俗之墓誌銘文:"寫神儀於龕内,録行德於廟側。覬劫盡山灰,形名又嗣",銘文亦云:"近雕素石,遠署嘉聲。千秋萬古,留此芳名。"即僧人修塔,以存不滅,大違佛家本旨,亦渾然不顧。隋大業八年《公孫志修塔述》(《匯編》第10冊第62頁,整理者原題《志修塔記》):"聊志塵俗,記其年代,以存不滅。"所期流傳不廢,視世俗社會,作用一揆。唐人顔真卿撰書《千福寺多寶塔感應碑》表述二者關係,落到實處:"求無爲於有爲,通解脱於文字。"

唐天祐十八年《竇真墓誌》(《新中國·河南壹》第97頁):"府君英髦博雅,識達多聞。聰敏士以深交,信義心於益友。不求榮禄,惟慕清闲。或命儒官,時遊精舍。與名僧而話道,追達士以傾罇。風月優遊,林泉賞翫。"

9) 慕釋奉儒

唐大中二年《羅士則墓誌銘并序》(《新中國·陝西貳》第253頁):"公歷官十八任,懷仁抱德,屢踐班榮,慕釋奉儒,累登清列。垂愛以禦下,惠仁以友朋。君子謙謙,彰聞朝野。"釋家尚"無爲"而事"有爲",不過以"有爲"作梯航。

10）該通釋老，代習文儒

唐大中三年《趙群墓誌銘并序》(《新中國·陝西貳》第255頁)："恭毅忠肅，明允篤誠。學精典墳，才優衆藝。該通釋老，代習文儒。德行相繼，克生達人。公冰素皎然，班朝推重。則觀其風而澄其流，入其室而知其教，訓之行矣。"

11）唐人關於伊斯蘭清真教。敬心事天：諸教各門派，百慮一致，殊途同歸

唐天寶元年《創建清真寺碑記》(《匯編》第25册第17頁)："以至大而綱常倫理，小而起居食息之類，罔不有道，罔不立教，罔不畏天也。節目雖繁，約之以會其全，大率以化生萬物之天爲主。事天之道，可以一言而盡，不越乎吾心之敬而已矣。殆與堯之欽若昊天，湯之聖敬日躋，文之昭事上帝，孔之獲罪於天無所禱，此其相同之大略也。所謂百世相感而不惑者，足徵矣。聖道雖同，但行於西域而中國未聞焉。及隋開皇中，其教遂入於中華，流衍散漫於天下。至於我朝天寶，陛下因西域聖人之道有同於中國聖人之道，而立教本於正。遂命工部督工官羅天爵董理匠役，創建其寺，以處其衆。"

12）唐代宫廷與禪師之關係

唐大曆五年《唐荷恩寺故大德敕謚號法津禪師姚常一墓誌銘并序》(《新中國·陝西貳》第147頁)："天寶中，玉真公主因訪古□山，仰其業藝，屈膝邀請。聞於玄宗，乘傳□□。帝俞其德，一從入侍，□紀于兹。居安慮危，幸無他故。及肅宗撫軍北巡，大德平涼扈蹕，累進衣馬，□助王師。雖非手執干戈，豈異躬衛社稷。又奉詔所修功德，皆應禎祥。屢降綵綸，圖諸史册。"

13）隋人崇尚老莊結習

隋大業三年《劉淵墓誌》(《匯編》第10册第16頁)："君嚻韻清高，忽於榮利。不應州郡之辟，迄於暮齒。"銘文相宣："遨遊莊老，脱略功名。如冰之潔，如松之貞。"

14）隋人之於佛老：知菩提之妙法，得理性於莊周

隋大業五年《吕胡墓誌》(《匯編》第10册第31頁)："君少懷雅掾，玉潔爲心。早述書墳,援筆成彩。是以論議不絶,異世有人;解頤之談,各擅今古。豈止學不師授,才實天然。聲振海隅,名高魏土。偃僊獨立,卓尔不群。莀廊華苐,倒屣来迎;月夜清風,成恨見待。故得聲流朝野,仕習典摸,氣盖俗情,人留傾謁。孤松鬱起,齊雲漢而排鳳;玉岫逈臨,等崐山之霞照。是以郷稱長者,閭号善人。識達苦空,知菩提之妙法;解談玄議,得理性於荘周。"

15) 隋人之於佛老:以道家之教,入釋氏之門

隋大業九年《豆盧公墓誌銘并序》(《匯編》第 10 册第 84 頁):"沖襟勝氣,投簡而發。超然至樂,淡尒無爲。非出於老聃、申子,宗於黄帝,良有以也。又以道家之教,入釋氏之門。必竟空寂,殊塗同致。"

16) 隋人修禮,不礙信了內法

隋大業十三年《鄭善妃墓誌銘》(《匯編》第 10 册第 165 頁):"莫不礼謙組織,敬盡觽珮。箕箒既虔,衿褵是肅。婦楷已彰,女師斯備。加復専精圖史,明曉葴誡。辞遠諷椒,文高讚菊。兼信了內法,弘宣釋典。流通五時之教,研解三藏之宗。明珠是護,練金斯熟。行深提后,德重勝鬘。"

17) 隋人遁跡丘園,唯資法雨

隋大業九年《皇甫深墓誌》(《匯編》第 10 册第 79 頁):"属值齊室版蕩,君乃遁迹丘園,輟驅馬於修途,鞅三車而啓路。每以春朝鸎哢,揮蔡子之絃;秋夜蛩鳴,步陳王之月。唯資法雨,永潤身田。"出世之想,法雨爲用。屬值,猶言屬當,屬即值也,值,遇也。

18) 唐人信仰,偏主釋家

怡神釋部,游性玄言。唐貞觀十六年《劉粲墓誌》(《匯編》第 11 册第 106 頁):"君幼而明敏,夙好琴詩。義府宏深,文塲秀峙。敦兹松竹,挺彼珪璋。貞亮逾時,風流盖世。大随之初,以廉絜聞,州縣累召,辞不赴命。於是養素一丘,去來三逕。怡神釋部,遊性玄言。放曠不羈,清虛攸履。或長嘯以慠世利,或行誦以避時危。志不雜於𨅖塵,情豈嬰於榮禄。風雲罔踰□彩,蘭桂未究其芳。高尚不群,雅得懷抱。"

身居白屋,志在緇門。唐貞觀廿年《範相墓誌》(《匯編》第 11 册第155頁）:"身居白屋,志在緇門,不樂榮華,留心澄寂。"

19）唐人於儒道釋合流之態度

唐乾封元年《王延墓誌》(《匯編》第15册第2頁）:"陳鼎擊鍾,優洽過於許史;韜形曳尾,放曠逸於老荘。崇釋教於四禪,歌啓期於三樂。靈鑒歸其孝敬,里閈挹其風規。"

"儒風"而歸於"味道"。唐貞觀十八年《霍恭墓誌》(《匯編》第11册第124頁）:"君少而英睿,長勖儒風。孝悌自天,温和率性。克荷堂構,業茂光先。嚣宇恢弘,徽猷清潤。視榮華如脱屣,則放曠以怡神;輕富貴若鴻毛,則嬉遊以逸豫。崇金蘭於知己,敦至德以求朋。馳騁乎翰墨之林,遨遊乎墳籍之苑。樂天知命,不以貧病嬰其懷;味道忘憂,不以世禄塵其志。於是匡坐衡門,養素荒徑。鴻名大德,於焉允集。滔滔焉無以測其淺深,昂昂焉無以知其遠近。每清風月夜,以琴酒而自翫。加以虚求研於不二之法,無爲窮於五千之文。妙義於是宏敷,嘉旨以之宣暢。賢愚罔識其隱顯,真僞莫辯其去来。高尚不羈,偃仰烟霞之表;推移氣序,蔭映泉林之側。"

敝屣功名:頭巾態度。唐咸亨元年《蓋蕃墓誌》(《匯編》第15册第133頁)銘文:"進輕卑職,退尋幽賛。巾卷自遠,韋編是翫。"巾卷,頭巾和書卷,古代太學生所用。

脱略軒冕,耕耘道德。唐咸亨元年《朱通墓誌》(《匯編》第15册第137頁）:"處士戲堂鑒理,稟訓髫季。鋭業青襟,窮微絳帳。脱略軒冕,耕耘道德。每臨風步月,則簫然物表。郡辟從事主簿,皆不就。偽魏之呑鞏洛也,威逼麾下焉。及天步夷庚,籍通神甸。河内蔣亞卿,鄴下劉隆,迴遡清風,高談累日。言次簪裹,諷以輕肥。處士目之,拂衣而去。但性神上藥,齊物小秊,俛仰生涯,止足性分。"

20）唐人法自然而屬意禪宗

唐龍朔二年《邊敏墓誌》(《匯編》第15册第6頁）:"公清虚在志,恬惔居心,不貪榮□,欣然爲得。乃常自謂曰:府仰林泉,追慕樵隱,幕天席地,引濁焚枯,足以陶瑩心審,祛滌塵滓。何乃駈駈於富貴,屑屑於往来。

斯言天者,非毁譽所至。暨乎年將知命,屬意禪□,□希六度之心,外袟四流之志。冀茂擅那之行,摇舟白□之濱。”

唐開元二十四年《大唐故大智禪師塔銘》(《匯編》第 24 册第 12 頁):“鄭大父子胤、烈考解脱,並丘園養德,隱居不仕。禪師體不生之□神,綱無染之絶韻。爰在悼齔,遊不狎羣。遂更童長,身無擇行。峻茚比夫嵩華,雅量方於溟渤。初好《老》《莊》《書》《易》之説,亟歷淇澳漳滏之間,以悲度門,一皆謝絶。齒邁三十,適預緇流。慧音共芝若同芬,戒相與蓮花比潔。大通之在荊南也,慈導風行,聲如鼓鍾,應同鳴鶴。乃裹粮脩謁,偏袒請命,逮得法要,式是勵精。浹辰之間,驍然大悟,三摩随入,順忍現前,大通印可,密弘付囑。自是多歷名山,普雨甘露。”

21）唐人於三教尤精釋典

唐乾封元年《張君妻梁氏墓誌》(《匯編》第 15 册第 15 頁):“夫人少習詩禮,長閑音律。既閲道書,尤精釋典。”

唐人與禪宗: 滌想禪池。唐乾封二年《趙君妻梁氏墓誌》(《匯編》第 15 册第 25 頁):“加以棲神道樹,滌想禪池。心鏡方懸,照百非而不昧;戒珠攸滿,圓萬行而無缺。”

唐人常事藥師琉璃光佛。唐咸亨元年《蓋蕃墓誌》(《匯編》第 15 册第 133 頁):“生平常事藥師琉璃光佛,忽於夢中髣髴見之,曰: 當如意。果授曹州離狐縣丞。濟泗舊川,風壤隣接,可謂孝悌之至,通於神明者歟。……忽謂人曰: 吾昔夢遇韮兩畦,是重九也。老子今年正八十一,其殁乎。人曰: 不祥言胡爲涉口。府君曰: 死者人之終也,賢聖未如之何。得非夭折,幸耳,何諱爲。以總章二年十二月八日,寢疾薨於玨苐,春秋八十一。凡在親賓,咨嗟知命。”

唐人留意於釋津。唐總章二年《朱信墓誌》(《匯編》第 15 册第 83 頁):“曾祖威,鑒厚位之隆替,知薄禄之安全。苟在佐時,不求榮顯。周末爲太原郡縣長。祖弘,亦踵家風,還治細職。随任河南郡功曹。父達,随末爲驃騎行定州義豐縣丞。君寔曰逝生,才堪緝政,心祈論迹,任性浮沈。專意釋津,留情逸海,無求宦伍,有願承親。縱志百齡,德傳千載。豈謂積善無應,餘慶莫徵,天地匪仁,遽從風燭。”

又,唐總章二年《趙義墓誌》(《匯編》第 15 冊第 98 頁):“歸心内典,若保浮囊。奉持齋戒,明珠是護。知生死之累業,習真如之要道。宿殖□本,深信大乘。具足六波羅蜜,如法脩行。”

22) 洞悟苦空,深究人我

唐貞觀八年《張夫人墓誌》(《匯編》第 11 冊第 60 頁):“加以洞悟苦空,深究人我。剜膚削骨之施,投身布髪之檀。迴向三乘,超然八解。”

23) 心因不染之謂寂、執有求真之謂著

唐天寶八載《唐故靈泉寺玄林禪師神道碑并序》(《匯編》第 26 冊第 2 頁):“法本無生之謂真,心因不染之謂寂。執有求真之謂著,體真歸寂之謂如。非夫善發惠源,深窮乏窟,何足以大明觀行,獨秉禪宗;使定惠兼脩,空有俱遣;道流東夏,聖齊北山哉。”

按: 2011 年 11 月 4 日夜,海印寺大藏經管理局長性安大師促膝談於彼精舍,諦觀手相,良久稱“固執非常,出家爲宜”云。

24) 不來相、不見相

唐天寶八載《唐故靈泉寺玄林禪師神道碑并序》(《匯編》第 26 冊第 2 頁):“道契生知,理符神授。既習空觀,遂得真如。身常出塵,心則離念。將在此以超彼,不自利以利他。不來相而來,不見相而見。”

25) 唐人妙辯玄宗,尤精莊老

唐乾封二年《張爽墓誌》(《匯編》第 15 冊第 23 頁):“惟公體質□明,風儀迥峻。室開三逕,非唯隱士之家;門垂五柳,何止閑居之宅。無情干禄,有志躬耕,於鄉黨閒恂恂如。既而早晤三毒,深厭四魔。遵六度以長駈,攝五情而遠騖。控□乘而獨舉,階十地而孤遊。證生死於涅槃,遣有爲於彼岸。兼□性愛丘壑,志狎林泉。大□小園,必藤蘿紛糺;柴門蓬户,則蘭蕙參差。妙辯玄宗,尤精庄老。”唐朝皇帝李隆基廟號“玄宗”,所來有自。

26) 味道棄妻;性通真素

唐貞觀十九年《張網墓誌》(《匯編》第 11 冊第 135 頁):“閑居嘯傲,

志好丘園。養性恬虚,不圖榮利。或好《易》則韋編屢絶,脩賦時或棄妻。玩三古以自娱,披五典而吟論。味道無倦,非礼勿言,非道弗處。"

唐上元二年《楊倡墓誌》(《新中國·河南壹》第4頁):"君用能笙篁辯囿,稱雄道義之鄉;鼓吹詞庭,作霸文章之境。性通真素,粹景希夷。譽表端墉,名芳孔仞。言超三樂之慕,情頤丘畝之驩。智韞光塵,德兼文質。取羣籟以當鍾磬,隱孤壑而同廊廟。良筵會友,瞻許月而逾深;綺席賓僚,望陳星而未遠。"參見"詞彙部""僚寀"條。

27)唐人練石燒金,神仙家數,而與釋家結緣

唐開元五年《廉師墓誌》(《新中國·河南壹》第65頁):"君竦幹幽貞,宅心閑曠。山陽築别業,迩於巒崗。物外簫遥,高賞臨於霞月。杖藜披薜,自諧真隱之風;練石燒金,未得神仙之術。"練石燒金,神仙家數。神仙家伎倆,而與釋家結緣:"夫君諦想真乘,凝心究竟,早命第三子山寺出家,法名惚一。維摩在俗,即悟空門。淨藏辞親,從兹入道。"

28)唐代道家,是要作現實"超人"

唐天寶九載《成煉師植松柏碑》(《匯編》第26册第21頁):"[昔丁令]威之成道也,頓别千年;王子晉之昇仙焉,俄[期十日。或乘龍馭鶴,澄神汙漫之鄉;或]駕景淩虚,散彩蓬瀛之曲。乍千變以萬化,時出有而入無。[滅没波水之中,逍遥]煙火之上。既吐蜂而唾獺,亦起死而宍骸。是知學仙者若牛[毛,得道者如麟]角。繫風捕影,不亦難乎。曲非寶相膺圖,宿命會道者,則疇能[預於是哉。粤]若龍鶴山觀隱人女道士成無爲,通義郡丹棱縣人也。爾其調形[煉骨,却粒]茹芝。"其正果所期,不外乎"仙師年踰知命,而有少容。狀如卅許童子,蓋還丹却老之力也"。至於"學仙者若牛[毛,得道者如麟]角",唐代殆同"句樣"者。

29)道家旨趣,每與釋教接境交關

唐貞觀八年《祁觀元始天尊素象之碑》(《匯編》第11册第58頁):"混元分津,清濁斯開。列其九氣,乃具三才。有身有我,爲患爲災。善惡同趣,福禍俱來。"與釋教接境交關。

30）唐人"師心"

唐乾封元年《崔沖墓誌》(《匯編》第15冊第11頁)："若乃規範閑曠，風神澹泊。冥懷音室，獨運虚舟。棲偃仁義之場，含咀英華之囿。策名膺務，光時利物。遊刃而往，是曰師心。"按，師心，與"攖物"相對。

（三）嗜尚類

1）隋人欽追陶潛歸隱

隋大業八年《郭達墓誌》(《匯編》第10冊第57頁)："但以心無馳競，不待著鞭；意捨徒勞，忻於棄轍。遂乃寧私命友，綢洽於林宗；弛揄求仁，當迎於孺子。把謝鯤之臂，逍遥水竹；酌陶潛之酒，放暢餘生。"

2）隋人仰慕遊俠之風

隋大業八年《高緊墓誌》(《匯編》第10冊第67頁)："非臨秋水，想遊俠而成驪；不上春臺，説英謀而自懍。"又，銘文作結："彎弓妬月，控馬陵雲。非圖後殿，尅取元勲。揚名史冊，畫像麒麟。門通劍客，座引雄才。縱情林苑，散抱池臺。歌聲出扇，儛影臨盃。意氣相得，風雲往來。神遊物表，蟬蜕寰中。"

3）隋重臣追慕風雅

隋大業九年《宋仲墓誌》(《匯編》第10冊第93頁)："仍以秋時風月，每披麟閣之書，春日池臺，常集馬門之士。"

4）唐人於魏晉評論偏至

唐開元七年《吕文倩墓誌》(《匯編》第21冊第108頁)："曾祖朝議大夫通，縉紳領袖，人倫綱紀。祖朝議郎德，頻歷四邑，稱繁列位。考上騎都尉晉寂，獨秀山濤，飛晉朝之逸響；孤貞耿潔，振魏代之英傑。"

5）隋人尚染魏晉風習

隋大業七年《田德元墓誌》(《匯編》第10冊第55頁)："雅好琴書，近得梁君之賞；性愛虚白，遠叶嵇生之志。賓遊滿坐，無虧方外之神；史籍盈前，轉瑩胷中之寶。……於是幅巾冶袖，遂其踈澹之情；散帙下帷，窮其討論之致。……南方山水，登臨所以思歸；西州鄉國，瞻佇於焉悽愴。加以土風卑濕，寒暑乖宜。……惟君早稱髦秀，夙播清規。博綜文史，枕席仁義。朋交推其款信，氣類挹其風儀。坐有嘉賓，門多好事。良辰美景，命醁酒而開筵；勝地名遊，賦清篇而自滑。莫不辭高金谷，趣極蘭亭。”

“虚白”語本《莊子·人間世》：“虚室生白，吉祥止止。”謂心中純淨無欲。《北史·隱逸傳·徐則》：“先生履德養空，宗玄齊物，深曉義理，頗味法門。悦性沖玄，恬神虚白，飡松餌術，棲息煙霞。”

隋大業十一年《王衮墓誌》（《匯編》第 10 冊第 119 頁）：“出爲桃林縣令，君恪懃官次，所在稱績。及絃歌下邑，政惟清靜。階罕爭辭，門多好事。登高臨水，緣情體物。陶陶永日，榮辱淡如。”

6）“不兢”爲美德，源自《詩經》，播於六朝隋唐，積久爲後世處世之自覺價值態度

《簡帛與學術·楚簡所見詩論——戰國楚竹書中的孔子詩論》，嘗提及第六簡“乍競隹人，不顯隹悳”與《詩》用虚詞：

該簡文文句多與《毛詩》傳世文獻相應，如編者釋讀爲“乍競隹人，不顯隹悳”等處。編者對該處的注釋是：此爲《烈文》引句，今本作“無競維人”“不顯維悳”。因簡文“乍”與“亡”字形相近，古“亡”“無”通用，今本“無”爲傳抄之訛。我們感到這些解釋有些勉強，因爲很難説今本傳抄者也受到《楚竹書》中“乍”“亡”二字之間形近關係的影響。按該處“乍”即“作”字，商周金文“作”字使用了 4 549 次，其中以“乍”爲“作”的情形就占了 4 485 處。作、職二字《廣韻》分别是“則落切”和“之翼切”，上古音“作”歸鐸部，“職”歸職部：二字讀音比較接近。這裏“乍競隹人”可能就是《十月之交》“職競由人”、《桑柔》“職競用力”等句型的同類。其中的“職”字是虚詞，功能相當於所謂句首的發語詞。“乍競隹人，不顯隹悳”，兩句構成對文，後句的“不”即丕也是虚詞。“乍競”，競也；“不顯”，顯也。簡文的實際語義就是“競維人，顯維悳”，強盛在人，顯赫在德。職字的這種用法，傳世古書是比較多見的。馬瑞辰《毛詩傳箋通釋》卷十一還提到：《左傳·襄公八年》引《周詩》“兆云詢多，職競作羅”，言競作羅也。又《襄公十四年》"蓋言語漏泄,則職女之由",猶言則女之由也。職字皆語詞。按今本《毛詩·周頌·烈文》"無競維人,四方其訓之。不顯維德,百辟其刑之"。朱熹《詩集傳》將"無""不"字都當作實詞加以解釋:"又言莫強於人,莫顯於德,先王之德所以人不能忘者,用此道也。"對照簡文,可見其説解之牽強。唐天寶十四載《丘府君夫人彭城劉氏(至柔)墓誌銘并序》(《新中國·陝西貳》第137頁):"柔順克立,寬弘無竸。承順父母,以孝以恭。作嬪君子,惟愛惟敬。"竸即競之省便形,競、兢異體。

唐貞觀廿二年《趙昉墓誌》(《匯編》第11冊第178頁):"素味清虚,忘懷寵利。銷聲偶俗,晦□同□。每激浮華,志排貪競。或□衆□林之下,或賦詩芳逕之中。左琴右書,優遊卆歲。"唐天寶六載《源光乘墓誌銘并序》(《匯編》第25冊第123頁):"貞固保其中,謙和見於外。體仁蹈道,無競一時。"唐天寶十載《大唐故高道不仕清河房府君墓誌銘并序》(《匯編》第26冊第47頁):"廉潔任真,与物無竸。"唐天寶十四載《丘府君夫人彭城劉氏(至柔)墓誌銘并序》(《新中國·陝西貳》第137頁):"柔順克立,寬弘無竸。承順父母,以孝以恭。作嬪君子,惟愛惟敬。"竸即競之省便形,競、兢異體。唐開元二十六年《何府君墓誌銘并序》(《匯編》第24冊第60頁):"以身許國,與物無競。好直多忤,爲時不容。"唐天寶十三載《盧自省墓誌銘并序》(《匯編》第26冊第124頁):"公之性退□而□,惟貞惟正,克恭克敬,與物無競。"唐貞觀八年《張岳墓誌銘并序》(《匯編》第11冊第53頁):"清畏人知,不与物競。聞詩聞禮,有德有行。"唐貞觀十六年《唐故李府君(方元)夫人長樂縣君墓誌銘》(《新中國·陝西貳》第21頁)銘文:"翠石有雕,貞芬無競。"是銘"無競"與"有雕"對舉,是競字用等竟也,猶南朝梁代周興嗣《千字文》所謂"榮業所基,籍甚無竟"之竟。唐麟德元年《孟師墓誌銘并序》(《匯編》第14冊第118頁):"禕歟處士,肥遁居貞。與物無競,晦迹遺名。氣高中散,韻踰步兵。"

"不兢"抑或"無競",幾爲歷代有關場合的經典"句様"。結合參觀"考據雜誌"類《隋唐人物信仰價值補論》:於中土(主要是中原地區)人文性格基因之理解,當不無補益。

7）六朝與隋唐碑板所見家族男女觀念之别

晉永康元年《左棻墓誌》(《匯編》第 2 冊 66 頁)："左棻，字蘭芝，齊國臨菑人，晉武帝貴人也。永康元年三月十八日薨。四月廿五日葬峻陽陵西徼道內。父熹，字彦雍，大原相弋陽大守。兄思，字泰沖。兄子髦，字英髦。兄女芳，字惠芳。兄女媛，字紈素。兄子聰奇，字驃卿，奉貴人祭祠。嫂翟氏。"墓主爲左思之妹，身家不止道及父兄，並詳及兄之妻、兄之子、兄之女等名、字。詳具亡者家族名字，即後輩女性名字，亦略不回避，爲晉代墓誌匡格，又見晉永嘉元年《王浚妻華芳墓誌》(《匯編》第 2 冊 70 頁)等。至於隋唐碑板，於家族則重在曾祖父三代，於女性諱名字，至於平輩及平輩以降則略不道及。

作爲相關用例，北朝於三代家族，往往男女並提，而隋唐則僅及男性。如北魏正始三年《寇猛墓誌》(《匯編》第 3 冊第 95 頁)："曾祖真，中書侍郎大鴻臚卿幽州刺史。夫人勃海高氏，父諱甯，于都典內，人爲三公。祖諱婁，中書學生，東宫受比延。夫人昌黎悦氏，父琛，司隸挍尉。父諱貴，俟懃地河後，爲光州刺史建義侯。夫人勃海高氏，父慱陵，使持節定相二州刺史武昌公。君諱猛，字吐陳，燕州上谷郡俎陽縣都鄉孝里人也。"

唐人重男輕女。唐開元二十七年《楊公夫人張氏墓誌銘并序》(《匯編》第 24 冊第 95 頁)："夫人一女適河東裴氏。純孝植性，誓心葬母。舊國千里，守途再旬。辛勤太行，扶櫬而返。聞者感，見者悲。古人云生女不生男，非通論也。"其中"古人云生女不生男"，"不"後殆脱"如"或"若"字。

8）隋唐所取女性形相

方頤大顙，修耳隆準。隋大業七年《張濤妻禮氏墓誌》(《匯編》第 10 冊第 53 頁)："方頤大顙，表貨殖之饒；脩耳隆準，著年齡之遠。豈直形相過人，實亦機鑒挺世。"

雙娥似月，鬢髮如雲。唐天寶十二年《廉元泰墓誌》(《新中國·河南壹》第 66 頁)："夫人泰原王氏，四兼聞，容華淑美，雙娥似月，鬢髮如雲。"娥者得名於娥眉，即女性眉毛之豐，如彎月之狀。雲者狀鬢髮之茂密。

圓姿替月,潤臉呈花。唐開元九年《吴文殘碑》(《匯編》第21冊第157頁):"夫人恒國李氏,圓姿替月,潤臉呈花。"

佛相"面貌悉圓淨,猶如秋滿月"來源:隋開皇九年《大集經月藏分中言》(《匯編》第9冊第61頁):"于時如來既見母至。便以梵音而白母言。身所經處與苦樂俱。當修涅槃永離苦樂。尔時摩訶摩耶聞佛此語。合掌低頭一心思惟。長跪佛前五體頭地。專精正念,諸結消伏。即於佛前以偈讚曰:汝從无數劫,恒飲我乳汁。故離生老死,得成无上道。宜應報恩養,断我三毒本。歸命大丈夫,无貪慧施者。歸命調御士,寂上无能過。歸命天人師,永離癡愛縛。晨夜各三時,念想不斷絶。稽首頭面礼,无上大法王,今於汝福田,欲長功德牙。唯願施慈悲,速令成妙果。久有此大志,故生大王宫。巨身紫金色,光明照十方。面貌悉圓淨,猶如秋滿月。"

9)觀世音十一面

武周天授二年《觀世音菩薩像銘并序》(《匯編》第17冊第157頁):"分身百億,歷无極以拯漂汝;救苦萬端,盡有緣而泛願栰。娑婆大尊之主号日本師,兜率擁教之能發明神智。所以此土稟性,咸共歸依。祈上善於生前,搆虹梁於殁後。弟子孝門上護軍杜山威、弟山藏等,乘宿業之臣因,寤將來之勝果。達苦空□性宋,泯般若於波羅。遂能敬造十一面觀世音像一區,其□也光浮焰采,昤曨三界之中;捧足蓮花,暉□九天之外。"

10)唐代以腰帶爲指標、以動物寫武將

唐乾封二年《開國公曹欽墓誌銘并序》(《新中国・陝西壹》第64頁):"公以金方挺鋭,玉野疏禎。夙懋奇傑之姿,早弘英偉之量。身長九尺,腰(署)帶十圍。蒙輪扛鼎之材,翹關拔距之力。足以吐納前良,抑揚後進。加以技高猿臂,識洞龍韜,兩實齊子罕之廉,百金輕季布之諾。龜文馬啄,有富貴之標;鷰頷獸頸,佇風雲之會。"唐貞元十三年《劉昇朝墓誌銘并序》(《新中國・陝西貳》第172頁):"幼而俊邁,弓劍絶倫。身長七尺,腰(署)帶十圍。容皃魁梧,力能扛鼎。"唐上元二年《劉奉芝墓誌銘并序》(《匯編》第27冊第25頁):"言辞謹密,體貌魁梧。帶盡十圍,眉間一尺。出入宫禁,周遊里閆。望之儼然,真天子之近臣矣。"

11）唐人以珍重書卷、器物送終

唐垂拱元年《户部尚書薛元超墓誌銘并序》(《新中国·陕西壹》第83頁)："長子曜，中子毅，少子俊，朝暮假息，柴毀不容，至性無改於三年，淳心有加於一等。以《高宗敕書》一軸，《孝子忠臣傳》兩卷，《周易》一部，明鏡一匣送終焉。"

12）唐代政治家尚儉

唐貞觀六年歐陽詢奉敕書《九成宮禮泉銘》(本銘撰者魏徵，書者歐陽詢。《匯編》第11冊第39頁)："以爲隨氏舊宫，營於曩代，棄之則可惜，毀之則重勞。事貴因循，何必改作。於是斲雕爲樸，損之又損，去其泰甚，葺其頹壞。雜丹墀以沙礫，閒粉壁以塗泥。玉砌接於土階，茅茨續於瓊室。仰觀壯麗，可作鑒於既往；俯察卑儉，足垂訓於後昆。此所謂至人無爲，大聖不作，彼竭其力，我享其功者也。"銘文主儉，持滿戒溢："我后夕惕，雖休勿休。居崇茅宇，樂不般遊。黄屋非貴，天下爲憂。人玩其華，我取其實。還淳反本，代文以質。居高思墜，持滿戒溢。念兹在兹，永保貞吉。"此與作者《諫太宗十思疏》等，用心一揆。

13）唐代士人色養肥名

色養。唐開元三年《盧調墓誌》(《匯編》第21冊第44頁)："齠年奉橘，綺歲絫玄。侔古人之早盛，有當代之高譽。門族稱歎，期之弥遠。亦既綵備鳳毛，安乎雌節；德齊驥足，不効長途。斯盖良有以也。情愉弄鳥，斂鵬翼於私門；志悦承顔，隱休名於聖□。温枕扇席，蒸蒸不怠。樂此庭闈之前，忽乎軒冕之事。然而色養之暇，躭翫墳籍。動［必］循道，言必合義。觀海莫測其瀾，望衢罕窺其術。由是好事之客，造徽聲而藹然；長者之車，遊德門而紛若。雖跡韜里閈，而名振朝廷。"

14）唐人所謂貨值大隱及富貴面相

唐天寶四年《司馬元禮墓誌銘并序》(《匯編》第25冊第81頁)："幼常讀書，長又習武。庞眉大耳，空負貴豪之相；樂天知命，邈無名位之心。企慕交遊，好治資産。甞顧謂子昪曰：揔四方會，據一國衢，致天下人，聚域中貨者，曷若旗亭乎。賛賓主禮，取談咲資，成骨肉親，結金蘭分者，曷若玉醴乎。既而乃議卜築,不避諠湫。得齊人攫金之所,石家販鐵之地。列其廣肆,誓將老焉。觀其閈閎已高,欄檻增飾,志不狹也。然後五齊式均,三事用莭。秋釀冬啓,春醖夏成。待價而沽,多享厥利。更分清白之品,弥叶聖賢之目。中山之液,尚謂澆漓;東魯之漿,不甚淡薄。揭相如之牓,未隕家風;解仲舉之蹋,斯延國士。達人顧見,不異於瓊枝;君子消憂,無俟於萱草。故得韜精晦跡之客,夸雄遊俠之徒。聞風而彙征,十室而八九矣。雖古之舉袂成帷,揮汗如雨,未足多也。別有無衣無褐,終窶且貧,覩隩長吁,過門大嚼。重揚雄之賦,能説鴟夷;鄙庾闡之文,虚捐玉椀者,曰有其人矣。有識者由是知司馬公之大隱也。"

(四) 方 域 類

1) 唐人關於"暮春三月,風乎舞雩、浴於沂"的理解

唐乾封元年《孔子廟碑》(《匯編》第 15 冊第 20 頁):"沂童浴早,泮鳥鳴初。俎豆蠲絜,丹青藹如。"

2) 唐人關於涼州"剛悍"

唐光宅元年《安元壽墓誌銘并序》(《新中国·陝西壹》第 82 頁):"君諱元壽,字茂齡,涼州姑臧人也。川横玉塞,人多剛悍之風;地枕金方,俗負堅貞之氣。關西騎士,武賢之代習兵符;隴右良家,充國之門傳劍術。"[1]

3) 唐人關於滄州"慓悍"

唐總章元年《李爽墓誌銘并序》(《新中國·陝西貳》第 42 頁):"尋除滄州刺史。三山却峙,九河前派。城臨趙魏,路出幽燕。俗稱殷阜,人多慓悍。"

---

〔1〕 方域類者,清人顧炎武所謂"觀山川大勢",有以"察郡國利病"。《全唐詩》"涼州詞"率以蒼涼剛健爲基調,參見王之渙等絶句。又,《説文》,"秦"字之構,爲舂稻禾形,頗徵此地宜稼穡性質。清人袁枚著《新齊諧》卷二"秦中墓道"條:"秦中土地極厚,有掘三五丈而未及泉者。"(人民文學出版社 1996 年,第 36 頁)雖野史,亦堪聯類。

4）唐人關於山西陝西"囂劇"與"幹敏"月旦

唐大曆四年《趙公神道碑并序》(《匯編》第27冊第77頁)："天后時應明堂大禮科，上異其對，授陝州陝縣尉。轉汾州平遥尉。躢劇之地，以幹敏稱。"

5）唐人於楚地剽輕、齊地敦質風俗品評

唐開元八年《孟晟墓誌》(《匯編》第21冊第140頁)："夫弋陽惟楚，海郡臨齊。楚氣則傷於慓悍，齊風則過於敦質。君乃綏之以德，敷之以政，剛以肅刑，讓以勸義。凶黨崩角而逃散，奸人望風而自革。非天生才俊，孰能至此歟。"唐開元二十五年《程冬笋墓誌》(《匯編》第24冊第34頁)："楚人剽輕，謗我賄政，天威未察，左宦於巫。"唐天寶六載《張去奢墓誌銘并序》(《新中國·陝西貳》第116頁)："楚俗輕剽，魏地隘陋。導德齊禮，二方一变。"

6）房州淫祀

五代後梁龍德二年《牛知業板築新子州牆記》(《匯編》第36冊第24頁)："初授司空公房州刺史，尋之郡所。布六條之政，治千乘之賦。草上之風自偃，車後之雨旋随。而是州多有淫祠，土風祀以徼福。咸費産殫用，亟具酒食。娑抃相聚，奔走若狂。廢彼農功，求于鬼道。公患之，悉命焚之。惟列于祀典者，安皃如故。自尔方易其妖獘之俗，其編户亦頗多譽公之明鑒遠識矣。"

7）"北方之強"：矯焉傑立

隋開皇十五年《段威墓誌銘》(《新中國·陝西貳》第8頁)："瀆上之地，更爲武川；北方之強，矯焉傑立。"

8）胡朔尚武

唐天寶四年《張肅珪墓誌銘并序》(《匯編》第25冊第78頁)："朔調之地，北近林胡，俗皆止戈，人多棄筆。"〔1〕

9）洮州邊地

隋開皇十五年《隋修北周故開府儀同三司洮甘二州刺史新陽段威

〔1〕 止戈結構，武字結構；棄筆者，謂投筆從戎。

墓誌銘》(《新中國・陝西貳》第 8 頁):“周受禪,轉虎賁大夫,除使持節洮州諸軍事洮州刺史。地迩邊裔,俗雜戎羌,服叛不恒,獷黠難馭。公懷遠以德,制强用武,曽未朞稔,部内肅然。就拜驃騎大將軍開府儀同三司,進爵爲公,定封一千五百户。沙塞之外,自古不羈,班朔和戎,朝寄爲重。乃以公爲突厥使。燕山瀚海之地,宣以華風;龍庭蹛林之長,展其蕃敬。”

10) 南方山水

隋大業七年《隋故豫章郡掾田德元墓誌》(《新中國・陝西貳》第 9 頁):“南方山水,登臨所以思歸;西州鄉國,瞻佇於焉悽愴。加以土風卑濕,寒暑乖宜。”

11) 淮海土俗澆醨

唐乾元元年《李昊墓誌銘并序》(《匯編》第 27 冊第 6 頁)銘文:“淮海之服,土風澆醨。”

12) 齊地風俗

唐上元二年《虢莊王李鳳墓誌銘并序》(《新中國・陝西貳》第 50 頁):“又授使持節青州諸軍事青州刺史。玄龜降野,素蠡開宫,跨地脉而疏疆,錯天齊而㭊趾。五衢紛揔,四履繁雜。萊風未粹,尚行譟劫之凶;淄俗猶奢,仍存博鞠之弊。鈎拒暫設,姦回就拘。爰簡玄聰,乃流紫封。降璽書曰:皇帝敬問青州刺史虢王鳳:皇甫公義至,所推勘劉整等事者,愚人無識,不憚刑科,扇惑鄉閭,輕有聚結。王情勤家國,糾察多方,推鞠罪人,咸無隱漏。部内清肅,深可嘉尚。春晚已暄,王比何如也。今故遣書,指無所悉。”〔1〕

13) 北海風俗

唐天寶十五載《趙懷璡墓誌銘并述》(《匯編》第 27 冊第 1 頁):“北海剽俗,時爲狡猾。君於是革前弊以轄諸,敷德教以訓諸。浹旬而人俗大寧,一同而衆目皆舉。”

〔1〕 比,比來,即近來、邇來。早見晉代王羲之《十七帖》等,習見慣道語。

14）蒲州風氣

唐貞觀十六年《獨孤開遠墓誌銘》(《匯編》第 11 冊第 105 頁)："八年,詔授使持節蒲州諸軍事蒲州刺史。漢陽形勝,扼隴坻而控秦川;河東股肱,背龍門而臨馬頰。公治副民望,德乃朝英。政居黄尹之先,化爲廉楊之首。遂使狹(陿)隘之地,易其機巧之風;板屋之鄉,變其旅拒之俗。"

(五) 章 法 類

1）墓誌古今陪襯套語

唐貞觀十一年《羅君副墓誌》(《匯編》第 11 冊第 70 頁)："昔王濟以才尚美茂,始莅此官;荀愷以智器明敏,方臨斯職。比之於公,足爲連類。"

2）墓誌而白描及序文銘文作章法

隋大業十年《陳花樹墓誌》(《匯編》第 10 冊第 105 頁)："年卅一入宮,特以小心見録,非因色幸强識。多智審對,明密執玉。不趁奉酏,惟敬内宮設職,位膺司寶。"

按序文寫實,當行本色。不事雕琢,墓誌罕見。"特以小心見録,非因色幸强識"。其中"小心"入墓誌,得未曾有,結構提挈下出"明密"句。"强識"亦作者自道語,"色幸"上應"年卅一入宮"句,年長色衰,非關蛾眉可恃者。二句交叉照應,遂有左右映帶之致。"多智審對,明密執玉"。其中"多智",以"辯捷"爲特徵,殆"滑稽多智"者流裔,非智慧高卓者莫辦。[1] 隋人墓誌如隋大業十一年《明雲騰墓誌》(《匯編》第 10 冊第 118 頁)"幼學滑稽,遂過秤像之智",爲風光本地,用心一揆。然則"對"即"應對"之"對",即銘文作"亂詞",所概乎言之"宮人明敏,强識遍該"。"明

〔1〕《史記》卷七十一《樗里子甘茂列傳第十一》"樗里子滑稽多智,秦人號曰智囊",《索隱》:滑,音骨,稽,音雞。鄒誕解云:滑,亂也,稽,同也。謂辯捷之人,言非若是,言是若非,謂能亂同異也。一云滑稽,酒器,可轉注吐酒不已,以言俳優之人,出口成章,詞不窮竭,如滑稽之吐酒不已也。《正義》:滑,讀爲淈,水流自出。稽,計也,言其智計宣吐,如泉流出無盡,故揚雄《酒賦》云"鴟夷滑稽,腹大如壺"是也。顔師古曰:滑稽,轉利之稱也。滑,亂也。稽,疑也,其變無留也。一説稽,考也,言其滑亂不可考較。

密執玉,不趍奉醄"。其中"明密"句,即銘文所謂"掌守慎密,牘不濫開"之意;明密,明,敏也,見《尚書》"明"字之用,銘文所謂"明敏",適可移詁。

墓誌章法,不唯序文交錯有致,即銘文收拾,亦映帶相宜。行文佈置,每有層次。板滯變流易,堆垜化煙雲。銘文"司寶貴贜,蕳在多能。宫人明敏,强識遍該。掌守慎密,牘不濫開。愛護恭謹,待命方来"。[1] 首二句"司寶貴職,蕳在多能"爲總贊,以下明敏、强識、慎密、恭謹等,則分出照應。

3) 宫人墓誌白描

唐總章二年《亡宫六品墓誌銘并序》(《新中國·陝西貳》第 43 頁):"以兹六行,遂預一班。冀有上聞,漸見昇採。""冀有上聞,漸見昇採",寫宫人心機,直截了當。

4) 墓誌所及女性才能

武周聖曆二年《慕容君妻費婉墓誌銘并序》(《匯編》第 18 册第 166 頁):"才明拔類,敏識過厓。揔嬪德而無雙,窮女工而第一。旁羅藝圃,隱栝書林。飛鈆灑墨,觸象而成篆畫;艷錦圖花,寓情而發詞藻。秋生織杼,甞鬪鳳而盤龍;春入翦刀,每裁雞而帖鷰。"物色時序,融入才思。

5) 墓誌戰事白描

隋大業十年《鄧昞墓誌》(《匯編》第 10 册第 112 頁):"代出飛虎,破劫城市,燒亂村邑。彎弓帔甲,七道陰來,儛矟躍馬,十陣俱至。君雄策内發,勇氣如山。即命將士,分旗衝要。莫不應弦而到,隨戈摧拉。灑血流原,横屍弊野。賊雖平蕩,但爲伏矢所著。"按墓誌亦間有稍出匡格者。"横屍",陳尸;陳,古陣字,可聯類"横陣"條。"伏矢"字,石刻作伕。

6) 墓誌事略,及於細節

唐建中元年《張翃墓誌》(《匯編》第 28 册第 1 頁):"他年客有顛眩疾者,執白刃不利于季父。童僕畏駭,莫之敢前。公挺身而進,奪其所執。季父由是免難,京邑之士感而涕流。……夫人滎陽鄭綜靈之中女,節義高

[1] "簡在",猶《論語·堯曰》"帝臣不蔽,簡在帝心"。

明過於古昔。執進盥之禮,以事舅姑。卌年間,盡其愛敬。承順之道,及于姻親。永泰中,姑受終時,夫人在遠。姑乃出一箱衣謂侍者曰:長新婦至與之,表吾平生知其純孝也。"

唐乾寧四年《韓稹墓誌》(《新中國·河南壹》第96頁):"或有一日,謂諸院骨肉及子孫曰:我生之足矣,不涉艱危,不經寒餒。因命酒,与弟姪歌歡過極。一中風氣,枕席三朝而掩然長逝。"

7)墓誌以"記言"爲體

隋大業十二年《李元墓誌》(《匯編》第10冊第142頁),主體在記言:"常歎曰:自衒自媒,士女醜□,吾欲俯拾青紫,會當坐待弓車。齊開府儀同叱列長㕚,坐樹論功,盛開幕府,虚襟待士,側席思人,引君爲開府行叅軍,辭不獲免,解巾斯任。長卿之著園令,豈曰盡其文雅;公明之作府丞,未是稱其天骨。周平東夏,畢志丘園。或出或處,墉東大隱之趣;一篇一什,淮南小山之旨。至於花開春樹,日照秋池,栖息茂林之下,高宴忘歸之客。閑居養志,不屈己於徒勞;詩書自娱,乃肥身於道勝。"

唐開元十八年《劉濬墓誌》(《新中国·陝西壹》第112頁):"天后召文獻夫人曰:年老抱疾,幾女在旁。對曰:妾有男及婦,殊勝於女。太后嘉之。及文獻夫人薨,公終禮謁見,高宗曰:常見皇后説太夫人,云卿夫婦俱能至孝。忠臣取於孝子,豈忘卿乎。公歸自朝,言及于内,譽聞家國,足謂光榮。及公枉歿南荒,夫人攜幼度嶺,行哭途跣,扶櫬還鄉。寒暑四年,江山萬里,一朝至止,誰不嗟伏。夫人之舅,太常崔公。夫人妹婿,使君王公。皆當時貴傑。各與昆季謀議,遣子女供承,冀染清規,争求近習,其欽望也如此。太后自永昌之後,寬典行焉。如公數家,例還資蔭。夫人誡其子曰:用蔭足免征役,不可輙趍身名。汝祖父忠貞,亡身殉國。吾今食周粟,已媿明靈。汝儻事僞朝,如何拜掃。二子親承訓誨,甘守鄉園。神龍之初,中宗監國。詔書夜過,夫人夙興,因率二子入都,修詞詣闕。時有親表愚昧,非笑是行。數日之間,果有恩命,各授班袟,咸驚訝焉。其爲識見也如彼。属以往纒瘴癘,患漸膏肓。皇上特降金丹,親題藥法,名醫不絶,中使相望。生也有涯,命不可贖。以開元十七年六月三日,薨於道政里之私第,春秋七十有九。臨絶之際,歎曰:古有失行者,耻見亡靈,所以用物覆面。後人相習,莫能悟之。吾内省無違,念革斯弊。”有問答,有引言,有告誡,有臨終感喟:爲墓誌體所罕見。

8）敕書用當時口語

唐開元十一年《阿史那勿施墓誌并序》(《新中國·陝西貳》第82頁):“太上破宋金剛,處邏可汗遣弟步利設帥師来与官軍會。其後,處邏可汗率兵馬助起義至并州,留兵助鎮而去。父摸末,單于郁射設,即處邏可汗嫡子也。唐初,所部万餘家歸附,處部河南之地。以靈州爲境,授右屯衛大將軍。太宗勑書慰問曰:突厥郁射設可怜公主,是朕親舊,情同一家。随日初婚之時,在朕家内成禮,朕亦親見。追憶此事,無時蹔忘。”敕書而渾然爲當時口語。又,“可怜”,猶樂府《古詩爲焦仲卿妻作》“可憐體無比”之可憐,可愛也。

9）常事藥師琉璃光佛:心理對話體

唐咸亨元年《蓋蕃墓誌》(《匯編》第15册第133頁):“白兄曰:正尔而往,取達何期,某受彼官,庶幾可濟。於是起選,授西州蒲昌縣丞,允所祈也。乘馹赴官,先兄而至,躬率人力,渡磧東迎。德昭每言及天下友于,即引府君爲稱首。□袟滿,兄亦當叙,接轡連車,共遵歸路。以永徽元年至于京洛。初,許昌君及夫人,随仁壽中相次薨於夲州瑕丘縣。府君昆季,既幼且貧,卜厝稱家,力不逮禮,常以此疚心。至是方議遷合。竊念曰:儻得便近,一任經營,豈不易從。生平常事藥師琉璃光佛,忽於夢中髣髴□之,曰:當如意。果授曹州離狐縣丞。濟泗舊川,風壤隣接,可謂孝悌之至,通於神明□歟。越三年春,大事始畢。自違鄉從官,更歷乱離,邑里蕭條,桒梓蕪没,眷言疇昔,千不一存。唯府君弟兄白首俱至,州寮縣宰,吊祭成行。鄉里以爲哀榮,咸增悲仰。既而解印還于河南,從地斷也。營新安之山墅,曰:吾將老焉。池亭院宇,花藥竹樹,盡觀賞之致。行二十年,忽謂人曰:吾昔夢遇韮兩畦,是重九也。老子今年正八十一,其歿乎。人曰:不祥言胡爲涉口。府君曰:死者人之終也,賢聖未如之何。得非夭折,幸耳,□諱爲。以緫章二年十二月八日,寝疾薨於荘苐,春秋八十一。凡在親賓,咨嗟知命。”

10）佛教法事用語,石刻直陳,不甚對仗

唐貞觀三年《靈琛禪師灰身塔銘文》(《匯編》第11冊第19頁):“禪師亡日,自足泠先,頂臑後歇。”若一般墓銘,則當整齊其文辭作“自足先泠,頂臑後歇”。

11）佛陀建築實體,融入玄學虛寫

唐開元八年《居德寺碑》(《匯編》第21冊第126頁):“於是聳中唐之瓴甋,玄之既玄;排遠漢以岧嶢,損之又損。”“中唐”與“遠漢”對應,非後世所謂初唐、盛唐、中唐及晚唐等時期劃分。佛陀建築實體,融入玄學虛寫。

12）碑刻活套:借古比今

錢鍾書先生嘗論庾信《周上柱國齊王憲神道碑》:按信集中銘幽諛墓,居其太半;情文無自,應接未遑,造語謀篇,自相蹈襲。雖按其題,各人自具姓名,而觀其文,通套莫分彼此。惟男之於女,撲朔迷離,文之於武,貂蟬兜牟,尚易辨別而已。斯如宋以後科舉應酬文字所謂“活套”,故六朝及初唐碑誌通患。庾信碑誌,有兩慣技:1. 駢文儷事,本借古比今。信敘墓中人生平時,每於儷事之後,亟自評所儷事之切當抑参差,藉作頓挫。《周上柱國齊王憲神道碑》即有四處……卷十三《周大將軍崔説神道碑》,同卷《周柱國大將軍拓跋儉神道碑》,卷一四《周柱國大將軍紇干弘神道碑》,同卷《周車騎大將軍賀婁公神道碑》,卷一五《周上柱國宿國公河州都督普屯威神道銘》,同卷《周兖州刺史廣饒公宇文公神道碑》,卷一六《周驃騎大將軍開府侯莫陳道生墓誌銘》,同卷《周大將軍懷德公吴明徹墓誌銘》,卷一七《周大將軍聞嘉公柳遐墓誌銘》。2. 碑文及銘詞常寫景物作結,語氣宛類詞賦,且例必道及封樹,幾有匡格。如卷一三《周太子太保步陸逞神道碑》,同卷《周大將軍崔説神道碑》:“松檟深沉,既封青石之墓”;同卷《周柱國大將軍拓跋儉神道碑》,同卷《周車騎大將軍賀婁公神道碑》,卷一五《周上柱國宿國公河州都督普屯威神道銘》……〔1〕

〔1〕 參見錢鍾書《管錐編》第四冊第261則,中華書局1979年,第1527—1528頁。

按隋唐人墓誌匡格,祖述南北朝,借古比今,幾依樣葫蘆。揆之中國文化傳統,唯一不厚今薄古之處,即蓋棺定論的墓誌。如隋大業九年《郭寵墓誌》(《匯編》第10冊第90頁):"是非無所執,愠憘曾未形。每春日登臺,秋時臨水。合罇促席,懷遠送歸。雖復曹植西園,方斯未善;孔融北海,譬此非高。"隋大業十一年《荀君妻宋玉艷墓誌》(《匯編》第10冊第120頁):"昔斑昭成書,世推博學,馬芝興弔,見賞妙年。以古類今,彼多慙色。"

唐開元二十年《郭懌墓誌》(《匯編》第23冊第69頁)堪爲範本具體而微者:"唐故太廟齋郎吏部常選郭子墓誌銘并序。太原郭氏之子懌,字如城。自得姓于姬,受封于虢,言秉高致,燕王爲之築臺;才蘊良圖,魏后因之決策。至於纂戎世業、榮耀國經者,不可毛舉而縷述也。曾祖感,皇邢州司馬;祖善,皇朝英王府記室条軍;父詧,朝議大夫將作少匠。子幼而敏冲,生而岐嶷,謙恭得於成性,孝悌稟於自然。雖徐稚之辯月晦明,王戎之知李甘苦,春卿之幼曉章句,子正之夙慎威儀,蓋未足方其少異也。年十二,補太廟齋郎,奉職禋宗,虔誠毖祀,潔俎趍事,式禮莫誓。屬天官擇人,拘以恒格,有才無禄,君子病之。以開元廿年歲次壬申四月十六日寢疾,終于東都恭安里苐也,春秋二十。嗚呼!將騁千里,遽沉良驥之足;僅登七年,翻折豫樟之幹。苗而不秀,豈獨前賢。以其年五月十九日殯于洛陽縣平陰鄉之原,禮也。郭公夢均王導,哀甚卜商,悲玉樹之摧階,痛明珠之碎掌,纘其遺事,見託斯文。銘曰:脩原幽扃,長夜冥冥,奠觴沐槨,塗車芻靈。露濕荒逕,雲埋野庭,山川今古,松栢青青。"

所謂"駢文儷事,本借古比今",或曰以古人襯托之,本誌所謂徐稚、王戎、春卿、子正輩是也。"蓋未足方其少異也"——"每於儷事之後,亟自評所儷事之切當抑參差,藉作頓挫"。

13) 石刻之"四至",與登臨之"四望"

隋大業十一年《程諧墓誌》(《匯編》第10冊第135頁)寫墓地四至:"此乃傍瞻玉井,側望王城。北距青淵,西臨瀍澗。"

或有實筆不足,虛筆補充,湊足四句者。如隋開皇九年《關明墓誌》(《匯編》第9冊第59頁):“其地左帶皇宫,前臨州市,面洛背芒,處依仁智。”唐文明元年《孫義普墓誌》(《匯編》第17冊第4頁):“尔其東界黄河,遥臨晉邑;西郊黑水,近帶秦坰。前望終南,得夏公之寶氣;却居渭北,枕尚父之璜津。是知黄壤四隅,白楸三袏,延陵魂魄,無所不之;丘也東西,焉能不識。”功曹參軍墓誌,事跡缺而虚寫補:墓地四至爲詳,唐貞觀廿年《大唐前齊府功曹参軍尹貞墓誌》(《匯編》第11冊第144頁):“前對蓮峯,冠紫微而獨秀;還瞻魏闕,干青雲而直上。左臨玄灞,右望濁涇,縈帶郊原,沃蕩雲日,寔神遊之勝地也。”

唐開元二十六年《宋祖堪墓誌》(《匯編》第24冊第76頁)記録家世之後,立即記墓地“四至”:“相州鄴縣西万春鄉艾口村,去鄴都七十里,塟于村西南平元里也。東望鵄臺之觀,西有子推之廟,南至石徑之門,北廼漳濵之水。”按該墓誌殊草草,結末銘文亦付闕如。唯開篇記“四至”,墓誌文中此類閑暇文字實屬罕見,且復於作結再及瞻顧:“開元廿六年十月卅日卒於私弟,春秋六十有二。西帶黎濵,鰛鯨淄躍。東瞻魏鄴,矚餘閣之崎嶇,舊闉之巍岌。於此長埋玉皃,永瘞金軀,綺帳寃銷,羅閨影滅。”作用幾類地界之“四至”,如唐開元二十八年《石浮屠後記》(《匯編》第24冊第117頁):“又奏范陽縣東南五十里上垈村趙襄子淀中麦田莊,并果園一所,及環山林麓,東接房南嶺,南逼他山,西止白帶山口,北限大山分水界,並永充供給山门所用。……獨樹村磨碑寺,東至到□,南至河,西至河,北至他山:四至分明,永泰無窮。”視古人寫登臨之“四望”,了無意緒,聊充篇幅而已。

登臨四望,較早出色者爲南朝鮑照《登大雷岸與妹書》,參見本部“藝術類”之“‘絲狀物’爲‘悲哀’賦形:‘痛深風樹,悲纏陟岵’與‘思盡波濤,悲滿潭壑’”條。

詩文中穿插“四望四至”,即是心境閑適外化。東坡《前赤壁賦》:“壬戌之秋,七月既望,蘇子與客泛舟游於赤壁之下。清風徐來,水波不興。舉酒屬客,誦明月之詩,歌窈窕之章。少焉,月出於東山之上,徘徊於斗牛之間。白露横江,水光接天。縱一葦之所如,淩萬頃之茫然。浩浩乎如馮虚御風,而不知其所止;飄飄乎如遺世獨立,羽化而登仙。於是飲酒樂甚,扣舷而歌之。歌曰:桂棹兮蘭槳,擊空明兮泝流光。渺渺兮予懷望,美人兮天一方。客有吹洞簫者,倚歌而和之,其聲嗚嗚然:如怨如慕,如泣如訴;餘音嫋嫋,不絶如縷;舞幽壑之潛蛟,泣孤舟之嫠婦。蘇子愀然,正襟危坐而問客曰:何爲其然也?客曰:月明星稀,烏鵲南飛,此非曹孟德之詩乎?西望夏口,東望武昌,山川相繆,鬱乎蒼蒼,此非孟德之困於周郎者乎?方其破荆州,下江陵,順流而東也,舳艫千里,旌旗蔽空,釃酒臨江,横槊賦詩,固一世之雄也,而今安在哉?況吾與子漁樵於江渚之上,侣魚鰕而友麋鹿,駕一葉之扁舟,舉匏樽以相屬。寄蜉蝣於天地,渺滄海之一粟。哀吾生之須臾,羨長江之無窮。挾飛仙以遨遊,抱明月而長終。知不可乎驟得,託遺響於悲風?蘇子曰:客亦知夫水與月乎?逝者如斯,而未嘗往也;盈虚者如彼,而卒莫消長也。蓋將自其變者而觀之,則天地曾不能以一瞬;自其不變者而觀之,則物與我皆無盡也。而又何羨乎?且夫天地之間,物各有主。茍非吾之所有,雖一毫而莫取。惟江上之清風,與山間之明月,耳得之而爲聲,目遇之而成色,取之無禁,用之不竭,是造物者之無盡藏也,而吾與子之所共適。客喜而笑,洗盞更酌,肴核既盡,杯盤狼籍。相與枕藉乎舟中,不知東方之既白。”

又有《超然臺記》:“予既樂其風俗之淳,而其吏民亦安予之拙也。於是治其園圃,潔其庭宇。伐安丘高密之木,以修補破敗,爲苟完之計。而園之北,因城以爲臺者舊矣,稍葺而新之。時相與登覽,放意肆志焉。南望馬耳常山,出没隱見,若近若遠,庶幾有隱君子乎?而其東則盧山,秦人盧敖之所從遁也。西望穆陵,隱然如城郭,師尚父齊桓公之遺烈,猶有存者。北俯濰水,慨然太息,思淮陰之功而弔其不終。臺高而安,深而明,夏涼而冬温。雨雪之朝,風月之夕,予未嘗不在,客未嘗不從。擷園蔬,取池魚,釀秫酒,瀹脱粟而食之,曰:樂哉遊乎!方是時,予弟子由,適在濟南,聞而賦之,且名其臺曰超然,以見予之無所往而不樂者,蓋遊於物之外也。”

又有《淩虚臺記》:“嘗試與公登臺而望:其東則秦穆之祈年槖泉也,

其南則漢武之長楊五柞,而其北則隋之仁壽唐之九成也。”

登臨四望,兼及叙事佈置之法。剛柔相濟,偏於緊張處穿插閑適之慣技,爲羅貫中《三國志通俗演義》。其卷之十,在赤壁鏖兵大戰前夕,即“龐統進獻連環計”“曹操三江調水軍”“周公瑾赤壁鏖兵”之間,並不是環環緊扣,有違於一張一弛之道。而爲避免心理欣賞活動疲勞,穿插進“曹孟德横槊賦詩”一節:

> 時建安十三年冬十一月十五日,天氣晴明,風平浪静,操令:“置酒設樂於大船之上,吾今夕欲會諸將。”天色向晚,東山月上,皎皎如同白日。長江一帶,如横素練。……操見南屏山如畫,東視柴桑之境,西觀夏口之江,南望樊山,北覷烏林,四顧空闊,心中歡喜。

即“周公瑾赤壁鏖兵”驚心動魄,也有閑暇如此:“是時東風大作,波浪洶湧。曹操在中軍遥望隔江,看看月上,照耀江水,如萬道金蛇,翻波戲浪。操迎風大笑,自以爲得志。”

至於“冷熱”“張弛”關係,這裏似乎可以順便提到《老殘遊記》文章筆法。“繡像小説”本洪都百煉生《老殘遊記》卷十五“烈焰有聲驚二翠　嚴刑無度逼孤孀”,回末批云:“疏密相間,大小雜出,此定法也。歷來文章家每序一大事,必夾序數小事,點綴其間,以歇目力,而紓文氣。此卷序賈、魏事一大案,熱鬧極矣,中間應插序一段冷淡事,方合成法。乃忽然火起,熱上加熱,鬧中添鬧,文筆真有不可思議功德。”

由此想起北京 2008 年奧運會開幕式。2008 年 8 月秋始夏餘,有北京第 29 届世界奥運會,號稱宇内空前之盛會;斯會之盛,尤在開幕之儀式;開幕儀式之盛况,在於國導名家張藝謀之匠心獨運。張氏素喜場面闊大,鋪張艷麗。故是届開幕,張氏極盡能事。其核心觀念,在於所謂“和諧”之美。於是,佈局的宏大場面與文化細節、傳統文化與現代科技、古典元素與聲光電影的穿插,基調的陽剛與陰柔相濟,符合觀衆審美規律。然張氏成以巧、損亦以巧,追求在於此,其失也在於此。高潮之處,在於點火之際主題曲。該曲基調,一反奥運會主題曲與奥運競技激越昂揚節奏,而是《You and me》的輕歌曼舞,柔情萬種,千回百轉。陰柔直接高潮,有違於心行張弛之道。反常失經,弄巧適成拙劣!

14）墓地四至及融入物情

隋大業九年《皇甫深墓誌》(《匯編》第10冊第79頁):"昔佰鸞噫歌之地,元凱託葬之山。北望長河,南觀峻岳。至如清風朝扇,松林共楊樹竝摇;素月夜明,荒徑與孤墳獨迥。丁令君之仙鶴,未可還飛;雍先生之雅琴,足能流淚。"

隋大業九年《蕭瑾墓誌》(《匯編》第10冊第94頁)墓誌地理:"前望三塗,却臨九派。"銘文章法:"山晦雲愁,林空鳥思。"

15）音樂之層次

唐天寶六載《尹尊師墓誌銘并序》(《新中国・陝西壹》第120頁):"心有天□,□生虚白。不軒車而貴,無江海而閑,達人也。……寂然心養,徐以氣聽。乃習五和之音,吟洞章之曲,是難能也。□□聞而嘉之,召入明庭,俾揚真奏。乃焚香稽首,泠然有作。清浮金殿,虚激□□。聽之者若松風入懷,六塵飛盡,玉磬在耳,七竅通鬱。雖侍晨朗嘯,育馥□□,人天則殊,其妙一也。"由實及虚,由近至遠。由演奏,到效果。東坡《前赤壁賦》賦客吹洞簫,技法一揆:"客有吹洞簫者,倚歌而和之。其聲嗚嗚然,如怨如慕,如泣如訴;餘音嫋嫋,不絶如縷。舞幽壑之潛蛟,泣孤舟之嫠婦。"

16）音樂之效果

唐天寶九載《王公故美人李氏二娘》(《新中國・陝西貳》第125頁):"李氏者,王公之美人也。體静心閑,花明月朗。獨立閨門之内,不知者咸以爲神。皓齒工歌,長袖妙舞。暫因聞見,必使悲歡,豈徒遏行雲下威鳳而已。王公好奇賞異,求娉納焉。"遏行雲、下威鳳,使流雲駐足,瑞鳥停下。亦《書・皋陶墓》所謂"簫韶九成,鳳凰來儀"之格。

17）建築立碑之格

唐貞觀三年《等慈寺之碑》(《匯編》第11冊第22頁):

……乃命克敵之處，普建道場。情均彼我，恩洽同異。爰立此寺，俾号等慈。

境實鄭州，縣稱氾水。

班倕既集，矩矱斯備。式構寶坊，樹兹靈塔。飛梁虹指，浮柱星懸。層閣崢嶸，脩廊黮霸。

朝雲暫起，華礎流津。曉露微霑，夕盤泫溽。茹藘在阪，化爲詹蔔之林；熠燿宵行，翻暎摩尼之彩。傍開柰苑（菀），敷淨花而韡華；却帶蓮池，積定水而澄湛。結衣萃止，振錫来儀。戒品齊芳，禪枝並茂。

其地則遥瞻太空，夏后之所發祥；近眺襄城，軒轅於是訪道。舳艫控引，循金堤以偪側；冠盖往来，趣玉門而隱軫。勢居爽塏，物稱衍沃。誠原陸之膏腴，信康莊之都會。

豈唯致罰之野，獲免汙豬，淫慝所懲，赦其京觀。乃令深入緣起，永脫盖緾。普賴法財，同歸妙樂，悠悠曠刼，憑慧力而靡偏；亹亹恒沙，譬福聚而無盡。南山之壽，既弥茂於億年；北極之尊，實牢籠於萬代。竊惟望雲就日，愽貫多能，理極寰中，道臻繫本。考覈篆籕，偏詳流略。定儒墨之短長，棄刑名之苛繞。纎微必舉，幽賾斯應。不能遁其隱奥，無所潛其肹響。五老變爲流星，懸識象緯；八靈符於積雪，曲盡物名。昃食忘勞，昧旦丕顯。尚想巖穴，愽逮蒭蕘。俱幸滿堂之歡，猶興納隍之慮。愛踰祝綱，仁兼扇暍。降玄覽而遊藝，觀人文以化成。賤齊梁之短篇，鄙苦寒之危調。轉規注河之論，聽者開神；芝英垂露之書，覩者眩目。飛蝯妙術，抑咒神工。制律吕之輕重，知草木之情狀。郁哉煥乎，弗可記已。重明養德，守器光於匕鬯；琁枝樂善，作固列於維城。威儀抑抑，良翰赳赳。文士蘊金錫之姿，武臣表熊羆之狀。耕田鑿井，雖受賜而無跡；擊壤鼓腹，諒日用而不知。百年然後勝殘，仲尼之言斯闊；三脊之茅難致，夷吾所志爲小。盖夫植操恒久，莫貞乎金石；盛德形容，聿宣於歌頌。末臣庸謏，預奉鴻猷，雖罄短才，未揚休烈。其詞曰……

碑文層次豐富：首記建築之緣起，文字最詳，故此省略。次叙建築之得名、建築之所在、結構之複雜、建築之近景、建築之遠景，建築之功能等。

18）賦“臨高”之格，及“相好”

唐開元二十五年《臨高寺碑》（《匯編》第24冊第36頁）：“然後詳共工之度費，審班匠之施巧，經之營之，不盈不縮。珠見之寶，非獨漢皋；松石之材，寧専岱畊？再加剞劂，重肆彫礲，勢戢囗以攢倚，狀支離而分赴。造宫觀於天路，日月出入於其間；浮梁柱於星躔，烟霞棲泊於其表。千櫨競糺，大鵬垂而欲飛；百拱争高，翔（闕）仰而何逮。松揺塵尾，直對香爐；巖聳鷲頭，下臨禪窟。長廊岧囗，曲榭周流，業階珠草而未名，倒井瑞蓮而幾色。璀璀粲粲，金碧炯晃而迷亂；煒煒煌煌，丹青炳焕而昭彰。映以甘泉之玉樹，隱以崑崙之銀闕。北據竹箭，激波浪以成池；南距荊衡，峙峯巒以層閣。塵飛劫石，似拂雲衣；風觸鳴琴，乍傳天樂。故知功高由志，業廣由勤。功成而其頌可宣，業就而其名可著。將持聖績，在勒豐碑。陵谷可遷，相好常住。”

“相好”，佛教語。佛經稱釋迦牟尼佛有三十二種相，八十二種好。又稱無量壽佛有八萬四千相，一一相中，各有八萬四千隨形好，一一好中，復有八萬四千光明。亦用作佛像的敬稱。漢牟融《理惑論》：“佛身相好，變化神力無方。”南朝宋謝靈運《佛影銘》序：“容儀端莊，相好具足。”唐王勃《梓州慧義寺碑銘》：“容華秀絶，相好端明。”宋蔡絛《鐵圍山叢談》卷五：“釋氏在世時，説法於忉利天，而優填王思慕不已，請大目犍連運神力，於他方取旃檀木，攝匠手，登天視其相好，歸而刻焉。”

19）燈之爲用

唐大曆十一年《保唐寺毗沙門天王燈幢贊并序》（《匯編》第27冊第149頁）題“徵事郎前試太子通事舍人飛騎尉柳澈字直方纂并書”，鋪賦“燈之爲用”，侔色揣稱，愜理當心。原拓多缺，網絡有資源見下，字或不識，不知所本。

周天宇，環四極，明照品類，陽和發生者，其唯日月；鬱儀含光，結隣潛耀，曦暉窈昧，煒煌掩翳者，其唯燈燭。而瓊室眪睞，幽奧發輝，辯拆纖穠，無奪物務。燈之爲用，其大矣哉！則有若白毫相，如意珠，徹照大千，傍覿沙界，明冠兩曜，流輝五靈，出世之耿光也。非獨昭彰曖昧，抑亦雨寶蓮華，貨貝紛布，以資生靈。天莫測，人莫辯，千載盛事，歸於我唐。於戲！道之行也。德之修也。

其或懋建，必生奇偉，卓然興之，迴拔峩峩，其流必大。則今之建功立名，位階三事，高謝四科，文明藻麗者，可勝道哉！幢之建也，本於毗沙天王；燈之照也，興於玉殿霞敞；事之源也，肇自平康里。蜀之符節掌留務□□別□□闕名□大曆十一年景辰以宅奏□□□□□年甲戌□□從道僧名覺勝，爰於寺宇，手素天王。容飾未周，報齡將謝。祈感帝夢，帝□□□儀形聿修，紺殿斯立。事詳豐碑，幢則叙天王之鎮保唐也。□□□□□□□□ 哉靈 □□ 儼若睹相形肅金□□□□□□□□□□□□□□□氣□掌塔瞪注，持矛傑立，而鬼神□□□精□□百由旬內，爲依爲怙。僧藍以之□□□□□□之安寧。日月明於外，燈燭耀於內。同乎□□□□□□魄夜朗無宵晝矣。至於興感化，允人望，祈願必遂，幽贊多方，不可遽數。其有奉蘭膏，照華殿，燈明不絶，歸信如流。則其爲福也，展無疆之休；其益算也，續靈長之壽。當寺內供奉大德了法，上座超證，寺主靈皎，都維那超元。購良工，奉珍財，求翠珉，斫而磨之。徵雕龍，序而贊之，文則陋矣，敢揚光烈。贊曰：

天王垂跡，肇興于闐。威靈傍洽，仰之鈐鍵。爰祚我唐，昭乎變現。廓土開疆，□騰電延。（其一）惟王有國，惟神有靈。教興印度，德洽大庭。綿□歲紀，天資克成。僧藍是托，國步爰旌。（其二）燈幢昭赫，邈哉天王。炳靈垂休，帝業其昌。翠殿含耀，徘徊煒煌。慶于闕□，祚于保唐。（其三）[1]

---

〔1〕 參見 http://www.fjdh.com/wumin/2010/10/084017130441.html。

20）墓誌銘文，涉及風物，有如數慣技

物染人情，一同增悲。北魏延昌三年《元演墓誌》(《匯編》第4冊第9頁)："浮雲慘蹤，翔鳥悲嚶。玉瀆哀流，良岳酸形。"大周大足元年《大周智惠墓誌》(《新中國·陝西貳》第65頁)："隴泣分流，川寰哽切。杵絶心酸，停機寸斷。匝落聲嘶，星流痛結。花林失色，池藕萎涸。"

無人賞會，風物寂寞。隋大業九年《宋仲墓誌》(《匯編》第10冊第93頁)："蒼蒼隴樹，鬱鬱佳城。窆斯令德，遺此英聲。烏光徒照，菟影空盈。終成万古，長夜何明?"隋大業十一年《苟君妻宋玉艷墓誌》(《匯編》第10冊第120頁)："扃門不曙，隴月徒暉。"隋大業十一年《劉氏墓誌》宫人劉氏墓誌銘(《匯編》第10冊第136頁)："違此椒塗，永歸蒿里。隴月徒生，郊雲自起。丘山遽閇，春秋何巳。"隋開皇十一年《鄭道育墓誌》(《匯編》第9冊第74頁)："墓門云閇，宿草方深，万古松枝，空鳴仙鶴，千年華表，徒昭文□。"唐開元二十七年《趙庭墓誌》(《匯編》第24冊第88頁)："蒿里無逕，松扉自幽；夜月徒朗，神風益愁。"唐貞觀十六年《王才粲妻劉氏墓誌》(《匯編》第11冊第104頁)："蘭菊徒芬，金石空在。"

按墓誌銘文渲染墓地孤寂，以風月無賞爲慣技。"風月有待賞會"之境，爲錢公鍾書《管錐編》第四冊考論孔稚圭《北山移文》首先拈出。《四庫全書·集部·總集類·文選注》卷四十三孔德璋《北山移文》："使我高霞孤映，明月獨舉，青松落陰，白雲誰侶? 澗石摧絶無與歸，石徑荒凉徒延佇。至於還飆入幕，寫霧出楹。蕙帳空兮夜鶴怨，山人去兮曉猿驚。昔聞投簪逸海岸，今見解蘭縛塵纓。於是南岳獻嘲，北隴騰笑，列壑争譏，攢峰竦誚。慨游子之我欺，悲無人以赴吊。故其林慚無盡，澗愧不歇。秋桂遺風，春蘿罷月。騁西山之逸議，馳東皋之素謁。"唐曹唐《劉阮再到天臺不復見仙子》："桃花流水依然在，不見當時勸酒人。"

無人賞會，風物收斂。隋大業十二年《王世琛墓誌》(《匯編》第10冊第149頁)："愁氣初斂，薤露始淒。素月潛暉，悲風厲茚。"

斯人已逝，風物靜止。隋大業十一年《明雲騰墓誌》(《匯編》第10冊第118頁)："春秋有卌，君乃卒矣。吞魂已夢，鄭失大夫；太山其頽，魯亡君子。守民之念,則捨瑟罷屠;在邦之感,則隣舂不相。蹲龍之貌,忽与螻蟻爲仇;連璧之容,今將狐狸爲侶。加以書中蠹入,硯上塵生,歲逐道消,星隨德落,朱軒息駕。飛鵠不楊,緑綺停張,帝烏絶響。江魚入釣,便慟罷社之哀;冬笋纔生,聊興憹樹之哭。”隋開皇三年《封忠簡妻王楚英墓誌》(《匯編》第 9 册第 6 頁):“金鑪罷熾,寶鏡潛暉。煙埋隴黑,霧掩松微。”唐文明元年《西州司馬吴信碑》(見《考古與文物》2009 年第 6 期第 49—55 頁所載王其禕、周曉薇《澄城新見唐文明元年西州司馬吴信碑考略》):“山愁苦遠,雲慘哀深。無人暫響,有鳥時吟。”後者渲染空寂,出以聲響反襯之慣技。

亦有人物在世之美,風物亦復歸静止。如隋大業十三年《唐氏墓誌》(《匯編》第 10 册第 162 頁):“大隋故宫人六品御女唐氏墓誌銘并序……尔其儛停迴雪,歌歇行雲,瓊田罷潤,蘭畹消芬。”

21）暮色起愁

五代後梁貞明六年《謝彦璋墓誌銘并序》(《匯編》第 36 册第 20 頁):“寒鴈夕飛,愁雲暮起。隴色蒼蒼,人生已矣。”

22）墓誌銘文之全體大用:懼桑田之變改,刊金石以爲識

唐開元二十一年《開承簡墓誌》(《匯編》第 23 册第 118 頁):“念薰猷之可紀,敬仗斯文;懼陵谷之方遷,勒于貞石。乃爲銘曰:積慶自遠,傳德及身,稟靈誕秀,含和藏真。”唐開元二十四年《宋知感及妻張氏墓誌》(《匯編》第 24 册第 28 頁):“懼桒田之變改,刊金石以爲識。”

按該誌作手爲開氏即開休元、開承簡分别撰文,即本誌所著明“朝請郎前行侍御史太原郭虚己文”。於墓誌銘文全體大用,賅括無剩義。唐開元二十一年《江瓘墓誌》(《匯編》第 23 册第 120 頁):“懼丗業之莫紀,痛將来之無徵,乃爲誌銘,刻石而記。”唐開元二十三年《夏侯昣墓誌》(《匯編》第 23 册第 141 頁):“廼爲詞曰:宅邙山兮俯洛川,中有人兮不記年,兩劍雙花自相暎,古今代事盡同然。如陵谷之將徙,寄銘誌之無遷。豈譙□之遺恨,没河右之不傳。”其體其用,胥蘊涵於銘詞中間,稍變其格。唐開元二十三年《白知禮墓誌》(《匯編》第 23 册第 142 頁):“恐百代之後,湮滅不稱。敢勒石以藏勲庸,庶將来而不泯。銘曰……"

即僧人修塔,以存不滅,大違佛家本旨,亦渾然不顧。隋大業八年《公孫志修塔述》(《匯編》第10冊第62頁,整理者原題《志修塔記》):"聊志塵俗,記其年代,以存不滅。"

23) 記人生短促,非關修短,實爲匡格

隋開皇十五年《謝岳墓誌》(《匯編》第9冊第105頁):"但災禽致禍,積善無徵,木折山頹,奄鍾君子。春秋九十有三,開皇三年薨於胡公里。"

隋開皇十八年《劉明及妻梁氏墓誌》(《匯編》第9冊第121頁):"夫人梁氏,珪璋等質,三禮聿脩,金玉其心,四德咸備,式遵大範。伉儷劉門,內則洪昭,母儀充舉,弘善少祐,皇辟先終,釐虔崇文,三移断織。豈期逝川不捨,過隟弗停,遂若夜舟,忽如朝露,春秋九十四,大隋開皇十八年終。"皇辟,爲未亡人對已亡夫君尊稱。《禮記·曲禮下》:"祭王父曰皇祖考……夫曰皇辟。"孔穎達疏:"辟,法也。夫是妻所取法如君,故言君法也。"

享年百歲,依然歎時光流逝,與善無徵:固墓誌之匡格。唐貞觀十九年《劉德墓誌》(《匯編》第11冊第137頁):"襲嘉名於當世,傳紳縉於後昆。加以壽等松喬,齊齡彭李。介兹景福,用享無窮。豈啚隟馬難停,藏舟易遠,憑虛與善,倐尒摧梁。以貞觀十九年十一月廿一日歿於洛陽私第,春秋九十有六。"

唐貞觀廿年《齊夫人墓誌》(《匯編》第11冊第143頁):"忽遘沉痾,不享遐壽。夫人春秋八十有六,以貞觀廿年四月廿九日奄隨朝露。"

唐總章二年《亡宮六品墓誌銘并序》(《新中國·陝西貳》第43頁):"且輔德無効,与善難依。既同川閲,奄成物化。春秋一百二,總章二年九月廿日,葬於城西,禮也。"

24) 朝光夕没,夢想如霏:賦夢以形狀

唐貞觀廿二年《張行滿墓誌》(《匯編》第11冊第172頁)銘文:"春来秋往,人去無歸。朝光夕没,夢想如霏。竹林虛蔚,夜燭徒輝。帷簾不卷,器玩何依。"

25）唐人墓誌，亦有出“結構倒叙”之變例

唐開元二十年《慕容瑾墓誌》（《匯編》第23冊第73頁）：“唐故河南府澠池縣丞慕容君墓誌銘并序。嗚呼！慕容君以開元廿年歲次壬申七月四日甲辰卒於東都擇善里第，春秋卌有九。粤今年八月十四日甲申遷窆于北邙山舊塋之側，禮也。君諱瑾，其先昌黎棘城人……”

此類先狀葬禮結構，匡格稍變，在墓誌爲少見之例。亦有開端哲理抒懷之例，如隋大業十一年《明雲騰墓誌》（《匯編》第10冊第118頁）：“夫岷山稱固，猶有塞江之崩；溟渤云深，尚致桑田之涸。況乎攝生於橐籥之間，以隟駒方其促；稟身於虚幻之中，用石火齊其短。是以宣尼上聖，無離逝水之嗟；阮子下賢，詎免塗窮之哭？愴矣芁，難得而言者焉。君姓明，諱雲騰，河南雒陽人也……”

26）開合章法

唐開元二年《侯莫陳大師壽塔銘》（《匯編》第21冊第23頁）：“昔者如来滅後，正法常存。二十四賢，遞相付囑，俱［持］寶印，各護明珠。自師子云亡，遺音殄瘁。或龍荒之［際］，像教不行；或差別之時，薫修乃異。有達摩禪師者，［懸］解正一之理，深入不二之門。克復一乘，紹隆三寶。自兹厥後，凡經八代。傳法燈而不昧，等慧日而長明。

若乃藴龍象之姿，積梯航之用。誨人不倦，惠我無疆。同［橐］籥而罔窮，等洪鐘而必應。圓融三教，混合一家，沃未悟之心，杜遊談之口者，則我大師有之矣。”

兩節作開合章法。其中“師子”，即後來所作“獅子”，喻佛法無邊，唐代尚如此作。“差別”，即取其差等而分別之。

27）祖述馬遷：誌銘墓主，其人其文，本地風光，侔色揣稱

唐開元二十年《杜孚墓誌》（《匯編》第23冊第87頁），所狀墓主大唐故静塞軍司馬杜若虚，爲邊塞武官身份。以墓誌主體，搬演太史公故事；文字本色，爲墓誌創格。作手祖述，蓋馬遷《報任安書》《史記·李將軍列傳》二篇而已。即以石刻所用字體論，楷書而存魏碑筆意，結體蒼勁，有文質相宜之效。其墓誌序文云：“曾祖君賜，皇贈懷州刺史；祖正謙，慶州司馬;父元安,夲郡涇陽尉;咸功濟一時,譽稱四海,門風世業,可得詳焉。而曾昔嘗據熊軾,祖亦命題輿,及父且揔黄綬,雖名位則煞,寔德業具優。從容任適,隱見相半。逮公席彼禮樂,式兹弓冶,文武不墜,名實克脩。始以門蔭補皇廟寢郎中糸吏曹,調仙州西平尉,才大任小,安卑効初。雖迹屈州縣,而心盡戎旅。開元中,幽州節度趙含章特相器重,引攝漁陽縣兼知判營田。属林胡不庭,皇赫斯怒,而幽州稱天之罰,絶漠以討。乃揔徒率馭,負糗束甲,熊羆万族,輜軿千里,爰徵假護,見推才略,遂轉授公静塞軍司馬。假緋魚袋,始籌運帷幄,終折衝垣翰,卒使東胡殲夷,北虜窮逐,赤地草薾,黄沙骨鋪,雖任專將帥,盖力展稗輔,斯則公之効也。而趙將軍凱奏未畢,誹書縱撗。功歸廟堂,身縶下獄。對主吏以魂奪,援征驂而骨飛。尸僵路隅,名削勳府。部曲且死,占募何從。豈任安獨存,逝虞卿偕去。適免所假,遂安初服。感欒生之義,哀趙氏之孤,抆血無依,吞聲莫辯。怏怏終日,將成禍胎,悠悠苦思,奄觖中壽。雖生死恒理,誠今古所難,知己之分,未之有也。春秋五十一,啓手足于河南欒城里之私苐。”

其銘文亦同一機杼,俾基調統一,委曲低徊,復作摇曳餘波,有一唱三歎之致:“爲郎左个,作尉南昌,安卑効淺,志屈名揚(其三)。投筆北部,揭干東道,心馳塞雲,血灑邊草(其四)。朝誅上將,府責小吏,不遑啓處,敢恤名義(其五)。怏怏終日,悠悠苦心,寧祈福善,奄泣禍淫(其六)。”

28)墓誌而及於體態文質生活情趣

吕向撰、裴炫書,唐天寶三年《豆盧建墓誌銘并序》(《匯編》第25冊第64頁):“公神氣清而勁,容體妍而雄。目若珠明,脣如丹艶。玉澤讓膚,黛色慙髮。舉步生態,動顧成姿。圖畫之所莫如,瓌寶之所難並。而措意幽妙,遣言玄遠。遊刃有餘,尋環無極。中探古意,沿革而立身;外約今體,委曲而行志。遥通事趣,闇赴時情。經之以禮樂,洞於合變;緯之以文章,激其符彩。必原於製造,尤愜於商較。至夫野逸灑散,儻朗森沈。雲卧巖棲,靈仙可近;丹鑪藥銚,事業皆成爾。其孝不違親,義不忘本,歸名教之樂地,踐坦直之亨衢。与語者瑩其心,來視者滌其目。衆譽洋溢,合聲升騰。上召見之,曰可妻也。遂下詔拜駙馬都尉,尚建平公主。加銀青光禄大夫,授太僕卿,襲中山公。遽接天姻,乃富貴之相逼;重聯帝族,亦才貌之自取。且鷹雞犬馬之事,毬射琴壺之類,略見而臻境界,蹔習而隮壼閫。其迹也偶用韻事,其心也恬然晏如。以示物冥,不与塵雜。"

29) 隋人以"無所期""不可待",一倍增其悼亡之情

隋大業十一年《尉富娘墓誌》(《匯編》第10冊第129頁):"貞桂消亡,更无花采,春蘭萎落,永失芬芳。遂使臺上吹蕭,唯聞弄玉;隴頭看月,獨見恒娥。反魂之香,无由可值;更生之草,何處相逢? 陵谷易遷,招魂豈識;塋隧方泯,祭酹難知。寄以雕刊,傳之不朽。乃爲銘曰: 嵩岳鎮地,洛水浮天。宗枝永遠,世緒蟬聯。鍾鼎係踵,公侯在旃。載弄斯育,圖畫膺焉。稚齒鍾愛,傾城遠傳。梁昇曉日,水映披蓮。孝敬无竝,閑柔孰先。曹文悳誡,班扇慙篇。清潔持躬,閨房静謐。外語弗聞,内言寧出。蔦意㴋髓,勤工槊卷。浮生弗永,墜露寧遲。鉛華遽没,砭石終欺。郊門景落,松逕風□,□虚撤奠,柳去空帷。夜臺方掩,无復歸期。"

隋大業十二年《段濟墓誌》(《匯編》第10冊第141頁):"將軍之樹,空有前名,挍尉之營,唯餘故壘。"隋大業十二年《宋永貴墓誌》(《匯編》第10冊第160頁):"九原無可作之期,千年絶見日之義。人間易遠,身世難追,歳月不居,山河莫顧。"隋大業四年《任軌墓誌》(《匯編》第10冊第17頁):"忽辞青紫,奄就荒涼。空傳史筆,徒瞻白楊。"

按唐人元稹《元氏長慶集》卷九《遣悲懷》之三:"閑坐悲君亦自悲,百年都是幾多時。鄧攸無子尋知命,潘岳悼亡猶費詞。同穴窅冥何所望,他生緣會更難期。唯將終夜長開眼,報答平生未展眉。"辭趣一揆。

30) 隋代石刻開以樂景抒哀情之法門

隋大業七年《劉則墓誌》(《匯編》第10冊第48頁):"孤墳寂寞,既殊娱静之墉;松下流暉,還是賞心之月。恨朝霞之難挹,傷瓊蘂之無徵。想風流之如在,氣嗚咽以填膺。"以樂景抒哀情,融會如此,他刻尚未之見。

31) 隋人墓誌表達有"反經失常"爲憾者

隋大業十一年《田氏墓誌》(《匯編》第10冊第130頁),記大隋宫人采女田氏卒,本以國華入選,"如何芝華易歇,善慶難終。當夏蘭摧,未秋桂落。”

32）唐人關於武侯“翻案”文字

裴度撰文、柳公綽書、魯建鐫字之《諸葛亮祠堂碑》，作於唐元和四年（見於《匯編》第29冊第42頁）。作者係有感而發，欲起陳壽、崔浩輩於地下，與之相辯難者。是碑之出，對後世武侯多智而忠勤王事，鞠躬盡瘁之定形，乃至揚劉貶曹，不啻爲風向標識。是雖碑文，亦“翻案”史論之發軔者也。

《諸葛亮祠堂碑》：“（上闕）記侍御史内供奉賜緋魚袋裴度撰，營田副使檢校尚書吏部郎中兼成都少尹侍御史賜紫金魚袋柳公綽書。

度嘗讀舊史，詳求往哲，或秉事君之節，無開國之才；得立身之道，無治人之術。四者備矣，兼而行之，則蜀丞相諸葛公其人也。公本系在簡策□名盖天地，不復以云。當漢祚衰陵，人心競逐，取威定霸者，求賢如不及；藏器在身者，擇主而後動。公是時也，躬耕南陽，自比管樂，我未從虎，時稱卧龍。《詩》曰：潛雖伏矣，亦孔之炤。故州平心與元直神交，洎乎三顧而許以驅馳，一言而定其機勢。繇是翼扶劉氏，纘承舊服；結吴抗魏，擁蜀稱漢。刑政達於荒外，道化行乎域中。誰謂阻深？殷爲強國；誰爲遂脆？勵爲勁兵。則知地無常形，人無常性，自我而作，若金在鎔。故九州之地，魏有其七，我無其一，由僻陋而啓雄圖，出封壃以延大敵。財用足而不曰浚我以生，干戈動而不曰殘人以逞。其底定南方也，不以力制，而取其心服；震疊諸夏也，不敢角其勝負，而止候其存亡。法加於人也，雖從死而無怨；德及於人也，雖弈葉而見思。此所謂精義入神，自誠而明者矣。若其人存，其政舉，則四海可平，五服可傾。而陳壽之評，未極其能事；崔浩之説，又詰其成功。此皆以變詐之略，論節制之師，以進取之方，語化成之道，不其謬歟？夫委棄荊州，不能遂有三郡，此乃務增德以吞宇宙，不黷武以争尋常。及出斜谷，據武功，分兵屯田，爲久駐之計，與敵對壘，待可勝之期。雜乎居人，如適虚邑，彼則喪氣，我方養威。若天假之年，則繼大漢之祀，成先主之志，不難矣。且權傾一國，聲震八紘，上下無異詞，始終無愧色。苟非運膺五百，道冠生知，曷以臻於此乎？故玄德知人之明者，倚杖曰‘魚之有水’；仲達姧人之雄者，嗟稱曰‘天下奇才’。度每迹其行事，度其遠心，願奮短札，以排羣議，而文字蚩鄙，日日未果。元和二年冬十月，聖上以西南奥區，寇亂餘烈，罷甿未息，汙俗未清，輟我股肱，爲之父母。乃詔：詔相國臨淮公，由秉鈞之重，承推轂之寄。戎軒乃降，藩服乃理。將明帝道，陬落綏懷；溥暢仁風，閭閻滋殖，府中無留事，宇下無棄材，人知嚮方，我有餘地。則諸葛公在昔之治，與相國當今之政，異代而同塵矣。度謬以庸薄，獲叅管記，随旌旆而爰止，望祠宇而修謁，有儀可象，以赫厥靈，雖徽烈不忘，而碑表未立。古者或拳拳一善，或師長一城，尚流斯文，以示来裔。况如仁之歎，終古不絶，其可闕乎？乃刻貞石，庶此都之人，存必拜之感云尔。銘曰：

昔在先主，思啓疆宇。擾攘靡依，英雄無輔。爰得武侯，先定蜀土。道德城池，禮義干櫓。煦物如春，化人如神。勞而不怨，用之有倫。柔服蠻落，鋪敦渭濵。攝跡畏威，雜居懷仁。中原旰食，不測不克。以待可勝，允臻其極。天未悔禍，公命不果。漢祚其亡，將星中墮。反旗鳴鼓，猶走司馬。死而可作，當小天下。尚父作周，阿衡佐商。兼齊管晏，揔漢蕭張。易代而生，易地而理。遭遇豊約，亦皆然矣。嗚虖！奇謀奮發，美志夭遏。于嗟嚴立，咸受謫罰。聞之痛之，或泣或絶。甘棠勿翦，駢邑斯奪。繇是而言，殊途共轍。本於忠恕，孰不感悦。苟非誠慤，徒云固結。古栢森森，遺廟沉沉。不殄禋祀，以迄于今。靡不駿奔，若有昭臨。蜀國之風，蜀人之心。錦江清波，玉壘峻岑。入海際天，如公德音。元和四年，歲次已丑，二月廿九日建。鎸字人魯建。”

隋大業二年《李虎墓誌》（《匯編》第10冊第5頁）：“昔武侯亡蜀，仲達猶懼，遺風管氏，喪齊小伯。”亦可聯類。

33）佛寺建築景觀，描寫有虚有實

隋開皇十一年《宋景構尼寺造像碑》（《匯編》第9冊第69頁）：“尔其勢極弘麗，地惟爽塏，房廡深重，長廊交暎，連甍雲合，比屋霞舒，寶鐸迎風，雕欂照日。至於莊嚴□殿，飾盡丹青，相好非常，光明特絶。舊尼宿德，深睹律藏，莫不負錫来遊，有懷樂土。”

34）造塔虛實格

唐開元二年《侯莫陳大師壽塔銘》(《匯編》第 21 冊第 23 頁):"遂於此地爲大師立三級浮圖焉。若乃人物形勝,林[麓藪]澤。傍連牧野,前徒百勝之場;却負商郊,近古千年之業。周武王之問罪,殷有忠臣;吴季札之觀風,衛多君子。代閱今古,車標靈異。夫其壯也,仰太行之合沓;夫其麗也,俯淇澳之清泠。珎木迎地以攢羅,奇峯半天而竟[糺]。雜化(花)交映,楊慧日於金輪;衆鳥和鳴,韻祥風於寶[鐸]。實嚴淨之勝境,信靈祇之所託者乎。既[疏]迴向之因,復闡歸依之地。走雖不敏,輒亦庶幾。恍忽之間,若已再升者矣。大師随方演暢,應物出處,其往也恬焉恢焉,其來也惟寂惟漠。徒觀其精意練魄,凝神滌慮,無法通妙法之源,非身入大身之境,所以稱不可得。是故□難思議。啓方便之門,咸蒙善誘;示真實之相,俱令解脱。因塔廟之在斯,粗可得而陳也。尔時弟子欲重宣此義,敬作銘云……"

唐開元二十九年《多寶塔銘并序》(《匯編》第 24 冊第 141 頁):"霧竦雲立,月暎星離,類天上之飛来,疑地中之湧出。"

唐天寶二年《石仙宫銘并序》(《匯編》第 25 冊第 32 頁):"黯然林中,色与松合。巋尔其狀,勢如煙凝。式□元始之儀,用展有終之理。光可奪日,神能伏衆。"

35）造橋匡格

隋開皇十六年《澧水石橋碑》(《匯編》第 9 冊第 114 頁):"縣城之北,有澧水焉。其水也,上引七里之源,旁吸百原之口,控清引濁,冬温夏涼。□□朝興,則白日晝闇;澄波夕暎,則朱霞夜朗。厥水之上,雖有舊橋,每經汎長,隋流澌壞,車牛陷溺,行李嗟辛。有縣老人宋文彪等,悟鏡像之非真,知水泡之難住,熏修十善,迴向一乘,各竭資産,兼相勸化,敬造石橋,以濟行者。以開皇十一年,龍集於淵獻,月緾於降婁,爰共經始,數年乃就。碧柱浮空,烟雲等色;金堤枕浦,杞柳交陰。浩浩乎似應龍之導盟津,峩峩乎若靈鼇之冠方丈。以此善因,廣渡危難。仰願皇帝陛下,尊居太一,道邁虞唐;皇后配象陰精,德高任似;皇太子比曜前星,三善光備;内外文武，州縣官僚，法界含生，咸蒙斯福。竊以洛陽路首，尚傳超石之書，城都柱上，猶題長卿之筆，況復業隆遂古，功濟生民，不有標揚，孰弘勸獎？於是立碑路側，以彰厥庸，樹之風聲，懸諸日月。其詞曰：

星漢西轉，川瀆東傾。疎通雲及，津梁乃成。攸攸行道，隱隱車聲。雖言利濟，詎免危城。（其一）大悲拯物，寶珠斯現。瀉水疑瓶，□花似□。深弘利□，廣開方便。善斷疑網，能除毒箭。（其二）我皇負□，君臨萬方。下調玉燭，上叶珠囊。白環獻祉，丹書効祥。藻心玄寂，邁彼輪王。（其三）邯鄲北走，澧源旁射。桒麻隱暎，川疇平易。是稱爽塏，實爲滋液。士女連衽，車馬疊跡。（其四）明明州將，垂恩不已。憂國若家，視民如子。温其玉潤，油然雲起。竹馬赴期，蒲鞭示耻。（其五）穆穆良宰，達於從政。導之禮樂，申以法令。行合韋絃，清同水鏡。盜賊休止，黔黎歌詠。（其六）有國耆老，閭閻俊民。斷除三毒，歸依四真。故樓危壞，愍彼沉淪。爍金運石，共造良因。（其七）洪基蹇産，飛梁□□。□固□□，□□隱□。□□□□，□□□□。□□□□，□□仁□。（其八）”

按造作勒物之類，由物及地，由實到虚，由近宕遠，每爲作者慣技。以石刻類型觀之，隋唐直接仿自南北朝。參觀大齊天保八年《高叡修定國寺塔銘碑》（高五尺二寸，廣三尺四分，三十八行，行六十四字，字徑五分，正書方界格，額失，拓在靈壽祁林院。《匯編》第 7 冊第 61 頁），以下文中以（ ）内按語標誌揭示之，所未能顯示字，胥以□符暫充位之：

“蓋聞珠林琁室，現崐崙之中；銀闕金宫，跱蓬萊之上。居之□幽，登之乃靈。逐雨隨風，懸殊六通之□；黄衣丹椹，□非四□之味。況□陽山□之洞有□□大帝之□。□□生半天之山，七盧入香煙之岳。伏膺道術，始學牛毛。於我法門，事均驢乳。次復月光童子，戲天台之傍；仁祠浮圖，繞嵩高之側。行蔵比於幻化，出没放於淨圡。弗□□□罕逢濡足，及於金臺羅漢。遠住東海，瓊樹聲聞；遥家西域，承風問道：此實闕如。豈若太玄所都，化作經行之境；真人所府，飜成息心之地。黄河之北，忽出育王之龕；葱□（疑所缺爲嶺字）之東，别有迦維之國。然燈避風之處，服藥息務之所（鋪墊）。

和合戾止,有朱山焉。其地則(入地,"四至"章法)上應琁星,下分全趙。邑迩靈丘,念黑貂之爲珥;峯連牛飲,吐白陸之滋川。重嶺槩雲,□人或凡;曲嵋無底,瞻天謂窓;晨光東壑,類湯谷密迩;暮色西巘,侹崦嵫咫尺。陰氷夏素,想逼燭龍;陽木冬青,意近火鼠。重巖之面,有曝布焉。至於春泉初涌,秋水時至。蕭橼圓注,擬虹氛而上昇;散亂高流,狀天河之懸瀉。若乃金花瓊實,暎日香風;玉酒石膏,除飢却老。羊腸九阪,虵盤九曲。駈龍從虎,一見而不歸;控鵠乘鸞,蹔遊而忘返。

定州定國寺禪師僧欝(入人,勝地高人),身重戒珠,心倫堅石。時和人俗,不染世塵。以其山處閑虚,林幽爽曠。香珍叶住地之德,清静賞仁人之心。乃施浄財,云爲禪室,於兹廿有餘年矣。背兔頭之嶺,構柏堂之谷。别房覓崎岠之岫,離館逐低昂之崯。交藤代幄,懸葛當帷。鑿石開塗,披榛置徑。因山結宇,無勞一匱之勤;即水縈池,非求百姓之力。霧集懃定之侣,雲歸無漏之人。正念不虧,息心相継。頭堪孕鳥,心成竹虵(虚寫定性,誇飾出人意表)。採椽茅屋,蘂羹粟飯。七益不受,三浄不食。是真苦行,是實頭陁。鐘韻應霜,梵聲傳谷。虎音纔振,風神散非時之花;魚鱗已舉,雨伯造清涼之氣。百鳥競鳴,學黑蜂之唱無我;萬籟争響,寫天樂之娱法王(情景相宣,本地風光)。聞和雅音,咸無生忍。

属大齊之馭九有(宕開),累聖重規。羲軒之流,炎昊之輩,出東震,握北斗,擊玉鼓,轉金輪。前疑後承,左賢右儼。數當於天運,名上於河啚。入作股肱,出爲蕃屏。使持莭都督乏幽安平東燕滄瀛諸軍事、撫軍將軍、儀同三司、定州剌史、六州大都督、趙郡王高叡(入塔主):枝流姜水,氣别大風。昔殷周以稷契立叨,虞漢藉軒唐之德。復有揔農皇之緒,兼尚父之勳。光奄宇宙,義高前篆。祖同王季,彰積德之苻;李即劉文,恊内謀之議。烋徵遠降,爰誕異人。封自東門,厷分北社。多能將聖,上稟天知,幼秉虵珠。雀臺擒□,□成麟角。虎殿論儒,辯樂三雍,富河澗之典;驂駕四馬,高稻梁之勾。吐握思賢,安勞郭隗之榮;水鏡知士,何有鄒陽之書。故令司馬願遊,因解武騎;邯鄲對見,雅伏天人。忠以奉公,惠以施□。□神敬鬼,織天成地,心將冥會。非復友衆,攸知迹出人表;亦豈名言,所測劉蒼德茂。弥事謙下,馬乎尊寵,不以爲榮。至夫恒嶺崇高,虞廵北岳,中山舊國,漢号東蕃,□□唐侯,昔封此邑。魏文太子,復鎮斯城,五陘傍通,四關斜指。荊卿易水,含燕寒而北流;□霸呼沲,浮漢氷而南脉。地中天府,聞蘇子之言,境寔神州;具盧□□説,海城七十。僅譬閭井,雲夢八九。寧方藪澤,連甍接棟,煦氣成虹,袨服靚粧,揮汗如雨。先公佐世,甞廕斯蕃。皇弟分陝,每爲是牧。帝室維翰,莫此之尤。劇齊中之□□,□河内之擇士。遂乃褰襜明視,戴冕来遊。繡轂朱輪,聯清塵於往迹;鳴金繁唱,接高風之遺響。前後韋氏,大小馮君,校德談榮,飛天伏地。屈其大道,享乎小鮮。張瑟調琴,裁縠製錦。賤分陰於尺璧,子棃庶而蒲蘆。始布六條,尋能一諓(《集韻·阮韻》:甫遠切,權言合道。然則即“權變”字)。移風化俗,詎待七年。去就勝殘,何求百歲。政明民訟,蚩郭賀之荊州;甄屈搜賢,鄙山濤之冀部(殆“都”字誤)。百城順軏,四時感德,陰陽随意,綱目如旨。寧復二縣,不雨方待;車行三郡,無堪更今。徵黜德既行焉,玏亦成焉。田有遺粮,菓無外援。蹍虺虵而尾虎豹,窺(字從穴從視,爲窺字新造會意異體)烏鵲(而養)鳳鵷。□車迄今,初廕七祀。自人皇出谷,分長九州,秉旄作牧,盍無常限。然梁習臨并,止餘十載。神蒿處益,唯乞一年。恐須正階台,載馳綸綍。借君請帝,向天門而難止;□(但存“臣”符)道興□,望雲車而無極。四民所以相告,萬里所以先憂。尋夫羊公剌□,□□連率,梁楚宗令,周邵親賢,並播椒蘭,俱懸日月。未甞矜萬物、觀一己。脆同蘆葦,空似□蕉。縱四毒之□,任五情之馬。與夫解所未解,度所未度,安可以相論哉。

我王夙殖善根(入齊王),□□利種,以爲靈光之殿,遠謝微妙之臺;黼黻之衣,誠乖精進之鎧。故以先覺而竊後覺,後燈(但存“火”符,前後推斷爲此)而助先燈。將欲遠持三界,盡置十善。何直經緯文武,粉澤禮樂,唯然而已乎?□聞道場,攝心迴向,隨憘供設,爲福田□。因以其寺,名粤□□。宣尼論至道之時,乃有斯稱;軒轅念天師之教,且符今旨。浄心所宅,豈與同年?兼於此伽藍,更興靈塔。光光流曜,比秋月之華;蓬蓬茂出,如白雲之舉。銅槃上竦,遠承仙露;金鐸相鳴,遥驚山鬼。又復運藍田之玉,採荊山之珎,鏤殫變化,圖窮相好。緇涅不汙,用□無染之身;夜光遍體,因現神通之色。於是竹間精舍,樹下講堂,光餙侔青鳥之蓮,珎華奪白牛之駕。仙靈拖棟,或真聖之乘煙;雲氣垂甍,乱峯巘之觸石。是知無生無□,□有鵠林;不即不離,兹亦鷲嶺。道本一唯,勿輕像法之期;佛乃无邊,何偏王舍之界?

寺去州城(回應佛山勝地作結,回環往復章法),餘二百里。扶桒初曉,楊枝始嚼。塵消氣滅,霧卷霞除。昇高峯,望都邑,朱□紫閣,真雲中之化欲来;緑樹丹城,像城外之飛將至。分明可見,異隴首之望平川;竦散高情,踰岱宗之小天下。壯哉峻極,麗矣荘嚴。何但名相佛圡,頗棃爲地;法明出世,天宮近人。齊聖廣淵也如彼,菩提道牙也如此。自可生蓮花於鬲子,樊烮火於魔宫。屏息而獲法雲,翹足而俟授記。寧□延皇家卜年之數,增我后王佐之切。井藤相促,城芬將滿。庶願力護持,羣神肅翼。湏珎腐敗,勝地莫渝;玄圃飛浮,神山恒固。今歲在赤奮,時惟青祇;陽殖官杏,日望月桂(記時)。斲磨珹功,明楊皷鍾。縱漢帝種桃,屢獲花菓;麻姑看海,數移陵陸。猶望有類粟山記戊申之歲,更同荊峴見望拜之碑。無愧之詞,乃爲銘曰:

即林嘉遁,歸山長往。未極人天,猶居塵壤。我有福地,全疑安養。閣暎珠羅,樓懸金網。峯高萬刃,嵋遠千尋。煙雲出入,仙聖登臨。谷幽虚囀,松高自吟。紫芝咸迥,丹桂成□。彼有人焉,創兹虚境。高窓蔭柏,危欄承嶺。野曠村稀,巖空人静。草呼風氣,池摇月影。嘿形端拱,凝神丘壑。摇錫褰衣,遨遊林薄。思滅毒火,求分良藥。遠棄形骸,蕭然寥□。曆窮於坎,倉精受命。陵躙百王,懸衡七政。洛荐効祉,河文懈聖。朝衆水神,國多天鏡。本枝磐石,如珪如璧。龍變成章,鵬飛舉翮。閤延髦士,庭多揖客。高義盈門,清談滿席。燕南趙北,奇士爰臻。盧河通氣,白壤飄塵。陰陽所合,風雨攸均。輕軒高盖,来慰斯民。印泥作豉,牧羊調馬。德通靈物,謡成風雅。寛猛春秋,愛畏冬夏。并州陵段,冀方踰□。爰觀六趣,尚想三塗。香珎匍匐,道慕拘盧。化城度嶮,抨酪求蘇。既雕宫觀,有類蓬壺。百雉攸遠,九成迢遰。薄霧輕籠,微煙少蔽。光風新静,暾暉初麗。極目相望,地乘天際。斗廻南北,日轉西東。遑遑馳驟,抵速人中。地煎熱水,天壞灾風。願將此處,懸置虛空(世間不應有,歸出世間法)。大齊天保八年歲在丁丑□□戊辰十五日壬午刊記。"

按《常山貞石志》:"高叡修定國寺,已作頌記之。此因添建靈塔,復作序銘,立碑以紀其事也。碑文駢麗,書法遒健,全是□意。"碑刻文字,由寺院到寺僧,由寺僧到立碑之主,由碑主到國家,由國家到國君:層層宕開,但又層層圍繞佛屠出世作章法,非大手筆不能作此開合。至於細節處,虛寫以點染,誇飾出意表。堆疊化爲煙雲,板滯變成流動。

36)章法,墓誌獨創

唐垂拱元年《户部尚書薛元超墓誌銘并序》(《新中国·陝西壹》第83頁):

"惟公享陰德,承大名,漸之者甘露醴泉,訓之者輜車乘馬。杜稱武庫,積慶高於五葉;崔号文宗,宏才掩於三代。天下之人,謂公爲地矣。

惟公秀眉目,偉鬚髯,長七尺四寸,神明如也。定容止,齊顔色,龍章鳳姿,瑶林瓊樹,皎若開雲而望月,廓若披霧而觀山。天下之人,謂公爲貌矣。

惟公神韻瀟灑,天才磊落,陳琳許其大巫,阮籍稱其王佐。立辞比事,潤色太平之業;述禮正樂,歌詠先王之道。擅一時之羽儀,光百代之宗匠。天下之人,謂公爲文矣。

惟公下帷帳,列綈緗,覃思研精,該通博極。三皇五帝之墳典,指於掌内;四海九州之圖籍,吞若胷中。獻替王公之言,謀猷廟堂之議。天下之人,謂公爲學矣。

惟公鳥有鳳,魚有鯤,陂澄萬頃,壁立千仞。窮達不易其心,喜愠不形其色。山納海受,物踈道親,天下之人,謂公爲量矣。

惟公善詞令,美聲姿,莫見旗鼓,自聞琴瑟。苟非利社稷,安國家,感神明,動天地,則未嘗論人物,辯是非;天下之人,謂公爲言矣。

惟公備九德,兼百行,立天之道曰陰與陽,立地之道曰柔與剛,立人之道曰仁與義。始於事親,捧檄而干禄;中於事君,懸車而謝病,終於立身,既没而不朽。天下之人,謂公爲賢矣。

惟公居守太子,有相國之任;會計群吏,有冢宰之託;澄清天下,有使臣之譽;弼諧君上,有諫臣之名;平獄稱允,有于公之斷;舉才得宜,有山公之啓;天規地典,有力牧之用;君歌臣誠,有咎繇之德。運動兵略,其當周之太公乎;考覈政事,其當軒之天老乎;夢公形像,其當殷之傅説乎。得卿一足,其當堯之后夔乎。天下之人,謂公爲相矣。"

唐人崔融(653~706)所撰。崔融爲唐代齊州全節(今濟南)人。初應八科制舉,皆及第,累補宫門丞、崇文館學士。中宗李顯爲太子時,崔融爲侍讀,兼侍屬文,東宫表疏多出其手。聖曆元年(698 年),武則天封中嶽嵩山,見崔融所撰《啓母廟碑》,深加讚美;封禪畢,又命崔融撰《朝覲碑》。

37) 大學士吕向以女性筆法狀男性形象:墓誌而及於人物肖像生活意趣才子風流

吕向撰、唐天寶三載《豆盧建墓誌銘并序》(《新中國·陝西貳》第 108 頁):"公神氣清而勁,容體妍而雄。目若珠明,脣如丹艷。玉澤讓膚,黛色慙髮。舉步生態,動顧成姿。圖畫之所莫如,環寶之所難並。而措意幽妙,遣言玄遠,遊刃有餘,尋環無極。中探古意,沿革而立身;外約今體,委曲而行志。遥通事趣,闇赴時情。經之以禮樂,洞於合變;緯之以文章,激其符彩。必原於製造,尤愜於商較。至夫野逸灑散,儻朗森沉。雲卧巖棲,靈仙可近;丹鑪藥銚,事業皆成。爾其孝不違親,義不忘本,歸名教之樂地,踐坦直之亨衢。与語者瑩其心,來視者滌其目。衆譽洋溢,合聲升騰。上召見之,曰可妻也。遂下詔拜駙馬都尉,尚建平公主,加銀青光禄大夫,授太僕卿,襲中山公。遽接天姻,乃富貴之相逼;重聯帝族,亦才貌之自取。且鷹雞犬馬之事,毬射琴壺之類,略見而臻境界,蹔習而躋壼閫。其迹也偶用韻事,其心也恬然晏如。以示物冥,不与塵雜。"

38) 碑文開頭,有當於制文"破題""分疏"體

唐載初二年《乙速孤神慶碑》(《匯編》第 17 册第 119 頁):"天地之大德曰生,聖人之大寶曰位。生不可以無宰,俟有道以存之;位不可以無寄,待有德以尊之。故創極剖天,張維闢寓。大君有作,譬涉海而乘雲;多士聿興，仰登山而捧日。可久可大，闡洪業而非常；立德立功，垂大名於不朽。存而爲一時之傑，歿而爲一代之英。爰有異人，今可得而聞矣。”

（六）句 樣 類

1）句樣——仿構句式之深層（典範）結構（參見考據雜誌類《句樣論》）。

2）“××，禮也”及其變格

石刻墓誌序文一般都具有交代殯葬儀式關鍵段落，通常表述爲“××，禮也”。例如：唐天寶十五年《趙留四墓誌》（《新中國·河南壹》第7頁）：“即以度載二月乙酉朔十二日景申，遷厝於鄴郡西二十五里白鹿村東南二里祖墳塋域之内平原，禮也。”唐開元十九年《李景陽墓誌》（《匯編》第23册第44頁）：“遷葬于洛陽縣北邙之原，禮也。刊青礎永固玄堂，銘曰：倬含章，登造士。翩就列，班祝史。司罻罹，官以理。遘灾妨生忽已喪，賢哲痛夫子。開元十九年歲次辛未二月庚辰朔十七日景申，葬於北邙原平陰鄉之禮也。”唐大和九年《賈温墓誌銘有序》（《新中國·陝西貳》第231頁。鄉貢進士李抱一文，鄉貢進士周啓書并篆）：“至九年二月十五日，歸葬于本縣龍首原之塋，禮也。”唐開成三年《王志用墓誌銘并序》（《新中國·陝西貳》第239頁）：“以開成三年正月二十六日，葬于萬年縣青龍原，禮也。”這類格式，隋唐五代石刻語料庫可以查詢到大約1 921條記録。

其中“××，禮也”，功能與下列用例相當，或可轉换爲下列結構：

唐開元十九年《胡君妻楊無量壽墓誌》（《匯編》第23册第52頁）：“以開元十九年六月六日，薨於鼎邑殖業里私苐也，春秋六十有五。即以其年月十九日葬於洛陽縣清風鄉北邙山之原。二氏各男，絶漿泣血，卜遠申議，别建封塋，拜饗之儀，具得其禮。”得其禮，即合乎有關古禮。唐開元二十六年《何府君墓誌銘并序》（《匯編》第24册第60頁）：“四月十一日，安厝北邙之原，從儉約也。”唐長慶三年《李贍墓誌銘并序》（《新中國·陝西貳》第222頁）：“即以長慶三年正月五日，歸葬於京兆府萬年縣義豊鄉灞陵原,合祔於蕭氏夫人之墓,從素意也。”唐咸通九年《魏府君墓誌銘并序》(《新中國・陝西貳》第 296 頁):“以咸通九年正月十一日,安厝于京兆府長安縣龍首鄉田門村,祔先塋,式遵周之禮制也。”唐開元二十九年《張守珍墓誌銘并序》(《匯編》第 24 冊第 132 頁):“以開元廿九年歲次辛巳二月癸丑朔廿日壬申返葬于東京邙山之陽,不忘本也。”唐開元二十九年《趙瓊琰墓誌銘并序》(《匯編》第 24 冊第 138 頁):“即以廿九年春三月改卜遷祔。異啓塋域於梓澤西原,從古礼也。”唐天寶四年《王元墓誌銘并序》(《匯編》第 25 冊第 74 頁):“粵天寶四載歲次乙酉二月己丑朔十四日壬寅,合窆於河南府河南縣平樂鄉邙山之北原,崇吉兆也。”唐天寶四年《張洮墓誌銘并序》(《匯編》第 25 冊第 99 頁):“以天寶四載十一月十九日,舉先代奉寧神於平陰之南原,成遺志也。啓舅姑之雙殯,收絶嗣之兩喪。楊氏幽魂,合祔於公,從周礼也。”唐天寶九載《李華墓誌銘并序》(《匯編》第 26 冊第 37 頁):“厥十二月朔有七日,葬于洛陽清風之南原,成遺志也。”唐大曆三年《李公墓誌銘并序》(《匯編》第 27 冊第 72 頁):“夫人太原郡君温氏,以大曆三年十一月廿日,同窆于洛陽之北原,從兆順也。”

對照可知,“××,禮也”,其中後半段檃括了動賓短語結構功能,即“禮也”,差不多與“合乎古禮”相當。

按這種格式,來源相當古老。出土楚簡,如《上海博物館藏戰國楚竹書》“孔子詩論”部分:

第二簡“訟坪悳也”,可句讀爲“訟,坪悳也”;語義理解爲“《頌》就是辯德的”。

第五簡“清廟王悳也”,可句讀爲“《清廟》,頌王悳也”。

第九簡“天保亓得彔蔑畺矣巽寡悳古也”,可句讀爲“《天保》亓得彔蔑畺矣,巽寡悳古也”;該簡的二句可釋讀爲:“《天保》(其得福無疆),是由於具食精潔、合乎古禮。”[1]

---

[1] 文見《上博楚竹書中的“詩論”文獻及範型》,《學術研究》2003 年第 9 期。

可見這類有關古禮儀式結構來源之古。但大概到後來這類格式去古已遠,本意難曉,於是很多場合出現如下的"變體":唐咸通三年《唐故集州衙推狄玄愬墓誌并序》(《新中國・陝西貳》第280頁):"即以其年八月十日,葬於古城村白鹿原,之禮也。"這類"變體"格式,隋唐五代石刻語料庫可查詢到大約140條記録。其實,"變體"仍存古。唐元和三年《吴江墓誌》(《新中國・河南壹》第216頁):"是遵遠卜,尅用元和三年十一月七日,合祔于河陽縣太平鄉逯永村北大原,之禮也。"釋讀者或不句讀,作"合祔于河陽縣太平鄉逯永村北大原之禮也",以爲刻寫之誤,恐非。"之禮也",或即判斷陳述句標誌。之,指代,其功能猶《書》之"時"、《莊》之"之二蟲"之類。然則,上具結構中"禮也",作陳述判斷,尤其須作詞組解會。五代後周廣順元年《王進威墓誌》(《匯編》第36册第123頁):"乃於京西北河南縣金谷里尹村王彦琦家買到塋地四畝,其擇兆也。而乃前吞洛汭,面華嶠之駢闐;後控孟津,背九皐之□赫,東倚邙山,通鼇極之並景。西連霍嶺,接湯岫之近隣。繇是春山瀉望,秋水凝情,其景也。"內容非一,結構不二。

3)"如……文"爲命令句,爲漢簡所見"急急如律令"之句樣變格

唐天祐四年《唐酆王(韋玄貞)妃崔氏鎮墓文》(拓片高、寬均53厘米。呪文符籙,下爲正書。《新中國・陝西貳》第329頁):"魔无干犯。一切神靈,侍衛安鎮。如元始明真舊典女青文。"末"如……文"爲命令句型,爲漢簡所見"急急如律令"之句樣變格。

4)××來王

北魏太平真君四年《嘎仙洞祝文》(《文物》一九八一年第二期《鮮卑石室的發現與初步研究》):"克擁凶醜,威暨四荒。幽人忘遐,稽首來王。始聞舊墟,爰在彼方。"按"來王"語段,爲"來(於)王"結構之略,語義爲"爲王所懷來"。

5)"感時花濺淚"句樣

唐總章二年《李氏墓誌》(《匯編》第15册第89頁):"朝風漸泠,夜月方明。看花落淚,聽鳥心驚。山多寒色,樹足秋聲。"今人讀杜甫《春望》

詩句"感時花濺淚,恨别鳥驚心",以縮爲五言、添加因果關聯而生費解。據此誌所刻,各補動詞"看""聽",則主客關係,無須詞費。即唐人"以我觀物,物皆著我之色彩",尚未融化而臻於主客淆然不分境地。或據此考杜甫《春望》"感時花濺淚,恨别鳥驚心"不啻句樣,爲當時習見語言結構。

唐總章二年《趙氏墓誌》(《匯編》第15册第91頁)銘文:"朝風漸□,夜月方明。看花落淚,聽鳥心□。"唐總章三年《王氏墓誌》(《匯編》第15册第105頁)銘文:"朝風漸泠,夜月方明。看花落淚,聽鳥心驚。山多寒色,樹足秋聲。"唐咸亨元年《索行墓誌》(《匯編》第15册第125頁):"□□漸泠,夜月方明。看花落淚,聽鳥心驚。山多寒色,□□□聲。"唐咸亨元年《趙氏墓誌》(《匯編》第15册第128頁):"朝風漸泠,夜月方明。看花落淚,聽鳥心驚。山多寒色,樹足秋聲。"唐垂拱元年《張護墓誌銘并序》(《匯編》第17册第25頁):"朝風漸泠,夜月高明。望峯落淚,聽鳥心驚。山多寒色,樹足秋聲。"顯然,六句爲當時墓誌銘文套語,不啻照抄填寫。

6)"德不孤"仿構與理解

十六國北涼承平三年《沮渠安周造像記》(《匯編》第2册125頁):"道不孤運,德必有隣。"仿構句,殊有補於道家箋釋。

7)表裏澄澈

唐開元九年《王大義墓誌》(《匯編》第21册第150頁):"父淹,文林郎。明鏡利劍,剖堅洞微。瑩璧壺冰,表澄内徹。"頗徵宋代詞人張孝祥《念奴嬌·過洞庭》"表裏俱澄澈"所來有自。

8)"凱旋"擴展

唐開成三年《王志用墓誌銘并序》(《新中國·陝西貳》第239頁):"梁公監統天兵,掃清氛祲,遂果剋獲,凱歌而旋。""凱旋"即其凝縮結構。後人不知其所自來,或狗尾續貂添加結構爲"凱旋而歸",遂致訴訟紛紜。

9)"弓開月滿,箭發星飛"結構所自

五代後唐天成四年《西方鄴墓誌》(《匯編》第36册第39頁):"莊宗皇帝一睹麦嵤之貌,遽驚奇異之材。遂委雄師,日親龍馭。夾洪河而對疊,欲近十年;臨巨孌以相馳,俄經百戰。公素探經史,宿蘊縱撗。每於料敵之謀,常中必成之術。其或兩軍相望,三皷未鳴。公乃奮忠莭以示威,擁輕袍而掉戰。弓開月滿,箭發星飛。騎躍追風,釰輪秋水。對敵望塵而駭目,連營効命以争先。"

10)"似畫若飛","若斷若續"之較早形式

隋開皇十五年《隋修北周故開府儀同三司洮甘二州刺史新陽段公(威)墓誌銘》(《新中國·陝西貳》第 8 頁):"公襟神早異,體皃不恒。俶儻出俗士之規,恢廓有丈夫之操。控連錢而横宛轉,淩狡獸而落輕禽。固亦似畫若飛,超前絶後。"

其"似畫若飛,超前絶後",狀動態逸出,得未曾有。似、若並列,畫、飛對立,畫者,止也。上文"控連錢而横宛轉,淩狡獸而落輕禽"亦對文,然則連錢者、馬之得名,宛轉者、弓之代稱。狡獸、輕禽,亦相對當者。

11)"安土重遷"變形

唐元和五年《張涣墓誌銘并序》(《新中國·陝西貳》第 203 頁):"立身從宦,叅歷五朝;弱冠章金,位登四品。涖官兼軄,公獨有之。克孝承家,無墜先人之業。甞謂《周書·大誥》曰:'予有後,不弃基。'是吾心也。懷土重遷,非吾志也。所以將此列爲己任,固則生業永以公居,黍稷常以公獲。庫無疋帛,廪有餘粟。國人善之,可謂公之孝矣。""懷土重遷",祖述"安土重遷"結構而稍變其格。

12)"永齡俱促"所自

隋大業九年《張業墓誌》(《匯編》第 10 冊第 80 頁):"夫人,清河路氏也。風神令淑,四德備焉。識類奉倩之妻,才越王渾之婦。有神儀焉,有仁孝焉。与君琴而永齡俱促,俄傷掛劍之悲,遂落峴山之淚。君以大業六年七月十三日薨於雒陽,春秋八十有五。夫人以大業八年五月丙寅薨於京第,春秋七十有三。"其中"永齡俱促"組合,乍觀矛盾相違,勢同水火,實爲化用《尚書·商書·高宗肜日》"降年有永有不永"之語。

13)"如何不吊"與"如何不叔"

唐貞元十九年《張明進墓誌銘并序》(《新中國·陝西貳》第 185 頁):

“如何不淑,奄忽弥終。”與“如何不吊”,匡格正等。“吊”“叔”古文抑或草書,原本一字。

14)“大啓××”結構

唐上元二年《虢莊王李鳳墓誌銘并序》(《新中國·陝西貳》第50頁):“建旟作牧,雖高前典;析珪胙土,未允舊章。宜崇寵命,大啓邦國。可改封虢王,食邑如故。……皇帝若曰:於戲,咨尔鳳。岐嶷幼彰,噐識方茂。大啓藩服,朝典攸宜。是用命尔爲豳王,食邑一万户。受兹黑土,苴以白茅,往欽哉。”早見於周代器物銘文《逨盤》。[1]

15)丫杈句法

唐開元十二年《唐贈左驍衛大將軍左賢王阿史那毗伽特勤墓誌銘并序》(《新中國·陝西貳》第85頁)銘文:“蘭生有馥,玉出自珎;珎非外假,馥惟內真。”前後照應,形成丫杈句法。參見錢鍾書《管錐編》卷一論《毛詩正義·關雎序》“丫杈句法”。

16)“言爲世範,行乃人師”:後世句樣,隋代所及尚寬泛,唐代始趨向“師範”

隋大業十二年《明質墓誌》(《匯編》第10冊第155頁):“言爲世範,行迺人師。”隋開皇九年《□和墓誌》(《匯編》第9冊第54頁):“行已有耻,直不可干,浴德澡身,言爲世範。”隋大業十年《賈玄贊墓誌》(《匯編》第10冊第102頁):“道蔚人宗,行成物範。”隋大業十二年《唐直墓誌》(《匯編》第10冊第156頁):“惟公識度清高,風神恬曠。跡遊朝市,心王江湖。其書也無勞百遍之功,其劒也有耻一人之敵。誠孝自天,仁友率性,行爲仕則,動必時師者也。”隋大業十二年《宋永貴墓誌》(《匯編》第10冊第160頁):“行摽世範,德流民詠。”

唐上元三年《李君彦妻魏氏墓誌》(《匯編》第16冊第38頁):“惟公象賢載德,履孝居忠,行可人師,言爲士範。”唐開元七年《于知微墓碑》(《匯編》第21冊第107頁):“言爲士範,行乃人師。”

---

〔1〕 臧克和《金文雜考》,《古文字研究》第25輯,中華書局2004年。

唐天寶四年《和守陽墓誌》(《匯編》第25冊第87頁):"言爲士則,行迺人師。"唐會昌六年《衛景初墓誌》(《匯編》第31冊第148頁):"君性仁行孝,躭書志文,舉措動容,爲人師範。"唐貞元十三年《唐故劉府君(昇朝)墓誌銘》(《新中國·陝西貳》第172頁):"偕當代英髦,爲人師範。"唐開元七年《于知微墓碑》(《匯編》第21冊第107頁):"公丹穴融姿,生而五色;青田表質,動則千里。言爲士範,行乃人師。"唐乾符二年《劉室女墓誌》(《西安碑林》第92卷第4407頁):"懿範生知,柔順幼備,動合規矩,雅爲人師,喜愠未常形於色,是非罕曾恣於言。"

17) 唐人"落英"仿構

唐永徽六年《王惠墓誌》(《匯編》第12冊第168頁):"遂宗仰前脩,放曠原野。每攀桂以淹留,飡落英而卆歲。"前句語本漢淮南小山《招隱士》:"攀援桂枝兮聊淹留。"後句則仿屈原《楚辭·離騷》"夕餐秋菊之落英"。是唐人已坦然祖述而不以爲非。

18) 唐代"哀感……"匡格,語用分歧已生

高昌章和十六年《高昌王造像碑》(《匯編》第10冊第187—188頁,碑在新疆吐魯番)。按該記殘缺,磨滅難辨。但據所存字跡,不唯文字可觀,亦所以補史闕。如"天人悲慕,哀感山河""動與理會""風韻高奇,機鑒穎悟""□笞不忘其恩,刖足猶感其惠""靈覺恢廓,非有非无。□□□□,亦實亦虛。形無定方,往來豈匃?言非常韻,隨時□□"等等。

"哀感山河",即化用六朝所謂"哀感"匡格。如《晉書》卷五十九"故掾劉佑獨送之,步持喪車,悲號斷絶,哀感路人",卷六十四"拜受流涕,哀感左右",卷八十八"乃撫柩長號,哀感行路,聞者莫不垂涕",卷一〇一"七歲遭母憂,擗踴號叫,哀感旁鄰,宗族部落,咸共歎賞";《梁書》卷四十七"時天寒,曇浄身,衣單布,廬於瘞所,晝夜哭泣不絶聲,哀感行路,未及朞而卒";《文選注》卷四十繁欽《與魏文帝箋一首》"而此孺子遺聲抑揚,不可勝窮,優遊轉化,餘弄未盡。暨其清激悲吟,雜以怨慕,詠北狄之遐征,奏胡馬之長思,淒入肝脾,哀感頑艷。是時日在西隅,涼風拂衽,背山臨溪,流泉東逝,同坐仰歎,觀者俯聽,莫不泫泣殞涕,悲懷慷慨";《周書》

卷四十六“與禽獸雜處，哀感遠近”；《水經注》十“故《琴操》云：殖死，妻援琴作歌曰：樂莫樂兮新相知，悲莫悲兮生別離。哀感皇天。城爲之墮”；《大唐西域記》卷八“聞而歎曰：慧日已隱，唯餘佛樹，今復摧殘，生靈何覩。舉身投地，哀感動物，以數千牛構乳而溉，經夜樹生，其高丈餘”。

然而，像唐乾封元年《張君妻梁氏墓誌》（《匯編》第15冊第15頁）“及所天云喪……雖復哀感四時，幽閑無悶”，顯然爲“主體”爲“四時”所感，即“哀感於四時”（陸機《文賦》所謂“悲落葉於勁秋，喜柔條於芳春”者也），不復爲感動“客體”語義。是格式仍舊，機杼有二。

《文選注》“凄入肝脾，哀感頑艷”，衆解説紛紜，其説甚辯。或謂宜作互文解會（頑含智，艷含媸），謂哀感所及，無論愚智賢佳不肖者（參觀錢鍾書《管錐編》第四冊“繁欽”條）。按頑字，鄧文原《急就篇》草書“顏文章”作，趙子昂草書《歸去來并序》亦如此寫，皆近頑形。頑、北魏《元略墓誌》作。其間過渡，見於晉代及北魏以降，如晉代《黃庭經》作，南北朝石刻如北魏《元敷墓誌》作、北魏《元敷墓誌》作、北魏《元煥墓誌》作，見《漢魏六朝隋唐五代字形表·頁部》“頑”“顏”條。

然則上句“肝脾”比列，後者“顏艷”同義，艷，同時代亦用指佳麗顏色，如南朝梁江淹《麗色賦》：“有光有艷，如合如離。”

如此，“哀感頑艷”，恐怕實際就是“哀感顏艷”的誤會，用意也非常醒豁：哀感見乎顏色者。

19）“心折骨驚”結構變形

隋大業八年《張伏敬墓誌》（《匯編》第10冊第73頁）：“遂使家親傷心斷骨，朋知勝侶霈然悲咽。”唐貞觀八年《孫隆墓誌》（《匯編》第11冊第61頁）：“反嘆逆嗟，驚魂斷骨。”作手拙劣，通篇唯此句爲“骨折心驚”稍變之格。唐開元六年《嚴識玄墓誌銘并序》（《新中國·陝西貳》第76頁）：“朋親弔祭，骨驚心死。”“骨驚”得以組合，而功能“斷骨”，實爲聯類：唐開元九年《夏侯法寶墓誌》（《匯編》第21冊第167頁）：“哀纏逝晷，痛結終身。侵露序而塗肝，指霜旻而斷骨。”

唐大曆六年《崔文修改葬墓誌銘并序》(《匯編》第 27 册第 107 頁):"像設九原,分裂五情。日慘寒色,風淒晚聲。叩地長懷,心摧骨驚。刳肝書血,刊石勒銘。"變形而爲"心摧骨驚",扭曲示奇,代價也大。至於"刳肝書血",大類外科手術。

"傷心斷骨",南北朝格式爲"心折骨驚":南朝梁江淹《別賦》:"有別必怨,有怨必盈,使人意奪神骸,心折骨驚。"而《漢語大詞典》"心折 1":中心摧折。形容傷感到極點。按"心折骨驚""危涕墜心"之類結構,實即"顛倒示奇"或曰一種特殊的"互文組合"結構。《晉書》卷五十六《列傳第二十六・孫楚》:"楚少時欲隱居,謂濟曰當欲枕石漱流,誤云漱石枕流。濟曰:流非可枕,石非可漱。楚曰:所以枕流欲洗其耳,所以漱石欲厲其齒。"《藝文類聚》卷三十梁江淹《恨賦》:"或有孤臣危涕,孽子墜心。"

20) 斷腸、斷心、墜心、崩心

隋開皇四年《楊居墓誌》(《匯編》第 9 册第 14 頁):"何畐何毒,被天不算。沉丹塗漆,埋琛坔墳。三子千悲,壹心百斷。"唐咸亨元年《段瑋墓誌》(《匯編》第 15 册第 141 頁):"潰魄霞晨,崩心火夕。"唐咸亨二年《張節墓誌》(《匯編》第 15 册第 144 頁):"披手澤而崩心"。唐開元三年《張法真墓誌》(《匯編》第 21 册第 38 頁):"弟子等攀慕,痛結崩心。"唐開元七年《賀君妻賈待墓誌》(《匯編》第 21 册第 104 頁):"銜荼茹蓼,泣血崩心。"唐咸亨五年《王僧墓誌》(《新中國・河南壹》第 57 頁):"號天泣血,踴地崩心。"唐永徽六年《夫人張氏(廉穆)墓誌銘》(《新中国・陕西壹》第 38 頁):"思負米而流慟,想銜索以崩心。"唐大中九年《趙石墓誌銘并序》(《新中国・陕西壹》第 135 頁):"家君哀傷,肝腸断絶。"唐大曆二年《孫進墓誌銘并序》(《匯編》第 27 册第 61 頁):"號天叩地,泣血断腸。"

按"斷腸""斷腸人",形容極度思念或悲痛,爲詩文習見。三國魏曹丕《燕歌行》:"念君客游思斷腸,慊慊思歸戀故鄉。"唐李白《清平調》詞之二:"一枝紅艷露凝香,雲雨巫山枉斷腸。"宋賀方回《青玉案》詞:"淩波不過横塘路,但目送、芳塵去。錦瑟華年誰與度?月橋仙館,綺窗朱户,惟有春知處。　碧雲冉冉蘅皋暮,彩筆新題斷腸句。試問閑愁都幾許?一川煙草,滿城風絮,梅子黄時雨。”(《中吴紀聞》卷三)是“斷腸”者,實“斷心”也,而“斷心”罕睹。《後漢書·安帝紀》:“豈意卒然顛沛,天年不遂,悲痛斷心。”夫“斷心”“崩心”之類,可轉型爲“墜心”。南朝梁江淹《恨賦》:“或有孤臣危涕,孽子墜心。”劉師培《文説·析字篇》:“别有慧業才人,創造險語,鬼斧默運,奇句自矜,或顛倒以爲奇,或割裂以示巧:由是‘墜心危涕’,文通互易其文。”“崩”“斷”皆爲極狀心理活動程度副詞,釋家用“崩”者,避俗以聳動視聽也,且無間悲歡哀樂。唐代顔真卿所書《千福寺多寶塔》碑文:“有五色雲團輔塔頂,衆盡瞻睹,莫不崩悦。”即俗語所謂“絶倒”“喜壞了”。

21) 唐人對六朝“枕流漱石”結構的理性匡正

唐貞元六年《馮承宗墓誌銘并序》(《新中国·陜西壹》第129頁):“枕石漱流,韜光晦跡,即於陵子仲之類也。”

22)“挺生、種德”匡格

唐開元二十一年《開休元墓誌》(《匯編》第23册第117頁):“君含章挺生,植義種德,貞純發性,孝友因心。”唐開元二十一年《江璀墓誌》(《匯編》第23册第120頁):“種德者不獨楚國先賢,遺芳者盡在陳留耆舊。”

“含章挺生”,含美出生。含章,語出《易·坤》:“六三,含章可貞。”孔穎達疏:“章,美也。”《三國志·魏志·管寧傳》:“含章素質,冰絜淵清。”挺生,挺拔生長,亦謂傑出。《後漢書·西域傳論》:“靈聖之所降集,賢懿之所挺生。”按“挺生”成語,墓誌碑刻多用。挺、生並列,挺即生也。語料庫查詢得到855次“挺”字用例,其中“挺生”組合用例有239次。如隋大業九年《張虔墓誌》(《匯編》第10册第89頁)“疎源植本,命世挺生”,隋大業十一年《伍道進墓誌》(《匯編》第10册124頁)“公降神川嶽,挺生秀氣”等。

“植義種德”,立意布德。南朝梁劉勰《文心雕龍·雜文》:“崔瑗《七厲》,植義純正。”《尚書·大禹謨》:“臯陶邁種德,德乃降,黎民懷之。”孔傳:"邁,行;種,布。"

23) 雜糅成變體:"光前絶後"與"暎後光前"

按隋唐已成匡格,以"光"爲廣大之用。如隋大業九年《張府君夫人蕭氏墓誌銘并序》(《匯編》第10冊第81頁)銘文:"紝組爲模,禯華難偶。圖史光前,辤林絶後。才邁班姬,文超孟婦。"誇飾蕭氏內美修能,其中"圖史光前,辤林絶後",即成語"光前絶後"之析用。

《尚書・堯典》"光被四表"之光,《漢書・王莽傳》引此句作横,《書古文訓》作炗,横從黄聲,黄從田從炗、炗亦聲,炗即古文光,廣亦從黄得聲。王引之《經義述聞》:光桄横古音同聲而通用。段玉裁《古文尚書撰異》:孟子曰擴而充之,擴即横字異體。隋大業八年《劉德墓誌》(《匯編》第10冊第58頁):"光挌區宇,搜勮俊傑。"隋大業十一年《元智墓誌》(《匯編》第10冊第133頁):"軒丘肇其得姓,卜洛啓其興王。道盛中原,業光四表。"石刻"盛""光"對文。隋大業十年《賈玄贊殯記》(《匯編》第10冊第102頁):"德光遐迩,譽滿親朋。"光、滿對文,尤其顯豁(惟該石疑係僞刻)。

隋唐亦有以"光"爲映照用者。如隋大業十二年《李元墓誌》(《匯編》第10冊第142頁):"金箱玉質,暎後光前。"其中,箱必相字之通用,狀儀表形式。又如隋開皇九年《封祖業妻崔長暉墓誌》(《匯編》第9冊第50頁):"顯允洪冑,世緒蟬聯。重規疊矩,曜後光前。"隋仁壽四年《馮君妻李玉婍墓誌》(《匯編》第9冊第169頁):"承芳蕙畹,曜采藍田。家聲既茂,婦德斯全。初笄咸盥,言歸進賢。如賓邁後,舉案光前。"唐貞觀二年《胡永墓誌》(《匯編》第11冊第16頁):"飛聲騰實,耀後光前。"光、耀對文。唐貞觀四年《胡質墓誌》(《匯編》第11冊第25頁):"照晰芬芳,光前絶後。"光、絶承"照晰"來。

至於唐景龍三年《高知行墓誌》(《匯編》第20冊第76頁)"同德比義,光前絶後",唐神龍二年《大唐故雍王(李賢)墓誌銘》(《新中国・陝西壹》第99頁)"光前絶後,莫之與京",皆係成語空前絶後、暎後光前之雜糅使用類型。

按“光”有兩邊：一曰淨盡空絶，一曰廣大輝映。所賴以區辨者，“光”字爲所組合成分如“映”“曜”或“絶”等因素所規定。光、映對文，則“光”即具“輝映”之用。但是光、絶對文，則“光”非即等“空絶”，視具體語境而定。方言俗語所謂“光了”，即等“空了”，恐後起之用，《漢語大詞典》“光”義項19：空，淨盡，所舉用例爲南朝梁沈約《齊故安陸昭王碑》：“喬嶽峻峙，命世興賢，膺期誕德，絶後光前”，還有待推敲。唯“光前絶後”條下所援書證，於隋唐石刻交臂失之。

24）“金聲玉振”匡格變體：或狀音質，或狀物色

按“金聲玉振”爲上古音樂演奏結構術語，見《孟子·萬章下》：“集大成也者，金聲而玉振之也。金聲也者，始條理也；玉振之也者，終條理也。始條理者，智之事也；終條理者，聖之事也。”編鐘奏樂，以鐘發聲，以磬收韻，表示奏樂從始至終。“金聲玉質”爲“金聲玉振”變體。隋大業十二年《李元墓誌》（《匯編》第10冊第142頁）：“金箱玉質，暎後光前。”其中，箱即“相”字之通用，狀儀表本質。如唐龍朔二年《太妃王氏墓誌銘并序》（《新中國·陝西貳》第35頁）：“鋐華玉潤，璲飾金相。心諧婉淑，性蘊矜莊。”金相，有待裝飾，狀外觀物色。

至於“金聲玉質”類，則狀音質屬性。唐開元二十年《尹善幹墓誌》（《匯編》第23冊第70頁）：“蘭薰雪映，金聲玉質，情深孝友，性敦閑逸。”唐開元三年《盧調墓誌》（《匯編》第21冊第44頁）：“克生令胤，金箱玉振。”

金聲玉振，訴諸聽覺；金相玉質，訴諸視覺。“金聲玉質”或“金箱玉振”，實爲“金聲玉振”與“金相玉質”二者雜糅爲一。猶言名實相宣，表裏俱美者。視“金聲玉振”單純訴諸外在影響者，可謂一字之差，而邈若河漢。“金聲玉質”成詞使用，見諸文獻者，似以唐人石刻爲最早，語文工具書待録。以下爲匡格變體：

其一動玉鳴金。隋大業六年《楊秀墓誌》（《匯編》第10冊第38頁）：“自飛雀降祥，見五侯於始葉；遊魚呈瑞，表三公於上年。並動玉鳴金，垂青曳紫。”

其二玉響金聲。唐貞觀二年《郭通墓誌》(《匯編》第11冊第17頁):“履仁蹈義,夙穆於閨閒;玉響金聲,鏗鏘於遠邇。落落焉,汪汪焉,不可量也。”

其三金聲玉質。唐貞觀廿年《大唐前齊府功曹叅軍尹貞墓誌》(《匯編》第11冊第144頁):“蘭薰雪映,金聲玉質。”

其四玉潤金聲。唐貞觀八年《大唐故田夫人墓誌并序》(《匯編》第11冊第57頁):“誕生淑媛,玉潤金聲。端荘外朗,温肅內成。”

其五玉潤金箱。唐貞觀廿三年《張雲墓詩銘并序》(《匯編》第11冊第191頁):“玉潤金箱,松貞風勁。隨時舒卷,優遊得性。”描狀物色外觀屬性,即唐龍朔二年《太妃王氏墓誌銘并序》(《新中國・陝西貳》第35頁)“鉿華玉潤,璲飾金相。心諧婉淑,性蘊矜莊”之糅合爲用。

25) 秋水共長天一色,落霞與孤鶩齊飛

隋開皇八年《淳于儉墓誌》(《匯編》第9冊第47頁):“瓊根与九泉争遠,蘭條共四方競振。”隋大業十一年《唐該妻蘇洪姿墓誌》(《匯編》第10冊第121頁):“若乃高風盛業,長源遠系。夲枝將四照争榮,餘潤與雙流共遠。”隋大業十一年《尉富娘墓誌》(《匯編》第10冊第129頁):“洪源與積石争流,歷葉與鄧林俱茂。”隋大業十一年《曹海凝墓誌》(《匯編》第10冊第131頁):“長風与翠栢而俱吟,孤嶺將断雲而共結。”隋大業六年《姬威墓誌》(《匯編》第10冊第35頁):“崇基與削成並峻,清瀾隨委壑俱遠。”隋大業七年《劉則墓誌》(《匯編》第10冊第48頁):“懷珠蘊玉,夜光与連璧争暉;駈轂楊鞭,流水共桃花俱遠。”隋大業十二年《宋永貴墓誌》(《匯編》第10冊第160頁):“洪源括地,與懸米争深;高峯極天,共雲丘比峻。”[1]唐貞觀八年《□孝敏墓誌銘并序》(《匯編》第11冊第59頁):“化共春雲等潤,鑒與秋月齊明。”唐龍朔三年《魏郎仁墓誌銘并

〔1〕 又“懸米”,亦見《王子安集》卷十“幼俊八”條:“論曰:夫濫觴懸米,翻浮天動地之源;寸株尺蘖,擢捎雲蔽景之幹。豈非積微成大,陟遐自邇?”

序》(《匯編》第14册第68頁):“神彩与巖雷争飛,高情共松風競遠。雅性超簡,俊節不羈,候風月以追遊,極琴罇而澹慮。”唐乾封元年《張君妻梁氏墓誌》(《匯編》第15册第15頁):“蒙谷韜輝,夕露与秋波共落;若枝凋景,寒雲將暮葉同飛。”若枝者,即神話傳説所謂若桑。

唐文明元年《西州司馬吴信碑》[1]:“何期魂沉岱嶺,桂質與芳号俱銷;魄歿乾城,盛德共嘉聲歇滅。”唐乾封二年《張爽墓誌》(《匯編》第15册第23頁):“清辞共金石同響,草隸与松筠等茂。”

唐貞觀廿年《張忠墓誌》(《匯編》第11册第150頁):“肅穆將松風共高,優柔與洞簫齊韻。”唐貞觀廿年《王才墓誌》(《匯編》第11册第157頁):“風儀與秋月齊明,音徽共春雲並潤。”唐貞觀廿二年《張通墓誌》(《匯編》第11册第175頁):“嚴威與秋霜競潔,神武與夏日争輝。”皆爲一虚一實組合。

唐聖曆元年《李君莫高窟修慈悲佛龕碑并序》(《匯編》第18册第131頁):“慈雲共舜雲交映,慧日與堯日分暉。”狀物色而融人情,套匡格而出新意。

唐聖曆二年《王慶祚墓誌銘并序》(《匯編》第18册第149頁):“詞峯將夏雲俱峻,辯論与秋天共高。”物色融入才情。

唐開元八年《周利貞墓誌》(《匯編》第21册第135頁):“音儀瑩朗,與秋月而齊明;雅韻冲和,等春雲之起潤。”唐開元二十四年《大唐故大智禪師塔銘》(《匯編》第24册第12頁):“鄭大父子胤、烈考解脱,並丘園養德,隱居不仕。禪師體不生之口神,綱無染之絶韻。爰在悼齔,遊不狎羣。遂更童長,身無擇行。峻節比夫嵩華,雅量方於溟渤。初好《老》《莊》《書》《易》之説,亟歷淇澳漳滏之間,以悲度門,一皆謝絶。齒邁三十,適預緇流。慧音共芝若同芬,戒相與蓮花比潔。大通之在荊南也,慈導風行,聲如鼓鍾,應同鳴鶴。乃裹粮脩謁,偏袒請命,逮得法要,式是勵精。

---

[1] 見《考古與文物》2009年第6期所載王其禕、周曉薇《澄城新見唐文明元年西州司馬吴信碑考略》,第49—55頁。

浹辰之間,驍然大悟,三摩随入,順忍現前,大通印可,密弘付囑。自是多歷名山,普雨甘露。"[1]

26) 下臨無地

唐垂拱元年《龐德相造金剛經頌》(《匯編》第17冊第24頁):"今敬爲亡父鎸石造《金剛般若經》一部。即以垂拱元年四月八日,雕飾畢功。兼設四部衆齋送經於山寺之頂也。重巖萬仞,上亘有天;幽谷百尋,下臨無地。緇黄接影,□梵連聲。"下臨無地,見《全唐文》之初唐王勃《滕王閣詩序》。

27) 望長安於日下

隋大業九年《皇甫深墓誌》(《匯編》第10冊第79頁):"馳令譽於帝鄉,振嘉名於日下。"初唐王勃《滕王閣詩序》"望長安於日下,指吴會於雲間",祖構有所從來。

28) 隋唐"四美、二難"

北齊天保二年《竇泰墓誌》(《匯編》第7冊第46頁):"及幼主君臨,問對爲重;新邦肇建,糾察增隆。二難之道,匹此爲易。"二難:幼主君臨、新邦肇建。尚不醒豁。隋大業七年《隋故豫章郡掾田德元墓誌》(《匯編》第10冊第55頁):"坐有嘉賓,門多好事。良晨美景,命醁酒而開筵;勝地名遊,賦清篇而自得。莫不辞高金谷,趣極蘭亭。"前二句爲總,後兩聯爲分。是"好事"類凡六:良晨、美景、勝地、名遊,宴飲、賦篇。其中前四者爲實體,後二者係穿插四者之間爲作用。唐王勃《滕王閣詩序》:"遥吟俯暢,逸興遄飛。爽籟發而清風生,纖歌凝而白雲遏。睢園緑竹,氣淩彭澤之樽;鄴水朱華,光照臨川之筆。四美具,二難並。"其所賦内容亦不出隋人四體二用"六類"範圍,是初唐直接沿襲使用的類型。

唐人或以"四美"稱女性之"四德":唐大曆十一年《吴公妻獨孤氏墓誌銘并序》(《新中國·陝西貳》第154頁):"夫人少婉娩,長柔順。加之以明敏慈惠,以初笄之歲而歸吴氏。以克諧婦德,周旋母儀,而家道生矣。

---

[1] 至於"句樣"作爲句型格式的深層結構,有關討論可參見"考據雜誌"類《句樣論》。

然後振四美以修內,體三從以飾外,内外偹而人□盡矣。"四美、三從並舉。

唐人或以"四難"概括世家才德:唐天寶九載《盧府君墓誌銘》(《匯編》第26冊第18頁):"族茂地高,才富德碩。四者難並,代罕其人。一以貫之,見於府君矣。府君諱復,字子休。錫土燕趙,受氏范陽。"

唐龍朔元年《王長墓誌》(《匯編》第14冊第7頁):"因斯遂性,性希微尚,息榮華於一指,遣我物於二難。於是負杖清渠,瑩心鏡於冰沼;行吟緑野,寄情地於松端。琴揮延壽之歌,賦寫行天之樂。"

後世關於"四美、二難"理解歧出紛如。像有的語文課本選《滕王閣詩序》篇,關於"四美具,二難並"之"四美",注釋爲"良辰、美景、賞心、樂事";關於"二難",則注釋爲"賢主、嘉賓"。《教師教學用書》於"四美具,二難並"白話參考是"良辰、美景、賞心、樂事,四美都有,賢主、嘉賓,難得却得"。

29）杜牧《阿房宫賦》寫建築句樣

唐垂拱元年《八都壇神君實録碑》(《匯編》第17冊第29頁):"以垂拱元年十月一日,依洪洞故事而興版築。長垣百堵,煙雲相連,迴廊四注,陰陽不測。大厦中起,巍然若扶,幽邃窈窕,不可談悉。於是繪事八山,署置參面,千巖萬壑,宛在目前。想宣父之名丘,思啓母之爲石。琢磨琬琰,放象體勢,方面列莛,斑白有序。光流聲殷之祉,從此而歸;骨青耳細之奇,望之如在。巖巖焉,森森焉,人莫敢視。"其中"巖巖焉,森森焉,人莫敢視",賦壇句法,開啓晚唐杜牧《阿房宫賦》賦建築群落句樣:"盤盤焉,囷囷焉,蜂房水渦,不知其幾千萬落。"

30）"不恨古人吾不見,恨古人、不見吾狂耳"句樣所自來

唐永徽二年《許士端墓誌銘并序》(《匯編》第12冊第22頁):"於是芳聲遐振,雜霜鍾之厲響;雅俗遥歸,冠華市之馳衆。冝城冠盖之侣,指潛巷而請遊;京洛搢紳之人,望康簷而願謁。豈徒鄉岫木潤,里岸波圓;將使俛仰一時,交結千載。嘗歎曰:我不恨不見古人,恨古人之不知我。故知中散之友高士,信匪虚言,玄度之謚徵君,代有人矣。"

宋代詞人辛棄疾《賀新郎》:"甚矣吾衰矣。悵平生、交游零落,只今餘幾。白髪空垂三千丈,一笑人間萬事。問何物、能令公喜。我見青山多嫵媚,料青山、見我應如是。情與貌,略相似。一尊搔首東窗裏。想淵明、停雲詩就,此時風味。江左沈酣求名者,豈識濁醪妙理。回首叫、雲飛風起。不恨古人吾不見,恨古人、不見吾狂耳。知我者,二三子。"葫蘆依樣耳。

31）破竹、拉枯

五代後梁龍德二年《牛知業板築新子州牆記》(《匯編》第36冊第24頁):"初久養勇於投石拔拒,自迎前於破竹拉枯。"按"破竹拉枯"爲"勢如破竹""摧枯拉朽"緊縮結構變體。

32）貓鼠關係

唐建中元年《崔祐甫墓誌》(有唐中書侍郎同中書門下平章事常山縣開國子贈太傅博陵崔公墓誌銘并序,吏部侍郎邵説撰,前河南府潁陽縣丞徐珙書,國子丞李陽冰篆。《匯編》第28冊第9頁):"既在近密,其道乃光。議政詳刑,多所匡補。有獻猫乳鼠者,百辟皆賀。公獨不賀,立艸其奏曰:祀典迎猫,爲除田鼠。今反乳之,是執灋者不能觸邪,理兵者不能禦寇。天戒若此,庸可或乎。"

33）"……,……也"句式

唐開元九年《吴文殘碑》(《匯編》第21冊第157頁):"元戎……魚之行乎大壑,其量府也。黄金白玉兮滿君之北堂,其賓賢也。虬……風軌物,傑臣飛將,其在公乎。"前面描寫,後以"……也"加以解釋性收束。宋人歐陽修《醉翁亭記》凡用數十"……,……也"句式,爲後世稱道。唐人碑刻,惜乎殘斷,聊勝於無耳。

34）牛崗,枕休牛之野;馬獵,連馬頰之河;慈林、讓樹

武周長安三年《大周故貝州司兵參軍韓君墓誌銘并序》(《新中國·河南貳》第280頁):"山對牛崗,直枕休牛之野;塋開馬獵,傍連馬頰之河。春苔滋而石隧幽,苦霧積而楊林晦。嗣子……等,並孝炳天經,道光時譽。崇仁作里,種德成隣。挺冬笋於慈林,發祥花於讓樹。下虞丘之泣,盡由也之思。哀不能文,詢諸知己。"形勢而化地名,人事而融景物,天然湊泊,爲墓誌銘文較出色者。

（七）作 者 類

1) 墓誌作者並書家,至於晚唐五代具有“自覺”意義,作者於碑板之中現身賓白,自道謙辭,有如匡格

論者或曰:墓誌至中唐始多著書家刻手。萃集者云:“墓誌文的撰者,在唐以前只是個別墓誌發現有署名者。在收編的北朝百餘種墓誌中,唯北魏孝昌二年(526)《侯剛墓誌》爲侍御史譙郡戴智深文。唐代從武德七年(624)至景龍二年(708)計83年間的六十餘種墓誌中,只有崔行功爲《李爽墓誌》撰者、劉憲爲《韋洞墓誌》撰文。開元年間以後,署名逐漸增多,至晚唐普遍署有撰文、書者、刻者、立者的姓名及官職。”(《西安碑林全集·墓誌·概述》第4頁)

墓誌撰文作者,出現於序文之末,以爲銘文過渡,南北朝已然。唐開元二十四年《大唐故大智禪師碑銘》(《匯編》第24冊第14頁):“有太僕卿濮陽杜昱者,與余法利同事,共集禪師衆所知見實録,其餘傳聞,不必盡記。且離生滅是究竟無餘,鏤盤盂乃古今難沫,顧才不稱物,短綆汲深,猶昔人稽首東向,獻心廬嶽者,以爲懇慕之極。況鐫刻永世,不猶愈乎?”唐咸通十二年《閻肇墓誌》(《新中國·河南壹》第88頁):“其世姪徐厚耿回,以鬱与公交深分至,情契陳雷。令叙聲實,然罄狂斐。銘刊金石,範貽後昆。”誌題撰述人爲“奉義郎行相州臨河縣尉攝魏州大都督府法曹參軍吕鬱述”。但總體來看,自謙套語,尚無跡可求。唐開元二十七年《王君妻趙上真墓誌》(《匯編》第24冊第91頁):“夫人在府君後而終,即以開元十七年七月十五日告禍,廿七年十月十四日闔祔于斯塋。府君舊銘文是兵部郎中嚴識玄所造,其文詞華麗,不可輒移,今□粗記葬年,雙安貞石,亦權儀也。”按作文者自道“粗記”。墓主其弟劉晅撰并書《劉升朝墓誌銘并序》(唐貞元十三年,《新中國·陕西貳》第172頁):“晅詞殫識寡,不足叙其徽音;昆季情殷,乃敢傳其遺烈。”作者係墓主之弟,自謙爲“詞殫識寡”。唐元和五年《張涣墓誌銘并序》(《新中國・陜西貳》第 203 頁):“冲玄詞非體要,敢當所請,詳具前烈,直紀其事。染翰書叙,誌于泉扃。”墓誌作者爲鄉貢進士彭城郡劉冲玄,既撰并書,自謙如此。

晚唐以至於五代,碑誌顯著其作者身份。作者現身賓白,自謙以占地步,蔚成風氣,有如匡格。至於書寫乃至刻寫者,亦占一席地,似不遑多讓。季世風替而重名逐利,約略見一斑。[1] 或有書寫者,由原來不具名(即具名也附綴銘文之後),一變而位置於序文之前標題之下。如唐長慶三年《許遂忠墓誌銘并序》(《新中國・陜西貳》第 225 頁)題下署:“翰林學士中大夫中書舍人上柱國賜紫金魚袋王源中撰。翰林待詔儒林郎守常州司倉叅軍騎都尉劉諷書。”唐元和十二年《秦朝儉墓誌銘并序》(《新中國・陜西貳》第 216 頁),於文前分行明昭大書“鄉貢進士裴詢撰。應書判拔萃朝散大夫前太子通事舍人上柱國孫藏器書”。劍南東川節度掌書記給事郎試太常寺協律郎劉寬夫撰、唐長慶三年《李贍墓誌銘并序》(《新中國・陜西貳》第 222 頁):“不有款識,將何託焉。小子先君尚書敬公,盖李之所自出。君於余爲丈人行,故得詳熟其事。况奉代公之命,敢不謹書日時,以實泉壤。”並道及個中關係。

五代後周顯德元年《安重遇墓誌》(《匯編》第 36 册第 127 頁):“薄才既辱於見知,滯思勉伸於撰述。”五代後周顯德元年朝請大夫守宗正丞柱國郭玘撰《劉光贊墓誌》(《匯編》第 36 册第 128 頁):“玘屢承請揖,言撰斯文,慙無吐鳳之詞,直紀如龍之美。”五代後周顯德二年鄉貢進士劉德潤撰《趙鳳墓誌》(《匯編》第 36 册第 130 頁):“德潤器乏青雲,才非白地。偶承見託,俾述斯文。雖則時然後言,敢以直書其事。”五代後周顯德二年朝散大夫行左拾遺直史館趙逢撰《石金俊妻元氏合祔誌》(《匯編》第 36 册第 131 頁):“太守与逢敦後凋之契,以懸窆有日,命家老列狀於僕,請爲誌銘。僕不能文,但以昔年任蘭臺郎,求假適義州,獲昇堂拜太夫人。親

〔1〕“碑銘”由來,由實漸華。参見宋代羅大經《鶴林玉露》乙編卷之五,中華書局 1983 年,第 201 頁。

慈懿之風，熟貞良之德。乃縱筆直紀官婚而已。至於惇序姻族，惠恤臧□，立嘉言，積善行，非作傳不能周叙其事。勉抽鄙思，乃作銘云……”五代後周顯德二年節度推官將仕郎試大理司直兼監察御史王玭撰《韓通妻董氏墓誌》(《匯編》第36册第135頁)："玭叨爲幕吏，謬齒文儒，既奉命抽毫，乃直書其事，謹再拜而銘曰……”五代後周顯德五年朝散大夫試大理評事行秦州成紀縣令兼監察御史許九言撰《李公妻朱氏墓誌》(《匯編》第36册第149頁)："九言門舘下吏，儒墨承家。偶趁上國以立身，幸忝真王之擇壻。今則方拘十室，無由伸臨穴之哀；雖奉八行，不郝乏碎金之作。多慙漏略，勉副指蹤。罔憚斐然，強爲銘曰……”五代後周顯德三年墓主從侄前鄉貢進士士明撰《蕭處仁墓誌》(《匯編》第36册第145頁)："士明以早預宗盟，得詳履行，俾撰名實，所難讓辭。盖取録其見聞，豈足徵於紀述。亦在勳勞不朽，有殊冥寞之君。陵谷或遷，庶識忠良之宅。嗚呼哀哉。乃作銘曰……”唐大中八年《契苾通墓誌銘并叙》(《新中国·陕西壹》第133頁)明昭大號朝議大夫守京兆尹上柱國賜紫金魚袋柳喜撰，且於序、銘之間作得意之筆："公文以喜甞副公銜命，熟公望實，以日月有期，須有銘誌。泣血觸地，來請撰文。辤既不從，乃爲銘曰……”

行文出現作者姓名有講究。按撰文者爲墓主之從侄，對家長自稱，其格式爲有名無姓。長輩對晚輩署名蓋章，亦有講究，以至於影響後世。如《水滸傳》第四十回“梁山泊好漢劫法場，白龍廟英雄小聚義”：

> 吴用説道："早間戴院長將去的回書，是我一時不仔細，見不到處，才使的那個圖書，不是玉箸篆文'翰林蔡京'四字？只是這個圖書，便是教戴宗吃官司。”金大堅便道："小弟每每見蔡太師書緘，並他的文章，都是這樣圖書。今次雕得無纖毫差錯，如何有破綻？”吴學究道："你衆位不知，如今江州蔡九知府是蔡太師兒子，如何父寫書與兒子，却使個諱字圖書，因此差了。是我見不到處。此人到江州，必被盤詰，問出實情，却是利害。”

至於非墓誌類碑文亦復如此。五代後周顯德二年李昉奉敕撰《任公屏盜碑》(《匯編》第 36 冊第 137 頁):“微臣不才,孤奉明旨。揣闔秘思,懼遺休聲;稽實課虛,斯謂無愧。而太史氏紀功臣之績云:公名漢權,蜀國人也。以武畧事累朝,以戰功登貴仕。亟握兵要,連分使符。初牧于丹,有排乱折衝之績;移治于趙,有安邊鎮靜之功。所至皆有能名,而濟之人獨能宣其事業,以示不朽,亦可謂賢矣。系曰:事有該于謡俗傳于耆舊者,千載之下,尚爲美譚。矧文之以銘,而勒之於石乎。他日知使君之政者,其將質於此,故其词云:

道失其要,刑淫而暴。人心用違,良民爲盜。令嚴而申,政肅而淳。人心用依,盜爲良民。民既盜也,盜亦民也。善惡之化,實由乎人。猗歟使君,克善其治。始以嚴诛,去其姧宄。申以約束,靜其鄉里。里無墮農,鄉無狡童。曾未逾月,澄清四封。相彼林矣,豈無犲虎。暴心不生,與麟爲伍。循彼陔兮,亦有荊棘。惡蔓既除,與蘭同色。使君之賢,如山如淵。濟民之頌,聲聞于天。刻石播美,垂千万年。”

按李昉,字明遠,深州饒陽(今河北饒陽縣)五公村人,入宋爲著名學者。後漢乾祐年間(948 年)進士。官至右拾遺、集賢殿修撰。後周時任集賢殿直學士、翰林學士。宋初爲中書舍人。宋太宗時任参知政事、平章事。雍熙元年(984 年)加中書侍郎。奉敕撰《太平御覽》《文苑英華》《太平廣記》等書,並行於世。

又五代後周顯德五年鄉貢進士許中孚撰、沙門比□僧惠林書《勅留啓母少姨廟碑》(《匯編》第 36 冊第 154 頁):“廟貌嚴肅,明靈暗通。望之者敬由是興,祈之者福由是集。稻粱黍稷,春秋而遂布時羞;絲竹陶匏,庭砌而遽陳商角。是得歲時序,風雨順,生植暢,田疇開。人獲囷阜之豊,里有謳謡之韻。以作景福,以助太和。猗歟,人之禱既如斯,神之應又如此。於是下以利之事達於上,上以留之義令於下。班基且廓,魯壤弗加。等靈光之獨存,同甘泉之但闢。獲永廌奠,得壯祠宫。潔以祈恩,馳特牲而可進;固夫層構,任迅景以頻移。邑人牛敬贇等,欲示後生,宜刊貞石。乃爲見託,俾述斯文。中孚學不逮於古人,詞莫窮於前事。徒抽馬卿之思,強濡王粲之豪。豈敢繁言,庶存實録。”該碑文多所模糊,而所見傳世文字,句讀多舛,所在多有。如碑文上有明詔“屬我皇帝翼翼萬機,孜孜庶政。爲下民之革弊,慮昏厲之作災。用止訛風,乃頒明詔曰:當聰明正直以福及人者,則可以靡息宗禋。或妖回魑魅以禍苟人者,則可以特加剪伐。式絶淫祀,永作恒規”,傳世文字或以“曰”爲“日”,且屬下而讀。或脱“困”字,破句失讀。

亦有借他人地步,自詡文采者。唐上元二年《虢莊王李鳳墓誌銘并序》(《新中國·陝西貳》第 50 頁):“朝議大夫守秘書少監通事舍人内供奉博陵崔公,才掞文雄,學該武庫,控歸塘於筆海,秀姑繇於翰林,逸調淹華,壯思遒警,憑緝銘典,式彰茂烈。庶乎天窮倚杵,不朽之義猶存;地絶持鈎,無愧之文方劭。其詞曰……”

2) 墓誌刻寫程序及刻工身份:儒生編寫大要事略,再由正式作者提煉加工成文,然後書寫(書寫者有的就是撰文者,也有的另外專門),然後找工人刻寫:當時有專擅此行業工藝技術人員

前山南東道節度衙推試太常寺太祝錢師穆撰并書,唐大中四年《劉士準墓誌銘并序》(《新中國·陝西貳》第 260 頁):“命工人刊勒其石,令儒生纂要爲文。今乃舉其宏綱,撮其機要,以爲文懿之。”鄉貢進士鄭晦撰并書,唐大中十二年《閭知誠墓誌銘并序》(《新中國·陝西貳》第 270 頁),如果撰文者同時兼有書寫者身份,則需特別標明“并書”關係。

唐乾符四年《唐故康王李汶墓誌銘并序》(《新中國·陝西貳》第 317 頁)題下署:

翰林學士朝議郎守中書舍人柱國賜紫金魚袋臣蕭遘奉勑撰;

翰林待詔朝議郎前守光州光山縣主簿柱國臣牛德殷奉勑書;

翰林待詔朝議郎守殿中省尚舍奉御柱國賜紫金魚袋臣那希言奉勑篆盖。

銘文末尾署:臣盖堯刻字。

分工稱齊備。然而唐天寶十三年《唐故處士上穀寇公墓誌銘并序》(《匯編》第 26 冊第 128 頁)首標榜“外甥中山張越撰,外生河南賀蘭應書”,末又署名“外生陳郡殷照排文,穎川陳僧刻字”。撰者作文,書者行書(見原拓書體),刻字者爲工匠,該墓誌又出“排文”者,位於文、書之後,與刻工者比列,且位置刻工之前。殆唐時已有編排設計者歟?

3) 至於墓誌序文銘文,何時出現假托身份地位,而實際作者並不具名情形,尚無可考索。[1]

4) 刻玉冊之官

唐咸通九年《魏公夫人韋氏墓誌銘并序》(《新中國·陝西貳》第297頁)銘文末署:“朝請郎試太常寺奉禮郎盧罕篆盖,中書鎸玉冊官强存刻字。”王南熏述并書兼篆盖文,天水郡强穎刻字者,見唐咸通十一年《荊從臯墓誌銘并序》(《新中國·陝西貳》第305頁)。崔鄑撰并書及篆盖、唐大中十四年《李敬實墓誌銘并序》(《新中國·陝西貳》第272頁)銘文末署:“鐫玉冊官尹仲修刻字。”唐乾符四年《周孟瑶墓誌銘并序》(《新中國·陝西貳》第318頁)銘文末署:“玉冊官將仕郎試太常寺協律郎劉贍刻。”當時鎸刻玉冊者有陳從諫、强存、李君郢、尹仲修、劉贍等。

唐大中四年《似義逸墓誌銘有序》(《新中國·陝西貳》第261頁)題下注:王式撰、張模書并篆額,銘文之後署:宣節校尉前守左領軍衛長上鎸、玉冊官李君郢刻字。似乎鎸、刻還存在分工。

五代後唐天成二年《孔謙夫人劉氏夫人王氏合祔玄堂銘并序》(《匯編》第36冊第32頁):“□□省玉冊院鐫字官宋□鐫。”

陳竦撰、史頎書并篆、唐大中十三年《王公素墓誌銘并序》(《新中國·陝西貳》第271頁)銘文末署:“玉冊官陳從□刻字。”施誼撰、男遜書、唐咸通八年《尚弘簡墓誌銘并序》(《新中國·陝西貳》第290頁)銘文

---

〔1〕《儒林外史》還反映出這種現象,如第四回《薦亡齋和尚契官司,打秋風鄉紳遭橫事》:張靜齋道:“老伯母的大事,我們做子侄的,理應效勞。想老伯母這樣大壽歸天,也罷了。只是誤了世先生此番會試。看來,想是祖塋安葬了?可曾定有日期?”范舉人道:“今年山向不利,只好來秋舉行,但費用尚在不敷。”張靜齋屈指一算:“銘旌是用周學臺的銜,墓誌托魏朋友將就做一篇,却是用誰的名?其餘殯儀、桌席、執事吹打,以及雜用、飯食、破土、謝風水之類,須三百多銀子。”本回他處又寫道:“於路上商量説:‘此來,一者見老師;二來老太夫人墓誌,就要借湯公的官銜名字。’”

末署“中書省玉冊官陳從諫刻”。據後者署名,唐大中十三年《王公素墓誌銘并序》(《新中國·陝西貳》第271頁)銘文末所署名缺字,可補爲“從諫”,即二誌刻工爲一人。關於“玉冊官陳從諫”所刻石,語料庫計有:唐大中十三年《王公素墓誌》(《匯編》第32冊第161頁,出土地陝西西安),又見《新中國·陝西貳》第271頁著録;唐咸通八年《尚弘簡墓誌銘》(《新中國·陝西貳》第290頁,西安市近郊出土,具體時間不詳);唐咸通八年《何遂墓誌銘》(《新中國·陝西貳》第292頁,一九五五年西安市東郊韓森寨東北出土);唐咸通九年《蕭行羣墓銘》(《新中國·陝西貳》第298頁,一九五五年西安市東郊郭家灘出土)。

陳從諫作爲玉冊官,似爲專門。頗徵當時刻工,往往就是專司刻寫文書的專業人員。

5)刻手變換,内容印版;篆書寫手難覓

唐開元十一年《阿史那勿施墓誌并序》(《新中國·陝西貳》第82頁)有“君諱施,字勿施”“嗣子哲,任左驍衛翊府中郎”“以神功元年八月十七日,寢疾薨於河南府新安里之官舍,春秋六十有二”等語,唐開元十一年《阿史那哲墓誌并序》(《新中國·陝西貳》第83頁)有“君諱自奴,字哲”“父勿施”等語,知二石所刻,爲父子關係。然二石所刻,從三代官爵履歷,到太宗敕書,内容不啻印版,僅從銘文上看出是二非一。然就文字刻工來看,誌蓋篆文,[1]出自一人之手,至於誌文楷書,顯係二人所施爲:父石有界格,但所刻粗劣多誤;子石雖無界格,但所刻工整清秀。説明當時能寫篆書者已經相對難找。而篆蓋或篆額者,從落款處於撰文者之後、標題之下,不同於刻工往往署名於銘文末尾,也可以發現篆書者地位稍高。

二石所刻時間相同,出土地相同,墓主爲父子,所刻出自二人之手,而

[1] 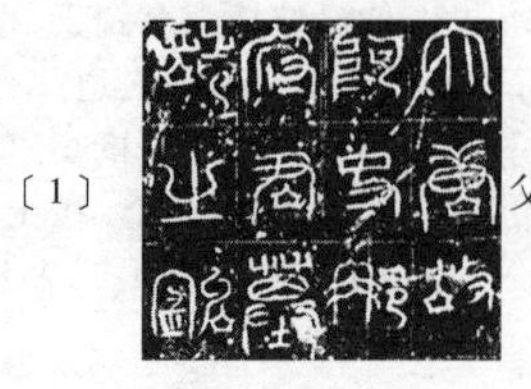 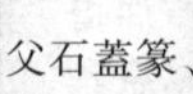父石蓋篆、子石蓋篆

内容主體相去無幾,亦墓誌文字所罕見類型。

6）嗣子撰文,或作親屬語氣,或作第三者語氣;無論何人所撰,亦須站在墓主家族身份一邊

嗣子景祥撰、唐大中九年《故處士李映墓誌銘并序》(《新中國·陝西貳》第269頁):"先君諱映,字用晦,隴西狄道人也。六代祖,太宗皇帝。五代祖,吴王恪。高祖,成王千里。曾祖,天水郡王禧。祖,郕國公峒。考,成紀縣男定。公高尚不仕,樂志丘園。大中八年九月廿二日,終于梓州,春秋八十有七。夫人太原王氏,有子三人:長曰景叔,幼曰景翱,處女一人。以来年閏四月十八日,歸祔先塋,窆于太夫人墳之西北隅,從權,禮也。飲泣抑情,攄爲銘曰……"嗣子撰文,或作親屬語氣,或作第三者語氣。

唐天寶十二載《唐故高士通直郎賈府君并夫人京兆杜氏墓誌銘并序》(《匯編》第26册第81頁):"高堂閑安,或出或處。尋威輦白社,訪袁安故宅。身遊有道之國,神入無何之鄉。越開元十載歲在壬戌秋九月廿八日,化遷於德懋里之私第,春秋凡三百有六十甲子。夫人京兆杜氏。人推令望,天資淑質。載十有三,曰歸於我。奉上臨下,以孝以慈。"墓誌誇飾年齡,此爲罕見者。且題爲"夫人從姪芳撰",序文亦須以誌主賈家語氣出之:"夫人京兆杜氏。人推令望,天資淑質。載十有三,曰歸於我。"

7）唐人墓誌有代墓主作不平之鳴,抱怨時政,亦當時風氣使然

唐貞觀八年《□孝敏墓誌銘并序》(《匯編》第11册第59頁):"五陵俠客,終無旌甲之勞;七萃雄兒,詎有爟烽之警。至如子産居鄭,貽謗於國人;石苞近吴,被疑於世祖。公款誠同於曩哲,負譴殊於昔時。解紱褫紳,竄甌閩之壤;吞聲委命,逢障厲之灾……惟公資孝悌以爲心,託松筠而立操。交不苟合,每循道而擇人;信必由忠,豈違方以謷正。性好剛直,志尚廉平。有悟於時談,致譏於衆口。遂使扶摇之翼,永墜於南冥;離散之魂,長辭於北闕。鍾期已逝,武子云亡。伯牙於是絶絃,孫楚爲之慟哭。異世均哀,後存於兹矣。"

8）太常博士賀知章所撰戴令言行狀，猶如人物傳記

唐開元二年《戴令言墓誌》(《匯編》第21冊第26頁)："府君生而岐嶷，宗黨欣慶。甫及數歲，有若成童。垂髫能誦《離騷》及《靈光》《江》《海》諸賦，難字異音，訪對不竭。由是鄉人皆号曰先生，敬而不名也。年十四而容體魁岸，性頗俠烈，每自稱曰：吾不能爲小人儒。好投壺，挽強，擊剌，雖江鄉耆宿，郭解季心之徒，咸敬憚焉。十五，首讀兩漢，遂慨慷慕古，手不釋卷。未盈五旬，咸誦於口。十七，便歷覽羣籍，尤好異書，至於筭曆卜筮，無所不曉。味老荘道流，蓄長往之願，不屑塵物。州鄉初以孝秀相屈，府君傲然便曰：大丈夫非降玄纁不能詣京師，豈復碌碌從時輩也。既家近湘渚，地多形勝，每至熙春芳煦，凜秋高節，攜琴命酌，棹川藉野，貴遊牧守，雖懸榻入舟，不肯降志。天授歲，爰降絲綸，來旌巖穴。府君乃飭躬應召，謁見金馬。夫出處者君子之大節，進退者達識之能事。天地閉而賢隱，王塗亨而代工。懿哉若人，有足尚者。自是時論推美，屢紆延辟。而府君素尚難拔，猶懷江湖，因著孤鶴操以見志，名流高節者多和之。爾後復歸江潭，涉五六載。重下明制，令馳傳入□。於是進對宣室，不言温樹，解褐授右拾遺。屢竭忠讜，成輒削藁，外莫之知。爰除□補闕。府君志求閑退，朝廷使宰長社。字人有聲，邑氓頌德，爲廉察者所薦，璽書慰勉。景雲歲，皇帝龍興，重張寰寓，俄有恩命，拜左臺侍御史。任氣強直，不避權右。求出莅人，因轉爲三原令。郊野之富，鄭白之沃，人安物阜，勣尤王畿。遷起居郎。韜墳典之精，有南董之直，密謀歲益，便宜日奏，固非所聞也。俄遷庫部郎，用爲水陸運使。蕭何之餉關中，鄧禹之發河内。既簡在帝念，遥授給事中，而身居洛陽，未拜雲陛。"

賀知章撰文、季子汲書寫、唐開元十五年《楊執一墓誌銘并序》(《新中國·陝西貳》第87頁)專及唐代經學治法，亦墓誌長篇大論之罕見者。

9）日常生活，明白曉暢

顔諲撰，翰林待詔毛知儔篆蓋，渤海吴弁書：

唐咸通六年《段璲亡室嚴氏玄堂銘并序》(《新中國·陝西貳》第287頁)："夫人年十五歸于段氏。天与令德，生知孝敬。奉箕箒之礼，克全婦道,承順雍穆。於六親間,自上及下,無毫髮之短,掛在人口。尚沉默,惡躑倨。和氣恬雅,怡然自持。每發一言,可爲人之規矩;舉一事,堪爲人之標準。性本清淨,深悟釋理,香水供養,無倦昏旦。善妙聲律,逈出常格。琴得叔夜之旨,笙奪子晉之音。其餘樂器,無不通會。紉針剪刻之工巧,即麗人所不及。平生所嗜,唯花必折。空門傳說,愛折花者短命。夫人得不由乎。長史官居禁苑,藝出群流。適值奏蜀帥李相國疾篤。上爲憂軫,遽宣長史驛騎救療。離家日,夫人抱微恙。微恙中,長史親季之室,因卧蓐蒼卒。夫人娣姒情切,尚爲扶持,主辦喪礼。告畢,夫人疾勢日增。長史公孝友仁愛,推服中外。姊妹弟姪,同心一家,求醫問藥。至於禱祀,俾夜作晝,知無不爲。及長史公迴一日,夫人猶能力爲行坐,話説家事。更信宿,漸覺委頓。直至微息,語猶分明,更無乱昏,奄然長逝。長史遠歸,得一夕侍疾,夫人可謂忍死相待矣。以其年正月廿六日,啓手足于萬年縣招國坊之私第,享年卅一。有二男:長曰郭奴,次曰小漢。無女,以仲氏外生繼之。念憐撫育,過於腹生手養。小字彭娘子,適彭城劉氏。大小骨肉,長號一家,即長史公哀情可知也。瞑目之後,遠近親族,至於良賤,識与不識者,皆爲之殞泣。夫人之善爲人也如此。夫人理家整肅,有慈無嚴。婢僕有過,即止於責駡。其卹下又如此。主織中饋,分給衣服,曾無優劣,致有怨咨。夫人之行平等又如此。每姑章生姪有爲客嬉遊之宴,夫人必先歷視諸人花鈿服玩,至再至三。孰知如法,方自粧梳。其不厚己好勝也又如此。掩惡揚善,夫人得之。平生未省言人之短。至於喜怒,不形于色。夫妻義重,率有常礼。夫人歸長史十八年,雖無熨體畫眉之愛,其如賓相敬之道,實少倫比。長史公禄秩四品,踐履五常,於骨肉仁和,奉朋執誠罄。時伴賓友,往往醉歸。夫人忻然,未嘗詰問。夫人之寬弘容恕又如此。惜哉惜哉。叙述二子乞姓之事,備在圖形贊中。長史抱梧桐琴瑟之痛,傷二子幼稚之悲。悼往撫存,生意殆盡。微求月日,蓍龜叶從。以咸通六年四月十七日,歸袝塋于萬年縣滻川鄉鄭村,礼也。譔与長史容南會面,彼此知心。承命授簡,牢讓莫從。但愧菲薄,不盡賢德。直書貞石,不敢文爲。”

10）墓誌而大段議論，或借他人酒杯，搬演村野之才

從父弟獨孤霖撰、唐咸通二年《獨孤驤墓誌銘》（《新中國·陝西貳》第275頁）："余嘗得經史一言，輙寘于心肺，思其似者。由是每與人際，必默揣之。閱校既多，中熟不舛而真得者，唯我從父兄兖海府君爲無爽無愧。傳曰：仁者安仁，以其不迩利，不力強爲難也。而君舉一言，行一事，未嘗不自合于仁。豈用智也，非畏罪也。又曰：喜愠不形於色，以其賞不勸罰不沮爲難也。而君聞諛不足，聞詬自若，外不飾也，内自充也。又曰：不汲汲於富貴，不戚戚於貧賤，以其無健羡而樂道爲難也。而君用討述而爲政，以琴瓢而造適，薦人道也，封天爵也。嗚呼。有一於此，君子難之，而况兼是三者，而輔之以誠，行之以信，寤寐俛仰，不離其然。余是以知君不壽不貴，不足道也。霖年及志學，則與君怡暇之處，見知之分，於同堂爲入室之交，盡君之文行，無過於霖。故輟哀而實録云……"

五代後漢天福十二年《劉衡墓誌》（《新中國·河南壹》第149頁），自署"撰文并書人鄉貢三傳申鼐"者除了大段議論之外，復又作三頌詞云："頌孝子：傷神孝子哭聲悲，淚落偏霑野客衣。誰爲感天来助哭，遶墳唯有白鸞飛。頌妣：罷掃嬋娟况未深，至今猶自哭聲頻。只緣兩竪爲殃苦，忽取姬姜赴杳冥。頌考：性含冰翠皓然霜，服得儒流自遠方。秋月夜吟成五字，也曾明代獻君王。"誌高五八.五、寬五八.五、厚八厘米。銘文二七行，行二九至三三字不等。正書。蓋題篆書。盝頂蓋，四殺綫刻團花紋。通篇密密麻麻，無慮千餘言，以至將莊田塋域交代，移於標題之下。

11）白居易於墓誌行文貫徹晚唐詩文改革觀念

唐元和五年《會王李纁墓誌銘并序》（《新中國·陝西貳》第205頁）："唐元和五年十一月四日，會王寢疾，薨于内邸。大小斂之日，上爲之不舉［樂］，不坐朝，恩也。越十二月十八日，詔京兆尹王播監視葬事，窆于萬年縣崇道鄉西趙原，禮也。王諱纁，字纁，德宗之孫，順宗之子，皇帝之弟。幼有令德，早承寵章。未冠而王，受封于會。夫以祖功宗德之慶，父天兄日之貴，胙土列藩之寵，好德樂善之賢，宜乎壽考福延，爲王室輔。而降年不永,廿一而薨。哀哉。皇帝厚敦睦之恩,深友悌之愛。故其薨也,軫悼之念,有以加情;其葬也,哀榮之儀,有以加等。仍詔掌文之臣居易爲其墓銘。銘曰:歲在寅,月窮紀。萬年縣,崇道里。會王薨,葬於此。”〔1〕

12)丈夫爲亡妻撰誌,儼然悼亡之體

唐咸通三年《亡妻太原王夫人墓誌銘》(丈夫唐思禮撰,趙逢書。《新中國·陝西貳》第281頁):“大凡人生於世必有其終,焉能免哉。而有四德偹修,善實天與,遽謝於盛年者,冤惜如何!

夫人姓王氏,字太真,太原郡人也。三世之上,皆歷美宦。曾祖諱閏,皇游擊將軍。祖諱倫,皇右衛率府勳府中郎將。父前申州司倉糸軍,名澧,留職版籍司,強敏儉謹,人多師尚。母夫人即皇神策右軍兵馬使劉氏諱明女。内外令族,俱爲顯仕。夫人即第二女也。幼德敏慧,麗質天成。容止畢偹,婉淑有裕。年十七,余以陋質薄鄙而得之。

夫人性孝敬,依歸佛,喜潔浄。恭祀事於先人,謙婦禮於伯仲,未甞違於頃刻間。而約用待下,皆盡其誠。由是我家日肥,親族日睦。又謂余曰:夫【符音】人事上宜竭忠勤,矜孤寒,厚仁義,實君子之事。願採斯語,當取日休。洎余真秩忝升典午,兄弟克樹宦禄,豈非夫人淑德之致耶。夫人善於音律,妙鼓胡琴。或命余坐旁,召臧獲等看,自彈之。聲調清越,指韻錚摐。乃曰:非某自求其樂也,是將以娱足下退公之情,散隸使馳駈之倦耳。又有女奴,每許侍余之櫛。以己之玠玩之物,俾自選以寵與之。其寬容柔順衈下如此也。

夫人来歸余室,周三年矣。或曰:嗣事甚嚴,宜有冢子。於是祈拜佛前,志求嫡續。精懇既堅,果遂至願。以咸通三年十一月十六日初夜,娩一男孩,夫人喜色盈溢。及二更,不育。夫人方在蓐中,而傷惜之情,不覺涕下。三更,夫人無疾,冥然而終于河中府官舍。奈何報應方諧,而反是喪己。彼蒼者天,殲我良偶。施善之道,在於何哉。

〔1〕 白樂天奉敕撰,序、銘皆明白如實話。即奉敕所撰,文體幾如匡格填寫,爲努力貫徹自己晚唐詩文改革主張之體現。以俟夫談藝選文者,採此堪爲“金石”之證。

夫人享年廿三。越十日,余護歸長安,權窆於萬年縣滻川鄉。用來年二月廿七日,厝于大塋之東南隅崇道鄉。一男曰醜漢,今七歲。一女曰遂娘,始三歲。夫人憐育二子,過於己出。今也鰥身撫幼,傷如之何。余半枯之身,自兹不嗜血食矣。被禍之初,余修齋終卌九日,及廣造功德,冀此虔懇,助彼善緣。今於兆中,皆取夫人平昔服玩之物樣製,致于其内神道,固當喜用之。嗚呼。日月有時,將及永閟。無期會面,空摧五情。紀斯美範,泣以自述。

銘曰:神理冥冥兮天道茫茫,人生脩短兮禍福難量。痛良人兮壽不永長,視孤嗟己兮益切摧傷。哭新壠兮于滻之傍,松日長兮草日荒。正華淑德一歸此,保芳魂兮千万霜。"

墓誌又見《全唐文新編》第 4 部第 2 冊第 9781 頁;《唐代墓誌彙編續集》第 1041 頁。兹爲之添加新式標點,並依隨文意,分出段落如上。丈夫爲亡婦作墓誌,但取其體式,實發爲"悼亡"之辭。故於行文别具用心。如"夫人事上宜竭忠勤,矜孤寒,厚仁義,實君子之事。"爲記夫人所論,故特標讀其音值"讀同符",以與本篇主題詞"夫人"之讀區别。〔1〕

13) 墓誌文字與居士高人身份相侔

房山野人康濟譔并書、唐大曆十四年《唐故居士河内常俊墓誌銘并序》(《匯編》第 27 冊第 186 頁):"德也不德,名也無名。混跡潛機,世莫能識。則常府君之美矣。府君諱俊,字英俊,河内人也。曾祖諱澈,儒林郎。祖諱忠,宣德郎。考諱仙,恒王府典軍。並守位以仁,居敬行簡。德以信成,正以從善。府君早歲悟道,榮寵絶求。蒙難藏諸晦明,脩德閑耶養正。淨乎天根,虚物存誠。陶空見實,謝名知幻。亡憂樂天,默語行藏。常處中道,而有妻子。俱脩梵行,□處塵勞,恒瑩真性。府君形同於無形,心存於無相,淨於無爲,味於無事。知而不知,學而無迹。脩之無因,果胡能測;淨既成矣,曷能久諸。以大曆十有四年三月廿四日,逝於遼西縣歸

〔1〕 記悼亡,每於生活瑣事細微處,益發披露真意深情。這個傳統,在唐人元稹《離思》《悼亡》,到明人歸有光《項脊軒志》等,都可以看出其間的聯繫。

化里之私弟,享年五十有五。其逝也精爽如歸。謂其妻子,誡念季弟:尔等而一其無二焉。始終念兹,無忝斯語。生死者幻,曷足悲乎。淨尔意,焚寶香,於是乎大稱十念,超閒諸禪。俄然無心而歸真也。"〔1〕

(八)詩文類

1)薛開府五言絶句

唐文明元年《孫義普墓誌》(《匯編》第17冊第4頁):"夫人李氏,言容著美,琴瑟克諧,逝先風露,奄同泉壤。君雅道絶倫,貞風邁俗。潁川英傑,許以黄中;譙國俊賢,方之白起。重以虚舟在己,仁心拯物,妙達玄言,歸心釋教。爰自弱冠,洎乎華髮,飲食葷辛,嗜慾咸遣。每行般舟道,常誦法華經。未終之前,若有神應,恒詠薛開府詩云:'昨望巫山峽,流淚滿征衣,今赴長安道,含笑逐春歸。'詞氣悽婉,左右傷惻。自是數日而終。"〔2〕

2)元次山石刻游記小品

第一,《寒亭記》〔3〕

永泰丙午中,巡屬縣至江華,縣大夫瞿令問咨曰:"縣南水石相勝,望之可愛,相傳不可登臨。俾求之,得洞穴而入,又棧險以通之,始得構茅亭於石上。及亭成也,所以階檻憑空,下臨長江,軒楹雲端,上齊絶巔。若旦暮景風,煙靄異色,蒼蒼石墉,含映水木。欲名斯亭,狀類不得,敢請名之,表示來世。"於是休于亭上,爲商之曰:"今大暑登之,疑天時將寒。炎蒸之地,清涼可安,不合命之曰寒亭歟?"乃爲寒亭作記,刻之亭背。

---

〔1〕 有關隋唐五代刻石作者情形,在臧克和《中國文字發展史·隋唐五代文字卷》"唐代篆文水平"節的附注裏,也有所反映。

〔2〕 按《全唐詩》所不存。

〔3〕 唐永泰二年(766)《寒亭記》,書體爲隸書;出土地爲湖南江華蔣家山;形制拓片高73厘米,寬108厘米;銘文作者元結撰,刻寫者瞿令問隸書。銘文拓片著録見於《匯編》第27冊51頁。

第二,《峿臺銘》[1]

浯溪東北廿餘丈,得怪石焉。周行三四百步,從未申至丑寅。涯壁斗絶,左屬回鮮。前有磴道,高八九十尺,下當洄潭。其勢硱磳,半出水底,蒼然泛泛,若在波上。石顛勝異之處,悉爲亭堂。小峯嵌竇,宜間松竹,掩映軒户,畢皆幽奇。於戲!古人有蓄憤悶與病於時俗者,力不能築高臺以瞻眺,則必山顛海畔,伸頸歌吟,以自暢達。今取兹石,將爲峿臺,蓋非愁怨,乃所好也。銘曰:

湘淵清深,峿臺陗陵。登臨長望,無遠不盡。誰厭朝市,羈牽局促。借君此臺,壹縱心目。陽崖礱琢,如瑾如珉。作銘刻之,彰示後人。

十五日刻。

第三,《㾅廎銘并序》[2]

浯溪之口,又異石焉。高六十餘丈,周回四十餘步。西面在江,東□望峿臺。北面臨大淵,南枕浯溪。㾅廎當虗石上,異木夾戻,[3]疎竹傍簷。瀛州言無,由此可信。若在廎上,目所厭者,遠山清川;耳所厭者,水聲松吹。霜朝厭者寒日,方暑厭者清風。於戲,厭不厭也,厭猶愛也。命曰㾅廎,旌獨有也。銘曰:功名之乂,貴得茅土。林埜之客,所耽水石。年將五十,始有㾅廎。愜心自適,與世忘情。廎傍石上,篆刻此銘。有唐大曆□□年歲次……

3)皇甫平章元次山韓退之陳子昂李白杜甫等“論詩詩”

唐元和年間(805—820)《浯溪詩刻》[4]:“次山有文章,可惋只在碎。

---

〔1〕 唐大曆二年(767)六月十五日刻《峿臺銘》。出土地爲湖南祁陽浯溪。拓片高198厘米,寬109厘米。銘文元結撰,刻字瞿令問篆書。著録《匯編》第27冊第59頁。通篇篆書,清拔瘦勁。與唐寫本《説文·木部》殘卷對照觀察,奏刀運力,技法一揆。篆法作古籀結構,書體整體略呈瘦長形,末筆不逮,形成綫條流暢婉約,清健勁利(書事以“勁利”爲品目,見唐建中元年即780年顔真卿撰并書《顔惟貞廟碑(陽)》,《匯編》第28冊第7頁)書風。《峿臺銘》爲所謂“浯溪三銘”之一,其古篆書藝,尤爲金石學家推崇。

〔2〕 唐大曆三年《㾅廎銘並序》(《匯編》第27冊第69頁)。山水文字,有所寄情始有意味境界。

〔3〕 戻,户之古文,見《説文》“户”下。

〔4〕 湖南祁陽,拓片高45厘米,寬48厘米。皇甫湜撰,楷書。《匯編》第29冊167頁。

然長於指叙，約潔多餘態。心語適相應，出句多分外。於諸作者間，拔戟成一隊。中行雖富劇，粹美君可蓋。子昂感遇佳，未若君雅裁。退之全而神，上與千年對。李杜才海翻，高下非可槩。文於一氣間，爲物莫與大。先王路不荒，豈不仰吾輩。石屏立衙衙，溪口啼素瀨。我思何人知，徙倚如有賴。侍御史内供奉皇甫湜書。”

4）東郡懷古〔1〕

東郡懷古・王京兆

河水昔將决，衝波溢川潯。崢嶸金堤下，噴薄風雷音。投馬灾未弭，爲魚歎方深。惟公執珪璧，誓與身俱沉。誠信不虚發，神明宜尔臨。湍流自此迴，咫尺焉能侵。逮我守東郡，悽然懷所欽。雖非識君面，自謂知君心。意氣苟相合，神期無古今。登城見遺廟，日夕空悲吟。

東郡懷古・陽給事

宋氏遠江左，豺狼滿中州。陽君守滑臺，終古垂英猷。數仞城既毁，万夫心莫留。佻身入飛鏃，免胄臨霜矛。畢命在旗下，僵尸横道周。義風激河汴，壯氣淪山丘。嗟尔抱忠烈，古來誰与儔。就烹感漢榮，握節悲陽秋。顔子綴清藻，鏗然如素璆。徘徊望故壘，尚想精魂遊。

大和四年六月一日題。

5）鄭叔齊《獨秀山新開石室記》

唐建中元年《獨秀山新開石室記》(《匯編》28 册 8 頁)：

獨秀山新開石室記。監察御史里行鄭叔齊。〔2〕

城之西北維有山，曰獨秀。宋顔延之嘗守兹郡，賦詩云：未若獨秀者，峩峩郛邑間。嘉名之得，蓋肇於此。不籍不倚，不騫不崩。臨百雉而特立，扶重霄而直上。仙挹石髓，結而爲膏。神鑿嵌竇，呀而爲室。蹶滓

〔1〕 唐大和四年(830)《東郡懷古詩刻》，石在河南滑縣，李德裕撰文并書，《匯編》第 30 册第 98 頁。

〔2〕 唐監察御史里行鄭叔齊所作《獨秀山新開石室記》。《桂秀》卷一，適作《唐監察御史里行鄭叔齊新開石岩記》。作記者官職“里行”，得名於檢查治理。唐代設置，宋因之。唐代劉肅《大唐新語・舉賢》：“初，周以布衣直門下省，太宗就命監察里行，俄拜監察御史。里行之名，自周始也。”宋代高承亦記《事物紀原・持憲儲闈・里行》。

可遠,幽偏自新。勝槩岑寂,人無知者。大曆中御史中丞隴西公保郛南服,三年政成。迺考宣尼廟於山下,設東西庠以居冑子。備俎豆儀,以親釋菜。雖峻阯可尋,而蓁薄未翦。公乃自常從以上,每指荒榛而授事。爲力無幾,得茲穴焉。閎而外廉,隘以傍達。立則艮其背,行則躓其腓。於是申謀左右,朋進畚鍤。壤之可跳者,布以增逕。石之可轉者,積而就階。景未移表,則致虚生白矣。豈非天賦其質,智詳其用乎。何暑往寒襲,前人之略也。亦由士君子韜迹獨居,懿文遊藝。不遇知已發明,則蓬蒿向晦。畢命淪悟,鹽車無所伸其駿,和氏不得成其寶矣。篆刻非寵,庶貽後賢。建中元年八月廿八日記。

“城之西北維有山,曰獨秀。宋顔延之嘗守茲郡,賦詩云:‘未若獨秀者,峩峩郛邑間。’嘉名之得,盖肇於此。不籍不倚,不騫不崩。臨百雉而特立,扶重霄而直上。仙挹石髓,結而爲膏。神鑿嵌竇,呀而爲室。蹦滓可遠,幽偏自新。勝槩岑寂,人無知者”。呀,廣大。參觀《詞彙部・虚詞類・呀》。寫盡竹笋類之地質結構狀貌。“仙挹石髓,結而爲膏。”狀鍾乳之形成。描寫獨秀,有虚有實。“勝槩岑寂,人無知者”,伏筆作地,以爲後文張本。

“大曆中御史中丞隴西公保郛南服,三年政成。迺考宣尼廟於山下,設東西庠以居冑子。備俎豆儀,以親釋菜。雖峻阯可尋,而蓁薄未翦。公乃自常從以上,每指荒榛而授事”。原拓“每指”二字磨滅,依《桂勝》卷一而補。〔1〕

“爲力無幾,得茲穴焉。閎而外廉,隘以傍達。立則艮其背,行則躓其

---

〔1〕 南服,《尚書・禹貢》王畿以外地區分爲五服,故古書稱南方爲“南服”。《文選》謝瞻《王撫軍庾西陽集別時爲豫章太守庾被徵還東》:“袛召旋北京,守官反南服。”李善注:“南服,南方五服也。”《晉書・劉弘傳》:“弘專督江漢,威行南服。”考,古代宫廟落成時始祭廟主的一種儀式,後泛指建築物完工。《春秋・隱公五年》:“九月,考仲子之宫,初獻六羽。”杜預注:“成仲子宫,安其主而祭之。”洪亮吉詁引服虔曰:“宫廟初成祭之名爲考。”“釋菜”亦作“釋采”,俗謂古代人學時的典禮,祭祀先聖先師。《禮記・月令》“釋菜”鄭玄注:“將舞,必釋菜於先師以禮之。”《新唐書・儒學傳上・孔穎達》:“帝幸太學,觀釋菜;命穎達講經。”

腓。於是申謀左右,朋進畚鍤。壤之可跳者,布以增逕。石之可轉者,積而就階。景未移表,則致虚生白矣。豈非天賦其質,智詳其用乎”。致虚生白,或作“虚室生白”,見《莊子·人間世》:“瞻彼闋者,虚室生白,吉祥止止。”司馬彪注:“室比喻心,心能空虚,則純白獨生也。”[1]此爲虚寫石室精神作用。分説石室新開過程。奇崛不平,置柳河東永州八記之中,幾不可辨。

“何暑往寒襲,前人之略也。亦由士君子韜跡獨居,懿文遊藝。不遇知已發明,則蓬蒿向晦。畢命淪悟,鹽車無所伸其駿,和氏不得成其寶矣。篆刻非寵,庶貽後賢。建中元年八月廿八日記”。“由”,傳世文獻作“猶”,結束顯志:由石室新開,生發及士人君子有待遭遇知己發明。揭示所記之旨,照應上出張本,作章法。

6)御製文本,嚴飾講究

唐開元廿四年《御製令長新誡》(《匯編》第24冊第1頁):“我求令長,保乂下人。人之不安,必有所因。侵漁浸廣,賦役不均。使夫離散,莫保其身。徵諸善理,寄尔良臣。與之革故,政在惟新。調風變俗,背僞歸真。教先爲富,惠恤於貧。無大無小,以躬以親。青旌勸農,其惟在勤;墨綬行令,孰不攸遵。曷云被之,我澤如春。

勑旨中書門下奏聖恩,以《令長新誡》賜新除縣令等。特垂光寵,載深誡勒。即合人□一本,奉以周旋。不有嚴飾,誠恐黷慢。望令集賢院簡好手寫一百六十三本,乃(仍)令吏部連牒各賜一本,乃(仍)望頒示天下縣令者宜依。”[2]

---

[1]《淮南子·俶真訓》:“由此觀之,用也必假之於弗用也。是故虚室生白,吉祥止也。”高誘注:“虚,心也;室,身也;白,道也。能虚其心以生於道,道性無欲,吉祥來止舍也。”

[2]“令長”:唐稱縣令,縣級行政主管,與民生關係最爲直接,古今一律。唐天寶七載《寇洋墓誌銘並序》(《匯編》第25冊第158頁):“神龍初,大徵儒秀,精擇令長。薦與盧藏用等高第。敕試虢州盧氏令。”“下人”:唐人以此爲“下民”避諱之用語。“革故”“惟新”:爲政在於變革。“教先”:並列結構,猶言教導。“教先爲富,惠恤於貧”,是説爲富者教育引導,於貧困者恩惠體恤。爲、於,功能當對,皆介詞,介進對象。爲,猶晉陶潛《桃花源記》“此中人語云:不足爲外人道也”之“爲”。見“詞彙部”中“先”條。“不有嚴飾,誠恐黷慢”:行政需要莊嚴文飾,宗教儀式亦具嚴飾之功能。

7）題雲居上寺詩四首并序

范陽縣丞吉逾

辛酉歲秋八月，僕与節度都巡使王潛□□軒轅偉□□，猶子騶駼潛，息益，同躋攀於此，勒四［韻於後］。詩：[1]

到此花宫裏，觀身火宅中。有爲皆是幻，何事不成空。晚籟鳴寒谷，秋山響（鄉音）暮鍾。欲歸林下路，新月上前峯。同前。元和四年四月八日范□□［軒轅偉］。

不著登山屐，捫蘿也上躋。石梁分鳥道，苔逕過雲霓。梵宇千花裏，秋聲萬籟齊。周遊興未盡，鐘磬度前溪。同前。騶駼上。

石室寂高峯，躋攀到此中。白雲連晚翠，清磬度秋風。未悟無生理，寧知有想空。且歸山下寺，［更］欲問支公。同前。林上。

石路多奇迹，幽巖鑿寶經。暮煙千壑裏，新月一山明。宿鳥知清梵，樵人慣獨行。爲隨歡奉後，豈敢學逃□。同前。節度都巡使太常卿上柱國王潛。

萬木千峯空鳥喧，潺潺□水下長川。人來石室［藏何處，一］逕歸時帶暮煙。同前。男益上。

支公禪誦處，絶頂其登攀。日色千峯裏，鍾聲［萬壑間。□］猿吟砌近，沙鳥傍溪閑。一逕□藜杖，行行欣下山。

8）墓誌所及詠竹詩句

唐垂拱元年《户部尚書薛元超墓誌銘并序》（《新中国·陝西壹》第83頁）："八歲善属文，時房玄齡、虞南試公詠竹，援豪立就，卒章云：别有鄰人笛，偏傷懷舊情。玄齡等即公之父黨，深所感歎。名流竦動，始揖王公之孫；明主殷勤，俄稱耀卿之子。九歲，以幕府子弟，太宗召見與語。十一，弘文館讀書。一覽不遺，萬言咸諷。通人謂之顔、冉，識者知其管、樂。"

---

〔1〕 該刻石文中□表示磨滅字跡，［ ］表示所闕文字。唐開元九年《題雲居上寺詩並序》（《匯編》第21册第149頁），石在北京房山雲居寺石經山。原拓多所模糊。據《石刻史料新編·金石萃編卷一百五》1778頁補。

9）劉惟正"五言之妙，時無與儔"及中國學者

唐開元十二年《故徐州豐縣尉河間劉惟正墓誌銘并序》(《新中國·陝西貳》第84頁)："公伏讀聖人之書，願爲明君之相。有志不遂，命也奈何。只如詩言志，歌詠言。公皆本之以雅頌，而又濟之以華秀。故五言之妙，時無与儔矣。有文集五卷行於代。"〔1〕

10）游芳纂文、唐開元二十六年《橋亭記》

唐再受命，能事備於開元。乃十有三年，告成於岱。翠華之往也，則北巡濟河；玉軑之旋也，則南指陳宋。故行宫御路，次夫任城焉。陽門橋者，跨泗之别流，當魯之要術。初隨時以既濟，因大駕而改功。觀其壅川爲池，因地設險。削金堰於馳道，□石門以飛橋。夾以朱欄，揭以華表。炳若星漢，拖如虹蜺。盖乘輿乃以陽朝，御六龍，翊萬騎。聲明紀律，文物比象，迴睿覽於洲渚，駐天蹕於川梁。先時望君之來也，則金繩以界之，鐵鎖以扃之；厥後榮君之顧也，則浚池以廣之，築館以旌之。經始兹宇，惠而不費。當儲峙之末，有芻粟之餘。散之則人獲壹錢，鳩之則動以千計。請爲亭館，以壯橋池。故鄉老白於吏，邑吏謀於府。因人之欲，得事之宜。鼛鼓不勝，工力徒競。鬱爲層構，在水之陽。壓鮮原以迴出，流古墉而却倚。危榍巘巘，反宇峨峨。勢揺煙潭，岌若飛動。南軒虚明以晃朗，北室懿溴而清泠。自堂徂亭，邐迤幽徑。上覆藤蓧，前臨芰荷。憑高佇目，萬象皆見。夫河南之勝有三，橋亭得其一。梁園有梁王之迹，圃田有僕射之陂。平池曲榭，美則美矣。豈與夫島嶼開合，林嶂蔽虧，旁薄大荒，吐納霞景。畫橋南度，像清洛之規；虚館□臨，叶滄洲之趣。有是夫。有是夫。任風姓之國也，謠俗古遠，其太昊氏之遺人。富而教之，合於《魯頌》。當太平無事，而朝野多歡。不然者，此池何以得花縣之名，吾寮何以得仙舟

〔1〕　中土官本位，自有淵源。墓誌所謂"伏讀聖人之書，願爲明君之相"，道出讀書人及所讀之科，皆爲工具手段，原本不具本體地位。自古及今，良有以也。有無獨立之學科，獨立之學者，以有無獨立之學術旨趣，即"本體興趣"爲内因。至於今，學人仍熱衷於官員化，即所爲學術，亦不過謀稻粱、取進階之工具而已。有學科研究者，以嘗爲×××"講課"爲標榜，津津焉。有工具，無本體，其所漸，由來尚矣。

之目。不其□而。

時則有若邑大夫滎陽鄭公延華。信昭盈缶,道契虛舟。禮樂之行,仁德歸厚。丞范陽盧瓚、主簿平昌孟景、尉瑯耶王子言、尉河東裴逥,皆士林英華,學府金碧,能勤在公之節,無廢會友之文。嘗授簡於芳,以爲之記。會芳有公車之召,請俟於異時。金鄉尉潁川韓、郕卿舍於裴氏,言於衆曰:游子之讓斯文,以諸公在此。諸公之意也,子何辭焉。因命秉燭,俾芳操翰。夜而成記,翌日遂行。[1]

11）韓愈賦物,工於白描

韓愈草書、唐刻附開元末《白鸚鵡賦》(《匯編》第 24 册第 166 頁):

若夫名依西域,族今南海。同朱喙之清音,變緑衣于素采。惟兹鳥之可貴,諒其𡠜之斯在。尔其入玩于人,見珍奇質。狎蘭房之妖女,去桂林之雲日;易喬枝以羅袖,代危巢以瓊室。慕侶方遠,依人永畢。託言語而雖通,顧形影而非匹。經過珠綱,出入金鋪;單鳴無應,隻影長孤。偶白鷳于池側,對皓鶴于庭隅;愁混色而難辨,願知名而自呼。明心有識,懷恩無極;芳樹絶想,雕梁撫翼。時嗛花而不言,每投人以方息。慧性孤稟,雅容非飾。含火德之明輝,被金方之正色。至如海燕呈瑞,有玉筐之可依;山雞學舞,向寶鏡而知歸。皆羽毛之偉麗,奉日月之光輝。豈憐兹鳥,地遠形微;色淩紈質,彩奪繒衣。深籠久閉,喬木長違。儻見借其羽翼,與遷鶯而共飛。[2]

12）李白撰并正書《瀨水上古真義女碑銘》

皇唐葉有六聖,再造八極,鏡[照]萬方,幽明咸熙,天秩有禮。自太古及今,君君臣臣,烈士貞女。采其名節尤章、可激清頽俗者,皆□地而祠之。□□□□□□罔缺。而兹邑貞義女,光靈翳然。埋冥古遠,琬琰不

---

〔1〕《匯編》第 24 册第 65 頁。該刻石文章末尾云:"開元廿六年秋七月旬有四日云。大唐開元廿有六年閏八月五日建。"七月旬有四日,即七月十四日。

〔2〕出土地爲廣東潮安。分拓四紙,均高 59 厘米,前三紙均寬 193 厘米,第四紙寬 103 厘米。戛戛獨造,侔色揣稱。尹灣漢簡《鵩鳥賦》,漢魏之際曹植《鷂雀賦》,北朝時期范陽盧元明《劇鼠賦》,實爲聯類。所謂"俗賦",自是一格。

刻。豈前修博達者爲邦之意乎。

貞義女,漂陽黄山里史氏之女也。歲三十,弗移天于人。清英潔白,事母純孝。手柔荑而不龜,身擊漂以自業。當楚平王時,平王虐忠力讒,苛虎厥政。芟於尚,斬於奢,血流于朝。赤族伍氏,怨毒之於人,何其深哉。子胥始東奔勾吴,月涉星遁。或七日不火,傷弓于飛。逼迫於昭關,匍匐於瀨渚。捨車而徒,告窮此女。目色以臆,授之壺漿。全人自沉,形與口滅。卓絶千古,聲凌浮雲。激節必報之讎雪,誠無疑之地,難乎哉!借如曹娥潛波,理貫於孝道;聶姊殞肆,槩動於天倫;魯姑棄子,以却三軍之衆;漂母進飯,没受千金之恩。方之於此,彼或易耳。卒使伍君開張闔閭,傾蕩鄢郢,吴師鞭屍於楚國,申胥泣血於秦庭。我亡爾存,亦各壯志,張英風於古今,雪大憤於天地。微此女之力,雖云爲[忠孝]之士,亦焉能咆哮怛赫施於後世耶。

望其溺所,愴低迴而不能去。每風號吴天,月苦荊水。響像如在,精魂可悲。惜其投金有泉,而刻石無主。哀哉。邑宰滎陽鄭公名晏,家康成之學,世子産之才。琴清心閑,百里大化。有若主簿扶風竇嘉賓、縣尉廣平宋陟、南朝陳然、丹陽李濟、清河張昭皆有卿才霸略,同事相協。緬紀英淑,勒銘□周。雖陵頹海竭,文或不死。其詞曰:粲粲貞女,孤生寒門。上無□□,下報母□。□風三十,花落無言。乃如之人,□□□□。□□□□,求思不可。秉節而存,伍胥東□。□□□□,女分壺漿。□□□□,□動列國。□形壯士,□□□□。□□□□,投金瀨沚。□□□□,□□□□。□□在水。[1]

13)《宴濟瀆序》與《遊濟瀆記》

吏部侍郎達奚珣詞、□監門衛兵曹參軍薛希昌書、唐天寶六載《宴濟瀆序》(《匯編》第25冊第135頁。拓片碑陽高136厘米,寬67厘米。達奚珣撰,薛希昌隸書,額篆書。陰刻《遊濟瀆記》,側刻元和十四年等題名,

---

[1] 《匯編》第24冊第169頁。唐刻,附開元末,宋淳化五年十一月重刻。拓片高142厘米,寬96厘米。李白撰并正書,首題下刻徐縉芳題記,尾刻董衍跋。

《宴濟瀆序》文字，多所磨滅）。其中，描寫濟瀆宴遊環境，宜於幽人，較爲出色。

“然後命舟子，爲水嬉，垂安流，窺洞穴。煙華釣浦，彩徹金潭。表裏皆明，下觀鱗石；風雨時霽，遥映雲山。荷芰香而酒氣添濃，洲渚隱而榜歌聞曲。舩移島下，岸静蟬鳴。沿流泝洄，[坐]得桃源之趣矣。況時當大夏，氣惟溽暑。沸海焦陵，流金爍石。獨有兹地，勢隔人[寰。高]樹森沈，窗若無日。脩竹陰映，蕭然納清。徘佪久之，體静心愜，思壯士以翻景，與[諸]公爲窮年。不覺晴□向山，涼露□夕，對歸騎而將散，負幽情而更□。”——《宴濟瀆序》

“高樹直上，百尺無枝；虚篁下清，四時壹色。意隔人世，空聞鳥聲。陽浦先春，草心方變；□岸猶冷，苕生未穠。紅晶落而天下陰，青靄凝而衆山暮。留賞無猒，歸情坐忘。[中途]載懷，歷歷在眼。庶記豪翰，光昭厥美云。”——《遊濟瀆記》

按石刻二記，描寫同一對象，且出自一手。是《遊濟瀆記》，僅道其坐觀未見其游賞；《宴濟瀆序》實寫其游賞而未及其盛會。

14）石門山詩刻

唐天寶八載《永嘉經謝公石門山作□□》（《匯編》第 26 冊第 16 頁。作者：諸既縣令郭密之□）：

綿境經耳目，未嘗曠躋登。一窺石門險，載滌心神懵。洞壑閟金澗，攲崖盤石楞。陰□下羃羃，秀嶺上層層。千丈瀑流蹇，半溪風雨恒。興餘志每愜，心遠道自弘。乘軺廣儲峙，祇命愧才能。輟棹周氣象，捫條歷騫崩。忽如生羽翼，怳若將起騰。謝客今已矣，我来誰与朋。大唐天寶八載冬仲月勒。[1]

15）唐人李霞光詩文集評價

唐天寶五載《故太子舍人李霞光墓誌銘并序》（《匯編》第 25 冊第

---

〔1〕 其“興餘志每愜，心遠道自弘”句，雖襲陶潛之迹甚明，頗契情理。“諸暨”，唐人作“諸既”。

116 頁）：

公文獻餘地，直清甘節，持法標吏師之首，濡翰稱詞伯之雄。宜其俾司國柄，書功帝籍。……行詣禪匠，講求真筌。新賦道詩廿七篇，盡師子吼也。其餘文集廿卷，並言補於世。

16）顏真卿書前人關於漢代東方朔"滑稽"之解：遠心曠度，瞻智宏材。倜儻博物，觸類多能

晉夏侯湛撰、唐天寶十三年平原太守顏真卿書《漢太中大夫東方先生畫贊并序》(《匯編》第 26 冊第 126 頁）：

大夫諱朔，字曼倩，平原厭次人也。魏建安中分厭次爲樂陵郡，故又爲郡人焉。事漢武帝，《漢書》具載其事。先生瓌瑋博達，思周變通。以爲濁世不可以富貴也，故薄遊以取位；苟出不可以直道也，故頡頏以傲世。傲世不可以垂訓也，故正諫以明節。明節不可以久安也，故詼諧以取容。潔其道而穢其跡，清其質而濁其文。弛張而不爲邪，進退而不離羣。若乃遠心曠度，瞻智宏材，倜儻博物，觸類多能。合變以明筭，幽贊以箛來。自三墳五典，八索九丘，陰陽圖緯之學，百家衆流之論，周給敏捷之辯，支離覆逆之數，經脉藥石之藝，射御書計之術，乃研精而究其理，不習而盡其功。經目而諷於口，過耳而闇於心。夫其明濟開豁，包含弘大。陵轢卿相，嘲哂豪傑。籠罩靡前，跆藉貴勢。出不休顯，賤不憂慼。戲萬乘若寮友，視儔列如草芥。雄節邁倫，高氣蓋世。可謂拔乎其萃，遊方之外者也。談者又以先生嘘吸沖和，吐故納新。蟬蛻龍變，棄世登仙。神友造化，靈爲星辰。此又奇恠忽恍，不可備論者也。大人來守此國，僕自京都。言歸定省，覩先生之縣邑，想先生之高風。徘徊路寢，見先生之遺像；逍遥城郭，觀先生之祠宇。慨然有懷，乃作頌焉。其辭曰：矯矯先生，肥遁居貞。退不終否，進亦避榮。臨世濯足，希古振纓。涅而無滓，既□能清。無滓伊何，高明克柔。能清伊何，視汙若浮。樂在必行，處儉罔憂。跨世淩時，遠蹈獨遊。瞻望往代，爰想遐蹤。邈邈先生，其道猶龍。染迹朝隱，和而不同。棲遲下位，聊以從容。我来自東，言適兹邑。敬問墟墳，企佇原隰。墟墓□存，精靈永戢。民思其軌，祠宇斯立。徘徊寺寢，遺像在圖。周旋祠宇,庭序荒蕪。榱棟傾落,草萊弗除。肅肅先生,豈焉是居。是居弗形,悠悠我情。昔在有德,罔不遺靈。天秩有禮,神鑒孔明。髣髴風塵,用垂頌聲。

17）顏真卿關於東方先生“名區勝地之大有高人”：純用虛筆

唐天寶十四年《漢太中大夫東方朔墓碑》(《匯編》第 26 冊第 141 頁)：

大夫諱朔,字曼倩,平原猒次人也。魏建安中,分猒次爲樂陵郡,故又爲郡人焉。甞爲漢太中大夫,事漢武帝。《漢書》之載其事者,未可悉數也。真卿拜此郡,属河北採訪既於畫□□書,以存先生之遺蹟矣。又與平公冽、閻公寬、李公史魚、宋公謇、家兄泉卿、曜卿訪得先生之墓。去猒次城祠廟一里,崎嶇不平,荒蕪不毛。所謂瘠土寒谷者,莫甚於此。先生取諸斯而不□安於斯,而不遷別自有説。然爰想當時,豊草長林,樹影溪光。墓門寬廣,彩壁輝煌。左崇墉而高峻,右古木而蕭森。沙□廻環,居然黄河帶勢;垝垣□昂,宛爾泰岱礪形。信乎,名區勝地之大有高人者,即莫不擇地而安者也。談者又以先生數理精藴,惠及瞽矇。其亦生有益於人,死無害於人。故必擇不毛之地以葬焉,未可知也。但自漢至今,雖人往風微,事移時遷,屈指焉亦不過閲數百年耳。而湮没若此者,或則風雨之飄摇,或則人物之撞擾。或斬其木以□便,或侵其地以自肥。昔日煌煌盛景,尚堪問哉。使不有以存焉,將後此欲指其髣髴而無從矣。真卿之援翰而不辭者,意在諸此。盖去歲季春三日,静夜三更,獨坐幽思,偶睡片時。忽有老人,不知所自。隔簾而入,佇立梁前。晧首蒼顏,素衣素冠。問其姓氏,以手指東方而不言。問其所爲,則曰祠宇有頼矣,佳城將没焉。言畢即滅。初醒之時,以爲夢中恍惚,未可信也。乃如是者三。始知入夢者,即先生顯以告我也。於是以四尺之度封其崇,以百畝之田清其疆。東南西北,西南東北,各立界石。前後左右,□植松栢。非直爲士望觀美,即先生在天之靈,亦莫不欣……但取□他山之石,光平□□以誌焉,斯已矣。朝散大夫檢校尚書郎官……天寶十四載歲次□□仲冬庚寅朔建。

18）顏真卿關於麻姑,亦強調“地氣殊異,江山炳靈”

唐大曆六年《有唐撫州南城縣麻姑山仙壇記》(《匯編》第 27 冊

第99—100頁),是石刻字多缺:

麻姑者,葛稚川《神仙傳》云:王遠字方平,欲東之括蒼山。過吴蔡經家,教其尸解如蛇蟬也。經去十餘年,忽還。語家言:七月七日,王君當來過。到期日,方平乘羽車,駕五龍,各異色。旌旗導從,威儀赫奕,如大將也。既至,坐須臾,引見經父兄。因遣人與麻姑相聞,亦莫知麻姑是何神也。言王方平敬報,久不行民間,今來在此,想麻姑能蹔來。有頃信還。但聞其語,不見所使人。曰:麻姑再拜,不見忽已五百餘年。尊卑有序,修敬無階。思念久煩,信承在彼,登山顛倒,而先被記。當按行蓬萊,今便蹔往。如是便還,還即親觀,願不即去。如此兩時間麻姑來。來時不先聞人馬聲。既至,從官當半於方平也。麻姑至,蔡經亦舉家見之。是好女子,年十八、九許。頂中作髻,餘髮垂之至要。其衣有文章,而非錦綺。光彩耀日,不可名字,皆世所無有也。得見方平,爲起立,坐定。各進行廚,金盤玉杯。無限美膳,多是諸華。而香氣達於内外,擗麟脯行之。麻姑自言:接侍以來,見東海三爲桑田。向聞蓬萊水乃淺於往者,會時略半也。豈將復還爲陸陵乎。方平笑曰:聖人皆言,海中行復揚塵也。麻姑欲見蔡經母及婦。經弟婦新産數十日,麻姑望見之,已知。曰:噫,且止勿前。即求少許米,便以擲之,墮地即成丹沙。方平笑曰:姑故年少,吾了不喜復作此曹狡獪變化也。麻姑手似鳥爪,蔡經心中念言:背癢時得此爪以杷背,乃佳也。方平已知經心中念言,即使人牽經鞭之。曰:麻姑者,神人。汝何忽謂其爪可以杷背邪。見鞭著經背,亦不見有人持鞭者。方平告經曰:吾鞭不可妄得也。大曆三年,真卿刺撫州。按《圖經》,南城縣有麻姑山,頂有古壇。相傳云:麻姑於此得道。壇東南有池,中有紅蓮。近忽變碧,今又白矣。池北下壇,傍有杉松。松皆偃蓋,時聞步虛鐘磬之音。東南有瀑布,淙下三百餘尺。東北有石崇觀,高石中猶有螺蚌殼,或以爲桑田所變。西北有麻源,謝靈運詩題《入華子崗是麻源第三谷》,恐其處也。源口有神,祈雨輒應。開元中,道士鄧紫陽於此習道,蒙召入大同殿修功德。廿七年,忽見虎駕龍車,二人執節於庭中。顧謂其友竹務猷曰:此迎我也。可爲吾奏,願欲歸葬本山,仍請立廟於壇側。玄宗從之。天寶五載,投龍於瀑布石池中,有黄龍見。玄宗感焉,乃命增修仙宇、真儀、侍從、雲鶴之類。於戲。因麻姑發迹於兹嶺,南真遺壇於龜源,花姑表異於井山。今女道士黎瓊仙,年八十而容色益少。曾妙行夢,瓊仙而飡花絶粒。紫陽姪男曰德誠,繼修香火。弟子譚仙巖,法籙尊嚴。而史玄洞、左通玄、鄒鬱華,皆清虚服道。非夫地氣殊異,江山炳靈,則曷由纂懿流光,若斯之盛者矣。真卿幸承餘烈,敢刻金石而志之。時則六年夏四月也。

19）杜甫詩論"造物隨人"

杜甫撰并行書,唐乾元二年《嚴公九日南山詩》(《匯編》第 27 冊第 21 頁):

南山何峩峩,羣峯秀色聚。朝暉與夕霧,□□□去住。徘徊九折險,縈曲一川注。懸崖置□□,□穴亦可度。蒼然老楠木,幾閲風霜數。孫枝□□許,老榦未□□。□□重九日,來者必三顧。□□刻峭壁,皆欲□□□。念我獨何人,今日追故□。□晨出南門,風雨怯行路。不憚登陟難,恐失□日故。造物亦隨人,晴雲送日暮。徐行兩栢門,□盤供草具。賓僚不鄙我,笑語□情愫。它□儻再來,莫指桃源誤。[1]

20）"山情慕禽尚,詞格驚曹劉",嚴武亦屬風雅,老杜所投,適得其所

巴州刺史嚴武作并正書,唐乾元三年《五言暮春題龍日寺西龕石壁一首》(《匯編》第 27 冊第 23 頁):

聖澤久潤物,皇明常燭幽。恩從祥風翺,德與和氣遊。報國建香刹,開巒臨僻州。天長面緑水,地迥登朱樓。尋異遍衆壑,坐禪逢一丘。永懷根本妙,誓以身心脩。奇色豔草滿,珍名嘉樹稠。遠江崩濤諠,複澗微雨休。嘹唳猿響谷,糸差峯入流。碧煙曳篁徑,白日懸沙洲。汎海謝安石,吟詩王子猷。揚雄愛清靜,山間多優游。性命固有分,蓍龜何足求。神閑孤臺月,目送千里舟。携手逸群罛,浩歌邈悠悠。山情慕禽尚,詞格驚曹劉。旌能舉滯時,選異拔奇□。鼎食當自致,巖棲難久留。嗟余忝符守,漢主遠分憂。往往行春到,聞□散客愁。

---

[1] 該石刻末尾表明係"乾元二年杜甫書"。

21）高平徐泳等唐大曆六年《題靈泉寺》組詩刻石〔1〕

竹園無外事，秘殿夕陰生。雲起靈峯隱，風来寶鐸鳴。焚香流玉户，聽鳥度金楹。静心歸正法，方此謝塵纓。高平徐源字太初。

梵宇栖真所，寥寥世事稀。老僧披百納，童子學三歸。寶刹臨香地，星宫隱翠微。誰憐漂泊者，於此遂忘機。東海徐淮字黄河。

煙景晝冥冥，樓臺隱翠屏。猨攀太子樹，鳥聽法王經。悟理心無著，求緣塔有靈。迴車猶未遠，日暮敉峯青。廣平程序字士倫。

物外經行處，雲峯斷復連。散花飛講席，輕翠澹鑪煙。稽首求真偈，觀空息衆緣。有時聞法鼓，應是會諸天。高平徐泳字太和。

按“迴車猶未遠，日暮敉峯青”，即“日暮數峯青”，仿佛者如“曲終人不見，江上數峰青”作敉。“數”簡爲“数”，浸假又省便爲“敉”，即【数—敉】，遂致【敉】與“敉寧”字同形。

22）元結文章

顔真卿撰并書、唐大曆七年《元結表墓碑銘并序》（《匯編》第 27 冊第 120—121 頁）：“君聰悟宏達，倜儻而不羈。十七始知書，乃授學于宗兄先生德秀。甞著《説楚賦》三篇，中行子蘇源明駭之曰：子居今而作真淳之語，難哉。然世自澆浮，何傷元子。天寶十二載舉進士，作《文編》。禮部侍郎陽浚曰：□第于元子耳，有司得元子是賴。遂登高科。及羯胡首亂，逃難于猗玗洞。因招集鄰里二百餘家奔襄陽，玄宗異而徵之。值君移居，讓□乃寢。乾元二秊，李光弼拒史思明于河陽。肅宗欲幸河東，聞君有謀略，虚懷召問。君悉陳兵勢，獻《時議》三篇。上大悦曰：卿果破，朕憂遂停。……［特蒙褒奬，乃拜著］作郎。遂家于武昌之樊口。著《自釋》以見意，其略曰：少習静［于商餘山，著《元子》十卷。兵起，逃］難于猗玗

〔1〕《匯編》第 27 冊第 98 頁：“皇唐八葉大曆六年歲次辛亥夏四月旬有五日。”唐代詩人錢起，江蘇吴興人，他在唐玄宗天寶年間參加了科舉考試，所作《湘靈鼓瑟》：“善鼓琴和瑟，常聞帝子靈。馮夷徒自舞，楚客不堪聽。苦調淒金石，清音入杳冥。蒼梧來怨慕，白芷動芳馨。流水傳湘浦，悲風過洞庭。曲終人不見，江上數峰青。”

洞,著《猗玗子》三篇。將家讓濱,乃自稱浪士,著浪[説七篇。及爲郎,時人以浪者亦]漫爲官乎,遂見呼爲漫郎,著《漫記》七篇。及家樊上,漁者戲謂之聱叟,□□□□□□□□□。又以君漫浪於人間,或謂漫叜。"

23)李商隱《題劍閣》楷書

李商隱撰、楷書、唐刻《題劍閣》(《匯編》第 35 册第 127 頁):"峭壁横空限一隅,劃開元氣建洪樞。梯航百貨通邦計,鍵閉諸蠻屏帝都。西魘犬戎威北狄,南吞荊郢制東吴。千年管鑰誰鎔範,只自先天造化爐。"

24)唐人所詠薛開府五言詩句,待對照補充

唐文明元年《孫義普墓誌銘并序》(《匯編》第 17 册第 4 頁):"爰自弱冠,洎乎華髪,飲食薰辛,嗜慾咸遣。每行般舟道,常誦《法華經》。未終之前,若有神應,恒詠薛開府詩云:'昨望巫山峽,流淚滿征衣,今赴長安道,含笑逐春歸。'詞氣悽婉,左右傷惻,自是數日而終。"

25)游神泉詩并序〔1〕

同韋子游神泉詩并序。

雲陽主簿明臺子徐彦伯,字光。美原北澗有神泉生焉。裕明子明臺子尋故人韋烜,因斿之鳥戲泉,潭虚融派流徑,復信造化之極,神明之俊也。裕明子迺盥焉,明臺子迺漱焉。相視而笑曰:異哉。豈太平殊感而循化有助耶。則韋子蓋文章之雄也。昔持雅興諒□言而不酬云:桐坂疏抱甕,崐邱落縣米。豈如中輔邑,進泉毓爲醴。氣融靈兆作,潤洽沖務啓。月潭以玲瓏,霞溜幾清泚。湝湝上善用,的的煩慮洗。君子懷淡交,相從澗之底。

裕明子河澗尹元凱,字緘。

聞君泉壑幽,俯裂頻陽趾。及我性情狎,遥輕武陵涘。歆窨明月制,沮澤涼風起。朋來想辟雍,日去疑濛汜。列坐殊滿腹,揚清非洗耳。仿佛參石游,淡焉適真理。

---

〔1〕 唐垂拱四年《美原泉神詩碑》(《匯編》第 17 册第 92 頁),材料來源:《唐代石刻篆文》159 頁,原拓實際模糊不清。

左司郎中温翁念,字敬祖。

昔日鳴絃地,今聞生澗水。靈潛敝政餘,潤發雕文始。滴滴流珠散,渟渟明月止。善利懷若人,淡交挹君子。鏡澈無纖翳,天清滌煩滓。虛忝神仙臺,何由弄風晷。

天官員外郎李鵬字至遠。垂拱四年龍集戊子四月戊□。

26）唐刻石"陶淵明"作"陶泉明";避諱,禮也。

武周萬歲登封元年《楊昇墓誌銘并序》(《匯編》第 18 冊第 78 頁):"脱略簪纓,好尚泉石。折胥斯恥,陶泉明所以歸来;曳尾可安,蒙莊子由其遂往。"陶淵明,石刻作"陶泉明"。

用 事 部

夫"用事"者,所取唯石刻相對切實可靠之文字,初計有姓氏來源、名字稱號、朝代、世次、官歷、年壽、鄉里、器用、民族及足有補於史實之類。至於功過是非、善善惡惡,揆之人情,未足爲據。而風尚有徵,歸品評部。

北京圖書館金石組編選《北京圖書館藏中國歷代石刻拓本匯編》(101 冊),中州古籍出版社 1989 年版。標注出處爲《匯編》,求簡省也。《西安碑林》者,即高峽主編《西安碑林全集》及附録《陝西碑石菁華》,廣東經濟出版社 1999 年綫裝出版。其餘,像《故宫博物院藏歷代墓誌匯編》(紫禁城出版社 2010 年),各地分域出土著録陸續公布者,有待於相關語料庫加工補入,尚無可待之期。語料庫,即課題組所研製《魏晉南北朝石刻語料庫》和《隋唐五代石刻語料庫》等。由於語料庫已有文獻來源等屬性標注,故有關數據,一般不再詳細標注出處。

小 目

（一）姓 字 類

1. 從隋唐五代石刻語料看數百年間大姓望族時間分佈及興替消長

1）李——作爲碑誌名稱所見李姓，隋唐五代石刻語料庫就有 432 條記録，正文用字情況比較複雜，包含 1 323 條記録。唐天寶六載《李迪墓誌并序》（《匯編》第 25 冊第 133 頁）："君諱迪，字安道，趙國人也。公侯代襲，閥閲相承。齊梁禁婚，憚其茂盛；周隨定族，稱爲第一。四姓著首，百氏之先。世有文儒，仁物不絶。"唐天寶九載《李庭訓墓誌銘并序》（《匯編》第 26 冊第 34 頁）："公諱庭訓，字庭訓，隴西成紀人也。其先出於周柱下史聃。自秦漢晉魏，衣冠禮樂，世有俊傑。降及後魏，銓表族望，選其官婚，定以甲乙。故與王、盧、崔、鄭，特標異之。迄于聖朝，盛事弥篤。今闕廷重位，中外搢紳，凡所姻親，皆深景慕。"與統計數據相互印證，似乎唐前李姓即爲顯赫大姓，且有唐可能爲諸姓之首。

2）劉——僅是作爲碑誌名稱所見劉姓，隋唐五代石刻語料庫就有 171 條記録，正文用字情況比較複雜，包含 672 條記録。

3）王——僅是作爲碑誌名稱所見王姓，隋唐五代石刻語料庫就有 394 條記録，正文用字情況比較複雜，包含 2 622 條記録，大量用例非關姓氏。

4）張——僅是作爲碑誌名稱所見張姓，隋唐五代石刻語料庫就有 548 條記録，正文用字情況比較複雜，包含 1 237 條記録。

5）陳——僅是作爲碑誌名稱所見陳姓，隋唐五代石刻語料庫就有 87 條記録，正文用字情況比較複雜，包含 968 條使用記録，大量用例非關姓氏。

6）趙——僅是作爲碑誌名稱所見趙姓，隋唐五代石刻語料庫就有 102 條記録，正文用字情況比較複雜，包含 730 條記録，大量用例非關姓氏。

7）黄——僅是作爲碑誌名稱所見黄姓，隋唐五代石刻語料庫就有 11

條記録(含重複者 1 條),正文用字情况比較複雜,包含 247 條記録,大量用例非關姓氏。

8）周——僅是作爲碑誌名稱所見周姓,隋唐五代石刻語料庫就有 37 條記録,正文用字情况正如"王"字使用,尤其複雜,包含 2 010 條記録,大量用例非關姓氏。

9）崔——僅是作爲碑誌名稱所見崔姓,隋唐五代石刻語料庫就有 198 條記録,正文用字情况比較複雜,包含 442 條記録,若干用例非關姓氏。對比之下,説明崔姓到唐代仍然是旺族大姓,僅次於李張王三個,一直就是高頻的姓氏(魏晉南北朝石刻名稱使用"崔"字凡 14 次,正文使用 37 次)。

10）謝——作爲碑誌名稱所見謝姓,隋唐五代石刻語料庫就有 7 條記録,其中隋代 1 見,唐代 5 見,五代 1 見: 與崔王等大姓相較,明顯衰落;與魏晉南北朝相較,已經不成比例(魏晉南北朝石刻名稱使用 8 次,正文使用 78 次)。雖然石刻序文仍有 804 次使用的高頻數據,但大量是用於"謝世"一類場合。

11）楊——僅是作爲碑誌名稱所見楊姓,隋唐五代石刻語料庫就有 147 條記録,魏晉南北朝石刻名稱有 47 次使用記録;隋唐五代石刻正文包含 996 條記録,魏晉南北朝石刻有 161 條記録。

12）裴——作爲碑誌名稱所見裴姓,隋唐五代石刻語料庫有 52 次使用記録;正文有 226 次使用記録。

13）郭——作爲碑誌名稱所見郭姓,隋唐五代石刻語料庫有 61 次使用記録;正文有 425 次使用記録,通常不作姓字使用。

14）姚——作爲碑誌名稱所見姚姓,隋唐五代石刻語料庫有 39 次使用記録;正文有 139 次使用記録。

15）袁——作爲碑誌名稱所見袁姓,隋唐五代石刻語料庫有 28 次使用記録;正文有 41 次使用記録,通常不作姓字使用。

16）元——作爲碑誌名稱所見元姓,隋唐五代石刻語料庫有 50 次使用記録;正文有 3 063 次使用記録,通常不作姓字使用。順便比較,元姓在南北朝時期爲名家大姓。

17）馮——作爲碑誌姓名所見馮姓，隋唐五代石刻語料庫有 46 次用字記録；正文則有 234 次用字記録。

18）董——作爲碑誌姓名所見董姓，隋唐五代石刻語料庫有 33 次用字記録；正文則有 165 次用字記録。

19）武——作爲碑誌姓名所見武姓，隋唐五代石刻語料庫有 33 次用字記録；正文則有 2 031 次用字記録，通常不作爲姓字使用。

20）馬——作爲碑誌姓名所見馬姓，隋唐五代石刻語料庫有 93 次用字記録，其中包含司馬複姓 13 次，單純馬姓有 80 次；正文則有 1 710 次用字記録，大量是作爲職官用字出現。

21）何——作爲碑誌姓名所見何姓，隋唐五代石刻語料庫有 29 次用字記録；正文則有 2 401 次用字記録，通常不作爲姓字使用。

22）亡宫——"亡宫"本非關姓氏，唐開元二十五年《亡宫墓誌》（《匯編》第 24 册第 42 頁）："亡宫者，本良家子也。"武周久視元年《唐故亡宫七品墓誌》（《匯編》第 19 册第 7 頁）："亡宫者，不知何許人也。蓋以良家子選入後宫。"隋唐五代石刻語料凡 23 次"亡宫"記録，殆即宫女而無名氏亡於宫中者。

2. 隋唐人名取字習俗

1）唐人名與字多重用，而不煩另字

唐開元十八年《朱庭瑾墓誌》（《匯編》第 23 册第 29 頁）："公諱庭瑾，字庭瑾，吴郡人，帝顓頊之遐裔，梁僕射异之五代孫也。"又唐開元十八年《史待賓墓誌》（《匯編》第 23 册第 23 頁）："公諱待賓，字待賓，河閒鄚人也。"又唐開元十九年《皇甫慎墓誌》（《匯編》第 23 册第 47 頁）："公諱慎，字慎。"又唐開元二十年《王希俊墓誌》（《匯編》第 23 册第 72 頁）："公諱希俊，字希俊。"又唐開元二十年《賈元恭墓誌》（《匯編》第 23 册第 77 頁）："君諱元恭，字元恭，長樂人也。"又唐開元二十年《崔光嗣墓誌》（《匯編》第 23 册第 88 頁）："君諱光嗣，字光嗣。"又唐開元二十一年《房惠琳墓誌》（《匯編》第 23 册第 95 頁）："公諱惠琳，字惠琳。"又唐開元二十一年《房君妻崔順墓誌》(《匯編》第 23 册第 100 頁):“夫人諱順,字順,博陵安平人也。”唐開元二十一年《楊瑶墓誌》:(《匯編》第 23 册第 112 頁):“君諱瑶,字瑶,弘農華陰人也。”唐開元二十三年《夏侯昣墓誌》(《匯編》第 23 册第 141 頁):“公諱昣,字昣,其先沛郡譙人也。”唐開元二十三年《盧全操墓誌》(《匯編》第 23 册第 151 頁):“君諱全操,字全操,涿郡范陽人也。”唐開元二十七年《張謡墓誌》(《匯編》第 24 册第 90 頁):“唐開元十有九年春王正月月三日,范陽張君卒。烏虖哀哉! 君諱謡,字謡,晉司空茂先之後。”

2) 唐人姓名有取四字者

唐開元十九年《胡君妻楊無量壽墓誌》(《匯編》第 23 册第 52 頁):“夫人諱無量壽,弘農人也。則天武后之外氏,右屯衛將軍知慶之女,故節敏太子妃之姊也。”是胡廣平夫人姓名爲楊無量壽,取自佛經。唐天寶五載《朱公故夫人太原王氏墓誌銘并序》(《匯編》第 25 册第 111 頁):“夫人諱心自在。”是王氏名爲“王心自在”。

本世紀,年輕人被目爲“新人類”甚或“新新人類”,爲領異標新,姓名有多至四字者。自石刻記録來看,殆非等閑開風氣者。

3) 唐人或有取名“吐蕃”者,亦有以見當時與西藏之關係

武周天授二年《李吐蕃造像記》(《匯編》第 17 册第 136 頁):“天授二年二月八日,清信弟子李吐蕃爲父母敬造阿弥像並二菩□一鋪。”

3. 魏晉南北朝命名習俗

1) 北朝素以質樸爲尚,觀其人名字,以粗鄙凶猛爲標榜,即知風氣扇被,亦知雜劇話本小説中人物命名,初不盡出偏見也。參觀北齊《高劉二姓造像記》有劉煞鬼,北齊《張子昂等造像題名殘拓》有張子昂、張阿至、張阿妃、張噉鬼、張惡奴、張羅侯,北齊《僧静明等修塔造像碑》有梁鐵虎、赤寶、垣奴、趙俱羅、趙野蟲、界達、崔胡子,北齊《牛永福等造像記》之“大齊河清三年二月八日,敬造白玉思唯象一區。牛永福、登安德、李倉、僑奴、阿幸、恒富、阿猛、阿羽、黑髮、惡奴、富堂、阿宜、戠姿、阿光、阿弟、富女。邑主法嚮、王恭媚”,又北齊《殷恭安等造像記》有趙興奴、趙小奴、趙莫問、李郎醜,等等。

2）南朝宋高祖劉裕,帝王之尊,乳名寄奴,所取爲賤。《宋書・武帝紀上》:"高祖武皇帝諱裕,字德輿,小字寄奴,彭城縣綏輿里人,漢高帝弟楚元王交之後也。"宋人辛棄疾《永遇樂・京口北固亭懷古》:"斜陽草樹,尋常巷陌,人道寄奴曾住。"對照上具石刻,知其所從來。

3）南方亦不乏女性而用猛字,蓋北方而南渡者。東晉升平三年《王丹虎墓誌》:"晉故散騎常侍特進衛將軍尚書左僕射都亭肅侯,琅耶臨沂王彬之長女,字丹虎。"〔1〕

4）命名頗顯本朝風尚者。南朝梁太清三年《丁文亂造像記》:"梁太清三年七月八日,佛弟子丁文亂,爲亡妻蘇氏敬造釋迦雙身尺六刑石像一丘。"〔2〕南朝尚文,文亂者,文治之意,亂,治也。

4. 隋代傳承此風習,生男重於生女

1）女子取字與隋代重男傾向。

隋開皇三年《封忠簡妻王楚英墓誌》(《匯編》第9冊第6—7頁):"夫人産二男四女:長子玄,字寶盖……次子充,字寶相……長女字寶首……次女寶艷,小字徵男……第三女寶華,小字男弟……小女寶麗,小字四璠。"隋代有《張貴男墓誌》,爲姓名用字,尤顯豁者。隋大業二年《蔡君妻張貴男墓誌》(《匯編》第10冊第12頁):"夫人諱貴男,范陽方城人也。"隋開皇五年《樊敬賢七十人等造像記》(《匯編》第9冊第20—21頁):邑子樊延虎、邑子李阿虎、邑子楊黑奴、邑子王煞鬼、邑子韓照男、邑子張醜女、邑子南娥容、邑子樊娥疑、邑子趙迎男、邑子相里娥姬、邑子上官要娥,等等。人名所取:有厭鬼,有重男,有以"娥"爲美詞,等等。其中"相里"爲複姓,最早見於戰國,戰國時有相里勤,見《莊子・天下篇》。隋開皇五年《惠鬱等造像記》(《匯編》第9冊第25頁)僧都維那有"衛煞鬼"。隋開皇十五年《段威墓誌》(《匯編》第9冊第101頁):"公諱威,字殺鬼。"隋代

〔1〕《文物》1965年第10期《南京象山東晉王丹虎墓和二、四號墓發掘簡報》。

〔2〕《文物》2001年第10期《四川大學博物館收藏的兩尊南朝石刻造像》。

女性取名有“豐男”、妻子之稱爲名前冠丈夫名字之末一字之例,如隋開皇十六年《陳黑闥造像記》(《匯編》第9冊第106頁):“陳黑闥供養(此行在佛像之左)大隋開皇十六年歲次甲辰二月甲申朔十一日,甲午大□主陳黑闥,像主陳法華,像主陳□拏,像主陳洪雅,敬造釋迦像一軀。上爲國王帝主,刺史縣令,師僧父母,亡過見在,居家眷属,後爲邊地衆生,有形之類,咸同斯福。祭酒從事陳慶遵,女孫榇女。高陽郡承濟南郡正陳慶遠,妻于豊男;闥妻孫光,男文朗,男子紹,男元仲,男元寔,男元夥,男君信,女子珠,妹阿神;拏妻于銀光,男武栝,男安都;雅妻馬□,男伏仁,闥□法華供養。”

2)隋唐以還,此類質樸名號習尚,造像記等文字已經罕睹。民俗所謂賤乎命名,利乎育養,殆染北風者。

隋唐尚存其遺風餘緒,隋開皇五年《樊敬賢七十人等造像記》(《匯編》第9冊第20—21頁)有邑子李阿虎、邑子王煞鬼、邑子龐蠻女、邑子張醜女等輩,唐開元十九年《吕君妻李氏墓誌》(《匯編》第23冊第42頁):“男悍、悛、愓、五、洛奴、女高娘等。”其中就使用吕悍、吕洛奴等名字。唐天寶九載《鄧國夫人韋氏墓誌銘并序》(《匯編》第26冊第32頁):“夫人諱小孩,京兆人也。……夫人伭徊晝哭。”[1]

5. 北朝唐朝命名,恒見有取驅鬼辟邪者

1)唐開元十七年《孔桃栓墓誌》(《匯編》第23冊第4頁),墓主“孔桃栓”,跟北齊《董桃樹造像記》之“董桃樹”、北魏《龍門山造像九十八段之陵江將軍政桃樹等題記》政桃樹、東魏《義橋石像碑碑(陰)》繁桃樹之類,有取於驅鬼辟邪,爲無獨有偶者。[2]

2)唐人命名,亦有宗教信仰傾向體現者。唐開元二十八年《杜儼等

〔1〕 其中“吕五”則用組合字𠄡。其在本誌序文,則爲人名避俗專用者,以同篇在非關人名場合也使用“五”字。伭,低字異體。

〔2〕 參觀臧克和《中古漢字流變·木部》,華東師範大學出版社2008年。《龍龕手鑑·木部》以栓爲“橛”字古文,並且結體爲會意類型:“栓,木入土也,今作橛。”“桃橛”成詞,施於人名,本指桃木樁,舊時用以辟邪。明代李時珍《本草綱目·果一·桃橛》:“橛,音厥,即杙也。人多削桃木釘於地上,以鎮家宅,三載者尤良。”

造陀羅尼經幢》(《匯編》第 24 冊第 107—115 頁),建幢施主有張懷素、趙神應、張儒道、雋如呪等。

6. 古人姓名割裂

1) 董仲舒——董仲。隋大業六年《梁瓌墓誌》(《匯編》第 10 冊第 40 頁):"君星精下降,韞異天然,毛骨非常,才明挺秀,加以學勤董仲。"

2) 霍去病——霍病。隋大業六年《楊秀墓誌》(《匯編》第 10 冊第 38 頁):"昔霍病辭第,意在建功;班超棄筆,心存効武。"霍病,即霍去病之省。

3) 巫馬期——巫馬,西門豹——門豹。唐開元十八年《史待賓墓誌》(《匯編》第 23 冊第 23 頁):"縱巫馬星入,門豹風行,不資贊貳之勞,豈弘寬猛之政。"

4) 公孫弘——孫弘。唐開元二十八年《敬守德墓誌銘并序》(《匯編》第 24 冊第 105 頁):"公詞藻清贍,孫弘董仲舒之亞也,故四登甲科;政理明幹,季路王稚子之流也,故再爲邑宰。"

5) 東方朔——方朔,諸葛亮——葛亮。唐開元二十八年《汲奉一墓誌銘并序》(《匯編》第 24 冊第 129 頁):"形神皆清,叔則、衛玠之倫也;談笑不輟,方朔、葛亮之比也。"〔1〕

按清錢大昕《十駕齋養新録·古人姓名割裂》:"《朱君山墓誌》:'魚山本志,門豹遺風。'謂西門豹也。"門豹,戰國魏人西門豹的省稱。巫馬,

〔1〕 按諸葛複姓由來,《三國志·吴書·諸葛瑾傳》裴松之所注,其引應劭之《風俗通》:"葛嬰爲陳涉將軍,有功而誅,孝文帝追録,封其孫諸縣侯。"裴注之引《吴書》所載:"(諸葛瑾)其先葛氏,本琅琊諸縣人,後徙陽都,陽都先有姓葛者,時人謂之諸葛,因以爲氏。"諸縣,即今之山左諸城。余所記《山左訪古隨筆》嘗及於此。沂南汶水河畔有陽都葛坡,土著當淵源於諸城。按當地土著稱,諸葛亮幼年定居河南隆中之前,舉家由諸城琅邪遷居此地。今當地有司唱文,遂爲此建立諸葛故居,而浙江會稽號稱諸葛後人曾爲此而找上門來。諸葛原本亦爲葛氏,以孔明葛氏係從諸城琅邪地外來,當地葛人爲了區別這家"外來户",於是徑以"諸"之"葛"稱呼之、區別之,久而習之,遂凝縮爲"諸葛"複合結構。其實,内部則屬於所謂偏正結構,當地土著如是言。是諸葛複姓之由來,亦備一説。檢索魏晉南北朝石刻數據庫,"諸葛"作爲複姓使用,可得 7 條記録,時代跨度爲三國魏、晉、北魏、北齊,其中晉永嘉二年《石尠墓誌》有"夫人琅耶陽都諸葛氏,字男姊,父字長茷,晉故廷尉卿平陽鄉侯"之記載。是複姓不獨緣割裂而成,抑亦有綴加相足之例。

古代善治馬名醫巫馬期之省稱。《韓詩外傳》卷二:“子賤治單父,彈鳴琴,身不下堂,而單父治。巫馬期以星出以星入,日夜不處,以身親之,而單父亦治。巫馬期問於子賤,子賤曰:我任人,子任力,任人者佚,任力者勞。人謂子賤則君子矣。佚四肢,全耳目,平心氣,而百官理,任其數而已。巫馬期則不然乎。然事惟勞力,教詔雖治,猶未至也。《詩》曰:子有衣裳,弗曳弗婁。子有車馬,弗馳弗驅。”

6) 百里奚——里奚。武周聖曆二年《黑齒常之墓誌文并序》(《匯編》第18冊第152頁):“恭聞日磾爲漢之鞞,亦有里奚爲秦之悌。苟云明哲,與衆殊絶。”複姓,春秋秦有百里奚。見《孟子·萬章上》。

按所謂姓名割裂,倘如涉及所謂“複姓”類,抑表明此時複姓尚不固定。

7. 石刻所見命氏由來

1) 以五帝氏號得姓氏者

唐姓。隋大業十年《唐宫人墓誌銘并序》(《匯編》第10冊第108頁):“宫人姓唐,不知何許人也。其先姬姓,陶唐氏之後。”

姚姓。唐開元三年《姚懿墓碑》(《匯編》第21冊第43頁):“昔有虞惟舜,其姓惟姚。欽若神明,盖云祖始。子孫蕃邈,而迨于兹。”

袁姓。唐開元四年《袁仁墓誌》(《匯編》第21冊第56頁):“君諱仁,字仁愛,其先出自汝南郡,軒轅皇帝之後。”以轅字從袁讀而聯類。

朱姓。唐大中十年《朱清墓誌》(《新中國·河南壹》第71頁):“府君諱清,字子明。枝本陶唐,因名受氏。”

孔姓。唐天寶三年《孔齊參墓誌文并序》(《匯編》第25冊第62頁):“先殷子姓也,以乙配子,故謂之孔。氏之胤聖者有仲尼焉。至吴侍中潛,避世于會稽,因爲其郡人也。”

宇文氏。唐天寶三年《宇文琬墓誌銘并序》(《匯編》第25冊第68頁):“公諱琬,字琬,代郡武川人也。炎帝爲所出之先,普回曰受符之祖。則有定侯岳峙,文皇龍躍。承家翊魏,開國稱周。弈葉英華,斯爲盛矣。曾祖洪亮,皇靈州迴樂令。祖楷,皇綏州義合府左果毅。父延陵,皇朝議大夫授緜州司馬。雖從事鞅掌,而遊心澹泊。垂裕積慶,寔生我公。"

嚴氏。唐開元六年《嚴府君(識玄)墓誌銘并序》(《新中國・陝西貳》第 76 頁):"嚴氏之先,出自顓頊。逮于兩漢,苗裔寔昌。"

2) 以王父公之字命氏者

高氏。唐開元十八年《高懲墓誌》(《匯編》第 23 冊第 41 頁):"公諱懲,字志肅,渤渠蓨人也。炎農之系,其源浚邈。虞則伯尼列岳,周乃尚父作藩。都營丘,大齊國。五侯九伯,實得征之;舉賢尚功,未可量也。八代有公子高,高之孫曰傒,遂以王父之字而命氏焉。"

顔氏。唐建中元年顔真卿撰并書《顔惟貞廟碑(陽)》(《匯編》第 28 冊第 6—7 頁):"君諱惟貞,字叔堅。其先出于顓項之孫祝融,融孫安爲曹姓。其裔邾武公,名夷甫,字顔。子友,別封郳,爲小邾子,遂以顔爲氏。多仕魯,爲卿大夫。孔門達者七十二人,顔氏有八。"爲專業名家爲自家書碑,故於原姓徵氏尤詳。

騫氏。唐長安三年《騫紹業墓誌銘并序》(《新中國・陝西貳》第 67 頁):"公諱紹業,字承宗,隴西金城人也。其先閔損,字子騫,孔門之十哲。子孫以王父之德,以字爲氏。"唐景雲元年《騫思哲誌銘并序》(《新中國・陝西貳》第 73 頁):"公諱思哲,字知人,其先魯孔丘門人閔子騫之後。其孫文,以孝光前烈,因王父命氏。末孫碩,碩生靖。"唐開元九年《騫思泰墓誌銘并序》(《新中國・陝西貳》第 79 頁):"披万卷而期古人,摠百家而徵前事。有曾条至孝之性,同顔回德行之科。具美尔瞻,抑唯閔子。王父之字,騫氏以興。"

3) 以官命氏者

寇氏。作周司寇,即因之以命氏曰寇:隋開皇三年《寇奉叔墓誌》(《匯編》第 9 冊第 9 頁):"公諱奉叔,字遵夏,上谷昌平人也。自大電縈于北斗,始建軒轅之都,巨跡見於東郊,初興酆鎬之國,作周司寇,即因之以命氏,爲漢金吾,迺應天之列宿。"唐天寶元年《寇泚墓誌銘并序》(《匯編》第 25 冊第 29 頁):"外氏之先,出自黄帝。爰洎于周,世爲司寇。迨衞侯角,因避地上谷,命官稱氏。漢執金吾威侯子翼十八世,以迄于今。"唐天寶七載《寇洋墓誌銘并序》(《匯編》第25册第158頁):"公諱洋,字若水,上谷昌平人,其先康叔之後也。昔周王命小子封,蓋賢康叔爲大司寇,子孫因氏焉。逮侯角歸燕,始家於上谷。東漢雍奴侯底綏河內,比義蕭公。厥後蟬聯耿光,昭晰傳諜。"唐大曆十三年《寇公墓誌銘并序》(《匯編》第27册第173頁):"寇氏之先,出於宗周,文之昭也。康叔爲周司寇,封於衛。秦滅六國之際,衛君角歸于燕。因家上谷,以康叔之官爲氏。角八代孫即雍奴侯。雍奴曾孫侍中榮。榮生寵,避地秦川。寵生孟,仕魏爲馮翊太守,子孫或家焉。"

張姓,亦因官命氏者。隋大業六年《張喬墓誌》(《匯編》第10册第34頁):"因官命氏,錫土開源。鳴鐘饌玉,服冕乘軒。"隋大業十年《張軻墓誌銘并序》(《匯編》第10册第110頁):"自景宿垂輝,寔惟得姓之始;威弧爲用,爰自命氏之初。"唐天寶十三年《張崈墓誌銘并序》(《匯編》第26册第113頁):"公諱崈,字慎交,清河人也。自黄帝之子能弦弧張羅,世掌其官,因以爲氏。"

或以爲與掌紋有關。唐大曆六年《張炅墓誌》(《匯編》第27册第105頁):"公諱炅,字仙客,軒轅之後。子指張,宿有孕,及誕,拳有張字,因而姓焉。"

或以爲有得於張邑之地者:唐天寶十二載《敦煌張仲暉墓誌銘并序》(《新中国·陝西壹》第123頁):"弦木以取利,著姓以表勳。受邑於張,於是乎在。"

皇甫氏。隋大業九年《皇甫君墓誌銘》(《匯編》第10册第79頁):"原其世系,出自有殷。皇甫周卿,因而命氏。"唐開元十九年《皇甫慎墓誌》(《匯編》第23册第47頁):"公諱慎,字慎,其先安定朝那人也。本以皇父卿士官命氏焉。"即"皇父"原係人名,爲周幽王時卿士、寵臣。《詩經·小雅·十月之交》:"皇父卿士,番維司徒。"後以此爲複姓,即皇甫氏。甫亦從父得聲。

司馬氏。大燕顯聖元年《司馬望墓誌》(《匯編》第35册第180頁):"公諱望,字□卿,河內温人也。其先出顓頊少昊之後,□黎始封于唐堯。

羲和嗣職,代掌天地,克茂勳庸。洎周宣号邑于程,爲大司馬。錫以官族,因而命氏。"

史氏。大周長安二年《史懷訓墓誌并序》(《新中國·陝西貳》第66頁):"君諱懷訓,字仲晦,濟北茌也。其先周之諸公子,代爲史官,因而命氏。"〔1〕

4) 以賜號命氏者

董氏。隋大業六年《董穆墓誌》(《匯編》第10冊第39頁):"昔[軒]轅廿五子,得姓十有四人。天子建德,因生賜□。其後或以謚爲族,或以字爲氏。謚法成功,故用董姓爲宗焉。"

源氏。北魏太武所賜。唐天寶六載《源光乘墓誌銘并序》(《匯編》第25冊第123頁):"府君諱光乘,河南洛陽人也。昔元魏紹于天南,遷于代。胤子讓其國,西據于涼。大王小侯,初傳荒服。析珪擔爵,畢中州。故太尉隴西宣王,貴于代京。太武謂之曰:与朕[同]源。因以錫姓。上公尊位,布濩方冊。稱博陸者,雖隱名著。論誓淮者,果弈世而世昌。因官而遷,爰宅于鄴。洎皇曹應運,其族弥大。濬流稍分,脩幹增蔚。是以隨刑部侍郎之嫡子諱崑玉,貞觀中爲比部郎中。比部之子諱翁歸,明慶中爲雍州司户。司户之子諱脩業,長壽中爲洛州司馬、涇州刺史。舉凡叙資,盈聽專美。府君即涇州之第三子也。"

5) 姓氏來源於所崇拜對象者

唐開元二十年《慕容瑾墓誌》(《匯編》第23冊第73頁):"君諱瑾,其先昌黎棘城人。始後魏都洛,徙於滎陽也。昔者慕三光之容,因而錫氏;列二國之霸,是謂人英。"

6) 姓氏來源於所封或所居之地,所謂"錫土以命氏"

邸姓。北魏和平三年《邸元明碑》:"君諱□,字元明,中山上曲陽人也。炎帝之胄,越自有漢。食菜邑曰邸國,因名爲姓氏,□□興焉。

〔1〕 另,傳世字彙還見以數字爲姓氏的記載,如《廣韻·姥部》:"五,數也。又姓,《左傳》有五奢。亦漢複姓,四氏。漢有五鹿充宗。《風俗通》云:氏於職焉,三烏、五鹿是也。趙有將軍五鳩盧。《國語》云:楚昭王時有五參蹇。《姓苑》有五里氏。疑古切。"

□□□□不常,□邑□而宅也。祖安,秦流民,護軍白馬谷。父含,大魏假建威將軍潁川太守。"〔1〕

周姓。唐天寶三載《周思忠墓誌銘并序》(《新中國·陝西貳》第 112 頁):"公諱思忠,字思忠,京兆奉天人也。自稷興于周,至王季文武三代,□□翦商辛之暴,封子孫之邑。昔天子建德,因生以賜姓,錫土以命氏。"

蕭氏。唐聖暦二年《蕭繕墓誌并序》(《匯編》第 18 册第 172 頁):"公諱繕,字懿宗,蘭陵蘭陵䢵也。高禖誕聖,敷至德於玄王;鑣宫降神,成大功於黑帝。重熙累洽,積德基仁。宋微子之嗣宗祧,聿封蕭邑;漢伯文之去墳隴,始望蘭陵。"

路氏。唐天寶八載《唐故靈泉寺玄林禪師神道碑并序》(《匯編》第 26 册第 2 頁):"禪師諱玄林,堯城人也。俗姓路氏,黄帝之後。封于路國,因而爲氏。"

逯氏。唐神功元年《逯貞墓誌并序》(《匯編》第 18 册第 121 頁,漢有逯並,見《漢書·翟義傳》):"君諱貞,字仁傑,河内河陽人也。殷宗理亳,因手文而命氏;大夫適晉,沿逯邑以承家。至於翼魏論功,更封河内;征吴愛寵,復啓河陽。弈代載德,傳諸國史。"

郭姓。晉元康六年《賈充妻郭槐柩記》(《匯編》第 2 册 62 頁):"夫人宜成宣君郭氏之柩。諱槐,字媛韶,大原陽曲人也。其先胤自宗周王季之穆,建國東虢,因而氏焉。"隋仁壽二年《郭休墓誌》(《匯編》第 9 册第 157 頁):"君諱休,字康買,其先太原晉陽人也。虢叔之苗,儒宗孝巨之胤,并州刺史郭汲之後。"郭、虢音同,來源於周文王之子虢叔所建國封地之郭。唐貞觀二年《郭通墓誌》(《匯編》第 11 册第 17 頁):"君諱通,字監遠,太原介休人也。其先出自有周,周文王之子虢叔,勳書王室,建國命氏,或謂之郭,而著姓焉。"唐咸通四年《郭傳則墓誌銘并序》(《新中國·陝西貳》第 282 頁):"源深者垂遠,德博者後昌。雖百代而必復,枝分千載而不息。公諱傳則,字□,其先太原人也。昔日虢叔,或以虢爲郭,因而命氏焉。後

〔1〕 沃興華編《碑版書法》,上海人民出版社 2005 年,第 59 頁。

子孫派分,今爲京兆長安人也。”唐廣德二年《郭敬之廟碑銘并序》(《匯編》第 27 冊第 37—38 頁):“括宇宙而稟和,總山河而蘊秀。莫與京者,其唯郭宗乎。其先盖出周之虢叔。虢或爲郭,因而氏焉。代爲太原著姓。”

裴姓。唐開元九年《裴撝墓誌》(《匯編》第 26 冊第 161 頁):“公諱撝,字思敬,河東聞喜人也。其先帝顓頊之苗裔,周封爲秦。秦景公母弟曰鍼者,始居於晉平公邑之同川之裴中,因而得姓。”

齊氏、韓氏。唐貞觀廿年《齊夫人墓誌》(《匯編》第 11 冊第 143 頁):“夫人齊氏,東海上人也。其先姜姓,周有大勳。受封於齊,因國命氏。”唐乾寧四年《韓稹墓誌》(《新中國・河南壹》第 96 頁):“韓氏之姓,本自先周,文王次子,國封于韓,因地賜姓,故以韓爲氏焉。”

何氏。唐天寶十三載《開國伯上柱國何德墓誌銘并序》(《新中國・陝西貳》第 133 頁):“公諱德,字伏德,廬江灊人也。分邦於晉,授姓於韓。遠祖避難江淮,韓、何聲近,因以命氏。故漢有武,魏有夔,晉有劭,宋有偃。”

馬姓。趙奢所封地名,後裔因以爲姓。隋大業十年《馬稱心墓誌》(《匯編》第 10 冊第 106 頁):“夫人姓馬,名稱心,字合意,雍州扶風人也。馬氏之先,出自趙王之胤。六國時有趙奢作相,仍封馬服後裔,因以爲姓。”按“馬服”者,原本屬戰國趙地。趙封其名將趙奢於此,賜號爲馬服君,後以“馬服”指趙奢。

樊姓。因菜邑而得氏。隋大業十年《樊氏墓誌》(《匯編》第 10 冊第 111 頁):“宫人三品,姓樊,南陽湖陽人也。其先姬姓,胄自軒轅。當周宣王世,有仲山甫爲君喉舌。以致山興,食菜樊邑,因斯命氏,其地今南陽樊城是焉。”

裴氏。唐開元二十二年《裴肅墓誌》(《匯編》第 23 冊第 126 頁):“唐故宣德郎守潞州大都督府叅軍事裴肅墓誌銘并序。公諱肅,其先河東人也。錫封郿鄉,因而爲氏。”

胡姓。唐人以爲來自秦二世。如唐貞觀四年《胡質墓誌》(《匯編》第 11 冊第 25 頁):“君諱質,字孝質,安定臨涇人也。家承茅土,位顯於周朝;世執珪璋,名標於漢世:故以秦中著姓。"

陳氏。隋大業十年《陳叔明墓誌》(《匯編》第 10 冊第 116 頁):"君諱叔明,字慈尚,吴興長城人也。出自帝舜之後,胡公滿食菜於陳,因而賜姓。"

梁氏。隋開皇三年《梁坦墓誌》(《匯編》第 9 冊第 13 頁):"既毗周翼,晉受魏稱蕃,但厥邑不常,凡經五徙,因都梁國,遂爲氏焉。"唐天寶十四載《夫人梁氏墓誌銘并序》(《匯編》第 26 冊第 129 頁):"夫人号无量,字大娘,安定人也。自媧皇作孕,而顓頊裔焉,則畢公十世孫魏文侯少子畢封太梁王。自其後,子孫即承梁王紹之後。"

岳氏。隋開皇十五年《謝岳墓誌》(《匯編》第 9 冊第 105 頁):"君諱岳,字榮宗,陳郡人也。昔殷不鑒夏,天命在周,各樹懿親,以蕃王室。先人受兹赤土,苞此白茅,分彼本枝,俾侯於謝。暨諸苗裔,因而氏焉。"

張氏。隋大業九年《張盈墓誌》(《匯編》第 10 冊第 82 頁):"公諱盈,字子謙,范陽方城人也。其先出自黄帝第廿五子,弦木爲弧,以利民物,食邑於張,因斯命氏尔。"而唐天寶四年《張肅珪墓誌銘并序》(《匯編》第 25 冊第 78 頁)又謂:"昔軒轅之子廿五宗,得姓者十四而已。其一子以張網羅取禽獸,遂爲張氏。張氏之出,盖因此焉。唐虞之閒,夏殷之際。譜諜未紀,莫究其端。老以規晉卿之僭,倉以主秦官之籍。耳在漢食邑常山,邈處魏封功都尉。英賢閒出,代有其人。"

靖氏。唐乾封二年《靖千年墓誌》(《匯編》第 15 冊第 47 頁):"君諱千年,高平人也。原夫慶族芳枝,胤莞丘之華栩;潺漪湛潔,派姚澤之禎瀾。孕姜啓鳴鳳之基,分封流靖郭之稱。"唐龍朔元年《靖徹墓誌銘并序》(《匯編》第 14 冊第 19 頁):"君諱徹,字萬通,河南洛陽人也。齊靖郭君之苗裔。昔業盛區寰,遂受分珪之慶;功高寓縣,方膺錫土之榮。暨曹馬而弥隆,歷嬴劉而不替。詳諸簡牘,可略言焉。"是"靖郭"得於封地,《史記·孟嘗君列傳第十五》:"孟嘗君名文,姓田氏。文之父曰靖郭君田嬰,田嬰者,齊威王少子而齊宣王庶弟也。"唐乾封三年《靖徹妻王氏墓誌》(《匯編》第 15 冊第 63 頁。金有靖安民,見《金史》本傳):"公諱徹,字士明，洺州清漳人也。其先盖周靖王之苗裔。"

趙氏。唐開元十五年《趙君知儉誌銘并序》(《新中國·陝西貳》第 88 頁)："君諱知儉，其先造父之後也。封□趙城，故爲趙氏。至趙嘉子与秦主西戎，因居天水焉。十二代祖融，漢黄門侍郎，領右扶風，時人号爲關西鳳。"五代後周顯德二年《趙鳳墓誌》(《匯編》第 36 册第 130 頁)："公諱鳳，字國祥，冀州棗強人也。其先黄帝□裔，因封於趙，遂爲氏焉。自後，勝則履珠表其貴，衰則畏日顯其名。遁則爲忠臣，歧則爲高士。條分葉散，源遠流長。□□鮮□，懷黄佩紫。覽國史，考家諜，不可勝紀也。"

宋氏。唐咸通二年《宋伯康墓誌》(《新中國·陝西貳》第 274 頁)："大夫其先則殷湯之裔孫也。周武封微子於宋，以國爲氏焉。後徙家于廣平郡。"五代後周顯德五年前攝潁州潁上縣令高弼撰《宋彦筠墓誌》(《匯編》第 36 册第 156 頁)："公諱彦筠，其先河南人也。周武王封微子於宋，闕伯邑於商丘，因而氏焉。"

柳氏。唐貞元二十年《河東柳昱墓誌銘并序》(《新中國·陝西貳》第 187 頁)："禽，周公之胤，食于柳，遂姓焉。公其裔也，諱昱，字季昭。"

索氏。唐貞元廿一年《蜀王府長史索玄愛墓紀銘并序》(《新中國·陝西貳》第 188 頁)："府君諱玄愛，其初出自殷之族也。封疆先命，氏因謂索，此其裔焉。厥後陵夷，迸居方國，今爲京兆咸陽人也。府君曾祖儉，終德州參軍。祖操，終左武衛兵曹。先府君敬節，終廬州刺史。"

許氏。唐長慶三年《許遂忠墓誌銘并序》(《新中國·陝西貳》第 225 頁)："公諱遂忠，字貞頎，其先高陽人也。太嶽以盛德濟人，爰錫姜姓；周武以疇庸啓國，迺建許邦。厥後子孫，因以命氏。"

楊氏。傅滔撰、唐咸通二年《楊居實墓銘并序》(《新中國·陝西貳》第 276 頁)："其先高辛氏之苗裔，以周封宣公伯僑於楊，因以爲姓。洎後派流枝析，其在秦者曰熊，爲秦名將；其漢者曰樓舡將軍。其文著者，有吐鳳之祥；其貴顯者，有徙關之寵。世傳武略，兼播儒風，代不乏賢。"

白氏。門吏高璩撰、唐咸通二年《白敏中墓誌銘并序》(《新中國·陝西貳》第 278 頁)："白氏受姓於楚，本公子勝理白邑，有大功德，民懷之，推爲白公。其後徙居秦。實生武安君,太史公有傳,遂爲望族。元魏初,因陽邑侯包爲太原太守,子孫因家焉,逮今爲太原人也。"但白氏所自,亦有來源賜號之説。唐開元二十三年《白羡言墓誌》(《匯編》第 23 冊第 150 頁):"君諱羡言,唐之聞人也。昔天命祝融,制有于楚,洎王熊居太子生勝,避地於吴,錫号白公,爰命氏矣。"

荊氏。唐咸通十一年《荆從皋墓誌銘并序》(《新中國·陝西貳》第 305 頁):"公諱從皋,字澤卿,其先楚芈之緒,子孫有授封於荊者,因而命氏焉。原乎王者之後,擢本枝於江漢之南;豪俠之餘,傳弈葉於燕衛之北。脉分派别,遷令族於汝陽;開國承家,貫雅望於京兆。"

賈氏。唐天寶十二載《賈欽惠墓誌銘并序》(《匯編》第 26 冊第 95 頁):"君諱欽惠,字□,盖周之裔也。唐叔少子别封于賈,因而氏焉。厥後漢有梁王傅誼,魏有太尉詡。文章謀猷,名冠二代。其間或自□陽遷武威,後家長樂,史諜詳矣。曾祖随太學博士演。祖太學博士崇文館學公彦。考太學博士、詳正學士玄贇。儒雅弈世,令聞彰著。"

段氏。唐天寶十三載《段承宗墓誌銘并序》(《匯編》第 26 冊第 122 頁):"君諱承宗,字承宗,恭叔之後也。命姓之始,肇於魏封。封於段干,因以爲氏。避地之後,世居武威。今爲京兆人也。"段,殆"段干"之促讀字。段干,本地名而或以爲複姓,戰國魏有段干木,見《史記·儒林列傳序》。唐永徽四年《段會墓誌銘》(《匯編》第 12 冊第 112 頁):"公諱會,字志合,淄州鄒平人也。其先顓頊之苗裔。盖李宗自周適晉,仕魏獻子爲將有功,賜邑封段干大夫。孫木,文侯之師,偃息藩於王室。因地命氏,遂立姓焉。"或以爲徑受氏於共叔段之字。唐大曆十三年《段府君誌銘并序》(《匯編》第 27 冊第 174 頁):"公諱承宗,河西武威人也。其先武公之子共叔段之後。諸侯以字爲謚,因以爲族。食邑受姓,多歷年代。或偃息以蕃魏,或勤勞而屏唐。繼世策勲,咸載國史。言方更僕,不可略而詳焉。"

崔氏。唐天寶十四載《崔府君墓誌并序》(《匯編》第 26 冊第 134 頁):"公諱智,字莊,廣平人也。昔太公封齊大夫穆伯食菜崔□,因命氏焉。"唐大曆六年《崔文修改葬墓誌銘并序》(《匯編》第 27 冊第 107 頁):"先父府君諱文脩,字文脩,宣德郎行曹州成武縣丞,博陵安平人也。先炎帝神農太公之後胤。食邑於崔,因封賜姓。自大唐受命之初,封陳留縣侯,因封而家焉。子孫相傳已七代。自漢高帝九年歲次癸卯,爰及大唐八葉百有五十四年卌一世,綿歷八百八十四年。自周、秦、漢、魏、晉、宋、齊、梁、随、唐,世世爲卿相大夫。至今軒冕尤盛,代爲名臣。"唐大曆十三年《崔孝公墓誌》(《匯編》第 27 冊第 162—163 頁):"公諱沔,字若沖,博陵安平人也。其先出自炎帝之子伯尼。至太公表於東海,厥嗣食菜於崔城,因而氏焉。……注老子《道德經》,文集三十卷。"五代後晉天福六年《權君妻崔氏墓誌》(《匯編》第 36 冊第 78 頁):"盖聞一氣判而萬物作,肇有人靈;三代興而九伯隆,稍開姓氏。或因地,或因官,或因居,或因号焉。先王茂典,罰惡而咸欲誨民;哲后永圖,賞善而皆能割地。大則千里,周封吕望於營丘;小則一城,齊食丁公於崔邑。則其先也,因爲氏焉。"

西方氏。與東方對立,但"東方"代不乏人,而"西方"爲不經見者。五代後唐天成四年《西方鄴墓誌》(《匯編》第 36 冊第 39 頁):"公諱鄴,字德勤,青州樂安郡人也。案西方氏之裔,其來遠矣。本黄帝之子孫,盖設官於諸國。古人重質,因所居而氏焉。即南宫北宫東門西門之儔也。世傳勳德,門尚雄豪。匡虞舜而贊唐堯,自成周而及炎漢。逮夫魏晉,以至随唐。英奇繼代以相生,冠冕連襟而不絶。咸以文經武緯,開國承家。勳庸或載於貞瑉,善美或標於信史。"

黑齒氏。唐聖曆二年《黑齒常之墓誌文并序》(《匯編》第 18 冊第 152 頁):"府君諱常之,字恒元,百濟𡈽也。其先出自扶餘氏,封於黑齒,子孫因以爲氏焉。其家世相承爲達率。達率之職,猶今兵部尚書,於本國二品官也。曾祖諱文,大祖諱德,顯考諱沙次,並官至達率。"

費氏。唐聖曆二年《慕容君妻費婉墓誌銘并序》(《匯編》第 18 冊第 166 頁):"夫𡈽姓費氏,諱婉,字德,河南洛陽𡈽。其先出自季友,有勳封于費,世爲卿士,因以邑爲氏焉。"

于氏。北魏孝昌二年《于纂墓誌之一》(《匯編》第 5 冊第 52 頁):"魏故銀青光禄大夫于君墓誌銘。君諱纂,字榮業,河南洛陽人也。軒轅降靈,壽丘袥緒,導積石以争流,混滄溟而俱浚,分系焕乎,旻區在野,鬱焉命氏。曾祖新安公尚書令,端委銓衡,式謨羣辟。祖太尉成景公,燮道上台,司董中侯。故以周宗方邵,漢世平勃,書勲緗績,勒功彝鼎。父散騎,以儒雅稽古,清韻夷放。數君皆弈葉忠孝,北京民譽者矣。"〔1〕

7) 姓氏來源於其先之名者

鞠氏。隋大業二年《鞠遵墓誌》(《匯編》第 10 冊第 3 頁):"君諱遵,字仁舉,定州鮮虞人。其先則黄帝之苗裔,后稷之後也。以公劉父名鞠,因取爲氏焉。"

8) 姓氏來源於與出生有關之事物者

李氏。隋大業二年《李虎墓誌》(《匯編》第 10 冊第 5 頁):"公諱虎,字威猛,隴西成紀人也。昔高陽氏之苗,秦將軍之後矣。厥生樹下,而因李姓焉。"

但亦有以李、理通用而得姓之説,然則是來源於官職類型。隋大業七年《李氏墓誌》(《匯編》第 10 冊第 50 頁):"隋故宫人司燈李氏墓誌銘并序。宫人諱字,江夏竟陵人也。世系出於高陽,因理官而命氏,理、李音同,後遂以李爲姓。"唐天寶十載《李獻墓誌銘并序》(《匯編》第 26 冊第 41 頁):"帝顓頊之裔,爰歷虞夏。世爲理官,因繼氏族。至殷末有徵,性剛言直,不容於紂。避難墟野,食菓全生。改理爲李,遂正姓也。胄緒傳昌,源流秀傑。"

唐聖曆元年《李君莫高窟修慈悲佛龕碑并序》(《匯編》第 18 冊第 131 頁):"李氏之先,出自帝顓頊高陽氏之苗裔。其後咎繇,身佐唐虞,代爲大理,既命爲理官,因而以錫其姓。洎殷之季年,有理徵,字德靈,得罪於紂,

〔1〕《廣韻》:"于,曰也。於也。《説文》本作亏,凡從于者作亏,同。又姓,周武王子邘叔,子孫以國爲氏,其後去邑單爲于,漢有丞相東海于定國。又望出河南者,即《後魏書》万忸于氏,後改爲于氏。凡諸姓望在後而稱河南者,皆虜姓。後魏孝文詔南遷者,死不得還北,即葬洛陽,故虜姓皆稱河南焉。又漢複姓,五氏。後漢特進漁陽鮮于輔,袁紹大將軍淳于瓊,劉元海太史令宣于修之。何氏《姓苑》有多于氏、闕于氏。羽俱切。"

其子理貞難違，避地居殷，食李以全其壽，因改爲李。其後漢武開拓四郡，辟李翔待節，爲破羌將軍都西戎都護，建功狄道，名高四海，殞命冠埸，追贈太尉，遂葬此縣，因而家焉。其後爲隴西之人。逮涼昭食邑敦煌，又爲敦煌人也。”

唐代前後，李姓居諸姓之首。唐天寶六載《李迪墓誌并序》（《匯編》第25冊第133頁）：“君諱迪，字安道，趙國人也。公侯代襲，閥閱相承。齊梁禁婚，憚其茂盛；周随定族，稱爲第一。四姓著首，百氏之先。世有文儒，仁物不絶。”據此，知唐前李姓即爲顯赫大姓，唐代爲諸姓之首。

9）姓氏來源於其他者

“賀”得於避諱之“慶”，“賀蘭”得於封國。唐開元九年《賀蘭務温墓誌》（《匯編》第21冊第158頁）：“公諱務温，字茂弘，河南洛陽人也。其先太公之後，代爲慶氏，至侍中純，避漢安帝父諱，改爲賀氏。洎後魏尚書令訥，以元舅之貴，定建立之策，封賀蘭國君，始賜姓賀蘭氏。”

難氏。唐開元廿二年《難元慶墓誌》（《新中國·河南壹》第231頁）：“其先即黄帝之宗也，扶餘之爾類焉。昔伯仲枝分，位居東表。兄弟同政，爰國臣韓。妙以治民之難，因爲姓矣。孔丘序舜典，所謂歷試諸難，即其義也。”

似氏。唐大中四年《似義逸墓誌銘有序》（《新中國·陝西貳》第261頁）：“昔周孝王□□□有酷肖其先者，命爲似先氏。其後或居遼東，或遷中部。武德中，右驍衛將軍英問，□□命□□□□昭文館學士湛，鴻臚外卿翰，亦其族也。常侍諱義逸，字仁休，處士府君諱鳳榮之孫，隨州長史諱進之第二子。先夫人同郡党氏。”

湛氏。唐大中九年《夏氏墓誌銘并序》（《新中國·陝西貳》第268頁）：“夫人本姓湛氏，其来遠矣。逮至我唐，以字與穆宗皇帝廟諱同，遂奉詔改爲夏氏，今爲魯郡人也。夫人其先府君諱真，天資英邁，風儀峻迥，器宇清通，幹略宏遠。明閑武藝，達識兵機。早歲因遊浙左，爲廉帥所辟，遂從戎彼地。茂績昭顯於南越，嘉聲洋溢乎中國。雖桑賈之雄名，未可儔也。夫人即府君之長女也。”

王氏。繼子姪河南府鄉貢進士漸自叙、唐開元二十七年《東府君夫人故太原郡君王氏承法墓誌銘并序》(《匯編》第24冊第98頁):“我伯妣太原郡君,諱承法,太原人也。自周靈王太子晉避世隱居嵩丘,時人号曰王家,因以爲氏。……繼子漸,慙仲容之爲姪,痛伯道之無兒。號叫靡從,可謂至矣。”唐天寶元年《王冷然墓誌銘序》(《匯編》第25冊第3頁):“公諱冷然,字仲清,太原人也。昔周靈王太子晉御六龍之駕,遊九天之上。世人旌其道化,以王子之後,因爲氏焉。公則其後裔也。”

敬氏。唐開元二十八年《敬守德墓誌銘并序》(《匯編》第24冊第105頁):“公諱守悳,其先平陽人也。昔陳公子敬仲,生而有文在其手,因命氏焉。其後因官南徙,今爲河東人矣。”

劉氏。唐天寶十三載《劉公夫人勃海高氏墓誌銘并序》(《匯編》第26冊第118頁):“公諱玄豹,字玄豹,彭城人也。其先陶唐之裔。至夏後氏之代,有劉累學擾龍,以事孔甲。封於實沉,改爲御龍氏。及殷,徙封豕韋氏。逮周爲唐杜氏。洎秦復爲劉氏。固柢深根,長源浚派。”

10)六朝隋唐墓誌保存罕見姓氏

匹婁氏。唐證聖元年《古君妻匹婁淨德墓誌并序》(《匯編》第18冊第57頁):“大周唐故左戎衛右郎將古君夫人匹婁氏墓誌并序。夫人諱淨德,字,其先代郡人也。曾祖睿,北齊封異姓八王,位歷三仕,讀齊史者詳焉。”〔1〕

元姓。唐天寶三年《陸府君故夫人河南元氏墓誌銘》(《匯編》第25冊第66頁):“錫姓命氏,暨夏禹而分焉。夫人軒轅之遠宗,拓拔之苗裔,後魏皇始元年昌熾也。”按北朝石刻,元氏實爲大姓望族。參見“魏晉南北朝石刻數據庫”。

鄯姓。北魏正始二年《鄯月光墓誌》(《匯編》第3冊第88頁):“前部王故車伯生息妻鄯月光墓銘。”北朝有鄯姓。

斛斯。隋大業八年《郭達墓誌》(《匯編》第10冊第57頁):“起家斛

〔1〕 匹婁,複姓,北魏有疋婁內幹,見《通志·氏族五》。

斯王開府行參軍,仍遷府司馬。"《隋書》卷四《帝紀第四・煬帝下》:"戊辰,兵部侍郎斛斯政奔於高麗。""甲子,高麗遣使請降,囚送斛斯政。"北魏有斛斯椿。見《北史》本傳。

晝氏。高昌章和十六年《晝承墓表》磚文(《匯編》第10冊第177頁,新疆吐魯番雅爾崖出土),記載晝氏墓表,字形作晝。《漢語大詞典》"晝20":明代有晝芳,見《姓苑》。

暴氏。隋開皇九年《暴永墓誌》(《匯編》第9冊第58頁):"君諱永,字延業,上黨壺關人也,周大夫暴公之苗裔。祚土千里之畿,位尊八命之禮。馭四馬於周郊,載九旒於像魏。啓邑開封,飾昭青史。黼藻嘉於夙成,餘芳播於遐代。遠祖聰,漢景帝初,剖苻分竹,經蒞此邦,枝葉緜緜,遂宅斯邑。"未及姓源。《漢語大詞典》"暴"條14:古地名,在今河南省原陽縣西。《春秋・文公八年》:"公子遂會雒戎,盟于暴。"杜預注:"暴,鄭地。"15:姓,漢代有暴勝之。見《漢書・雋不疑傳》。

關氏。隋開皇九年《關明墓誌》(《匯編》第9冊第59頁):"其先夏禹王之苗胄,大丞相關龍逢之後……"《漢語大詞典》"關38":姓,漢有關並,見《漢書・溝洫志》。

豆盧氏。複姓,隋開皇五年《惠鬱等造像記》(《匯編》第9冊第25頁):"前剌史昌平公元□後、剌史南陳公豆盧通……"□位字非缺,模糊難辨。豆盧,複姓,又見隋開皇十六年《豆盧通造彌勒像殘碑》(《匯編》第9冊第108頁)。唐天寶三載《豆盧建墓誌銘并序》(《新中國・陝西貳》第108頁):"文公諱建,字立言,河南人也。其先與前燕同祖,赫矣帝王之族。至後魏錫姓,蔚爲公侯之家。"《漢語大詞典》揭出隋代有豆盧績,見《隋書》本傳。唐代則有豆盧欣期,見唐景雲元年《豆盧君夫人薛氏墓誌銘并序》(《新中國・陝西貳》第74頁)"壯武將軍行左千牛中郎上護軍豆盧欣期書"。唐聖曆二年《昇仙太子碑并序》(《匯編》第18冊第162頁)碑陰則有:"從官特進行尚書左僕射兼檢校安國相□府長史平章軍國重事上柱國芮國公豆盧欽望。"

彌姐氏。唐至德二載《彌姐元亮墓誌銘并序》(《新中国·陝西壹》第124頁):"公諱亮,字元亮,永定人也。遠宗英特,邑境著以陵名;茂族芬榮,國寶多其武略。"複姓,北周有彌姐元進。見《周書·文帝紀上》。

甞氏。隋開皇十年《蘇豐國等造像記》(《匯編》第9册第63頁)最末登記善士名録有邑謂來金頭、邑録李保明、邑録張仕娥、邑子甞子顔、邑子賈義德等。其中甞字從瓦尚聲,姓氏用字。三國吴有甞林。見《三國志·吴志·孫休傳》。《説文·瓦部》:"甞,大盆也。从瓦尚聲。"《廣韻·宕韻》:"大甕。一曰井甃。《説文》云:大盆也。又姓,姚弋仲將甞耐虎。"夫一邑之中,有邑長及四面香火主,本記還有邑録、邑謂之稱,不知所司。

獨孤。隋開皇二十年《獨孤羅墓誌》(《匯編》第9册第126頁):"大隋故使持節大將軍涼州揔管諸軍事涼州剌史趙國獨孤德公墓誌銘。公諱羅,字羅仁,雲内盛樂人,後居河南之洛陽縣。昔魏膺天籙,肇基朔野,同德邁於十人,從王踰於七姓。公靈根恵葉,遥胄華宗,猶賈鄧之出穰,宛若蕭曹之居豊沛。"唐咸通二年《獨孤驤墓誌銘》(《新中國·陝西貳》第275頁):"光武皇帝子曰沛獻王,傳三世,至洛陽令。其孫渡遼將軍,居獨孤山,因而命氏,以河南洛陽爲望。歷魏晉始大。拓拔氏之世,繼有令人,名載國史。北齊司徒尚書令封臨川郡王諱永業,功忠之盛,獨擅一時。由是以臨川爲房首。"複姓,《通志·氏族五》:"度遼將軍劉進伯擊匈奴,兵敗被執,囚之孤山下,生尸利,單于以爲谷蠡王,號獨孤部。尸利六世孫羅辰從魏孝文徙洛陽爲河南人,初以其部爲氏。"唐有獨孤郁,見《舊唐書》本傳。

臧姓。帝嚳之後,春秋即有位至"公"臧姓。隋開皇二十年《臧質墓誌》(《匯編》第9册第132頁):"公諱質,字弘直,青州樂安人也。盖帝嚳之後,司徒公倉之苗裔,随官巴庸,即此民復人矣。祖齊,巴州剌史;父梁,授巴東建平二郡太守。"墓誌所謂"人",即"爲臧"也就是爲奴也。《墨子·小取》:"臧,人也;愛臧,愛人也。"《方言》第三:"臧,奴婢賤稱也。荊淮海岱雜齊之間,罵奴曰臧。"

唐時則有姓臧名懷亮者,見唐開元十八年《臧懷亮墓誌》、唐天寶十年

《臧懷亮及妻任氏合祔墓誌》。吾鄉鄰村臧家營子,以"懷"字排行者衆,如臧懷超、臧懷鄉等,爲在下叔輩,是知臧姓排行至今仍有不亂者。

侔色揣稱,比物此誌,臧姓似又爲周公之後,源於今山東莒縣:唐開元十八年《大唐故冠軍大將軍左羽林軍大將軍上柱國東莞郡開國公臧懷亮墓誌并序》(《新中国・陕西壹》第113頁):"公諱懷亮,字時明,東莞莒人也,周公之後焉。公緜歷京官,婚姻不雜,子孫昌盛,便住關中矣。曾祖滿府君,随銀青光禄大夫海州揔管東海公。祖寵府君,皇朝請大夫靈州長史襲東海公。父德府君,皇朝散大夫原州司馬,贈銀州刺史。皆英傑弘毅,志操松柏。公奇才卓犖,風雲倜儻,出爲師律,入作爪牙。年廿,應穿葉附枝舉登科,擢左玉鈐衛翊府長上,遷鴻州長道府左果毅長上,充平狄軍都虞侯揔管,轉左衛陜州華望府左果毅長上。破敵,拜游擊將軍本府折衝長上。轉懷州南陽府折衝長上,充勝州遊弈軍副使,遷定遠將軍雍州通樂府折衝長上,遷明威將軍本衛左郎將,充東受降城副使。秣馬利兵,匈奴不敢南望。拜忠武將軍左郎將,兼安北副都護,遷單于都護,借紫金魚袋。匈奴犯塞,公示弱伏兵,陷敵略盡,恩加銀青光禄大夫單于副大都護,兼朔方軍副大揔管。遷靈州都督豊安軍經略大使轉鄯州都督,兼河源軍經略營田大使轉左威衛將軍,兼洮州都督莫門軍經略營田大使,兼隴右節度副大使,復以本官兼勝州都督,兼東受降城大使朔方軍節度副大揔管。會六州胡叛,將兵討除,諸軍未至,而特立殊效。恩拜右武衛大將軍,節度河東道諸軍州兵馬。重往討擊,罄盡巢穴,以功寂拜左羽林軍大將軍。復以本官兼安東大都護營府都督,攝御史中丞平廬軍節度大使支度營田海運大使。及神武登岳,拜冠軍大將軍,復本任東莞郡開國公。以開元十七年八月廿二日,薨於京師平康私第,春秋六十有八。"

從墓誌所記生平履歷來看,所應制舉"穿葉附枝"似爲武舉。據孟二冬《登科記考補正》整理,高宗永徽元年(650)至永隆二年(681),制舉科目及及第人就包括了"穿葉附枝舉":永隆二年(681),臧懷亮(李邕撰《左羽林大將軍臧公神道碑》:"自左衛動應穿葉附枝舉,登科。")。復據網絡史地信息,東莞郡,漢爲城陽郡,晉改稱東莞,治所在莒(今山東莒縣),後又改爲東安。漢有東莞縣,治今山東沂水,今有山東省莒縣東莞鎮。東漢末設東莞郡,治所在今沂水東北。

唐廣德元年《唐故右武衛將軍贈工部尚書上柱國上蔡縣開國侯臧懷恪神道碑銘并序》(《匯編》第 27 册第 33 頁):"公諱懷恪,字貞節,東莞人。其先出于魯孝公之子彄字子臧。大夫不得祖諸侯,其孫以王父字爲氏。僖哀二伯,既納忠於[魚]鼎;文武兩仲,亦不朽於言哲。丈人成功而遁迹,子原抗節而捨生。義和辭金飾之器,榮緒奮陽秋之筆。"爲同一家族,成爲聯類。

伜氏。唐龍朔三年《仵願德墓誌銘并序》(《匯編》第 14 册第 86 頁):"君字願德,其先楚大夫員之後也。因官河洛,支庶家焉。故今爲偃師亳邑鄉人矣。"按"員"指"伍員",姓氏得於伍、伜音近者也。

密氏。隋開皇二十年《密長盛等造橋碑》(《匯編》第 9 册第 133—134 頁)有橋主及營橋人密羅、密寄生、密子瓚、密健仕、密洪朗、密子琛、密太、密子游、密肆虎、密彦才等,宋有密佑,見《宋史·忠義傳六·密佑》。

支姓。唐乾封元年《支郎子墓誌》(《匯編》第 15 册第 9 頁):"大唐故處士支君誌銘并序。君諱郎子,字郎子,河南縣人也。"

成公氏。唐乾封二年《張兄仁妻成公義墓誌》(《匯編》第 15 册第 32 頁):"大唐洛州陸渾縣處士張兄仁故夫人成公氏墓誌銘并序。夫人諱義,字提,東郡白馬人也。"複姓。本姬姓,衛成公之後。三國魏有成公英,晉有成公綏。見《通志·氏族五》。

康氏。唐總章二年《康達墓誌》(《匯編》第 15 册第 94 頁):"君諱達,字(自)文則,河南伊闕人也。十六代祖西華國君,東漢永平中遣子仰入侍,求爲屬國。□以□爲并州剌史,因家河□焉。曾祖勖,齊任上柱國。祖逵,齊任雁門郡上儀同。父洛,隋任許州通遠府鷹擊郎將。並勇冠褰旗,力踰扛鼎。至如逢蒙射法,越女劍端,減竈削樹之奇,塞井飛灰之術,莫不得之天性,闇合曩篇。"由所陪出人物來看,康氏當出自少數民族。其銘文云:"日磾仕漢,由余宦秦。"

長孫氏。唐先天元年《長孫氏墓誌》(《匯編》第 21 册第 2 頁):"夫人長孫氏,河南洛陽人也。陰山南北,亘牛斗於天街;瀚海東西,沓鯨潮於地緯。燭龍銜火,爍爛於四時;雲鵬舉風,振摇於六月。由是克定京邑,遂成中土。衣冠禮樂,焕日月於瑶臺;后戚王姻,艷葭莩於瓊樹。備諸簡冊,可略而言。曾祖揔,随肇州刺史。祖敏,唐職方負外。父希古,洛州福昌縣令。"是知長孫氏,來源於北方少數民族地區。複姓,漢有長孫順。見《漢書·儒林傳·趙子》。

第五氏。唐大曆十二年《第五府君(玄昱)墓誌銘并序》(《新中国·陜西壹》第127頁):"大曆十有二祀,歲在大荒落,律中太蔟,草木萌動之二日,有唐功臣左監門衛大將軍扶風縣侯第五府君卒,享年一甲子矣。府君諱玄昱,其先漢丞相倫之裔。"複姓。東漢時有第五倫。見《後漢書》本傳。

安氏。唐貞元六年《李元諒墓誌銘并序》(《新中国·陜西壹》第130頁):"公本安姓,諱元光,其先安息王之胄也。軒轅氏廿五子,在四裔者,此其一焉。立國傳祚,歷祀綿遠。及歸中土,猶宅西垂,家於涼州,代爲著姓。"

毌丘氏。唐開元十八年《唐毌丘令恭墓誌》(《新中國·陜西貳》第94頁)磚銘:"開元十八年十月十日,毌丘令恭亡。"毌丘,複姓。三國魏有毌丘儉,見《三國志·魏志》本傳。

乙速孤氏。唐載初二年《乙速孤神慶碑》(《匯編》第17冊第119頁):"五代祖顯,後魏拜驃騎大將軍。偉德挺生,稟嵩岱之精魄;洪川派別,洩江海之波瀾。特拔千仞,盤紆九野。遂賜姓爲乙速孤氏,始爲京兆醴泉人焉。"《漢語大詞典》"乙速孤": 複姓,北魏有乙速孤佛保。見《北史·節義傳》。

俱氏。唐貞元七年《俱慈順墓誌銘并序》(《新中國·陜西貳》第168頁):"燉煌俱府君,諱慈順,世宅京邑,今爲三原人焉。"

万俟氏。唐天寶四年《鄭府君故夫人河南万俟氏墓誌銘并序》(《匯編》第25冊第80頁):"夫人姓万俟,世族爲河南人也。曾祖玄道,皇左車騎將軍、靈丘縣開國侯、贈汝州刺史。祖肅,皇銀青光禄大夫、殿中監、襲靈丘縣開國侯。"《漢語大詞典》"万俟":複姓。北齊有万俟普撥,見《北齊書·神武紀下》。宋有万俟卨,見《宋史·奸臣傳四》。

和氏。唐天寶四年《和守陽墓誌銘并序》(《匯編》第25冊第87頁):"君諱守陽,字守陽,扶風人也。始祖夏后氏之苗裔曰淳維。嘗居北地,逐豊水美草以自恣適,代爲酋長。至突跋從後魏入都河南,拜龍驤將軍,封日南公。其本爲素和氏,後魏文帝分定氏族,因爲和氏焉。高祖士開,北齊中書監、尚書左僕射,封淮陽郡王、尚書令,謚曰文貞。曾祖世達,唐朝散大夫、尚舍奉御。祖偘,光禄丞。考禮,僕寺東宫使、廣城監。並鼓譽寰中,摛英席上。"

俎氏。唐儀鳳二年《洛州陽翟縣俎君墓誌》(《新中國·河南壹》第414頁):"君諱威,字元闃。后稷之苗,俎誦之胤。"《漢語大詞典》"俎3":姓。明代有俎如蘭,清代有俎可嘗。見《明清進士題名碑録索引》。

陰氏。唐龍朔元年《王君妻陰好兒墓誌》(《匯編》第14冊第5頁):"王氏故陰夫人諱好兒,洛陽人也。"

掌氏。唐天授二年《掌思明墓誌》(《匯編》第17冊第145頁):"大周故上騎都尉掌思明之銘"。

11) 唐人荀、孫關聯

唐文明元年《孫義普墓誌銘并序》(《匯編》第17冊第4頁):"君諱義普,字智周,樂安人也。受命作周,懿親分衛,肥泉自遠,瓜瓞攸興。儒術箸聞,卿有聲於霸楚;兵法修列,武流稱於強吴。興公之藻思文河,安國之屬詞史筆,並播之謡俗,傳諸好事。"卿者荀卿,武者孫武。其"卿"且列爲孫姓名人,即以"荀卿"爲"孫卿"也,不過方言音節稍異耳。或曰,然則,荀卿又有荀況之稱,何也?況,以兄爲聲符,兄、卿亦音近之類耳。

8. 關於命名用字

1) 隋人命名取字用析字法

隋大業十一年《王衮墓誌》(《匯編》第10冊第119頁):"君諱衮,字公衣。"

2）“三藏”爲隋唐人所共同取名依據，非得爲僧人所專

唐開元二十年《慕容瑾墓誌》(《匯編》第 23 册第 73 頁)：“昔者慕三光之容，因而錫氏；列二國之霸，是謂人英。威震南燕，勢雄西晉，自兹厥後，代不乏賢。曾祖三藏，随大將軍和州刺史；祖正言，兖州都督府司馬；父知晦，汾州刺史。”

按“三藏”，係梵文意譯，佛教經典的總稱。分經、律、論三部分。經，總説根本教義；律，記述戒規威儀；論，闡明經義。通曉三藏的僧人，稱三藏法師，如唐玄奘稱唐三藏。南朝梁沈約《内典序》：“義隱三藏之外，事非二乘所窺。”唐玄奘《大唐西域記・迦畢試國》：“我若不通三藏理，不斷三界欲，得六神通，具八解脱，終不以脅而至於席。”

3）隋唐女性人名用字偏好“娥”字

隋唐五代石刻數據庫 160 餘條使用“娥”字記録，除了大量“恒娥”“嫦娥”“仙娥”固定組合之外，就是女性名字所取。如唐貞觀四年《張娥子墓誌》(《匯編》第 11 册第 27 頁)：“夫人姓張，字娥子，洛州河南縣人也。”唐大和二年《唐幼妹娥娘墓誌》(《新中國・陝西貳》第 224 頁)：“娥娘，女之小字也，姓獨孤氏。大和元年十一月廿三日，夭于商州。以其未適他氏，故以字稱。”

4）貴族女性取名用字：與佛教關聯

隋開皇三年《封忠簡妻王楚英墓誌》(《匯編》第 9 册第 6 頁)：“夫人姓王，諱楚英，小字僧婢，太原晉陽人。望盡高門，世爲冠族，江東獨步，王文度之八世孫也。”唐顯慶五年《趙王故妃宇文氏(脩多羅)墓誌銘》(《新中国・陝西壹》第 49 頁)：“妃諱脩多羅，字普明，河南洛陽人也。”《漢語大詞典》“修多羅”：梵語音譯，指佛教經典。也寫作“修妒路”“素怛覽”“蘇怛囉”“修單蘭多”。《法門名義集・理教品》：“修多羅者是一切本經一切論法，從如是我聞至歡喜奉行，無問卷數多少，皆言修多羅。”又亦省作“修多”。

5）宫人有職有姓無名無字之類。

隋大業五年《李氏墓誌》(《匯編》第 10 册第 28 頁)：“典璽李氏，隴西成紀人也。”隋大業五年《元氏墓誌》(《匯編》第10冊第27頁):“歸義鄉君元氏,河南洛陽人也……都尉女弟,止因歌儛入宫;常從良家,或以妖妍充選。未若幽閑淑性,入侍層城之房;婉嫕令言,來奉披香之殿,拜爲司璽。”

6)名字有厭鬼信佛者,又有名鬼者

唐開元廿年《李其墓誌》(《新中國·河南壹》第173頁):“祖殺鬼,器挺珪璋,材包杞梓。父廓,幼懷忠勇,慕投筆以雄心;夙效戎旃,想揮弋於壯節。”唐乾封二年《張鬼墓誌銘并序》(《匯編》第15冊第42頁):“君諱鬼,字□毛,清河人。”復以鬼爲名。

7)唐人以僧爲名爲字

唐乾封元年《來僧墓誌》(《匯編》第15冊第8頁):“公諱僧,字孝則。”唐貞觀元年《闞道愛墓誌》(《匯編》第11冊第8頁):“君諱道愛,字僧護……精心佛道,棲志人間。瑩像千身,書經一切。覺會離之非久,察盛衰之不定。端想四生,虔依三寶。波羅願發,菩薩行修。”唐咸亨五年《王僧墓誌》(《新中國·河南壹》第57頁):“君諱僧,字知玄。”

8)唐人名字取於中和

唐開元二十四年《獨孤炫墓誌》(《匯編》第24冊第29頁)序文:“□諱炫,字不耀,河南洛陽人也。”

9)名人重名

唐開成二年《李府君(元簡)墓誌銘》(《新中國·河南貳》第292頁):“嗣子三人:長曰君實,次曰君質,稚曰君贄。”宋人司馬光,史實淹貫,然所字“君實”,未料暗中冥契也。唐開元二十八年《張光祐墓誌銘并序》(《匯編》第24冊第128頁):“弘文校書郎王利器撰。”今人有文獻學家王利器,所取當未及通覽墓誌文獻耳。

10)取名用賤

武周廣順元年《史□公(殷)墓誌銘》(《新中國·河南貳》第324頁):“孫女一人,曰婆嫌。”

（二）用典類

1）仙桃

唐貞觀十一年《隋通事舍人長孫仁并夫人陸氏墓誌》(《匯編》第 11 冊第 72 頁)："古往今來,見海桑之或變;天地長久,幾仙桃之屢熟。"唐人已將"仙桃"作爲長壽歷久之物象。

2）藥酒、神香

唐貞觀十四年《魏府君夫人雷氏墓誌》(《匯編》第 11 冊第 88 頁)："東山藥酒,妄号長年;西域神香,虚傳保命。福盡緣消,掩同西日。以大唐貞觀十四年閏十月十五日,終於敦厚里之苐,春秋九十有四。"比物此誌,係少數不抱怨"上天不弔,殲此良人"之類,然彼時享年近百,仍恨藥酒、神香無效驗者。

3）唐人信仰西王母長生藥

唐貞觀廿年《大唐前齊府功曹条軍尹貞墓誌》(《匯編》第 11 冊第 144 頁)："長生之藥,祈王母而莫從;反魂之香,想漢皇其何遠。"

4）烈女圖

唐貞觀十四年《魏府君夫人雷氏墓誌》(《匯編》第 11 冊第 88 頁)："夫人天姿端淑,神韻淹和。閱女史則景行班昭,披烈圖則伏膺孟母。"可見唐代已有《烈女圖》之類文籍,並作爲女性描寫之資。

5）素女

唐顯慶五年《趙王故妃宇文氏(脩多羅)墓誌銘》(《新中国·陝西壹》第 49 頁)："若乃銀函紫書之秘,玉琴素女之絃,莫不究其精微,窮其要妙。圓流方折,往往清通;丹桂紫芝,連連累秀。"[1] 漢王褒《九懷·昭世》："聞素女兮微歌,聽王后兮吹竽。"唐李賀《李憑箜篌引》："江娥啼竹素女

---

〔1〕《漢語大詞典》"素女"條 1：傳説中古代神女。與黄帝同時。或言其善於弦歌。《史記·孝武本紀》："泰帝使素女鼓五十弦瑟,悲,帝禁不止,故破其瑟爲二十五弦。"

愁,李憑中國彈箜篌。”唐代《素女》,無過爲女性修養之談助耳。

6) 仇香: 因其人名,遂爲事用

唐開元十八年《劉如璋墓誌》(《匯編》第 23 册第 35 頁):“梅福有神仙之望,即預官聯;仇香居德行之科,寔同班秩。”

唐天寶三年《盧友度墓誌銘并序》(《匯編》第 25 册第 59 頁):“姜有水,流其祉,食我舊德惟門子兮。命偶時,不能久,國有位胡能守兮。三仇香,再梅福,金鼎不烹龍泉伏。顔回喪,夫子哭兮。悠悠彼蒼,忽殲良兮。神理茫昧,人何常兮。賓主哀,笳簫咽,撫孤望柩聲殆絶兮。九原地,四尺墳,古人封之垂後昆兮。”用仇香故事,代稱三任主簿履歷,墓誌序文稱一生凡三轉主簿之職守:“轉北京汶水薄……遷洛陽薄……乃擢公爲司農主薄。”或以爲仇香原係東漢仇覽別名,因其曾任主簿,故後人常用以代稱主簿。《事物異名録·爵位·主簿》引《野客叢書》:“文士有因其人名,遂爲事用者,如近日呼主簿爲仇香之類。”宋楊萬里《送羅宣卿主簿之官巴陵》詩:“惟君有子又擢桂,父子仇香仍一門。”宋陸游《老學庵筆記》卷四:“唐拾遺耿緯《下邽喜叔孫主簿鄭少府見過》詩云‘不是仇梅至,何人問百憂’。……近歲均州版本,輒改爲‘仇香’。”所出語料偏晚,且係轉引,有待唐代石刻補出者。

7) 唐人徑以驅鬼之專名爲名

唐貞觀廿年《張鍾葵墓誌》(《匯編》第 11 册第 151 頁):“君諱字鍾葵,南陽人也,安昌侯張禹之胤。尓乃長源浩汗,崇基峻峙。匡周則仲冠申甫,佐漢乃良盖蕭韓。或以御史埋輪,或以司空博物。彪炳圖牒,可略言矣。祖刀,齊魏郡頓丘令,同吕望之處灌壇,等晏嬰之在阿邑。父茂,随襄州長史,盛悳比于王祥,英聲逸于龐統。”唐人徑以驅鬼之專名爲名,且遠紹祖父名刀,有取猛厲,爲家傳者。

8) 唐人於三國人物,尤重龐統

唐人於三國人物,似特重龐統。唐開元二年《于尚範墓誌并序》(《新中國·陝西貳》第 75 頁):“屏星遐指,寔賴王祥之化;驥足長邁,尤資龐統之術。”唐天寶十三年《衛憑墓誌銘并序》(《匯編》第 26 册第 110 頁):“時議以爲蔣琬屈社稷之器,龐統非百里之才。"

9）唐人多化用六朝語

唐貞觀十五年《李道素墓誌》(《匯編》第11冊第99頁):"年甫十五,偏覽流略。騁黄馬於言泉,焕彫龍於學海。綜九能於襟素,苞八體於毫端。踈散風臺,樂山林於止足;留連月榭,窮綺靡於嘯歌。継劉德之高蹤,是稱千里;同黄香之令範,世号無雙。"南朝梁沈約《齊故安陸昭王碑文》:"窮六義於懷抱,究八體於毫端。"楷書出現後所謂的八體,即古文、大篆、小篆、隸書、飛白、八分、行書、草書。見唐張懷瓘《書斷》。後以指書法。

10）尺波電謝之典

唐貞觀二十一年《□舉墓誌》(《匯編》第11冊第159頁):"隟駟不留,尺波電謝。"見於南朝梁劉孝標《重答劉秣陵沼書》:"隙駟不留,尺波電謝。"唐貞觀廿二年《趙昭墓誌》(《匯編》第11冊第170頁):"武効力宣,纓情好爵。性翫琴酒,志悦詩書。"見南朝齊孔稚珪《北山移文》:"雖假容於江皋,乃纓情於好爵。"

11）墓誌叙述家族淵源有二慣技:一是排比歷史名人字號,爲以人代族;二是借代名人有關事物,以物代人。

唐乾封二年《張善及妻上官氏墓誌》(《匯編》第15冊第46頁):"玉斗弭鴻門之謀,銅渾儷璣衡□序。"以物代人(玉斗,張良;銅渾,張衡),本篇即爲代表。以人代族,則隋代已然,大業六年《程氏墓誌銘》(《匯編》第10冊第37頁):"普傳芳吴史,昱流譽魏朝。"普即三國吴人程普,昱則魏人程昱。大業八年《郭達墓誌銘》(《匯編》第10冊第57頁):"普乃武功而守南郡,淮則言辯以牧雍州。"普即晉人郭普,淮則三國魏人郭淮。

12）拆字

唐總章二年《杜麗墓誌》(《匯編》第15冊第97頁):"卯金推雅,入文苑以騰芳;典午行齊,旌隱録而流譽。"清陳康祺《郎潛紀聞》卷一:"古來帝王姓氏上應圖讖,如漢號卯金,晉稱典午。"按"卯金"爲"卯金刀"即"劉"字之分析。而典字應"司",午字應"馬"。此指杜氏一族,於漢室有入主文苑者,於晉代則有隱逸高士。

13）時而後言：發言待時

唐開元三年《蔡君妻張氏墓誌》(《匯編》第21冊第52頁)："仁敏成性,時然後言;貞亮居心,行不踰矩。"唐開元十八年《李謙墓誌》(《匯編》第23冊第22頁)："公象賢降靈,含章誕秀,確乎堅正,介然方嚴,時而後言,道不苟合。偉量與崇山比峻,清襟與止水齊明。"

按《新唐書》卷一一五："敬則一諫而羅織之獄衰,時而後言者歟?"《漢魏六朝百三家集》卷一一三："十二曰：觀德以考其行,定而後求,義而後取,時而後言,樂然後笑是也。"《文苑英華》卷九四九歐陽詹《誌銘》："樂而後笑,時而後言。"

14）無子路之宿諾：運典以辭害意

唐開元十七年《孔桃栓墓誌》(《匯編》第23冊第4頁)："聖人立言,象以誡之。座右流誡,虛左禮賢。無子路之宿諾,有顏回之不幸。"

《論語·顔淵》："子路無宿諾。"朱熹《集注》："宿,留也,猶宿留之宿。急於踐言不留其諾也。"唐陳子昂《堂弟孜墓誌銘》："始通《詩》《禮》,略觀史傳,即懷軌物之標,希曠代之業。故言不宿諾,行不苟從。"唐高適《東平留贈狄司馬》詩："古人無宿諾,玆道以爲難。萬里赴知己,一言誠可歎。"

按寫手難工,堆垛古書,錯配非偶。至以辭害意,易誠愨之子路,一若善開空頭支票者。"堆疊成句,詞肥義瘠。……即對偶整齊,仍病合掌"〔1〕。而"駢體文兩大患：一者隸事,古事代今事,教星替月;二者駢語,兩語當一語,疊屋堆床"〔2〕。

15）"牛毛"兩柄多邊

唐開元十七年《敬節塔銘》(《匯編》第23冊第7頁)："聲被周漢,義逸齊梁。學比犉毛,富如崐玉。道飾其行,俗賞其音。"按《毛詩正義·無羊》："誰謂爾無羊？三百維群。誰謂爾無牛？九十其犉。《傳》：黄牛黑

〔1〕 錢鍾書《管錐編》第三冊,中華書局1979年,第891—892頁。

〔2〕 錢鍾書《管錐編》第四冊,第1474—1475頁。

唇曰犉。《箋》云：誰謂女無羊，今乃三百頭爲一群；誰謂女無牛，今乃犉者九十頭，言其多矣。"

本銘以犉毛喻學識之富，施於褒揚。古書或以"牛毛"喻學者之濫，如《魏書》卷八十五《列傳文苑第七十三》："肅宗歷位，文雅大盛。學者如牛毛，成者如麟角。孔子曰才難，不其然乎。"《北史》卷八十三："及明皇御歷，文雅大盛。學者如牛毛，成者如麟角。孔子曰才難，不其然也。"當世或可以"牛毛"喻學人著述之濫，現成而無待遠引也。

16）"滑稽"指向多智

隋大業十一年《明雲騰墓誌》(《匯編》第10冊第118頁)："髫齡岐嶷，已有懷橘之情；幼學滑稽，遂過秤象(像)之智。博聞則探賾九流，聰慭則不遺三篋。"岐嶷、滑稽對文一意，"岐嶷"形容幼年聰慧，則隋時"滑稽"猶指多智。《史記·滑稽列傳》："淳于髡者，齊之贅婿也。長不滿七尺，滑稽多辯。"司馬貞《索隱》："按：滑，亂也；稽，同也。言辨捷之人，言非若是，説是若非，言能亂異同也。"秤象之典，出《三國志·魏志·鄧哀王沖傳》："時孫權曾致巨象，太祖欲知其斤重，訪之群下，咸莫能出其理。沖曰：致象大船之上，而刻其水痕所至，稱物以載之，則校可知矣。太祖大悦，即施行焉。"後因以"秤象"爲少年聰慧之典。

17）"口無擇言，身無擇行"，一體兩邊之例

隋仁壽元年《高虯墓誌》(《匯編》第9冊第137頁)："君器宇淹潤，風韻清舉，言無可擇，德必有鄰。"唐開元十七年《王同人墓誌》(《匯編》第23冊第8頁)："幼不好弄，冠有成德。口誦詩書而無擇言，心規禮樂而無擇行。"唐開元二十四年《大唐故大智禪師塔銘》(《匯編》第24冊第12頁)："鄭大父子胤、烈考解脱，並丘園養德，隱居不仕。禪師體不生之□神，綑無染之絶韻。爰在悼齔，遊不狎羣。遂更童長，身無擇行。峻節比夫嵩華，雅量方於溟渤。"唐顯慶元年《户部尚書上柱國莒國公唐儉墓誌銘》(《新中国·陕西壹》第41頁)："公含中和之粹氣，發辰象之貞明。量韞江河，表崇山嶽。立言無擇，樹德不孤。光彩外融，清暉内湛。經文緯武之藝，出自生知；窮幽洞微之略，先幾必照。泳其流者，喻涉海若之津；

窺其仞者,類覿河宗之隩。昭昭焉如澄波之含万象,爛爛然等清漢之縣七曜。故能聲騰四表,心洞六幽。群材俟其雕劂,衆物歸其領袖。若乃少年志意,情企(佱)風雲;弱冠沉深,氣干霄漢。”其中“情企(佱)風雲、氣干霄漢”對文,佱,本仙、僊字異體,實爲“企”字之誤形。以楷化山、止區別性降低故。

按上列爲一體兩邊之例。其一謂口無遮攔,不護細行;其二固定格式,謂言有準的,行有定規,無待選擇者。後者如《周易注疏》卷六:“象曰:風自火出。家人注:由內以相成熾也,君子以言有物而行有恒。注:家人之道,修於近小而不妄也,故君子以言必有物,而口無擇言;行必有恒,而身無擇行。”《孝經注疏》卷二:“言必守法,行必遵道,口無擇言,身無擇行。”

18)澡身,即修身

隋大業八年《郭達墓誌》(《匯編》第10冊第57頁):“並經明行理,澡身浴義。民歌至晚,謠曰來蘇。”澡身,即修身,修從攸得聲,攸或從水作浟。至晚、來蘇對文,猶言其至何其暮,其來使得復蘇。其中“至晚”,猶“來暮”(《後漢書・廉範傳》:“建初中,遷蜀郡太守……舊制禁民夜作,以防火災,而更相隱蔽,燒者日屬。範乃毀削先令,但嚴使儲水而已。百姓爲便,乃歌之曰:‘廉叔度,來何暮?不禁火,民安作。平生無襦今五絝。’”)“來蘇”之典,見《尚書・仲虺之誥》。

19)三墳,隋人以爲高地

隋開皇三年《梁坦墓誌》(《匯編》第9冊第13頁):“君乃案轡□輪,息肩蓬宇。登三墳而取悦,遊八表以娛心。”按“三墳”,傳説中國最古書籍。《左傳・昭公十二年》:“是能讀三墳、五典、八索、九丘。”杜預注:“皆古書名。”該誌作者徑以“登三墳”“遊八表”爲對文,若説“遊息”“玩味”與典籍搭配,然“三墳”與“八表”配對,亦難以爲辯,是隋人已有以“三墳”爲高地者。上世紀,或有執“三墳”請教山左某高校以現代文學名家教授,得到“三處文物”之答案。“現代文學”之空疏,播爲一時笑柄。此誌此用,是自古已然。然則,“現代文學”教授可以釋然而復坦然矣。

也許可以順便提到,古詩文裏關於地望運典,腳踏實地處,侔色揣稱,尤其乎爲難。北宋蘇軾《前赤壁賦》泛舟四望,及於四至,“東望夏口,西望武昌”,地理位置,分明不亂。至於所作《念奴嬌》,懷古赤壁,“故壘西邊,人道是,三國周郎赤壁。亂石崩雲,驚濤拍岸,卷起千堆雪。江山如畫,一時多少豪傑!”黄州故壘,地非實地,無礙實用。唐人張繼《楓橋夜泊》“月落烏啼霜滿天,江楓漁火對愁眠”,後人於“江楓”落實,或江中,或陸地,莫衷一是。紛擾不休,蓋以對詩人所題地望“楓橋”一名,視而不見也。至遲在明人《三國演義》所繪漢末三國地圖裏,吴國地域吴郡附近,即已赫然出現“楓橋”,位於太湖東岸。詩人所謂“江楓漁火”者,即江岸楓橋的經霜楓樹與江上夜泊的漁家燈火。

20）墳素

隋大業四年《郭王墓誌》(《匯編》第 10 冊第 23 頁):“庶憑金石,乃爲銘曰:源清流潔,根深蒂固。晉重衣冠,魏高墳素。藻鏡人倫,羽儀王度。”《漢語大詞典》“墳素”條:泛指古代典籍。《三國志・魏志・管寧傳》:“敷陳墳素,坐而論道。”晉潘岳《閑居賦》:“傲墳素之場圃,步先哲之高衢。”按“墳”爲“三墳”之省;素、索古書通用,乃“八索”代稱。墳素并稱,代指古代典籍。隋大業九年《蕭球墓誌》(《匯編》第 10 冊第 76 頁):“愽通墳素,傍曉藝能。”墳素、藝能對立,即知藝能所指爲典籍之外的技藝能事。

21）三雅

隋大業九年《張業墓誌》(《匯編》第 10 冊第 80 頁):“惟君名實高贍,物望茂歸。非唯書盡八千,抑亦興敦三雅。邑里推其□,士友羡其高。以爲簡素已朽,金石長固。乃作銘云……”三雅,《漢語大詞典》“三雅”條援《太平御覽》卷八四五引《典論》:“劉表有酒爵三,大曰伯雅,次曰仲雅,小曰季雅。伯雅容七升,仲雅六升,季雅五升。”後以“三雅”泛指酒器。

22）三端

隋大業九年《席德將墓誌》(《匯編》第 10 冊第 87 頁):“孝稱天性,學曰生知。術盡三端,才踰七步。”《漢語大詞典》“三端”條有二義項:1. 指文士之筆鋒,武士之劍鋒,辯士之舌鋒。《韓詩外傳》卷七:"是以君子避三端,避文士之筆端,避武士之鋒端,避辯士之舌端。"南朝梁簡文帝《舌賦》:"夫三端所貴,三寸著名。"唐駱賓王《上齊州張司馬啓》:"挫三端於情鋒,朝九流於學海。"唐楊收《筆》詩:"一朝操政柄,定使冠三端。"2. 猶三始。指正月初一。《隋書·音樂志中》:"食至御前,奏《食舉樂》辭:'三端正啓,萬方觀禮,具物充庭,二儀合體。'"石刻以"三端"與"七步"並舉,是用義項1者。又,《席德將墓誌》,編者誤會爲"常德將",參觀"校勘部"。

23) 車書

唐貞觀三年《等慈寺之碑》(《匯編》第11册第22頁):"於是親總元戎,授兹戚鉞。建瓴東下,將一車書。"《漢語大詞典》"車書1":《禮記·中庸》:"今天下車同軌,書同文。"謂車乘的軌轍相同,書牘的文字相同,表示文物制度劃一,天下一統。後因以"車書"泛指國家的文物制度。《後漢書·光武帝紀贊》:"金湯失險,車書共道。"唐杜甫《題桃樹》詩:"寡妻羣盜非今日,天下車書已一家。"

24) 唐人關於死者蒙面儀式的理解

唐開元十八年《劉濬墓誌》(《新中国·陝西壹》第112頁):"臨絶之際,歎曰:古有失行者,耻見亡靈,所以用物覆面。後人相習,莫能悟之。吾内省無違,念革斯弊。子孫敬遵遺訓,内外弥仰賢明。"

(三) 用書類

1. 用《尚書》

1) 關於《康誥》。唐開元十八年《孟頭墓誌》(《匯編》第23册第33頁):"原夫孟氏,裔自姬宗。武王尅商,紹開帝業。四履授邑,分土惟三,委康第治於隴西也,錫壤田而述望。然以三監酒俗,未泯餘風,命康叔爲孟侯也,將以肅清衛國,俗革弊殷,因官諡姓,遂爲孟氏。《書》曰'孟侯朕其弟',事可明矣。"

按今《十三經注疏》本《尚書》,與唐人墓誌所引,相去甚遠。蓋當時所見《尚書》文本,業已差別。或唐人理解,已經不同《書序》。蓋事出有因,首先在於字形的相近而混淆:朕、朕形近,第、弟通用。《孟頭墓誌》使用從肉美聲結構作朕,從艸結構作苐。《孟頭墓誌》開篇,講述墓主所得美姓即孟氏之所由,以周王分封,確認爲"武王"。

今本《尚書》,説經者於該篇文字,已感費解。《尚書·康誥》:"王若曰:孟侯,朕其弟。"孔傳:"周公稱成王命,順康叔之德,命爲孟侯。孟,長也。五侯之長謂方伯,使康叔爲之。"孔穎達疏:"五侯之長,五等諸侯之長也。"《尚書注疏》卷十三考證:"王若曰,孟侯,朕其弟,小子封。《傳》:周公稱成王命。胡宏曰:康叔,成王叔父也。經文不應曰朕其弟。成王康叔,猶子也。經文不應曰乃寡兄。其曰兄曰弟者,成王命康叔之辭也。朱子曰:《康誥》三篇,是武王書無疑。疏:豈周公自許天子,以王爲孟侯,皆不可信也。按康成本《書傳》謂太子年十八曰孟侯,猶之毛傳以公孫碩膚之公孫爲成王,皆漢人解經最無理者。"《書序》所定義本篇關係爲:"成王既伐管叔蔡叔,以殷餘民封康叔,作《康誥》《酒誥》《梓材》。"南朝梁劉孝綽《昭明太子集·序》:"《書》有孟侯之名,記表元良之德。"

2) 唐人關於《堯典》開頭句讀。開元十九年《陶禹墓誌》(《匯編》第23冊第43頁):"粵若稽古,出自帝堯。"開元二十七年《李敬固及妻朱氏墓誌》(《匯編》第24冊第79頁):"夫木有松栢,人何頽遷?神理窅窅,道何綿綿?粵若仙虹貫月,玄曆膺期。白雲生馬喙之賢,紫氣表龍光之德。"楚辭《天問》之仿構。

3) 唐人關於"欽若"祖述使用。開元二十三年《蕭令臣墓誌》(《匯編》第23冊第138頁):"唐故太原府太原縣丞蕭府君墓誌銘并序。……欽若二祖之訓,克舉百行之美。"

4) 唐人關於"一人""百辟""咸有一德""明德"祖述使用。開元二十三年《鄭諶墓誌》(《匯編》第23冊第140頁):"方將翼贊一人,儀刑百辟,梁木其壞,凜如壓焉。公之夫人,宗之祖姑也,實有內則,先公而終,閨範家聲,誌在豊石。嗣子元一、貞一、太一、志一、興一、今一等六人。貞一早亡,餘實就養,咸有一德,是稱五常,性成老萊,哀深禠泣,思復良冶,式遵聖政,爰定窀穸,以從禮經。以開元廿三年二月廿三日權窆于洛陽縣平陰鄉之原,禮也。以宗忝內子之族,居執友之胤,甞荷一顧,匪圖百身,彼蒼者天,無爲善己,乩若明德,龔述哀頌。"

按"一人",《尚書》中"天子"之稱。《書・太甲下》:"一人元良,萬邦以貞。"孔傳:"一人,天子。"《尚書・湯誥》:"王曰:嗟爾萬方有衆,明聽予一人誥。"孔傳:"天子自稱曰予一人。"

5）唐人關於臯陶用字。開元二十七年《趙庭墓誌》(《匯編》第 24 冊第 88 頁):"公諱庭,字璧,天水人也。其先臯繇伯益之祚胤,盖周成王列爵於趙,遂命厥氏,由來尚矣。"開元二十八年《蕭紹遠墓誌》(《匯編》第 24 冊第 106 頁):"咎繇則祀,子産誰嗣。"

6）唐人關於"耇造德"。開元二十年《姚遷墓誌》(《匯編》第 23 冊第 80 頁):"不尚繁華,深誡榮辱。嗚呼!旻不耇德,景命失靈,以開元廿年八月五日遇疾,終於河南府洛陽縣審教里之私弟,春秋五十有九。"

按"耇德"者,"耇造德"之省,語出《尚書・君奭》:"耇造德不降,我則鳴鳥不聞。"孫星衍疏:"言天不降下老成德之人,我則猶望鳴鳳之不可聞也。"後以"耇造"指老成或老成之人。本誌"旻不耇德",削足適履,造句生硬。

7）唐人關於"微子啓"用字。開元十九年《鄭公妻宋綀墓誌》(《匯編》第 23 冊第 56 頁):"夫人諱綀,廣平郡人也。昔我先公微子開者,帝乙元子。"

按微子,周代宋國始祖,名啓,殷紂王庶兄,封於微。周公承成王命誅武庚,乃命微子統率殷族,奉其先祀,封於宋。《尚書・微子之命》"命微子啓代殷後",《史記・宋微子世家》作"微子開"。唐人仍避"啓"用"開"。

8）契作离。隋大業十二年《宋永貴墓誌》(《匯編》第 10 冊第 160 頁)序:"离以敬敷五教,錫茅土而封,商湯以來,蘇八遷從先王而居亳。"銘:

“天降玄鳥，神呈白狼。佐禹惟离，華夏伊商。”“契”字皆作离。按《今文尚書·舜典》：“帝曰：契，百姓不親，五品不遜，汝作司徒，敬敷五教，在寬。”

集。《尚書·君奭》：“在昔上帝割申勸寧王之德，其集大命于厥躬？”隋代《龍華碑》（《匯編》第 10 冊第 175 頁）：“天啓聖膺，圖籙於千年。下庶獲安，仰斅風於万古。降兹明命，用集我大隋高祖文皇帝，揖讓受終，理形統象。”

聖王御曆，賢人應時。唐開元二十年《路惲墓誌》（《匯編》第 23 冊第 81 頁）：“竊聞聖王御曆，賢人應時。”按“時節”“時令”“時禁”“月令”“春官”“夏官”“秋官”……古代人關於時間的認識與把握，不啻治國之大體，神聖之儀式。参觀長沙子彈庫戰國楚帛書關於四時起源、《尚書·堯典》關於羲和四仲職守（《簡帛與學術》“簡帛及時間”節、《中古漢字流變·日部》字及“閏”字條）。唐人“聖王御曆”，尚去古未遠。

2. 引其他

唐咸亨元年《王君德墓誌》（《匯編》第 15 冊第 129 頁）：“仙客之後，挺王高尚。曾祖禕，祖文。属周齊偫（僃）據，干戈未戢。逃名避地，山北墻東。弓旌屢招，榷乎不拔。父約，文林郎。情忘充倔，道貴獲全。智效免於犧牛，齊物存乎搶鷃。”銘文相應云：“圖南望盡，智北魂遊。”當時《南華真經》所存《知北遊》篇有作“智北遊”者。

3. 華嚴經

唐貞觀八年（634 年）《鐫華嚴經題名》（《匯編》第 11 冊第 63 頁）：“（上闕）未來之世一切道俗法幢將没，六趣昏冥，人無恵眼，出離難期，每尋斯事，悲恨傷心，今於此山，鐫鑿《華嚴經》一部，永留石室，劫火不焚，使千載之下，恵燈常照，万代之後，法（下闕）。”[1]

---

〔1〕 石原在北京房山雲居寺石經山，後移至本願寺。石殘，拓片高 27 厘米，寬 31 厘米。靜琬撰并正書。此本爲羅振玉舊藏。

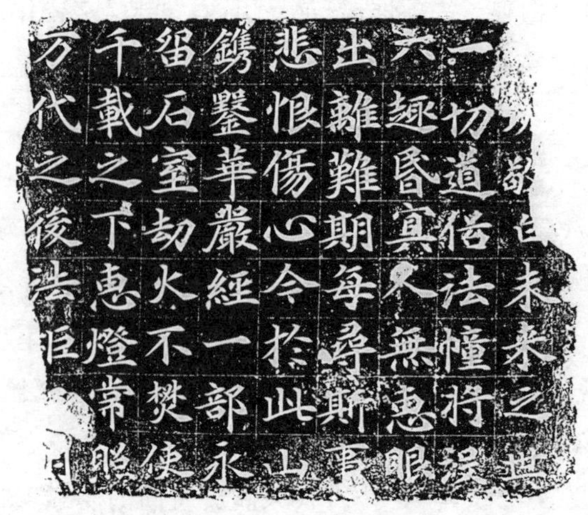

韓國華嚴寺位於大韓民國全羅南道求禮郡智異山,爲韓國佛教界最重要寺廟之一。該寺由煙氣和尚創建於新羅真興王五年(544),《華嚴經》從中土傳入韓國,即供藏於該寺。作爲大乘佛教的基本經典《華嚴經》,對於印度佛教、中國佛教以及日本、韓國等地的佛教産生了深遠影響,隋唐時代更是以之爲主要典據成立了華嚴宗。全羅南道出土《華嚴石經》,爲舉世現存最早的唐代佛學經典文獻。其書寫者,以楷行書,代表了當時(相當於中國唐代中期)書藝最高水平。

韓國高麗大藏經研究所投入巨大人力技術資源,搶救珍藏華嚴石經(紀元700—800年間),凡逾13 000餘三維圖像單元,可拼合接近5 000頁,字跡清晰,刻寫精美,相當於中國唐代石刻書寫風格。

在漢字文化圈主要地區,唐抄真跡,一向以日本珍藏"國寶"爲世人所稱道。韓國《華嚴石經》的大規模整理研究面世,填補了漢字文化圈漢字傳播史的重要環節,對於中外漢字發展史的斷代調查研究,乃至對於描繪漢字文化傳播路綫圖,都具有不可多得的字料價值。如圖所示,"切"字聲符七,寫作十,有當於南北朝隋唐五代筆法;"薩婆若"字形,與中土石刻,上起北齊(《淳于元晧墓誌》),下逮隋唐,宛密無間;又見"悉"字省簡丿筆,源於南北朝,對應隋唐石刻:筆劃結構,完全吻合。

（四）職官、教育設施類

1）潤筆

宋人洪邁《容齋續筆》卷第六關於唐代碑刻"文字潤筆"條：

作文受謝，自晉、宋以來有之，至唐始盛。《李邕傳》："邕尤長碑頌，中朝衣冠及天下寺觀，多齎持金帛，往求其文。前後所製，凡數百首，受納饋遺，亦至巨萬。時議以爲自古鬻文獲財，未有如邕者。"故杜詩云："干謁滿其門，碑版照四裔。豐屋珊瑚鉤，騏驎織成罽。紫騮隨劍几，義取無虚歲。"又有《送斛斯六官詩》云："故人南郡去，去索作碑錢。本賣文爲活，翻令室倒懸。"蓋笑之也。韓愈撰《平淮西碑》，憲宗以石本賜韓宏，宏寄絹五百匹；作《王用碑》，用男寄鞍馬并白玉帶。劉叉持愈金數斤去，曰："此諛墓中人得耳，不若與劉君爲壽。"愈不能止。劉禹錫祭愈文云："公鼎侯碑，志隧表阡，一字之價，輦金如山。"皇甫湜爲裴度作《福先寺碑》，度贈以車馬繒彩甚厚，湜大怒曰："碑三千字，字三縑，何遇我薄邪？"度笑酬以絹九千匹。穆宗詔蕭俛撰《成德王士真碑》，俛辭曰："王承宗事無可書。又撰進之後，例得貺遺，若黽勉受之，則非平生之志。"帝從其請。文宗時，長安中争爲碑誌，若市買然。大官卒，其門如市，至有喧競争致，不由喪家。裴均之子，持萬縑詣韋貫之求銘，貫之曰："吾寧餓死，豈忍爲此哉?"白居易《修香山寺記》,曰:"予與元微之,定交於生死之間。微之將薨,以墓誌文見託,既而元氏之老,狀其臧獲、輿馬、綾帛洎銀鞍、玉帶之物,價當六七十萬,爲謝文之贄。予念平生分,贄不當納,往反再三,訖不得已,回施兹寺。凡此利益功德,應歸微之。"柳玭善書,自御史大夫貶瀘州刺史,東川節度使顧彦暉請書德政碑。玭曰:"若以潤筆爲贈,即不敢從命。"本朝此風猶存,唯蘇坡公於天下未嘗銘墓,獨銘五人,皆盛德故,謂富韓公、司馬温公、趙清獻公、范蜀公、張文定公也。此外趙康靖公、滕元發二銘,乃代文定所爲者。在翰林日,詔撰同知樞密院趙瞻神道碑,亦辭不作。曾子開與彭器資爲執友,彭之亡,曾公作銘,彭之子以金帶縑帛爲謝。却之至再,曰:"此文本以盡朋友之義,若以貨見投,非足下所以事父執之道也。"彭子皇懼而止。此帖今藏其家。

2) 採訪

唐天寶七載《宋遥墓誌銘并序》(《匯編》第25冊第137頁):"出博平、滎陽、絳、魏、陳留、襄陽,貶武當七郡太守,河北、河南、山南三採訪,上黨郡大都督府長史。"[1]唐李肇《唐國史補》卷下:"開元已前,有事于外則命使臣,否則止。自置八節度、十採訪,始有坐而爲使,其後名號益廣。"參閱《通典·職官十四》《文獻通考·職官十五》。

3) 東、西頭供奉

五代後唐長興四年《毛璋妻李氏墓誌》(《匯編》第36冊第54頁):"有子十人:長曰庭蘊,檢校工部尚書爲華州衙内都指揮使。頗精學問,幼有令名。不幸遘疾,先歸逝水。次曰庭美,檢校工部尚書爲前西頭供奉官。次曰庭翰,檢校左散騎常侍亦爲前西頭供奉官。次曰庭誨。次曰庭魯。皆天鍾正氣,特稟異儀。"[2]

---

〔1〕《漢語大詞典》"採訪"條:"採訪使",官名。唐開元二十一年分全國爲十五道,每道置採訪處置使,簡稱採訪使,掌管檢查刑獄和監察州縣官吏。天寶後改爲但考課官吏,不得干預他政。乾元以後,各地兵起,廢採訪使而置防禦使。亦省作"採訪"。

〔2〕《漢語大詞典》"供奉8":職官名。唐初設侍御史内供奉、殿中侍御史内供奉;唐玄宗時有翰林供奉,專備應制。宋時設東、西頭供奉官,爲武職階官,内東、西頭供奉官,爲宦官階官;均用表品級,無實際職掌。清代稱南書房行走爲内廷供奉。

4）臺長

唐大曆八年《穀城黄石公祠記》(《匯編》第27冊第125頁):“名□所題趙郡李□,即令臺長。棲□□歲馬公炫自郎官出牧,少與臺長交契莫逆。甞勤雨於廟,不覩所記。”《漢語大詞典》“臺長”條: 古時御史臺的長官。一般指御史大夫。明代罷御史臺,置都察院,則以左右都御史爲臺長。宋王讜《唐語林·補遺四》:“御史臺三院。一曰臺院,其僚曰侍御史,衆呼爲端公。見宰相及臺長,則曰某姓侍御。”

5）選集,集中選拔

唐天寶十載《李獻墓誌銘并序》(《匯編》第26冊第41頁):“復經選集,解褐受君右驍衛馮翊郡興德府別將。自任官榮,瓌姿日叡。所習必業,所遊有常。雖職守兵戈,每朋故詞藻。窺東閤之下,有酒如澠;覩南圃之中,有賓如玉。君之行跡,可加於人一等矣。”《漢語大詞典》“選集1”: 集中選拔。《通典·選舉三》:“昔兩漢取人必本於鄉閭選之,然後入官,是以稱漢爲多士;今每歲選集動踰數千人,厚貌飾辭,何可知也?”《舊唐書·唐臨傳》:“先是,選集無限,隨到補職,時漸太平,選人稍衆,皎始請以冬初一時大集,終季春而畢,至今行之。”

6）步兵校尉

北魏正始二年《李蕤墓誌》(《匯編》第3冊第89頁):“君諱蕤,字延賓,隴西郡狄道縣都鄉和風里人也。弱冠侍御中散苻璽郎中。轉監御令,拜步兵校尉。出爲東郡太守,遷大司農少卿。”

7）平章事

唐咸通二年《白敏中墓誌銘并序》(《新中國·陝西貳》第278頁):“既握兵外去,每一事,非關請不得專。則索有尋丈,無所施設。党羌平,讓都統事,專治豳土。募新卒七千人,增堡戍四十二所。換檢校司徒平章事,充西川節度使。砭灼民害,屏除戎心,宜增耀前史。以官移荊南節使,加太子太師。用軍儀見嶺南節度使李承勛,指麾湖南叛將,即日承詔,遣騎卒迎處置使。以故綿湖嶺嘯聚者,乞不相保。今上以孝德正位,思掌出祖宗重業,詔追入,冊司徒兼門下侍郎平章事。”

8）判官

唐大曆十一年《妬神頌并序》(《匯編》第27冊第146頁)："判官游擊將軍守左清道率府率賜紫金魚袋上柱國李諲撰。"唐神龍元年《李思貞墓誌銘并序》(《新中國·陝西貳》第68頁)："君智略兼優,文武雙美。材爲時藉,差充判官。坐幄運籌,得張陳之妙筭;搴旗斬將,盡廉藺之奇謀。"[1]

9）掌書記

唐至德二載《史思明奉爲大唐光天大聖文武孝感皇帝敬無垢淨光寶塔頌》(《匯編》第27冊第3頁)："范陽府功曹参軍兼節度掌書記張不矜撰。"《漢語大詞典》"掌書記"條:唐代外官之一,景龍元年置。亦爲觀察使或節度使的屬官。宋代亦置此職。《舊唐書·鄭從讜傳》:"制下,令自擇参佐。乃奏……左拾遺李渥充掌書記,長安尉崔澤充支使。"《新唐書·百官志四下》:"掌書記,掌朝覲、聘問、慰薦、祭祀、祈祝之文與號令升絀之事。"《資治通鑑·唐玄宗天寶十載》:"禄山既兼領三鎮……掌書記高尚因爲之解圖讖,勸之作亂。"胡三省注:"掌書記,位判官下,古記室参軍之任。"

10）推官

唐至德二載《明希晉誌文并序》(《匯編》第27冊第2頁)："時郡守張公以公吐詞泉涌,灑翰雲飛,獄無銜冤,庭絶留訟,延公在廳所,假公爲推官。遊刃皆虚,發言必中。親□拭目,寮吏瞻塵。"唐代始設官職,多掌理司法,後遂爲對法官的雅稱。

11）團練

唐貞元六年《唐故正議大夫行綏州别駕充本州團練蕃落等副使馮承宗墓誌銘并序》(《新中国·陝西壹》第129頁)："詔遷綏州别駕,仍充蕃

---

〔1〕《漢語大詞典》"判官1":古代官名。唐代節度使、觀察使、防禦使均置判官,爲地方長官的僚屬,輔理政事。宋沿唐制,并於團練、宣撫、制置、轉運、常平諸使亦設置判官。元代改爲各州府設置判官。明清僅州置判官,無定員。見《文獻通考·職官十六》。唐韓愈《董公行狀》:"崔圓爲揚州,詔以公爲圓節度判官。"

落團練副使。”

12）衙推

唐咸通三年《唐故集州衙推狄玄愬墓誌并序》(《新中國・陝西貳》第280頁):“方俟大用,奈何積善無休,不興盡於衙推。”衙推,官職。不興,不喜。

13）都頭

五代後周顯德五年前攝潁州潁上縣令高弼撰《宋彦筠墓誌》(《匯編》第36冊第156頁):“豎直繩而亦勇,越断布以登陴。尋授滑州徵武都頭,後遷右崇衙指揮使。”〔1〕

14）都料

五代後唐天成四年《西方鄴墓誌》(《匯編》第36冊第39頁)末尾署名:“前鄉貢進士王豹撰。前國子監明經王汭書。修鎮國橋都料閻斌鐫。”〔2〕

15）押衙、勾押

五代後唐清泰二年《商在吉墓誌》(《匯編》第36冊第57頁):“姪守殷,六軍押衙銀青光禄大夫檢校太子賓客兼監察御史武騎尉,充侍衛勾押官。”〔3〕白居易《酬別周從事》詩之一:“腰痛拜迎人客倦,眼昏勾押簿書難。”

16）守捉

唐貞觀十六年《獨孤開遠墓誌銘》(《新中國・陝西貳》第20頁):“貞觀元年,奉敕宫城内長上守捉。二年秋七月,奉敕檢校左武侯將軍,別捉

---

〔1〕《漢語大詞典》“都頭1”:軍職名,都將的别稱。唐末田令孜募神策新軍爲五十四都,諸都以都將率領,亦稱都頭。五代沿之。宋時禁軍有都頭、副都頭,位次指揮使。

〔2〕《漢語大詞典》“都料匠”:古代稱營造師,總工匠。唐柳宗元《梓人傳》:“梓人,蓋古之審曲面勢者,今謂之都料匠云。”亦省稱“都料”。

〔3〕《漢語大詞典》“押牙”:亦稱“押衙”,唐宋官名。管領儀仗侍衛。牙,後訛變爲“衙”。唐李匡乂《資暇集》卷中:“武職令有押衙之名。衙宜作‘牙’,此職名,非押其衙府也,蓋押牙旗者。”“勾押”:謂在公文上批改並簽字、蓋章。

屯兵,其上日本衛供奉。"〔1〕

17) 庫真、庫直

唐天寶三年《元振墓誌銘并序》(《匯編》第25冊第71頁):"公諱振,字振,河南氏拓友後也。曾[祖]安,晉陵、當途二縣令。祖叔明,太清府統軍。考齡景,荊王府庫真。"天寶四年《大唐故荊王府庫真元公石誌銘并序》(《匯編》第25冊第76頁):"授荊王府庫真。"〔2〕

18) 隋唐關於明經教育

經書即世俗所謂"黄金屋"的最早表述:"重一經",超過"黄金滿贏"。隋大業四年《吴嚴墓誌》(《匯編》第10冊第22頁):"但川流易往,晷運難停。人之云亡,事同過隙。臨終誡其子曰:黄金滿贏,不如一經。汝等遵之,勿得墜失。"詩人體物,辭章"每爲先覺",但反映落後,至唐代"黄金屋"尚未與"經書"結緣。唐開元九年《騫思泰墓誌銘并序》(《新中國·陝西貳》第79頁):"孝行爲立身之本,明經爲取位之資。"明經與取位關係。

19) 學校,晚唐作"學斆"

唐咸通八年《尚弘簡墓誌銘并序》(《新中國·陝西貳》第290頁):"髫年學斆,弱冠經明。《春秋》得元凱之心,《周易》嗣康伯之跡。嘯傲高尚,攻業無擲於歲華;逍遥取適,師逸不抛其日就。太常禮寺舉之所知,尋

---

〔1〕《漢語大詞典》"守捉1":唐制,軍隊戍守之地,較大者稱軍,小者稱守捉,其下則有城有鎮。唐元結《奏色科率等狀》:"臣一州當嶺南三州之界,守捉四十餘處。"《新唐書·兵志》:"唐初,兵之戍邊者,大曰軍,小曰守捉,曰城,曰鎮,而總之者曰道。""守捉2":把守。《新五代史·死節傳·王彦章》:"唐兵攻兖州,末帝召彦章使守捉東路。"

〔2〕據網絡資料:庫真,當是庫直之異稱,"直"與"真"字形相近,爲一音之轉,古籍中不乏通用之例,庫真與庫直在史料中也常常混稱。《舊唐書》卷四十二《職官志》云:"諸軍驃騎將軍爲統軍,其秦王、齊王下領庫直、驅咥直、車騎並準此。"《職官志》又云:"又有庫直及驅咥直,庫直隸親事府,驅咥直隸帳内府,各於左右内選才堪者,量事置之。"據此,我們可以大致認定庫真隸親事府,受統軍之轄,庫真之職數没有定編,且要有才堪者充任。庫真一職在唐初爲王府屬官,其職名在唐代前期出土的墓誌裏則常可見到。如《大周唐故左戎衛右郎將古君夫人匹婁氏墓誌并序》云其"父武徹,朝散大夫,唐秦府庫真,驃騎將軍,右衛中郎將,檀、雲、朔等州刺史,安西都護使,持節,上柱國,濟源縣開國公"。唐初庫真不僅見屬於秦王府,當時其它王府也有。如《□□景城縣令京兆獨孤公墓誌銘》云其"父達,齊王府庫真"。又如《大唐故淮安郡桐柏縣令元公墓誌銘并序》中説墓主元振的父親"(元)令景,荊王府庫真"。可見當時諸王府内俱設庫真之職,屬當時之制度。

授武成王廟丞。歲滿,授宗正乾陵丞。從調累授武成王廟令。獻祭之禮,儀注無違。肅敬嚴禋,有度有則。……洎大中十二年,選授朝議郎行道州長史。到任未幾,又属南昌小寇石再順逐帥,據城郡邑,擬結蜂聚。公遂發號施令,靡不克從。月云未期,元醜梟戮。道郡百姓,歌頌佗今。尋兼知江華縣事。佐理人懷其惠,宰邑我愛其人。報政之聲,遠振隣境。綽有暇豫,甞閱琴書。凡有名山,罔不遊觀。於戲,里人爲美。"

20)崇文館

唐天寶九載《李系墓誌銘并序》(《匯編》第26冊第33頁):"前崇文館進士□成撰。""崇文館",官署名。唐太宗貞觀十三年,於東宫設崇賢館,至高宗上元二年,避太子李賢諱,改名崇文館。設學士,掌經籍圖書,教授生徒;設校書郎,掌校理典籍。參閱《新唐書·百官志四上》。

21)學究

唐大和七年《李稷墓誌銘并序》(《新中國·陝西貳》第228頁)後附夫人會昌六年《博陵崔氏墓誌》末刻有"學究冀曙書"。五代後漢天福十二年《劉衡墓誌》(《新中國·河南壹》第149頁):"長子李七,將仕郎前試太常寺協律郎,新婦郄氏。次子李八,將仕郎試秘書省校書郎,新婦鄭氏。次子陁奴,鄉貢三傳,新婦齊氏。次子五娘,鄉貢學(李)究,新婦長孫氏。嫡孫公兒,次孫楊七,次孫脉脉,次孫妙哥,次孫豆豆,次孫蝻蝻,次孫賽哥。"[1]

22)"不急時禄"與"不登甲科"

唐元和五年《崔慎思墓誌銘并序》(《新中國·陝西貳》第204頁):"君襲懿範,少爲聞人。早獲天爵,不急時禄。好古嗜學,窮文極奥。鄉薦十上,不登甲科。何天之不与善甚耶。歎顔子雖無禄位,百代以爲賢人;賈生自負文章,當時豈非達者。今猶古也,君同域歟。"不急時禄,即没有

〔1〕《漢語大詞典》"學究1":科舉中的科目名。唐代取士,明經一科有"學究一經"的科目;宋代稱爲"學究",爲禮部貢舉十科之一。見《新唐書·選舉志上》《宋史·選舉志一》。五代王定保《唐摭言·好及第惡登科》:"許孟容進士及第,學究登科,時號錦襖子上著莎衣。"

目的不帶功利而讀書,遂“不登甲科”。

23) 四門博士

唐開元二十八年《部崇烈墓誌銘并序》(《匯編》第 24 册第 124 頁):“國子監四門博士張謂撰。”

24) 校理

唐開元十八年《劉濬墓誌》(《新中国 · 陝西壹》第 112 頁):“朝廷選十學士,以公爲諸儒宧。是以龍樓藉其羽翼,麟閣推其校理。”〔1〕

25)“明經”之作用

① 擢第之本。隋大業十年《賈玄贊墓誌》(《匯編》第 10 册第 102 頁):“開皇十有八載,齒胄庠門。廿一年,以明經擢第,初任洛州博士,尋除大學國子等助教,又遷大學博士,及詳正學士。嗣聖初授朝散大夫,行大學博士,仍於弘文館教王子讀書。”又,詳正學士一職,已見於隋代。

② 取位之資。唐開元九年《騫思泰墓誌銘并序》(《新中國 · 陝西貳》第 79 頁):“孝行爲立身之本,明經爲取位之資。”

③ 舉薦之由。隋大業十二年《唐直墓誌》(《匯編》第 10 册第 156 頁):“君幼含岐嶷,早播英猷,文德有門,無墜斯在,起家大學生,尋以明經被薦,蒙授越王府記室,仍加內史,治都督。”起家“大學生”,“明經”可獲“被舉薦”之資格。

按可徵隋代科舉制度及程序。大學生,即太學生。宋蘇軾《乞詩賦經義各以分數取人將來只許詩賦兼經狀》:“然臣在都下,見大學生習詩賦者十人而七。”

26) 隋代雖有科舉之設,“選部取人,尤重門德”

隋大業三年《王昞墓誌》(《新中國 · 河南壹》第 108 頁):“君膏腴有素,漸潤自天,孝乃生知,誠匪師學。離經辯志,敬業樂群,取異日新,見奇月旦。而水行在運,天下載清,選部取人,尤重門德。遂以訪第入仕。武

〔1〕《漢語大詞典》“校理 4”:古代官名。執掌校勘整理宮廷藏書。唐置集賢殿校理,宋因之。元、明廢。清置文淵閣校理,掌注册點驗。

定二年,起家開府長兼行參軍,便已蔭暎時流者矣。伯倫之居魏室,子荊之在晉朝,以古望今,彼應慙德。但天真高潔,體道守虚,掛冕出都,拂衣去國。孜孜禮教之地,汲汲名義之門。玉帛未足動其心,鍾鼓不必迴其慮。至若羊雁驟起,丞掾時徵,永言高事,莫肯從辟。優遊偃仰,獵史耕文。怡心巖石之間,絶跡風塵之外。時將二紀,世歷三朝,名實並飛,年行俱遠,春秋九十有二。隋大業元年十一月九日,卒於里第。"是隋代雖有科舉之設,"選部取人,尤重門德"。殆漢魏六朝推重"門户"、鄉黨月旦之餘緒猶存者。

27) 唐代科舉與仕途選拔:文藻流譽科舉、選拔

唐開元六年《嚴識玄墓誌銘并序》(《新中國·陝西貳》第76頁):"公生而神彩朗俊,風情警逸,文學早著,音律洞明。永淳年,以鄉貢進士擢第,又應文藻流譽科舉擢第,授襄州安養縣尉。公宦不辭卑,禄以及養,而鍾粟未積,忽丁内憂。服滿,應奇才選,天下一人及第。公之美聲,朝野矚目,詞人秀彦,高山仰止。授公汴州浚儀縣尉。秩滿,復應拔萃選及第,授洛州武泰縣尉。"唐代考核晉升在任官員,曾設"應文藻流譽科舉"。

唐開元二十八年《敬守德墓誌銘并序》(《匯編》第24冊第105頁):"公石泉府君之子也。弱冠以進士出身,應撫字舉及第。授寧州羅川縣尉。開元初,獻書直諫。敕授豳州新平縣主簿。應強幹有聞科第二等同清白第三等。授河南府陽翟縣尉。授絳州萬泉縣令,加朝散大夫。轉晉州洪洞縣令,加朝請大夫。"仕途有撫字、強幹有聞和清白諸科,是知唐代考核官員,標準多樣,系統完備,非單一指標。

唐天寶七載《寇洋墓誌銘并序》(《匯編》第25冊第158頁):"公稟中和之秀氣,承慶緒之休烈。瓌皃七尺,嚴莊不羣,望之儼然。尤善名理,九流百氏,莫不兼該。文章斌斌然,有大雅之致。弱冠應材稱棟梁舉,策居第一。又試拔萃出類科,与邵昇齊澣同時超等。授魏州昌樂尉,换洛州興泰尉。神龍初,大徵儒秀,精擇令長。薦与盧藏用等高第。敕試虢州盧氏令。"則又有"應材稱棟梁舉、試拔萃出類科"。

又有"應穿葉附枝舉",唐開元十八年《大唐故冠軍大將軍左羽林軍大將軍上柱國東莞郡開國公臧懷亮墓誌并序》(《新中国·陝西壹》第 113 頁):"年廿,應穿葉附枝舉登科,擢左玉鈐衛翊府長上,遷鴻州長道府左果毅長上,充平狄軍都虞侯摠管,轉左衛陝州華望府左果毅長上。"從墓誌所記生平履歴來看,所應制舉"穿葉附枝"似爲武舉。據孟二冬《登科記考補正》整理,高宗永徽元年(650)至永隆二年(681),制舉科目及及第人就包括了"穿葉附枝舉":永隆二年(681),臧懷亮"自左衛勳應穿葉附枝舉,登科",見李邕撰《左羽林大將軍臧公神道碑》。

28) 道舉、洞曉玄經舉

唐貞元十一年《蕭季江墓誌銘并序》(《新中國·陝西貳》第 170 頁):"公少秉殊操,不羣於物。聡明穎悟,尤善玄言。至於歴代之典謨,先儒之奥旨,可以補於王化,酌於人倫者,罔不該綜焉。弱冠,以道舉出身。天寶十三載,属玄宗思弘至化,徵召賢良。親自臨軒,用加策試。公時應洞曉玄經舉,與獨孤郎聲動寰中,名高朝右。雖古之晁錯公孫弘之射策,又何踰焉。"

29) 文場

唐咸通二年《白敏中墓誌銘并序》(《新中國·陝西貳》第 278 頁):"時穆宗皇帝以尚書第業取浮譽,俾後生裁出風態,拱折譚吐,如一手出。即揚鞭勞問,以踈數致規模,聲定定流品。臨卷隱机,号曰頑朽。尚不揖唾去,中外厭怒。坐有司不當職責,出而被籍者,索索墜地。文場一洗,唯精確不流者,得負氣岳立。如霜殺百卉,而桂檜始相望。故公高揖殊等。"文場,科舉的考場。

30) 糊名考

唐建中元年顔真卿撰并書《顔惟貞廟碑(陽)》(《匯編》第 28 冊第 7 頁):"天授元年,(顔惟貞)糊名考,判入高等。"[1] 夫"糊名"者,掩蓋其名,即今語所謂"匿名"考試選拔類。

---

〔1〕《漢語大詞典》"糊名"條:科舉考試中防止舞弊的措施之一。凡試卷均糊其姓名,使試官難於徇私作弊。所援引文獻用例爲唐劉餗《隋唐嘉話》卷下:"武后以吏部選人多不實,乃令試日自糊其名,暗考以定等第。判之糊名,自此始也。"

31）弘文館

隋大業十年《賈玄贊墓誌》(《匯編》第10冊第102頁)："開皇十有八載，齒胄庠門。廿一年，以明經擢第，初任洛州博士，尋除大學國子等助教，又遷大學博士，及詳正學士。嗣聖初授朝散大夫，行大學博士，仍於弘文館教王子讀書。器則瑚璉，材爲廊廟。"〔1〕

32）唐代州縣設賓館

唐開元四年《元希古墓誌》(《匯編》第21冊第61頁)："以開元四年六月廿七日，終於沂州費縣之賓館。"

33）巾卷

唐咸亨元年《蓋蕃墓誌》(《匯編》第15冊第133頁)銘文："進輕卑職，退尋幽贊。巾卷自遠，韋編是翫。"巾卷，頭巾和書卷，太學生所用。

34）視草

門吏高璩撰、唐咸通二年《白敏中墓誌銘并序》(《新中國·陝西貳》第278頁)："璩實以文從公。公加太師，復入相，復大司徒。璩忝職內廷，皆獲視草。則銘勲撰世，承衛國夫人請，其何以辭。"視草，詞臣刀筆之職。按是條有補於解會六朝人所謂"匆匆不暇草書"之草者。

35）可：任命

隋大業六年《薛保興墓誌》(《匯編》第10冊第41頁)："帝詠稱心，可上加遷，詔除銀青光禄大夫，襲封河東郡開國公。"《漢語大詞典》"可2"：謂批准任命。《舊唐書·德宗紀上》："伊西北庭節度觀察使李元忠可北庭大都護，四鎮節度留後郭昕可安西大都護、四鎮節度觀察使。"

---

〔1〕《漢語大詞典》"弘文館"條，叙弘文館源流，僅自唐代始：唐武德四年(公元621年)置修文館於門下省。九年，太宗即位，改名弘文館。聚書二十餘萬卷。置學士，掌校正圖籍，教授生徒；遇朝有制度沿革、禮儀輕重時，得與參議。置校書郎，掌校理典籍，刊正錯謬。設館主一人，總領館務。學生數十名，皆選皇族貴戚及高級京官子弟，師事學士受經史書法。唐中宗神龍元年(705)避太子李弘名，改曰昭文館。玄宗開元七年(719)仍改弘文館。因學生出身貴族，不專經業，開元以後，令依國子監生例考試，惟帖經減半。明初亦設弘文館，不久即廢。宣德間，復建弘文閣，不久并入文淵閣。

36）選授、介衆、選人

顔真卿撰并書、唐建中元年《顔惟貞廟碑(陽)》(《匯編》第 28 册第 7 頁)："(顔惟貞)又選授洛州温縣、永昌二尉,每選皆判入高科。侍郎蘇味道以所試示介衆曰：選人中乃有如此書判。嗟歎久之,遂代兄爲長安尉、太子文學。"介衆,碑刻如此作,而顔真卿撰《顔魯公集》卷十六作"示於衆",當依石刻改。《漢語大詞典》"介衆"條：大衆。所援引文獻用例一早一晚：《左傳・昭公二十四年》："士伯立於乾祭,而問於介衆。"杜預注："介,大也。"清錢謙益《吴中名賢表揚續議》："右條列吴中三賢行事如右,皆徵諸國人,詢於介衆。"《漢語大詞典》"選授"條：經過選定授以官職。《南史・徐陵傳》："遷吏部尚書,陵以梁末以來,選授多失其所,於是提舉綱維,綜核名實。"《漢語大詞典》"選人"條：1. 唐代稱候補、候選的官員。後沿用之。唐張籍《答劉競》詩："劉君久被時抛擲,老向城中作選人。"宋趙彦衛《雲麓漫鈔》卷四："選人之制始於唐,自中葉以來,藩鎮自辟召,謂之版授,時號假版官,言未授王命假攝之耳。"清紀昀《閲微草堂筆記・槐西雜誌一》："昔有選人陳某,過滄州,資斧匱竭,無可告貸。"2. 指選拔出來的優秀人才。《續資治通鑑・宋英宗治平三年》："朕昔奉朝請,望侍從大臣以爲皆天下選人,今多不然;聞學士之言,始知有人矣。"

37）進冊

唐開元二十四年《大唐故金仙長公主(無上道)誌石銘并序》(《新中国・陝西壹》第 114 頁)："及登極,進冊金仙公主。"復驗宋代趙彦衛《雲麓漫鈔》卷八："貴妃即進冊温成皇后也。"進冊,進升冊封。

38）板授與假板

① 板授。隋大業四年《楊德墓誌》(《匯編》第 10 册第 21 頁)："大隋敕使巡幸,蒙詔板授趙州鉅鹿縣令。"隋開皇十年《王曜墓誌》(《匯編》第 9 册第 65 頁)："席滿遊塵,庭撫細草,不事王侯。以隋開皇四年,大使板授滄州浮陽郡守。"唐武德八年《唐上開府賀蘭寛長史故蘇君(永安)墓誌》(《新中國・陝西貳》第 14 頁)："其先系發堯孫,枝分漢胤。家傳侯服之重,人表公望之基。世禄世官之盛,見稱文雅。祖平倫,河州大夏縣令。

父和,周板授巴西縣令。並以遠略標奇,英才佐世。"《漢語大詞典》"板授"條:1. 指諸王大臣權授下屬官職。別於帝王詔敕任命。《資治通鑑·漢獻帝初平元年》:"紹(袁紹)自號車騎將軍,諸將皆板授官號。"胡三省注:"時卓挾天子,紹等罔攸稟命,故權宜板授官號。"宋程大昌《演繁露·白板天子》:"晉亂,國璽没,胡人號晉諸帝爲白板天子。白板,如今板授之官,無詔敕也。"2. 指授予高齡老人榮譽職銜。《北史·隋紀下·煬帝》:"高年之老,加其板授,並依別條,賜以粟帛。"

② 假板。隋大業四年《吴嚴墓誌》(《匯編》第10冊第22頁):"祖僧,魏鎮遠將軍,并州西河郡丞。父業,假版幽州薊縣令。"《漢語大詞典》"假版"條:亦作"假板"。1. 謂未經朝廷宣佈的權宜任命;或指對低級官吏不須通過朝廷的任命。受任命者稱假版官。《宋書·文帝紀》:"二十七年春正月辛未,制交、寧二州假板郡縣,俸禄聽依臺除。"宋趙彦衛《雲麓漫鈔》卷四:"選人之制始於唐,自中葉以來,藩鎮自辟召,謂之版授,時號假版官,言未授王命假攝之耳。"2. 指權宜任命的證書。《資治通鑑·晉孝武帝太元十年》:"〔慕容農〕敕備假版,以邃〔眭邃〕爲高陽太守,参佐家在趙北者,悉假署遣歸。"胡三省注:"假署者,權時以假版署置其官,未以白燕王垂也。"

39) 真拜

唐建中元年《張翔墓誌》(《匯編》第28冊第2頁):"真拜監察御史,轉殿中侍御史。前後十任,歷十一官。"謂實授,與"假板"相對。

40) 權攝,暫時代理

唐開元三年《杜忠良墓誌》(《匯編》第21冊第47頁):"授滄州司馬兼知催運使,遷安南都護府長史,敕權攝副都護。"

41) 八葉、九棘、十重:世系數字化

隋大業四年《楊德墓誌》(《匯編》第10冊第21頁):"其先弘農人也。元祖秦日神人之苗,漢太尉楊彪之後,三台者八葉、九棘、十重。方伯内史,不涉言論。祖賓,魏驃騎將軍、齊州刺史。父安子,魏驢驤將軍、東鄙太守。並有善政之歌,俱揚青德之頌。"其中"九棘"爲湊泊,其餘"八葉"

“十重”爲凑數。

42）大著作

唐開元二十一年《張漪墓誌》(《匯編》第23冊第115頁)：“頓首固辭,然後迺已。於是稍加朝散,授大著作,循厥資也。”按大著作,即著作郎,官名。〔1〕

43）外傅

隋大業九年《陳叔榮墓誌》(《匯編》第10冊第75頁)：“君秉靈盛族,擢秀高門。冠盖與杞梓連陰,位業將山河比峻。出就外傅,聲望已隆。”或釋爲“外傳”。按石刻字形作 [illegible],所賴以區别者,在右上角一點筆。〔2〕南朝梁代周興嗣所撰《千字文》有“外受傅訓,入奉母儀”。

44）都座大官、大羽真

隋大業六年《薛保興墓誌》(《匯編》第10冊第41頁)：“公諱保興,字高貴,河東蒲州人也。祖安都,淮北八州刺史、征北大將軍,入拜侍内都座大官、大羽真、河東康王。”〔3〕

45）“長上”之職

唐開元二十一年《江璀墓誌》(《匯編》第23冊第120頁)：“乃習以射藝,和容有儀,既發弦而中的,亦主皮而合禮。始應制科,武藝超絶,舉及第。無何,調授左衛翊壹府隊正長上。秩滿,又轉左金吾衛司戈,次調右金吾衛中侯,又拜右領軍衛司階。”按長上,武官名,唐時九品,其職爲守邊

---

〔1〕《漢語大詞典》“著作郎”條：三國魏明帝始置,屬中書省,掌編纂國史。其屬有著作佐郎(後代或稱佐著作郎)、校書郎、正字等。晉元康中改屬秘書省,稱爲大著作。唐代主管著作局,亦屬秘書省……亦省稱“著作”。《南史·百官志下》：“晉武世,繆徵爲中書著作郎……著作郎謂之大著作,專掌史任。”唐劉知幾《史通·覈才》：“夫史才之難,其難甚矣。《晉令》云：‘國史之任,委之著作,每著作郎初至,必撰名臣傳一人。’斯蓋察其所由,苟非其才,則不可叨居史任。”

〔2〕《漢語大詞典》“外傅”條：古代貴族子弟至一定年齡,出外就學,所從之師稱外傅。與内傅相對。《禮記·内則》：“十年,出就外傅,居宿於外,學書記。”鄭玄注：“外傅,教學之師也。”《魏書·禮志三》：“將謂童子時甫稚齡,未就外傅。”

〔3〕《漢語大詞典》“都坐”條：亦作“都座”。2. 借指尚書令等大官。《北齊書·胡長仁傳》：“長仁累遷右僕射及尚書令……省務既繁,簿案堆積,令史欲諮都座,日有百數。”《北史》作“都坐”。

和宿衛宫禁。《晉書·慕容寶載記》:“寶發龍城……次于乙連。長上段速骨、宋赤眉因衆軍之憚役也,殺司空樂浪王宙,逼立高陽王崇。”又開元二十三年《白羨言墓誌》(《匯編》第23冊第150頁):“以公文足經代,武能鞠旅,拜長上果毅。”

46)將作少匠

隋大業四年《任軌墓誌》(《匯編》第10冊第17頁):“作洛伊始,思摸《大壯》,度堂考室,寔俟得人。遷將作少匠,加建節尉。”按從前代設置沿革看,將、匠音同通用字,少匠相對於大匠,皆爲宫室建築之職守。[1]

47)度支推官

唐大中八年《契苾通墓誌銘并敘》(《新中国·陝西壹》第133頁):“度支推官徵事郎試大理評事李衮書。”度支,規劃開支。

48)天閣

隋大業九年《陳常墓誌》(《匯編》第10冊第92頁):“祖榮天閣,父華朝首。”《漢語大詞典》“天閣”條,所釋爲尚書臺,所引爲《初學記》卷十一引《宋元嘉起居注》:“領曹郎中荀萬秋每設事緣私遊,肆其所之,豈可復參列士林,編名天閣,請免萬秋所居官。”

49)縣主

唐開元五年《元思忠墓誌》(《匯編》第21冊第74頁):“昔恭伯蚤死,其妻有守義之詩;而元氏先終,縣主結靡他之志。易錦茵以苫席,代羅幬以素帷。感時序之不留,痛存亡之永訣。悲憂既積,風氣便侵,卧疾閨門,十有餘載。克宣婦道,尤著母儀。”[2]

---

[1] 《漢語大詞典》“大壯2”:《易·繫辭下》:“上古穴居而野處,後世聖人易之以宫室,上棟下宇,以待風雨,蓋取諸《大壯》。”《大壯》上震下乾。震爲雷,乾爲天(古人認爲天形似圓蓋),其卦象爲上有雷雨,下有御雨之圓蓋。故云創建宫室、以避風雨,取象於《大壯》。後用爲建築宫室之典。晉左思《魏都賦》:“思重爻,摹《大壯》。”前蜀杜光庭《謝恩宣示修丈人觀殿功畢表》:“俄成《大壯》之功,克致齊天之固。”

[2] 《漢語大詞典》“縣主1”:皇族女子的封號。東漢帝女皆封縣公主。隋唐以來,諸王之女,亦封縣主。然所舉書證最早爲宋代王闢之《澠水燕談録·官制》。

50）左宦

唐開元二十五年《程冬笋墓誌并序》(《匯編》第 24 冊第 34 頁)："楚人剽輕，謗我賄政。天威未察，左宦於巫。"左宦，降官；貶職。同義詞有"左遷"。

51）梨園、東頭、西頭

蘇繁撰、唐會昌四年《梁元翰墓誌并序》(《新中國・陝西貳》第 248 頁)："至元和九年，憲宗皇帝弉以政直恭密之用，改充內冰井兼浴堂園覆使。至元和十一年，恩命綴其時才，轉充梨園判官。至長慶元年三月，穆宗皇帝以義行貞固，奇會新恩，却改充東頭庫家。崑玉無私，出納唯恡。至二年九月廿九日，聖上以政德吏用，改充教坊都判官。樂府推能，六律和暢。至三年八月十八日，駕幸本司，以文術精通，宮商不失，特寵賜緋，顯其嘉績。至大和六年八月六日，文宗皇帝間命是資，從教坊判官除西頭著番。"梨園，《新唐書・禮樂志十二》："玄宗既知音律，又酷愛法曲，選坐部伎子弟三百教於梨園，聲有誤音，帝必覺而正之，號'皇帝梨園弟子'。宮女數百，亦爲梨園弟子，居宜春北院。"杜甫《觀公孫大娘弟子舞劍器行》序："自高頭宜春、梨園二伎坊內人，洎外供奉，曉是舞者，聖文神武皇帝初，公孫一人而已。"東頭、西頭，南朝宋代劉義慶《世説新語・賞譽》："蔡司徒在洛，見陸機兄弟住參佐廨中，三間瓦屋，士龍住東頭，士衡住西頭。"唐李紳《悲善才》詩："東頭弟子曹善才，琵琶請進新翻曲。"

52）教坊第一部

唐會昌五年《唐故仗內教坊第一部供奉賜紫金魚袋清河張漸墓誌銘并序》(《新中國・陝西貳》第 249 頁)："府君稟淮楚地秀，明達天才。望其器若鷹揚，導其詞若泉涌。弱冠詣洛，名振大都。居守邀留，補防禦將。後還武寧，以將族選授武寧軍衙前將。久之，去職遊宦，筮仕于燕。燕帥司空劉公授幽州同經略副使。談笑辯捷，獨步一方。長慶初，國相張公出將是府，下車饗軍。府君首出樂部，歌詠化源，啓口成章，應機由典。相乃竦聽稱歎，揖之升堂，敬謂之曰：如子之優，天假奉聖聽者也，非諸侯府所宜淹留。立表薦聞，旋召引見。穆宗皇帝大悅，寵錫金章，隸供奉第一部。

弥歷二紀,榮密四朝。雖于髡滑稽,曼倩戲誚,寔無愧焉。"教坊第一部:教坊,宫廷音樂管理機構;音樂有"樂部",部,分類單位名稱,見《詞彙部·物量類·部》;第一部,第一類、即樂部首選者。如此篇,爲白樂天《琵琶行》"十三學得琵琶成,名屬教坊第一部"移釋,略無剩義。

53)國華、采女、司飾:墓誌猶"專業公文",按所司填寫

隋大業十一年《田氏墓誌》(《匯編》第10册第130頁):"大隋故宫人采女田氏墓誌銘并序。維大隋宫人采女田氏卒,以十一年六月五日葬於河南縣北芒嶺,時年五十七。嗚呼哀哉!夫以國華入選,邦族推妍,茂則可嘉,令儀有軌,故得庇影掖庭,編名永巷。如何芝華易歇,善慶難終。"

按采女,女官,徑冠以"宫人",則爲宫廷女官。《隋書·后妃傳序》:"煬帝時……采女三十七員,品正第七,是爲女御。"《舊唐書·后妃傳序》:"采女二十七人,正八品。"又,"國華"與下出"芝華"用字同,則"國華"成詞,數據庫記録無慮五六十處,結構與諸如"國手""國狗"類型正等。隋唐宫女以"國華"稱,又如隋大業十一年《丁氏墓誌》(《匯編》第10册第134頁):"大隋故宫人司餝丁氏墓誌銘并序。宫人司餝,姓丁,丹陽末陵人也。其源出濟陽,英賢相継,宫人以國華入選,邦媛推妍,儀範可嘉,箴誡有則,故得廁影椒房,編名永巷。如何芝華易歇,善慶難終。"其中"司飾",地位與"采女"相若。宫女墓誌用語,兩篇如出一轍。可能當時墓誌已作爲"專業公文",按職填寫,幾有匡格。

54)司言,亦爲宫人官守之一

隋大業十二年《宫人司言楊氏墓誌》(《匯編》第10册第151頁):"司言姓楊,字某,永嘉安固人。……司言幼承女德,長宣婦禮。辭韻韶美,辯對如流,聲擅彤闈,譽馳椒闥。王言斯密,綸綍攸司。"不僅誌文見出身份,銘文亦無不著眼所司爲"言"者功能特點:"乃爲銘曰:天闈崇密,帝命嚴華。言尸其任,實倈良家。惟此女師,是宣是納。尚兹辯問,工斯敏答。陰岑復殿,家宛脩廊,規旋短折,辭令珪璋。"墓誌誇飾文字,而切合人物身份特點者,此爲少見之例。宋代周密《武林舊事·冊皇后儀》:"內命婦各就位,皇后首飾褘衣,內侍引司言,司言引尚宫,尚宫引皇后出合。"承隋制耳。

55）司饎

隋大業六年《賈氏墓誌》(《匯編》第10冊第42頁)："隋宫人司饎六品賈氏墓誌銘"。《隋書》卷三十六《列傳第一・后妃》："四曰尚食局，管司膳，掌膳羞；司醞，掌酒醴醯醢；司藥，掌醫巫藥劑；司饎，掌廩餼柴炭。"

56）司燈之類

隋大業七年《李氏墓誌》(《匯編》第10冊第50頁)："隋故宫人司燈李氏墓誌銘并序。宫人諱字，江夏竟陵人也。世系出於高陽，因理官而命氏，理、李音同，後遂以李爲姓。"司燈，掌管燈具。其餘司帳、司彩等，亦各有專設。

57）管轄、鹽梅

隋大業六年《賈氏墓誌》(《匯編》第10冊第42頁)："故能鹽梅庶績，管轄儕倫。蹈仁義而攝衛，循典章以取則。"鹽梅，調和，和諧。南朝梁代劉勰《文心雕龍・聲律》："聲得鹽梅，響滑榆槿。"又攝衛，謂保養身體。北周王褒《與周弘讓書》："舒慘殊方，炎涼異節，木皮春厚，桂樹冬榮，想攝衛惟宜，動静多豫。"按鹽梅、管轄，攝衛、取則，皆對文，功能相若。

58）第一領民酋長

隋開皇十一年《張景略墓誌》(《匯編》第9冊第66頁)："祖，驃騎大將軍、第一領民酋長、文城公，又遷燕州諸軍事、燕州刺史。"此官職此前多見於北朝，如《魏書》卷七四："新興亦報以名馬。轉散騎常侍平北將軍、秀容第一領民酋長(按《匯編》第9冊第73頁，秀容爲地名，見隋開皇十一年《尒朱端墓誌》：公諱端，字休偘，北秀容人也)，新興每春秋二時，恒與妻子閲畜牧於川澤，射獵自娱。"卷八十："叱列延慶，代西部人也。世爲酋帥……延慶少便弓馬，有膽力……葛榮既擒，除使持節撫軍將軍、光禄大夫、假鎮東將軍都督、西部第一領民酋長，封永寧縣開國伯，食邑五百户。"隋大業八年《□墮及妻趙氏墓誌》(《匯編》第10冊第71頁)："曾祖，魏征東將軍、領民酋長、文城侯。"《北齊書》卷十七《列傳第九》"斛律金"："從破密軍，還，除大司馬，改封石城郡，公邑一千户，轉第一領民酋長。"《北齊書》卷二十七："其父孔雀，世襲酋長。孔雀少驍勇，時宗人拔陵爲亂，以孔雀爲大都督司徒平南王。孔雀率部下一萬人降於尒朱榮，詔加平北將軍、第一領民酋長。卒常沉敏有膽略，善騎射，累遷平西將軍。"《周書》卷二十九："高琳，字季珺，其先高句麗人也。六世祖欽爲質於慕容廆，遂仕於燕。五世祖宗率衆歸魏，拜第一領民酋長，賜姓羽真氏。"

59）直衛、直突

隋大業九年《張囧妻蘇恒墓誌》（《匯編》第10冊第77頁）："夫諱囧，字仲暉，南陽白水人也。齊皇建元年，釋褐積射將軍，除伏波將軍、直衛第一都督、武陽襄城二縣令，又除直突大都督。"《隋書》卷二十七《志第二十二·百官中》："其直蕩屬官，有直蕩正副都督，直入正副都督，勳武前鋒正副都督，勳武前鋒五藏等員。直衛屬官，有直衛正副都督，翊衛正副都督，前鋒正副都督等員。直突屬官，有直突都督，勳武前鋒散都督等員。直閣屬官，有朱衣直閣，直閣將軍，直寢、直齋、直後之屬。"

60）隊正

唐乾封二年《王纂墓誌》（《匯編》第15冊第45頁）："筮年纔及，翊衛司階，俄遷副隊正。"唐神龍元年《李思貞墓誌銘并序》（《新中國·陝西貳》第68頁）："考滿，授左金吾衛翊府副隊正，遷海州司户參軍。"隊正，相當於隊長。某正，長也。猶下出鄉正，即鄉長（亦同時使用"鄉長"之長）；郡正，即郡長。又里正，爲里長。

61）郡正

隋代職官有"郡正"設置，隋開皇十六年《陳黑闥造像記》（《匯編》第9冊第106頁）："高陽郡承濟南郡正陳慶遠，妻于豊男。"隋開皇十八年《□徹墓誌》（《匯編》第9冊第123頁）："高祖郎，州主簿。曾祖恭，郡正。祖小，郡司功。父生，鎮遠將軍、并州府司馬。"

62）鄉正

隋大業四年《楊德墓誌》（《匯編》第10冊第21頁）："以君青望德顯，召任通閆鄉正。撫大接小，莫不歌稱。"隋唐以五百户爲鄉，置鄉正一人，理民間訴訟。參見《隋書·李德林傳》："威又奏置五百家鄉正，即令理民間辭訟。”

63）鄉長

唐貞觀十九年《霍漢墓誌》(《匯編》第 11 冊第 132 頁)：“祖嘉，京兆郡丞。父勝，隋鄉長。”見上出“鄉正”。隋唐以後，鄉長爲農村基層行政人員。

64）社平正

唐貞觀八年《張岳墓誌》(《匯編》第 11 冊第 53 頁)：“年廿，鄉閭舉爲社平正。”

65）州都

隋仁壽元年《房吉墓誌》(《匯編》第 9 冊第 146 頁)：“刺史敬公召爲州都，乃(仍)全冠履，斯整彝倫。”按都者，大也。[1] 陳垣《史諱舉例》卷六：“魏晉以後，諸州皆置大中正，以甄别流品。隋時避諱，改爲州都，而去中正之名。”

66）京兆公

隋開皇十八年《劉明及妻梁氏墓誌》(《匯編》第 9 冊第 121 頁)：“君諱明，字世榮，徐州彭城人也。祖德，遷爲萇安鎮都將部陽侯雍州刺史京兆公。”

67）刺史正義

隋大業八年《志修塔記》(《匯編》第 10 冊第 62 頁)，整理者如此標識，實際當爲“公孫志修塔述”。蓋以本誌首題“上柱國岐州刺史正義公孫志修塔述”，整理者於“正義公孫”不知所措，遂葫蘆題如此作：“志”在可名可動之間，遊移有餘地焉。

按“刺史正義”在南朝尚爲職官之稱，後不經見耳。《玉海》卷一六四

---

〔1〕《漢語大詞典》“州都”條：州大中正的别稱。三國魏曹丕時行九品中正制，郡置中正，州置大中正，掌管地方選拔官吏事宜。隋時避諱，改大中正爲州都，常以重臣兼任，如煬帝爲晉王時，即曾任州都。開皇後罷九品中正制，改行科舉，州都遂廢。《晉書·劉毅傳》：“置州都者，取州里清議，咸所歸服，將以鎮異同，一言議。”《宋書·恩倖傳序》：“州都郡正，以才品人。”

"梁北顧樓、晉北固樓"條:"梁史武帝大同十年三月己酉幸京口城北固樓,更名北顧。初,京城之西有別嶺入江,高數十丈,三面臨水,號曰北固。蔡謨起樓其上以置軍,實頂,有小亭。梁南徐州刺史正義廣其路,傍施欄楯。上登望久之。"

68）友學

隋大業十一年《蕭翹墓誌銘并叙》(《匯編》第10冊第140頁):"詞翰推美,友學爲高。……枕藉道藝,含豪詞筆。"友學,字形作友,官職之稱。[1] 又"含豪"或作"含毫",喻構思爲文或作畫。晉陸機《文賦》:"或操觚以率爾,或含毫而邈然。"

69）隋代的縣長、大使

唐貞觀十六年《劉政墓誌》(《匯編》第11冊第109頁):"大業七年,行化隆縣丞。君既器範弘深,風儀峻整。耻居下位,常欲挂冠。懼貽譴責,超然獨往。但此縣荒弊,久闕長官。君兩佩弦韋,俱隆賞罰,曾未朞歲,風化大行。尋有詔使,欲進君以餘職。合境民吏,忘食輟耕。班白盈途,叩馬陳請。大使旌異,表状上聞。還授化隆縣長,從民望也。"隋時尚有大使,且尚設縣長一職。《漢語大詞典》"縣長"條:一縣之行政長官。秦漢時人口萬户以上的稱縣令,萬户以下的稱"縣長"。唐宋以後有所更改,至民國時,又改稱"縣長"。

70）隋唐以來,諸王之女封縣主

唐貞觀廿二年《段儼妻李氏墓誌》(《匯編》第11冊第171頁):"大唐故文安縣主墓誌銘并序。父巢剌王劼……柳密狂窓,乍起流鸎之賦;月含花簟,因裁擣衣之篇。採桔纂組之規,澄漠紘綖之務,靡不思窮妍麗,慮歸閑謐。貞觀十五年正月五日封文安縣主,脂賦開榮,公宫徙訓。乃以其月十四日降姻於工部尚書駙馬都尉紀公之世子段儼。"縣主,皇族女子封號,

[1] 《漢語大詞典》"友學"條:職官名。"友"與"文學"的合稱。漢州郡及王國皆置文學,魏晉以後,王府設友和文學各一人,爲輔佐、侍從之官。《梁書·張率傳》:"天監初,臨川王以下,並置友學,以率爲鄱陽王友。"參閲《晉書·職官志》《新唐書·百官志四下》。

東漢帝女皆封縣公主。隋唐以來,諸王之女,亦封縣主。

71)隋朝職官改革

隋仁壽八年《蕭君墓誌銘并序》(《匯編》第10冊第66頁):"開皇七年,從梁主入朝京師。九年,授開府儀同三司,封陶丘郡開國公,邑二千户。仁壽二年,授太子洗馬。大業元年,授東京衛尉少卿。二年,授上開府儀同三司。三年,朝旨以近代官号隨時變改,雖取舊名,不存事實,改上開府,授銀青光禄大夫,陶丘封爵從例除罷。四年,守秘書監。五年,即真秘書監。六年,封陶丘侯。七年,行幸幽燕,有事遼碣,詔檢校左驍衛將軍,餘並如故。"上開府儀同三司,改爲上開府,秘書監有守、真過渡,即守秘書監——真秘書監。

(五)儀式(含格式)類

1)唐代有旌節婦之墳、表貞妻之墓

唐貞觀十二年《唐遜故夫人柳婆歸墓誌銘并序》(《匯編》第11冊第77頁):"遂使長原膴膴,空旌節婦之墳;隴樹蕭蕭,徒表貞妻之墓。"

2)題名格式

隋大業十一年《尉富娘墓誌》(《匯編》第10冊第129頁):"大隋左武衛大將軍吴公李氏女墓誌文。……女郎志希儉率,但慕慈悲。經戒之所,弗虧施捨,於焉相續。方用配君子,能爲女師。而與善憑虚,浮生不固。掩然遘疾,砭石不痊。以大業十一年五月十三日終於京宅,春秋一十有八。仍以其月十七日窆於京兆郡長安縣龍首鄉興臺里。母氏痛盛年之无匹,悲處女之未笄。雖在幽媾婚,歸於李氏。共牢无爽,同穴在斯。"按墓誌題名突兀:爲"吴公女"之顛倒;稱李氏,以冥婚歸李姓;稱墓誌文,不以墓誌銘爲題。

3)道緣、異徵,額名出於上賜

唐開元七年《修定寺記碑》(《匯編》第21冊第115—116頁):"脩定寺者,後魏蘭若,沙門釋僧猛之所立也。法師俗姓張氏,少遊鄴境,唯工戈獵。道緣將發,爰降異徵。於此山下,遇一麀鹿,應機飲羽。因即墮胎,曲躬遮護,更無懼意。乃歎曰:昔聞此獸,死不擇陰。今者懷戀麛殀,輕命若是。我雖人也,誠不及之。悲慟潸泫,遂挫拉弓矢,即於此地結構草庵,誓求真覺。割愛綱於人世,委形質於林泉。獸狎無驚,禽馴不擾。棲遲此谷,積十餘年,有一神虎,常[隨]翊衛。于時金行運否,水德潛通。五馬逸於江湖,二龍徙於河洛。太和十有八載,六軍自北徂南,陳萬騎於此山,設三駈之盛禮。大緣既下,此虎来奔。猛以衲衣覆裹,安置繩床之下。逐者尋至猛房前,温涼纔訖,即陳本意。猛謂彼曰:若不屠戮,在近不遥,必擬殺傷,定難[可]得。彼矯荅猛,乃抱彪還。羣虞崩駭,莫敢前受。既覩希有,遂以奏聞。孝文驚其靈異,鑾駕親矚。素崇玄化,是用弥殷,庶旌厥事,爰詔立寺。以此谷四面山勢,狀類城埤,因此給額名天城寺。”

4）因武功而建觀音寺

國學助教陸德明撰、唐武德五年《新建觀音寺碣》(《匯編》第 11 冊第 2 頁):“王世充、竇建德爲讐大邦。我秦王赫然斯怒,罪人乃得。班師凱還,駐驊廣武。值夜雨作,而東南雲際,光焰射天,燭見觀音菩薩,全身畢露。王頓首拜瞻,喜謂羣臣曰:乃者武事告成,天授神佑,厥功溥哉。遂勑建兹寺,因名焉。工訖,乃樹碣以紀其歲月云爾。時大唐武德五年,國學助教陸德明□。”

5）南北朝隋唐歷代王朝佛事興替

唐開元七年《修定寺記碑》(《匯編》第 21 冊第 115—116 頁):“魏曆既革,禪位大齊。文宣登極,敬奉愈甚。天保元年八月,巡幸此山,禮謁法師,進受菩薩戒,布髪於地,令師踐之,因以爲大統。既見二水寺前合流,又改爲合水寺焉。封方十里,禁人樵采射獵,仍給武官兵士,守衛修營。三時視覲,四事無闕。師以什物餘積,□□支提。有一工人忽然而至,入定思慮,出觀剞鐫,窮陶甄之藝能,□□鏤之微妙,寫慈天之寶帳,圖釋主之金容。雖無優之役龍神,無□□也。自後齊師失律,鼎遷於周。建德六年,武帝納張賓邪諫,先廢釋□。鄴城三縣二千餘寺,限十日內並使熸除,此寺于時亦同毁滅。賴□者深重三寶,不忍全除,雖奉嚴敕,纔燒欄檻階砌,拆去露盤僊掌而已。是以齊國靈迹,此塔獨存也。自後周氏無道,神器授隨。文皇踐祚,大弘佛法。開皇三年十月十五日,下敕修理,度人配住,改名爲修定寺,封疆賜給,一同齊日。皇朝武德七年,又被省廢。至貞觀十年四月,敕爲皇后虚風日久,未善痊除,修復廢寺,以布福力。天下三百九十二所佛事院宇,並好山水形勝有七塔者,並依舊名置立。相州六所同時得額。均人配住,名修定寺,故今則因其号也。"[1]

6) 隋代造像材料及程序

隋開皇五年《惠鬱等造像記》(《匯編》第9冊第25頁)(拓片高60厘米,寬89厘米。通篇界格楷書,除個別殘缺,全記近800字)。現存釋文如下:

大隋開皇五年歲次乙巳八月乙酉朔十五日己亥,前定州沙門都故魏七帝舊寺主惠鬱、像主玄凝等,以先師僧暈去太和十六年敬造三丈八弥勒金像,至後周建德六年歲次丁酉,破滅大象,僧尼還俗。至七年六月,周帝宇文邕因滅三寶,見受迦摩羅之患,權扶天元承帝,改爲宣政。至二年,以父壞法破僧,願造大像,即改爲大象元年。但周將滅,□即禪位。大隋國帝主楊堅,建元開皇。自聖君馭宇,俗易風移,國太民寧,八方調順,護持三寶,率遣興修,前詔後勑,佛法爲首。惠鬱共弟子玄凝等,願欲修理本

---

〔1〕 關於造佛塔舍利塔的佛教基礎:《佛説未曾有經》(韓國高麗大藏經編號爲K237,第1卷3版,於3世紀初漢譯,譯者不詳。其他譯本有玄奘譯的甚稀有經K2361卷)。阿難到王舍城托鉢時,問建造華麗的樓閣供奉比丘和佛涅盤後造佛塔供奉,哪個功德更大?佛説人們建造精舍,佈施四方僧侶,功德雖然很大,也無法與製作芥菜籽一樣小的舍利塔或大麥一樣的佛像來供奉的功德來相比。并稱讚建造佛塔與佛像的功德。這樣的經文,叫作佛未曾有經。至於造像的佛教基礎:《佛説大乘造像功德經》(K419)2卷,692年提雲般若漢譯(函次爲《墨193》,法寶殿收藏)。簡稱造像功德經。内容宣説了建造佛像的功德。佛説造立形象福報經裏也提到過建造佛像的功德。佛在三十三天波利質多羅樹下安居三個月爲了母親説法。而閻浮提中没有如來,衆生没有了依靠,都很空虚。優陀延王也想念佛便想造佛像供奉禮拜。於是聚集了所有的能工巧匠準備用紫檀木造一尊佛坐像。毗首羯磨天變成匠人造了跏趺坐的金黄佛像,於是王發清淨心而大喜。佛説佛像要根據自已的條件塑造:或是在綢緞上繪佛像,或用金和鐵等來塑佛像,或用檀香雕佛像,甚至就算是用泥土或木頭來造出一尊手指般大小的佛像,但只要能看出是佛的相好,就會得到大福。據説,實際上佛像並非産生於本經所説的佛在世時,而是在大乘開始之際出現的。

寺,願復前像。舊處属他,悲號無及,《黍離》之詠,泣誦心口。賴摩訶檀越前定州贊治并州□營府户曹条軍慱陵人崔子石、前薩甫下司録商人何永康二人,同贖得七帝寺院。價等布金,貴餘祇樹,一發□那,雙心俱施,並爲俗寺主。從開皇元年造像頭手,並鑄大鐘。□五年,素起身跗。兼修寶殿,計柒匣柱像,用布一万七千五百斤,用柒十二斛,黄金八万七千薄,析像及殿合用錢五千七百貫。忽蒙勑旨:大縣别聽,立僧尼兩寺。安憙令裴世元王劉二尉等,以七帝舊所像殿俱興,遂申州表省,置爲縣寺,兼道引群僚,勸率二長,詳崇結邑,尊事伽藍,并十二州左開府其无兵、右開府和元志、副儀同宇文義(叉)演説,軍人契心歸善,胡漢士女邑義一千五百人。三邑併心,四方並助。前刺史昌平公元□、後刺史南陳公豆盧通,並首尾匡究,慰喻經紀,像成殿就,並賴二公。但周帝滅像,患報非輕,勸今世後世,持須尊重。像跗之下,不安寶物,慮有姧盜,破毁□財。敬之敬之,銘示千載。

寺僧曇識、僧道秉、僧寶觀、僧脩静、僧道澤、僧昞、僧洪顧、僧明儒、僧弁明、僧曇瑆,合寺一千三百僧。都維那郭仲淵、王貴洛、劉僧敬、董景賓、衛煞鬼、牛洪、□暈伯、王胡子、許神慶、董叔仁、宋遵、楊零賓、王純陁、李波利、楊伽;素像匠形洪演、趙文遠、蘇奉仁;柒匠劉松栢、路元和;大殿木匠王□、李孝威、孟君英;銘文王良預;書手劉雅;銘石匠楊静巖、郭悦;都當維那東方景沖、劉洪遵。

① 從中可見造像用料及相關物量詞,“用布一萬七千五百斤,用柒十二斛,黄金八万七千薄,析像及殿合用錢五千七百貫”,研究近代漢語語法者,應於此等處留意其物量詞的使用。

a 布論斤。

b 柒論斛。造像記後記有“柒匠”記録。或作朩、氵匕、桼等,見《宋本玉篇·桼部》:“桼,且栗切。木汁,可以髤物。今爲漆。柒,俗。”《萬象名義·桼部》:“桼,且慓反。漆,柒也。朩汁如流也。”今借用“漆水”字。

c 黄金論薄。即簿用作箔字,以石刻艸、竹構件通用,簿通箔,本指金屬薄片。如《南齊書·高帝紀上》:“不得以金銀爲箔,馬乘具不得金銀度。”宋周煇《清波别志》卷上:“元符初,後苑修造所言: 内中殿宇修造,用金箔一十六萬餘片。”隋時已由金屬薄片作爲莊嚴佛像的金屬單位。

d 錢論貫。《史記 · 貨殖列傳》:“子貸金錢千貫。”

② 結邑,殆即“結義”之源。“結邑”者,即後世民間習見之“×××結義”之原型: 特指佛教信衆結成社區單位。如《遼史拾遺》卷七:“朱彝尊《曝書亭 · 遼雲居寺二碑跋》曰: 右王正智光雲居寺二記共勒一碑,碑額篆書: 重修雲居寺一千人邑會之碑。一稱結一千人之社,合一千人之心,一稱完葺一寺,結邑千人。近年京城發地,得仙露寺《石函記》,後有‘千人邑’三字,尼曰邑頭尼。覽者,疑是地名。合此碑觀之,則知千人邑者,社會之名耳。”《野趣有聲畫 · 寓婺源紫虚觀》卷下:“書卷携來寓紫虚,憑高凝眺更無餘。五山結邑龍盤踞,一水依城帶卷舒。旦暮鼓鐘喧梵宇,高低樓閣壯神居。年時除却酬香者,闤闠行人往復疏。”

③ 按“像跗之下,不安寶物,慮有姧盜,破毁□財。敬之敬之,銘示千載”: □位字形有殘缺。佛像座下不安放寶物,以免招引奸盜,爲預留地步,竟進入造像記文,遂成法事莊嚴定規。唐總章三年《碧落碑造大道天尊像記》(《匯編》第 15 冊第 108 頁,拓片高 194 厘米,寬 103 厘米。黄公撰,陳惟玉篆書。原碑佚,此係摹刻。此本爲明拓,陳惟生舊藏,後歸顧廣圻。碑斷爲二,缺數字):“敬寫真容,庶幾終古。而土木非可久之致,鎔鑄爲誨盜之先。”

④ 按“素像匠形洪演、趙文遠、蘇奉仁;柒匠劉松栢、路元和;大殿木匠王□、李孝威、孟君英;銘文王良預;書手劉雅;銘石匠楊静巖、郭悦”,所可留心者,爲造像分工及石刻程序: 造像分工入記,素像匠、柒匠、木匠、銘文、書手、銘石匠等,其中銘文、書寫、銘石者分工明確,石刻程序,大抵如此。又畫像者,當時稱“素像匠”。該部分内容,應算是後記。

7）唐代寺院裝修材料

唐開元二十五年《臨高寺碑》(《匯編》第 24 冊第 36 頁):“爰始結構,廣兹□宇。鐸迴風吟,□危雲聚。叢倚□立,扠牙□竪。壁露銀泥,繩交金縷。其四。遠瞻迢遰,迴望崔嵬。文以粟玉,藻以玫瑰。彫甍鳳翥,畫壁龍來。自然風角,何必天台。其五。”其中所用“銀泥”“繩交金縷”等,堪爲上具隋代造法像所使用材料聯類對照。

8) 寫經捐厭

唐貞觀二年《張女羡墓誌》(《匯編》第 11 冊第 14 頁):“施金雕像,散寶書經。捐斯火宅,厭此危城。未終千月,遽虧百齡。離烏西去,逝水東□。”“施金雕像,散寶書經”對文,書經即寫經。

9) 唐代關於鳥占

唐天授二年《衡義整墓誌銘并序》(《匯編》第 17 冊第 137 頁):“式訪鳥占,爰興鶴隧。粤以天授二年二月十八日,與夫人元氏河南郡君合葬於洛陽縣清風鄉之原,禮也。”與《尚書・高宗肜日》、簡牘文字及敦煌文獻記載相應。

10) 唐碑板文字關於“有事”於名山等地記載

有事于南郊: 唐開元二十七年《趙庭墓誌銘并序》(《匯編》第 24 冊第 88 頁):“服闋,甲子廿八,属今天子有事于南郊,君以先后之親,得陪位。……三考又我皇上展柴祭之儀於泰山。特敕授東封齋郎,改任衛州司士。”

有事南郊: 太壹山人申屠洮撰、集賢院御書手趙守□□、唐天寶八載《□□□(忠義)墓誌銘并序》(《新中國・陝西貳》第 124 頁):“天寶六載二月,歲始東作,有事南郊,功臣預奉方壇,咸陪大禮。”唐天寶十三載《開國伯上柱國何德墓誌銘并序》(《新中國・陝西貳》第 133 頁):“天寶六載,有事南郊。以公元勳,特拜將軍。”

有事名山: 唐開元二十四年《白鹿泉神君祠碑》(《匯編》第 24 冊第 5 頁。拓片碑高 183 厘米、寬 102 厘米。韋濟撰,裴抗隸書并篆額。碑左側刻三川野叟詩,右側刻唐、宋人題名等,此本未收):“開元□□□,日在東井。自春不雨,至於是月。濟肅承嘉命,有事名山。齋宿泉源,靜恭旁禱。神必響答,靈液□□。嘉苗來蘇,歲以穰熟。夫後造化而出,奇功也;活弍軍之衆,立勳也;廣利百姓,善化也;施不違素,善信也。非夫聖祚旁通,坎靈潛發。是能邁種于德,左右犂入若兹者乎。宜蒙法食,昭著祠典。而荒涼苔石,埋穢榛蕪。歷代弥年,莫之旌賞。碑板無紀,堂象缺然。非所謂無德不酬,有功必祀。迺命縣屬,率徹俸錢,掃除林麓,修創庭廟。吏人欣願,不日而成。兼旁構數亭,以休神憩侶。因石爲室,即山取材。□□以茨,不皮不斵。爾迺面大道,臨長亭,襟西晉,欲東溟。半弌縣之封疆,東百會之車馬。重巖屏邊,連池珠沸。□淪洞澈,蔥青露蔚。澄漪冰寒,華清露味。於是遊閑鄉族,仁智名儒,轂擊肩摩,欝撓淫裔。感靈泉之舊哉,忻厥命之惟新。或篤言乎令節,或祈穀乎農辰。吟詠嗟歎,彈弦鼓舞。去者思還,來者忘歸。此里仁之爲美,寔神君之所相也。"李陽冰撰并書、唐乾元二年《城隍廟碑》(《匯編》第 27 冊第 17 頁):"城隍神祀典無之,吴越有之。風俗水旱疾疫,必禱焉。有唐乾元二年秋七月不雨。八月既望,縉雲縣令李陽冰躬祈於神。與神約曰:五日不雨,將焚其廟。及期,大雨,合境告足。具官與耆耋群吏,乃自西谷遷廟於山巔,以答神休。"

按"有事"於某處,爲古代祭祀儀式孑遺,早見於先秦文獻記載。如《戰國楚竹書》所記"柬大王泊旱"等。〔1〕 傳世文獻尤其多見,如晉代陶潛《歸去來兮辭》序:"親故多勸余爲長吏,脱然有懷,求之靡途。會有四方之事,諸侯以惠愛爲德,家叔以余貧苦,遂見用於小邑。"辭:"悦親戚之情話,樂琴書以消憂。農人告余以春及,將有事於西疇。或命巾車,或棹孤舟。"

11)墓誌附以禁咒文字

隋開皇十一年《尒朱端墓誌》(《匯編》第 9 冊第 73 頁):"開吾墓者,改葬之,大富貴。"此係銘文之後另行書寫。按北朝數代,尒朱一族,炙手可熱,地位顯赫,參觀《魏晉南北朝石刻語料庫》有關記録。該墓誌未留作者空間,結合誌文所謂"是用勒此武夫,寘彼泉路",頗疑該墓誌作者私挾報復筆法,鑲嵌陽秋隱私;或係墓主生前預爲地步,自辦身後文字。若係

〔1〕 參見臧克和《簡帛與學術》"楚簡所見禳災術"節第 113 頁、第 16 號簡:"晶(三)日,王又(有)埜(野),色逗者(睹)又(有)焢人。晶(三)日,大雨,邦蕙(瀝)之。"大象出版社 2010 年。

後者,則洞見墓主生前“武夫”性格鮮明矣。武夫,絶有勇力者。如《詩·周南·兔罝》:“赳赳武夫,公侯干城。”據誌文用語,隋代“武夫”尚非貶詞。

銘文亦迥不同一般匡格,不僅文末誘導發塚掘墓,且文字頗多晦曲:像“鈎陳之內,武帳之下”,又像“九重伾告,五日來歸。龍媒競躍,鷫蓋齊飛。西園月朗,北牖風微。流霞緩進,清角時揮”之類。

墓誌銘文文末,作蛇足之添,爲禁咒文字,唐代亦復有之,而方向相反。如唐乾封元年《董師墓誌》(《匯編》第15册第1頁):“後有人開不早閉,當滅門。乾封元年正月廿九日。”

12）佛教對於“咒”“網”態度

唐至德二載《史思明奉爲大唐光天大聖文武孝感皇帝敬無垢淨光寶塔頌》(《匯編》第27册第3頁):“置呪於梵刹之中,釋網於毗耶之路。”呪、網對文,皆須位置、解釋。

13）國家尊道觀之功能:道士奉敕祈禱神兵冥助國家戰事

唐開元六年《侯敬忠墓誌》(《匯編》第21册第95頁):“有制博召名德,尊師應斯制,居弘道焉。通天年,契丹叛逆,有敕祈五岳,恩請神兵冥助。尊師銜命衡霍,遂致昭感。永昌之歲,有逆僧懷義,恃寵作威,抑尊師爲僧。經四載,怏怏不得其志。登封年,遂抗表願復其道。人願天從,還居仙境。法衆以尊師言行無雙,始終若一,遂舉爲弘道觀主。”按“銜命”猶言奉命。“衡霍”即衡山。以衡山又名霍山。《爾雅·釋山》“霍山爲南嶽”,宋代邢昺疏:“衡山,一名霍。”晉代袁宏《三國名臣序贊》:“志掩衡霍,恃戰忘敵。”唐代杜甫《送王十六判官》詩:“衡霍生春早,瀟湘共海浮。”

14）女性而以名稱銘誌者及所涉娘家三代而不及夫君

隋大業十年《王光墓誌》(《匯編》第10册第96頁):“夫人諱光,太原人。父齊遵,穆平秦王府長史,有文有武。祖臺君,魏驃騎太將軍、右葙角觝羽林隊主,事君盡節,宿衛恭懃。”又見隋大業十年《崔上師妻封依德墓誌》(《匯編》第10册第98頁)。女性而以名稱銘誌者,交待夫人娘家三代,且不及夫君。如依附夫君之墓誌者,格式則反是。恭懃,形容詞,用以陳述。《北齊書》卷十三《列傳第五·趙郡王琛》:"既居禁衛,恭勤慎密,率先左右。"

15）分風

隋大業八年《高緊墓誌》(《匯編》第10冊第67頁):"竊以華山未礪,對賞猶今。溟海成塵,分風遂古。""溟海""分風","成塵""遂古"皆對文,指墓塚所生之風,出典據北魏酈道元《水經注·浙江水》:"句踐都琅邪,欲移允常冢。冢中生分風,飛沙射人,人不得近。"

16）人生儀式(一)

丱角。隋大業十一年《潘氏墓誌銘》(《匯編》第10冊第127頁):"夫人幼有姿則,長而閑華。年纔三四,則女誡是耽;齒將十五,則婦儀闇熟。遂使紹介之賓滿座,羔鴈之禮填門。二八適於南陽張氏。雖復丱(非)角之時,已有成人之量。舅既早歿,偏事少姑。執其幕而莫虧,供祭祀而不怠。養尊以孝,御下能慈。邕邕然睦於婦姒,察察然嚴於臧獲。"《漢語大詞典》"丱角1":頭髮束成兩角形。舊時多爲兒童或少年人的髮式。唐孟郊《送淡公》詩之五:"如何丱角翁,至死不裹頭。"

若冠/弱冠。此一關聯,殆即日語有關"若"類詞源。唐開元二十年《王希俊墓誌》(《匯編》第23冊第72頁):"公幼而岐嶷,卓犖兒童之輩;長而弘裕,優遊君子之林。若冠,以門蔭補左衛勳衛。"《禮記·曲禮上》:"二十曰弱,冠。"孔穎達疏:"二十成人,初加冠,體猶未壯,故曰弱也。"後遂稱男子二十歲或二十幾歲的年齡爲弱冠。按唐人石刻作"若冠",爲"弱冠"同音之混用。日语中"若い""若者",記録"年轻"語義,有可能即为"弱冠"被替换爲"若冠"所致。

擁樹。唐開元二十六年《夏侯思泰墓誌》(《匯編》第24冊第74頁):"雲興沛邑,勳高擁樹之班;星掩譙都,寵冠編鐘之肆。"按《史記·樊酈滕灌列傳》:"漢王急,馬罷,虜在後,常蹶兩兒欲棄之,嬰常收,竟載之,徐行面雍樹乃馳。"裴駰《集解》引蘇林曰:"南方人謂抱小兒爲雍樹。"唐司馬貞《索隱》:"蘇林與晉灼皆言南方及京師謂抱兒爲擁樹。"《文選·陸機

〈漢高祖功臣頌〉》:“馬煩轡殆,不釋擁樹。”李善注引晉灼曰:“今京師謂抱小兒爲擁樹。”墓誌稱頌墓主之功績,比方《三國演義》趙子龍懷抱幼主大戰長坂坡故事。

勝冠、花年。唐貞觀十四年《魏府君夫人雷氏墓誌》(《匯編》第 11 冊第 88 頁):“長息勝冠,花年殀没。見在厥子,少小英雄。”勝冠,與弱冠對。古代男子成年可以加冠,因用以指成年。華年,唐代已用“花年”字,青春年華。《宋本玉篇·艸部》:“花,呼瓜切。今爲華夸字。”《萬象名義·艸部》:“花,暉瓜反。華也。”見在,現今尚存。

17) 人生儀式(二)

賜謚爲“易名之典”。隋大業六年《姬威墓誌》(《匯編》第 10 冊第 35 頁):“朝廷結痛悼之哀,王人申賻贈之禮。喪葬所須,並資官給。易名之典,謚曰良公。”

薨背。隋大業八年《張伏敬墓誌》(《匯編》第 10 冊第 73 頁):“九年隨軍南討。氣懷奮勇,壯心恒在。舉目前衝,當頭解散。”《漢語大詞典》“薨背”條:猶薨殂。《北齊書·神武帝紀上》:“神武大哭曰:自天柱薨背,賀六渾更何所仰,願大家千萬歲,以申力用。”《周書·柳慶傳》:“今四叔薨背已久,情事不追。豈容奪禮,乖違天性!”又,亦有單用“背”字者:隋大業九年《張囧妻蘇恒墓誌》(《匯編》第 10 冊第 77 頁):“偕老未幾,張君掩背。”李密《陳情表》(《晉書》卷八十八“李密”):“乃上疏曰:臣以險釁,夙遭閔凶。生孩六月,慈父見背。行年四歲,舅奪母志。”又,隋代人名徑以囧爲名,殆未曾逆料後世網絡用字,慘遭扭曲者。

“撒手”原型,“開手足”及變體。隋大業七年《劉則墓誌》(《匯編》第 10 冊第 48 頁):“如何壚次莫息,服蒙易往。泰山其頹,爰開手足。”隋大業九年《豆盧公墓誌銘并序》(《匯編》第 10 冊第 84 頁):“又以道家之教,入釋氏之門。必竟空寂,殊塗同致。既遊庶藝,尤工弧矢,猨號兕猛。興會流連,無所凝滯。致兹兼善及,啓足歸全,始終若一。跡其行事,諒當世之偉人。”變體爲啓手、啓手足、啓手啓足,即佛教所謂“撒手”。唐開元二十年《杜孚墓誌》(《匯編》第 23 冊第 87 頁):“春秋五十一,啓手足于河南樂城里之私第。嗣子望之,荼毒蒙昧,僅于滅性,及夫喪祭卜宅,旨猶子黜之主焉。以開元廿年十一月十日屬纊,至廿一日遷窆于邙山之後原,禮也。""啓手"之類,爲墓誌指稱善終之隱語。如唐大中元年《高公(克從)墓誌銘》(《新中國·陝西貳》第 252 頁)"沉痾轉殛,而返魂無及,啓手長辭。九日,卒於萬年縣翊善里之第,春秋六十有三"。又如唐乙卯歲《裴涓墓誌》(《匯編》35 冊第 121 頁)"門人含悽以啓手,童子向隅而猶燭,小吏庭泣,行者路悲。於戲! 享年六十二矣"。《論語·泰伯》:"曾子有疾,召門弟子曰:啓予足! 啓予手!"而"啓手"又爲"啓手足"之省。亦有單用"啓足"者,如唐開元二十三年《蕭令臣墓誌》(《匯編》第 23 冊第 138 頁):"以久視元年正月九日遇疾,啓足於太原之官舍,春秋五十六。"

"栖鵟"爲喪亡意象。唐開元十八年《崔羨墓誌》(《匯編》第 23 冊第 21 頁):"何期巢鵟構見,白日黄泉。"唐開元十七年《劉龍樹墓誌》(《匯編》第 23 冊第 14 頁):"忽乃釁起棲鵟,奄傾東岱,白駒易往,隟駟難停。"唐永徽元年《張賓墓誌》(《匯編》第 12 冊第 10 頁):"戴鵟表怪,子服呈灾,運同舟徙,歎□梁摧。玉樹斯折,石槨便開,昔聞歌笑,今聽悲哀。蒼芒秋景,蕪漫荒埛,霧昏墳色,風急松聲。親賓號慟,行人涕零,刊茲貞石,永載嘉名。"唐開元十八年《孟頭墓誌》(《匯編》第 23 冊第 33 頁):"開元十八年,泣瓊凶兆,灾釁棲鵟。終徑栢於松門。"唐開元二十四年《張夫人墓誌》(《匯編》第 24 冊第 28 頁):"豈意巢鵂興灾,飛鵟遘禍,聲伯徵瓊瑰之詠,宣父起梁木之歌。以開元十年正月二日,薨于道光里之私第。"按巢鵟,或作棲鵟,亦成詞。地方民俗或以貓頭鷹(俗稱夜貓子)爲不祥之禽者,墓誌以鵟爲物化意象關聯,渲染墓地寂寥氣氛,則不知所自,辭書似亦未經揭出。懸揣古音鵟字近"難",以爲日、泥二母古音近而取得諧音聯繫。鵟,深開三平侵日;難,山開一去翰泥。猶《説文·宋部》:"南,艸木至南方,有枝任也。从宋羊聲。"大徐本那含切,《説文》亦以南、任音訓關聯。

18) 人生儀式(三)

"孺慕","孺子傷慕"之緊縮。唐貞觀廿年《李桀墓誌》(《匯編》第 11

冊第 158 頁):"孺子摧慕,愛女泣血。"慕,指小兒思念父母的啼哭聲。《禮記·檀弓上》:"其往也如慕,其反也如疑。"鄭玄注:"慕,謂小兒隨父母啼呼。"孔穎達疏:"謂父母在前,嬰兒在後,恐不及之,故在後啼呼而隨之。"《太平廣記》卷四一九引唐李朝威《異聞集·柳毅》:"清音宛轉,如訴如慕,坐客聽之,不覺淚下。"宋代蘇軾《前赤壁賦》:"其聲嗚嗚然,如怨如慕,如泣如訴,餘音嫋嫋,不絶如縷。"怨、慕對文。

19)人生儀式(四)

頌椒。唐景雲元年《豆盧君夫人薛氏墓誌銘并序》(《新中國·陝西貳》第 74 頁):"色受神會,惠問發於初孩;目領心傳,聰識楊於將丱。頌椒狀柳之敏,遇律斯融;彈絲捻籥之妍,旋宫莫滯。"頌椒,古代農曆正月初一用椒柏酒祭祖或獻之於家長以示祝壽拜賀,謂之"頌椒",即"椒花解頌"之緊縮結構,用例此前見隋大業八年《沈氏墓誌銘并序》(《匯編》第 10 冊 64 頁)銘文有云:"入風疑雪,依臺若雲。椒花解頌,竹杖能文。"

20)玄鳥,玄乙

唐開元五年《慕容昇墓誌》(《匯編》第 21 冊第 79 頁):"公諱昇,字昇,昌黎棘城人也。十一祖燕太祖文明帝。十代祖恪,燕太原王。白龍呈貺,作霸燕垂;玄乙開禎,興王晉代。"見《説文·乙部》:"乚,玄鳥也。齊魯謂之乚。取其鳴自呼。象形。凡乚之屬皆从乚。徐鍇曰:此與甲乙之乙相類,其形舉,首下曲,與甲乙字少異。烏轄切。鳦,乙或从鳥。"《宋本玉篇·乙部》:"乙,於秩切。玄鳥也。或作鳦。"玄乙,即燕鳥。

21)西藥

唐上元二年《楊偘墓誌》(《新中國·河南壹》第 4 頁):"豈謂西藥無救,泣春圃而銷芳;東岱有期,歎秋園之隕翠。"西藥,與東岱相對,殆指西王母而言。

22)茹慕,同音變形

唐開元五年《源君妻崔氏墓誌》(《匯編》第 21 冊第 67 頁):"嗣子惠津、廣津等,痛銜哀疚,茹慕過人。"《禮記·檀弓下》作"孺子慕"。

23）攀慕

唐開元三年《張法真墓誌》(《匯編》第21冊第38頁)："弟子等攀慕，痛結崩心。昆季悲號，猶子哀慟。"攀慕，即哀悼思慕，攀，攀送。見下條。

24）攀送

唐開元三年《許義誠墓誌》(《匯編》第21冊第39頁)："才高命舛，未致於青雲；壑徙川驚，遽悲於玄夜。嗚呼哀哉。遂以大唐開元二年七月六日遘疾，終於桂府之官舍焉，春秋卌有二。即以其月九日，權殯於府北門外。寮吏攀送者莫不掩泣相謂曰：斯人逝矣，無爲善矣。知音絶曲，似斷伯牙之琴；舊契增哀，如聞向秀之笛。"〔1〕

25）"鵝出"爲亂象之典

唐開元二十三年《王景曜墓誌》(《匯編》第23冊第139頁)："觀夫由余入秦，日磾仕漢，楚材晉用，自古稱美。其有才類昔賢，用同往彦者，則我王府君其人矣。公諱景曜，字明遠，其先太原人。昔當晉末，鵝出于地。公之遠祖，避難海東。洎乎唐初，龍飛在天。公之父焉，投化歸本。"

按《晉書》卷二十八："孝懷帝永嘉元年二月，洛陽東北步廣里地陷，有蒼白二色鵝出，蒼者飛翔沖天，白者止焉。此羽蟲之孽，又黑白祥也。陳留董養曰：步廣周之狄泉，盟會地也。白者金色，國之行也。蒼爲胡象，其可盡言乎？是後劉元海石勒相繼亂華。"

26）"井桑"爲喪亡之象

唐開元八年《王則墓誌》(《匯編》第21冊第119頁)："詞翰幾超於折桂，凶禍遽招於夢桒。"唐神龍二年《朱照墓誌》(《匯編》第20冊第24頁)："堆案盈几，各有司存。而撮要提綱，非君莫可。不謂井桑流夢，梁木其摧，幽塗既隔，哲人永往。去神龍元年八月十日，卒於并府之官舍，春秋卌有七。于時痛結僚友，悲緾行路。"

按井桑事象，關乎民俗信仰，所來有自。《魏晉南北朝社會生活史》提

---

〔1〕《漢語大詞典》"攀送"條：攀住車馬，依依送別。援引宋張世南《游宦紀聞》卷八爲書證："迎候不時，攀送不及，區區之急，亦非散慢。"

到《三國志・蜀書》卷十一《楊洪傳》注引《益部耆舊傳雜記》三國人趙直能夢占壽夭，蜀國何祇"嘗夢井中生桑，以問占夢趙直。直曰：'桑非井中之物，會當移植。然桑字四十下八，君壽恐不過此。'"説解雖出附會，但至少表明三國時"桑"字必早已解體爲桒形，魏晉南北朝石刻《元光基墓誌》用字作 ，與三國《走馬樓吴簡・嘉禾四年・文書》所用字從桒作 相近，傳抄魏晉南北朝字書的《名義》也如此構造。《宋本》以桒爲俗字："桑，思郎切。蠶所食葉。俗作桒。"其實，桑字由三又即三手形的叒，變異爲草木化的三十形即接近卉形，漢代隸碑《韓勑造孔廟禮器碑》所用"桑"字已經隸變爲上從三十下從木形。若進一步追溯，睡虎地秦簡《日書乙種》第124，桑字已作 。

27）五代火葬

五代後周顯德二年《趙鳳墓誌》(《匯編》第36冊第130頁)："嘗遺言曰：死以速朽爲妙，受唅之後，忉湏火焚。至時，紅煙高，黑煙盛，感有野鵝施於上，悲鳴不已。一投火而斃，二洒血而飛。路人見之，無不殞淚。嗟乎，何有比異也。"其中"切"字作 ，以楷化十、忄區别性降低而多混淆。參見《漢魏六朝隋唐五代字形表・刀部》"切"條下：魏晉樓蘭簡紙作 ，唐《李君墓誌》作 ，等等。忉湏，爲"切須"誤刻字形。

28）造像儀式結構

① 道士造像記

按南北朝開始的造像活動，往往與寫經追福相聯繫。《梁書》卷五十四《列傳第四十八》"諸夷"最早記載於天竺得阿育王造像故事，雖然《新唐書》卷一百五十記載當時造像規模："諸祠寺寫經造像，焚帛埋玉，所以賞賚若比丘、道士、巫祝之流，歲巨萬計。"其中除和尚之外，尚涉及道士、巫祝之流，但大要以佛教爲主流，至於道士造像，在隋唐五代石刻資料中，偶或見之。如隋大業六年《黄法暾造像記》(《匯編》第10冊第45頁)："大業六年太歲庚午十二月廿八日，三洞道士黄法暾奉爲存三二世，敬造□天尊□一龕供養。"

② 造像禮拜儀式結構

隋大業元年《李淵造像記》(《匯編》第10册第1頁):“鄭州刾史男李世民遇染時患。比聞大海寺有雙王像,治病有驗,故就寺礼拜,其患乃除。□於此寺願造石弥勒像一鋪。其像乃極丹青之妙飾,窮巧伎之鍋□。相好全真,容顔藴妙。以斯功德,衛護第子。唯願福山冥祐,法海長資,諸佛開心,三教之中並□。又願觀音引導,振□價□,高懸弥勒,慈憂貴昌,興於万代,家門大小,永賓長春,蠢動含生,咸登正覺。”

按該造像記涉及祈禱儀式,以篇幅短小,可録全文。

“鄭州刾史男李世民遇染時患”,禮拜之由。隋時所刻,施主“李世民”自當不構成避諱用字;或者説,貴爲盛唐帝王,竟然不知已入録鬼簿耶?

“比聞大海寺有雙王像,治病有驗,故就寺礼拜,其患乃除”,禮拜之效。

“□於此寺願造石彌勒像一鋪”,發願内容。

“其像乃極丹青之妙飾,窮巧伎之鍋□。相好全真,容顔藴妙”,還願所造之像。“極丹青”之極字原拓殘,僅存木旁,對比下句,殆即“極”字,以與“窮”字匹偶;至於“相好全真,容顔藴妙”,狀所造之像惟妙惟肖。其中“相好”,爲佛教專用語,指佛所體現種種法相,好,即爲法相單位。“全真”,陳述“相好”,同義語爲“具足”。南朝宋謝靈運《佛影銘》序:“容儀端莊,相好具足。”恰可移詁。《周禮》玉制禮器,好即孔,與邊肉構成成倍比例關係。

29) 經幢所見咒語儀式

唐開元十九年《王元明造陀羅尼經幢》(《匯編》第23册第57頁):“此咒名淨除一切惡道,佛頂尊勝陁羅尼。能除一切罪業等鄣,能拔一切穢惡道苦”。

按此經幢所載,爲傳播佛教咒語。然通觀全篇,翻來覆去,一篇之中,三致意焉:不外強調——如何講究該咒之儀式,以及由此可得何等之妙驗正果——二端而已。至於咒經本身内容,終然不見隻言詞組。反反復復,曉之以利害,約之以儀式。各家教義,大抵如此。一切"經典",往往不著邊際。明詔大號,門面虚張,裝腔作勢,徒然形式而已。是宗教即儀式的和效應的,觀此經咒,思過半焉。門派之有思辨力者,復又破除之,用心良苦。夫以利害與形式相禁制,亦見諸世間世俗,又非出世間宗教所專擅。

30）墓誌銘後附佛事之格

唐開元二十二年《安孝臣墓誌》(《匯編》第23冊第128頁):"夫以三教之法,與天地合興。聖演流傳,俱當是一。君諱孝臣,太原郡人也。惟生翹心逸衆,勇氣超群,鎮静邊壃,寧清塞境。何忽終于敦厚里之私苐,春秋卅有六。夭哉中化!嗣子興宗,次子承宗,次子榮宗。嗚呼!以開元廿二年歲次三月八日,魂歸四大,氣散春風。荒郊之野,永世長居。用其年四月九日,殯於河南縣平洛鄉邙山之原,母大營内安措,禮也。夫子之德,其銘曰:盛德何在,荒田一丘。含霜風切,覆壟雲愁。惟靈生母營内,敬造尊勝石幢,高二丈五尺。又就墓所寫花嚴經一部,願靈承塵霑影,往生淨土。"

按銘文之後續記佛事,等同造像記,而與銘詞渾然一體,屬墓誌銘文罕見之格式。又"華嚴經"刻作"花嚴經",同唐開元十七年《法澄塔銘》(《匯編》第23冊第15頁)"大唐故興聖寺主尼法澄塔銘并序:遂抄花嚴疏義三卷,及翻盂蘭盆經、温室經等。"

31）菩提之樹與忍辱之草

唐開元二十三年《張釗造像記》(《匯編》第23冊第155頁):"菩提之樹,潦崗巒而陰鬱;忍辱之草,歷冬夏而芊茸。"

按:忍辱之草,生於雪山之草名。《涅盤經》二十七曰:"雪山有草,名爲忍辱,牛若食者,則出醍醐。"

32）數字作偈語

唐開元二十三年《張釗造像記》(《匯編》第23冊第155頁):"歎未曾有,而作偈曰:肇建寶法兮明色空,或因金相兮光大雄。五等□侯兮德是崇,八百居士兮心攸同。善哉慧劍兮誘巴賓,琢彼劫石兮恣磨礱。九百万座兮涌其中,六十二見兮瑩其功。玉毫艷艷兮如遇風,金口微微兮疑勑躬。三十七道兮克已通,千万億劫兮永無窮。"

33）天宫、義井,關乎佛教傳播

隋開皇五年《建天宫義井記》(《匯編》第9冊第26頁):"知世無常,命同泡沫,非憑法泐,寧達彼岸?在路交衢,建天宫一所,誘發菩提;義井一堰,以消内渴。"記中尚有天宫王、大齋主等名目。

34）投龍璧與"投"類祈壽儀式

唐開元二十七年《大房山投龍璧記》(《匯編》第24冊第82頁):"維開元廿七年歲在已卯春三月,府城西南有大房山,孔水其水也。地僻幽閑,石堂華麗,雲峯攢嶺,宛度千齡,清泉引流,勢將万古。耿介拔俗之士,度白雲以方臨;蕭灑出塵之賢,干青天而直上,信知山水之靈矣。伏惟開元聖文神武皇帝纂承洪業,肇自開元,率土晏清,廿七年矣。去開廿三年,内供奉□□吕慎盈奉勑於此水投龍璧。暨廿四載,□□□□□又奉勑於此投龍璧。今又奉勑於此投龍璧焉。于時有御史大夫南陽張公諱守珪爲府主矣,監官功曹条軍段暐、法師觀主□及公使□坐李義遠、平步風、高味虚、張若水、龐味道、杜崇□、李西昇、□崇□、童子李延忠等,三日三夜,登壇投告。且夫陵谷推移,百齡詎幾,僕遂斐然書美,封山刊焉。詞曰:丹嶺嵯峨,雙峯邐迤。渌水涓涓,清泉泚泚。蘭蕙淒淒,松風靡靡。百草開葩,衆花吐蘤。刊龍璧之有功,庶千齡兮無毁。□□□威儀張湛詞。"

按原拓有殘缺。對照傳世文獻所記,朝廷於山水靈異特秀之區,詔派官員法師舉行投龍璧於水中儀式,功能爲祝時君之壽。如《演山集》卷十六《崇寧萬壽寺記》:"……回觀大雲門,相揖於山口,如蓮花狀,此所謂小雲門者。開元中,郡守有投龍璧於此,以祝時君之壽。乃見祥雲五色,或塔於空中,有記存焉。而况大雲門乎哉?當見衆聖諸真,共貽無疆之休,以資陛下萬壽,適默契自然之會,非出於私意而爲之也。其爲應也久,其爲佑也大。是宜爲寺,當與四方名山福地之有禪林寺争名於天下。"《六藝之一録》卷八十九西碑南面第一層"敕令自於名山大川投龍璧,修無上高元金玄玉清九轉金房度命。齋三□三夜,行道陳設醮禮,用能□塈清和,風雲靜默,神靈效祉,表□壽之無窮者也”。

“投”類祈禱儀式,出土文獻記載,見於戰國楚簡,如《上海博物館所藏戰國楚竹書》第五冊“柬大王泊旱”篇所載“色豆”文字,參觀《簡帛與學術》。[1]

“投”之爲儀式。吴越寶正三年《錢鏐投龍玉簡》(《匯編》第36冊第176頁):“大道弟子天下都元帥尚父守中書令吴越國王錢鏐,年七十七歲,二月十六日生。自統制山河,主臨吴越。民安俗阜,道泰時康。市物平和,遐邇清宴。仰自蒼昊降祐,大道垂恩。今特詣洞府名山,遍投龍簡。恭陳醮謝,上荅玄恩。伏願年年無水旱之巛,歲歲有農桑之樂。兼乞鏐壬申行年,四時履歷,壽齡遐遠,眼目光明,家國興隆,子孫繁盛。志祈玄祝,允協投誠。謹詣太湖水府金龍驛傳於吴越國蘇州府吴縣洞庭鄉王梁里太湖水府告文。寶正三年歲在戊子三月丁未朔二十六日壬申投。”按原碑周邊龍紋水紋,本地風光。

35)造橋儀式結構

① 隋開皇六年《仲思那等卌人造橋碑》(《匯編》第9冊第28頁):

大隋開皇六年歲次丙午二月壬午八月已丑。兖州高平縣石裏村仲思那等卌人造橋之碑。蓋形同石火,忽有便無,命似浮泡,儵存還滅,若不傾心捨命,如薩埵之投骸,克已精誠,泆尸毗之救鴿,自非仰習二士之功,苦海寧容可渡?然今大邑主仲思那等卌人,謹見村南分派成池,□水競流,以起漂濤之浪;阻隔長衢,致使楊朱泣分岐之淚。厭僞身形,遂登高樓,焚香啓發,獎化衆緣,四部崇助。謹於此處,敬造石橋。一濟之所,急緩通傳,永絶稽留之歎。兩盈美麗,婉娩可觀。又採石荊山,訪匠周隨。福力自天,名師忽至。圖龍者若乘虚模花,衆峰競集。漏佛兩坎,相同百工,左

[1] 關於釋典龍王請雨,參見《大雲經請雨品第六十四》(K165)16版,6世紀中期闍那耶舍漢譯。其他譯本有譯者相同的大方等大雲經請雨品第六十四(K167)1卷、那連提耶舍翻譯的大雲輪請雨經(K166)2卷。經名意爲大雲經中請雨的部分。内容講述了如果背誦龍王的咒語或佛的名號,天就會降雨。内容中龍王説他的心願是用自己掌管的雲恭敬佛而消除一切苦痛,通過降雨使莊稼茂盛,爲衆生造福。又説人們想請雨,就要懷慈悲心造壇,畫作龍王,散花,並祈禱7日就會降雨。

右侍衛,八部備足。藉此橋像,福及那等。茂若春蘭,尉殊夏馥;身比乾坤,年同弗石;學並宣尼,仕登卿相。敬法伏摩,三途斷絶。昔秦王越海,人鬼懷嗟,義取成功,能言羨德。其詞曰:運石荊山,藍田采玉。接軫連轅,首尾相續。簷桃再紅,其功始足。織女來游,江妃屢矚。(下部人名模糊)

按造橋碑文上部屬碑文正文,下部記四十維那名字。碑文磨滅難辨。唯記造橋之緣起,感生命之苦短,故借橋像以求福。麗事當對,侔色揣稱,天然渾成。

薩埵:梵語。摩訶薩埵簡稱,即大士,大菩薩。序文"薩埵之投骸",亦見北魏楊衒之《洛陽伽藍記·聞義里》:"十二月初,入烏場國……鞞羅施兒之所,薩埵投身之地,舊俗雖遠,土風猶存。"

圖龍者若乘虛模花,衆峰競集:狀畫像技巧。

身此乾坤,年同弗石:或釋如此。此、同對文,此,當係比字之誤。"弗石"不辭,疑字形誤讀。

學並宣尼,仕登卿相:隋人視孔子學可比肩,尚未神聖化。

織女來游,江妃屢矚:織女、江妃並列,皆本地風光,作者爲善麗事屬詞者。

② 隋開皇九年《兩村法義造橋殘碑》(《匯編》第9冊第49頁):

(缺)二月乙未朔三日丁酉(缺)以宣其旨,鴻猷凝密,寔依言詮,以顯(缺)長夜暉朗,徽音再揚,□沙啓悮,故能(缺)然。我皇握靈圖以常新,執天基而(缺)蝂佐丞慰等,萋萋青節,各□□以綏(缺)而安黎庶,今此兩村諸香火法義□一(缺)枝賓引膏腴二旨聲□□邑□□法(缺)心而自然孝苐之風固性□不□□□(缺)之路,顧見有埿溝深闊澄水□□□□(缺)来車去馬岨嶷,而恐淪□□□之□□(缺)□,公私兩闕,遂即飛輪□山□聳□□(缺)户砌疊,排空陵雲,□□方始枷木飛□(缺)勢似不馳,無異□水之行龍,何殊臨池(缺)魚戲其下,蕭君控鵠在上遊。橋功既訖,(缺)合,敬造交龍碑像一區,瑩錺真容卓絶,(缺)著於本曰:雲仛携瑟,競奏音於四面;金(缺)師子據地,播將欲吼。布錦散蒃,清爀而炎(缺)星夜朗。其地勢也,佐帶渌水,右連長阜,前(缺)恐令名滯墜,舊字難存。故勒碑刊文,寄傳(缺)寫真容,挺特奇布。神姿妙絶,世或安疑?菩(缺)金剛師子,衛護無欺。交龍繼結,解背何期?(缺)□拔幽滯,率起慈悲。造橋濟溺,豈借豪釐。

按該造橋碑文斷缺,但從所存文字看,作者工於描寫:化靜態爲飛動,所寫不限橋體,及於地勢("其地勢也,佐帶渌水,右連長阜");造橋訴諸儀式(造交龍碑像一區,銘文在於"衛護")。

36)有唐龍王故事與佛教關係密切

唐開元二十五年《三藏無畏不空法師塔記》(《匯編》第24冊第41頁):"所至講法,必有異相。初在烏茶國演遮那經,須臾衆會,咸見空中有毘盧遮那四金字,各尋丈排列,久之而没。又嘗過龍河,一托馳負經没水,畏懼失經,遽隨之入水。於是龍王邀之入宫講法,不許彼請,堅至爲留,三宿而出,所載梵夾,不濕一字。其神異多類此。"但石刻文字竟出現引《資治通鑑》内容,宜乎爲錢大昕所疑僞託。唐代石刻涉及龍王者如儀鳳三年《佛説彌勒菩薩兜率天下生成佛經碑》(《匯編》第16冊第79頁)、長安元年《趙敬等齋醮記》(《匯編》第19冊第30頁)、聖曆元年《李君修佛龕碑》(《匯編》第18冊第131頁)、大和九年《龍宫寺碑》(《匯編》第30冊第173頁)、天寶二年《懷惲墓碑》(《匯編》第25冊第46頁)、天寶元年《靈嚴寺碑》(《匯編》第25冊第24頁)、天祐十九年《法門寺塔廟碑》(《匯編》第34冊第55頁)、天寶二年《隆闡法師碑》(《西安碑林》第11卷第1183頁)、開元二十五年《不空法師塔記》(《匯編》第24冊第41頁)等。

37)學業成就與寺院之關係

唐建中元年《張翃墓誌》(《匯編》第28冊第1頁):"讀書於侯山玉泉寺,道業大成。廿二,國子明經上第,解褐補郏城尉。……既博綜墳籍,兼通子史,尤精意文章。爲中書舍人郄昂所許,稱風雅六義復起於公。著文集十二卷。"又經義有沉寂與振起之別,初無待好事者"六經注我""能事不已"。唐宋以降元明清各代,寺院爲讀書人或爲應考或爲靜修場所,見於雜劇筆記小説記載,所在比比。至於近代,不但中土,即東瀛高麗諸島,寺院不僅香火盛,筆墨之習,猶勝凡間。

38) 石人石柱石羊石獸各二列

唐開元三年《姚懿墓誌》(《新中國·河南壹》第 432 頁),整理者如此標目。當作《姚府君玄堂記》:"玄堂在陜州東硤石縣東北廿里崇孝鄉南陔里安陽公之原,即懷州長史府君塋東南五百四十步。懷州長史府君墳高一丈,周迴廿三步。石人石柱石羊石獸各二列,在墳南,碑一所,在闕南廿步。柏樹七百八十六株。文獻公墳高一丈五尺,周迴廿五步。石人石柱石羊石獸各二列,在墳南,碑一所,在墳南一十四步。柏樹八百六十株。闕四所,在塋四隅。"

39) 賜鐵券,恕十死;賜金券(金書鐵券),要盟誓

唐天寶十載《楊仲嗣墓誌銘》(《新中國·河南貳》第 323 頁):"考諱元琰,神龍初以匡復大功。拜金紫光禄大夫刑部兵部二尚書太子賓客。食實封五百户,賜鐵券,恕十死,白金六十斤,廄馬二匹。"唐顯慶四年《尉遲敬德墓誌》(《新中国·陜西壹》第 47 頁):"以公昔陪戎幕,早預軍謀,賜絹一万匹,金銀各千兩。拜上柱國吴國公,食實封益州一千三百户。故勒丹書而誓信,壽黄土以疏封。"唐開元十一年《執失善光墓誌銘并序》(《新中国·陜西壹》第 109 頁):"太宗與思力歃血而盟曰:代代子孫,無相侵擾。即賜金券,因尚九江公主,駙馬都尉,贈武輔國大將軍。"唐聖曆三年《高慈墓誌銘并序》(《匯編》第 18 冊第 178 頁):"仍賜金文鐵券曰:宜令高密子孫,代代封侯。自非鳥頭白鴨渌竭,承襲不絶。"五代至宋,賞賜丹書鐵券,所來有自,爲承唐制。

(六) 時 地 類

1) 唐代石刻中的莫高窟;他歲,多歲

唐聖曆元年《李君莫高窟修慈悲佛龕碑并序》(《匯編》第 18 冊第 131 頁):"莫高窟者,厥初,秦建元二年,有沙門樂傳,戒行清虚,執心恬静。嘗杖錫林野,行至此山,忽見金光,狀有鈐佛,遂架空鑿岩,造窟一龕。次有法良禪師,從東届此,又於僔師窟側,更即營建。伽藍之起,濫觴於二僧。復有刺史建平公東陽王等,各修一大窟。而後合州黎,造作相仍。實神秀之幽巖,靈奇之淨域也。西連九隴坂,鳴沙飛井擅其名;東接三危峯,泫露翔雲騰其美。左右形勝,前後顯敞。川原麗,物色新。仙禽瑞獸育其阿,斑羽毛而百彩;珍木嘉卉生其谷,絢花葉而千光。爾其鐫崿開基,植端檜而概日;礅山爲塔,構層台以篋天。刻石窮阿育之工,雕檀極優闐之妙。每至景鼉丹陸,節啓朱明,四海士人,八方緇素,雲趨兮艴赫,波委兮沸騰,如歸雞足之山,似赴鷲頭之嶺。昇其欄檻,疑絶累於人間;窺其宫闕,似遊神乎天上。豈異夫龍王散馥,化作金臺,梵王飛花,變成雲蓋,幢幡五色而焕爛,鐘磬八音而鏗鏘。香積之餅俱臻,純陁之供齊至。極於無極,共喜芳罄;人及非人,咸歆晟饌。爰自秦建元之日,迄大周聖曆之辰,樂僔、法良發其宗,建平、東陽弘其迹。推甲子四百他歲,計窟室一千餘龕。今見僧徒,即爲崇教寺也。"

按"計窟室一千餘龕",真乃極一時之盛。又,他歲,殆多歲,以他、多音近,即多年。《南史·齊豫章文獻王嶷傳》:"舊楚蕭條,仍歲多故。"

2）青要素序

隋大業十一年《元智妻姬氏墓誌》(《匯編》第10冊第132頁):"青要素序,奄摇落於穠華;玉露金風,竟摧殘於蘭蕙。"

按"青要素序"與"玉露金風"對文,皆指金秋時序。特前者著眼於色彩,後者體現爲屬性。青要,詞形亦作青腰、青葽。傳説中主降霜雪的女神,得以借指秋季。南朝陳徐陵《與王吴郡僧智書》:"比青葽已戒,白露方溥。"吴兆宜箋引《淮南子》高誘注:"青女,青腰玉女,主霜雪也。"素序,見唐人駱賓王詩作,如凉序、扇序、素序之屬。

3）落日高春

隋大業十年《姚太墓誌》(《匯編》第10冊第107頁):"如何一去,落日高春。合墓邙埠,玉誌留蹤(縱)。"高春,《駢雅》卷五《釋天》:"日將出曰朏明,將午曰禺中,晡後曰高春,將昏曰懸車,日落曰桑榆。"

4）鴨緑江，唐時作鴨渌江

唐聖曆三年《高慈墓誌銘并序》（《匯編》第 18 冊第 178 頁）："仍賜金文鐵券曰：宜令高密子孫，代代封侯。自非鳥頭白鴨渌竭，承襲不絶。"又，鳥頭，自是烏頭之混。

5）三餘

唐開元二十七年《白知新墓誌銘并序》（《匯編》第 24 冊第 92 頁）："公識自生知，慧由天縱。受淳和之氣，誕岐嶷之姿。著孝友於庭闈，備聞詩禮；推誠信於朋黨，譽重珪璋。雅尚弧矢，尤精史傳。三餘靡倦，五善有容。既而克嗣家聲，解巾筮仕。授常州武進縣主簿。累蜀州清城縣丞、越州諸暨縣丞。一臨巴徼，再涉吴江，守高節以莅人，安卑位而樂道。又遷河南府王屋縣丞，汴州封丘縣令。畿邑務摠，男邦寄切。時之選授，必擇才賢。公展毗贊而洽友寮，布宰化而緝黎庶。曹無留滯，里頌謳謡。至若休沐之辰，退食之暇，門多長者，席有嘉賓。詞論縱横，琴罇交錯，來必質疑請益，莫不虚往實歸。"

《三國志·魏志·王肅傳》："明帝時大司農弘農、董遇等，亦歷注經傳，頗傳於世。"裴松之注引三國魏魚豢《魏略》："遇言：（讀書）當以三餘。或問三餘之意。遇言：冬者歲之餘，夜者日之餘，陰雨者時之餘也。"後以"三餘"泛指閑置時間。晉代陶潛《感士不遇賦》："余嘗以三餘之日，講習之暇，讀其文。"

6）金壇唐代屬丹陽

唐天寶四年《張俊墓誌銘并序》（《匯編》第 25 冊第 93 頁）："汗馬方旋，戎裝未釋。遂調補丹陽郡金壇縣主簿。"唐天寶五載《趙仙童墓誌銘并序》（《匯編》第 25 冊第 109 頁）："父隱忠，皇朝散大夫、丹楊郡金壇縣令。"丹陽，或作丹楊。

7）唐代安丘即屬高密郡

唐天寶十二載《元府君墓誌銘并序》（《匯編》第 26 冊第 94 頁）："次子詢，高密郡安丘縣丞。"

8）雒陽城西白馬里

隋大業八年《郭達墓誌》(《匯編》第 10 冊第 57 頁)："仁壽二年十月十二日終於故雒陽城西白馬里。"按《隋書》等文獻不見此地名，所可考慮者，洛陽有白馬寺。是地以寺名，抑寺以地名？

9）石霂

唐天寶十二載《崔府軍故夫人文水縣太原王氏墓誌》(《匯編》第 26 冊第 80 頁)："當府君命爲大夫，而夫人食邑文水。天書褒德，爰降紫泥。地理開封，將分石霂。一時榮觀，百代美談。"石霂，與開封對文，地名。然字彙無從雨從卯字，疑即石窌，其上雨、穴混用，其下從卯形，如唐《王容墓誌》作窌，唐《臧懷亮墓誌》作窌。〔1〕

10）"南京"較早用例

唐貞觀十年《王玉兒墓誌》(《匯編》第 11 冊第 66 頁)："悠哉遠系，邈矣承明。操刀北鄴，衣錦南京。隋珠閒出，荊玉藂生。匡臣翼翼，輔贊英英。""南京"地名，爲使用較早見者，與北鄴對稱。

11）唐代莒縣即屬密州

唐開元五年《劉彥之墓誌》(《匯編》第 21 冊第 75 頁)："祖端，皇朝梁州金牛令，沁州司馬。駈雞作術，展驥稱雄。皇考令彝，舉幽素及第，補密州莒縣尉。雲臺搴秀，河甸分官。君則長子也。"密州州治，即今諸城。莒縣，爲諸城鄰縣。

12）唐代桑乾地望

唐大曆十一年《太原王景秀墓誌銘并序》(《匯編》第 27 冊第 148 頁)序文："以其年歲在丙辰八月丙辰朔二十九日甲戌葬於薊城北保大鄉之原，禮也。"銘文相應云："桑乾上，燕臺傍，万古千秋兮人自傷。"可考唐代"桑乾"地名地望。

---

〔1〕《漢語大詞典》"石窌"：古邑名。春秋齊地。故址在今山東省長清縣東南。《左傳·成公二年》："齊侯以爲有禮。既而問之，辟司徒之妻也，予之石窌。"後用以泛指封地。唐張説《贈吏部尚書蕭公神道碑》："封其石窌，俾承土宇之榮；表以金章，永閟珩璜之飾。"

13）唐設横海軍

唐刻殘石《□峻墓誌》(《匯編》第 35 冊第 166 頁)："唐故横海軍……公諱峻,字峻。"以"軍"爲行政區劃單位,盛行於五代兩宋。

14）縣鎮

五代後晉開運三年《楊珙楊遷造像記》(《匯編》第 36 冊第 116 頁)："伏願皇帝万歲,府主千秋,縣鎮官寮常居禄位,法界衆生常安常樂。又願合村長幼,無諸灾瘴,一心永爲供養。""縣鎮",五代已並稱一詞。

15）五代使用"下元"紀年

五代後周顯德五年《崇化寺西塔基記》(《匯編》第 36 冊第 155 頁)："吴越王長舅鄭國公吴延福,載興塼塔二所。香泥木石,爲此鎡基。厚二丈餘,其固若山。他日製爲,請無疑也。唐下元戊午年七月二十八日。勾當并結塔僧契莊,勸緣僧延祝。"〔1〕

（七）補史及民族類

1）左思家族

晉永康元年《左棻墓誌》(《匯編》第 2 冊 66 頁)："左棻,字蘭芝,齊國臨淄人,晉武帝貴人也。永康元年三月十八日薨。四月廿五日葬峻陽陵西徼道内。父熹,字彦雍,大原相弋陽大守。兄思,字泰沖。兄子髦,字英髦。兄女芳,字惠芳。兄女媛,字紈素。兄子聰奇,字驃卿,奉貴人祭祠。嫂翟氏。"墓主爲左思之妹,身家不止道及父兄,並詳及兄之妻、兄之子、兄之女等名、字。詳具亡者家族名字,即後輩女性名字,亦略不回避,爲晉代墓誌匡格,又見晉永嘉元年《王浚妻華芳墓誌》(《匯編》第 2 冊 70 頁)等。至於隋唐碑板,於家族則重在曾祖父三代,於女性諱名字,至於平輩及平輩以降則略不道及。

---

〔1〕《漢語大詞典》"下元 2"：術數家以六十甲子配九宫,歷一百八十年一周始,而稱其中的第三甲子爲下元。

2）晉代爲亡者追寫影像

晉永嘉元年《王浚妻華芳墓誌》（《匯編》第2冊70—71頁）：“故圖畫容像，綴集往行，俾後之子孫，以明先母之攸操云爾。”

3）“叱李”複姓與《隋書》補略

隋大業十二年《馮忱妻叱李綱子墓誌》（《匯編》第10冊第161頁），題名爲“隋司儀丞馮忱故夫人叱李墓誌銘”，誌序爲“夫人諱綱子，代郡人也。公侯奕世，將相連輝。望高鄉國，聲被朝野。祖長叉，齊侍中、許昌王，周少司徒，隋信州摠管相州刺史上柱國新寧密公。父善慧，隋車騎將軍、儀同三司。並經文緯武，勒鼎銘鍾，功濟時艱，績勤王室”。[1]

按《隋書·高祖紀上》之上柱國叱李長叉，據墓誌即叱李綱子之祖，曾歷齊、周、隋三朝，職官分別爲齊侍中、許昌王，周少司徒，隋信州總管、相州刺史、上柱國、新寧密公。李長叉之子李善慧，曾官至隋車騎將軍、儀同三司。《隋書》卷一僅二處各一句“戊子以上柱國叱李長義爲蘭州總管”“甲辰以上柱國叱李長義爲信州總管”，卷八十四僅一句“總管叱李長義守臨洮”。至於其子李善慧，雖然官至隋車騎將軍、儀同三司，地位顯赫，績勤王室，《隋書》曾無片言隻語道及。

是《馮忱妻叱李綱子墓誌》，堪補《隋書》之闕略。又，《隋書》所用“义”形，即石刻所用叉字，以是時尚不存在義、义繁簡之分，也就没有义、叉對立區别。

4）梟感、梟玄感，可補隋史

隋大業十二年《卞鑒墓誌》（《匯編》第10冊第152頁）：“君幼贍家風，早標令譽。詞彩磊落，調韻鏗鏘。非法度之言，不形於口；非禮義之事，不介於懷。……大業九年梟感充斥，以勳授奉誠尉。”隋大業十一年

---

〔1〕《漢語大詞典》“叱”條：列舉以叱字所構成複姓，有叱奴，西魏有開府叱奴興，見《周書·宇文貴傳》；有叱列，北齊有叱列平，見《北齊書》本傳；有叱列伏，北周有叱列伏龜，見《北史》本傳；有叱干，北周有叱干麒麟，見《周書·宇文貴傳》；有叱李，隋有上柱國叱李長叉，見《隋書·高祖紀上》；有叱利，北周楊紹被賜姓叱利氏，見《周書》本傳，亦稱叱吕引氏，見《隋書·觀德王雄傳》。

《張壽墓誌》(《匯編》第10冊第122頁):“梟玄感惡稔禍盈,縱其狂狡。反問始聞,凶徒遄暨。公投袂而起,親先士卒。”

按《隋書》卷七十《列傳第三十五》有《楊玄感傳》。《史通》卷七:“撰《隋史》者,如不能與梟感並列,即宜附出楊諒傳中。”注:“隋世皆謂楊玄感爲梟感。”《法苑珠林》卷三十七:“未能加罪,權令收禁,初不測其然。至來年六月,果逢梟感作逆,驅逼凶醜,充斥東都,誅戮極甚。”揆之隋代墓誌,以玄、梟音同之法,變换楊氏之名。可知屬隋當世,蔑稱楊氏者,不獨使用“梟感”,尚用“梟玄感”之稱。又,惡稔、禍盈並列,皆言惡貫滿盈。南朝梁劉勰《文心雕龍·檄移》:“奮其武怒,總其罪人,懲其惡稔之時,顯其貫盈之數。”《詩經·大雅·瞻卬》:“懿厥哲婦,爲梟爲鴟。”唐代白居易《凶宅》詩:“梟鳴松桂枝,狐藏蘭菊叢。”

5) 突厥隋代爲邊患

隋大業十一年《范安貴墓誌》(《匯編》第10冊第137頁):“及突厥凶醜,侵犯開塞,公勒騎遄征,揮戈直指,推鋒轉戰,斬將褰旗,以此奇勳,用膺殊賞。乃授開府儀同三司,俄入爲右領軍右二驃騎將軍。仁壽二年突厥復爲邊害,公受詔北討,楊麾掃漠,勇冠三軍,威申百戰,殪彼獯醜,有若摧枯,斬其名王,殆無遺類。”

高昌章和十六年《高昌王造像碑》(《匯編》第10冊第187—188頁,碑在新疆吐魯番),按該記殘缺,磨滅難辨。但據所存字迹,不唯文字可觀,亦所以補史闕。記中所及寧朔將軍、威遠將軍横截令、折衝將軍、振武將軍和虎威將軍等官守,“屬突厥雄彊,威振朔方,治兵練卒,侵我北鄙。□□□□軍之委,承廥勝之策,鷹揚閫外,虎步敵境。兵鋒暫交,應機退散。生□□□敷之期,深知□□□□,□安慮危,見機而作,乃欲与之交好,永固邦壃。以專對之才,非人莫□,□□君□庭,遠和□□。□□□之以機辨,陳之以禍福。□主欽其英規,士衆畏其雄略,遂同盟結姻,□□而歸。自是邊□□□,□□無虞,干戈載戢,弓矢斯韜,皆君之力也”等史實,頗有助於瞭解隋末西北民族之關係。

6）蠕蠕：隋代作“西域茹茹”

隋開皇十二年《趙齡墓誌》(《匯編》第9冊第80頁)：“于時西域茹茹，侵擾邊垂，奉詔與齊王征討。君志清萬里，潛運六奇。奮龍豹之韜，列天地之陣，於是妖寇殄滅，灌若摧枯。獻凱旋師，策勲飲至，加鎮東將軍幽州漁陽郡太守，封漢陽縣開國公，食邑五百户。”〔1〕

7）賀蘭地名，唐時或讀賀婁

唐開元十八年《韋行懿墓誌》(《匯編》第23冊第37頁)：“夫人賀婁氏。燕山北指，昔燕代之名家；河水東流，今河南之盛族。”賀蘭，複姓，北周有賀蘭祥，見《周書》本傳。

8）隋代尚設樓煩郡

隋大業十二年《宋永貴墓誌》(《匯編》第10冊第160頁)：“十年從駕北巡，言經朔野，不幸構疾終於樓煩郡，春秋五十有四。”《漢語大詞典》“樓煩”條：古代北方部族名，精於騎射。因以代指善射的將士。《史記·樊酈滕灌列傳》：“〔灌嬰〕軍於燕西，所將卒斬樓煩將五人。”裴駰《集解》引李奇曰：“其人善騎射，故以名射士爲‘樓煩’，取其美稱，未必樓煩人也。”南朝梁劉孝威《行幸甘泉宫歌》：“校尉烏桓騎，待制樓煩弓。”

9）石刻涉少數民族極近口語

隋大業十二年《□徹墓誌》(《匯編》第10冊第144頁)：“君諱徹，字姤注，塞北突厥人也。俠姪之苗冑，波斯之别族。……忽然喪没，埋在東都城北老子之鄉大翟村東三百餘步。”石刻用語格式化，而涉及少數民族，則刻寫又極近口語，幾成通例。即如本誌所謂“忽然喪没，埋在東都城北老子之鄉大翟村東三百餘步”，爲其他墓誌所罕見。

10）攻遼之役

隋大業十年《鄧昞墓誌》(《匯編》第10冊第112頁)，按本誌所及隋大業年間曾有攻遼之役，有補正史：“大業元年除鄂州司馬贊牧安民，改風

---

〔1〕《漢語大詞典·蟲部》作“蠕蠕”詞條：我國古代北方民族名，即柔然。三國魏曹丕《大牆上蒿行》：“下有蠕蠕之地，今我難得久來履。”《南史·夷貊傳下·蠕蠕》：“北狄種類實繁，蠕蠕爲族，蓋匈奴之别種也。”

移俗。化馴鳥於□部,問去虎於天庭,累獻功捷,除玄真府副鷹揚郎將,九年轉尚義府鷹揚郎將,領亡身子弟驍果等色,從駕攻遼,在所著效,授朝散大夫,轉朝請大夫檢校虎賁郎將,留守鷹門。”

11）秦叔寶曾輔江左陳後主抗隋

隋開皇十二年《諸葛子恒等造像碑》(《匯編》第9冊第84—85頁):“以開皇九年正月□日軍次於江左,建義主都督諸葛子恒,别將諸葛剎那蕭僧遷合一百人等,予王之抓□,時從簡命,滔滔之武,固徼壃埸,糺糺之心,作爲城捍,紫鷰黄鵠之馬,青龍白□之刀,貫甲思仇,揚鞭侍敵。叔寶猶三鳴其鼓,敢亢万乘之師,無異支一卵而□重輪,覆匱土欲填巨海。”

12）匈奴,唐石刻或作“兇奴”“凶奴”:詞形選擇有由音及意傾向

隋仁壽元年《趙韶墓誌》(《匯編》第9冊第141頁):“魏天平三年,兇奴入境,刺史侯行臺募令平殄,官以靖境大都督、廣昌軍主。指麾擒獲,事若湯雪。”唐開元四年《安思節墓誌》(《匯編》第21冊第54頁):“用武則斷凶奴之臂,運謀則伐單于之心。”

13）獫狁,隋代石刻作“玁戎”,玁粥、獫狁,名二實一

隋大業六年《姬威墓誌》(《匯編》第10冊第35頁):“大業元年正月,授司農卿。三年四月十八日,詔授銀青光禄大夫。十九日,詔授龍泉太守。惟静爲政,以德化民。豪右於焉斂跡,屬城以之解印。四年,轉爲燉煌郡太守。玁戎遠竄,關塞無塵。循良之稱,遐邇攸屬。”

玁粥、獫狁是二實一。隋大業八年《劉德墓誌》(《匯編》第10冊第58頁):“仁壽元年,獫狁憑淩,復擾邊境。又從越公捴管,重剪玁粥。於是開玆右地,禽彼左賢。”按此誌,獫狁、玁粥是二實一,而史書二者並列。《史記·匈奴列傳》:“匈奴,其先祖夏后氏之苗裔也,曰淳維。唐虞以上有山戎、獫狁、葷粥,居於北蠻,隨畜牧而轉移。”《後漢書·南匈奴傳》:“昔獫狁玁粥之敵中國,其所由來尚矣。”李賢注:“周曰獫狁,堯曰熏粥,秦曰匈奴。”

14）岢嵐縣

隋大業六年《姬威墓誌》(《匯編》第10冊第35頁):“開皇元年,授太子內率,其年九月,又授太子左內率。二年八月,封岢嵐縣開國侯,食邑五百户。"《六書故》卷五:"口俄切,岢嵐,太原山名,在嵐州。"《魏書》卷七十五有"梁郡岢嵐"。《漢語大詞典》"岢"條:山名、地名用字。山西省有岢嵐山、岢嵐縣。地名用字,頗徵漢語存[kl]一類複輔音結構。

15) 隋時臨淄隸屬於青州

隋仁壽元年《房吉墓誌》(《匯編》第9冊第146頁):"君諱吉,字遜,青州臨淄人也。"

16) 蠻左

隋大業二年《李虎墓誌》(《匯編》第10冊第5頁):"此地營櫟嶮岨,蠻左雜居。漢蜀交川,民情麁獷。"清代王鳴盛《十七史商榷·北史合魏齊周隋書三·蠻左》:"《隋地志》末段云:'南郡夷陵諸郡,多雜蠻左。'……蠻左,即蠻夷,乃當時語。"

17) 隋代大業二年邊疆海戰

隋大業五年《寧贙墓碑》(《匯編》第10冊第25頁):"公履端器量,增万頃之淵;含翰縱容,踰四學之勵。開皇十四年帝以公衣冠子胤,遠来入朝,既秉誠心,宜升戎秩,授大都督,厚贈縑繒,徧加享礼。以公長榆之變,李氏弱乎區分,細柳之搗,條侯反存無策,南定交趾之川,北靖蒼梧之野。仁壽二年,詔公兄弟建弘,宣楊國化,嗣位牧民,撫寧蕃部,宜加榮秩,用優恒典,增上儀同三司。到大業二年,帝以公驟從戎踐,克著嘉庸,拜上儀同三司,餘官如故。公沉神惟悵,競羊祜之謀;脩備繕完,規臧宣之度。披圖三略之精,麾師九圍之勇。雲梯再起,魚驪興維,[ ]兄及弟,陳兵林邑,推鋒振旅,以先啓行,前茅慮無,中權後勁。浮青雀以泛白波,櫂赤馬以排緑浪。憑軾相臨,雲横百陣。靡旌摩壘,有許伯之雄;折馘掉鞅,模攝叔之勢。故得臥彼皷旗,提衡拔旆,困獸猶鬪,鋪舶新墉之江,出寇陁緣之海,賊艫千乘,公舟二十,旭旦幟交,浸霄未止。公策運在標,權以樓舡五鷁,徧師檄隊,得潰彼豺狼,争舟指掬,芰夷□滅,盡殪凶徒,獻捷鐫地,馬伏波慙色以顏;獲神納俘,檀和之愧乎其道。公巡歷三軍,皆如挾纊,聲播百官,咸仰斯茂。"

按墓誌寫海戰,前無此詭譎。“浮青雀以泛白波,櫂赤馬以排緑浪。”侔色揣稱:顏色當對,允稱出色。但以陸戰之慣技,寫海事之波瀾。足見中土之作者,曾不諳水陣。《隋書》於其父猛力、其兄長真皆有記載,獨缺朔威,並無海戰。是故,墓誌所及,堪補爲史乘之補。又,“[ ]兄及弟”必脱“維”字,以上接“魚驪興維”句末有此字而奪。“推鋒振旅”,必“摧鋒”之誤。“浸霄未止”,必“浸宵”之誤。

18）隋代出使高麗,撫慰夷長:斷割應機,類懸河注水

隋大業六年《梁瓌墓誌》(《匯編》第10冊第40頁):“開皇七年,勑授奉朝請,詔使高麗,撫慰夷長,應命啓服,授倉部員外侍郎兼通事舍人。斷割應機,類懸河注水;敷奏事顯,若清池照物。”

19）隋大業年間和親事

隋大業七年《劉則墓誌》(《匯編》第10冊第48頁):“十六年詔授兼內給事,其年奉勑送光化公主適於西域,十九年文官並加戎秩,轉授帥都督,朔方內欵,錫以和親,使乎不易,寔歸懿德。廿年又勑送義城公主達於啓民可汗,受使閫外蕃民,取則對楊天休,雅有倫序。以仁壽元年正除內給事,大業三年令文新頒官号沿革,改內給事爲內承奉。公進退以禮,動止不凡,時出則威,希言必重,曳長裾而赫弈,拖珠珮以鏗鏘。縉紳愛其軌範,習俗嘉其雲彩。”按《隋書》卷四十七《列傳第十二》:“會吐谷渾來降,朝廷以宗女光化公主妻之。以謇之兼散騎常侍,送公主於西域。俄而突厥啓明可汗求結和親,復令謇之送義成公主於突厥。謇之前後奉使,得二國所贈馬千餘匹,雜物稱是,皆散之宗族,家無餘財。”而劉則不見正史所載。

20）多羅

隋大業八年《孔神通墓誌》(《匯編》第10冊第69頁):“四年詔授帥都督上谷郡開國公,破多羅對等一千二十四人。”對即剛字,多羅對,是隋代即用以記録人名者。[1]

---

〔1〕《漢語大詞典》“多羅 5”:滿語美稱,加在爵位的前面。如“多羅郡王”“多羅貝勒”;又稱郡王、貝勒的女兒爲“多羅格格”。

21）唐代少數民族姓氏：執失複姓

唐開元十一年《執失善光墓誌銘并序》(《新中国·陕西壹》第109頁)："君諱善光，字令暉，代郡朔方人也。原夫傳芳夏裔，騰懿天嬌。膺星象而披圖，控月紘而晝野。布諸史冊，列在方書。美族良苗，其来遠矣。曾祖淹，本蕃頡利發。皇初起太原，領數千騎援接至京，以功拜金紫光禄大夫上柱國。仍降特制，以執失永爲突厥大姓，新昌縣樹功政碑。爰從締構之初，即應義旗之始。功陪造化，德贊開天。祖武，本蕃頡利發，以元勳之子，皇授上大將軍右衛大將軍上柱國安國公。于時頡利可汗率百万之衆，寇至渭橋，蟻結蜂飛，雲屯霧合。祖即遣長子思力入朝獻策。太宗嘉其誠節，取其謀効，遣与李靖計會，內外應接，因擒頡利可汗，賊徒盡獲。太宗与思力歃血而盟曰：代代子孫，無相侵擾。即賜金券，因尚九江公主，駙馬都尉，贈武輔國大將軍。被練韜戈，當鋒冒鋭，呼郡嘯侶，削平沙塞。父莫訶友，從破遼還，拜左威衛大將軍左羽林軍上下使持節執失等四州諸軍事執失州刺史上柱國歌禮縣開國子。扈大駕於遼碣，斬鯨首於蒼波。鐵石居心，冰霜挺操。侍奉帷幄，帶礪山河。公任右監門衛將軍上柱國朔方郡開國公，兼尚食內供奉。嶽瀆降靈，才緣代出；星辰誕慶，人爲時須。器宇魁梧，體貌岐嶷。仁慈立性，孝友因心。寬猛相資，剛柔得所。無欺惸獨，不畏高明。汪汪万頃之陂，朗朗百間之屋。若日磾之歸漢，即助雄圖；等由余之入秦，爰扶霸業。"唐顯慶三年《常樂府果毅執失奉節墓誌之銘》(《新中國·陕西貳》第30頁)："公諱奉節，字履貞，漠北陰山人也……大父，皇朝上柱國安國公，食邑三千户。英姿卓遠，智勇凝邃。往居草昧，擁衆米王。叶元契於参墟，私利建於汾水。掃清東夏，夷定北燕，靡不尅著元勳，先標盛績者也。"〔1〕

〔1〕《漢語大詞典》"執失"：複姓。唐有執失思力。見《舊唐書·突厥傳上》《新唐書·諸夷蕃將傳》。又"頡利發"條：唐代突厥族官名。《舊唐書·突厥傳上》："其大官屈律啜，次阿波，次頡利發，次吐屯，次俟斤，並代居其官而無員數，父兄死則子弟承襲。"王國維《高昌寧朔將軍麴斌造寺碑跋》："訶黎伐，亦俟利發或頡利發之音變也。"

22）阿史那氏、沙陁氏

唐開元八年《公孫思觀墓誌》(《匯編》第21冊第120頁)："鄉曲之譽見推，警衛之勞斯著。"唐開元八年《沙陁公妻阿史那氏墓誌》(《匯編》第21冊第124頁)："年十有七，歸于沙陁氏，封金城縣君。"唐乾封二年《開國公曹欽墓誌銘并序》(《新中国·陝西壹》第64頁)："阿史那賀魯種雜天驕，兵纒土著。入羈蘭陛，厭交戟之勤；出牧葱河，阻引弓之衆。由是良家占募，惡少從軍，禆綂佇才，僉論攸属。永徽六年，拜葱山道揔管，斬樓蘭之首，斷凶奴之臂，績勣茂甘陳，勲踰辛趙。"唐開元十一年《阿史那勿施墓誌并序》(《新中國·陝西貳》第82頁)："君諱施，字勿施，淳維之後，夏禹之苗，雲中郡人也。曾祖染干，北蕃單于啓人可汗。"

按《漢語大詞典》"阿史那"條：古突厥姓氏。唐代有阿史那忠。見《舊唐書·突厥傳上》。又"沙陀1"：我國古代部族名。西突厥别部，即沙陀突厥。唐貞觀間居金莎山(今尼赤金山)之南，蒲類海(今新疆巴里坤湖)之東。其境内有大磧(今古爾班通古特沙漠)，因以爲名。五代李克用、石敬瑭、劉知遠均爲沙陀人。唐元稹《憲宗章武孝皇帝輓歌詞》之二："始服沙陀虜，方吞邏逤戎。"《新唐書·沙陀傳》："沙陀，西突厥别部處月種也。"唐代墓誌可以印證。

23）契苾

唐大中八年《契苾通墓誌銘并叙》(《新中国·陝西壹》第133頁)："公諱通，字周物，姓契苾氏。其族系源流，載在國史。五代祖諱何力，在貞觀初，髪齒尚幼，率部落千餘帳，効款內附。"唐天寶三載《唐故九姓突厥契苾李中郎贈右領軍衛大將軍墓誌文》(《新中國·陝西貳》第110頁)，題名明確契苾屬於突厥。

24）俾失

唐開元二十一年《雁門郡開國公俾失十囊墓誌銘并序》(《新中國·陝西貳》第100頁)："昔者軒轅黄帝有子二十五人，或內列諸華，或外分荒服。其有作政西土，觀光北闕，藩屏天子，欽慕國章。可謂禦獫狁於邊，鎮戎夷於遐境者。而誰继歟，則俾失特進公矣。公諱十囊，字自牧，陰山人也。尔其款玉禾之靈嶠，乘金行之秀氣。代雄蕃部，英傑鬱興。按其傳經，公則五帝之後。聿奉唐國，愈爲貴臣。”

25）可寒、可敦

北魏太平真君四年《嘎仙洞祝文》（《文物》一九八一年第二期《鮮卑石室的發現與初步研究》）：“王業之興，起自皇祖。綿綿瓜瓞，時惟多祜。歸以謝施，推以配天。子子孫孫，福禄永延。薦于皇皇帝天，皇皇后土。以皇祖先可寒配，皇妣先可敦配。尚饗。”該石刻祝文，一見鮮卑族群可汗與皇天的關係，二見首領男性稱可寒，女性稱可敦。

26）可寒、番名

唐隆元年《（阿史那從政夫人）薛突利施匐阿施夫人墓誌銘并序》（《新中國・陝西貳》第72頁）：“十二姓阿史那葉護可寒，順化王男。左羽林軍上下左金吾衛大將軍阿史那從政，番名藥賀特勤。夫人薛突利施匐阿施，元年建卯月十八日，染疾終於布政里之私第，春秋卌有八。”可寒，即可汗。番名，即少數民族之稱。

27）回紇

唐乾元元年《迴紇瓊墓誌銘并序》（《新中國・陝西貳》第142頁）：“故葉盛衣冠，門承瀚海之後；地雄虜塞，家有可汗之貴。居崇高而匪傲，席寵榮而若驚者，則公焉。姓迴紇，字瓊，陰山人也。……獻天子上策，斷土蕃之右臂。故得賞延于世，寵冠諸蕃。”《漢語大詞典》“迴紇”條：回紇。我國古代西北方少數民族名。後亦稱“回鶻”。《舊唐書・回紇傳》：“迴紇，其先匈奴之裔也……在薛延陀北境，居娑陵水側，去長安六千九百里，隨逐水草，勝兵五萬，人口十萬人。”《舊唐書・回紇傳》：“元和四年，藹德曷里禄没弭施合密毗迦可汗遣使改爲回鶻，義取迴旋輕捷如鶻也。”

28）西域米國

唐永貞元年《米繼芬墓誌銘并序》（《新中國・陝西貳》第191頁）：“公諱継芬，字継芬，其先西域米國人也。代爲君長，家不乏賢。祖諱伊□，任本國長史。父諱突騎施，遠慕皇化，来于王庭。遐□京師，永通國好。特承恩寵，累踐班榮，歷任輔國大將軍行左領軍衛大將軍。公承襲質子,身處禁軍,孝以敬親,忠以奉國。”

29) 驕猾

唐天寶十載《臧懷亮墓誌銘并序》(《新中国·陝西壹》第122頁):“擅雄沙漠,騰聲朔維。顧獯醜蚊飛,怒驕猾鼠竊,叛乃皇貸,蠹乎邊虞。君乃深其鈎以圖艱,鋭其武以禦敵。遂憤習弦矢,厲喻蹶張。”驕猾、獯醜對文,謂匈奴驕横且淆亂,非謂“狡猾”者。

30) 滕王

隋大業十年《馬稱心墓誌序并銘》(《匯編》第10冊第106頁):“夫人六郡豪家,五陵貴族。貌美東姝,妍華西子。來應策命,入選王宫。□滕王帝子帝弟,連星連日。地戹顯貴,位極人臣。夫人恭懃奉上,柔惠接下。德懋江淹,行甚冰潔。”其中“德懋江淹,行甚冰潔”對句,懋、甚對文。懋即懋即楙之通用,楙,盛大之意,與甚字之用,皆有“比較”功能。該銘可補《隋書》滕王事略。

31) ××王: 北魏謚號

北魏正始二年《元鸞墓誌》(《匯編》第3冊第86頁):“贈鎮北冀州,謚曰懷王。”北魏永平元年《元勰墓誌》(《匯編》第3冊第118頁):“王諱勰,字彦和,司州河南洛陽光睦里人也。顯祖獻文皇帝之第六子,高祖孝文皇帝之弟。仕歷侍中已下至太師。十七除官。永平元年歲在戊子,春秋卅六,九月十九日己亥薨。追贈使持節侍中假黄鉞都督中外諸軍事太師領司徒公,謚曰武宣王。”北魏永平四年《元保洛墓誌》(《匯編》第3冊第136頁):“曾祖故素連……得銅虎符,謚曰康王。”

32) 顧野王曾修《輿地誌》

五代後晉開運二年《顧亭林法雲寺感夢伽藍記》(《匯編》第36冊第102頁):“果見損折古碑。皆文字破滅分散,獨一片分明云:寺南高基,顧野王曾於此脩《輿地誌》。”

33) 並非簡單成者爲王,敗者爲寇: 唐人當世評價李密

唐武德二年《李密墓誌》(《新中國·河南壹》第109頁):“公想淮陰之爲遊,懼彭王之詐返。内懷震恐,棄軍宵遁。熊耳峯危,羊腸徑嶮。降吴不可,歸蜀無路。顧駿馬以俳佪,哥虞兮而流涕。同陰陵之失道,類尸鄉之喪元。春秋卅七,詔公禮葬焉。公體質貞明,機神警悟。五行一覽,半面十年,雅善書劍,尤精文史。至於上天入地之奇,拔幟擁沙之妙,莫不動如神化,應變無窮。既負從横之才,又遇風雲之會,望紫氛以鑲首,陵扶摇以振翮。揔不召之衆,同獨夫之罪。從我如流,三分將二。遂有囊括四海之志,并吞六合之心。既而神器有歸,策名天闕,委質北面,受命東征。心以震主自疑,功多是懼。將遠遊以逃難,翻塗窮而及禍。惜乎高鳥未盡,良弓遽折;狡兔不獲,韓廬已亡。天子過細柳以興嗟,聞鼓鞞而動思。曲展事人之節,□申舊君之禮。粤以武德二年歲次己卯二月庚子朔十六日乙卯,葬於黎陽縣之西南五里之平原。"

34) 唐代安南水戰

唐咸通八年《朱贍墓誌銘》(《新中國·河南貳》第107頁):"至大中初,加軍事押衙,掌領五將。其令必行,使於四方,無所見辱。纔當推拔,遇南蠻大動,蕩摇邊壃,率天下兵戈,南禦狂亂,飛蒭挽粟,失將亡師,騎若雲奔,使連星走,逾三四載不捷。天子軫慮,親降聖謀,曰:朕聞忠武一軍,天下雄鋭,是擇良將,點閱武士勁旅,南荒克弭禍難。應旨下詔,國家此時方□戎行之用。咸通五年二月三日,受許州節度衙前兵馬使充討蠻廂虞侯。領三千之衆,□於海門,審其否臧,交綏而退。蠻賊覺勢莫敵,復竄安南,以海南爲已壃也。府君周矚其便,使厚其毒,而儆衆曰:安南一境,國家重地,不可弃遺。乃廣舟檝,造戰樓,制置軍器,一切異常。興不復之志,濟無邊之波。壞津梁,奪轉運,逢寇必戰,要路必截,活駈蠻賊,生擒蠻將,不月餘,拔營於府城下。殘賊雖蟻聚於其内,尚希竊便。府君狼顧而徇,其士卒晝夜不釋甲,乃逾旬以大克。誅戮莫測其涯,城邑不失其數。人曰:效死節於前途,去國家之後患,可謂忠矣。"

35) 唐代淩雲閣御筆徐懋功序言

唐總章三年《英國公李勣墓誌銘并序》(《新中国·陝西壹》第67頁):"先朝甞圖公象於淩煙閣。至是,皇上又命寫形焉。神筆序之曰:朕聞珠潛漢沼,仍輝皎夜之光;玉蘊荊峯,終耀連城之價。是以吴起佐魏,顯德舟中;樂毅歸燕,論功濟上。用今方古,異代同規。但公勇志潛通,石粱飲羽;忠誠幽感,踈勒飛泉。窮玉帳之微,體金壇之要。或以臨機制變,義在忘軀;推轂受脤,情期竭命。揚旌紫塞,非勞結燧之謀;振旅朱鳶,何假沉沙之術。殘雲斷盖,碎幾陣於龍庭;落月虧輪,摧數城於玄菟。加以入陪帷幄,出揔戎麾,道駕八元,榮高三傑。朕以綺紈之歲,先朝特以委公。故知則哲之明,所寄斯重。自平臺肇建,望苑初開,俻引英奇,以光僚寀。而歳序推遷,凋亡互及,茂德舊臣,唯公而已。用旌厥美,永飾丹青。昔者西漢功臣,圖形於騏閣;東京列將,繢範於雲臺。語事可儔,校恩弥遠。"

36）唐人重視秦叔寶

唐總章元年《張智慧墓誌銘》(《新中国·陕西壹》第66頁):"幼而敏悟,識辟強之遺篋;長而温雅,擅叔寶之風神。"

37）唐人以"大膽"評趙雲

唐元和五年《郭超岸墓誌》(《新中國·河南壹》第417頁):"乘時拯溺,釋難解紛(汾)。氣雄王霸,膽大趙雲。功勞百戰,不顧殊勳。白頭部曲,猶哭將軍。"與《三國演義》"子龍一身都是膽"文本相合。

38）五代以"膽志大"評姜維

五代後梁貞明六年《謝彦璋墓誌銘并序》(《匯編》第36冊第20頁):"抱拔山之氣槩,振坐樹之威名。膽志大於姜維,鬢眉奄于馬援。神戈却日,早輸戡定之勳;勇氣淩空,久著扶摇之力。薛孤延鞍横一槊,力制鳴雷;長孫晟箭落雙鵰,編于前史。"

39）徐懋功之於單雄信

唐總章三年《英國公李勣墓誌銘并序》(《新中国·陕西壹》第67頁):"單雄信者,公之故人。委質王充,竟罹逆黨。請免官爵,以贖其辜。國有常刑,止宥妻子。逮將就戮,對之號慟。因抽刀割股以啖之曰:生死永訣,此肉同歸於土矣。天下聞之,莫不掩泣。是後收其孤嗣,愛同己子。事軼指囷,恩踰分宅。此則義於交也。"

40）薛元超曾奉敕潤色玄奘法師所譯經論疏

唐垂拱元年《户部尚書薛元超墓誌銘并序》(《新中国·陕西壹》第83

頁):"卅二……敕與許敬宗潤色玄奘法師所譯經論疏。"

41) 唐人對於武周代李唐的看法

唐開元六年《大子少保豫州刺史越王李貞墓誌銘》(《新中国·陝西壹》第106頁):"屬高宗厭代,椒掖君臨。履霜堅冰,乾道斯革。比干委命,忠諍莫從;威公淚盡,空聞繼血。王慷慨延首,暗嗚誓心。迺七國而連師,申九伐於商墅。小人道長,君子道消。明明上天,曾靡下鑒。荼然煨燼,夫何可言。嗚呼。以垂拱二年九月十一日遇害,薨於州館,春秋六十二。俄而上天悔禍,大憝咸誅,舊物惟新,頽綱必復。君側之惡,尚巧如簧。汨羅之冤,未申朝命。睿宗撫運,我后登庸。追遠飾終,具斑惟叙。嗚呼。以開元五年五月廿日,舊封建謚曰敬王。以開元六年正月廿六日,詔陪葬於昭陵,禮也。"

42) 唐代墓誌關於武則天稱制株連無辜的反映

唐天寶六載《張去奢墓誌銘并序》(《新中國·陝西貳》第116頁):"初,天后稱制,冤獄大起。公之季父,枉遭逮及。鞫訊萬端,獄成待報。公時年在沖幼,挺然憤激,伏闕申理,竟蒙恩宥。濟美之業,緊公復全。尋丁涼州府君憂,號哭無時,勺飲纔属。"纔屬,纔,僅也。纔屬,僅僅相接。

43) 武氏之禍

國子司業蘇預撰、唐天寶十五載《高元珪墓誌銘并序》(《新中國·陝西貳》第138頁):"公諱元珪,字元珪,本馮氏。隨荊州長史盎之曾孫,皇高州都督智戣之孫,廣州都督君衡之子也。垂拱中,武太后臨朝,公時尚幼。屬姦臣擅權,誅滅豪族。避此禍,易姓高氏。"

44) 叛亂者史思明(僞大秦)對於唐王室受迫害者的"撫恤"手段

大秦應天元年(783)《唐故彭王贈司空李僅墓誌銘》(《新中國·陝西貳》第161頁):"王諱僅,故唐高祖神堯皇帝八代之孫,肅宗之第五子,代宗之弟,建中神武皇帝之叔也。……而唐主忌尅,惡其多能。囚縶逾時,殷憂靡訴。及奔亡之際,遽而見害。以十月三日,薨于某宫,時享年六十。嗚呼。孰謂忠良,反羅殲滅。昭昭白日,誠可悼焉。洎大秦統極,應乾馭物。憫無辜之受戮,嗟碩德之永沉。褒崇既彰,旌表斯在。遂詔贈司空,兼賜贈錢絹布等若干疋段,供其葬事。以應天元年十二月廿三日,葬于長樂原,合古禮也。"按序文銘文殊委瑣,"贈錢絹布",籠統使用"疋段",所稱物量單位舛亂。唯"葬於長樂原,合古禮也",不啻"葬於××,禮也"格式之的解。

45) 晚唐貞元初年,宣慰外族受辱

唐元和十一年《董文萼墓誌銘并序》(《新中國·陝西貳》第215頁):"逮貞元初,西戎大下,俯迩城闕。上以務弘國體,無以加兵敵之。將仁義爲干櫓,以忠信爲甲胄。乃詔于中書令渾公瑊涇州節度馬公璘及紫微重臣,盟會于平涼。公捧綸旨,赴彼宣慰。於是陳設備儀,國禮方啓。不料犬獸之心,而臨事變革。公當此日,執正不回。中矢及戈,傷膚刻骨。上以委公捐軀殉國,以表丹誠,有詔加優,且令赴涇州將息,損日朝見。及還闕,具奏艱險。帝曰:俞哉。公温良秉禮,惟道是從。恩惠以洽於六親,仁義以通於三益。……廿一年,奉敕充迴鶻告哀宣慰使。"

46) 晚唐民族關係

崔鄯撰并書及篆蓋、唐大中十四年《李敬實墓誌銘并序》(《新中國·陝西貳》第272頁):"至會昌初,北虜喪滅,黠戛斯歸順於朝。武宗皇帝欲比周漢,冠帶犬戎。切緣蕃情難防,須得辯捷長才,往宣密命。公乃銜皇王之意,往天德招諭。戎狄懷仁,更無飜覆。願依漢法,慕我華風。復領李思忠赴闕,深稱宸旨。乃加掖庭局令。旋又上黨背叛,徵天下之師,鐶遶千里,日費百萬,歷年不下一城,不擒一將。武宗振怒,將帥懷憂。密令公往天井監戎。旬月之閒,未展韜鉗。賊徒迫蹙,自梟劉稹之首,兇黨率衆歸降。都統王宰,密封稹首。公星馳獻捷闕庭。"

47) 後世對前代人物看法

隋人之於竇泰。隋開皇二年《李和墓誌銘》(《新中國·陝西貳》第7頁):"竇泰蟻徒,軼我城保;高歡僞類,據我弘農。"南北朝間,竇泰顯赫一代,爲北朝風雲人物。

隋人之於尒朱。隋開皇十五年《隋修北周故開府儀同三司洮甘二州刺史新陽段威墓誌銘》(《新中國·陝西貳》第8頁):"尒朱天柱奮武建旗,取威定霸,虚襟側席,延納奇士。乃引居麾下,委以折衝。"

48)唐人墓誌涉及同時人物:褚遂良貪構

唐總章元年《李爽墓誌銘并序》(《新中國·陝西貳》第42頁):"君以天資剛直,權豪慴憚。中書令褚遂良,貿易之間,交涉財賄。既揮霜簡,因觸時蠆。遂良出爲同州。尋而緣隙興嫌,厚成誣毁。君坐遷邢州刺史,尋除魏州。釁方二伍,言甚三至。柳奭遂良共謀萋斐,因被貶黜,遠託甌閩。"

49)牂牁、昆明

唐乾符五年《王公操墓誌銘并序》(《新中國·陝西貳》第320頁):"六年季夏,皇帝以黔中地連外蕃,不專信節,察而栁監軍,公即首任也。三年間,公以廉慎公清,處衆爲美,俾陣戎敬服。至九年中春,牂牁昆明并諸部落,共獻表章而達于闕下。上悦其事,便加朝散大夫。"牂牁、昆明相連,可知晚唐牂牁處西南地區。

50)《安天王碑》與安緑山

唐天寶七載《大唐博陵郡北嶽恒山封安天王銘并序》(《匯編》第25冊第141頁):"驃騎大將軍員外置同正員兼范陽郡長史柳城郡太守平盧節度支度營田陸運兩蕃四府河北海運兼范陽節度經略支度營田副大使採訪處置使兼御史大夫上柱國柳城縣開國伯常樂安公曰禄山,國之英也。八柱承天,三門出將。風順遼海,霜明憲秋。山戎朝鮮,繫頸請命。"

舊題"安天王廟碑",顯見爲安緑山造勢。碑在河北曲陽恒山,拓片碑身高186厘米,寬104厘米。李荃撰,戴千齡隸書并篆額,杜南金、韓休烈刻。陰刻天寶七年五月《賈太守謁祠記》等。

51)"鴨緑江"原形作"鴨盧"

東晉義熙十年《高句麗好太王碑》:"又其慕化,随官来者,味仇婁鴨盧,卑斯麻鴨盧,□立婁鴨盧,肅斯舍鴨盧,□□□鴨盧。凡所攻破城六十四,村一千四百。"(東京博物館藏酒匂景信雙鈎加墨本、水谷悌二郎藏原石拓整本、朝鮮總督府藏拓本、沙畹藏拓本、周雲臺拓本、榮禧《古高句麗永樂太王墓碑文考》、《寳鴨齋題跋》卷上、羅振玉《神州國光集》第九集、楊守敬雙鈎本、今西龍《增訂補正大日本時代史》、前間恭作《朝鮮金石總攬》上、劉承幹《海東金石苑補遺》、金毓黻《奉天通志》、水谷悌二郎《書品》第一〇〇號、末松保和《日本上代史管見》、朴時亨《廣開土王陵碑》)

52）姚秦，南北朝石刻倒稱爲“秦姚”

後秦(384—417)位十六國時期16國之列，羌族政權，又稱姚秦。趙力光編《西安碑林博物館新藏墓誌彙編》上編第二，著録北魏永平元年(508)《趙超宗墓誌》：“君偉超宗，字令和，天水新縣人也。乃祖因宦居于斯鄉，遂擇地形而措宅焉。近祖，清河太守，丕值秦姚數終，爰適梁漢，爵列宋朝，葬亦於彼。”

53）匈羯，匈奴或稱匈羯

趙力光編《西安碑林博物館新藏墓誌彙編》上編第四六，所録隋開皇十九年《楊欽墓誌》：“頃歲，匈羯叛换，侵軼疆境。”

校　勘　部

校勘之類,範圍甚廣。文字之事,本立道生,全體大用,不外乎是。至於文字使用雖誤,但形成後世所見異體者,見文字詞彙諸部,此不復贅。該類所注意者,爲純乎混用(但不産生異體者)、脱文、衍文之類;至於一般避諱用字,亦予以關注;至於民族語言,行文"胡言漢語",生硬雜糅,易導致釋文差異,也有部分反映。隋智永《真草千字文》的宋人石刻摹本,與敦煌抄本用字對照,也屬本部分内容。墓誌之作抄襲者,亦資比勘符驗。

出處所標《匯編》者,即北京圖書館金石組編選《北京圖書館藏中國歷代石刻拓本匯編》(101 冊)簡稱,中州古籍出版社 1988 年版;《西安碑林》者,即高峽主編《西安碑林全集》及附録《陝西碑石菁華》,廣東經濟出版社 1999 年綫裝出版;語料庫即課題組所研製《魏晉南北朝石刻語料庫》和《隋唐五代石刻語料庫》。由於語料庫已經有文獻來源等屬性標注,有關資料不再重複標注出處。

小　目

（三）題名誤等格式、結構、搭配、衍文類

（四）通用、混用類

（五）脱文、省寫、殘字、誤拆、偏旁類

（六）時代、避諱、異文、名物及作者類

（七）著録重複類

（一）用韻與音讀類

1）隋代“軍”“舉”叶韻及中古真實用韻材料

隋大業八年《高緊墓誌》(《匯編》第10冊第67頁)："弈弈洪源,峨峨慶緒。比效逸群,論功絶侣。才優王佐,德隆公輔。佩韍鵷翔,垂纓鳳舉。武高一志,雄入九軍。彎弓姤月,控馬陵雲。非圖後殿,尅取元勲。揚名史冊,書像麒麟。門通劍客,座引雄才。縱情林苑,散抱池臺。歌聲出扇,儛影臨盃。意氣相得,風雲往來。神遊物表,蟬蜕寰中。愁雲瞰壟,逝景頽空。人生有促,天道無窮。庶鐫金石,冀闡英風。"其中“軍”“舉”叶韻。

軍,《宋本玉篇·車部》:“軍,居云切。衆也。”《萬象名義》注音同,《廣韻·文部》舉云切,《集韻·文韻》拘云切。中古語音演化,論者或著眼於韻書,或考校於韻文作者之時地,終然有限。在給專業博士研究生講授“出土文獻”過程中,指示真實的用韻材料,還應給石刻銘文留片席地。屢次致意,諸生無非望而生畏者。白下劉君本才,勤懇篤實,與古爲徒,挖掘數據,批閲五載,廣益數次,纂成韻譜。較之嘵嘵然諸家“擬音”,洵爲有實際貢獻者。

2）唐代“域”叶職部韻材料

唐總章二年《王令墓誌》(《匯編》第15冊第90頁)銘文其二章:“天祚惟遠,慶藹斯則。金章瑩質,瓊華絢德。肅影觀庭,飛名震域。應問斯甲,爰參穴職。”

3）悽其,讀悽及

唐乾封二年《段伯陽妻高夫人墓誌銘并序》(《新中國·陝西貳》第40

頁):"曩者牛山撫歎,涕泣潸然,枯魚慟懷,永感悽及。"悽及,傳世文獻詞形作"悽其",悲涼傷感。《文選·謝靈運·初發石頭城詩》:"欽聖若旦暮,懷賢亦悽其。"李善注:"毛萇《詩》傳曰:'其,辭也。'"後世如晚清劉鶚所著小説《老殘遊記》,其中老殘於黄河冰凍寒夜《齊河題壁》:"地裂北風號,長冰蔽河下。後冰逐前冰,相淩復相亞。河曲易爲塞,嵯峨銀橋架。歸人長咨嗟,旅客空歎咤。盈盈一水間,軒車不得架。錦筵招妓樂,亂此淒其夜。"淒其,亦讀淒及。

4) 用韻運用於校勘

隋大業九年《皇甫深墓誌》(《匯編》第 10 册第 79 頁)銘文第一章:"華胄芬芳,建姓於高。漢稱其美,晉挺其良。猗歟令德,復琢琳琅。雪熒超胤,冰魚邁祥。"其中首句"高"字,於全章用韻不叶。考誌文"原其世系,出自有殷,皇甫周卿,因而命氏",知係"皇"字之誤刻者。

唐總章元年《張德墓誌》(《匯編》第 15 册第 66 頁):"猗歟君子,位高名顯。濟濟鏗鏘,斌斌令□。樹德既深,□□□□。慷慨英雄,雍容君子。允文洽武,履忠履義。悲風翳壟,愁雲闇隧。令德淑人,於斯永閟。"原拓缺句,當據韻讀補足。

隋開皇七年《韓邕墓誌》(《新中國·河南壹》第 2 頁)銘文末章或釋文作:"深谷成原,高陵爲隰。會葬應劉,哀示孔伋。孤泉寂寞,松風夜急。烏呼逝矣,千秋長揖。"按原拓誤作[illegible],實"揖"字,石刻如此結體屬常見。銘文作"捐",既不合原拓,亦未顧及銘文用韻耳。

隋大業十年《故宫人司寶陳氏墓誌銘并序》(《匯編》第 10 册第 105 頁)銘文:"司寶貴職,莆在多能。宫人明敏,強識遍該。掌守慎密,櫝不濫開。愛護恭謹,待命方来。冝延遐壽,遽掩夜臺。儔等嗟慕,涕泣興哀。公儀有典,銘石鐫玳。"據叶韻知"能"字作"耐"或"態"用。

唐乾元元年《慕容府君墓誌銘并序》(《匯編》第 27 册第 5 頁)銘文:"降年有命,善惟則慶。蹈道正□(脱文),天不夭性。誰謂【其,衍文】斯言,汩乎無定。依道遺榮,精心歸誠。僶勉齋誡,剋己服行。福既無報,禍亦虚名。而未知命,如何□零。以兹齊觀,方知物情。痛乎精□,永□冥冥。"以韻讀確定原拓脱文、衍文。

5) 馬、武叶韻用字

唐永徽二年《牛秀墓誌》(《新中国·陕西壹》第34頁):"西滌瑶陰,南浮珠浦。玉壘收馘,金□沸鼓。轥碣援枹,踰蓬紲馬。業高鎸鼒,功宣綴舞。"銘文本節"馬"處韻腳字位,知字彙多存聲訓"武"字聯繫。《説文·馬部》:"馬,怒也。武也。"《宋本玉篇·馬部》:"馬,莫把切。黄帝臣相乘馬。馬,武獸也,怒也。"《名義·馬部》:"馬,莫雅反。武也。怒也。"(《名義》反切下字"雅"音 yá。)

6) 榛、年韻腳

唐開元十一年《阿史那哲墓誌并序》(《新中國·陝西貳》第83頁)銘文:"霜凝蔓草,風響蘽榛。幽明永隔,無歲無年。"榛、年韻腳字,年或作秊,從千得聲,千則從人得聲。

7) "和而不同"爲適應叶韻而作出的調整

隋大業九年《傅叔墓誌》(《匯編》第10册第86頁):"乃爲銘曰:鬱郁蘭罫,葳蕤蕙圃。挺兹芳烈,□聲振古。珪璋特秀,淑問峨峨。心超物表,同而不和。""和而不同",見《論語·子路》:"君子和而不同,小人同而不和。"何晏集解:"君子心和,然其所見各異,故曰不同。"晉夏侯湛《東方朔畫贊》:"染迹朝隱,和而不同。"晉袁宏《三國名臣序贊》:"和而不同,通而不雜。"墓誌銘文作"同而不和"者,爲適應叶韻而作出的調整。

8) 壯、牡:叶韻辨字

隋大業九年《陳常墓誌》(《匯編》第10册第92頁):"乃爲詞曰:虞帝之苗,陳公之後。青盖百世,朱輪駟壯。祖榮天閣,父華朝首。盛德傳聲,芳名未朽。"原刻作壯形,或釋爲"壯",以銘文本章叶韻關係,只能讀作"牡"。古書"駟牡"成詞。

9) 叶韻詞氣不倫

隋大業十年《張達墓誌》(《匯編》第10册第104頁)銘文:"譽爲青帝,棄襲黄雲。公劉公甫,文子文孫。建周之國,爲張之君。五章六彩,華國朱門。世有仁哲,海外依傳。金烏悶日,玉馬開輪。電影蹔奄,七識還墳。鸞鳴鏡裹,鳳儛池邊。悲乎氣絶,灑淚如雲。嗚呼哀哉!永没泉門。”大體一韻到底,韻腳字《廣韻》皆歸魂部。唯“世有仁哲,海外依傳”字疑係“僔”字誤混。僔,《廣韻》混部字,玆損切,謙讓。《荀子·仲尼》:“主尊貴之,則恭敬而僔。”楊倞注:“僔與撙同,卑退也。”至於“鸞鳴鏡裹,鳳儛池邊”,以鏡花水月之象,喻人生胥歸虛妄。而詞氣不諧,得微突兀插筆,作者不及細檢者。

10) 荖,《集韻》“歌部”字之來歷

隋大業五年《劉府君墓銘并序》(《匯編》第10冊第29—30頁):“羡乎元族,厥裔彭徐。膺靈啓業,秉壐神書。傳符永代,獨擅邦除。先根氓主,末葉斯荖。可傷黔宅,□愧皇墟。古今乃異,盈長空無。瑞扶上紀,凡挾嚚愚。”[1]銘文押韻,魚、歌通轉。

11) “歸”字叶微韻

唐貞觀十五年《唐故慧靜法師塔銘》(《匯編》第11冊第93頁)銘文:“弈葉冠盖,蟬聯世襲。有覺煩籠,簪纓羅縶。四生難寄,三寶傷依。通人憬悟,落髮爰歸。戒定慧□,聞思克勵。彼岸未窮,奄舜人世。孝誠追感,圖形畫像。顗覲神儀,時申敬仰。山虛谷靜,松勁風清。勒諸巖岫,永播鴻名。”依,止開三,平微,影;歸,止合三,平微,見。

12) 唐代舌上與舌頭尚未區分及銘文用韻

唐開元二十四年《宋知感及妻張氏墓誌》(《匯編》第24冊第28頁)序文:“悼哉標暎,穆若清風。”本卓字,用悼字。銘文:“蒿里茫茫,松門颼颼。英雄盖世,孰不玆畢。百齡共謝,雙劍同歸。夜臺月苦,曉悵塵飛。墨龜順兆,青烏相宅。恐泉路之沉芳,勒勳庸於貞石。”

13) 侯骨:此爲北方民族語,漢語促讀“侯”爲賜姓之字,此誌音節結構相足,堪爲對音材料

北魏景明四年《元弘嬪侯氏墓誌》(《匯編》第3冊第60頁):“夫人本

[1] 《漢語大詞典》:“荖1”:同“芰1”。“荖2”:《集韻》當何切,平歌,端。見“鹿荖”。徐,《廣韻》似魚切,平魚,邪。

姓侯骨,其先朔州人,世酋部落。其遠祖之在幽都,常從聖朝,立功累葉。祖侯万斤,第一品大酋長。考伊莫汗,世祖之世,爲散騎常侍,封安平侯。又遷侍中尚書,尋出鎮臨濟,封日南郡公。孝文皇帝徙縣伊京,夫人始賜爲侯氏焉。”

14) 裔字入聲

唐天寶九載《張椅墓誌銘并序》(《匯編》第 26 冊第 19 頁):“平原坦兮神與穴,靈龜告余祚來裔(入聲)。陽臺真人示之决,萬葉繁昌期不絶。”按“入聲”字小,爲“裔”字韻腳讀音標記。

15) 避諱“世”字,换之以“代”,不憚失其韻讀

唐開元十一年《執失善光墓誌銘并序》(《新中国·陝西壹》第 109 頁)銘文:“天地氤氲,厥初生人。爰有父子,迺立君臣。文物歲廣,徽章日新。誰可匡時,唯公濟代。歸此天朝,去彼荒裔。”避諱“世”字,换之以“代”,不憚失其韻讀。

16) 鬻字聲符

隋大業十二年《隋故田行達墓誌》(《新中國·陝西貳》第 12 頁):“葷粥狼心,敢懷放命。”葷粥,古代北方匈奴族之别稱。《史記·五帝本紀》:“東至於海,登丸山,及岱宗……北逐葷粥。”司馬貞索隱:“匈奴别名也。唐虞已上曰山戎,亦曰熏粥,夏曰淳維,殷曰鬼方,周曰玁狁,漢曰匈奴。”《漢書·谷永傳》:“北無葷粥、冒頓之患,南無趙佗、吕嘉之難,三垂晏然,靡有兵革之警。”顔師古注:“粥,音弋六反。”是鬻字從粥得聲,熏粥、玁狁、葷粥皆聲之轉。大徐本《説文·䰜部》:“鬻,健也。从䰜米聲。武悲切。臣鉉等曰:今俗粥作粥,音之六切。”段玉裁注以爲“鬻,會意字,鉉本誤衍聲字”。

(二) 句 讀 類

1) 塔銘長句

唐貞觀廿年《靜感塔記》(《匯編》第 11 冊第 140 頁):“遂聽律五周僧

祇四分之説,制事断疑,無不合理。至世捨散善之不修,求第一妙寂庇身。禪衆高糸勝侶,學月殿雲經實躬之業,三空五淨。並得禪名,潔行精微,志成懇惻,糞掃爲服。聊以外御風霜,麻麦爲餐,纔充饥渴,形同槁木,心若死灰。"

按整理者破句失讀。當讀爲:"遂聽律五周、僧祇四分之説,制事断疑,無不合理。至世捨散善之不修,求第一妙寂。庇身禪衆,高糸勝侶。學月殿雲經、實躬之業,三空五淨、並得禪名。潔行精微,志成懇惻。糞掃爲服,聊以外御風霜;麻麦爲餐,纔充饥渴。形同槁木,心若死灰。"塔銘特兩分句相對,銘文過長耳。

2)依違前後叶韻

唐永徽五年《李智員墓誌》(《新中國·陝西貳》第 27 頁)銘文:"猗歟步兵,嗣武前英。方期積善,以嚮遐齡餘年。豈言長謝,盛德猶傳。依依松檟,悽愴風煙。丘陵永閟,明月空懸。""遐齡餘年"字,似撰者當時依違叶韻、瞻前顧後之迹,刻寫者葫蘆依樣耳。若係脱文,則所脱非一句矣。如小處改動,則徑删除"以嚮"二字即可。

無獨有偶,唐顯慶四年《陶後興墓誌并序》(《新中國·陝西貳》第 31 頁)銘文:"桓公表胤,微士疏□。羽儀朝野,糠粃山龍。如珪如璧,且卿且公。惟君係此,載衍英風。稟德仁義,乃積濕恭則競。誰謂昊天,乃終厥命。"按作者誤刻:"濕"必"顯"字之誤,句樣出《詩經》"不顯維德""職競由人"二句之檃括。作者出現依違兩端並存情形,以"顯恭""則競(即職競)"皆可叶韻故。若以爲脱文,則所脱需二句矣。

3)不住相、度門玄

唐天寶二年《故和上法昌寺寺主身塔銘并序》(《匯編》第 25 册第 47 頁):"稱佛謂何,本期於覺,覺則無念,乃去妄源。歸法謂何,本期於了,了則達彼,乃到真乘。此謂度門,誰能弘矣。故法昌寺主圓濟和上,即其人也。派裔重華之後,生緣讓畔之鄉。揔□敏聡,諸法懸解。傳本寺先和上仁藻之密印,承旨出家。遊西京不住相之緇徒,袒肩受具。法雖示其未捨,心已湛於真如。同須菩提,第一解空。終優波離,不忘持律。十餘霜露，杖錫歸來，充本寺律師。"語料庫釋文或句讀作："遊西京不住。相之緇徒，袒肩受具。"破句失讀。不住相，佛教術語。

又，度門玄：唐天寶二年《故和上法昌寺寺主身塔銘并序》(《匯編》第25冊第47頁)："偈曰：我師深入度門玄，密藏窅默誰窺焉。今解形以示滅，吾不知夫所以然。"語料庫或句讀爲"我師深入度門玄密藏，窅默誰窺焉"，破句失讀。

(三) 題名誤等格式、結構、搭配、衍文類

1) 墓主誤釋

北魏正光五年《康健墓誌》(《匯編》第4冊第165頁)："大魏正光三年歲次壬寅十月癸酉朔五日丁丑。岐陽分康健，卒於官。五年甲辰六月庚辰朔三日壬午，還葬於洛陽之西山，乃爲銘以誌之。"其中分形實係"人力"合併而成。"岐陽人力康健"，爲墓誌揭示籍貫地望姓氏典型格式。力，姓。相傳爲黄帝佐臣力牧之後。漢有力子都，見《後漢書·任光傳》。《匯編》整理者金石編寫組，被刻手將二文合併所誤，將拓片名爲《康健墓誌》。待查。

2) 墓主誤釋

隋大業九年《席德將墓誌》(《匯編》第10冊第87頁)："君諱德將，字(寧)道行，河南洛陽人也。秦丞相席寶之□廿孫矣。"按《匯編》解題將墓主釋爲"常德將"，整理者或將其釋爲"君諱德將，寧道行河南洛陽人也"：遂致莫可究詰。

其一，關於墓主之姓氏。從墓蓋題名篆書來看，可釋作"席君之銘"，無作"常"者。蓋篆書"席"從宀帶，形近誤會。從誌文來看，其先人爲"秦丞相寶"，即《晉書》卷一百十三《載記第十三·苻堅上》："以升平元年僭稱大秦……席寶爲丞相。"《晉書》卷一百十四："時猛年三十六，歲中五遷，權傾内外，宗戚舊臣，皆害其寵。尚書仇騰、丞相長史席寶，數譖毀之。堅大怒，黜騰爲甘松護軍，寶白衣領長史。爾後上下咸

服,莫有敢言。"

其二,關於墓主之名諱。德將,見《尚書·酒誥》:"文王誥教小子有正有事,無彝酒;越庶國,飲惟祀,德將無醉。"《尚書注疏》卷十三《傳》:"於所治衆國,飲酒惟當因祭祀。以德自將,無令至醉"。德將與"道行"對文,故取字爲"道行"。整理者以字、寧形近誤會,導致無由句讀。

《席德將墓誌》"席"篆陽文作,"字"作: 或形近或輪廓模糊認知干擾。日本所藏空海大師抄《篆隸萬象名義·土部》"竃"字條:"甫問反。掃廗前穢悪草上也。"該字彙屬於唐代抄本,未見諸字條羅列,但釋義使用從广從帶結構,與隋代石刻字形結構使用基本屬於同一時間層次,可以互爲對照。《集韻·昔部》:"席㢘: 祥亦切。《説文》藉也。《禮》天子諸侯廗有黼繡純飾,從巾庶省。亦姓。古作㢘。俗作廗,非是。"翻檢《漢魏六朝隋唐五代字形表》有關部類可知: 第一,席字結構作廗,西漢簡牘文字即開始過渡,見第 337 頁《广部》"席"字條所著録實物文字圖像。南北朝隋唐之際字形使用,廗較席尤爲多見,《日藏唐代漢字抄本字形表》第一册第 536 頁《巾部》"席"字結構,完全抄爲廗形: 是當時社會用字,未必目廗爲席之"俗"流者。

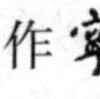

3）墓主誤釋

隋大業九年《張虔墓誌》(《匯編》第 10 册第 89 頁):"君諱虔,字子集,新野人也。"其中名"虔"與字"集"相應,集者,成也,而字形作,《匯編》題解者誤以爲"受"而釋作《張受墓誌》。參見本部"混用類"之"虔、受"條。

4）墓主誤釋

唐開元二十五年《竹敬猷墓誌》(《匯編》第 24 册第 45 頁):"府君諱敬,字思敬,安喜郡河南人也。"北京圖書館金石組所加拓片名稱爲《朱敬敬墓誌》,數據庫整理者開始亦以爲誤衍。其實,皆未諦審原拓及名字用字關係。原形作,從酋、攵,即猷字之混;犬符誤作攵,係衍上出"敬"字之所從。從名、字關係看,字爲"思敬",相應思者,爲名之"猷"。墓誌伊始,即將人名誤衍,這種可能性不能説絶對不存在,概率恐極小。

5)題名糊塗

隋大業八年《志修塔記》(《匯編》第10冊第62頁),金石組整理者如此標識,實際當爲《公孫志修塔述》。蓋以本誌首題"上柱國岐州刺史正義公孫志修塔述",整理者於"正義公孫"不知所措,遂葫蘆題如此作:"志"在可名可動之間,遊移有餘地者。

按"刺史正義"在南朝尚爲職官之稱,後不經見耳。《玉海》卷一六四"梁北顧樓、晉北固樓"條:"梁史武帝大同十年三月己酉幸京口城北固樓,更名北顧。初,京城之西有别嶺入江,高數十丈,三面臨水,號曰北固。蔡謨起樓其上以置軍,實頂,有小亭。梁南徐州刺史正義廣其路,傍施欄楯。上登望久之。"

6)題名誤釋

唐元和五年《盧仝等題名》(《匯編》第29冊第61頁):

盧仝等題名　顧475—5

唐元和五年(810)刻。石在河南濟源。拓片高39厘米,寬70厘米。篆書。刻於大和三年七月《坐忘論》碑額。

《匯編》整理者將題名解釋爲"盧仝等題名"。一般釋文又解釋爲"盧仝、高常、□固、元和五年"。《説文·入部》:"仝,完也。从入从工。全,篆文仝从玉,純玉曰全。𠓞,古文仝。"題名字形不從入,從雙人一倒一正,類似"化"字,釋爲仝,顯係爲誤。又所闕釋字,尚可辨識,爲嚴字,即以"嚴固"爲人名。

7)題名誤釋:大山峌山

五代後周顯德六年《大山峌山寺準敕不停廢記》(《匯編》第36冊第159頁):"黎陽大峌山寺準敕不停廢記。"整理者題名衍"山"字。

8)“玄堂記”誤作“墓誌”

唐開元三年《姚懿墓誌》(《新中國·河南壹》第432頁),整理者如此標目。從題記及所記内容來看,當作《姚府君玄堂記》,其謂:“唐故銀青光禄大夫嶲州都督長沙郡公贈幽州都督吏部尚書文獻公姚府君玄堂記。”“前誌先在壙内,事歸幽密,不敢輙啓。今敬鐫貞琰,以立斯記。”“玄堂在……”

9)“府君”不當省題爲“君”

唐刻《大唐故趙府君墓誌銘》(《匯編》第35册第107頁);

唐刻《大唐故趙府君墓誌銘》(《匯編》第35册第108頁);

唐刻《大唐故臧府君墓誌銘》(《匯編》第35册第116頁);

唐刻《大唐故裴府君墓誌銘》(《匯編》第35册第119頁)。

編寫者整理徑題名爲“君”。按“府君”者,爲古書裏對已故者的敬稱,多施用於碑版文字。

10)格式混亂

唐開元十九年《李景陽墓誌》(《匯編》第23册第44頁):“遷葬于洛陽縣北邙之原,禮也。刊青礎永固玄堂,銘曰:倬含章,登造士。翩就列,班祝史。司罽罹,官以理。遘灾妨生忽已喪,賢哲痛夫子。開元十九年歲次辛未二月庚辰朔十七日景申,葬於北邙原平陰鄉之禮也。”

按墓誌匡格,勒述葬禮之後,即刻寫銘辭作結。本篇墓誌則銘辭前後重複出現葬禮記述套語,此混亂破體一也。銘文前後所記葬禮不統一,後出竟然以誤省而不辭,此混亂破體二也。另外,刻寫銘辭的過渡交待,前後語氣,亦不相連接。要之,本篇墓誌,作手殊草草。

又,唐開元十九年《劉禄墓誌》(《匯編》第23册第48頁):“死葬以礼,即以其年四月十九日殯於河南府北邙山原,之礼也。”又如唐開元十九年《胡君妻楊無量壽墓誌》(《匯編》第23册第52頁):“以開元十九年六月六日,薨於鼎邑殖業里私苐也,春秋六十有五。即以其年月十九日葬於洛陽縣清風鄉北邙山之原。二氏各男,絶漿泣血,卜遠申議,别建封塋,拜饗之儀,具得其禮。”

墓誌序文層次混亂。唐開元二十四年《成君墓誌》(《匯編》第24册第 27 頁)先曾祖,次祖輩,接及成君,後續父執。措辭非工,用字多舛。

11) 書體雜糅及倒書

隋大業八年《高緊墓誌》(《匯編》第 10 冊第 67 頁):"資洪源於帝胄,匠苗裔而爲高。囑慶緒於天潢,系波瀾而自遠。迄兹已降,旮有人焉。"按本篇字體雜糅隸篆楷,故多所混誤。囑、系對文,是知囑即"屬"字。又,後二句"已"字倒刻。

12) 空白而不缺字

隋大業十一年《元智墓誌》(《匯編》第 10 冊第 133 頁):"駔駿加鋭於軍容,犧牲備腯於□祡望。方當控兹八駿,御彼六龍。登栢梁而賦詩,出上林而奉轡。而晦明之疾既湊,膏肓之豎先侵。"上下文結構,該處並不缺字。數據庫整理者受此空白影響,失句破讀爲"犧牲備腯於□祡。望方當控兹八駿"。祡、望皆祭名,結構宜並列。審墓誌原拓,□處確實空一字位置,當係刻寫者刻寫現場處理結果。

據北魏石刻,元氏家族爲絶有力且影響甚巨者。隋大業十一年《元智墓誌》(《匯編》第 10 冊第 133 頁),銘文凡一千五六百言,措辭典以則,可見其大概。但刻手水平不齊,除上述草草之外,又如"聖 **士** 纂承洪緒,厘改剌史,選任能官,更授夷陵太守",顯係"聖上"之誤。又"自非不言如子夏、至慎若嗣宗,豈能淑慎於否臧、無言於温木",自非,否定假設,猶言倘若不是。《左傳・成公十六年》:"唯聖人能外内無憂;自非聖人,外寧必有内憂。"三國魏阮籍《詠懷》之四:"自非王子晉,誰能常美好?"按句讀當如是,但屬對實吃力難工。

13) 搭配失當,古書或謂之"兼及"而變通者

粟帛以段計。隋開皇二十年《臧質墓誌》(《匯編》第 9 冊第 132 頁):"蒙授開府儀同三司,增邑肆伯户,粟帛五千段。"按墓誌搭配失當,帛可以"段"量度,而粟則兼及者。

14) 歐陽詢書誤

銀青光禄大夫貞觀十年六月歐陽詢撰并書、唐貞觀十一年《温彦博墓誌》(《匯編》第11冊第75頁):"又賜以祕器及塋地一區,并立碑紀德。前後賻贈二千段,喪葬所須,並令官給。"祕器,指棺材,可以區論,而兼及塋地,遂及不辭。賻贈,指贈送給喪家的財物,雖係籠統,亦以段稱。又"悲哉逝水,□矣夜臺",所書脱文。

15) 互文

隋大業七年《元鍾墓誌》(《匯編》第10冊第52頁):"樹寒朝日,臺縈夜雲。畜雞無旦,養鴈成群。悲哉後世(枼),獨見孤墳。"按"樹寒朝日,臺縈夜雲"互文,封樹墳臺,陰寒纏繞,無間朝夕。"畜雞無旦,養鴈成群"亦成互文,"無旦"指涉時間之永,"成群"指涉規模之巨,所陳對象皆有關聯。石刻以"枼"通作"世"。

16) 結構變亂

唐貞觀四年《昭仁寺碑銘并序》(《匯編》第11冊第31頁):"等仍於戰地,爰構神居。變穢土於寶城,開蓮花於火宅。"原拓基本模糊難辨,《全唐文》該篇如此作。揆之文意,當調整爲"變寶城於穢土"。

17) 唐人錯配非偶,不憚生造

唐貞觀廿年《張鍾葵墓誌》(《匯編》第11冊第151頁):"左右才藝,出入文武。機略同於指掌,縱横允于結舌。"指掌、結舌對文。夫抵掌而談,猶可理解;至於"縱横結舌"者,蓋作者原意爲辯才無礙,縱横開闔者流;然則"舌"之爲用,則猶"舌戰群儒"之舌,非復"張口結舌"之舌也。

18) 對仗偏枯不稱

隋大業二年《劉尚食墓誌》(《匯編》第10冊第8頁):"《國風》遍覽,偏觀'芼荇'之詩;《商書》並讀曲美之句。至乃……"作手粗疏,對偶偏枯不稱。或將上句"遍覽"刪除,或將下句"並讀"之後添加"尤重"二字。又,本句"商書"字作尚,或釋爲"尚",對照本文所用"尚"字及與上句"國風"爲對,只能看作是唐人"商"字誤省結習。

劉尚食,今人有劉尚慈,係中華書局資深編輯,曾作《萬象名義校字記》。觀隋代大業《劉尚食墓誌》可知,爲排行有自者。

19）對仗非工

唐開元六年《魏愍墓誌》(《匯編》第21冊第97頁)："孤子光乘等，痛貫終天，窮哀厚地。式憑琬琰，用紀墳塋。"對仗欠工。六朝隋唐人當曰"痛貫終天，哀窮厚地"。

通篇刻詞拙劣。唐貞觀八年《孫隆墓誌》(《匯編》第11冊第61頁)："君諱隆，字道泰，平陵安德郡人矣，孫蕃之庿裔也。""矣"字無著落，語氣詞濫用者。其下如"故知世改時移，傾覆俄尔，死生異路，豈其若哉""分河洛之器，調雜昞棄，其延年者乎"等，胥難足句。對偶不齊，或病不辭。"信義不愆，慟閑辭操"：似翁折臂，如夔一足：當作"信義不愆，辭操慟閑"。"辭操"亦不辭之甚。或即"辭藻"，然則"慟閑"錯配非偶，當爲"洞嫻"字。至於"冠盖接葉，歷代相承""並縉紳絶閾之庭，高才注其妙指""幽格永終，無逢無見""遂使希靈之子，抱恨輕生，咽鬱迴腸，思顔慈父""東園遊興之所，絶跡無蹤；西閤延仕之堂，頓離歌咲""涸不濁之心，澄不清之結""於是廣旭長風，陰雲曀日"（晉後人當作"長風廣旭，陰雲曀日"）、"則義存斯制，蘭高美玉，荊礫随身。㳄藏墓壁，香逐孤墳。風飄錦色，綺合羅塵。建節操之斷志，守千載兮爲塵"：或不能工對，或所構非詞，其病一揆。

20）誤倒

唐開元二十六年《王固己墓誌》(《匯編》第24冊第66頁)："公諱固己，字炅，琅耶臨沂人也。自晉光禄貞公覽至于公，凡十三代：十代處機密，六朝叅輔佐。春則秋之卿族，劉漢之廿家，不可擬議。"按"春則秋之卿族"，不可通。爲"則春秋之卿族"之誤倒。

21）衍文

數字衍。隋開皇十一年《張景略墓誌》(《匯編》第9冊第66頁)："以其月二廿六日遷窆於相州安陽河北白素曲。""二"字係衍。

承上衍。隋大業九年《趙朗墓誌》(《匯編》第10冊第88頁)："君三墳少敏，六藝壯該，□洽書詩，行冠規矩。［矩］信成名立，禮貢鄉閭。"原刻"洽"前脱字，以受前出"該"字影響；"信"前以有"規矩"字而衍"矩"

字。隋大業十一年《荀君妻宋玉艷墓誌》(《匯編》第10冊第120頁):"天地長久,閱水之歎不留;陵谷[之]遷移,栱木之悲易遠。"按刻石承上衍字,當改爲"陵谷遷移"。

22) 以、用重複

唐開元十八年《唐故柏府君墓誌銘》(《匯編》第23冊第31頁):"君即府君之第十八子也。少以用父勲蔭,授驍騎尉。"用,因也;以、用重複,屬墓誌刻字重複例。

23) 以字衍文

唐武德五年《張士高墓誌》(《匯編》第11冊第1頁):"信之如皦日,歸之如流矢。濟之以禮,不假蒲鞭之[以]盛;示之以□,無違竹馬之契。"原拓衍"以"字。似有可能刻工不理解撰文原意及文本結構,被該處集中使用的"之""以"糾纏糊塗了,故有"以"字之衍。

24) 銘文衍誤

隋大業七年《劉則墓誌》(《匯編》第10冊第48頁):"厥初承系,爰詳大造。龍集夏都,虵横漢道。郡守都尉,司空太保。太保我之,先君翼贊。元老積善,雅則爲尊。是生令哲,公侯子孫。緑墀作衛,朱紱斯存。高梁之族,通德之門。"作者衍"太保"二字,以銘文四語匡格,遂致下出"太保我之,先君翼贊",二語不成句讀。

(四) 通用、混用類

1. 通用第一

1) 兄/皇

漢石經有"皇"字寫作"兄"字用例。大徐本《説文·水部》:"況,寒水也。从水兄聲。許訪切。"戰國荀卿,一名況,況字從兄讀,亦音同通用字異,遂致異名之類。

2) 毒/纛

唐貞元六年《李元諒墓誌銘并序》(《新中国·陝西壹》第130頁):

"兇黨决死,既精且堅。公以小利啗之,奇陣誤之。皷儳疾駈,旗靡毒逐。曾未眴息,灘然奔潰,元惡突走,脅從降附。"《漢語大詞典》"毒21":用同"纛",大旗。宋羅泌《路史·後紀五·疏仡紀一》:"故五旗五麾六毒,而制其陣。"元代尚仲賢《氣英布》第四折:"兩員將各自尋門路,整彪軀輪巨毒。"

3) 荐/薦

荐有二用:

其一如北魏普泰元年《穆紹墓誌》(《匯編》第5冊第153頁)作■:"孝昌在運,憂虞荐及,國柄内移,邊鋒外擾。"臻也。《宋本·至部》:"荐,才遁切。古人名。"《名義·至部》:"荐,辭遁反。"在該用途上,同"洊"字,如唐大曆十三年《崔孝公墓誌》(《匯編》第27冊第162—163頁):"並人倫高標,名教華蓋。雅杖憲矩,洊臻德名。公稚無童心,少有大觀。見素抱朴,知雄守雌。内陽而外陰,内健而外順。每向晦藏密,参寥聚精。儲心清魂,謂羲皇之代;收視玄覽,讀聖人之書。"唐人《石經五經》作■。洊臻,即洊至。"洊至",再至,相繼而至。《宋本玉篇·水部》:"瀳,才寸、在見二切。水至也。洊,同上。又仍也。"《名義·水部》:"瀳,才寸、才見反。水至也。洊,同上。洊,仍也。"

其二如唐大曆九年《郭阿獠墓誌》(《匯編》第27冊第138頁):"属蛇豕荐國,荊榛問塗,沿上虞而莫由,陟彼岵其何見。"字形作■。荐,從存得聲,荐亦從存得聲,荐通荐即薦,謂踐踏。

4) 柬/簡

隋大業九年《張業墓誌》(《匯編》第10冊第80頁):"惟君名實高瞻,物望茂歸。非唯書盡八千,抑亦興敦三雅。邑里推其□,士友羨其高。以爲簡(柬)素已朽,金石長固。乃作銘云……"柬素,通爲簡素,原拓作 ■形,爲從竹柬聲結構。或釋爲"策素",輪廓相近而混。如果係"策"字,必作"筞""筴"諸形。揆之文獻用字,"柬素",習見作"簡素",古代所用書寫材質,同"金石"相對。簡素,竹簡和絹帛,亦指書寫用品。《南史·文學傳論》:"暢自心靈,而宣之簡素,輪扁之言,未或能盡。"

5）級/給

唐開元六年《張貓造像記》(《匯編》第 21 冊第 91 頁):"清信女弟子張貓,□玄監於正見,爇智火而照昏城;曉四大之無堅,然惠燈而暉闇室。敬造五級(給)浮圖一軀,像一鋪,上爲天皇天后、法界倉生,咸同斯福。"女子而以"貓"名,係金石組整理者所題,按原拓此字模糊不全,究屬何字,尚待考辨。級、給同音通用。

6）槎/查

唐開元二十五年《陳敬忠墓誌》(《匯編》第 24 冊第 32 頁):"既升堂而覩奥,亦乘查而識源。詞人尚文,談者貴辯,禮情簡約,易道變通,皆蹔窺而盡其要,匪習而成其功。"查,同槎。

7）齊/霽

隋大業九年《豆盧氏墓誌》(《匯編》第 10 冊第 83 頁):"宫人姓豆盧……尔其内儀可軌,女德斯備……雲銷巫嶺,雨齊高唐。"高唐巫山,爲雲爲雨,堪飾女德。按齊必霽字,以原拓字形上部模糊,或釋作齊。

8）悼/卓

唐開元二十四年《宋知感及妻張氏墓誌》(《匯編》第 24 冊第 28 頁):"夫人生自德門,幼而淑善,有公宫之壼則,奉師氏之昭訓。及笄之歲,歸于府君。其奉上也恭,其臨下也順。饋享不忒,威儀式叙。悼哉標暎,穆若清風。休命自天,寵章伊錫。"其中"悼哉標暎",悼當讀"卓",始與"標暎"配合無間。悼亦從卓讀,而文獻罕見,是徵唐代舌上、舌頭區别尚不嚴格?

9）乎/互

唐貞觀三年《等慈寺之碑》(《匯編》第 11 冊第 22 頁):"首足乎資,實同夏屋之獸;前後迭至,冀效常山之虵。"石刻原拓作"乎",《全唐文》第一四八卷作"首足互資",以"首足互資"與"前後迭至"對文,知石刻乎、互音同通用。

10）亮/量

隋大業六年《薛保興墓誌》(《匯編》第 10 冊第 41 頁):"志亮湮沉,雄圖寂寞。”志亮、雄圖對文,爲亮、量通用之例。

11）仍/乃

隋仁壽元年《房吉墓誌》(《匯編》第9冊第146頁):“剌史敬公召爲州都,乃(仍)全(令)冠履,斯整彝倫。”按仍、乃通用,又見隋大業七年《陳叔毅修孔子廟碑》(《匯編》第10冊第51頁):“金作玉條之刑法,桐因木吏之奸情,一見乃(仍)知,片言能折。”隋大業八年《宫人何氏墓誌》(《匯編》第10冊第60頁):“誰言桃李,遽落芳林。隴成仍霧,松移即吟。”仍、即對文,實“乃”字之通用。隋大業九年《陳氏墓誌》(《匯編》第10冊第74頁):“桃李未衰,蕣華仍落。春秋卅有三,大業八年十二月廿九日卒外患坊。”隋大業十年《馬稱心墓誌》(《匯編》第10冊第106頁):“馬氏之先,出自趙王之胤。六國時有趙奢作相,乃(仍)封馬服,後裔因以爲姓。”用字造句,結習一揆。

12）格/落

隋大業十年《唐氏墓誌》(《匯編》第10冊第108頁):“如何蘭桂,忽此摧芳。雲銷夜枕,日格朝梁。”日格,猶言日落,日格朝梁,喻人生苦短。《漢語大詞典》“格2”:零落,《淮南子·時則訓》:“夏行春令,風;行秋令,蕪;行冬令,格。”劉文典《集解》引王引之曰:“格,讀爲落,謂夏行冬令,則草本零落也。格字從木各聲,古讀如各,格與落聲相近而字相通。”又,古書多用“格物”詞,齊魯方言用作“研究”“鑽研”動詞,或讀作【géi wù】。

13）种/沖

唐天寶十載《臧懷亮墓誌銘并序》(《新中国·陝西壹》第122頁):“君神与弘器,骨植挺材。居种而人殊其姿,逮立而衆邈其度。”种、立對文,皆指年齡:立者,成立,即成年;种,通“沖”,幼年也。作者顔真卿造句生硬。

14）陪/倍

隋大業十年《侯氏墓誌》(《匯編》第10冊第109頁):“若夫入侍蘭宫,推五陵之望族;陪(倍)遊甲觀,本六郡之良家。”

15）咳/孩

隋大業八年《郭達墓誌》(《匯編》第10冊第57頁)："其孝也有瘗咳兒，其信也無欺童子。"《漢語大詞典》"咳兒"條：孩兒。咳，通"孩"，所援引書證亦爲《漢魏南北朝墓誌集釋·隋郭達暨妻侯氏墓誌》："其孝也有瘗咳兒，其信也無欺赤子。"原拓作"童子"，作"赤子"者，當係道聽塗説之流。《説文·口部》以孩爲咳之古文。

16）輩/轂

隋大業八年《王君妻成公氏墓誌》(《匯編》第10冊第72頁)："光連齊輩，價重秦城。"字形作輂。《漢語大字典·車部》引羅振鋆羅振玉《增訂碑別字》卷五："輩，轂也。"《戰國策·齊策一》："臨淄之途，車輩擊，人肩摩，連衽成帷，舉袂成幕，揮汗成雨，家敦而富，志高而揚。"注：輩，劉作轂。

17）谷、穀通用，穀則活用

唐開元十八年《柏虔玉墓誌》(《匯編》第23冊第31頁)："常曰：才無不可，命或推夷，智之無涯，時有通塞。知紱纓之非遠，恥簪裳之固求。遂育德希夷，谷神虛白。倨王侯以高尚，慕城闕以閑居。朱輪無北闕之榮，日貴有東山之志，豈不爲盈虛委時，卷舒在我，永以無咎，保其元吉者也。"

按"育德希夷，谷神虛白"：意爲養性於虛無，保神於純淨。育德、谷神對文，德，性。希夷，見《老子》，虛無。谷，通"穀"，義爲保養。神，指五臟神。《老子》"谷神不死"，河上公注："人能養神則不死，神謂五藏之神也。"引申指導引養生之術。《太平廣記》卷二七引前蜀杜光庭《仙傳拾遺》："若山嘗好長生之道，弟若水爲衡岳道士，得胎元谷神之要。"虛白：語本《莊子·人間世》："虛室生白，吉祥止止。"謂心中純淨無欲。《北史·隱逸傳·徐則》："先生履德養空，宗玄齊物，深曉義理，頗味法門。悦性沖玄，恬神虛白，飡松餌術，栖息煙霞。"唐代杜甫《歸》詩："虛白高人靜，喧卑俗累牽。"

該墓誌用字,可證谷、穀二字確通用。戰國楚簡則以“浴”用爲“百谷王”之谷字,而此“谷”則語義差不多等同“川”字,非關穀善字。如郭店楚墓竹簡《老子》甲第 2 簡“江海所以爲百浴(谷)王”,字形作;第 3 簡“能爲百浴(谷)下,是以能爲百浴(谷)王”,字形同;《老子》乙第 11 簡“上悳(德)女(如)浴(谷),大白女(如)辱”,義等“虚懷若谷”之谷,字形作;與戰國同期長沙子彈庫戰國楚帛書甲篇“山川澫(瀨)浴(谷)”用字同。

18) 竺/著

隋大業九年《豆盧實墓誌》(《匯編》第 10 冊第 84 頁):“品藻知其不群,著(竺)論許之致遠。”石刻以竺通著。

19) 滿/懣

隋大業九年《陳常墓誌》(《匯編》第 10 冊第 92 頁):“朝野悲滿,莫不痛惜。”滿,讀作懣。

20) 括/栝

隋大業八年《張伏敬墓誌》(《匯編》第 10 冊第 73 頁):“德合忠孝,道蘊機權。苞文栝武,邁後超前。”“括”字作栝。

21) 摸/摹

隋大業四年《任軌墓誌》(《匯編》第 10 冊第 17 頁):“作洛伊始,思摸《大壯》,度堂考室,寔俟得人。遷將作少匠,加建節尉。”按《漢語大詞典》“大壯”條:《易 · 繫辭下》:“上古穴居而野處,後世聖人易之以宮室,上棟下宇,以待風雨,蓋取諸《大壯》。”《大壯》上震下乾。震爲雷,乾爲天(古人認爲天形似圓蓋),其卦象爲上有雷雨,下有御雨之圓蓋。故云創建宮室、以避風雨,取象於《大壯》。後用爲建築宮室之典。晉左思《魏都賦》:“思重爻,摹《大壯》。”前蜀杜光庭《謝恩宣示修丈人觀殿功畢表》:“俄成《大壯》之功,克致齊天之固。”

22) 陽/揚

隋大業九年《豆盧氏墓誌》(《匯編》第 10 冊第 83 頁):“泉扉既掩,詎識陽(揚)春。"

23）神/紳

隋大業四年《吴嚴墓誌》(《匯編》第 10 冊第 22 頁)："開皇五年,召爲主簿。王涣以衿神之美,履歷斯官;馮異由器行之能,光臨此職。"衿神,當作衿紳。

24）清/青

隋大業四年《楊德墓誌》(《匯編》第 10 冊第 21 頁)："並有善政之歌,俱揚青德之頌。……以君青望德顯,召任通閏鄉正。撫大接小,莫不歌稱。"皆以青通用爲"清"字。

25）夬/決

隋仁壽元年《房吉墓誌》(《匯編》第 9 冊第 146 頁)："慕德信之清,追夬雲之遠。"按或釋"史雲"。本篇石刻作夬,係夬字而通作決。隋大業七年《田德元墓誌》(《匯編》第 10 冊第 55 頁)："仁壽二年起家授涼州捴管府掾。從容上席,剖決如流。"其中"剖決"字作決,偏旁亦爲旁證。《舊唐書》卷一百七十一："贊曰：張李切言,利刃決雲。裴諫方士,深誠愛君。"《類説》卷二十一有"決雲兒"：申王有高麗赤鷹,岐王有北山黄鶻,每出田獵,臂在駕前,賜名決雲兒。

26）悮/虞

隋大業三年《張怦墓誌》(《匯編》第 10 冊第 14 頁)："方當垂瓔玉陛,叅贊皇庭。豈悮運促道銷,少微遂犯。"悮、虞通用。

27）鍾/鐘

隋仁壽三年《王榮及妻劉氏墓誌》(《匯編》第 9 冊第 162 頁)："餘慶是鐘,誕斯明哲。"按本字作鍾,石刻作鐘。

28）鄣/障

隋大業二年《李淵爲子祈疾疏》(《匯編》第 10 冊第 4 頁)："願此功德,資益弟子男及合家大小,福德具足,永無灾鄣。弟子李淵一心供養。"同"障"。

29）彼/被

隋仁壽三年《王榮及妻劉氏墓誌》(《匯編》第 9 册第 162 頁)："自大跡垂徵,小心統業,踵武封國,光彼配天。"按"光彼配天",化用《尚書・堯典》"光被四表"成語,唯彼、被通用字。

30）嬌/驕

隋仁壽四年《馮君妻李玉婍墓誌》(《匯編》第 9 册第 169 頁)："夫人下志恬情,不以世地嬌物;承□訓子,弥以箕帚關心。"

31）亡/忘

隋大業十年《鄧昞墓誌》(《匯編》第 10 册第 112 頁)："累獻功攋,除玄真府副鷹揚郎將,九年轉尚義府鷹揚郎將,領亡身子弟、驍果等色,從駕攻遼。"亡身,即忘身,猶言奮不顧身。亡身、驍果並列。

32）"分悲"爲"分背"之通用

隋開皇二十年《獨孤羅墓誌》(《匯編》第 9 册第 126 頁)："分悲之鳥,重集於桓山;韡盛之華,更茂於移樹。"《字形表》"輩"字或從北得聲。[1]

33）若冠/弱冠：日語有關"若"類詞源

唐開元二十年《王希俊墓誌》(《匯編》第 23 册第 72 頁)："公幼而岐嶷,卓犖兒童之輩;長而弘裕,優遊君子之林。若冠,以門蔭補左衛勳衛。"《禮記・曲禮上》："二十曰弱,冠。"孔穎達疏："二十成人,初加冠,體猶未壯,故曰弱也。"後遂稱男子二十歲或二十幾歲的年齡爲弱冠。按唐人石刻作"若冠",爲"弱冠"同音之混用。日语中"若い""若者",記録"年轻",或爲"弱冠"被替换爲"若冠"所致。

34）聽/聰

唐開元二十年《趙夏日墓誌》(《匯編》第 23 册第 71 頁)："公幼而聽慧,八歲善属文,十八入大學,才名冠諸生。"按出土文獻,聽、聰通用,乃通例。

35）聞/問

唐開元二十年《源光俗妻鄭氏墓誌》(《匯編》第 23 册第 76 頁)："盖

〔1〕 臧克和主編《漢魏六朝隋唐五代字形表・車部》,南方日報出版社 2011 年。

以克孝,聞于親族,是用問名,以聚郷黨,授以室事,無不冝家。”按隋唐墓誌記令譽傳聞,多以“問”替“聞”字,音同通用者。數據庫記録,無慮百餘處。聊示數例:隋大業十二年《宋永貴墓誌》(《匯編》第10冊第160頁):“可謂令問令望,有始有卒者矣。”唐貞觀八年《郭提墓誌》(《匯編》第11冊第51頁):“輝暎相襲,令問不已。”唐貞觀八年《口孝敏墓誌》(《匯編》第11冊第59頁):“若夫糸分啓聖,顯令問於岐陽;三從稱賢,闡儒風於魯國。是知根深葉茂,原潔流清,冠蓋所以重暉,英靈於焉間出。”唐貞觀十五年《薄氏墓誌》(《匯編》第11冊第95頁):“既有令問,如珪如璋。”唐貞觀二十一年《樂善文墓誌》(《匯編》第11冊第163頁):“武陵令問,吏部流芳。”唐開元二十年《崔光嗣墓誌》(《匯編》第23冊第88頁):“誕玆茂族,歸于君子。既叶在洲之問,即有冝家之名。”問、名之間,構成對文。唐開元二十一年《盧炅妻李松墓誌》(《匯編》第23冊第108頁):“服勤中饋,馨問四流”,馨、問連文。

36) 扙、杖通用

隋大業十一年《蕭安貴墓誌》(《匯編》第10冊第137頁):“其年丁母憂去職。公孝性自天,毁將滅性,扙而後起,殆不勝喪。”按石刻用字扙、杖混用,蓋緣楷化扌、木偏旁易混。《漢語大字典·手部》字形出處見《集韻·養韻》:“扙,傷也。”實別是一字。

37) 素、索通用

五代後梁開平四年《穆徵君改葬合祔墓誌銘并序》(《匯編》第36冊第4頁):“至於聚彼群書,該乎百氏。忘其貧而樂其道,經其口而綜於心。此外,或命一二故人,生平親舊,以烹羊炰羔爲伏臘之費,以弋林釣渚爲朝夕之娱。琴酒相歡,歌詠自適。常歎曰:鶴盖盈門,權豪影附之聚,非吾之所望。馬革裹尸,丈夫報國之事,非吾之所能也。秉纊操衡,賈豎趍勢之動,非吾之所擬也。一擲千万,博徒淫縱之歡,非吾之所好也。惟彼四事,我無一焉。但巢林一枝,飲河滿腹。茂陵稱少遊之善,慎陽得黄憲之交。優遊暮年,聊以卒歲而足矣。”銘文:“味彼墳素,狎於隱倫。既文且質,道或彬彬。”與序文對讀,是知銘文“墳素”即“墳索”之通用。又,“或命一二故人,生平親舊",其中故人、親舊皆爲"命"之對象,是命也者,邀請之謂。用同白樂天《琵琶行》序稱"因命酒",即招邀宴請以酒席也。

2. 混用第二

混用者,蓋形體近似而混用,非關讀音。

1) 久、已

唐咸通五年《金氏墓誌銘并序》(《新中國·陝西貳》第 286 頁):"太上天子有國泰宗陽,號少昊氏金天,即吾宗受氏世祖。厥後派疏枝分,有昌有微。蔓衍四天下,亦己多已。"字形作"亦 多 ",誤刻爲"己",當釋作"已""久",或釋爲"已""已",非是。《漢魏六朝隋唐五代字形表》"久"條《睡虎地秦簡》116 作 。

2) 全、令

隋仁壽元年《房吉墓誌》(《匯編》第 9 冊第 146 頁):"剌史敬公召爲州都,乃(仍)全(令)冠履,斯整彝倫。"按仍、乃通用,令、全數據庫所釋楷化形混,本篇石刻"全"作 ,"令德"作 。此當爲"乃全",以與"斯整"對文。

3) 金、全

唐開元二十七年《鄭齊閔墓誌》(《匯編》第 24 冊第 96 頁):"歸金之日,不見嚴君;主奠之辰,唯聞幼女。"按歸金,即"歸全"之混,猶"旌"或從金或從全或令作旍,同歸一揆。唐李邃《盧夫人崔氏墓誌》:"遘疾歸全於東都依仁里之私第。"《漢語大詞典》"歸全"條:謂善終。不遭災難,終其天年。《後漢書·崔駰傳》:"貴啓體之歸全兮,庶不忝乎先子。"

4) 今、令

隋仁壽四年《符盛及妻胡氏墓誌》(《匯編》第 9 冊第 167 頁):"自量年高,長辭老疾。大隋敕史巡幸,板授晉州平陽縣令。告令(今)在手,春秋八十有四。"全文隸書,"縣令"作 ,"告令"作 ,是形近誤混之例。

"泠音"必"泠音"之誤。南唐乾德五年《本業寺碑》(《匯編》第 36 冊第 193 頁):"東接文園,昔是儲君之主;西連簃嶠,今兹簫帝之蹤。幾百年而鍾梵泠音,流傳佛事;一千載之龍圖闡化,普遍皇恩。”按“泠音”不辭,但對照原拓,字形果然。雖然,必“泠音”之誤。蓋石刻“今”“令”二形,區别性不顯。

5）狠、貌

隋大業七年《魏氏墓誌》(《匯編》第10册第56頁):“狠猶桃李,日已崦嵫。”狠,必爲貌之混。東魏武定二年《侯海墓誌(陰)》(《匯編》第6册第115頁)“形隨地久,貌與年流”作 。

6）狀—伏、皃—皀

隋開皇二年《李和墓誌銘》(《新中國·陝西貳》第7頁):“公伏皃魁梧,腹尺瑰麗。尊君奉上,不二其心;御下臨民,有一其德。恭以自基,讓以明礼。七札可穿,嘗云未兼;五行俱瞻,終夜忘疲。獻策陳謀,則手書削藁;弼違補闕,則知無不爲。”其中“伏皃”不辭,字形作 ,應釋爲“狀皃”。左近亻形,爲“狀”之聲旁之混;右近犮形,爲犬形之混。至於近皀之形,爲皃之石刻習見形體。“狀皃魁梧,腹尺瑰麗”對文,狀貌、腹尺聯,魁梧、瑰麗聯。《漢語大詞典》“腹尺”:腹的闊度,比喻食量大。

7）伏、伙

唐天寶二年《左光胤墓誌銘并序》(《匯編》第25册第45頁):“服滿,拜秘書省正字,澀黄香之秘籙,刊蔡邕之謬文。祑滿,拜河南府河清主簿。摘發稽滯,鈎考奸伙。甚稱厥職,翕然有聲。”字形作 ,語料庫加工者或釋爲“伙”,實爲“伏”字之誤混。宋代陸游《右朝散大夫陸公墓誌銘》:“發姦伏,申寃枉,號稱神明。”又,由“正字”職守範圍,知“字”者,即“書面語”耳。

8）旌、柱

隋大業十一年《嚴元貴墓誌》(《匯編》第10册第123頁):“送人掩淚,征鳥爲啼。寄琬琰而傳名,留德音而柱。略條實録,乃爲銘曰……”按原拓字形實近“柱”形,故釋文如此。其實即“旌”(石刻如北魏《元恭墓誌》作)字之誤混。且對照上下句,“留德音而柱”句不完,刻石不留餘地，當係脱文。又參見“偏旁類”有關“旌”字條。

9）氏、互

唐開元廿七年《鄭撝墓誌銘并述》（《匯編》第24册第80頁）：“公大互歸善，一以貫之。”字形作，即氏字，用爲“大抵”字。

10）互、平

唐永徽五年《劉皆墓誌》（《匯編》第12册第118頁）：“□□□□，齊高惟新。族流四海，君派三秦。□□□玉，非德不鄰。寬栗互舉，但塞雙陳。”字形作，即互字。互舉、雙陳對文。或釋爲“平”，以形近誤混。

11）煩惱、煩惚

隋仁壽二年《郭休墓誌》（《匯編》第9册第157頁）：“知無我於世間，超煩惚於彼岸。”字形作，係作者誤刻。漢魏以降，此類混誤多見。

12）燮、變

唐貞觀十六年《李紹墓誌銘并序》（《新中國·陝西貳》第22頁）銘文：“敷化一同，燮（變）諧千里。”二句對文，是變必燮字之誤混。序文“弼諧千里，燮贊六條”，尚不混。

13）駃、駛

隋大業九年《趙朗墓誌》（《匯編》第10册第88頁）：“駃（駛）同駟驟，迅若波湍。”誌文刻作，隸書駃、駛混淆。又見隋仁壽元年《房吉墓誌》（《匯編》第9册第146頁）：“慕德信之清，追夬雲之遠。”或釋“史雲”，石刻作，係夬字而通决者。《漢語大詞典》“駃2”：《廣韻》苦夬切，1. 快馬。參見“駃馬”；2. 同“快”。南朝宋鮑照《瓜步山揭文》：“游精八表，駃視四遐。”

14）叏、受

北魏孝昌二年《元壽安墓誌》（《匯編》第5册第42頁）：“既而隴西叏劉，阻兵稱亂。”字形作。隋大業九年《張受墓誌》（《匯編》第10册第89頁）：“君諱受，字子集，新野人也。”其中名“受”與字“集”相應，而字形作。《匯編》題解者以爲“受”而釋作《張受墓誌》。隋開皇十二年

《曹植廟碑》(《匯編》第 9 冊第 89 頁):"蒙敕報允,興復靈廟。饋嗣蒸嘗,四時受謁。使恭恭嗣子,得展衷誠之願;煢煢孝孫,長畢昊天之慕。"其中"受謁"字作,爲"受"字省便結體。二誌所刻互混,楷體區別性降低,成因一揆。又,電子版《四庫全書·居易録》卷二十所存隋碑該處釋作虔字。是楷化虔、受區別度降低。

15) 永、乖互混

隋大業十年《王光墓誌》(《匯編》第 10 冊第 96 頁):"不謂天地忘人,神祇乖感。"其中"乖"刻作。"第二息龍振,敬憑丈人,爲銘斯德,永(乖)傳不朽",其中"永"刻作。於是整理者或有混淆,以"永"爲"乖"。

16) 束、東

隋大業十年《張軻墓誌銘并序》(《匯編》第 10 冊第 110 頁):"桴鼓之聲無絶,東(束)矢之訟寔繁。君濟猛以寬,鎮澆以樸。曾不朞月,頓改前弊;未及煖席,民歌來晚。曰仁者壽,豈其寓言。"刻近"東矢"。《漢語大詞典》"束矢鈞金"條:古代民間訴訟按規定繳納的財物,後借指處理訟事。語本《周禮·秋官·大司寇》:"以兩造禁民訟,入束矢於朝,然後聽之。以兩劑禁民獄,入鈞金三日乃致於朝,然後聽之。"鄭玄注:"必入矢者,取其直也……古者一弓百矢,束矢,其百個與?"又:"必入金者,取其堅也。三十斤曰鈞。"

17) 夭、耒

唐乾封二年《陳壽墓誌》(《匯編》第 15 冊第 33 頁):"是時織婦停機,耕夫止矢(耒)。""耕夫止矢"矢作夭,夭、耒形近刻誤。見《漢魏六朝隋唐五代字形表·矢部》"矢"條。

18) 泉、皐

唐天寶五載《大唐慶國故細人孫氏墓誌銘并序》(《新中國·陝西貳》第 114 頁):"乃祖泉乎家君,無違命者。官諱遂達於四海,可得而舉焉。"泉,必皐字之混。又,官諱,《漢語大詞典》"官諱":舊時指尊長的名字。

19）牧、枚

唐顯德五年《衛王馮暉墓誌銘》(《新中国·陕西壹》第142頁)："揚李枚之佳聲,振趙奢之美譽。"字形作枚,以上下文限制,必"李牧"字之混淆。

20）倍、悟

唐建中元年《獨秀山新開石室記》(《匯編》第28册第8頁)："不遇知己發明,則蓬蒿向晦,畢命淪倍,鹽車無所伸其駿,和氏不得成其寶矣。"其中"畢命淪倍"末字不清,整理者依據字形輪廓釋爲"畢命淪悟",遂致乖張。其實,"向晦"與"淪倍"對文,向、淪表趨向,倍,背通用,晦、倍一意,被埋没,即稱"背晦"。

21）杼、抒

唐咸亨二年《張節墓誌》(《匯編》第15册第144頁)："黄裳抒(杼)美,墨綬騰猷。"杼美、騰猷對文,杼、抒形近刻誤。

22）牝、牡混用

唐咸亨元年《張軌墓誌》(《匯編》第15册第126頁)："君丹穴孕彩,赤野涵珍,素履居貞,黄裳元吉。神凝牝(牡)谷,滋道性而荒聰;辯瀉詞河,□玄言而遺照。將謂龍丘削智,蹈南岳以栖高。"

23）晝、書形近混誤

唐貞觀十二年《唐遜故夫人柳婆歸墓誌銘并序》(《匯編》第11册第77頁)："每發詠於春晝(書),亦摛文於秋菊。"所刻"春書",必春晝之誤。

24）裏、裛

隋大業八年《張伏敬墓誌》(《匯編》第10册第73頁)："哥裏秋露,車邊晝柳。共入幽門,俱來燧口。燈光闇壤,凡人能走。唯當松樹,千年見守。"銘文記發送葬後過程,寫孤寂之景。字形作裛,以哥裏、車邊對文,知裛即方位詞"裏"形所誤刻。

25）適、嫡混用

隋大業十年《王光墓誌》(《匯編》第10册第96頁)："夫人年踰三五,

四德俱備。出適(嫡)孝養舅姑,歸寧敬愛父母。""出嫡"即"出適"之混用,出適,謂女子出嫁。《太平廣記》卷三二四引晉戴祚《甄異録·秦樹》:"承未出適,我亦未婚,欲結大義,能相顧否?"

26) 圭、生混用

唐乾封二年《謝通墓誌》(《匯編》第15冊第57頁):"慎白圭(生)於南言,輕黄金於季諾。僚執敬其信,鄉黨伃其仁。"白圭、黄金對文,而石刻用"生"字。

27) 先、老

唐天寶十一載《房陵郡太守盧府君夫人弘農郡君楊氏墓誌銘并序》(《匯編》第26冊第74頁):"宜其永錫難先,以爲母師。如何彼蒼,曾不與善。"語出《詩經·泮水》"永賜難老",謂長壽。是以墓誌釋文或作"難先",則"先"必"老"字之誤省。下出銘文"老氏",亦如此誤作:"先氏遺誡兮多藏厚亡,今我送終兮則惟其常。"

28) 邽、邦

隋大業五年《寧贙墓碑》(《匯編》第10冊第25頁):"竊以太皡之末,分顓臾之邽,唐叔之餘,爲管魯之國。……褰帷本土,刺舉家邦。"字形皆作邦。邽,《廣韻》古攜切,石刻用同"邦",以楷化"丰"形構成有以混淆,如《宋本·土部》:"封,甫龍切。大也,厚也。鄭玄曰:起土界也。《大戴禮》:五十里爲封。《白虎通》曰:王者易姓而起,天下太平功成,封禪以告太平。封者金泥銀繩,或曰石泥金繩,封之以印璽。孔子升太山,觀易姓而王,可得而數者,七十餘封是也。圭,古文封。或作㞷。㞷,古文封字。《説文》云:草木妄生也。从之,在土上。户光切。"

29) 且、旦

隋大業十二年《王世琛墓誌》(《匯編》第10冊第149頁):"曰:'人生稟命,脩短有極。無常必及,天佛不延。伏惟深識此理,以割常愛。且(旦)顔子仁智,楊烏夙成。並夭天年,不終眉壽。況琛無益榮養,空荷顧復。恩斯之重,罔極終天。'"且、旦混用,以楷化過程中旦形末筆粘連。

參見下出“徂、伹”條。

30）徂、伹

隋大業九年《張囧妻蘇恒墓誌》(《匯編》第10冊第77頁)“伹陰陽代謝,日月有時”字形作伹,係徂字之混。伹,《廣韻》七余切、徂古切。《説文·人部》:“伹,拙也。”楷化過程且與旦、氐作亙,參見《楷字的區別性》等。由此,導致古書解詁的系列問題。如高郵王氏關於《淮南子·説林訓》:“使伹吹竽,使氐厭竅,雖中節而不可聽。”高誘注:“伹,古不知吹人。‘伹’讀燕言‘鉏’同也。”王念孫《讀書雜誌·淮南十七》:“高讀與燕言‘鉏’同,則其字當從‘且’,不當從‘旦’。……‘但’爲‘伹’之誤也。氐,當爲‘工’。”

按末横筆粘連,石刻繼承簡牘用筆。漢簡中的“直”字末筆粘連,係從乚筆簡便化。如兩漢簡牘魏晉南北朝石刻所習出。參見《漢魏六朝隋唐五代字形表》。

31）“暗鳴”作“暗嗚”

隋仁壽三年《張儉及妻胡氏墓誌》(《匯編》第9冊第160頁):“宣政元年,詔討陳賊吴明徹,君機辯内馳,英威外振,弓彎流水,馬控浮雲。暗鳴而斬鯨鯢,叱吒而起雷電,妖氛廓定,振凱言歸。”“暗鳴”與“叱吒”對文,石刻字形如此作。今所見作“喑嗚”,《文選·左思〈吴都賦〉》:“睚眥則挺劍,喑嗚則彎弓。”李周翰注:“喑嗚,含怒未發。言如此小怒,則拔劍彎弓,言勇狹也。”唐駱賓王《代李敬業傳檄天下文》:“喑嗚則山嶽崩頹,叱吒則風雲變色。”

32）“少令無譬”與“少負不羈之才,長無鄉曲之譽”

隋大業六年《薛保興墓誌》(《匯編》第10冊第41頁):“公童子絶倫,少令無譬。夢吞翬雉,才藻日新;應見神鳩,月徵華選。”唐開元八年《公孫思觀墓誌》(《匯編》第21冊第120頁):“鄉曲之譽見推,警衛之勞斯著。”唐開元八年《劉府君墓誌銘并序》(《新中國·陝西貳》第77頁):“誕靈孤秀,負不羈之材;河岳降神,生希代之寶。”

唐景龍三年《孟玉塔銘》(《新中國·陝西貳》第71頁):“有不羇之

心,兼出俗之志。”唐貞元六年《楊萬榮墓誌銘并序》(《新中國·陝西貳》第166頁):“藴不羈絶俗之材,每以識略自負。”不羇、出俗對文,不羈、絶俗連文,爲古代描寫才士之美詞。傅滔撰、唐咸通二年《楊居實墓銘并序》(《新中國·陝西貳》第276頁):“曾王父隱琦不仕,少負不羇之才,而有鄉曲之譽。”負,非謂辜負者,見唐天寶四年《馬延徽墓誌銘并序》(《匯編》第25冊第73頁):“既負磊落之才,自有英雄之武。”唐天寶四年《王爽墓誌并序》(《匯編》第25冊第91頁):“公幼而不弄,長而秀傑。負不羈之志,以陪常調,爲吏部選。雖未鵬搏于空,而無蠖屈之歎。惟安排順命,晦跡丘園。撥樊籠,遵佛理,念念勿捨,六時脩行。信以接朋,虔而後已。遇盜泉之水,渴而非飲;對惡木之陰,熱不息憩。”

《文選注》卷四十一司馬子長《報任少卿書》:“僕少負不羈之才,長無鄉曲之譽。李善注:不羈,言材質高遠不可羈縶也。燕丹子夏扶曰:士無鄉曲之譽,未可以論行也。”按可見漢代征辟,端賴鄉黨月旦。“少負不羈之才”,即等“少令無譽”。

33)黠、點誤混

隋大業六年《梁瓌墓誌》(《匯編》第10冊第40頁):“三吴矯詐,兩阿桀黠(點)難治。君討盡奸原,莫不甘服。”黠、點形近,石刻誤混。《史記·貨殖列傳》:“桀黠奴,人之所患也。”

34)牡、壯混用

隋開皇十一年《尒朱端墓誌》(《匯編》第9冊第73頁):“既地居許史,勢重金張。高箱駟牡(壯),垂旒鳴玉。”按誌文牡、壯形近混用。《漢語大詞典》“駟牡”條:指駕一車的四匹牡馬。漢張衡《司徒吕公誄》:“旍旆從風,駟牡超驤。”唐劉長卿《送邵州判官往南》:“看君發原隰,駟牡志皇皇。”

35)瑞、端混用

隋開皇三年《寇熾妻姜敬親墓誌》(《匯編》第9冊第11頁):“魏故廣州長史襄城順陽二郡太守寇府君夫人昌平郡君姜氏墓誌銘。夫人諱敬親,天水冀人也。昔西川表端,東海昨功,道軼寰宙,聲高夷夏。征九伯而作師,跨四履而爲大。”按原拓作者確實作 端,“表端”不詞,端、瑞形近混用。“表瑞”與“作功”對文,唯作、昨音同通用。同時用例如隋開皇三年《梁坦墓誌》(《匯編》第9冊第13頁):“自黄雀呈祥之歲,帝軒開基,白魚表瑞,姬王啓運,青蓋恒飛,朱門不弛,家稱紫葉,人号黄枝。”

36) 像、象混用

隋開皇九年《暴永墓誌》(《匯編》第9冊第58頁):“馭四馬於周郊,載九旒於像魏。”《周禮·天官·大宰》:“乃縣治象之灋於象魏,使萬民觀治象。”鄭玄注引鄭司農曰:“象魏,闕也。”《文選·班固〈典引〉》:“是以來儀集羽族於觀魏。”張銑注:“觀、魏,皆闕也。”

37) 徂、殂混用

隋開皇三年《寇熾妻姜敬親墓誌》(《匯編》第9冊第11頁):“殂陰不駐,逝水無停。”其中“殂”必“徂”字之混用。

38) 欵與欵、“輪城”與“輪誠”

隋開皇三年《寇奉叔墓誌》(《匯編》第9冊第9頁):“乃扵廣州立義,送欵輪城,率民割地,並入關右。”《漢語大字典·欠部》無此形,存“欵”字,見《字彙·欠部》,以爲“款”之俗。石刻作者用欵字即“欵”形之變者。“送欵”,見《漢語大詞典》“送款”條:投誠;歸降。又“輪城”,必“輪誠”形近刻混者。《梁書·侯景傳》:“輪誠送款,遠歸聖朝。”

39) 養、眷混用

隋開皇五年《樊敬賢七十人等造像記》(《匯編》第9冊第20頁):“兼爲柒世父母及今養属,法界衆生,成無上道。”其中“養属”即“眷属”之混用。以“豢養”或用養、養字,《集韻》“養”爲古倦切。

40) 矩、短混用

隋大業十二年《楊氏墓誌》(《匯編》第10冊第151頁):“規旋短折,辭令珪璋。”字形作短,實“矩”字輪廓混用之誤。唐貞觀五年《劉節墓誌》(《匯編》第11冊第34頁):“末路修長,世塗局促。倐短(矩)幾忽,□同風燭。雲悽隴上,鳥啼高木。哲人其委,百身何贖。”原拓漏刻,且矩、短混淆作矩。修短,誤混修矩。

41）衽、衽混用

隋大業十一年《范安貴墓誌》(《匯編》第10冊第137頁):“其年丁母憂去職。公孝性自天,毁將滅性,扙而後起,殆不勝喪。俄而有詔,奪情義從衽革,起授右候衛大將軍。”按作者以衽、衽形近混用。《漢語大詞典·衣部》“衽金革”條:以兵器、甲冑爲卧席。形容時刻保持警惕,隨時準備迎敵。《禮記·中庸》:“衽金革,死而不厭,北方之強也。”孔穎達疏:“衽,卧席也;金革,謂軍戎器械也……以甲鎧爲席,寢宿於中。”《名義》《玉篇》《漢語大字典》等未之見,《集韻·禡韻》:“衩,《廣雅》祔袺衽謂之褸衩。一曰襢衣。楚嫁切。”緝韻:“襲𧟌,《説文》左衽袍也。一曰因也。籀作𧟌。”是釋義使用該字形,亦屬訛混之類。

42）綴、輟混用

唐開元二十年《張先墓誌》(《匯編》第23冊第65頁):“閑邪綴淫,賞善褒德,有條不紊,若網在綱。”按“閑邪綴淫”,結構並列。閑猶陶潛《閑情賦》、“坊閑”之閑,綴則中止之輟。但唐抄《萬象名義》乃至六朝輟即有綴音,參見《中古漢字流變·車部》“輟”字下:《名義》《原本》皆音“輟”爲“張衛反”。石刻、字彙相互印證,知二字音義相同,由來已久。又,網字原本刻作從糸冈聲。

43）郡、群混用

唐開元十九年《劉禄墓誌》(《匯編》第23冊第48頁):“愛子惠琮等,璞略不郡,孤標出俗。”按“不郡”“出俗”對文,郡、群音同可通用,但二者分途,按部就班,唐代之前,早成定規,此處顯係楷化輪廓混用誤用而致疆界泯滅者。

44）罻、羅混用

唐開元十九年《李景陽墓誌》(《匯編》第23冊第44頁):“司罻羅,官以理。”按“罻羅”成詞,本指捕鳥的網。《禮記·王制》:“鳩化爲鷹,然後設罻羅。”鄭玄注:“罻,小網也。”《楚辭·九章·惜誦》:“矰弋機而在上兮,罻羅張而在下。"王逸注:"罻羅,鳥網也。"由此可借喻法網,唐吴兢《貞觀政要・納諫》:"符瑞雖臻,而罻羅猶密。"墓誌以罹、羅輪廓近似而混用,"司罻罹,官以理"是説主持司法,司法以治。

45）隋、隨混用

唐開元二十年《賈元恭墓誌》(《匯編》第23冊第77頁):"大唐故朝議郎行幽州會昌縣令上柱國賈府君墓誌銘并序。君諱元恭,字元恭,長樂人也。属隨氏亂離,遷居洛陽焉。"有唐石刻,隋代多誤作隨便字。按隋、隨字混用。屬作属,已屬簡體。屬、當古書連用,如《春秋左傳注疏》卷二十五:"下臣不幸,屬當戎行,無所逃隱。《注》: 屬,適也。《音義》: 屬,音燭。"

46）商、啇混用

隋大業九年《宋仲墓誌》(《匯編》第10冊第93頁):"湯初受命,契始封商(啇)。白狼應感,玄鳥呈祥。"北魏孝昌元年《元纂墓誌銘》(《匯編》第5冊第13頁)"析瑶枝於扶桑,播番衍於商魯"作啇。隋唐五代石刻商、啇輪廓同而通用,也是事實。如隋大業六年《范高墓誌》(《匯編》第10冊第33頁)"其先出於咸陽,歷虞夏商周及晉,世稱名族"作啇。商、啇石刻常混用,甚至見於唐代規範字樣著作《干禄字書》石刻本第232組:"商啇: 竝上俗下正。"係將混淆用字,誤分爲正、俗字。足見社會用字風氣扇被。

47）歒、敵混用

隋大業十一年《范安貴墓誌》(《匯編》第10冊第137頁):"歒必咸劉,攻無弗取。"按前後文,歒必敵字之混用。該石刻作者字形從商從欠。《漢語大詞典》"咸劉"條: 謂斬盡,滅絶。《尚書・君奭》:"武王惟兹四人,尚迪有禄。後暨武王,誕將天威,咸劉厥敵。"王引之《經義述聞・尚書下》:"咸者,滅絶之名……咸劉皆滅也。猶言遏劉、虔劉也。"《逸周書・世俘》:"越五日甲子朝,至接于商,則咸劉商王紂。"

48）弥、殄混用

隋大業十一年《范安貴墓誌銘》(《匯編》第10冊第137頁):"誠爲令

德,雖没世而殄彰;名有可稱,永傳芳於不朽。"

49）非、丱混用

隋大業十一年《張志相妻潘善利墓誌》(《匯編》第10冊第127頁):"夫人幼有姿則,長而閑華,年纔三四,則女誡是耽;齒將十五,則婦儀闇熟。遂使紹介之賓滿座,羔鳫之禮填門。二八適於南陽張氏。雖復非角之時,已有成人之量。"其中"非角"即"丱角"之誤,原拓字形作非。

50）墓、慕混用

隋大業十一年《白仵貴墓誌》(《匯編》第10冊第117頁):"加以愛慕墳典,留心史籍,墓仁踐義,無倦須臾,虚心□物,不渝少選。"慕、墓二字混用。

51）閐、閣混用

隋大業十一年《陳叔明墓誌》(《匯編》第10冊第116頁):"紱冕右寺,簪纓仙閐。"《萬象名義·門部》:"閐,于救反。祐也。助也。"《宋本玉篇·門部》:"閐,于救切。古祐字。"按墓誌作閐形,自上下文觀,實即"閣"之混用者。

52）游、柔混用

隋大業十一年《王衮墓誌》(《匯編》第10冊第119頁):"切磋道藝,優柔文史。"按"優游"久成詞頭。如唐貞元五年《孫君妻李氏墓誌》(《匯編》第28冊第60頁):"悦懌圖史,優游組紃,多稟生知,罕從師授。"

53）繫、繼混用

唐開元十八年《李偘偘墓誌》(《匯編》第23冊第39頁):"公少負英毅,志懷忠勇,力拔河山,氣射雲物。常有言曰:大丈夫不繼單于頸,不碎顔良軍,曷以荅聖朝之休美,紹先人之鴻業?遂投筆戎幕,冀滅雰祲。攢矛海外,千里無鬪戰之役;仗劍河源,三軍息鼓鞞之進。"按"繼單于頸""碎顔良軍",係互文對舉用例,必用"繫"字。

54）綿、眠混用

唐開元二十一年《高欽德墓誌》(《匯編》第23冊第104頁):"秦醫不

瘵，魏使途歸，楨幹遽朽於中巖，哲人忽綿於蒿里。以開元廿一年九月十有九日，終于柳城郡公舍。”

55）繁簡雜用

唐開元十八年《劉庭訓墓誌》（《匯編》第23冊第32頁），該墓誌區別使用“三台”字，而“臺閣”字，仍用“臺”字，見本誌下出“臺閣畫像，燕然勒勲”，而唐開元十八年《唐李偘偘墓誌》（《匯編》第23冊第39頁）“咸台輔軒榮，公卿錫爵”，用“台”字。

按“公之先，前後兩漢廿餘代，代爲天子。至於三台四岳八座五侯，盖不足而稱也”：漢因秦制，以尚書爲中臺，御史爲憲臺，謁者爲外臺，合稱三臺。《後漢書·袁紹傳》：“坐召三臺，專制朝政。”李賢注引《晉書》：“漢官，尚書爲中臺，御史爲憲臺，謁者爲外臺，是謂三臺。”

至於其他，本誌亦間有雜用者：“至于”“終于”“葬於”“於焉”“于何”。唐開元二十年《王怡墓誌》（《匯編》第23冊第75頁）“今之去也順，向之來也浮，順与浮痦寐之一也”用“与”字，而“與善無徵，徂年何促”又用“與”字。

唐人墓誌已有通篇只用“于”字者，如開元二十年《源光俗妻鄭氏墓誌》（《匯編》第23冊第76頁），凡用十餘“于”字，無作“於”者。且該誌叙墓主生平，有生平細節，有言行舉止，不避“世”字之諱，楷法遒勁，其果屬唐人之作耶，令人幾生疑慮。然觀其通篇用字，置於隋唐之際，幾無可分辨者。附《大唐故鄭州刺史源公故夫人鄭氏誌銘》：

公從祖叔父朝請大夫太子司議郎恵津撰。

夫人滎陽人也，以夫貴封同郡原武縣君。自後魏定五姓，推爲甲族，尔来三百許歲，譜牒存焉。五代祖偉，魏襲襄城公、北徐州刺史、使持節驃騎大将軍、開府儀同三司；王父元祚，皇朝鄧州內鄉令；考惟恭，蘇州司户条軍；自我從祖之姑而出也。生而閑敏，長而恵和，不資傅誨，舉成女則。早喪父母，幼而有行，年十三，歸吾從祖兄之子光俗。盖以克孝，聞于親族，是用問名，以聚鄉黨，授以室事，無不宜家。

有奉舅姑之嚴,而移父母之孝。每一善也,薦美于君子;有遺事也,引慝于厥躬。未甞不流謙自卑,蘊飾于內也,故能成君子之孝,服勤于親;成君子之忠,盡節于主;成君子之友,睦于弟兄;成君子之仁,愛于萬姓。是以賢婦之目,世人稱之。及喪舅姑,哀深宗婦,君子毁瘠于次,夫人憂戚于宫,厚諸遺孤,甚于平昔。始于夫人之德,有永舅姑之義。故君子著而能遠,夫人內以相熾;君子尊位而不溢,夫人閑家以悔亡。洎君子永終,夫人晝哭,訓育男女,若全師父。承叔妹之意,居娣姒之和,無改君子之道,有荅平生之志。奉持釋教,深契至真,福豈唐捐,降年不永。春秋五十有一,以開元廿年五月五日疾終于河南縣康俗里君子之故居。嗚呼哀哉! 夫人之平昔甞曰:無以我先于舅姑。嗣子洧等敬順聖善,不愆于儀。而日月有期,宅兆今吉,以開元廿年壬申九月辛丑朔二日壬寅迎府君于殯,遷夫人于堂,同窆一塋,爲庚壬兩穴,斯亦衛人之祔焉。嗚呼夫人,敬也禮也;嗚呼嗣子,親親尊尊。銘曰:

系西周兮建東國,錫土姓兮流至德。其一。夫爲郡兮我爲邑,慰族人兮感先泣。其二。衣錦衣兮遊故鄉,俄晝哭兮被縗裳。其三。同萬化兮從君子,俟舅姑兮敬終始。其四。室其迩兮思其遠,求仁得兮又何。其五。

(五) 脱文、省寫、殘字、誤拆、偏旁類

1. 脱文類

1) 脱文

隋大業九年《郭寵墓誌》(《匯編》第10冊第90頁):"嚳爲青帝,棄襲黄雲。公劉公甫,文子文孫。作周之牧,爲[郭]之君。五章六彩,華輦朱門。世有哲人,朝多達者。心遊海外,形存闕下。衣傳黼黻,庭□玉馬。愛日[ ]留,嗚呼命也。"其中,"郭"字脱刻,未刻任何符號。隋大業十年《張達墓誌》(《匯編》第10冊第104頁):"嚳爲青帝,棄襲黄雲。公劉公

甫,文子文孫。建周之國,爲張之君。"用字匡格,據以填補。"庭"後字原拓不完整,"留"前疑有脱刻。參見本部"作者類"。

隋開皇八年《韋略墓誌》(《匯編》第 9 冊第 48 頁):"既而南師敗績,赴敵死,知與不知,不殞涕。"當作"知與不知,無不殞涕",衍上脱"無"字。

2)銘文待刻足文之字

隋仁壽二年《郭休墓誌》(《匯編》第 9 冊第 157 頁):"汪汪濟濟,有同夫子牆;逶逶迤迤,無別玉山之勢。"作者刻脱一"之"字。

隋大業十一年《嚴元貴墓誌銘并序》(《匯編》第 10 冊第 123 頁):"永歸魂於玄夜,長寐爽於黄泉。送人掩淚,征鳥爲啼。寄琬琰而傳名,留德音而柱。略條實録,乃爲銘曰……"按原刻如此。以對文觀之,"柱"當係"旌"字之誤刻,且後必脱文。

刻手留出空格而忘記填寫。隋大業十二年《六品宫人□□墓誌銘并序》(《匯編》第 10 冊第 163 頁):"維大隋大業十三年　月　日宫人六品　氏卒……"

隋大業八年《李肅墓誌》(《匯編》第 10 冊第 59 頁),本篇誌文部分措辭不計對偶,每見突兀。至於銘文部分刻石未完,而誌石仍有餘地:"東井蒼蒼,西土茫茫。摶開分野,地(埊)列封疆。門多英毅,代産忠良。昭昭餘慶,刊石"。"刊石"後誌石原拓空間尚有,應加二字以足之。

隋大業八年《張伏敬之銘》(《匯編》第 10 冊第 73 頁):"伏敬者,南陽郡南陽人也。張氏族多羽化,世有哲人。文有俎豆之風,武過韓白之畧。祖虎,□識俎鼎之鹽,生知淄澠之水。父□,玄圃園蒸,擬竹箭如争飛;出意標峯,學世能而冣巧。然敬志性威雄,文武俱偹。"其中"父"後空格,但未刻字,以句讀看,係脱刻。又"識"字前未空格,但對照下文,"□識"與"生知"對文,恐亦須填字以足文。又"玄圃園蒸,擬竹箭如争飛;出意標峯,學世能而冣巧"對仗,如、而對文,是以句讀如此。

唐乾封二年《孫恭墓誌》(《匯編》第 15 冊第 54 頁):"鍾具美於□□,綜多能於萬物。"鍾具美、綜多能對文,原拓脱二字。

唐貞觀十八年《霍恭墓誌》(《匯編》第 11 冊第 124 頁):"君夙蘊蘭

含,懷桂馥。”原句讀如此作。原刻脱“筠”字,遂致“桂馥”偏枯。

3）人名用字備刻而終然脱落

唐開元十九年《韓君妻張氏墓誌》(《匯編》第23冊第54頁):“曾祖曰,長諧爲能,垂裕後昆,故褒贈四郡;大父曰,行成爲能,啓前迪人,故端揆百辟;父曰,雍容實盛德之後也,故題輿魏蕃,立言承家,令問長廿。”按本誌多所磨糊,書體亦草率。人名付闕如,而“曰”後留有空格,可能刻手留以待補,而終然未能補全者。

至於唐開元十九年《劉禄墓誌》(《匯編》第23冊第48頁):“君諱禄,字,矯矯其貌,必自平輿之泉;翽翽于飛,多出朝陽之嶽。”墓誌所刻“字”後緊接“矯矯”,未留空格,是刻手未曾意識到的脱文。從對文來看,“矯矯”與下出“翽翽”相應,是知刻寫者脱落墓主之字。

唐開元二十三年《梁義方墓誌》(《匯編》第23冊第156頁):“梁木壞矣！邦彦殄矣！士庶潸涕,雲霧色。”按《匯編》原拓多所模糊,“梁木壞矣”,原釋文作“壤”,係壞字之混;“雲霧色”,係刻手脱文。

唐開元二十八年《郜崇烈墓誌銘并序》(《匯編》第24冊第124頁):“君素懷敦愘,不趨權巧,荏苒五莅事,蹉跎一掾曹,不以位卑而荒厥政,不禄薄而怨其時。”按“不以位卑而荒厥政,不禄薄而怨其時”爲對文,是後句必脱“以”字。

4）姓氏脱文

唐開元二十年《崔光嗣墓誌》(《匯編》第23冊第88頁):“夫人范陽盧氏,皇朝太子洗馬悦之孫,益州青城尉弘弊之女。”按“洗馬”職官名,或作“先馬”。又,“悦”字前脱“盧”字,遂致詫異。

5）銘文脱落

唐開元二十六年《宋祖堪墓誌》(《匯編》第24冊第76頁):“故勒前文,迺爲銘曰:開元廿六年歲次戊寅十二月甲子朔。”按原拓銘文闕如,直接以時間作結。

6）衍文脱文

隋大業七年《劉公之墓誌銘并序》(《匯編》第10冊第48頁)銘文前

二章叶韻作“厥初承系,爰詳大造。龍集夏都,虵横漢道。郡守都尉,司空太保。[太保]我之先君,翼贊元老。[元老]積善,雅則爲尊。是生令哲,公侯子孫。緑墀作衛,朱紱斯存。高梁之族,通德之門。”句讀如此。“太保”則承前爲衍,“元老”則因上爲脱。

7）所拓整體脱文

唐總章元年《彭義墓誌》(《匯編》第 15 冊第 76 頁):“可謂如今不□,長遊京洛之中。何期一旦厘痾,晝夜弥篤。神屢□追,醫緩數臨,不能痫其深痾,遂乃奄歸泉壤。事同秋葉,更等寒灰。粤以總章元年歲次戊辰七□癸未朔廿四日景午……”按“景午”即“丙午”。現存拓片每行整體脱最上一字。

2. 省文類

1）年號省文

唐開元二十一年《王宰妻程氏墓誌》(《匯編》第 23 冊第 98 頁):“唐處士王公故夫人程氏墓記。夫人程氏,廣平郡人也。閨中之諱,禮所不出。曾曰賢,大父曰賓,考曰琦;或出或處,與道與仁,克承前休,勿墜舊業。……而乃輔善靡誠,福謙無効,憂家致疾,妖暨降灾,享年十九。以開廿年六月廿八日終於大梁。王公曰宰……”按“開元”脱“元”字。又“曰”“日”字全混。另該誌所可注意者,女性明確不出名字,將上天降年的品格,替换爲妖暨降災的功能。

2）星字之刻省

隋大業五年《寧贙墓碑》(《匯編》第 10 冊第 25 頁):“德貫神星,氣衝牛斗。”石刻“星”字作上日下王形( ),對照下出“梯衝雲□,□銜月光,旗影飛地,劍抱星芒”,亦如此作,知此形即星字之刻省。

3）“志”字之省刻,即混爲“仁”字異體

唐開元十一年《阿史那勿施墓誌并序》(《新中國・陝西貳》第 82 頁):“鴻鵠將飛,便懷四海之忈;驥騄方聘,已有千里之心。”字形作 ,其實該形體爲“仁”字異體。“四海之忈”“千里之心”對文,疑爲“志”字所刻省筆。該誌石刻手草草,如聘騁、務婺混淆等,在在皆是。

4）省略格式

隋仁壽八年《蕭君墓誌銘并序》(《匯編》第10冊第66頁)“蘭陵蘭陵人”省略格式爲“蘭//陵//人”。

3. 殘字類

1）譽

隋大業七年《田德元墓誌》(《匯編》第10冊第55頁):“大業三年授豫章郡西曹掾,君頓居右職,明練逾高。譽浹鄰邦,績陳王府。”作者字形作[illegible],以字形不完而費解。譽浹、績陳對文,知即所用爲譽字聲符。

2）刻工署名補字

崔鄑撰并書及篆蓋、唐大中十四年《李敬實墓誌銘并序》(《新中國·陝西貳》第272頁)銘文末署:“鐫玉冊官尹仲修刻字。”陳竦撰、史頎書并篆、唐大中十三年《王公素墓誌銘并序》(《新中國·陝西貳》第271頁)銘文末署:“玉冊官陳從□刻字。”施誼撰、男遜書、唐咸通八年《尚弘簡墓誌銘并序》(《新中國·陝西貳》第290頁)銘文末署“中書省玉冊官陳從諫刻”。據後者署名,唐大中十三年《王公素墓誌銘并序》(《新中國·陝西貳》第271頁)銘文末所署名缺字,可補爲“從諫”,即二誌刻工爲一人。

4. 誤拆類

十國閩永隆三年(941)(即晉天福六年)《崇妙保聖堅牢塔記》(《匯編》第36冊第184頁):“□□□柱國賜紫金魚袋□林同穎奉□撰。右街神光寺文章應制□□□□大師賜紫□僧无逸奉□書。夫古之塔者,兒童聚沙,授記聞諸金僊子;鬼神碎寶,成功歸彼鐵輪王。今之塔也,非寶非沙,弥堅弥大,鑿鞭来之巨石,狀湧出之浮圖。是故人但有心,物亦無體。心以不貪爲戒,寶即同沙;體以不磷爲名,石還勝寶。我當今睿文□□□聖光德隆道大孝皇帝君臨域内,佛在王中。雖日惣萬機,且躬行十善。甞曰:植福靡因乎地,賦命弗自乎天。猶吾基搆之肯承,亦我梯梁之夙設。而今而後,念兹在兹。永隆三年歲次辛丑冬十一月,上視朔之暇,顧謂南面城中，西来山左。林繁蒼萄，熏滿國以馨香；草偃苾蒭，占度年之蒼翠。可安之窣堵，鎮此高崗。是月八日，峻址環開，貞姿片合。層一至九，樣獨無雙。暨[ ]年[ ]月，良工告成，凡一十六門七十二角，并隨層隱出諸佛形像，共六十二躯。繇是影籠千室，猶趨潤礎之隅；勢入重霄，已戴補天之色。壯矣哉。壽嶽因之永固，他山爲之一空。設使王曰毗沙，擎應不動；臺稱壘土，比則非牢。作之者莫與争功，目之者自然生善。臣叨承出綍，俾属受辛。瞻八面之貞明，相高□□；舉一隅之磨琢，略類微才。將何確論宏規，虚忝堅令善誌。却於文罷，特地魂驚。盖不容揖讓洪儒，彫鐫翠琰。唯深幸矣，敢直言之。永隆[ ]年歲次[ ]月[ ]日記。神光寺長講兩經三論大德賜紫□文於篆□□□□□□□歡鐫。”

關於是碑，所可注意者，似有如下諸事：

① 碑額篆書塔名“崇妙保聖堅牢塔記”作 ，以變形書體，示不同流俗。

② 行文所刻時間等處，皆付闕如而不完。

③ 鐫刻者姓氏殘缺，存“歡”字，據中華博物審編委員會《中國古代名人録》“林歡”條：林歡—[五代]碑刻名匠。生卒不詳。一九六五年，福建福州市郊戰坂鄉蓮花峰下發現五代閩國劉華墓，出土《唐故燕國明惠夫人彭城劉氏墓誌》一方。墓誌銘末有“威武軍節度衙前虞侯林歡刻字”銘款。據已知的閩國的碑刻中，尚有三處同爲林歡刊刻，即同光四年（926）《閩王王審知墓誌》，署銜與劉氏墓誌同是衙前虞侯；通文三年（938）（即晉天福三年）《義井記》，署銜兼監察御史林歡刊字；永隆三年（941）（即晉天福六年）《大閩崇妙保聖堅牢塔記》，署銜試左千中衛長生林歡鐫字。由此推知林歡當爲閩國宫廷刻工。

從“崇妙保聖堅牢塔記”書體來看，正書而雜糅晉人行書及魏碑，與乎工匠工整字，且具書者可能將“辤”即“辭”字兩符寫得較爲分開，而恰又遇到分行刻寫，於是匠人將其分解爲“受辛”兩字，分屬兩行。

④ 内容所及“財寶”觀，可爲收藏家棒喝：“心以不貪爲戒，寶即同沙；

體以不磷爲名,石還勝寶。”

5. *偏旁類*

1）全與令(旍、旍之類)：草書構件通用,對相關楷書字際關係的影響(一)

石刻用字,旌旍旍異體,其中旍字,實際就是旍字結構當中“全”形與“令”形的區別性不顯乃至混用的産物。例如隋大業五年《寧贙墓碑》(《匯編》第 10 冊第 25 頁)“雲攢百陣,麾旌摩壘”作旍,隋大業十三年《杜君妻鄭善妃墓誌》(《匯編》第 10 冊第 165 頁)“慮桑海之遷移,書玄石以旌記”用字同,作旍;隋開皇九年《□和墓誌》(《匯編》第 9 冊第 54 頁)“士林宗仰,才望攸歸,弓旌屢招,承掾交至”,其中“旌”字作旍。隋大業十一年《田氏墓誌》(《匯編》第 10 冊第 130 頁)“式刊玄石,旍此芳猷,以得不朽,迺爲銘曰”作旍。

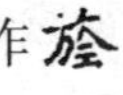

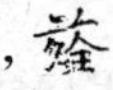

【全→令】演變綫索既明,旌又如何由從生變爲從全形呢? 底層原因是南北朝時期石刻用字旌所從生形,已經存在生、金、全、令等區別性不顯即混淆使用問題。

例如,北魏孝昌三年《元融墓誌》(《匯編》第 5 冊第 60 頁)“再擁旌旆,于彼青土;馳傳褰幃,問民疾苦”作旌,北魏正始二年《李端墓誌》(《匯編》第 3 冊第 84 頁)“故勒斯誌,式旌泉戶”作旌,北魏永安三年《元液墓誌》(《匯編》第 5 冊第 136 頁)“勒銘黄廬,以旌烋烈”作旌,北魏熙平二年《王誦妻元貴妃墓誌》(《匯編》第 4 冊第 45 頁)“乃勒石傳徽,庶旌不朽”作旌。隋開皇二十年《獨孤羅墓誌》(《匯編》第 9 冊第 126 頁)“全璞不雕”作全。唐貞觀十九年《何相墓誌》(《匯編》第 11 冊第 134 頁)“弘教義以訓下,篤貞信以全交”作全。

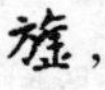

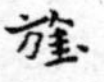

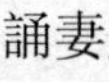

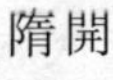

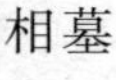

銓,唐武德八年《盧文構妻李月相墓誌》(《匯編》第 11 冊第 4 頁)“密勿禁中,銓衡禮閣,清暉素履,領袖人倫”作鈴。

旍,《漢語大字典・方部》界定字際關係爲“同‘旌’”,所援根據爲《改

併四聲篇海・房部》引《對韻音訓》:“旍,音旌。義同。”

旍,《漢語大字典・方部》界定字際關係爲“同‘旌’”,所援引根據爲《集韻・請韻》:“旌,或作旍。”

從全、令混用過程可知,漢字發展史上,若干字形原本就是訛誤的結果。調查漢字發展、依靠漢字諧聲偏旁構擬歷史語音,這類現象是必須首先瞭解清楚的。對歷史漢字進行整理,最根本的就是連綴業經中斷的訛誤演變綫索,復原當時社會用字環境。否則,對於字彙取捨標準而言,就很難統一。或者説,面對各類變體,標注哪個形體有資格作爲一個字的代表,是需要調查統計,並根據使用實際進行分析的。本部分讀石文字,基本屬於此一類型,發凡在此。

2）巨與臣(詎詛、拒拒、絙絙之類):草書構件通用,對相關楷書字際關係的影響(二)

隋大業九年《席德將墓誌》(《匯編》第10冊第87頁)用詎字,整理者或釋爲詛,其實是詎、詛混用。從銘文上下文來看:“訓俗愛民,其恩若母。雖張敞之莅京兆,未足比功;邵信之守南陽,詛方斯效?”記録反詰疑問詞,功能相當於“豈”。而詛字,《説文・言部》所見小篆結構位置有異:“𧩓,訐也。从言臣聲。讀若指。”隋開皇三年《寇奉叔墓誌》(《匯編》第9冊第9頁):“明年臨淮王元或來襲廣州,公身自拒戰,應時摧殄,策勳行賞,封魯陽男,又授威烈將軍,奉朝請轉遠将軍步兵校尉,仍除廣州別駕,始則匡政理務,便令邦國不空,戰勝論功,方依大樹官为校尉,非湏醇酒,選为順陽太守,當郡都督,時崤函阻隔,兵甲屢興。公去佊乱邦。適兹樂國。”其中,拒作拒、勳作勳、彼作佊。唐咸亨二年《大唐故贈司空荊州大都督上柱國趙王(李福)墓誌銘》“随巨海之三變”仍作巨。看來,這類現象,就是到了隋唐,也有沿襲。

《宋本玉篇》:“絙,古于、古兩二切。成公四年,鄭伯絙卒。”第二切語用字“兩”必“雨”字之混。《名義》:“絙,古賢反。人名。”《原本》:“絙,古賢、古兩二反。《公羊傳》:成公四年,鄭伯絙卒。”《原本》字形作絙,反切注音爲“古賢反”,賢從臤得聲,臤,《説文·臤部》:“堅也。从又臣聲。凡臤之屬皆从臤。讀若鏗鏘之鏗。古文以爲賢字。”《十三經注疏·左傳正義·成公四年》作“鄭伯堅”。看來字形本從臣作絚,《原本》存真,《名義》從巨爲抄誤,表明所傳抄不一定爲同一抄本。南北朝石刻用字如北齊《宋敬業等造塔頌》“神仙之宫,詎得方其麗”“□灼法炬,晃朗慧目”中詎炬字,所從的巨形,又如北齊《光州刺史鄭述祖天柱山銘》“南臨巨海,北眺滄溟”“禮義以成規矩,仁智用爲樞機”中巨、矩字,都寫作臣形而少上一豎筆。又如“拒”字,北魏《志朗造像》作 ,《元珍墓誌》作 。這個記號化的過程,恰好爲由臣到巨的形體過渡。《名義》從巨爲抄誤,《宋本》也誤。又《宋本·石部》“磲”:“鉅於切。硨磲。”《名義》:“磲,鉅於切。硨。”《原本》:“磲,鉅於切。《字書》硨磲也。”字形所從渠聲中的巨形,及反切上字巨所從的巨形,《原本》悉抄近“臣”形,《名義》俱抄同。《宋本·言部》“詎”:“詎,其吕、渠據二切。止也,至也,格也。”《説文新附》:“詎猶豈也。从言巨聲。其吕切。”《名義》:“詎,渠據反。止也。至也。格也。搶也。”《原本》:“詎(詎),渠攄反。《荘子》:庸詎(詎)知吾所謂知之,非不知乎?庸詎(詎)知吾所謂不知之,非知之耶。《史記》且藴君在儀寧詎(詎)能此乎?《漢書》詎(詎)有其人。《字書》或歫字也。歫,至止也,格也,搶也,在止部,音渠舉反。《字書》或爲距字,在足部。”字形所從巨聲,《原本》抄作近臣形,羅本、黎本皆抄同,唐抄《名義》亦抄同,從敦煌抄本使用楷字情形來看,大致到中唐時期,還是巨、臣記號並出混用。巨、臣記號區别性降低導致抄混,合乎南北朝石刻楷字俗寫習慣,可以合觀共參。

3) 貝與目(貴、胄類):草書構件通用,對相關楷書字際關係的影響(三)

《説文·貝部》:“貝,海介蟲也。居陸名猋,在水名蜬。象形。古者貨貝而寶龜,周而有泉,至秦廢貝行錢。凡貝之屬皆从貝。”魏晉南北朝石刻楷書語料庫中共貯存表義構件爲“貝”且位於整字左部的單字 22 個,均寫作“貝”。如“贈”見於北魏《元繼墓誌》“贈使持節丞相”;“贍”見於北魏《元熙墓誌》“文藻富贍”;“貺”見於北魏《檀賓墓誌》“洞照銜璧之貺”。隋唐五代石刻語料庫中,“貝”在充當構件時,出現了另外一種形體構造成分“目”。該構件構成特點是省掉最後兩筆,與構件“目”混同。據此推斷,此形體當爲隋唐五代石刻楷字構件新增變異形體。如“贈”見於唐永徽六年《王惠墓誌》“贈司空宣簡公”;“贈”見於唐咸通十五年《張君妻劉冰墓誌》“贈左僕射”;“贍”見於唐開成六年《王煉墓誌》“悉以應贍賓侶”。上面例字可以看出,“貝”寫作“目”已經帶有一定的普遍性。“貝”混同於“目”的形體變異,導致了區别性的降低,使得第二例中“贍”與“瞻”同形相混這類情形,只有依賴字形結構整體及具體使用語境才能區分。

按上述歷史上曾經發生過的目、貝混用情形,甚至在出土文字的釋讀領域還會見到,在有關論文裏曾經揭出。如出土戰國早期楚文字《曾侯乙墓》有 20 餘處使用胄字,釋者皆作韗形,但申觀第 123 號簡有,128 號簡有,136 號簡有,137 號簡有,等等,可知字形上部爲由、中間爲冃省、下部爲革,組合起來應是從革胄聲結構。所可注意者,上部的由接近“古”形。至於中間的冃符省形,對照可知(“免”字實際上可能就是“冠冕”字的初文,包山楚簡“文書”類“免”字作、,郭店楚墓竹簡《唐虞之道》篇“免”字結構爲)。至於從革構造,是著眼於“甲胄”的製作材料。準此,《曾侯乙墓》中所用的聲符“胄”形寫法,有可能就是“甲胄”字初文抑或省寫異體。又如《上海博物館藏戰國楚竹書・緇衣》:“《君迪》員未見聖如其弗克見我既見我弗聖。”其中,編者將形隸定爲“貴”,與原拓字形有出入,而我們所見到的一般解釋或坦然等同於“胄”。就字形演變歷史而言,都還存在需要仔細辨察的地方。按該字形下部所從如果是“貝”符,不會缺少貝下的兩筆:這一區别,參觀該簡接下來的“貴”字即知。對照《盂鼎二》《豦簋》《胄簋》《中山王墓宫堂圖》等器“胄”字銘文、對照《侯馬盟書》所用到的“冑”字形體等等,即可瞭解其下半部分都是從“目”符構造。直到北魏《山徽墓誌》(《匯編》第 5 冊第 125 頁)“遥哉遐冑,邈矣玄源”,字形刻作上部從田下部從目形,其上部係田、由混用,下部仍以部分之“目”,來代表整體之頭。《説文 · 冃部》:“冑,兜鍪也。从冃由聲。直又切。《司馬法》冑从革。”“由”下所從“冃”即“冒”的初文寫法,與“由”下所從“目”“冒”下所從“目”是一致的: 皆是以“眼目”的部分來指代“頭部”的整體。

4) 人、彳類

術與術。隋大業九年《席德將墓誌》(《匯編》第 10 冊第 87 頁):“孝稱天性,學日生知。術盡三端,才踰七步。”按楷化彳符、人符常混。又“日”必“曰”字之混。

5) 勑與敕

按唐石刻數據庫凡數次使用勑字,皆如此構造,與中古石刻數據庫楷字使用情形同。而數據庫中所記録唐大和五年《崔弘禮墓誌》(《匯編》第 30 冊第 112 頁)“昔周以君勑保釐東郊,而公功成罷節,復繼斯任,搢紳之士,孰不瞻歎”作敕,即《尚書 · 君陳》之“君陳”,不當厠置“勑”字之列。

6) 切與忉

隋大業十年《張軻墓誌》(《匯編》第 10 冊第 110 頁)“事切求民”字形作切,而唐長慶二年《李君墓誌》(《匯編》第 30 冊第 15 頁)“辭頗激切”作忉: 是石刻二字混用,蓋緣楷化七省作十,而十、忄區别性降低。由此可知,唐開元二十三年《王景曜墓誌》(《匯編》第 23 冊第 139 頁)“随會可作,眷眷忉九原之悲;相如可生,凜凜有千年之氣”,釋讀爲忉,原形作切,當釋爲“切”。

7) 虚闕、虚朕

唐天寶二年《大唐實際寺故寺主懷惲奉敕贈隆闡大法師碑銘并序》(《匯編》第 25 冊第 46 頁):“夫我域者,扇激風火,嬰抱結漏。繫諸生,止無常之短期;研乎事真,攀不亟之虚(虐)朕。"《全唐文》卷九一六作"繫諸生滅",多一"滅"字,對文工整,文意亦足;然則碑文缺字。《全唐文》卷九一六作"虚闕",則碑文作"虚朕"爲長。

(六)時代、避諱、異文、名物及作者類

1. 避諱類

1)記時用字避諱及墓誌年代

隋大業十年《賈玄贊墓誌》(《匯編》第10冊第102頁):"即以其年歲次甲戌六月辛未朔廿二日景申,權殯于河南縣王寇村之西北原。"景字代丙,唐人多見,而隋代尚不必。如唐乾封元年《董師墓誌》(《匯編》第15冊第1頁):"以乾封元年歲次景寅正月戊辰朔廿九日景申,改遷合葬於芒山之陽,禮也。"唐乾封元年《田博妻桑氏墓誌》(《匯編》第15冊第3頁):"粤以乾封元年歲次景寅二月□戌朔十二日己酉,合葬于洛陽縣清風鄉邙山之原,禮也。"唐乾封元年《趙宗墓誌》(《匯編》第15冊第7頁):"粤以乾封元年歲次景寅四月丁酉朔廿四日壬戌,改葬於河南縣平樂鄉芒山之陽。"唐開元十九年《李景陽墓誌》(《匯編》第23冊第44頁):"遷葬于洛陽縣北邙之原,禮也。刊青礎永固玄堂,銘曰:倬含章,登造士,翩就列,班祝史,司罽羅,官以理,遘灾妨生忽已喪,賢哲痛夫子。開元十九年歲次辛未二月庚辰朔十七日景申,葬於北邙原平陰鄉之禮也。"燕聖武元年(756)《馬淩虚墓誌》(《匯編》第35冊第169頁):"春秋廿有三,遂以其月景子窆於北邙之原。"

按"景"字與地支字配合,記年、記日、記時皆用。《漢語大詞典》"景"條,以爲唐人避諱,以景代天干字丙:唐人避唐高祖李淵父李昞諱,以景爲"丙"。"景寅",即丙寅;"景部"即丙部。如《晉書》卷八《帝紀第八·穆帝》:"建元二年九月景申,立爲皇太子。戊戌,康帝崩。己亥,太子即皇帝位。"以出唐太宗文皇帝所御撰,避諱理有所當,但至於《北齊書》則爲隋太子通事舍人李百藥撰,其卷四《帝紀第四·文宣》"三年春正月景

申”,所記亦“丙申”之日。魏徵所撰《隋書》卷一《帝紀第一・高祖上》,記“丙申”日亦復如此避諱。唐李延壽所撰《北史》卷一“冬十二月景申”,用字避諱同。

要之,丙、景用字替換,大要爲發生在隋唐以降的現象。然則,該石刻爲隋代作品,頗有可疑。即以石刻書體而言,通篇所用楷體,奏刀稱深刻,結體有餘地。隋代罕睹,即有唐亦少見。《彙考》第 6 册第 225 頁,早斷以爲僞刻,不爲無據。

2)“世”字避諱

唐開元十七年《程處立妻和幹墓誌》(《匯編》第 23 册第 9 頁)“後建國松漠,廿爲君長”作廿。按有唐一代,石刻用字,避諱多方。“世”字之施,堪爲代表。“世”字乃所謂常用字,無可避者。於是扭曲改造,變異形體,“世”成代表者。約而言之,有下列類型:

一省筆。上舉唐開元十七年《程處立妻和幹墓誌》即以缺筆處理“世”字。抑不獨墓誌用字,即經典字樣如《新加九經字樣》第 95 組,字頭即如此作:“音勢,卅年爲一廿,從卅而曳長之。今廟諱作廿。”字樣之石刻本亦作廿。

二添筆。在“三十”基礎上添加記號形成區別,如唐天寶五年《胡肅墓誌》(《匯編》第 25 册第 108 頁)“未仕即世”作卋。

三曲筆。即在雙十基礎上,彎曲末筆形成區別,如唐開元廿八年《唐故鎮軍范公(安及)墓誌銘》(《西安碑林》第 80 卷第 2766 頁)作丗。

或可注意者,同時代之佛經石刻,似無需乎此忌諱。如唐開元十九年《王元明造陀羅尼經幢》(《匯編》第 23 册第 57 頁)用字,全篇不避。如反復用“世”字,略不及改造。殆佛教別有所宗,塵世既得脱離,復不爲世俗所拘泥歟?

3)唐人以“代”避“世”

唐天寶七載《王夫人墓誌銘》(《匯編》第 25 册第 139 頁):“閒生夫人,爲代母則。婉娩成質,柔謙立性。”爲代母則,即爲世母則。

唐咸通二年《宋伯康墓誌》(《新中國・陝西貳》第274頁):"盖代之功,標于國史;孝理仁讓,著于譜牒。"蓋代,即蓋世。

唐萬歲登封元年《王定墓誌銘并序》(《新中國・陝西貳》第63頁):"年來歲去,天迴地遊。生非金石,命信沉浮。一悲代路,萬事奚求。□□□□,野曠雲愁。平原何見,壟樹含秋。""代路"不辭,即"世路"之避。

唐開元五年《張方墓誌》(《匯編》第21册第62頁):"文場雄命代之才,武略傑運籌之妙。"命代,即命世之諱。

唐開元二十一年《梁璵墓誌》(《匯編》第23册第92頁):"痛幽明之永訣,泣人代之行遷,刻石爲銘,式昭功烈。"按:人代,即人世。除本誌外,像永徽四年《朱師墓誌》(《匯編》第12册第94頁)"恐人代飄忽,陵谷虧移,追録徽猷,勒之玄石",唐杜甫《三川觀水漲二十韻》"聲吹鬼神下,勢閲人代速",凡數十處。但唐前亦有作"人代"者,如南朝梁武帝《守護晉宋齊諸陵詔》:"命世興王,嗣賢傳業,聲稱不朽,人代徂遷。"是世、代同意一律,初非避諱所專。

唐人避諱亦有不徹底者,如開元九年《張景旦墓誌》(《匯編》第21册第153頁):"世長運促,神其昧斯。道既無助,仁其奚至。"銘文坦然用"世"字。

唐永泰元年《大唐故東平郡鉅野縣令頓丘李府君墓誌銘并序》(《匯編》第27册第44頁):"公諱璀,字璀。代祖後魏武皇后之兄,以才加戚,王於頓丘,後因爲頓丘人也。曾祖宗儉,隨膠州刺史。祖文禮,皇朝侍御史、尚書刑部員外郎、揚州大都督府司馬。父明允,太中大夫淄州長史。"代祖,即世祖,指祖先。此爲避唐人諱"世"字。

4) 唐人避諱"塘"字省多筆之方式

唐天册萬歲元年《劉基墓誌》(《匯編》第18册第69頁)"其唐堯之苗裔"作[illegible],唐大中五年《薛華墓誌銘》(《新中國・河南貳》第3頁)"玄塘之内,埃生璲帷"作[illegible],避諱省略多筆之方式。然則,北魏正光五年《元寧墓誌》(《匯編》第4册第175頁)現存拓片亦見使用"唐"字省筆爲[illegible]現象,則該墓誌真僞問題值得思考。

5）唐人避成語中“民”字

唐乾封元年《張君妻梁氏墓誌》(《匯編》第15冊第15頁)：“及所天云喪，遂守志窮居。女尚未笄，男纔志學。家懸半菽，門罕尺童。生人伶俜，備常之矣。夫人躬親顧育，誘以義方。”生人，生民之避諱。

字形避諱。唐貞元六年《黎幹墓誌》(《匯編》第28冊第78頁)“岷山”字作岷，爲避民字而涉及從民構造字。

唐開元二十一年《梁璵墓誌》(《匯編》第23冊第92頁)：“視人如傷，敬恭早作。”按：唐前本作“視民如傷”或作“視下如傷”，如《左傳・哀公元年》：“臣聞國之興也，視民如傷，是其福也。”《孟子・離婁下》：“文王視民如傷，望道而未之見。”趙岐注：“視民如傷者，雍容不動擾也。”孫奭疏：“言文王常有恤民之心，故視下民常若有所傷，而不敢以横役擾動之。”晉潘岳《關中詩》：“明明天子，視民如傷。”《北史・魏紀三・孝文帝紀論》：“加以雄才大略，愛奇好士，視下如傷，役己利物，亦無得而稱之。”

唐代避“民”，换用“人”字。唐楊炯《爲梓州官屬祭陸鄓縣文》：“居傳其政，愛人如子；山則有梁，鎮兹一方；君宏其道，視人如傷。”

6）官員爲避父諱而改遷屬地

唐開元二十三年《盧全操墓誌》(《匯編》第23冊第151頁)：“太中大夫使持節房州諸軍事房州刺史上柱國魏縣開國子盧府君誌銘并序。君諱全操，字全操，涿郡范陽人也。……父玢……以考績轉尚乘奉御，又遷邠州別駕，以父諱改澤州別駕。”

2. 異文類

1）隋代碑刻《真草千字文》(宋人覆刻本)與敦煌抄本對照

敦煌殘卷所抄存《千字文》，内容切近生活，形式四字成韻，屬於實用，便於記誦，所見爲隋智永《真草千字文》。[1] 書者智永，陳隋間僧人，俗

〔1〕 見張涌泉主編《敦煌經部文獻合集》第8冊，中華書局2008年，第3919—3921頁。見高峽主編《西安碑林全集》卷三，廣東經濟出版社1999年，第292—341頁。

姓王氏,爲晉王羲之七世孫,工楷、草書,傳家法。其真本現存日本,《全集》所著録係摹刻本。與敦煌抄本對照存在異文明顯之處,注於( )之內。

天地玄黄,宇宙洪荒。日月盈昃(昗),辰宿列張。寒來(来)暑往,秋收冬藏(蔵)。潤(閏)餘誠(成)歲(嵗),律吕調陽。雲騰致雨,露結爲霜。金生麗水,玉出崑(崐)崗。劒號巨闕,珠稱夜光。菓珎李柰,菜重界(芥)薑。海鹹河淡,鱗潛羽翔。龍師火帝,鳥官人皇。始制文字,迺(乃)服衣裳。推位讓國,有虞陶唐。弔民伐罪,周發殷湯。坐朝問道,垂拱平章。愛育黎(黎)首,臣伏戎羌。遐迩壹體,率賓(賔)歸王。鳴鳳在樹,白駒食場。花(化)被草木,頼(賴)及萬方。盖此身髮(髮),四大五常。恭惟鞠養,豈敢毀傷。女慕貞潔(絜),男効(效)才良。知過必改,德(得)能莫忘。罔談彼短,靡恃己長。信使可覆,器(噐)欲難量。墨悲絲(絲)染(染),詩讚羔羊。景(景)行惟(維)賢,尅(剋)念作聖。德建名立,形端表正。空谷傳聲,虚(虚)堂習聽(聴)。禍(禍)因(曰)惡(惡)積,福緣善慶。尺壁(辟)非寶,寸陰是競。資父事君,曰嚴(嚴)與(與)敬。孝當竭力,忠則盡命。臨深履(履)薄,夙興温清。似蘭斯馨,如松之盛。川流不息,淵澄取暎。容止若思,言辝(辭)安定。篤初成(誠)美,慎終宜(宜)令。榮業所基,藉甚無竟。學(學)優登仕,攝職從政。存以甘甞(棠),去而益詠。樂殊貴賤,禮别尊卑(卑)。上和下睦,夫唱婦隨。外受傅訓,入奉母儀。諸姑伯叔,猶子比兒。孔懷兄弟,同氣連枝。交友投分,切(切)磨箴(箴)寘(規)。仁慈隱(隠)惻,造次弗離。莭儀廉退,顛(顛)沛匪虧(虧)。性静情逸,心動神疲。守真志滿,逐物意移。堅持雅操,好爵自縻。都邑華夏,東西二京(亰)。背邙(芒)面洛,浮渭據(據)涇。宫殿盤(盤)欝,樓觀飛驚。啚寫禽獸,畫綵仙靈。丙舍(舍)傍啓(啓),甲帳對楹。肆莚設席,鼓瑟吹笙。昇階納陛,弁轉疑星。右通廣内,左達承明。既集墳典,亦聚群(羣)英。杜槀鍾隷,漆(桼)書壁(辟)經(經)。府羅將相,路俠槐(槐)卿。户封八懸(縣),家給千丘(兵)。高冠(冠)陪輦,駈(驅)轂(轂)辰(振)纓。廿(世)禄侈富,車駕肥輕。策(荣)功(功)茂實,勒(勒)碑(碑)刻(刻)銘。磻(磻)溪伊尹,佐時阿衡。奄宅曲阜(阜),微旦熟(孰)營。桓公匡(匡)合,濟弱扶傾。綺迴漢惠,悦(説)感武丁。俊乂密物(勿),多士寔(寔)寧。晉(晉)楚更霸(覇),趙魏(魏)困横。假途滅虢,踐土(土)會盟。何遵約法,韓弊煩刑。起翦頗牧,用軍寂精。宣威沙漠(漠),馳譽(譽)丹青。九州禹跡,百郡秦并。嶽宗恒岱,禪主云亭。鴈門紫塞,雞田赤城。昆池碣石,鉅(鉅)野洞庭。曠遠綿(緜)邈(邈),巖岫杳冥(冥)。治本於農,務兹稼穡。俶載南畝,我藝黍(黍)稷。税熟(孰)貢新,勸賞黜陟,孟軻敦素,史魚秉直(直)。庶幾中庸,勞謙謹勅(勅)。聆音察理,鑑貌(貌)辯(辯)色。貽厥(厥)嘉猷,勉其衹(祗)植。省躬譏誡(誡),寵增抗極。殆辱近恥(耻),林皋(皋)幸即。兩疏(疏)見機(機),解組誰逼。索居閑處(處),沈(沉)默寂(寂)寥(寥)。求古尋論,散慮逍遥。欣奏累遣,感謝歡招。渠(渠)河(荷)的歷(歷),園莽(莽)抽條(條)。枇笆(杷)晚翠,梧桐早彫。陳根萎(委)翳,落菓(葉)飄颻。遊鯤(鵾)獨運,陵摩降(絳)霄。躭讀翫市,寓目囊箱(箱)。易輶攸畏,囑(属)耳垣墻。具膳湌(湌)飯,適口充腸。飽飫(飫)烹(享)宰(宰),飢厭(厭)糟糠。親戚故舊,老少異粮。椄(妾)御績紡,侍巾帷房。紈扇員潔,銀燭煒煌,晝眠夕寐,藍笋象床。弦(絃)歌酒讌,接杯舉(舉)觴。矯手頓足,悦預(豫)且康。嫡後嗣續,祭祀蒸嘗。稽顙(顙)再拜,悚懼恐(恐)惶。牋牒蕳要,顧荅審(審)詳。骸垢想浴,執熱(熱)願(願)涼(涼)。驢騾特犢(犢特),駭躍超(超)驤。誅斬賊盜,捕獲叛亡。布射遼(遼)丸,嵇吟(琴)阮肅(嘯)。恬筆(筆)倫紙(紙),鈞巧任釣。釋紛利俗,竝(並)皆佳妙。毛施淑姿,工頻(嚬)研咲(咲)。年矢每催,羲(羲)暉朗曜。旋(璇)

機( )懸斡( ),晦魄環照。指薪脩祐,永綏吉劭。矩( )步引領,俯仰廊廟。束帶( )矜莊( ),徘徊瞻眺。孤陋寡( )文(聞),遇蒙( )等消(誚)。爲(謂)語助者,焉哉乎也。

按兩種材質對照,差異明顯,可以互補。《西安碑林全集》卷三第 291 頁編者所做題解,以爲“周興嗣撰文,智永書,□方綱摹刻,李壽永,李壽明刊立”,以□爲殘缺或不清字。編者題解尚含混言之。細審石刻拓片所記“大觀己丑二月十一日樂安薛嗣昌記,姪方綱摹,李壽永,李壽明刊立”(《西安碑林全集》卷三第 347 頁),即所缺字形作 ,即係“姪”形稍殘者。如此,則所記者薛嗣昌與書寫者親疏關係既明,也就大體可以推斷摹刻年代。這類銘刻格式,並非罕見。如唐大和九年《崔君妻鄭氏墓誌》(《匯編》第 30 冊第 176 頁)序刻交待:“崔氏堂姪宣德郎守秘書省著作佐郎集賢修撰倬撰。”“大觀”,爲宋徽宗年號(1107—1110),大觀己丑即公元 1109 年。另外,石刻凡涉“玄”字及構件,皆避諱省末筆,爲避唐人諱無疑。如“天地玄黄”字作 ,“絃歌酒燕”作 。而《合集》所見敦煌殘紙,縮印不清。編者所作整理文字,跟智永所書用字真實出入,無由區辨。

2) 讀《金石補正》卷十四

其一,《論經書詩》。

碑序:詩五言。与道俗□人出萊城東南九里,登雲峯山,論經書一首……鄭道昭作。

五言詩正文:

靖覺鏡□津,浮生歷人職。聳志訪□遊,雲峻期登陟。拂衣出州□,緩步入煙域。苔替□逕□,巄嵸星路逼。霞旌□□左,鳳駕緣虚赩。披衿接九賢,合盖高嶺極。崢嶸非一□,林巒迭嶢峨。雙闕承漢開,絶巚虹縈敕。澗岨禽跡迷,竇狹鳥過亟。層穴通月道,飛岫陵地億。迴首眄京開,連旺□未即。還濟河漸□,□來塵玉食。藏名隱仙丘,希言養神旨。依微姑射蹤,□□朱臺日。尔時春嶺明,松沙若點殖。攀石坐危□,□□栖傾側。談對洙㠜賓,清賞妙無色。圖外表三玄,經中精十力。道音動濟泉,義風光韶棘。此會當百齡,斯觀寧心識。目海淺毛流,眉崖瞥鴻翼。相翔足終身,誰辨瑶与□。万象自云云,焉用挂情憶。槃桓竟何爲,雲峯聊可息。(魏永平四年歲在辛卯刊)

《補正》者云:首標題三行,銜名四行,詩二十五韻,凡十二行,末紀年一行。

按北魏《鎮遠將軍鄭道忠墓誌》,《金石補正》卷十五云:"滎陽之鄭,在北魏已爲望族。"該墓誌云:"不以臧否滑心、榮辱改慮。徘徊周孔之門,放暢老莊之域。"可以現成援引移施鄭道昭。讀者會看到,在鄭道昭下面題刻的詩篇裏,徑以"孝老""經莊"比列並置。

上列詩句爲整理之後的結果。詩題爲"論經書",然是詩内容,與"經書"羌無聯繫。據詩中所言,除了與六朝模山範水有相通之處外,厭凡塵,思輕舉,通篇作出世之想,近乎遊仙一體,多作道家之語。可以跟《補正》所録《海童詩》《仙壇詩》合觀。本篇詩題與所題,則幾爲懸牛首而賣馬脯者。據此可以認爲北朝後魏,其文治實在並不是純粹的儒學經典,而是儒道雜糅的形態。

關於鄭道昭,《全後魏文》卷三十九收録了他的《求樹漢魏石經表》《請置學官生徒表》,還有《天柱山銘》《齊亭銘》等,爲後魏一代通儒。在詩歌銘文一類的文字裏,同樣表現出了跟這篇五言詩相通的精神世界,如《天柱山銘》結尾云:"雲門煙石,登之長生。"

詩中遣詞造句,有的非常崢嶸。如"巃嵸星路逼""雙闕承漢開,絶巘虹縈敕。澗岨禽跡迷,竇狹烏過亟""尔時春嶺明,松沙若點殖""清賞妙無色""圖外表三玄,經中精十力""道音動濟泉""目海淺毛流,眉崖瞥鴻翼",等等。就是在追求打破常規組合的六朝文章裏,也是奇崛少見的。

全詩形式,基本叶職部韻,像職、陟、域、逼、艴、極、勑、亟、億、即、食、直、殖、側、色、力、棘、識、翼、憶、息字,都歸"職"部;個別像日歸"質"部;另外有峨等兩處或缺字或不清,不能確定叶韻的歸部。

在文字上,根據《補正》等整理者所標識,幾乎不能通讀:

1）有的是不通全詩大旨而改字，如"懕"字改作願，原拓從厭犬符最末一筆添加一撇，並不同於《金石補正》所摹寫。軄職異體字，改爲徵辟之辟，與詩意南轅北轍。

2）有的是詩篇原來用字標爲改正字，如"出（州）□"，如果缺州字，則五言詩句讀無由；"竇（狹）鳥過亟"，狹字爲原詩用字；"依微姑射（蹤）"，詩人嚮往的是《莊子・逍遥遊》裏藐姑射山上的神人。微，稀。依微，依稀。

在字形結構上，既有所謂的別體字，也有部件層次上的差異。例多不備舉。

其二，《觀海童詩》。

詩五言。登雲峯山觀海童，鄭道昭（作）：

山遊悦遥賞，觀滄眺白沙。（雲）路沉仙駕，靈童飛玉車。金軒接日綵，紫盖通月華。騰龍藹星水，飜鳳暎煙家。往来風雲道，出入朱明霞。霧帳芳宵起，蓬臺掖漢邪。流精麗□部，低翠曜天藹。此矚寧獨好，斯見理如麻。秦皇非徒駕，漢武豈空嗟。

按《匯編》第三冊第155頁北朝卷，摹寫爲"觀海島詩刻"，誤。靈，猶《楚辭》之"靈"，此爲海若；靈童即神童。曹道衡《中古文學史論文集》"試論北朝文學"録該詩，"靈童"爲"靈章"、"芳宵"作"芳霄"、"掖漢邪"作"植漢邪"、"麗□部"作"麗雯部"、"曜天藹"爲"曜天葩"……殊不堪思存。

其三，《仙壇詩》。

詩五言。於萊城東十里与諸門徒登青陽嶺太基山，上四面及中頂，掃石置仙壇一首……鄭道昭作。

尋日愛邱素，陵月開靖埸。東峰青烟寺，西頂白雲堂。朱陽臺望遠，玄靈崖色光。高壇周四嶺，中明起前崗。神居杳漢眇，接景拂霓裳。□效三四子，披霞度仙房。瀟瀟步林石，嵾嵾歌道章。空谷和鳴磬，風岫吐浮香。泠泠悲虚唱，欝欝遶松梁。伊余莅東國，杖節牧齊壃。乘務惜暫暇，遊此無事方。依巖論孝老，斟泉語經莊。追文聽遠義，門徒森山行。□□

念歲述,幽衿燭扶桑。栖槃時自我,豈云蹈行藏。

按是詩意境清冷虛靜,直接標榜"老莊",最近道家之流。但詩中徑以"孝老""經莊"並置齊論,跟前面的五言詩合觀,可以發現後魏所謂儒者,其實是雜糅道家內容。這既是南北朝後期北方一些政權文化觀念的一個特點,同時也跟後魏文人詩文遣詞造句不主故常相適應。後之承學者動輒以"新儒家"(原道宋學,徵聖朱熹,宗經家禮)相尚,其實所從來也有漸。

至於文字問題,参觀魏晉南北朝隋唐五代石刻語料庫。

其四,《東堪石室銘》。

天柱山上東堪石室銘……鄭道昭作。

孤峯秀峙,高冠霄星。寔曰天柱,鎮帶萊城。懸崖万刃,峻極霞亭。接日開月,麗景流精。朝暉巖室,夕曜松清。九仙儀綵,余用栖形。龍遊鳳集,斯處斯寧。淵綿言想,照燭空溟。道暢時乘,業光幽明。雲門烟石,登之長生。

按:該銘文字,也見於《全後魏文》卷三十九的著録。兩者對照,可以發現傳世文字的一些差異:

《全後魏文》作"實",石刻作"寔"。

《全後魏文》作"仞",石刻作"刃"。

《全後魏文》作"青",石刻作"清"。

《全後魏文》作"餘",石刻作"余"。

《全後魏文》作"窮",石刻作"言"。

《全後魏文》作"暘",石刻作"暢"。

《全後魏文》作"曄",石刻作"業"。

其中,尤其是《全後魏文》作"餘"而石刻作"余",當以石刻文字改正傳世文本。

3) 笑、哭混用

唐天寶九載《范仙嶠墓誌銘并序》(《匯編》第26冊第25頁):"用恭儉而爲德,資清白以立身。非禮勿言,樂而後哭。故兄弟親戚稱其慈,州閭鄉黨稱其孝。”按似當作“樂而後笑”，好事者不必牽合“樂極生悲”爲辭。

4）存、在異文

唐天寶十三載《李元福墓誌銘》(《新中國・河南貳》第 68 頁)：“飄飄繐帷，寂寂筵机。想形儀而不見，祭靈神而若存。”古禮謂“祭如在”，解釋者或以“在”有“觀察”義(見《尚書・堯典》“在璿璣”)，解釋爲“祭祀過程如同見到所祭對象”。從該銘來看，至少唐代人以此“在”爲“存在”字，故將“在”徑轉换爲“存”。又，机與筵字並列，即桌几之几。

按蔡從祭讀，《説文・艸部》：“蔡，艸也。从艸祭聲。”蔡、在音近。古書“蔡蔡國”，或即觀察蔡國虚實動靜耳。

3. 名物類

1）署令，混作暑令

隋大業十一年《曹海凝墓誌》(《匯編》第 10 冊第 131 頁)“遷皷吹暑令”“遷左尚方暑令”，皆以暑混爲署，字形作署。按《舊唐書》卷二十二有左尚方署令，《欽定歷代職官表》卷三十八所録《金史百官志》：“尚方署令從六品，丞從七品，掌金銀器物亭帳車輿床榻簾席鞍轡傘扇及裝釘之事。”

2）褕狄委他

隋大業十一年《元智妻姬氏墓誌》(《匯編》第 10 冊第 132 頁)：“天和四年六月簕拜建寧國夫人。褕狄委他，光膺典策，衡珮昭晣，肅拜朝榮。”褕狄，石刻如此作，此即文獻記録詞形所作“褕翟”，亦作“褕狄”：形近之混。古代王后從王祭先公之服稱“褕狄”，亦爲三夫人及上公妻之命服，因服上刻畫雉形，故名。狄，通“翟”。又，委蛇、逶迤、委虵、委他，皆一詞異形。句樣結構同類者，如隋大業十一年《元智墓誌》(《匯編》第 10 冊第 133 頁)：“衮黻委他，蟬珥照灼。”

4. 作者類

1）夾雜少數民族語，造句生硬

隋大業十一年《翟突娑墓誌》(《匯編》第 10 冊第 115 頁)，從墓主姓名用字來看,顯見受民族土語影響,從誌文到銘文,遣詞造句,生硬奇崛。更兼作者誤刻誤省,給釋讀整理者帶來一定困難。是以往釋讀,至今仍存若干難以索解之處。下面先試讀如下,然後嘗試逐處解釋。

① 釋文句讀

君諱突娑,字薄賀比多,并州太原人也。父娑摩訶大薩寶薄賀比多。日月以見勲效(劾),右改宣惠尉。不出朞(其)年,右可除奮武衛擬通守。祖,晉上卿之苗裔翟雄,漢獻帝尚書令司徒公文海之胤。禀公姓元於靈緒,誕山岳之英精。翟(擢)澤崇峯,[峯]含溺珠。懷六[ ]於齠季,著(着)芳風於早日。蘊性文菀,懸今絶古。凝然澹泊,悕(怖)目(自)逸於仿(放)效(郊)。[效]志翺翔,騰九霄以舒翰。重憂哀毁,泣血王沅之操。神爽了叡,雅德高奇。如金如玉,寶璧摧衰,移風易俗。蘭葉枯枝,改變霜凝。春秋七十,大業十一年歲次乙亥正月十八日疾寢,卒於河南郡雒陽縣崇業(業)鄉嘉善里,葬在芒山北之翟村東南一里。槃桓平壇,卜吉安措(惜)。不絶不傾,悲泣歸魂。嗚呼哀芃,其辞曰:

巖巖玄殖,崿生良木。穆穆夫子,懷娑(婆)如玉。朗若開霞,輝如初旭。春不憎榮,霜不改緑。擢穎崇峯,德音愷悌。倜術是脩,等流釁仰。之珎摄(涉)之,[之]如汏将。翺翔将用,捨隋在邦。[邦]君礼命,哲后款德。委文扇翮,鳳舉龍曳。作蕃作鳳,捍化唯新。彼(復)蒼(倉)者芃,[摧]我令哲。凝霜酷臻(臻),蘭摧桂[折]。黄鳥交交,哀音淒切。泣感頹(頹)山,塗芳痛絶。

② 疑難試解

解人難索。作者夾雜土語釋典,造句生硬,扞格難通。墓誌草草,多不可卒解處。或在於誤刻誤省,不獨民族俗語佛教用語使然。從銘文用韻足句來看,並非拓片下部局部整體性闕損,而是行文過程中的隨意誤刻誤省等。

a“君諱突娑,字薄賀比多,并州太原人也。父娑摩訶大薩寶薄賀比多。”墓主姓氏名字及相關格式説明,標明與釋家及民族有關,作者不諳墓誌交待三代通例。如先父後祖,且父不稱考。墓主名字用“娑”字,自其父用字得來,丁福保《佛學大辭典》注音爲 Sa,又作薩: 悉曇五十字門之一。爲一切法一切諦不可得之義,現證一切智之聲也。其父名稱用“摩訶大薩寶”,其中“摩訶”亦作“摩呵”,係梵語譯音詞,有大、多、勝三義,見《翻譯名義集 · 法寶衆名》:“摩訶,此含三義,謂大、多、勝。”“薄賀比多”,即少數民族語。

b “不出朞(其)年,右可除奮武衛擬通守。”其年,當係“朞年”之通用。右可,殆即右可汗之省稱,可,《字彙補》苦格切,此讀有“可汗”“可賀敦”用字,其中“可汗”亦作“可罕”,古代鮮卑、柔然、突厥、回紇、蒙古等民族中最高統治者,皆曾用此稱號。

c “擢澤崇峯,[峯]含溺珠”,與下出銘文“擢穎崇峯”對照,其中“擢”字當係“翟”刻誤。“[峯]含溺珠”,疑係承前省刻。

d “懷六[ ]於齠季,著(着)芳風於早日”,“六”字後必有脱刻。

e “懸今絶古”,鑄詞生硬奇崛。

f “凝然澹泊,悕(怖)目(自)逸於仿(放)效(郊)”,“怖”必係誤刻,疑或當作悕,舊釋“自”或即“目”字。又“放郊”或即“仿效”之通用字耳。

g “[郊]志翺翔,騰九霄以舒翰”,[郊]字承前省刻,而“郊志”非偶,當係“效志”之誤。“效志”亦作“効志”,察核心志,反省。《楚辭 · 九章 · 懷沙》:“撫情效志兮,冤屈而自抑。”王逸注:“效,猶覈也。”漢馬融《長笛賦》:“是故可以通靈感物,寫神喻意,致誠效志,率作興事。”

h “卜吉安惜”,必“措”字之誤。

③ 至於銘文通讀,有待疏解處,亦所在正復不少。以叶韻爲綫索,逐條試釋如下。

a “巖巖玄殖,崿生良木。穆穆夫子,懷婆如玉。朗若開霞,輝如初旭。春不憎榮,霜不改緑。”首節木、玉、旭、緑,叶韻尚屬整齊。玄殖、懷娑(婆),若非方言土語,即係揑造生詞,其中“懷婆”當係“懷娑”之誤刻。“春不憎榮,霜不改緑”,二句亦述“玄殖”“良木”屬性,但“憎榮”“改緑”組合,造句奇崛。

b “擢穎崇峯,德音愷悌。”墓誌上出“擢澤崇峯,含溺珠”,係“翟”字即墓主姓氏誤刻,此句"擢穎"爲成語,見唐總章二年《王令墓誌》(《匯編》第 15 冊第 90 頁):"遂得操榮袖里,擢穎賓庭。"唐總章三年《英國公李績墓誌銘并序》(《新中国·陝西壹》第 67 頁):"公即節公之元子也。惟岳降靈,自天縱哲。數尋擢穎,識者知其偉材;五尺成童,通賢咨其國器。"句中用作偏正結構名詞修飾部分,所謂"物主"是也。

c"倘術是修,等流疊仰。之玠攝(涉)之,[之]如洑將。翱翔將用,捨隋在邦。"本節仰、將、邦爲韻腳字,故暫句讀如上,下面解釋亦當存疑,其實多不可解處。"倘術"字形爲輪廓僅存者,對照隋大業十年《王光墓誌》(《匯編》第 10 冊第 96 頁)"出適(嫡)孝養舅姑,歸寧敬愛父母"刻作嫡形輪廓相印證釋如此,整句爲倒置結構;"等流"猶言儕輩,疑亦當時土語,隋大業十年《陳花樹墓誌》(《匯編》第 10 冊第 105 頁)墓誌"同等悼嗟,揮涕灑淚",墓銘作"儔等嗟慕,涕泣興哀","等流""同等""儔等"功能不二,皆表複數。"玠涉",疑即"玠攝"通用;"[之]如洑將"爲承上省類型。

d"[邦]君禮命,哲后款德。委文扇翮,鳳舉龍曳。作蕃作鳳,捍化唯新。彼(復)蒼(倉)者戕,[摧]我令哲。凝霜酷臻,蘭摧桂[折]。黃鳥交交,哀音淒切。泣感頽(頹)山,塗芳痛絶。"本節德、曳、新、哲、[折]、切、絶爲韻腳字,故暫句讀如上。

"[邦]君""哲后"對文,據承上省刻寫規則補。"禮命"見《周禮·天官·小宰》:"五曰聽禄位以禮命。""鳳舉"見《後漢書》卷五十八上:"皇帝以聖德靈威,龍興鳳舉,率宛葉之衆,將散亂之兵,咶血昆陽。""龍曳"見《太平御覽》卷六百八十三:"《拾遺記》曰:禹治水,黃龍曳尾於前,玄龜負青泥於後。"

原刻作"復倉者哉,我令哲",其中"復"必"彼"字之誤,"我令哲","我"前亦必脱動詞,或係蒙下"摧"字而省。"蘭摧桂","桂"後必脱動詞,據銘文叶韻,疑或即"折"字。

按省刻而未作任何標記,石刻中實繁有徒。隋大業七年《劉公之墓誌銘并序》(《匯編》第 10 册第 48 頁)銘文前二章叶韻作:“厥初承系,爰詳大造。龍集夏都,虵横漢道。郡守都尉,司空太保。[太保]我之先君,翼贊元老。[元老]積善,雅則爲尊。是生令哲,公侯子孫。緑墀作衛,朱紱斯存。高梁之族,通德之門。”句讀如此。“太保”則承前爲衍,“元老”則因上爲脱。隋大業二年《劉尚食墓誌》(《匯編》第 10 册第 8 頁):“《國風》遍覽,偏觀‘芼荇’之詩;《商書》並讀曲美之句。至乃……”作手粗疏,對偶偏枯不稱。或將上句“遍覽”刪除,或將下句“並讀”之後添加“尤重”二字,方始圓該穩妥。隋大業九年《郭寵墓誌》(《匯編》第 10 册第 90 頁):“嚳爲青帝,棄襲黄雲。公劉公甫,文子文孫。作周之牧,爲[郭]之君。五章六彩,華輦朱門。世有哲人,朝多達者。心遊海外,形存闕下。衣傳黼黻,庭□玉馬。[馬]愛日留,嗚呼命也!”其中,“郭”字、第二“馬”字,原刻皆闕。承上而省,但未刻任何符號,視《翟突娑墓誌》,作用不二,伎倆一揆。

2)作者雷同

墓誌固有抄襲殆同填空補字者,如隋大業九年《郭寵墓誌》(《匯編》第 10 册第 90 頁):“君衣纓志少,布素情深。高蹈白屋之蹤,遠□黄冠之趣。遂乃優遊邑里,棲息丘園,左琴右書,大被□□。既而梁竦閑居,徒聞其語;尚長肆意,空得其名。雖人有古今,義無彼此,而君言爲準的,行合規矩。内崇孝道,外盡義方。是非無所執,愠憘曾未形。每春日登臺,秋時臨水。合尊促席,懷遠送歸。雖復曹植西園,方斯未善;孔融北海,譬此非高。”

從字體看,《郭寵墓誌》楷書,直承南北朝間“魏碑體”;《牛諒墓誌》則隸書,二誌刻工如係出自一人之手,則有如書者兩手分書、歌者一喉異曲之能。唯書體不掩作文者造句詞氣幾有匡格,遂雷同有如書抄:隋大業九年《牛諒墓誌》(《匯編》第 10 册第 91 頁):“君嗣彼芝蘭,挺斯芬馥,風儀擅美,禮則標奇。雝雝秉揖讓之風,穆穆有謙沖之操。加以聞詩聞禮,進聲進樂,非信不友,非義不交。堂堂乎,翼翼乎,卓犖懷山水之心,皎潔瑩冰霜之志。是以佩玉意少,披褐情深。高揖朝市之蹤,遠躡山東之跡。

遂乃優遊邑里,棲息丘園,左琴右書,大被厚褥。既而梁竦閑居,徒聞其語;尚長肆意,空得其名。雖人有古今,義無彼此,而君言爲準的,行合規矩。內崇孝道,外盡義方,愠憙曾未形,是非無所執。每登臨春日,必籍池臺;懷遠秋時,會憑山水。"

專業作手偷工減料慣技。設若出自不同作手,則大類剽襲之鈍賊。二篇銘文語句亦多照搬,如《牛》誌乃爲銘曰:"裔傳牛阜,族望西秦。惟周之將,惟晉之賓。言詞可樂,德義可珍。威儀濟濟,珪璧璘璘。世有哲人,朝多達者。身威隴上,聲雄秦下。愕愕誠節,斌斌文雅。縱横應命,威風所假。洛川之野,邙山之外。道路悠臻,關河共會。寒林蕭索,紅塵掩藹。苦霧埋旌,悲風偃蓋。西園闃寂,東閣荒涼。一歸泉路,万古悠長。松昏兔影,隴照烏光。無聞黄鶴,空吟白楊。"《郭》誌銘文亦有云:"世有哲人,朝多達者。心遊海外,形存闕下。……北邙之野,東周之外。河洛雙流,澗瀍共會。高陵崱嶷,紅塵藹昧。苦霧埋旌,悲風偃盖。衡門闃寂,埏道深沉。閟兹□户,植此松林。枝摇起吹,月隱成陰。誰謂仙鳥,來明我心。"

兩相對照,至可填空補字。如《郭》誌"大被□□"所缺字,必"大被厚褥"之脱文;"遠□",固"遠躡"有蹤跡。

至若隋仁壽四年《符盛及妻胡氏墓誌》(《匯編》第9册第167頁)與隋仁壽四年《劉寶及妻王氏墓誌》(《匯編》第9册第168頁),二誌皆隸書,不唯字體出自一人手筆,亦詞氣一揆。甚至二誌所犯錯誤也一致:"告令"皆作"告今"。

前者——"自量年高,長辞老疾。大隋敕史巡幸,板授晉州平陽縣令。告今(令)在手,春秋八十有四,建德二年終於相鄴。道俗共追,朝野悲慕。夫人安定胡氏,女功妙絶,德冠齊流。揚孝賢姑,陰訓二子。內外感稱,言超孟母。何期一旦,掩從玄壤。春秋八十有一,仁壽四年七月七日遘疾歸義鄉第。粤以其年歲在甲子十月甲子朔廿一日甲申遷合大葬,窆於閑居鄉黄門橋之西北一百餘步。嗚呼哀哉,乃爲銘曰:天賜神瑞,銘背爲符。蟬聯世載,冠盖相扶。誕兹神異,幼慧明如。未秋先落,盛歲摧敷。其一。

夫人胡氏,望高安定。母儀遐振,婦德爲令。内表珠温,外彰玉盛。昊天不吊,儵迴泉徑。其二。昔燃花燭,獨照幽房。神存空帳,仿佛餘香。雲昏翠栢,風吟松楊。一鎸金篆,萬古流芳。其三。"

後者——"自量年高,憂遊戚里。大隋敕使巡行,板授同州武鄉縣令。告今(令)在驗,春秋八十有二,終於河洛。道俗共追,朝野悲惜。夫人太原王氏,神儀獨立,雅韻無雙。孝養賢姑,陰訓四子。蕙蘭垂彩,俄萎嚴霜之氣,春秋七十有五,仁壽二年十一月一日遘疾平樂鄉。以其年歲在甲子十月甲子朔廿一日甲申改合大葬,窆於閑居鄉黄門橋西二里。嗚呼哀哉,乃爲銘曰:尚書已後,歷代公卿。祖父秀哲,世出奇英。誕兹神異,幼慧超明。操高松箭,氣逸煙生。其一。夫人王氏,望重周姬。悲哉四德,奄去三暉。蘭庭影絶,月照空幃。形沉穢土,神逐香歸。其二。"

3）造句生硬

唐開元二十年《王希俊墓誌》(《匯編》第 23 册第 72 頁),該誌作手,命辭奇崛,扞格生硬,幾難卒讀。像"務列嚴更,年資考績,俄移武禁,遽入文場,調補左衛伊川府長史。才高位下,梁竦徒勞之歎;據德遊藝,仲尼旅人之象。非其好也,元亮歸來;是卜終焉,子陵偃息。豈意負杖驚夢,勿藥無喜,逝川斯閲,梁木斯摧,奄故於洛陽縣脩義里之私第,春秋五十三",其中"務列嚴更,年資考績""奄故""仲尼旅人""五十三"之類,不顧語氣;像銘文三段成句,亦屬墓誌銘文罕見之例:"生我明慧,必復祈世,山仰止兮;輔善不信,方亨爲吝,淮絶水兮。"其中"祈世""輔善不信"等,皆疑銘文出自粗手蠻作。

隋大業四年《楊德墓誌》(《匯編》第 10 册第 21 頁):"鄉領之首,務事方能。公幹特絶,平靡愛憎。"按"平靡"者,照誌文所謂"君體達空有之義,心遊不二之門",係指主人平舉冲虚,道法自然,不爲物情所攖。但如此錯配非偶,實屬罕見。

4）唐人錯配非偶,不憚生造

唐貞觀廿年《張鍾葵墓誌》(《匯編》第 11 册第 151 頁):"左右才藝,出入文武。機略同於指掌,縱横允于結舌。"指掌、結舌對文。夫抵掌而談,猶可理解;至於“縱横結舌”者,蓋作者原意爲辯才無礙,縱横開闔者流;然則“舌”之爲用,則猶“舌戰群儒”之舌,非復“張口結舌”之舌也。

5. 時代與作僞類

1) 埊字及相關年代

隋大業八年《李肅墓誌》(《匯編》第 10 冊第 59 頁)“摶開分野,埊列封疆”作埊。是字形至遲隋代已用,《玉篇》等字彙不爲無據。《宋本玉篇・土部》:“埊,迪利切。古地字。”《漢語大字典・土部》界定字際關係爲“同地”,引《玉篇》《字彙補》等爲來源。

然該拓片所爲作字形,隋唐石刻僅此 1 見,南北朝前後則未之見。《集韻・至韻》:“地墬墜坔埊:徒二切。《説文》元气初分,輕清陽爲天,重濁陰爲地。萬物所列也。籀作墬墜。或作坔。唐武后作埊。”《類篇・土部》:“地墬墜坔:徒二切。《説文》元气初分,輕清陽爲天,重濁陰爲地,萬物所列也。籀作墬墜,或作坔。地,又大計切,唐武后作埊。文四。”

本拓片書體,通篇楷則清秀,與有隋承魏碑過渡書風迥乎有别。部分字形使用值得懷疑:如“談棟”字用“柄”形,“因”字不用“囙”形,“剌史”字不用“刾”形,“散”字不用“散”形,“辛”字不用“辛”形等。又,行文對偶不齊,結束語句不完。是該拓片文字真僞,疑竇亦多。埊字來源,也就不能以孤立用例爲真實根據,尚有待今後繼續調查。

2) 記時用字避諱及墓誌年代

隋大業十年《賈玄贊墓誌》(《匯編》第 10 冊第 102 頁):“即以其年歲次甲戌六月辛未朔廿二日景申,權殯于河南縣王寇村之西北原。”唐開元十九年《李景陽墓誌》(《匯編》第 23 冊第 44 頁):“遷葬于洛陽縣北邙之原,禮也。刊青礎永固玄堂,銘曰:倬含章,登造士,翩就列,班祝史,司罻羅,官以理,遘灾妨生忽已喪,賢哲痛夫子。開元十九年歲次辛未二月庚辰朔十七日景申,葬於北邙原平陰鄉之禮也。”燕聖武元年《馬淩虛墓誌》(《匯編》第 35 冊第 169 頁):“春秋廿有三,遂以其月景子窆於北邙之原。”

按“景”字與地支字配合,記年、記日、記時皆用。《漢語大詞典》“景”條,以爲唐人避諱,以景代天干字丙:唐人避唐高祖李淵父李昞諱,以景爲“丙”。“景寅”,即丙寅;“景部”即丙部。如《晉書》卷八《帝紀第八·穆帝》:“建元二年九月景申,立爲皇太子。戊戌,康帝崩。己亥,太子即皇帝位。”以出唐太宗文皇帝所御撰,避諱理有所當,但至於《北齊書》則爲隋太子通事舍人李百藥撰,其卷四《帝紀第四·文宣》“三年春正月景申”,所記亦“丙申”之日。魏征所撰《隋書》卷一《帝紀第一·高祖上》,記“丙申”日亦復如此避諱。唐李延壽所撰《北史》卷一“冬十二月景申”,用字避諱同。

要之,丙、景用字替換,大要爲發生在唐代的現象。然則,該石刻爲隋代作品,頗有可疑。即以石刻書體而言,通篇所用楷體,奏刀稱深刻,結體有餘地。隋代罕睹,即有唐亦少見。《彙考》第6冊第225頁,早斷以爲僞刻。參見本部“避諱類”。

3）時間錯亂

唐咸亨元年《劉德閏墓誌》(《匯編》第15冊第110頁):“粤以咸亨元年三月廿八日,卒於私第,春秋七十三。於戲哀哉。夫人隨吏部主事鄭毗沙之女。夫人稟和蘭室,資芳桂苑。姆儀斯備,婦德克彰。藻徐媛於酬琴,敬梁妻於舉案。所恨天□靡停,隙光無駐。以乾封元三月十四日,終于私第,春秋六十一。即以咸亨元年歲次庚午三月十四日,嗣子弘毅合祔于河南縣平樂鄉邙山之陽,禮也。”誌文葬期在死期之前,二者必有一誤。

6. 傳世補闕與原拓對照類

1）補闕字

《居易録》卷二十存隋碑,“東阿縣魚山陳思王墓道有隋碑,書法雜用篆隸八分甚古。今畧具可辨識者,載於此……此碑文不極工,考歐《集古録》、趙《金石録》及近代金薤琳琅石墨鐫華金石誌俱不及載。”

按《匯編》所存拓片多所漫滅。具列《居易録》所存,以爲對照之資,句讀係石刻語料庫整理者所加。觀原拓“詞粤”之間詞氣銜接,而《居易録》作者誤以爲有闕,現存電子文本將數字改寫等。若非目驗原石,單據傳世文本,亦被眼漫。

隋開皇十三年《曹植廟碑》(《匯編》第9冊第89頁):"聲隨日轉,響逐雲飛(其五)。"現存拓片闕"聲隨"二字,據電子版《居易録》卷二十所存隋碑補,知當時該處尚未闕。又,該碑後記或作"大隋開皇十三年歲次星紀",《匯編》現存拓片"星"字即不完整,《居易録》卷二十所存隋碑釋文作"大隋開皇十三年歲次皇之吉(闕)"。《匯編》現存原拓"三年,進立爲王",《居易録》作"晉立"。《匯編》現存原拓"□京師"有闕文,《居易録》作"詣京師"。《匯編》現存原拓"清辭菀菀,若□葩之蔚鄧林;緑藻妍妍,如河英之照巨海"有闕文,"□葩"字位勉強看出存"取"形,《居易録》作"清辭菀菀,若蘂萄之蔚鄧林;緑藻妍妍,如河英之照巨海"。《匯編》現存原拓"時年□□□。即營墓魚山,傍羊茂臺,平生遊陟,有終焉之所。既如年代□遠,兆塋崩淪,茂響英聲,遠而不絶。至十弌世孫曹永洛等",闕"夐"字、"三十有一"字,"十弌世"作大寫,《居易録》作"時年三十有一,即營墓魚山,傍羊茂臺,平生遊陟,有終焉之所。既而年代夐遠,兆塋崩淪,茂響英聲,遠而不絶。至十一世孫曹永洛等"。《匯編》現存原拓"又能誦萬卷於三冬,觀千言於壹見",《居易録》作"一見"。

2）補闕字

隋開皇十一年《鄭道育墓誌》(《匯編》第9冊第74頁):"百姓感化,起慈父之謡;兩縣迴車,蒙零雨之降。"按原拓"車"字、"蒙"字皆不完整不清楚,據對偶上文補。

3）校勘《全唐文》:"廟諱圭"與"玄圭"

唐貞觀三年《等慈寺之碑》(《匯編》第11冊第22頁):"然而賊竇建德,往因多難,夙長亂階,僞黨寔繁,凶毒孔熾。妄作玄圭之瑞,竊号夏王;驅扇黑山之旅,擅强河朔。破邑屠城,斬祀殺厲。矯誣上帝,多歷年所。"原拓如此作。而今本(錢建文E書)《全唐文》卷一四八作《等兹寺碑》"元圭",謝校又謂所據《全唐文》該篇作"妄作廟諱圭之瑞,竊号夏王;驅扇黑山之旅,擅强河朔"。石刻"玄圭之瑞""黑山之旅"爲對文,碑額所題篆文作"大唐皇帝等慈寺之碑"。